한국 고대사 관련 동아시아 사료의 연대기적 집성

번역문

643년 ~ 760년

정호섭 외 10인

한국 고대사 관련 동아시아 사료의 연대기적 집성
번역문 (中) 643년~760년

펴낸이 최병식
엮은이 정호섭 외
펴낸날 2018년 12월 28일
주류성출판사 www.juluesung.co.kr
06612 서울시 서초구 강남대로 435 주류성빌딩 15층
전 화 02-3481-1024
전 송 02-3482-0656
이메일 juluesung@daum.net

책 값 35,000원

ISBN 978-89-6246-383-5 94910
978-89-6246-381-1 94910 (세트)

● 본 연구는 한국학중앙연구원의 한국학분야 토대연구지원사업 지원과제임
(과제번호 : AKS-2013-KFR-123000)

한국 고대사 관련 동아시아 사료의 연대기적 집성

번역문

643년
~760년

정호섭 외 10인

한국 고대사 관련 동아시아 사료의 연대기적 집성
번역문 (中) 643년~760년

643(癸卯/신라 선덕왕 12 仁平 10/고구려 보장왕 2/백제 의자왕 3/唐 貞觀 17/倭 皇極 2)

백제 고구려 신라

	당 태종 정관 17년 정월 초하루에 설연타(薛延陁)·백제·고려·신라·토욕혼(吐谷渾)·강국(康國)·여국(女國) (…) 등의 나라가 각각 사신을 보내 방물을 바쳤다. (『冊府元龜』 970 外臣部 15 朝貢 3)
신라	봄 정월 사신을 대당(大唐)에 보내어 방물을 바쳤다. (『三國史記』 5 新羅本紀 5)
고구려	봄 정월 사신을 당나라에 보내 조공하였다. (『三國史記』 21 高句麗本紀 9)
백제	봄 정월 사신을 보내어 당나라에 조공하였다. (『三國史記』 28 百濟本紀 6)
신라	봄 정월 신라가 사신을 당나라에 보내어 방물을 바쳤다. (『三國史節要』 8)
고구려	봄 정월 고구려가 사신을 당나라에 보내 조공하였다. (『三國史節要』 8)
백제	봄 정월 백제가 사신을 보내어 당나라에 조공하였다. (『三國史節要』 8)
고구려	봄 정월 아버지를 왕으로 봉하였다. (『三國史記』 21 高句麗本紀 9)
고구려	봄 정월 고구려왕이 그 아비 대양(大陽)을 왕으로 추증하였다. (『三國史節要』 8)
백제	3월 신해(辛亥) 초하루 계해일(13)에 나니와(難波)의 백제 마라우토노무로츠미(客館堂)와 민가에 화재가 났다. (『日本書紀』 24 皇極紀)
신라	3월에 불법(佛法)을 구하러 당에 들어갔떤 고승(高僧) 자장(慈藏)이 돌아왔다. (『三國史記』 5 新羅本紀 5)
신라	3월에 자장이 당나라에서 돌아왔다. (『三國史節要』 8)
신라	정관 17년 계묘 16일에 당 황제가 하사한 경전·불상·가사·폐백을 가지고 귀국하여 탑을 건립하는 일을 왕에게 아뢰었다. 선덕왕이 군신에게 의논하였는데, 신하들이 "백제에서 공장(工匠)을 청한 연후에야 바야흐로 가능할 것입니다"라고 하여 이에 보물과 비단을 가지고서 백제에게 청하였다. 공장 아비지(阿非知)가 명을 받고 와서 목재와 석재를 경영하였고 이간(伊干) 용춘(龍春)[용수(龍樹)라고도 쓴다.]이 주관하여 소장(小匠) 200명을 이끌었다. 처음 찰주(刹柱)를 세우는 날에 공장이 본국 백제가 멸망하는 모습을 꿈꾸었다. 공장은 곧 의심이 나서 손을 멈추었는데 갑자기 큰 지진이 나서 어두컴컴한 속에서 한 노승과 한 장사가 금전문(金殿門)에서 나와 곧

그 기둥을 세우고 노승과 장사는 모두 사라져 보이지 않았다. 공장은 이에 마음을 고쳐먹고 그 탑을 완성하였다. 찰주기에는 "철반(鐵盤) 이상의 높이가 42척이고 이하는 183척이다"라고 했다. 자장이 오대에서 받은 사리 100알을 기둥 안과 통도사(通度寺) 계단(戒壇)과 태화사(大和寺) 탑에 나누어 안치하였는데 지룡(池龍)의 청을 따른 것이다.[태화사는 아곡현(阿曲縣) 남쪽에 있는데 지금의 울주(蔚州)이며 또한 자장이 창건한 것이다.] 탑을 세운 후에 천지가 형통하고삼한이 하나가 되었으니 어찌 탑의 영험이 아니겠는가. 후에 고려왕이 장차 신라를 치고자 하다가 곧 "신라에는 삼보(三寶)가 있어서 침범할 수 없다고 하는데 무엇을 말하는 것인가"라고 하였다. "황룡사 장육상과 구층탑, 그리고 진평왕의 천사옥대(天賜玉帶)입니다"라고 하니 드디어 그 계획을 그쳤다. 주(周)나라에 구정(九鼎)이 있어서 초(楚)나라 사람이 감히 엿보지 못하였다고 하였는데 이것이 비슷한 것이다.

찬하여 말한다. 귀신이 부축하여 제경(帝京)을 누르니, 휘황한 금벽으로 대마루는 움직이는 듯하다. 여기에 올라 어찌 구한의 항복만을 볼 것인가. 건곤이 특별히 편안한 것 비로소 알았다.

또 해동의 명현(名賢) 안홍(安弘)이 편찬한 『동도성립기(東都成立記)』에 다음과 같이 말했다. "신라 제27대에 여왕이 왕이 되니 도(道)는 있으나 위엄이 없어 구한(九韓)이 침략하였다. 만약 용궁 남쪽 황룡사에 구층탑을 세우면 곧 이웃나라의 침입이 진압될 수 있다. 제1층은 일본, 제2층은 중화, 제3층은 오월, 제4층은 탁라(托羅), 제5층은 응유(鷹遊), 제6층은 말갈(靺鞨), 제7층은 거란, 제8층은 여적(女狄), 제9층은 예맥(穢貊)이다. 또 국사와 절의 고기(古記)를 보면 다음과 같다. 진흥왕 계유년에 절을 세운 후 선덕왕대 정관 19년 을사(645)에 탑을 처음 세웠다. 32대 효소왕(孝昭王) 즉위 7년 성력(聖曆) 원년(698) 무술(戊戌) 6월 벼락이 쳤다[절의 고기에 이르기를, 성덕왕(聖德王) 대라고 하나 잘못이다. 성덕왕대에는 무술이 없다]. 제33대 성덕왕대 경신년(720)에 다시 세웠다. 48대 경문왕(景文王) 대 무자년(868) 6월에 두 번째로 벼락이 쳤고, 같은 왕대에 세 번째로 다시 세웠다. 본조(고려를 말함) 광종(光宗) 즉위 5년 계축(953) 10월에 세 번째로 벼락이 쳤고, 현종(顯宗) 13년 신유(1021)에 네 번째로 다시 세웠다. 또 정종(靖宗) 2년 을해(1035)에 네 번째로 벼락이 쳤고, 또 문종(文宗) 갑진년(1064)에 다섯 번째로 다시 세웠다. 또 헌종(憲宗) 말년인 을해년(1095)에 다섯 번재로 벼락이 쳤고, 숙종(肅宗) 병자년(1096)에 여섯 번째로 다시 세웠다. 또 고종(高宗) 25년 무술년(1238) 겨울에 몽골의 병화로 탑과 장육존상(丈六尊像)과 절 집이 모두 타버렸다. (『三國遺事』 3 塔像 4 皇龍寺九層塔)

| 신라 | 정관 17년 자장법사가 삼장(三藏) 4백여개의 함을 싣고 와서 통도사에 안치하였다. (『三國遺事』 3 塔像 4 前後所藏舍利) |

| 신라 | 법사가 정관 17년 이 산에 이르러 문수보살의 진신을 보려고 했으나, 3일동안 날씨가 어두어 뜻을 이루지 못하고 돌아와 다시 원령사(元寧寺)에 가서 살다가 문수보살을 뵙게 되니 칡덩쿨이 있는 곳으로 가라 했으니, 지금의 정암사(淨嵓寺)가 이것이다[역시 별전(別傳)에 실려 있다]. (『三國遺事』 3 塔像 4 五臺山萬眞身) |

| 신라 | 정관 17년 계묘(癸卯)에 신라 선덕왕이 표를 올려 돌아오기를 청하니, 조서를 내려 허락하고 불러 궁으로 들어오게 하고 견 1령(領)과 각종 비단 500단(端)을 사여하였고, 동궁(東宮) 또한 200단을 주었으며 또한 예물도 많이 주었다. 자장은 신라에 경전과 불상이 아직 충분하지 않기 때문에 대장경 1부 및 여러 번당(幡幢)·화개(花蓋) 등 복리(福利)가 될 만한 것을 요청하여 모두 실었다. 귀국하자 온나라가 환영하였다. 왕은 분황사(芬皇寺)에 주석하도록 명하고[『당전(唐傳)』에는 왕분사(王芬寺)라 쓰여 있다.] 지급하는 것과 시중을 많고 극진하게 하였다. 어느 여름 궁 안에 이르러 대승론(大乘論)을 강의하게 청하였고 또한 황룡사에서 『보살계본(菩薩戒本)』을 7일 |

낮밤으로 강연하게 하였는데 하늘에서 단비가 내리고 운무가 자욱하게 끼어 강의하는 법당을 덮어 사중(四衆)이 그 신이함에 감복하였다. 조정에서 의논하여 "불교가 동쪽으로 점점 퍼진 것이 비록 오래되었으나 그 주지(住持) 수봉(修奉)함에 규범이 없다. 무릇 통제하여 다스리지 않으면 바로잡을 수 없다"라고 하였다. 상계하니 칙서를 내려 자장을 대국통(大國統)으로 삼고 무릇 승니(僧尼)의 일체 법규를 승통(僧統)에게 모두 위임하여 주관하게 했다.[살펴보건대, 북제(北齊) 천보(天保) 연간에 나라에서 10통(十統)을 설치하였는데, 유사(有司)가 분명한 구별이 있어야 한다고 주청하여 이에 문선제(文宣帝)는 법상법사(法上法師)를 대통(大統)으로 삼고 나머지는 통통(通統)으로 삼았다. 또한 양(梁)·진(陳) 사이에 국통(國統)·주통(州統)·국도(國都)·주도(州都)·승도(僧都)·승정(僧正)·도유내(都維乃) 등의 명칭이 있었고 모두 소현조(昭玄曹)에 속해 있었는데 소현조는 곧 승니를 다스리는 관명이다. 당초(唐初)에는 또한 10대덕(大德)이 성하였다. 신라 진흥왕(眞興王) 11년 경오(庚午)에 안장법사(安藏法師)를 대서성(大書省)으로 삼았는데 1인을 두었고 또한 소서성(小書省 2인을 두었다. 다음해 신미(辛未)(551년)에 고구려 혜량법사(惠亮法師)를 국통으로 삼았는데 또한 사주(寺主)라고도 하였고, 보량법사(寶良法師)를 대도유나(大都維那)로 삼아 1인을 두었고 주통(州統) 9인, 군통(郡統) 18인 등을 두었다. 자장 때에 이르러 다시 대국통 1인을 두니 대개 상설직이 아니었다. 역시 부례랑(夫禮郎)을 대각간(大角干)으로, 김유신(金庾信)을 태대각간(太大角干)으로 삼은 것과 같은 것이다. 후에 원성대왕(元聖大王) 원년(元年)(785년)에 이르러서는 또 승관(僧官)을 설치하였는데 이름이 정법전(政法典)으로 대사(大舍) 1인, 사(史) 2인을 관리로 삼았는데 승려 중에 재행(才行)이 있는 사람을 뽑아 삼았고 유고시에는 곧 교체하였으며 연한은 정해져 있지 않았다. 그러므로 지금 자의(紫衣)의 무리는 또한 율종(律宗)을 구별한 것이다. 향전에서 자장이 당에 들어가자 태종이 식건전(式乾殿)에 이르러 맞이하고 『화엄경(華嚴經)』을 강의하기를 요청하니 하늘에서 감로(甘露)가 내려 비로소 국사(國師)로 삼았다고 하였는데 이것은 잘못이다. 『당전』과 『국사』에는 모두 그러한 문장이 없다.] 자장은 이 좋은 기회를 만나 과감히 나가서 불교를 널리 퍼뜨렸다. 승니 5부(部)로 하여금 각각 구학(舊學)을 늘리고 반 달마다 계(戒)를 설명하고 겨울과 봄에 모두 시험하게 하여 지계(持戒)와 범계(犯戒)를 알게 하였으며 관원을 두어 이를 유지하게 했다. 또한 순사(巡使)를 보내 외사(外寺)를 돌며 검사하고 승려들의 잘못을 살피며 경전과 불상을 엄중하게 정비하여 규정형식을 만들었다. 한 시대의 불법을 보호함이 이때에 가장 융성하였다. 공자가 위(衛)나라에서 노(魯)나라로 돌아가 악(樂)을 바로 잡아 아송(雅頌)이 각각 그 마땅한 바를 얻은 것과 같은 것이다. 이때에 이르러 나라의 사람들이 계를 받고 부처를 받드는 것이 열 집에 여덟 아홉이었고, 머리를 깎고 출가하기를 청하는 것이 시간이 지날수록 늘어났다. 이에 통도사(通度寺)를 창건하여 계단(戒壇)을 짓고서 사방에서 오는 것을 받아들였다[계단의 일은 이미 앞에 나왔다.] 또한 태어난 마을의 집을 고쳐 원녕사(元寧寺)를 조영하고 낙성회를 베풀어 『잡화경(雜花經)』의 만개의 게(偈)를 강연하니 52녀(五十二女)의 현신이 감동하여 들었다. 문인(門人)으로 하여금 그 수만큼 나무를 심어서 그 기이함을 나타나게 하고 인하여지식수(知識樹)라고 불렀다. (『三國遺事』 4 義解 5 慈藏定律)

신라   정관17년에 본국에서 돌아오기를 요청하니, 황제에게 아뢰어 허락받았다. 황제는 자장을 이끌고 궁중으로 들어가 납의 한 벌과 잡채(雜綵) 500단을 사하하였고, 황태자는 200단을 하사하였다. 이어 황제는 홍복사(弘福寺)에서 나라를 위하여 대재(大齋)를 마련하고 대덕의 법회를 열었으며, 아울러 8명에게 도첩을 내려주었다. 또 태상(太常)에게 명령하여 9부에서 공양을 드리게 하였다. 자장은 본국에 경전과 불상이 조락(彫落)하여 완전하지 못하다고 하여, 마침내 장경(藏經) 1부와 여러 미묘한 불상, 번개(幡蓋) 등을 얻었는데, 모두 복리(福利)가 될 만한 것들이었으며 이것들을 가지고 본국으로 돌아갔다.　　　고향에 도착하자 온 나라가 그를 환영하였고 이에 1대의 불법이 뚜렷하게 일어나게 되었다. 왕은 자장이 대국에서 크게 우러러 보았으며 정교를 널리 지니고 있으므로 그가 강리(綱理)하지 않으면 불법의 오탁을 숙청할 길이 없다고 하여, 마침내 자장을 대국통(大國統)으로 삼고 왕분사(王芬寺)에 주석하게 하였다. 이 절은 곧 왕이 지은 절이었다. 또 따로 정원(精院)을 건축하고 특별히 10명에게 도첩을 내려주어 항상 자장을 모시고 시중을 들게 하였다. 그 후 왕이 다시 청하여 궁중에 들어가 한 해 여름 동안 『섭대승론(攝大乘論)』을 강의하였다. 만년에는 다시 황룡사(皇龍寺)에서 『보살계본(菩薩戒本)』을 강의하였는데, 7일 동안 밤낮으로 하늘에서 감로(甘露)가 내리고 구름과 안개가 갑자기 자욱해지더니 강의하는 장소를 덮었다. 4부대중이 감탄하였으며 그의 성스러운 이름이 더욱 널리 퍼졌다. 산석(散席)하는 날이 되자 그로부터 계율을 받으려는 사람들이 구름처럼 몰려들었다. 이로 인하여 생활을 혁신하여 힘쓰게 된 사람이 10가 가운데 9가는 되었다. 자장은 이러한 가운(嘉運)을 맞게 되자 이로 말미암아 더욱 용기를 얻어 갖고 있던 옷과 자산을 모두 보시에 충당하고 오직 두타행(頭陀行)에 종사하고 난야행(蘭若行)으로 업을 모았다. 바로 이때는 청구(靑丘)에 불법이 건너간지 100년이 되었지만 불법을 주지하는 데에 이르러서는 두루 갖추어 가졌다고 하기에 모자라는 점이 있었다. 이에 여러 재상들과 상세하게 기율을 바로잡을 것을 평론하게 되었다. 이때 왕과 신하들이 논의하여 규칙과 계획할 일이 있으면 모두 승통(僧統)에게 위임하기로 결정을 내렸다. 자장은 승니(僧尼) 등 5부 대중에게 각각 구습을 더 익히게 하고 다시 강관(綱管)을 두어 감찰하고 유지하게 하였다. 보름날에는 계를 설하여서 율에 근거하여 참회하고 악을 제거하게 하였고, 봄과 겨울에는 총체적으로 시험하여 지키고 범한 것의 한계를 알게 하였다. 또한 순사(巡使)를 두어 두루 여러 절을 돌아다니며 훈계하고 격려하며 설법하면서 불상을 장엄하게 장식하고 대중의 업을 경영하며 다스리게 하여 이 제도를 고정시켜 변치 않는 제도로 삼았다. 이에 근거하여 말한다면 바로 이 자장을 호법보살이라고 할 수 있을 것이다. 그는 또 다른 사탑 10여 곳을 조성하였는데 한 곳을 지을 때마다 온 나라가 함께 숭앙하였다. 자장은 이에 발원하기를, "만약 내가 지은 절에 영(靈)이 있다면 기적이 나타날 것이다."라고 하자, 문득 감응이 일어나 두건과 발우(鉢盂)에 사리가 나타났는데, 대중들이 비경(悲慶)하여 보시하니 그 쌓이는 재보가 산더미 같았다. 그는 곧 그들을 위하여 계를 내려주었으며, 이로써 선을 행하는 사람이 마침내 널리 퍼지게 되었다. (『續高僧傳』24 護法 下 唐新羅國大僧統 釋慈藏 5(圓勝))

| 신라 백제 | 선덕왕 12년 계묘년에 신라에 돌아오고자 하여 종남산(終南山)의 원향선사(圓香禪師)에게 머리 조아려 사직하니 선사가 "내가 관심(觀心)으로 그대의 나라를 보매, 황룡사에 9층의 탑을 세우면 해동(海東)의 여러 나라가 모두 그대의 나라에 항복할 것이다"라고 하였다. 자장이 이 말을 듣고 (신라에) 돌아와 나라에 알렸다. 이에 이간(伊干) 용수(龍樹)를 감군(監君)으로 하여 대장(大匠)인 백제의 아비(阿非) 등과 소장(小匠) 이백여인을 데리고 이 탑을 만들도록 하였다. [글자를 새긴 이는 승 혜총(聰惠)이다.] (「皇龍寺刹柱本記」) |

| 신라 | 절에서 전해오는 고기에 이르기를, 자장법사(慈藏法師)는 처음에 오대산 (五臺)에 이르러 [문수보살]의 진신을 보려고 산기슭에 띠집을 짓고 머물렀으나, 7일 동안이나 보이지 않으므로 묘범산(妙梵山)으로 가서 정암사(淨岩寺)를 세웠다. (『三國遺事』3 塔像 4 臺山月精寺 五類聖衆) |

| 고구려 | 3월에 연개소문이 왕에게 아뢰어 말하기를 "삼교(三敎)는 비유하자면 솥의 발과 같 |

아서 하나라도 없어서는 안됩니다. 지금 유교와 불교는 모두 흥하는데 도교는 아직 성하지 않으니, 소위 천하의 도술(道術)을 갖추었다고 할 수 없습니다. 엎드려 청하오니 당에 사신을 보내 도교를 구하여 와서 나라 사람들을 가르치게 하소서." 하였다. 대왕이 그러하다고 여겨서 국서를 보내어 청하였다. 태종이 도사(道士) 숙달(叔達) 등 여덟 명을 보내고 동시에 노자의 도덕경을 보내주었다. 왕이 기뻐하고 절을 빼앗아 이들을 머물게 하였다. (『三國史記』21 高句麗本紀 9)

고구려   3월 고구려 소문이 왕에게 고하여 말하기를, "삼교는 비유하자면 솥의 발과 같아서 하나라도 없어서는 안됩니다. 지금 유교와 불교는 모두 흥하는데 도교는 아직 성하지 않으니, 청컨대 당에 사신을 보내어 도교를 구하게 하소서." 하였다. 왕이 표를 올려 청하니 황제가 도사 숙달 등 8명을 보내고 동시에 노자의 도덕경을 보내주었다. 왕이 기뻐하고 절에 머물게 하였다. (『三國史節要』8)

백제   4월 경자일(21)에 츠쿠시노미코토모치노츠카사(筑紫大宰)가 역마를 달려 아뢰기를, "백제 국왕의 아들 교기(翹岐)와 아우 왕자가 조사(調使)와 함께 왔습니다."라고 하였다. (『日本書紀』24 皇極紀)

고구려   6월 정해일(9)에 태상승(太常丞) 등소(鄧素)가 고구려에 사신으로 갔다가 돌아와서 회원진(懷遠鎭)에 수자리를 서는 병사를 늘려서 고려를 압박할 것을 요청하였다. 황제가 말하였다. "멀리 있는 사람이 복종하지 않으면 문덕(文德)을 닦아서 그들을 오게 하여야 하는 것이지 아직은 100~200명의 수자리 서는 병사가 떨어진 지역에 있는 사람에게 위엄을 보일 수 있다는 말을 듣지 못하였다."(『資治通鑑』197 唐紀 13 太宗文武大聖大廣孝皇帝 中之下)

고구려   당 태종 정관 17년에 태상승 등소가 고구려에 사신으로 갔다가 돌아와서 회원진에 수자리를 서는 병사를 늘려서 고려를 압박할 것을 요청하였다. 황제가 그에게 일러 말하였다. "멀리 있는 사람이 이르지 않으면 문덕을 닦아서 그들을 오게 하여야 하는 것이지 아직은 100~200명의 수자리 서는 병사가 떨어진 지역에 있는 사람에게 위엄을 보일 수 있다는 말을 듣지 못하였다. 인의(仁義)와 충신(忠信)은 안에서 다스려지지 않고 병갑과 사졸은 밖에서 원로(遠勞)하니 나라를 다스리는 데 극히 꺼리는 것을 짐은 취할 바가 아니다."(『冊府元龜』46 帝王部 46 智識)

고구려   6월 기묘(己卯) 초하루 신묘일(13)에 츠쿠시노미코토모치노츠카사가 역마를 달려 아뢰기를 "고려가 사신을 보내어 내조하였습니다."라고 하였다. 여러 경들이 듣고서 "고려는 기해년부터 조공하지 않다가 금년에야 조공하는구나."라고 서로 말하였다. (『日本書紀』24 皇極紀)

백제   6월 신축일(23)에 백제에서 조(調)를 바치는 배가 나니와노츠(難波津)에 다다랐다. (『日本書紀』24 皇極紀)

고구려   윤6월 경신일(13) (…) 황제가 말하였다. "개소문이 그 임금을 시해하고 그 나라의 정치를 오로지하니 진실로 참을 수 가 없는데, 오늘날의 병력을 가지고 그것을 빼앗는 것은 어렵지 않을 것이지만 다만 백성들을 수고롭게 하고 싶지 않으니 나는 또 거란과 말갈을 시켜서 그들을 시끄럽게 하고자 하는데, 어떠한다." 장손무기(長孫無忌)가 말하였다. "개소문은 스스로 죄가 크다는 것을 알고 큰 나라가 토벌할 것을 두려워하여 반드시 엄하게 지키는 방비를 만들었을 것인데, 폐하께서는 조금 이를 위하여 잠자코 참으셨다가 저들이 스스로 편안할 수 있게 하시면 반드시 다시 교만하여 게을러져서 더욱 그 악한 짓을 방자하게 하고 그런 다음에 그들을 토벌하여도 늦지 않습니다." 황제가 말하였다. "훌륭하오." 무진일(21)에 고구려 고장을 상주국(上柱國)·요동군왕(遼東郡王)·고려왕(高麗王)으로 삼고, 사신을 파견하여 부절을 가지고 가서 책명하였다. (『資治通鑑』197 唐紀 13 太宗文武大聖大廣孝皇帝 中之下)

고구려 (당 태종 정관) 17년 윤6월 무진일(21)에 황제가 말하였다. "개소문이 그 임금을 시해하고 그 나라의 정치를 오로지하니 진실로 참을 수 가 없는데, 오늘날의 국가 병력을 가지고 그것을 빼앗는 것은 어렵지 않을 것이지만, 짐은 백성들을 수고롭게 하고 싶지 않으니 나는 거란과 말갈을 시켜서 그들을 시끄럽게 하고자 하는데, 어떠한가?" 사공(司空) 방현령(房玄齡)이 말하였다. "신이 옛 열국(列國)을 살펴보니 강함으로써 약한 것을 능멸하고 많음으로 적음을 사납게 하였습니다. 지금 폐하가 창생(蒼生)을 무양(撫養)하여 장사(將士)의 용예(勇銳)가 힘이 남아 있지만 사용하지 않는 것은 이른 바 과(戈)를 그치고 무(武)를 하고자 하는 것입니다." 사도(司徒) 장손무기(長孫無忌)가 말하였다. "개소문은 스스로 임금을 시해한 죄가 크다는 것을 알고 대국과 또 성왕(聖王)이 오심에 잘못이 저 사이(四夷)에게 있게 하는 것을 두려워하고 있습니다. 또 고려왕이 아직 표소(表疏)로 어려움을 고하지 않고 있습니다. 폐하께서는 새서(璽書)를 내려 이를 감추면 그들 스스로 편안함을 얻어 반드시 명을 들음으로써 온순해져 다시 방자하게 임금이 없는 마음을 가지게 될 것입니다. 그런 후에 이를 책망해도 늦지 않을 것입니다." 황제가 말하였다. "훌륭하오." (『冊府元龜』991 外臣部 36 備禦 4)

고구려 『신당서(新唐書)』 고려전에 전한다. "황제가 건무가 아랫 사람에게 죽인 바 된 것을 듣고 가엾게 여겨 황제가 상사로 인하여 죄를 벌하고자 아니하고 이에 장을 임영하여 고려왕으로 삼았다[17년 6월 무진일(21)]." (『玉海』194 兵捷 紀功 碑銘附)

고구려 윤 6월에 당 태종이 말하기를 "개소문이 그 임금을 죽이고 국정(國政)을 제멋대로 하니 진실로 참을 수 없다. 지금의 병력으로도 이를 빼앗는 것은 어렵지 않다. 다만 백성을 괴롭히고 싶지 않아 내가 거란과 말갈로 하여금 그들을 길들이려 하는데, 어떠한가." 하였다. 장손무기(長孫無忌)가 아뢰기를 "소문은 스스로 죄가 큰 것을 알고 대국의 토벌을 두려워하여 수비를 엄격하게 해놓았습니다. 폐하께서 아직 꾹 참고 계시면, 그는 스스로 안심하여 반드시 다시 교만하고 게을러져서 그 악을 더욱 멋대로 행할 것이니 그렇게 된 후에 토벌하여도 늦지 않을 것입니다."라 하였다. 황제가 "좋다"고 하고, 사지절(使持節)을 보내 예절을 갖추어 책봉하였는데 그 조서에 말하기를 "먼 나라를 어루만지는 법은 전대 제왕의 아름다운 전례이며 세대를 계승하는 의(義)는 여러 왕대의 옛 규례이다. 고구려 국왕 장(臧)은 그 바탕과 마음씨가 아름답고 민첩하고, 식견과 도량이 상세하고 바르며, 일찍이 예교(禮敎)를 익혀 덕망과 의로움이 알려졌다. 처음 번방(藩邦)의 왕업을 계승하여 정성을 먼저 드러냈다. 마땅히 작위를 더할 만하므로 전례에 의하여 상주국(上柱國)·요동군왕(遼東郡公)·고구려왕(高句麗王)이라 한다."고 하였다. (『三國史記』21 高句麗本紀 9)

고구려 윤 6월에 황제가 말하기를 "개소문이 그 임금을 죽이고 국정(國政)을 제멋대로 하니 진실로 참을 수 없다. 지금의 병력으로도 이를 빼앗는 것은 어렵지 않다. 다만 백성을 괴롭히고 싶지 않아 내가 거란과 말갈로 하여금 그들을 길들이려 하는데, 어떠한가." 하였다. 장손무기(長孫無忌)가 아뢰기를 "소문은 스스로 죄가 큰 것을 알고 대국의 토벌을 두려워하여 수비를 엄격하게 해놓았습니다. 폐하께서 아직 꾹 참고 계시면, 그는 스스로 안심하여 반드시 다시 교만하고 게을러져서 그 악을 더욱 멋대로 행할 것이니 그렇게 된 후에 토벌하여도 늦지 않을 것입니다."라 하였다. 황제가 "좋다"고 하고, 사지절(使持節)을 보내 예절을 갖추어 책봉하였는데 그 조서에 말하기를 "먼 나라를 어루만지는 법은 전대 제왕의 아름다운 전례이며 세대를 계승하는

의(義)는 여러 왕대의 옛 규례이다. 고구려 국왕 장(臧)은 그 바탕과 마음씨가 아름답고 민첩하고, 식견과 도량이 상세하고 바르며, 일찍이 예교(禮敎)를 익혀 덕망과 의로움이 알려졌다. 처음 번방(藩邦)의 왕업을 계승하여 정성을 먼저 드러냈다. 마땅히 작위를 더할 만하므로 전례에 의하여 상주국·요동군왕·고구려왕이라 한다."고 하였다. (『三國史節要』8)

고구려	당 태종 정관 17년 윤6월에 조서를 내려 말하였다. "먼 나라를 어루만지는 법은 전대 제왕의 아름다운 전례이며 세대를 계승하는 의(義)는 여러 왕대의 옛 규례이다. 고구려 국왕 장(臧)은 그 바탕과 마음씨가 아름답고 민첩하고, 식견과 도량이 상세하고 바르며, 일찍이 예교(禮敎)를 익혀 덕망과 의로움이 알려졌다. 처음 번방(藩邦)의 왕업을 계승하여 정성을 먼저 드러냈다. 마땅히 작위를 더할 만하므로 전례에 의하여 상주국을 더하고 요동군왕·고구려왕에 봉하고 사신을 보내어 지절을 가지고 책명하였다. (『冊府元龜』964 外臣部 9 冊封 2)

고구려	정관 17년 그 사왕(嗣王) 장을 요동군왕·고려왕으로 삼아 책명하였다. (『舊唐書』199上 列傳 149上 東夷 高麗)

고구려	태종은 건무가 부하에게 죽었다는 소식을 듣고, 슬퍼하며 사자에게 부절을 주어 보내어 조제하였다. 어떤 이가 태종에게 고구려를 토벌 하자고 권유하였으나, 태종은 상을 기회로 하여 남을 치고 싶지 않았다. 이에 장을 요동군왕·고려왕에 임명하였다. (『新唐書』220 列傳 145 東夷 高麗)

백제	가을 7월 기유(己酉) 초하루 신해일(3)에 몇 명의 마에츠키미(大夫)를 나니와노코오리((難波郡)에 보내어 백제국의 조(調)와 바치는 물건을 살피게 했다. 이에 대부가 조사(調使)에게 물었다. "백제국에서 바치는 조는 종전의 예에 비하여 조금 모자란다. 대신에게 보내는 물건은 지난 해에 돌려보낸 품목을 바꾸지 않고 그대로이며, 여러 경들에게 보내는 물건은 전혀 가지고 오지 않았다. 모두 종전의 사례에 어긋나니 어찌된 일인가?" 대사 달솔 자사(自斯)와 부사 은솔 군선(軍善)이 그 물음에 대하여 모두 "지금 즉시 갖추겠습니다."라고 대답하였다. 자사는 볼모인 달솔 무자(武子)의 아들이다. (『日本書紀』24 皇極紀)

신라 백제 고구려

9월 경진일(4)에 신라에서 사신을 파견하여 '백제가 그 나라의 40여성을 공격하여 빼앗고 다시 고려와 군사연합을 하였다'고 말하여서 신라 사람들이 들어와서 조현(朝見)하는 길을 끊으려고 모의하였다고 말하고, 군사로 구원해 달라고 빌었다.
황제가 사농승(司農丞) 상리현장(相里玄奬)에게 명령하여 새서(璽書)를 싸가지고 가서 고려에 내려주어 말하게 하였다. "신라는 인질을 국가에 보냈고 조공하는 일을 줄이지 않았으니 너희는 백제와 더불어 각각 군사를 거두는데, 만약에 다시 이들을 공격한가면 명년에 군사를 발동하여 너희 나라를 칠 것이다."(『資治通鑑』197 唐紀 13 太宗文武大聖大廣孝皇帝 中之下)

신라 고구려 백제

당 태종 정관 17년 9월 경진일(4)에 신라에서 사신을 보내 말하였다. "고려가 백제와 신의 나라를 침릉(侵凌)하여 자주 수 십성을 쳐서 공격하며 양국이 군사 연합을 하여 기필코 이를 빼앗고 장차 이번 9월에 크게 군사를 일으키려고 합니다. 신의 사직은 반드시 보전될 수 없을 것이므로 삼가 신하인 저를 보내어 대국의 명을 받게 되었습니다. 군사를 내어 구원해 주기를 바랍니다. 황제가 사신에게 일러 말하였다. "나는 그대 나라가 두 나라로부터 침략받는 것을 매우 애닳게 여겨서 자주 사신을 보내 너희들 세 나라가 친하게 지내도록 하였다. 그러나 고구려와 백제는 돌아서

자마자 생각을 뒤집어 너희 땅을 집어 삼켜서 나누어 가지려고 한다. 그대 나라는 어떤 기묘한 꾀로써 망하는 것을 면하려고 하는가?"라고 하였다. 사신이 대답하기를, "우리 왕은 일의 형편이 궁하고 계책이 다하여 오직 대국에게 위급함을 알려서 온전하기를 바랄 뿐입니다."라고 하였다. 황제가 말하기를, "내가 변경의 군대를 조금 일으켜 거란과 말갈을 거느리고 요동으로 곧장 쳐들어가면 그대 나라는 저절로 풀려서 1년 정도의 포위는 느슨해질 것이다. 이후 이어지는 군대가 없음을 알면 도리어 침략을 멋대로 하여 네 나라가 함께 소란해질 것이니, 그대 나라도 편하지 못할 것이다. 이것이 첫 번째 계책이다. 나는 또한 너에게 수천 개의 붉은 옷과 붉은 깃발을 줄 수 있는데, 두 나라의 군사가 이르렀을 때 그것을 세워서 진열해 놓으면 그들이 보고 우리 군사로 여기고 반드시 모두 도망갈 것이다. 이것이 두 번째 계책이다. 백제국은 바다의 험난함을 믿고 병기(兵器)를 수리하지 않고 남녀가 어지럽게 섞여서 서로 즐기며 연회만 베푸는데, 내가 수십 수백 척의 배에 군사를 싣고 소리 없이 바다를 건너서 곧바로 그 땅을 습격하려고 한다. 이것이 세 번째 계책이다. 그런데 그대 나라는 여자를 임금으로 삼고 있으므로 이웃 나라의 업신여김을 받게 되고, 임금의 도리를 잃어서 도둑을 불러들이게 되어 해마다 편안할 때가 없다. 내가 왕족 중의 한 사람을 보내 그대 나라의 왕으로 삼되, 자신이 혼자서는 왕 노릇을 할 수 없으니 마땅히 군사를 보내서 호위하게 하고, 그대 나라가 안정되기를 기다려서 그대들 스스로 지키는 일을 맡기려고 한다. 이것이 네 번째 계책이다. 그대는 잘 생각해 보라. 장차 어느 것을 따르겠는가."라고 하였다. 사신은 다만 "예"라고만 할 뿐 대답이 없었다. 황제는 그가 용렬하여 군사를 청하고 위급함을 알리러 올 만한 인재가 아님을 탄식하였다.

이에 사농승상 상리현장을 보내어 새서를 주어 고구려왕에게 이르기를, "신라는 우리에게 운명을 맡기고 조공을 빠뜨리지 않는다. 너희는 백제와 함께 군사를 거두는 것이 좋을 것이다. 만일 또다시 신라를 공격한다면 다음 해에 군대를 내어 너희 나라를 칠 것이다."고 하였다. (『冊府元龜』991 外臣部 36 備禦 4)

신라 고구려 백제

『신당서』고려전에 전한다. "이 때 신라가 사자를 보내 글을 올렸다. 9월 경진일(4)에 고려와 백제가 군사 연합을 하여 장차 토벌당할 것이라고 말하고 삼가 천자의 명에 의지하였다." (『玉海』194 兵捷 紀功 碑銘附)

신라 고구려 백제

가을 9월에 당(唐)나라에 사신을 보내서 다음과 같이 말했다. "고구려와 백제가 저희 나라를 침범하기를 여러 차례에 걸쳐서 수십 개의 성을 공격하였습니다. 두 나라가 군대를 연합하여 기필코 그것을 빼앗고자 장차 이번 9월에 크게 군사를 일으키려고 합니다. 그러면 저희 나라의 사직(社稷)은 반드시 보전될 수 없을 것이므로 삼가 신하인 저를 보내서 대국(大國)에 명을 받들어 올리게 되었습니다. 바라건대 약간의 군사를 내어 구원해 주십시오." 황제가 사신에게 말하기를, 나는 그대 나라가 두 나라로부터 침략받는 것을 매우 애닯게 여겨서 자주 사신을 보내 너희들 세 나라가 친하게 지내도록 하였다. 그러나 고구려와 백제는 돌아서자마자 생각을 뒤집어 너희 땅을 집어 삼켜서 나누어 가지려고 한다. 그대 나라는 어떤 기묘한 꾀로써 망하는 것을 면하려고 하는가."라고 하였다. 사신이 대답하기를 "우리 왕은 일의 형편이 궁하고 계책이 다하여 오직 대국에게 위급함을 알려서 온전하기를 바랄 뿐입니다."라고 하였다. 이에 황제가 말하기를 "내가 변경의 군대를 조금 일으켜 거란(契丹)과 말갈(靺鞨)을 거느리고 요동(遼東)으로 곧장 쳐들어가면 그대 나라는 저절로 풀려서 1년 정도의 포위는 느슨해질 것이다. 그러나 이후 이어지는 군대가 없음을 알면 도리어 침략을 멋대로 하여 네 나라가 함께 소란해질 것이니, 그대 나라도 편하지 못할 것이다. 이것이 첫 번째 계책이다. 나는 또한 너에게 수천 개의 붉은 옷과 붉은 깃발을 줄 수 있는데, 두 나라의 군사가 이르렀을 때 그것을 세워서 진열해 놓으면 그들이 보고 우리 군사로 여기고 반드시 모두 도망갈 것이다. 이것이 두 번째 계책이다. 백제국은 바다의 험난함을 믿고 병기(兵器)를 수리하지 않고 남녀가 어지럽게 섞여서 서로 즐기며 연회만 베푸는데, 내가 수십 수백 척의 배에 군사를 싣고 소리없이 바다를 건너서 곧바로 그 땅을 습격하려고 한다. 그런데 그대 나라는 여자를 임금으로 삼고 있으므로 이웃 나라의 업신여김을 받게 되고, 임금의 도리를 잃어서 도둑을 불러들이게 되어 해마다 편안할 때가 없다. 내가 왕족 중의 한 사람을 보내 그대 나라의 왕으로 삼되, 자신이 혼자서는 왕노릇을 할 수 없으니 마땅히 군사를 보내서 호위하게 하고, 그대 나라가 안정되기를 기다려서 그대들 스스로 지키는 일을 맡기려고 한다. 이것이 세 번째 계책이다. 그대는 잘 생각해 보라. 장차 어느 것을 따르겠는가."라고 하였다. 사신은 다만 "예"라고만 할 뿐 대답이 없었다. 황제는 그가 용렬하여 군사를 청하고 위급함을 알리러 올 만한 인재가 아님을 탄식하였다. (『三國史記』5 新羅本紀 5)

고구려 신라 백제

가을 9월 신라가 당나라에 사신을 보내어 말하기를, "백제가 우리의 40여 성을 공격하여 **빼앗고**, 다시 고구려와 군대를 연합하여 입조할 길을 막으려 합니다."하고 군대를 보내 구원해 주기를 청하였다. (『三國史記』21 高句麗本紀 9)

신라 백제 고구려

가을 9월 신라가 사신을 당나라에 보내 다음과 같이 말했다. "신의 나라가 여러번 백제의 공격을 받아 왔는데, 지금 백제가 다시 고구려와 군대를 연합하여 기필코 그것을 **빼앗고**자 장차 이번 9월에 크게 군사를 일으키려고 합니다. 그러면 저희 나라의 사직(社稷)은 반드시 보전될 수 없을 것이므로 삼가 신하인 저를 보내서 대국(大國)에 명을 받들어 올리게 되었습니다. 바라건대 약간의 군사를 내어 구원해 주십시오." 황제가 사신에게 말하기를, 나는 그대 나라가 두 나라로부터 침략받는 것을 매우 애닯게 여겨서 자주 사신을 보내 너희들 세 나라가 친하게 지내도록 하였다. 그러나 고구려와 백제는 돌아서자마자 생각을 뒤집어 너희 땅을 집어 삼켜서 나누어 가지려고 한다. 그대 나라는 어떤 기묘한 꾀로써 망하는 것을 면하려고 하는가."라고 하였다. 사신이 대답하기를 "우리 왕은 일의 형편이 궁하고 계책이 다하여 오직 대국에게 위급함을 알려서 온전하기를 바랄 뿐입니다."라고 하였다. 이에 황제가 말하기를 "내가 변경의 군대를 조금 일으켜 거란(契丹)과 말갈(靺鞨)을 거느리고 요동(遼東)으로 곧장 쳐들어가면 그대 나라는 저절로 풀려서 1년 정도의 포위는 느슨해질 것이다. 그러나 이후 이어지는 군대가 없음을 알면 도리어 침략을 멋대로 하여 네 나라가 함께 소란해질 것이니, 그대 나라도 편하지 못할 것이다. 이것이 첫 번째 계책이다. 나는 또한 너에게 수천 개의 붉은 옷과 붉은 깃발을 줄 수 있는데, 두 나라의 군사가 이르렀을 때 그것을 세워서 진열해 놓으면 그들이 보고 우리 군사로 여기고 반드시 모두 도망갈 것이다. 이것이 두 번째 계책이다. 백제국은 바다의 험난함을 믿고 병기(兵器)를 수리하지 않고 남녀가 어지럽게 섞여서 서로 즐기며 연회만 베푸는데, 내가 수십 수백 척의 배에 군사를 싣고 소리없이 바다를 건너서 곧바로 그 땅을 습격하려고 한다. 그런데 그대 나라는 여자를 임금으로 삼고 있으므로 이웃 나라의 업신여김을 받게 되고, 임금의 도리를 잃어서 도둑을 불러들이게 되어 해마다 편안할 때가 없다. 내가 왕족 중의 한 사람을 보내 그대 나라의 왕으로 삼되, 자신이 혼자서는 왕노릇을 할 수 없으니 마땅히 군사를 보내서 호위하게 하고, 그대 나라가 안정되기를 기다려서 그대들 스스로 지키는 일을 맡기려고 한다. 이것이 세 번째 계책이다. 그대는 잘 생각해 보라. 장차 어느 것을 따르겠는가."라고 하였다. 사신은 다만 "예"라고만 할 뿐 대답이 없었다. 황제는 그가 용렬하여 군사를 청하고 위급함을 알리러 올 만한 인재가 아님을 탄식하였다. (『三國史節要』 8)

신라 고구려 백제
정관 17년에 사신을 보내어, "고구려와 백제가 여러 차례 번갈아 공격하여 수십 개의 성을 잃었는데, 두 나라 군대가 연합하여 신의 사직을 없애려 합니다. 삼가 배신(陪臣)을 보내어 대국에 보고를 하오니, 약간의 군사로나마 구원해 주시기 바랍니다."라고 상언(上言)하였다. (『舊唐書』 199上 列傳 149上 東夷 新羅)

신라 고구려 백제
정관 17년에 고구려와 백제의 침공을 받고 사자를 보내와 군사를 청하였다. (『新唐書』 220 列傳 145 東夷 新羅)

신라 고구려 백제
정관 17년 사신을 보내어 왕이 말하였다. "고구려와 백제가 자주 서로 공격하여 수십성을 잃어 버렸습니다. 양국이 군사를 합하는 것은 신이 사직을 멸망시키는 데 있어 삼가 신하를 보내어 대국의 명을 듣고자 하니 군사를 보내어 도와주시기 바랍니다." (『太平御覽』 781 四夷部 2 東夷 2 新羅)

신라 고구려 백제
당 태종 정관 17년에 신라왕이 사신을 보내어 글을 올렸다. "고구려와 백제가 여러번 서로 공습하고 수십성을 잃었습니다. 빌건대 군대로 도와주십시오."(『冊府元龜』 995 外臣部 40 交侵)

고구려 신라 백제
이때에 신라가 사자를 보내어 글을 올려, "고구려와 백제가 연화(聯和)하여 침범을 받을 것 같습니다. 삼가 천자께 귀명합니다."라고 말하였다. 태종이, "어떻게 하면 면할 수 있겠는가." 묻자, 사자는, "계책이 없습니다. 바라건대 폐하께서는 불쌍히 여겨 주옵소서." 하였다. 태종이, "우리가 일부 군사로 거란과 말갈을 이끌고 요동으로 간다면, 그대의 나라가 한해는 조용할 수 있으니 이것이 첫 번째 계책이다. 나는 또한 너에게 수천 개의 붉은 옷과 붉은 깃발을 그대 나라에 내려 주어서 군진에 꽂아 둔다면, 두 나라가 이를 보고 우리 군사가 도착한 것으로 여겨서 반드시 달아날 것이니 이것이 두 번째 계책이다. 백제가 바다를 믿고 군비를 하지 않았으니 우리가 수군 수만을 이끌어 공격하고, 또 그대 나라는 여자가 임금이기 때문에 이웃나라의 업신여김을 받았으니, 우리가 종실사람을 보내어 그대 나라의 임금을 삼았다가 안정이 된 뒤에 스스로 지키게 하는 것이 세 번째 계책이다. 사자는 계책 중에 어느 것을 취하겠는가."라고 하자, 사자가 대답을 하지 못하였다. (『新唐書』 220 列傳 145 東夷 高麗)

고구려
가을 9월 15일 밤이 환한데도 달이 보이지 않았다. 많은 별들이 서쪽으로 흘러갔다. (『三國史記』 21 高句麗本紀 9)

고구려
가을 9월 고구려에서 밤이 환한데도 달이 보이지 않았다. 많은 별들이 서쪽으로 흘러갔다. (『三國史節要』 8)

백제 고구려 신라
겨울 11월 왕이 고구려와 화친하고 신라 당항성(党項城)을 취하고자 하여 입조하는 길을 막고 드디어 군대를 동원하여 공격하였다. 신라왕 덕만(德曼)이 사신을 보내어 당나라에 구원을 요청하자 왕이 이를 듣고 군대를 거두었다. (『三國史記』 28 百濟本紀 6)

백제 고구려 신라

	겨울 11월 백제왕이 고구려와 화친하고 신라 당항성(党項城)을 취하고자 하여 입조하는 길을 막고 드디어 군대를 동원하여 공격하였다. 신라왕이 사신을 보내어 당나라에 구원을 요청하자 왕이 이를 듣고 군대를 거두었다. (『三國史節要』8)
신라	당 태종 정관 17년 11월 토번(吐蕃)·설연타(薛延陁)·신라(新羅)·파라문(婆羅門)·동아(同娥)·서번(西蕃)·처반철(處般啜) 등의 나라들이 각기 사신을 보내어 방물을 바쳤다. (『冊府元龜』970 外臣部 15 朝貢 3)
고구려	설연타는 사마(思摩)가 하북을 건넜다는 소식을 듣고 그 부락이 적북(磧北)에 부용할까 생각하고 먼저 날랜 기병을 대기시켰다가 도착하는 것을 기다려 공격하였다. 태종이 사신을 보내 칙령으로 그만두도록 하ㅆ다. 이 때 사마가 거느리던 부의 무리들 중 강을 건넌 자는 10만이었다. 승병(勝兵)이 4만인데 사마가 능히 무리들을 제어하지 못해 모두 흡족하게 항복하지 않았다. 정관 17년에 이르러 서로 반란을 일으키니 남쪽으로 강을 건너 승(勝)·하(夏) 2주의 사이에 나누어 둘 것을 청하였다. 조를 내려 허락하였다. 사마가 드디어 빠르게 입조하니 우무위장군(右武衛將軍)을 제수하였다. 요동 정벌 중에 날아오던 화살에 맞으니 태종이 친히 그 피를 빨아주니 보살펴주는 정이 이와 같았다. (『通典』197 邊防 13 北狄 4 突厥 上)
고구려	정관 17년 태종이 친히 요동을 정벌하는데 태자태부(太子太傅) 방현령(房元齡)에게 명하여 경성유수(京城留守)를 충(充)하게 하였다. 조서를 내려 말하였다. "공이 마땅히 소하(蕭何)의 책임을 다하면 짐은 서쪽으로 돌아보아 근심이 없을 것이다. 군융(軍戎)의 기계(器械)와 전사(戰士)의 양름(糧廩)은 모두 경의 처분에 맡기고 내보내니 동도(東都)을 유수(留守)하여 소우(蕭瑀)로 그것을 삼도록 하라." (『唐會要』67 留守)
고구려	태종 정관 17년 요동을 정벌할 때 먼저 태상경 위정을 하북의 여러 주에 보내 식량을 징발하여 영주에 쌓아두도록 하고 또 태복소경 소예(蕭銳)에게 하남도의 여러 주에서 식량을 운송해와 바다로 가도록 하였다. (『冊府元龜』498 邦計部 16 漕運)
고구려	『신당서』신라전(新羅傳)에 전한다. "정관 17년 황제가 고구려를 정벌하고 조서로 군대를 거느리고 오랑캐를 깨뜨렸는데 선덕이 군사 5만으로 하여금 수구성을 함락했다는 소식을 들었다." (『玉海』153 朝貢 外夷來朝 內附)
백제	이 해에 백제 태자 여풍(餘豊)이 벌통 4개를 가져와 미와야마(三輪山)에 놓아 길렀으나 끝내 번식시키지 못하였다. (『日本書紀』24 皇極紀)

644(甲辰/신라 선덕왕 13 仁平 11/고구려 보장왕 3/백제 의자왕 4/唐 貞觀 18/倭 皇極 3)

고구려 백제 신라

	당 태종 정관 18년 정월 초하루에 토욕혼(吐谷渾)·설연타(薛延陀)·토번(吐蕃)·고려·백제 신라·강국(康國)·우전(于闐) (…)이 사신을 보내 방물을 바쳤다. (『冊府元龜』970 外臣部 15 朝貢 3)
신라	봄 정월 사신을 대당(大唐)에 보내 방물을 바쳤다. (『三國史記』5 新羅本紀 5)
고구려	봄 정월에 사신을 당에 들여보내 조공하였다. (『三國史記』21 高句麗本紀 9)
백제	봄 정월 당나라에 사신을 보내 조공하였다. (『三國史記』28 百濟本紀 6)
신라	봄 정월 신라가 사신을 당나라에 보내 조공하였다. (『三國史節要』8)
고구려	봄 정월에 고구려가 사신을 당에 들여보내 조공하였다. (『三國史節要』8)

| 백제 | 봄 정월 백제가 사신을 당나라에 보내 조공하였다. (『三國史節要』8) |

신라 고구려 백제

봄 정월 태종이 사농승(司農丞) 상리현장(相里玄奬)을 보내 조서를 고구려에 주며 말하기를, "신라는 우리에게 나라의 운명을 맡기고 조공을 빠뜨리지 않았는데, 너희는 백제와 함께 즉시 군사를 거두는 것이 좋을 것이다. 만일 또다시 그를 공격한다면 내년에 반드시 군사를 내어서 그대 나라를 칠 것이다."고 하였다. 개소문(蓋蘇文)이 현장(玄奬)에게 일러 말하기를, "고구려가 신라와 원한으로 사이가 멀어진 것은 이미 오래되었다. 예전에 수나라가 잇달아 침입했을 때 신라가 그 틈을 타서 고구려의 500리 땅을 빼앗고 성읍(城邑)을 모두 차지했는데, 땅을 돌려주고 성을 반환하지 않으면 이 전쟁은 그치지 않을 것이다."고 하였다. 현장이 말하기를, "이미 지나간 일을 어지 거슬러 올라가 논할 것까지 있는가."라고 했으나 소문은 끝내 따르지 않았다. (『三國史記』5 新羅本紀 5)

고구려 신라 백제

봄 정월 황제가 사농승 상리현장에게 명하여 조서를 가지고 와서 왕에게 주고 말하기를 "신라는 국가를 맡기고 조공이 떨어지지 않는다. 그대와 백제는 마땅히 전쟁을 그만두어야 한다. 만약 다시 신라를 공격한다면 내년에 병력을 출동시켜 그대 나라를 공격할 것이다."라 하였다. 현장이 국경에 들어왔을 때 개소문이 이미 병력을 거느리고 신라를 공격하여 두 성을 쳐부수었다. 왕이 불러오게 하니 돌아왔다. 현장이 신라를 침략하지 말라고 타이르니, 개소문이 현장에게 말하기를 "우리와 신라는 원한이 이미 오래되었다. 지난번에 수나라 사람이 침략해왔을 때 신라가 그 틈을 타서 우리의 땅 500리를 빼앗아 그 성읍을 모두 차지하였다. 스스로 우리에게 빼앗은 땅을 돌려주지 않는다면 전쟁은 아마도 그만둘 수 없을 것이다."라 하였다. 현장이 말하기를 "기왕의 일을 어찌 쫓아서 사리를 밝히겠는가? 지금요동의 여러 성은 본래 모두 중국의 군현이다. 중국이 오히려 말하지 않는데, 고구려가 어찌 옛 땅을 반드시 찾을 수 있겠는가"라 하였다. 막리지가 끝내 따르지 않았다. 현장이 돌아가 그 사실을 자세히 보고하니, 태종이 말하기를 "개소문은 그 임금을 시해하고 대신들을 죽이고 그 백성을 잔인하게 학대하고, 지금은 또 나의 명령을 어기니 토벌하지 않을 수 없다."고 하였다. (『三國史記』21 高句麗本紀 9)

| 백제 고구려 | 봄 정월 태종이 사농승 상리현장을 보내 두 나라를 타이르자 왕이 표문을 올려 사죄하였다. (『三國史記』28 百濟本紀 6) |

고구려 신라 백제

봄 정월 황제가 사농승 상리현장에게 명하여 조서를 가지고 와서 왕에게 주고 말하기를 "신라는 국가를 맡기고 조공이 떨어지지 않는다. 그대와 백제는 마땅히 전쟁을 그만두어야 한다. 만약 다시 신라를 공격한다면 내년에 병력을 출동시켜 그대 나라를 공격할 것이다."라 하였다. 현장이 국경에 들어왔을 때 개소문이 이미 병력을 거느리고 신라를 공격하여 두 성을 쳐부수었다. 왕이 불러오게 하니 돌아왔다. 현장이 신라를 침략하지 말라고 타이르니, 개소문이 현장에게 말하기를 "우리와 신라는 원한이 이미 오래되었다. 지난번에 수나라 사람이 침략해왔을 때 신라가 그 틈을 타서 우리의 땅 500리를 빼앗아 그 성읍을 모두 차지하였다. 스스로 우리에게 빼앗은 땅을 돌려주지 않는다면 전쟁은 아마도 그만둘 수 없을 것이다."라 하였다. 현장이 말하기를 "기왕의 일을 어찌 쫓아서 사리를 밝히겠는가? 지금요동의 여러 성은 본래 모두 중국의 군현이다. 중국이 오히려 말하지 않는데, 고구려가 어찌 옛 땅을 반드시 찾을 수 있겠는가"라 하였다. 막리지가 끝내 따르지 않았다. 현장이 돌아가 그 사실을 자세히 보고하니, 태종이 말하기를 "개소문은 그 임금을 시해하고 대신들을 죽이고 그 백성을 잔인하게 학대하고, 지금은 또 나의 명령을 어기니 토벌하지 않을 수 없다."고 하였다. 또 사신 장엄(蔣儼)을 보내 조서를 내렸으나 개소문이 끝내 조서를 받지 않고 군사로 사자를 위협했으나, 굴하지 않자 굴속에 가두었다. (『三國史節要』8)

고구려 신라 정월 상리현장이 평양에 이르렀는데 막리지는 이미 군사를 거느리고 신라를 쳐서 그 두 개의 성을 깨뜨렸는데, 고려왕의 사자가 그를 부르니 마침내 돌아왔다. 상리현장이 신라를 공격하지 말게 하려고 타일렀더니, 막리지가 말하였다. "옛날에 수나라가 쳐들어오자 신라가 틈을 타고서 우리의 땅 500리를 침략하였는데, 스스로 우리에게 침략하였던 땅을 돌려주지 않으니 아마도 그칠 수는 없을 것이오." 현장이 말하였다. "이미 지나간 일인데 어찌하여 추후에 논란을 한단 말이오. 요동에 잇는 여러 성의 경우에 본래 모두 중국의 군현들이지만 중국에서도 오히려 말을 하지 않는데 고려가 어찌하여 반드시 옛날 땅을 요구한단 말이오." 막리지는 끝내 따르지 않았다. (『資治通鑑』197 唐紀 13 太宗文武大聖大廣孝皇帝 中之下)

고구려 장엄은 상주(常州) 의흥(義興) 사람이다. 정관 연간에 우둔위병조참군(右屯衛兵曹叄軍)이 되었다. 태종이 장차 고구려를 정벌하려 할 때 모집되어 고구려의 사자가 되었다. 무리가 모두 두려워 하여 꺼리자 의젓하게 사람들에게 말하였다. "주상(主上)의 웅략(雄略)으로 화이(華夷)가 외위(畏威)하니 고구려는 소번(小蕃)으로 어찌 감히 그 사자를 도모하겠는가. 멋대로 그들이 능멸하면 또한 이것은 내가 죽을 곳이다." 마침내 나아가 가기를 청하고 고구려에 이르렀다. 막리지가 동굴 안에 두고서 병인(兵刃)으로써 위협하였으나 마침내 굴복하지 않았다. 마침 고구려가 패하여 돌아왔는데 태종이 그를 기특하게 여기고 조산대부(朝散大夫)에 임명하였다. (『舊唐書』185上 列傳 135上 蔣儼)

고구려 또 사농승 상리현장을 보내어 새서를 가지고 가서 고구려를 설득하여 신라를 공격하지 말도록 하였다. 개소문이 현장에게 말하기를, "고구려와 신라는 원수를 맺은 지가 이미 오래다. 지난날 수와 서로 싸울 적에 신라는 그 틈을 타서 고구려 땅 500리를 빼앗고, 성읍도 신라가 모두 차지하였다. 스스로 그 땅과 성들을 돌려주지 않으면 이번의 싸움을 그만둘 수 없다."라고 하였다. 현장이, "이미 지나간 일을 추론해서야 되겠는가?" 하였으나, 소문은 끝내 듣지 않았다. (『舊唐書』199上 列傳 149上 東夷 高麗)

백제 고구려 태종이 사농승 상리현장을 보내 글을 가져가 고구려와 백제에게 알려 깨우쳐 화복을 보였다. (『舊唐書』199上 列傳 149上 東夷 百濟)

신라 고구려 백제
태종은 상리현장을 고구려에 보내고, 신라는 나의 명령에 따르는 나라로서 조헌(朝獻)을 빼놓지 않았소. 그대 나라와 백제는 함께 마땅히 무기를 거두어 들여야 할 것이오. 만약 다시 공격을 한다면 내년에 군사를 내어 그대 나라를 칠 것이오."라는 새서(璽書)를 내렸다. (『舊唐書』199上 列傳 149上 東夷 新羅)

고구려 장엄은 상주 의흥 사람이다. 명경제(明經第)에서 뽑혀 우둔위병조참군이 되었다. 태종이 장차 고구려를 정벌하려 할 때 모집되어 사자가 되었다. 사람들이 모두 가기를 꺼려하자 의젓하게 떨쳐 일어나 말하였다. "천자는 웅무(雄武)로써 사이를 위엄에 두렵게 하니 만일 불행이 있으면 진실로 내가 죽을 곳이다." 마침내 가기를 청하였다. 막리지에거 붙잡힌 바 되어 군사로써 그를 위협하였으나 굽히지 않았다. 굴실(窟室)안에 있었는데 고구려가 평정되지 이애 돌아왔다. 황제가 그 절개를 기특하게 여겨 조산대부를 주었다. (『新唐書』100 列傳 25 蔣儼)

고구려 처음 의염이 고구려에 사신으로 갔을 때 그 왕이 부채를 들어 불렀다. 의염이 절을 하지 않고 말하기를, "나는 천자의 사신이다. 작은 나라의 임금이 어찌 나를 거만하게 볼 수 있는가.”하였다. 왕이 물러서며 말을 하고 예를 더하였다. 의침이 다시 사신으로 가니 또한 왕이 앉아서 불렀다. 의침이 포복하여 엎드려 절하니 당시 사람들이 이로 말미암아 형제의 우열을 보게 되었다. (『新唐書』105 列傳 30 李義琰)

고구려 신라 이에 사농승 상리현장에게 새서를 주어 보내어 고구려를 나무라고, 또 공격하지 말도록 하였다. 사자가 채 이르기 전에 개소문이 벌써 신라의 두 성을 탈취하였다. 현장이 태종의 유지를 알리자, 답변하기를, “지난 날 수나라의 침략을 받았을 적에 신라는 그 틈을 타 우리 땅 500리를 빼앗아갔소. 지금 그 땅을 다 돌려주지 않으면 싸움을 중지할 수 없소.”라고 하였다. 현장이, “지나간 일을 논할 것이 있겠소. 요동은 본시 중국의 군현이지만, 천자께서는 그래도 취하지 않으시었소. 고구려가 어찌 조명을 어길 수 있겠소.”하였으나, 듣지 않았다. (『新唐書』220 列傳 145 東夷 高麗)

백제 고구려 황제가 사농승 상리현장을 보내어 조서를 가지고 타일렀다. (『新唐書』220 列傳 145 東夷 百濟)

백제 고구려 『구당서(舊唐書)』백제전(百濟傳)에서 또 전한다. “ (…) 태종이 사농승 상리현장을 보내어 조서를 가지고 백제와 고구려를 타이르고 화복을 보였다.”(『太平御覽』781 四夷部 2 東夷 2 百濟)

고구려 신라 상리현장이 정관 연간에 사농승이 되어 고구려에 사신으로 갔다. 처음에 평양에 이르렀는데, 개소문이 이미 군사를 거느리고 신라의 양성을 깨뜨렸다. 그 왕이 사신을 보내 그를 불렀고 곧 군사를 거느리고 귀국하였다. 현장이 소문에게 일러 말하였다. “주상이 고구려가 군사를 그치고 신라를 공격하지 말라 하시어 현장이 명을 받들어 온 것도 이 때문이오.” 소문이 말하였다. “고구려와 신라는 원수를 맺은 지가 이미 오래다. 지난날 수나라와 서로 싸울 적에 신라는 그 틈을 타서 고구려 땅 500리를 빼앗고, 성읍도 신라가 모두 차지하였다. 스스로 그 땅과 성들을 돌려주지 않으면 이번의 싸움을 그만둘 수 없다.” 현장이 말하였다. “이미 지나간 일을 어찌 추론하는가. 요동의 여러 성은 모두 옛 중국 군현이다. 고구려는 지금 반드시 본지(本地)를 구하는데, 중국 또한 모름지기 강우(疆宇)를 회복하여 국가를 숭상할 것을 또한 말하지 않는데 고구려는 어찌 명을 어기는가.” 소문은 끝내 따르지 않았다. (『冊府元龜』660 奉使部 9 敏辯 2)

고구려 신라 백제

조서로 사농승 상리현장을 보내어 새서를 가지고 가서 고구려에 내려 타일러 말하였다. “신라는 우리에게 국가의 운명을 맡겼고, 조공을 빠뜨리지 않는다. 너희는 백제와 함께 신라에서 군대를 물려야 할 것이다.” 개소문이 현장에게 일러 말하였다. “고구려와 신라가 원망하여 틈이 생긴 것은 이미 오래되었다. 지난 날 수나라가 우리를 공격할 때 신라가 틈을 타서 고구려의 5백리 땅을 빼앗아 신라가 모두 가져갔다. 땅과 성을 돌려주지 않으면, 우리 군사들의 원망은 그치지 않을 것이다.” 현장이 말하였다. “기왕의 일은 어찌 추론(追論)할 만한가.” 소문이 마침내 따르지 않았다. (『冊府元龜』995 外臣部 40 交侵)

백제 고구려 『신당서(新唐書)』동이(백제)전에서 전한다. “황제가 사농승 상리현장을 보내어 조서를 가지고 가 권면하여 타일렀다.”(『玉海』191 兵捷 兵捷 露布 3 唐神丘道行軍大摠管蘇定方俘百濟)

고구려 『신당서』고려전(高麗傳)에서 전한다. “이에 사농승 상리현장을 보내어 새서로써 고구려를 책망하고 하여금 공격을 하지 말고 하였다. 고구려는 조서를 어기고 따르지 않았다[18년 2월 을사일 초하루에 현장이 돌아왔다].”(『玉海』194 兵捷 紀功 碑銘附)

백제	봄 정월 왕이 아들 융(隆)을 태자로 삼고 대사면령을 내렸다. (『三國史記』 28 百濟本紀 6)
백제	봄 정월 백제왕이 아들 융을 태자로 삼고 대사면령을 내렸다. (『三國史節要』 8)
고구려	2월 을사 초하루 상리현장이 돌아와서 그 상황을 갖추어 말하였다. 황제가 말하였다. "연개소문이 그 임금을 시해하고 그 대신들을 해치고 그 백성들에게 잔학하였으며, 지금 또한 나의 조명(詔命)을 어기면서 이웃 나라를 침략하여 폭행하니, 토벌하지 않으면 안 될 것이다." 간의대부(諫議大夫) 저수량(褚遂良)이 말하였다. "폐하께서 깃발을 휘둘러서 가리키자 중원이 깨끗하고 편안해졌으며 돌아보니 사방이 있는 이적(夷狄)들이 두려워서 복종하여 위엄과 바라는 것이 큽니다. 지금 마침내 바다를 건너서 멀리 가서 작은 오랑캐를 정벌하다가 만약에 기한을 정해 놓고 이간다면 오히려 좋겠습니다만 만일에 차질이라도 생긴다면 위엄과 바라는 것에 손상이 됩니다. 또한 분병(忿兵)을 일으켜 안위를 헤아리기가 어렵습니다." 이세적(李世勣)이 말하였다. "전에 설연타가 들어와 노략질 할 때에 폐하께서 군사를 일으켜서 끝까지 토벌하고자 하였는데, 위징이 간언을 하여 중지하였다가 오늘에 이르러서 걱정거리가 되게 하였습니다. 이전에 폐하의 계책을 사용하였다면 북쪽 시골은 편안해졌을 것입니다." 황제가 말하였다. "그렇소. 이것은 진실로 위징의 실수인데, 짐은 곧 그것을 후회하였으나 말하고자 하지 않았던 것은 훌륭한 모의를 막을까 걱정하였기 때문이오." 황제가 스스로 고구려를 정벌하고자 하였으나 저수량이 상소하였다. "천하를 비유하면 오히려 한 몸과 같은데, 두 개의 서울은 마음과 베이고 주와 현인 사지이며 사이란 몸 밖에 있는 물건입니다. 고려가 지은 죄는 커서 당연히 토벌해야 하지만 다만 두 세명의 맹장에게 명령하여 4만~5만의 무리를 거느리게 하면 폐하의 위엄과 신령함에 의지하여 그것을 빼앗는 것은 마치 손바닥을 뒤집는 것과 같을 것입니다. 지금 태자를 새로이 세우셨는데 연세가 아직 어리고 나머지 번병(藩屏)들은 폐하께서 아시는 바인데, 하루아침에 금성탕지(金城湯池)를 벌리시고 요해(遼海)의 험난한 곳을 넘어서 천하의 군주로서 가벼이 멀리까지 가시는 것이니, 모두 어리석은 신하인 저로서 아주 우려합니다." 황제가 듣지 않았다. 이 때에 여러 신라들 대부분이 고구려를 정벌하는 것을 간언하니 황제가 말하였다. "여덟의 요와 아홉의 순이 있어도 겨울에는 파종을 할 수 없고, 들에 있는 지아비와 어린아이도 봄만 되면 파종을 하여 자라게 하는 것은 적절한 시기를 만난 연고이다. 무릇 하늘은 그 적절한 때를 가지고 있고 사람은 그 공로를 가지고 있는 것이다. 연개소문이 윗사람을 능욕하고 아랫사람을 학대하니 백성들을 목을 늘여가지고 구해주기를 기다리니, 이것이 바로 고려가 망할 수 있는 시기인데 의논하는 것이 분분하지만 다만 이것을 보지 않을 뿐이다." (『資治通鑑』 197 唐紀 13 太宗文武大聖大廣孝皇帝 中之上)
고구려	당 태종 정관 18년 2월 을사일(1) 상리현장이 고구려에 사신으로 갔다가 돌아왔다. 현장이 처음 평양에 이르렀을 때 개소문이 신라의 양성을 깨뜨렸다. 황제가 주위의 신라를 돌아보고 말하였다. "고려 막리지는 그 임금을 죽이고 대신을 다 죽였다. 형벌을 씀이 함정과 같아서 백성을 움직이는 대로 죽이므로, 원한이 가슴에 사무치어 길가에서도 눈짓을 한다. 천자가 군사를 내어 정벌하여 위로하고 죄인을 친다는 것은 모름지기 명분이 있어야 하는데, 그가 임금을 시해하고 아랫사람을 학살한 구실을 내세운다면 무너뜨리기가 쉬울 것이다." 간의대부 저수량이 말하였다. "폐하의 전략과 계책은 사람들이 능히 알지 못합니다. 옛날 수나라 말기의 난 때 손수 침범해 온 적들을 평정하고 북적이 변방을 침범하고 서방 오랑캐가 예의를 잃자 폐하께서는 장수들에게 명하여 이들을 치게 하였습니다. 여러 신하가 힘들게 간하지 않는 자가 없었으나 오직 폐하께서는 홀로 밝은 계략으로 결단하시어 마침내 이민족을

토벌하였습니다. 해내(海內)의 사람과 요외(徼外)의 나라가 위엄을 두려워하고 복종하는 것이 이 때문입니다. 지금 폐하께서 고구려를 정벌한다는 말을 듣고 마음이 조금 혼란스럽습니다. 그러나 폐하의 신과 같은 무덕과 명성은 북주나 수나라의 군주에 비할 수 없습니다. 만일 군사가 요하를 건넌다면 모름지기 싸움은 이겨야 합니다. 만일 이기지 못하면 폐하의 위엄은 멀리까지 보일 수 없을 것이며 폐하께서는 크게 노하여 다시 대군을 일으킬 것입니다. 여기에 이르게 된다면 안위는 예측하기 어렵습니다." 황제가 그렇다고 하였다. (『冊府元龜』991 外臣部 36 備禦 4)

고구려 　『신당서』 고려전에서 전한다. "이에 사농승 상리현장을 보내어 새서로써 고구려를 책망하고 하여금 공격을 하지 말고 하였다. 고구려는 조서를 어기고 따르지 않았다[18년 2월 을사일 초하루에 현장이 돌아왔다]."(『玉海』194 兵捷 紀功 碑銘附)

고구려 　정관 18년 2월 태종이 주위 신하들에게 일러 말하였다. "고구려 막리지가 그 임금을 죽이고 대신을 다 죽였다. 무릇 출사하여 죽은 왕을 위문하고 시역자를 정벌함에 반드시 명분이 있어야 한다. 임금을 죽이고 아랫사람에게 잔혹하게 하니 그것을 취하여 바꿀 것이다." 간의대부 저수량이 나아가 말하였다. "만일 군사가 요하를 건넌다면 모름지기 싸움은 이겨야 합니다. 만일 이기지 못하면 폐하의 위엄은 멀리까지 보일 수 없을 것이며 반드시 폐하께서는 크게 노하여 다시 군사를 일으킬 것입니다. 여기에 이르게 된다면 안위는 예측하기 어렵습니다." 태종이 그렇다고 하였다. 병부상서(兵部尙書) 이적(李勣)이 말하였다. "최근에 설연타(薛延陀)가 변방을 침범했을 때 반드시 추격하려 했습니다. 다만 위징(魏徵)이 간곡하게 간언하여 멈추었습니다. 만약 토벌을 했다면 설연타는 한 사람도 살아 돌아가지 못했을 것이며, 59년간 변경에 일이 없었을 것입니다." 하였다. (『通典』186 邊防 2 東夷 下 高句麗)

고구려 　정관 18년 2월에 태종이 주위 신하들에게 일러 말하였다. "고구려 막리지가 그 임금을 죽이고 대신을 다 죽였다. 형벌을 씀이 함정과 같아서 무릇 군대를 내어 위로하고 정벌한다면 반드시 그 명분이 있을 것이다. 임금을 시해하고 그 아랫사람에게 잔혹하게 하니 그것을 취하여 바꿀 것이다." 간의대부 저수량이 나아가 말하였다. "만일 군사가 요하를 건넌다면 모름지기 싸움은 이겨야 합니다. 만일 이기지 못하면 폐하의 위엄은 멀리까지 보일 수 없을 것이며 반드시 폐하께서는 크게 노하여 다시 군사를 일으킬 것입니다. 여기에 이르게 된다면 안위는 예측하기 어렵습니다." 태종이 그렇다고 하였다. 병부상서 이적이 말하였다. "지난 날 설연타가 변방에 침입하여 폐하께서 추격하려 하실 적에 위징이 하도 간언하여서 그만 두었습니다. 이 때문에 기회를 놓쳤으니 이 또한 위징의 잘못된 계책이었습니다. 오히려 만약 성책을 폈다면 설연타는 한 사람도 살아돌아가지 못했을 것이며 59년간 변경에 일이 없었을 것입니다." 하였다. (『唐會要』95 高句麗)

고구려 　정관 18년 2월 태종이 대신에게 일러 말하였다. "고구려 막리지가 그 임금을 죽이고 대신을 다 죽였다. 무릇 군대를 내어 백성들을 위로하고 죄인을 친다는 것은 반드시 명분이 있었야 한다. 그가 임금을 죽이고 백성을 학대하는 것으로 구실로 하면 간언하고 의논하는 것이 쉬울 것이다." 간의대부 저수량이 나아가 말하였다. "만일 군사가 요하를 건넌다면 모름지기 싸움은 이겨야 합니다. 만일 이기지 못하면 폐하의 위엄은 멀리까지 보일 수 없을 것이며 반드시 폐하께서는 크게 노하여 다시 군사를 일으킬 것입니다. 여기에 이르게 된다면 안위는 예측하기 어렵습니다." 태종이 그렇다고 하였다. 병부상서 이적이 말하였다. "최근에 설연타가 변경을 침범하여 폐하께서 반드시 추격하려 하셨으나 다만 위징이 간곡히 간언하였기에 그쳤습니다. 만약 토벌을 하였다면 한 명도 살아 돌아가지 못했을 것이며 50년간 변경에 일이 없었을 것입니다."(『太平寰宇記』173 四夷 2 東夷 2 高勾驪國)

고구려 　당 태종 정관 18년 2월에 주위 신하들에게 일러 말하였다. "막리지의 잔혹함은 그 임금을 시해하고 대신을 다 죽인 것이다. 형벌을 씀이 함정과 같아서 백성을 움직이는 대로 죽이므로, 원한이 가슴에 사무치어 길가에서도 눈짓을 한다. 무릇 군사를 일으켜 백성을 위로하고 죄인을 친다는 것은 모름지기 명분이 있어야 하는데, 그가 임금을 시해하고 아랫사람을 학살한 구실을 내세운다면 무너뜨리기가 매우 쉬울 것이다."(『冊府元龜』135 帝王部 135 好邊功)

고구려 삼한 대방 현도

저수량은 산기상시(散騎常侍) 양(亮)이 아들이다. (…) 태종이 고구려를 친히 정벌하려 할 때 시신(侍臣)들을 둘러보면 말하기를, "고구려의 막리지가 그 왕을 살해하고 그 신하들을 학대하고 있다. 무릇 군대를 내어 조문하고 정벌함에는 마땅히 기회를 타야 한다. 그래서 그 시해하고 학대하는 것으로 그를 죽이는 것은 매우 쉬운 일이다." 하였다. 수량이 대답하여 말하였다. "폐하의 전략과 신이한 계책은 사람들이 알지 못합니다. 예전 수나라 말기의 난리 때 직접 난리를 평정하시고 북적이 변방을 침략하고 서번이 예를 잃어 폐하께서 장수들에게 명하여 공격하게 하였습니다. 군신들이 간언하지 않음이 없었으나, 폐하께서 홀로 결정하시고 나아가 토벌하고 마침내 오랑캐들을 주살하였습니다. 해내의 사람들과 외방의 나라들이 두려워하고 업드렸습니다. 이를 예로 든다면 지금 폐하께서는 장차 군대를 일으켜 요동으로 정벌하려 하시니 어찌 하시려는지 신의 마음은 혼란스럽습니다. 폐하의 신과 같은 무덕은 전대의 임금과 비교할 수 없습니다. 군대는 이미 요하를 건넜고, 크게 이길 날만 기다리고 있습니다. 만에 하나 차질이 생긴다면 원방(遠方)에 위력을 보일 수 없습니다. 만약 분한 마음에 다시 군대를 일으키신다면 곧 안위는 헤아리기 어렵습니다." 태종이 매우 그렇다고 여겼다. 병부상서 이적이 말했다. "최근에 설연타가 변경을 침입했을 때 폐하께서 추격하고자 하셨는데, 이 때 폐하께서 위징의 말을 취하셔서 기회를 잃었습니다. 만약 성스런 책략을 주셨다면 설연타는 한 사람도 살아 돌아가지 못하고 50년간 변경은 일이 없었을 것입니다." 하였다. 황제가 말하기를, "진실로 경의 말과 같다. 위징의 잘못된 계책 때문이었다. 짐이 한 가지 계책으로 정벌을 하려는 것은 아니다. 뒷날 수량에게 좋은 계책이이 있다면 어찌 받아들이지 않겠는가." 하였다. 이로 말미암아 이적의 말을 따랐다. 낮이 지나 군대가 요수를 건넜다. 수량은 태종이 삼한(三韓)에 뜻을 두고 있다는 것을 알고 뉘우칠 일이 생길 것을 두려워 하여 다음날 상소하여 다음과 같이 간언하였다. "신이 듣건대 나라를 몸에 비유한다면 두 수도는 심복이며 사방의 경계는 수족이고, 다른 먼 지역은 몸 바깥에 있는 것과 같다고 하였습니다. 신이 옥좌 아래 가까이 있으면서 업드려 구칙(口敕)을 받들었는데 신하들에게 칙령을 받들어 신하들에게 포고하고 이르시기를 스스로 요동을 정벌하려 한다하셨습니다. 신이 며칠 밤을 생각하고 헤아려도 그 이치를 모르겠습니다. 고구려의 왕은 폐하가 세우셨으며, 막리지는 그 군주를 시해하였습니다. 폐하가 역도를 토벌하고 땅을 거두려는 것은 실로 기회를 탔습니다. 관동은 폐하의 덕택을 의뢰하여 오랫동안 전쟁이 없었습니다. 단만 2~3명의 용감한 장수에게 병사 4~5만을 주어 돌을 날리고 운제와 충제를 빠르게 하면 손바닥 돌리듯 쉽게 취할 수 있을 것입니다. 무릇 성인이 일을 하는 데 있어서는 반드시 상규(常規)를 밟아야 합니다. 귀한 이는 능히 흉하고 어지러운 것을 평정할 수 있습니다. 재능있고 걸출한 이들을 통솔하면 됩니다. 오직 폐하는 음양의 도리를 넓히시고, 3황5제의 풍속을 부채질하시어 사람과 만물을 끌며 갈며 하신다면 모두들 명령을 이룰 생각을 할 것입니다. 옛날 후군집(侯君集)과 이정은 이른바 용부(庸夫)입니다. 오직 능히 만리의 고창국을 청소하고 천년의 돌궐을 평정할 수 있었던 것은 모두 폐하가 지시하신 것을 따라 성명(聖明)에 돌아온 것일 뿐입니다. 신이 바야흐로 사적을 구하여 근대에 이르렀는데, 다른 사람의 군주가 됨은 스스로 요동을 정벌하는 것에 없고 다른 사람의 신하된 자가 가서 정벌한다면 있습니다. 한나라 조정의 순체(荀彘)·양복(楊僕), 위나라 때의 관구검(毌丘儉)·왕기(王頎) 같은 경우입니다. 사마의(司馬懿)은 오직 인신으로서 모용진(慕容鎭)은 참람한 호칭을 쓴 자의 아들로서 모두 그 주인을 위하여 오랫동안 고구려를 쫓아, 그 인민을 사로잡고, 성루를 깎았습니다. 폐하가 천지와 같이 공을 세움은 고석에 아름답게 쌓여질 것입니다. 스스로 백왕을 뛰어넘는다 할지라도 어찌 저 6명과 같이 한가지로 구부려지려 하십니까. 폐하께서 옛날 침입자들과 역도들을 쓸어버리고 평정하실 때 큰 장수들이 있어 나이가 쇠하지 않아 그 서임을 감당할 수 있었으니 오직 폐하의 시키신 바가 아니겠습니까. 또한 행하다가 이기지 못하면 어떻게 되겠습니까. 이제 태자가 새로 서서 나이 아직 어린데 나머지 번병도 폐하가 아시는 바 지금 하루 아침에 금탕(金湯)의 온전함을 버리고, 요해를 밖으로 건너시려는 것을 신을 세 번 생각해도 괴로움과 시름이 다 모여듭니다. 큰 물고기는 큰 바다에 의존하고 신룡(神龍)은 샘에 거합니다. 이를 일러 인군은 가벼이 먼 곳으로 갈 수 없다는 것입니다. 또한 긴 요하의 좌측은 혹 장마를 만나면 물이 요동쳐 평지에 수척이나 파도를 일으킵니다. 무릇 대방(帶方)·현도(玄菟)는 바닷길이 깊고 어두워 만승의 천자라도 의당 발걸음을 해서는 안되는 곳입니다. 동경과 태원을 일러 중지(中地)라 하는데 동은 가히 성세(聲勢)로 지휘할 만하며, 서쪽은 설연타를 억압하는 것으로 족합니다. 그곳은 서경에서 경로가 멀지 않아 그 절도사를 위하여 전략을 세워 막리지의 머리를 묶어 황실의 사당에 바친다면 이것은 실로 안전한 최상의 계책에 처하는 것입니다. 사직의 근본은 하늘같은 자애로움을 비는 것이니 한 번의 성찰하여 주시기 바랍니다." 태종이 받아들이지 않았다. (『舊唐書』 80 列傳 30 褚遂良)

고구려

태종은 시신들을 돌아보며 "막리지는 그의 군주를 시해하고 대신을 다 죽였으며, 용형(用刑)이 함정과 같아서 백성을 움직이는 대로 죽이므로, 원한이 가슴에 사무치어 길가에서도 눈짓을 한다. 무릇 군사를 일으켜 백성을 위로하고 죄인을 친다는 것은 모름지기 명분이 있어야 하는데, 그가 임금을 시해하고 아랫사람을 학살한 구실을 내세운다면 무너뜨리기가 매우 쉬울 것이다."라고 하였다. (『舊唐書』 199上 列傳 149上 東夷 高麗)

고구려 대방 현도

저수량의 자는 등선(登善)이다. (…) 황제가 스스로 요동을 정벌하려 하자 수량이 진정으로 가지 말 것을 권고하기를, 한번이라도 이기지 못하면 군대를 다시 일으킬 것이고 다시 일으키면 분한 병사가 되고, 분한 병사가 되면 승부는 알 수 없다고 하였다. 황제가 그렇게 여겼는데 이적이 그의 계책을 비판하자 황제가 마침내 동정을 계획하였다. 수량이 두려워 상언하기를, "신의 청을 몸에 비유한다면 양경은 복심이며 네 경계는 수족입니다. 적들을 죽이고 지역을 끊는 것은 지체에 속하는 것이 아닙니다. 고구려의 왕은 폐하가 세운 것이며, 막리지가 이를 죽였으니, 그 역도를 토벌하고 그 땅을 평정하는 것은 진시로 실수가 아닙니다. 다만 한 두명의 신중한 장수를 정예병 10만을 딸려 보내어 군기를 높이 들고 병거(兵車)를 구름처럼 모으면 손에 침뱉듯 취할 수 있습니다. 옛날 후군집이나 이정은 용인에 불과할 뿐으로 고창을 공격하고, 돌궐을 묶어 둘 수 있었던 것은 폐하께서 지시한 바로 성명에 공이 돌아옴을 얻었던 것입니다. 전날 폐하가 천하를 평정함에 따라 범같은 병사들과 날카로운 신하들이 기력이 쇠하지 않아 가히 책략을 따를 수 있었던 것으로 오직 폐하가 시키신 바입니다. 신이 듣기로 요수를 건너 좌로 가면 혹 물이 넘쳐 평지가 3척이나 진탕이 되고 대방이나 현도는 바다와 토양이 황만하여 결코 만승의 군대가 마땅히 가서는 안되는 곳이라 합니다." 하였다. 이때 황제는 탕평(蕩平)을 생각하고 살피지 않고, 저수량을 황문시랑(黃門侍郞)으로 높이고 조정에 참석하게 하였다. (『新唐書』 105 列傳 30 褚遂良)

고구려	현장이 돌아와서 아뢰자, 태종은, "막리지가 임금을 죽이고 형벌을 쓰는 것이 함정과 같이 하여 아랫사람을 너무 포학하게 다루니, 원망의 소리가 길에 넘치고 있다. 우리가 출사하는 데 명분이야 없겠는가."하였다. 간의대부 저수량이, "폐하의 군사가 요하를 건넜다가 승리를 거둔다면 참으로 좋은 일이오나, 만에 하나라도 뜻대로 되지 않는다면 다시 군사를 써야 하고, 다시 군사를 쓰게 된다면 그 때에는 안위를 예측할 수 없습니다."하니, 병부상서 이적은, "그렇지 않습니다. 지난 날 설연타가 변방에 침입하여 폐하께서 추격하려 하실 적에 위징이 하도 간언하여서 그만 두었습니다. 만약 추격하였더라면 한필의 말도 살아 돌아가지 못하였을 것인데, 뒤에 다시 배반하여 오늘날까지 한이 되고 있습니다. 고 하였다. 이에 태종은, "진실로 그러하다. 다만 한 번의 실수를 가지고 그를 원망한다면, 이후에 누가 나를 위하여 계획을 세우겠는가."하였다. (『新唐書』 220 列傳 145 東夷 高麗)
고구려	당 융락(戎輅) (…) 저수량이 고구려의 정벌을 그칠 것을 간언하였다. 군기가 나부끼고 병거가 구름처럼 모였다. (『玉海』 146 兵制 車戰)
백제 고구려 신라	
	당 태종 정관 18년 6월 조서를 내려 다음과 같이 말하였다. "백제와 고구려가 그 궁벽하고 먼 곳에 있다는 것을 기대어 매번 군사를 움직여 신라를 핍박하니 신라가 날로 오그라들고 백성이 도탄에 빠져 사신을 보내어 원조를 청함이 도로에 즐비하다. 짐이 정성으로 깊이 생각하고 불쌍히 여겨 이에 명을 받은 사자에게 조서를 내려 저 두 번병이 군사를 거두고 우호를 돈독히 하라고 하였다. 그러나 고구려의 간악한 무리들이 공격을 그치지 않는다. 만약 돕지 않는다면 어찌 괴로움을 당하는 사람을 구제할 수 있겠는가. 영주도독 장검과 수좌종위(守左宗衛率) 고이행(高履行) 등에게 명하여 유주로 가서 유주·영주 두 도독부(都督府)의 병마 및 거란(契丹)·해(奚)·말갈(靺鞨)을 이끌고 요동에 가서 죄를 묻도록 하라."마침 요수의 물이 범람하여 검 등이 건너지 못하였다. (『冊府元龜』 991 外臣部 36 備禦 4)
백제 고구려 신라	
	백제와 고구려가 그 궁벽하고 먼 곳에 있다는 것을 기대어 매번 군사를 움직여 신라를 핍박하니 신라가 날로 오그라들고 백성이 도탄에 빠져 사신을 보내어 원조를 청함이 도로에 즐비하다. 짐이 정성으로 깊이 생각하고 불쌍히 여겨 이에 명을 받은 사자에게 조서를 내려 저 두 번병이 군사를 거두고 우호를 돈독히 하라고 하였다. 그러나 고구려의 간악한 무리들이 공격을 그치지 않는다. 만약 돕지 않는다면 어찌 괴로움을 당하는 사람을 구제할 수 있겠는가. 영주도독 장검과 수좌종위 고이행 등에게 명하여 유주로 가서 유주·영주 두 도독부의 병마 및 거란·해·말갈을 이끌고 요동에 가서 죄를 묻도록 하라. (『全唐文』 7 太宗皇帝 命張儉等征高麗詔)
고구려	4월 (…) 황제가 장차 고구려를 정벌하려 하여 (…) 가을 7월 신묘일(20)에 장작대감(將作大監) 염입덕(閻立德) 등에게 칙령을 내려서 홍주·요주·강주 3주에 가서 배 400척을 만들어서 군량을 실어 놓게 하였다. (『資治通鑑』 197 唐紀 13 太宗文武大聖大廣孝皇帝 中之下)
고구려	7월 갑오일(23)에 영주도독 장검이 유쥬·영주 군사 및 거란·해를 거느리고 고구려를 공격하였다. (『新唐書』 2 本紀 2 太宗)
고구려	7월 갑오일(23)에 조서를 내려서 영주도독 장검 등을 파견하여 유주·영주 2도독의 군사와 거란·해(奚)·말갈을 인솔하고 요동을 공격하여 그 형세를 관찰하게 하였다. 태상경(太常卿) 위정(韋挺)을 궤운사(饋運使)로 삼고, 민부시랑(民部侍郞) 최인사(崔

仁師)로 그를 돕게 하였으며 하북(河北)의 여러 주에서부터 모두 위정의 통제를 받아서 편리한 방법으로 일을 좇도록 허락하였다. 또 태복소경(太僕少卿) 소예(蕭銳)에게 명령하여 하남 여러 주의 양식을 운반하여 바다로 들어가게 하였다. 소예는 소우의 아들이다. (『資治通鑑』 197 唐紀 13 太宗文武大聖大廣孝皇帝 中之下)

고구려 신라 백제	당 태종 정관 18년 7월 태종이 고구려의 막리지가 그 임금을 죽이고 군대를 동원하여 신라를 치고, 신라가 예를 다하여 국가를 섬기며 자주 사신을 보내 이마를 조아리며 원조를 청하자 사신을 보내 고구려가 군사를 풀도록 하였으나 따르지 않아 공격하려 하였다. 이에 칙령을 내려, 대장(大匠) 염립덕(閻立德)과 괄주(括州)자사 조원해(趙元楷), 송주자사(宋州刺史) 왕파리(王波利)에게 홍(洪)·요(饒)·강(江) 등의 주에 가서 함선 4백척을 만들어 군량을 실어 바다를 건너 공격하여 싸울 수 있도록 하게 하였다. 또 날랜 기병 수천을 보내어 요동성(遼東城)에 이르러 그 기세를 살피도록 하였다. 갑오일(23) 드디어 조서를 내려 다음과 같이 말하였다. "백제와 고구려가 그 궁벽하고 먼 곳에 있다는 것을 기대어 매번 군사를 움직여 신라를 핍박하니 신라가 날로 오그라들고 백성이 도탄에 빠져 사신을 보내어 원조를 청함이 도로에 즐비하다. 짐이 정성으로 깊이 생각하고 불쌍히 여겨 이에 명을 받은 사자에게 조서를 내려 저 두 번병이 군사를 거두고 우호를 돈독히 하라고 하였다. 그러나 고구려의 간악한 무리들이 공격을 그치지 않는다. 만약 돕지 않는다면 어찌 괴로움을 당하는 사람을 구제할 수 있겠는가. 영주 도독 장검과 수좌종위 고이행 등에게 명하여 유주로 가서 유주·영주 두 도독부의 병마 및 거란·해·말갈을 이끌고 요동에 가서 죄를 묻도록 하라." 요동의 물이 범람하여 검 등의 군대가 건너지 못하였다. (『冊府元龜』 985 外臣部 30 征討 4)

고구려	가을 7월에 황제가 장차 병력을 출동시키려고 홍주(洪州)·요주(饒州)·강주(江州) 3주에 명령을 내려 배 4백 척을 만들어 군량을 싣게 하고, 영주도독 장검(張儉) 등을 보내 유주(幽州)·영주(營州) 도독의 병력과 거란·해(奚)·말갈을 거느리고 먼저 요동을 공격하여 그 형세를 보게 하고, 대리경(大理卿) 위정(韋挺)으로 궤수사(饋輸使)로 삼아, 하북의 여러 주는 모두 위정의 명령을 받게 하고 편의에 따라 일을 처리할 수 있게 하였다. 또 소경(少卿) 소예(蕭銳)에게 명하여 하남의 여러 주의 식량을 싣고 바다로 가게 하였다. (『三國史記』 21 高句麗本紀 9)

고구려	가을 7월에 황제가 장차 병력을 출동시키려고 홍주(洪州)·요주(饒州)·강주(江州) 3주에 명령을 내려 배 4백 척을 만들어 군량을 싣게 하고, 영주도독 장검(張儉) 등을 보내 유주(幽州)·영주(營州) 도독의 병력과 거란·해(奚)·말갈을 거느리고 먼저 요동을 공격하여 그 형세를 보게 하고, 대리경(大理卿) 위정(韋挺)으로 궤수사(饋輸使)로 삼아, 하북의 여러 주는 모두 위정의 명령을 받게 하고 편의에 따라 일을 처리할 수 있게 하였다. 또 소경(少卿) 소예(蕭銳)에게 명하여 하남의 여러 주의 식량을 싣고 바다로 가게 하였다. (『三國史節要』 8)

고구려 신라	신라가 계속 원병을 청하자, 이에 오선(吳船) 4백 척에 군량을 실어 보내고, 영주도독 장검 등에게 조서를 내려 유주와 영주의 군사 및 거란, 해, 말갈 등을 거느리고 토벌하게 하였다. 마침 요하의 강물이 넘쳐서 군사가 돌아왔다. (『新唐書』 220 列傳 145 東夷 高麗)

고구려	18년 8월 8일 소예(蕭銳)가 상주하기를 "바다 가운데 옛 대인성(大人城)이 있는데, 서쪽으로 황현(黃縣)과 22리, 북으로 고구려 470리에 다다르며, 그 땅은 감수가 많습니다. 이곳에 군량을 쌓아두면 더욱 편리할 것입니다." 하였다. 황제가 조서를 내려 이를 따랐다. 이에 하남도에서 군량을 옮겨 수륙으로 서로 잇게 하여 바다를 건

너 이곳에 군량을 모두 쌓았다. (『冊府元龜』498 邦計部 16 漕運)

고구려 9월 을미일(24)에 홍려시(鴻臚寺)에서 상주문을 올렸다. "고려의 막리지가 백금(白金)을 공물로 보내왔습니다." 저수량이 말하였다. "막리지는 그 임금을 시해하고 구이(九夷)도 용납하지 않고 지금 장차 그를 토벌하려고 하는데, 그들을 금을 받는다면 이는 고정(郜鼎)의 류와 같은 것이니 신은 받을 수 없다고 생각합니다." 황제가 이를 좇았다. 황제가 고구려의 사자에게 말하였다. "너희들은 모두 고무(高武)를 섬겼고 관작을 가지고 있었다. 막리지가 시역(弑逆)하였는데, 너희들을 복수를 할 수 없었고 지금에는 다시 그를 위하여 유세(遊說)하여 큰 나라를 속이려 하니, 죄는 어느 것이 큰가." 모두 대리시(大理寺)에 위탁하여 처리하게 하였다. (『資治通鑑』197 唐紀 13 太宗文武大聖大廣孝皇帝 中之下)

고구려 9월 고구려 연개소문이 당에 백금을 바쳤다. 저수량이 말하기를, "막리지가 그 임금을 죽인 것은 구이가 용납하지 않는 바 이제 그를 토벌하려고 하는데, 금을 바치니 이는 고정과 같은 뇌물입니다. 신은 받을 수 없다고 생각합니다."고 하였다. 황제가 그 말에 따랐다. 사신이 또 말하기를 "막리지가 관리 50인을 들여보내 숙위하게 할 것입니다." 하였다. 황제가 화가 나서 사신에게 말하기를 "너희 관리들은 모두 고무를 섬겨 관작을 얻었다. 막리지가 임금을 죽였는데도 너희 관리들은 복수를 하지 않고 지금 다시 그를 위하여 유세하며 대국을 기만하니, 죄가 막대하지 아니하냐." 하고, 모두 처벌하게 하였다. (『三國史記』21 高句麗本紀 9)

고구려 9월 고구려 연개소문이 당에 백금을 바쳤다. 저수량이 말하기를, "막리지가 그 임금을 죽인 것은 구이가 용납하지 않는 바 이제 그를 토벌하려고 하는데, 금을 바치니 이는 고정과 같은 뇌물입니다. 신은 받을 수 없다고 생각합니다."고 하였다. 황제가 그 말에 따랐다. 사신이 또 말하기를 "개소문이 관리 50인을 들여보내 숙위하게 할 것입니다." 하였다. 황제가 화가 나서 사신에게 말하기를, "너희 관리들은 모두 고무를 섬겨 관작을 얻었다. 개소문이 임금을 죽였는데도 너희 관리들은 복수를 하지 않고 지금 다시 그를 위하여 유세하며 대국을 기만하니, 죄가 막대하지 아니하냐." 하고, 모두 처벌하게 하였다. (『三國史節要』8)

고구려 고구려 막리지가 사신을 보내어 백금을 바쳤다. 저수량이 태종에게 말하기를, "막리지가 그 임금을 죽인 것은 구이가 용납하지 않는 바 이제 조문하고 정벌하려고 하여 요산의 사람들을 위하여 군주의 치욕을 보답하려고 합니다. 옛날에는 임금을 죽인 자를 토벌하는데 뇌물을 받지 않았습니다. 예전 송독(宋督)이 노나라 임금한테 고정을 보내자 환공(桓公)이 이를 받아 태묘(太廟)에서 받으려 했습니다. 장애백(臧哀伯)이 간언하기를, '인군된 자는 덕을 밝히고 어그러진 것을 막아야 합니다. 지금 덕을 멸하고 잘못을 세우는 것입니다. 그런데 태묘에서 그 뇌물을 받는다면 백관들이 이를 모방할 터인데 어찌 이를 주살할 수 있겠습니까. 무왕이 상나라를 이기고 구정(九鼎)을 낙읍(洛邑)으로 옮기니 오히려 뜻있는 선비들이 잘못이라고 하였습니다. 하물며 장차 덕을 밝히려 하는데, 어긋나고 어지러운 자의 뇌물을 태묘에 둔다면 이를 어찌하시렵니까. 무릇 춘추라는 책은 모든 왕이 법받아야 할 것으로 만약 신하노릇하지 못한 자의 뇌물을 받고 시역한 자의 조공을 받으면서 그를 허물하지 않는다면 어떻게 그를 정벌할 수 있겠습니까. 신은 막리지가 바치는 것을 받아서는 안된다고 생각합니다. 태종이 받아들이고 그 사신을 감옥에 가두었다. (『舊唐書』80 列傳 30 褚遂良)

고구려 막리지가 사신을 보내어 금을 바쳤다. 저수량이 말하기를, "옛날에 임금을 죽인 죄는 토벌해야 한다고 했습니다. 그 뇌물을 받아서는 안됩니다. 노나라가 태묘에 들인 고정과 같은 것이니, 춘추의 대의를 기망하는 것입니다. 지금 막리지가 공물을 바치는 것은 신하되지 않음을 숨기는 것이니 받아서는 안됩니다." 하였다. 조서로 옳다고 하여 그 사신을 감옥에 가두었다. (『新唐書』105 列傳 30 褚遂良)

고구려　막리지가 두려워하여 사자를 보내 백금을 바쳤으나 태종은 받아들이지 않았다. 사자가 또, "막리지가 숙위(宿衛)를 시키기 위하여 관원 50명을 보내 왔습니다."고 말하자, 태종은 화를 내며 사자에게, "너희들은 고무에게 처음 벼슬하였는데도 절의를 바쳐 죽지 않았으며, 또 역자(逆子)를 위하여 계책을 꾸미니 용서할 수 없다."고 꾸짖고, 모두 감옥에 가두었다. (『新唐書』220 列傳 145 東夷 高麗)

고구려　『구당서』 저수량전(褚遂良傳)에서 또 전한다. "정관 연간(627~649)에 홍려시에서 상주문을 올렸다. '고려의 막리지가 백금을 공물로 보내왔습니다.' 황문시랑(黃門侍郞) 저수량이 나아가 말하였다. '막리지는 그 임금을 시해하고 구이도 용납하지 않고 폐하가 군사를 일으켜 장차 토벌하여 요산(遼山)의 사람들을 위하여 군주의 치욕을 보답하려고 하는데 만일 그 공물을 받는다면 어찌 정벌할 수 있겠습니까?' 태종이 받아들였다." (『太平御覽』812 珍寶部 11 銀)

신라 백제　가을 9월 왕이 김유신(金庾信)을 대장군으로 삼아 군사를 거느리고 백제를 정벌하게 하니 크게 이기고 7성을 빼앗았다. (『三國史記』5 新羅本紀 5)

백제 신라　가을 9월 신라 장군 유신이 군사를 거느리고 침입하여 7개성을 빼앗았다. (『三國史記』28 百濟本紀 6)

신라 백제　가을 9월 신라왕이 김유신을 상장군(上將軍)으로 삼아 군사를 거느리고 백제를 정벌하게 하였다. 가혜(加兮)·성렬(省熱)·동화(同火) 등 7성을 크게 이겨 가혜진(加兮津)을 열었다. (『三國史節要』8)

백제　9월 백제가 사신을 당나라에 보내 조공하였다. (『三國史節要』8)

고구려 요동 삼한
　당 태종 정관 18년 10월 계묘일(3) 옹주(雍州)의 부로(父老) 1,100명에게 상림원(上林苑)에서 연회를 베풀었다. 황제가 일러 다음과 같이 말하였다. "짐이 난을 평정하여 해내(海內)가 다스려져 안정되고 백성이 생업에 종사하여 각기 그 순리를 따르게 되었다. 그러나 요동의 여러 성들은 중국의 옛 땅으로 막리지가 이리 새끼같은 야심으로 그 군주를 죽이니 짐이 그 나라를 보존시키고 그 나라 사람들을 조문하고자 한다. 그래서 장차 낙양으로 갈 것이다. 경략을 한다면 삼한의 땅이 다시 안정되는데 1,2년이면 돌아올 것이다. 그래서 부로들에게 따로 약속하니 나를 따라 나서는 자손들은 짐이 몸소 순무하여 걱정하지 않도록 할 것이다. 백세 이상에게는 전피포(氈被袍) 각 1필과 비단 10필, 속 10석을 90세 이상은 비단 5필과 속 5석을, 80세 이상에게는 비단 3필과 속 2석을 내리노라. (『冊府元龜』109 帝王部 109 宴享)

고구려　당 태종 정관 18년 10월 갑인일(14) 어가(御駕)가 낙양궁(雒陽宮)으로 떠났다. (『冊府元龜』117 帝王部 117 親征 2)

고구려　태종이 요동(遼東)에 친정(親征)하여, 방현령(房玄齡)에게 수도를 유수(留守)할 것을 명령하면서 직접 조서를 내렸다. "공이 소하(蕭何)의 임무를 맡았으니, 짐은 서쪽을 돌아볼 걱정이 없다. 군사용·기계와 전사들의 식량은 모두 영(令)에 위임하여 처분하고 보내도록 하라." 현령은 거듭 적을 가벼이 여기지 말라고 아뢰어서, 더욱 마땅히 경계하고 신중해야 하였다. (『舊唐書』66 列傳 16 房玄齡)

고구려　때 마침 요동을 정벌하여 수도를 유수하게 되었다. 조서를 내렸다. "공이 소하의 임무를 맡았으니, 짐은 서쪽을 돌아볼 걱정이 없다. 양식과 기계를 비수(飛輸)하고 군사들을 이동하고 머무르게 하는 것은 모두 그에게 맡겨 판단하도록 하라." 현령이 여러 번 상소하여 황제에게 적을 가벼이 여기지 말기를 바란다고 권하고, 오래도록 외이(外夷)의 일에 종사하여 태자태부(太子太傅)를 굳게 사직하니, 들어주었다. (『新唐書』 96 列傳 21 房玄齡)

고구려 『신당서』 방현령전(房玄齡傳)에 전한다. " (…) 방현령이 태자태부가 되어 요동을 정벌할 때에 수도를 유수하고, 양식과 기계의 비수를 총괄하였다."(『玉海』 182 食貨 漕運 唐水陸運遞場海運)

고구려 겨울 10월 평양에 붉은 눈이 내렸다. (『三國史記』 21 高句麗本紀 9)

고구려 겨울 10월 고구려 평양에 붉은 눈이 내렸다. (『三國史節要』 8)

고구려 10월 황제가 스스로 장차 토벌하려고 장안(長安)의 노인들을 불러 위로하며 말하기를 "요동은 옛 중국 땅이고 막리지가 그 임금을 죽였으므로, 짐이 몸소 가서 이를 경략하려고 한다. 그러므로 어른들과 약속하니 아들이나 손자가 나를 따라가는 자는 내가 잘 위무할 터이니 염려할 것이 없다."고 하고, 포백과 곡식을 후하게 주었다. 군신들이 모두 황제에게 가지 말기를 권하였다. 황제가 말하기를 "나는 알고 있다. 근본을 버리고 말단으로 가며, 높은 것을 버리고 낮은 것을 취하며, 가까운 곳을 두고 먼 곳으로 감은 셋이 모두 좋지 못하다. 고구려를 정벌하는 것이 그것이다. 그러나 개소문은 임금을 죽이고 또 대신들을 살육하고 즐거워하고 있으므로, 한 나라의 사람들이 목을 내밀고 구원을 기다리고 있다. 의논하는 사람들은 이를 살피지 못하고 있다."고 하였다. 이에 북쪽은 영주(營州)로 곡식을 나르고, 동쪽은 옛 대인성(大人城)에 곡식을 저장하였다. (『三國史記』 21 高句麗本紀 9)

고구려 당 태종 정관 18년 10월에 황제가 직접 6군을 총괄하여 요해(遼海)를 건너고자 하였다. 봉사(封事)를 바치는 자는 모두 장수를 파견하고 직접 가는 것이 마땅하지 않다고 권하였다. 황제가 시신에게 말하였다. "대체로 근본을 떠나서 말엽으로 가고, 높은 곳을 버리고 아래를 취하며, 가까운 것을 잃고 멀리 가는 것은 이 3가지를 상서롭지 못하다고 한다. 지금 국가가 고구려를 경략하는데 또한 이와 같으니, 그렇다면 천시에 대하여 살피고 인사에 대하여 보아야 한다. 대체로 매우 추운 시기에는 농작물을 심고 거두기에 힘쓰고자 하여 8명의 요(堯)가 보습을 옮기고 9명의 순(舜)이 씨를 뿌리더라도 살게 할 수 없는 것이다. 양기가 성한 시기에는 땅이 기름지고 맥박이 일어나니 용렬한 사내나 동자라 하더라도 좋은 수확을 이룰 수 있다. 이것이 이른바 하늘에 때가 있어야 사람에게 공이 있다는 것이다. 고구려는 반역하여 그 군주를 시해하고 대신들을 죽였으니, 그 사람을 사납게 써서 아래에 손을 둘 곳이 없으며, 한쪽의 사람들이 목을 늘여서 구원해 주기를 생각하고 있다. 죄인을 정벌하기에는 지금이 그 때이니, 의논하는 자들이 이야기하는 것은 단지 몰라서일 뿐이다." (『冊府元龜』 117 帝王部 117 親征 2)

고구려 이에 태종이 친히 군사를 거느리고 토벌하고자 장안의 기로(耆老)를 불러 모아 위로하며, "요동은 옛 중국 땅이며, 도적 막리지가 그 군주를 죽였으므로, 짐이 친히 경략(經略)하려 한다. 그러므로 부로(父老)들과 약속을 하겠는데, 나를 따라 나서는 아들이나 손자들은 내가 잘 보살펴 줄 것이니, 걱정하지 말아라."라고 하고, 곧 포(布)·속(粟)을 후하게 내려 주었다. 군신들이 모두 황제는 떠나지 말기를 권하자, 태종은, "나도 안다. 근본을 버리고 말단을 취하며, 높은 곳을 버리고 낮은 곳을 취하며, 가까운 곳을 두고 먼 곳으로 가는 이 세 가지는 좋지 못한 일로서 고구려를 치는 것이 여기에 해당한다. 그러나 개소문이 군주를 시해하고, 또 대신을 죽여 제 야심을 충족시키므로, 온 나라 사람들이 구원해 주기를 목을 늘여 기다리고 있다. 의

논하는 자들은 아직 모르고 있기 때문이다."라고 하였다. 이에 군량을 북으로는 영주에 수송하여 쌓고, 동으로는 쌓게 하였다. (『新唐書』 220 列傳 145 東夷 高麗)

고구려 | 『신당서』 고려전에서 전한다. "황제가 스스로 장차 그것을 토벌하려고 하여 기로(耆老)를 불러 위로하며 말하였다. '요동은 옛 중국 땅이다. 그러나 막리지가 그 왕을 죽였으니 짐은 장차 스스로 그것을 경략하고자 한다.' 이에 북쪽을 속(粟)을 영주(營州)로 수송하고 동으로 옛 대인성에 속을 저장하였다."(『玉海』 194 兵捷 紀功 碑銘附)

고구려 | 당 태종 정관 18년 11월 임신일(2)에 낙양(洛陽)에 이르렀다. (『冊府元龜』 117 帝王部 117 親征 2)

고구려 | 11월 황제가 낙양(洛陽)에 이르렀다. (『三國史記』 21 高句麗本紀 9)

고구려 | 정관 18년 2월에 태종이 시신에게 말하였다. (…) 병부상서(兵部尙書) 이적(李勣)이 말하였다. (…) 11월16일에 이르러 형부상서(刑部尙書) 장량(張亮)을 평양도행군대총관(平壤道行軍大總管)으로 삼아 내주(萊州)에서 바다를 건너 평양(平壤)으로 향하게 하고, 또 특진(特進) 이적을 요동도행군대총관(遼東道行軍大總管)으로 삼아 요동으로 달려가게 하니, 양군이 세력을 합쳤다. (『唐會要』 95 高句麗)

고구려 | 11월에 전 의주자사(宜州刺史) 정원숙(鄭元璹)은 이미 치사(致仕)하였다. 황제는 그가 일찍이 수(隋) 양제(煬帝)를 따라 고구려를 정벌하였으므로, 행재소(行在所)에 불러오게 하여 그에게 물었다. 그가 대답하기를, "요동으로 가는 길은 멀어서 군량의 운반이 어렵고 험합니다. 동이(東夷)는 성을 잘 지켜서 공격해도 빨리 함락시킬 수 없습니다."라고 하였다. 황제가 말하기를, "지금은 수에 비할 바가 아니니, 그대는 다만 그것을 듣기만 하라."라고 하였다. (『資治通鑑』 197 唐紀 13 太宗 中之下)

고구려 | 11월에 전 의주자사 정천숙(鄭天璹)은 이미 치사하였다. 황제는 그가 일찍이 수 양제를 따라 고구려를 정벌하였으므로, 행재소에 불러오게 하여 그에게 물었다. 그가 대답하기를, "요동으로 가는 길은 멀어서 군량의 운반이 어렵고 험합니다. 동이는 성을 잘 지켜서 공격해도 빨리 함락시킬 수 없습니다."라고 하였다. 황제가 말하기를, "지금은 수에 비할 바가 아니니, 그대는 다만 그것을 듣기만 하라."라고 하였다. (『三國史記』 21 高句麗本紀 9 寶臧王 上)

고구려 | 11월에 장검(張儉) 등이 요수(遼水)의 범람을 만나서 오래도록 건널 수 없었다. 황제가 두려워하고 겁낸다고 여겨 검을 불러서 낙양에 오게 하였다. 그가 도착하여 산천의 험하고 쉬움과 수초의 좋고 나쁨을 갖추어 진술하니, 황제가 기뻐하였다. (『資治通鑑』 197 唐紀 13 太宗 中之下)

고구려 | 정관18년에 요수의 범람을 만나 장검 등의 병사가 건널 수 없었다. (『冊府元龜』 991 外臣部 36 備禦 4)

고구려 | 태종이 장차 요동을 정벌하려고 하여 장검을 파견하여 번병(蕃兵)을 이끌고 앞서 가서 노략질하게 하였다. 검의 군대가 요서(遼西)에 이르자, 요수가 범람하였기 때문에 오래도록 건너지 못하였다. 태종이 두려워하고 겁낸다고 여겨 불러서 돌아오게 하였다. 검이 낙양에 나아가 알현하여 면전에서 이해득실을 진술하고, 이어서 수초의 좋고 나쁨과 산천의 험하고 쉬움을 설명하였다. 태종이 매우 기뻐하여 이에 행군총관(行軍總管)에 임명하고 겸하여 제번(諸蕃)의 기병을 거느려서 6군의 선봉이 되게 하였다. (『舊唐書』 83 列傳 33 張儉)

고구려 | 태종이 장차 요동을 정벌하려고 하여 장검을 파견하여 번병을 이끌고 앞서 나아가

	서 지역을 공략하게 하였다. 요서에 이르러 하천이 범람하여 오래도록 건너지 못하였다. 황제는 두려워하고 겁낸다고 여겨 불러서 돌아오게 하였다. 검이 낙양궁에 알현하여 수초의 좋고 나쁨과 산천의 험하고 쉬움 그리고 오래도록 나아가지 못한 상황을 진술하였다. 황제가 기뻐하여 행군총관에 임명하고 제번(諸蕃)의 기병을 거느리게 하여 6군의 선봉으로 삼았다. (『新唐書』111 列傳 36 張儉)
고구려	태종이 장차 요동에서 일을 만들려고 하여, 장검이 번병을 이끌고 앞서 갔다.. 검의 군대가 요서에 이르자, 하천이 범람하였기 때문에 건너지 못하였다. 황제가 두려워하고 겁낸다고 여겨 행재소로 불러오게 하였다. 검이 낙양에 나아가 면전에서 이해득실을 진술하고, 이어서 수초의 좋고 나쁨과 산천의 험하고 쉬움을 설명하였다. 황제가 매우 기뻐하였다. (『冊府元龜』431 將帥部 93 器度 張儉)
고구려	『구당서』본기(本紀)에 전한다. "정관19년 2월 경술(庚戌: 12) 낙양궁에 가서 고구려를 정벌하였다[(…) 또 장검을 불러 낙양궁에서 알현하였는데, 요서 산수의 험하고 쉬움을 논하였다. 각 열전을 보라]."(『玉海』157 宮室宮 1 唐洛陽宮)
고구려	11월에 황제가 명주자사(洺州刺史) 정명진(程名振)이 용병(用兵)을 잘 한다는 것을 듣고 불러서 방략을 묻고 그 재주와 영민함을 가상히 여겨 위로하고 권하며 말하기를, "경은 장상(將相)의 그릇이 있어서, 짐이 방장(方將)으로 임사(任使)하려 한다."라고 하였다. 명진이 실수로 절하고 감사하지 않았다. 황제가 시험삼아 꾸짖고 노하여 그 하는 바를 보고자 하여 말하기를, "산동(山東)의 촌부가 자사(刺史) 하나 얻었다고 부귀하다고 여겨 극히 간사하니, 감히 천자 옆에서 말이 거칠고 성기구나!"라고 하였다. 또 거듭 절하지 않고 명진이 감사하며 말하였다. "소야(疏野)의 신하는 일찍이 직접 성상의 물음을 받은 적이 없었습니다. 때마침 바야흐로 마음 속으로 대답할 바를 생각하였기에 절하는 것을 잊었을 뿐입니다." 행동이 자연스러웠고 응대함이 더욱 분명하고 말을 잘 하였다. 황제가 이에 감탄하며 말하였다. "방현령은 짐의 측근에 20여 년이나 처하였는데, 짐이 나머지 사람을 꾸짖는 것을 볼 때마다 안색이 어쩔 줄 모른다. 명진은 평생토록 일찍이 짐을 본 적이 없는데, 짐이 하루아침에 그를 꾸짖어도 일찍이 흔들리거나 두려워함이 없고 사리도 잃지 않았으니, 진실로 기사(奇士)로다!" 다음날에 우효위장군(右驍衛將軍)에 임명하였다. (『資治通鑑』197 唐紀 13 太宗 中之下)
고구려	태종이 장차 요동을 정벌하려 하여 명진을 불러서 경략하는 일을 물었다. 명진이 처음에 황제의 뜻을 거스르는 대답을 하였다. 태종이 안색이 변하면서 그를 비난하였으나, 명진이 더욱 분명하게 대답하였다. 태종은 의도를 이해하여, 측근에게 말하였다. "방현령은 항상 내 앞에 있으면서, 나머지 사람에게 성내는 것을 볼 때마다 오히려 안색이 어쩔 줄 모른다. 명진은 평생토록 나를 보지 않았는데, 저번에 와서 꾸짖어도 말의 이치가 가지런하니, 또한 기사로다." 다음날에 우효위장군에 임명하고, 평양도행군총관(平壤道行軍總管)을 제수하였다. (『舊唐書』83 列傳 33 程名振)
고구려	태종이 요동을 정벌하려 하여 명진을 불러서 경략하는 일을 물었는데, 황제의 뜻에 맞지 않았다. 황제가 발끈하여 그를 비난하였으나, 명진이 대답함이 더욱 상세하였다. 태종은 의도를 이해하여, 측근에게 말하였다. "방현령은 항상 짐의 앞에 있으면서, 짐이 나머지 사람에게 성내는 것을 보면 안색이 어쩔 줄 모른다. 명진은 평생토록 나를 알아보지 않았는데, 하루아침에 꾸짖어도 말하고 털어내면서 굽히지 않으니, 기사로다!" 우효위장군·평양도행군총관에 임명하였다. (『新唐書』111 列傳 36 程名振)
고구려	11월 갑오일(24) 장량을 평양도행군대총관으로, 이세적(李世勣)·마주(馬周)를 요동도

행군대총관으로 삼고, 16총관(總管)의 병사를 이끌고 고구려를 정벌하게 하였다. (『新唐書』 2 本紀 2 太宗)

고구려   11월 갑오일(24) 형부상서 장량을 평양도행군대총관으로 삼아 강회(江淮)·영협(嶺峽)의 병사 4만, 장안(長安)·낙양에서 모집한 군사 3,000명, 전함 500척을 이끌고 내주에서 바다를 건너 평양으로 향하게 하였다. 또 태자첨사(太子詹事)·좌위솔(左衛率) 이세적을 요동도행군대총관으로 삼아, 보기 6만 및 난주(蘭州)·하주(河州)의 항호(降胡)를 이끌고 요동으로 달려가게 하니, 양군이 세력을 합쳐서 나란히 나아갔다. (『資治通鑑』 197 唐紀 13 太宗文武大聖大廣孝皇帝 中之下)

고구려 요동   정관18년 11월 갑오(24) 광록대부(光祿大夫)·형부상서·운국공(鄆國公) 장량을 사지절(使持節)·평양도행군대총관으로, 좌령군장군(左領軍將軍)·무수현백(武水縣伯) 상하(常河), 노주도독(瀘州都督)·대국공(戴國公) 좌난당(左難當)을 부총관(副摠管)으로 삼고, 분주자사(汾州刺史)·황국공(黃國公) 주인덕(舟仁德), 미주자사(眉州刺史)·하전현남(下傳縣男) 유영(劉英), 은청광록대부(銀青光祿大夫)·행무주자사(行撫州刺史) 장문한(張文翰), 운휘장군(雲麾將軍)·행중랑장(行中郎將) 방효공(龐孝恭), 우효위장군(右驍衛將軍)·동평군공(東平郡公) 정명진을 모두 행군총관(行軍摠管)으로 삼아서 그에게 예속시키며, 강회·영협의 날랜 병졸 4만, 장안·낙양에서 불러 모은 3,000명, 전함 500척을 이끌고 내주에서 바다를 건너 평양으로 향하게 하였다. 또 특진·태자첨사·좌위솔·영국공(英國公) 이적을 사지절·요동도행군대총관으로, 예부상서(禮部尚書)·강하군왕(江夏郡王) 도종(道宗)을 총관(摠管)으로 삼고, 또 전 유주도독(幽州都督)·괵국공(虢國公) 장사귀(張士貴), 우령군대장군(右領軍大將軍)·안국공(安國公) 집실사력(執失思力), 우효위대장군(右驍衛大將軍)·장액군국공(張掖郡國公) 계필하력(契苾何力), 우감문대장군(右監門大將軍) 아사나미사(阿史那彌射), 우둔위장군(右屯衛將軍)·금성현공(金城縣公) 강덕본(姜德本), 좌무위장군(左武衛將軍)·금성군공(金城郡公) 국지성(麴智盛), 운휘장군·신향현공(新鄉縣公) 오흑달(吳黑闥), 영주도독·박림현남(博臨縣男) 장검, 좌효위중랑장(左驍衛中郎將) 안현화(安縣和)를 모두 행군총관으로 삼아서 그에 예속시키며, 보기 6만 및 난주·하주의 항호를 이끌고 요동으로 달려가게 하니, 양군이 세력을 합쳤다. (『冊府元龜』 117 帝王部 117 親征 2)

고구려   『신당서(新唐書)』 태종본기(太宗本紀)에 전한다. " (…) 정관18년 11월 갑오(24) 장량을 평양도행군대총관으로, 이세적·마주를 요동도행군대총관으로 삼고, 16총관의 병사를 이끌고 고구려를 정벌하게 하였다. (…) "『신당서』 고려전(高麗傳)에 전한다. " (…) 이에 장량을 평양도행군대총관으로, 이적을 요동도행군대총관으로 삼았다.[갑오(24)]" (『玉海』 194 兵捷紀功碑銘附 唐駐蹕山紀功破陣圖漢武臺紀功)

고구려   11월에 형부상서 장량을 평양도행군대총관으로 삼아 강회·영협(嶺硤)의 병사 4만, 장안·낙양에서 모집한 군사 3,000명, 전함 500척을 이끌고 내주에서 바다를 건너 평양으로 향하게 하였다. 또 태자첨사·좌위솔 이세적을 요동도행군대총관으로 삼아, 보기 6만 및 난주·하주의 항호를 이끌고 요동으로 달려가게 하니, 양군이 세력을 합쳤다. (『三國史記』 21 高句麗本紀 9 寶臧王 上)

고구려   정관18년에 11월에 이르러 형부상서 장량을 평양도행군대총관으로 삼아 내주에서 바다를 건너 평양으로 향하게 하였다. 또 특진 이적을 요동도행군대총관으로 삼아 요동으로 달려가게 하니, 양군이 세력을 합쳤다. (『通典』 186 邊防 2 東夷 下 高句麗)

고구려   정관18년에 11월에 이르러 형부상서 장량을 평양도행군대총관으로 삼아 내주에서 바다를 건너 평양으로 향하게 하였다. 또 특진 이적을 요동도행군대총관으로 삼아 요동으로 달려가게 하니, 양군이 세력을 합쳤다. (『太平寰宇記』 173 四夷 2 東夷 2 高勾驪)

고구려	정관18년에 장사귀(張士貴)는 견책을 당해 관직에서 물러났다. 주몽(朱蒙)에서 비롯된 현이(玄夷)의 후손이 천명을 거역하고 환도(丸都)에서 멋대로 굴고 요해(遼海)에서 배은망덕한 행동을 하였다. 왕의 군대가 도착하여 정벌함에 사람들이 영웅을 떠올리니, 칙서를 내려 요동도행군총관으로 삼고 금자광록대부(金紫光祿大夫)·낙주자사(洛州刺史)를 제수하였다. (「張士貴 墓誌銘」; 『唐代墓誌滙篇續集』; 『全唐文補遺』 1; 『全唐文新編』 155; 『唐代墓誌滙篇附考』 4)
고구려	나중에 황제가 스스로 장차 고구려를 정벌하려고 이적을 요동도행군대총관으로 삼았다. (『新唐書』 93 列傳 18 李勣)
고구려	황제가 장차 고려를 정벌하려 하자, 장량은 자주 간언하였으나 받아들이지 않았다. 인하여 가기를 자청하자, 조서를 내려 평양도행군대총관으로 삼았다. (『新唐書』 94 列傳 19 張亮)
고구려	황제가 고구려를 정벌할 때 계필하력에게 조서를 내려 전군총관(前軍總管)으로 삼았다. (『新唐書』 110 列傳 35 諸夷蕃將 契苾何力)
고구려	태종은 낙양에 거동하여 장량(張亮)을 평양도행군대총관(平壤道行軍大總管)으로 삼고, 상하(常何)·좌난당(左難當)을 부총관(副總管)으로, 염인덕(冉人德)·유영행(劉英行)·장문간(張文幹)·방효태(龐孝泰)·정명진(程名振)을 총관(總管)으로 삼아서, 강(江)·오(吳)·경(京)·낙(洛)에서 모은 군사 4만과 오(吳)의 전선 5백 척을 이끌고 바다를 건너 평양으로 진격하게 하였다. 이적을 요동도행군대총관(遼東道行軍大總管)으로 삼고, 강하왕(江夏王) 도종(道宗)을 부총관(副總管)으로, 장사귀(張士貴)·장검·집실사력(執失思力)·계필하력(契苾何力)·아사나미사(阿史那彌射)·강덕본(姜德本)·국지성(麴智盛)·오흑달(吳黑闥)을 행군총관(行軍總管)으로 삼아 예속시켜서, 기사(騎士) 6만을 이끌고 요동으로 진격하게 하였다. (『新唐書』 220 列傳 145 東夷 高麗)
고구려	계필하력은 우효위대장군이 되었다. 태종이 요동을 정벌할 때에 하력을 전군총관으로 삼았다. (『冊府元龜』 384 將帥部 45 褒異 10 契苾何力)
고구려	태종이 요동을 정벌할 때에 전군총관이 되었다. (『冊府元龜』 417 將帥部 78 德義 契苾何力)
고구려	이사마(李思摩)는 낙양궁에서 귀죄(歸罪)하여, 어가를 따라 동쪽으로 가서 길에서 우위장군(右衛將軍)에 제수되었다. (「李思摩 墓誌銘」: 『唐代墓誌滙篇續集』; 『全唐文補遺』 1; 『全唐文新編』 992)
고구려	진(辰)이 복종하여 토벌을 연기하자 동쪽에서는 앞의 안일만을 도모하였다. 황제가 이에 노하여 직접 시위군을 총괄하며 정광(鄭廣)에게 칙서를 내려 검교우령군장군(檢校右領軍將軍)으로 삼고, 이어서 좌비기장(左飛騎杖)을 맡겼다. 또 우5마군총관(右五馬軍總管)을 맡게 하였다. (「鄭廣 墓誌銘」: 『全唐文補遺』 2; 1993 『昭陵碑石』; 『唐代墓誌滙篇附考』 6; 『全唐文新編』 993)
고구려	태종이 고구려에게 죄를 묻고자 하여 이적(李勣)을 요동도대총관으로 삼았다. (「李勣 墓誌銘」: 『唐代墓誌滙篇續集』; 『全唐文補遺』 1; 『全唐文新編』 201)
고구려	정관 18년 11월 경자일(30) 태자첨사·영국공 이적에게 명령하여 요동도행군총관이 되어 유성을 나가게 하고, 예부상서·강하군왕 도종은 그를 보좌하게 하였다. 형부상서·운국공 장량을 평양도행군총관으로 삼아 수군으로 내주를 나가게 하고, 좌령군상하, 노주도독 좌난당은 그를 보좌하게 하였다. 천하의 갑사를 징발하여 불러모은 것이 10만인데, 모두 평양으로 향하여 고구려를 정벌하였다. (『舊唐書』 3 本紀 3 太宗 下)
고구려	『구당서』 본기에 전한다. " (…) 정관18년 11월에 태자첨사·영국공 이적에게 명령하여 요동도행군총관이 되어 유성을 나가게 하고, 예부상서·강하군왕 도종은 그를 보

좌하게 하였다. 형부상서·운국공 장량을 평양도행군총관으로 삼아 수군으로 내주를 나가게 하고, 좌령군 상하, 노주도독 좌난당은 그를 보좌하게 하였다. 천하의 갑사를 징발하여 불러모은 것이 10만인데, 모두 평양으로 향하여 고구려를 정벌하였다." (『太平御覽』 109 皇王部 34 唐太宗文皇帝)

고구려   정관18년 11월에 태자첨사·영국공 이적에게 명령하여 요동도행군총관이 되어 유성 (柳城)을 나가게 하고, 예부상서·강하군왕 도종은 그를 보좌하게 하였다. 형부상서· 운국공 장량을 평양도행군총관으로 삼아 수군으로 내주를 나가게 하고, 좌령군(左領 軍) 상하, 노주도독 좌난당은 그를 보좌하게 하였다. 천하의 갑사(甲士)를 징발하여 불러 모은 것이 10만인데, 모두 평양으로 향하여 고구려를 정벌하였다. (『冊府元龜』 985 外臣部 30 征討 4)

고구려   이적 (…)은 조주(曹州) 리호(離狐) 사람이다. (…) 본성은 서씨이고 이름은 세적(世 勣)이다. (…) 정관 18년 태종은 장차 고구려를 정벌하려고 할 때 이적은 요동도행 군대총관(遼東道行軍大總管)이 되었다. (『舊唐書』 67 列傳 17 李勣)

고구려   장량을 창해도행군대총관(滄海道行軍大總管)으로 삼아, 수군을 관할하고 이끌게 하 였다. (『舊唐書』 69 列傳 19 張亮)

고구려   태종이 요동을 정벌할 때 계필하력을 전군총관으로 삼았다. (『舊唐書』 109 列傳 59 契苾何力)

고구려   창해도행군대총관이 되었다. (『冊府元龜』 453 將帥部 114 怯懦 張亮)

고구려   11월 경자일(30) 제군(諸軍)이 유주에 크게 모였다. 행군총관 강행본(姜行本), 소부 소감(少府少監) 구행엄(丘行淹)을 파견하여 먼저 안라산(安蘿山)에서 여러 공인들이 운제(雲梯)·충차(衝車) 등을 만드는 것을 감독하게 하였다. 이 때에 원근의 용사로서 응모하고 성을 공격하는 기계를 바치는 자가 이루 다 셀 수가 없었다. 황제는 모두 직접 손익을 더하여 그 편하고 쉬운 것을 취하였다. 또 직접 조서를 내려 천하에 깨 우쳤다. "고구려는 연개소문(淵蓋蘇文)이 군주를 시해하고 백성들을 학대하니, 정으 로 어찌 참을 수 있겠는가? 지금 유주(幽州)·계(薊) 일대를 순행하여 요동·갈석(碣石) 에 죄를 묻고자 하니, 통과하거나 머무르는 곳에 수고로이 비용을 쓰지 말도록 하 라." 또 말하였다. "옛날에 수 양제는 아랫사람에게 잔인하고 포악하였고, 고구려왕 은 그 백성을 어질게 사랑하였으니, 어지러움을 생각하는 군대가 편안하고 평화로운 무리를 공격하였으므로 성공하지 못한 것이다. 지금 반드시 이기는 방법이 5가지 있 음을 간략히 말하고자 한다. 하나는 큰 것으로 작은 것을 공격하는 것이요, 둘은 순 리로 거스르는 것을 토벌하는 것이요, 셋은 다스려진 것으로 어지러움을 틈타는 것 이요, 넷은 편안한 것으로 피로한 것을 기다리는 것이요, 다섯은 기쁜 것으로 원망 하는 것을 당하는 것이니, 어찌 이기지 못함을 걱정하는가. 백성들에게 알리니, 의 심하고 두려워하지 말라." 이리하여 주둔하고 거처하는 곳에 공급하고 소비하는 설 비는 줄어든 것이 반이 넘었다. (『資治通鑑』 197 唐紀 13 太宗 中之下) (『資治通鑑 』 197 唐紀 13 太宗文武大聖大廣孝皇帝 中之下)

고구려   정관18년 11월30일에 요동을 정벌하는 병사가 유주에 모였다. (『通典』 186 邊防 2 東夷 下 高句麗)

고구려   정관18년 2월에 태종이 시신에게 말하였다. (…) 병부상서 이적이 말하였다. (…) 11 월16일에 이르러 (…) 그 달 30일에 요동을 정벌하는 병사가 유주에 모였다[안주(安 州) 사람 팽혜통(彭惠通)이 포백(布帛) 5,000단(段)을 청하여 내니, 정벌군에 도움이 되었다. 황제가 그것을 가상히 여겨 한(漢)의 복식(卜式)에 비유하면서 선의랑(宣義 郞)에 임명하였다]. (『唐會要』 95 高句麗)

고구려   정관18년 11월30일에 요동을 정벌하는 병사가 유주에 모였다. (『太平寰宇記』 173

四夷 2 東夷 2 高勾驪)

고구려 당 태종 정관18년 11월 경자일(30) 행군총관 강행본(姜行本)과 소부소감(少府少監) 구행엄(丘行淹)을 파견하여 먼저 공장(工匠)들을 감독하여 제차와 충차를 안라산에서 만들도록 하였다. 백성들이 지난 해에 돌궐과 토욕혼, 고창을 공격하는 것을 보고 더불어 손가락을 걸고 적에게 달려가지 않은 자가 없기를 약속하며 다투어 소집에 응하였다. 힘있는 것을 자랑하는 자가 셀 수 없었다. 혹 패도를 꺼내 정강이를 찌러 용기와 결단력을 과시하기도 하였다. 성을 공격하는 기계를 바치는 자가 이루다 셀 수가 없었다. 황제는 모두 직접 손익을 더하여 그 편하고 쉬운 것을 취하였다. 이에 직접 손으로 조서를 써서 다음과 같이 천하에 보였다. "행군과 용병은 옛날에도 있었던 도이다. 난을 취하여 망함을 얕보는 것은 옛날 어질고 지혜로운 사람들이 귀하게 여기는 바다. 고구려의 막리지 개소문이 그 임금을 시해하고 그 신하들을 학대하면서 변방에 숨어든 것은 방심한 틈을 타서 벌과 전갈의 독을 뿜으려 함이다. 짐이 군신간의 의리로써 어찌 참을 수 있겠는가. 만약 저 오랑캐를 주살하지 못한다면 중국에 징험하고 경계할 것이 없을 것이다. 지금 유주와 계주(薊州)에 순행하려는 것은 요갈(遼碣)에서 죄를 묻고자 함이다. 진격하고 멈추는 데 마땅히 임무에 힘쓰고 절검하여 지나는 군영에 노역과 치장이 없도록 하라. 물을 건널 수 있는 자는 조교(造橋)를 이용하지 말며, 통과할 수 있는 길이라면 수고로이 수리하지 말 것이다. 어영(御營) 가까운 고을의 학생 노인들이 번잡하게 찾아 뵙도록 하지 못하게 할 것이다. 수나라가 망한 것은 그 원인을 가히 볼 수 있다. 합당한 요역과 지혜로운 책략은 먼 계책에서 어그러졌고, 병사들은 거듭된 전쟁으로 피로하여 정치와 명령은 제도를 잃었고 상하가 마음이 떨어져 덕과 은택은 필부에 더해지지 못하고, 각박함이 만 백성들에게 떨어졌다. 이 때를 당하여 고구려의 임금은 그 백성을 아기고 사랑하니 백성들이 부모처럼 우러러 보았다. 양제가 그 백성을 잔학하게 하니 백성들은 그를 원수처럼 바라보았다. 난을 생각하는 군대가 안락한 군사들을 공격하니 그 공을 이루기가 어렵지 않겠는가. 물에 들어가면서 젖는 것을 싫어하고, 흔적없이 눈을 밟는 것과 어찌 다르지 않겠는가. 짐이 전의 일들을 반성하고 안으로 생각하면 옛날 도끼를 받아 정벌에 나서며 창을 잡고 난을 평정할 대 수년간 군대를 일으킬 때 한달간의 식량도 없었으나 상벌의 신뢰가 지극하여 오히려 스스로 결정하지 않았어도 오히려 바람이 부는 곳으로 가고 앞에 횡진이 없어도 오악에 이는 안개를 걷어냈다. 구야(九野)에서 호랑이와 이리를 잡아 해내를 평정하여 창생(蒼生)을 구조하였다. 그런즉 행군과 용병은 모두 많은 소견이 있으니 어찌 번잡하게 말하겠는가. 조정의 암랑(巖廊)에서 팔짱을 끼고, 휘장의 병풍에서 채찍질하며 몸은 구중궁궐 안에 두고 만리의 밖에서 꾀를 결정하면서도 북으로 흉노의 부족을 죽여 꺽고 마르게 한 것이며, 서쪽의 토욕혼 고창을 멸한 것은 겨자 줍는 것보다 쉬었고, 사막을 둘러싸 동산을 만들고 흐르는 모래를 넘어 연못을 만들었다. 황제(黃帝)에게 불복한 사람, 당뇨(唐堯)에게 신하가 되지 않은 지역 모두 질자를 맡겨 봉공하며 풍교에 돌아오고 법도를 따라 계화(啓化)의 도를 숭상함은 이 또한 천하가 모두 들은 바이다. 하물며 지금은 풍년으로 곡식이 무르익어 집집마다 사람들에게 풍족하게 지급되어 남은 식량이 이랑에 깃들이고 곡식이 쌓여 홍창(紅倉)이 되고 있다. 비록 풍족하게 병사들을 위해 쌓아도 오히려 운반하는 수고로움이 염려될 뿐이다. 그래서 소와 양을 몰아다 군사들을 먹이려 하니 사람들은 식량을 쌓을 비용이 없게 된다. 무리들은 몸을 따라 가는 창고가 있는 것이니 이 같은 일을 어찌 지난날 보다 더 걱정할 것인가. 더하여 몸소 사졸보다 앞서 친히 육기(六奇)와 같은 뛰어난 계획을 결정하여 공격하면 지킬 방도가 없게 할 것이니 싸우더라도 두려워 할 바가 없으니 대략 반드시 이길 수 있는 길은 다섯 가지가 있다. 하나는 나의 큰 것으로서 그 작은 것을 치는 것이며, 둘째는 나의 순리로써 그 거슬림을 토벌하는 것이고, 셋째는 나의 편안함으로써 그 어지러움을 타는 것이며, 넷째는 나의 편안함으로써 그 피로를 대적함이요, 다섯째는 나의 기쁨으로써 그 원망함을 상대하는 것이니 어지 이기지 못함을 걱정하고 꺽지 못함을 우려하겠는가. 백성들에게 포고하니 의심하거나 두려워 하지 말라." 태종이 백성들의 노역을 꺼려하여 무릇 숙사와 공급 및 설비의 기구를 줄인 것이 태반이었다. (『冊府元龜』 117 帝王部 117 親征 2)

고구려 신라 백제

『신당서』 고려전에 전한다. " (…) 또 거란·해·신라·백제의 여러 군장을 징발하여 모두 모였다."[경자일(30)에 앞서 안라산에서 운제·충차 등을 만들었다] (『玉海』 194 兵捷紀功碑銘附 唐駐蹕山紀功破陣圖漢武臺紀功)

고구려　　11월 유주에 크게 모였다. 행군총관 강행본, 소부소감 구행엄을 파견하여 먼저 안라산(安羅山)에서 여러 병사들이 운제·충차 등을 만드는 것을 감독하게 하였다. 이 때에 원근의 용사로서 응모하고 성을 공격하는 기계를 바치는 자가 이루 다 셀 수가 없었다. 황제는 모두 직접 손익을 더하여 그 편하고 쉬운 것을 취하였다. 또 직접 조서를 내려 천하에 깨우쳤다. "고구려는 연개소문이 군주를 시해하고 백성들을 학대하니, 정으로 어찌 참을 수 있겠는가? 지금 유주·계 일대를 순행하여 요동·갈석에 죄를 묻고자 하니, 통과하거나 머무르는 곳에 수고로이 비용을 쓰지 말도록 하라." 또 말하였다. "옛날에 수 양제는 아랫사람에게 잔인하고 포악하였고, 고구려왕은 그 백성을 어질게 사랑하였으니, 어지러움을 생각하는 군대가 편안하고 평화로운 무리를 공격하였으므로 성공하지 못한 것이다. 지금 반드시 이기는 방법이 5가지 있음을 간략히 말하고자 한다. 하나는 큰 것으로 작은 것을 공격하는 것이요, 둘은 순리로 거스르는 것을 토벌하는 것이요, 셋은 다스려진 것으로 어지러움을 틈타는 것이요, 넷은 편안한 것으로 피로한 것을 대적하는 것이요, 다섯은 기쁜 것으로 원망하는 것을 당하는 것이니, 어찌 이기지 못함을 걱정하는가? 백성들에게 알리니, 의심하고 두려워하지 말라." 이리하여 주둔하고 거처하는 곳에 공급하고 준비하는 설비는 줄어든 것이 반이 넘었다. (『三國史記』 21 高句麗本紀 9)

고구려　　11월 유주에 크게 모였다. 행군총관 강행본, 소부소감 구행엄을 파견하여 먼저 안라산에서 여러 병사들이 운제·충차 등을 만드는 것을 감독하게 하였다. 이 때에 원근의 용사로서 응모하고 성을 공격하는 기계를 바치는 자가 이루 다 셀 수가 없었다. 황제는 모두 직접 손익을 더하여 그 편하고 쉬운 것을 취하였다. 또 직접 조서를 내려 천하에 깨우쳤다. "고구려는 연개소문이 군주를 시해하고 백성들을 학대하니, 정으로 어찌 참을 수 있겠는가. 지금 유주·계 일대를 순행하여 요동·갈석에 죄를 묻고자 하니, 통과하거나 머무르는 곳에 수고로이 비용을 쓰지 말도록 하라." 또 말하였다. "옛날에 수 양제는 아랫사람에게 잔인하고 포악하였고, 고구려왕은 그 백성을 어질게 사랑하였으니, 어지러움을 생각하는 군대가 편안하고 평화로운 무리를 공격하였으므로 성공하지 못한 것이다. 지금 반드시 이기는 방법이 5가지 있음을 간략히 말하고자 한다. 하나는 큰 것으로 작은 것을 공격하는 것이요, 둘은 순리로 거스르는 것을 토벌하는 것이요, 셋은 다스려진 것으로 어지러움을 틈타는 것이요, 넷은 편안한 것으로 피로한 것을 대적하는 것이요, 다섯은 기쁜 것으로 원망하는 것을 당하는 것이니, 어찌 이기지 못함을 걱정하는가? 백성들에게 알리니, 의심하고 두려워하지 말라." 이리하여 주둔하고 거처하는 곳에 공급하고 준비하는 설비는 줄어든 것이 반이 넘었다. (『三國史節要』 8)

고구려　　당 팽혜통은 안주 사람이다. 정관 18년 태종이 요동을 정벌할 때 혜통이 따라 나서 기를 청하고, 포백 5,000단으로 정벌군을 모집하는 자금으로 하였다. 태종이 이를 가상히 여겨 한나라 때의 복식과 견주고 선의랑에 임명하였다. (『冊府元龜』 485 邦

計部 3 輸財)

고구려　그리고 조칙을 내렸다. "짐이 들리는 곳에 진영을 꾸미지 말며, 음식을 사치스럽게 하지 말라. 건널 수 있는 물에는 다리를 놓지 말며, 행재소에서 가깝지 않은 주현에서는 학생과 기로의 영알(迎謁)을 금지하라. 짐이 지난날 창을 잡고 난을 평정할 적에는 한 달 먹을 양식도 없었지만, 그래도 가는 곳마다 바람처럼 휩쓸었다. 오늘날은 다행히 집집마다 넉넉하고 사람마다 풍족하니, 오직 운반하는 수고로움이 염려될 뿐이다. 그런 까닭에 소와 양을 몰아다 군사들을 먹이려 한다. 그리고 짐이 반드시 승리를 거둘 조건이 다섯이 있다. 우리의 대로써 저들의 소를 치고, 우리의 순으로써 저들의 역을 치며, 우리의 안(安)으로써 저들의 난(亂)을 치고, 우리의 편안함으로써 저들의 피로를 치고, 우리의 기쁨으로써 저들의 원망을 치고 있다. 어찌 이기지 못할 것을 걱정하겠는가."(『新唐書』220 列傳 145 東夷 高麗)

고구려　행군과 용병은 옛날에도 있었던 도이다. 난을 취하여 망함을 얕보는 것은 옛날 어질고 지혜로운 사람들이 귀하게 여기는 바다. 고구려의 막리지 개소문이 그 임금을 시해하고 그 신하들을 학대하면서 변방에 숨어든 것은 방심한 틈을 타서 벌과 전갈의 독을 뿜으려 함이다. 짐이 군신간의 의리로써 어찌 참을 수 있겠는가. 만약 저 오랑캐를 주살하지 못한다면 중국에 징험하고 경계할 것이 없을 것이다. 지금 유주와 계주(薊州)에 순행하려는 것은 요갈(遼碣)에서 죄를 묻고자 함이다. 진격하고 멈추는데 마땅히 임무에 힘쓰고 절검하여 지나는 군영에 노역과 치장이 없도록 하라. 물을 건널 수 있는 자는 조교(造橋)를 이용하지 말며, 통과할 수 있는 길이라면 수고로이 수리하지 말 것이다. 어영(御營) 가까운 고을의 학생 노인들이 번잡하게 찾아 뵙도록 하지 못하게 할 것이다. 수나라가 망한 것은 그 원인을 가히 볼 수 있다. 합당한 요역과 지혜로운 책략은 먼 계책에서 어그러졌고, 병사들은 거듭된 전쟁으로 피로하여 정치와 명령은 제도를 잃었고 상하가 마음이 떨어져 덕과 은택은 필부에 더해지지 못하고, 각박함이 만 백성들에게 떨어졌다. 이 때를 당하여 고구려의 임금은 그 백성을 아기고 사랑하니 백성들이 부모처럼 우러러 보았다. 양제가 그 백성을 잔학하게 하니 백성들은 그를 원수처럼 바라보았다. 난을 생각하는 군대가 안락한 군사들을 공격하니 그 공을 이루기가 어렵지 않겠는가. 물에 들어가면서 젖는 것을 싫어하고, 흔적없이 눈을 밟는 것과 어찌 다르지 않겠는가. 짐이 전의 일들을 반성하고 안으로 생각하면 옛날 도끼를 받아 정벌에 나서며 창을 잡고 난을 평정할 대 수년간 군대를 일으킬 때 한달간의 식량도 없었으나 상벌의 신뢰가 지극하여 오히려 스스로 결정하지 않았어도 오히려 바람이 부는 곳으로 가고 앞에 횡진이 없어도 오악에 이는 안개를 걷어냈다. 구야(九野)에서 호랑이와 이리를 잡아 해내를 평정하여 창생(蒼生)을 구조하였다. 그런즉 행군과 용병은 모두 많은 소견이 있으니 어찌 번잡하게 말하겠는가. 조정의 암랑(巖廊)에서 팔짱을 끼고, 휘장의 병풍에서 채찍질하며 몸은 구중궁궐 안에 두고 만리의 밖에서 꾀를 결정하면서도 북으로 흉노의 부족을 죽여 꺾고 마르게 한 것이며, 서쪽의 토욕혼 고창을 멸한 것은 겨자 줍는 것보다 쉬웠고, 사막을 둘러싸 동산을 만들고 흐르는 모래를 넘어 연못을 만들었다. 황제(黃帝)에게 불복한 사람, 당뇨(唐堯)에게 신하가 되지 않은 지역 모두 질자를 맡겨 봉공하며 풍교에 돌아오고 법도를 따라 계화(啓化)의 도를 숭상함은 이 또한 천하가 모두 들은 바이다. 하물며 지금은 풍년으로 곡식이 무르익어 집집마다 사람들에게 풍족하게 지급되어 남은 식량이 이랑에 깃들이고 곡식이 쌓여 홍창(紅倉)이 되고 있다. 비록 풍족하게 병사들을 위해 쌓아도 오히려 운반하는 수고로움이 염려될 뿐이다. 그래서 소와 양을 몰아다 군사들을 먹이려 하니 사람들은 식량을 쌓을 비용이 없게 된다. 무리들은 몸을 따라 가는 창고가 있는 것이니 이 같은 일을 어찌 지난날보다 더 걱정할 것인가. 더하여 몸소 사졸보다 앞서 친히 육기(六奇)와 같은 뛰어난 계획을 결정하여 공격하면 지킬 방도가 없게 할 것이니 싸우더라도 두려워 할 바가 없으니 대략 반드시 이길 수 있는 길은 다섯 가지가 있다. 하나는 나의 큰 것으로서 그 작은 것을 치는 것이며, 둘째는 나의 순리로써 그 거슬림을 토벌하는 것이고, 셋째는 나의 편안함으로써 그 어지러움을 타는 것이며, 넷째는 나의 편안함으로써 그 피로를 대적함이요, 다섯째는 나의 기쁨으로써 그 원망함을 상대하는 것이니 어지 이기지 못함을 걱정하고 꺽지 못함을 우려하겠는가. 백성들에게 포고하니 의심하거나 두려워 하지 말라."(『全唐文』7 太宗皇帝 親征高麗手詔)

고구려 12월 신축일(1) 무양의공(武陽懿公) 이대량(李大亮)이 장안에서 죽었는데, 유표(遺表)를 올려 고구려 정벌군을 중지하기를 청하였다. 집안에 남은 쌀은 5곡(斛), 포는 30필(匹)이었고, 친척으로 일찍 고아가 된 자는 대량에게 양육되었으니, 아버지처럼 장사지내는 자가 15명이었다. (『資治通鑑』197 唐紀 13 太宗文武大聖大廣孝皇帝 中之下)

고구려 정관18년에 임종하여 표문을 올려 요동의 전역을 중지하라고 청하였다. (『舊唐書』62 列傳 12 李大亮)

고구려 정관18년 임종하여 표문을 올려 요동의 전역을 중지하라고 청하였다. (『新唐書』99 列傳 24 李大亮)

신라 백제 고구려

12월 갑인일(14)에 여러 군 및 신라·백제·해·거란에게 조서를 내려 길을 나누어 고구려를 공격하라고 하였다. (『資治通鑑』197 唐紀 13 太宗文武大聖大廣孝皇帝 中之下)

요동 고구려 예맥 신라 낙랑 백제 부여 현도

당 태종 정관18년 12월 갑인일(14)에 조서를 내렸다. "하늘의 도리를 보건대 벼락을 두드려 만물을 엄숙하게 하니, 그것을 사람의 일에서 구하건대 병장기를 늘어놓아 사방에 떨치는 것이다. 비록 천천히 걸어가고 빨리 달리는 것이 때를 달리 하고 실질적 내용과 밖으로 보이는 형식이 체제를 달리 하더라도, 그 살육하는 자들을 쫓아내고 포학한 자들을 가두며 법과 기강을 어긴 자들을 죽이고 복종하지 않는 자들을 토벌하였다. 의로움을 도와 정벌을 펼치니 예약과 교화는 온 나라에 빛났고, 때를 따라 자세히 명령함을 감독하니 무공은 전쟁을 중단함에서 이루어지지 않음이 없었다.

짐은 삼가 제위를 받아 천하에 군림하고 종묘·사직의 영혼에 의지하여 경사(卿士)의 힘에 기대니 신지(神祇)가 복을 쌓고 이적(夷狄)과 중화(中華)가 진심으로 귀의하였다. 고(故) 상주국(上柱國)·요동군왕(遼東郡王)·고려왕(高麗王) 무(武: 榮留王)는 예전부터 진실한 마음을 열고 일찍 조화(朝化)를 받드니, 충성스럽고 의로운 절개는 우이(嵎夷)에 드러날 수 있었고 공물을 바치는 예는 천자에게 조공하는 회합에 어그러지지 않았다. 그러나 그 신하 막리지(莫離支) 개소문(蓋蘇文)은 흉악하고 간특함을 마음 속에 감추고 불만을 가진 무리를 불러 모아 몰래 다른 계획을 품었으며, 갑자기 군주 시해를 행하여 잔혹무도함이 예맥에서 분란을 일으키니, 매우 아프고 슬픈 것이 중원제국에도 통하였다. 저 번국의 계통을 빼앗아 그 국정을 장악하니, 법령이 불분명하여 상벌이 제자리를 잃었고 아랫사람이 윗사람을 능가하여 권위가 추락하며 멀리서 원망하고 가까이서 탄식하였다. 게다가 어지럽힘을 좋아함이 더욱 심하고 무력을 남용하여 쉬지 못하게 하니, 그 많은 악한 사람들의 무리를 이끌고 거듭 신라 땅을 침입하였다. 신라는 땅을 잃고 위태로움을 걱정함이 나날이 깊어지니, 멀리서 구원을 청하여 길을 가는 행장이 서로 이어졌다.

짐은 그 거꾸로 매달린 것 같은 자들의 급함을 불쌍히 여겨 이에 가벼운 수레를 탄 사자에게 명령하여 지극한 이치를 갖추어 진술하고 병사를 쉬게 하라고 타일렀으나, 일찍이 고침을 알지 못하고 조정의 명령을 따르지 않으며 변방의 보루에서 틈을 엿보고 소굴에서 도망갔다. 가족이 모두 모이는 것은 다시 간절하고 조세 수취는 더욱 번거로우니, 장정은 창칼의 날에 다 사라지고 고달픈 노인은 토성 축조에 지쳐 쓰러지며 농업과 양잠을 오래도록 폐하여 모두 기근에 걸렸다. 날고기로 표창하는 것은 그 멸망할 징조를 나타내고 피를 비 오듯이 흘려 괴이해지는 것은 그 수가 다함을 밝히며, 집집마다 근심하고 고통스러워하며 온 나라 안이 슬퍼하고 두려워하였다. 화려한 머리카락과 푸른 옷깃은 가혹한 정치를 이기지 못하고, 늘인 목과 발돋움한 발꿈치는 왕의 은택에 젖는 것을 생각하였다. 옛날 유묘(有苗)는 따르지 않아서 대우(大禹)의 수레를 수고롭게 하였고 갈백(葛伯)은 식량을 가져온 자에게 군량을 빼앗아 성탕(成湯)의 군사를 움직였으니, 하물며 상도(常道)를 어지럽히는 큰 도적은 삼강(三綱)을 문란하게 하여 법을 어기고 제멋대로 행동하며 하늘에 가득한 매우 악한 사람은 오형(五刑)을 중단하여 크지 않겠는가? 짐은 밤에 옷입고 근심을 일으켜서 해가 떠있는 동안 식사를 잊었다. 죄를 토벌하는 뜻은 소매를 던지는 것보다 이미 깊고 사람을 구제하는 의리는 재난에 백성을 내어놓은 절박한 마음보다 더욱 마음 아프다.

상제(上帝)에게 특별한 일을 제사로 고하여 길에 오르고 병부(兵部)에 조서를 내려 군대를 출발시키는 호령을 내었다. 먼저 사지절(使持節)·요동도행군대총관(遼東道行軍大摠管)·영국공(英國公) 이적(李勣), 부총관(副摠管)·강하군왕(江夏郡王) 도종(道宗)을 파견할 만하니, 병사와 말이 구름과 같이 요동으로 오래 달려가서, 이악(夷嶽)의 위엄을 떨쳐 험독(險瀆)에서 탐욕스럽고 잔인한 자들을 도륙하고 막기 어려운 기세를 타서 누방(鏤方)에서 흉악한 적을 베어라. 행군총관(行軍摠管) 집실사력(執失思力), 행군총관 계필하력(契苾何力)은 그 종족과 부락을 이끌고 기회에 따라 나아가 토벌하라. 거란(契丹)의 번장(蕃長) 오구절(於句折), 해(奚)의 번장 소지(蘇支), 연주자사(燕州刺史) 이현정(李玄正) 등은 각각 그 무리를 이끌고 그 달아나 숨을 곳을 끊어라. 사지절·평양도행군대총관(平壤道行軍大摠管) 장량(張亮), 부총관 상하(常何), 부총관 좌난당(左難當) 등은 배를 서로 이어서 곧바로 평양(平壤)으로 향하라. 신라왕 김선덕(金善德)은 그 성읍(城邑)을 기울이고 그 부고(府庫)에 저장한 것을 다하여 헤아릴 수 없는 은택을 입고 누대의 원수를 갚으니, 낙랑(樂浪)으로 나가서 중심부를 찌르고 옥저(沃沮)에 임하여 소굴을 소탕하라. 백제왕 부여의자(扶餘義慈)는 일찍이 지극한 정성을 드러내어 때와 기회를 깊이 인식하였으니, 지나온 여러 해의 사사로운 교류를 버리고 자연법칙에 따라 움직이는 국가 간의 전쟁을 도우며 양식을 짊어지고 예기를 축적하여 명령대로 따르라. 모든 이 여러 군대는 만리에 일제히 거병하여 바닷가에서 하늘의 그물을 철거하고 요양(遼陽)에서 땅의 그물을 덮어가리도록 하라. 짐은 그런 후에 지나온 노정대로 백랑(白狼)의 서쪽으로 가서 현도(玄菟)의 성에 직접 순행하고 병고(兵鼓)를 잡아 육군(六軍)을 경계시키며 태상(太常)을 실어 팔진(八陣)을 지휘하게 하고자 한다. 끓는 물을 건너서 생선처럼 썩어문드러지고 불타는 숯을 잡아서 얼음이 녹는 것처럼 사라지더라도, 악행이 매우 많아서 이미 마지막 날이 되었을 때에 수령을 주살하고 뿔을 떨어뜨릴 때에 백성을 조문하였다. 그 혹은 무리를 끌어안고 힘껏 공격하거나 숨어서 몰래 다니며 스스로 함락시키는 경우에는 마땅히 관대함을 넓혀서 각각 중원으로 돌아가게 하여, 공로가 있는 자는 마땅히 그 상을 더하고 능력을 품은 자는 그 재능을 지체시키지 않아야 하니, 그 오래도록 악행을 하여도 깨닫지 못하고 길을 헤매어도 마침내 가는 것과 같다. 부월(斧鉞)이 이미 내려지고 나서 목숨을 바치는 슬픔을 반드시 만나고, 옥석이 한번 불타고 나서 배꼽을 씹는 탄식을 헛되이 슬퍼할 것이다. 짐의 뜻을 갖추어 선포하니, 모두 들어서 알게 하라."

고구려 신라 백제

모든 군사 및 신라 백제, 해, 거란의 군사를 불러 길을 나누어 공격하게 하였다. (『三國史記』 21 高句麗本紀 9 寶臧王 上)

고구려 신라 백제

모든 군사 및 신라 백제, 해, 거란의 군사를 불러 길을 나누어 공격하게 하였다. (『三國史節要』 8)

고구려 신라 백제

또 거란·해·신라·백제의 여러 군장(君長)의 군사를 징발하여 모이게 하였다. (『新唐書』 220 列傳 145 東夷 高麗)

요동 고구려 예맥 신라 낙랑 백제 부여 현도

하늘의 도리를 보건대 벼락을 두드려 만물을 엄숙하게 하니, 그것을 사람의 일에서 구하건대 병장기를 늘어놓아 사방에 떨치는 것이다. 비록 천천히 걸어가고 빨리 달리는 것이 때를 달리 하고 실질적 내용과 밖으로 보이는 형식이 체제를 달리 하더라도, 그 살육하는 자들을 쫓아내고 포학한 자들을 가두며 법과 기강을 어긴 자들을 죽이고 복종하지 않는 자들을 토벌하였다. 의로움을 도와 정벌을 펼치니 예약과 교화는 온 나라에 빛났고, 때를 따라 자세히 명령함을 감독하니 무공은 전쟁을 중단함에서 이루어지지 않음이 없었다.

짐은 삼가 제위를 받아 천하에 군림하고 종묘·사직의 영혼에 의지하여 경사의 힘에 기대니 신지가 복을 쌓고 이적과 중화가 진심으로 귀의하였다. 고 상주국·요동군왕·고려왕 무(영류왕)는 예전부터 진실한 마음을 열고 일찍 조화를 받드니, 충성스럽고 의로운 절개는 우이에 드러날 수 있었고 공물을 바치는 예는 천자에게 조공하는 회합에 어그러지지 않았다. 그러나 그 신하 막리지 개소문은 흉악하고 간특함을 마음속에 감추고 불만을 가진 무리를 불러 모아 몰래 다른 계획을 품었으며, 갑자기 군주 시해를 행하여 잔혹무도함이 예맥에서 분란을 일으키니, 매우 아프고 슬픈 것이 중원제국에도 통하였다. 저 번국의 계통을 빼앗아 그 국정을 장악하니, 법령이 불분명하여 상벌이 제자리를 잃었고 아랫사람이 윗사람을 능가하여 권위가 추락하며 멀리서 원망하고 가까이서 탄식하였다. 게다가 어지럽힘을 좋아함이 더욱 심하고 무력을 남용하여 쉬지 못하게 하니, 그 많은 악한 사람들의 무리를 이끌고 거듭 신라 땅을 침입하였다. 신라는 땅을 잃고 위태로움을 걱정함이 나날이 깊어지니, 멀리서 구원을 청하여 길을 가는 행장이 서로 이어졌다.

짐은 그 거꾸로 매달린 것 같은 자들의 급함을 불쌍히 여겨 이에 가벼운 수레를 탄 사자에게 명령하여 지극한 이치를 갖추어 진술하고 병사를 쉬게 하라고 타일렀으나, 일찍이 고침을 알지 못하고 조정의 명령을 따르지 않으며 변방의 보루에서 틈을 엿보고 소굴에서 도망갔다. 가족이 모두 모이는 것은 다시 간절하고 조세 수취는 더욱 번거로우니, 장정은 창칼의 날에 다 사라지고 고달픈 노인은 토성 축조에 지쳐 쓰러지며 농업과 양잠을 오래도록 폐하여 모두 기근에 걸렸다. 날고기로 표창하는 것은 그 멸망할 징조를 나타내고 피를 비 오듯이 흘러 괴이해지는 것은 그 수가 다함을 밝히며, 집집마다 근심하고 고통스러워하며 온 나라 안이 슬퍼하고 두려워하였다. 화려한 머리카락과 푸른 옷깃은 가혹한 정치를 이기지 못하고, 늘인 목과 발돋움한 발꿈치는 왕의 은택에 젖는 것을 생각하였다. 옛날 유묘는 따르지 않아서 대우의 수레를 수고롭게 하였고 갈백은 식량을 가져온 자에게 군량을 빼앗아 성탕의 군사를 움직였으니, 하물며 상도를 어지럽히는 큰 도적은 삼강을 문란하게 하여 법을 어기고 제멋대로 행동하며 하늘에 가득한 매우 악한 사람은 오형을 중단하여 크지 않겠는가? 짐은 밤에 옷입고 근심을 일으켜서 해가 떠있는 동안 식사를 잊었다. 죄를 토벌하는 뜻은 소매를 던지는 것보다 이미 깊고 사람을 구제하는 의리는 재난에 백성을 내어놓은 절박한 마음보다 더욱 마음 아프다.

상제에게 특별한 일을 제사로 고하여 길에 오르고 병부에 조서를 내려 군대를 출발시키는 호령을 내렸다. 먼저 사지절·요동도행군대총관·영국공 이적, 부총관·강하군왕 도종을 파견할 만하니, 병사와 말이 구름과 같이 요동으로 오래 달려가서, 이악의 위엄을 떨쳐 험독에서 탐욕스럽고 잔인한 자들을 도륙하고 막기 어려운 기세를 타서 누방에서 흉악한 적을 베어라. 행군총관 집실사력, 행군총관 계필하력은 그 종족과 부락을 이끌고 기회에 따라 나아가 토벌하라. 거란의 번장 오구절, 해의 번장 소지, 연주자사 이현정 등은 각각 그 무리를 이끌고 그 달아나 숨을 곳을 끊어라. 사지절·평양도행군대총관 장량, 부총관 상하, 부총관 좌난당 등은 배를 서로 이어서 곧바로 평양으로 향하라. 신라왕 김선덕은 그 성읍을 기울이고 그 부고에 저장한 것을 다하여 헤아릴 수 없는 은택을 입고 누대의 원수를 갚으니, 낙랑으로 나가서 중심부를 찌르고 옥저에 임하여 소굴을 소탕하라. 백제왕 부여의자는 일찍이 지극한 정성을 드러내어 때와 기회를 깊이 인식하였으니, 지나온 여러 해의 사사로운 교류를 버리고 자연법칙에 따라 움직이는 국가 간의 전쟁을 도우며 양식을 짊어지고 예기를 축적하여 명령대로 따르라. 모든 이 여러 군대는 만리에 일제히 거병하여 바닷가에서 하늘의 그물을 철거하고 요양에서 땅의 그물을 덮어가리도록 하라. 짐은 그런 후에 지나온 노정대로 백랑의 서쪽으로 가서 현도의 성에 직접 순행하고 병고를 잡아 육군을 경계시키며 태상을 실어 팔진을 지휘하게 하고자 한다. 끓는 물을 건너서 생선처럼 썩어문드러지고 불타는 숯을 잡아서 얼음이 녹는 것처럼 사라지더라도, 악행이 매우 많아서 이미 마지막 날이 되었을 때에 수령을 주살하고 뿔을 떨어뜨릴 때에 백성을 조문하였다. 그 혹은 무리를 끌어안고 힘껏 공격하거나 숨어서 몰래 다니며 스스로 함락시키는 경우에는 마땅히 관대함을 넓혀서 각각 중원으로 돌아가게 하여, 공로가 있는 자는 마땅히 그 상을 더하고 능력을 품은 자는 그 재능을 지체시키지 않아야 하니, 그 오래도록 악행을 하여도 깨닫지 못하고 길을 헤매어도 마침내 가는 것과 같다. 부월이 이미 내려지고 나서 목숨을 바치는 슬픔을 반드시 만나고, 옥석이 한번 불타고 나서 배꼽을 씹는 탄식을 헛되이 슬퍼할 것이다. 짐의 뜻을 갖추어 선포하니, 모두 들어서 알게 하라. (『全唐文』7 太宗皇帝 命將征高麗詔)

고구려　　12월 무오일(18)에 모두가 사리필(俟利苾)을 버리고 남쪽으로 와서 황하를 건너서 승주와 하주 사이에서 있게 해달라고 청하였고 황제를 이를 허락하였다. 여러 신라들이 모두 생각하였다. "폐하께서는 바야흐로 요하의 왼쪽을 원정하시는데 황하의 남쪽에 돌궐을 두시면 경사까지의 거리가 멀지 않으니 어찌 후방이 염려되지 않을 수 있습니까. 바라건대 남아서 낙양을 진수하시고 제장을 파견하여 동방 정벌을 하십시오." 황제가 말하였다. "이적(夷狄)도 또한 사람일 뿐이니 그 마음은 중하(中夏)와 다르지 않다. 인주(人主)는 덕택을 입히지 못할까 두려운 것이지 다른 족속을 시기할 필요는 없다. 대개 덕택을 주는 것이 흡족하면 사이(四夷)도 한 집안처럼 부릴 수 있으며 시기하는 것이 많아지면 골육 간에도 원수 같은 적이 되는 것을 면치 못한다. 양제는 무도하여 사람을 잃은 지 이미 오래되어서 요동의 전역(戰役)에서 사람들은 모두 손과 발을 끊고서 정벌을 떠나는 병역을 피하였으며 양현감은 운반하는 졸병들을 가지고 여양(黎陽)에서 반란을 일으켰으니 융적(戎狄)이 걱정거리가 된 것이 아니었다. 짐은 지금 고려를 정벌하는데, 모두 가기를 원하는 사람을 뽑았으며 열 명을 모집하였는데 100명을 얻었고 그 가운데 종군할 수 없는 사람들이 분하고 탄식하며 우울해 하였으니 어찌 수가 원망하는 병사를 보낸 것에 비교하겠는가. 돌궐은 가난하고 약하여 내가 거두어 그들을 길러 주었으니 그들이 은혜로 느끼는 것을 계상하면 골수에까지 들어갔는데, 어찌 걱정거리가 되겠는가. 또 저들은 설연타에게 가지 않고 남쪽으로 와서 나에게 귀부한 것으로 그들의 마음을 볼 수 있다." 돌아보며 저수량(褚遂良)에게 말하였다. "너는 기거주(起居注)를 담당하니 나를 위하여 이를 기록하라. 지금부터 15년동안 돌궐 사람들의 걱정거리는 없을 것을 보장한다." 사리필은 이미 무리를 잃고 경무장을 한 기병을 데리고 들어와 조현하니, 황제는 우무위장군(右武衛將軍)으로 삼았다. (『資治通鑑』 197 唐紀 13 太宗文武大聖大廣孝皇帝 中之下)

신라　선덕왕(善德王) 때 생의(生義)라는 스님이 항상 도중사(道中寺)에 거주하였다. 하루는 꿈에 스님이 그를 데리고 남산(南山)으로 올라가 풀을 묶어서 표를 하게하고, 산의 남쪽 마을에 이르러서 말하길, "내가 이 곳에 묻혀있으니 스님은 꺼내어 고개 위에 안치해주시오"라고 하였다. 꿈을 깬 후 친구와 더불어 표시해 둔 곳을 찾아 그 골짜기에 이르러 땅을 파보니 석미륵(石彌勒)이 나오므로 삼화령(三花嶺) 위에 안치하였다. 선덕왕 13년 갑진년(甲辰年)에 그곳에 절을 짓고 살았으니 생의사(生義寺)라 이름하였다.[지금은 잘못 불러 성의사(性義寺)라고 한다. 충담(忠談)스님이 매년 3월3일과 9월9일에 차를 달여 공양한 것이 바로 이 부처님이다] (『三國遺事』 3 塔像 4 生義寺石彌勒)

고구려　이정(李靖)의 본명은 약사(藥師)로 옹주(雍州) 삼원(三原) 사람이다. (…) (정관) 18년 황제가 그의 집에 가서 문병하고 이어 비단 500필을 내려 주었다. 그리고 지위를 (衛國公) 개부의동삼사(開府儀同三司)로 올렸다. 태종이 장차 요동을 정벌할 때 이정(李靖)을 불러 입각시키고 어전 앞에 자리를 내려 주며 말하기를, "공이 남으로 오(吳)와 회(會)를 정벌하고 북으로 사막을 맑게 하며, 서로 모용씨를 정벌했는데, 오직 동쪽의 고구려만 복종하지 않고 있다. 공의 의견은 어떠한가."하였다. 대답하기를, "신이 지난 날 천자의 위엄에 기대어 옅은 능력으로 작은 효험이 있었습니다. 지금 여생이 얼마남지 않았습니다. 오직 지금 정벌만을 헤아린다면 폐하가 만약 저를 버리시지 않는다면 노신의 병은 나을 것입니다. 황제는 그가 여위고 늙었음을 불쌍히 여겨 허락하지 않았다. (『舊唐書』 67 列傳 17 李靖)

고구려　이정의 자는 약사이며 서울 삼원 사람이다. (…) 황제가 장차 요동을 정벌하려 이정을 불러 들여 말하기를, "공이 남으로 오를 평정하고 북으로 돌궐을 격파하고 서로 토욕혼을 진정시켰는데, 오직 고구려만이 복종하지 않고 있다. 역시 뜻이 있는가."하였다. 대답하기를, "천자의 위엄에 기대어 작은 공을 얻었을 뿐입니다. 지금 질병으로 비록 쇠약하기는 하였지만, 폐하께서 진실로 저를 버리시지 않는다면 병 또한 나을 것입니다."하였다. 황제는 그가 늙었음을 불쌍히 여겨 허락하지 않았다. (『新唐書』 93 列傳 18 李靖)

고구려　당서에서 다음과 같이 말하였다. 태종이 장차 요동을 정벌할 때 이정을 불러 입각시키고 어전 앞에 자리를 내려 주며 말하기를, "공이 남으로 오와 회를 정벌하고 북으로 사막을 맑게 하며, 서로 모용씨를 정벌했는데, 오직 동쪽의 고구려만 복종하지 않고 있다. 공의 의견은 어떠한가."하였다. 대답하기를, "신이 지난 날 천자의 위엄에 기대어 옅은 능력으로 작은 효험이 있었습니다. 지금 여생이 얼마남지 않았습니다. 오직 지금 정벌만을 헤아린다면 폐하가 만약 저를 버리시지 않는다면 노신의 병은 나을 것입니다."하였다. 황제는 그가 여위고 늙었음을 불쌍히 여겨 허락하지 않았다. (『太平御覽』 383 人事部 24 壽老)

고구려	염립덕은 옹주(雍州) 만년(萬年) 사람이다. 수 전내소감(殿內少監) 비(毘)의 아들이다. (…) 정관 18년 고구려 정벌에 따라갔다. (『舊唐書』 77 列傳 27 閻立德)
고구려	『구당서』 본기에 전한다. "정관 18년에 태종이 장차 고구려를 정벌하려 할 때 태자에게 명하여 정주(定州)에 머물러 지키게 하였다."(『太平御覽』 110 皇王部 35 唐高宗天皇大帝)
고구려	정관 18년에 이르러 오봉(鼇峰)이 몰래 치고 제학(鯷壑)이 몰래 돌아다니니, 청구(靑丘)의 주살을 잠시 들어서 현이(玄夷)의 혼을 갑자기 엄숙하게 하였다. (「焦海智 墓誌銘」:『大唐西市博物館藏墓誌』)
고구려	정관 18년 조이(鳥夷)가 잠△(潛△)하자 군주가 죄를 물었다. 황제가 여론에 알리자 왕경(王敬)이 6가지 기묘한 계책을 바치고 원문(轅門)에서 부절(符節)을 드렸는데, 삼략(三略)을 가지고 있었다. 조서를 내려 "뜻과 힘이 굳세고 용맹하다."하여 추천하는 것을 윤허하니, 특별히 유격장군(游擊將軍)을 제수하였다. (「王敬 墓誌銘」:『唐代墓誌滙篇』;『全唐文補遺』 2)
고구려	정관 18년에 이르러 장작대장(將作大匠) 염입덕(閻立德)이 강남(江南)에서 배를 만들 때 강위(强偉)를 불러서 판좌(判佐)로 삼았다. (「强偉 墓誌銘」:『唐代墓誌滙篇附考』 6;『全唐文新編』 992)
고구려	이에 정관18년이었다. 도이(島夷)가 험준한 곳을 막아 왕의 뜻에 따르지 않으니, 황제가 직접 군사를 이끌고 동방을 진압하러 갔다. 태백산(太白山)은 매우 높아 군사의 이동이 중국에 유리하였고, 왕이 말을 달리기에 좋아서 요양(遼陽)에는 병거(兵車)와 기병이 가득하였다. 병사를 몰아 변방에서 기다리다가 흉노 지역으로 깊숙이 들어갔고, 군대를 정비하여 예의를 이루고 군률이 매우 엄격한 군영을 직접 위로하였다. (…) 자객을 가두었다. 명성이 6군(郡)에 높게 미치고 온갖 재물을 다 선별하니, 예박(穢狛)의 뜰에 쟁기를 가져가고 회담(懷覃)의 경내에 길로 나왔다. (「大雲寺碑」:『全唐文新編』 259)
고구려	이타인(李他仁)은 학문에 힘쓸 약관(弱冠)의 나이(20세)가 되어, 청년기부터 문장을 지었고 인재를 찾음에 그 정수가 될 만한 뛰어난 자를 분별하였다. 붉게 수놓은 옷을 입고 관끈을 드리울 정도의 관직에 올라서는 일을 총괄함에 그 노련하고 재능 있음을 바탕으로 하였다. (「李他仁 墓誌銘」:『遠望集』 下; 2015『高句麗渤海硏究』 52)
고구려	고질(高質)의 자질은 수혈(穟穴)을 신령스럽게 하여, 점차 봉진(蓬津)을 윤택하게 하였다. 영민한 자태는 웅장하게 우뚝 솟고, 위엄한 체구는 성대하게 일어났다. (「高質 墓誌銘」: 2007『신라사학보』 9)

645(乙巳/신라 선덕왕 14 仁平 12/고구려 보장왕 4/백제 의자왕 5/唐 貞觀 19/倭 皇極 4, 大化 1)

백제 신라	정관(貞觀)19년 정월 경오일 초하루에 백제 태자 부여강신(扶餘康信), 연타(延陁), 신라, 토욕혼(吐谷渾), 토번(吐蕃), 거란(契丹), 해(奚), 토화라섭호(吐火羅葉護), 사발라섭호(沙鉢羅葉護), 우전(于闐), 동아(同娥), 강국(康國), 말갈(靺鞨), 습(霫) 등이 가신을 파견해 와서 경하하고, 각각 토산물을 바쳤다. (『冊府元龜』 970 外臣部 15 朝貢 3)
신라	봄 정월에 대당(大唐)에 사신을 파견해 토산물을 바쳤다. (『三國史記』 5 新羅本紀 5

善德王)

신라   봄 정월에 신라가 사신을 파견해 당에 가서 조공하였다. (『三國史節要』8)

백제 고구려 신라

황제는 주국(柱國)·대방군왕(帶方郡王)·백제왕 부여의자(扶餘義慈)에게 안부를 묻노라. (…) 죽은 고구려왕 고무(高武)는 일찍부터 조정의 덕화를 받들어 성절(誠節)을 갖추어 펴고 조공에 빠짐이 없어서 번례(藩禮)가 더욱 드러났다. 그 신하인 막리지(莫離支) 연개소문(淵蓋蘇文)은 간흉(姦凶)한 마음을 포장(苞藏)하여 갑자기 군주를 시해하였다. 원통한 잔인함은 먼 후예에게 맺히고 애도하는 아픔은 중화에도 들린다. 짐은 하늘에서 명을 받아 그 부모가 되었으니, 이미 이 일을 듣고 매우 불쌍히 여기고 아파하였다. 만약 이러한 상황에서 정벌을 하지 않으면 천하를 징벌하여 바로잡을 수 없을 것이다. 지금 대총관(大總管)·특진(特進)·태자첨사(太子詹事)·영국공(英國公) 이적(李勣)을 먼저 파견하여, 군사와 말을 감독하고 이끌면서 곧바로 요동(遼東)으로 나아가게 하였고, 대총관·형부상서(刑部尙書)·운국공(鄖國公) 장량(張亮)은 군선(軍船)을 총괄하여 거느리면서 평양(平壤)에 가서 임하게 하였다. 짐은 이어서 직접 요동·갈석(碣石)을 순찰하여 그쪽의 백성들을 어루만지고 그 역적을 주살하여 위엄과 은덕을 펴려고 한다. 마땅히 삼한(三韓)·5군(五郡)의 경역으로 하여금 이로 인하여 안정되고 오래도록 평화로움을 얻게 할 수 있을 것이다. 전에 얻은 신라의 표문에는 "왕과 고구려가 늘 군사를 일으켜 당(唐) 조정의 뜻을 따르지 않고 함께 신라를 침입한다"고 하였다. 그래서 나는 문득 왕이 반드시 고구려와 협약하였을 것이라고 의심하였다. 그러나 왕의 이번 표문을 보고 또 강신(康信)에게 물어보니, 왕과 고구려는 아첨하여 작당하지 않았다. 이미 이와 같이 잘하였다면, 진실로 바라는 바에 부합된다. 강신이 또 왕의 뜻을 진술하여, 군사를 일으켜 곧 관군과 함께 흉악한 무리를 함께 정벌할 것을 굳게 요청하였다. 짐이 지금 갑병을 일으켜 움직인 것은 본래 군주를 시해한 적을 주살하려는 것이다. 왕의 뜻은 충정(忠正)에 있고 정이 매처럼 간절하여, 이미 짐이 품은 바와 맞았으니 감탄함에 그침이 없다. 징발한 병사는 장량의 처분을 받는 것이 마땅하다. 만약 적을 토벌하였을 때 공훈을 세울 수 있다면, 왕은 마땅히 기록하여 아뢰도록 하라. 마땅히 포장(褒奬)을 더할 것이다. 그러나 왕은 우리나라에 마음을 다하여 아끼는 바가 없으니, 빨리 자녀를 바쳐서 깊이 진심을 보여주었다. 짐은 이미 요동에 일이 있어 바야흐로 역적을 토벌하여 백성들을 조문하려는 뜻을 널리 보여주고자 한다. 만약 곧 와서 청하는 것을 어기지 않고 왕이 바치는 바를 받게 되면 곧 사해에서 짐이 탐욕스럽게 요구하는 바가 있다고 논의할까 두렵다. 그 여자는 지금 장차 돌려보내게 하려고 하니, 적이 평정된 후에 왕이 다시 아뢰는 바에 맡기도록 할 것이다. 이 뜻을 잘 알아주기 바란다. 아뢰었던 학문승 등이 마음대로 출입하는 것을 허락해 달라고 요청한 것 및 삼번(三藩) 사신의 등급은 잘 알겠다. 또 장원창(蔣元昌)을 백제에 가서 왕을 위하여 환자를 치료하게 해 달라고 청하였는데, 원창(元昌)은 짐이 먼저 사신보내서 익주도(益州道)에 갔다가 지금 여전히 아직 돌아오지 않아서 왕이 있는 곳으로 향하게 할 수 없다. 승려 지조(智照)를 귀국하게 해 달라고 청한 바는 이미 아뢴 바에 의거하여 처리하였다. 지금 조산대부(朝散大夫) 장원표(莊元表)와 부사(副使)·우위훈위여수(右衛勳衛旅帥) 단지군(段智君) 등으로 하여금 신라왕에게 가도록 하였는데, 허락함이 마땅하다. 빨리 사람과 배를 파견하여 호송하고, 반드시 안전하게 도착하도록 하기 바란다. 도중에 막리지 등에게 약탈당하지 않도록 하라. (…) 강신은 지금 돌아가서 고구려에 가는 뜻을 가리켜 말할 것이다. 아울러 왕에게 보내는 물건은 별지(別紙)와 같다. (『文館詞林』664「貞觀年中撫慰百濟王詔」)

신라 고구려   황제는 주국·낙랑군왕(樂浪郡王)·신라왕 김선덕(金善德)에게 안부를 묻노라. (…) 고구려는 그 험한 곳을 믿고 흉악한 짓을 마음대로 행하고 자주 전쟁을 일으켜서 왕의 경계를 침입하였다. 짐은 왕이 먼 곳에서 그 충척(充斥)을 만난 것을 불쌍히 여겨, 자주 행인(行人)에게 명령하여 그 이해를 보여주게 하였다. 그러나 어리석고 흉악한 성품은 고치려고 하지 않았으므로 짐의 명령을 어기고 일찍이 병사를 쉬게 하지 않았다. 게다가 막리지 연개소문은 화심(禍心)을 포장하여 이에 시해함이 충량(忠良)한 자에게도 통하고 흉학(凶虐)함이 그 경역 곳곳에 미쳤으니, 역란(逆亂)함이 이미 심하고 죄와 허물이 용서받기 어렵다. 짐은 이런 까닭에 군사를 크게 일으켜 가서 역적을 토벌하여 백성들을 조문함으로써, 그 나라의 위급함을 구원하고 요동의 도탄(塗炭)에 빠진 백성들을 구제하려고 한다. 적을 이기고 평정하는 날은 곧 오게 될 것이다. 작년에 왕의 사신 김다수(金多遂)가 돌아가는 날에 자세히 새서에 썼듯이 바야흐로 수군을 길에 나아가게 하려고 하였다. 지금 왕이 대달관(大達官)을 파견하여 사람과 배를 거느리고 와서 서로 맞이하고 이끌었다. 왕이 근래에 소식이 전혀 없는 것을 의심하였는데, 고구려에게 길이 끊어져서 사신을 파견해 오지 않았다고 여겨서, 목을 끌어서 동쪽으로 돌아보면서 매번 헛된 상상에 수고하였다. 전에는 본래 예부상서(禮部尚書)·강하군왕(江夏郡王) 도종(道宗)으로 하여금 수군을 총괄하여 거느리게 하려고 하였으나, 지금 도종은 따로 임무에 종사하고 있다. 이어서 앞서 광록대부(光祿大夫)·형부상서 장량으로 하여금 군선을 총괄하여 거느리게 하고, 또 특진·태자첨사·영국공 이적으로 하여금 또한 대총관이 되어 군사와 말을 감독하고 이끌게 하여, 모두 수륙으로 함께 나아가서 적의 궁정에 곧바로 나아가게 하였다. 계획상으로는 4월 상순까지 마땅히 고구려의 경역에 들어갈 것이다. 만약 악인과 함께 서로 도와서 감히 왕의 군사에게 맞선다면, 곧 군대의 위엄을 사(肆)하여 남은 부류가 없도록 할 것이다. 왕과 고구려는 원한이 이미 깊어서 왕이 거느린 병사들은 군복을 갖추어 입은지 오래되었다고 생각한다. 그래서 좌효위장사(左驍衛長史) 임의방(任義方)과 서로 도모하여 빨리 행군시킬 병마를 모집하게 하고, 그 군대는 장량의 처분을 받도록 함이 마땅하다고 판단한다. 나는 이어서 행군총관(行軍總管)·수우효위장군(守右驍衛將軍)·동평군개국공(東平郡開國公) 정명진(程名振) 등으로 하여금 장량의 선봉군이 되게 하였다.

아울러 조산대부 장원표, 부사·우위훈위여수 단지군 등을 파견하여 신라로 사신가게 하였다. 원표(元表) 등이 도착하는 날에 왕은 곧 사신을 파견하여 장량 등의 군영에 도착하게 하고, 함께 군대의 기일을 정하도록 하라. 이어서 모름지기 사신을 파견하여 빨리 와서 아뢰도록 하라. (…) 짐은 곧 이 달 12일에 낙양(洛陽)을 떠나 유주(幽州)에 이르러 곧 요동을 동쪽으로 순찰하여 풍속을 살피고 고통받는 이들을 직접 위문하며, 죄가 많은 적의 우두머리를 죽이고 거꾸로 매달려 고통받는 백성들을 해방시키며, 조정의 은덕을 입히고 이 개선하는 은택을 뿌리려고 한다. 마땅히 삼한의 사신과 5군의 사서(士庶)로 하여금 풍진(風塵)의 경계를 길이 쉬게 하고 구산(丘山)의 안정을 오래도록 지키게 할 것이다. 왕은 일찍부터 진심을 드러내어 매번 번례를 다하니, 전쟁에 임하는 것을 왕을 위하여 해를 제거하는 것이다. 기쁜 정은 진실로 무엇이 그치게 할 수 있겠는가? 파견하는 병사는 마땅히 정예병을 골라야 한다. 만약 공을 세울 수 있다면 갖추어 기록하여 보고하라. 마땅히 포장을 더할 것이다. (…) 이외에는 모두 원표가 진술할 것이다. 아울러 왕에게 보내는 신물(信物)은 별지와 같다. (『文館詞林』664 「貞觀年中撫慰新羅王詔」)

고구려 봄 정월에 위정(韋挺)이 앞서 가서 조거(漕渠)를 살피지 않아서 쌀을 운반하는 600여 척이 노사대(盧思臺) 옆에 이르러[1] 얕고 막혀서 나아갈 수 없었던 일에 연좌되어, 형틀을 차고 낙양으로 압송되었다. 정유일(28)에 제명되었다. 장작소감(將作少

監) 이도유(李道裕)가 그를 대신하였다. 최인사(崔仁師) 또한 연좌되어 면관(免官)되었다. (『資治通鑑』197 唐紀 13 太宗 中之下)

고구려   정관19년에 장차 요동에서 전쟁이 있으려 하여 군량을 운반할 사람을 택하였다. 마주(馬周는 또 위정의 재주가 군량을 운반하는 칙사를 감당할 수 있다고 아뢰니, 태종이 그에 따랐다. 정은 아버지가 수에서 영주총관(營州總管)이 되어 고구려를 경략한 적이 있는데, 글을 남겼다.이로 인하여 그것을 아뢰자, 태종이 매우 기뻐하여 정에게 말하였다. "유주 이북으로 요수(遼水)가 2,000여 리이고, 요수 2,000여 리에는 주현이 없어서 군대가 가면서 군량을 모으려고 해도 취하여 줄 곳이 없다. 경이 마땅히 이 칙사가 되어 다만 군대가 쓰기에 부족하지 않을 만큼만 얻고 공사는 세세하지 않게 하라." 민부시랑(民部侍郎) 최인사를 부사로 삼아 스스로 문무관 4품 10명을 자사(子使)로 택하는 것을 맡기고, 유주·역주(易州)·평주(平州) 3주의 날래고 용감한 자 200명과 관마 200필을 딸려 주었다. 하북(河北)의 여러 주에 조서를 내려 모두 정의 절도를 취하게 하고 편의롭게 하는 것을 허락하였다. 태종이 직접 담비가죽옷과 중구(中廐)의 말 2필을 풀어서 그에게 하사하였다.
    정이 유주에 이르러 연주사마(燕州司馬) 왕안덕(王安德)으로 하여금 조거를 돌아보고 막힌 것을 통하게 하였다. 앞서 유주의 창고 물건을 내어 나무로 만든 배를 사고 쌀을 실어 나아가자, 상건하(桑乾河)에서 내려가 노사대에 이르자 유주에서 800리 떨어졌는데, 안덕을 만나고 돌아와 말하기를, "이로부터 밖으로 조거가 막혔다."라고 하였다. 정은 북쪽이 춥고 눈이 내려 다시 나아갈 수 없으므로, 마침내 쌀을 노사대 옆에 내려서 임시로 저장하고 해가 열리고 봄이 시작되는 것을 기다려 바야흐로 큰 일이 일어날 때 옮겨서 운반하여, 대병이 이르는 것을 헤아려도 군량은 반드시 충분할 것이라고 여겼다. 이어서 말을 달려 보고하자, 태종이 기뻐하지 않아서 정에게 조서를 내렸다. "군사에서는 허술하게 빠르다는 말을 듣더라도 늦추어서는 안된다. 짐은 19년 봄에 크게 거병하려고 하는데, 지금 20년에 조를 운반하겠다고 하니, 매우 할 말이 없다." 이에 번치령(繁時令) 위회질(韋懷質)을 파견하여 정이 있는 곳에 가서 군량을 헤아리고 조거 물에서 뒤집어진 것을 살피게 하였다. 회질이 돌아와 아뢰었다. "정은 앞서서 조거를 살피지 않고 문득 공인들을 모아 배를 만들고 쌀을 운반하다가 노사대에 이르러 곧 내려놓았는데, 바야흐로 조거가 막혀서 나아가고자 해도 할 수 없음을 알고 다시 물이 막힌 곳으로 돌아와 곧 편의롭게 그것을 저장하였으니 이적을 평정하는 날에 도달할 수 없습니다. 또 정은 유주에 있으면서 날마다 음주와 연회를 베풀어 실상이 지극한 공정함과 괴리되었습니다. 폐하께서 내년에 군사를 내시면 신이 그것을 헤아리건대 성스러운 책략에 부합하지 못할까 두렵습니다." 태종이 크게 노하여 장작소감 이도유로 하여금 그를 대신하게 하였다. 또 치서시어사(治書侍御史) 당림(唐臨)으로 하여금 전마(傳馬)로 말달려 정에게 형틀을 채워 낙양으로 향하게 하고 논의에 의거하여 제명시키니, 이어서 백의로 흩어져 종군하게 하였다. (『舊唐書』77 列傳 27 韋挺)

고구려   요동을 정벌하는 전역에서 태상경(太常卿) 위정에게 조서를 내려 해운을 맡게 하고 최인사를 보좌로 삼았다. 인사는 또 따로 하남(河南)의 수운을 맡았다. 인사는 수로가 험하고 멀다고 여겨, 먼 주에 수송하는 바가 제 때에 바다에 이르지 못할까 두려워하였다. 마침내 편의롭게 처리하니, 근해의 조부(租賦)를 번갈아 출발시켜 옮겨 수송하는 것에 충당하였다. 위정이 막히고 지체되어 기일보다 늦었다고 하여 제명하여 백성이 되자, 인사는 운송하는 인부가 도주하여도 아뢰지 않았다고 하여 연좌되어

---

1) 『당서』에 의거하면, 노사대는 유주에서 800리 떨어져 있다. 이 조거는 아마도 곧 조조(曹操)가 오환(烏丸)을 정벌할 때 열었던 천주거(泉州渠)일 것이다. 위로 상건하(桑乾河)에 이어진다.

면관되었다. 이미 뜻을 얻지 못하였으나, 마침내 체명부(體命賦)를 지어 그 사정을 폈는데, 내용은 게재하지 않은 것이 많았다. (『舊唐書』74 列傳 24 崔仁師)

고구려 　황제가 요동을 토벌하려고 하여 군량 운반을 주관할 사람을 택하였다. 마주는 또 위정의 재주가 군량을 운반하는 칙사를 맡길 만하다고 하니, 태종이 그렇다고 여겼다. 정의 아버지는 예전에 영주총관이 되어 일찍이 고구려를 경략하였으므로 집안에 서찰을 보관하였다. 정이 그것을 올리자, 황제가 기뻐하며 말하였다. "유주에서 요수까지 2,000리에는 주현이 없어서 아군이 식량을 우러러 보다가 쓰러질 것이다. 경은 짐을 위하여 그것을 도모하여, 진실로 아군이 쓰기에 부족하지 않게 하라. 이것은 그대의 공이다." 그는 스스로 문무관 4품 10명을 자사로 택하고, 유주·역주·평주 3주의 정예병사 및 말 각각 200을 딸려 주었다. 곧 하북의 여러 주에 조서를 내려 모두 정의 절도를 취하게 하고 편의롭게 하는 것을 허락하였다. 태종이 직접 담비가죽옷과 중구의 말을 풀어서 그에게 하사하였다.
　정이 연주사마 왕안덕을 파견하여 조거에 가게 하고, 조운선을 만들어 군량을 운반하다가 상건수(桑乾水)에서 노사대까지 800리를 갔는데, 조거가 막혀 통할 수 없었다. 정은 바야흐로 고되고 추워서 나아갈 수 없으므로, 마침내 쌀을 노사대 옆에 내려서 임시로 저장하고 얼었던 것이 녹기를 기다렸다가 곧 운반하는 것을 해결책으로 삼았다. 곧 말씀을 올리기를, "왕의 군사가 이르는 것을 헤아려도 식량은 장차 충분하다."고 하였다. 황제가 기뻐하지 않으며 말하였다. "병사는 차라리 어설프고 빠를지라도 교묘하고 게을러서는 안 된다. 짐은 내년에 군사를 낼 것인데, 정은 이에 다른 해의 운반을 헤아리니, 무엇인가?" 이에 번치령 위회질에게 조서를 내려 말을 달려가 살피게 하였다. 회질이 돌아와 탄핵하였다. "정은 유주에 있으면서 날마다 술상을 차려 직무를 걱정하지 않았습니다. 앞서서 조거와 장리(長利)를 살피지 않고 곧 배를 만들어 곡식을 옮기다가 800리에 뻗쳤는데, 이에 옳지 않음을 깨닫고 나아가고자 해도 할 수 없어서 다시 물이 막힌 곳으로 돌아왔습니다. 육군(六軍)이 필요한 바가 폐하의 본래 뜻과 같지 못할까 두렵습니다." 태종이 노하여 장작소감 이도유를 파견하여 그를 대신하게 하였다. 또 치서시어사 당림에게 칙서를 내려 전마로 말달려 정에게 형틀을 채워 낙양으로 향하게 하고 폐하여 백성으로 삼으며, 백의로 종군하게 하였다. (『新唐書』98 列傳 23 韋挺)

고구려 　위정은 태상경이 되어 앞서서 군량을 하북으로 운반하였는데, 이미 지탁(支度)을 잃어서 제명하여 종군하게 하였다. (『冊府元龜』453 將帥部 114 怯懦 韋挺)

고구려 　『신당서(新唐書)』위정전(韋挺傳)에 전한다. "태종이 요동을 토벌할 때에 오로지 군량을 주관하니, 하북의 주에 조서를 내려 모두 위정의 절도를 취하게 하고 편의롭게 하는 것을 허락하였다. 황제가 직접 담비가죽옷과 중구의 말을 풀어서 그에게 하사하였다."(『玉海』82 車服冕服 唐賜貂裘)

고구려 　『신당서』위정전에 전한다. "(…) 위정은 태종이 요동을 정벌할 때에 직접 담비가죽옷과 중구의 말을 풀어서 하사하였다."(『玉海』82 器用賜予器物 唐賜良馬)

신라 백제 　봄 정월에 유신이 백제 정벌에서 돌아왔다. 아직 왕을 알현하지 못하였는데, 백제의 대군이 다시 와서 변방을 노략질하였다. 왕이 유신에게 명령하니 마침내 집에 이르지 못하고 가서 정벌하여 그들을 격파하고 2,000급을 참수하였다. (『三國史記』5 新羅本紀 5 善德王)

신라 백제 　을사년 정월에 돌아와서 아직 왕을 알현하지 못하였는데, 봉인(封人)이 급히 보고하기를, "백제의 대군이 와서 우리 매리포성(買利浦城)을 공격한다."고 하였다. 왕은 또 유신을 상주장군으로 임명하여 그들과 맞서게 하였다. 유신은 명령을 듣고 곧바로 말을 몰아서 처자를 보지 못하고 백제군을 맞이해 공격하여 달아나게 하고 2,00

	0급을 참수하였다. (『三國史記』41 列傳 1 金庾信 上)
신라 백제	봄 정월에 김유신이 백제 정벌에서 돌아와서 아직 왕을 알현하지 못하였는데, 봉인이 급히 보고하기를, "백제의 대군이 와서 우리 매리포성을 공격한다."고 하였다. 왕은 또 유신을 상주장군으로 임명하여 그들과 맞서게 하였다. 유신은 명령을 듣고 처자를 보지 못하고 가서, 백제군을 맞이해 공격하여 달아나게 하고 2,000급을 참수하였다(이상 1월). 돌아와 왕궁에 나아갔으나 아직 집에 돌아가지 못하였을 때, 또 급히 보고하기를, "백제 병사가 국경에 나와 주둔하니 장차 크게 거병하여 와서 침입할 것이다."라고 하였다. 왕이 유신에게 말하였다. "나라의 존망이 공 한 몸에 달렸으니 어쩔 수 없이 번거롭도다. 공이 다시 가도록 하라." 유신이 마침내 갔다. 무리가 말하기를, "대장군이 오히려 이와 같은데, 하물며 우리들이겠는가?"라고 하였다. 백제군이 그것을 보고 감히 핍박하지 못하고 이에 물러났다(이상 3월). (『三國史節要』8)
고구려	봄 정월에 이세적(李世勣)의 군대가 유주에 이르렀다. (『三國史記』21 高句麗本紀 9 寶臧王 上)
고구려	봄 정월에 당 이세적의 군대가 유주에 이르렀다. (『三國史節要』8)
고구려	정관19년 정월에 황제가 요동을 정벌하였다. (『唐會要』27 行幸)
고구려	정관19년 2월 1일(己亥) 이 때에 황제가 장차 요동을 정벌하려고 하였다. 삼장법사(三藏法師)가 숭산(嵩山) 소림사(少林寺)에서 산스크리트어 불경을 번역할 것을 청하니, 태종이 말하였다. "법사가 서쪽으로 간 후에 목태후(穆太后)를 위하여 장안(長安)에 홍복사(弘福寺)를 조성하였는데, 그 사찰에 선원(禪院)이 있어서 가서 번역할 만합니다." (「三藏法師 塔銘」:『全唐文新編』742)
고구려	2월 경술일(12) 낙양 궁궐을 떠나서 고구려를 정벌하였다. (『新唐書』2 本紀 2 太宗)
고구려	『신당서』본기에 전한다. "정관19년 2월 경술일(12) 낙양 궁궐을 떠나서 고구려를 정벌하였다[처음에 태종이 진왕(秦王)이 되었을 때, 두건덕(竇建德)·왕세충(王世充)이 평정되자 술상을 차려 낙양 궁궐에서 크게 모이고 곽효각(郭孝恪)의 공을 논하였다. 또 장검(張儉)을 불러 낙양 궁궐에서 알현하고 요서 산천의 험하고 쉬움을 논하였다. 각 열전을 보라]." (『玉海』157 宮室宮 1 唐洛陽宮)
고구려	『신당서』태종기(太宗紀)에 전한다. "정관19년 2월 경술일(12) 낙양 궁궐을 떠나서 고구려를 정벌하였다." (『玉海』194 兵捷紀功碑銘附 唐駐蹕山紀功破陣圖漢武臺紀功)
고구려	『신당서』태종기에 전한다. "정관19년에 낙양 궁궐에서 출발하여 고구려를 정벌하였다." (『玉海』162 宮室臺 唐紀功漢武臺)
고구려	태종이 요동을 정벌할 때에 낙읍(洛邑)이 요충이어서 관문과 하천이 옷깃처럼 둘러져 있다고 여겼다. 소우(蕭瑀)를 낙양궁수(洛陽宮守)로 삼았다. (『舊唐書』63 列傳 13 蕭瑀)
고구려	황제가 장차 고구려를 정벌하려고 하여 낙양의 성문에서 연회를 열고 둔영(屯營)에서 춤을 가르치는 것을 보았다. 신정용무(新征用武)의 기세를 참고하여 일융대정악(一戎大定樂)이라고 이름붙였다. 춤추는 자는 140명인데, 오채(五采) 갑옷을 입고 창을 잡고 춤추었다. 노래하는 자는 그것에 화답하여 팔굉동궤악(八紘同軌樂)이라고 하니, 고구려가 평정되어 천하가 크게 안정된 것을 상징한 것이다. (『新唐書』21 志

11 禮樂 11)

고구려   정관16년(642) 12월에 백료에게 연회를 베풀고 10부악을 연주하였다. (…) 그 후에
        입부(立部)·좌부(坐部)의 2부로 나누어, 입부기(立部伎)는 8부가 있었다. 첫 번째 안
        악(安樂)은 (…) 5번째 대정악(大定樂)은 또한 이것을 일러 팔현동궤락(八絃同軌樂)
        이라고 한다. 태종이 요동을 평정한 때 만들어 진 것이다. (『唐會要』33 讌樂)

고구려   『당회요(唐會要)』에 전한다. "연락문(燕樂門) 대정악 또한 이것을 일러 팔현동궤락이
        라고 한다. 태종이 요동을 평정한 때 만들어 진 것이다."(『玉海』105 音樂 樂 三
        唐寶應長寧樂 廣平太一樂 八絃同軌樂)

고구려   정관19년에 형부상서 장량에게 명령하여 평양도행군대총관(平壤道行軍大總管)이 되
        어 장군 상하(常何) 등을 거느리고 강회(江淮)·영협(嶺硤)의 날랜 군졸 4만, 전선 50
        0척을 이끌며 내주(萊州)에서 바다를 건너 평양으로 향하고, 또 특진·영국공 이적을
        요동도행군대총관(遼東道行軍大總管)으로, 예부상서·강하왕(江夏王) 도종을 보좌로
        삼아, 장군 장사귀(張士貴) 등을 거느리고 보기 6만을 이끌며 요동으로 향하여, 두
        군이 세력을 합하게 하였다. 태종이 6군(六軍)을 직접 통솔하여 그들과 모였다. (『舊
        唐書』199上 列傳 149上 高麗)

고구려   정관19년에 형부상서 장량에게 명령하여 평양도행군대총관이 되어 장군 상하 등을
        거느리고 강회·영협의 날랜 군졸 4만, 전선 500척을 이끌며 내주에서 바다를 건너
        평양으로 향하고, 또 특진·영국공 이적을 요동도행군대총관으로, 예부상서·강하왕 도
        종을 보좌로 삼아, 장군 장사귀 등을 거느리고 보기 6만을 이끌며 요동으로 향하여,
        두 군이 세력을 합하게 하였다. 태종이 6군을 직접 통솔하여 그들과 모였다. (『冊府
        元龜』135 帝王部 135 好邊功)

고구려   정관19년에 태종이 고구려에 친정하였을 때, 이적에게 요동도행군대총관을 제수하
        였다. (『冊府元龜』357 將帥部 18 立功 10 李勣)

고구려   정관19년에 요동도행군대총관을 제수받아, 태종의 요동 정벌에 따랐다. (『冊府元龜』
        369 將帥部 30 攻取 2 李勣)

고구려   『구당서(舊唐書)』 고려전에 전한다. " (…) 정관19년에 형부상서 장량에게 명령하여
        평양도행군대총관이 되어 장군 상하 등을 거느리고 강회·영협의 날랜 군졸 4만, 전
        선 500척을 이끌며 내주에서 바다를 건너 평양으로 향하고, 또 영국공 이적을 요동
        도행군대총관으로, 강하왕 도종을 보좌로 삼아, 보기 6만을 이끌고 요동으로 향하
        여, 두 군이 세력을 합하게 하였다. 태종이 6군을 직접 통솔하여 그들과 모였다."(『
        太平御覽』783 四夷部 4 東夷 4 高句驪)

고구려   정관19년에 상하(常何)는 평양도행군부대총관(平壤道行軍副大總管)을 제수받았다.
        황제가 직접 쓴 칙서를 내렸다. "군사에서는 허술하게 빠르다는 말을 듣더라도 늦추
        어서는 안된다. 무리들을 은혜로 어루만지며 군대는 믿음으로 임하도록 하며, 형벌
        로서 위엄을 보이고 상으로서 권장하도록 하라. 이와 같이 하면 향하는 곳마다 앞에
        서는 자가 없을 것이니, 어떤 적이 있겠는가?" (「常子碑」: 『全唐文新編』 153; 『全唐
        文補遺』7)

고구려   2월 을묘일(17) 조서를 내리기를, "짐이 정주(定州)를 출발한 후 마땅히 황태자로 하
        여금 감국(監國)하게 해야 한다."라고 하였다. 개부의동삼사(開府儀同三司)로 치사
        (致仕)한 위지경덕(尉遲敬德)이 상소하였다. "폐하가 요동에 친정하고 태자가 정주에
        있으면, 장안·낙양의 심복이 비어서 양현감(楊玄感)의 변란과 같은 것이 있을까 두렵
        습니다. 또 변방의 소이(小夷)는 만승을 부지런하게 하기에 부족하니, 일부 군사를
        파견하여 그들을 정벌해도 기일을 정하여 없앨 수 있습니다." 황제가 따르지 않고,

경덕을 좌1마군총관(左一馬軍總管)으로 삼아 행렬에 따르게 하였다. (『資治通鑑』19
7 唐紀 13 太宗 中之下)

고구려　정관19년 2월에 태종이 고구려에 친정하며 조서를 내렸다. "지방의 물건을 살피는
　　　　것은 이미 직접 하는 것보다 수고롭고 감국하는 무거움은 진실로 태자에게 속한다.
　　　　황태자 치(治)는 문장을 온화하게 하고 덕을 드러내 똑똑함이 나날이 오르니, 인자
　　　　하고 효성스러운 정성이 온청(溫淸)보다 밝고 활을 당기고 경전을 암송하는 아름다
　　　　움이 교상(膠庠)보다 드러난다. 예의는 이미 무성하고 휘유(徽猷)는 더욱 멀어서 상
　　　　벌의 권한을 위임하고 군국의 정사를 맡겼으니, 앞에 게재한 것에 상세하고 실로 영
　　　　전(令典)을 생각한다. 정주를 출발하여 요동을 돌아본 후에 마땅히 치로 하여금 감
　　　　국하게 해야 하니, 그 종묘·사직의 모든 신에 대해서는 모두 제사를 주관하게 하고
　　　　군국의 사무는 아울러 취하여 결단하라." 이 때에 태자태보(太子太保) 고사렴(高士
　　　　廉), 시중(侍中) 유계(劉洎), 중서령(中書令) 마주(馬周)가 아울러 남아서 보좌하였다.
　　　　태자가 영을 내렸다. "우러러 성스러운 가르침을 생각건대 진(秦)은 두루 돌아다녔
　　　　으나 다른 사람을 헛되이 생각하니, 함께 편안하게 신이 되어 이에 돈섬(頓纖)을 따
　　　　르고 시거(軺車)를 나누어 달리며 영령(英靈)을 보기를 꾀하였다. 삼가 정치의 길을
　　　　듣건대 마땅히 주군에 반포하여 현량(賢良)하여 그 이치와 지식에 깨끗하고 통함이
　　　　있는 자를 묘하게 뽑고, 마음이 곧고 굳어 재주가 높고 지위가 낮거나 덕이 무겁고
　　　　지위가 가벼운 자를 잡아야 하는 것이다. 혹은 효도와 공손함을 힘써 행하여 평소
　　　　행실이 주리에서 높거나, 혹은 고운 문장을 크게 써서 아름다운 명예가 조정에까지
　　　　알려지거나, 학술이 두루 통하여 천년에 널리 알려지거나, 혹은 정사가 밝고 진실되
　　　　어 재주가 때때로 새로워지거나 하여, 이와 같은 무리는 모두 중요한 일을 감당할
　　　　수 있으나 빛을 감추고 쓰이지 않는다. 벼슬에 나아가도 위계가 없어서 봉필(蓬蓽)
　　　　에 몸을 맡겨 깊이 탄식할 만하다. 재직 중인 관료들은 세밀하여 방문하고 찾아서
　　　　수륜(垂綸)으로 하여금 반드시 살피게 하여 남김 없이 잡고 쌓기를 바란다. 하나라
　　　　도 활과 깃발이 좋으면 모두 들어 보내야 한다. 이에 주군에서 추천하여 전에 말한
　　　　것과 비슷하다고 이른 자가 수백 명이었다. (『冊府元龜』250 儲宮部 4 監國)

고구려　정관19년에 태종이 고구려를 정벌하자, 황태자가 정주에서 감국하였다. 고사렴(高士
　　　　廉)은 섭태자태부(攝太子太傅)가 되고 이어서 조정의 정사를 맡았다. (『舊唐書』65
　　　　列傳 15 高士廉)

고구려　정관19년에 태종이 직접 고구려를 정벌하자, 황태자가 정주에서 감국하였다. 허경종
　　　　(許敬宗)은 고사렴 등과 함께 기요(機要)를 맡았다. (『舊唐書』82 列傳 32 許敬宗)

고구려　태종이 장차 고구려를 정벌하려고 할 때, 위지경덕이 아뢰었다. "거가(車駕)가 만약
　　　　스스로 요동에 가고 황태자 또한 정주에 있으면, 동서의 두 수도는 부고(府庫)가 있
　　　　는 곳인데 비록 지키는 자가 있다고 하여도 마침내 이것이 비게 되니, 요동은 길이
　　　　멀어서 양현감의 변란과 같은 것이 있을까 두렵습니다. 또 변방의 소국은 만승을 직
　　　　접 부지런하게 하기에 부족하니, 엎드려 청하건대 그것을 좋은 장수에게 맡기시고
　　　　스스로 때에 응하여 꺾어서 멸망시킬 수 있습니다." 태종이 받아들이지 않고, 본관
　　　　으로 태상경을 행하게 하고 좌1마군총관으로 삼았다. (『舊唐書』68 列傳 18 尉遲敬
　　　　德)

고구려　태종이 요동을 정벌하자, 유계(劉洎)로 하여금 고사렴·마주(馬周)와 남아서 황태자가
　　　　정주에서 감국하는 것을 보좌하게 하고, 이어서 태자좌서자(太子左庶子)·검교민부상
　　　　서(檢校民部尙書)를 겸하게 하였다. 태종이 계에게 말하였다. "내가 지금 멀리 정벌
　　　　하러 가면서 경으로 하여금 태자를 보좌하게 한 것은 사직이 위태로운 때에 의지하
　　　　는 바가 더욱 무거운 것이다. 경은 마땅히 내 뜻을 깊이 인식하라." 계가 나아가 말
　　　　하였다. "폐하는 걱정하지 마시기 바랍니다. 대신이라도 잘못이 있는 경우에는 신이

삼가 곧 주벌을 행하겠습니다." 태종은 그것을 망발이라고 여겨 매우 괴이하게 여기며 말하였다. "군주가 감추지 않으면 신하를 잃고, 신하가 감추지 않으면 몸을 잃는다. 경은 성품이 성기고 강건하여 이로 인해 실패를 취할까 두려우니, 깊이 마땅히 경계하고 신중하여 종길(終吉)을 지켜야 한다."(『舊唐書』74 列傳 24 劉洎)

고구려	태종이 요동을 정벌하자 황태자가 정주에서 감수(監守)하였다. 마주로 하여금 고사렴·유계와 남아서 황태자를 보좌하게 하였다. (『舊唐書』74 列傳 24 馬周)
고구려	태종이 동쪽으로 정벌하자, 황태자가 정주에서 감국하였는데 곧 장행성(張行成)의 본읍이었다. 태자가 행성에게 말하기를, "지금은 공을 보내 비단옷을 입고 고향에 돌아가게 하겠다."라고 하였다. 이리하여 유사(有司)로 하여금 그 선인의 무덤에 제사지내게 하였다. 행성은 인하여 고향 사람인 위당경(魏唐卿)·최보권(崔寶權)·마용구(馬龍駒)·장군할(張君劼) 등을 추천하였는데, 모두 학문과 행실이 드러나고 알려졌다. 태자가 불러서 만나니 그들이 늙어서 관직을 맡기지 않고 모두 후하게 하사하여 돌려보냈다. 태자는 또 행성으로 하여금 행재소(行在所)에 나아가게 하니, 태종이 그를 만나고 매우 기뻐하여 말 2필, 겸(縑) 300필을 하사하였다. (『舊唐書』78 列傳 28 張行成)
고구려	황제가 고구려를 정벌하자, 황태자가 감국하며 정주에 주재(駐在)하였다. 또 섭태자태부가 되어 함께 기무를 맡았다. 태자가 영을 내려 말하였다. "과인이 공의 가르침에 도움을 받았으나, 정사를 돌보게 되어서는 책상에 의거하여 공을 마주하니 감정이 불안한 바가 있다. 소사(所司)는 마땅히 따로 책상을 설치하여 태자태부를 받들라." 고사렴이 굳게 사양하였다. (『新唐書』95 列傳 20 高儉)
고구려	요동을 정벌하자, 조서를 내려 태자좌서자·검교민부상서를 겸하고 황태자가 감국하는 것을 보좌하게 하였다. 황제가 말하였다. "경으로 하여금 태자를 보좌하게 한 것은 사직의 위태로움이 여기에 있으니, 마땅히 짐의 뜻을 인식하라." 유계가 말하였다. "걱정하지 마시기 바랍니다. 곧 대신이라도 죄가 있는 경우에는 신이 삼가 법을 살펴 그를 주벌하겠습니다." 태종은 그 말이 잘못됨을 괴이하게 여겨, 경계하며 말하였다. "군주가 감추지 않으면 신하를 잃고, 신하가 감추지 않으면 몸을 잃는다. 경은 성품이 성기고 과감하여 이로 인해 실패할까 두렵다." 계는 저수량(褚遂良)과 서로 맞지 않았다. (『新唐書』99 列傳 24 劉洎)
고구려	고구려의 전역에 태자가 정주에서 감국하였다. 허경종은 고사렴과 기극(機劇)을 맡았다. (『新唐書』223上 列傳 148上 姦臣 上 許敬宗)
고구려 예맥	짐은 덕이 모자라고 엷은 데도 천하에 군림하여 신기의 오랜 명을 받들고 억조(億兆)의 중한 책임을 맡아서, 새벽에 옷 입고 해가 져서 밥 먹으면서 육궁(六宮)이 편안하지 못함을 걱정하고 마음을 냉정하게 하고 사심을 없애서 물건 하나라도 잃을까 두려워 한다. 예맥(濊貊)은 편벽되고 멀어서 시랑(豺狼)이 독을 멋대로 하니, 원흉은 오히려 천벌을 쌓고 남은 백성은 구덩이와 함정에 오래도록 빠진다. 짐은 이 때문에 전간(瀍澗)에서 출발하여 요동·갈석을 돌아본다고 하였는데, 원융(元戎)에게 명하여 앞서 달려가게 하고 먼 후손에게 개선의 은택을 뿌리고자 한다. 지방의 물건을 살피는 것은 이미 직접 하는 것보다 수고롭고 감국하는 무거움은 진실로 태자에게 속한다. 황태자 치는 문장을 온화하게 하고 덕을 드러내 똑똑함이 나날이 오르니, 인자하고 효성스러운 정성이 온청보다 밝고 활을 당기고 경전을 암송하는 아름다움이 교상보다 드러난다. 예의는 이미 무성하고 휘유는 더욱 멀어서 상벌의 권한을 위임하고 군국의 정사를 맡겼으니, 앞에 게재한 것에 상세하고 실로 영전을 생각한다. 정주를 출발하여 요동을 돌아본 후에 마땅히 치로 하여금 감국하게 해야 하니, 그 종묘·사직의 모든 신에 대해서는 모두 제사를 주관하게 하고 군국의 사무는 아울러 취하여 결단하라. (『全唐文』7 太宗皇帝 命皇太子監國詔)

고구려	태종이 요동을 정벌하자, 태자좌서자·검교민부상서를 겸하고 남아서 태자가 감국하는 것을 보좌하게 하였다. (『全唐文』 151 劉洎 序)
고구려	태종이 고구려를 정벌하자, 조서를 내려 본관으로 태상경을 행하게 하고 좌1마군총관으로 삼았다. (『全唐文』 153 尉遲敬德 序)
고구려	거가가 만약 스스로 요동에 가고 황태자 또한 정주에서 감국하면, 동서의 두 수도는 부고가 있는 곳인데 비록 지키는 자가 있다고 하여도 마침내 스스로 비게 되니, 요동은 길이 멀어서 양현감의 변란과 같은 것이 있을까 두렵습니다. 또 변방의 소국은 만승을 직접 부지런하게 하기에 부족하고 만약 이긴다고 해도 무(武)로 삼기에 부족한 데다가 혹여 이기지 못한다면 웃음거리가 될까 두렵습니다. 엎드려 청하건대 그것을 좋은 장수에게 맡기시고 스스로 때에 응하여 꺾어서 멸망시킬 수 있습니다. (『全唐文』 153 尉遲敬德 諫親征高麗疏)
고구려	때마침 진한이 험한 지형을 믿고 홀로 위엄과 교화를 어그러뜨려서, 환도(丸都)에 의지하여 부월(斧鉞)을 들고 패수(浿水)를 믿고 음흉하게 해치고 있었다. 태종은 이에 6군에 명령하여 직접 만승(萬乘)을 돌려 고구려에서 열병하고 백랑(白狼)에서 죄를 물었는데, 이에 위지융(尉遲融)에게 좌1마군대총관(左一馬軍大總管)을 제수하였다. (「尉遲融 墓誌銘」: 『全唐文新編』 992; 『全唐文補遺』 2; 『唐代墓誌滙篇』)
고구려	거가(車駕)가 요양(遼陽)에 행차하자 지금 황제가 고검(高儉)을 섭태자태부로 삼아 직접 △△ 밖에 거처하게 하니, 존사(尊師)의 도리를 갖추었다. (「高儉 塋兆記」: 『全唐文新編』 152)
고구려	정관19년 2월 정사일(19) 조서를 내렸다. "옛날에 여러 열국의 재상을 바라보건대 한(漢)의 군주는 오히려 그 후사를 찾았고, 이오(夷吾)는 패자(覇者)의 신하였는데 위(魏)의 임금은 여전히 그 무덤에 예를 갖추었다. 하물며 정직한 길은 푸른 소나무를 뛰어넘어 외롭게 빼어나며, 충성스럽고 용감한 지조는 백옥을 가리고 색채를 떨치는 것이다. 은(殷)의 고(故) 소사(少師) 비간(比干)은 곧음이 한결같아 덕을 드러내고 이웃이 여러 번 성품을 이루어서, 밝고 진실된 도량으로 망령됨이 없는 날에 속하였다. 옥마(玉馬)가 갑자기 달리니 그 나라가 진췌(殄悴)함을 근심하고, 보의(寶衣)가 장차 밝게 비추려 하니 그 군주가 뒤집혀 망함을 안타까워 하여 그 의리는 돌아오지 않으나 충성을 품고 절개를 지켰다. 바른 말을 겨우 내뱉으니 100세의 목숨을 가벼이 여기고, 음형(淫刑)이 이미 영(逞)하니 7척의 몸을 부수었다. 비록 다시 주왕(周王)의 묘에 봉분을 올렸으나 금위(焚圍)의 화를 구제하지 못하였고, 공자가 인을 칭하였으나 차라리 심장을 도려내는 아픔을 따랐다. 짐은 조(趙)·위(魏)에서 요동·갈석에 죄를 물었으니, 보리가 싹이 난 폐허를 지나면서 들르고 재림(梓林)의 땅을 멀리 품어서 주필(駐蹕)하여 황롱(荒隴)을 우러러 보았다. 신하로 삼아 몸을 어루만져 유천(幽泉)을 생각하기를 바라니, 그 간언을 생각하고 들으면 어찌 신종(愼終)의 뜻을 부릴 수 있겠는가? 오래도록 가서 책봉하는 것을 빠뜨려 이름을 바꾸는 전(典)이 후대에 들리지 않으니 마땅히 총명(寵命)을 하사하여 숙심(宿心)을 펴야 한다. 태사(太師)에 추증하고 시호를 충렬(忠烈)이라고 할 만하다. 담당관사는 그 무덤을 높이고 사당을 수리하라. 주현에서는 봄과 가을에 소뢰(少牢)로 제사지내고 가까운 곳의 5호를 지급하여 청소에 바치게 하라." 황제가 스스로 제문을 지었다. (『冊府元龜』 138 帝王部 138 旌表 2)
고구려	정관19년에 동쪽으로 도이(島夷)를 정벌하러 가다가 군대가 은허(殷墟)에 주둔하였다. 이에 조서를 내려 은의 소사 비간을 추증하여 태사로 삼고 시호를 충렬공(忠烈公)이라고 하였으며, 대신을 파견하여 부절을 가지고 나서 조문하게 하였다. 군현에 명하여 무덤에 봉분을 쌓고 사당을 수리하게 하였다. 무덤을 지키는 5가를 두고 소

뢰로 계절마다 제사지내는 것은 법령으로 분명히 하여 금석(金石)에 새겼다. 그러므로 비간의 충성이 더욱 드러나서 신하된 자들이 그 뜻을 서술할 수 있게 하였다. (「殷太師比干碑」: 『全唐文新編』 431)

고구려 　옛날에 여러 열국의 재상을 바라보건대 한의 군주는 오히려 그 후사를 찾았고, 이오는 패자의 신하였는데 위의 임금은 여전히 그 무덤에 예를 갖추었다. 하물며 정직한 길은 푸른 소나무를 뛰어넘어 외롭게 빼어나며, 충성스럽고 용감한 지조는 백옥을 가리고 색채를 떨치는 것이다. 은의 고 소사 비간은 곧음이 한결같아 덕을 드러내고 이웃이 여러 번 성품을 이루어서, 밝고 진실된 도량으로 망령됨이 없는 날에 속하였다. 옥마가 갑자기 달리니 그 나라가 진췌함을 근심하고, 보의가 장차 밝게 비추려 하니 그 군주가 뒤집혀 망함을 안타까워 하여 그 의리는 돌아오지 않으나 충성을 품고 절개를 지켰다. 바른 말을 겨우 내뱉으니 100세의 목숨을 가벼이 여기고, 음형이 이미 영하니 7척의 몸을 부수었다. 비록 다시 주왕(周王)의 묘에 봉분을 올렸으나 금원(焚原)의 화를 구제하지 못하였고, 공자가 인을 칭하였으나 차라리 심장을 도려내는 아픔을 꾀하였다. 진실로 이미 원통함이 깊어서 옛것을 끝마치니, 저 푸르름을 슬퍼하며 맺었다. 짐은 조 북쪽의 풍속을 보고 요동에 죄를 물었으니, 보리가 싹이 난 폐허를 지나면서 들르고 재림의 땅을 멀리 품어서 주필하여 황룡을 우러러 보았다. 신하로 삼아 몸을 어루만져 유천을 생각하기를 바라니, 그 간언을 생각하고 들으면 어찌 진충(盡忠)의 뜻을 부릴 수 있겠는가? 오래도록 가서 책봉하는 것을 빠뜨려 이름을 날리는 전이 후대에 들리지 않으니 마땅히 총명을 하사하여 숙심(夙心)을 펴야 한다. 태사에 추증하고 시호를 충렬공(忠烈公)이라고 할 만하다. 이어서 3품을 파견하여 부절을 가지고 제사지내며 알리고 4품이 보좌가 되게 하며 그 무덤에 봉분을 쌓고 높이며 사당을 수리하라. 주현에서는 봄과 가을에 소뢰로 제사지내고 가까운 곳의 5호를 지급하여 제사 및 청소에 바치게 하라. (『全唐文』 7 太宗皇帝 追贈殷太師比干諡詔)

고구려 　정관19년 2월에 황제가 낙양에서 정주에 이르러, 측근에게 말하였다. "지금 천하가 크게 안정되었으나 오직 요동만이 빈례를 다하지 않으니, 후사(後嗣)는 사마(士馬)의 성하고 강함으로 인하여 모신(謀臣)은 정벌하고 토벌함으로 인도하여 상란(喪亂)이 바야흐로 시작되려고 한다. 짐은 그러므로 스스로 그것을 취하여 후세에 걱정을 남기지 않으려고 한다." 황제가 성문에 앉아서 지나가는 병사에게 사람마다 어루만지고 위로하며, 병에 걸린 자는 직접 돌보고 주현(州縣)에 칙서를 내려 치료하게 하니 군사가 크게 기뻐하였다. 장손무기(長孫無忌)가 아뢰기를, "천하의 부어(符魚)가 모두 따르는데 궁관은 10명에 그치고 있으니, 천하가 신기(神器)를 가볍게 여기는 것입니다."라고 하였다. 황제가 말하였다. "군사가 요수(遼水)를 건넌 것이 10만인데 모두 집을 떠나왔다. 짐이 10명이나 따르게 한 것은 오히려 그 많음이 부끄럽다. 공은 그치고 말하지 말라." 황제가 몸에 활집을 엮고, 안장에 우의를 묶었다. (『新唐書』 220 列傳 145 東夷 高麗)

고구려 　『신당서』 고려전에 전한다. "(…) 정관19년 2월에 황제가 낙양에서 정주에 이르러, 측근에게 말하였다. "지금 천하가 크게 안정되었으나 오직 요동만이 빈례를 다하지 않으니, 후사(後嗣)는 사마(士馬)의 성하고 강함으로 인하여 모신(謀臣)은 정벌하고 토벌함으로 인도하여 상란이 바야흐로 시작되려고 한다. 짐은 그러므로 스스로 그것을 취하여 후세에 걱정을 남기지 않으려고 한다[3월 정축일(9) 정주에 행차하였다. 임진일(24) 정주를 출발하여 활과 화살을 차고 손수 안장에 우의를 묶었다]." (『玉海』 194 兵捷紀功碑銘附 唐駐蹕山紀功破陣圖漢武臺紀功)

고구려	2월 이 달에 이세적의 군대가 유주에 이르렀다. (『資治通鑑』 197 唐紀 13 太宗 中之下)
고구려	정관19년에 황제가 요동을 정벌하였다. 2월에 이적이 거느린 무리가 유주에 주둔하였다. 조서를 내려 통사사인(通事舍人) 노사양(盧師讓)을 파견해 새서를 가지고 군중에 나아가서 위로하고 권면하게 하니, 장사가 모두 기뻐하였다. (『冊府元龜』 136 帝王部 136 慰勞)
고구려	정관19년 2월에 요동을 정벌하였다. 거쳐간 주현의 고령자 및 홀아비, 과부, 고아, 독거자, 독질(篤疾)에게 속백(粟帛)을 각각 차등 있게 하사하였다. (『冊府元龜』 80 帝王部 80 慶賜 2)
고구려	『신당서』 고려전에 전한다. " (…) 정관19년 2월에 황제가 낙양에서 정주에 이르러, ' (…) 짐은 그러므로 스스로 그것을 취하여 후세에 걱정을 남기지 않으려고 한다.' [3월 정축일(9) 정주에 행차하였다. (…)]" (『玉海』 194 兵捷紀功碑銘附 唐駐蹕山紀功破陣圖漢武臺紀功)
고구려	정관19년 3월 정축일(9) 정주에 행차하였다(이상 3월 9일). 태종이 시신(侍臣)에게 말하였다. "요동은 예전에 중국의 소유였는데, 조위(曹魏)부터 북주(北周)까지 도외(度外)하여 두었다. 수(隋)가 네 번 군사를 내었으나 군률을 잃고 돌아왔으니, 중국의 좋은 점을 없앤 것이 이루 다 헤아릴 수 없었다. 지금 그가 군주를 시해하고 험함을 믿고 교만함이 가득찼다. 짐은 긴 밤에 그것을 생각하면 잠을 멈추어, 장차 중국을 위하여 자제의 원수를 갚고자 하고, 고구려를 위하여 군주를 시해한 도적을 토벌하고자 한다. 지금 천하가 크게 평정되었는데 오직 이곳만 아직 평정되지 않았으므로, 사대부의 남은 힘을 이용하여 요망한 도적을 평정하고 소탕하고자 한다. 그러나 나중에 자손은 혹은 병사와 말이 강성함으로 인하여 반드시 기결(奇決)하는 인재가 요동 정벌을 권하는 일이 있거나, 군사를 일으켜 멀리 정벌하는 것이 혹은 상란을 일으키거나 할까 두려우니, 짐이 아직 늙지 않았을 때에 스스로 그것을 취하여 또한 후인에게 남기지 않으려고 하는 것이다. 그런 까닭에 낙양에서 출발하고 나서 오직 고기와 밥만 먹었을 뿐이고 봄 채소도 올리지 못하게 하였으니, 번거로움이 있을까 염려하고 함께 고생하기를 바라며 똑같이 수고하여 길이 편안하게 하고자 한다." 이 후에 장사가 도착하는 경우마다 정주 북문에 파견해 지나가게 하였다. 태종이 성문루에 올라 그들을 어루만지고 위로하니, 모두 뛰면서 노래하였다. 그 인심이 가지런히 하나가 되어 자고 이래 군사를 내어 장수에게 명령하는 데에 이런 경우는 아직 없었다(이상 3월19일). (『冊府元龜』 117 帝王部 117 親征 2)
고구려	정관19년 3월에 요동을 정벌하다가 거가(車駕)가 정주에 있었다. 장사가 도착하는 경우마다 정주 북문에 파견해 지나가게 하였다. 태종이 성루에 임하여 그들을 어루만지고 위로하며, 상벌을 분명히 알리고 넉넉히 위로함이 매우 지극하였다. 모두 뛰면서 노래하는데 발로 밟고 손으로 춤추었다. 어떤 따르는 군졸 1명이 병으로 나아가지 못하였는데, 태종이 불러서 평상에 이르게 하여 직접 어루만지고 위로하였고, 주현에 부탁하여 치료를 받게 하였다. 이런 까닭으로 장사가 기뻐하며 그 전역에 따르기를 바라지 않는 자가 없었다. 정벌하는 명부에 오르지 못하였더라도 사적으로 무장하여 종군하기를 청하니 움직였다 하면 천 단위가 되었다. 모두 국가나 관에서 상 받기를 바라지 않고 고구려 성 아래에서 하루아침의 목숨을 바치기를 청한다고 하였으나, 조서를 내려 모두 허락하지 않았다. 그 인심이 가지런히 하나가 되어 자고 이래로 군사를 내어 장수에게 명령하는 데에 이런 경우는 아직 없었다. (『冊府元龜』 135 帝王部 135 愍征役)

고구려	대당 정관 연간(627~649)에 태종이 고구려에 친정하여 거가가 정주에 머물렀다. 병사가 도착하는 경우에 정주성 북문에 행차하여 직접 그들을 위로하고 어루만졌다. 어떤 따르는 군졸 1명이 병으로 일어나지 못하였는데, 태종이 불러서 평상 앞에 이르게 하여 그 괴로운 바를 묻고 이어서 주현에 칙서를 내려 후하게 공급하게 하였다. 대체로 정벌에 참여한 사람들이 기뻐하여 가령 병이 있는 경우에도 기뻐하여 피곤함을 잊었다. (『通典』 152 兵 5 撫士)
고구려	『당서』에 또 전한다. "정관 연간에 태종이 고구려에 친정하여 거가가 정주에 머물렀다. 병사가 도착하는 경우에 정주성 북문에 행차하여 직접 그들을 위로하고 어루만졌다. 어떤 따르는 군졸 1명이 병으로 일어나지 못하였는데, 태종이 불러서 평상 앞에 이르게 하여 그 괴로운 바를 묻고 이어서 주현에 칙서를 내려 후하게 공급하게 하였다. 대체로 정벌에 참여한 사람들이 기뻐하여 가령 병이 있는 경우에도 기뻐하여 피곤함을 잊었다." (『太平御覽』 280 兵部 11 撫士 上)
고구려	이와 같이 조이(鳥夷)가 천명을 거스르게 되자, 황제가 동쪽으로 정벌하다가 행렬이 정주에 이르렀으니, 곧 허낙인(許洛仁)의 본읍이다. 낙인은 스스로 막부의 속료로서 이전부터 진지하게 돌아보는 것이 크고 무거웠는데, 음식을 바치고 장수를 비는 술잔을 올릴 때에 아울러 여악(女樂)도 바쳤다. (「許洛仁碑」: 『全唐文新編』 991; 『昭陵碑錄』 中)
고구려	3월 정해일(19) 황제가 시신에게 말하였다. "요동은 본래 중국의 땅인데 수가 네 번 군사를 내었으나 얻을 수 없었다. 짐이 지금 동쪽을 정벌하는 것은 중국을 위하여 자제의 원수를 갚고자 하는 것이고,[2] 고구려를 위하여 군부(君父)의 치욕을 씻으려는 것 뿐이다.[3] 또 사방이 크게 평정되었는데 오직 이곳만 아직 평정되지 않았으므로, 짐이 아직 늙지 않았을 때에 사대부의 남은 힘을 이용하여 이를 취하고자 한다. 짐이 낙양에서 출발하고 나서 오직 고기와 밥만 먹었을 뿐이고 비록 봄 채소가 있더라도 또한 올리지 못하게 하였으니, 그들이 번거로울까 두려워한 까닭이다." 황제가 병든 군졸을 보고 불러서 평상 앞에 이르게 하여 위로하고 주현에 부탁하여 치료하게 하니, 사졸이 감격하여 기뻐하지 않는 자가 없었다. 정벌하는 명부에 오르지 못한 경우가 있더라도[4] 스스로 사적으로 무장하여 종군하기를 바라니, 움직였다 하면 천 단위가 되었다. 모두 말하기를, "현관(縣官)에게 공훈과 상을 요구하지 않고 오직 요동에서 죽음을 바치기를 바랍니다."라고 하였으나, 황제가 허락하지 않았다. (『資治通鑑』 197 唐紀 13 太宗 中之下)
고구려	3월에 황제가 정주에 이르러 시신에게 말하였다. "요동은 본래 중국의 땅인데 수가 네 번 군사를 내었으나 얻을 수 없었다. 짐이 지금 동쪽을 정벌하는 것은 중국을 위하여 자제의 원수를 갚고자 하는 것이고, 고구려를 위하여 군부의 치욕을 씻으려는 것 뿐이다. 또 사방이 크게 평정되었는데 오직 이곳만 아직 평정되지 않았으므로, 짐이 아직 늙지 않았을 때에 사대부의 남은 힘을 이용하여 이를 취하고자 한다."(이상 3월19일) 황제가 정주를 출발하여 직접 활과 화살을 차고 손수 안장 뒤에 우의를 묶었다. 이세적의 군대가 유성(柳城)을 출발하였는데, 형세를 펼치는 것이 많았다. 만약 회원진(懷遠鎭)을 나가는 경우에는 숨긴 군사로 북쪽으로 용도(甬道)로 나아가서 우리가 뜻하지 않을 때에 나왔다(이상 3월24일). (『三國史記』 21 高句麗本

---

2) 중국 사람은 그 부형이 고구려에서 죽어서 지금 정벌한다. 이것은 그 자제를 위하여 부형의 원수를 갚는 것이다.

3) 개소문(蓋蘇文)이 그 군주를 시해하였으나, 그 신하와 아들이 토벌할 수 없었으므로 치욕이 이보다 클 수 없음을 말하는 것이다. 지금 그 죄를 토벌하니, 이것은 고구려를 위하여 치욕을 씻는 것이다.

4) 동쪽으로 정벌하는 명적에 참여하지 못한 것을 뜻한다.

紀 9 寶臧王 上)

| 고구려 | 3월에 황제가 정주에 이르러 시신에게 말하였다. "요동은 본래 중국의 땅인데 수가 네 번 군사를 내었으나 얻을 수 없었다. 짐이 지금 동쪽을 정벌하는 것은 중국을 위하여 자제의 원수를 갚고자 하는 것이고, 고구려를 위하여 군부의 치욕을 씻으려는 것 뿐이다. 또 사방이 크게 평정되었는데 오직 이곳만 아직 평정되지 않았으므로, 짐이 아직 늙지 않았을 때에 사대부의 남은 힘을 이용하여 이를 취하고자 한다."(이상 3월19일) 황제가 정주를 출발하여 직접 활과 화살을 차고 손수 안장 뒤에 우의를 묶었다. 이세적의 군대가 유성을 출발하였는데, 형세를 펼치는 것이 많았다. 만약 회원진을 나가는 경우에는 숨긴 군사로 북쪽으로 용도로 나아가서 고구려가 뜻하지 않을 때에 나왔다(이상 3월24일). (『三國史節要』8) |

고구려 | 3월 임진일(24) 황제가 정주를 출발하자, 사도(司徒)·태자태사(太子太師) 겸 검교시중(檢校侍中)·조국공(趙國公) 장손무기, 중서령(中書令) 잠문본(岑文本)·양사도(楊師道)가 따랐다. (『舊唐書』3 本紀 3 太宗 下)

고구려 | 3월 임진일(24) 거가가 정주를 출발하여 직접 활과 화살을 차고 손수 안장에 우의를 묶었다. 명령을 내려 장손무기를 섭시중(攝侍中)으로, 양사도를 섭중서령(攝中書令)으로 하였다. 이세적의 군대가 유성을 출발하였는데, 형세를 펼치는 것이 많았다. 만약 회원진을 나가는 경우에는 숨긴 군사로 북쪽으로 용도로 나아가서 고구려가 뜻하지 않을 때에 나왔다. (『資治通鑑』197 唐紀 13 太宗 中之下)

고구려 | 정관19년 3월 임진일(24) 거가가 정주를 출발하여 직접 활과 화살을 차고 손수 안장에 우의를 묶었다. 나중에 조서를 내려 사도 장손무기를 섭시중으로, 이부상서(吏部尚書) 양사도를 섭중서령으로 하였다. 태종이 일찍부터 사려(師旅)를 거느려, 직접 병산(兵算)을 잘하였다. 이 원정에서 공격하는 형세는 군장이 모두 완성된 규칙을 받았는데, 변화에 응하고 기회를 틈타는 것에 이르러서는 장손무기가 매우 모략에 참여하였다. 이 때에 이적이 양성(陽城)을 출발하였는데, 형세를 펼치는 것이 많았다. 만약 회원진의 길을 따르는 경우에는 군사를 숨겨 이끌어서 북쪽으로 연(燕)의 용도로 나아가서 고구려가 뜻하지 않을 때에 나왔다. (『册府元龜』117 帝王部 117 親征 2)

고구려 | 『구당서』 본기에 전한다. " (…) 정관19년 3월 임진일(24) 황제가 정주를 출발하자, 사도 장손무기, 중서령 잠문본·양사도가 따랐다."(『太平御覽』109 皇王部 34 唐太宗文皇帝)

고구려 | 『신당서』 고려전에 전한다. " (…) 정관19년 2월에 황제가 낙양에서 정주에 이르러, '(…) 짐은 그러므로 스스로 그것을 취하여 후세에 걱정을 남기지 않으려고 한다.' [3월 (…) 임진일(24) 정주를 출발하여 활과 화살을 차고 손수 안장에 우의를 묶었다.]"(『玉海』194 兵捷紀功碑銘附 唐駐蹕山紀功破陣圖漢武臺紀功)

고구려 | 정관19년에 태종이 고구려를 정벌하자, 장손무기로 하여금 섭시중이 되게 하였다. (『舊唐書』65 列傳 15 長孫無忌)

고구려 | 얼마 지나지 않아 고구려 정벌에 따라가서, 섭중서령이 되었다. (『舊唐書』62 列傳 12 楊師道)

고구려 | 고구려 정벌에 따라가서, 섭중서령이 되었다. (『新唐書』100 列傳 25 楊師道)

고구려 | 해를 넘겨 중서령이 되어서 요동 정벌에 따라가니, 일은 하나같이 맡기고 의지하였다. 군량 조달의 최목(最目), 갑병의 범요(凡要), 요배(料配)의 차서(差序)에 이르러서는 헤아리느라 손을 놓지 않았다. 이로 말미암아 신용(神用)이 깨지고 줄어서 용지(容止)가 평소 같지 않았다. 황제가 걱정하며 말하기를, "잠문본이 나와 동행하여 함께 돌아가지 못할까 두렵다."라고 하였다. (『新唐書』102 列傳 27 岑文本)

고구려	황제가 고구려를 정벌하자, 조서를 내려 섭시중이 되게 하였다. (『新唐書』 105 列傳 30 長孫無忌)
고구려	중서령에 임명되자, 태종의 요동 정벌에 따라갔다. (『全唐文』 150 岑文本 序)
신라 백제	3월에 돌아와 왕에게 복명하였으나 아직 집에 돌아갈 수 없었을 때, 또 백제가 다시 와서 침입한다고 급히 보고하였다. 왕은 일이 급하다고 여겨 이에 말하였다. "나라의 존망이 공 한 몸에 달렸으니 수고를 꺼리지 않기를 바란다. 가서 그들을 도모하라." 유신이 또 집에 돌아가지 않고 밤낮으로 병사를 훈련시켰다. 서쪽으로 가는 길에 집 문을 지나는데, 온 집안의 남녀가 바라보며 소리내어 울었으나 공은 돌아보지 않고 돌아갔다. (『三國史記』 5 新羅本紀 5 善德王)
신라 백제	을사년 3월에 돌아와 왕궁에 복명하였으나 아직 집에 돌아가지 못하였을 때, 또 급히 보고하기를, "백제 병사가 그 국경에 나와 주둔하니 장차 크게 거병하여 우리를 침입할 것이다."라고 하였다. 왕이 다시 유신에게 알리기를, "공이 수고를 꺼리지 않고 빨리 가기를 청하노라."라고 하였다. 그들이 아직 도착하지 않았을 때에 대비하였다. 유신은 또 집에 들어가지 않고 군대를 훈련시키고 병시를 수리하여 서쪽을 향하여 갔다. 이 때에 그 집안 사람들이 모두 문 밖에 나와서 오기를 기다렸다. 유신이 문을 지났으나 돌아보지 않고 갔다가, 50보 쯤에 이르러 말을 멈추고 집에서 장수(漿水)를 가져 오게 하였다. 그것을 마시고 말하기를, "우리 집의 물이 여전히 옛 맛이 있구나."라고 하였다. 이리하여 군대의 무리가 모두 말하기를, "대장군이 오히려 이와 같은데, 우리들이 어찌 가족과 이별한 것을 한스럽게 여기겠는가?"라고 하였다. 국경에 이르자, 백제군이 우리 병사의 방비를 보고 감히 핍박하지 못하고 이에 물러났다. 대왕이 그것을 듣고 매우 기뻐하여 작위와 상을 더하였다. (『三國史記』 41 列傳 1 金庾信 上)
신라	3월에 황룡사(皇龍寺)에 탑을 만들었는데, 자장(慈藏)의 요청에 따른 것이다. (『三國史記』 5 新羅本紀 5 善德王)
고구려	여름 4월 무술일 초하루에 이세적이 통정진(通定鎭)에서 요수(遼水)를 건너 현도성(玄菟城)에 이르렀다. 고구려가 크게 놀라서 성읍이 모두 문을 닫고 스스로 지켰다. (『資治通鑑』 197 唐紀 13 太宗 中之下)
고구려	정관19년 4월 무술일 초하루에 이적의 군사가 통정진에서 요수를 건너 현도성에 이르렀는데, 거쳐간 봉수대를 모두 함락시켰다. 고구려가 크게 놀라서 성읍이 각각 문을 닫고 감히 나오지 않았다. (『冊府元龜』 117 帝王部 117 親征 2)
고구려	『신당서』고려전에 전한다. " (…) 정관19년 4월[무술일 초하루]에 이적이 요수를 건넜다. 고구려가 모두 빙 둘러치고 지켰다."(『玉海』 194 兵捷紀功碑銘附 唐駐蹕山紀功破陣圖漢武臺紀功)
고구려	정관19년 여름 4월에 이적의 군대가 요수를 건넜다. (『舊唐書』 199上 列傳 149上 高麗)
고구려	정관19년 4월에 이적이 요수를 건넜다. 고구려가 모두 성을 빙 둘러치고 지켰다. (『新唐書』 220 列傳 145 東夷 高麗)
고구려	『구당서』고려전에 전한다. " (…) 정관19년 여름 4월에 이적의 군대가 요수를 건넜다."(『太平御覽』 783 四夷部 4 東夷 4 高句驪)
고구려	대군이 고구려를 토벌하게 되자, 도종으로 하여금 이적과 선봉이 되어 요수를 건너게 하였다. (『舊唐書』 60 列傳 10 宗室 江夏王道宗)

고구려	여름 4월 무술일 초하루에 고구려에서 학문을 배우던 승려 등이 말하였다. "같이 공부하던 구라츠쿠리노토쿠시(鞍作得志)가 호랑이와 친구가 되어 그 술법을 배웠습니다. 메마른 산을 푸른 산으로 만들기도 하고 혹은 누런 땅을 흰 물로 만들기도 하는 등 각종 기이한 술법을 이루 다 헤아릴 수가 없습니다. 또 호랑이가 그에게 침을 주며 '삼가고 삼가하여 사람들로 하여금 알지 못하게 하라. 이것으로 치료하면 낫지 않는 병이 없다.'고 말하였는데, 과연 말한 바와 같이 치료하면 낫지 않음이 없었습니다. 도쿠시(得志)는 항상 그 침을 기둥 안에 숨겨놓았습니다. 후에 호랑이가 그 기둥을 부러뜨리고 그 침을 가지고 달아나 버렸습니다. 고구려국은 도쿠시가 자기 나라로 돌아갈 마음이 있음을 알고 독을 써서 죽였습니다."(『日本書紀』24 皇極紀)
고구려	여름 4월 임인일(5) 요동도부대총관(遼東道副大總管)·강하왕 도종이 병사 수천을 거느리고 신성(新城)에 이르렀다.5) 절충도위(折衝都尉) 조삼량(曹三良)이 10여 기를 끌고 곧바로 성문을 압박하였다. 성 안에서 놀라고 동요하여 감히 나오는 자가 없었다. 영주도독(營州都督) 장검이 호병(胡兵)을 거느리고 선봉이 되어 나아가 요수를 건너 건안성(建安城)으로 달려가니, 고구려 병사를 격파하고 수천 급을 참수하였다. (『資治通鑑』197 唐紀 13 太宗 中之下)
고구려	정관19년 4월 임인일(5) 강하왕 도종이 무리 수천을 거느리고 신성에 이르렀다. 절충도위 조삼량이 10여 기를 이끌고 곧바로 그 문 아래를 압박하였다. 성 안에서 놀라고 동요하여 감히 나오는 자가 없었다. (『冊府元龜』117 帝王部 117 親征 2)
고구려	여름 4월에 이세적이 통정진에서 요수를 건너 현도성에 이르렀다. 우리 성읍이 크게 놀라서 모두 문을 닫고 스스로 지켰다(이상 4월 1일). 부대총관·강하왕 도종이 병사 수천을 거느리고 신성에 이르렀다. 절충도위 조삼량이 10여 기를 끌고 곧바로 성문을 압박하였다. 성 안에서 놀라고 동요하여 감히 나오는 자가 없었다. 영주도독 장검이 호병을 거느리고 선봉이 되어 나아가 요수를 건너 건안성으로 달려가니, 우리 병사를 격파하고 수천 명을 참수하였다(이상 4월 5일). (『三國史記』21 高句麗本紀 9 寶臧王 上)
고구려	여름 4월에 이세적이 통정진에서 요수를 건너 현도성에 이르렀다. 고구려의 성읍이 크게 놀라서 모두 문을 닫고 스스로 지켰다(이상 4월 1일). 부대총관·강하왕 도종이 병사 수천을 거느리고 신성에 이르렀다. 절충도위 조삼량이 10여 기를 끌고 곧바로 성문을 압박하였다. 성 안에서 놀라고 두려워하여 감히 나오는 자가 없었다. 영주도독 장검이 호병을 거느리고 선봉이 되어 나아가 요수를 건너 건안성으로 달려가니, 고구려 병사 수천 명을 격파하였다(이상 4월 5일). (『三國史節要』8)
고구려	이 때에 고구려의 척후를 잡은 적이 있었는데, 막리지가 장차 요동에 이를 것이라고 칭하였다. 장검에게 조서를 내려 신성도로 가서 그를 요격하라고 하였으나, 막리지가 끝내 감히 나오지 않았다. 검은 인하여 병사를 진격시켜 요수를 건너서 건안성으로 달려가니, 적의 무리가 크게 무너져서 수천 급을 참수하였다. 공으로 거듭 환성군공(皖城郡公)에 책봉되고, 상과 하사받은 물품이 매우 후하였다. (『舊唐書』83 列傳 33 張儉)

---

5) 고이(考異)에 전한다. "당력(唐曆)에 전한다. '장검이 적을 두려워하여 감히 깊이 들어가지 않았다. 강하왕 도종이 100기를 거느리고 적을 엿보겠다고 굳게 청하자, 황제가 그것을 허락하였다. 이어서 오고 가는 데에 며칠이나 걸릴지를 묻자, 대답하였다. 10일 동안 가서 10일 동안 두루 보고 10일 동안 돌아오니, 모두 1개월이 걸려서 폐하를 알현하기를 바랍니다. 마침내 말을 먹이고 병기를 묶어서 험한 곳을 거쳐서 곧바로 요동성 남쪽에 오르니, 지형의 험하고 쉬움과 진영을 안치할 곳을 보았다. 돌아오려 하자 적이 이미 병사를 끌고 그 돌아오는 길을 끊었다. 도종이 그들을 공격하여 다 쓰러뜨리고 관문을 베며 나와서 기일과 같이 알현하였다. 황제가 감탄하며 말하였다. 맹분(孟賁)·하육(夏育)의 용맹이 어찌 이보다 지나치겠는가? 금 50근, 견(絹) 1,000필을 하사하였다.' 지금은 실록(實錄)에 따른다."

고구려	황제가 장차 고구려를 토벌하려고 하여, 먼저 영주도독 장검을 파견해 경기(輕騎)로 요수를 건너 형세를 엿보고 오게 하였다. 검이 두려워하여 감히 깊이 들어가지 않았다. 도종이 100기로 가겠다고 청하자, 황제가 그것을 허락하였다. 그 돌아오는 날을 약속하며 말하였다. "신은 20일 동안 가서 10일을 머물러 산천을 보고, 돌아와 천자를 알현할 수 있기를 청합니다." 이어서 말을 먹이고 병기를 묶어서 남산을 옆으로 하여 적지에 들어가니, 쉽고 험함을 보고 진영을 만들기 편한 곳을 헤아렸다. 장차 돌아오려 하자 때마침 고구려 병사가 그 길을 끊으니, 사잇길로 다시 달려서 기일과 같이 황제를 알현하였다. 황제가 말하기를, "맹분(孟賁)·하육(夏育)의 용맹이 어찌 이보다 지나치겠는가?" 금 50근, 견(絹) 1,000필을 하사하였다. (『新唐書』 78 列傳 3 宗室 江夏郡王道宗)
고구려	이 때에 고구려의 척후가 말하기를, "막리지가 장차 이를 것이다."라고 하였다. 황제가 장검에게 조서를 내려 신성도로 가서 요격하라고 하였으나, 적이 감히 나오지 않았다. 검은 나아가 요수를 건너서 건안성으로 달려가니, 적을 격파하고 수천 급을 참수하였다. 거듭 환성군공에 책봉되었다. (『新唐書』 111 列傳 36 張儉)
고구려	요동을 정벌할 때에 고구려의 척후를 잡은 적이 있었는데, 막리지가 장차 요동에 이를 것이라고 칭하였다. 장검에게 조서를 내려 병사를 이끌고 신성도로 가서 맞이하라고 하였으나, 막리지가 끝내 감히 나오지 않았다. 검은 인하여 병사를 진격시켜 요수를 건너서 건안성으로 달려가니, 적의 무리가 크게 무너져서 수천 급을 참수하였다. 공으로 거듭 환성군공에 책봉되고, 상과 하사받은 물품이 매우 후하였다. (『冊府元龜』 357 將帥部 18 立功 10 張儉)
고구려	정관19년 4월 계묘일(6) 유주성(幽州城) 남쪽에서 6군에게 크게 대접하였다. 태종이 임하니, 조서를 내려 장손무기가 조지(朝旨)를 선언하여 무리에게 맹세하게 하며 말하였다. "예전에 앞선 제왕들은 이때에 정벌이 있었다. 요(堯)는 단포(丹浦)에서 싸웠고 순(舜)은 유묘(有苗)를 정벌하였으며, 문왕(文王)은 여(黎)를 평정하였고 성탕(成湯)은 갈(葛)을 정복하였으니, 이 네 군주가 어찌 바람으로 빗질하고 비로 머리감아서 군사를 수고롭게 하고 무리를 피로하게 하는 것을 즐겼겠는가? 흉잔(兇殘)을 주살하지 않고는 덕화가 적셔지지 않고, 폭란(暴亂)을 제거하지 않고는 사람들이 불안하다고 여긴 것이다. 고구려의 막리지(莫離支)는 그 군주를 학살하고 대신을 다 죽여서, 나머지 백성은 원한이 골수에 들어갔다. 이들은 모두 힘으로 제어할 수 없어서, 도적의 성을 끌어 안고 짐의 군사를 서로 바라보니 마치 고우(膏雨)를 생각하는 듯하다. 고구려가 멸망할 징조는 사람은 누구라도 보지 않고 때는 잃을 수 없으며 하늘은 어길 수 없는 것이다. 짐이 어찌 중유(重帷)를 싫어하여 폭로(暴露)를 좋아하고 화전(華殿)을 싫어하여 풍진(風塵)을 즐기겠는가? 또 약년(弱年)에 군사를 행하여 권변(權變)을 꽤 아니, 지금은 사졸이 모두 모여 창과 갑옷이 산과 같고 충차와 운제는 이길 수 있다고 지영(指影)한다. 대체로 농부는 봄에 부지런하여 이에 비로소 가을이 있으니, 사졸이 먼저 힘쓰고 난 후에 상을 받는 것이다. 만약 힘을 합치고 마음을 하나로 하여 성을 도륙하고 적을 함락시킬 수 있다면, 높은 관직과 후한 위계에 대해서는 짐이 식언하지 않겠다. 만약 감히 도망가거나 군영과 대오를 떠나고 버리면 그 몸은 죽임을 당하고 죄는 처자에게 미칠 것이다. 이것은 나라의 전형(典刑)이고 고금의 상사(常事)이니, 짐이 맹세한 말을 기록하여 진실로 마땅히 스스로 힘쓰라."(『冊府元龜』 117 帝王部 117 親征 2)
고구려	『신당서』 고려전에 전한다. " (…) 정관19년 4월에 황제가 군사에게 크게 대접하고 유주의 남쪽에 장막을 쳤다[계묘일(6)]. 조서를 내려 장손무기가 군사에게 맹세하게

하고, 이에 끌고 동쪽으로 갔다[정미일(10) 유주를 출발하였다].”(『玉海』194 兵捷紀功碑銘附 唐駐蹕山紀功破陣圖漢武臺紀功)

고구려	정관19년 4월에 황제가 군사에게 크게 대접하고 유주의 남쪽에 장막을 쳤다. 조서를 내려 장손무기가 군사에게 맹세하게 하고(이상 4월 6일), 이에 끌고 동쪽으로 갔다(이상 4월10일). (『新唐書』220 列傳 145 東夷 高麗)
고구려	예전에 앞선 제왕들은 이때에 정벌이 있었다. 요는 단포에서 싸웠고 순은 유묘를 정벌하였으며, 문왕은 여를 평정하였고 성탕은 갈을 정복하였으니, 이 네 군주가 어찌 바람으로 빗질하고 비로 머리감아서 군사를 수고롭게 하고 무리를 피로하게 하는 것을 즐겼겠는가? 흉잔을 주살하지 않고는 덕화가 적셔지지 않고, 폭란을 제거하지 않고는 사람들이 불안하다고 여긴 것이다. 고구려의 막리지는 그 군주를 학살하고 대신을 다 죽여서, 나머지 백성은 원한이 골수에 들어갔다. 이들은 모두 힘으로 제어할 수 없어서, 도적의 성을 끌어 안고 짐의 군사를 서로 바라보니 마치 고우를 생각하는 듯하다. 고구려가 멸망할 징조는 사람은 누구라도 보지 않고 때는 잃을 수 없으며 하늘은 어길 수 없는 것이다. 짐이 어찌 중유를 싫어하여 폭로를 좋아하고 화전을 싫어하여 풍진을 즐기겠는가? 또 약년에 군사를 행하여 권변을 꽤 아니, 지금은 사졸이 모두 모여 창과 갑옷이 산과 같고 충차와 운제는 이길 수 있다고 지영한다. 대체로 농부는 봄에 부지런하여 이에 비로소 가을이 있으니, 사졸이 먼저 힘쓰고 난 후에 상을 받는 것이다. 만약 힘을 합치고 마음을 하나로 하여 성을 도륙하고 적을 함락시킬 수 있다면, 높은 관직과 후한 위계에 대해서는 짐이 식언하지 않겠다. 만약 감히 도망가거나 군영과 대오를 떠나고 버리면 그 몸은 죽임을 당하고 죄는 처자에게 미칠 것이다. 이것은 나라의 전형이고 고금의 상사이니, 짐이 맹세한 말을 기록하여 진실로 마땅히 스스로 힘쓰라. (『全唐文』10 太宗皇帝 征高麗誓師文)
고구려	옛 제도에 훈관(勳官)은 상주국(上柱國) 이하 무기위(武騎尉)까지를 12등으로 하여 전공(戰功)이 있는 자에게 각각 그 고하에 따라 제수하였다. 잠문본은 품계가 높고 훈공이 낮은 경우에는 모두 낮은 것에 따라 순서를 정해야 한다고 하였다. 정관19년 4월 9일에 이르러 태종이 요동 정벌의 상을 중시하려고 하여, 이어서 제서를 내렸다. “훈급을 제수하는 것은 본래 공이 있음에 근거하지만, 만약 넉넉하거나 뛰어나지 않다면 권장함에 유래할 것이 없다. 지금 고구려를 토벌하는데, 그 거가(車駕)를 따르거나 수륙 여러 군에 이르기까지 전장과 진영에서 공이 있는 경우에는 모두 높은 품계에 따라 위에 거듭 더하는 것을 특별히 허락한다.” 6군이 크게 기뻐하였다. (『唐會要』81 勳)
고구려	『신당서』고려전에 전한다. “ (…) 정관19년 4월에 (…) 조서를 내려 장손무기가 군사에게 맹세하게 하고, 이에 끌고 동쪽으로 갔다[정미일(10) 유주를 출발하였다].”(『玉海』194 兵捷紀功碑銘附 唐駐蹕山紀功破陣圖漢武臺紀功)
고구려	여름 4월 임자일(15) 이세적, 강하왕 도종이 고구려의 개모성(蓋牟城)을 공격하였다. (『資治通鑑』197 唐紀 13 太宗 中之下)
고구려	정관19년 4월 임자일(15) 이적이 고구려의 개모성을 공격하였다. (『冊府元龜』117 帝王部 117 親征 2)
고구려	『신당서』고려전에 전한다. “ (…) 정관19년 4월에 (…) 이적이 개모성을 공격하였다[임자일(15)].”(『玉海』194 兵捷紀功碑銘附 唐駐蹕山紀功破陣圖漢武臺紀功)

고구려	황제가 고구려를 정벌하자, 추장을 모두 징발하여 해의 수령과 종군하게 하였다. (『新唐書』 219 列傳 144 契丹)
고구려	여름 4월 계해일(26) 요동도행군대총관·영국공 이적이 개모성을 격파하였다. (『舊唐書』 3 本紀 3 太宗 下)
고구려	4월 계해일(26) 이세적이 개모성에서 이겼다. (『新唐書』 2 本紀 2 太宗)
고구려	여름 4월 계해일(26) 이세적 등이 개모성을 함락시키고, 2만여 구, 군량 10여만 석을 얻었다. (『資治通鑑』 197 唐紀 13 太宗 中之下)
고구려	정관19년 4월 계해일(26) 이적이 개모성을 함락시키고, 호구 2만여 명을 얻었으며, 군량 10여만 석을 창고에 저장하였다. (『冊府元龜』 117 帝王部 117 親征 2)
고구려	『구당서』 본기에 전한다. " (…) 정관19년 4월에 (…) 계해일(26) 이세적이 개모성을 공격하여 격파하였다."(『太平御覽』 109 皇王部 34 唐太宗文皇帝)
고구려	『신당서』 태종기에 전한다. " (…) 정관19년 4월에 (…) 계해일(26) 이세적이 개모성에서 이겼다. (…) "(…)『신당서』 고려전에 전한다. " (…) 정관19년 4월에 (…) 개모성을 함락시키고[계해일(26)], 호 2만, 군량 10만 석을 얻었으며, 그 땅을 개주(蓋州)로 삼았다."(『玉海』 194 兵捷紀功碑銘附 唐駐蹕山紀功破陣圖漢武臺紀功)
고구려	여름 4월에 이세적, 강하왕 도종이 개모성을 공격하여 함락시키고, 1만 명, 군량 10만 석을 얻었으며, 그 땅을 개주로 삼았다. (『三國史記』 21 高句麗本紀 9 寶臧王 上)
고구려	여름 4월에 이세적·도종이 개모성을 공격하여 함락시키고, 1만 명, 군량 10만 석을 얻었으며, 그 땅을 개주로 삼았다. (『三國史節要』 8)
고구려	정관19년 4월에 나아가 개모성을 공격하여 함락시키고, 생구 2만을 얻었으며, 그 성에 개주를 설치하였다. (『舊唐書』 199上 列傳 149上 高麗)
고구려	정관19년 4월에 이적이 개모성을 공격하여(이상 4월15일) 함락시키고, 호 2만, 군량 10만 석을 얻었으며, 그 땅을 개주로 삼았다(이상 4월26일). (『新唐書』 220 列傳 145 東夷 高麗)
고구려	정관19년에 태종이 친정하여 요수를 건넜다. 4월에 이적이 개모성을 공격하여 함락시키고, 2만 구를 얻었으며, 그 성에 개주를 설치하였다. (『通典』 186 邊防 2 東夷 下 高句麗)
고구려	정관19년 4월에 이적이 개모성을 공격하여 함락시키고, 2만 구를 얻었으며, 그 성에 개주를 설치하였다. (『唐會要』 95 高句麗)
고구려	정관19년 4월에 이적이 개모성을 공격하여 함락시키고, 2만 구를 얻었으며, 그 성에 개주를 설치하였다. (『太平寰宇記』 173 四夷 2 東夷 2 高勾驪)
고구려	정관19년 4월에 영국공 이적이 개모성을 격파하였다. (『冊府元龜』 985 外臣部 30 征討 4)
고구려	『구당서』 고려전에 전한다. " (…) 정관19년 4월에 나아가 개모성을 공격하여 함락시키고, 그 성에 개주를 설치하였다."(『太平御覽』 783 四夷部 4 東夷 4 高勾驪)
고구려	당 태종 정관19년 4월에 행군총관 강확(姜確)이 죽었다. 5언시(五言詩)를 지어 애도하였다. (『玉海』 28 聖文御集 唐太宗御製)
고구려	정관19년에 전군(前軍)이 개모성을 격파하자, 위정에게 조서를 내려 병사를 거느리고 개모성을 지키게 하여, 점차 그를 채용하는 것을 보여주었다. 정은 성을 지키는 것이 대군과 너무 멀리 떨어져 있고 고구려의 신성과 인접하여, 밤낮으로 싸웠으나 북을 치는 소리가 끊어지지 않았다. 정은 그 걱정을 감당하지 못하고 또 관직을 잃은 것에 불평하였다. 평소 술사(術士) 공손상(公孫常)과 사이가 좋았는데, 이에 상에게 편지를 보내 품은 바를 서술하였다. 때마침 상이 다른 일로 구속되어 스스로 목

을 매어 죽었는데, 그 주머니 속을 뒤져서 정의 편지를 얻었다. 성 안에 위축되었음을 논하고 겸하여 탄식하고 슬퍼하는 말이 있었다. 태종은 정이 원망하였다고 여겨 상주자사(象州刺史)로 좌천시키니, 1년여 만에 죽었는데 나이가 58세였다. (『舊唐書』77 列傳 27 韋挺)

고구려	정관19년에 강확이 좌둔위장군(左屯衛將軍)이 되고, 요동의 전역에서 행군총관으로서 병사를 감독하였다. 개모성을 공격하다가 유시(流矢)에 맞아 죽었는데, 이 때 나이가 51세였다. 태종이 심하게 애도하여 5언시를 지었는데, 다음과 같다.

출전할 때 처음 호위를 받들고, / 충절을 바쳐 비로소 전쟁에 임했네. / 비늘을 떨쳐 물결을 뛰게 하고, / 날개를 달려 바람을 능멸하네. / 여섯 가지 기이한 모책의 기술을 펼치지 않았는데, / 먼저 한 삼태기 때문에 공을 무너뜨리네. / 몸을 막는 것은 지혜롭지 못하고, / 목숨을 따름은 남은 충성이 있으리. / 슬픈 참마(驂馬)는 길을 향해 울고, / 슬픈 호드기 멀리 공중에서 오열하네. / 큰 나무 아래서 처량하게 / 슬픔을 흘려 깊이 속마음에 가득하네.

당시 사람들이 그를 영광스럽게 여겼다. 아들 간(束)이 후사가 되어 확이 왕의 일로 죽었다고 하여 조산대부(朝散大夫)에 임명되었다. (『冊府元龜』141 帝王部 141 念良臣)

고구려	정관19년에 개모성을 공격하여 군대를 감독하며 재빠르게 싸웠다. 포차(砲車)가 일제히 떨쳐서 돌이 비처럼 떨어지고, 운제(雲梯)·충차(衝車)가 번갈아 나아가서 밤낮으로 그치지 않았다(이상 4월15일). 개모성을 함락시키고 호구 2만여 명을 얻었으며 군량 10만여 석을 창고에 저장하였다(이상 4월26일). (『冊府元龜』369 將帥部 30 攻取 2 李勣)
고구려	강확은 좌둔위장군이 되어, 정관19년에 태종이 요동을 정벌하는 것에 따라가 행군총관으로서 병사를 감독하였다. 개모성을 공격하다가 유시에 맞아 죽었다. (『冊府元龜』425 將帥部 86 死事 姜確)
고구려	강행본(姜行本)은 따라서 개모성에 이르러 유시에 맞아 죽었다. 태종이 시를 주어 그를 애도하였다. 좌위대장군·성국공(郕國公)을 추증하고 시호를 양(襄)이라고 하며 소릉(昭陵)에 배장(陪葬)하였다. (『舊唐書』59 列傳 9 姜行本)
고구려	개모성에서 이기고 때마침 적병이 대대적으로 이르렀다. 군중에서 모두 도랑을 깊이 파고 험한 곳을 지키며 태종이 이르는 것을 기다려 천천히 나아가고자 하였다. 도종이 말하였다. "옳지 않다. 적은 달려오는 것이 급하고 멀리서 와서 병사들이 실제로 피곤하고 둔하지만, 수가 많은 것을 믿고 우리를 가벼이 여겨 한번 싸우면 반드시 꺾을 것이다. 옛날에 경엄(耿弇)은 도적이 군부를 남긴다고 여기지 않았는데 나는 이미 직무가 전군에 있으니, 마땅히 길을 깨끗이 하여 거가를 기다려야 한다." 이적이 그렇다고 여겨, 이에 건장한 군사 수십 기와 곧바로 적진에 부딪치고 좌우로 출입하였다. 적이 이어서 합세하여 공격하고 그들을 대파하였다. 태종이 이르러 깊이 상과 위로를 더하고 노비 40명을 하사하였다. (『舊唐書』60 列傳 10 宗室 江夏王道宗)
고구려	고구려 항호주는 14개, 부는 9개이다[태종이 친정하여 개모성을 얻어서 개주를 설치하였다]. (『新唐書』43下 志 33下 地理 7下 河北道)
고구려	개모성에 이르러 유시에 맞아 죽었다. 황제가 시를 주어 그를 애도하였다. 좌위대장군·성국공을 추증하고 시호를 양이라고 하며 소릉에 배장하였다. 아들 간(簡)이 계승하였다. (『新唐書』91 列傳 16 姜確)
고구려	나중에 태종을 따라 고구려를 정벌하여 개모성에 이르러 유시에 맞아 죽었다. 황제가 시를 주어 그를 애도하였다. 좌위대장군·부국공(鄜國公)을 추증하고 소릉에 배장하였다. (『冊府元龜』384 將帥部 45 褒異 10 姜行本)

고구려　때마침 이적이 개모성을 격파하자, 위정에게 조서를 내려 병사를 거느리고 지키게 하였다. 성은 대군과 100여 리 떨어져 있고 고구려의 신성과 인접하여, 고구려의 대병이 혹은 북을 치며 그 성 아래에 이르렀다. 정은 평소에 위엄과 책략이 없어서 그 걱정을 감당하지 못하고, 이에 도술인 공손상에게 편지를 남겨 원망을 글로 두었다. 상은 다른 죄로 자살하였는데, 그 주머니 속에서 정이 상에게 준 편지를 얻었다. 태종은 정에게 조서를 내려 그것을 물으니, 대답이 부실한 것이 많았다. 태종이 그를 더욱 꾸짖었으나, 곧 숙경구책(宿經驅策) 때문에 차마 주살하지는 못하였다. 조산대부·상주자사를 제수하니, 병으로 죽었다. (『冊府元龜』 453 將帥部 114 怯懦 韋挺)

고구려　출전할 때 처음 군율을 받들고, / 호위하며 싸워 비로소 전쟁에 임했네. / 비늘을 떨쳐 물결을 뛰게 하고, / 날개를 달려 바람을 능멸하네. / 여섯 가지 기이한 모책의 기술을 펼치지 않았는데, / 먼저 한 삼태기 때문에 공을 무너뜨리네. / 몸을 막는 것은 지혜롭지 못하고, / 목숨을 따름은 남은 충성이 있으리. (『全唐詩』 1 太宗皇帝 傷遼東戰亡)

고구려　5월 기사일(2) 평양도행군총관 정명진이 사비성(沙卑城)에서 이겼다. (『新唐書』 2 本紀 2 太宗)

고구려　장량이 수군을 이끌고 동래(東萊)에서 바다를 건너 비사성(卑沙城)을 습격하였다. 그 성은 사면이 매달리는 절벽이어서 오직 서문만이 올라갈 수 있었다. 정명진이 병사를 끌고 밤에 이르자, 부총관 왕문도(王文度)가 먼저 올랐다. 5월 기사일(2) 함락시키고 남녀 8,000구를 사로잡았다. 총관 구효충(丘孝忠) 등을 나누어 파견하여 압록수(鴨綠水)에서 요병(曜兵)하였다. (『資治通鑑』 197 唐紀 13 太宗 中之下)

고구려　정관19년 5월 기사일(2) 장량의 부장 정명진이 비사성을 함락시켰다. 그 성은 사면이 매달리는 절벽이어서 오직 서문만이 공격할 수 있는 형세가 있었다. 명진이 군대를 독려하여 그것을 야습하니, 부총관 왕문도가 먼저 올라가고 사졸이 이어서 나아갔다. 성 안이 무너지고 흩어져서 그 남녀 8,000구를 사로잡았다. 총관 구효충·고신감(古神感)을 나누어 파견하여 압록수에서 요병(耀兵)하였다. (『冊府元龜』 117 帝王部 117 親征 2)

고구려　『신당서』 태종기에 전한다. " (…) 정관19년 5월 기사일(2) 평양도행군총관 정명진이 사비성에서 이겼다. (…) " (…) 『신당서』 고려전에 전한다. " (…) 정관19년에 정명진이 사비성을 공격하였다. 밤에 그 서쪽에 들어가자 성이 무너지니[5월 기사일(2)], 8,000구를 사로잡았다. 병사를 압록강에 헤엄치게 하여 올려보냈다."(『玉海』 194 兵捷紀功碑銘附 唐駐蹕山紀功破陣圖漢武臺紀功)

고구려　장량이 수군을 이끌고 동래에서 바다를 건너 비사성을 습격하였다. 성은 사면이 매달리는 절벽이어서 오직 서문만이 올라갈 수 있었다. 정명진이 병사를 끌고 밤에 이르자, 부총관 왕대도(王大度)가 먼저 올랐다. 5월에 성이 함락되고 남녀 8,000구가 잡혀갔다. (『三國史記』 21 高句麗本紀 9 寶臧王 上)

고구려　장량이 수군을 이끌고 동래에서 바다를 건너 비사성을 습격하였다. 성은 사면이 매달리는 절벽이어서 오직 서문만이 올라갈 수 있었다. 정명진이 병사를 끌고 밤에 이르자, 부총관 왕대도가 먼저 올랐다. 5월에 성이 함락되고 남녀 8,000구가 잡혀갔다. (『三國史節要』 8)

고구려　정관19년 5월에 장량의 부장 정명진이 사비성을 공격하여 함락시키고, 남녀 8,000구를 사로잡았다. (『舊唐書』 199上 列傳 149上 高麗)

고구려　정관19년에 정명진이 사비성을 공격하였다. 밤에 그 서쪽에 들어가자 성이 무너지니, 8,000구를 사로잡았다. 병사를 압록강에 헤엄치게 하여 올려보냈다. (『新唐書』 220 列傳 145 東夷 高麗)

고구려	동래에서 바다를 건너 사비성을 습격하여 격파하고, 남녀 수천 구를 사로잡았다. (『舊唐書』 69 列傳 19 張亮)
고구려	앞뒤로 사비성을 공격하고 독산진(獨山陣)을 격파하였는데, 모두 적은 군사로 많은 무리를 공격하여 명장이라고 칭송되었다. (『舊唐書』 83 列傳 33 程名振)
고구려	병사를 끌고 동래에서 바다를 건너 사비성을 격파하였다. (『新唐書』 94 列傳 19 張亮)
고구려	사비성을 공격하고 독산진을 격파하였는데, 모두 적은 군사로 많은 무리를 공격하여 명장이라고 불렸다. (『新唐書』 111 列傳 36 程名振)
고구려	정관 말년에 평양도행군총관이 되었다(이상 644년 11월 2일~23일). 앞뒤로 사비성을 공격하고 독산진을 격파하였는데, 모두 적은 군사로 많은 무리를 공격하여 명장이라고 칭송되었다(이상 645년 5월 2일). (『冊府元龜』 393 將帥部 54 威名 2 程名振)
고구려	왕문도는 정요부총관(征遼副總管)이 되어 비사성에 이르렀다. 그 성은 사면이 매달리는 절벽이어서 오직 서문만이 공격할 수 있는 형세가 있었다. 부장 정명진이 군대를 독려하여 야습하니, 문도가 먼저 올라가고 사졸이 이어서 나아갔다. 성 안이 무너지고 흩어져서 마침내 그 성을 함락시켰다. (『冊府元龜』 396 將帥部 57 勇敢 3 王文度)
고구려	5월 기사일(2) 이세적이 나아가 요동성 아래에 이르렀다. (『資治通鑑』 197 唐紀 13 太宗 中之下)
고구려	정관19년 5월 기사일(2) 이 날에 이적이 군대를 요동성 아래에 진격시켰다. (『冊府元龜』 117 帝王部 117 親征 2)
고구려	5월 경오일(3) 거가(車駕)가 요택(遼澤)에 이르자, 진흙이 200여 리여서 사람과 말이 통할 수 없었다. 장작대장(將作大匠) 염입덕(閻立德)이 흙을 펼쳐 다리를 만드니, 군대가 머무르지 않고 갔다. (『資治通鑑』 197 唐紀 13 太宗 中之下)
고구려	『신당서』 고려전에 전한다. " (…) 정관19년 5월에 이적이 마침내 요동성을 포위하였다(이상 5월 2일). 황제가 요택에 주둔하였다[경오일(3)]." (『玉海』 194 兵捷紀功 碑銘附 唐駐蹕山紀功破陣圖漢武臺紀功)
고구려	정관19년 5월에 요동을 정벌하여 요택에 주둔하며 조서를 내렸다. "예전에 수(隋)의 군사가 요수를 건널 적에, 때를 잘못 타서 종군한 사졸들의 해골이 서로 바라볼 정도로 온 산야에 널렸으니, 참으로 슬프고 안타깝다. 해골을 덮어 주는 의리가 무엇보다 우선되어야 하니, 그들의 해골을 거두어 묻도록 하라." (『冊府元龜』 42 帝王部 42 仁慈)
고구려	고구려 정벌에 따라갔다. 군사가 요택에 이르자, 동서 200여 리가 진흙이어서 사람과 말이 통하지 못하였다. 염입덕이 길을 메워 다리를 만드니, 병사와 말이 유애(留礙)하였다. 태종이 매우 기뻐하였다. (『舊唐書』 77 列傳 27 閻立德)
고구려	『구당서』 고려전에 전한다. "태종이 요동을 정벌할 때에 거가가 요택에 주둔하며 조서를 내렸다. '예전에 수의 군사가 요수를 건널 적에, 때를 잘못 타서 종군한 사졸들의 해골이 서로 바라볼 정도로 온 산야에 널렸으니, 참으로 슬프고 안타깝다. 해골을 덮어 주는 의리가 무엇보다 우선되어야 하니, 그들의 해골을 거두어 장사지내도록 하라.'" (『太平御覽』 281 兵部 12 撫士 下)
고구려	예전에 수의 군사가 요수를 건널 적에, 때를 잘못 타서 종군한 사졸들의 해골이 서로 바라볼 정도로 온 산야에 널렸으니, 참으로 슬프고 안타깝다. 해골을 덮어 주는 의리가 무엇보다 우선되어야 하니, 그들의 해골을 거두어 묻도록 하라. (『全唐文』 7

太宗皇帝 收瘞征遼士卒詔)

고구려	5월 임신일(5) 요택 동쪽을 건넜다. (『資治通鑑』197 唐紀 13 太宗 中之下)
고구려	정관19년에 태종이 고구려에 친정하였다. 5월 5일에 행렬이 요양(遼陽)에 이르렀는데, 때마침 고조(高祖)의 기일(忌日)이었다. 팔좌(八座)의 대신들이 아뢰었다. "신들이 삼가 예를 살피니, '군자는 평생의 걱정이 있어도 하루아침의 즐거움은 없다.'고 합니다. 이것은 소위 별이 돌아서 해가 바뀌는 것이니, 부모가 돌아가신 같은 날에 그 거처를 생각하여 즐거운 일을 하지 않습니다. 지금 폐하는 직접 6군을 이끌고 이미 적의 경역에 올랐는데, 여러 일을 많이 끌어안아서 엎드려 쪼개어 결정하기를 기다리니, 선성(先聖)의 상경(常經)을 존중하고 근대의 공의(公議)를 간략히 한다고 할 수 있습니다. 바라고 청하건대 군기의 요체가 있는 바는 백사(百司)에서 식(式)에 따라 아뢰게 하십시오." 직접 조서를 내려 답하였다. "지금 이미 군사라는 큰 일이 있으니, 기속(機速)함에 있음을 잃을 수 없다. 우러러 고풍을 따르고 고개숙여 지금의 청에 따르는 까닭이다."(『唐會要』23 忌日)
고구려	5월 을해일(8) 요동도행군총관 장군예(張君乂)가 죄가 있어 주살되었다. (『新唐書』2 本紀 2 太宗)
고구려	5월 을해일(8) 고구려 보기 4만이 요동성을 구원하였다. 강하왕 도종이 4,000기를 거느리고 그들을 맞이하여 공격하였다. 군중이 모두 숫자가 적어서 매달리는 절벽과 같으니, 도랑을 깊이 파고 성채를 높이 하여 거가가 이르는 것을 기다리는 것만 못하다고 하였다. 도종이 말하였다. "적은 수가 많은 것을 믿고 우리를 가벼이 여기는 마음이 있으니, 멀리서 와서 피곤하고 둔하여 그들을 공격하면 반드시 패할 것이다. 또 나는 전군에 속하게 되어 마땅히 길을 깨끗이 하여 거가를 기다려야 하니, 이에 다시 도적이 군부를 버린다고 여길 것인가?" 이세적이 그렇다고 여겼다. 과의도위(果毅都尉) 마문거(馬文擧)가 말하기를, "강한 적을 만나지 않으면 어찌 건장한 군사가 나타나겠습니까?"라고 하였다. 말을 채찍질하여 적에게 달려가니, 향하는 곳마다 모두 쓰러져서 무리의 마음이 점차 안정되었다. 이미 맞서 싸우고 나서 행군총관 장군예가 물러나 달아나서 당 병사가 불리하였다. 도종이 흩어진 군졸을 거두어 높은 곳에 올라서 보니, 고구려의 진영이 어지러운 것을 보고 효기 수십과 그것에 부딪치고 좌우로 출입하였다. 이세적이 병사를 끌고 그를 도와 고구려가 대패하니 1,000여 급을 참수하였다. (『資治通鑑』197 唐紀 13 太宗 中之下)
고구려	『신당서』고려전에 전한다. "(…) 정관19년 5월에 고구려가 신성·국내성곽의 4만을 징발하여 요동성을 구원하니, 도종이 장군예를 이끌고 맞서 싸웠다. 군예는 도종을 물리치고 기병으로 그들에게 달려갔다. 적병이 벽이(辟易)하고 그 다리를 빼앗아 흩어진 자들을 거두어 빼앗은 자들을 이끌고, 높은 곳에 올라 바라보았다. 고구려의 진영이 시끄러워지자 급히 그들을 공격하여 1,000여 급을 참수하고 군예를 죽여 군사들에게 돌려 보였다[을해일(8)]."(『玉海』194 兵捷紀功碑銘附 唐駐蹕山紀功破陣圖漢武臺紀功)
고구려	나중에 고구려를 정벌할 때에 총관 장군예가 나아가서 적을 공격하지 않아서 깃발 아래에서 그를 참수하였다. (『新唐書』122 列傳 47 魏元忠)
고구려	마문거는 과의도위가 되었다. 태종이 요동을 정벌할 때에 신성·국내성 두 성이 보기 4만으로 와서 요동성을 구원하였다. 강하왕 도종이 행군총관 장군인(張君仁)과 기병 4,000명을 이끌고 그들을 맞이하여 공격하였다. 적과 만나게 되자, 무리가 적어 형세가 매달리게 되자 군사가 모두 안색이 동요하였다. 문거가 스스로 그 몸을 가리키고 도종에게 말하였다. "이것은 건장한 군사입니다. 칙서를 내려 노략질하는 것을

만나지 않으면 어찌 건아(健兒)임을 알아볼 수 있겠습니까?" 도종이 그를 보고 건장하다고 여겼다. 문거가 마침내 말을 채찍질하여 돌진하니, 부딪치는 곳마다 모두 쓰러져서 무리의 마음이 비로소 안정되었다. (『冊府元龜』396 將帥部 57 勇敢 3 馬文擧)

고구려   고구려를 정벌하게 되어, 총관 장군예가 적을 공격하는 데에 나아가지 않아서 깃발 아래에서 그를 참수하였다. (『全唐文』176 魏元忠 上高宗封事)

고구려   5월 정축일(10) 거가가 요수를 건넜다. (『舊唐書』3 本紀 3 太宗 下)

고구려   5월 정축일(10) 마수산(馬首山)에 주둔하였다. (『新唐書』2 本紀 2 太宗)

고구려   5월 정축일(10) 거가가 요수를 건너자, 다리를 거두어 사졸의 마음을 굳건하게 하였다. 마수산에 주둔하면서 강하왕 도종을 위로하고 하사하며, 마문거에게 관품을 뛰어넘어 중랑장(中郞將)에 임명하고 장군예를 참수하였다. 황제가 스스로 수백 기를 거느리고 요동성 아래에 이르러, 사졸이 흙을 지고 참호를 메우는 것을 보았다. 황제가 그 더욱 무거운 것을 나누어 말 위에 그것을 가지고 가니, 관에 따라 다투어 흙을 지고 성 아래에 이르렀다. 이세적이 요동성을 공격하여 밤낮으로 쉬지 않으니, 12일만에 황제가 정예병을 끌고 만났다. 그 성을 수백 겹으로 포위하여 북 치는 소리가 천지를 천둥쳤다. (『資治通鑑』197 唐紀 13 太宗 中之下)

고구려   정관 19년 5월 정축일(10) 거가가 요수를 건너자, 다리를 거두어 사졸의 마음을 굳건하게 하였다. 갑사 6만이 마수산에 진영을 만들었다. (『冊府元龜』117 帝王部 117 親征 2)

고구려   『구당서』 본기에 전한다. " (…) 정관19년 5월 정축일(10) 거가가 요동을 건넜다." (『太平御覽』109 皇王部 34 唐太宗文皇帝)

고구려   『당실록(唐實錄)』에 전한다. "정관19년 5월 정축일(10) 마수산에 주둔하였다."(『玉海』151 兵制劍戰鎧甲 唐金甲)

고구려   『구당서』 본기에 전한다. "정관19년 5월 정축일(10) 거가가 요수를 건넜대[황제가 요수를 건너 모두 10번 진영을 옮겼다]." (…) 『신당서』 고려전에 전한다. " (…) 정관19년 5월에 황제가 요수를 건너 마수산에 주둔하였대[정축일(10) 갑옷의 빛이 햇빛에 빛나고 인석(藺石)이 비와 같았다]."(『玉海』194 兵捷紀功碑銘附 唐駐蹕山紀功破陣圖漢武臺紀功)

고구려   5월에 황제가 요택에 이르자, 진흙이 200여 리여서 사람과 말이 통할 수 없었다. 장작대장 염입덕이 흙을 펼쳐 다리를 만드니, 군대가 머무르지 않고 갔다(이상 5월 3일). 요택 동쪽을 건넜다(이상 5월 5일). (…) 황제가 요수를 건너자, 다리를 거두어 사졸의 마음을 굳건하게 하였다. 마수산에 주둔하면서 강하왕 도종을 위로하고 하사하며, 마문거에게 관품을 뛰어넘어 중랑장에 임명하고 장군예를 참수하였다. 황제가 스스로 수백 기를 거느리고 요동성 아래에 이르러, 사졸이 흙을 지고 참호를 메우는 것을 보았다. 황제가 그 더욱 무거운 것을 나누어 말 위에 그것을 가지고 가니, 관에 따라 다투어 흙을 지고 성 아래에 두었다. 이세적이 요동을 공격하여 밤낮으로 쉬지 않으니, 12일만에 황제가 정예병을 끌고 만났다. 그 성을 수백 겹으로 포위하여 북 치는 소리가 천지에 떨쳤다(이상 5월10일). (『三國史記』21 高句麗本紀 9 寶臧王 上)

고구려   5월에 황제가 요택에 이르자, 진흙이 200여 리여서 사람과 말이 통할 수 없었다. 장작대장 염입덕이 흙을 펼쳐 다리를 만드니, 군대가 머무르지 않고 갔다(이상 5월 3일). 요택 동쪽을 건넜다(이상 5월 5일). (…) 황제가 요수를 건너자, 다리를 거두어 사졸의 마음을 굳건하게 하였다. 마수산에 주둔하면서 강하왕 도종을 위로하고 하사하며, 마문거에게 관품을 뛰어넘어 중랑장에 임명하고 장군예를 참수하였다. 황제가 스스로 수백 기를 거느리고 요동성 아래에 이르러, 사졸이 흙을 지고 참호를 메우는 것을 보았다. 황제가 그 더욱 무거운 것을 나누어 말 위에 그것을 가지고 가니, 관에 따라 다투어 흙을 지고 성 아래에 두었다. 이세적이 요동을 공격하여 밤낮으로 쉬지 않으니, 12일만에 황제가 정예병을 끌고 만났다. 그 성을 수백 겹으로 포위하여 북 치는 소리가 천지에 떨쳤다(이상 5월10일). (『三國史節要』8)

고구려	정관19년 5월에 황제가 요택에 주둔하며 조서를 내렸다. "예전에 수의 군사가 요수를 건널 적에, 때를 잘못 타서 종군한 사졸들의 해골이 서로 바라볼 정도로 온 산야에 널렸으니, 참으로 슬프고 안타깝다. 해골을 덮어 주는 의리가 진실로 우선되어야 하니, 그들의 해골을 거두어 장사지내도록 하라."(이상 5월 3일) (…) 황제가 요수를 건너자, 다리를 거두어 사졸의 의지를 굳건하게 하였다. 황제가 요동성 아래에 이르러, 사졸이 지고 메어 참호를 메우는 것을 보았다. 황제가 그 더욱 무거운 것을 나누어 직접 말 위에 그것을 가지고 가니, 관에 따라 당황하여 움직이며 다투어 가지고 가서 성 아래에 보냈다(이상 5월10일). (『舊唐書』199上 列傳 149上 高麗)
고구려	정관19년 5월에 황제가 요수를 건너자, 조서를 내려 다리를 거두어 사졸의 마음을 굳건하게 하였다. (『唐會要』95 高句麗)
고구려	『구당서』고려전에 전한다. " (…) 정관19년 5월에 요수를 건너자, 조서를 내려 다리를 거두어 사졸의 의지를 굳건하게 하였다. 황제가 이미 요동성 아래에 이르고 나서, 사졸이 지고 메어 참호를 메우는 것을 보았다. 황제가 그 더욱 무거운 것을 나누어 직접 말 위에 그것을 실으니, 관에 따라 당황하여 움직이며 다투어 가지고 가서 성 아래에 보냈다. (『太平御覽』783 四夷部 4 東夷 4 高句驪)
고구려	정관19년에 황제가 요택에 주둔하며 조서를 내려 수 전사의 드러난 해골을 묻어주도록 하였다(이상 5월 3일). (…) 황제가 요수를 건너자, 다리를 거두어 사졸의 마음을 굳건하게 하였다. 마수산에 주둔하면서 몸소 성 아래에 이르러, 군사가 흙을 지고 참호를 메우는 것을 보았다. 황제가 그 더욱 무거운 것을 나누어 지고 말 위에 그것을 가지고 가니, 군신이 두려워 떨면서 다투어 덩어리를 끼고 나아갔다(이상 5월10일). (『新唐書』220 列傳 145 東夷 高麗)
고구려	정관19년에 거마(車馬)가 요수를 건넜다. (『唐會要』27 行幸)
고구려	정관19년에 태종이 친정하여 요수를 건넜다. (『太平寰宇記』173 四夷 2 東夷 2 高勾驪)
고구려	정관 연간에 태종이 또 친정하여 요수를 건너 그들을 격파하였다. (『通典』185 邊防 1 東夷 上 序略)
고구려	5월 갑신일(17) 황제가 직접 철기(鐵騎)를 이끌고 이적과 만나서 요동성을 포위하였다. 매서운 바람으로 인하여 화노(火弩)를 발사하니, 이것은 성 위에 있는 집과 누각이 모두 다 사라지게 하여, 전사를 지휘하여 오르게 하니 이에 함락시켰다. (『舊唐書』3 本紀 3 太宗 下)
고구려	5월 갑신일(17) 요동성에서 이겼다. (『新唐書』2 本紀 2 太宗)
고구려	5월 갑신일(17) 남풍이 빨라지자, 황제가 정예병을 파견하여 충간(衝竿) 끝에 올라 그 서남쪽 누각을 불태우게 하였다. 불이 이어져 성 안을 태우니 이어서 장사를 지휘하여 성에 올랐다. 고구려가 힘껏 싸웠으나 대적할 수 없었다. 마침내 이기고 죽인 바가 1만여 명이었으며, 승병(勝兵) 1만여 명, 남녀 4만 구를 얻었고 그 성을 요주(遼州)로 삼았다. (『資治通鑑』197 唐紀 13 太宗 中之下)
고구려 백제	정관19년 5월에 처음에 태종이 백제에 사신을 파견하였다. 나라 안에는 금칠(金漆)을 채취하여 철갑을 바르는 데에 이용하였는데, 모두 황색·자색이어서 빛나는 것을 이끌고 색이 금을 겸한 것보다 뛰어났다. 또 오채(五綵)로 현금(玄金)을 물들이고 만

들어서 산문갑(山文甲)이라고 하였는데, 모두 장군에 따랐다. 갑신일(17) 태종이 직접 갑기(甲騎) 1만여 명을 이끌자, 금 빛이 태양에 빛났다. 이적과 요동성 아래에서 만나자 금고(金鼓)가 일제히 떨러니, 정기(旌旗)가 그 성을 포위한 것이 수백 리였다. 군사 무리의 소리가 하늘을 놀라게 하고 땅을 떠들썩하게 하였다. 태종은 남풍이 매우 빨라지는 것을 보고, 정예병을 파견하여 충간 끝에 올라 그 서남쪽 누각을 불태우게 하였다. 연기를 올려 매서움을 부채질하니, 그 성 안의 집과 누각을 태워 얼마 지난 후에 다하였다. 태종이 정주를 출발할 때에 주부터 동쪽으로 수십 리마다 봉화 하나를 남겨 요동성 아래에 이르게 하였다. 봉화의 끝에는 갈대를 쌓은 것이 많았는데, 요동성에서 이기면 끝나고 불태워 태자에게 보고해야 하는 것이었다. 이 때에 이르러 태종이 성이 반드시 함락될 것을 알고 장손무기의 군사를 지휘하여 앞서서 싸우니, 달려가 봉화대에 이르러 그것을 불태웠다. 이에 전사를 지휘하여 성에 올랐다. 고구려가 방패를 대고 맞서 싸웠다. 천자가 포차(拋車)로 돌을 날릴 것을 명령하자, 잇달아 그 방패를 맞추었다. 건장한 군사 수백 명이 긴 창으로 그것을 뚫어 공격하였다. 고구려 병사가 크게 무너져, 그 남아서 싸운 자들은 다 쓰러지고 불타서 죽은 자가 1만여 명이었으며 소·말·개·돼지는 이루 다 셀 수 없었다. 승병 1만여 명, 인구 4만 명을 사로잡고 창고의 속(粟) 50만 석을 거두었으며 그 성을 요주로 삼았다. (『冊府元龜』 117 帝王部 117 親征 2)

고구려 　『구당서』 본기에 전한다. "(…) 정관19년 5월 갑신일(17) 황제가 직접 철기를 이끌고 이세적과 만나서 요동성을 포위하였다. 매서운 바람으로 인하여 화노를 발사하니, 이것은 성 위에 있는 집과 누각이 모두 다 사라지게 하여, 전사를 지휘하여 오르게 하니 이에 함락시켰다."(『太平御覽』 109 皇王部 34 唐太宗文皇帝)

고구려 백제 　『당실록』에 전한다. "(…) 정관19년 5월에 처음에 태종이 백제에 사신을 파견하였다. 금칠을 취하여 철갑을 발랐는데, 색이 금을 겸한 것보다 뛰어났다. 또 오채(五釆)로 현금을 물들이고 만들어서 산문갑이라고 하였다. 갑신일(17) 태종이 직접 갑기 1만여 명을 이끌자, 금 빛이 태양에 빛났다. 이적과 요동성 아래에서 만나자 정기가 수백 리였다."(『玉海』 151 兵制劒戰鎧甲 唐金甲)

고구려 　『신당서』 태종기에 전한다. "(…) 정관19년 5월 갑신일(17) 요동성에서 이겼다." (…) 『구당서』 본기에 전한다. "(…) 정관19년 5월 갑신일(17) 황제가 직접 철기를 이끌고 이적과 요동성을 포위하여 함락시켰다." (…) 『신당서』 고려전에 전한다. "(…) 정관19년 5월에 성이 무너지자[갑신일(17)], 승병, 4만 호, 군량 50만 석을 얻었고 그 땅을 요주로 삼았다."(『玉海』 194 兵捷紀功碑銘附 唐駐蹕山紀功破陣圖漢武臺紀功)

고구려 백제 　5월에 이세적이 나아가 요동성 아래에 이르렀다(이상 5월 2일). (…) 왕이 신성·국내성의 보기 4만을 징발하여 요동을 구원하였다. 강하왕 도종이 4,000기를 거느리고 그들을 맞이하였다. 군중이 모두 숫자가 적어서 매달리는 절벽과 같으니, 도랑을 깊이 파고 성채를 높이 하여 거가가 이르는 것을 기다리는 것만 못하다고 하였다. 도종이 말하였다. "적은 수가 많은 것을 믿고 우리를 가벼이 여기는 마음이 있으니, 멀리서 와서 피곤하고 둔하여 그들을 공격하면 반드시 패할 것이다. 마땅히 길을 깨끗이 하여 거가를 기다려야 하니, 이에 다시 도적이 군부를 버린다고 여길 것인가?" 도위(都尉) 마문거가 말하기를, "강한 적을 만나지 않으면 어찌 건장한 군사가 나타나겠습니까?"라고 하였다. 말을 채찍질하여 달려가 공격하니, 향하는 곳마다 모두 쓰러져서 무리의 마음이 점차 안정되었다. 이미 맞서 싸우고 나서 행군총관 장군예가 물러나 달아나서 당 병사가 패배하였다. 도종이 흩어진 군졸을 거두어 높은 곳에 올라서 보니, 아군의 진영이 어지러운 것을 보고 효기 수십과 그것에 부딪쳤다. 이세적이 병사를 끌고 그를 도와 아군이 대패하니 죽은 자가 1,000여 명이었다(이상

5월 8일). (⋯)

성에 주몽(朱蒙)의 사당이 있어 사당에는 쇄갑(鎖甲)·괄모(銛矛)가 있었는데, 전연(前燕) 때에 하늘이 내려준 것이라고 망령되게 말하였다. 바야흐로 포위되어 위급하자 미녀를 꾸며서 부신(婦神)으로 삼았다. 무당이 말하기를, "주몽이 기뻐하였으니, 성은 반드시 온전할 것이다."라고 하였다. 이적이 포차를 줄세워 큰 돌을 날리니, 300보를 넘게 날아가서 부딪치자마자 곧 무너졌다. 아군이 나무를 쌓아 누각을 만들고 끈을 묶어 그물을 만들었으나 맞설 수 없었다. 충차로 성가퀴의 집을 부딪쳐 그것을 부수었다. 이 때에 백제가 금휴개(金髹鎧)를 올리고, 또 현금으로 문개(文鎧)를 만들어서 군사가 입고 따랐다. 황제가 이적과 만나자, 갑옷의 빛이 태양에 빛났다. 남풍이 빨라지자, 황제가 정예병을 파견하여 충간 끝에 올라 그 서남쪽 누각을 불태우게 하였다. 불이 이어져 성 안을 태우니 이어서 장사를 지휘하여 성에 올랐다. 아군이 힘껏 싸웠으나 이기지 못하였다. 죽은 자가 1만여 명이었고, 승병(勝兵) 1만여 명, 남녀 4만 구, 군량 50만 석이 붙잡혔으며, 그 성을 요주로 삼았다. (『三國史記』 21 高句麗本紀 9 寶臧王 上)

고구려 백제　5월에 이세적이 나아가 요동성 아래에 이르렀다(이상 5월 2일). (⋯) 고구려왕이 신성·국내성의 보기 4만을 징발하여 요동을 구원하였다. 강하왕 도종이 4,000기를 거느리고 그들을 맞이하였다. 군중이 모두 숫자가 적어서 매달리는 절벽과 같으니, 도랑을 깊이 파고 성채를 높이 하여 거가가 이르는 것을 기다리는 것만 못하다고 하였다. 도종이 말하였다. "적은 수가 많은 것을 믿고 우리를 가벼이 여기는 마음이 있으니, 멀리서 와서 피곤하고 둔하여 그들을 공격하면 반드시 패할 것이다. 마땅히 길을 깨끗이 하여 거가를 기다려야 하니, 이에 다시 도적이 군부를 버린다고 여길 것인가?" 도위 마문거가 말하기를, "강한 적을 만나지 않으면 어찌 건장한 군사가 나타나겠습니까?"라고 하였다. 말을 채찍질하여 달려가 공격하니, 향하는 곳마다 모두 쓰러져서 무리의 마음이 점차 안정되었다. 이미 맞서 싸우고 나서 행군총관 장군예가 물러나 달아나서 당 병사가 패배하였다. 도종이 흩어진 군졸을 거두어 높은 곳에 올라서 보니, 고구려의 진영이 어지러운 것을 보고 효기 수천과 그것에 부딪쳤다. 이세적이 병사를 끌고 그를 도와 고구려군이 대패하니 죽은 자가 1,000여 명이었다(이상 5월 8일). (⋯)

성에 주몽의 사당이 있어 사당에는 쇄갑·괄모가 있었는데, 전연 때에 하늘이 내려준 것이라고 망령되게 말하였다. 포위되어 위급하자 미녀를 꾸며서 신으로 삼았다. 무당이 말하기를, "주몽이 기뻐하였으니, 성은 반드시 온전할 것이다."라고 하였다. 이적이 포차를 줄세워 큰 돌을 날리니, 300보를 넘게 날아가서 부딪치자마자 곧 무너졌다. 고구려군이 나무를 쌓아 누각을 만들고 끈을 묶어 그물을 만들었으나 맞설 수 없었다. 충차로 성가퀴의 집을 부딪쳐 그것을 부수었다. 이 때에 백제가 금휴개를 올리고, 또 현금으로 문개를 만들어서 군사가 입고 따랐다. 황제가 이적과 만나자, 갑옷의 빛이 태양에 빛났다. 남풍이 빨라지자, 황제가 정예병을 파견하여 충간 끝에 올라 그 서남쪽 누각을 불태우게 하였다. 불이 이어져 성 안을 태우니 이어서 장사를 지휘하여 성에 올랐다. 고구려군이 힘껏 싸웠으나 이기지 못하였다. 죽은 자가 1만여 명이었고, 승병 1만여 명, 남녀 4만 구, 군량 50만 석이 노획당하였으며, 그 성을 요주로 삼았다. (『三國史節要』 8)

고구려　정관19년 5월 장량이 사비성을 함락시킨 이 날에 이적이 군대를 요동성에 진격시켰다(이상 5월 2일). (⋯) 국내성 및 신성의 보기 4만이 와서 요동성을 구원하였다. 강하왕 도종이 기병 4,000명을 이끌고 맞서 공격하여 그들을 대파하고, 1,000여 급을 참수하였다(이상 5월 8일) (⋯) 이 때에 이적이 이미 병사를 이끌고 요동성을 공격하였다. 고구려는 우리가 1리 밖에서 300근의 돌을 날리는 포차가 있다는 것을 듣고 매우 두려워하였다. 이에 성 위에 나무를 쌓아 전루(戰樓)를 만들고 날아오는 돌에 맞섰다. 적이 포차를 줄세워 돌을 발사하여 그 성을 공격하니, 부딪치는 곳마다 다 무너졌다. 또 당차(撞車)를 밀어 그 누각에 부딪치니, 기울어져 넘어지지 않는 것이 없었다. 황제가 직접 갑기 1만여 명을 이끌고 이적과 만나서 그 성을 포위하였다. 얼마 지나서 남풍이 매우 날카로워지자, 불을 놓아 그 서남쪽 누각을 불태우라고 명령하였다. 불이 이어져 성 안을 태우니 집이 모두 다하고 전사가 성에 올랐다. 적이 이에 크게 무너져서 불타서 죽은 자가 1만여 명이었고, 승병 1만여 구를 사로잡았으며, 그 성을 요주로 삼았다. 처음에 황제가 정주에서 수십 리마다 봉화 하나를 두어 요동성에 이어지도록 명령하였다. 태자와 요동성에서 이기면 마땅히 봉화를 올려야 한다고 약속하였다. 이 날에 황제가 봉화를 올리도록 명령하니 전하여 요새 안으로 들어갔다. (『舊唐書』 199上 列傳 149上 高麗)

고구려　　정관19년 5월에 황제가 직접 철기를 이끌고 이세적과 요동성을 공격하여 함락시켰다. 그 성을 주로 삼았다. (『唐會要』 95 高句麗)

고구려　　『구당서』 고려전에 전한다. "(…) 정관19년 5월에 고구려는 우리가 1리 밖에서 300근의 돌을 날리는 포차가 있다는 것을 듣고 매우 두려워하였다. 이에 성 위에 나무를 쌓아 전루를 만들고 날아오는 돌에 맞섰다. 적이 포차를 줄세워 돌을 발사하여 그 성을 공격하니, 부딪치는 곳마다 다 무너졌다. 또 당차를 밀어 그 누각에 부딪치니, 기울어져 넘어지지 않는 것이 없었다. 그 성을 함락시켜 요주로 삼았다. 처음에 황제가 정주에서 10리마다 봉화 하나를 두어 요동성에 이어지도록 명령하였다. 태자와 요동성에서 이기면 마땅히 봉화를 올려야 한다고 약속하였다. 이 날에 황제가 봉화를 올리도록 명령하였다." (『太平御覽』 783 四夷部 4 東夷 4 高句驪)

고구려 백제　　정관19년에 이적이 마침내 요동성을 포위하였다(이상 5월 2일). (…) 고구려가 신성·국내성의 기병 4만을 징발하여 요동성을 구원하니, 도종이 장군예를 이끌고 맞서 싸웠다. 군예는 도종을 물리치고 기병으로 그들에게 달려갔다. 적병이 벽이하고 그 다리를 빼앗아 흩어진 군졸을 거두며, 높은 곳에 올라 바라보았다. 고구려의 진영이 시끄러워진 것을 보고 급히 그들을 격파하여 1,000여 급을 참수하고 군예를 죽여 군사들에게 돌려 보였다(이상 5월 8일).　　　(…)

성에 주몽의 사당이 있어 사당에는 쇄갑·괄모가 있었는데, 전연 때에 하늘이 내려준 것이라고 망령되게 말하였다. 바야흐로 포위되어 위급하자 미녀를 꾸며서 부신으로 삼았다. 무당이 말하기를, "주몽이 기뻐하였으니, 성은 반드시 온전할 것이다."라고 하였다. 이적이 포차를 줄세워 큰 돌을 날리니, 300보를 넘게 날아가서 부딪치자마자 곧 무너졌다. 적이 나무를 쌓아 누각을 만들고 끈을 묶어 그물을 만들었으나 맞설 수 없었다. 충차로 성가퀴의 집을 부딪쳐 그것을 부수었다. 이 때에 백제가 금휴개를 올리고, 또 현금으로 산오문개(山五文鎧)를 만들어서 군사가 입고 따랐다. 황제가 이적과 만나자, 갑옷의 빛이 태양에 빛났다. 때마침 남풍이 빨라지자, 군사가 불을 놓아 서남쪽을 불태웠다. 불똥이 성 안으로 이어지니 집이 거의 다하였고 사람이 불에 죽은 자가 1만여 명이었다. 무리가 성가퀴에 오르자, 적이 방패를 대고 맞섰으나 군사가 긴 창을 들어 그것을 절구질하였다. 인석(藺石)이 비와 같았다. 성이 마침내 무너지자, 승병 1만, 호 4만, 군량 50만 석을 얻었고 그 땅을 요주로 삼았다. 처음에 황제가 태자가 있는 곳에서 행재소까지 이어서 봉화 하나를 두게 하였다. 요동성을 함락시키면 봉화를 올린다고 약속하였다. 이 날에 불을 전하여 요새 안으로 들어갔다. (『新唐書』 220 列傳 145 東夷 高麗)

고구려　　정관19년에 이적이 또 요동성을 공격하여 함락시키고, 그 성을 요주로 삼았다. (『通典』 186 邊防 2 東夷 下 高句麗)

고구려　　정관19년에 요동성을 포위하여 격파하고, 그 성을 요주로 삼았다. (『唐會要』 27 行

幸)

고구려	정관19년에 이적이 또 요동성을 공격하여 함락시키고, 그 성을 요주로 삼았다. (『太平寰宇記』 173 四夷 2 東夷 2 高勾驪)
고구려	정관19년에 또 기병을 이끌고 요동성을 공격하였다. 성 안에 쇄갑·괄모가 있었는데, 고구려에서 말하기를, "전연 때에 하늘에서 떨어진 것이고 그 성을 지키고 도와줄 것이다."라고 하였다. 고구려의 큰 성에는 모두 주몽의 사당을 세웠으니, 아마도 그 선조일 것이다. 병사가 장차 이른다고 들으면 미녀를 단장하고 꾸며서 주몽에게 아내로 바치고 하루 동안 소를 쳐서 제사지냈다. 이적(夷狄)의 무당이 북치고 춤추며 말하기를, "주몽이 크게 기뻐하였으니, 성은 반드시 이기고 온전할 것이다."라고 하였다. 적이 아군 안에 1리 밖에서 300근의 돌을 날리는 포차가 있다는 것을 듣고 매우 두려워하였다. 이리하여 성 위에 나무를 쌓고 판자를 엮어서 싸우고 그 위에 밧줄과 그물을 몇몇 더하여 날아오는 돌에 맞섰다. 적이 포차를 줄세워 돌을 발사하여 그 성을 공격하니, 부딪치는 곳마다 다 무너졌다. 또 당차를 밀었더니 그 누각이 기울어져 넘어지지 않는 것이 없었다. 밤낮으로 쉬지 않은 것이 13일이나 되어, 요동성에서 이기고 요주로 삼았다. (『冊府元龜』 369 將帥部 30 攻取 2 李勣)
고구려	고구려 항호주는 14개, 부는 9개이다[태종이 친정하여 (…) 요동성을 얻어서 요주를 설치하였다]. (『新唐書』 43下 志 33下 地理 7下 河北道)
고구려 백제	『신당서』 고려전에 전한다. " (…) 황제가 요수를 건넜을 때에 백제가 금휴개를 올리고, 또 현금으로 산오문개를 만들어서 군사가 입고 따랐다. 황제가 이적과 만나자, 갑옷의 빛이 태양에 빛났다."(『玉海』 151 兵制劒戰鎧甲 唐金甲雕斧明光鎧金髹鎧山文鎧犀甲)
고구려 백제	『신당서』 동이(고려)전에 전한다. " (…) 정관19년에 이르러 요동성을 포위하였다. 이 때에 백제가 금휴개를 올렸다."(『玉海』 154 朝貢獻方物 唐百濟獻明光鎧)
고구려	정관19년 5월 병술일(19) 조서를 내렸다. "오병(五兵)이 이에 시작되니 헌황(軒皇)이 판천(阪泉)에서 싸웠고, 칠덕(七德)이 터잡는 곳에 당제(唐帝)가 단포(丹浦)에서 이겼다. 폭역(暴逆)을 없애야 생령(生靈)을 구제할 수 있고, 강토를 개척해야 위엄이 사해에 더해지지 않는 것이 없다. 짐은 삼가 보력(寶曆)을 계승하여 천하를 삭평(削平)하고 육합(六合) 속을 모두 집안으로 삼으니, 삼광(三光)이 임하는 곳에는 의리가 치우쳐 비춤이 없다. 이로 말미암아 환비(環埠)의 밖에는 모두 물이 아득하여 항심(航深)하고, 해우(垓寓) 속에는 다 온화하여 면내(面內)하다. 그러나 도이(島夷)가 배례(陪隷)하여 그 군주를 학살하니 독이 조선에 미치고 재앙이 예맥에 흐른다. 유고(幼孤)한 자는 이루 가폭(苛暴)할 수 없고, 충개(忠槩)한 자는 나를 우러러보고 내소(來蘇)한다. 짐은 비인(匪人)을 말하고 생각하여 석척(夕惕)을 깊이 품어서 융헌(戎軒)에 직접 가서 운고(雲鼓)를 몸소 잡았다. 그 뜻은 죽여서 죽이는 것을 멈춤으로써 인(仁)이 군생(羣生)으로 길러지고 덮히게 하고, 형벌로 형벌을 깨끗하게 함으로써 의(義)가 불혜(不惠)로 평정되게 하는 것에 있다. 도천(滔天)을 키워 우로(雨露)를 조절하고 활하(猾夏)를 사로잡아 봉강(封疆)을 바로잡으며 이 가병(佳兵)을 사용하여 일은 얻어서 그치지 않으니, 천벌을 우러러보고 펴서 마침내 이에 공행(龔行)하였다. 앞서 행영대총관(行營大摠管)·영국공(英國公) 이적, 행군총관(行軍總管) 장검(張儉) 등에게 명령하여 날랜 정예를 이끌고 거느리게 하니, 원융(元戎)이 계행(啓行)하여 북적·서융의 추장이 모두 장수가 되고 해(奚)·습(霫)·거란(契丹)의 군사가 모두 갑졸로 충당되어 비휴(貔貅) 같은 무리가 만 단위이고 뛰어오르는 말이 천 단위의 무리였다. 요동성에 모두 모여서 그 남쪽을 공격하였는데, 부대총관(副大總管)·강하군왕(江夏郡王) 도종(道宗), 제1군총관(第一軍摠管)·괵국공(虢國公) 장사귀(張士貴) 등이

오릉(五陵)의 날랜 기병을 이끌고 육부(六部)의 양가(良家) 자제를 감독하여 나누어 지휘하고 인도하였다. 그 서남쪽을 공격하였는데, 전군(前軍)·기국공(蘷國公) 유홍기(劉弘基) 등에게 명령을 펴서 사나운 군사를 나누어 통솔하고 그 참호를 메우게 하였다. 적의 성은 땅이 험하니 양수(梁水)를 흘러들여 돌아 흐르게 하였고, 솟은 성가퀴가 구름을 능가하니 무너진 산을 눌러서 쓰러지고 두려워하게 하였다. 이리하여 운라(雲羅)하여 네 번 부딪치고 지도(地道)로 아홉 번 공격하니, 위태로운 성은 잠깐 그쳤다가 해자를 회복하고 탕지(湯池)는 얼마 지나지 않아 험함을 잃었다. 오히려 장차 뼈를 쪼개 성채를 다하고 소막(巢幕)에 벽을 쌓아 편안함을 훔치니, 구르는 뼈가 도랑을 깊게 하고 앉아서 땔나무를 쌓아 화톳불을 기다렸다. 그 도탄을 걱정하였으나 그 재조(再造)를 폈고, 자주 회유(誨誘)를 더하였으나 미도(迷塗)를 고집하였다. 이로 말미암아 사나운 군사가 충관(衝冠)하고 장부(壯夫)가 칼을 뽑아 모두 말 앞에 머리를 조아리고 기회를 타서 벼락처럼 쓸어버리기를 청하니, 중의(衆議)를 거스르기 어려워 이에 조서를 내려 그것을 허락하고, 곧 여러 군대에 나누어 명령하여 사면에서 운합(雲合)하게 하며 짐은 높은 곳에 올라 멀리 부탁하여 그 절도를 주었다. 또 검교태상경(檢校太常卿)·추국공(鄒國公) 위지경덕(尉遲敬德)에게 명령하여 황문(黃門)의 군악(軍樂)을 거느리고 현운(玄雲)의 아가(雅歌)를 연주하게 하니, 장수가 듣고 분을 더하며 사졸이 그로 말미암아 작기(作氣)하였다. 이 때에 동우(凍雨)가 처음으로 개어 경풍(驚風)이 점차 급해지니, 명령에 따라 불을 놓아 여러 곳에서 꺼졌으나 그 성루와 치를 불태워 모두 불씨가 남게 되었다. 성의 남자를 합하여 군문에 면박(面縛)하고 그 우두머리를 취하여 사패(司敗)에 속하게 하여, 천년 동안 도망간 도적을 하루아침에 깨끗이 쓸어버렸다. 이것은 종묘의 위령과 나란히 하여 상현(上玄)이 그윽하게 돕고 충신과 맹장이 절개를 다하여 모략을 늘어놓으며, 날랜 군졸과 용감한 사내가 몸을 가벼이 여겨 목숨을 바치고 같음 마음과 힘을 맞추어 이 큰 공을 이룬 것이니, 어찌 짐 한 사람이 홀로 여기에 이를 수 있었겠는가? 지금 이 승리는 하늘의 경사이니, 마땅히 사방에 반포하게 하여 모두 듣고 알게 하라.”(『冊府元龜』117 帝王部 117 親征 2)

고구려

오병이 이에 시작되니 헌황이 판천에서 싸웠고, 칠덕이 터를 거두어 당제가 단포에서 이겼다. 폭역을 없애야 생령을 구제할 수 있고, 강토를 개척해야 위엄이 사해에 더해지지 않는 것이 없다. 짐은 삼가 보력을 계승하여 천하를 삭평하고 육합 속을 모두 집안으로 삼으니, 삼광이 임하는 곳에는 의리가 치우쳐 비춤이 없다. 이로 말미암아 환비(環裨)의 밖에는 모두 물이 아득하여 항심하고, 해우 속에는 다 용용(容容)하여 면내하다. 그러나 도이가 배례하여 그 군주를 학살하니 독이 조선에 미치고 재앙이 예맥에 흐른다. 유고한 자는 이루 가폭할 수 없고, 충개한 자는 나를 우러러 보고 내소한다. 짐은 비인을 말하고 생각하여 석척을 깊이 품어서 융헌에 직접 가서 금고(金鼓)를 몸소 잡았다. 그 뜻은 죽여서 죽이는 것을 멈춤으로써 인이 군생으로 길러지고 덮히게 하고, 형벌로 형벌을 깨끗하게 함으로써 의가 불혜로 평정되게 하는 것에 있다. 도천을 키워 우로를 조절하고 활하를 사로잡아 봉강을 바로잡으며 이 가병을 사용하여 일은 얻어서 그치지 않으니, 천벌을 우러러보고 펴서 마침내 이에 공행하였다.

앞서 행군대총관(行軍大總管)·영국공 이적, 행군총관 장검 등에게 명령하여 날랜 정예를 이끌고 거느리게 하니, 원융이 계행하여 북적·서융의 추장이 모두 장수가 되고 해·습·거란의 군사가 모두 갑졸로 충당되어 비휴 같은 무리가 10만 단위이고 뛰어오르는 말이 천 단위의 무리였다. 요동성에 모두 모여서 그 남쪽을 공격하였는데, 부대총관·강하군왕 도종, 제1군총관·곽국공 장사귀 등이 오릉의 날랜 기병을 이끌고 육부의 양가 자제를 감독하여 나누어 지휘하고 인도하였다. 그 서쪽을 공격하였는데, 전군대총관(前軍大總管)·기국공 유홍기 등에게 명령을 펴서 사나운 군사를 나누어 통솔하고 그 참호를 메우게 하였다. 적이 근거한 성은 험한 곳에 임하니 양수를 흘러들여 돌아 흐르게 하였고, 솟은 성가퀴가 구름을 능가하니 무너진 산을 눌러서 쓰러지고 두려워하게 하였다. 이리하여 운라하여 네 번 부딪치고 지도로 아홉 번 공격하니, 위태로운 성은 잠깐 그쳤다가 해자를 회복하고 탕지는 얼마 지나지 않아 험함을 잃었다. 오히려 장차 뼈를 쪼개 성채를 다하고 소막에 벽을 쌓아 편안함을 훔치니, 구르는 뼈가 도랑을 깊게 하고 앉아서 땔나무를 쌓아 화톳불을 기다렸다. 그 도탄을 걱정하였으나 그 재조를 폈고, 자주 회유를 더하였으나 미도를 고집하였다. 이로 말미암아 사나운 군사가 충관하고 장부가 칼을 뽑아 모두 말 앞에 머리를 조아리고 기회를 타서 벼락처럼 쓸어버리기를 청하니, 중의를 거스르기 어려워 이에 조서를 내려 그것을 허락하고, 곧 여러 군대에 나누어 명령하여 사면에서 운합하게 하며 짐은 높은 곳에 올라 멀리 보면서 그 절도를 주었다. 또 검교태상경·악국공(鄂國公) 위지경덕에게 명령하여 황문의 군악을 거느리고 현운의 아가를 연주하게 하니, 장수가 듣고 분을 더하며 사졸이 그로 말미암아 작기하였다. 이 때에 동우가 처음으로 개어 경풍이 점차 급해지니, 명령에 따라 불을 놓아 여러 곳에서 꺼졌으나 그 성루와 치를 불태워 모두 불씨가 남게 되었다. 성의 남자를 합하여 군문에 면박(面縛)하고 그 우두머리를 취하여 사패에 속하게 하여, 천년 동안 도망간 도적을 하루아침에 깨끗이 쓸어버렸다. 이것은 종묘의 위령과 나란히 하여 상현이 그윽하게 돕고 충신과 맹장이 절개를 다하여 모략을 늘어놓으며, 날랜 군졸과 용감한 사내가 몸을 가벼이 여겨 목숨을 바치고 같은 마음과 힘을 맞추어 이 큰 공을 이룬 것이니, 어찌 짐 한 사람이 홀로 여기에 이를 수 있었겠는가? 지금 이 승리는 하늘의 동경(同慶)이니, 마땅히 사방에 반포하게 하여 모두 듣고 알게 하라. (『全唐文』7 太宗皇帝 克高麗遼東城詔)

| 고구려 | 5월 을미일(28) 백암성(白巖城)으로 군대를 진격시켰다. (『資治通鑑』197 唐紀 13 太宗 中之下) |

| 고구려 | 정관19년 5월 을미일(28) 군사가 백암성에 주둔하였다. (『冊府元龜』117 帝王部 117 親征 2) |

| 고구려 | 『신당서』고려전(高麗傳)에 전한다. " (…) 정관19년 5월에 백애성(白崖城)에 나아가 공격하였다.[을미일(28)]"(『玉海』194 兵捷紀功碑銘附 唐駐蹕山紀功破陣圖漢武臺紀功) |

| 고구려 | 5월 병신일(29) 우위대장군(右衛大將軍) 이사마(李思摩)가 노시(弩矢)에 맞았다. 황제가 직접 그를 위하여 피를 빨았다. 장사가 그것을 듣고 감동하지 않음이 없었다. 오골성(烏骨城)에서 병사 1만여 명을 파견해 백암성을 위하여 구원하였다. 장군 글필하력(契苾何力)이 날랜 기병 800명으로 그들을 공격하였다. 하력이 몸을 빼어 진영에 빠지니, 창이 그 허리를 맞혔다. 상련봉어(尙輦奉御) 설만비(薛萬備)가 단기(單騎)로 가서 그를 구원하여 만 단위의 무리 속에서 하력을 빼서 돌아왔다. 하력은 기가 더욱 분하여 상처를 묶고 싸워서 기병을 따라 떨쳐 공격하니, 마침내 고구려 병사를 격파하였다. 도망가는 무리를 수십 리나 쫓아서 1,000여 급을 참수하였으나, 때마침 어두워져서 추격을 중지하였다. 만비는 만철(萬徹)의 동생이다. (『資治通鑑』197 唐紀 13 太宗 中之下) |

| 고구려 | 이사마가 마침내 경기(輕騎)로 입조하자, 얼마 지나지 않아 우무위장군(右武衛將軍)을 제수하였다. 요동 정벌에 따라갔다가 유시에 맞으니, 태종이 직접 그를 위하여 피를 빨았다. 그를 돌보고 대우함이 이와 같았다. (『舊唐書』194上 列傳 144上 突 |

厥 上 突厥)

고구려	상련봉어로 고구려 정벌에 따라갔다. 이적이 백암성을 포위하자, 적이 병사 1만여 명을 파견해 와서 구원하였다. 장군 글필하력이 기병 800명으로 고전하다가, 창에 맞아 상처가 심하였고 적에게 막혔다. 설만비가 단마로 나아가 구원하자 하력이 죽음을 면하게 되었고 관직이 좌위장군(左衛將軍)에 이르렀다. (『新唐書』94 列傳 19 薛萬備)
고구려	대당(大唐) 정관 연간(627~649)에 군사가 백암성에 주둔하였다(5월28일). 장군 이사마가 노시에 맞았다. 태종이 직접 그를 위하여 피를 빨았다. 이로 말미암아 따라간 문무관이 떨쳐 힘쓸 것을 다투어 생각하였다(5월29일). (『通典』152 兵 5 撫士)
고구려	이사마가 마침내 경기로 입조하자, 얼마 지나지 않아 우무위장군을 제수하였다. 요동 정벌에 따라갔다가 유시에 맞으니, 태종이 직접 그를 위하여 피를 빨았다. 그를 돌보고 대우함이 이와 같았다. (『通典』197 邊防 13 北狄 4 突厥 上)
고구려	군대가 백애성에 주둔하였다(5월28일). 적에게 포위되어 창에 허리를 맞으니, 상처가 무겁고 병이 심하였다. 태종이 스스로 약을 발라주었다(5월29일). (『冊府元龜』384 將帥部 45 褒異 10 契苾何力)
고구려	글필하력은 좌령군장군(左領軍將軍)이 되었다. 이 때에 태종이 요동을 정벌하여 이적(李勣)이 백암성을 공격하였다(5월28일). 오골성에서 병사 1만여 명을 파견해 그를 위하여 구원하였다. 장군 글필하력이 강한 기병 800명으로 만나서 부딪쳐 싸웠다. 하력이 몸을 빼어 진영에 빠지니, 창이 그 허리를 맞혀 적에게 해를 당하였다. 상련봉어 설만비가 단마로 나아가 수 명의 기병을 죽이고 적의 무리 속에서 하력을 빼서 그와 더불어 함께 나왔다. 하력은 기가 더욱 분하여 상처를 묶고 싸우자 기병이 일제히 떨치니, 적이 이에 물러났다. 하력이 그들을 쫓아 수십 리를 옮겨다니며 싸워서 1,000여 급을 참수하였다(5월29일). (『冊府元龜』396 將帥部 57 勇敢 3 契苾何力)
고구려	『구당서』 고려전에 전한다. "(…) 정관 연간(627~649)에 군사가 백암성에 주둔하였다(5월28일). 장군 이사마가 노시에 맞았다. 태종이 직접 그를 위하여 피를 빨았다. 따라간 문무관이 떨쳐 힘쓸 것을 다투어 생각하였다(5월29일)." (『太平御覽』280 兵部 11 撫士 上)
고구려	당 글필아력(契苾阿力)[명초본(明鈔本)에는 글필하력이라고 한다. 아래도 같다.]이 요동을 정벌할 때에 기병 800명으로 기병 800명으로 적을 만나서 부딪쳐 싸웠다. 창에 허리를 맞아 적에게 막혔다. 상련봉어 설만비가 단마로 들어가 적의 기병을 죽이고 적의 무리 속에서 아력을 구하여 그와 더불어 함께 나왔다. 아력은 기가 다하여 상처를 묶고 싸우니, 적이 이에 물러났다(5월29일)[이야기가 실록에서 나왔다]. (『太平廣記』191 驍勇 1 薛萬備)
고구려	이사마는 이어서 번병을 거느리고 요수를 건너서 백애성을 공격하였다. 흐르는 화살에 맞아서 주상께서 직접 보고는 약을 전해주었으니, 황제의 은덕이 이적에게도 동일하게 미친 것이었다. (「李思摩 墓誌銘」:『唐代墓誌滙篇續集』;『全唐文補遺』1;『全唐文新編』992)
고구려	계필숭(契苾嵩)의 조부 하력(何力)은 (…) 고구려가 천명을 거스르고 황제의 군대가 죄를 묻자, 선봉이 되어 곧바로 나아가 수천 명을 참수하였다. 고전하다가 상처를 입어서 관통하여 맞은 것이 7개나 되었는데, 황제가 직접 위문하여 장막에 들어가 약을 전해주었다. (「契苾嵩 墓誌銘」:『全唐文新編』997)

신라 고구려 백제

여름 5월에 태종이 고구려에 친정하자, 왕이 병사 3만을 징발하여 그것을 도왔다.

백제가 틈을 타서 나라 서쪽의 7성을 습격하여 취하였다. (『三國史記』5 新羅本紀
5 善德王)

백제 고구려 신라
여름 5월에 왕은 태종이 고구려에 친정하고 신라에게 병사를 징발하였다는 것을 듣
고, 그 틈을 타서 신라의 7성을 습격하여 취하였다. 신라가 장군 유신을 파견해 와
서 침입하였다. (『三國史記』28 百濟本紀 6 義慈王)

신라
5월에 신라왕이 황제가 고구려에 친정하였다는 것을 듣고 병사 3만을 징발하여 그
것을 도왔다. 백제가 틈을 타서 신라의 서쪽 7성을 습격하여 취하였다. 신라왕이 김
유신을 파견하여 백제를 침입하였다. (『三國史節要』8)

백제 고구려 신라
태종이 고구려에 친정하게 되자, 백제가 두 마음을 품고 틈을 타서 신라의 10성을
습격하여 격파하였다. (『舊唐書』199上 列傳 149上 東夷 百濟)

신라 고구려
태종이 장치 고구려를 직접 정벌하려고 하여, 신라에 조서를 내려 병사와 말을 모아
서 대군을 응접하라고 하였다. 신라는 대신을 파견하여 병사 5만명을 거느리고 고구
려의 남쪽 경계로 들어가게 하니, 수구성(水口城)을 공격하여 함락시켰다. (『舊唐書』
199上 列傳 149上 東夷 新羅)

백제 고구려 신라
황제가 직접 고구려를 토벌한다는 것을 듣고 이에 틈을 타서 신라의 7성을 취하였
다. (『新唐書』220 列傳 145 東夷 百濟)

신라 고구려
또한 때마침 황제가 고구려를 직접 정벌하고, 조서를 내려 병사를 이끌고 적의 세력
을 쪼개라고 하였다. 선덕이 병사 5만으로 하여금 고구려의 남쪽 변방으로 들어가게
하고, 수구성을 함락시키고 보고하였다. (『新唐書』220 列傳 145 東夷 新羅)

고구려 백제   태종이 고구려에 친정하자, 백제가 두 마음을 품었다. (『唐會要』95 百濟)

고구려 백제   태종이 고구려에 친정하자, 백제가 두 마음을 품었다. (『太平寰宇記』172 四夷 1
東夷 1 百濟國)

고구려 백제 신라
『구당서』백제전에 전한다. " (…) 태종이 고구려에 친정하게 되자, 백제가 두 마음
을 품고 틈을 타서 신라의 7성을 습격하여 격파하였다."(『太平御覽』781 四夷部 2
東夷 2 百濟)

신라 고구려
『구당서』신라전에 전한다. " (…) 나중에 태종이 장치 고구려를 직접 정벌하려고
하여, 신라에 조서를 내려 병사와 말을 모아서 대군을 응접하라고 하였다. 신라는
대신을 파견하여 병사 5만명을 거느리고 고구려의 남쪽 경계로 들어가게 하니, 수구
성을 공격하여 함락시켰다."(『太平御覽』781 四夷部 2 東夷 2 新羅)

신라 고구려
『신당서』신라전에 전한다. " (…) 황제가 고구려를 정벌하고, 조서를 내려 병사를
이끌고 적을 격파하라고 하였다. 선덕이 병사 5만으로 하여금 수구성을 함락시키게
하고 보고하였다."   (『玉海』153 朝貢外夷內朝內附 唐新羅織錦頌觀釋尊賜晉書)

백제 고구려 신라
『신당서』동이(백제)전에 전한다. " (…) 황제가 직접 고구려를 토벌한다는 것을 듣
고 이에 틈을 타서 신라의 7성을 취하였다."(『玉海』191 兵捷露布 3 唐神丘道行軍
大摠管蘇定方俘百濟)

고구려   6월 정유일(1) 백암성에서 이겼다. (『新唐書』2 本紀 2 太宗)

고구려   6월 정유일(1) 이세적(李世勣)이 백암성 서남쪽을 공격하였는데 황제가 그 서북쪽에
다가갔다. 성주(城主) 손대음(孫代音)이 몰래 그의 심복을 파견하여 항복을 받아달라
고 청하면서, 성에 도착하였을 때 칼과 도끼를 던져버리는 것을 신표로 하겠다고 하

였다. 또 말하기를, "저는 항복하기를 원하지만, 성 안에는 따르지 않으려는 자가 있습니다."라고 하였다. 황제가 당의 기치를 그 사자에게 주면서 말하기를, "반드시 항복할 것이라면 마땅히 이것을 성 위에 세워야 한다."라고 하였다. 대음이 기치를 세우니 성 안에 있는 사람들은 당 군사가 이미 성에 올라온 것으로 여기고 모두 그를 따랐다.

황제가 요동에서 이기면서 백암성에서는 항복을 받아달라고 청하였고, 이미 그렇게 하고 나서 도중에 후회하였다. 황제는 그들이 반복하는 것에 화를 내며 군중에 명령을 내리기를, "성을 얻게 되면 마땅히 사람과 물자를 모두 전사들에게 상으로 줄 것이다."라고 하였다.6) 이세적은 황제가 그들의 항복을 받아주는 것을 보고서 갑사 수십 명을 이끌고 청하였다. "사졸들이 다투어 화살과 돌을 무릅쓰고 그 죽음을 돌아보지 않는 까닭은 포로와 물건을 획득하려고 탐내는 것 뿐입니다. 지금 성이 함락되려고 하는데, 어찌하여 다시 그들의 항복을 받아주셔서 전사들의 마음을 외롭게 하십니까?"7) 황제가 말에서 내려서 사과하며 말하였다. "장군의 말이 옳다. 그러나 병사를 멋대로 풀어서 사람을 죽이고 그들의 처자를 포로로 잡는 것은 짐이 차마 할 수 없다. 장군의 휘하에 공로를 세운 사람이 있다면 짐이 부고(府庫)에 있는 물건으로 상을 줄 것이니, 이어서 장군은 이 한 성을 대속(代贖)하여 주기 바란다." 세적이 이에 물러나니, 성 안에서 남녀 1만여 명을 얻었다. 황제가 물 근처에 장막을 치고 그들의 항복을 받았으며, 이어서 그들에게 먹을 것을 내려주고 80세 이상의 사람들에게 백(帛)을 차등 있게 하사하였다. 다른 성의 군사로 백암성에 있던 사람들도 모두 위로하고 타이르면서 양식과 무기를 주어, 그들이 가고자 하는 곳을 맡겨버렸다. 이보다 앞서 요동성의 장사(長史)가 부하에게 살해당하자, 그 성사(省事)가 처자를 받들어 백암성에 도망하여 왔다.8) 황제는 그가 의로움이 있음을 어여삐 여겨 백 5필을 하사하고, 장사를 위하여 영여(靈轝)를 만들어 그가 평양으로 돌아가게 하였다. 백암성을 암주(巖州)라고 하고, 손대음을 자사(刺史)로 삼았다.

글필하력의 상처가 무거워, 황제가 스스로 약을 발라주었다. 하력을 찌른 자인 고돌발(高突勃)을 조사하여 잡아오게 하고, 글필하력에게 주어서 스스로 그를 죽이게 하였다. 글필하력이 아뢰었다. "그는 그 주인을 위하여 칼날을 무릅쓰고 신을 찔렀으니, 곧 충성스럽고 용감한 병사입니다. 그와 더불어 처음에는 서로 알지 못하였으니, 원수질 일은 아닙니다." 마침내 그를 놓아주었다. (『資治通鑑』 198 唐紀 14 太宗 下之上)

고구려 정관19년 6월 정유일(1) 이적(李勣)이 백암성 서남쪽을 공격하였는데 황제가 그 서북쪽에 다가갔다. 성주 손벌음(孫伐音)이 항복을 받아달라고 청하자, 그 성을 암주라고 하였다. (『冊府元龜』 117 帝王部 117 親征 2)

고구려 태종 정관19년 6월에 요동을 정벌하였다. 이 달 정유일(1) 백암성을 공격하였다. 이적이 그 서남쪽을 공격하였는데 황제가 그 서북쪽에 다가갔다. 성주 손벌음이 몰래 그의 심복으로 하여금 항복을 청하게 하고, 이에 성가퀴에 다가갔을 때 칼날과 도끼를 던져버리는 것을 신표로 하겠다고 하면서 말하기를, "저는 항복하기를 원하지만, 그 안에는 주관하려는 자가 있습니다."라고 하였다. 황제가 말하기를, "우리 기치를 보여주면 반드시 항복하여 거기에 이를 것이다."라고 하였다. 성주 벌음이 파견한 사람이 그것을 얻어 성에 세우니, 고구려는 당 병사가 이미 성에 올라온 것으로 여

---

6) 그 남녀 및 재물을 상으로 삼는다는 것을 말한다.
7) 이세적의 이 말을 보건대, 아마도 젊을 때에 도적이 되었던 기운과 습관을 아직 제거하지 못하였을 따름이다.
8) 성사(省事)는 이직(吏職)인데, 북위(北魏) 이래로 그것이 있었다. 하발악(賀拔岳)이 위지보살(尉遲菩薩)을 공격하였을 때, 보살이 성사로 하여금 말을 전하게 한 것이 이것이다.

기고, 무리가 모두 그를 따랐다.

처음에 요동이 함락되자 성 안에서는 두려워하여 항복을 받아달라고 청하였고, 이미 그렇게 하고 나서 도중에 후회하였다. 황제는 그들이 반복하는 것에 화를 내며 성 안의 사람과 물자를 모두 전사들에게 나누어 하사하는 것을 허락하였다. 이 때에 이르러 이적은 장차 항복을 받아을 것이라고 보고, 갑사 수십 명을 이끌고 황제에게 청하였다. "전사들이 떨쳐 앞을 다투고 화살과 돌을 돌아보지 않는 까닭은 포로와 물건을 획득하려고 탐내는 것 뿐입니다. 지금 성이 함락되려고 하는데, 어찌하여 다시 그들의 항복을 허락하셔서 결국에는 장사들의 마음을 외롭게 하여 간교한 적의 계책을 이루게 하십니까?" 내황제가 말에서 내려서 사과하며 말하였다. "장군의 말이 옳다. 그러나 병사를 멋대로 풀어서 사람을 죽이고 그들의 처자를 포로로 잡는 것은 짐이 차마 할 수 없다. 장군의 휘하에 공로를 세운 사람이 있다면 짐이 부고에 있는 물건으로 상을 줄 것이니, 이어서 장군은 이 한 성을 대속하여 주기 바란다." 적이 이에 물러나니, 마침내 항복을 받았다. 성 안에서 남녀 1만여 명, 승병 1,400명, 창름(倉廩)에서 28,000석을 얻었다. 황제의 정관(旌官)이 물가에 어거하고 고구려의 항복한 무리가 두 줄로 서니 절하는 자가 2,000여 명이었는데 그들을 넉넉히 위로하였다. 고구려가 춤추며 뛰면서 외치니 소리가 산과 골짜기를 진동하였다. 태관(太官)에 명령하여 먹을 것을 하사하주고 희생을 통째로 풀어 그곳에 펼쳤는데 칼날을 두지 않았다. 고구려가 손으로 쪼개고 입으로 뜯으니 뼈와 고기가 다 없어졌다. 성 안 사람으로 80세 이상에게 백(帛)을 차등 있게 하사하였다. 여러 성의 군사로 작은 성을 지키던 사람들에 이르러서는 황제가 모두 위로하고 타이르면서 양식과 무기를 주어, 그들이 가고자 하는 곳을 맡겨버렸다. 성 안의 부로(父老)와 승려가 이락(夷酪)·곤포(昆布)·미병(米餠)·무이고(蕪荑鼓) 등을 바치니, 황제가 모두 조금만 받게 하고, 그들에게 백을 하사하였다. 고구려가 매우 기뻐하며 모두 하늘을 우러러 절하며 말하기를, "성스러운 천자의 은혜는 바랄 바가 아닙니다."라고 하였다. (『冊府元龜』126 帝王部 126 納降)

고구려

『신당서』태종기에 전한다. "(…) 정관19년 6월 정유일(1) 백암성에서 이겼다."(…) 『신당서』고려전에 전한다. "(…) 정관19년에 적의 추장 손벌음이 성을 가지고 항복하였다.[6월 정유일(1)] 남녀를 대체로 1만 명, 병사 2,000명을 얻고, 그 지역을 암주라고 하였다."(『玉海』194 兵捷紀功碑銘附 唐駐蹕山紀功破陣圖漢武臺紀功)

고구려

정관19년에 군사가 백암성에 주둔하자, 명령하여 공격하게 하였다(5월28일). 우위대장군 이사마가 노시에 맞았다. 황제가 직접 그를 위하여 피를 빨았다. 장사가 그것을 듣고 감동하여 힘쓰지 않음이 없었다(5월29일). 그 성은 산을 따라 물에 가까웠는데, 사면이 험하고 절벽이었다. 이적이 당거로 그것에 부딪치자, 날아가는 돌과 흐르는 화살이 비처럼 성 안에 모였다. 6월에 황제가 그 서북쪽에 다가갔다. 성주 손벌음이 몰래 사자를 파견해 항복을 청하면서 말하기를, "저는 이미 항복하기를 원하지만, 그 안에는 두 마음을 품은 자가 있습니다."라고 하였다. 조서를 내려 기치를 하사하면서 말하기를, "반드시 항복하려면 성 위에 이것을 세워라."고 하였다. 벌음이 기치를 성 위에 드니, 고구려는 당 병사가 이미 성에 올라온 것으로 여기고, 이에 모두 항복하였다.

처음에 요동성이 함락되자 벌음이 항복을 청하였고, 이미 그렇게 하고 나서 도중에 후회하였다. 황제는 그들이 반복하는 것에 화를 내며 성 안의 사람과 물자를 모두 전사들에게 나누어 하사하는 것을 허락하였다. 이 때에 이르러 이적이 황제에게 말하였다. "전사들이 떨쳐 앞을 다투고 화살과 돌을 돌아보지 않는 까닭은 포로와 물건을 획득하려고 탐내는 것 뿐입니다. 지금 성이 함락되려고 하는데, 어찌하여 다시 그들의 항복을 허락하셔서 결국 장사들의 마음을 허물잡으려 하십니까?" 황제가 말하였다. "장군의 말이 옳다. 그러나 병사를 멋대로 풀어서 사람을 죽이고 그들의 처자를 포로로 잡는 것은 짐이 차마 할 수 없다. 장군의 휘하에 공로를 세운 사람이 있다면 짐이 부고에 있는 물건으로 상을 줄 것이니, 이어서 장군은 이 한 성을 대속하여 주기 바란다." 마침내 항복을 받았다. 성 안에서 사녀(士女) 1만여 명, 승병 2,400명을 얻었다.

그 성에 암주를 설치하고, 손벌음에게 암주자사를 제수하였다(6월 1일). (『舊唐書』 199上 列傳 149上 高麗)

고구려	정관19년 6월에 백암성을 공격하여 함락시키고, 그 성을 암주라고 하였다. (『通典』 186 邊防 2 東夷 下 高句麗)
고구려	정관19년 6월에 백암성을 공격하여 함락시키고, 그 성을 암주라고 하였다. (『唐會要』 95 高句麗)
고구려	정관19년 6월에 백암성을 공격하여 함락시키고, 그 성을 암주라고 하였다. (『太平寰宇記』 173 四夷 2 東夷 2 高勾驪)
고구려	이세적이 백암성 서남쪽을 공격하였는데 황제가 그 서북쪽에 다가갔다. 성주 손대음이 몰래 그의 심복을 파견하여 항복을 받아달라고 청하면서, 성에 도착하였을 때 칼과 도끼를 잡는 것을 신표로 하겠다고 하면서 말하기를, "저는 항복하기를 원하지만, 성 안에는 따르지 않는 자가 있습니다."라고 하였다. 황제가 당의 기치를 그 사자에게 주면서 말하기를, "반드시 항복할 것이라면 마땅히 이것을 성 위에 세워야 한다."라고 하였다. 대음이 기치를 세우니 성 안에 있는 사람들은 당 군사가 이미 성에 올라온 것으로 여기고 모두 그를 따랐다. 황제가 요동에서 이기면서 백암성에서는 항복을 받아달라고 청하였고, 이미 그렇게 하고 나서 도중에 후회하였다. 황제는 그들이 반복하는 것에 화를 내며 군중에 명령을 내리기를, "성을 얻게 되면 마땅히 사람과 물자를 모두 전사들에게 상으로 줄 것이다."라고 하였다. 이세적은 황제가 장차 그들의 항복을 받아주려는 것을 보고서 갑사 수십 명을 이끌고 청하였다. "사졸들이 다투어 화살과 돌을 무릅쓰고 그 죽음을 돌아보지 않는 까닭은 포로와 물건을 획득하려고 탐내는 것 뿐입니다. 지금 성이 함락되려고 하는데, 어찌하여 다시 그들의 항복을 받아주셔서 전사들의 마음을 외롭게 하십니까?" 황제가 말에서 내려서 사과하며 말하였다. "장군의 말이 옳다. 그러나 병사를 멋대로 풀어서 사람을 죽이고 그들의 처자를 포로로 잡는 것은 짐이 차마 할 수 없다. 장군의 휘하에 공로를 세운 사람이 있다면 짐이 부고에 있는 물건으로 상을 줄 것이니, 이어서 장군은 이 한 성을 대속하여 주기 바란다." 세적이 이에 물러나니, 성 안에서 남녀 1만여 명을 얻었다. 황제가 물 근처에 장막을 치고 그들의 항복을 받았으며, 이어서 그들에게 먹을 것을 내려주고 80세 이상의 사람들에게 백을 차등 있게 하사하였다. 다른 성의 군사로 백암성에 있던 사람들도 모두 위로하고 타이르면서 양식과 무기를 주어, 그들이 가고자 하는 곳을 맡겨버렸다. 이보다 앞서 요동성의 장사가 부하에게 살해당하자, 그 성사가 처자를 받들어 백암성에 도망하여 왔다. 황제는 그가 의로움이 있음을 어여삐 여겨 백 5필을 하사하고, 장사를 위하여 영여를 만들어 그를 평양으로 돌려보냈다. 백암성을 암주라고 하고, 손대음을 자사로 삼았다. (『三國史記』 21 高句麗本紀 9 寶臧王 上)
고구려	이세적이 백암성 서남쪽을 공격하였는데 황제가 그 서북쪽에 다가갔다. 성주 손대음이 몰래 그의 심복을 파견하여 항복을 받아달라고 청하면서, 성에 도착하였을 때 칼과 도끼를 던져버리는 것을 신표로 하겠다고 하였다. 대음은 항복하기를 원하지만, 성 안에는 따르지 않는 자가 있었다. 황제가 당의 기치를 그 사자에게 주면서 말하기를, "반드시 항복할 것이라면 마땅히 이것을 성 위에 세워야 한다."라고 하였다.

대음이 기치를 세우니 성 안에 있는 사람들은 당 군사가 이미 성에 올라온 것으로 여기고 모두 그를 따랐다.

요동에서 이기자 백암성에서는 항복을 받아달라고 청하였고, 이미 그렇게 하고 나서 도중에 후회하였다. 황제는 그들이 반복하는 것에 화를 내며 군중에 명령을 내리기를, "성을 얻게 되면 마땅히 사람과 물자를 모두 전사들에게 상으로 줄 것이다."라고 하였다. 이세적은 황제가 장차 그들의 항복을 받아주려는 것을 보고서 갑사 수십 명을 이끌고 청하였다. "사졸들이 다투어 화살과 돌을 무릅쓰고 그 죽음을 돌아보지 않는 까닭은 포로와 물건을 획득하려고 탐내는 것 뿐입니다. 지금 성이 함락되려고 하는데, 어찌하여 다시 그들의 항복을 받아주셔서 전사들의 마음을 외롭게 하십니까?" 황제가 말에서 내려서 사과하며 말하였다. "장군의 말이 옳다. 그러나 병사를 멋대로 풀어서 사람을 죽이고 그들의 처자를 포로로 잡는 것은 짐이 차마 할 수 없다. 장군의 휘하에 공로를 세운 사람이 있다면 짐이 부고에 있는 물건으로 상을 줄 것이니, 이어서 장군은 이 한 성을 대속하여 주기 바란다." 세적이 이에 물러나니, 성 안에서 남녀 1만여 명을 얻었다. 황제가 물 근처에 장막을 치고 그들의 항복을 받았으며, 이어서 그들에게 먹을 것을 내려주고 80세 이상의 사람들에게 백을 차등 있게 하사하였다. 다른 성의 군사로 백암성에 있던 사람들도 모두 위로하고 타이르면서 양식과 무기를 주어, 그들이 가고자 하는 곳을 맡겨버렸다.

이보다 앞서 요동성의 장사가 부하에게 살해당하자, 그 성사가 처자를 받들어 백암성에 도망하여 왔다. 황제는 그가 의로움이 있음을 어여삐 여겨 백 5필을 하사하고, 장사를 위하여 영여를 만들어 그를 평양으로 돌려보냈다.

백암성을 암주라고 하고, 손대음을 자사로 삼았다. (『三國史節要』8)

고구려   정관19년에 백애성에 나아가 공격하였다(5월28일). 그 성은 산을 지고 물과 절벽을 이루었는데, 험함이 심하였다. 황제가 그 서북쪽에 다가갔다. 적의 추장 손벌음이 몰래 항복을 청하였으나, 성 안의 의견은 하나가 될 수 없었다. 황제가 기치를 하사하면서 말하기를, "만약 항복하려면 성가퀴에 이것을 세워 신표로 삼아라."고 하였다. 얼마 지나지 않아 기치를 드니, 성 사람들은 모두 당 병사가 성에 올라온 것으로 여기고, 이에 항복하였다.

처음에 벌음이 도중에 후회하였다. 황제는 화를 내며 사로잡은 포로를 모두 여러 장수들에게 주겠다고 약속하였다. 이 때에 이르러 이적이 말하였다. "군사들이 떨쳐 앞서는 것은 포로와 물건을 획득하려고 탐내는 것입니다. 지금 성이 위험하여 함락되려고 하는데, 항복을 허락하여 군사들의 마음을 외롭게 할 수는 없습니다."

황제가 말하였다. "장군의 말이 옳다. 그러나 병사를 멋대로 풀어서 사람을 죽이고 그들의 처자를 빼앗는 것은 짐이 차마 할 수 없다. 장군의 휘하에 공로를 세운 사람이 있다면 짐이 부고에 있는 물건으로 상을 줄 것이니, 이어서 장군은 이 한 성을 대속하여 주기 바란다." 남녀를 대체로 1만 명, 병사 2,000명을 얻고, 그 지역을 암주라고 하여 벌음을 자사로 임명하였다(6월 1일). (『新唐書』220 列傳 145 東夷 高麗)

고구려   정관19년에 또 요동성의 장사가 부하에게 살해당하자, 그 성사가 처자를 데리고 백암성으로 도망쳐 항복하였다. 황제는 그것을 의롭다고 여겨 성사에게 백 5필을 하사하고, 이어서 장사를 위하여 영여를 만들어 평양으로 돌려보냈다. (『冊府元龜』138 帝王部 138 旌表 2)

고구려   정관19년에 또 군사가 백암성에 주둔하였다(5월28일). 백암성은 산을 따라 물에 가까웠는데, 돌을 겹쳐 쌓아서 만들었다. 사면이 험하고 절벽이어서, 공격할 수 있는 곳이 겨우 60보였다. 이적이 충차로 그것에 부딪치자, 향하는 곳마다 꺾이고 무너졌다. 날아가는 돌과 흐르는 화살이 비처럼 성 안에 모였다(6월 1일). (『冊府元龜』36

	9 將帥部 30 攻取 2 李勣)
고구려	『구당서』 고려전에 전한다. " (…) 군사가 백암성에 주둔하였다(5월28일). 우위대장군 이사마가 노시에 맞았다. 황제가 직접 그를 위하여 피를 빨았다. 장사가 그것을 듣고 감동하여 힘쓰지 않음이 없었다(5월29일). 성주 손벌음이 마침내 항복을 받아주기를 청하였다. 그 성에 암주를 설치하고 벌음에게 자사를 제수하였다."(『太平御覽』 783 四夷部 4 東夷 4 高句驪)
고구려	군대가 백애성에 주둔하였다(5월28일). 적에게 포위되어 창에 허리를 맞으니, 상처가 무겁고 병이 심하였다. 태종이 스스로 약을 발라주었다(5월29일). 적의 성을 함락시키자 칙서를 내려 그에게 상처입힌 자인 고돌발을 찾아서 글필하력에게 주어 스스로 그를 죽이게 하였다. 하력이 아뢰었다. "개와 말도 오히려 그 주인을 위하는데, 하물며 사람에 대해서이겠습니까? 그는 그 주인을 위하였고 더구나 목숨을 바쳐 칼날을 무릅쓰고 신을 찔렀으니, 이는 의롭고 용감한 군사입니다. 본래 서로 알지 못하였으니, 어찌 원수가 되겠습니까?" 마침내 그를 놓아주었다(6월 1일). (『舊唐書』 109 列傳 59 契苾何力)
고구려	고구려 항호주는 14개, 부는 9개이다[태종이 친정하여 (…) 백애성을 얻어서 암주를 설치하였다]. (『新唐書』 43下 志 33下 地理 7下 河北道)
고구려	백애성에 주둔하였다(5월28일). 적의 창에 맞아 상처가 심하였다. 황제가 스스로 약을 발라주었다(5월29일). 성이 함락되자 하력을 찌른 자인 고돌발을 얻어서 추사(騶使)하여 스스로 그를 죽이게 하였다. 하력이 사양하며 말하였다. "그는 그 주인을 위하여 칼날을 무릅쓰고 신을 찔렀으니, 이는 의로운 군사입니다. 개와 말도 오히려 그 기른 것을 갚는데, 하물며 사람에 대해서이겠습니까?" 마침내 그를 놓아주었다(6월 1일). (『新唐書』 110 列傳 35 諸夷蕃將 契苾何力)
고구려	백애성에 주둔하였다(5월28일). 적에게 포위되어 창에 허리를 맞으니, 상처가 무겁고 병이 심하였다. 태종이 스스로 약을 발라주었다(5월29일). 적의 성을 함락시키자 칙서를 내려 그에게 상처입힌 자인 고돌발을 찾아서 글필하력에게 주어 스스로 그를 죽이게 하였다. 하력이 아뢰었다. "개와 말도 오히려 그 주인을 위하는데, 하물며 사람에 대해서이겠습니까? 그는 그 주인을 위하였고 목숨을 바쳐 칼날을 무릅쓰고 신을 찔렀으니, 이는 의롭고 용감한 것입니다. 본래 서로 알지 못하였으니, 어찌 원수가 되겠습니까?" 마침내 그를 놓아주었다(6월 1일). (『冊府元龜』 417 將帥部 78 德義 契苾何力)
고구려	정관19년 6월 정유일(1) 이 날에 개모성(蓋牟城)에 개주(蓋州)를 두었다. (『冊府元龜』 117 帝王部 117 親征 2)
고구려	6월에 처음에 막리지(莫離支)가 가시성(加尸城)의 700명을 파견하여 개모성을 지키게 하였는데, 이세적이 그들을 다 사로잡았다. 그 사람들이 종군하여 스스로 온 힘을 다하게 해 달라고 요청하였다. 황제가 말하였다. "너희들의 집은 모두 가시성에 있으니, 너희가 나를 위하여 싸운다면 막리지는 반드시 너희 처자를 죽일 것이다. 한 사람의 힘을 얻고자 한 집안을 멸망시키는 일은 내가 차마 하지 못한다." 무술일(2) 모두 양식을 하사하여 그들을 보냈다. (『資治通鑑』 198 唐紀 14 太宗 下之上)
고구려	정관19년 처음에 황제가 요수를 건너자 막리지가 가시성의 700명을 파견하여 개모성을 지키게 하였는데, 이적이 그들을 다 사로잡았다. 그 사람들이 모두 종군하여 스스로 온 힘을 다하게 해 달라고 요청하였다. 황제가 말하였다. "너희들의 힘으로 하고자 하지 않는 것이 아니다. 너희들의 집은 모두 가시성에 있으니, 너희가 나를 위하여 싸운다면 그들은 장차 죽임을 당할 것이다. 한 집안의 처자를 깨뜨려 한 사

람의 힘을 구하여 쓰고자 하는 일은 내가 차마 하지 못한다.”무술일(2) 황제가 모두 양식을 하사하여 그들을 보냈다. 모두 말하기를, “고구려의 소인들이 천자의 덕을 갚을 까닭을 모르겠다.”라고 하였다. (『冊府元龜』 42 帝王部 42 仁慈)

고구려　정관19년 6월에 아군이 요수를 건너자 막리지가 가시성의 700명을 파견하여 개모성을 지키게 하였는데, 이적이 그들을 다 사로잡았다. 그 사람들이 모두 종군하여 스스로 온 힘을 다하게 해 달라고 요청하였다. 태종이 말하였다. “누가 너희들의 힘으로 하고자 하지 않겠는가? 너희들의 집은 모두 가시성에 있으니, 너희가 나를 위하여 싸운다면 그들은 장차 죽임을 당할 것이다. 한 집안의 처자를 깨뜨려 한 사람의 힘을 구하여 쓰고자 하는 일은 내가 차마 하지 못한다.”모두 놓아주어 돌아가게 하였다. (『舊唐書』 199上 列傳 149上 高麗)

고구려　처음에 막리지가 가시성의 700명을 파견하여 개모성을 지키게 하였는데, 이세적이 그들을 다 사로잡았다. 그 사람들이 종군하여 스스로 온 힘을 다하게 해 달라고 요청하였다. 황제가 말하였다. “너희들의 집은 모두 가시성에 있으니, 너희가 나를 위하여 싸운다면 막리지는 반드시 너희 처자를 죽일 것이다. 한 사람의 힘을 얻고자 한 집안을 멸망시키는 일은 내가 차마 하지 못한다.”모두 양식을 하사하여 그들을 보냈다. (『三國史記』 21 高句麗本紀 9 寶臧王 上)

고구려　처음에 연개소문(淵蓋蘇文)이 가시성의 700명을 파견하여 개모성을 지키게 하였는데, 이세적이 그들을 다 사로잡았다. 그 사람들이 종군하여 스스로 온 힘을 다하게 해 달라고 요청하였다. 황제가 말하였다. “너희들의 집은 모두 가시성에 있으니, 너희가 나를 위하여 싸운다면 개소문은 반드시 너희 처자를 죽일 것이다. 한 사람의 힘을 얻고자 한 집안을 멸망시키는 일은 내가 차마 하지 못한다.”모두 양식을 하사하여 그들을 보냈다. (『三國史節要』 8)

고구려　정관19년에 막리지가 가시성의 700명으로 하여금 개모성을 지키게 하였는데, 이적이 그들을 사로잡았다. 그들이 스스로 온 힘을 다하게 해 달라고 요청하였다. 황제가 말하였다. “너희들의 집은 모두 가시성에 있으니, 곧 나를 위하여 싸운다면 장차 다 죽일 것이다. 한 집안을 없애서 한 사람의 힘을 구하는 일은 할 수 없다.”그들에게 양식을 주어 놓아주었다. (『新唐書』 220 列傳 145 東夷 高麗)

고구려　『구당서』 고려전에 전한다. “ (…) 정관19년에 아군이 요수를 건너자 막리지가 가시성의 700명을 파견하여 개모성을 지키게 하였는데, 이적이 그들을 다 사로잡았다. 그 사람들이 모두 종군하여 스스로 온 힘을 다하게 해 달라고 요청하였다. 태종이 말하였다. ‘누가 너희들의 힘으로 하고자 하지 않겠는가? 너희들의 집은 모두 가시성에 있으니, 너희가 나를 위하여 싸운다면 그들은 장차 죽임을 당할 것이다. 한 집안의 처자를 깨뜨려 한 사람의 힘을 구하여 쓰고자 하는 일은 내가 차마 하지 못한다.’모두 놓아주어 돌아가게 하였다.”(『太平御覽』 783 四夷部 4 東夷 4 高句驪)

고구려　6월 기해일(3) 개모성을 개주로 삼았다. (『資治通鑑』 198 唐紀 14 太宗 下之上)
고구려　개모성을 개주로 삼았다. (『三國史記』 21 高句麗本紀 9 寶臧王 上)
고구려　개모성을 개주로 삼았다. (『三國史節要』 8)

고구려　정관19년 6월 경자일(4) 조서를 내렸다. “상천(上天)의 도리는 먼저 덕을 베푼 이후에 형벌을 가하는 것이고, 왕자(王者)의 군사는 정벌이 있어도 전쟁은 없다. 이런 까닭으로 염농(炎農)이 전폭(翦暴)하니 숙사(夙沙)가 스스로 그 군주를 포박하였고, 현덕(玄德)이 일흥(一興)하니 유묘(有苗)가 그 험한 곳을 굳건히 하지 못하였다. 짐은 신을 수고롭게 하여 사물을 구제하니, 백성으로 마음을 삼으면 하늘이 널리 교화하고, 사해를 빙 둘러서 개우(開宇)하면 의리는 획득하여 그치는 것이 아니다. 이로 말미암아 거병하여 슬픔과 불쌍히 여김을 쌓을 때마다 죄를 용서하는 마음이 깊이 존재하니, 요수를 건너고 나서 먼저 알리고 타이르게 하였으나 개모성은 그 면(面)을 고치지 않았고 요동성은 오히려 그 부월(斧鉞)에 대항하였다. 이미 천망(天網)을 범하여 마침내 병사의 선봉을 풀어버리니, 응양(鷹揚)을 아직 펴지 않았는데 이미 모두 어란(魚爛)이 되었다. 짐은 이에 북을 울리며 가서 승세를 타고 군사가 백암성에 이르렀는데, 흉도(凶徒)가 서로 이끌고 성가퀴에 올라 맞서 지키니, 산에 의지하여 성채를 만들고 우러러 뜬 구름을 끊으며 시내를 둘러 해자를 트고 아래로 무경(無景)에 임하였다. 요사한 기운이 고슴도치처럼 모이니 검각(劍閣)의 깊음에 의지하는 것 같고, 동악(同惡)이 치장(鴟張)하니 동정(洞庭)의 험함에 기대는 것 같다.

이에 행영대총관(行營大總管)·영국공(英國公) 이적(李勣) 등에게 명령하여 저체(咀彘)·관계(冠雞)의 장수를 통솔하고 설원(挈黿)·참교(斬蛟)의 군사를 이끌게 하니, 돌이 발사되는 것은 별이 떨어지는 것보다 심하고 성루가 훼손되는 것이 산이 무너지는 것과 같았다. 짐은 저들이 함께 불타는 것을 불쌍히 여기고 정이 깊이 측은하여 이에 직접 팔준(八駿)을 타고 가서 삼군(三軍)에 칙서를 내렸다. 적이 이미 도현(倒懸)하여 바야흐로 화로 옮겨갈까 생각되니, 쌓인 갑옷은 웅이(熊耳)보다 가지런하고 획득한 노적가리는 해릉(海陵)보다 방(方)하다. 10주의 깃발을 세우니 각각 상재(桑梓)로 돌아가고 삼한(三韓)의 군사를 돌려보내니 농사(農肆)에 바꾸지 않으며, 관을 불사르고 작을 하사하여 요수·패수의 사이에 말을 몰아 달리고 우물을 파고 밭을 갈아 변한·진한의 들에 엮어 줄세웠다. 옛 사람이 말함이 있어 "전국위상(全國爲上)"이라고 하니, 아마도 이것을 말하였을 것이다. 또 연(燕)·갈석(碣石)의 풍토는 평소 장마가 많아서, 헌황(軒皇)은 비를 부르는 도적을 만났고 진후(晉后)는 물이 솟는 재앙에 고생하였다. 짐이 군사를 내고 나서 상령(上靈)이 그윽이 도와주셔서 욱일(旭日)이 징애(澄靄)하고 부운(膚雲)이 철음(輟陰)하여, 가리키는 곳마다 굳건한 성이 없었고 향하는 곳마다 곳 완전한 진영이 없었다. 천도와 인사는 의등합부(義等合符)하고 궁혈(窮穴)과 경소(傾巢)는 장차 멀지 않기를 바라니, 마땅히 큰 경사로 온 천하에 반포해야 한다."(『冊府元龜』 117 帝王部 117 親征 2)

고구려

상천의 도리는 먼저 덕을 베푼 이후에 형벌을 가하는 것이고, 왕자의 군사는 정벌이 있어도 전쟁은 없다. 이런 까닭으로 염농이 전폭하니 숙사가 스스로 그 군주를 포박하였고, 현덕이 일흥하니 유묘가 그 험한 곳을 굳건히 하지 못하였다. 짐은 신을 수고롭게 하여 사물을 구제하니, 백성으로 마음을 삼으면 하늘이 널리 교화하고, 사해를 빙 둘러서 개우하면 의리는 획득하여 그치는 것이 아니다. 이로 말미암아 거병하여 슬픔과 불쌍히 여김을 쌓을 때마다 죄를 용서하는 마음이 깊이 존재하니, 요수를 건너고 나서 먼저 알리고 타이르게 하였으나 개모성은 그 면을 고치지 않았고 요동성은 오히려 그 부월에 대항하였다. 이미 천망을 범하여 마침내 병사의 선봉을 풀어버리니, 응양을 아직 펴지 않았는데 이미 모두 어란이 되었다. 짐은 이에 북을 울리며 가서 승세를 타고 군사가 백암성에 이르렀는데, 흉도가 서로 이끌고 성가퀴에 올라 맞서 지키니, 산에 의지하여 성채를 만들고 우러러 뜬 구름을 끊으며 시내를 둘러 해자를 트고 아래로 무경에 임하였다. 요사한 기운이 고슴도치처럼 모이니 검각의 깊음에 의지하는 것 같고, 동악이 치장하니 동정의 험함에 기대는 것 같다.

이에 행군대총관(行軍大總管)·영국공 이적 등에게 명령하여 저체·관계의 장수를 통솔하고 설원·참교의 군사를 이끌게 하니, 돌이 발사되는 것은 별이 떨어지는 것보다 심하고 성루가 훼손되는 것이 산이 무너지는 것과 같았다. 짐은 저들이 함께 불타는 것을 불쌍히 여기고 정이 깊이 측은하여 이에 직접 팔준을 타고 가서 삼군에 칙서를 내렸다. 적이 이미 도현하여 바야흐로 화로 옮겨갈까 생각되니, 쌓인 갑옷은 웅이보다 가지런하고 획득한 노적가리는 해릉보다 방하다. 10주의 깃발을 세우니 각각 상재로 돌아가고 삼한의 군사를 돌려보내니 농사에 바꾸지 않으며, 관을 불사르고 작을 하사하여 요수·패수의 사이에 말을 몰아 달리고 우물을 파고 밭을 갈아 변한·진한의 들에 엮어 줄세웠다. 옛 사람이 말함이 있어 "전국위상"이라고 하니, 아마도 이것을 말하였을 것이다. 또 연·갈석의 풍토는 평소 장마가 많아서, 헌황은 비를 부르는 도적을 만났고 진후는 물이 솟는 재앙에 고생하였다. 짐이 군사를 내고 나서 상령이 그윽히 도와주셔서 욱일이 징애하고 부운이 철엄하여, 가리키는 곳마다 굳건한 성이 없었고 향하는 곳마다 곳 완전한 진영이 없었다. 천도와 인사는 의등합부하고 궁혈과 경소는 장차 멀지 않기를 바라니, 마땅히 큰 경사로 온 천하에 반포해야 한다. (『全唐文』 7 太宗皇帝 克高麗白巖城詔)

삼한　　6월 정유일이 초하루인 갑진일(8) 나카노오오에(中大兄)가 구라노야마다노오미마로(倉山田臣麻呂)에게 몰래 말하기를, "삼한이 조(調)를 바치는 날에 반드시 경으로 하여금 그 표문을 낭독하도록 하겠다"고 하여, 마침내 이루카(入鹿)를 목베고자 하는 모의를 드러내 말하였다. 마로노오미(麻呂臣)가 허락하였다. (『日本書紀』 24 皇極紀)

고구려　　6월 정미일(11) 거가(車駕)가 요동을 출발하였다. (『資治通鑑』 198 唐紀 14 太宗 下 之上)

고구려　　정관19년 6월 정미일(11) 거가가 요동에서 출발하였다. (『冊府元龜』 117 帝王部 117 親征 2)

삼한　　6월 무신일(12) 천황이 태극전(太極殿)에 납시었는데, 후루히토노오오에(古人大兄)가 곁에서 모셨다. 나카토미노무라지카마코(中臣連鎌子)은 소가노오미이루카(蘇我臣入鹿)의 사람됨이 의심이 많아 밤낮으로 칼을 지니고 다닌다는 것을 알았다. 그래서 배우를 시켜 꾀를 내어 그것을 풀도록 했다. 이루카노오미(入鹿臣)가 웃으며 칼을 풀고 자리에 들어갔다. 구라노야마다노오미마로가 나아가 삼한의 표문을 낭독했다. 이에 나카노오오에는 위문부(衛門府)에 경계를 내려 일시에 12곳의 출입문을 모두 닫아 사람들이 왕래하지 못하게 했으며 위문부를 한 곳에 불러 모아 녹을 주려고 하였다. 이 때 나카노오오에는 스스로 긴 창을 잡고 태극전 옆에 숨어 있었으며 나카토미노무라지카마코 등은 활과 화살을 가지고 그를 도와 호위하였다. 아마노이누카이노무라지카츠마로(海犬養連勝麻呂)로 하여금 칼 두 자루가 들어있는 상자를 사에키노무라지코마로(佐伯連子麻呂)와 가즈라키노와카이누카이노무라지아미타(葛城稚犬養連網田)에게 주며 "힘써 노력하여 재빨리 목을 쳐야 합니다."라고 말하였다. 고마로(子麻呂) 등은 물을 마셔 음식을 삼키려 하였으나 오히려 토하였다. 나카토미노무라지카마코가 꾸짖어 힘을 내게 하였다. 구라노야마다노오미마로는 표문을 거의 다 읽어가는 데도 고마로 등이 오지 않은 것이 두려워 땀이 흘러 몸을 흠뻑 적셨고 목소리가 어지럽고 손이 떨렸다. 구라츠쿠리노오미(鞍作臣)가 이상하게 여겨 "무엇 때문에 떨고 있는가?"라고 묻자 야마다노마로(山田麻呂)가 "천황 가까이 있으므로 두려워 저도 모르게 땀이 흐릅니다."라고 대답하였다. 나카노오오에는 고마로 등이 이루카의 위엄을 두려워하여 머뭇거리며 나아가지 못하는 것을 보고는 "야아!" 하고는 곧 고마로 등과 함께 불의에 칼로 이루카의 머리와 어깨를 베어 상처를 입히니 이루카가 놀라 일어났다. 고마로가 손을 놀리고 칼을 휘둘러 그의 한 쪽 다리를 상하게 했다. 이루카가 굴러서 천황의 자리에 나아가 머리를 조아리며, "천황의 자리에 있게 되는 분은 하늘의 아들입니다. 저는 죄를 알지 못하니 살펴서 밝혀 주십시오."라고 하였다. 천황이 크게 놀라 나카노오오에에게 조서를 내려 "왜 그러는지 모르겠다. 무슨 일이 있는가"라고 하였다. 나카노오오에가 땅에 엎드려 "구라츠쿠리

(鞍作)는 황족을 모두 없애고 장차 천자의 자리를 위태롭게 할 것입니다. 어찌 천손을 구라츠쿠리가 대신하겠습니까?"라고 하였다[소가노오미이루카의 또 다른 이름은 구라츠쿠리이다]. 천황은 곧 자리에서 일어나 궁전으로 들어갔다. 사에키노무라지코마로와 와카이누카이노무라지아미타(稚犬養連網田)가 이루카의 목을 베었다. 이 날 비가 내려 물이 뜰에까지 넘쳤으므로 거적으로 구라츠쿠리의 시체를 덮었다. 후루히토노오오에는 이것을 보고 자기의 궁으로 달려 들어가 사람들에게 "한인(韓人)이 구라츠쿠리노오미를 죽였다[한(韓)의 정무 때문에] 죽게 되었다는 것을 일컫는 말이다. 내 마음이 아프다."하고는 침실에 들어가 문을 닫고 나오지 않았다. (『日本書紀』 24 皇極紀)

고구려	6월 병진일(20) 군사가 안시성(安市城)에 이르렀다. (『舊唐書』 3 本紀 3 太宗 下)
고구려	정관19년 6월 병진일(20) 태종이 고구려를 정벌하여 안시성에 주둔하였다. 태백성(太白星: 金星)·진성(辰星)이 동정(東井)에서 합쳐졌다. 『사기』에 전한다. "태백성이 주가 되고 진성이 객이 되면, 만이 때문에 나가서 서로 따라서 병사가 들에서 싸우게 된다."(『新唐書』 33 志 23 天文 3 五星聚合)
고구려	6월 병진일(20) 안시성에 이르러 병사를 진격시켜 그곳을 공격하였다. (『資治通鑑』 198 唐紀 14 太宗 下之上)
고구려	정관19년 6월 병진일(20) 안시성 북쪽에 주둔하여, 진영을 줄세우고 병사를 진격시켜 공격하였다. (『冊府元龜』 117 帝王部 117 親征 2)
고구려	태종 정관19년 6월 병진일(20) 안시성 북쪽에 주둔하였다. (『冊府元龜』 126 帝王部 126 納降)
고구려	정관19년 6월 병진일(20) 안시성에 주둔하여, 진영을 줄세우고 병사를 진격시켜 공격하였다. 조서를 내렸다. "막리지가 주인이 되고 나서 관은 뇌물로 성립되어 단빈(單貧)한 집안은 세금 수취에 괴로우니, 1필의 말과 포, 한 쌍의 토끼와 가는 비늘도 혹은 지역의 영주에게 바치고 혹은 누살(耨薩)에게 납부하였다. 그 자급함이 있더라도 유(類)가 추초(箠楚)를 가하여 편호는 굶주리고 추우나 고소할 바를 알지 못한다. 이에 이르러 꾸짖고 벌하며 곧 죽이고 형벌을 줌으로써 도리어 채찍과 태(笞)를 접하니, 손을 내려도 방법이 없고 부스럼이 깊어도 쾌의(快意)한 후에야 이에 그치는 것이다. 병사를 진열하여 죄를 정벌하고 겸하여 황풍(皇風)을 펼치는 까닭은 회부(懷附)하는 무리로 하여금 함께 성교(聲敎)에 젖게 하고, 저 빈잔(貧殘)한 이들을 숨쉬게 하여 그 폐속(弊俗)을 없애려는 것이다. 지금 요동의 들판에 각각 주현을 설치하였는데 혹은 옛 법이 있어 남은 풍속이 다하지 않았으니, 마땅히 곧 금지하여 국헌(國憲)에 따르게 하라."(『冊府元龜』 159 帝王部 159 革弊)
고구려	『구당서』 본기에 전한다. " (…) 정관19년 6월 병진일(20) 군사가 안시성에 주둔하였다."(『太平御覽』 109 皇王部 34 唐太宗文皇帝)
고구려	『신당서』 고려전에 전한다. " (…) 정관19년 6월에 안시성에 주둔하였다[병진일(20)]." (…) 『당회요』에 전한다. "황제가 요동을 정벌하여 진격하여 안시성에 주둔하였다(6월20일). 그 산을 이름붙여 주필산(駐蹕山)이라고 하였다(6월23일)."(『玉海』 194 兵捷紀功碑銘附 唐駐蹕山紀功破陣圖漢武臺紀功)
고구려	막리지가 주인이 되고 나서 관은 뇌물로 성립되어 단빈한 집안은 세금 수취에 괴로우니, 1필의 말과 포, 한 쌍의 토끼와 가는 비늘도 혹은 지역의 영주에게 바치고 혹은 누살에게 납부하였다. 그 자급함이 있더라도 유가 추초를 가하여 편호는 굶주리고 추우나 고소할 바를 알지 못한다. 이에 이르러 꾸짖고 벌하며 곧 죽이고 형벌을 줌으로써 도리어 채찍과 태를 접하게 하니, 손을 내려도 방법이 없고 부스럼이 깊어

도 쾌의한 후에야 이에 그치는 것이다. 병사를 진열하여 죄를 정벌하고 겸하여 황풍을 펼치는 까닭은 회부하는 무리로 하여금 함께 성교에 젖게 하고, 저 빈잔한 이들을 숨쉬게 하여 그 폐속을 없애게 하려는 것이다. 지금 요동의 들판에 각각 주현을 설치하였는데 혹은 옛 법이 있어 남은 풍속이 다하지 않았으니, 마땅히 곧 금지하여 국헌에 따르게 하라. (『全唐文』7 太宗皇帝 禁遼東重刑詔)

고구려   6월 정사일(21) 고구려의 별장 고연수(高延壽)·고혜진(高惠眞)이 병사 15만을 이끌고 와서 안시성을 구원하고, 왕사에게 맞섰다. 이적이 병사를 이끌고 떨쳐 공격하자, 황제가 높은 봉우리에서 군대를 이끌고 그곳에 다가갔다(6월21일). 고구려가 크게 무너져 죽이고 사로잡은 것이 다 기록할 수 없었다(6월22일). 연수 등이 그 무리를 이끌고 항복하여 그로 인하여 황제가 행차한 산을 이름지어 주필산(駐蹕山)이라고 하고, 돌에 새겨 공을 기록하였다(6월23일). 천하에 대포(大酺) 2일을 하사하였다(6월25일). (『舊唐書』3 本紀 3 太宗 下)

고구려 말갈   6월 정사일(21) 고구려의 북부 누살(耨薩)인 고연수·고혜진이 고구려와 말갈의 병사 15만 명을 이끌고 안시성을 구원하였다.[9] 황제가 시신(侍臣)에게 말하였다. "지금 연수의 계책은 3가지가 있을 것이다. 군사를 이끌고 곧바로 앞으로 나와서 안시성과 이어서 보루를 쌓으며, 높은 산의 험한 곳을 점거하고 성 안에 있는 곡식을 먹다가 말갈을 풀어서 우리들의 소와 말을 약탈하게 하는 것이다. 이를 공격하여도 갑자기 함락시킬 수 없을 것이고 돌아가려고 하여도 진흙벌판에 막히게 되어서 앉아서 우리 군사를 곤란하게 하는 것이니, 가장 좋은 계책이다.[10] 성 안의 있는 무리를 빼어 이들과 더불어 숨어 버리는 것이 중간의 계책이다. 지혜와 능력을 헤아리지 못하고 와서 우리와 싸우는 것이 가장 나쁜 계책이다. 경들이 그들을 보건대 반드시 가장 나쁜 계책을 낼 것이고, 내 눈 앞에서 사로잡힐 것이다." 고구려에 대로(對盧)가 있어 나이가 많고 일을 잘 익혔는데,[11] 연수에게 말하였다. "진왕(秦王)은 안으로는 여러 영웅들을 제거하고 밖으로는 이적들을 복종시키고서 홀로 즉위하여 황제가 되었으니, 이는 천명을 받은 인재입니다. 지금 해내에 있는 무리를 들어서 왔으니 대적할 수 없습니다. 우리를 위하여 계책을 세운다면 군사를 주둔시켜서 싸우지 않고 날짜를 보내며 오래 버티면서 기습병을 나누어 파견하여 그들의 운반로를 잘라 버리는 것과 같은 것이 없습니다. 양식이 이미 다 떨어지고 싸우려 해도 싸울 수 없게 되면, 돌아가려고 해도 길이 없으니 이에 승리할 수 있습니다."[12] 연수는 따르지 않고 군대를 이끌고 곧바로 나아가서 안시성에서 40리 떨어진 곳까지 갔다. 황제는 오히려 그가 머리를 숙이고 배회하며 오지 않을까 걱정하여 좌위대장군 아

---

9) 『후한서』동이전에 전한다. "고구려(高句驪)에 다섯 족속이 있어, 소노부(消奴部)·절노부(絶奴部)·순노부(順奴部)·관노부(灌奴部)·계루부(桂婁部)가 있다." 이현(李賢)이 말한다. "지금 고구려의 5부를 참고하건대 첫째는 내부(內部)라고 하는데 황부(黃部)라고도 하며 곧 계루부이다. 둘째는 북부라고 하는데 후부(後部)라고도 하며 곧 절노부이다. 셋째는 동부라고 하는데 좌부(左部)라고도 하며 곧 순노부이다. 넷째는 남부라고 하는데 전부(前部)라고도 하며 곧 관노부(灌奴部)이다. 다섯째는 서부라고 하는데 우부(右部)라고도 하며 곧 소노부이다."『북사』에 의거하면, 고구려의 5부에는 각각 욕살(耨薩)이 있다고 하는데, 아마도 그 추장의 칭호일 것이다.『신당서』에 전한다. "고구려의 대성에는 욕살 1명을 두었는데, 도독(都督)에 비견된다."

10) 만약 고연수가 가장 좋은 계책으로 나왔다면, 태종이 어떻게 그것에 응했을지는 모른다. 오직 강하왕 도종의 계책이 있을 뿐이다.

11) 동이전에 전한다. "고구려에 관을 두어 상가(相加)·대로·패자(沛者)가 있다." 진수(陳壽)가 말하였다. "그 관을 둠에 대로가 있으면 패자를 두지 않고, 패자가 있으면 대로를 두지 않았다." 설거정(薛居正)이 말하였다. "고구려의 관은 그 큰 것을 대대로(大對盧)라고 부르는데, 1품에 비견되며 국사를 총괄하여 맡는다. 대로 이하의 관은 총 11급이다. 주현(州縣) 60여 개를 열거해 설치하고, 대성에는 욕살을 두었는데 도독에 비견되며, 소성에는 운사(運使)를 두었는데 자사(刺史)에 비견된다."

12) 이것은 곧 황제가 말한 가장 좋은 계책이다.

사나사이에게 명령하여 돌궐의 기병 1,000명을 거느리고 그들을 유인하게 하고, 병사들이 처음에는 접전하다가 거짓으로 도망하게 하였다. 고구려가 서로 말하기를, "더불어 하기에 쉬울 뿐이다."라고 하고, 다투어 나아가 이 기회를 탔다. 안시성 동남쪽 8리에 이르러 산에 의지하여 진을 쳤다. 황제가 여러 장수를 불러 계책을 묻자, 장손무기가 대답하였다. "신이 듣건대 적을 만나서 장차 싸우려고 하면 반드시 먼저 사졸들의 마음을 살펴야 한다고 합니다. 신이 여러 진영을 거쳐서 돌아보았는데, 사졸들이 고구려가 도착하였다는 소식을 듣고 모두가 칼을 뽑고 깃발을 묶으며 안색에는 기뻐하는 모습을 보았습니다. 이는 반드시 승리할 군대입니다. 폐하께서는 아직 관례를 치르시기 전에도 직접 군진에서 생활하시면서 대체로 기이한 계책을 내어 제압하고 승리하였으니, 모두가 황제께서 성스러운 계책을 내려주시면 여러 장수들은 받들어 처리할 뿐입니다. 오늘의 일은 폐하께서 쫓아가야 할 것을 지적하여 주시기를 빕니다."[13] 황제가 웃으면서 말하였다. "여러 공이 이와 같이 양보하는 모습을 보이니, 짐이 마땅히 여러 공을 위하여 생각해 보겠다." 이에 무기 등과 더불어 수백의 기병으로 따르게 하면서 높은 곳에 올라가서 그들을 바라보고, 산천의 형세와 병사가 매복할 수 있는 곳과 들락나락할 곳을 살펴보았다. 고구려와 말갈이 병사를 합하여 진을 쳤는데 길이가 40리였다. 강하왕 도종이 말하였다. "고구려는 온 나라를 다 기울여서 왕의 군대를 막고 있으니 평양의 수비는 반드시 약할 것입니다. 바라건대 신에게 정예병사 5,000명을 빌려주어서 그들의 뿌리가 되는 본거지를 뒤집어 엎게 한다면, 수십만명의 무리라도 싸우지 않고 항복하게 할 수 있을 것입니다." 황제가 호응하지 않고, 사신을 파견하여 연수에게 속여서 말하게 하였다. "나는 너희 나라의 강한 신하가 그 주군을 시해하였으므로 와서 그 죄를 묻고자 하는 것이니, 교전하기에 이르는 것은 나의 본심이 아니다. 너희 경계에 들어와서 말의 꼴과 양식이 보급되지 않았던 까닭에 너희 몇 개의 성을 빼앗았지만, 너희 나라에서 신하로서의 예의를 닦는 것을 기다리는 것이니, 잃은 것은 반드시 회복시켜 줄 것이다." 연수는 이 말을 믿고 다시 대비하지 않았다. 황제가 밤중에 문무 관원들을 불러서 일을 계획하고, 이세적에게 명령하여 보병과 기병 1만5,000명을 거느리고 서쪽 고개에 진을 치게 하였고, 장손무기는 정예병사 1만1,000명을 거느리고 기습병으로 삼아서 산의 북쪽에서 좁은 골짜기로 나와서 그들의 배후를 치게 하였으며, 황제는 스스로 보병과 기병 4,000명을 거느리고 전고(戰鼓)와 호각(號角)을 가지고 기치를 눕혀서 북쪽 산에 올라갔고, 여러 부대에 칙령을 내려서 전고와 호각 소리를 들으면 일제히 분발하여 공격하라고 하였다. 이어서 유사에게 명령하여 조당의 옆에다가 항복한 사람들을 받아들이는 장막을 치게 하였다. (『資治通鑑』198 唐紀 14 太宗 下之上)

고구려 말갈 6월 정사일(21) 고구려의 북부 누살인 고혜진이 고구려와 말갈의 무리 15만 명을 이끌고 안시성을 구원하였다. 황제가 시신에게 말하였다. "연수가 와서 그 계책은 3가지가 있을 것이다. 군사를 이끌고 곧바로 앞으로 나와서 안시성과 이어서 보루를 쌓으며, 높은 산의 험한 곳을 점거하고 성 안에 있는 곡식을 먹으면서 겸하여 말갈을 풀어서 우리들의 소와 말을 약탈하게 하는 것 같은 것은 이를 공격하면 갑자기 함락시킬 수 없을 것이고 돌아가려고 하면 진흙벌판의 요택에 막히게 되니, 그 가장 좋은 계책이다. 성 안의 있는 무리를 빼어 이들과 더불어 숨어 버리는 것과 같은 것이 그 중간의 계책이다. 그 능력을 헤아리지 못하고 성에 가까이하여 진영을 줄세우고 장차 우리와 싸우려고 하는 것과 같은 것이 그 가장 나쁜 계책이다. 경들이 그들을 보건대 반드시 가장 나쁜 계책을 낼 것이다. 만약 병사를 풀어서 싸울 수 있다

---

13) 수렵에 비유한 것이다. 잡아야 할 짐승을 가리키면 사냥개는 쫓아가서 죽일 수 있다.

면, 그들은 사로잡힐 것이다." 적 중에 대로가 있어 나이가 많고 일을 잘 익혔는데, 연수에게 말하였다. "내가 듣기로 중국에 대란이 있어 영웅들이 나란히 일어났는데, 진왕은 성스러운 무력으로 향하는 곳마다 대적하는 자가 없었습니다. 마침내 천하를 평정하여 남쪽을 향하여 황제가 되었으니, 북이(北夷)는 복속을 청하고 서융(西戎)은 정성을 바쳤습니다. 지금 나라를 기울여 이르러서 당 병사로서 장건한 자가 모두 왔으니 그 선봉은 당할 수 없습니다. 지금 계책을 세운다면 군사를 주둔시켜서 싸우지 않고 날짜를 보내며 오래 버티면서 효웅(驍雄)을 나누어 파견하여 그들의 운반로를 잘라 버리는 것과 같은 것이 없습니다. 한 달이 지나지 않아 군량이 반드시 다 떨어지고 싸우려 해도 싸울 수 없게 되면, 돌아가려고 해도 길이 없으니 이것은 싸우지 않고 반드시 승리를 취하는 것입니다." 연수는 따르지 않고 군대를 이끌고 곧바로 나아갔다. 기병을 파견하여 엿보게 하니, "안시성에서 40리 떨어져 있다."고 하였다. 태종은 병가의 세력이 편안함으로 피로함을 기다린다고 여기고 오히려 그가 머리를 숙이고 배회하며 오지 않을까 걱정하여 좌위대장군 아사나사이에게 조서를 내려 돌궐의 기병 10명을 거느리고 그들을 유인하게 하고, 경계하여 말하기를, "접전하다가 거짓으로 도망가라. 그들은 반드시 그 기세를 타고 올 것이다."라고 하였다. 고구려가 일찍이 말갈로 하여금 앞에 있게 하였는데, 사이가 그들과 겨우 교전하다가 물러났다. 고구려가 서로 말하기를, "더불어 하기에 쉽다."라고 하고, 마침내 말을 달려 안시성 동남쪽 8리로 진군하여 산기슭에 의지하여 진을 쳤다. 황제가 장손무기 및 시신·장군 등을 불러 말하였다. "이적의 병사가 이미 이르러 먼지가 수십·수백리에 걸쳐 있는데, 저들은 많고 우리가 적음은 경들이 아는 바이다. 국가의 맹장과 모신은 모두 짐을 따라와 있는데 적을 격파하고 만전을 기할 계책을 무엇이라고 하겠는가?" 무기가 아뢰었다. "예로부터 제왕 또한 창과 방패로 어지러움을 진정시킴이 있기는 해도, 천하에 임한 경우에는 장수에게 맡김이 많으니 직접 빼어난 책략을 내지 않습니다. 폐하가 예전에 해내를 평정할 때에 나이가 어린아이를 넘어서고 나서, 견고함을 쪼개고 날카로움을 잡으며 몸소 병사의 대오를 앞서지 않음이 없었습니다. 천기(千紀)를 베어 없애서 백성의 목숨을 구원하고 큰 이름이 멀리 떨치니 해외에서도 모두 복속하였습니다. 지금 따르는 장사는 막부의 옛 사람이 많으니, 비록 다시 이향(夷鄕)을 멀리 건너더라도 신이한 무력을 잘 더하여 창을 빗겨들고 적을 생각하기에 사람이 그 싸움을 100배로 하였습니다. 옛 사람이 말하기를, '장차 싸우려고 하면 반드시 먼저 사졸들의 마음을 살펴야 한다.'라고 하였습니다. 신이 여러 진영을 거쳐서 돌아보았는데, 위사(衛士)들이 고구려가 이미 도착하였다는 소식을 듣고 칼을 뽑고 깃발을 묶으며 안색에는 기뻐하는 모습을 보이지 않는 자가 없었습니다. 예전에 왕세충(王世充) 및 두건덕(竇建德) 등을 평정할 때에 신이 정벌에 따라가게 되었는데, 기이한 꾀와 빼어난 계산은 예지(睿旨)에서 나온 적이 많았습니다. 폐하의 묘한 계산을 이용하여 나아가 사로잡지 않은 적이 없으나, 뜻하지 않게 규칙을 어기면 반드시 패배에 이르렀습니다. 지금 폐하가 직접 요대(遼隊)에 임하여 갑옷을 입고 떨쳐 울리니, 고구려를 멸망시킬 기회는 이 한번의 거병에 있습니다. 신들이 우둔하고 생각이 짧아 진영을 격파할 만전의 계책은 감히 감당할 수 없으니, 폐하께서 쫓아가야 할 것을 지적하여 주시기를 빕니다. 신들은 받들어 일을 행하겠습니다." 태종이 웃으면서 말하였다. "경들이 이미 계산을 짐에게 미루니, 마땅히 그대를 위하여 생각해 보겠다." 인하여 무기 등과 더불어 수백의 기병을 돕게 하면서 높은 곳에 올라가서 그들을 바라보고, 산천의 형세와 기습하는 병사를 사용할 곳을 살펴보았다. 사신을 파견하여 연수에게 속여서 말하게 하였다. "나는 너희의 강한 신하가 그 주군을 시해하였으므로 와서 그 죄를 묻고자 하는 것이니, 곧 교전하고자 하는 것은 나의 본심이 아니다. 천자가 경계에 들어와서 말의 꼴과 양식이 보급되지 않고 중국에서 옮겨 운반할 수 없어서 너희 몇 개의 성을 **빼앗아서** 식량을 취하였다. 예의가 진실로 닦이면, 잃은 것은 반드시 회복시켜 줄 것이다."연수는 이 말을 믿고 저녁이 다하도록 기다렸다. 태종이 밤중에 문무 관원들을 불러서 직접 스스로 지휘하였다. 이적과 보병·기병 1만5,000명을 파견하여 적의 서쪽 고개에 진을 치게 하고, 장손무기는 장군 우진달(牛進達) 등 정예병사 1만1,000명을 이끌고 기습병으로 삼아서 산의 북쪽에서부터 좁은 골짜기로 나와서 그들의 배후를 치게 하였으며, 태종은 스스로 보병과 기병 4,000명을 거느리고 전고와 호각을 숨기고 기치를 눕혀서 적 진영 북쪽의 높은 봉우리 위에 이르러, 여러 부대에 칙령을 내려서 전고와 호각 소리를 들으면 일제히 진격하라고 하였다. 이어서 담당관사에 명령하여 조당의 옆에다가 항복한 사람들을 받아들이는 기치를 펼치게 하며 말하기를, "내일 오시(午時)에 여기에서 항복한 적을 받아들일 것이다."라고 하였다. 마침내 군대를 이끌고 나아갔다. 이날 밤에 유성이 적의 진영 속에 떨어졌다. (『冊府元龜』 117 帝王部 117 親征 2)

고구려 말갈   정관19년에 황제가 요동을 정벌하여 안시성에 주둔하였다(6월20일).

6월 정사일(21) 고구려와 말갈의 무리 15만 명이 와서 안시성을 구원하였다. 황제가 시신에게 말하였다. "고연수가 와서 그 계책은 3가지가 있을 것이다. 군사를 이끌고 곧바로 앞으로 나와서 안시성과 이어서 보루를 쌓으며, 높은 산의 험한 곳을 점거하고 성 안에 있는 곡식을 먹으면서 겸하여 말갈을 풀어서 우리들의 소와 말을 약탈하게 하는 것 같은 것은 이를 공격하면 갑자기 함락시킬 수 없을 것이고 돌아가려고 하면 진흙벌판의 요택에 막히게 되니, 그 가장 좋은 계책이다. 성 안의 있는 무리를 **빼어** 이들과 더불어 숨어 버리는 것과 같은 것이 그 중간의 계책이다. 그 능력을 헤아리지 못하고 성에 가까이하여 진영을 줄세우고 장차 우리와 싸우려고 하는 것과 같은 것이 그 가장 나쁜 계책이다. 경들이 그들을 보건대 반드시 가장 나쁜 계책을 채용할 것이다. 만약 병사를 풀어서 싸울 수 있다면, 그들은 사로잡힐 것이다." 적 중에 대로가 있어 나이가 많고 일을 잘 익혔는데, 연수에게 말하였다. "내가 듣기로 중국에 대란이 있어 영웅들이 나란히 일어났는데, 진왕은 성스러운 무력으로 향하는 곳마다 대적하는 자가 없었습니다. 마침내 천하를 평정하여 남쪽을 향하여 황제가 되었으니, 북이는 복속을 청하고 서융은 정성을 바쳤습니다. 지금 나라를 기울여 이르러서 당 병사로서 장건한 자가 모두 왔으니 그 선봉은 당할 수 없습니다. 지금 계책을 세운다면 군사를 주둔시켜서 싸우지 않고 날짜를 보내며 오래 버티면서 효웅을 나누어 파견하여 그들의 운반로를 잘라 버리는 것과 같은 것이 없습니다. 한 달이 지나지 않아 군량이 반드시 다 떨어지고 싸우려 해도 싸울 수 없게 되면, 돌아가려고 해도 길이 없으니 이것은 싸우지 않고 승리를 취하는 것입니다." 연수는 따르지 않고 군대를 이끌고 곧바로 나아갔다. 기병을 파견하여 엿보게 하니, "안시성에서 40리 떨어져 있다."고 하였다.

황제는 병가의 세력이 편안함으로 피로함을 기다린다고 여기고 오히려 그가 머리를 숙이고 배회하며 오지 않을까 걱정하여 좌위대장군 아사나사이에게 조서를 내려 돌궐의 기병 1,000명을 거느리고 그들을 유인하게 하고, 경계하여 말하기를, "접전하다가 거짓으로 도망가라. 그들은 반드시 그 기세를 타고 올 것이다."라고 하였다. 고구려가 일찍이 말갈로 하여금 앞에 있게 하였는데, 사이가 그들과 겨우 교전하다가 물러났다. 고구려가 서로 말하기를, "더불어 하기에 쉬울 뿐이다."라고 하고, 다투어 말을 달려 안시성 동남쪽 8리로 진군하여 산기슭에 의지하여 진을 쳤다. 황제가 장손무기 및 시신·장군 등을 불러 말하였다. "이적의 병사가 이미 이르러 먼지가 수십리에 걸쳐 있는데, 저들은 많고 우리가 적음은 경들이 아는 바이다. 국가의 맹장과 모신은 모두 짐을 따라와 여기에 있는데 적을 격파하고 만전을 기할 계책을 무엇이라고 하겠는가?" 무기가 아뢰었다. "예로부터 제왕 또한 창과 방패로 어지러움을 진정시킴이 있기는 해도, 천하에 임한 경우에는 장수에게 맡김이 많으니 직접 경략하지 않습니다. 폐하가 예전에 해내를 평정할 때에 나이가 어린아이를 넘어서고 나서, 견고함을 쪼개고 날카로움을 잡으며 몸소 병사의 대오를 앞서지 않음이 없었습니다. 천기를 베어 없애서 백성의 목숨을 구원하고 큰 이름이 멀리 떨치니 해외에서도 모두 복속하였습니다. 지금 따르는 장사는 막부의 옛 사람이 많으니, 비록 다시 이향을 멀리 건너더라도 신이한 무력을 기쁘게 더하여 창을 빗겨들고 적을 생각하기에 사람이 그 싸움을 100배로 하였습니다. 옛 사람이 말하기를, '장차 싸우려고 하면 반드시 먼저 사졸들의 마음을 살펴야 한다.'라고 하였습니다. 신이 여러 진영을 거쳐서 돌아보았는데, 위사들이 고구려가 이미 도착하였다는 소식을 듣고 칼을 뽑고 깃발을 묶으며 안색에는 기뻐하는 모습을 보이지 않는 자가 없었습니다. 예전에 왕세충 및 두건덕 등을 평정할 때에 신이 모두 정벌에 따라갔는데, 기이한 꾀와 빼어난 계산에 이르러서는 예지에서 나온 적이 많았습니다. 폐하의 묘한 계산을 이용하여 나아가 사로잡지 않은 적이 없으나, 뜻하지 않게 규칙을 어기면 반드시 패배에 이르렀습니다. 지금 폐하가 직접 요동·갈석에 임하여 갑옷을 입고 떨쳐 울리니, 고구려를 멸망시킬 기회는 이 한번의 거병에 있습니다. 신들이 우둔하고 생각이 짧아 진영을 격파할 만전의 계책은 감히 감당할 수 없으니, 폐하께서 쫓아가야 할 것을 지적하여 주시기를 특별히 빕니다. 신들은 받들어 일을 행하겠습니다."

황제가 웃으면서 말하였다. "경들이 이미 계산을 짐에게 미루니, 짐은 마땅히 그대를 위하여 생각해 보겠다." 인하여 무기·이적 등과 더불어 수백의 기병을 돕게 하면서 높은 곳에 올라가서 그들을 바라보고, 산천의 형세와 기습하는 병사를 사용할 곳을 살펴보았다. 사신을 파견하여 연수에게 속여서 말하게 하였다. "나는 너희의 강한 신하가 그 주군을 시해하였으므로 와서 그 죄를 묻고자 하는 것이니, 곧 교전하고자 하는 것은 나의 본심이 아니다. 천자가 경계에 들어와서 말의 꼴과 양식을 중국에서 옮겨 운반할 수 없어서 너희 몇 개의 성을 빼앗아서 식량을 취하였다. 예의가 진실로 닦이면, 잃은 것은 반드시 회복시켜 줄 것이다." 연수는 이 말을 믿고 저녁이 다하도록 기다렸다. 태종이 밤중에 문무 관원들을 불러서 직접 스스로 지휘하였다. 이적과 보병·기병 1만5,000명을 파견하여 적의 서쪽 고개에 진을 치게 하고, 무기는 장군 우진달 등 정예병사 1만1,000명을 이끌고 기습병으로 삼아서 산의 북쪽에서부터 좁은 골짜기로 나와서 그들의 배후를 치게 하였으며, 황제는 스스로 보병과 기병 4,000명을 거느리고 전고와 호각을 숨기고 기치를 눕혀서 적 진영 북쪽의 높은 봉우리 위에 이르러, 여러 장수에게 칙령을 내려서 전고와 호각 소리를 들으면 일제히 진격하라고 하였다. 이어서 담당관사에 명령하여 조당의 옆에다가 항복한 사람들을 받아들이는 장막을 펼치게 하며 말하기를, "내일 오시에 여기에서 항복한 적을 받아들일 것이다."라고 하였다. 마침내 군대를 이끌고 나아갔다. (『冊府元龜』125 帝王部 125 料敵)

| 고구려 | 태종 정관19년 6월 정사일(21) 고구려의 고혜진이 무리 15만을 이끌고 와서 구원하고 안시성 동남쪽 8리에 진을 쳤다(6월21일). 황제가 이적에게 명령하여 보병을 이끌고 그들을 공격하게 하였다. 고연수의 무리가 물러나자, 장손무기가 병사를 풀어 그 뒤를 타고 태종은 또 군대를 이끌고 그에게 다가갔다. 적이 크게 무너져서 2만여 급을 참수하였다(6월22일). (『冊府元龜』126 帝王部 126 納降) |

고구려　　『구당서』 본기에 전한다. " (…) 정관19년 6월 정사일(21) 고구려의 별장 고연수·고혜진이 병사 15만을 이끌고 와서 안시성을 구원하고, 왕사에게 맞섰다. 이세적이 병사를 이끌고 떨쳐 공격하자, 황제가 높은 봉우리에서 군대를 이끌고 그곳에 다가갔다(6월21일). 고구려가 크게 무너져 죽이고 사로잡은 것이 다 기록할 수 없었다(6월

22일). 연수 등이 그 무리를 이끌고 항복하여 그로 인하여 황제가 행차한 산을 이름 지어 주필산이라고 하고, 돌에 새겨 공을 기록하였다(6월23일). 천하에 대포 2일을 하사하였다(6월25일)."(『太平御覽』109 皇王部 34 唐太宗文皇帝)

고구려 말갈 『구당서』본기에 전한다. " (…) 정관19년 6월 정사일(21) 황제가 행차한 산을 이름 지어 주필산이라고 하고, 돌에 새겨 공을 기록하였다."(…)『신당서』고려전에 전한 다. " (…) 정관19년 6월에 이 때에 고구려의 북부 녹살(傉薩) 고연수와 남부 녹살 고혜진이 병사 및 말갈 무리 15만을 끌고 와서 구원하였다. 정사일(21) 황제가 말하 였다. '그가 병사를 몰아 안시성과 이어서 벽을 쌓고, 높은 산을 점거하고 성 안에 있는 곡식을 먹으면서 말갈을 풀어서 우리들의 소와 말을 약탈하게 하는 것 같은 것은 이를 공격하면 함락시킬 수 없을 것이니, 가장 좋은 계책이다. 성 안의 무리를 빼어 밤에 떠나는 것과 같은 것이 그 중간의 계책이다. 우리와 선봉을 다투면, 그들 은 사로잡힐 것이다.' 대대로(大對盧)가 있어[관명(官名)이다.] 연수를 위하여 계책을 세워 말하였다. '내가 듣기로 중국이 어지러워 영웅들이 나란히 떨쳤는데, 진왕은 성스러운 무력으로 적이 굳게 싸우는 것도 없이 앞에 없었습니다. 마침내 천하를 평 정하여 남쪽을 향하여 황제가 되었으니, 북이와 서융이 신속하지 않음이 없었습니 다. 지금 땅을 쓸어 와서 모략을 내는 신하와 중요한 장수가 모두 있으니 그 선봉은 당할 수 없습니다. 지금 병사를 주둔시켜서 날짜를 보내며 몰래 병사를 파견하여 그 들의 양도를 끊어 버리는 것과 같은 것이 없습니다. 한 달이 지나지 않아 양식이 다 떨어지고 싸우려 해도 싸울 수 없게 되면, 돌아가려고 해도 길이 없으니 이에 취할 수 있을 것입니다.' 연수는 따르지 않고 군대를 이끌고 안시성에서 40리 떨어진 곳 에 주둔하였다.

황제가 말하기를, '적은 내 계책 속에 떨어질 것이다.'라고 하였다. 좌위대장군 아사 나사이에게 명령하여 돌궐의 기병 1,000명을 거느리고 그들과 부딪치게 하였다. 적 은 말갈의 정예병을 앞에 있게 하였는데, 사이의 병사가 교전하다가 달아났다. 연수 가 말하기를, '당은 더불어 하기에 쉬울 뿐이다.'라고 하고, 1사(舍)를 나아가서 산기 슭에 의지하여 진을 쳤다. 황제가 연수에게 조서를 내려서 말하였다. '나는 너희의 강한 신하가 그 주군을 시해하였으므로 와서 그 죄를 묻고자 하는 것이니, 교전하는 것은 나의 뜻이 아니다.' 연수는 그렇다고 여겨 갑옷을 누르고 기다렸다. 태종이 밤 중에 여러 장수를 불러서 이적으로 하여금 보병·기병 1만5,000명을 이끌고 서쪽 고 개에 진을 쳐서 적과 부딪치게 하고, 장손무기·우진달과 정예병사 1만명은 적 뒤쪽 의 좁은 골짜기에서 나오게 하였다. 기병 4,000명으로 기치를 눕혀서 적 북쪽의 산 위에 이르러, 여러 군대에 명령하기를, '북 소리를 듣고 군사를 풀어놓으라.'고 하였 다. 조당에 천막을 펼치게 하며 말하기를, '내일 낮에 여기에서 항복한 적을 받아들 일 것이다.'라고 하였다. 이날 밤에 유성이 연수의 진영 속에 떨어졌다."(『玉海』19 4 兵捷紀功碑銘附 唐駐蹕山紀功破陣圖漢武臺紀功)

고구려 정관19년에 태종을 따라 요동을 정벌하였다. 주필진(駐蹕陣)에 이르러 자주 유시(流 矢)에 맞았으나 뽑고 또 나아갔다. 그 부하 병사들이 무한한 용기로 특별한 공훈을 다 얻었다. (『舊唐書』109 列傳 59 阿史那社尒)

고구려 요동 정벌에 따라가서 유시에 맞았으나 뽑고 제거하여 다시 싸웠다. 부하들이 분발 하고 힘써 모두 공이 있었다. (『新唐書』110 列傳 35 諸夷蕃將 阿史那社尒)

고구려 아사나사이는 우군대장군(右軍大將軍)·검교북문좌둔영(檢校北門左屯營)이 되었다. 태 종이 고구려의 주필진을 정벌할 때에 둔위(屯衛)의 비기(飛騎) 및 장상(長上)하는 숙 위병사를 거느리고 분발하여 목숨을 돌보지 않으니 향하는 곳마다 앞에 아무도 없 었다. 자주 유시(流矢)에 맞았으나 뽑고 또 나아갔다. 그 부하 병사들이 그 용기가 무한하였다. (『冊府元龜』396 將帥部 57 勇敢 3 阿史那社爾)

고구려	6월 무오일(22) 고연수 등은 다만 이세적이 포진한 것만 보고, 군사를 몰아서 싸우려고 하였다. 황제가 멀리서 장손무기의 군사들이 먼지를 일으키는 것을 바라보고 전고를 치고 호각을 불며 기치를 들어 올리도록 명령하니, 여러 부대가 전고를 울리며 나란히 전진하였다. 연수 등이 크게 두려워하여 병사를 나누어 이를 막으려고 하였으나 그 진지는 이미 혼란에 빠졌다. 마침 천둥과 번개가 치는데,[14] 용문(龍門) 사람 설인귀(薛仁貴)가 기이한 복장을 입고 큰 소리를 지르며 진지를 함락시키니 향하는 곳마다 대적하는 사람이 없었다. 고구려의 병사들은 쓰러지고 대군은 이 틈을 타니, 고구려의 군사들이 크게 무너졌고 참수한 것이 2만여 급이었다. 황제가 인귀를 멀리서 바라보고 불러서 유격장군(游擊將軍)에 임명하였다. 인귀는 안도(安都)의 6세손이고 이름은 예(禮)인데 자를 사용하며 활동하였다. 연수 등은 나머지 무리를 거느리고 산에 의지하여 스스로 굳게 지켰다. 황제가 여러 군사들에게 그들을 포위하고, 장손무기에게는 교량을 모두 철거하여 그들이 돌아갈 길을 막으라고 명령하였다. (『資治通鑑』 198 唐紀 14 太宗 下之上)
고구려	정관19년 6월 무오일(22) 고연수는 이적의 병사를 보기만 하고, 더불어 싸우려고 하였다. 태종이 멀리서 장손무기의 군사들이 먼지를 일으키는 것을 바라보고 전고를 치고 호각을 불며 기치를 일제히 들어 올리도록 명령하였다. 적이 크게 두려워하여 장차 병사를 나누어 이를 받아들이려고 하였으나 그 진지는 이미 혼란에 빠졌다. 마침 천둥과 번개가 쳐서 아군의 위세를 도우니, 이적이 보병 1만명을 이끌고 그들을 공격하였다. 연수의 무리는 물러나고 장손무기는 병사를 풀어 그 뒤를 탔으며 태종은 또 군대를 끌고 그곳에 다가갔다. 적이 인하여 무너지니 2만여 급을 참수하였다. 연수 등은 나머지 적을 이끌고 산에 의지하여 스스로 지켰는데, 아군이 그들의 당류(黨類)를 공격하는 것을 돌아보니 슬피 울부짖으며 서로 불러서 그 소리가 매우 슬펐다. 이리하여 무기·적 등에게 조서를 내려 병사를 끌고 그들을 포위하고, 무기에게는 교량을 철거하여 그들이 돌아갈 길을 끊게 하였다. 태종이 고삐를 당기고 진영과 성채에 가서 보면서 시신에게 말하였다. "고구려가 나라를 들어 왔으니 존망이 달린 것인데, 한번 지휘하여 패배시키니 하늘이 우리를 도운 것이다." 이어서 말에서 내려 두 번 절하여 하늘에 감사하였다. (『冊府元龜』 117 帝王部 117 親征 2)
고구려	정관19년 6월 무오일(22) 고연수는 이적의 병사를 보기만 하고, 더불어 싸우려고 하였다. 황제가 멀리서 장손무기의 군사들이 먼지를 일으키는 것을 바라보고 전고를 치고 호각을 불며 기치를 일제히 들어 올리도록 명령하였다. 적의 무리가 크게 두려워하여 장차 병사를 나누어 이를 받아들이려고 하였으나 그 진지는 이미 혼란에 빠졌다. 마침 천둥과 번개가 쳐서 아군의 위세를 도우니, 이적이 보병 1만명을 이끌고 그들을 공격하였다. 연수의 무리는 물러나고 장손무기는 병사를 풀어 그 뒤를 탔으며 태종은 또 군대를 끌고 그곳에 다가갔다. 적이 인하여 크게 무너지니 3만여 급을 참수하였다. 연수 등은 나머지 적을 이끌고 산에 의지하여 스스로 지켰는데, 아군이 그들의 당류를 공격하는 것을 돌아보니 슬피 울부짖으며 서로 불러서 그 소리가 매우 슬펐다. 이리하여 무기·적 등에게 조서를 내려 병사를 끌고 그들을 포위하고, 무기에게는 교량을 철거하여 그들이 돌아갈 길을 끊게 하였다. 태종이 군대를 당기고 적의 진영과 성채에 가서 보면서 시신에게 말하였다. "고구려가 나라를 들어 왔으니 존망이 달린 것인데, 한번 지휘하여 패배시키니 하늘이 우리를 도운 것이다." 이어서 말에서 내려 두 번 절하여 하늘에 감사하였다. (『冊府元龜』 125 帝王部 125 料敵)

---

14) 바야흐로 부딪쳐 싸우려고 할 때에 천둥과 번개가 모두 이른 것이다.

고구려	『신당서』고려전에 전한다. "(…) 정관19년 6월 단일(旦日)[무오일(22)] 적은 이적의 군대가 적은 것을 보고, 곧 싸웠다. 황제가 장손무기의 군대에서 먼지가 올라가는 것을 바라보고 전고를 치고 호각을 불며 병사의 기치를 4번 들도록 명령하였다. 적이 당황하고 혼란스러워 장차 병사를 나누어 이를 막으려고 하였으나 무리가 이미 떠들썩하였다. 이적이 보병·창병으로 그들을 공격하여 패배시키니, 무기는 그 뒤를 탔으며 황제는 산에서 달려내려왔다. 적이 크게 어지러워지니 2만 급을 참수하였다. 연수는 나머지 무리를 거두어 산에 의지하여 스스로 굳게 지켰다. 무기·적은 합하여 그들을 포위하고, 교량을 철거하여 돌아갈 길을 끊었다. 황제가 고삐를 당기고 적의 진영과 성채를 보면서 말하였다. '고구려가 나라를 들어 왔는데, 한번 지휘하여 격파하니 하늘이 우리를 도운 것이다.' 말에서 내려 두 번 절하여 하늘에 감사하였다."(『玉海』194 兵捷紀功碑銘附 唐駐蹕山紀功破陣圖漢武臺紀功)
고구려	얼마 있다가 삼한을 방벌하라는 명령이 내려와 황제의 군대가 가볍게 정벌하니, 개미떼 같은 무리가 구름처럼 모이자 해 뜨는 곳과 마주쳐서 소굴을 뒤집었으며, 추한 무리의 창날이 △하자 푸른 파도를 무릅쓰고 적과 최후의 결전을 벌여 승패를 판가름하였다. 군대가 다투어 나아가고 거가가 친히 임하자, 왕군악(王君愕)은 직접 용감한 병사를 거느리고 먼저 날아오는 화살과 돌을 무릅쓰고 왼쪽으로 나가 오른쪽으로 들어왔다. 질풍처럼 내달리는 것이 바람보다 빨랐고, 적의 기치를 빼앗고 베며 갑자기 번개처럼 달려갔다. 소리는 백만대군처럼 크고 높았으며 용기는 3군과 같았다. 환도를 법도에 따라 바로 하겠다고 하였지만 국가를 위하여 순직한 자로서 이미 돌아온 것을 슬퍼하였다. 장차 개선의 상주문을 올리려 할 때 애통하게도 전사하여 먼저 돌아갔다. 아, 슬프도다! 정관19년 6월22일에 요동 주필산에서 돌아가시니, 나이가 51세였다. (「王君愕 墓誌銘」:『唐代墓誌滙篇續集』;『全唐文補遺』2;『全唐文新編』992; 1993 『昭陵碑石』)
고구려	정관 말년에 태종이 요동에 친정하였다. 설인귀는 장군 장사귀(張士貴)를 배알하고 모집에 응하여 따라가기를 청하였다. 안지성(安地城)에 이르러 낭장(郎將) 유군앙(劉君昂)이 있어 적에게 포위당하여 매우 위급하였는데, 인귀가 가서 그를 구원하고 말을 뛰어넘어 지름길로 앞으로 나가서 직접 적장을 베어 그 머리를 말 안장에 매달았다. 적이 모두 두려워하여 엎드리니, 인귀는 마침내 이름을 알렸다. 대군이 안지성을 공격하게 되자, 고구려 막리지(莫離支)가 장수 고연수·고혜진을 파견하여 병사 25만명을 이끌고 와서 맞서 싸우게 하니, 산에 의지하여 진을 쳤다. 태종이 여러 장수에게 나누어 명령하여 사면에서 그들을 공격하게 하였다. 인귀는 스스로 날래고 용감함을 믿고 빼어난 공을 세우고자 하여, 이에 그 복색을 다르게 하고 흰 옷을 입어 창을 잡고 허리에 활집을 차며 활을 당겨 큰 소리를 지르며 먼저 들어가니 향하는 곳마다 앞에 나서는 사람이 없었다. 적은 모두 쪼개지고 쓰러지며 물러나 달아나서 대군은 이 틈을 타니, 적이 이에 크게 무너졌다. 태종이 그를 멀리서 바라보고 치병(馳兵)을 파견하여 선봉에서 흰 옷을 입은 자가 누구인지 물었다. 특별히 불러 만나고 말 2필과 견 40필을 하사하였으며, 발탁하여 유격장군·운천부(雲泉府) 과의도위(果毅都尉)를 제수하였다. 이어서 북문의 장상(長上)으로 명령하고 아울러 생구(生口) 10인을 하사하였다. (『舊唐書』83 列傳 33 薛仁貴)
고구려	태종을 따라 요동을 정벌하였고, 겸하여 좌둔영(左屯營)의 병마를 거느렸다. 고구려와 주필산(駐蹕山)에서 싸울 때 왕군악(王君愕)은 선봉에서 진영을 함락시키고 힘껏 싸우다가 죽었다. 태종이 깊이 애통해하며 그를 애도하여 좌위대장군·유주도독(幽州都督)·형국공(邢國公)을 추증하고, 동원비기(東園秘器)를 하사하며 소릉(昭陵)에 배장(陪葬)하였다. (『舊唐書』90 列傳 40 王君愕)
고구려	왕의 군사가 안시성을 공격하자, 고구려 막리지가 장수 고연수 등을 파견하여 병사

20만명을 이끌고 맞서 싸우게 하니, 산에 의지하여 진을 쳤다. 태종이 여러 장수에게 명령하여 그들을 나누어 공격하게 하였다. 인귀는 날래고 빠름을 믿고 빼어난 공을 세우고자 하여, 이에 흰 옷을 입고 스스로 드러내어 창을 잡고 허리에 두 활을 넣은 활집을 차며 소리를 지르며 달려가니 향하는 곳마다 쪼개지고 쓰러졌다. 군대는 이 틈을 타서, 적이 마침내 달아나고 무너졌다.

태종이 멀리서 바라보고 사자를 파견하여 말달려 가서 선봉에서 흰 옷을 입은 자가 누구인지 물으니, "설인귀"라고 대답하였다. 황제가 불러 만나고 빼어남에 감탄하였다. 금백(金帛)과 생구, 말을 하사함이 매우 많았고, 유격장군·운천부 과의도위를 제수하며, 북문의 장상으로 명령하였다. (『新唐書』 111 列傳 36 薛仁貴)

| 고구려 | 태종을 따라 요동을 정벌하였고, 좌둔영의 병사를 거느렸다. 고구려와 주필산에서 싸울 때 왕진영에서 죽었다. 좌위대장군·유주도독·형국공을 추증하고, 소릉에 배장하였다. (『新唐書』 116 列傳 41 王君愕) |

| 고구려 | 설인귀는 태종의 요동 전역부터 용감함으로 알려져서, 발탁되어 유격장군·운천부 과의도위에 제수되고 이어서 북문의 장상으로 명령을 받았으며 아울러 생구 10명을 하사받았다. (『冊府元龜』 384 將帥部 45 褒異 10 薛仁貴) |

| 고구려 | 왕군악은 좌무위장군(左武衛將軍)이 되어 요동 정벌에 따라가서 싸우다가 상처를 입고 돌아왔는데, 진영에서 죽었다. 태종이 깊이 애통하며 그를 애도하여 동원비기를 하사하며 소릉에 배장하였는데 봉분의 높이가 6장이었다. (『冊府元龜』 384 將帥部 45 褒異 10 王君愕) |

| 고구려 | 설인귀는 강주(絳州) 용문 사람이다. 태종이 요동을 정벌하여 인귀는 모집에 응하여 따라갔다. 대군이 안시성을 공격하게 되자, 고구려 막리지가 장수 고연수·고혜진을 파견하여 병사 15만명을 이끌고 와서 맞서 싸우게 하니, 산에 의지하여 진을 쳤다. 태종이 여러 장수에게 나누어 명령하여 그들을 공격하게 하였다. 인귀는 스스로 날래고 용감함을 믿고 빼어난 공을 세우고자 하여, 이에 그 복색을 바꾸어 흰 옷을 입어 창을 잡고 허리에 활집을 차며 활을 당겨 큰 소리를 지르며 먼저 들어가니 향하는 곳마다 쓰러졌다. 대군은 이 틈을 타니, 적이 이에 크게 무너졌다. (『冊府元龜』 396 將帥部 57 勇敢 3 薛仁貴) |

| 고구려 | 왕군악은 좌무위장군이 되어 태종을 따라 요동을 정벌하였는데, 겸하여 좌둔영의 병사를 거느렸다. 고구려와 주필산에서 싸울 때 군악은 선봉에서 진영을 함락시키고 마침내 적과 단병(短兵)으로 서로 접하였다. 적은 술부(鈘斧)로 그를 공격하여 말에서 떨어뜨리니, 측근에서 연계하지 못하여 돌아오기 어려운 지경에 이르렀다가 진영에서 죽었다. 태종이 깊이 애통하며 그를 안타까워 하여 측근 중 연좌되어 죽은 자가 여러 명이었다. 아들 급선(及善)이 후사가 되어 조산대부(朝散大夫)에 임명되었다. (『冊府元龜』 425 將帥部 86 死事 王君愕) |

| 고구려 | 당 태종이 요동을 정벌할 때에 진영에 머물렀다. 설인귀는 흰 옷을 입고 창을 잡으며 활집을 차고 활을 당기면서 크게 소리치니, 향하는 곳마다 적이 쓰러졌다. 태종이 말하기를, "짐이 요동을 얻은 것은 기쁘지 않으나, 경을 얻은 것은 기쁘다."라고 하였다. (『太平廣記』 191 驍勇 1 薛仁貴) |

| 고구려 | 정관 말년에 태종이 요동에 친정하였다. 설인귀는 모집에 응하여 종군하였는데, 여러번 발탁되어 우령군중랑장(右領軍中郎將)이 되었다. (『全唐文』 159 薛仁貴 序) |

| 고구려 | 6월 기미일(23) 고구려를 안시성 동남쪽 산에서 크게 패배시켰다. 좌무위장군 왕군악이 그곳에서 죽었다. (『新唐書』 2 本紀 2 太宗) |

| 고구려 말갈 | 6월 기미일(23) 고연수·고혜진은 그 무리 3만6,800명을 이끌고 항복을 받아달라고 청하였고,[15] 군문(軍門)에 들어와서 무릎으로 기어서 앞으로 나와서 절하고 엎드려 |

서 목숨을 살려달라고 청하였다. 황제가 그에게 말하였다. "동이(東夷)의 어린아이가 바다 근처에서 뛰어들어서 견고한 것을 꺾고 승부를 결정하기에 이르렀다. 그러므로 마땅히 노인에게 미치지는 않을 것인데 지금부터 다시 감히 천자와 싸우겠는가?" 모두가 땅에 엎드려서 대답을 할 수 없었다. 황제는 욕살 이하 추장 3,500명을 뽑아서 무산계(武散階)를 제수하여 내지로 옮겨버리고, 나머지는 모두 놓아주어서 평양으로 돌아가게 하였는데 모두가 두 손을 들고서 땅에 이마를 대고 환호하니 그 소리가 수십리 밖까지 들렸다. 말갈의 3,300명은 붙잡아서 모두 묻어버렸다.[16] 획득한 말은 5만 필이고 소는 5만 두이며 철갑은 1만 벌이고 다른 기계도 이와 같았다. 고구려에서는 온 나라가 크게 놀랐고 후황성(後黃城)·은성(銀城)은 모두 스스로 빼서 달아나니, 수백리 사이에는 다시 사람과 연기가 나지 않았다. 황제가 역참으로 편지를 써서 태자에게 알리고 이로 인하여 고사렴 등에게도 편지를 보내기를, "짐이 장수가 되어 이와 같이 하였는데 어떠한가?"라고 하였다.[17] 행차하였던 산의 이름을 바꾸어 주필산(駐蹕山)이라고 하였다.[18] (『資治通鑑』 198 唐紀 14 太宗 下之上)

고구려 말갈
정관19년 6월 기미일(23) 고연수·고혜진은 3만6,800명을 이끌고 항복을 받아달라고 청하였다. 태종이 원문(轅門)으로 들어오게 하자, 연수는 무릎으로 기어서 앞으로 나와서 절하고 직접 목숨을 살려달라고 청하였다. 태종이 연수 등에게 말하였다. "동이의 어린아이가 터무니없이 견고한 것을 꺾고 적을 격파하기에 이르렀다. 그러므로 마땅히 노인에게 미치지는 않을 것인데 지금부터 다시 감히 천자와 싸우겠는가?" 연수 등이 모두 땅에 엎드려서 대답을 할 수 없었다. 태종은 누살 이하 추장 3,500명을 뽑아서 무산계를 제수하여 내지로 옮겨버리고, 나머지 무리 3만여 명은 모두 포로를 석방하여 평양으로 돌아가게 하였다. 그들은 천자에게 은혜를 감사하여 모두가 두 손을 들고서 땅에 이마를 대고 환호하니 그 소리가 수천리 밖까지 들렸다. 말갈의 3,300명은 모두 묻어서 죽였다. 획득한 말은 5만 필이고 소는 5만 두이며 광명갑(光明甲)은 1만 벌이고 다른 전쟁용 기계도 이와 같았다. 요동도행군대총관 이적이 아뢰었다. "지난번에 만약 폐하가 스스로 친정하지 않았다면, 신이 도종과 수만명을 거느리고 안시성을 공격하였으나 이기지 못하였을 것입니다. 연수 등 10여만이 창을 빼서 일제히 이르면 성 안의 병사가 다시 응하여 문을 열고 나와서 수미(首尾)를 구원할 것이니, 발을 돌리면 곧 패하여 반드시 연수 등에게 묶여 보내지고 평양으로 향하여 막리지 등에게 웃음거리가 되었을 것입니다. 지금 신은 감히 폐하의 성명(性命)과 은택(恩澤)에 감사드립니다." 태종이 평소 이적에게 익숙하여 웃으며 끄덕였다.
연수·혜진 등이 패하자, 고구려에서는 온 나라가 크게 놀랐고 후황성·은성은 모두 스스로 빼니, 수백리 사이에는 다시 사람과 연기가 나지 않았다. 황제가 역참으로 편지를 써서 태자에게 답신하고 이로 인하여 신국공(申國公) 고사렴 등에게도 편지를 보내기를, "짐이 장수가 되어 이와 같이 하였는데 어떠한가?"라고 하였다. 황태자가 표문을 올려 청하였다. "엎드려 받들건대 성스러운 몸이 직접 적의 성과 100

---

15) 고이(考異)에 전한다. "실록(實錄)에 전한다. '이적이 아뢰었다. 「지난 번에 만약 폐하께서 스스로 직접 가시지 않았다면, 신이 도종과 수만 명을 거느리고 안시성을 거느리고 공격하여 이기지 못하여 연수 등 10여 만이 창을 빼고 가지런히 이르렀으니, 성 안의 병사는 응당 다시 문을 열고 나왔을 것입니다. 신은 앞과 뒤를 구원하다가 발걸음을 돌리고 곧 패하여, 반드시 연수 등에게 포박되어 평양으로 보내졌을 것이고 막리지 등에게 웃음거리가 되었을 것입니다. 오늘 신이 감히 폐하의 성명과 은택에 감사합니다.」 황제는 평소 이적에게 익숙하여 웃으며 끄덕였다.' 적이 뒤에서 홀로 병사를 거느리고 고구려를 취하는 것을 생각건대 어찌 반드시 태종이 직접 갔겠는가? 이것은 사관이 헛되이 아름답게 한 것이 아니라, 곧 이적이 아첨하는 말일 뿐이다. 지금은 취하지 않는다."
16) 말갈이 진영을 범하였기 때문이다.
17) 역사에서는 태종이 공을 뽐내는 마음이 있음을 말한다.
18) 구사(舊史)에 의거하면, 그 산은 본래 이름이 육산(六山)이다.

보밖에 떨어지지 않았으니, 신은 혼이 날아가고 담이 떨려서 스스로 둘 곳을 모를 것입니다. 엎드려 바라건대 종묘·사직의 무거움을 생각하시고 억조를 마음으로 삼으셔서 뇌정(雷霆)의 위세를 거두고 시석(矢石)의 밖에 계셨으면 합니다. 신의 어리석은 정성을 감히 죽음으로 논합니다." 이 말을 듣자 답신하였다. "내가 처음 적진으로 향하였을 때 마음은 싸워서 공격하는 것에 전부 있었지만, 너의 말을 기억하기 때문에 부월(斧鉞)을 잡지 않았다. 만약 네가 장차 크게 결전하지 않는다면, 이 후에는 반드시 직접 진영에 가지 않을 것이니, 걱정하지 말아라." 이어서 행차하였던 산의 이름을 주필산이라고 하였다. 장작감(將作監)으로 하여금 파진도(破陣圖)를 만들게 하고, 아울러 중서시랑(中書侍郎) 허경종(許敬宗)에게 명령하여 글을 짓게 하여 돌에 새겨 그 흔적을 기록하였다. (『冊府元龜』 117 帝王部 117 親征 2)

고구려 정관19년 6월 기미일(23) 고연수·고혜정이 3만6,800명을 이끌고 항복을 받아달라고 청하였다. (『冊府元龜』 125 帝王部 125 料敵)

고구려 말갈 태종 정관19년 6월 기미일(23) 고연수·고혜진은 3만6,000여 명을 이끌고 항복을 받아달라고 청하였다. 황제가 원문으로 들어오게 하자, 연수는 무릎으로 기어서 앞으로 나와서 절하고 직접 목숨을 살려달라고 청하였다. 황제가 연수 등에게 말하였다. "동이의 어린아이가 터무니없이 견고한 것을 꺾고 적을 격파하기에 이르렀다. 그러므로 마땅히 노인에게 미치지는 않을 것인데 지금부터 다시 감히 천자와 싸우겠는가?" 연수 등이 모두 땅에 엎드려서 대답을 할 수 없었다. 누살 이하 추장 3,500명에게 무산계를 제수하여 내지로 옮겨버리고, 나머지 사람들은 모두 포로를 석방하여 평양으로 돌아가게 하였다. 그들은 천자에게 은혜를 감사하여 모두가 두 손을 들고서 땅에 이마를 대고 환호하니 그 소리가 수십리 밖까지 들렸다. 말갈의 3,300명을 거두어 모두 묻어서 죽였다. 획득한 말은 5만 필이고 소는 5만 두이며 광명갑은 1만 벌이고 다른 전쟁용 기계도 이와 같았다. (『冊府元龜』 126 帝王部 126 納降)

고구려 말갈 『신당서』 태종본기에 전한다. " (…) 정관19년 6월 기미일(23) 고구려를 안시성 동남쪽 산에서 크게 패배시켰다." (…) 『신당서』 고려전에 전한다. " (…) 정관19년 6월에 고연수 등은 형세가 다하였다고 생각하여 무리를 들어 항복하고[기미일(23)], 원문으로 들어가 무릎으로 기어서 앞으로 나와서 절하고 직접 목숨을 살려달라고 청하였다. 황제가 말하기를, "나중에 감히 천자와 싸우겠는가?"라고 하자, 두려워하며 땀을 흘려 감히 대답하지 못하였다. 황제는 추장 3,500명에게 모두 관작을 제수하여 내지로 옮기는 것을 허락하고, 나머지 무리 3만 명은 모두 풀어주어 돌아가게 하였다. 말갈의 3,000여 명은 주살하였다. 획득한 말과 소는 10만이고 명광개(明光鎧)는 1만 벌이었다. 고구려가 크게 놀라 후황성(后黃城)·은성의 두 성은 스스로 빼니, 수백리 사이에는 다시 사람과 연기가 나지 않았다. 이에 역참으로 편지를 써서 태자에게 조서를 내리고 아울러 여러 신하에게도 편지를 보내기를, "짐이 장수가 되어 이와 같이 하였는데 어떠한가?"라고 하였다. 이어서 행차하였던 산을 불러 주필산이라고 하였다. 진을 격파한 상황을 그리게 하고,[장작감으로 하여금 파진도를 만들게 하였다.] 돌에 새겨 그 공을 기록하였다." (…) 『신당서』 양홍례전(楊弘禮傳)에 전한다. " (…) 양홍례(楊弘禮)는 주필산의 전역에서 보기 24군을 거느리고 적의 뒤로 뛰어나가 향하는 곳마다 적이 꺾이고 쓰러졌다. 황제가 산 아래에서 그 무리를 바라보았다. 유홍기(劉弘基)는 주필산에서 싸워 공이 있었다. 이적은 주필산에서 따라 싸워 공이 많았다." (『玉海』 194 兵捷紀功碑銘附 唐駐蹕山紀功破陣圖漢武臺紀功)

고구려 말갈 정관19년 6월에 거가가 안시성 북쪽에 나아가 주둔하여, 진영을 줄세우고 병사를 진격시켜 공격하였다(6월20일). 고구려의 북부 녹살(傉薩)인 고연수와 남부 누살(耨薩) 고혜정(高惠貞)이 고구려와 말갈의 무리 15만 명을 이끌고 와서 안시성을 구원하였다. 적 중에 대로(對盧)가 있어 나이가 많고 일을 잘 익혔는데, 연수에게 말하였다. "내가 듣기로 중국이 크게 어지러워 영웅들이 나란히 일어났는데, 진왕은 신이한 무력으로 향하는 곳마다 적이 없었습니다. 마침내 천하를 평정하여 남쪽을 향하여 황제가 되었으니, 북이는 복속을 청하고 서융은 정성을 바쳤습니다. 지금 나라를 기울여 이르렀고 맹장과 정예병이 모두 여기에 모였으니, 그 선봉은 당할 수 없습니다. 지금 계책을 세운다면 군사를 주둔시켜서 싸우지 않고 날짜를 보내며 오래 버티면서 효웅을 나누어 파견하여 그들의 운반로를 잘라 버리는 것과 같은 것이 없습니다. 한 달이 지나지 않아 군량이 반드시 다 떨어지고 싸우려 해도 싸울 수 없게 되면, 돌아가려고 해도 길이 없으니 이것은 싸우지 않고 승리를 취하는 것입니다." 연수는 따르지 않고 군대를 이끌고 곧바로 나아갔다.

태종이 밤중에 여러 장수들을 불러서 몸소 스스로 지휘하고, 이적을 파견하여 보병과 기병 1만5,000명을 이끌고 성의 서쪽 고개에 진을 치게 하였고, 장손무기는 우진달 등 정예병사 1만1,000명을 이끌고 기습병으로 삼아서 산의 북쪽에서 좁은 골짜기로 나와서 그들의 배후를 치게 하였으며, 태종은 스스로 보병과 기병 4,000명을 거느리고 전고와 호각을 숨기고 기치를 눕혀서 적 진영 북쪽의 높은 봉우리 위에 이르러, 여러 부대에 명령하여 전고와 호각 소리를 들으면 일제히 군사를 풀어놓으라고 하였다. 이어서 유사에게 명령하여 조당의 옆에다가 항복한 사람들을 받아들이는 장막을 치게 하며 말하기를, "내일 오시에 여기에서 항복한 적을 받아들일 것이다."라고 하였다. 마침내 군대를 이끌고 나아갔다(6월21일).

다음날 연수는 이적의 병사를 보기만 하고, 더불어 싸우려고 하였다. 태종이 멀리서 장손무기의 군사들이 먼지를 일으키는 것을 바라보고 전고를 치고 호각을 불며 기치를 일제히 들어 올리도록 명령하였다. 적의 무리가 크게 두려워하여 장차 병사를 나누어 이를 막으려고 하였으나 그 진지는 이미 혼란에 빠졌다. 이적이 보병과 장창병 1만명으로 그들을 공격하였다. 연수의 무리는 패하고 장손무기는 병사를 풀어 그 뒤를 탔으며 태종은 또 산에서 내려와 군대를 끌고 그곳에 다가갔다. 적이 인하여 크게 무너지니 1만여 급을 참수하였다. 연수 등은 나머지 적을 이끌고 산에 의지하여 스스로 지켰다. 이리하여 무기·적 등에게 명령하여 병사를 끌고 그들을 포위하고, 동천(東川)의 교량을 철거하여 돌아갈 길을 끊게 하였다. 태종이 고삐를 당기고 천천히 가서 적의 진영과 성채를 보면서 시신에게 말하였다. "고구려가 나라를 들어왔으니 존망이 달린 것인데, 한번 지휘하여 패배시키니 하늘이 우리를 도운 것이다." 이어서 말에서 내려 두 번 절하여 하늘에 감사하였다(6월22일).

연수·혜진이 15만6,800명을 이끌고 항복하였다. 태종이 원문으로 끌고 들어오게 하자, 연수 등이 무릎으로 기어서 앞으로 나와서 절하고 직접 목숨을 살려달라고 청하였다. 태종이 녹살 이하 추장 3,500명을 뽑아 무산계를 제수하여 내지로 옮기게 하고, 말갈의 3,300명을 거두어 모두 묻어버렸으며, 나머지 무리는 풀어주어 평양으로 돌려보냈다. 획득한 말은 3만 필, 소는 5만 두이고 명광갑(明光甲)은 5,000벌이었고 다른 기계도 이와 같았다. 고구려가 크게 놀라 후황성 및 은성이 모두 스스로 빼니, 수백리 사이에는 다시 사람과 연기가 나지 않았다. 이어서 행차하였던 산의 이름을 주필산이라고 하였다. 장작감으로 하여금 파진도를 만들게 하고, 중서시랑 허경종에게 명령하여 글을 짓게 하여 돌에 새겨 그 공을 기록하였다(6월23일). 고연수에게 홍려경(鴻臚卿)을 고혜진에게 사농경(司農卿)을 제수하였다(7월22일). (『舊唐書』 199上 列傳 149上 高麗)

고구려 말갈   정관19년 6월에 마침내 군대를 끌고 안시성에 주둔하고, 병사를 진격시켜 그곳을 공격하였다(6월20일). 때마침 고구려의 북부 녹살 고연수와 남부 고혜진이 말갈의 무리 15만을 이끌고 와서 구원하였는데, 안시성 동남쪽 8리에 산에 의거하여 진을 쳤다. 황제는 유사에게 명령하여 조당의 옆에다가 항복한 사람들을 받아들이는 장막을 치게 하였다. 밤에는 문무 관원을 불러 몸소 스스로 지휘하였다. 이날 밤에 유성이 있어 적의 진영 속에 떨어졌다(6월21일). 다음날 싸우게 되자 그들을 크게 격파하였다(6월22일). 연수·혜진이 3만6,800명을 이끌고 와서 항복하였다. 황제가 추장 3,500명에게 무산계를 제수하여 내지로 옮기게 하고, 나머지 3만 명은 모두 풀어주어 평양성으로 돌려보냈으며, 말갈의 3,000명은 모두 묻어버렸다. 획득한 말은 5만 필, 소는 5만 두이고 갑옷은 1만 벌이었다. 이어서 행차하였던 산의 이름을 주필산이라고 하였다. 허경종에게 명령하여 글을 짓게 하여 돌에 새겨 그 흔적을 기록하였다(6월23일). (『通典』186 邊防 2 東夷 下 高句麗)

고구려 말갈　정관19년 6월에 마침내 군대를 끌고 안시성에 주둔하고, 병사를 진격시켜 그곳을 공격하였다(6월20일). 때마침 고구려의 북부 누살 고연수와 남부 고혜진이 말갈의 무리 15만을 이끌고 와서 구원하였는데, 안시성 동남쪽 8리에 산에 의거하여 진을 쳤다. 황제는 유사에게 명령하여 조당의 옆에다가 항복한 사람들을 받아들이는 장막을 치게 하며 말하기를, "내일 오시에 여기에서 항복한 적을 받아들일 것이다."라고 하였다. 황제는 밤에 문무 관원을 불러 몸소 스스로 지휘하였다. 이날 밤에 유성이 있어 적의 진영 속에 떨어졌다(6월21일). 다음날 싸우게 되자 그들을 크게 격파하였다(6월22일). 연수·혜진이 3만6,800명을 이끌고 와서 항복하였다. 황제가 추장 3,500명에게 무산계를 제수하여 내지로 옮기게 하고, 나머지 3만 명은 모두 풀어주어 평양성으로 돌려보냈으며, 말갈의 3,300명을 거두어 모두 묻어버렸다. 획득한 말은 5만 필, 소는 5만 두이고 갑옷은 1만 벌이었다. 이어서 행차하였던 산의 이름을 주필산이라고 하였다. 허경종에게 명령하여 글을 짓게 하여 돌에 새겨 그 흔적을 기록하였다(6월23일). (『唐會要』95 高句麗)

고구려 말갈　정관19년 6월에 마침내 군대를 끌고 안시성에 주둔하고, 병사를 진격시켜 그곳을 공격하였다(6월20일). 때마침 고구려의 북부 녹살 고연수와 남부 고혜진이 말갈의 무리 15만을 이끌고 와서 구원하였는데, 안시성 동남쪽 8리에 산에 의거하여 진을 쳤다. 황제는 유사에게 명령하여 조당의 옆에다가 항복한 사람들을 받아들이는 장막을 치게 하였다. 밤에는 문무 관원을 불러 몸소 스스로 지휘하였다. 이날 밤에 유성이 있어 적의 진영 속에 떨어졌다(6월21일). 다음날 싸우게 되자 그들을 크게 격파하였다(6월22일). 연수·혜진이 3만6,800명을 이끌고 와서 항복하였다. 황제가 추장 3,500명에게 무산계를 제수하여 내지로 옮기게 하고, 나머지 3만 명은 모두 풀어주어 평양성으로 돌려보냈으며, 말갈의 3,000명은 모두 묻어버렸다. 획득한 말은 5만 필, 소는 5만 두이고 갑옷은 1만 벌이었다. 이어서 행차하였던 산의 이름을 주필산이라고 하였다. 허경종에게 명령하여 글을 짓게 하여 돌에 새겨 그 흔적을 기록하였다(6월23일). (『太平寰宇記』173 四夷 2 東夷 2 高勾驪)

고구려　정관19년 6월에 황제가 고구려에 친정하여 안시성에 주둔하였다(6월20일). 고구려의 별장 고연수 등이 병사 15만을 이끌고 왕의 군사에게 맞섰다. 대총관 이세적이 병사를 이끌고 떨쳐 공격하였고, 황제는 높은 봉우리에서 군대를 이끌고 그곳에 다가 갔다(6월21일). 죽이고 사로잡은 것이 다 기록할 수 없었다(6월22일). 연수 등이 그 무리를 데리고 항복하였다. 이어서 행차하였던 산의 이름을 주필산이라고 하고, 돌에 새겨 그 공을 기록하였다(6월23일). (『冊府元龜』12 帝王部 12 告功)

고구려　『신당서』태종본기에 전한다. " (…) 정관19년 6월에 고구려를 안시성 동남쪽 산에서 패배시켰다."(『玉海』162 宮室臺 唐紀功漢武臺)

고구려 말갈　황제가 안시성에 이르러 병사를 진격시켜 그곳을 공격하였다(6월20일).
　　　　　　 고구려의 북부 누살(耨薩) 고연수와 남부 누살 고혜진이 아군 및 말갈의 병사 15만 명을 이끌고 안시성을 구원하였다. 황제가 시신(侍臣)에게 말하였다. "지금 연수의 계책은 3가지가 있을 것이다. 군사를 이끌고 곧바로 앞으로 나와서 안시성과 이어서 보루를 쌓으며, 높은 산의 험한 곳을 점거하고 성 안에 있는 곡식을 먹다가 말갈을 풀어서 우리들의 소와 말을 약탈하게 하는 것이다. 이를 공격하여도 갑자기 함락시킬 수 없을 것이고 돌아가려고 하여도 진흙벌판에 막히게 되어서 앉아서 우리 군사를 곤란하게 하는 것이니, 가장 좋은 계책이다. 성 안의 있는 무리를 빼어 이들과 더불어 숨어 버리는 것이 중간의 계책이다. 지혜와 능력을 헤아리지 못하고 와서 우리와 싸우는 것이 가장 나쁜 계책이다. 경들이 그들을 보건대 저들은 반드시 가장 나쁜 계책을 낼 것이고, 내 눈 앞에서 사로잡힐 것이다." 이 때에 대로 고정의(高正義)는 나이가 많고 일을 잘 익혔는데, 연수에게 말하였다. "진왕은 안으로는 여러 영웅들을 제거하고 밖으로는 이적들을 복종시키고서 홀로 즉위하여 황제가 되었으니, 이는 천명을 받은 인재입니다. 지금 해내에 있는 무리에 의거하여 왔으니 대적할 수 없습니다. 우리를 위하여 계책을 세운다면 군사를 주둔시켜서 싸우지 않고 날짜를 보내며 오래 버티면서 기습병을 나누어 파견하여 그들의 운반로를 잘라 버리는 것과 같은 것이 없습니다. 양식이 이미 다 떨어지고 싸우려 해도 싸울 수 없게 되면, 돌아가려고 해도 길이 없으니 이에 승리할 수 있습니다." 연수는 따르지 않고 군대를 이끌고 곧바로 나아가서 안시성에서 40리 떨어진 곳까지 갔다.

황제는 그가 머리를 숙이고 배회하며 오지 않을까 걱정하여 대장군 아사나사이에게 명령하여 돌궐의 기병 1,000명을 거느리고 그들을 유인하게 하고, 병사들이 처음에는 접전하다가 거짓으로 도망하게 하였다. 연수가 말하기를, "더불어 하기에 쉬울 뿐이다."라고 하고, 다투어 나아가 이 기회를 탔다. 안시성 동남쪽 8리에 이르러 산에 의지하여 진을 쳤다. 황제가 여러 장수를 모두 불러 계책을 묻자, 장손무기가 대답하였다. "신이 듣건대 적을 만나서 장차 싸우려고 하면 반드시 먼저 사졸들의 마음을 살펴야 한다고 합니다. 신이 여러 진영을 거쳐서 돌아보았는데, 사졸들이 고구려가 도착하였다는 소식을 듣고 모두가 칼을 뽑고 깃발을 묶으며 안색에는 기뻐하는 모습을 보았습니다. 이는 반드시 승리할 군대입니다. 폐하께서는 아직 관례를 치르시기 전에도 직접 군진에서 생활하시면서 대체로 기이한 계책을 내어 제압하고 승리하였으니, 모두가 황제께서 성스러운 계책을 내려주시면 여러 장수들은 받들어 처리할 뿐입니다. 오늘의 일은 폐하께서 쫓아가야 할 것을 지적하여 주시기를 빕니다." 황제가 웃으면서 말하였다. "여러 공이 이와 같이 양보하는 모습을 보이니, 짐이 마땅히 여러 공을 위하여 생각해 보겠다." 이에 무기 등과 더불어 수백의 기병으로 따르게 하면서 높은 곳에 올라가서 그들을 바라보고, 산천의 형세와 병사가 매복할 수 있는 곳과 들락나락할 곳을 살펴보았다. 아군과 말갈이 병사를 합하여 진을 쳤는데 길이가 40리였다. 황제가 그것을 보고 두려워하는 기색이 있자, 강하왕 도종이 말하였다. "고구려는 온 나라를 다 기울여서 왕의 군사를 막고 있으니 평양의 수비는 반드시 약할 것입니다. 바라건대 신에게 정예병사 5,000명을 빌려주어서 그들의 뿌리가 되는 본거지를 뒤집어 엎게 한다면, 수십만명의 무리라도 싸우지 않고 항복하게 할 수 있을 것입니다." 황제가 호응하지 않고, 사신을 파견하여 연수에게 속여서 말하게 하였다. "나는 너희 나라의 강한 신하가 그 주군을 시해하였으므로 와서 그 죄를 묻고자 하는 것이니, 교전하기에 이르는 것은 나의 본심이 아니다. 너희 경계에 들어와서 말의 꼴과 양식이 보급되지 않았던 까닭에 너희 몇 개의 성을 빼앗았지만, 너희 나라에서 신하로서의 예의를 닦는 것을 기다리는 것이니, 잃은 것은 반드시 회복시켜 줄 것이다." 연수는 이 말을 믿고 다시 대비하지 않았다. 황제가 밤중에 문무 관원들을 불러서 일을 계획하고, 이세적에게 명령하여 보병과 기병 1만 5,000명을 거느리고 서쪽 고개에 진을 치게 하였고, 장손무기·우진달은 정예병사 1만1,000명을 거느리고 기습병으로 삼아서 산의 북쪽에서 좁은 골짜기로 나와서 그들의 배후를 치게 하였으며, 황제는 스스로 보병과 기병 4,000명을 거느리고 전고와 호각을 끼고 기치를 눕혀서 산에 올라갔다. 황제는 여러 부대에 칙령을 내려서 전고와 호각 소리를 들으면 일제히 나와서 분발하여 공격하라고 하였다. 이어서 유사에게 명령하여 조당의 옆에다가 항복한 사람들을 받아들이는 장막을 치게 하였다. 이날 밤에 유성이 연수의 진영에 떨어졌다(6월21일).

단일에 연수 등은 이세적의 군이 적은 것만 보고, 군사를 몰아서 싸우려고 하였다. 황제가 무기의 군사들이 먼지를 일으키는 것을 바라보고 전고를 치고 호각을 불며 기치를 들어 올리도록 명령하니, 여러 부대가 전고를 울리며 나란히 전진하였다. 연수 등이 두려워하여 병사를 나누어 이를 막으려고 하였으나 그 진지는 이미 혼란에 빠졌다. 마침 천둥과 번개가 치는데, 용문 사람 설인귀가 기이한 복장을 입고 큰 소리를 지르며 진지를 함락시키니 향하는 곳마다 대적하는 사람이 없었다. 아군은 쓰러지고 대군은 이 틈을 타니, 아군이 크게 무너졌고 죽은 자가 3만여 명이었다. 황제가 인귀를 바라보고 유격장군에 임명하였다. 연수 등은 나머지 무리를 거느리고 산에 의지하여 스스로 굳게 지켰다. 황제가 여러 군사들에게 그들을 포위하고, 장손무기에게는 교량을 모두 철거하여 그들이 돌아갈 길을 끊으라고 명령하였다(6월22일)

연수·혜진이 그 무리 3만6,800명을 이끌고 항복을 받아주기를 청하였다. 군문에 들어와 절하고 엎드려 목숨을 살려달라고 청하였다. 황제가 누살 이하 관장(官長) 3,500명을 뽑아 내지로 옮기게 하고, 나머지 무리는 모두 풀어주어 평양으로 돌아가게 하였으며, 말갈의 3,300명을 거두어 모두 묻어버렸다. 획득한 말은 5만 필, 소는 5만 두이고 명광개는 1만 벌이었고 다른 기계도 이와 같았다. 다시 행차하였던 산의 이름을 주필산이라고 하였다(6월23일). 고연수를 홍려경으로, 고혜진을 사농경으로 삼았다(7월22일). (『三國史記』21 高句麗本紀 9 寶臧王 上)

고구려 말갈 신라

황제가 안시성에 이르러 병사를 진격시켜 그곳을 공격하였다(6월20일).

고구려의 북부 누살 고연수와 남부 누살 고혜진이 고구려군 및 말갈의 병사 15만 명을 이끌고 안시성을 구원하였다. 황제가 시신에게 말하였다. "지금 연수의 계책은 3가지가 있을 것이다. 군사를 이끌고 곧바로 앞으로 나와서 안시성과 이어서 보루를 쌓으며, 높은 산의 험한 곳을 점거하고 성 안에 있는 곡식을 먹다가 말갈을 풀어서 우리들의 소와 말을 약탈하게 하는 것이다. 이를 공격하여도 갑자기 함락시킬 수 없을 것이고 돌아가려고 하여도 진흙벌판에 막히게 되어서 앉아서 우리 군사를 곤란하게 하는 것이니, 가장 좋은 계책이다. 성 안의 있는 무리를 빼어 이들과 더불어 숨어 버리는 것이 중간의 계책이다. 지혜와 능력을 헤아리지 못하고 와서 우리와 싸우는 것이 가장 나쁜 계책이다. 경들이 그들을 보건대 저들은 반드시 가장 나쁜 계책을 낼 것이고, 내 눈 앞에서 사로잡힐 것이다." 이 때에 대로 고정의는 나이가 많고 일을 잘 익혔는데, 연수에게 말하였다. "진왕은 안으로는 여러 영웅들을 제거하고 밖으로는 이적들을 복종시키고서 홀로 즉위하여 황제가 되었으니, 이는 천명을 받은 인재입니다. 지금 해내에 있는 무리에 의거하여 왔으니 대적할 수 없습니다. 우리를 위하여 계책을 세운다면 군사를 주둔시켜서 싸우지 않고 날짜를 보내며 오래 버티면서 기습병을 나누어 파견하여 그들의 운반로를 잘라 버리는 것과 같은 것이 없습니다. 양식이 이미 다 떨어지고 싸우려 해도 싸울 수 없게 되면, 돌아가려고 해도 길이 없으니 이에 승리할 수 있습니다." 연수는 따르지 않고 군대를 이끌고 곧바로 나아가서 안시성에서 40리 떨어진 곳까지 갔다.

황제는 그가 머리를 숙이고 배회하며 오지 않을까 걱정하여 대장군 아사나사이에게 명령하여 돌궐의 기병 1,000명을 거느리고 그들을 유인하게 하고, 병사들이 처음에는 접전하다가 거짓으로 도망하게 하였다. 연수가 말하기를, "더불어 하기에 쉬울 뿐이다."라고 하고, 다투어 나아가 이 기회를 탔다. 안시성 동남쪽 8리에 이르러 산에 의지하여 진을 쳤다. 황제가 여러 장수를 모두 불러 계책을 묻자, 장손무기가 대답하였다. "신이 듣건대 적을 만나서 장차 싸우려고 하면 반드시 먼저 사졸들의 마음을 살펴야 한다고 합니다. 신이 여러 진영을 거쳐서 돌아보았는데, 사졸들이 고구려가 도착하였다는 소식을 듣고 모두가 칼을 뽑고 깃발을 묶으며 안색에는 기뻐하는 모습을 보았습니다. 이는 반드시 승리할 군대입니다. 폐하께서는 아직 관례를 치르시기 전에도 직접 군진에서 생활하시면서 대체로 기이한 계책을 내어 제압하고 승리하였으니, 모두가 황제께서 성스러운 계책을 내려주시면 여러 장수들은 받들어 처리할 뿐입니다. 오늘의 일은 폐하께서 쫓아가야 할 것을 지적하여 주시기를 빕니다." 황제가 웃으면서 말하였다. "여러 공이 이와 같이 양보하는 모습을 보이니, 짐이 마땅히 여러 공을 위하여 생각해 보겠다." 이에 무기 등과 더불어 수백의 기병으로 따르게 하면서 높은 곳에 올라가서 그들을 바라보고, 산천의 형세와 병사가 매복할 수 있는 곳과 들락나락할 곳을 살펴보았다. 고구려군과 말갈이 병사를 합하여 진을 쳤는데 길이가 40리였다. 황제가 그것을 보고 두려워하는 기색이 있자, 강하왕 도종이 말하였다. "고구려는 온 나라를 다 기울여서 왕의 군사를 막고 있으니 평양의 수비는 반드시 약할 것입니다. 바라건대 신에게 정예병사 5,000명을 빌려주어서 그들의 뿌리가 되는 본거지를 뒤집어 엎게 한다면, 수십만명의 무리라도 싸우지 않고 항복하게 할 수 있을 것입니다." 황제가 호응하지 않고, 사신을 파견하여 연수에게 속여서 말하게 하였다. "나는 너희 나라의 강한 신하가 그 주군을 시해하였으므로 와서 그 죄를 묻고자 하는 것이니, 교전하기에 이르는 것은 나의 본심이 아니다. 너희 경계에 들어와서 말의 꼴과 양식이 보급되지 않았던 까닭에 너희 몇 개의 성을 빼앗았지만, 너희 나라에서 신하로서의 예의를 닦는 것을 기다리는 것이니, 잃은 것은 반드시 회복시켜 줄 것이다." 연수는 이 말을 믿고 다시 대비하지 않았다. 황제가 밤중에 문무 관원들을 불러서 일을 계획하고, 이세적에게 명령하여 보병과 기병 1만5,000명을 거느리고 서쪽 고개에 진을 치게 하였고, 장손무기·우진달은 정예병사 1만1,000명을 거느리고 기습병으로 삼아서 산의 북쪽에서 좁은 골짜기로 나와서 그들의 배후를 치게 하였으며, 황제는 스스로 보병과 기병 4,000명을 거느리고 전고와 호각을 끼고 기치를 눕혀서 산에 올라갔다. 황제는 여러 부대에 칙령을 내려서 전고와 호각 소리를 들으면 일제히 나와서 분발하여 공격하라고 하였다. 이어서 유사에게 명령하여 조당의 옆에다가 항복한 사람들을 받아들이는 장막을 치게 하였다. 이날 밤에 유성이 연수의 진영에 떨어졌다(6월21일).

단일에 연수 등은 이세적의 군이 적은 것만 보고, 군사를 몰아서 싸우려고 하였다. 황제가 무기의 군사들이 먼지를 일으키는 것을 바라보고 전고를 치고 호각을 불며 기치를 들어 올리도록 명령하니, 여러 부대가 전고를 울리며 나란히 전진하였다. 연수 등이 두려워하여 병사를 나누어 이를 막으려고 하였으나 그 진지는 이미 혼란에 빠졌다. 마침 천둥과 번개가 치는데, 용문 사람 설인귀가 기이한 복장을 입고 큰 소리를 지르며 진지를 함락시키니 향하는 곳마다 대적하는 사람이 없었다. 고구려군은 쓰러지고 대군은 이 틈을 타니, 고구려군이 크게 무너졌고 죽은 자가 2만여 명이었다. 황제가 인귀를 바라보고 유격장군에 임명하였다. 연수 등은 나머지 무리를 거느리고 산에 의지하여 스스로 굳게 지켰다. 황제가 여러 군사들에게 그들을 포위하고, 장손무기에게는 교량을 모두 철거하여 그들이 돌아갈 길을 끊으라고 명령하였다(6월22일).

연수·혜진이 그 무리 3만6,800명을 이끌고 항복을 받아주기를 청하였다. 군문에 들어와 절하고 엎드려 목숨을 살려달라고 청하였다. 황제가 누살 이하 관장 3,500명을 뽑아 내지로 옮기게 하고, 나머지 무리는 모두 풀어주어 평양으로 돌아가게 하였으며, 말갈의 3,300명을 거두어 모두 묻어버렸다. 획득한 말은 5만 필, 소는 5만 두이고 명광개는 1만 벌이었고 다른 기계도 이와 같았다. 다시 행차하였던 산의 이름을 주필산이라고 하였다(6월23일). 고연수를 홍려경으로, 고혜진을 사농경으로 삼았다(7월22일).

신라인 설계두(薛罽頭)가 당에 들어가 스스로 추천하여 좌무위(左武衛) 과의도위(果毅都尉)가 되었다. 요동에 이르러 이 전투가 되자, 깊이 들어가 재빨리 싸우다가 죽으니 공이 1등이었다. 황제가 묻기를, "이는 어떤 사람인가?"라고 하자, 측근에서 사실대로 대답하였다. 황제가 눈물을 흘리며 말하였다. "중국인도 오히려 죽음을 두려워 하여 돌아보고 앞으로 나가지 않는데, 외국인이 우리를 위하여 목숨을 바쳤으니, 무엇으로 그 공을 갚겠는가?" 어의(御衣)를 벗어 그에게 덮어주고 대장군을 추증하며 예로써 장사지냈다. (『三國史節要』8)

고구려　　　　정관19년에 태종이 요동의 적을 주필산에서 크게 격파하였다. 허경종은 말 앞에 서서 황제의 뜻을 받아 조서를 기초하였는데, 사채(詞彩)가 매우 아름다워서 깊게 보고 감탄하며 상주었다. (『舊唐書』82 列傳 32 許敬宗)

고구려 말갈　　정관19년에 안시성에 주둔하였다(6월20일). 이 때에 고구려의 북부 욕살인 고연수와 남부 욕살인 고혜진이 병사 및 말갈 무리 15만을 끌고 와서 구원하였다. 황제가 말하였다. "그가 병사를 몰아 안시성과 이어서 벽을 쌓고, 높은 산을 점거하고 성 안에 있는 곡식을 먹으면서 말갈을 풀어서 우리들의 소와 말을 약탈하게 하는 것 같은 것은 이를 공격하면 함락시킬 수 없을 것이니, 가장 좋은 계책이다. 성 안의 무리를 빼어 밤에 떠나는 것과 같은 것이 그 중간의 계책이다. 우리와 선봉을 다투면, 그들은 사로잡힐 것이다." 대대로(大對盧)가 있어 연수를 위하여 계책을 세워 말하였다. "내가 듣기로 중국이 어지러워 영웅들이 나란히 떨쳤는데, 진왕은 성스러운 무력으로 적이 굳게 싸우는 것도 없이 앞에 없었습니다. 마침내 천하를 평정하여 남쪽을 향하여 황제가 되었으니, 북이와 서융이 신속하지 않음이 없었습니다. 지금 땅을 쓸어 와서 모략을 내는 신하와 중요한 장수가 모두 있으니 그 선봉은 비교할 수 없습니다. 지금 병사를 주둔시켜서 날짜를 보내며 몰래 기습하는 병사를 파견하여 그들의 양도를 끊어 버리는 것과 같은 것이 없습니다. 한 달이 지나지 않아 양식이 다 떨어지고 싸우려 해도 싸울 수 없게 되면, 돌아가려고 해도 길이 없으니 이에 취할 수 있을 것입니다." 연수는 따르지 않고 군대를 이끌고 안시성에서 40리 떨어진 곳에 주둔하였다.

황제가 말하기를, "적은 내 계책 속에 떨어질 것이다."라고 하였다. 좌위대장군 아사나사이에게 명령하여 돌궐의 기병 1,000명을 거느리고 그들을 시험하게 하였다. 적은 항상 말갈의 정예병을 앞에 있게 하였는데, 사이의 병사가 교전하다가 달아났다. 연수가 말하기를, "당은 더불어 하기에 쉬울 뿐이다."라고 하고, 1사(舍)를 나아가서 산기슭에 의지하여 진을 쳤다. 황제가 연수에게 조서를 내려서 말하였다. "나는 너희의 강한 신하가 그 주군을 시해하였으므로 와서 그 죄를 묻고자 하는 것이니, 곧 교전하는 것은 나의 뜻이 아니다." 연수는 그렇다고 여겨 갑옷을 누르고 기다렸다. 태종이 밤중에 여러 장수를 불러서 이적으로 하여금 보병·기병 1만5,000명을 이끌고 서쪽 고개에 진을 쳐서 적과 부딪치게 하고, 장손무기·우진달과 정예병사 1만명은 적 뒤쪽의 좁은 골짜기에서 나오게 하였다. 황제는 기병 4,000명으로 기치를 눕혀서 적 북쪽의 산 위에 이르러, 여러 군대에 명령하기를, "북 소리를 듣고 군사를 풀어놓으라."고 하였다. 조당에 천막을 펼치게 하며 말하기를, "내일 낮에 여기에서 항복한 적을 받아들일 것이다."라고 하였다. 이날 밤에 유성이 연수의 진영 속에 떨어졌다(6월21일).

단일에 적은 이적의 군대가 적은 것을 보고, 곧 싸웠다. 황제가 장손무기의 군대에서 먼지가 올라가는 것을 바라보고 전고를 치고 호각을 불며 병사의 기치를 4번 들도록 명령하였다. 적이 당황하고 혼란스러워 장차 병사를 나누어 이를 막으려고 하였으나 무리가 이미 떠들썩하였다. 이적이 보병·창병으로 그들을 공격하여 패배시키니, 무기는 그 뒤를 탔으며 황제는 산에서 달려내려왔다. 적이 크게 어지러워지니 2만 급을 참수하였다. 연수는 나머지 무리를 거두어 산에 의지하여 스스로 굳게 지켰다. 무기·적은 합하여 그들을 포위하고, 교량을 철거하여 돌아갈 길을 끊었다. 황제가 고삐를 당기고 적의 진영과 성채를 보면서 말하였다. "고구려가 나라를 들어 왔는데, 한번 지휘하여 격파하니 하늘이 우리를 도운 것이다." 말에서 내려 두 번 절하여 하늘에 감사하였다(6월22일).

연수 등은 형세가 다하였다고 생각하여 곧 무리를 들어 항복하고, 원문으로 들어가 무릎으로 기어서 앞으로 나와서 절하고 직접 목숨을 살려달라고 청하였다. 황제가 말하기를, "나중에 감히 천자와 싸우겠는가?"라고 하자, 두려워하며 땀을 흘려 감히 대답하지 못하였다. 황제는 추장 3,500명에게 모두 관작을 제수하여 내지로 옮기는 것을 허락하고, 나머지 무리 3만 명은 모두 풀어주어 돌아가게 하였다. 말갈의 3,000여 명은 주살하였다. 획득한 말과 소는 10만이고 명광개는 1만 벌이었다. 고구려가 크게 놀라 후황성·은성의 두 성은 스스로 빼니, 수백리 사이에는 다시 사람과 연기가 나지 않았다. 이에 역참으로 편지를 써서 태자에게 보고하고 아울러 여러 신하에게도 편지를 보내기를, "짐이 스스로 장수가 되어 이와 같이 하였는데 어떠한가?"라고 하였다. 이어서 행차하였던 산을 불러 주필산이라고 하였다. 진을 격파한 상황을 그리게 하고, 돌에 새겨 그 공을 기록하였다(6월23일). 연수를 홍려경으로, 혜진을 사농경으로 임명하였다(7월22일). (『新唐書』 220 列傳 145 東夷 高麗)

| 고구려 | 정관19년에 또 진격하여 안시성에 주둔하였다(6월20일). 산에 의지하여 크게 싸워 그 장수를 사로잡았다. 이어서 행차하였던 산의 이름을 주필산이라고 하였다. 마침내 돌아오자, 중서시랑 허경종에게 명령하여 글을 지어 돌에 새겨 그 흔적을 기록하게 하였다. 경종이 말하기를, "성인이 천지와 덕을 합하는 것입니다. 산을 주필이라고 이름지었으니, 아마도 하늘의 뜻일 것입니다."라고 하였다. 승여(乘輿)가 다시 동쪽으로 가지 않았다. (『唐會要』 27 行幸) |

고구려 정관19년에 개모성·요동성·백암성의 여러 성을 격파하여, 공으로 아들 1명을 군공(郡公)에 봉하였다. (『冊府元龜』 357 將帥部 18 立功 10 李勣)

고구려 『구당서』 고려전에 전한다. " (…) 정관19년에 거가가 안시성에 나아가 주둔하였다(6월20일). 고구려의 북부 누살 고연수와 남부 고혜진이 고구려와 말갈의 무리 15만 명을 이끌고 와서 안시성을 구원하고, 군대를 이끌고 곧바로 나아갔다. 태종이 밤중에 여러 장수들을 불러서 몸소 스스로 지휘하고, 이어서 유사에게 명령하여 조당의 옆에다가 항복한 사람들을 받아들이는 장막을 치게 하며 말하기를, '내일 오시에 여기에서 항복한 적을 받아들일 것이다.'라고 하였다. 마침내 군대를 이끌고 나아갔다(6월21일). 이 때에 이르러 과연 두 장수의 무리를 패배시켰다. 태종이 이어서 고삐를 당기고 성의 진영과 성채를 보면서 시신에게 말하였다. '고구려가 나라를 들어 왔는데, 한번 지휘하여 패배시키니 하늘이 우리를 도운 것이다.' 말에서 내려 두 번 절하여 하늘에 감사하였다(6월22일). 행차하였던 산의 이름을 주필산이라고 하였다. 중서시랑 허경종으로 하여금 글을 지어 돌에 새겨 그 공을 기록하게 하였다(6월23일)." (『太平御覽』 783 四夷部 4 東夷 4 高句驪)

고구려 『신당서』 고려전에 전한다. " (…) 정관19년에 고구려를 주필산에서 격파하였다."(『玉海』 191 兵捷露布 3 唐遼東道行臺大摠管李勣俘高麗獻俘昭陵檄高麗含元殿數俘)

신라 고구려 설계두는 (…) 때마침 태종문황제(太宗文皇帝)가 고구려에 친정하자, 스스로 추천하여 좌무위 과의도위가 되었다. 요동에 이르러 주필산 아래에서 고구려군과 싸우게 되자, 깊이 들어가 재빨리 싸우다가 죽으니 공이 1등이었다. 황제가 묻기를, "이는 어떤 사람인가?"라고 하자, 측근에서 신라 사람 설계두라고 아뢰었다. 황제가 눈물을 흘리며 말하였다. "우리 군사도 오히려 죽음을 두려워 하여 돌아보고 앞으로 나가지 않는데, 외국인이 우리를 위하여 목숨을 바쳤으니, 무엇으로 그 공을 갚겠는가?" 종자에게 물어 그 평생의 소원을 들었다. 어의를 벗어 그에게 덮어주고 대장군의 직을 제수하며 예로써 장사지냈다. (『三國史記』 47 列傳 7 薛罽頭)

| 고구려 | 태종이 요동을 정벌하자 유홍기가 전군대총관이 되어 따라가 주필산에서 고연수를 공격하였는데 힘껏 싸워 공이 있었다. 태종이 거듭 위로와 격려를 더하였다. (『舊唐書』 58 列傳 8 劉弘基) |

| 고구려 | 개모성·요동성·백애성 등의 여러 성을 격파하고, 또 태종을 따라가 주필진을 꺾고 끊어서, 공으로 아들 1명을 군공에 봉하였다. (『舊唐書』 67 列傳 17 李勣) |

| 고구려 | 종군하여 주필산에서 고구려를 격파하였다. (『舊唐書』 68 列傳 18 尉遲敬德) |

| 고구려 | 태종이 요동에서 일이 있자, 양홍례는 문무의 재능이 있어 발탁되어 병부시랑(兵部侍郎)에 임명되고 병기(兵機)의 임무를 전담하였다. 홍례는 매번 참모회의에 들어가고 나가면 무리를 통솔하여 공격하며 싸웠다. 주필진에서 마보(馬步) 24군을 거느리고 뜻하지 않은 곳으로 나가서 공격하니, 향하는 곳마다 적을 꺾고 격파하였다. 태종이 산 아래에서 홍례가 통솔하는 무리를 바라보니, 군사들이 모두 힘을 다하여 죽이고 사로잡은 것이 많아서 매우 씩씩하였다. 태종이 허경종 등에게 말하기를, "공을 뛰어넘는 아이다. 그러므로 가풍이 있다."라고 하였다. 이 때에 여러 재상이 모두 정주(定州)에 있으면서 남아서 황태자를 보좌하였는데, 오직 저수량(褚遂良)·허경종 및 홍례만이 행재소에 있어 기무를 맡았다. (『舊唐書』 77 列傳 27 楊弘禮) |

| 고구려 | 태종이 고구려를 격파하고 싸웠던 육산(六山)을 주필이라고 이름붙였다. 경파가 사람들에게 말하기를, "성인이라는 것은 천지와 덕을 합하는 것이다. 산을 주필이라고 이름붙였으니, 이것은 아마도 난여(鑾輿)가 다시 동쪽으로 가지 않는다는 뜻일 것이다." 마침내 말한 바와 같았다. (『舊唐書』 189上 列傳 139上 儒學 上 敬播) |

| 고구려 | 개모·요동·백애 등의 성을 격파하고 주필산에 따라가 싸우니, 공이 많아서 아들 1명을 군공에 봉하였다. (『新唐書』 93 列傳 18 李勣) |

| 고구려 | 태종이 요동을 정벌하자, 양홍례를 병부시랑에 임명하였다. 주필산의 전역에서 보기 24군을 거느리고 적의 뒤를 뛰어넘어 나가서, 향하는 곳마다 적이 꺾이고 쓰러졌다. 황제가 산 아래에서 그 무리를 바라보니, 겉옷과 무기가 가지런하고 군사들마다 힘을 다하여 씩씩하였다. 황제가 허경종에게 말하기를, "공을 뛰어넘는 아이다. 그러므로 가풍이 있다."라고 하였다. 이 때에 재상이 모두 정주에 남아서 황태자를 보좌하였는데, 오직 저수량·경종·홍례만이 행재소의 기무를 맡았다. (『新唐書』 106 列傳 31 楊弘禮) |

| 고구려 | 태종을 따라 고구려를 정벌하였는데, 황제가 싸운 산을 주필이라고 이름붙였다. 경파가 사람들에게 말하기를, "난여가 다시 동쪽으로 가지 않을 것이다. 산을 이름붙인 바는 아마도 하늘의 뜻일 것이다." 나중에 과연 그러하였고, 태자사의랑(太子司議郎)으로 옮겼다. (『新唐書』 198 列傳 123 儒學 上 敬播) |

| 고구려 말갈 | 황제가 고구려를 정벌하자, 그 북부가 반란하여 고구려와 합하였다. 고혜진 등이 무리를 이끌고 안시성을 구원하였을 때, 싸울 때마다 말갈이 항상 앞에 있었다. 황제가 안시성을 격파하고 혜진을 잡자, 말갈 병사 3,000여 명을 거두어 모두 묻어버렸다. (『新唐書』 219 列傳 144 黑水靺鞨) |

| 고구려 | 정관 연간에 보국대장군(輔國大將軍)이 되었다. 요동의 전역에 유홍기를 전군대장군으로 삼으니, 따라가 주필산에서 고연수를 공격하였는데 힘껏 싸워 공이 있어서 거 |

	듭 넉넉한 상을 받았다. (『冊府元龜』357 將帥部 18 立功 10 劉弘基)
고구려	태종이 요동을 정벌하자 유홍기에게 전군대총관을 주니, 따라가 주필산에서 고연수를 공격하였는데 힘껏 싸워 공이 있었다. 태종이 거듭 위로와 격려를 더하였다. (『冊府元龜』384 將帥部 45 褒異 10 劉弘基)
고구려	『구당서』허경종전(許敬宗傳)에 전한다. "태종이 요동을 정벌할 때, 잠문본(岑文本)이 도중의 역에서 죽자 허경종을 불렀다(4월10일). 주필산에서 적을 격파한 조서를 기초하게 하자, 경종이 말 앞에 서서 얼마 후에 나아가갔는데, 말이 매우 아름다워 깊이 보고 감탄하며 상을 주었다."(『太平御覽』600 文部 16 思疾)
고구려	내가 처음 적진으로 향하였을 때 마음은 싸워서 공격하는 것에 전부 있었지만, 너의 말을 기억하기 때문에 부월을 잡지 않았다. 만약 네가 장차 크게 결전하지 않는다면, 이 후에는 반드시 직접 진영에 가지 않을 것이니, 걱정하지 말아라. (『全唐文』10 太宗皇帝 克高麗報皇太子書)
고구려	위지융(尉遲融)은 갑옷을 입고 날카로운 무기를 들고 적의 선봉을 무너뜨리니, 새벽에 기러기가 날개를 펼치듯 바람과 구름을 열어 팔진(八陣)을 꺾었고, 동틀 무렵 물고기 비늘이 벌어지듯 불을 밟고 넘어 여러 겹의 포위망을 뚫고 들어갔다. 신휘(神麾)를 싣고 주필산의 전역에 참여하여, 북채를 주자 비로소 떨쳐 일어나서 잡종들이 나뉘고 무너졌다. 승리를 바치고 업적을 가름하니 영예가 여러 장수보다 높았다. (「尉遲融 墓誌銘」:『全唐文新編』992;『全唐文補遺』2;『唐代墓誌滙篇』)
고구려	초해지(焦海智)는 이때 문무성황제(文武聖皇帝: 太宗)를 따라 요동을 지나다가 주필진을 격파하니, 조정에서 상기도위(上騎都尉)를 제수하여 노력을 갚아서 상주었다. 해지를 생각건대 지위는 무반(武班)에 줄서고 그에게 위탁하며 가장 신뢰하는 사람이라고 칭하였는데, 바닷가에서 난을 조용하게 하고 강에서 모욕을 받지 않도록 방어하였다. 기러기를 떨어뜨리고 원숭이를 울부짖게 하며 저울대를 던지고 팔로 힘을 겨루니, 깊은 책모는 위(衛)를 삼키고 큰 모습은 허(許)를 능가하였다. 관료는 공경하는 바에 줄서서 홀을 허리띠에 꽂고 기다리는 바였다. (「焦海智 墓誌銘」:『大唐西市博物館藏墓誌』)
고구려	6월 신유일(25) 포(酺) 3일을 하사하였다. (『新唐書』2 本紀 2 太宗)
고구려	상제는 위엄을 분명히 하여 뇌정(雷霆)을 북쳐서 진요(震曜)하였고, 선왕은 순종함에 의지하여 갑병을 사용하여 조벌(弔伐)하였다. 그러므로 구야(九野)를 경륜(經綸)하고 팔황(八荒)을 청척(淸滌)할 수 있었으니, 27번 정벌하여 원왕(元王)은 그 대업을 만들었고 52번 싸워 황운(黃運)은 그 큰 이름을 드리워서 나라를 가지는 영유(英猷)에 오르고 열대(列代)의 통전(通典)에 빛났다. 짐은 건상(乾象)을 하구(荷構)하여 군생(羣生)을 크게 지키니, 몽범(濛氾)에 못을 만들어 부상(扶桑)에 동산을 만들고 천굉(天紘)을 매어서 일역(日域)에 강(疆)하였다. 이 피복(皮服)에 꿈틀거려 감히 천상(天常)을 어지럽히니, 단지 저 황충(蝗蟲)의 넓적다리를 꺾는 데에 무엇 하러 오정(五丁)의 힘을 기다리고, 그 참새의 눈을 맞히는 데에 만노(萬弩)의 기계는 틈이 없을 것이다. 그러나 선성(先聖)이 불태운 것을 구제하여 말을 이루고 손을 도우니 스스로 자기가 맡았다고 생각하여 이로 말미암아 직접 나섰다. 그러므로 화살과 돌이 앞에서 교차하여 암랑(巖廊)의 길을 이기는 것이 아니고, 갑주가 장식이 되어 면류관을 쓴 모습에 미치지 못함을 알 수 있다. 만약 장수에게 명령하여 창을 주면 몸을 받들어 사물을 부리는 것을 부끄러워 할 것이므로, 이에 친정하여 목우(沐雨)하고 수고로운 모습에 힘써 무리를 안정시켰다. 일의(一義)로 마땅히 살펴서 향하는 곳마다 어기지 않으니, 요양(遼陽)을 건너고 나서 항복을 받은 성은 거듭 축조되고 일찍이 기약한 달이 되지 않는 데도 개선을 바친 노래는 나날이 연주되었다. 봉화를

전하여 승리를 알리니 옛날에 감천(甘泉)을 비춘 것과 다르고 적을 바탕으로 하여 군량으로 삼으니 예전에 홍속(紅粟)을 당긴 것을 바로잡았다.

다시 오늘 중에 그 안시성을 공격하니, 거듭 포위하여 네 번 펼치는 것은 형세가 삼판(三板)의 위태로움과 같으며 목숨을 걸고 새벽을 단축하는 것은 그 성가퀴를 지키는 울음을 슬프게 한다. 고구려의 가짜 군주는 그 경내를 쓸어버려서 이 날랜 정예를 다하여 모두 지방하여 종군하게 하니, 이에 평양에서 멀리 말을 몰아 그림자처럼 돕게 하여 무리가 15만이나 있고 깃발이 30리나 이어졌다. 연기와 불은 하늘에 계(稽)하여 황사(黃竾)가 안개를 토하는 것 같고, 구기(轂騎)는 들판을 가로질러 빨간 개미가 무리를 만드는 것보다 뛰어났다. 짐은 사사로이 마음으로 그 지형을 계산하고 손가락을 굽혀 그 격파하는 날을 헤아리니, 여러 장수에게 나누어 명령하여 각각 새로운 편지를 주고 일에 임하여 기발한 것을 만들어 임기응변하게 하였다. 행군대총관(行軍大總管) 이적(李勣)은 총관(總管)·괵국공(虢國公) 장사귀(張士貴) 등 마군·보군 14총관을 이끌고 그 서남쪽을 담당하였다. 또 조국공(趙國公) 장손무기(長孫無忌)에게 명령하여 마군·보군 26총관을 이끌고 동쪽 골짜기에서 말달려 그 오는 길에서 합류하게 하여, 등에 부딪치고 목구멍을 누르며 그 돌아갈 길을 막게 하였다. 짐은 이에 군사를 숨기고 깃발을 눕혀서 북쪽 산에 올라 저들이 예봉을 부딪치는 것을 엿보고 이에 용비(龍轡)하였다. 중천(中天)의 궁궐에 처하여 눈 앞에서 주관(周官)에게 고개숙이는 것 같고 태산의 봉우리에 올라서 손바닥 안에서 노(魯)의 봉지를 바라보는 것 같으니, 그 뜻하지 않은 때에 군사를 내어 흉도(凶徒)가 마침내 흔들렸다. 처음에 하나의 진영이 되어 네 번 이적의 군대를 막았으나 이 셋으로 나눠지는 때에 이르러서는 인하여 크게 무너지니, 흐르는 피가 하천에 넘쳐서 푸른 파도가 그 때문에 잠시 붉어지고 참수한 수급이 미산(彌山)하여 머리뼈가 그것으로 봉우리를 이루었다. 아마도 화살끝이 아래에서 교차되고 옥석이 함께 잠김으로 말미암아 비록 곧 슬플 만하다고 하여도 이치상 겸하여 구제할 수 없었다. 그 병장(兵將)·대누살(大耨薩) 고연수(高延壽)·고혜진(高惠眞)은 그 나머지 무리를 이끌고 한 마음으로 정성을 바쳤는데, 다만 고구려의 국정이 본래 (…) 두 사람은 지금 가짜 군대를 모두 맡았으나 한 쌍의 바퀴도 돌아가지 못하였다. 큰 경사가 진실로 모이는 것이 더욱 깊어서 삼가 두렵고 청묘(淸廟)에 귀미(歸美)하여 무공(懋功)을 소고(昭告)하며 만방에 반포할 만하니, 포(酺) 3일을 하사한다. (『全唐文』 7 太宗皇帝 破高麗賜酺詔)

고구려　　가을 7월 신미일(5) 황제가 안시성 동쪽 고개로 군영을 옮겼다. (『資治通鑑』 198 唐
　　　　　紀 14 太宗 下之上)

고구려　　정관19년 7월 신미일(5) 안시성 동쪽 고개로 군영을 옮겼다. (『冊府元龜』 117 帝王
　　　　　部 117 親征 2)

고구려 백제 신라 가야
　　　　　7월 병자일(10) 고구려·백제·신라가 함께 사신을 보내 조를 바쳤다. 백제의 조사(調使)가 임나(任那)의 사신을 겸하여 임나의 조를 바쳤다. 다만 백제의 대사(大使)인 좌평(佐平) 연복(緣福)만이 병에 걸려 나니와노츠(難波津)의 무로츠미(館)에 머물러 있고 서울에 들어오지 않았다. 고세노오미토코다(巨勢臣德太)가 고구려의 사신에게 조서를 내렸다. "명신어우일본천황(明神御宇日本天皇)의 조지(詔늠)이다. 과거는 짧으나 앞날은 길다. 그러므로 천황이 보낸 사신과 고구려의 신의 아들이 받들어 보낸 사신은 온화한 마음으로 서로 이어 왕래할 만하다." 또 백제 사신에게 조서를 내렸다. "명신어우일본천황의 조지이다. 과거 우리의 먼 조상의 시대에 백제국은 내관가(內官家)가 되었으니, 비유하자면 세 개로 묶은 그물과 같았다. 중간에 임나국을 백제에 속하도록 주었고, 후에 미와노쿠루쿠마노키미아즈마히토(三輪栗隈君東人)을 보내 임나국의 경계를 살피게 하였다. 그러므로 백제왕은 칙명에 따라 그 경계를 다 보여주었으나, 조에 빼놓은 것이 있었다. 이로 말미암아 그 조를 돌려보냈다. 임나에서 나는 물건은 천황이 환히 아는 것이니, 앞으로는 나라와 그 나라에서 나오는 물건을 갖추어 적어야 할 것이다. 너희 좌평 등은 얼굴을 바꾸지 말고 와서 곧 바로 분명하게 보고해야 할 것이다. 이제 거듭 미와노키미아즈마히토(三輪君東人)·우마카이노미야츠코(馬飼造)[이름이 빠졌다.]를 보낸다. 또 명하여 귀부(鬼部)의 달솔(達率) 의사(意斯)의 처자 등을 보내라."(『日本書紀』 25 孝德紀)

| 고구려 | 가을 7월 기묘일(13) 조서를 내려 전사한 자의 시신에다 표시를 해두었다가 군대가 돌아갈 때를 기다려서 그것을 가지고 함께 돌아가도록 하였다. (『資治通鑑』 198 唐紀 14 太宗 下之上) |

| 고구려 | 정관19년 7월 임오일(16) 태백성(太白星: 金星)이 태미(太微)에 들어갔다. 이 밤에 달이 남두(南斗)를 가렸다. 태백성은 마침내 왼쪽을 범하여 법(法)을 잡아 빛과 망(芒)은 기(箕)와 두(斗) 사이에 서로 이르렀다. 한진(漢津)은 고구려의 땅이니, 태백성은 병기가 되어 또한 별을 벌한다. (『新唐書』 33 志 23 天文 3 月五星凌犯及星變) |

| 고구려 | 가을 7월 무자일(22) 고연수를 홍려경(鴻臚卿)으로, 고혜진을 사농경(司農卿)으로 삼았다. (『資治通鑑』 198 唐紀 14 太宗 下之上) |

| 고구려 마한 | 정관19년 7월에 조서를 내렸다. "서융(西戎)의 현상(賢相)은 총애가 진의 책봉에 빛나고 북이(北夷)의 사자(嗣子)는 영예가 한초(漢貂)에 이(珥)하니, 끌어서 갓끈을 길게 함으로써 현공(玄功)의 큼을 나타내고 이 큰 그물을 덮음으로써 이에 천복(天覆)의 넓음을 밝히는 것이다. 고구려의 위두대형(位頭大兄)·이대부(理大夫)·후부군주(後部軍主) 고연수, 대형(大兄)·전부군주(前部軍主) 고혜진 등은 모두 마한의 추장인데, 제해(鯷海)의 영모(英髦)가 희경(羲景)을 부상(扶桑)에 나누고 수종(數鍾)의 천염(天厭)이 봉강(封疆)을 고죽(孤竹)에 숨겼으며, 신의 노여움이 끼치고부터 위태로움에 임하여 화로 바뀌었다. 무리를 이끌고 와서 항복하여 무릎으로 가는 공경을 펼치고 그 면박(面縛)하는 예를 이루었으며 바람을 향하여 발꿈치를 들고 좋은 발이 가상히 여길 만하다. 모두 마땅히 그 뛰어난 재주를 거두어 담자(郯子)에게 조관(鳥官)을 계승하게 하고 그 성효(成效)를 기록하여 매현(梅鋗)에 귀조(龜組)를 비추게 해야 한다. 고연수는 홍려경으로, 고혜진은 사농경으로 삼을 만하다."(『冊府元龜』 170 帝王部 170 來遠) |

| 고구려 마한 | 서융의 현상은 총애가 진의 책봉에 빛나고 북이의 사자는 영예가 한초에 이하니, 끌어서 갓끈을 길게 함으로써 현공의 큼을 나타내고 이 큰 그물을 덮음으로써 이에 천복의 넓음을 밝히는 것이다. 고구려의 위두대형·이대부·후부군주 고연수, 대형·전부군주 고혜진 등은 모두 마한의 추장인데, 제해의 영모가 희경을 부상에 나누고 수종의 천염이 봉강을 고죽에 숨겼으며, 신의 노여움이 끼치고부터 위태로움에 임하여 화로 바뀌었다. 무리를 이끌고 와서 항복하여 무릎으로 가는 공경을 펼치고 그 면박하는 예를 이루었으며 바람을 향하여 발꿈치를 들고 좋은 발이 가상히 여길 만하다. 모두 마땅히 그 뛰어난 재주를 거두어 담자에게 조관을 계승하게 하고 그 성효를 기록하여 매현에 귀조를 비추게 해야 한다. 고연수는 홍려경으로, 고혜진은 사농경으로 삼을 만하다. (『全唐文』 7 太宗皇帝 授高延壽高惠眞官爵詔) |

고구려	가을 7월에 이적이 군대를 진격시켜 안시성을 공격하였다. (『舊唐書』 3 本紀 3 太宗 下)
고구려	정관19년 7월에 황제가 요동을 정벌하여 안시성에서 이적으로 하여금 안시성을 공격하게 하였다. 이 때에 따라간 문무관이 또한 말하였다. "고연수의 10여 만 군대를 밀어서 고구려가 담이 부서졌으니 파죽지세를 타서 지금이 곧 그 때입니다. 장량의 수군이 비사성에 있으니, 그를 부르면 이틀만 자고 서로 만날 수 있습니다. 곧바로 오골성을 취하여 압록수를 건너거 그 흩어진 마음을 압박하면 어찌 기회가 변함이 있겠습니까? 이맥을 청소하는 것은 이 거사에 있을 뿐입니다." 유독 사도 장손무기가 말하였다. "천자가 군사를 행하였으니, 여러 장수가 온 경우와 달라서 일은 만전이 아니라 요행을 바랄 수는 없습니다. 지금 건안성과 신성에 있는 적들이 10만인데, 만약 오골성으로 향한다면 모두 우리의 뒤에 있게 될 것입니다. 먼저 안시성을 격파하고 다음으로 건안성을 취하여 그 두 성을 얻은 후에 멀리까지 달려 나아가는 것만 같지 못하니, 이것이 만전의 계책입니다."(『冊府元龜』 991 外臣部 36 備禦 4)
고구려	『구당서』 본기에 전한다. " (…) 정관19년 가을 7월에 이세적이 군대를 진격시켜 안시성을 공격하였다."(『太平御覽』 109 皇王部 34 唐太宗文皇帝)
고구려	황제가 백암성에서 이기자 이세적에게 말하였다. "내가 듣기로 안시성은 험하고 군사도 정예이며 그 성주도 재주와 용기가 있어서, 막리지가 반란하였을 때에도 성을 지키면서 복종하지 않으니 막리지가 이를 공격하였으나 함락시킬 수 없어서 인하여 그에게 주었다고 한다. 건안성은 병사가 약하고 양식도 적어서, 만약 그들이 생각하지 못한 곳으로 나가서 이를 공격하면 반드시 이길 것이다. 공은 먼저 건안성을 공격할 수 있을 것이고, 건안성이 함락되면 안시성은 우리 뱃속에 있게 된다. 이것은 병법에서 이른바 '성에는 공격하지 않아야 하는 곳도 있다.'라는 것이다." 대답하였다. "건안성은 남쪽에 있고 안시성은 북쪽에 있으며 우리 군량은 모두 요동에 있는데, 지금 안시성을 넘어서 건안성을 공격하다가 만약 적들이 우리들의 운송로를 끊게 된다면 장차 어찌하겠습니까? 먼저 안시성을 공격하는 것만 같지 못합니다. 안시성이 함락되면 북을 울리며 가서 건안성을 취할 뿐입니다." 황제가 말하였다. "공을 장수로 삼았으니 어찌 공의 계책을 쓰지 않겠는가? 내 일을 그르치지 말라." 세적이 마침내 안시성을 공격하였다.

(…) 고연수·고혜진이 황제에게 청하였다. "저희는 이미 몸을 대국에 맡겼으니 감히 그 정성을 바치지 않을 수 없으며, 천자께서 일찍 위대한 공로를 성취하셔서 저희도 처자와 서로 만날 수 있기를 바랍니다. 안시성 사람들도 그 집안을 돌아보고 애석해하여 사람들이 스스로 싸우니 쉽게 함락시키지 못하는 것입니다. 지금 저희는 고구려의 10여 만의 무리를 가지고서도 황제의 깃발을 바라보자 막히고 무너졌으며 나라 사람들의 간담은 깨졌습니다. 오골성(烏骨城)의 누살은 늙은이여서 굳게 지킬 수 없으니, 병사를 옮겨서 그곳에 다가가면 아침에 이르러 저녁에 이길 것입니다. 그 길에 있는 나머지 작은 성들은 반드시 풍문만 듣고도 달아나고 무너질 것입니다. 그런 다음에 그들의 자재와 양식을 거두어 북을 치고 나아가면 평양은 반드시 지키지 못할 것입니다." 군신도 또한 말하였다. "장량의 병사가 사성(沙城)에 있으니,[19] 그를 부르면 이틀만 자고 도착할 수 있습니다. 고구려가 두려워하는 것을 올라타서 힘을 합하여 오골성을 함락시키고 압록수(鴨綠水)를 건너서 곧바로 평양을 취하는 것은 이번 거사에 있습니다." 황제가 장차 그것을 따르려 하자, 유독 장손무기가 말하였다. "천자가 친정하였으니, 여러 장수가 온 경우와 달라서 위험을 타고서 요행을 |

---

19) 사성은 곧 비사성(卑沙城)이다.

바랄 수는 없습니다. 지금 건안성과 신성에 있는 적들은 무리가 여전히 10만인데, 만약 오골성으로 향한다면 모두 우리의 뒤를 밟아 올 것입니다. 먼저 안시성을 격파하고 건안성을 취한 후에 멀리까지 달려 나아가는 것만 같지 못하니, 이것이 만전의 계책입니다." 황제가 마침내 중지하였다.[20] (『資治通鑑』 198 唐紀 14 太宗 下之上)

고구려   가을 7월에 장량의 군대가 건안성(建安城) 아래를 지나면서 성벽이나 보루가 아직 단단하지 못한데 사졸들이 대부분 나가서 풀을 뜯어 말먹이를 준비하였다. 고구려의 군사들이 갑자기 이르니, 군대 안에서는 놀라고 소란스러웠다. 양이 평소에 겁이 많아서 호상(胡床)에 걸터앉아서 곧게 앞을 보면서 말하지 않았다. 장사들이 이를 보고 바꾸어 용감한 것이라고 여겼다. 총관(總管) 장금수(張金樹) 등이 북을 치고 군사를 몰아서 고구려를 공격하여 그들을 격파하였다. (『資治通鑑』 198 唐紀 14 太宗 下之上)

고구려   정관19년에 장량이 또 고구려와 건안성 아래에서 다시 싸웠는데, 모두 격파하였다. 이리하여 줄지어 길게 포위하여 공격하였다. (『舊唐書』 199上 列傳 149上 高麗)

고구려   정관19년에 나중에 장량이 고구려와 건안성 아래에서 다시 싸웠는데, 모두 격파하였다. (『冊府元龜』 135 帝王部 135 好邊功)

고구려   병사들을 진격시켜 건안성 아래에서 주둔하니, 성벽이나 보루가 아직 단단하지 못한데 사졸들이 대부분 나가서 풀을 뜯어 말먹이를 준비하였다. 적의 무리가 갑자기 이르니, 군사의 무리가 놀라고 소란스러웠다. 장량이 평소에 겁이 많고 계책이 없어서 다만 호상에 걸터앉아서 곧게 앞을 보면서 말하지 않았다. 장사들이 이를 보고 도리어 양이 담력이 있다고 여겼다. 그 부총관(副總管) 장금수 등이 이에 북을 치고 군사의 무리로 하여금 적을 공격하게 하여 그들을 격파하였다. 태종은 그가 장수의 재능이 없음을 알아서 꾸짖지 않았다. (『舊唐書』 69 列傳 19 張亮)

고구려   나아가 건안성에 이르니, 진영이나 성벽이 아직 서지 못하였다. 적이 갑자기 이르니, 장량이 어찌할 바를 몰라서 호상에 걸터앉아서 곧게 앞을 보면서 말하지 않았다. 무리는 그가 용감하다고 여겨 스스로 안정될 수 있었다. 이리하여 부장 장금수가 이에 군대에 북을 치니 군사가 떨쳐 공격하여 인하여 적을 격파하였다. (『新唐書』 94 列傳 19 張亮)

고구려   병사들을 진격시켜 건안성 아래에서 주둔하니, 성벽이나 보루가 아직 단단하지 못한데 사졸들이 대부분 땔감을 캐러 나갔다. 적의 무리가 갑자기 이르니, 군대 안에서는 놀라고 소란스러웠다. 장량이 평소에 겁이 많고 계책이 없어서 다만 호상에 걸터앉아서 곧게 앞을 보면서 말하지 않았다. 장사들이 이를 보고 도리어 양이 담력이 있다고 여겼으므로, 무리들의 마음이 점차 안정되었다. 그 부총관 장금수 등이 이에 북을 치고 군사의 무리로 하여금 적을 공격하게 하여 그들을 격파하였다. 태종은 또한 그가 장수의 재능이 없음을 알아서 꾸짖지 않았다. (『冊府元龜』 453 將帥部 114 怯懦 張亮)

고구려   정관19년 7월에 조서를 내려 요동 정벌에 따라갔거나 요동·평양 두 방면의 군인으로서 전사한 경우에는 각각 4급을 더하고 아들 1명이 계승하는 것을 허락하였으며, 사자를 나누어 파견하여 집에 가서 조문하고 제사지냈다. 또 조서를 내려 종군하였다가 사망한 무리가 사라지게 될까 염려하여 사람을 묻은 곳에 마땅히 표식을 세우게 하고, 군대가 돌아오는 날에 각각 가지고 돌아가게 하고 아울러 관을 주어 장사

---

20) 태종이 천하를 평정한 것은 생각하지 못한 곳으로 나가서 승리를 취한 것이 많았다. 유독 요동의 전역만 만전의 계책으로 적을 제압하려고 하였기에, 공이 없었던 것이다.

지냈다. (『冊府元龜』135 帝王部 135 愍征役)

백제 고구려   가을 8월 계묘일(7) 사신을 대사(大寺)에 보내 승려들을 불러 모으고 조를 내렸다. "흠명천황(欽明天皇) 13년에 백제의 명왕(明王: 聖王)이 우리 왜(倭)에 불법을 전했다. 이 때 모든 신하들이 전하는 것을 원하지 않았으나 소가노스쿠네이나메(蘇我宿禰稲目)가 홀로 그 법을 믿었다. 천황이 이에 이나메노스쿠네(稲目宿禰)에게 명하여 그 법을 받들게 했다. 민달천황(敏達天皇)의 시대에 소가노스쿠네우마코(蘇我宿禰馬子)가 아버지의 가르침을 따라 석가의 가르침을 존중하였고, 다른 신하들은 믿지 않아 이 법도가 거의 없어지게 되었으므로 천황이 우마코노스쿠네(馬子宿禰)에게 명하여 그 법을 받들게 하였다. 추고천황(推古天皇)의 시대에 우마코노스쿠네가 천황을 위해 장육수상(丈六繡像)·장육동상(丈六銅像)을 만들고 불교를 드날렸으며 승려를 공경하였다. 나는 다시 바른 가르침을 숭상하고 큰 도리를 널리 열 것을 생각하였다. 그러므로 사문(沙門) 박대법사(狛大法師)·복량(福亮)·혜운(惠雲)·상안(常安)·영운(靈雲)·혜지(惠至), 사주(寺主) 승민(僧旻)·도등(道登)·혜린(惠隣)·혜묘(惠妙)를 십사(十師)로 삼는다. 특별히 혜묘법사를 백제사(百濟寺)의 사주로 삼는다. 이 십사들은 마땅히 뭇 승려들을 가르침으로 인도하고 석가의 가르침을 수행하는 것을 법답게 해야 한다. 무릇 천황으로부터 토모노미야츠코(伴造)에 이르기까지 세워야 할 절을 세울 수 없는 경우 내가 모두 도와 짓겠다. 이제 사사(寺司)들과 사주를 임명하니, 여러 절을 순행하여 승려·노비·토지에 대한 사실을 조사하여 모두 아뢰어라." 곧 구메노오미(來目臣)[이름이 빠졌다]·미와노시코부노키미(三輪色夫君)·누카타베노무라지오이(額田部連甥)을 법두(法頭)로 삼았다. (『日本書紀』25 孝德紀)

고구려   8월 갑진일(8) 후기(候騎)가 막리지의 첩자인 고죽리(高竹離)를 붙잡아서 양손을 묶어가지고 군문에 데리고 왔다.[21] 황제가 불러서 보고 결박을 풀어주면서 말하기를, "어찌하여 마른 것이 그리 심한가?"라고 하였다. 대답하기를, "숨어가며 샛길을 가다가 먹지 못한 지 며칠이 되었습니다."라고 하였다. 그에게 먹을 것을 하사하라고 명령하고 말하였다. "너는 첩자이니 마땅히 빨리 돌아가서 보고해야 할 것이다. 나를 위하여 막리지에게 다음과 같이 말을 전하거라. 군중의 소식을 알고자 한다면 사람을 파견하여 지름길로 내가 있는 곳에 오게 하라고. 어찌하여 반드시 샛길로 보내어 고생을 하게 하는가?" 죽리는 맨발이었으므로, 황제는 그에게 짚신을 하사하여 보냈다. (『資治通鑑』198 唐紀 14 太宗 下之上)

고구려   8월 병오일(10) 군영을 안시성 남쪽으로 옮겼다. 황제는 요하 밖에 있으면서 대체로 군영을 설치하면서 다만 척후만을 밝혀두고 참호나 보루를 만들지 않았다. 비록 그들의 성에 가까이 갔지만 고구려는 끝내 감히 나와서 노략질하지 못하여 군사들도 혼자서 중국에서처럼 야숙(野宿)을 하였다. (『資治通鑑』198 唐紀 14 太宗 下之上)

고구려   정관19년 8월 병오일(10) 군영을 안시성 남쪽으로 옮겼다. 황제가 요하를 건너고 나서 대체로 10번 군영을 옮기면서 다만 척후만을 밝혀두고 일찍이 참호나 보루를 만들지 않았다. 거사(車士)가 개모·요동 등의 성에서 군량을 운반해올 때에도 혼자서 1필의 말로 중국에서처럼 야숙하기에 이르렀다. 비록 적의 성에 가까이 갔지만 고구려는 끝내 감히 몰래 노략질하지 못하였다(8월10일). 이적·강하왕 도종으로 하여금 안시성을 공격하게 하였으나, 60일 동안 이기지 못하였다(8월). (『冊府元龜』117 帝王部 117 親征 2)

---

21) 반접(反接)은 양손을 묶는 것이다.

고구려 정관19년 8월에 군영을 안시성 동쪽으로 옮겼다. 이적이 마침내 안시성을 공격하자, 연수 등 항복한 무리를 끌어안고 그 성 아래에 진을 쳐서 불러들였다. 성 안 사람들은 굳게 지켜 움직이지 않으면서 태종의 깃발을 멀리서 보기만 하면 반드시 성에 올라가서 북을 두드리며 맞섰다. 황제가 매우 화를 내자 이적이 말하기를, "격파하는 날에 남자를 모두 죽여버리게 해 주시기를 청합니다."라고 하였다. 성 안에서 그것을 듣고 군사들이 모두 죽을 각오로 싸웠다.

이에 강하왕 도종에게 토산을 쌓으라고 명령하여 그 성의 동남쪽 귀퉁이를 공격하였다. 고구려도 역시 그 성을 더 높이 쌓고 치를 더하여 서로 막았다. 이적은 그 서쪽을 공격하였는데, 포석(抛石)·당차(撞車)로 하여금 그 성루와 치를 부너뜨리게 하였다. 성 안에서는 그 무너진 곳을 따라서 곧 나무를 세워서 목책으로 삼았다. 도종은 나뭇가지로 티끌을 싸서 흙을 만들고 주둔하면서 쌓아서 산을 만들었으며, 그 사이에 다섯 길로 나무를 더하여 그 위에 흙을 입혔다. 밤낮을 버리지 않으니 점차 성을 핍박하였다. 도종은 과의도위 부복애(傅伏愛)를 파견하여 부대의 병사를 거느리고 토산 꼭대기에서 적을 막게 하였는데, 토산이 저절로 높아져서 올라가자 그 성을 밀어버리니 성이 무너졌다. 때마침 복애는 사사로운 일로 거느리는 부대를 떠나서, 고구려의 100명이 성이 무너진 곳으로 나와서 싸우다가 마침내 토산을 점거하고 참호를 파서 그곳을 끊었으며, 불을 쌓아 방패를 두르고 스스로 굳게 지켰다. 태종이 크게 화가 나서 복애를 참수하여 돌아다니며 보여주게 하고 여러 장수에게 그곳을 공격하도록 명령하였는데, 3일 동안에도 이길 수 없었다. (『舊唐書』199上 列傳 149上 高麗)

고구려 『구당서』 고려전에 전한다. " (…) 정관19년 8월에 군영을 안시성 동쪽으로 옮겼다. 이적 등이 공격하였으나 함락시키지 못하였다."(『太平御覽』783 四夷部 4 東夷 4 高句驪)

고구려 황제가 백암성에서 이기자 이세적에게 말하였다. "내가 듣기로 안시성은 험하고 군사도 정예이며 그 성주도 재주와 용기가 있어서, 막리지가 반란하였을 때에도 성을 지키면서 복종하지 않으니 막리지가 이를 공격하였으나 함락시킬 수 없어서 인하여 그에게 주었다고 한다. 건안성은 병사가 약하고 양식도 적어서, 만약 그들이 생각하지 못한 곳으로 나가서 이를 공격하면 반드시 이길 것이다. 공은 먼저 건안성을 공격할 수 있을 것이고, 건안성이 함락되면 안시성은 우리 뱃속에 있게 된다. 이것은 병법에서 이른바 '성에는 공격하지 않아야 하는 곳도 있다.'라는 것이다." 대답하였다. "건안성은 남쪽에 있고 안시성은 북쪽에 있으며 우리 군량은 모두 요동에 있는데, 지금 안시성을 넘어서 건안성을 공격하다가 만약 고구려군이 우리들의 양도(糧道)를 끊게 된다면 장차 어찌하겠습니까? 먼저 안시성을 공격하는 것만 같지 못합니다. 안시성이 함락되면 북을 울리며 가서 건안성을 취할 뿐입니다." 황제가 말하였다. "공을 장수로 삼았으니 어찌 공의 계책을 쓰지 않겠는가? 내 일을 그르치지 말라." 세적이 마침내 안시성을 공격하였다(7월).

안시성 사람들은 황제의 깃발과 거개(車蓋)를 멀리서 보기만 하면 번번이 성에 올라가서 북을 두드렸다. 황제가 화를 내자 세적은 성을 이기는 날에 남자를 모두 묻어버리게 해 달라고 청하였다. 안시성 사람들이 그것을 듣고 더욱 굳게 지키니 공격한 지 오래되어도 함락되지 않았다(8월). 고연수·고혜진이 황제에게 청하였다. "저희는 이미 몸을 대국에 맡겼으니 감히 그 정성을 바치지 않을 수 없으며, 천자께서 일찍 위대한 공로를 성취하셔서 저희도 처자와 서로 만나고자 합니다. 안시성 사람들도 그 집안을 돌아보고 애석해 하여 사람들이 스스로 싸우니 쉽게 함락시키지 못하는 것입니다. 지금 저희는 고구려의 10여 만의 무리를 가지고서도 황제의 깃발을 바라보자 막히고 무너졌으며 나라 사람들의 간담은 깨졌습니다. 오골성의 누살은 늙은이여서 굳게 지킬 수 없으니, 병사를 옮겨서 그곳에 다가가면 아침에 이르러 저녁에 이길 것입니다. 그 길에 있는 나머지 작은 성들은 반드시 풍문만 듣고도 달아나고 무너질 것입니다. 그런 다음에 그들의 자재와 양식을 거두어 북을 치고 나아가면 평양은 반드시 지키지 못할 것입니다." 군신도 또한 말하였다. "장량의 병사가 사성에 있으니, 그를 부르면 이틀만 자고 도착할 수 있습니다. 고구려가 두려워하는 것을 올라타서 힘을 합하여 오골성을 함락시키고 압록수를 건너서 곧바로 평양을 취하는 것은 이번 거사에 있습니다." 황제가 장차 그것을 따르려 하자, 유독 장손무기가 말하였다. "천자가 친정하였으니, 여러 장수가 온 경우와 달라서 위험을 타고서 요행을 바랄 수는 없습니다. 지금 건안성과 신성에 있는 적들은 무리가 여전히 10만인데, 만약 오골성으로 향한다면 모두 우리의 뒤를 밟아 올 것입니다. 먼저 안시성을 격파하고 건안성을 취한 후에 멀리까지 달려 나아가는 것만 같지 못하니, 이것이 만전의 계책입니다." 황제가 마침내 중지하였다(7월).

여러 장수가 급히 안시성을 공격하는데, 황제는 성 안에 있는 닭과 돼지의 소리를 듣고 세적에게 말하였다. "성을 포위한 지 오래되었는데 성 안에서는 연기와 불이 날로 미미해져가고 지금은 닭과 돼지가 심하게 시끄럽다. 이는 반드시 군사들에게 잡아 먹이고 반드시 밤중에 나와서 우리를 습격하려는 것이니, 마땅히 병사를 엄하게 하여 이에 대비하라." 이날 밤에 아군 수백명이 성에 줄을 매달아 내려왔다. 황제가 그것을 듣고 스스로 성 아래에 이르러서 병사를 불러서 급히 공격하여 아군이 죽은 자가 수십 명이었다. 나머지 군사는 물러나서 도망쳤다.

강하왕 도종이 무리를 감독하여 성의 동남쪽 귀퉁이에 토산을 쌓고 그 성을 조금씩 압박하자, 성 안에서도 역시 그 성을 더 높이 쌓아서 이를 막았다. 사졸들이 차례를 나누어서 교대로 싸우는데 하루에 6~7번 교전하였다. 충차와 포석으로 그 성루를 파괴하였더니 성 안에서는 그에 따라서 목책을 세워서 그 없어진 부분을 막았다. 도종은 발을 다쳤는데 황제가 직접 그를 위하여 침을 놓았다. 토산을 쌓는 일을 밤낮으로 쉬지 않아서 모두 60일이나 되었는데 공력을 들인 것은 50만이었고 토산 꼭대기에서 성까지는 몇 장(丈) 정도 떨어져 있어서 내려가서 성 안으로 들어가게 하였다. 도종은 과의도위 부복애로 하여금 병사를 거느리고 토산 꼭대기에서 적을 대비하게 하였는데, 토산이 무너져서 성을 눌러버리니 성이 무너졌다. 때마침 복애는 사사로운 일로 거느리는 부대를 떠나서, 아군 수백명이 성이 없어진 곳으로 나와서 싸우고 마침내 토산을 빼앗아 점거하고 참호를 파서 그곳을 지켰다. 황제가 화가 나서 복애를 참수하여 돌아다니며 보여주게 하고 여러 장수에게 그곳을 공격하도록 명령하였는데, 3일 동안에도 이길 수 없었다. 도종이 맨발로 깃발 아래까지 가서 죄를 받게 해달라고 청하였다. 황제가 말하였다. "너의 죄는 죽어 마땅하다. 다만 짐은 한(漢) 무제(武帝)가 왕회(王恢)를 죽인 것이 진(秦) 목공(穆公)이 맹명(孟明)을 채용한 것만 같지 못하다고 생각한다. 또 개모성·요동성을 격파한 공로가 있으므로, 특별히 너를 사면할 뿐이다."(8월) (『三國史記』21 高句麗本紀 9 寶臧王 上)

고구려   황제가 백암성에서 이기자 이세적에게 말하였다. "내가 듣기로 안시성은 험하고 군사도 정예이며 그 성주도 재주와 용기가 있어서, 연개소문(淵蓋蘇文)이 반란하였을 때에도 성을 지키면서 복종하지 않으니 개소문이 이를 공격하였으나 함락시킬 수 없어서 인하여 그에게 주었다고 한다. 건안성은 병사가 약하고 양식도 적어서, 만약 그들이 생각하지 못한 곳으로 나가서 이를 공격하면 반드시 이길 것이다. 공은 먼저 건안성을 공격할 수 있을 것이고, 건안성이 함락되면 안시성은 우리 뱃속에 있게 된다. 이것은 병법에서 이른바 '성에는 공격하지 않아야 하는 곳도 있다.'라는 것이다." 대답하였다. "건안성은 남쪽에 있고 안시성은 북쪽에 있으며 우리 군량은 모두 요동에 있는데, 지금 안시성을 넘어서 건안성을 공격하다가 만약 고구려군이 우리들의 양도를 끊게 된다면 장차 어찌하겠습니까? 먼저 안시성을 공격하는 것만 같지 못합니다. 안시성이 함락되면 북을 울리며 가서 건안성을 취할 뿐입니다." 황제가 말하였다. "공을 장수로 삼았으니 어찌 공의 계책을 쓰지 않겠는가? 내 일을 그르치지 말라." 세적이 마침내 안시성을 공격하였다(7월).

안시성 사람들은 황제의 깃발과 거개를 멀리서 보기만 하면 번번이 성에 올라가서 북을 두드렸다. 황제가 화를 내자 세적은 성을 이기는 날에 남자를 모두 묻어버리게 해 달라고 청하였다. 안시성 사람들이 그것을 듣고 더욱 굳게 지키니 공격한 지 오래되어도 함락되지 않았다(8월). 고연수·고혜진이 황제에게 청하였다. "저희는 이미 몸을 대국에 맡겼으니 감히 그 정성을 바치지 않을 수 없으며, 천자께서 일찍 위대한 공로를 성취하셔서 저희도 처자와 서로 만나고자 합니다. 안시성 사람들도 그 집안을 돌아보고 애석해 하여 사람들이 스스로 싸우니 쉽게 함락시키지 못하는 것입니다. 지금 저희는 고구려의 10여 만의 무리를 가지고서도 황제의 깃발을 바라보자 막히고 무너졌으며 나라 사람들의 간담은 깨졌습니다. 오골성의 누살은 늙은이여서 굳게 지킬 수 없으니, 병사를 옮겨서 그곳에 다가가면 아침에 이르러 저녁에 이길 것입니다. 그 길에 있는 나머지 작은 성들은 반드시 풍문만 듣고도 달아나고 무너질 것입니다. 그런 다음에 그들의 자재와 양식을 거두어 북을 치고 나아가면 평양은 반드시 지키지 못할 것입니다." 군신도 또한 말하였다. "장량의 병사가 사성에 있으니, 그를 부르면 이틀만 자고 도착할 수 있습니다. 고구려가 두려워하는 것을 올라타서 힘을 합하여 오골성을 함락시키고 압록수를 건너서 곧바로 평양을 취하는 것은 이번 거사에 있습니다." 황제가 장차 그것을 따르려 하자, 유독 장손무기가 말하였다. "천자가 친정하였으니, 여러 장수가 온 경우와 달라서 위험을 타고서 요행을 바랄 수는 없습니다. 지금 건안성과 신성에 있는 적들은 무리가 여전히 10만인데, 만약 오골성으로 향한다면 모두 우리의 뒤를 밟아 올 것입니다. 먼저 안시성을 격파하고 건안성을 취한 후에 멀리까지 달려 나아가는 것만 같지 못하니, 이것이 만전의 계책입니다." 황제가 마침내 중지하였다(7월).

여러 장수가 급히 안시성을 공격하는데, 황제는 성 안에 있는 닭과 돼지의 소리를 듣고 세적에게 말하였다. "성을 포위한 지 오래되었는데 성 안에서는 연기와 불이 날로 미미해져가고 지금은 닭과 돼지가 심하게 시끄럽다. 이는 반드시 군사들에게 잡아 먹이고 반드시 밤중에 나와서 우리를 습격하려는 것이니, 마땅히 병사를 엄하게 하여 이에 대비하라." 이날 밤에 고구려군 수백명이 성에 줄을 매달아 내려왔다. 황제가 그것을 듣고 스스로 성 아래에 이르러서 병사를 불러서 급히 공격하여 고구려군이 죽은 자가 수십 명이었다. 나머지 군사는 물러나서 도망쳤다.

강하왕 도종이 무리를 감독하여 성의 동남쪽 귀퉁이에 토산을 쌓고 그 성을 조금씩 압박하자, 성 안에서도 역시 그 성을 더 높이 쌓아서 이를 막았다. 사졸들이 차례를 나누어서 교대로 싸우는데 하루에 6~7번 교전하였다. 충차와 포석으로 그 성루를 파괴하였더니 성 안에서는 그에 따라서 목책을 세워서 그 없어진 부분을 막았다. 도종은 발을 다쳤는데 황제가 직접 그를 위하여 침을 놓았다. 토산을 쌓는 일을 밤낮으로 쉬지 않아서 모두 60일이나 되었는데 공력을 들인 것은 50만이었고 토산 꼭대기에서 성까지는 몇 장 정도 떨어져 있어서 내려가서 성 안으로 들어가게 하였다. 도종은 과의도위 부복애로 하여금 병사를 거느리고 토산 꼭대기에서 적을 대비하게 하였는데, 토산이 무너져서 성을 눌러버리니 성이 무너졌다. 때마침 복애는 사사로운 일로 거느리는 부대를 떠나서, 고구려군 수백명이 성이 없어진 곳으로 나와서 싸우고 마침내 토산을 빼앗아 점거하고 참호를 파서 그곳을 지켰다. 황제가 화가 나서 복애를 참수하여 돌아다니며 보여주게 하고 여러 장수에게 그곳을 공격하도록 명령하였는데, 3일 동안에도 이길 수 없었다. 도종이 맨발로 깃발 아래까지 가서 죄를 받게 해달라고 청하였다. 황제가 말하였다. "너의 죄는 죽어 마땅하다. 다만 짐은 한 무제가 왕회를 죽인 것이 진 목공이 맹명을 채용한 것만 같지 못하다고 생각한다. 또 개모성·요동성을 격파한 공로가 있으므로, 특별히 너를 사면할 뿐이다."(8월) (『三國史節要』8)

고구려   정관19년에 후기가 첩자를 잡았다. 황제가 결박을 풀어주자 스스로 3일을 먹지 못하였다고 말하니, 그를 먹이라고 명령하고 짚신을 하사하여 보내며 말하였다. "돌아가 막리지에게 말하라. 만약 군중의 진퇴를 알아야 한다면 사람을 파견하여 내가 있는 곳에 오게 하라고."(8월 8일) 황제는 군영마다 참호나 보루를 만들지 않고 척후만을 경계하게 할 뿐이었다. 그러나 군사들이 양식을 운반할 때에도 비록 단기였지만 적들이 감히 노략질하지 못하였다(8월10일).
황제가 이적과 공격할 곳을 논의하였다. 황제가 말하였다. "내가 듣기로 안시성은 땅이 험하고 무리도 날래서, 막리지도 공격하였으나 함락시킬 수 없어서 인하여 그에게 주었다고 한다. 건안성은 험하고 절벽인 것을 믿고 양식은 많으나 군사가 적어서, 만약 그들이 생각하지 못한 곳으로 나가서 이를 공격하면 서로 구원하지 못할 것이다. 건안성을 얻으면 안시성은 우리 뱃속에 있게 된다." 적이 말하였다. "그렇지 않습니다. 군량을 요동에 쌓아놓고 서쪽으로 건안성을 공격하면 적이 장차 우리들의 돌아갈 길을 막게 됩니다. 먼저 안시성을 공격하는 것만 같지 못합니다." 황제가 말하였다. "좋다." 마침내 그곳을 공격하였으나, 함락시키지 못하였다. 연수·혜진이 모의하며 말하였다. "오골성의 녹살은 늙은이여서 아침에 공격하여 저녁에 함락시킬 수 있을 것입니다. 오골성이 함락되면 평양도 움직일 수 있습니다." 군신도 또한 말하였다. "장량의 군대가 사성에 있으니, 그를 부르면 하루만에 도착할 수 있습니다. 오골성을 취하고 압록수를 건너서 그 복심을 압박하는 것 같은 것은 좋은 계책입니다." 장손무기가 말하였다. "천자가 군사를 행하였으니, 요행을 바랄 수는 없습니다. 안시성의 무리 10만이 우리 뒤에 있으니, 그들을 먼저 격파하는 것만 같지 못합니다. 곧 달려나가 남쪽으로 가는 것이 만전의 형세입니다." 이에 중지하였다(7월).
성 안의 사람들은 황제의 깃발을 보기만 하면 번번이 성채에 올라가서 북을 두드렸다. 황제가 화를 내자 이적은 격파하는 날에 남자를 모두 죽이게 해 달라고 청하였다. 적이 그것을 들었으므로 죽을 각오로 싸웠다.
강하왕 도종이 거린(距闉)을 축조하여 동남쪽을 공격하였는데, 적이 성채를 더 높이 쌓아 지켰다. 이적이 그 서쪽을 공격하여 당차로 무너뜨린 곳에 성 안에서는 그에 따라서 목책을 꽂고 누각을 세웠다. 황제는 성 안에 있는 닭과 돼지의 소리를 듣고 말하였다. "포위한 지 오래되었는데 갑자기 검은 연기가 없어졌다가 지금은 닭과 돼지가 울었다. 이는 반드시 군사들에게 잡아 먹이고 적이 장차 밤중에 나오려는 것이다." 조서를 내려 병사를 엄하게 하였다. 병야(丙夜)에 적 수백명이 성에 줄을 매달아 내려왔는데, 모두 사로잡았다. 도종은 나뭇가지로 티끌을 싸서 그것을 쌓았다. 거린이 완성되어 성을 핍박하니 몇 장도 되지 않았다. 과의도위 부복애가 그것을 지켰는데, 저절로 높아져서 그 성을 밀어버리니 성이 또 무너졌다. 때마침 복애는 사사로운 일로 거느리는 부대를 떠나서 적의 병사가 100명이 성이 무너진 곳으로 나올 수 있었고, 그곳을 점거하고 참호를 파서 끊었으며 불을 쌓아 방패를 두르고 굳게 지켰다. 황제가 화가 나서 복애를 참수하고 여러 장수에게 그곳을 공격하도록 칙서를 내렸는데, 3일 동안에도 이길 수 없었다. (『新唐書』220 列傳 145 東夷 高麗)

고구려   안시성 사람들은 황제의 깃발과 거개를 멀리서 보기만 하면 번번이 성에 올라가서 북을 두드렸다. 황제가 화를 내자 세적은 성을 이기는 날에 남녀를 모두 묻어버리게 해 달라고 청하였다. 안시성 사람들이 그것을 듣고 더욱 굳게 지키니 공격한 지 오래되어도 함락되지 않았다. (…) 여러 군대가 급히 안시성을 공격하는데, 황제는 성 안에 있는 닭과 돼지의 소리를 듣고 이세적에게 말하였다. "성을 포위한 지 오래되었는데 성 안에서는 연기와 불이 날로 미미해져가고 지금은 닭과 돼지가 심하게 시끄럽다. 이는 반드시 군사들에게 잡아 먹이고 반드시 밤중에 나와서 우리를 습격하려는 것이니, 마땅히 병사를 엄하게 하여 이에 대비하라." 이날 밤에 고구려의 수백명이 성에 줄을 매달아 내려왔다. 황제가 그것을 듣고 성 아래에 이르러서 병사를 불러서 급히 공격하여 참수한 것이 수십 급이었다. 고구려가 물러나서 도망쳤다.

강하왕 도종이 무리를 감독하여 성의 동남쪽 귀퉁이에 토산을 쌓고 그 성을 조금씩 압박하자, 성 안에서도 역시 그 성을 더 높이 쌓아서 이를 막았다. 사졸들이 차례를 나누어서 교대로 싸우는데 하루에 6~7번 교전하였다. 충차와 포석으로 그 성루를 파괴하였더니 성 안에서는 그에 따라서 목책을 세워서 그 없어진 부분을 막았다. 도종은 발을 다쳤는데 황제가 직접 그를 위하여 침을 놓았다. 토산을 쌓는 일을 밤낮으로 쉬지 않아서 모두 60일이나 되었는데 공력을 들인 것은 50만이었고 토산 꼭대기에서 성까지는 몇 장 정도 떨어져 있어서 내려가서 성 안으로 들어가게 하였다. 도종은 과의도위 부복애로 하여금 병사를 거느리고 토산 꼭대기에서 적을 대비하게 하였는데, 토산이 무너져서 성을 눌러버리니 성이 무너졌다. 때마침 복애는 사사로운 일로 거느리는 부대를 떠나서, 고구려의 수백명이 성이 없어진 곳으로 나와서 싸우고 마침내 토산을 빼앗아 점거하고 참호를 파서 그곳을 지켰다. 황제가 화가 나서 복애를 참수하여 돌아다니며 보여주게 하고 여러 장수에게 그곳을 공격하도록 명령하였는데, 3일 동안에도 이길 수 없었다. 도종이 맨발로 깃발 아래까지 가서 죄를 받게 해달라고 청하였다. 황제가 말하였다. "너의 죄는 죽어 마땅하다. 다만 짐은 한 무제가 왕회를 죽인 것이 진 목공이 맹명을 채용한 것만 같지 못하다고 생각한다.[22] 또 개모성·요동성을 격파한 공로가 있으므로, 특별히 너를 사면할 뿐이다."(『資治通鑑』198 唐紀 14 太宗 下之上)

| 고구려 | 정관19년에 군대를 안시성 남쪽으로 옮겼으나(8월10일), 오래도록 이기지 못하였다(8월). (『通典』186 邊防 2 東夷 下 高句麗) |

고구려　정관19년에 군대를 안시성 남쪽으로 옮겼으나(8월10일), 오래도록 이기지 못하였다(8월). (『唐會要』95 高句麗)

고구려　정관19년에 황제가 군영을 안시성 남쪽으로 옮겼다(8월10일). 이적에게 안시성을 공격하라고 명령하니, 매우 급하였다. 성 안의 사람들은 황제의 깃발을 볼 때마다 반드시 성에 올라가서 북을 두드렸다. 황제가 화를 심하게 내자 이적이 말하기를, "성을 격파하는 날에 남자를 모두 묻어버리게 해 주시기를 청합니다."라고 하였다. 성 안에서 그것을 듣고 군사들이 모두 죽을 각오로 싸웠다.

조서를 내려 강하왕 도종으로 하여금 병사를 감독하여 토산을 쌓고 그 성의 동남쪽 귀퉁이를 공격하게 하였다. 고구려 또한 성채를 더 높이 쌓고 치를 더하여 서로 막았다. 조서를 내려 위병을 파견하여 교대로 그것을 공격하게 하였는데, 하루에 6~7번 싸웠다. 포석·당차가 그 성루와 치를 무너뜨리자, 성 안에서는 무너지고 망가짐이 있는 곳에 따라서 곧 목책을 세웠다. 갑자기 성 안에 있는 닭과 돼지가 놀라서 우는 소리를 듣고 황제가 이적에게 말하였다. "성을 포위한 지 여러 날 되었는데 성 안에서는 연기와 불이 날로 미미해져가고 지금은 닭과 돼지가 심하게 시끄럽다. 이는 반드시 군사들에게 잡아 먹이려는 것이니, 경은 마땅히 병사를 엄하게 하라. 적

---

22) 진 목공은 맹명으로 하여금 군사를 이끌고 동쪽으로 정벌하게 하여, 두 번 진(晉)의 군사에게 패배당하였다. 목공은 다시 맹명을 채용하니, 맹명은 더욱 그 정치를 잘 닦아서 군사를 이끌고 진을 정벌하였는데, 진의 군사가 감히 나오지 못하여 마침내 서융(西戎)을 제패하였다.

은 오늘 밤에 마땅히 나올 것이다.” 밤이 되자, 고구려의 수백명이 성에 줄을 매달아 내려왔는데, 황제가 그것을 듣고 4·5기를 따르게 하며 성 아래에 이르러서 병사를 불러서 급히 공격하여 참수한 것이 수십 급이었다. 고구려가 물러나서 도망쳤다(8월). (『冊府元龜』125 帝王部 125 料敵)

고구려　　정관19년에 도종은 과의도위 부복애를 파견하여 부대의 병사를 거느리고 토산 꼭대기에서 적을 막게 하였는데, 토산이 저절로 높아져서 올라가자 그 성을 밀어버리니 성이 무너졌다. 때마침 복애는 사사로운 일로 거느리는 부대를 떠나서, 고구려의 100명이 성이 무너진 곳으로 나와서 싸우다가 마침내 토산을 점거하고 참호를 파서 그곳을 끊었으며, 불을 쌓아 두르고 물리쳤다. 태종이 크게 화가 나서 복애를 참수하여 돌아다니며 보여주게 하고 여러 장수에게 그곳을 공격하도록 명령하였는데, 3일 동안에도 이길 수 없었다. (『冊府元龜』135 帝王部 135 好邊功)

고구려　　정관19년 이 해에 황제가 요동을 정벌하여 안시성을 공격하였으나, 이기지 못하였다. (『冊府元龜』138 帝王部 138 旌表 2)

고구려　　정관19년에 이적이 또 안시성을 공격하였는데, 매우 급하였다. 성 안의 사람들은 태종의 깃발을 볼 때마다 반드시 성에 올라가서 북을 두드렸다. 태종이 매우 화를 내자 이적이 말하기를, “성을 격파하는 날에 남자를 모두 묻어버리게 해 주시기를 청합니다.”라고 하였다. 성 안에서 그것을 듣고 군사들이 모두 죽을 각오로 싸웠다.
　　　　　　조서를 내려 강하왕 도종으로 하여금 병사를 감독하여 토산을 쌓고 그 성의 동남쪽 귀퉁이를 공격하게 하였다. 고구려 또한 성채를 더 높이 쌓고 치를 더하여 서로 막았다. 조서를 내려 위병을 파견하여 교대로 그것을 공격하게 하였는데, 하루에 6~7번 싸웠다. 포석·당차가 그 성루와 치를 무너뜨리자, 성 안에서는 무너진 곳을 따라서 곧 목책을 세웠다. 도종은 나뭇가지로 덩어리를 싸서 흙을 만들고 쌓은 흙을 받쳐서 산을 만들었으며, 그 사이에 다섯 길로 나무를 더하여 그 위에 흙을 입혔다. 밤낮을 버리지 않으니 점차 성을 핍박하였다. 토산을 만드는 일은 60일 동안 공인 50만을 이용하였고 토산 꼭대기에서 성까지는 몇 장 정도 떨어져 있어서 성 안을 내려다 볼 수 있었다. 도종은 과의도위 부복애를 파견하여 부대의 병사를 거느리고 토산 꼭대기에 주둔하면서 적을 막게 하였는데, 토산이 저절로 높아져서 올라가자 그 성을 밀어버리니 성이 무너졌다. 때마침 복애는 사사로운 일로 거느리는 부대를 떠나서, 고구려의 수백명이 성이 무너진 곳으로 나와서 싸우다가 마침내 토산을 점거하고 참호를 파서 그곳을 끊었으며, 불을 쌓아 두르고 물리쳐서 스스로 굳게 지켰다. 태종이 크게 화가 나서 복애를 참수하여 돌아다니며 보여주게 하고 여러 장수에게 그곳을 공격하도록 명령하였는데, 3일 동안에도 이길 수 없었다. (『冊府元龜』369 將帥部 30 攻取 2 李勣)

고구려　　정관19년에 마침내 군대를 안시성 남쪽으로 옮겼으나(8월10일), 오래도록 이기지 못하였다(8월). (『太平寰宇記』173 四夷 2 東夷 2 高勾驪)

고구려　　『신당서』고려전에 전한다. “ (…) 정관19년에 안시성을 공격하였으나 이기지 못하였다.”(『玉海』191 兵捷露布 3 唐遼東道行臺大摠管李勣俘高麗獻俘昭陵檄高麗合元殿數俘)

고구려　　『신당서』고려전에 전한다. “ (…) 정관19년에 또 안시성을 공격하였으나 이기지 못하였다.”(『玉海』194 兵捷紀功碑銘附 唐駐蹕山紀功破陣圖漢武臺紀功)

고구려　　토산을 쌓아 안시성을 공격하는데 토산이 무너졌다. 도종이 부서에서 사라져서 적에게 점거당하였으나, 과의도위 부복애에게 죄를 돌리고 그를 참수하였다. 도종이 맨발로 깃발 아래까지 가서 죄를 받게 해달라고 청하였다. 태종이 말하였다. “한 무제가 왕회를 죽인 것은 진 목공이 맹명을 용서한 것만 같지 못하다. 토산을 잃은 것은 또한 그 죄가 아니다.” 풀어주고 죄를 묻지 않았다. 도종이 진영에서 발을 다치자

	태종이 직접 그를 위하여 침을 놓고 어선(御膳)을 하사하였다. (『舊唐書』 60 列傳 1 0 宗室 江夏王道宗)
고구려	마침내 요동 정벌에 따라가서 섭전중감(攝殿中監)이 되었는데, 토산을 잘 쌓아 안시성을 격파하였다. (『新唐書』 100 列傳 25 閻讓)
고구려	『구당서』 도종전(道宗傳)에 전한다. "태종이 고구려를 정벌하였을 때, 강하왕 도종이 진영에서 발을 다치자 황제가 직접 그를 위하여 침을 놓았다."(『太平御覽』 830 資産部 10 針 醫針附)

고구려 말갈	8월에 황제가 고구려를 정벌하자, 설연타(薛延陀)가 사신을 파견해 들어와서 조공하였다. 황제가 그에게 말하였다. "너희 가한에게 말하라. 지금 우리 부자는 동쪽으로 고구려를 정벌하는데 너희가 노략질할 수 있다면 마땅히 빨리 와야 할 것이다." 진주가한(眞珠可汗)은 황공하여 사신을 파견하여 사과하며 또한 병사를 징발하여 군대를 돕게 해 달라고 청하였으나, 황제가 허락하지 않았다. 고구려가 주필산에서 패하자 막리지는 말갈로 하여금 진주에게 유세하며 후한 이익을 가지고 유혹하였지만 진주는 두려워 복종하면서 감히 움직이지 않았다.23) (『資治通鑑』 198 唐紀 14 太宗 下之上)
고구려 말갈	얼마 지나서 설연타가 사신을 파견해 군사를 이끌고 고구려 정벌을 돕겠다고 청하여, 황제의 뜻을 찔렀다. 황제는 사자를 불러서 말하였다. "돌아가 너희 가한에게 말하라. 지금 우리 부자는 동쪽으로 고구려를 정벌하는데 너희가 노략질할 수 있다면 곧 올 수 있을 것이다." 이남(夷男)은 저축(沮縮)하여 감히 모의하지 못하고 사신을 파견하여 사과하면서 군대를 돕겠다고 굳게 청하였으나, 황제가 가상히 여겨 답하였다. 고구려 막리지가 말갈로 하여금 후한 이익을 가지고 이남을 속여서 그와 제휴하게 하려고 하였다. 이남은 기가 본래 막혀서 나오지 못하다가 또한 마침 병으로 죽었다. 황제는 그를 위하여 행재소에서 제사지냈다. (『新唐書』 217下 列傳 142下 薛延陀)
고구려	태종이 요동의 여러 성을 함락시키고 주필진에서 격파하며 고연수를 항복시키자, 명성이 융적을 떨게 하였다. 그러나 막리지는 몰래 말갈로 하여금 설연타를 유혹하여 후한 이익을 가지고 속였지만, 설연타는 기가 두려워하여 감히 움직이지 않았다. 태종이 안시성에 있으면서 변방의 신하들에게 말하기를, "내가 생각건대 이남은 죽었을 것이다."라고 하였다. 들은 자가 예측하지 못하였으나, 얼마 지나서 진주비가한(眞珠毗伽可汗)이 죽었다. (『唐會要』 96 薛延陀)
고구려	처음에 설연타의 진주비가가한이 사신을 파견해 청혼하자, 태종이 딸을 아내로 삼도록 허락하였다. (…) 황제가 그에게 말하였다. " (…) 내가 지금 그 딸을 주지 않는 것은 사명을 골라 여러 성의 부락에 내가 거기로 달아나서 설연타와 다투어 공격한 것을 반드시 알게 하려는 것이다. 그대는 그 뜻을 알라." 얼마 지나서 이사마(李思摩)가 자주 병사를 파견하여 그들을 침략하였다. 설연타는 다시 돌리실(突利失)을 파견하여 사마를 공격하고, 정양(定襄)에 뜻을 두어[志定襄] 백성들을 약탈하고 떠났다. 황제가 영국공(英國公) 이적을 파견하여 그를 구원하자, 갑자기 요새를 나가서 돌아갔다. 황제는 그 수법으로 사마와 교전하고 이에 새서를 내려 그를 꾸짖었다. 또 그 사신에게 말하였다. "너희 가한에게 말하라. 우리 천자는 동쪽으로 고구려를 정벌하는데 너희가 노략질할 수 있다면 마땅히 와야 할 것이다." 가한은 사신을 파견하여 사과하며 다시 병사를 징발하여 군대를 돕게 해 달라고 청하였으나, 황제는

---

23) 고이(考異)에 전한다. "실록(實錄)에 전한다. '황제가 근신(近臣)에게 말하기를, 「내가 헤아리건대 설연타의 추장이 곧 죽을 것이다.」라고 하였다. 들은 자들은 헤아릴 수 없었다.' 태종이 비록 밝다고 하더라도 어찌 설연타 추장의 죽음을 헤아릴 수 있었겠는가? 지금은 취하지 않는다."

넉넉한 조서로 답하며 그 병사를 중지하게 하였다. 태종이 요동의 여러 성을 함락시키고 주필진에서 격파하며 고연수를 항복시키자, 명성이 융적에게 떨쳤다. 그러나 막리지는 몰래 속말말갈로 하여금 설연타를 유혹하여 후한 이익을 가지고 속였지만, 설연타는 기가 두려워하여 감히 움직이지 않았다. (『冊府元龜』991 外臣部 36 備禦 4)

고구려	9월 계미일(18) 군사를 돌렸다. (『新唐書』2 本紀 2 太宗)
고구려	9월에 황제는 요동이 일찍 추워지고 풀은 마르며 물은 얼어서 군사와 말들이 오래 머물지 못하고 또 양식이 장차 떨어지려 하여, 계미일(18) 군사를 돌리도록 칙서를 내렸다. 먼저 요주(遼州)·개주(蓋州) 2주의 호구를 뽑아서 요수를 건너게 하고, 이에 안시성 아래에 병사를 시위하면서 선회하였다. 성 안에서는 모두가 흔적을 감추고 나오지 않다가 성주가 성에 올라가서 절하며 작별인사를 하니, 황제가 그가 굳게 지킨 것을 가상히 여겨 겸(縑) 100필을 하사하면서 군주를 섬긴 것을 격려하였다. 이세적, 강하왕 도종에게 명령하여 보병과 기병 4만을 거느리고 후위를 맡게 하였다. (『資治通鑑』198 唐紀 14 太宗 下之上)
고구려	정관19년 9월 계미일(18) 태종은 늦가을에 풀은 마르며 요동의 변방에 추위가 맹렬하여 여러 군대에 칙서를 내려 안시성을 공격하는 기계를 거두게 하였고 곧 군사를 돌리도록 명령하였다. 먼저 요주·개주·암주(巖州) 3주의 호구를 뽑아서 요수를 건너게 하고, 이에 마군 1만 기, 보병 수만 명을 불러 갑옷을 입고 창을 잡으며 깃발을 펼쳐서 그 성 아래에 시위하면서 선회하였다. 성 안에서는 모두가 소리를 감추고 깃발을 눕혔다가 성주가 성에 올라가서 절하며 직접 작별인사를 하니, 태종이 그가 굳게 지킨 것을 가상히 여겨 겸 100필을 하사하면서 군주를 섬긴 것을 격려하였다. 이적·도종에게 조서를 내려 보병과 기병 수만 명을 거느리고 후위를 맡게 하였다. (『冊府元龜』117 帝王部 117 親征 2)
고구려	『신당서』태종기에 전한다. "(…) 정관19년 9월 계미일(18) 군사를 돌렸다." (…) 『신당서』고려전에 전한다. "(…) 정관19년에 조서가 있어 군사를 돌렸다. 요주·개주 2주의 사람을 뽑아서 돌아갔다."(『玉海』194 兵捷紀功碑銘附 唐駐蹕山紀功破陣圖 漢武臺紀功)
고구려	9월에 이르러서도 이기지 못하여, 이에 군사를 돌렸다. (『舊唐書』3 本紀 3 太宗 下)
고구려	정관19년 9월에 마침내 군사를 돌렸다. 먼저 요주·개주 2주의 호구를 뽑아서 요수를 건너게 하고, 이에 병마를 불러 성 아래에 시위하면서 선회하였다. 성주가 성에 올라가서 절하며 작별인사를 하니, 태종이 그가 굳게 지킨 것을 가상히 여겨 겸 100필을 하사하면서 군주를 섬긴 것을 격려하였다. (『通典』186 邊防 2 東夷 下 高句麗)
고구려	정관19년 9월에 마침내 군사를 돌렸다. 먼저 요주·개주 2주의 호구를 뽑아서 요수를 건너게 하고, 이에 병마를 불러 성 아래에 시위하면서 선회하였다. 성주가 성에 올라가서 절하며 작별인사를 하니, 태종이 그가 굳게 지킨 것을 가상히 여겨 겸 100필을 하사하면서 군주를 섬긴 것을 격려하였다. (『唐會要』95 高句麗)
고구려	정관19년 9월에 마침내 군사를 돌렸다. 먼저 요주·개주 2주의 호구를 뽑아서 요수를 건너게 하고, 이에 병마를 불러 성 아래에 시위하면서 선회하였다. 성주가 성에 올라가서 절하며 작별인사를 하니, 태종이 그가 굳게 지킨 것을 가상히 여겨 겸 100필을 하사하면서 군주를 섬긴 것을 격려하였다. (『太平寰宇記』173 四夷 2 東夷 2 高勾驪)
고구려	『구당서』본기에 전한다. "(…) 정관19년 9월에 이르러서도 이기지 못하여, 이에

	군사를 돌렸다."(『太平御覽』 109 皇王部 34 唐太宗文皇帝)
고구려	『신당서』 태종기에 전한다. " (…) 정관19년 9월에 군사를 돌렸다."(『玉海』 162 宮室臺 唐紀功漢武臺)
고구려	정관19년에 황제는 요동의 창고에 저장한 양식이 장차 떨어지고 군사들이 춥고 얼어서, 이에 조서를 내려 군사를 돌렸다. 그 성을 돌면서 시위하자, 성 안에서는 모두가 소리를 감추고 깃발을 눕혔다가 성주가 성에 올라가서 절하며 직접 작별인사를 하니, 황제가 그가 굳게 지킨 것을 가상히 여겨 견(絹) 100필을 하사하면서 군주를 섬긴 것을 격려하였다. (『舊唐書』 199上 列傳 149上 高麗)
고구려	정관19년에 황제는 요동의 창고에 저장한 양식이 장차 떨어지고 군사들이 춥고 얼어서, 이에 조서를 내려 군사를 돌렸다. (『冊府元龜』 135 帝王部 135 好邊功)
고구려	정관19년에 그 성 안에서는 모두가 소리를 감추고 깃발을 눕혔다가 성주가 성에 올라가서 절하며 직접 작별인사를 하니, 황제가 그가 굳게 지킨 것을 가상히 여겨 견 100필을 하사하면서 군주를 섬긴 것을 격려하였다. (『冊府元龜』 138 帝王部 138 旌表 2)
고구려	이보다 앞서 정관19년에 황제가 고구려를 정벌할 때에 역적 토벌을 명분으로 삼았다. 주필진을 격파할 때에 황제가 활과 화살통을 직접 딸려서 막리지에게 하사하였다. 비록 은혜에 복종하고 절한다고 하였지만 측근을 파견하여 와서 감사하지 않았다. 천자는 변방에 가을이 저물었다고 여겨 육군에 조서를 내려 군사를 돌렸다. 막리지는 왕성이 온전함을 얻었다고 여겨 군주를 학살한 것을 저절로 면할 수 있기를 바랐다. 또 우리 변방의 틈을 엿보아 그 바치는 것이 성기고 적었으니, 번신으로 대국을 섬기는 예의를 잃었다. (『冊府元龜』 985 外臣部 30 征討 4)
고구려	『구당서』 본기에 전한다. " (…) 정관19년에 이에 군사를 돌렸다."(『太平御覽』 783 四夷部 4 東夷 4 高句驪)
고구려	『신당서』 고려전에 전한다. " (…) 정관19년에 군사를 돌렸다[그 상세한 것은 주필산 단락을 보라].(『玉海』 191 兵捷露布 3 唐遼東道行臺大摠管李勣俘高麗獻俘昭陵檄高麗含元殿數俘)
고구려	고구려 항호주는 14개, 부는 9개이다[태종이 친정하여 (…) 군사가 돌아오게 되자, 개주·요주 2주의 사람을 뽑아서 돌아왔다]. (『新唐書』 43下 志 33下 地理 7下 河北道)
고구려	9월 을유일(20) 요동에 이르렀다. (『資治通鑑』 198 唐紀 14 太宗 下之上)
고구려	정관19년 9월 을유일(20) 요동성 아래에 주둔하였다. 성 안에 여전히 양식 10만 석이 있었는데, 군사들이 그것을 취하였으나 다하지 못하였다. (『冊府元龜』 117 帝王部 117 親征 2)
고구려	9월 병술일(21) 요수를 건넜다. 요택(遼澤)은 진흙벌판이어서 수레와 말이 통행하지 못하자, 장손무기에게 1만 명을 거느리고 풀을 잘라서 길을 메우며, 물이 깊은 곳에는 수레를 교량으로 삼으라고 명령하였다. 황제는 스스로 나무를 말의 안장걸이에 묶어서 일을 도왔다.[24] (『資治通鑑』 198 唐紀 14 太宗 下之上)
고구려	정관19년 9월 병술일(21) 요수를 건넜는데, 발착수(渤錯水)까지 10리 사이였다. 요택은 진흙벌판이어서 수레와 말이 통행하지 못하자, 장손무기·양사도에게 조서를 내려 문무관료 및 정벌하는 병사 1만 명을 이끌고 풀을 잘라서 길을 메워서 나아가며,

---

24) 초(鞘)는 편초(鞭鞘)이다. 공영달(孔穎達)의 『예기정의(禮記正義)』를 참고하면, "활의 머리를 초라고 한다."라고 한다. 이것은 이른바 마초(馬鞘)이니, 아마도 말 안장의 머리일 것이다.

물이 깊은 곳에는 수레를 교량으로 삼게 하였다. 태종은 교량과 길이 완성되지 않은 것을 걱정하여 스스로 땔나무를 말 위에 쌓아서 무기 등에게 나아가서 일을 도왔다. (『冊府元龜』 117 帝王部 117 親征 2)

고구려   황제는 요동이 일찍 추워지고 풀은 마르며 물은 얼어서 군사와 말들이 오래 머물지 못하고 또 양식이 장차 떨어지려 하여, 군사를 돌리도록 칙서를 내렸다. 먼저 요주·개주 2주의 호구를 뽑아서 요수를 건너게 하고, 이에 안시성 아래에 병사를 시위하면서 선회하였다. 성 안에서는 모두가 흔적을 감추고 나오지 않다가 성주가 성에 올라가서 절하며 작별인사를 하니, 황제가 그가 굳게 지킨 것을 가상히 여겨 겸 100필을 하사하면서 군주를 섬긴 것을 격려하였다. 이세적·도종에게 명령하여 보병과 기병 4만을 거느리고 후위를 맡게 하였다(9월18일). 요동성에 이르렀다(9월20일). 요수를 건넜다. 요택은 진흙벌판이어서 수레와 말이 통행하지 못하자, 장손무기에게 1만 명을 거느리고 풀을 잘라서 길을 메우며, 물이 깊은 곳에는 수레를 교량으로 삼으라고 명령하였다. 황제는 스스로 나무를 말의 안장걸이에 묶어서 일을 도왔다(9월21일). (『三國史記』 21 高句麗本紀 9 寶臧王 上)

고구려   황제는 요동이 일찍 추워지고 풀은 마르며 물은 얼어서 군사와 말들이 오래 머물지 못하고 또 양식이 장차 떨어지려 하여, 군사를 돌리도록 칙서를 내렸다. 먼저 요주·개주 2주의 호구를 뽑아서 요수를 건너게 하고, 이에 안시성 아래에 병사를 시위하면서 선회하였다. 성 안에서는 모두가 흔적을 감추고 나오지 않다가 성주가 성에 올라가서 절하며 작별인사를 하니, 황제가 그가 굳게 지킨 것을 가상히 여겨 겸 100필을 하사하면서 군주를 섬긴 것을 격려하였다. 이세적·도종에게 명령하여 보병과 기병 4만을 거느리고 후위를 맡게 하였다(9월18일). 요동성에 이르렀다(9월20일). 요수를 건넜다. 요택은 진흙벌판이어서 수레와 말이 통행하지 못하자, 장손무기에게 1만 명을 거느리고 풀을 잘라서 길을 메우며, 물이 깊은 곳에는 수레를 교량으로 삼으라고 명령하였다. 황제는 스스로 나무를 말의 안장걸이에 묶어서 일을 도왔다(9월21일). (『三國史節要』 8)

고구려   정관19년에 조서가 있어 군사를 돌렸다. 요주·개주 2주의 사람을 뽑아서 돌아갔다. 병사가 성 아래를 지나가자, 성 안에서는 모두가 숨소리를 감추고 깃발을 눕혔다가 추장이 성에 올라가서 두 번 절하니, 황제가 그가 지킨 것을 가상히 여겨 견 100필을 하사하였다(9월18일). 요주의 양식은 여전히 10만 곡(斛)이었는데, 군사들이 그것을 취하였으나 다하지 못하였다(9월20일). 황제가 발착수에 이르렀는데, 험하고 진흙벌판이어서 80리에 걸쳐 수레와 말이 통행하지 못하였다. 장손무기·양사도가 1만 명을 이끌고 땔나무를 잘라서 길을 만들며, 수레를 이어서 교량으로 삼았다. 황제는 땔나무를 말 위에 지고 일을 도왔다. (『新唐書』 220 列傳 145 東夷 高麗)

고구려   군사가 돌아오다가 요택에 이르자, 200리에 걸쳐서 진흙벌판이어서 통행할 수 없었다. 염입덕이 길을 축조하여 교량을 만들자 머물러 가는 것이 없었다. 황제가 기뻐하여 하사해 주는 것이 좋고 후하였다. (『新唐書』 100 列傳 25 閻讓)

고구려   9월에 황제가 백암성에서 이기자 이세적에게 말하였다. "내가 듣기로 안시성은 험하고 군사도 정예이며 그 성주도 재주와 용기가 있어서, 막리지가 반란하였을 때에도 성을 지키면서 복종하지 않으니 막리지가 이를 공격하였으나 함락시킬 수 없어서 인하여 그에게 주었다고 한다. 건안성은 병사가 약하고 양식도 적어서, 만약 그들이 생각하지 못한 곳으로 나가서 이를 공격하면 반드시 이길 것이다. 공은 먼저 건안성을 공격할 수 있을 것이고, 건안성이 함락되면 안시성은 우리 뱃속에 있게 된다. 이것은 병법에서 이른바 '성에는 공격하지 않아야 하는 곳도 있다.'라는 것이다." 대답하였다. "건안성은 남쪽에 있고 안시성은 북쪽에 있으며 우리 군사들의 양식은 모두 요동에 있는데, 지금 안시성을 넘어서 건안성을 공격하다가 만약 적들이 우리들의 운송로를 끊게 된다면 장차 어찌하겠습니까? 먼저 안시성을 공격하는 것만 같지 못합니다. 안시성이 함락되면 북을 울리며 가서 건안성을 취할 뿐입니다." 황제가 말하였다. "공을 장수로 삼았으니 어찌 공의 계책을 쓰지 않겠는가? 내 일을 그르치지 말라." 세적이 마침내 안시성을 공격하였다(7월).

안시성 사람들은 황제의 깃발과 거개를 멀리서 보기만 하면 번번이 성에 올라가서 북을 두드렸다. 황제가 화를 내자 세적은 성을 이기는 날에 남녀를 모두 묻어버리게 해 달라고 청하였다. 안시성 사람들이 그것을 듣고 더욱 굳게 지키니 공격한 지 오래되어도 함락되지 않았다(8월). 고연수·고혜진이 황제에게 청하였다. "저희는 이미 몸을 대국에 맡겼으니 감히 그 정성을 바치지 않을 수 없으며, 천자께서 일찍 위대한 공로를 성취하셔서 저희도 처자와 서로 만날 수 있기를 바랍니다. 안시성 사람들도 그 집안을 돌아보고 애석해 하여 사람들이 스스로 싸우니 쉽게 함락시키지 못하는 것입니다. 지금 저희는 고구려의 10여 만의 무리를 가지고서도 황제의 깃발을 바라보자 막히고 무너졌으며 나라 사람들의 간담은 깨졌습니다. 오골성의 욕살은 늙은이여서 굳게 지킬 수 없으니, 병사를 옮겨서 그곳에 다가가면 아침에 이르러 저녁에 이길 것입니다. 그 길에 있는 나머지 작은 성들은 반드시 풍문만 듣고도 달아나고 무너질 것입니다. 그런 다음에 그들의 자재와 양식을 거두어 북을 치고 나아가면 평양은 반드시 지키지 못할 것입니다." 군신도 또한 말하였다. "장량의 병사가 사성에 있으니,25) 그를 부르면 이틀만 자고 도착할 수 있습니다. 고구려가 두려워하는 것을 올라타서 힘을 합하여 오골성을 함락시키고 압록수를 건너서 곧바로 평양을 취하는 것은 이번 거사에 있습니다." 황제가 장차 그것을 따르려 하자, 유독 장손무기가 말하였다. "천자가 친정하였으니, 여러 장수가 온 경우와 달라서 위험을 타고서 요향을 바랄 수는 없습니다. 지금 건안성과 신성에 있는 적들은 무리가 여전히 10만인데, 만약 오골성으로 향한다면 모두 우리의 뒤를 밟아 올 것입니다. 먼저 안시성을 격파하고 건안성을 취한 후에 멀리까지 달려 나아가는 것만 같지 못하니, 이것이 만전의 계책입니다." 황제가 마침내 중지하였다(7월).26)

여러 군대가 급히 안시성을 공격하는데, 황제는 성 안에 있는 닭과 돼지의 소리를 듣고 이세적에게 말하였다. "성을 포위한 지 오래되었는데 성 안에서는 연기와 불이 날로 미미해져가고 지금은 닭과 돼지가 심하게 시끄럽다. 이는 반드시 군사들에게 잡아 먹이고 반드시 밤중에 나와서 우리를 습격하려는 것이니, 마땅히 병사를 엄하게 하여 이에 대비하라." 이날 밤에 고구려의 수백명이 성에 줄을 매달아 내려왔다. 황제가 그것을 듣고 성 아래에 이르러서 병사를 불러서 급히 공격하여 참수한 것이 수십 급이었다. 고구려가 물러나서 도망쳤다.

강하왕 도종이 무리를 감독하여 성의 동남쪽 귀퉁이에 토산을 쌓고 그 성을 조금씩 압박하자, 성 안에서도 역시 그 성을 더 높이 쌓아서 이를 막았다. 사졸들이 차례를 나누어서 교대로 싸우는데 하루에 6~7번 교전하였다. 충차와 포석으로 그 성루를 파괴하였더니 성 안에서는 그에 따라서 목책을 세워서 그 없어진 부분을 막았다. 도종은 발을 다쳤는데 황제가 직접 그를 위하여 침을 놓았다. 토산을 쌓는 일을 밤낮으로 쉬지 않아서 모두 60일이나 되었는데 공력을 들인 것은 50만이었고 토산 꼭대기에서 성까지는 몇 장 정도 떨어져 있어서 내려가서 성 안으로 들어가게 하였다. 도종은 과의도위 부복애로 하여금 병사를 거느리고 토산 꼭대기에서 적을 대비하게 하였는데, 토산이 무너져서 성을 눌러버리니 성이 무너졌다. 때마침 복애는 사사로

---

25) 사성은 곧 비사성(卑沙城)이다.
26) 태종이 천하를 평정한 것은 생각하지 못한 곳으로 나가서 승리를 취한 것이 많았다. 유독 요동의 전역만 만전의 계책으로 적을 제압하려고 하였기에, 공이 없었던 것이다.

운 일로 거느리는 부대를 떠나서, 고구려의 수백명이 성이 없어진 곳으로 나와서 싸우고 마침내 토산을 빼앗아 점거하고 참호를 파서 그곳을 지켰다. 황제가 화가 나서 복애를 참수하여 돌아다니며 보여주게 하고 여러 장수에게 그곳을 공격하도록 명령하였는데, 3일 동안에도 이길 수 없었다. 도종이 맨발로 깃발 아래까지 가서 죄를 받게 해달라고 청하였다. 황제가 말하였다. "너의 죄는 죽어 마땅하다. 다만 짐은 한 무제가 왕회를 죽인 것이 진 목공이 맹명을 채용한 것만 같지 못하다고 생각한다.[27] 또 개모성·요동성을 격파한 공로가 있으므로, 특별히 너를 사면할 뿐이다."(8월) (『資治通鑑』198 唐紀 14 太宗 下之上)

고구려 정관19년 9월에 태백성이 태미에 들어갔다[이때에 태종이 고구려를 평정하여 처음으로 백암성을 함락시켰다]. (『唐會要』43 星聚)

고구려 정관19년 9월에 옛 제도에는 훈관(勳官)이 12등이어서 전쟁에서 공이 있는 경우에는 고하에 따라서 그것을 제수하였다. 황제가 요수를 건넌 상을 크게 하고자 하여 인하여 조서를 내렸다. "훈급을 제수하는 것은 본래 공이 있는 것에 의거하고, 만약 넉넉히 다르지 않다면 권장하는 것에 얽매임이 없다. 지금 고구려를 토벌하였는데, 그 어가를 따르거나 수륙의 여러 군대에서 싸우거나 진영을 지켜 공이 있는 경우에는 모두 높은 품계에 따라 위에 거듭 더하는 것을 허락한다." 육군(六軍)이 크게 기뻐하였다. (『冊府元龜』63 帝王部 63 發號令 2)

고구려 훈급을 제수하는 것은 본래 공이 있는 것에 의거하고, 만약 넉넉히 다르지 않다면 권장하는 것에 말미암음이 없다. 지금 고구려를 토벌하였는데, 그 어가를 따르거나 수륙의 여러 군대에서 싸우거나 진영을 지켜 공이 있는 경우에는 모두 높은 품계에 따라 위에 거듭 더하는 것을 허락한다. (『全唐文』7 太宗皇帝 賞渡遼戰功詔)

고구려 겨울 10월 병신일 초하루에 황제가 포구(蒲溝)에 이르러 말을 세우고 도로를 메우는 것을 독려하여, 여러 군대가 발착수(渤錯水)를 건넜다. 폭풍 속에 눈이 내리니 사졸들은 옷이 젖어서 죽은 자가 많자, 칙서를 내려서 길에다 불을 지피면서 그들을 기다렸다.
대체로 고구려를 정벌하면서 현도(玄菟)·횡산(橫山)·개모(蓋牟)·마미(磨米)·요동(遼東)·백암(白巖)·비사(卑沙)·맥곡(麥谷)·은산(銀山)·후황(後黃)의 10성을 함락시키고, 요주(遼州)·개주(蓋州)·암주(巖州) 3주의 호구를 옮겨서 중국에 들어온 자가 7만 명이었다.[28] 신성(新城)·건안(建安)·주필(駐驛)의 세 큰 전투에서 참수한 것이 4만여 급이었고, 전사(戰士)로서 죽은 자가 거의 2,000명이었으며, 전마(戰馬)로서 죽은 것은 10에 7,8마리였다. 황제는 성공할 수 없었기 때문에 깊이 후회하고 탄식하며 말하기를, "위징(魏徵)이 만약 있었다면 나로 하여금 이번 원정을 하지 않게 하였을 것이다."라고 하였다. 역마를 달려서 징에게 소뢰(少牢)로 제사지내도록 명령하고 만들었던 비를 다시 세우게 하며, 그의 처자를 불러서 행재소로 오게 하여 그들을 위로하고 물품을 하사하였다. (『資治通鑑』198 唐紀 14 太宗 下之上)

고구려 겨울 10월 병신일 초하루에 포구에 주둔하였는데, 길을 메우는 것이 끝나지 않았다. 태종은 말을 세우고 그것을 독려하였다. 병사가 발착수를 건너게 되자, 폭풍 속에

---

27) 진 목공은 맹명으로 하여금 군사를 이끌고 동쪽으로 정벌하게 하여, 두 번 진(晉)의 군사에게 패배당하였다. 목공은 다시 맹명을 채용하니, 맹명은 더욱 그 정치를 잘 닦아서 군사를 이끌고 진을 정벌하였는데, 진의 군사가 감히 나오지 못하여 마침내 서융(西戎)을 제패하였다.

28) 고이(考異)에 전한다. "실록(實錄)에서 위의 내용을 전하기를, '3주의 호구를 옮겨 내지로 들어간 자가 전후로 7만 명이다.'라고 한다. 아래에 계축일(18) 조서에 전하기를, '획득한 호가 10만이고 구는 18만이다.'라고 한다. 아마도 아울러 옮기지 않는 자를 말하였을 뿐일 것이다."

눈이 내리니 이때 매우 얼고 추워서 사졸들은 옷이 젖고 말과 소가 진흙과 물에 빠져서 죽은 자가 많았다. 조서를 내려 불을 쌓아 그들을 기다리고, 건너는 병사는 이에 힘입어서 구제될 수 있었다.

처음에 태종 및 이적의 군대가 요동에 들어갔을 때 10만 명을 거느렸고, 각각 팔태(八駄)가 있었으며 두 군대의 전마가 1만 필이었다. 돌아오게 되자 전사로서 죽은 자가 1,200명이었고 그 팔태 및 전마로서 죽은 것은 10에 7,8마리였다. 장량의 수군이 7만 명이었는데, 바다를 건너다가 바람을 만나서 물에 빠져 죽은 자가 수백 명이었다. 대체로 요주·개주·암주 3주의 호구를 옮겨서 내지에 들어온 자가 전후로 7만 명이었다. (『冊府元龜』 117 帝王部 117 親征 2)

고구려　겨울 10월에 황제가 포구에 이르러 말을 세우고 도로를 메우는 것을 독려하여, 여러 군대가 발착수를 건넜다. 폭풍 속에 눈이 내리니 사졸들은 옷이 젖어서 죽은 자가 많자, 칙서를 내려서 길에다 불을 지피면서 그들을 기다렸다.

대체로 현도·횡산·개모·마미·요동·백암·비사·맥곡·은산·후황의 10성을 함락시켰고, 요주·개주·암주 3주의 호구를 옮겨서 중국에 들어온 자가 7만 명이었다. 고연수는 항복한 후부터 항상 분하고 한탄하여, 얼마 지나지 않아 걱정하며 죽었다. 고혜진은 마침내 장안(長安)에 이르렀다. 신성·건안·주필의 세 큰 전투에서 아군 및 당의 병마로 사망한 자가 매우 많았다. 황제는 성공할 수 없었기 때문에 깊이 후회하고 탄식하며 말하기를, "위징이 만약 있었다면 나로 하여금 이번 원정을 하지 않게 하였을 것이다."라고 하였다.

논하여 말한다. "당 태종은 총명하고 좀처럼 세상에 나타나기 드문 임금이다. 난을 평정함은 탕왕(湯王)·무왕(武王)에 비할 만하고, 다스리는 것은 성왕(成王)·강왕(康王)에 가깝다. 병력을 운용함에 이르러서는 기묘한 계책을 냄이 끝이 없고 향하는 곳마다 대적할 자가 없었다. 그러나 동방을 정벌하는 일에서는 안시성에서 패하였으니 그 성주는 가히 호걸로 보통 사람이 아니라고 말할 수 있다. 그러나 역사에 그 성명이 전하지 않으니 양자(楊子)가 말한 제(齊)와 노(魯)의 대신이 역사에 그 이름이 전하지 않는다고 한 것과 다를 것이 없다. 매우 애석하다고 할 것이다." (『三國史記』 21 高句麗本紀 9 寶藏王 上)

고구려　겨울 10월에 황제가 소구(瀟溝)에 이르러 말을 세우고 도로를 메우는 것을 독려하여, 여러 군대가 발착수를 건넜다. 폭풍 속에 눈이 내리니 사졸들은 옷이 젖어서 죽은 자가 많자, 칙서를 내려서 길에다 불을 지피면서 그들을 기다렸다.

대체로 현도·횡산·개모·마미·요동·백암·비사·맥곡·은산·후황의 10성을 함락시켰고, 요주·개주·암주 3주의 호구를 옮겨서 중국에 들어온 자가 7만 명이었다. 고연수는 항복한 후부터 항상 분하고 한탄하여, 얼마 지나지 않아 걱정하며 죽었다. 고혜진은 마침내 장안에 이르렀다. 신성·건안·주필의 세 큰 전투에서 고구려군 및 당의 병마로 사망한 자가 매우 많았다. 황제는 성공할 수 없었기 때문에 깊이 후회하고 탄식하며 말하기를, "위징이 만약 있었다면 나로 하여금 이번 원정을 하지 않게 하였을 것이다."라고 하였다.

김부식(金富軾)이 말하였다. "당 태종은 총명하고 좀처럼 세상에 나타나기 드문 임금이다. 난을 평정함은 탕왕·무왕에 비할 만하고, 다스리는 것은 성왕·강왕에 가깝다. 병력을 운용함에 이르러서는 기묘한 계책을 냄이 끝이 없고 향하는 곳마다 대적할 자가 없었다. 그러나 동방을 정벌하는 일에서는 안시성에서 패하였으니 그 성주는 가히 호걸로 보통 사람이 아니라고 말할 수 있다. 그러나 역사에 그 성명이 전하지 않으니 양자가 말한 제와 노의 대신이 역사에 그 이름이 전하지 않는다고 한 것과 다를 것이 없다. 매우 애석하다고 할 것이다." (『三國史節要』 8)

고구려　정관19년에 처음에 요동에 들어갔을 때 10만 명을 거느렸고, 각각 팔태가 있었으며 두 군대의 전마가 4만 필이었다. 돌아오게 되자 죽은 자가 1,200명이었고 그 팔태 및 전마로서 죽은 것은 10에 7,8마리였다. 장량의 수군이 7만 명이었는데, 바다에 침몰해 빠져 죽은 자가 수백 명이었다. 대체로 요주·개주·암주 3주의 호구를 옮겨서 내지에 들어온 자가 전후로 7만여 명이었다. (『唐會要』 95 高句麗)

고구려　『신당서』 지리지에 전한다. "기미주(羈縻州)는 (…) 고구려 정벌에 이르러서는 개주·요주·암주 3주를 설치하였다."(『玉海』 18 地理郡國 下 唐開置州縣)

고구려　겨울 10월 병오일(11) 영주(營州)에 이르러 조서를 내려 요동에서 전사한 사졸들의 해골을 모두 유성(柳城)의 동남쪽에 모아놓게 하고, 유사에게 명령하여 태뢰(太牢)의 제사를 마련하게 하였다. 황제는 스스로 글을 지어서 그들에게 제사지냈는데, 곡을 하게 되자 애도함을 극진히 하였다. 그 부모들이 이 소식을 듣고 말하기를, "내 아이가 죽어서 천자가 그에게 곡을 하였다니, 죽었다 하여 어찌 한스러워 하겠는가?" 라고 하였다.
황제가 설인귀(薛仁貴)에게 말하였다. "짐의 여러 장수들은 모두 늙어서, 신진의 날래고 용감한 사람을 얻어서 그를 거느렸으면 하고 생각하였는데 경만한 사람이 없었다. 짐이 요동을 얻은 것은 기뻐하지 않아도 경을 얻은 것은 기뻐한다."(『資治通鑑』 198 唐紀 14 太宗 下之上)

고구려　정관19년 10월에 병사가 마치고 건넜는데 눈이 심하게 내렸다. 조서를 내려 불을 이어서 기다렸다가 구제하였다. 처음 갈 때에 군사가 10만이고 말이 1만 필이었는데, 돌아오게 되자 손실이 1,000여 명에 이르고 말은 10마리 중 8마리가 죽었다. 수군은 7만 명이었는데 손실이 또한 수백 명이었다(10월 1일). 조서를 내려 전사한 해골을 유성에 모아서 장사지내고, 태뢰로 제사지내게 하였다. 황제는 임하여 곡하니, 따르는 신하들도 모두 눈물을 흘렸다. (『新唐書』 220 列傳 145 東夷 高麗)

고구려　정관19년 10월에 요동 정벌에서 군사를 돌려서 영주에 주둔하였다. (『冊府元龜』 80 帝王部 80 慶賜 2)

고구려　군대가 돌아오게 되자, 태종이 말하였다. "짐의 옛 장수들은 모두 늙어서, 곤외(閫外)를 맡기는 것을 감당할 수 없다. 매번 효웅(驍雄)을 뽑아 발탁하려고 하였는데, 경만한 사람이 없었다. 짐이 요동을 얻은 것은 기뻐하지 않아도 경을 얻은 것은 기뻐한다."(『舊唐書』 83 列傳 33 薛仁貴)

고구려　군사가 돌아올 때, 황제가 말하였다. "짐의 옛 장수들은 모두 늙어서, 날래고 용감한 사람을 발탁하여 곤외의 일을 맡기려고 하였는데, 경만한 사람이 없었다. 짐이 요동을 얻은 것은 기뻐하지 않아도 호랑이 같은 장수를 얻은 것은 기뻐한다." 우령군중랑장(右領軍中郎將)으로 옮겼다. (『新唐書』 111 列傳 36 薛仁貴)

고구려　『당서』에 (…) 또 전한다. "태종이 고구려를 정벌하고 돌아와서 영주에 주둔하였다. 조서를 내려 요동에서 전사한 해골은 모두 유성 동남쪽에 모아서 유사가 태뢰를 마련하여 제사지내게 하였다. 태종이 임하여 곡하면서 슬픔을 다하니, 따르는 신하들이 눈물을 흘리지 않는 자가 없었다. 황제가 직접 글을 지어 제사지냈는데, 다음과 같다. (…) "(『太平御覽』 591 文部 7 御製 上)

고구려　대체로 충렬(忠烈)하여 세상을 다하는 것은 예전 현인의 밝은 상궤(常軌)이고, 몸을 잊고 순국(殉國)하는 것은 앞선 철인(哲人)의 양규(良規)이다. 너희들을 생각건대 마음에 철석(鐵石)을 싸고 뜻은 바람과 서리를 세차게 하며 용기는 웅도(雄圖)하며 충관(衝冠)은 열제(裂眥)하다. 충성을 품고 절개를 세우며 의리를 중히 여기고 삶을 가벼이 여겨서 칼을 떨치고 창을 들며 성을 꺾고 진을 함락시키니, 칼끝과 칼날을 무릅쓰고 돌아보지 않고 끓는 물과 불에 다가가서 돌아가는 것 같았다. 전장에서 목숨을 잃고 도적의 성채에 형태를 남기며 들판을 기름지게 하여 몸은 잃었으나 이름은 남았고, 추운 관문을 흔들어 떨어뜨리니 마침내 살아서 들어간 것은 아니었으며 창망(蒼茫)한 눈 덮인 들에 다시 남은 자취가 없었다. 요새를 나가는 앞길을 섭렵하여 영친(靈櫬)을 가려 뼈를 돌려주고 양춘(陽春)의 가는 길에서 노래불러서 긴 밤의 돌아가는 혼을 슬퍼하니, 산천은 그 불수(不殊)함을 완(宛)하고 존망은 이에 바람이 불어 옛날이 아니다. 그러나 몸은 지금 소중한 것이고 이름은 나중에 귀한 것이어서 몸은 곧 항상 있으나 어리석은 사내가 이에 겁을 내니, 공은 세우기 어려워서 오직 열사(烈士)만이 이룰 수 있다. 만약 일생의 짧은 기간으로 천년의 영예를 거둔다면 이는 성현의 조(操)이니 어찌 충성스럽고 용감한 자를 바로잡겠는가? 고삐를 당기고 가마를 멈추며 가슴을 어루만져 한번 서럽게 우는 것은 진실한 절개를 가상히 여기고 남은 혼령을 아파하는 것이다. 주조(酒俎)가 이미 차려졌으니 혼은 이에 누리도록 하라. (『全唐文』10 太宗皇帝 祭征遼戰亡將士文)

고구려   태종이 고구려를 정벌하고 영주에 이르렀다. 그 군장 및 노인 등을 만나서 물건을 각각 차등 있게 하사하고, 그 번장(蕃長) 굴가(窟哥)에게 좌무위장군(左武衛將軍)을 제수하였다. (『舊唐書』199下 列傳 149下 契丹)

고구려   정관19년 10월 계축일(18) 조서를 내렸다. "짐이 듣건대 성인은 벌을 신중히 하여 재가(再駕)함에 관병(觀兵)하고 현명한 왕은 일을 일으켜서 3년 동안 제승(制勝)하니, 제후를 합하여 역적을 토벌하는 것은 사로잡고 나서 또 놓아주고 해내를 다하여 잔(殘)을 제거하는 것은 다가가서 죽이는 것에 그치니, 그 까닭은 무엇인가? 믿음은 상천의 덕을 생(生)이라 함에 따라 왕자의 군사를 의(義)라고 하니, 이런 까닭으로 세 면을 강개(綱開)하여 70일을 간무(干舞)하였다. 어찌 마음대로 능위(稜威)하고자 하여 경곤(鯨鯤)을 취하여 못을 마르게 하고, 소굴을 뒤집고 찾아서 새끼와 알을 다하여 도원(塗原)하는 경우가 있겠는가? 저 도이의 주를 경(憬)하건대 제학(鯷壑)에 후미지게 거처하니, 진황(晉皇)이 가마를 적셔서 겨우 1개 성을 이겼고 수의 황제가 자주 나아가 병사 100만을 빠뜨렸다. 짐은 보력(寶曆)을 광승(光承)하여 생각은 보천(普天)에서 구하니, 자신(紫宸)에서 도화(陶化)하여 양의(兩儀)를 본받아 풍속을 인도하고 백성에게 추심(推心)하여 만우(萬寓)를 호령하여 신을 수고롭게 하였으며, 섬개(纖介)가 불안하여 밤이 끝나도록 잠을 거두었고 만추(蠻陬)가 미애(未艾)하여 해가 뜬 동안 식사를 잊었다. 이런 까닭으로 멀리 천애(天崖)를 건너니 그을린 들판에 비해서 험하지 않고, 오래도록 약목(若木)으로 말을 모니 평포(平圃)에 비유하여 멀지 않다. 요양(遼陽)에서 분각(憤角)하여 직접 지휘하니, 해외에서 창금(搶金)하여 위령을 진요(震曜)하였다.

그 현도(玄菟)·횡산(橫山)·개모(蓋牟)·마미(磨米)·요동(遼東)·백암(白巖)·비사(卑沙)·맥곡(麥谷)·은산(銀山)·후황(後黃) 등에서 이기니 합하여 10여 성이고 모두 획득한 호가 6만이며 구가 18만이고, 그 신성(新城)·주필(駐蹕)·건안(建安)을 뒤집어 3대진(三大陣)을 합하였다. 전후로 참수한 것이 4만여 급이고 그 대장을 항복시킨 것이 2명이며, 비장 및 관인·추장·자제는 3,500명이고 병사는 10만 명인데, 모두 정량(程糧)을 지급하고 놓아주어 본토로 돌려보냈다. 또 획득한 말과 소는 각각 5만여이고 관곡(舘穀)은 100일치여서 양식을 채우는 비용을 빌지 않았으니, 도병(徒兵) 수만이 모두 겸승(兼乘)의 노래를 불렀다. 여름부터 가을까지 적과 연계되어 서로 이어지니 연(燕) 및 옹(雍)으로 말미암아 포대기를 진 자들이 끊이지 않고 탕왕(湯王)·문왕(文王)이 어지러움을 취한 것을 생각하며 언백(偃伯)의 마음을 일찍이 품었다. 우하(虞夏)가 승잔(勝殘)하니 이에 광피(光被)의 아름다움을 넓혀 무기를 거두려는 뜻을 품은 것이 있으나 조차(造次)는 무엇이 잊겠는가? 다만 적의 우두머리 막리지가 여전히 머리를 주지 않아서, 거도(擧圖)하였으나 결과가 없으니 뜻은 깃발을 돌리는 것에 없다. 갑자기 요새 밖의 서리가 혹독하고 바닷가가 한총(寒摠)하게 되어, 이 조중(兆衆)을 생각하여 곧 군사를 돌리라고 명령하였다. 짐이 향하는 곳마다 반드시 꺾은 것은 상령(上靈)의 도움이고, 공격하는 곳마다 적수가 없었던 것은 용감한 사내들의 힘이다. 바야흐로 장차 현택(玄澤)에 요수(聊酬)하여 교인(郊禋)에 큰 의례를 펴고 이 근로를 새(賽)하여 장사 중에서 선봉을 꺾은 자를 기록하려고 하니, 공적이 있는 자는 따로 영명(榮命)을 반포할 것이고 공적이 없는 자는 모두 우휼(優卹)을 더할 것이다. 모든 요해를 건넌 사람으로 마땅히 상명(賞命) 및 우복(優復)을 더해야 하는 자는 담당 관사가 마땅히 밝혀서 조례(條例)로 삼고 갖추어 문서화하여 아뢰어라. 짐이 장차 상세한 것을 직접 보고 나중의 명령을 펼 것이다."(『冊府元龜』117 帝王部 117 親征 2)

고구려   짐이 듣건대 성인은 벌을 신중히 하여 재가함에 관병하고 현명한 왕은 일을 일으켜서 3년 동안 제승하니, 제후를 합하여 역적을 토벌하는 것은 사로잡고 나서 또 놓아주고 해내를 다하여 잔을 제거하는 것은 다가가서 죽이는 것에 그치니, 그 까닭은 무엇인가? 믿음은 상천의 덕을 생이라 함에 따라 왕자의 군사를 의라고 하니, 이런 까닭으로 세 면을 망개(網開)하여 70일을 간무하였다. 어찌 마음대로 능위하고자 하여 경예(鯨鯢)를 취하여 못을 마르게 하고, 소굴을 뒤집고 찾아서 새끼와 알을 다하여 도원하는 경우가 있겠는가? 저 도이를 경하건대 제학에 후미지게 거처하니, 진황이 가마를 적셔서 겨우 1개 성을 이겼고 수의 황제가 자주 군사를 보내 병사 100만을 빠뜨렸다. 짐은 보력을 광승하여 보천에서 사목(司牧)하니, 자신에서 도화하여 양의를 본받아 풍속을 인도하고 백성에게 추심하여 만우를 호령하여 신을 수고롭게 하였으며, 섬개가 불안하여 밤이 끝나도록 잠을 거두었고 만추가 미애하여 해가 뜬 동안 식사를 잊었다. 이런 까닭으로 멀리 천애를 건너니 그을린 들판에 비해서 험하지 않고, 오래도록 약목으로 말을 모니 평포에 비유하여 멀지 않다. 요양에서 분각하여 직접 지휘하니, 해외에서 창금하여 위령을 진요하였다.

그 현도·횡산·개모·마미·요동·백암·비사·맥곡·은산·후황 등에서 이기니 합하여 10성이고 모두 획득한 호가 6만이며 구가 18만이고, 그 신성·주필·건안을 뒤집어 3대진을 합하였다. 전후로 참수한 것이 4만여 급이고 그 대장을 항복시킨 것이 2명이며, 비장 및 관인·추장·자제는 3,500명이고 병사는 10만 명인데, 모두 정량을 지급하고 놓아주어 본토로 돌려보냈다. 또 획득한 말과 소는 각각 5만여이고 관곡은 100일치여서 양식을 운반하는 비용을 가령(假贏)하지 않았으니, 도병 수만이 모두 겸승의 노래를 불렀다. 여름부터 가을까지 적과 연계되어 서로 이어지니 연 및 옹으로 말미암아 포대기를 진 자들이 끊이지 않고 않고 탕왕·문왕이 어지러움을 취한 것을 생각하며 언백의 마음을 일찍이 품었다. 우하가 승잔하니 실로 광피의 아름다움을 넓혀 무기를 거두려는 뜻을 품은 것이 있으나 조차는 무엇이 잊겠는가? 다만 적의 우두머리 막리지가 여전히 머리를 주지 않아서, 본도(本圖)하였으나 결과가 없으니 뜻은 깃발을 돌리는 것에 없다. 갑자기 요새 밖의 서리가 혹독하고 바닷가가 한호(寒沍)하게 되어, 이 조중을 생각하여 곧 군사를 돌리라고 명령하였다. 짐이 향하는 곳마다 반드시 꺾은 것은 상령의 도움이고, 공격하는 곳마다 적수가 없었던 것은 용감한 사내들의 힘이다. 바야흐로 장차 현택에 앙수(仰酬)하여 교인에 큰 의례를 펴고 이 근로를 뇌(賚)하여 장사 중에서 선봉을 꺾은 자를 기록하려고 하니, 공적이 있는 자는 따로 영명을 반포할 것이고 공적이 없는 자는 모두 우휼을 더할 것이다. 모든 요해를 건넌 사람으로 마땅히 상명 및 우복을 더해야 하는 자는 담당 관사가 마땅히 밝혀서 조례로 삼고 갖추어 문서화하여 아뢰어라. 짐이 장차 직접 상세히 보보고 나중의 명령을 펼 것이다. (『全唐文』7 太宗皇帝 班師詔)

고구려	겨울 10월 병진일(21) 황제는 태자가 받들어 맞이하려고 장차 도착한다는 것을 듣고, 비기(飛騎) 3,000명을 따르게 하고 말을 달려서 임유관(臨渝關)으로 들어가서 길에서 태자를 만났다. 황제가 정주(定州)를 출발하면서 입고 있는 갈포(褐袍)를 가리키며 태자에게 말하기를, "너를 볼 때까지 기다려서야 곧 이 갈포를 바꾸어 입을 뿐이다."라고 하였다. 요동에 있으면서 비록 한창 무더워서 땀을 흘렸으나 바꾸어 입지 않았다. 가을이 되어 구멍이 뚫리고 해지니 좌우에서 그것을 바꾸어 입도록 청하였으나, 황제가 말하기를, "군사들의 옷은 대부분 해졌는데, 나만 홀로 새 옷을 입는 것이 옳겠는가?"라고 하였다. 이 때에 이르러 태자가 새 옷을 올리니 이에 그것을 바꾸어 입었다. 여러 군사들이 포로로 잡은 고구려의 백성 14,000명은 먼저 유주(幽州)에 모았다가 장차 군사들에게 상으로 주려고 하였다. 황제는 그들이 부자와 부부가 떨어지고 흩어지는 것을 불쌍하게 여겨서, 유사에게 명령하여 그들의 값을 매기게 하고 모두 전이나 포로 속량(贖良)하여 백성으로 삼으니, 환호하는 소리가 3일간 쉬지 않았다. (『資治通鑑』198 唐紀 14 太宗 下之上)
고구려	정관19년 10월에 황제는 비기를 총괄하여 임유관으로 들어갔는데, 황태자가 길 왼쪽에서 맞이하였다. 처음에 황제가 태자와 헤어지면서 갈포를 입고 말하기를, "너를 볼 때까지 기다려서야 곧 바꾸어 입겠다."라고 하였다. 포는 두 계절을 지나도 바꾸어 입지 않아서, 구멍이 뚫리기에 이르렀다. 군신이 바꾸어 입도록 청하였으나, 황제가 말하기를, "군사들의 옷은 모두 해진 옷인데, 나만 새 옷을 입는 것이 옳겠는가?"라고 하였다. 이 때에 이르러 태자가 깨끗한 옷을 올리니 이에 입었다. 요동에서 항복한 생구(生口) 14,000명은 마땅히 적몰되어 노비가 되어야 하여, 먼저 유주에 모았다가 장차 군사들에게 상으로 나누어 주려고 하였다. 황제는 부자와 부부가 떨어지고 흩어진다고 여겨서, 유사에게 조서를 내려 포백(布帛)으로 속량하고 놓아주어 백성으로 삼게 하였다. 줄지어 절하고 환호하며 춤추는 것이 3일간 쉬지 않았다. 고연수가 항복하고 나서 걱정하며 죽었다. 유독 고혜진만 장안(長安)에 이르렀다. (『新唐書』220 列傳 145 東夷 高麗)
고구려	정관19년 10월에 군사를 돌렸다. 조서를 내려 처음에 요동성을 공격하였을 때, 그 중 왕의 군사에게 항거하여 마땅히 적몰되어 노비가 되어야 하는 14,000명을 모두 파견하여 먼저 유주에 모았다가 장차 전사들에게 상으로 나누어 주게 하였다. 황제는 그 부모와 처자가 하루아침에 나뉘고 흩어지는 것을 생각하여 마음이 매우 슬펐다. 인하여 유사에게 명령하여 그들의 값을 매기게 하고 조서를 내려 포 및 전으로 속량하여 그들을 편호하게 하였다. 그 무리가 환호하는 소리가 3일간 쉬지 않았다. 유주에 이르게 되자 이적(夷狄) 포로가 모두 성 동쪽에 줄을 지어 길에서 절하고 칭찬하며 감사하여 춤추며 뛰어오르고 땅을 쳐서 움푹 먼지를 굴렸다. 따라간 자들이 그것을 불쌍히 여겨 눈물을 흩뿌렸다. (『冊府元龜』42 帝王部 42 仁慈)
고구려	정관19년에 처음에 요동성을 공격하여 함락시켰을 때, 그 중 왕의 군사에게 항거하여 마땅히 적몰되어 노비가 되어야 하는 14,000명을 모두 파견하여 먼저 유주에 모았다가 장차 장사에게 상으로 나누어 주게 하였다. 태종은 그 부모와 처자가 하루아침에 나뉘고 흩어지는 것을 불쌍히 여겼다. 유사에게 명령하여 그들의 값을 매기게 하고 포백으로 속량하여 놓아주고 백성으로 삼게 하였다. 그 무리가 환호하는 소리가 3일간 쉬지 않았다. 고연수가 항복한 후부터 항상 탄식을 쌓아서 얼마 지나서 걱정하며 죽었다. 고혜진은 마침내 장안에 이르렀다. (『舊唐書』199上 列傳 149上 高麗)

고구려	『구당서』 고려전에 전한다. " (…) 정관19년에 처음에 요동성을 공격하여 함락시켰을 때, 그 중 마땅히 적몰되어 노비가 되어야 하는 14,000명을 모두 파견하여 모아서 적몰하였다가 장차 장사에게 상으로 나누어 주려고 하였다. 태종은 그 부모와 처자가 하루아침에 나뉘고 흩어지는 것을 불쌍히 여겼다. 유사에게 명령하여 그들의 값을 매기게 하고 포백으로 속량하여 놓아주고 백성으로 삼게 하였다. 그 무리가 환호하는 소리가 3일간 쉬지 않았다."(『太平御覽』 783 四夷部 4 東夷 4 高句驪)
고구려	『신당서』 태종기에 전한다. " (…) 정관19년 10월 무오일(23) 한무대(漢武臺)에 주둔하여 돌에 새겨 공을 기록하였다."(…)『구당서』 본기에 전한다. " (…) 정관19년 10월 무오일(23) 한무대에 주둔하여 돌에 새겨 공덕을 기록하였다[20년(646) 3월에 요동에서 이르렀다. 포로를 바쳐 수급을 주고 법가(法駕)를 갖추어 개선하였다. 만이의 군장이 길을 끼고 줄섰다]."(…)『당회요』에 전한다. " (…) 마침내 돌아왔다(9월 18일). 중서시랑(中書侍郎) 허경종(許敬宗)에게 명령하여 글을 지어 돌에 새겨 공을 기록하게 하였다. 경종이 말하기를.[경파(敬播)라고도 한다.] '산을 주필이라고 이름 지은 것은 아마도 하늘의 뜻일 것입니다. 승여(乘輿)는 다시 동쪽으로 가지 않을 것입니다.'[경종의 열전에 '주필산에서 적을 격파하고 말 앞에서 조서를 기초하라고 명령하였다.'라고 한다.]"(『玉海』 194 兵捷紀功碑銘附 唐駐蹕山紀功破陣圖漢武臺紀功)
고구려	11월 신미일(7) 거가(車駕)가 유주에 이르자 고구려의 백성들이 성의 동쪽에서 맞이하여 절하고 춤추며 환호하였는데, 땅에서 데굴데굴 구르기도 하여 먼지가 바라보였다. (『資治通鑑』 198 唐紀 14 太宗 下之上)
고구려	정관19년 11월에 유주에 이르렀다. (『唐會要』 95 高句麗)
고구려	11월 계미일(19) 평양도행군총관(平壤道行軍總管) 장문간(張文幹)이 죄가 있어 주살되었다. (『新唐書』 2 本紀 2 太宗)
고구려	장문간은 행무주자사(行撫州刺史)·평양도행군총관이다. 정관19년에 요동을 정벌하였을 때 돌아와 역주(易州)에 주둔하였는데, 문간 바다를 건너면서 배를 많이 전복시켜서 조서를 내려 지체하면서 도착하지 못한 것을 핍박하고 참수하였다. (『冊府元龜』 445 將帥部 106 逗撓 張文幹)
고구려	정관19년에 태종이 요동에서 돌아오다가 정주(定州)를 출발하였는데 길에서 편안하지 못하였다. 유계(劉洎)가 중서령(中書令) 마주(馬周)와 들어와 알현하고, 계·주가 나가자 저수량(褚遂良)이 전하여 기거(起居)에게 물었다. 계가 울면서 말하기를, "옥체에 종기가 들었는데 지극히 걱정하고 두려워할 만합니다."라고 하였다. 수량이 무고하여 아뢰었다. "계가 말하기를, '나라의 일은 걱정하기에 부족하다.'라고 하였으니, 바로 부소주(傅少主)가 이곽(伊霍)을 행한 고사에 해당됩니다. 대신으로 다른 뜻이 있는 자는 그를 주살하면 자연스럽게 평정될 것입니다." 태종은 병이 낫자 조서를 내려 그 까닭을 물었다. 계는 사실대로 대답하고, 또 마주를 끌어들여 스스로 명백하다고 하였다. 태종이 주에게 묻자, 주가 계가 진술한 것과 다르지 않게 대답하였다. 수량은 또 증거를 잡아 그치지 않으니, 이에 계에게 자진할 권리를 하사하였다. 계가 임하여 끌어 결정하고 종이와 붓을 청하여 아뢰고 싶은 바가 있다고 하였으나, 헌사(憲司)가 주지 않았다. 계가 죽자 태종은 헌사가 종이와 붓을 주지 않은 것을 알고 노하여 모두 속리(屬吏)로 명하였다. (『舊唐書』 74 列傳 24 劉洎)
고구려	말을 몰아 요양(遼陽)을 나가니, / 만 리에 기상(旂常)이 옮겨다니네. / 적을 마주하

여 여섯 가지 기이한 모책을 거론하였고, / 전장에 임하여 팔진(八陣)을 펼쳤네. / 고래를 베어 푸른 바다를 맑게 하고, / 안개를 걷어서 부상(扶桑)을 말끔히 쓸어내네. / 예전에 가니 난초가 비취색으로 얽혔고, / 지금 오니 계수나무가 꽃다움을 물들이네. / 구름 낀 가지에 부서진 잎이 뜨고, / 얼음 거울이 아침빛에 오르네. / 장안 가는 길에 머리를 돌리니, / 연백(宴栢)의 다리에서 기뻐하네. (『文苑英華』 168 詩 18 應制 1 錫宴 唐太宗 宴中山)

고구려   말을 몰아 요양을 나가니, / 만 리에 기상이 옮겨다니네. / 적을 마주하여 여섯 가지 기이한 모책을 거론하였고, / 전장에 임하여 팔진을 펼쳤네. / 고래를 베어 푸른 바다를 맑게 하고, / 안개를 걷어서 부상을 말끔히 쓸어내네. / 예전에 가니 난초가 비취색으로 얽혔고, / 지금 오니 계수나무가 꽃다움을 물들이네. / 구름 낀 가지에 부서진 잎이 뜨고, / 얼음 거울이 아침빛에 오르네. / 장안 가는 길에 머리를 돌리니, / 연백의 다리에서 기뻐하네. (『全唐詩』 1 太宗皇帝 宴中山)

고구려   왕△△(王△△)의 증조 웅(雄)은 충무장군(忠武將軍)이었다. (…) 요동을 토벌하러 중산(中山) 북쪽에 이르러 군대를 주둔시키고, 재빠르게 말을 타서 (…) 공으로 진군대장군(鎭軍大將軍)·행좌무위장군(行左武衛將軍)·상주국(上柱國)으로 승진하여, 정주로 군대를 돌렸다. 땅을 청하여 (…) △주(州)의 동북쪽 7리였고, 자손이 이로 인해 일가를 이루었다. (「王△△ 墓誌銘」:『全唐文新編』 997)

신라   겨울 11월에 이찬(伊湌) 비담(毗曇)을 상대등(上大等)에 임명하였다. (『三國史記』 5 新羅本紀 5 善德王)

신라   겨울 11월에 신라가 이찬 비담을 상대등에 임명하였다. (『三國史節要』 8)

고구려 말갈   정관19년 그 겨울에 태종이 요동의 여러 성을 함락시키고 주필진을 격파하였다. 그러나 고구려의 막리지는 몰래 말갈로 하여금 이남(夷男)을 유혹하여 후한 이익을 가지고 속였다. 이남은 기가 두려워하여 감히 움직이지 못하였다. 얼마 지나지 않아 이남이 죽자, 태종이 그를 위하여 애도식을 거행하였다. (『舊唐書』 199下 列傳 149 下 鐵勒)

신라   또 『삼국사기』와 절 안의 고기(古記)를 참고하건대, "진흥왕(眞興王) 계유(544)에 절을 창건한 후 선덕왕대 정관19년 을사에 탑이 처음으로 완성되었다."라고 하였다. (『三國遺事』 3 塔像 4 皇龍寺九層塔)

고구려   정관19년에 요동 정벌에 따라갔다가 길에서 병으로 죽었다. 나이는 65세이고 시호는 대(戴)라고 하였다. (『新唐書』 198 列傳 123 儒學 上 顏師古)

고구려   정관19년에 태종이 요동을 정벌하였을 때 기왕부참군(紀王府參軍) 교보명(喬寶明)은 승여(乘輿)가 견성(堅城) 아래에 폭로(暴露)되었으나, 적이 오래도록 평정되지 않아 그 분을 이기지 못하였다. 인하여 장안에 이르러 사공(司空) 방현령(房玄齡)을 위하여 고구려를 취한 계산을 진술하였는데, 현령이 표문을 보내 행재소에 나아가서 태종을 알현하였다. 태종이 더불어 말하고 매우 기이하게 여겨 말하였다. "안시성은 항복하지 않았고 평양성은 오히려 머니, 나는 삼군이 춥고 얼어서 이미 군사를 되돌리라고 명령하였다. 경은 멀리서 오고 나서 지금 무슨 대책을 진술하려고 하는가?" 보명이 말하였다. "옛날 노련(魯連)이 화살을 날려서 연(燕)의 장수가 죽었고 육가가 월(越)에 사신가서 조타(趙佗)가 귀순하였습니다. 신은 장차 평양에 명령하여 고구려를 신유(申喩)하기를 바랍니다. 고구려는 주필을 이은 후에 심장과 쓸개가 쪼개지고 찢어졌으니 신이 나아가 설득할 수 있다면 그들은 반드시 면박(面縛)하고 스스로 이를 것입니다. 만약 불손함을 품었다면, 신은 부개자(傅介子)가 되기를 청하여 개소문(蓋蘇文)의 머리를 자르고 그 나라를 항복시키겠습니다." 태종은 그 말이 장하다고 여겨 말하였다. "내가 사람을 찾았는데 사람이 녹을 구하는 것보다 심하였다. 경과 같은 무리는 끝내 사지에 던지지 않을 것이다." 이리하여 보명을 끌어 시종의 대열에 참가시키고 얼마 지나서 수통사사인(守通事舍人)으로 삼았다. (『冊府元龜』 97 帝王部 97 獎善)

| 고구려 | 정관19년에 마읍(馬邑)의 직무 태만으로 취산(驪山)에서 군주에 대한 예절이 없게 되고, 황제가 분노하여 요수의 북쪽에서 전쟁이 있게 되었으니, 천둥 같은 소리를 내며 치중(輜重)을 갈석으로 달리고 천병(天兵)을 섬에서 씻게 하였다. (『全唐文』 201 苗神客 大唐故右虞候副率檢校左領軍衛將軍上柱國乙速孤府君碑銘幷序) |

고구려　　　정관19년에 마읍(馬邑)의 직무 태만으로 취산(驪山)에서 군주에 대한 예절이 없게 되고, 황제가 분노하여 요수의 북쪽에서 전쟁이 있게 되었으니, 천둥 같은 소리를 내며 수송부대를 갈석으로 달리게 하고 천병(天兵)을 섬에서 씻게 하였다. 이 때에 고종(高宗) 천황대제(天皇大帝)가 동궁에서 잘 자라고 있어서 황태자로서 유려하고 온화하여서, 뜻은 활에 걸고 마땅히 거가를 호종하는 것에 있었다. 그러나 당시는 바야흐로 태자의 일을 주관하고 실제로 감무하는 일을 도우니, 이에 정주에서 유수할 때에 을속고신경(乙速孤神慶)을 △△봉저위(△△奉儲闈)로 명하였다. (「乙速孤神慶 碑銘」: 『全唐文新編』 201)

고구려　　　정관 19년에 태종이 친히 육군(六軍)을 몰아 요동과 갈석(碣石)을 순수하니 천 개의 수레가 천둥처럼 격동하고 만 마리의 말이 구름처럼 모였다. △△△△△△△집(集)하였으나 고구려의 불충한 신하인 개소문이 홀로 두 마음을 품고, 도망한 자들을 모으고 간사한 자들을 불러들여서 그 군장을 가두고, 거병하여 난을 일으켜서 보잘 것 없는 무리를 △△하여 감히 왕의 군대에 대적하였다. 황제가 매우 성을 내어 조벌을 행하니, 군대가 이르는 곳마다 △△을 깨트리는 것과 같아서 그 요동·개모·△△△ 10성을 △하고, △△·신성·안지(安地) 등 3△에 △△했다. 대장인 연수(延壽)와 혜진(惠眞)을 사로잡고 그 병사 16만 명을 노획하였다. 인원은 몸소 전투에 참여하여 △봉(奉)△△ 척후병과 후군이 되어 모든 진에 먼저 올랐다. 강한 것을 꺾고 견고한 것을 함락시키는 것을 썩은 것을 부수는 것과 같이 하였고, 싸워서 이기고 공격하여 빼앗는 것을 △△△△하였다. △사물(賜物)함에 수레 끄는 말 1필, △△△△△△△ 궁(弓) 2개, 큰 화살 300개인데 모두 공봉(供奉)으로서 황제를 호위함에 사용되는 것이니 특별히 더하여 포상하고 우대한 것이다. 요동에서 돌아와 앞뒤의 전(戰)△을 묶어 정한 등급을 넘겨 상주국에 배수하고 따로 여양군개국공(黎陽縣開國公)으로 봉하였다. 발탁하여 우무위(右武衛) 봉명부(鳳鳴府) 좌과의도위(左果毅都尉)를 제수하였고, 북문에서 장기 번상하며 날랜 기병을 총괄하여 거느렸다. (「劉仁願 紀功碑」)

고구려　　　정관19년에 장사귀(張士貴)는 군사를 이끌고 요수를 건너서 현도 등 여러 성과 큰 진을 격파하고, 훈적과 상이 많아서 관군대장군(冠軍大將軍)·행좌둔위장군(行左屯衛將軍)에 임명되었다. 거가가 개선하던 날에 공으로 하여금 후전(後殿)에 있게 하였다. 병주에 이르러 우둔위대장군(右屯衛大將軍)으로 옮기고, 이어서 둔기(屯騎)를 맡았다. (「張士貴 墓誌銘」: 『唐代墓誌滙篇續集』; 『全唐文補遺』 1; 『全唐文新編』 155; 『唐代墓誌滙篇附考』 4)

고구려　　　정관19년에 거가가 동쪽을 향하여 요동을 습격하였다. 번흥(樊興)은 정주에서 영을 받들어 역마를 타고 △를 돌려서 양국공(梁國公: 房玄齡)을 보좌하여 궁성을 유수하였으니, 맡은 임무가 막중함이 누구와도 비할 바 없었다. 거가가 개선하자 특별히 수고를 치하하는 교유(敎諭)가 내려져 비단 300단을 하사받고 검교우무후대장군(檢校右武候大將軍)이 되었다. (「樊興 碑銘」: 『全唐文新編』 991; 『唐文拾遺』 62)

| 고구려 | 정관19년에 거가가 요동에 행차하였다. 장양(張羊)은 이에 분기충천하여 달려가 이적(夷狄)을 정벌하는 것에 투신·응모하였다. 은혜가 내려지자 힘을 다하여 보답하고자 하여 양은 멀리 창해(滄海)를 넘어가니, 조서를 내려 훈관(勳官) 1전(一轉)을 제수하였다. (「張羊 墓誌銘」: 『全唐文補遺』 2; 『唐代墓誌滙篇附考』 3) |

고구려   정관19년에 강인(姜絪)은 요동 정벌에 조운 운반을 감독하였다. 강하게 들어올리는 것으로 이름을 날려서, 얼마 지나서 문주자사(文州刺史)에 임명되었다. (「姜絪 墓誌銘」: 『全唐文補遺』 千唐誌齋新藏專輯)

고구려   정관19년에 서덕(徐德)은 거가를 따라 요동을 정벌하여, 조정에서 훈적으로 기도위를 제수하고 비단 200단을 상으로 주었다. 군사가 개선하여 들어오자 공로로 관작이 오를 정도였다. (「徐德 墓誌銘」: 『大唐西市博物館藏墓誌』)

고구려   정관19년에 이적(李勣)은 △도행군대총관(△道行軍大總管)에 제수되었다. △ 태종이 요동을 정벌할 때에 주필산에서 적을 크게 격파하였다. (「李勣碑」: 『全唐文新編』 15)

고구려   정관19년 그 해 3월에 원무수(元武壽)에게 좌위(左衛) 양천부(涼泉府) 좌과의도위(左果毅都尉)를 제수하였다. 때마침 금추(金樞)가 교화를 어겨서 혼을 백호(白浩)의 폐허에 떠돌게 하니, 옥장(玉帳)이 전쟁에 임하여 청구(靑丘)의 들판에 나가서 마(禡) 제사를 지냈다. 이에 그 해에 거가를 따라 요동에 들어갔다. (「元武壽 墓誌銘」: 『大唐西市博物館藏墓誌』)

고구려   정관19년에 태종이 어가에 올라 잠시 안무하여 삼한에서 해속(海俗)을 바로잡고, 어가를 잠시 머물러 대장기에 의지하여 육한(六漢)에서 큰 위엄으로 놀라게 하였다. 안부국(安附國)의 공은 말단 장수로 참가하여 주장(主將)을 따라 참전한 것이니, 조서를 내려 공을 논하여 상주국을 제수하고 추우현개국남(騶虞縣開國男)·식읍(食邑) 300호로 봉하였다. (「安附國 神道碑」: 『全唐文新編』 205; 『全唐文』 435)

고구려   정관19년에 어가가 요동에 행차하자, 임소(任素)는 이에 머리카락이 치솟아 관을 밀어올리듯 노하여 군사 모집에 응하여 전장으로 나아가 공을 세우고 펼쳤다. 임소의 여러 공적이 더욱 높아져 훈관 1전(轉)을 더하게 되었다. (「任素 墓誌銘」: 『全唐文新編』 992)

신라 고구려   그 문집에 태사(太師)·시중(侍中)에게 올린 편지가 있는데, 내용은 다음과 같다. "(…) 정관 연간(627~649)에 우리 당 태종 황제가 직접 육군(六軍)을 거느리고 바다를 건너 삼가 천벌을 집행하였습니다. 고구려가 위세를 두려워하여 화친을 청하였으므로 문황제(文皇帝: 太宗)가 항복을 받고 돌아갔습니다. (…) "(『三國史記』 46 列傳 6 崔致遠)

고구려   보장왕(寶藏王)의 치세에 당 태종이 직접 육군을 통솔하여 와서 정벌하였으나, 또 불리하여 돌아갔다. (『三國遺事』 3 興法 3 寶藏奉老普德移庵)

고구려   미사(彌射)가 황제를 따라 고구려를 정벌하여 공이 있었으므로 평양현백(平壤縣伯)에 봉해졌다. (『新唐書』 215下 列傳 140下 突厥 下)

고구려   황제가 고구려를 정벌하자, 대추장(大酋長) 소지(蘇支)가 따라가 싸워 공이 있었다. (『新唐書』 219 列傳 144 奚)

고구려	『신당서』 해전(奚傳)에 전한다. " (…) 황제가 고구려를 정벌하자, 대추장이 따라가 싸워 공이 있었다."(『玉海』133 官制屬國都護都 唐東夷都護府饒樂都督府松漠都督府契丹內屬)
고구려	그 후에 입부·좌부의 2부로 나누었다. 입부기는 8부가 있다. 첫째는 안악(安樂)인데, 북주(北周)가 북제(北齊)를 평정하는 만든 것이고, 북주대에는 성무(城舞)라고 하였다. 둘째는 태평악(太平樂)인데 또한 그것을 오방사자무(五方師子舞)라고 하였다. 셋째는 파진악(破陳樂), 넷째는 경선악(慶善樂), 다섯째는 대정악(大定樂)인데, 또한 팔굉동궤악(八紘同軌樂)이라고 하였고 태종이 요동을 평정할 때에 만들었다. 여섯째는 상원악(上元樂)인데, 고종(高宗)이 만든 것이다. (『唐會要』33 讌樂)
고구려	『신당서』 이적전(李勣傳)에 전한다. (…) "저수량(褚遂良)이 고구려를 정벌할 때에 쇠뇌·운팽(雲輧: 병거(兵車)의 일종)을 이용하자고 간언하였다[팽은 포경(蒲庚)의 반절이고, 병거이다]."(『玉海』146 兵制車戰 唐戎輅)
고구려	당의 위극근(韋克勤)은 젊어서 금강경(金剛經)을 가지고 중랑장(中郎將)이 되어 종군하여 요동을 정벌하였다가 고구려에서 죽었다. 정관 연간(627~649)에 태종이 요동을 정벌할 때에 극근은 젊어서 금강경을 가지고 관군을 바라보았다. 이에 밤에 나가서 그것을 던지자 어두워서 길을 알 수 없었다. 이에 마음에 이르러 경전을 생각하자, 얼마 지나지 않아 횃불이 앞을 인도하는 것을 보고 극근은 불을 따라 사라졌다. 마침내 한군(漢軍)에 도달하였다[『보응기(報應記)』에 나온다]. (『太平廣記』53 報應 1 韋克勤)
고구려	태종이 요동을 정벌할 때에 비제(飛梯)를 만들어 성에 다가갔는데, 모집에 응하여 비제의 우두머리가 되려는 자가 있었다. 성 안은 화살과 돌이 비와 같아서 인하여 다투어 먼저 오르게 되었다. 영공(英公) 이세적이 그것을 가리켜 중서사인(中書舍人) 허경종에게 말하기를, "이 사람은 어찌 대건(大犍)하지 않은가?"라고 하니, 경종이 말하기를, "건(犍)이 아니니, 요점은 생각을 헤아릴 수 없습니다."라고 하였다. 황제가 듣고 장차 그에게 죄를 주려고 하였다[『국사찬이(國史纂異)』에 나온다]. (『太平廣記』493 雜錄 1 許敬宗)
고구려	시조 발야(拔野)는 정관 연간(627~649)에 태종을 따라 고구려를 토벌하여 공로가 있었으므로 사타도독(沙陁都督)이 되었다. (『全唐文』103 後唐太祖 序)
고구려	지나간 정관(貞觀) 연간(627~649)에 천자께서 이르러 죄를 묻자, 고제석(高提昔)의 조부 지우(支于)가 이에 귀복하여 참된 마음으로 복종하여 군대를 거느리고 귀순하였다. 이에 충성스런 모의를 상주고 높고 귀한 관작(官爵)을 주었다. 이로 말미암아 자손들이 불어나고 집안이 수도에서 번성하였다. (「高提昔 墓誌銘」: 『歷史學報』2013-3)
고구려	때마침 숙신이 미쳐 날뛰고 환도가 막히게 되자, 태종 문황제가 직접 가서 죄를 물으려 하였다. 무희현(武希玄)은 우림(羽林)의 반열에 이름을 올렸고 지위는 금오(金吾)의 뒤에 있으면서, 측근에서 의장용 무기를 지니고 황제의 장막을 시위하였다. 그러나 못된 무리들이 솔개처럼 날개를 펴고 흉악한 무리들이 개미떼처럼 모여들자, 희현은 이에 약한 군세로서 돌아갈 것을 잊은 채 재갈을 날리고 채찍을 휘둘러 바

로 돌진하여 무너뜨렸다. 활줄에 응답하듯 쓰러지는 자들이 물고기 비늘처럼 서로 이어졌다. (「武希玄 墓誌銘」:『全唐文補遺』3;『全唐文新編』992)

고구려   한라(韓邏)는 동쪽으로 도이(島夷)를 정벌하고 요서에서는 거가 곁에서 말을 몰았다. 활시위를 잡아당겨서 쏘면 엎드려 있던 돌이 쪼개졌고, 칼을 빼면 진영 속에서 칼끝의 예리함을 당할 수 없었으며 큰 나무도 앉은 채로 쓰러졌다. 단거(丹車)가 궁궐에 도착하자 책서를 내려 관직을 받았다. 한라의 공로가 황제의 마음에 바로 맞았으니 훈적이 반드시 드러났던 것이다. (「韓邏 墓誌銘」:『唐代墓誌滙篇』;『全唐文補遺』1;『全唐文新編』992)

고구려   정광(鄭廣)은 반달 모양의 진영을 만들어 고구려를 둘러싸고 성을 도륙하였다. 칼날을 휘두르는 것이 떠오르는 별과 같았고 백랑(白狼)을 뛰어넘어 재앙의 기운을 평정하였다. 개선하는 날 조서를 내려 검교우무후장군(檢校右武候將軍)으로 삼고, 상주국을 더하였다. (「鄭廣 墓誌銘」:『全唐文補遺』2; 1993『昭陵碑石』;『唐代墓誌滙篇附考』6;『全唐文新編』993)

고구려   정관 연간(627~649)에 어가를 따라 요동을 토벌하였다. 그 우가(牛加)를 꿈틀거리게 하여 유성(柳城)을 넘어 진을 만들고, 이 시천(豕荐)을 편안히 하여 봉저(蓬渚)를 끌어안고 연못을 만들었다. 우문간(宇文幹)은 청구(靑丘)를 건너 큰 바람을 휘감고 고구려를 가리켜 반달을 꺾었으니, 전국시대의 노중련(魯仲連)은 잡스러운 세력을 제거하고도 천금을 취함이 없고 후한(後漢)의 풍이(馮異)는 공을 논하여도 큰 나무에 높이 거처하며 회피하였다. 우문간은 군사를 중시하여 살과 살갗처럼 친근한 사람에게 따라죽고 군주를 가벼이 여겨 작상(爵賞)을 사양하였으니, 개선의례에서 공훈을 책봉함에 효기(驍騎)를 판단하여 선택하였다. 바야흐로 백관(百官)을 모셔서 갑자기 동대(東岱)에서 정처 없이 떠돌게 되었고, 두 신선을 증험함이 없어 마침내 서산(西山)에서 석양이 되었다. (「宇文幹 墓誌銘」:『大唐西市博物館藏墓誌』)

고구려   태종문황제가 위중(威中)에서 직접 군을 이끌어 해동에서 무리를 타일러 훈계하였다. △△ 황태자도 나가서 △△△ △북(△北)에서 △△하였다. 유효절(劉孝節)은 기이한 계책이 매우 과감하였고 중산(中山)으로 들어가 태자를 보좌하여 전쟁을 멈추게 하니, 선왕의 공덕을 잇는 성덕(聖德)에 흠집이 없게 하는 것이었다. 그렇게 하지 않으면 반드시 패수를 건너 환도를 다스리게 된다는 것이었다. 왕의 막사에서 좋은 의견을 내는데 참여하여, (…) 효절은 (…) 하였다. 바야흐로 재전(梓巓)을 가지런히 하고 삼가 포창(蒲昌)을 고요하게 하였으니, 이에 △△ 두루 보좌함에 탁월한 인선이 아닌 것이 없었다. 이로써 효절을 자총관(子總管)으로 삼았다. (「劉孝節 墓誌銘」:『全唐文補遺』3;『全唐文新編』993;『新中國出土墓誌 陝西』1下)

고구려   때마침 요동이 천명을 거스르자, 황제가 정벌하러 나섰다. 큰 파도가 높고 사나워 누선(樓船)을 기다려야 군사들이 건널 수 있었고, 100만 대군을 오래도록 몰아서 바다를 통해 군량을 수송해야 하였다. 양함(楊緘)은 칙서를 받들어 대사가 되어 강회 이남에서 배를 만들었고, 이어서 소부소감(少府少監)에 제수되어 겸하여 군량을 마련해 요동에 들어갔다. 자주 황제가 직접 쓴 칙서를 받들어 깊이 위로를 받았다. 군대가 돌아오자, 공훈으로 상주국을 더하고 화양현개국백(華陽縣開國伯)·식읍(食邑) 500호로 봉하였다. (「楊緘 墓誌銘」:『全唐文補遺』千唐誌齋新藏專輯)

고구려   이윽고 천자가 칼자루를 들고 직접 요동에서 군사를 일으켰으나, 삼한이 바야흐로 거세서 6군이 나아가지 못하였다. 왕도지(王道智)는 주장(主將)으로 적을 물리쳤으나 후방의 저항은 전방만 못하였다. 기세가 삼한의 군대를 압도하고 검은 만 명의 적보다 출중하여, 직접 80여 차례의 전투를 겪으며 몸에는 72군데의 상처를 입으면서도 후방으로 달아나지 않았다. 도지의 활약에 힘입었으므로, 공로에 대하여 상주국을 더하였다. (「王道智 墓誌銘」:『唐代墓誌滙篇』;『全唐文新編』993)

고구려	현이(玄夷)가 명을 어기고 함부로 행동하자 천자가 공격하니, 강하왕이 원수(元帥)를 맡아 병사를 거느리고 조흠(曹欽) 또한 발탁되어 비장(裨將)이 되었다. 우리는 요동으로 빠르게 나아가 바로 요하를 건넜는데, 저들 또한 근방에서 개미떼 같은 무리를 거느리고 험독(險瀆)으로 와서 가세하였다. 군영은 초승달처럼 이어지고 진영은 높이 뜬 구름처럼 펼쳐졌다. 당시 편장(偏將)이 먼저 달아나서 중군이 홀로 나아가게 되었다. 고립된 군대는 습지에 빠지는 위험을 당하고 마필은 진창을 선회하는 위험을 타게 되어, 우리 군사들이 별처럼 흩어지고 우이(于夷)의 군사들이 안개처럼 모여들었다. 흠은 별을 찌르는 검을 뽑아들고 태양을 멈추어 세우는 창을 돌렸으니, 한번의 외침에 거듭된 포위망이 무너지고, 다시 검을 휘두름에 만 명의 수급을 바칠 수 있었다. 조선(朝鮮: 高句麗)가 마침내 패배하여 왕의 군대가 편안하게 되었으니, 이 또한 흠의 공훈이었다. 비단 1,000단과 말 10필을 하사하고, 장상(長上) 절충(折衝)을 제수하였다. 이름은 연회석 사이에서 뛰어났고, 공적은 왕후의 예로 드러났다. (「曹欽 墓誌銘」:『全唐文補遺』 3;『唐代墓誌滙篇續集』;『全唐文新編』 993)
고구려	태종문황제가 땅을 드리우는 법도로 하늘을 받쳐 교화하니, 곤륜(崑崙)이 조공하지 않음을 되돌아보고 동이의 편벽됨을 불쌍히 여겼다. 병거는 들에 퍼져 고구려의 교외에 천둥처럼 움직였고, 높은 봉우리의 구름도 쓸어낼 듯한 기세는 백랑하(白狼河)의 굽이굽이를 비추었다. 오흠(仵欽)은 의리의 실천을 바탕으로 삼았으므로, 충의에 의거해 행동하였고 돌샘물을 마실 정도로 검소하였다. 용기는 적진을 함락시킬 정도여서, 깃발이 곧장 드리워지자 흉도들은 넋을 잃었다. (「仵欽 墓誌銘」:『唐代墓誌滙篇附考』 8;『全唐文新編』 993;『全唐文補遺』 6)
고구려	태종문황제가 제위에 올라 병권을 잡자, 백성들의 마음으로 인해 삼한의 죄를 물으려고 하였다. 간악한 자를 감화하여 벌을 남용하지 않는 것은 위로 종묘의 위엄에 의지하였고, 사나움을 막고 간사함을 거두는 것은 아래로 용맹한 군사의 이용을 빌렸다. 위철(魏哲)은 충성심을 지녀 위험에 처해서도 본래부터 스스로 생명을 가벼이 여겼으니, 6군(郡)과 삼하(三河)에서 의기를 중시하는 유래가 되었다. 오강(烏江)에서 역도를 토벌할 때에 5후(侯)가 항적(項籍)을 조각내고, 탁록(涿鹿)의 벌판에서 간악함을 응징할 때에 4재(宰)가 치우(蚩尤)를 기시(棄市)한 것이다. (「魏哲 神道碑」:『全唐文新編』 194)
고구려	태종이 요동을 정벌하자, 왕대례(王大禮)는 계현(薊縣) 북쪽에서 거가를 따라갔다. (「王大禮 墓誌銘」:『唐代墓誌滙篇續集』;『全唐文補遺』 1;『全唐文新編』 175)
고구려	거가가 크게 움직여 동이에게 죄를 묻고자 하였을 때 아사나충(阿史那忠)은 바람처럼 달려가 명령을 받았다. (…) 요동이 받들어 알현하자 조서를 내려 높이 칭찬하고, 이어서 상주국을 제수하였다. (「阿史那忠 墓誌銘」:『全唐文補遺』 1;『全唐文新編』 175;『唐代墓誌滙篇』)
고구려 백제	얼마 후 고구려와 백제가 서로 침략하고 처월(處月)과 언기(焉耆)가 각각 순치(脣齒)가 되어, 변방에서 제멋대로 사악함으로 돌아서니 황제의 정과 뜻에서 죄인을 벌함을 슬퍼하였다. (「阿史那忠碑」:『全唐文新編』 991)
삼한 고구려	때마침 삼한에 교화가 막히고 왕검(王儉)에 대한 토벌이 미루어졌는데, 6군으로 죄를 묻고자 거가가 나서게 되었다. 염장(閻莊)은 날개를 삼키는 기예로써 적진을 함락하는 계책을 세우고, 직접 말고삐를 잡고 충성을 다하여 떨치니 군공으로 기도위(騎都尉)를 더하였다. (「閻莊 墓誌銘」:『全唐文補遺』 5;『全唐文新編』 201)
고구려	영휘원년에 한인해(韓仁楷)는 태종문무성황제(太宗文武聖皇帝)를 따라서 요동을 토벌하였으므로, 훈관(勳官) 무기위(武騎尉)를 제수받았다. (「韓仁楷 墓誌銘」:『全唐文補遺』 2;『唐代墓誌滙篇』;『全唐文新編』 994)
고구려	때마침 현이(玄夷)가 재앙을 선동하자, 고감(高感)은 곧 의지가 우뚝 치솟았고 용기

는 넘쳐흘렀다. 환도(丸都)를 공격하는 군사 모집에 응하여 이름을 올렸는데, 의리가 구름보다 배나 많았다. 이에 예리한 창을 지고 보루에 들어가니 사악한 기운은 서리가 녹듯이 사라졌고, 풍성검(豊城劍)을 들고 군영을 물리치니 전란의 기운은 별처럼 떨어졌다. 산등성이 구름이 아침에 흩어지듯이 백랑천(白狼川)에서 여러 개의 적진을 물리쳤고, 변방의 달이 늦은 밤 이지러지듯이 고구려의 성첩(城堞)에서 여러 개의 성을 무너뜨렸다. 얼마 후 풍이(風夷)는 잠잠해졌고 인의(仁義)의 군사가 바야흐로 돌아왔다. 공훈으로 고위직을 하사하고 전공은 넉넉한 상으로 나타내었다. (「高感 墓誌銘」: 『全唐文補遺』 5; 『全唐文新編』 994; 『唐代墓誌滙篇續集』)

고구려　집실선광(執失善光)의 부친 막가우(莫訶友)는 요동 격파에 종사하여 돌아와서 좌위위대장군(左威衛大將軍)·좌우림군상하(左羽林軍上下)·사지절(使持節)·집실(執失) 등 4주제군사(州諸軍事)·집실주자사(執失州刺史)·상주국(上柱國)·가례현개국자(歌禮縣開國子)에 임명되었다. 요동·갈석에서 어가를 호종하여 창파(蒼波)에서 적의 수급을 베니, 철과 돌같이 강인한 마음을 가지고 어려움을 없애버렸다. 장막 안에서 황제를 보필하여 산하(山河)에서 공신 가문으로서 대대로 황실의 은총을 받아 나라와 영원히 고락을 함께 하였다. (「執失善光 墓誌銘」: 『全唐文新編』 996; 『唐代墓誌滙篇續集』)

고구려　때가 당에 이르러 태종이 군대를 이끌고 죄를 물으러 직접 갔다. 군대가 크게 위세를 떨치니 기와와 돌까지 모조리 불탔다. 이때 설기(薛夔: 撰者)의 증조 행군대총관(行軍大摠管)·평양공(平陽公) 설인귀가 갑옷을 입고 앞장서서 말을 몰고 나아가 성읍을 무너뜨려 함락시키고 그 왕과 막리지를 생포하니, 참수하고 포로로 잡은 자가 헤아릴 수 없이 많았다. 이로 인하여 요동의 자제를 나누어 예속시키고, 군현(郡縣)에 흩어져 살게 하였다. 남단덕(南單德)의 가문은 자제의 으뜸이어서 안동도호부(安東都護府)에 배치하여 살게 하였다. (「南單德 墓誌銘」: 2015 『北方文物』 1)

고구려　초희망(焦希望)의 증조는 이름이 약(躍)이다. 태종이 화란을 평정하여 일찍이 요동 정벌에 따라가니, 강주(絳州) 봉정부(鳳庭府) 과의도위(果毅都尉)에 임명되었다. (「焦希望 神道碑」: 『全唐文新編』 481)

고구려　대체로 당이 민충(愍忠)이라고 사찰의 이름을 붙인 것은 그 뜻이 어디에 있을까? 전한 바와 같이 당 태종이 고구려를 정벌하였을 때 전사의 유해를 수습하여 경관(京觀)을 축조하였고, 또 분경대(焚經臺)를 만들었다고 전해지니 지금까지 그 분경대의 기초가 여전히 우뚝하게 서 있다. (「重修愍忠寺碑記」: 『法源寺』)

고구려　정관 18년에 오광(吳廣)은 요동도우1군총관(遼東道右一軍總管)을 제수받았다. 요동에서는 운제에 맞서 굳은 방어가 견고함을 잃게 하였고, 현도(玄菟)의 성에서는 월진(月陣)을 펼쳐 전쟁을 종식시켰다. 훈적에 이름을 기록하여 모범을 보이게 하고 이 행적에 큰 상을 내렸다. (「吳廣碑」: 『全唐文補遺』 1; 『全唐文新編』 991)

고구려　정관 18년에 곡사정칙(斛斯政則)은 황제를 따라 낙양궁에 갔는데, 이어서 때마침 조이(鳥夷)가 험한 지형을 믿고 탐욕스럽게 노리면서 조공하지 않았다. 곧 황제의 출정에 따라갔는데, 공손히 황제로부터 용병의 전략에 대한 가르침을 받고 칙령으로 백기(百騎)를 거느려 6군에 참여하였다. 정칙은 이에 선봉에서 용맹을 자랑하며 다투어 적을 괴롭히는데, 이미 썩은 나무를 꺾듯이 쉽게 공을 이루었다. 또한 황제는 상줄 것을 명령하여 공로에 보답하고자 하였다. 곧 훈적으로 우감문중랑장(右監門中郎將)에 제수되고, 거듭하여 상주국을 더하였다. (「斛斯政則 墓誌銘」: 『全唐文新編』 993; 『唐代墓誌滙篇續集』)

고구려　정관 18년에 이르러 강하왕(江夏王)은 장경(張脛)이 이전에 요동을 공격할 때 적을 평정한 공로가 있다고 아뢰었다. 황제가 이에 임헌(臨軒)하여 그를 불러 만났는데,

용모가 온화하고 인자하여 공경받을 만한 사람이었으나 세상을 피해 숨어서 관직이 없었다. 이에 조서를 내려 곧 좌무위(左武衛) 염평부(廉平府) 장상(長上) 과의도위(果毅都尉)·상주국을 제수하였다. (「張脛 墓誌銘」:『全唐文補遺』千唐誌齋新藏專輯)

고구려 　　　왕이 진한에 분노하자, 전인왕(田仁汪)은 발해의 끝에서부터 분투하며 점모(占募)하여 평양도행군병조(平壤道行軍兵曹)가 되었다. 얼마 지나서 승리를 거두고 직접 개선하는 거가를 받들어 서쪽으로 이하(泥河)를 건넜다. 조(竈)를 막은 것이 황제의 뜻에 맞아서 당시에 상과 위로를 받았으니 모두 제왕의 의지에서 비롯된 것이다. (「田仁汪 墓誌銘」:『唐代墓誌滙篇續集』;『全唐文新編』993;『全唐文補遺』3;『隋唐五代墓誌滙篇 陝西』3)

고구려 　　　현도(玄菟) 땅에 두둥실 달 떠오르자, / 맑은 달빛 요동(遼東)과 갈석(碣石) 비추네. / 구름 가려 달빛 잠시 그 속에 숨자, / 건너편 숲엔 빛을 매단 것 같네. / 달 둥글어 계수나무 가지 둥글고, / 달 이울어 거울의 광채 이지러졌네. / 성 위에선 그림자가 흩어져 가고, / 달무리는 겹고리로 맺혀져 있네. / 주필(駐蹕)한 채 환도 땅을 굽어보면서, / 우두커니 요사한 기운 녹는 걸 보네. (『初學記』1 天部 上 月 3)

고구려 　　　현도 땅에 두둥실 달 떠오르자, / 맑은 달빛 요동과 갈석 비추네. / 구름 가려 달빛 점차 그 속에 숨자, / 건너편 숲엔 꽃을 매단 것 같네. / 달 둥글어 계수나무 가지 둥글고, / 달 이울어 거울의 광채 이지러졌네. / 성 위에선 그림자가 흩어져 가고, / 달무리는 겹고리로 맺혀져 있네. / 주필한 채 환도 땅을 굽어보면서, / 우두커니 요사한 기운 녹는 걸 보네. (『文苑英華』152 詩 2 天部 2 唐太宗 遼城望月)

고구려 　　　현도 땅에 두둥실 달 떠오르자, / 맑은 달빛 요동과 갈석 비추네. / 구름 가려 달빛 잠시 그 속에 숨자, / 건너편 숲엔 꽃을 매단 것 같네. / 달 둥글어 계수나무 가지 둥글고, / 달 이울어 거울의 광채 이지러졌네. / 성 위에선 그림자가 흩어져 가고, / 달무리는 겹고리로 맺혀져 있네. / 주필한 채 환도 땅을 굽어보면서, / 멈춰서 ["우두커니"라고도 한다.] 요사한 기운 녹는 걸 보네. (『全唐詩』1 太宗皇帝 遼城望月)

발해 숙신 대방 청구
　　　봄산이 발해(渤海)에 임하니, / 정벌하는 군사가 새벽 군장 정돈을 멈추네. / 노룡(盧龍) 요새를 둘러보고, / 숙신(肅愼)의 고을을 비껴 보네. / 큰 파도는 지축과 멀고, / 외로운 섬에 구름 빛이 비치네. / 지는 해가 파도 위에서 놀라고, / 뜬 하늘은 물결 길어 놀라네. / 선대(仙臺)에 교룡(蛟龍)을 타고서 숨고, / 수부(水府)에 자라로 다리를 놓아 건너네. / 갈석에 아침 연기 사라지니, / 지부산(芝罘山)에 돌아가는 기러기 날개들. / 북쪽으로 순행한 것은 한(漢)의 왕이 아니고, / 동쪽으로 행차한 것은 진시황(秦始皇)과 다르네. / 우림(羽林)의 나그네는 깃발 들어 올리고, / 소년은 마당으로 뛰어나가네. / 용은 쳐서 요수(遼水)를 몰아내고, / 붕새 날아 대방(帶方)을 나가네. / 장차 청구(靑丘)의 주살을 들고, / 편안히 흰 무지개 치마 입고 찾아가리. (『文苑英華』170 詩 20 應制 3 巡幸 1 楊師道 奉和唐太宗春日望海)

발해 숙신 대방 청구
　　　봄산이 발해에 임하니, / 정벌하는 군사가 새벽 군장 정돈을 멈추네. / 노룡 요새를 둘러보고, / 숙신의 고을을 비껴 보네. / 큰 파도는 지축을 돌고, / 외로운 섬에 구름 빛이 비치네. / 지는 해가 파도 위에서 놀라고, / 뜬 하늘은 물결 길어 놀라네. / 선대에 교룡을 타고서 숨고, / 수부에 자라로 다리를 놓아 건너네. / 갈석에 아침 연기 사라지니, / 지부산에 돌아가는 기러기 날개들. / 북쪽으로 순행한 것은 한의 왕이 아니고, / 동쪽으로 행차한 것은 진시황과 다르네. / 우림의 나그네는 깃발 들어 올리고, / 소년은 마당으로 뛰어나가네. / 용은["번개는"이라고도 한다.] 쳐서 요수를 몰아내고, / 붕새 날아 대방을 나가네. / 장차 청구의 주살을 들고, / 편안히 흰 무지개 치마 입고 찾아가리. (『全唐詩』 34 楊師道 奉和聖製春日望海)

고구려	청구	한이(韓夷)가 예물을 바침을 어기고, / 험한 곳에 기대어 천상(天常)을 어지럽히네. / 신묘하여 조정의 책략을 넓혔고, / 바다를 가로질러 탄항(呑航)을 잘랐네. / 들판에 번개 쳐서 현도를 맑게 하고, / 갈잎 피리 오르는데 백랑(白狼)을 떨치네. / 구름을 이어서 거대한 배를 날려 보내고, / 돌을 짜 모아 부교(浮橋)를 가설했네. / 두루 돌아다니며 큰 골짜기에 임하고, 내려와 바라보니 머나먼 변방을 지극하게 하네. / 도문(挑門)은 산변(山抃)과 통하고, / 봉저(蓬渚)는 예상(霓裳)으로 내려오네. / 놀란 파도는 신기루를 머금고, / 놀란 물결 새벽 광채를 가리네. / 청구에서 봄날 끈에 무늬 놓고, / 단곡(丹谷)에 화려한 뽕나무 빛나네. / 길이 칠췌(七萃) 병졸을 몰아, / 수많은 전장에서 공을 이루리. / 잠시 뒤에 융로(戎路)를 돌려, / 개선 축하연을 벌이며 암랑(巖廊: 朝廷)을 엄숙하게 하리. (『文苑英華』 170 詩 20 應制 3 巡幸 1 許敬宗 奉和唐太宗春日望海)
고구려	청구	한이가 예물을 바침을 어기고, / 험한 곳에 기대어 천상을 어지럽히네. / 신묘하여 조정의 책략을 넓혔고, / 바다를 가로질러 탄항을 잘랐네. / 들판에 번개["천둥"이라고도 한다.] 쳐서 현도를 맑게 하고, / 갈잎 피리 오르는데 백랑을 떨치네. / 구름을 이어서 거대한 배를 날려 보내고, / 돌을 짜 모아 부교를 가설했네. / 두루 돌아다니며 큰 골짜기에 임하고, / 내려와 바라보니 머나먼 변방을 지극하게 하네. / 도문은 산변과 통하고, / 봉저는 예상으로 내려오네. / 놀란 파도는 신기루를 머금고, / 놀란 물결 새벽 광채를 가리네. / 청구에서 봄날 끈에 무늬 놓고, / 단곡에 화려한 뽕나무 빛나네. / 길이 칠췌 병졸을 몰아, / 수많은 전장에서 공을 이루리. / 잠시 뒤에 융로를 돌려, / 개선 축하연을 벌이며 암랑을 엄숙하게 하리. (『全唐詩』 35 許敬宗 奉和春日望海)
고구려		연기가 멀리 기러기 사이로 은은히 피어나고, / 달이 반쯤 벼랑 그늘로 지네. / 연산(連山)에 놀란 새들이 어지러운데, / 건너 산봉우리에 원숭이 울음소리 끊어지네. (『文苑英華』 172 詩 22 應制 5 歲時 唐太宗 遼東山夜臨秋)
고구려		연기가 멀리 언덕에 은은히 피어나고, / 달이 반쯤 벼랑 그늘로 지네. / 연산에 놀란 새들이 어지러운데, / 건너 산봉우리에 원숭이 울음소리 끊어지네. (『全唐詩』 1 太宗皇帝 遼東山夜臨秋)
신라		사문(沙門) 석현장(釋玄奘)의 본명은 의(禕)이고, 속세의 성은 진씨(陳氏)이며, 진류(陳留) 사람이다. (…) 황제의 명령을 받고서 수도로 되돌아갔다. 이윽고 의에 밝은 대덕(大德)으로 대승(大乘)·소승(小乘)의 경(經)과 논(論)을 자세하게 알아 당시의 저명한 인물로 천거된 자 11인, 곧 수도 홍복사(弘福寺)의 사문 영윤(靈閏)과 사문 문비(文備), 나한사(羅漢寺)의 사문 혜귀(慧貴), 실제사(實際寺)의 사문 명염(明琰), 보창사(寶昌寺)의 사문 법상(法祥), 정법사(靜法寺)의 사문 보현(普賢), 법해사(法海寺)의 사문 신방(神昉), 곽주(廓州) 법강사(法講寺)의 사문 도심(道深), 변주(汴州) 연각사(演覺寺)의 사문 현충(玄忠), 포주(蒲州) 보구사(普救寺)의 사문 신태(神泰), 면주(綿州) 진향사(振響寺)의 사문 경명(敬明) 등을 불러들였다. 문장을 잘 짓는 대덕으로 9인, 곧 수도 보광사(普光寺)의 사문 천현(栖玄), 홍복사의 사문 명준(明濬), 회창사(會昌寺)의 사문 변기(辯機), 종남산(終南山) 풍덕사(豊德寺)의 사문 도선(道宣), 간

주(簡州) 복취사(福聚寺)의 사문 정매(靖邁), 포주 보구사의 사문 행우(行友), 서암사(棲巖寺)의 사문 도탁(道卓), 유주 소인사(昭仁寺)의 사문 혜립(慧立), 낙주(洛州) 천궁사(天宮寺)의 사문 현칙(玄則) 등을 불러들였다. 문자학(文字學)에 뛰어난 대덕으로 1인, 곧 수도의 대총지사(大總持寺)의 사문 현응(玄應)을 불러들였다. 범어(梵語)와 범문(梵文)에 밝은 대덕으로 1인, 곧 수도 대흥선사(大興善寺)의 사문 현모(玄謨)를 불러들였다. 그 해 5월 바야흐로 불경(佛經)을 쥐고 범문을 상세히 논술하고 해설하여 『대보살장경(大菩薩藏經)』을 번역하기 시작하였다. (『開元釋敎錄』 8 總括群經錄 上之8 沙門釋玄奘 神昉)

신라　　현장은 황제의 명령을 받고서 수도로 되돌아갔다. 마침내 의에 밝은 대덕으로 대승·소승의 경과 논을 자세하게 알아 당시의 저명한 인물로 천거된 자 11인, 곧 수도 홍복사의 사문 영윤과 사문 문비, 나한사의 사문 혜귀(惠貴), 실제사의 사문 명염, 보창사의 사문 법상, 정법사의 사문 보현, 법해사의 사문 신방, 곽주 법강사의 사문 도심, 변주 연각사의 사문 현충, 포주 보구사의 사문 신태, 선주 진향사의 사문 경명 등이 불려 들어갔다. (『貞元新定釋敎目錄』 12 總集群經錄 上之12 沙門釋玄奘 神昉)

고구려　　의봉(儀鳳) 연간(676～679)에 여주(汝州) 양현(梁縣) 북쪽 양촌(梁村)에 유씨(劉氏)인 남자가 살고 있었는데, 이름은 알지 못한다. 앞서 동쪽의 고구려를 토벌하는 정벌에 따라 나섰다가 전투에서 패하여 노(奴)가 되어 요해(遼海) 동쪽 연안에서 말을 길렀다. (『弘贊法華傳』 10 書寫 8 唐汝州梁縣 劉老)

646(丙午/신라 선덕왕 15 仁平 13/고구려 보장왕 5/백제 의자왕 6/唐 貞觀 20/倭 大化 2)

고구려　　정관20년 정월에 요동 정벌에서 돌아와 병주(幷州)에 행차하였다. 경진일(17) 종관(從官) 및 태원(太原)의 부로(父老)를 불러서 연회를 베풀고 물품을 차등 있게 하사하였으며, 이어서 조서를 내렸다. "태원 지역은 운을 일으켜 사다리를 놓은 곳이니 모든 진(晉)의 사람들은 의리가 깊고 유구(惟舊)하였다. 짐이 보력(寶曆)을 삼가 받고부터 이에 20년이 되었는데, 어찌 일찍이 어의장회(御扆長懷)하지 않고 효릉(崤陵)의 풍우(風雨)를 생각하였겠는가? 임헌(臨軒)하여 멀리 느껴서 대록(大麓)의 운뢰(雲雷)를 생각하니, 이 때에 당하여 곧 몸을 잊고 물에 빠진 자를 건졌고 이에 동덕(同德)에 의지하여 모두 이량(羸糧)하고 즐겁게 밀었다. 전역은 해를 넘기지 않아서 마침내 구역을 깨끗이 하니, 믿음은 성도(成都)의 무리를 따라 송천(訟闐)한 우제(虞帝)의 공을 노래하고 전목(戰牧)의 무리가 무흥(舞興)한 주왕(周王)의 업적을 노래하였다. 이 협력에 의지하여 마침내 승평(升平)에 이르니 저 근로를 품어서 어찌 구각(晷刻)을 잊겠는가? 이미 수공(垂拱)할 겨를을 함께 하고 나서 창업한 쪽을 다시 살피니, 주(周)는 교원(郊原)을 지나 주석(疇昔)처럼 완여(宛如)하고 그 부로를 방문하여 이미 오래도록 감사한 것이 많았다. 아는 바를 보지 않아서 위후(魏后)는 마침내 흥차(興嗟)하였고 저 고인을 휼(恤)하여 한황(漢皇)은 인하여 이에 연회를 베풀었으며, 전왕은 이 날에 슬픈 음악으로 교대로 품으니 짐에게 깊이 충(衷)하고 의리는 이에 부합한다. 이런 까닭으로 광악(廣樂)을 갖추어 진열하여 함께 고연(高宴)을 펴니, 초(譙)에 돌아온 상에 비유함을 취하고 저 대(代)에 행차한 정과 같다. 이어서 병주에 곡사(曲赦)하니 관내의 대벽(大辟) 이하 계수(繫囚)·현도(見徒)는 모두 사제(赦除)하라. 상사(常赦)에서 죄를 면하지 않는 자는 사면의 범위에 있지 않다." (『冊府元龜』 84 帝王部 84 赦宥 3)

고구려　　정관20년에 황제가 요동 정벌에서 돌아와 병주에 행차하였다. 종관 및 태원의 부로를 불러서 연회를 베풀고 물품을 차등 있게 하사하였으며, 이어서 조서를 내렸다. "태원 지역은 운을 일으켜 사다리를 놓은 곳이니 모든 진의 사람들은 의리가 깊고 유구하였다. 짐이 보력을 삼가 받고부터 이에 20년이 되었는데, 어찌 일찍이 어의장 회하지 않고 효릉의 풍우를 생각하였겠는가? 임헌하여 멀리 느껴서 대록의 운뢰를 생각하니, 이 때에 당하여 곧 몸을 잊고 물에 빠진 자를 건졌고 실로 동덕에 의지하여 모두 이량하고 즐겁게 밀었다. 전역은 해를 넘기지 않아서 마침내 구역을 깨끗이 하니, 믿음은 성도의 무리를 따라 송천한 우제의 공을 노래하고 전목의 무리가 무흥한 주왕의 업적을 노래하였다. 이 협력에 의지하여 마침내 승평(昇平)에 이르니 저 근로를 품어서 어찌 구각을 잊겠는가? 이미 수공할 겨를로 인하고 나서 창업한 쪽을 다시 살피니, 주는 교원을 지나 주석처럼 완여하고 그 부로를 방문하여 이미 오래도록 감사한 것이 많았다. 아는 바를 보지 않아서 위후는 마침내 흥차하였고 저 고인을 휼하여 한고(漢高)는 인하여 이에 연회를 베풀었으며, 전왕은 이 날에 슬픈 음악으로 교대로 품으니 짐에게 깊이 충하고 의리는 이에 부합한다. 이런 까닭으로 광악을 갖추어 진열하여 함께 고연을 펴니, 초에 돌아온 상에 비유함을 취하고 저 대에 행차한 정과 같다. 이어서 병주에 곡사하니 관내의 대벽 이하 계수·현도는 모두 사제하라. 상사에서 죄를 면하지 않는 자는 사면의 범위에 있지 않다." 또 전 은 청광록대부(銀靑光祿大夫)·요산현백(遼山縣伯) 온앙(溫昂)을 금자광록대부(金紫光祿大夫)로 삼아서, 진양(晉陽)의 옛 정을 지켰다. (『冊府元龜』 172 帝王部 172 求舊 2)

고구려   태원 지역은 운을 일으켜 사다리를 놓은 곳이니 모든 진의 사람들은 의리가 깊고 유구하였다. 짐이 보력을 삼가 받고부터 이에 20년이 되었는데, 어찌 일찍이 어의장 회하지 않고 효릉의 풍우를 생각하였겠는가? 임헌하여 멀리 느껴서 대록의 운뢰를 생각하니, 이 때에 당하여 곧 몸을 잊고 물에 빠진 자를 건졌고 실로 동덕에 의지하여 모두 이량하고 즐겁게 밀었다. 전역은 해를 넘기지 않아서 마침내 구역을 깨끗이 하니, 믿음은 성도의 무리를 따라 송천한 우제의 공을 노래하고 전목의 무리가 무흥한 주왕의 업적을 노래하였다. 이 협력에 의지하여 마침내 승평에 이르니 저 근로를 품어서 어찌 구각을 잊겠는가? 이미 수공할 겨를로 인하고 나서 창업한 쪽을 다시 살피니, 주는 교원을 지나 주석처럼 완여하고 그 부로를 방문하여 이미 오래도록 감사한 것이 많았다. 아는 바를 보지 않아서 위후는 마침내 흥차하였고 저 고인을 휼하여 한황은 인하여 이에 연회를 베풀었으며, 전왕은 이 날에 슬픈 음악으로 교대로 품으니 짐에게 깊이 충하고 의리는 이에 부합한다. 이런 까닭으로 광악을 갖추어 진열하여 함께 고연을 펴니, 초에 돌아온 상에 비유함을 취하고 저 대에 행차한 정과 같다. 이어서 병주에 곡사하니 관내의 대벽 이하 계수·현도는 모두 사제하라. 상사에서 죄를 면하지 않는 자는 사면의 범위에 있지 않다. (『全唐文』 8 太宗皇帝 征遼 還宴賜父老詔)

고구려   정관20년 정월에 토욕혼(吐谷渾)·토번(吐蕃)·고구려·석국(石國)이 (…) 모두 사신을 파견해 조공하였다. (『冊府元龜』 970 外臣部 15 朝貢 3)

고구려   정관19년(645) 이듬해 봄에 장(藏)이 사자를 파견해 토산물을 올리고, 또 사죄하여 두 자매를 바쳤다. 황제가 칙서를 내려 그들을 돌려보내라고 하면서 사자에게 말하였다. "미색이라는 것은 사람들이 중요하게 여기지만, 그들이 친척을 떠나 상심한 것은 불쌍하다. 나는 취할 수 없다." (『新唐書』 220 列傳 145 東夷 高麗)

고구려   2월 갑오일(1) 고구려 정벌에 따라갔다가 공이 없었던 자들에게 모두 훈(勳) 1전(轉)을 하사하였다. (『新唐書』 2 本紀 2 太宗)

고구려 백제 임나 신라
　　　　봄 2월 갑오일이 초하루인 무신일(15) 고구려·백제·임나·신라가 모두 사신을 파견해
　　　　조부(調賦)를 바쳤다. (『日本書紀』 25 孝德紀)

고구려　　봄 2월에 태종이 수도로 돌아와서 이정(李靖)에게 말하기를, "내가 천하의 무리를
　　　　가지고 소이(小夷)에게 곤란을 겪은 것은 어째서인가?"라고 하였다. 정이 말하기를,
　　　　"이것은 도종(道宗)이 아는 바입니다."라고 하였다. 황제가 돌아보며 묻자, 도종이
　　　　주필산(駐蹕山)에 있었을 때 빈 틈을 타서 평양을 취하자는 말을 갖추어 진술하였
　　　　다. 황제가 실망하면서 말하기를, "당시에는 급박하여 내가 생각하지 못하였다."라
　　　　고 하였다. (『三國史記』 22 高句麗本紀 10 寶臧王 下)
고구려　　봄 2월에 황제가 수도로 돌아와서 이정에게 말하기를, "내가 천하의 무리를 가지고
　　　　소이에게 곤란을 겪은 것은 어째서인가?"라고 하였다. 정이 말하기를, "이것은 도종
　　　　이 아는 바입니다."라고 하였다. 황제가 돌아보며 묻자, 도종이 주필산에 있었을 때
　　　　빈 틈을 타서 평양을 취하자는 계책을 갖추어 진술하였다. 황제가 실망하면서 말하
　　　　기를, "당시에는 급박하여 내가 살피지 못하였다."라고 하였다. (『三國史節要』 9)

고구려　　3월 기사일(7) 거가(車駕)가 수도에 이르렀다. (『舊唐書』 3 本紀 3 太宗 下)
고구려　　3월 기사일(7) 고구려에서 돌아왔다. (『新唐書』 2 本紀 2 太宗)
고구려　　3월 기사일(7) 거가가 수도로 돌아왔다. 황제가 이정에게 말하기를, "내가 천하의
　　　　무리를 가지고 소이에게 곤란을 겪은 것은 어째서인가?"라고 하였다. 정이 말하기
　　　　를, "이것은 도종이 아는 바입니다."라고 하였다. 황제가 돌아보며 묻자, 강하왕(江
　　　　夏王) 도종이 주필산에 있었을 때 빈 틈을 타서 평양을 취하자는 말을 갖추어 진술
　　　　하였다. 황제가 실망하면서 말하기를, "당시에는 급박하여 내가 생각하지 못하였
　　　　다."라고 하였다. (『資治通鑑』 198 唐紀 14 太宗 下之上)
고구려　　정관20년 3월에 요동에서 돌아왔다. 포로를 바치고 수급을 주며 법가(法駕)를 준비
　　　　하여 개선하는 예를 갖추었다. 만이(蠻夷)의 군장(君長) 및 수도의 사녀(士女)가 길
　　　　을 끼고 늘어서니, 보는 자가 목이 메어 모두 만세를 불렀다. (『冊府元龜』 12 帝王
　　　　部 12 告功)
고구려　　정관20년 3월에 거가가 요동에서 돌아왔다. 포로를 바치고 수급을 주며 법가를 준
　　　　비하여 개선하는 예를 갖추었다. 만이의 군장 및 수도의 사녀(士女)가 길을 끼고 늘
　　　　어서니, 보는 자가 목이 메어 모두 만세를 불렀다. (『冊府元龜』 117 帝王部 117 親
　　　　征 2)
고구려　　『당회요(唐會要)』에 전한다. " (…) 정관20년 3월에 요동에서 돌아왔다. 포로를 바치
　　　　고 수급을 주며 법가를 준비하여 개선하는 예를 갖추었다. (『玉海』 194 兵捷獻功
　　　　唐獻俘太廟)
고구려　　『구당서(舊唐書)』 본기(本紀)에 전한다. " (…) 정관19년 10월 무오(戊午:23) 한무대
　　　　(漢武臺)에 행차하여 돌에 글자를 새겨 공덕을 기록하였다[20년 3월에 요동에서 돌
　　　　아왔다. 포로를 바치고 수급을 주며 법가를 준비하여 개선하였다. 만이의 군장이 길
　　　　을 끼고 늘어섰다]. (『玉海』 194 兵捷紀功碑銘附 唐駐蹕山紀功破陣圖漢武臺紀功)
고구려　　거가가 요동에서 돌아왔다. 태보(太保)에서 해직될 것을 청하니, 이에 동중서문하삼
　　　　품(同中書門下三品)이 되었다. (『舊唐書』 63 列傳 13 蕭瑀)
고구려　　때마침 고구려가 패하여 돌아올 수 있었다. 태종이 그를 기특하게 여겨 조산대부(朝
　　　　散大夫)에 임명하였다. (『舊唐書』 185上 列傳 135上 良吏 上 蔣儼)

고구려	정관20년 3월 경오일(8) 조서를 내렸다. "짐이 이에 묘년(渺年)에 있어 때때로 도상(道喪)을 만나니, 생명을 품은 부류는 모두 들판에 진도(盡塗)하였다. 이런 까닭으로 심장을 아파하고 머리에 병이 들어 양몌(攘袂)하여 구분(救焚)하니, 전쟁터를 조사(俎司)로 삼고 창과 방패를 옷으로 삼아서 저녁에도 숨쉴 겨를이 없이 사방을 편안히 구제하였다. 굶어서 음식에 미치지 못하여 추이(推移)한 지 10년인데, 다행히 상현(上玄)의 그윽한 도움과 하사(下士)의 택심(宅心)에 의지하여 하늘을 계승하고 책력을 이으며 면밀함에 힘쓰고 정사를 찾았다. 여러 왕의 쌓인 폐단을 제거하고 온갖 제사의 무너진 기강을 떨치며 해가 져서 밥을 먹고 밤에 옷을 입으니, 백령(百齡)이 반을 가니, 지극한 도가 바야흐로 편안하기에 미쳐 도료(塗蓼)가 갑자기 침략하여 19년 이래로부터 애휼을 빠르게 리(罹)하였다. 또 고구려가 반란하게 되자 독이 한이(韓夷)에 미쳤는데, 미물도 불안하여 측은함을 꺼림이 없었다. 마침내 다시 직접 조벌(弔伐)을 행하여 멀리 하황(遐荒)을 건너니, 이때에 따뜻하고 추운 날씨를 지내면서 몸은 직접 바람과 비를 맞았다. 비록 다시 해외에서 기운을 맑게 하였으나 위로함이 있어 깊이 충(衷)하니, 정벌하는 길에 오래도록 피곤하여 곧 비고 해진 것이 많았다. 바야흐로 지금 조서(兆庶)는 은부(殷阜)하고 육합(六合)이 곽청(廓淸)하니, 수공(垂拱)의 무위(無爲)함이 진실로 이 날에 있다. 그러나 황태자 치(治)는 덕으로 하여금 멀리 밝히게 하여 가진 기무는 결단하게 할 수 있으니, 백벽경사(百辟卿士) 모두 마땅히 그 지휘를 받아야 한다. 짐은 마땅히 오약(五藥)을 직접 조제하고 잠시 만기(萬機)를 가리며 삼수월(三數月) 간에 또 스스로 기쁘게 섭정할 것이다."(『冊府元龜』259 儲宮部 4 監國)
고구려	짐이 이에 묘년에 있어 때때로 도상을 만나니, 생명을 품은 부류는 모두 들판에 진도하였다. 이런 까닭으로 심장을 아파하고 머리에 병이 들어 양몌하여 구분하니, 전쟁터를 조두(俎豆)로 삼고 창과 방패를 옷으로 삼아서 저녁에도 숨쉴 겨를이 없이 사방을 편안히 구제하였다. 굶어서 음식에 미치지 못하여 추이한 지 10년인데, 다행히 상현의 그윽한 도움과 하사의 택심에 의지하여 하늘을 계승하고 책력을 이으며 면밀함에 힘쓰고 정사를 찾았다. 여러 왕의 쌓인 폐단을 제거하고 온갖 제사의 무너진 기강을 떨치며 해가 져서 밥을 먹고 밤에 옷을 입으며 백령이 반을 가니, 지극한 도가 바야흐로 편안하기에 미쳐 도료(茶蓼)가 갑자기 침략하여 19년 이래로부터 애휼을 빠르게 리하였다. 또 고구려가 반란하게 되자 독이 한이에 미쳤는데, 미물도 불안하여 측은함을 잊음이 없었다. 마침내 다시 직접 조벌을 행하여 멀리 하황을 건너니, 이때에 따뜻하고 추운 날씨를 지내면서 몸은 직접 바람과 비를 맞았다. 비록 다시 해외에서 기운을 맑게 하였으나 위로함이 있어 깊이 충하니, 정벌하는 길에 오래도록 피곤하여 곧 비고 해진 것이 많았다. 바야흐로 지금 조서는 은부하고 육합이 곽청하니, 수공의 무위함이 진실로 이 날에 있다. 그러나 황태자 치는 덕으로 하여금 멀리 밝히게 하여 가진 기무는 결단하게 할 수 있으니, 백벽경사 모두 마땅히 그 지휘를 받아야 한다. 짐은 마땅히 오약을 직접 조제하고 잠시 만기를 가리며 삼수월 간에 또 스스로 기쁘게 섭정할 것이다. (『全唐文』8 太宗皇帝 令皇太子斷決機務詔)
신라	정관20년 윤3월 4일에 조서를 내려 수사소(修史所)로 하여금 다시 『진서(晉書)』를 편찬하게 하고, 구문(舊聞)을 전차(銓次)하고 의류(義類)를 재성(裁成)하여 반드시 5대사의 고사(故事)에 의거하여 편찬해야 하되, 만약 그것이 적으면 학사가 일을 헤아려 추가로 취하게 하였다. 이리하여 사공(司空) 방현령(房玄齡), 중서령(中書令) 저수량(褚遂良), 태자좌서자(太子左庶子) 허경종(許敬宗)이 그 일을 맡았다. 또 중서사인(中書舍人) 내제(來濟), 저작랑(著作郎) 육원사(陸元仕), 저작랑 유자익(劉子翼), 주객낭중(主客郎中) 노승기(盧承基), 태사령(太史令) 이순풍(李淳風), 태자시인(太子舍

人) 이의부(李義府)·설원초(薛元超), 기거랑(起居郎) 상관의(上官儀), 주객원외랑(主客員外郎) 최행공(崔行功), 형부원외랑(刑部員外郎) 신구어(辛邱馭), 저작랑 유윤지(劉允之), 광록시주부(光祿寺主簿) 양인경(楊仁卿), 어사대주부(御史臺主簿) 이연수(李延壽), 교서랑(校書郎) 장문공(張文恭)이 모두 공을 나누어 편찬하고 기록하였다. 또 전 아주자사(雅州刺史) 영호덕분(令狐德棻), 태자사의랑(太子司儀郎) 경파(敬播), 주객원외랑 이안기(李安期), 둔전원외랑(屯田員外郎) 이회엄(李懷儼)으로 하여금 조례(條例)를 자세히 살피고 헤아려 고정(考正)을 더하게 하였는데, 장영서(臧榮緒)의 『진서(晉書)』를 근본으로 삼아 제가(諸家) 및 진대(晉代)의 문집에서 습득하게 하였다. 10기·10지·70열전·30재기(載紀)가 되니, 태종이 저술한 것은 선제(宣帝)·무제(武帝) 및 육기(陸機)·왕희지(王羲之)의 네 사론이어서 황제의 뜻에 맞았다. 방현령 이하는 사신(史臣)이라고 부르고, 대체로 기례(起例)는 모두 독창적이었다. 그 책을 황태자 및 신라 사자에게 각각 1부씩 하사하였다. (『唐會要』 63 史館 上 修前代史)

신라　『당회요』에 전한다. "정관20년 윤3월 4일에 조서를 내려 마땅히 수사소로 하여금 다시 『진서』를 편찬하게 하고, 구문을 전차하고 의류를 재성하여 5대사의 고사를 편찬하는 것처럼 하게 해야 한다고 하였다. 이리하여 사공 방현령, 중서령 저수량, 태자좌서자 허경종이 그 일을 맡았다. 또 내제, 육원좌(陸元佐), 유자익, 이순풍, 이의부, 설원초, 상관의, 최행공, 신현어(辛玄馭), 유윤지(劉胤之), 양인경, 이연수, 장문공이 모두 공을 나누어 편찬하고 기록하였다. 영호덕분, 경파, 이안의(李安儀), 이회엄이 조례(條例)를 자세히 살폈는데, 장영서의 『진서』를 근본으로 삼았다. 10기·10지·70열전·30재기(載記)가 되니, 태종이 저술한 것은 선제·무제 및 육기·왕희지의 네 사론이어서 황제의 뜻에 맞았다. 방현령 이하는 사신이라고 부르고, 대체로 기례는 모두 독창적이었다. 그 책을 황태자 및 신라 사자에게 각각 1부씩 하사하였다[역사를 편찬하는 일을 생각건대, 지에는 21명이 있으나 『당회요』에는 20명만 있으니, 조홍지(趙弘智)의 이름이 없다]." (『玉海』 46 藝文正史 唐御撰晉書)

고구려　윤3월 무술일(6) 요주도독부(遼州都督府) 및 암주(巖州)를 폐지하였다.[29] (『資治通鑑』 198 唐紀 14 太宗 下之上)

고구려　정관20년 4월 5일에 이르러, 고감(高感)에게 요동에서 세운 공훈으로 상기도위(上騎都尉)를 제수하고 이어서 물품 300단을 하사하였다. (「高感 墓誌銘」: 『全唐文補遺』 5; 『全唐文新編』 994; 『唐代墓誌滙篇續集』)

고구려　5월 갑인일(23) 고구려왕 장 및 막리지(莫離支) 개금(蓋金)이 사신을 파견하여 사죄하고, 아울러 두 미녀를 바쳤다. 황제가 그들을 돌려보냈다. 금(金)은 곧 소문(蘇文)이다. (『資治通鑑』 198 唐紀 14 太宗 下之上)

고구려　여름 5월에 왕 및 막리지 개금이 사자를 파견해 사죄하고, 아울러 두 미녀를 바쳤다. 황제가 그들을 돌려보내라고 하면서 사자에게 말하였다. "미색이라는 것은 사람들이 중요하게 여기지만, 그들이 친척을 떠나 상심한 것은 불쌍하다. 나는 취할 수 없다." (『三國史記』 22 高句麗本紀 10 寶臧王 下)

고구려　여름 5월에 고구려가 사자를 파견해 사죄하고, 두 미녀를 절하며 바쳤다. 황제가 그들을 돌려보내라고 하면서 사자에게 말하였다. "미색이라는 것은 사람들이 중요하게 여기지만, 그들이 친척을 떠난 것은 불쌍하다. 나는 취할 수 없다." (『三國史節要』 9)

---

29) 고구려를 정벌하여 얻은 두 주이다.

고구려	정관20년에 고구려가 사자를 파견해 와서 사죄하고, 아울러 두 미녀를 바쳤다. 태종이 그 사자에게 말하였다. "돌아가 너희 군주에게 말하라. 미색이라는 것은 사람들이 중요하게 여겨서 너희가 바친 신표가 아름답지만, 그들이 본국에서 부모형제와 떨어진 것은 불쌍하다. 그 몸을 머무르게 하여 그 친척을 잊고 그 미색을 사랑하여 그 마음을 상하게 하는 것이니, 나는 취할 수 없다." 모두 그들을 돌려보냈다. (『舊唐書』199上 列傳 149上 高麗)
고구려	『구당서』고려전에 또 전한다. "정관20년에 고구려가 사자를 파견해 와서 사죄하고, 아울러 두 미녀를 바쳤다. 태종이 그 사자에게 말하였다. "돌아가 너희 군주에게 말하라. 미색이라는 것은 사람들이 중요하게 여겨서 너희가 바친 신표가 아름답지만, 그들이 본국에서 부모형제와 떨어진 것은 불쌍하다. 그 몸을 머무르게 하여 그 친척을 잊고 그 미색을 사랑하여 그 마음을 상하게 하는 것이니, 나는 취할 수 없다." 모두 그들을 돌려보냈다. (『太平御覽』783 四夷部 4 東夷 4 高句驪)
고구려	여름 5월에 동명왕모(東明王母)의 소상(塑像)이 3일간 피눈물을 흘렸다. (『三國史記』22 高句麗本紀 10 寶臧王 下)
고구려	여름 5월에 고구려 동명왕모의 소상이 3일간 피눈물을 흘렸다. (『三國史節要』9)
고구려	정관20년 6월 을해일(15) 철륵(鐵勒)·복골(僕骨)·동라(同羅)가 함께 설연타(薛延陀) 다미가한(多彌可汗)을 공격하였다. (…) 처음에 설연타 진주비가가한(眞珠毗伽可汗)이 사신을 파견해 청혼하자, 태종이 딸을 아내로 삼는 것을 허락하였다. (…) 황제가 그에게 말하였다. " (…) 내가 지금 그 딸을 주지 않으니, 매우 사명(使命)을 고른 것이다. 제성(諸姓)의 부락은 내가 그곳으로 달려가서 설연타를 다투어 공격하는 것이 필수적임을 알 것이다. 그대는 그것을 기록하라." 그리고 나서 이사마(李思摩)가 자주 병사를 파견해 그들을 침략하였다. 설연타는 다시 돌리실(突利失)을 파견하여 사마를 공격하여 정양에 뜻을 두고 백성을 노략질하여 떠났다. 황제는 영국공(英國公) 이적을 파견하여 그를 구원하였는데, 날렵하게 이미 변방을 나가서 돌아갔다. 황제는 그 계산대로 사마와 전투하고, 이에 새서로 그들을 꾸짖었다. 또 그 사인에게 말하였다. "너희 가한에게 말하라. 나 천자는 모두 동쪽으로 가서 고구려를 정벌하는데, 너희가 만약 변방을 노략질 수 있다면 다만 마땅히 올 것이다." 가한이 사신을 파견해 사죄하고, 다시 병사를 징발하여 군대를 돕기를 청하였다. 황제가 우조(優詔)로 답하여 그 병사를 중지하라고 하였다. 태종이 요동의 여러 성을 함락시키고 주필진(駐蹕陣)을 격파하자, 고연수(高延壽)를 항복시키고 함성이 융적(戎狄)에게 떨쳤다. 그러나 막리지가 몰래 속말말갈(粟末靺鞨)로 하여금 설연타를 속여 유혹하고 후한 이익으로 덥석 물게 하였다. 설연타는 기운이 두려워져서 감히 움직이지 못하였다. (『冊府元龜』991 外臣部 36 備禦 4)
고구려	정관20년 7월에 토번(吐藩)이 그 대신 녹동찬(祿東贊)을 파견하여 표문을 바쳤다. "성스러운 천자가 사방을 평정하니, 해와 달이 비추는 나라는 모두 신첩이 되었습니다. 그러나 고구려가 멀다는 것을 믿고 신하의 예절을 빠뜨리니, 천자가 직접 백만을 거느리고 요수를 건너 토벌하기에 이르니, 성을 무너뜨리고 진영을 함락시키며 지정된 날에 개선하였습니다. 이적은 겨우 천자가 거가를 출발하였다는 것만 들었는데, 잠깐 사이에 이미 귀국하였다고 들었습니다. 기러기가 날아서 빠르게 넘어도 폐하가 빠르게 달리는 것에 미치지 못하니, 제가 외람되게 아들과 사위로 참여하여 이보다 기쁠 수가 없습니다. 대체로 거위는 기러기와 같으므로, 금거위를 만들어서 바칩니다." 그 거위는 황금으로 주조하여 높이가 7척이고, 안에는 술 3곡(斛)을 채울

수 있었다. (『冊府元龜』970 外臣部 15 朝貢 3)

고구려 『구당서』토번전(吐藩傳)에 전한다. "정관20년에 토번이 그 대신 녹동찬을 파견하여 표문을 바쳤다. '성스러운 천자가 사방을 평정하니, 해와 달이 비추는 나라는 모두 신첩이 되었습니다. 그러나 고구려가 멀다는 것을 믿고 신하의 예절을 빠뜨리니, 천자가 직접 백만을 거느리고 요수를 건너 토벌하기에 이르니, 성을 무너뜨리고 진영을 함락시키며 지정된 날에 개선하였습니다. 저는 겨우 천자가 거가를 출발하였다는 것만 들었는데, 잠깐 사이에 이미 귀국하였다고 들었습니다. 기러기가 날아서 빠르게 넘어도 폐하가 빠르게 달리는 것에 미치지 못하니, 제가 외람되게 아들과 사위로 참여하여 이 보다 기쁠 수가 없습니다. 대체로 거위는 기러기와 같으므로, 금거위를 만들어서 바칩니다.' 그 거위는 황금으로 주조하여 높이가 7척이고, 안에는 술 3곡을 채울 수 있었다."(『太平御覽』919 羽族部 6 鵝)

고구려 태종이 요동을 정벌하고 돌아오자, 녹동찬을 파견하여 와서 경하하면서 표문을 바쳤다. "성스러운 천자가 사방을 평정하니, 해와 달이 비추는 나라는 모두 신첩이 되었습니다. 그러나 고구려가 멀다는 것을 믿고 신하의 예절을 빠뜨리니, 천자가 직접 백만을 거느리고 요수를 건너 토벌하기에 이르니, 성을 무너뜨리고 진영을 함락시키며 지정된 날에 개선하였습니다. 이적이 겨우 천자가 거가를 출발하였다는 것만 들었는데, 잠깐 사이에 이미 귀국하였다고 들었습니다. 기러기가 날아서 빠르게 넘어도 폐하가 빠르게 달리는 것에 미치지 못하니, 제가 외람되게 아들과 사위로 참여하여 이 보다 기쁠 수가 없습니다. 대체로 거위는 기러기와 같으므로, 금거위를 만들어서 바칩니다." 그 거위는 황금으로 주조하여 높이가 7척이고, 안에는 술 3곡을 채울 수 있었다. (『舊唐書』196上 列傳 146上 吐蕃 上)

고구려 황제가 요동을 정벌하고 돌아오자, 녹동찬을 사신으로 보내 국서를 올렸다. "폐하께서 사방을 평정하니, 해와 달이 비추는 곳은 모두 신하가 되어 그곳을 다스렸습니다. 그러나 고구려가 멀다는 것을 믿고 예로 통솔되지 않으니, 천자가 직접 거느리고 요수를 건너서, 성을 무너뜨리고 진영을 함락시키며 지정된 날에 개선하였습니다. 비록 기러기가 하늘을 날아도 이처럼 빠르지 않습니다. 대체로 거위는 기러기와 같으므로, 신은 황금으로 거위를 만들어 바치기를 청합니다." 그것은 높이가 7척이고, 안에는 술 3곡을 채울 수 있었다. (『新唐書』216上 列傳 141上 吐蕃 上)

고구려 『구당서』토번전에 또 전한다. "태종이 요동을 정벌하고 돌아오자, 농찬(弄讚)이 녹동찬을 파견하여 와서 경하하면서 표문을 바쳤다. '성스러운 천자가 사방을 평정하니, 해와 달이 비추는 나라는 모두 신첩이 되었습니다. 그러나 고구려가 멀다는 것을 믿고 신하의 예절을 빠뜨리니, 천자가 직접 백만을 거느리고 요수를 건너 토벌하기에 이르니, 성을 무너뜨리고 진영을 함락시키며 지정된 날에 개선하였습니다. 이적은 겨우 천자가 거가를 출발하였다는 것만 들었는데, 잠깐 사이에 이미 귀국하였다고 들었습니다. 기러기가 날아서 빠르게 넘어도 폐하가 빠르게 달리는 것에 미치지 못하니, 제가 외람되게 아들과 사위로 참여하여 이 보다 기쁠 수가 없습니다. 대체로 거위는 기러기와 같으므로, 금 거위를 만들어서 바칩니다.' 그 거위는 황금으로 주조하여 높이가 7척이고, 안에는 술 3곡을 채울 수 있었다."(『太平御覽』798 四夷部 19 西戎 7 吐蕃)

고구려 『신당서』토번전에 전한다. " (…) 황제가 요동을 정벌하고 돌아오자, 녹동찬을 사신으로 보내 국서를 올렸다. '천자가 직접 거느리고 요수를 건너서, 성을 무너뜨리고 진영을 함락시키며 지정된 날에 개선하였습니다. 비록 기러기가 하늘을 날아도 이처럼 빠르지 않습니다. 대체로 거위는 기러기와 같으므로, 신은 황금으로 거위를 만들어 바치기를 청합니다.' 그것은 높이가 7척이고, 안에는 술 3곡을 채울 수 있었다." (『玉海』154 朝貢獻方物 唐吐蕃獻黃金鵝金琲寶器)

신라 가야	9월 소덕(小德)·박사(博士) 다카무쿠노쿠로마로(高向黑麻呂)를 신라에 보내 질을 바치게 했다. 드디어 임나의 조(調)를 바치는 것을 그만두었다. 구로마로(黑麻呂)는 이름을 고쳐 겐리(玄理)라고 하였다. (『日本書紀』25 孝德紀)
고구려 신라	겨울 10월에 황제가 고구려에서 돌아왔다. 개소문(蓋蘇文)이 더욱 교만하고 방자해져 비록 사신을 파견해 표문을 올렸지만 그 말이 하나같이 모두 거짓이었다. 또 당의 사자를 대우하는 것도 거만하고 항상 변방의 틈을 엿보았다. 거듭 칙령을 내려 신라를 공격하지 말라고 하였으나, 침략하는 것이 그치지 않았다. 임신일(14) 조서를 내려 그 조공을 받지 말라고 하고, 다시 그를 토벌하는 것을 논의하였다. (『資治通鑑』198 唐紀 14 太宗 下之上)
고구려 신라	정관20년 10월 임신일(14) 조서를 내렸다. "고구려의 잔당은 능히 허물을 뉘우칠 수 있다고 하므로, 병사를 파견하였다가 중지하고 그 소굴을 온전하게 하였다. 그러나 흉악하고 완고한 자가 성품을 이루어 특히 마음을 바꾸지 않으니, 전후에 표문으로 듣기로는 비슷한 것이 많으나 실질적이지 않고 매번 속임수를 품어서 죄가 극히 용서하기 어렵다. 짐의 사인을 알현하고도 또한 번례를 빠뜨렸고, 명령한 바에는 가르쳐서 '신라를 어지럽히지 말라'고 하였으나, 입으로는 명령에 따른다고 하면서도 침략함이 그치지 않았다. 그 간악함을 쌓아서 일찍이 화심(禍心)을 품으니, 대체로 하늘이 버리는 바를 어찌 길들여 길러야 하겠는가? 지금부터 이후로 조공을 받지 말라." (『冊府元龜』996 外臣部 41 責讓)
고구려 신라	처음에 황제가 장차 돌아가려 할 때, 황제는 궁복(弓服)을 개소문에게 하사하였는데, 그것을 받고도 사례하지 않았다. 그리고 또 더욱 교만하고 방자해져 비록 사신을 파견해 표문을 올렸지만 그 말이 하나같이 모두 거짓이었다. 또 당의 사자를 대우하는 것도 거만하고 항상 언제 변방에 틈이 생길지를 엿보았다. 거듭 칙령을 내려 신라를 공격하지 말라고 하였으나, 침략하는 것이 그치지 않았다. 태종이 조서를 내려 조공을 받지 말라고 하고, 다시 그를 토벌하는 것을 논의하였다. (『三國史記』22 高句麗本紀 10 寶臧王 下)
고구려 신라	처음에 황제가 장차 돌아가려 할 때, 궁복을 개소문에게 하사하였는데, 그것을 받고도 사례하지 않았다. 그리고 또 더욱 교만하고 방자해져 비록 사신을 파견해 표문을 올렸지만 그 말이 하나같이 모두 거짓이었다. 또 당의 사자를 대우하는 것도 거만하고 항상 언제 변방에 틈이 생길지를 엿보았다. 황제가 비록 거듭 칙령을 내려 신라를 공격하지 말라고 하였으나, 침략하는 것이 그치지 않았다. 황제가 조서를 내려 조공을 허락하지 말라고 하고, 다시 그를 토벌하는 것을 논의하였다. (『三國史節要』9)
고구려	정관19년(645) 이듬해에 (…) 처음에 군사가 돌아올 때, 황제가 궁복을 개소문에게 하사하였는데, 그것을 받고도 사자를 파견하여 사례하지 않았다. 이리하여 조서를 내려 조공을 없애고 버리라고 하였다. (『新唐書』220 列傳 145 東夷 高麗)
고구려 신라	고구려의 잔당은 능히 허물을 뉘우칠 수 있다고 하므로, 병사를 파견하였다가 중지하고 그 소굴을 온전하게 하였다. 그러나 흉악하고 완고한 자가 성품을 이루어 특히 마음을 바꾸지 않으니, 전후에 표문으로 듣기로는 비슷한 것이 많으나 실질적이지 않고 매번 속임수를 품어서 죄가 극히 용서하기 어렵다. 짐의 사인을 알현하고도 또한 번례를 빠뜨렸고, 명령한 바는 매번 '신라를 어지럽히지 말라'고 하였으나, 입으로는 명령에 따른다고 하면서도 침략함이 그치지 않았다. 그 간악함을 쌓아서 일찍이 화심(禍心)을 품으니, 대체로 하늘이 버리는 바를 어찌 길들여 길러야 하겠는가? 지금부터 이후로 조공을 받지 말라. (『全唐文』8 太宗皇帝 絶高麗朝貢詔)

신라 백제	그 아버지 침나(沈那)는 (…) 인평(仁平) 연간에 백성군(白城郡)이 병사를 내어 백제 변방의 읍을 가서 노략질하였다. 백제가 정예병을 내어 급히 그들을 공격하자, 우리 사졸이 어지러워져 물러났다. 침나가 홀로 서서 검을 뽑고 성난 눈으로 크게 꾸짖으며 수십여 명을 목베어 죽였다. 적이 두려워하여 감히 당하지 못하고 마침내 병사를 이끌고 달아났다. 백제 사람들이 침나를 가리켜 말하기를, "신라의 날아다니는 장수"라고 하였다. 이어서 서로 말하기를, "침나가 아직 살아있으니, 백성군에 가까이 가지 말아라."라고 하였다. (『三國史記』47 列傳 7 素那)

647(丁未/신라 선덕왕 16, 진덕왕 1 太和 1/고구려 보장왕 6/백제 의자왕 7/唐 貞觀 21/倭 大化 3)

신라	봄 정월에 비담(毗曇)·염종(廉宗) 등이 여자 군주는 잘 다스릴 수 없다고 하고, 인하여 반란을 모의하여 거병하였으나 이기지 못하였다. (『三國史記』5 新羅本紀 5 善德王)
신라	봄 정월에 신라의 대신 비담·염종 등이 여자 군주는 잘 다스릴 수 없다고 하고, 거병하여 그를 폐위하려고 하였다. 왕은 안에서 그를 방어하여, 비담 등은 명활성(明活城)에 주둔하고 왕의 군사는 월성(月城)에 진을 쳤는데, 공수가 10일 동안 풀리지 않았다. 밤에 큰 별이 월성에 떨어지는 일이 있었다. 비담 등은 사졸에게 말하기를, "내가 듣기로 별이 떨어진 아래에는 반드시 피가 흐른다고 하였다. 이는 아마도 여자 군주가 패배할 조짐일 것이다."라고 하였다. 사졸이 아우성쳐서 소리가 천지에 떨쳤다. 왕이 그것을 듣고 두려워하여 다음의 일을 잃어버렸다. 유신이 왕을 알현하여 말하였다. "길흉은 일정하지 않으니, 오직 사람이 부르는 것입니다. 그러므로 주(紂)는 적작(赤雀) 때문에 망하였고, 노(魯)는 기린을 잡아서 쇠하였으며 고종(高宗)은 꿩 때문에 흥하였고 정공(鄭公)은 용이 싸워서 번성하였습니다. 그러므로 덕이 요망한 것에게 이기는 것을 알 수 있으면, 별의 변이는 두려워할 만한 것이 못됩니다. 왕은 걱정하지 마시기를 청합니다." 이에 사람 모양을 만들어 불을 품고 바람타는 연에 실어 그것을 날리니, 하늘에 올라간 것 같았다. 다음날 사람을 시켜 길에 말을 전하기를, "지난 밤에 떨어진 별이 위로 돌아갔다"고 하여, 적군으로 하여금 의심하게 하였다. 또 백마를 베어 별이 떨어진 곳에 제사지내며 빌었다. "하늘의 도리는 양이 강하고 음이 부드러우며, 사람의 도리는 임금이 높고 신하가 낮습니다. 진실로 혹자가 그것을 바꾸면 곧 대란이 됩니다. 지금 비담 등이 신하로서 임금을 도모하여 아래에서 위를 범하니, 이것은 이른바 난신적자여서 사람과 신이 함께 미워하는 바이고 천지가 용납하지 않는 바입니다. 지금 하늘이 만약 이것에 뜻이 없어서 도리어 왕성에 별의 괴이함을 나타내었다면, 이것은 신이 의심하여 깨우치지 못한 것입니다. 하늘의 위엄을 생각하고 사람의 욕망을 따르며 착한 것을 좋게 여기고 악한 것을 미워하여 신의 부끄러움을 만들지 않겠습니다." 이리하여 여러 장졸을 독려하고 분발하여 공격하니, 비담 등이 패하여 달아났다. (『三國史節要』9)
신라	선덕대왕(善德大王) 16년 정미(丁未)는 선덕왕(善德王) 말년이자 진덕왕(眞德王) 원년이다. 대신 비담·염종 등이 여자 군주는 잘 다스릴 수 없다고 하고, 거병하여 그를 폐위하려고 하였다. 왕은 안에서 그를 방어하여, 비담 등은 명활성에 주둔하고 왕의 군사는 월성에 진을 쳤는데, 공수가 10일 동안 풀리지 않았다. 병야(丙夜)에 큰 별이 월성에 떨어졌다. 비담 등은 사졸에게 말하기를, "내가 듣기로 별이 떨어진 아래에는 반드시 피가 흐른다고 하였다. 이는 아마도 여자 군주가 패배할 조짐일 것이다."라고 하였다. 사졸이 아우성쳐서 소리가 땅에 떨쳤다. 왕이 그것을 듣고 두려워하여 다음의 일을 잃어버렸다. 유신이 왕을 알현하여 말하였다. "길흉은 일정하지

않으니, 오직 사람이 부르는 것입니다. 그러므로 주는 적작 때문에 망하였고, 노는 기린을 잡아서 쇠하였으며 고종은 꿩 때문에 흥하였고 정공은 용이 싸워서 번성하였습니다. 그러므로 덕이 요망한 것에게 이기는 것을 알 수 있으면, 별의 변이는 두려워할 만한 것이 못됩니다. 왕은 걱정하지 마시기를 청합니다." 이에 사람 모양을 만들어 불을 품고 바람타는 연에 실어 그것을 날리니, 하늘에 올라간 것 같았다. 다음날 사람을 시켜 길에 말을 전하기를, "지난 밤에 떨어진 별이 위로 돌아갔다"고 하여, 적군으로 하여금 의심하게 하였다. 또 백마를 베어 별이 떨어진 곳에 제사지내며 빌었다. "하늘의 도리는 양이 강하고 음이 부드러우며, 사람의 도리는 임금이 높고 신하가 낮습니다. 진실로 혹자가 그것을 바꾸면 곧 대란이 됩니다. 지금 비담 등이 신하로서 임금을 도모하여 아래에서 위를 범하니, 이것은 이른바 난신적자여서 사람과 신이 함께 미워하는 바이고 천지가 용납하지 않는 바입니다. 지금 하늘이 만약 이것에 뜻이 없어서 도리어 왕성에 별의 괴이함을 나타내었다면, 이것은 신이 의심하여 깨우치지 못한 것입니다. 하늘의 위엄을 생각하고 사람의 욕망을 따르며 착한 것을 좋게 여기고 악한 것을 미워하여 신의 부끄러움을 만들지 않겠습니다." 이리하여 여러 장졸을 독려하고 분발하여 공격하니, 비담 등이 패하여 달아났는데 추격하여 그를 참수하고 구족(九族)을 주멸하였다. (『三國史記』 41 列傳 1 金庾信 上)

| 신라 | 별기(別記)에 전하기를, "이 왕대에 돌을 단련하여 첨성대(瞻星臺)를 축조하였다."라고 하였다. (『三國遺事』 1 紀異 1 善德王知幾三事) |

| 신라 | 신라가 첨성대(瞻星臺)를 만들었는데, 돌을 쌓아서 그것을 세웠다. 위쪽은 네모나고 아래쪽은 둥근데, 그 안은 통하여 사람이 안에서 올라갈 수 있었고 높이가 여러 장(丈)이었다. (『三國史節要』 9) |

| 신라 | 제29대 태종대왕(太宗大王)은 이름이 춘추(春秋)이고 성은 김씨(金氏)인데 각간(角干) 용수(龍樹)[용춘(龍春)이라고도 한다.]이자 추봉한 문흥대왕(文興大王)의 아들이다. 어머니는 진평대왕(眞平大王)의 딸인 천명부인(天明夫人)이고, 왕비는 문명황후(文明皇后) 문희(文姬)인데 곧 유신공(庾信公)의 막내여동생이다. 처음에 문희의 언니 보희(寶姬)가 서악(西岳)에 올라 오줌을 누니 물이 넘쳐 수도를 채우는 꿈을 꾸었다. 아침에 여동생과 꿈을 이야기하자, 문희가 그것을 듣고 말하기를, "내가 이 꿈을 사겠다."라고 하였다. 언니가 말하기를, "무엇을 주겠냐?"라고 하자, 여동생이 "비단 치마를 파는 것이 좋겠지요?"라고 하니, 언니가 "좋다"라고 하였다. 여동생은 옷깃을 열어 그것을 받았다. 언니가 말하기를, "옛 꿈을 너에게 전한다."라고 하자, 여동생은 비단 치마로 그것을 갚았다. 나중에 10일 쯤 지나 유신이 춘추공과 정월의 오기일(午忌日)에[위의 사금갑(射琴匣)의 사항을 보라. 곧 최치원(崔致遠)의 설이다.] 유신의 집 앞에서 축국(蹴鞠)을 하였는데,[신라 사람은 축국을 농주(弄珠)하는 놀이라고 한다.] 일부러 춘추의 바지를 밟아서 그 옷깃 끈이 찢어졌다. 유신이 청하기를, "우리 집에 들어가 꿰매시지요."라고 하니, 공이 그것을 따랐다. 유신이 아해(阿海)에게 명령하여 바느질을 받들게 하니, 아해가 말하기를, "어찌 사소한 일로 가볍게 귀공자를 가까이 하겠습니까?"라고 하여 사양하였다[고본(古本)에는 병으로 인하여 나아가지 않았다고 한다]. 이에 아지(阿之)에게 명령하였다. 공은 유신의 뜻을 알고 마침내 합방하였다. 그 후로부터 자주 왕래하여 유신이 그가 임신한 것을 알고 곧 그를 꾸짖었다. "너는 부모에게 알리지 않고 임신하였으니 이것은 무엇인가?" 이에 나라 안에 알리고 그 여동생을 불태우려 하였다. 하루는 선덕왕이 남산에 놀러 행차한 것을 기다려 뜰 안에 땔나무를 쌓고 불을 질러 연기가 일어났다. 왕이 그것을 보고 무슨 연기냐고 물었다. 측근에서 아뢰기를, "아마도 유신이 여동생을 불태 |

우는 것 같습니다."라고 하였다. 왕이 그 까닭을 묻자 대답하기를, "그 여동생이 남편 없이 임신하였기 때문입니다."라고 하였다. 왕이 말하기를, "이것은 누가 한 짓이냐?"라고 하였다. 이 때에 공이 앞에서 가까이 모시고 있다가 안색이 크게 변하였다. 왕이 말하기를, "이것은 네가 한 짓이구나. 빨리 가서 그를 구하라."라고 하였다. 공이 명령을 받고 말을 달려 하교를 전하고 그것을 저지하였다. 그 후로부터 나타나서 혼례를 행하였다. (『三國遺事』 1 紀異 1 太宗春秋公)

신라   석양지(釋良志)는 조상과 고향을 자세히 알 수 없다. 다만 선덕왕 때 자취를 나타냈을 뿐이다. 석장(錫杖) 끝에 포대 하나를 걸어놓으면 석장은 저절로 날아가 단월(檀越)의 집에 이르러 흔들면서 소리를 냈다. 그 집에서 이를 알고 재에 쓸 비용을 여기에 냈고, 포대가 차면 날아서 되돌아왔다. 이 때문에 그가 머무는 곳을 석장사(錫杖寺)라고 하였다. 그의 신이함을 헤아리기 어려움이 모두 이와 같은 것들이다. 한편으로는 여러 가지 기예에도 통달하여 신묘함이 비할 데가 없었다. 또한 그는 필찰(筆札)도 잘 써서 영묘사(靈廟寺)의 장륙삼존상(丈六三尊像)·천왕상(天王像)과 불전·탑의 기와, 천왕사(天王寺) 탑 아래의 8부신장(八部神將), 법림사(法林寺)의 주불삼존상(主佛三尊像)과 좌우 금강신(金剛神) 등은 모두 그가 만든 것들이다. 영묘사, 법림사 두 절의 현판도 썼으며, 또 일찍이 벽돌을 다듬어 작은 탑 하나를 만들고 아울러 3,000 불상을 만들어 그 탑에 모시어 절 안에 두고 공경하였다. 그가 영묘사의 장륙삼존상을 만들 때는 스스로 입정(入定)하여 정수(正受)의 태도로 대하는 것을 법식으로 삼으니, 이 때문에 성 안의 모든 남녀가 다투어 진흙을 운반하였다. 그 때 부른 풍요(風謠)는 다음과 같다. "오다 오다 오다. 오다 슬픔 많아라. 슬픔 많은 우리 무리여. 공덕 닦으러 오다." 지금도 그곳 사람들이 방아를 찧거나 다른 일을 할 때 모두 이 노래를 부르는데, 대개 이로부터 시작되었다. 장륙상을 처음 조성할 때 든 비용은 곡식 2만3,700석이었다[혹은 다시 도금할 때의 비용이라고도 한다]. 평하건대, 대사는 재주가 온전하고 덕이 충만했으나, 대가로서 하찮은 재주에 숨었던 자라고 하겠다.
찬하여 말한다. "재 끝난 불당 앞엔 석장이 한가로운데, 조용히 치장한 향로엔 전단향이 피어나네. 남은 경 읽고 나니 더 이상 할 일 없어, 불상 조성하여 합장하며 보노라." (『三國遺事』 4 義解 5 良志使錫)

신라   선덕왕 덕만(德曼)이 병에 걸려 오래도록 낫지 않는데, 흥륜사(興輪寺)의 승려 법척(法惕)이 있어 조칙에 응하여 병시중을 들어 오래 되었으나 효험이 없었다. 이 때에 밀본법사(密本法師)가 있어 덕행으로써 나라에 알려졌다. 측근들이 그를 대신할 것을 청하니 왕이 조서를 내려 궁궐 안으로 맞아 들였다. 밀본(密本)은 신장(宸仗) 밖에서 『약사경(藥師經)』을 읽었다. 권축(卷軸)이 한번 돌자마자 가지고 있던 육환장(六環杖)이 침전 안으로 날아 들어가서 한 마리 늙은 여우와 법척을 찔러 뜰 아래로 거꾸로 내던졌다. 왕의 병이 이에 나았는데, 이때 밀본의 정수리 위에 오색의 신광(神光)이 발하니 보는 사람이 다 놀랐다.
또한 승상(承相) 김양도(金良圖)가 어린 아이일 때 갑자기 입이 붙고 몸이 굳어져서 말을 못하고 움직이지도 못했다. 매번 한 큰 귀신이 작은 귀신을 이끌고 와서 집안의 모든 음식을 다 맛보는 것을 보았다. 무당이 와서 제사를 지내면 곧 무리가 모여서 다투어 희롱하였다. 양도(良圖)가 비록 물러가라 명령하고자 하여도 입이 말을 할 수 없었다. 부친이 법류사(法流寺)의 이름이 사라진 승려에게 와서 경전을 전독하게 청하니, 큰 귀신이 작은 귀신에게 명령하여 철퇴로 승려의 머리를 쳐서 땅에 거꾸러져 피를 토하고 죽었다. 며칠 후에 사자를 보내 밀본을 맞아오게 하였다. 사자가 돌아와 말하기를, "밀본법사가 제 청을 받아들여 장차 올 것입니다"라고 하니, 귀신들이 그것을 듣고 모두 얼굴빛이 변하였다. 작은 귀신이 말하기를 "법사가 오면 장차 이롭지 못할 것이니 피하는 것이 어떻겠습니까?"라고 하자, 큰 귀신이 거만을 부리면서 태연하게 "어찌 해가 있겠는가?"라고 하였다. 조금 후에 사방의 대력신(大力神)이 모두 쇠 갑옷과 긴 창을 지니고 와서 여러 귀신들을 잡아 묶어 갔다. 다음으로 무수한 천신(天神)이 둘러싸고 기다렸다. 잠시 후 밀본이 와서 경전을 펴기를 기다리지도 않았는데, 그 병이 이제 완치되어 말이 통하고 몸이 풀려서 사건을 온전히 설명하였다. 양도가 이로 인하여 불교를 독실하게 신봉하여 일생 동안 태만함이 없었고, 흥륜사 오당(吳堂)의 주존인 미륵존상(彌勒尊像)과 좌우의 보살을 소상으로 만들고 아울러 그 당에 금색 벽화를 채웠다. 밀본은 일찍이 금곡사(金谷寺)에 머물렀다.

또한 김유신이 일찍이 한 늙은 거사와 두텁게 교류하였는데, 세상 사람들이 그가 누구인지 알지 못하였다. 이 때에 공의 친척 수천(秀天)이 오랫동안 악질(惡疾)에 걸려 있어서 공이 거사를 보내 진찰하게 하였다. 마침 수천의 친구 인혜(因惠)라는 자가 중악(中岳)에서 와서 방문하고는, 거사를 보고 그를 모욕하여 말하기를, "너의 형용과 자태를 보니 간사하고 아첨하는 사람인데, 어찌 사람의 병을 다스릴 수 있겠는가?"라고 하였다. 거사가 말하기를, "나는 김공의 명을 받고 어쩔 수 없이 왔을 뿐이다."라고 하였다. 인혜가 "너는 나의 신통력을 보아라."라고 말하고, 이에 향로를 받들어 주문을 외우고 향을 피우니, 잠시 동안 오색의 구름이 정수리 위를 돌고 천화(天花)가 흩어져 떨어졌다. 거사가 말하였다. "화상의 신통력은 불가사의하다. 제자 또한 졸렬한 재주가 있으니, 시험하기를 청한다. 법사는 잠깐 앞에 서 있기를 바란다." 인혜가 그를 따랐다.   법사가 손가락을 튕겨 소리를 내자, 인혜가 넘어져 허공으로 날아갔는데 높이가 1장 가량이 되었고, 한참 있다가 서서히 아래로 거꾸로 떨어져 머리가 땅에 박혔는데 말뚝을 박은 것처럼 우뚝하였다. 옆에 있는 사람이 잡아당겼으나 움직이지 않았다. 거사는 나가버렸고, 인혜는 거꾸로 박혀서 밤을 새웠다. 다음날 수천이 김공에게 **빼달라**고 하여 공이 거사를 파견해 가서 구하게 하니, 이에 풀어주었다. 인혜는 다시는 재주를 팔지 않았다.

찬하여 말한다. "홍색(紅色), 자색(紫色)이 분분하게 주색(朱色)에 얼마 쯤 섞이니, 애석하도다. 어목(魚目)이 우부(愚夫)를 속이는구나. 거사가 가벼이 손가락을 튕기지 않았다면, 작은 상자에 무부(碔砆)를 얼마나 담았을까?"(『三國遺事』 5 神呪 6 密本摧邪)

신라

봄 정월 8일에 왕이 돌아가시니 시호를 선덕(善德)이라고 하고 낭산(狼山)에 장사지냈다[『당서(唐書)』에는 "정관21년에 죽었다."라고 하고, 『자치통감(資治通鑑)』에는 "25년에 죽었다."라고 하는데, 본사(本史)로 고찰하건대 『자치통감』이 잘못되었다].

논하여 말한다. "신이 듣기에 옛날에 여와씨(女媧氏)가 있었는데, 이는 바로 천자가 아니라 복희(伏羲)를 도와 9주(州)를 다스렸을 뿐이다. 여치(呂雉)와 무조(武曌) 같은 이에 이르러서는 어리고 나약한 군주을 만나서 조정에 임하여 천자처럼 정치를 행하였으나, 역사서에서는 공공연하게 왕이라 일컫지 않고 단지 고황후(高皇后) 여씨(呂氏)나 측천황후(則天皇后) 무씨(武氏)라고 썼다. 하늘의 이치로 말하면 양(陽)은 굳세고 음(陰)은 부드러우며 사람으로 말하면 남자는 존귀하고 여자는 비천한데, 어찌 늙은 여자가 안방에서 나와 나라의 정사를 처리할 수 있겠는가? 신라는 여자를 세워서 왕위에 있게 하였으니 진실로 어지러운 세상의 일이다. 나라가 망하지 않은 것이 다행이라 하겠다. 『서경(書經)』에서 '암탉이 새벽을 알린다.'라 하였고, 『역경(易經)』에서 '파리한 돼지가 껑충껑충 뛰려 한다.'라 하였으니, 그것은 경계할 일이

	아니겠는가!"(『三國史記』5 新羅本紀 5 善德王)
신라	진덕왕이 즉위하였는데, 이름은 승만(勝曼)이고 진평왕(眞平王)의 동모제인 갈문왕(葛文王) 국반(國飯)[국분(國芬)이라고도 한다.]의 딸이다. 어머니는 박씨(朴氏) 월명부인(月明夫人)이다. 승만은 자질이 풍려(豊麗)하고 키가 7척이어서 손을 드리우면 무릎을 지났다. (『三國史記』5 新羅本紀 5 眞德王)
신라	봄 정월에 신라왕 덕만(德曼)이 돌아가시니, 시호를 선덕이라고 하고 낭산에 장사지냈다. 왕이 평소에 죽을 때를 예언하였는데, 그 날에 이르러 과연 돌아가셨다. 세상에서 왕이 그 세가지 일을 알았다고 하는데, 대체로 그림을 보고 꽃이 향기가 없음을 알았고 개구리 소리를 듣고 병사가 있음을 알았으며 이 죽을 때를 예언한 것이다. 이리하여 진평왕의 동모제 국반의 딸인 승만이 즉위하였는데, 키가 7척이어서 손을 드리우면 무릎을 지났다. (『三國史節要』9)
신라	제28대 진덕여왕(眞德女王)[이름은 승만이고 김씨이다. 아버지는 진평왕의 동생인 갈문왕 국기안(國其安)이다. 어머니는 박씨 아니부인(阿尼夫人)인데, 갈문왕 노추△△△(奴追△△△)의 딸이다. 혹은 월명(月明)이라고도 하지만 그렇지 않다. 정미에 즉위하여 7년 간 다스렸다.] (『三國遺事』1 王曆)
고구려 신라	봄 정월 무자일이 초하루인 임인일(15) 조정에서 활을 쏘았다. 이 날 고구려·신라가 사신을 보내 조부(調賦)를 바쳤다. (『日本書紀』25 孝德紀)
신라	정월 17일에 비담을 주살하였는데, 연좌되어 죽은 자가 30명이었다. (『三國史記』5 新羅本紀 5 眞德王)
신라	봄 정월에 신라의 비담이 주살당하니, 연좌된 자가 30명이었다. (『三國史節要』9)
고구려 백제	『당실록(唐實錄)』에 전한다. " (…) 정관21년 2월 기미일(2) 철륵(鐵勒)·회흘(回紇)·사리발(俟利發) 등 여러 성이 입조하여 알현하였다. 천성전(天成殿)에 행차하여 10부악(十部樂)을 진열하여 그들을 파견하였다. 전하기를, '황제가 비전(祕殿)에 앉아서 10부악을 진열하였다.'라고 하였다."(『玉海』105 音樂樂 3 唐九部樂十部樂十四國樂二部樂)
신라	2월에 이찬(伊飡) 알천(閼川)을 상대등(上大等)으로, 대아찬(大阿飡) 수승(守勝)을 우두주군주(牛頭州軍主)로 삼았다. (『三國史記』5 新羅本紀 5 眞德王)
신라	2월에 신라가 이찬 알천을 상대등으로, 대아찬 수승을 우두주군주로 삼았다. (『三國史節要』9)
신라	2월에 당(唐) 태종(太宗)이 사신을 파견해 부절을 가지고 가서 전왕을 광록대부(光祿大夫)로 추증하고, 이어서 왕을 주국(柱國)으로 책봉하고 낙랑군왕(樂浪郡王)으로 봉하였다. (『三國史記』5 新羅本紀 5 眞德王)
신라	2월에 당이 사신을 파견해 부절을 가지고 가서 신라의 전왕을 광록대부로 추증하고, 이어서 왕을 주국으로 책봉하고 낙랑군왕으로 봉하였다. (『三國史節要』9)
신라	정관21년에 선덕(善德)이 죽자, 광록대부로 추증하였고 나머지 관직과 봉작은 모두 예전과 같았다. 인하여 그 여동생 진덕(眞德)을 옹립하여 왕으로 삼고 더하여 주국을 제수하며 낙랑군왕으로 봉하였다. (『舊唐書』199上 列傳 149上 新羅)
신라	정관21년에 선덕이 죽자 광록대부로 추증하고, 여동생 진덕이 왕을 계승하였다. (『新唐書』220 列傳 145 東夷 新羅)
신라	『신당서(新唐書)』 신라전에 전한다. " (…) 정관21년에 선덕이 죽고, 여동생 진덕이

왕을 계승하였다. (『玉海』153 朝貢外夷內朝內附 唐新羅織錦頌觀釋尊賜晉書)

신라	신라왕 덕진(德眞)[본전(本傳)에서는 진덕이라고 한다.]이 비단을 짜서 태평시(太平詩)를 지었다. (…) 본전에 전한다. " (…) 정관 21년에 선덕이 죽자, 여동생 진덕이 즉위하였다."(『文苑英華辨證』4 年月 2)
신라	『구당서(舊唐書)』신라전에 또 전한다. "신라왕 선덕이 죽자, 그 여동생 진덕을 옹립하여 왕으로 삼았다."(『太平御覽』781 四夷部 2 東夷 2 新羅)
신라	신라왕 덕진이 비단을 짜서 태평시를 지었다는 것 같은 것이다. (…)『신당서』본전에 전한다. " (…) 선덕이 죽고, 여동생 진덕이 왕을 계승하였다."(『文苑英華辨證』3 人名 4)
고구려	2월에 황제가 장차 다시 고구려를 정벌하려고 하였다. 조정에서 의논하여, "고구려는 산에 의지하여 성을 만들어서 그것을 공격해도 재빨리 함락시킬 수 없습니다. 전에 거가가 친정하여 국인(國人)이 농사짓지 못하였으니, 이긴 성에서는 그 곡식을 모두 거두었으나 계속하여 가뭄이 들어서 백성들의 태반은 식량이 부족합니다. 지금 만약 군사의 일부를 자주 파견하여 다시 그 강역을 교대로 어지럽히고, 저들로 하여금 임금의 명령을 충실히 수행하기 위해 매우 분주함에 피로하여 쟁기를 버리고 보에 들어가게 하여, 수년 동안에 천리가 조용해진다면, 인심이 스스로 떠나서 압록강 북쪽은 싸우지 않고도 취할 수 있을 것입니다."라고 하였다. 황제가 그것에 따랐다. (『資治通鑑』198 唐紀 14 太宗 下之上)
고구려	태종이 장차 다시 군사를 행하려고 하였다. 조정에서 의논하여, "고구려는 산에 의지하여 성을 만들어서 재빨리 함락시킬 수 없습니다. 전에 거가가 친정하여 국인이 농사짓지 못하였으니, 이긴 성에서는 실제로 그 곡식을 모두 거두었으나 계속하여 가뭄이 들어서 백성들의 태반은 식량이 부족합니다. 지금 만약 군사의 일부를 자주 파견하여 다시 그 강역을 교대로 어지럽히고, 저들로 하여금 분명에 피로하여 쟁기를 버리고 보에 들어가게 하여, 수년 동안에 천리가 조용해진다면, 인심이 스스로 떠나서 압록강 북쪽은 싸우지 않고도 취할 수 있을 것입니다."라고 하였다. 황제가 그것에 따랐다. (『三國史記』22 高句麗本紀 10 寶臧王 下)
고구려	황제가 장차 다시 고구려를 정벌하려고 하였다. 조정에서 의논하여, "고구려는 산에 의지하여 성을 만들어서 재빨리 함락시킬 수 없습니다. 저번에 거가가 친정하여 그 백성이 농사짓지 못하였으니, 이긴 성에서는 실제로 그 곡식을 모두 거두었으나 계속하여 가뭄이 들어서 백성들의 태반은 식량이 부족합니다. 지금 만약 군사의 일부를 자주 파견하여 강역을 침략하고, 저들로 하여금 분명에 피로하여 쟁기를 버리고 보에 들어가게 하여, 수년 동안에 천리가 조용해진다면, 인심이 스스로 떠나서 압록강 북쪽은 싸우지 않고도 취할 수 있을 것입니다."라고 하였다. 황제가 그것에 따랐다. (『三國史節要』9)
고구려	천자는 팔뚝을 잡고 화를 머금어 끝내 그를 취하려고 하였다. 중의(中議)가 말하였다. "고구려의 성과 치는 산에 의거하여 공격하여도 갑자기 함락시킬 수 없습니다. 예전에 난가(鑾駕)가 친정하여 그 농사를 폐하였고 함락된 성은 모두 그 곡식을 거두었는데, 한의 군대는 가뭄이 계속 이어지고 이적들은 진실로 많아져서 태반이 곡식이 끊어졌습니다. 만약 적은 병력을 교대로 파견하여 그 변방을 조(躁)할 수 있다면, 저 창이(瘡痍)의 잔(殘)은 분명(奔命)에 피곤하고 농부는 쟁기를 버리고 모두 보에 들어갈 것이니 도이(島夷)의 읍은 1,000리에 걸쳐 황폐화될 것입니다. 옛 사람이 말하기를, '금성탕지(金城湯池)라도 곡식이 아니면 굳건하지 못하다.'라고 하였으니, 만약 이와 같이 두세 번 하면 고구려는 반드시 크게 군박(窘迫)하여 자연히 도망가고 흩어질 것이니, 누가 기꺼이 막리지를 위하여 성을 지키겠습니까? 압록수 이북은

싸우지 않고도 취할 수 잇을 것입니다."천자는 그렇다고 여겼으므로 이 명령이 있었다. (『冊府元龜』 985 外臣部 30 征討 4)

고구려   3월 무자일(2) 좌무위대장군(左武衛大將軍) 우진달(牛進達)을 청구도행군대총관(靑丘道行軍大總管)으로, 이세적(李世勣)을 요동도행군대총관(遼東道行軍大總管)으로 삼아, 세 총관의 병사를 이끌고 고구려를 정벌하였다. (『新唐書』 2 本紀 2 太宗)

고구려   정관21년 정미 3월 무자일(2) 이세적은 요동도행군대총관이 되었다. (『新唐書』 61 表 1 宰相 上)

고구려   또 정관20년 다음해 3월에 조서를 내려 좌무위대장군 우진달을 청구도행군대총관으로 삼고 우무위장군(右武衛將軍) 이해안(李海岸)이 그를 보좌하게 하여, 내주(萊州)에서 바다를 건너게 하였다. 이적(李勣)을 요동도행군대총관으로 삼고 우무위장군 손이랑(孫貳朗)·우둔위대장군(右屯衛大將軍) 정인태(鄭仁泰)가 그를 보좌하게 하여, 영주도독(營州都督)의 병사를 이끌고 신성도(新城道)를 따라 나아가게 하였다. (『新唐書』 220 列傳 145 東夷 高麗)

고구려   3월에 좌무위대장군 우진달을 청구도행군대총관으로 삼고 우무후장군(右武候將軍) 이해안이 그를 보좌하게 하여, 병사 1만여 명을 징발하여 누선(樓船)을 타고 내주에서 바다를 건너 들어가게 하였다. 또 태자첨사(太子詹事) 이세적을 요동도행군대총관으로 삼고 우무위장군 손이랑이 그를 보좌하게 하여, 병사 3,000명을 거느리고 영주도독의 병사로 인하여 신성도로 들어가게 하였다. 두 군은 모두 물에 익숙하고 잘 싸우는 자를 선발하여 배속시켰다. (『資治通鑑』 198 唐紀 14 太宗 下之上)

고구려   정관21년 3월에 고구려를 정벌하였다. 좌무위대장군 우진달을 청구도행군대총관으로 삼고 우무위대장군(右武衛大將軍) 이해안을 부대총관으로 삼아, 병사 1만여 명을 징발하여 모두 누선·전가(戰舸)를 타고 내주에서 바다를 건너 들어가게 하였다. 또 특진(特進)·태자첨사·영국공(英國公) 이적을 요동도행군대총관으로 삼고 우무위장군 손이랑·좌둔위대장군(左屯衛大將軍) 정인태를 부대총관으로 삼아, 배속된 병사 3,000명을 거느리고 그 영주도독부 관할의 병마는 다 모두 적에게 예속시켰다. 이리하여 요동으로 가서 건너는데 신성도로 들어갔다. 두 군의 징발은 모두 파도에 익숙하고 적은 수로 많은 수를 공격할 수 있는 자를 파견하여 예하에 배속시켰다. (『冊府元龜』 985 外臣部 30 征討 4)

고구려   『신당서』고려전(高麗傳)에 전한다. " (…) 정관21년 3월에 우진달·이적 등에게 조서를 내려 고구려를 정벌하였는데(이상 3월 2일), 석성(石城)을 취하고 돌아왔다(이상 7월11일). (『玉海』 191 兵捷露布 3 唐遼東道行臺大摠管李勣俘高麗獻俘昭陵檄高麗 含元殿數俘)

고구려   좌무위대장군 우진달을 청구도행군대총관으로 삼고 우무위장군 이해안이 그를 보좌하게 하여, 병사 1만여 명을 징발하여 누선을 타고 내주에서 바다를 건너 들어가게 하였다. 또 태자첨사 이세적을 요동도행군대총관으로 삼고 우무위장군 손이랑이 그를 보좌하게 하여, 병사 3,000명을 거느리고 영주도독부의 병사로 인하여 신성도로 들어가게 하였다. 두 군은 모두 물에 익숙하고 잘 싸우는 자를 선발하여 배속시켰다. (『三國史記』 22 高句麗本紀 10 寶臧王 下)

고구려   좌무위대장군 우진달을 청구도행군대총관으로 삼고 우무위장군 이해안이 그를 보좌하게 하여, 병사 1만여 명을 징발하여 누선을 타고 내주에서 바다를 건너 들어가게 하였다. 또 태자첨사 이세적을 요동도행군대총관으로 삼고 우무위장군 손이랑이 그를 보좌하게 하여, 병사 3,000명을 거느리고 영주도독부의 병사로 인하여 신성도로 들어가게 하였다. 두 군은 모두 물에 익숙하고 잘 싸우는 자를 선발하여 배속시켰다. (『三國史節要』 9)

가야	정관21년 3월11일에 조서를 내려 원이(遠夷)가 각각 토산물을 바칠 때, 그 초목 잡물로서 정상과 다른 것이 있으면, 담당 관사에서 그것을 상세하게 기록하게 하였다. 『당회요』를 참고하건대 섭호(葉護)의 포도, 강국(康國)의 금도(金桃), 가국(伽國)의 울금향(鬱金香), 가라(伽羅)의 발라화(鉢羅花), 달국(達國)의 불토채(佛土菜)와 같은 것은 모두 기이한 물건이고, 환왕(環王)의 대주(大珠), 우전(于闐)의 보대(寶帶), 토번(吐蕃)의 금아(金鵝), 고창(高昌)의 착도(錯刀)와 같은 것에 이른다. 또 『당회요』에 게재되지 않은 것은 조공 항목을 상세히 보라. 서목(書目)에는 『당이적공(唐夷狄貢)』 1권이 있는데, 북돌궐(北突厥)에서 시작하여 사자국(師子國)에서 끝나고 잡기(雜記)가 부가되어 있다. 모두 당 정관 이래 여러 나라가 바친 것 등의 일이다. (『玉海』16 地理異域圖書 唐正觀方物錄)
고구려	5월 경술일(25) 이세적이 남소성(南蘇城)·목저성(木底城)에서 이겼다. (『新唐書』2 本紀 2 太宗)
고구려	5월에 이세적의 군대가 요수를 건너고 나서, 남소(南蘇) 등 여러 성을 거쳐갔는데, 고구려가 성을 등지고 맞서 싸운 적이 많았다. 세적은 그 병사를 격파하여 그 성곽을 불태우고 돌아왔다. (『資治通鑑』198 唐紀 14 太宗 下之上)
고구려	이세적의 군대가 요수를 건너고 나서, 남소 등 여러 성을 거쳐갔는데, 모두 성을 등지고 맞서 싸웠다. 세적은 그들을 격파하여 그 성곽을 불태우고 돌아왔다. (『三國史記』22 高句麗本紀 10 寶臧王 下)
고구려	이세적의 군대가 요수를 건너고 나서, 남소 등 여러 성을 거쳐갔는데, 모두 성을 등지고 맞서 싸웠다. 세적은 그들을 격파하여 그 성곽을 불태우고 돌아왔다. (『三國史節要』9)
고구려	정관21년 다음해에 남소성·목저성에 가서 병사를 사로잡고 싸웠으나 이기지 못하여 그 외성을 불태웠다. (『新唐書』220 列傳 145 東夷 高麗)
고구려	정관21년에 이적이 남소성에서 다시 고구려를 대파하였다. 군사를 돌려 파리성(頗利城)에 이르렀는데, 백랑(白狼)·황암(黃巖) 두 강을 건너자 모두 수심이 무릎보다 아래였다. 적이 두 강의 물이 좁고 얕은 것을 괴이하게 여겨 거란(契丹)에게 요원(遼源)이 있는 곳을 물었다. 대답하기를, "이 두 강에서 다시 수 리를 가면 합하여 남쪽으로 흐르니, 곧 요수라고 부릅니다. 다시 요원을 찾을 수 없습니다."라고 하였다. 군사를 되돌린 후에 다시 갈지를 또 논의하였다. (『通典』186 邊防 2 東夷 下 高句麗)
고구려	정관21년에 이적이 남소성에서 다시 고구려를 대파하였다. 군사를 돌려 파리성에 이르렀는데, 백랑·황암 두 강을 건너자 모두 수심이 무릎보다 아래였다. 적이 두 강의 물이 얕고 좁은 것을 괴이하게 여겨 거란에게 요원이 있는 곳을 물었다. 대답하기를, "이 두 강에서 다시 수 리를 가면 곧 합하여 남쪽으로 흐르니, 곧 요수라고 부릅니다. 다시 요원을 찾을 수 없습니다."라고 하였다. (『唐會要』95 高句麗)
고구려	정관21년에 이적이 남소성에서 다시 고구려를 대파하였다. 군사를 돌려 파리성에 이르렀는데, 백랑·황암 두 강을 건너자 모두 수심이 무릎보다 아래였다. 적이 두 강의 물이 좁고 얕은 것을 괴이하게 여겨 거란에게 요동이 나오는 곳을 물었다. 대답하기를, "이 두 강에서 다시 수 리를 가면 합하여 남쪽으로 흐르니, 곧 요수라고 부릅니다. 다시 요원을 찾을 수 없습니다."라고 하였다. 군사를 되돌린 후에 다시 갈지를 또 논의하였다. (『太平寰宇記』173 四夷 2 東夷 2 高勾驪)
고구려	7월 을미일(11) 우진달이 석성에서 이겼다. (『新唐書』2 本紀 2 太宗)

고구려	가을 7월에 우진달·이해안이 고구려 경역 안에 들어가 모두 100여 차례 싸웠는데 이기지 않은 것이 없어서, 석성을 공격하여 함락시키고 나아가 적리성(積利城) 아래에 이르렀다. 고구려 병사 1만여 명이 나와 싸우니 해안이 그들을 격파하여 2,000급을 참수하였다. (『資治通鑑』 198 唐紀 14 太宗 下之上)
고구려	가을 7월에 우진달·이해안이 우리 경역 안에 들어와 모두 100여 차례 싸웠는데, 석성을 공격하여 함락시키고 나아가 적리성 아래에 이르렀다. 우리 병사 1만여 명이 나가 싸우니 이해안이 그들을 공격하여 이겼다. 우리 군대의 사망자가 3,000명이었다. (『三國史記』 22 高句麗本紀 10 寶臧王 下)
고구려	가을 7월에 우진달·이해안이 고구려 경역 안에 들어가 모두 100여 차례 싸웠는데, 석성을 공격하여 함락시키고 나아가 적리성 아래에 이르렀다. 고구려 병사 1만여 명이 나가 싸우니 이해안이 그들을 공격하여 이겼다. 고구려군의 사망자가 3,000명이었다. (『三國史節要』 9)
고구려	7월에 우진달 등이 석성을 취하고 나아가 적리성을 공격하였다. 수천 명을 참수하고 이에 모두 돌아왔다. (『新唐書』 220 列傳 145 東夷 高麗)
고구려	정관21년 7월에 우진달·이해애(李海崖)가 고구려의 석성을 공격하여 함락시키고 남녀 수백 명을 사로잡았다. 군사가 적리성 아래에 주둔하자 고구려가 군사 1만여 명을 내어 맞서 싸웠다. 해애 등이 그들을 격파하고 1,000급을 참수하였다. (『冊府元龜』 985 外臣部 30 征討 4)
고구려	또 정관21년에 고구려 정벌에 따라갔다. 주필산(駐蹕山)에 이르러 사도(司徒) 장손무기(長孫無忌)와 군대를 이끌고 적 뒤에서 나와서 앞뒤로 분발하여 공격하고 그들을 대파하였다. 군사가 돌아오자, 좌무위대장군에 임명되었다.(이상 645년 6월21일) 또 우무위장군 이해안 등과 바다를 건너 고구려를 정벌하여,(이상 3월 2일) 석성을 습격하여 깨뜨리고 남녀 수백 명을 사로잡았다. 나아가 계리성(稽利城)에 주둔하자 고구려가 진영을 펼치고 와서 싸웠는데, 진달이 그들을 공격하여 2,000여 급을 참수하였다.(이상 7월11일) (『冊府元龜』 358 將帥部 19 立功 11 牛進達)
신라	가을 7월에 사신을 파견해 당에 들어가 은덕에 감사하였다. 태화라고 연호를 고쳤다. (『三國史記』 5 新羅本紀 5 眞德王)
신라	『인명입정리론(因明入正理論)』 1권『내전록(內典錄)』에 상갈라주(商羯羅主) 보살(菩薩)이 저술하였고, 정관21년 8월 6일에 홍복사(弘福寺) 번경원(翻經院)에서 번역하였으며, 사문(沙門) 지인(知仁)[명준(明濬)]이 적었다는 것이 보인다.] (『開元釋教錄』 8 總括群經錄 上之8 沙門釋玄奘 智仁知仁智忍)
고구려	정관21년 8월17일에 골리간(骨利幹)이 사신을 파견해 조공하고, 좋은 말 100필을 바쳤다. 그 중 10필은 더욱 뛰어나서, 태종이 그것을 기특하게 여겨 각각 이름을 만들고 10기(十驥)라고 하였다. 첫째는 등운백(騰雲白), 둘째는 교설총(皎雪驄), 셋째는 응로백(凝露白), 넷째는 원광총(元光驄), 다섯째는 결파유(決波騟), 여섯째는 비하표(飛霞驃), 일곱째는 발전적(發電赤), 여덟째는 유금과(流金駚), 아홉째는 상린자(翔麟紫), 열째는 분홍적(奔虹赤)이었다. 황제가 이에 그 일을 서술하였는데, 다음과 같다. "골리간이 말 10필을 바쳤는데 특별히 상륜(常倫)과 달랐다. 그 뼈를 보면 크고 총조(叢粗)하며 갈기는 높고 의활(意闊)하며, 눈은 매달린 거울 같고 머리는 측전(側塼) 같으며, 넓적다리는 사슴을 본떠 차원(差圓)하고 목은 봉황에 비하여 더욱 세밀하며, 후교(後橋)의 아래에 촉골(促骨)이 일어나 봉우리를 이루고 측천(側韉) 사이에 장근(長筋)이 조밀하여 판(瓣)과 같다. 귀는 철륵(鐵勒)에 뿌리를 두니 삼재(杉材)가

난방(難方)하고 꼬리는 고구려에 근원이 있으니 굴전(掘塼)이 의(擬)가 아니다. 배가 평평하고 옆구리가 작아서 몰아 달리는 쪽에 저절로 굳세고, 코가 커서 호흡이 트이니 오가는 기운에 부족하지 않다. 수모(殊毛)하여도 말구유를 함께 하니 꽃과 꽃술이 숲에 얽힌 형상이고, 색을 달리 해도 무리가 같으니 구름과 노을의 한가로운 색채와 닮았다. 윤오(輪烏)를 우러러 다투어 쫓아내고 서기(緖氣)를 따라 다투어 쫓아가니, 거품을 뿜으면 1,000리에 붉은 색이 날리고 땀을 흘리면 삼조(三條)에 피를 떨친다. 먼지가 일어남에 미치지 못하고 그림자가 생길 겨를이 없어서, 당긴 활을 돌아보니 날랜 날개를 뛰어넘어 먼저 미치고 엎드린 짐승을 멀리 쳐다보니 점인(占人)의 눈이 미리 알고 있다. 골법(骨法)이 달라서 그려야 하고 공예(工藝)가 기이하여 절묘하게 본떠야 하니, 바야흐로 대완(大宛)을 달려 그 노건(駑蹇)한 자를 굳게 하는구나!"(『唐會要』72 馬)

| 신라 | 8월에 혜성(彗星)이 남쪽에 나왔고, 또 여러 별이 북쪽으로 흘러갔다. (『三國史記』 5 新羅本紀 5 眞德王) |
| 신라 | 8월에 신라에서 혜성(彗星)이 남쪽에 나왔고, 또 여러 별이 북쪽으로 흘러갔다. (『三國史節要』9) |

고구려	9월 무술일(15) 송주자사(宋州刺史) 왕파리(王波利) 등에게 칙서를 내려 강남(江南) 12주(州)의 공인을 징발하여 대선 수백 척을 만들게 하니, 고구려를 정벌하려고 하였다.[30] (『資治通鑑』198 唐紀 14 太宗 下之上)
고구려	정관21년 9월에 송주자사 왕파리·중랑장(中郎將) 구효충(丘孝忠)을 파견하여 강남 12주를 징발하여 바다에 들어갈 대선 및 소선(艘船) 350척을 만들게 하니, 장차 고구려를 정벌하려고 하였다. (『冊府元龜』985 外臣部 30 征討 4)
고구려	태종이 송주자사 왕파리 등에게 칙서를 내려 강남 12주의 공인을 징발하여 대선 수백 척을 만들게 하니, 우리를 정벌하려고 하였다. (『三國史記』22 高句麗本紀 10 寶臧王 下)
고구려	황제가 송주자사 왕파리 등에게 칙서를 내려 강남 12주의 공인을 징발하여 대선 수백 척을 만들게 하니, 고구려를 정벌하려고 하였다. (『三國史節要』9)
고구려	정관21년에 강위(强偉)는 우부원외랑(虞部員外郞) 당손(唐遜)을 보좌하여 해현(海舷) 1,000척을 만들었다. 그 해에 칙령으로 송주자사 왕파리를 보좌하라고 차출되어 다시 해선(海船)을 만들었고, 병부원외랑(丙部員外郞) 배명례(裵明禮)를 보좌하여 요동·갈석으로 군량을 운반하였다. (「强偉 墓誌銘」: 『唐代墓誌滙篇附考』 6; 『全唐文新編』 992)

| 신라 백제 | 겨울 10월에 백제 병사가 무산(茂山)·감물(甘勿)·동잠(桐岑) 3성을 포위하였다. 왕이 유신을 파견하여 보기 1만을 이끌고 그에 맞서게 하였는데, 고전하다가 기력이 다하였다. 유신 휘하의 비령자(丕寧子) 및 그 아들 거진(擧眞)이 적진에 들어가 빠르게 대적하고 그곳에서 죽었다. 무리들이 모두 분발하여 공격하니 3,000여 급을 참수하였다. (『三國史記』 5 新羅本紀 5 眞德王) |
| 백제 신라 | 겨울 10월에 장군 의직(義直)이 보기 3,000명을 이끌고 나아가 신라의 무산성(茂山城) 아래에 주둔하고, 병사를 나누어 감물·동잠 2성을 공격하였다. 신라의 장군 유신이 직접 사졸을 격려하여 결사의 각오로 싸워서 그들을 대파하였다. 의직이 1필의 |

---

30) 12주(州)는 선주(宣州)·윤주(潤州)·상주(常州)·소주(蘇州)·호주(湖州)·항주(杭州)·월주(越州)·태주(台州)·무주(婺州)·괄주(括州)·강주(江州)·홍주(洪州)이다.

말로 돌아왔다. (『三國史記』 28 百濟本紀 6 義慈王)

신라 백제   선덕대왕(善德大王) 16년 정미 겨울 10월에 백제 병사가 와서 무산·감물·동잠 등 3성을 포위하였다. 왕이 유신을 파견하여 보기 1만을 이끌고 그에 맞서게 하였는데, 고전하다가 기력이 다하였다. 유신이 비령자에게 말하기를, "오늘의 일이 긴급하니, 그대가 아니면 누가 무리의 마음을 감격시키겠는가?"라고 하였다. 비령자가 절하고 말하기를, "감히 명령을 따르지 않을 수 없습니다." 마침내 적진으로 달려갔다. 아들 거진 및 가노(家奴) 합절(合節)도 그에 따라서 검극(劍戟)을 돌파하여 힘껏 싸우다가 그곳에서 죽었다. 군사들이 그것을 보고 감동하여 격려되어 다투어 나아가니, 적병을 대패시키고 3,000여 급을 참수하였다. (『三國史記』 41 列傳 1 金庾信 上)

백제 신라   겨울 10월에 백제 병사가 신라의 무산·감물·동잠 3성을 포위하였다. 왕이 유신을 파견하여 보기 1만을 이끌고 그에 맞서게 하였는데, 백제 병사가 매우 예리하여 고전하다가 기력이 다하였다. 신라군 중에 비령자가 있어 뜻을 예리하게 하여 힘껏 싸웠다. 유신이 말하기를, "해가 추워진 후에 소나무·잣나무가 나중에 시드는 것을 안다. 오늘의 일이 긴급하니, 그대가 아니면 누가 떨쳐 일어나 갑자기 나가서 무리의 마음을 감격시키겠는가?"라고 하였다. 비령자가 말하기를, "지금 빽빽한 사람들과 많은 무리 속에서 유독 저에게 맡기시니, 저를 알아주신다고 할 수 있습니다. 마땅히 죽음으로 그것을 갚아야 합니다."라고 하였다. 나가서 그 노(奴) 합절에게 말하였다. "오늘 마땅히 위로는 국가를 위하여 아래로는 나를 알아주는 이를 위하여 거기서 죽어야 한다. 아들 거진은 어려서 큰 뜻이 있었으니, 반드시 나와 함께 죽으려고 할 것이다. 만약 부자가 함께 죽는다면 안될 일이다. 내가 죽으면 거진과 내 뼈를 거두어야 할 것이다." 창을 가로로 잡고 적진을 돌파하여 몇 명을 쳐서 죽이고 나서 죽었다. 거진이 달려가 싸워서 함께 죽으려고 하자, 합절이 재갈을 잡고 중지하기를 요청하며 말하였다. "대인이 남긴 명령이 있었으니, 지금 아버지의 명령을 저버리고 효를 얻을 수 있겠습니까?" 거진이 말하였다. "아버지의 죽음을 보고 구차하게 살아서 또한 어찌 효를 얻을 수 있겠는가?" 합절의 팔을 베고 적진을 돌파하여 또한 죽었다. 합절이 말하기를, "하늘 같은 바가 무너졌으니, 죽지 않고 어찌 하겠는가?"라고 하고, 또한 창날을 교환하여 죽었다. 삼군이 감격하여 나란히 나아가서 향하는 곳마다 꺾고 함락시키니, 3,000여 급을 참수하고 의직은 겨우 몸만 빠져 나갔다. 유신이 세 시체를 어루만지고 매우 애통하게 소리내어 울었다. 왕이 그것을 슬퍼하여 예로써 장사지내고, 은덕과 상이 매우 두터웠다. (『三國史節要』 9)

신라 백제   비령자는 고향과 일족의 성씨를 알 수 없다. 진덕왕 원년 정미에 백제가 대병으로 와서 무산·감물·동잠 등의 성을 공격하였다. 유신이 보기 1만을 이끌고 그에 맞섰는데, 백제 병사가 매우 예리하여 고전하다가 이길 수 없어서 사기가 막히고 힘이 딸렸다. 유신은 비령자가 힘껏 싸우고 적진에 깊이 들어가려는 뜻이 있음을 알고 불러서 말하기를, "해가 추워진 후에 소나무·잣나무가 나중에 시드는 것을 안다. 오늘의 일이 긴급하니, 그대가 아니면 누가 떨쳐 일어나 갑자기 나가서 무리의 마음을 감격시키겠는가?"라고 하고, 인하여 그와 술을 마시며 은근함을 보여주었다. 비령자가 두 번 절하고 말하기를, "지금 빽빽한 사람들과 많은 무리 속에서 유독 저에게 일을 맡기시니, 저를 알아주신다고 할 수 있습니다. 진실로 마땅히 죽음으로 그것을 갚아야 합니다."라고 하였다. 나가서 그 노 합절에게 말하였다. "나는 오늘 위로는 국가를 위하여 아래로는 나를 알아주는 이를 위하여 거기서 죽을 것이다. 아들 거진은 비록 어린 나이지만 큰 뜻이 있었으니, 반드시 나와 함께 죽으려고 할 것이다. 만약 부자가 함께 죽는다면 집안 사람들은 장차 누구에게 의지하겠는가? 너는 거진과 내 뼈를 좋게 거두어 돌아가서 어머니의 마음을 위로해야 할 것이다." 말이 끝나자, 말을 채찍질하며 창을 가로로 잡고 적진을 돌파하여 몇 명을 쳐서 죽이고 나서 죽었다. 거진이 그것을 보고 떠나려고 하자, 합절이 요청하며 말하였다. "대인이 말씀을 남기셔서, 합절로 하여금 도련님과 집에 돌아가 부인을 위로하라고 하였습니다. 지금 아들이 아버지의 명령을 저버리고 어머니의 자애로움을 버린다면, 효라고 할 수 있겠습니까?" 말고삐를 잡고 놓지 않았다. 거진이 말하였다. "아버지의 죽음을 보고 구차하게 살아서 어찌 효자라고 하겠는가?" 곧 검으로 합절의 팔을 쳐서 자르고 적 안에 달려들어가 전사하였다. 합절이 말하기를, "나의 하늘이 무너졌으니, 죽지 않고 어찌 하겠는가?"라고 하고, 또한 창날을 교환하여 죽었다. 군사들이 3명의 죽음을 보고 감격하여 다투어 나아가서 향하는 곳마다 예봉을 꺾고 진영을 함락시키니, 적병을 대패시켜 3,000여 급을 참수하였다. 유신이 세 시체를 거두어서 옷을 벗어 덮어주고, 매우 애통하게 소리내어 울었다. 대왕이 그것을 듣고 눈물을 흘리며 예로써 반지산(反知山)에 합장하고, 처자와 구족에게 은덕과 상이 매우 두터웠다. (『三國史記』47 列傳 7 丕寧子)

| 신라 | 11월에 왕이 직접 신궁(神宮)에 제사지냈다. (『三國史記』5 新羅本紀 5 眞德王) |
| 신라 | 11월에 신라왕이 직접 신궁에 제사지냈다. (『三國史節要』9) |

고구려	정관21년 12월 을해일(23) 고구려 사신이자 왕의 둘째아들 막리지(莫離支) 고임무(高任武)가 조공하고 인하여 사죄하였다. 황제가 그것을 허락하고 받아들였다. (『冊府元龜』980 外臣部 25 通好)
고구려	겨울 12월에 왕이 둘째아들 막리지 임무(任武)를 사신보내 들어가 사죄하였다. 황제가 그것을 허락하였다. (『三國史記』22 高句麗本紀 10 寶藏王 下)
고구려	12월에 고구려왕이 둘째아들 막리지 임무를 사신보내 당에 가서 사죄하였다. (『三國史節要』9)
고구려	12월에 고구려왕이 그 아들 막리지 임무를 사신보내 들어가 사죄하였다. 황제가 그것을 허락하였다. (『資治通鑑』198 唐紀 14 太宗 下之上)
고구려	장(藏)이 아들 막리지 고임무를 파견하여 내조하고 인하여 사죄하였다. (『新唐書』220 列傳 145 東夷 高麗)

| 신라 | 도유나랑(都唯那娘)은 1명, 아니대도유나(阿尼大都唯那)는 1명이다. 진흥왕(眞興王)이 처음에 보량법사(寶良法師)를 그것으로 삼고, 진덕왕 원년에 1명을 더하였다. (『三國史記』40 雜志 9 職官 下) |

| 신라 | 대서성(大書省)은 1명이다. 진흥왕이 안장법사(安臧法師)를 그것을 삼고, 진덕왕 원년에 1명을 더하였다. (『三國史記』40 雜志 9 職官 下) |

| 신라 | 당 정관21년에 그 왕이 김춘추를 파견하여 내조하자, 특진으로 임명하고 장복(章服)을 고쳐 중화의 제도에 따를 것을 요청하였다. (『太平寰宇記』174 四夷 3 東夷 3 新羅國) |

| 신라 | 이 해에 (…) 신라가 상신(上臣)·대아찬(大阿湌) 김춘추 등을 보내고 박사(博士)·소덕(小德) 다카무쿠노쿠로마로(高向黑麻呂), 소산중(小山中) 나카토미노무라지오시쿠마(中臣連押熊)를 보내 와서, 공작 1쌍과 앵무 1쌍을 바쳤다. 그리고 춘추를 질로 삼았다. 춘추는 용모가 아름답고 담소를 잘하였다. (『日本書紀』25 孝德紀) |

648(戊申/신라 진덕왕 2 太和 2/고구려 보장왕 7/백제 의자왕 8/唐 貞觀 22/倭 大化 4)

신라 고구려	정관22년 정월 초하루에 결골(結骨)·토번(吐蕃)·토욕혼(吐谷渾)·신라·고구려·토화라(吐火羅)·강국(康國)·우전(于闐)·오장(烏長)·파사(波斯)·석국(石國)이 모두 사실을 파견해 조공하였다. (『冊府元龜』 970 外臣部 15 朝貢 3)
신라	봄 정월에 대당(大唐)에 사신을 파견해 조공하였다. (『三國史記』 5 新羅本紀 5 眞德王)
고구려	봄 정월에 사신을 파견해 당에 들어가 조공하였다. (『三國史記』 22 高句麗本紀 10 寶臧王 下)
신라	봄 정월에 신라가 사신을 파견해 당에 가서 조공하였다. (『三國史節要』 9)
고구려	봄 정월에 고구려가 사신을 파견해 당에 가서 조공하였다. (『三國史節要』 9)
신라	정월에 신라왕 김선덕(金善德)이 죽었다. 선덕(善德)의 여동생 진덕(眞德)을 주국(柱國)으로 삼고 낙랑군왕(樂浪郡王)에 봉하여, 사신을 파견해 책봉하였다. (『資治通鑑』 198 唐紀 14 太宗 下之上)
신라	정관22년 정월에 신라왕 김선덕이 죽자, 광록대부(光祿大夫)를 추증하였다. 선덕의 여동생 진덕을 주국으로 삼고 낙랑군왕에 봉하여, 사신을 파견해 부절을 가지고 가서 책봉하였다.
신라	이 해에 신라의 여왕 김선덕이 죽었다. 사신을 파견해 그 여동생 진덕을 신라왕으로 책봉하였다. (『舊唐書』 3 本紀 3 太宗 下)
고구려	정월 병오일(25) 좌무위대장군(左武衛大將軍) 설만철(薛萬徹)을 청구도행군대총관(靑丘道行軍大總管)으로 삼아서 고구려를 정벌하였다. (『新唐書』 2 本紀 2 太宗)
고구려	정월 병오일(25) 조서를 내려 우무위대장군(右武衛大將軍) 설만철을 청구도행군대총관으로 삼고 우위장군(右衛將軍) 배행방(裴行方)이 그를 보좌하게 하였으며, 병사 3만여 명 및 누선(樓船)·전함을 거느리고 내주(萊州)에서 바다를 건너 고구려를 공격하게 하였다. (『資治通鑑』 198 唐紀 14 太宗 下之上)
고구려	봄 정월에 황제가 조서를 내려 우무위대장군 설만철을 청구도행군대총관으로 삼고 우위장군 배행방이 그를 보좌하게 하였으며, 병사 3만여 명 및 누선·전함을 거느리고 내주에서 바다를 건너 와서 공격하게 하였다. (『三國史記』 22 高句麗本紀 10 寶臧王 下)
고구려	봄 정월에 황제가 조서를 내려 우무위대장군 설만철을 청구도행군대총관으로 삼고 우위장군 배행방이 그를 보좌하게 하였으며, 병사 3만여 명 및 누선·전함을 거느리고 내주에서 바다를 건너 고구려를 공격하게 하였다. (『三國史節要』 9)
고구려	정관22년 정월에 조서를 내려 우무위대장군 설만철을 청구도행군대총관으로 삼고 우위장군 배행대(裴行大)가 그를 보좌하게 하였으며, 병사 3만여 명 및 누선·전함을 이끌고 내주에서 바다를 건너 고구려를 공격하게 하였다.(이상 1월25일) 만철은 압록수(鴨綠水)로 들어가 사로잡거나 얻은 것이 매우 많았다.(이상 6월27일) (『冊府元龜』 985 外臣部 30 征討 4)
고구려	정관22년에 조서를 내려 우무위대장군 설만철을 청구도행군대총관으로 삼고 우위장군 배행방이 그를 보좌하게 하였으며, 바다길로 들어갔다. (『新唐書』 220 列傳 145 東夷 高麗)
고구려	정관22년에 또 우무위대장군 설만철 등을 파견하여 청구도(靑丘道)로 가서 그들을 정벌하게 하였다.(이상 1월25일) 만철은 바다를 건너 압록수(鴨淥水)로 들어가 나아가서 그 박작성(泊灼城)을 깨뜨리고 사로잡거나 얻은 것이 매우 많았다.(이상 6월27일) (『冊府元龜』 135 帝王部 135 好邊功)
고구려	배행방은 자가 덕비(德備)이다. 무주도행군총관(茂州道行軍總管), 청구도행군부총관

(淸丘道行軍副總管), 우위장군, 검교유주도독(檢校幽州都督)이고, 회의평공(懷義平公)을 계승하였다. (『新唐書』71上 表 11上 宰相世系 1上)

고구려 백제 신라
봄 2월 임자일 초하루에 삼한에[삼한은 고구려·백제·신라를 말한다.] 학문승(學問僧)을 파견하였다. (『日本書紀』25 孝德紀)

고구려
2월 정묘일(16) 조서를 내려 요수를 건너 공이 있었으나 훈으로 보답받지 못하고 죄를 범한 경우에는 관인이 된 것과 같게 처리한다. (『新唐書』2 本紀 2 太宗)

신라 백제
봄 3월에 백제의 장군 의직이 서쪽 변방을 침입하여 요거(腰車) 등 10여 성을 함락시켰다.(이상 3월) 왕이 그것을 걱정하여 압독주도독(押督州都督) 유신에게 명령하여 그를 도모하게 하였다. 유신은 이리하여 사졸을 가르치고 독려하여 거느리고 징발해서 가려고 하였다. 의직이 그에 맞섰으나, 유신이 군대를 나누어 세 길로 하고 그를 협공하였다. 백제 병사가 패하여 달아나자, 유신이 패배자를 추격하여 거의 다 죽였다. 왕이 기뻐하여 사졸에게 차등 있게 상을 하사하였다.(이상 4월) (『三國史記』5 新羅本紀 5 眞德王)

백제 신라
봄 3월에 의직이 신라 서쪽 변방의 요거 등 10여 성을 습격하여 취하였다. (『三國史記』28 百濟本紀 6 義慈王)

백제 신라
3월에 백제의 장군 의직이 신라의 서쪽 변방을 침입하여 요거 등 10여 성을 함락시켰다. (『三國史節要』9)

백제 신라
정관22년에 또 그 10여 성을 깨뜨렸다. 몇 년 안에 조공이 마침내 끊어졌다. (『舊唐書』199上 列傳 149上 東夷 百濟)

백제 신라
『구당서(舊唐書)』백제전에 전한다. " (…) 정관22년에 그 10여 성을 깨뜨렸다. 몇 년 안에 조공이 마침내 끊어졌다."(『太平御覽』781 四夷部 2 東夷 2 百濟)

백제 신라
오래 지나서 또 10여 성을 빼앗았다. 인하여 조공하지 않았다. (『新唐書』220 列傳 145 東夷 百濟)

백제 신라
『신당서(新唐書)』동이(백제)전에 전한다. " (…) 오래 지나서 또 10여 성을 빼앗았다. 인하여 조공하지 않았다. (『玉海』191 兵捷露布 3 唐神丘道行軍大摠管蘇定方俘百濟)

고구려
3월에 충용(充容)인 장성(長城) 서혜(徐惠)가[31] 황제가 동쪽으로는 고구려를 정벌하고 서쪽으로 구자(龜玆)를 토벌하며, 취미궁(翠微宮)·옥화궁(玉華宮) 등 토목공사가 끊이지 않고 또 복장과 완구가 매우 화미(華靡)하므로, 상소하여 간언하였다. 그 대략은 다음과 같다. "다함이 있는 농공(農功)으로 끝 없는 큰 파도를 메우니, 아직 잡지 못한 다른 무리를 도모하려 이미 완성된 우리 군대를 잃게 합니다. 예전에 진시황(秦始皇)이 6국을 병탄하였으나 도리어 위태롭고 망하는 기틀을 빠르게 하였고, 서진(西晉) 무제(武帝)가 갑자기 삼국을 소유하였으나 도리어 패배를 뒤엎는 업적을 이루었으니, 어찌 공을 자랑하고 큰 것을 믿어서 덕을 버리고 나라를 가벼이 여기고, 이익을 도모하여 위태로움을 잊어서 정욕을 마음대로 좇아서 이르려고 하십니까? 이것은 땅이 넓은 것이 항상 안정되는 기술이 아니고 사람이 수고로운 것은 곧

---
31) 『당회요(唐會要)』에 전한다. "옛 제도에 소의(昭儀)·소용(昭容)·소원(昭媛)·수의(脩儀)·수용(脩容)·수원(脩媛)·충의(充儀)·충용(充容)·충원(充媛)이 각각 1명이고 9빈(嬪)이라고 하는데 정2품(正二品)이었다." 서진(西晉) 무제(武帝) 태강(太康) 3년에 오정(烏程)을 나누어 장성현(長城縣)을 세웠는데, 오흥군(吳興郡)에 속하고 지금의 호주(湖州) 장흥현(長興縣)이 이것이다. 혜(惠)는 서효덕(徐孝德)의 딸이다.

쉽게 어지러워지는 근원임을 알 수 있습니다." 또 말하였다. "비록 다시 모자(茅茨)로 약속을 보이더라도 오히려 나무와 돌의 피로함을 일으키니, 화고(和雇)로 사람을 취하더라도 번거롭고 어지럽히는 폐단이 없지 않습니다." 또 말하였다. "진기한 완구와 재주의 공교로움은 곧 나라를 없애는 도끼 같은 것이고, 주옥(珠玉)·금수(錦繡)는 마음을 미혹하게 하는 짐독(酖毒) 같은 것입니다." 또 말하였다. "검소함으로 법을 만들면 오히려 그 사치스러움을 두려워하는데, 사치스러움으로 법을 만들면 무엇으로 후대를 만들겠습니까?" 황제가 그 말이 좋다고 여겨, 매우 예를 갖추어 중시하였다. (『資治通鑑』 198 唐紀 14 太宗 下之上)

고구려   4월 갑자일(14) 오호진장(烏胡鎭將) 고신감(古神感)이[32] 병사를 거느리고 바다를 건너 고구려를 공격하였다. 고구려의 보기 5,000명을 만나 역산(易山)에서 싸워서 그들을 격파하였다. 그 밤에 고구려의 1만여 명이 신감의 배를 습격하였는데, 신감이 복병을 두었다가 또 그들을 격파하고 돌아왔다. (『資治通鑑』 199 唐紀 15 太宗 下之下)

고구려   여름 4월에 오호진장 고신감이 병사를 거느리고 바다를 건너 와서 공격하였다. 우리의 보기 5,000명을 만나 역산에서 싸워서 그들을 격파하였다. 그 밤에 우리 군대 1만여 명이 신감의 배를 습격하였는데, 신감이 매복하였다가 나와서 곧 패배하였다. (『三國史記』 22 高句麗本紀 10 寶臧王 下)

고구려   여름 4월에 당의 오호진장 고신감이 병사를 거느리고 바다를 건너 와서 고구려를 공격하였다. 고구려의 보기 5,000명을 만나 역산에서 싸워서 그들을 격파하였다. 고구려 병사 1만여 명이 신감의 배를 밤에 습격하였는데, 매복하였다가 나와서 고구려 병사가 격파되었다. (『三國史節要』 9)

고구려   정관22년 4월에 오호진장 석신감(石神感)이 병사를 이끌고 바다를 건너 곧바로 향하였다. 고구려가 보기 5,000명을 거느리고 역산에서 맞서 싸웠다. 짧은 병기로 겨우 접촉하여 그 무리가 크게 무너지니, 참수하거나 사로잡은 것이 800여 명이었다. 그 밤에 적병 1만여 명이 신감의 배를 습격하였다. 신감이 복병을 두고 그들을 기다렸으나, 적이 깨닫지 못하였다. 분발해 공격하여 그들을 대파하고 돌아왔다. (『冊府元龜』 985 外臣部 30 征討 4)

고구려   정관22년에 부장(部將) 고신감이 고구려와 갈산(葛山)에서 싸웠는데, 고구려가 무너졌다. 고구려가 어두움을 틈타 우리 배를 습격하였으나, 복병으로 그들을 격파하였다. (『新唐書』 220 列傳 145 東夷 高麗)

백제 신라   여름 4월에 옥문곡(玉門谷)으로 군대를 진격시켰다. 신라의 장군 유신이 그에 맞서서 두 번 싸워 대패시켰다. (『三國史記』 28 百濟本紀 6 義慈王)

백제 신라   여름 4월에 나아가서 옥문곡에 이르렀다. 신라왕이 그것을 걱정하여 압독주도독 김유신에게 명령하여 그를 방어하게 하였다. 유신이 군대를 나누어 세 길로 하고 그를 협공하였다. 백제 병사가 패하여 달아나자, 유신이 패배자를 추격하여 거의 다 죽였다. 왕이 기뻐하여 사졸에게 차등 있게 상을 하사하였다. (『三國史節要』 9)

신라   『반야바라밀다심경(般若波羅蜜多心經)』 1권[『내전록(內典錄)』 제2를 보면 『마하반야대명주경(摩訶般若大明呪經)』 등과 동본(同本)이고, 정관22년 5월 24일에 종남산(終

---

32) 오호진(烏胡鎭)은 마땅히 바다 안의 오호도(烏胡島)에 설치해야 한다. 등주(登州)에서 동북쪽으로 바다로 가면, 대사도(大謝島)·귀흠도(龜歆島)·어도(淤島)를 지난 후에 오호도에 도착한다. 또 300리 북쪽으로 오호해(烏湖海)를 건넌다. 성보(姓譜)에 전한다. "주(周) 태왕(太王)이 빈(邠)을 떠나 기(岐)로 가서, 고공(古公)이라고 불렀다. 인하여 그것을 성씨로 삼았다."

南山) 취미궁(翠微宮)에서 번역하였으며, 사문(沙門) 지인(智仁)이 적었다는 것이 보인다.] (『貞元新定釋敎目錄』11 總集群經錄 上之11 沙門釋玄奘 智仁知仁智忍)

고구려 | 6월 병자일(27) 설만철이 고구려와 박작성에서 싸워서 그들을 패배시켰다. (『新唐書』2 本紀 2 太宗)

고구려 | 정관22년 6월 이 달에 청구도군사(靑丘道軍師) 설만철이 바다를 건너 압록수로 들어가 100여 리를 가서 박작성 남쪽 40리에 이르러 머물러 진영을 설치하였다. 고구려는 두려움이 엄습하여 모두 읍의 거처를 버리고 달아났다. 박작성주(泊灼城主) 소부손(所失孫)이 보기 1만여 명을 이끌고 와서 관군에 맞섰다. 만철은 우위장군 배행방을 파견해 보병을 거느리게 하고 절충위(折衝尉) 나문합(羅文合)은 원군이 되어 이어서 진격하였으며, 만철 및 여러 군이 그것을 탔다. 적이 크게 무너져 도망가는 것을 추격하여 100여 리나 갔다. 진영에 도착하여 소부손을 참수하고, 병사를 진격시켜 그들을 포위하였다. 박작성은 산에 따라 험한 곳에 만들었고 압록수에 막혀서 굳건하므로 공격해도 함락시키지 못하였다. 고구려가 장수 고문(高文)을 파견하여 오골(烏骨)·안지(安地) 등 여러 성의 3만여 명을 이끌고 와서 구원하였는데, 두 진영으로 나누어 배치하였다. 만철이 군대를 나누어 그들에 대적하니, 칼날이 겨우 접하고는 적이 무너져서 다 사로잡거나 얻고 돌아왔다. (『冊府元龜』985 外臣部 30 征討 4)

고구려 | 정관22년에 설만철은 또 청구도행군대총관이 되어 갑사 3만을 이끌고 내주에서 바다를 건너 고구려를 정벌하였다.(이상 1월25일) 압록수로 들어가 100여 리를 가서 박작성(泊汋城)에 이르렀다. 고구려는 두려워 떨면서 성을 버리고 달아나는 경우가 많았다. 박작성주 소부손이 보기 1만여 명을 이끌고 맞서 싸웠다. 만철은 우위장군 배행방을 파견해 보병을 거느리고 지군(支軍)이 되어 이어서 진격하게 하고, 만철 및 여러 군이 그것을 탔다. 적이 크게 무너져 도망가는 것을 추격하여 100여 리나 갔다. 진영에서 소부손을 참수하고 병사를 진격시켜 박작성을 포위하였다. 그 성은 산에 따라 험한 곳에 만들었고 압록수에 막혀서 굳건하므로 공격해도 함락시키지 못하였다. 고구려가 장수 고문을 파견하여 오골·안지 등 여러 성의 3만여 명을 이끌고 와서 구원하였는데, 두 진영으로 나누어 배치하였다. 만철이 군대를 나누어 그들에 대적하니, 칼날이 겨우 접하고는 적이 크게 무너졌다. (이상 6월27일) (『舊唐書』69 列傳 19 薛萬徹)

고구려 | 정관22년에 우무위장군 설만철 등을 파견하여 청구도로 가서 그들을 정벌하였다.(이상 1월25일) 만철이 바다를 건너 압록수로 들어가 진격하여 그 박작성을 격파하고, 사로잡거나 얻은 것이 매우 많았다.(이상 6월27일) (『舊唐書』199上 列傳 149上 高麗)

고구려 | 정관22년에 청구도행군대총관 설만철이 군사 3만을 이끌고 고구려를 정벌하였다.(이상 1월25일) 압록수에 주둔하여 기병(奇兵)으로 대행성(大行城)을 습격하여 고구려 보기 1만여 명과 싸웠는데, 고구려 장수 소부손을 참수하였다. 고구려가 모두 두려워하여 마침내 박작성에 기대었는데, 고구려 무리 3만 명이 와서 구원하였다. 그들을 공격하여 달아나게 하고 그 성을 함락시켰다.(이상 6월27일) (『新唐書』94 列傳 19 薛萬徹)

고구려 | 정관22년에 설만철이 압록수를 건너 박작성에 가서 40리 떨어진 곳에 진영을 설치하였다. 고구려가 두려워하여 읍의 거처를 버리고 떠났다. 대추(大酋) 소부손이 맞서 싸웠으나, 만철이 공격하여 그를 참수하고 마침내 성을 포위하였으며, 그 원병 3만을 격파하였다.(이상 6월27일) 곧 돌아왔다.(이상 9월 5일) (『新唐書』220 列傳 145 東夷 高麗)

고구려	『신당서』 고려전에 전한다. " (…) 정관22년에 설만철 등에게 조서를 내려 고구려를 정벌하였다.(이상 1월25일) 박작성을 포위하여 대추 1명을 참수하고, 그 원병 3만을 격파하였다.(이상 6월27일) 곧 돌아왔다.(이상 9월 5일) (『玉海』191 兵捷露布 3 唐遼東道行臺大摠管李勣俘高麗獻俘昭陵檄高麗含元殿數俘)
고구려	설만철은 나중에 청구도행군대총관이 되어 갑사 2만을 이끌고 내주에서 바다를 건너 고구려를 정벌하였다.(이상 1월25일) 압록수로 들어가 100여 리를 가서 박작성에 이르렀다. 고구려는 두려워 떨면서 성을 버리고 달아나는 경우가 많았다. 박작성주 소부손이 보기 1만여 명을 이끌고 맞섰다. 만철은 우위장군 배행방을 파견해 보병을 거느리고 지군이 되어 이어서 진격하게 하고, 만철 및 여러 군이 그것을 탔다. 적이 크게 무너져 도망가는 것을 추격하여 100여 리나 갔다. 진영에서 소부손을 참수하고 병사를 진격시켜 박작성을 포위하였다. 그 성은 산에 따라 험한 곳에 만들었고 압록수에 막혀서 굳건하므로 공격해도 함락시키지 못하였다. 고구려가 장수 고문을 파견하여 오골·안지 등 여러 성의 3만여 명을 이끌고 와서 구원하였는데, 두 진영으로 나누어 배치하였다. 만철이 군대를 나누어 그들에 대적하니, 칼날이 겨우 접하고는 적이 크게 무너졌다.(이상 6월27일) (『冊府元龜』357 將帥部 18 立功 10 薛萬徹)
고구려	6월에 황제는 고구려가 곤궁하고 피폐하다고 여겨 내년에 30만명의 무리를 징발하여 일거에 그들을 멸망시킬 것을 논의하였다. 혹자는 말하였다. "대군이 동쪽으로 원정하면 한 해를 지낼 군량을 준비해야 하는데, 가축이나 탈 것에 실을 수 있는 것이 아니므로 마땅히 배를 갖추어 물로 운반해야 합니다. 수(隋) 말기에 검남(劍南)에 홀로 도적이 없었는데, 때마침 요동의 전역에 검남이 다시 참여하지 않았습니다. 그 백성들은 부유하고 넉넉하니 마땅히 그들로 하여금 배를 만들게 해야 합니다." 황제가 그에 따랐다. (『資治通鑑』199 唐紀 15 太宗 下之下)
고구려	황제는 우리가 곤궁하고 피폐하다고 여겨 내년에 30만명의 무리를 징발하여 일거에 그들을 멸망시킬 것을 논의하였다. 혹자는 말하였다. "대군이 동쪽으로 원정하면 한 해를 지낼 군량을 준비해야 하는데, 가축이나 탈 것에 실을 수 있는 것이 아니므로 마땅히 배를 갖추어 물로 옮겨야 합니다. 수 말기에 검남에 홀로 도적이 없었는데, 때마침 요동의 전역에 검남이 다시 참여하지 않았습니다. 그 백성들은 부유하고 넉넉하니 마땅히 그들로 하여금 배를 만들게 해야 합니다." 황제가 그에 따랐다. (『三國史記』22 高句麗本紀 10 寶臧王 下)
고구려	황제는 고구려가 곤궁하고 피폐하다고 여겨 내년에 30만명의 무리를 징발하여 일거에 그들을 멸망시킬 것을 논의하였다. 혹자는 말하였다. "대군이 동쪽으로 원정하면 한 해를 지낼 군량을 준비해야 하는데, 가축이나 탈 것에 실을 수 있는 것이 아니므로 마땅히 배를 갖추어 군량을 수송해야 합니다. 수 말기에 검남에 홀로 도적이 없었는데, 때마침 요동의 전역에 또 참여하지 않았습니다. 그 백성들은 부유하고 넉넉하니 마땅히 그들로 하여금 배를 만들게 해야 합니다." 황제가 그에 따랐다. (『三國史節要』9)
고구려	정관22년에 황제가 장손무기(長孫无忌)와 계책을 세우며 말하였다. "고구려는 우리 군사가 들어가서 곤란하니, 호구는 달아나서 줄어들고 밭은 한 해 동안 거두지 못하였다. 개소문(蓋蘇文)은 성을 축조하고 성가퀴를 늘였으나, 아래로는 도랑에서 굶어서 누워 죽는 자들이 다 덮을 수 없을 정도이다. 내년에 30만 무리로 공이 대총관이 되어 일거에 멸망시킬 수 있을 것이다."(이상 6월) 이에 검남에 조서를 내려 대대적으로 배를 다스리게 하였다. 촉(蜀) 사람들은 강남에서 재물을 받아서 가격을 계산하여 배를 만들기를 바랬는데, 배는 겸(縑) 1,200단을 취하였다. 파촉(巴蜀)이

크게 시끄러워져서 공주(邛州)·미주(眉州)·아주(雅州) 3주의 요(獠)가 모두 반란하였는데, 농서(隴西)·협내(峽內)의 병사 2만을 징발하여 그들을 공격하여 평정하였다.(이상 7월 1일~10일) 처음에 황제는 고구려를 취하기로 결정하였으므로, 섬주자사(陝州刺史) 손복가(孫伏伽), 내주자사(萊州刺史) 이도유(李道裕)에게 조서를 내려 군량·기계를 삼산포(三山浦)·오호도(烏胡島)에 저장해 두고, 월주도독(越州都督)은 대황(大艎)·우방(偶舫)을 다스려서 기다리라고 하였다.(이상 9월) (『新唐書』 220 列傳 145 東夷 高麗)

고구려　　　『신당서』 고려전에 전한다. " (…) 정관22년에 황제가 장손무기와 계책을 세우며 말하였다. "고구려는 우리 군사가 들어가서 곤란하니 다 덮을 수 없을 정도이다. 내년에 30만 무리로 공이 대총관이 되어 일거에 멸망시킬 수 있을 것이다."(이상 6월) 이에 검남에 조서를 내려 대대적으로 배를 다스리게 하였다.(이상 7월 1일~10일) 군량·기계를 삼산포·오도(烏島)에 저장해 두고, 월주(越州)는 대황·우방을 다스려서 기다리라고 하였다.(이상 9월) (『玉海』 191 兵捷露布 3 唐遼東道行臺大摠管李勣俘高麗獻俘昭陵檄高麗含元殿數俘)

고구려　　　이런 후에 조이(鳥夷)가 △경(△梗)하자 장차 요수를 건널 군대를 일으키려고 하니, 조운을 옮김에 넉넉함에 힘써서 누선을 만드는 역이 있었다. 수조(水曹)의 선발은 조의(朝議)에서 돌아오는 바이니, 서덕(徐德)은 상서수부낭중(尙書水部郎中)으로 옮겼다. (「徐德 墓誌銘」:『大唐西市博物館藏墓誌』)

고구려　　　가을 7월에 우령좌우부장사(右領左右府長史) 강위(强偉)를 검남도(劍南道)에 파견하여[33] 나무를 베어 배를 만들게 하였다. 큰 것은 혹 길이가 100척이고 그 폭은 반이었다. 따로 사자를 파견해 물길로 가서 무협(巫峽)에서 강양(江揚)까지 지나서 내주로 이르렀다. (『資治通鑑』 199 唐紀 15 太宗 下之下)

고구려　　　가을 7월에 좌령좌우부장사(左領左右府長史) 강위를 검남도에 파견하여 나무를 베어 배를 만들게 하였다. 큰 것은 혹 길이가 100척이고 그 폭은 반이었다. 따로 사자를 파견해 물길로 가서 무협에서 강양(江楊)까지 지나서 내주에 이르렀다. (『三國史記』 22 高句麗本紀 10 寶臧王 下)

고구려　　　가을 7월에 황제가 좌령좌우부장사 강위를 검남도에 파견하여 나무를 베어 배를 만들게 하였다. 큰 것은 혹 길이가 100척이고 그 폭은 반이었다. 따로 사자를 파견해 물길로 가서 무협에서 강양까지 지나서 내주에 이르렀다. (『三國史節要』 9)

고구려　　　태종이 다시 고구려를 정벌하려고 하여 검남에서 배를 만들었다. 여러 요가 모두 반역(半役)하였는데, 아주·공주·미주 3주의 요가 그 어지러움을 감당하지 못하여 서로 이끌어 반란하였다. 조서를 내려 농서(隴西)·협(峽)의 병사 2만을 징발하고, 무주도독(茂州都督) 장사귀(張士貴)를 아주도행군총관(雅州道行軍總管)으로 삼아 우위장군 양건방(梁建方)과 함께 그들을 평정하게 하였다. (『新唐書』 222下 列傳 147下 南蠻下 南平獠)

고구려 신라　　7월에 사공(司空)·양문소공(梁文昭公) 방현령(房玄齡)이 수도를 유수(留守)하다가 병이 심해졌다. 황제가 옥화궁(玉華宮)으로 불러 오게 하자, 어깨를 부축받고 전(殿)에 들어가다가 어좌 옆에 이르러 곧 쓰러졌다. 서로 마주보며 눈물을 흘리고 인하여 궁 아래에 머무르게 하였는데, 그가 조금 나았다는 것을 들으면 안색에 기쁜 모습이 있었고, 더 심해지면 근심하고 초췌해졌다. 현령이 여러 아들에게 말하였다. "나는 주

---

33) 영좌우부(領左右府)는 또한 좌우로 나누는데 각각 장사(長史)가 있다. 이것은 곧 좌우천우부(左右千牛府)이다.

상의 두터운 은덕을 받았다. 지금 천하에 큰 일이 없으나, 다만 동쪽 정벌이 그치지 않고 있는데 군신이 감히 간언하지 못하고 있다. 내가 알고도 말하지 않는다면, 죽어도 남은 책임이 있을 것이다." 이에 표문을 올려 간언하였다. "노자(老子)는 '만족할 줄 알면 욕되지 않고 그칠 줄을 알면 위태롭지 않다.'고 하였습니다. 폐하는 위세와 명성 그리고 공덕이 이미 만족할 만하고 토지를 개척하고 강역을 넓혔으니 또한 그만둘 만하다고 말할 수 있습니다. 또 폐하께서 한 명의 중죄인을 판결할 때마다 반드시 세 번 되풀이하고 다섯 번 아뢰게 하며, 간소한 반찬을 올리게 하고 음악을 중지한 것은 사람의 목숨을 소중히 여기시는 것입니다. 지금 죄가 없는 사졸들을 몰아서 창칼 아래에 내버려두어 간과 뇌를 쏟아내고 비참하게 죽게 하는 것은 불쌍하지 아니합니까?[34] 지난번에 고구려가 신하의 절개를 어겼다면 죽일 만하고, 백성을 습격하여 **빼앗고** 소란하게 했다면 멸망시킬 만하며, 나중에 중국의 근심이 될 것이라면 제거할 만할 것입니다. 지금 이 3조항이 없는데 앉아서 중국을 번거롭게 하면서, 안으로 앞 시대의 부끄러움을 씻고 밖으로 신라를 위하여 복수한다고 하지만, 어찌 얻는 것이 작고 잃는 것은 큰 것이 아니라고 하겠습니까?[35] 바라오니 폐하께서는 고구려가 제 스스로 지난 허물을 뉘우쳐 깨닫고 새 길로 들어서도록 허락하시고, 파도를 헤치고 갈 배를 불사르고 모집에 응한 군사를 돌려보내면, 자연히 화(華)와 이(夷)가 **기뻐**하며 의지할 것이며 먼 지방에서는 공경하고 가까운 지방은 편안하게 될 것입니다. 신은 아침 저녁으로 땅에 들어갈 것이니, 만약 이것을 기록하여 슬프게 울어주신다면 죽어도 장차 썩지 않을 것입니다."[36] 현령의 아들 유애(遺愛)가 황제의 딸 고양공주(高陽公主)에게 장가들었다. 황제가 공주에게 말하였다. "그의 병이 심한 것이 이와 같은데, 오히려 우리 나라를 걱정할 수 있구나!" 황제가 직접 임하여 보고 손을 잡고 더불어 이별하니, 슬픔이 스스로 이길 수가 없었다. 계묘일(24) 돌아가셨다. (『資治通鑑』 199 唐紀 15 太宗 下之下)

고구려 신라　　정관22년 7월에 태자태부(太子太傅)·지문하성사(知門下省事) 방현령이 여러 아들에게 말하였다. "나는 스스로 위독함을 헤아렸는데 동쪽 토벌이 그치지 않으니, 어찌 나로 하여금 한을 머금고 땅에 들어가게 할 수 있는가?" 마침내 표문을 봉하여 올려 간언하였다. "신이 자세히 살피건대, 바야흐로 지금 중국의 걱정거리가 되는 것은 돌궐(突厥)보다 지나친 것이 없는데, 마침내 앉아서 운과 신묘한 책략으로 전당에서 내려오지 않을 수 있었으니, 대소의 가한(可汗)이 서로 이어서 속수(束手)하고 나누어 금위(禁衛)를 맡아 창을 들고 궁궐 사이를 오갑니다. 그 후 설연타(薛延陀)가 솔개처럼 펼쳤지만 얼마 지나지 않아서 멸망으로 나아갔고 철륵(鐵勒)이 의를 사모하여 주현(州縣)을 설치하기를 청하니, 사막 이북은 만리에 흙먼지가 없을 정도입니다. 고창(高昌)이 유사(流沙)에서 배반하여 흩어졌고 토욕혼(吐谷渾)이 적석(積石)에서 먼저 숨은 것 같은 경우에는 일부 군대로 정벌하여 함께 따라서 평정되었습니다. 고구려는 역대로 주벌에서 달아나 토벌하여 공격하지 못하였습니다. 폐하가 그 반역과 어지럽힘으로 군주를 시해하고 사람들을 괴롭힌 것을 꾸짖어 직접 6군(六軍)을 총괄하여 요동·갈석(碣石)에서 죄를 물으니, 10일도 지나지 않아 곧 요동을 멸망시켰고 전후에 노획한 것이 수십만을 헤아리며 여러 주에 분배하여 가득차지 않은 곳

---

34) 형벌을 씀에 분명하고 밝은 것은 인명을 중시하는 것이다. 날뛰며 병사를 쓰는 것은 인명이 중요하다는 것을 잊은 것이다. 저것을 인용하여 이것을 형용하니, 현령의 말이 깊고 절실하며 뚜렷하고 분명하다고 할 수 있다.

35) 말이 이에 이르면 고구려는 반드시 정벌해야 하지 않는다는 것을 분명히 볼 수 있다. 당시에 조정에 있는 신하로 동쪽 정벌을 간언한 자는 아직 이것에 미칠 수 있는 자가 없었다. 이것은 충성과 간절함 속에서 흘러나온 것이다.

36) 논어(論語)에 전한다. "증자(曾子)가 병이 있었다. 맹경자(孟敬子)가 그를 위문하자, 증자가 말하였다. '새가 장차 죽으려고 하면 그 울음이 슬프다. 사람이 장차 죽으려고 하면 그 말이 선하다.'"

이 없습니다. 그리하여 예전의 묵은 치욕을 씻고 산과 언덕에 뒹구는 해골을 가려주니, 공덕을 비교하면 선왕의 만배는 됩니다. 이것은 성스러운 군주가 스스로 아는 바이니, 미천한 신하가 어찌 감히 갖추어 말씀드리겠습니까? 지금 신은 폐하를 위하여 그것을 깊이 안타까워 하고 중시하며 아끼고 보배롭게 여깁니다. 『주역(周易)』에 '나아가고 물러나며 생존하고 죽음을 알면서도 그 바름을 잃지 않는 자는 오직 성인뿐이 아니겠는가?'라고 하니, 이로 말미암아 말하건대 나아감은 물러남이 있음의 뜻이고 생존함은 죽음의 조짐이며 얻음은 잃음이 있는 이치이니, 늙은 신이 폐하를 위하여 안타까워 하는 것은 아마도 이것을 말할 것입니다. 폐하는 위세와 명성 그리고 공덕이 이미 만족할 만하고 토지를 개척하고 강역을 넓혔으니 또한 그만둘 만하다고 말할 수 있습니다. 저 고구려는 변방 이적의 천한 부류로 인의로 기다리기에 부족하고 상식적인 이치로 꾸짖을 수 없습니다. 자고 이래로 물고기와 자라를 기를 때 빠지고 생략함에 따라야 하니, 만약 반드시 그 종류를 없애고자 한다면, 짐승도 궁하면 때릴까 두렵습니다. 또 폐하께서 한 명의 중죄인을 판결할 때마다 반드시 세 번 되풀이하고 다섯 번 아뢰게 하며, 간소한 반찬을 올리게 하고 음악을 중지한 것은 사람의 목숨을 소중히 여기시는 것이어서 성스러운 자애로움에 감동하게 됩니다. 하물며 지금 병사의 무리는 죄도 하나 없고 까닭 없이 전투하는 진영 사이에 내몰아서 창칼 아래에 내버려두었습니다. 그리하여 간과 뇌를 쏟아내고 비참하게 죽어서 혼백(魂魄)도 돌아갈 곳이 없게 하고, 그 늙은 아버지, 고아, 과부, 어머니가 혜거(轊車)를 바라보고 갑자기 울며 해골을 품고 마음을 내려치게 하니, 음양을 변동시키고 온화한 기운에 상함을 느끼게 하기에 충분하여 실로 천하의 원통함입니다. 또 병사는 흉기이고 전쟁은 위험한 일이니 어쩔 수 없어서 그것을 사용하는 것입니다. 지난번에 고구려가 신하의 절개를 어겼다면 폐하가 죽일 만하고, 백성을 잃게 하였다면 폐하가 멸망시킬 만하며, 오래도록 길이 중국의 근심이 될 것이라면 폐하가 제거할 만할 것입니다. 이 중에 하나라도 있으면 비록 하루에 만 명을 죽이더라도 부끄러워 하기에 부족합니다. 지금 이 3조항이 없는데 앉아서 중국을 번거롭게 하면서, 안으로 옛 군주의 부끄러움을 씻고 밖으로 신라를 위하여 복수한다고 하지만, 어찌 얻는 것이 작고 잃는 것은 큰 것이 아니라고 하겠습니까? 바라오니 폐하께서는 선조인 노자의 만족함에 그치라는 경계를 따르셔서 후대에 우뚝 솟은 이름을 보존하시고, 성대한 은덕을 펴시고 관대한 조서를 내리셔서 한창인 봄을 따라 연못을 펴고 고구려가 제 스스로 지난 허물을 뉘우쳐 깨닫고 새 길로 들어서도록 허락하십시오. 신은 늙고 병든 삼공(三公)으로서 아침 저녁으로 땅에 들어갈 것이니, 먼지와 이슬이 바다와 산을 조금 더하는 것도 끝내 없음을 한스러워 하는 바여서, 남은 혼과 숨을 삼가 다하고 결초보은(結草報恩)하는 정성을 앞서 대신하겠습니다. 만약 이것을 기록하여 슬프게 울어주신다면 죽어도 장차 썩지 않을 것입니다."(『唐會要』95 高句麗)

고구려 신라   정관22년에 방현령이 여러 아들에게 말하였다. "나는 스스로 위독함을 헤아렸으나 은택(恩澤)이 더욱 깊으니, 만약 성군을 외로이 등지면 죽어도 남은 책임이 있을 것이다. 지금 천하는 깨끗하고 고요하여 모두 그 마땅함을 얻었으나, 오직 동쪽으로 고구려를 정벌하는 것이 그치지 않아서 바야흐로 나라의 근심거리가 되었다. 주상은 노기를 머금고 뜻으로 결정하여 신하들이 감히 용안을 범하지 못하니, 내가 알고 말하지 않으면 한을 머금고 땅에 들어갈 것이다." 마침내 표문을 올려서 간언하였다. "신이 듣기에 병사의 악함은 그치지 못함이고 무가의 귀함은 창을 그치는 것입니다. 지금 성스러운 교화가 미치는 바가 멀어도 도달하지 않는 곳이 없으니, 상고부터 신속하지 않은 자를 폐하가 모두 능히 신속하게 하였고, 통제하지 못한 자는 모두 능히 통제하였습니다. 고금을 자세히 살피건대, 중국의 걱정거리이자 해악이 되는 것은 돌궐과 같은 것이 없는데, 마침내 앉아서 운과 신묘한 책략으로 전당에서 내려오지 않을 수 있었으니, 대소의 가한이 서로 이어서 속수하고 나누어 금위를 맡아 창을 들고 궁궐 사이를 오갑니다. 그 후 설연타가 솔개처럼 펼쳤지만 얼마 지나지 않아서 멸망으로 나아갔고 철륵이 의를 사모하여 주현을 설치하기를 청하니, 사막 이북은 만리에 흙먼지가 없을 정도입니다. 고창이 유사에서 배반하여 교체되었고 토욕혼이 적석에서 먼저 근심하게 한 것 같은 경우에는 일부 군대로 정벌하여 함께 따라서 평정되었습니다. 고구려는 역대로 주벌에서 달아나 토벌하여 공격하지 못하였습니다. 폐하가 그 반역과 어지럽힘으로 군주를 시해하고 사람들을 괴롭힌 것을 꾸짖어 직접 6군을 총괄하여 요동·갈석에서 죄를 물으니, 10일도 지나지 않아 곧 요동을 함락시켰고 전후에 노획한 것이 수십만을 헤아리며 여러 주에 분배하여 가득차지 않은 곳이 없습니다. 그리하여 예전의 묵은 치욕을 씻고 산과 언덕에 뒹구는 해골을 가려주니, 공덕을 비교하면 선왕의 만배는 됩니다. 이것은 성스러운 군주가 스스로 아는 바이니, 미천한 신하가 어찌 감히 갖추어 말씀드리겠습니까? 또 폐하의 인풍(仁風)은 솔토(率土)에 미치고 효덕(孝德)은 배천(配天)에 빛났으니, 이적이 장차 망할 것을 보면 몇 년인지 기한을 가리킬 수 있고 장수에게 절도를 주면 만리에 때를 결정합니다. 손가락을 굽혀 역(驛)을 엿보고 볕을 보아 서(書)를 바라보니 부응(符應)함이 신과 같고 계산은 남은 책략이 없었습니다. 항오(行伍) 속에서 장수를 발탁하고 평범한 자들 끝에서 인재를 취하니 원이(遠夷)의 단사(單使)도 한번 보면 잊지 않고 소신의 이름도 일찍이 두 번 물은 적이 없습니다. 화살로 칠찰(七札)을 뚫고 활로 육균(六鈞)을 뚫으며, 더하여 남은 정이 분전(墳典)하니 뜻을 모아 편십(篇什)하고 붓이 종장(鍾張)을 매(邁)하니 말이 궁하여 반마(班馬)하였습니다. 문봉(文鋒)이 이미 떨치고 나면 관경(管磬)이 저절로 조화되고 경한(輕翰)이 잠시 날면 꽃이 다투어 피니, 만성(萬姓)을 자애로 어루만지고 군신을 예의로 대우하였습니다. 털끝만한 선(善)도 포상하고 배를 삼키는 강(綱)을 풀며, 귀에 거슬리는 간언은 반드시 듣고 부수(膚受)의 하소연은 이에 끊었습니다. 살리기를 좋아하는 덕은 강호에서 장새(障塞)를 불태웠고 죽이기를 싫어하는 인(仁)은 도살장에서 북과 칼을 쉬게 하였으니, 부학(鳧鶴)은 도량(稻粱)의 은혜를 짊어지고 견마(犬馬)는 유개(帷蓋)의 은혜를 입었습니다. 수레에서 내려서 이사마(李思摩)의 상처를 빨았고 당에 올라 위징(魏徵)의 관에 다가가니, 전사한 군졸을 위해 울면 육군(六軍)을 애통하게 하고 길을 메우는 땔나무를 지면 천지를 정감(精感)하게 하였으며 백성의 목숨을 중히 여겨서 특히 옥사를 헤아림에 마음을 다하였습니다. 신은 마음이 혼궤(昏憒)함을 알았으니, 어찌 성공(聖功)이 깊고 멀다는 것을 논하고 천덕(天德)이 높고 크다는 것을 말하기에 족하겠습니까? 폐하는 여러 아름다움을 겸하여 가지고, 갖추지 않은 것이 없습니다. 미천한 신은 폐하를 위하여 그것을 깊이 안타까워 하고 중시하며 아끼고 보배롭게 여깁니다. 『주역』에 '나아감을 알되 물러남을 모르고, 생존함을 알되 죽음을 모르며, 얻음을 알되 잃음을 모른다.'고 하였고 또 '나아가고 물러나며 생존하고 죽음을 알면서도 그 바름을 잃지 않는 자는 오직 성인 뿐이 아니겠는가?'라고 하니, 이로 말미암아 말하건대 나아감은 물러남이 있음의 뜻이고 생존함은 죽음의 조짐이며 얻음은 잃음이 있는 이치이니, 늙은 신이 폐하를 위하여 안타까워 하는 것은 아마도 이것을 말할 것입니다. 노자는 '만족할 줄 알면 욕되지 않고 그칠 줄을 알면 위태롭지 않다.'고 하였으니, 폐하는 위세와 명성 그리고 공덕이 이미 만족할 만하고 토지를 개척하고 강역을 넓혔으니 또한 그만둘 만하다고 말할 수 있습니다. 저 고구려는 변방 이적의 천한 부류로 인의로 기다리기에 부족하고 일상적인 예로 꾸짖을 수 없습니다. 자고 이래로 물고기와 자라를 기를 때 트이고 간략함에 따라야 하니, 만약 반드시 그 종류를 없애고자 한다면, 짐승도 궁하면 때릴까 두렵습니다. 또 폐하께서

한 명의 사형수를 판결할 때마다 반드시 세 번 되풀이하고 다섯 번 아뢰게 하며, 간소한 반찬을 올리게 하고 음악을 중지한 것은 사람의 목숨을 소중히 여기시는 것이어서 성스러운 자애로움에 감동하게 됩니다. 하물며 지금 병사의 무리는 죄도 하나 없고 까닭 없이 행군하고 주둔하는 사이에 내몰아서 창칼 아래에 내버려두었습니다. 그리하여 간과 뇌를 쏟아내고 비참하게 죽어서 혼백도 돌아갈 곳이 없게 하고, 그 늙은 아버지, 고아, 과부, 어머니가 혜거를 바라보고 갑자기 울며 해골을 품고 마음을 꺾게 하니, 음양을 변동시키고 온화한 기운에 상함을 느끼게 하기에 충분하여 실로 천하의 원통함입니다. 또 병사는 흉기이고 전쟁은 위험한 일이니 어쩔 수 없어서 그것을 사용하는 것입니다. 지난번에 고구려가 신하의 절개를 어겼다면 폐하가 죽일 만하고, 백성을 침입하여 어지럽게 하였다면 폐하가 멸망시킬 만하며, 오래도록 길이 중국의 근심이 될 것이라면 폐하가 제거할 만할 것입니다. 이 중에 하나라도 있으면 비록 하루에 만 명을 죽이더라도 부끄러워 하기에 부족합니다. 지금 이 3조항이 없는데 앉아서 중국을 번거롭게 하면서, 안으로 옛 군주의 부끄러움을 씻고 밖으로 신라를 위하여 복수한다고 하지만, 어찌 얻는 것이 작고 잃는 것은 큰 것이 아니라고 하겠습니까? 바라오니 폐하께서는 선조인 노자의 만족함에 그치라는 경계를 따르셔서 후대에 우뚝 솟은 이름을 보존하시고, 비처럼 쏟아지는 은덕을 펴시고 관대한 조서를 내리셔서 한창인 봄을 따라 연못을 펴고 고구려가 제 스스로 지난 허물을 뉘우쳐 깨닫고 새 길로 들어서도록 허락하며, 파도를 헤치고 갈 배를 불사르고 모집에 응한 군사를 돌려보내면, 자연히 화와 이가 기뻐하며 의지할 것이며 먼 지방에서는 공경하고 가까운 지방은 편안하게 될 것입니다. 신은 늙고 병든 삼공으로서 아침 저녁으로 땅에 들어갈 것이니, 먼지와 이슬이 바다와 산을 조금 더하는 것도 끝내 없음을 한스러워 하는 바여서, 남은 혼과 숨을 삼가 다가호 결초보은하는 정성을 미리 대신하겠습니다. 만약 이것을 기록하여 슬프게 울어주신다면 곧 신은 죽어도 장차 썩지 않을 것입니다." 태종이 표문을 보고 현령의 며느리인 고양공주에게 말하였다. "이 사람이 위태롭고 고달픔이 이와 같은데, 오히려 우리 나라를 걱정할 수 있구나!" (『舊唐書』 66 列傳 16 房玄齡)

고구려

정관22년에 사공 방현령은 병세가 빨라지자, 이에 여러 아들에게 말하였다. "지금 천하는 깨끗하고 고요하여 모두 그 마땅함을 얻었으나, 오직 동쪽으로 토벌하는 것이 그치지 않아서 바야흐로 나라의 해악이 되었다. 주상은 노기를 머금고 뜻으로 결정하여 신하들이 감히 용안을 범하지 못하니, 내가 만약 말하지 않으면 한을 머금고 땅에 들어간다고 할 수 있을 것이다.   마침내 표문을 봉하여 간절하게 간언하였다. "신이 듣기에 병사의 악함은 그치지 못함이고 무가의 귀함은 창을 그치는 것입니다. 지금 성스러운 교화가 미치는 바가 멀어도 복속하지 않는 곳이 없으니, 상고부터 신속하지 않은 자를 폐하가 모두 능히 신속하게 하였고, 통제하지 못한 자는 모두 능히 통제하였습니다. 고금을 자세히 살피건대, 중국의 걱정거리이자 해악이 되는 것은 돌궐보다 지나친 것이 없는데, 마침내 앉아서 운과 신묘한 책략으로 전당에서 내려오지 않을 수 있었으니, 대소의 가한이 서로 이어서 속수하고 나누어 금위를 맡아 창을 들고 궁궐 사이를 오갑니다. 그 후 설연타가 솔개처럼 펼쳤지만 얼마 지나지 않아서 멸망으로 나아갔고 철륵이 의를 사모하여 주현을 설치하기를 청하니, 사막 북쪽은 만리에 흙먼지가 없을 정도입니다. 고창이 유사에서 배반하여 흩어지고 토욕혼이 적석에서 먼저 근심하게 한 것 같은 경우에 이르러서는 일부 군대로 정벌하여 함께 따라서 평정되었습니다. 고구려는 주벌에서 달아나 토벌하여 공격하지 못하였습니다. 폐하가 그 반역과 어지럽힘으로 군주를 시해하고 사람들을 괴롭힌 것을 꾸짖어 직접 6군을 총괄하여 요동·갈석에서 죄를 물으니, 10일도 지나지 않아 곧 요동을 함락시켰습니다. 이것은 성스러운 군주가 스스로 아는 바이니, 미천한 신하가 어찌 감히 갖추어 말씀드리겠습니까? 또 폐하의 인풍은 솔토에 미치고 효덕은 배천에 빛났으니, 여러 아름다움을 겸하여 가지고, 끝내 갖추지 않은 것이 없습니다. 미천한 신은 폐하를 위하여 그것을 깊이 안타까워 하며 중시하며 아끼고 보배롭게 여깁니다. 『주역』에 '나아감을 알되 물러남을 모르고, 생존함을 알되 죽음을 모른다.'고 하였고 또 '나아가고 물러나며 생존하고 죽음을 알면서도 그 바름을 잃지 않는 자는 오직 성인 뿐이 아니겠는가?'라고 하니, 이로 말미암아 말하건대 나아감은 물러남이 있음의 뜻이고 생존함은 죽음의 조짐이며 얻음은 잃음이 있는 이치이니, 늙은 신이 폐하를 위하여 안타까워 하는 것은 아마도 이것을 말할 것입니다. 노자는 '만족할 줄 알면 욕되지 않고 그칠 줄을 알면 위태롭지 않다.'고 하였으니, 신은 폐하가 위세와 명성 그리고 공덕이 이미 족할 만하고 토지를 개척하고 강역을 넓혔으니 또한 그만둘 만하다고 여깁니다. 저 고구려는 변방 이적의 천한 부류로 인의로 기다리기에 부족하고 일상적인 예로 꾸짖을 수 없습니다. 자고 이래로 물고기와 자라를 기를 때 트이고 간략함에 따라야 하니, 만약 반드시 그 종류를 없애고자 한다면, 짐승도 궁하면 때릴까 매우 두렵습니다. 또 폐하께서 한 명의 사형수를 판결할 때마다 반드시 세 번 되풀이하고 다섯 번 아뢰게 하며, 간소한 반찬을 올리게 하고 음악을 중지한 것은 사람의 목숨을 소중히 여기시는 것이어서 성스러운 자애로움에 감동하게 됩니다. 하물며 지금 병사의 무리는 죄도 하나 없고 까닭 없이 먼 성의 사이에 내몰아서 창칼 아래에 내버려두었습니다. 그리하여 간과 뇌를 쏟아내고 비참하게 죽어서 혼백도 돌아갈 곳이 없게 하고, 그 늙은 아버지, 고아, 과부, 어머니가 혜거를 바라보고 갑자기 울며 해골을 품고 마음을 꺾게 하니, 음양을 변동시키고 온화한 기운에 상함을 느끼게 하기에 충분하여 실로 천하의 원통함입니다. 바라오니 폐하께서는 선조인 노자의 만족함에 그치라는 경계를 따르셔서 만대에 우뚝 솟은 이름을 보존하시고, 고구려가 제 스스로 지난 허물을 뉘우쳐 깨닫고 새 길로 들어서도록 허락하며 모집에 응한 군사를 돌려보내면, 자연히 화와 이가 기뻐하며 의지할 것이며 먼 지방에서는 공경하고 가까운 지방은 편안하게 될 것입니다. 신은 늙고 병든 삼공으로서 아침 저녁으로 땅에 들어갈 것이니, 남은 혼과 숨, 결초보은하는 정성을 삼가 다하겠습니다. 만약 이것을 기록하여 슬프게 울어주신다면 곧 신은 죽어도 장차 썩지 않을 것입니다."(『通典』186 邊防 2 東夷 下 高句麗)

고구려 신라   정관22년에 사공 방현령은 병세가 빨라지자, 이에 여러 아들에게 말하였다. "지금 천하는 깨끗하고 고요하여 모두 그 마땅함을 얻었으나, 오직 동쪽으로 토벌하는 것이 그치지 않아서 바야흐로 나라의 해악이 되었다. 주상은 노기를 머금고 뜻으로 결정하여 신하들이 감히 용안을 범하지 못하니, 내가 만약 말하지 않으면 한을 머금고 땅에 들어간다고 할 수 있을 것이다." 마침내 표문을 봉하여 간언하였다. "신이 듣기에 병사의 악함은 그치지 못함이고 무가의 귀함은 창을 그치는 것입니다. 지금 성스러운 교화가 미치는 바가 멀어도 박(薄)하지 않는 곳이 없으니, 상고부터 신속하지 않은 자를 폐하가 모두 능히 신속하게 하였고, 통제하지 못한 자는 모두 능히 통제하였습니다. 고금을 자세히 살피건대, 중국의 걱정거리이자 해악이 되는 것은 돌궐보다 지나친 것이 없는데, 마침내 앉아서 운과 신묘한 책략으로 전당에서 내려오지 않을 수 있었으니, 대소의 가한이 서로 이어서 속수하고 나누어 금위를 맡아 창을 들고 궁궐 사이를 오갑니다. 그 후 설연타가 솔개처럼 펼쳤지만 얼마 지나지 않아서 멸망으로 나아갔고 철륵이 의를 사모하여 주현을 설치하기를 청하니, 사막 이북은 만리에 흙먼지가 없을 정도입니다. 고창이 유사에서 배반하여 흩어지고 토욕혼이 적석에서 먼저 근심하게 한 것 같은 경우에 이르러서는 일부 군대로 정벌하여 함께 따라서 평정되었습니다. 고구려와 같은 경우에는 역대로 주벌에서 달아나 토벌하여 공격하지 못하였습니다. 폐하가 그 반역과 어지럽힘으로 군주를 시해하고 사람들을 괴롭힌 것을 꾸짖어 직접 6군을 총괄하여 요동·갈석에서 죄를 물으니, 10일도 지나지 않아 곧 요동을 함락시켰고 전후에 노획한 것이 수십만을 헤아리며 여러 주에 분배하여 가득차지 않은 곳이 없습니다. 그리하여 예전의 묵은 치욕을 씻고 산과 언덕에 뒹구는 해골을 가려주니, 공덕을 비교하면 선왕의 만배는 됩니다. 이것은 성스러운 군주가 스스로 아는 바이니, 미천한 신하가 어찌 감히 갖추어 말씀드리겠습니까? 또 폐하의 인풍은 솔토에 미치고 효덕은 배천에 빛났으니, 여러 아름다움을 겸하여 가지고 갖추어 미치지 않은 것이 없습니다. 또 미천한 신은 폐하를 위하여 그것을 깊이 안타까워 하고 중시하며 아끼고 보배롭게 여깁니다. 『주역』에 '나아감을 알되 물러남을 모르고, 생존함을 알되 죽음을 모른다.'고 하였고 또 '나아가고 물러나며 생존하고 죽음을 알면서도 그 바름을 잃지 않는 자는 오직 성인 뿐이 아니겠는가?'라고 하니, 이로 말미암아 말하건대 나아감은 물러남이 있음의 뜻이고 생존함은 죽음의 조짐이며 얻음은 잃음이 있는 이치이니, 늙은 신이 폐하를 위하여 안타까워 하는 것은 아마도 이것을 말할 것입니다. 노자는 '만족할 줄 알면 욕되지 않고 그칠 줄을 알면 위태롭지 않다.'고 하였으니, 신은 폐하가 위세와 명성 그리고 공덕이 이미 족할 만하고 토지를 개척하고 강역을 넓혔으니 또한 그만둘 만하다고 여깁니다. 저 고구려는 변방 이적의 천한 부류로 인의로 기다리기에 부족하고 일상적인 예로 꾸짖을 수 없습니다. 자고 이래로 물고기와 자라를 기를 때 트이고 간략함에 따라야 하니, 만약 반드시 그 종류를 없애고자 한다면, 짐승도 궁하면 때릴까 매우 두렵습니다. 또 폐하께서 한 명의 사형수를 판결할 때마다 반드시 세 번 되풀이하고 다섯 번 아뢰게 하며, 간소한 반찬을 올리게 하고 음악을 중지한 것은 사람의 목숨을 소중히 여기시는 것이어서 성스러운 자애로움에 감동하게 됩니다. 하물며 지금 병사의 무리는 죄도 하나 없고 까닭 없이 전투하는 진영의 사이에 내몰아서 창칼 아래에 내버려두었습니다. 그리하여 간과 뇌를 쏟아내고 비참하게 죽어서 혼백도 돌아갈 곳이 없게 하고, 그 늙은 아버지, 고아, 과부, 어머니가 혜거를 바라보고 갑자기 울며 해골을 품고 마음을 상하게 하니, 음양을 변동시키고 온화한 기운에 상함을 느끼게 하기에 충분하여 실로 천하의 원통함입니다. 또 병사는 흉기이고 전쟁은 위험한 일이니 어쩔 수 없어서 그것을 사용하는 것입니다. 지난번에 고구려가 신하의 절개를 어겼다면 폐하가 죽일 만하고, 백성을 침입하였다면 폐하가 없앨 만하며, 오래도록 길이 중국의 근심이 될 것이라면 폐하가 제거할 만할 것입니다. 이 중에 하나라도 있으면 비록 하루에 만 명을 죽이더라도 부끄러워 하기에 부족합니다. 지금 이 3조항이 없는데 앉아서 중국을 번거롭게 하면서, 안으로 옛 군주의 부끄러움을 씻고 밖으로 신라를 위하여 복수한다고 하지만, 어찌 얻는 것이 작고 잃는 것은 큰 것이 아니라고 하겠습니까? 바라오니 폐하께서는 선조인 노자의 만족함에 그치라는 경계를 따르셔서 만대에 우뚝 솟은 업적을 보존하시고, 성대한 은덕을 펴시고 관대한 조서를 내리셔서 한창인 봄을 따라 연못을 펴고 고구려가 제 스스로 지난 허물을 뉘우쳐 깨닫고 새 길로 들어서도록 풀어주면, 자연히 화와 이가 기뻐하며 의지할 것이며 먼 지방에서는 공경하고 가까운 지방은 편안하게 될 것입니다. 신은 늙고 병든 삼공으로서 아침 저녁으로 땅에 들어갈 것이니, 삼가 남은 혼과 숨, 결초보은하는 정성을 다하겠습니다. 만약 이것을 기록하여 슬프게 울어주신다면 곧 죽어도 장차 썩지 않을 것입니다." (『太平寰宇記』 173 四夷 2 東夷 2 高勾驪)

고구려 신라 늦은 시절에 병이 많았는데, 이 때 황제가 옥화궁에 행차하여 조서를 내려 방현령을 유수하게 하고 누워서 일을 다스리도록 허락하였다. 병이 더욱 심해졌자, 불러서 어깨를 부축받고 전에 들어가는 것을 허락하였다. 황제가 보고 눈물을 흘리니, 현령이 또한 감동하여 목이 메어 스스로 이기지 못하였다. 명령을 내려 상의(尙醫)에게 진찰하고 상식(尙食)에게 반찬을 공급하여 날마다 기거(起居)에 상황을 아뢰게 하였다.

그가 조금 나았다는 것을 들으면 안색에 기쁨이 나타났다. 현령이 여러 아들을 돌아보며 말하였다. "지금 천하의 일에 얻지 못한 것이 없으나, 다만 고구려를 토벌하는 것이 그치지 않고 있다. 황제는 노기를 머금고 뜻으로 결정하여 군신이 감히 간언하지 못하니, 나라도 말하지 않으면 부끄러움을 품고 땅으로 사라질 것이다." 마침내 상소하였다. " 상고부터 신속하지 않은 자를 폐하가 모두 능히 신속하게 하였고, 통제하지 못한 자는 모두 능히 통제하였습니다. 중국의 걱정거리가 되는 것은 돌궐과 같은 것이 없으나, 대소의 가한이 서로 이어서 속수하고 변발을 없애 칼을 잡으며 나누어 금위를 맡았습니다. 설연타와 철륵은 나누어 주현을 설치하였고, 고창과 토욕혼은 일부 군대로 깨끗이 없앴습니다. 오직 고구려만이 역대로 명령에서 달아나, 이기고 끝까지 토벌하지 못하였습니다. 폐하가 그 군주 시해와 반역을 꾸짖어 직접 6군을 거느리고 먼 곳까지 지금길로 가서, 10일도 지나지 않아 요동을 함락시켰고 수십만을 노획하였으며 남은 무리와 얼군(孼君)이 기가 위축되어 감히 숨도 쉬지 못하였으니, 공이 전대의 배라고 할 수 있습니다. 『주역』에 '나아가고 물러나며 생존하고 죽음을 알면서도 그 바름을 잃지 않는 자는 오직 성인 뿐이 아니겠는가?'라고 하니, 아마도 나아감은 물러남이 있음의 뜻이고 생존함은 죽음의 조짐이며 얻음은 잃음이 있는 이치이니, 폐하를 위하여 안타까워 하는 것은 이것일 것입니다. 전(傳)에 '만족할 줄 알면 욕되지 않고 그칠 줄을 알면 위태롭지 않다.'고 하였습니다. 폐하는 위세와 명성 그리고 공덕이 이미 만족할 만하고 토지를 개척하고 강역을 넓혔으니 또한 그만둘 만합니다. 변방 이적의 추한 종류는 인의로 기다리고 일상적인 예로 꾸짖기에 부족합니다. 옛 말에 새와 물고기를 기를 때 반드시 그 종류를 없애려고 하면, 짐승도 궁하면 때려서 진실로 그 죽음을 구원할까 두렵습니다. 또 폐하께서 한 명의 사죄를 판결할 때마다 반드시 세 번 되풀이하고 다섯 번 아뢰게 하며, 간소한 반찬을 올리게 하고 음악을 중지한 것은 사람의 목숨을 소중히 여기시는 것이어서 감동하게 됩니다. 지금 병사는 죄도 하나 없이 행군하고 전투하는 사이에 내몰아서 칼과 화살 아래에 내버려두었습니다. 그리하여 간과 뇌를 쏟아내고 비참하게 죽어서 혼백도 돌아갈 곳이 없게 하고, 그 늙은 아버지, 고아, 과부, 어머니가 혜거를 바라보고 해골을 품으면서 마음을 꺾고 갑자기 울게 하니, 그 음양을 변동시키고 온화한 기운에 상함을 느끼게 하는 바가 실로 천하의 원통함입니다. 지난번에 고구려가 신하의 절개를 어겼다면 죽일 만하고, 백성을 침입하여 어지럽혔다면 멸망시킬 만하며, 후대의 근심이 될 수 있다면 없앨 만할 것입니다. 지금 이 셋이 없는데 앉아서 중국을 깨지게 하면서, 안으로 옛 군주의 부끄러움을 씻고 밖으로 신라를 위하여 복수한다고 하지만, 어찌 얻는 것이 작고 잃는 것은 큰 것이 아니라고 하겠습니까? 신은 바라오니 폐하께서는 성대한 조서를 내리셔서 고구려가 제 스스로 지난 허물을 뉘우쳐 깨닫고 새 길로 들어서도록 허락하고, 파도를 헤치고 갈 배를 불사르고 모집에 응한 군사를 돌려보내면, 곧 신은 죽어도 뼈가 썩지 않을 것입니다." (『新唐書』96 列傳 21 房玄齡)

고구려 신라　신이 듣기에 병사의 악함은 그치지 못함이고 무가의 귀함은 창을 그치는 것입니다. 지금 성스러운 교화가 미치는 바가 멀어도 도달하지 않는 곳이 없으니, 상고부터 신속하지 않은 자를 폐하가 모두 능히 신속하게 하였고, 통제하지 못한 자는 모두 능히 통제하였습니다. 고금을 자세히 살피건대, 중국의 걱정거리이자 해악이 되는 것은 돌궐과 같은 것이 없는데, 마침내 앉아서 운과 신묘한 책략으로 전당에서 내려오지 않을 수 있었으니, 대소의 가한이 서로 이어서 속수하고 나누어 금위를 맡아 창을 들고 궁궐 사이를 오갑니다. 그 후 설연타가 솔개처럼 펼쳤지만 얼마 지나지 않아서 멸망으로 나아갔고 철륵이 의를 사모하여 주현을 설치하기를 청하니, 사막 이북은 만리에 흙먼지가 없을 정도입니다. 고창이 유사에서 배반하여 교체되었고 토욕혼이 적석에서 먼저 근심하게 한 것 같은 경우에 이르러서는 일부 군대로 정벌하여 함께 따라서 평정되었습니다. 고구려와 같은 경우에는 역대로 주벌에서 달아나 토벌하지 못하였습니다. 폐하가 그 반역과 어지럽힘으로 군주를 시해하고 사람들을 괴롭힌 것을 꾸짖어 직접 6군을 총괄하여 요동·갈석에서 죄를 물으니, 10일도 지나지 않아 곧 요동을 함락시켰고 전후에 노획한 것이 수십만을 헤아리며 여러 주에 분배하여 가득차지 않은 곳이 없습니다. 그리하여 예전의 묵은 치욕을 씻고 산과 언덕에 뒹구는 해골을 가려주니, 공덕을 비교하면 선왕의 만배는 됩니다. 이것은 성스러운 군주가 스스로 아는 바이니, 미천한 신하가 어찌 감히 갖추어 말씀드리겠습니까? 또 폐하의 인풍은 솔토에 미치고 효덕은 배천에 빛났으니, 이적이 장차 망할 것을 보면 몇 년인지 기한을 가리킬 수 있고 장수에게 절도를 주면 만리에 기를 결정합니다. 뜻을 굽혀 역을 엿보고 별을 보아 서를 바라보니 부응함이 신과 같고 계산은 남은 책략이 없었습니다. 항오 속에서 장수를 발탁하고 평범한 자들 끝에서 인재를 취하니 원이의 단사도 한번 보면 잊지 않고 소신의 이름도 일찍이 두 번 물은 적이 없습니다. 화살로 칠찰을 뚫고 활로 육균을 뚫으며, 더하여 남은 정이 분전하니 뜻을 모아 편십하고 붓이 종장을 매하니 말이 궁하여 반마하였습니다. 문봉이 이미 떨치고 나면 궁징(宮徵)이 저절로 조화되고 경한이 잠시 날면 꽃이 다투어 피니, 만성을 자애로 어루만지고 군신을 예의로 대우하였습니다. 털끝만한 선도 포상하고 배를 삼키는 그물을 풀며, 귀에 거슬리는 간언은 반드시 듣고 부수의 하소연은 이에 끊었습니다. 살리기를 좋아하는 덕은 강호에서 장새를 금지하였고 죽이기를 싫어하는 인은 도살장에서 북과 칼을 쉬게 하였으니, 부학은 도량의 은혜를 짊어지고 견마는 유개의 은혜를 입었습니다. 수레에서 내려서 이사마의 상처를 빨았고 당에 올라 위징의 관에 다가가니, 전사한 군졸을 위해 울면 육군을 애통하게 하고 길을 메우는 땔나무를 지면 천지를 정감(情感)하게 하였으며 백성의 목숨을 중히 여겨서 특히 여러 옥사에 마음을 다하였습니다. 신은 마음이 혼궤함을 알았으니, 어찌 성공이 깊고 멀다는 것을 논하고 천덕이 높고 크다는 것을 말하기에 족하겠습니까? 폐하는 여러 아름다움을 겸하여 가지고 갖추어 미치지 않은 것이 없습니다. 미천한 신은 폐하를 위하여 그것을 깊이 안타까워 하고 중시하며 아끼고 보배롭게 여깁니다. 『주역』에 '나아감을 알되 물러남을 모르고, 생존함을 알되 죽음을 모르며, 얻음을 알되 잃음을 모른다.'고 하였고 또 '나아가고 물러나며 생존하고 죽음을 알면서도 그 바름을 잃지 않는 자는 오직 성인 뿐이 아니겠는가?'라고 하니, 이로 말미암아 말하건대 나아감은 물러남이 있음의 뜻이고 생존함은 죽음의 조짐이며 얻음은 잃음이 있는 이치이니, 늙은 신이 폐하를 위하여 안타까워 하는 것은 아마도 이것을 말할 것입니다. 노자는 '만족할 줄 알면 욕되지 않고 그칠 줄을 알면 위태롭지 않다.'고 하였으니, 신은 폐하가 위세와 명성 그리고 공덕이 이미 만족할 만하고 토지를 개척하고 강역을 넓혔으니 또한 그만둘 만하다고 여깁니다. 저 고구려는 변방 이적의 천한 부류로 인의로 기다리기에 부족하고 일상적인 예로 꾸짖을 수 없습니다. 자고 이래로 물고기와 자라를 기를 때 트이고 간략함에 따라야 하니, 만약 반드시 그 종류를 없애고자 한다면, 짐승도 궁하면 때릴까 두렵습니다. 또 폐하께서 한 명의 사형수을 판결할 때마다 반드시 세 번 되풀이하고 다섯 번 아뢰게 하며, 간소한 반찬을 올리게 하고 음악을 중지한 것은 사람의 목숨을 소중히 여기시는 것이어서 성스러운 자애로움에 감동하게 됩니다. 하물며 지금 병사의 무리는 죄도 하나 없고 까닭 없이 행군하고 주둔하는 사이에 내몰아서 창칼 아래에 내버려두었습니다. 그리하여 간과 뇌를 쏟아내고 비참하게 죽어서 혼백도 돌아갈 곳이 없게 하고, 그 늙은 아버지, 고아, 과부, 어머니가 혜거를 바라보고 갑자기 울며 해골을 품고 마음을 꺾게 하니, 음양을 변동시키고 온화한 기운에 상함을 느끼게 하기에 충분하여 실로 천하의 원통함입니다. 또 병사는 흉기이고 전쟁은 위험한 일이니 어쩔 수 없어서 그것을 사용하는 것입니다. 지난번에 고구려가 신하의 절개를 어겼다면 폐하가 죽일 만하고, 백성을 침입하여 어지럽게 하였다면 폐하가 멸망시킬 만하며, 오래도록 길이 중국의 근심이 될 것이라면 폐하가 제거할 만할 것입니다. 이 중에 하나라도 있으면 비록 하루에 만 명을 죽이더라도 부끄러워 하기에 부족합니다. 지금 이 3조항이 없는데 앉아서 중국을 번거롭게 하면서, 안으로 옛 군주의 부끄러움을 씻고 밖으로 신라를 위하여 복수한다고 하지만, 어찌 얻는 것이 작고 잃는 것은 큰 것이 아니라고 하겠습니까? 바라오니 폐하께서는 선조인 노자의 만족함에 그치라는 경계를 따르셔서 만대에 우뚝 솟은 이름을 보존하시고, 비처럼 쏟아지는 은덕을 펴시고 관대한 조서를 내리셔서 한창인 봄을 따라 연못을 펴고 고구려가 제 스스로 지난 허물을 뉘우쳐 깨닫고 새 길로 들어서도록 허락하며, 파도를 헤치고 갈 배를 불사르고 모집에 응한 군사를 돌려보내면, 자연히 화와 이가 기뻐하며 의지할 것이며 먼 지방에서는 공경하고 가까운 지방은 편안하게 될 것입니다. 신은 늙고 병든 삼공으로서 아침 저녁으로 땅에 들어갈 것이니, 먼지와 이슬이 바다와 산을 조금 더하는 것도 끝내 없음을 한스러워 하는 바여서, 삼가 남은 혼과 숨, 결초보은하는 정성을 미리 대신하겠습니다. 만약 이것을 기록하여 슬프게 울어주신다면 곧 신은 죽어도 장차 썩지 않을 것입니다. (『全唐文』137 房元齡 諫伐高麗表)

고구려　　　가을 7월에 왕도의 여자가 아들을 낳았는데, 몸 하나에 머리가 둘이었다. (『三國史記』22 高句麗本紀 10 寶臧王 下)

고구려　　　가을 7월에 고구려 왕도의 여자가 아들을 낳았는데, 몸 하나에 머리가 둘이었다. (『三國史節要』9)

고구려　　　정관22년 8월에 충용(充容) 서씨(徐氏)가 표문을 올렸다. "몰래 보건대 근래에 역역이 겸하여 총괄되어, 동쪽으로는 요해(遼海)의 군대가 있고 서쪽으로는 곤구(崑邱)의 전역이 있으니, 군사와 말이 갑옷에 피곤하고 배와 수레가 수송에 피로합니다. 또 모집하여 군대에 투입하니 떠나고 남음에 생사의 아픔을 품고 바람으로 인하고 파도에 막히니 살고 죽음에 물에 표류하고 빠지는 위험이 있습니다. 한 사내는 힘써 경작해도 끝내 수십의 수확이 없지만, 배 한 척은 손실을 입으면 수만의 군량을 뒤집습니다. 이것은 다함이 있는 농공(農功)을 옮겨서 끝 없는 큰 파도를 메우고, 아직 잡지 못한 다른 무리를 도모하려 이미 완성된 우리 군대를 잃게 하는 것과 같습니다. 비록 흉포한 무리를 제거하고 정벌하여도 나라에는 일정한 규칙이 있으니, 무를 더럽히고 병사를 희롱하는 것은 선현이 경계한 바입니다. 예전에 진왕(秦王)이 6국을 병탄하였으나 도리어 위태롭고 망하는 시기를 빠르게 하였고, 서진 무제가 갑자기 삼국을 소유하였으나 도리어 패배를 뒤엎는 업적을 이루었습니다. 이것은 땅이 넓은 것이 오래도록 안정되는 기술이 아니고 사람이 수고로운 것은 곧 쉽게 어지러워지는 근원임을 알 수 있습니다. 폐하는 은택을 펴고 인의를 흐르게 하여 해진 것을 불쌍히 여기고 모자란 것을 구휼하여, 전쟁을 실행하는 번거로움을 줄이고, 담로(湛露)의 은혜를 늘이시길 바랍니다."(『唐會要』95 高句麗)

고구려　　　폐하가 그것을 어려워 하기를 바랍니다. 시작을 잘 하는 자는 끝내기 어려우니, 폐하가 그것을 쉽게 여기기를 바랍니다. 몰래 보건대 근래에 역역이 겸하여 총괄되어, 동쪽으로는 요해의 군대가 있고 서쪽으로는 곤구의 전역이 있으니, 군사와 말이 갑옷에 피곤하고 배와 수레가 수송에 피로합니다. 또 모집하여 수비에 역을 지니 떠나고 남음에 생사의 아픔을 품고 바람으로 인하고 파도에 막히니 오고 감에 물에 표류하고 빠지는 위험이 있습니다. 한 사내는 힘써 경작해도 끝내 수십의 수확이 없지만, 배 한 척은 손실을 입으면 수백의 군량을 뒤집습니다. 이것은 다함이 있는 농공(農工)을 옮겨서 끝 없는 큰 파도를 메우고, 아직 잡지 못한 다른 무리를 도모하려 이미 완성된 우리 군대를 잃게 하는 것과 같습니다. 비록 흉포한 무리를 제거하고 정벌하여도 나라에는 일정한 규칙이 있으니, 무를 더럽히고 병사를 희롱하는 것은 선현이 경계한 바입니다. (『全唐文』95 太宗徐賢妃 諫太宗息兵罷役疏)

고구려	9월 계미일(5) 설만철 등이 고구려를 정벌하고 돌아왔다. 만철은 군중에 있으면서 기운을 써서 물건을 짓밟아 배행방이 그 원망을 아뢰었다. 연좌되어 제명되고 상주(象州)에 유배되었다. (『資治通鑑』199 唐紀 15 太宗 下之下)
고구려	정관22년에 설만철이 군에 있으면서 기운에 의지하여 물건을 침범하자, 남이 혹 그것을 아뢰어 알현하게 되자, 태종이 말하였다. "서간을 올린 자는 경과 여러 장수가 협조하지 않는다는 것을 논하였으나, 짐은 공을 기록하고 허물을 버릴 것이니 경을 죄주지 않을 것이다." 인하여 서간을 취하여 불태웠다. 얼마 지나서 부장(副將) 우위장군 배행방이 그 원망을 말하자, 이리하여 조정에서 그것을 징험하니 만철은 말이 궁벽하였다. 영국공(英國公) 이적이 진언하였다. "만철의 직은 곧 장군인데, 군주의 사위임을 직접 생각건대 원망을 발언하는 것은 죄가 받아들일 수 없으니 주살해야 합니다." 인하여 제명하여 변방으로 옮겼는데, 때마침 사면되어 돌아올 수 있었다. (『舊唐書』69 列傳 19 薛萬徹)
고구려	정관22년에 설만철이 군중에 있으면서 임하는 기운이 남을 아래로 여기지 않으니, 혹은 서간을 올려 상황을 말하는 자가 있었다. 황제가 그 공을 아껴서 곧바로 힘쓰라고 꾸짖을 뿐이었고, 곧 서간을 불태웠다. 부장 배행방이 또한 그 원망을 말하자, 이적이 말하였다. "만철은 지위가 대장군이고 친함이 군주의 사위인데도 안으로 불평을 품었다면 그 죄는 마땅히 주살해야 합니다." 인하여 조서를 내려 제적하고 변방으로 옮겼는데, 때마침 사면되어 돌아왔다. (『新唐書』94 列傳 19 薛萬徹)
고구려	설만철은 청구도장군(靑丘道將軍)이 되어 고구려를 정벌하였다.(이상 1월25일) 군중에 있으면서 부장 배행방과 협조하지 않았다.(이상 9월 5일) (『冊府元龜』456 將帥部 117 不和 薛萬徹)

| 신라 백제 | 9월 기축일(11) 신라가 백제에게 공격당해 그 13성을 격파당하였다고 아뢰었다. (『資治通鑑』199 唐紀 15 太宗 下之下) |
| 신라 백제 | 정관22년 9월 기축일(11) 신라가 백제에게 공격당해 그 13성을 격파당하였다. (『冊府元龜』995 外臣部 40 交侵) |

| 고구려 | 9월에 노루떼가 강을 건너 서쪽으로 달아났다. 이리 떼가 서쪽을 향해 갔는데, 3일 동안 끊이지 않았다. (『三國史記』22 高句麗本紀 10 寶臧王 下) |
| 고구려 | 9월에 고구려에서 노루떼가 강을 건너 서쪽으로 달아났다. 이리 떼가 서쪽을 향해 갔는데, 3일 동안 끊이지 않았다. (『三國史節要』9) |

| 고구려 | 9월에 태종이 장군 설만철 등을 파견하여 와서 정벌하였다. 바다를 건너 압록수로 들어가 박작성 남쪽 40리에 이르러 멈추고 진영을 설치하였다. 박작성주 소부손이 보기 1만여 명을 이끌고 그들에게 맞섰다. 만철은 우위장군 배행방을 파견해 보병 및 여러 군을 거느리게 하고 그것을 탔다. 우리 병사가 무너지자, 행방 등이 병사를 진격시켜 그들을 포위하였다. 박작성은 산에 따라 험한 곳에 만들었고 압록수에 막혀서 굳건하므로 공격해도 함락시키지 못하였다. 우리 장수 고문이 오골·안지 등 여러 성의 3만여 명을 이끌고 와서 구원하였는데, 두 진영으로 나누어 배치하였다. 만 |

	철이 군대를 나누어 그들에 대적하니, 우리 군대가 패하여 무너졌다. (『三國史記』 22 高句麗本紀 10 寶臧王 下)
고구려	9월에 황제가 설만철 등을 파견하여 바다를 건너 압록수로 들어가 박작성 남쪽 40리에 이르러 멈추고 진영을 설치하였다. 박작성주 소부손이 보기 1만여 명을 이끌고 그들에게 맞섰다. 만철은 우위장군 배행방을 파견해 보병 및 여러 군을 거느리게 하고 그것을 탔다. 고구려 병사가 무너지자, 행방 등이 병사를 진격시켜 그들을 포위하였다. 박작성은 산에 따라 험한 곳에 만들었고 압록수에 막혀서 굳건하므로 공격해도 함락시키지 못하였다. 고구려 장수 고문이 오골·안지 등 여러 성의 병사 3만여 명을 이끌고 와서 구원하였는데, 두 진영으로 나누어 배치하였다. 만철이 군대를 나누어 그들에 대적하니, 고구려 군대가 무너졌다. (『三國史節要』 9)
고구려	9월에 황제가 또 내주자사 이도유에게 조서를 내려 군량·기계를 옮겨 오호도에 저장해 두고, 장차 크게 거병하려고 하였다. (『三國史記』 22 高句麗本紀 10 寶臧王 下)
고구려	9월에 황제가 또 내주자사 이도유에게 조서를 내려 군량·기계를 옮겨 오호도에 저장해 두고, 장차 크게 거병하려고 하였다. (『三國史節要』 9)
고구려	정관22년에 태종이 또 강남에 명령하여 큰 배를 만들게 하였다.(이상 7월 1일~10일) 섬주자사 손복가를 파견하여 용감한 군사를 불러 모으고, 내주자사 이도유는 군량·기계를 옮겨 저장해 두게 하여, 장차 크게 거병하여 고구려를 정벌하려고 하였다.(이상 9월) (『舊唐書』 199上 列傳 149上 高麗)
고구려	정관22년에 태종이 또 강남에 명령하여 큰 배를 만들게 하였다.(이상 7월 1일~10일) 섬주자사 손복가를 파견하여 용감한 군사를 불러 모으고, 내주자사 이도유는 군량·기계를 옮겨 저장해 두게 하여, 장차 크게 거병하여 고구려를 정벌하려고 하였으나, 과연 실행하지 못하였다.(이상 9월) 처음에 태종이 고구려를 정벌하였을 때 비록 공이 있었으나 손실된 바도 또한 심하였다. 측근에 말하기를, "만약 위징(魏徵)이 다시 있었다면, 반드시 이 원정은 없었을 것이다."라고 하였다. (『冊府元龜』 135 帝王部 135 好邊功)
신라	겨울에 한질허(邯帙許)를 사신보내 당에 조공하였다. 태종이 어사(御使)에 칙서를 내려 묻기를, "신라는 신하로서 대조(大朝)를 섬기는데, 어째서 따로 연호를 칭하는가?"라고 하였다. 질허가 말하였다. "일찍이 천조(天朝)에서 아직 정삭(正朔)을 나누어받지 못하였으므로, 선조인 법흥왕 이래로 사사로이 기년이 있습니다. 만약 대조가 명령이 있으면 소국은 또한 어찌 감히 연호를 칭하겠습니까?" 태종이 그렇다고 하였다. (『三國史記』 5 新羅本紀 5 眞德王)
신라	겨울에 신라가 한질허를 사신보내 당에 조공하였다. 황제가 어사에 칙서를 내려 묻기를, "신라는 신하로서 대조를 섬기는데, 어째서 따로 연호를 칭하는가?"라고 하였다. 질허가 대답하여 말하였다. "천조가 일찍이 정삭을 나누어주지 않았으므로, 선조인 법흥왕부터 사사로이 기년이 있습니다. 만약 대조가 명령이 있으면 소국은 또한 어찌 감히 연호를 칭하겠습니까?" 황제가 그렇다고 하였다. (『三國史節要』 9)
신라	『인명정리문론(因明正理門論_』 본(本)1권[『내전록』을 보면 대역룡(大域龍) 보살(菩薩)이 저술하였는데, 처음 번역한 것은 의정(義淨)이 번역한 것과 동본이며, 정관22년 12월25일에 대자은사(大慈恩寺) 번경원(翻經院)에서 번역하였고, 사문 지인(知仁)이 적었다는 것이 보인다.] (『開元釋敎錄』 8 總括群經錄 上之8 沙門釋玄奘 智仁知仁智忍)

신라	윤12월 계미일(7) 신라왕이 그 재상 이찬천(伊贊千) 김춘추(金春秋) 및 그 아들 문왕 (文王)을 파견하여 와서 조공하였다. (『舊唐書』3 本紀 3 太宗 下)
신라	윤12월 계미일(7) 신라의 재상 김춘추 및 그 아들 문왕이 들어와 알현하였다. 춘추는 진덕의 동생이다. 황제가 춘추를 특진으로, 문왕을 좌무위장군으로 삼았다. 춘추가 장복(章服)을 고쳐 중국에 따르겠다고 청하니, 안에서 동복을 내어 그에게 하사하였다. (『資治通鑑』199 唐紀 15 太宗 下之下)
신라	『신당서』신라전에 전한다. " (…) 정관21년 다음해에[12월 계미일(7)] 아들 문왕 및 동생 이찬자(伊贊子) 춘추가 와서 조공하였다. 문왕을 좌무위장군으로, 춘추를 특진으로 임명하였다. 인하여 장복을 고쳐 중국의 제도에 따르겠다고 청하니, 안에서 진복(珍服)을 내어 그에게 하사하였다. 또 국학(國學)에서 석전(釋奠)·강론을 보겠다고 청하였다. 황제가 만든 『진서(晉書)』를 하사하여 인사하고 돌아갔는데, 3품 이상에게 칙서를 내려 교외에서 전별(餞別)하게 하였다."(『玉海』153 朝貢外夷內朝內附 唐新羅織錦頌觀釋奠賜晉書)
신라	정관22년 12월에 신라국의 그 재상 이찬어(伊贊於) 김춘추 및 그 아들 문왕이 와서 조공하였다. 황제가 광록경(光祿卿) 유형(柳亨)을 파견하여, 부절을 가지고 가서 그를 교외에서 위로하게 하였다. 도착하고 나서 춘추를 특진으로 삼고, 문왕을 좌무위장군으로 삼았다. 춘추는 이어서 그 장복을 고쳐서 중국의 제도에 따르겠다고 청하였다. 이리하여 안에서 진복을 내어 춘추 등에게 하사하였고, 부로 하여금 그 장수와 종자에게 지급하게 하였다. (『冊府元龜』974 外臣部 19 褒異 1)
신라	겨울에 이찬(伊湌) 김춘추 및 그 아들 문왕을 파견하여 당에 조공하였다. 황제가 광록경 유형을 파견하여, 그를 교외에서 위로하게 하였다. 도착하고 나서 춘추를 보니 외모가 빼어나서 그를 후하게 대우하였다. 춘추가 국학에 나아가 석전 및 강론을 보겠다고 청하였다. 태종이 그것을 허락하고 직접 지은 온탕비(溫湯碑) 및 진사비(晉祠碑) 그리고 새로 편찬한 『진서』를 하사하였다. 일찍이 불러서 연회를 베풀면서 알현하였을 때 금백(金帛)을 하사함이 더욱 후하였는데, 그에게 묻기를, "경은 품은 바가 있는가?"라고 하였다. 춘추가 무릎꿇고 아뢰었다. "신의 본국은 바다 건너 구석에 치우쳐 있으면서 엎드려 천조를 섬긴 것이 여러 해 되었습니다. 그러나 백제가 강하고 교활하게 거듭 함부로 침입하였고, 하물며 지난해에는 대거 깊게 들어와서 수십 성을 공격하여 함락시켜 조공하는 길을 막았습니다. 만약 폐하가 천병(天兵)을 빌려주셔서 흉악한 것을 제거하지 않는다면 저희 읍의 인민들은 다 사로잡힐 것이고, 그러면 산 넘고 바다 건너 직무를 진술하는 것도 다시 바랄 수 없습니다." 태종이 깊이 그렇다고 여겨 군사를 내는 것을 허락하였다. 춘추는 또 그 장복을 고쳐서 중화의 제도에 따르겠다고 청하였다. 이리하여 안에서 진복을 내어 춘추 및 그 종자에게 하사하였다. 조서를 내려 춘추를 특진으로, 문왕을 좌무위장군으로 삼았다. (『三國史記』5 新羅本紀 5 眞德王)

신라 고구려 백제

문무왕(文武王) 11년(671) 가을 7월26일에 대당 총관(摠管) 설인귀(薛仁貴)가 임윤법사(琳潤法師)를 사신보내 편지를 보냈는데, 내용은 다음과 같다. (…) 대왕이 편지에 답하였는데, 내용은 다음과 같다. "선왕이 정관22년에 입조하여 태종문황제(太宗文皇帝)의 은혜로운 칙서를 대면하여 받들었다. '짐이 지금 고구려를 정벌하는 것은 다른 까닭이 있는 것이 아니라, 너희 신라가 두 나라에게 간섭당하고 매번 침범당해 편안한 해가 없는 것을 불쌍히 여기기 때문이다. 산천과 토지는 내가 탐하는 바가 아니고 옥백(玉帛)과 자녀는 내가 이미 가지고 있는 바이다. 내가 두 나라를 평정하면, 평양 이남의 백제 땅은 모두 너희 신라에게 주어 길이 편안하게 하겠다.' 계책을 드리워주시고 군대의 기일을 하사하였습니다. 신라의 백성은 모두 은혜로운 칙서

를 듣고 사람마다 힘을 기르고 집집마다 쓰이기를 기다렸다. (…)〞(『三國史記』7 新羅本紀 7 文武王 下)

신라   진덕왕의 재위 2년에 이르러 김춘추가 당에 들어가 당의 의제를 받기를 청하였다. 태종황제가 가하다고 허락하고 겸하여 의대를 하사하였다. 마침내 돌아와서 시행하니, 이적을 중화로 바꾸었다. (『三國史記』33 雜志 2 色服)

신라 고구려 백제

진덕왕 대화(大和)원년 무신에 춘추가 고구려에 청할 수 없어서 마침내 당에 들어가 군사를 청하였다. 태종황제가 말하기를, "너희 나라의 유신이라는 이름을 들었는데, 그 사람됨이 어떠한가?"라고 하였다. 춘추가 대답하기를, "유신이 비록 조금 재주와 지혜가 있지만, 만약 천위(天威)를 빌려주지 않는다면 어찌 이웃의 근심을 쉽게 제거하겠습니까?"라고 하였다. 황제가 말하기를, "진실로 군자의 나라로다."라고 하였다. 이에 조서를 내려 허락하고, 장군 소정방(蘇定方)에게 칙서를 내려 군사 20만으로 백제에 가서 정벌하게 하였다. (『三國史記』41 列傳 1 金庾信 上)

신라 백제   신라왕이 이찬 김춘추 및 그 아들 문왕(文汪)을 파견하여 당에 갔다. 황제가 광록경 유형을 파견하여, 그를 교외에서 위로하게 하였다. 도착하고 나서 춘추를 보니 외모가 빼어나서 그를 후하게 대우하였다. 춘추가 국학에 나아가 석전 및 강론을 보겠다고 청하였다. 황제가 그것을 허락하고 직접 지은 온탕(溫湯) 및 진사(晉祠)의 두 비문 그리고 새로 편찬한 『진서』를 하사하였다. 또 불러서 연회를 베풀면서 알현하였을 때 금백을 하사함이 특히 후하였는데, 그에게 묻기를, "경은 품은 바가 있는가?"라고 하였다. 춘추가 아뢰었다. "저희 나라는 바다 건너 구석에 치우쳐 있으면서 천조에 복종하고 섬긴 것이 여러 해 되었습니다. 그러나 백제가 강하고 교활하게 거듭 함부로 침입하였고, 하물며 지난해에는 대거 깊게 들어와서 수십 성을 공격하여 함락시켜 조공하는 길을 막았습니다. 만약 폐하가 천병을 빌려주셔서 흉악한 것을 제거하지 않는다면 저희 읍의 인민들은 다 사로잡힐 것이고, 그러면 산 넘고 바다 건너 직무를 진술하는 것도 다시 바랄 수 없습니다." 태종이 깊이 그렇다고 여겼다. 또 묻기를, "너희 나라에 김유신이라는 자가 있다고 들었는데, 그 사람됨이 어떠한가?"라고 하였다. 춘추가 대답하기를, "유신은 비록 작게 재주와 지혜가 있지만, 만약 천위를 빌려주지 않는다면 어찌 이웃의 근심을 제거할 수 있겠습니까?"라고 하였다. 황제가 말하기를, "진실로 군자의 나라로다."라고 하였다. 이에 장군 소정방에게 칙서를 내려 군사 20만을 이끌고 백제를 정벌하게 하였다. 춘추는 또 그 장복을 고쳐서 중화의 제도에 따르겠다고 청하였다. 이리하여 안에서 진복을 내어 춘추 및 그 종자에게 하사하였다. 조서를 내려 춘추에게 특진을, 문왕에게 좌무위장군을 제수하였다. (『三國史節要』9)

신라 고구려 백제

문무왕 11년(671) 가을 7월에 당 총관 설인귀가 승려 임윤법사를 파견해 왕에게 편지를 보냈는데, 내용은 다음과 같다. (…) 왕이 편지에 답하였는데, 내용은 다음과 같다.

"선왕이 정관22년에 입조하여 태종문황제의 은혜로운 칙서를 대면하여 받들었다. '짐이 지금 고구려를 정벌하는 것은 다른 까닭이 있는 것이 아니라, 너희 신라가 두 나라에게 간섭당하고 매번 침범당해 편안한 해가 없는 것을 불쌍히 여기기 때문이다. 산천과 토지는 내가 탐하는 바가 아니고 옥백과 자녀는 내가 이미 가지고 있는 바이다. 내가 두 나라를 평정하면, 평양 이남의 백제 땅은 모두 너희 신라에게 주어 길이 편안하게 하겠다.' 계책을 드리워주시고 군대의 기일을 하사하였습니다. 신라의 백성은 모두 은혜로운 칙서를 듣고 사람마다 힘을 기르고 집집마다 쓰이기를 기다렸다. (…)〞(『三國史節要』10)

신라	정관22년에 진덕이 그 동생 국상(國相)·이찬간(伊贊干) 김춘추 및 그 아들 문왕을 파견하여 와서 조공하였다. 조서를 내려 춘추를 특진으로, 문왕을 좌무위장군으로 삼았다. 춘추가 국학에 나아가 석전 및 강론을 보겠다고 청하였다. 태종이 인하여 직접 지은 온탕비 및 진사비 그리고 새로 편찬한 『진서』를 하사하였다. (『舊唐書』 199上 列傳 149上 新羅)
신라	정관21년 다음해에 아들 문왕 및 동생 이찬자 춘추를 파견하여 와서 조공하였다. 문왕을 좌무위장군으로, 춘추를 특진으로 임명하였다. 인하여 장복을 고쳐 중국의 제도에 따르겠다고 청하니, 안에서 진복을 내어 그에게 하사하였다. 또 국학에 나아가 석전·강론을 보겠다고 청하니, 황제가 지은 진서를 하사하였다. (『新唐書』 220 列傳 145 東夷 新羅)
신라	대당(大唐) 정관22년에 그 왕 김춘추가 와서 조공하자, 특진으로 임명하였다. 장복을 고쳐서 중화의 제도에 따르고자 청하였다. (『通典』 185 邊防 1 東夷 上 新羅)
신라	『구당서』 신라전(新羅傳)에 전한다. "(…) 정관22년에 그 진덕이 그 동생 국상·이찬간(伊贊干) 김춘추 및 그 아들 문왕을 파견하여 와서 조공하였다. 춘추가 국학에 나아가 석전 및 강론을 보겠다고 청하였다. 태종이 인하여 직접 지은 온탕비 및 진비(晉碑) 그리고 새로 편찬한 『진서』를 하사하니, 가지고 귀국하였다." (『太平御覽』 781 四夷部 2 東夷 2 新羅)
신라	『신당서』 신라전에 전한다. "(…) 정관22년에[어떤 책에는 13년이라고도 한다.] 신라왕 진덕이 아들 문왕 및 동생 이찬자 춘추를 파견하여 와서 조공하였다. 인하여 장복을 고쳐 중국의 제도에 따르겠다고 청하였다. 또 국학에 나아가 석전·강론을 보겠다고 청하였다." (『玉海』 113 學校釋奠 釋奠頌)

신라 고구려 백제

그 문집을 살피건대 상태사시중장(上太師侍中狀)이 있어 다음과 같다. "(…) 이 즈음 우리 무열대왕(武烈大王)이 견마의 정성으로 청하여 한쪽의 어려움을 도와 평정하고, 당에 들어가 조알하였습니다. 이로부터 시작되어 나중에 고구려·백제가 전에 악행을 한 것을 쫓아가니, 무열왕(武烈王)이 조공하여 향도가 되겠다고 청하였습니다." (『三國史記』 46 列傳 6 崔致遠)

신라 고구려

동궁(東宮)에 있을 때 고구려를 정벌하고자 하였다. 이로 인하여 당에 들어가 병사를 청하였다. 당 황제가 그 풍채를 상주고 신성한 사람이라고 하였다. 꼭 시위를 머무르게 하겠다고 하고는 힘껏 청하고 곧 돌아왔다. (『三國遺事』 1 紀異 1 太宗春秋公)

신라

당 정관 연간(627~649)에 여왕 선덕(善德)이 장복의 변경을 청하는 표를 올려 당을 따랐기 때문에, 군자(君子)의 나라로 일컬어졌다. 그 나라에 계림주(雞林州)가 있어 상인이 향산시(香山詩)를 팔았는데, 곧 그 도읍이다. (『九華山志』 8 志餘門 11 一雜記)

신라 백제 고구려

논하여 말한다. "『춘추(春秋)』에 말하지 않았던가. 공후(公侯)의 자손은 반드시 그 조상을 본받는다고. 옛날 무열대왕(武烈大王)이 을찬(乙粲)으로서 백제와 고구려를 무찌를 군사를 청하기 위하여 진덕여왕(眞德女王)의 명을 받들고 태종(太宗)을 알현했을 때, 황제에게 대면하여 중국의 역법을 시행하고 의복제도를 중국식으로 바꾸기를 바란다고 진술하였다. 황제가 기꺼이 허락하여 중국 의복을 하사하고, 특진(特進)의 관계(官階)를 내려주셨다. 하루는 황제가 여러 나라의 왕자들을 불러 연회를 열었는데, 술을 크게 베풀고 온갖 보화를 쌓아놓고 마음대로 가지라고 하셨다. 왕은 곧 술 마시는 것은 예의를 지켜 어지러운 행동을 하지 않았고, 화려한 비단은 지혜를 써서 많이 얻으셨다. 하직인사를 드릴 때, 태종이 멀리 갈 때까지 바라보며 '나라의 인재로다'라고 감탄하셨고, 중국을 떠나올 때에 황제가 직접 짓고 쓴 온탕비·진사비의 두 비문과 직접 편찬한 『진서』 1부를 내려 주셨다. 당시 비서감(秘書監)에서 이 책을 베껴 두 질을 올렸는데 한 질은 황태자에게 주고, 다른 한 질을 우리에게 준 것이었다. 또한 높고 귀한 관리들에게 장안성(長安城) 동문(東門) 밖에 나아가 전송하라고 명하셨으니, 이러한 각별한 은총과 두터운 예우에는 지혜에는 어두운 사람일지라도 보고 들어서 놀라게 할 수 있을 정도였다. 이 때부터 우리나라가 한번에 예를 갖춘 나라가 되었다. (…) "(「聖住寺 朗慧和尙塔碑」)

신라 백제   진덕왕 대화원년 무신 이 때에 유신이 압량주군주(押梁州軍主)가 되었는데, 군사에 뜻이 없는 것처럼 술 마시고 음악을 연주하여 거듭 여러 날이 지났다. 주 사람들이 유신을 용렬한 장수라고 여겨 그를 나무라고 헐뜯으며 말하기를, "여러 사람이 안거한 날이 오래되고 힘에 남음이 있어 한번 싸울 수 있는데, 장군이 게으르니 어찌 하겠는가?"라고 하였다. 유신이 그것을 듣고 백성들이 쓸 만함을 알고, 대왕에게 알렸다. "지금 민심을 보니 일을 만들 만합니다. 청컨대 백제를 정벌하여 대량주(大梁州) 전투를 갚아주겠습니다." 왕이 말하였다. "작은 것으로 큰 것을 부딪치니, 위태로움은 장차 어찌 하겠는가?" 유신이 대답하였다. "병사의 승부는 크고 작음에 있지 않고, 그 인심이 어떠한가를 돌아볼 따름입니다. 그러므로 주(紂)는 수많은 사람이 있었어도 마음과 덕이 떠났기에, 주(周) 십란(十亂)의 같은 마음과 같은 덕만 못하였습니다. 지금 우리는 한 뜻으로 함께 죽고 살 수 있으니, 저 백제는 두려워하기에 부족합니다." 왕이 이에 그것을 허락하였다. 마침내 주병(州兵)를 가려 뽑아 적에게 달려가서, 대량성(大梁城) 밖에 이르렀다. 백제가 그에 맞서자, 거짓으로 달아나 이기지 않았다가 옥문곡에 이르렀다. 백제가 그를 가볍게 보고 무리를 크게 이끌고 왔다. 복병이 일어나 그 앞뒤를 공격하여 그들을 대패시키니, 백제 장군 8명을 사로잡고 1,000급을 참수하거나 사로잡았다. 이리하여 사자를 보내 백제 장군에게 알렸다. "우리 군주(軍主) 품석(品釋) 및 그 아내 김씨의 뼈는 너희 나라 옥중에 묻었다. 지금 너희 패장(稗將) 8명이 우리에게 잡혀 있어서 기면서 목숨을 청한다. 나는 여우와 표범이 고향 산으로 머리를 향하는 뜻을 알기 때문에 차마 그들을 죽일 수 없다. 지금 너희가 죽은 두 사람의 뼈를 보내서 산 8명과 바꿀 수 있겠는가?" 백제의 좌평(佐平) 중상(仲常)[충상(忠常)이라고도 한다.]이 왕에게 말하였다. "신라 사람의 해골은 머물러 두어도 이익이 없으니 그것을 보낼 만합니다. 만약 신라 사람이 신의를 잃고 우리 8명을 돌려보내지 않으면, 잘못은 저쪽에 있고 올바름은 우리에게 있으니 무슨 걱정이 있겠습니까?" 이에 품석 부부의 뼈를 파서 관에 담아서 보냈다. 유신이 말하였다. "잎 하나가 떨어져도 무성한 숲에서는 손해되는 바가 없고, 먼지 하나가 모여도 큰 산에는 더해지는 바가 없다." 8명이 살아 돌아가는 것을 허락하였다.

마침내 승세를 타고 백제의 경역으로 들어가 악성(嶽城) 등 12성을 공격하여 함락시키니, 2만여 급을 참수하고 9,000명을 사로잡았다. 공을 논하여 관등을 이찬으로 올리고 상주행군대총관(上州行軍大摠管)으로 삼았다. 또 적의 경역에 들어가 진례(進禮) 등 9성을 도륙하니, 9,000여 급을 참수하고 600명을 포로로 얻었다.

춘추가 당에 들어가 병사 20만을 청하여 얻고 왔다. 유신을 보고 말하였다. "죽음과 삶은 운명이 있어서 살아 돌아올 수 있었다. 다시 공과 서로 보았으니, 어떤 행운이 이와 같겠는가?" 유신이 대답하였다. "하신(下臣)은 나라의 위령(威靈)에 의지하여 다시 백제와 크게 싸워 20성을 함락시키고 3만 여명을 참수하거나 사로잡았습니다. 또 품석공 및 그 부인의 뼈를 고향으로 돌아올 수 있게 하였으니, 이것은 모두 하늘의 행운이 도달한 바입니다. 제가 무슨 힘이 되었겠습니까?"(『三國史記』 41 列傳

1 金庾信 上)

신라 백제   춘추가 유신을 보고 말하였다. "죽음과 삶은 운명이 있어서 살아 돌아올 수 있었다. 다시 공과 서로 보았으니, 어떤 행운이 이와 같겠는가?" 유신이 말하였다. "유신은 나라의 위령에 의지하여 다시 백제와 싸워 20성을 함락시키고 3만 여명을 참수하거나 사로잡았습니다. 또 품석 부부의 뼈를 고향으로 돌아올 수 있게 하였으니, 이것은 모두 하늘의 행운입니다." (『三國史節要』9)

신라   신라왕이 김유신을 파견하여 백제를 정벌하였다. 처음에 유신이 양주(梁州)에 있으면서, 여러 달 동안 군사에 뜻이 없는 것처럼 술 마시고 음악을 연주하였다. 주 사람들이 헐뜯으며 말하기를, "군사들이 오랫동안 안정되고 힘에 남음이 있어 한번 싸울 수 있는데, 장군이 쉬고 있으니 어찌 하겠는가?"라고 하였다. 유신이 그것을 듣고 백성들이 쓸 만함을 알고, 대왕에게 알리기를, "백제를 정벌하여 대량주 전투를 갚아주겠습니다."라고 하였다. 왕이 말하였다. "작은 것으로 큰 것을 부딪치니, 위태로움은 장차 어찌 하겠는가?" 유신이 대답하였다. "병사의 승부는 크고 작음에 있지 않고, 그 인심이 어떠한가를 돌아볼 따름입니다. 그러므로 주는 수많은 사람이 있었어도 마음과 덕이 떠났기에, 주 십란의 같은 마음과 같은 덕만 못하였습니다. 지금 우리는 한 뜻으로 함께 죽고 살 수 있으니, 백제는 두려워하기에 부족합니다." 왕이 그것을 허락하였다. 마침내 대량성 밖으로 병사를 진격시켰다. 백제 병사가 맞서 싸우자, 유신이 거짓으로 달아나 옥문곡에 이르렀다. 백제가 그를 가볍게 보고 무리를 크게 이끌고 와서 추격하였다. 복병이 일어나 갑자기 그 앞뒤를 공격하여 그들을 대패시키니, 비장(裨將) 8명을 사로잡고 1,000급을 참수하였다. 유신이 사자를 보내 백제 장군에게 알렸다. "우리 군주 품석 및 그 아내 김씨의 뼈는 너희 나라 옥중에 묻었다. 지금 너희 비장 8명이 우리에게 잡혀 있어서 기면서 목숨을 청한다. 나는 수구초심(首丘初心)의 뜻을 슬퍼하여, 차마 해를 가할 수 없다. 지금 너희가 죽은 사람을 보내서 산 자들과 바꾸는 것이 어떠한가?" 백제의 좌평 중상이 왕에게 말하였다. "죽은 자의 뼈는 머물러 두어도 이익이 없습니다. 만약 신라가 신의를 잃으면, 잘못은 저쪽에 있습니다." 이에 품석 부부의 뼈를 관에 담아서 돌려보냈다. 유신이 8명이 돌아가는 것을 허락하였다.
    마침내 승세를 타고 백제의 경역으로 들어가 악성 등 12성을 공격하여 함락시키니, 2만여 급을 참수하고 9,000명을 사로잡았다. 또 진례 등 9성을 도륙하니, 9,000여 급을 참수하고 600명을 사로잡았다. 왕이 공을 논하여 유신의 관등을 이찬으로 올리고 상주행군대총관으로 삼았다. (『三國史節要』9)

신라   정관22년에 이르러 또 신라에 따라서 표문을 바쳐서 기거(起居)에 통하였다. (『舊唐書』199上 列傳 149上 倭國)

신라   『구당서』 왜국전(倭國傳)에 전한다. " (…) 정관22년에 이르러 또 신라에 따라서 표문을 바쳐서 기거에 통하였다." (『太平御覽』782 四夷部 3 東夷 3 倭)

신라   이 해에 신라가 사신을 보내 조(調)를 바쳤다. (『日本書紀』25 孝德紀)

고구려   정관22년에 다시 행군자총관(行軍子摠管)으로 임명되어 요동을 경략하러 나아가는데, 공적인 일로서 이름이 제외되었다. 그 해에 다시 우무위(右武衛) 신통부(神通府)의 좌과의도위(左果毅都尉)를 제수받았다. (「劉仁願 紀功碑」)

신라   예부(禮部)는 (…) 경(卿)이 2명인데, 진덕왕 2년에[5년이라고도 한다.] 설치하였다. (『三國史記』38 雜志 7 職官 上)

고구려	나이 15세에 중리소형(中裏小兄)을 제수받았다. (「泉男生 墓誌銘」)
고구려	아들 남생(男生)은 (…) 중리소형으로 옮겼는데, 당의 알자(謁者)와 같다. (『三國史記』 49 列傳 9 蓋蘇文)
고구려	중리소형으로 옮겼는데, 당의 알자와 같다. (『新唐書』 110 列傳 35 諸夷蕃將 泉男生)

고구려	장수(張秀)는 무용을 떨쳐 공을 세우고 요△(遼△)의 부름에 응하였다. 활을 익히니 날아가는 기러기가 놀라 떨어지고, 화살을 조율하니 원숭이의 입을 다물게 할 정도였다. 수가 힘쓴 공로를 드러내어 작(爵)과 상이라는 질(秩)을 제수하였다. (「張秀 墓誌銘」: 『全唐文新編』 992; 『全唐文補遺』 2; 『唐代墓誌滙篇附考』 2)
고구려	근자에 동이가 나쁜 짓을 하면서 조의(朝儀)를 잠시 어그러뜨리자, 황제가 바야흐로 장수들에게 가서 원정하여 요동·갈석에서 죄를 물으라고 명령하였다. 군사를 일으키고 나서 실로 현명한 재목들로 채워졌는데, 양기(梁基)는 모략이 칭찬할 만하여 기묘하면서도 총명하였다. 특별히 군대에 배치하여 반드시 그래야만 하는 것을 헤아리게 하였다. (「梁基 墓誌銘」: 『全唐文新編』 992; 『全唐文補遺』 2)
고구려	장단아(張團兒)는 다시 요△(遼△)을 정벌하여 기도위(騎都尉)가 되었다. (「張團兒 墓誌銘」: 『全唐文補遺』 7; 『全唐文新編』 992; 『唐代墓誌滙篇續集』; 1990 『敦煌吐魯番文獻研究論集』 5)
고구려	때마침 도이가 천명에 맞서자 천벌이 장차 가해지려 하였고, 부여가 부도하여 성원하여야 하였다. 이리하여 군사들에게 나누어 조서를 내려 먼저 파주(播州)를 취하고, 풍백(風伯)을 몰아 기일을 기도하며 해동(海童)을 고요하게 하여 편하게 건너갈 수 있게 하라고 하였다. 이서(李諝)는 말이 빼어나고 책략이 뛰어나서, 격문이 날 듯이 달려가 그의 재능을 기다렸고 기운을 만들어 그의 묘책을 도와주었다. 한번 전쟁하여 크게 평정되니, 서가 여기에 힘을 보탠 것이다. (「李諝 墓誌銘」: 『全唐文新編』 993; 『全唐文補遺』 2)
고구려	곽군부(郭君副)는 힘써 동쪽으로 원정하여 승리를 거두니, 이적(夷狄)의 무리는 상복을 입게 되었다. (「郭君副 墓誌銘」: 『全唐文新編』 993)
고구려	정관 연간(627~649)에 요동에서 전쟁이 있게 되자, 백승의 위엄을 떨칠 수 있는 영웅을 선발하고 삼하의 날래고 용감한 군사를 뽑았다. 양대은(楊大隱)은 이에 문사(文士)의 붓을 버리고 장부의 검을 뽑아들고 창을 휘두르며 앞으로 나아갔다. 바야흐로 일신의 충심(衷心)을 증험하여 버드나무 가지들이 곧게 뻗은 것과 같으니, 인하여 구이(九夷)의 기세를 두렵게 하였다. 공훈을 기재하여 상주국이 되고 상으로 비단 500단을 주었다. (「楊大隱 墓誌銘」: 『全唐文新編』 993)
고구려	정관 연간(627~649)에 이르러 군사 모집에 응하여 정성을 다하였다. 염택(鹽澤)을 엄숙히 하여 총산(葱山)을 잠재우고, 삼한을 절멸시켜 구종(九種)을 말끔하게 하였다. 여러 번 나아가면 반드시 승리하니, 공적이 쌓이면서 공훈이 뛰어나게 되었다. 마땅히 상주국을 제수받고, 이어서 소무교위(昭武校尉)를 더하였다. (「元師獎 墓誌銘」: 『全唐文補遺』 3; 『全唐文新編』 994)
고구려	유요(劉遼)의 부친 호인(胡仁)은 당 초기에 붓을 던지고 종군하여 음산(陰山) 북쪽에서 적을 쓸어버리고, 몸을 던져 정벌하여 요수(遼水) 동쪽에서 재앙을 막았다. 뛰어난 책략이 비밀스럽게 전해져서 공훈으로 효기(驍騎)에서 녹을 받았다. (「劉遼 墓誌銘」: 『唐代墓誌滙篇』; 『全唐文補遺』 5)37)

---

37) 이 기사에는 연대 표기가 없으나, 이 앞에 "唐初投筆從戎"이라는 구절이 있고 "鎖気遼水之東"라는 구절

649(己酉/신라 진덕왕 3 太和 3/고구려 보장왕 8/백제 의자왕 9/唐 貞觀 23/倭 大化 5)

신라	봄 정월에 처음으로 중국왕조의 의관을 입었다. (『三國史記』5 新羅本紀 5 眞德王)
신라	봄 정월에 신라가 처음으로 중화의 제도에 의거하여 관복(冠服)을 만들었다. (『三國史節要』9)
신라	또한 습속과 복장이 중국과 달라서 이를 고쳐야 한다고 하여, 자장은 오직 정삭을 숭배하였으니 의리에 어찌 두 마음이 있었겠는가? 그리하여 이 일을 상량(商量)하니 온 나라가 이를 완수하여 변방의 복장을 고치고 오로지 당의 의전에 따랐다. 그런 까닭에 해마다 여러 속국들이 모여 조공을 드릴 때에는 지위가 상번(上蕃)에 있게 되었다. 또한 관리를 임명하고 놀이를 하는 것도 모두 중국과 같이 하게 되었다. 이 사실을 근거로 헤아려 본다면 고금을 통하여 그 예를 찾기 어렵다. (『續高僧傳』24 護法 下 唐新羅國大僧統 釋慈藏 5(圓勝))
신라	자장(慈藏)은 해동의 이적 같은 풍속을 반드시 한번 바로잡아야 한다고 여겨서 화하(華夏)를 방불(彷佛)하였다. 옛 유림(儒林)·범원(梵苑)은 지금에 이르러 볼 수 있으니, 모두 자장의 유지(遺志)이다. (『新修科分六學僧傳』4 慧學 傳宗科 唐慈藏)
신라	또한 습속과 복장이 중국과 달라서 이를 고쳐야 한다고 하여, 자장은 오직 정삭을 숭배하였다. 온 나라가 이를 완수하여 변방의 복장을 고치고 오로지 당의 의전에 따랐다. (『高僧摘要』3 慈藏)
신라	정관(貞觀)23년 2월 계사일(18) 신라의 특진(特進) 김춘추(金春秋)가 귀국하였다. 3품 이상으로 하여금 연회를 베풀어 전별(餞別)하게 하니, 예를 우대함이 심히 갖추어졌다. (『冊府元龜』974 外臣部 19 褒異 1)
신라	귀국할 때에 조서를 내려 3품 이상으로 하여금 연회를 베풀어 전별하게 하니, 예를 우대함이 심히 갖추어졌다. 춘추가 아뢰기를, "신은 일곱 아들이 있으니, 황제 곁에서 떨어지지 않고 숙위하게 하기를 바랍니다."라고 하였다. 이에 그 아들 문주(文注)와 대감(大監) △△에게 명령하였다. 춘추가 돌아오다가 바다 위에 이르러 고구려의 순라병을 만났다. 춘추의 종자 온군해(溫君解)가 높은 관과 큰 옷을 갖추고 배 위에 앉았다. 순라병이 보고 춘추라고 여겨서 그를 잡아서 죽였다. 춘추는 작은 배에 타고 본국에 이르렀다. 왕이 그것을 듣고 감탄하며 애통하여 군해에게 대아찬(大阿湌)을 추증하고 그 자손에게 넉넉하게 상주었다. (『三國史記』5 新羅本紀 5 眞德王)
신라	장차 돌아가려고 할 때에 조서를 내려 3품 이상으로 하여금 연회를 베풀어 전별하게 하니, 예를 우대함이 심히 갖추어졌다. 춘추가 아뢰기를, "신은 일곱 아들이 있으니, 아들 하나를 머무르게 하여 숙위를 갖추기를 바랍니다."라고 하였다. 이에 그 아들 문주를 머무르게 하고 돌아왔다. 춘추가 바다 위에 이르러 고구려의 순라병을 만났다. 종자 온군해가 높은 관과 큰 옷을 갖추고 배 위에 앉았다. 순라병이 춘추라고 여겨서 그를 죽였다. 춘추는 작은 배에 타고 죽음을 면할 수 있었다. 왕이 군해를 가상히 여겨서 대아찬(大阿湌)을 추증하고 그 자손에게 넉넉하게 상주었다. (『三國史節要』9)
신라	장차 귀국하려 할 때에 품 이상으로 하여금 연회를 베풀어 전별하게 하니, 예를 우대함이 심히 맞았다. (『舊唐書』199上 列傳 149上 新羅)
신라	인사하고 귀국하려 할 때에 칙서를 내려 3품 이상으로 하여금 교외에서 전별하게 하였다. (『新唐書』220 列傳 145 東夷 新羅)

은 고구려 공격을 의미한다. 그에 따라 貞觀 연간에 고구려 공격이 이루어진 645~648년으로 편년하고 마지막해인 648년에 배치하였다.

고구려	태종(太宗) 정관23년에 어떤 사람이 서간을 올려 설만철이 원망하는 말이 있었다고 알렸다. 이리하여 조정에서 조정에서 곡직(曲直)을 변명하였는데, 만철이 굽혀서 말하였다. 이에 제명하여 몽주(蒙州)에 유배시켰다. (『冊府元龜』456 將帥部 117 不和 薛萬徹)
고구려	병(兵)이라는 것은 흉기이나 어쩔 수 없이 그것을 사용한다. 그러므로 후한(後漢) 광무제(光武帝)가 말하기를, "한번 병사를 일으킬 때마다 머리카락이 희어지는 것을 깨닫지 못한다."라고 하였다. 예로부터 이래로 궁극의 병과 무는 망하지 않은 적이 없었다. 부견(苻堅)은 스스로 병사의 강함을 믿고 동진(東晉)을 반드시 병탄하고자 하여 병사 100만을 일으켰으나 한번에 망하였다. 수(隋)의 군주는 또한 고구려를 반드시 취하고자 하여 자주 해마다 수고롭게 전역을 일으켰으나 사람들이 원망을 이기지 못하여 필부의 손에 죽었다. 힐리(頡利) 같은 경우에 이르러서도 예전에 자주 와서 우리 나라를 침입하였으나 부락이 정역(征役)에 피로하여 마침내 멸망에 이르렀다. 짐이 지금 이것을 보건대 어찌 문득 곧 병사를 일으킬 수 있겠는가? 다만 산의 험함을 지나가고 지역에 풍토병이 많을 뿐이라고 하나, 만약 우리 병사가 전염병이 들면 비록 이 만(蠻)을 이겨서 없애더라도 또한 무엇으로 보충할 것인가? 말하는 사이에 어찌 개의(介意)하기에 족하겠는가? (『全唐文』9 太宗皇帝 答有司請討林邑 詔)
고구려	여름 4월에 당 태종이 돌아가셨다. 유조(遺詔)로 요동의 전역을 중지하라고 하였다. 논하여 말한다. "처음에 태종이 요동에서 일을 일으키려 할 때 말리는 사람이 하나가 아니었다. 또 안시성(安市城)에서 군대를 돌린 후에는 스스로 성공할 수 없었던 것을 깊이 후회하고 탄식하여 말하기를, '만일 위징(魏徵)이 살아 있었다면 나로 하여금 이번 원정을 하게 하지는 않았을 것이다.'고 하였다. 장차 다시 정벌하려 할 때에 사공(司空) 방현령(房玄齡)이 병중에서 표문을 올려서 간언하였다. '노자(老子)는 만족할 줄 알면 욕되지 않고 그칠 줄 알면 위태롭지 않다고 하였습니다. 폐하는 위세와 명성 그리고 공덕이 이미 족하다고 말할 수 있고 토지를 개척하고 강역을 넓혔으니 또한 그만둘 만합니다. 또 폐하께서 한 명의 중죄인을 판결할 때마다 반드시 세 번 되풀이하고 다섯 번 아뢰게 하며, 간소한 반찬을 올리게 하고 음악을 중지한 것은 사람의 목숨을 소중히 여기시는 것입니다. 지금 죄가 없는 사졸들을 몰아서 창칼 아래에 내버려두어 간과 뇌를 쏟아내고 비참하게 죽게 하는 것은 불쌍하지 아니합니까? 지난번에 고구려가 신하의 절개를 어겼다면 죽일 만하고, 백성을 습격하여 빼앗고 소란하게 했다면 멸망시킬 만하며, 나중에 중국의 근심이 될 것이라면 제거할 만할 것입니다. 지금 이 3조항이 없는데 앉아서 중국을 번거롭게 하면서, 안으로 앞 시대의 부끄러움을 씻고 밖으로 신라를 위하여 복수한다고 하지만, 어찌 얻는 것이 작고 잃는 것은 큰 것이 아니라고 하겠습니까? 바라오니 폐하께서는 고구려가 제 스스로 지난 허물을 뉘우쳐 깨닫고 새 길로 들어서도록 허락하시고, 파도를 헤치고 갈 배를 불사르고 모집에 응한 군사를 돌려보내면, 자연히 화(華)와 이(夷)가 기뻐하며 의지할 것이며 먼 지방에서는 공경하고 가까운 지방은 편안하게 될 것입니다.' 방현령이 죽으려 할 때 한 말이 지성스럽기가 이와 같았으나, 황제는 따르지 않고 동쪽 지역을 쓸쓸하게 만들어 자신이 즐거워하려다 죽고 나서야 그만두었다. 사론에서 '큰 것을 좋아하고 공을 세우는 것을 즐거워하여 멀리 전쟁을 하도록 하였다.'고 말한 것은 이것을 두고 말한 것이 아니겠는가? 유공권(柳公權)의 소설에 전한다. '주필(駐蹕)의 전투에서 고구려가 말갈과 군사를 합하니 사방 40리여

서, 태종이 이를 바라보고 두려워하는 기색이 있었다.' 또 전한다. '6군이 고구려에 패하여 거의 떨쳐 일어나지 못하게 되었을 때, 척후병이 이적(李勣)의 대장기인 흑기(黑旗)가 포위되었다고 알리자 황제가 크게 두려워하였다.' 비록 마침내 스스로 빠져나갔지만 위태롭고 두려워함이 저와 같았는데 『신당서(新唐書)』·『구당서(舊唐書)』와 사마광(司馬光)의 『자치통감(資治通鑑)』에서 언급하지 않은 것은 어찌 나라를 위하여 숨긴 것이 아니겠는가?"(『三國史記』 22 高句麗本紀 10 寶臧王 下)

고구려 여름 4월에 황제가 돌아가셨다. 유조로 요동의 전역을 중지하라고 하였다.

김부식(金富軾)이 말하였다. "처음에 태종이 요동에서 일을 일으키려 할 때 말리는 사람이 하나가 아니었다. 또 안시성에서 군대를 돌린 후에는 스스로 성공할 수 없었던 것을 깊이 후회하고 탄식하여 말하기를, '만일 위징이 살아 있었다면 나로 하여금 이번 원정을 하게 하지는 않았을 것이다.'고 하였다. 장차 다시 정벌하려 할 때에 사공 방현령이 병중에서 표문를 올려서 간언하였다. '노자는 만족할 줄 알면 욕되지 않고 그칠 줄을 알면 위태롭지 않다고 하였습니다. 폐하는 위세와 명성 그리고 공덕이 이미 족하다고 말할 수 있고 토지를 개척하고 강역을 넓혔으니 또한 그만둘 만합니다. 또 폐하께서 한 명의 중죄인을 판결할 때마다 반드시 세 번 되풀이하고 다섯 번 아뢰게 하며, 간소한 반찬을 올리게 하고 음악을 중지한 것은 사람의 목숨을 소중히 여기시는 것입니다. 지금 죄가 없는 사졸들을 몰아서 창칼 아래에 내버려두어 간과 뇌를 쏟아내고 비참하게 죽게 하는 것은 불쌍하지 아니합니까? 지난번에 고구려가 신하의 절개를 어겼다면 죽일 만하고, 백성을 습격하여 빼앗고 소란하게 했다면 멸망시킬 만하며, 나중에 중국의 근심이 될 것이라면 제거할 만할 것입니다. 지금 이 3조항이 없는데 앉아서 중국을 번거롭게 하면서, 안으로 앞 시대의 부끄러움을 씻고 밖으로 신라를 위하여 복수한다고 하지만, 어찌 얻는 것이 작고 잃는 것은 큰 것이 아니라고 하겠습니까? 바라오니 폐하께서는 고구려가 제 스스로 지난 허물을 뉘우쳐 깨닫고 새 길로 들어서도록 허락하시고, 파도를 헤치고 갈 배를 불사르고 모집에 응한 군사를 돌려보내면, 자연히 화와 이가 기뻐하며 의지할 것이며 먼 지방에서는 공경하고 가까운 지방은 편안하게 될 것입니다.' 방현령이 죽으려 할 때 한 말이 지성스럽기가 이와 같았으나, 황제는 따르지 않고 동쪽 지역을 쓸쓸하게 만들어 자신이 즐거워하려다 죽고 나서야 그만두었다. 사론에서 '큰 것을 좋아하고 공을 세우는 것을 즐거워하여 멀리 전쟁을 하도록 하였다.'고 말한 것은 이것을 두고 말한 것이 아니겠는가? 유공권의 소설에 전한다. '주필의 전투에서 고구려가 말갈과 군사를 합하니 사방 40리여서, 태종이 이를 바라보고 두려워하는 기색이 있었다.' 또 전한다. '6군이 고구려에 패하여 거의 떨쳐 일어나지 못하게 되었을 때, 척후병이 이적의 대장기인 흑기가 포위되었다고 알리자 황제가 크게 두려워하였다.' 비록 마침내 스스로 빠져나갔지만 위태롭고 두려워함이 저와 같았는데 『신당서』·『구당서』와 사마광(司馬光)의 『자치통감』에서 언급하지 않은 것은 어찌 나라를 위하여 숨긴 것이 아니겠는가?"(『三國史節要』 9)

신라 5월 계묘일 초하루에 소화하(小花下) 미와노키미시코부(三輪君色夫), 대산상(大山上) 가니모리노무라지츠노마로(掃部連角麻呂) 등을 신라에 보냈다. (『日本書紀』 25 孝德紀)

신라 『반야바라밀다심경(般若波羅蜜多心經)』 1권[『내전록(內典錄)』 제2를 보면 나오는데, 『마하반야대명주경(摩訶般若大明呪經)』 등과 동본(同本)이고, 정관23년 5월24일에 종남산(終南山) 취미궁(翠微宮)에서 번역하였으며, 사문(沙門) 지인(知仁)이 적었다는 것이 보인다.] (『開元釋敎錄』 8 總括群經錄 上之8 沙門釋玄奘 智仁知仁智忍)

고구려	실행하지 못하고 황제가 돌아가셨다. (『舊唐書』 199上 列傳 149上 高麗)
고구려	때마침 황제가 돌아가셔서 이에 모두 중지하였다. 장(藏)이 사자를 파견해 받들어 위로하였다. (『新唐書』 220 列傳 145 東夷 高麗)
고구려	『신당서(新唐書)』 고려전(高麗傳)에 전한다. " (…) 때마침 황제가 돌아가셔서 이에 중지하였다."(『玉海』 191 兵捷露布 3 唐遼東道行臺大摠管李勣俘高麗獻俘昭陵檄高麗含元殿數俘)
고구려	대체로 천명의 무거움은 녹착(綠錯)이 그 도서를 받들었고, 천자의 존엄함은 적현(赤縣)이 그 사목(司牧)을 앞섰다. 그러나 공로가 조화(造化)를 겸하여 교산(橋山)의 나무가 이미 음(陰)하고 업적이 승평(昇平)에 이르러 창오(蒼梧)의 가마가 바야흐로 머니, 도적의 난을 평정하고 백성을 안정시키며 홍수와 재앙을 씻고 큰 걱정거리를 물리치기에 이르렀다. 황제(黃帝)가 53번 싸우고 상(商)의 탕왕(湯王)이 27번 정벌한 것은 이것으로 위엄을 편 것이니, 일찍이 어찌 계산에 족하겠는가? 예전에 어지러움이 사영(斯永)에 계(階)하고 화가 수말(隋末)에 종을 치니, 경우(磬宇)가 기운을 응(凝)하고 에혼(曀昏)이 상(象)을 진(辰)하며 면구(綿區)가 경(梗)을 만들고 요탕(搖蕩)이 하(河)를 강(江)하였다. 짐이 무상(舞象)의 해에 불의(拂衣)하고 뱀을 벤 땅에서 칼을 뽑으니, 비록 다시 요망한 1,000명의 왕망(王莽)이라도 돈거(軘車)에 머리를 벨 것이고 흉악한 100명의 치우(蚩尤)라도 군고(軍鼓)에 시체의 피를 바를 것이다. 수문(垂文)은 염야(炎野)에 창(暢)하고 여용(餘勇)은 두극(斗極)에 징(澄)하니, 전왕이 물리치지 못한 지역은 모두 의관을 청하였고 이전 역사에서 게재되지 않은 고을은 모두 주현으로 삼았다. 지축을 다시 매어 건락(乾絡)을 고쳐 펴니, 예의는 환영(寰瀛)에 넘치고 콩과 조는 물과 불 같아서 영소(靈沼)에서 배를 깨뜨리고 무고에서 창과 칼을 거두었다. 신이(辛李)·위청(衛青)·곽거병(霍去病) 같은 장수가 토우(土宇)를 모두 나누고 진신(縉紳)·묘랑(廟廊)의 인재가 대수(帶綬)를 함께 드리우니, 집집마다의 백성과 관하(關河)의 유로(遺老)에 이르러서는 혹은 금백을 영(贏)하고 혹은 창저(倉儲)를 가져온다. 짐은 천하의 사대부에게 진 것이 없다고 할 수 있고, 짐은 천하의 창생(蒼生)에게 안정되게 길렀다고 할 수 있다. 바람에 빗질하고 비에 목욕하고 나서 마침내 미려(弭沴)를 이루니 서정(庶政)을 걱정하고 수고하여 침아(沈痾)를 다시 일으켰다. 하물며 이에 한(漢)이 고생하고 주(周)가 부지런하며 우(禹)가 굳은살이 박히고 요(堯)가 석(腊)한 것은 백성을 불쌍히 여긴 결과이다. 도가 있고 사물이 가며 사람과 이치가 함께 돌아가니, 원천(元泉)에 가려지는 것이 대체로 또한 무엇이 한스럽겠는가? 황태자 치(治)는 큰 효성이 신에 통하고 하늘에서 생겨난 덕으로 거듭 감무(監撫)를 경험하여 기무(機務)에 숙달되었다. 모든 그 백료(百僚)와 여러 공(公)·경(卿)·사(士)는 지난 일이 있는 것을 보내고 짐의 뜻에 어긋남이 없게 하라. 속광(屬纊)한 후에 7일만에 곧 빈(殯)을 하여 종묘·사직은 이에 존재하고 군주는 없게 할 수 없다. 황태자는 관 앞에 나아가 황제에 즉위하고, 주·한의 옛 제도에 의거하여 군국대사는 멈추고 빠뜨릴 수 없으니 평소의 한가한 일은 담당 관사에 맡기도록 하라. 문무의 관인으로 3품 이상은 모두 3일 간 아침부터 신시까지 곡에 임하여 15번 소리를 올리고 일이 끝나면 곧 나가게 하라. 4품 이하는 조당에 임하고 그 전 안에 임해야 하는 경우에는 아침저녁으로 임하는 것이 아니면 함부로 곡할 수 없도록 하라. 제왕(諸王)으로 도독(都督)·자사(刺史)에 임명된 경우에는 모두 와서 분상(奔喪)하게 하지만, 복왕(濮王)·내왕(萊王)은 오는 범위에 있지 않다. 그 방진(方鎭)·악목(岳牧)에서 재임 중인 관인은 각각 임지에서 3일 동안 애도식을 거행하라. 그 상복·기일의 경중은 마땅히 한의 제도에 의거하여 날로 달을 바꾸라. 원릉(園陵)의 제도는 검약에 따

르도록 힘쓰니, 예전에 패릉(霸陵)을 파지 않은 것은 짐의 뜻이다. 요동에 가는 일은 모두 중지하라. 태원(太原)에 본래 따른 사람 중 지금 있는 경우에는 각각 훈관(勳官) 1급을 하사하라. 모든 영작(營作)·토목(土木)하는 공사는 모두 마땅히 중지해야 한다. (『全唐文』9 太宗皇帝 遺詔)

신라 백제 가을 8월에 백제의 장군 은상(殷相)이 무리를 이끌고 와서 석토(石吐) 등 7성을 공격하여 함락시켰다. 왕은 대장군(大將軍) 유신, 장군 진춘(陳春)·죽지(竹旨)·천존(天存) 등에게 명령하여 나가서 그에게 맞서게 하였다. 옮겨다니며 싸워서 10일이 지났으나 풀리지 않아서, 나아가 도살성(道薩城) 아래에 주둔하였다. 유신이 무리에게 말하였다. "오늘 반드시 백제군의 첩자가 올 것이니, 너희들은 모르는 척하고 구태여 수하(誰何)하지 말라." 이에 군중을 돌게 하면서 말하였다. "성벽을 견고하게 하여 움직이지 말라. 내일 원군을 기다린 후에 결전할 것이다." 첩자가 그것을 듣고 돌아와 은상에게 보고하였다. 은상 등이 추가 병사가 있다고 여겨 의심하고 두려워하지 않을 수 없었다. 이리하여 유신 등이 진격하여 대패시키니, 장사 100명을 죽이거나 사로잡고 군졸 8,980급을 참수하였으며 전마 1만 필을 얻었다. 병장기 같은 것에 이르러서는 이루 다 헤아릴 수 없었다. (『三國史記』5 新羅本紀 5 眞德王)

백제 신라 가을 8월에 왕이 좌장(左將) 은상을 파견하여 정예병 7,000명을 이끌고 신라의 석토 등 7성을 공격하여 취하였다. 신라의 장수 유신·진춘·천존·죽지 등이 맞서서 그를 공격하였으나, 불리하여 흩어진 군졸을 거두어 도살성 아래에 주둔하였다. 다시 싸워서 우리 군대가 패배하였다. (『三國史記』28 百濟本紀 6 義慈王)

신라 백제 진덕왕 대화(大和) 2년 가을 8월에 백제의 장군 은상이 와서 석토 등 7성을 공격하였다. 왕은 유신 및 죽지·진춘·천존 등의 장군에게 명령하여 나가서 방어하게 하니, 삼군을 나누어 다섯 길로 그들을 공격하였다. 서로의 승부가 10일이 지나도록 옮겨다니며 싸워서, 쓰러진 시체가 들에 가득하고 흐르는 피가 절구공이를 뜨게 할 정도에 이르렀다. 이리하여 도살성 아래에 주둔하여, 말을 물먹이고 군사를 먹여 다시 공격할 것을 도모하였다. 이 때 물새가 동쪽으로 날아가면서 유신의 막사를 지나가는 일이 있었다. 장사(將士)가 그것을 보고 상서롭지 못하다고 여기자, 유신이 말하기를, "이것은 괴이하게 여기기에 부족하다."라고 하고, 무리에게 말하기를, "오늘 반드시 백제군의 첩자가 올 것이니, 너희들은 모르는 척하고 구태여 수하하지 말라."라고 하였다. 이에 군중을 돌게 하면서 말하였다. "성벽을 견고하게 하여 움직이지 말라. 내일 원군이 이르기를 기다린 후에 결전할 것이다." 첩자가 그것을 듣고 돌아와 은상에게 보고하였다. 은상 등이 추가 병사가 있다고 여겨 의심하고 두려워하지 않을 수 없었다. 이리하여 유신 등이 한번에 떨쳐 공격하여 크게 이기니, 장군·달솔 정중(正仲)과 사졸 100명을 사로잡고 좌평 은상, 달솔 자견(自堅) 등 10명 및 군졸 8,980급을 참수하였으며 말 1만 필, 갑옷 1,800령을 얻었다. 기타 기계는 이와 같았다. 돌아올 때에 길에서 백제의 좌평 정복(正福)이 군졸 1,000명과 와서 항복하는 것을 보고, 그들을 모두 놓아주어 가고자 하는 대로 맡겼다. 수도에 이르자, 왕이 문까지 맞이하여 위로함이 넉넉하고 후하였다. (『三國史記』42 列傳 2 金庾信 中)

백제 신라 가을 8월에 백제가 좌장 은상을 파견하여 정예병 7,000명을 이끌고 신라의 석토 등 7성을 공격하여 함락시켰다. 왕은 대장군 유신 및 죽지·진춘·천존 등에게 명령하여 나가서 맞서게 하니, 삼군을 나누어 다섯 길로 그들을 공격하였다. 서로의 승부가 10일이 지나도록 옮겨다니며 싸워서, 쓰러진 시체가 들에 가득하였다. 마침내 나아가 도살성 아래에 주둔하여, 말을 물먹이고 군사를 먹였다. 이 때 물새가 동쪽으로 날아가면서 유신의 막사를 지나가는 일이 있었다. 장사가 상서롭지 못하다고 여기자,

유신이 말하였다. "이것은 괴이하게 여기기에 부족하다. 오늘 반드시 백제군의 첩자가 올 것이니, 너희들은 모르는 척하고 구태여 수하하지 말라." 이에 군중을 돌게 하면서 말하였다. "성벽을 견고하게 하여 움직이지 말라. 내일 원군이 이르기를 기다린 후에 결전할 것이다." 첩자가 그것을 듣고 돌아와 은상에게 보고하였다. 은상 등이 추가 병사가 있다고 여겨 의심하고 두려워하였다. 이리하여 유신 등이 떨쳐 공격하여 크게 이기니, 장군 정중을 사로잡고 은상 및 장사 10명, 군졸 8,980급을 참수하였으며 말 1만 필을 얻었다. 병기계는 이루 다 기록할 수 없었다. 좌평 정복이 그 무리와 항복하자, 유신이 그들을 모두 풀어주었다. 개선하자, 왕이 맞이하여 위로함이 넉넉하고 후하였다. (『三國史節要』9)

백제	겨울 11월에 천둥이 치고, 얼음이 얼지 않았다. (『三國史記』28 百濟本紀 6 義慈王)
백제	겨울 11월에 백제에 천둥이 치고, 얼음이 얼지 않았다. (『三國史節要』9)
신라	『인명정리문론(因明正理門論)』본(本) 1권[『내전록』을 보면 대역룡(大域龍) 보살(菩薩)이 저술하였는데, 처음 번역한 것은 의정(義淨)이 번역한 것과 동본이며, 정관23년 12월25일에 대자은사(大慈恩寺) 번경원(翻經院)에서 번역하였으며, 사문 지인이 적었다는 것이 보인다.] (『開元釋敎錄』8 總括群經錄 上之8 沙門釋玄奘 智仁知仁智忍)
신라	『인명정리문론』본 1권[『내전록』을 보면 대역룡 보살이 저술하였는데, 처음 번역한 것은 의정이 번역한 것과 동본이며, 정관23년 12월25일에 대자은사 번경원에서 번역하였으며, 사문 지인이 적었다는 것이 보인다.] (『貞元新定釋敎目錄』11 總集群經錄 上之11 沙門釋玄奘 智仁知仁智忍)
신라	이 해 신라왕이 사록부(沙喙部)·사찬(沙湌) 김다수(金多遂)를 보내 인질로 삼았다. 따라온 사람은 37명이다[승려 1명, 시랑(侍郞) 2명, 승(丞) 1명, 달관랑(達官郞) 1명, 중객(中客) 5명, 재기(才伎) 10명, 역어(譯語) 1명, 여러 겸인(傔人) 16명, 모두 37명이다]. (『日本書紀』25 孝德紀)
백제	여러 해 동안 조공이 마침내 끊어졌다. (『唐會要』95 百濟)
백제	여러 해 동안 조공이 마침내 끊어졌다. (『太平寰宇記』172 四夷 1 東夷 1 百濟國)
백제	대당(大唐)의 무덕(武德)·정관 연간(618~649)에 자주 사신을 파견해 조공하였다. (『通典』185 邊防 1 東夷 上 百濟)
고구려 백제	고구려악·백제악은 (…) 정관 연간(627~649)에 두 나라를 멸망시키고 그 음악을 다 얻었다. (『唐會要』33 東夷二國樂 高麗百濟)
고구려 백제	『당회요(唐會要)』에 전한다. "고구려악·백제악은 (…) 정관 연간(627~649)에 두 나라를 멸망시키고 그 음악을 다 얻었다."(『玉海』108 音樂四夷樂 唐十四國樂見前十部樂)
고구려 백제	『당회요』에 (…) 또 전한다. "백제는 정관 연간(627~649)에 두 나라를 멸망시키고, 그 음악을 다 얻었다."(『太平御覽』567 樂部 5 四夷祭)
고구려	유인원(劉仁願)은 정관 연간(627~649)에 우위위장군(右威衛將軍)·비열도행군총관(卑列道行軍總管)이 되어 사공(司空) 이적(李勣)이 기일을 정해 만나기로 하였는데, 지

체하여 이르지 못하자 역마로 불러 수도에 이르렀다. 황제가 말하기를, "자고로 군법은 기일에 늦으면 모두 죽는다."라고 하였다. 인원이 이뢰었다. "신은 전후 40여 명을 이적이 있는 곳에 사자로 보냈으나, 도로가 황폐하고 막혀서 모두 이르지 못하였고, 다. 마지막 한 사자만이 비로소 대군에 도착할 수 있었습니다. 신은 또 연진(延津) 등 7성을 공격하여 얻고 평양을 공격하려 하였는데, 이적의 병마가 갑자기 돌아서 돌아갔습니다. 일에는 원인과 까닭이 있으나, 신의 탓이 아닙니다." 황제가 말하였다. "너는 병사 1만여 명을 거느렸고 모두 날랜 군졸인데, 성읍을 함락시킨 것은 1,000명도 되지 않는다. 이것으로 조목조목 나누어 설명 하여 다시 거짓말을 만드는구나." 마침내 찾아서 내보내고 묘당(廟堂)에서 그를 참수하려고 하였다. 인원이 호소하여 소리를 그치지 않으니, 황제는 그가 동해를 지킨 부지런함이 있었으므로, 특별히 죽음을 면하고 요주(姚州)에 유배시켰다. (『冊府元龜』 447 將帥部 108 違約 劉仁願)

고구려   정관 연간(627~649)에 요서(遼西) 유성(柳城)의 말갈(靺鞨)로 이름을 제시계(帝示階)라고 하는 자가 나이 18세 때에 도망쳐 고구려로 들어가서, 2촌 정도 되는 동불상을 주웠다. 그는 그것이 어떤 신명(神明)인지 몰랐으나 가죽 주머니 안에 안치하였다가 술과 고기를 마시고 먹을 때마다 끄집어내서 제사를 올렸다. 그 후 그가 고구려에 체포되자 자신은 북쪽 변방의 말갈이라고 상세히 말하였으나, 관리는 믿지 않고 간첩이라 생각하여 칼로 세 번 내리쳤으나 피부와 살이 조금도 상하지 않았다. 신인(神人)이 아닌가 의심하여 무슨 도술이 있는지 물었다. 그는 "없다. 오직 신명에게 공양할 따름이다."라고 답하고, 이에 그 동상을 내어 보였다. 관리는 "이는 우리 나라에 있는 부처이다."라고 말하였다. 이로 인하여 그 시말을 말해주며 불상의 등을 보니 세 개의 칼 흔적이 있었다. 마침내 그를 놓아주고 당(唐)으로 가게 하면서 그곳에는 크게 불사가 있으니 자문할 수 있을 것이라고 하였다.
그 사람은 믿음을 얻고 그것을 품 속에 간직하여 깊이 속세의 그물을 싫어하게 되었으며 지금은 유주(幽州)에 있으면서 출가하였다. 그는 크게 총명하여 행동에 법도가 있고, 강원을 돌아다니며 경전의 강의를 들어서 듣는 것은 곧 해득하였으며, 의문이 있으면 기록하여 물었는데 그의 질문은 모두 그윽하고 깊은 뜻에 관한 것이어서 생각이 이에 미치지 못하는 사람은 그를 어려워하였다. (『續高僧傳』 25 感通 中 幽州北狄帝示階沙門 31)

신라 고구려   아리야발마(阿離耶跋摩)는 신라 사람이다. 정관 연간(627~649)에 장안의 광협산(廣脇山)[왕성의 산 이름이다.]을 떠나 인도에 와서 불교의 정법을 추구하고 성스러운 불교 유적을 직접 순례하였다. 나란타사(那爛陀寺)에 머물면서 율장(律藏)과 논장(論藏)을 익히고 여러 불경을 요약하여 베껴썼다. 슬프도다! 돌아올 마음이 많았으나 그것을 이루지 못하였다. 동쪽 끝인 계귀(雞貴)에서 나와 서쪽 끝인 용천(龍泉)에서 돌아가셨는데, 나이가 70세였다[계귀는 범어(梵語)로 구구타의설라(矩矩吒醫說羅)라고 하는데, 구구타(矩矩吒)는 계(雞)이고, 의설라(醫說羅)는 귀(貴)라는 뜻이니, 곧 고구려국이다]. 서로 전하는 바에 따르면, 그 나라에서는 닭의 신을 받들어 모시기에 날개털을 머리에 꽂아 치장을 한다고 한다. 그래서 서방에서는 고구려를 구구타의설라라고 한다. 나란타사에 연못이 있는데 이름을 용천이라고 한다. (『大唐西域求法高僧傳』 上 新羅 阿離耶跋摩法師)

신라   혜업법사(慧業法師)는 신라 사람이다. 정관 연간(627~649)에 인도로 가서 보리사(菩提寺)에 머물면서 성스러운 불교 유적을 순례하고 나란타사에서 오랫동안 강의를 듣고 불경을 읽었다. 의정(義淨)이 이곳에서 당(唐)의 서적을 조사하다가 우연히 『양론(梁論)』 아래에 "불치목(佛齒木) 나무 아래에서 신라 승려 혜업이 베껴 적다"라는 문구를 보게 되었다. 이 절의 승려에게 물어 보았더니 그는 이곳에서 세상을 떠났다고 하며 나이는 60여 세에 가까웠다고 한다. 그가 베꼈던 범어 책은 모두 나란타사에 있다. (『大唐西域求法高僧傳』上 新羅 慧業法師)

신라   현각법사(玄恪法師)는 신라 사람이다. 현조법사(玄照法師)와 정관 연간(627~649)에 서로 따라서 대각사(大覺寺)에 이르렀다. 그곳을 예경하는 소원을 풀고 나서 병에 걸려 죽었다. 나이는 고작 40을 넘었을 뿐이었다. (『大唐西域求法高僧傳』上 新羅 玄恪法師)

신라   혜륜선사(慧輪禪師)는 신라 사람이다. 범어 이름은 반야발마(般若跋摩)라고 한다[당에서는 혜갑(慧甲)이라고 한다]. 신라에서 출가하여 승려가 되어 성스러운 불교유적을 순례할 뜻을 품고 뱃길로 민월(閩越)에 상륙하여 육로로 걸어서 장안에 도착하였다. 칙명을 받들어 현조법사가 서쪽으로 갈 때 시자(侍者)로 따라가게 되었다. 인도에 가서는 성스러운 불교 유적을 고루 순례하고 암마리발국(菴摩離跋國)에 가서 신자사(信者寺)에서 10년을 살았다. 근래에는 동쪽으로 가서 북쪽 도화라(覩貨羅) 승려들의 사찰에 머물고 있다. 원래 이 사찰은 도화라 사람이 그 본국의 승려를 위해 세운 것으로 금전과 자산이 충분하여 공양이나 식량의 차림새가 더 말할 바 없이 좋다. 사찰 이름은 건타라산다(健陀羅山茶)라고 한다. 혜륜은 여기에 머물렀는데, 범어를 잘 하고 『구사론(俱舍論)』도 깊이 연구하였다. 의정이 중국으로 돌아올 때에도 그는 이 절에 남아 있었는데, 나이는 40을 바라보고 있었다. 북쪽의 승려로서 온 자들은 모두 이 사찰에 머무르면서 주인처럼 대접을 받을 뿐이다. (『大唐西域求法高僧傳』上 新羅 慧輪法師)

신라   신라국에 김과의(金果毅)가 있어 한 남자 아이를 낳아서 어려서부터 출가하였는데, 『법화경(法華經)』을 독송(讀誦)하기를 즐겨하였다. 제2권에 이르러 잘못하여 한 글자를 불에 태웠고, 18세에 갑자기 요절하였다. 다른 곳의 김과의의 집에서 환생하였는데, 다시 출가하였다. 곧 『법화경』을 독송하는 것을 지나치게 좋아하였는데, 제2권에 이르면 매번 한 글자에서 묻는 대로 잊어버렸다. 꿈에 어떤 사람이 말하였다. "소승은 전생에 그 향(鄕)의 아무개 김과의의 집에서 태어나 또한 출가를 하였는데, 그대가 살아있을 때 『법화경』을 독송하다가 잘못하여 한 글자를 태웠다. 이것이 금생(今生)에서 알게 되는 대로 잊어버리게 된 것이니. 그대의 옛 법화경이 지금 남아 있으니 가서 그대가 직접 보시오." 이 소승은 꿈에 의지하여 그가 찾는 곳으로 가니 과연 그 집이 있었다. 투숙하는 것을 구실로 방문하여 전생의 부모인지 아련하게 알고자 하여 옛 법화경을 찾아내어 보니 곧 제2권에 실제로 한 글자가 불에 타 있는 것을 보았다. 소승과 전생의 부모는 슬픔과 기쁨이 교차하고 어우러졌다. 두 집안은 마침내 친해져 양가가 한 집안처럼 지냈다. 당연히 이 일은 주현(州縣)에 알려졌고, 주현에서는 이러한 사정을 왕에게 보고하였으며, 온 나라의 모든 이에게 알려져 지금까지 끊이지 않았다. 곧 정관 연간(627~649) 때이다. (『弘贊法華傳』9 轉讀 7 唐新羅沙彌)

요하   한(漢)의 장수는 둔영(屯營)을 본거지로 삼는데, / 요하(遼河)에 수성(戍城)이 있었네. / 대부(大夫)는 일찍이 성을 취하고, / 선생도 일찍이 명성을 얻었네. / 높은 가지 먼 기러기 떨쳐내고, / 성긴 그림자 멀리 별을 건너네. / 더위 잡고 꺾는 괴로움 사양하지 않음은, / 관현악의 소리에 편입하기 위함일세. (『文苑英華』323

詩 173 花木 3 杜之松 敬和衛尉于卿柳)

백제	20세가 되지 않아, 지적(地籍)으로 달솔을 제수받았다. (「黑齒常之 墓誌銘」)
백제	백제의 달솔 겸 풍달군장(風達郡將)이 되었는데, 당의 자사와 같다고 한다. (『三國史記』44 列傳 4 黑齒常之)
백제	처음에 본국에 있을 때 관직에 나아가 달솔 겸 군장이 되었는데, 중국의 자사와 같다. (『舊唐書』109 列傳 59 黑齒常之)
백제	백제의 달솔 겸 풍달군장(風達郡將)이 되었는데, 당의 자사와 같다고 한다. (『新唐書』110 列傳 35 諸夷蕃將 黑齒常之)
백제	백제에서 관직에 나아가 달솔 겸 군장이 되었는데, 중국의 자사와 같다. (『資治通鑑』201 唐紀 17 高宗 中之上)

650(庚戌/신라 진덕왕 4 太和 4/고구려 보장왕 9/백제 의자왕 10/唐 永徽 1/倭 白雉 1)

백제 고구려　2월 경오일이 초하루인 무인일(9) 아나토노쿠니노미코토모치(穴戶國司) 구사카베노무라지시코부(草壁連醜經)가 흰 꿩을 바치며, "구니노미야츠코노오비토(國造首)의 동족 니에(贄)가 정월 9일에 오노야마(麻山)에서 잡았습니다"라고 하였다. 이에 그것을 백제군(百濟君)에게 물으니, 백제군이 말하기를, "후한(後漢) 명제(明帝) 영평(永平)11년(68)에 흰 꿩이 여기저기에 나타났습니다."라고 하였다. 또 사문(沙門)들에게 물으니, 사문들이 대답하기를, "귀로 들어보지도 못하고 눈으로 본 적도 없는 일입니다. 천하에 사면령을 내리시어 민심을 기쁘게 하십시오."라고 하였다. 도등법사(道登法師)는 말하였다. "옛날 고구려가 절을 짓고자 하여 살펴보지 않은 땅이 없었는데, 바로 한 곳에서 흰 사슴이 천천히 지나갔습니다. 드디어 이 곳에 절을 세우고 백록원사(白鹿薗寺)라고 이름하고 불법을 머물게 하였습니다. 또 흰 참새가 한 절의 전장(田莊)에 나타났으므로 온 나라 사람들이 모두 좋은 징조라고 하였습니다. 또 당(唐)에 보냈던 사신이 다리가 셋인 죽은 새를 가지고 오니 나라 사람들이 또 좋은 징조라고 하였습니다. 이것들은 비록 대수롭지 않은 것인데도 오히려 상서로운 일이라고 하는데, 하물며 흰 꿩이겠습니까?" (『日本書紀』25 孝德紀)

백제 고구려 신라
　2월 갑신일(15) 조정의 의장대가 원단(元旦)에 모이는 의례와 같았다. 좌우의 대신과 백관들이 자문(紫門) 밖에서 네 줄로 늘어섰다. 아와타노오미이이무시(粟田臣飯蟲) 등 4명이 꿩을 태운 수레를 잡고 앞서서 갔다. 좌우의 대신들은 백관과 백제군 풍장(豐璋), 그 동생 색성(塞城)·충승(忠勝), 고구려의 시의(侍醫) 모치(毛治), 신라의 시학사(侍學士) 등을 거느리고 중정(中庭)에 이르렀다. (『日本書紀』25, 孝德紀)

신라　여름 4월에 교서를 내려 진골로서 관등이 있는 자는 아홀(牙笏)을 잡게 하였다. (『三國史記』5 新羅本紀 5 眞德王)
신라　여름 4월에 신라가 교령(敎令)을 내려 진골로서 관등이 있는 자는 아홀을 사용하게 하였다. (『三國史節要』9)

신라 고구려 백제
　여름 4월에 신라가 사신을 파견해 조(調)를 바쳤다[어떤 책에 전한다. "이 천황의 치세에 고구려·백제·신라 삼국이 매년 사신을 파견해 조공하였다]. (『日本書紀』25 孝德紀)

신라 백제   6월에 사신을 대당(大唐)에 파견하여 백제의 무리를 격파한 것을 알렸다. 왕이 비단
을 짜서 오언(五言)의 태평송(太平頌)을 지어서, 춘추의 아들 법민(法敏)을 파견하여
당의 황제에게 바쳤다. 그 가사는 다음과 같다.
대당은 큰 왕업(王業)을 여니, / 높디높은 황제의 포부가 창성하도다. / 전쟁을 그
치니 천하가 안정되고, / 선왕을 이어받아 문치(文治)를 닦도. / 하늘을 본받음에
때맞춰 비를 내리고, / 만물을 다스림에 저마다 빛나도다. / 깊은 인자함은 해·달과
짝하고, / 시운(時運)을 어루만져 태평으로 나아가네. / 깃발들은 얼마나 번쩍거리
며, / 군악 소리는 얼마나 우렁찬가! / 명을 어기는 외이(外夷)여, / 칼날에 엎어져
천벌을 받으리라. / 순후한 풍속 곳곳에 퍼지니, / 원근에서 다투어 상서(祥瑞)를
바치도다. / 사철이 옥촉(玉燭)처럼 고르고, / 해와 달은 만방을 두루 도네. / 산악
의 정기는 현명한 재상을 내리시고, / 황제는 좋은 신하를 등용하도다. / 삼황오제
(三皇五帝)가 한 덕(德)을 이루니, / 우리 당의 황제를 빛나게 하도.
고종(高宗)이 가상히 여겨, 법민을 태부경(太府卿)으로 임명하여 돌려보냈다. (『三國
史記』5 新羅本紀 5 眞德王)

신라 백제   6월에 신라왕이 김춘추의 아들 법민을 파견하여 당에 가서 백제를 격파한 것을 알
렸다. 왕이 또 스스로 태평송을 지어서, 비단을 짜서 무늬로 만들어 바쳤다. 그 가
사는 다음과 같다.
대당은 큰 왕업을 여니, / 높디높은 황제의 포부가 창성하도다. / 전쟁을 그치니 천
하가 안정되고, / 선왕을 이어받아 문치를 닦도. / 하늘을 본받음에 때맞춰 비를
내리고, / 만물을 다스림에 저마다 빛나도다. / 깊은 인자함은 해·달과 짝하고, /
시운을 어루만져 태평으로 나아가네. / 깃발들은 얼마나 번쩍거리며, / 군악 소리는
얼마나 우렁찬가! / 명을 어기는 외이여, / 칼날에 엎어져 천벌을 받으리라. / 순후
한 풍속 곳곳에 퍼지니, / 원근에서 다투어 상서를 바치도다. / 사철이 옥촉처럼 고
르고, / 해와 달은 만방을 두루 도네. / 산악의 정기는 현명한 재상을 내리시고, /
황제는 좋은 신하를 등용하도다. / 삼황오제가 한 덕을 이루니, / 우리 당의 황제를
빛나게 하도.
황제가 가상히 여겨, 법민을 태부경으로 임명하여 돌려보냈다. (『三國史節要』9)

신라 백제   고종 영휘(永徽)원년 6월에 신라왕 김진덕(金眞德)이 백제의 무리를 대파하고, 사신
을 파견하여 보고하였다. (『冊府元龜』995 外臣部 40 交侵)

신라 백제   영휘원년에 진덕이 백제의 무리를 대파하고 그 동생 법민을 파견하여 보고하였다.
진덕은 이에 비단을 짜서 오언의 태평송을 지어서 그것을 바쳤다. 그 가사는 다음과
같다.
대당은 큰 왕업을 여니, / 높디높은 황제의 포부가 창성하도다. / 전쟁을 그치니 천
하가 안정되고, / 선왕을 이어받아 문치를 닦도. / 하늘을 본받음에 때맞춰 비를
내리고, / 만물을 다스림에 저마다 빛나도다. / 깊은 인자함은 해·달과 짝하고, /
시운을 어루만져 태평으로 나아가네. / 깃발들은 얼마나 번쩍거리며, / 군악 소리는
얼마나 우렁찬가! / 명을 어기는 외이여, / 칼날에 엎어져 천벌을 받으리라. / 순후
한 풍속 곳곳에 퍼지니, / 원근에서 다투어 상서를 바치도다. / 사철이 옥촉처럼 고
르고, / 해와 달은 만방을 두루 도네. / 산악의 정기는 현명한 재상을 내리시고, /
황제는 좋은 신하를 등용하도다. / 삼황오제가 한 덕을 이루니, / 우리 당의 황제를
빛나게 하도.
황제가 그것을 가상히 여겨, 법민을 태부경으로 임명하였다. (『舊唐書』199上 列傳
149上 東夷 新羅)

신라 백제   고종 영휘원년에 백제를 공격하여 격파하고 그 춘추의 아들 법민을 파견하여 들어
와 조공하였다. 진덕은 비단을 짜서 송을 만들어 바쳤는데, 다음과 같다.

큰 당은 큰 왕업을 여니, / 높디높은 황제의 포부가 창성하도다. / 전쟁을 그치니 천하가 안정되고, / 선왕을 이어받아 문치를 일으키도다. / 하늘을 본받음에 때맞춰 비를 내리고, / 만물을 다스림에 저마다 빛나도다. / 깊은 인자함은 해·달과 짝하고, / 시운을 어루만져 태평으로 나아가네. / 깃발들은 이미 번쩍거리니, / 군악 소리는 얼마나 우렁찬가! / 명을 어기는 외이여, / 칼날에 엎어져 천벌을 받으리라. / 순후한 풍속 곳곳에 퍼지니, / 원근에서 다투어 상서를 바치도다. / 사철이 옥촉처럼 고르고, / 해와 달은 만방을 두루 도네. / 산악의 정기는 현명한 재상을 내리시고, / 황제는 좋은 신하를 등용하도다. / 삼황오제가 한 덕을 이루니, / 우리 당의 황제를 빛나게 하도다.

황제가 그 뜻을 아름답게 여겨, 법민을 태부경으로 발탁하였다. (『新唐書』 220 列傳 145 東夷 新羅)

신라 백제 | 영휘원년에 신라왕 김진덕이 백제를 대파하고, 사신 김법민(金法敏)을 파견하여 와서 조공하였다. 이어서 비단을 짜서 오언의 태평시(太平詩)를 지어 바쳤다. 황제가 그것을 가상히 여겨 법민을 태부경으로 임명하였다. (『唐會要』 95 新羅)

신라 백제 | 영휘원년에 그 왕 김진덕이 백제를 대파하고, 춘추의 아들 법민을 파견하여 보고하였다. 또 비단을 짜서 지은 오언의 태평송을 바치게 하였다. (『太平寰宇記』 174 四夷 3 東夷 3 新羅國)

신라 | 신라왕 진덕이 고종 영휘원년에 비단을 짜서 오언의 태평송을 지어서 그것을 바쳤다. 그 가사는 다음과 같다.

대당은 큰 왕업을 여니, / 높디높은 황제의 포부가 창성하도다. / 전쟁을 그치니 천하가 안정되고, / 선왕을 이어받아 문치를 닦도다. / 하늘을 본받음에 때맞춰 비를 내리고, / 만물을 다스림에 저마다 빛나도다. / 깊은 인자함은 해·달과 짝하고, / 시운을 어루만져 태평으로 나아가네. / 깃발들은 얼마나 번쩍거리며, / 군악 소리는 얼마나 우렁찬가! / 명을 어기는 외이여, / 칼날에 엎어져 천벌을 받으리라. / 순후한 풍속 곳곳에 퍼지니, / 원근에서 다투어 상서를 바치도다. / 사철이 옥촉처럼 고르고, / 해와 달은 만방을 두루 도네. / 산악의 정기는 현명한 재상을 내리시고, / 황제는 좋은 신하를 등용하도다. / 삼황오제가 한 덕을 이루니, / 우리 당의 황제를 빛나게 하도다.

당의 황제가 가상히 여겼다. (『冊府元龜』 962 外臣部 7 才智)

신라 백제 | 『구당서(舊唐書)』 신라전(新羅傳)에 (…) 또 전한다. "영휘원년에 신라왕 진덕이 백제의 무리를 대파하고 그 동생의 아들 법민을 파견하여 보고하였다. 진덕은 이에 비단을 짜서 오언의 태평송을 지어서 바쳤다. 그 가사는 다음과 같다.

대당은 큰 왕업을 여니, / 높디높은 황제의 포부가 창성하도다. / 전쟁을 그치니 천하가 안정되고, / 선왕을 이어받아 문치를 닦도다. / 하늘을 본받음에 때맞춰 비를 내리고, / 만물을 다스림에 저마다 빛나도다. / 깊은 인자함은 해·달과 짝하고, / 시운을 어루만져 태평으로 나아가네. / 깃발들은 얼마나 번쩍거리며, / 군악 소리는 얼마나 우렁찬가! / 명을 어기는 외이여, / 칼날에 엎어져 천벌을 받으리라. / 순후한 풍속 곳곳에 퍼지니, / 원근에서 다투어 상서를 바치도다. / 사철이 옥촉처럼 고르고, / 해와 달은 만방을 두루 도네. / 산악의 정기는 현명한 재상을 내리시고, / 황제는 좋은 신하를 등용하도다. / 삼황오제가 한 덕을 이루니, / 우리 대당을 빛나게 하도다.

황제가 그것을 가상히 여겨, 법민을 태부경으로 임명하였다." (『太平御覽』 781 四夷部 2 東夷 2 新羅)

신라 백제 | 『신당서(新唐書)』 신라전에 전한다. " (…) 당 고종 영휘원년에 신라의 여왕 진덕이 백제를 공격하여 격파하고,[백제의 동남쪽에 있는데, 본래 진한(辰韓)의 종족이다.

양(梁) 보통(普通) 2년에 백제를 따라 토산물을 받들어 바쳤다.] 춘추의 아들 법민을 파견하여 들어와 조공하며 비단을 짜서 송을 만들어 바쳤는데, 다음과 같다.

큰 당은 큰 왕업을 여니, / 높디높은 황제의 포부가 창성하도다. / 전쟁을 그치니 천하가 안정되고, / 선왕을 이어받아 문치를 일으키도다. / 하늘을 본받음에 때맞춰 비를 내리고, / 만물을 다스림에 저마다 빛나도다. / 깊은 인자함은 해·달과 짝하고, / 시운을 어루만져 태평으로 나아가네. / 깃발들은 이미 번쩍거리니, / 군악 소리는 얼마나 우렁찬가! / 명을 어기는 외이여, / 칼날에 엎어져 천벌을 받으리라. / 순후한 풍속 곳곳에 퍼지니, / 원근에서 다투어 상서를 바치도다. / 사철이 옥촉처럼 고르고, / 해와 달은 만방을 두루 도네. / 산악의 정기는 현명한 재상을 내리시고, / 황제는 좋은 신하를 등용하도다. / 삼황오제가 한 덕을 이루니, / 우리 당의 황제를 빛나게 하도다.

황제가 그 뜻을 아름답게 여겨, 법민을 태부경으로 발탁하였다.[『당회요(唐會要)』에 전한다. "영휘원년에 신라왕 김진덕이 백제를 대파하고, 사신을 파견하여 와서 조공하였다. 이어서 비단을 짜서 오언의 태평시를 지어 바쳤다. 황제가 그것을 가상히 여겼다."] (『玉海』153 朝貢外夷內朝內附 唐新羅織錦頌觀釋奠賜晉書)

신라 백제	신라왕 덕진(德眞)[본전(本傳)에서는 진덕이라고 한다.]이 비단을 짜서 태평시(太平詩)를 지었다. 영휘 5년에 덕진이 백제의 무리를 대파하였다. 본전에 전한다. " (…) 영휘원년에 백제를 격파하고, 비단을 짜서 송(頌)을 지어 바쳤다. 5년에 죽었다."이것에 의거하면 영휘 5년은 마땅히 원년이라고 해야 한다. (『文苑英華辨證』4 年月 2)
신라	신라왕이 비단을 짜서 시를 지었는데, '만물을 다스림에 저마다 빛나도다.'라고 하였다. 다스림이라는 이(理)는 당서 본전에는 치(治)라고 하였다. 이것은 고종 영휘원년에 시를 바쳐서 마땅히 고종의 휘를 피한 것이다. 곧 이가 맞다. (『文苑英華辨證』8 避諱)
신라 백제	김진덕은 신라왕 김진평(金眞平)의 딸이다. 진평이 끝내 아들이 없자, 뒤이어 즉위하여 왕이 되었다. 시 한 수가 있다. 태평시[영휘원년에 진덕이 백제의 무리를 대파하고, 비단을 짜서 오언의 태평시를 지어서 그 동생의 아들 법민을 파견하여 바쳤다.] 대당은 큰 왕업을 여니, / 높디높은 황제의 포부가 창성하도다. / 전쟁을 그치니 천하가 안정되고, / 선왕을 이어받아 문치를 닦도다['일으키도다'라고도 한다]. / 하늘을 본받음에 때맞춰 비를 내리고, / 만물을 다스림에 저마다 빛나도다. / 깊은 인자함은 해·달과 짝하고, / 시운을 어루만져 태평으로 나아가네. / 깃발들은 얼마나 번쩍거리며, / 군악 소리는 얼마나 우렁찬가! / 명을 어기는 외이여, / 칼날에 엎어져 천벌을 받으리라. / 온화한['순후한'이라고도 한다.] 풍속 우주['곳곳'이라고도 한다.]에 퍼지니, / 원근에서 다투어 상서를 바치도다. / 사철이 옥촉처럼 고르고, / 해와 달은 만방을 두루 도네. / 산악의 정기는 현명한 재상을 내리시고, / 황제는 좋은 신하를 등용하도다['임명하도다'라고도 한다]. / 삼황오제가 모두 한 덕이니, / 우리 당의 황제를['대당을'이라고도 한다.] 빛나게 하도다. (『全唐詩』797 金眞德)
신라	제28대 진덕여왕이 즉위하였다. 스스로 태평가(太平歌)를 지어 비단을 짜서 무늬로 만들었고, 사신에게 명령하여 당에 가서 그것을 바쳤다[어떤 책에 춘추공을 사신으로 삼아 가서 병사를 청하게 하고, 태종이 그것을 가상히 여겨 허락하며 소정방(蘇定方)에게 운운하는 것은 모두 잘못이다. 현경(現慶) 전에 춘추는 이미 왕위와 올랐으므로, 현경 연간의 경신(庚申)은 태종이 아니라 곧 고종의 치세이고, 정방이 온 것은 현경 연간의 경신이다.그러므로 비단을 짜서 무늬를 만든 것은 병사를 청할 때가 아님을 알 수 있다. 진덕의 치세에 있는 것이 마땅하다. 아마도 김흠순(金欽純)을

놓아줄 것을 청한 때일 것이다]. 당 황제가 가상히 여겨 그에게 상을 주고 계림국왕(雞林國王)으로 고쳐 봉하였다. 그 가사는 다음과 같다.

대당은 큰 왕업을 여니, / 높디높은 황제의 포부가 창성하도다. / 전쟁을 그치니 천하가 안정되고, / 선왕을 이어받아 문치를 닦도다. / 하늘을 본받음에 때맞춰 비를 내리고, / 만물을 다스림에 저마다 빛나도다. / 깊은 인자함은 해·달과 짝하고, / 시운을 어루만져 태평시대로 나아가네. / 깃발들은 얼마나 번쩍거리며, / 군악 소리는 얼마나 우렁찬가! / 명을 어기는 외이여, / 칼날에 엎어져 천벌을 받으리라. / 순후한 풍속 곳곳에 퍼지니, / 원근에서 다투어 상서를 바치도다. / 사철이 옥촉처럼 고르고, / 해와 달은 만방을 두루 도네. / 산악의 정기는 현명한 재상을 내리시고, / 황제는 좋은 신하를 등용하도다. / 삼황오제가 한 덕을 이루니, / 우리 당의 황제를 빛나게 하도다. (『三國遺事』 1 紀異 1 眞德王)

신라 백제	신라왕 덕진이 비단을 짜서 태평시를 지었다는 것 같은 것이다. 신라왕 덕진[곧 신라왕 김진평(金眞平)의 딸이다. 진평이 죽었는데 아들이 없자 딸이 이에 계승하여 즉위하였다.]이 백제의 무리를 대파하자, 그 조카 법민(法敏)이 보고하였다. 『신당서』 본전에 전한다. "(…) 여동생 진덕이 왕을 계승하였다. 백제를 격파하자, 동생인 이찬자(伊贊子) 춘추(春秋)의 아들 법민이 입조하여 비단을 짜서 송을 지어 바쳤다." 이것에 의하면 덕진은 마땅히 진덕이라고 해야하고, 법민은 곧 진덕의 동생 이찬자 춘추의 아들이다. (『文苑英華辨證』 3 人名 4)
고구려	여름 6월에 반룡사(盤龍寺) 보덕화상(普德和尚)은 나라가 도교를 받들고 불법을 믿지 않으므로, 남쪽으로 가서 완산(完山) 고대산(孤大山)으로 옮겼다. (『三國史記』 22 高句麗本紀 10 寶臧王 下)
고구려	『고려본기(高麗本記)』에 전한다. "(…) 이 때에 보덕화상은 반룡사에 있으면서 잘못된 도가 정도에 맞서면 국운이 위태로울 것을 걱정하여, 여러 차례 왕에게 간했으나 듣지 않았다. 이에 그는 신통력으로 방장(方丈)을 날려 남쪽의 완산주(完山州)[지금의 전주(全州)이다.] 고대산으로 옮겨가서 살았다. 곧 영휘원년 경술 6월이었다[또 본전(本傳)에서는 건봉(乾封) 2년(667) 정묘 3월 3일이라고 하였다]. 그 후 얼마 되지 않아 나라가 멸망하였다[총장(總章)원년(668) 무진에 나라가 망했으므로, 경술년과 떨어진 것을 계산하면 19년이다]. 지금 경복사(景福寺)에 비래방장(飛來方丈)이 있다고 한 것이 이것이다[이상은 『국사(國史)』이다]." 이자현(李資玄)이 남긴 시가 그 당(堂)에 남아 있고, 김부식(金富軾)은 그의 전기를 지어 세상에 전하였다. (『三國遺事』 3 興法 3 寶藏奉老普德移庵)
고구려	고구려 승려 보덕(普德)이 그 나라가 도교를 받들고 불법을 믿지 않으므로, 배반하여 백제 고대산으로 도망갔다. (『三國史節要』 9)
고구려	『해동고승전(海東高僧傳)』에 전한다. "승려 보덕은 자가 지법(智法)이고 전 고구려 용강현(龍岡縣) 사람이라고 한다. 자세한 것은 뒤의 본전에 실려 있다. 항상 평양성(平壤城)에 살았는데 산방(山房)의 노승이 와서 경전 강연을 요청하였다. 법사는 굳이 사양하다가 어쩔 수 없이 가서 『열반경(涅槃經)』 40여 권을 강연하였다. 강연이 끝나고 성의 서쪽 대보산(大寶山) 동굴 아래에 이르러 참선을 하는데, 어떤 신인(神人)이 와서 이 땅에 와서 살라고 청하고, 곧 앞에 석장을 두고 그 땅을 가리키며 말하였다. "이 아래에 8면7층석탑(八面七層石塔)이 있다." 그곳을 파보았더니 과연 그러하였다. 인하여 정사(精舍)를 세우고 영탑사(靈塔寺)라고 하고서 그곳에서 살았다. (『三國遺事』 3 塔像 4 高麗靈塔寺)
고구려	가을 7월에 서리와 우박이 곡식을 해쳐 백성들이 굶주렸다. (『三國史記』 22 高句麗

신라　　　　『본사경(本事經)』 7권[『내전록(內典錄)』에 보인다. "영휘원년 9월10일 대자은사(大慈恩寺) 번경원(翻經院)에서 번역하였고, 11월 8일에 마쳤다. 사문(沙門) 정매(靖邁)·신방(神昉) 등이 적었다."] (『貞元新定釋敎目錄』 11 總集群經錄 上之11 沙門釋玄奘 智仁知仁智忍)

신라　　　　『본사경』 7권[『내전록』에 보인다. "영휘원년 9월10일 대자은사 번경원에서 번역하였고, 11월 8일에 마쳤다. 사문 정매·신방 등이 적었다."] (『開元釋敎錄』 8 總括群經錄 上之8 沙門釋玄奘 神昉)

신라　　　　이 해에 처음으로 중국의 영휘 연호를 시행하였다.
　　　　　　　논하여 말한다. "삼대가 정삭(正朔)을 고치고 후대에 연호를 칭한 것은 모두 크게 통일되어 백성이 보고 듣는 것을 새로이 한 까닭이다. 이런 까닭에 진실로 때를 타고 함께 일어나 양립하고 천하를 다투거나 대체로 간웅이 틈을 타서 만들어서 신기(神器)를 넘겨다 보는 것이 아니라면, 치우친 쪽의 소국으로 천자의 나라에 신속한 경우에 정말로 사사로이 연호를 부를 수 없다. 만약 신라가 한 뜻으로 중국을 섬겼다면, 바다 건너서 조공하는 것이 길에 서로 보이게 해야 한다. 그러나 법흥왕이 연호를 자칭하였으니, 혹시 모르겠다. 그 후에도 잘못을 이기고 오류를 계승하여 해를 지낸 것이 많은 바, 태종의 꾸짖음을 듣고도 오히려 계속 이어서 여기에 이르렀다. 그런 후에야 당의 연호를 받들어 행하니, 비록 어쩔 수 없어서 나온 것이지만, 도리어 잘못하고 고칠 수 있는 것이라고 할 수 있을 것이다."(『三國史記』 5 新羅本紀 5 眞德王)

신라　　　　신라가 처음으로 당의 영휘 연호를 시행하였다.
　　　　　　　김부식(金富軾)이 말하였다. "삼대가 정삭을 고치고 후대에 연호를 칭한 것은 모두 크게 통일되어 백성이 보고 듣는 것을 새로이 한 까닭이다. 이런 까닭에 진실로 때를 타고 함께 일어나 양립하고 천하를 다투거나 대체로 간웅이 틈을 타서 만들어서 신기를 넘겨다 보는 것이 아니라면, 사사로이 연호를 행할 수 없다. 만약 신라가 한 뜻으로 중국을 섬겼다면, 바다 건너서 조공하는 것이 길에 서로 보이게 해야 한다. 그러나 법흥왕이 연호를 자칭하였으니, 혹시 모르겠다. 그 후에도 잘못을 이기고 오류를 계승하여 해를 지낸 것이 이미 오래 되었으니, 태종의 꾸짖음을 듣고도 오히려 계속 이어서 여기에 이르렀다. 그런 후에야 당의 연호를 받들어 행하니, 비록 어쩔 수 없어서 나온 것이지만 도리어 잘못하고 고칠 수 있는 것이라고 할 수 있을 것이다."(『三國史節要』 9)

신라 고구려　이상의 기록을 의상전(義湘傳)에서 살펴보면, "영휘 초년에 당에 들어가 지엄(智儼)을 배알하였다."고 하나, 부석사(浮石寺)의 본비(本碑)에 의거하면 다음과 같다. "의상(義湘)은 무덕(武德) 8년(625)에 태어나 어린 나이에 출가하였다. 영휘원년 경술에 원효(元曉)와 함께 당에 들어가려고 하였으나, 고구려에 이르러 어려움이 있어 돌아왔다. (…) "(『三國遺事』 3 塔像 4 前後所將舍利)

신라 고구려　법사 의상은 아버지가 한신(韓信)으로 김씨이다. 나이 29세에 수도의 황복사(皇福寺)에서 머리를 깎고 중이 되었다. 얼마 있지 않아 서방으로 가서 불교의 교화를 보고자 하였다. 마침내 원효와 함께 요동으로 나갔다. 변방의 순라군에게 첩자로 오인받아 수십 일 동안 갇혔다가 간신히 면하여 돌아왔다[이 사실은 최치원(崔致遠)이 지은 본전(本傳)과 원효의 행장(行狀) 등에 실려 있다][이상 650년].
　　　　　　　영휘 초년에 마침 당 사신의 배가 서방으로 돌아가려고 하자 편승하여 중국(中國)으로 들어갔다. 처음 양주(揚州)에 머물렀더니, 주장(州將) 유지인(劉至仁)이 청하여 관아 안에 머무르게 했는데 공양이 넉넉하였다. 얼마 있지 않아 종남산(終南山) 지상사(至相寺)로 찾아가서 지엄을 배알하였다. 지엄이 전날 밤 꿈에 큰 나무 하나가 해동에서 나서 그 가지와 잎이 널리 퍼져 중원에까지 와서 덮고, 그 위에는 봉황의 둥지가 있는데 올라가서 보니 마니보주(摩尼寶珠)가 하나 있어 광명이 멀리까지 비쳤다. 꿈을 깨고는 놀랍고 이상히 여겨 청소를 하고 기다렸더니 의상이 곧 이르렀다. 특별한 예의로 맞아 조용히 말하기를, "나의 어제 꿈은 그대가 나에게 올 징조였다."고 하고, 제자가 됨을 허락하였다. 의상은 『잡화경(雜花經)』의 미묘한 뜻을 구석구석 분석하였다. 지엄이 학문을 상의할 영특한 자질을 만나 새 이치를 능히 발견해내어 가히 깊은 것을 파고 숨은 것을 찾아내니, 저 쪽과 꼭두서니가 본색을 잃은 것과 같았다(이상 661년). (『三國遺事』4 義解 5 義湘傳敎)

백제	이 해에 (…) 야마토노아야노아타이아가타(倭漢直縣), 시라카베노무라지아부미(白髮部連鐙), 나니와노키시아구라(難波吉士胡床)를 아기노쿠니(安藝國)에 보내어 백제선 2척을 만들게 하였다. (『日本書紀』25 孝德紀)

고구려	영휘원년에 한인해(韓仁楷)는 태종문무성황제(太宗文武聖皇帝)를 따라서 요동을 토벌하였으므로, 훈관(勳官) 무기위(武騎尉)를 제수받았다. (「韓仁楷 墓誌銘」: 『全唐文補遺』2; 『唐代墓誌滙篇』; 『全唐文新編』994)

651(辛亥/신라 진덕왕 5/고구려 보장왕 10/백제 의자왕 11/唐 永徽 2/倭 白雉 2)

신라	봄 정월 초하루에 왕이 조원전(朝元殿)에 행차하여 백관의 정월 하례를 받았다. 하정례(賀正禮)가 여기에서 시작되었다. (『三國史記』5 新羅本紀 5 眞德王)
신라	봄 정월 초하루에 신라왕이 조원전에 행차하여 백관의 조하(朝賀)를 받았다. 하정례가 여기에서 시작되었다. (『三國史節要』9)
신라	이 왕대에 처음으로 정단례(正旦禮)를 행하고 처음으로 시랑(侍郎) 호칭을 시행하였다. (『三國遺事』1 紀異 1 眞德王)
신라	2월에 품주(稟主)를 고쳐 집사부(執事部)라고 하고, 이어서 파진찬(波珍飡) 죽지(竹旨)를 집사중시(執事中侍)로 임명하여 기밀사무를 맡게 하였다. (『三國史記』5 新羅本紀 5 眞德王)
신라	2월에 신라가 품주를 고쳐 집사부라고 하고, 이어서 파진찬 죽지를 집사중시로 임명하여 기밀을 맡게 하였다. (『三國史節要』9)
신라	집사성(執事省)은 본래 이름이 품주이다[혹은 조주(祖主)라고 한다]. 진덕왕(眞德王) 5년에 고쳐서 집사부라고 하였다. (…) 중시(中侍)는 1명인데, 진덕왕 5년에 설치하였다. (『三國史記』38 雜志 7 職官 上)
신라	이 왕대에 처음으로 정단례를 행하고 처음으로 시랑 호칭을 시행하였다. (『三國遺事』1 紀異 1 眞德王)
백제 신라	여름 6월에 백제·신라가 사신을 파견해 조(調)와 물품을 바쳤다. (『日本書紀』25 孝德紀)
신라	△△△ 파진찬 김인문(金仁問)을 파견하여 당에 들어가 조공하고 이어서 머무르면서 숙위하였다. (『三國史記』5 新羅本紀 5 眞德王)
신라	영휘(永徽) 2년에 김인문은 나이가 23세였는데, 왕명을 받아서 대당(大唐)에 들어가

	숙위하였다. 고종이 바다를 건너 와서 조공하여 충성이 숭상할 만하다고 여겨, 특별히 좌령군위장군(左領軍衛將軍)을 제수하였다. (『三國史記』 44 列傳 4 金仁問)
신라	신라가 파진찬 김인문을 파견하여 당에 가고 이어서 머무르면서 숙위하였다. 인문은 춘추의 둘째아들이다. 어려서 학문에 나아가 여러 책을 널리 보고 겸하여 노장(老莊)·불교의 설도 섭렵하였으며, 예서(隸書)를 잘 썼고 사어(射御)를 잘 하였으며 음률에 밝아서 식견과 도량이 크고 멀었다. 이 때에 이르러 황제가 바다를 건너 와서 조공하여 충성이 숭상할 만하다고 여겨, 특별히 좌령군위장군을 제수하니 나이가 23세였다. (『三國史節要』 9)
신라	조부(調府)는 (…) 영(令)이 2명인데 진덕왕 5년에 설치하였고 관등은 금하(衿荷)부터 태대각간(太大角干)까지로 그것을 삼았다. (…) 대사(大舍)가 2명인데 진덕왕이 설치하였고 (…) 관등은 사지(舍知)부터 나마(奈麻)까지로 그것을 삼았다. (『三國史記』 38 雜志 7 職官 上)
신라	창부(倉部)는 예전에 창부의 일을 품주에서 겸하였다가, 진덕왕 5년에 이르러 이 관사를 나누어 설치하였다. 영이 2명인데 관등은 대아찬(大阿湌)부터 대각간(大角干)까지로 그것을 삼았다. 경(卿)이 2명인데 진덕왕 5년에 설치하였고 (…) 관등은 병부대감(兵部大監)과 같다. 대사가 2명인데 진덕왕이 설치하였고 (…) 관등은 병부대사(兵部大舍)와 같다. (…) 사(史)가 8명인데 진덕왕이 설치하였다. (『三國史記』 38 雜志 7 職官 上)
신라	예부(禮部)는 (…) 경이 2명인데 진덕왕 2년[5년이라고도 한다.]에 설치하였고 (…) 관등은 조부경(調府卿)과 같다. 대사가 2명인데 진덕왕 5년에 설치하였고 (…) 관등은 조부대사(調府大舍)와 같다. (…) 사가 8명인데 진덕왕 5년에 3명을 더하였고 관등은 조부사(調府史)와 같다. (『三國史記』 38 雜志 7 職官 上)
신라	영객부(領客府)는 (…) 영이 2명인데 진덕왕 5년에 설치하였고 관등은 대아찬부터 각간(角干)까지로 그것을 삼았다. (『三國史記』 38 雜志 7 職官 上)
신라	좌이방부(左理方府)는 진덕왕 5년에 설치하였다. (…) 영이 2명인데 관등은 급찬(級湌)부터 잡찬(迊湌)까지로 그것을 삼았다. 경이 2명인데 진덕왕이 설치하였고 (…) 관등은 다른 경과 같다. 좌(佐)가 2명인데 진덕왕이 설치하였고 (…) 관등은 사정좌(司正佐)와 같다. (『三國史記』 38 雜志 7 職官 上)
신라	상사서(賞賜署)는 (…) 대사가 2명인데 진덕왕 5년에 설치하였고 (…) 관등은 사지부터 나마까지로 그것을 삼았다. (『三國史記』 38 雜志 7 職官 上)
신라	국학(國學)은 (…) 대사가 2명인데 진덕왕 5년에 설치하였고 (…) 관등은 사지부터 나마까지로 그것을 삼았다. (『三國史記』 38 雜志 7 職官 上)
신라	음성서(音聲署)는 (…) 대사가 2명인데 진덕왕 5년에 설치하였고 (…) 관등은 사지부터 나마까지로 그것을 삼았다. (『三國史記』 38 雜志 7 職官 上)
신라	공장부(工匠府)는 (…) 주서(主書)가 2명인데[주사(主事)라고도 하고, 대사라고도 한다.] 진덕왕 5년에 설치하였고 관등은 사지부터 나마까지로 그것을 삼았다. 사가 4명이다. (『三國史記』 38 雜志 7 職官 上)
신라	채전(彩典)은 (…) 주서가 2명인데 진덕왕 5년에 설치하였고 관등은 사지부터 나마까지로 그것을 삼았다. (『三國史記』 38 雜志 7 職官 上)
신라	전사서(典祀署)는 (…) 대사가 2명인데 진덕왕 5년에 설치하였고 관등은 사지부터 나마까지로 그것을 삼았다. 사가 4명이다. (『三國史記』 38 雜志 7 職官 上)
신라	시위부(侍衛府)는 3도(三徒)가 있는데 진덕왕 5년에 설치하였다. (『三國史記』 40 雜志 9 職官 下 武官)
신라	신라가 조부에 영 2명, 대사 2명을 설치하였는데 영의 관등은 금하부터 태대각간까

지로 그것을 삼았다. 창부에 영 2명, 경 2명, 대사 2명, 사 8명을 설치하였는데 영의 관등은 대아찬부터 대각간까지로 그것을 삼았다. 예부에 경 2명, 대사 2명, 사 8명을 설치하였다. 영객부에 영 2명을 설치하였는데 관등은 대아찬부터 각간까지로 그것을 삼았다. 좌이방부(左理方部)에 영 2명, 경 2명, 좌 2명을 설치하였는데 영의 관등은 급찬부터 잡찬까지로 그것을 삼았다. 상사서에 대사 2명, 국학에 대사 2명, 음성서에 대사 2명을 설치하였다. 공장부(工匠部)에 주서 2명, 사 4명을 설치하였는데 주서의 관등은 사지부터 나마까지로 그것을 삼았다. 채전에 주서 2명을 설치하였는데 관등은 사지부터 나마까지로 그것을 삼았다. 전사서에 대사 2명, 사 4명을 설치하였는데 관등은 사지부터 나마까지로 그것을 삼았다. 시위부에 3도가 있다. (『三國史節要』9)

백제 고구려 신라

사신을 파견해 당에 들어가 조공하였다. 사신이 돌아갈 때에 고종(高宗)이 새서를 내려 왕을 깨우쳤다. "해동의 삼국은 개국한지 오래이며 강계가 나란히 있어 실로 견아의 형세처럼 국경이 서로 들쭉날쭉 닿아 있다. 근래에 와서 마침내 원한이 생기고 서로 침공을 하여 조금도 편안할 해가 없었다. 마침내 삼한의 백성으로 하여금 목숨이 도마 위에 놓이게 하고, 창을 쌓아 분풀이를 하는 것이 아침저녁으로 거듭되니, 짐이 하늘을 대신하여 만물을 다스림에 있어 깊이 안타까워하는 바이다. 지난 해 고구려·신라 등의 사신이 함께 와서 입조하였을 때에 짐은 서로의 원한을 풀고 다시 우호를 돈독히 하도록 명령하였다. 신라의 사신 김법민(金法敏)은 아뢰었다. '고구려와 백제가 순치(脣齒)의 관계로 서로 의지하고 있으면서 다투어 군사를 일으켜 번갈아 침략하므로, 큰 성과 중요한 진들이 모두 백제에 병합되니, 강토는 날로 줄어들고 위력 또한 잃고 있습니다. 바라건대 백제에게 조서를 내려 침략한 성을 돌려주게 하십시오. 만약 조서를 받들지 않는다면 즉시 스스로 군사를 일으켜 공격하여 되찾으려 하니, 단지 옛 땅만 찾으면 바로 서로 화해를 청하겠습니다.' 짐은 그 말이 조리에 맞으므로 어쩔 수 없이 윤허하였다. 옛날 제(齊) 환공(桓公)은 제후를 줄세우는 자리에 있었으나 오히려 망하는 나라를 보존시켰다. 하물며 짐은 만국의 군주인데 어찌 위태로운 번국을 도와주지 않을 수 있겠는가? 왕은 빼앗은 신라의 성을 마땅히 모두 본국에 돌려주어야 한다. 신라도 사로잡아간 백제의 포로를 모두 왕에게 돌려보내야 할 것이다. 그런 뒤에야 서로의 사이에 불화가 풀리고 전쟁이 멎으니, 백성들은 쉬고 싶은 소원을 이루고 세 번국에는 전쟁의 수고로움이 없게 될 것이다. 변정에서 피를 흘리며 싸워 강토에 주검이 쌓이고 농사와 길쌈이 모두 폐지되어 사녀가 살 길이 없게 되는 것과 비교하여, 어찌 동렬에 놓고 이야기할 수 있겠는가? 왕이 만약 나의 처분에 따르지 않는다면 짐은 이미 법민이 청한 대로 왕과 싸우게 놓아 둘 것이고, 또한 고구려와 약속하여 멀리서 서로 돕지 못하게 할 것이다. 고구려가 만약 이 명을 받들지 않는다면 즉시 거란의 제번을 시켜 요수를 건너 깊이 들어가 노략질하게 할 것이다. 왕은 짐의 말을 깊이 생각하여 스스로 많은 복을 구하고, 주도면밀하게 좋은 계획을 세워 후회를 남김이 없게 하라." (『三國史記』28 百濟本紀 6 義慈王)

백제 고구려 신라

백제가 사신을 파견해 당에 가서 조공하였다. 사신이 돌아갈 때에 황제가 새서를 내려 왕을 깨우쳤다. "해동의 삼국은 개국한지 오래이며 강계가 나란히 있어 실로 견아의 형세처럼 국경이 서로 들쭉날쭉 닿아 있다. 근래에 와서 마침내 원한이 생기고 서로 침공을 하여 조금도 편안할 해가 없었다. 마침내 삼한의 백성으로 하여금 목숨이 도마 위에 놓이게 하고, 창을 찾아 분풀이를 하는 것이 아침저녁으로 거듭되니,

짐이 하늘을 대신하여 만물을 다스림에 있어 깊이 안타까워하는 바이다. 지난 해 고구려·신라 등의 사신이 함께 와서 입조하였을 때에 짐은 서로의 원한을 풀고 다시 우호를 돈독히 하도록 명령하였다. 신라의 사신 김법민은 아뢰었다. '고구려와 백제가 순치의 관계로 서로 의지하고 있으면서 다투어 군사를 일으켜 번갈아 침략하므로, 큰 성과 중요한 진들이 모두 백제에 병합되니, 강토는 날로 줄어들고 위력 또한 잃고 있습니다. 바라건대 백제에게 조서를 내려 침략한 성을 돌려주게 하십시오. 만약 조서를 받들지 않는다면 즉시 스스로 군사를 일으켜 공격하여 되찾으려 하니, 단지 옛 땅만 찾으면 바로 서로 화해를 청하겠습니다.' 짐은 그 말이 조리에 맞으므로 어쩔 수 없이 윤허하였다. 옛날 제 환공은 제후를 줄세우는 자리에 있었으나 오히려 망하는 나라를 보존시켰다. 하물며 짐은 만국의 군주인데 어찌 위태로운 번국을 도와주지 않을 수 있겠는가? 왕은 빼앗은 신라의 성을 마땅히 모두 본국에 돌려주어야 한다. 신라도 사로잡아간 백제의 포로를 모두 왕에게 돌려보내야 할 것이다. 그런 뒤에야 서로의 사이에 불화가 풀리고 전쟁이 멎으니, 백성들은 쉬고 싶은 소원을 이루고 세 번국에는 전쟁의 수고로움이 없게 될 것이다. 변정에서 피를 흘리며 싸워 강토에 주검이 쌓이고 농사와 길쌈이 모두 폐지되어 사녀가 살 길이 없게 되는 것과 비교하여, 어찌 동렬에 놓고 이야기할 수 있겠는가? 왕이 만약 나의 처분에 따르지 않는다면 짐은 이미 법민이 청한 대로 왕과 싸우게 놓아 둘 것이고, 또한 고구려와 약속하여 멀리서 서로 돕지 못하게 할 것이다. 고구려가 만약 이 명을 받아들이지 않는다면 즉시 거란의 제번을 시켜 요수를 건너 깊이 들어가 노략질하게 할 것이다. 왕은 짐의 말을 깊이 생각하여 스스로 많은 복을 구하고, 주도면밀하게 좋은 계획을 세워 후회를 남김이 없게 하라."(『三國史節要』9)

백제 고구려 신라

고종이 제위를 계승하자, 영휘 2년에 비로소 또 사신을 파견해 조공하였다. 사신이 돌아갈 때에 새서를 내려 의자(義慈)에게 주었다. "해동의 삼국과 같은 경우에 이르러서는, 개국한지 오래이며 강계가 나란히 있어 실로 견아의 형세처럼 국경이 서로 들쭉날쭉 닿아 있다. 근래에 와서 마침내 원한이 생기고 서로 침공을 하여 조금도 편안할 해가 없었다. 마침내 삼한의 백성으로 하여금 목숨이 도마 위에 놓이게 하고, 창을 찾아 분풀이를 하는 것이 아침저녁으로 거듭되니, 짐이 하늘을 대신하여 만물을 다스림에 있어 깊이 안타까워하는 바이다. 지난 해 왕과 고구려·신라 등의 사신이 함께 와서 입조하였을 때에 짐은 서로의 원한을 풀고 다시 우호를 돈독히 하도록 명령하였다. 신라의 사신 김법민은 서간으로 아뢰었다. '고구려와 백제가 순치의 관계로 서로 의지하고 있으면서 앞을 다투어 군사를 일으켜 번갈아 침략하므로, 큰 성과 중요한 진들이 모두 백제에 병합되니, 강토는 날로 줄어들고 위력 또한 잃고 있습니다. 바라건대 백제에게 조서를 내려 침략한 성을 돌려주게 하십시오. 만약 조서를 받들지 않는다면 즉시 군사를 일으켜 싸움으로 되찾으려 하니, 단지 옛 땅만 찾으면 바로 서로 화해를 청하겠습니다.' 짐은 그 말이 조리에 맞으므로 어쩔 수 없이 윤허하였다. 옛날 제 환공은 제후를 줄세우는 자리에 있었으나 오히려 망하는 나라를 보존시켰다. 하물며 짐은 만국의 군주인데 어찌 위태로운 번국을 도와주지 않을 수 있겠는가? 왕은 빼앗은 신라의 성을 마땅히 모두 본국에 돌려주어야 한다. 신라도 사로잡아간 백제의 포로를 모두 왕에게 돌려보내야 할 것이다. 그런 뒤에야 서로의 사이에 불화가 풀리고 전쟁이 멎으니, 백성들은 쉬고 싶은 소원을 이루고 세 번국에는 전쟁의 수고로움이 없게 될 것이다. 변정에서 피를 흘리며 싸워 강토에 주검이 쌓이고 농사와 길쌈이 모두 폐지되어 사녀가 살 길이 없게 되는 것과 비교하여, 어찌 동렬에 놓고 이야기할 수 있겠는가? 왕이 만약 나의 처분에 따르지 않는다면 짐은 이미 법민이 청한 대로 왕과 싸우게 놓아 둘 것이고, 또한 고구려와 약속하여 멀리서 서로 돕지 못하게 할 것이다. 고구려가 만약 이 명을 받들지 않는다면 즉시 거란의 제번을 시켜 요수를 건너 노략질하게 할 것이다. 왕은 짐의 말을 깊이 생각하여 스스로 많은 복을 구하고, 주도면밀하게 좋은 계획을 세워 후회를 남김이 없게 하라."(『舊唐書』199上 列傳 149上 東夷 百濟)

백제 신라 고구려

이 해에 백제가 사신을 파견해 들어가 조공하였다. 황제가 그것을 경계하여, 신라·고구려와 서로 공격하지 말게 하고 그렇지 않으면 내가 장차 병사를 징발하여 너희를 토벌하겠다고 하였다. (『資治通鑑』199 唐紀 15 高宗 上之上)

백제

『자치통감(資治通鑑)』[겸하여 『구당서(舊唐書)』 백제전(百濟傳)]에 전한다. " (…) 영휘 2년에 백제가 들어와 조공하였다. (『玉海』153 朝貢外夷內朝內附 唐高麗請頒曆)

백제 신라

고종이 즉위하자, 이에 사자를 파견해 왔다. 황제가 의자에게 조서를 내렸다. "해동의 삼국은 개국한지 오래이며 실로 견아의 형세처럼 국경이 서로 들쭉날쭉 닿아 있다. 근래에 와서 틈이 생겨 다투고 침략하여 편안할 해가 없었다. 신라는 큰 성과 중요한 진들이 모두 왕에게 병합되니, 짐에게 곤란함을 주고 왕에게 땅을 돌려주기를 빌고 있다. 옛날 제 환공은 일개 제후였으나 오히려 망하는 나라를 보존시켰다. 하물며 짐은 만방의 주인인데 어찌 그 위태로움을 도와주지 않을 수 있겠는가? 왕은 빼앗은 신라의 성을 마땅히 모두 돌려주어야 한다. 신라도 사로잡아간 포로를 왕에게 돌려보내야 할 것이다. 조서와 같이 하지 않으면 왕과 싸우게 놓아 둘 것이고, 짐이 장차 거란의 제번을 징발하여 요수를 건너 깊이 들어가게 할 것이다. 왕은 그것을 생각하여 후회가 없도록 하라."(『新唐書』220 列傳 145 東夷 百濟)

백제

『구당서』 백제전에 전한다. " (…) 고종이 제위를 계승하자, 비로소 사신을 파견해 조공하였다."(『太平御覽』781 四夷部 2 東夷 2 百濟)

백제 신라

『신당서(新唐書)』 동이(백제)전에 전한다. " (…) 고종이 즉위하자, 이에 사자를 파견해 왔다. 황제가 의자에게 조서를 내려, 신라의 성을 돌려주라고 하였다."(『玉海』191 兵捷露布 3 唐神丘道行軍大摠管蘇定方俘百濟)

백제 고구려 신라

해동의 삼국은 개국한지 오래이며 강계가 나란히 있어 실로 견아의 형세처럼 국경이 서로 들쭉날쭉 닿아 있다. 근래에 와서 마침내 원한이 생기고 서로 침공을 하여 조금도 편안할 해가 없었다. 마침내 삼한의 백성으로 하여금 목숨이 도마 위에 놓이게 하고, 창을 찾아 분풀이를 하는 것이 아침저녁으로 거듭되니, 짐이 하늘을 대신하여 만물을 다스림에 있어 깊이 안타까워하는 바이다. 지난 해 왕과 고구려·신라 등의 사신이 함께 와서 입조하였을 때에 짐은 서로의 원한을 풀고 다시 우호를 돈독히 하도록 명령하였다. 신라의 사신 김법민은 서간으로 아뢰었다. "고구려와 백제가 순치의 관계로 서로 의지하고 있으면서 앞을 다투어 군사를 일으켜 번갈아 침략하므로, 큰 성과 중요한 진들이 모두 백제에 병합되니, 강토는 날로 줄어들고 위력 또한 잃고 있습니다. 바라건대 백제에게 조칙을 내려 침략한 성을 돌려주게 하십시오. 만약 조서를 받들지 않는다면 즉시 군사를 일으켜 싸움으로 되찾으려 하니, 단지 옛 땅만 찾으면 바로 서로 화해를 청하겠습니다." 짐은 그 말이 조리에 맞으므로 어쩔 수 없이 윤허하였다. 옛날 제 환공은 제후를 줄세우는 자리에 있었으나 오히려 망하는 나라를 보존시켰다. 하물며 짐은 만국의 군주인데 어찌 위태로운 번국을 도와주지 않을 수 있겠는가? 왕은 빼앗은 신라의 성을 모두 마땅히 본국에 돌려주어야 한다. 신라도 사로잡아간 백제의 포로를 모두 왕에게 돌려보내야 할 것이다. 그런 뒤에야 서로의 사이에 불화가 풀리고 전쟁이 멎으니, 백성들은 쉬고 싶은 소원을 이루고 세 번국에는 전쟁의 수고로움이 없게 될 것이다. 변정에서 피를 흘리며 싸워 강토에 주검이 쌓이고 농사와 길쌈이 모두 폐지되어 사녀가 살 길이 없게 되는 것과 비교하여, 어찌 동렬에 놓고 이야기할 수 있겠는가? 왕이 만약 나의 처분에 따르지 않는다면 짐은 이미 법민이 청한 대로 왕과 싸우게 놓아 둘 것이고, 또한 고구려와 약속하여 멀리서 서로 돕지 못하게 할 것이다. 고구려가 만약 이 명을 받들지 않는다면 즉시 거란의 제번을 시켜 요택을 건너 노략질하게 할 것이다. 왕은 짐의 말을 깊이 생각하여 스스로 많은 복을 구하고, 주도면밀하게 좋은 계획을 세워 후회를 남김이 없게 하라. (『全唐文』 15 高宗皇帝 與百濟王義慈璽書)

신라　이 해 신라의 공조사(貢調使)·사찬(沙湌) 지만(知萬) 등이 당(唐)의 옷을 입고 츠쿠시(筑紫)에 이르렀다. 조정에서 함부로 풍속을 바꾼 것을 싫어하여 질책하고 돌려보냈다. 그 때 고세노오오오미(巨勢大臣)이 주청하였다. "지금 신라를 정벌하지 않으면 나중에 반드시 후회할 것입니다. 그 정벌하는 상황은 모든 힘을 다할 필요가 없습니다. 나니와노츠(難波津)로부터 츠쿠시노우미(筑紫海) 가운데까지 서로 이어지도록 배를 가득 띄우고 신라를 불러 그 죄를 묻는다면 쉽게 이룰 수 있을 것입니다." (『日本書紀』 25 孝德紀)

고구려　18세에 중리대형(中裏大兄)을 제수받았다. (「泉男生 墓誌銘」)

고구려　아들 남생(男生)은 (…) 또 중리대형이 되어 국정을 맡았다. 모든 사령(辭令)은 모두 남생이 그것을 주관하였다. (『三國史記』 49 列傳 9 蓋蘇文)

고구려　또 중리대형이 되어 국정을 맡았다. 모든 사령은 모두 남생이 그것을 주관하였다. (『新唐書』 110 列傳 35 諸夷蕃將 泉男生)

신라　대조지랑(大鳥知郎)께 만 번 절하며 아룁니다. 경전에 들여 쓸 걸 생각해 백불유지(白不躍紙) 12개를 사라는 첩(牒)을 내리셔 명령했습니다. 뒷일은 명령대로 다하였습니다. 처리하였습니다. (「149호 목간」: 2004 『한국의 고대목간』; 2006 『월성해자2』)

신라　습비부(習比部) 상리금(上里今)[받았음] 남강(南岡) 상리금[받았음] 아금리(阿今里)[받지 않았음] 안이리(岸二里)[받았음] (1면)
　　△△[△하였음] △상(△上)[받았음] 우축(尤祝)[받았음] 제정(除井)[받았음] 개지(開池)[받았음] 역리(亦里)[받았음] △△[△하지 않았음] △△ △리(△里)[△하였음] △ (2면)
　　△남천(△南川)[△하였음] △리우(△里隅)[△하였음] △ (…) △북(△北)[△하였음] 다비도(多比刀)[△△를 가지지 않았음]가 땅[△△]을 받았음[대신] (3면)
　　△△리△리(△△里△里)[받았음] 역거파(亦居波)[받았음] 마지(麻支)[받았음] 모탁(牟喙) 중리(仲里)[받았음] 신리(新里)[받았음] 상리(上里)[받았음] 하리(下里)[받았음] (4면) (「151호 목간」: 2004 『한국의 고대목간』; 2006 『월성해자2』)

신라　4월 1일에 전대등(典大等)이 명령한 일 (1면)
　　(…) 때문에 (…) 명령하여 (…) (2면)
　　(…) (3면) (「153호 목간」: 2004 『한국의 고대목간』; 2006 『월성해자2』)

신라　(…) 처리하였다. 삶이나 죽음이나 (「156호 목간」: 2004 『한국의 고대목간』; 2006 『월성해자2』)

신라　제8권 제23대(大)[사람][간(干)] 마(麻) 새로운 5벌, 절초(節草) (…) (전면)
　　△식상△(△食常△)
　　(…) 제1권 제△7대[사람][간] 마 △△ (후면) (「158호 목간」: 2004 『한국의 고대목간』; 2006 『월성해자2』)

신라　사탁(沙喙)의 파다둔(巴多屯) (전면)
　　문길회(文吉廻) (후면) (「160호 목간」: 2004 『한국의 고대목간』; 2006 『월성해자2』)

신라	구모도도사(構毛道道使)를 유보(遺補)하였다. 잠연(岑然)이 △를 바랬다. (「164호 목간」: 2004 『한국의 고대목간』; 2006 『월성해자2』)
신라	(…) 천웅(天雄) 2량(兩) 와(蒿) (1면) 2량 (2면) (…) (3면) (…) (4면) (「167호 목간」: 2004 『한국의 고대목간』; 2006 『월성해자2』)
신라	자년(子年) 10월 (전면) 차화내(次和內)를 만들다. (후면) (「169호 목간」: 2004 『한국의 고대목간』; 2006 『월성해자2』)
신라	문간판(問干板) 35개 (「173호 목간」: 2004 『한국의 고대목간』; 2006 『월성해자2』)

652(壬子/신라 진덕왕 6/고구려 보장왕 11/백제 의자왕 12/唐 永徽 3/倭 白雉 3)

신라 고구려 백제	봄 정월 기미일 초하루에 토욕혼(吐谷渾)·신라·고구려·백제가 모두 사신을 파견해 들어와 조공하였다. (『資治通鑑』199 唐紀 15 高宗 上之上)
신라 백제 고구려	영휘(永徽) 3년 봄 정월 초하루에 토욕혼·신라·백제·고구려가 모두 사신을 파견해 조공하였다. (『冊府元龜』970 外臣部 15 朝貢 3)
신라 고구려 백제	『자치통감(資治通鑑)』[겸하여 『신당서』 본전(本傳)]에 전한다. " (…) 영휘 3년 정월 기미일 초하루에 토욕혼·신라·고구려·백제가 사신을 파견해 들어와 조공하였다."(『玉海』153 朝貢外夷內朝內附 唐高麗請頒曆)
신라	봄 정월에 사신을 대당(大唐)에 파견해 조공하였다. (『三國史記』5 新羅本紀 5 眞德王)
고구려	봄 정월에 사신을 파견해 당에 들어가 조공하였다. (『三國史記』22 高句麗本紀 10 寶臧王 下)
백제	봄 정월에 사신을 파견해 당에 들어가 조공하였다. (『三國史記』28 百濟本紀 6 義慈王)
신라	봄 정월에 신라가 사신을 파견해 당에 가서 조공하였다. (『三國史節要』9)
고구려	봄 정월에 고구려가 사신을 파견해 당에 가서 조공하였다. (『三國史節要』9)
백제	봄 정월에 백제가 사신을 파견해 당에 가서 조공하였다. (『三國史節要』9)
신라	봄 정월에 파진찬(波珍湌) 천효(天曉)를 좌이방부령(左理方府令)으로 삼았다. (『三國史記』5 新羅本紀 5 眞德王)
신라	봄 정월에 신라가 파진찬 천효를 좌이방부령으로 삼았다. (『三國史節要』9)
신라	3월에 수도에 큰 눈이 내렸다. (『三國史記』5 新羅本紀 5 眞德王)
신라	3월에 신라의 수도에 큰 눈이 내렸다. (『三國史節要』9)
신라	3월에 왕궁의 남문이 이유 없이 저절로 헐렸다. (『三國史記』5 新羅本紀 5 眞德王)
신라	3월에 신라 왕궁의 남문이 저절로 헐렸다. (『三國史節要』9)
신라 백제	여름 4월 이 달에 신라·백제가 사신을 파견해 조(調)와 물품을 바쳤다. (『日本書紀』25 孝德紀)

신라	이궁(二弓)[외궁(外弓)이라고도 한다.]은 첫째를 한산주궁척(漢山州弓尺)이라고 하는데, 진덕왕 (眞德王) 6년에 설치하였다. (『三國史記』40 雜志 9 職官 下)
신라	영휘 3년에 진덕(眞德)이 죽자, 애도식을 거행하였다. 조서를 내려 춘추(春秋)가 후계자가 되게 하고, 옹립하여 신라왕으로 삼아 개부의동삼사(開府儀同三司)를 더하여 제수하고 낙랑군왕(樂浪郡王)으로 봉하였다. (『舊唐書』199上 列傳 149上 東夷 新羅)
고구려	칙으로써 절충부(折衝府) 과의(果毅)로 뽑으니 굳세고 밝아서 통솔을 감당할 만할 자였다. 상황에 맞춰 처분하니, 인원이 수(受)△경략하여 요동에 자주 갔다. (「劉仁願 紀功碑」)
고구려	이리하여 벽해(碧海)에서 대장기를 날리고 청구(靑丘)에서 주살을 날리니, 불내지성(不耐之城)을 다시 새기고 환도지교(丸都之嶠)를 거듭 기록한 것이다. 영휘 3년에 이르러, 청구도(靑丘道)로 정벌할 때에 누경(婁敬)은 운기위(雲騎尉)를 제수받았다. 공은 옥장(玉帳)에서 빠른 계산으로 돌처럼 견고한 진에도 빈번히 임하여, 적을 9중의 포위에 빠뜨리고 마침내 1,000리의 땅을 빼앗았다. (「婁敬 墓誌銘」:『唐代墓誌滙篇』;『全唐文補遺』5;『全唐文新編』993)
고구려	번문(樊文)은 약관(弱冠)의 나이에도 곧 굳은 의지가 있어서 요동도에서 절조를 드러내었다. 철기(鐵騎)를 구사하여 취하고 빛나는 창으로 고구려를 꺾으니, 계루(桂婁)는 흉흉한 기운이 가득차고 수혈(禠穴)은 재앙으로 뒤덮였다. 번문을 소주(昭州) 공성현령(恭城縣令)으로 발탁하고 광주(廣州) 유안현령(游安縣令)으로 옮겼다. (「樊文 墓誌銘」:『唐代墓誌滙篇續集』)

653(癸丑/신라 진덕왕 7/고구려 보장왕 12/백제 의자왕 13/唐 永徽 4/倭 白雉 4)

백제	봄에 크게 가뭄이 들어 백성들이 굶주렸다. (『三國史記』28 百濟本紀 6 義慈王)
백제	봄에 백제에 크게 가뭄이 들어 백성들이 굶주렸다. (『三國史節要』9)
백제 신라	여름 6월에 백제·신라가 사신을 파견해 조(調)와 물품을 바쳤다. 곳곳의 큰 길을 수리하였다. (『日本書紀』25 孝德紀)
백제	가을 8월에 왕이 왜국(倭國)과 우호관계를 통하였다. (『三國史記』28 百濟本紀 6 義慈王)
백제	가을 8월에 백제가 왜국과 우호관계를 통하였다. (『三國史節要』9)
신라	겨울 11월에 사신을 대당(大唐)에 파견해 금총포(金摠布)를 바쳤다. (『三國史記』5 新羅本紀 5 眞德王)
신라	겨울 11월에 신라가 사신을 파견해 당에 가서 금총포를 바쳤다. (『三國史節要』9)
신라	영휘(永徽) 4년 11월에 신라가 사신을 파견해 금총포(金總布)를 바쳤다. (『冊府元龜』970 外臣部 15 朝貢 3)
신라	영휘 4년에 조서를 내려 귀국하여 근성(覲省)하는 것을 허락하였다. (『三國史記』44 列傳 4 金仁問)
신라 고구려 백제	보살(菩薩)은 당의 신라국에서 태어났다[당 고종 이전에 본래 고구려·백제·신라의 3

개 나라로 나누어져 있었는데, 고종이 멸망시킨 고구려와 백제의 땅은 모두 신라에 귀속되어 하나의 나라로 합쳐졌다. 오대(五代) 때, 왕건(王建)이 이를 이어 국호를 고려라고 하였다. 명초(明初)부터 지금에 이르기까지 국명은 조선이다. 사람들은 대부분 신라를 섬라(暹羅)라고 하는데, 실로 잘못된 것이다]. 왕족으로 성은 김(金)이고 이름은 교각(喬覺)이며, 고종 영휘 4년에 구화산(九華山)에 왔다. 고행의 길을 간 자취는 세존(世尊)의 고난에 나란히 할 정도이고, 학식을 가진 자는 지장보살(地藏菩薩)이 속세에 태어난 것임을 『구화산지(九華山志)』를 상세히 살펴보면 알 수 있을 것이고, 여기에는 많이 서술하지 않았다. 거짓에 속박된 자는 보살의 분신을 알지 못하고, 티끌과 같은 무수한 세계에서 응화(應化)한 자취는 늘 이것이 지장보살이라고 말한다. (『九華山志』卷首 新序 印光 撰 重新編修九華山志發刊流通序)

신라	『신승전(神僧傳)』에 따르면 부처가 열반에 든 지 1,500년에 보살이 신라국 왕가에 내려온 자취가 있다. 성은 김이고 호(號)는 교각이다. 당 영휘 4년에 24세로 머리를 깎고 흰색의 개 선청(善聽)을 이끌고 배를 타고 바다를 건너 와 강남(江南)의 지주(池州) 동쪽의 청양현(靑陽縣) 구화산에 이르렀다. 구자산(九子山) 정상에 단정하게 앉아 (…) 또 비관경(費冠卿)의 『화성사기(化城寺記)』에 따르면 (…) 『신승전』 대사(大士)가 영휘 4년에 구화산에 왔는데, 이 때 24세 였다. (『九華山志』 1 聖迹門 1 六 應化)
신라	김지장탑(金地藏塔)은 화성사(化城寺) 서쪽의 신광령(神光嶺)에 있다. 즉 보살이 한 번 응화하여 전신을 안장한 육신탑(肉身塔)이다. 김지장(金地藏)은 당 때에 신라국왕 김헌영(金憲英)의 가까운 친족으로 어려서부터 출가하였고, 법명(法名)은 교각이다. 24세가 되던 때에 배를 타고 동쪽으로 와서 구화산에서 홀로 주석하였는데, 처음에는 동쪽의 바위굴에서 거처하였고, 흙이 반이나 섞인 좁쌀을 먹었다. (『九華山志』 3 梵刹門 3 一 叢林 金地藏塔)
고구려	나이가 비로소 15세가 되어 본국왕이 교서를 내려 소형(小兄)의 관등을 주었다. (「泉男産 墓誌銘」)

654(甲寅/신라 진덕왕 8, 태종무열왕 1/고구려 보장왕 13/백제 의자왕 14/唐 永徽 5/倭 白雉 5)

백제	갑인년(甲寅年) 정월 9일에 나기성(奈祇城) 사택지적(砂宅智積)은 몸은 해가 쉬어 가는 것을 슬퍼하고 몸은 달이 가듯 어렵게 돌아옴을 슬퍼한다. 금(金)을 뚫어 진귀한 집을 세우고 옥(玉)을 갈아 보배로운 탑을 세웠다. 높디높은 자애로운 모습은 신령스런 빛을 토함으로써 구름을 보내는 듯하고, 그 우뚝 솟은 슬픈 모습은 성스러운 밝음을 머금으로써 (…) (「砂宅智積碑」)
신라	2월에 당(唐)에 보낸 압사(押使)·대금상(大錦上) 다카무쿠노후비토겐리(高向史玄理), [어떤 책에 전한다. "여름 5월에 당에 압사·대화하(大花下) 다카무쿠노겐리(高向玄理)를 보냈다."] 대사(大使)·소금하(小錦下) 가와헤노오미마로(河邊臣麻呂), 부사(副使)·대산하(大山下) 구스시에니치(藥師惠日), 판관(判官)·대을상(大乙上) 후미노아타이마로(書直麻呂)·미야노오비토아미다(宮首阿彌陀)[어떤 책에는 "판관·소산하(小山下) 후미노아타이마로"라고 하였다.], 소을상(小乙上) 오카노키미요로시(岡君宜)·오키소메노무라지오오쿠(置始連大伯), 소을하(小乙下) 나카토미노하시히토노무라지오유(中臣間人連老)[노(老), 이것을 오유(於喩)라고 한다.]·다나헤노후비토토리(田邊史鳥) 등이 2척의 배에 나누어 타고 여러 달 머물다가 신라도(新羅道)를 통해 내주(萊州)에 이르렀다. 드디어 수도에 이르러 천자를 뵈었다. 동궁감문(東宮監門) 곽장거(郭丈擧)가

일본국(日本國)의 지방과 국초(國初) 신의 이름을 자세히 물으므로, 물음에 따라 모두 답하였다. 압사 다카무쿠노겐리가 당에서 죽었다.[이키노하카토코(伊吉博得)는 말하였다. "학문승(學問僧) 에묘오(惠妙)가 당에서 죽었고 치소오(知聰)는 바다에서 죽었으며, 치코쿠(智國)도 바다에서 죽었고 치소오(智宗)는 경인년(庚寅年)에 신라의 배를 따라 돌아왔다. 가쿠쇼오(覺勝)는 당에서 죽었고, 기츠우(義通)는 바다에서 죽었다. 죠오에(定惠)는 을축년(乙丑年)에 유덕고(劉德高) 등의 배편으로 돌아왔다. 묘오이(妙位)·호오쇼오(法勝), 학생 히노무라지오키나(氷連老人)·고오와우코무(高黃金)를 비롯한 12명과, 이들과는 별개인 왜종(倭種) 한지흥(韓智興)·조원보(趙元寶)는 올해 사신들과 함께 돌아왔다."] (『日本書紀』25 孝德紀)

신라 왕의 대에 알천공(閼川公), 임종공(林宗公), 술종공(述宗公), 호림공(虎林公)[자장(慈藏)의 아버지], 염장공(廉長公), 유신공(庾信公)이 있어 남산(南山) 울지암(亏知巖)에 모여 국사를 논의하였다. 이 때 큰 호랑이가 있어 좌석 사이로 달려들어왔는데, 여러 공들이 놀라 일어났으나 알천공은 거의 이동하지 않았다. 그는 담소하며 자연스럽다가 호랑이 꼬리를 잡아서 땅에 내리치고는 죽였다. 알천공의 근력이 이와 같아서 가장 윗 좌석에 처하였지만, 여러 공은 모두 유신의 위엄에 복종하였다. 신라에는 네 영지(靈地)가 있어 장차 대사를 의논하려 하면 대신들이 반드시 그 곳에 모여 그것을 모의하는데, 그러면 그 일은 반드시 이루어진다. 첫째는 동쪽의 청송산(靑松山), 둘째는 남쪽의 울지산(亏知山), 셋째는 서쪽의 피전(皮田), 넷째는 북쪽의 금강산(金剛山)이다. (『三國遺事』1 紀異 1 眞德王)

신라 백제 영휘 5년[합종본전(合從本傳)에는 원년이라고 한다.]에 신라왕 진덕(眞德)[곧 신라왕 김진평(金眞平)의 딸이다. 진평이 죽었는데 아들이 없자 딸이 이에 계승하여 즉위하였다.]이 백제의 무리를 대파하자, 그 조카 춘추(春秋)의 아들 법민(法敏)이 "진덕이 이에 비단을 짜서 5언의 태평시(太平詩)를 지었습니다."라고 보고하고 그것을 바쳤다. 그 가사는 다음과 같다.
대당은 큰 왕업을 여니, / 높디높은 황제의 포부가 창성하도다. / 전쟁을 그치니 천하가 안정되고, / 선왕을 이어받아 문치를 닦도다. / 하늘을 본받음에 때맞춰 비를 내리고, / 만물을 다스림에 저마다 빛나도다. / 깊은 인자함은 해·달과 짝하고, / 시운을 어루만져 태평으로 나아가네. / 깃발들은 얼마나 번쩍거리며, / 나아가는 ['징소리와'라고도 한다.] 북소리는 얼마나 우렁찬가! / 명을 어기는 외이여, / 칼날에 엎어져 천벌을 받으리라. / 온화한 풍속 우주에 퍼지니['순후한 풍속 곳곳에 퍼지니'라고도 한다.], / 원근에서 다투어 상서를 바치도다. / 사철이 옥촉처럼 고르고, / 해와 달은 만방을 두루 도네. / 산악의 정기는 현명한 재상을 내리시고, / 황제는 좋은 신하를 임명하도다. / 삼황오제가 모두 한 덕이니, / 우리 당의 황제를 빛나게 하도다. (『文苑英華』167 詩 17 帝德 新羅王德眞 織錦作太平歌詩)

신라 백제 신라왕 덕진(德眞)[본전(本傳)에서는 진덕이라고 한다.]이 비단을 짜서 태평시를 지었다. 영휘 5년에 덕진이 백제의 무리를 대파하였다. 본전에 전한다. " (…) 영휘원년에 백제를 격파하고, 비단을 짜서 송(頌)을 지어 바쳤다. 5년에 죽었다." 이것에 의거하면 영휘 5년은 마땅히 원년이라고 해야 한다. (『文苑英華辨證』4 年月 2)

신라 봄 3월에 왕이 돌아가시자, 시호를 진덕(眞德)이라고 하고 사량부(沙梁部)에 장사지냈다. 당 고종(高宗)이 그것을 듣고 영광문(永光門)에서 애도식을 거행하였다. 태상승(太常丞) 장문수(張文收)를 사신 보내 부절을 가지고 가서 조문하고 제사지내게 하고, 개부의동삼사(開府儀同三司)를 추증하며 채은(綵殷) 300을 하사하였다. 국인

(國人)이 시조 혁거세(赫居世)부터 진덕까지 28왕을 성골(聖骨)이라고 하고, 무열(武烈)부터 마지막 왕까지를 진골(眞骨)이라고 하였다. 당 영호징(令狐澄)의 『신라기(新羅記)』에 전한다. "그 나라는 왕족을 제1골(第一骨)이라고 하고, 나머지 귀족을 제2골(第二骨)이라고 한다."(『三國史記』 5 新羅本紀 5 眞德王)

| 신라 | 태종무열왕(太宗武烈王)이 즉위하였는데, 이름은 춘추(春秋)이고 진지왕(眞智王)의 아들인 이찬(伊湌) 용춘(龍春)[용수(龍樹)라고도 한다.]의 아들이다[『당서(唐書)』에 진덕의 동생이라고 한 것은 잘못이다]. 어머니는 천명부인(天明夫人)인데 진평왕(眞平王)의 딸이고, 왕비는 문명부인(文明夫人)인데 각찬(角湌) 서현(舒玄)의 딸이다. 왕은 외모가 빼어나고 어려서 세상을 구제하려는 뜻이 있었는데, 진덕을 섬겨서 관등은 이찬을 역임하였고 당 황제가 특진을 제수하였다. 진덕이 돌아가시자, 군신(群臣)이 이찬 알천(閼川)에게 섭정을 청하였으나 알천이 굳게 사양하며 말하였다. "신은 늙었고 칭찬받을 만한 덕행도 없습니다. 지금 덕망으로 존중받는 것은 춘추공 같은 분이 없으니, 실로 세상을 구제할 영웅이라고 할 수 있습니다." 마침내 받들어 왕으로 삼자, 춘추가 세 번 사양하였으나 어쩔 수 없이 취임하였다. (『三國史記』 5 新羅本紀 5 太宗武烈王) |

신라   봄 3월에 신라왕 승만(勝曼)이 돌아가셨다. 군신이 이찬(伊飡) 알천에게 섭정을 청하였으나 알천이 굳게 사양하며 말하였다. "신은 늙었고 칭찬받을 만한 덕도 없습니다. 지금 덕망으로는 김춘추 같은 분이 없습니다." 군신이 마침내 받들어 왕으로 삼자, 춘추가 세 번 사양하고 나서 나중에 즉위하니, 어쩔 수 없어서 취임한 것이었다. 춘추는 진지왕의 아들인 이찬 용춘의 아들이다. 신라가 왕에게 시호를 내려 진덕이라고 하고, 사량부에 장사지냈다. 당이 신라왕이 돌아가셨다는 것을 듣고 영광문에서 애도식을 거행하였다. 태상승 장문수를 사신 보내 부절을 가지고 가서 조문하고 제사지내게 하고, 개부의동삼사를 추증하며 채은 300을 하사하였다. (『三國史節要』 9)

신라   영휘(永徽) 5년에 진덕대왕(眞德大王)이 돌아가시자, 후계자가 없었다. 유신은 재상(宰相)인 이찬 알천과 모의하여 이찬 춘추를 맞아들여 즉위하게 하니, 이가 태종대왕(太宗大王)이다. (『三國史記』 42 列傳2 金庾信 中)

신라   제29대 태종무열왕[이름은 춘추이고 김씨인데, 진지왕의 아들인 탁문흥갈문왕(卓文興葛文王)용춘의 아들이다. 용춘은 용수라고도 한다. 어머니는 천명부인인데 시호를 문진대후(文眞大后)라고 하고, 진평왕의 딸이다. 왕비는 훈제부인(訓帝夫人)인데 시호를 문명왕후(文明王后)라고 하고, 유신의 여동생이며 어렸을 때 이름은 문희(文熙)이다. 갑인년에 즉위하여 7년 동안 다스렸다.] (『三國遺事』 1 王曆)

신라   진덕왕(眞德王)이 돌아가시자, 영휘 5년 갑인에 즉위하였다. (『三國遺事』 1 紀異 1 太宗春秋公)

신라   여름 4월에 왕의 돌아가신 아버지를 문흥대왕(文興大王)으로, 어머니를 문정태후(文貞太后)로 추봉(追封)하고, 대사(大赦)하였다. (『三國史記』 5 新羅本紀 5 太宗武烈王)

신라   여름 4월에 신라왕이 돌아가신 아버지를 문흥대왕으로, 돌아가신 어머니는 문정태후로 추존(追尊)하고, 대사하였다. (『三國史節要』 9)

고구려   여름 4월에 어떤 사람이 말하였다. "마령(馬嶺) 위에서 신인(神人)을 보았는데, '너희 군신은 사치하여 법도가 없으니 패망할 날이 멀지 않았다.'라고 말하였습니다." (『三國史記』 22 高句麗本紀 10 寶臧王 下)

고구려	여름 4월에 고구려에 신인이 있어 마령산(馬領山)에 나타나서 사람에게 말하였다. "너희 나라의 군신은 사치하여 법도가 없으니 망할 날이 멀지 않았다."(『三國史節要』9)
신라	5월에 이방부령(理方府令) 양수(良首) 등에게 명령하여 율령(律令)을 자세히 살피고 취하여 이방부격(理方府格) 60여 조를 수정(修定)하게 하였다. (『三國史記』5 新羅本紀 5 太宗武烈王)
신라	5월에 신라가 이방부령 양수 등에게 명령하여 율령을 참작하여 이방부격 60여 조를 정하게 하였다. (『三國史節要』9)
신라	윤5월 임진일(18) 신라의 여왕 김진덕(金眞德)이 죽자, 조서를 내려 그 동생 춘추를 옹립하여 신라왕으로 삼았다. (『資治通鑑』199 唐紀 15 高宗 上之上)
신라	5월에 당이 사신을 파견해 부절을 가지고 와서 예를 갖추고, 개부의동삼사·신라왕으로 책봉하였다. (『三國史記』5 新羅本紀 5 太宗武烈王)
신라	5월에 당이 사신을 파견해 부절을 가지고 와서 예를 갖추고, 신라왕을 개부의동삼사·신라왕으로 책봉하였다. 조서가 도착하자, 해석하기 어려운 곳이 있었다. 우두(牛頭)라는 자가 있어 그것을 해석할 수 있었다. 왕이 놀라고 기뻐하며 그 성명을 물었다. 그가 대답하기를, "신은 본래 임나가량(任那加良) 사람이고 우두입니다."라고 하였다. 왕이 말하기를, "경의 머리뼈를 보니, 강수(强首)라고 부를 만하다."라고 하였다. 감사하는 표문을 짓게 하니, 문장이 공교로우면서도 뜻이 다하였다. 왕이 그를 더욱 기특하게 여겨서 임생(任生)이라고 부르고 강수라고 이름 부르지 않았다. 생산에 종사하지 않아서 집안이 매우 가난하였는데, 왕이 담당 관사에 명령하여 해마다 신성(新城)의 조(租) 100석을 하사하게 하였다. 강수는 나마(奈麻) 석체(昔諦)의 아들이다. 처음에 그 어머니가 꿈에서 뿔이 있는 사람을 보고 임신하였는데, 낳자 머리 뒤에 튀어나온 뼈가 있었다. 아이를 데려가 관상가에게 보여주나, 관상가가 말하였다. "내가 듣기로 복희(伏羲)는 호랑이 모양이고 여와(女媧)는 뱀의 몸이며, 신농(神農)은 소의 머리이고 고요(皐陶)는 말의 입이라고 하여, 자고로 성현은 그 모양에 다름이 있다고 하였다. 지금 아이의 머리를 보니 뿔이 나고 또 검정사마귀가 있는데, 관상법에 얼굴의 검정사마귀는 좋은 것이 없으나 머리의 검정사마귀는 나쁜 것이 없다고 하였으니, 이 아이는 반드시 빼어난 물건이 될 것입니다." 아버지가 돌아와 그 아내에게 말하기를, "아이의 뼈는 평범하지 않음을 본받았으니, 그를 잘 기르시오."라고 하였다. 자라고 나서, 책을 읽을 줄 알아서 의리에 통효(通曉)하였다. 아버지가 그 뜻을 시험하려고 하여 묻기를, "불법을 배우겠느냐? 유학을 배우겠느냐?"라고 하였다. 그가 대답하기를, "불법은 속세 바깥의 가르침이니, 유학을 배우기를 바랍니다."라고 하였다. 아버지가 말하기를, "네가 좋아하는 대로 따르거라."라고 하였다. 마침내 스승에게 나아가 『효경(孝經)』·『곡례(曲禮)』·『이아(爾雅)』·『문선(文選)』을 읽었는데, 얻은 바가 더욱 높았다. 강수는 일찍이 대장간의 딸에게 장가들었는데, 부모가 장차 예를 갖추어 다시 장가들라고 하자 강수가 안된다고 하였다. 아버지가 노하여 말하기를, "자식이 당시에 이름이 있는데 미천한 자를 짝으로 삼으니, 또한 부끄럽지 않은가?"라고 하였다. 강수가 말하였다. "일찍이 옛 사람의 말을 들으니, '가난할 때의 아내는 당에서 내려오게 하지 않는다.'라고 하였으니, 가난하고 미천한 것은 부끄러운 바가 아닙니다." (『三國史節要』9)
신라	영휘 5년 윤5월에 신라의 여왕 김진덕이 죽자, 그 동생인 국조(國祖) 김춘추를 신라왕으로 삼아 진덕의 지위를 계승하게 하였다. 이어서 개부의동삼사에 임명하고 낙랑

군왕(樂浪郡王)으로 봉하여, 사신을 파견해 부절을 가지고 와서 예를 갖추어 책봉하였다. (『冊府元龜』964 外臣部 9 封冊 2)

신라 강수는 중원경(中原京) 사량(沙梁) 사람이고, 부친은 나마 석체이다. 처음에 그 어머니가 꿈에서 뿔이 있는 사람을 보고 임신하였는데, 낳자 머리 뒤에 튀어나온 뼈가 있었다. 석체가 아이를 당시의 이른바 현자(賢者)에게 데려가서 물었다. "이 아이의 머리뼈가 이와 같은데, 무엇입니까?" 현자가 답하였다. "내가 듣기로 복희는 호랑이 모양이고 여와는 뱀의 몸이며, 신농은 소의 머리이고 고요는 말의 입이라고 하니, 곧 성현과 같은 부류이고 그 모양 또한 비범함이 있는 것이다. 지금 아이의 머리를 보니 검정사마귀가 있는데, 관상법에 얼굴의 검정사마귀는 좋은 것이 없으나 머리의 검정사마귀는 나쁜 것이 없다고 하였으니, 이 아이는 반드시 빼어난 물건이 될 것입니다." 아버지가 돌아와 그 아내에게 말하기를, "당신의 아들은 평범하지 않은 아이이니, 그를 잘 기르시오. 아마도 장래의 국사(國士)가 될 것이오."라고 하였다. 자라고 나서, 스스로 책을 읽을 줄 알아서 의리에 통효)하였다. 아버지가 그 뜻을 시험하려고 하여 묻기를, "너는 불법을 배우겠느냐? 유학을 배우겠느냐?"라고 하였다. 그가 대답하였다. "제가 듣기로 불법은 속세 바깥의 가르침입니다. 제가 속세에서 어찌 불법을 배우겠습니까? 유자의 도리를 배우기를 바랍니다." 아버지가 말하기를, "네가 좋아하는 대로 따르거라."라고 하였다. 마침내 스승에게 나아가 『효경』·『곡례』·『이아』·『문선』을 읽었는데, 들은 바는 비록 얕고 가까워도 얻은 바가 더욱 높고 멀었으니, 빼어나서 당시의 인재가 되어 마침내 관인이 되어 관직을 역임하고 당시에 사람들에게 알려졌다. 강수는 일찍이 가마골 대장간의 딸과 야합(野合)하였는데, 정과 좋아함이 매우 두터웠다. 나이 20세가 되자, 부모가 읍(邑)의 여자 중 용모와 행실이 있는 자를 중매하여 장차 아내로 삼고자 하였다. 강수는 다시 장가들 수 없다고 사양하였다. 아버지가 노하여 말하기를, "네가 당시에 이름이 있어 나라 사람들 중 모르는 자가 없는데, 미천한 자를 짝으로 삼으니 또한 부끄럽지 않은가?"라고 하였다. 강수가 두 번 절하고 말하였다. "가난과 천함은 부끄러운 바가 아니고, 도리를 배워 행하지 않는 것이 진실로 부끄러운 바입니다. 일찍이 옛 사람의 말을 들으니, '가난할 때의 아내는 당에서 내려오게 하지 않고, 가난하고 미천할 때의 친구는 잊을 수 없다.'라고 하였으니, 곧 미천한 여자라도 차마 버릴 수 없는 바입니다." 태종대왕이 즉위하자 당의 사자가 도착하여 조서를 전하였는데, 그 중에 읽기 어려운 곳이 있었다. 왕이 그를 불러 물으니, 왕 앞에서 한번 보고 설명하고 해석함에 의심하고 막힘이 없었다. 왕이 놀라고 기뻐하여 서로 만난 것이 늦음을 한스럽게 여기며 그 성명을 물었다. 그가 대답하기를, "신은 본래 임나가량 사람이고 이름은 두(頭)입니다."라고 하였다. 왕이 말하기를, "경의 머리뼈를 보니, 강수 선생이라고 부를 만하다."라고 하였다. 당 황제의 조서에 답하여 감사하는 표문을 짓게 하니, 문장이 공교로우면서도 뜻이 다하였다. 왕이 그를 더욱 기특하게 여겨서 이름을 부르지 않고 임생이라고 할 뿐이었다. 강수는 일찍이 생업을 도모하지 않아서 집안이 매우 가난하였으나 기뻐하였다. 왕이 담당 관사에 명령하여 해마다 신성의 조 100석을 하사하게 하였다. (『三國史記』46 列傳 6 强首)

신라 영휘 5년에 진덕이 죽었다. 황제가 애도식을 거행하고, 개부의동삼사를 추증하며 채은 300을 하사하였다. 태상승 장문수에게 명령하여 부절을 가지고 가서 조문하고 제사지내게 하고, 춘추가 왕을 계승하게 하였다. (『新唐書』220 列傳 145 東夷 新羅)

신라 영휘 5년에 진덕이 죽었다. 고종이 영광문에서 애도식을 거행하였다. 태상경(太常卿) 장문수를 사신 보내 부절을 가지고 가서 조문하고 제사지내게 하고, 개부의동삼사를 추증하며 능채(綾綵) 200단을 하사하였다. 춘추가 지위를 계승하였다. (『唐會

신라   5월에 왕이 사신을 파견하여 당에 들어가 표문을 올려 감사하였다. (『三國史記』5 新羅本紀 5 太宗武烈王)

신라   5월에 신라가 사신을 파견해 당에 가서 표문을 바치고 은덕에 감사하였다. (『三國史節要』9)

백제 신라   가을 7월 갑술일이 초하루인 정유일(24)에 서해사(西海使) 기시노나가니(吉士長丹) 등이 백제·신라의 송사(送使)와 함께 츠쿠시(筑紫)에 정박하였다. (『日本書紀』25 孝德紀)

고구려 말갈   겨울 10월에 왕이 장수 안고(安固)를 파견해 군사 및 말갈(靺鞨) 병사를 내어 거란(契丹)을 공격하였다. 송막도독(松漠都督) 이굴가(李窟哥)가 그것을 방어하여, 신성(新城)에서 우리 군대를 대패시켰다. (『三國史記』22 高句麗本紀 10 寶臧王 下)

고구려 말갈   겨울 10월에 고구려왕이 장수 안고를 파견해 말갈 병사와 함께 거란을 공격하였다. 송막도독 이굴가가 그것을 방어하여, 신성에서 고구려 군대를 대패시켰다. (『三國史節要』9)

고구려 말갈   10월에 고구려가 그 장수 안고를 파견해 고구려·말갈 병사를 거느리고 거란을 공격하였다. 송막도독 이굴가가 그것을 방어하여, 신성에서 고구려를 대패시켰다. (『資治通鑑』199 唐紀 15 高宗 上之上)

고구려 말갈   영휘 5년 10월에 고구려가 그 장수 안고를 파견해 고구려·말갈 병사를 이끌고 거란을 침입하였다. 송막도독 이굴가가 기병을 징발해 그것을 방어하여, 신성에서 싸웠다. 때마침 큰 바람을 만나 고구려가 화살을 쏘면 바람이 불어 모두 되돌아와서 진영이 어지러워졌다. 거란이 그것을 틈타 500급을 참수하고 말 700여 필을 얻었다. 고구려가 패하여 달아나는데 풀이 건조하고 바람이 날쌔니 거란이 또 불을 놓아 그들을 핍박하였다. 폭풍이 날고 불꽃이 일어나서 사람과 말을 불태워 죽인 것이 매우 많았다. 거란은 그 시체를 모아서 경관(京觀)을 축조하고, 사신을 파견해 와서 승리를 알렸다. 황제가 조정에 노포(露布)를 선언하게 하여 모든 관료에게 보여주었다. (『冊府元龜』995 外臣部 40 交侵)

고구려 말갈   영휘 5년에 장(藏)이 말갈 병사로 거란을 공격하여 신성에서 싸웠다. 큰 바람이 불어 화살이 모두 되돌아오거나 요동치니, 거란에게 틈을 빼앗기게 되어 대패하였다. 거란이 들에 불질러 다시 싸우니, 사람이 죽어서 서로 깔리고 시체를 쌓아서 무덤을 만들었으며, 사자를 파견해 승리를 알렸다. 고종이 조정에 노포를 선언하였다. (『新唐書』220 列傳 145 東夷 高麗)

고구려 말갈   『신당서(新唐書)』 고려전(高麗傳)에 전한다. " (…) 영휘 5년에 장이 말갈 병사로 거란을 공격하여 신성에서 싸웠다. 화살이 되돌아오거나 요동쳐서 대패하였다. 거란이 사신을 파견해 승리를 알렸다. 고종이 조정에 노포를 선언하였다." (『玉海』191 兵捷露布 3 唐遼東道行臺大摠管李勣俘高麗獻俘昭陵檄高麗含元殿數俘)

신라 고구려 백제

    영휘 5년 12월에 사신을 파견해 호박(琥珀)·마노(瑪瑙)를 바쳤다. 호박은 크기가 1두(斗) 정도였고, 마노는 크기가 5승(升)의 그릇과 같았다. 고종이 국서를 내려 그를 위무하였다. 이어서 말하였다. "왕국은 신라와 가까운데, 신라는 평소에 고구려·백제에게 침입당하고 있다. 만약 위급함이 있으면 왕은 마땅히 병사를 파견하여 그를 구원하라."

왜국(倭國)의 동쪽 바다 섬 속에 야인(野人)이 있어, 야고(耶古)·파야(波耶)·다니(多尼) 3국이 있는데 모두 왜에 부용되었다. 북쪽으로 대해에 막히고 서북쪽으로 백제에 접하며, 정북쪽으로 신라에 닿고 남쪽으로 월주(越州)와 서로 접한다. 사(絲)·면(縣)이 매우 많고, 마노가 나는데 황색·백색의 2가지 색이 있다. 그 호박이 좋은 것은 바다 속에서 솟아오른다고 한다. (『唐會要』 99 倭國)

신라　『신당서』 일본전(日本傳)[겸하여 『당회요(唐會要)』]에 전한다. "(…) 영휘 5년 12월에 그 왕 효덕(孝德)이 크기가 1두인 호박(虎魄)과 5승의 그릇 같은 마노(碼碯)를 바쳤다. 고종이 새서를 내려 병사를 내어 신라를 구원하게 하였다." (『玉海』 153 朝貢外夷內朝內附 唐日本遣使入朝請授經)

신라 고구려 백제
　　영휘 5년에 이르러 사신을 파견해 호박·마노를 바쳤다. 호박은 크기가 1두 정도였고, 마노는 크기가 5승의 그릇과 같았다. 고종이 국서를 내려 그를 위무하였다. 이어서 말하였다. "본국은 신라와 가까운데, 신라는 자주 고구려·백제에게 침입당하고 있다. 만약 위급함이 있으면 왕은 마땅히 병사를 파견하여 그를 구원하라." (『太平寰宇記』 174 四夷 3 東夷 3 倭國)

신라 고구려 백제
　　영휘 초년에 그 왕 효덕이 즉위하여 백치(白雉)라고 연호를 고치고, 크기가 1두인 호백과 5승 그릇 같은 마노를 바쳤다. 이 때에 신라가 고구려·백제에게 해쳐지자, 고종이 새서를 하사하여 지금 병사를 내어 신라를 구원하라고 하였다. (『新唐書』 220 列傳 145 東夷 日本)

신라　계금당(罽衿幢)은 태종왕(太宗王) 원년에 설치하였는데, 옷깃 색깔이 계(罽)이다. (『三國史記』 40 雜志 9 職官 下)

신라　이계당(二罽幢)[혹은 외계(外罽)라고도 한다.]은 첫째를 한산주계당(漢山州罽幢)이라고 하는데, 태종왕 원년에 설치하였다. (『三國史記』 40 雜志 9 職官 下)

신라　신라가 계금당을 설치하였는데, 옷깃 색깔이 계이다. (『三國史節要』 9)

신라　태종(太宗)이 처음 즉위하였을 때, 멧돼지가 머리 하나에 몸이 둘이고 다리가 여덟인 것을 바친 적이 있었다. 논의하는 자가 말하기를, "이것은 반드시 육합을 병탄한다는 상서입니다."라고 하였다. (『三國遺事』 1 紀異 1 太宗春秋公)

고구려 백제 신라
　　이 해에 고구려·백제·신라가 사신을 파견해 조문을 받들었다. (『日本書紀』 25 孝德紀)

고구려　영휘 5년에 오흠(伬欽)은 개복부(開福府) 여수(旅帥)를 제수받았다. 처지는 높은 반열에 올랐고, 위엄을 갖춘 계책은 삼한을 놀라게 하였다. 신왕(神王)이 그릇된 것을 제거하니 위엄과 교화가 초(楚)의 7개 연못에 두루 미치게 되었다. (「伬欽 墓誌銘」: 『唐代墓誌滙篇附考』 8; 『全唐文新編』 993; 『全唐文補遺』 6)

신라　태위(太尉)·양주도독(揚州都督)·감수국사(監修國史)·상주국(上柱國)·△△　신(臣) 장손무기(長孫無忌) (…) 좌령군장군(左領軍將軍) 신 김인문(金仁問) (「萬年宮銘 陰記」: 『金石萃編』 50; 『關中金石文字存逸攷』 10)

신라　신라 낙랑군왕(樂浪郡王) 김진덕(金眞德) (「眞德王石像臺座銘文」: 2004 『碑林集刊』

10)

655(乙卯/신라 태종무열왕 2/고구려 보장왕 14/백제 의자왕 15/唐 永徽 6/倭 齊明 1)

신라	봄 정월에 이찬(伊湌) 금강(金剛)을 상대등(上大等)으로, 파진찬(波珍湌) 문충(文忠)을 중시(中侍)로 임명하였다. (『三國史記』 5 新羅本紀 5 太宗武烈王)
신라	봄 정월에 신라가 이찬 금강을 상대등으로, 파진찬 문충을 중시로 삼았다. (『三國史節要』 9)

신라 고구려 백제 말갈	봄 정월에 고구려가 백제·말갈(靺鞨)과 병사를 연합하여 우리 북쪽 경계를 침입하고 33성을 취하였다. 왕이 사신을 파견해 당에 들어가 구원을 요구하였다. (『三國史記』 5 新羅本紀 5 太宗武烈王)
고구려 백제 말갈 신라	봄 정월에 이보다 앞서 우리가 백제·말갈과 신라의 북쪽 경계를 침입하고 33성을 취하였다. 신라왕 김춘추(金春秋)가 당에 사신을 파견해 구원을 요구하였다. (『三國史記』 22 高句麗本紀 10 寶臧王 下)
고구려 백제 말갈 신라	봄 정월에 고구려가 백제·말갈과 병사를 연합하여 신라의 북쪽 경계를 침입하고 33성을 취하였다. 왕이 당에 사신을 파견해 구원을 요구하였다. (『三國史節要』 9)
고구려 백제 말갈 신라	봄 정월에 고구려가 백제·말갈과 병사를 연합하여 신라의 북쪽 경계를 침입하고 33성을 취하였다. 신라왕 춘추(春秋)가 사신을 파견해 구원을 요구하였다. (『資治通鑑』 199 唐紀 15 高宗 上之上)
신라 백제 고구려 말갈	영휘(永徽) 6년에 백제가 고구려·말갈과 병사를 이끌고 그 북쪽 경계를 침입하고 33성을 공격하여 함락시켰다. 춘추가 사신을 파견해 표문을 올려서 구원을 요구하였다. (『舊唐書』 199上 列傳 149上 東夷 新羅)
고구려 신라 말갈	영휘 6년에 신라가 고구려·말갈이 36성을 빼앗았다고 하소연하니, 오직 천자가 슬퍼하며 구원하였다. (『新唐書』 220 列傳 145 東夷 高麗)
신라 백제 고구려 말갈	영휘 5년 다음해에 백제·고구려·말갈이 함께 정벌하여 그 30성을 취하자, 사자가 와서 구원을 청하였다. (『新唐書』 220 列傳 145 東夷 新羅)
신라 백제 고구려 말갈	『구당서(舊唐書)』 신라전에 (…) 또 전한다. "영휘 6년에 백제가 고구려·말갈과 병사를 이끌고 신라의 북쪽 경계를 침입하였다. 그 왕 춘추가 사신을 파견해 표문을 올려서 구원을 요구하였다." (『太平御覽』 781 四夷部 2 東夷 2 新羅)

고구려	2월 을축일(25) 영주도독(營州都督) 정명진(程名振), 좌위중랑장(左衛中郎將) 소정방(蘇定方)이 고구려를 정벌하였다. (『新唐書』 3 本紀 3 高宗)
고구려	2월 을축일(25) 영주도독 정명진, 좌위중랑장 소정방을 파견하여 병사를 징발하여 고구려를 공격하였다. (『資治通鑑』 199 唐紀 15 高宗 上之上)
고구려 신라 백제 말갈	영휘 6년 2월 을축일(25) 영주도독 정원진(程元振), 좌위중랑장 소정방 등을 파견하여 병사를 징발하여 고구려를 토벌하였다. 신라를 침략하였기 때문이다.(이상 2월25

일) 이 때에 신라왕 김춘추가 표문을 올려, 고구려가 백제·말갈과 서로 연합하여 그 북쪽 경계를 침입하고 이미 33성을 빼앗았다고 하고 병사와 구원을 청하였다.(이상 1월) 그러므로 원진(元振) 등을 파견하여 그들을 경략한 것이다.(이상 2월25일) (『冊府元龜』 995 外臣部 40 交侵)

신라 고구려 말갈 　『신당서(新唐書)』 고려전(高麗傳)에 전한다. " (…) 영휘 6년에 신라가 고구려·말갈이 36성을 빼앗았다고 하소연하였다.(이상 1월) 정명진·소정방에게 조서가 있어 군사를 이끌고 그들을 토벌하게 하였다.[2월 을축일(25)]"(『玉海』 191 兵捷露布 3 唐遼東道行臺大摠管李勣俘高麗獻俘昭陵檄高麗含元殿數俘)

고구려 　2월에 고종(高宗)이 영주도독 정명진, 좌위중랑장 소정방을 파견하여 병사를 거느리고 와서 공격하게 하였다. (『三國史記』 22 高句麗本紀 10 寶臧王 下)

고구려 신라　백제 말갈 　영휘 6년 2월 영주도독 정명진, 좌위중랑장 소정방 등을 파견하여 병사 1만을 징발하여 고구려를 토벌하였다. 신라를 침략하였기 때문이다.(이상 2월25일) 이 때에 신라왕 김춘추가 표문을 올려, 고구려가 백제·말갈과 서로 연합하여 그 북쪽 경계를 침입하고 이미 33성을 빼앗았다고 하고 병사와 구원을 청하였다.(이상 1월) 그러므로 명진(名振) 등을 파견하여 그들을 경략한 것이다.(이상 2월25일) (『冊府元龜』 986 外臣部 31 征討 5)

고구려 　영휘 6년에 영주도독 정명진, 좌위중랑장 소정방에게 조서가 있어 군사를 이끌고 그들을 토벌하게 하였다.(이상 2월25일) 신성(新城)에 이르러 고구려 병사를 패배시키고, 외성과 폐허가 된 촌락에 불을 지르고 나서 이끌고 돌아왔다.(이상 5월13일) (『新唐書』 220 列傳 145 東夷 高麗)

고구려 　다시 좌위중랑장으로 옮겨서 정명진과 고구려를 토벌하였다.(이상 2월25일) 그들을 격파하고 우둔위장군(右屯衛將軍)·임청현공(臨淸縣公)에 임명되었다. (이상 5월13일) (『新唐書』 111 列傳 36 蘇定方)

백제 　봄 2월에 태자궁(太子宮)을 수리하였는데 매우 사치스럽고 화려하였다. 망해정(望海亭)을 왕궁 남쪽에 세웠다. (『三國史記』 28 百濟本紀 6 義慈王)

백제 　2월에 백제가 태자궁을 수리하였는데 매우 사치스럽고 화려하였다. 망해정을 왕궁 남쪽에 세웠다. (『三國史節要』 9)

신라 고구려 　3월에 당이 영주도독 정명진, 좌우위중랑장(左右衛中郎將) 소정방을 파견하여 병사를 징발하여 고구려를 공격하였다. (『三國史記』 5 新羅本紀 5 太宗武烈王)

고구려 　3월에 당이 영주도독 정명진, 좌우위중랑장 소정방을 파견하여 병사를 징발하여 고구려를 공격하였다. (『三國史節要』 9)

고구려 　영휘 6년에 얼마 후 동이가 천명을 거스르고 이웃과 긴급함을 고하게 되자, 방어의 길에서 의리는 웅장하고 굳셈에 있었다. 그 해 3월에 칙령을 내려 한인해(韓仁楷)는 중랑장(中郎將) 이덕무(李德武)와 신라를 구원하게 하니, 성곽에서 쉴 틈 없이 싸웠다. (「韓仁楷 墓誌銘」; 『全唐文補遺』 2; 『唐代墓誌滙篇』; 『全唐文新編』 994)

고구려 　3월에 영주도독 정명진이 귀단수(貴端水)에서 고구려를 격파하였다. (『舊唐書』 4 本紀 4 高宗 上)

고구려 　영휘 6년에 거듭 영주도독에 제수되고, 동이도호(東夷都護)를 겸하였다. 또 병사를 이끌고 귀단수에서 고구려를 격파하였고, 신성을 불태우고 죽이거나 사로잡은 것이 매우 많았다. (『舊唐書』 83 列傳 33 程名振)

신라	3월에 맏아들 법민(法敏)을 옹립하여 태자로 삼았다. 서자 문왕(文王)을 이찬으로, 노차(老且)를 해찬(海湌)으로, 인태(仁泰)를 각찬(角湌)으로, 지경(智鏡)·개원(愷元)을 각각 이찬으로 삼았다. (『三國史記』 5 新羅本紀 5 太宗武烈王)
신라	3월에 신라왕이 맏아들 법민을 옹립하여 태자로 삼았다. 서자 문왕(文汪)을 이찬으로, 노단(老旦)를 해찬으로, 인태를 각찬으로, 지경·개원을 모두 이찬으로 삼았다. (『三國史節要』9)
고구려	5월 임오일(13) 고구려와 귀단수에서 싸우게 되자, 그들을 패배시켰다. (『新唐書』 3 本紀 3 高宗)
고구려	여름 5월 임오일(13) 정명진 등이 요수(遼水)를 건넜다. 고구려가 그 병사가 적은 것을 보고 문을 열고 귀단수를 건너 맞서 싸웠다. 명진 등이 떨쳐 공격하여 그들을 대파하니, 1,000여 명을 죽이거나 사로잡았다. 그 외성 및 촌락을 불지르고 돌아왔다. (『資治通鑑』199 唐紀 15 高宗 上之上)
고구려	『신당서』 고려전에 전한다. " (…) 영휘 6년에 신성에 이르러 고구려 병사를 패배시키고 돌아왔다."[5월 임오일(13) 책단수(責端水)에서 싸워 그들을 패배시켰다.] (『玉海』191 兵捷露布 3 唐遼東道行臺大摠管李勣俘高麗獻俘昭陵檄高麗含元殿數俘)
고구려	여름 5월에 정명진 등이 요수를 건넜다. 우리 군대가 그 병사가 적은 것을 보고 문을 열고 귀단수를 건너 맞서 싸웠다. 명진 등이 떨쳐 공격하여 그들을 크게 이기니, 1,000여 명을 죽이거나 사로잡았다. 그 외성 및 촌락을 불지르고 돌아갔다. (『三國史記』22 高句麗本紀 10 寶臧王 下)
고구려	여름 5월에 정명진 등이 요수를 건넜다. 우리 군대가 그 병사가 적은 것을 보고 문을 열고 귀단수를 건너 맞서 싸웠다. 명진 등이 떨쳐 공격하여 그들을 크게 이기니, 1,000여 명을 죽이거나 사로잡았다. 그 외성 및 촌락을 불지르고 돌아갔다. (『三國史節要』9)
고구려	영휘 6년 5월에 정명진이 병사를 이끌고 요수를 건너 고구려에 이르렀다. 명진의 병사가 적다고 여겨 곧 6성의 문을 열고 병사를 내어 귀단수를 건너 명진과 싸웠다. 적의 무리가 대패하여 달아나 물을 지나 성에 들어가려고 하였으나 그러지 못하니, 1,000여 명을 죽이거나 사로잡았다. 명진이 병사를 풀어 그 외성 및 촌락을 불지르고 돌아왔다. (『冊府元龜』986 外臣部 31 征討 5)
고구려	영주도독으로 옮겨서 동이도호를 겸하였다. 귀단수에서 고구려를 격파하였고, 신성을 불태웠다. (『新唐書』111 列傳 36 程名振)
백제	여름 5월에 붉은 말이 북악(北岳)의 오함사(烏含寺)에 들어갔는데, 불당(佛堂)을 울면서 돌다가 며칠 후에 죽었다. (『三國史記』28 百濟本紀 6 義慈王)
백제	가을 7월 기사일이 초하루인 기묘일(11) 나니와(難波)의 조정에서 북쪽[북쪽은 고시(越)다.]의 에미시(蝦夷) 99명, 동쪽[동쪽은 미치노쿠(陸奧)다.]의 에미시 95명에게 잔치를 베풀었다. 아울러 백제의 조사(調使) 150명에게도 베풀었다. (『日本書紀』26 齊明紀)
백제	가을 7월에 마천성(馬川城)을 중수(重修)하였다. (『三國史記』28 百濟本紀 6 義慈王)
백제	가을 7월에 백제가 마천성을 수리하였다. (『三國史節要』9)

백제 고구려 신라 말갈

8월에 왕이 고구려·말갈과 신라의 30여 성을 침공하여 격파하였다. 신라왕 김춘추가 사신을 파견해 당에 들어가 표문을 올려 칭하기를, "백제가 고구려·말갈과 우리 북쪽 경계를 침입하여 30여 성을 함락시켰습니다."라고 하였다. (『三國史記』28 百濟 本紀 6 義慈王)

백제 신라 고구려 말갈

영휘 6년에 신라왕 김춘추가 또 표문을 올려 칭하기를, "백제가 고구려·말갈과 우리 북쪽 경계를 침입하여 이미 30여 성을 함락시켰습니다."라고 하였다. (『舊唐書』199 上 列傳 149上 東夷 百濟)

백제 신라 고구려 말갈

영휘 6년에 신라가 백제·고구려·말갈이 북쪽 경계의 30성을 취하였다고 하소연하였다. (『新唐書』220 列傳 145 東夷 百濟)

백제 신라 고구려 말갈

『구당서』백제전에 전한다. " (…) 영휘 6년에 신라왕 김춘추가 또 표문을 올려 칭하기를, '백제가 고구려·말갈과 우리 북쪽 경계를 침입하여 이미 30여 성을 함락시켰습니다.'라고 하였다."(『太平御覽』781 四夷部 2 東夷 2 百濟)

백제 신라 고구려 말갈

『신당서』동이(백제)전에 전한다. " (…) 영휘 6년에 신라가 고구려·백제·말갈이 북쪽 경계의 30성을 취하였다고 하소연하였다."(『玉海』191 兵捷露布 3 唐神丘道行軍 大摠管蘇定方俘百濟)

신라 백제

영휘 6년 을묘 가을 9월에 유신이 백제에 들어가 도비천성(刀比川城)을 공격하여 이겼다. 이 때에 백제의 군주와 신하가 사치스럽고 음탕하며 안일하여 국사를 돌보지 않았다. 백성들은 원망하고 신이 노하여 재앙과 괴이한 현상이 거듭 나타났다. 유신이 왕에게 알렸다. "백제가 무도하여 그 죄는 걸주(桀紂)보다 지나치니, 이것은 진실로 하늘에 따라 백성을 조문하고 죄를 정벌할 때입니다." 이보다 앞서 급찬(級湌) 조미압(租未押)이 천산현령(天山縣令)이 되었다가, 백제에 포로로 잡혀서 좌평(佐平) 임자(任子)의 가노(家奴)가 되었는데, 일을 함에 부지런하며 삼가고 일찍이 게으른 적이 없었다. 임자가 그를 불쌍히 여기고 의심하지 않아서, 그 출입을 마음대로 하게 하였다. 이에 도망쳐 돌아와서 백제의 일을 유신에게 알렸다. 유신은 조미압이 충성스럽고 바르기에 쓸 만하다고 여겨 이에 말하였다. "나는 임자가 백제의 일을 마음대로 한다고 들었는데, 더불어 모의함이 있었으면 하고 생각하나 아직 연유함이 없다. 그대는 나를 위하여 다시 돌아가 그에게 말하라." 조미압이 답하였다. "공은 저를 모자라다고 여기 않으시고 지시를 내리시니, 비록 죽어도 후회가 없습니다." 마침내 다시 백제에 들어가 임자에게 알렸다. "저는 스스로 이미 이 나라 사람이 되었다고 여기니, 마땅히 나라의 풍속을 알아야 합니다. 이런 까닭으로 나가 놀면서 수십 일 동안 돌아오지 않아도 개와 말이 주인을 생각하는 정성을 이기지 못하므로 여기에 온 것일 뿐입니다." 임자는 그것을 믿고 꾸짖지 않았다. 조미압이 틈을 엿보아 보고하였다. "전에는 죄가 두려워 감히 솔직히 말하지 못하였으나, 실제로는 신라에 갔다가 돌아왔습니다. 유신이 나를 깨우쳐 와서 그대에게 알립니다. '나라의 흥망은 먼저 알 수 없으니, 만약 그대의 나라가 망하면 그대는 우리나라에 의지하게 될 것이고, 우리 나라가 망하면 내가 그대의 나라에 의지하게 될 것이다.'" 임자가 그것을 듣고 묵묵히 말이 없었다. 조미압은 두려워하며 물러나서 몇 달 동안 죄를 기다렸다. 임자가 그를 불러서 물었다. "네가 전에 유신의 말이라고 이야기하였는데, 어떠한가?" 조미압이 놀라고 두려워하며 대답하였다. "전에 말한 바와 같습니다." 임자가 말하였다. "네가 전한 바는 나도 이미 모두 알고 있으니 돌아가 그에게 알려도 좋다." 마침내 와서 말하면서 내외의 일을 겸하여 언급하는데 상냥하고 상세하였다. 이리하여 병탄하려는 모의가 더욱 빨라졌다. (『三國史記』42 列傳 2 金庾信 中)

신라 백제   9월에 신라의 김유신(金庾信)이 백제의 도비천성을 공격하여 이겼다. 이 때에 백제의 군주와 신하가 사치스럽고 음탕하여 국사를 돌보지 않았다. 백성들은 원망하고 신이 노하여 재앙과 괴이한 현상이 거듭 나타났다. 유신이 왕에게 알렸다. "백제가 무도하여 죄가 걸주보다 지나치니, 이것은 진실로 하늘에 따라 조벌(弔伐)할 때입니다." 이보다 앞서 급찬 조미갑(租未坤)이 부산현령(夫山縣令)이 되었다가, 백제에 포로로 잡혀서 좌평 임자의 가노가 되었는데, 일을 함에 부지런하며 삼가고 일찍이 게으른 적이 없었다. 임자가 그 출입을 마음대로 하게 하고 의심하지 않았다. 미갑이 도망쳐 돌아오자, 유신은 그가 쓸 만함을 알아서 말하였다. "나는 임자가 백제를 마음대로 한다고 들었는데, 그와 더불어 일을 도모하고자 생각하나 그 사람이 어렵다. 그대가 가서 그에게 말하라." 조미갑이 말하였다. "공은 저를 모자라다고 여기지 않으시고 지시를 내리시니, 비록 죽어도 후회가 없습니다." 마침내 가서 임자에게 알렸다. "저는 이 나라 사람이 되었으니, 마땅히 나라의 풍속을 방문해야 합니다. 이런 까닭으로 잠시 밖에 나가도 개와 말이 주인을 생각함을 이기지 못하므로 다시 온 것일 뿐입니다." 임자는 그것을 믿었다. 미갑이 조용히 말하였다. "전에는 죄를 두려워하여 감히 솔직히 말하지 못하였으나, 실제로는 신라에 갔다가 돌아왔습니다. 유신이 나로 하여금 그대에게 알리게 하였습니다. '두 나라의 존망은 먼저 알 수 없으니, 만약 그대의 나라가 망하면 그대는 우리나라에 의지하게 될 것이고, 우리 나라가 망하면 내가 그대의 나라에 의지하게 될 것이다.'"
임자가 묵묵하자, 미갑은 두려워하며 물러났다. 몇 달 후에 임자가 미갑에게 말하였다. "만약 전의 말과 같다면, 이미 모두 해도 좋다. 돌아가 유신에게 보고하라." 미갑이 마침내 돌아와서 그것을 알렸는데, 백제의 일을 말하는 것이 매우 남김 없었다. 이리하여 병탄하려는 모의가 더욱 빨라졌다. (『三國史節要』9)

신라 백제 고구려
김흠운(金歆運)은 나밀왕(奈密王)의 8세손이다. 아버지는 잡찬(迊湌) 달복(達福)이다. 김흠운은 어려서 화랑 문노(文努)의 문하에서 돌아다녔다. 그때 무리들이 아무개는 전사하여 이름을 지금까지 남겼다고 말하자. 김흠운이 매우 슬퍼하면서 눈물을 흘리고 마음을 북돋우어 그를 흠모하는 모습이 있었다. 동문의 승려 전밀(轉密)이 말하기를, "이 사람이 만약 전쟁에 나간다면, 반드시 돌아오지 않을 것이다."라고 하였다. 영휘 6년에 태종대왕(太宗大王)이 백제가 고구려와 변방을 막은 것을 분하게 여겨 그들을 정벌하고자 모의하였다. 군사를 내게 되자 흠운(歆運)을 낭당대감(郞幢大監)으로 삼았다. 이리하여 집에서 잠자지 않고 바람에 머리를 빗고 비에 목욕하면서 사졸과 동고동락하였다. 백제 땅에 도착해서는 양산(陽山) 아래에 주둔하고 나아가 조천성(助川城)을 공격하려고 하였다. 백제 군대가 밤을 틈타서 빠르게 말을 몰아 동이 틀 때에 성채를 따라 들어왔다. 우리 군대가 놀라서 엎어지며 안정되지 못하였다. 적은 어지러움으로 인하여 재빨리 공격하여 날아다니는 화살이 비처럼 모였다. 흠운은 말을 달려 창을 잡고 적을 기다렸다. 대사(大舍) 전지(詮知)가 설득하였다. "지금 적이 어둠 속에 일어나 지척도 서로 판별할 수 있습니다. 공이 비록 죽더라도 남들이 식별하는 자가 없을 것입니다. 하물며 공은 신라의 귀족이고 대왕의 사위인데, 만약 적군의 손에 죽는다면 백제는 자랑하는 바가 되고 아군은 깊이 부끄러운 바가 될 것입니다." 흠운이 말하였다. "대장부는 이미 몸을 나라에 허락한 것이니, 남이 그것을 아는 것과 모르는 것은 같다. 어찌 감히 이름을 구하겠는가?" 꼿꼿이 서서 움직이지 않았다. 종자가 고삐를 잡고 돌아가기를 권하였으나, 흠운은 칼을 뽑아 휘두르면서 적과 싸우다가 여러 명을 죽이고 죽었다. 이 때에 대감(大監) 예파 (穢破), 소감(少監) 적득(狄得)이 서로 더불어 싸우다가 죽었다. 보기당주(步騎幢主) 보용나(寶用那)는 흠운이 죽었다는 것을 듣고 말하였다. "그는 혈통이 귀하고 세력 이 영예로워서 남들이 아끼고 안타까워 하는 바인데, 오히려 절개를 지켜 죽었다. 하물며 보용나는 살아도 이득이 없으니 죽어도 잃을 것이 없겠구나!" 마침내 적에게 달려들어 여러 명을 죽이고 죽었다. 대왕이 그것을 듣고 상심하고 애통해 하였다. 흠운·예파에게 일길찬(一吉飡), 보용나·적득에게 대나마(大奈麻)의 관등을 추증하였 다. 당시 사람들이 그것을 듣고 양산가(陽山歌)를 지어 상심하였다.

논하여 말한다. 신라 사람들은 인재를 알아볼 수 없을까를 걱정하여 무리로 하여금 모여 함께 돌아다니게 하고 그 행동을 본 후에 발탁하려고 하였다. 마침내 미모의 남자를 뽑아 단장시켜 화랑이라 이름하고 그를 받들게 하니, 무리가 구름떼처럼 모 여들었다. 혹은 도의로써 서로 갈고 닦았으며, 혹은 노래로써 서로 즐거워하며 산수 를 유람하고 즐기어 멀리라도 가지 않은 곳이 없었다. 이로 인하여 사람의 그릇됨과 바름을 알아 선택하여 조정에 그를 천거하였다. 때문에 김대문이, "임금을 보좌하는 어진 인물과 충신이 이로부터 나와 빼어났으며, 좋은 장수와 용감한 병사는 이로부 터 생겨났다."고 말한 것이 이것이다. 삼대의 화랑은 무려 200여 명으로, 꽃다운 이 름과 아름다운 일은 모두 전기와 같다. 김흠운 같은 자는 또한 낭도로서 왕실의 일 에 목숨을 바쳤으니, 그 이름을 욕되게 하지 않은 자라고 이를 만하다. (『三國史記』 47 列傳 7 金歆運)

| 신라 백제 | 신라왕이 고구려·백제가 침략하는 것을 분하게 여겨 그들을 정벌하고자 모의하였다. 마침내 군사를 내게 되어 김흠운을 낭당대감으로 삼았다. 흠운(欽運)은 명령을 듣고 곧 가서 백제의 양산(陽山) 아래에 주둔하며 조천성을 공격하려고 하였다. 백제 군 대가 밤을 틈타서 와서 습격하여 동이 틀 때에 성채를 따라 들어왔다. 신라 군대가 놀라서 엎어지며 안정되지 못하였다. 백제 병사가 어지러움으로 인하여 재빨리 공격 하여 날아다니는 화살이 비처럼 모였다. 흠운은 말을 달려 창을 잡고 그들을 기다렸 다. 대사 전지가 말하였다. "지금 적이 어둠 속에 일어나 지척도 서로 판별할 수 있 습니다. 공이 비록 죽더라도 남들이 식별하는 자가 없을 것입니다. 하물며 공은 신 라의 귀족이고 대왕의 총애하는 사위인데, 만약 적군의 손에 죽는다면 백제는 자랑 하는 바가 되고 우리는 깊이 부끄러운 바가 될 것입니다." 흠운이 말하였다. "대장 부는 이미 몸을 나라에 허락한 것이니, 남이 그것을 아는 것과 모르는 것은 같다. 어찌 이름을 구할 수 있겠는가?" 꼿꼿이 서서 움직이지 않았다. 종자가 말을 당겨 피하기를 권하였으나, 흠운은 칼을 뽑아 휘두르면서 적진에 돌격하여 싸우다가 여러 명을 죽이고 죽었다. 이 때에 대감 예파, 소감 적득 또한 서로 더불어 싸우다가 죽 었다. 보기당주 보용나는 흠운이 죽었다는 것을 듣고 말하였다. "그는 혈통이 귀하 고 세력이 영예로운데, 오히려 죽음을 아끼지 않았다. 하물며 나는 살아도 이득이 없으니 죽어도 무엇을 잃겠는가?" 마침내 적에게 달려들어 죽었다. 대왕이 그것을 듣고 상심하고 애도하였다. 흠운·예파에게 일길찬, 보용나·적득에게 대나마를 추증하 였다. 당시 사람들이 그것을 듣고 양산가(陽山歌)를 지어 상심하였다. 흠운은 나밀왕 (奈密王)의 8세손이고 아버지는 잡찬(匝飡) 달복(達福)이다. 흠운은 어려서 화랑(花 郎) 문노(文努)의 문하에서 놀았다. 이 때에 낭도의 무리가 사람이 싸우다가 죽어 이름을 남기는 경우에 대해 언급하였다. 흠운은 그 때문에 분개하여 눈물을 흘리고 사제(思齊)의 뜻을 격려함이 있었다. 동문 승려가 이것을 조용히 옮겨서 말하였다. "만약 저 사람이 적에게 달려가면, 반드시 돌아오지 않을 것이다."
권근이 말하였다. "자로(子路)가 묻기를, '선생님께서 삼군(三軍)을 지휘하신다면 누 |
|---|---|

구와 하시겠습니까?'라고 하자, 공자(孔子)가 말하였다. '맨주먹으로 호랑이를 때리고 배도 없이 마구 강을 건너 죽어도 후회하지 않는 자와는 내가 같이 하지 않겠다. 반드시 일에 임하여 두려워하고 신중히 계책을 세워 이루는 자와 함께 하겠다.' 이것은 비록 자로의 재주로 인하여 그에게 알린 것이지만 진실로 군사를 지휘하는 요령이다. 군사가 많고 적은 적도 헤아리지 않고 형세와 허실도 살피지 않아서 경솔히 적의 손에 죽는 것이 일에 무슨 보탬이 되겠는가? 내 몸을 죽여 적을 이길 수 있다면 죽어도 옳은 것이고, 내 몸을 살려서 나라에 욕이 된다면 죽어야 옳겠지만, 이 두가지 경우가 아니라면 어찌 나의 몸을 가벼이 여겨 적의 마음을 기쁘게 한단 말인가? 흠운은 전지의 말을 듣지 않고 경솔히 적의 손에 죽었으니, 어찌 그 뜻은 장렬하지만 모략에는 부족한 것이 아니겠는가? 승패는 병가의 상사(常事)인데 죽어서 패배에서 구제할 수 없을 바에는 어찌 죽지 않고 후일 보답할 것을 도모함만 같겠는가? 그러나 죽음을 두려워하여 구차하게 삶을 구하는 자를 보면 월등한 차이가 있다고 할 것이다."

이 전투에 취도(驟徒)라는 자가 있어 또한 거기에서 죽었다. 취도는 사량부(沙梁部) 사람인데 나마(奈麻) 취복(聚福)의 아들이다. 형제가 3명인데, 맏이 부과(夫果), 가운데가 취도, 막내가 핍실(逼實)이었다. 취도는 일찍이 출가하여 이름을 도옥(道玉)이라고 하고, 실제사(實際寺)에 거처하였다. 이 때에 이르러 그 무리에게 말하였다. "내가 듣기에 승려가 된 자는 위로는 술업에 정진하여 성품을 회복하고 다음으로는 도용(道用)을 일으켜 남을 이롭게 한다고 하였다. 나는 모습만 상문(桑門)과 비슷할 뿐 취할 만한 좋은 점이 하나도 없으니, 종군하여 몸을 죽여 나라에 보답하는 것만 같지 못하다." 법의를 벗고 군복을 입어 취도라고 이름을 고쳤는데, 대체로 달려가 무리가 된다는 것을 말하였다. 마침내 병부(兵部)에 나아가 삼천당(三千幢)에 속하기를 청하였다. 군대를 따라 전장에 이르자, 적진으로 돌격하여 힘껏 싸우다가 여러 명을 죽이고 죽었다. (『三國史節要』9)

| 신라 백제 | 태종대왕 때에 백제가 조천성에 와서 정벌하였다. 대왕이 군사를 일으켜 출전하였으나, 승패가 결정되지 않았다. 이 때에 도옥이 그 무리에게 말하였다. "내가 듣기에 승려가 된 자는 위로는 술업에 정진하여 성품을 회복하고 다음으로는 도용을 일으켜 남을 이롭게 한다고 하였다. 나는 모습만 상문과 비슷할 뿐 취할 만한 좋은 점이 하나도 없으니, 종군하여 몸을 죽여 나라에 보답하는 것만 같지 못하다." 법의를 벗고 군복을 입어 취도라고 이름을 고쳤는데, 뜻은 달려가 무리가 된다는 것을 말하였다. 이에 병부에 나아가 삼천당에 속하기를 청하였다. 마침내 군대를 따라 적의 전장에 도착하였다. 깃발과 북이 서로 부딪치게 되자, 창검을 가지고 적진으로 돌격하여 힘껏 싸우다가 적 여러 명을 죽이고 죽었다. (『三國史記』47 列傳 7 驟徒) |

| 신라 | 겨울 10월에 우수주(牛首州)가 흰 사슴을 바쳤다. 굴불군(屈弗郡)이 흰 멧돼지를 진상하였는데, 머리가 하나에 몸이 둘이고 다리가 여덟이었다. (『三國史記』5 新羅本紀 5 太宗武烈王) |

| 신라 | 겨울 10월에 신라의 우수주가 흰 사슴을 바쳤다. 굴불군이 흰 멧돼지를 진상하였는데, 머리가 하나에 몸이 둘이고 다리가 여덟이었다. (『三國史節要』9) |

| 신라 | 겨울 10월에 왕의 딸 지조(智照)를 대각찬(大角湌) 유신(庾信)에게 시집보냈다. (『三國史記』5 新羅本紀 5 太宗武烈王) |

| 신라 | 겨울 10월에 신라왕이 딸 지조를 대각찬 유신에게 시집보냈다. (『三國史節要』9) |

| 신라 | 겨울 10월에 월성(月城) 안에 고루(鼓樓)를 세웠다. (『三國史記』5 新羅本紀 5 太宗 |

武烈王)

신라   겨울 10월에 신라가 월성 안에 고루를 세웠다. (『三國史節要』9)

고구려 백제 신라
            이 해에 고구려·백제·신라가 함께 사신을 보내 조(調)를 바쳤다[백제의 대사(大使)는
            서부(西部)·달솔(達率) 여의수(餘宜受)이고, 부사(副使)는 동부(東部)·은솔(恩率) 조신
            인(調信仁)으로 모두 100여 명이었다]. 에미시와 하야토(隼人)가 무리를 이끌고 내속
            하여 궁궐에 이르러 조공을 바쳤다. 신라는 따로 급찬(及飡) 미무(彌武)를 질로 삼고
            재기자(才伎者) 12명을 바쳤는데, 미무는 병이 들어 죽었다. (『日本書紀』26 齊明
            紀)

고구려   영휘 6년에 회골(迴鶻)이 병사를 파견해 소사업(蕭嗣業)을 따라 고구려를 토벌하였
            다. (『舊唐書』195 列傳 145 迴紇)

고구려   대당(大唐) 영휘 연간(650~655)에 처음으로 변방에 안동(安東)·안서(安西)·안남(安
            南)·안북(安北)의 4대 도호부(都護府)를 설치하였다. 나중에 또 선우(單于)·북정도호
            부(北庭都護府)를 더하였다.[38) (⋯) 도호부(都護府)에는 도호(都護)가 1명,39) 부도호
            (副都護)가 2명,40) 장사(長史)·사마(司馬)가 각각 1명이었다.41) (『通典』32 職官 14
            都護)

백제   『구당서』유인궤전(劉仁軌傳)에 (⋯) 또 전한다. "영휘 연간(650~655)에 설인귀(薛
            仁貴)가 백제를 평정하였다. 고종이 별장(別將)·섭대방주자사(攝帶方州刺史) 유인궤
            (劉仁軌)에게 명령하여 병사를 남겨 진수하게 하였다. 설인귀에게 조서를 내려 군사
            를 돌려 돌아오게 하였다. 고종이 위로하며 그에게 물었다. '경이 해동에 있으면서
            전후로 주청한 것은 모두 일의 마땅함에 맞으면서도 우아하게 문리가 있었다. 경은
            본래 무장인데 어떻게 그러한 것을 얻었는가?' 인귀가 대답하기를, '신이 할 수 있
            는 바가 아니라 모두 유인궤가 한 바입니다.'라고 하였다. 황제가 깊이 더 감탄하여
            상으로 인궤에게 상례를 뛰어넘어 6계를 더하고 정식으로 대방주자사를 제수하였다.
            인귀가 처음 백제를 평정하자 합한 경역이 시들고 손상되며 쓰러진 시체가 서로 이
            어졌다. 인궤가 비로소 명령하여 해골을 거두어 염하고 묻어서 조문하며 제사지내게
            하며, 호구를 교정하여 계산하고 관장을 임명하여 두며, 도로를 개통하고 촌락을 정
            리하며, 제방을 보완하고 보와 저수지를 수리하며, 경작과 파종을 권하고 부여하며,
            빈곤하고 모자라는 자들을 진대(賑貸)하고 고아와 노인을 존문(存問)하게 하며, 종묘
            의 기휘(忌諱)를 반포하고 황가의 사직을 자리잡게 하였다. 백제의 나머지 무리가
            다시 생업에 안정되었다. 인궤는 지위가 중서령(中書令)에 이르렀다."(『太平御覽』2
            77 兵部 8 儒將)

신라   현태법사(玄太法師)는 신라 사람이다. 범어(梵語) 이름은 살바진야제바(薩婆眞若提
            婆)이다[당(唐)에서는 일체지천(一切智天)이라고 한다]. 영휘 연간(650~655)에 토번

_____

38) 인덕(麟德)원년(664)에 운중도호(雲中都護)를 고쳐 선우도호(單于都護)라고 하였다.
39) 통괄하는 여러 번의 위무·정벌·척후를 맡고 번인을 안집(安輯)시키며 여러 상벌을 행하고 훈공을 기록하며
    도호부(都護府)의 일을 총판(總判)한다.
40) 도호(都護)의 일을 보좌하는 것을 맡는다. 안북·선우도호부에는 1명만 둔다.
41) 녹사(錄事)·공조(功曹)·창조(倉曹)·호조(戶曹)·병조(兵曹)·법조(法曹)참군(叅軍)은 각각 1명이고, 참군사(叅軍
    事)는 3명이다. 안북·선우도호부에는 사마(司馬), 창조(倉曹)·병조(兵曹)참군만 각각 1명이고, 나머지는 모두
    두지 않았다.

도(吐藩道)를 취하여 니파라(泥波羅)를 거쳐 중인도에 이르렀다. 보리수를 예배하고 불교의 여러 경론을 상세히 조사한 후, 발걸음을 동쪽으로 돌려서 토욕혼(土谷渾)에 이르러 도희(道希法師)와 만나게 되니, 다시 서로 이끌어서 돌아와 대각사(大覺寺)로 향하였다. 나중에 당국(唐國)으로 돌아왔으나 언제 죽었는지는 알 수 없다. (『大唐西域求法高僧傳』 上 新羅 慧業法師)

백제 삼한　영휘 연간(650~655)에 사주자사(沙州刺史)로 고쳤다. 오산(鼇山)이 덕을 어지럽히고 홍수(鴻水)가 계주(稽誅)하게 되자, 부상(扶桑)의 해지는 바닷가에서 요붕(妖朋)이 개미처럼 사귀고 고죽(孤竹)에서 구름을 찾을 때에 얼당(孼黨)이 벌처럼 올라갔다. 백제의 유민이 매달린 소굴에 의탁하여 기운을 베고 삼한의 별종이 위태로운 장막에 붙어 혼을 떠돌게 하니, 왕장(王帳)에서 병사를 모아 포모(苞茅)를 바치는 것을 우두커니 꾸짖었고, 금단(金壇)에서 율을 명령하여 장차 호시(楛矢)의 탐(琛)을 거두려 하였다. (『王子安集』 16 常州刺史平原郡開國公行狀) (『文苑英華』 971 行狀 1 王勃 常州刺史平原郡開國公行狀)

백제 삼한　영휘 연간(650~655)에 사주자사로 고쳤다. 오산이 덕을 어지럽히고 홍수가 계주하게 되자, 부상의 해지는 바닷가에서 요붕이 개미처럼 사귀고 고죽에서 구름을 찾을 때에 얼당이 벌처럼 올라갔다. 백제의 유민이 매달린 소굴에 의탁하여 기운을 베고 삼한의 별종이 위태로운 장막에 붙어 혼을 떠돌게 하니, 옥장(玉帳)에서 병사를 모아 포모를 바치는 것을 우두커니 꾸짖었고, 금단에서 율을 명령하여 장차 호시의 탐을 거두려 하였다. (『全唐文』 185 王勃 9 常州刺史平原郡開國公行狀)

부여 진한　이후 부여(扶餘)를 진한에 치우쳐 있게 하자, 경해(鯨海)에 의지하여 방문하지 않고 오산(鼇山)을 믿고 조공을 빠뜨렸다. (「馮師訓碑」: 『全唐文補遺』 3; 『全唐文新編』 188)

656(丙辰/신라 태종무열왕 3/고구려 보장왕 15/백제 의자왕 16/唐 顯慶 1/倭 齊明 2)

백제　봄 3월에 왕이 궁인과 음황(淫荒)하고 탐락(耽樂)하여 술을 마시는 것이 그치지 않았다. 좌평(佐平) 성충(成忠)[정충(淨忠)이라고도 한다.]이 지극히 간언하였으나, 왕이 노하여 그를 옥중에 가두었다. 이로 말미암아 감히 말하는 자가 없었다. 성충이 여위어 죽었는데 임종할 때에 서간을 올렸다. "충신은 죽어서도 임금을 잊지 않으니, 한마디만 하고 죽기를 바랍니다. 신이 항상 시절의 변화를 살피니 반드시 전쟁이 있을 것입니다. 대체로 용병은 반드시 그 지역을 살펴서 택하여야 하는데, 상류에 처하여 적을 맞이한 후에야 보전할 수 있습니다. 만약 다른 나라 병사가 오면, 육로로는 침현(沈峴)을 지나지 못하게 하고 수군은 기벌포(伎伐浦)의 해안에 들어오지 못하게 하십시오. 그 험하고 좁음을 들어서 그들을 방어한 후에야 가할 것입니다." 왕이 살피지 않았다. (『三國史記』 28 百濟本紀 6 義慈王)

백제　봄 3월에 백제왕이 궁인과 음황하고 탐락하여 술을 마시는 것이 그치지 않았다. 좌평 성충이 지극히 간언하였으나, 왕이 노하여 그를 가두었다. 이로 말미암아 감히 말하는 자가 없었다. 성충이 먹지 않고 죽음에 임하여 서간을 올렸다. "충신은 죽어서도 임금을 잊지 않으니, 한마디만 하고 죽기를 바랍니다. 신이 일찍이 시절의 변화를 살피니 반드시 전쟁이 있을 것입니다. 대체로 용병은 반드시 그 지세를 살펴서 택하여야 하는데, 상류에 처하여 적에게 응한 후에야 보전할 수 있습니다. 적병이 만약 오면, 육지로는 침현[탄현(炭峴)이라고도 한다.]을 지나지 못하게 하고 수군은 기벌포[백강(白江)이라고도 한다.]에 들어오지 못하게 하십시오. 그 험하고 좁음에 의거하여 그들을 방어한 후에야 가할 것입니다." 왕이 살피지 않았고, 마침내 옥중에서 죽었다.

권근(權近)이 말한다. "자고 이래로 간언에 따라 허물을 고치는 자는 흥하지 않은 적이 없었으나, 간언을 거부하고 스스로 옳다고 한 자는 망하지 않은 적이 없었다. 의자(義慈)가 성충에 대해서는 간언하였으나 듣지 않았을 뿐만 아니라, 감히 그를 옥에 거두어 죽여서 그 마음을 기쁘게 하였으니, 그 몸은 사로잡히고 나라가 멸망한 것에 이르러서는 불행한 것이 아니다. 마침내 적병이 수륙으로 달리기에 이르러서는 이미 탄현·백마강(白馬江)을 넘었으니, 그 말을 채용하지 않은 것을 후회해도 또한 어찌 미치겠는가?"(『三國史節要』9)

백제	미녀와 주색(酒色)에 탐닉하여 정치가 황폐하고 나라가 위태로웠다. 좌평[백제의 작명(爵名)이다.] 성충이 지극히 간언하였으나 듣지 않고, 옥중에 가두었다. 여위고 곤궁하여 거의 죽을 즈음에 서간을 올렸다. "충신은 죽어서도 임금을 잊지 않으니, 한마디만 하고 죽기를 바랍니다. 신이 일찍이 시절의 변화를 살피니 반드시 전쟁이 있을 것입니다. 대체로 용병은 그 지역을 살펴서 택하여야 하는데, 상류에 처하여 적을 맞이한 후에야 보전할 수 있습니다. 만약 다른 나라 병사가 오면, 육로로는 탄현[침현이라고도 한다. 백제의 요해지(要害地)이다.]을 지나지 못하게 하고 수군은 기벌포[곧 장암(長嵓)인데, 또한 손량(孫梁)이다. 지화포(只火浦)라고도 하는데, 또 백강이다.]에 들어오지 못하게 하십시오. 그 험하고 좁음에 의거하여 그들을 방어한 후에야 가할 것입니다." 왕이 살피지 않았다. (『三國遺事』1 紀異 2 太宗春秋公)
신라 백제	현경(顯慶)원년 3월에 또 백제 병사를 격파하고, 사신을 파견해 와서 알렸다. (『唐會要』95 新羅)
신라 백제	현경원년 3월에 이보다 앞서 백제사 병사를 징발해 신라를 정벌하였다. 신라가 맞서 싸워 그들을 격파하고 3,000여 명을 죽였다. 이 때에 이르러 신라왕 김춘추(金春秋)가 사신을 파견해 와서 승리를 알렸다. (『冊府元龜』995 外臣部 40 交侵)
신라 백제	『신당서(新唐書)』 열전(列傳)에 전한다. " (…) 현경원년[3월]에 춘추(春秋)가 또 백제 병사를 격파하고, 사신을 파견해 와서 승리를 알렸다."(『玉海』153 朝貢外夷內朝內附 唐新羅織錦頌觀釋尊賜晉書)
고구려	여름 5월에 왕도에 철이 비처럼 내렸다. (『三國史記』22 高句麗本紀 10 寶臧王 下)
고구려	여름 5월에 고구려 왕도에 철이 비처럼 내렸다. (『三國史節要』9)
신라	신라 김인문(金仁問)이 당에서 돌아왔다. (『三國史節要』9)
신라	김인문이 당에서 돌아왔다. 마침내 군주(軍主)에 임명하여 장산성(獐山城) 축조를 감독하게 하였다. (『三國史記』5 新羅本紀 5 太宗武烈王)
신라	태종대왕(太宗大王)이 압독주총관(押督州摠管)을 제수하였다. 이리하여 장산성을 축조하여 험한 곳에 설치하였다. 태종(太宗)이 그 공을 기록하여 식읍(食邑) 300호를 주었다. (『三國史記』44 列傳 4 金仁問)
신라	설씨부인(薛氏夫人)의 아버지 영충(永沖)은 당 고종(高宗) 때에 김인문과 함께 귀국하였다. 황제가 그 공적에 보답하여 좌무위대장군(左武衛大將軍)에 임명하였다. (『全唐文』216 陳子昂 館陶郭公姬薛氏墓誌銘)
신라	설씨부인의 부친 영충은 당 고종 때에 김인문과 함께 귀국하였다. 황제가 그 공적에 보답하여 좌무위장군(左武衛將軍)에 임명하였다. (「薛氏夫人 墓誌銘」:『全唐文新編』216)

신라	가을 7월에 아들 좌무위장군(左武衛將軍) 문왕(文王)을 파견하여 당에 조공하였다. (『三國史記』 5 新羅本紀 5 太宗武烈王)
신라	7월에 신라가 아들 문왕(文汪)을 파견하여 당에 조공하였다. (『三國史節要』9)

고구려	가을 8월 계사일이 초하루인 경자일(8) 고구려가 달사(達沙) 등을 보내 조(調)를 바쳤다[대사(大使)는 달사이고 부사(副使)는 이리지(伊利之)로 모두 81명이었다]. (『日本書紀』26, 齊明紀)

고구려	9월에 고구려에 대사 가시하데노오미하츠미(膳臣葉積), 부사 사카이베노무라지이와스키(坂合部連磐鍬), 대판관(大判官) 이누카미노키미시로마로(犬上君白麻呂), 중판관(中判官) 가우치노후미노오비토(河內書首),[이름은 빠져 있다.] 소판관(小判官) 오오쿠라노키누누이노미야츠코마로(大藏衣縫造麻呂)를 보냈다. (『日本書紀』26, 齊明紀)

신라	현경원년 10월에 신라왕이 그 아들 우무위장군(右武衛將軍) 문왕을 파견하여 와서 조공하였다. (『冊府元龜』970 外臣部 15 朝貢 3)

고구려	겨울 12월에 사신을 파견해 당에 들어가 황태자의 책봉을 경하하였다. (『三國史記』22 高句麗本紀 10 寶臧王 下)
고구려	겨울 12월에 고구려가 사신을 파견해 당에 가서 황태자의 책봉을 경하하였다. (『三國史節要』9)
고구려	현경원년 12월에 고구려왕 고장(高藏)이 사신을 파견해 표문을 바치고 황태자의 책봉을 경하하였다. (『冊府元龜』970 外臣部 15 朝貢 3)

고구려 백제 신라

이 해에 아스카(飛鳥)의 오카모토(岡本)에 다시 궁터를 정했다. 이 때 고구려·백제·신라가 함께 사신을 보내 조를 바쳤다. 이에 이 궁터에 감색 장막을 치고 연회를 베풀었다. 마침내 궁전이 세워졌다. 천황이 이에 거처를 옮기고, 노치노아스카노오카모토노미야(後飛鳥岡本宮)이라고 이름붙였다. (『日本書紀』26 齊明紀)

백제	이 해에 (…) 서해사(西海使) 사에키노무라지타쿠나하(佐伯連栲繩)[관위와 계급이 빠져 있다.]와 소산하(小山下) 나니와노키시쿠니카츠(難波吉士國勝) 등이 백제에서 돌아와 앵무 한 쌍을 헌상하였다. (『日本書紀』26, 齊明紀)

고구려	나이 23세에 중리위두대형(中裏位頭大兄)에 고쳐 임명하였다. (「泉男生 墓誌銘」)
고구려	아들 남생(男生)은 (…) 중리위두대형으로 승진하였다. (『三國史記』49 列傳 9 蓋蘇文)
고구려	중리위두대형으로 승진하였다. (『新唐書』110 列傳 35 諸夷蕃將 泉男生)

고구려	나이 18세에게 교서를 내려 대형(大兄)의 관등을 주었다. 13등의 반차(班次)에 다시 천거되어 올라갔다. 2,000리의 성지(城池)에 관(冠)을 하지 않고도 다스릴 수 있으니, 오졸(烏拙)·사자(使者)·예속(翳屬)·선인(仙人)에 이르러서는 비록 기밀과 권한을 나누어 맡았더라도 진실로 정기(旌騎)를 높이 생각한다. (「泉男産 墓誌銘」)

657(丁巳/신라 태종무열왕 4/고구려 보장왕 16/백제 의자왕 17/唐 顯慶 2/倭 齊明 3)

백제	봄 정월에 왕서자 41명을 좌평(佐平)으로 임명하여 각각 식읍(食邑)을 하사하였다.

	(『三國史記』28 百濟本紀 6 義慈王)
백제	봄 정월에 백제왕이 서자 41명을 좌평으로 임명하여 각각 식읍을 하사하였다. (『三國史節要』9)
고구려	현경(顯慶) 2년 2월 이후에 예부상서(禮部尙書) 허경종(許敬宗)이 항상 국사를 편찬하니, 스스로 지국사(知國史)를 맡아서 일을 기록함에 아부하고 왜곡하였다. (…) 또 백주(白州) 사람 방효공(龐孝恭)은 만추(蠻酋)로 범품(凡品)인데, 향병(鄕兵)을 이끌고 고구려 정벌에 따라갔다. 적이 그 나약함을 알고 습격하여 격파하였다. 경종(敬宗)이 또 그 보화를 받고 한장(漢將)으로 날래고 건장한 자는 오직 소정방(蘇定方)·방효공 뿐이며, 조계숙(曹繼叔)·유백영(劉伯英)이 모두 그 아래에서 나왔다고 하니, 그 거짓되고 잘못됨이 이와 같다. 고조(高祖)·태종(太宗)의 실록(實錄)은 경파(敬播)가 편찬한 것인데, 상세하고 솔직한 것이 매우 많다. 경종이 또 번번이 자신을 아끼고 미워하는 것을 가지고 일을 왜곡하여 빼고 고치니, 논하는 자가 그를 근심하였다. (『唐會要』63 史館雜錄 上)
고구려	만추(蠻酋) 방효태가 병사를 이끌고 고구려 토벌에 따라갔다. 적이 그 나약함을 비웃고 그를 습격하여 격파하였다. 허경종이 그 금을 받고는 이에 "거듭 적을 격파하였고 당의 장수 중 날래고 용감하다고 말하는 자는 오직 소정방과 효태 뿐이며, 조계숙·유백영이 그 아래에서 나왔다."고 칭하니, 너무나 사실과 거리가 멀고 심하였다. (『新唐書』223上 列傳 148上 姦臣 上 許敬宗)
백제	여름 4월에 크게 가뭄이 들어 땅이 붉게 되었다. (『三國史記』28 百濟本紀 6 義慈王)
백제	여름 4월에 백제에 크게 가뭄이 들었다. (『三國史節要』9)
신라	가을 7월에 일선군(一善郡)에 큰 홍수가 나서 물에 빠져죽은 자가 300여 명이었다. (『三國史記』5 新羅本紀 5 太宗武烈王)
신라	가을 7월에 신라 일선군에 큰 홍수가 나서 물에 빠져죽은 자가 300여 명이었다. (『三國史節要』9)
신라	가을 7월에 동토함산(東吐含山)의 땅이 불탔는데, 3년이 지나서 사라졌다. 흥륜사(興輪寺)의 문이 저절로 무너졌다. (『三國史記』5 新羅本紀 5 太宗武烈王)
신라	가을 7월에 신라 동토함산의 땅이 불탔는데, 3년이 지나서 사라졌다. (『三國史節要』9)
신라	가을 7월에 △△△북암(北巖)이 무너지고 부서져 쌀이 되니, 먹어보면 묵은 창고의 쌀 같았다. (『三國史記』5 新羅本紀 5 太宗武烈王)
신라	가을 7월에 신라 북암이 무너지고 부서져 쌀이 되니, 먹어보면 묵은 창고의 쌀 같았다. (『三國史節要』9)
신라	대일임전(大日任典)은 태종왕(太宗王) 4년에 설치하였다. (『三國史記』38 雜志 7 職官 上)
신라	신라가 대일임전을 설치하였다. (『三國史節要』9)
고구려	현경 2년에 설인귀(薛仁貴)에게 조서를 내려 요동 경략에서 정명진(程名振)을 보좌하게 하니, 고구려를 귀단성(貴端城)에서 격파하고 3,000급을 참수하였다. (『舊唐書』

83 列傳 33 薛仁貴)

고구려	현경 2년에 병사를 이끌고 귀단수(貴端水)에서 고구려를 격파하고 신성(新城)을 불태웠는데, 죽이거나 사로잡은 것이 매우 많았다. (『冊府元龜』 358 將帥部 19 立功 11 程名振)
고구려	현경 2년에 조서를 내려 요동 경략에서 정명진을 보좌하게 하니, 고구려를 귀단수에서 대파하고 3,000급을 참수하였다. (『冊府元龜』 358 將帥部 19 立功 11 薛仁貴)
고구려	고종 현경 2년에 설인귀에게 조서를 내려 요동 경략에서 정명진을 보좌하게 하니 고구려를 격파하였다. 그 공로로 하동현남(河東縣男)에 봉해졌다. (『冊府元龜』 384 將帥部 45 褒異 10 薛仁貴)
고구려	현경 연간(656~661)에 공로로 하동현남에 봉해졌다. (『全唐文』 159 薛仁貴 序)

신라 백제	이 해에 사신을 신라에 보내 "사문(沙門) 치다치(智達), 하시히토노무라지미우마야(間人連御廐), 요사미노무라지와쿠고(衣網連稚子) 등을 너희 나라 사신에 딸려 당에 보내려고 한다."고 말하였는데, 신라가 그 말에 따라 그들을 보내려고 하지 않았다. 이로 말미암아 사문 지달 등이 돌아왔다. 서해사(西海使)·소화하(小花下) 아즈미노무라지츠라타리(阿曇連頰垂), 소산하(小山下) 츠노오미쿠츠마(津臣傴僂)[구루(傴僂)는 이것을 구츠마(俱豆磨)라 한다.]가 백제에서 돌아와 낙타 1마리, 당나귀 2마리를 바쳤다. (『日本書紀』 26 齊明紀)

고구려	24세에 겸하여 장군을 제수받고 나머지 관직은 예전과 같았다. (「泉男生 墓誌銘」)

658(戊午/신라 태종무열왕 5/고구려 보장왕 17/백제 의자왕 18/唐 顯慶 3/倭 齊明 4)

신라	봄 정월에 중시(中侍) 문충(文忠)을 고쳐 이찬(伊飡)으로, 문왕(文王)을 중시로 삼았다. (『三國史記』 5 新羅本紀 5 太宗武烈王)
신라	봄 정월에 신라가 중시 문충을 이찬으로, 문왕(文汪)을 중시로 삼았다. (『三國史節要』 9)

신라 말갈	3월에 왕이 하슬라(何瑟羅)는 땅이 말갈(靺鞨)과 이어져서 사람들이 안정될 수 없다고 여겨서, 소경(小京)을 폐지하고 주(州)로 삼으며 도독(都督)을 두어 그곳을 지키게 하였다. 또 실직(悉直)을 북진(北鎭)으로 삼았다. (『三國史記』 5 新羅本紀 5 太宗武烈王)
신라 말갈	3월에 신라왕이 하슬라는 땅이 말갈과 이어져서 사람들이 안정될 수 없다고 여겨서, 소경을 폐지하고 주로 삼으며 도독을 두어 그곳을 지키게 하였다. 또 실직을 북진으로 삼았다. (『三國史節要』 9)
신라	명주(溟州)는 (…) 선덕왕(善德王) 때 소경이 되어 사신(仕臣)을 두었다. 태종왕(太宗王) 5년이자 당 현경(顯慶) 3년에 하슬라는 땅이 말갈과 이어져서 소경을 폐지하고 주로 삼으며 군주(軍主)를 두어 그곳을 지키게 하였다. (『三國史記』 35 雜志 4 地理 2)
신라	6정(六停)은 (…) 다섯째를 하서정(河西停)이라고 하는데, 본래는 실직정(悉直停)이다. 태종왕 5년에 실직정을 폐지하고 하서정을 설치하였는데, 옷깃 색깔은 녹백(綠白)이다. (『三國史記』 40 雜志 9 職官 下)

고구려	6월 임자일(1) 정명진(程名振)이 고구려와 적봉진(赤烽鎭)에서 싸워 그들을 패배시켰다. (『新唐書』 3 本紀 3 高宗)
고구려	『신당서(新唐書)』 고려전(高麗傳)에 전한다. " (…) 현경 3년에 다시 정명진을 파견

하여 설인귀(薛仁貴)를 이끌고 그들을 공격하였으나 이길 수 없었다[6월 임자일(1) 적봉진을 함락시켰다]. (『玉海』191 兵捷露布 3 唐遼東道行臺大摠管李勣俘高麗獻俘 昭陵檄高麗含元殿數俘)

고구려	여름 6월에 당 영주도독(營州都督) 겸 동이도호(東夷都護) 정명진, 우령군중랑장(右領軍中郞將) 설인귀가 병사를 거느리고 와서 공격하였으나 이길 수 없었다. (『三國史記』22 高句麗本紀 10 寶臧王 下)
고구려	여름 6월에 당 영주도독 겸 동이도호 정명진, 우령군중랑장 설인귀가 병사를 거느리고 고구려를 공격하였으나 이기지 못하였다. (『三國史節要』9)
고구려	6월에 정명진이 고구려를 공격하였다. (『舊唐書』4 本紀 4 高宗 上)
고구려	6월에 영주도독 겸 동이도호 정명진, 우령군중랑장 설인귀가 병사를 거느리고 고구려의 적봉진을 공격하여 함락시키니, 400여 급을 참수하고 100여 명을 포로로 잡았다. 고구려가 그 대장 두방루(豆方婁)를 파견하여 무리 3만을 이끌고 그들에게 맞섰다. 명진이 거란(契丹)으로 맞서 공격하여 그들을 대파하고 2,500급을 참수하였다.42) (『資治通鑑』200 唐紀 16 高宗 上之下)
고구려	현경 3년 6월에 영주도독 겸 동이도호 정명진, 우령군중랑장 설인귀가 병사를 이끌고 고구려의 적봉진을 공격하여 곧 함락시키니, 400여 급을 참수하고 수령(首領) 이하 100여 명을 사로잡았다. 얼마 지나지 않아 고구려가 그 대장 입방루(立方婁)를 파견하여 무리 3만 명을 이끌고 와서 관군에 맞섰다. 명진이 거란 병사를 이끌고 맞서 공격하여 그들을 대파하고, 도망가는 자를 쫓아 20여 리를 가서 2,500급을 참수하였다. (『冊府元龜』986 外臣部 31 征討 5)
고구려	현경 3년에 조서를 내려 정명진을 보좌하여 요동을 경략하고, 귀단성(貴端城)에서 고구려를 격파하여 3,000급을 참수하였다. (『新唐書』111 列傳 36 薛仁貴)
고구려	현경 3년에 다시 정명진을 파견하여 설인귀를 이끌고 그들을 공격하였으나 이길 수 없었다. (『新唐書』220 列傳 145 東夷 高麗)
고구려	현경 3년에 왕경(王敬)은 멀리 요동으로 말을 몰았다가, 어려진(魚麗陣)이 이루어지지 못하여 이미 포로가 될 위기였는데, 학렬(鶴列)로 겨우 진영을 펴고서는 먼저 쓰러진 깃발을 규합하였다. 얼마 있다가 개선하여 상주국·우둔위(右屯衛) 고망부(高望府) 좌과의도위(左果毅都尉)를 제수받았다. (「王敬 墓誌銘」;『唐代墓誌滙篇』;『全唐文補遺』2)
고구려	이 때 장군 신문릉(辛文陵)이 병사를 이끌고 고구려를 불러 위로하였는데, 가다가 토호진수(吐護眞水)에 이르렀다. 고구려는 그 준비되지 않음을 엄습하여 습격하여 그를 패배시켰다. 위대가(韋待價)는 중랑장(中郞將) 설인귀와 조서를 받아 동쪽 번국을 경략하였는데, 인하여 관할하는 바를 이끌고 그를 구원하였다. 문릉(文陵)이 고전하였으나 적이 점차 물러나서 군대가 비로서 온전함을 얻었다. 대가(待價)는 심한 상처를 입어 흐르는 화살에 그 왼발을 맞았는데, 끝내 그 공로를 말하지 않고 발병으로 관직에서 물러나서 돌아갔다. (『舊唐書』77 列傳 27 韋待價)
고구려	이 때 장군 신문릉이 고구려를 불러 위로하였는데, 토호진수에 주둔하다가 적에게 습격당하였다. 위대가는 중랑장 설인귀와 관할하는 병사를 이끌고 그들을 죽였다. 문릉이 또한 고전하였으나 마침내 위기를 면하였다. 대가는 심한 상처를 입어 화살에 왼발을 맞았는데, 숨기고 말하지 않아서 끝내 병으로 관직에서 물러났다. (『新唐書』98 列傳 23 韋待價)

---

42) 고이(考異)에 전한다. "『구당서(舊唐書)』설인귀전(薛仁貴傳)에는 '현경 2년 정명진을 보좌하여 요동을 경략하고, 귀단성(貴端城)에서 고구려를 격파하여 3,000급을 참수하였다.'고 한다. 지금은 실록(實錄)에 따른다."

신라	7월 이 달에 사문(沙門) 치츠우(智通)·치다치(智達)이 칙명을 받들어 신라의 배를 타고 당에 가서, 현장법사(玄奘法師)가 있는 곳에서 무성중생의(無性衆生義)를 배웠다. (『日本書紀』 26 齊明紀)
신라	병부(兵部)는 (…) 제감(弟監)이 2명인데, (…) 태종왕 5년에 대사(大舍)로 고쳤다. (『三國史記』 38 雜志 7 職官 上)
신라	신라가 병부령(兵部令)을 대사로 고쳤다. (『三國史節要』 9)
고구려	현경 2년 다음해에 또 양건방(梁建方)·글필하력(契苾何力)과 요동에서 고구려 대장 온사문(溫沙門)과 함께 횡산(橫山)에서 싸웠다. 설인귀는 한 필의 말로 먼저 들어가니, 활줄에 응하지 않고도 쓰러졌다. 고구려에 활을 잘 쏘는 자가 있었는데 석성(石城) 아래에서 10여 명을 쏘아 죽였다. 인귀가 단기(單騎)로 바로 가서 그와 부딪치니, 그 적이 활과 화살을 모두 잃어서 손을 들 수 없으니 곧 그를 사로잡았다. (『舊唐書』 83 列傳 33 薛仁貴)
고구려	고종 현경 연간(656~661)에 우령군낭장(右領軍郎將)이 되어, 양건방·글필하력과 요동에서 고구려 대장 온사문과 함께 횡산에서 싸웠다. 설인귀는 한 필의 말로 먼저 들어가니, 활줄에 응하지 않고도 쓰러졌다. 고구려에 활을 잘 쏘는 자가 있었는데 석성 아래에서 10여 명을 쏘아 죽였다. 인귀가 단기로 바로 가서 그와 부딪치니, 그 적이 활과 화살을 모두 잃어서 손을 들 수 없으니 곧 그를 사로잡았다. (『冊府元龜』 396 將帥部 57 勇敢 3 薛仁貴)
백제 신라	이 해에 (…) 이즈모노쿠니(出雲國)가 보고하였다. "북쪽 바닷가에 물고기가 죽어서 쌓여 있는데, 두께가 3척 쯤 된다. 그 물고기의 크기는 복어만하고 참새 같은 부리와 바늘 같은 비늘을 지녔는데, 비늘의 길이는 여러 치(寸)이다. 세속에서는 '참새가 바다에 들어가 변해서 물고기가 되었'고 하는데, 이름을 작어(雀魚)라 한다."[어떤 책에는 전한다. "경신년(660) 7월에 이르러 백제가 사자를 보내, 당과 신라가 힘을 합해 우리를 공격하여 이미 의자왕(義慈王)과 왕비, 태자를 포로로 하여 갔다고 아뢰었다. 이로 말미암아 일본은 병사들을 서북 경계에 진을 치게 하였다. 성책(城柵)을 수리하고 산천을 나누어 막을 징조였다."] 또 서해사(西海使)·소화하(小花下) 아즈미노무라지츠라타리(阿曇連頰垂)가 백제에서 돌아와 말하였다. "백제가 신라를 정벌하고 돌아왔는데, 그 때 말이 혼자 절의 금당을 돌면서 밤낮으로 쉬지 않고, 오직 풀을 먹을 때만 멈추었다."[어떤 책에 전한다. "경신년에 이르러 적에게 멸망할 조짐이었다."] (『日本書紀』 26 齊明紀)
신라	그는 여러 경전과 계율의 소(疏) 10여 권을 지었고, 『관행법(觀行法)』을 내어놓으니, 크게 그 나라에서 유통되었다. (『續高僧傳』 24 護法 下 唐新羅國大僧統 釋慈藏 5 (圓勝))
신라	석원측(釋圓測)이라는 자는 성씨와 종족을 알 수 없다. 어려서부터 명민하여 지혜가 종횡(縱橫)을 해독하였다. 삼장장사(三藏奘師)가 자은사(慈恩寺)의 기사(基師)를 위하여 새로 번역한 유식론(唯識論)을 강연하였는데, 원측은 문을 지키는 자에게 뇌물을 주어 몰래 들었고 돌아가면 의장(義章)을 집철(緝綴)하였다. 장차 강연을 마치려고 하자 원측은 서명사에서 종을 울려 무리를 모으고 유식(唯識)을 강연한다고 칭하였다. 기사(基師)는 그가 사람을 빼앗으려는 마음이 있음을 언짢게 여겨서 마침내 원측이 강연하고 가르치는 것을 꾸짖었다. 현장(玄奘)이 유가론(瑜伽論)을 강연하자,

신라	돌아와 전과 같이 몰래 들어서 수강하였으나 또한 기사에 뒤지지 않았다. 고종 말년, 측천무후 초년에 이(詣)하여 의해(義解)의 선발에 응하여 역경관(譯經館)에 들어갔는데, 무리들이 모두 추읍(推挹)하였다. 대승(大乘)·현식(顯識) 등의 경(經)을 번역하게 되자, 원측은 증의(證義)에 충원되어 박진(薄塵)·영변(靈辯)과 유방기가(侔方其駕)를 가상히 여겼다. 그가 지은 유식소초(唯識疏鈔)는 경론을 상세히 해설하여 천하에 나누어 배포되었다. (『宋高僧傳』4 義解2之1 唐京師西明寺 圓測傳(薄塵靈辯))
	주(周)의 원측(圓測)은 어려서 명민하였다. 현장(玄奘)이 새로 번역한 유식론을 강연하니 이미 당시의 칭찬을 얻었고, 나중에 새로운 유가론(瑜伽論)을 강연하니 더욱 그 지(指)를 얻었다. 대체로 두 론의 번역이 끝나자, 현장이 사사로이 그 제자인 기사(基師)를 위하여 홍천(弘闡)하여 그 아름다움을 독점하게 하였지만, 원측은 문득 엿보고 훔쳐서 그것을 먼저 발설하고 그 정계(情計)를 깨뜨렸다. 그럼에도 능히 법으로 이와 같이 즐길 수 있었다. (『新修科分六學僧傳』23 精進學 義解科 周圓測)
고구려	경해(鯨海)에서 파도를 일으키니 천자가 그 때문에 칼을 어루만졌고, 오봉(鼇峰)에서 험준함을 믿으니 용맹한 전사들이 이에 창을 휘둘렀다. 대림(蹛林)은 본거지를 뒤집혀 새가 날고자 하여도 갈 길이 없었고, 장성은 축조를 멈추어 용안이 먼저 내려졌다. 이기종(李起宗)에게 상을 행하여 공로에 보답하니 공훈으로 주국(柱國)을 더하였다. (「李起宗 墓誌銘」:『全唐文新編』994)

659(己未/신라 태종무열왕 6/고구려 보장왕 18/백제 의자왕 19/唐 顯慶 4/倭 齊明 5)

백제	봄 2월에 여러 여우가 궁중에 들어와 한 흰 여우가 상좌평(上佐平)의 책상에 앉았다. (『三國史記』28 百濟本紀 6 義慈王)
백제	현경(現慶) 4년 기미 2월에 여러 여우가 의자(義慈)의 궁중에 들어와 한 흰 여우가 좌평(佐平)의 책상 위에 앉았다. (『三國遺事』1 紀異 2 太宗春秋公)
백제	봄 2월에 백제에서 여러 여우가 왕궁에 들어갔다. (『三國史節要』9)
고구려	3월에 좌효위대장군(左驍衛大將軍)·성국공(郕國公) 글필하력(契苾何力)이 요동에 가서 경략하였다. (『舊唐書』4 本紀 4 高宗 上)
고구려	현경 연간(656~661)에 단주자사(檀州刺史)가 되었다. 변주(邊州)에는 평소 학교가 없었는데, 위기(韋機)가 생도에게 힘써 권하여 공자묘(孔子廟)를 창립하고, 72제자 및 자고 이래의 성현들을 그렸는데 모두 그것을 위하여 찬술(贊述)하였다. 때마침 글필하력(契苾何力)이 동쪽으로 가서 고구려를 토벌하는데, 군대의 무리가 단주(檀州)에 이르렀다. 그러나 난하(灤河)가 범람하여 군사가 나갈 수 없자, 그 자재와 식량을 공급하여 며칠 간 모자라지 않았다. 하력(何力)은 온전히 군사가 돌아오자, 그 일을 보고하였다. 고종(高宗)은 유능하다고 여겨 품계를 뛰어넘어 사농소경(司農少卿)에 임명하고 겸하여 동도(東都)의 농지 경영을 맡게 하였으니, 위임하고 대우함이 심하게 나타났다. (『舊唐書』185上 列傳 135上 良吏 上 韋機)
고구려	현경 연간(656~661)에 단주자사가 되었다. 변방 사람은 누추하고 후미져서 문학과 유학이 귀함을 몰랐다. 이에 학관(學官)을 정비하여 공자(孔子) 72제자 및 한(漢)·진(晉)의 유명한 유학자 초상을 그리니, 스스로 찬(贊)을 짓고 생도에게 힘써 권하여 이로 말미암아 크게 교화되었다. 글필하력이 고구려를 토벌하여 난수(灤水)에 주둔하였는데, 때마침 갑자기 범람하여 군사가 3일 간 머물렀다. 위홍기(韋弘機)가 그 자재와 식량을 나르고 공급하여 군대가 굶주리지 않았다. 고종은 그를 좋게 여겨 사농소경(司農少卿)으로 발탁하고 겸하여 동도(東都)의 전원(田苑) 경영을 주관하게 하였다. 관직에 있는 자가 법을 범해도 장(杖)으로 때리고 곧 아뢰었다. 황제가 감탄하

고 상주어 견(絹) 50필을 하사하며 말하였다. "나중에 범하는 자가 있으면 그것을 다스리고 아뢰지 말라." 사농경(司農卿)으로 승진하였다. (『新唐書』100 列傳 25 韋弘機)

백제	여름 4월에 태자궁의 암탉이 작은 참새와 교미하였다. (『三國史記』28 百濟本紀 6 義慈王)
백제	현경 4년 기미 4월에 태자궁의 암탉이 작은 참새와 교미하여 혼인하였다. (『三國遺事』1 紀異 2 太宗春秋公)
백제	여름 4월에 백제 태자궁의 암탉이 작은 참새와 교미하였다. (『三國史節要』9)

신라 백제	여름 4월에 백제가 자주 경계를 침범하였다. (『三國史記』5 新羅本紀 5 太宗武烈王)
백제 신라	여름 4월에 장수를 파견하여 신라의 독산(獨山)·동잠(桐岑) 2성을 침공하였다. (『三國史記』28 百濟本紀 6 義慈王)
백제 신라	여름 4월에 백제가 장수를 파견하여 신라의 독산·동잠 2성을 침입하였다. (『三國史節要』9)

신라 백제	여름 4월에 왕이 장차 그를 정벌하려고 사신을 파견해 당에 들어가 군사를 요청하였다. (『三國史記』5 新羅本紀 5 太宗武烈王)
신라 백제	여름 4월에 신라가 장차 백제를 정벌하려고 사신을 파견해 당에 가서 군사를 요청하였다. (『三國史節要』9)
신라 백제	신라가 거듭 백제에게 침입당해 당 병사를 얻어 원조로 삼고 수치를 씻기를 바래서, 숙위(宿衛) 김인문(金仁問)을 의유(擬諭)하여 군사를 요청하였다. (『三國史記』44 列傳 4 金仁問)

백제	5월에 왕도 서남쪽 사비하(泗沘河)에서 큰 물고기가 나와 죽었는데 길이가 3장(丈)이었다. (『三國史記』28 百濟本紀 6 義慈王)
백제	현경 4년 기미 5월에 사비(泗沘)[부여(扶餘)의 강 이름이다.] 강가에 큰 물고기가 나와 죽었는데 길이가 3장이었다. 사람이 그것을 먹은 경우에는 모두 죽었다. (『三國遺事』1 紀異 2 太宗春秋公)
백제	여름 5월에 백제 사비하에서 어떤 물고기가 죽었는데 길이가 3장이고, 먹은 경우에는 죽었다. (『三國史節要』9)

| 백제 | 가을 7월 병자일이 초하루인 무인일(3) 소금하(小錦下) 사카이베노무라지이와시키(坂合部連石布), 대선하(大仙下) 츠모리노무라지키사(津守連吉祥)이 당에 사신으로 갔다. 그리고 미치노쿠(道奧) 에미시(蝦夷)의 남녀 2명을 당의 천자에게 보였다.[이키노무라지하카토코(伊吉連博德)의 책에 전한다. "같은 천황 시대에 소금하 사카이베노무라지이와시키, 대선하 츠모리노무라지키사 등이 두 척의 배로 오당(吳唐)의 길을 통해 사신으로 갔다. 기미년 7월 3일에 나니와(難波) 미츠노우라(三津浦)에서 출발하였다. 8월11일에 츠쿠시(筑紫) 오오츠노우라(大津浦)를 출발하였다. 9월13일에 사신의 행렬이 백제 남쪽 해안의 섬에 이르렀는데, 섬의 이름은 분명하지 않다. 14일 인시(寅時)에 두 배가 서로 이어 대해(大海)로 나왔다. 15일 해가 질 때에 이와시키노무라지(石布連)의 배가 역풍을 만나 남해(南海)의 섬에 표류했는데, 섬의 이름은 니카이(爾加委)이다. 이에 섬사람들에게 죽임을 당했다. 문득 야마토노아야노나가노아타이아리마(東漢長直阿利麻)·사카이베노무라지이나츠미(坂合部連稻積) 등 5명이 |

섬사람의 배를 훔쳐 타고 도망하여 괄주(括州)에 이르렀다. 주현(州縣)의 관리들이 보내주어 낙양(洛陽)에 도착하였다. 16일 밤에 키사노무라지(吉祥連)의 배가 월주(越州) 회계현(會稽縣) 수안산(須岸山)에 도착하자, 동북풍이 불었는데 바람이 매우 심했다. 22일에 행렬이 여요현(餘姚縣)에 이르러, 타고 온 큰 배와 여러 조도물(調度物)은 그 곳에 남겨두었다. 윤10월 1일에 행렬이 월주 부근에 이르렀다. 15일에 역마를 타고 수도에 들어갔다. 29일에 달려가 낙양에 이르렀는데, 천자가 낙양에 있었기 때문이었다. (…) 일을 마친 후 칙지(勅旨)를 내렸다. '국가가 내년에 반드시 해동(海東)을 정벌하는 일이 있을 것이다. 너희들 왜(倭)의 사신들은 동쪽으로 돌아갈 수 없다.' 드디어 장안(長安)에 숨겨 특별한 곳에 가두어 두었다. 문을 닫아서 막고 금지하여 이동하는 것을 허락하지 않았다. 고통을 겪은지 해가 지났다. (…) "] (『日本書紀』 26 齊明紀)

신라	가을 8월에 아찬(阿湌) 진주(眞珠)를 병부령(兵部令)으로 삼았다. (『三國史記』 5 新羅本紀 5 太宗武烈王)
신라	병부(兵部)는 영(令)이 1명인데, (…) 진흥왕(眞興王) 5년에 1명을 더하였고 태종왕(太宗王) 6년에 또 1명을 더하였으며, 관등은 대아찬(大阿湌)부터 태대각간(太大角干)까지를 그것으로 삼고 또 재상(宰相)·사신(私臣)을 겸할 수 있었다. (『三國史記』 38 雜志 7 職官 上)
백제	가을 8월에 어떤 여자의 시체가 생초진(生草津)에 떴는데 길이가 18척이었다. (『三國史記』 28 百濟本紀 6 義慈王)
백제	백제에서 어떤 여자의 시체가 떠서 생초진에 이르렀는데 길이가 18척이었다. (『三國史節要』 9)
신라	9월에 하슬라주(何瑟羅州)가 흰 새를 진상하였다. (『三國史記』 5 新羅本紀 5 太宗武烈王)
신라	9월에 신라 하슬라주가 흰 새를 진상하였다. (『三國史節要』 9)
신라	9월에 공주(公州) 기군(基郡)의 강 속에서 큰 물고기가 나와서 죽었는데, 길이가 100척이고 먹은 경우에는 죽었다. (『三國史記』 5 新羅本紀 5 太宗武烈王)
신라	9월에 신라의 공주 기군의 강 속에서 어떤 물고기가 죽었는데, 길이가 100척이고 먹은 경우에는 죽었다. (『三國史節要』 9)
고구려	가을 9월에 호랑이 9마리가 한꺼번에 성에 들어와 사람을 먹었는데, 그것을 잡으려 해도 잡히지 않았다. (『三國史記』 22 高句麗本紀 10 寶臧王 下)
고구려	가을 9월에 고구려에서 호랑이 9마리가 성에 들어왔는데, 그것을 잡으려 해도 잡히지 않았다. (『三國史節要』 9)
백제	9월에 궁중의 홰나무가 울었는데, 사람이 우는 소리 같았다. 밤에 귀신이 궁 남쪽 길에서 울었다. (『三國史記』 28 百濟本紀 6 義慈王)
백제	현경 4년 기미 9월에 궁중의 홰나무가 울었는데, 사람이 우는 것 같았다. 밤에 귀신이 궁 남쪽 길 위에서 울었다. (『三國遺事』 1 紀異 2 太宗春秋公)
백제	9월에 백제 궁중의 홰나무가 울었는데, 소리가 사람이 우는 것 같았다. 밤에 귀신이 궁 남쪽 길에서 울었다. (『三國史節要』 9)

신라 백제	겨울 10월에 왕이 조정에 앉아서 당에 병사를 요청한 것이 답하지 않으므로 안색에 걱정하는 모습이었다. 갑자기 어떤 사람이 왕 앞에 나타났는데, 이전의 신하 장춘 (長春)·파랑(罷郞)이라고 하면서 말하였다. "신은 비록 해골이 되었으나, 오히려 나라에 보답하려는 마음이 있습니다. 어제 대당(大唐)에 도착하여 알 수 있었는데, 황제가 대장군 소정방(蘇定方) 등에게 명령하여 병사를 거느리고 내년 5월에 와서 백제를 정벌하게 하였습니다. 대왕이 이와 같이 근심하여 우두커니 서 있으므로 이에 당겨서 알려드립니다." 말이 끝나자 사라졌다. 왕이 크게 놀라 그것을 괴이하게 여기고, 두 가문의 자손에게 후한 상을 내렸다. 이어서 담당 관사에 명령하여, 한산주(漢山州)에 장의사(莊義寺)를 창건하여 명복을 돕게 하였다. (『三國史記』 5 新羅本紀 5 太宗武烈王)
신라 백제	겨울 10월에 신라왕이 백제를 정벌하고자 하여 당에 병사를 요청하였으나 답하지 않았다. 일찍이 홀로 앉아 안색에 걱정하는 모습이었다. 장춘·파랑이라고 하는 자가 있어서 말하였다. "신은 비록 해골이 되었으나, 오히려 나라에 보답하려는 마음을 품었습니다. 대당 황제가 이미 대장군 소정방 등에게 명령하여 병사를 거느리고 내년 5월에 와서 백제를 정벌하게 하였습니다. 지금 대왕이 이와 같이 근심하여 우두커니 서 있으므로 구태여 그것을 앞서 알려드립니다." 그리고 나서 보이지 않았다. 왕이 그것을 괴이하게 여기고, 장춘·파랑 두 가문의 자손에게 후한 상을 내렸다. 이어서 한산주에 장의사(壯義寺)를 창건하여 명복을 돕게 하였다. 장춘·파랑은 일찍이 백제와의 전쟁에서 죽은 자이다. (『三國史節要』 9)
백제	11월 계해일(21) 형국공(邢國公) 소정방을 신구도총관(神丘道總管)으로, 유백영(劉伯英)을 우이도총관(嵎夷道總管)으로 삼았다. (『舊唐書』 4 本紀 4 高宗 上)
고구려	겨울 11월에 당 우령군중랑장(右領軍中郞將) 설인귀(薛仁貴) 등이 우리 장수 온사문 (溫沙門)과 횡산(橫山)에서 싸워 그들을 격파하였다. (『三國史記』 22 高句麗本紀 10 寶臧王 下)
고구려	11월에 당 우령군중랑장 설인귀 등이 고구려 장수 온사문과 횡산에서 싸워 그들을 격파하였다. (『三國史節要』 9)
고구려	11월에 우령군중랑장 설인귀 등이 고구려 장수 온사문과 횡산에서 싸워 그들을 격파하였다. (『資治通鑑』 200 唐紀 16 高宗 上之下)
고구려	현경 3년 다음해에 양건방(梁建方)·글필하력과 요동에서 고구려 대장 온사다문(溫沙多門)을 만나 횡산에서 싸웠다. 설인귀는 홀로 달려 들어가니, 쏘는 바는 모두 활줄에 응하여 쓰러졌다. 또 석성(石城)에서 싸울 때 활을 잘 쏘는 자가 있어서 관군 10여 명을 죽였다. 인귀가 노하여 단기(單騎)로 돌격하니, 적이 활과 화살을 모두 놓쳐서 마침내 그를 사로잡았다. (『新唐書』 111 列傳 36 薛仁貴)
신라	사정부(司正府)는 태종왕 6년에 설치하였다. (『三國史記』 38 雜志 7 職官 上)
백제	현경 4년 기미에 백제 오회사(烏會寺)[또한 오합사(烏合寺)라고도 한다.]에 큰 붉은 말이 있어 밤낮으로 6번씩 절을 돌고 길로 갔다. (『三國遺事』 1 紀異 2 太宗春秋公)
고구려	이 해에 (…) 또 고구려의 사신이 말곰 가죽 1장을 가지고 그 값을 면(綿) 60근이라 부르니, 시사(市司)가 웃으며 피해 갔다. 고마노에카키코마로(高麗畵師子麻呂)가 동성(同姓)의 손님들을 자신의 집에서 대접하는 날에 관의 말곰 가죽 70장을 빌려 손

님의 자리로 하니, 사신들이 부끄러워하며 물러났다. (『日本書紀』 26 齊明紀)

신라 백제 고구려

필부(匹夫)는 사량(沙梁) 사람이고, 부친은 아찬 존대(尊臺)이다. 태종대왕(太宗大王)
은 백제·고구려·말갈이 옮겨다니며 서로 친하여 순치의 관계가 되어 함께 모의하여
침탈한다고 여겨서, 충성스럽고 용감하며 재능이 방어를 감당할 수 있는 자를 구하
였다. 필부(匹夫)를 칠중성하현령(七重城下縣令)으로 삼았다. (『三國史記』 47 列傳 7
匹夫)

고구려

나이 21세에 중리대활(中裏大活)을 더하였다. (「泉男産 墓誌銘」)

신라

사찰에 신방법사(神昉法師)라는 자가 있어 선정(禪定)의 5가지 요소가 일찍부터 풍
족하고 재지(才智)와 통찰력이 △△하였다. 선행하는 방법을 부지런히 추구하고 건
물이 웅장하고 많은 것의 아름다움을 다함에 뜻이 있었으니, 1,000리가 멀다 여기
지 않고 모든 곳에서 피곤함을 잊었다. 이에 양주(揚州)의 교외에서 고급스러운 의
장예악을 향유할 수 있었으니, 법도는 진실로 갖추어진 것을 본받고 공적은 크게 이
루어진 것을 채용하였다. (「大雲寺碑」: 『全唐文新編』 259)

백제

진법자(陳法子)는 관직에 취임하고 나서 기모군좌관(旣母郡佐官)에 제수되었고, 품달
군장(稟達郡將)을 거쳐서 얼마 후에 사군(司軍)·은솔로 옮겼다. 감찰하는 직무에 있
으면서는 청렴결백함이 얼음 담은 옥항아리에 비기었고, 인재를 평가하고 감별하는
관사에 취임해서는 분명함이 고요하고 깨끗한 물을 뛰어넘었다. (「陳法子 墓誌銘」:
『大唐西市博物館藏墓誌』)

백제

예군(禰軍)은 동방의 시리우스가 빛나듯이 복을 계승하였고, 이역에서 군공을 세우
는 관상과 같이 아름다운 모습을 드러내었다. 물가의 깊음이 못을 맑게 했고, 넉넉
한 빛이 은혜롭고 덕스러웠다. 우수(牛宿)·두수(斗宿)를 꿰뚫는 뛰어난 기개는 별들
속에서 널리 빛났고, 회오리바람을 타고 날아오르는 빼어난 기개는 흔적이 구름 밖
까지 나타났다. (「禰軍 墓誌銘」: 『社會科學戰線』 2011-7)

660(庚申/신라 태종무열왕 7/고구려 보장왕 19/백제 의자왕 20/唐 顯慶 5/倭 齊明 6)

고구려

봄 정월 임인일 초하루에 고구려의 사신 을상(乙相) 하취문(賀取文) 등 100여 명이
츠쿠시(筑紫)에 이르렀다. (『日本書紀』 26 齊明紀)

신라

봄 정월에 상대등(上大等) 금강(金剛)이 죽었다. 이찬(伊飡) 김유신(金庾信)을 상대등
에 임명하였다. (『三國史記』 5 新羅本紀 5)

신라

봄 정월에 신라의 상대등 금강이 죽었다. 이찬 김유신이 그것을 대신하였다. (『三國
史節要』 9)

백제

봄 2월에 왕도의 우물물이 핏빛이 되었다. 서해가에 작은 물고기가 나와 죽었는데,
백성이 그것을 먹어도 다할 수 없었다. 사비하(泗沘河)의 물이 핏빛처럼 빨개졌다.
(『三國史記』 28 百濟本紀 6)

백제

현경(現慶) 5년 경신 봄 2월에 왕도의 우물물이 핏빛이 되었다. 서해가에 작은 물고
기 가 나와 죽었는데, 백성이 그것을 먹어도 다하지 못하였다. 사비의 물이 핏빛이
되었다. (『三國遺事』 1 紀異 1 太宗春秋公)

백제	2월에 백제 왕도의 우물물이 피처럼 빨개졌다. 서해가에 물고기 떼가 죽었는데, 백성이 먹어도 다할 수 없었다. 사비하의 물이 핏빛처럼 빨개졌다. (『三國史節要』9)
백제	3월 신해일(10) 신구도(神丘道)로 군대를 출발시켜 백제를 정벌하였다. (『舊唐書』4 本紀 4 高宗 上)
신라 백제	3월 신해일(10) 좌무위대장군(左武衛大將軍) 소정방(蘇定方)을 신구도행군대총관(神丘道行軍大總管)으로, 신라왕 김춘추(金春秋)를 우이도행군총관(嵎夷道行軍總管)으로 삼아 3장군 및 신라 병사를 이끌고 백제를 정벌하게 하였다. (『新唐書』3 本紀 3 高宗)
백제	3월에 백제가 고구려의 지원을 믿고 자주 신라를 침입하였다. 신라왕 춘추(春秋)가 표문을 올려 구원을 요구하였다. 신해일(10) 좌무위대장군 소정방을 신구도행군대총관으로 삼아 좌효위장군(左驍衛將軍) 유백영(劉伯英) 등 수륙 10만을 이끌고 백제를 정벌하게 하였다.[43] 춘추를 우이도행군총관으로 삼아 신라의 무리를 거느리고 그와 세력을 합하게 하였다. (『資治通鑑』200 唐紀 16 高宗 上之下)
신라 백제	『신당서(新唐書)』 본기(本紀)에 전한다. "현경(顯慶) 5년 3월 신해일(10) 좌무위대장군 소정방을 신구도행군대총관으로, 신라왕 김춘추를 우이도행군총관으로 삼아 3장군 및 신라 병사를 이끌고 백제를 정벌하게 하였다. (…)" 『자치통감(資治通鑑)』에 전한다. "현경 5년에 백제가 고구려의 지원을 믿고 자주 신라를 침입하였다. 신라왕 춘추가 표문을 올려 구원을 요구하였다. 3월 신해일(10) 좌무위대장군 소정방을 신구도행군대총관으로 삼아 좌효위장군 유백영 등 수륙 10만을 이끌고 백제를 정벌하게 하였다. 춘추를 우이도행군총관으로 삼아 신라의 무리를 거느리고 그와 세력을 합하게 하였다. 8월에 정방이 병사를 끌고 성산(成山)에서 바다를 건넜다(이상 3월10일). (『玉海』191 兵捷露布 3 唐神丘道行軍大摠管蘇定方俘百濟)
신라 백제	3월에 당 고종(高宗)이 명령하여 좌무위대장군 소정방을 신구도행군대총관으로, 김인문(金仁問)을 부대총관(副大總管)으로 삼아 좌효위장군 유백영 등 수륙 13만을 이끌고 △△ 백제를 정벌하게 하였다. 왕에게 칙서를 내려 우이도행군총관으로 삼아 병사를 거느리고 성원(聲援)하게 하였다. (『三國史記』5 新羅本紀 5)
신라 백제	3월에 당이 좌무위대장군 소정방을 신구도행군대총관으로, 김인문을 부대총관으로 삼아 좌효위장군 유백영·방효공(龐孝公), 우무위장군(右武衛將軍) 풍사귀(馮士貴) 등 수륙 13만을 이끌고 백제를 정벌하게 하였다. 신라왕에게 칙서를 내려 우이도행군총관으로 삼아 성원하게 하였다. 처음에 신라가 숙위(宿衛) 김인문으로 인하여 군사를 요청하였다. 이 때에 이르러 황제가 백제 토벌을 결의하여 인문을 불러 도로의 험하고 쉬움을 물었다. 인문이 매우 남김 없이 응대하자, 황제가 기뻐하며 칙서를 내려 부대총관을 제수하여 그에 따르게 하였다. (『三國史節要』9)
신라 백제 고구려	현경 5년 3월에 좌무위대장군 소정방을 신구도행군대총관으로 삼아 좌효위장군 유백영, 우무위장군 풍사홰(馮士翽), 좌효위장군 방효태(龐孝泰) 등을 이끌고 아울러 신라의 무리를 징발하여 백제를 토벌하게 하였다. 백제가 고구려의 지원을 믿고 거듭 신라를 침입하였기 때문이다. (『冊府元龜』986 外臣部 31 征討 5)
신라 백제	문무왕(文武王) 11년(671) 가을 7월26일에 대당 총관(摠管) 설인귀(薛仁貴)가 임윤법

---

43) 고이(考異)에 전한다. "『구당서』소정방전(蘇定方傳)·신라전(新羅傳)에 모두 전하기를, '정방이 웅진도대총관(熊津道大總管)이 되었다.'라고 한다. 실록(實錄), 『신당서』소정방전도 또한 같다. 지금은 이 해의 실록, 『신당서』본기를 따른다. 또 『구당서』본기·당력(唐曆)에 모두 전하기를, '현경 4년 12월 계해일(21) 정방을 신구도대총관(神丘道大總管)으로, 유백영을 우이도행군총관으로 삼았다.'라고 한다. 정방이 이 때에 도만(都曼)을 토벌한 것을 생각건대, 아직 신구도총관(神丘道總管)이 되지 않았을 것이니, 『구당서』·당력은 모두 잘못된 것이다. 지금은 실록에 따른다."

사(琳潤法師)를 사신보내 편지를 보냈는데, 내용은 다음과 같다. (…) 대왕이 편지에 답하였는데, 내용은 다음과 같다. " (…) 현경 5년에 이르러 성상(聖上)은 선왕의 뜻이 끝나지 않았음을 유감으로 여기고, 지난날에 남겨둔 실마리를 풀고자 배를 띄우고 장수에게 명령하여 수군을 크게 일으켰다(이상 3월10일). 선왕은 나이가 많고 힘이 쇠약해져서 군사를 이끌기 어려웠으나, 이전의 은혜를 좇아 생각하여 힘써 국경에 이르러서 나를 파견하여 병사를 거느리고 대군을 맞이하게 하였다(이상 6월21일). 동서가 서로 화합하고 수군과 육군이 모두 나아가니, 수군이 겨우 백강(白江) 입구에 들어섰을 때 육군은 이미 큰 적을 격파하였다(이상 7월 9일). 두 군대가 같이 백제의 왕도에 이르러 함께 한 나라를 평정하였다(이상 7월18일). 평정한 뒤에 선왕은 마침내 대총관 소정방과 의논하여 중국 병사 1만 명을 머무르게 하고, 신라도 또한 동생 인태(仁泰)를 파견해 군사 7,000명을 거느리고 함께 웅진을 지키게 하였다(이상 9월 3일). 대군이 돌아간 뒤 적의 신하인 복신(福信)이 강의 서쪽에서 일어나 남은 무리들을 모아서 부성(府城)을 포위하고 핍박하였다. 먼저 바깥 목책을 격파하여 군수물자를 모두 빼앗아가고, 다시 부성을 공격하여 얼마 안되어 장차 함락될 지경이 되었다(이상 9월). 또한 부성에서 가까운 네 곳에 성을 쌓고 포위하여 지켰으므로, 이에 부성은 출입할 수 없었다. 내가 병사를 거느리고 가서 포위를 풀고, 사방에 있는 적의 성들을 모두 격파하여 먼저 그 위급함을 구하였습니다. 다시 식량을 운반하여 마침내 1만 명의 중국 병사들이 호랑이에게 잡아먹힐 위기를 벗어나도록 하였으며, 머물러 지키고 있던 굶주린 군사들이 자식을 바꿔서 서로 잡아먹는 일이 없도록 하였습니다(이상 10월30일). (…) "(『三國史記』 7 新羅本紀 7 文武王 下)

신라 백제   현경(現慶) 5년 경신에 사신 김인문을 파견하여 당에 병사를 청하였다. 고종이 조서를 내려 좌무위대장군·형국공(荊國公) 소정방을 신구도행군총관(神丘道行軍總管)으로 삼아 좌위장군(左衛將軍) 유백영[자는 인원(仁遠)이다.], 좌무위장군 풍사귀, 좌효위장군 방효공 등을 이끌고 13만 병사를 거느리고 와서 정벌하게 하였다[향기(鄕記)에는 "군대 12만2,711명, 배 1,900척"이라고 하는데, 당사(唐史)에는 자세히 전하지 않는다]. 신라왕 춘추를 우이도행군총관으로 삼아 그 나라의 병사를 거느리고 그와 세력을 합하게 하였다. 정방이 군대를 끌고 성산(城山)에서 바다를 건넜다(이상 3월 10일). 나라 서쪽 덕물도(德勿島)에 이르자, 신라왕이 장군 김유신을 파견하여 정예병 5만을 거느리고 그에게 향하게 하였다(이상 6월21일). (『三國遺事』 1 紀異 1 太宗春秋公)

신라 백제   문무왕 11년(671) 가을 7월에 당 총관 설인귀가 승려 임윤법사를 파견해 왕에게 편지를 보냈는데, 내용은 다음과 같다. (…) 왕이 편지에 답하였는데, 내용은 다음과 같다. " (…) 현경 5년에 이르러 성상은 선왕의 뜻이 끝나지 않았음을 유감으로 여기고, 지난날에 남겨둔 실마리를 풀고자 배를 띄우고 장수에게 명령하여 수군을 크게 일으켰다(이상 3월10일). 선왕은 나이가 많고 힘이 쇠약해져서 군사를 이끌기 어려웠으나, 이전의 은혜를 좇아 생각하여 힘써 국경에 이르러서 나를 파견하여 병사를 거느리고 대군을 맞이하게 하였다(이상 6월21일). 동서가 서로 화합하고 수군과 육군이 모두 나아가니, 수군이 겨우 백강 입구에 들어섰을 때 육군은 이미 큰 적을 격파하였다(이상 7월 9일). 두 군대가 같이 백제의 왕도에 이르러 함께 한 나라를 평정하였다(이상 7월18일). 평정한 뒤에 선왕은 마침내 대총관 소정방과 의논하여 중국 병사 1만 명을 머무르게 하고, 신라도 또한 동생 인태를 파견해 군사 7,000명을 거느리고 함께 웅진을 지키게 하였다(이상 9월 3일). 대군이 돌아간 뒤 적의 신하인 복신이 강의 서쪽에서 일어나 남은 무리들을 모아서 부성을 포위하고 핍박하였다. 먼저 바깥 목책을 격파하여 군수물자를 모두 빼앗아가고, 다시 부성을 공격하여 얼마 안되어 장차 함락될 지경이 되었다(이상 9월). 또한 부성에서 가까운 네 곳에 성을 쌓고 포위하여 지켰으므로, 이에 부성은 출입할 수 없었다. 내가 병사를 거느리고 가서 포위를 풀고, 사방에 있는 적의 성들을 모두 격파하여 먼저 그 위급함을 구하였습니다. 다시 식량을 운반하여 마침내 1만 명의 중국 병사들이 호랑이에게 잡아먹힐 위기를 벗어나도록 하였으며, 머물러 지키고 있던 굶주린 군사들이 자식을 바꿔서 서로 잡아먹는 일이 없도록 하였습니다(이상 10월30일). (…) "(『三國史節要』 10)

신라 백제		현경 5년에 좌무위대장군 소정방에게 명령하여 웅진도대총관(熊津道大總管)이 되어 수륙 10만을 거느리게 하였다. 이어서 춘추로 하여금 우이도행군총관이 되어 정방과 백제를 토벌하여 평정하게 하였다(이상 3월10일). 그 왕 부여의자(扶餘義慈)를 사로잡아 궁궐 아래에 바쳤다(이상 11월 1일). (『舊唐書』 199上 列傳 149上 東夷 新羅)
백제		소정방이 병사를 끌고 성산에서 바다를 건넜다. (『資治通鑑』 200 唐紀 16 高宗 上之下)
신라 백제		『구당서(舊唐書)』 신라전에 전한다. " (…) 현경 5년에 좌무위대장군 소정방에게 명령하여 웅진도대총관이 되어 수륙 10만을 거느리게 하였다. 이어서 춘추로 하여금 우이도행군총관이 되어 정방과 백제를 토벌하여 평정하게 하였다(이상 3월10일). 그 왕 부여의자를 사로잡아 와서 바쳤다(이상 11월 1일)."(『太平御覽』 781 四夷部 2 東夷 2 新羅)
신라 백제		때마침 고종이 소정방을 신구도대총관으로 삼아 군사를 이끌고 백제를 토벌하게 하였다. 황제가 인문을 불러 도로의 험하고 쉬움과 거취의 편의로움을 물었다. 인문이 매우 상세하게 응대하자, 황제가 기뻐하며 제서를 내려 신구도부대총관을 제수하여 군중으로 향하게 하였다(이상 3월10일). 마침내 정방과 바다를 건너 덕물도(德物島)에 도착하였다. 왕이 태자에게 명령하여 장군 유신·진주(眞珠)·천존(天存) 등과 큰 전함 100척에 병사를 실어 그들을 맞이하게 하였다(이상 6월21일). 웅진 입구에 이르러 적에 강가에 병사를 주둔시켰는데 싸워서 격파하였다(이상 7월 9일). 승세를 타고 그 도성에 들어가 그들을 멸망시켰다(이상 7월12일). 정방이 왕 의자(義慈) 및 태자 효(孝), 왕자 태(泰) 등을 사로잡아 당으로 돌아갔다. 대왕이 인문의 공로와 업적을 가상히 여겨 파진찬(波珍湌)을 제수하고, 또 각간(角干)을 더하였다(이상 9월 3일). (『三國史記』 44 列傳 4 金仁問)
신라 백제		황제가 소정방에게 명령하여 그들을 토벌하게 하고, 춘추를 우이도행군총관으로 삼았다(이상 3월10일). 마침내 백제를 평정하였다(이상 8월12일). (『新唐書』 220 列傳 145 東夷 新羅)
백제		소홍안(召弘安)의 부친 명(明)은 당의 명위장군(明威將軍)·좌무위낭장(左武衛郎將)·상주국(上柱國)·양향현개국남(良鄉縣開國男)·식읍300호(食邑三百戶)로서 평백제총관(平百濟總管)이 되어 왕사(王事)에서 돌아가셨다. (「召弘安 墓誌銘」: 『大唐西市博物館藏墓誌』)
백제		여름 4월에 두꺼비 수만 마리가 나무 위에 모였다. 왕도의 시장 사람이 까닭 없이 놀라서 달렸는데, 만약 잡히는 경우가 있으면 쓰러져 죽은 것이 100여 명이었고 잃은 재물은 셀 수 없었다. (『三國史記』 28 百濟本紀 6)
백제		현경 5년 경신 4월에 두꺼비 수만 마리가 나무 위에 모였다. 왕도의 시장 사람이 까닭 없이 놀라서 달렸는데, 만약 잡히는 경우가 있으면 놀라서 쓰러져 죽은 것이 100여 명이었고 잃은 재물은 셀 수 없었다. (『三國遺事』 1 紀異 1 太宗春秋公)
백제		여름 4월에 백제에서 두꺼비 수만 마리가 나무 위에 모였다. 도성의 시장 사람이

서로 놀라서 달렸는데, 만약 잡히거나 쫓기는 경우가 있으면 쓰러져 죽은 것이 100단위였고 잃은 재물은 셀 수 없었다. (『三國史節要』9)

고구려	여름 5월 신축일이 초하루인 무신일(8) 고구려의 사신 을상 하취문 등이 나니와노무로츠미(難波館)에 이르렀다. (『日本書紀』26 齊明紀)
신라	여름 5월26일에 왕이 유신·진주·천존 등과 병사를 거느리고 수도를 나갔다. (『三國史記』5 新羅本紀 5)
신라	5월에 신라왕이 직접 김유신·진주·천존 등을 이끌고 군사를 내었다. (『三國史節要』9)
신라	태종대왕(太宗大王) 7년 경신에 당 고종이 대장군 소정방에게 명령하여 백제를 정벌하게 하였다(이상 3월10일). 흠춘(欽春)은 왕명을 받아서 장군 유신 등과 정예병 5만을 이끌고 그에 응하였다(이상 5월26일). (『三國史記』47 列傳 7 金令胤)
백제	5월에 바람과 비가 갑자기 이르렀고 천왕(天王)·도양(道讓) 두 절의 탑에 벼락이 쳤다. 또 백석사(白石寺) 강당에 벼락이 쳤다. 검은 구름이 용처럼 동쪽과 서쪽으로 공중에서 서로 싸웠다. (『三國史記』28 百濟本紀 6)
백제	5월에 이 때에 백제에 변괴가 많았다. 하루는 갑자기 바람이 불고 비가 내려 천왕·도양 두 절의 탑과 백석사 강당에 벼락이 쳤다. 또 검은 구름이 용처럼 공중에서 싸우는 일이 있었다. (『三國史節要』9)
백제	5월에 야생 사슴 같은 개가 서쪽에서 와서 사비하 가에 이르러 왕궁을 향하여 짖는 일이 있었다. 왕도에 개떼가 길에 모여 혹은 울고 혹은 짖었다. 또 어떤 귀신이 궁중에 들어가 크게 외치기를, "백제는 망한다. 백제는 망한다."라고 하고, 곧 땅 속에 들어갔다. 왕이 사람을 시켜 그곳을 파게 하니, 깊이가 3척 남짓 되는 곳에서 거북이 1마리를 얻었는데 등에 글자가 있어서 "백제는 달이 바퀴와 같고 신라는 달이 새로운 것과 같다."라고 되어 있었다. 왕이 그것을 묻자, 무당이 해석하였다. "달이 바퀴와 같다는 것은 꽉 찬 것이니, 꽉 차면 이지러집니다. 달이 새로운 것과 같다는 것은 아직 차지 않은 것이니, 차지 않으면 점차 차게 됩니다." 왕이 노하여 그를 죽였다. 혹자가 말하였다. "달이 바퀴와 같다는 것은 번성하다는 것이고, 달이 새로운 것과 같다는 것은 미미하다는 것입니다. 그 뜻은 우리 국가는 번성하나 신라는 점차 미미해진다는 것입니다." 왕이 기뻐하였다. (『三國史節要』9)
백제	이 달에 (…) 또 온 나라 백성들이 까닭 없이 무기를 들고 길을 왔다갔다 했다.[국로(國老)가 말하였다. "백제국이 땅을 잃을 징조인가?"] (『日本書紀』26 齊明紀)
신라	6월18일에 남천정(南川停)에 주둔하였다. 소정방이 내주(萊州)에서 출발하여 1,000리에 배가 맞닿게 하고 해류를 따라 동쪽으로 내려왔다. (『三國史記』5 新羅本紀 5)
신라	태종대왕 7년 경신 여름 6월에 대왕이 태자 법민(法敏)과 장차 백제를 정벌하려고 크게 병사를 징발하여 남천(南川)에 이르러 주둔하였다. (『三國史記』42 列傳 2 金庾信 中)
신라	6월에 신라왕이 남천정에 주둔하였다. 소정방 등이 병사를 끌고 내주(萊州)에서 바다를 건너 1,000리에 배가 맞닿게 하였다. (『三國史節要』9)
신라	6월21일에 왕이 태자 법민을 파견해 병선 100척을 거느리고 덕물도에서 소정방을 맞이하게 하였다. 정방이 법민에게 말하기를, "내가 7월10일에 백제에 이르러 남쪽

으로 가서 대왕의 병사를 만나서 의자의 도성을 도륙하고 격파하려고 한다."라고 하였다. 법민이 말하기를, "대왕이 서서 대군을 기다리니, 만약 대장군이 온다는 것을 들으면 반드시 새벽에 식사하며 이를 것입니다."라고 하였다. 정방이 기뻐하여 법민을 돌려보내어 신라의 병마를 징발하게 하였다. 법민이 이르러 정방의 군세가 매우 성하다고 하니, 왕이 기뻐하여 스스로 이기지 못하였다. 또 태자에게 명령하여 대장군 유신, 장군 품일(品日)·흠춘[혹은 흠순(欽純)이라고도 한다.] 등과 정예병 5만을 이끌고 그에 응하게 하였다. 왕이 금돌성(今突城)에 주둔하였다. (『三國史記』 5 新羅本紀 5)

신라   6월에 나라 서쪽 덕물도에 이르자, 신라왕이 장군 김유신을 파견하여 정예병 5만을 거느리고 그에게 향하게 하였다. (『三國史記』 28 百濟本紀 6)

신라   태종대왕 7년 경신 여름 6월 이 때에 당에 들어가 군사를 요청한 파진찬 김인문이 당의 대장군 소정방·유백영과 병사 13만을 거느리고 바다를 지나 덕물도에 도착하니, 앞서 종자 문천(文泉)을 파견해 와서 알렸다. 왕이 태자에게 명령하여 장군 유신·진주·천존 등과 큰 배 100척에 병사를 싣고 그를 만나게 하였다. 태자가 장군 소정방을 만나자, 정방이 태자에게 말하기를, "나는 해로를 거치고 태자는 육지에 올라 이동하여 7월10일에 백제왕도 사비성에서 만납시다."라고 하였다. 태자가 와서 대왕에게 알리니, 장사를 이끌고 가서 사라정(沙羅停)에 이르렀다. (『三國史記』 42 列傳 2 金庾信 中)

신라   6월에 덕물도에 주둔하였다. 소정방이 앞서 종자 문천을 파견해 와서 군사가 도착하였음을 보고하였다. 왕이 태자 법민, 대장군 유신, 장군 진주·천존 등을 파견해 병선 100척을 거느리고 정방을 만나게 하였다. 정방이 태자에게 말하기를, "정방은 바다를 거치고 태자는 육지를 따라서 7월 어느 날 전쟁을 기약하여 대왕의 병사와 만나서 곧바로 의자의 도성을 공격하면, 뜻한 바를 얻을 수 있을 것이다."라고 하였다. 법민이 말하기를, "저희 임금이 대군을 바라는 것이 오래되어, 만약 대장군의 명령을 들으면 반드시 이른 아침에 이를 것입니다."라고 하였다. 정방이 기뻐하여 법민을 돌려보냈다. 법민이 와서 정방의 군세가 매우 성하다고 하니, 왕이 기뻐하여 스스로 이기지 못하였다. 또 법민·유신·품일·흠춘 등을 파견해 정예병 5만을 이끌고 그에 응하게 하였다. 금돌성에 나아가 주둔하였다. (『三國史節要』 9)

백제   6월에 왕흥사(王興寺)의 여러 승려가 모두 배의 노 같은 것을 보았는데, 큰 물을 따라 절 문으로 들어갔다. 모습이 야생 사슴 같은 개가 서쪽에서 와서 사비하 가에 이르러 왕궁을 향하여 짖는 일이 있었는데, 얼마 지나지 않아 떠난 곳을 몰랐다. 왕도에 개떼가 길 위에 모여 혹은 울고 혹은 짖었는데, 때가 옮겨지면 곧 흩어졌다. 어떤 귀신이 궁중에 들어가 크게 외치기를, "백제는 망한다. 백제는 망한다."라고 하고, 곧 땅에 들어갔다. 왕이 그것을 괴이하게 여겨 사람을 시켜 땅을 파게 하니, 깊이가 3척 남짓 되는 곳에서 거북이 1마리가 있었는데 등에 글자가 있어서 "백제는 달이 바퀴와 같고 신라는 달이 새로운 것과 같다."라고 되어 있었다. 왕이 그것을 묻자, 무당이 말하였다. "달이 바퀴와 같다는 것은 꽉 찬 것이니, 꽉 차면 이지러집니다. 달이 새로운 것과 같다는 것은 아직 차지 않은 것이니, 차지 않으면 점차 차게 됩니다." 왕이 노하여 그를 죽였다. 혹자가 말하였다. "달이 바퀴와 같다는 것은 번성하다는 것이고, 달이 새로운 것과 같다는 것은 미미하다는 것입니다. 그 뜻은 우리 국가는 번성하나 신라는 점차 미미해진다는 것입니다." 왕이 기뻐하였다. (『三國史記』 28 百濟本紀 6)

백제   현경 5년 경신 6월에 왕흥사의 여러 승려가 모두 배의 노 같은 것을 보았는데, 큰 물을 따라 절 문으로 들어갔다. 야생 사슴 같은 큰 개가 서쪽에서 와서 사비하 가에 이르러 왕궁을 향하여 짖는 일이 있었는데, 얼마 지나지 않아 간 곳을 몰랐다. 성 안에 개떼가 길 위에 모여 혹은 울고 혹은 짖었는데, 때가 옮겨지면 곧 흩어졌다. 어떤 귀신이 궁중에 들어가 크게 외치기를, "백제는 망한다. 백제는 망한다."라고 하고, 곧 땅에 들어갔다. 왕이 그것을 괴이하게 여겨 사람을 시켜 땅을 파게 하니, 깊이가 3척 남짓 되는 곳에서 거북이 1마리가 있었는데 등에 글자가 있어서 "백제 는 달이 바퀴처럼 둥글고 신라는 새 달과 같다."라고 되어 있었다. 왕이 그것을 묻자, 무당이 말하였다. "달이 바퀴처럼 둥글다는 것은 꽉 찬 것이니, 꽉 차면 이지러 집니다. 새 달과 같다는 것은 아직 차지 않은 것이니, 차지 않으면 점차 차게 됩니다." 왕이 노하여 그를 죽였다. 혹자가 말하였다. "달이 바퀴처럼 둥글다는 것은 번 성하다는 것이고, 새 달과 같다는 것은 미미하다는 것입니다. 그 뜻은 우리 국가는 번성하나 신라는 점차 미미해진다는 것입니다." 왕이 기뻐하였다. 태종(太宗)이 백제 의 나라 안에 괴변이 많다는 것을 들었다. (『三國遺事』1 紀異 1 太宗春秋公)

백제 신라 6월에 고종이 조서를 내려 좌위대장군(左衛大將軍) 소정방을 신구도행군대총관으로 삼아 좌위장군 유백영, 우무위장군 풍사귀, 좌효위장군 방효공을 이끌고 13만을 거 느리며 와서 정벌하게 하였다. 겸하여 신라왕 김춘추를 우이도행군총관으로 삼아 그 나라의 병사를 거느리고 그와 세력을 합하게 하였다. 소정방이 군대를 끌고 성산에 서 바다를 건넜다. (『三國史記』28 百濟本紀 6)

백제 신라 6월에 왕이 그것을 듣고 군신을 모아 싸우고 지키는 것의 마땅함을 물었다. 좌평(佐 平) 의직(義直)이 나아가 말하였다. "당의 병사는 멀리서 바다를 건너서 물에 익숙하 지 못한 자이니, 배에 있으면 반드시 곤란할 것입니다. 그 처음 육지에 내려서 사기 가 평온하지 못할 때가 되어 급히 그들을 공격하면 뜻대로 얻을 수 있을 것입니다. 신라 군대는 대국의 지원을 믿으므로 우리를 가벼이 보는 마음이 있습니다. 만약 당 의 군대가 유리함을 잃는 것을 보면 반드시 의심스럽고 두려워 감히 날카롭게 나아 가지 못할 것입니다. 그러므로 먼저 당의 군대와 결전하는 것이 옳음을 알 수 있습 니다." 달솔(達率) 상영(常永) 등이 말하였다. "그렇지 않습니다. 당의 병사는 멀리서 와서 뜻이 빨리 싸우려고 할 것이니, 그 선봉을 당할 수 없습니다. 신라 군대는 이 전에 아군에게 거듭 패배당하였으므로, 지금 우리 병사의 세력을 보고 두려워하지 않을 수 없습니다. 오늘의 계략은 마땅히 당의 군대의 길을 막아 그 군사가 지치기 를 기다리고, 먼저 일부 군사로 하여금 신라군을 공격하여 그 예기를 꺾게 한 후에 그 편의를 엿보아 싸우면 군대를 온전히 하고 나라를 지킬 수 있습니다." 왕이 주저 하여 따를 바를 몰랐다. 이 때 좌평 흥수(興首)가 죄를 얻어 고마미지현(古馬彌知縣) 에 유배되어 있었는데, 사람을 파견해 그에게 묻기를, "일이 급한데, 어떻게 하면 좋은지 알겠는가?"라고 하였다. 흥수가 말하였다. "당의 병사는 이미 많고 군사의 규율이 엄격하고 분명합니다. 하물며 신라와 기각(掎角)을 함께 모의하였으니, 만약 평원의 넓은 들에서 진영을 대치한다면 승패는 알 수 없습니다. 백강(白江)[혹은 기 벌포(伎伐浦)라고도 한다.]·탄현(炭峴)[혹은 침현(沉峴)이라고도 한다.]은 우리나라의 요충지여서 한 사내가 홀로 창을 잡으면 1만 명이 당할 수 없으니 마땅히 용감한 군사를 뽑아 그곳에 가서 지키게 하십시오. 당의 병사로 하여금 백강에 들어오지 못 하게 하고 신라 군대로 하여금 탄현을 지날 수 없게 하며, 대왕이 여러 겹으로 닫아 서 굳게 지키며 그 자재와 군량이 다하기를 기다려서 사졸이 피로한 후에 떨쳐 그 들을 공격하면 반드시 격파할 것입니다." 이 때에 대신 등은 믿지 않으며 말하였다. "흥수는 오래도록 갇혀 있어서 군주를 원망하고 나라를 사랑하지 않을 것이니, 그 말은 채용할 수 없습니다. 당의 병사로 하여금 백강에 들어오게 하여 물의 흐름을 따라 배를 나란히 대지 못하게 하고 신라 군대는 탄현에 올라 지름길을 거쳐 말을 나란히 할 수 없게 하여, 이 때가 되어 병사를 풀어 그들을 공격하는 것만 같지 못합니다. 비유하건대 바구니 안의 닭과 그물에 걸린 물고기를 죽이는 것과 같습니다." 왕이 그렇다고 여겼다. (『三國史記』28 百濟本紀 6)

백제 현경 5년 경신 6월에 의자왕(義慈王)이 그것을 듣고 군신을 모아 싸우고 지킬 계책을 물었다. 좌평 의직이 나아가 말하였다. "당의 병사는 멀리서 바다를 건너서 물에 익숙하지 못하고, 신라 군대는 대국의 지원을 믿어서 적을 가벼이 보는 마음이 있습니다. 만약 당의 군대가 유리함을 잃는 것을 보면 반드시 의심스럽고 두려워 감히 날카롭게 나아가지 못할 것입니다. 그러므로 먼저 당의 군대와 결전하는 것이 옳음을 알 수 있습니다." 달솔 상영 등이 말하였다. "그렇지 않습니다. 당의 병사는 멀리서 와서 뜻이 빨리 싸우려고 할 것이니, 그 선봉을 당할 수 없습니다. 신라 군대는 아군에게 거듭 패배당하였으므로, 지금 우리 병사의 세력을 보고 두려워하지 않을 수 없습니다. 오늘의 계략은 마땅히 당의 군대의 길을 막아 그 군사가 지치기를 기다리고, 먼저 일부 군사로 하여금 신라를 공격하여 그 예기를 꺾게 한 후에 그 편의를 엿보아 싸우면 군대를 온전히 하고 나라를 지킬 수 있습니다." 왕이 주저하여 따를 바를 몰랐다. 이 때 좌평 흥수가 죄를 얻어 고마어지현(古馬於知縣)에 유배되어 있었는데, 사람을 파견해 그에게 묻기를, "일이 급한데, 어떻게 하면 좋겠는가?" 라고 하였다. 흥수는 대체로 좌평 성충(成忠)의 말과 같이 말하였다. 때에 대신 등은 믿지 않으며 말하였다. "흥수는 오래도록 갇혀 있어서 군주를 원망하고 나라를 사랑하지 않을 것이니, 그 말은 채용할 수 없습니다. 당의 병사로 하여금 백강[곧 기벌포이다.]에 들어오게 하여 물의 흐름을 따라 배를 나란히 대지 못하게 하고 신라 군대는 탄현에 올라 지름길을 거쳐 말을 나란히 할 수 없게 하여, 이 때가 되어 병사를 풀어 그들을 공격하는 것만 같지 못합니다. 바구니 안의 닭과 그물에 걸린 물고기를 죽이는 것과 같습니다." 왕이 그렇다고 하였다. (『三國遺事』1 紀異 1 太宗春秋公)

백제 6월에 백제왕이 그것을 듣고 군신을 모아 싸우고 지키는 것의 마땅함을 물었다. 좌평 의직이 말하였다. "당의 병사는 물과 전함에 익숙하지 못하여 멀리서 바다를 건너와서 그들이 고달플 때에 공격하면 뜻대로 얻을 수 있을 것입니다. 신라 군대는 대국의 지원을 믿으므로 우리를 가벼이 보는 마음이 있습니다. 만약 당의 군대가 유리함을 잃으면 반드시 의심스럽고 주저하여 감히 날카롭게 나아가지 못할 것입니다. 신은 그러므로 먼저 당의 군대와 결전하는 것이 옳음을 알 수 있습니다." 달솔 상영이 말하였다. "당의 병사는 멀리서 와서 뜻이 빨리 싸우려고 할 것이니, 그 선봉을 당할 수 없습니다. 신라 군대는 일찍이 우리에게 거듭 패배당하였으므로, 지금 우리 병사의 세력을 보고 두려워하지 않을 수 없습니다. 당 병사의 길을 막아 그들이 지치기를 기다리고, 먼저 일부 군사로 하여금 신라군을 공격하여 그 예기를 꺾게 하는 것만 같지 못하니, 그런 후에 그 편의를 엿보아 당의 병사를 공격하면 군대를 온전히 할 수 있습니다." 왕이 주저하여 결정하지 못하였다. 좌평 흥수가 일찍이 죄를 얻어 지방에 유배되어 있었는데, 왕이 사람을 파견해 묻기를, "일이 급한데, 어떻게 하면 좋겠는가?"라고 하였다. 흥수가 말하였다. "당의 병사는 이미 많고 군사의 규율이 엄격하고 분명합니다. 하물며 신라와 서로 대립하여 버티니, 만약 평원의 넓은 들에서 진영을 대치한다면 승패는 알 수 없습니다. 백강·탄현은 우리나라의 요충지여서 한 사내가 홀로 창을 잡으면 1만 명이 당할 수 없으니 마땅히 용감한 군사를 뽑아 그곳에 가서 지키게 하십시오. 당의 병사로 하여금 백강에 들어오지 못하게 하고 신라 군대로 하여금 탄현을 지날 수 없게 하며, 대왕이 여러 겹으로 닫아서 굳게 지키며 그 군량이 다하고 군졸이 피로하기를 기다린 후에 떨쳐 그들을 공격하면 반드시 격파할 것입니다." 논의하는 자들이 모두 말하였다. "흥수는 오래도록 갇혀 있어서 군주를 원망하고 나라를 걱정하지 않을 것이니, 그 말은 믿을 수 없습니다. 당의 병사로 하여금 백강에 들어오게 하여 물의 흐름을 따라 배를 나란히 대지 못하게 하고 신라 군대는 탄현에 올라 지름길을 거쳐 가서 말을 나란히 할 수 없게 하여, 이 때가 되어 병사를 풀어 그들을 공격하는 것만 같지 못합니다. 비유하건대 바구니 안의 닭과 그물에 걸린 물고기와 같아서, 사로잡지 않을 수 없습니다." 왕이 그렇다고 여겼다. (『三國史節要』 9)

신라 백제   가을 7월 9일에 유신 등이 황산원(黃山原)으로 진군하였다. 백제 장군 계백(階伯)이 병사를 끌어안고 이르러 먼저 험한 곳에 근거하여 진영 3개를 설치하고 기다렸다. 유신 등이 군대를 나누어 세 길로 하여 4번 싸웠으나 불리하여 사졸이 힘이 다하였다. 장군 흠순이 아들 반굴(盤屈)에게 말하기를, "신하가 되어서는 충성만한 것이 없고 아들이 되어서는 효도만한 것이 없으니, 위태로움을 보고 목숨을 바치면 충효가 둘 다 온전하게 된다."라고 하였다. 반굴이 말하기를, "삼가 명령을 듣겠습니다."라고 하고, 이에 진영에 들어가 힘껏 싸우다가 죽었다. 좌장군(左將軍) 품일이 아들 관상(官狀)[관창(官昌)이라고도 한다.]을 불러 말 앞에 세우고 여러 장수를 가리키며 말하였다. "내 아들이 나이가 겨우 16세인데, 뜻과 기개가 매우 용감하다. 오늘의 전역에서 능히 삼군의 표적(標的)이 될 수 있겠는가?" △△ 관창이 말하기를, "예"라고 하였다. 갑옷을 입고 말을 타며 홀로 창을 잡고 지름길로 적진에 달려가 적에게 사로잡혀서 산 채로 계백에게 바쳐졌다. 계백이 투구를 벗기게 하자 그 어리고 용감함을 아껴서 차마 해를 가하지 못하고, 이에 탄식하며 말하였다. "신라는 대적할 수 없구나. 소년이 오히려 이와 같은데 하물며 장사이겠는가?" 이에 살아서 돌아가는 것을 허락하였다. 관상이 아버지에게 알리기를, "내가 적 속에 들어가 장수를 베고 깃발을 뽑을 수 없었던 것은 죽음을 두려워해서가 아닙니다."라고 하였다. 말이 끝나자 손으로 우물물을 움켜서 마시고 다시 적진을 향하여 달려가 싸웠다. 계백이 잡아서 참수하고 말 안장에 묶어서 보냈다. 품일이 그 머리를 잡아서 흐르는 피로 소매를 적시며 말하기를, "내 아들의 얼굴과 눈이 살아 있는 것 같다. 왕의 일에 죽을 수 있어서 다행이다."라고 하였다. 삼군이 그것을 보고 강개(慷慨)하여 죽을 뜻이 있어 북을 울리며 진격하였다. 백제의 무리가 대패하여 계백이 거기서 죽고 좌평 충상·상영 등 20여 명을 사로잡았다. (『三國史記』 5 新羅本紀 5)

신라 백제   태종대왕 7년 경신 가을 7월에 황산원에 이르러 백제 장군 계백을 만나 싸웠는데 불리하였다. 흠춘이 아들 반굴을 불러서 "신하가 되어서는 충성만한 것이 없고 아들이 되어서는 효도만한 것이 없으니, 위태로움을 보고 목숨을 바치면 충효가 둘 다 온전하게 된다."라고 하였다. 반굴이 말하기를, "예"라고 하고, 이에 적진에 들어가 힘껏 싸우다가 죽었다. (『三國史記』 47 列傳 7 金令胤)

신라 백제   가을 7월에 유신 등이 황산원으로 진군하였다. 백제는 당과 신라의 병사가 이미 백강·탄현을 지났다는 것을 듣고 장군 계백을 파견하여 결사대 5,000명을 이끌고 그에 맞서게 하였다. 계백이 말하였다. "한 나라의 일부 군사로 두 나라의 병사를 당하니, 존망을 아직 알 수 없다. 반드시 처자에게 누가 될까 두려우니, 살아서 욕을 당하느니 차라리 죽어서 즐거워하는 것만 못하다." 마침내 가속(家屬)을 다 죽였다. 황산(黃山)에 이르러 먼저 험한 곳에 근거하여 진영을 설치하였는데, 갑자기 신라 병사를 만났다. 계백이 무리에게 맹세하였다. "옛날에 구천(句踐)이 5,000명으로 강한 오(吳)의 70만 무리를 격파하였다. 오늘 제군들은 마땅히 각각 떨치고 격려하여 나라의 은혜에 보답해야 한다. 사람이 모두 많은 사상자를 낸 큰 싸움이 되면 1명이 1,000명을 당하지 못할 것이 없다." 유신 등이 군대를 나누어 세 길로 하여 4번 싸웠으나 불리하여 사졸이 힘이 다하였다. 장군 흠춘이 아들 반굴에게 말하기를, "신하가 되어서는 충성만한 것이 없고 아들이 되어서는 효도만한 것이 없으니, 위태로움을 보고 목숨을 바치면 충효가 둘 다 온전하게 된다."라고 하였다. 반굴이 말하기를, "삼가 명령을 듣겠습니다."라고 하고, 이에 진영에 들어가 힘껏 싸우다가 죽었다. 좌장군 품일이 아들이 있어 관창이라고 하였는데, 기사(騎射)를 잘 하였고 이때에 부장(副將)이 되었다. 품일이 관창을 불러 그를 앞에 두고 여러 장수에게 말하였다. "내 아들이 나이가 겨우 16세인데, 뜻과 기개가 매우 용감하다. 오늘은 공명을 세우고 부귀를 취할 때이다." 관창은 갑옷을 입고 말을 타며 홀로 창을 잡고 지름길로 적진에 달려가 여러 명을 죽이고 적에게 사로잡혀서 산 채로 계백에게 바쳐졌다. 계백이 그 어리고 용감함을 아껴서 차마 죽이지 못하고 탄식하며 말하였다. "신라는 진실로 기사(奇士)가 많아서 가볍게 여길 수 없구나. 소년이 오히려 이와 같은데 하물며 장사이겠는가?" 이에 풀어주어 돌려보냈다. 관창이 아버지에게 말하기를, "지금 적 속에 들어가 장수를 베고 깃발을 뽑을 수 없었던 것은 죽음을 두려워해서가 아닙니다."라고 하였다. 다시 진영에 돌격하여 힘껏 싸웠다. 계백이 또 잡아서 목을 베고 그 머리를 품일에게 보냈다. 품일이 말하기를, "내 아들의 얼굴과 눈이 살아 있는 것 같다. 왕의 일에 죽을 수 있어서 다행이다."라고 하였다. 삼군이 감격하여 모두 죽을 뜻이 있어서, 백제군에게 진격하여 그들을 대파하고 좌평 충상·상영 등 20여 명을 사로잡았다. 신라왕이 관창에게 급찬(級湌)을 추증하고 예로 장사지냈으며, 그 집에 견(絹)·포(布) 각 30필, 곡식 100석을 부의로 보냈다. (『三國史節要』9)

백제 신라　또 당과 신라 병사가 이미 백강·탄현을 지났다는 것을 듣고, 장군 계백(堦伯)을 파견하여 결사대 5,000명을 이끌고 황산에 나가게 하였다. 신라 병사와 싸워 4번 부딪쳐 모두 이겼으나, 병사가 적고 힘이 달려 마침내 패하니 계백이 거기서 죽었다. (『三國史記』28 百濟本紀 6)

신라 백제　관창[또는 관상(官狀)이라고도 한다.]은 신라 장군 품일의 아들이다. 거동과 외양이 모두 우아하였으며, 어린 나이에 화랑이 되어 사람들과 잘 사귀었다. 나이 16세 때 말을 타고 활을 쏘는 것이 능숙하였다. 대감(大監)인 어떤 사람이 태종대왕에게 그를 천거하였다. 당 현경 5년 경신에 이르러 왕이 군사를 내어 당 장군과 백제를 침입하였는데, 관창을 부장으로 삼았다. 황산의 들판에 이르러 두 나라의 병사가 서로 대치하자, 아버지 품일이 말하였다. "네가 비록 어린 나이지만, 뜻과 기개가 있다. 오늘은 공명을 세우고 부귀를 취할 때이니, 어찌 용기가 없을 수 있겠는가?" 관창이 "예"라고 하고, 곧 말을 타고 홀로 창을 가로로 잡아 곧바로 적진을 쳐서 달려가 여러 명을 죽였다. 그러나 저쪽이 많고 우리가 적어서 적에게 사로잡혀서 산 채로 백제 원수(元帥) 계백 앞에 바쳐졌다. 계백이 투구를 벗기게 하자 그 어리고 용감함을 아껴서 차마 해를 가하지 못하여 이에 탄식하며 말하였다. "신라는 기사가 많아서 소년이 오히려 이와 같은데 하물며 장사이겠는가?" 이에 살아서 돌아가는 것을 허락하였다. 관창이 말하였다. "지난 번에 내가 적 속에 들어가 장수를 베고 깃발을 뽑을 수 없었던 것은 깊이 한스러운 바입니다. 다시 들어가면 반드시 성공할 수 있습니다." 손으로 우물물을 움켜서 마시고 나서, 다시 적진에 돌격하여 달려가 싸웠다. 계백이 잡아서 참수하고 말 안장에 묶어서 보냈다. 품일이 그 머리를 잡고 소매로 피를 닦으며 말하기를, "내 아들의 얼굴과 눈이 살아 있는 것 같다. 왕의 일에 죽을 수 있어서 후회되는 바가 없다."라고 하였다. 삼군이 그것을 보고 강개하여 모두 뜻을 세워서 북을 울리며 진격하니, 백제가 크게 패하였다. 대왕이 급찬 관등을 추증하고 예로 장사지냈으며, 그 집에 당의 견 30필20승(升), 포 30필, 곡식 100석을 부의로 보냈다. (『三國史記』47 列傳 7 官昌)

백제 신라	계백은 백제 사람인데, 관인으로서 달솔이 되었다. 당 현경 5년 경신에 고종이 소정방을 신구도대총관으로 삼아 군사를 이끌고 바다를 건너 신라와 더불어 백제를 정벌하게 하였다(이상 3월10일). 계백은 장군이 되어 결사대 5,000명을 뽑아 그에 맞서며 말하였다. "한 나라의 군대로 당·신라의 대병을 당하니, 나라의 존망을 아직 알 수 없다. 내 처자가 적몰되어 노비가 될까 두려우니, 살아서 욕을 당하느니 차라리 죽어서 즐거워하는 것만 못하다." 마침내 그들을 다 죽였다. 황산의 들판에 이르러 3개의 진영을 진영을 설치하였다. 신라 병사를 만나 장차 싸우려 하자, 무리에게 맹세하였다. "옛날에 구천이 5,000명으로 오의 70만 무리를 격파하였다. 오늘 마땅히 각각 떨치고 격려하여 승리를 결정함으로써 나라의 은혜에 보답해야 한다." 마침내 많은 사상자를 낸 큰 싸움에 1명이 1,000명을 당하지 못함이 없으니, 신라 병사가 이에 물러났다. 이와 같이 진퇴가 4번 부딪침에 이르렀으나 힘이 달려 죽었다. (『三國史記』47 列傳 7 階伯)
신라 백제	현경 5년 경신에 또 당과 신라 병사가 이미 백강·탄현을 지났다는 것을 듣고, 장군 해백(偕伯)을 파견하여 결사대 5,000명을 이끌고 황산에 나가게 하였다. 신라 병사와 싸워 4번 부딪쳐 모두 이겼으나, 병사가 적고 힘이 달려 마침내 패하니 해백이 거기서 죽었다. (『三國遺事』1 紀異 2 太宗春秋公)
신라 백제	처음에 백제 병사와 황산의 전역에서 싸울 때 장춘랑(長春郎)·파랑(罷郎)은 진중에서 죽었다. 나중에 백제를 토벌할 때에 태종의 꿈에 나타났다. "신들은 옛날에 나라를 위해 몸을 잃고 백골에 이르렀습니다. 나라를 완전히 지키고자 하기를 바랐으므로, 군대에 따라가서 게으르지 않았을 뿐입니다. 그러나 당 장수 소정방의 위세가 눌러서 남 뒤를 뒤쫓았을 뿐입니다. 왕은 우리를 작은 세력으로 더하시기 바랍니다." 대왕이 놀라고 괴이하게 여겨 두 혼을 위하여 모산정(牟山亭)에서 하루 동안 경전을 설법하였다. 또 그들을 위하여 한산주(漢山州)에 장의사(壯義寺)를 창건하여 명원(冥援)에 도움을 주었다. (『三國遺事』1 紀異 2 長春郎罷郎)
신라 백제	가을 7월 9일 이 날에 소정방이 부총관 김인문 등과 기벌포에 도착하여 백제 병사를 만나서 그들을 맞이해 공격하여 대패시켰다. 유신 등이 당의 군영에 이르자, 정방은 유신 등이 기일보다 늦었다고 여겨 장차 신라의 독군(督軍) 김문영(金文穎)[혹은 김문영(金文永)이라고도 한다.]을 군문에서 참수하려고 하였다. 유신이 무리에 말하였다. "대장군이 황산의 전역을 보지 못하여 장차 기일에 늦었다고 죄로 삼으려 한다. 나는 죄 없이 치욕을 받을 수 없으니 반드시 먼저 당군과 결전한 후에 백제를 격파하겠다." 이에 군문에서 부월(斧鉞)을 잡으니, 성난 머리카락이 심은 것 같았고 그 허리 사이의 보검이 스스로 칼집에서 뛰어나올 것 같았다. 정방의 우장(右將) 동보량(董寶亮)이 발을 밟으며 말하기를, "신라 병사가 장차 변고가 있을 것 같습니다."라고 하였다. 정방이 이에 문영의 죄를 용서하였다. 백제 왕자가 좌평 각가(覺伽)로 하여금 당 장군에게 편지를 보내서 병사를 물릴 것을 슬프게 요청하였다. (『三國史記』5 新羅本紀 5)
신라 백제	가을 7월에 소정방·김인문 등이 바다를 따라 기벌포에 도착하였으나, 갯벌이어서 갈 수 없었다. 이에 버들자리를 깔아서 군사를 구제할 수 있었다. 백제가 병사를 합하여 웅진 입구를 지켰다. 소정방이 왼쪽 절벽으로 나가 높은 곳을 타고 진을 쳤는데 그들과 싸워 백제군이 또 대패하였다. 유신 등이 당의 군영에 이르자, 정방은 유신 등이 기일보다 늦었다고 여겨 장차 유신의 독군 김문영을 참수하려고 하였다. 유신이 의기양양하게 말하였다. "대장군이 황산의 전역을 보지 못하여 장차 기일에 늦었다고 죄로 삼으려 한다. 나는 죄 없이 치욕을 받을 수 없으니 반드시 먼저 당군과

결전한 후에 백제를 격파하겠다." 이에 군문에서 부월을 잡으니, 성난 머리카락이 선 것 같았고 허리 사이의 보검이 스스로 뛰어나올 것 같았다. 정방의 우장 동보량이 발을 밟으며 말하기를, "신라 병사가 장차 변고가 있을 것 같습니다."라고 하였다. 정방이 이에 문영을 용서하였다. 또 어떤 까마귀가 정방의 군영에서 돌면서 날아다니니, 그것을 점치기를, "반드시 원수(元帥)를 상하게 할 것입니다."라고 하였다. 정방은 두려워하여 군사를 중지하려고 하였다. 유신이 정방에게 말하였다. "어찌 까마귀 1마리의 괴이함으로 천시를 어기려 하는가? 하늘에 순응하고 사람에게 따르며 불인(不仁)한 자에게 정벌하러 이르렀는데, 어떤 상서롭지 못함이 있겠는가?" 이에 칼을 뽑아서 까마귀를 베자, 까마귀가 떨어졌다. 당의 군사가 조류를 타고 배들이 서로 이어져 북을 울리며 나아갔다. (『三國史節要』9)

백제 신라 이 때에 병사를 합하여 웅진 입구를 지키며 강가에서 병사를 주둔시켰다. 소정방이 왼쪽 절벽으로 나가 산을 타고 진을 쳤는데 그들과 싸워 아군이 대패하였다. 왕의 군사가 조류를 타고 배들이 서로 이어져 나아가며 북을 울렸다. (『三國史記』28 百濟本紀 6)

신라 백제 태종대왕 7년 경신에 장군 소정방·김인문 등이 바다를 따라 기벌포에 도착하였으나, 해안이 뻘이어서 빠지느라 갈 수 없었다. 이에 버들자리를 깔아서 군사를 나가게 하였다. 당과 신라가 백제를 합하여 공격하고 그들을 멸망시켰다. (『三國史記』42 列傳 2 金庾信 中)

신라 백제 현경 5년 경신에 진군시켜 병사를 합하고 웅진 입구에 임박하여 강가에 병사를 주둔시켰다. 갑자기 어떤 새가 소정방의 군영 위에서 돌면서 날아다니니, 사람을 시켜 그것을 점치기를, "반드시 원수를 상하게 할 것입니다."라고 하였다. 정방은 두려워하여 병사를 끌고 중지하려고 하였다. 유신이 정방에게 말하였다. "어찌 날아다니는 새의 괴이함으로 천시를 어기려 하는가? 하늘에 순응하고 사람에게 따르며 불인한 자에게 정벌하러 이르렀는데, 어떤 상서롭지 못함이 있겠는가?" 이에 신검(神劍)을 뽑아서 그 새를 베자, 나누어 찢어지고 나서 좌석 앞에 떨어졌다. 이리하여 정방이 왼쪽 절벽으로 나가 산을 타고 진을 쳤는데 그들과 싸워 백제군이 또 대패하였다. 왕의 군사가 조류를 타고 배들이 서로 이어져 북을 울리며 나아갔다. (『三國遺事』1 紀異 1 太宗春秋公)

백제 백제가 웅진강 입구에 근거하여 그들에 맞섰다. 소정방이 나아가 그들을 격파하니 백제에서 죽은 자가 수천 명이고 나머지는 모두 무너져서 달아났다. 정방이 수륙으로 나란히 나아갔다. (『資治通鑑』200 唐紀 16 高宗 上之下)

백제 『자치통감』에 전한다. " (…) 백제가 웅진강 입구에 근거하여 그들에 맞섰다. 소정방이 나아가 그들을 격파하니 백제에서 죽은 자가 수천 명이고 나머지는 모두 무너져서 달아났다. 정방이 수륙으로 나란히 나아갔다." (『玉海』191 兵捷露布 3 唐神丘道行軍大摠管蘇定方俘百濟)

신라 백제 가을 7월12일에 당과 신라의 군대가 △△△ 의자의 도성을 포위하고 소부리(所夫里) 벌판으로 나아갔다. 소정방은 꺼리는 바가 있어 앞으로 나갈 수 없자 유신이 그를 설득하여, 두 군대가 용감하게 4개의 길로 나란히 떨쳤다. 백제 왕자가 또 상좌평(上佐平)을 시켜 군사를 위로하는 넉넉한 음식을 보냈으나, 정방이 그것을 돌려보냈다. 왕서자가 직접 좌평 6명과 앞에 나아가 죄를 청하였으나, 또 그것을 떨쳐냈다. (『三國史記』5 新羅本紀 5)

백제 가을 7월에 소정방이 보기(步騎)를 거느리고 곧바로 도성으로 달려갔다. 백제의 모든 무리가 그에 맞섰으나 죽은 자가 또한 만 단위로 헤아렸다. 당 병사가 승세를 타고 성에 임박하였다. 백제왕이 면할 수 없음을 알고 탄식하기를, "성충의 말을 채용

<table>
<tr><td></td><td>하지 않아서 이 지경에 이른 것을 후회하게 되는구나."라고 하였다. 백제 왕자 융이 당 장수에게 편지를 보내 병사를 물릴 것을 요청하였다. 얼마 지나지 않아서 당과 신라 군대가 도성을 포위하고 4개의 길로 나란히 나아갔다. 융이 또 상좌평을 시켜 군사를 위로하는 음식을 보냈으나, 소정방이 그것을 돌려보냈다. (『三國史節要』9)</td></tr>
<tr><td>백제</td><td>소정방이 보기를 거느리고 곧바로 진도성(眞都城)으로 달려가면서 1사(1舍)에서 멈추었다. 아군의 모든 무리가 그에 맞섰으나 또 패하여 죽은 자가 1만여 명이었다. 당 병사가 승세를 타고 성에 임박하였다. 왕이 면할 수 없음을 알고 탄식하기를, "성충의 말을 채용하지 않아서 이 지경에 이른 것을 후회하게 되는구나."라고 하였다. (『三國史記』28 百濟本紀 6)</td></tr>
<tr><td>백제</td><td>현경 5년 경신에 소정방이 보기를 거느리고 곧바로 도성으로 달려가면서 1사(1舍)에서 멈추었다. . 성 안의 모든 군사가 그에 맞섰으나 또 패하여 죽은 자가 1만여 명이었다. 당 병사가 승세를 타고 성에 임박하였다. 왕이 면할 수 없음을 알고 탄식하기를, "성충의 말을 채용하지 않아서 이 지경에 이른 것을 후회하게 되는구나."라고 하였다. (『三國遺事』1 紀異 1 太宗春秋公)</td></tr>
<tr><td>백제</td><td>곧바로 그 도성으로 달려갔다. 아직 20여 리를 가지 못하였을 때, 백제가 나라를 기울여 와서 싸웠는데 그들을 크게 격파하고 1만여 명을 죽였다. 도망치는 무리를 쫓아서 그 외성에 들어갔다. (『資治通鑑』200 唐紀 16 高宗 上之下)</td></tr>
<tr><td>백제</td><td>『자치통감』에 전한다. " (…) 곧바로 진도성으로 달려갔다. 아직 20여 리를 가지 못하였을 때, 백제가 나라를 기울여 와서 싸웠는데 그들을 크게 격파하고 1만여 명을 죽였다. 도망치는 무리를 쫓아서 그 외성에 들어갔다."(『玉海』191 兵捷露布 3 唐神丘道行軍大摠管蘇定方俘百濟)</td></tr>
<tr><td>신라 백제</td><td>가을 7월13일에 의자가 측근을 이끌고 밤에 달아나서 웅진성(熊津城)을 지켰다. 의자의 아들 융(隆)이 대좌평(大佐平) 천복(千福) 등과 나와 항복하였다. 법민이 융을 말 앞에 꿇게 하고 얼굴에 침을 뱉으며 꾸짖었다. "지난 번에 너희 아버지가 내 여동생을 억울하게 죽여서 옥중에 묻게 하였으니, 나로 하여금 20년 간 심장을 아프게 하고 머리를 병들게 하였다. 오늘 네 목숨은 내 손 안에 있다." 융이 땅에 엎드려 말이 없었다. (『三國史記』5 新羅本紀 5)</td></tr>
<tr><td>백제</td><td>가을 7월에 왕이 태자 효(孝)와 측근을 이끌고 밤에 달아나서 웅진성을 지켰다. 왕궁의 여러 궁녀가 대왕포(大王浦) 바위 위로 달아나 떨어져 죽은 자가 또한 많았다. 둘째아들 태(泰)가 자립하여 왕이 되어서 무리를 이끌고 굳게 지켰다. 태자의 아들 문사(文思)가 융에게 말하였다. "왕이 태자와 비록 함께 성을 나갔지만 몸은 지금 건재합니다. 숙부 태는 마음대로 즉위하여 왕이 되었으니, 당 병사가 비록 포위를 풀더라도 우리들은 어찌 살아서 온전할 수 있겠습니까?" 마침내 측근을 이끌고 성에 줄을 내려 나갔다. 백성들이 모두 그를 따랐으나, 태가 저지할 수 없었다. 융이 대좌평 천복 등과 나와 항복하였다. 법민이 융을 꾸짖었다. "너희 아버지가 내 여동생을 억울하게 죽여서 옥중에 묻게 하였으니, 나로 하여금 20년 간 심장을 아프게 하고 머리를 병들게 하였다. 오늘 네 목숨은 내 손 안에 있다." 융이 부끄러워 얼굴을 붉혔다. 소정방이 병사로 하여금 성가퀴에 매달려 당의 깃발을 세우게 하였다. 태가 곤궁하여 문을 열고 목숨을 청하였다. (『三國史節要』9)</td></tr>
<tr><td>백제</td><td>마침내 태자 효와 북쪽 변방으로 달아났다. 소정방이 그 성을 포위하였다. 왕의 둘째아들 태가 자립하여 왕이 되어서 무리를 이끌고 굳게 지켰다. 태자의 아들 문사가 왕자 융에게 말하였다. "왕이 태자와 나갔지만 숙부가 마음대로 왕이 되었으니, 만약 당 병사가 포위를 풀고 떠나면 우리들은 어찌 온전할 수 있겠습니까?" 마침내 측근을 이끌고 성에 줄을 내려 나갔다. 백성들이 모두 그를 따랐으나, 태가 저지할</td></tr>
</table>

수 없었다. 정방이 병사로 하여금 성가퀴를 넘어서 당의 깃발을 세우게 하였다. 태가 곤궁하여 문을 열고 목숨을 청하였다. (『三國史記』28 百濟本紀 6)

백제 　현경 5년 경신에 마침내 태자 융[혹은 효라고도 하는데, 잘못이다.]과 북쪽 변방으로 달아났다. 소정방이 그 성을 포위하였다. 왕의 둘째아들 태가 자립하여 왕이 되어서 무리를 이끌고 굳게 지켰다. 태자의 아들 문사가 왕 태에게 말하였다. "왕이 태자와 나갔지만 숙부가 마음대로 왕이 되었으니, 만약 당 병사가 포위를 풀고 떠나면 우리들은 어찌 온전할 수 있겠습니까?" 측근을 이끌고 줄을 내려 나갔다. 백성들이 모두 그를 따랐으나, 태가 저지할 수 없었다. 정방이 병사로 하여금 성가퀴를 넘어서 당의 깃발을 세우게 하였다. 태가 곤궁하고 핍박받아 곧 문을 열고 목숨을 청하였다. (…) 백제고기(百濟古記)에 전한다. "부여성 북쪽 구석에 큰 바위가 있는데, 아래로 강물에 임한다. 서로 전한다. '의자왕이 여러 후궁과 면하지 못할 것을 알고 서로 차라리 자살하여 남의 손에 죽지 않겠다고 하며, 서로 이끌고 여기에 이르러 강에 몸을 던져 죽었다.' 그러므로 세속에서 타사암(墮死岩)이라고 하는데, 이것은 속된 말이 와전된 것이고 다만 궁인이 떨어져 죽었을 뿐이다."(『三國遺事』1 紀異 1 太宗春秋公)

백제 　현경 5년에 태원(太原) 행차가 따라갔다. 웅진도대총관을 제수하여 군사를 이끌고 백제를 토벌하게 하였다. 소정방은 성산에서 바다를 건넜다(이상 3월10일). 웅진강 입구에 이르렀을 때, 적이 강에 근거하여 병사를 주둔시켰다. 정방이 동쪽 절벽에 올라 산을 타고 진을 치니, 그들과 크게 싸웠는데 돛대를 날린 것이 바다를 덮고 서로 이어서 이르렀다. 적의 군사가 패배하여 죽은 자가 수천 명이었고 나머지는 도망가거나 흩어졌다. 조류를 만나 또 올라가니 이어진 배가 강에 들어갔다. 정방이 강가 위에 진영을 끌어안고 수륙이 나란히 나아가니, 날 듯이 노를 젓고 북을 울렸다(이상 7월 9일). 곧바로 진도(眞都)로 달려갔다. 성에서 20여 리 떨어졌을 때, 적이 나라를 기울여 와서 맞섰는데 크게 싸워 그들을 격파하고 1만여 명을 죽이거나 사로잡았다. 도망치는 무리를 쫓아서 그 외성에 들어갔다(이상 7월12일). 그 왕 의자 및 태자 융이 북쪽 변경으로 달아났다. 정방이 나아가 그 성을 포위하였다. 의자의 둘째아들 태가 자립하여 왕이 되었다. 적손(嫡孫) 문사가 말하였다. "왕이 태자와 비록 함께 성을 나갔지만 몸은 지금 건재합니다. 숙부는 병마를 총괄하면서 곧 마음대로 왕이 되었으니, 가령 한 병사가 물러난다면 우리 부자는 마땅히 온전하지 못할 것입니다." 마침내 그 측근을 이끌고 성에서 뛰어내렸다. 백성들이 그를 따랐으나, 태가 저지할 수 없었다. 정방이 군졸에게 명령하여 성에 올라 깃발을 세우게 하였다. 이리하여 태가 문을 열고 이마를 조아렸다(이상 7월13일). 그 대장 예식(禰植)이 또 의자를 거느리고 와서 항복하였다. 태자 융이 아울러 여러 성주와 모두 함께 정성을 보냈다(이상 7월18일). 백제가 모두 평정되니, 그 땅을 나누어 6주로 삼았다(이상 8월12일). 의자 및 융·태 등을 사로잡아 동도(東都)에 바쳤다(이상 11월 1일). (『舊唐書』83 列傳 33 蘇定方)

백제 　현경 5년에 이에 조서를 내려 좌위대장군 소정방을 신구도행군대총관으로 삼아, 좌위장군 유백영, 우무위장군 풍사귀, 좌효위장군 방효태를 끌고 신라 병사를 징발하여 그를 토벌하게 하니, 성산에서 바다를 건넜다(이상 3월10일). 백제가 웅진 입구를 지켰다. 정방이 마구 공격하니 적들이 대패하였다(이상 7월 9일). 왕의 군사가 조류를 타고 돛을 달며 나아가니, 진도성에 달려가면서 한번 막사를 치고 멈추었다. 적은 모든 무리로 맞섰으나 다시 그들을 격파하여 1만여 급을 참수하고 그 성을 함락시켰다(이상 7월12일). 의자가 태자 융을 끼고 북쪽 변방으로 달아났다. 정방이 그곳을 포위하였다. 의자의 둘째아들 태가 자립하여 왕이 되어 무리를 이끌고 굳게 지켰다. 의자의 손자 문사가 말하였다. "왕태자가 건재한데 숙부는 이에 스스로 왕이 되었으니, 만약 당 병사가 포위를 풀고 떠난다면 우리 부자는 어떻게 되겠습니까?" 측근과 줄을 내려 나갔다. 백성들이 모두 그를 따랐으나, 태가 저지할 수 없었다. 정방이 군사로 하여금 성가퀴를 넘어 깃발을 세우게 하였다. 태가 문을 열고 항복하였다(이상 7월13일). 정방이 의자, 융 및 소왕(小王) 효, 연(演), 추장 58명을 잡아서 수도로 보냈다. 그 나라의 5부(部) 37군(郡) 200성을 평정하니 호는 76만이었다. 이에 웅진·마한(馬韓)·동명(東明)·금련(金漣)·덕안(德安)의 5도독부(都督府)를 조개 설치하고 추장·거수를 발탁하여 다스리게 하였다(이상 8월12일). 낭장(郎將) 유인원(劉仁願)으로 하여금 백제성을 지키게 하고, 좌위낭장(左衛郎將) 왕문도(王文度)를 웅진도독(熊津都督)으로 삼았다(이상 9월23일). (『新唐書』 220 列傳 145 東夷 百濟)

백제   고종 현경 5년에 백제의 진도성을 함락시켰다(이상 8월12일). 처음에 소정방이 무리를 이끌고 성서(城西)에서 바다를 건넜다(이상 3월10일). 진도로 달려갔다. 성에서 20여 리 떨어졌을 때, 적이 나라를 기울여 와서 맞섰는데 크게 싸워 그들을 격파하고 1만여 명을 죽이거나 사로잡았다. 도망치는 무리를 쫓아서 그 외성에 들어갔다(이상 7월12일). 그 왕 의자 및 태자 융이 북쪽 변경으로 달아났다. 정방이 나아가 그 성을 포위하였다. 의자의 둘째아들 태가 자립하여 왕이 되어 무리를 이끌고 돌아와 굳게 지켰다. 의자의 적손 문사가 말하였다. "왕이 태자와 비록 함께 성을 나갔지만 몸은 지금 건재합니다. 숙부는 병마를 총괄하면서 마음대로 왕이 되었으니, 가령 한이 물러난다면 우리 부자는 마땅히 온전하지 못할 것입니다." 마침내 그 측근을 이끌고 성에서 뛰어내렸다. 백성들이 그를 따랐으나, 태가 저지할 수 없었다. 정방이 군졸에게 명령하여 성에 올라 깃발을 세우게 하였다. 이리하여 태가 문을 열고 이마를 조아리며 목숨을 청하였다(이상 7월13일). (『冊府元龜』 369 將帥部 30 攻取 2 蘇定方)

백제   백제왕 의자 및 태자 융이 북쪽 변경으로 달아났다. 소정방이 나아가 그 성을 포위하였다. 의자의 둘째아들 태가 자립하여 왕이 되어 무리를 이끌고 굳게 지켰다. 융의 아들 문사가 말하였다. "왕이 태자와 모두 건재한데, 숙부는 갑자기 병사를 끌어안고 스스로 왕이 되었으니, 만약 당 병사를 물리칠 수 있다면 우리 부자는 마땅히 온전하지 못할 것입니다." 마침내 측근을 이끌고 성을 뛰어넘어 와서 항복하였다. 백성들이 모두 그를 따랐으나, 태가 저지할 수 없었다. 정방이 군사에게 명령하여 성에 올라 깃발을 세우게 하였다. 태가 곤궁하고 핍박받아 문을 열고 목숨을 청하였다. (『資治通鑑』 200 唐紀 16 高宗 上之下)

백제   나가서 신구도대총관이 되어 군사를 이끌고 백제를 토벌하였는데, 성산에서 바다를 건넜다(이상 3월10일). 웅진 입구에 이르렀을 때, 적이 강가에 병사를 주둔시켰다. 소정방이 왼쪽 절벽에서 나와 산을 타고 진을 쳤는데 그들과 싸워 적이 패하고 죽은 자가 수천 명이었다. 왕의 군사가 조류를 타고 올라가 배들이 서로 이어져 나아가며 북을 울렸다(이상 7월9일). 정방이 보기를 거느리고 끼어서 끌며 곧바로 진도성으로 달려갔다. 적이 나라를 기울여 와서 한창 싸웠으나 그들 격파하여 1만 명을 죽이거나 사로잡았다. 승세를 타고 그 외성에 들어갔다(이상 7월12일). 왕 의자 및 태자 융이 북쪽으로 달아났다. 정방이 나아가 그 성을 포위하였다. 의자의 아들 태자 자립하여 왕이 되어 무리를 이끌고 굳게 지켰다. 의자의 손자 문사가 말하였다. "왕이 태자와 나갔지만 숙부는 어찌 마음대로 왕이 될 수 있습니까? 만약 왕의 군사가 돌아간다면 우리 부자는 어찌 온전할 수 있겠습니까?" 마침내 측근을 이끌고 성에서 줄을 내려 내려갔다. 사람들이 그를 따르는 것이 많았으나, 태가 저지할 수 없었다. 정방이 군사로 하여금 성에 올라 당의 깃발을 세우게 하였다. 이리하여 태가 문을 열고 목숨을 청하였다(이상 7월13일). 그 장수 예식이 의자와 항복하였다. 융이 및 여러 성이 정성을 보냈다(이상 7월18일). 백제가 평정되었다(이상 8월12일).

의자 및 융·태 등을 사로잡아 동도에 바쳤다(이상 11월 1일). (『新唐書』 111 列傳 36 蘇定方)

백제   『자치통감』에 전한다. " (…) 백제왕 의자 및 태자 융이 북쪽 변경으로 달아났다. 소정방이 나아가 그 성을 포위하였다. 의자의 둘째아들 태가 자립하여 왕이 되어 무리를 이끌고 굳게 지켰다. 융의 아들 문사가 말하였다. '왕이 태자와 모두 건재한데, 숙부는 병사를 끌어안고 스스로 왕이 되었으니, 만약 당 병사를 물리칠 수 있다면 우리 부자는 마땅히 온전하지 못할 것입니다.' 마침내 측근을 이끌고 성을 뛰어넘어 와서 항복하였다. 백성들이 모두 그를 따랐으나, 태가 저지할 수 없었다. 정방이 군사에게 명령하여 성에 올라 깃발을 세우게 하였다. 태가 곤궁하고 핍박받아 문을 열고 목숨을 청하였다."(『玉海』191 兵捷露布 3 唐神丘道行軍大摠管蘇定方俘百濟)

백제   『신당서』 소정방전(蘇定方傳)에 전한다. "소정방이 신구도대총관이 되어[정방의 이름은 열(烈)이다.] 군사를 이끌고 백제를 토벌하였는데, 성산에서 바다를 건넜다(이상 3월10일). 웅진 입구에 이르렀을 때, 적이 강가에 병사를 주둔시켰다. 소정방이 왼쪽 절벽에서 나와 산을 타고 진을 쳤는데 그들과 싸워 적이 패하고 죽은 자가 수천 명이었다. 왕의 군사가 조류를 타고 올라가 배들이 서로 이어져 나아가며 북을 울렸다(이상 7월 9일).   정방이 보기를 거느리고 끼어서 끌며 곧바로 진도성으로 달려갔다. 적이 나라를 기울여 와서 한창 싸웠으나 그들 격파하여 1만 명을 죽이거나 사로잡았다. 승세를 타고 그 외성에 들어갔다(이상 7월12일). 왕 의자 및 태자 융이 북쪽으로 달아났다. 정방이 나아가 그 성을 포위하였다. 의자의 아들 태자 자립하여 왕이 되어 무리를 이끌고 굳게 지켰다. 의자의 손자 문사가 측근을 이끌고 성에서 줄을 내려 내려갔다. 사람들이 그를 따르는 것이 많았으나, 태가 저지할 수 없었다. 정방이 군사로 하여금 성에 올라 당의 깃발을 세우게 하였다. 이리하여 태가 문을 열고 목숨을 청하였다(이상 7월13일). 그 장수 식(植)이 의자와 항복하였다. 융이 및 여러 성이 정성을 보냈다(이상 7월18일). 백제가 평정되었다(이상 8월12일). 의자·융·태를 사로잡아 바쳤다[정방이 3개 국을 멸망시키고 모두 그 왕을 사로잡았다](이상 11월 1일)."(『玉海』191 兵捷露布 3 唐神丘道行軍大摠管蘇定方俘百濟)

고구려   가을 7월 경자일이 초하루인 을묘일(16) 고구려의 사신 을상 하취문 등이 사행을 마치고 돌아갔다. (『日本書紀』26 齊明紀)

고구려 백제 신라
        가을 7월 경자일이 초하루인 을묘일(16) (…) 또 도화라인(覩貨羅人) 건두파사달아(乾豆波斯達阿)가 본토로 돌아가고자 하여, 송사(送使)를 구하여 청하였다. "나중에 대국에 조공하기를 바랍니다. 그런 까닭에 아내를 남겨 증표로 삼겠습니다." 이에 수십 명과 서해로(西海路)로 들어갔다.[고구려의 사문(沙門) 도현(道顯)의 『일본세기(日本世記)』에 전한다. "7월에 운운, 춘추지(春秋智)가 대장군 소정방의 손을 빌려 백제를 협공하여 멸망시켰다." 어떤 사람은 말하였다. "백제가 스스로 망하였다. 임금의 대부인(大夫人)이 요사스럽고 간사한 여자로, 무도하여 마음대로 국가의 권력을 빼앗고 훌륭하고 어진 신하들을 죽였기 때문에 이러한 화를 불렀다. 삼가하지 않을 수 있겠는가? 삼가하지 않을 수 있겠는가?" 그 주석에 전한다. "신라의 춘추지는 내신(內臣) 개금(蓋金)에게 청한 것이 받아들여지지 않자 당에 사신으로 가서 자기나라 풍속의 의관을 버리고 천자에게 따를 것을 청하여, 이웃나라에 화를 끼치고 그 의도를 이루었다." 이키노무라지하카토코(伊吉連博德)의 책에 전한다."경신년 8월에 백제를 이미 평정한 후 9월12일에 당에서 사신들을 풀어주었다. 19일에 장안(長安)에서 출발하였다. 10월16일 낙양(洛陽)에 돌아와 비로소 아리마(阿利麻) 등 5

명을 만나볼 수 있었다. 11월 1일에 장군 소정방 등이 사로잡은 백제왕 이하 태자 융 등 여러 왕자 13명, 대좌평(大佐平) 사택천복(沙宅千福)·국변성(國辨成) 이하 37명, 모두 50여 명을 조당(朝堂)에 바쳤다. 급히 인도하여 천자에게 나아가니, 천자는 은혜로운 칙명으로 보자마자 풀어주었다. 19일에 수고한 사람들에게 하사하였다. 24일에 낙양에서 출발하였다.”] (『日本書紀』 26 齊明紀)

신라 백제	가을 7월18일에 의자가 태자 및 웅진방령군(熊津方領軍) 등을 이끌고 웅진성에서 와서 항복하였다. 왕이 의자가 항복한 것을 들었다. (『三國史記』 5 新羅本紀 5)
신라 백제	그 다음해 경신년 가을 7월에 왕이 당 군사와 백제를 멸망시켰다. 이리하여 고구려가 우리를 미워하였다. (『三國史記』 47 列傳 7 匹夫)
백제	가을 7월에 이리하여 의자가 태자 효를 이끌고 웅진성에서 와서 소정방에게 나아가 항복하였다. 여러 성이 모두 항복하니 백제가 망하였다. (『三國史節要』 9)
백제	이 때에 왕 및 태자 효가 여러 성과 문을 열고 항복하였다. (『三國史記』 28 百濟本紀 6)
백제	제30대 의자왕[경신년에 나라가 없어졌다. 온조왕(溫祚王) 계묘년(B.C.E.18)부터 경신년까지 678년이다.] (『三國遺事』 1 王曆)
백제	현경 5년 경신에 이리하여 왕 및 태자 융, 왕자 태, 대신 정복(貞福)이 여러 성과 모두 항복하였다. (『三國遺事』 1 紀異 1 太宗春秋公)
백제	이리하여 의자·융 및 여러 성주가 모두 항복하였다. (『資治通鑑』 200 唐紀 16 高宗 上之下)
백제	『자치통감』에 전한다. “ (…) 이리하여 의자·융 및 여러 성주가 모두 항복하였다.” (『玉海』 191 兵捷露布 3 唐神丘道行軍大摠管蘇定方俘百濟)

신라	가을 7월29일에 금돌성에서 소부리성(所夫里城)에 이르렀다. 제감(弟監) 천복(天福)을 파견하여 대당에 노포(露布)하였다. (『三國史記』 5 新羅本紀 5)
신라 백제	가을 7월에 신라왕이 금돌성에서 소부리성에 이르렀다. 정방이 유신·인문·양도 3명에게 말하였다. “나는 명령을 받아 편의에 따라 일을 처리할 수 있다. 지금 얻은 백제 땅을 공들에게 나누어 식읍으로 삼아서 그 공에 보상하고자 하는데, 어떠한가?” 유신이 대답하였다. “대장군이 천병을 가지고 와서 부도한 자를 정벌하고 저희 나라의 원한을 씻었습니다. 우리 군주와 한 나라의 신민은 바야흐로 기뻐하며 손뼉칠 겨를도 없는데, 우리들이 감히 홀로 하사를 받아 스스로 이익을 취하겠습니까?” 마침내 받지 않았다. (『三國史節要』 9)
신라 백제	태종대왕 7년 경신에 이 전역에서 유신의 공로가 많았다. 이리하여 당 황제가 그것을 듣고 사신을 파견해 그를 포상하고 가상히 여겼다. 장군 정방이 유신·인문·양도 3명에게 말하였다. “나는 명령을 받아 편의에 따라 일을 처리할 수 있다. 지금 얻은 백제 땅을 공들에게 나누어 하사하여 식읍으로 삼아서 그 공에 보상하고자 하는데, 어떠한가?” 유신이 대답하였다. “대장군이 천병을 가지고 와서 저희 군주의 바램에 부합하고 저희 나라의 원한을 씻었습니다. 우리 군주와 한 나라의 신민은 기뻐하며 손뼉칠 겨를도 없는데, 우리들이 홀로 하사를 받아 스스로 이익을 취하면 그 뜻이 어떠하겠습니까?” 마침내 받지 않았다. (『三國史記』 42 列傳 2 金庾信 中)

고구려	가을 7월에 평양의 강물이 핏빛이 되었는데, 모두 3일 간이었다. (『三國史記』 22 高句麗本紀 10)

신라 백제	8월 2일에 술상을 크게 차려 장사(將士)를 위로하였다. 왕이 소정방 및 여러 장수와

당 위에 앉고, 의자 및 그 아들 융을 당 아래에 앉혔다. 혹은 의자를 시켜 술을 따르게 하니 백제의 좌평 등 군신이 소리내어 울지 않는 자가 없었다. (『三國史記』 5 新羅本紀 5)

신라 백제 8월에 신라왕이 술상을 크게 차려 장사를 위로하였다. 왕이 소정방과 당 위에 앉고, 의자 및 그 아들 융을 당 아래에 앉혔다. 의자를 시켜 술을 따르게 하니 백제의 군신이 소리내어 울지 않는 자가 없었다. (『三國史節要』 9)

신라 백제 8월 2일 이 날에 모척(毛尺)을 잡아서 참수하였다. 모척은 본래 신라 사람인데, 도망가 백제에 들어갔다. 대야성(大耶城) 검일(黔日)과 함께 모의하여 성을 함락시켰으므로 그를 참수한 것이다. 또 검일을 잡아서 죄를 헤아리며 말하였다. "너는 대야성에 있으면서 모척과 모의하여 백제 병사를 끌어들였고 창고를 불질러 없앴다. 한 성이 식량이 모자라 패배에 이르게 하였으니, 첫번째 죄이다. 품석(品釋) 부부를 핍박하여 죽였으니, 두번째 죄이다. 백제와 와서 본국을 공격하였으니, 세번째 죄이다. 사지를 해체하여 그 시체를 강물에 버렸다. (『三國史記』 5 新羅本紀 5)

신라 백제 8월 2일 이 날에 백제의 남은 적이 남잠(南岑)·정현(貞峴)·△△△성에 근거하였다. 또 좌평 정무(正武)가 무리를 모아 두시원악(豆尸原嶽)에 농장을 두고 당과 신라 군대를 노략질하였다. (『三國史記』 5 新羅本紀 5)

백제 8월 경진일(12) 소정방 등이 백제를 토벌하여 평정하고, 그 왕 부여의자를 면박(面縛)하였다. 나라는 5부 37군 200성으로 나누었는데 76만 호였다. 그 땅을 나누어 웅진 등 5도독부를 설치하였다. (『舊唐書』 4 本紀 4 高宗 上)

백제 8월 경진일(12) 소정방이 백제와 싸워서 그들을 패배시켰다. (『新唐書』 3 本紀 3 高宗)

백제 『구당서』 본기에 전한다. "현경 5년 8월 경진일(12) 소정방 등이 백제를 토벌하여 평정하고, 그 왕 부여의자를 면박하였다. 나라는 5부 37군 200성으로 나누었는데 76만 호였다. 그 땅을 나누어 웅진 등 5도독부를 설치하였다."(『太平御覽』 110 皇王部 35 高宗天皇大帝)

백제 『신당서』 본기에 전한다. "현경 5년 8월 경진일(12) 소정방이 백제와 싸워서 그들을 패배시켰다."(『玉海』 191 兵捷露布 3 唐神丘道行軍大摠管蘇定方俘百濟)

백제 『자치통감』에 전한다. "현경 5년 8월에 소정방이 백제를 평정하였다. 백제는 본래 5부가 있어 37군 200성의 76만 호를 나누어 통치하였다. 조서를 내려 그 땅에 웅진·마한·동명·금련·덕안 5도독부를 설치하고 아울러 대방주(帶方州)를 설치하여[안동도호부(安東都護府)에 예속되었으나, 인덕(麟德) 연간 후에 폐지되었다.] 그 추장을 도독·자사로 삼게 하였다.[열전에 전한다. "좌위중랑장 왕문도가 웅진도독이 되었다. 총장(總章)원년에 유인궤가 웅진도안무대사(熊津道安撫大使)가 되었다. 의봉(儀鳳)원년 2월 갑술(甲戌: 6) 웅진도독부를 건안고성(建安故城)으로 옮겼다."]"(『玉海』 133 官制屬國都護都督 唐百濟五都督府)

백제 신라 고전기(古典記)를 참고하면 다음과 같다. " (…) 31대 의자왕에 이르기까지 122년을 지냈다. 당 현경 5년에 이르러[이것은 의자왕 재위 20년이다.] 신라 유신이 당 소정방과 더불어 그들을 토벌하여 평정하였다."(『三國史記』 37 雜志 6 地理 4)

신라 백제 그 문집에 상태사시중장(上太師侍中狀)이 있는 것을 참고하면 다음과 같다. " (…) 고종황제 현경 5년에 이르러 소정방에게 칙서를 내려 10도의 강병과 누선(樓船) 1만 척을 통솔하게 하였다(이상 3월10일). 백제를 대파하고 이에 그 땅에 부여도독부(扶餘都督府)를 설치하여 유민을 불러모으고 한관(漢官)을 다스리게 하였다(이상 8월

<table>
<tr><td></td><td>12일). 취미(臭味)가 같지 않아서 거듭 떨어지고 배반한다는 것을 듣고, 마침내 그 사람들을 하남(河南)으로 옮겼다(이상 9월 3일).”(『三國史記』46 列傳 6 崔致遠)</td></tr>
<tr><td>백제 신라</td><td>31대 의자왕에 이르기까지 120년을 지냈다. 당 현경 5년에 이르러[이것은 의자왕 재위 20년이다.] 신라 김유신이 소정방과 더불어 그들을 토벌하여 평정하였다. 백제 국은 예전에 5부가 있어 37군 200성의 76만 호를 나누어 통치하였다. 당은 그 땅에 웅진·마한·동명·금련·덕안 등 5도독부를 나누어 설치하고 이어서 그 추장을 도독·자 사로 삼게 하였다. (『三國遺事』2 紀異 2 南扶餘前百濟北扶餘)</td></tr>
<tr><td>백제</td><td>현경 5년에 좌위대장군 소정방에게 명령하여 병사를 거느리고 그들을 토벌하게 하 니, 그 나라를 대파하고 의자 및 태자 융, 소왕 효, 연, 가짜 장수 58명 등을 사로 잡아 수도로 보냈다. 황제가 그들을 꾸짖고 용서하였다. 그 나라는 예전에 5부가 있 어 37군 200성의 76만 호를 나누어 통치하였다. 이 때에 이르러 곧 그 땅에 웅진· 마한·동명 등 5도독부를 나누어 설치하고 각각 주현을 통치하게 하며 그 추장·거수 를 옹립하여 도독·자사 및 현령(縣令)으로 삼게 하였다. (『舊唐書』199上 列傳 149 上 東夷 百濟)</td></tr>
<tr><td>백제</td><td>고구려의 항호(降戶)는 주(州)가 14개이고, 부(府)가 9개이다[(…) 처음에 현경 5년 에 백제를 평정하고 그 땅에 웅진·마한·동명·금련·덕안 5도독부를 설치하고, 아울러 대방주를 설치하였다]. (『新唐書』43下 志 33下 地理 7下 河北道)</td></tr>
<tr><td>백제</td><td>현경 5년에 소정방을 파견하여 그들을 토벌하고 평정하였다. 예전에 5부가 있어 37 군 200성의 76만 호를 나누어 통치하였다. 이 때에 이르러 그 땅에 웅진·마한·동명 등 5도독부를 나누어 설치하고 이어서 그 추장·거수를 도독·자사로 삼게 하였다. (『 通典』185 邊防 1 東夷 上 百濟)</td></tr>
<tr><td>백제</td><td>현경 5년에 소정방이 그들을 토벌하여 평정하고, 인하여 그 왕 의자를 사로잡아서 돌아갔다. 예전에 5부가 있어 37군 200성의 76만 호를 나누어 통치하였다. 이 때에 이르러 그 땅에 웅진·마한·동명·금련·덕안 등 5도독부를 나누어 설치하고 이어서 그 추장·거수를 도독·자사로 삼게 하였다. (『太平寰宇記』172 四夷 1 東夷 1 百濟國)</td></tr>
<tr><td>백제</td><td>백제는 본래 5부가 있어 37군 200성의 76만 호를 나누어 통치하였다. 조서를 내려 그 땅에 웅진 등 5도독부를 설치하여44) 그 추장을 도독·자사로 삼게 하였다. (『資治 通鑑』200 唐紀 16 高宗 上之下)</td></tr>
<tr><td>백제</td><td>현경 5년에 웅진도대총관을 제수하였다(이상 3월10일). 병사를 이끌고 백제를 포벌 하여 평정하였다. 소정방은 앞뒤로 3개 국을 멸망시켰는데, 모두 그 군주를 사로잡 았다. 진귀한 보물을 상으로 하사한 것이 다 기록할 수 없다(이상 8월12일). (『冊府 元龜』357 將帥部 18 立功 10 蘇定方)</td></tr>
<tr><td>백제</td><td>『구당서』백제전에 전한다. “현경 5년에 좌위대장군 소정방에게 명령하여 병사를 거 느리고 그들을 토벌하게 하니, 그 나라를 대파하였다(이상 8월12일). 의자 및 태자 융, 소왕 효, 연, 가짜 장수 58명 등을 사로잡아 수도로 보냈다(이상 9월 3일). 황제 가 그들을 꾸짖고 용서하였다(이상 11월 1일). 그 나라는 예전에 5부가 있어 37군 200성의 76만 호를 나누어 통치하였다. 이 때에 이르러 곧 그 땅에 웅진·마한·동명 등 5도독부를 나누어 설치하여 각각 주현을 통치하게 하고 이어서 그 추장·거수를 옹립하여 도독·자사 및 현령으로 삼게 하였다(이상 8월12일).”(『太平御覽』781 四 夷部 2 東夷 2 百濟)</td></tr>
<tr><td>백제</td><td>『자치통감』에 전한다. “ (…) 백제는 본래 5부가 있어 37군 200성의 76만 호를 나 누어 통치하였다. 조서를 내려 그 땅에 웅진 등 5도독부를 설치하여 그 추장을 도 독·자사로 삼게 하였다.”(『玉海』191 兵捷露布 3 唐神丘道行軍大摠管蘇定方俘百</td></tr>
</table>

---

44) 웅진·마한·동명·금련(金連)·덕안의 5도독부이다.

濟)

신라 백제 『신당서』 동이(백제)전에 전한다. " (…) 현경 5년에 이에 좌위대장군 소정방에게 조서를 내려 장군 유백영·풍사귀·방효공 등을 이끌고 신라 병사를 징발하여 그들을 토벌하게 하였다. 성산에서 바다를 건넜다(이상 3월10일). 백제가 웅진 입구를 지켰다. 정방이 마구 공격하여 그들을 패배시켰다(이상 7월 9일). 왕의 군사가 조류를 타고 돛을 달며 나아가니, 진도성에 달려갔다. 적은 모든 무리로 맞섰으나 다시 그들을 격파하여 1만여 급을 참수하고 그 성을 함락시켰다(이상 7월12일). 의자가 태자 융을 끼고 북쪽 변방으로 달아났다. 정방이 그곳을 포위하였다. 둘째아들 태가 자립하여 왕이 되어 운운은 통감과 같다. 정방이 군사로 하여금 성가퀴를 넘어 깃발을 세우게 하였다. 태가 문을 열고 항복하였다(이상 7월13일). 마침내 의자, 융 및 소왕 효, 연, 추장 58명을 잡아서 수도로 보냈다[어떤 책에는 "11월에 정방이 의자 등을 잡았다."라고 한다. 본기를 참고하면 마땅히 12월에 있어야 하니, 반드시 잘못이다]. 그 나라의 5부 37군 200성을 평정하니 호는 76만이었다. 이에 웅진·마한·동명·금련·덕안의 5도독부(都督府)를 쪼개 설치하였다(이상 8월12일)." (『玉海』191 兵捷露布 3 唐神丘道行軍大摠管蘇定方俘百濟)

백제 현경5년에 우이도행군자총관(嵎夷道行軍子摠管)을 제수받고 형국공 소정방을 따라 백제를 평정했다. 그 왕 부여의자, 아울러 태자 융 및 좌평·달솔 이하 700여 명을 사로잡았다. 이외에 수령 고로도△봉무△(古魯都△奉武△), 부여생수(扶餘生受), 연이보라(延尒普羅) 등은 모두 낌새를 보아 미리 변통하여 공을 세우고 귀순하니, 혹은 궁궐로 달려 들어가고 혹은 △△△들어갔다. 백제의 유민이 편안히 지내는 것이 옛날과 같았다. 관직을 설치하고 직분을 나누니 각기 맡은 바가 있었다. (「劉仁願紀功碑」)

백제 웅주(熊州)는 본래 백제의 옛 도읍인데, 당 고종이 소정방을 파견해 그들을 평정하고 웅진도독부를 설치하였다. (『三國史記』36 雜志 5 地理 3)

백제 신라 부여군(扶餘郡)은 본래 백제의 소부리군(所夫里郡)인데, 당 장수 소정방이 유신과 더불어 그들을 평정하였다. (『三國史記』36 雜志 5 地理 3)

백제 백제는 (…) 예전에 5부가 있어 37군 200성의 76만 호를 나누어 통치하였다. 당이 그 땅에 웅진·마한·동명 등 5도독부를 나누어 설치하고 이어서 그 추장을 도독·자사로 삼게 하였다. (『三國史記』37 雜志 6 地理 4)

백제 당 현경 연간(656~661)에 형국공(邢國公) 소정방을 파견해 그 나라를 평정하자, 그 군주 부여융(扶餘隆)과 함께 입조하였다. 예속시켜 만년현(萬年縣) 사람이 되었다. (「黑齒常之 墓誌銘」)

고구려 백제 본조(本朝)에 이르러 이정(李靖)이 돌궐(突厥)을 평정하였고 이적(李勣)이 고구려를 멸망시켰으며, 후군집(侯君集)이 고창(高昌)을 뒤집었고 소정방이 백제를 없앴다. 이경현(李敬玄)·왕효걸(王孝傑)·누사덕(婁師德)·유심례(劉審禮)는 모두 경상(卿相)으로 병사를 이끌고 이적을 막았다. 이적을 평정한 군사가 돌아오니 모두 오래된 진(鎭)이 없어서, 그것이 변경에 있으면 오직 봉수를 밝히고 척후를 살피며 장새(障塞)를 세우고 불우(不虞)에 대비할 뿐이다. 실로 변방을 안정시키는 좋은 계산이고, 국가의 영원한 계획이 된다. (『通典』148 兵 1 兵 序 1)

백제 그러나 백제는 대당 현경 연간(656~661)에 소정방이 멸망시켰다. (『通典』185 邊防 1 東夷 上 序略)

고구려 백제 『업후가전(鄴侯家傳)』에 전한다. " (…) 고종이 동쪽으로 가서 고구려·백제를 멸망시키자, 그 사람들을 중국으로 옮기고, 그 땅을 서열지어 주현으로 삼았다." (『玉海』138 兵制 3 唐關內置府十道置府)

백제	8월 경진일(12) 신구도(神丘道)·우이도(嵎夷道)의 총관 이하를 곡사(曲赦)하였다. 천하에 대포(大酺) 3일을 하사하였다. (『舊唐書』 4 本紀 4 高宗 上)

백제	현경 5년 8월13일에 이르러 좌위대장군 소정방이 토벌하여 평정하고, 그 왕 의자 및 태자 융, 장교 58명을 사로잡아서 수도로 보냈다. 그 나라는 5부로 나누어 37군 200성의 76만 호를 통치하였다. 이 때에 이르러 그 땅에 웅진·마한·동명·금련·덕안 등 5도독부를 설치하여 각각 주현을 통치하고, 그 추장을 옹립하여 도독·자사·현령으로 삼게 하였다. (『唐會要』 95 百濟)

백제	8월 계미일(15) 신구도대총관 이하 군사 및 그 집안을 사면하였다. 백성들에게 포(酺) 3일을 하사하였다. (『新唐書』 3 本紀 3 高宗)

백제	현경 5년 경신 8월 기사일이 초하루인 15일 계미에 세운다. 낙주(洛州) 하남현(河南縣)의 권회소(權懷素)가 썼다. 대저 천자가 만국에게서 조회를 받고 백령(百靈)을 지배하는 까닭은 나라 밖을 맑게 하여 하늘의 법도를 일으키고 기내(畿內)에 자리를 잡아 경역을 넓히기 때문이니, 무의 7가지 덕을 드날려 먼 오랑캐의 땅을 부리고 5가지 무기를 빛내 변방을 고요하게 하지 않음이 없다. 비록 바탕과 문양이 궤를 달리하고 걷는 것과 달리는 것이 길을 달리한다 해도, 선양하는 것이 전쟁과 함께 하고 제위에 오르는 것이 혁명과 함께 하는 것은 모두 무용을 거듭 수고롭게 하는 것이고 훌륭한 병사를 거두지 않는 것이다. 이는 흉수(凶水)에서 재앙을 끼치다 구영(九嬰)은 마침내 죽임을 당하였고, 동정호(洞庭湖)에서 반역을 꾸미다가 삼묘(三苗)가 이미 베어진 것에서 알겠다. 이에 천년을 거울로 삼고 먼 옛날을 생각함에, 조위(曹魏)가 한(漢)을 대신하고 사마씨(司馬氏)가 조위를 계승하니, 임무로서 북문을 뚫는 것을 중히 여기고, 예로서 수레를 뒤에서 미는 것을 숭상하였다. 복파장군(伏波將軍) 마원(馬援)은 교지(交趾)에서 구리기둥을 만들어 세우고, 거기장군(車騎將軍) 두헌(竇憲)은 연연(燕然)에서 돌에 공을 새겼으나 끝내 제해(鯷海)의 불의하고 흉폭한 사람을 뒤집어엎지 못했고 낭산(狼山)의 잔인하고 탐욕스러운 사람을 죽이지 못했다. 하물며 묘역을 보호하는 나무가 다 닳아져 명성이 적막해지며, 공을 기록하는 둥근 세발솥이 전해지지 않아 문서에도 기록되지 않음에랴! 어리석은 이 이적(夷狄)들이 섬에서 몰래 숨어살면서 구이(九夷)를 산천으로 둘러싸인 환경으로 삼고 만리나 떨어져 있어서 지세가 험준한 것에 기대어 감히 하늘의 도리를 어지럽히니, 동쪽으로는 가까운 이웃을 쳐서 가까이 중국의 밝은 조직을 어기고 북쪽으로는 도리에 어긋난 행동을 하는 나쁜 사람과 연계되어 멀리 사나운 소리에 호응하였다. 하물며 밖으로 곧은 신하를 버리고 안으로 요망한 계집을 믿어 형벌이 미치는 바는 오직 충성되고 어진 사람한테만 있고, 총애와 신임이 더해지는 바는 반드시 아첨하는 자이니, 결혼할 연령에 도달한 여자가 원망을 품고 가난한 사람들이 슬픔을 머금었다. 우리 황제께서는 안연(顏淵)과 염유(冉有)를 본받아서 높은 자리에 있으시고 세 가지에 능통함이 매우 뛰어나시며, 성현의 용모로 경사를 쌓고, 귀인의 상으로 빛을 드날리셨다. 제후에게 주는 홀을 모아 백신(百神)을 조알하고 만물을 신묘하게 하여 육변(六辯)을 헤아렸으며, 서북쪽에서는 하늘을 떠받치는 기둥을 곧게 하고 동남쪽에서는 대지를 버터 받드는 밧줄을 돌리셨다. 대저 용도(龍圖)를 진열하고 책력을 모으며 금경(金鏡)을 매달고 옥촉(玉燭)을 가지런히 하셨도다. 수레바퀴 자국에 괴인 물에서 궁지에 몰린 고기를 빼내주고, 기울어진 새집에서 위태로운 새알을 건져 주시듯이 이 남겨진 백성을 불쌍히 여기고 저 흉악한 무리를 분히 여겨서, 친히 조벌(弔伐)하지 않고 먼저 장군들에

게 명하셨다.

사지절(使持節), 신구·우이·마한·웅진 등 14도대총관, 좌무위대장군, 상주국, 형국공 소정방은 증성(曾城)에서 멀리 보루를 쌓고 위수(渭水)에서 긴 물결을 일으켰으며, 뛰어난 계획은 무장(武帳)에서 맞추었고 빼어난 기개는 문창성(文昌星)에 나타냈으니, 위청(衛靑)과 곽거병(霍去病)을 넘어섰으나 따라잡지 않았고 팽월(彭越)과 한신(韓信)을 굽어보면서도 높게 여겼다. 조운(趙雲)이 일신의 담력으로 용맹이 삼군(三軍)의 으뜸이 되었고 관우(關羽)는 만인을 대적할 만한 능력으로 명성이 백대(百代)에 떨쳤듯이, 의를 위하여 자신을 버리고 순국할 뜻은 흐르는 화살을 무릅쓰면서 더욱 견고해졌고 목숨을 가벼이 하고 의를 중히 여기는 △△은 △△△ 빼앗기 어려웠다. 마음은 빙경(氷鏡)을 매달고 있어 귀신도 그 형상을 감출 수 없고, 바탕은 송균(松筠)에 힘써 바람과 서리도 그 색깔을 고칠 수 없었다. △△을 길러 변방 오랑캐를 어루만짐에 이르러서는 사지(四知)를 삼가고 삼혹(三惑)을 제거하였으며, 빙천(氷泉)을 돌아보고 깨끗함을 드러내고 서리맞은 잣나무를 △하고 정절을 굳게 하니 말하지 않아도 『시경(詩經)』·『서경(書經)』에 부합하고 행하지 않아도 △△구(矩)했다. 흰 구름을 거느리고서 상쾌함을 함께 하고, 푸른 소나무와 더불어서 고고함을 다투면서도 원(遠)△△△ 모두 덕이 미치지 못하는 것을 부끄러워함이 있었다. 부대총관, 관군대장군, △△△위장군, 상주국, 하박공(下博公) 유백영은 위로는 △△△△△풍(風)△으로 정치를 할 만한 재주를 가졌고 장상(將相)의 그릇을 품었다. 말은 다른 사람의 모범이 되고 행동은 군대의 법칙이 되었으며, 말씀은 포백(布帛)을 따뜻하게 하고 △는 연꽃과 난초의 향을 내었다. 공적은 기상(旗常)에 드러나고 조리는 종률(鍾律)에 맞았으며, △△보다 평생을 중히 여기고 짧은 시간보다 1척이나 되는 옥을 가벼이 여기며, 매우 높은 공적도 항상 부족한 듯이 여겨 평(平)△△책(策)을 입에 올리지 않았다. 부대총관, 사지절, 농주제군사(隴州諸軍事), 농주자사(隴州刺史), 상주국, 안이공(安夷公) 동보덕(董寶德)은 △지(志)는 드날리고 웅대한 계획은 뛰어났으며, 재주는 삼략(三略)을 아우르고 계책은 후(後)△를 움직였다. 앞에 진짜 매화나무 숲이 있다고 하여 능히 조위의 군사로 하여금 목마름을 그치게 하고, 수고로움 없이 솜옷을 채워 △△△△ 추위를 잊게 했다. 부대총관, 좌령군장군(左領軍將軍) 김인문은 △△온아(溫雅), 도량과 견식이 침착하고 굳세어서 소인배의 자잘한 행위는 없고 군자의 고매한 풍모만 있었으며, 그의 무는 전쟁을 멈추었으며 문 또한 먼 곳의 백성들을 포용하였다. 행군장사(行軍長史), 중서사인(中書舍人) 양행의(梁行儀)는 고운 빛깔의 구름처럼 정기를 토해내고 태양처럼 빛을 드날리며, 풍모는 관인을 쓰러지게 하고 도는 아속(雅俗)에 빛났으며, 생각은 허소(許劭)와 곽태(郭泰)보다 맑고 덕망은 순숙(荀淑)과 배잠(裵潛)보다 무거웠다. 변전(辯箭)△△ 학문의 바다에서 구류(九流)를 △하고, 문장의 조리가 빼어나 문△에게서 칠택(七澤)을 가리웠다. △ 태부(太傅)의 심오한 계책으로도 그의 말고삐를 잡는 것을 감당하지 못했고, 진남대장군(鎭南大將軍) 두예(杜預)의 원(遠)△으로도 어찌 더불어 논할 수 있겠는가? 봉지(鳳池)를 △△하고 고래의 개울이 맑게 하였다.

형국공은 비책을 운용하고 효웅을 놓아주며, 음우(陰羽)는 언월(偃月)의 계책을 열고 양문(陽文)은 샛별의 기운을 머금었다. 용도와 표금(豹鈐)은 반드시 본성의 근원에 드러나고 현녀(玄女)와 황석공(黃石公)은 신묘한 쓰임에 모두 모였으며, 하물며 하늘에 닿도록 개미처럼 모여들고 땅을 빙 둘러 벌떼처럼 날아들었다. 물여우가 모래를 머금은 것과 유사하고 잔인하고 탐욕스러운 도적이 안개를 토해내는 것과 비슷하여 군영을 서로 합치면 잔인하고 무정한 자가 길에 꽉 차고 진영을 맺으면 악인이 산에 가득하니, 이 때문에 흉악한 무리들이 이 궁벽지고 험한 곳을 지키고서는 매달린 줄이 장차 끊어짐에 대단히 무거워서 떨어지고, 쌓아올린 바둑돌이 먼저 위태해져 구정(九鼎)으로 누르게 될 것은 알지 못하였다. 이때 가을 풀이 시드니 한산(寒山)이 고요해지고 서늘한 바람이 일어나니 살기가 엄해졌으며, 빠른 걸음과 흐르는 번개가 다투어 날고 첩고(疊鼓)와 분뢰(奔雷)가 다투어 진동하였다. 벼락의 신에게 명하여 후방에 서게 하고 섬광에게 앞장서게 하며, 간사한 기운과 요망한 기운은 칼과 창으로 쓸어버리고 높은 담과 가파른 성가퀴는 충붕(衝棚)으로 부숴버렸다. 좌△군총관(左△軍摠管), 우둔위낭장(右屯衛郞將), 상주국, △아△(△阿△)와 우1군총관(右一軍摠管), 사지절, 치주자사(淄州刺史), 상주국 우원사(于元嗣)는 지역은 관하(關河)에 처하고 재주는 문무를 아울렀으며 산서(山西)의 장엄한 기운을 끼고 기북(冀北)의 뜬 구름을 탔으니, 호흡을 하면 강과 바다가 파도를 멈추고 휘파람을 불고 꾸짖으면 바람과 천둥이 소리를 끊었다. 우이도부총관, 우무후중랑장(右武候中郞將), 상주국 조계숙(曹繼叔)은 오랫동안 정치에 참여하여 어렵고 험한 것을 두루 겪었으니, 염파(廉頗)가 억지로 힘써 먹었던 것과는 다르고 조충국(趙充國)이 늙은 신하였던 것과 같다. 행군장사, 기주사마(岐州司馬) 두상(杜爽)은 바탕은 아름다운 봉우리에 빛나고 향기는 계수나무밭에 흘렀다. 바람을 따르고 번개를 밟아 서해에서 마차를 빨리 달리고, 구름을 밀치고 물을 쳐 남해에서 굳센 깃촉을 쥐니 준마의 발이 이미 펼쳐져 봉지를 가히 빼앗을 만하였다. 우1군총관, 선위장군(宣威將軍), 행좌효위낭장(行左驍衛郞將), 상주국 유인원은 효성을 바탕삼아 충성을 하고 집에서 비롯해서 나라를 이루었으며, 일찍이 주공(周公)과 공자(孔子)의 가르침을 듣고, 나중에는 손자(孫子)와 오자(吳子)의 책을 익혔으며 이미 영용(英勇)한 재주를 띠고 아울러 문리(文吏)의 도를 겸하였다.

형국공은 성지를 받들어 따르고 반조(斑條)로서 위임받아 금이 조와 같이 많아도 엿보지 않고 말이 양과 같아도 돌아보지 않으려 했다. 우무위중랑장(右武衛中郞將) 김양도(金良圖)와 좌1군총관(左一軍摠管), 사지절, 기주자사(沂州刺史), 상주국 마연경(馬延卿)은 모두 굳은 마음을 품고 각기 맹위를 떨치고자 힘써서, 삼하(三河)의 굳센 군사를 끼고 육군(六郡)의 지체있는 집안을 △했다. 형국공은 위로는 뛰어난 계략을 받들고 아래로는 절도를 전담하였는데, 혹은 중군으로 군대를 함락시키기도 하고 혹은 후방의 정예병으로 선봉이 되게도 하여, 하늘에서 솟아나고 땅으로 꺼지는 기이함으로 천번 만번 변화하고, 멀리까지 이르고 깊은 데까지 끌어당기는 신묘함으로 번개같이 일어나고 바람처럼 가서, 성(星)△△이(移) 훌륭한 명성이 길에 가득 찼다. 형국공은 인자함은 전선(轉扇)과 같고 은혜는 투료(投醪)보다 심하였으며, 명을 거스르는 자는 가을 서리와 같은 위엄으로 숙청하고, 귀순하는 자는 봄 이슬과 같은 은택으로 △했다. 한 번 군대를 일으켜 구이를 평정하고 두 번 승전해서 삼한을 평정하였으며, 유홍(劉弘)의 간단한 글을 내리니 천성이 덕을 우러르고 노중련(魯仲連)의 비전(飛箭)을 쏘니 만리가 은혜를 머금었다. 그 왕 부여의자 및 태자 융 이외 왕자 여효(餘孝) 등 13인, 아울러 대수령·대좌평(大佐平)인 사타천복(沙吒千福)과 국변성(國辯成) 이하 700여 명이 이미 궁궐에 들어가 있다가 모두 사로잡히니 말고삐를 버리게 하고 우거(牛車)에 실었다가, 사훈(司勳)에 올리고 태묘(太廟)에 바쳤다. 인하여 이 사나운 풍습을 바꾸어서 현묘한 꾀에 젖게끔 하였는데, 면류관을 나타내고 휘장을 걷음에는 △△△관(款), 생선을 △하고 비단을 만듦에는 반드시 현량한 사람을 선택해야하니, 부절을 나눔에 공적이 공수(龔遂)와 황패(黃霸)보다 뛰어나고 현을 울리면서 노래함에 이름이 탁무(卓茂)와 노공(魯恭)보다 높게 할 수 있을 것이다. 무릇 5도독·37주·250현을 두고 호 24만, 구 620만을 각각 편호로 정리하여 모두 오랑캐의 풍속을 바꾸게 했다.

대저 동관(東觀)에 쓰고 예부(禮部)에 기록하는 것은 그 선함을 드러내기 위함이요, 이정(彝鼎)에 새기고 경종(景鍾)에 새기는 것은 그 공을 나타내기 위함이다. 능주장사(陵州長史), 판병조(判兵曹) 하수량(賀遂亮)이 외람되이 용렬한 재주를 가지고 잘못 문한을 맡았는데, 학문은 조두(俎豆)를 가벼이 여기고 기운은 풍운(風雲)을 중히 여겼으며, 직책은 장군이라 불리워 염파와 함께 △렬(列)하기를 원하고 벼슬은 박사라 칭해져 가의(賈誼)와 함께 △형(衡)하기를 바랐다. 쇠약한 용모라 여기지 않고 오히려 장한 절개를 품어 해외에서 창을 들고 작은 것이라도 본받기를 바라고, △재(載)△정(庭) 아홉 번 포(逋)△을 꺾었다. 옹귀지(翁歸之)△하나 △은 가운데에 머무르고자 하니, 이에 다른 말은 버리고 경(敬)△△필(筆) △서성사(書成事)하고 천박하고 화려함은 취하지 않았으며, 저 바다가 뽕밭으로 변하여도 천지가 영구한 것과 같이 하고, 물가가 우거진 섬으로 바뀌어도 일월과 더불어 길이 매달리게 하고자 한다. 그 △에 이르기를

아득히 먼 옛날, 어둡고 아득한 그 처음에 인류은 아직 혼돈하여 어두웠으나 천지자연의 이치는 비롯되었다. 겨울에는 움집 여름에는 굴로 새들처럼 거처를 옮겨다니니 집을 짓기도 하고 새기기도 하며, 혹은 사냥, 혹은 고기잡이도 하였다. 청정한 근원이 이미 지나갔고 큰 도가 빠져 없어졌다. 순박한 근원이 이미 지나가고 대도는 몰락하였다. 이에 삼황오제에 미쳐 대대로 한 주인이 아니니, 선양을 한 것은 당요(唐堯)와 우순(虞舜)이요, 혁명을 한 것은 탕왕(湯王)·무왕(武王)이다. 위로는 칠정(七政)을 가지런히 하고 아래로는 천하를 고르게 하며, 여러 번 무기를 들어 이에 천하를 맑게 하였으나 서액(西掖)을 적시지 못했으니 어찌 동호(東戶)에 미치겠는가? 아! 우리 황제께서는 도가 높고 푸른 하늘에 들어맞고 영예는 천고에 본보기가 되어 뭇 왕을 다루니 멀고 먼 변방과 아득히 먼 대황(大荒)에게 모두 정삭(正朔)을 내려주고 아울러 봉역을 맡겼다. △△△종(種) 홀로 삼광(三光)을 멀리하고 은혜를 베푼 나라를 배반하고 수향(水鄕)을 능멸하니, 하늘이 비장(飛將)을 내려 날랜 군사를 용처럼 날뛰게 하매 활은 달그림자를 머금고 칼은 별빛을 움직인다. 용맹스런 군대 백만이 번개처럼 일어나고 바람같이 드날려 앞에서는 반목(蟠木)을 베다가도, 물러나서는 부상(扶桑)을 베어버리매, 얼음은 여름해에 녹고 잎은 가을서리에 부서졌다. 헌걸찬 오영(五營)과 밝고 밝은 삼령(三令)으로 앙신(仰申)△△ 굽어서는 군정을 가지런히 하니, 바람은 풀잎이 시들 때보다 엄하고 태양은 강물이 맑을 때보다 차도다. 서리같이 매서운 창은 밤에 움직이고 구름깃발이 △△하니 △극(戟)이 앞장서고 오(吳)의 갈고리가 뒤를 막으매 간교한 자는 머리를 바치고, 도망쳐 죄를 피한 자는 목숨을 청한다. 위혜(威惠)△△, △△△△, 아름다운 나무가 베어지지 않아 감당(甘棠)에는 노랫소리가 울렸다. 화대(花臺)에서 달을 바라보니 용궁이 △△하고, △△△△ △범신(梵晨)△. 이 사찰을 깎아 특별한 공을 기록하니 거천(拒天)△△△고(固), 지축을 가로질러서 끝이 없으리라. (「大唐平百濟國碑銘」)

백제

대저 천자가 만국에게서 조회를 받고 백령을 지배하는 까닭은 나라 밖을 맑게 하여 하늘의 법도를 일으키고 기내에 자리를 잡아 경역을 넓히기 때문이니, 무의 7가지 덕을 드날려 먼 오랑캐의 땅을 부리고 5가지 무기를 빛내 변방을 고요하게 하지 않음이 없다. 비록 바탕과 문양이 궤를 달리하고 걷는 것과 달리는 것이 길을 달리한다 해도, 선양하는 것이 전쟁과 함께 하고 제위에 오르는 것이 혁명과 함께 하는 것은 모두 무용을 거듭 수고롭게 하는 것이고 훌륭한 병사를 거두지 않는 것이다. 이는 흉수에서 재앙을 끼치다 구영은 마침내 죽임을 당하였고, 동정호에서 반역을 꾸미다가 삼묘가 이미 베어진 것에서 알겠다. 이에 천년을 거울로 삼고 먼 옛날을 생각함에, 조위가 한을 대신하고 사마씨가 조위를 계승하니, 임무로서 북문을 뚫는 것을 중히 여기고, 예로서 수레를 뒤에서 미는 것을 숭상하였다. 복파장군 마원은 교지에서 구리기둥을 만들어 세우고, 거기장군 두헌은 연연에서 돌에 공을 새겼으나 끝내 제해의 불의하고 흉폭한 사람을 뒤집어엎지 못했고 낭산의 잔인하고 탐욕스러

운 사람을 죽이지 못했다. 하물며 묘역을 보호하는 나무가 다 닳아져 명성이 적막해지며, 공을 기록하는 둥근 세발솥이 전해지지 않아 문서에도 기록되지 않음에랴! 어리석은 이 이적들이 섬에서 몰래 숨어살면서 구이를 산천으로 둘러싸인 환경으로 삼고 만리나 떨어져 있어서 지세가 험준한 것에 기대어 감히 하늘의 도리를 어지럽히니, 동쪽으로는 가까운 이웃을 쳐서 가까이 중국의 밝은 조칙을 어기고 북쪽으로는 도리에 어긋난 행동을 하는 나쁜 사람과 연계되어 멀리 사나운 소리에 호응하였다. 하물며 밖으로 곧은 신하를 버리고 안으로 요망한 계집을 믿어 형벌이 미치는 바는 오직 충성되고 어진 사람한테만 있고, 총애와 신임이 더해지는 바는 반드시 아첨하는 자이니, 결혼할 연령에 도달한 여자가 원망을 품고 가난한 사람들이 슬픔을 머금었다. 우리 황제께서는 안연과 염유를 본받아서 높은 자리에 있으시고 세 가지에 능통함이 매우 뛰어나시며, 성현의 용모로 경사를 쌓고, 귀인의 상으로 빛을 드날리셨다. 제후에게 주는 홀을 모아 백신을 조알하고 만물을 신묘하게 하여 육변을 헤아렸으며, 서북쪽에서는 하늘을 떠받치는 기둥을 곧게 하고 동남쪽에서는 대지를 버텨 받드는 밧줄을 돌리셨다. 대저 용도를 진열하고 책력을 모으며 금경을 매달고 옥촉을 가지런히 하셨도다. 수레바퀴 자국에 괴인 물에서 궁지에 몰린 고기를 빼내주고, 기울어진 새집에서 위태로운 새알을 건져 주시듯이 이 남겨진 백성을 불쌍히 여기고 저 흉악한 무리를 분히 여겨서, 친히 조벌하지 않고 먼저 장군들에게 명하셨다.

사지절, 신구·우이·마한·웅진 등 14도대총관, 좌무위대장군, 상주국, 형국공 소정방은 증성에서 멀리 보루를 쌓고 위수에서 긴 물결을 일으켰으며, 뛰어난 계획은 무장에서 맞추었고 빼어난 기개는 문창성에 나타냈으니, 위청과 곽거병을 넘어섰으나 따라잡지 않았고 팽월과 한신을 굽어보면서도 높게 여겼다. 조운이 일신의 담력으로 용맹이 삼군의 으뜸이 되었고 관우는 만인을 대적할 만한 능력으로 명성이 백대에 떨쳤듯이, 의를 위하여 자신을 버리고 순국할 뜻은 흐르는 화살을 무릅쓰면서 더욱 견고해졌고 목숨을 가벼이 하고 의를 중히 여기는 △△은 △△△ 빼앗기 어려웠다. 마음은 빙경을 매달고 있어 귀신도 그 형상을 감출 수 없고, 바탕은 송균에 힘써 바람과 서리도 그 색깔을 고칠 수 없었다. △△을 길러 변방 오랑캐를 어루만짐에 이르러서는 사지를 삼가고 삼혹을 제거하였으며, 빙천을 돌아보고 깨끗함을 드러내고 서리맞은 잣나무를 △하고 정절을 굳게 하니 말하지 않아도 『시경』·『서경』에 부합하고 행하지 않아도 △△구했다. 흰 구름을 거느리고서 상쾌함을 함께 하고, 푸른 소나무와 더불어서 고고함을 다투면서도 원△△△ 모두 덕이 미치지 못하는 것을 부끄러워함이 있었다. 부대총관, 관군대장군, △△△위장군, 상주국, 하박공 유백영은 위로는 △△△△△풍△으로 정치를 할 만한 재주를 가졌고 장상의 그릇을 품었다. 말은 다른 사람의 모범이 되고 행동은 군대의 법칙이 되었으며, 말씀은 포백을 따뜻하게 하고 △는 연꽃과 난초의 향을 내었다. 공적은 기상에 드러나고 조리는 종률에 맞았으며, △△보다 평생을 중히 여기고 짧은 시간보다 1척이나 되는 옥을 가벼이 여기며, 매우 높은 공적도 항상 부족한 듯이 여겨 평△△책을 입에 올리지 않았다. 부대총관, 사지절, 농주제군사, 농주자사, 상주국, 안이공 동보덕은 △지는 드날리고 웅대한 계획은 뛰어났으며, 재주는 삼략을 아우르고 계책은 후△를 움직였다. 앞에 진짜 매화나무 숲이 있다고 하여 능히 조위의 군사로 하여금 목마름을 그치게 하고, 수고로움 없이 솜옷을 채워 △△△△ 추위를 잊게 했다. 부대총관, 좌령군장군 김인문은 △△온아, 도량과 견식이 침착하고 굳세어서 소인배의 자잘한 행위는 없고 군자의 고매한 풍모만 있었으며, 그의 무는 전쟁을 멈추었으며 문 또한 먼 곳의 백성들을 포용하였다. 행군장사, 중서사인 양행의는 고운 빛깔의 구름처럼 정기를 토해내고 태양처럼 빛을 드날리며, 풍모는 관인을 쓰러지게 하고 도는 아속에 빛났으며,

생각은 허소와 곽태보다 맑고 덕망은 순숙과 배잠보다 무거웠다. 변전△△ 학문의 바다에서 구류를 △하고, 문장의 조리가 빼어나 문△에게서 칠택을 가리웠다. △태부의 심오한 계책으로도 그의 말고삐를 잡는 것을 감당하지 못했고, 진남대장군 두예의 원△으로도 어찌 더불어 논할 수 있겠는가? 봉지를 △△하고 고래의 개울이 맑게 하였다.

형국공은 비책을 운용하고 효웅을 놓아주며, 음우는 언월의 계책을 열고 양문은 샛별의 기운을 머금었다. 용도와 표금은 반드시 본성의 근원에 드러나고 현녀와 황석공은 신묘한 쓰임에 모두 모였으며, 하물며 하늘에 닿도록 개미처럼 모여들고 땅을 삥 둘러 벌떼처럼 날아들었다. 물여우가 모래를 머금은 것과 유사하고 잔인하고 탐욕스러운 도적이 안개를 토해내는 것과 비슷하여 군영을 서로 합치면 잔인하고 무정한 자가 길에 꽉 차고 진영을 맺으면 악인이 산에 가득하니, 이 때문에 흉악한 무리들이 이 궁벽지고 험한 곳을 지키고서는 매달린 줄이 장차 끊어짐에 대단히 무거워서 떨어지고, 쌓아올린 바둑돌이 먼저 위태해져 구정으로 누르게 될 것은 알지 못하였다. 이때 가을 풀이 시드니 한산이 고요해지고 서늘한 바람이 일어나니 살기가 엄해졌으며, 빠른 걸음과 흐르는 번개가 다투어 날고 첩고와 분뢰가 다투어 진동하였다. 벼락의 신에게 명하여 후방에 서게 하고 섬광에게 앞장서게 하며, 간사한 기운과 요망한 기운은 칼과 창으로 쓸어버리고 높은 담과 가파른 성가퀴는 충봉으로 부숴버렸다. 좌△군총관, 우둔위낭장, 상주국, △아△와 우1군총관, 사지절, 치주자사, 상주국 우원사는 지역은 관하에 처하고 재주는 문무를 아울렀으며 산서의 장엄한 기운을 끼고 기북의 뜬 구름을 탔으니, 호흡을 하면 강과 바다가 파도를 멈추고 휘파람을 불고 꾸짖으면 바람과 천둥이 소리를 끊었다. 우이도부총관, 우무후중랑장, 상주국 조계숙은 오랫동안 정치에 참여하여 어렵고 험한 것을 두루 겪었으니, 염파가 억지로 힘써 먹었던 것과는 다르고 조충국이 늙은 신하였던 것과 같다. 행군장사, 기주사마 두상은 바탕은 아름다운 봉우리에 빛나고 향기는 계수나무밭에 흘렀다. 바람을 따르고 번개를 밟아 서해에서 마차를 빨리 달리고, 구름을 밀치고 물을 쳐 남해에서 굳센 깃촉을 쥐니 준마의 발이 이미 펼쳐져 봉지를 가히 빼앗을 만하였다. 우1군총관, 선위장군, 행좌효위낭장, 상주국 유인원은 효성을 바탕삼아 충성을 하고 집에서 비롯해서 나라를 이루었으며, 일찍이 주공과 공자의 가르침을 듣고, 나중에는 손자와 오자의 책을 익혔으며 이미 영용한 재주를 띠고 아울러 문리의 도를 겸하였다.

형국공은 성지를 받들어 따르고 반조로서 위임받아 금이 조와 같이 많아도 엿보지 않고 말이 양과 같아도 돌아보지 않으려 했다. 우무위중랑장 김양도와 좌1군총관, 사지절, 기주자사, 상주국 마연경은 모두 굳은 마음을 품고 각기 맹위를 떨치고자 힘써서, 삼하의 굳센 군사를 끼고 육군의 지체있는 집안을 △했다. 형국공은 위로는 뛰어난 계략을 받들고 아래로는 절도를 전담하였는데, 혹은 중군으로 군대를 함락시키기도 하고 혹은 후방의 정예병으로 선봉이 되게도 하여, 하늘에서 솟아나고 땅으로 꺼지는 기이함으로 천번 만번 변화하고, 멀리까지 이르고 깊은 데까지 끌어당기는 신묘함으로 번개같이 일어나고 바람처럼 가서, 성△△이 훌륭한 명성이 길에 가득 찼다. 형국공은 인자함은 전선과 같고 은혜는 투료보다 심하였으며, 명을 거스르는 자는 가을 서리와 같은 위엄으로 숙청하고, 귀순하는 자는 봄 이슬과 같은 은택으로 △했다. 한 번 군대를 일으켜 구이를 평정하고 두 번 승전해서 삼한을 평정하였으며, 유홍의 간단한 글을 내리니 천성이 덕을 우러르고 노중련의 비전을 쏘니 만리가 은혜를 머금었다. 그 왕 부여의자 및 태자 융 이외 왕자 여효 등 13인, 아울러 대수령· 대좌평인 사타천복과 국변성 이하 700여 명이 이미 궁궐에 들어가 있다가 모두 사로잡히니 말고삐를 버리게 하고 우거에 실었다가, 사훈에 올리고 태묘에 바쳤다. 인하여 이 사나운 풍습을 바꾸어서 현묘한 꾀에 젖게끔 하였는데, 면류관을 나타내고 휘장을 걷음에는 △△△관, 생선을 △하고 비단을 만듦에는 반드시 현량한 사람을 선택해야하니, 부절을 나눔에 공적이 공수와 황패보다 뛰어나고 현을 울리면서 노래함에 이름이 탁무와 노공보다 높게 할 수 있을 것이다. 무릇 5도독·37주·250현을 두고 호 24만, 구 620만을 각각 편호로 정리하여 모두 오랑캐의 풍속을 바꾸게 했다.

대저 동관에 쓰고 예부에 기록하는 것은 그 선함을 드러내기 위함이요, 이정에 새기고 경종에 새기는 것은 그 공을 나타내기 위함이다. 능주장사, 판병조 하수량이 외람되이 용렬한 재주를 가지고 잘못 문한을 맡았는데, 학문은 조두를 가벼이 여기고 기운은 풍운을 중히 여겼으며, 직책은 장군이라 불리워 염파와 함께 △렬하기를 원하고 벼슬은 박사라 칭해져 가의와 함께 △형하기를 바랐다. 쇠약한 용모라 여기지 않고 오히려 장한 절개를 품어 해외에서 창을 들고 작은 것이라도 본받기를 바라고, △재△정 아홉 번 포△을 꺾었다. 옹귀지△하나 △은 가운데에 머무르고자 하니, 이에 다른 말은 버리고 경△△필 △서성사하고 천박하고 화려함은 취하지 않았으며, 저 바다가 뽕밭으로 변하여도 천지가 영구한 것과 같이 하고, 물가가 우거진 섬으로 바뀌어도 일월과 더불어 길이 매달리게 하고자 한다. 그 △에 이르기를

아득히 먼 옛날, 어둡고 아득한 그 처음에 인류는 아직 혼돈하여 어두웠으나 천지자연의 이치는 비롯되었다. 겨울에는 움집 여름에는 굴로 새들처럼 거처를 옮겨다니니 집을 짓기도 하고 새기기도 하며, 혹은 사냥, 혹은 고기잡이도 하였다. 청정한 근원이 이미 지나갔고 큰 도가 빠져 없어졌다. 순박한 근원이 이미 지나가고 대도는 몰락하였다. 이에 삼황오제에 미쳐 대대로 한 주인이 아니니, 선양을 한 것은 당요와 우순이요, 혁명을 한 것은 탕왕·무왕이다. 위로는 칠정을 가지런히 하고 아래로는 천하를 고르게 하며, 여러 번 무기를 들어 이에 천하를 맑게 하였으나 서액을 적시지 못했으니 어찌 동호에 미치겠는가? 아! 우리 황제께서는 도가 높고 푸른 하늘에 들어맞고 영예는 천고에 본보기가 되어 뭇 왕을 다루니 멀고 먼 변방과 아득히 먼 대황에게 모두 정삭을 내려주고 아울러 봉역을 맡겼다. △△△종 홀로 삼광을 멀리하고 은혜를 베푼 나라를 배반하고 수향을 능멸하니, 하늘이 비장을 내려 날랜 군사를 용처럼 날뛰게 하매 활은 달그림자를 머금고 칼은 별빛을 움직인다. 용맹스런 군대 백만이 번개처럼 일어나고 바람같이 드날려 앞에서는 반목을 베다가도, 물러나서는 부상을 베어버리매, 얼음은 여름해에 녹고 잎은 가을서리에 부서졌다. 헌걸찬 오영과 밝고 밝은 삼령으로 앙신△△ 굽어서는 군정을 가지런히 하니, 바람은 풀잎이 시들 때보다 엄하고 태양은 강물이 맑을 때보다 차도다. 서리같이 매서운 창은 밤에 움직이고 구름깃발이 △△하니 △극이 앞장서고 오의 갈고리가 뒤를 막으매 간교한 자는 머리를 바치고, 도망쳐 죄를 피한 자는 목숨을 청한다. 위혜△△, △△△△, 아름다운 나무가 베어지지 않아 감당에는 노랫소리가 울렸다. 화대에서 달을 바라보니 용궁이 △△하고, △△△△ △범신△. 이 사찰을 깎아 특별한 공을 기록하니 거천△△△고, 지축을 가로질러서 끝이 없으리라. (『全唐文』 200 賀遂亮 大唐平百濟國碑銘)

신라 백제 8월 26일에 임존성의 큰 목책을 공격하였다. 병사가 많고 땅이 험하여 이기지 못하고, 다만 작은 목책을 공격하여 격파하였을 뿐이다. (『三國史記』 5 新羅本紀 5)

백제 8월에 (…) 소정방이 병사를 끌고 성산에서 바다를 건넜다(이상 3월 10일). 백제가 웅진강 입구에 근거하여 그들에 맞섰다. 소정방이 나아가 그들을 격파하니 백제에서 죽은 자가 수천 명이고 나머지는 모두 무너져서 달아났다. 정방이 수륙으로 나란히

나아갔다(이상 7월 9일). 곧바로 그 도성으로 달려갔다. 아직 20여 리를 가지 못하
였을 때, 백제가 나라를 기울여 와서 싸웠는데 그들을 크게 격파하고 1만여 명을
죽였다. 도망치는 무리를 쫓아서 그 외성에 들어갔다(이상 7월12일). 백제왕 의자
및 태자 융이 북쪽 변경으로 달아났다. 정방이 나아가 그 성을 포위하였다. 의자의
둘째아들 태가 자립하여 왕이 되어 무리를 이끌고 굳게 지켰다. 융의 아들 문사가
말하였다. "왕이 태자와 모두 건재한데, 숙부는 갑자기 병사를 끌어안고 스스로 왕
이 되었으니, 만약 당 병사를 물리칠 수 있다면 우리 부자는 마땅히 온전하지 못할
것입니다." 마침내 측근을 이끌고 성을 뛰어넘어 와서 항복하였다. 백성들이 모두
그를 따랐으나, 태가 저지할 수 없었다. 정방이 군사에게 명령하여 성에 올라 깃발
을 세우게 하였다. 태가 곤궁하고 핍박받아 문을 열고 목숨을 청하였다(이상 7월13
일). 이리하여 의자·융 및 여러 성주가 모두 항복하였다(이상 7월18일). 백제는 본래
5부가 있어 37군 200성의 76만 호를 나누어 통치하였다. 조서를 내려 그 땅에 웅진
등 5도독부를 설치하여[45] 그 추장을 도독·자사로 삼게 하였다(이상 8월12일). (『資
治通鑑』200 唐紀 16 高宗 上之下)

백제   『자치통감』에 전한다. "현경 5년 (…) 8월에 소정방이 병사를 끌고 성산에서 바다를
건넜다(이상 3월10일). 백제가 웅진강 입구에 근거하여 그들에 맞섰다. 소정방이 나
아가 그들을 격파하니 백제에서 죽은 자가 수천 명이고 나머지는 모두 무너져서 달
아났다. 정방이 수륙으로 나란히 나아갔다(이상 7월 9일). 곧바로 진도성으로 달려
갔다. 아직 20여 리를 가지 못하였을 때, 백제가 나라를 기울여 와서 싸웠는데 그들
을 크게 격파하고 1만여 명을 죽였다. 도망치는 무리를 쫓아서 그 외성에 들어갔다
(이상 7월12일). 백제왕 의자 및 태자 융이 북쪽 변경으로 달아났다. 정방이 나아가
그 성을 포위하였다. 의자의 둘째아들 태가 자립하여 왕이 되어 무리를 이끌고 굳게
지켰다. 융의 아들 문사가 말하였다. '왕이 태자와 모두 건재한데, 숙부는 병사를 끌
어안고 스스로 왕이 되었으니, 만약 당 병사를 물리칠 수 있다면 우리 부자는 마땅
히 온전하지 못할 것입니다.' 마침내 측근을 이끌고 성을 뛰어넘어 와서 항복하였
다. 백성들이 모두 그를 따랐으나, 태가 저지할 수 없었다. 정방이 군사에게 명령하
여 성에 올라 깃발을 세우게 하였다. 태가 곤궁하고 핍박받아 문을 열고 목숨을 청
하였다(이상 7월13일). 이리하여 의자·융 및 여러 성주가 모두 항복하였다(이상 7월
18일). 백제는 본래 5부가 있어 37군 200성의 76만 호를 나누어 통치하였다. 조서
를 내려 그 땅에 웅진 등 5도독부를 설치하여 그 추장을 도독·자사로 삼게 하였다
(이상 8월12일)." (『玉海』191 兵捷露布 3 唐神丘道行軍大摠管蘇定方俘百濟)

신라 백제   9월 3일에 낭장 유인원이 병사 1만 명으로 사비성을 유진(留鎭)하게 하였다. 왕자
인태(仁泰)가 사찬(沙湌) 일원(日原), 급찬 길나(吉那)와 병사 7천으로 그를 보좌하였
다. 소정방이 백제왕 및 왕족·신료 93명, 백성 1만2,000명을 데리고 사비에서 배를
타고 당으로 돌아갔다. 김인문은 사찬 유돈(儒敦), 대나마(大奈麻) 중지(中知) 등과
함께 갔다. (『三國史記』5 新羅本紀 5)

신라 백제   태종대왕 7년 경신에 당 군대는 우리가 대비하고 있음을 첩보로 알고, 백제왕 및
신료 93명, 군졸 2만 명을 사로잡아서 9월 3일에 사비에서 배를 띄워 돌아갔다. 낭
장 유인원 등을 머무르게 하여 그곳을 진수(鎭守)하게 하였다. (『三國史記』42 列傳
2 金庾信 中)

백제 신라   9월에 소정방이 백제왕 의자 및 태자 효, 왕자 태·융·연 및 대신·장사 88명, 백성 1
만2,807명을 데리고 바다를 건너 돌아갔다. 신라왕이 또한 제감 천복을 파견해 승

---

45) 웅진·마한·동명·금련·덕안의 5도독부이다.

리를 알렸다. 김인문은 사찬 유돈, 대나마 중지 등과 정방을 따라 당에 가서 이어서 숙위하였다.

백제국은 본래 5부 37군 200성 76만 호였다. 이 때에 이르러 당이 웅진·마한·동명·금련·덕안 5도독부를 나누어 설치하여 각각 주현을 통치하게 하고, 거장(渠長)을 발탁하여 도독·자사·현령으로 삼아 다스리게 하였다.

낭장 유인원에게 명령하여 병사 1만 명으로 사비성을 지키게 하였다. (『三國史節要』 9)

백제   소정방이 왕 및 태자 효, 왕자 태·융·연 및 대신·장사 88명, 백성 1만2,807명을 수도로 보냈다.

나라는 본래 5부 37군 200성 76만 호가 있었다. 이 때에 이르러 웅진·마한·동명·금련·덕안 5도독부를 쪼개 설치하여 각각 주현을 통치하게 하고, 거장을 발탁하여 도독·자사·현령으로 삼아 다스리게 하였다.

낭장 유인원에게 명령하여 도성을 지키게 하였다. (『三國史記』 28 百濟本紀 6)

백제   현경 5년 경신에 소정방이 왕 의자 및 태자 융, 왕자 태, 왕자 연 및 대신·장사 88명, 백성 1만2,807명을 수도로 보냈다.

그 나라는 본래 5부 37군 200성 76만 호가 있었다. 이 때에 이르러 웅진·마한·동명·금련·덕안 등 5도독부를 쪼개 설치하고, 거장을 발탁하여 도독·자사로 삼아 다스리게 하였다.

낭장 유인원에게 명령하여 도성을 지키게 하였다. (『三國遺事』 1 紀異 2 太宗春秋公)

백제   현경 5년에 곧 유인원을 도호(都護) 겸 지류진(知留鎭)으로 삼았다. 신라왕 김춘추가 또한 어린 아들 김인태를 보내어 함께 성을 굳게 지키게 하였다. (「劉仁願 紀功碑」)

백제   9월 기해일이 초하루인 계묘일(5) 백제가 달솔[이름은 빠졌다.], 사미(沙彌) 각종(覺從) 등을 보내와서 아뢰었다[어떤 책에는 도망해 와서 어려움을 고하였다고 하였다]. "금년 7월에 신라가 힘을 믿고 세력을 만들어서 이웃나라를 친하게 여기지 않고, 당 사람을 끌어들여 백제를 멸망시켰다. 임금과 신하가 모두 포로가 되고 백성들도 거의 없어지게 되었다[어떤 책에 전한다. "금년 7월10일에 당의 소정방이 수군을 거느리고 미자진(尾資津)에 주둔하였다. 신라왕 춘추지가 병마를 거느리고 노수리산(怒受利山)에 주둔하여 백제를 협공하여 서로 3일을 싸워 우리 왕성이 함락되었다. 같은 달 13일에 처음으로 왕성을 깨뜨렸다. 노수리산은 백제의 동쪽 경계이다]. 이에 서부(西部)·은솔(恩率) 귀실복신(鬼室福信)이 매우 화가 나서 임사기산(任射岐山)[어떤 책에는 북임서리산(北任敍利山)이라 하였다]에 웅거하고, 달솔 여자진(餘自進)은 중부(中部) 구마노리성(久麻怒利城)[어떤 책에는 도도기류산(都都岐留山)이라 하였다.]에 웅거하여 각각 한 곳에 진을 치고 흩어진 군졸을 불러 모았다. 무기가 전의 싸움에서 다 없어졌으므로 막대기를 들고 싸워 신라군을 물리쳤다. 백제군이 그 무기를 빼앗았으므로 얼마 후 백제 군사들이 다시 날쌔져, 당이 감히 들어오지 못하였다. 복신(福信) 등이 드디어 같은 나라 사람들을 모아 함께 왕성을 지켰다. 나라 사람들이 그들을 높여 '좌평 복신, 좌평 자진(自進)'이라고 한다. 오직 복신만이 신기하고 용감한 꾀를 내어 이미 망한 나라를 부흥시켰다." (『日本書紀』 26 齊明紀)

신라 백제   9월23일에 백제의 남은 적이 사비에 들어가 살아서 항복한 사람을 약탈하려고 모의하였다. 유수(留守) 유인원이 당과 신라 군대를 내어 그들을 공격하여 달아나게 하였다. 적이 물러나 사비 남쪽 고개에 올라서 4·5개의 목책을 세우고, 주둔하며 모여 틈을 엿보며 성읍을 노략질하였다. 백제 사람이 배반하여 응한 것이 20여 성이었다.

	당 황제가 좌위중랑장 왕문도를 파견해 웅진도독으로 삼았다. (『三國史記』5 新羅本紀 5)
백제	9월에 백제의 남은 병사가 사비에 들어가 살아서 항복한 사람을 약탈하려고 모의하였다. 유수 유인원이 신라 군대와 그들을 공격하여 달아나게 하였다. 적이 물러나 사비 남쪽 고개에 올라서 목책을 세우고, 주둔하며 모여 틈을 엿보며 노략질하였다. 백제의 남은 무리가 배반하여 응한 것이 20여 성이었다. 황제가 좌위중랑장 왕문도를 파견해 웅진도독이 되어 나머지 무리를 위무하게 하였다. (『三國史節要』9)
백제	또 좌위낭장 왕문도를 웅진도독으로 삼아 나머지 무리를 위무하게 하였다. (『三國史記』28 百濟本紀 6)
백제	현경 5년 경신에 또 좌위낭장 왕문도를 웅진도독으로 삼아 나머지 무리를 위무하게 하였다. (『三國遺事』1 紀異 1 太宗春秋公)
백제	현경 5년에 좌위낭장 왕문도에게 명령하여 도통(都統)이 되어 병사를 총괄하여 그곳을 지키게 하였다. (『唐會要』95 百濟)
백제	현경 5년에 우위낭장 왕문도에게 명령하여 도독이 되어 병사를 총괄하여 그곳을 지키게 하였다. (『太平寰宇記』172 四夷 1 東夷 1 百濟國)
백제	『구당서』백제전에 전한다. "현경 5년에 우위낭장 왕문도에게 명령하여 웅진도독이 되어 병사를 총괄하여 그곳을 지키게 하였다." (『太平御覽』781 四夷部 2 東夷 2 百濟)
백제	처음에 소정방이 이미 백제를 평정하고 나서 낭장(郎將) 유인원을 남겨 백제 부성을 지키게 하였다. 또 좌위중랑장 왕문도를 웅진도독으로 삼아 나머지 무리를 위무하게 하였다. (『資治通鑑』200 唐紀 16 高宗 上之下)
백제	『자치통감』에 전한다. "용삭원년에 처음에 소정방이 이미 백제를 평정하고 나서 그 장수 유인원을 남겨 백제 부성을 지키게 하였다. 또 좌위중랑장 왕문도를 웅진도독으로 삼아 나머지 무리를 위무하게 하였다." (『玉海』191 兵捷露布 3 唐熊津道行軍摠管破百濟)
신라	가을 9월 28일에 삼년산성(三年山城)에 이르러 조서를 전할 때에 왕문도가 동쪽에 면하여 서고 대왕이 서쪽에 면하여 섰다. 명령을 하사한 후 문도는 선물(宣物)을 왕에게 주려고 하다가 갑자기 병이 생겨서 곧 죽었다. 종자(從者)가 지위를 대신하여 일을 마쳤다. (『三國史記』5 新羅本紀 5)
백제	9월에 왕문도가 삼년산성에 이르러 조서를 전하다가 병이 생겨서 갑자기 죽었다. (『三國史節要』9)
백제	현경 5년 9월에 왕문도가 바다를 건너서 죽었다. (『新唐書』220 列傳 145 東夷 百濟)
백제	왕문도가 바다를 건너서 죽었다. (『三國史記』28 百濟本紀 6)
백제	왕문도가 바다를 건너서 죽었다. (『資治通鑑』200 唐紀 16 高宗 上之下)
백제 신라	『자치통감』에 전한다. " (…) 왕문도가 바다를 건너서 죽었다." (『玉海』191 兵捷露布 3 唐熊津道行軍摠管破百濟)
백제	9월에 황제는 유인궤가 왕문도를 대신하게 하였다. (『三國史節要』9)
백제	현경 5년 9월에 유인궤가 왕문도를 대신하게 하였다. 장(璋)의 조카 복신(福信)이 일찍이 병사를 거느리고 이에 승려 도침(道琛)과 주류성(周留城)에 근거하여 반란하며, 옛 왕자 부여풍(扶餘豊)을 왜에서 맞이하여 왕으로 옹립하였다. 서부가 모두 응하자, 병사를 끌고 유인원을 포위하였다. (『新唐書』220 列傳 145 東夷 百濟)
백제 신라	유인궤가 왕문도를 대신하게 하였다. 무왕(武王)의 조카 복신이 일찍이 병사를 거느

리고 승려 도침과 주류성에 근거하여 반란하고, 일찍이 왜에 인질로 갔던 옛 왕자 부여풍을 맞이하여 왕으로 옹립하였다. 서부와 북부가 모두 응하자, 병사를 끌고 유인원을 도성에서 포위하였다. 유인궤에게 조서를 내려 검교대방주자사(檢校帶方州刺史)로 삼고 왕문도의 무리를 거느리면서 편의대로 신라의 병사를 징발하게 하여 인원을 구원하게 하였다. 인궤가 기뻐하며 "하늘이 장차 이 늙은이를 부귀하게 하려는 구나!"라고 하였다. 당의 달력 및 피휘 등을 청하고 가면서 "나는 동이(東夷)를 쓸어 평정하고, 대당의 정삭(正朔)을 해외에 반포하겠다."라고 하였다. 인궤는 군대를 엄정하게 부리니, 옮겨다니며 싸우면서 앞으로 나아갔다. (『三國史記』 28 百濟本紀 6)

고구려 백제   현경 5년에 고종이 요동을 정벌하였을 때 유인궤로 하여금 수군을 감독하고 통솔하게 하였으나, 기일에 늦었던 것에 연좌되어 면관(免官)되고 특별히 명령하여 백의종군하여 정성을 다하였다. 이 때에 소정방이 이미 백제를 평정하여 낭장 유인원이 백제부성에서 진수하였고, 또 좌위중랑장 왕문도를 웅진도독으로 삼아 그 나머지 무리를 안무하게 하였다(이상 9월23일). 문도는 바다를 건너 병으로 죽었다(이상 9월28일). 백제의 가짜승려 도침, 옛 장수 복신이 무리를 이끌고 다시 반란하고, 옛 왕자 부여풍을 왕으로 옹립하며 병사를 끌어 인원을 부성에서 포위하였다. 인궤에게 조서를 내려 일으켜 검교대방주자사로 삼고, 문도를 대신하여 무리를 거느리면서 편의대로 신라의 병사를 징발하게 하여, 세력을 합하여 인원을 구원하게 하였다. 옮겨다니며 싸우면서 앞으로 나아가서 인궤의 군대 모습이 정연하고 엄숙하니, 향하는 곳마다 모두 함락시켰다(이상 9월). (『舊唐書』 84 列傳 34 劉仁軌)

백제 신라   현경 5년에 우위낭장 왕문도에게 명령하여 웅진도독이 되어 병사를 총괄하여 그곳을 지키게 하였다(이상 9월23일). 문도는 바다를 건너서 죽었다(이상 9월28일). 백제의 승려 도침, 옛 장수 복신이 무리를 이끌고 주류성에 근거하여 반란하고, 사신을 파견해 왜국에 가서 옛 왕자 부여풍을 맞이하여 왕으로 옹립하였다. 그 서부·북부가 모두 성을 뒤집어[翻城] 그것에 응하였다. 이 때에 낭장 유인원이 백제부성에서 유진하였는데, 도침 등이 병사를 끌고 그를 포위하였다. 대방주자사 유인궤는 문도를 대신하여 무리를 거느리면서 편의대로 신라의 병사를 징발하게 하여, 세력을 합하여 인원을 구원하게 하였다. 옮겨다니며 싸우면서 앞으로 나아가서, 향하는 곳마다 모두 함락시켰다(이상 9월). 도침 등이 웅진강 입구에 두 목책을 세우고 관군에게 맞섰다. 인궤가 신라 병사와 사면에서 그들을 협공하였다. 적의 무리가 물러나 달아나서 목책으로 들어가는데, 물에 막히고 다리가 좁아서 물에 떨어지고 싸우다가 죽은 자가 1만여 명이나 되었다(이상 10월30일). (『舊唐書』 199上 列傳 149上 東夷 百濟)

고구려 백제 신라

    현경 5년에 요동을 정벌하였을 때 이의부(李義府)가 유인궤에게 죄를 이유로 쫓아내려고 하여 조운을 감독하게 하였으나, 배가 과연 뒤집어져 사라지니 그것에 연좌되어 면관되고 백의종군하였다. 처음에 소정방이 이미 백제를 평정하여 낭장 유인원을 남겨 그 성을 지키게 하였고, 또 좌위중랑장 왕문도를 웅진도독으로 삼아 잔당을 안무하고 받아들이게 하였다(이상 9월23일). 문도는 죽었다(이상 9월28일). 백제의 옛 장수 복신, 승려 도침이 옛 왕자 부여풍을 옹립하며 병사를 끌어 인원을 포위하였다. 인궤에게 조서를 내려 검교대방주자사로 삼고, 문도의 무리를 거느리면서 신라의 병사를 징발하여, 지원군으로 삼았다. 옮겨다니며 싸우면서 진영을 함락시켜, 향하는 곳마다 앞에 아무도 없었다(이상 9월). (『新唐書』 108 列傳 33 劉仁軌)

백제 고구려 탐라

    유인궤는 검교대방주자사 겸 웅진도행군장사(熊津道行軍長史)가 되었다(이상 660년 9월).

현경 5년에 대군이 요동을 정벌하였을 때 인궤는 이어서 따로 수군 2만을 거느려서 왜적 수만을 백강에서 습격하여 격파하고 전함 400여 척을 노략질하였다. 왜적 및 탐라 등의 나라가 모두 사신을 파견해 그에게 나아가 항복을 청하였다(이상 663년 9월 8일).

처음에 인궤가 장차 대방주(帶方州)로 출발하려 할 때 사람들에게 말하기를, "하늘이 장차 이 늙은이를 부귀하게 하려는구나!"라고 하였다. 주사(州司)에 역일(曆日) 1권과 7가지 피휘를 청하였다. 사람들이 그 까닭을 괴이하게 여기자 답하기를, "요해(遼海)를 삭평(削平)하는 것을 헤아리건대, 나라의 정삭을 반포하여 이적의 풍속이 존중하고 받들게 할 것이다."라고 하였다. 과연 군공이 눈에 띌 정도에 이르자, 정식으로 대방주자사를 제수하고 또 검교웅진도독(檢校熊津都督)으로서 유진의 병마사(兵馬事)를 총괄하여 담당하였다(이상 660년 9월). (『冊府元龜』 358 將帥部 19 立功 11 劉仁軌)

고구려 백제 탐라

『구당서』유인궤전(劉仁軌傳)에 전한다. " (…) 현경 5년에 대군이 요동을 정벌하였을 때 유인궤로 하여금 수군을 감독하고 통솔하게 하였으나, 기일에 늦어서 면관되고 특별히 명령하여 백의종군하여 정성을 다하였다.(이상 660년 9월23일). 얼마 지나서 검교대방주자사 겸 웅진도행군장사가 되었다(이상 660년 9월).

이어서 따로 수군 2만을 거느려서 왜적 수만을 백강에서 습격하여 격파하고 전함 400여 척을 사로잡았다. 왜 및 탐라 등의 나라가 모두 사신을 파견해 그에게 나아가 항복을 청하였다(이상 663년 9월 8일).

처음에 인궤가 장차 대방주로 출발하려 할 때 사람들에게 말하기를, "하늘이 장차 이 늙은이를 부귀하게 하려는구나!"라고 하였다. 이에 주사에 역일 1권과 7가지 피휘를 청하였다. 사람들이 그 까닭을 괴이하게 여기자 답하기를, "요해를 삭평하는 것을 헤아리건대, 나라의 정삭을 반포하여 이적의 풍속이 존중하고 받들게 할 것이다."라고 하였다. 이 때에 이르러 과연 군공이 눈에 띄게 되자, 정식으로 대방주자사를 제수하였다(이상 660년 9월). (『太平御覽』 276 兵部 7 良將 下 劉仁軌)

백제   현경 5년에 이에 반역을 도모하였으니 곧 가짜승려 도침과 가짜 한솔(扞率) 귀실복신(鬼室福信)이 있었다. 민간에서 나와 무리의 우두머리가 되어 사납고 교활한 무리를 불러모아 임존성을 보전하여 근거로 하여, 벌떼처럼 둔치고 고슴도치의 털처럼 일어나서 산을 메우고 골짜기를 채웠다. (「唐劉仁願紀功碑」)

신라 백제   백제 옛 장수 복신 및 승려 도침이 옛 왕자 부여풍을 맞이하여 옹립하고, 유진 낭장 유인원을 웅진성에서 포위하였다. 당 황제가 조서를 내려 유인궤를 검교대방주자사로 임명하고 이전의 도독 왕문도의 무리와 우리 병사를 통솔하게 하였다. 백제 진영으로 향하면서 옮겨다니며 싸우면서 진을 함락시키니 향하는 곳마다 앞에 아무도 없었다. (『三國史記』 6 新羅本紀 6)

백제 신라   처음에 백제 무왕의 조카 복신이 병사를 거느리고 승려 도침과 주류성에 근거하여 반란하고, 옛 왕자 풍(豊)을 맞이하여 왕으로 옹립하였다. 풍은 일찍이 왜에 인질로 갔던 자이다. 서부와 북부가 모두 응하자, 병사를 불러 유인원을 웅진성에서 포위하였다. 이 때에 낭장 유인궤가 죄에 연좌되어 백의종군하였는데, 당이 황제가 조서를 내려 검교대방주자사로 삼고 이전의 도독 왕문도의 무리를 거느리면서 편의대로 신라의 병사를 징발하게 하여 인원을 구원하게 하였다. 인궤가 기뻐하며 "하늘이 장차 이 늙은이를 부귀하게 하려는구나!"라고 하였다. 당의 달력 및 피휘 등을 청하고 가면서 "나는 동이를 귀의·평정시키고, 대당의 정삭을 해외에 반포하겠다."라고 하였다. 인궤는 군대를 엄정하게 부리니, 옮겨다니며 싸우면서 앞으로 나아갔다. (『三國史節要』 10)

백제 신라	백제 승려 도침, 옛 장수 복신이 무리를 모아 주류성에 근거하고, 옛 왕자 풍을 왜국에서 맞이하여 그를 옹립하며, 병사를 이끌어 인원을 부성에서 포위하였다. 조서를 내려 유인궤를 일으켜 검교대방주자사로 삼고[46] 왕문도의 무리를 거느리면서 편의대로 신라의 병사를 징발하게 하여 인원을 구원하게 하였다. 인궤가 기뻐하며 '하늘이 장차 이 늙은이를 부귀하게 하려는구나!'라고 하였다. 주사에서 당의 달력 및 피휘 등을 청하고 가면서[47] '나는 동이를 쓸어 평정시키고, 대당의 정삭을 해외에 반포하겠다.'라고 하였다. 인궤는 군대를 엄정하게 부리니, 옮겨다니며 싸우면서 앞으로 나아가서 향하는 곳마다 모두 함락시켰다. (『資治通鑑』200 唐紀 16 高宗 上之下)
백제 신라	현경 연간(656~661)에 검교대방주자사가 되어 무리를 거느리고 편의대로 신라의 병사를 징발하여 유인원을 백제부성에서 구원하였다. 인원이 이미 수도에 이르고 나서 고종이 말하였다. "경이 해동에 있으면서 전후로 주청한 것은 모두 일의 마땅함에 맞으면서도 우아하게 문리가 있었다. 경은 무장인데 어떻게 그러한 것을 얻었는가?" 인원이 대답하기를, "유인궤의 글은 신이 미칠 바가 아닙니다."라고 하였다. 황제가 깊이 감탄하여 그에게 상을 주고 인하여 인궤에게 상례를 뛰어넘어 6계를 더하고 정식으로 대방주자사를 제수하였다. (『冊府元龜』388 將帥部 49 儒學 劉仁軌)
백제	이미 백제의 나머지 무리를 격파하고 나서 유인원이 수도에 이르자, 고종이 말하였다. "경이 해동에 있으면서 전후로 주청한 것은 모두 일의 마땅함에 맞으면서도 우아하게 문리가 있었다. 경은 본래 무장인데 어떻게 그러한 것을 얻었는가?" 인원이 대답하기를, "모두 유인궤의 글이고, 신이 미칠 바가 아닙니다."라고 하였다. 황제가 깊이 감탄하여 그에게 상을 주고 인하여 인궤에게 상례를 뛰어넘어 6계를 더하고 정식으로 대방주자사를 제수하였다. 아울러 수도에 주택 1구를 하사하고 그 처자에게 후하게 물품을 주었으며 사신을 파견하여 새로이 그를 권면(勸勉)하였다. 처음에 인궤가 일에 연좌되어 제명되고 군대에 배속되어 힘썼으나, 이 때에 이르러 다시 기용되었다. 상관의(上官儀)가 사람을 일러 말하였다. "유인궤는 비록 삭탈관직되고 쫓겨나게 되었으나 그 충성을 다할 수 있고, 유인원은 절제(節制)를 잡아 그 현자를 추천하였으니, 모두 군자라고 할 만하다."(『冊府元龜』413 將帥部 74 薦賢 劉仁願)
백제 고구려	대방주자사가 되어 유인원을 대신하여 웅진도독이 되었다. 병사를 이끌고 진수하면서 점차 둔전을 경영하여 군량을 쌓고 군사를 위무하여 고구려를 경략하였다. (『冊府元龜』429 將帥部 90 守邊 劉仁軌)
백제 고구려	유인궤는 대방주자사가 되어 백제를 평정하여 진수하였다. 호적을 보완하고 회복하며 제방을 수리하고 경작과 파종을 권하며 둔전을 경영하여 고구려를 경략하였다. (『玉海』177 食貨屯田 唐甘州屯田)
백제 신라	『자치통감』에 전한다. " (…) 백제 승려 도침, 옛 장수 복신이 무리를 모아 주류성에 근거하고, 옛 왕자 풍을 왜국에서 맞이하여 그를 옹립하며, 병사를 이끌어 유인원을 부성에서 포위하였다. 조서를 내려 유인궤를 일으켜 검교대방주자사로 삼고 왕문도의 무리를 거느리면서 편의대로 신라의 병사를 징발하게 하여 인원을 구원하게 하였다. 인궤가 기뻐하며 '하늘이 장차 이 늙은이를 부귀하게 하려는구나!'라고 하였

---

46) 대방주(帶方州)는 백제의 경계에 설치하였는데, 옛 지명으로 인하여 주를 이름지었다. 고이(考異)에 전한다. "『조야첨재(朝野僉載)』에 전하기를, '유인원이 유인궤를 검교대방주자사로 삼았다.'라고 한다. 지금은 열전에 따른다."

47) 유인궤가 청주자사(靑州刺史)에서 백의종군한 것을 생각건대, 이것은 아마도 청주(靑州) 주사(州司)에서 그것을 청하였을 것이다.

다. 주사에서 당의 달력 및 피휘 등을 청하고 가면서 '나는 동이를 쓸어 평정시키고, 대당의 정삭을 해외에 반포하겠다.'라고 하였다. 인궤는 군대를 엄정하게 부리니, 옮겨다니며 싸우면서 앞으로 나아가서, 향하는 곳마다 모두 평정하고 함락시켰다."(『玉海』191 兵捷露布 3 唐熊津道行軍摠管破百濟)

고구려	당 청주자사(靑州刺史) 유인궤는 해운을 맡았으나 잃은 배가 극히 많아서 제명되어 백성이 되고, 마침내 요동에서 효력하였으나 병에 걸려 평양성 아래에서 누웠다. 장막을 걷어 병사를 돌보고 성을 공격하였다. 한 군졸이 곧바로 오자, 머리를 앞으로 하고 등돌리고 앉아서[前頭背坐] 그를 꾸짖어 떠나지 않았다. 이어서 싫어하며 욕하였다. "네가 돌보려고 하면 나도 또한 돌보려고 하니, 어째서 네 일에 끼어들겠는가?" 떠나려고 하지 않으니, 얼마 지나지 않아서 성이 [원문이 일실(逸失)되었다.] (『太平廣記』146 定數 1 劉仁軌)
백제	백제가 귀순하자 유인궤는 병사를 몰아 진수하니, 상례를 뛰어넘어 6계를 더하여 정식으로 대방주자사를 제수하였다. (『全唐文』158 劉仁軌 序)
백제	현경 5년 9월에 소정방이 사로잡은 바를 보이니, 조서를 내려 풀어주고 죽이지 않았다. (『新唐書』220 列傳 145 東夷 百濟)
백제	현경 5년 9월에 소정방이 백제왕 의자를 항복시켜서 바쳤다. (『冊府元龜』974 外臣部 19 褒異 1)
신라 백제	10월 9일에 왕이 태자 및 여러 군을 이끌고 이례성(尒禮城)을 공격하였다. (『三國史記』5 新羅本紀 5)
신라 백제	10월 9일에 신라왕이 태자 및 여러 군을 이끌고 이례성을 공격하였다. (『三國史節要』9)
신라 백제	10월18일에 이례성을 취하고 관을 두어 지키게 하였다. 백제 20여 성이 떨면서 두려워하여 모두 항복하였다. (『三國史記』5 新羅本紀 5)
신라 백제	10월에 이례성을 취하고 관을 두어 지키게 하였다. 백제 20여 성이 떨면서 두려워하여 모두 항복하였다. (『三國史節要』9)
신라 백제	10월30일에 사비 남쪽 고개의 군대가 세운 목책을 공격하여 1,500명을 참수하였다. (『三國史記』5 新羅本紀 5)
신라 백제	겨울 10월에 또 사비 남쪽 고개의 군대가 세운 목책을 공격하여 1,500명을 참수하였다. (『三國史節要』9)
백제 신라	복신 등이 웅진강 입구에 두 목책을 세우고 맞섰다. 유인궤가 신라 병사와 합하여 공격하였다. 아군이 물러나 달아나서 목책으로 들어가는데, 물에 막히고 다리가 좁아서 떨어지거나 물에 빠지고 싸우다가 죽은 자가 1만여 명이나 되었다. (『三國史記』28 百濟本紀 6)
백제 신라	복신 등이 웅진 입구에 두 목책을 세우고 맞섰다. 유인궤가 신라 병사와 합하여 공격하였다. 백제군이 물러나 달아나서 목책으로 들어가는데, 물에 막히고 다리가 좁아서 떨어져 죽은 자가 1만여 명이나 되었다. (『三國史節要』10)
백제 신라	백제가 웅진강 입구에 두 목책을 세웠다. 유인궤가 신라 병사와 합하여 공격하여 그들을 격파하였다. 죽이거나 물에 빠져 죽은 자가 1만여 명이나 되었다. (『資治通鑑』200 唐紀 16 高宗 上之下)
백제 신라	『자치통감』에 전한다. " (…) 백제가 웅진강 입구에 두 목책을 세웠다. 유인궤가 신라 병사와 합하여 공격하여 그들을 격파하였다. 죽이거나 물에 빠져 죽은 자가 1만

여 명이나 되었다."(『玉海』 191 兵捷露布 3 唐熊津道行軍摠管破百濟)

신라 고구려   겨울 10월에 고구려가 병사를 징발해 와서 칠중성(七重城)을 포위하였다. 필부(匹夫)가 지키고 싸워서 20여 일이 지났다. 적장은 우리 사졸이 정성을 다하여 안을 돌아보지 않고 싸우는 것을 보고 갑자기 함락시킬 수 없다고 여겨서 곧 병사를 끌고 돌아가려고 하였다. 역신(逆臣) 대나마 비삽(比歃)이 몰래 사람을 파견해 적에게 성 안에 식량이 다하여 힘이 딸리니 만약 공격하면 반드시 항복할 것이라고 알렸다. 적이 마침내 다시 싸우니, 필부가 그것을 알고 칼을 뽑아 비삽의 머리를 베어 성 밖에 던졌다. 이에 군사들에게 알렸다. "충신, 의사는 죽어도 굽히지 않고 부지런히 노력한다. 성의 존망은 이 한번의 전투에 있다." 이에 주먹을 떨쳐 한번 외치니, 병든 자도 모두 일어나 다투어 앞서 올랐다. 그러나 사기가 피로하여 부족하고 죽거나 다친 자가 반이 넘었다. 적이 바람을 타고 불을 놓아 성을 공격하여 돌격해 들어왔다. 필부는 상간(上干) 본숙(本宿)·모지(謀支)·미제(美齊) 등과 적을 향하여 마주 쏘았다. 날리는 화살이 비와 같은데 온몸으로 돌파하여 피가 흘러 발꿈치에 이르니, 이에 쓰러져 죽었다. 대왕이 그것을 듣고 소리내어 울며 매우 애통해하여 급찬을 추증하였다. (『三國史記』 47 列傳 7 匹夫)

백제   겨울 10월에 백제의 좌평 귀실복신이 좌평 귀지(貴智) 등을 보냈는데, 와서 당의 포로 100여 명을 바쳤으니, 지금의 미노노쿠니(美濃國) 후하(不破)·가타아가타(片縣) 두 코오리(郡)의 당인(唐人)들이다. 또 군대를 빌고 구원을 청했다. 아울러 왕자 여풍장(餘豊璋)[어떤 책에는 좌평 귀지, 달솔 정진(正珍)이라 했다]을 청하여 말하였다. "당 사람들이 우리의 벌레 같은 적을 거느리고 와서 우리 영토를 흔들어 우리의 사직을 전복시키고 우리 임금과 신하를 포로로 하였다[백제왕 의자(義慈), 그 아내 은고(恩古), 그 아들 융 등, 그 신하 좌평 천복(千福), 국변성(國辨成), 손등(孫登) 등 모두 50여 명이 가을 7월13일에 소장군(蘇將軍)에게 사로잡혀 당에 보내졌다. 아마도 이것은 까닭 없이 무기를 들고 다닌 징험일 것이다]. 그런데 백제국은 멀리서 천황께서 돌보아주시는 데 힘입어 다시 백성을 모아 나라를 이루었다. 이제 백제국이 천황을 시위케 했던 왕자 풍장(豊璋)을 맞아 장차 국주(國主)로 삼기를 원한다." 조를 내려 말하였다. "군대를 빌고 구원을 청하는 것을 옛날에 들었다. 위험에 빠진 것을 도와주고 끊어진 것을 잇는 것은 항상 법도에 나타나 있다. 백제국이 곤궁에 빠져 와서 우리나라에 귀의하며 '본국에 화란이 있으나, 의지하여 알릴 곳이 없다. 창을 베고 자며 쓸개를 핥는다. 반드시 구원해 달라'고 멀리서 와 표문을 올려 아뢰니 뜻을 빼앗기 어렵다. 장군들에게 나누어 명하여 여러 길로 함께 나아가게 하라. 구름처럼 모이고 번개처럼 움직여 함께 사록(沙喙)에 모여, 악한 무리들을 베고 저 위급한 나라를 도우라. 마땅히 유사(有司)들은 함께 참여하여 예를 갖추어 출발시켜 보내라."[왕자 풍장 및 처자와 그 숙부 충승(忠勝) 등을 보냈다. 그들이 떠난 때는 7년조에 보인다. 어떤 책에 전한다. "천황이 풍장을 세워 왕을 삼았으며 색상(塞上)을 세워 보(輔)로 삼고, 예를 갖추어 떠나보냈다."] (『日本書紀』 26 齊明紀)

신라 고구려   11월 1일에 고구려가 칠중성을 침공하였다. 군주(軍主) 필부가 그곳에서 죽었다. (『三國史記』 5 新羅本紀 5)

고구려 신라 말갈   11월에 고구려가 신라의 칠중성을 공격하였다. 군주(軍主) 필부가 그곳에서 죽었다. 필주는 사량부(沙梁部) 사람인데, 아찬 존대(尊臺)의 아들이다. 처음에 신라왕이 고구려·백제·말갈이 서로 순치가 되어 침탈할 것을 함께 모의한다고 여겨, 충성스럽고 용감하며 재주가 방어를 감당할 수 있는 자를 구하였는데, 필부를 칠중성 아래 현령으로 삼았다. 이 때에 이르러 고구려는 신라가 당 군사와 백제를 멸망시킨 것을 꺼려하여 그 성을 포위하였다. 필부가 지키고 싸워서 20여 일이 지났는데, 사졸이 모두 죽음을 결심하고 힘껏 싸웠다. 고구려 장수는 성을 갑자기 함락시킬 수 없다고 여겨서 병사를 끌고 돌아가려고 하였다. 대나마 비삽이 몰래 사람을 파견해 고구려에게 알리기를, "성 안에 식량이 다하여 힘이 딸리니 지금 공격하면 반드시 함락시킬 것입니다."라고 하였다. 고구려가 다시 싸우니, 필부가 비삽의 머리를 베어 이에 군사들에게 보여주며 말하였다. "충신, 의사는 죽어도 굽히지 않는다. 성의 존망은 이 한번의 전투에 있으니, 노력하여 힘쓰자." 병든 자도 모두 일어나 앞을 다투어 적에게 달려갔다. 그러나 사졸이 피로하고 부족하여 다시 떨칠 수 없었다. 고구려가 바람을 타고 불을 놓아 더욱 급하게 성을 공격하였다. 필부는 한 두 장사와 힘을 다하여 맞서 싸웠다. 화살이 그 몸에 모여서 고슴도치 같고 피가 흘러 발꿈치에 이르니 곧 죽었다. 왕이 그것을 듣고 소리내어 울며 매우 슬퍼하여 급찬을 추증하였다. (『三國史節要』9)

백제	11월 무술일 초하루에 형국공 소정방이 백제왕 부여의자, 태자 융 등 58명의 포로를 측천문(則天門)에서 바치자, 그들을 꾸짖고 용서하였다. (『舊唐書』4 本紀 4 高宗 上)
백제	11월 무술일(1) 소정방이 백제왕을 사로잡아서 바쳤다. (『新唐書』3 本紀 3 高宗)
백제	11월 무술일 초하루에 황제가 측천문루에 납시어 백제의 포로인 그 왕 의자부터 이하를 받고 모두 풀어주었다. 소정방이 앞뒤로 3개 국을 멸망시켜 모두 그 군주를 사로잡았다. 천하에 사면하였다. (『資治通鑑』200 唐紀 16 高宗 上之下)
백제	『신당서』본기에 전한다. "(…) 현경 5년 11월 무술일(1) 소정방이 백제왕을 사로잡아서 바쳤다." (…)『자치통감』에 전한다. "(…) 현경 5년 11월 무술일 초하루에 황제가 측천문루에 납시어 백제의 포로인 그 왕 의자부터 이하를 받고 모두 풀어주었다." (『玉海』191 兵捷露布 3 唐神丘道行軍大摠管蘇定方俘百濟)
백제	11월에 소정방이 백제왕 의자 등을 알현시키니, 황제가 그들을 꾸짖고 용서하였다. 황제가 정방을 위자(慰藉)하고 또 말하기를, "어째서 이어서 신라를 정벌하지 않았는가?"라고 하였다. 정방이 말하였다. "신라는 그 군주가 인자하고 백성을 사랑하며, 그 신하가 충성으로 나라를 섬기고 아랫사람이 윗사람을 부형처럼 섬겼습니다. 나라는 비록 작지만 도모할 수 없었습니다."(『三國史節要』9)
백제	소정방이 사로잡은 자들을 알현시키니, 황제가 그들을 꾸짖고 용서하였다. (『三國史記』28 百濟本紀 6)
백제	태종대왕 7년 경신에 정방이 이미 포로를 바치고 나서, 황제가 위자(慰藉)하고 말하기를, "어째서 이어서 신라를 정벌하지 않았는가?"라고 하였다. 정방이 말하였다. "신라는 그 군주가 인자하고 백성을 사랑하며, 그 신하가 충성으로 나라를 섬기고 아랫사람이 그 윗사람을 부형처럼 섬겼습니다. 비록 작지만 도모할 수 없었습니다."(『三國史記』42 列傳 2 金庾信 中)
백제	현경 5년 경신에 소정방이 사로잡은 자들을 알현시키니, 황제가 그들을 꾸짖고 용서하였다. (『三國遺事』1 紀異 1 太宗春秋公)
신라 백제	11월 5일에 왕이 가서 계탄(雞灘)을 건너고, 왕흥사잠성(王興寺岑城)을 공격하여 7일 만에 곧 이기고 700명을 참수하였다. (『三國史記』5 新羅本紀 5)
신라 백제	11월에 신라왕이 계탄에서 군사를 건너고, 백제 왕흥잠성(王興岑城)의 남은 적을 공격하여 7일 만에 이기고 700급을 참수하였다. (『三國史節要』9)

신라 백제	11월 22일에 왕이 백제에서 와서 공을 논하여, 계금졸(鎧衿卒) 선복(宣服)을 급찬으로, 군사(軍師) 두질(豆迭)을 고간(高干)으로 삼고, 전사한 유사지(儒史知)·말지(末知)·활보홍(活寶弘)·이설유(伊屑儒) 등 4명에게 관직을 차등 있게 허락하였다. 백제의 인원은 모두 재주를 헤아려 임용하니, 좌평 충상·상영, 달솔 자간(自簡)에게 관등 일길찬(一吉湌)을 제수하여 관직을 총관(摠管)에 충당하고, 은솔(恩率) 무수(武守)에게 관등 대나마를 제수하여 관직을 대감에 충당하였으며, 은솔 인수(仁守)에게 관등 대나마를 제수하여 관직을 제감에 충당하였다. (『三國史記』5 新羅本紀 5)
신라 백제	11월에 군사가 돌아와서 공을 논하여, 계금졸 선복을 급찬으로, 군사 두질을 고간으로 삼고, 전사자 들에게 관을 차등 있게 추증하였다. 처음으로 대각간(大角干)을 설치하여 대장군 김유신을 그것으로 삼았는데, 17관등의 위에 있었다. 백제의 항복인 사람은 모두 재주를 헤아려 임용하니, 좌평 충상·상영, 달솔 자간에게 관등 일길찬을, 은솔 무수·인수에게 관등 대나마를 제수하였다. (『三國史節要』9)
신라 백제	대각간[혹은 대서발한(大舒發翰)이라고도 한다.]은 태종왕(太宗王) 7년에 백제를 멸망시키고 공을 논하여 대장군 김유신에게 대각간을 제수하였는데, 이전 17관등의 위에 더하였고 상설 관등이 아니었다. (『三國史記』38 雜志 7 職官 上)
백제 신라	11월에 처음에 당 군대가 백제를 멸망시키고 사비 언덕에 주둔하면서 몰래 신라를 침입할 것을 모의하였다. 왕이 알고 군신을 불러 계책을 물었다. 다미공(多美公)이라는 자가 있어 계책을 바치며 말하였다. "우리 군졸으로 하여금 거짓으로 백제 사람의 옷을 입고 도적이 되려는 것처럼 하게 하면 당 군대가 반드시 그를 공격할 것입니다. 인하여 그와 싸우면 뜻하는 바를 얻을 수 있을 것입니다." 유신이 말하기를, "이 말이 이치가 있으니 따르시기를 청합니다."라고 하였다. 왕이 말하기를, "당 군대가 우리를 위하여 적을 멸망시켰는데, 도리어 그들과 싸우면 하늘이 어찌 우리를 돕겠는가?"라고 하였다. 유신이 말하였다. "개가 비록 그 주인을 두려워하지만, 그 다리를 밟으면 도리어 주인을 무는 것입니다. 어찌 어려움을 만나서 스스로 구원하지 않고 스스로 망하는 것에 그치겠습니까?" 당 군대가 신라에 대비가 있음을 알고 곧 돌아갔다. (『三國史節要』9)
신라 백제	태종대왕 7년 경신에 당 군대가 이미 백제를 멸망시키고 사비 언덕에 주둔하면서 몰래 신라를 침입할 것을 모의하였다. 우리 왕이 그것을 알고 군신을 불러 대책을 물었다. 다미공이 나아가 말하였다. "우리 백성으로 하여금 거짓으로 백제 사람이 되어 그 옷을 입고 도적이 되려는 것처럼 하게 하면 당 군대가 반드시 그를 공격할 것입니다. 인하여 그와 싸우면 뜻하는 바를 얻을 수 있을 것입니다." 유신이 말하기를, "이 말이 취할 만하니 따르시기를 청합니다."라고 하였다. 왕이 말하기를, "당 군대가 우리를 위하여 적을 멸망시켰는데, 도리어 그들과 싸우면 하늘이 어찌 우리를 돕겠는가?"라고 하였다. 유신이 말하였다. "개가 그 주인을 두려워하지만, 주인이 그 다리를 밟으면 무는 것입니다. 어찌 어려움을 만나서 스스로 구원하지 않겠습니까? 대왕은 그것을 허락하시기를 청합니다." (『三國史記』42 列傳 2 金庾信 中)
고구려	겨울 11월에 당이 좌효위대장군 글필하력을 패강도행군대총관(浿江道行軍大摠管)으로, 좌무위대장군 소정방을 요동도행군대총관(遼東道行軍大摠管)으로, 좌효위장군 유백영을 평양도행군대총관(平壤道行軍大摠管)으로, 포주자사(蒲州刺史) 정명진을 누방도총관(鏤方道摠管)으로 삼아 병사를 거느리고 길을 나누어 와서 공격하게 하였다. (『三國史記』22 高句麗本紀 10)
고구려	11월에 당이 좌효위대장군 글필하력을 패강도행군대총관으로, 좌무위대장군 소정방

을 요동도행군대총관으로, 좌효위장군 유백영을 평양도행군대총관으로, 포주자사 정명진을 누방도총관으로 삼아 병사를 거느리고 길을 나누어 고구려를 공격하게 하였다. (『三國史節要』9)

고구려	12월 임오일(16) 좌효위대장군 글필하력을 패강도행군대총관(浿江道行軍大總管)으로, 소정방을 요동도행군대총관(遼東道行軍大總管)으로, 좌효위장군 유백영을 평양도행군대총관(平壤道行軍大總管)으로 삼아 고구려를 정벌하게 하였다. 아사덕추빈(阿史德樞賓)이 해(奚)·거란(契丹)과 싸워 그들을 패배시켰다. (『新唐書』3 本紀 3 高宗)
고구려	12월 임오일(16) 좌효위대장군 글필하력을 패강도행군대총관으로, 좌무위대장군 소정방을 요동도행군대총관으로, 좌효위장군 유백영을 평양도행군대총관으로, 포주자사 정명진을 누방도총관으로 삼아 병사를 거느리고 길을 나누어 고구려를 공격하게 하였다. 청주자사 유인궤가 해운을 감독하다가 배를 뒤집은 것에 연좌되어 백의종군하여 정성을 다하였다.48) (『資治通鑑』200 唐紀 16 高宗 上之下)
고구려 백제	『신당서』고려전에 전한다. " (…) 현경 3년 2년 후에[5년 12월 임오일(16)] 천자가 이미 백제를 평정하고 나서 이에 좌효위대장군 글필하력, 우무위대장군 소정방에게 여러 장수를 이끌고 고구려를 토벌하게 하였다."(『玉海』191 兵捷露布 3 唐遼東道行臺大摠管李勣俘高麗獻俘昭陵檄高麗含元殿數俘)
백제 고구려	『신당서』고종본기를 참고하면 다음과 같다. "현경 5년 경신에 소정방 등이 백제를 정벌한 후, 12월에 대장군 계여하(契如何)가 패강도행군대총관, 소정방이 요동도대총관, 유백영이 평양도대총관이 되어 고구려를 정벌하였다."(『三國遺事』2 紀異 2 文虎王法敏)
고구려 백제	현경 3년 2년 후에 천자가 이미 백제를 평정하고 나서 이에 좌효위대장군 글필하력, 우무위대장군 소정방, 좌효위장군 유백영에게 여러 장수를 이끌고 패강(浿江)·요동·평양도(平壤道)로 나가 고구려를 토벌하게 하였다. (『新唐書』220 列傳 145 東夷 高麗)
고구려	현경 5년에 조서를 내려 아사나충(阿史那忠)을 사지절·장잠도행군대총관(長岑道行軍大總管)으로 삼았다. 진한(辰韓)이 난을 일으킴에 대장기를 따라 잔당을 제거하였고, 거란이 해를 끼치자 창을 돌려 난을 막았다. 고구려의 유혼(遊魂)을 끊고 황룡(黃龍)의 큰 흉악을 전복시켜, 모두 그치게 하는 데에 이르렀다. 은덕과 포상이 함께 융성하였다. (「阿史那忠碑」:『全唐文新編』991)
고구려	현경 연간(656~661)에 패강도행군대총관이 되어 소정방 및 우효위대장군 유백영과 고구려를 정벌하였으나 이기지 못하였다. (『新唐書』110 列傳 35 諸夷蕃將 契苾何力)
고구려	얼마 지나지 않아, 소정방이 요동도행군대총관이 되었다. (『新唐書』111 列傳 36 蘇定方)
고구려	진주(晉州)·포주(蒲州) 두 주의 자사, 누방도총관을 역임하였다. (『新唐書』111 列傳 36 程名振)
고구려	때마침 요동·갈석에서 군사를 일으키게 되자, 아사나충(阿史那忠)을 사지절·장잠도행군대총관으로 삼았다. 대군이 빠르게 전진하니 천자의 위엄이 멀리 뻗쳤고, 삼산(三山)이 그로 인하여 동요하니 구종(九種)은 이로써 놀라고 두려워하였다. 거란은 백랑의 동쪽에 있으면서 황룡의 서쪽에 살고 있는데, 근래에는 침략하여 복종하지 않으

---

48) 고이(考異)에 전한다. "『구당서』열전에 전하기를, '수군을 감독하고 통솔하고 요동을 정벌하였다가, 기일보다 늦었던 것에 연좌되어 면관되었다.'라고 한다. 유인궤가 종군하였고 이에 백제에 있었던 것을 생각건대, 요동을 정벌한 것이 아니다. 지금은 장작(張鷟)의 『조야첨재(朝野僉載)』에 따른다."

면서도 밖으로 조이(鳥夷)와 결탁하고 있었다. 충은 군사를 돌려 이를 없애고 시기에 맞춰 이를 진멸함에 노획한 물건이 만 단위였다. 삼군(三軍)이 공정하고 사사로움이 없어서 겸백(縑帛)을 상으로 받았는데, 충은 이어서 우림군(羽林軍)에서 검교(檢校)하였다. (「阿史那忠 墓誌銘」:『全唐文補遺』1;『全唐文新編』175;『唐代墓誌滙篇』)

백제   12월 정묘일이 초하루인 경인일(24) 천황이 나니와노미야(難波宮)에 행차하였다. 천황은 복신이 청한 뜻에 따라 은혜롭게 츠쿠시(筑紫)에 행차하여 구원군을 보낼 것을 생각하고, 처음 이 곳에 와서 여러 군기(軍器)를 갖추었다. (『日本書紀』26 齊明紀)

백제   왕이 병으로 죽자, 금자광록대부(金紫光祿大夫)·위위경(衛尉卿)을 추증하고 옛 신하가 달려가 임하는 것을 허락하였다. 조서를 내려 손호(孫皓)·진숙보(陳叔寶)의 무덤 옆에 장사지내고 아울러 비를 세우게 하며, 융에게 사가경(司稼卿)을 제수하였다. (『三國史記』28 百濟本紀 6)

백제   현경 5년 경신에 왕이 병으로 죽자, 금자광록대부·위위경을 추증하고 옛 신하가 달려가 임하는 것을 허락하였다. 조서를 내려 손호·진숙보의 무덤 옆에 장사지내고 아울러 비를 세우게 하였다. (『三國遺事』1 紀異 1 太宗春秋公)

백제   의자가 병으로 죽자, 황제가 금자광록대부·위위경을 추증하고 옛 신하가 달려가 임하는 것을 허락하였다. 조서를 내려 손호·진숙보의 무덤 옆에 장사지내고 아울러 비를 세우게 하며, 아들 융에게 사가경을 제수하였다. (『三國史節要』9)

백제   현경 5년에 의자는 효로써 부모를 섬겨서 알려지고 형제에게 우애가 있어 당시 사람들이 해동의 증민(曾閔)이라고 불렀다. 수도에 이르게 되자 며칠만에 죽으니, 금자광록대부·위위경을 추증하고 특별히 그 옛 신하가 달려가 소리내어 우는 것을 허락하였다. 마침내 손호·진숙보의 무덤 옆에 나아가 그를 장사지내고 아울러 비를 세웠다. (『舊唐書』199上 列傳 149上 東夷 百濟)

백제   현경 5년에 의자가 병으로 죽자, 위위경을 추증하고 옛 신하가 달려가 임하는 것을 허락하였다. 조서를 내려 손호·진숙보의 무덤 왼쪽에 장사지내고, 융에게 사가경을 제수하였다. (『新唐書』220 列傳 145 東夷 百濟)

백제   현경 5년에 의자는 효로써 부모를 섬겨서 알려지고 형제에게 우애가 있어 당시 사람들이 해동의 증민이라고 불렀다. 수도에 이르게 되자 며칠만에 병으로 죽으니, 손호·진숙보의 무덤 옆에 장사지냈다. (『唐會要』95 百濟)

백제   현경 5년에 며칠만에 죽으니, 금자광록대부·위위경을 추증하고 특별히 그 옛 신하가 달려가 문상하는 것을 허락하였다. 이어서 손호·진숙보의 무덤 옆에 장사지내고 관청이 비를 세웠다. (『冊府元龜』974 外臣部 19 褒異 1)

백제   백제고기에 전한다. "(…) 의자는 당에서 죽었다. 당사(唐史)에 분명한 문장이 있다." (『三國遺事』1 紀異 1 太宗春秋公)

백제   의자는 지극한 효로써 부모를 섬겨서 알려지고 형제에게 우애가 있어 당시 사람들이 해동의 증민이라고 불렀다. 수도에 이르게 되자 며칠만에 병으로 죽으니, 손호·진숙보의 무덤 옆에 장사지냈다. (『太平寰宇記』172 四夷 1 東夷 1 百濟國)

백제   백제왕 의자는 부모를 섬겨서 알려지고 형제에게 우애가 있어 당시 사람들이 해동의 증민이라고 불렀다. (『冊府元龜』962 外臣部 7 賢行)

백제   『구당서』백제전에 (…) 또 전한다. "백제왕 의자는 효로써 부모를 섬겨서 알려지고 형제에게 우애가 있어 당시 사람들이 해동의 증민이라고 불렀다. 수도에 이르게 되자 며칠만에 병으로 죽으니, 금자광록대부·위위경을 추증하고 특별히 그 옛 신하가 달려가 소리내어 우는 것을 허락하였다. 마침내 손호·진숙보의 무덤 옆에 나아가 그

	를 장사지냈다."(『太平御覽』 781 四夷部 2 東夷 2 百濟)
백제	아버지 의자는 현경 연간(656~661)에 금자광록대부·위위경을 제수받았다. (「扶餘隆 墓誌銘」)

백제　백제악(百濟樂)은 중종대(中宗代: 683~684, 705~710)에 공인이 죽고 흩어졌다. 기 왕(岐王) 범(範)을 태상경(太常卿)으로 삼아 다시 연주하고 두게 하였다. 이로 말미 암아 음악과 연주자가 많이 빠졌다. 무용수 2명은 자색의 큰 소매에 치마·저고리를 입고 장보관(章甫冠)을 쓰며 가죽신발을 신었다. 음악이 남은 것은 쟁(箏)·적(笛)·도 피필률(桃皮篳篥)·공후(箜篌)·노래이다. 고구려·백제의 이 두 라나는 동이의 음악이 다. (『舊唐書』 29 志 2 音樂 2)

고구려 백제　고구려·백제의 음악은 유송(劉宋) 초에 그것을 얻었고, 북위(北魏) 태무제(太武帝)에 이르러 북연(北燕)을 멸망시키고 또한 그것을 얻었으나 갖추지 못하였다. 북주(北周) 무제(武帝)가 북제(北齊)를 멸망시키고 위엄이 해외에 떨쳤는데, 두 나라가 각각 그 음악을 바쳐 북주 사람들이 악부(樂部)에 진열하고 국기(國伎)라고 하였다. 수(隋) 문제(文帝)가 진(陳)을 평정하자, 문강례곡(文康禮曲)에 이르러서 그것을 함께 얻었 다. 백제는 정관(貞觀) 연간(627~649)에 두 나라를 멸망시키고 그 음악을 다 얻었 다. 측천무후(則天武后) 때(690~705)에 이르러 고구려의 음악은 여전히 25곡이었는 데, 정원(貞元: 785~805) 말년에는 오직 1곡만 배울 수 있었고, 의복 또한 그 본래 의 풍을 점차 잃었다. 그 백제는 중종 때(683~684, 705~710)에 이르러 공인이 죽 고 흩어졌다. 개원(開元) 연간(713~741)에 기왕 범이 태상경이 되어 다시 연주하고 두었다. 문강례곡이라는 것은 동진(東晉) 유량(庾亮)이 죽은 후에 기인(伎人)이 만든 바여서, 유량의 시호를 음악의 이름으로 삼아 악부(樂府)에 흘러들어갔다. 정관 11 년(637)에 이르러 그것을 쫓아내 없애니 지금은 없다. (『唐會要』 33 東夷二國樂 高 麗百濟)

백제　『당회요』에 (…) 또 전한다 "백제는 정관 연간(627~649)에 두 나라를 멸망시키고 그 음악을 다 얻었다. 측천무후 때에 이르러 고구려의 음악은 여전히 25곡이었는데, 정원 말년에는 오직 1곡만 배울 수 있었고, 의복 또한 그 토착의 풍이 점차 변하였 다. 그 백제는 중종 때(683~684, 705~710)에 이르러 공인이 죽고 흩어졌다. 개원 연간(713~741)에 기왕 범이 태상경이 되어 다시 연주하고 두었다."(『太平御覽』 5 67 樂部 5 四夷祭)

고구려 백제　『당회요』에 (…) 또 전한다 "고구려·백제의 음악은 유송 초에 그것을 얻었고, 북위 태무제에 이르러 북연을 멸망시키고 그것을 얻었으나 갖추지 못하였다. 북주 무제가 북제를 멸망시키고 위엄이 해외에 떨쳤는데, 두 나라가 각각 그 음악을 바쳐 북주 사람들이 악부에 진열하고 국기라고 하였다. 수 문제가 진을 평정하자, 문강례곡에 이르러서 그것을 함께 얻었다."(『太平御覽』 568 樂部 6 宴樂)

고구려 백제　『당서』 악지(樂志)에 전한다. " (…) 당은 동이 음악에 고구려·백제[2개국]가 있고, 북적에 선비(鮮卑)·토욕혼(吐谷渾)·부락계(部落稽)[3개국]이 있으며, 남만에 부남(扶 南)·천축(天竺)·남조(南詔)·표국(驃國)[4개국]이 있고, 서융에 고창(高昌)·구자(龜玆)·소 륵(疏勒)·강국(康國)·안국(安國)[5개국]이 있어, 모두 14국의 음악과 8국의 기(伎)가 있으니 10부악(十部樂)에 진열한다[중종 때(683~684, 705~710) 백제의 악공이 죽 고 흩어져 기왕이 태상경이 되어 다시 연주하고 두었다. 그러나 음악과 기가 많이 빠졌다]."(『玉海』 105 音樂樂 3 唐九部樂十部樂十四國樂二部樂)

고구려 백제　『당회요』에 전한다 "고구려·백제의 음악은 유송 초에 그것을 얻었고, 정관 연간(627 ~649)에 두 나라를 멸망시키고 그 음악을 다 얻었다. 측천무후 때(690~705)에 이 르러 고구려의 음악은 여전히 25곡이었는데, 정원(785~805) 말년에는 오직 1곡만

배울 수 있었고, 의복 또한 그 본래의 풍을 점차 잃었다. 그 백제는 중종 때(683~684, 705~710)에 이르러 악공이 죽고 흩어졌다. 개원(713~741) 말에 기왕 범이 태상이 되어 다시 연주하고 두었다."(『玉海』108 音樂四夷樂 唐十四國樂)

백제	현경 5년에 소정방이 백제를 토벌하여 평정하자, 흑치상지는 부하를 이끌고 관례에 따라 항복하는 정성을 보냈다. 이 때에 정방이 그 왕 및 태자 융 등을 잡아매고 이어서 병사를 풀어 약탈하자 건장한 자가 많이 죽었다. 상지가 두려워하여 측근 10여 명과 도망쳐 본부로 돌아가서, 도망가고 흩어진 무리를 모아 임존산(任存山)을 함께 지키고 목책을 축조하여 스스로 굳건히 하였다. 10여 일 사이에 귀부하는 자가 3만여 명이나 되었다. 정방이 병사를 파견하여 그를 공격하자, 상지가 죽음을 각오한 병사를 거느리고 맞서 싸우니 관군이 패배하였다. 마침내 본국의 200여 성을 회복하였고 정방은 토벌할 수 없어서 돌아왔다. (『舊唐書』109 列傳 59 黑齒常之)
백제	처음에 흑치상지가 도망가고 흩어진 무리를 불러 모으자, 10여 일 사이에 귀부하는 자가 3만여 명이나 되었다. 정방이 병사를 파견하여 그를 공격하자, 상지가 맞서 싸워 그들을 패배시켰다. 다시 본국의 200여 성을 취하였고 정방은 이길 수 없었다. 상지는 별부장(別部將) 사타상여(沙吒相如)와 각각 험한 곳에 의거하여 복신에게 응하였다. (『三國史記』28 百濟本紀 6)
백제	처음에 소정방이 백제를 토벌하여 평정하자, 달솔 겸 풍달군장(風達郡將) 흑치상지는 부하를 이끌고 항복하였다. 정방이 의자를 가두고 병사를 풀어 크게 약탈하자, 상지가 두려워하여 측근 10여 명과 도망쳐 떠나서, 도망간 무리를 불러 모으고 임존산에 의거하여 스스로 굳건히 하였다. 10일이 지나지 않아 귀부하는 자가 3만 명이나 되었다. 정방이 병사를 파견하여 그를 공격하자, 상지가 맞서 싸워 그들을 패배시켰다. 마침내 다시 200여 성을 취하였고 정방은 이길 수 없었다. 상지는 별부장 사타상여와 험한 곳에 의거하여 복신에게 응하였다. (『三國史節要』10)
백제	소정방이 백제를 평정하자, 흑치상지는 부하를 이끌고 항복하였다. 그러나 정방이 늙은 왕을 가두고 병사를 풀어 크게 약탈하자, 상지가 두려워하여 측근 추장 10여 명과 도망쳐 떠나서, 도망간 무리를 불러 모으고 임존산에 의거하여 스스로 굳건히 하였다. 10일이 지나지 않아 귀부하는 자가 3만 명이나 되었다. 정방이 병사를 몰아 그를 공격하였으나, 이기지 못하였다. 마침내 200여 성을 회복하였다. (『三國史記』44 列傳 4 黑齒常之)
백제	이보다 앞서 백제 수령(首領) 사타상여·흑치상지가 소정방의 군대가 돌아간 후부터 도망가고 흩어진 무리를 불러 모으고, 각각 험한 곳에 의거하여 복신에게 응하였다. (『舊唐書』84 列傳 34 劉仁軌)
백제	처음에 소정방이 백제를 격파하자, 추령(酋領) 사타상여·흑치상지가 도망가고 흩어진 무리를 불러서, 험한 곳에 의거하여 복신에게 응하였다. (『新唐書』108 列傳 33 劉仁軌)
백제	소정방이 백제를 평정하자, 흑치상지는 부하를 이끌고 항복하였다. 그러나 정방이 늙은 왕을 가두고 병사를 풀어 크게 약탈하자, 상지가 두려워하여 측근 추장 10여 명과 도망쳐 떠나서, 도망간 무리를 불러 모으고 임존산에 의거하여 스스로 굳건히 하였다. 10일이 지나지 않아 귀부하는 자가 3만 명이나 되었다. 정방이 병사를 몰아 그를 공격하였으나, 이기지 못하였다. 상지는 마침내 200여 성을 회복하였다. (『新唐書』110 列傳 35 諸夷蕃將 黑齒常之)
백제	소정방이 백제를 이기자, 상지는 부하를 이끌고 그 무리를 따라 항복하였다. 정방이 그 왕 및 태자를 잡아매고 병사를 풀어 약탈하자 건장한 자가 많이 죽었다. 상지가 두려워하여 측근 10여 명과 도망쳐 본부로 돌아가서, 도망가고 흩어진 무리를 거두

어 모아 임존산을 지키고 목책을 엮어 스스로 굳건히 하였다. 여러 날 사이에 귀부하는 자가 3만여 명이나 되었다. 정방이 병사를 파견하여 그를 공격하자, 상지가 맞서 싸우니 당 병사가 불리하였다. 상지는 다시 200여 성을 취하였고 정방은 이길 수 없어서 돌아왔다. 상지는 별부장 사타상여와 각각 험한 곳에 의거하여 복신에게 응하였다. (『資治通鑑』201 唐紀 17 高宗 中之上)

백제 신라   이 해에 백제를 위해 장차 신라를 정벌하려고 스루가노쿠니(駿河國)에 배를 만들도록 명령하였다. 배를 다 만든 후 오미노(續麻郊)에 끌어왔을 때, 그 밤중에 까닭없이 배의 머리와 꼬리가 흔들렸다. 뭇사람들이 마침내 패할 것을 알았다. 시나노노쿠니(科野國)에서 보고하였다. "파리떼가 서쪽으로 향해 오오사카(巨坂)를 날아 지나갔는데, 크기가 10아름 쯤이고 높이는 하늘까지 닿았다." 어떤 사람들은 구원군이 패배할 징조임을 알았다. 동요가 있었는데 다음과 같다. (『日本書紀』26 齊明紀)

신라   현경 5년 이 해에 신라왕 김진덕(金眞德)이 죽자, 황제가 영광문(永光門)에서 애도식을 거행하였다. 태상승(太常丞) 장문수(張文收)를 사신보내 부절을 가지고 가서 조문하고 제사지내게 하며, 개부의동삼사(開府儀同三司)를 하사하고 이어서 능채(綾綵) 300단을 하사하였다. (『冊府元龜』974 外臣部 19 襃異 1)

백제   예식진(禰寔進)의 도량은 매우 깊었고, 일을 처리하는 재능은 넓고 아득하였다. 빈활시위로 기러기를 떨어뜨렸고, 검을 빼어 원숭이가 달아나게 하였다. 본래 천부적 성품이 정직하였고, 일찍이 절의를 드러내었다. 이역(異域)을 살펴 장안(長安)으로 태양을 향해 나아갔다. (「禰寔進 墓誌銘」:『中國歷史地理論叢』2006-2)

백제   지난 현경(顯慶) 5년 관군(官軍)이 본번을 평정하던 날, 예군(禰軍)은 일의 조짐을 보고 변화를 알아 검을 지니고 귀의할 곳을 깨달으니, 유여(由余)가 융(戎)에서 나온 것과 비슷하였고 흉노(匈奴)의 김일제(金日磾)가 한(漢)으로 들어온 것과 같았다. 성상께서 찬탄하셔서 영예로운 반열로 발탁하여 우무위(右武衛) 산천부(滻川府) 절충도위(折衝都尉)를 제수하였다. (「禰軍 墓誌銘」:『社會科學戰線』2011-7)

백제   관병(官兵)이 현경 5년에 동방 지역에서 죄 있는 자를 토벌하자, 진법자(陳法子)는 기회를 타고 확 바뀌어, 정치가 깨끗하고 투명한 시대에 신하가 되기를 청하였다. 은혜를 더하여 권장하고 격려함이 중첩되어, 인하여 칭찬하고 위로함이 더해졌다. 좋아하는 바를 따라서 이곳 중원(中原) 지역에 도착하였고, 지금은 낙양(洛陽) 사람이 되었다. (「陳法子 墓誌銘」:『大唐西市博物館藏墓誌』)

백제   현경 5년에 이서(李諝)는 백제를 평정한 공훈으로 상주국에 제수되고 책서로 다른 관직에 임명되었다. (「李諝 墓誌銘」:『全唐文新編』993:『全唐文補遺』2)

백제   현경 5년에 신구도대총관(神丘道大總管) 소정방(蘇定方)은 변방을 다스리는 것이 한(漢)의 위청(衛靑)·곽거병(霍去病)과 같았고 술수가 춘추전국시대의 손무(孫武)·오기(吳起)처럼 교묘하였다. 그는 육인검(陸仁儉)을 불러 막부에 들어오는 빈객으로 삼아 인검이 가진 많은 계산을 빌리니, 예맥(穢陌)을 쓸어버려서 공적이 있었다. (「陸仁儉 墓誌銘」:『唐代墓誌滙篇續集』:『全唐文補遺』5)

백제   나이 17세에 부친 문헌공(文獻公: 劉仁軌)을 따라 백제를 평정하고, 공으로 웅진도독부참군(熊津都督府叅軍)에 제수되었다. (「劉濬 墓誌銘」:『唐代墓誌滙篇』:『全唐文補遺』1)

백제   손통(孫通)은 백제를 평정한 공으로 상주국에 이르렀으나, 마음을 비워 거문고를 타

	고 술을 마시며 △를 즐겼다. 믿음을 두텁게 하고 인(仁)을 베개로 삼아 삼가 공손하고 겸양하였다. (「孫通 墓誌銘」: 『唐代墓誌滙篇』)
백제	현경 4년에 계림도대총관(鷄林道大總管) 소정방(蘇定方)이 제서를 받아 정벌을 담당하였다. 소정방은 풍사훈(馮師訓)이 책략에 뛰어나고 남들보다 출중함을 알고 함께 정벌하러 갈 것을 주청하였다. 사훈은 전장에서 적군을 죽이는 용기가 뛰어났고 전투력이 훌륭하여 감히 대적할 사람이 없었다. 공훈을 책봉하고 상을 명령하니, 공로가 으뜸이었다. (「馮師訓碑」: 『全唐文補遺』3; 『全唐文新編』188)
고구려	고을덕(高乙德)의 부친 부(孚)는 보장왕(寶藏王)에게 중리소형(中裏小兄)을 받고, 남소도사(南蘇道使)를 맡았다. 대형(大兄)으로 승진하여 해곡부도독(海谷府都督)을 맡았다. 또 승진하여 태상(太相)을 받고, 사부대부(司府大夫)를 맡으며 경사(垧事)를 담당하는 것을 계승하였다. (「高乙德 墓誌銘」: 2015 『韓國古代史研究』79)
고구려	고을덕은 나이가 겨우 큰 뜻을 세우는 때에 그 나라에서 관직에 나아가니, 관등은 중리소형을 받고, 귀단도사(貴端道使)를 맡았다. (「高乙德 墓誌銘」: 2015 『韓國古代史研究』79)
백제	(…) (전면) 주도성(舟嶋城)을 공격하고, 부△성(負△城)을 공격하였다. 중부(中部) △△, 중부 △질(△質) (후면) (「283호 목간」: 1985 2004 『한국의 고대목간』)
백제	나니△련공(那尒△連公) (「317호 목간」: 2000 『한국고고학보』43; 2004 『한국의 고대목간』)
백제	2월 11일 병기 분여 기록 (전면) 중방(中方)으로 보내는 날 없는 창 △ △ (후면) (「285호 목간」: 2004 『한국의 고대목간』)
백제	우이(嵎夷) (「286호 목간」: 2004 『한국의 고대목간』)
백제	나솔(奈率) 모씨(牟氏) 정(丁) △, 적신(寂信) 부정(不丁) 1, △△ 주정(酒丁) 1 (전면) (…) 가△△△동(加△△辶東) (후면) (「현내들 85-8호 목간」: 2008 『목간과 문자』1; 2015 『한국고대문자자료연구』)
백제	덕솔(德率) 수비(首比) (「현내들 91호 목간」: 2008 『목간과 문자』1; 2015 『한국고대문자자료연구』)
백제	상부(上部) (「현내들 95호 목간」: 2008 『목간과 문자』1; 2015 『한국고대문자자료연구』)
백제	한곡(漢谷) (「현내들 105호 목간」: 2008 『목간과 문자』1; 2015 『한국고대문자자료연구』)
백제	오석(五石) 60근(斤) (「쌍북리 173-8번지 194호 목간」: 2011 『목간과 문자』7; 2015 『한국고대문자자료연구』)
백제	△4근(斤)1량(兩) △5근4량 (전면) △정(丁) 34, △부(婦) 13, 백(洎) 1△ (후면) (「쌍북리 173-8번지 223호 목간」: 2011 『목간과 문자』7; 2015 『한국고대문자자료연구』)

신라	(…) 나생성(奈生城) 위에 돌을 흘려보내고, 이 본의성(本宜城)이 지금 군의 경역 내에 받는가 받지 않는가는 (…) (「150호 목간」: 2004 『한국의 고대목간』; 2006 『월성 해자2』)

661(辛酉/신라 태종무열왕 8, 문무왕 1/고구려 보장왕 20/唐 顯慶 6, 龍朔 1/倭 齊明 7)

백제	봄 정월 정유일이 초하루인 임인일(6) 어선(御船)이 서쪽을 정벌하려고 비로소 바닷길로 나아갔다. (『日本書紀』 26 齊明紀)
백제	정월 갑진일(8) 어선이 오오쿠노우미(大伯海)에 이르렀다. (『日本書紀』 26 齊明紀)
백제	정월 경술일(14) 어선이 이요(伊豫) 니키타츠(熟田津)의 이와유노카리미야(石湯行宮)에 머물렀다[숙전진, 이것은 니키타츠(儞枳柁豆)라 한다.] (『日本書紀』 26 齊明紀)
고구려	봄 정월 을묘일(19) 하남(河南)·하북(河北)·회남(淮南) 67주에서 모집하여 얻은 44,466명이 평양도(平壤道)·대방도(帶方道) 행영(行營)으로 갔다. (『舊唐書』 4 本紀 4 高宗 上)
고구려	봄 정월 을묘일(19) 하남·하북·회남 67주에서 병사를 모집하여 44,000여 명을 얻으니, 평양도·누방도(鏤方道) 행영으로 나아갔다. (『資治通鑑』 200 唐紀 16 高宗 上之下)
고구려	봄 정월에 당이 하남·하북·회남 67주에서 병사를 모집하여 44,000여 명을 얻으니, 평양도·누방도 행영으로 나아갔다. (『三國史記』 22 高句麗本紀 10)
고구려	봄 정월에 당이 하남·하북·회남 67주에서 병사를 모집하여 44,000여 명을 얻으니, 평양도·누방도 행영으로 향하였다. (『三國史節要』 9)
고구려	정월 무오일(22) 홍려경(鴻臚卿) 소사업(蕭嗣業)을 부여도행군총관(扶餘道行軍總管)으로 삼아 고구려를 정벌하게 하였다. (『新唐書』 3 本紀 3 高宗)
고구려	봄 정월 무오일(22) 홍려경 소사업을 부여도행군총관으로 삼아, 회흘(回紇) 등 여러 부의 병사를 이끌고 평양에 나아가게 하였다. (『資治通鑑』 200 唐紀 16 高宗 上之下)
고구려	봄 정월에 홍려경 소사업을 부여도행군총관으로 삼아, 회흘 등 여러 부의 병사를 이끌고 평양에 나아가게 하였다. (『三國史記』 22 高句麗本紀 10)
고구려	현경(現慶) 5년 또 다음해 신유 정월에 소사업이 부여도총관(扶餘道摠管)이 되고(이상 1월22일), 임아상(任雅相)이 패강도총관(浿江道摠管)이 되어 35만 군대를 이끌고 고구려를 정벌하였다(이상 4월16일). (『三國遺事』 2 紀異 2 文虎王法敏)
고구려	봄 정월에 또 홍려경 소사업을 부여도행군총관으로 삼아, 회흘 등 여러 부의 병사를 이끌고 평양으로 향하게 하였다. (『三國史節要』 9)
고구려	용삭원년 정월에 홍려경 소사업을 부여도행군총관으로 삼아, 회흘 등 번병(蕃兵)을 이끌고 평양으로 향하여 고구려를 토벌하게 하였다. (『冊府元龜』 986 外臣部 31 征討 5)
신라 백제	봄 2월에 백제의 나머지 적이 와서 사비성을 공격하였다. 왕이 명령하여 이찬(伊湌) 품일(品日)을 대당장군(大幢將軍)으로 삼고 잡찬(迊湌) 문왕(文王), 대아찬(大阿湌) 양도(良圖)·충상(忠常) 등이 그를 보좌하게 하였으며, 잡찬 문충(文忠)을 상주장군(上

	州將軍)으로 삼고 아찬(阿飡) 진왕(眞王)이 그를 보좌하게 하였으며, 아찬 의복(義服)을 하주장군(下州將軍)으로, 무훌(武欻)·욱천(旭川) 등을 남천대감(南川大監)으로, 문품(文品)을 서당장군(誓幢將軍)으로, 의광(義光)을 낭당장군(郎幢將軍)으로 삼아 가서 그들을 구원하게 하였다. (『三國史記』 5 新羅本紀 5)
신라 백제	봄 2월에 백제의 나머지 병사가 사비성을 공격하였다. 신라왕이 명령하여 이찬 품일을 대당장군으로 삼고 잡찬 문왕, 대아찬 양도, 아찬 충상 등이 그를 보좌하게 하였으며, 잡찬 문충을 상주장군으로 삼고 아찬 진왕이 그를 보좌하게 하였으며, 아찬 의복을 하주장군으로, 무훌·욱천 등을 남천대감으로, 문품을 서당장군으로, 의광을 낭당장군으로 삼아 가서 그들을 구원하게 하였다. (『三國史節要』 9)
신라 백제	용삭원년 봄에 왕이 백제의 나머지 무리가 여전히 존재하여 없애지 않을 수 없다고 여겼다. 이찬 품일, 소판(蘇判) 문왕, 대아찬 양도 등을 장군으로 삼아 가서 그들을 정벌하게 하였으나, 이기지 못하였다. 또 이찬 흠순(欽純)[흠춘(欽春)이라고도 한다.]·진흠(眞欽)·천존(天存), 소판 죽지(竹旨) 등을 파견하여 군사를 구제하게 하였다. (『三國史記』 42 列傳 2 金庾信 中)
백제 신라	표문을 올려 신라와 합하여 그들을 도모하기를 청하였다. 신라왕 춘추(春秋)가 조서를 받들어 그 장수 김흠(金欽)을 파견하여 병사를 거느리고 유인궤(劉仁軌) 등을 구원하게 하였다. (『三國史記』 28 百濟本紀 6)
신라 백제	표문을 올려 신라 병사와 합하여 그들을 공격하기를 청하였다. 신라왕이 조서를 받들어 그 장수 김흠을 파견하여 병사를 거느리고 유인궤 등을 구원하게 하였다. (『三國史節要』 10)
신라 백제	황제가 조서를 내려 신라에게 병사를 내게 하였다. 신라왕 춘추가 조서를 받들어 그 장수 김흠을 파견하여 병사를 거느리고 유인궤 등을 구원하게 하였다. (『資治通鑑』 200 唐紀 16 高宗 上之下)
고구려	변방의 봉화가 유관(楡關: 山海關)을 경계하니, / 협객이 상건하(桑乾河)를 건너네. / 버들잎은 은 화살촉을 열고, / 복사꽃은 옥 안장을 비추네. / 가득한 달은 활 그림자에 임하고, / 이어진 별들은 칼의 서기에 들어오네. / 연(燕) 단(丹)의 나그네를 따라 배워 / 괜스레 역수한(易水寒) 노래하지 말게나. (『駱丞集』 1 送鄭少府入遼共賦俠客遠從戎) (『全唐詩』 78 駱賓王 送鄭少府入遼共賦俠客遠從戎)
고구려	3월 병신일 초하루에 황제가 군신 및 외이와 낙성문에서 연회를 하고, 둔영에서 새로 가르친 춤을 보니 그것을 일융대정악(一戎大定樂)이라고 하였다. 이 때에 황제가 고구려에 친정하려고 하여 무를 이용하는 형세를 표현한 것이다. (『資治通鑑』 200 唐紀 16 高宗 上之下)
고구려	용삭원년 3월 1일에 황제가 이적(李勣)·이의부(李義府)·임아상·허경종(許敬宗)·허어사(許圉師)·장연사(張延師)·소정방(蘇定方)·아사나충(阿史那忠)·우전왕(于闐王) 복도(伏闍)·상관의(上官儀) 등을 불러 성문에서 연회를 하고, 둔영에서 새로 가르친 춤을 보니 그것을 일융대정악이라고 이름붙였다. 이 때에 요동에 친정하려고 하여 무를 이용하는 형세를 표현한 것이다. (『唐會要』 33 諸樂)
고구려	『신당서』 예악지(禮樂志)에 전한다. "고종(高宗)이 장차 고구려를 정벌하려고 하였다. 용삭원년 3월[병신 초하루]에 황제가 이적·임아상 등을 불러 낙양성문에서 연회를 하고 둔관(屯管)에서 춤을 가르치는 것을 보니, 친정하여[새로이 정벌하였다고도 한다.] 무를 이용하는 형세를 참고하여 일융대정악이라고 이름붙였다. 춤추는 자는 140명인데, 오채(五采) 갑옷을 입고 창을 가지고 춤추었고, 노래하는 자가 화답하였는데, 팔현동궤악(八絃同軌樂)이라고 하여 고구려가 평정되어 천하가 크게 안정된

것을 표현하였다. 요동이 평정되자 행군대총관 이적이 이래빈지곡(夷來賓之曲)[이미빈지곡(夷美賓之曲)이라고도 한다.]을 만들어 바쳤다[『통전(通典)』에 "대정악(大定樂), 출자파진악(出自破陣樂)"이라고 하는데, 또 "대정은 또한 팔현동궤악을 말한다"고도 하고, 또 "태종(太宗)이 요동을 평정할 때 만들었다"고도 하며, 또 "고종이 만든 것이고 둘은 같지 않다"고도 한다].

『당회요(唐會要)』에 전한다. "용삭원년 3월 1일에 황제가 이적·소정방 등을 불러 성문에서 연회를 하고, 둔영에서 가르친 춤을 보니[새로 가르친 춤을 참고하였다.] 그 것을 일융대정악이라고 이름붙였다. 모두 요동에 새로이 정벌하려고 하여 무를 이용하는 형세를 표현한 것이다[융의대정(戎衣大定)이라고도 하는데, 요동을 평정한 공을 표현한 것이다]." (『玉海』 105 音樂樂 3 唐一戎大定樂八絃同軌樂夷來賓曲)

고구려	현경 6년 3월에 황제가 요동을 정벌하려고 하여 둔영에서 춤을 가르치고, 이의부·임아상·허경종·허어사·장연사·소정방·아사나충·우전왕 복도·상관의 등을 불러 낙성문에서 연회를 하며, 음악에 일융대정악이라고 이름붙였다. 음악을 본 자에게 잡채(雜綵)를 차등 있게 하사하였다. (『舊唐書』 28 志 8 音樂 1)
고구려	황제가 장차 고구려를 정벌하려고 하여, 낙양성문에서 연회를 하고 둔영(屯營)에서 춤을 가르치는 것을 보니, 새로이 정벌하여 무를 이용하는 형세를 참고하여 일융대정악이라고 이름붙였다. 춤추는 자는 140명인데, 오채 갑옷을 입고 창을 가지고 춤추었고, 노래하는 자가 화답하였는데, 팔현동궤악이라고 하여 고구려가 평정되어 천하가 크게 안정된 것을 표현하였다. 요동이 평정되자 행군대총관 이적이 이미빈지곡을 만들어 바쳤다. (『新唐書』 21 志 11 禮樂 11)
신라 백제	3월 5일에 도중의 길에 이르러 품일이 휘하 군대를 나누어 앞서 갔다. 두량윤성(豆良尹城)[두량이성(豆良伊城)이라고도 한다.] 남쪽에 가서 서로 땅에 군영을 만들었다. 백제 군대가 진영을 보니 정돈되지 않아서, 갑자기 나와 불의에 급히 공격하니 아군이 놀라서 무너지고 달아났다. (『三國史記』 5 新羅本紀 5)
신라 백제	3월에 백제의 경계에 이르러 품일이 휘하를 나누어 두량윤성 남쪽에 먼저 이르러, 서로 땅에 군영을 만들었다. 백제 군대가 군대의 진영을 보니 정돈되지 않아서, 갑자기 나와 거병하니 신라군이 놀라서 무너졌다. (『三國史節要』 9)
신라 백제	3월 12일에 대군이 와서 고사비성(古沙比城) 밖에 주둔하면서, 나아가 두량윤성을 공격하기를 1개월하고도 6일이나 걸렸으나 이기지 못하였다. (『三國史記』 5 新羅本紀 5)
신라 백제	3월에 대군이 이어서 이르러 두량윤성을 공격하였으나 30일이 지나도록 이기지 못하였다. (『三國史節要』 9)
백제	용삭원년 3월에 대방주자사(帶方州刺史) 유인궤가 백제의 나머지 무리를 웅진 북쪽에서 대파하였다. (『冊府元龜』 986 外臣部 31 征討 5)
백제 신라	고사(古泗)에 이르러 복신(福信)이 요격하여 그들을 패배시키니, 흠이 갈령(葛嶺)의 길에서 달아나 신라로 돌아가서 감히 다시 나오지 않았다. 얼마 지나서 복신이 도침(道琛)을 죽이고 그 무리를 병합하였다. 풍(豐)은 제어하지 못하고 다만 제사를 주관할 뿐이었다. (『三國史記』 28 百濟本紀 6)
백제 신라	고사에 이르러 복신이 요격하여 그들을 패배시키니, 흠이 갈령에서 달아나 신라로 돌아가서 감히 다시 나오지 않았다. 얼마 지나서 복신이 도침을 죽이고 그 무리를 병합하였다. 풍은 제어하지 못하고 다만 제사를 주관할 뿐이었다. (『三國史節要』 10)
백제	얼마 지나서 복신이 도침을 죽이고 그 병사와 무리를 병합하였다. 부여풍은 다만 제

	사를 주관할 뿐이었다. (『舊唐書』199上 列傳 149上 東夷 百濟)
백제 신라	고사에 이르러 복신이 요격하여 그들을 패배시키니, 흠이 갈령에서 달아나 신라로 돌아가서 감히 다시 나오지 않았다. 복신이 얼마 지나서 도침을 죽이고 나라와 병사를 마음대로 총괄하였다. (『資治通鑑』200 唐紀 16 高宗 上之下)
백제	용삭 연간에 웅진도독(熊津都督)이 되어, 대방주사 유인궤와 웅진 동쪽에서 백제의 나머지 적을 대파하였다. (『册府元龜』366 將帥部 27 機略 6 劉仁願)
백제	3월 병신일이 초하루인 경신일(25) 어선이 돌아와 나노오오츠(娜大津)에 이르렀다. 이와세노카리미야(磐瀨行宮)에 머물렀다. 천황이 이 곳의 이름을 바꾸어 나가츠(長津)이라 했다. (『日本書紀』26 齊明紀)
백제 신라	복신 등이 이에 도성의 포위를 풀고 임존성(任存城)으로 물러나 지켰다. 신라 군대가 식량이 떨어져 이끌고 돌아갔다. 이 때가 용삭원년 3월이다. 이리하여 도침은 영군장군(領軍將軍)이라고 자칭하고, 복신은 상잠장군(霜岑將軍)이라고 자칭하면서 무리를 불러 모으니, 그 세력이 더욱 펼쳐져서 사자를 보내 유인궤에게 고하였다. "대당과 신라가 백제는 노소를 묻지 않고 다 죽이고 나서 나라를 신라에게 주자고 서약하였다고 들었다. 죽음을 받아들이는 것이 어찌 싸우다가 죽는 것과 같겠는가? 모여서 단결하여 스스로 굳게 지킬 뿐이다." 인궤가 서신을 써서 화와 복에 대하여 갖추어 진술하고 사신을 파견해 타일렀다. 도침 등이 무리를 믿고 교만하여 인궤의 사자를 외관에 두고 업신여기며 답하기를, "사자의 관품이 낮다. 나는 한 나라의 대장인데 참가하는 것이 합당하지 않다."라고 하면서 답서를 보내지 않고 헛되이 돌려보냈다. 인궤는 무리가 적다고 여겨 인원과 군대를 합하여 병사들을 휴식하게 하였다. (『三國史記』28 百濟本紀 6)
백제 신라	도침 등이 이에 유인원의 포위를 풀고 임존성으로 물러나 지켰다. 신라 병사가 식량이 떨어져 이끌고 돌아갔다. 이 때가 용삭원년 3월이다. 이리하여 도침은 영군장군이라고 자칭하고, 복신은 상잠장군이라고 자칭하면서 반란하고 도망간 무리를 불러 꼬드기니, 그 세력이 더욱 펼쳐져서 사자를 보내 유인궤에게 고하였다. "대당과 신라가 백제는 노소를 묻지 않고 다 죽이고 나서 나라를 신라에게 주자고 서약하였다고 들었다. 죽음을 받아들이는 것이 어찌 싸우다가 죽는 것과 같겠는가? 모여서 단결하여 스스로 굳게 지킬 뿐이다." 인궤가 서신을 써서 화와 복에 대하여 갖추어 진술하고 사신을 파견해 타일렀다. 도침 등이 무리를 믿고 교만하여 인궤의 사자를 외관에 두고 업신여기며 답하기를, "사자의 관품이 낮다. 나는 한 나라의 대장인데 스스로 참가하는 것이 합당하지 않다."라고 하면서 답서를 보내지 않고 돌려보냈다. (『舊唐書』199上 列傳 149上 東夷 百濟)
신라 백제	문무왕(文武王) 11년(671) 가을 7월26일에 대당 총관(摠管) 설인귀(薛仁貴)가 임윤법사(琳潤法師)를 사신보내 편지를 보냈는데, 내용은 다음과 같다. (…) 대왕이 편지에 답하였는데, 내용은 다음과 같다. " (…) 현경 5년(660)에 (…) 6년에 이르러서는 복신의 무리들이 점점 많아지고 강의 동쪽 땅을 침범하여 빼앗았으므로, 웅진의 중국 병사 1,000명이 적의 무리들을 치러 갔다가 적에게 격파당하여 한 사람도 돌아오지 못하였다. 싸움에 패한 뒤부터 웅진에서 군사를 요청함이 밤낮동안 계속되었는데, 신라에는 많은 전염병이 돌아 군사와 말을 징발할 수가 없었음에도 불구하고 어렵게 요청하는 것을 어기기 어려워 드디어 군사를 일으켜 주류성(周留城)을 포위하러 갔다. 적이 우리 군사가 적음을 알고 마침내 곧 와서 공격하여 병사와 말을 크게 잃고서 이득 없이 돌아오게 되자, 남쪽의 여러 성들이 한꺼번에 배반하여 모두 복신에게 속하였다. 복신은 승세를 타고 다시 부성을 포위하였으므로, 이 때문에 웅진은

길이 끊겨서 소금과 간장이 떨어지게 되었다. 이에 곧 건장한 남자들을 모집하여 비밀스러운 길로 소금을 보내 곤경을 구원하였다. (…) ”(『三國史記』 7 新羅本紀 7 文武王 下)

신라 백제   문무왕 11년(671) 가을 7월에 당 총관 설인귀가 승려 임윤법사를 파견해 왕에게 편지를 보냈는데, 내용은 다음과 같다. (…) 왕이 편지에 답하였는데, 내용은 다음과 같다. “ (…) 현경 5년(660)에 이르러 (…) 6년에 이르러서는 복신의 무리들이 점점 많아지고 강의 동쪽 땅을 침범하여 빼앗았으므로, 웅진의 중국 병사 1,000명이 적의 무리들을 치러 갔다가 적에게 격파당하여 한 사람도 돌아오지 못하였다. 싸움에 패한 뒤부터 웅진에서 군사를 요청함이 밤낮동안 계속되었는데, 신라에는 많은 전염병이 돌아 군사와 말을 징발할 수가 없었음에도 불구하고 어렵게 요청하는 것을 어기기 어려워 드디어 군사를 일으켜 주류성을 포위하러 갔다. 적이 우리 군사가 적음을 알고 마침내 곧 와서 공격하여 병사와 말을 크게 잃고서 이득 없이 돌아오게 되자, 남쪽의 여러 성들이 한꺼번에 배반하여 모두 복신에게 속하였다. 복신은 승세를 타고 다시 부성을 포위하였으므로, 이 때문에 웅진은 길이 끊겨서 소금과 간장이 떨어지게 되었다. 이에 곧 건장한 남자들을 모집하여 비밀스러운 길로 소금을 보내 곤경을 구원하였다. (…) ”(『三國史節要』10)

백제 신라   용삭원년에 유인궤가 신라 병사를 징발하여 가서 구원하였다. 도침이 웅진강(熊津江)에 두 벽을 세우자, 인궤가 신라 병사와 협공하였다. 아군이 달아나서 벽으로 들어가는데, 다리를 다투다가 떨어지거나 물에 빠진 자가 1만 명이나 되었다(이상 660년 10월30일).
        신라 병사가 돌아갔다. 도침은 임효성(任孝城)을 지키면서 영군장군이라고 자칭하고, 복신은 상잠장군이라고 칭하면서 인궤에게 고하였다. “당과 신라가 백제를 격파하고 나서 노소 할 것 없이 모두 죽이고 나서 나라를 주자고 약속하였다고 들었다. 내가 더불어 죽음을 받아들이는 것이 싸우다가 죽는 것만 못하다.” 인궤가 사신을 파견해 편지를 가지고 가서 답하여 설득하였다. 도침이 매우 교만하여 인궤의 사자를 외관에 두고 업신여기며 답하기를, “사자의 관품이 낮다. 나는 나라의 대장인데 예로는 만나는 것이 합당하지 않다.”라고 하면서 않고 헛되이 돌려보냈다. 인궤는 무리가 적다고 여겨 군대를 휴식하게 하여 위엄을 길렀다(이상 3월). 신라와 합하여 그를 도모할 것을 청하였다(이상 2월). 복신이 얼마 지나지 않아 도침을 죽이고 그 병사를 병합하였다. 풍은 제어할 수 없었다(이상 3월12일). (『新唐書』220 列傳 145 東夷 百濟)

백제   도침 등이 이에 유인원의 포위를 풀고 임존성으로 물러나 지켰다(이상 3월). 얼마 지나서 복신이 도침을 죽이고 그 병마를 병합하였다(이상 3월12일). 반란하고 도망간 무리를 불러 유혹하니, 그 세력이 더욱 펼쳐졌다. 유인궤는 이에 인원과 군대를 합하여 휴식하였다(이상 3월). (『舊唐書』84 列傳 34 劉仁軌)

백제   복신 등이 유인원의 포위를 풀고 임존성으로 물러나 지켰다(이상 3월). 얼마 지나서 복신이 도침을 죽이고 그 무리를 병합하였다(이상 3월12일). 반란하고 도망간 무리를 불러 돌아오게 하니, 세력이 펼쳐짐이 심하였다. 유인궤는 유인원과 합하여 곧 갑옷을 풀어 병사들을 휴식하게 하였다(이상 3월). (『新唐書』108 列傳 33 劉仁軌)

신라 백제   복신 등이 인원의 포위를 풀고 임존성으로 물러나 지켰다. 얼마 지나서 복신이 도침을 죽이고 그 무리를 병합하여 배반하고 도망간 무리를 불러들이니 세력이 더욱 펼쳐졌다. 인궤가 인원과 합하여 갑옷을 풀어 병사들을 휴식하게 하고, 곧 병사를 더 해주기를 청하였다. (『三國史記』6 新羅本紀 6)

백제 신라   복신 등이 이에 포위를 풀고 임존성으로 물러나 지켰다. 신라 군대가 식량이 떨어져 돌아갔다. 이리하여 도침은 영군장군이라고 자칭하고, 복신은 상잠장군이라고 자칭하면서 무리를 불러 모으니, 그 세력이 더욱 펼쳐져서 사자를 보내 인궤에게 고하였다. "대당과 신라가 백제 유민을 다 죽이고 나라를 신라에게 주자고 서약하였다고 들었다. 앉아서 죽음을 맞이하느니 차라리 힘써 싸워서 생존을 도모함이 낫지 않겠는가? 모여서 단결하면 스스로 굳게 지킬 뿐이다." 인궤가 서신을 써서 사자를 보내 화와 복에 대하여 갖추어 진술하였다. 도침 등이 인궤의 사자를 외관에 두고 업신여기며 답하기를, "사자의 관품이 낮다. 나는 한 나라의 대장인데 서로 만나는 것이 합당하지 않다."라고 하면서 답서를 보내지 않고 돌려보냈다. 인궤는 무리가 적다고 여겨 인원과 군대를 합하여 병사들을 휴식하게 하였다. (『三國史節要』 10)

백제 신라 　도침 등이 이에 부성의 포위를 풀고 임존성으로 물러나 지켰다.49) 신라가 식량이 떨어져 이끌고 돌아갔다. 도침은 영군장군이라고 자칭하고, 복신은 상잠장군이라고 자칭하면서 무리를 불러 모으니, 그 세력이 더욱 펼쳐졌다. 인궤는 무리가 작다고 여겨 인원과 군대를 합하여 병사들을 휴식하게 하였다. (『資治通鑑』 200 唐紀 16 高宗 上之下)

백제 　『자치통감』에 전한다. "(…) 도침 등이 이에 부성의 포위를 풀고 임존성으로 물러나 지켰다. 신라가 식량이 떨어져 이끌고 돌아갔다. 도침은 영군장군이라고 자칭하고, 복신은 상잠장군이라고 자칭하면서 무리를 불러 모으니, 그 세력이 더욱 펼쳐졌다. 인궤는 무리가 적다고 여겨 인원과 군대를 합하여 병사들을 휴식하게 하였다." (『玉海』 191 兵捷露布 3 唐熊津道行軍摠管破百濟)

백제 　이름을 빌리고 지위를 훔쳐서 모두 장군을 △하고, 성을 무너뜨리고 고을을 깨트렸다. 점차 중심부로 들어와서 우물을 덮고 나무를 베어냈으며 집을 무너뜨리고 농막집을 태워버려서 지나는 곳은 남은 것이 없으니 남은 무리가 거의 없었다. 흉악한 기세가 이미 왕성하니 사람들이 모두 위협에 눌려 복종하였다. 목책을 벌리고 진영을 늘여 세워서 공격하고 포위함이 계속 이어졌다. 높은 사다리에서 구부려 굽어보고 지하통로가 널리 통하였으며, 돌을 치고 화살을 날리는 것이 별이 달리고 비가 떨어지는 듯했다. 낮과 밤을 연달아 싸우고 아침저녁으로 침범하였다. 스스로 이르기를 망한 것을 흥하게 하고 끊어진 것을 계승한다고 하였으며, △△△△△△. 무심한 듯 베개를 높이고 더불어 창끝을 다투지 않아, 갑옷을 견고하게 하고 병기를 날카롭게 하여 그 폐단을 △하여서 적들은 긴 세월을 헛되이 보내어 힘이 다하고 기운이 쇠하였다. 인원은 이에 몰래 간첩을 보내어 그 병사들의 태만함을 △하고는 구(構)△△△하고 틈을 △하고 때를 기다려서 문을 뚫고 구멍을 파서 병사를 놓아 엄습하였다. (…) 책이성시속궁동(柵二城時屬窮冬)△△△△ (…) (「唐劉仁願紀功碑」)

신라 가야 　신라 제30대왕 법민(法敏)의 용삭원년 신유 3월 일에 이르러 제서가 있었다. "짐은 가야국 시조의 9대손인 구충왕(仇衝王)이 이 나라에 항복하여 이끌고 온 아들 세종(世宗)의 아들인 솔우공(率友公)의 아들인 잡간(匝干) 서운(庶云)의 딸인 문명황후(文明皇后)가 나를 낳았다. 이런 까닭에 시조는 어린 사람에게 곧 15대 시조가 된다. 다스린 나라라는 것은 이미 일찍이 패하였으나, 장사지낸 사당이라는 것은 지금 여전히 존재하니 종조(宗祧)에 합하여 이어서 곧 제사지내겠다[續乃祀事]. 이어서 나라가 멸망한 옛 궁궐 터에 사자를 파견해, 나라 가까운 사당 위에 상전 30경을 공급하고 경영하는 자본으로 삼아 왕위전(王位田)이라고 부르고 본토에 부속시키라. 왕의 17대손 급간(級干) 갱세(賡世)가 삼가 조지(朝旨)를 받아 그 밭을 주관하고 맡아서, 매년 때마다 막걸리와 단술을 빚고 떡·밥·다과 등 여러 음식을 설치하여 제사지

---

49) 임존성은 백제 서부의 임존산에 있다. 고이(考異)에 전한다. "실록에서 혹은 임효성(任孝城)이라고도 하는데 어느 것이 맞는지 모르겠다. 지금은 그 많은 것을 따른다."

내고 해마다 잃지 않으며, 그 제삿날은 거등왕(居登王)이 정한 연내 5일을 잃지 않아서 효성스러운 제사를 향기롭게 하라. 이리하여 나에게 거등왕이 즉위한 기묘년부터 편방(便房)을 두고 내려와 구충왕대에 이르러 330년이 되지 않은 사이에 사당에 지사지내고 곡으로 예를 곡진히 하는데 오래도록 어기는 자가 없었다. 그 이에 구충왕이 왕위를 잃고 나라를 떠나고 나서 용삭원년 신유에 이르기까지 60년 간에 이 사당에 제사지내고 예를 드리는 것이 혹은 빠진 것 같으니, 아름답도다. 문무왕(文武王)[법민왕의 시호이다.]은 앞서 조상을 받들고 존중하니 그 효가 효성스럽구나. 망하고 끊어진 제사를 이어서 다시 행한 것이다. (『三國遺事』 2 紀異 2 駕洛國記)

백제 신라　3월에 처음에 소정방이 이미 백제를 평정하고 나서 낭장(郎將) 유인원을 남겨 백제 부성을 지키게 하였다. 또 좌위중랑장(左衛中郎將) 왕문도(王文度)를 웅진도독으로 삼아 나머지 무리를 위무하게 하였다(이상 660년 9월23일). 문도가 바다를 건너서 죽었다(이상 660년 9월28일). 백제 승려 도침, 옛 장수 복신이 무리를 모아 주류성(周留城)에 근거하고, 옛 왕자 풍을 왜국에서 맞이하여 그를 옹립하며, 병사를 이끌어 인원을 부성에서 포위하였다. 조서를 내려 유인궤를 일으켜 검교대방주자사로 삼고[50] 문도의 무리를 거느리면서 편의대로 신라의 병사를 징발하게 하여 인원을 구원하게 하였다. 인궤가 기뻐하며 '하늘이 장차 이 늙은이를 부귀하게 하려는구나!'라고 하였다. 주사(州司)에서 당의 달력 및 피휘 등을 청하고 가면서[51] '나는 동이를 쓸어 평정시키고, 대당의 정삭을 해외에 반포하겠다.'라고 하였다. 인궤는 군대를 엄정하게 부리니, 옮겨다니며 싸우면서 앞으로 나아가서 향하는 곳마다 모두 함락시켰다(이상 660년 9월). 백제가 웅진강 입구에 두 목책을 세웠다. 유인궤가 신라 병사와 합하여 공격하여 그들을 격파하였다. 죽이거나 물에 빠져 죽은 자가 만여 명이나 되었다(이상 660년 10월30일).
도침 등이 이에 부성의 포위를 풀고 임존성으로 물러나 지켰다.[52] 신라가 식량이 떨어져 이끌고 돌아갔다. 도침은 영군장군이라고 자칭하고, 복신은 상잠장군이라고 자칭하면서 무리를 불러 모으니, 그 세력이 더욱 펼쳐졌다. 인궤는 무리가 작다고 여겨 인원과 군대를 합하여 병사들을 휴식하게 하였다(이상 3월). 황제가 조서를 내려 신라에게 병사를 내게 하였다. 신라왕 춘추가 조서를 받들어 그 장수 김흠을 파견하여 병사를 거느리고 인궤 등을 구원하게 하였다(이상 2월). 고사에 이르러 복신이 요격하여 그들을 패배시키니, 흠이 갈령에서 달아나 신라로 돌아가서 감히 다시 나오지 않았다. 복신이 얼마 지나서 도침을 죽이고 나라와 병사를 마음대로 총괄하였다(이상 3월12일). (『資治通鑑』 200 唐紀 16 高宗 上之下)

고구려　4월 경진일(16) 임아상을 패강도행군총관으로, 글필하력(契苾何力)을 요동도행군총관으로, 소정방을 평양도행군총관으로, 소사업을 부여도행군총관으로, 우효위장군(右驍衛將軍) 정명진(程名振)을 누방도행군총관으로, 좌효위장군(左驍衛將軍) 방효태(龐孝泰)를 옥저도행군총관(沃沮道行軍總管)으로 삼아 35군을 이끌고 고구려를 정벌하게 하였다. (『新唐書』 3 本紀 3 高宗)

고구려　용삭원년 신유 4월 경진일(16) 임아상이 패강도행군대총관이 되었다. (『新唐書』 61

---

50) 대방주(帶方州)는 백제의 경계에 설치하였는데, 옛 지명으로 인하여 주를 이름지었다. 고이(考異)에 전한다. "『조야첨재(朝野僉載)』에 전하기를, '유인원이 유인궤를 검교대방주자사로 삼았다.'라고 한다. 지금은 열전에 따른다."
51) 유인궤가 청주자사(靑州刺史)에서 백의종군한 것을 생각건대, 이것은 아마도 청주(靑州) 주사(州司)에서 그것을 청하였을 것이다.
52) 임존성은 백제 서부의 임존산에 있다. 고이에 전한다. "실록에서 혹은 임효성(任孝城)이라고도 하는데 어느 것이 맞는지 모르겠다. 지금은 그 많은 것을 따른다."

표 1 宰相 上)

고구려	4월 경진일(16) 임아상을 패강도행군총관으로, 글필하력을 요동도행군총관으로, 소정방을 평양도행군총관으로 삼아 소사업 및 여러 호병(胡兵) 모두 35군과 수륙으로 길을 나누어 나란히 나아가게 하였다. 황제가 스스로 대군을 거느리고 그들을 이어서 가려고 하였다. (『資治通鑑』200 唐紀 16 高宗 上之下)
고구려	용삭원년 4월16일에 병부상서 임아상을 패강도행군대총관으로 삼아 35군과 수륙으로 길을 나누어 먼저 고구려의 틈을 보게 하였다. 황제가 장차 직접 육군을 이끌고 그들을 이어서 가려고 하였다. 울주자사(蔚州刺史) 이군구(李君球)가 상소하였다. "신이 듣건대 『사마법(司馬法)』에 전하기를, '나라가 비록 크더라도 전쟁을 좋아하면 반드시 망하고 천하가 비록 평화롭더라도 전쟁을 잊으면 반드시 위태롭다.'고 하였습니다. 전쟁이라는 것은 위험한 일이고 병사라는 것은 흉기이므로 성주(聖主)·명왕(明王)이 그것을 무겁게 행하였으니, 인력이 다함을 걱정하고 부고(府庫)가 비는 것을 염려하며 사직의 위태로움을 두려워하고 중국의 근심을 생기게 하였기 때문입니다. 그러므로 옛 사람이 말하기를, '덕을 넓히기에 힘쓰는 자는 창성하고 땅을 넓히기에 힘쓰는 자는 망한다.'고 하였습니다. 옛날에 진시황(秦始皇)이 전쟁을 좋아하여 그치지 않았으나 나라를 잃기에 이르렀으니 이는 그 내부를 아끼지 않고 그 먼 곳에 힘쓴 까닭입니다. 한(漢) 무제(武帝)가 멀리 삭방(朔方)을 토벌하여 만리에 미치고 남해(南海)를 넓게 개척하여 나누어서 8군(郡)으로 삼았으나, 끝내 호구는 반으로 줄고 국가재정은 비었으며 말년에 이르러서는 바야흐로 애통해하는 조서를 드리워서 스스로 그 실책을 후회하였습니다. 저 고구려라는 자는 벽측(僻側)한 소추(小醜)로 산과 바다 사이에 몰래 숨어서, 그 사람을 얻어도 성화(聖化)를 밝히기에 부족하고 그 땅을 버려도 천위(天威)를 손상시키기에 부족합니다. 어찌 중국의 사람들을 피로하게 하고 부고의 채운 것을 기울여서 남자로 하여금 밭갈고 김맬 수 없게 하고 여자로 하여금 누에치고 베짤 수 없게 하는 지경에 이르게 합니까? 폐하는 사람의 부모가 되어서 불쌍히 여겨 구휼하는 마음을 드리우지 않고 그 유한한 재화를 기울여 저 쓸모없는 땅을 탐하니, 설령 고구려가 이미 멸망하고 나더라도 곧 병사를 징발하여 지키지 않을 수 없을 것입니다. 적게 징발하면 병위(兵威)가 부족할 것이고 많이 징발하면 곧 인심이 불안해질 것이니, 이는 곧 중국이 옮겨다니며 지키는 것에 피로하고 만성(萬姓)이 삶을 즐김이 없는 것이어서 곧 천하가 패배할 것입니다. 천하가 이미 패배하고 나서 곧 폐하는 무엇으로 스스로 안정되실 것입니까? 그러므로 신은 그들을 정벌하는 것이 정벌하지 않는 것만 같지 못하고 멸망시키는 것이 멸망시키지 않는 것만 같지 못하다고 여기는 겁니다. 오직 폐하께서 이것을 재단(裁斷)하십시오." (『唐會要』95 高句麗)
고구려	여름 4월에 임아상을 패강도행군총관으로, 글필하력을 요동도행군총관으로, 소정방을 평양도행군총관으로 삼아 소사업 및 여러 호병 모두 35군과 수륙으로 길을 나누어 나란히 나아가게 하였다. 황제가 스스로 대군을 거느리고 그들을 이어서 가려고 하였다. 울주자사 이군구가 간언하였다. "고구려는 작은 나라인데 어째서 중국을 기울이는 일까지 있겠습니까? 만약 고구려가 이미 멸망하였다면 반드시 병사를 징발하여 지켜야 하니, 조금 징발하면 위세가 떨치지 못하고 많이 징발하면 사람들이 불안해 합니다. 이것은 천하에 옮겨다니며 지켜서 피로하게 하는 것입니다. 신은 그들을 정벌하는 것이 정벌하지 않는 것만 못하다고 여기고 멸망시키는 것이 멸망시키지 않는 것만 못하다고 여깁니다." 또한 때마침 무후가 황제에게 간언하니, 이에 중지하였다. (『三國史記』22 高句麗本紀 10)
고구려	여름 4월에 당이 임아상을 패강도행군총관으로, 글필하력을 요동도행군총관으로, 소정방을 평양도행군총관으로 삼아 소사업 및 여러 호병 모두 35군과 수륙으로 길을

나누어 나란히 나아가게 하였다. 황제가 스스로 대군을 거느리려고 하였다. 울주자사 이군구가 말하였다. "고구려는 작은 나라인데 어째서 중국을 기울이는 일까지 있겠습니까? 만약 고구려가 이미 멸망하였다면 반드시 병사를 징발하여 지켜야 하니, 조금 징발하면 위세가 떨치지 못하고 많이 징발하면 사람들이 불안해 합니다. 이것은 천하에 옮겨다니며 지켜서 피로하게 하는 것입니다. 신은 그들을 정벌하는 것이 정벌하지 않는 것만 못하다고 여기고 멸망시키는 것이 멸망시키지 않는 것만 못하다고 여깁니다." 때마침 무후 또한 간언하니, 이에 중지하였다. (『三國史節要』9)

고구려 용삭원년 4월에 조서를 내려 겸병부상서 임아상을 패강도행군총관으로, 좌위대장군 글필하력을 요동도행군총관으로, 좌무위대장군 소정방을 평양도행군총관으로 삼아, 아울러 여러 번국의 군대를 이끌고 총 35군을 거느리며 수륙으로 길을 나누어 먼저 고구려의 틈을 보게 하였다. 황제가 장차 직접 육군을 이끌고 그들을 이어서 가려고 하였다. (『冊府元龜』986 外臣部 31 征討 5)

고구려 용삭원년에 크게 병사를 모집하여 여러 장수를 임명하고 배치하였다. 울주자사 이군구가 간언하였다. "고구려는 작은 나쁜 무리인데 어째서 중국을 기울이는 일까지 있겠습니까? 만약 고구려가 이미 멸망하였다면 반드시 병사를 징발하여 지켜야 하니, 조금 징발하면 위세가 떨치지 못하고 많이 징발하면 사람들이 불안해 합니다. 이것은 천하에 옮겨다니며 지켜서 피로하게 하는 것입니다. 신은 그들을 정벌하는 것이 정벌하지 않는 것만 못하다고 여기고 멸망시키는 것이 멸망시키지 않는 것만 못하다고 여깁니다." 또한 때마침 무후가 쓴 소리로 맞이하니, 황제가 이에 중지하였다. (『新唐書』220 列傳 145 東夷 高麗)

고구려 용삭원년에 이르러 총관 글필하력 장군을 따라 요동도(遼東道)로 나아갈 때, 누경(婁敬)은 검교과의(檢校果毅)를 제수받았다. 평양성 철산진(鐵山陣)에 이르러 비포(緋袍)·은대(銀帶)를 상으로 받고 유격장군(游擊將軍)·검교과의·동정부령(同正府領)을 제수받으니, 왕에게 충성함을 표창한 것이다. (「婁敬 墓誌銘」: 『唐代墓誌滙篇』: 『全唐文補遺』5: 『全唐文新編』993)

고구려 용삭원년에 패강도(浿江道)에서 하늘의 법규를 받들고 위험을 받아 죄를 물었다. 오흠(仵欽)은 배에 무기를 감추고 낙성루(落星樓)에서 홀로 적을 굽어보고 분주히 달렸다. 배를 타고 수로를 따라 공격하니 명월협(明月峽)에서 앞서기를 다투며 명성을 날렸다. 조서가 있어 흠을 상주국으로 봉하고, 나머지 훈적은 10전(轉)하였다. (「仵欽 墓誌銘」: 『唐代墓誌滙篇附考』8: 『全唐文新編』993: 『全唐文補遺』6)

고구려 용삭원년에 요동에서 죄를 묻자, 누방도총관(鏤方道總管) 정명진(程名振)이 양사선(楊師善)을 행군병조(行軍兵曹)에 충당할 것을 주청하였다. 사선은 책략과 계략에 뛰어나서 여러 차례 승리를 거두었다. (「楊師善 墓誌銘」: 『全唐文新編』994: 『全唐文補遺』3)

고구려 용삭원년에 조서를 내려 계필하력을 요동도행군대총관(遼東道行軍大總管)으로 삼았다. (「契苾嵩 墓誌銘」: 『全唐文新編』997)

고구려 임아상이 고구려를 정벌할 때에 표문을 올려 기실이 되었다. (『新唐書』202 列傳 127 文藝 中 蕭晶)

고구려 용삭 연간에 천자가 장차 동이에서 열병하여 선제의 업을 회복하려 하여, 대체로 중원에 거주하는 자들은 대부분 방군(旁郡)으로 나와 지켰다. 이 해에 양월(楊越)에게 조산대부(朝散大夫)를 제수하고 기주사마(冀州司馬)에 임명하였다가 또 위주사마(魏州司馬)로 옮겼으니, 모두 주(州)의 일을 맡은 것이다. (「楊越 碑銘」: 『全唐文新編』214)

신라 백제 여름 4월 19일에 군사를 돌렸다. 대당·서당이 앞서 가고 하주 군대가 전군(殿軍)이 되어 뒤에 왔다. 빈골양(賓骨壤)에 이르러 백제군을 만나 서로 싸웠는데 패하여 물러났다. 죽은 자는 비록 작았으나, 병기계·치중을 잃은 것이 매우 많았다. 상주·낭당이 각산에서 적을 만났으나, 진격하여 그들을 이겼다. 마침내 백제가 주둔하는 보에 들어가 2,000급을 참수하거나 사로잡았다. 왕은 군대가 패하였다는 것을 듣고 크게 놀라 장군 김순(金純)·진흠·천존·죽지를 파견해 군사를 구제하고 구원하게 하였다. 가시혜진(加尸兮津)에 이르러 군대가 물러났다는 것을 듣고 가소천(加召川)에 이르러 곧 돌아왔다. 왕이 여러 장수가 패하였으므로 벌을 논함에 차등이 있었다. (『三國史記』 5 新羅本紀 5)

| 신라 백제 | 여름 4월에 군사가 빈골양에서 돌아오다가, 갑자기 백제군을 만나 싸웠는데 패하였다. 병기계·치중을 잃은 것이 거의 다였다. 상주·낭당의 병사가 각산에서 백제군을 만났으나, 진격하여 그들을 이겼다. 마침내 그 주둔하는 보에 들어가 2,000급을 참수하거나 사로잡았다. 왕은 군대가 패하였다는 것을 듣고 장군 김순·진흠·천존·죽지 등 파견해 그들을 구원하게 하였다. 가시혜진에 이르러 군대가 물러났다는 것을 듣고 곧 돌아왔다. 왕이 여러 장수가 패하였으므로 벌을 논함에 차등이 있었다. (『三國史節要』 9) |

| 백제 | 여름 4월에 백제의 복신이 사신을 보내 표를 올려 그 왕자 규해(糺解)를 맞아가기를 청했다[승려 도현(道顯)의 『일본세기(日本世記)』에는 "백제의 복신이 글을 올려 그 임금 규해를 일본에 구했다."고 하였다. 어떤 책에는 "4월에 천황이 아사쿠라노미야(朝倉宮)로 옮겼다."고 하였다]. (『日本書紀』 26 齊明紀) |

| 고구려 | 4월 계사일(29) 황후가 항표(抗表)로 고구려에 친정할 것을 간언하자, 조서를 내려 그에 따랐다. (『資治通鑑』 200 唐紀 16 高宗 上之下) |

고구려	여름 5월 병신일(2) 명령을 내려 좌효위대장군·양국공 글필하력은 요동도대총관이 되고, 좌무위대장군·형국공 소정방은 평양도대총관이 되며, 병부상서·동중서문하삼품·낙안현공 임아상은 패강도대총관이 되어 고구려를 정벌하게 하였다. (『舊唐書』 4 本紀 4 高宗 上)
고구려	용삭원년에 또 요동도행군대총관이 되었다. (『舊唐書』 109 列傳 59 契苾何力)
고구려	고종이 제위를 계승하자, 또 병부상서 임아상, 좌무위대장군 소정방, 좌효위대장군 글필하력 등에게 명령하여 전후로 고구려를 토벌하게 하였으나, 모두 큰 공로 없이 돌아왔다. (『舊唐書』 199上 列傳 149上 高麗)
고구려	고종이 제위를 계승하자, 또 병부상서 임아상, 좌무위대장군 소정방, 좌효위대장군 글필하력 등에게 명령하여 전후로 고구려를 토벌하게 하였으나, 모두 큰 공로 없이 돌아왔다. (『冊府元龜』 135 帝王部 135 好邊功)

신라 고구려 말갈

5월 9일[11일이라고도 한다.]에 고구려 장군 뇌음신(惱音信)이 말갈 장군 생해(生偕)와 군대를 합하여 와서 술천성(述川城)을 공격하였으나 이기지 못하였다. 옮겨서 북한산성(北漢山城)을 공격하였는데 포거(抛車)를 줄세워 돌을 날리니 부딪치는 망루가 그때마다 무너졌다. 성주·대사 동타천(冬陁川)이 사람을 시켜 철질려(鐵蒺藜)를 성 밖에 던지게 하니 사람과 말이 다닐 수 없었다. 또 안양사(安養寺)의 곳간을 깨뜨려 그 자재를 수송하고, 성이 무너진 곳을 따라서 곧 엮어서 망루를 만들며, 밧줄을 묶어서 소가죽·말가죽·면의를 매달아 안으로 노포(弩砲)를 설치하여 지켰다. 이때에 성 안에 남녀가 2,800명 뿐이었는데, 성주 동타천이 어리고 약한 자들을 잘 격려하여 강대한 적을 대적하기를 모두 20여 일이나 하였다. 그러나 양식이 다하고 힘이 떨어져 지성으로 하늘에 알리자, 갑자기 큰 별이 적의 군영에 떨어지고 또 번개와 비가 내리면서 천둥이 쳤다. 적이 의심하고 두려워하여 포위를 풀고 떠났다. 왕이 가상히 여겨 동타천을 장려하여 관등을 대나마로 발탁하였다. (『三國史記』 5 新羅本紀 5)

신라 고구려 말갈

왕의 군사가 백제를 평정하고 이미 돌아간 후에, 신라왕이 여러 장수에게 명령하여 백제의 남은 적을 추격하여 잡으라고 하고 한산성에 주둔하였다. 고구려·말갈 두 나라 병사가 와서 그것을 포위하고 서로 공격하여 풀리지 않은 것이 5월11일부터 6월22일까지였으니, 우리 병사가 위태로움이 심하였다. 왕이 그것을 듣고 군신과 논의하여 말하기를, "장차 무엇을 낼 것인지 계획하라."라고 하고 주저하며 결정하지 못하였다. 유신이 달려가 아뢰기를, "일이 급하게 되었으니 인력이 미칠 수 없으므로 오직 신술(神術)만이 구할 수 있습니다."라고 하고 이에 성부산(星浮山)에 제단을 설치하여 신술을 닦았다. 갑자기 어떤 빛이 큰 항아리처럼 빛나더니 단 위에서 나와서 곧 별처럼 날아서 북쪽으로 사라졌다[이로 인하여 성부산이라고 이름을 붙였다. 산 이름은 혹은 다른 설이 있어서, "산은 도림(都林)의 남쪽에 있는데, 튀어나온 한 봉우리가 이것이다. 수도에 한 사람이 관직을 구할 것을 도모하였는데, 그 아들에게 높은 횃불을 만들라고 명령하여 밤에 이 산에 올라서 그것을 들었다. 그 밤에 수도 사람들이 불을 보고, 사람들이 모두 그 땅에 괴이한 별이 나타났다고 여겼다. 왕이 그것을 듣고 걱정하고 두려워하여 사람을 모아 그것을 푸닥거리하게 하였다. 그 아버지가 장차 그것에 응하려고 하였는데, 일관이 아뢰기를, '이것은 큰 괴이함이 아닙니다. 다만 한 집안에 아들이 죽고 아버지가 울 징조일 뿐입니다.'라고 하였다. 마침내 푸닥거리를 행하지 않았다. 이 밤에 그 아들이 산에서 내려오자, 호랑이가 상처를 입혀서 죽었다]. 한산성 안의 사졸이 구원병이 이르지 않음을 원망하여 서로 보면서 소리 내어 울 뿐이었다. 적이 급히 공격하려 하였는데, 갑자기 어떤 빛이 빛나면서 남쪽 하늘 끝에서 와서 벼락을 이루어 포석(砲石) 30여 곳을 쳐서 부수었다. 적군은 활·화살·창 등이 부서지자 모두 땅에 엎드렸다가 오래 지나서 깨어나니, 무너지고 달아나서 돌아갔다. 아군이 이에 돌아왔다. (『三國遺事』 1 紀異 1 太宗春秋公)

고구려 신라 말갈

여름 5월에 왕이 장군 뇌음신을 파견해 말갈의 무리를 거느리고 신라의 북한산성을 포위하게 하였다. 10일이 지나도록 포위를 풀지 않았다. 신라가 양도가 끊어져 성 안이 위태롭고 두려워하였으나, 갑자기 큰 별이 우리 군영에 떨어지고 또 번개와 비가 내리면서 천둥이 쳤다. 뇌음신 등이 의심하고 놀라서 군사를 이끌고 물러났다. (『三國史記』 22 高句麗本紀 10)

신라 고구려 말갈

5월에 고구려 장군 뇌음신이 말갈 장군 생해와 군대를 합하여 수륙으로 나란히 나아가서 신라의 술천성을 공격하였으나 이기지 못하였다. 옮겨서 북한산성을 공격하였는데 고구려는 그 서쪽에 군영을 만들고 말갈은 그 동쪽에 주둔하여, 포거를 줄세워 돌을 날리니 부딪치는 망루가 그때마다 무너졌다. 성주·대사 동타천이 사람을 시켜 철질려를 성 밖에 던지게 하니 사람과 말이 다닐 수 없었다. 또 안양사의 곳간을 깨뜨려 그 자재를 수송하고, 성이 무너진 곳을 따라서 곧 엮어서 망루를 만들며, 밧줄을 묶어서 소가죽·말가죽·면의를 매달아 안으로 노포를 설치하여 지켰다. 이 때에 성 안에 남녀가 2,800명 뿐이었는데, 동타천이 잘 격려하여 약한 자로 강대한 자를 대적하기를 모두 20여 일이나 하였다. 양식이 다하고 힘이 떨어져 지성으로 하늘에 알리자, 갑자기 큰 별이 고구려의 군영에 떨어지고 또 벼락과 번개가 치는 괴이함이 있었다. 뇌음신 등이 의심하고 두려워하여 포위를 풀고 떠났다. 신라왕이 동타천을 발탁하여 대나마로 삼았다. 처음에 유신은 적이 성을 포위했다는 것을 듣고 말하기를, "인력이 이미 다하였으니 음조(陰助)가 보탬이 될 수 있다."라고 하고, 제단을 설치하여 기도하자 때마침 하늘의 변화가 있었으니 모두 지성에 감동한 바라고 할 수 있다. 유신이 일찍이 고구려의 첩자를 보고 맞이하여 말하기를, "너희 나라가 무슨 일이 있느냐?"라고 하자, 첩자가 감히 대답하지 못하였다. 유신이 말하기를, "다만 사실대로 알리고 두려워하지 말라."고 하였으나, 또 말하지 않았다. 유신이 그에게 알렸다. "우리 왕은 위로는 하늘을 어기지 않고 아래로는 사람을 잃지 않아서 백성들이 그 본업을 즐긴다. 너는 마땅히 너희 나라에 돌아가 알려야 한다." 마침내 그를 위로하여 보냈다. 고구려가 그것을 듣고 말하였다. "신라가 비록 작으나 유신이 재상이 되었으니 가볍게 여길 수 없다."(『三國史節要』9)

신라 고구려 말갈

용삭원년에 고구려·말갈은 신라의 정예병이 모두 백제에 있어서 안이 비어 칠 만하다고 여겨, 병사를 징발하여 수륙으로 나란히 나아가서 북한산성을 포위하였다. 고구려는 그 서쪽에 군영을 만들고 말갈은 그 동쪽에 주둔하여, 10일간 공격하였다. 성 안이 위태롭고 두려워하였으나, 갑자기 큰 별이 적의 군영에 떨어지고 또 번개와 비가 내리면서 천둥이 쳤다. 적들이 의심하고 놀라서 포위를 풀고 달아났다. 처음에 유신은 적이 성을 포위했다는 것을 듣고 말하기를, "인력이 이미 다하였으니 음조가 보탬이 될 수 있다."라고 하고, 사찰에 나아가 제단을 설치하여 기도하자 때마침 하늘의 변화가 있었으니 모두 지성에 감동한 바라고 할 수 있다. 유신이 일찍이 추석 밤에 자제를 거느리고 대문 밖에 서 있는데, 갑자기 어떤 사람이 서쪽에서 왔다. 유신이 고구려의 첩자인 것을 알고 그를 불러 앞에 오게 하여 말하기를, "너희 나라가 무슨 일이 있느냐?"라고 하자, 그 사람이 고개 숙여 감히 대답하지 못하였다. 유신이 말하기를, "두려워하지 말고, 다만 사실대로 알리라."고 하였으나, 또 말하지 않았다. 유신이 그에게 알렸다. "우리 왕은 위로는 하늘의 뜻을 어기지 않고 아래로는 사람의 마음을 잃지 않아서 백성들이 기뻐하며 모두 그 본업을 즐긴다. 지금 너는 그것을 보고 가서 너희 나라 사람에게 알려라." 마침내 그를 위로하여 보냈다. 고구려 사람들이 그것을 듣고 말하였다. "신라가 비록 작은 나라지만, 유신이 재상이 되었으니 가볍게 여길 수 없다."(『三國史記』42 列傳 2 金庾信 中)

신라   5월 9일[11일이라고도 한다.]에 압독주(押督州)를 대야(大耶)로 옮기고, 아찬 종정(宗貞)을 도독으로 삼았다. (『三國史記』5 新羅本紀 5)

신라   5월에 신라가 압독주를 대야로 옮기고, 아찬 종정을 도독으로 삼았다. (『三國史節要』9)

백제   5월 정사일(23) 탐라(耽羅)가 처음으로 왕자 아파기(阿波伎) 등을 보내 공물을 바쳤다.[이키노무라지하카토코(伊吉連博得)의 책에 전한다. "신유년 정월 25일에 돌아와 월주(越州)에 도착했다. 4월 1일에 월주에서 길을 떠나 동쪽으로 돌아왔다. 7일에 행렬이 정안산(檉岸山) 남쪽에 도착했다. 8일에 닭이 울 무렵에 서남풍을 타고 대해(大海)로 배를 몰았다. 바다에서 길을 잃어 표류하여 큰 고통을 겪었다. 8박 9일만에 겨우 탐라 섬에 도착했을 때 바로 섬사람 왕자 아파기 등 9명을 불러 위로하고, 함께 객선(客船)에 태워 천황의 조정에 바치게 하였다. 5월23일에 아사쿠라(朝倉)의 조정에 바치니, 탐라가 조정에 들어온 것이 이 때에 시작되었다. 또 지흥(智興)의 시중드는 하인인 야마토노아야노카야노아타이타리시마(東漢草直足嶋)의 참소를 당해 사신 등이 총애하여 내리는 칙명을 받지 못했다. 사신 등이 원망하여 하늘의 신에게 아뢰니, 다리시마(足嶋)를 벼락쳐 죽였다. 당시 사람들이 '야마토(大倭) 천신의 과보가 가깝다'고 하였다."] (『日本書紀』 26 齊明紀)

신라	6월에 대관사(大官寺) 우물의 물이 피가 되었다. 금마군(金馬郡) 땅에 피가 흘렸는데 너비가 5보였다. (『三國史記』 5 新羅本紀 5)
신라	6월에 신라 대관사 우물의 물이 빨갛게 되었다. 금마군 땅에 피가 흘렀는데 너비가 5보였다. (『三國史節要』 9)
신라	이 왕대에는 비로소 중국의 의관과 아홀을 착용하였는데, 곧 법사 자장(慈藏)이 당 황제에게 청하여 와서 전한 것이다. (『三國遺事』 1 紀異 1 太宗春秋公)
신라	6월에 왕이 돌아가시자, 시호를 무열이라고 하고 영경사(永敬寺) 북쪽에 장사지냈으며 태종(太宗)이라는 묘호를 올렸다. 고종이 부고를 듣고 낙성문(洛城門)에서 애도식을 거행하였다. (『三國史記』 5 新羅本紀 5)
신라	6월에 신라왕 김춘추가 돌아가셨는데 나이가 59세였다. 태자 법민이 즉위하였다. 시호를 올려 무열이라고 하고 묘호를 태종이라고 하며, 영경사 북쪽에 장사지냈다. 태종은 삼한을 통일하여 시절이 평화롭고 해마다 풍년이 들어서 수도에서 포 1필의 가격이 조 30석 혹은 50석이었으니, 백성들이 태평성대라고 하였다. 왕비는 문명왕후(文明王后) 김씨인데, 유신의 여동생이다. 처음에 그 언니 보희(寶姬)가 서형산(西兄山) 정상에 올라, 앉아서 오줌을 누니 나라 안을 돌아다니는 꿈을 꾸었다. 깨어나서 문명과 이야기하자, 문명이 좋아하며 말하기를, "언니의 꿈을 사고 싶다."라고 하였다. 인하여 비단 치마를 주어 값으로 삼았다. 나중에 무열왕이 유신과 축국(蹴鞠)을 하였는데, 유신이 일부러 춘추의 옷 끈을 밟아서 그것을 떨어뜨렸다. 유신이 말하기를, "우리 집이 다행히 가까우니, 가서 꿰매시기를 청합니다."라고 하니, 인하여 더불어 함께 가서 술상을 차렸다. 조용히 보희를 불러서 와서 꿰매게 하였으나, 보희가 "어찌 사소한 일로 가볍게 귀공자를 가까이 하겠습니까?"라고 하여 사양하였다. 문명이 이에 나아가 끈을 꿰매었는데, 왕비는 아름답고 요염하였다. 무열이 그것을 기뻐하자, 이에 청혼하였다. 마침내 아들을 낳으니 법민이라고 하였고, 다음은 인문, 다음은 문왕, 다음은 노차, 다음은 지경, 다음은 개원이다. 당 고종이 신라왕의 부고를 듣고 낙성문에서 애도식을 거행하였다. (『三國史節要』 9)
신라	문무왕이 즉위하였는데, 이름이 법민이고 태종왕의 맏아들이다. 어머니는 문명왕후 김씨인데, 소판(蘇判) 서현(舒玄)의 막내딸이고 유신의 여동생이다. 그 언니가 서형산 정상에 올라, 앉아서 오줌을 누니 나라 안을 돌아다니는 꿈을 꾸었다. 깨어나서 막내와 꿈을 이야기하자, 막내가 좋아하며 말하기를, "내가 언니의 이 꿈을 사고 싶다."라고 하였다. 인하여 비단 치마를 주어 값으로 삼았다. 나중에 며칠이 지나 유신이 춘추공과 축국을 하였는데, 인하여 춘추의 옷 끈을 밟아서 떨어뜨렸다. 유신이 말하기를, "우리 집이 다행히 가까우니, 가서 끈을 꿰매시기를 청합니다."라고 하니, 인하여 더불어 함께 집에 가서 술상을 차렸다. 조용히 보희를 불러서 바늘과 실을 가지고 와서 꿰매게 하였으나, 언니는 까닭이 있어 나아가지 못하였다. 그 막내가 앞에 나아가 꿰매었는데, 단백한 화장에 가벼운 옷으로 빛나고 요염하여 남보다 밝았다. 춘추가 그것을 보고 기뻐하자, 이에 청혼하여 예를 치루었다. 곧 임신하여 아들을 낳으니 이것을 법민이라고 하였다. 왕비는 자의왕후(慈儀王后)인데 파진찬 선품(善品)의 딸이다. 법민은 모습이 빼어나고 총명하여 지략이 많았다. 영휘 연간(650~655) 초에 당에 가자, 고종이 태부경(太府卿)을 제수하였다. 태종원년(654)에 파진

찬으로 병부령이 되고, 얼마 지나서 태자로 책봉되었다. 현경 5년(660)에 태종이 당의 장수 소정방과 백제를 평정하자, 법민이 그것을 따라서 큰 공로가 있었다. 이 때에 이르러 즉위하였다. (『三國史記』 6 新羅本紀 6)

신라　　　제30대 문무왕[이름은 법민이고 태종의 아들이며 어머니는 훈제부인(訓帝夫人)이다. 왕비는 자의왕후(慈義王后)[자눌왕후(慈訥王后)라고도 한다.]인데, 해간(海干) 선품의 딸이다. 신유에 즉위하여 20년 동안 다스렸다. 능은 감은사(感恩寺) 동쪽 바다 속에 있다.] (『三國遺事』 1 王曆)

신라 백제　　나라를 다스린 지 8년째인 용삭원년 신유에 돌아가셨는데, 나이가 59세였다. 애공사 동쪽에 장사지냈는데 비석이 있다. 왕은 유신과 신이한 지모로 힘을 합하여 삼한을 통일하여 사직에 큰 공로가 있으므로 묘호를 태종이라고 하였다. 태자 법민, 각간 인문, 각간 문왕, 각간 노차, 각간 지경, 각간 개원 등이 모두 문희의 소생이다. 당시에 꿈을 산 징험이 여기에 나타난 것이다. 서자는 급간(級干) 개지문(皆知文), 거득령공(車得令公), 아간(阿干) 마득(馬得)과 딸 5명이다. 왕의 식사는 하루에 밥으로 쌀 3두, 수꿩 9마리였다. 경신년에 백제를 멸망시킨 후에는 낮 식사를 없애고 다만 아침과 저녁 뿐이었다. 그러나 하루를 계산하여 쌀 6두, 술 6두, 꿩 10마리였다. 성 안 시장의 가격이 포 1필에 조 30석 혹은 50석이니, 백성들이 태평성대라고 하였다. (『三國遺事』 1 紀異 1 太宗春秋公)

신라　　　6월에 신라가 도독을 총관으로 고쳤다. (『三國史節要』 9)
신라　　　도독은 9명인데, 지증왕 6년에 이사부를 실직주군주로 삼고, 문무왕원년에 총관으로 고쳤다. (『三國史記』 40 雜志 9 職官 下 外官)

신라 고구려　6월에 당에 들어가서 숙위하는 인문·유돈 등이 이르러 왕에게 알리기를, "황제가 이미 소정방을 파견하여 수륙 35도 병사를 거느리고 고구려를 정벌하게 하였다."라고 하고, 마침내 왕에게 거병하여 서로 응하라고 명령하였다. 비록 상중이었으나 거듭 황제의 칙명을 어겼다. (『三國史記』 6 新羅本紀 6)

신라 고구려　용삭원년 6월에 당 고종황제가 장군 소정방 등을 파견하여 고구려를 정벌하게 하였다. 당에 들어가서 숙위하는 김인문이 명령을 받아 와서 병사의 기일을 알리고, 겸하여 병사를 내어 정벌에 맞추라고 타일렀다. (『三國史記』 42 列傳 2 金庾信 中)

고구려 신라 백제
　　　　　6월에 황제가 소정방을 파견하여 수륙 35도 병사를 거느리고 고구려를 정벌하게 하였다. 또 인문·유돈 등을 파견하여 신라로 돌아가서 병사를 내어 정벌에 맞추라고 타일렀다. 황제가 인문에게 말하였다. "짐은 이미 백제를 멸망시켜 너희 나라의 근심거리를 제거하였다. 지금 고구려가 굳건함을 지고 예맥과 함께 악행을 하니, 큰 나라를 섬기는 예의에 어긋나고 이웃과 잘 지내는 뜻을 버린 것이다. 짐이 병사를 파견해 토벌에 이르려고 하니, 너는 돌아가서 국왕에게 병사를 내어 함께 정벌하여 망조가 드리운 적을 섬멸하라고 알려라." (『三國史節要』 9)

신라 고구려 백제
　　　　　문무왕 11년(671) 가을 7월26일에 대당 총관 설인귀가 임윤법사를 사신보내 편지를 보냈는데, 내용은 다음과 같다. (…) 대왕이 편지에 답하였는데, 내용은 다음과 같다. " (…) 현경 5년(660)에 (…) 6년에 이르러 (…) 6월에 이르러서 선왕이 돌아가셨다. 장례는 겨우 끝났으나 상복을 벗지도 못하였으므로 구원 요청에 응하여 달려갈 수 없었지만, 칙명을 내려 군사를 일으켜 북쪽으로 돌려보내라고 하였습니다(이상 6월). 함자도총관(含資道摠管) 유덕민(劉德敏) 등이 이르러서 칙명을 받들기를, '신라를 파견해 평양에 군량을 공급하고 운반하라.'고 하였다. 이 때 웅진의 사자가 와서 부성이 고립되고 위태로운 사정을 자세히 말하였습니다. 유총관이 나와 상의하였는데, 스스로 말하였다. '만약 먼저 평양으로 군량을 보낸다면 곧 웅진으로 통하는 길이 끊어질까 두렵다. 웅진이 만약 그 길이 끊어진다면 남아 지키던 중국 병사는 곧 적의 손에 들어가게 될 것이다.' 유총관이 마침내 나와 서로 따랐다(이상 10월29일). 먼저 옹산성(甕山城)을 공격하였다(이상 9월25일). 옹산성을 함락시키고 나서 이어서 웅진 언덕에 성을 만들어 웅진으로 가는 길을 통하게 하였다(이상 9월27일). (…) "
(『三國史記』 7 新羅本紀 7 文武王 下)

신라 고구려 백제

문무왕 11년(671) 가을 7월에 당 총관 설인귀가 승려 임윤법사를 파견해 왕에게 편지를 보냈는데, 내용은 다음과 같다. (…) 왕이 편지에 답하였는데, 내용은 다음과 같다. " (…) 현경 5년(660)에 이르러 (…) 6년에 이르러 (…) 6월에 이르러서 선왕이 돌아가셨다. 장례는 겨우 끝났으나 상복을 벗지도 못하였으므로 구원 요청에 응하여 달려갈 수 없었지만, 칙명을 내려 군사를 일으켜 북쪽으로 돌려보내라고 하였습니다(이상 6월). 함자도총관 유덕민 등이 이르러서 칙명을 받들기를, '신라를 파견해 평양에 군량을 공급하고 운반하라.'고 하였다. 이 때 웅진의 사자가 와서 부성이 고립되고 위태로운 사정을 자세히 말하였습니다. 유총관이 나와 상의하였는데, 스스로 말하였다. '만약 먼저 평양으로 군량을 보낸다면 곧 웅진으로 통하는 길이 끊어질까 두렵다. 웅진이 만약 그 길이 끊어진다면 남아 지키던 중국 병사는 곧 적의 손에 들어가게 될 것이다.' 유총관이 마침내 나와 서로 따랐다(이상 10월29일). 먼저 옹산성을 공격하였다(이상 9월25일). 옹산성을 함락시키고 나서 이어서 웅진에 성을 만들어 웅진으로 가는 길을 통하게 하였다(이상 9월27일). (…) "(『三國史節要』10)

신라 백제 고구려

용삭원년에 고종이 인문을 불러 말하였다. "짐은 이미 백제를 멸망시켜 너희 나라의 근심거리를 제거하였다. 지금 고구려가 굳건함을 지고 예맥과 함께 악행을 하니, 큰 나라를 섬기는 예의에 어긋나고 이웃과 잘 지내는 뜻을 버린 것이다. 짐이 병사를 파견해 토벌에 이르려고 하니, 너는 돌아가서 국왕에게 병사를 내어 함께 정벌하여 망조가 드리운 적을 섬멸하라고 알려라." 인문이 곧 귀국하여 황제의 명령을 드렸다. 국왕이 인문과 유신 등으로 하여금 병사를 단련하여 기다리게 하였다. (『三國史記』44 列傳 4 金仁問)

신라

『연기경(緣起經)』 1권[『번경도(翻經圖)』에 보인다. "『증일아함경(增一阿含經)』제46권을 뽑아내어 달리 번역하였다. 용삭원년 7월 9일 옥화사(玉華寺) 팔주정(八柱亭)에서 번역하였다. 사문(沙門) 신방(神昉)이 적었다."] (『貞元新定釋敎目錄』11 總集群經錄 上之11 沙門釋玄奘 智仁知仁智忍)

신라

『연기경』 1권[『번경도』에 보인다. "『증일아함경』제46권을 뽑아내어 달리 번역하였다. 용삭원년 7월 9일 옥화사 팔주정에서 번역하였다. 사문 신방이 적었다."] (『開元釋敎錄』8 總括群經錄 上之8 沙門釋玄奘 神昉)

신라 고구려

7월17일에 김유신을 대장군으로, 인문·진주·흠돌을 대당장군으로, 천존·죽지·천품을 귀당총관으로, 품일·충상·의복을 상주총관으로, 진흠·중신·자간을 하주총관으로, 군관·수세·고순을 남천주총관으로, 술실·달관·문영을 수약주총관으로, 문훈·진순을 하서주총관으로, 진복을 서당총관으로, 의광을 낭당총관으로, 위지를 계금대감으로 삼았다. (『三國史記』6 新羅本紀 6)

신라 고구려

가을 7월에 김유신을 대장군으로, 인문·진주·흠돌을 대당장군으로, 천존·죽지·천품을 귀당총관으로, 품일·충상·의복을 상주총관으로, 진흠·중신·자간을 하주총관으로, 군

	관·수세·고순을 남천주총관으로, 술실·달관·문영을 수약주총관으로, 문훈·진순을 하서 주총관으로, 진복을 서당총관으로, 의광을 낭당총관으로, 위지를 계금대감으로 삼았다. (『三國史節要』9)
고구려	7월 이 달에 소장군(蘇將軍)이 돌궐(突厥) 왕자 글필가력(契苾加力) 등과 수·륙 두 길로 고구려의 성 아래에 이르렀다. 황태자가 나가츠노미야(長津宮)으로 거처를 옮겼다. 점차 바다 밖 군정을 다스렸다. (『日本書紀』27 天智紀)
고구려	현경 5년(660) 다음 해 신유 8월 갑술일(11) 소정방 등이 고구려와 패강에서 싸웠으나 패하여 달아났다. (『三國遺事』2 紀異 2 文虎王法敏)
고구려	8월 갑술일(11) 소정방이 고구려와 패강에서 싸워서 그들을 패배시켰다. (『新唐書』3 本紀 3 高宗)
고구려	가을 8월 갑술일(11) 소정방이 고구려를 패강에서 격파하고 거듭 싸워 모두 이기니, 마침내 평양성을 포위하였다. (『資治通鑑』200 唐紀 16 高宗 上之下)
고구려	『신당서』고려전(高麗傳)에 전한다. “ (…) 용삭원년 8월[갑술일(11)]에 소정방이 고구려를 패강에서 격파하고 마읍산(馬邑山)을 빼앗으니, 마침내 평양을 포위하였다.” (『玉海』191 兵捷露布 3 唐遼東道行臺大摠管李勣俘高麗獻俘昭陵檄高麗合元殿數俘)
고구려	가을 8월에 소정방이 아군을 패강에서 격파하고 마읍산을 빼앗으니, 마침내 평양성을 포위하였다. (『三國史記』22 高句麗本紀 10)
고구려	8월에 소정방이 고구려군을 패강에서 격파하고 마읍산을 빼앗으니, 마침내 평양성을 포위하였다. (『三國史節要』9)
고구려	용삭원년 8월에 소정방이 고구려 병사를 패강에서 격파하고 마읍산을 빼앗으니, 마침내 평양을 포위하였다. (『新唐書』220 列傳 145 東夷 高麗)
고구려	용삭원년 8월에 소정방이 고구려의 무리를 패강에서 격파하고 자주 싸워 모두 이겨서 그 마읍산을 빼앗았다. 산에 의거하여 군영을 만들고, 마침내 평양성을 포위하였다. (『冊府元龜』986 外臣部 31 征討 5)
신라 고구려	용삭원년에 황제가 형국공 소정방에게 명령하여 요동도행군대총관이 되어 육군(六軍)을 가지고 멀리 만 리 밖으로 말을 몰게 하였다. 고구려 군대를 패강에서 만나 격파하고 마침내 평양을 포위하였다. (『三國史記』44 列傳 4 金仁問)
신라 고구려	열기(裂起)는 역사에 그 일족의 성이 전하지 않는다. 문무왕 원년에 당 황제가 소정방을 파견하여 고구려를 토벌하고 평양성을 포위하였다(이상 8월11일). 함자도총관(含資道摠管) 유덕민(劉德敏)이 국왕에게 군자를 평양으로 보내라는 황제의 뜻을 전하여 알렸다(이상 10월29일). (『三國史記』47 列傳 7 裂起)
고구려	석법안(釋法眼)은 속성이 고(高)이고 수(隋)의 제국공(齊國公) 고과(高颎)의 증손이다. 속자(俗字)는 입경(立敬)이고 이름을 원역(元懌)이라고도 한다. 출가하지 않았을 때 정관 연간(627~649)에 형 입람(立覽)과 타도사(他度寺)의 승려 명장(明藏)이 있는 곳에서 學讀『법화경(法華經)』『파야경(波若經)』을 배우고 읽었는데 점차 정숙(精熟)함에 닮아가서 경(敬)한 후에는 그 익힌 바를 버렸다. 용삭원년에 요동 정벌에서 돌아왔다. (『弘贊法華傳』9 轉讀 7 唐洛陽白馬寺 釋法眼)
고구려	얼마 지나지 않아 평양도로 옮기고(이상 4월16일), 고구려의 무리를 패강에서 격파하고 마읍산을 빼앗아 군영을 만드니, 마침내 평양을 포위하였다(이상 8월11일). (『新唐書』111 列傳 36 蘇定方)
고구려	낭장(郎將) 오씨(吳氏)는 이름이 전하지 않는다. 동쪽으로 고구려를 공격하러 가 마읍성(馬邑城)을 함락하고, 여러 집채들을 불태우는 것이 절에까지 확대되었다. 성 밖에서 멀리 바라보니 구름같이 피는 연기가 곧게 올라가는데, 가운데에 한 물건이 마

치 흰색의 허리와 같은 것이 높이 날아올라 구름 사이로 들어가 잠시 나부끼다가 성 동쪽 풀밭에 떨어졌다. 낭장 오씨가 말을 타고 그것을 살피러 가니 서적이 땅 위에 펼쳐져 있는 것이 보였고, 나아가 그것을 살펴보니 『법화경(法花經)』 7권이었다. 이에 군영 중에 이르러 밤에 장막 위에 놓아두었는데, 갑자기 폭우가 내렸다. 이튿날 아침에 그것을 거두어보니, 하나도 젖지 않았다. (『弘贊法華傳』 10 書寫 8 唐郎將吳氏)

신라 백제   8월에 대왕이 여러 장수를 거느리고 시이곡(始飴谷)에 이르러 주둔하며 머물렀다. △ 사자가 와서 알리기를, "백제의 남은 적이 옹산성에 근거하여 길을 막아서 앞으로 나아갈 수 없습니다."라고 하였다. 대왕이 먼저 사자를 파견하여 그들을 타일렀으나 복종하지 않았다. (『三國史記』 6 新羅本紀 6)

신라 고구려 백제
    8월에 신라왕이 여러 장수를 이끌고 때마침 고구려를 정벌하려고 시이곡에 이르렀다. 어떤 알리는 자가 말하기를, "백제의 남은 적이 옹산성에 근거하고 있습니다."라고 하였다. 왕이 먼저 사자를 파견하여 그들을 타일렀으나 복종하지 않았다. 왕이 남천주에 가서 주둔하였다. 진수(鎭守) 유인원이 또한 사비에서 와서 남천주에서 만났다(이상 8월). 김유신이 나아가 옹산성을 포위하고 적장에게 말하였다. "너희 나라는 공손하지 못하여 대국의 토벌을 불러들였으니, 천명을 따르는 자는 상줄 것이고 천명을 따르지 않는 자는 죽일 것이다. 지금 너희들이 홀로 외로운 성을 지키는데, 무엇을 하려고 하는 것인가? 장차 땅에 뒹굴게 될 것이니, 빨리 항복하는 것만 같지 못하다. 온전히 말을 모는 것뿐만 아니라 부귀도 기약할 수 있다." 적이 말하였다. "성이 비록 작으나 병사와 식량이 모두 충분하고 사졸들은 의롭고 용감하다. 차라리 싸우다 죽을지언정 살아서 항복하지 않겠다고 맹세하였다." 유신이 웃으며 말하기를, "곤궁한 짐승이 오히려 싸운다고 하더니, 이것을 말한 것이구나!"라고 하고, 포위하여 풀지 않았다(이상 9월25일). (『三國史節要』 9)

신라 고구려   용삭원년에 이리하여 문무대왕이 유신·인문·문훈 등을 이끌고 대병을 징발하여 고구려로 향하다가 남천주에 가서 주둔하였다. 진수 유인원이 거느린 병사를 가지고 사비에서 배를 타고 혜포(鞋浦)에 이르러 육지에 내리고 또한 남천주에 주둔하였다. 이 때에 담당 관사가 보고하기를, "앞길에 백제의 남은 적이 있어, 옹산성에 주둔하여 모여서 길을 막아서 곧바로 앞으로 나아갈 수 없습니다."라고 하였다. (『三國史記』 42 列傳 2 金庾信 中)

백제   8월에 전장군(前將軍)·대화하(大花下) 아즈미노무라지히라부(阿曇連比邏夫), 소화하(小花下) 가와헤노오미모모에(河邊臣百枝) 등과 후장군(後將軍)·대화하 아헤노히키타노오미히라부(阿倍引田臣比邏夫), 대산상(大山上) 모노노베노무라지쿠마(物部連熊), 대산상 모리노키미오오이와(守君大石) 등으로 하여금 백제를 구원하게 했다. 그리고 무기와 5곡을 보냈다.[어떤 책에는 이 끝부분에 이어서 전한다. "따로 대산하(大山下) 사이노무라지아지마사(狹井連檳榔), 소산하(小山下) 하다노미야츠코타쿠츠(秦造田來津)로 하여금 백제를 지키게 하였다."] (『日本書紀』 27 天智紀)

탐라   용삭원년 8월에 조공하는 사신이 이르렀다. (『唐會要』 100 耽羅國)

탐라   용삭원년 8월에 다멸국왕(多蔑國王) 마여실리(摩如失利), 다복국왕(多福國王) 난수강의열(難修强宜說), 탐라국왕(耽羅國王) 유이도라(儒李都羅) 등이 모두 사신을 파견해 와서 조공하고, 각각 토산물을 바쳤다. 세 나라는 모두 임읍(林邑)의 남쪽 변방 바다에 있는 소국이다. (『冊府元龜』 970 外臣部 15 朝貢 3)

탐라 신라	『신당서』 일본전[겸하여 『당회요』]에 전한다. " (…) 용삭원년 8월에 담라왕(儋羅王)이 사신을 파견해 들어와 조공하였다. 나라는 신라의 무주(武州) 남쪽 섬 위에 있다."(『玉海』 153 朝貢 外夷內朝內附 唐日本遣使入朝請授經)	
탐라 신라	용삭 초년에 담라(儋羅)라는 것이 있어, 그 왕 유이도라가 사신을 파견해 들어와 조공하였다. 나라는 신라의 무주 남쪽 섬 위에 있다. (『新唐書』 220 列傳 145 東夷 流鬼)	

신라	9월 계사일 초하루에 특진·신라왕 춘추가 죽었다. 그 아들 법민을 낙랑군왕(樂浪郡王)·신라왕으로 삼았다. (『資治通鑑』 200 唐紀 16 高宗 上之下)
신라	『신당서』 신라전에 전한다. "용삭원년에 왕 김춘추가 죽었다. 그 아들 법민으로 하여금 왕위를 계승하게 하였다[9월 계사일 초하루]. 그 나라를 계림주대도독부로 하여 법민에게 도독을 제수하였다(이상 663년 4월12일)."(『玉海』 133 官制屬國都護都督 唐龜林都督府雞林大都督府)
신라	용삭원년 9월에 특진·신라왕 김춘추가 돌아가셨다. 황제가 사신을 파견해 그에게 폐백을 주고, 곧 그 사자(嗣子) 법민을 신라왕으로 책봉하였다. (『冊府元龜』 964 外臣部 9 封冊 2)
신라	용삭원년 9월에 특진·신라왕 김춘추가 돌아가셨다. 황제가 낙성문(雒城門)에서 애도식을 거행하고 사신을 파견해 부절을 가지고 가서 그를 조문하게 하였다. (『冊府元龜』 974 外臣部 19 褒異 1)
신라	이 해에 신라왕 김춘추가 죽었다. 그 아들 법민이 계승하여 즉위하였다. (『舊唐書』 4 本紀 4 高宗 上)
신라	용삭원년에 춘추가 죽었다. (『舊唐書』 199上 列傳 149上 新羅)
신라	용삭원년에 죽었다. 법민이 왕을 계승하였다. (『新唐書』 220 列傳 145 東夷 新羅)
신라	용삭원년에 춘추가 죽었다. 조서를 내려 그 아들 법민이 지위를 계승하게 하였다. (『唐會要』 95 新羅)
신라	용삭원년에 그 나라를 계림주대도독부로 삼고 그 왕 법민에게 도독을 제수하였다. (『玉海』 191 兵捷露布 3 唐鷄林道行軍大摠管敗新羅)

신라 백제	9월19일에 대왕이 나아가 웅현정(熊峴停)에 주둔하니, 여러 총관·대감을 모아서 직접 임하여 그들을 맹세하게 하였다. (『三國史記』 6 新羅本紀 6)
신라 백제	9월에 왕이 나아가 웅현정에 주둔하니, 여러 총관을 모아서 직접 임하여 맹세하였다. 군사들이 눈물을 흘리면서 모두 기운을 내고 힘썼다. (『三國史節要』 9)

신라 백제	9월25일에 진군하여 옹산성을 포위하였다. (『三國史記』 6 新羅本紀 6)
신라 백제	9월에 마침내 유신과 병사를 합하여 그곳을 포위하였다. (『三國史節要』 9)
신라 백제	용삭원년에 이리하여 유신이 병사를 가지고 나아가 옹산성을 포위하고 사람을 시켜 성 아래에 가까이 가서 적장에게 말하였다. "너희 나라는 공손하지 못하여 대국의 토벌을 불러들였으니, 천명을 따르는 자는 상줄 것이고 천명을 따르지 않는 자는 죽일 것이다. 지금 너희들이 홀로 외로운 성을 지키는데, 무엇을 하려고 하는 것인가? 끝내 땅에 뒹굴게 될 것이니, 나와서 항복하는 것만 같지 못하다. 목숨을 보존하는 것뿐만 아니라 부귀도 기약할 수 있다." 적이 소리를 높여 외쳤다. "작고 작은 성이지만 병사와 식량이 모두 충분하고 사졸들은 의롭고 용감하다. 차라리 싸우다 죽을지언정 살아서 항복하지 않겠다고 맹세하였다." 유신이 웃으며 말하기를, "궁한 새와 곤란한 짐승이 오히려 스스로 구할 줄 안다고 하더니, 이것을 말한 것이구나!"라고 하였다. 이에 깃발을 흔들고 북을 울리며 그들을 공격하였다. 대왕이 높은 곳에

올라 전사들을 보고 눈물을 흘리며 말하여 그들을 격려하였다. 군사들이 모두 떨쳐 돌격하여 창끝과 칼끝을 돌아보지 않았다. (『三國史記』42 列傳 2 金庾信 中)

신라 백제　9월27일에 이르러 먼저 큰 목책을 불태우고 수천 명을 베어 죽였으며, 마침내 옹산성을 함락시켰다. 공을 논하여, 각간·이찬으로 총관이 된 자는 칼을, 잡찬·파진찬·대아찬으로 총관이 된 자는 창을, 이하는 각 1품의 관등을 하사하였다. 웅현성(熊峴城)을 축조하였다. (『三國史記』6 新羅本紀 6)

신라 백제　용삭원년 9월27일에 옹산성이 함락되자, 적장을 잡아 죽이고 그 백성을 놓아주었다. 공을 논하여, 장사(將士)에게 상을 주고 유인원 또한 견(絹)을 차등 있게 나누어주었다. (『三國史記』42 列傳 2 金庾信 中)

신라 백제　9월에 먼저 큰 목책을 불태우고 수천 명을 참수하였다. 옹산성이 함락되자, 적장을 잡아 죽였다. 공을 논하여, 각간·이찬으로 총관이 된 자는 칼을, 잡찬·파진찬·대아찬으로 총관이 된 자는 창을, 나머지는 1급을 하사하였다. 마침내 웅현성을 축조하였다. (『三國史節要』9)

신라　9월27일에 상주총관 품일이 일모산군대수(一牟山郡大守) 대당(大幢), 사호산군대수(沙戶山郡大守) 철천(哲川) 등과 병사를 이끌고 우술성(雨述城)을 공격하여 1,000급을 참수하였다. 백제의 달솔 조복(助服), 은솔 파가(波伽) 등이 무리와 함께 왕에게 항복하였다. 조복에게 급찬 관등을 하사하고 이어서 고타야군대수(古陀耶郡大守)를 제수하였으며, 파가에게 급찬을 제수하고 겸하여 전택(田宅)·의물(衣物)을 하사하였다. (『三國史記』6 新羅本紀 6)

신라　9월에 신라의 상주총관 품일이 일모산군대수 대당, 사호산군대수 철천 등과 병사를 이끌고 우술성을 공격하여 1,000여 급을 참수하였다. 백제의 달솔 조복, 은솔 파가 등이 무리와 함께 항복을 도모하였다. 조복에게 급찬 관등을 하사하고 이어서 고타야군대수를 제수하였으며, 파가에게 급찬을 제수하고 겸하여 전택·의물을 하사하였다. (『三國史節要』9)

신라　용삭원년 9월27일에 이에 병사들에게 잔치를 베풀고 말에게 꼴을 먹이며, 당 병사들에게 가서 만나려고 하였다. 대왕이 전에 태감(太監) 문천(文泉)을 파견하여 소장군에게 편지를 보냈는데, 이 때에 이르러 보고하였다. 마침내 정방의 말을 전하였다. "나는 명령을 받아 만 리나 푸른 바다를 건너 적을 토벌하는데, 해안에 배를 댄 것이 이미 1개월을 넘겼다. 대왕의 군사가 이르지 못하여 양도가 이어지지 않으니 그 위태로움이 심하다. 왕은 그것을 도모하라." 대왕이 군신에게 어찌하면 좋겠는지 묻자, 모두 말하기를, "적의 경역에 깊이 들어가서 군량을 수송하는 것은 형세상 도달할 수 없습니다."라고 하였다. 대왕이 그것을 걱정하여 탄식하였다. 유신이 앞으로 나아가 대답하였다. "신은 은덕과 대우가 지나치고 외람되어, 무거운 임무를 더럽히고 욕되게 하고 있습니다. 국가의 일은 비록 죽더라도 피할 수 없으니, 오늘이 늙은 신이 절개를 다할 날입니다. 마땅히 적국으로 향하여 소장군의 뜻에 부합하고자 합니다." 대왕이 좌석 앞으로 나아가 그 손을 잡고 눈물을 떨어뜨리며 말하였다. "공이라는 현명한 보좌관을 얻어서 걱정이 없을 것이다. 만약 지금 이 전역에서 처음 계획한 것을 없앤다면 공의 공덕이니 언제 잊을 수 있겠는가?" 유신이 명령을 받고 나서 현고잠(懸鼓岑)의 수사(岫寺)에 이르러 재계(齋戒)하고, 곧 영실(靈室)에서 문을 닫고 홀로 앉아 향을 불태우며 여러 낮밤을 지낸 후에 나왔다. 사사로이 스스로 기뻐하며 말하기를, "내가 지금 가면 죽지 않을 수 있다."라고 하였다. 장차 가려고 할 때, 왕이 손편지로 유신에게 알리기를, "강역을 나간 후에 상벌을 마음대로

해도 좋다."라고 하였다. (『三國史記』 42 列傳 2 金庾信 中)

신라 9월에 대왕이 대감(大監) 문천을 파견하여 소장군에게 편지를 보냈는데, 문천이 돌아와서 보고하였다. "정방이 말하였습니다. '나는 명령을 받아 적을 토벌하려고 만 리나 푸른 바다를 건넜는데, 배를 대고 돌아다닌 것이 이미 1개월을 넘겼다. 그러나 왕의 구원병이 이르지 못하고 군량도 또한 이어지지 않으니 나의 위태로움이 심하 다. 왕은 그것을 도모하라.'" 대왕이 군신에게 묻자, 모두 "적의 경역에 깊이 들어가 서 멀리 군량을 수송하는 것은 어렵습니다."라고 하였다. 왕이 깊이 그것을 걱정하 였다. 유신이 말하였다. "신은 외람되게 은덕과 대우를 받아 국가의 무거운 임무를 받았으니, 죽어도 어지럽다고 말하지 않습니다. 오늘이 늙은 신이 절개를 다할 날입 니다. 마땅히 적에게 달려가 소장군의 뜻에 부합하고자 합니다." 왕이 말하였다. "지금 이미 경을 얻어서 걱정이 없을 것이다. 강역을 나간 후에 상벌은 경이 편의대 로 처리해도 좋다."(『三國史節要』 9)

고구려 9월에 개소문이 그 아들 남생을 파견하여 정예병사 수만으로 압록(鴨淥)을 지키게 하였다. 여러 군이 건널 수 없었는데, 글필하력이 이르자 때마침 얼음이 크게 합쳐 졌다. 하력이 무리를 끌고 얼음을 타며 물을 건너서 북을 울리고 나아갔다. 아군이 무너져 달아나자, 하력이 수십 리나 추격하여 3만 명을 죽였다. 나머지 무리는 모두 항복하고, 남생은 겨우 몸만 빠져 나왔다. 때마침 조서가 있어 군사를 돌리니, 이에 돌아왔다. (『三國史記』 22 高句麗本紀 10)

고구려 9월에 고구려 개소문이 그 아들 남생을 파견하여 정예병사 수만으로 압록을 지키게 하였다. 당의 여러 군이 건널 수 없었는데, 글필하력이 이르자 때마침 얼음이 합쳐 졌다. 무리를 끌고 얼음을 타며 물을 건너서 북을 울리고 나아갔다. 고구려군이 무 너져 달아나자, 하력이 수십 리나 추격하여 3만 명을 죽였다. 나머지 무리는 모두 항복하고, 남생은 겨우 몸만 빠져 나왔다. 때마침 황제의 조서가 있어 군사를 돌리 니, 이에 돌아왔다. (『三國史節要』 9)

고구려 용삭원년 9월에 압록수에 주둔하였는데, 그 지역은 곧 고구려의 험하고 막힌 곳이었 다. 막리지 남생이 정예병사 수만으로 그곳을 지켰다. 무리가 건널 수 없었는데, 글 필하력이 비로소 이르자 때마침 여러 겹으로 된 얼음이 크게 합쳐졌다. 나아가서 곧 건너고 북을 울리며 나아갔다. 적이 마침내 크게 무너지자, 도망가는 무리를 수십 리나 추격하여 3만 급을 참수하였다. 나머지 무리는 모두 항복하고, 남생은 겨우 몸 만 빠져 나왔다. 때마침 조서가 있어 군사를 돌리니, 이에 돌아왔다. (『舊唐書』 109 列傳 59 契苾何力)

고구려 9월에 고구려 개소문이 그 아들 남생을 파견하여 정예병사 수만으로 압록수를 지키 게 하였다. 여러 군이 건널 수 없었는데, 글필하력이 이르자 때마침 얼음이 크게 합 쳐졌다. 하력이 무리를 끌고 얼음을 타며 물을 건너서 북을 울리고 나아갔다. 고구 려가 크게 무너지자, 하력이 도망가는 무리를 수십 리나 추격하여 3만 급을 참수하 였다. 나머지 무리는 모두 항복하고, 남생은 겨우 몸만 빠져 나왔다. 때마침 조서가 있어 군사를 돌리니, 이에 돌아왔다. (『資治通鑑』 200 唐紀 16 高宗 上之下)

고구려 용삭원년 이 때 9월에 수륙 양군이 평양에서 대대적으로 모이기로 하였다. 병사가 압록에 이르러 파도가 사나우니, 건널 수 있는 배가 없어서 군기(軍期)를 놓칠까 염려 하였다. 하늘을 우러러 △하고 충성스러운 뜻을 온전히 펼치니. 찬바람이 사방에서 불어와 흐르는 얼음이 합쳐졌다. 병사들이 겨우 건너자 얼음이 뒤따라 녹아버리니, 고구려에서는 신이라고 불렀다. 후한(後漢)의 경공(耿恭)이 우물에 절을 하고 춘추시 대 노(魯)의 양공(陽公)이 하늘을 향해 창을 휘둘렀듯이, 정성이 느껴지니 신의는 어 그러짐이 없었다. 군대가 돌아오자 공을 기록하고 가장 좋은 저택 1구를 하사하며

	양국공(凉國公)을 더하였다. (「契苾嵩 墓誌銘」:『全唐文新編』997)
고구려	용삭원년에 양현기(陽玄基)는 계필하력(契苾何力)을 따라 압록(鴨淥)을 격파하여, 유격장군(游擊將軍)·좌효위(左驍衛) 선신부(善信府) 과의(果毅)에 제수되었다. (「陽玄基墓誌銘」:『全唐文補遺』8)
고구려	용삭 연간(661~663) 초에 다시 요동도행군대총관에 임명되어 여러 번의 35군을 이끌고 나아가 토벌하였다. 황제가 스스로 군사를 이끌고 그를 뒤따르려 하였다(이상 4월16일). 압록수에 주둔하였는데, 개소문이 남생을 파견하여 정예병사 수만으로 험한 곳에서 맞서게 하였다. 무리가 감히 건널 수 없었는데, 때마침 얼음이 합쳐졌다. 하력이 무리를 끌고 북을 울리며 건넜다. 적이 놀라서 마침내 무너지자, 도망가는 무리를 리나 추격하여 3만 급을 참수하였다. 나머지 무리는 항복하고, 남생은 몸을 빼서 달아났다. 조서가 있어 군사를 돌렸다. (『新唐書』110 列傳 35 諸夷蕃將 契苾何力)
백제	9월에 황태자가 나가츠노미야(長津宮)에서 직관(織冠)을 백제 왕자 풍장에게 주고, 또 오오노오미코모시키(多臣蔣敷)의 누이를 아내로 삼게 하였다. 그리고 대산하 사이노무라지아지마사, 소산하 하다노미야츠코타쿠츠를 보내 군사 5,000여 명을 거느리고 본국에 호위하여 보내 주었다. 이에 풍장이 백제에 들어갈 때 복신이 맞이하러 와서 머리를 조아리고 나라의 정사를 모두 맡겼다. (『日本書紀』27 天智紀)
고구려	용삭원년에 나이 58세로 그 해 10월18일에 군영에서 죽었다. (「楊師善 墓誌銘」:『全唐文新編』994;『全唐文補遺』3)
신라	겨울 10월29일에 대왕은 당 황제의 사자가 이르렀다는 것을 듣고 마침내 수도로 돌아갔다. 당의 사신이 조문하고 위로하며 겸하여 칙서를 내려 전왕을 제사지내고 잡채(雜彩) 500단을 보냈다. 유신 등은 병사를 쉬게 하며 나중의 명령을 기다렸다. 함자도총관 유덕민이 이르러 평양에 군량을 수송하라는 칙지(勅旨)를 전하였다. (『三國史記』6 新羅本紀 6)
신라	겨울 10월에 신라왕은 당이 사신을 파견해 와서 조문하고 제사지냈다는 것을 듣고 고구려 군사에게 달려가지 않고 돌아왔다. 유신 등은 병사를 쉬게 하며 명령을 기다렸다. 함자도총관 유덕민이 이르러 평양에 군량을 수송하라는 칙지를 전하였다. (『三國史節要』9)
백제	11월 임진일이 초하루인 무술일(7) 천황이 죽었으므로, 아스카(飛鳥)의 가와라(川原)에 빈소를 마련하였다. (…) [『일본세기』에 전한다. "11월에 복신이 사로잡은 당 사람 속수언(續守言) 등이 츠쿠시(筑紫)에 이르렀다." 어떤 책에 전한다. "신유년에 백제의 좌평 복신이 바친 포로 106명을 아우미노쿠니(近江國) 하리타(墾田)에 살게 하였다." 경신년(660)에 이미 복신이 당의 포로를 바쳤다고 했으므로, 지금은 주석으로 두니 후인이 결정하라.] (『日本書紀』26 齊明紀)
신라	용삭원년 12월10일에 김유신은 부장군(副將軍) 김인문(金仁問)·진복(眞服)·양도(良圖) 등 9명의 장군과 병사를 이끌고 군량을 싣고 고구려의 경계에 들어갔다. (『三國史記』42 列傳2 金庾信 中)
신라 백제 고구려	문무왕 11년(671) 가을 7월26일에 대당 총관 설인귀가 임윤법사를 사신보내 편지를

보냈는데, 내용은 다음과 같다. (…) 대왕이 편지에 답하였는데, 내용은 다음과 같다. "(…) 현경 5년(660)에 (…) 6년에 이르러 (…) 12월에 이르러 웅진의 양식이 떨어지게 되었다. 먼저 웅진에 양식을 운반하자니 칙서의 뜻을 어길까 두렵고, 만약 평양으로 군량을 수송한다면 웅진의 양식이 떨어질까 두려웠다. 그런 까닭으로 늙고 약한 자를 뽑아 파견해 웅진으로 양식을 운반하게 하고, 강건한 정예병사는 평양으로 향하도록 하였습니다. 웅진에 양식을 수송하러 간 사람들은 가는 길에 눈을 만나 사람과 말들이 모두 죽어 100명 중 1명도 돌아오지 못하였습니다. (…) "(『三國史記』7 新羅本紀 7 文武王 下)

신라 백제 고구려

문무왕 11년(671) 가을 7월에 당 총관 설인귀가 승려 임윤법사를 파견해 왕에게 편지를 보냈는데, 내용은 다음과 같다. (…) 왕이 편지에 답하였는데, 내용은 다음과 같다. "(…) 현경 5년(660)에 이르러 (…) 6년에 이르러 (…) 12월에 이르러 웅진의 양식이 떨어지게 되었다. 먼저 웅진에 양식을 운반하자니 칙서의 뜻을 어길까 두렵고, 만약 평양으로 군량을 수송한다면 웅진의 양식이 떨어질까 두려웠다. 그런 까닭으로 늙고 약한 자를 뽑아 파견해 웅진으로 양식을 운반하게 하고, 강건한 정예병사는 평양으로 향하도록 하였습니다. 웅진에 양식을 수송하러 간 사람들은 가는 길에 눈을 만나 사람과 말들이 모두 죽어 100명 중 1명도 돌아오지 못하였습니다. (…) "(『三國史節要』10)

고구려 백제 신라

12월에 고구려가 보고하였다. "오직 12월에만 고구려국에서는 추위가 매우 심해 패수(浿水)가 얼어붙는다. 그러므로 당의 군대가 운거(雲車)·충붕(衝輣)으로 북과 징을 시끄럽게 치며 공격해 왔다. 고구려의 사졸들이 용감하고 씩씩하였으므로 다시 당의 진지 2개를 빼앗았다. 단지 2개의 요새만이 남았으므로 다시 밤에 빼앗을 계책을 마련하였다. 당의 군사들이 무릎을 끌어안고 곡을 하였다. 고구려군의 날카로움이 무디어지고 힘이 다하여 빼앗을 수 없었으니, 후회해도 어찌할 수 없는 부끄러움이라는 것이 이것이 아니면 무엇이겠는가?"[승려 도현은 말하였다. "김춘추의 뜻으로 말하면 바로 고구려를 공격하는 것이었는데, 먼저 백제를 공격하였으니 이 무렵 백제의 침입이 잦아 고통이 심했으므로 그러한 것이다."] (『日本書紀』27 天智紀)

신라

개령군(開寧郡)은 옛 감문소국(甘文小國)이다. 진흥왕(眞興王)18년이자 진(陳) 영정(永定)원년에 군주를 두고 청주(靑州)라고 하였다. 진평왕(眞平王) 때에 주가 폐지되었다. 문무왕 원년에 감문군(甘文郡)을 설치하였다. (『三國史記』34 雜志 3 地理 1)

신라

왕이 처음에 즉위한 용삭 연간(661~663) 신유에 사비 남쪽 바다 속에 죽은 여자의 시체가 있어, 키는 73척, 발 길이는 6척, 음부 길이는 3척이었는데, 혹자는 키가 18척이라고도 한다. (『三國遺事』2 紀異 2 文虎王法敏)

신라

이상의 기록을 의상전(義湘傳)에서 살펴보면, "영휘(650~655) 초년에 당에 들어가 지엄(智儼)을 배알하였다."고 하나, 부석사(浮石寺)의 본비(本碑)에 의거하면 다음과 같다. "의상(義湘)은 무덕(武德) 8년(625)에 태어나 (…) 용삭원년 신유에 이르러 당에 들어가 지엄에게 나아가 배웠다. (…) "(『三國遺事』3 塔像 4 前後所將舍利)

신라

석원효(釋元曉)는 성이 설씨(薛氏)이고 동해(東海) 상주(湘州) 사람이다. 관채(丱䯱)하던 나이에 혜연(惠然)하게 불법에 들어가 스승을 따라 업을 받고 곳곳을 떠돌며 일정한 거처가 없었다. 용기가 의위(義圍)를 공격하고 웅(雄)함이 문진(文陣)을 가로

지르니 날래고 굳세어 나아감에 앞에서 물러남이 없었다[進無前卻]. 대체로 삼학(三學)이 엄통(淹通)하여 저쪽 지역에서는 만인을 대적할 수 있다고 하니, 정의(精義)가 신의 경지에 들어감이 이와 같았다. 일찍이 의상법사(義湘法師)와 당에 들어가 현장삼장(玄奘三藏)의 자은(慈恩) 문하를 따르려 하였으나 그 인연이 이미 어긋나고 나자 마음을 쉬게 하면서 무하(無何)를 떠돌아다니니, 발언이 광패(狂悖)하고 흔적을 보이는 것이 괴소(乖疎)하였다. 거사(居士)와 함께 주사(酒肆)·창가(倡家)에 들어가 만약 공이 지닌 금도(金刀)·철석(鐵錫)을 지(誌)한다면, 혹은 소(疏)를 지어 잡화(雜華)를 강연하고 혹은 금(琴)을 어루만져 사우(祠宇)를 즐겁게 하며 혹은 여염(閭閻)에서 머물러 자고 혹은 산수(山水)에서 좌선하여, 뜻에 맡기고 기회에 따르니 모두 정검(定檢)이 없었다.

이때에 국왕이 백좌인왕경대회(百座仁王經大會)를 설치하니, 석덕(碩德)을 두루 찾아서 본주(本州)는 명망으로 그를 거진(擧進)하였다. 제덕(諸德)은 그 사람됨을 싫어하여 받아들이지 않도록 왕에게 헐뜯으니, 무하에 거처하였다. 왕의 부인은 뇌에 옹종(癰腫)이 영(嬰)하여 의공(醫工)이 효험을 보지 못하였다. 왕 및 왕자·신속(臣屬)이 산천(山川)·영사(靈祠)에 기도하고 청하여 이르지 않은 곳이 없었다. 무격(巫覡)이 있어 말하기를, "진실로 사람을 파견해 타국에 가서 약을 구하면, 이 질병이 바야흐로 나을 것입니다."라고 하였다. 왕이 이에 사신을 출발시켜 바다를 건너 당에 들어가 그 의술을 모집하였다. 명창(溟漲) 속에서 갑자기 한 노인이 나타나 파도에서 뛰어올라 나와서 배에 올랐는데, 사인을 맞이하여 바다에 들어가서 궁전을 보니 엄려(嚴麗)하였다. 용왕을 만났는데 왕의 이름이 검해(鈐海)였다. 용왕이 사자에게 말하였다. "너희 나라의 부인은 청제(靑帝)의 셋째딸이다. 우리 궁중에 앞서 『금강삼매경(金剛三昧經)』이 있었는데, 곧 이각(二覺)의 원통(圓通)함이 보살행(菩薩行)을 보여주는 것이다. 지금 부인의 병에 탁장(託仗)하여 증상연(增上緣)을 삼고자 하니, 이 경을 부쳐 저 나라에 내어 유포시키고자 할 뿐이다." 이리하여 30내지(來紙)를 가지고 산경(散經)을 중답(重沓)하여 사인에게 부쳐주었다. 용왕이 다시 말하기를, "이 경이 바다를 건너는 도중에 마귀에게 걸리는 일이 있을까 두렵다."라고 하였다. 용왕은 가진 칼로 사인의 천장(腨腸)을 찢게 하여 속에 넣으니, 납지(蠟紙)를 사용하여 전등(纏縢)함으로써 약을 그에게 부(傳)하였는데 그 천(腨)은 예전과 같았다. 용왕이 말하였다. "대안성자(大安聖者)로 하여금 꿰맨 것을 전차(銓次)하게 하고, 원효법사를 청하여 소를 만들어 그것을 강연하고 해석하게 함이 옳다. 부인은 병이 나아도 의심이 없을 것이니, 가령 설산(雪山) 아가타(阿伽陀)의 약력(藥力)도 또한 이것을 뛰어넘지 못할 것이다." 용왕은 해수면까지 나와서 보내주니 마침내 배에 올라 귀국하였다. 이때 왕이 듣고 기뻐하여 이에 먼저 대안성자를 불러 점차(黏次)하였다. 대안(大安)이라는 자는 헤아릴 수 없는 사람이어서 형상과 옷이 특이하니 항상 시장에 있으면서 동발(銅鉢)을 쳐서 노래하였는데 대안대안이라는 소리를 말하므로 그것을 부른 것이다. 왕이 대안에게 명령하자 대안이 말하기를, "경을 가지고 오기만 하고 왕의 궁역(宮闈)에 들이지 않기를 바랍니다."라고 하였다. 대안이 경을 얻어 배래(排來)하여 8품(八品)을 이루니, 모두 부처님의 뜻에 맞았다. 대안이 말하기를, "빨리 원효에게 가지고 가서 부탁하여 강연하게 하십시오."라고 하니, 나머지 사람들은 아니라고 하였다. 원효는 이 경을 받아서 바로 본래 상주에서 태어났는데 사인에게 말하였다. "이 경은 본래 이각(二覺)을 종지(宗旨)로 삼는 것이다. 나를 위하여 각승(角乘)을 갖추어 안궤(案几)를 가지고 와서 소의 두 뿔 사이에 그 붓과 벼루를 두게 하라." 우거(牛車)에서 계속 있으면서 소를 만들고 5권을 완성하자, 왕이 극일(尅日)에 황룡사(黃龍寺)에서 부연(敷演)하기를 청하였다. 이때에 새 소를 몰래 훔치려는 일이 있어 이 일을 왕에게 아뢰니, 3일을 연기하여 거듭 기록하여 3권을 완성하고 약소(略

疏)라고 불렀다. 왕·신하·승려·속인들에 이르기까지 구름처럼 법당을 옹(擁)하자, 원효는 이에 의례가 있다고 선토(宣吐)하고 가칙(可則)을 해분(解紛)하며 양탄지(揚彈指)라고 칭하여 소리가 허공에 끊었다. 원효가 다시 창언(唱言)하였다. "옛날에 온갖 연(椽)을 캘 때에는 비록 법회에 참여하지 않았더라도, 지금의 조정에 한 동(棟)을 가로지르는 곳에는 나만이 홀로 가능하다." 이때 여러 이름난 대덕이 얼굴을 숙이고 부끄러워하는 기색이 있어 복응(伏膺)하고 참회하였다. 처음에 원효가 기적을 보여줄 때에 항화(恒化)하는 사람을 정하지 않은 것이 없어서, 혹은 쟁반을 던져 무리를 구제하고 혹은 물을 뿜어 불타는 것을 때리며 혹은 여러 곳에서 모습을 나타내고 혹은 육방(六方)에서 사라짐을 알렸으니, 또한 배도(盃渡)·지공(誌公)의 무리여서 그 해성(解性)함에서 보면 밝지 않음이 없었다. 소는 광본(廣本)·약본(略本) 두 종류가 있어서 함께 본토에서 행해졌는데, 약본은 중화에 흘러들어가서 나중에 삼장(三藏)이 경을 번역할 때에 그것을 고쳐 논(論)으로 하였다.

계(系)가 말하기를, "바다 용궁에 어디에서 경본이 있겠는가?"라고 하였다. 통(通)이 말하였다. "경에 전한다. '용왕의 궁전 속에 칠보탑(七寶塔)이 있는데, 여러 부처가 말한 바와 여러 깊은 의별(義別)은 칠보(七寶) 상자가 있어 그 속에 가득하게 그것을 담아서 12인연이라고 하고 삼매(三昧) 등을 총지(總持)하였다.' 이 경을 좋게 하여 세상에 합하여 행하니, 다시 대안·원효의 신이함이 드러났다. 이에 부인의 병으로 하여금 가르침을 일으키는 큰 단서가 되게 하였다."(『宋高僧傳』 4 義解 2之1 唐新羅國 元曉)

신라

당의 원효(元曉)는 신라국 상주 설씨의 아들이다. 관(丱)하는 나이에 입도하여 스승을 따라 떠돌며 배우니 일정한 거처가 없었다. 이때에 삼장현장공(三藏玄奘公)이 중원(中原)에서 화왕(化王)하여 벗과 함께 장차 그에게 가려고 하였는데, 일은 의상법사전을 보라. 인연은 이미 어긋나고 나자 자취가 마침내 어그러지니 성품에 맡겨 떠돌아다녀서 하나도 정하여 머무르는 곳이 없었다.

때마침 왕이 백좌를 설치하여 이름난 대덕을 불러 인왕경(仁王經)을 강연하게 하였다. 본주는 숙석(宿碩)으로 이름이 알려졌으나, 혹자는 그 행실이 추잡하다고 하여 받아들이지 않도록 헐뜯으니 무하에 거처하였다. 부인은 뇌에 옹종이 병들어 의사와 기도가 모두 효험이 없었다. 복자(卜者)가 말하기를, "마땅히 신이 조제한 적현(赤縣) 지역에 이르러야 합니다."라고 하였다. 이리하여 사신을 파견하여 서쪽으로 바다를 건너갔는데, 명창(冥漲) 속에서 갑자기 사람이 나타나 맞이하여 용왕이 있는 곳에 이르렀다. 궁전은 엄려하고 다만 장숙(莊蕭)함을 따라서 아마도 세상의 이목이 미치는 바가 아닌 것 같았다. 군주는 검해라고 자칭하였는데, 사자에게 말하였다. "너희 부인은 청제의 셋째딸인데, 그가 불법에서 더욱 원력(願力)이 있다. 『금강삼매경』이라는 것은 곧 이각의 원통함이 보살행을 보여주는 것이다. 내가 일찍이 그것을 얻었으나 아직 쉽게 유통하지 못하였으니 지금 부인의 병을 기회로 내고자 한다. 그러면 어찌 부인만 이익일 뿐이겠는가?" 인하여 가진 칼로 그 천장을 찢게 하여 산경 30여 지를 넣으니, 그 안팎은 납지를 사용하여 전등하여 다른 약을 부하였다. 또 말하기를, "거쳐가는 곳에 마귀가 있는 일이 있을까 두려우므로 이것을 만들었을 뿐이다."라고 하였다. 또 말하였다. "대안성자로 하여금 꿰맨 것을 전차(詮次)하고, 원효법사에게 소를 만들어 그것을 강연하고 해석하라고 청함이 옳다. 이와 같으면 비록 설산 아가타의 약도 뛰어넘지 못할 것이다." 대안이라는 자는 형상과 옷이 평소 궤이(詭異)하여 정시(井市) 속에서 동발(銅鉢)을 칠 때마다 대안대안이라고 노래하였다. 왕이 이때에 이르러 빨리 대안을 부르자 대안이 말하기를, "경을 가지고 오기만 하십시오."라고 하였다. 곧 의리로 고쳐서 8품을 만들고 떠났는데, 끝내 왕을 만나려고 하지 않았다. 원효는 경을 얻어서 곧 우거 위에서 소를 만들어 5권을 완성하였다. 또 궤안(几案)을 설치하여 붓과 벼루를 소의 두 뿔 사이에 두고 말하였다. "본래 이각에서 비롯된 것이 이 경의 지(指)이다. 일부러 그것을 드러낼 뿐이다." 얼마 지나서 극일에 황룡사에서 개천(開闡)하였다.   부박자(浮薄者)가   그   능력을 꺼려서 그것을 훔쳐서 달아났다. 왕이 명령하여 3일로 한정하니 급히 치료하였다. 원효는 옹용(雍容)을 선토하고 민예(敏銳)를 변항(辯抗)하며 양탄지라고 칭하여 소리가 허공에 끓었다. 그가 말하였다. "옛날에 온갖 연을 캘 때에는 비록 법회에 참여하지 않았더라도, 지금의 조정에 한 동을 가로지르는 곳에는 나만이 홀로 가능하다." 지난 번에 헐뜯은 것을 꾸짖은 것이니, 무리가 부끄러워하는 기색이 있었다. 나중에 죽은 곳을 몰랐다. (『新修科分六學僧傳』 28 定學 證悟科 唐元曉)

| 신라 | 당의 승려 원효라는 자는 해동(海東) 사람이다. 처음에 바다를 건너 중국에 와서 장차 명산의 도인을 찾으려고 황량한 산길을 홀로 걸었다. 밤이 깊어 무덤 사이에서 자게 되었는데 목이 몹시 말라 굴 속에서 손으로 떠 마셨는데 매우 달고 시원한 샘물을 얻었다. 동틀 무렵에 일어나 그것을 보니 해골 속에 고인 물이었다. 매우 메스꺼워 토해 버리려고 하다가 문득 크게 깨닫고 탄식하며 말하였다. "마음이 생기면 온갖 법이 나오고, 마음이 사라지면 해골도 다르지 않다. 부처님께서 '삼계가 오직 마음이다.'라고 하셨는데 어찌 나를 속이는 말이겠는가?" 마침내 다시 스승을 구하지 않고 곧바로 해동으로 돌아가 『화엄경소(華嚴經疏)』를 써서 원돈(圓頓)의 가르침을 크게 펴뜨렸다. 내가 그 열전을 읽다가 이 부분에 이르러 진(晉) 악광(樂廣)의 술잔에 뱀 그림자가 비쳤던 이야기를 더듬어 생각하고 게(偈)를 지었다.

밤 무덤 속의 해골에 고인 물은 본래 물이요. /   손님의 술잔에 비친 활 그림자는 필경 뱀이 아니다. / 그 중에 생멸을 받아들일 곳이 없으니, / 미소지으며 옛 책을 들어 몇 글자를 적어본다. (『林間錄』 上 元曉) |

| 신라 | 『금강삼매경(金剛三昧經)』은 이각(二覺)을 깨치는 것으로 보살의 수행을 보여주는 것이다. 처음 원효가 소를 지을 때 그 경이 본각(本覺)과 시각(始覺)으로 종지를 구성하고 있다는 점을 깨달았다. 그러므로 우차(牛車)에 앉아 두 모서리 사이에 책상을 얹어놓고 이 점을 근거로 초고를 썼다.

『원각경(圓覺經)』은 모두 원각(圓覺)을 증명하는 것으로, 때도 성품도 없음을 종지로 삼는다. 그러므로 경전의 머리글에는 글을 쓴 시간과 장소를 기록하지 않았으며, 경문의 번역 연대를 고증하려고 해도 역사에 다시 기록되지 않았다. 원효가 일을 통하여 법을 보인 것이나 『원각경』에서 은밀하게 부처님의 뜻에 계합한 것은 신령스런 마음이 그림자 같다는 것을 알았기 때문일 것이다. (『林間錄』 上 金剛三昧經圓覺經) |

| 신라 | 당의 승려 원효라는 자는 해동 사람이다. 처음에 바다를 건너 중국에 와서 장차 명산의 도인을 찾으려고 황량한 산길을 홀로 걸었다. 밤이 깊어 무덤 사이에서 자게 되었는데 목이 몹시 말라 굴 속에서 손으로 떠 마셨는데 매우 달고 시원한 샘물을 얻었다. 동틀 무렵에 일어나 그것을 보니 해골 속에 고인 물이었다. 매우 메스꺼워 토해 버리려고 하다가 문득 크게 깨닫고 탄식하며 말하였다. "마음이 생기면 온갖 법이 나오고, 마음이 사라지면 해골도 다르지 않다. 부처님께서 '삼계가 오직 마음이다.'라고 하셨는데 어찌 나를 속이는 말이겠는가?" 마침내 다시 스승을 구하지 않고 곧바로 해동으로 돌아가 『화엄경소』를 썼다. (『指月錄』 7 元曉) |

| 신라 | 석원효는 성이 설씨이고 동해 상주 사람이다. 삼학이 엄통하여 저쪽 지역에서는 만인을 대적할 수 있다고 하였다.

이때에 국왕이 백좌인왕경대회를 설치하니, 석덕을 두루 찾아서 본주는 명망으로 그를 거진하였다. 왕이 받아들이지 않아서 무하에 거처하였다. 왕의 부인은 뇌에 옹종이 영하여 의공이 효험을 보지 못하였다. 왕 및 왕자·신속이 산천·영사에 기도하고 청하여 이르지 않은 곳이 없었다. 무격이 있어 말하기를, "진실로 사람을 파견해 타 |

국에 가서 약을 구하면, 이 질병이 바야흐로 나을 것입니다."라고 하였다. 왕이 이에 사신을 출발시켜 바다를 건너 당에 들어가 그 의술을 모집하였다. 명창 속에서 갑자기 한 노인이 나타나 파도에서 뛰어올라 나와서 배에 올랐는데, 사인을 맞이하여 바다에 들어가서 궁전을 보니 엄려하였다. 용왕을 만났는데 왕의 이름이 검해였다. 용왕이 사자에게 말하였다. "너희 나라의 부인은 청제의 셋째딸이다. 우리 궁중에 앞서 『금강삼매경』이 있었는데, 곧 이각의 원통함이 보살행을 보여주는 것이다. 지금 부인의 병에 탁장하여 증상연을 삼고자 하니, 이 경을 부처 저 나라에 내어 유포시키고자 할 뿐이다." 이리하여 30내지를 가지고 산경을 중답하여 사인에게 부처주었다. 용왕이 다시 말하기를, "이 경이 바다를 건너는 도중에 마귀에게 걸리는 일이 있을까 두렵다."라고 하였다. 용왕은 가진 칼로 사인의 천장을 찢게 하여 하여 속에 들이니, 납지를 사용하여 전등함으로써 약을 그에게 부하였는데 그 천은 예전과 같았다. 용왕이 말하였다. "원효법사로 하여금 소를 만들어 그것을 강연하고 해석하게 함이 옳다. 부인은 병이 나아도 의심이 없을 것이다." 용왕은 해수면까지 나와서 보내주니 마침내 배에 올라 귀국하였다. 이때 왕이 듣고 기뻐하였다. 이에 원효를 불러 소를 만들고 5권을 완성하자, 왕이 극일에 황룡사에서 부연하기를 청하였다. 약소라고 불렀다. 원효는 이에 의례가 있다고 선토하고 가칙을 해분하며 양탄지라고 칭하여 소리가 허공에 끊었다. 소는 광본·약본 두 종류가 있어서 함께 본토에서 행해졌는데, 약본은 중화에 흘러들어가서 나중에 삼장이 경을 번역할 때에 그것을 고쳐 논으로 하였다. (『高僧摘要』4 元曉)

신라　당초(唐初)에 해동의 원효라는 자는 성이 설씨이고 동해 상주 사람이다. 관채하던 나이에 혜연(慧然)하게 불법에 들어가 스승을 따라 업을 받고 곳곳을 떠돌며 일정한 거처가 없었다. 용기가 의위를 공격하고 웅함이 문진을 가로지르니 날래고 굳세어 나아감에 앞에서 물러남이 없었다[進無前却]. 저쪽 지역에서는 만인을 대적할 수 있다고 하였다. 일찍이 의상법사와 당에 들어가려 하였으나 그 인연이 이미 어긋나고 나자 마음을 쉬게 하면서 서쪽으로 무하에 가니[의상은 곧 해동 화엄종(華嚴宗)의 시조인데, 원효와 함께 당에 들어가다가 밤에 옛 무덤에 머물렀다. 인하여 오직 마음에 달렸음에 도달하였으므로 원효는 귀국하였다. 의상은 당에 들어가 종남산에 가서 현수국사(賢首國師)와 함께 하였다. 법사는 서로 화엄종을 전하기에 이르니 해동에 돌아와 크게 퍼뜨렸을 뿐이다.], 언어가 광일(狂逸)하고 거조(擧措)가 괴소하였다. 거사와 함께 주사·창가에 들어가 만약 공이 지닌 금도·철석을 지(志)한다면, 혹은 소를 지어 잡화를 강연하고 혹은 금을 어루만져 사우를 즐겁게 하며 혹은 여염에서 머물러 자고 혹은 산수에서 좌선하여, 뜻에 맡기고 인연에 따르니 모두 정험(定驗)이 없었다.

이때에 국왕이 백좌를 설치하여 인왕경을 강연하니, 석덕을 두루 찾아서 본주는 갖추어 명망으로 그를 거진하였다. 제덕은 그 사람됨을 싫어하여 받아들이지 않도록 왕에게 헐뜯었다. 얼마 지나지 않아 이때 왕의 부인은 뇌에 옹종이 영하여 의공이 효험을 보지 못하고 기도가 영험함이 없었다. 얼마 지나서 무격이 있어 말하기를, "진실로 사람을 파견해 타국에 가서 약을 구하면, 바야흐로 나을 것입니다."라고 하였다. 왕이 사신을 출발시켜 바다를 건너 당에 들어가 의사를 구하였다. 명창 속에서 갑자기 한 노인이 나타나 파도에서 뛰어올라 나와서 배에 올랐는데, 사인을 맞이하여 바다에 들어갔다. 용왕을 만났는데 이름이 검해였다. 용왕이 사자에게 말하였다. "너희 나라의 부인은 청제의 셋째딸이다. 우리 궁중에 앞서 『금강삼매경』이 있었는데, 지금 부인의 병에 탁장하여 증상연을 삼고자 하니, 이 경을 부처 저 나라에 유포시키고자 한다." 이리하여 30내지를 가지고 산경을 중답하여 사자에게 부처주었다. 용왕이 다시 말하기를, "이 경이 바다를 건너다가 마귀에게 걸리는 일이 있을까 두렵다."라고 하였다. 지금 가진 칼로 사자의 천장을 찢게 하여 속에 넣으니, 납지를 사용하여 등(縢)함으로써 약을 그에게 부하였는데 그 천은 예전과 같았다. 용왕이 말하였다. "대안성자로 하여금 꿰맨 것을 전차하게 하고, 원효법사를 청하여 소를 만들어 그것을 강연하고 해석하게 함이 옳다. 부인은 병이 나아도 의심이 없을 것이다." 용왕은 해수면까지 나와서 보내주니 바로 당에 들어간 배가 돌아오는 것을 만나 마침내 배에 올라 귀국하였다.

왕이 듣고 기뻐하여 이에 먼저 대안성자를 불러 점차(粘次)하였다. 대안은 헤아릴 수 없는 사람이어서 형상과 옷이 특이하니 시장에 있을 때마다 동발을 쳐서 노래하였는데 대안대안이라는 소리를 말하므로 그것을 부른 것이다. 대안이 말하기를, "빨리 원효에게 가지고 가서 부탁하여 강연하게 하십시오."라고 하니, 나머지 사람들은 아니라고 하였다. 이때 원효는 상주에 있었는데 사자에게 말하였다. "이 경은 본래 이각을 종지로 삼는 것에서 비롯되었다. 나를 위하여 각승을 갖추어 안궤를 가지고 와서 소의 두 뿔 사이에 그 붓과 벼루를 두게 하라." 우거 위에서 계속 있으면서 소를 만들고 5권을 완성하자, 또 약소 3권을 만들었다. 황룡사에서 부연하니, 왕·신하·승려·속인들이 구름처럼 법당을 옹하자, 원효는 이에 의례가 있다고 선토하고 가칙을 해분하였다. 원효가 다시 창언(唱言)하였다. "옛날에 온갖 연을 캘 때에는 비록 법회에 참여하지 않았더라도, 지금의 조정에 한 동을 가로지르는 곳에는 나만이 홀로 가능하다." 이때 여러 이름난 대덕이 얼굴을 숙이고 부끄러워하는 기색이 있어 복응하고 참회하였다. 처음에 원효가 기적을 보여줄 때에 알기 어려워 화(化)하는 사람을 정하지 않아서, 혹은 쟁반을 던져 무리를 구제하고 혹은 물을 뿜어 불타는 것을 때리며 혹은 여러 곳에서 모습을 나타내고 혹은 육방에서 사라짐을 알렸으니, 또한 배도·지공의 무리였다.

『탐현기(探玄記)』에 전한다. "원효법사가 이 경소를 만들고 사교(四敎) 등을 세우며 말하였다. '『사체연기경(四諦緣起經)』 등이라는 것은 곧 『사체경(四諦經)』이다. 각 1권 등의 나머지 소승경(小乘經)은 나면서 공(空)한 이치를 설명한 것이다.' 대동(大同)·천태(天台) 등에 소를 만든 것은 앞서 두 소가 천태·장통(藏通)에 의거한 것과 조금 다른데, 다만 합하고 나눈 원(圓)이라는 것은 천태로 화엄(華嚴)으로 겸하고 나누었다. 지금 원효공이 화엄의 총명(總名)을 만(滿)이라고 하니, 곧 총(總)은 원만(圓滿)의 뜻이다. 그 범망(梵網)은 일승분(一乘分)이라고 이름 붙이니, 이것은 원효공이 새로 더하였으므로 대동이라고 한 것이다."(『華嚴懸談會玄記』20 海東 元曉)

| 신라 | 삽량주(歃良州) 아곡현(阿曲縣)의 영취산(靈鷲山)[삽량(歃良)은 지금의 양주(梁州)이다. 아곡(阿曲)은 아서(阿西)라고도 하고, 또 구불(求佛) 혹은 굴불(屈弗)이라고 한다. 지금 울주(蔚州)에굴불역(屈弗驛)을 두었는데, 지금도 그 이름이 남아있다.]에 신이한 승려가 암자에 여러 해 살았는데, 마을에서는 모두 알지 못했고 대사도 이름을 말하지 않았다. 항상 『법화경(法華經)』을 읽어, 이에 신통력이 있었다.
용삭 연간(661~663) 초에 사미(沙彌) 지통(智通)이 있었는데, 이량공(伊亮公)의 가노(家奴)였다. 출가한 지 7년이 되었을 때, 어떤 까마귀가 와서 울기를, "영취산에 가서 낭지(朗智)에게 의탁하여 제자가 되어라."라고 하였다. 지통이 그것을 듣고, 그 산을 찾아 골짜기 속 나무 아래에서 쉬고 있었다. 문득 이상한 사람이 나오는 것을 보았는데, 그가 말하기를, "나는 보현보살(普賢菩薩)로, 너에게 계품(戒品)을 주고자 하여 여기에 왔다."라고 하였다. 이에 계를 베풀고 마치자마자 사라졌다. 지통은 신심을 깨닫고, 지혜가 깨우쳐지고 문득 원만해졌다. 마침내 앞으로 가서 길에서 한 승려를 만나서, 이에 낭지 대사가 어디에 사는지를 물었다. 승려가 말하길, "어찌 낭지를 묻느냐?"라고 하니, 지통이 신이한 까마귀의 일을 자세히 말하였다. 승려가 |

빙그레 웃으며 말하였다. "내가 낭지이다. 지금 이 당 앞에 또한 까마귀가 와서 '성스러운 아이가 있어 대사에게 의탁하려고 장차 올 것이니, 마땅히 나가서 맞이하라.'고 알렸다. 그래서 그대를 와서 맞이하였다." 이에 손을 잡고 감탄하여 말하였다. "신령스러운 까마귀가 그대를 깨우쳐 나에게 의탁하게 하고 나에게 알려 그대를 맞이하게 하니, 이는 어떠한 상서로움인가? 아마도 산신령이 몰래 도왔을 것이다. 전해지기를 이 산의 주인은 곧 변재천녀(辨才天女)라고 한다." 지통은 그것을 듣고 울며 사례하여 대사에게 예배하였다. 이윽고 장차 계를 주려고 하니, 지통이 말하기를, "저는 골짜기 입구의 나무 아래에서 이미 보현보살을 만났고 이에 정계(正戒)를 받았습니다."라고 하였다. 낭지가 감탄하여 말하였다. "좋구나! 너는 이미 친히 보현보살의 만분지계(滿分之戒)를 받았구나. 나는 태어난 이후로 저녁 때까지 삼가고 겸손하면서 성인을 만나길 염원했으나, 오히려 이르지 못하였다. 지금 너는 이미 받았으니, 나는 너에게 멀리 미치지 못하는구나." 도리어 지통에게 예를 올리고, 이로 인해 그 나무를 보현(普賢)이라고 이름 붙였다. 지통이 말하기를, "법사는 여기에 머문 지 이미 오래되었습니까?"라고 하였다. 낭지가 말하기를, "법흥왕(法興王) 정미년(527)에 처음 발을 들였으니, 지금 얼마나 되었는지는 모르겠다."라고 하였다. 지통이 산에 온 때가 이미 문무왕 즉위 원년 신유년이니, 계산하면 이미 135년이다. (『三國遺事』 5 避隱 8 朗智乘雲普賢樹)

고구려 백제   이 해에 (…) 또 일본에서 고구려를 구하러 간 군대의 장수들이 백제 가파리빈(加巴利濱)에 배를 대고 불을 피웠다. 재가 변해 구멍이 되어 작은 소리가 났는데 화살이 날며 우는 소리와 같았다. 어떤 사람이 말하기를, "고구려·백제가 끝내 망할 징조인가?"라고 하였다. (『日本書紀』 27 天智紀)

백제 고구려   용삭원년에 요동도행군총관 소정방이 백제의 정도성(貞都城)을 함락시키니, 그 왕 의자가 와서 항복하였다. 좌위낭장 왕문서(王文庶)가 새서를 가지고 가서 정방 이하 장사(將士) 및 백제의 백성을 위로하고 각각 예전처럼 안정되게 하였다. 재능이 있는 자는 급을 매겨 기록하여 채용하고, 만약 곧 고구려를 경략할 수 있는 경우에는 정방에게 장사의 가부를 간택하는 것을 맡겨 보고하여 아뢴다. (『冊府元龜』 136 帝王部 136 慰勞)

백제   『구당서』 본기에 전한다. " (…) 용삭원년에 유인궤가 대방자사(帶方刺史)가 되어 당력(唐曆)을 청하여 갔다."(『玉海』 10 律歷歷法 下 唐戊寅元曆麟德甲子元曆木渾圖經緯曆光宅曆神龍曆)

백제   지(志)에 전한다. " (…) 용삭원년에 유인궤가 대방자사가 되어 당력을 청하여 갔다."(『玉海』 153 朝貢外夷內朝內附 唐高麗請頒曆)

고구려 백제   『당실록』에 전한다. " (…) 용삭원년에 패왕택(沛王宅)에서 연회를 하였는데, 9부악(九部樂)을 연주하였다. (『玉海』 105 音樂樂 3 唐九部樂十部樂十四國樂二部樂)

백제 신라   『자치통감』에 전한다. "용삭원년에 처음에 소정방이 이미 백제를 평정하고 나서 그 장수 유인원을 남겨 백제 부성을 지키게 하였다. 또 좌위중랑장 왕문도를 웅진도독으로 삼아 나머지 무리를 위무하게 하였다(이상 660년 9월23일). 문도가 바다를 건너서 죽었다(이상 660년 9월28일). 백제 승려 도침, 옛 장수 복신이 무리를 모아 주류성에 근거하고, 옛 왕자 풍을 왜국에서 맞이하여 그를 옹립하며, 병사를 이끌어 유인원을 부성에서 포위하였다. 조서를 내려 유인궤를 일으켜 검교대방주자사로 삼고 왕문도의 무리를 거느리면서 편의대로 신라의 병사를 징발하게 하여 인원을 구원하게 하였다. 인궤가 기뻐하며 '하늘이 장차 이 늙은이를 부귀하게 하려는구나!'라고 하였다. 주사에서 당의 달력 및 피휘 등을 청하고 가면서 '나는 동이를 쓸어 평정시키고, 대당의 정삭을 해외에 반포하겠다.'라고 하였다. 인궤는 군대를 엄정하게 부리니, 옮겨다니며 싸우면서 앞으로 나아가서 향하는 곳마다 모두 평정하고 함락시켰다(이상 660년 9월). 백제가 웅진강 입구에 두 목책을 세웠다. 인궤가 신라 병사와 합하여 공격하여 그들을 격파하였다. 죽이거나 물에 빠져 죽은 자가 만여 명이나 되었다(이상 660년 10월30일).

도침 등이 이에 부성의 포위를 풀고 임존성으로 물러나 지켰다. 신라가 식량이 떨어져 이끌고 돌아갔다. 도침은 영군장군이라고 자칭하고, 복신은 상잠장군이라고 자칭하면서 무리를 불러 모으니, 그 세력이 더욱 펼쳐졌다. 인궤는 무리가 적다고 여겨 인원과 군대를 합하여 병사들을 휴식하게 하였다(이상 3월)."(『玉海』191 兵捷露布 3 唐熊津道行軍摠管破百濟)

| 고구려 신라 | 용삭원년에 압록도총관(鴨淥道總管)이 되어 변방의 요새에서 적들을 제거하고 계림(鷄林)에서 안개를 말끔히 하였는데, 계책은 군략에서 드러나고 도의는 군기에서 빛났다. (「張脛 墓誌銘」:『全唐文補遺』千唐誌齋新藏專輯) |

| 고구려 | 28세에 막리지(莫離支)에 임명되고, 겸하여 삼군대장군(三軍大將軍)에 제수되었다. (「泉男生 墓誌銘」) |

| 고구려 | 아들 남생(男生)은 (…) 오래 지나서 막리지가 되고 삼군대장군을 겸하였다. (『三國史記』49 列傳 9 蓋蘇文) |

| 고구려 | 오래 지나서 막리지가 되고 삼군대장군을 겸하였다. (『新唐書』110 列傳 35 諸夷蕃將 泉男生) |

| 고구려 | 23세에 위두대형(位頭大兄)으로 옮기고 거듭하여 중군주활(中軍主活)로 옮겼다. (「泉男産 墓誌銘」) |

| 고구려 | 대당(大唐) 용삭원년에 이르러 천황대제(天皇大帝: 高宗)가 칙서를 내려 의군(義軍)을 징발하고, 요동에 죄를 물었다. 고을덕(高乙德)은 병사를 이끌고 적과 싸우다가, 마침내 사로잡히게 되었다. 성상(聖上)은 그 맞서고 저항한 잘못을 버리고, 귀순하며 항복하는 예를 허락하였다. (「高乙德 墓誌銘」: 2015『韓國古代史研究』79) |

| 고구려 | 계필부인(契苾夫人)의 부친 하력(何力)은 진군대장군(鎭軍大將軍)·양국공(凉國公)이었다. 적을 요리하고 승리를 거두어 계산에 남는 계책이 없었는데, 요동을 평정한 공으로 하력은 곧 으뜸이라고 칭해졌다. (「契苾夫人 墓誌銘」:『全唐文新編』996) |

662(壬戌/신라 문무왕 2/고구려 보장왕 21/唐 龍朔 2/倭 天智 1)

| 신라 고구려 | 봄 정월 18일에 풍수촌(風樹村)에 숙박하였는데, 얼음이 미끄러워 도로가 험하고 수레가 다닐 수 없어서 모두 소와 말에 실었다. (『三國史記』6 新羅本紀 6) |
| 신라 고구려 | 봄 정월에 풍수촌에 이르러, 얼음이 미끄러워 도로가 험하고 수레가 다닐 수 없어서 모두 소와 말에 실었다. (『三國史節要』9) |

| 신라 고구려 | 봄 정월 23일에 칠중하(七重河)를 건너 산양(蒜壤)에 이르렀다. 귀당제감(貴幢弟監) 성천(星川), 군사(軍師) 술천(述川) 등이 이현(梨峴)에서 적병을 만나 그들을 공격하 |

여 죽였다. (『三國史記』6 新羅本紀 6)

신라 고구려 　임술년 정월 23일에 칠중하에 이르러 사람들이 모두 두려워하여 감히 앞서 오르지 못하였다. 유신이 말하기를, "제군들이 만약 죽음을 두려워하였다면, 어찌 여기에 올 수 있었겠는가?"라고 하고, 마침내 앞서서 스스로 배에 타고 건넜다. 여러 장졸이 서로 따라서 강을 건너 고구려 경역에 들어갔다. 고구려 군대가 대로에서 요격할 것을 염려하여 마침내 스스로 험하고 좁은 곳으로 가서 산양에 이르렀다. 유신이 여러 장사에게 말하였다. "고구려·백제 두 나라가 우리 강역을 침범하여 적들이 우리 인민을 해쳤다. 혹은 장정을 사로잡아 베어 죽이기도 하고, 혹은 어린 아이를 사로잡아 노(奴)로 그들을 부린 지 오래되었으니, 어찌 애통하지 않은가? 내가 지금 죽음을 두려워하지 않고 어려움에 달려가는 것은 대국의 힘을 빌어 두 성을 없애서 나라의 원한을 씻고자 하는 것이니, 마음을 맹세하고 하늘에 알려서 음조(陰助)를 기대하고자 하나 무리들의 마음이 어떠한지 아직 몰라서 그것을 언급한 것이다. 만약 적을 가볍게 여기면 반드시 공을 이루고 돌아갈 것이나, 만약 적을 두려워하면 어찌 사로잡힘을 면하겠는가? 마땅히 같은 마음으로 협력하면 혼자서 100명을 당하지 않음이 없으니 이것이 제군들에게 바라는 바이다." 여러 장졸들이 모두 말하기를, "장군의 명령을 받기를 바라니, 감히 구차하게 살려는 마음이 있을 수 없습니다."라고 하였다. 곧 북을 울리며 가서 평양을 향하다가 길에서 적병을 만났는데, 맞서 공격하여 이기니 얻은 갑옷과 병사가 매우 많았다. (『三國史記』42 列傳 2 金庾信 中)

신라 고구려 　봄 정월에 칠중하에 이르러 사람들이 모두 건너기를 두려워하여 감히 앞서지 못하였다. 유신이 말하기를, "제군들이 만약 죽음을 두려워하였다면, 어찌 여기에 올 수 있었겠는가?"라고 하고, 마침내 앞서서 건넜다. 여러 장졸이 그것을 이어서 고구려 경역에 들어갔다. 고구려 군대가 노략질할 것을 염려하여 몰래 험하고 좁은 곳을 따라 산양에 이르렀다. 사람들이 모두 괴롭고 고달프자, 유신이 여러 장수에게 말하였다. "고구려·백제 두 나라가 우리의 대대로 원수가 되었다. 지금 죽음을 두려워하지 않고 어려움에 달려가는 것은 대국의 힘을 빌어 두 나라를 멸망시켜 나라의 원한을 갚고자 하는 것이다. 제군들은 마땅히 그것에 부지런해야 한다." 모두 말하기를, "오직 장군의 명령 뿐입니다."라고 하였다. 곧 북을 울리며 가서 곧바로 평양으로 향하였다. 귀당제감 성천, 군사 술천 등이 이현에서 고구려 병사를 만나서, 맞서 공격하여 이기니 얻은 갑옷과 병사가 매우 많았다. (『三國史節要』9)

백제 　봄 정월 신묘일이 초하루인 정사일(27) 백제의 좌평(佐平) 귀실복신(鬼室福信)에게 화살 10만 개, 사(絲) 500근, 면(綿) 1,000근, 포(布) 1,000단, 부드러운 가죽 1,000장, 볍씨 3,000곡(斛)을 주었다. (『日本書紀』27 天智紀)

신라 　봄 정월에 당의 사신이 관(館)에 있었다. 이 때에 이르러 왕을 개부의동삼사(開府儀同三司)·상주국(上柱國)·낙랑군왕(樂浪郡王)·신라왕으로 책봉하였다. (『三國史記』6 新羅本紀 6)

신라 　봄 정월에 당의 사신이 신라에 이르러 칙서를 내려 전왕을 제사지냈다. 이어서 왕을 개부의동삼사·상주국·낙랑군왕·신라왕으로 책봉하고, 잡채(雜彩) 500단을 보내주었다. (『三國史節要』9)

신라 　조서를 내려 그 아들 태부경(太府卿) 법민(法敏)이 왕위를 계승하게 하고 개부의동삼사·상주국·낙랑군왕·신라왕으로 삼았다. (『舊唐書』199上 列傳 149上 新羅)

신라 　봄 정월에 이찬(伊湌) 문훈(文訓)을 중시(中侍)로 삼았다. (『三國史記』6 新羅本紀

	6)
신라	봄 정월에 신라가 이찬 문훈을 중시로 삼았다. (『三國史節要』9)
신라 고구려	봄 정월에 왕이 유신(庾信)에게 명령하여 인문(仁問)·양도(良圖) 등 9장군과 수레 2,000여 량에 쌀 4,000석과 조(租) 22,000여 석을 싣고 평양으로 향하게 하였다. (『三國史記』6 新羅本紀 6)
신라 고구려	봄 정월에 왕이 유신·인문·진복(眞服)·양도 등 9장군을 파견하여 유진(留鎭) 유인원(劉仁願)과 병사 수만을 이끌고 수레 2,000여 량에 쌀 4,000석과 조 22,000여 석을 싣고 평양으로 향하게 하였다. (『三國史節要』9)
신라 고구려 백제	

문무왕(文武王) 11년(671) 가을 7월26일에 대당 총관(摠管) 설인귀(薛仁貴)가 임윤법사(琳潤法師)를 사신보내 편지를 보냈는데, 내용은 다음과 같다. (…) 대왕이 편지에 답하였는데, 내용은 다음과 같다. " (…) 용삭 2년 정월에 이르러 유총관은 신라의 양하도(兩河道) 총관 김유신 등과 함께 평양으로 군량을 운송하였다(이상 1월). 당시는 궂은 비가 한 달 이상 이어지고 눈보라가 치는 등 날씨가 몹시 추워서 사람과 말이 얼어죽었으므로, 가져갔던 군량을 모두 보낼 수 없었다. 평양의 대군이 또 돌아가려고 하였고 신라 병사와 말의 양식도 다 떨어졌으므로 또한 돌아왔다. 병사들은 굶주리고 추위에 떨어 손발이 얼고 상해서 길에서 죽은 사람이 이루 다 헤아릴 수 없었다(이상 2월 1일). 행렬이 호로하(瓠瀘河)에 이르자 고구려 병사와 말이 막 뒤를 쫓아와서 강 언덕 위에 군영을 나란히 쳤다. 신라 병사들은 피로하고 굶주린 날이 오래되었지만, 적이 멀리까지 쫓아올까 두려워서 적이 미처 강을 건너기 전에 먼저 강을 건너 싸웠다. 선봉이 잠깐 싸우자 적의 무리가 무너져, 마침내 군사를 거두어 돌아왔다(이상 2월 6일). 이 군사들이 집에 도착한 지 한 달도 채 지나지 않아 웅진부성에서 자주 곡식을 요구하였는데, 그 이전과 이후에 보낸 것이 수만여 곡(斛)이다. 남쪽으로는 웅진으로 운반하고 북쪽으로는 평양에 공급하였으니, 조그마한 신라가 두 곳으로 나눠 공급하느라 인력의 피로함이 극에 달하였고 소와 말이 거의 다 죽었으며 농사의 때를 놓쳐 곡식이 잘 익지 못하였다. 창고에 쌓아둔 양식은 운반하느라 모두 써버려서, 신라의 백성은 풀뿌리도 오히려 부족하였지만 웅진의 중국 병사는 군량에 여유가 있었다. 또한 남아 지키던 중국 병사들은 집을 떠나온 지가 오래되어 의복이 풀어 떨어져 몸에 걸칠 만한 온전한 옷이 없었으므로, 신라는 백성들에게 권하고 부과하여 철에 맞는 옷을 보내어 공급하였다. 도호(都護) 유인원(劉仁願)이 멀리서 고립된 성을 지킬 때, 사면이 모두 적이어서 항상 백제의 침입과 포위를 당하였는데 늘 신라의 구원을 받았다. 1만 명의 중국 병사는 4년 동안 신라의 옷을 입고 신라의 식량을 먹었으니, 인원 이하의 병사는 뼈와 가죽은 비록 중국 땅에서 태어났다 하더라도 피와 살은 모두 이곳 신라의 것이라 할 수 있다. 중국의 은혜와 혜택이 비록 끝이 없다 하더라도 신라가 충성을 바친 것 역시 불쌍히 여길 만한 것입니다(이상 7월). (…) "(『三國史記』7 新羅本紀 7 文武王 下)

신라 고구려 백제	

문무왕 11년(671) 가을 7월에 당 총관 설인귀가 승려 임윤법사를 파견해 왕에게 편지를 보냈는데, 내용은 다음과 같다. (…) 왕이 편지에 답하였는데, 내용은 다음과 같다. " (…) 용삭 2년 정월에 이르러 유총관은 신라의 양하도 총관 김유신 등과 함께 평양으로 군량을 운송하였다(이상 1월). 당시는 궂은 비가 한 달 이상 이어지고 눈보라가 치는 등 날씨가 몹시 추워서 사람과 말이 얼어죽었으므로, 가져갔던 군량을 모두 보낼 수 없었다. 평양의 대군이 또 돌아가려고 하였고 신라 병사와 말의 양식도 다 떨어졌으므로 또한 돌아왔다. 병사들은 굶주리고 추위에 떨어 손발이 얼고

상해서 길에서 죽은 사람이 이루 다 헤아릴 수 없었다(이상 2월 1일). 행렬이 호로 하에 이르자 고구려 병사와 말이 막 뒤를 쫓아와서 강 언덕 위에 군영을 나란히 쳤다. 신라 병사들은 피로하고 굶주린 날이 오래되었지만, 적이 멀리까지 쫓아올까 두려워서 적이 미처 강을 건너기 전에 먼저 강을 건너 싸웠다. 선봉이 잠깐 싸우자 적의 무리가 무너져, 마침내 군사를 거두어 돌아왔다(이상 2월 6일). 이 군사들이 집에 도착한 지 한 달도 채 지나지 않아 웅진부성에서 자주 곡식을 요구하였는데, 그이전과 이후에 보낸 것이 수만여 곡이다. 남쪽으로는 웅진으로 운반하고 북쪽으로는 평양에 공급하였으니, 조그마한 신라가 두 곳으로 나눠 공급하느라 인력의 피로함이 극에 달하였고 소와 말이 거의 다 죽었으며 농사의 때를 놓쳐 곡식이 잘 익지 못하였다. 창고에 쌓아둔 양식은 운반하느라 모두 써버려서, 신라의 백성은 풀뿌리도 오히려 부족하였지만 웅진의 중국 병사는 군량에 여유가 있었다. 또한 남아 지키던 중국 병사들은 집을 떠나온 지가 오래되어 의복이 풀어 떨어져 몸에 걸칠 만한 온전한 옷이 없었으므로, 신라는 백성들에게 권하고 부과하여 철에 맞는 옷을 보내어 공급하였다. 도호 유인원이 멀리서 고립된 성을 지킬 때, 사면이 모두 적이어서 항상 백제의 침입과 포위를 당하였는데 늘 신라의 구원을 받았다. 1만 명의 중국 병사는 4년 동안 신라의 옷을 입고 신라의 식량을 먹었으니, 인원 이하의 병사는 뼈와 가죽은 비록 중국 땅에서 태어났다 하더라도 피와 살은 모두 이곳 신라의 것이라 할 수 있다. 중국의 은혜와 혜택이 비록 끝이 없다 하더라도 신라가 충성을 바친 것 역시 불쌍히 여길 만한 것입니다(이상 7월). (…) "(『三國史節要』10)

신라 고구려	고구려 군대가 굳게 지켜서 이길 수 없었다. 군사와 말이 죽거나 다친 경우가 많았고 양도가 이어지지 못하였다. 김인문은 유진 유인원과 병사를 이끌고 겸하여 쌀 4,000석과 조 2만여 곡을 수송하여 평양성으로 나아갔다. (『三國史記』44 列傳 4 金仁問)
고구려	봄 정월에 좌효위장군(左驍衛將軍)·백주자사(白州刺史)·옥저도총관(沃沮道總管) 방효태(龐孝泰)가 개소문(蓋蘇文)과 사수(蛇水)가에서 싸웠다. 모든 군대가 무너져서 그 아들 13명과 함께 모두 전사하였다. 소정방(蘇定方)이 평양을 포위하였으나 때마침 큰 눈이 내려 포위를 풀고 돌아왔다. 모든 전후의 원정이 모두 큰 공 없이 물러났다. (『三國史記』22 高句麗本紀 10)
고구려	봄 정월에 당 좌효위장군·백주자사·옥저도총관 방효태가 영남(嶺南)의 수전하는 병사를 이끌고 사수가에 주둔하였다. 고구려 개소문이 그를 맞이하여 공격하자, 효태가 크게 패하였다. 혹자는 포위를 돌파하여 유백영(劉伯英)·조계숙(曹繼叔)의 군영으로 나아가라고 권하였다. 효태가 말하였다. "나는 2대를 엎드려 섬기면서 지나치게 은혜와 대우를 받았다. 고구려가 멸망하지 않으면 나는 반드시 돌아가지 않을 것이다. 백영(伯英) 등이 어째서 반드시 나를 구원하겠는가? 또 내 장수와 향리의 자제 5,000여 명이 지금 모두 다 죽었는데, 어찌 한 몸을 위하여 살 것을 구하겠는가?" 소문이 육박하여 그를 공격하니, 죽은 자가 수만이고 화살이 고슴도치처럼 꽂혔다. 효태는 마침내 그 아들 13명과 함께 모두 거기에서 죽었다. (『三國史節要』9)
신라 고구려	2월 1일에 유신 등이 장새(獐塞)에 이르러 평양과 거리가 3만6,000보였다. 먼저 보기감(步騎監) 열기(裂起) 등 15명을 파견해 당의 군영에 도착하였다. 이 날 바람과 눈이 차서 사람과 말이 얼어 죽은 경우가 많았다. (『三國史記』6 新羅本紀 6)
신라 고구려	2월에 유신 등이 장새에 이르러 길이 험하고 평양과 거리가 수 리였다. 바람과 눈이 차서 사람과 말이 지치고 고달퍼서 이따금 쓰러지고 엎드렸다. 유신이 어깨를 걸어 채찍을 잡고 앞으로 말을 모니, 무리들이 모두 사력을 내어 땀이 흘렀다. 마침내

험하고 좁은 곳을 건너는데, 고구려 병사가 요격하려고 하여 앞으로 나아갈 수 없었다. 유신은 당군이 굶주리고 곤궁하다고 여겨, 먼저 그것을 보고하려고 하였으나 그 사람을 고르기 어려워서 보기감 열기를 불러 말하였다. "유신이 젊었을 때 그대와 돌아다녔는데, 그대가 지조와 절개가 있는 것을 안다. 지금 소장군에게 뜻을 전하고자 하니, 그대는 갈 수 있는가?" 열기가 말하였다. "제가 비록 불초하지만 외람되게도 군직에 있습니다. 하물며 장군의 명령을 욕되게 할 수 없으니, 갈 사람의 숫자를 갖춰 주시기 바랍니다." 마침내 군사 구근(仇近) 등 15명과 가니, 고구려 군대가 감히 핍박하지 못하였다. 모두 2일 만에 당의 군영에 도착하여 정방에게 보고하였다. 정방은 기뻐하며 편지를 써서 감사하였다. 열기는 또 2일만에 돌아왔다. 유신이 기뻐하여 급찬(級湌)으로 삼았다. (『三國史節要』9)

신라 고구려   임술에 장새의 험한 곳에 이르러, 때마침 하늘이 차고 세차니 사람과 말이 지치고 고달퍼서 이따금 쓰러지고 엎드렸다. 유신이 어깨를 드러내어 채찍을 잡고 앞으로 말을 모니, 무리들이 그것을 보고 노력하여 달려갔는데, 땀이 나서 감히 춥다고 말하지 않았다. 마침내 험한 곳을 통과하여 평양과 거리가 멀지 않았다. 유신은 말하기를, "당군은 식량이 부족하여 곤궁하니, 먼저 그것을 보고해야 한다."라고 하고, 이에 보기감 열기를 불러 말하였다. "내가 젊었을 때 그대와 돌아다녔는데, 그대가 지조와 절개가 있는 것을 안다. 지금 소장군에게 뜻을 전하고자 하는데 그 사람을 고르기 어려우니, 그대는 갈 수 있는가?" 열기가 말하였다. "제가 비록 불초하지만 외람되게도 중군직에 있습니다. 하물며 장군의 사령을 욕되게 할 수 없으니, 비록 죽는 날이 되더라도 오히려 사는 해가 될 것입니다." 마침내 장사(壯士) 구근 등 15명과 평양애 나아가서, 소장군을 보고 말하기를, "유신 등이 병사를 거느리고 자재와 식량을 드리려고 이미 가까운 경계에 도달하였습니다."라고 하자, 정방은 기뻐하며 편지를 써서 감사하였다. (『三國史記』42 列傳 2 金庾信 中)

신라 고구려   또 고기에 전한다. "총장(總章)원년 무진(戊辰)[만약 총장 연간의 무진이라면 이적(李勣)의 일이므로, 아래 문장의 소정방은 잘못이다. 만약 정방이라면 연호가 마땅히 용삭 2년 임술이고 평양에 와서 포위하였을 때이다.]에 국인이 청한 당 병사가 평양 교외에 주둔하면서 편지를 보내어 말하기를, '급히 군수물자를 수송하라.'라고 하였다. 왕이 군신과 모여 물었다. '적국에 들어가 당 병사가 주둔하는 곳에 이르는 것은 그 형세가 위험하다. 요청한 왕의 군사가 양식이 다하였는데 그 식료를 수송하지 않는 것 또한 마땅하지 않다. 어찌 해야 하는가?' 유신이 아뢰기를, '신들이 군수물자를 수송할 수 있으니, 대왕께서는 걱정하지 마시기를 청합니다.'라고 하였다. 이리하여 유신, 인문 등이 수만 명을 이끌고 고구려 경역에 들어가 식료 2만 곡을 수송하고 곧 돌아왔다. 왕이 크게 기뻐하였고, 또 군사를 일으켜 당 병사와 만나려고 하였다. 유신이 연기(然起)·병천(兵川) 등 2명을 먼저 파견하여 그 만날 시기를 물었다. 당의 장수 소정방은 종이에 난새와 송아지 두가지를 그려서 회답하였다. 국인들이 그 뜻을 해독하지 못하여 사자를 보내 운효법사(云曉法師)에게 묻게 하자 그것을 해석하기를, '빨리 그 병사를 돌려보내라. 화독(畵犢), 화란(畵鸞) 두 반절을 가리킨다.'라고 하였다. 이리하여 유신은 군대를 돌려 패강(浿江)을 건너려고 하여, 영을 내려 '나중에 건너는 자는 그를 참수한다'라고 하였다. 군사들이 앞을 다투어 반쯤 건너자, 고구려 병사가 와서 노략질하며 그 건너지 못한 자를 죽였다. 다음 날 유신이 도리어 고구려 병사를 추격하여 수만 급을 잡아 죽였다."(『三國遺事』1 紀異 1 太宗春秋公)

신라 고구려   왕이 대각간 김유신에게 명령하여 쌀 4,000석, 조 22,250석을 수송하게 하였다(이상 1월). 장새에 이르러 바람과 눈이 차서 사람과 말이 얼어죽은 경우가 많았다. 고구려 군대는 신라 병사가 피로한 것을 알고 그들을 요격하려고 하여, 당의 군영에 3

만여 보 떨어진 곳까지 갔으나 앞으로 나아갈 수 없어서, 편지를 보내려고 하였으나 그 사람을 고르기 어려웠다. 이 때 열기는 보기감으로 보좌하여 갔는데 나아가 말하였다. "제가 비록 노건(駑蹇)하지만 갈 사람의 숫자를 갖춰 주시기 바랍니다." 마침 내 군사(軍師) 구근 등 15명과 활, 칼을 가지고 말을 달리니, 고구려 군대가 그것을 보고 막을 수 없었다. 모두 2일 만에 소장군에게 명령을 전달하였다. 당의 군대가 그것을 듣고 기뻐하고 위로하며 편지에 회답하였다. 열기는 또 2일만에 돌아왔다. 유신이 그 용기를 가상히 여겨 급찬 관등을 주었다(이상 2월 1일). 군대가 돌아오게 되자, 유신이 왕에게 알렸다. "열기, 구근은 천하의 용사입니다. 신은 편의롭게 급찬을 제수하는 것을 허락였으나, 공로에 부합하지 못하므로 사찬 관등을 더하시기를 바랍니다." 왕이 말하기를, "사찬의 관등은 또한 지나치지 않은가?"라고 하였다. 유신이 두 번 절하고 말하기를, "작록(爵祿)은 공적인 것이어서 공에 보답하는 바이니, 어찌 지나치다고 하겠습니까?"라고 하니, 왕이 그것을 윤허하였다(이상 2월 6일). (『三國史記』 47 列傳 7 裂起)

신라 고구려   2월 6일에 양오(陽隩)에 이르렀다. 유신이 아찬(阿湌) 양도, 대감(大監) 인선(仁仙) 등을 파견하여 군량을 드리고, 정방에게 은 5,700분, 세포 30필, 두발 30량, 우황 19량을 보냈다. 정방이 군량을 얻자 곧 중지하고 돌아갔다. 유신 등은 당 병사가 돌아갔다는 것을 듣고 또한 돌아가면서 △천(瓠川)을 건넜다. 고구려 병사가 그들을 추격하자 군사를 돌려 맞서 싸우니, 1만여 급을 참수하고 소형(小兄) 아달혜(阿達兮) 등을 사로잡았으며 병기계를 만 단위로 얻었다. 공을 논함에 본피궁(本彼宮)의 재화, 전장(田莊), 노복(奴僕)을 반으로 나누어 유신과 인문에게 하사하였다. (『三國史記』 6 新羅本紀 6)

신라 고구려   2월에 유신 등이 가서 양오에 도착하였다. 한 노인에게 묻자 적국의 소식을 갖추어 모두 말하였다. 그에게 포백을 하사하자 사양하고 받지 않았다. 유신이 양오에게 주둔하면서 인문, 양도 및 아들 군승(軍勝) 등을 파견하여 당의 군영에 이르러 군량을 바치고, 정방에게 은 5,700분, 세포 30필, 두발 30량, 우황 19량을 보냈다. 정방은 식량이 떨어지고 병사가 피곤한 데다가 또 큰 눈을 만나 곧 군사를 돌렸다. 양도는 병사 800명으로 바다를 건너 돌아왔다. 유신 등은 당 병사가 군사를 돌렸다는 것을 듣고 또한 돌아갔다. 고구려 군대가 복병으로 그들을 요격하고자 하였다. 유신이 북을 소 허리에 매고 북채를 소 꼬리에 매어 휘둘러 쳐서 소리가 나게 하였고, 또 섶과 풀을 쌓아 그것을 불태워서 연기가 끊이지 않게 하여 주둔하며 숙박하는 것처럼 보여주었다. 그러나 밤에 몰래 가서 표하(瓢河)에 이르러 재빨리 건너서 병사를 쉬게 하였다. 다음 날 아침 고구려 군대가 깨닫고 그들을 추격하자 유신이 맞서 싸우며 온갖 노를 함께 발사하니, 고구려 군대가 또 물러났다. 유신이 여러 당(幢)의 장사(將士)를 이끌고 독려하여 그들을 나누어 공격하여 패배시키니, 1만여 급을 참수하고 소형 아달혜 등 5,000여 명을 사로잡았으며 병기계를 만 단위로 얻었다. 왕이 기뻐하여 사자를 파견해 그들을 위로하였다. 군대가 이르자 공을 논함에 유신·인문 등에게 차등 있게 하사하였다. 유신이 왕에게 말하였다. "열기, 구근은 천하의 용사 입니다. 신은 편의롭게 급찬을 제수하였으나, 이 또한 공로에 부합하지 못하므로 사찬을 더하시기를 바랍니다." 왕이 말하기를, "사찬은 이미 지나치지 않은가?"라고 하였다. 유신이 두 번 절하고 말하기를, "작록은 공적인 것이어서 공에 보답하는 바이니, 어찌 지나치다고 하겠습니까?"라고 하니, 왕이 그에 따랐다. (『三國史節要』 9)

신라 고구려   임술년에 유신 등이 가서 양오에 도착하였다. 한 노인을 보고 그에게 묻자 적국의 소식을 갖추어 모두 말하였다. 그에게 포백을 하사하자 사양하고 받지 않으며 떠났다. 유신이 양오에게 주둔하면서 한어(漢語)를 해독할 수 있는 자인 인문, 양도 및 아들 군승 등을 파견하여 당의 군영에 이르러 왕의 뜻으로 군량을 바치게 하였다. 정방은 식량이 떨어지고 병사가 피곤하여 힘껏 싸울 수 없었으므로, 군량을 얻게 되자 곧 당으로 돌아갔다. 양도는 병사 800명으로 바다를 건너 돌아왔다. 이 때에 고구려 군대가 복병으로 아군을 돌아가는 길에 요격하고자 하였다. 유신이 북과 목채를 소떼의 허리와 꼬리에 매어 휘둘러 쳐서 소리가 나게 하였고, 또 섶과 풀을 쌓아 그것을 불태워서 연기가 끊이지 않게 하였다. 밤에 몰래 가서 표하에 이르러 재빨리 건너서 강가에서 병사를 쉬게 하였다. 고구려 군대가 그것을 알고 와서 추격하자 유신이 온갖 노를 함께 발사하니, 고구려 군대가 또 물러났다. 유신이 여러 당의 장사를 이끌고 독려하여 그들을 나누어 나가게 하고 맞서 공격하여 패배시키니, 장군 1명을 사로잡고 1만여 급을 참수하였다. 왕이 그것을 듣고 사자를 파견해 그들을 위로하였다. 군대가 이르자 봉읍·작위 등을 차등 있게 상으로 하사하였다. (『三國史記』 42 列傳 2 金庾信 中)

신라 고구려   당 군대가 식량을 얻고 나서, 큰 눈이 내려서 포위를 풀고 돌아갔다. 신라 군대가 장차 돌아가려 하자, 고구려가 반쯤 갔을 때에 요격하려고 모의하였다. 김인문이 유신과 밤에 도망갈 것을 속여서 모의하자, 고구려 군대가 다음 날 깨닫고 그들을 추격하였다. 인문 등은 돌아서 공격하여 그들을 대패시키고 1만여 급을 참수하였으며 사람 5,000여 구를 사로잡아서 돌아갔다. (『三國史記』 44 列傳 4 金仁問)

신라   2월 6일에 영묘사(靈廟寺)에 화재가 있었다. (『三國史記』 6 新羅本紀 6)

신라   2월에 신라 영묘사에 화재가 있었다. (『三國史節要』 9)

신라 탐라   2월 6일에 탐라국주(耽羅國主)·좌평(佐平) 도동음률(徒冬音律)[도동음진(徒冬音津)이라고도 한다.]이 와서 항복하였다. 탐라(耽羅)는 무덕(武德) 연간(618~626)부터 이래로 백제에 신속하였으므로 좌평을 관호로 삼은 것이다. 이 때에 이르러 항복하여 속국이 되었다. (『三國史記』 6 新羅本紀 6)

신라 탐라   2월에 탐라국주·좌평 도동음률이 신라에 와서 조공하였다. 탐라는 남해 가운데에 있다. 옛날 처음에 인물이 없다가 세 신인(神人)이 있어 비로소 내려왔다. 첫째는 양을나(良乙那)라고 하고, 둘째는 고을나(高乙那)라고 하며, 셋째는 부을나(夫乙那)라고 한다. 하루는 세 사람이 바닷가에 사냥하러 나갔는데, 세 여자 및 여러 망아지·송아지, 오곡의 씨앗을 얻었다. 세 사람은 나이 순서대로 나누어 그녀들에게 장가들고, 샘물이 달고 땅이 비옥한 곳에 나아가 땅을 점쳐 그곳에 거처하였다. 양을나가 거처한 곳을 제1도(第一都), 고을나가 거처한 곳을 제2도(第二都), 부을나가 거처한 곳을 제3도(第三都)라고 하였다. 비로소 오곡을 뿌리고 또 망아지·송아지를 기르니, 나날이 부유하고 넉넉해졌다. 나중에 백제에 신속하였으므로 좌평을 관호로 삼은 것이다. 이 때에 이르러 와서 항복하여 속국이 되었다. (『三國史節要』 9)

삼한   황제는 다음과 같이 말하였다. "창합(閶闔)은 융(隆)을 맡기고 주려(周廬)는 절(切)을 금지하니 충현(忠賢)이 진실로 드러남을 △하고 육도(六韜)·삼략(三略)이 겸하여 뛰어남을 채웠다. 그대 관군대장군(冠軍大將軍)·좌효위장군(左驍衛將軍)·산양군개국공(山陽郡開國公) 유백영(劉伯英)을 생각건대 뜻과 힘은 침제(沈濟)하고 금정(襟情)은 상렬(爽烈)하여, 기정(奇正)의 기술을 일찍 나타내고 순경(巡警)하는 공을 더욱 빛냈으니 큰 바다에 모래를 쓰러뜨려 △△△△ △△△△ 공로는 육표(六豹)에 선(宣)하고 기는 삼한을 덮었다. 절충(折衝)의 효(效)는 알려짐이 있고 조아(爪牙)의 임무는 맡겨진 바이니, 휘렬(徽烈)에 주(疇)로 식(式)하여 신위(宸闈)에 호위로 발탁하였다. 이런 까닭으로 그대에게 명령하여 좌감문위대장군(左監門衛大將軍)으로 삼고 봉작은 예전과 같으니 가서 공경하라. 그대의 그 직사(職司)는 짐의 명령을 황(荒)함이 없도록 하니 불우(不虞)에 기(寄)함은 삼가지 않을 수 있겠는가?

용삭 2년 2월 8일"(『唐大詔令集』62 大臣 冊群臣 冊劉伯英左監門衛大將軍文)

| 삼한 | 창합은 융을 맡기고 주려는 절을 금지하니 충현이 진실로 드러남을 △하고 육도·삼략이 겸하여 뛰어남을 채웠다. 그대 관군대장군·좌효위장군·산양군개국공 유백영 생각건대 뜻과 힘은 침제하고 금정은 상렬하여, 기정의 기술을 일찍 나타내고 순경하는 공을 더욱 빛냈으니 큰 바다에 모래를 쓰러뜨려 (…) 공로는 육표에 선하고 기는 삼한을 눌렀다. 절충의 효는 알려짐이 있고 조아의 임무는 맡겨진 바이니, 휘렬에 주로 식하여 신위에 호위로 발탁하였다. 이런 까닭으로 그대에게 명령하여 좌감문위대장군으로 삼고 훈관(勳官)·봉작(封爵)은 예전과 같으니 가서 공경하라. 그대의 그 직사(職思)는 짐의 명령을 황함이 없도록 하니 불우에 기함은 삼가지 않을 수 있겠는가? (『全唐文』14 高宗皇帝 冊劉伯英左監門衛大將軍文) |

| 고구려 | 2월 갑술일(14) 사융태상백(司戎太常伯)·패강도총관(浿江道總管)·낙안현공(樂安縣公) 임아상(任雅相)이 군대에서 죽었다. (『舊唐書』4 本紀 4 高宗 上) |

| 고구려 | 2월 무인일(18) 방효태가 고구려와 사수에서 싸워 그곳에서 죽었다. (『新唐書』3 本紀 3 高宗) |

| 고구려 | 2월 무인일(18) 좌효위장군·백주자사·옥저도총관 방효태가 고구려와 사수 위에서 싸웠다. 군대가 패배하여 그 아들 13명과 함께 모두 전사하였다. 소정방이 평양을 포위하였으나 오래도록 함락되지 않았다. 때마침 큰 눈이 내려 포위를 풀고 돌아왔다. (『資治通鑑』200 唐紀 16 高宗 上之下) |

| 고구려 | 용삭원년(661) 다음해에 방효태가 영남 병사로 사수에 벽을 만들었다. 개소문(蓋蘇文)이 그들을 공격하여 온 군대가 무너졌다. 소정방이 포위를 풀고 돌아갔다. (『新唐書』220 列傳 145 東夷 高麗) |

| 고구려 | 『신당서』고려전에 전한다. "용삭원년(661)에 (…) 다음해에 방효태가 영남 병사로 사수에 벽을 만들었다. 개소문이 그들을 공격하여 온 군대가 무너졌다. 소정방이 포위를 풀고 돌아갔다."(『玉海』191 兵捷露布 3 唐遼東道行臺大摠管李勣俘高麗獻俘昭陵檄高麗合元殿數俘) |

| 고구려 | 방효태는 좌효위장군이 되어 고종이 장수를 파견해 고구려를 정벌할 때에 옥저도총관이 되었다. 이 때에 효태가 영남의 수전하는 군사를 이끌고 사수가에 주둔하였다. 고구려 개소문이 병사를 늘려 그들을 공격하자 효태가 크게 패하였다. 혹자는 포위를 돌파하여 유백영·조계숙의 군영으로 나아가라고 권하였다. 효태가 말하였다. "나는 국가의 2대를 엎드려 섬기면서 지나치게 은혜와 대우를 받았다. 고구려가 멸망하지 않으면 나는 반드시 돌아가지 않을 것이다. 백영 등이 어째서 반드시 나를 구원하겠는가? 또 내 장수와 향리의 자제 5,000여 명이 지금 모두 다 죽었는데, 어찌 한 몸으로 스스로 살 것을 구하겠는가?" 적이 육박하여 그를 공격하니, 죽은 자가 수만이고 화살이 고슴도치처럼 꽂혔다. 마침내 그 아들 13명과 함께 모두 거기에서 죽었다. (『冊府元龜』373 將帥部 34 忠 4 龐孝泰) |

| 백제 | 3월 경인일이 초하루인 계사일(4) 백제왕에게 포 300단을 주었다. (『日本書紀』27 天智紀) |

| 고구려 | 3월 계축일(24) 소정방이 위도(葦島)에서 고구려를 격파하였다. 또 나아가 평양성을 공격하였으나, 이기지 못하고 돌아왔다. (『舊唐書』4 本紀 4 高宗 上) |

고구려
　　　　　　용삭원년(661) 다음해 3월에 병사를 몰아 돌아왔다. (『册府元龜』 986 外臣部 31 征
　　　　　　討 5)

신라 고구려 백제
　　　　　　처음에 유인원·유인궤 등이 웅진성에 주둔하였는데,[53] 황제가 그들에게 칙서를 주었
　　　　　　다. "평양의 군대가 돌아오면 한 개의 성만으로는 홀로 굳게 할 수가 없으니, 마땅
　　　　　　히 발을 빼서 신라로 가야 할 것이다. 만약 김법민이 경에게 남아서 진수하기를 빌
　　　　　　면 마땅히 장차 그곳에 머물러야 할 것이고, 만약 그들이 필요 없다고 한다면 즉시
　　　　　　마땅히 바다를 건너 돌아와야 한다." 장사는 모두 서쪽으로 돌아가고자 하였다. 인
　　　　　　궤가 말하였다. "남의 신하는 공가(公家)의 이익을 따라서 죽음이 있을지언정 다른
　　　　　　것이 없는데 어찌하여 먼저 사사로운 것을 생각할 수 있겠는가? 주상이 고구려를
　　　　　　멸망시키고자 하므로, 먼저 백제를 멸망시키고 병사를 머무르게 하여 지켜서 그들의
　　　　　　심복을 제압한 것이다. 비록 남아 있는 도적이 충척(充斥)하고 수비도 매우 엄하기
　　　　　　는 하나, 마땅히 무기를 버리고 말에게 먹이를 주어 뜻하지 않은 곳을 공격해야 하
　　　　　　니, 그러면 이치상 이기지 못할 것이 없다. 이미 승리한 후에는 사졸의 마음이 편안
　　　　　　해질 것이고, 그런 후에 병사를 나누어 험한 곳에 의거하여 형세를 열어 벌려 놓고
　　　　　　표문을 날려 보고하면서 다시 병사를 더해줄 것을 요구하는 것이다. 조정에서는 그
　　　　　　것이 성공할 것임을 알고 반드시 장수에게 명령하여 군사를 낼 것이니, 성원하는 것
　　　　　　이 겨우 이어지기만 하더라도 흉악하고 더러운 녀석들은 스스로 섬멸될 것이다. 성
　　　　　　공한 것을 버리지 않을 뿐만 아니라 실제로 또한 길이 해외를 깨끗하게 하는 것이
　　　　　　다. 지금 평양의 군사들이 이미 돌아갔는데, 웅진에서도 또 발을 빼면[54] 백제의 남
　　　　　　은 무리들이 하루도 되지 않아 다시 일어날 것이니 고구려의 도망가는 적들은 언제
　　　　　　멸망시킬 수 있겠는가? 또 지금 한 개의 성을 가지고 적들의 중앙에 있으니, 만약
　　　　　　혹시 발을 움직이기만 하면 곧 사로잡히게 될 것이다. 설사 신라로 들어간다 하더라
　　　　　　도 또한 고삐에 매인 손님이어서 뜻과 같이 되지 않으면 후회해도 뒤쫓을 수가 없
　　　　　　다. 하물며 복신처럼 흉악하고 패역하며 잔학하여 군신이 시기하고 흩어져서 서로
　　　　　　도륙하는 일을 행하고 있는 경우에서랴! 바로 마땅히 굳게 지키면서 변화를 살펴보
　　　　　　다가 편리한 기회를 틈타서 이를 빼앗아야 하니, 움직일 수는 없다." 무리가 그것을
　　　　　　따랐다. (『資治通鑑』 200 唐紀 16 高宗 上之下)

고구려 신라 백제
　　　　　　『자치통감』에 전한다. "용삭 2년에 (…) 처음에 유인원·유인궤 등이 웅진성에 주둔하
　　　　　　였는데, 황제가 그들에게 칙서를 주었다. '평양의 군대가 돌아오면 한 개의 성만으
　　　　　　로는 홀로 굳게 할 수가 없으니, 마땅히 발을 빼서 신라로 가야 할 것이다. 만약 김
　　　　　　법민이 경에게 남아서 진수하기를 빌면 마땅히 장차 그곳에 머물러야 할 것이고, 만
　　　　　　약 그들이 필요 없다고 한다면 즉시 마땅히 바다를 건너 돌아와야 한다.' 장사는 모
　　　　　　두 서쪽으로 돌아가고자 하였다. 인궤가 말하였다. '남의 신하는 공가의 이익을 따
　　　　　　라서 죽음이 있을지언정 다른 것이 없는데 어찌하여 먼저 사사로운 것을 생각할 수
　　　　　　있겠는가? 주상이 고구려를 멸망시키고자 하므로, 먼저 백제를 멸망시키고 병사를
　　　　　　머무르게 하여 지켜서 그들의 심복을 제압한 것이다. 비록 남아 있는 도적이 충척하
　　　　　　고 수비도 매우 엄하기는 하나, 마땅히 무기를 버리고 말에게 먹이를 주어 뜻하지
　　　　　　않은 곳을 공격해야 하니, 그러면 이치상 이기지 못할 것이 없다. 이미 승리한 후에
　　　　　　는 사졸의 마음이 편안해질 것이고, 그런 후에 병사를 나누어 험한 곳에 의거하여

---

53) 고이(考異)에 전한다. "작년에 도침·복신이 백제 부성(府城)에서 유인원을 포위하였다고 하였다. 지금은 여
　　전히 웅진성에 있다고 한다. 혹자는 모두 하나의 성이라고도 하고, 그렇지 않으면 포위가 풀린 후 웅진성
　　으로 옮겨서 주둔하였을 뿐이다."
54) 발(拔)은 군대를 빼서 신라로 나아가는 것을 뜻하거나 혹은 군대를 빼서 서쪽으로 돌아가는 것을 뜻한다.

형세를 열어 벌려 놓고 표문을 날려 보고하면서 다시 병사를 더해줄 것을 요구하는 것이다. 조정에서는 그것이 성공할 것임을 알고 반드시 장수에게 명령하여 군사를 낼 것이니, 성원하는 것이 겨우 이어지기만 하더라도 흉악하고 더러운 녀석들은 스스로 섬멸될 것이다. 성공한 것을 버리지 않을 뿐만 아니라 실제로 또한 길이 해외를 깨끗하게 하는 것이다. 지금 평양의 군사들이 이미 돌아갔는데, 웅진에서도 또 발을 빼면 백제의 남은 무리들이 하루도 되지 않아 다시 일어날 것이니 고구려의 도망가는 적들은 언제 멸망시킬 수 있겠는가? 또 지금 한 개의 성을 가지고 적들의 중앙에 있으니, 만약 혹시 발을 움직이기만 하면 곧 사로잡히게 될 것이다. 설사 신라로 들어간다 하더라도 또한 고삐에 매인 손님이어서 뜻과 같이 되지 않으면 후회해도 뒤쫓을 수가 없다. 하물며 복신처럼 흉악하고 패역하며 잔학하여 군신이 시기하고 흩어져서 서로 도륙하는 일을 행하고 있는 경우에서랴! 바로 마땅히 굳게 지키면서 변화를 살펴보다가 편리한 기회를 틈타서 이를 빼앗아야 하니, 움직일 수는 없다.' 무리가 그것을 따랐다."(『玉海』191 兵捷露布 3 唐熊津道行軍摠管破百濟)

고구려
용삭 2년 임술에 소정방에게 명령하여 요동도행군대총관으로 삼았는데.(이상 660년 12월16일) 얼마 지나서 평양도로 고쳤다.(이상 661년 4월16일) 고구려의 무리를 패강에서 격파하고 마읍산을 빼앗아 주둔하여 마침내 평양성을 포위하였다.(이상 661년 8월11일) 때마침 큰 눈이 내려 포위를 풀고 돌아왔다.(이상 3월24일) (『三國遺事』1 紀異 1 太宗春秋公)

고구려 신라 백제
이 때에 소정방이 조서를 받들어 고구려를 정벌하여 나아가 평양을 포위하였으나, 이기지 못하고 돌아갔다. 고종이 칙서를 내려 유인궤에게 주었다. "평양의 군대가 돌아오면 한 개의 성만으로는 홀로 굳게 할 수가 없으니, 마땅히 발을 빼서 신라로 가서 그들과 함께 주둔하며 지켜야 할 것이다. 만약 김법민이 경들에게 남아서 진수하기를 빌면 마땅히 장차 그곳에 머물러야 할 것이고, 만약 그들이 필요 없다고 한다면 즉시 마땅히 바다를 건너 돌아와야 한다." 장사는 모두 서쪽으로 돌아가고자 하였다. 인궤가 말하였다. "춘추의 뜻은 대부가 강역을 나가면 사직과 국가를 편안히 할 수 있으니, 그것에 전념하는 것이 옳다. 하물며 창해의 밖에서 몰래 시랑(豺狼)과 가까이 하겠는가? 또한 남의 신하는 생각함에 나아가서 충성을 다하여 죽음이 있을지언정 다른 것이 없는데, 공가의 이익은 위하지 않음이 없음을 안다. 주상이 고구려를 병탄하여 멸망시키고자 하므로, 먼저 백제를 멸망시키고 병사를 머무르게 하여 지켜서 그들의 심복을 제압한 것이다. 비록 적들이 충척하고 대비도 매우 엄하기는 하나, 마땅히 무기를 버리고 말에게 먹이를 주어 뜻하지 않은 곳을 공격해야 하니, 그러면 그들이 이미 대비가 없을 것인데 어찌 공격하여 이기지 못하겠는가? 싸워서 승리가 있으면 사졸이 스스로 편안해질 것이고, 그런 후에 병사를 나누어 험한 곳에 의거하여 형세를 열어 벌려 놓고 표문을 날려 황제에게 보고하면서 다시 병선을 요청하는 것이다. 조정에서는 그것이 성공할 것임을 알고 반드시 마땅히 장수에게 명령하여 군사를 내어야 할 것이니, 성원하는 것이 겨우 이어지기만 하더라도 흉악한 반역의 무리들은 스스로 섬멸될 것이다. 성공한 것을 버리지 않을 뿐만 아니라 실제로 또한 길이 해외를 깨끗하게 하는 것이다. 지금 평양의 군사들이 이미 돌아갔는데, 웅진에서도 또 발을 빼면 백제의 남은 무리들이 하루도 되지 않아 다시 일어날 것이니 고구려의 도망가는 적들은 언제 멸망시킬 수 있겠는가? 또 지금 한 개의 성을 가지고 적들의 중앙에 있으니, 만약 그 다리를 잃는다면 곧 사로잡히게 될 것이다. 설사 발을 빼서 신라로 들어간다 하더라도 또한 앉혀진 손님이어서 뜻과 같이 되지 않으면 후회해도 뒤쫓을 수가 없다. 하물며 복신처럼 흉포(凶暴)하고 잔학하기가 지나치고 심하며 여풍(餘豊)이 시기하고 의심하여, 밖으로는 합해도 안으로는 흩어져서 매가 펼쳐서 함께 사는 경우에서랴! 그 세력은 반드시 서로 해를 끼칠 것이다. 오직 마땅히 굳게 지키면서 변화를 살펴보다가 편리한 기회를 틈타서 이를 빼앗아야 하니, 움직일 수는 없다.” 무리가 그것을 따랐다. (『舊唐書』 84 列傳 34 劉仁軌)

고구려 신라 백제

이 때에 소정방이 고구려를 정벌하여 평양을 포위하였으나, 이기지 못하였다. 고종이 유인궤에게 조서를 내리기를, “군대를 빼서 신라로 가서 김법민과 떠나고 머무르는 계책을 논의하라.”라고 하였다. 장사는 모두 돌아가고자 하였다. 인궤가 말하였다. “춘추의 뜻은 대부가 강역을 나가면 사직과 국가를 편안히 할 수 있으니, 그것에 전념할 수 있다. 지금 천자가 고구려를 멸망시키고자 하므로, 먼저 백제를 멸망시키고 병사를 머무르게 하여 지켜서 그들의 심복을 제압한 것이다. 비록 적들이 다리를 뛰어넘고 병사의 힘이 완전하지는 않으나, 마땅히 무기를 버리고 말에게 먹이를 주어 대비가 없는 것을 틈타 뜻하지 않은 곳을 공격해야 하니, 백번 내려가도 백번 온전할 것이다. 싸워서 이긴 날에 형세를 열어 벌려 놓고 격문을 보내 군사를 구제하면, 성원하는 것이 겨우 이어지기만 하더라도 적들은 망할 것이다. 지금 평양의 군사들이 이기지 못하였는데, 웅진에서도 또 발을 빼면 백제의 무리들이 다시 붙탈 것이니 고구려의 멸망은 기약이 없을 것이다. 우리들이 비록 신라로 들어간다 하더라도 바로 앉혀진 손님과 같아서 뜻과 같이 되지 않으면 후회해도 얻을 수가 없다. 부여풍은 시기하여 겉으로는 합해도 안으로는 끌고 있으니 그 세력은 오래 지탱하지 못할 것이다. 마땅히 굳게 지키면서 변화를 살펴보다가 그것을 도모해야 하니, 가볍게 움직일 수는 없다.” 무리가 그 논의를 따르고, 이에 병사를 더해주기를 청하였다. (『新唐書』 108 列傳 33 劉仁軌)

고구려   때마침 큰 눈이 내려 포위를 풀고 돌아왔다. (『新唐書』 111 列傳 36 蘇定方)

백제 신라 고구려

용삭 연간에 처음에 소정방의 군대가 돌아갔을 때, 유인원·유인궤 등은 여전히 백제의 웅진성에 있었다. 황제가 칙서를 주었다. “평양의 군대가 돌아오면 한 개의 성만으로는 홀로 굳게 할 수가 없으니, 마땅히 발을 빼서 신라로 가서 그들과 함께 주둔하며 지켜야 할 것이다. 만약 김법민이 경들에게 남아서 진수하기를 빌면 마땅히 장차 그곳에 머물러야 할 것이고, 만약 그들이 필요 없다고 한다면 즉시 마땅히 바다를 건너 돌아와야 한다.” 장사는 모두 서쪽으로 돌아가고자 하였다. 유인궤가 말하였다. “춘추의 뜻은 대부가 강역을 나가면 사직과 국가를 편안히 할 수 있으니, 그것에 전념하는 것이 옳다. 하물며 창해의 밖에서 몰래 사랑과 통하겠는가? 또한 남의 신하는 마땅히 생각함에 나아가서 충성을 다하여 죽음이 있을지언정 다른 것이 없는데, 공가의 이익은 위하지 않음이 없음을 안다. 주상이 고구려를 병탄하여 멸망시키고자 하므로, 먼저 백제를 멸망시키고 병사를 머무르게 하여 지켜서 그들의 심복을 제압한 것이다. 비록 적들이 충척하고 대비도 매우 엄하기는 하나, 마땅히 무기를 버리고 말에게 먹이를 주어 뜻하지 않은 곳을 공격해야 하니, 그러면 그들이 이미 대비가 없을 것인데 어찌 공격하여 이기지 못하겠는가? 싸워서 승리가 있으면 사졸이 스스로 편안해질 것이고, 그런 후에 병사를 나누어 험한 곳에 의거하여 형세를 열어 벌려 놓고 표문을 날려 황제에게 보고하면서 다시 병선을 요청하는 것이다. 조정에서는 그것이 성공할 것임을 알고 반드시 마땅히 장수에게 명령하여 군사를 내어야 할 것이니, 성원하는 것이 겨우 이어지기만 하더라도 흉악한 반역의 무리들은 스스로 섬멸될 것이다. 성공한 것을 버리지 않을 뿐만 아니라 실제로 또한 길이 해외를 깨끗하게 하는 것이다. 지금 평양의 군사들이 이미 돌아갔는데, 웅진에서도 또 발을 빼면 백제의 남은 무리들이 하루도 되지 않아 다시 일어날 것이니 고구려의 도망가는 적들은 언제 멸망시킬 수 있겠는가? 또 지금 한 개의 성을 가지고 적들의 중앙에 있으니, 만약 그 다리를 잃는다면 곧 사로잡히게 될 것이다. 설사 발을 빼서 신라로 들어간다 하더라도 또한 앉혀진 손님이어서 뜻과 같이 되지 않으면 후회해도 뒤쫓을 수가 없다. 하물며 복신처럼 흉포하고 잔학하기가 지나치고 심하며 여풍이 시기하고 의심하여, 밖으로는 합해도 안으로는 흩어져서 솔개와 올빼미가 함께 사는 경우에서랴! 그 세력은 반드시 서로 해를 끼칠 것이다. 오직 마땅히 굳게 지키면서 변화를 살펴보다가 편리한 기회를 틈타서 이를 빼앗아야 하니, 움직일 수는 없다." 무리가 그것을 따랐다. (『册府元龜』 366 將帥部 27 機略 6 劉仁願)

고구려 신라	평양의 군대가 돌아오니 한 성은 홀로 고수할 수 없다. 마땅히 나아가 신라를 징발하여 함께 주둔하여 지켜야 한다. 만약 김법민이 경들을 빌려 머물러 지킨다면, 마땅히 장차 저들을 중지해야 한다. 만약 그가 기다리지 않는다면 곧 마땅히 바다를 건너 돌아와야 한다. (『全唐文』 14 高宗皇帝 與劉仁軌劉仁願勅)
신라 백제	3월에 대사(大赦)하였다. 왕은 백제를 이미 평정하였다고 여겨, 담당 관사에 명령하여 대포(大酺)를 설치하였다. (『三國史記』 6 新羅本紀 6)
신라 백제	3월에 신라왕은 백제가 이미 평정되었다고 여겨, 대사하고 담당 관사에 명령하여 대포를 설치하였다. (『三國史節要』 9)
신라 고구려	3월 이 달에 당인(唐人)과 신라인이 고구려를 정벌했다. 고구려가 우리나라에 구원을 청했으므로 군장을 보내 소류성(疏留城)에 웅거하게 하였다. 이로 말미암아 당인들이 그 남쪽 경계를 침략할 수 없었으므로, 신라가 서쪽 진지를 옮기지 않을 수 없었다. (『日本書紀』 27 天智紀)
고구려	여름 4월에 쥐가 말 꼬리에 새끼를 낳았다. 승려 도현이 점을 쳐 말하였다. "북국(北國)의 사람들이 장차 남국(南國)에 의지할 것이다. 아마도 고구려가 망하고 일본에 속할 것인가?" (『日本書紀』 27 天智紀)
고구려	용삭 2년 4월에 황제가 스스로 편지를 써서 요동의 여러 장수에게 주고 항복을 청하였다. 허경종(許敬宗)이 말하였다. "허어사(許圍師)는 항상 스스로 글씨를 사랑하여 조당에서 열어서 볼 수 있었다." 어사가 보고 놀라며 기뻐하여 사사로이 조관(朝官)에게 말하였다. "어사는 옛 필적을 본 것이 많은데 위진(魏晉) 이후로는 오직 이 두 왕씨뿐이었으나, 일소(逸少: 王羲之)는 힘이 적으나 곱고 자경(子敬: 王獻之)은 고우나 힘이 적다. 지금 황제의 필적을 보니 두 왕씨에 겸하여 뛰어나서 봉황이 날아오르고 난새가 도는 것 같으니 실로 고금의 성스러운 글씨이다." (『唐會要』 35 書法)
고구려	『당회요』에 전한다. "용삭 2년 4월에 황제가 스스로 편지를 써서 요동의 여러 장수에게 주고 허경종에게 말하였다. '허어사는 일찍이 스스로 글씨를 사랑하여 조당에서 열어서 볼 수 있었다.' 어사가 보고 놀라며 기뻐하여 사사로이 조관에게 말하였다. '어사는 옛 필적을 본 것이 많은데 위진 이후로는 오직 두 왕씨를 칭찬할 뿐이었으나, 일소(왕희지)는 힘이 적으나 곱고 자경은 고우나 힘이 적다. 지금 황제의 필적을 보니 두 왕씨에 겸하여 뛰어나서 봉황이 날아오르고 난새가 도는 것 같으니 실로 고금의 서성(書聖)이다.'" 『신당서』 허어사전(許圍師傳)에 전하기를, "고종이 스스로 조서를 써서 요동의 여러 장수에게 하사하였다."라고 하였다. (『玉海』 33 聖文御書 唐龍朔與遼東諸將書)
고구려	용삭 연간(661~663)에 좌상(左相)이 되었다. 고종이 스스로 편지를 써서 요동의 여

러 장수에게 조서로 하사하고 허경종에게 말하였다. "허어사는 글씨를 사랑하여 그 것을 볼 수 있었다."(『新唐書』90 列傳 15 許圉師)

백제	5월에 대장군·대금중(大錦中) 아즈미노무라지히라부(阿曇連比邏夫) 등이 수군 170척을 거느리고 풍장 등을 백제국에 보내주었다. 칙명을 내렸다. "풍장 등으로 하여금 그 왕위를 잇게 한다. 또 복신에게 금책(金策)을 주어 그 등을 두드려 위로하고 작록(爵祿)을 상으로 준다." 이 때에 풍장 등은 복신과 더불어 머리를 조아리고 칙명을 받았으며 사람들은 눈물을 흘렸다. (『日本書紀』27 天智紀)
백제	6월 기미일이 초하루인 병술일(28) 백제가 달솔 만지(萬智) 등을 보내 조(調)와 물품을 바쳤다. (『日本書紀』27 天智紀)
백제	7월 무자일(1) 우위위장군(右威衛將軍) 손인사(孫仁師)가 웅진도행군총관(熊津道行軍總管)이 되어 백제를 정벌하였다. (『新唐書』3 本紀 3 高宗)
백제	『신당서』본기에 전한다. "용삭 2년 7월 무자일(1) 우위위장군 손인사가 웅진도행군총관이 되어 백제를 정벌하였다." (『玉海』191 兵捷露布 3 唐熊津道行軍摠管破百濟)
백제	인원이 이에 그 병사를 더하기를 아뢰어 청하였다. 조서를 내려 치주·청주·내주·해주의 병사 7,000명을 징발하여 웅진에 나아가게 하였다.55) (『資治通鑑』200 唐紀 16 高宗 上之下)
백제	『자치통감』에 전한다. "용삭 2년에 (…) 인원이 이에 그 병사를 더하기를 아뢰어 청하였다. 조서를 내려 치주·청주·내주·해주의 병사 7,000명을 징발하여 웅진에 나아가게 하였다." (『玉海』191 兵捷露布 3 唐熊津道行軍摠管破百濟)
신라 백제	조서를 내려 우위위장군 손인사를 파견하여 병사 40만을 이끌고 덕물도(德物島)에 이르러 웅진부성(熊津府城)으로 나아가게 하였다. 왕은 김유신(金庾信) 등 28[30이라고도 한다.]장군을 거느리고 그와 합하였다. (『三國史記』6 新羅本紀 6)
백제 신라	인원이 병사를 더하기를 아뢰어 청하였다. 조서를 내려 치주(淄州)·청주(靑州)·내주(萊州)·해주(海州)의 병사 7,000명을 징발하고 좌위위장군(左威衛將軍) 손인사를 파견하여 병사 40만을 이끌고 덕물도에 이르러 웅진부성으로 나아가서 인원의 무리를 더하게 하였다. 신라왕은 김유신 등 28 장수를 이끌고 그와 합하였다. (『三國史節要』10)
백제	손인사에게 조서를 내려 병사를 거느리고 바다를 건너 그들을 돕게 하였다. (『資治通鑑』201 唐紀 17 高宗 中之上)
백제	손인사에게 조서를 내려 병사를 이끌고 바다를 건너 그들의 원군이 되게 하였다. (『冊府元龜』366 將帥部 27 機略 6 劉仁軌)
백제	『자치통감』에 전한다. "(…) 손인사에게 조서를 내려 병사를 거느리고 바다를 건너 그들을 돕게 하였다." (『玉海』191 兵捷露布 3 唐熊津道行軍摠管破百濟)
백제	7월에 이 때에 백제왕 풍이 복신 등과 유인원 등이 외로운 성에 원군이 없다고 여겨 사자를 파견해 위로하기를, '대사 등은 언제 서쪽으로 돌아가는가? 마땅히 사람을 파견해 배웅할 것이다.'라고 하였다. 인원·인궤 등은 그 준비가 없음을 알고 갑자기 나가서 그들을 공격하니, 지라성, 윤성, 대산·사정 등의 목책을 함락시켜 죽이고 사로잡은 자가 매우 많았으며, 병사를 나누어 그곳을 지키게 하였다. (『資治通鑑』2

---

55) 사(史)에서 전한다. "유인궤는 굳게 참고 틈을 엿보아 원병을 기다려서 백제를 다 평정하였다."

백제 신라 　복신 등은 유인원 등이 외로운 성에 원군이 없다고 여겨 사자를 파견해 위로하기를, "대사 등은 언제 서쪽으로 돌아가는가? 마땅히 사람을 파견해 배웅할 것이다."라고 하였다. 용삭 2년 7월에 인원·인궤 등은 복신의 남은 무리를 웅진 동쪽에서 크게 격파하고, 지라성, 윤성, 대산·사정 등의 목책을 함락시켜 죽이고 사로잡은 자가 매우 많았으며, 이어서 병사를 나누어 그곳을 지키게 하였다.(이상 7월 1일~29일) 복신 등은 진현성이 강에 임하여 높고 험준하므로 요충이라고 여겨서 병사를 더하여 지켰다. 유인궤는 밤에 신라 병사를 독려하여 성에 임박해 성가퀴에 판자를 깔고, 동틀 무렵에 성에 들어가서 목베어 죽인 자가 800명이었으며 마침내 신라의 군량 통로가 통하였다.(이상 7월30일) 인원이 병사를 더하기를 아뢰어 청하였다. 조서를 내려 치주·청주·내주·해주의 병사 7,000명을 징발하고 좌위위장군 손인사를 파견하여 무리를 통솔하여 바다를 건너 인원의 무리를 더하게 하였다.(이상 7월 1일) (『三國史記』28 百濟本紀 6)

백제 신라 　용삭 2년 7월에 유인원·유인궤 등은 진에 머무르는 병사를 이끌고 복신의 남은 무리를 웅진 동쪽에서 크게 격파하고, 지라성, 윤성, 대산·사정 등의 목책을 함락시켜 죽이고 사로잡은 자가 매우 많았으며, 이어서 병사를 나누어 그곳을 지키게 하였다.(이상 7월 1일~29일) 복신 등은 진현성이 강에 임하여 높고 험준하며 또 요충에 해당한다고 여겨서 병사를 더하여 지켰다. 유인궤는 신라 병사를 이끌고 밤을 틈타 성에 임박해 사면에서 풀에 매달려 올라가서, 동틀 무렵에 그 성에 들어가서 점령하고 800급을 참수하였다. 마침내 신라의 군량을 운반하는 통로가 통하였다.(이상 7월 30일) 인원이 이에 병사를 더하기를 아뢰어 청하였다. 조서를 내려 치주·청주·내주·해주의 병사 7,000명을 징발하고 좌위위장군 손인사를 파견하여 무리를 통솔하여 바다를 건너 웅진에 나아가서 인원의 무리를 더하게 하였다.(이상 7월 1일) (『舊唐書』199上 列傳 149上 東夷 百濟)

백제 신라 　용삭 2년 7월에 유인원 등이 웅진을 격파하고 지라성을 함락시켰다.(이상 7월 1일~29일) 밤에 진현성에 임박하고, 동이 틀 즈음에 거기에 들어가서 800급을 참수하고 신라의 군량 통로가 곧 열렸다.(이상 7월30일) 인원이 구제할 군사를 청하였다. 조서를 내려 우위위장군 손인사를 웅진도행군총관으로 삼아 제(齊)의 병사 7,000명을 징발하여 가게 하였다.(이상 7월 1일) (『新唐書』220 列傳 145 東夷 百濟)

백제 　『자치통감』에 전한다. "용삭 2년 7월에 (…) 이 때에 백제왕 풍이 복신 등과 유인원 등이 외로운 성에 원군이 없다고 여겨 사자를 파견해 위로하기를, '대사 등은 언제 서쪽으로 돌아가는가? 마땅히 사람을 파견해 배웅할 것이다.'라고 하였다. 인원·인궤 등은 그 준비가 없음을 알고 갑자기 나가서 그들을 공격하니, 지라성, 윤성, 대산·사정 등의 목책을 함락시켜 죽이고 사로잡은 자가 매우 많았으며, 병사를 나누어 그곳을 지키게 하였다." (『玉海』191 兵捷露布 3 唐熊津道行軍摠管破百濟)

백제 　복신은 유인원이 외로운 성에 원군이 없다고 여겨 사자를 파견해 위로하기를, "대사는 언제 서쪽으로 돌아가는가? 마땅히 사람을 파견해 배웅할 것이다."라고 하였다. 인원·인궤 등은 복신의 남은 무리를 웅진 동쪽에서 크게 격파하고, 지라성, 윤성, 대산·사정 등의 목책을 함락시켜 죽이고 사로잡은 자가 매우 많았으며, 이어서 병사를 나누어 그곳을 지키게 하였다. (『三國史節要』10)

백제 신라 　용삭 연간(661~663)에 이 때에 부여풍 및 복신은 유인원 등이 외로운 성에 원군이 없다고 여겨 사자를 파견해 위로하기를, "대사 등은 언제 서쪽으로 돌아가는가? 마땅히 사람을 파견해 배웅할 것이다."라고 하였다. 인원은 마침내 인궤와 그 준비되지 않음을 엄습하여 나가서 공격하니, 지리성(支離城), 윤성, 대산·사정 등의 목책을 함락시켜 죽이고 사로잡은 자가 매우 많았으며, 이어서 병사를 나누어 그곳을 지키게 하였다.(이상 7월 1일~29일) 이 때에 복신 등은 진현성이 강에 임하여 높고 험준하며 또 요충에 해당한다고 여겨서 병사를 더하여 지켰다. 유인궤는 그 점차 느슨함을 엿보아 신라 병사를 이끌고 밤을 틈타 성에 임박해 사면에서 풀에 매달려 올라가서, 동틀 무렵에 그 성에 들어가서 점령하였다. 마침내 신라의 군량 통로가 통하였다.(이상 7월30일) 인원이 이에 그 병사를 더하기를 아뢰어 청하였다. 조서를 내려 치주·청주·내주·해주의 병사 7,000명을 징발하여 웅진에 나아가서 인원의 무리를 더하게 하였다.(이상 7월 1일) (『册府元龜』366 將帥部 27 機略 6 劉仁願)

백제	7월 정사일(30) 웅진도독 유인원, 대방주자사 유인궤가 웅진 동쪽에서 백제를 대파하고 진현성을 함락시켰다. (『資治通鑑』200 唐紀 16 高宗 上之下)
백제 신라	『자치통감』에 전한다. " (…) 용삭 2년 가을 7월 정사일(30) 유인원·유인궤가 웅진 동쪽에서 백제를 대파하고 진현성을 함락시켰다. (…) 인궤는 그 점차 느슨함을 엿보아 신라 병사를 이끌고 밤에 성에 임박해 풀에 매달려 올라가서, 동틀 무렵에 그 성에 들어가서 점령하였다. 마침내 신라의 군량을 운반하는 통로가 통하였다. (『玉海』191 兵捷露布 3 唐熊津道行軍摠管破百濟)
백제 신라	7월에 복신 등은 진현성이 험준하고 요충이므로 병사를 더하여 지켰다. 인궤는 그 점차 느슨함을 엿보아 신라 병사를 이끌고 밤에 성에 임박해 풀에 매달려 올라가서, 동틀 무렵에 그 성에 들어가서 점령하였다. 마침내 신라의 군량을 운반하는 통로가 통하였다. (『資治通鑑』200 唐紀 16 高宗 上之下)
신라 백제	용삭 2년 7월에 웅진도독 유인원, 대방주자사 유인궤 등이 진에 머무르던 병사와 신라의 병사를 이끌고 웅진 동쪽에서 백제의 남은 적을 대파하고 진현성을 함락시켜 800급을 참수하였다. (『册府元龜』986 外臣部 31 征討 5)
신라 백제	두릉윤성(豆陵尹城)[두량윤성(豆良尹城)이라고도 한다.]·주류성(周留城) 등 여러 성을 공격하여 모두 함락시켰다. (『三國史記』6 新羅本紀 6)
백제 신라	복신 등은 진현성이 강에 임하여 높고 험준하므로 요충이라고 여겨서 병사를 더하여 지켰다. 유인궤는 밤에 신라 병사를 독려하여 성에 임박해 성가퀴에 판자를 깔고, 동틀 무렵에 성에 들어가서 목베어 죽인 자가 800명이었으며 마침내 신라의 군량 통로가 통하였다. (『三國史節要』10)
백제 신라	이 때에 부여풍 및 복신 등은 진현성이 강에 임하여 높고 험준하며 또 요충에 해당한다고 여겨서 병사를 더하여 지켰다. 유인궤는 신라 병사를 이끌고 밤을 틈타 성에 임박해 사면에서 풀에 매달려 올라가서, 동틀 무렵에 그 성에 들어가서 점령하였다. 마침내 신라의 군량을 운반하는 통로가 통하였다. (『舊唐書』84 列傳 34 劉仁軌)
백제 신라	이 때에 적이 진현성을 지켰다. 유인궤는 밤에 신라 병사를 독려하여 성에 임박해 성가퀴에 판자를 깔고, 동틀 무렵에 성에 들어갔다. 마침내 신라의 군량 통로가 통하였다. (『新唐書』108 列傳 33 劉仁軌)
백제	처음에 유인원·유인궤가 이미 진현성에서 이겼다. (『資治通鑑』201 唐紀 17 高宗 中之上)
백제	처음에 인원이 인궤와 이미 백제의 진현성을 함락시켰다. (『册府元龜』366 將帥部 27 機略 6 劉仁軌)
백제	『자치통감』에 전한다. " (…) 처음에 유인원·유인궤가 이미 진현성에서 이겼다."(『玉海』191 兵捷露布 3 唐熊津道行軍摠管破百濟)
신라	가을 7월에 이찬 김인문을 파견하여 당에 들어가 토산물을 바쳤다. (『三國史記』6 新羅本紀 6)
신라	가을 7월에 신라가 이찬 김인문을 파견하여 당에 가서 조공하였다. (『三國史節要』

9)

고구려 신라 백제

7월에 (…) 처음에 유인원·유인궤 등이 웅진성에 주둔하였는데,[56] 황제가 그들에게 칙서를 주었다. "평양의 군대가 돌아오면 한 개의 성만으로는 홀로 굳게 할 수가 없으니, 마땅히 발을 빼서 신라로 가야 할 것이다. 만약 김법민이 경에게 남아서 진수하기를 빌면 마땅히 장차 그곳에 머물러야 할 것이고, 만약 그들이 필요 없다고 한다면 즉시 마땅히 바다를 건너 돌아와야 한다." 장사는 모두 서쪽으로 돌아가고자 하였다. 인궤가 말하였다. "남의 신하는 공가의 이익을 따라서 죽음이 있을지언정 다른 것이 없는데 어찌하여 먼저 사사로운 것을 생각할 수 있겠는가? 주상이 고구려를 멸망시키고자 하므로, 먼저 백제를 멸망시키고 병사를 머무르게 하여 지켜서 그들의 심복을 제압한 것이다. 비록 남아 있는 도적이 충척하고 수비도 매우 엄하기는 하나, 마땅히 무기를 버리고 말에게 먹이를 주어 뜻하지 않은 곳을 공격해야 하니, 그러면 이치상 이기지 못할 것이 없다. 이미 승리한 후에는 사졸의 마음이 편안해질 것이고, 그런 후에 병사를 나누어 험한 곳에 의거하여 형세를 열어 벌려 놓고 표문을 날려 보고하면서 다시 병사를 더해줄 것을 요구하는 것이다. 조정에서는 그것이 성공할 것임을 알고 반드시 장수에게 명령하여 군사를 낼 것이니, 성원하는 것이 겨우 이어지기만 하더라도 흉악하고 더러운 녀석들은 스스로 섬멸될 것이다. 성공한 것을 버리지 않을 뿐만 아니라 실제로 또한 길이 해외를 깨끗하게 하는 것이다. 지금 평양의 군사들이 이미 돌아갔는데, 웅진에서도 또 발을 빼면[57] 백제의 남은 무리들이 하루도 되지 않아 다시 일어날 것이니 고구려의 도망가는 적들은 언제 멸망시킬 수 있겠는가? 또 지금 한 개의 성을 가지고 적들의 중앙에 있으니, 만약 혹시 발을 움직이기만 하면 곧 사로잡히게 될 것이다. 설사 신라로 들어간다 하더라도 또한 고삐에 매인 손님이어서 뜻과 같이 되지 않으면 후회해도 뒤쫓을 수가 없다. 하물며 복신처럼 흉악하고 패역하며 잔학하여 군신이 시기하고 흩어져서 서로 도륙하는 일을 행하고 있는 경우에서랴! 바로 마땅히 굳게 지키면서 변화를 살펴보다가 편리한 기회를 틈타서 이를 빼앗아야 하니, 움직일 수는 없다." 무리가 그것을 따랐다(이상 3월24일). 이 때에 백제왕 풍이 복신 등과 유인원 등이 외로운 성에 원군이 없다고 여겨 사자를 파견해 위로하기를, "대사 등은 언제 서쪽으로 돌아가는가? 마땅히 사람을 파견해 배웅할 것이다."라고 하였다. 인원·인궤 등은 그 준비가 없음을 알고 갑자기 나가서 그들을 공격하니, 지라성, 윤성, 대산·사정 등의 목책을 함락시켜 죽이고 사로잡은 자가 매우 많았으며, 병사를 나누어 그곳을 지키게 하였다.(이상 7월 1일~29일) 복신 등은 진현성이 험준하고 요충이므로 병사를 더하여 지켰다. 인궤는 그 점차 느슨함을 엿보아 신라 병사를 이끌고 밤에 성에 임박해 풀에 매달려 올라가서, 동틀 무렵에 그 성에 들어가서 점령하였다. 마침내 신라의 군량을 운반하는 통로가 통하였다.(이상 7월30일) 인원이 이에 그 병사를 더하기를 아뢰어 청하였다. 조서를 내려 치주·청주·내주·해주의 병사 7,000명을 징발하여 웅진에 나아가게 하였다.[58](이상 7월 1일)

복신이 이미 권력을 독점하여, 백제왕 풍과 점차 서로 시기하였다. 복신이 거짓으로 병을 칭하여 동굴에 누워서, 풍이 문병오기를 기다렸다가 죽이려고 하였다. 풍이 그

---

56) 고이(考異)에 전한다. "작년에 도침·복신이 백제 부성(府城)에서 유인원을 포위하였다고 하였다. 지금은 여전히 웅진성에 있다고 한다. 혹자는 모두 하나의 성이라고도 하고, 그렇지 않으면 포위가 풀린 후 웅진성으로 옮겨서 주둔하였을 뿐이다."

57) 발(拔)은 군대를 빼서 신라로 나아가는 것을 뜻하거나 혹은 군대를 빼서 서쪽으로 돌아가는 것을 뜻한다.

58) 사(史)에서 전한다. "유인궤는 굳게 참고 틈을 엿보아 원병을 기다려서 백제를 다 평정하였다."

것을 알고 측근을 이끌고 습격하여 복신을 죽였다. 사신을 파견해 고구려·왜국에 나아가서 군사를 요청하여 당군에 맞서겠다고 하였다.(이상 663년 6월) (『資治通鑑』200 唐紀 16 高宗 上之下)

고구려 신라 백제

『자치통감』에 전한다. "용삭 2년에 (…) 처음에 유인원·유인궤 등이 웅진성에 주둔하였는데, 황제가 그들에게 칙서를 주었다. '평양의 군대가 돌아오면 한 개의 성만으로는 홀로 굳게 할 수가 없으니, 마땅히 발을 빼서 신라로 가야 할 것이다. 만약 김법민이 경에게 남아서 진수하기를 빌면 마땅히 장차 그곳에 머물러야 할 것이고, 만약 그들이 필요 없다고 한다면 즉시 마땅히 바다를 건너 돌아와야 한다.' 장사는 모두 서쪽으로 돌아가고자 하였다. 인궤가 말하였다. '남의 신하는 공가의 이익을 따라서 죽음이 있을지언정 다른 것이 없는데 어찌하여 먼저 사사로운 것을 생각할 수 있겠는가? 주상이 고구려를 멸망시키고자 하므로, 먼저 백제를 멸망시키고 병사를 머무르게 하여 지켜서 그들의 심복을 제압한 것이다. 비록 남아 있는 도적이 충척하고 수비도 매우 엄하기는 하나, 마땅히 무기를 버리고 말에게 먹이를 주어 뜻하지 않은 곳을 공격해야 하니, 그러면 이치상 이기지 못할 것이 없다. 이미 승리한 후에는 사졸의 마음이 편안해질 것이고, 그런 후에 병사를 나누어 험한 곳에 의거하여 형세를 열어 벌려 놓고 표문을 날려 보고하면서 다시 병사를 더해줄 것을 요구하는 것이다. 조정에서는 그것이 성공할 것임을 알고 반드시 장수에게 명령하여 군사를 낼 것이니, 성원하는 것이 겨우 이어지기만 하더라도 흉악하고 더러운 녀석들은 스스로 섬멸될 것이다. 성공한 것을 버리지 않을 뿐만 아니라 실제로 또한 길이 해외를 깨끗하게 하는 것이다. 지금 평양의 군사들이 이미 돌아갔는데, 웅진에서도 또 발을 빼면 백제의 남은 무리들이 하루도 되지 않아 다시 일어날 것이니 고구려의 도망가는 적들은 언제 멸망시킬 수 있겠는가? 또 지금 한 개의 성을 가지고 적들의 중앙에 있으니, 만약 혹시 발을 움직이기만 하면 곧 사로잡히게 될 것이다. 설사 신라로 들어간다 하더라도 또한 고삐에 매인 손님이어서 뜻과 같이 되지 않으면 후회해도 뒤쫓을 수가 없다. 하물며 복신처럼 흉악하고 패역하며 잔학하여 군신이 시기하고 흩어져서 서로 도륙하는 일을 행하고 있는 경우에서랴! 바로 마땅히 굳게 지키면서 변화를 살펴보다가 편리한 기회를 틈타서 이를 빼앗아야 하니, 움직일 수는 없다.' 무리가 그것을 따랐다(이상 3월24일). 이 때에 백제왕 풍이 복신 등과 유인원 등이 외로운 성에 원군이 없다고 여겨 사자를 파견해 위로하기를, '대사 등은 언제 서쪽으로 돌아가는가? 마땅히 사람을 파견해 배웅할 것이다.'라고 하였다. 인원·인궤 등은 그 준비가 없음을 알고 갑자기 나가서 그들을 공격하니, 지라성, 윤성, 대산·사정 등의 목책을 함락시켜 죽이고 사로잡은 자가 매우 많았으며, 병사를 나누어 그곳을 지키게 하였다.(이상 7월 1일~29일) 인궤는 그 점차 느슨함을 엿보아 신라 병사를 이끌고 밤에 성에 임박해 풀에 매달려 올라가서, 동틀 무렵에 그 성에 들어가서 점령하였다. 마침내 신라의 군량을 운반하는 통로가 통하였다.(이상 7월30일) 인원이 이에 그 병사를 더하기를 아뢰어 청하였다. 조서를 내려 치주·청주·내주·해주의 병사 7,000명을 징발하여 웅진에 나아가게 하였다.(이상 7월 1일)

복신이 이미 권력을 독점하여, 백제왕 풍과 점차 서로 시기하였다. 복신이 거짓으로 병을 칭하여 방에 누워서, 풍이 문병오기를 기다렸다가 죽이려고 하였다. 풍이 그것을 알고 측근을 이끌고 습격하여 복신을 죽였다. 사신을 파견해 고구려·왜국에 나아가서 군사를 요청하여 당군에 맞서겠다고 하였다.(이상 663년 6월)" (『玉海』191 兵捷露布 3 唐熊津道行軍摠管破百濟)

신라 백제　8월에 백제의 남은 적이 내사지성(內斯只城)에 주둔해 모여 악행을 하니, 흠순(欽純)

등 19장군을 파견하여 그들을 토벌하고 격파하였다. (『三國史記』6 新羅本紀 6)

신라 백제 8월에 백제의 남은 적이 내사지성에 주둔해 모여 신라를 배반하니, 흠순 등 19장군을 파견하여 그들을 토벌하고 격파하였다. (『三國史節要』9)

신라 8월에 대당총관(大幢摠管) 진주(眞珠), 남천주총관(南川州摠管) 진흠(眞欽)이 거짓으로 병을 칭하여 한가하게 지내면서 국사를 돌보지 않았다. 마침내 그들을 주살하고 아울러 그 일족을 연좌시켜 죽였다. (『三國史記』6 新羅本紀 6)

신라 8월에 대당총관 진주, 남천주총관(南川州摠管) 진흠(眞欽)이 모반(謀叛)하여 주살당하였다. (『三國史節要』9)

신라 8월에 사찬(沙飡) 여동(如冬)이 어머니를 때렸는데, 하늘에서 천둥이 치고 비가 내려 벼락에 맞아 죽었다. 몸 위에 수△당(須△堂)[△(𤬚)자는 미상이다.] 세 글자가 써 있었다. (『三國史記』6 新羅本紀 6)

신라 8월에 신라의 사찬 여동이 벼락에 맞았다. 여동은 일찍이 어머니를 때렸는데, 이 때에 이르러 벼락에 맞아 죽었다. 몸 위에 수△당 세 글자 같은 무늬가 있었다. (『三國史節要』9)

신라 8월에 남천주(南川州)에서 흰 까치를 바쳤다. (『三國史記』6 新羅本紀 6)
신라 8월에 신라 남천주에서 흰 까치를 바쳤다. (『三國史節要』9)

백제 겨울 12월 병술일 초하루에 백제왕 풍장, 그 신하 좌평 복신 등은 사이노무라지(狹井連)[이름은 빠져 있다.]·에치노타쿠츠(朴市田來津)와 의논하여 말하였다. "이 주유(州柔)는 농토와 멀리 떨어져 있고 토지가 척박하여 농업과 양잠에 적합하지 않은 땅이고, 방어하기 좋아 싸울 만한 곳이다. 여기에서 오래 머문다면 백성들이 굶주릴 것이니 이제 피성(避城)으로 옮기는 것이 좋겠다. 피성은 서북쪽으로는 띠를 두르듯 고련단경(古連旦涇)이 흐르고 동남쪽으로는 깊은 수렁과 커다란 둑으로 된 제방이 자리하고 있으며, 땅으로 둘러싸여 있고 도랑을 터뜨리면 물이 쏟아진다. 꽃과 열매가 있는 나무에서 얻는 토산물은 삼한에서 가장 기름질 것이며, 옷과 음식의 근원은 천지 사이에 숨어 있는 곳일 것이다. 비록 평지라고 하지만 어찌 옮기지 않겠는가?" 이에 에치노타쿠츠가 혼자 나아가 간하였다. "피성과 적이 있는 곳과의 거리는 하룻밤이면 갈 수 있습니다. 서로 이렇게 매우 가까우니 만약 예기하지 못한 일이 있게 되면 후회해도 소용이 없을 것입니다. 굶는 것은 나중의 일이고 망하는 것이 먼저입니다. 지금 적이 함부로 오지 않는 것은 주유가 산이 험한 곳에 있어 모두 방어물이 되며, 산이 높고 계곡이 좁아 지키기 쉽고 공격하기 어렵기 때문입니다. 만약 낮은 땅에 머물면 어찌 굳건히 살겠으며 흔들리지 않음이 오늘날에 미치겠습니까?" 끝내 백제왕은 간하는 말을 따르지 않고 피성에 도읍하였다. (『日本書紀』27 天智紀)

고구려 백제 12월 무신일(23) 조서를 내려 바야흐로 고구려·백제를 토벌하려 하였으나, 하북(河北)의 백성이 정역(征役)에 수고로우므로, 그 태산(泰山)에 봉선(封禪)하는 것과 동도(東都)에 행차하는 것을 모두 중지하였다. (『資治通鑑』201 唐紀 17 高宗 中之上)

백제 이 해에 백제를 구원하기 위해 무기를 수리하고 선박을 갖추었으며, 군량을 비축하였다. (『日本書紀』27 天智紀)

고구려 용삭원년의 이듬해에 두작(杜綽)은 또 요동도경략대사(遼東道經略大使)가 되어 비단

150단, 금대(金帶) 1조, 준마 1필을 하사받았다. 수레가 절도 있게 평원을 달리면서 망을 보는 것을 법식대로 하였다. 근교에서 병사들이 △기(△奇)하니 육융(六戎)의 △이 극선(克宣)하였고, 가슴 속의 묘략을 먼 강에서 펼치니 삼한의 수령들이 두려워하였다. 조정에서 그 아름다움을 가상하게 여겨 숭장(崇章)을 하사하고 좌령군대장군(左領軍大將軍)에 임명하였다. (「杜綽碑」:『全唐文新編』201;『唐文拾遺續拾』 2; 1993『昭陵碑石』)

고구려	이 때에 적군이 변방을 침략하여 바야흐로 종군하게 되었다. 곧 용삭 2년에 남곽생(南郭生)은 낙랑도(樂浪道)로 싸우러 가서 공로가 여러 전투에 관여하였다. 요해(遼海)에서 그 요사스러운 기운을 쉬니 위세는 구제(九梯)를 두려워하게 하였고, 숙신이 그 호시(楛矢)를 바치니 이에 전리품을 바치게 되었다. 갖추어 공로에 보답하니 이윽고 상주국에 제수되었다. (「南郭生 墓誌銘」:『全唐文新編』994;『全唐文補遺』2)

고구려	관직에 나아가서 우친위(右親衛)가 되니, 활은 7겹의 갑옷을 뚫었고 칼은 1만 명을 대적하였다. 고구려로 나아가 흉악한 자들을 베었고, 촉룡(燭龍)을 바라보고 흉폭한 자들을 처단하였다. (「王嘉 墓誌銘」:『唐代墓誌滙篇附考』14)

663(癸亥/신라 문무왕 3/고구려 보장왕 22/唐 龍朔 3/倭 天智 2)

신라	봄 정월에 장창(長倉)을 남산(南山) 신성(新城)에 만들었다. (『三國史記』6 新羅本紀 6)
신라	봄 정월에 신라가 장창을 남산 신성에 만들었다. (『三國史節要』10)
신라	왕이 처음에 즉위하여 남산에 장창을 설치하였다. 길이가 50보, 너비가 15보이고 미곡과 병기를 저장하였는데 이것이 우창(右倉)이다. 천은사(天恩寺) 서북쪽 산 위에 있는 것이 좌창(左倉)이다. 다른 책에 전한다. "건복(建福) 8년(591) 신해에 남산성(南山城)을 축조하였다. 둘레가 2,850보인 것은 진평왕대(眞平王代)에 처음으로 축조하였다가, 이 때에 이르러 중수한 것이다."(『三國遺事』2 紀異 2 文虎王法敏)

신라	봄 정월에 부산성(富山城)을 축조하였다. (『三國史記』6 新羅本紀 6)
신라	봄 정월에 신라가 부산성을 축조하였다. (『三國史節要』10)
신라	또 부산성을 처음으로 축조하였는데, 3년만에 끝냈다. 안북하(安北河) 가에 철성(鐵城)을 축조하였다. 또 수도에 성곽을 축조하려고 하여 이미 담당 관리까지 갖추게 하였다. 이 때에 의상법사(義相法師)가 그것을 듣고 서신을 보내 답하였다. "왕의 정교(政敎)가 분명하면 비록 풀이 무성한 언덕에 땅을 구획하여 성을 만들어도 백성들이 감히 넘지 못하니, 재앙을 깨끗이 하고 복을 바칠 수 있습니다. 정교가 진실로 분명하지 않으면 비록 장성(長城)이 있어도 재해가 사라지지 않습니다." 왕이 이리하여 바로 그 역사를 중지하였다. (『三國遺事』2 紀異 2 文虎王法敏)

백제 신라	봄 2월 을유일이 초하루인 병술일(2) 백제가 달솔(達率) 금수(金受) 등을 파견해 조(調)를 바쳤다. 신라인들이 백제의 남쪽 지경 4주를 불태우고 아울러 안덕(安德) 등 요지를 취하였다. 이리하여 피성(避城)은 적과 가까워서 형세상 거처할 수 없으므로, 이에 주유성(州柔城)에 돌아와 거처하니 다쿠츠(田來津)가 헤아린 대로였다. (『日本書紀』27 天智紀)
신라 백제	2월에 흠순(欽純)·천존(天存)이 병사를 거느리고 백제의 거열성(居列城)을 공격하여 취하였는데, 700여 급을 참수하였다. 또 거물성(居勿城)·사평성(沙平城)을 공격하여 함락시켰다. 또 덕안성(德安城)을 공격하여 1,070급을 참수하였다. (『三國史記』6 新羅本紀 6)

신라 백제	2월에 신라의 흠순·천존이 병사를 거느리고 백제의 거열성(居列城)을 공격하여 취하였는데, 700여 급을 참수하였다. 또 거물·사평 두 성을 공격하여 함락시켰다. 또 덕안성을 공격하여 1,070급을 참수하였다. (『三國史節要』10)
백제	봄 2월 이 달에 좌평(佐平) 복신(福信)이 당(唐)의 포로 속수언(續守言) 등을 올려 보냈다. (『日本書紀』27 天智紀)
고구려	당의 소정방(蘇定方)은 좌효위대장군(左驍衛大將軍)이 되었다. 고종(高宗) 용삭(龍朔) 3년 2월에 정방은 평양성(平壤城) 아래에 병사를 주둔시켰는데, 고구려가 오래도록 예물을 보내지 않았다. 때마침 큰 눈이 내려 진펄에 발이 빠지자 마침내 포위를 풀고 병사를 물러나게 하였다. (『册府元龜』438 將帥部 99 守邊 無功)
신라	3월에 전장군(前將軍) 가미츠케노노키미와카코(上毛野君稚子)·하시히토노무라지오오후타(間人連大盖), 중장군(中將軍) 고세노카무사키노오미오사(巨勢神前臣譯語)·미와노키미네마로(三輪君根麻呂), 후장군(後將軍) 아헤노히케타노오미히라부(阿倍引田臣比邏夫)·오오야케노오미카마츠카(大宅臣鎌柄)를 파견해 2만7,000명을 이끌고 신라를 공격하였다. (『日本書紀』27 天智紀)
신라	4월 을미일(12) 계림대도독부(雞林大都督府)를 신라국에 두고 김법민(金法敏)을 대도독(大都督)으로 삼았다. (『資治通鑑』201 唐紀 17 高宗 中之上)
신라	여름 4월에 대당(大唐)이 우리나라를 계림대도독부로 삼고, 왕을 계림주대도독(雞林州大都督)으로 삼았다. (『三國史記』6 新羅本紀 6)
신라	여름 4월에 당이 신라를 계림주대도독부(雞林州大都督府)로 삼고, 왕을 대도독으로 삼았다. (『三國史節要』10)
신라	용삭 3년 4월에 조서를 내려 신라국에 계림주대도독부를 설치하였다. 이어서 법민에게 계림대도독(雞林大都督)을 제수하였다. (『唐會要』95 新羅)
신라	용삭 3년 4월에 조서를 내려 신라국을 계림대도독부로 삼고, 신라왕 김법민을 계림주대도독으로 삼았다. (『册府元龜』964 外臣部 9 封冊 2)
신라	『신당서(新唐書)』신라전(新羅傳)에 전한다. "(…) 나중에 용삭 3년 4월에 그 나라를 계림대도독부로 삼고 법민에게 대도독을 제수하였다." (『玉海』153 朝貢外夷內朝內附 唐新羅織錦頌觀釋尊賜晉書)
신라	용삭 3년에 그 나라를 계림주도독부(雞林州都督府)로 삼고, 법민에게 계림주도독(雞林州都督)을 제수하였다. (『舊唐書』199上 列傳 149上 新羅)
신라	용삭 3년에 그 나라를 계림주(雞林州)로 삼고, 그 왕에게 계림주도독을 제수하였다. (『五代會要』13 新羅)
신라	용삭 3년에 신라에 조서를 내려 계림대도독을 설치하였다. (『太平寰宇記』174 四夷 3 東夷 3 新羅國)
신라	『구당서』신라전(新羅傳)에 (…) 또 전한다. "용삭 3년에 조서를 내려 신라국을 계림주도독부로 삼고, 그 왕 김법민에게 계림도독을 제수하였다." (『太平御覽』781 四夷部 2 東夷 2 新羅)
신라	그 나라를 계림주대도독부로 삼고, 법민에게 도독을 제수하였다. (『新唐書』220 列傳 145 東夷 新羅)
신라	『업후가전(鄴侯家傳)』에 전한다. "(…) 신라를 계림도독부(雞林都督府)로 삼고 파사(波斯)를 대질릉도독부(大疾陵都督府)로 삼았는데, 또한 부병(府兵)이다." (『玉海』138 兵制 3 唐關內置府十道置府)

고구려 백제   여름 5월 계축일 초하루에 이누카미노키미(犬上君)[이름이 빠져 있다.]가 전쟁이 있
었음을 고구려에 말달려 고하고 돌아오다가, 석성(石城)에서 규해(糺解)를 만났다.
규해는 이에 복신의 죄를 이야기하였다. (『日本書紀』 27 天智紀)

신라   5월에 영묘사(靈廟寺)의 문에 벼락이 쳤다. (『三國史記』 6 新羅本紀 6)
신라   5월에 신라 영묘사의 문에 벼락이 쳤다. (『三國史節要』 10)

신라 백제   5월에 (…) 백제 옛 장수 복신 및 승려 도침(道琛)이 옛 왕자 부여풍(扶餘豊)을 맞이
하여 옹립하고, 유진(留鎭) 낭장(郎將) 유인원(劉仁願)을 웅진성(熊津城)에서 포위하
였다. 당 황제가 조서를 내려 유인궤(劉仁軌)를 검교대방주자사(檢校帶方州刺史)로
임명하고 이전의 도독(都督) 왕문도(王文度)의 무리와 우리 병사를 통솔하게 하였다.
백제 진영으로 향하면서 옮겨다니며 싸우면서 진을 함락시키니 향하는 곳마다 앞에
아무도 없었다(이상 660년 9월).
복신 등이 인원의 포위를 풀고 임존성(任存城)으로 물러나 지켰다. 얼마 지나서 복
신이 도침을 죽이고 그 무리를 병합하여 배반하고 도망간 무리를 불러들이니 세력
이 더욱 펼쳐졌다. 인궤가 인원과 합하여 갑옷을 풀어 병사들을 휴식하게 하고, 곧
병사를 더해주기를 청하였다(이상 661년 2~3월).
조서를 내려 우위위장군(右威衛將軍) 손인사(孫仁師)를 파견하여 병사 40만을 이끌
고 덕물도(德物島)에 이르러 웅진부성(熊津府城)으로 나아가게 하였다. 왕은 김유신
(金庾信) 등 28[30이라고도 한다.]장군을 거느리고 그와 합하였고, 두릉윤성(豆陵尹
城)[두량윤성(豆良尹城)이라고도 한다.]·주류성(周留城) 등 여러 성을 공격하여 모두
함락시켰다(이상 662년 7월 1일·30일).
부여풍이 몸을 빼어 달아났다(이상 663년 8월28일). 왕자 충승(忠勝)·충지(忠志) 등
이 그 무리를 이끌고 항복하였다(이상 9월 7일). 유독 지수신(遲受信)만이 임존성에
근거하여 함락되지 않았다(이상 10월21일). (『三國史記』 6 新羅本紀 6)
백제 신라   5월에 (…) 처음에 백제 무왕(武王)의 조카 복신이 병사를 거느리고 승려 도침과 주
류성에 근거하여 반란하고, 옛 왕자 풍(豊)을 맞이하여 왕으로 옹립하였다. 풍은 일
찍이 왜(倭)에 인질로 갔던 자이다. 서부와 북부가 모두 응하자, 병사를 불러 유인원
을 웅진성에서 포위하였다. 이 때에 낭장 유인궤가 죄에 연좌되어 백의종군하였는
데, 당이 황제가 조서를 내려 검교대방주자사로 삼고 이전의 도독 왕문도의 무리를
거느리면서 편의대로 신라의 병사를 징발하게 하여 인원을 구원하게 하였다. 인궤가
기뻐하며 "하늘이 장차 이 늙은이를 부귀하게 하려는구나!"라고 하였다. 당의 달력
및 피휘 등을 청하고 가면서 "나는 동이(東夷)를 귀의·평정시키고, 대당의 정삭(正
朔)을 해외에 반포하겠다."라고 하였다. 인궤는 군대를 엄정하게 부리니, 옮겨다니며
싸우면서 앞으로 나아갔다(이상 660년 9월). 복신 등이 웅진(熊津) 입구에 두 목책
을 세우고 맞섰다. 인궤가 신라 병사와 합하여 공격하였다. 백제군이 물러나 달아나
서 목책으로 들어가는데, 물에 막히고 다리가 좁아서 떨어져 죽은 자가 만여 명이나
되었다(이상 10월30일).
복신 등이 이에 포위를 풀고 임존성으로 물러나 지켰다. 신라 군대가 식량이 떨어져
돌아갔다. 이리하여 도침은 영군장군(領軍將軍)이라고 자칭하고, 복신은 상잠장군(霜
岑將軍)이라고 자칭하면서 무리를 불러 모으니, 그 세력이 더욱 펼쳐져서 사자를 보
내 인궤에게 고하였다. "대당과 신라가 백제 유민을 다 죽이고 나라를 신라에게 주
자고 서약하였다고 들었다. 앉아서 죽음을 맞이하느니 차라리 힘써 싸워서 생존을
도모함이 낫지 않겠는가? 모여서 단결하면 스스로 굳게 지킬 뿐이다." 인궤가 서신

을 써서 사자를 보내 화와 복에 대하여 갖추어 진술하였다. 도침 등이 인궤의 사자를 외관에 두고 업신여기며 답하기를, "사자의 관품이 낮다. 나는 한 나라의 대장인데 서로 만나는 것이 합당하지 않다."라고 하면서 답서를 보내지 않고 돌려보냈다. 인궤는 무리가 적다고 여겨 인원과 군대를 합하여 병사들을 휴식하게 하고, 표문을 올려 신라 병사와 합하여 그들을 공격하기를 청하였다. 신라왕이 조서를 받들어 그 장수 김흠(金欽)을 파견하여 병사를 거느리고 인궤 등을 구원하게 하였다(이상 661년 2~3월). 고사(古泗)에 이르러 복신이 요격하여 그들을 패배시키니, 흠이 갈령(葛嶺)에서 달아나 신라로 돌아가서 감히 다시 나오지 않았다. 얼마 지나서 복신이 도침을 죽이고 그 무리를 병합하였다. 풍은 제어하지 못하고 다만 제사를 주관할 뿐이었다(이상 3월 12일).

복신은 인원이 외로운 성에 원군이 없다고 여겨 사자를 파견해 위로하기를, "대사는 언제 서쪽으로 돌아가는가? 마땅히 사람을 파견해 배웅할 것이다."라고 하였다. 인원·인궤 등은 복신의 남은 무리를 웅진 동쪽에서 크게 격파하고, 지라성(支羅城), 윤성(尹城), 대산(大山)·사정(沙井) 등의 목책을 함락시켜 죽이고 사로잡은 자가 매우 많았으며, 이어서 병사를 나누어 그곳을 지키게 하였다. 복신 등은 진현성(眞峴城)이 강에 임하여 높고 험준하므로 요충이라고 여겨서 병사를 더하여 지켰다. 인궤는 밤에 신라 병사를 독려하여 성에 임박해 성가퀴에 판자를 깔고, 동틀 무렵에 성에 들어가서 목베어 죽인 자가 800명이었으며 마침내 신라의 군량 통로가 통하였다. 인원이 병사를 더하기를 아뢰어 청하였다. 조서를 내려 치주(淄州)·청주(青州)·내주(萊州)·해주(海州)의 병사 7,000명을 징발하고 좌위위장군(左威衛將軍) 손인사를 파견하여 병사 40만을 이끌고 덕물도에 이르러 웅진부성으로 나아가서 인원의 무리를 더하게 하였다. 신라왕은 김유신 등 28 장수를 이끌고 그와 합하였다(이상 662년 7월 1일~30일).

이 때에 복신이 이미 권력을 독점하였고, 풍과 몰래 서로 시기하였다. 복신이 거짓으로 병을 칭하여 동굴에 누워서, 풍이 문병오기를 기다렸다가 죽이려고 하였다. 풍이 그것을 알고 측근을 이끌고 엄습하여 그를 죽였다. 사신을 고구려(高勾麗)·왜국(倭國)에 파견해 군사를 요청하여 당군에 맞서겠다고 하였다(이상 663년 6월). 손인사가 도중에 요격하여 격파하였다. 마침내 인원과 서로 합하여 사기가 크게 떨쳤다(이상 7월 17일). 이리하여 여러 장수가 향할 곳을 논의하였다. 혹자가 말하기를, "가림성(加林城) 수륙의 요충이니 먼저 공격하는 것이 합당합니다."라고 하였다. 인궤가 말하기를, "병법에 찬 것을 피하고 빈 것을 공격하라고 하였다. 가림성은 험하고 단단하여 공격하면 병사를 상하고 지키면 시간만 보낸다. 주류성은 백제의 소굴이니, 만약 이기면 여러 성이 저절로 함락될 것이다."라고 하였다(이상 8월 13일). 이리하여 인사·인원 및 신라왕은 육군을 이끌고 나아가고, 인궤 및 별동대 우두머리 두상(杜爽)·부여융(扶餘隆)은 수군 및 군량선을 이끌고 웅진에서 백강(白江)으로 가서, 육군과 만나 함께 주류성으로 향하였다. 왜군을 백강 입구에서 만나서 신라군이 힘써 싸워 4번 부딪쳐 모두 이기니, 그 배 400척을 불태워서 연기와 불꽃이 하늘을 밝히고 바닷물이 붉어졌다. 두릉윤·주류 등 여러 성이 모두 함락되었다(이상 9월 8일). 부여풍이 몸을 빼어 달아나고 고구려로 도망갔다(이상 8월 28일). 왕자 충승·충지 등이 그 무리를 이끌고 왜군과 모두 항복하였다. 신라왕이 왜군에게 말하였다. "나와 너희 나라는 바다를 사이에 두고 강역을 나누어서, 우호관계를 맺어 평화를 지키고 방문하여 교류하였으므로 일찍이 서로 얽히지 않았다. 어찌 오늘날 백제와 함께 악행을 저질러 우리나라를 정벌하려고 도모하는가? 지금 너희 군졸은 우리의 손바닥 안에 있으나 차마 죽이지 못하니, 돌아가 너희 왕에게 이야기하라." 마침내 그들을 풀어주었다. 병사를 나누어 여러 성을 공격하고 함락시켰다(이상 9월 7일). 유독 지수신만이 임존성에 근거하였는데, 땅이 험하고 성이 단단한 데다가 식량도 많아서 30일이나 공격하였으나 함락되지 않았다. 피곤하여 병사를 물렸다(이상 10월21일). (『三國史節要』10)

신라 백제　6월에 전장군 가미츠케노노키미와카코 등이 신라의 사비기(沙鼻岐)·노강(奴江) 두 성을 취하였다. 백제왕 풍장(豊璋)은 복신이 모반할 마음이 있다고 미워하여 가죽으로 손바닥을 뚫어서 그를 묶었으나, 이 때에 스스로 결정하기 어려워 어찌할 바를 몰랐다. 이에 여러 신하에게 묻기를, "복신의 죄는 이미 이와 같다. 참수해도 좋은가? 그렇지 않은가?"라고 하였다. 이리하여 달솔 덕집득(德執得)이 말하기를, "이 악역(惡逆)한 사람은 놓아버리기에 합당하지 않습니다."라고 하였다. 복신이 곧 덕집득에게 침뱉으며 말하기를, "썩은 개 같은 미치광이 놈아!"라고 하였다. 왕이 건장한 자들을 부려서 참수하고 머리를 젓갈로 담궜다. (『日本書紀』27 天智紀)

백제　용삭 3년에 (…) 부여풍이 왜적(倭賊)을 남쪽으로 불러서 관군에 맞섰다. (『冊府元龜』366 將帥部 27 機略 6 劉仁軌)

백제 고구려　이 때에 복신이 이미 권력을 독점하였고, 풍과 몰래 서로 시기하였다. 복신이 거짓으로 병을 칭하여 동굴에 누워서, 풍이 문병오기를 기다렸다가 죽이려고 하였다. 풍이 그것을 알고 측근을 이끌고 엄습하여 그를 죽였다. 사신을 고구려(高勾麗)·왜국에 파견해 군사를 요청하여 당군에 맞서겠다고 하였다. (『三國史節要』10)

백제 고구려　복신이 이미 권력을 독점하여, 백제왕 풍과 점차 서로 시기하였다. 복신이 거짓으로 병을 칭하여 동굴에 누워서, 풍이 문병오기를 기다렸다가 죽이려고 하였다. 풍이 그것을 알고 측근을 이끌고 습격하여 복신을 죽였다. 사신을 파견해 고구려·왜국에 나아가서 군사를 요청하여 당군에 맞서겠다고 하였다. (『資治通鑑』200 唐紀 16 高宗 上之下)

백제　백제왕 풍이 왜군을 남쪽으로 불러서 당군에 맞섰다. (『資治通鑑』201 唐紀 17 高宗 中之上)

백제　『자치통감(資治通鑑)』에 전한다. " (…) 복신이 이미 권력을 독점하여, 백제왕 풍과 점차 서로 시기하였다. 복신이 거짓으로 병을 칭하여 방에 누워서, 풍이 문병오기를 기다렸다가 죽이려고 하였다. 풍이 그것을 알고 측근을 이끌고 습격하여 복신을 죽였다. 사신을 파견해 고구려·왜국에 나아가서 군사를 요청하여 당군에 맞서겠다고 하였다. (…) 백제왕 풍이 왜군을 남쪽으로 불러서 당군에 맞섰다."(『玉海』191 兵 捷露布 3 唐熊津道行軍摠管破百濟)

신라 백제　용삭 3년 계해에 백제의 여러 성이 몰래 일어나서 함께 되찾기를 도모하였다. 그 우두머리가 두솔성(豆率城)에 근거하여 왜에 군사를 보내 원조가 되기를 청하였다. 대왕이 직접 김유신·김인문(金仁問)·천존·죽지(竹旨) 등 장군을 이끌고 7월17일에 정벌하러 나갔다. 웅진주(熊津州)에 주둔하여 수비하는 유인원과 병사를 합하였다. (『三國史記』42 列傳 2 金庾信 中)

백제　용삭 3년에 (…) 손인사가 요격하여 격파하였다. 마침내 인원의 무리와 서로 합하여 병사들이 크게 떨쳤다. (『冊府元龜』366 將帥部 27 機略 6 劉仁軌)

신라 백제　문무왕(文武王) 11년(671) 가을 7월26일에 대당 총관(摠管) 설인귀(薛仁貴)가 임윤법사(琳潤法師)를 사신보내 편지를 보냈는데, 내용은 다음과 같다. (…) 대왕이 편지에 답하였는데, 내용은 다음과 같다. " (…) 용삭 3년에 이르러 총관 손인사가 병사를 거느리고 와서 부성(府城)을 구원하였다. 신라의 병마가 또한 출발하여 함께 정벌하니 가서 주류성 아래에 이르렀다(이상 7월17일). 이 때에 왜국의 배와 병사가 와서 백제를 도왔다. 왜선은 1,000척인데 백사(白沙)에 멈춰 있었다. 백제의 정예기병은 강가 위에서 배를 지켰다. 신라의 날랜 기병은 한(漢)의 선봉이 되어 먼저 강가의 진영을 격파하였다. 주류성이 담력을 잃고 마침내 곧 항복하여 함락되었다(이상 9월 8일). 남쪽이 이미 평정되니 군을 돌려 북쪽으로 정벌하러 갔다. 임존성 하나는 미혹함을 지켜 항복하지 않았다(이상 10월21일). 두 군대가 힘을 합하여 함께 한 성을 공격하였으나, 굳게 지키고 막아서 공격하여 얻을 수 없었다. 신라가 곧 돌아가려고 하자, 두대부(杜大夫)가 말하였다. "칙서에 따라 평정한 이후에 함께 서로 회맹할 것입니다. 임존성 하나가 비록 아직 항복하여 함락되지 않았으나 곧 함께 서로 맹서할 수 있을 것입니다." 신라는 말하였다. "칙서에 따라 평정한 이후에 함께 서로 회맹하더라도, 임존성이 항복하지 않았으므로 이미 평정하였다고 할 수 없습니다. 또 백제는 간사하기가 100단(百端)이니 말을 뒤집어서 일정하지 않습니다. 지금 비록 함께 서로 회맹하더라도 나중에 배꼽을 씹는 걱정이 있을까 두렵습니다." 회맹을 멈추기를 아뢰어 청하였다(이상 11월 4일). (『三國史記』7 新羅本紀 7)

신라 백제   문무왕 11년(671) 가을 7월에 당 총관 설인귀가 승려 임윤법사를 파견해 왕에게 편지를 보냈는데, 내용은 다음과 같다. (…) 왕이 편지에 답하였는데, 내용은 다음과 같다. " (…) 용삭 3년에 이르러 총관 손인사가 병사를 거느리고 와서 부성을 구원하였다. 신라의 병마가 또한 출발하여 함께 정벌하니 가서 주류성 아래에 이르렀다(이상 7월17일). 이 때에 왜국의 배와 병사가 와서 백제를 도왔다. 왜선은 1,000척인데 백사에 멈춰 있었다. 백제의 정예기병은 강가 위에서 배를 지켰다. 신라의 날랜 기병은 한의 선봉이 되어 먼저 강가의 진영을 격파하였다. 주류성이 담력을 잃고 마침내 곧 항복하여 함락되었다(이상 9월 8일). 남쪽이 이미 평정되니 군을 돌려 북쪽으로 정벌하러 갔다. 임존성 하나는 미혹함을 지켜 항복하지 않았다(이상 10월21일). 두 군대가 힘을 합하여 함께 한 성을 공격하였으나, 굳게 지키고 막아서 공격하여 얻을 수 없었다. 신라가 곧 돌아가려고 하자, 두대부가 말하였다. "칙서에 따라 평정한 이후에 함께 서로 회맹할 것입니다. 임존성 하나가 비록 아직 항복하여 함락되지 않았으나 곧 함께 서로 맹서할 수 있을 것입니다." 신라는 말하였다. "칙서에 따라 평정한 이후에 함께 서로 회맹하더라도, 임존성이 항복하지 않았으므로 이미 평정하였다고 할 수 없습니다. 또 백제는 간사하기가 100단이니 말을 뒤집어서 돌보지 않습니다. 지금 비록 함께 서로 회맹하더라도 나중에 배꼽을 씹는 걱정이 있을까 두렵습니다." 회맹을 멈추기를 아뢰어 청하였다(이상 11월 4일). (『三國史節要』10)

백제   손인사가 도중에 요격하여 격파하였다. 마침내 유인원과 서로 합하여 사기가 크게 떨쳤다. (『三國史節要』10)

백제   손인사가 유인원·유인궤와 병사를 합하니, 세력이 크게 떨쳤다. (『資治通鑑』201 唐紀 17 高宗 中之上)

백제   『자치통감』에 전한다. " (…) 손인사가 유인원·유인궤와 군대를 합하니, 세력이 크게 떨쳤다." (『玉海』191 兵捷露布 3 唐熊津道行軍摠管破百濟)

신라 백제   용삭 3년 8월13일에 두솔성에 이르렀다. 백제군이 왜군과 진영에서 나왔다. 우리 군대가 힘써 싸워 크게 이겼다. (『三國史記』42 列傳 2 金庾信 中)

신라 백제   가을 8월 임오일이 초하루인 갑오일(13) 신라는 백제왕이 자신의 좋은 장수를 참수하였다고 여겨서 곧바로 그 나라로 들어가서 먼저 주유성을 취하겠다고 모의하였다. 이리하여 백제는 적이 계획하는 바를 알아서 여러 장수에게 말하였다. "지금 든건대 대일본국(大日本國)의 구원군 장수 이오하라노키미오미(廬原君臣)는 건아(健兒) 1만여 명을 이끌고 바로 바다를 건너 이를 것이다. 여러 장군들에게 바라니, 미리 그것을 도모해야 한다. 나는 스스로 가서 백촌(白村)에서 기다렸다가 대접하고자 한다."
(『日本書紀』27 天智紀)

백제　　용삭 3년에 (…) 이리하여 여러 장수가 향할 곳을 논의하였다. 혹자가 말하기를, "가림성은 수륙의 요충이니 먼저 공격하기를 청합니다."라고 하였다. 유인궤가 말하기를, "가림성은 험하고 단단하여 급히 공격하면 장교와 병사를 손상하고 굳게 지키면 시간만 보내며 오래도록 버틸 것이니, 주류성을 먼저 공격하는 것만 못하다. 주류성은 적의 소굴이니, 여러 나쁜 놈들이 모인 곳에는 악을 제거하여 근본에 힘써야 하니, 그 원천을 뽑아야 하는 것이다. 만약 주류성을 이기면 여러 성이 저절로 함락될 것이다."라고 하였다. (『冊府元龜』366 將帥部 27 機略 6 劉仁軌)

백제　　이리하여 여러 장수가 향할 곳을 논의하였다. 혹자가 말하기를, "가림성은 수륙의 요충이니 먼저 공격하는 것이 합당합니다."라고 하였다. 유인궤가 말하기를, "병법에 찬 것을 피하고 빈 것을 공격하라고 하였다. 가림성은 험하고 단단하여 공격하면 병사를 상하고 지키면 시간만 보낸다. 주류성은 백제의 소굴이니, 만약 이기면 여러 성이 저절로 함락될 것이다."라고 하였다. (『三國史節要』10)

백제 고구려　신라
그리고 풍이 과연 복신을 습격하여 죽이고 사긴을 파견해 고구려·왜에 이르러 구원을 청하였다(이상 663년 6월). 때마침 조서를 내려 우위위장군 손인사를 파견해 군대를 이끌고 바다를 건너 이르니, 사기가 크게 떨쳤다(이상 7월17일). 이리하여 여러 장수가 향할 곳을 논의하였다. 혹자가 말하기를, "가림성은 수륙의 요충인데, 어찌 먼저 공격하지 않습니까?"라고 하였다. 인궤가 말하기를, "병법에 찬 것을 피하고 빈 것을 공격하라고 하였다. 가림성은 험하고 단단하여 공격하면 병사를 상하고 지키면 시간만 보낸다. 주류성은 백제의 소굴이어서 여러 나쁜 놈들이 모여있으니, 만약 이기면 여러 성이 저절로 함락될 것이다."라고 하였다(이상 8월13일). 이리하여 인사·유인원 및 김법민은 육군을 이끌고 나아가고, 유인궤 및 별동대 우두머리 두상·부여융은 웅진에서 백강으로 가서 만났다. 왜군을 백강 입구에서 만나서 4번 싸워 모두 이기니, 배 400척을 불태워서 바닷물이 붉어졌다(이상 9월 8일). 부여풍이 몸을 빼어 달아났는데, 그 보검을 얻었다(이상 8월28일). 가짜 왕자 부여충승(扶餘忠勝)·충지 등이 그 무리를 이끌고 왜군과 항복하였다(이상 9월 7일). 유독 우두머리 지수신만이 임존성에 근거하여 함락되지 않았다(이상10월21일). (『新唐書』108 列傳 33 劉仁軌)

백제　　여러 장수가 가림성이 수륙의 요충이라고 여겨 먼저 공격하려고 하였다. 유인궤가 말하기를, "가림성은 험하고 단단하여 급히 공격하면 사졸을 상하고 그것을 누그러뜨리면 시간만 보내며 오래도록 버틴다. 주류성은 적의 소굴이니, 모든 나쁜 놈들이 모인 곳에는 악을 제거하여 근본에 힘써야 하는 것이니,59) 마땅히 먼저 공격해야 한다. 만약 주류성을 이기면 여러 성이 저절로 함락될 것이다."라고 하였다. (『資治通鑑』201 唐紀 17 高宗 中之上)

백제　　『자치통감』에 전한다. (…) 여러 장수가 가림성이 수륙의 요충이라고 여겨 먼저 공격하려고 하였다. 유인궤가 말하기를, "가림성은 험하고 단단하여 급히 공격하면 사졸을 상하고 그것을 누그러뜨리면 시간만 보내며 오래도록 버틴다. 주류성은 적의 소굴이니, 모든 나쁜 놈들이 모인 곳에는 악을 제거하여 근본에 힘써야 하는 것이니, 마땅히 먼저 공격해야 한다. 만약 주류성을 이기면 여러 성이 저절로 함락될 것이다."라고 하였다. (『玉海』191 兵捷露布 3 唐熊津道行軍摠管破百濟)

---

59) 『서경(書經)』 태서(泰誓)조에 나온다.

백제	8월 무술일(17) 적장이 주유성에 이르러, 그 왕성을 둘러쌌다. 대당군의 장수가 전선 170척을 이끌고 백촌강(白村江)에 진을 펼쳤다. (『日本書紀』27 天智紀)
백제	8월 무신일(27) 일본 수군으로 처음 도착한 자가 대당의 수군과 부딪쳐 싸웠다. 일본이 불리하여 물러나니 대당이 진을 견고하게 하여 지켰다. (『日本書紀』27 天智紀)
백제 고구려	8월 기유일(28) 일본의 여러 장수가 백제왕과 기상을 보지 않고 서로 말하기를, "우리들이 앞을 다투면, 저들은 마땅히 스스로 물러날 것입니다."라고 하였다. 더욱이 일본의 대오가 어지러운 중군의 병졸을 이끌고 나아가 대당의 견고한 진영을 갖춘 군대를 쳤다. 대당은 곧 좌우로부터 배를 사이에 끼우고 둘러싸고 싸웠다. 잠시 후에 관군이 패배하여 물에 빠져 죽은 자가 많았고 뱃머리와 고물도 돌릴 수 없었다. 에치노타쿠츠(朴市田來津)가 하늘을 우러러 맹세하고 이를 갈고 성내며 수십 명을 죽이고는 여기에서 전사하였다. 이 때에 백제왕 풍장이 여러 사람과 배를 타고 고구려로 달아났다. (『日本書紀』27 天智紀)
백제 고구려	용삭 3년에 (…) 백제 가짜왕 부여풍이 달아나 고구려에 투항하였다. (…) 풍이 몸을 빼어 달아났는데, 그 보검을 얻었다. (『冊府元龜』366 將帥部 27 機略 6 劉仁軌)
신라 백제	부여풍이 몸을 빼어 달아났다. (『三國史記』6 新羅本紀 6)
백제 고구려	부여풍이 몸을 빼어 달아나고 고구려로 도망갔다. (『三國史節要』10)
백제 고구려	백제왕 풍이 몸을 빼어 고구려로 도망갔다. (『資治通鑑』201 唐紀 17 高宗 中之上)
백제 고구려	『자치통감』에 전한다. (…) 왕 풍이 몸을 빼어 고구려로 도망갔다. (『玉海』191 兵捷露布 3 唐熊津道行軍摠管破百濟)
고구려	(용삭 3년) 가을 8월 무신일(27) 황제가 여러 해 동안 해동에 군사를 씀에 백성들이 징집과 징발에 고통을 받고 군사들이 전사하거나 물에 빠지는 자가 많아 조서를 내려 36주의 배 건조를 중단시키고 사원태상백(司元太常伯) 두덕현(竇德玄) 등을 십도(十道)에 나누어 보내 백성들의 고통을 알아보게 하고 관리들의 출척(黜陟)을 맡겼다. (『資治通鑑』201 唐紀 17 高宗 中之上)
고구려	고종 용삭 3년 8월에 내전에 행차하여 시신(侍臣)에게 말하였다. "근자에 해동이 흠을 져서 모름지기 조벌(弔伐)을 펴야 하는데, 이 수년 이래로 자주 노역이 있어서 그곳에 있는 백성들이 진실로 크게 고통을 받고 있다. 하물며 군사물자의 조달을 이유로 온갖 부역을 동원하면 탐욕스럽고 잔학한 무리들이 멋대로 백성을 침탈하고 손해를 입히게 될 것이고, 또한 다시 배를 건조하면 여러 주들이 다시 힘들어지는 것이 심하게 될 것이다. 전에 영을 내려 관심을 갖고 물어 달리 일의 정황을 알고 싶어 하였다. 그러나 사방의 사신들이 이르러 조금도 말을 다하지 않아 올리는 글이 모두 아첨하기만 하였다. 내가 몰래 더 알아보니 신하의 자리에 있으면서 원망함이 없지는 않는 것이 마치 수나라가 멸망한 것은 정벌과 부역이 끊이지 않았기 때문이니, 수나라가 멸망한 이유가 어찌 반드시 여기에 연유한 것이 아니겠는가 하며 서로 이 같은 의논을 전하는 듯 하였다. 또 바다를 건너 군대를 보내 큰 저항을 만나거나 혹 칼날에 죽거나 바다에 빠져 죽었으니, 비명에 죽은 이들을 미루어 생각하니 슬픈 생각이 든다. 옛날 한나라 무제가 사이(四夷)를 정벌할 때 호구(戶口)가 쇠락해 적어져 만년에야 깨닫게 되었다. 승상을 부민후(富民侯)로 삼으니 이는 고사에 분명한 사실로 귀감이 되기에 족하다. 전에 내린 36주에 배를 건조하라는 명령은 이제 모두 그치고자 하니, 원근의 백성들로 하여금 부역이 없게 하라 어찌 좋은 일이 아니겠는가." 그 날 바로 조서를 내려 다음과 같이 말하였다. "짐은 식견이 모자르고 사리에 어두

운 사람인데도 큰 공업을 계승하여 황제의 자리에 올라 중국 바깥을 안정시켰다. 날 뛰는 무리들을 제어하는 것은 날마다 삼가는 데서 깊어지고, 복을 쌓음은 용서하지 않는 데서 보존 되는 것이니, 스스로 힘써 전심 전력하여 큰 교화를 상세히 구하였 다. 지난 번 선대의 뜻을 받들어 수치를 씻어 백성에 보답하고자 수년 사이에 요해 (遼海)에 군대를 일으켰다. 비록 흉적을 제거하고 폭도들을 평정했으나, 의리가 구현 되지는 않았다. 오히려 사람들은 피로해지고 재물은 다하여 요역이 아래에서 일어났 다. 바다에 떠 파도를 넘어 멀리 건너가며, 위험한 길을 밟아 멀리 습격하여 큰 바 람이 부는 바다에 빠져 죽기도 하고, 적과 싸우기도 하였으나 거꾸러뜨리지 못하였 다. 돌아보며 생각건대 이는 나의 덕이라 할 수 없으니, 일이 70일 만에 어그러짐은 책임이 나에게 있으니 사해에 부끄럽다. 탕(湯) 임금 시절 스스로 죄책하여 의관을 입은 채 선잠을 자듯 정사에 힘썼고, 한나라는 사람들을 부유하게 하고자 절절한 마 음을 두루 에둘렀다. 일전에 현인을 맞고자 교거(翹車)를 잇달아 보내고, 어진 이를 예우하고자 큰 비단을 내렸다. 그런데도 포정(庖鼎) 앞에서는 오히려 뛰어나고 특출 한 인재들이 관탁(關柝; 하급 관리)의 아래에서 큰 재주를 다하지 못하고 있으며, 서 옹(西雍;천자가 세운 학교)에서는 서법을 전하고 동서(東序; 하나라의 태학)에서는 보배에 칼을 대고 있다. 이번에 군대가 잇달아 군사의 일이 실로 번거로워서 주현의 관리들이 이로 인하여 허물이 생기고, 부역에 한계가 없어 뇌물이 공공연하게 행해 져 정사가 해쳐지고, 풍속이 상함이 이보다 심한 것이 없다. 지난 번 36개 주에 배 를 만들게 하여 이미 동쪽으로 갈 준비가 끝난 것은 마땅히 중지시킬 것이다. 무릇 관리들은 마땅히 득실을 극언하여 모두 마음에 숨기는 것이 없게 하여 지체되지 않 도록 하라.”(『册府元龜』 142 帝王部 142 弭兵)

고구려   “짐은 식견이 모자르고 사리에 어두운 사람인데도 큰 공업을 계승하여 황제의 자리 에 올라 중국 바깥을 안정시켰다. 날뛰는 무리들을 제어하는 것은 날마다 삼가는 데 서 깊어지고, 복을 쌓음은 용서하지 않는 데서 보존 되는 것이니, 스스로 힘써 전심 전력하여 큰 교화를 상세히 구하였다. 지난 번 선대의 뜻을 받들어 수치를 씻어 백 성에 보답하고자 수년 사이에 요해(遼海)에 군대를 일으켰다. 비록 흉적을 제거하고 폭도들을 평정했으나, 의리가 구현되지는 않았다. 오히려 사람들은 피로해지고 재물 은 다하여 요역이 아래에서 일어났다. 바다에 떠 파도를 넘어 멀리 건너가며, 위험 한 길을 밟아 멀리 습격하여 큰 바람이 부는 바다에 빠져 죽기도 하고, 적과 싸우기 도 하였으나 거꾸러뜨리지 못하였다. 돌아보며 생각건대 이는 나의 덕이라 할 수 없 으니, 일이 70일 만에 어그러짐은 책임이 나에게 있으니 사해에 부끄럽다. 탕(湯) 임금 시절 스스로 죄책하여 의관을 입은 채 선잠을 자듯 정사에 힘썼고, 한나라는 사람들을 부유하게 하고자 절절한 마음을 두루 에둘렀다. 일전에 현인을 맞고자 교 거(翹車)를 잇달아 보내고, 어진 이를 예우하고자 큰 비단을 내렸다. 그런데도 포정 (庖鼎) 앞에서는 오히려 뛰어나고 특출한 인재들이 관탁(關柝; 하급 관리)의 아래에 서 큰 재주를 다하지 못하고 있으며, 서옹(西雍;천자가 세운 학교)에서는 서법을 전 하고 동서(東序; 하나라의 태학)에서는 보배에 칼을 대고 있다. 이번에 군대가 잇달 아 군사의 일이 실로 번거로와 주현의 관리들이 이로 인하여 허물이 생기고, 부역에 한계가 없어 뇌물이 공공연하게 행해져 정사가 해쳐지고, 풍속이 상함이 이보다 심 한 것이 없다. 지난 번 36개 주에 배를 만들게 하여 이미 동쪽으로 갈 준비가 끝난 것은 마땅히 중지시킬 것이다. 무릇 관리들은 마땅히 득실을 극언하여 모두 숨기는 것 없이 펼치게 하여 지체되지 않도록 하라. 이에 안찰대사(按察大使)를 나누어 보 내 백성들의 고통을 알아보게 하고 관리들을 출척(黜陟)하고, 겸하여 사원태상백 두 덕원은 하남도(河南道)로 가 더불어 지절을 나누어 가서 그 내외관 5품 이상은 각기 초야에 있는 선비를 각기 천거하고 널리 더 순방하여 두루 풍속을 살펴 영재들을 식기(式企)하여 충원해 정사를 돕도록 하라. 마땅히 온 세상으로 하여금 모두 짐의 뜻을 얻어 온누리가 같이 직접 同夫親覽하여 마땅히 빨리 온 천하에 반사(頒賜)하여 이 같은 뜻을 알게 하라. (『全唐文』12 高宗 2 罷諸州造船安撫百姓詔)

백제	9월 신해일이 초하루인 정사일(7) 백제 주유성이 비로소 당에 항복하였다. 이 때에 국인들이 서로 말하였다. "주유성이 항복하였으니, 이 일을 어찌할 수 없구나! 백제의 이름이 오늘에서야 끊어지는구나! 언덕 위의 무덤자리는 어찌 다시 갈 수 있을까? 다만 호례성(弖禮城)에서 갈 수 있을 것이다." 때마침 일본군의 장수들이 필요한 기밀을 서로 모의하여, 마침내 본래 침복기성(枕服岐城)에 있었던 처자들을 가르쳐 나라를 떠나는 마음을 알게 하였다. (『日本書紀』27 天智紀)
신라 백제	용삭 3년 계해에 (…) 백제가 왜군과 모두 항복하였다. 대왕이 왜군에게 말하였다. "생각건대 나와 너희 나라는 바다를 사이에 두고 강역을 나누어서 일찍이 서로 얽히지 않았고, 다만 우호관계를 맺어 평화를 지키고 방문하여 교류하였을 뿐이다. 무슨 까닭으로 오늘날 백제와 함께 악행을 저질러 우리나라를 도모하는가? 지금 너희 군졸은 우리의 손바닥 안에 있으나 차마 죽이지 못하니, 너희는 돌아가 너희 왕에게 이야기하라." 그들이 가고자 하는 대로 맡겼다. 병사를 나누어 여러 성을 공격하고 함락시켰다. (『三國史記』42 列傳 2 金庾信 中)
백제	용삭 3년에 (…) 가짜 왕자 부여충지 등이 사녀 및 왜의 무리를 이끌고 모두 항복하였다. 백제의 여러 성이 모두 다시 귀순하였다. (『冊府元龜』366 將帥部 27 機略 6 劉仁軌)
신라 백제	왕자 충승·충지 등이 그 무리를 이끌고 항복하였다. (『三國史記』6 新羅本紀 6)
백제 신라	왕자 충승·충지 등이 그 무리를 이끌고 왜군과 모두 항복하였다. 신라왕이 왜군에게 말하였다. "나와 너희 나라는 바다를 사이에 두고 강역을 나누어서, 우호관계를 맺어 평화를 지키고 방문하여 교류하였으므로 일찍이 서로 얽히지 않았다. 어찌 오늘날 백제와 함께 악행을 저질러 우리나라를 정벌하려고 도모하는가? 지금 너희 군졸은 우리의 손바닥 안에 있으나 차마 죽이지 못하니, 돌아가 너희 왕에게 이야기하라." 마침내 그들을 풀어주었다. 병사를 나누어 여러 성을 공격하고 함락시켰다. (『三國史節要』10)
백제	왕자 충승·충지 등이 무리를 이끌고 항복하였다. 백제가 모두 평정되었다. (『資治通鑑』201 唐紀 17 高宗 中之上)
백제	『자치통감』에 전한다. (…) 왕자 충승·충지 등이 무리를 이끌고 항복하였다. 백제가 모두 평정되었다. (『玉海』191 兵捷露布 3 唐熊津道行軍摠管破百濟)
백제	9월 무오일(8) 손인사가 백제에 이르러 백강에서 싸웠는데 이겼다. (『新唐書』3 本紀 3 高宗)
백제	9월 무오일(8) 웅진도행군총관(熊津道行軍摠管)·우위위장군 손인사 등이 백제의 남은 무리 및 왜군을 백강에 격파하고 그 주류성을 함락시켰다. (『資治通鑑』201 唐紀 17 高宗 中之上)
백제	용삭 3년 9월 무오일(8) 웅진도행군총관·우위위장군 손인사 등이 백제의 남은 무리 및 왜군을 백강에 격파하고 그 주류성을 함락시켰다. (『玉海』191 兵捷露布 3 唐熊津道行軍摠管破百濟)
백제 신라	『신당서』본기(本紀)에 전한다. "용삭 3년 9월 무오일(8) 손인사가 백제에 이르러 백강에서 싸웠는데 이겼다. (…)" 『자치통감』에 전한다. "용삭 3년 9월 무오일(8) 웅진도행군총관·우위위장군 손인사 등이 백제의 남은 무리 및 왜군을 백강에 격파하고 그 주류성을 함락시켰다. (…) 이리하여 인사·인원은 신라왕 법민과 육군을 거느리고

나아가고, 인궤는 별장(別將) 두상·부여융과 수군 및 군량선을 이끌고 웅진에서 백강으로 가서, 육군과 만나 함께 주류성으로 향하였다. 왜군을 백강 입구에서 만나서 4번 싸워 모두 이기니, 그 배 400척을 불태워서 연기와 불꽃이 하늘을 밝히고 바닷물이 붉어졌다. (『玉海』 191 兵捷露布 3 唐熊津道行軍摠管破百濟)

백제 신라 용삭 3년에 대방주자사(帶方州刺史)가 되어 웅진도행군총관·우위위장군 손인사, 웅진도독(熊津都督) 유인원과 백제의 남은 무리 및 적을 백강에서 격파하고 그 주류성을 함락시켰다. (⋯) 이리하여 인원 및 신라 김법민은 육군을 이끌고 나아가고, 인궤는 이에 별수(別帥) 두상·부여융이 수군 및 군량선을 이끌고 웅진강에서 백강으로 가서, 육군과 만나 함께 주류성으로 향하였다. 인궤는 왜군을 백강 입구에서 만나서 4번 싸워 모두 이기니, 그 배 400척을 불태워서 연기와 불꽃이 하늘에 넘치고 바닷물이 붉어졌다. (『冊府元龜』 366 將帥部 27 機略 6 劉仁軌)

백제 고구려 신라 이 때에 복신이 이미 권력을 독점하였고, 부여풍과 점차 서로 시기하였다. 복신이 거짓으로 병을 칭하여 동굴에 누워서, 풍이 문병오기를 기다렸다가 죽이려고 하였다. 풍이 그것을 알고 측근을 이끌고 엄습하여 복신을 죽였다. 사신을 고구려·왜국에 파견해 군사를 요청하여 당군에 맞서겠다고 하였다(이상 6월). 손인사가 도중에 요격하여 격파하였다. 마침내 유인원의 무리와 서로 합하여 사기가 크게 떨쳤다(이상 7월17일). 이리하여 여러 장수가 향할 곳을 논의하였다. 혹자가 말하기를, "가림성은 수륙의 요충이니 먼저 공격하는 것이 합당합니다."라고 하였다. 유인궤가 말하기를, "병법에 찬 것을 피하고 빈 것을 공격하라고 하였다. 가림성은 험하고 단단하여 공격하면 병사를 상하고 지키면 시간만 보낸다. 주류성은 백제의 소굴이어서 무리가 모여있으니, 만약 이기면 여러 성이 저절로 함락될 것이다."라고 하였다(이상 8월13일). 이리하여 인사·인원 및 신라왕 김법민은 육군을 이끌고 나아가고, 유인궤 및 별동대 우두머리 두상·부여융은 수군 및 군량선을 이끌고 웅진강에서 백강으로 가서, 육군과 만나 함께 주류성으로 향하였다. 왜군을 백강 입구에서 만나서 4번 싸워 모두 이기니, 그 배 400척을 불태워서 연기와 불꽃이 하늘을 밝히고 바닷물이 붉어졌다(이상 9월 8일). 왕 부여풍이 몸을 빼어 달아났는데, 있는 곳을 몰랐다. 혹자는 고구려로 도망갔다고 하였다. 그 보검을 얻었다(이상 8월28일). 왕자 부여충승·충지 등이 그 무리를 이끌고 왜군과 모두 항복하였다(이상 9월 7일). 유독 지수신이 임존성에 근거하여 함락되지 않았다(이상 10월21일). (『三國史記』 28 百濟本紀 6)

신라 백제 이리하여 인사·인원 및 신라왕은 육군을 이끌고 나아가고, 인궤 및 별동대 우두머리 두상·부여융은 수군 및 군량선을 이끌고 웅진에서 백강으로 가서, 육군과 만나 함께 주류성으로 향하였다. 왜군을 백강 입구에서 만나서 신라군이 힘써 싸워 4번 부딪쳐 모두 이기니, 그 배 400척을 불태워서 연기와 불꽃이 하늘을 밝히고 바닷물이 붉어졌다. 두릉윤·주류 등 여러 성이 모두 함락되었다. (『三國史節要』 10)

백제 고구려 신라 탐라 얼마 후 여풍(餘豊)이 복신을 습격하여 죽였다. 또 사신을 고구려 및 왜국에 파견해 군사를 요청하여 당군에 맞서겠다고 하였다(이상 6월). 우위위장군 손인사에게 조서를 내려 병사를 이끌고 바다를 건너 원병이 되게 하였다. 인사는 이미 유인궤 등과 서로 합하여, 병사들의 사기가 크게 떨쳤다(이상 7월17일). 이리하여 여러 장수가 모여서 논의하였다. 혹자가 말하기를, "가림성은 수륙의 요충이니 먼저 공격하기를 청합니다."라고 하였다. 인궤가 말하기를, "가림성은 험하고 단단하여 급히 공격하면 전사를 손상하고 굳게 지키면 시간만 보내며 오래도록 버틸 것이니, 주류성을 먼저 공격하는 것만 못하다. 주류성은 적의 소굴이니, 여러 나쁜 놈들이 모인 곳에는 악을 제거하여 근본에 힘써야 하니, 그 원천을 뽑아야 하는 것이다. 만약 주류성을 이기면 여러 성이 저절로 함락될 것이다."라고 하였다(이상 8월13일). 이리하여 인사·인원 및 신라왕 김법민은 육군을 이끌고 나아가고, 인궤 및 별동대 우두머리 두상·부여융은 수군 및 군량선을 이끌고 웅진에서 백강으로 가서, 육군과 만나 함께 주류성으로 향하였다. 인궤가 왜군을 백강 입구에서 만나서 4번 싸워 이기니, 그 배 400척을 불태워서 연기와 불꽃이 하늘에 넘치고 바닷물이 붉어지자, 적의 무리가 크게 무너졌다(이상 9월 8일). 여풍이 몸을 빼어 달아났는데, 그 보검을 얻었다(이상 8월28일). 가짜 왕자 부여충승·충지 등이 사녀 및 왜의 무리와 탐라국(耽羅國) 사신을 이끌고 한번에 모두 항복하였다. 백제의 여러 성이 모두 다시 귀순하였다(이상 9월 7일). 적의 우두머리 지수신이 임존성에 근거하여 항복하지 않았다(이상 10월21일). (『舊唐書』84 列傳 34 劉仁軌)

백제 고구려 신라
이 때에 복신이 이미 그 병권을 독점하였고, 부여풍과 점차 서로 시기하였다. 복신이 거짓으로 병을 칭하여 동굴에 누워서, 장차 풍이 문병오기를 엿보았다가 습격하여 죽이려고 하였다. 부여풍이 그것을 깨닫고 측근을 이끌고 엄습하여 복신을 죽였다. 또 사신을 파견해 고구려 및 왜국에 가서 군사를 요청하여 당군에 맞서겠다고 하였다(이상 6월). 손인사가 도중에 요격하여 격파하였다. 마침내 유인원의 무리와 서로 합하여 병사의 세력이 크게 떨쳤다(이상 7월17일). 이리하여 인사·인원 및 신라왕 김법민은 육군을 이끌고 나아가고, 유인궤 및 별동대 우두머리 두상·부여융은 수군 및 군량선을 이끌고 웅진강에서 백강으로 가서, 육군과 만나 함께 주류성으로 향하였다. 인궤가 부여풍의 무리를 백강 입구에서 만나서 4번 싸워 모두 이기니, 그 배 400척을 불태워서 적의 무리가 크게 무너졌다(이상 9월 8일). 부여풍이 몸을 빼어 달아났다(이상 8월28일). 가짜 왕자 부여충승·충지 등이 사녀 및 왜의 무리를 이끌고 모두 항복하였다. 백제의 여러 성이 모두 다시 귀순하였다(이상 9월 7일). (『舊唐書』199上 列傳 149上 東夷 百濟)

백제 고구려 신라
복신이 나라를 제 마음대로 하여 풍을 죽이고자 모의하였다. 풍이 측근을 이끌고 복신을 참수하고, 고구려·왜와 서로 연결하였다(이상 6월). 유인원이 이미 제(齊)의 병사를 얻고 나서, 사기가 떨쳤다(이상 7월17일). 이에 신라왕 김법민과 보병·기병을 이끌고 유인궤를 파견해 수군을 이끌게 하여, 웅진강에서 함께 나아가서 주류성으로 향하였다. 풍의 무리가 백강 입구에서 주둔하였는데, 네 번 만나 모두 이기고 400척을 불질렀다(이상 9월 8일). 풍이 달아나서 있는 곳을 몰랐다(이상 8월28일). 가짜 왕자 부여충승·충지 등이 남은 무리 및 왜군을 이끌고 모두 목숨을 청하였다. 여러 성이 모두 회복되었다(이상 9월 7일). (『新唐書』220 列傳 145 東夷 百濟)

백제 신라
이리하여 인사·인원 및 신라왕 법민은 육군을 거느리고 나아가고, 인궤 및 별장 두상·부여융은 수군 및 군량선을 거느리고 웅진에서 백강으로 들어가서, 육군과 만나 함께 주류성으로 향하였다. 왜군을 백강 입구에서 만나서 4번 싸워 모두 이기니, 그 배 400척을 불태워서 연기와 불꽃이 하늘을 밝히고 바닷물이 붉어졌다. (『資治通鑑』201 唐紀 17 高宗 中之上)

백제
9월 신유일(11) 모호(牟弖)에서 길을 떠났다. (『日本書紀』27 天智紀)

백제
9월 계해일(13) 호례(弖禮)에 이르렀다. (『日本書紀』27 天智紀)

백제
9월 갑술일(24) 일본 수군이 좌평 여자신(餘自信), 달솔 목소귀자(木素貴子)·곡나진

수(谷那晋首)·억례복류(憶禮福留) 및 나라 백성들과 호례성에 이르렀다. (『日本書紀』 27 天智紀)

백제   9월 갑술일 다음날(25) 배를 내어 비로소 일본으로 향하였다. (『日本書紀』 27 天智紀)

백제   9월에 (…) 처음에 유인원·유인궤가 이미 진현성에서 이겼을 때, 손인사에게 조서를 내려 병사를 거느리고 바다를 건너 그들을 돕게 하였다(이상 662년 7월).
백제왕 풍이 왜군을 남쪽으로 불러서 당군에 맞섰다(이상 663년 6월). 인사가 인원·인궤와 병사를 합하니, 세력이 크게 떨쳤다(이상 7월17일). 여러 장수가 가림성이 수륙의 요충이라고 여겨 먼저 공격하려고 하였다. 인궤가 말하기를, "가림성은 험하고 단단하여 급히 공격하면 사졸을 상하고 그것을 누그러뜨리면 시간만 보내며 오래도록 버틴다. 주류성은 적의 소굴이니, 모든 나쁜 놈들이 모인 곳에는 악을 제거하여 근본에 힘써야 하는 것이니,[60] 마땅히 먼저 공격해야 한다. 만약 주류성을 이기면 여러 성이 저절로 함락될 것이다."라고 하였다(이상 8월13일). 이리하여 인사·인원 및 신라왕 법민은 육군을 거느리고 나아가고, 인궤 및 별장 두상·부여융은 수군 및 군량선을 거느리고 웅진에서 백강으로 들어가서, 육군과 만나 함께 주류성으로 향하였다. 왜군을 백강 입구에서 만나서 4번 싸워 모두 이기니, 그 배 400척을 불태워서 연기와 불꽃이 하늘을 밝히고 바닷물이 붉어졌다(이상 9월 8일). 백제왕 풍이 몸을 빼어 고구려로 도망갔다(이상 8월28일). 왕자 충승·충지 등이 무리를 이끌고 항복하였다. 백제가 모두 평정되었다(이상 9월 7일). 오직 별동대 우두머리 지수신만이 임존성에 근거하여 함락되지 않았다(이상 10월21일).
처음에 백제 서부(西部) 사람 흑치상지(黑齒常之)는 키가 7척 남짓이고, 날래고 용감하며 계략이 있었다. 백제에서 관직에 나아가 달솔 겸 군장이 되었는데, 중국의 자사와 같다(이상 649년).
소정방이 백제를 이기자, 상지는 부하를 이끌고 그 무리를 따라 항복하였다. 정방이 그 왕 및 태자를 잡아매고 병사를 풀어 약탈하자 건장한 자가 많이 죽었다. 상지가 두려워하여 측근 10여 명과 도망쳐 본부로 돌아가서, 도망가고 흩어진 무리를 거두어 모아 임존산(任存山)을 지키고 목책을 엮어 스스로 굳건히 하였다. 여러 날 사이에 귀부하는 자가 3만여 명이나 되었다. 정방이 병사를 파견하여 그를 공격하자, 상지가 맞서 싸우니 당 병사가 불리하였다. 상지는 다시 200여 성을 취하였고 정방은 이길 수 없어서 돌아왔다. 상지는 별부장 사타상여(沙吒相如)와 각각 험한 곳에 의거하여 복신에게 응하였다(이상 660년).
백제가 이미 패하고 나서 모두 그 무리를 이끌고 항복하였다. 유인궤는 상지·상여로 하여금 스스로 그 무리를 거느리고 임존성을 취하게 하였고, 이어서 군량과 무기로 그들을 도왔다. 손인사가 말하기를, "이 무리들은 짐승 같은 마음을 갖고 있는데, 어떻게 믿을 수 있습니까?"라고 하였다. 인궤가 말하였다. "내가 두 사람을 보기에 모두 충성스럽고 용맹하며 모략이 있어서 신의가 두텁고 의리를 중시한다. 다만 지난 번에 의탁한 바는 아직 그 사람을 얻지 못하였을 뿐이다. 지금 바로 그들이 감격하여 본보기를 세울 때이니, 쓰고 의심하지 않는다." 마침내 그 군량과 무기를 지급하고 병사를 나누어 그들을 따르게 하여, 임존성을 공격하여 함락시켰다. 지수신은 처자를 버리고 고구려로 도망갔다.   조서를 내려 유인궤는 병사를 거느리고 백제를 지키고 손인사·유인원을 불러서 돌아오게 하였다. 백제는 병화의 영향으로

---
60) 『서경(書經)』 태서(泰誓)에 나온다.

집집마다 시들고 손상되며 쓰러진 시체가 들판에 가득하였다. 인궤가 비로소 명령하여 해골을 묻고 호구를 적에 등록하며, 촌락과 취락을 다스리고 관장을 임명하며, 도로를 개통하고 교량을 건립하며, 제방을 보완하고 보와 저수지를 수리하며, 경작과 잠상(蠶桑)을 부과하고 빈곤하고 모자라는 자들을 진휼하며, 고아와 노인을 봉양하고 당의 사직을 세워 정삭과 종묘의 기휘를 반포하였다. 백제가 크게 기뻐하여 경계에 문을 닫고 각각 그 생업에 안정되었다. 그런 후에 둔전을 수리하여 군량을 쌓고 사졸을 훈련시켜 고구려를 도모하였다. 인원이 수도에 이르자, 황제가 그에게 물었다. "경이 해동에 있으면서 전후로 주청한 것은 모두 틀의 마땅함에 맞으면서도 다시 문리가 있었다. 경은 본래 무인인데 어떻게 이와 같이 할 수 있었는가?" 인원이 말하기를, "이것은 모두 유인궤가 한 것이고, 신이 미칠 바가 아닙니다."라고 하였다. 황제가 기뻐하여 인궤에게 6계를 더하고 정식으로 대방주자사를 제수하였다. 장안(長安)에 저택을 지어주고 그 처자에게 후하게 하사하였으며 사신을 파견하여 새서로 그를 위로하고 권면하였다. 상관의(上官儀)가 말하였다. "유인궤는 삭탈관직되고 쫓겨나게 되었으나 충성을 다할 수 있었고, 유인원은 절제(節制)를 잡아 그 현자를 추천하였으니, 모두 군자라고 할 만하다."(이상 663년 11월 4일) (『資治通鑑』 201 唐紀 17 高宗 中之上)

백제   『자치통감』에 전한다. " (…) 용삭 3년 9월에 (…) 처음에 유인원·유인궤가 이미 진현성에서 이겼을 때, 손인사에게 조서를 내려 병사를 거느리고 바다를 건너 그들을 돕게 하였다(이상 662년 7월).
백제왕 풍이 왜군을 남쪽으로 불러서 당군에 맞섰다(이상 663년 6월). 인사가 인원·인궤와 군대를 합하니, 세력이 크게 떨쳤다(이상 7월17일). 여러 장수가 가림성이 수륙의 요충이라고 여겨 먼저 공격하려고 하였다. 유인궤가 말하기를, "가림성은 험하고 단단하여 급히 공격하면 사졸을 상하고 그것을 누그러뜨리면 시간만 보내며 오래도록 버틴다. 주류성은 적의 소굴이니, 모든 나쁜 놈들이 모인 곳에는 악을 제거하여 근본에 힘써야 하는 것이니, 마땅히 먼저 공격해야 한다. 만약 주류성을 이기면 여러 성이 저절로 함락될 것이다."라고 하였다(이상 8월13일). 이리하여 인사·인원 및 신라왕 법민은 육군을 거느리고 나아가고, 인궤 및 별장 두상·부여융은 수군 및 군량선을 거느리고 웅진에서 백강으로 들어가서, 육군과 만나 함께 주류성으로 향하였다. 왜군을 백강 입구에서 만나서 4번 싸워 모두 이기니, 그 배 400척을 불태워서 연기와 불꽃이 하늘을 밝히고 바닷물이 붉어졌다(이상 9월 8일). 왕 풍이 몸을 빼어 고구려로 도망갔다(이상 8월28일). 왕자 충승·충지 등이 무리를 이끌고 항복하였다. 백제가 모두 평정되었다(이상 9월 7일). 오직 별동대 우두머리 지수신만이 임존성에 근거하여 함락되지 않았다(이상 10월21일). 인궤는 흑치상지·사타상여(沙咤相如)로 하여금 임존성을 공격하게 하여 함락시켰다. 지수신은 처자를 버리고 고구려로 도망갔다. 조서를 내려 유인궤를 남겨 병사를 거느리고 백제를 지키고 손인사·유인원을 불러서 돌아오게 하였다. 백제는 병화의 영향으로 집집마다 시들고 손상되며 쓰러진 시체가 들판에 가득하였다. 인궤가 비로소 명령하여 해골을 묻고 호구를 적에 등록하며, 촌락과 취락을 다스리고 관장을 임명하며, 도로를 개통하고 교량을 건립하며, 제방을 보완하고 보와 저수지를 수리하며, 경작과 잠상을 부과하고 빈곤하고 모자라는 자들을 진휼하며, 고아와 노인을 봉양하고 당의 사직을 세워 정삭과 종묘의 기휘를 반포하였다. 백제가 크게 기뻐하여 경계에 문을 닫고 각각 그 생업에 안정되었다(이상 11월 4일). (『玉海』 191 兵捷露布 3 唐熊津道行軍摠管破百濟)

신라 백제   유독 지수신만이 임존성에 근거하여 함락되지 않았다. 겨울 10월21일부터 공격하였

	으나 이기지 못하였다. (『三國史記』 6 新羅本紀 6)
신라 백제	용삭 3년 계해에 (…) 오직 임존성만 땅이 험하고 성이 단단한 데다가 식량도 많았다. 이런 까닭에 30일이나 공격하였으나 함락시킬 수 없었다. (『三國史記』 42 列傳 2 金庾信 中)
백제	유독 지수신만이 임존성에 근거하였는데, 땅이 험하고 성이 단단한 데다가 식량도 많아서 30일이나 공격하였으나 함락되지 않았다. 피곤하여 병사를 물렸다. (『三國史節要』 10)
백제	오직 별동대 우두머리 지수신만이 임존성에 근거하여 함락되지 않았다. (『資治通鑑』 201 唐紀 17 高宗 中之上)
백제	『자치통감』에 전한다. " (…) 오직 별동대 우두머리 지수신만이 임존성에 근거하여 함락되지 않았다." (『玉海』 191 兵捷露布 3 唐熊津道行軍摠管破百濟)
신라	11월 4일에 이르러 군사를 돌려 설리정(舌利停)[후리정(后利停)이라고도 한다.]에 이르렀다. 공을 논하여 상을 행함에 차등이 있었고 대사하였다. 의상을 제작하여 유진(留鎭)하는 당군에게 지급하였다. (『三國史記』 6 新羅本紀 6)
신라	겨울 11월에 신라왕이 군사를 돌려 설리정에 이르렀다. 대사하고 공을 논하여 상을 행함에 차등이 있었다. 유진하는 당군에게 겨울옷을 보냈다. (『三國史節要』 10)
신라 백제	용삭 3년 계해에 사졸이 지치고 전쟁에 싫증이 났다[疲固厭兵]. 대왕이 말하기를, "지금 비록 1개 성이 함락되지 않았으나, 모든 나머지 성이 모두 항복하였으니 공이 없다고 할 수 없다."라고 하고, 이에 진려(振旅)하고 돌아왔다. (『三國史記』 42 列傳 2 金庾信 中)
백제 신라	이 때에 이르러 모두 항복하였다. 유인궤는 적심(赤心)을 그들에게 보여주어 임존성을 취하여 스스로 본보기가 되게 하고, 곧 갑옷·무기·군량 등을 지급하였다. 손인사가 말하기를, "야심은 믿기 어려우니, 만약 갑옷을 주고 곡식을 구제한다면 노략질을 돕와 편하게 하는 것입니다." 인궤가 말하였다. "내가 상지·상여 두 사람을 보기에 충성스럽고 모략이 있어서 기회를 따라 공을 세울 수 있는데 오히려 어째서 의심하는가?" 두 사람은 마침내 그 성을 취하였다. 지수신은 처자를 맡기고 고구려로 도망가니, 나머지 무리는 모두 평정되었다. 인사 등이 진려하고 돌아오자, 인궤에게 조서를 내려 병사를 거느리고 진수하게 하였다. 병화의 영향으로 집집마다 시들고 손상되며 쓰러진 시체가 잡초가 우거진 것 같았다. 인궤가 비로소 명령하여 해골을 묻고 호구를 적에 등록하며, 촌락과 취락을 다스리고 관장을 임명하며, 도로를 개통하고 교량을 건립하며, 제방을 보완하고 보와 저수지를 수리하며, 농상(農桑)을 부과하고 빈곤하고 모자라는 자들을 진휼하며, 고아와 노인을 봉양하고 당의 사직을 세워 정삭과 종묘의 기휘(忌諱)를 반포하였다. 백성들이 모두 기뻐하여 각각 그 맡은 바에 안정되었다. 황제가 부여융을 웅진도독으로 삼고, 귀국하여 신라와의 옛 원한을 누그러뜨리고 유민들을 불러 돌아오게 하였다. (『三國史記』 28 百濟本紀 6)
백제 고구려	이 때에 이르러 황제가 사자를 파견하여 불러서 깨우치니, 이에 유인궤에게 나아가 항복하였다. 인궤는 적심으로 그들을 대하여 임존성을 취하여 스스로 본보기가 되게 하고, 곧 갑옷·무기·군량 등을 지급하였다. 손인사가 말하기를, "야심은 믿기 어려우니, 만약 갑옷을 주고 곡식을 구제한다면 이것은 노략질을 돕는 것입니다." 인궤가 말하였다. "내가 상지·상여 두 사람을 보기에 충성스럽고 모략이 있어서 기회를 따라 공을 세울 수 있는데 오히려 어째서 의심하는가?" 마침내 그 모략을 이용하여 임존성을 취하였다. 지수신은 처자를 맡기고 고구려로 도망가니, 나머지 무리는 모두 평정되었다. (『三國史節要』 10)

백제 신라　　손인사가 이미 돌아오자, 황제가 조서를 내려 인궤를 남겨 병사를 거느리고 진수하
게 하였다.

백제는 병화의 영향으로 집집마다 시들고 손상되며 쓰러진 시체가 잡초가 우거진
것 같았다. 인궤가 비로소 명령하여 해골을 묻고 호구를 적에 등록하며, 촌락과 취
락을 다스리고 관장을 임명하며, 도로를 개통하고 교량을 건립하며, 제방을 보완하
고 보와 저수지를 수리하며, 농상(農桑)을 부과하고 빈곤하고 모자라는 자들을 진휼
하며, 고아와 노인을 봉양하고 당의 사직을 세워 정삭과 종묘의 기휘를 반포하였다.
백성들이 모두 안도(安堵)하였다.

황제가 부여융을 웅진도독으로 삼고, 그 나라에 돌아가서 신라와의 원한을 풀게 하
였다. (『三國史節要』10)

백제 고구려　이 때에 이르러 그 무리를 이끌고 항복하였다. 유인궤는 은신(恩信)으로 타일러 스
스로 자제를 거느리고 임존성을 취하게 하고, 곧 병기를 나누어 그들을 도우려고 하
였다. 손인사가 말하기를, "사타상여 등은 짐승의 마음이어서 믿기 어려우니, 만약
갑옷과 병장기를 준다면 이것은 도적을 돕는 것입니다." 인궤가 말하였다. "내가 흑
치상지·상여를 보기에 모두 충성스럽고 용감하며 모략이 있어서 은혜에 감동하는 인
재들이다. 나를 따르면 성공하고 나를 배신하면 멸망하며 기회를 따라 공을 세워 이
날에 있으므로, 의심할 필요가 없다." 이리하여 그 군량과 병장기를 지급하고 병사
를 나누어 그를 따르니, 마침내 임존성을 함락시켰다. 지수신은 처자를 버리고 고구
려로 달아나 투신하였다. 이리하여 백제의 나머지 무리들이 모두 평정되니, 손인사
가 유인원과 진려하고 돌아오자, 조서를 내려 인궤를 머무르게 하여 병사를 몰아 진
수하게 하였다.

처음에 백제가 복신의 난을 거쳐서 합한 경역이 시들고 손상되며 쓰러진 시체가 서
로 이어졌다. 인궤가 비로소 명령하여 해골을 거두어 염하고 묻어서 조문하며 제사
지내게 하며, 호구를 수정하여 기록하고 관장을 임명하여 두며, 도로를 개통하고 촌
락을 정리하며, 교량을 건립하고 제방을 보완하며, 보와 저수지를 수리하고 경작과
파종을 권하여 부여하며, 빈곤하고 모자라는 자들을 진대(賑貸)하고 고아와 노인을
존문(存問)하게 하며, 종묘의 기휘(忌諱)를 반포하고 황가의 사직을 세웠다. 백제의
나머지 무리가 다시 생업에 안정되었다. 이리하여 점차 둔전을 경영하여 군량을 쌓
고 군사를 위로하여 고구려를 경략하였다.

인원이 이미 수도에 이르자, 황제가 말하였다. '경이 해동에 있으면서 전후로 주청
한 것은 모두 일의 마땅함에 맞으면서도 우아하게 문리가 있었다. 경은 본래 무장인
데 어떻게 그러한 것을 얻었는가?' 인귀가 대답하기를, '유인궤의 글은 신이 미칠
바가 아닙니다.'라고 하였다. 황제가 깊이 감탄하여 그를 상주고 인궤에게 상례를
뛰어넘어 6계를 더하고 정식으로 대방주자사를 제수하였다. 아울러 수도에 주택 1
구를 하사하고 그 처자에게 후하게 물품을 주었으며 사신을 파견하여 새서로 그를
위로하고 권면하였다.

인궤가 또 표문을 올렸다. "신은 폐하께서 천장(天奬)을 곡수(曲垂)하고 녹용(錄用)
을 기하(棄瑕)하며 그것을 주어 자거(刺擧)함을 입었습니다. 또 연솔(連率)을 더하여
재주는 가벼운데 직은 무거우니, 꾸짖음을 두려워함이 다시 깊어지고 항상 보효(報
効)함을 생각하여 만분의 일이라도 갚기를 바랍니다. 지력(智力)이 얕고 짧아서 엄체
(淹滯)하여 이룬 것이 없는데도 오래도록 해외에 있으면서 매번 정역(征役)에 따라
갔습니다. 군려(軍旅)의 일은 실로 들은 바가 있어서, 갖추어 문서로 작성하여 봉하
여 아뢰니 자세히 살피시기를 엎드려 바랍니다. 신이 현재 병모(兵募)를 보니 손과
발이 침중(沉重)한 자가 많은데, 용건(勇健)하여 분발할 수 있는 자는 적고 겸하여
노약자도 있습니다. 의복은 홑겹이라 추워서 오직 서쪽으로 돌아가기만을 바라니 전

효(展效)할 마음이 없습니다. 신이 듣건대 해서(海西)에 가서 있으면서 백성들이 사람마다 투모(投募)함을 보면 다투어 정벌에 가려고 하지만 곧 관물을 쓰지 않음이 있으니, 옷과 식량을 스스로 갖추고 의로운 정벌에 이름을 던지기를 청하는데, 어찌 오늘날 병모로 인하여 이와 같이 영약(儜弱)한가 하고 모두 신에게 보고하였습니다. 오늘날의 관부(官府)는 예전과 같지 않고 인심 또한 다릅니다. 정관·영휘 연간(627~655)에 동서로 정역하여 몸이 왕의 일에 죽은 자는 모두 칙사가 조제(弔祭)하고 관직을 추증함을 입었고, 또한 돌아가 죽은 자의 관작은 그 자제에게 주었습니다. 현경 5년(660)부터 이후로 정역에서 몸이 죽어도 다시 차문(借問)하지 않으니, 지난번에 요해(遼海)를 건넌 자도 이미 훈관(勳官) 일전(一轉)을 얻었습니다. 현경 5년부터 이후로 자주 바다를 건너는 것을 거쳤으나 기록되지 않았습니다. 주현이 병모를 파견할 때에 인신(人身)이 소장(少壯)하고 집에 전재(錢財)가 있어 관부에 참축(參逐)하는 자는 동서로 숨기고 피하여 모두 곧 빠질 수 있었고, 전재와 참축함이 없는 자는 비록 노약자라고 하더라도 등을 밀어 곧 왔습니다. 현경 5년에 백제를 격파한 공훈 및 평양을 향하여 고전한 공훈은 당시에 군의 장수가 호령하여 모두 고관에게 중한 상을 주었다고 합니다. 백방으로 구모(購募)하여도 씨가 없어서 방법이 없으니, 서쪽 해안에 도달하기에 이르면 오직 가쇄(枷鎖)로 추금(推禁)하여 격파한 공훈을 하사한 것을 빼앗는다고 들었습니다. 주현이 추호(追呼)하여 주(住)를 구하여도 얻지 못하고 공사가 곤폐(困弊)하여 말로 다할 수 없으니, 해서를 출발하는 날에 이미 자해하여 달아나는 자가 있어서 홀로 해외에서 처음 도망간 것이 아닙니다. 또 정역을 하여 훈급을 받게 되면 장차 영총(榮寵)이 되는데, 자주 해마다 정역을 하여 오직 훈관만 취하면 신고(辛苦)를 견만(牽挽)하여 백정(白丁)과 다름이 없으니, 백성이 정벌가는 것을 원하지 않는 것은 특히 여기에서 말미암았습니다. 폐하께서는 병마를 다시 일으켜서 백제를 평정하여 병사를 남겨 지키게 하고 고구려를 경략하였는데, 백성이 이와 같이 논의함이 있으니 공업(功業)을 성취한 것 같습니다. 신은 금슬(琴瑟)이 조화롭지 못하면 고쳐서 다시 장(張)한다고 들었는데, 시화(施化)를 포정(布政)하여 때에 따라 적절함을 취하고 스스로 무겁게 상주고 벌을 분명히 하는 것이 아니면 무엇으로 성공하겠습니까? 신이 또 듣기를, 현재의 병모는 예전에 5년 동안 머물러 지키면서 오히려 지탱하고 구제할 수 있었다고 합니다. 그들이 비로소 1년을 지내고 어찌 이와 같이 단로(單露)함으로 인하여 모두 신도(臣道)를 갖겠습니까? 집을 출발하여 오는 날에 오직 1년의 장속(裝束)만 보내어 만들었는데, 집을 떠나고부터 이미 2년이 지났습니다. 조양(朝陽) 옹진(甕津)에서 또 파견해 와서 군량 운반을 떠났는데, 바다를 건너면서 바람을 만나 표류하고 잃은 것이 많이 있습니다. 신은 현재의 병모가 의상이 단로하여 겨울을 감당하고 건널 수 없음을 조사하여 꾸짖고, 대군이 돌아오는 날에 남은 의상을 지급하여 장차 한 해 겨울에 충사(充事)할 수 있도록 하며 내년 가을 후에 다시 준의(準擬)가 없도록 하였습니다.

폐하께서 만약 고구려를 모조리 멸망시키려고 하신다면, 백제의 땅을 버릴 수 없습니다. 여풍(餘豐)이 북쪽에 있고 여용(餘勇)이 남쪽에 있는데, 백제·고구려는 예전에 서로 당류로 도와주었고 왜인이 비록 멀어도 또한 서로 영향을 주었습니다. 만약 병마가 없으면 다시 한 나라를 이룰 것이니, 이미 진압해야만 합니다. 또 둔전을 두어 일은 병사를 빌어서 마음과 덕을 같게 해야 합니다. 병사가 이미 이 논의가 있으면 교주(膠柱)·인순(因循)할 수 없으니, 모름지기 그 바다를 건넌 관훈(官勳) 및 백제를 평정하고 평양으로 향한 공효(功効)를 돌려주어야 합니다. 이것을 제외하여 다시 서로 포상하고 칙서를 밝혀 위로하여 병모의 마음을 일으켜야 합니다. 만약 오늘날 이전에 포치(布置)한 것에 의거하면, 신은 군사가 로(老)하고 피로하여 성취하는 바가 없을까 두렵습니다.

신이 또 진대(晉代)에 오(吳)를 평정한 것을 보니 사적(史籍)에 갖추어 기재되었는데, 안으로는 무제(武帝)·장화(張華)가 있고 밖으로는 양호(羊祜)·두예(杜預)가 있으며 주모(籌謀)하고 책획(策畫)하여 경위(經緯)하고 자순(諮詢)하였습니다. 왕준(王濬)의 무리가 만리에 절충(折衝)하여 누선(樓船)·전함이 이미 석두(石頭)에 이르렀는데, 가충(賈充)·왕혼(王渾)의 무리는 여전히 장화를 참수하여 천하에 사(謝)하려고 하였습니다. 무제가 답하기를, '오를 평정한 계책은 짐의 뜻에서 나온 것이고, 장화는 짐의 견해와 같을 뿐이니 그 본심이 아니다.'라고 하였으니, 옳고 그름이 같지 않고 어그러지고 어지러움이 이와 같았습니다. 오를 평정한 후에도 여전히 왕준을 괴롭히고 묶으려고 하였으나, 무제의 옹호에 의지하여 비로소 보전할 수 있었습니다. 무제의 성명(聖明)을 만나지 못했다면 왕준은 머리와 목을 보존할 수 없었을 것입니다. 신이 그 책을 읽을 때마다 일찍이 마음을 어루만지며 길게 탄식하지 않은 적이 없었습니다. 엎드려 생각하건대 폐하께서 이미 백제를 얻고 나서 고구려를 취하려고 하면 모름지기 안팎이 마음을 같이 해야 합니다. 상하가 나란히 떨치고 들어서 남은 책략이 없으면 비로소 성공할 수 있습니다. 백성이 이미 이 논의가 있으면 다시 마땅히 개조(改調)해야 합니다. 신은 이것이 귀를 거슬리는 일이어서 아무도 폐하를 위하여 다 말하지 않고, 스스로 늙음과 병이 나날이 침(侵)하여 남은 생이 얼마 되지 않음을 돌아보니 갑자기 장서(長逝)하여 구천에서 한을 품을까 두렵습니다. 그런 까닭에 간담(肝膽)을 피로(披露)하여 매사(昧死)에 보고하여 아룁니다."

황제가 그 말을 깊이 받아들였다. 또 유인원을 파견하여 병사를 이끌고 바다를 건너 옛 진병(鎭兵)과 교대하게 하였다. 이어서 부여융에게 웅진도독을 제수하고 파견하여 그 나머지 무리를 불러 모으게 하였다. 부여용(扶餘勇)이라는 자는 부여융의 아우인데 이때 도망가서 왜국에 있으면서 부여풍(扶餘豐)에 호응하였다. 그래서 인궤가 표문으로 그것을 말한 것이다.

이리하여 인궤는 바다를 건너 서쪽으로 돌아왔다. 처음에 인궤가 장차 대방주로 출발하려 할 때 사람들에게 말하기를, "하늘이 장차 이 늙은이를 부귀하게 하려는구나!"라고 하였다. 주사(州司)에 역일(曆日) 1권과 7가지 피휘를 청하였다. 사람들이 그 까닭을 괴이하게 여기자 답하기를, "요해(遼海)를 삭평(削平)하는 것을 헤아리건대, 나라의 정삭을 반포하여 이적의 풍속이 존중하고 받들게 할 것이다."라고 하였다. 이 때에 이르러 모두 그 말과 같았다. (『舊唐書』 84 列傳 34 劉仁軌)

백제 신라   손인사가 유인원 등과 진려하고 돌아왔다. 유인궤에게 조서를 내려 인원을 대신하여 병사를 이끌고 진수하게 하였다. 이에 부여융에게 웅진도독을 제수하고 본국에 파견해 돌려보내니, 신라와 함께 화친하여 그 나머지 무리를 불러 모으게 하였다. (『舊唐書』 199上 列傳 149上 東夷 百濟)

백제 고구려 신라
    이 때에 이르러 모두 항복하였다. 유인궤는 적심을 그들에게 보여주어 임존성을 취하여 스스로 본보기가 되게 하고, 곧 갑옷·무기·군량 등을 지급하였다. 손인사가 말하기를, "이적의 야심은 믿기 어려우니, 만약 갑옷을 주고 곡식을 구제한다면 노략질을 돕와 편하게 하는 것입니다." 인궤가 말하였다. "내가 상지·상여 두 사람을 보기에 충성스럽고 모략이 있어서 기회를 따라 공을 세울 수 있는데 오히려 어째서 의심하는가?" 두 사람은 마침내 그 성을 함락시켰다. 지수신은 처자를 맡기고 고구려로 도망가니, 백제의 나머지 무리는 모두 평정되었다. 인사 등이 진려하고 돌아오자, 조서를 내려 인궤를 남겨 병사를 거느리고 진수하게 하였다.

백제가 다시 난을 당하여 쓰러진 시체가 잡초가 우거진 것 같았다. 인궤가 비로소 명령하여 시체를 묻어서 조문하고 제사지내게 하며, 호적을 수정하여 회복하고 관리를 임명하며, 도로를 개통하고 취락을 경영하며, 제방을 수리하고 빈곤하고 모자라는 자들을 진대하며, 경작과 파종을 권하여 부과하고 관청과 사직을 세웠다. 백성들이 모두 그 맡은 바에 안정되었다. 마침내 둔전을 경영하여 고구려를 경략하였다. 인원이 수도에 이르자, 황제가 위로하며 말하였다. "그대가 본래 무장인데, 군중에서 주청한 것은 모두 문리가 있었다. 무슨 방법으로 그러한 것인가?" 인원이 대답하기를, "인궤의 글은 신이 할 수 있는 바가 아닙니다."라고 하였다. 황제가 감탄하여 그를 상주고 인궤에게 상례를 뛰어넘어 6계를 승진시켜 진짜로 대방주자사에 임명하였다. 저택 1구를 하사하고 처자에게 후하게 물품을 주었으며 새서로 그를 포상하고 권면하였다.

이보다 앞서 정관·영휘 연간(627~655)에 군사로서 전사한 자는 모두 칙사가 조제하고 혹은 관작을 추증하여 자제에게 미루어 주었다. 현경 연간(656~660) 이후에는 토벌에 대한 은상이 거의 끊어져서 백제·평양을 격파하게 되자 공이 있는 자는 모두 견서(甄敍)하지 않았다. 주현이 구모하더라도 가기를 바라지 않으니, 몸이 장건하고 집이 부유한 자는 재산으로 참축하여 대체로 피하고 면할 수 있었고 모집된 자는 모두 영열(儜劣)하고 한비(寒憊)하여 싸울 뜻이 없었다. 인궤가 그 폐단을 갖추어 논하고, 위로와 하사를 더하여 병사의 마음을 고무시킬 것을 청하였다. 또 표문을 올려 부여융을 이용하여 나머지 무리를 수정(綏定)하게 하였다. 황제가 이에 융을 웅진도독으로 삼았다.

이때에 유인원이 비열도총관(卑列道總管)이 되자, 조서를 내려 병사를 이끌고 바다를 건너서 옛 병사를 대신하여 주둔하고 인궤와 함께 돌아오게 하였다. 인궤가 말하였다. "황제가 방악(方岳)을 순수(巡狩)하고 또 고구려를 경략하였는데, 바야흐로 농사철이어서 이(吏)와 병사가 모두 교대되어야 한다. 새로 도착한 자는 익숙하지 않으니 만일 만이가 변을 일으킨다면 누가 더불어 그것을 막겠는가? 옛 병사를 남겨서 수확을 마치는 것만 같지 못하다. 등급은 돌려보내고 인궤는 마땅히 남아야 하니 아직 떠날 수 없다." 인원이 안된다고 하며 말하기를, "나는 다만 조서를 준(準)하는 것만 알 뿐이다." 인궤가 말하였다. "그렇지 않다. 진실로 국가에 이익이라면 하지 않음이 없음을 아는 것이 신하의 절(節)이다." 인하여 편의를 진술하며 남아서 주둔하기를 바라니, 좋다고 조서를 내렸다. 이로 말미암아 인원을 충성스럽지 못하다고 여겼다.

처음에 인궤가 대방주에 임명되었을 때 사람들에게 말하기를, "하늘이 장차 이 늙은이를 부귀하게 하려는구나!"라고 하였다. 이에 반포된 달력과 종묘의 기휘를 청하였다. 혹자가 그 까닭을 묻자 답하기를, "마땅히 요해를 삭평하여 본조(本朝)의 정삭을 반포할 것이다."라고 하였다. 마침내 모두 말과 같았다. (『新唐書』108 列傳 33 劉仁軌)

백제 신라 유인원이 군대를 몰아 돌오아고 유인궤를 남겨 대신 지키게 하였다.
황제는 부여융을 웅진도독으로 삼고 귀국하여 신라와의 옛 원한을 누그러뜨리며 유민을 불러 돌아오게 하였다. (『新唐書』220 列傳 145 東夷 百濟)

백제 고구려 백제가 이미 패하고 나서 모두 그 무리를 이끌고 항복하였다. 유인궤는 상지·상여로 하여금 스스로 그 무리를 거느리고 임존성을 취하게 하였고, 이어서 군량과 무기로 그들을 도왔다. 손인사가 말하기를, "이 무리들은 짐승 같은 마음을 갖고 있는데, 어떻게 믿을 수 있습니까?"라고 하였다. 인궤가 말하였다. "내가 두 사람을 보기에 모두 충성스럽고 용맹하며 모략이 있어서 신의가 두텁고 의리를 중시한다. 다만 지난 번에 의탁한 바는 아직 그 사람을 얻지 못하였을 뿐이다. 지금 바로 그들이 감격하여 본보기를 세울 때이니, 쓰고 의심하지 않는다." 마침내 그 군량과 무기를 지급하고 병사를 나누어 그들을 따르게 하여, 임존성을 공격하여 함락시켰다. 지수신은 처자를 버리고 고구려로 도망갔다.　　　　조서를 내려 유인궤는 병사를 거느리고 백제를 지키고 손인사·유인원을 불러서 돌아오게 하였다.

백제는 병화의 영향으로 집집마다 시들고 손상되며 쓰러진 시체가 들판에 가득하였다. 인궤가 비로소 명령하여 해골을 묻고 호구를 적에 등록하며, 촌락과 취락을 다스리고 관장을 임명하며, 도로를 개통하고 교량을 건립하며, 제방을 보완하고 보와 저수지를 수리하며, 경작과 잠상을 부과하고 빈곤하고 모자라는 자들을 진휼하며, 고아와 노인을 봉양하고 당의 사직을 세워 정삭과 종묘의 기휘를 반포하였다. 백제가 크게 기뻐하여 경계에 문을 닫고 각각 그 생업에 안정되었다. 그런 후에 둔전을 수리하여 군량을 쌓고 사졸을 훈련시켜 고구려를 도모하였다.

유인원이 수도에 이르자, 황제가 그에게 물었다. "경이 해동에 있으면서 전후로 주청한 것은 모두 틀의 마땅함에 맞으면서도 다시 문리가 있었다. 경은 본래 무인인데 어떻게 이와 같이 할 수 있었는가?" 인원이 말하기를, "이것은 모두 유인궤가 한 것이고, 신이 미칠 바가 아닙니다."라고 하였다. 황제가 기뻐하여 인궤에게 6계를 더하고 정식으로 대방주자사를 제수하였다. 장안에 저택을 지어주고 그 처자에게 후하게 하사하였으며 사신을 파견하여 새서로 그를 위로하고 권면하였다. 상관의가 말하였다. "유인궤는 삭탈관직되고 쫓겨나게 되었으나 충성을 다할 수 있었고, 유인원은 절제를 잡아 그 현자를 추천하였으니, 모두 군자라고 할 만하다."(『資治通鑑』201 唐紀 17 高宗 中之上)

백제 『자치통감』에 전한다. "(…) 유인궤는 흑치상지·사타상여로 하여금 임존성을 공격하게 하여 함락시켰다. 지수신은 처자를 버리고 고구려로 도망갔다. 조서를 내려 유인궤를 남겨 병사를 거느리고 백제를 지키고 손인사·유인원을 불러서 돌아오게 하였다.

백제는 병화의 영향으로 집집마다 시들고 손상되며 쓰러진 시체가 들판에 가득하였다. 인궤가 비로소 명령하여 해골을 묻고 호구를 적에 등록하며, 촌락과 취락을 다스리고 관장을 임명하며, 도로를 개통하고 교량을 건립하며, 제방을 보완하고 보와 저수지를 수리하며, 경작과 잠상을 부과하고 빈곤하고 모자라는 자들을 진휼하며, 고아와 노인을 봉양하고 당의 사직을 세워 정삭과 종묘의 기휘를 반포하였다. 백제가 크게 기뻐하여 경계에 문을 닫고 각각 그 생업에 안정되었다."(『玉海』191 兵 捷露布 3 唐熊津道行軍摠管破百濟)

백제 고구려 신은 폐하께서 천장을 곡수하고 녹용을 기하며 그것을 주어 자거함을 입었습니다. 또 연솔(連帥)을 더하여 재주는 가벼운데 직은 무거우니, 꾸짖음을 두려워함이 다시 깊어지고 항상 보효함을 생각하여 만분의 일이라도 갚기를 바랍니다. 지력이 얕고 짧아서 엄체하여 이룬 것이 없는데도 오래도록 해외에 있으면서 매번 정역에 따라 갔습니다. 군려의 일은 실로 들은 바가 있어서, 문득 갖추어 문서로 작성하여 봉하여 아뢰니 자세히 살피시기를 엎드려 청합니다. 신이 현재 병사를 보니 손과 발이 침중한 자가 많은데, 용건하여 분발할 수 있는 자는 적고 겸하여 노약자도 있습니다. 의복은 홑겹이라 추워서 오직 서쪽으로 돌아가기만을 바라니 전효할 마음이 없습니다. 신이 인하여 해서에 가서 듣기를, 백성들이 사람마다 투모함을 보면 다투어 정벌에 가려고 하지만 곧 관물을 쓰지 않음이 있으니, 옷과 식량을 스스로 갖추고 의로운 정벌에 이름을 던지기를 청하는데, 어찌 오늘날 병사로 인하여 이와 같이 영약한가 하고 모두 신에게 보고하였습니다. 오늘날의 관부는 예전과 같지 않고 인심 또한 다릅니다. 정관·영휘 연간(627~655)에 동서로 정역하여 몸이 왕의 일에 죽은 자는 모두 칙사가 조제하고 관직을 추증함을 입었고, 또한 돌아가 죽은 자의 관작은 그 자제에게 주었습니다. 현경 5년(660)부터 이후로 정역에서 몸이 죽어도 다시 석문(惜問)하지 않으니, 지난번에 요해를 건넌 자도 이미 훈관 일전을 얻었습니다. 현경 5년부터 이후로 자주 바다를 건너는 것을 거쳤으나 기록되지 않았습니다. 주현이 백성으로 병사에 충당된 자를 파견할 때에 그 몸이 소장하고 집에 전재가 있어 관부에 뇌물을 주는 자는 스스로 동서로 숨기고 피하는 것을 맡겨서 모두 곧 빠질 수 있었고, 전용(錢用)이 없는 자는 비록 노약자라고 하더라도 밀어서 모두 오게 하였습니다. 현경 5년에 백제를 격파한 공훈 및 평양 북쪽 입구를 향하여 싸운 공훈은 당시에 군의 장수가 호령하여 모두 고관에게 중한 상을 주었다고 합니다. 백방으로 구모하여도 씨가 없어서 방법이 없으니, 서쪽 해안에 도달하기에 이르면 오직 가쇄로 추금하여 격파한 공훈을 하사한 것을 빼앗는다고 들었습니다. 주현이 추호하여 주를 구하여도 얻지 못하고 공사가 곤폐하여 말로 다할 수 없으니, 해서를 출발하는 날에 이미 자해하여 달아나는 자가 있어서 홀로 해외에서 처음 도망간 것이 아닙니다. 또 본래 정역을 하여 훈급을 받게 되면 장차 영총이 되는데, 자주 해마다 정역을 하여 오직 훈관만 취하면 신고를 견만하여 백정과 다름이 없으니, 백성이 정벌가는 것을 원하지 않는 것은 특히 여기에서 말미암았습니다. 폐하께서는 병마를 다시 일으켜서 백제를 평정하여 해외에 병사를 남기고 고구려를 경략하였는데, 백성이 이와 같이 논의함이 있으니 공업을 성취하기 어렵습니다. 신은 금슬이 조화롭지 못하면 고쳐서 다시 장한다고 들었는데, 시화를 포정하여 때에 따라 적절함을 취하고 스스로 무겁게 상주고 벌을 분명히 하는 것이 아니면 무엇으로 성공하겠습니까? 신이 또 듣기를, 현재의 병사는 예전에 5년 동안 머물러 지키면서 오히려 지탱하고 구제할 수 있었다고 합니다. 그들이 비로소 1년을 지내고 어찌 이와 같이 단로함으로 인하여 모두 신도를 갚겠습니까? 집을 출발하여 오는 날에 오직 1년의 장속만 보내어 만들었는데, 집을 떠나고부터 이미 2년이 지났습니다. 조양 옹진(瓮津)에서 또 파견해 와서 군량 운반을 떠났는데, 바다를 건너면서 바람을 만나 표류하고 잃은 것이 많이 있습니다. 신은 현재의 병사가 의상이 단로하여 겨울을 감당하고 건널 수 없음을 조사하여 꾸짖고, 대군이 돌아오는 날에 남은 의상을 지급하여 장차 한 해 겨울에 충사할 수 있도록 하며 내년 가을 후에 다시 준의가 없도록 하였습니다.

폐하께서 만약 고구려를 모조리 멸망시키려고 하신다면, 백제의 땅을 버릴 수 없습니다. 여풍이 북쪽에 있고 여용이 남쪽에 있는데, 백제·고구려는 예전에 서로 당류로 도와주었고 왜인이 비록 멀어도 또한 서로 영향을 주었습니다. 만약 병마가 없으면 다시 한 나라를 이룰 것이니, 이미 진압해야만 합니다. 또 둔전을 두어 일은 병사를 빌어서 마음과 덕을 같게 해야 합니다. 병사가 이미 이 논의가 있으면 교주·인순할 수 없으니, 모름지기 그 바다를 건넌 관훈 및 백제를 평정하고 평양으로 향한 공효를 돌려주어야 합니다. 이것을 제외하여 다시 모름지기 포상하고 칙서를 밝혀 위로하여 병사의 마음을 일으켜야 합니다. 만약 오늘날 이전에 처치한 것에 의거하면, 신은 군사가 로하고 피로하여 성취하는 바가 없을까 두렵습니다.

신이 또 진대에 오를 평정한 것을 보니 사적에 갖추어 기재되었는데, 안으로는 무제·장화가 있고 밖으로는 양호·두예가 있으며 주모하고 책획하여 경위하고 자순하였습니다. 왕준의 무리가 만리에 절충하여 누선·전함이 이미 석두에 이르렀는데, 가충·왕혼의 무리는 여전히 장화를 참수하여 천하에 사하려고 하였습니다. 무제가 답하기를, '오를 평정한 계책은 짐의 뜻에서 나온 것이고, 장화는 짐의 견해와 같을 뿐이니 그 본심이 아니다.'라고 하였으니, 옳고 그름이 같지 않고 어그러지고 등돌림이 이와 같았습니다. 오를 평정한 후에도 여전히 왕준을 괴롭히고 묶으려고 하였으나, 무제의 옹호에 의지하여 비로소 보전할 수 있었습니다. 무제의 성명을 만나지 못했다면 왕준은 머리와 목을 보존할 수 없었을 것입니다. 신이 그 책을 읽을 때마다 일찍이 마음을 어루만지며 길게 탄식하지 않은 적이 없었습니다. 엎드려 생각하건대 폐하께서 이미 백제를 얻고 나서 고구려를 취하려고 하면 모름지기 안팎이 마음을 같이 해야 합니다. 상하가 나란히 떨치고 들어서 남은 책략이 없으면 비로소 성공할 수 있습니다. 백성이 이미 이 논의가 있으면 다시 마땅히 개조해야 합니다. 신은 이 것이 귀를 거슬리는 일이어서 아무도 폐하를 위하여 진언하지 않고, 스스로 늙음과 병이 나날이 침하여 남은 생이 얼마 되지 않음을 돌아보니 갑자기 장서하여 구천에 서 한을 품을까 두렵습니다. 그런 까닭에 간담을 피로하여 매사에 아룁니다. (『全唐文』 158 劉仁軌 陳破百濟軍事表)

신라　　　겨울 11월20일에 수도에 이르렀다. 김유신에게 밭 500결을 하사하였다. 그 나머지 장졸들에게 상을 하사함에 차등이 있었다. (『三國史記』 42 列傳 2 金庾信 中)

신라　　　겨울 11월에 (…) 그 수도에 이르러, 김유신에게 밭 500결을 하사하였다. (『三國史 節要』 10)

백제 고구려　겨울 11월에 (…) 처음에 소정방이 백제를 토벌하여 평정하자, 달솔 겸 풍달군장 흑 치상지는 부하를 이끌고 항복하였다. 정방이 의자를 가두고 병사를 풀어 크게 약탈 하자, 상지가 두려워하여 측근 10여 명과 도망쳐 떠나서 도망간 무리를 불러 모으 고 임존산에 의거하여 스스로 굳건히 하였다. 10일이 지나지 않아 귀의하는 자가 3 만 명이나 되었다. 정방이 병사를 파견하여 그를 공격하자, 상지가 맞서 싸워 그들 을 패배시켰다. 마침내 다시 200여 성을 취하였고 정방은 이길 수 없었다. 상지는 별부장 사타상여와 험한 곳에 의거하여 복신에게 응하였다(이상 660년).
　　　　　이 때에 이르러 황제가 사자를 파견하여 불러서 깨우치니, 이에 유인궤에게 나아가 항복하였다. 인궤는 적심으로 그들을 대하여 임존성을 취하여 스스로 본보기가 되게 하고, 곧 갑옷·무기·군량 등을 지급하였다. 손인사가 말하기를, "야심은 믿기 어려우 니, 만약 갑옷을 주고 곡식을 구제한다면 이것은 노략질을 돕는 것입니다." 인궤가 말하였다. "내가 상지·상여 두 사람을 보기에 충성스럽고 모략이 있어서 기회를 따 라 공을 세울 수 있는데 오히려 어째서 의심하는가?" 마침내 그 모략을 이용하여 임존성을 취하였다. 지수신은 처자를 맡기고 고구려로 도망가니, 나머지 무리는 모 두 평정되었다(이상 663년 11월 4일).
　　　　　흑치상지는 백제의 서부 사람이다. 키가 7척 남짓인데 날래고 굳세며 모략이 있었 다. 당에 들어가 좌령군원외장군·양주자사가 되었다.
　　　　　여러 번 정벌에 따라가 공을 쌓으니, 작을 제수받고 수등(殊等)을 상받았다. 오래 지 나서 연연도대총관(燕然道大摠管)이 되어 이다조(李多祚) 등과 돌궐(突厥)을 공격하 여 격파하였다. 좌감문위중랑장(左監門衛中郞將) 보벽(寶璧)이 다 추격하여 공로를 맞이하고자 하였는데, 조서를 내려 상지와 함께 토벌하라고 하였다. 보벽이 홀로 나 아가 적에게 뒤집히니 모든 군대가 무너졌다. 보벽의 아래 군리가 주살되자, 상지는 연좌되어 공이 없었다. 때마침 주흥(周興) 등이 그와 응양장군(鷹揚將軍) 조회절(趙 懷節)이 반란한다고 무고하자, 잡아 매달아서 조서를 내려 옥에 가두니, 환(繯)을 던 져 죽었다. 상지는 어하(御下)에 은덕이 있어 타는 말이 병사에게 책찍질당하였다. 혹자가 그를 죄주라고 청하자 답하기를, "어째서 갑자기 내 말로 관병을 채찍질하겠 는가?"라고 하였다. 전후에 상이나 하사받은 것들은 휘하에 나누어주고 남은 재물이 없었다. 그가 죽자 사람들이 모두 그 억울함을 슬퍼하였다. (『三國史節要』 10)

신라　　　선부(船府)는 (…) 경(卿)이 2인인데, 문무왕 3년에 설치되었다. (『三國史記』 38 雜 志 7 職官 上)

신라　　　신라가 선부경(船府卿)을 설치하였다. (『三國史節要』 10)

백제　　　용삭 3년에 고종이 사신을 파견해 그를 불러 깨우쳤다. 흑치상지가 그 무리를 다 이끌고 항복하였고, 여러 번 관직을 옮겨 좌령군원외장군(左領軍員外將軍)이 되었다. (『舊唐書』109 列傳 59 黑齒常之)

백제   당 고종 용삭 3년에 백제 서부 사람 흑치상지가 와서 항복하였다. 상지는 키가 7척 남짓인데 굳세며 모략이 있었다. (『册府元龜』997 外臣部 42 狀貌)

백제   용삭 연간(661~663)에 고종이 사신을 파견해 불러 깨우쳤다. 이에 유인궤에게 나아가 항복하고, 당에 들어가 좌령군원외장군·양주자사(洋州刺史)가 되었다. (『三國史記』44 列傳 4 黑齒常之)

백제   용삭 연간(661~663)에 고종이 사신을 파견해 불러 깨우쳤다. 이에 유인궤에게 나아가 항복하고, 여러 번 관직을 옮겨 좌령군원외장군·양주자사가 되었다. (『新唐書』110 列傳 35 諸夷蕃將 黑齒常之)

백제   흑치상지는 백제의 서부 사람이다. 키가 7척 남짓인데 날래고 굳세며 모략이 있었다. 당에 들어가 좌령군원외장군·양주자사가 되었다.
여러 번 정벌에 따라가 공을 쌓으니, 작을 제수받고 수등을 상받았다. 오래 지나서 연연도대총관이 되어 이다조 등과 돌궐을 공격하여 격파하였다. 좌감문위중랑장 보벽이 다 추격하여 공로를 맞이하고자 하였는데, 조서를 내려 상지와 함께 토벌하라고 하였다. 보벽이 홀로 나아가 적에게 뒤집히니 모든 군대가 무너졌다. 보벽의 아래 군리가 주살되자, 상지는 연좌되어 공이 없었다. 때마침 주흥 등이 그와 응양장군 조회절이 반란한다고 무고하자, 잡아 매달아서 조서를 내려 옥에 가두니, 환을 던져 죽었다. 상지는 어하(御下)에 은덕이 있어 타는 말이 병사에게 책찍질당하였다. 혹자가 그를 죄주라고 청하자 답하기를, "어째서 갑자기 내 말로 관병을 채찍질하겠는가?"라고 하였다. 전후에 상이나 하사받은 것들은 휘하에 나누어주고 남은 재물이 없었다. 그가 죽자 사람들이 모두 그 억울함을 슬퍼하였다. (『三國史節要』10)

고구려   용삭 3년에 고종이 장차 고구려를 정벌하려고 하자, 이군구(李君球)가 상소하여 간언하였다. "신이 듣건대 마음의 병이라는 것은 소리를 늦출 수 없고 일의 급함이라는 것은 말을 안정시킬 수 없으며 성품의 자애로움이라는 것은 정을 감출 수 없다고 하였습니다. 또 군주의 녹을 먹는 자는 군주의 일에 죽는 것인데, 지금 신은 폐하의 녹을 먹고 있으니 어찌 감히 몸을 아끼겠습니까?   신이 듣건대 『사마법(司馬法)』에 전하기를, '나라가 비록 크더라도 전쟁을 좋아하면 반드시 망하고 천하가 비록 평화롭더라도 전쟁을 잊으면 반드시 위태롭다.'고 하였습니다. 병사라는 것은 흉기이고 전쟁이라는 것은 위험한 일이므로 성주(聖主)·명왕(明王)이 그것을 무겁게 행하였으니, 인력이 다함을 아끼고 부고(府庫)가 비는 것을 염려하며 사직의 위태로움을 두려워하고 중국의 근심을 생기게 하였기 때문입니다. 그러므로 옛 사람이 말하기를, '덕을 넓히기에 힘쓰는 자는 창성하고 땅을 넓히기에 힘쓰는 자는 망한다.'고 하였습니다. 옛날에 진시황(秦始皇)이 전쟁을 좋아하여 그치지 않았으나 나라를 잃기에 이르렀으니 이는 그 내부를 아끼지 않고 그 외부에 힘쓴 까닭입니다. 한(漢) 무제(武帝)가 멀리 삭방(朔方)을 토벌하여 만리에 미치고 남해(南海)를 넓게 개척하여 나누어서 8군(郡)으로 삼았으나, 끝내 호구는 반으로 줄고 국가재정은 비었으며 말년에 이르러서는 바야흐로 애통해하는 조서를 드리워서 스스로 그 실책을 후회하였습니다. 저 고구려라는 자는 벽측(辟側)한 소추(小醜)로 산과 바다 사이에 몰래 숨어서, 그 사람을 얻어도 성화(聖化)를 밝히기에 부족하고 그 땅을 버려도 천위(天威)를 손상시키기에 부족합니다. 어찌 중국의 사람들을 피로하게 하고 부고의 채운 것을 기울여서 남자로 하여금 밭갈고 김맬 수 없게 하고 여자로 하여금 누에 치고 베짤 수 없게 하는 지경에 이르게 합니까? 폐하는 사람의 부모가 되어서 불쌍히 여기는 마음을 드리우지 않고 그 유한한 재화를 기울여 쓸모없는 땅에 탐욕을 부리니, 설령 고구려가 이미 멸망하고 나더라도 곧 병사를 징발하여 지키지 않을 수 없을 것입니다. 적게 징발하면 병위(兵威)가 부족할 것이고 많이 징발하면 곧 인심이 불안해질 것이니, 이는 곧 옮겨다니며 지키는 것에 피로하고 만성(萬姓)이 삶을 즐김이 없는 것이어서 만성이 삶을 즐김이 없으면 곧 천하가 패배할 것입니다. 천하가 이미 패배하고 나서 곧 폐하는 무엇으로 스스로 안정되실 것입니까? 그러므로 신은 그들을 정벌하는 것이 정벌하지 않는 것만 같지 못하고 멸망시키는 것이 멸망시키지 않는 것만 같지 못하다고 여기는 것입니다." 편지로 아뢰었으나 받아들이지 않았다. (『舊唐書』185上 列傳 135上 良吏 上 李君球)

고구려 　신이 듣건대 마음의 아픔['병'이라고도 한다.]이라는 것은 소리를 늦출 수 없고 일의 급함이라는 것은 말을 안정시킬 수 없으며 성품의 충성스러움['자애로움'이라고도 한다.]이라는 것은 정을 감출 수 없다고 하였습니다. 또 군주의 녹을 먹는 자는 군주의 일에 죽는 것인데, 지금 신은 폐하의 녹을 먹고 있으니 어찌 감히 몸을 아끼겠습니까? 신이 듣건대 『사마법』에 전하기를, '나라가 비록 크더라도 전쟁을 좋아하면 반드시 망하고 천하가 비록 평화롭더라도['안정되더라도'라고도 한다.] 전쟁을 잊으면 반드시 위태롭다.'고 하였습니다. 병사라는 것은 흉기이고 전쟁이라는 것은 위험한 일이므로 성주·명왕이 그것을 무겁게 행하였으니, 인력이 다함을 걱정하고 부고가 비는 것을 염려하며 사직의 위태로움을 두려워하고 중국의 근심을 생기게 하였기 때문입니다. 그러므로 옛 사람이 말하기를, '덕을 넓히기에 힘쓰는 자는 창성하고 땅을 넓히기에 힘쓰는 자는 망한다.'고 하였습니다. 옛날에 진시황이 전쟁을 좋아하여 그치지 않았으나 나라를 잃기에 이르렀으니 이는 그 내부를 아끼지 않고 그 외부에 힘쓴 까닭입니다. 한 무제가 멀리 삭방을 토벌하여 만리에 미치고 남해를 넓게 개척하여 나누어서 8군으로 삼았으나, 끝내 호구는 반으로 줄고 국가재정은 비었으며 말년에 이르러서는 바야흐로 애통해하는 조서를 드리워서 스스로 그 실책을 후회하였습니다. 저 고구려라는 자는 하황(遐荒)의['벽측(僻側)한'이라고도 한다.] 소추로 산과 바다 사이에 몰래 숨어서, 그 사람을 얻어도 성화를 밝히기에 부족하고 그 땅을 버려도 천위를 손상시키기에 부족합니다. 어찌 중국의 사람들을 피로하게 하고 부고의 채운 것을 기울여서 남자로 하여금 밭갈고 김맬 수 없게 하고 여자로 하여금 누에치고 베짤 수 없게 하는 지경에 이르게 합니까? 폐하는 사람의 부모가 되어서 불쌍히 여기는 마음을 드리우지 않고 부고의['그'라고도 한다.] 유한한 재화를 기울여 그 쓸모없는 땅을 탐하니['쓸모없는 땅에 탐욕을 부리니'라고도 한다.], 설령 고구려가 이미 멸망하고 나더라도 곧 병사를 징발하여 지키지 않을 수 없을 것입니다. 적게 징발하면 병위가 부족할 것이고 많이 징발하면 인심이 불안해질 것이니, 이는 곧 옮겨다니며 지키는 것에 피로하고 만성이 삶을 즐김이 없는 것이어서 만성이 원망하면['삶을 즐김이 없으면'이라고도 한다.] 곧 천하가 패배할 것입니다. 천하가 이미 패배하고 나서 곧 폐하는 무엇으로 스스로 안정되실 것입니까? 그러므로 신은 그들을 정벌하는 것이 정벌하지 않는 것만 같지 못하고 멸망시키는 것이 멸망시키지 않는 것만 같지 못하다고 여기는 것입니다. (『文苑英華』694 疏 1 封建 李君球 諫高宗將伐高麗疏)

고구려 　신이 듣건대 마음의 아픔이라는 것은 소리를 늦출 수 없고 일의 급함이라는 것은 말을 안정시킬 수 없으며 성품의 충성스러움이라는 것은 정을 감출 수 없다고 하였습니다. 또 군주의 녹을 먹는 자는 군주의 일에 죽는 것인데, 지금 신은 폐하의 녹을 먹고 있으니 어찌 감히 몸을 아끼겠습니까? 신이 듣건대 『사마법』에 전하기를, '나라가 비록 크더라도 전쟁을 좋아하면 반드시 망하고 천하가 비록 평화롭더라도 전쟁을 잊으면 반드시 위태롭다.'고 하였습니다. 병사라는 것은 흉기이고 전쟁이라는 것은 위험한 일이므로 성주·명왕이 그것을 무겁게 행하였으니, 인력이 다함을 걱정하고 부고가 비는 것을 염려하며 사직의 위태로움을 두려워하고 중국의 근심을 생기게 하였기 때문입니다. 그러므로 옛 사람이 말하기를, '덕을 넓히기에 힘쓰는 자는 창성하고 땅을 넓히기에 힘쓰는 자는 망한다.'고 하였습니다. 옛날에 진시황이 전쟁을 좋아하여 그치지 않았으나 나라를 잃기에 이르렀으니 이는 그 내부를 아끼지 않고 그 외부에 힘쓴 까닭입니다. 한 무제가 멀리 삭방을 토벌하여 만리에 미치고 남해를 넓게 개척하여 나누어서 8군으로 삼았으나, 끝내 호구는 반으로 줄고 국가재정은 비었으며 말년에 이르러서는 바야흐로 애통해하는 조서를 드리워서 스스로 그 실책을 후회하였습니다. 저 고구려라는 자는 하황의 소추로 산과 바다 사이에 몰래 숨어서, 그 사람을 얻어도 성화를 밝히기에 부족하고 그 땅을 버려도 천위를 손상시키기에 부족합니다. 어찌 중국의 사람들을 피로하게 하고 부고의 채운 것을 기울여서 남자로 하여금 밭갈고 김맬 수 없게 하고 여자로 하여금 누에치고 베짤 수 없게 하는 지경에 이르게 합니까?

폐하는 사람의 부모가 되어서 불쌍히 여기는 마음을 드리우지 않고 부고의 유한한 재화를 기울여 그 쓸모없는 땅을 탐하니, 설령 고구려가 이미 멸망하고 나더라도 곧 병사를 징발하여 지키지 않을 수 없을 것입니다. 적게 징발하면 병위가 부족할 것이고 많이 징발하면 인심이 불안해질 것이니, 이는 곧 옮겨다니며 지키는 것에 피로하고 만성이 삶을 즐김이 없는 것이어서 만성이 원망하면 곧 천하가 패배할 것입니다. 천하가 이미 패배하고 나서 곧 폐하는 무엇으로 스스로 안정되실 것입니까? 그러므로 신은 그들을 정벌하는 것이 정벌하지 않는 것만 같지 못하고 멸망시키는 것이 멸망시키지 않는 것만 같지 못하다고 여기는 것입니다. (『全唐文』 159 李君球 諫高宗將伐高麗疏)

백제 고구려 신라

용삭 3년에 대방주자사(帶方州刺史)가 되어 웅진도행군총관·우위위장군 손인사, 웅진도독(熊津都督) 유인원과 백제의 남은 무리 및 적을 백강에서 격파하고 그 주류성을 함락시켰다(이상 9월 8일). 백제 가짜왕 부여풍이 달아나 고구려에 투항하였다(이상 8월28일).

처음에 인원이 인궤와 이미 백제의 진현성을 함락시켰을 때, 인사에게 조서를 내려 병사를 이끌고 바다를 건너 그들의 원군이 되게 하였다(이상 662년 7월).

부여풍이 왜적(倭賊)을 남쪽으로 불러서 관군에 맞섰다(이상 663년 6월). 인사가 요격하여 격파하였다. 마침내 인원의 무리와 서로 합하여 병사들이 크게 떨쳤다(이상 7월17일). 이리하여 여러 장수가 향할 곳을 논의하였다. 혹자가 말하기를, "가림성은 수륙의 요충이니 먼저 공격하기를 청합니다."라고 하였다. 인궤가 말하기를, "가림성은 험하고 단단하여 급히 공격하면 장교와 병사를 손상하고 굳게 지키면 시간만 보내며 오래도록 버틸 것이니, 주류성을 먼저 공격하는 것만 못하다. 주류성은 적의 소굴이니, 여러 나쁜 놈들이 모인 곳에는 악을 제거하여 근본에 힘써야 하니, 그 원천을 뽑아야 하는 것이다. 만약 주류성을 이기면 여러 성이 저절로 함락될 것이다."라고 하였다(이상 8월13일). 이리하여 우두머리 인원 및 신라 김법민은 육군을 이끌고 나아가고, 인궤는 이에 별수 두상·부여융이 수군 및 군량선을 이끌고 웅진강에서 백강으로 가서, 육군과 만나 함께 주류성으로 향하였다. 인궤는 왜군을 백강 입구에서 만나서 4번 싸워 모두 이기니, 그 배 400척을 불태워서 연기와 불꽃이 하늘에 넘치고 바닷물이 모두 붉어졌다(이상 9월 8일). 풍이 몸을 빼어 달아났는데, 그 보검을 얻었다(이상 8월28일). 가짜 왕자 부여충지 등이 사녀 및 왜의 무리를 이끌고 모두 항복하였다. 백제의 여러 성이 모두 다시 귀순하였다(이상 9월 7일). (『册府元龜』 366 將帥部 27 機略 6 劉仁軌)

고구려	용삭 3년에 장인초(張仁楚)는 영국공(英國公) 이적(李勣)을 따라 요동을 격파하여 상주국(上柱國)에 제수되었다. (「張仁楚 墓誌銘」: 『全唐文新編』 995)
동이	41세 때 설진(薛震)은 다시 동대시랑(東臺侍郎)이 되어 봉선서(封禪書)와 동이를 평정하는 대책을 바쳤다. 일에 연루되어 다시 지방으로 나가 간주자사(簡州刺史)가 되었다. (「薛震 墓誌銘」: 『全唐文新編』 220; 『全唐文補遺』 1; 『唐代墓誌滙篇續集』)
고구려	또 당 용삭 연간에 요동에 전쟁이 있어 행군할 때, 설인귀는 가다가 수 황제가 요동을 토벌한 옛 땅에 이르렀는데, 이에 산의 모습을 보니 공허하고 조용하며 왕래가 끊겨 있었다. 노인에게 물어보니, "이것은 선대에 나타난 편도(便圖)입니다."라고 하여, 수도에 베껴 왔다[약함(若函)에 갖추어져 있다]. (『三國遺事』 3 塔像 4 遼東城育王塔)
백제	용삭 연간(661~663)에 공에게 웅진도총관(熊津道惣管)을 제수하였다. 공은 예전에 막부를 따라 조측(早廁)에 융행(戎行)하였으니 헌원(軒轅)에게 병법을 보고 여망(呂望)에게 음양을 받았다. 삼문(三門)·오루(五疊)는 적을 격파할 기이한 모략을 얻었고, 큰 전함과 운제(雲梯)는 행군할 묘한 법을 총괄하였다. 그러므로 싸워서 온전한 진이 없고 들에서 견고한 성을 쓰러뜨림을 얻었으니, 창금(挼金)하여 장차 뛰어오르는 말이 잠시 다가가게 하고 함벽(衝壁)하여 견양(牽羊)과 서로 이어지게 하였다. 어찌 가을에 바야흐로 난을 쉬게 하여 멀리 정원(定遠)의 이름을 알려지게 하고, 봄 골짜기에 마음을 던져 멀리 요수를 건너는 대책을 의지하게['생각하게'가 아닌가 의심된다.] 하도록 생각하였겠는가? 이와 같을 뿐이다. 삼군(三軍)이 승리를 바치자 여러 장수가 공을 논하니, 내가 가상히 여겨 이에 염야(炎野)에 진을 만든 공훈을 인정하였다. 공에게 광주도독(廣州都督)을 제수하고 평원공(平原公)으로 고쳐 책봉하였다. (『王子安集』 16 常州刺史平原郡開國公行狀) (『文苑英華』 971 行狀 1 王勃 常州刺史平原郡開國公行狀)
백제	용삭 연간(661~663)에 공에게 웅진도총관(熊津道總管)을 제수하였다. 공은 예전에 막부를 따라 조측에 융행하였으니 헌원에게 병법을 보고 여망에게 음양을 받았다. 삼문·오루는 적을 격파할 기이한 모략을 얻었고, 화함(火艦)과 운제는 행군할 묘한 법을 총괄하였다. 그러므로 싸워서 온전한 진이 없고 들에서 견고한 성을 쓰러뜨림을 얻었으니, 창금하여 장차 뛰어오르는 말이 잠시 다가가게 하고 함벽하여 견양과 서로 이어지게 하였다. 어찌 가을에 바야흐로 난을 쉬게 하여 멀리 정원의 이름을 알려지게 하고, 봄 골짜기에 마음을 던져 멀리 요수를 건너는 대책을 생각하게 하도록 생각하였겠는가? 이와 같을 뿐이다. 삼군이 승리를 바치자 여러 장수가 공을 논하니, 황제가 가상히 여겨 이에 염야에 진을 만든 공훈을 인정하였다. 공에게 광주도독을 제수하고 평원공으로 고쳐 책봉하였다. (『全唐文』 185 王勃 9 常州刺史平原郡開國公行狀)
백제	대저 듣건대 용이 하늘에서 솟구침에 반드시 풍운(風雲)의 힘을 빌리고, 성인(聖人)이 하늘의 뜻에 응함에 또한 장수의 공을 기다린다 하였으니, 방숙(方叔)과 소호(召虎)는 (…) 위청(衛靑)과 곽거병(霍去病)은 강한 한(漢)에서 △△하였다. 그 능히 이어서 △가영자(歌詠者)는 오직 유장군이도다. 유인원의 이름은 인원(仁願), 자는 사원(士元)으로 조음(雕陰) 대빈(大斌)사람이다. △토개가(土開家)하여 △△가 동국에 깃발을 세웠고, 분봉을 받으니 왕손이 북강(北疆)에 정절(旌節)을 짚었다. 초(楚)에서 그 의관을 장하게 여기고 육군(六郡)이 그 수레와 의복을 칭찬하였으니, 갈라져 나

간 가지와 퍼진 잎사귀를 대략 말할 수 있다. 고조부 △△는 산기상시(散騎常侍), 영원장군(寧遠將軍), 서주대중정(徐州大中正), 팽성목공(彭城穆公)이다. 마침 북위(北魏)가 잘 다스리지 못하여 이주영(爾朱榮)이 포악하게 행동하니 낙양이 △상(喪)하였기에, △△서천(西遷) 서위(西魏)의 거가(車駕)를 받들어 모시고 관내(關內)로 옮겨 거처하였다. 이윽고 진북대장군(鎭北大將軍), 지절(持節), 도독하북제군사(都督河北諸軍事), 수주자사(綏州刺史)를 제수받고, 관직으로 인하여 식읍을 받았다. 이에 대대로 그곳에 거처하며 △△고(鼓)△△△ △북주지망(北州之望)하였다. 증조부 평(平)은 진북대장군(鎭北大將軍), 삭방군수(朔方郡守), 수주자사, 상개부의동삼사(上開府儀同三司)이고, 관작을 세습하여 팽성군개국공(彭城郡開國公)이 되었다. 조부 의(懿)는 북주(北周)의 표기대장군(驃騎大將軍), 의동삼사(儀同三司)이고, 수(隋)의 사지절(使持節), 수주제군사(綏州諸軍事), 수주총관(綏州摠管), △주자사(△州刺史), 조음군개국공(雕陰郡開國公)이다. 아버지 대구(大俱)는 당(唐)의 사지절, 회수2주총관(曰綏二州摠管), 24주제군사(卄四州諸軍事), 수주자사였는데 이윽고 도독(都督), 좌무위장군(左武衛將軍), 우효위대장군(右驍衛大將軍), 승하2주도행군총관(勝夏二州道行軍摠管), 관군대장군(冠軍大將軍), 진군대장군(鎭軍大將軍), 상주국(上柱國)으로 옮기고 따로 팽성군개국공에 봉해졌다. 모두 계수나무와 난꽃의 향기가 있었고 쇠처럼 곧고 옥처럼 윤이 났으며, 명성이 대수장군(大樹將軍) 풍이(馮異)만큼 높았고 명예가 한림(翰林)에 가득하였으니, 훌륭한 인품과 높은 공이 많은 집안임이 여기에서 드러난다. 인원은 품부받은 도량이 황하의 근본과 같고 자질의 신령스러움이 5악4독(五嶽四瀆)과 같았으며, 기운이 장중하고 엄준하며 효성과 공경심이 나날이 높아졌다. 운명이 창성한 시기를 짝하고 좋은 시기를 만나고 좋은 군주를 만났으며, 삼가고 살펴서 세상의 운의 열고 하늘 아래 온 세상을 비추고 안정시켰다. 태종문황제는 성스럽고 영묘하고 문무를 갖추어서, 천지 사방을 병탄하고 팔방의 먼 지역을 석권하였다. 널리 여러 인재를 찾아 등용하여 나라를 편안하게 하니 준수하고 걸출한 인재가 특별히 이르고 숨은 인재도 반드시 이르렀다. 인원이 지위의 풍요로움에 힘입으니 가문이 공적을 이었고, 아름다운 명성을 기리는 것이 여러 사람의 의견이 합치되는 바였다. 관직에 천거되어 홍문관 학생이 되었고, △△우친위(右親衛)△△△△△△△△△. 여력(旅力)△건(健) 담력이 남보다 뛰어나, 일찍이 출유(出遊)를 수행함에 맨손으로 맹수에 맞서니 태종이 인원의 뛰어남에 깊이 기뻐하여 특별히 더하여 칭찬하고 상을 내렸다. 곧 은혜로운 조칙을 내려 내공봉(內供奉)으로 들였다. 정관(貞觀) 19년에 태종이 친히 육군(六軍)을 몰아 요동과 갈석(碣石)을 순수하니 천 개의 수레가 천둥처럼 격동하고 만 마리의 말이 구름처럼 모였다. △△△△△△△집(集)하였으나 고구려의 불충한 신하인 개소문이 홀로 두 마음을 품고, 도망한 자들을 모으고 간사한 자들을 불러들여서 그 군장을 가두고, 거병하여 난을 일으켜서 보잘 것 없는 무리를 △△하여 감히 왕의 군대에 대적하였다. 황제가 매우 성을 내어 조벌을 행하니, 군대가 이르는 곳마다 △△을 깨트리는 것과 같아서 그 요동·개모·△△△ 10성을 △하고, △△·신성·안지(安地) 등 3△에 △△했다. 대장인 연수(延壽)와 혜진(惠眞)을 사로잡고 그 병사 16만 명을 노획하였다. 인원은 몸소 전투에 참여하여 △봉(奉)△△ 척후병과 후군이 되어 모든 진에 먼저 올랐다. 강한 것을 꺾고 견고한 것을 함락시키는 것을 썩은 것을 부수는 것과 같이 하였고, 싸워서 이기고 공격하여 빼앗는 것을 △△△△하였다. △사물(賜物)함에 수레 끄는 말 1필, △△△△△△△궁(弓) 2개, 큰 화살 300개인데 모두 공봉(供奉)으로서 황제를 호위함에 사용되는 것이니 특별히 더하여 포상하고 우대한 것이다. 요동에서 돌아와 앞뒤의 전(戰)△을 묶어 정한 등급을 넘겨 상주국에 배수하고 따로 여양현개국공(黎陽縣開國公)으로 봉하였다. 발탁하여 우무위(右武衛) 봉명부(鳳鳴府) 좌과의도위(左果毅都尉)를 제수하였고, 북문에서 장기 번상하며 날랜 기병을 총괄하여 거느렸다. 21년에 행군자총관(行軍子摠管)에 임명되어 영국공(英國公) 이적(李勣)를 따라 설연타(薛延陀)를 경략하고 아울러 거비가한(車鼻可汗)을 영접하고 구성철륵(九姓鐵勒)을 안무하였다. 돌아와서 右△衛郎將을 다시 제수받고 예전과 같이 △△供奉하였다. 22년에 다시 행군자총관으로 임명되어 요동을 경략하러 나아가는데, 공적인 일로서 이름이 제외되었다. 그 해에 다시 우무위 신통부(神通府)의 좌과의도위를 제수받았다. 23년에 태종이 돌아가셨다. 종묘와 사직은 하루도 △가 없을 수 없으니, 황태자가 국상기간에 선왕의 업적을 이어받았는데 '주(周)가 비록 오래되었으나 그 정치는 새롭다'는 것이다. 모든 관리가 그 직임을 힘써 행하였다. 君은 용기와 지략으로서 재주가 밝음을 보여 등용된 지 한 달이 지나지 않아 다시 고종(高宗)의 부림을 받았다. 영휘(永徽) 2년에 다시 철륵에 들어가 위무하고 가서 △△을 행하였다. 칙으로써 절충부(折衝府) 과의(果毅)로 뽑으니 굳세고 밝아서 통솔을 감당할 만할 자였다. 상황에 맞춰 처분하니, 인원이 수(受)△ 경략하여 요동에 자주 갔다. 5년에 총산도행군자총관(蔥山道行軍子摠管)을 제수받고 노국공(盧國公) 정지절(程知節)을 따라 아사나하로(阿史那賀魯)를 토(討)△하고 돌아와 낙양에 종(從)△했다. 현경(顯慶)원년에 左驍衛郎將으로 옮겼다. 2년에 조서를 받들어 문무의 우수한 관리를 천거함에 3관등을 △진(進)하였다. △ 철륵에 들어가 안무하였다. 4년에 토욕혼(吐谷渾) 및 토번(吐藩)에 들어가 공을 떨쳤다. 5년에 우이도행군자총관(嵎夷道行軍子摠管)을 제수받고 형국공(邢國公) 소정방(蘇定方)을 따라 백제를 평정했다. 그 왕 부여의자(扶餘義慈), 아울러 태자 융(隆) 및 좌평·달솔 이하 700여 명을 사로잡았다. 이외에 수령 고로도△봉무△(古魯都△奉武△), 부여생수(扶餘生受), 연이보라(延尒普羅) 등은 모두 낌새를 보아 미리 변통하여 공을 세우고 귀순하니, 혹은 궁궐로 달려 들어가고 혹은 △△△들어갔다. 백제의 유민이 편안히 지내는 것이 옛날과 같았다. 관직을 설치하고 직분을 나누니 각기 맡은 바가 있었다. 곧 인원을 도호(都護) 겸 지류진(知留鎭)으로 삼았다. 신라왕 김춘추가 또한 어린 아들 김인태(金仁泰)를 보내어 함께 성을 굳게 지키게 하였다. 비록 이적(夷狄)과 중국이 다름이 있고, 어른과 아이는 현격한 차이가 있으나 인원이 편안하고 온화하게 접대하니 은혜가 형제와 같았다. 공로와 업적이 능히 이루어지니 모두 △에서 말미암았다. 그러나 옛날 주 무왕(武王)이 은(殷)을 평정하였으나 상엄(商奄)은 계속 반란하였고, 한이 서역을 평정하였으나 소륵(疏勒)에게 포위를 당하였으니 남은 풍속이 아직 인심을 아직 잃지 않은 것이다. 초적과 오랑캐의 습속은 동요하기는 쉽고 안정되기는 어려운데, 하물며 북방의 도망간 도적들은 원래 귀부하지 않았고, 이미 조과(雕戈)를 보여 동쪽에서는 금람(錦纜)이 빼어났고 서쪽에서는 요얼(妖孽)이 넘쳐서 왜소하였던 것이 기세가 올랐다. 이에 반역을 도모하였으니 곧 가짜승려 도침(道琛)과 가짜 한솔(扞率) 귀실복신(鬼室福信)이 있었다. 민간에서 나와 무리의 우두머리가 되어 사납고 교활한 무리를 불러모아 임존성(任存城)을 보전하여 근거로 하여, 벌떼처럼 둔치고 고슴도치의 털처럼 일어나서 산을 메우고 골짜기를 채웠다. 이름을 빌리고 지위를 훔쳐서 모두 장군을 △하고, 성을 무너뜨리고 고을을 깨트렸다. 점차 중심부로 들어와서 우물을 덮고 나무를 베어냈으며 집을 무너뜨리고 농막집을 태워버려서 지나는 곳은 남은 것이 없으니 남은 무리가 거의 없었다. 흉악한 기세가 이미 왕성하니 사람들이 모두 위협에 눌려 복종하였다. 목책을 벌리고 진영을 늘여세워서 공격하고 포위함이 계속 이어졌다. 높은 사다리에서 구부려 굽어보고 지하통로가 널리 통하였으며, 돌을 치고 화살을 날리는 것이 별이 달리고 비가 떨어지는 듯했다. 낮과 밤을 연달아 싸우고 아침 저녁으로 침범하였다. 스스로 이르기를 망한 것을 흥하게 하고 끊어진 것을 계승한다고 하였으며, △△△△△△. 무심한 듯 베개를 높이고 더불어 창끝을 다투지 않아, 갑옷을 견고하게 하고 병기를 날카롭게 하여 그 폐단을 △하여서 적들은 긴 세월을 헛되이 보내어 힘이 다하고 기운이 쇠하였다. 인원은 이에 몰래 간첩을 보내어 그 병사들의 태만함을 △하고는 구(構)△△△하고 틈을 △하고 때를 기다려서 문을 뚫고 구멍을 파서 병사를 놓아 엄습하였다. (…) 책이성시속궁동(柵二城時屬窮冬)△△△△ (…) (「唐劉仁願紀功碑」)

삼한   용삭 ·연간(661~663)에 안범(安範)은 삼한에서 소매를 걷어올리고 구종(九種)에게 구레나룻을 날려서 상기도위(上騎都尉)를 제수받았다. (「安範 墓誌銘」: 『全唐文補遺』7; 『全唐文新編』994; 『隋唐五代墓誌滙篇 陝西』3)

고구려   지난 용삭 연간(661~663)에 삼한이 반란을 일으켰는데, 손천(孫泉)이 참칭하여 규(邽)의 골짜기에 의지하여 요사스러운 무리를 발생시키고 위만(衛滿)이 왕을 칭하여 고래 같은 파도를 믿고 전란을 일으킨 것과 같다. 그런 까닭에 천왕이 장수에게 명령하여 요천(遼川)에서 말에게 물을 먹이게 하였고, 대제가 위엄을 일으켜 해도에서 거병하게 하였다. 동사(董師)는 거북이를 베어 현상을 쇠퇴하고 혼란하게 하고 교룡(蛟龍)을 사로잡아 절조를 장렬하게 하니, 험준한 성가퀴를 잡으니 먼저 올랐고 용성(龍城)에 오르니 대오의 우두머리였다. 그런 까닭에 춘추시대 제(齊)의 기량(杞梁)이 목숨을 희생하여 열사로서의 의지를 보이고, 서진(西晉)의 주처(周處)가 죽음을 두려워하지 않으면서 충신으로 이름을 날린 것과 같았다. 이런 까닭에 용맹한 자는 헛되이 죽지 않고 이름은 가짜로 세워지지 않으니, 공의 공적은 사방에 알려졌고 황제도 이에 감동하여 마침내 특별한 공훈을 상기도위(上騎都尉)에 제수하고, 주현(州縣)을 내려서 자손에게 계속 제수하였다. 그러므로 끝없이 이어지게 할 수 있어서 공적과 명성이 계속 전해졌다. (「董師 墓誌銘」: 『全唐文新編』994)

고구려 조선   지난 용삭 연간에 때마침 삼한이 반란을 일으켜 제해(鯷海)의 구석에서 제멋대로 날뛰었고, 구종(九種)이 은혜를 저버려 백랑하(白狼河) 밖에서 무리를 모아 항거하였다. 장소(張素)는 이에 창을 지고 나라에 보은하려고 곧바로 조선(朝鮮)으로 내려가고, 흰 깃털을 꽂고 종군하여 먼저 고구려를 꺾었다. 마침내 겸손하여 스스로 수양함으로써 후한(後漢)의 대수장군(大樹將軍) 풍이(馮異)처럼 공을 논하지 않았고, 마음을 평화롭게 하여 다만 산수를 감상하는 것으로 마음의 안정을 찾았다. (「張素 墓誌銘」: 『全唐文新編』995)

백제   묘질(苗質)은 왕사(王事)에 몸을 바치니, 용삭 연간(661~663)에 백제에서 죽어서 혼은 고향 집으로 돌아왔다. (「苗質 墓誌銘」: 『大唐西市博物館藏墓誌』)

고구려   용삭(661~663) 초년에 (…) 이 때에 고구려의 유민이 요천(遼川)에서 소란을 일으켜자, 조서를 내려서 수군을 징발하여 황수(黃睡)에서 건너가게 하였다. 구효충(丘孝忠)은 왕경(王慶)이 깊은 계책과 멀리 보는 계산이 있다고 여겨 마침내 중요한 자리에 있어야 한다고 하였으니, 동진(東晉)의 치초(郗超)가 막부에 들어간 것과 같고 조위(曹魏)의 전주(田疇)가 변방으로 나간 것과 비슷하였다. 상을 골라서 공로에 보답하여 왕경을 상주국(上柱國)에 임명하고, 전쟁이 끝나자 칙서를 내려 소무교위(昭武校尉)·영주도독부(營州都督府) 노하진장(瀘河鎭將)을 제수하였다. 마읍(馬邑)이 적막하고 용산(龍山)도 막히고 끊어졌지만, 관직을 충실히 이행하여 병이 생긴 이후 관직을 그만두었다.(「王慶 墓誌銘」: 『唐代墓誌滙篇』)

고구려 백제   장덕(張德)은 요동 공격에 참여할 군사 모집에 응하여, 고구려를 공격하여 바다를 건너고 높은 산에 올랐고, 백제에서 이름을 명부에 올렸다. 날마다 진중에서 충성을 떨쳐서 향하는 곳마다 당해지는 자가 없었고, 여러 병사들의 본보기가 될 정도로 힘을 다하여 사람들이 대적할 수 없었다. 마침내 높이 책봉을 받아 상기도위(上騎都尉)를 제수받았다. (「張德 墓誌銘」: 『唐代墓誌滙篇』; 『全唐文補遺』5; 『全唐文新編』

993)

664(甲子/신라 문무왕 4/고구려 보장왕 23/唐 麟德 1/倭 天智 3)

신라	봄 정월 김유신(金庾信)이 나이가 많아 벼슬에서 물러나기를 청원하였으나 허락하지 않고 안석(案席)과 지팡이를 내렸다. (『三國史記』6 新羅本紀 6)
신라	봄 정월 신라의 김유신이 나이가 많아 벼슬에서 물러나기를 청원하였으나 허락하지 않고 안석 지팡이를 내렸다 (『三國史節要』10)
신라	(봄 정월) 아찬(阿湌) 군관(軍官)을 한산주 도독(漢山州都督)으로 삼았다. (『三國史記』6 新羅本紀 6)
신라	(봄 정월) 신라에서 아찬 군관을 한산주 도독으로 삼았다. (『三國史節要』10)
신라	(봄 정월) 교서를 내려 부인도 중국의 의복을 입게 하였다. (『三國史記』6 新羅本紀 6)
신라	(봄 정월) 신라 왕이 교서를 내려 부인도 중국의 의복을 입게 하였다. 이후부터 남녀의 의복이 모두 중국과 같아졌다. (『三國史節要』10)
신라	문무왕 재위 4년에 또 부인의 의복을 개혁하였다. 이 이후부터 의관(衣冠)이 중국과 같아졌다. (『三國史記』33 雜志 2 色服)
신라	2월에 유사(有司)에 명령하여 백성을 제왕(諸王)의 능원(陵園)에 이주시켰는데, 각 20호였다. (『三國史記』6 新羅本紀 6)
신라	2월에 신라왕이 유사에 명령하여 백성을 이주시켜 제왕의 능원을 지키게 하였는데, 각 20호였다. (『三國史節要』10)
신라 백제	(2월) 각간(角干) 김인문(金仁問)·이찬(伊湌) 천존(天存)이 당(唐) 칙사(勅使)인 유인원(劉仁願)·백제 부여융(夫餘隆)과 웅진(熊津)에서 함께 맹약을 맺었다. (『三國史記』6 新羅本紀 6)
신라 백제	(2월) 신라의 각간 김인문·이찬 천존이 당의 칙사인 유인원·백제 부여융과 웅진에서 함께 맹약을 맺었다. (『三國史節要』10)
신라 백제	인덕 원년에 이르러 다시 엄한 칙령을 내려 맹서(盟誓)하지 않은 것을 꾸짖었으므로 바로 웅령(熊嶺)에 사람을 보내 제단을 쌓고 함께 서로 맹세하고 그대로 맹세한 곳을 마침내 양국의 경계로 하였습니다. 모여 맹세한 일이 비록 원하는 바는 아니었지만 감히 칙명을 어길 수 없었습니다. (『三國史記』7 新羅本紀 7)
신라 백제	인덕 원년에 다시 엄한 칙령을 내려 맹서하지 않은 것을 꾸짖었으므로 바로 웅령에 사람을 보내 제단을 쌓고 함께 서로 맹세하고 그대로 맹세한 곳을 마침내 양국의 경계로 하였습니다. 모여 맹세한 일이 비록 원하는 바는 아니었지만 감히 칙명을 어길 수 없었습니다. (『三國史節要』10)
신라	3월에 백제의 남은 무리가 사비산성(泗沘山城)에 의거하여 반란을 일으켰다. 웅진도독(熊津都督)이 군사를 내어 그것을 공격하여 깨뜨렸다.(『三國史記』6 新羅本紀 6)
신라	인덕 원년 갑자 3월에 백제의 남은 무리들이 또 사비성에 모여 반란을 일으켰다. 웅주도독이 관할하는 군사를 내어 그들을 공격하였으나, 여러 날 안개가 자욱하여 사람과 물건을 분별할 수 없었다. 이 때문에 싸울 수가 없었다. 백산(伯山)을 시켜 와서 이 사실을 고하게 하니, 유신은 그에게 은밀한 계책을 주어 이기게 하였다. (『三國史記』43 列傳 3 金庾信 下)

신라   3월에 백제의 남은 무리가 또 사비성에 모여 반란을 일으켰다. 웅진도독이 관할하는 군사를 내어 그것을 공격하여 이겼다. (『三國史節要』10)

신라   (3월) 지진이 있었다. (『三國史記』6 新羅本紀 6)
신라   (3월) 신라에 지진이 있었다. (『三國史節要』10)

신라   (3월) 성천(星川)과 구일(丘日) 등 28명을 보내어, 부성(府城)에서 당악(唐樂)을 배우게 했다. (『三國史記』6 新羅本紀 6)
신라   (3월) 신라에서 성천과 구일 등 33명을 보내어, 웅진부성(熊津府城)에서 당악을 배우게 했다. (『三國史節要』10)

백제   3월에 백제왕 선광왕(善光王) 등을 나니와(難波)에 살게 했다. (『日本書紀』27 天智紀)

백제   해외국기(海外國記)에 이른다. "천지천황(天智天皇) 3년 4월에 대당(大唐)의 객(客)이 와서 조회하였다. 대사(大使)·조산대부(朝散大夫)·상주국(上柱國) 곽무종(郭務悰) 등 30명과 백제 좌평 예군(禰軍) 등 100여인이 대마도에 이르러 대산중(大山中) 우네메노무라지노노부토모(釆女連信侶)·승(僧) 치벤(智辨) 등을 보내어 객을 별관(別館)에 불러 왔다. 이에 지변이 물어 말하였다. '표서(表書)는 있고 아울러 헌물은 아닌가.' 사인(使人)이 답하여 말하였다. '장군 첩서(牒書) 1함(函)과 헌물(獻物)이 있습니다.' 이에 첩서 1함을 지변 등에서 주고 바치게 하였다. 다만 헌물을 검사하고 보내지 않았다." (『善隣国宝記』上 海外國記)

백제   여름 5월 무신(戊申) 초하루, 갑자일(17)에 백제에 주둔한 장군 유인원(劉仁願)이 조산대부 곽무종 등을 보내 표문(表文)을 담은 함(函)과 헌상품을 바쳤다. (『日本書紀』27 天智紀)

신라 고구려   가을 7월에 왕이 장군(將軍) 인문(仁問)·품일(品日)·군관(軍官)·문영(文穎) 등에게 명령하여 일선(一善)·한산주(漢山州) 2주의 군사와 부성(府城)의 병마(兵馬)를 거느리고 고구려 돌사성(突沙城)을 공격하게 하여 그것을 없앴다. (『三國史記』6 新羅本紀 6)
신라 고구려   가을 7월에 신라 왕이 장군 인문·품일·군관·문영 등에게 명령하여 일선·한산주 2주의 군사와 부성의 군사를 거느리고 고구려 돌사성을 공격하게 하여 그것을 이겼다. (『三國史節要』10)

신라   8월 14일에 지진으로 백성의 집이 무너졌는데, 남쪽 지방이 더욱 심했다. (『三國史記』6 新羅本紀 6)
신라   8월에 신라에서 지진으로 백성의 집이 무너졌는데, 남쪽 지방이 더욱 심했다. (『三國史節要』10)

신라   (8월 14일) 사람들이 함부로 재물과 토지를 불사(佛寺)에 시주하는 것을 금지하였다. (『三國史記』6 新羅本紀 6)
신라   (8월) 신라에서 사람들이 함부로 재물과 토지를 불사에 시주하는 것을 금지하였다. (『三國史節要』10)

백제   9월에 대산중 츠모리노무라지키사(津守連吉祥), 대을중(大乙中) 이키노후미노하카토코(伊岐史博德), 승 치벤 등이 츠쿠시노오미코토모치(筑紫大宰)의 사(辭)를 칭해[실로 이것은 칙지(勅旨)이다] 객(客) 등에게 고(告)했는데, 지금 객 등을 와서 형상을 보니, 이들은 천자(天子)의 사인(使人)이 아니라 백제 진장(鎭將)의 사사(私使)이다. 또한 거듭 내린 문첩(文牒)은 집사(執事)가 사사(私辭)로 바친 것이다. 이로써 사인이 입국하지 못하고 서(書) 또한 조정에 올리지 못했다. 때문에 객 등이 스스로 섬긴 것을 대략 언사(言辭)로써 주상(奏上)할 뿐이었다. (『善隣国宝記』上 海外國記)

| 백제 | 겨울 10월 을해(乙亥) 초하루 날에 곽무종 등을 떠나 보내라는 칙명을 선포했다. 이 날 나카토미노우치츠마에츠키미(中臣內臣)가 사문(沙門) 치죠(智祥)를 보내 곽무종에게 물건을 내렸다. (『日本書紀』27 天智紀)

백제   (겨울 10월) 무인일(4)에 곽무종 등에게 잔치를 열어주었다. (『日本書紀』27 天智紀)

신라 백제 고구려
　　　겨울 10월 경진일(6)에 검교웅진도독(檢校熊津都督) 유인궤(劉仁軌)가 말씀을 올렸다. "신이 엎드려 보건대 남아 있는 수병(戌兵)은 파리하고 마른 사람이 많으며 용감하고 건장한 사람은 적으며, 의복은 모자라 해어졌고 오직 서쪽으로 돌아갈 생각만 하고 있으며 본보기를 펼쳐 보일 마음이 없습니다. 신이 물었습니다. '지난 날에 해서(海西)에서 백성들이 사람마다 응모하여 다투어서 군대에 나가려고 하면서 어떤 사람은 스스로 의복과 양식을 갖추겠다고 청하여 이를 의정(義征)이라고 하였는데, 어찌하여 오늘날의 사졸(士卒)은 이와 같소.' 모두가 말했습니다. '오늘날의 관부(官府)는 지난날과 같지 않으며 사람의 마음도 다릅니다. 지난 날에는 동쪽으로 서쪽으로 정벌 전쟁을 나가서 왕의 일을 위하여 몸이 죽으면 나란히 칙사가 조문하고 제사 지내는 것을 받게 되었고, 관작을 추가로 올려주고 혹 죽은 사람의 관작을 자제에게 돌려주며, 무릇 요해(遼海)를 건너는 사람은 모두 공훈을 한 바퀴 돌려 받았습니다. 현경(顯慶) 5년(660) 이래로 정벌을 떠난 사람이 누차 바다를 건너갔지만, 관청에서는 기록을 하지 않았고, 그 가운데 죽은 사람이 역시 누군인가를 묻는 사람도 없었습니다. 주와 현에서는 매번 백성을 징발하여 병사로 삼았지만, 그 가운데 건장하고 부유한 사람은 돈을 주고받음을 서로 나란히 다투고 모두 도망하여 숨어 면제를 받았고, 가난한 사람은 몸이 비록 늙고 약하지만 발견 되는대로 바로 나가게 되었습니다. 최근에 백제와 평양을 깨뜨리는데 고전하게 되자, 당시에 장수들이 호령하여 공훈과 상을 내리겠다고 허락하니 이르지 않은 것이 없었지만, 서쪽 해안에 도달하자 오직 족쇄를 채우고 밀어서 감금하여 하사한 것을 빼앗고 공훈을 깨뜨리고 주와 현에서 추가로 불러들이니 스스로 살아남지 못하여 공사(公私)간에 곤란하고 폐단이 생긴 것은 다 말할 수 없습니다. 이 때문에 앞서 해서(海西)로 출발하는 날 아마 도망하여 스스로 자기 몸을 상하게 한 사람이 있으니, 비단 해외(海外)에 이르러서 그러할 뿐만이 아닙니다. 또 본래는 정벌전쟁으로 인한 공훈의 급수는 영광스럽고 총애로 여겼지만, 최근에 출정은 모두가 공훈을 세운 관원으로 하여금 수레를 끌게 하였으니 노고는 백정(白丁)과 다름이 없어 백성들이 종군하려고 원하지 않은 것은 대체로 모두 이로 말미암은 것입니다.' 신이 또 물었습니다. '지난날에는 사졸들은 진수(鎭守)에서 5년을 머물러 있어도 오히려 지탱하며 견뎠는데, 지금 너희들은 비로소 1년을 지냈는데, 어찌하여 이와 같이 모두 보잘 것 없는가.' 모두 말하였습니다. '처음에 집을 출발하는 날 오직 1년분의 물자와 장비를 갖추게 하였을 뿐입니다. 지금 이미 2년인데, 아직 돌아갈 기한이 아닙니다.' 신은 군사들이 남겨 놓은 의복을 검사하여 비교하여 보니, 이번 겨울에는 겨우 일을 충당할 수 있으나, 오는 가을 후에는 기준에 맞출 것이 전혀 없습니다. 폐하께서는 군사들을 해외에 남겨두어 고려를 없애려고 하시면, 백제와 고려의 옛날 사람들이 서로 무리를 지어 돕고 왜인은 비록 멀리 있지만, 역시 함께 영향을 주고 있는데 만약에 진수하는 병사를 없애면 다시 하나의 나라를 이룰 것입니다. 지금 이미 수자리를 서서 지키는 사람들을 밑천으로 하고 있고 또 둔전을 설치하고 등록되어 있는 사졸이 같은 마음과 같은 덕성을 가지고 있지만, 무리 속에 이러한 논의가 있다면 어찌 성공을 바라겠습니까. 스스로 경장(更張)하는 바를 가지고 후하게 수고하는 것을 위로하며 상주는 일을 분명히 하고 벌주는 일을 무겁게 하여서 병사들의 마음을 일으키지 않고서 만약에 단지 오늘 이전에 조치하였던 것과 같이 하는데 머무른다면, 아마도 군사들의 무리는 대단히 피로하여져서 효과를 볼 날이 없을 것입니다. 귀에 거슬린 일은 혹 아무도 폐하를 위하여 말씀을 다 드리는 사람이 없을 것입니다. 그러므로 신이 간담(肝膽)을 꺼내놓고 죽음을 무릅쓰고 진술하는 말을 올립니다." 황제가 그 말을 받아들이고 우위위장군(右威衛將軍) 유인원(劉仁願)을 보내어 군사를 거느리고 바다를 건너서 예전부터 진수하였던 군사를 대신하게 하고 이어서 유인궤에게 칙령을 내리고 모두 돌아오게 하였다. 유인궤가 유인원에게 말하였다. "국가의 현군(懸軍)이 해외에 있는 것은 고려를 경략하고자 하는 것이지만 그 일은 쉽지 않습니다. 지금 수확이 아직 끝나지 않았는데 군리(軍吏)와 사졸(士卒)이 일시에 대신하고 떠난다면 군장(軍將)도 돌아갈 것입니다. 이인(夷人)이 새로 항복하여 무리의 마음이 아직 편하지 않아서 반드시 장차 변고가 생길 것입니다. 또 옛날의 군사를 남겨두었다가 조금씩 수확하게 하고 물자와 양식을 다 갖추어 절차에 따라서 돌려보내 군장 또한 머무르면서 진압하고 위무하는 것만 같지 못하므로, 아직은 돌아가서는 안 됩니다." 유인원이 말하였다. "내가 전에 바다를 건너 서쪽으로 돌아갔다가 크게 참소와 비방을 만났는데, '내가 군사의 무리를 많이 남겨두어서 해동을 점거하려고 꾀한다.'고 하여 거의 화를 면치 못하게 되었습니다. 오늘에는 다만 칙령을 준수하는 것만 알 뿐, 어찌 감히 멋대로 행동할 수 있겠습니까." 유인궤가 말하였다. 신하가 되어서 진실로 나라에 이로움이 있다면 못할 것이 없는 줄로 아는데, 어찌 그 사사로움을 아끼십니까." 마침내 표문을 올려서 편리하고 마땅한 것을 진술하고 스스로 해동에서 머물러 있겠다고 요청하니, 황제가 이를 좋았다. 이어서 부여융(扶餘隆)을 웅진도위(熊津都尉)로 삼고 그 남은 무리를 모으도록 하였다. (『資治通鑑』 201 唐紀 17 高宗)

신라 백제 고구려

인덕 원년에 이르러 인궤가 또 표(表)를 올려 아뢰었다. "신은 폐하께서 곡진하게 장려해 주시면서 허물을 버려두고 녹용(錄用)해 주신데 힘입어 적발하고 천거하는 직임을 제수받았고 또 한 지방을 맡아 다스리는 직임을 맡게 되었습니다. 이에 항상 공을 세워서 그 은혜에 만분의 일이나마 보답할 생각을 품고 있으나, 지혜와 힘이 부족하여 이 곳에 머물러 있기만 한 채 공을 이룬 것이 없습니다. 다만 바다 바깥에 오래도록 있으면서 모집한 병사들은 매번 정벌하는 일에 따라 다녔으므로 군대의 일에 대해서는 실로 들은 바가 있습니다. 이에 서장을 갖추어 봉한 다음 아뢰니 삼가 상세히 살펴보아 주시기 바랍니다. 신이 보건대 현재 여기에 있는 모집한 병사들은 팔과 다리에 힘이 없는 자가 많고 용맹하고 건장하여 기운을 떨치는 자는 적습니다. 그런데다가 노약자들까지 겸하여 있으면 옷가지조차 없어서 오직 서쪽으로 돌아가기만을 바라고 있으면서 힘을 내어 공을 세울 마음은 없습니다. 신이 그들에게 물었습니다. '지난날에 중국에 있을 적에 보니 백성들이 사람들마다 모집에 응하면서 앞 다투어 정벌하는 데에 참여하려고 하여 관가의 물품을 쓰지 않고 스스로 옷과 양식을 마련해 의로운 정벌에 참여하려고 하였다. 그런데 무슨 이유에서 현재 여기에 있는 모집한 병사들은 이처럼 나약한가'. 모두들 신에게 말하였습니다. '오늘날에는 관부(官府)가 예전과 같지 않으며 사람들의 마음 또한 변하였다. 정관(貞觀)이나 영휘(永徽) 연간에 동서로 정벌하는데 참여하여 나랏일에 목숨을 바친 자들은 모두 칙사가 조제(弔祭)하는 은혜를 입었고, 관직을 추증받았다. 그리고 또한 죽어서 돌아온 자들에 대해서도 관작을 자제들에게 대신 내려주었다. 그런데 현경 5년(660) 이후로는 정벌에 참여했다가 죽은 자들에 대해서 다시는 관심을 두지 않았다. 그리고 전에 요해(遼海)를 건너갔던 자들은 곧바로 훈작과 관직은 얻었는데, 현경 5년 이후로는 자주 요해를 건너갔더라도 녹공(綠功)되지 못하였다. 그리고 주현에서 백성을 뽑아 병사를 충원함에 있어서는 몸이 젊고 건장한 사람이면서도 집에 재산이 있을 경우에는 관부에 뇌물을 바치고서 이리 저리로 도망하고 숨어서 모두 벗어날 수 있었으며 돈이 없는 자들은 비록 노약자고 하더라도 모두 등을 떠밀어 나가게 했다. 또 현경 5년에 내린 백제를 격파한데 대한 훈작 및 지난번에 평양으로 가서 고전한데 대한 훈작은 당시의 장군들이 호령을 내릴 적에는 모두 높은 관직과 중한 상을 주겠다고 하면서 백방으로 병사를 모집하며 하지 않는 말이 없었다. 그런데 서쪽 해안에 도착한 뒤부터는 오직 창고를 채우고 금고(禁錮)시켰으며 상으로 준 것을 빼앗고 관작을 파하였으며 주현에서 세금을 내라고 다그쳐 머물러 살고자 하더라도 살 수가 없게 되었던 바, 공사(公私) 간에 곤폐를 당함이 이루 다 말할 수 조차 없다. 이에 바다 서쪽에서 출발하는 날에도 이미 자살하거나 도망치는 자가 있었으니 바다 바깥에 와서 비로소 도망치기 시작한 것이 아니다. 또 본디 정발하는데 참여해서 오직 훈작과 관직만 얻을 뿐, 끌러가서 고생하는 것은 백정(白丁)들과 더불어 차이가 없다. 백성들이 정벌하는데 참여하지 않으려고 하는 것은 여기에서 말미암은 것이다.' 폐하께서는 두 차례 군사를 일으켜 백제를 평정하였고 바다 바깥에 군사를 머물러 두어 진수하면서 고구려를 경략하게 하였습니다. 그러나 백성들에게 이와 같은 의논이 돌고 있으니, 공업(功業)을 성취하기기 어려울 것입니다. 신이 듣건대, 거문고의 소리가 조화롭지 못하면 줄을 팽팽하게 당기고, 정령을 반포하여 교화를 시행함에 있어서는 때에 따라서 적당하게 조처한다고 합니다. 賞을 중하게 주고 벌(罰)을 밝게 시행하지 않으면 무슨 수로 공을 이룰 수 가 있겠습니까. 신이 또 물었습니다. '현재 여기에는 있는 모집한 병사들은 예전에는 5년간을 머물러 진수하면서도 오히려 생활할 수가 있었는데, 너희들은 이제 1년 밖에 안 지났는데도 무슨 이유에서 이처럼 곤궁하게 되었는가'. 모두들 말하였습니다. '집을 떠나 올 적에 1년을 지내는데 필요한 짐만 꾸려 가지고 왔는데, 집을 떠나 온 지가 이미 2년이나 되었다. 그리고 조양(朝陽)과 옹진(瓮津)에 있으면서는 또 보내온 곡식이 바다를 건너는 도중에 풍랑을 만나 대부분 물에 가라 앉았다.' 이에 신이 현제 있는 모집한 병사를 조사하여 옷이 없어서 겨울을 나기 어려운 자들에 대해서는 대군이 돌아갈 적에 남겨둔 옷가지를 나누어주어 장차 한 겨울은 그런대로 날 수 있게 하였습니다. 그러나 내년 가을 이후에는 다시는 가망이 없습니다. 폐하께서 만약 고구려를 멸망시키고자 한다면 백제 땅을 버려서는 안됩니다. 부여풍이 현재 북쪽에 있고 부여용(扶餘勇)이 남쪽에 있으며 고구려와 백제는 예전부터 서로를 성원(聲援)하였고 왜인들은 비록 멀리 떨어져 있으나 역시 백제와 서로 호응하고 있습니다. 그러니 만약 백제에 군사를 남겨두지 않는다면 백제는 도로 한 나라가 될 것입니다. 또 백제를 진압하고 둔전(屯田)을 설치한 것은 군사들도 한 마음 한 뜻이 되어 일 한데에 힘입는 것입니다. 그런데 지금 병사들 사이에 이미 이런 의논이 있으니, 전에 시행하던 대로 그대로 시행해서는 안 됩니다. 모름지기 그들이 바다를 건너 원정한데 대한 관훈(官勳)과 백제를 평정하고 고구려를 정벌하러 간 데 대한 공훈을 돌려주어야만 할 것입니다. 그리고 이외에도 별도로 포상하고 위로하는 칙서를 내려서 모집해 온 군사들의 마음을 흥기시켜야만 합니다. 만약 오늘 이전에 시행하던 대로 그대로 조처한다면 신은 아마도 군사들이 늙고 지쳐서 공을 이루지 못하게 될까 염려스럽습니다. 신이 또 보건대 진(晉)나라 때 오(吳)나라를 평정한 일이 역사책에 모두 실려 있습니다. 안으로는 무제(武帝)와 장화(張華)가 있고 밖으로는 양우(羊祐)와 두예(杜預)가 있어서 전략을 짜고 계략을 물었으며 왕준(王濬)의 무리가 만 리 밖에서 절충(折衝)하였습니다. 그런데도 누선(樓船)과 전함(戰艦)이 이미 석두(石頭)에 도착하여서는 가충(賈充)과 왕혼(王渾)의 무리가 오히려 장화(張華)를 참수하여 천하의 백성들에게 사죄하려고 했습니다. 그러자 무제(武帝)가 대답하였습니다. '오나라를 평정하려는 계책은 짐의 뜻에서 나온 것으로, 장화는 짐의 의견에 동의한 것일 뿐 그의 본심이 아니다.' 옳고 그름이 같지 않아 서로 어긋나기가 이와 같은 것입니다. 그리고 오나라를 평정한 뒤에는 오히려 왕준을 포승으로 묶었는데 무제가 옹호해 준 덕분에 비로소 목숨을 보전할 수가 있었습니다. 만약 거룩하고 밝은 무제를 만나지 못했더라면 왕준은 목숨을 보전하지 못했을 것입니다. 신은 이 글을 읽을 적마다 가슴을 어루만지면서 길게 탄식을 토지하지 않는 적이 없었습니다. 삼가 생각건대 폐하께서는 이미 백제를 평정하였고 다시 고구려를 취하려고 하십니다. 그런데 모름지기 안과 밖이 한 마음이 되고 위와 아래가 함께 분발하게 한 다음, 빠뜨려진 계책이 없이 거행하여야만 비로소 성공할 수 있을 것입니다. 백성들에게 이미 이런 의논이 있으니 다시금 조처하는 것이 마땅합니다. 신은 이처럼 귀에 거슬리는 말을 폐하께 다 아뢸 사람이 없을까 염려스럽습니다. 저 자신을 돌아보건대 늙고 병듦이 날로 심해지고 있으니 앞으로 얼마나 더 살겠습니까. 갑작스럽게 죽게 된다면 구천(九泉)에서 원통함을 품고 있을 것입니다. 이에 간담을 피력하여 죽음을 무릅쓰고 폐하께 아뢰는 바입니다." 그러자 고종이 그 말을 깊게 받아들였다. 우위위장군(右威衛將軍) 류인원을 파견하여 군사를 거느리고 백제로 건너가 먼저 있던 군사들과 교체해 지키게 하였다. 그리고는 이어 부여륭을 웅진도독에 제수하고는 본국으로 돌아가게 하여 신라와 더불어 화친을 하고 남은 백성들을 불러 모으게 하였다. 부여용은 부여풍의 동생이다. 당시에 달아나서 왜국에 가 있으면서 부여풍을 호응할 것이라고 말하였다. 그러므로 유인궤가 표문에서 말한 것이다. (『册府元龜』366 將帥部 27 機略 6 劉仁軌)

신라 백제 고구려

인궤가 또 표(表)를 올려 아뢰었다. "신은 폐하께서 곡진하게 장려해 주시면서 허물을 버려두고 녹용(錄用)해 주신데 힘입어 적발하고 천거하는 직임을 제수 받았고 또한 지방을 맡아 다스리는 직임을 맡게 되었습니다. 이에 항상 공을 세워서 그 은혜에 만분의 일이나마 보답할 생각을 품고 있으나. 지혜와 힘이 부족하여 이 곳에 머물러 있기만 한 채 공을 이룬 것이 없습니다. 다만 바다 바깥에 오래도록 있으면서 모집한 병사들은 매번 정벌하는 일에 따라 다녔으므로 군대의 일에 대해서는 실로 들은 바가 있습니다. 이에 서장을 갖추어 봉한 다음 아뢰니 삼가 상세히 살펴보아 주시기 바랍니다. 신이 보건대 현재 여기에 있는 모집한 병사들은 팔과 다리에 힘이 없는 자가 많고 용맹하고 건장하여 기운을 떨치는 자는 적습니다. 그런데다가 노약자들까지 겸하여 있으면 옷가지조차 없어서 오직 서쪽으로 돌아가기만을 바라고 있으면서 힘을 내어 공을 세울 마음은 없습니다. 신이 그들에게 물었습니다. '지난날에 중국에 있을 적에 보니 백성들이 사람들마다 모집에 응하면서 앞 다투어 정벌하는 데에 참여하려고 하여 관가의 물품을 쓰지 않고 스스로 옷과 양식을 마련해 의로운 정벌에 참여하려고 하였다. 그런데 무슨 이유에서 현재 여기에 있는 모집한 병사들은 이처럼 나약 한가'. 모두들 신에게 말하였습니다. '오늘날에는 관부(官府)가 예전과 같지 않으며 사람들의 마음 또한 변하였다. 정관(貞觀)이나 영휘(永徽) 연간에 동서로 정벌하는데 참여하여 나랏일에 목숨을 바친 자들은 모두 칙사가 조제(弔

祭)하는 은혜를 입었고, 관직을 추증받았다. 그리고 또한 죽어서 돌아온 자들에 대해서도 관작을 자제들에게 대신 내려주었다. 그런데 현경 5년(660) 이후로는 정벌에 참여했다가 죽은 자들에 대해서 다시는 관심을 두지 않았다. 그리고 전에 요해(遼海)를 건너갔던 자들은 곧바로 훈작과 관직은 얻었는데, 현경 5년 이후로는 자주 요해를 건너갔더라도 녹공(綠功)되지 못하였다. 그리고 주현에서 백성을 뽑아 병사를 충원함에 있어서는 몸이 젊고 건장한 사람이면서도 집에 재산이 있을 경우에는 관부에 뇌물을 바치고서 이리 저리로 도망하고 숨어서 모두 벗어날 수 있었으며 돈이 없는 자들은 비록 노약자고 하더라도 모두 등을 떠밀어 나가게 했다. 또 현경 5년에 내린 백제를 격파한데 대한 훈작 및 지난번에 평양으로 가서 고전한데 대한 훈작은 당시의 장군들이 호령을 내릴 적에는 모두 높은 관직과 중한 상을 주겠다고 하면서 백방으로 군사를 모집하며 하지 않는 말이 없었다. 그런데 서쪽 해안에 도착한 뒤부터는 오직 창고를 채우고 금고(禁錮)시켰으며 상으로 준 것을 빼앗고 관작을 파하였으며 주현에서 세금을 내라고 다그쳐 머물러 살고자 하더라도 살 수가 없게 되었는 바, 공사(公私) 간에 곤폐를 당함이 이루 다 말할 수 조차 없다. 이에 바다 서쪽에서 출발하는 날에도 이미 자살하거나 도망치는 자가 있었으니 바다 바깥에 와서 비로소 도망치기 시작한 것이 아니다. 또 본디 정발하는데 참여해서 오직 훈작과 관직만 얻을 뿐, 끌려가서 고생하는 것은 백정(白丁)들과 더불어 차이가 없다. 백성들이 정벌하는데 참여하지 않으려고 하는 것은 여기에서 말미암은 것이다.' 폐하께서는 두 차례 군사를 일으켜 백제를 평정하였고 바다 바깥에 군사를 머물러 두어 진수하면서 고구려를 경략하게 하였습니다. 그러나 백성들에게 이와 같은 의논이 돌고 있으니, 공업(功業)을 성취하기기 어려울 것입니다. 신이 듣건대, 거문고의 소리가 조화롭지 못하면 줄을 팽팽하게 당기고, 정령을 반포하여 교화를 시행함에 있어서는 때에 따라서 적당하게 조처한다고 합니다. 상을 중하게 주고 벌을 밝게 시행하지 않으면 무슨 수로 공을 이룰 수 가 있겠습니까. 신이 또 물었습니다. '현재 여기에는 있는 모집한 병사들은 예전에는 5년간을 머물러 진수하면서도 오히려 생활할 수가 있었는데, 너희들은 이제 1년 밖에 안 지났는데도 무슨 이유에서 이처럼 곤궁하게 되었는가'. 모두들 말하였습니다. '집을 떠나 올 적에 1년을 지내는데 필요한 짐만 꾸려 가지고 왔는데, 집을 떠나 온 지가 이미 2년이나 되었다. 그리고 조양(朝陽)과 옹진(甕津)에 있으면서는 또 보내온 곡식이 바다를 건너는 도중에 풍랑을 만나 대부분 물에 가라 앉았다.' 이에 신이 현제 있는 모집한 병사를 조사하여 옷이이 없어서 겨울을 나기 어려운 자들에 대해서는 대군이 돌아갈 적에 남겨둔 옷가지를 나누어주어 장차 한 겨울은 그런대로 날 수 있게 하였습니다. 그러나 내년 가을 이후에는 다시는 가망이 없습니다. 폐하께서 만약 고구려를 멸망시키고자 한다면 백제 땅을 버려서는 안됩니다. 부여풍이 현재 북쪽에 있고 부여용이 남쪽에 있으며 고구려와 백제는 예전부터 서로를 성원하였고 왜인들은 비록 멀리 떨어져 있으나 역시 백제와 서로 호응하고 있습니다. 그러니 만약 백제에 군사를 남겨두지 않는다면 백제는 도로 한 나라가 될 것입니다. 또 백제를 진압하고 둔전(屯田)을 설치한 것은 군사들도 한 마음 한 뜻이 되어 일한데에 힘입는 것입니다. 그런데 지금 병사들 사이에 이미 이런 의논이 있으니, 전에 시행하던 대로 그대로 시행해서는 안됩니다. 모름지기 그들이 바다를 건너 원정한데 대한 관훈(官勳)과 백제를 평정하고 고구려를 정벌하러 간 데 대한 공훈을 돌려주어야만 할 것입니다. 그리고 이외에도 별도로 포상하고 위로하는 칙서를 내려서 모집해 온 군사들의 마음을 흥기시켜야만 합니다. 만약 오늘 이전에 시행하던 대로 그대로 조처한다면 신은 아마도 군사들이 늙고 지쳐서 공을 이루지 못게 될까 염려스럽습니다. 신이 또 보건대 진(晉)나라 때 오(吳)나라를 평정한 일이 역사책에 모두 실려 있습니다. 안으로는 무제(武帝)와 장화(張

華)가 있고 밖으로는 양우(羊祜)와 두예(杜預)가 있어서 전략을 짜고 계략을 물었으며 왕준(王濬)의 무리가 만 리 밖에서 절충(折衝)하였습니다. 그런데도 누선(樓船)과 전함(戰艦)이 이미 석두(石頭)에 도착하여서는 가충(賈充)과 왕혼(王渾)의 무리가 오히려 장화를 참수하여 천하의 백성들에게 사죄하려고 했습니다. 그러자 무제가 대답하였습니다. '오나라를 평정하려는 계책은 짐의 뜻에서 나온 것으로, 장화는 짐의 의견에 동의한 것일 뿐 그의 본심이 아니다.' 옳고 그름이 같지 않아 서로 어긋나기가 이와 같은 것입니다. 그리고 오나라를 평정한 뒤에는 오히려 왕준을 포승으로 묶었는데 무제가 옹호해 준 덕분에 비로소 목숨을 보전할 수가 있었습니다. 만약 거룩하고 밝은 무제를 만나지 못했더라면 왕준은 목숨을 보전하지 못했을 것입니다. 신은 이 글을 읽을 적마다 가슴을 어루만지면서 길게 탄식을 토지하지 않는 적이 없었습니다. 삼가 생각건대 폐하께서는 이미 백제를 평정하였고 다시 고구려를 취하려고 하십니다. 그런데 모름지기 안과 밖이 한 마음이 되고 위와 아래가 함께 분발하게 한 다음, 빠뜨려진 계책이 없이 거행하여야만 비로소 성공할 수 있을 것입니다. 백성들에게 이미 이런 의논이 있으니 다시금 조처하는 것이 마땅합니다. 신은 이처럼 귀에 거슬리는 말을 폐하께 다 아뢸 사람이 없을까 염려스럽습니다. 저 자신을 돌아보건대 늙고 병듦이 날로 심해지고 있으니 앞으로 얼마나 더 살겠습니까. 갑작스럽게 죽게 된다면 九泉에서 원통함을 품고 있을 것입니다. 이에 간담을 피력하여 죽음을 무릅쓰고 폐하께 아뢰는 바입니다." 그러자 고종이 그 말을 깊게 받아들였다. 우위위장군 류인원을 파견하여 군사를 거느리고 백제로 건너가 먼저 있던 군사들과 교체해 지키게 하였다. 그리고는 이어 부여륭을 웅진도독에 제수하고는 본국으로 돌아가게 하여 신라와 더불어 화친을 하고 남은 백성들을 불러 모으게 하였다. 부여용은 부여풍의 동생이다. 당시에 달아나서 왜국에 가 있으면서 부여풍을 호응할 것이라고 말하였다. 그러므로 유인궤가 표문에서 말한 것이다. 이에 인궤는 바다를 건너서 본국으로 돌아왔다. / 처음에 인궤가 대방주(帶方州)로 떠나려 할 때 사람들에게 일러 말하였다. "하늘이 장치 이 옹(翁)에게 부귀를 줄 뿐이다." 주사(州司)에서 역일(曆日) 1권과 함게 칠묘휘(七廟諱)를 청하자 사람들이 그 까닭을 괴이하게 여겼다. 답하여 말하였다. "요해(遼海)를 평정하고 국가의 정삭(正朔)을 반시(頒示)하여 이속(夷俗)으로 하여금 좇아 받들게 할 것이다." 이 때에 이르러 모두 그 말과 같아졌다. (『舊唐書』 84 列傳 34 劉仁軌)

신라 백제 고구려

또 부여용을 표용(表用)하여 남은 무리를 안정시키게 하였다. 황제가 이에 용을 웅진도독으로 삼았다. 이 때 유인원이 비열도총관(卑列道總管)이 되어 조서로 군사를 거느리고 바다를 건너 예전부터 진수하였던 군사를 대신하고 인궤가 모두 돌아갔다. 인궤가 말하였다. "황제가 방악(方岳)을 순수하고 또 고구려를 경략하고지 합니다. 바야흐로 농사철로 군리(軍吏)와 사졸(士卒)이 일시에 대신하고 떠나고 새로운 자는 익숙하지 않아 만일 만이(蠻夷)가 변을 일으킨다면 누구와 더불어 그것을 막겠습니까. 옛날의 군사를 남겨두었다가 수확을 마치게 하고 절차에 따라서 돌려보내는 것만 같지 않습니다. 인궤는 마땅히 머무르고 아직은 돌아가서는 안 됩니다." 인원이 불가하다고 하고 말하였다. "나는 다만 칙령을 준수할 뿐이다." 인궤가 말하였다. "그렇지 않습니다. 진실로 나라에 이로움이 있다면 못할 것이 없는 것이 신하의 절의입니다." 인하여 편리하고 마땅한 것을 진술하고 머물러 있겠다고 원하자 조서로 허락하였다. 이로 말미암아 인원을 불충(不忠)하다고 여겼다. 처음에 인궤가 대방주(帶方州)에 부임하였을 때 사람들에게 일러 말하였다. "하늘이 장치 이 옹(翁)에게 부귀를 줄 뿐이져." 이에 반력(頒曆)과 종묘휘(宗廟諱)를 청하였는데, 어떠 이가 그 까닭을 물었다. 답하여 말하였다. "마땅히 요해(遼海)를 평정하여 본조의 정삭(正朔)

을 반시(頒示)할 것이다." 마침내 모두 말과 같아졌다. (『新唐書』 108 列傳 33 劉仁軌)

신라 백제 고구려

신은 폐하께서 곡진하게 장려해 주시면서 허물을 버려두고 녹용(錄用)해 주신데 힘입어 적발하고 천거하는 직임을 제수받았고 또 한 지방을 맡아 다스리는 직임을 맡게 되었습니다. 이에 항상 공을 세워서 그 은혜에 만분의 일이나마 보답할 생각을 품고 있으나, 지혜와 힘이 부족하여 이 곳에 머물러 있기만 한 채 공을 이룬 것이 없습니다. 다만 바다 바깥에 오래도록 있으면서 모집한 병사들은 매번 정벌하는 일에 따라 다녔으므로 군대의 일에 대해서는 실로 들은 바가 있습니다. 이에 서장을 갖추어 봉한 다음 아뢰니 삼가 상세히 살펴보아 주시기 바랍니다. 신이 보건대 현재 여기에 있는 모집한 병사들은 팔과 다리에 힘이 없는 자가 많고 용맹하고 건장하여 기운을 떨치는 자는 적습니다. 그런데다가 노약자들까지 겸하여 있으면 옷가지조차 없어서 오직 서쪽으로 돌아가기만을 바라고 있으면서 힘을 내어 공을 세울 마음은 없습니다. 신이 그들에게 물었습니다. '지난날에 중국에 있을 적에 보니 백성들이 사람들마다 모집에 응하면서 앞다투어 정벌하는 데에 참여하려고 하여 관가의 물품을 쓰지 않고 스스로 옷과 양식을 마련해 의로운 정벌에 참여하려고 하였다. 그런데 무슨 이유에서 현재 여기에 있는 모집한 병사들은 이처럼 나약한가'. 모두들 신에게 말하였습니다. '오늘날에는 관부(官府)가 예전과 같지 않으며 사람들의 마음 또한 변하였다. 정관(貞觀)이나 영휘(永徽) 연간에 동서로 정벌하는데 참여하여 나랏일에 목숨을 바친 자들은 모두 칙사가 조제(弔祭)하는 은혜를 입었고, 관직을 추증 받았다. 그리고 또한 죽어서 돌아온 자들에 대해서도 관작을 자제들에게 대신 내려주었다. 그런데 현경 5년(660) 이후로는 정벌에 참여했다가 죽은 자들에 대해서 다시는 관심을 두지 않았다. 그리고 전에 요해(遼海)를 건너갔던 자들은 곧바로 훈작과 관직은 얻었는데, 현경 5년 이후로는 자주 요해를 건너갔더라도 녹공(錄功)되지 못하였다. 그리고 주현에서 백성을 뽑아 병사를 충원함에 있어서는 몸이 젊고 건장한 사람이면서도 집에 재산이 있을 경우에는 관부에 뇌물을 바치고서 이리 저리로 도망하고 숨어서 모두 벗어날 수 있었으며 돈이 없는 자들은 비록 노약자고 하더라도 모두 등을 떠밀어 나가게 했다. 또 현경 5년에 내린 백제를 격파한데 대한 훈작 및 지난번에 평양으로 가서 고전한데 대한 훈작은 당시의 장군들이 호령을 내릴 적에는 모두 높은 관직과 중한 상을 주겠다고 하면서 백방으로 募兵하며 하지 않는 말이 없었다. 그런데 서쪽 해안에 도착한 뒤부터는 오직 창고를 채우고 금고(禁錮)시켰으며 상으로 준 것을 빼앗고 관작을 파하였으며 주현에서 세금을 내라고 다그쳐 머물러 살고자 하더라도 살 수가 없게 되었는 바, 공사(公私) 간에 곤폐를 당함이 이루 다 말할 수 조차 없다. 이에 바다 서쪽에서 출발하는 날에도 이미 자살하거나 도망치는 자가 있었으니 바다 바깥에 와서 비로소 도망치기 시작한 것이 아니다. 또 본디 정발하는데 참여해서 오직 훈작과 관직만 얻을 뿐, 끌려가서 고생하는 것은 백정(白丁)들과 더불어 차이가 없다. 백성들이 정벌하는데 참여하지 않으려고 하는 것은 여기에서 말미암은 것이다.' 폐하께서는 두 차례 군사를 일으켜 백제를 평정하였고 바다 바깥에 군사를 머물러 두어 진수하면서 고구려를 경략하게 하였습니다. 그러나 백성들에게 이와 같은 의논이 돌고 있으니, 공업(功業)을 성취하기기 어려울 것입니다. 신이 듣건대, 거문고의 소리가 조화롭지 못하면 줄을 팽팽하게 당기고, 정령을 반포하여 교화를 시행함에 있어서는 때에 따라서 적당하게 조처한다고 합니다. 상을 중하게 주고 벌을 밝게 시행하지 않으면 무슨 수로 공을 이룰 수 가 있겠습니까. 신이 또 물었습니다. '현재 여기에는 있는 모집한 병사들은 예전에는 5년간을 머물러 진수하면서도 오히려 생활할 수가 있었는데, 너희들은 이제 1년 밖에 안

지났는데도 무슨 이유에서 이처럼 곤궁하게 되었는가'. 모두들 말하였습니다. '집을 떠나 올 적에 1년을 지내는데 필요한 짐만 꾸려 가지고 왔는데, 집을 떠나 온 지가 이미 2년이나 되었다. 그리고 조양(朝陽)과 옹진(甕津)에 있으면서는 또 보내온 곡식이 바다를 건너는 도중에 풍랑을 만나 대부분 물에 가라앉았다.' 이에 신이 현제 있는 모집한 병사를 조사하여 옷이 없어서 겨울을 나기 어려운 자들에 대해서는 대군이 돌아갈 적에 남겨둔 옷가지를 나누어주어 장차 한 겨울은 그런대로 날 수 있게 하였습니다. 그러나 내년 가을 이후에는 다시는 가망이 없습니다. 폐하께서 만약 고구려를 멸망시키고자 한다면 백제 땅을 버려서는 안됩니다. 부여풍이 현재 북쪽에 있고 부여용이 남쪽에 있으며 고구려와 백제는 예전부터 서로를 성원하였고 왜인들은 비록 멀리 떨어져 있으나 역시 백제와 서로 호응하고 있습니다. 그러니 만약 백제에 군사를 남겨두지 않는다면 백제는 도로 한 나라가 될 것입니다. 또 백제를 진압하고 둔전(屯田)을 설치한 것은 군사들도 한 마음 한 뜻이 되어 일한데에 힘입는 것입니다. 그런데 지금 병사들 사이에 이미 이런 의논이 있으니, 전에 시행하던 대로 그대로 시행해서는 안됩니다. 모름지기 그들이 바다를 건너 원정한데 대한 관훈(官勳)과 백제를 평정하고 고구려를 정벌하러 간 데 대한 공훈을 돌려주어야만 할 것입니다. 그리고 이외에도 별도로 포상하고 위로하는 칙서를 내려서 모집해 온 군사들의 마음을 흥기시켜야만 합니다. 만약 오늘 이전에 시행하던 대로 그대로 조처한다면 신은 아마도 군사들이 늙고 지쳐서 공을 이루지 못하게 될까 염려스럽습니다. 신이 또 보건대 진(晉)나라 때 오(吳)나라를 평정한 일이 역사책에 모두 실려 있습니다. 안으로는 무제(武帝)와 장화(張華)가 있고 밖으로는 양우(羊祜)와 두예(杜預)가 있어서 전략을 짜고 계략을 물었으며 왕준(王濬)의 무리가 만리 밖에서 절충(折衝)하였습니다. 그런데도 누선(樓船)과 전함(戰艦)이 이미 석두(石頭)에 도착하여서는 가충(賈充)과 왕혼(王渾)의 무리가 오히려 장화를 참수하여 천하의 백성들에게 사죄하려고 했습니다. 그러자 무제가 대답하였습니다. '오나라를 평정하려는 계책은 짐의 뜻에서 나온 것으로, 장화는 짐의 의견에 동의한 것일 뿐 그의 본심이 아니다.' 옳고 그름이 같지 않아 서로 어긋나기가 이와 같은 것입니다. 그리고 오나라를 평정한 뒤에는 오히려 왕준을 포승으로 묶었는데 무제가 옹호해 준 덕분에 비로소 목숨을 보전할 수가 있었습니다. 만약 거룩하고 밝은 무제를 만나지 못했더라면 왕준은 목숨을 보전하지 못했을 것입니다. 신은 이 글을 읽을 적마다 가슴을 어루만지면서 길게 탄식을 토지하지 않는 적이 없었습니다. 삼가 생각건대 폐하께서는 이미 백제를 평정하였고 다시 고구려를 취하려고 하십니다. 그런데 모름지기 안과 밖이 한 마음이 되고 위와 아래가 함께 분발하게 한 다음, 빠뜨려진 계책이 없이 거행하여야만 비로소 성공할 수 있을 것입니다. 백성들에게 이미 이런 의논이 있으니 다시금 조처하는 것이 마땅합니다. 신은 이처럼 귀에 거슬리는 말을 폐하께 다 아뢸 사람이 없을까 염려스럽습니다. 저 자신을 돌아보건대 늙고 병듦이 날로 심해지고 있으니 앞으로 얼마나 더 살겠습니까. 갑작스럽게 죽게 된다면 구천(九泉)에서 원통함을 품고 있을 것입니다. 이에 간담을 피력하여 죽음을 무릅쓰고 폐하께 아뢰는 바입니다. (『全唐文』158 劉仁軌 陳破百濟軍事表)

고구려　　(겨울 10월) 이 달에 고려의 대신(大臣) 개금(蓋金)이 그 나라에서 죽었다. 자식들에게 유언하여 말하였다. "너희 형제는 화합하기를 고기와 물과 같이 하고 작위(爵位)를 다투지 말라. 만약 이렇게 하지 않는다면 반드시 이웃나라의 웃음거리가 될 것이다"라고 하였다. (『日本書紀』27 天智紀)

고구려　　(천지천황) 3년 10월 (『類聚國史』93 殊俗部 高麗)

백제　　　　12월 갑술(甲戌) 초하루, 을유일(12)에 곽무종(郭務悰) 등이 일을 마치고 돌아갔다. (『日本書紀』 27 天智紀)

백제　　　　12월에 하카토코(博德)가 객 등의 첩서(牒書) 1함을 받았는데, 함 위에 진서장군(鎭西將軍)이 적혀있었다. 일본진서축자대장군(日本鎭西筑紫大將軍)은 첩(牒)에 백제국대당행군총관(百濟國大唐行軍摠管)으로 되어 있다. 사인(使人) 조산대부 곽무종 등이 와서 첩을 펼쳐 보고 자세히 의취(意趣)를 살피니 이미 천자의 사신이 아니고 또 천사의 서가 아닌 오직 총관의 사신이었다. 이에 집사첩(執事牒)으로 삼고 첩은 사의(私意)라고 하였다. 오직 말로 아뢰라 하고 공사(公使)가 아니니 입경(入京)하지 않게 하였다고 한다. (후략) (『善隣国宝記』 上 海外國記)

백제　　　　인덕 초(664~665)에 인망(人望)으로 절충도위(折衝都尉)를 제수받아 웅진성(熊津城)에 군대를 주둔시켜 지켰는데, 크게 사중(士衆)이 기뻐하였다. (「黑齒常之墓誌銘」)

백제 고구려　인덕 원년에 근욱(靳勖)은 관직에 나아가 대방주녹사(帶方州錄事)에 임명되었다가, 얼마 후 예주사마(禮州司馬)로 옮겼다. 삼한이 풍속으로 인해 길을 달리 하니 국경을 접하고 있는 유주(幽州) 지역에서는 고구려의 성이 희미하게 보이는데, 봉화 연기가 낮에도 경계하고 있다. 큰 물결을 일으키며 흐르는 백랑수(白狼水)에서는 불을 뿜는 전함이 연기구름을 피워 올린다. 뭇 사람들 속에서 현명한 인재를 뽑을 때 군사에 심오한 자에게 일을 맡기고자 하였는데, 욱이 웅대한 계략으로 부응하여 왔으니 현묘한 선발이었다. 웅진도자총관(熊津軍子總管)을 제수하고 조의랑(朝議郎)·상주국(上柱國)·행건주소무현령(行建州邵武縣令)을 더하였다. (「靳勖 墓誌銘」: 『全唐文補遺』 3)

665(乙丑/신라 문무왕 5/고구려 보장왕 24/唐 麟德 2/倭 天智 4)

신라　　　　봄 2월에 중시(中侍) 문훈(文訓)이 나이가 많아 물러나자, 이찬(伊湌) 진복(眞福)을 중시로 삼았다. (『三國史記』 6 新羅本紀 6)

신라　　　　봄 2월에 신라의 중시 문훈이 나이가 많아 물러나자, 이찬 진복이 그를 대신하였다. (『三國史節要』 10)

신라　　　　(봄 2월) 이찬 문왕(文王)이 죽자, 왕자의 예(禮)로 장사지냈다. 당 황제가 사신을 보내 와서 조문하였으며 아울러 자줏빛 옷[紫衣] 한 벌과 허리띠 하나, 두껍고 얇은 채색 비단[彩綾羅] 100필, 생사(生絲)로 짠 옷감 2백 필을 보냈다. 왕이 당 사신에게 금과 비단을 더욱 후하게 보냈다. (『三國史記』 6 新羅本紀 6)

신라　　　　(봄 2월) 이찬 문왕이 죽자, 예로서 장사지냈다. 황제가 양동벽(梁冬碧)·임지고(任智高) 등을 보내 와서 조문하였으며 아울러 자줏빛 옷 한 벌과 허리띠 하나, 두껍고 얇은 채색 비단 100필, 생사로 짠 옷감 2백 필을 보냈다. 아울러 유신을 봉상정경(奉常正卿) 평양군(平壤郡) 개국공(開國公) 식읍(食邑) 2천 호(戶)에 책봉하였다. 왕이 당 사신에게 금과 비단을 후하게 보냈다. (『三國史節要』 10)

신라　　　　인덕 2년 고종이 사신 양동벽·임지고 등을 사신으로 보내 예물을 가져 왔다. 아울러 유신을 봉상정경 평양군 개국공 식읍 2천 호에 책봉하였다. (『三國史記』 43 列傳 3 金庾信 下)

백제　　　　(봄 2월) 이 달에 백제국의 관위(官位)와 계급을 바로잡아 고쳤다. 이는 좌평(佐平) 복신(福信)의 공 때문으로 귀실집사(鬼室集斯)에게 소금하(小錦下)를 제수했다[그의 본래의 관위는 달솔(達率)이었다]. 다시 백제의 백성 남녀 400여명을 아우미노쿠니 (近江國) 가무사키노코오리(神前郡)에서 살게 했다. (『日本書紀』27 天智紀)

백제   (3월) 이 달에 가무사키노코오리의 백제인에게 토지를 주었다. (『日本書紀』27 天智紀)

신라   (7월) 황제가 웅진도위(熊津都尉) 부여융(扶餘隆)과 신라왕 법민(法敏)에게 명령하여 옛 원한을 풀어 버리라고 했다. (『資治通鑑』201 唐紀 17 高宗)

신라 백제   신라별기(新羅別記)에 이른다. "문호왕 즉위 5년 을축(乙丑) 가을 8월 경자일(1)에 왕은 친히 대병을 이끌고 웅진성(熊津城)에 가서 가왕(假王) 부여융(扶餘隆)과 만나 단을 만들고 흰 말을 죽여 맹세하였다. 먼저 천신과 산천의 신령에게 제사를 지내고 그러한 뒤에 말의 피를 입술에 바르고 글을 지어 맹세하여 말하였다. '지난날에 백제의 선왕이 역리(逆理)와 순리(順理)에 어두워서 이웃 나라와 좋게 지내는데 힘쓰지 않고 인친(姻親)과 화목하지 않으며 고구려와 결탁하고 왜국과 교통하여 함께 잔인하고 포악하게 되어, 신라를 잠식하여 읍락을 파괴하고 성을 무너뜨려 대략 편안할 날이 없었다. 천자는 하나의 물건이라도 제 곳 잃음을 근심하고 백성이 해 입는 것을 불쌍히 여겨 여러 번 명을 내려 사신을 보내 사이좋게 지내기를 타일렀는데도 험함을 구실 삼고 멀리 있음을 믿어 하늘의 도리[天經]를 업신여겼다. 이에 황제가 크게 노해 삼가 정벌을 행하니, 깃발이 향하는 곳에서 한번 싸워 크게 평정하였다. 마땅히 궁택(宮宅)을 무너뜨려 연못을 만들어 후손들에게 본보기로 삼고 폐해의 근원을 뽑아 버려 후손에게 교훈을 남길 것이다. 복종하는 자는 회유하고 배반한 자를 정벌하는 것이 선왕의 법도이며, 망한 것은 흥하게 하고 끊어진 것은 잇게 함이 옛 성인들의 일반적 규범이다. 일은 반드시 옛 것을 본받는 것이 여러 이전의 책에 전해오기 때문에 전백제왕(前百濟王) 사가정경(司稼正卿) 부여융(扶餘隆)을 웅진 도독으로 삼아 그 나라의 제사를 받들게 하고 그 산천을 보전케 하니 신라에 의지하여 오랫동안 우호국[與國]이 되어 각기 묵은 감정을 제거하고 우호를 맺어 화친하라. 삼가 황제의 명을 받들어 영원토록 번복(藩服)이 되어라.' 이에 사자 우위위장군(右威衛將軍) 노성현공(魯城縣公) 유인원(劉仁願)을 보내어 친히 와서 권고하여 황제의 뜻을 자세히 선포한다. 혼인으로써 이를 약속하고 맹세로써 이를 펼치며 희생을 죽여 입술에 피를 바르고 함께 시작과 끝을 두텁게 할 것이며, 재앙을 나누고 근심을 구할 것이며, 은혜를 형제처럼 할 것이다. 삼가 윤언(綸言)을 받들어 감히 떨어뜨리지 말 것이며, 이미 맹세한 뒤에는 함께 오랫동안 보존할 것이다. 만약 어기거나 배반하여 그 덕을 갈라 군사를 일으키고 무리를 움직여 변경을 침범하면 신명이 이것을 보고 백가지 재앙을 바로 내려 자손은 기르지 못하고 사직은 잇지 못하며 제사는 끊어져 남는 것이 없을 것이다. 그러므로 금서철계(金書鐵契)를 만들어 그것을 종묘에 간직하여 자손만대 혹시라도 감히 어기지 말 것이며, 신은 이를 듣고 제물을 향유하고 복을 주소서." 맹세가 끝나자 폐백은 단의 북쪽 땅[壬地]에 묻고 맹세한 글은 대묘(大廟)에 간직하였다. 맹세한 글은 대방도독(帶方都督) 유인궤(劉仁軌)가 지은 것이다[위의 당사(唐史)의 글을 살펴보면 정방이 의자왕과 태자 융 등을 당의 서울로 보냈다고 하는데, 지금 부여왕 융이 회맹했다고 이르는 것은 바로 당 황제가 융을 용서하여 그를 백제로 보내 웅진도독으로 삼은 것을 알 수 있다. 그러므로 맹문에서 분명히 말하니, 이로써 증명이 된다]. (『三國遺事』1 紀異 1 太宗春秋公)

신라 백제   가을 8월 경자일(1)에 신라 왕과 칙사(勅使) 유인원(劉仁願), 웅진도독 부여융이 웅진의 취리산(就利山)에서 함께 맹약을 맺었다. 그 맹서의 글에서 말하였다. '지난날에 백제의 선왕이 역리(逆理)와 순리(順理)에 어두워서 이웃 나라와 좋게 지내는데 힘쓰지 않고 인친(姻親)과 화목하지 않으며 고구려와 결탁하고 왜국과 교통하여 함께 잔인하고 포악하게 되어, 신라를 잠식하여 읍락을 파괴하고 성을 무너뜨려 대략 편안할 날이 없었다. 천자는 하나의 물건이라도 제 곳 잃음을 근심하고 백성이 죄가 없음을 불쌍히 여겨 여러 번 명을 내려 사신을 보내 사이좋게 지내기를 타일렀는데도 험함을 구실 삼고 멀리 있음을 믿어 하늘의 도리[天經]를 업신여겼다. 이에 황제가 크게 노해 받들어 정벌을 행하니, 깃발이 향하는 곳에서 한번 싸워 크게 평정하였다. 진실로 궁택(宮宅)을 무너뜨려 연못을 만들어 후손들에게 본보기로 삼고 폐해의 근원을 뽑아 버려 후손에게 교훈을 남길 것이다. 그러나 복종하는 자는 회유하고 배반한 자를 정벌하는 것이 선왕의 법도이며, 망한 것은 흥하게 하고 끊어진 것은 잇게 함이 옛 성인들의 일반적 규범이다. 일은 반드시 옛 것을 본받는 것이 여러 이전의 책에 전해오기 때문에 전 백제 대사가정경 부여융을 웅진도독으로 삼아 그 나라의 제사를 받들게 하고 그 산천을 보전케 하니, 신라에 의지하여 오랫동안 우호국[與國]이 되어 각기 묵은 감정을 제거하고 우호를 맺어 화친하라. 각기 황제의 명을 받들어 영원토록 번복(藩服)이 되어라.' 이에 사자 우위위장군 노성현공 유인원을 보내어 친히 와서 권고하여 참으로 황제의 뜻을 선포한다. 혼인으로써 이를 약속하고 맹세로써 이를 펼치며 희생을 죽여 입술에 피를 바르고 함께 시작과 끝을 두텁게 할 것이며, 재앙을 나누고 근심을 구할 것이며, 은혜를 형제처럼 할 것이다. 삼가 윤언을 받들어 감히 떨어뜨리지 말 것이며, 이미 맹세한 뒤에는 함께 오랫동안 보존할 것이다. 만약 맹세를 배반함이 있어 그 덕을 갈라 군사를 일으키고 무리를 움직여 변경을 침범하면 신명이 이것을 보고 백가지 재앙을 바로 내려 자손은 기르지 못하고 사직은 잇지 못하며 제사는 끊어져 남는 것이 없을 것이다. 그러므로 금서철권(金書鐵券)을 만들어 그것을 종묘에 간직하여 자손만대 감히 어겨 죄를 범하지 말 것이며, 신은 이를 듣고 제물을 향유하고 복을 주소서." 맹세가 끝나자 폐백은 단의 북쪽 땅에 묻고 그 글은 신라의 종묘에 간직하였다. 이에 인궤가 신라의 사신 및 백제·躭羅·倭人 네 나라의 사신을 데리고 바다를 건너 서쪽으로 돌아가 泰山에 모여 제사지냈다. 부여융은 무리가 흩어질까 두려워하여 도한 당나라 서울로 돌아왔다. 후에 의봉(儀鳳) 연간(676~678)에 당에서 (부여융을) 웅진도독(熊津都督) 대방군왕(帶方郡王)으로 삼아 고국으로 돌아가 남아있는 무리를 안집(安輯_하게 하였다. 이어 안동도호부(安東都護府)를 신성(新城)에 옮겨 통할하게 하였다. 이 때 부여융은 신라의 강성함을 두려워하여 감히 구국(舊國)에 돌아가지 못하고 고구려에서 머물다 죽었다.

권근(權近)이 논하였다. 백제의 시조는 그 계통이 부여(扶餘)에서 나왔는데, 그 곳을 피하여 남쪽으로 내려와서 나라를 세우고 왕이 되어 자손 대대로 계승하여 거의 700년을 전했으니 그 자손에게 끼친 계책이 아름답지 않다고 할 수는 없다. 그런데 그 말년에 이르러 사치와 탐욕이 극단에 달하였고 함부로 공역(功役)을 일으켰으며 제멋대로 법도를 무너뜨리고 충량(忠良)한 자를 억울하게 죽였다. 또 이웃 나라와 대대로 원수가 되어 군사를 일으켜 침략하여 境內의 백성들이 거의 편안한 해가 없었다. 또 중국을 예로써 섬기지 못하여 마침내 군사를 일으켜 죄를 묻는데 이르러 그 몸은 부로(俘虜)가 되었고 종묘는 구허(丘墟)가 되었으니, 또한 후세의 경계가 될 것이다. (『三國史節要』10)

신라 백제　가을 8월에 왕과 칙사 유인원, 웅진도독 부여융이 웅진의 취리산에서 함께 맹약을 맺었다. 일찍이 백제는 부여장(扶餘璋) 때부터 고구려와 연합하여 화친하였으며 여러 번 우리 영토를 쳐들어왔다. 우리가 사신을 보내 [당에] 들어가 조공하고 구원을 요청한 것이 길에서 서로 볼 정도였다. 소정방(蘇定方)이 이미 백제를 평정하고 군사를 돌리자 남은 무리들이 또 반란을 일으켰다. 왕은 진수사(鎭守使) 유인원, 유인궤(劉仁軌) 등과 함께 여러 해 동안 공략하여 점령하고 다스렸으며 점차 그것을 평정하였다. 당 고종이 부여융에게 조칙(詔勅)을 내려 돌아가 남은 무리를 달래고 우리와 서로 화친하라고 명령하였다. 이에 이르러 흰 말을 죽여 맹세하였는데, 먼저 하늘의 신과 땅의 신, 내와 골짜기 신에게 제사지낸 뒤에 그 피를 입술에 발랐다. 그 맹세한 글에서 말하였다. "지난날에 백제의 선왕이 역리와 순리에 어두워서 이웃 나라와 좋게 지내는데 힘쓰지 않고 인친(姻親)과 화목하지 않으며 고구려와 결탁하고 왜국과 교통하여 함께 잔인하고 포악하게 되어 신라를 잠식하여 읍락을 파괴하고 성을 무너뜨려 대략 편안한 세월이 없었다. 천자는 하나의 물건이라도 제 곳 잃음을 근심하고 백성이 죄가 없음을 불쌍히 여겨 여러 번 명을 내려 사신을 보내 사이좋게 지내기를 타일렀는데도 험함을 구실 삼고 멀리 있음을 믿어 하늘의 도리를 업신여겼다. 이에 황제가 크게 노해 받들어 정벌을 행하니, 깃발이 향하는 곳에서 한번 싸워 크게 평정하였다. 진실로 궁택(宮宅)을 무너뜨려 연못을 만들어 후손들에게 본보기로 삼고 폐해의 근원을 뽑아 버려 후손에게 교훈을 남길 것이다. 그러나 복종하는 자는 회유하고 배반한 자를 정벌하는 것이 선왕의 법도이며, 망한 것은 흥하게 하고 끊어진 것은 잇게 함이 옛 성인들의 일반적 규범이다. 일은 반드시 옛 것을 본받는 것이 여러 이전의 책에 전해오기 때문에 전 백제 대사가정경 부여융을 웅진도독으로 삼아 그 나라의 제사를 받들게 하고 그 옛 땅을 보전케 하니, 신라에 의지하여 오랫동안 우호국[與國]이 되어 각기 묵은 감정을 제거하고 우호를 맺어 화친하라. 각기 황제의 명을 받들어 영원토록 번복(藩服)이 되어라.' 이에 사자 우위위 장군 노성현공 유인원을 보내어 친히 와서 권고하여 참으로 황제의 뜻을 선포한다. 혼인으로써 이를 약속하고 맹세로써 이를 펼치며 희생을 죽여 입술에 피를 바르고 함께 시작과 끝을 두텁게 할 것이며, 재앙을 나누고 근심을 구할 것이며, 은혜를 형제처럼 할 것이다. 삼가 윤언을 받들어 감히 떨어뜨리지 말 것이며, 이미 맹세한 뒤에는 함께 오랫동안 보존할 것이다. 만약 맹세를 배반함이 있어 그 덕을 갈라 군사를 일으키고 무리를 움직여 변경을 침범하면 신명이 이것을 보고 백가지 재앙을 바로 내려 자손은 기르지 못하고 사직은 지킬 수 없으며 제사는 끊어져 남는 것이 없을 것이다. 그러므로 금서철권(金書鐵券)을 만들어 그것을 종묘에 간직하여 자손만대 감히 어겨 죄를 범하지 말 것이며, 신은 이를 듣고 제물을 향유하고 복을 주소서." 유인궤의 글이다. 맹세가 끝나자 폐백은 단의 북쪽 땅에 묻고 그 글은 우리의 종묘에 간직하였다. (『三國史記』 6 新羅本紀 6)

백제 신라   인덕 2년에 신라왕과 웅진성에서 만나 흰말을 잡아 맹세하였는데, 인궤가 맹세의 글을 지었다. 이에 금서철계를 만들어 신라의 종묘 안에 간직하였는데, 맹세의 글은 신라기(新羅紀) 안에 보인다. 인원 등이 돌아가자 융은 무리가 흩어짐을 두려워하여 또한 서울로 돌아갔다. (『三國史記』 28 百濟本紀 6)

신라 백제   (인덕 원년에 이르러) (…) 또 취리산(就利山)에 제단을 쌓고 칙사 유인원을 상대로 피를 마시고 서로 맹세하여 산과 강으로 서약하였고 경계를 긋고 푯말을 세워 영원히 국경으로 삼아 백성을 머물러 살게 하고 각기 생업을 꾸려가게 하였습니다. (…) (『三國史記』 7 新羅本紀 7)

신라 백제   (인덕 원년) (…) 또 취리산에 제단을 쌓고 칙사 유인원을 상대로 피를 마시고 서로 맹세하여 산과 강으로 서약하였고 경계를 긋고 푯말을 세워 영원히 국경으로 삼아 백성을 머물러 살게 하고 각기 생업을 꾸려가게 하였습니다. (『三國史節要』 10)

신라 백제   8월 임자일(13) 웅진성(熊津城)에서 동맹하였다. (『資治通鑑』 201 唐紀 17 高宗)
신라 백제   대당 인덕 2년 가을 8월에 칙사 유인원, 신라왕 및 백제 융이 취리산에서 맹세하였다. 그 맹서문에 말하였다. "대당 인덕 2년 세차(歲次) 기축 8월 경자 초하루 13일 임자일에 계림주대도독 좌위대장군 개부의동삼사 주국 신라왕 김법민과 사가정경 행웅진주도독 부여융 등이 감히 황천(皇天)·후토(后土)·산곡지기(山谷神祇)에게 명백히 밝힙니다. 지난날에 백제의 선왕이 역리와 순리에 어두워서 이웃 나라와 좋게 지내는데 힘쓰지 않고 인친(姻親)과 화목하지 않으며 고구려와 결탁하고 왜국과 교통하여 함께 잔인하고 포악하여, 신라를 잠식하여 읍락을 파괴하고 성을 무너뜨려 대략 편안할 날이 없었다. 천자는 하나의 물건이라도 제 곳 잃음을 근심하고 백성이 죄가 없음을 불쌍히 여겨 여러 번 명을 내려 사신을 보내 사이좋게 지내기를 타일렀는데도 험함을 구실 삼고 멀리 있음을 믿어 하늘의 도리를 업신여겼다. 이에 황제가 크게 노해 받들어 정벌을 행하니, 깃발이 향하는 곳에서 한번 싸워 크게 평정하였다. 진실로 궁택(宮宅)을 무너뜨려 연못을 만들어 후손들에게 본보기로 삼고 폐해의 근원을 뽑아 버려 후손에게 교훈을 남길 것이다. 그러나 복종하는 자는 회유하고 배반한 자를 정벌하는 것이 선왕의 법도이며, 망한 것은 흥하게 하고 끊어진 것은 잇게 함이 옛 성인들의 일반적 규범이다. 일은 반드시 옛 것을 본받아는 것이 여러 이전의 책에 전해오기 때문에 전 백제 태자 사가정경 부여융을 웅진도독으로 삼아 그 나라의 제사를 받들게 하고 그 산천을 보전케 하니, 신라에 의지하여 오랫동안 우호국[與國]이 되어 각기 묵은 감정을 제거하고 우호를 맺어 화친하라. 삼가 황제의 명을 받들어 영원토록 번복(藩服)이 되어라.' 이에 사자 우위위장군 노성현공 유인원을 보내어 친히 와서 권고하여 참으로 황제의 뜻을 선포한다. 혼인으로써 이를 약속하고 맹세로써 이를 펼치며 희생을 죽여 입술에 피를 바르고 함께 시작과 끝을 두텁게 할 것이며, 재앙을 나누고 근심을 구할 것이며, 은혜를 형제처럼 할 것이다. 삼가 윤언을 받들어 감히 떨어뜨리지 말 것이며, 이미 맹세한 뒤에는 함께 오랫동안 보존할 것이다. 만약 맹세를 배반함이 있어 그 덕을 갈라 군사를 일으키고 무리를 움직여 변경을 침범하면 신명이 이것을 보고 백가지 재앙을 바로 내려 자손은 기르지 못하고 사직은 잇지 못하며 제사는 끊어져 남는 것이 없을 것이다. 그러므로 금서철권(金書鐵券)을 만들어 그것을 종묘에 간직하여 자손만대 감히 어겨 죄를 범하지 말 것이며, 신은 이를 듣고 제물을 향유하고 복을 주소서." (『天地瑞祥志』20 盟誓)

신라 백제   인덕 2년 8월에 융(隆)이 웅진성에 이르러 신라왕 법민과 함께 흰 말을 죽여 맹세하였는데, 먼저 하늘의 신과 땅의 신, 내와 골짜기 신에게 제사지낸 뒤에 그 피를 입술에 발랐다. 그 맹세한 글에서 말하였다. "지난날에 백제의 선왕이 역리와 순리에 어두워서 이웃 나라와 좋게 지내는데 힘쓰지 않고 인친(姻親)과 화목하지 않으며 고구려와 결탁하고 왜국과 교통하여 함께 잔인하고 포악하게 되어, 신라를 잠식하여 읍락을 파괴하고 성을 무너뜨려 대략 편안할 날이 없었다. 천자는 하나의 물건이라도 제 곳 잃음을 근심하고 백성이 죄가 없음을 불쌍히 여겨 여러 번 명을 내려 사신을 보내 사이좋게 지내기를 타일렀는데도 험함을 구실 삼고 멀리 있음을 믿어 하늘의 도리를 업신여겼다. 이에 황제가 크게 노해 받들어 정벌을 행하니, 깃발이 향하는 곳에서 한번 싸워 크게 평정하였다. 진실로 궁택(宮宅)을 무너뜨려 연못을 만들어 후손들에게 본보기로 삼고 폐해의 근원을 뽑아 버려 후손에게 교훈을 남길 것이다. 그러나 복종하는 자는 회유하고 배반한 자를 정벌하는 것이 선왕의 법도이며, 망한 것은 흥하게 하고 끊어진 것은 잇게 함이 옛 성인들의 일반적 규범이다. 일은 반드시 옛 것을 본받아는 것이 여러 이전의 책에 전해오기 때문에 전 백제 태자 사가정경 부여융을 웅진도독으로 삼아 그 나라의 제사를 받들게 하고 그 옛 땅을 보전케 하니, 신라에 의지하여 오랫동안 우호국[與國]이 되어 각기 묵은 감정을 제거하고 우호를 맺어 화친하라. 삼가 황제의 명을 받들어 영원토록 번복(藩服)이 되어라.' 이에 사자 우위위장군 노성현공 유인원을 보내어 친히 와서 권고하여 참으로 황제의 뜻을 선포한다. 혼인으로써 이를 약속하고 맹세로써 이를 펼치며 희생을 죽여 입술에 피를 바르고 함께 시작과 끝을 두텁게 할 것이며, 재앙을 나누고 근심을 구할 것이며, 은혜를 형제처럼 할 것이다. 삼가 윤언을 받들어 감히 떨어뜨리지 말 것이며, 이미 맹세한 뒤에는 함께 오랫동안 보존할 것이다. 만약 맹세를 배반함이 있어 그 덕을 갈라 군사를 일으키고 무리를 움직여 변경을 침범하면 신명이 이것을 보고 백가지 재앙을 바로 내려 자손은 기르지 못하고 사직은 잇지 못하며 제사는 끊어져 남는 것이 없을 것이다. 그러므로 금서철권(金書鐵券)을 만들어 그것을 종묘에 간직하여 자손만대 감히 어겨 죄를 범하지 말 것이며, 신은 이를 듣고 제물을 향유하고 복을 주소서." 유인궤의 글이다. 맹세가 끝나자 폐백은 단의 북쪽 땅]에 묻고 그 글은 신라의 종묘에 간직하였다. 인원·인궤 등이 이미 돌아오자, 융은 신라를 두려워하여 곧 서울[京師]로 돌아왔다. (『舊唐書』 199上 列傳 149上 東夷 百濟)

신라 백제   (당) 고종 인덕 2년 8월 개부의동삼사 신라왕 김법민과 웅진도위 부여륭이 백제의 웅진성에서 맹세하였다. 앞서 백제는 부여장(扶餘璋) 때부터 고구려와 연화(連和)하여 자주 신라의 땅을 침입하였다. 신라는 사신을 보내 입조하여 구원해 주기를 청하였는데 길에서 서로 만났다. 소정방이 이미 백제를 평정하고 군사를 돌렸는데, 남은 무리가 또 반란을 일으켜 유인궤와 유인원 등으로 하여금 진수하게 하고 경략한지 수년이 지나 점점 평온해졌다. 조서를 내려 부여융에게 돌아가 남은 무리를 위무하게 함에 미쳐 신라와 화호(和好)하게 하였다. 이에 이르러 흰 말을 죽여 먼저 신기(神祇) 및 천곡(川谷)의 신에게 제사지내고 이후에 피를 입가에 발랐다. 그 맹문(盟文)에서 말하였다. "지난날에 백제의 선왕이 역리와 순리에 어두워서 이웃 나라와 좋게 지내는데 힘쓰지 않고 인친(姻親)과 화목하지 않으며 고구려와 결탁하고 왜국과 교통하여 함께 잔인하고 포악하여, 신라를 잠식하여 읍락을 파괴하고 도성을 무너뜨려 대략 편안할 날이 없었다. 천자는 하나의 물건이라도 제 곳 잃음을 근심하고 백성이 죄가 없음을 불쌍히 여겨 여러 번 명을 내려 사신을 보내 사이좋게 지내기를 타일렀는데도 험함을 구실 삼고 멀리 있음을 믿어 하늘의 도리를 업신여겼다. 이에 황제가 크게 노해 받들어 정벌을 행하니, 깃발이 향하는 곳에서 한번 싸워 크게 평정하였다. 진실로 궁택(宮宅)을 무너뜨려 연못을 만들어 후손들에게 본보기로 삼고 폐해의 근원을 뽑아 버려 후손에게 교훈을 남길 것이다. 그러나 복종하는 자는 회유하고 배반한 자를 정벌하는 것이 선왕의 법도이며, 망한 것은 흥하게 하고 끊어진 것은 잇게 함이 옛 성인들의 일반적 규범이다. 일은 반드시 옛 것을 본받는 것이 여러 이전의 책에 전해오기 때문에 전 백제 사가정경 부여융을 웅진도독으로 삼아 그 나라의 제사를 받게 하고 그 산천을 보전케 하니, 신라에 의지하여 오랫동안 우호국[與國]이 되어 각기 묵은 감정을 제거하고 우호를 맺어 화친하라. 각기 황제의 명을 받들어 영원토록 번복(藩服)이 되어라.' 이에 사자 우위위장군 노성현공 유인원을 보내어 친히 와서 권고하여 참으로 황제의 뜻을 선포한다. 혼인으로써 이를 약속하고 맹세로써 이를 펼치며 희생을 죽여 입술에 피를 바르고 함께 시작과 끝을 두텁게 할 것이며, 재앙을 나누고 근심을 구할 것이며, 은혜를 형제처럼 할 것이다. 삼가 윤언을 받들어 감히 떨어뜨리지 말 것이며, 이미 맹세한 뒤에는 함께 오랫동안 보존할 것이다. 만약 맹세를 배반함이 있어 그 덕을 갈라 군사를 일으키고 무리를 움직여 변경을 침범하면 신명이 이것을 보고 백가지 재앙을 바로 내려 자손은 기르지 못하고 사직은 잇지 못하며 제사는 끊어져 남는 것이 없을 것이다. 그러므로 금서철권(金書鐵券)을 만들어 그것을 종묘에 간직하여 자손만대 감히 어겨 죄를 범하지 말 것이며, 신은 이를 듣고 제물을 향유하고 복을 주소서." 유인궤의 글이다. 맹세가 끝나자 폐백은 단의 북쪽 땅]에 묻고 그 글은 신라의 종묘에 간직하였

다. (『册府元龜』981 外臣部 26 盟誓)

신라 백제	인덕 2년 8월 법민과 웅진도독 부여융이 백제의 웅진성에서 맹세하였고 그 맹서의 글을 신라의 종묘에 간직하였다. (『唐會要』95 新羅)
신라 백제	인덕 2년에 부여융이 신라왕과 웅진성에서 만나 백마를 죽여 맹세하였다. 인궤가 맹세의 글을 작성하였다. "지난날 백제의 선왕이 역리와 순리를 돌아보지 않아 이웃과 돈독하지 못하였고 친척과 화목하지 못하였으며, 고구려·왜와 함께 신라를 침삭하여 읍을 깨뜨리고 성을 도륙하였다. 천자께서 백성이 죄가 없음을 가련히 여겨 사신을 보내 우호를 닦으라고 명령하였으나, 선왕은 지세가 험하고 먼 것을 믿어 업신여기고 받들지 않았다. 황제께서 이에 분노하여 이들을 쳐서 평정하였다. 다만 망하는 것을 일으켜 주고 끊어지는 것을 이어주는 것이 왕자(王者)의 법칙이다. 그러므로 전태자(前太子) 융을 세워 웅진도독으로 삼아 그 나라의 제사를 받들게 하고 신라에 의지하여 오랫동안 우호국이 되어 우호를 다져 원한을 잊고 천자의 명을 받들어 영원한 번족이 되라. 우위위장군 노성현공 인원이 이 맹서에 친히 왔으니, 그 덕이 갈라지고 군사를 일으켜 무리를 움직인다면, 신명(神明)이 이를 보고 온갖 재앙을 내려 자손이 번창하지 못하여 사직을 지킬 수 없게 될 것이니, 세세토록 삼가 어기지 말지라." 이에 금서철계를 만들어 신라의 종묘에 간직하였다. 인원 등이 돌아오자, 융은 유민들이 분산하는 것을 두려워하여 또한 경사(京師)로 돌아왔다. (『新唐書』220 列傳 145 東夷 百濟)
신라 백제	인덕 2년에 그 왕 법민과 용진도독(龍津都督) 부여융이 백제의 웅진성에서 맹세하였다. 그 맹세의 글은 백제의 종묘에 간직하였다. (『太平寰宇記』174 四夷 3 東夷 3 新羅國)
신라 백제	"지난날에 백제의 선왕이 역리와 순리에 혼미하여, 이웃과 우호가 돈독하지 못했으며, 친척과 화목하게 지내지 못하였다. 고구려와 결탁하고 왜국과 교통하여 그들과 함께 잔폭하였으며, 신라에 침략하여 읍을 깨뜨리고 성을 도륙하니, 잠시도 편안할 날이 없었다. 천자께서는 하나의 물건이라도 없어지는 것을 불쌍히 여기시고, 백성이 무고하게 고통받는 것을 가엾게 여기시어, 자주 사신을 보내어 우호를 닦으라고 명하였다. 그러나 지세가 험준하고 도로가 먼 것만 믿고 하늘의 도리를 업신여겨 태만히 하였다. 황제께서 이에 분노하시어 죄인을 치고 백성을 위로하는 일을 삼가 거행하시니, 정기(旌旗)가 나가는 곳에 한 번의 싸움으로 모두가 평정되었다. 진실로 궁궐은 못을 파고 집은 웅덩이를 파서 뒷날의 경계를 삼고, 폐단의 근원을 뿌리째 뽑아 다음 사람에게 훈계를 남겨야 될 일이다. 그러나 약한 자를 감싸 주고 배반하는 자를 토벌하는 것이 전왕의 아름다운 법도요, 망한 자를 일으켜 주고 끊어진 나라를 이어주는 것은 옛 철인(哲人)의 통규(通規)이다. 일은 반드시 옛 것을 본받아야 한다는 것이 여러 史册에 전하여 오고 있다. 그런 까닭에 전백제태자 사가정경 부여융을 세워 웅진도독으로 삼아서 제사를 받들고 그의 고장을 보존하게 하였다. 신라에 의존하여 영원한 동맹국으로서 각자 묵은 감정을 버리고 굳고 화친하라. 조명(詔命)을 공손히 받들고 영원한 번국이 되라. 그리하여 사신 좌위위장군 노성현공 유인원을 보내어 침림(親臨)하여 타이르고 깨우침과 아울러 짐의 뜻을 널리 펴게 하노니, 혼인으로 약속하고 맹서로 다짐한다. 희생을 잡아 피를 마시는 것은 우호를 처음부터 끝까지 돈독히 하기 위함이니, 재앙은 나누어 갖고 환란을 당하여서는 서로 구제하여 은의가 형제와 같이 지내도록 하라. 윤언(綸言)을 공손히 받들어 함부로 저버리지 말며, 맹서를 하고 나서는 다같이 언제고 변함이 없으라. 만약 마음이 변하여 신의를 저버리고 군사를 일으켜 국경을 침범하는 일이 있다면, 신명(神明)께서 이를 보고 온갖 재앙을 내려서 자손이 번창하지 않게 되어 사직을 지킬 사람이 없게 될 것이며, 제사는 끊어지고 남아나는 유족은 없게 될 것이다. 그러므로 금서철계

를 만들어 종묘에 간직하는 것이니, 자손만대토록 행하여 범함이 없어야 한다. 신명이 듣고 있으니 이로서 누릴 복이 결정되리라."(『全唐文』158 劉仁軌 盟新羅百濟文)

신라 백제 탐라
(8월 임자일(13)) 유인궤(劉仁軌)는 신라·백제·탐라(耽羅)·왜국(倭國)의 사신과 바다에 배를 띄우고 서쪽으로 돌아와, 마침내 태산(泰山)에서 제사지내는 일에 모이게 했다. (『資治通鑑』201 唐紀 17 高宗)

신라 백제 탐라
(가을 8월) 이에 인궤는 우리 사신 및 백제, 탐라, 왜 등 네 나라의 사신을 거느리고 바다를 건너 서쪽으로 돌아가 마침내 태산에서 제사지냈다. (『三國史記』6 新羅本紀 6)

신라 백제 탐라
(인덕 2년 8월) 대방주자사(帶方州刺史) 유인궤가 신라·백제·탐라·왜인 4국의 사신을 거느리고 바다에 배를 띄우고 서쪽으로 돌아와 대산(大山)의 아래에 이르렀다. (『唐會要』95 新羅)

신라 백제 탐라
(당 고종 인덕 2년 8월) 이에 인궤가 신라·백제·탐라·왜인 네 나라의 사신을 거느리고 바다를 건너 서쪽으로 돌아가 태산 아래에 이르렀다. (『册府元龜』981 外臣部 26 盟誓)

신라 백제 탐라
인덕 2년에 태산에서 봉제사를 지냈다. 인궤가 신라 및 백제, 탐라, 왜 네 나라의 추장(酋長)을 거느리고 회합에 이르렀다. 고종이 매우 기뻐하여 대사헌(大司憲)으로 탁배(擢拜)하였다. (『舊唐書』84 列傳 34 劉仁軌)

신라 백제 탐라
(인덕 2년) 이에 대방주 자사(帶方州刺史) 유인궤가 신라·백제·담라(儋羅)·왜인 네 나라의 사신을 거느리고 바다를 건너 돌아가 태산 아래에 이르렀다. (『太平寰宇記』174 四夷 3 東夷 3 新羅國)

신라 백제 탐라
(…) 공의 이름은 적(勣)이고 자는 무공(懋功)이며 본래 성씨는 서씨로 고평(高平)의 이름난 가문이다. (…) 인덕 2년이다. 태산에 일이 있자 특별히 조서를 내려 공을 봉선대사(封禪大使)로 삼았다. (「大唐故司空太子太師贈太衛揚州大都督上柱國英國公勣墓誌銘并」)

신라 백제 탐라
태산에 봉 제사를 지냄에 미처 인궤는 이에 신라·백제·담라·왜 4국의 추장을 거느리고 회합에 나갔다. 천자가 크게 기뻐하여 대사헌(大司憲)으로 발탁하였다. (『新唐書』108 列傳 33 劉仁軌)

탐라
천지천황 4년 가을 8월 (『類聚國史』99 殊俗部 耽羅)

고구려
(8월 임자일(13)) 고려도 태자(太子) 복남(福男)을 보내 와서 제사지내는데 시중들게 하였다. (『資治通鑑』201 唐紀 17 高宗)

신라
(가을 8월) 왕자 정명(政明)을 세워 태자로 삼고 크게 사면하였다. (『三國史記』6 新羅本紀 6)

신라
(가을 8월) 신라 왕이 아들인 정명을 세워 태자로 삼고 크게 사면하였다. (『三國史

節要』10)

백제 탐라   가을 8월에 달솔(達率) 답발춘초(答炑春初)를 보내 나가토노쿠니(長門國)에 성을 쌓게 했다. 달솔(達率) 억례복류(憶禮福留), 달솔 사비복부(四比福夫)를 츠쿠시노쿠니(筑紫國)에 보내 오노(大野)와 기(椽) 2성을 쌓았다. 탐라(耽羅)가 사신을 보내어 와서 조공하였다. (『日本書紀』27 天智紀)

백제   9월 경오(庚午) 초하루 임진일(23)에 당나라가 조산대부(朝散大夫)·기주사마(沂州司馬)·상주국(上柱國) 유덕고(劉德高) 등을 보냈다[등(等)은 우융위랑장(右戎衛郎將)·상주국 백제 예군(禰軍), 조산대부·주국(柱國) 곽무종(郭務悰)을 말하는데, 모두 254명이다. 7월 28일에 쓰시마(對馬)에 이르렀고 9월 20일에 츠쿠시(筑紫)에 이르렀으며 22일 표문이 든 함(函)을 올렸다]. (『日本書紀』27 天智紀)

고구려   (10월) 계해일(24)에 고려왕 고장(高藏)이 그 아들 복남(福南)을 보내 와서 조회하였다. (『舊唐書』4 本紀 4 高宗 上)

고구려   『구당서(舊唐書)』 본기(本紀)에 전한다. "인덕 2년 10월 계해일(24)에 고려왕 고장이 그 아들 복남을 보내 와서 조회하였다." (『太平御覽』110 皇王部 35 唐 高宗天皇大帝)

고구려   (10월) 병인일(27)에 황상이 동도(東都)를 출발하였는데, 거가(車駕)를 따르는 문무의 의장(儀仗)이 수백 리를 끊이지 않았다. 영채(營寨)와 천막(天幕)을 벌려 놓은 것이 들에 가득 펼쳐져 있었다. 동쪽으로는 고려에서부터, 서쪽으로는 파사(波斯: 이란 고원)와 오장(烏長: 인도 서북부)의 여러 나라에 이르기까지 조회(朝會)하고자 모인 사람은 각기 그 속한 호종(扈從)을 거느리고 양탄자로 천막을 쳤고 소·양·낙타가 도로를 메웠다. 이 때에는 매년 풍년이 들어서 쌀은 한 말에 5전(錢)에 이르렀고 보리와 콩은 시장에 들어놓지도 못하였다. (『資治通鑑』201 唐紀 17 高宗)

고구려   (10월) 정묘일(28)에 장차 태산(泰山)에서 봉(封)제사를 지내려고 동도(東都)로부터 출발했다. (『舊唐書』4 本紀 4 高宗 上)

신라 백제 고구려

   (인덕) 2년 10월 정묘일(28)에 동도에 황제가 동도를 출발하여 동악(東嶽)으로 갔는데, 어가(御駕)를 따르는 문무신하와 병사들 및 의장(儀仗)과 법물(法物)이 수백리나 서로 이어졌으며, 늘어선 군영과 설치한 장막이 들판에 죽 늘어서 있었다. 돌궐(突闕)·우전(于闐)·파사(婆娑)·천축국(天竺國)·계빈(罽賓)·오장(烏萇)·곤륜(崑崙)·왜국 및 신라·백제·고구려 등 제번(諸藩)의 추장(酋長)들이 각각 그 족속을 거느리고 호종하였다. 궁로(穹盧)와 전장(氈帳) 및 소와 양과 낙타와 말이 길을 꽉 메웠다. 이 때에는 자주 풍년이 들어 쌀 한 말값이 5전이었으며, 콩이나 보리 등은 시장에 내놓지조차 못하였다. 의논하는 자들은 예로부터 제왕들이 봉선(封禪)함에 있어서 이와 같이 성대한 적은 없었다고들 하였다. (『冊府元龜』36 帝王部 36 封禪 2)

백제   11월 기사(己巳) 초하루, 신사일(13)에 유덕고 등에게 잔치를 베풀었다. (『日本書紀』27 天智紀)

백제   12월 무술(戊戌) 초하루, 신해일(14)에 유덕고 등에게 물건을 내렸다. (『日本書紀』27 天智紀)

백제	(12월) 이 달에 유덕고 등이 일을 마치고 돌아갔다. (『日本書紀』 27 天智紀)
신라	겨울에 일선주(一善州)와 거열주(居列州) 2주의 백성에게 군대에 쓸 물건을 하서주(河西州)로 옮기게 하였다. (『三國史記』 6 新羅本紀 6)
신라	겨울에 신라에서 일선주와 거열주 2주의 백성에게 군대에 쓸 물건을 하서주(河西州)로 옮기게 하였다. (『三國史節要』 10)
신라	(겨울) 비단은 옛날에는 10심(尋)을 1필(匹)로 하였는데, 길이 7보 너비 2자를 1필로 삼도록 고쳤다. (『三國史記』 6 新羅本紀 6)
신라	(겨울) 비단[絹布]의 길이와 넓이를 고쳐서 정했다. 비단은 옛날에는 10심을 1필로 하였는데, 길이 7보 너비 2자를 1필로 삼도록 고쳤다. (『三國史節要』 10)
신라	(겨울) 신라에서 상주(上州)와 하주(下州)의 땅을 나누어 삽량주(歃良州)를 두었다. (『三國史節要』 10)
신라	양주(良州)는 문무왕 5년, 인덕 2년에 상주와 하주의 땅을 나누어 삽량주를 두었다. 신문왕 7년에 성을 쌓았는데, 둘레는 1천 2백 60보였다. 경덕왕 때 이름을 고쳐 양주로 하였고 지금은 양주(梁州)이다. 거느리는 현은 1개이다. 헌양현(巘陽縣)은 본래 거지화현(居知火縣)이었는데, 경덕왕대 이름을 고쳤으며 지금도 그것을 따른다. (『三國史記』 34 雜志 3 地理 1)
신라	(…) 살펴보면 인덕 2년 중에 문무왕이 상주와 하주의 땅을 나누어 삽량주를 두었다. 즉 하주는 지금의 창녕군(昌寧郡)이고, 압량군은 본래 하주의 속현이다. 상주는 곧 지금의 상주(尙州)로 혹은 상주(湘州)라고도 한다. 불지촌은 지금의 자인현(慈仁縣)에 속하는데, 곧 압량군에서 나뉘어진 곳이다. (…) (『三國遺事』 4 義解 5 元曉不羈)
신라	석혜통(釋惠通)은 씨족을 자세히 알 수 없는데, 출가하기 전에 집이 남산 서쪽 은천동(銀川洞)의 어귀 지금의 남간사(南澗寺) 동쪽 마을이다.에 있었다. 어느 날 동쪽 시내 가에서 놀다가 수달 한 마리 잡아서 죽이고 뼈를 동산 안에 버렸다. 이튿날 아침 그 뼈가 사라졌는데 핏자국을 따라서 찾아가니 뼈는 원래 살던 굴로 돌아가서 새끼 다섯을 품고 웅크리고 있었다. 혜통이 그것을 바라보고 놀라고 이상하게 여기기를 오래 하였다. 감탄하고 망설이다가 문득 속세를 버리고 출가하여 이름을 혜통으로 바꾸었다. 당나라에 가서 무외삼장(無畏三藏)을 찾아가서 배우기를 청하니 삼장이 말하기를 "외딴 오랑캐[嵎夷] 사람이 어찌 법기(法器)를 감당하겠는가"라고 하고 마침내 가르쳐 주지 않았다. 혜통은 가벼이 물러가지 않고 3년이나 부지런히 섬겼으나 그래도 허락하지 않았다. 혜통은 이에 분하고 애가 타서 뜰에 서서 머리에 불 그릇을 이고 있었는데 조금 있다가 정수리가 터져서 우뢰와 같은 소리가 났다. 삼장이 그것을 듣고 와서 보고 불 그릇을 치우고 손가락으로 터진 곳을 어루만지며 신주(神呪)를 암송하자 상처가 붙어서 예전처럼 되었다. 흉터가 왕자(王字) 무늬와 같이 있으므로 인하여 왕화상(王和尙)이라고 부르고 그 기지를 깊게 여겨 인결(印訣)을 전해주었다. 이때 당 황실의 공주가 병에 걸려 고종(高宗)이 삼장에게 구해주기를 청하였는데 혜통을 추천하여 자기를 대신하게 하였다. 혜통은 교지를 받고 별도로 거처하면서 흰 콩 1두를 가지고 은 그릇 속에 넣고 주문을 외우니 흰 갑옷을 입은 신병(神兵)으로 변하여 쫓았으나 이기지 못하였다. 또 검은 콩 1두를 가지고 금 그릇에 넣고 주문을 외우니 검은 갑옷을 입은 신병으로 변하였고, 두 색이 함께

병을 쫓게 하니 갑자기 교룡(蛟龍)이 달아나서 병이 마침내 나았다. 용은 혜통(惠通)이 자기를 쫓아낸 것을 원망하여 본국의 문잉림(文仍林)에 와서 인명을 더욱 독하게 해쳤다. 이때에 정공(鄭恭)이 당에 사신으로 갔는데, 혜통을 보고 일러 말하기를, "법사가 쫓은 독룡(毒龍)이 본국으로 돌아와 해(害)가 심하니 빨리 가서 그것을 없애 주시오"라고 하였다. 이에 정공과 함께 인덕 2년 을축에 본국으로 돌아와 그것을 쫓아냈다. 용은 또 정공을 원망하여 이에 버드나무로 변하여 정공 집의 문 밖에 나있었다. 정공이 그것을 알지 못하고 다만 그 무성한 것을 즐겨서 매우 사랑하였다. (…) (『三國遺事』 5 神呪 6 惠通降龍)

고구려   (…) 32세 때 태막리지(太莫離支)로 더하여 군국(軍國)을 총괄하는 아형원수(阿衡元首)가 되었다. 선조(先祖)의 유업(遺業)을 이으니 선비들의 마음이 열복(悅服)하였으며, 위태로운 나라의 권력을 잡아 사람들의 논란이 없었다. 이때 당(唐) 천자(天子)의 치세는 문치(文治)를 위주로 하여 호시(楛矢)는 건기(褰期)하였다. 그런데 당시 공(公)은 형제간의 정(情)을 살펴보아 안으로 없애기 어려운 잡풀이 있었고, 나라의 근본을 세우려 함에 밖으로 엎어지려는 나무가 있었으니, 마침내 도해지빈(桃海之濱?)으로 하여금 예양(禮讓)에서 8조(八條)의 가르침이 어그러지게 하였고, 소장(蕭墻) 안에서는 간과(干戈)에 사우(四羽)가 떨어지게 하였다. 따라서 공(公)은 내심 내관(內款)을 생각하였으나 일이 중앙에서 집권적으로 되지 않아, 바야흐로 나가 변경(邊境)의 백성들을 어루만져 달래려고 하여 밖으로 황전(荒甸)을 순정(巡征)하였으니, 고조선의 옛 땅을 다스려 동방(東方)을 통치하는 새로운 관직(官職)을 당에 요청하고자 하였던 것이다. 그런데 이 외정(外征)의 틈을 타서 두 아우 천남산(泉男産)과 천남건(泉男建)은 하루아침에 흉패(兇悖)하여져서 능히 무친(無親)의 차마 못할 짓을 하여 병사를 내어 안에서 저항하였다. 금환(金環) 유자(幼子)는 갑자기 살육당하였고, 옥선(玉膳)과 장연(長筵)는 멀지않아 고복(顧復)을 사(辭)하였다. 공(公)은 형제간의 관계가 소원함으로써 눈물을 머금고 격문(檄文)을 사방으로 보내니 동맹(同盟) 세력이 많이 모여 마침내 단단한 각오로 창을 들었다. 장차 평양을 함락시켜 악(惡)의 근원을 사로잡으려고, 먼저 오골(烏骨)의 교외에 이르러 곧 슬견(瑟堅)의 누(壘)를 깨뜨리려 하여, 그 도둑질을 밝히며 북을 울리면서 나아갔다. 이에 대형(大兄) 불덕(弗德) 등을 보내어 표(表)를 받들고 입조(入朝)하여 그 일들을 알리려 하였는데 마침 이반(離反)이 있어 불덕(弗德)은 그 곳에 머무를 수밖에 없었다. 공(公)은 이로 인하여 요동(遼東)으로 깃발을 돌려 군사를 해북(海北)으로 옮기고, 그 마음을 천자의 궁궐로 달려 현도성(玄菟城)에서 수신(修身)하면서, 다시 대형(大兄) 염유(冉有)를 보내 정성(精誠)스러운 효명(效命)을 거듭 알렸다. 광림(曠林)에 쌓인 형제간의 원망(怨望)에서 먼저 알백(閼伯)의 창을 찾으니, 홍지(洪池)가 가까이에서 노닐며 어찌 우숙(虞叔)의 칼을 탐내겠는가. 황제께서 청구(靑丘)를 밝혀 보시어, 그 천남생의 진실한 간절함을 헤아리시며 남건(男建)과 남산(男産)의 죄를 살피시고, 번개와 천둥 같은 위엄을 내셨다. 환산(丸山)에 아직 새기지 않았으나 득래(得來)는 먼저 깨달음을 드러내시고, 양수(梁水)에 재앙이 없지만 중모(仲謀)는 그것이 반드시 망하리라고 걱정하였음과 같은 것이다. (…) (「泉男生墓誌銘」)

삼한(고구려)   군(君)의 이름은 종(琮)이고 자(字)는 진(珍)으로 남양(南陽) 사람이다. (…) 인덕 2년 그 해에 장종(張琮)은 웅장한 마음으로 분발하여 삼한(三韓)을 공격하기 위해 모았는데, 육기(六奇)를 베풀어 예봉을 꺾었고 만기(萬騎)를 펼쳐 적을 물리치어 죽이거나 포로로 사로잡아 들였다. 백승(百勝)을 안고 온전히 돌아오니 뛰어난 공훈으로 특별히 선발하여 상주국을 주었다. (…) (「張琮 墓誌銘」: 『全唐文新編』 993; 『唐代

墓誌滙篇續集』)

고구려	군(君)의 이름은 사훈(師訓)이고 자(字)는 방기(邦基)이며 그 조상은 장락군(長樂郡) 사람이다. (…) 인덕 2년 풍사훈(馮師訓)은 우효위낭장(右驍衛郎將)으로 승진하였고 북문(北門)에서 황상을 시위하고 좌영비기(左營飛騎)를 관리하게 되었다. 또한 고구려가 당을 괴롭히니, 현도에는 벌떼처럼 날아들고 백랑(白狼) 옆에는 고슴도치의 가시처럼 모여들었다. 황제는 다시 정벌하기를 원하였지만, 조정에서는 적당한 장군을 선출하여 이를 정벌할지를 결정하기가 어려웠다. 사훈은 명문가 자손으로 명성을 누리고 있어서 숙위하였다. (…) (「馮師訓碑」:『全唐文補遺』3;『全唐文新編』188)
고구려	공(公)의 이름은 대빈(待賓)이고 안정(安定) 임경(臨涇) 사람이다. (…) 당 인덕 2년에 양대빈(梁待賓)은 좌친위(左親衛)에 보임되었는데, 그의 경험에 의거한 것이었다. 공교롭게도 전쟁이 일어나서 임무를 분배하는 회의를 하였는데, 상서성은 대빈을 요동군으로 가서 죄를 묻는 것을 명령하였다. 그러므로 대빈은 대군을 따라 바다를 건너 붓을 버리고 연(燕)에서 용감하게 전선으로 나아갔다. 총명한 사람은 모략이 있고 인덕이 있는 사람은 용기가 있다. 대빈은 홀로 나아가 창 하나만으로 적군과 싸웠다. 구중(九種)의 전란을 모두 깨끗하게 평정하였고 삼한은 다시는 반란을 꾀하지 않았다. 황제가 공로에 보답하여 우수한 자를 상줄 때에 대빈의 공로가 아주 크다고 판단하여 후덕한 표상을 하였고 상주국(上柱國)을 제수하였다. (…) (「梁待賓 神道碑」:『全唐文新編』195)
고구려	때마침 진한(辰韓)이 도리에 맞지 않는 행동을 일으켜 왕검(王險)이 맑지 못하게 되니, 사공(司空)·영국공(英國公) 이적(李勣)이 장인위(張仁禕)를 요동도행군판관(遼東道行軍判官)으로 삼자고 주청하였다. 장수의 깃발 아래에서 많은 일에 힘써야 했지만 구름을 타고 날 듯 쉽게 이루었고, 책상 앞에서는 번잡한 문장도 얼음이 녹듯이 사라졌다. 노획한 전리품을 진상하기에 이르자, 전례에 따라 공훈을 더하여 인덕 2년(665)에 칙서를 내려 선의랑(宣義郎)·행감찰어사(行監察御史)를 제수하였다. (「張仁禕 墓誌銘」:『唐代墓誌滙篇』;『全唐文新編』296;『全唐文補遺』1)

666(丙寅/신라 문무왕 6/고구려 보장왕 25/唐 乾封 1/倭 天智 5)

고구려	봄 정월 무진(戊辰) 초하루, 무인일(11)에 고구려가 전부(前部) 능루(能婁) 등을 보내 조(調)를 올렸다. (『日本書紀』27 天智紀)
고구려	천지천황 5년 정월 무진 초하루 무인(11) (『類聚國史』93 殊俗部 高麗)
탐라	봄 정월 무진(戊辰) 초하루 무인일(11) 이 날에 탐라(耽羅)가 왕자 고여(姑如) 등을 보내 공물을 바쳤다. (『日本書紀』27 天智紀)
탐라	천지천황 5년 정월 무인(11) (『類聚國史』99 殊俗部 耽羅)
백제	건봉 원년 병인년 2월 무술 초하루 2일인 기해일에 황제가 사가정경(司稼正卿) 부여융(扶餘隆)을 보내어 소뢰(少牢)의 전(奠)으로써 선성(先聖)인 공선보(孔宣父)의 령(靈)에 치제(致祭)하게 하였다. (…) (『全唐文』15 高宗皇帝 祭告孔子廟文)
신라	봄 2월에 서울에 지진이 일어났다. (『三國史記』6 新羅本紀 6)
신라	봄 2월에 신라의 서울에 지진이 일어났다. (『三國史節要』10)
신라	인덕 3년 병인 3월 10일에 어떤 집에 여종 길이(吉伊)가 있었는데, 한 번에 아들 셋을 낳았다. (『三國遺事』2 紀異 2 文虎王法敏)

신라	3월 신라에서 어떤 여자가 있었는데, 한 번에 아들 셋을 낳았다. (『三國史節要』 10)
고구려	건봉 원년 태산에서 봉선의례를 마치고 군신에게 연회를 베풀었는데, 9부악을 펼쳤다. 4월 갑진일(8)에 경운각에서 연회하였는데, 9부악을 베풀었다. (『玉海』 105 音樂·樂 3 唐九部樂·十部樂·十四國樂·二部樂)
신라	여름 4월에 영묘사에서 불이 났다. (『三國史記』 6 新羅本紀 6)
신라	여름 4월에 신라의 영묘사에서 불이 났다. (『三國史節要』 10)
신라	여름 4월 크게 사면하였다. (『三國史記』 6 新羅本紀 6)
신라	여름 4월 신라에서 크게 사면하였다. (『三國史節要』 10)

신라 백제 고구려
여름 4월 천존(天存)의 아들 한림(漢林)과 유신(庾信)의 아들 삼광(三光)이 모두 나마(奈麻)의 관등으로 당에 들어가 숙위(宿衛)하였다. 왕은 이미 백제를 평정하였으므로 고구려를 없애고자 하여 당에 군사를 요청하였다. (『三國史記』 6 新羅本紀 6)

신라 백제 고구려
여름 4월 신라에서 나마 한림과 삼광을 보내어 당에 가서 숙위하게 하였다. 한림은 천존의 아들이고 삼광은 유신의 아들이다. 왕은 이미 백제를 평정하여 군사를 요청하여 고구려를 없애고자 하였기 때문에 그들을 보냈다. 황제는 삼광을 좌무위익부중부장(左武衛翊府中部將)으로 삼았다. (『三國史節要』 10)

신라	건봉 원년에 황제가 조칙을 내려 유신의 장자인 대아찬(大阿湌) 삼광을 좌무위익부중부장으로 삼고 그대로 숙위하도록 명령하였다. (『三國史記』 43 列傳 3 金庾信 下)
고구려	여름 4월 고구려 왕이 태자 복남(福男)을 보내어 당에 가서 태산(泰山) 제사에 참여하게 하였다. (『三國史節要』 10)
고구려	왕이 태자 복남[신당서(新唐書)에는 남복(男福)이라고 한다]을 보내어 당에 들어가 태산 제사에 참여하게 하였다. (『三國史記』 22 高句麗本紀 10)
고구려	건봉 원년에 고장(高藏)이 그 아들을 보내어 조정에 들어가 태산(太山) 아래에 배석하게 하였다. (『舊唐書』 199上 列傳 149上 東夷 高麗)
고구려	건봉 원년 장(藏)이 아들 남복을 보내어 천자를 따라서 태산에 봉선(封禪)하고 돌아갔다. (…) (『新唐書』 220 列傳 145 東夷 高麗)
고구려	『구당서(舊唐書)』 고려전(高麗傳)에서 또 전하였다. "건봉 원년에 고구려에서 그 아들을 보내어 조정에 들어가 태산 아래에 배석하게 하였다."(『太平御覽』 783 四夷部 4 東夷 4 高句驪)
고구려	『신당서(新唐書)』 고려전에 전한다. "고려왕 고장이 아들 남복을 보내어 따라가서 태산에서 봉제사를 지냈다."(『玉海』 98 郊祀封禪 唐高宗封泰山封禪碑錄舞鶴萬歲景雲臺)
신라	여름 4월 신라에서 김인문(金仁問)을 보내 당에 가서 태산(泰山) 제사에 참여하게 하였다. 황제가 더하여 우효위(右驍衛) 대장군(大將軍)과 식읍(食邑) 400호를 주었다. (『三國史節要』 10)
신라	인문은 또 당에 들어갔다. 건봉 원년에 황제의 수레를 따라 태산에 올라가 봉선(封禪) 의식에 참여하였고 더하여 우효위 대장군과 식읍 4백 호를 받았다. (『三國史記』

44 列傳 4 金仁問)

신라   건봉 원년 加授△△△△△△衛△△開國△ (「金仁問碑」)

고구려   5월 고려의 천개소문이 죽었고 장자 남생이 대신 막리지가 되었다. 처음 국정을 처리하게 되자 나가서 여러 성을 순시하면서 그 동생 남건과 남산으로 하여금 후사를 처리하게 하였다. 어떤 사람이 두 동생에게 말하였다. "남생은 두 동생이 압박하는 것을 싫어하여 속으로 제고하려고 하니 먼저 계책을 세우는 것만 못하다." 두 동생이 이를 믿지 않았다. 또 어떤 사람이 연남생에게 알렸다. "두 동생은 형이 돌아와서 그들의 권력을 빼앗을까 두려워하여 형을 막고 받아들이지 않으려고 한다." 남생은 몰래 가까이 하는 사람을 파견하여 평양에 가서 이를 살펴보게 하였는데, 두 동생이 잡아서 이를 알고 마침내 왕명으로 남생을 불렀다. 남생이 두려워서 감히 돌아가지 못하였다. 남건은 스스로 막리지가 되어 군사를 내어 그를 토벌하였다. 남생은 달아나서 별성(別城)을 지키면서 그 아들 헌성(獻誠)으로 하여금 궁궐에 와서 구원해주기를 요청하였다. (『資治通鑑』201 唐紀 17 高宗)

고구려   『자치통감(資治通鑑)』[겸하여 『신당서』 고려전]에 전한다. "건봉 원년 5월에 천남생이 무리를 거느리고 거란·말갈 군사와 내부(內附)하였고 그 아들 헌성(獻城)을 보내 궐에 나아가게 하였다." (『玉海』153 朝貢 外夷來朝 內附 唐高麗請頒曆)

고구려   개소문(蓋蘇文)이 죽고 장자인 남생이 대신 막리지가 되었다. 처음 국정을 맡고 여러 성에 나아가 순행하면서, 그의 동생 남건과 남산에게 남아서 뒷일을 맡게 하였다. 어떤 사람이 두 동생에게 일러 말하기를, "남생이 두 아우가 핍박하는 것을 싫어하여 도리어 제거하려고 하니 먼저 계책을 세우는 것만 못하다."고 하였다. 두 동생은 처음에 이를 믿지 않았다. 또 어떤 사람이 남생에게 알려 말하기를, "두 동생은 형이 돌아와 그 권력을 빼앗을까 두려워하여 형을 막고 들이지 않으려 합니다."고 하였다. 남생이 몰래 친한 사람을 보내 평양에 가서 그들을 살피게 하였는데, 두 아우가 그를 붙잡아 엿보았다. 이에 왕명으로 남생을 불렀으나, 남생은 감히 돌아오지 못하였다. 남건이 스스로 막리지가 되어 군사를 내어 그를 토벌하였다. 남생이 달아나 국내성에 웅거하면서 그 아들 헌성으로 하여금 당에 나아가 구원을 청하게 하였다. (『三國史記』22 高句麗本紀 10)

고구려   연개소문은 건봉 원년에 죽었다. 아들 남생이 (…) 삼군대장군(三軍大將軍)을 겸하였고 대막리지(大莫離支)를 더하였다. 나가서 여러 부(部)를 살펴보았고 동생 남건과 남산이 국사를 맡았다. 어떤 이가 말하였다. "남생은 그대들이 자기를 핍박한다고 미워하여 장차 제거하고자 합니다." 남건과 남산은 이를 믿지 않았다. 또한 남생에게, "장차 그대를 들어오지 못하게 하려고 합니다."고 말하는 자가 있었다. 남생이 첩자를 보내 가게 하였는데, 남건이 첩자를 체포하였고, 곧바로 왕명이라고 속여 남생을 불렀다. 남생은 두려워 감히 들어가지 못하니, 남건은 남생의 아들 헌충(獻忠)을 죽였다. 남생은 국내성(國內城)으로 달아나 지키면서 그 무리를 이끌고 거란·말갈 군사와 당에 투항하였다. 아들 헌성을 보내어 호소하니, 고종(高宗)은 헌성을 우무위장군(右武衛將軍)에 제수하고, 수레·말·고급 비단[瑞錦]·보배로운 칼[寶刀]을 내려 주고, 돌아가 보고하게 하였다. (『三國史記』49 列傳 9 蓋蘇文)

고구려   건봉 원년 고려 막리지 남생이 그 아우 남건에게 쫓겨나 국내성에 보전하면서 그 아들 헌성을 보내 궐에 나아가 군사를 요청하였다. (『舊唐書』67 列傳 17 李勣)

고구려   건봉 원년 이 해에 개소문(蓋蘇文)이 죽었고, 그의 아들 남생이 대신하여 막리지가 되었다. 그의 아우 남건·남산과 화목하지 못하여 각자 붕당(朋黨)을 만들어 서로 공격하였다. 남생이 두 아우에게 쫓겨 달아나 국내성에 웅거하여 사수(死守)하였고 그 아들 헌성이 궁궐에 나아와 구원을 요청하였다. 조서를 내려 좌효위대장군(左驍衛大

將軍) 계필하력(契苾何力)에게 군사를 이끌고 맞아보게 하였다. 남생이 몸을 빼 도망오자, 조서를 내려 특진(特進) 요동대도독(遼東大都督) 겸평양도안무대사(兼平壤道安撫大使)를 제수하고, 현도군공(玄菟郡公)에 봉(封)하였다. (『舊唐書』 199上 列傳 149上 東夷 高麗)

고구려 　건봉 원년 개소문이 죽고, 아들 남생이 대신하여 막리지가 되었다. 아우 남건·남산 두 아우가 있어 서로 원망하였다. 남생이 국내성에 웅거하고 아들 헌성을 보내어 조정에 들어가 구원을 청하였다. 개소문의 아우 정토(淨土)도 땅을 베어 항복하기를 청했다. 이에 조서로 계필하력을 요동도안무대사(遼東道安撫大使)로 삼고, 좌금오위장군(左金吾衛將軍) 방동선(龐同善)과 영주도독(營州都督) 고간(高侃)을 행군총관(行軍總管)으로 삼았으며, 좌무위장군(左武衛將軍) 설인귀(薛仁貴)와 좌감문장군(左監門將軍) 이근행(李謹行)을 후미부대로 가게했다. (『新唐書』 220 列傳 145 東夷 高麗)

고구려 　그 해(건봉 원년)에 개소문이 죽었다. 그 아들 남생이 대신하여 막리자가 되었는데, 동생인 남건과 남산과 화목하지 못하여 그가 쫓겨나게 되었다. 달아나 국내성에 웅거하였고 그 아들 헌성에게 궁궐에 나아가 구원을 요청하였다. (『太平御覽』 783 四夷部 4 東夷 4 高句驪)

고구려 　『신당서』고려전에 전한다. "건봉 원년에 연개소문이 죽었다. 아들 남생이 대신하여 막리지가 되었는데, 동생인 남건과 남생과는 서로 원망하였다. 남생이 국내성 근처에 웅거하여 그 아들을 헌성을 보내어 조정에 들어가 구원을 요청하였다. 개소문의 동생도 땅을 베어 항복을 요청하였다." (『玉海』 191 兵捷 兵捷 露布 3 唐遼東道行臺大摠管李勣俘高麗 獻俘昭陵 檄高麗 含元殿數俘)

고구려 　천남생의 자(字)는 원덕이며 고려 개소문의 아들이다. 9세에 부임(父任)으로 선인(先人)이 되었고 중리소형(中裏小兄)으로 옮겼는데, 당나라의 알자(謁者)와 비슷하다. 또 중리대형(中裏大兄)이 되어 국정을 총괄하였다. 무릇 사령(辭令)으로 모두 남생이 주관하니 중리위두대형(中裏位頭大兄)에 나아가고 진중리위두대형에 나아가 오래있었다. 막리지가 되어 삼군대장군(三軍大將軍)을 겸하였고 대막리지(大莫離支)를 더하였다. 나가서 여러 부(部)를 살펴보았고 동생 남건과 남산이 국사를 맡았다. 어떤 이가 말하였다. "남생은 그대들이 자기를 핍박한다고 미워하여 장차 제거하고자 합니다." 남건과 남산은 이를 믿지 않았다. 또한 남생에게, "장차 그대를 들어오지 못하게 하려고 합니다."고 말하는 자가 있었다. 남생이 첩자를 보내 가게 하였는데, 남건이 첩자를 체포하였고, 곧바로 고장의 명이라고 속여 불렀다. 남생은 두려워 감히 들어가지 못하니, 남건은 그 아들 헌충을 죽였다. 남생은 국내성으로 달아나 지키면서 그 무리를 이끌고 거란·말갈 군사와 내부(來附)하였다. 아들 헌성을 보내어 조정에 소하니, 고종(高宗)은 헌성을 우무위장군에 제수하고, 수레·말·고급 비단·보배로운 칼을 내려 주고, 돌아가 보고하게 하였다. 조서로 계필하력이 군대를 이끌고 그를 도와주니 남생이 이에 면하였다. 고종이 남생에게 평양도행군대총관(平壤道行軍大摠管) 겸 지절안무대사(持節安撫大使)를 제수하니 그는 가물(哥勿), 남소(南蘇), 창암(倉巖) 등의 성을 바쳐 항복하였다. 황제가 또 서대사인(西臺舍人) 이건역(李虔繹)에게 명하여 남생의 군중에 가서 위로하게 하고 도포와 띠, 금그릇 등 일곱 가지를 하사하였다.(『新唐書』 111 列傳 35 諸夷蕃將 泉男生)

고구려 　앞서 고구려 개소문의 아들 남생은 9세에 음보(蔭補)로 중리소형이 되었는데 당나라의 알자와 비슷한 것이다. 중리대형으로 옮겨 국정을 총괄하고 무릇 사령으로 모두 주관하니 중리위두대형으로 나갔다. 소문(蘇文)이 죽자 남생이 대신하여 막리지가 되었고 삼군대장군을 겸하였고 대막리지를 더하였다. 나가서 여러 부(部)를 살펴보았고 그 동생 남건과 남산으로 하여금 남아 뒷일을 맡겼다. 어떤 이가 두 동생에게 말하였다. "남생은 그대들이 자기를 핍박한다고 미워하여 장차 제거하고자 하니, 먼저 계책을 세우는 것만 못하다."남건과 남산은 이를 믿지 않았다. 또한 남생에게, "두 동생은 형이 돌아와 그 권력을 빼앗을까 두려워하여 형을 막고 들이지 않으려 합니다."라고 말하는 자가 있었다. 남생이 몰래 친한 사람을 보내 가서 살피게 하였는데, 남건과 남산이 그를 붙잡았다. 거짓 왕명으로 남생을 불렀으나, 남생은 감히 돌아오지 못하였다. 남건이 그 아들 헌충을 죽이고 스스로 막리지가 되어 군사를 내어 남생을 토벌하였다. 남생이 달아나 국내성에 지키면서 그 아들 헌성을 보내 당에 내부하기를 구하였다. 황제는 헌성을 우무위장에 제수하고, 수레·말·고급 비단[瑞錦]·보배로운 칼[寶刀]을 내려 주고, 그를 돌아가게 하였다. (『三國史節要』10)

| 고구려 | (…) 고려 막리지 남생이 그 아우에게 쫓겨나 아들을 보내 군사를 요청하였다. (…) (『新唐書』93 列傳 18 李勣) |

| 삼한(고구려) | (…) 부군(府君)의 휘(諱)는 현(玄)이요 자(字)는 귀주(貴主)로서 요동(遼東) 삼한인(三韓人)이다. 옛날 당나라 왕실이 일어나 천하를 병탄하자 사방이 호응하여 머리를 조아리며 투항해왔지만, 동이(東夷)는 복종하지 않고 청해(靑海)를 점거하여 나라를 유지하였다. 공(公)은 올바른 법도에 뜻을 두었고 다가올 일을 미리 아는 지혜가 있어서, 저 백성들을 버리고 천남생(泉男生)을 따라와 교화를 받들었고, 황제의 가르침을 사모하여 동쪽으로부터 귀순해오니, 서경(西京)을 본향으로 삼고 적현(赤縣)에 이름을 올렸다. (「高玄墓誌銘」) |

| 고구려 | 여름 6월 을미(乙未) 초하루, 무술일(4)에 고려의 전부 능루 등이 일을 마치고 돌아갔다. (『日本書紀』27 天智紀) |

| 고구려 | 천지천황 5년 6월 을미 초하루 무술일(4) (『類聚國史』93 殊俗部 高麗) |

| 고구려 | 6월 임인일(7)에 고려의 막리지(莫離支) 개소문(蓋蘇文)이 죽었다. 그 아들 남생이 그 아버지의 자리를 이었다. 그 동생인 남건에게 쫓겨나 그 아들 헌성(獻誠)을 보내어 궁궐에 나아가 항복을 요청하였다. 조서로 좌효위대장군(左驍衛大將軍) 계필하력(契苾何力)에게 군사를 이끌고 그를 맞이하게 하였다. (『舊唐書』5 本紀 5 高宗 下) |

| 고구려 | 6월 임인일(7)에 고려 천남생이 내부(內附)를 요청하였다. 우효위대장군(右驍衛大將軍) 계필하력을 요동안무대사(遼東安撫大使)로 삼아 군사를 이끌고 돕게 하였고 좌금오위장군(左金吾衛將軍) 방동선(龐同善)과 영주도독(營州都督) 고간(高偘)을 요동도행군총관(遼東道行軍總管)으로 삼았으며, 좌무위장군(左武衛將軍) 설인귀(薛仁貴)와 좌감문위장군(左監門衛將軍) 이근행(李謹行)에게 뒤에서 돕게 했다. (『新唐書』3 本紀 3 高宗) |

| 고구려 | 6월 임인일(7)에 우효위대장군 계필하력을 요동도안무대사 삼아 군사를 거느리고 그를 구원하게 하였는데, 헌성을 우무위장군(右武衛將軍)으로 삼아 그에게 길을 인도하게 하였다. 또 우금오위장군 방동선과 영주도독 고간을 행군총관으로 삼아 함께 고려를 토벌하게 했다. (『資治通鑑』201 唐紀 17 高宗) |

| 고구려 | 『신당서』고려전에 전한다. "건봉 원년 6월[임인일(7)] 이에 조서로 계필하력을 요동도안무대사로, 방동선과 고간을 행군총관으로 삼았으며, 좌무위대장군 설인귀와 좌감문위장군 이근행을 후미부대로 따라가게 했다." (『玉海』191 兵捷 兵捷 露布 3 唐遼東道行臺大摠管李勣俘高麗 獻俘昭陵 檄高麗 含元殿數俘) |

| 고구려 | 6월에 고종이 좌효위대장군(左驍衛大將軍) 계필하력(契苾何力)에게 명령하여 군사를 거느리고 그를 맞아들이니, 남생이 몸을 빠져 나와 당으로 달아났다. (『三國史記』22 高句麗本紀 10) |

| 신라 | 총장(總長) 무진(戊辰)에 왕이 군사를 이끌고 인문(仁問)·흠순(欽純) 등과 평양(平壤)에 이르러 당 군사와 합세하여 고구려를 멸망시켰다. 당 장수 이적(李勣)은 고장왕 |

(高臧王)을 사로잡아 본국으로 돌아갔다[(…) 건봉 원년 병인 6월에 방동선·고림(高臨)·설인귀·이근행 등으로 후원하도록 하였다. (…)]. (『三國遺事』 2 紀異 2 文虎王 法敏)

고구려　6월에 황제가 좌효위대장군 계필하력에서 명을 내려 군사로 그를 맞이하게 하였다. (『三國史節要』 10)

고구려　당 고종 건봉 원년 6월 조서로 좌효위대장군 계필하력을 요동도안무사(遼東道安撫使)로 삼아 고려왕을 맞이하였다. 앞서 고려 막리지 개소문(蓋蘇文)이 죽자 그 장자인 남생인 아버지를 대신하여 막리지의 자리에 올랐다. 이미 처음부터 국정을 맡아 여러 성을 나가 살펴보았고 그 두 아우인 남건과 남산으로 하여금 남아 후일의 국사를 맡게 하였다. 남생이 이미 나가고 어떤 이가 남건 등에게 말하였다. "남생은 두 동생이 자기를 핍박한다고 미워하여 제거하고자 하는 뜻이 있으니, 먼저 계책을 세우는 것만 같지 못하다." 남건 등은 처음에는 이를 믿지 않았다. 또한 남생에게, "두 동생은 형이 자기의 권력을 빼앗을까 두려워하여 형을 막고 들이지 않으려 합니다."라고 말하는 자가 있었다. 남생이 친한 사람을 시켜 몰래 평양에 가서 살피게 하였다. 남건 등이 알고 그를 붙잡았고 이로 말미암아 번갈아 서로 의심하였다. 남건 등이 바로 그 왕명으로 남생을 불렀으나, 남생은 두려워하여 감히 돌아오지 못하였다. 남건 등이 드디어 군사를 내어 그를 쳤는데, 남건이 도망하여 국내성에 웅거하며 스스로 지켰고 그 아들 헌성을 궐에 보내 구원해 주기를 구하였다. 이에 조서로 계필하력에게 군사를 거느리고 나아가 도와주게 하였다. 이에 헌성을 우무위장군으로 제수하여 그에게 길을 인도하게 하였다. 또 우금오위장군 방동선과 영주도독 고간 등을 행군총관으로 삼아 고려를 경략하게 했다. (『册府元龜』 986 外臣部 31 征討 5)

고구려　건봉 원년 조서를 내려 계필하력(契苾何力)에게 병력을 이끌고 남생을 구원해 주도록 하였다. 남생은 이에 화를 면할 수 있었다. (…) (『三國史記』 49 列傳 9 蓋蘇文 附 男生)

고구려　건봉 원년 공(公)은 또 아들 헌성(獻誠)을 입조(入朝)시켰다. 황제가 가상(嘉賞)히 여겨 멀리서 공에게 특진(特進), 예전과 같은 태대형(太大兄), 평양도행군대총관겸사지절안무대사(平壤道行軍大摠管兼使持節按撫大使)를 배수(拜授)하여, 본래 번병(蕃兵)을 거느리고 대총관(大摠管) 계필하력(契苾何力) 등과 함께 경략(經略)을 책임지게 하였다. 공(公)은 국내(國內) 등 6성(城)의 10여 만호(萬戶)의 서적(書籍)과 원문(轅門)을 이끌었을 뿐만 아니라 목저(木底) 등 3성(城)이 교화(敎化)를 바라 정성(精誠)을 함께 하니, (唐에 저항하던) 조무래기들은 위태로와지고 날로 달로 궁박해졌다. (「泉男生墓誌銘」)

고구려　공(公)은 바로 양공(襄公)의 적자(嫡子)이다. 소맥(小貊)의 고을에서 태어나 일찍이 대성(大成)할 쓰임을 갖추고 있었으며 지역이 번성하고 가문이 총애를 받아 한 나라 안에서도 드문 경우였다. 9세 때에 본번(本蕃)에 있으면서 선인(先人)의 직책을 받아 윗사람을 공경하고 아랫사람을 대접하니 요우(遼右 : 遼東)에서 그를 칭송하였다. 풍속과 의례를 아름답게 하고 병술을 익혀 넓은 도량을 품으니 깊이를 헤아리지 못할 정도였다. 처음 양공이 밖으로 부(部)를 살피러 갔을 때 공(公)도 역시 따라갔다. 남건과 남산 등의 흉악함이 미쳤을 때 공의 나이는 겨우 16세였다. 재난이 갑자기 일어나자 의논하는 자들은 머뭇거리거나 혹은 나아가 싸울 것을 권하였지만 계책 중에 바로 따를 만한 것이 없었다. 공은 손가락을 굽혀 적을 헤아리고서 (대적하는 것이) 결국 불가능하다고 여겨 양공에게 국내의 옛 도성에 머물면서 백성들을 편안하게 하도록 권하였다. 그리고 양공에게 이르기를 "지금 사신을 파견하여 중국(中國)에 입조하게 하되 정성과 성심을 다하면 중국에서는 대인(大人)이 왔음을 듣고 반드시 흔연히 맞아들일 것입니다. 그리고서 병력을 청하고 연합하여 토벌을 하게 되면 이것은 안전하고 반드시 승리를 하게 되는 계책입니다"라고 하였다. 양공은 그렇다고 여겨 여러 추장들에게 이르기를 "헌성의 말은 심히 택할 만하다"고 하였다. 그날로 수령(首領)인 염유(冉有) 등을 파견하여 입조하게 하니 당나라의 고종은 친히 조직을 내려 위무하고 다시 양공을 동도주인(東道主人)으로 삼고 대총관(大摠管)을 겸수(兼授)하였다. 공은 물러나고 나아가는 계략을 도모하고 옳고 그른 방책을 가리며 시각을 지체하지 않고 안위(安危)를 잘 헤아렸으므로 서쪽에서 중국의 병력을 끌어들여 동쪽으로 요동의 침략을 막을 수 있었다. 양공이 가(家)를 보존하고 국(國)을 계승시킨 것은 실로 공의 힘에 의한 것이었다. 이윽고 양공이 명을 받아 수도에 이르러 은혜에 감사하니 천자는 그를 특별한 예로 대우하여 우무위장군(右武衛將軍)에 배(拜)하고 자포(紫袍), 금대(金帶)와 어마(御馬) 2필을 하사하였다. 함주(銜珠)·패옥(佩玉)은 무릇 허저(許褚)가 받은 영예와 동등하며 석수(錫綬)·반금(班金)은 더욱이 호한(呼韓)이 받은 선물과 같았다. 얼마 지나서 위위정경(衛尉正卿)으로 옮기니 지체가 높아지고 공적이 쌓여 직위(職位)가 마치 하해(河海)와 같았다. (「泉獻誠墓誌銘」)

고구려　　건봉 초에 고려 대장 천남생이 무리를 거느리고 내부(內附)하였다. 고종이 장군 방동선(龐同善)·고간(高侃) 등을 보내 영접하였다. 남생의 아우 남건이 국인을 거느리고 방동선 등을 역격(逆擊)하니 조서로 인귀가 군사를 거느리고 후원하였다. 방동선 등이 신성에 이르니 밤에 적이 습격하여 인귀가 용맹하고 날랜 군사를 거느리고 가서 구하여 목 벤 것이 수백급이었다. 동선 등이 또 금산(金山)에 나아가 이르러 적에게 패하였다. 고구려가 승리를 틈타 나아오니 인귀가 옆에서 쳐서 적의 무리가 크게 패하였고 목 벤 것이 5만여급이었다. 마침내 그 남소(南蘇)·목저(木底)·창암(蒼巖) 등 3성을 함락시키니 비로소 남생과 서로 만났다. 고종이 수칙(手敕)으로 그를 위로하여 말하였다. "금산(金山)의 큰 진영은 흉당(凶黨)이 실로 많아 경이 몸소 사졸에 앞서 분격하여 목숨을 돌아보지 않고 좌우로 돌격하고 거추장스러운 것이 없이 여러 군사와 의연하게 승리에 이르게 되었으니, 마땅히 공업을 굳건히 세우고 좋은 명성을 온전히 할 것이다." 인귀가 승리를 틈타 2천명을 거느리고 부여성을 공격하니 여러 장군인 모두 병사가 적다고 말하였다. 인귀가 말하였다. "주장(主將)은 선용(善用)에 있을 뿐이지 많음에 있지 않다." 마침내 선봉(先鋒)하여 가니 적의 무리가 와서 항거하였으나 역격(逆擊)하여 대파(大破)하고 만여명을 살획(殺獲)하였다. 마침내 부여성을 함락시키니 부여천(扶餘川)의 40여성이 바람을 타고 두려움에 떠니 일시에 항복하였다. 인귀가 곧 해략지(海略地)를 아우르고 이적과 평양성에서 크게 군대를 집결시키니 고구려가 이미 항복하였다. 조서로 인귀는 군사 2만명을 거느리고 유인궤와 함께 평양에 주둔하였다. 이에 우위위대장군(右威衛大將軍)을 제수받고 평양군공(平陽郡公) 겸(兼) 검교안동도호(檢校安東都護)에 봉해졌다. 신성(新城)에서 다스렸는데 고아와 노인을 무휼(撫恤)하고 재주있는 자를 재주에 따라 관리로 임명하고 충효절의(忠孝節義)로 다 정표(旌表)를 더하니 고구려 사람들이 기꺼이 사모하지 않음이 없었다. (…) 곧 이어 고려의 무리가 서로 이어서 다시 배반하지 조서로 인귀를 계림도총관(鷄林道總管)으로 삼아 그것을 경략(經略)하게 하였다. (…) (『舊唐書』83 列傳 33 薛仁貴)

고구려　　건봉 초에 고려 천남생이 내부(內附)하였다. 장군 방동선(龐同善)·고간(高侃)을 보내 가서 위로하고 들였다. 아우 남건이 국인을 거느리고 항거하여 받아들이지 않으니, 이에 조서로 인귀가 군사를 거느리고 동선을 후원하였다. 신성에 이르니 밤에 적이 습격하여 인귀가 이것을 치니 목 벤 것이 수백급이었다. 동선이 나아가 금산(金山)에 머물렀는데 오랑캐에게 져서 감히 앞으로 갈 수가 없었다. 고구려가 승리를 틈타 나아오니 인귀가 적을 쳐서 2개로 토막내었다. 무리가 곧 궤멸되니 목 벤 것이 5천이었다. 남소(南蘇)·목저(木底)· 창암(蒼巖) 등 3성을 함락시키니 비로소 남생의 군사와 서로 만났다. 수조(手詔)로 노면(勞勉)하였다. 인귀가 예봉을 등에 엎고 병사 2천명으로 부여성을 공격할 것을 제안하자 여러 장수가 병사가 적음을 들어 그만둘 것을 권면하였다. 인귀가 말하였다. "선용(善用)에 있지 중(衆)에 있지 않다." 몸소 군사를 거느리고 적을 만나 쉽게 파(破)하고 만여인을 죽이고 그 성을 함락시켰다. 인하여 바다의 요충지에 기대어 이적의 군대와 합하니 부여가 이미 항복하였고 다른 40성은 서로 이어서 항복하니 위엄이 요해(遼海)에 떨쳤다. 조서로 인귀는 군사 2만을 거느리고 유인궤와 함께 평양에 주둔하였고 본위대장군(本衛大將軍)을 제수받고 평양군공 검교안동도호에 봉해져 신성을 다스렸는데, 고아와 노인을 구휼하고 도적을 단속하였으며 재주에 따라 관직을 임명하고 절의를 포숭(襃崇)하니 고구려 사람들이 모두 흔연히 잊지 않았다. (…) (『新唐書』111 列傳 36 薛仁貴)

고구려 　연개소문이 죽자 그 아들 남생이 자리를 이었고 그 동생 남건에게 쫓기는바 되어 그 아들 헌성으로 하여금 궐에 나가게 하였다. (『通典』186 邊防 2 東夷 下 高句麗)

고구려 　연개소문이 죽자 아들 남생이 자리를 이었고 그 동생 남건에게 쫓기는바 되어 그 아들 헌성으로 하여금 궐에 나가게 하였다. (『太平寰宇記』173 四夷 2 東夷 2 高勾驪國)

고구려 　『신당서』 설인귀전(薛仁貴傳)에 전한다. "건봉 초(666~667)에 고려의 천남생이 내부(內附)하였다. 장군인 방동선(龐同善)과 고간(高偘)을 보내 가서 위로하고 받아들였다. 동생 남건이 국인(國人)을 이끌고 항거하고 받아들이지 않았다.(666) 이에 조(詔)로써 설인귀가 군사를 거느리고 방동선을 원송(援送)하였다. 신성에 이르러 밤에 오랑캐를 습격하게 되어 인귀가 이것을 쳐서 목 벤 것이 수백급이었다. 동선이 나아가 금산(金山)에 머물러 오랑캐를 꺾으니 오랑캐가 감히 앞으로 나가지 못하였다. 고려가 승리를 틈타 나가니 인귀가 이것을 쳐서 수백급을 목베었다. 무리가 곧 궤멸되니 5천을 목베고 남소(南蘇)·목저(木底)·창암(蒼巖) 3성을 함락시키고 마침내 남생 군사와 만났다. 설인귀가 창을 지고 병졸 이찬을 끌고 나아가 부여성을 공격하려하니 여러 장수가 병사가 적은 것으로써 그만둠을 권하였다. 설인귀가 말하였다. 인귀가 말하였다. "선용(善用)에 있지 중(衆)에 있지 않다." 적 만여인을 죽이고 그 성을 함락시켰다. 이적의 군대와 합하니 부여가 이미 항복하였고 다른 40성은 서로 이어서 항복하니 위엄이 요해(遼海)에 떨쳤다. 조서로 인귀는 군사 2만을 거느리고 유인궤와 함께 평양에 주둔하게 하였고 안동도호에 봉해 신성을 다스렸는데, 고아를 구휼하고 도적을 제어하였으며 재주에 따라 관직을 임명하니 고구려 사람들이 모두 흔연히 잊지 않았다." (『玉海』191 兵捷 兵捷 露布 3 唐遼東道行臺大摠管李勣俘高麗 獻俘昭陵 檄高麗 含元殿數俘)

고구려 　『자치통감』에 전한다. "건봉 원년 6월에 수레와 말, 고급비단과 보배로운 칼을 고구려에 내렸다." (『玉海』153 朝貢 外夷來朝 內附 唐高麗請頒曆)

고구려 　가을 8월에 왕이 남건(男建)을 막리지로 삼고 겸하여 내외(內外)의 병마(兵馬)에 관한 일을 맡게 하였다. (『三國史記』22 高句麗本紀 10)

고구려 　가을 8월에 고구려왕이 남건을 막리지로 삼고 겸하여 내외의 병마(兵馬)에 관한 일을 맡게 하였다. (『三國史節要』10)

고구려 　9월에 황제가 조서를 내려 남생을 특진요동도독(特進遼東都督) 겸 평양도안무대사

(平壤道安撫大使)를 주고 현도군공(玄菟郡公)으로 봉하였다. (『三國史記』22 高句麗 本紀 10)

고구려　9월에 황제가 조서를 내려 남생을 특진요동도독 겸 평양도행군대총관(平壤道行軍大摠管) 지절안무대사(持節安撫大使) 현도군공을 주었다. 남생이 가물(哥勿)·남소(南蘇)·창암(倉巖) 등의 성(城)을 들어 항복하였다. 황제가 또 서대사인(西臺舍人) 이건역(李虔繹)에게 명을 내려 군대에 나아가 위로하게 하고 도포·띠·금테 두른 그릇 7가지를 내렸다. (『三國史節要』10)

고구려　건봉 원년 남생에게 평양도행군대총관 겸 지절안무대사를 주니, 가물·남소·창암 등의 성을 들어 항복하였다. 황제가 또 서대사인 이건역(李虔繹)에게 명을 내려 군대에 나아가 위로하게 하고, 도포·띠·금테 두른 그릇 7가지를 내렸다. (『三國史記』49 列傳 9 蓋蘇文)

신라 고구려　총장 무진에 왕이 군사를 이끌고 인문(仁問)·흠순(欽純) 등과 함께 평양(平壤)에 이르러 당 군사와 합세하여 고구려를 멸망시켰다. 당나라 장수 이적(李勣)은 고장왕(高藏王)을 사로잡아 본국으로 돌아갔다[(…) 건봉 원년 (…) 9월에 방동선(龐同善)이 고구려에 이르러 싸워서 이겼다 (…)]. (『三國遺事』2 紀異 2 文虎王法敏)

고구려　9월에 방동선이 고려에 이르러 싸워서 이겼다. (『新唐書』3 本紀 3 高宗)

고구려　건봉 원년 9월에 동선이 고려 군사를 크게 쳐부수자, 남생이 군사를 거느리고 와서 합류하였다. 조서를 내려 남생에게 특진요동대도독(特進遼東大都督) 겸(兼) 평양도안무대사(平壤道安撫大使)를 제수하고, 현도군공(玄菟郡公)에 봉하였다. 또 이적을 요동도행군대총관(遼東道行軍大總管) 겸(兼) 안무대사(安撫大使)로 삼아 계필하력·방동선과 협력하게 하였다. 조서를 내려 독고경운(獨孤卿雲)을 압록도행군총관(鴨淥道行軍總管)으로, 곽대봉(郭待封)을 적리도행군총관(積利道行軍總管)으로, 유인원을 필렬도행군총관(畢列道行軍總管)으로, 김대문(金待問)을 해곡도행군총관(海谷道行軍總管)으로 각각 삼고, 이적에게 절도사를 주고 연(燕)·조(趙)에 있는 군량을 요동으로 옮겨 쌓게 하였다. (『新唐書』220 列傳 145 東夷 高麗)

고구려　9월에 방동선이 고려 군사를 크게 쳐부수자, 천남생이 무리를 거느리고 동선과 합하였다. 조서로 남생을 특진요동대도독 겸 평양도안무대사로 삼고 현도군공으로 책봉하였다. (『資治通鑑』201 唐紀 17 高宗)

고구려　당 고종 건봉 원년 9월에 방동선이 고려를 크게 쳐부수자 남생이 소친(所親)을 거느리고 동선의 군사와 합했다. (『册府元龜』986 外臣部 31 征討 5)

고구려　『신당서』고려전에 전한다. "건봉 원년 9월에 동선이 고려 군사를 깨뜨리자 남생이 군사를 이끌고 와서 합했다."(『玉海』191 兵捷 兵捷 露布 3 唐遼東道行臺大摠管 李勣俘高麗 獻俘昭陵 檄高麗 合元殿數俘)

고구려　건봉 원년 겨울 10월 기유일(17) 사공 영국공(司空英國公命) 이적을 요동도행군대총관(遼東道行軍大總管)으로 삼고 고려를 토벌하게 하였다. (『舊唐書』5 本紀 5 高宗下)

고구려　『구당서』본기에 전한다. "건봉 원년 겨울 10월 기유일(17)에 사공 영국공 이적을 요동도행군대총관으로 삼고 고려를 토벌하게 하였다."(『太平御覽』110 皇王部 35 唐 高宗天皇大帝)

고구려　『신당서』고려전에 전한다. "건봉 원년 10월에 조서로 이적을 요동도행군대총관 겸 안무대사(安撫大使)로 삼아 계필하력·방동선과 협력하게 하였다. 조서로 독고경운(獨孤卿雲)을 압록도(鴨淥道), 곽대봉(郭待封)을 적리도(積利道), 유인원을 필렬도(畢列道), 김대문(金待問)을 해곡도(海谷道)의 행군총관(行軍摠管)으로 모두 삼고, 이적에게 절도사를 주었다."(『玉海』191 兵捷 兵捷 露布 3 唐遼東道行臺大摠管李勣俘高麗 獻俘昭陵 檄高麗 舍元殿數俘)

| 고구려 | 건봉 원년에 또 요동도행군대총관(遼東道行軍大總管) 겸 안무대사(安撫大使)가 되었다. 고구려에 무리 15만이 요수(遼水)에 주둔하고 있었다. 또 말갈 수만을 이끌고 남소성에 근거하여 있었다. 계필하력이 적을 쳐서 모두 크게 패하여 목 벤 것이 수만급이었다. 승리를 틈타 나아가 무릇 7성을 함락하고 이에 군대를 돌려 영국공 이적과 압록수에서 만나 함께 욕이(辱夷)·대행(大行) 2성을 쳐서 그것을 깨뜨렸다. 이적은 군사를 압록책에 두었고 계필하력은 번한병(蕃漢兵) 50만을 이끌고 먼저 평양에 다다랐고 이적은 곧 이어서 이르렀다. 함께 평양성을 공격하여 함락시키고 남건을 잡고 그 왕을 사로잡아 돌아왔다. (『舊唐書』109 列傳 59 契苾何力) |

| 고구려 | 연개소문이 죽자 남생이 동생에게 쫓기는 바가 되어 그 아들을 궐에 나아가게 하여 항복을 청하였다. 이에 계필하력을 요동도 행군대총관 안무대사로 임영하여 그것을 점령하여 다스리게 하였다. 부사 이적이 함께 고구려에 갔는데, 이적이 이미 신성(新城)을 함락하고 계필하력에게 지키고 머무르게 하였다. 이 때 고구려 군사 15만명이 요수(遼水)에 주둔하고 있었고 말갈 수만 무리를 이끌고 남소성에 근거하여 있었다. 계필하력이 갑자기 쳐서 그것을 깨뜨리니, 목벤 것이 만급이었다. 승리를 틈타 나아가 8성을 함락하고 군대를 이끌고 돌아와 이적과 만나 욕이(辱夷)·대행(大行) 2성을 쳐서 그것을 깨뜨렸다. 나아가 부여를 함락시키고 군대의 행진을 방해하고 나아가지 않았다. 계필하력은 50만을 이끌고 먼저 평양에 다다랐고 이적은 곧 이어서 이르렀다. 무릇 7개월을 공격하여 함락시키고 그 왕을 사로잡아 바쳤다. (『新唐書』111 列傳 35 諸夷蕃將 契苾何力) |

| 고구려 | 건봉 원년에 또 요동도행군대총관(遼東道行軍大總管) 겸 안무대사(安撫大使)가 되었다. 고구려에 무리 15만이 요수(遼水)에 주둔하고 있었다. 또 말갈 수만을 이끌고 남소성에 근거하여 있었다. 계필하력이 적을 쳐서 모두 크게 패하여 목벤 것이 수만급이었다. 승리를 틈타 나아가 무릇 7성을 함락하고 이에 군대를 돌려 영국공 이적과 압록수에서 만나 함께 욕이(辱夷)·대행(大行) 2성을 쳐서 그것을 깨뜨렸다. 이적은 군사를 압록책에 두었고 계필하력은 번한병(蕃漢兵) 50만을 이끌고 먼저 평양에 다다랐고 이적은 곧 이어서 이르렀다. 함께 평양성을 함락시키고 남건을 잡고 그 왕을 사로잡아 돌아왔다. (『册府元龜』358 將帥部 19 立功 11 契苾何力) |

| 고구려 | 건봉 원년 10월 21일 이적이 고려를 평정하고 돌아왔다. 황제가 고장(高藏) 등 포로를 거느리고 지름길로 가서 소릉(昭陵)에 바치라고 하였다. 군용을 갖추고 경성(京城)에서 개선가를 연주하며 태묘(太廟)에 바쳤다. (『唐會要』14 獻俘) |

| 고구려 | 『당회요(唐會要)』에 전한다. "건봉 원년 10월 21일 이적이 고려를 평정하고 돌아왔다. 황제가 고장 등을 거느리고 지름길로 가서 소릉에 바치라고 하였다. 군용을 갖추고 개선가를 연주하며 태묘에 바쳤다."(『玉海』194 兵捷 獻功 唐獻俘太廟) |

| 고구려 | 겨울 10월 갑오(甲午) 초하루, 기미일(26)에 고려가 신하 을상(乙相)·엄추(奄鄒) 등을 보내 조(調)를 올렸다[대사(大使)는 신하 을상과 엄추이고 부사(副使)는 달상(達相) 둔(遁), 이위(二位) 현무약광(玄武若光) 등이다]. (『日本書紀』27 天智紀) |

| 고구려 | 천지천황 5년 10월 갑오 초하루 기미일(26) (『類聚國史』93 殊俗部 高麗) |

| 고구려 | 건봉 원년 11월에 사공(司空) 영국공(英國公) 이적(李勣)을 요동도행군대총관(遼東道行軍大總管)에 임명하고 비장(裨將) 곽대봉(郭待封) 등을 거느리고 고려를 정벌하게 하였다. (『舊唐書』199上 列傳 149上 東夷 高麗) |

고구려	건봉 원년 11월에 영국공 이적에게 곽대봉 등을 거느리고 고구려를 정벌하게 하였다. (『太平御覽』783 四夷部 4 東夷 4 高句驪)
고구려	당 고종 건봉 원년 11월 영국공 이적을 요동행군대총관으로 삼아 비장 곽대봉 등을 거느리고 은 고려를 정벌하게 했다. (『冊府元龜』135 帝王部 135 好邊功)
고구려	총장 무진에 왕이 군사를 이끌고 인문(仁問)·흠순(欽純) 등과 함께 평양(平壤)에 이르러 당 군사와 합세하여 고구려를 멸망시켰다. 당 나라 장수 이적(李勣)은 고장왕(高藏王)을 사로잡아 본국으로 돌아갔다[(…) 건봉 원년 (…) 12월 기유(己酉:18일)에 이적을 요동도행군대총관으로 삼아 6총의 관할 군사를 거느리고 고구려를 치게 했다. (…)]. (『三國遺事』2 紀異 2 文虎王法敏)
고구려	12월 기유(18일)에 이적을 요동도행군대총관으로 삼아 6총의 관할 군사를 이끌고 고려를 쳤다. (『新唐書』3 本紀 3 高宗)
고구려	건봉 원년 병인 12월 기유일(18)에 적을 요동도행군대총관으로 삼았다. (『新唐書』61 表 1 宰相 上)
고구려	겨울 12월 기유일(18)에 이적을 요동도행군대총관으로 삼고 사열(司列) 소상백(少常伯) 안륙(安陸) 사람인 학처준(郝處俊)을 부관으로 삼아 고려를 치게 했다. 방동선(龐同善)과 계필하력(契苾何力)은 나란히 요동도행군부대총관(遼東道行軍副大總管) 겸 안무대사(安撫大使)는 예전과 같게 하였다. 그들의 수륙제군총관(水陸諸軍總管)이며 아울러 운량사(運糧使)인 두의적(竇義積), 독고경운(獨孤卿雲), 곽대봉 등은 나란히 이적의 지휘를 받게 하였다. 하북(河北)에 있는 여러 주의 조부(租賦)는 모두 요동으로 보내어 군사용으로 공급하였다. 곽대봉은 효각(孝恪)의 아들이다. (『資治通鑑』201 唐紀 17 高宗)
고구려	『신당서』 본기에 전한다. "건봉 원년 12월 기유일(18)에 이적을 대총관으로 삼아 6총의 관할 군사를 거느리고 고려를 쳤다."(『玉海』188 兵捷 檄書 下 唐遼東道行臺大摠管檄高麗)
고구려	『신당서』 본기에 전한다. "건봉 원년 12월 기유일(18)에 이적을 요동도행군대총관으로 삼아 6총의 관할 군사를 거느리고 고려를 쳤다."(『玉海』191 兵捷 兵捷 露布 3 唐遼東道行臺大摠管李勣俘高麗 獻俘昭陵 檄高麗 含元殿數俘)
고구려	겨울 12월에 당은 이적을 요동도행군대총관으로 삼고 사열 소상백 안륙 사람인 학처준을 부장으로 삼아 고구려를 쳤다. (『三國史記』6 新羅本紀 6)
고구려	겨울 12월에 고종이 이적을 요동도행군대총관 겸 안무대사(安撫大使)를 삼고, 사열 소상백 안륙 사람인 학처준을 그 부장으로 삼았다. 방동선과 계필하력을 아울러 요동도행군부대총관(遼東道行軍副大摠管) 겸 안무대사로 삼고, 수륙제군총관(水陸諸軍摠管) 병(幷) 전량사(轉糧使) 두의적(竇義積)·독고경운(獨孤卿雲)·곽대봉(郭待封) 등은 모두 이적의 처분을 받았다. 하북(河北) 여러 주(州)의 조세와 공부(貢賦)는 모두 요동으로 보내 군용으로 공급하게 하였다. (『三國史記』22 高句麗本紀 10)
고구려	겨울 12월에 황제가 이적을 요동도행군대총관 겸 안무대사로 삼고 사열 소상백 안륙사람인 학처준은 부장으로 삼았다. 방동선과 계필하력은 아울러 요동도행군부대총관 겸 안무대사로 삼고, 수륙제군총관 병 전량사 두의적·독고경운·곽대봉 등은 모두 이적의 처분을 받았다. 하북 여러 주의 조세와 공부는 모두 요동으로 보내 군용으로 공급하게 하여 고구려를 공격하였다. (『三國史節要』10)
고구려	당 고종 건봉 원년 겨울 12월에 사공 연국공 이적을 요동도행군대총관 겸 요동안무대사로 삼고 좌금오위장군(左金吾衛將軍) 방동선과 좌효위대장군(左驍衛大將軍) 계필하력을 아울러 옛 것에 따라 요동도안무대사로 삼았다. 수륙제군총관 병 전량사 두의적·독고경운·곽대봉은 모병(募兵)의 위에 미치므로 아울러 이적의 처분을 받아

고려를 토벌하였다. 하북도의 여러 주의 조세는 모두 요동으로 보내 군용으로 공급하게 하였다. 이에 해로와 육로로 길을 나누어 평양으로 나아갔다. (『册府元龜』 986 外臣部 31 征討 5)

고구려　　　『자치통감』에 전한다. " (…) 건봉 원년에 이적을 요동도행군대총관 겸 안무대사로 삼았다."(『玉海』 132 官制 使 唐安撫使 安撫大使)

고구려　　　공의 이름은 경(敬)이고 자는 인공(仁恭)이며 그 선조는 제(齊) 사람이다. (…) 건봉 원년에 이르러 다시 계필 장군을 따라 요동도를 갈 때에는 누경(婁敬)은 검교자총관(檢校子總管)으로 지절충사(知折衝事)를 겸하였다. (「婁敬 墓誌銘」:『唐代墓誌滙篇』; 『全唐文補遺』 5; 『全唐文新編』 993)

고구려　　　공의 이름은 철(哲)이고 자는 지인(知人), 거록(鉅鹿) 양곡(陽曲) 사람이다. (…) 건봉 원년 조서로 위철(魏哲)에게 명위장군(明威將軍)을 더하였는데, 본래의 관직은 전과 같이 하였다. (…) 이 해에 조서를 내려 철을 요동도행군총관(遼東道行軍總管)으로 삼았다. 군영(軍營)에서 대진하는 날에 병사들의 기세는 하늘을 가로질렀다. 옥당(玉堂)을 열고 부서를 순시하였으며 험준한 요새에 앉아 진을 다스렸다. 궐공(闕鞏)의 갑옷과 무소의 가죽으로 만든 방패가 일곱겹으로 둘러지고 오왕이 타던 큰 배들이 머리와 꼬리가 이어진 것이 천리에 이르렀다. 제왕이 행차하니 진시황이 돌을 채찍질하는 위엄에 놀라 파도가 쉬게 되고, 선인이 모여사는 곳에서 배를 띄워 큰 자라를 낚으니 우공(愚公)이 산을 옮겨 놓던 힘마저도 깨뜨려진다. 바람처럼 달려가 번개와 같이 둘러싼 연후에 장수를 목 베고 성을 무너뜨렸다. (「魏哲 神道碑」:『全唐文新編』 194)

고구려　　　공의 이름은 적(勣)이고 자는 무공(懋功)이다. (…) 그래서 이적(李勣)의 노년을 고생스럽게 만들게 되어 외국에 나가게 되었으니, 이에 이적을 요동도안무대사행군대총관(遼東道安撫大使行軍大總管)으로 삼았다. (…) 간첩을 풀어 어려움을 알아내고 향도로 인하여 틈을 탔다. 도적의 보루를 멸하기 위하여 9번을 공격하는 수고를 겪지 않아도 되었으나, 흉악한 무리의 우두머리를 사로잡기 위해서는 오로지 7번 잡는 술책에 의지해야만 하였다. 적의 근거지를 기울게 하고 도망하는 자를 공격하니, 바다도 비고 산도 비었다. 오래도록 벌을 피하여 다닌 것이 하루아침에 씻겼다. (「李勣碑」:『全唐文新編』 15)

고구려　　　건봉 원년 황제는 풍사훈(馮師訓)을 적리도총관(積利道總管)으로 임명하여 모든 배와 수군을 통솔하게 하였다. 아주 빠른 시일 내에 공은 적군을 소멸시켰고 전승을 기회삼아 추격하여 자신의 공적을 드높였다. (「馮師訓碑」:『全唐文補遺』 3;『全唐文新編』 188)

고구려　　　(…) 군(君)의 이름은 인검(仁儉)이고 자(字)는 건적(乾迪)이며 하남(河南) 낙양(洛陽) 사람이다. (…) 건봉 원년에 유격장군으로 승진되었다. 요대(遼隊)의 잔당이 여전히 산골짜기에 숨자 조정에서는 육인검(陸仁儉)을 경략사(經略使)로 삼았는데, 나머지 도적을 다 없애고 환도(丸都)를 핍박한 것은 우리 여러 장수의 공적이다. (…) (「陸仁儉 墓誌銘」:『唐代墓誌滙篇續集』;『全唐文補遺』 5)

고구려 신라　겨울 12월 고구려의 귀신(貴臣)인 연정토(淵淨土)가 12성 763호 3,543명으로 와서 항복하였다. 정토 및 부하[從官] 24명에게 의복과 식량, 집 등을 주고 왕도 및 주(州), 부(府)에 두었다. 8개 성은 완전하였으므로 모두 군사를 보내 지키게 하였다. (『三國史記』 6 新羅本紀 6)

고구려 신라　겨울 12월 고구려의 귀신인 연정토가 부하 24인을 이끌고 12성 763호 3,543명으로 신라에 항복하였다. 신라에서는 의복과 식량, 집을 주고 중앙과 지방으로 나누어 두었다. 그 12성에는 아울러 군사를 보내 지키게 하였다. (『三國史節要』 10)

고구려	『당회요』[겸하여 『당실록(唐實錄) 등의 책]에서 전한다. "건봉 원년 12월 남교(南郊)에서 친히 제사지냈는데, 고려를 평정했으므로 상제(上帝)에게 명백히 알렸다."(『玉海』194 兵捷 獻功 唐獻俘太廟)
백제	이 해 겨울에 서울의 쥐들이 아우미노쿠니(近江)로 옮겨 갔다. 백제의 남녀 2천여 인이 아츠마노쿠니(東國)에 살았는데, 무릇 승려와 속인을 가리지 않고 계해년(癸亥年)부터 3년에 이르기까지 모두 관식(官食)을 주었다. 사문(沙門) 야마토노아야노치유(倭漢智由)가 지남거(指南車)를 바쳤다. (『日本書紀』27 天智紀)
백제 신라	인덕 3년 이후 그 땅은 신라와 말갈이 나누었고 백제의 종족은 드디어 끊어졌다. (『唐會要』95 百濟)
백제 신라	인덕 3년에 이르러 그 옛 땅은 신라에 들어가고 성(城)에 기댄 나머지 무리는 뒤에 점점 쇠약해져 흩어져 돌궐 및 말갈에 기탁하였다. 그 왕 부유융(夫餘隆)은 마침내 감히 옛 국토에 돌아가지 못하고 땅은 신라와 말갈에 다 들어갔다. 부여씨 군장은 이로 인하여 드디어 끊어졌다. 의자(義慈)는 지극한 효로써 부모를 섬겼고 형제에게 우애롭게 했다는 것을 들어 당시 사람들이 듣고 해동증민(東海曾閔)이라 불렀다. 서울에 이른지 수일에 미쳐 병이 나 죽었다. 손호(孫皓)와 진숙보(陳叔寶)의 묘소 옆에 장사지냈다. (『太平寰宇記』172 四夷 1 東夷 1 百濟國)
고구려	예전에 삼한이 복속하지 않아 제학(鯷壑)에서 놀랄 만한 큰 파도가 일고, 구종(九種)은 더욱 미혹하여 봉래산(蓬萊山)에서 큰 물결이 일어났다. 방덕위(龐德威)는 예리한 창을 지고 무예를 펼치며 보검을 휘둘러 종군하니, 용기는 춘추시대 오(吳)의 전저(專諸)와 같았고 노획한 것은 춘추시대 오의 경기(慶忌)를 얻은 것과 같았다. 마침내 덕위에게 훈관(勳官) 상호군(上護軍)을 제수하니, 수고로움을 갚은 것이다. (「龐德威墓誌銘」:『唐代墓誌滙篇』;『全唐文補遺』3;『唐文拾遺』17;『全唐文新編』259)
고구려	이 때에 주몽(朱蒙)의 후손들이 청구(靑丘)에서 천명(天命)을 받았음에도 호시(楛矢)를 조공하는 극진함을 어그러뜨리고 다시 계루(桂婁)의 병사들에 의지하였다. 고구려의 득래(得來)가 온건하게 간언하며 전차(戰車)에 빈번히 매달려 만류하였고, 후한(後漢)의 경기(耿夔)가 편사(偏師)로 고구려를 토벌하여 거듭 새긴 공적이 비석에 풍성하였다. 이 때 이타인(李他仁)에게 책주도독(柵州都督) 겸 총병마(總兵馬)를 제수하여, 12주(州)의 고구려를 관할하고 37부(部)의 말갈(鞨鞨)을 통솔하게 하였다. (「李他仁 墓誌銘」:『遠望集』下; 2015『高句麗渤海研究』52)

667(丁卯/신라 문무왕 7년/고구려 보장왕 26/唐 乾封 2/倭 天智 6)

고구려	건봉 원년 이듬해 정월에 이적이 길을 안내받아 신성(新城)에 이르러, 여러 장수를 모아 도모하여 말하기를, "신성은 적의 서쪽 변경으로 먼저 도모하지 않으면 나머지 성은 쉽게 함락되지 않을 것이다."하였다. 드디어 서남쪽 산에 벽을 쌓아 성에 다다르자, 성 사람들이 추장을 묶고 나와서 항복하였다. 이적은 나아가 16성을 빼앗았다. 곽대봉(郭待封)은 주사(舟師)로써 바다를 건너 평양으로 향하였다. (『新唐書』220 列傳 145 東夷 高麗)
고구려	『신당서(新唐書)』 고려전(高麗傳)에서 전한다. "건봉 원년 이듬해 정월에 이적이 신성에 이르러 여러 장수를 모아 도모하여 말하기를, '신성은 적의 서쪽 변경으로 먼저 도모하지 않으면 나머지 성은 쉽게 함락되지 않을 것이다.' 하였다. 드디어 서남

쪽 산에 벽을 쌓아 성에 다다르자, 성 사람들이 추장을 묶고 나와서 항복하였다. 이적은 나아가 16성을 빼앗았다. 곽대봉은 주사로써 바다를 건너 남쪽인 평양으로 향하였다."(『玉海』191 兵捷 兵捷 露布 3 唐遼東道行臺大摠管李勣俘高麗 獻俘昭陵 檄高麗 合元殿數俘)

고구려 백제 신라
　　　　　봄 2월 임진(壬辰) 초하루, 무오일(27) (…) 이 날에 황손(皇孫) 대전황녀(大田皇女)를 능 앞의 묘에 장사지냈다. 고려·백제·신라가 모두 장례지내는 길에 슬픔을 받들었다. (…) (『日本書紀』27 天智紀)
고구려　　　천지천황 6년 2월 임진 초하루 무오일(27) (『類聚國史』93 殊俗部 高麗)

고구려　　　건봉 2년 2월에 이적은 요하(遼河)를 건너 신성(新城)에 이르러 여러 장수에게 일러 말하기를, "신성은 고려 서쪽 변경의 진성(鎭城)으로 가장 요충지이다. 만약 먼저 도모하지 않으면 나머지 성은 쉽게 함락되지 않을 것이다."고 하였다. 드디어 신성 서남쪽으로 군사를 이끌고 가서 산에 의지해서 책(柵)을 쌓아 공격도 하고 방어도 하였다. 성 안이 매우 곤란해져서 자주 항복하는 자가 있었다. 이로부터 이르는 곳마다 승리하였다. 고장(高藏) 및 남건(男建)이 태대형(太大兄) 남산(男産)을 보내어 수령(首領) 98명을 이끌고 백기를 들고 나아가 항복하였고 아울러 입조(入朝)하기를 청하였다. 이적이 예로써 접대하였으나, 남건(男建)은 오히려 성문을 닫고 굳게 지켰다. (『舊唐書』199上 列傳 149上 東夷 高麗)
고구려　　　건봉 2년 2월에 이적이 신성에 이르러 여러 장수에게 일러 말하기를, "신성은 고려 서쪽 변경의 진성으로 가장 요충지이다. 만약 먼저 도모하지 않으면 나머지 성은 쉽게 함락되지 않을 것이다."고 하였다. 드디어 성 서남쪽으로 군사를 이끌고 가서 산에 의지해서 책을 쌓아 공격도 하고 방어도 하였다. 성 안이 매우 곤란해져서 자주 항복하는 자가 있었다. 이로부터 이르는 곳마다 승리하였다. 고장 및 남건이 수령 98명을 이끌고 백기를 들고 나아가 항복하였고 아울러 입조하기를 청하였다. 이적이 예로써 접대하였으나, 남건은 오히려 성문을 닫고 굳게 지켰다. (『太平御覽』783 四夷部 4 東夷 4 高句驪)
고구려　　　이적은 (…) 건봉 2년에 요동행군총관이 되었다. 이적이 고려의 신성(新城)을 함락시키고 부장(副將) 계필하력을 보내 군사를 이끌고 그것을 지키게 하였다. 이적은 요하를 건너기에 앞서 여러 장수에게 일러 말하기를, "신성은 고려 서쪽 변경의 진성으로 가장 요충지이다. 만약 먼저 도모하지 않으면 나머지 성은 쉽게 함락되지 않을 것이다."고 하였다. 드디어 신성의 서남쪽으로 군사를 이끌고 가서 산에 의지해서 책을 쌓아 공격도 하고 방어도 하였다. 이에 성 안에 있던 사람인 부구(扶仇) 등이 그 성주를 포박하고 문을 열고 항복하기를 청하였다. 이적이 드디어 군사를 이끌고 나아가 16성을 깨뜨렸다. (『册府元龜』366 將帥部 27 機略 6 李勣)
고구려　　　건봉 원년 다음해 남생을 불러 입조(入朝)하도록 하였고, 요동대도독(遼東大都督)·현도군공(玄菟郡公)으로 관작을 옮겨주고, 서울에 집 한 채를 주었다. 조칙으로 군대로 돌아가서 이적(李勣)과 함께 평양(平壤)을 공격해 들어가 왕을 사로잡았다. 황제가 조서로 아들을 보내 요수로 가서 남생을 위로하고 선물을 내려 주었다. 남생이 전쟁에서 돌아오니 우위대장군(右衛大將軍)·변국공(卞國公)으로 승진시켰다. 나이 46세에 죽었다. 남생은 순박하고 후덕하였으며, 예의가 있었다. 아뢰고 대답할 때 민첩하게 말을 잘 하였으며, 활을 잘 쏘았다. 그가 처음 당에 왔을 때 엎드려 도끼로 처벌을 기다렸으니, 세상에서 이를 칭찬하였다. (『三國史記』49 列傳 9 蓋蘇文 附 男生) (『三國史記』49 列傳 9 蓋蘇文 男生)

고구려	건봉 원년 다음해 천남생을 불러 입조하도록 하였고, 조서로 주현을 지날 때 묵을 집을 짓고 음악을 연주하며 우우림장군(右羽林將軍) 이동(李同)을 비기장정총(飛騎仗廷寵)으로 삼았다. 요동대도독·현도군공으로 관작을 옮겨주고, 서울에 집 한 채를 주었다. 조칙으로 군대로 돌아가서 이적과 함께 평양을 공격하게 하였다. 승려 신성(信誠)으로 하여금 내간(內間)하여 고려의 예병(銳兵)을 이끌고 잠입하여 고장(高藏)을 사로잡았다. 조서로 아들을 보내 직접 만든 금명(金皿)을 주고 요수로 가서 남생을 위로하고 선물을 내려 주었다. 남생이 전쟁에서 돌아오니 우위대장군·변국공으로 승진시켰고 비기궁(寶器宮) 시녀 2명과 말 80필을 내렸다. (『新唐書』 110 列傳 35 諸夷蕃將 泉男生)
고구려	건봉 2년 칙(勅)을 받들어 공(公)에게 입조하게 하였다. (「泉男生墓誌銘」)
고구려	고려본기(高麗本記)에 말하였다. (…) 그때 보덕(普德)화상은 반룡사(盤龍寺)에 있으면서 좌도(左道)가 정도(正)에 맞서면 국운이 위태로울 것을 걱정하여 여러 차례 왕에게 간했으나 듣지 않았다. 이에 그는 신통력으로 방장(方丈)을 날려 남쪽의 완산주(完山州)[지금의 전주(全州)이다] 고대산(孤大山)으로 옮겨가서 살았다. 곧 영휘(永徽) 원년 경술(庚戌) 6월이었다[또 본전(本傳)에서는 건봉(乾封) 2년 정묘(丁卯) 3월 3일이라고 하였다] (…) 지금 경복사(景福寺)에 비래방장(飛來方丈)이 있다고 한 것이 이것이다[이상은 국사(國史)이다]. 진락공(眞樂公)이 남긴 시가 그 당(堂)에 남아 있고, 문열공(文烈公)은 그의 전기를 지어 세상에 전하였다. (…) (『三國遺事』 3 興法 3 寶藏奉老 普德移庵)
탐라	가을 7월 기미(己未) 초하루, 기사일(11)에 탐라(耽羅)가 좌평(佐平) 연마(椽磨) 등을 보내 공물을 바쳤다. (『日本書紀』 27 天智紀)
탐라	천지천황 6년 기미 초하루 기사일(11) (『類聚國史』 99 殊俗部 耽羅)
고구려	공의 이름은 경(敬)이고 자는 인공(仁恭)이며 그 선조는 제(齊) 사람이다. (…) 건봉 2년 7월 누경(婁敬)이 진중(陣中)에서 죽으니, 나이 53세였다. (「婁敬 墓誌銘」: 『唐代墓誌滙篇』; 『全唐文補遺』 5; 『全唐文新編』 993)
신라	가을 7월에 큰 잔치를 3일 동안 베풀었다. (『三國史記』 6 新羅本紀 6)
신라	가을 7월에 신라에서 큰 잔치를 3일 동안 베풀었다. (『三國史節要』 10)
신라 고구려	가을 7월 당 황제가 칙명으로 지경(智鏡)과 개원(愷元)을 장군(將軍)으로 삼아 요동의 싸움에 나아가게 하였다. 왕이 곧 지경을 파진찬(波珍湌)으로 삼고 개원을 대아찬(大阿湌)으로 삼았다. 또한 황제가 칙명으로 대아찬 일원(日原)을 운휘장군(雲麾將軍)으로 삼았다. 왕은 왕궁의 뜰에서 칙명을 받도록 하였다. (『三國史記』 6 新羅本紀 6)
신라 고구려	가을 7월 황제가 칙명으로 신라의 지경과 개원, 일원을 장군으로 삼아 요동에 나아가게 하였다. 왕이 곧 지경을 파진찬으로, 개원을 대아찬으로, 일원을 운휘장군으로 삼았다. (『三國史節要』 10)
신라	가을 7월 대나마(大奈麻) 즙항세(汁恒世)를 보내어 당에 들어가 조공(朝貢)하게 하였다. (『三國史記』 6 新羅本紀 6)
신라 고구려	가을 7월 고종이 유인원(劉仁願)과 김인태(金仁泰)에게는 비열도(卑列道)를 따르도록

	하고 또한 우리 군사를 징발하여 다곡(多谷)과 해곡(海谷) 두 길을 따라서 평양에 모이도록 하였다. (『三國史記』6 新羅本紀 6)
신라 고구려	가을 7월 황제가 유인원과 김인태에게는 비열도를 따라 고구려를 공격하게 하고 또한 신라 군사를 징발하여 다곡과 해곡 두 길을 따라서 평양에 모이도록 하였다. (『三國史節要』10)
고구려	『신당서』본기에 전한다. "건봉 2년 8월 신미일(8월에는 신미라는 간지는 없음)에 이적(李勣)이 고려와 신성(新城)에서 싸워 그것을 패하게 하였다." (『玉海』191 兵捷 兵捷 露布 3 唐遼東道行臺大摠管李勣俘高麗 獻俘昭陵 檄高麗 含元殿數俘)
신라	가을 8월에 왕이 대각간(大角干) 김유신(金庾信) 등 30명의 장군을 거느리고 서울을 출발하였다. (『三國史記』6 新羅本紀 6)
신라	8월에 신라 왕이 친히 김유신 등 30명의 장군을 이끌고 군사를 내었다. (『三國史節要』10)
고구려	9월 신미일(14)에 이적(李勣)이 고려와 신성(新城)에서 싸워 그것을 패하게 하였다. (『新唐書』3 本紀 3 高宗))
고구려 신라	9월 신미일(14)에 이적이 고려의 신성을 빼앗고 계필하력(契苾何力)으로 하여금 이를 지키게 하였다. 이적은 그 전에 요하를 건너면서 여러 장수에게 말하였다. "신성은 고려 서쪽 변경의 요충지니, 먼저 이를 얻지 못하면 나머지 성들은 쉽게 빼앗지 못할 것이다." 드디어 그 곳을 공격하였는데, 성에 사는 사람인 사부구(師夫仇) 등이 성주를 결박하고 성문을 열고 항복하였다. 이적은 군사를 이끌고 진격하여 16개의 성을 모두 함락하였다. 방동선(龐同善)과 고간(高侃)은 아직 신성에 있었는데, 천남건(泉男建)이 군사를 파견하여 그 군영을 습격하였고 좌무위장군(左武衛將軍) 설인귀(薛仁貴)가 그를 공격하여 깨뜨렸다. 고간이 나가서 금산(金山:요녕성 강평현 동쪽)에 이르러서 고려와 싸웠는데, 승리하지 못하자 고려는 이긴 기세를 타고서 북쪽으로 쫓아왔고, 설인귀는 군사를 거느리고 가로 질러 쳐서 그들을 대파하였는데, 목을 벤 것이 5만여급이었고 남소(南蘇)·목저(木底)·창암(蒼巖) 3성을 뽑고 천남생(泉男生)의 군사와 합쳤다. 곽대봉(郭待封)이 수군(水軍)을 데리고 다른 길로 가서 평양으로 향하니 이적은 별장(別將) 풍사본(馮師本)을 보내어 양식과 무기를 싣고 그에게 대주었다. 사본(師本)의 배가 깨지고 시기를 놓치니, 곽대봉의 군대 안에서는 주리고 군색해졌고 편지를 서서 이적에게 보내려고 하였으나 적들이 얻어 보고 그들의 허실을 알까 두려워하여 마침내 이합시(離合詩)를 써서 이적에게 보냈다. 이적이 화가 나서 말하였다. "군사는 바야흐로 급한데 어찌 시를 썼는가. 반드시 그를 목 베리라." 행군관기(行軍管記)의 통사사인(通事舍人)인 원만경(元萬頃)이 그 뜻을 해석하니 이적이 마침내 다시 양식과 무기를 보내어 그에게 가게 하였다. 만경이 격고려문(檄高麗文)을 지어서 말하였다. "압록강의 험한 곳을 지키는지 모르겠다." 천남건이 보고하였다. "삼가 명령을 듣겠습니다." 바로 군사를 옮겨서 압록진(鴨綠津)을 점거하니 당의 군사들이 건널 수가 없었다. 황상이 이 소식을 듣고 만경을 영남(嶺南)으로 유배보냈다. 학처준(郝處俊)이 고려의 성 아래에 있었지만, 아직 열(列)을 제대로 이루지 못했는데, 고려가 갑자기 이르니 군대 안에서 크게 놀랐지만 처준(處俊)은 호상(胡床)에서 바야흐로 마른 음식을 먹고 있다가 몰래 정예의 군사를 뽑아 그들을 쳐서 물리치니, 장군과 사졸은 그의 대담함과 지략에 복종하였다. (『資治通鑑』201 唐紀 17 高宗)
고구려	가을 9월에 이적(李勣)이 신성을 빼앗아 계필하력에게 이를 지키게 하였다. 이적이

처음 요하를 건너서 여러 장수에게 일러 말하기를, "신성은 고구려 서쪽 변방의 요충지이다. 먼저 그곳을 얻지 못하면 나머지 성을 쉽게 취할 수 없다."고 하였다. 드디어 성을 공격하니, 성의 사람 사 부구(師夫仇) 등이 성주를 묶고 문을 열어 항복하였다. 이적이 군사를 이끌고 진격하니, 16성이 모두 함락되었다. 방동선(龐同善)과 고간(高侃)이 아직 신성에 있었는데, 천남건(泉男建)이 군사를 보내 그 진영을 습격하니, 좌무위장군 설인귀가 이를 쳐부수었다. 고간이 진격하여 금산(金山)에 이르러 우리 군사와 싸워 패하였다. 우리 군사가 이긴 기세를 타고 북으로 쫓았는데, 설인귀가 군사를 이끌고 옆에서 공격하여 우리 군사 5만 여 명을 죽이고, 남소·목저·창암의 3성을 빼앗고 천남생 군사와 합하였다. 곽대봉(郭待封)이 수군으로 다른 길로 해서 평양에 다다랐다. 이적이 별장(別將) 풍사본(馮師本)을 보내 식량과 무기를 싣고 공급하게 하였으나, 사본의 배가 부서져서 시기를 놓쳐 대봉의 군사가 굶주림으로 고생하였다. 글을 지어 이적에게 주려고 하였으나, 다른 사람에게 빼앗겨 그 허실을 알게 될 것을 두려워하여, 이에 이합시(離合詩)를 지어 이적에게 주었다. 이적이 화가 나서 말하기를 "군사(軍事)가 매우 급한데 어떻게 시로써 하는가? 반드시 목을 베겠다."고 하였다. 행군관기통사사인(行軍管記通事舍人) 원만경(元萬頃)이 그 뜻을 해석하니, 이적이 이에 다시 식량과 무기를 보내 주었다. 만경이 격문을 지어 말하기를 "압록의 요충지를 지킬 줄 모른다."고 하니, 천남건이 답하여 말하기를 "삼가 명을 듣겠다."고 하고 곧 군사를 옮겨 압록강 나루에 웅거하니 당의 군사가 건널 수 없었다. 고종이 이를 듣고 만경을 영남(嶺南)으로 유배를 보냈다. 학처준이 안시성 아래에서 아직 대열을 갖추지 못하였는데, 우리 군사 3만이 갑자기 이르니 군중(軍中)이 크게 놀랐다. 처준이 접의자[胡床] 앉아 마른 밥을 먹으려다가 정예를 골라 이를 쳐서 패배시켰다. (『三國史記』22 高句麗本紀 10)

고구려   가을 9월에 이적(李勣)이 신성을 빼앗아 계필하력에게 이를 지키게 하였다. 이적이 처음 요하를 건너서 여러 장수에게 일러 말하기를, "신성은 고구려 서쪽 변방의 요충지이다. 먼저 그곳을 얻지 못하면 나머지 성을 쉽게 취할 수 없다."고 하였다. 드디어 성을 공격하니, 성의 사람 사부구(師夫仇) 등이 성주를 묶고 문을 열어 항복하였다. 이적이 군사를 이끌고 진격하니, 16성이 모두 함락되었다. 방동선과 고간이 아직 신성에 있었는데, 천남건이 군사를 보내 그 진영을 습격하니, 좌무위장군 설인귀가 이를 쳐부수었다. 고간이 진격하여 금산에 이르러 고구려 군사와 싸워 패하였다. 고구려 군사가 이긴 기세를 타고 북으로 쫓았는데, 설인귀가 군사를 이끌고 옆에서 공격하여 5만 여 명을 죽이고, 남소·목저·창암의 3성을 빼앗고 남생 군사와 합하였다. 곽대봉이 수군으로 다른 길로 해서 평양에 다다랐다. 이적이 별장 풍사본을 보내 식량과 무기를 싣고 공급하게 하였으나, 사본의 배가 부서져서 시기를 놓쳐 대봉의 군사가 굶주림으로 고생하였다. 글을 지어 이적에게 주려고 하였으나, 다른 사람에게 빼앗겨 그 허실을 알게 될 것을 두려워하여, 이에 이합시를 지어 이적에게 주었다. 이적이 화가 나서 말하기를 "군사가 매우 급한데 어떻게 시로써 하는가. 반드시 목을 베겠다."고 하였다. 행군관기통사사인 원만경이 그 뜻을 해석하니, 이적이 이에 다시 식량과 무기를 보내 주었다. 만경이 격문을 지어 말하기를 "압록의 요충지를 지킬 줄 모른다."고 하니, 남건이 답하여 말하기를 "삼가 명을 듣겠다."고 하고 곧 군사를 옮겨 압록강 나루에 웅거하니 당의 군사가 건널 수 없었다. 고종이 이를 듣고 만경을 영남으로 유배보냈다. 학처준이 안시성 아래에서 아직 대열을 갖추지 못하였는데, 우리 군사 3만이 갑자기 이르니, 군중이 크게 놀랐다. 처준이 접의자[胡床]에 앉아 마른 밥을 먹으려다가 정예를 골라 이를 쳐서 패배시켰다. (『三國史節要』10)

고구려   당 고종 건봉 2년 9월에 이적이 고려의 신성을 빼앗아 부장 계필하력을 보내어 지키게 하였다. 이적은 마침내 군사를 이끌고 나아가 16성을 깨뜨렸다. (『册府元龜』9
86 外臣部 31 征討 5)

고구려　건봉 2년 (…) 연속해서 고려가 반란을 일으키자 조서로 사공 이적을 패강도대총관
(浿江道大總管)을 삼고 처준을 부사로 삼았다. 일찍이 적의 성(城)에 머물렀을 때 진
(陣)을 설치할 겨를이 없이 적의 무리가 갑자기 이르니 군중이 크게 놀랐으나, 학처
준만이 홀로 호상(胡床)에 의지하여 바야흐로 말린 밥을 먹고 이에 잠간 사이에 정
예로 쳐서 그것을 이기니 장사들 대부분이 그 담력과 꾀에 복종하였다. (『舊唐書』8
4 列傳 34 郝處俊)

고구려　건봉 중에 고구려를 정벌하였는데, 비장(裨將) 곽대봉이 수군을 데리고 다른 길로
가서 평양으로 하였다. 또 별수(別帥) 풍사본을 보내어 군대의 양식을 싣고 배로 가
서 그를 도와 주게 했다. 사본은 중도에서 배가 깨지고 시기를 놓치니, 대봉이 편지
를 서서 이적에게 보내려고 하였으나 고려가 그 구원병이 이르지 않았음을 알까 두
려워하여 이에 이합시를 써서 이적에게 보냈다. 이적이 그 뜻을 알지 못하고 화를
내며 말하였다. "군사 기밀은 급한데 어찌 시를 썼는가. 반드시 목 베어 돌리리라."
행군관기의 통사사인인 원만경이 이적에게 아뢰어 말하였다. "이것은 이합문입니
다." 이적이 비로소 깨닫고 그 날 군대를 보내 그를 돕게 하였다. 대봉이 드디어 바
다를 건넜다. (『册府元龜』414 將帥部 75 赴援 李勣)

고구려　원만경은 낙양 사람이다. (…) 건봉 중에 영국공(英國公) 이적이 고구려를 정벌할 때
따라가 요동도(遼東道) 총관기실(總管記室)이 되었다. 이적은 별수(別帥) 풍본(馮本)
으로 수군의 비장 곽대봉 돕게 하였는데 배가 깨지고 시기를 놓치니, 대봉이 편지를
서서 이적에게 주려고 하였으나 고려가 그 구원병이 이르지 않아 위급하고 급함의
기회를 탈까 두려워하여 이에 이합시를 지어 이적에게 보냈다. 이적이 그 뜻을 알지
못하고 화를 내며 말하였다. "군사 기밀은 급한데 어찌 시를 썼는가. 반드시 목 베
리라." 만경이 그것을 해석하니 이에 그쳤다. 이적이 일찍이 만경에게 격고려문(檄
高麗文)을 짓게 하였다. 그 말에는 고구려를 나무람이 있었는데, 압록강의 험한을
지킬 줄 모른다고 하였다. 막리지가 보고하여 말하였다. "삼가 명령을 듣겠습니다."
바로 군사를 옮겨서 압록을 굳게 지키니 관군이 들어갈 수가 없었다. 만경은 좌천되
어 영외(嶺外)로 유배갔다. (『舊唐書』190中 列傳 140中 元萬頃)

고구려　원만경은 후위(後魏) 경조왕(京兆王)의 아들 추(推)의 후예이다. (…) 이적이 고구려
를 정벌할 때 따라가 관서기(管書記)가 되었다. 별장(別將) 곽대봉이 주사(舟師)로
평양에 다다랐는데, 풍사본(馮師本)이 식량을 싣고 그를 이었으나 시기를 놓쳐 이적
에게 보고하고자 하였으나 정탐이 되는 것을 두려워하여 만경이 이합시를 지어 이
적에게 보냈다. 이적이 화내며 말하였다. "군사 기밀은 급한데 어찌하여 시를 지어
대봉을 목베고자 하는가" 만경이 장(狀)으로 말하여 이에 면하였다. 또 이적은 만경
에서 격고려문(檄高麗文)을 짓게 하였으나 거기에 압록강의 험한 곳을 지킬 줄 모른
다는 나무람이 있었다. 막리지가 보고하여 말하였다. "삼가 명령을 듣겠습니다." 군
사를 옮겨서 압록을 굳게 지키니 군사가 들어갈 수가 없었다. 고종이 그것을 듣고
만경을 영외(嶺外)로 유배보냈다. (『新唐書』201 列傳 126 文藝 上 元萬頃)

고구려　『신당서』원만경전(元萬頃傳)에 전한다. "이적을 고구려를 정벌할 때 따라가 관서기
(管書記)가 되고 만경으로 하여금 초격(草檄)을 쓰게 하여 고구려를 책망하였다."(『
玉海』188 兵捷檄書 下 唐遼東道行臺大摠管檄高麗)

고구려　원만경은 요동도 관기(管記)가 되어 격문(檄文)을 지어 고구려를 헐뜯기를, 압록의
험함을 지킬줄 모른다고 하였다. 막리지가 보고하여 말하였다. "삼가 명령을 듣겠습
니다." 바로 군사를 옮겨서 압록을 지켰다. 만경은 좌천되어 영남으로 유배갔다[담
빈록(譚賓錄)에서 나왔다]. (『太平廣記』493 雜錄 1 元萬頃)

고구려	원만경은 낙양 사람이다. 후위(後魏) 경목(景穆) 황제의 후예로 집안이 통사사인(通事舍人)으로 입신하였다. 건봉 연간에 영국공 이적이 고구려를 정벌할 때 따라가 격문(檄文)을 지었는데, 만경은 압록강의 험함을 지킬 줄 모른다고 나무랐다. 막리지가 보답하여 말하였다. "삼가 명을 듣습니다". 마침내 군사를 옮겨 압록강을 지키니 군사가 들어갈 수 없었다. 영외로 유배되었다. (『全唐詩』 1函 9冊)
고구려	금산(金山)의 큰 진영은 흉당(兇黨)이 실로 많았습니다. 경이 몸소 사졸(士卒)보다 앞서 목숨을 생각하지 않고 떨쳐 일어났습니다. 좌충우돌하면서 거리낄 것이 없었습니다. 여러 군사가 용기를 얻어 승리에 이르게 되었습니다. 마땅히 공업을 굳건히 세워 이 아름다운 이름을 온전하게 하소서. (『全唐文』 14 高宗皇帝 賜薛仁貴手勅) 667년 9월
신라	9월에 왕이 한성정(漢城停)에 이르러 영공(英公)을 기다렸다. (『三國史記』 6 新羅本紀 6)
신라	9월에 한성정에 이르러 이적(李勣)의 군사를 기다렸다. (『三國史節要』 10)
고구려	『자치통감』[겸하여 『신당서』 고려전]에 전한다. "건봉 2년 가을에 포(袍)·대(帶)·금구(金釦) 7개를 내렸다." (『玉海』 153 朝貢 外夷來朝 內附 唐高麗請頒曆)
신라 고구려	겨울 10월 2일에 영공(英公)이 평양성(平壤城)의 북쪽으로 2백 리 되는 곳에 도착하였다. 이동혜(尒同兮) 촌주(村主) 대나마(大奈麻) 강심(江深)을 보내어 거란(契丹) 기병(騎兵) 80여 명을 이끌고 아진함성(阿珍含城)을 거쳐 한성(漢城)에 이르러 편지를 전하여 군사 동원 시기를 독려하니, 대왕이 그것을 따랐다. (『三國史記』 6 新羅本紀 6)
신라 고구려	겨울 10월에 이적이 평양성의 북쪽으로 2백 리 되는 곳에 도착하였다. 대나마 강심을 보내어 거란 기병 80여 명을 이끌고 아진함성을 거쳐 한성에 이르러 편지를 전하여 신라 군사를 독려하니, 신라왕이 그것을 따랐다. (『三國史節要』 10)
신라 고구려	건봉 2년에 이르러 대총관(大摠管) 영국공(英國公)이 요동을 정벌한다고 해서 저는 한성주(漢城州)에 가서 군사를 국경에 보내 모이게 하였습니다. 신라의 군사가 단독으로 들어가서는 안되었기에 먼저 세 번이나 정탐을 보내고 배를 차례로 내보내어 몰래 대군을 살피게 하였습니다. 정탐이 돌아와 모두 말하기를, '대군은 아직 평양에 도착하지 않았다'고 하여 우선 고구려의 칠중성(七重城)을 쳐서 길을 열고 대군이 와서 이르기를 기다렸습니다. 그 성을 막 깨뜨리고자 할 적에 영공의 사인(使人) 강심(江深)이 와서 이르기를, '대총관의 처분을 받들어 신라 군사는 성을 공격할 필요 없이 빨리 평양으로 와 즉시 군량을 공급하고 와서 모이라'고 하였습니다. 행렬이 수곡성(水谷城)에 이르렀을 때 대군이 이미 돌아갔다는 말을 듣고 신라 군사는 마침내 즉시 빠져 나왔습니다. (『三國史記』 7 新羅本紀 7)
신라 고구려	건봉 2년에 이르러 영국공이 맡아 요동을 정벌한다고 해서 저는 한성주에 가서 군사를 국경에 보내 모이게 하였습니다. 신라의 군사가 단독으로 들어가서는 안되었기에 먼저 세 번이나 정탐을 보내고 배를 차례로 내보내어 몰래 대군을 살피게 하였습니다. 정탐이 돌아와 모두 말하기를, '대군은 평양에 도착하지 않았다'고 하여 우선 고구려의 칠중성을 쳐서 도로를 개통하고 대군이 와서 이르기를 기다렸습니다. 그 성을 막 깨뜨리고자 할 적에 영공의 사인 강심이 와서 이르기를, '대총관의 처분을 받들어 신라 군사는 성을 공격할 필요 없이 빨리 평양으로 와 즉시 군량을 공급하고 와서 모이라'고 하였습니다. 행렬이 수곡성에 이르렀을 때 대군이 이미 돌아갔다는 말을 듣고 신라 군사는 마침내 즉시 빠져 나왔습니다. (『三國史節要』 10)

고구려	겨울 10월 고려의 대형(大兄) 남생(男生)이 평양성을 나와 나라를 순행하였다. 이 때 성 안의 두 동생이 옆에서 도와주던 사대부들의 못된 말을 듣고 가로막아 들어오지 못하게 하였다. 이로 말미암아 남생이 당으로 도망하여 들어가 자기 나라를 멸망시키기를 도모하였다. (『日本書紀』27 天智紀)
고구려	천지천황 6년 10월 (『類聚國史』93 殊俗部 高麗)

백제	11월 정사(丁巳) 초하루, 기축일(9)에 백제에 주둔하고 있는 장군 유인원(劉仁願)이 웅진도독부(熊津都督府) 웅산현령(熊山縣令)·상주국(上柱國)·사마(司馬) 법총(法聰) 등을 보내고, 대산하(大山下) 사카이베노무라지이와츠미(境部連石績) 등을 츠쿠시노오미코토모치노츠카사(筑紫都督府)에 보냈다. (『日本書紀』27 天智紀)

신라	11월 11일에 장새(獐塞)에 이르렀는데, 영공(英公)이 돌아갔다는 말을 듣고 왕의 군사도 또한 돌아왔다. 이에 강심(江深)에게 급찬(級湌)의 관등을 주고 벼 5백석을 내렸다. (『三國史記』6 新羅本紀 6)
신라	11월에 왕이 장새에 이르렀는데, 적(勣)이 돌아갔다는 말을 듣고 또한 돌아왔다. 이에 강심에게 급찬의 관등을 주고 벼 5백석을 내렸다. (『三國史節要』10)

백제	11월 정사(丁巳) 초하루 기사일(13)에 사마 법총 등이 일을 마치고 돌아갔다. 소산하(小山下) 이키노무라지하카토코(伊吉連博德)과 대을하(大乙下) 카사노오미모로이와(笠臣諸石)을 송사(送使)로 삼았다. (『日本書紀』27 天智紀)

고구려	『구당서』고려전에 전한다. "건봉 2년 11월에 평양성을 함락시키고 고장(高藏)과 남건(男建) 등을 사로잡아 서울에 이르러 포로를 함원궁(含元宮)에 바쳤다. 이에 그 땅을 나누어 9도독부 42주 100현을 두었다. 또 안동도호부(安東都護府)를 설치하여 이것을 다스리고 그 추장과 공이 있는 자를 뽑아 도독(都督)·자사(刺史) 및 현령(縣令)을 주고 중국인과 나란히 다스리게 하였다. 이어서 좌무위장군(左武衛將軍) 설인귀(薛仁貴)를 보내어 군사로 모두 진압하니 이로부터 고씨 군장이 마침내 끊어졌다." (『太平御覽』783 四夷部 4 東夷 4 高句驪)
고구려	고종 건봉 초(666~667)에 요동도행군총관(遼東道行軍摠管)이 되어 평양성을 함락시키고 그 왕을 사로잡아 돌아왔다. 진군대장군(鎭軍大將軍)·행좌위대장군(行左衛大將軍)을 받고 옮겨서 양국공(梁國公) 봉해졌다. (『冊府元龜』384 將帥部 45 襃異 19 契苾何力)
고구려	계필하력(契苾何力)이 군사 5만을 거느리고 먼저 평양으로 향해 갔다. 적이 이어서 나아가 공격하였고 모두 7개월만에 그것을 함락시켰고 그 왕을 사로잡아 바쳤다. (『新唐書』110 列傳 35 諸夷蕃將 契苾何力)
고구려	『신당서』계필하력전(契苾何力傳)에 전한다. "군사 5만을 거느리고 먼저 평양으로 향해 갔다. 적이 이어서 나아가 공격하였고 모두 2개월만에 그것을 함락시켰고 그 왕을 사로잡아 바쳤다." (『玉海』191 兵捷 兵捷 露布 3 唐遼東道行臺大摠管李勣俘 高麗 獻俘昭陵 檄高麗 含元殿數俘)

탐라	윤11월 정해(丁亥) 초하루, 정유일(11)에 금(錦) 14필, 힐(纈) 19필, 비(緋) 24필, 감포(紺布) 24단(端), 도염포(桃染布) 58단, 부(斧) 26, 삼(鉐) 64, 칼 62개를 연마(椽磨) 등에게 주었다. (『日本書紀』27 天智紀)
탐라	천지천황 6년 겨울 윤11월 정해 초하루 정유일(11) (『類聚國史』99 殊俗部 耽羅)

신라	12월에 중시(中侍) 문훈(文訓)이 죽었다. (『三國史記』 6 新羅本紀 6)
신라	12월에 신라의 중시 문훈이 죽었다. (『三國史節要』 10)

신라	12월 당에 머무르고 있는 장군(將軍) 유인원(劉仁願)이 천자(天子)의 칙명(勅命)을 전하면서 고구려에 대한 공격을 도우라고 하였으며, 이에 왕에게는 대장군(大將軍)의 정절(旌節)을 내렸다. (『三國史記』 6 新羅本紀 6)
신라	12월 당에 머무르고 있는 장군 유인원이 천자의 칙명을 전하면서 신라왕에게 고구려에 대한 공격을 도우라고 하였으며, 이에 왕에게는 대장군의 정절을 내렸다. (『三國史節要』 10)

신라	우이방부(右理方府)를 문무왕 7년에 두었다. 경(卿)은 2명이며 좌(佐)는 2명이고 대사(大舍)는 2명이며 사(史)는 10명이다. (『三國史記』 38 雜志 7 職官 上)
신라	신라에서 우이방부(右理方府)를 두었다. 경은 2명이며 좌는 2명이고 대사는 2명이며 사(史)는 10명이다. (『三國史節要』 10)

신라	왕이 즉위한 초기인 용삭(龍朔) 신유(辛酉)에 사비(泗沘) 남쪽 바다 중에 죽은 여자의 시체가 있었는데, 신장은 73자이고 발의 길이는 6자이며 음부의 길이는 3자였다. 혹은 신장이 18자이며 건봉(乾封) 2년 정묘(丁卯)의 일이라고도 한다. (『三國遺事』 2 紀異 2 文虎王法敏)

신라	건봉 2년에 소정방이 죽자 당 황제는 그를 애도하여 좌효기대장군유주도독(左驍騎大將軍幽州都督)을 추증하고 시호를 장(莊)이라 하였다[이상은 당사(唐史)의 내용이다]. (『三國遺事』 1 紀異 1 太宗春秋公)
신라	건봉 2년에 죽었다. 나이 76세였다. 고종이 듣고 슬퍼하였다. 시신(侍臣)에게 일러 말하였다. " 소정방은 나라에 공이 있으니 예에 합당하게 포증(褒贈)할 만한데 경들은 말하지 않는구다. 遂使哀榮未及 興言及此 不覺嗟悼. 조를 내려 여기에 근거하여 유주도독(幽州都督)을 내렸고 시호를 장(莊)이라 하였다. (『舊唐書』 83 列傳 33 蘇定方)
신라	건봉 2년에 죽었다. 나이 76세였다. 황제가 듣고 슬퍼하였다. 시신을 책망하여 말하였다. "정방은 나라에 공이 있어 마땅히 포증할 만한데 그대들은 말하지 않으니, 어찌된 일인가. 이에 좌효위대장군(左衛大將軍) 유주도독을 내리고 시호를 장이라 하였다. (『新唐書』 111 列傳 36 蘇定方)

고구려	공의 이름은 철(哲)이고 자는 지인(知人), 거록(鉅鹿) 양곡(陽曲) 사람이다. (…) 건봉 2년에 조서를 내려 위철(魏哲)에게 상주국(上柱國)을 더하였고, 그대로 검교안동도호(檢校安東都護)가 되었다. (「魏哲 神道碑」: 『全唐文新編』 194)

고구려	고종 건봉 초(666~667)에 우상(右相) 겸 검교태좌좌중호(檢校太子左中護)가 되었고 전후하여 여러 차례 전쟁에 공이 있어 낙성현남(樂城縣男)에 봉해졌다. (『册府元龜』 384 將帥部 45 褒異 19 劉仁軌)

고구려	대총관(大總管) 영공(英公) 이적(李勣)이 삼진(三秦)에서 출정하는 의식을 치르고 만리(萬里)에서 도끼를 받았으며 황제의 신서(新書)를 받들어 조정의 상략(上略)을 존중하였다. 이타인(李他仁)은 망함을 분별하여 예견하는 밝음이 있었다. 양수(梁水)가

하나로 모여지고 성처(星處)가 모름지기 돌아갈 곳을 아는 것처럼 위군(魏軍)의 100일을 인식하였고, 마침내 통솔한 무리를 이끌어 원문(轅門)에 나아가 귀순하였다. 은(殷)의 미자(微子)가 주(周)에 들어갔듯이 이후에 거듭 뵙고, 진평(陳平)이 초(楚)를 버리고 한(漢)으로 떠난 것처럼 △하지 않음을 먼저 깨달았다. (「李他仁 墓誌銘」:『遠望集』下; 2015『高句麗渤海研究』52)

고구려   고현(高玄)은 솥을 들어 멜 정도로 굳센 재질을 지녔고, 산을 뽑아낼 만큼 장한 기운을 품었다. 그의 용맹을 높이 평가하여 요동(遼東)을 토벌하도록 칙명을 내렸다. (「高玄 墓誌銘」: 1999『박물관연보』10(서울대))

고구려   고질(高質)은 약관(弱冠)의 나이에 웅장한 뜻을 품으니, 검술을 배워 만인(萬人)을 상대할 수 있었고 활을 당겨서 일곱 겹의 철갑을 뚫을 수 있었다. 본국에서 3품인 위두대형(位頭大兄)에 임명되고 대장군(大將軍)을 겸하였다. 음산함이 요빈(遼賓)에서 일어나고 우환이 한양(韓壤)에서 싹이 트니, 요사스런 별이 저녁에 떨어지고 독기서린 안개가 새벽에 올랐다. (「高質 墓誌銘」: 2007『신라사학보』9)

고구려   이은지(李隱之)의 조부 경(敬), 부친 직(直)은 효성과 덕성을 다하여 하늘을 감동시켰으며, 낙랑(樂浪)에서 이름이 널리 알려졌다. 또한 충성과 근면을 다하여 백성을 구제하였으며, 부여(夫餘)에서는 찬양이 가득하였다. (「李隱之 墓誌銘」: 2015『韓國古代史探究』21)

고구려   고질(高質)의 증조 전(前)은 본국의 3품인 위두대형(位頭大兄)이었다. 조부 식(式)은 2품인 막리지(莫離支)였는데, 홀로 국정과 병마의 일을 맡았다. 부친 양(量)은 3품인 책성도독(柵城都督)·위두대형(位頭大兄)이었고, 대상(大相)을 겸하였다. 아울러 재주는 영웅호걸을 바라보고 올바름은 본국을 도왔으며, 명성은 널리 뻗어가 중국(中國)에까지 퍼져 들을 수 있었다. (「高質 墓誌銘」: 2007『신라사학보』9)

668(戊辰/신라 문무왕 8년/고구려 보장왕 27/唐 乾封 3, 總章1/倭 天智 7)

신라   무진년 정월 12일 남한성(南漢城) 도사(道使) 붕(朋) (…) (「二聖山城 出土 木簡」 全面)

신라   수성도사(須城道使) 촌주(村主) 전남한성(南漢城) (…) (「二聖山城 出土 木簡」側面)

신라   △△포(蒲)△△△△△△ (…) (「二聖山城 出土 木簡」後面)

고구려   봄 정월 임자일(28) 우상(右相) 유인궤(劉仁軌)를 요동도부대총관(遼東道副大總管)으로 삼았다. (『舊唐書』5 本紀 5 高宗 下)

고구려   정월 임자일(28)에 유인원을 요동도부대총관 겸(兼) 안무대사(安撫大使)·패강도행군총관(浿江道行軍總管)으로 삼았다. (『新唐書』3 本紀 3 高宗)

고구려   총장 원년 무진 정월 임자일(28)에 인궤를 요동도행군부총관 겸 안무대사·패강도행군총관으로 삼았다. (『新唐書』61 表 1 宰相 上)

고구려   봄 정월 임자일(28)에 우상 유인궤를 요동도부대총관으로 삼았다. (『資治通鑑』201 唐紀 17 高宗)

고구려   봄 정월에 당이 우상 유인궤를 요동도부대총관으로 삼고 학처준(郝處俊)·김인문(金仁問)을 부장으로 삼았다. (『三國史記』22 高句麗本紀 10)

고구려   봄 정월에 이적(李勣)이 군사를 거느리고 고구려를 정벌하자, 우상 유인궤를 요동도부대총관으로을 삼고 학처준·김인문을 부장으로 삼았으며, 인문으로 하여금 신라에

	서 군사를 징발하게 하였다.(『三國史節要』10)
고구려	유인궤는 (…) 건봉 3년 웅진도안무대사(熊津道安撫大使) 겸(兼) 패강도총관(浿江道總管)이 되어 부사 사공(司空) 이적(李勣)과 고려를 토평(討平)했다. (『舊唐書』84 列傳 34 劉仁軌)
고구려	총장 원년 유인궤는 웅진도안무대사 겸 패강도총관이 되어 부사 사공 이적과 고려를 토평했다. (『新唐書』108 列傳 33 劉仁軌)
고구려	『자치통감(資治通鑑)』[겸하여 실록(實錄) 등의 책]에 전한다. "(…) 총장 원년 유인궤를 요동도안무대사(遼東道安撫大使)로 삼았다고 하였다."(『玉海』132 官制 使 唐 安撫使 安撫大使)
고구려	2월 무오일(4) 요동도(遼東道) 설하수(薛賀水)에서 5만명을 깨뜨리고 진(陣)에서 5천여명을 베고 백성 3만명을 사로잡고 기계와 우마를 획득한 것이 셀 수 없었다. (『舊唐書』5 本紀 5 高宗 下)
고구려	2월 천남건이 다시 군사 5만을 보내 부여성을 구하려 하였다. 이적 등과 설하수(薛賀水)에서 만나 맞붙어 싸워서 패배하여 죽은 자가 3만여 인이었다. 이적이 대행성(大行城)으로 나아가 공격하였다. (『三國史記』22 高句麗本紀 10)
고구려	2월 남건이 다시 군사 5만을 보내 부여성을 구하려 하였다. 이적 등과 설하수에서 만나 맞붙어 싸워서 패배하여 죽은 자가 3만여 인이었다. 이적이 대행성으로 나아가 공격하였다. (『三國史節要』10)
고구려	2월 천남건이 다시 군사 5만을 보내 부여성을 구하려 하였다. 이적 등과 설하수에서 만나 맞붙어 싸웠으나 크게 패배하였다. 목베고 사로 잡은 것이 3만명이었다. 이적이 대행성으로 나아가 공격하여 빼앗았다. (『資治通鑑』201 唐紀 17 高宗)
고구려	건봉 3년 2월 남건(男建)이 군사 5만으로 부여성을 습격하자, 이적은 살하수(薩賀水) 위에서 그를 쳐부수어 5천 급의 머리를 베고, 3만명을 포로로 사로잡았다. 기계와 우마도 이에 맞먹었다. 나아가 대행성(大行城)을 빼앗았다. 유인원이 이적과 합류하기로 약속하고 뒤늦게 도착하였다. 소환하여 마땅히 목을 베어야 하나, 용서하여 요주(姚州)로 귀양보냈다. 계필하력은 이적의 군대와 압록(鴨淥)에서 만나 욕이성(辱夷城)을 빼앗고, 모든 군사를 이끌고 평양성을 포위하였다. (『新唐書』220 列傳 145 東夷 高麗)
고구려	『신당서(新唐書)』 고려전(高麗傳)에서 전한다. "건봉 3년 2월 남건이 군사 5만으로 부여성을 습격하려 하였다. 이적은 살하수가에서 그를 쳐부수어 5천급의 머리를 베고, 3만명을 포로로 사로잡았다. 기계와 우마도 이에 맞먹었다. 나아가 대행성(大行城)을 빼앗았다. 계필하력은 이적의 군대와 압록(鴨淥)에서 만나 욕이성(辱夷城)을 빼앗은 다음, 모든 군사로 평양성을 포위하였다." (『玉海』191 兵捷 兵捷 露布 3 唐遼東道行臺大摠管李勣俘高麗 獻俘昭陵 檄高麗 含元殿數俘)
고구려	2월 임오일(28) 이적이 고구려를 무너뜨리고 부여(扶餘)·남소(南蘇)·목저(木底)·창암성(蒼巖城)을 빼앗았다. (『新唐書』3 本紀 3 高宗)
고구려	2월 임오일(28) 이적 등이 고려의 부여성을 빼앗았다. 설인귀(薛仁貴)가 이미 금산에서 고려를 격파하고 승리를 틈타 3천 명을 거느리고 부여성을 공격하려고 하니 여러 장수가 병력이 적음을 이유로 만류하였다. 인귀가 말하기를, "병력이 많은데에 달려있는 것이 아니라 그것을 어떻게 사용할 것인가를 돌아보아야 할 뿐이다."고 하였다. 드디어 선봉이 되어 나아가 고려와 싸워서 크게 깨뜨렸는데, 1만여인을 죽이거나 사로잡았다. 마침내 부여성을 빼앗으니, 부여천(扶餘川) 안의 40여 성이 모두 항복하기를 청하였다. (『資治通鑑』201 唐紀 17 高宗)

고구려	『신당서』 본기(本紀)에 전한다. "총장 원년 2월 임오일(28) 이적이 고구려를 무너뜨리고 부여·남소·목저·창암성을 빼앗았다."(『玉海』 191 兵捷 兵捷 露布 3 唐遼東道行臺大摠管李勣俘高麗 獻俘昭陵 檄高麗 含元殿數俘)
고구려	2월에 이적 등이 우리 부여성을 빼앗았다. 설인귀가 이미 금산에서 우리 군사를 격파하고 승리를 틈타 3천 명을 거느리고 부여성을 공격하려고 하니 여러 장수들이 병력이 적음을 이유로 만류하였다. 인귀가 말하기를 "병력은 반드시 많을 필요는 없고 그것을 어떻게 사용할 것인가에 달렸다."고 하였다. 드디어 선봉이 되어 나아가 우리 군사와 싸워 이겨서 우리 군사를 죽이거나 사로잡았다. 마침내 부여성을 쳐서 빼앗으니 부여천 안의 40여 성이 모두 항복하기를 청하였다. (『三國史記』 22 高句麗本紀 10)
고구려	2월에 이적 등이 고구려 부여성을 빼앗았다. 설인귀가 이미 금산에서 고구려 군사를 격파하고 승리를 틈타 3천 명을 거느리고 부소성을 공격하려고 하니, 여러 장수들이 병력이 적음을 이유로 만류하였다. 인귀가 말하기를 "병력은 반드시 많을 필요는 없고 그것을 어떻게 사용할 것인가에 있을 뿐이다."고 하였다. 드디어 선봉이 되어 나아와 고구려 군사와 싸워 이겼다. 마침내 부여성을 빼앗으니, 부여천 안의 40여 성이 모두 항복하기를 청하였다. (『三國史節要』 10)
고구려	건봉 3년 2월에 이적이 설인귀를 이끌고 가서 부여성을 빼앗으니, 다른 30성이 모두 항복하였다. 방동선(龐同善)과 고간(高偘)은 신성을 지키고 있었는데, 남건이 군사를 보내어 습격하였다. 설인귀는 고간을 구원하느라 금산(金山)에서 싸웠으나, 이기지 못하였다. 고려가 북을 울리며 나왔는데, 예봉(銳鋒)이 날카로 왔다. 인귀가 측면을 공격하여 크게 쳐부수어 머리 5만급을 베었다. 남소·목저·창암의 3성을 빼앗아 군사를 이끌고 땅을 점령한 다음 이적과 합류하였다. (『新唐書』 220 列傳 145 東夷 高麗)
고구려	당 고종 건봉 3년 2월에 이적과 설인귀가 나아와 고려의 부여성을 빼앗았다. 이 때 편장(偏將) 방동선과 고간 등은 후미부대였는데, 일찍이 신라에서 고구려의 남건을 구하려고 신성에 보내 밤에 동선을 습격하였다. 설인귀는 후원군을 이끌고 이를 격파하였다. 고간 등이 군사를 옮겨 나아가 금산에 이르러 적을 적에게 패하였다. 고려가 승리를 틈타 나아왔으나 설인귀 등이 옆에서 공격하여 적이 크게 패하였는데 머리 5만여급을 베었다. 드디어 남소·목저·창암의 3성을 빼앗았다. 남생의 군사와 설인귀가 서로 만나 승리를 틈타 2천명을 거느리고 부여성을 공격하려고 하였다. 여러 장수가 병사가 적음을 이유로 그를 만류하였다. 설인귀가 말하였다. "그것을 어떻게 사용할 것인가일 뿐이지 많은 것에 있지 않다"고 하였다. 드디어 선봉이 되어 갔다. 패한 무리가 와서 갑자기 공격하여 막았으나 그것을 크게 깨뜨렸다. 죽이거나 사로잡은 것이 1만여명이었다. 부여성이 이미 항복하자 부여주 안의 40여성이 동시에 항복하길 청하였다. (『册府元龜』 986 外臣部 31 征討 5)
고구려	『신당서』 고려전에 전한다. "건봉 3년 2월에 이적이 설인귀를 이끌고 가서 부여성을 빼앗으니, 다른 성 30개가 모두 항복하였다. 방동선과 고간은 신성을 지켰는데, 남건이 군사를 보내어 습격하였다. 설인귀는 고간을 구원하느라 금산에서 싸웠으나, 이기지 못하였다. 고려가 북을 울리며 나아왔는데, 예봉이 날카로왔다. 인귀가 측면을 공격하여 크게 쳐부수어 머리 5만급을 베었다. 남소·목저·창암의 3성을 빼앗아 군사를 이끌고 땅을 점령하여 이적과 합류하였다."(『玉海』 191 兵捷 兵捷 露布 3 唐遼東道行臺大摠管李勣俘高麗 獻俘昭陵 檄高麗 含元殿數俘)
고구려	건봉 3년 이적이 부여성을 공격하여 빼앗았다. (2월 28일) / 마침내 제군(諸軍)과 서로 만났다. (『唐會要』 95 高句麗)
고구려	고종 총장 원년 사공 이적을 보내 부소성을 공격하여 빼앗으니, 동시에 와서 항복하

였다. / 마침내 제군과 서로 만났다. (『太平寰宇記』173 四夷 2 東夷 2 高勾驪國)

고구려   2월 시어사 가언충이 사신으로 왔다가 요동에서 돌아갔다. 황제가 "군대 안은 어떠한가?" 하고 물었다. 대답하여 말하기를 "반드시 이길 것입니다. 예전에 선제께서 죄를 물으려다 뜻을 얻지 못한 것은 오랑캐에게 틈이 없었기 때문입니다. 속담에 '군대에 길잡이가 없으면 중도에 돌아온다.'고 하였습니다. 지금은 남생의 형제가 서로 싸워 우리의 길잡이가 되어서 오랑캐의 참됨과 거짓을 우리가 모두 알고, 장수는 충성되며 병사는 힘을 다하니, 그러므로 신이 '반드시 이긴다.'고 말씀드린 것입니다. 또 고구려비기(高句麗秘記)에 말하기를 '900년이 되지 못하여 마땅히 팔십(八十) 대장이 있어서 이를 멸망시킨다.'고 하였는데, 고씨(高氏)가 한(漢)으로부터 나라를 가지고 있은 지 지금이 900년이고, 이적의 나이가 80입니다. 오랑캐는 거듭되는 흉년으로 사람들이 서로 빼앗아 팔고, 땅이 흔들리고 갈라지며, 이리와 여우가 성으로 들어가고, 두더지가 문에 구멍을 뚫으며, 인심이 두려워하고 놀라니, 이 원정을 다시 일으키지 않게 될 것입니다."라 하였다. (『三國史記』22 高句麗本紀 10)

고구려   2월 시어사 가언충이 사신으로 왔다가 요동에서 돌아갔다. 황제가 "군대 안은 어떠한가?" 하고 물었다. 대답하여 말하기를 "반드시 이길 것입니다. 예전에 선제께서 죄를 물으려다 뜻을 얻지 못한 것은 오랑캐에게 틈이 없었기 때문입니다. 속담에 '군대에 길잡이가 없으면 중도에 돌아온다.'고 하였습니다. 지금은 남생의 형제가 서로 싸워 우리의 길잡이가 되어서 오랑캐의 참됨과 거짓을 우리가 모두 알고, 장수는 충성되며 병사는 힘을 다하니, 그러므로 신이 '반드시 이긴다.'고 말씀드린 것입니다. 또 고구려비기에 말하기를 '900년이 되지 못하여 마땅히 팔십(八十) 대장이 있어서 이를 멸망시킨다.'고 하였는데, 고씨가 한으로부터 나라를 가지고 있은 지 지금이 900년이고, 이적의 나이가 80입니다. 오랑캐는 거듭되는 흉년으로 사람들이 서로 빼앗아 팔고, 땅이 흔들리고 갈라지며, 이리와 여우가 성으로 들어가고, 두더지가 문에 구멍을 뚫고, 인심이 두려워하고 놀라니, 이 원정을 다시 일으키지 않게 될 것입니다."라 하였다. (『三國史節要』10)

고구려   2월 시어사 낙양(洛陽) 사람 가언충이 사신의 임무를 받들고 왔다가 요동에서 돌아갔다. 황제가 군사(軍事)에 대해 묻자 가언충이 대답하여 말하기를, "고려는 반드시 평정될 것입니다."라고 하였다. 황제가 말하였다. "경은 어떻게 그것을 아는가." 대답하여 말하였다. "수(隋) 양제(煬帝)가 동쪽을 정벌하려 했으나 이기지 못한 것은 인심이 이원(離怨)했기 때문입니다. 선제께서 동쪽을 정벌하려 했으나 이기지 못한 것은 고려에 틈이 없었기 때문입니다. 지금 고려는 미약하여 권세 있는 신하가 명령을 제멋대로 내리고 연개소문이 죽자 남건 형제는 안에서 서로 공격하여 빼앗으며 남생은 마음을 기울여 내부하여 우리의 길잡이가 되었으니, 저들의 사정과 속임수를 모르는 것이 없습니다. 폐하의 성스러운 밝음으로 국가는 부강하며 장군과 군사는 힘을 다하고 있으며, 고구려의 난을 틈을 타서 그 세를 반드시 이길 것이니, 다시 일으키는 것을 기다리지 않을 것입니다. 또 고려는 몇 년동안 기근이 들고 요상하고 이상한 일이 여러 번 있어 사람들의 마음은 위태롭고 놀랐으니, 그 망함이 발꿈치를 들어 기다립니다." 황제가 또 "요동의 여러 장군 중 누가 현명한가" 물으니, 대답하여 말하였다. "설인귀가 용감하기로는 삼군(三軍)에서 으뜸이고 방동선은 비록 전투를 잘하지 못하나 군사를 유지하는 것이 엄정합니다. 고간은 근검하게 스스로를 처신하며 충성스럽고 과단성이 있으면서 지모도 가지고 있고, 계필하력은 침착하고 의연하며 단안을 내릴 수 있으며, 비록 앞에 나서는 것을 자못 꺼리지만 통솔하는 재주를 가지고 있습니다. 그러나 밤낮으로 조심하며 자기 몸을 잊고서 나라를 걱정하는 데서는 모두 이적을 따라잡지는 못합니다." 황상은 깊이 그 말을 그러하다고 생

각하였다. (『資治通鑑』201 唐紀 17 高宗)

고구려 　건봉 3년 2월 시어사 가언충이 일을 도모하고 돌아왔다. 고종이 "군사에 관한 일이 어떠한가" 물으니, 대답하여 말하였다. "반드시 이길 것입니다. 지난날 선제께서 죄를 물을 적에 뜻을 이루지 못한 것은 오랑캐에게 틈이 없었기 때문입니다. 속담에 '군(軍)에 내응(內應)하는 자가 없으면 중도에 돌아서라'고 하였습니다. 지금 남생(男生)의 형제가 집안 싸움으로 우리의 향도(鄕導)가 되어 그것을 사로잡아 참되고 그릇됨을 우리가 다 알 수 있으며, 장수들은 충성을 다하고 군사들은 힘을 다하고 있습니다. 그러므로 신(臣)은 반드시 이긴다고 하는 것입니다. 그리고 고려의 비기(秘記)에 말하기를, '9백년에 미치지 않고 마땅히 80대장에게 멸망한다'고 하였는데, 고씨가 한(漢) 때부터 나라가 있은 지 지금 9백년이 되고, 이적의 나이가 80입니다. 오랑캐는 거듭되는 흉년으로 사람들이 서로 빼앗아 팔고, 땅이 흔들리고 갈라지며, 이리와 여우는 성으로 들어가고 두더지가 문에 구멍을 뚫으며, 인심이 두려워하고 놀라니, 이 원정을 다시 일으키지 않게 될 것입니다."(『新唐書』220 列傳 145 東夷 高麗)

고구려 　『신당서』 고려전에 전한다. "건봉 3년 2월 시어사 賈志들이 일을 계획하고 돌아갔다. 황제가 '군대 안은 어떠한가?'하고 물었다. 대답하여 말하였다. '반드시 이길 것입니다. 예전에 선제께서 죄를 물으려다 뜻을 얻지 못한 것은 오랑캐에게 틈이 없었기 때문입니다. 지금은 남생의 형제가 서로 싸워 우리의 길잡이가 되어서 오랑캐의 참됨과 거짓을 우리가 모두 알고, 장수는 충성되며 병사는 힘을 다합니다. 그러므로 신은 '반드시 이긴다.'고 말씀드린 것입니다. 또 고구려비기에 말하기를 '900년이 되지 못하여 마땅히 팔십(八十) 대장이 있어서 이를 멸망시킨다.'고 하였는데, 고씨가 한으로부터 나라를 가지고 있은 지 지금이 900년이고, 이적의 나이가 80입니다. 오랑캐는 거듭되는 흉년이며, 땅이 흔들리고 갈라지며, 이리와 여우가 성으로 들어가고, 두더지가 문에 구멍을 뚫으며, 인심이 두려워하고 놀라니, 이 원정을 다시 일으키지 않게 될 것입니다.'라 하였다." (『玉海』191 兵捷 兵捷 露布 3 唐遼東道行臺大摠管李勣俘高麗 獻俘昭陵 檄高麗 含元殿數俘)

고구려 　건봉 3년 (…) 이 때 시어사 가언충이 요동군량사(遼東軍糧使)의 임무를 다하고 돌아갔다. 황제가 군사에 대해 묻자 언충이 그 산천지세를 그렸다. 또 요동이 평정될 것이라고 말하였다. 황제가 물어 말하기를, "경은 어떻게 그것이 평정될 것인지를 아는가"라고 하자, 대답하여 말하였다. "옛날 수 양제가 친히 6군을 거느리고 요동을 무너뜨리고자 했으나, 인사가 그러했습니다. 양제는 무도하여 군정이 엄혹하고 나라를 들어 모두 싸웠으니 천하가 마음을 떠나 원래의 감정이 한번 성하여 매우 난처하게 돌아왔습니다. 몸이 죽고 나라가 망하니 스스로 그것을 취한 것입니다. 이에 선제께서 친히 정벌하여 죄를 물었으나 뜻을 얻지 못한 까닭은 고려에 틈이 없었기 때문입니다. 지금 고려는 이미 그 정치를 잃어 인심이 따르지 않으며 남생 형제는 서로 공격하여 빼앗으며 몸을 빼어 도망하여 우리의 길잡이가 되었으니, 저들의 사정과 속임수를 다 압니다. 국가는 부강한 것은 폐하의 성스러운 밝음 때문으로 장군과 군사는 힘을 다하니, 그것을 멸함이 반드시 그러할 것입니다. 또 신은 듣기를 고려비기에 말하기를, '천년이 미치지 않으며 마땅히 80 노장이 와서 멸망한다'고 하였는데, 전한의 고려씨로부터 나라가 있은지 지금 9백년이 되고, 이적의 나이가 80이니 또한 그 기부(記符)와 같습니다. 또 고려는 여러 해 기근과 가뭄으로 남녀를 팔고 지진으로 땅이 갈라지며, 낭호(狼狐)가 성 안에 들어가고 두더지가 성문에 굴을 뚫어, 요상하고 이상한 일이 여러 번 있어 사람들의 마음은 위태롭고 놀라니, 하늘의 뜻이 이와 같으며 인사가 저와 같습니다. 신은 마음 속으로 이번 걸음으로 인해 다시는 원정하지 않게 될 것이라 생각합니다."라고 하였다. 황제가 말하였다. "경이 보건대 요동의 여러 장군 중 누가 현명한가" 물으니, 대답하여 말하였다. "이적은 선조의 구신으로 성감(聖鑒)을 다하였습니다. 방동선은 비록 전투를 잘하지 못하나 군사를 유지하는 것이 엄정하고 설인귀는 용감하기로는 삼군에서 으뜸이고 명망있는 이름을 멀리 떨쳤습니다. 고간은 근검하게 스스로를 처신하며 충성스럽고 과단성이 있으며 계필하력은 침착하고 의연하며 통솔하는 재주를 가지고 있고, 비록 앞에 나서는 것을 자못 꺼리지만 일을 임함에 단안을 내릴 수 있습니다. 그러나 여러 장수 중에 밤낮으로 조심하며 자기 몸을 잊고서 나라를 걱정하는 데서는 모두 이적을 따라잡지는 못합니다." 황상은 깊이 그 말을 그러하다고 생각하였다. (『唐會要』 95 高句麗)

고구려 　고종 총장 원년 (…) 이 때 부어사(副御史) 가언충이 요동군량사(遼東軍糧使)의 임무를 다하고 돌아갔다. 황제가 군사에 대해 묻자 언충이 그 산천지세를 그렸다. 또 요동이 평정될 것이라고 말하였다. 황제가 물어 말하기를, "경은 어떻게 그것이 평정될 것인지를 아는가"라고 하자, 대답하여 말하였다. "옛날 수 양제가 친히 6군을 거느리고 요동을 무너뜨리고자 했으나, 인사가 그러했습니다. 양제는 무도하여 군정이 엄혹하고 나라를 들어 모두 싸웠으니 천하가 마음을 떠나 원래의 감정이 한번 성하여 매우 난처하게 돌아왔습니다. 몸이 죽고 나라가 망하니 스스로 그것을 취한 것입니다. 이에 선제께서 친히 정벌하여 죄를 물었으나 뜻을 얻지 못한 까닭은 고려에 틈이 없었기 때문입니다. 속담에서 적이 무모하면 중도에서 돌아온다고 하였습니다. 지금 고려는 이미 그 정치를 잃어 인심이 따르지 않으며 남생 형제는 화합하지 못하여 번갈아 서로 공격하여 몸을 빼어 도망하여 우리의 길잡이가 되었으니, 저들의 사정과 속임수를 다 압니다. 국가는 부강한 것은 폐하의 성스러운 밝음 때문으로 장군과 군사는 힘을 다하니, 그것을 멸함이 반드시 그러할 것입니다. 또 듣기를 고려 비기에 말하기를, '900년이 미치지 않으며 마땅히 80 노장이 와서 멸망한다'고 하였는데, 전한 말의 고려씨로부터 나라가 있은지 지금 이미 9백년이 되고, 이적의 나이가 80이니 또한 그 기부(記符)와 서로 같습니다. 또 고려는 여러 해 기근과 가뭄으로 남녀를 팔고 이유없이 땅이 갈라지며, 랑호(狼狐)가 성 안에 들어가고 두더지가 성문의 문턱 아래에 굴을 뚫어, 이속이 요상하고 이상한 일이 여러 번 있어 사람들의 마음은 위태롭고 놀라니, 하늘의 뜻이 이와 같으며 인사가 저와 같습니다. 신은 이번 걸음으로 인해 다시는 원정하지 않게 될 것이라 생각합니다."라고 하였다. 황제가 말하였다. "경이 보건대 요동의 여러 장군 중 누가 현명한가" 물으니, 대답하여 말하였다. "이적은 선조의 구신으로 성감(聖鑒)이 다하였습니다. 방동선은 비록 전투를 잘하지 못하나 군사를 유지하는 것이 엄정하고 설인귀는 용감하기로는 삼군에서 으뜸이고 명망있는 이름이 멀리 떨쳤습니다. 고간은 근검하게 스스로를 처신하며 충성스럽고 과단성이 있으며 계필하력은 침착하고 의연하며 통솔하는 재주를 가지고 있고, 비록 앞에 나서는 것을 자못 꺼리지만 일을 임함에 단안을 내릴 수 있습니다. 그러나 여러 장수 중에 밤낮으로 조심하며 자기 몸을 잊고서 나라를 걱정하는 데서는 이적을 따라잡지는 못합니다." 황상은 깊이 그 말을 그러하다고 생각하였다. (『太平寰宇記』 173 四夷 2 東夷 2 高勾驪國)

고구려 　『자치통감』에 전한다. "건봉 2년 다음해 천남생을 불러 입조하라고 하였다." (『玉海』 153 朝貢 外夷來朝 內附 唐高麗請頒曆)

고구려 　가언충이 시어사가 되었다. 고종 건봉 연간에 비장(裨將) 설인귀가 이미 부여천(扶餘川)을 항복시켜 마침내 바다의 요충지로 다스리고 행군총관(行軍摠管) 이적의 대군과 서로 만났다. 이 때 가언충이 조를 받아 요동에 가서 군량사(軍糧使)의 임무를 다하고 돌아갔다. 황제가 군사에 대해 묻자 언충이 그 산천지세를 그렸다. 또 요동이 평정될 것이라고 말하였다. 황제가 물어 말하기를, "경은 어떻게 그것이 평정될 것인지를 아는가”라고 하자, 대답하여 말하였다. “옛날 수 양제가 친히 6군을 거느리고 요동을 무너뜨리고자 했으나, 인사가 그러했습니다. 양제는 무도하여 군정이 엄혹하고 나라를 들어 모두 싸웠으니 천하가 마음을 떠나 원래의 감정이 한번 성하여 매우 난처하게 돌아왔습니다. 몸이 죽고 나라가 망하니 스스로 그것을 취한 것입니다. 이에 선제께서 친히 정벌하여 죄를 물었으나 뜻을 얻지 못한 까닭은 고려가 틈이 없었기 때문입니다. 속담에서 적이 무도하면 중도에서 돌아옵니다라고 하였습니다. 지금 고려는 이미 그 정치를 잃어 인심이 따르지 않으며 남생 형제는 화합하지 못하여 번갈아 서로 공격하여 몸을 빼어 도망하여 우리의 길잡이가 되었으니, 저들의 사정과 속임수를 다 압니다. 국가는 부강한 것은 폐하의 성스러운 밝음 때문으로 장군과 군사는 힘을 다하니, 그것을 멸함이 반드시 그러할 것입니다. 또 듣기를 고려비기에 말하기를, ‘900년이 미치지 않으며 마땅히 80 노장이 와서 멸망한다’고 하였는데, 전한 말의 고려씨로부터 나라가 있은지 지금 이미 9백년이 되고, 이적의 나이가 80이니 또한 그 기부(記符)와 서로 같습니다. 또 고려는 여러 해 기근과 가뭄으로 남녀를 팔고 이유없이 땅이 갈라지며, 랑호(狼狐)가 성 안에 들어가고 두더지가 성문의 문턱 아래에 굴을 뚫어, 이속이 요상하고 이상한 일이 여러 번 있어 사람들의 마음은 위태롭고 놀라니, 하늘의 뜻이 이와 같으며 인사가 저와 같습니다. 신은 적이 이번 걸음에 다시는 출전하지 않게 될 것으로 여겨집니다.”하였다. 황제가 말하였다. “경이 보건대 요동의 여러 장군 중 누가 현명한가” 물으니, 대답하여 말하였다. “이적은 선조의 구신으로 성감(聖鑒)이 다했습니다. 방동선은 비록 전투를 잘하지 못하나 군사를 유지하는 것이 엄정하고 설인귀는 용감하기로는 삼군에서 으뜸이고 명망있는 이름이 멀리 떨쳤습니다. 고간은 부지런하고 절약하며 스스로를 처신하며 충성스럽고 과단성이 있으며 契苾何力은 침착하고 의연하며 통솔하는 재주를 가지고 있고, 비록 앞에 나서는 것을 자못 꺼리지만 일을 임함에 단안을 내릴 수 있습니다. 그러나 여러 장수 중에 밤낮으로 조심하며 자기 몸을 잊고서 나라를 걱정하는 데서는 이적을 따라잡지는 못합니다.” 황상은 깊이 그 말을 그러하다고 생각하였다. (『册府元龜』655 奉使部 4 智識)

고구려

가증(賈曾)은 하남 낙양 사람이다. 아버지는 언충이다. 건봉 연간에 시어사가 되었다. 이 때 조정에서 요동의 일이 있었는데 언충이 사신으로 가서 군량을 지급하는 일을 받들었다. 돌아오자 고종이 군사의 일을 물었는데, 언충이 그 산천지세를 그렸고 요동은 평정될 상이라고 말하였다. 고종이 크게 기뻐하고 또 여러 장수의 우열을 물었다. 언충이 말하였다. “이적은 선조의 구신으로 성스러운 거울임을 다 알며 방동선은 비록 전투를 잘하지 못하지만 군사를 유지하는 것이 엄정하고 설인귀는 용감하기로는 삼군에서 으뜸이고 이름으로 적을 떨게 하며 고간은 근검하게 스스로를 처신하며 충성스럽고 과단성이 있으며 계필하력은 침착하고 의연하며 통솔하는 재주를 가지고 있지만, 비록 앞에 나서는 것을 자못 꺼리지만 일을 임함에 단안을 내릴 수 있습니다. 여러 장수 중에 밤낮으로 조심하며 자기 몸을 잊고서 나라를 걱정하는 데서는 이적을 따라잡지는 못합니다.” 고종이 깊이 그렇다고 하였다. (『舊唐書』190中 列傳 140中 賈曾)

고구려

가증은 하남 낙양 사람이다. 아버지는 언충이다. (…) 바야흐로 요동에 일이 있어 사신으로 군량을 지급하는 일을 받들었다. 돌아오자 산천과 도리(道里)를 올렸고 아울러 고구려가 깨뜨릴 상이라고 말하였다. 황제가 여러 장수의 재주 여하를 묻자 대답하여 말하였다. “이적은 구신으로 폐하께서 스스로 다 아는 바이며 방동선은 비록 전투를 잘하는 장수는 아니지만 군사를 유지하는 것이 엄정하고 설인귀는 용감하기로는 삼군에서 으뜸이고 고간은 충성스럽고 과단성이 있으며 계필하력은 침착하고 의연하며, 비록 앞에 나서는 것을 꺼리지만 통솔함에 재주가 있습니다. 그러나 밤낮으로 조심하며 자기 몸을 잊고서 나라를 걱정하는 데서는 이적을 따라잡지는 못합니다." 황제가 그렇다고 여기고 무리들 또한 도리에 맞는 말이라고 여겼다. (『新唐書』119 列傳 44 賈曾)

신라 봄에 아마(阿麻)가 와서 항복하였다. (『三國史記』6 新羅本紀 6)

신라 2월 아마가 신라에 항복하였다. (『三國史節要』10)

신라 봄 원기(元器)와 정토(淨土)를 보내어 당에 들어가게 하였다. 정토는 머물러 돌아오지 않았고 원기는 돌아왔다. 칙명이 있었는데, 이 뒤로는 여인을 바치는 것을 금하였다. (『三國史記』6 新羅本紀 6)

신라 2월 신라가 사신을 보내어 미녀를 바쳤다. 원기 및 정토가 당에 갔다. 황제가 받지 않고, 이에 칙명으로 여인을 바치는 것을 금하였다. (『三國史節要』10)

신라 3월에 파진찬(波珍湌) 지경(智鏡)을 중시(中侍)로 삼았다. (『三國史記』6 新羅本紀 6)

신라 3월에 신라에서 파진찬 지경을 중시로 삼았다. (『三國史節要』10)

신라 3월 비열홀주(比列忽州)를 설치하고, 이에 파진찬(波珍湌) 용문(龍文)을 총관(摠管)으로 삼도록 하였다. (『三國史記』6 新羅本紀 6)

신라 3월 신라에서 비열홀주를 설치하고, 이에 파진찬 용문을 총관으로 삼도록 하였다. (『三國史節要』10)

고구려 여름 4월 병진일(2)에 혜성(彗星)이 필묘(畢昴)의 사이에 나타났다. 을축일(11)에 황상이 정전(正殿)을 피하고 보통 때보다 음식을 줄였다. 조서로 내외 군관에서 각각 봉(封)를 올려 과실(過失)을 극언(極言)하게 하였다. 이에 군신이 상언(上言)하였다. "별이 비록 어그러져 빛이 어둡고 작을지라도 이것은 나라의 재앙이 아니라 황제의 위로와 염려가 부족해서이니 청컨대 정전에 나아가 상찬(常饌)을 회복하소서." 황제가 말하였다. "짐이 종묘를 받들어 억조의 백성을 어루만졌는데 하늘에서 꾸짖음을 보이니 짐의 부덕을 경계한 것이다. 마땅히 몸을 꾸짖고 덕을 닦아 그것을 물리칠 것이다." 군신이 다시 나아와 말하였다. "혜성이 동북쪽에 나타났으니, 이것은 고려가 장차 멸망될 조짐입니다." 황상이 말하였다. "고려 백성 역시 짐의 백성이다. 이미 만국의 주인이 되었으니 어찌 작은 번방에 허물을 돌리겠는가. 마침내 청하는 바를 따르지 않았다. 을해일(21)에 혜성이 사라졌다. (『舊唐書』5 本紀 5 高宗 下)

고구려 여름 4월 병진일(2)에 혜성이 오거(五車) 별자리에 나타났다. 황상이 정전을 피하고 보통 때보다 음식을 줄이며 음악도 철훼하였다. 허경종(許敬宗) 등이 상주하였다. "혜성이 동북쪽에 나났으니, 고려가 장차 멸망될 조짐입니다." 황상이 말하였다. "짐이 부덕하여 하늘에 견책을 보였는데, 어찌 작은 이적(夷狄)에게 허물을 돌리겠는가. 또 고려의 백성도 짐의 백성이다." 허락하지 않았다. 무진일(14)에 혜성이 사라졌다. (『資治通鑑』201 唐紀 17 高宗)

고구려 여름 4월에 혜성이 필성(畢星)과 묘성(卯星) 사이에 나타났다. 당의 허경종(許敬宗)이 말하기를, "혜성이 동북쪽에 나타났으니, 고구려가 장차 멸망할 조짐이다."라고 하였다. (『三國史記』22 高句麗本紀 10)

고구려 여름 4월 고구려에서 혜성이 필성과 묘성 사이에 나타났다. 당의 허경종이 말하기를 "혜성이 동북쪽에 나타났으니 고구려가 장차 멸망할 조짐이다."라고 하였다. (『三國史節要』10)

고구려	총장 원년 4월에 혜성이 오거(五車) 별자리에 나타났다. 황상이 정전을 피하고 보통 때보다 음식을 줄였다. 내외 5품 이상에게 명령하여 봉사를 올려 과실을 극언하게 하였다. 경종이 말하였다. "별이 비록 어그러져 빛이 어둡고 작을지라도 이것은 나라의 재앙이 아니라 황제의 위로와 염려가 부족해서이니 청컨대 정전에 나아가 상찬을 회복하소서." 따르지 않았다. 경종이 또 나아가 말하였다. "혜성이 동북쪽에 나타났으니, 고려가 장차 멸망될 조짐입니다." 황상이 말하였다. "나는 만국의 주인으로 어째 때 짐이 부덕하여 하늘에 견책을 보였는데, 어찌 작은 번방에 허물을 돌리겠는가. 이적에게 허물을 돌리겠는가." 22일에 혜성이 사라졌다. (『舊唐書』 36 志 16 天文 下)
고구려	총장 원년 여름 4월에 혜성이 오거(五車)에 나타났다. 허경종이 성패(星孛)가 동북쪽에서 나타났으니 왕사(王師)에 죄를 묻기를 이것은 고려가 장차 멸망할 조짐이라고 하였다. (『唐會要』 95 高句麗)
백제	여름 4월 을묘일 초하루, 경신일(6)에 백제가 말도사부(末都師父) 등을 보내 조(調)를 올렸다. (『日本書紀』 27 天智紀)
백제	여름 4월 경오일(16)에 말도사부 등이 일을 마치고 돌아갔다. (『日本書紀』 27 天智紀)
신라	여름 4월에 혜성(彗星)이 천선(天船)을 지켰다. (『三國史記』 6 新羅本紀 6)
신라	여름 4월에 신라에서 혜성이 천선을 지켰다. (『三國史節要』 10)
신라	건봉 3년 5월에 우상(右相) 유인궤(劉仁軌)가 와서 신라의 군사를 징발하여 함께 평양으로 갔는데, 나도 또한 한성주에 가서 군사들을 검열하였습니다. 이 때 번방(蕃方)의 군사와 중국의 여러 군대가 사수(蛇水)에 모두 모여 있었는데 남건이 군사를 내어 한 번 싸움으로 승부를 결판내려했습니다. 신라 군사가 홀로 선봉이 되어 먼저 큰 진영을 깨뜨리니 평양성 안은 강한 기세가 꺾이고 사기가 위축되었습니다. 이후 다시 영공이 신라의 용맹한 기병 500병을 뽑아 먼저 성안으로 들어가 마침내 평양을 평정하고 큰 공을 이루었습니다. 이에 신라 군사는 모두 '정벌을 시작한 이래 이미 9년이 지나 인력이 다할 대로 다하였지만 끝내 두 나라를 평정하였으니 여러 대를 두고 가졌던 오랜 희망이 오늘에야 이루어졌다. 반드시 우리나라는 충성을 다한 것에 대한 은택을 입을 것이요, 인민들은 힘을 다한 상을 받게 될 것이다'라고 말했습니다. 그런데 영공이 넌지시 말하기를 '신라는 전에 군대 동원기일을 어겼으니 모름지기 그것을 헤아려 정할 것이다'라고 하자 신라 군사들은 이 말을 듣고 다시 두려움이 더했습니다. 공을 세운 장군들이 모두 기록되어 들어가 조회하였는데, 당나라 수도에 도착하자 곧 말하기를 '지금 신라는 아무도 공이 없다'고 하여 군장들이 되돌아 오니 백성들이 더욱 두려움을 더하게 되었습니다. 또한 비열성은 본래 신라 땅이었는데 고구려가 쳐서 빼앗은 지 30년 만에 신라가 다시 이 성을 되찾아 백성을 옮겨 살게 하고 관리를 두어 수비하였습니다. 그런데 당나라가 이 성을 가져다 고구려에 주었습니다. 또 신라는 백제를 평정한 때부터 고구려를 평정할 때까지 충성을 다하고 힘을 다바쳐 당나라를 배신하지 않았는데, 무슨 죄로 하루 아침에 버림을 받게 되었는지 모르겠습니다. 비록 이와 같이 억울함이 있었지만 끝내 반역할 마음은 없었습니다. (『三國史記』 7 新羅本紀 7)
신라	건봉 3년 5월에 우상 유인궤가 와서 신라의 군사를 징발하여 함께 평양으로 갔는데, 나도 또한 한성주에 가서 군사들을 검열하였습니다. 이 때 번방의 군사와 중국

의 여러 군대가 사수에 모두 모여 있었는데 남건이 군사를 내어 한 번 싸움으로 승부를 결판내려했습니다. 신라 군사가 홀로 선봉이 되어 먼저 큰 진영을 깨뜨리니 평양성 안은 강한 기세가 꺾이고 사기가 위축되었습니다. 이후 다시 영공이 신라의 용맹한 기병 500병을 뽑아 먼저 성안으로 들어가 마침내 평양을 평정하고 큰 공을 이루었습니다. 이에 신라 군사는 모두 '정벌을 시작한 이래 이미 9년이 지나 인력이 다할 대로 다하였지만 끝내 두 나라를 평정하였으니 여러 대를 두고 가졌던 오랜 희망이 오늘에야 이루어졌다. 반드시 우리나라는 충성을 다한 것에 대한 은택을 입을 것이요, 인민들은 힘을 다한 상을 받게 될 것이다'라고 말했습니다. 그런데 영공이 넌지시 말하기를 '신라는 전에 군대 동원기일을 어겼으니 모름지기 그것을 헤아려 정할 것이다'라고 하자 신라 군사들은 이 말을 듣고 다시 두려움이 더했습니다. 공을 세운 장군들이 모두 기록되어 들어가 조회하였는데, 당나라 수도에 도착하자 곧 말하기를 '지금 신라는 아무도 공이 없다'고 하여 군장들이 되돌아 오니 백성들이 더욱 두려움을 더하게 되었습니다. 또한 비열성은 본래 신라 땅이었는데 고구려가 쳐서 빼앗은 지 30년 만에 신라가 다시 이 성을 되찾아 백성을 옮겨 살게 하고 관리를 두어 수비하였습니다. 그런데 당나라가 이 성을 가져다 고구려에 주었습니다. 또 신라는 백제를 평정한 때부터 고구려를 평정할 때까지 충성을 다하고 힘을 다바쳐 당나라를 배신하지 않았는데, 무슨 죄로 하루 아침에 버림을 받게 되었는지 모르겠습니다. 비록 이와 같이 억울함이 있었지만 끝내 반역할 마음은 없었습니다. (『三國史節要』 10)

신라 건봉 3년에 이르러 대감(大監) 김보가(金寶嘉)를 보내 바닷길로 들어가 영공(英公:이적)의 분부를 받아오게 하였더니, 신라 군사는 평양으로 와서 모이라는 처분을 받아왔습니다. (『三國史記』 7 新羅本紀 7)

신라 건봉 3년에 이르러 대감 김보가를 보내 바닷길로 들어가 영공(英公:이적)의 분부를 받아오게 하였더니, 신라 군사는 평양으로 와서 모이라는 처분을 받아왔습니다. (『三國史節要』 10)

신라 6월 12일에 요동도안무부대사(遼東道安撫副大使) 요동행군부대총관(遼東行軍副大摠管) 겸(兼) 웅진도안무대사(熊津道安撫大使) 행군총관(行軍摠管) 우상(右相) 검교(檢校) 태자좌중호(太子左中護) 상주국(上柱國) 낙성현개국남(樂城縣開國男) 유인궤(劉仁軌)가 황제의 칙지(勅旨)를 받들어 숙위(宿衛)인 사찬(沙湌) 김삼광(金三光)과 당항진(党項津)에 도착했다. 왕이 각간(角干) 김인문(金仁問)에게 성대한 예식(禮式)으로 인도하여 맞이하게 했다. 이에 우상은 약속을 마치고는 천강(泉岡)으로 향했다. (『三國史記』 6 新羅本紀 6)

신라 6월에 요동도안무부대사 요동행군부대총관 겸 웅진도안무대사 행군총관 우상 검교 태자좌중호 상주국 낙성현개국남 유인궤가 황제의 칙명을 받들어 숙위인 사찬 김삼광과 함께 당항진에 도착했다. 신라 왕이 각간 김인문에게 예를 갖추어 맞이하게 했고 인궤가 약속을 마쳤다. (『三國史節要』 10)

신라 6월 21일에 대각간(大角干) 김유신(金庾信)을 대당(大幢) 대총관(大摠管)으로 삼았고, 각간(角干) 김인문(金仁問)과 흠순(欽純)·천존(天存)·문충(文忠), 잡찬(迊湌) 진복(眞福), 파진찬(波珍湌) 지경(智鏡), 대아찬(大阿湌) 양도(良圖)·개원(愷元)·흠돌(欽突)을 대당(大幢) 총관(摠管)으로 삼았으며, 이찬(伊湌) 진순(陳純)[혹은 춘(春)이라고도 한다]과 죽지(竹旨)를 경정(京停) 총관으로, 이찬 품일(品日), 잡찬 문훈(文訓), 대아찬 천품(天品)을 귀당(貴幢) 총관으로 삼았다. 이찬 인태(仁泰)를 비열도(卑列道) 총관으로, 잡찬 군관(軍官), 대아찬 도유(都儒), 아찬(阿湌) 용장(龍長)을 한성주(漢城

州) 행군총관(行軍摠管)으로 삼았고, 잡찬 숭신(崇信), 대아찬 문영(文穎), 아찬 복세(福世)를 비열성주(卑列城州) 행군총관으로 삼았으며, 파진찬 선광(宣光), 아찬 장순(長順), 순장(純長)을 하서주(河西州) 행군총관으로, 파진찬 의복(宜福)과 아찬 천광(天光)을 서당(誓幢) 총관으로, 아찬 일원(日原)과 흥원(興元)을 계금당(罽衿幢) 총관으로 삼았다. (『三國史記』6 新羅本紀 6)

신라 6월 왕이 대각간 김유신을 대총관으로 삼았고, 각간 김인문과 흠순·천존·문충, 잡찬 진복, 파진찬 지경, 대아찬 양도·개원·흠돌을 대당 총관으로 삼았으며, 이찬 진순과 죽지를 경정 총관으로, 이찬 일품, 대아찬 천품을 귀당 총관으로 삼았다. 이찬 인태를 비열도 총관으로, 잡찬 군관, 대아찬 도유, 아찬 용장을 한성주 행군총관으로 삼았고, 잡찬 숭신, 대아찬 문영, 아찬 복세를 비열성주 행군총관으로 삼았으며, 파진찬 선광, 아찬 장순, 순장을 하서주 행군총관으로, 파진찬 의복과 아찬 천광을 서당 총관으로, 아찬 일원과 흥원을 계금당 총관으로 삼았다. (『三國史節要』10)

신라 총장 원년 무진에 당의 고종 황제가 영국공(英國公) 이적(李勣)을 보내 군사를 일으켜 고구려를 치게 하였는데, 마침내 우리에게 군사를 징집하도록 하였다. 문무대왕이 군사를 내어 이에 응하였다. 드디어 흠순·인문에게 명하여 장군으로 삼았다. 흠순이 왕에게 아뢰어 말하기를, "만약 유신과 함께 가지 않는다면 후회가 있지 않을까 두렵습니다." 라고 하였다. 왕은 말하였다. "공 등 세 신하는 나라의 보배이다. 만약 모두 적지로 나갔다가 혹시 예기치 못한 일이 생겨 돌아올 수 없다면 나라는 어찌되겠는가. 그러므로 유신을 남게 하여 나라를 지키도록 하고자 한 것인 즉 은연중에 장성(長城)과 같아서 마침내 근심이 없을 것이다." 흠순은 유신의 아우이고, 인문은 유신의 생질이다. 그러므로 그를 높이 섬기고 감히 대적하지 못하였다. 이때에 이르러 그들이 유신에게 아뢰어 말하기를, "저희가 자질은 없지만 지금 대왕을 좇아 예측할 수 없는 곳으로 나아가니, 이를 어떻게 해야 합니까. 가르키고 가르쳐 주시길 원합니다."라고 하였다. 유신은 대답하였다. "대저 장수된 자는 나라의 방패와 성(城)이 되고 임금의 손톱과 어금니가 되어 전쟁터에서 승부를 결정지어야 하니, 반드시 위로는 하늘의 도리를 얻고 아래로는 땅의 이치를 얻으며 중간으로는 사람의 마음을 얻어야 한다. 그런 뒤라야 성공을 거둘 수가 있으니, 지금 우리나라는 충성과 믿음 때문에 존재하고 있고 백제는 오만 때문에 망하였고 고구려는 교만 때문에 위태로운 것이다. 지금 만약 우리의 곧음으로 저들의 굽음을 친다면 뜻을 얻을 수 있을 것이다. 하물며 큰 나라의 밝은 천자의 위엄에 의지하고 있음인저. 가서 부지런히 하여 잘못됨이 없게 하는 것이 곧 임무이다." 두 공이 절을 하며 말하기를, "받들어 실천하여 감히 일이 잘못되지 않도록 하겠습니다."라고 하였다. 문무대왕은 이미 영공과 평양을 격파하고 돌아오며 남한주(南漢州)에 이르러 여러 신하에게 일러 말하였다. "옛날 백제의 명농왕(明穠王)이 고리산(古利山)에 있으면서 우리나라를 침략하고자 꾀하였을 때 유신의 할아버지인 무력 각간이 장수가 되어 그들을 갑자기 공격하여 승기를 타고 그 왕 및 재상 4명과 군사들을 사로잡아 그 충돌을 꺾었다. 또한 그의 아버지 서현은 양주총관(良州摠管)이 되어 여러번 백제와 싸워 그 예봉을 꺾어 변경을 침범하지 못하게 하였다. 그러므로 변방의 백성들은 편안히 농사짓고 누에쳤으며, 임금과 신하들은 아침 저녁으로 나랏일을 걱정하는 근심이 없어졌다. 지금 유신이 할아버지와 아버지의 업적을 이어 사직의 신하가 되어 나가서는 장수요 들어와서는 재상이니 공적이 뛰어나다. 만약 공의 집안에 의지하지 않았다면 나라의 흥망을 알 수 없었을 것이다. 그의 직위와 상을 과연 마땅히 어떻게 하여야 겠는가?" 신하들이 "진실로 대왕의 뜻과 같다"라고 말하였다. (『三國史記』43 列傳 3 金庾信 下)

신라 또한 고기(古記)에 이르기를 총장 원년 무진[만약 총장 무진이라면 이적의 일이니,

아래 글에 보이는 소정방은 오류이다. 만약 정방이라면 연호가 마땅히 용삭(龍朔) 2년 임술(壬戌)에 해당하며 (고구려에) 와서 평양을 포위한 때이다]에 국인(國人)이 요청한 당 군사가 평양 교외에 주둔하면서 서신을 보내어 말하기를, "급히 군수 물자를 보내라."고 했다. 왕이 여러 신하들을 모아 묻기를, "적국에 들어가 당 군사가 주둔한 곳까지 이르기는 그 형세가 위험하다. 당 군사의 식량이 다하여 요청하는데 군량을 보내지 않는 것도 역시 옳지 못하니, 어찌할 것인가.?"라고 하였다. 김유신이 아뢰어 말하기를, "신 등이 군수물자를 옮길 수 있으니, 청컨대 대왕께서는 심려치 마시옵소서." 하였다. 이에 유신과 인문 등이 수 만의 군사를 거느리고 고구려의 국경에 들어가 군량 2만곡을 전해 주고 돌아오니, 왕이 크게 기뻐하였다. 또한 군사를 일으켜 당 군사와 만나고자 하여 유신이 먼저 연기(然起)와 병천(兵川) 등 두 사람을 보내 만날 기일을 묻자 당 장수 소정방이 난새[鸞]와 송아지[犢] 두 가지 물건을 종이에 그려 돌려보냈다. 국인이 그 뜻을 알지 못하여 사람을 시켜 원효법사(元曉法師)에게 묻자, 이를 해석하여 말하기를, "속히 병사를 돌이켜라. 송아지를 그리고 난새를 그린 것은 두개로 끊어짐을 일컬은 것이다."라고 하였다. 이에 유신은 군사를 돌려 패강(浿江)을 건너고자 하고 명령하여 말하기를, "뒤에 강을 건너는 자는 베리라." 하였다. 군사들이 앞을 다투어 절반 정도 건넜는데, 고구려 군사가 와서 건너지 못한 자들을 사로잡거나 죽였다. 다음날 유신이 거꾸로 고구려 군사를 추격하여 수만 명을 포로로 잡거나 죽였다. (『三國遺事』1 紀異 1 太宗春秋公)

신라 고구려	6월 22일에 웅진 부성(府城)의 유인원(劉仁願)이 귀간(貴干) 미힐(未肹)을 보내 고구려의 대곡(大谷)과 한성(漢城) 등 2군 12성이 귀순하여 항복하였음을 알렸다. 왕은 일길찬(一吉湌) 진공(眞功)을 보내어 축하하였다. (『三國史記』6 新羅本紀 6)
신라 고구려	6월 웅진부성의 유인원이 귀간 미힐을 신라에 보내 고구려의 대곡과 한성 등 2군 12성이 귀순하여 항복하였음을 알렸다. 신라 왕은 일길찬 진공을 보내어 축하하였다. (『三國史節要』10)

신라	6월 22일 인문(仁問)·천존(天存)·도유(都儒) 등은 일선주(一善州) 등 7군 및 한성주(漢城州)의 군사와 말을 거느리고 당 군영으로 나아갔다. (『三國史記』6 新羅本紀 6)
신라	6월 신랑의 인문·천존·도유 등은 일선주 등 7군 및 한성주(漢城州)의 군사를 거느리고 먼저 당 군영으로 나아갔다. (『三國史節要』10)

신라	6월 27일에 왕이 서울을 출발하여 당 군영으로 나아갔다. (『三國史記』6 新羅本紀 6)
신라	6월 왕이 이어서 출발하였다. (『三國史節要』10)

신라 고구려	6월 29일에 여러 도(道)의 총관(摠管)들이 길을 떠났다. 왕은 유신(庾信)의 풍병(風病)으로 서울에 머물게 하였다. 인문(仁問) 등은 영공(英公)을 만나서 영류산(嬰留山) 아래에 진군하였다[영류산은 지금의 서경(西京) 북쪽 20리에 있다]. (『三國史記』6 新羅本紀 6)
신라 고구려	6월 제도총관(諸道摠管)으로 군사를 거느리고 따르게 하였다. 앞서 유신은 병으로 가지 못하니 왕이 흠순(欽純)과 인문을 장수로 삼았다. 흠순이 왕에 아뢰어 말하였다. "만약 유신이 가지 못한다면 후회가 있을까 두렵습니다." 왕이 말하였다. "경 등 세 신하는 모두 나라의 보배이다. 만약 모두 나갔다가 혹시 예기치 못한 일이 생기면 나라는 어찌되겠는가. 만약 유신을 남게 한 즉 은연중에 나라의 장성(長城)과

같아서 나는 근심이 없을 것이다." 흠순은 유신의 아우이고, 인문은 유신의 생질이다. 유신에게 아뢰어 말하기를, "저희가 모두 재주는 없지만 지금 대왕을 좇아 예측할 수 없는 곳으로 나아가니, 가르키고 가르쳐 주시길 원합니다."라고 하였다. 유신은 말하였다. "대저 장수된 자는 나라의 방패와 성(城)이 되고 임금의 손톱과 어금니가 되어 전쟁터에서 승부를 결정지어야 하니, 반드시 위로는 하늘의 도리를 얻고 아래로는 땅의 이치를 얻으며 중간으로는 사람의 마음을 얻어야 한다. 그런 뒤라야 성공을 거둘 수가 있으니, 지금 우리나라는 충성과 믿음 때문에 존재하고 있고 백제는 오만 때문에 망하였고 고구려는 교만 때문에 위태로운 것이다. 지금 우리의 곧음으로 저들의 굽음을 친다면 어떤 근심도 이기지 못하겠는가. 하물며 밝은 천자의 위엄에 의지하고 있으니 이르러 인하지 않음을 쳐라." 이적이 이미 대행성을 이기자, 諸道의 군사가 모두 이적과 만나 나아가 압록책(鴨淥柵)에 이르렀다. 고구려가 막아 싸웠으나 이적이 이를 패배시키고, 2백여 리를 좇아 달려와서 욕이성(辱夷城)을 빼앗으니 여러 성에서 도망하고 항복하는 자가 서로 이어졌다. 계필하력이 먼저 군사를 이끌고 평양성 아래 이르니, 이적의 군대가 뒤따랐다. 인문 등이 이적을 만나 영유산(嬰留山) 아래에 군사가 나아갔다.(9월) (『三國史節要』10)

신라 고구려　가을 7월 16일에 왕이 한성주(漢城州)에 머물렀는데, 여러 총관(摠管)에게 "가서 당군사(大軍)와 회합하라"고 명령하였다. 문영(文穎) 등이 사천(蛇川) 들판에서 고구려 군사를 만나 맞서 싸워 크게 무찔렀다. (『三國史記』6 新羅本紀 6)

신라 고구려　가을 7월에 신라 왕이 한성주에 머물렀는데, 무릇 군사가 20만이었고 여러 총관을 보내어 가서 당 군사와 회합하게 하였다. 문영이 사천 들판에서 고구려 군사를 싸워 크게 무찔렀다.『三國史節要』10)

고구려　가을 7월 고려가 고시(越)의 길을 따라 사신을 보내어 조(調)를 올렸다. 풍랑이 거세었기 때문에 돌아갈 수 없었다. (『日本書紀』27 天智紀)

고구려　천지천황 7년 7월 (『類聚國史』93 殊俗部 高麗)

고구려　8월 신유일(9)에 비열도행군총관(卑列道行軍總管)·우위위장군(右威衛將軍) 유인원(劉仁願)이 고려의 정벌에서 머뭇거렸다는 죄에 연좌되어 요주(姚州)로 유배되었다. (『資治通鑑』201 唐紀 17 高宗)

신라 고구려　총장 원년 무진에 고종 황제가 영국공 이적을 보내 군사를 거느리고 고구려를 치게 하였다. 또 김인문을 보내 우리에게 군사를 징발하게 하였다. 문무대왕이 인문과 군사 20만을 내어 가서 북한산성(北漢山城)에 이르렀다. 왕은 여기에 머무르고, 먼저 인문 등을 보내 군사를 거느리고 당 군사와 만나게 하였다. 평양성을 공격한 지 한 달 쯤 되었을 때, 고구려왕 장(臧)을 사로잡았다. 인문이 고구려왕으로 하여금 영공 앞에 꿇어 앉게 하고 그 죄를 헤아렸다. 고구려왕이 재배하고 영공은 예로 그것에 답하였다. 영공은 곧 고구려왕과 남산·남건·남생 등을 데리고 돌아갔다. 문무대왕은 인문의 뛰어난 재략과 용감한 공로가 보통의 예보다 뛰어났으므로, 죽은 대각간(大角干) 박뉴(朴紐)의 식읍(食邑) 5백 호를 내렸다. 고종도 인문이 여러 차례의 전공을 세운 바를 듣고서 제서(制書)를 내려, "용감하고 훌륭한 장수요, 문무에 뛰어난 재사이다. 작(爵)을 제정하고 봉읍을 주고 그 위에 아름다운 명을 내림이 마땅하겠다."고 하였다. 인하여 작록과 식읍 2천 호를 더하였다. 그 후로 [당의] 궁궐에서 시위(侍衛)하기를 여러 해 동안 하였다. (『三國史記』44 列傳 4 金仁問)

신라 고구려　총장 원년 무진년에 왕이 군사를 이끌고 인문(仁問)·흠순(欽純) 등과 함께 평양(平

壤)에 이르러 당나라 군사와 합세하여 고구려를 멸망시켰다. 당의 장수 이적(李勣)은 고장왕(高臧王)을 사로잡아 본국으로 돌아갔다[왕의 성이 고씨이므로 고장(高臧)이라고 하였다. 당서(唐書)고종기를 살펴보면, "현경(顯慶) 5년 경신년(660)에 소정방(蘇定方) 등이 백제를 정벌하고, 그 후 12월에 대장군 계여하(契如何)를 패강도 행군대총관(浿道行軍大摠管)을 삼고, 소정방을 요동도(遼東道) 대총관으로 삼고, 유백영(劉伯英)을 평양도(平壤道) 대총관으로 삼아 고려를 쳤다. 또 이듬해 신유년(661) 정월에 소사업(蕭嗣業)을 부여도(扶餘道) 총관으로 삼고, 임아상(任雅相)을 패강도 총관으로 삼아 35만 명의 군사를 거느리고 고구려를 쳤다. 8월 갑술일(11)에 소정방 등은 고구려 패강에서 싸우다가 패해서 도망하였다. 건봉 원년 병인년(666) 6월에 방동선(龐同善)·고림(高臨)·설인귀(薛仁貴)·이근행(李謹行) 등으로 후원하게 하였다. 9월에 방동선이 와서 고구려와 싸워 이겼다. 12월 기유일(18)에 이적을 요동도행군대총관으로 삼아 6총관의 군사를 거느리고 고구려를 쳤다. 총장 원년 무진년 9월 계사일(12)에 이적은 고장왕을 사로잡았고 12월 정사일(7)에 황제에게 포로로 바쳤다. 상원(上元) 원년 갑술년(674) 2월에 유인궤(劉仁軌)를 계림도(鷄林道) 총관으로 삼아 신라를 쳤다"고 하였고 향고기(鄕古記)에는, "당이 육로장군 공공(孔恭)과 수로장군 유상(有相)을 보내 신라 김유신(金庾信) 등과 함께 고구려를 쳤다"고 하였는데, 여기에는 인문과 흠순 등만 말하고 유신은 없으니 자세히 알 수 없다]. 이 때 당의 유병(遊兵)과 여러 장병이 진에 머무르면서 장차 우리를 습격하려고 계획하는 것을 왕이 알고 군사를 일으켰다. (『三國遺事』2 紀異 2 文虎王法敏)

고구려   중서사인(中書舍人) 곽정일(郭正一)이 평양을 함락시킨 뒤 고려 여종 1명을 얻었는데, 이름은 옥소(玉素)로 지극이 예쁘고 고와 재물고(財物庫)를 전담하게 하였다. 정일이 밤에 간장 죽을 바랐는데, 옥소가 만드는 것은 불가하다고 하지 않았다. 옥소는 그를 해치고 나갔다. 정일이 급하게 말하였다. "이 노비가 나에게 약을 주었다." 토장(土漿) 감초(甘草)를 찾아 그것을 복용하고 한참이 지나서 좋아졌다. 노비를 찾았으나, 찾을 수 없었고 아울러 금은 기물(器物) 등 10여 가지를 잃었다. 상소를 올리니, 칙령을 내려 장안(長安) 만년(萬年)의 불량척란(不良脊爛)으로 하여금 도적을 잡도록 소란을 피웠으나 3일이 지나도 잡지 못하였다. 불량(不良)의 주수(主帥)인 위창(魏昶)은 계략이 있어 사인(舍人) 가노(家奴)를 불러 나이가 어리고 단정한 3인을 뽑아 포의를 입히고 얼굴을 가리고 잡은 후 거리에 이르러 위사(衛士) 4명을 결박하여 물었다. "10일 내에 어떤 사람이 사인의 집에 왔는가." 위사가 말하였다. "투항한 고려인이 편지를 두고 갔습니다." 사람을 보내어 사인에게 붙어 있는 말 키우는 노비를 잡았는데, 편지가 있었다. 편지에는 "금성(金城) 방(坊) 중에 한 빈 집이 있음"이라고 되어 있고 다른 말은 없었다. 불량이 금성 방 빈 집에 가서 아울러 그것을 수색하였다. 한 집에 이르러 열쇠를 잠근 것이 아주 정밀하여 열쇠를 부수고 문을 여니 노비와 투항한 고려인이 함께 그 안에 있었다. 심문하여 물으니 곧 투항한 고려인이 함께 말 키우는 노비를 잡아 숨긴 것이었다. 조서를 올려 동시(東市)에게 목 베었다. (『太平廣記』171 精察 1 郭正一)

고구려   9월 계사일(12)에 사공(司空) 영국공(英國公) 이적이 고려를 깨뜨리고 평양성을 빼앗아 그 왕 고장 및 대신 남건 등을 사로잡아 돌아왔다. 경내(境內)가 모두 항복하였는데, 170성, 69만 7천호였다. 그 땅을 안동도호부(安東都護府)로 하고, 나누어 42주를 두었다. (『舊唐書』5 本紀 5 高宗 下)

고구려   9월 계사일(12)에 이적이 무너뜨리고 고려왕 고장을 잡았다. (『新唐書』3 本紀 3 高宗)

고구려	9월 계사일(12)에 이적이 평양을 함락시켰다. 이적은 이미 대행성(大行城)에서 이기자 여러 군사들 가운데 다른 길로 나갔던 사람들이 모두 이적과 만나서 나아가서 압록책(鴨綠柵)에 이르니, 고려에서는 군사를 내어 막고자 싸웠는데 이적 등이 분발하여 쳐서 그들을 대파하고 도망하는 것을 200여리를 뒤쫓았고 욕이성(辱夷城)을 빼앗으니, 여러 성에서는 숨어서 도망하여 항복하는 사람들이 서로 이었다. 계필하력이 먼저 군사를 이끌고 평양성 아래에 도착하고 이적의 군사가 그를 이어서 평양을 포위하고 한 달여를 있었는데, 고려왕 고장이 천남산(泉男産)을 보내 수령 98명을 거느리고 백기를 들고 이적에게 와서 항복하게 하니 이적이 그들을 예의로 접대하였다. 천남건(泉男建)은 오히려 문을 닫고 막고 지키며 자주 군사를 파견하여 나와서 싸웠지만 모두 패배하였다. 남건은 군사를 승려인 신성(信誠)에게 위임하니 비밀리에 사람을 보내 이적에게 가게 하여 안에서 호응하게 해달라고 청하였다. 닷새 후에[後五日] 신성은 문을 열었고 이적은 군사를 풀어서 성에 올라가서 북을 울리고 성을 태우는데, 넉 달이나 걸렸다. 남건은 스스로 찔렀으나 죽지 않았고 드디어 그를 사로잡았다. 고려는 모두 평정되었다. (『資治通鑑』201 唐紀 17 高宗)
고구려	『구당서』본기에 전한다. "총장 원년 9월 계사일(12)에 사공 영국공 이적이 고려를 깨뜨리고 평양성을 빼앗아 그 왕 고장 및 대신 남건 등을 사로잡아 돌아왔다. 경내(境內)가 모두 항복하였는데, 그 성은 170이었다."(『太平御覽』110 皇王部 35 唐 高宗天皇大帝)
고구려	9월 12일에 평양성을 빼앗아 그 왕 고배(高拜)와 남체(男逮)·남산(男産) 등을 사로잡아 돌아왔다. 그 나라를 평정하였는데, 평정한 성은 170이고 호는 69만7천이다. (『太平寰宇記』173 四夷 2 東夷 2 高勾驪國)
고구려	『신당서』본기에 전한다. "총장 원년 9월 계사일(12)에 이적이 패한 고려왕 고장을 잡았다."(『玉海』191 兵捷 兵捷 露布 3 唐遼東道行臺大摠管李勣俘高麗 獻俘昭陵 檄高麗 含元殿數俘)
고구려	가을 9월에 이적이 평양을 빼앗았다. 이적이 이미 대행성을 이기자, 다른 길로 나왔던 여러 군사가 모두 이적과 만나 나아가 압록책(鴨淥柵)에 이르렀다. 우리 군사가 막아 싸웠으나 이적 등이 이를 패배시키고, 욕이성(辱夷城)을 빼앗으니 여러 성에서 도망하고 항복하는 자가 서로 이어졌다. 계필하력이 먼저 군사를 이끌고 평양성 아래 이르니, 이적의 군대가 뒤따랐다. 평양을 포위하기를 한 달이 넘자, 왕 장(藏)이 천남산을 보내 수령 98명을 거느리고 백기(白旗)를 가지고 이적에게 나아가 항복하였는데 이적이 이를 예로써 접대하였다. 천남건은 오히려 문을 닫고 항거하여 지키면서, 자주 군사를 내어 싸웠으나 모두 패하였다. 남건이 군사에 관한 일을 승려 신성(信誠)에게 맡겼는데, 신성이 소장(小將) 오사(烏沙)와 요묘(饒苗) 등과 몰래 사람을 보내 이적에게 나아가 내응하기를 청하였다. (『三國史記』22 高句麗本紀 10)
고구려	9월에 당 군사와 합하여 평양성을 포위하기를 한 달여가 되자 고구려 왕이 먼저 천남산을 보내 수령 98인을 거느리고 백기를 가지고 이적에게 나아가 항복을 청하였는데, 이적이 예로써 접대하였다. 천남건은 오히려 문을 닫고 항거하여 지키면서, 자주 군사를 보내 나가 싸웠으나 모두 패하였다. 남건이 군사에 관한 일을 승려 신성에게 맡겼는데, 신성이 소장 오사와 요묘(饒苗) 등과 몰래 사람을 보내 이적에게 나아가 내응하기를 청하였다. (『三國史節要』10)
고구려	총장 원년 9월에 이적이 또 평양성 남쪽으로 진영을 옮기니, 남건이 자주 군사를 보내어 나와 싸웠으나, 모두 대패하였다. 남건의 밑에서 군사를 총관하던 승려 신성이 몰래 사람을 보내 군중(軍中)에 나아가, 성문을 열고 내응하겠다고 하였다. (『舊唐書』199上 列傳 149上 東夷 高麗)
고구려	건봉 3년 9월에 고장이 남산을 보내어 수령 1백명을 거느리고 흰 깃발을 세워 항복

하였고 또한 입조(入朝)도 청하자, 이적이 예를 갖추어 맞아들였다. 그러나 남건은 오히려 굳게 지키며 나와 싸웠으나 여러번 패하였다. 대장인 승려 신성이 첩자를 보내 내응을 약속하였다. (『新唐書』220 列傳 145 東夷 高麗)

고구려 　총장 원년 9월 이적이 평양성을 빼앗고 고장과 남건 등을 사로잡았다. (『唐會要』95 高句麗)

고구려 　당 고종 총장 원년 9월 이적이 진군하여 고려의 평양성을 깨뜨렸다. 요동이 다 평정되었다. 앞서 이적은 이미 대행성을 깨뜨리고 여러 군사와 다 모였다. 계필하력은 남소성 등 8성을 무너뜨리고 이적괴 압록책에서 만나, 군대를 합쳐 욕이성을 공격하였고 또 그를 도왔다. 계필하력이 번한병(蕃漢兵) 5만을 이끌고 평양에 도착하고 이적의 군사가 그를 이었다. 고장이 남산을 보내 수령 98명을 거느리고 백기를 들고 이적에게 와서 항복하고 다시 입조하여 사죄하기를 청하니 이적이 그들을 예의로 접대하였다. 남건이 오히려 문을 닫고 막고 지키니 이적은 이에 군사를 평양의 측면에 옮겨 이것을 핍박하였다. 남건이 자주 군사를 파견하여 나와서 싸웠지만 모두 패배하였다. 남건 아래에서 군사를 주관한 총관(總管)인 승려 신성이 몰래 사람을 보내 군에 나아가 성문을 열어 내응할 것을 허락하였다. (『冊府元龜』986 外臣部 31 征討 5)

고구려 　『신당서』고려전에 전한다. "건봉 3년 9월 장(藏)이 남산을 보내 수령 100인을 거느리고 항복하고 또 입조하기를 청하였다. 남건은 오히려 굳게 지키고 나가 싸워 여러 번 졌다. 대장인 승려 신성이 첩자를 보내 내응하기를 약속했다. 문이 열리고 군사가 북을 치며 들어갔다. 남건은 자결하고 장과 남건등을 잡았다. 무릇 5부 176성, 69만호, 적에게 조를 내려 포로를 소릉(昭陵)에 바치게 했다."(『玉海』191 兵捷 兵捷 露布 3 唐遼東道行臺大摠管李勣俘高麗 獻俘昭陵 檄高麗 含元殿數俘)

고구려 　총장 원년에 명으로 이적을 요동도행군총관(遼東道行軍總管)으로 삼고 군사 2만을 거느리고 압록강에 이르러 땅을 침탈하게 하였다. 고구려가 그 동생을 보내 와 항거하여 싸우니 이적이 군사를 내어 이를 쳐서 패하게 하였다. 2백여 리를 쫓아 달려와서 평양성에 이르렀다. 남건이 문을 닫고 감히 나오지 못하고 적중의 여러 성이 두려워하며 많은 사람들이 도망쳐 달아나고 항복하려 문을 두드리는 자가 서로 이었다. 이적이 또 군사를 이끌고 평양을 포위하니 요동도부대총관(遼東道副大總管) 유인궤와 학처준, 장군 설인귀가 모두 평양에 모여 측면을 포위하였다. (『舊唐書』67 列傳 17 李勣)

고구려 　고종 총장 원년에 요동도행군대총관이 되어 군사를 거느리고 고려를 평정했다. (『冊府元龜』357 將帥部18 立功10 李勣)

고구려 　(…) 조서를 내려 이적을 요동도행군대총관으로 삼고 군사 2만을 거느리고 토벌하게 하니, 그 나라를 깨뜨리고 고장과 남건 등을 잡았으며 그 땅을 주현으로 나누었다. 이적에게 조서를 내려 포로를 소릉에 바쳐 선제(先帝)의 뜻을 밝히고, 군용(軍容)을 갖추어 묘(廟)에 아뢰게 하였다. (…) (『新唐書』93 列傳 18 李勣)

고구려 　당 고종 때에 이르러, 이에 고구려를 멸망시켰다. (『太平寰宇記』170 河北道 東夷總序)

신라 　가을 9월 임오(壬午) 초하루, 계사일(12)에 신라가 사훼부(沙喙部) 급찬(汲湌) 김동엄(金東嚴) 등을 보내 조(調)를 올렸다. (『日本書紀』27 天智紀)

고구려 　총장 원년 9월 14일 요동도행군총관(遼東道行軍總管) 사공(司空) 이적(李勣)이 요동을 평정했다. 고려에는 오래전부터 5부(五部)에 176성(城) 69만7,000호(戶)가 있었다. (『唐會要』73 安東都護府)

고구려	『신당서』지리지(地理志)[겸하여 『자치통감』·『당회요(唐會要)』]에 전한다. "하북도(河北道)의 안동상도호부(安東上都護府). 총장 원년 9월 14일 이적이 고려를 평정하였다. 황제가 명령하여 먼저 고장 등을 소릉(昭陵)에 바치게 하였고 군용을 갖추어 개선가를 연주하고 서울로 들어와 태묘(太廟)에 바쳤다."(『玉海』133 官制 屬國 都護 都督 唐安東上都護府 又見兵捷類 李勣俘高麗)
고구려	안동도호부. 총장 원년 9월에 사공(司空) 이적(李勣)이 고구려를 평정하였다. 고구려는 본래 5부 176성 69만7,000호였다. (『舊唐書』39 19 地理 2 安東都護府)
고구려	안동상도호부. 총장 원년에 이적이 고구려를 평정하고 176성을 얻었다. (『新唐書』39 志 29 地理 3 安東 上都護府)
고구려	고종 총장 원년 사공 이적을 보내 고려를 쳐서 그 도성인 평양성을 깨뜨리고 그 왕 고장(高藏)과 아울러 남건(男建) 등을 사로잡아 그 나라를 평정하였다. 176성, 69만7,000호를 아래에 두었다. (『通典』186 邊防 2 東夷 下 高句麗)
고구려	가을 9월 5일이 지난 후(17일) 신성이 성문을 여니, 이적이 군사를 놓아 성에 오르고 북을 치고 소리를 지르며 성을 불질렀다. 남건은 스스로 자살하려 하였으나 죽지 않았다. 왕과 남건 등을 붙잡았다. (『三國史記』22 高句麗本紀 10)
고구려 신라	9월 5일이 지난 뒤(17) 신성이 문을 여니, 이적이 군사를 놓아 들어가 성을 오르고 북을 치고 성을 불태웠다. 남산은 자결하였으나 죽지 않았다. 왕 장 및 남건을 잡으니 왕이 무릎을 꿇고 재배하였고 이적이 예로 그것에 답하였다. 고구려가 마침내 멸망하였다. 고구려는 주몽이 흘승골성(紇升骨城)에 도읍을 세워 40년을 지났고 유유왕(孺留王) 22년 국내성(國內城)으로 도읍을 옮겨 425년이 지났다. 장수왕 15년 도읍을 평양으로 옮겨 156년을 지났고 평원왕 28년 도읍을 장안성(長安城)으로 옮겨 83년을 지났고 보장왕 27년에 멸망했으니, 모두 705년이다.

김부식이 논하였다. 현도와 낙랑은 본래 조선의 땅으로 기자가 책봉되었던 곳이다. 기자가 그 백성들에게 예의, 밭농사와 누에치기, 길쌈을 가르치고 법금(法禁) 8조를 만들었다. 이로써 그 백성이 서로 도둑질하지 않고, 집의 문을 닫음이 없고, 부인이 지조가 굳고 믿음이 있어 음란하지 않고, 마시고 먹는 데에는 변두(籩豆) 사용하였으니 이는 어질고 현명한 이의 교화이다. 그리고 천성이 유순하여 3방(三方)과 달라서 공자(孔子)가 도(道)가 행하여지지 않음을 슬퍼하여 바다에 배를 띄워 이곳에 살려고 하였던 것도 까닭이 있었던 것이다. 그러나 역경(易經)의 효사(爻辭)에 "2는 칭찬이 많고, 4는 두려움이 많아 가깝다."고 하였다. 고구려는 진 한 이후부터 중국의 동북 모퉁이에 끼어 있어, 그 북쪽 이웃은 모두 천자의 관아가 있고 어지러운 시대에는 영웅이 특별히 일어나 분에 넘치는 이름과 자리를 가졌으니, 두려움이 많은 땅에 살았다고 할 수 있다. 그러나 겸손의 뜻이 없고 그 봉해진 강역을 침략하여 원수를 만들고, 그 군현에 들어가 살았다. 이런 까닭으로 전쟁이 이어지고 화가 맺어져 거의 편안할 때가 없었다. 그것이 동쪽으로 옮기고 수와 당의 통일을 만나고도 오히려 천자의 명을 거역하고 순종하지 않으며 왕의 사람을 토굴에 가두었다. 그 완고하고 두려워하지 않음이 이와 같아 여러 번 죄를 묻는 군사가 오게 되었다. 비록 혹 어떤 때에는 기이한 계책을 세워 대군을 이긴 적도 있었으나 마침내 왕이 항복하고 나라가 멸망한 후에야 그만두었다. 그러나 처음과 끝을 보면, 위아래가 화합하고 뭇사람이 화목할 때는 비록 대국이라도 빼앗을 수 없었다. 나라에 의롭지 않고 백성에게 어질지 못하여 뭇사람의 원망을 일으키게 되면서 무너져 스스로 떨쳐 일어나지 못하였다. 그러므로 맹자(孟子)가 말하기를 "하늘의 때와 땅의 이로움이 사람의 화합만 같지 못하다."고 하였다. 좌씨(左氏)는 말하기를 "나라를 일으키는 것은 복이 있기 때문이고 나라가 망하는 것은 재앙이 있기 때문이다. 나라를 일으킬 때에는 백 |

성을 보는 것이 불쌍히 여기는 것 같으니 이것이 그 복이고, 나라가 망할 때에는 백성을 흙이나 풀과 같이 보니 이것이 그 재앙이다." 라 하였다. 의미가 깊도다. 이 말이여. 그렇다면 무릇 나라를 가진 자가 포악한 관리의 구박과 강한 종족이 남의 재물을 탐내어 함부로 거두어들이는 것을 내버려 두어 인심을 잃는다면, 비록 잘 다스려 어지럽지 않게 하고, 보존하여 망하지 않으려 하는 것이 또 어찌 강한 술을 마시고 취하기를 싫어하는 것과 다르리오.

권근이 논하였다. 고구려는 원래 단군조선의 땅으로 후에 기자를 봉한 바 되었다. 가지가 백성을 예의로 가르쳤고 8조의 금령을 베풀었으며 그 백성이 서로 도둑질하지 않았고 부인은 정신(貞信)하여 음란하지 않았으며 음식은 변두로써 하였다. 공자가 이곳에서 살고자 하였으니 어찌 인현(仁賢)의 교화를 숭상한 때문이 아니겠는가. 시조 주몽이 졸본으로부터 와서 왕을 칭하고 도읍을 세워 거의 800년이 지났다. 그런데 그 말년에 미쳐 사치가 한도가 없고 능이(陵夷)하여 떨치지 않았으며 권신(權臣)이 국명(國命)을 잡아 감히 시역(弑逆)을 행하고 그 임금을 멋대로 두었다. 더하여 교린(交隣)을 도리에 맞게 하지 않고 서로 침벌(侵伐)하였으며 또 하늘을 두려워하여 대국을 섬기지 않고 중국을 업신여기다가 수당의 군사가 재차 쳐들어 와서 군신이 사로잡히고 종사(宗社)는 끊어졌으니 어찌 스스로 화를 취한 것이 아니겠는가. 그러나 개소문(蓋蘇文)이 국사를 주관할 때에는 비록 지극히 포악하였으나 정사가 한 사람에게서 나와 인심이 나누어지지 않았기 때문에 당 태종이 신무불측(神武不測)으로서도 오히려 뜻을 얻지 못하였다. 그가 죽자 두 아들이 권세를 다투어 골육(骨肉)이 서로 꾀하자 중심(衆心)이 분열되어 공수(攻守)할 대책이 없자 81세의 장군이 이를 멸망시켰으니 또한 소국(小國)을 보존하는 경계로 삼을만 하다고 하겠다. (『三國史節要』10)

고구려	총장 원년 9월 (…) 5일이 지난 후(17일) 신성이 과연 성문을 여니, 이적이 군사를 놓아 들어가 성을 오르고 북을 치고 소리를 지르며 성의 문루를 불태우니, 사면이 불길에 휩싸였다. 남건은 궁지에 몰려 스스로 몸을 찔렀으나 죽지 않았다. (『舊唐書』199上 列傳 149上 東夷 高麗)
고구려	건봉 3년 9월 (…) 닷새 만에(17일) 성문이 열렸다. 군사들이 고함을 지르며 들어가서 성문에 불을 놓아 화염이 사방에서 치솟으니, 남건은 궁지에 몰려 스스로 몸을 찔렀으나, 죽지 않았다. 고장·남건 등을 잡고 무릇 5부 176성과 69만호를 몰수하였다. 조서를 내려 이적에게 지름길로 소릉에 포로를 바치고, 개선하여 돌아오게 하였다. (『新唐書』220 列傳 145 東夷 高麗)
고구려	당 고종 총장 원년 9월 (…) 5일이 지난 뒤(17일) 신성이 과연 성문을 여니, 이적이 군사를 놓아 들어가 성을 오르고 북을 치고 소리를 지르며 성의 문루를 불태우니, 사면이 불길에 휩싸였다. 남건은 궁지에 몰려 스스로 몸을 찔렀으나 죽지 않았다. 마침내 고장·남건·남산 등을 사로잡고 서울로 돌아왔다. (『册府元龜』986 外臣部 31 征討 5)
신라	9월 21일에 당 군사와 합하여 평양(平壤)을 포위하였다. 고구려 왕은 먼저 천남산(泉男産) 등을 보내 영공(英公)에게 나아가 항복을 요청하였다. 이에 영공은 보장왕(寶藏王)과 왕자(王子) 복남(福男), 덕남(德男), 대신(大臣) 등 20여만 명을 이끌고 당으로 돌아갔다. 각간(角干) 김인문(金仁問)과 대아찬(大阿湌) 조주(助州)가 영공을 따라갔고, 인태(仁泰)·의복(義福)·수세(藪世)·천광(天光)·흥원(興元) 등도 좇아갔다. 처음에 당 군사가 고구려를 평정할 때 왕은 한성(漢城)을 출발하여 평양(平壤)에 이르러 힐차양(肹次壤)에 머물렀는데, 당의 여러 장수가 이미 돌아갔다는 말을 듣고 돌아와 한성에 이르렀다. (『三國史記』6 新羅本紀 6)

신라	9월 신라의 각간 김인문과 조주, 인태·의복·수세·천광·흥원 등이 그를 따랐다. 신라왕은 당 군사가 평양을 빼앗았을 때 가서 만나고자 하여 힐차양(肹次壤)에 머물렀는데, 당 군사가 이미 돌아갔다는 말을 듣고 이에 돌아와 한성에 이르렀다. (『三國史節要』10)
신라	가을 9월 정미일(26)에 나카토미노우치츠마에츠키미(中臣內臣)가 사문(沙門) 호벤(法辨)·진히치(秦筆)를 사신으로 보내 신라의 상신(上臣)·대각간(大角干) 유신(庾信)에게 배 1척을 주었는데, 동엄(東嚴) 등에게 딸려보냈다. (『日本書紀』27 天智紀)
신라	가을 9월 경술일(29)에 후세노오미미미마로(布勢臣耳麻呂)를 사신으로 보내, 신라왕에게 조선(調船) 1척을 내렸는데, 동엄 등에게 딸려보냈다. (『日本書紀』27 天智紀)
고구려	9월 앞서 황제는 남생을 불러 입조하라고 하고 요동대도독(遼東大都督)·현도군공(玄菟郡公)으로 옮기고 서울에 집을 주었다. 조서로 인하여 군대를 돌려(667년) 이적과 평양을 쳤다. 이에 이르러 조서로 아들을 보내 바로 요수에서 노사(勞賜)하였다. 이에 이적이 고구려 왕 장(臧)과 아들 덕남(福男)·복남(德男)·대신 등 20여만과 함께 서울로 돌아왔다. (『三國史節要』10)
고구려	총장 원년에 사특절(使特節)·요동대도독·상주국(上柱國)·현도군개국공(玄菟郡開國公)으로 제수하였고 식읍(食邑) 2천호를 주었으며 나머지 관작을 예전대로 하였다. 소맥(小貊)이 아직 평정되지 않았지만, 바야흐로 소연(巢鷰)의 막(幕)이 뒤집어지려 할 때 천자의 명이 있어 개마(蓋馬)의 영(營)으로 돌아왔다. 그해 가을 칙을 받들어 사공(司空), 영국공(英國公) 이적(李勣)과 함께 서로 경략(經略)을 책임지고 바람처럼 달리며 번개같이 내쳐서 막바로 평양성(平壤城)에 다다르니, 앞에서 노래부르고 뒤에서 춤추며 멀리 높은 성벽의 성가퀴를 깨뜨렸다. 공은 죄인을 벌하여 백성들을 위로한다고 해서 오히려 피로 땅을 물들일 일을 안타깝게 여겨 몰래 은밀히 계략을 꾸미며 그 기름진 땅을 구제하려 하였으니, 마침내 승려(僧侶) 신성(信誠) 등과 안팎으로 상응하였다. 조성(趙城)을 함락시켜 깃발을 빼앗았는데 어찌 한신(韓信)의 군대를 수고롭게 할 것인가. 업의 성문을 밀어 제낀 것은 원담(袁譚)의 장수(將帥)들이 스스로 초래하였던 일인 것이다. 평양성이 저절로 함락되자 그 왕 보장(寶藏)과 천남건(泉男建) 등이 다 포로가 되었으며, 고구려의 높은 산과 깊은 바다가 함께 (唐의) 경계로 들어왔고, 5부(五部)와 삼한(三韓)이 모두 신첩(臣妾)이 되었다. 결국 능히 의(義)를 세우고 은혜를 끊음은 정백(鄭伯)이 준걸(儁傑)을 얻었던 것과 같았으며, 화(禍)를 도리어 복(福)으로 만든 것은 기자(箕子)가 공(功)을 이루었던 것과 유사하다고 하겠다. (「泉男生墓誌銘」)
고구려	당 고종 총장 원년 10월 계축일(2)에 문무관(文武官)에게 음식을 베풀어 고려를 멸망시킨 것을 축하하였다. 황제는 현무문(玄武門)의 관덕전(觀德殿)에 나아가 백관에게 연회를 베풀어 구부악(九部樂)을 연주하게 하고 크게 즐거워한 후에 파했다. 비단을 각각 차등있게 내렸다. (『冊府元龜』110 帝王部 110 宴享 2)
고구려	『당실록(唐實錄)』에 전한다. "총장 원년 10월 계축일(2)에 문무관에게 음식을 베풀어 고려를 멸망시킨 것을 축하하였다. 황제는 현무문의 관덕전에 나아가 백관에게 연회를 베풀어 구부악을 연주하게 하고 비단을 내렸다." (『玉海』159 宮室 殿 上 唐儀鷰殿 見洛陽宮及養老類)
신라	겨울 10월 22일에 유신(庾信)에게 태대각간(太大角干)을, 인문(仁問)에게 대각간(大

角干)의 관등을 내렸다. 그 외에 이찬(伊湌)과 장군(將軍) 등을 모두 각각 각간(角干)으로 삼았고, 소판(蘇判) 이하에게는 모두 한 등급씩 더해 주었다. 대당(大幢) 소감(小監) 본득(本得)은 사천(蛇川) 전투에서 공이 첫째였고, 한산주(漢山州) 소감 박경한(朴京漢)은 평양성(平壤城) 안에서 군주(軍主) 술탈(述脫)을 죽였던 공이 첫째였으며, 흑악령(黑嶽令) 선극(宣極)은 평양성 대문 전투에서 공이 첫째였으므로, 모두 일길찬(一吉湌)의 관등을 주고 조(租) 1천 섬을 내렸다. 서당(誓幢) 당주(幢主) 김둔산(金遁山)은 평양 군영 전투에서 공이 첫째였으므로 사찬(沙湌)의 관등과 조 7백 섬을 내려 주었다. 군사(軍師) 남한산(南漢山)의 북거(北渠)는 평양성 북문(北門) 전투에서 공이 첫째였으므로 술간(述干)의 관등과 벼 1천 섬을 주었고, 군사(軍師) 부양(斧壤)의 구기(仇杞)는 평양 남교(南橋) 싸움에서 공이 첫째였으므로 술간의 관등과 벼 700섬을 내렸다. 가군사(假軍師) 비열홀(卑列忽)의 세활(世活)은 평양소성(平壤小城) 전투에서 공이 첫째였으므로 고간(高干)의 관등과 벼 5백 섬을 내려 주었다. 한산주 소감 김상경(金相京)은 사천 전투에서 전사하였는데 공이 첫째였으므로 일길찬의 관등을 추증하고 조 1천 섬을 내려 주었다. 아술(牙述)의 사찬(沙湌) 구율(求律)은 사천 전투에서 다리 아래로 물을 건너 나아가 적과 싸워 크게 이겼는데, 군령(軍令)을 받지 않고 스스로 위험한 길로 들어갔기 때문에 공은 비록 제일이었으나 포상되지 않았다. 분하고 한스럽게 여겨 목을 매어 죽고자 하였지만, 주위 사람들이 그를 구하여 죽지 못했다. (『三國史記』6 新羅本紀 6)

신라   태대각간(太大角干)[혹은 태대서발한(太大舒發翰)이라고도 한다] 문무왕 8년 고구려를 멸망시킨 후 서울에 남아 지키고 있던 김유신에게 태대각간을 주었는데, 그의 으뜸가는 책모를 상준 것이었다. 앞의 17관등 및 대각간 위에 이 관(官)을 더하여 특히 뛰어난 예를 보인 것이다. (『三國史記』38 雜志 7 職官 上)

신라   총장 원년 무진년 (…) 이에 태대서발한(太大舒發翰)의 직위와 식읍 5백호를 주었으며, 이어 수레와 지팡이를 내리고 궁궐로 올라갈 때에 허리를 굽히고 빨리 걷지 않아도 되도록 하였다. 그의 여러 부하에게도 각각 직위를 1등급씩 올려주었다. 총장 원년에 당 황제가 이미 영공의 공을 포상하고 드디어 사신을 보내 위로하였으며, 군사를 내어 싸움을 돕게 하고 겸하여 황금과 비단을 내렸다. 또한 유신에게 조서를 낼 포상과 칭찬을 주었고 입조하기를 諭示하였지만 실행하지 않았다. 그 조서는 집에 전해오다가 5대손에 이르러 잃어버렸다. (『三國史記』43 列傳 3 金庾信 下)

신라   논공행상(論功行賞)할 때 뭇 신하에게 일러 말하였다. "옛날 백제의 명농왕(明禮王)이 고리산(古利山)에 와서 우리나라를 침입할 것을 꾀하자 유신의 할아버지인 무력(武力)이 갑자기 공격하여 이긴 틈을 타서 그 왕과 대신 4명을 사로잡았으며, 그 아버지 서현(舒玄)은 양주총관(良州摠管)이 되어 여러 번 백제와 싸워 그 예봉을 꺾어 변경을 침범하지 못하게 하였으므로 변방 백성들은 농상(農桑)의 생업을 편안히 하였고 군신은 밤낮으로 관방에 얽매이는 걱정이 없었다. 지금 유신은 할아버지와 아버지의 업적을 이어 받아 사직(社稷)의 신하가 되었고 나가서는 장수요 들어와서는 재상이니 공적이 위대하다. 이제 특수한 예로 상을 내리고자 한다." 여러 신라들이 말하였다. "진실로 임금의 말씀과 같습니다." 이에 대태서발한(太大舒發翰)을 두고 이를 제수하였으며 식읍 500호와 수레와 궤장(几杖)을 내렸고 궁전에 오를 때에도 허리를 굽히지 않게 하였다. 인문은 대각간을 주었고 식읍 500호를 내렸으며 그 나머지 장사에게는 차등을 두어 상을 논하였다. (『三國史節要』10)

신라   겨울 10월 25일에 왕이 나라로 돌아오면서 욕돌역(褥突驛)에 머물렀는데, 국원(國原) 사신(仕臣) 대아찬(大阿湌) 용장(龍長)이 사사로이 잔치를 벌여 왕과 여러 시종하는 사람을 대접하였다. 음악이 시작되자, 나마(奈麻) 긴주(緊周)의 아들 능안(能晏)

이 15살인데, 가야의 춤을 바쳤다. 왕이 용모와 거동이 단정하고 아름다운 것을 보고는 앞에 불러서 등을 어루만지며 금으로 만든 술잔에 술을 권하고 선물을 자못 후하게 내렸다. (『三國史記』 6 新羅本紀 6)

신라   신라왕이 욕돌역에 갔는데, 국원의 사신 대아찬 용장이 왕과 여러 시종하는 사람을 대접하였다. (『三國史節要』 10)

고구려   겨울 10월에 이적이 돌아오려고 하니, 고종이 명령하여 먼저 왕 등을 소릉(昭陵)에 바치고 군대의 위용을 갖추어 개선가를 연주하면서 서울에 들어가 대묘(大廟)에 바치게 하였다. (『三國史記』 22 高句麗本紀 10)

고구려   겨울 10월에 이적이 서울로 들어가려 하니 황제가 명령하여 먼저 왕 장 등을 소릉에 바치고, 군대의 위용을 갖추어 개선가를 연주하면서 서울로 들어가 대묘에 바치게 하였다. (『三國史節要』 10)

고구려   당 고종 총장 원년 10월에 사공(司空) 이적이 고려를 깨뜨리고 고장·남건·남산 등을 사로잡아 서울로 돌아오려고 하였다. 황제가 고장 등의 포로를 거느리고 지름길로 가서 소릉에 바치게 했다. 이어 군대의 위용을 갖추고 개선가를 연주하면서 서울에 들어가 태묘(太廟)에 바쳤다. (『册府元龜』 12 帝王部 13 告功)

고구려   10월 이적이 이르려고 하니, 황제가 명령하여 먼저 고장 등을 소릉에 바치고 군대의 위용을 갖추어 개선가를 연주하면서 서울에 들어가 태묘에 바치게 하였다. (『資治通鑑』 201 唐紀 17 高宗)

고구려   총장 원년 10월 사공(司空) 이적이 고려국을 깨뜨리고 그 왕을 사로잡고 성 170과 호 69만 7천 2백을 함락시켰다. (『通典』 7 食貨 7 歷代盛衰戶口)

고구려   국내(國內)에 도읍하여 425년을 지내고, 장수왕 15년(427)에 서울을 평양으로 옮겨 156년을 지냈다. 평원왕 28년(586)에 서울을 장안성으로 옮겨 83년을 지내고 보장왕 17년(668)에 멸망하였다[옛 사람의 기록에 시조 주몽으로부터 보장왕에 이르기까지 지낸 햇수가 진실되고 상세하기가 이와 같다. 그러나 혹은 고국원왕 13년(343)에 평양 동황성(東黃城)으로 옮겨 거주하였다고도 한다. 그 성은 지금의 서경 목멱산 안에 있는데, 그런지 아닌지는 알 수 없다]. (『三國史記』 37 雜志 6 地理 4)

고구려   고려본기(高麗本記)에서 말하였다. (…) 영휘 원년 경술(650) 6월이었다. 그 후 얼마 되지 않아 나라가 망하였다[총장 원년 무진에 나라가 망했으니 경술년과는 19년의 간격이 있다]. (…) 고종 총장 원년 무진에 우상(右相) 유인궤 (劉仁軌)와 대장군(大將軍) 이적(李勣), 신라 김인문 (金仁問) 등이 쳐부수어 나라를 멸망시키고 왕을 사로잡아 당으로 돌아가니, 보장왕의 서자(庶子)가 4천여 가(家)를 이끌고 신라에 항복하였다[국사(國史)와 조금 다르다. 때문에 함께 기록한다]. 대안(大安)년 신미(辛未)(1091)에 우세승통(祐世僧統)이 고대산 경복사 비래방장에 이르러 보덕 성사의 진영을 뵙고 시를 남겼는데, "열반방등(涅槃方等)의 교는 우리 스님으로부터 전수하였다"고 운운하다가 "애석하구나, 방장(房)을 날려온 후에는 동명왕(東明)의 옛나라 위태로와졌네"라는 구절에 와서 발문(跋)에 다음과 같이 말하였다. 고구려의 보장왕이 도교에 혹하여 불법을 믿지 않으므로 스님은 방을 날려 남쪽으로 이 산에까지 왔다. 후에 신인(神人)이 고구려마령(馬嶺)에 나타나서 사람들에게 "너희 나라가 망할 날이 며칠 남지 않았다"고 고(告)하였다. 이것은 모두 국사와 같고 나머지는 본전(本傳)과 승전(僧傳)에 자세히 기록되어 있다. 스님에게는 11명의 고명한 제자가 있었다. 무상화상(無上)은 제자 김취(金趣) 등과 함께 금동사(金洞寺)를 세웠고, 적멸(寂滅)과 의융(義融) 두 스님은 진구사(珍丘寺)를 세웠으며, 지수(智藪)는 대승사(大乘寺)를 세웠고, 일승(一乘)은 심정(心正)·대원(大原) 등과 함께 대원사(大原寺)를 세웠으며, 수정(水淨)은 유마사(維摩寺)를 세웠고, 사대(四大)는 계육(契育) 등과 함께 중대사(中臺寺)를 세웠으며, 개원화상(開原)은 개원사(開原寺)를 세웠고, 명덕(明德)은 연구사(燕口寺)를 세웠다. 개심(開心)과 보명(普明)도 전기가 있는데, 모두 본전과 같다. 찬하여 말한다. 불교는 넓고 넓어 끝없는 바다 백 갈래 하천 같은 유교와 도교 이를 조종(朝宗) 삼는다 가소롭다. 고구려왕은 웅덩이(沮洳)만을 봉하고 와룡(臥龍)이 바다로 옮길 줄을 몰랐구나 (『三國遺事』 3 興法 3 寶藏奉老 普德移庵)

고구려	건봉 3년 웅진도안무대사 겸 패강도총관이 되어 부사인 사공(司空) 이적과 고구려를 평정하였다. (『舊唐書』 84 列傳 34 劉仁軌)
고구려	총장 원년 웅진도안무대사(熊津道安撫大使) 겸(兼) 패강도총관(浿江道總管)이 되어 부사 이적(李勣)과 고구려를 평정하였다. (『新唐書』 108 列傳 33 劉仁軌)
고구려	고종 총장 원년 사공 이적을 보내어 고려를 쳤는데, 그 도성 평양성을 깨뜨려 그 왕 고장과 아울러 남건 등을 사로잡고 그 나라를 평정하여 성 170과 호 69만 7천을 함락시켰다. (『通典』 186 邊防 2 東夷 下 高句麗)
고구려	총장 원년 그 해에 영국공(英國公) 이적(李勣) 등과 함께 서울로 개선하여 들어오니, 공훈을 기록하고 마땅한 의식을 행하였다. 승리를 아뢰는 날 남건(男建)을 바로 주살(誅殺)하려 했으나, 공은 안으로 (형제의) 천륜(天倫)을 절실히 느끼고 겹으로 된 궁궐문에 와서 채숙(蔡叔)의 예를 살필 것을 청하니, 상(上)이 감동하고 황제께서 살피시어 관대한 처벌로 하여 (男建을) 공공(共工)(의 예)처럼 유배하였다. (이와 같은) 형제간 우애의 지극함으로 조야(朝野)에서 이것을 높이 여겼다. (「泉男生墓誌銘」)
고구려	그 후에 9성을 깨뜨리고 이적을 쫓아 고구려를 평정하여 모두 큰 공이 있었다. (『册府元龜』 358 將帥部 19 立功 11 薛仁貴)
고구려	겨울 10월에 당의 대장군(大將軍) 영공(英公)이 고려를 공격하여 멸망시켰다. 고려 중모왕(仲牟王)이 처음 건국했을 때 천 년을 다스리고자 하였는데, 모부인(母夫人)이 말하기를, "나라를 잘 다스리더라도 할 수 없을 것이다. 다만 마땅히 700년 정도 다스리게 될 것이다."라고 하였다. 지금 이 나라가 망한 것은 700년의 끝에 해당한다. (『日本書紀』 27 天智紀)
고구려	천지천황 7년 10월 (『類聚國史』 93 殊俗部 高麗)
신라	11월 신사(辛巳) 초하루 날에 신라왕에게 견(絹) 50필, 면(綿) 500근, 위(韋) 100매를 내려 김동엄(金東嚴) 등에게 딸려 보냈다. 동엄 등에게 물건을 주었는데, 각각 차이가 있었다. (『日本書紀』 27 天智紀)
신라	11월 5일에 왕이 포로로 잡힌 고구려 사람 7천 명을 거느리고 서울에 들어왔다. (『三國史記』 6 新羅本紀 6)
신라	11월에 신라왕이 포로 7천명을 사로잡았다. (『三國史節要』 10)
신라	11월 을유일(5)에 소산하(小山下) 치모리노오미마로(道守臣麻呂)·기시노오시이(吉士小鮪)를 신라에 보냈다. 이 날에 김동엄(金東嚴) 등이 일을 마치고 돌아갔다. (『日本書紀』 27 天智紀)
신라	11월 6일에 문무(文武) 관료를 거느리고 선조묘(先祖廟)를 찾아 뵙고 아뢰어 말하였다. "삼가 선조들의 뜻을 이어 당과 의로운 군사를 같이 일으켜 백제와 고구려에게 죄를 묻고서 원흉에게 죄를 물어 나라의 앞날이 크게 안정되게 되었습니다. 이에 감히 아뢰니, 신이시여 들으소서." (『三國史記』 6 新羅本紀 6)

신라	11월 조묘(祖廟)에 아뢰었다. (『三國史節要』10)
신라	11월 18일에 전쟁에서 죽은 자에게 물건을 주어 위로하였는데, 소감(少監) 이상에게 는 10△△필, 종자(從者)에게는 20필을 주었다. (『三國史記』6 新羅本紀 6)
신라	11월 전쟁에서 죽은 자에게 차등있게 물건을 주어 위로하였다. (『三國史節要』10)
고구려	총장 원년 11월에 평양성을 빼앗고, 고장·남건 등을 사로잡았다. (『舊唐書』199上 列傳 149上 東夷 高麗)
고구려	총장 원년 11월에 평양을 빼앗았다. (『册府元龜』135 帝王部 135 好邊功)
신라	12월에 영묘사(靈廟寺)에 불이 났다. (『三國史記』6 新羅本紀 6)
고구려	총장 무진에 왕이 군사를 이끌고 인문(仁問)·흠순(欽純) 등과 함께 평양(平壤)에 이 르러 당 군사와 합세하여 고구려를 멸망시켰다. 당 장수 이적(李勣)은 고장왕(高臧 王)을 사로잡아 본국으로 돌아갔다[총장 원년 무진(戊辰)] 12월 정사일(7)에 황제에 게 포로로 바쳤다 (…)]. (『三國遺事』2 紀異 2 文虎王法敏)
고구려	12월 정사일(7)에 고장을 사로잡아 바쳤다. (『新唐書』3 本紀 3 高宗)
고구려	12월 정사일(7)에 황제가 포로를 함원전(含元殿)에서 받았다. 고장은 스스로 정치한 것이 아니므로 용서하여 사평태상백(司平太常伯) 원외동정(員外同正)을 삼고, 천남산 은 사재소경(司宰少卿)을, 승려 신성은 은청광록대부(銀靑光祿大夫)를, 천남생은 우 위대장군(右衛大將軍) 을 삼았다. 이적 이하는 책봉하고 상을 주었는데, 차등이 있 었다. 천남건은 금중(黔中)으로 유배를 보냈고 부여풍(扶餘豊)은 영남(嶺南)에 유배 를 보냈다. 고려는 5부(部)로 나뉘어져 176성(城)·69만 7천호(戶)가 있었는데, 9도독 부(都督府)·42주(州)·100현(縣)으로 하고 안동도호부(安東都護府)를 평양에 두어 다스 리게 하였다. 추장(酋長) 가운데 공이 있는 자를 뽑아 도독(都督)·자사(刺史) 및 현령 (縣令)으로 제수하여 중국 사람과 함께 자율적으로 다스리게 하였다. 우위위대장군 (右威衛大將軍) 설인귀(薛仁貴)를 검교안동도호(檢校安東都護)로 하여 군사 2만명을 거느리고 진무하게 하였다 (『資治通鑑』201 唐紀 17 高宗)
고구려	총장 원년 12월 7일에 이르러 고려의 땅을 9도독부·42주·1백현으로 하고 안동도호 부를 평양에 두어 다스리게 하였다. 그 추장을 뽑아 도독·자사·현령으로 삼아 중국 사람과 함께 자율적으로 다스리게 하였다. 우위위장군 설인귀를 검교안동도호로 하 여 군사 2만명을 거느리고 진무하게 하였다. (『唐會要』73 安東都護府)
고구려	『신당서』 지리지에 전한다. "총장 원년 12월 정사(丁巳) 7일에 황제가 포로를 함원 전에서 받았다. 고려는 5부(部)로 나뉘어져 176성·69만 7천호가 있었는데, 9도독부· 42주·100현으로 하고 안동도호부를 평양에 두어 다스리게 하였다. 추장 가운데 공 이 있는 자를 뽑아 도독·자사·현령으로 제수하여 중국 사람과 함께 자율적으로 다스 리게 하였다. 우위위대장군 설인귀를 검교안동도호로 하여 군사 2만명을 거느리고 진무하게 하였다." (『玉海』133 官制 屬國 都護 都督 唐安東上都護府 又見兵捷類 李勣俘高麗)
고구려	『신당서』 본기에 전한다. "총장 원년 12월 정사일(7)에 고장을 사로잡아 바쳤다."(『 玉海』191 兵捷 兵捷 露布 3 唐遼東道行臺大摠管李勣俘高麗 獻俘昭陵 檄高麗 含 元殿數俘)
고구려	『신당서』 고려전에 전한다. "건봉 3년 12월[정사일(7)] 황제가 함장전((含章殿)에 나 아와 이적 등을 인견(引見)하고 포로를 궁정에서 헌상받았다. 장을 용서하여 사평태 상백으로, 남산은 사재소경으로 삼고 남건은 금주(黔州)로 귀양보냈다. 그 땅을 나누

어어 9도독부·42주·100현으로 하고 다시 안동도호부를 두었다.”(『玉海』 191 兵捷 兵捷 露布 3 唐遼東道行臺大摠管李勣俘高麗 獻俘昭陵 檄高麗 含元殿數俘)

고구려	12월에 황제가 포로를 함원전에서 포로를 받았다. 왕은 정치를 자신이 한 것이 아니므로 용서하여 사평태상백원외동정을 삼고, 천남산은 사재소경을, 승려 신성은 은청광록대부를, 천남생은 우위대장군을 삼았다. 이적 이하의 사람들은 책봉하고 상을 주었는데, 차등이 있었다. 천남건은 금주(黔州)로 유배를 보냈다. (『三國史記』 22 高句麗本紀 10)
고구려	총장 원년 12월에 서울에 이르러 포로를 함원궁에 바쳤다. 조서로 고장은 정치를 자신이 한 것이 아니므로 사평태상백을 제수하였다. 남산은 먼저 항복하여 사재소경을 제수하였다. 남건은 금주(黔州)로 유배보냈다. 남생은 길을 인도한 공이 있으므로 우위대장군을 제수하고 변국공(汴國公)에 봉했으며 특진(特進)은 옛날과 같이 하였다. 고려국은 지난날에 5부(部)로 나뉘어져, 1백 76성·69만 7천호가 있었다. 이에 그 땅을 나누어 9도독부·42주·1백현으로 하고 또 안동도호부를 두어 다스리게 하였다. 추장 가운데 공이 있는 자를 뽑아 도독·자사 및 령(令)을 제수하여 중국 사람과 함께 백성을 자율적으로 다스리게 하였다. 이어서 좌무위장군(左武衛將軍) 설인귀를 보내 군사를 거느리고 진무하게 하였다. 그 뒤에 도망쳐 흩어진 자가 자못 있었다. (『舊唐書』 199上 列傳 149上 東夷 高麗)
고구려	건봉 3년 12월에 고종이 함원전에 앉아서 이적 등을 인견(引見)하고 포로를 궁정에서 헌상받았다. 고장은 평소 위협을 받았으므로 용서하여 사평태상백으로 삼고, 남산은 사재소경으로 삼았다. 남건은 금주로, 백제왕 부여융(扶餘隆)은 영외(嶺外)로 귀양 보냈다. 헌성(獻誠)은 사위경(司衛卿)으로 삼고, 신성은 은청광록대부로 삼았다. 남생은 우위대장군으로 삼고, 계필하력은 行좌위대장군(左衛大將軍)으로 삼았다. 이적은 겸태자태사(兼太子太師)로 삼고, 벽인귀는 위위대장군(威衛大將軍)으로 삼았다. 그 땅을 9도독부·42주·1백현으로 나누었고 다시 안동도호부를 두었다. 추호(酋豪) 가운데 공이 있는 자를 뽑아서 도독·자사·령을 제수하여, 중국 관리와 자율적으로 다스리게 하였다. 설인귀를 도호(都護)로 삼아 군사를 거느리고 진무하게 하였다. 이 해에 교제(郊祭)를 지냈는데, 고구려를 평정한 것으로써 하늘에 감사하였다. (『新唐書』 220 列傳 145 東夷 高麗)
고구려	총장 원년 12월에 고려를 평정했으므로 포로를 함광전에서 바쳤다. 이적 및 부장(部將) 이하가 크게 모여 궁정에서 크게 잔치를 베풀었다. (『唐會要』 14 獻俘)
고구려	당 고종 총장 원년 12월 고구려를 깨뜨리자 승려 신성을 은창광록대부로 삼고 상을 먼저 내렸다. 특진(特進) 동대도독현도군공(東代[大]都督玄菟郡公) 천남생을 우위대장군 변국공으로 나아가게 하였는데, 그가 향도에 공이 있었기 때문에 상을 준 것이다. 좌효위대장군간교우우림군(左驍衛大將軍簡較右羽林軍) 겸 간교사문정경성국공(簡較司文正卿郕國公) 계필하력을 진군행좌위대장군(鎭軍行左衛大將軍)을 옮겨 양국공(凉國公)에 봉하고 사공(司空) 영국공(英國公) 적(勣)을 더하여 겸태자태사(兼太子太師)를 주고 또 실봉(實封)을 더하였는데, 옛 것과 합쳐 1천1백호이다. 그 적손인 경업에게 조산대부(朝散大夫)를 제수하고 우무위장군(右武衛將軍) 설인귀를 위위대장군(威衛大將軍)을 삼고 평양군공(平陽郡公)에 봉했으며 우감문장군(右監門將軍) 오원군공(五原郡公) 이근행을 우무위대장군으로 삼고 고구려를 평정한 공으로 상을 내렸다. (『册府元龜』 128 帝王部 128 明賞 2)
고구려	『당회요』에 전한다. “총장 원년 12월에 고려를 평정하고 포로를 함광전(含光殿)에서 바쳤다.”(『玉海』 159 宮室 殿 上 唐含光殿)
고구려	『신당서』 고려전에 전한다. “총장 원년 고려를 멸망시켰다. 12월에 황제가 함원전에 앉아 포로를 궁정에서 헌상받았다.”(『玉海』 159 宮室 殿 上 唐含元殿 大明殿)

고구려	『당회요』에 전한다. "총장 원년 12월에 고려를 평정하고 포로를 함광전에서 바쳤다."(『玉海』194 兵捷 獻功 唐獻俘太廟)
고구려	황제가 함원전에서 포로를 받았다. 왕 장(臧)은 정치를 자신이 한 것이 아니므로 용서하여 사평태상백 원외동정을 삼고, 천남산은 사재소경을, 승려 신성은 은청광록대부를, 천남생은 우위대장군(右衛大將軍) 삼았다. 남생은 순후(純厚)하고 예의가 있었으며 주대(奏對)하는데 민첩하였다. 후에 변국공으로 죽었고 천남건은 검주(黔州)에 유배하였다. (『三國史節要』10)
고구려	총장 원년 그해 우위대장군(右衛大將軍)을 제수(除授)하고, 변국공(卞國公)으로 진봉(進封)하여 식읍(食邑) 3,000호(戶)를 주었으며, 특진(特進)과 훈관(勳官)은 예전처럼 하되 검교우우림군(檢校右羽林軍)으로써 장내공봉(仗內供奉)하도록 하였다. (천자가) 예를 낮추어 우대하였고 고관(高官)으로 임용하였으니, 공은 귀인(貴人)으로서 '중황지서(中黃之瑞)'를 모아 화합하게 하였고 근위(近衛)로서 천자의 자리를 빛나게 하였다. 공이 천자의 곁에서 받들었고 주위에서 바빴으니, (천자의) 은총의 높음은 뒤질 바가 없었으며 진심으로 의지함이 비길 데가 없었다. (「泉男生墓誌銘」)
고구려	군은 총장 원년에 우리의 관대(冠帶:官品)에 따라 사재소경(司宰少卿)을 제수받았고 또 금자광록대부(金紫光祿大夫), 원외치동정원(員外置同正員)을 가하였다. 옛날 왕만(滿)이 연을 그리워하다가 비로소 외신(外臣)의 요(要)를 얻어 마침내 한(漢)과 통함을 이루었으나 겸백(縑帛)의 영예만이 들렸을 뿐이다. 군(君)은 이민족이 사는 구역(藁街)에서 옥(玉)을 울리고 극서(棘署)에서 금(金)을 차고, 아침에 북궐(北闕)에 나아가 한가히(때때로?) 황제[龍]의 일을 보고[簪筆] 저녁에는 남린(南隣)에 머물면서 황제 곁에서[近[股]] 착잡하게 생황(笙簧)을 타면서 노래했으니 통역의[象胥] 적관(籍貫)으로 당시 이보다 앞선 이가 없었다. (「泉男産墓誌銘」)
고구려	12월 5부, 176성, 69만여호를 나누어 9도독부, 42주, 100현으로 만들고, 평양에 안동도호부(安東都護府)를 두어 이를 통치하게 하고, 우리 장수 중에 공이 있는 자를 뽑아 도독·자사·현령으로 삼아 화인(華人)과 함께 다스리는 데 참여하게 하였다. 우위위대장군(右威衛大將軍) 설인귀로 검교(檢校)안동도호를 삼아 병력 2만 인을 거느리고 백성들을 진정시키고 어루만져 달래게 하였다. 이때가 고종 총장(總章) 원년 무진년이었다. 2년(669) 기사(己巳) 2월에 왕의 서자(庶子) 안승(安勝)이 4천여 호를 거느리고 신라에 투항하였다. 여름 4월에 고종이 3만 8천3백 호를 강남(江南)·회남(淮南) 및 산남(山南)·경서(京西) 여러 주의 빈 땅으로 옮겼다. 함형(咸亨) 원년 경오년(670) 여름 4월에 이르러 검모잠(劍牟岑)이 국가를 부흥하려고 하여 당(唐)을 배반하고 왕의 외손 안순(安舜)[신라기(新羅紀)에는 승(勝)이라 한다]을 세워 임금을 삼았다. 당 고종이 대장군 고간을 보내 동주도(東州道) 행군총관으로 삼고 병력을 내어 그들을 토벌하니, 안순이 검모잠을 죽이고 신라로 달아났다. 2년 신미년(671) 가을 7월에 고간이 안시성에서 남은 무리를 격파하였다. 3년 임신년(672) 12월에 고간이 우리의 남은 무리와 백수산(白水山)에서 싸워 패배시켰다. 신라가 병력을 보내 우리를 구원하였는데 고간이 이를 쳐서 이기고 2천인을 노획하였다. 4년 계유년(673) 여름 윤5월에 연산도(燕山道) 총관 대장 이근행(李謹行)이 호로하(瓠瀘河)에서 우리 백성을 쳐부수고 수천인을 포로로 잡으니 나머지 무리가 모두 신라로 달아났다. 의봉(儀鳳) 2년 정축년(677) 봄 2월에 항복한 왕으로 요동주도독을 삼고 조선왕으로 봉하여 요동으로 돌려보내고 나머지 무리를 모아, 동쪽 사람으로 먼저 여러 주에 와

있던 자들을 모두 왕과 함께 돌아가게 하였다. 이로 인하여 안동도호부를 신성으로 옮겨 통치하게 하였다. 왕이 요동에 이르러 반란을 꾀하고 몰래 말갈과 통하였다.

개요(開耀) 원년(681)에 공주(邛州)로 불러 돌아오게 하였다.

영순(永淳) 초년(682)에 서거하니 위위경(衛尉卿)을 추증하고 조서를 내려 수도로 옮겨 힐리(頡利)의 무덤 왼쪽에 장사지내고 그 무덤길에 비를 세웠다. 그 백성들은 하남(河南)·농우(隴右)의 여러 주에 흩어 옮기고, 가난한 사람들은 안동성(安東城) 옆의 옛 성에 남겨 두었는데 이따금 신라로 달아나는 자들이 있었다. 나머지 무리들은 말갈과 돌궐로 흩어져 들어갔다. 고씨의 임금이 마침내 끊어졌다.

수공(垂拱) 2년(686)에 항복한 왕의 손자 보원(寶元)을 조선군왕(朝鮮郡王)으로 삼았다.

성력(聖曆) 초년(698)에 이르러 좌응양위(左鷹揚衛) 대장군으로 진급시키고 다시 충성국왕(忠誠國王)을 봉하고, 안동의 옛 부를 통치하도록 주었으나 가지 않았다.

이듬해에 항복한 왕의 아들 덕무(德武)를 안동도독으로 삼았는데, 후에 점차 나라를 세웠다.

원화(元和) 13년(818)에 이르러 당에 사신을 들여보내 악공(樂工)을 바쳤다.

논하여 말한다. 현도와 낙랑은 본래 조선의 땅으로 기자가 책봉되었던 곳이다. 기자가 그 백성들에게 예의, 밭농사와 누에치기, 길쌈을 가르치고 법금(法禁) 8조를 만들었다. 이로써 그 백성이 서로 도둑질하지 않고, 집의 문을 닫음이 없고, 부인이 지조가 굳고 믿음이 있어 음란하지 않고, 마시고 먹는 데에는 변두(籩豆)를 사용하였으니 이는 어질고 현명한 이가 가르쳐 착한 길로 인도한 것이다. 또 천성이 유순하여 3방(三方)과 달라서 공자(孔子)가 도(道)가 행하여지지 않음을 슬퍼하여 바다에 배를 띄워 이곳에 살려고 하였던 것도 까닭이 있었던 것이다. 그러나 역경(易經)의 효사(爻辭)에 "2는 칭찬이 많고, 4는 두려움이 많아 가깝다."고 하였다. 고구려는 진한 이후부터 중국의 동북 모퉁이에 끼어 있어, 그 북쪽 이웃은 모두 천자의 관아가 있고 어지러운 시대에는 영웅이 특별히 일어나 분에 넘치는 이름과 자리를 가졌으니, 두려움이 많은 땅에 살았다고 할 수 있다. 그러나 겸손의 뜻이 없고 그 봉해진 강역을 침략하여 원수를 만들고, 그 군현에 들어가 살았다. 이런 까닭으로 전쟁이 이어지고 화가 맺어져 거의 편안할 때가 없었다. 그것이 동쪽으로 옮기고 수와 당의 통일을 만나고도 오히려 천자의 명을 거역하고 순종하지 않으며 왕의 사람을 토굴에 가두었다. 그 완고하고 두려워하지 않음이 이와 같아 여러 번 죄를 묻는 군사가 오게 되었다. 비록 혹 어떤 때에는 기이한 계책을 세워 대군을 이긴 적도 있었으나 마침내 왕이 항복하고 나라가 멸망한 후에야 그만두었다. 그러나 처음과 끝을 보면, 위아래가 화합하고 뭇사람이 화목할 때는 비록 대국이라도 빼앗을 수 없었다. 나라에 의롭지 않고 백성에게 어질지 못하여 뭇사람의 원망을 일으키게 되면서 무너져 스스로 떨쳐 일어나지 못하였다. 그러므로 맹자(孟子)가 말하기를 "하늘의 때와 땅의 이로움이 사람의 화합만 같지 못하다."고 하였다. 좌씨(左氏)는 말하기를 "나라를 일으키는 것은 복이 있기 때문이고 나라가 망하는 것은 재앙이 있기 때문이다. 나라를 일으킬 때에는 백성을 보는 것이 불쌍히 여기는 것 같으니 이것이 그 복이고, 나라가 망할 때에는 백성을 흙이나 풀과 같이 보니 이것이 그 재앙이다."라 하였다. 이 말에 의미가 깊다. 그렇다면 무릇 나라를 가진 자가 포악한 관리의 구박과 강한 종족이 남의 재물을 탐내어 함부로 거두어들이는 것을 내버려 두어 인심을 잃는다면, 비록 잘 다스려 어지럽지 않게 하고, 보존하여 망하지 않으려 하는 것이 또 어찌 강한 술을 마시고 취하기를 싫어하는 것과 다르리오. (『三國史記』 22 高句麗本紀 10)

고구려	12월 고구려의 5부 176성 69만여호를 나누어 9도독부 42주, 100현을 삼았고 평양

에 안동도호부를 두어 이를 통솔하게 하였으며 고구려 장수로서 공로가 있는 자를 가려서 都督 刺史 縣令을 삼아 중국사람과 뒤섞여 채용하였고 우위위대장군 설인귀를 검교안동도호로 삼아 군사 2만으로 진무하게 하였다.[고구려의 주군현 모두 164이다. 한산주(漢山州), 국원성(國原城)[미을성(未乙省)라고도 하고 탁장성(託長城)이라고도 한다], 남천현(南川縣)[남매(南買)라고도 한다]. 구성(駒城)은 멸오(滅烏)라고도 한다], 잉근내군(仍斤內郡), 술천군(述川郡)[성지매(省知買)라고도 한다], 골내근현(骨乃斤縣), 양근현(楊根縣)[거사참(去斯斬)이라고도 한다], 금물내군(今勿內郡)[만노(萬弩)라고도 한다], 도서현(道西縣)[도분(都盆)이라고도 한다], 잉홀(仍忽), 개차산군(皆次山郡), 노음죽현(奴音竹縣), 나혜홀(奈兮忽), 사복홀(沙伏忽), 사산현(虵山縣), 매홀(買忽)[수성(水城)이라고도 한다], 당성군(唐城郡), 상홀(上忽)[차홀(車忽)이라고도 한다], 부산현(釜山縣)[송촌활달(松村活達)이라고도 한다], 율목군(栗木郡)[동사힐(冬斯肹)이라고도 한다], 잉벌노현(仍伐奴縣), 재차파의현(齊次巴衣縣), 매소홀현(買召忽縣)[미추홀(弥鄒忽)이라고도 한다], 장항구현(獐項口縣)[고사야홀차(古斯也忽次)라고도 한다], 주부토군(主夫吐郡), 수이홀(首尒忽), 검포현(黔浦縣), 동자홀현(童子忽縣)[구사파의(仇斯波衣)라고도 한다], 평회압현(平淮押縣)[별회(別淮)라고도 하며 사파유(史波唯)라고도 한다], 북한산군(北漢山郡)[평양(平襄)이라고도 한다], 골의내현(骨衣內縣), 왕봉현(王逢縣)[개백(皆伯)이라고도 한다. 한씨(漢氏) 미녀가 안장왕(安臧王)을 맞이하였던 곳이다. 때문에 왕봉△왕(王逢△王)으로 이름하였다], 매성군(買省郡)[마홀(馬忽)이라고도 한다], 칠중현(七重縣)[난은별(難隱別)이라고도 한다], 파해평사현(波害乎史縣)[액봉(頟蓬)이라고도 한다], 천정구현(泉井口縣)[어을매곶(於乙買串)이라고도 한다], 술이홀현(述尒忽縣)[수니홀(首泥忽)이라고도 한다], 달을성현(達乙省縣)[한씨(漢氏) 미녀가 높은 산마루에서 봉화를 놓고 안장왕(安臧王)을 맞이하던 곳이다. 때문에 뒤에 고봉(高烽)이라 이름하였다], 비성군(臂城郡)[마홀(馬忽)이라고도 한다], 내을매(內乙買)[내이미(內尒米)라고도 한다], 철원군(鐵圓郡)[모을동비(毛乙冬非)라고도 한다], 양골현(梁骨縣), 승량현(僧梁縣)[비물(非勿)이라고도 한다], 공목달(功木達)[웅섬산(熊閃山)이라고도 한다], 부여군(夫如郡), 어사내현(於斯內縣)[부양(斧壤)이라고도 한다], 오사함달(烏斯含達), 아진압현(阿珍押縣)[궁악(窮嶽)이라고도 한다], 소읍두현(所邑豆縣), 이진매현(伊珍買縣), 우잠군(牛岑郡)[우령(牛嶺)이라고도 하고 또는 수지의(首知衣)라고도 한다], 장항현(獐項縣)[고사야홀차(古斯也忽次)라고도 한다], 장천성현(長淺城縣)[야야(耶耶)라고도 하고 야아(夜牙)라고도 한다], 마전천현(麻田淺縣)[이사파홀(泥沙波忽)이라고도 한다], 부소갑(扶蘇岬), 약지두치현(若只頭耻縣)[삭두(朔頭)라고도 하고 의두(衣頭)라고도 한다], 굴어압(屈於押)[홍서(紅西)라고도 한다], 동비홀(冬比忽), 덕물현(德勿縣), 진림성현(津臨城縣)[오아홀(烏阿忽)이라고도 한다], 혈구군(穴口郡)[갑비고차(甲比古次)라고도 한다], 동음나현(冬音奈縣)[휴음(休陰)이라고도 한다], 고목근현(高木根縣)[달을참(達乙斬)이라고도 한다], 수지현(首知縣)[신지(新知)라고도 한다], 대곡군(大谷郡)[다지홀(多知忽)이라고도 한다], 수곡성현(水谷城縣)[매단홀(買旦忽)이라고도 한다], 십곡현(十谷縣)[덕돈홀(德頓忽)이라고도 한다], 동음홀(冬音忽)[시염성(豉鹽城)이라고도 한다], 도랍현(刀臘縣)[치악성(雉嶽城)이라고도 한다], 오곡군(五谷郡)은[궁차운홀(弓次云忽)이라고도 한다], 내미홀(內米忽)[지성(池城)이라고도 하고 장지(長池)라고도 한다], 한성군(漢城郡)[한홀(漢忽)이라고도 하고 식성(息城)이라고도 하고 내홀(乃忽)이라고도 한다], 휴류성(鵂鶹城)[조파의(租波衣)라고도 하고 휴암군(鵂巖郡)이라고도 한다], 장새현(獐塞縣)[고소어(古所於)라고도 한다], 동홀(冬忽)[우동어홀(于冬於忽)이라고도 한다], 금달(今達)[신달(薪達)이라고도 하고 식달(息達)이라고도 한다], 구을현(仇乙峴)[굴천(屈迁)이라고도 한다] 지금의 풍주(豐州)이다. 궐구(闕口)는 지금의 유주(儒州)이다. 율구(栗口)[율천(栗川)이라고도 한다]는 지금의 은율현(殷栗縣)이다. 장연(長淵)은 지금까지 그대로 따른다. 마경이(麻耕伊)는 지금의 청송현(靑松縣)이다. 양악(楊岳)은 지금의 안악군(安嶽郡)이다. 판마곶(板麻串)은 지금의 가화현(嘉禾縣)이다. 웅한이(熊閑伊)는 지금의 수녕현(水寧縣)이다. 옹천(甕迁)은 지금의 옹진현(甕津縣)이다. 부진이(付珍伊)는 지금의 영강현(永康縣)이다. 곡도(鵠島)는 지금의 백령진(白嶺鎭)이다. 승산(升山)은 지금의 신주(信州)이다. 가화압(加火押), 부사파의현(夫斯波衣縣)[구사현(仇史峴)이라고도 한다], 우수주(牛首州)[수(首)를 두(頭)로 쓰기도 한다. 수차약(首次若)이라고도 하고 오근내(烏根乃)라고도 한다], 벌력천현(伐力川縣), 횡천현(橫川縣)[어사매(於斯買)라고도 한다], 지현현(砥峴縣), 평원군(平原郡)[북원(北原)이다], 나토군(奈吐郡)[대제(大提)라고도 한다], 사열이현(沙熱伊縣), 적산현(赤山縣), 근평군(斤平郡)[병평(並平)이라고도 한다], 심천현(深川縣)[복사매(伏斯買)라고도 한다], 양구군(楊口郡)[요은홀차(要隱忽次)라고도 한다], 저족현(猪足縣)[오사형(烏斯逈)이라고도 한다], 옥기현(玉妓縣)[개차정(皆次丁)이라고도 한다], 삼현현(三峴縣)[밀파혜(密波兮)라고도 한다], 성천군(狌川郡)[야시매(也尸買)라고도 한다], 대양관군(大楊管郡)[마근압(馬斤押)이라고도 한다], 매곡현(買谷縣), 고사마현(古斯馬縣), 급벌산군(及伐山郡), 이벌지현(伊伐支縣)[자벌지(自伐支)라고도 한다], 수성천현(藪狌川縣)[수천(藪川)이라고도 한다], 문현현(文峴縣)[근시파혜(斤尸波兮)라고도 한다], 모성군(母城郡)[야차홀(也次忽)이라고도 한다], 동사홀(冬斯忽), 수입현(水入縣)[매이현(買伊縣)이라고도 한다], 객련군(客連郡)[객(客)을 각(各)으로 쓰기도 한다. 가혜아(加兮牙)라고도 한다], 적목현(赤木縣)[사비근을(沙非斤乙)이라고도 한다], 관술현(管述縣), 저란현현(猪闌峴縣)[오생파의(烏生波衣)라고도 하며 저수(猪守)라고도 한다], 천성군(淺城郡)[비열홀(比烈忽)이라고도 한다], 경곡현(庨谷縣)[수을탄(首乙呑)이라고도 한다], 청달현(菁達縣)[석달(昔達)이라고도 한다], 살한현(薩寒縣), 가지달현(加支達縣), 어지탄(於支呑)[익곡(翼谷)이라고도 한다], 매시달(買尸達), 천정군(泉井郡)[어을매(於乙買)라고도 한다], 부사달현(夫斯達縣), 동허현(東墟縣)[가지근(加知斤)이라고도 한다], 나생군(奈生郡), 을아단현(乙阿旦縣), 우오현(于烏縣)[욱오(郁烏)라고도 한다], 주연현(酒淵縣) 하슬라주(何瑟羅州)[하서량(河西良)이라고도 하고 하서(河西)라고도 한다], 내매현(乃買縣), 동토현(東吐縣), 지산현(支山縣), 혈산현(穴山縣), 수성군(迕城郡)[가아홀(加阿忽)이라고도 한다], 승산현(僧山縣)[소물달(所勿達)이라고도 한다], 익현현(翼峴縣)[이문현(伊文縣)이라고도 한다], 달홀(達忽), 저수혈현(猪迕穴縣)[오사합(烏斯押)이라고도 한다], 평진현현(平珍峴縣)[평진파의(平珍波衣)라고도 한다], 도림현(道臨縣)[조을포(助乙浦)라고도 한다], 휴양군(休壤郡)[금뇌(金惱)라고도 한다], 습비곡(習比谷)[탄(呑)이라고도 한다], 토상현(吐上縣), 기연현(岐淵縣), 곡포현(鵠浦縣)[고의포(古衣浦)라고도 한다], 죽현현(竹峴縣)[나생어(奈註生於)라고도 한다], 만약현(滿若縣)[만혜(氵万兮)라고도 한다], 파리현(波利縣), 우진야군(于珍也郡), 파단현(波旦縣)[파풍(波豊)이라고도 한다], 야시홀군(也尸忽郡), 조람군(助攬郡)[재람(才攬)이라고도 한다], 청이현(靑已縣), 굴화현(屈火縣), 이화혜현(伊火兮縣), 우시군(于尸郡), 아혜현(阿兮縣), 실직군(悉直郡)[사직(史直)이라고도 한다]] (『三國史節要』10)

고구려   총장 원년 그 해 12월에 고구려 땅을 9도독부 42주 100현으로 나누고 안동도호부를 평양에 설치하여 그것을 다스리게 하였다. 그 추거(酋渠)를 도독(都督)·자사(刺史)·현령(縣令)으로 등용하였고 장군 설인귀에게 명하여 군사 2만으로 안동부를 지키게 하였다. (…) 처음에 기미주(羈縻州) 14개를 두어 다스렸는데, 1,582호였고 서울에서 거리가 4,625리였으며 동도(東都)에서는 3,820리에 이르렀다. 신성주도독부(新城州都督府)·요성주도독부(遼城州都督府)·가물주도독부(哥勿州都督府)·건안주도독부(建安州都督府)·남소주(南蘇州)·목저주(木底州)·개모주(蓋牟州)·대나주(代那州)·창암주(倉巖州)·마미주(磨米州)·적리주(積利州)·여산주(黎山州)·연진주(延津州)·안시주(安市州), 14주가 무릇 이것이다. 모두 성지(城池)가 없었다. 고구려의 항복한 호(戶)가 흩어졌다. 이 제군진(諸軍鎭)은 그 추거(酋渠)를 도독(都督)·자사(刺史)로 삼아 기미(羈縻)하였다. (『舊唐書』 39 19 地理 2 安東都護府)

고구려   총장 원년 12월 신풍(新豊)에 이르러 조서로 빠른 길을 잡아 포로를 소릉(昭陵)에 바치게 하므로 군대의 위용을 갖추고 개선가를 연주하면서 서울에 들어가 대묘(大廟)에 바쳤다. 조서로 고장(高藏)은 정치가 자기로 말미암은 것이 아니므로 그 죄를 용서하고 사평태상백(司平太常伯)을 주고 男産은 사재소경(司宰少卿)을 주고 남건은 금주에 유배보냈다. 그 땅에 9도독부 42주 100현을 두었다. 또 안동도호부를 두어 그것을 통치하게 하고 민호 2만 8천을 내지에 옮겼다. (『唐會要』 95 高句麗)

고구려   그러므로 그 문집에 태사(太師) 시중(侍中)에게 올린 편지가 있는데, " (…) 총장(摠章) 원년 영공(英公) 서적(徐勣)에게 명하여 고구려를 깨뜨리고 안동도독부를 두었습니다. (…) "라고 하였다. (『三國史記』 46 列傳 6 崔致遠)

고구려   총장 원년 그 땅을 9도독부 42주 100현으로 나누고 안동도호부를 평양성에 설치하여 다스렸다. 그 추거(酋渠)를 도독(都督)·자사(刺史)·현령(縣令)으로 등용하였다. (『新唐書』 39 志 29 地理 3 安東 上都護府)

고구려   총장 원년에 안동도호를 두어 군사 2만을 거느리고 고려를 지키게 하였다. 인귀는 고아와 노인을 불쌍히 여기고 검약하며 도적과 관련이 있는 자는 수시로 위임하여 충효절의(忠孝節義)로써 다 정표(旌表)를 더하니 고구려 사람들이 기꺼이 덕을 사모하여 감화되었다. (『册府元龜』 397 將帥部 58 懷撫 薛仁貴)

고구려 백제   (…) 고종 때 고구려와 백제를 평정하고 요해(遼海) 동쪽으로 모두 주(州)를 삼았다. 잠시 다시 반란이 있었으나 제봉(提封:제후로 봉할 때 내리는 땅)으로 들이지 않았다. (…) (『舊唐書』 38 志 18 地理 1)

고구려   고구려의 항복한 호(戶)로 14주 9부를 설치하였다. (…) 고종이 고구려를 멸망시키고 9도독부와 42주를 설치하였는데, 나중에는 주가 14주에 그쳤다. (…) 남소주·개모주·대나주·창암주·마미주·적리주·여산주·연진주·목저주·안시주는 모두 북주(北州)이며 식리주(識利州)·불열주·배한주·신성주도독부·료성주도독부·가물주도독부·위악주도독부·사리주도독부·거소주도독부·월희주도독부·거단주도독부·건안주도독부는 안동도호부에 예속되었다. (『新唐書』 43下 志33下 地理 7下 河北道)

고구려   당이 흥하였다. 처음에는 사이(四夷)를 돌아볼 겨를이 없었는데 태종 때부터 돌궐을 평정하고 서북제번(西北諸蕃) 및 만이(蠻夷)가 점점 내속(內屬)하였다. 곧 그 부락(部落)에 주현(州縣)을 열치(列置)하고 그 큰 것은 도독부라 하였다. 그 수령(首領)으로써 도독·자사를 삼고 모두 세습하게 하였다. 비록 공부와 판적(版籍)이 대부분 호부(戶部)에 올라오지 않았지만 성교(聲敎)가 미친 바가 되어 모두 변주(邊州)의 도독·도호에 다스려진 바가 영식(令式)에 드러났다. 지금 초항개치지목(招降開置之目)의 기록을 보니 그 성(盛)을 볼 수 있고 그 후에 혹은 신하 혹은 반락을 일으키기도 하였고 경제(經制)가 하나가 아니어서 자세히 볼 수 없다. 돌궐·회걸(回紇)·당항(党項)·토욕혼 등 관내도(關內道)에 예속된 것은 29부 90주였다. 돌궐의 별부(別部) 및 해(奚)·거란·말갈·항호(降胡)·고려 등 하북(河北)에 예속된 것은 14부 46주였다. 돌궐·회흘·당항·토욕혼의 별부 및 구자(龜玆)·우전(于闐)·언기(焉耆)·소륵(疏勒)·하서내속제호(河西內屬諸胡)·서역 16국 등 농우(隴右)에 예속된 것은 51부 198부였다. 강(羌)·만(蠻) 등 검남(劍南)에 예속된 것은 261주였고 만(蠻) 등 강남(江南)에 예속된 것은 51주였고 영남(嶺南)에 예속된 것은 92주였다. 또 당항(党項)의 42주가 있는데 그것이 예속된 것은 알지 못한다. 대체로 부주(府州)가 856으로, 기미(羈縻)라고 불렀다. (『新唐書』 43下 志 33下 地理 7下 羈縻州)

고구려	『신당서』 지리지에 전한다. "하북도(河北道) 고종은 고려를 멸망시키고 9도독부 42주를 두었다[100현 회요(會要)는 총장 원년 12월 7일이라 한다] 후에는 14주 9부에 그쳤다.　 신성(新城)·요성(遼城)·가물(哥勿)·위악(衛樂)·사리(舍利)·거소(居素)·월희(越喜)·거단(去旦)·건안주도독부(建安州都督府)이다[고구려에는 옛 5부 176성 69만호가 있었다. 추거(酋渠)를 발탁하여 도독자사(都督刺史)로 삼고 중국인과 다스리는데 참여하게 하였다]. 안동도호부에 예속되었다."(『玉海』133 官制 屬國 都護 都督 唐高麗九都督府)

고구려 백제 신라	
	『업후가전(鄴侯家傳)』에 전한다. " (…) 고종이 동으로 고려·백제를 멸하고 그 나라 사람을 중국으로 옮기고 그 땅을 나누어 주현으로 삼았다. 신라를 계림도독부로 삼았다."(『玉海』138 兵制·兵制3 唐關內置府·十道置府)

고구려	12월 정묘일(17)에 황제가 남교(南郊)에서 제사지내 고려를 평정한 사실을 아뢰었다. 이적을 아헌(亞獻)으로 삼았다. 기사일(19)에 태묘(太廟)를 배알하였다. (『資治通鑑』201 唐紀 17 高宗)
고구려	『신당서』 본기에 전한다. "총장 원년 12월 정묘일(17)에 교제(郊祭)를 지냈는데, 고려를 평정하였으므로 그 이룬 것을 하늘에 감사했다. 기사일(19)에 태묘를 배알하였다."(『玉海』191 兵捷 兵捷 露布 3 唐遼東道行臺大摠管李勣俘高麗 獻俘昭陵 檄高麗 含元殿數俘)
고구려	당 고종 총장 원년 12월 황제가 친히 남교에 제사지냈는데, 고려를 평정하였으므로 상제(上帝)에게 명백히 알린 것이다. (『冊府元龜』12 帝王部 13 告功)

신라	총장 원년에 이르러 백제가 함께 맹세했던 곳에서 국경을 옮기고 푯말을 바꿔 농토를 빼앗았으며 우리 노비를 달래고 우리 백성들을 꾀어 자기 나라 안에 감추고서 여러 번 찾아도 마침내 돌려주지 않았습니다. 또한 소식을 들으니 '당나라가 배를 수리하는 것은 겉으로는 왜국을 정벌한다고 하지만 실제는 신라를 치려고 하는 것이다.'고 하여, 백성들이 그 말을 듣고 놀라고 두려워서 불안해 하였습니다. 또한 백제의 여자를 데려다 신라의 한성(漢城) 도독(都督) 박도유(朴都儒)에게 시집을 보내고 함께 모의하여 몰래 신라의 병기를 훔쳐서 한 주(州)의 땅을 갑자기 치기로 하였는데, 때마침 일이 발각되어 도유의 목을 베어서 꾀하였던 바는 이루어지지 않았습니다. (『三國史記』7 新羅本紀 7)
신라	총장 원년에 이르러 백제가 함께 맹세했던 곳에서 국경을 옮기고 푯말을 바꿔 농토를 빼앗았으며 우리 노비를 달래고 우리 백성들을 꾀어 자기 나라 안에 감추고서 여러 번 찾아도 마침내 돌려주지 않았습니다. 또한 소식을 들으니 '당나라가 배를 수리하는 것은 겉으로는 왜국을 정벌한다고 하지만 실제는 신라를 치려고 하는 것이다.'고 하여, 백성들이 그 말을 듣고 놀라고 두려워서 불안해 하였습니다. 또한 백제의 여자를 데려다 신라의 한성(漢城) 도독(都督) 박도유(朴都儒)에게 시집을 보내고 함께 모의하여 몰래 신라의 병기를 훔쳐서 한 주(州)의 땅을 갑자기 치기로 하였는데, 때마침 일이 발각되어 도유의 목을 베어서 꾀하였던 바는 이루어지지 않았습니다. (『三國史節要』10)

신라	총장(摠章) 원년 당 황제가 이미 영공(英公)의 공을 포상하였고, 마침내 사신을 보내 노고를 치하하며 아울러 금과 비단을 내렸다. 또한 유신에게 조서(詔書)를 내려 칭찬하고 표창하였다. 또 당에 들오길 일러주었으나 끝내 이루어지지 않았다. 그 조서는 집안에 전하다가 5세손에 이르러 잃어버렸다. (『三國史記』43 列傳 3 金庾信

신라	황제가 사신을 보내 신라의 노고를 치하하며 아울러 금과 비단을 내렸다. 또한 유신에게 조서)를 내려 칭찬하고 표창하였다. 또 인문에게 작위와 봉록을 더하여 그대로 머물러 숙위하게 하였다. (『三國史節要』10)
신라	또한 법계도서인(法界圖書印)을 저술하고 아울러 간략한 주석을 붙여 일승(一乘)의 요긴한 알맹이(樞要)를 모두 포괄하였으니, 천 년을 두고 볼 귀감이 되어 저마다 다투어 보배로 여겨졌다. 나머지는 찬술한 것이 없으나, 한 점의 고기로 온 솥의 국물 맛을 알 수 있다. 법계도는 총장(總章) 원년 무진(戊辰)에 이루어졌다. 이 해에 지엄도 입적하였으니 공자(孔子)가 기린을 잡았다는 구절에서 붓을 놓은 것과 같다. 세상에 전하기를 의상은 금산보개(金山寶蓋)의 화신이라고 하였다. 그의 제자인 오진(悟眞)·지통(智通)·표훈(表訓)·진정(眞定)·진장(眞藏)·도융(道融)·양원(良圓)·상원(相源)·능인(能仁)·의적(義寂) 등 10대덕은 영수(領首)가 되었는데, 모두 아성(亞聖)이라고 하고 각각 전기가 있다. 오진은 일찍이 하가산(下柯山) 골암사(鶻嵒寺)에 거처하면서 매일 밤에 팔을 펴 부석사 방의 등을 켰다. 지통은 추동기(錐洞記)를 저술했는데, 대개 친히 의상의 가르침을 받들었으므로 글이 오묘한 듯을 많이 지녔다. (…) (『三國遺事』4 義解 5 義湘傳敎)
신라	(…) 부석사의 본비[浮石本碑]에 의하면, 의상은 무덕(武德) 8년(625)에 탄생하여 어린 나이에 출가하여 영휘(永微) 원년 경술(庚戌: 650)에 원효(元曉)와 함께 당에 들어가려고 고구려에까지 이르렀으나 어려움이 있어 돌아왔다. 용삭(龍朔) 원년 신유년(661)에 당에 들어가 지엄법사에게 나아가 배웠다. 총장 원년에 지엄법사가 세상을 떠나자 함형 2년(671)에 의상은 신라로 돌아와서 장안(長安) 2년 임인년(702)에 세상을 떠났으니, 나이 78세라고 하였다. (…) (『三國遺事』3 塔像 4 前後所將舍利)
고구려	총장(總章) 원년 무진에 당나라 장수 이적(李勣)이 대병을 이끌고 신라와 합세하여 고구려를 멸망시켰는데 후에 남은 군사를 백제에 유진시키고 장차 신라를 공격하여 멸망시키려 하였다. 신라인들이 그것을 알고 병사를 내어서 그것을 막으니 고종이 그것을 듣고 크게 노하여 설방(薛邦)에게 명하여 병사를 일으켜 장차 치고자 하였다. 문무왕은 그것을 듣고 두려워하여 법사에게 비법(秘法)을 열어 그것을 물리쳐 달라고 청하였다[이 일은 문무왕전 안에 실려 있다]. 이로 인하여 신인종(神印宗)의 개조(開祖)가 되었다. (『三國遺事』5 神呪 6 明朗神印)
신라	이 해에 사문(沙門) 도교(道行)가 구사나기노츠루기(草薙劒)를 훔쳐 도망하여 신라로 향했으나, 도중에 바람과 비를 만나 길을 잃고 돌아왔다. (『日本書紀』27 天智紀)
고구려	총장원년에 양현기(陽玄基)는 녹릉부(鹿陵府) 장상(長上) 절충(折衝)에 제수되고, 이어서 검교동책주도독부장사(檢校東柵州都督府長史)가 되었다. (「陽玄基 墓誌銘」:『全唐文補遺』8)
고구려	나이 30살에 태대막리지(太大莫離支)가 되었다. 자욕에 따라 관위를 옮기고 왕에게 총애를 받지 못하게 되어 세찬 바람은 깃을 날려 영예가 고구려 지역에서 끊어졌고 귀한 지체가 없어져 총애가 현도의 지역에서 끊어졌다. 당에 속해 원방(遠方)에 봉해져 한성(漢城)을 지키지 않음에 미쳐 맥궁(貊弓)이 입헌(入獻)되고 고시(楛矢)가 왕에게 바쳐졌다. (「泉男産墓誌銘」)

발해 고구려 신라

(…) 발해 사람 무예(武藝)가 말하였다. "옛날 고구려가 강성하였을 때 군사 30만으로 당에 항거하여 적대하였다." 그런즉 땅이 크고 군사가 강하다고 할 만하였다. 그런데 말기에 이르러 군신이 어지럽고 포악하여 도를 잃었으므로 당이 두 번 군사를 내고 신라가 원조해서 이를 쳐서 평정하였다. 그 지역은 발해말갈로 많이 들어가고, 신라도 그 남쪽 경역을 얻어 한주(漢州)·삭주(朔州)·명주(溟州) 3주와 그 군현을 설치하여 9주를 갖추었던 것이다. (…) (『三國史記』 37 雜志 6 地理 4)

고구려   고종천황대제실전헌용균천지무(高宗天皇大帝室奠獻用鈞天之舞) 1장(章)이다. 고황(高皇)은 도에 나아가 단정히 팔짱 낀채로 별로 한 일이 없었네.[61] 교화는 훈육[62]을 품었고 병졸로 구려(句驪)[63]를 쳤네. 예로 높여 봉선(封禪)[64]하니 음악이 성대하여 봉황이 날아와 춤을 추었네.[65] 여후의 자리에 합하여 같이 복희(伏羲)라 불렀네. (『舊唐書』 21 志 1 禮儀 1)

고구려   고황(高皇)은 도에 나아가 단정히 팔짱 낀 채로 별로 한 일이 없었네. 교화는 훈육을 품었고 병졸로 구려(句驪)를 쳤네. 예로 높여 봉선(封禪)하니 음악이 성대하여 봉황이 날아와 춤을 추었네. 여후의 자리에 합하여 같이 복희(伏羲)라 불렀네. (『全唐詩』 1函 3冊 郊廟歌辭 鈞天舞)

고구려   위원충(魏元忠)은 송주(宋州) 송성(宋城) 사람이다. 본명은 진재(眞宰)이며 측천모(則天母)의 호를 피해서 고쳤다. (…) 또 말했습니다. 신은 제왕의 도는 경략(經略)을 무숭(務崇)하는 것으로 들었습니다. 경략의 술(術)은 반드시 영기(英奇)에 기대는 것인데, 국가의 양장(良將)으로부터 말한만 합니다. 이정(李靖)을 돌궐을 깨뜨리고 후군집(侯君集)은 고창(高昌)을 멸망시키고 소정방(蘇定方)은 서역(西域)을 열었으며 이적(李勣)은 요동(遼東)을 평정하였습니다. 비록 국가의 위령(威靈)을 받들었을지라도 또한 그 재력(才力)이 미친 것입니다. (…) 문자(文子)는 말하였습니다. "신의의 말은 말하기 전에 신의가 있어야 하며 실행되는 명령은 명령 뒤에도 성실함이 있어야 한다." 때문에 상군(商君)은 이목(移木)으로 표신(表信)을 삼고 조공(曹公)은 할발(割髮)로 명법(明法)을 삼았으니 어찌 예에 맞는것이라고 하겠는가. 그러나 이유가 있어서 그렇게 한 것입니다. 소정방이 요동(遼東)을 평정함으로부터 이적이 평양을 멸망할 때 까지 상(賞)이 끊어져 행해지지 않고 훈(勳)은 그대로 머물러 수년 동안 어지려웠고 진짜와 가짜가 서로 섞여 군대 편제가 도태됨이 더해져 맑음에 이르지 않았습니다. 신은 벼슬아치로써 법을 받들지 않았는데, 거만하게 서울(京師)에서 위훈(僞勳)을 소유(所由)하고 주사(主司)의 허물은 그것인 즉 멀리 있지 않고 가까운 상서성(尚書省)안에 있는데, 한 명의 대낭(臺郎)을 참(斬)하고 한 명의 영사(令史)를 륙(戮)하는 것을 듣지 못했습니다. 천하로 하여금 들어 알게 해야니 천황이 어찌 멀리 비치고 가까이 비치지를 않습니까. 신주(神州)가 우두머리가 되어 만국이 같이 존경하고 문창(文昌)이 정치의 근본이 되어 사방의 법칙이 되었으니, 규범이 어진 풍속이 되

---

61) 단정히 …… 없었네. : 원문의 단공(端拱)은 팔짱을 끼고 단정히 앉아 있는 것이니, 성인(聖人)이 아무런 작위 없이 무위(無爲)의 덕화(德化)로 천하를 다스리는 것을 뜻한다.
62) 훈육(獯鬻) : 중국 고대의 변경 족속인 흉노(匈奴)의 별칭으로, 중국을 자주 침범하여 포악한 짓을 자행한 것으로 알려져 있다.
63) 구려(句驪) : 고구려(高句驪), 즉 고려를 가리킨다.
64) 봉선(封禪) : 제왕(帝王)이 동쪽 태산(泰山)에 올라 흙으로 제단(祭壇)을 쌓고 하늘에 제사하는 의식의 하나이다.
65) 춤을 추었네. : 《서경(書經)》 〈익직(益稷)〉에 "소소(簫韶)를 아홉 번 연주하자 봉황이 와서 춤을 추었다. 〔簫韶九成 鳳凰來儀〕"라고 하였다.

고 어지러움을 다스리는 것이 여기에 있으니 신은 이로써 드러내려고 하지 않을 뿐입니다. 죽음을 무릅쓰고 다 말하겠습니다. 또 밝은 거울은 형태를 비추기 때문에 지난 일은 지금 알 수 있습니다. 신의 직분은 옛날을 돌아보지 않고 최근의 일로써 그것을 말하여 청한 것입니다. 정관 연간에 만년현위(萬年縣尉) 사마원경(司馬元景)이 붓을 함부로 놀리어 비뚤어진 글을 쓰고 재주와 지혜가 있는 것처럼 꾸며 남의 돈이나 물건(物件)을 빼앗음으로 태종이 그가 간교하게 속인 것을 살펴 그를 도시에서 처형하였고 고구려를 정벌함에 미쳐서는 총관(總管) 장군애(張君乂)가 적을 치려 나가지 않자 휘장 아래서 죽였습니다. 신은 위훈(僞勳)의 죄로 여기면 원경 보다 많고 인귀(仁貴) 등에게는 지며 군애보다는 무겁습니다. 만일 일찍 죽은 설인귀와 곽대봉(郭待封)인 즉 저절로 남은 제장(諸將)일지라도 어찌 감히 후의 이익을 잃겠습니까. (…) (『舊唐書』92 列傳 42 魏元忠)

고구려	신은 제왕의 도는 경략(經略)을 무숭(務崇)하는 것으로 들었습니다. 경략의 술(術)은 반드시 영기(英奇)에 기대는 것인데, 국가의 양장(良將)으로부터 말한만 합니다. 이정(李靖)을 돌궐을 깨뜨리고 후군집(侯君集)은 고창(高昌)을 멸망시키고 소정방(蘇定方)은 서역(西域)을 열었으며 이적(李勣)은 요동(遼東)을 평정하였습니다. 비록 국가의 위령(威靈)을 받들었을지라도 또한 그 재력(才力)이 미친 것입니다. (…) 문자(文子)는 말하였습니다. "신의의 말은 말하기 전에 신의가 있어야 하며 실행되는 명령은 명령 뒤에도 성실함이 있어야 한다." 때문에 상군(商君)은 이목(移木)으로 표신(表信)을 삼고 조공(曹公)은 할발(割髮)로 명법(明法)을 삼았으니 어찌 예에 맞는것이라고 하겠는가. 그러나 이유가 있어서 그렇게 한 것입니다. 소정방이 요동(遼東)을 평정함으로부터 이적이 평양을 멸망할 때 까지 상(賞)이 끊어져 행해지지 않고 훈(勳)은 그대로 머물러 수년 동안 어지러웠고 진짜와 가짜가 서로 섞여 군대 편제가 도태됨이 더해져 맑음에 이르지 않았습니다. 신은 벼슬아치로써 법을 받들지 않았는데, 거만하게 서울(京師)에서 위훈(僞勳)을 소유(所由)하고 주사(主司)의 허물은 그것인 즉 멀리 있지 않고 가까운 상서성(尚書省)안에 있는데, 한 명의 대낭(臺郎)을 참(斬)하고 한 명의 영사(令史)를 륙(戮)하는 것을 듣지 못했습니다. 천하로 하여금 들어 알게 해야지 천황이 어찌 멀리 비치고 가까이 비치지를 않습니까. 신주(神州)가 우두머리가 되어 만국이 같이 존경하고 문창(文昌)이 정치의 근본이 되어 사방의 법칙이 되었으니, 규범이 어진 풍속이 되고 어지러움을 다스리는 것이 여기에 있으니 신은 이로써 드러내려고 하지 않을 뿐입니다. 죽음을 무릅쓰고 다 말하겠습니다. 또 밝은 거울은 형태를 비추기 때문에 지난 일은 지금 알 수 있습니다. 신의 직분은 옛날을 돌아보지 않고 최근의 일로써 그것을 말하여 청한 것입니다. 정관 연간에 만년현위(萬年縣尉) 사마원경(司馬元景)이 붓을 함부로 놀리어 비뚤어진 글을 쓰고 재주와 지혜가 있는 것처럼 꾸며 남의 돈이나 물건(物件)을 빼앗음으로 태종이 그가 간교하게 속인 것을 살펴 그를 도시에서 처형하였고 고구려를 정벌함에 미쳐서는 총관(總管) 장군애(張君乂)가 적을 치려 나가지 않자 휘장 아래서 죽였습니다. 신은 위훈(僞勳)의 죄로 여기면 원경 보다 많고 인귀(仁貴) 등에게는 지며 군애보다는 무겁습니다. 만일 일찍 죽은 설인귀와 곽대봉(郭待封)인 즉 저절로 남은 제장(諸將)일지라도 어찌 감히 후의 이익을 잃겠습니까. (『全唐文』176 魏元忠 上高宗封事)
고구려	발해말갈은 본래 고구려 종족이다. 당 총장연간(668~669)에 고종이 고구려를 평정하고 그 사람들을 이주시켜 중국에서 살도록 하였고 요외(遼外)에 주현을 설치하였고 평양성에는 안동도호부를 설치하여 그것을 통치하였다. (…) (『五代會要』30 渤海)
고구려	발해는 본시 말갈이라고 불렀는데 고구려의 별종이다. 당 고종이 고구려를 멸망시키

| | 고 그 사람들을 이주시켜 중국에 흩어져 살게 하고, 평양에다 안동도호부를 설치하여 그들을 통치하였다. (…) (『新五代史』四夷附錄 渤海) |

고구려　발해는 본래 고구려에서 갈려나온 종족이다. 당 고종이 고구려를 평정하고서는 그 사람들을 이주시켜 중국에서 살도록 하였다. (…) (『宋史』外國列傳 渤海國)

고구려　고요묘(高鐃苗)의 이름과 자(字)는 요묘(鐃苗)이고 요동(遼東) 사람이다. 집안은 진(辰)·변(卞)보다 높고, 가치는 옥보다 더 귀중하다. 창해(滄海)를 등지고 귀순하여 와서 천자의 청정한 교화를 우러러 들어와 관인이 되었다. 한(漢)의 김일제(金日磾)처럼 총명하고, 한(漢)의 구기(駒幾)처럼 말솜씨가 있었다. (「高鐃苗 墓誌銘」: 2009 『韓國古代史研究』56)

고구려　영공(英公) 이적(李勣)이 마침내 이타인(李他仁)을 파견하여 그 속한 무리를 통솔하게 하여 북을 치며 나아가고 함께 진군하였다. 타인이 전군에서 가장 용감하였고, 앞장서서 추격함에 사람들이 칭찬하였다. 말이 정해지면 훌륭하게 이행하였으며, 빠르게 비단을 생산하니 백성들이 노래하며 따랐다. 마침내 견고한 병진(兵陣)의 어진 신하들로 하여금 끝내 적의 무서운 기세를 풀게 하였다. 견고한 요새와 수차례의 저항이 갑자기 열리니, 적의 문을 겁박함에 앞에 적군이 없었다. 곧 평양을 함락시키고 옛 한사군(漢四郡) 지역은 이미 당(唐)의 강역(彊域)에 들어왔으니, 구이(九夷)를 포로로 삼았다. (「李他仁 墓誌銘」:『遠望集』下; 2015 『高句麗渤海研究』52)

고구려　고현(高玄)은 진실로 고구려의 옛 신하로서 형세를 잘 알고 있었으므로, 평양(平壤)을 크게 격파하는 데에 가장 선봉(先鋒)에 섰다. 이로 인하여 공을 세워 의성부(宜城府) 좌과의도위(左果毅都尉)·총관(摠管)에 제수되었다. (「高玄 墓誌銘」: 1999 『박물관연보』10(서울대))

고구려　고질(高質)은 난리에 살고자 하지 않아 기미를 살펴 작당하였다. 굳건하게 나무를 택하여 북쪽 숲을 바라보며 돌아왔다. 소리쳐 날개치며 남명(南溟)을 가리키며 홀로 갔다. 이에 형제들을 거느리고 당(唐)에 귀화하니, 융성한 은혜를 입고 아울러 좋은 녹봉을 받게 되었다. (「高質 墓誌銘」: 2007 『신라사학보』9)

고구려　이은지(李隱之)는 변방의 풍속을 싫어하여 중원의 문화를 흠모하였다. 거듭된 통역이 필요한 곳에서 와서 공물을 바치고 첩지에 따라 관작(官爵)을 받았다. (「李隱之 墓誌銘」: 2015 『韓國古代史探究』21)

고구려　요동이 복종하여 처음 평정되었을 때 유민(流民)이 오히려 작당하여 악하고 해치는 기이함이 현량(賢良)을 실제로 기다렸다. 유자양(柳子陽)은 안동도호부(安東都護府) 장사(長史)로 제수받아 영략(英略)으로 때를 다스리니, 깊은 기밀이 물건을 들어 올리고 삼한이 교화를 우러르니, 구종(九種)이 인(仁)에 귀화하였다. (「柳子陽 墓誌銘」: 『大唐西市博物館藏墓誌』)

고구려　총장 초년에 요동이 평정되자, 사공(司空)·영국공(英國公) 이적(李勣)은 남건(男建)과 남산(男産)을 포로로 생포하여 황제에게 바쳤다. 황제는 국가 연회를 거행하게 하였고 이 연회에 왕공(王公) 이하 문무백관이 수천 명이나 참가하였다. 이에 중서시랑에 칙령을 가지고 가서 위태진(韋泰眞)에게 알리기를 태진으로 하여금 선△(宣△)하게 한다고 했다. (「韋泰眞 墓誌銘」: 『全唐文補遺』5; 『全唐文新編』994; 『隋唐五代墓誌滙篇 洛陽』6)

고구려　총장 연간(668~670)에 고구려가 반란을 일으켰기 때문에 당 조정은 수군을 불러 정벌하였다. 왕행과(王行果)는 급히 황제의 명을 받게 되어 군대의 식량을 운반하는 책임을 맡게 되었다. 그러나 고구려와의 전쟁으로 인해 그는 장안위(長安尉)로 강등되었다. (「王行果 神道碑」: 『全唐文新編』264)

요동	외떨어진 구석은 때로 통하지 않아 부상이 내려와 전장에 임했네. 군율을 주니 별빛이 움직이고 병졸을 나누니 달무리가 텅 비네. 무소 가죽으로 푸른 자루 감싸고 코끼리 이빨로 아로새긴 활을 꾸미네. 승리를 결판하니 삼하66)가 용감하고 길이 몰아가니 육군67)이 웅장하네. 산에 올라 대북을 엿보고 손가락 굽혀 요동을 헤아리네. 우두커니 연연산68) 위를 보다가 붓을 뽑아 무공을 칭송하네. (『國秀集』 上 李嶠 餞薛大夫護邊 ; 『全唐詩』 61 李嶠 餞薛大夫護邊)
고구려	건봉 연간(666~668)에 고려가 내부(內附)하였다. 설인귀가 그 적의 무리를 쳐서 크게 패배시켰다. 고조가 친필로 칙서로 그를 위로하였다. (『册府元龜』 384 將帥部 45 褒異 19 薛仁貴)
신라	석 순경(順璟)은 낭군(浪郡) 사람이다. 본토의 씨족으로 동이의 가계이다. 때문에 숙달하는 것이 어려웠는데, 중역(重譯)으로 성교(聲敎)를 배웠으니 대개 저절로 나온 것이다. 하물며 인명(因明)의 학(學)이겠는가. 현장사(玄奘師)는 주고 받은 것을 정연히 연구하고 화승(華僧)으로 아직 많이 도달하지 않았다. 경(璟)의 극통(克通)은 그 숙식(宿殖)의 힘이 아니었으면 무엇으로부터 여기에 이르렀겠는가. 건봉 연간(666~668)에 미쳐 사신이 입공함으로 인하여 이르렀다. 이 때 대승(大乘) 규기(窺基)가 탄식하면 말하였다. "신라의 순경법사는 당번(唐蕃)에 소리가 울리고 배움은 크고 작음을 포함하였으며 업은 가섭(迦葉)을 숭상하며 오직 두다(杜多)에 집행하고 마음을 힘써 엷음에 구애되고 항상 소욕(少欲)에 평판을 떨쳤다. 경은 본국에서 점점 저술이 많아지고 또한 중원(中原)에서 전래되는 것이 있어 그 법상대승(法相大乘)을 종으로 하는 바 의교(義敎)이다. 화엄경 안을 보니 시종발심(始從發心)으로 문득 불(佛)을 이룰 수 있을 뿐이니 이에 비방이 일어남을 믿지 않았다. 혹자가 말하였다. '마땅히 수족을 열어 제자 무리에게 명하여 부축하여 땅에 내려가니 땅은 곧 서서히 갈라지고 경의 몸은 갑자기 무너지니 이 때 부모에게서 난 몸이 지옥으로 떨어진다고 말하였다'. 지금 구덩이가 있어 넓이가 장여(丈餘)인데, 실로 움막같아서 순경날락가(順璟捺落迦)라고 불렀다. (『釋門自鏡錄』 下 續補 新羅順璟生陷地獄事)
신라	승려 순경(順璟)은 낭군(浪郡) 사람이다. 본토의 씨족으로 동이의 가계이다. 때문에 숙달하는 것이 어려웠는데, 중역(重譯)으로 성교(聲敎)를 배웠으니 대개 자연으로 나온 것이다. 하물며 인명(因明)의 학(學)이겠는가. 현장사(玄奘師)는 주고 받은 것을 정연히 연구하고 화승(華僧)으로 아직 많이 도달하지 않았다. 경(璟)의 극통(克通)은 그 숙식(宿殖)의 힘이 아니었으면 무엇으로부터 여기에 이르렀겠는가. 현장사를 얻어 진실로 오직 식견과 도량으로 이에 정량(定量)하지 않은 결정상위(決定相違)를 세웠다. 건봉 연간(666~668)에 이르러 사신이 입공함으로 인하여 따라 이르렀다. 이 때 현상사가 영구히 가고 향한 것이 2년에 미쳐 그 도량을 말하였다. (…) 이 때 대승기람(大乘基覽) 이것이 만들어졌다. 문득 경이 보는 것을 알지 못한 바 되었는데, 비록 그러나 마침내 변승(邊僧)의 식견을 앙모하니 이와 같았다. 때문에 탄식하여 말하였다. "신라의 순경법사는 당번(唐蕃)에 소리가 울리고 배움은 크고 작음을 포함하였으며 업은 가섭(迦葉)을 숭상하며 오직 두다(杜多)에 집행하고 마음을

---

66) 삼하(三河) : 중국의 중앙이라 불리는 낙양(洛陽) 황하(黃河)의 남북 지역으로, 당요(唐堯)의 도읍지 하동(河東)과 은(殷)나라 도읍지 하내(河內)와 주(周)나라 도읍지 하남(河南)을 가리킨다.

67) 육군(六郡) : 한(漢)나라의 농서(隴西)·천수(天水)·안정(安定)·북지(北地)·상군(上郡)·서하(西河) 지역을 말한다.

68) 연연산 : 앞의 각주 6) 참조.

힘써 엷음에 구애되어 항상 소욕에 평판을 떨쳤다."(…) (『宋高僧傳』4 義解2之1
唐 新羅國 順璟)

고구려	저 멀리 한예(韓濊)가 악행을 고치지 않아서 (…) 이적(李勣)은 신령한 헤아림을 정성껏 받들고 하늘의 토벌을 불의에 행하였다. 천자의 지휘깃발이 휘날리고 나자 현이(玄夷)가 평정되고 해묵은 돌아다니는 도적들도 소탕되니, 성황(聖皇)의 오랜 원한이 흩어지게 되는 것이었다. 전쟁을 멈추자 천하가 모두 기뻐하였는데, 병사를 정돈하던 날에는 어가가 직접 교외(郊外)에서 그를 위로하고 예를 갖추었다. 이적은 두 번 싸워 10각을 쓰러뜨리고 한번에 삼한을 멸망시켰으니, 진실로 신의 지모(智謀)를 품은 것이고 진실로 출중한 용맹이 뛰어난 것이다. 이런 까닭으로 동이와 북적이 위엄을 두려워하고 은혜받기를 생각하게 되었다. 흉노는 예전부터 사신을 파견하여 공에게 알려지기를 구하였다. (「李勣 墓誌銘」:『唐代墓誌滙篇續集』;『全唐文補遺』1;『全唐文新編』201)
고구려	군(君)의 이름은 보△(寶△)이고 자(字)는 효선(孝先)이며 낙양(洛陽) 사람이다. (…) 삼한(三韓)은 방자해지자 고구려에 의지하여 벌떼처럼 날아들고, 구종(九種)은 요사스러움을 발하자 황룡(黃龍)을 막고 고슴도치의 가시처럼 모였다. 임금이 백성을 걱정하여 바야흐로 정벌을 뜻을 펼쳤다. 마보△(馬寶△)는 의기와 용기를 품고 거대한 모략을 생각하였다. 견고한 성을 포위하여 위엄이 옥장(玉帳)에 펼쳤다. 정교한 창을 쥐고 요사스런 기운을 소재하고 예리한 창을 잡고 먼지를 제거하였다. 고로 생전에 큰 공을 펼칠 수 있었으며 사후에 아름다운 이름을 퍼트릴 수 있었다. (「馬寶△ 墓誌銘」:『全唐文新編』993;『唐代墓誌滙篇』;『全唐文補遺』5)
고구려	군(君)의 이름은 현(玄)이고 자(字)는 명감(明感)이며 그 선조는 태원(太原) 진양(晉陽) 사람이다. (…) 왕현(王玄)은 창을 지고 바다를 건너는데 배의 머리와 꼬리를 나란히 하여 운행하는 계책으로 바다를 건넜다. 흉도들을 꾸짖고 결박하여 공적이 이미 드러나게 되어 포상으로 상주국(上柱國)을 받았다. (「王玄 墓誌銘」:『全唐文新編』993)
고구려	나중에 조정에 오지 않아서 토벌하기에 이르자, 육경(六卿)을 임명하여 삼한의 죄를 물었는데, 제서는 다음과 같다. "군사가 요동으로 출병함에 이충적(李沖寂)은 북도(北道)의 주관자로 삼을 만하니, 검교영주도독(檢校營州都督)에 임명한다. 석문산(石門山)은 험하고 동정하(銅鼎河)는 흐르지만 천문을 보아 실수(室宿)로 사방을 분별하였고 지세를 보아 신대(神臺)에서 들판을 진정시켰다. 여행하는 짐을 바쳤으니 정국(鄭國)에는 동도(東道)의 이름이 있었고, 나를 위하여 주관자가 되니 상산(常山)은 북주(北州)의 의지할 곳에 해당된다." 요동이 평정되자 공으로 포주자사(蒲州刺史)로 옮겼다. (「李沖寂 墓誌銘」:『全唐文新編』196)
고구려	동이가 무리를 이끌고 침략하였기 때문에 전쟁을 쉬지 못하니, 원기(元基)에게 조서를 내려 설연타(薛延陀) 등의 군사를 거느리고 전쟁에 참가하게 하였다. 평양(平壤)을 평정하고 나서 무주(武州) 복진현령(覆津縣令)을 고쳐 제수받았다. (「元基 墓誌銘」:『全唐文補遺』千唐誌齋新藏專輯)
고구려	도도(桃都)의 잡종과 고구려의 유민은 마한의 지형이 험준하고 제학(鯷壑)의 바다가 깊다는 것을 믿고 오만하였다. 주(周)의 왕에게 호시(楛矢)를 바치는 것이 빠져서 진상되지 않자, 한(漢) 황제의 수군은 정벌하되 습격하지 않았다. 굴돌전(屈突詮)은 막부의 신기한 책략과 장군의 기습병으로 아홉 곳에 나가서 먼저 오르고 다섯 부절을 연이어 승리를 알리니, 환도(丸都)를 소탕하고 수혈(穟穴)을 평정하였는데, 사용한 책략은 마음을 공격하는 것이었다. 소맥(小貊)을 복속시키고 우거(右渠)를 항복시키듯이 굴돌전의 현명함은 확인할 수 있는 예가 많다. 용성(龍城)을 지난 후 전리품을

바치고 백마를 베어 공로에 보답하니, 범양개국후(范陽開國侯)에 봉해졌다가 하주도독(夏州都督)으로 옮겼다. (「屈突詮 墓誌銘」:『全唐文補遺』千唐誌齋新藏專輯)

고구려　이 때 때마침 북쪽으로 험윤(獫狁)을 정벌하고 동쪽으로 고구려를 평정하여, 거듭 종군하였지만 주국(柱國)에 불과하였다. 마치 강족(羌族) 800명을 처단하고도 한(漢)의 이광(李廣)은 후작(侯爵)이 되지 못하고, 한을 20여 년이나 떠났다가 적군에 항복하지 않고 돌아와서도 소무(蘇武)는 아주 낮은 관직에 임명되었던 것과 같다. 이들은 모두 천명을 즐겁게 알아서 일찍이 느긋함이 없었다. (「朱靜方 墓誌銘」:『全唐文補遺』千唐誌齋新藏專輯)

고구려　유원정(劉元貞)의 조부 누(婁)는 고구려에 기탁하여 욕살(褥薩)이 되었는데, 중국의 장군으로 볼 수 있다. 건봉(乾封) 연간(666~668)에 동쪽을 평정하자, 천자의 집을 돌볼 수 있게 되었다. (「劉元貞 墓誌銘」:『全唐文補遺』千唐誌齋新藏專輯)

고구려　고모(高牟)는 적당한 시기를 포착하여 긴급문서가 담긴 봉투를 들고 귀순하니, 운휘장군(雲麾將軍)·행좌령군위익부중랑장(行左領軍衛翊府中郎將)을 제수하였다. (「高牟 墓誌銘」: 2013『韓國史學報』53)

고구려　때마침 동방이 소란스러워지자 협객의 소굴에서 명성을 얻었는데, 봉래(蓬萊)의 물가에서 큰 파도가 일자 양가(良家)로 선발되었다. 장성(張成)은 이에 순과(筍戈)를 지고 후미를 지키면서 양극(楊戟)을 잡고 있다가 앞장서 돌격하니, 구종(九種)은 이로써 얼음 녹듯이 사라지고 삼한에 이에 우박이 떨어지듯이 흩어졌다. 얼마 지나서 백랑산(白狼山)의 안개가 맑게 되어 중화(中華)에서 말달리는 일을 멈추게 되었다. 제학(鯷壑)에서 일어난 파도가 잠잠해지니 들판에서 소가 돌아오듯이 본국으로 되돌아왔다. 공로에 보답하여 상을 하사하는데, △적(△績)으로 공을 논하여 우열을 비교하니 오직 장성이 최고였다. 장성에게 상주국을 제수하여 공적을 치하하였다. (「張成 墓誌銘」:『唐代墓誌滙篇』;『全唐文新編』994;『全唐文補遺』2)

고구려　이로 말미암아 방탄(房誕)은 숙신의 후손을 여러 번 꺾고 고구려의 정신을 자주 지치게 하여, 학주(鶴柱) 앞에서 공을 거두고 현도(玄菟)의 성 밖에서 상을 줄세웠다. 건봉 연간(666~668)에 경거도위(輕車都尉)에 제수되고, 관직에 나아가 선덕랑(宣德郎)·행창주호소현승(行滄州胡蘇縣丞)이 되었다. (「房誕 墓誌銘」:『全唐文新編』995)

고구려　장인(張仁)은 약관(弱冠)의 나이에 양가(良家)의 선발에 참여하고 어가를 받들어 요동의 죄를 물었다. 한(漢)의 반사(班嗣)가 붓을 던지니 사마천(司馬遷)이 그 고상한 풍격과 절조를 장하게 여겼고, 춘추시대 초(楚)의 상양(商陽)이 활을 잡으니 공자(孔子)가 그 예의 있음을 가상히 여겼다. 장인에게 상기도위(上騎都尉)를 제수하였다. (「張仁 墓誌銘」:『全唐文新編』996)

고구려　선황제를 따라 동이에게 문죄하여, 공훈에 책서를 내려 효기위(驍騎尉)로 삼았다. (「段雅 墓誌銘」:『唐代墓誌滙篇』)

고구려　때마침 요△(遼△)가 △△하고 외진 곳에 일이 생겼다. 장정(張貞)은 곧 △책(△策)을 몰래 설계하여 앉아서도 좋은 계책에 이르렀다. △△△하여 군사를 일으키고 곧 배를 물에 띄우는 일을 하니, 봉래(蓬萊)에 머무르며 일을 순탄하게 처리하여 △가 국가를 경영하는 수고로움이 알려졌다. 천제(天帝)가 △△△△하여 조서를 내려 상주국에 임명하였다. (「張貞 墓誌銘」:『全唐文新編』994;『唐代墓誌滙篇』;『全唐文補遺』7)

고구려	처음에 패수(浿水)는 △청(△淸)하고 환도(丸都)는 반란의 태도가 보였다. 막의(莫義)는 몸은 공을 자랑하지 않은 후한(後漢)의 대수장군(大樹將軍) 풍이(馮異)에 견주었으나 업적은 몽기(蒙騎)에 참여하니, 충성은 목숨을 바치는 마음을 다하고 포상은 공로에 보답하는 자리에 있었다. 인하여 운기위(雲騎尉)를 제수하고 옮겨서 배융교위(陪戎校尉)를 더하였으며, 또 다시 지과교위(智果校尉)를 더하였다. (「莫義 墓誌銘」: 『全唐文補遺』 3)
고구려	또 해신(海神)이 찾아오지 않아서 점제(黏蟬)가 다시 근심거리였다. 초해지(焦海智)는 치솟은 뜻을 감추고 거듭 저택을 사양하는 진심을 품었다. 이 때 따로 요동도행(遼東道行)을 칙을 받들고 선봉(先鋒)으로 압록진(鴨淥陣)을 함락시켜 상경거도위(上輕車都尉)를 받았다. (「焦海智 墓誌銘」: 『大唐西市博物館藏墓誌』)
고구려	전에 삼한(三韓)이 역모를 일으키고 구종(九種)이 따르지 않음에 변진(邊眞)은 달밤에는 말을 몰아 빠르게 달리고 새벽에는 창을 곤두세우고 홀로 멀리 나아갔다. 충렬(忠烈)은 세상을 누르고 뜻은 삼군을 용맹스럽게 했으니, △에 봉한 공적이 이미 빛났는데, 더하여 상주국(上柱國)을 주었다. (「邊眞 墓誌銘」: 『全唐文新編』 993; 『唐代墓誌滙篇』)
고구려	장현경(張玄景)은 삼한에서 무수한 공적을 펼치고 구종(九種)에서 기이한 공을 드러냈다. 마침내 공훈으로 도위(都尉)에 올랐으며 명성은 경거(輕車)에 버금갔다. (「張玄景 墓誌銘」: 『唐代墓誌滙篇』)
고구려	당시에 삼한이 개미떼처럼 모이더니 백랑(白狼)에서 험한 파도가 일어나 사람들을 놀라게 하고, 구종(九種)이 솔개처럼 날개를 펴더니 고구려에는 요사스런 기운이 엉기었다. 천자가 군사를 일으켜 공격함에 장수들에게 명을 받들어 행하도록 하고 희온(姬溫)을 발탁해서 좌2군병조(左二軍兵曹)로 삼았다. 비록 조애(趙哀)의 반열에 자리했으나, 항상 사변(士變)의 책략과 나란히 했다. 아홉 겹의 포위가 풀어지는 기회를 타고 8진(八陣)을 무너지게 하니 잔치를 베풀어 공로를 보답하고 법규에 따라 등급을 높이 드러내 호군(護軍)을 주었다. (「姬溫 墓誌銘」: 『全唐文補遺』 3; 『全唐文新編』 993; 『唐代墓誌滙篇續集』)
고구려	다시 삼한이 다시 강경해져 변방에 사태가 일어나니, 이주의침(爾朱義琛)은 군사 기밀에 속하는 중요한 일을 맡아 이바지했다. 그 일이 어진 지방관으로서의 자질이 있는 것이어서 그대로 정주자사(定州刺史)에 임명되었다. 뒤에 충원할 관리를 헤아릴 때 입조하였다. (「爾朱義琛 墓誌銘」: 『全唐文新編』 993; 『全唐文補遺』 2; 『唐代墓誌滙篇』)
고구려	장경현(張敬玄)의 부친 의(義)는 당의 상주국이었는데, 신하 명부에 이름을 올려 군주를 섬기고 군주에게 예를 드리고 헌신하여 군에 종사하였다. 얼마 후 감천(甘泉)에 봉화를 비추고 마침내 낙랑(樂浪)으로 바람처럼 달려가니, 보름달처럼 활시위를 당기고 별빛이 날아다니듯이 칼을 움직여서 천산(天山)에서 요사스러운 기운을 바로잡고 한해(瀚海)에서 거센 파도를 진정시켰다. (「張敬玄 墓誌銘」: 『唐代墓誌滙篇』)
고구려	곧 구종(九種)이 횡포하여 청구(靑丘)에서 개미떼처럼 모이니, 삼한이 반란을 일으켜 북방 요새의 △에서 솔개처럼 날개를 펼치고 덤볐다. 장화(張和)가 달처럼 밝은 흰 깃발을 휘두르며 유성이 지는 것처럼 질주하니, 반란을 한 달을 넘기지 못하고 전리품을 가지고 돌아왔다. 공적을 책서에 적도록 하고 상을 내리라고 명령하니, 이에 주국(柱國)에 올랐다. (「張和 墓誌銘」: 『唐代墓誌滙篇』; 『全唐文補遺』 2; 『全唐文新編』 994)
고구려	장거(張擧)는 용맹함이 삼군에서 으뜸이었고, 재주는 칠략(七略)을 감당하였다. 요동·

갈석에서 죄를 묻자, 비기위(飛騎尉)를 제수받고 아울러 포백(布帛)을 하사받으니 예를 갖춘 것이었다. (「張擧 墓誌銘」: 『全唐文新編』994; 『唐代墓誌滙篇續集』)

고구려 이 때에 고구려가 난을 꾀함에 여러 흉도를 꾸짖으려고 도끼를 들었다. 천자는 위엄을 모아 성륜(成綸)을 장군으로 명하고 부월(斧鉞)을 주었다. 성륜이 와서 막사에 들어오니, 곧 깃발을 미리 나누어 오른쪽은 언덕이고 왼쪽은 늪인 지형으로 그것을 도모하니 손실이 없었다. 예리한 창을 들고 견고한 것을 격파하는 계책을 내어놓는 것에 막힘이 없었다. 공적을 헤아려 표창하여 상주국을 제수하니, 반차(班次)를 따른 것이었다. (「成綸 墓誌銘」: 『唐代墓誌銘彙編附考』10-313; 『唐代墓誌滙篇』)

고구려 부인은 농서군왕(隴西郡王) 박차(博叉)의 셋째 딸이고 나이 또한 이미 혼례를 올릴 나이가 되어 명문 귀족에게 시집갔다. 두명철(竇明哲)은 외척 중에서도 뛰어났고 충렬로 알려졌으며 부친의 못 이룬 업적을 이루어 명성을 전하였다. (…) 처음에 요양(遼陽)이 천명을 거슬러 잠시 봉화가 진정되지 못하였는데, 명철은 시일이 오래되기 전에 급한 서신을 보내고 어가를 기다렸다. 표를 세우고 해의 그림자를 관찰하니 태사(太史)가 남이 보지 않아도 부끄러운 일을 하지 않는 것과 비교할 만하였다. 보루에서 고생하다가 돌아오면서 적들의 정황과 거짓을 살피고 알리니, 이에 상을 내린 것이 많았고 특별히 개선 연회에도 배석하였다. (「李氏夫人 墓誌銘」: 『全唐文補遺』7)

고구려 장수(張愁)를 생각하건대 청렴하고 용감하였으며 의지가 강하여 온 힘을 다해 충성하고자 하였다. 요동에 대△(代△)하여 공적을 높이 세우니, 후세에 이름을 남겨 △△ 기뻐하였다. (「張愁 墓誌銘」: 『唐代墓誌滙篇續集』; 『全唐文補遺』3; 『全唐文新編』21; 『隋唐五代墓誌滙篇 陝西』3)

고구려 동이가 전쟁을 일으키게 되자, 왕현유(王玄裕)는 직접 전쟁에 참가하여 화살을 맞았다. 그 공훈을 표하여 주국을 제수하니, 공적을 찬양한 것이다. (「王玄裕 墓誌銘」: 『唐代墓誌滙篇續集』)

고구려 때마침 동이가 여러 차례 변경을 침입하니, 먼지가 개마(蓋馬)의 터를 놀라게 하고 물이 변오(汴鼇)의 포구에 부딪쳤다. 당에서 장수에게 명령하여 정사의 논의가 삼가 행해졌다. 그 해에 이종(李琮)은 양가(良家) 자제의 으뜸으로 모집에 응하여, 적을 많이 죽여서 공로로 상기도위(上騎都尉)를 제수받았다. 적을 많이 죽여 결과가 되었을 뿐만 아니라 충성스럽고 근면함이 이미 드러났다. 그러나 속세를 떠나 신선이 되니, 조급히 굴면서 경쟁하는 데에는 마음이 안정되지 못하였다. (「李琮 墓誌銘」: 『全唐文新編』994)

고구려 장침(張忱)의 부친 대상(大象)은 태자우위솔(太子右衛率), 요동좌2군총관(遼東左二軍總管)이었고, 사원태상백(司元太常伯)·상주국(上柱國)을 겸하였으며, 담국공(郯國公)을 계승하여 봉해졌다. 대장이 되어서는 군사적 책략이 그 지방장관을 위협하였고, 문관 대신이 되어서는 관인들이 그 풍기 단속에 굽혔다. (「張忱 墓誌銘」: 『唐代墓誌滙篇』; 『全唐文補遺』5; 『全唐文新編』21)

고구려 예전에 삼한이 전란을 일으키고 구종(九種)이 조정에 대항하자, 왕사눌(王思訥)은 곧 백랑천(白狼川)에서 칼을 잡고 제학(鯷壑)에서 창을 차니, 조선이 평정된 것은 사눌의 공로가 있었다. (「王思訥 墓誌銘」: 『唐代墓誌滙篇』; 『全唐文補遺』5; 『全唐文新編』994)

고구려 때마침 삼한의 옛 땅, 구종(九種)의 유민이 고구려 토벌을 미루고 있음을 믿고 창파(滄波)를 끼고 반란을 일으켰다. 연간(連簡)은 시위군의 후손으로서 군사 모집에 가장 먼저 응하자, 많은 사람들도 용기 있게 나아가니 잘 싸워서 먼저 알려졌다. 비기(飛騎)에 제수되니 반열에 속하기에 이르렀다. (「連簡 墓誌銘」: 『唐代墓誌滙篇』)

고구려 얼마 후 때마침 변마(卞馬)가 조정에 대항하고 점제(黏蟬)가 천명을 거스르자, 이리

같은 자들이 청구(靑丘)의 변방을 돌아보고 솔개 같은 자들이 푸른 바닷가에 날개를 펼쳤다. 번렴(樊廉)은 칼을 잡고 의장의 앞줄에 서서 등에는 화살통을 메고 진군하니, 여러 차례 깃발을 흔드는 용기를 내고 바야흐로 장수를 베는 수고를 펼쳤다. 이러한 공로로 상경거도위(上輕車都尉)에 제수되었다. 이윽고 해도에서 병장기를 씻고 돌아와서 고향집으로 돌아갔다. (「樊廉 墓誌銘」: 『全唐文新編』 994)

고구려	우고(牛高)가 학문에 뜻을 두기 전에 각 지역에서 여러 세력이 다투었다. 우고는 창을 지고 화살통을 등에 메어 삼한을 용감하게 공격하였다. 군사 모집에 응하여 정벌에 따라가서 죽이고 사로잡아서 전리품을 바치니, 상주국을 제수받았다. (「牛高 墓誌銘」: 『全唐文新編』 994; 『全唐文補遺』 千唐誌齋新藏專輯)
고구려	때마침 구이(九夷)가 반란하여 천자의 시위군에서 병사를 징발하자, 이정(李頂)은 이에 붓을 버리고 종군하여 화살통을 차고 모집에 응하였다. 승리의 창을 쌍으로 휘두르고 백번이나 활을 쏘아 맞혔으며, 번개 같은 채찍으로 싣고 달려서 매번 견고한 진영을 무너뜨렸다. 운제(雲梯)가 구부러지자 거듭 중요한 성을 뒤집었다. 원수(元帥)는 그에게 편비(偏裨)를 위임하였고, 황제는 그에 보답하여 주국(柱國)으로 삼았다. (「李頂 墓誌銘」: 『全唐文新編』 995; 『全唐文補遺』 4)
고구려	이 때는 청구(靑丘)가 험함을 지고 창해(滄海)가 파도를 일으켰다. 이에 보병을 돌보고 유리하게 건너가는 방법을 깊이 생각하였는데, 황제가 정인개(鄭仁愷)에게 명령하여 조선사(造船使)로 삼으니, 적마(赤馬)·황룡(黃龍) 같은 매우 많은 배가 빨리 완성되어 그것을 바라보니 구름과 같았다. (「鄭仁愷 碑銘」: 『全唐文新編』 220)
고구려	이씨부인(李氏夫人)의 남편 독고공(獨孤公)은 다시 낭장(郞將)·중랑장(中郞將)을 각각 1번, 장군(將軍)·대장군(大將軍)을 모두 4번 지냈고, 전후로 좌우림군(左羽林軍)·우우림군(右羽林軍)의 금영(禁營)을 거느리고, 청해도(靑海道)·압록도(鴨綠道)의 총관(總管)을 역임하였다. (「李氏夫人 墓誌銘」: 『全唐文新編』 232)
고구려	곽량(霍良)의 조부 단(端)은 상기도위(上騎都尉)·우위(右衛) 종선부(從善府) 교위(校尉)였다. 적이 청구(靑丘)에 개미떼처럼 모이고 고구려에 벌떼처럼 날아드니, 창을 잡고 앞으로 돌진하여 갑자기 결집을 끊었다. 공이 높아 상등의 상을 주니 특별한 공훈으로 준 것이다. (「霍良 墓誌銘」: 『全唐文新編』 995)
고구려	때마침 삼한이 견고함에 기대고 고구려의 5부가 반란을 일으키니, 바야흐로 바다를 건너는 군사에게 명령하여 누선(樓船)의 기세를 돕도록 윤허하고 두로망(豆盧望)을 강남△△△사(江南△△△使)로 삼았다. 돌모(突冒)가 맞대어 이어지고 몽충(艨衝)이 이어져 나아가니 군용의 성대함은 실로 도움이 있었다고 한다. (「豆盧望 碑銘」: 『全唐文補遺』 7)
고구려	이도(李度)는 상주국이고 당이 절충부교위(折衝府校尉)를 제수하였다. 장엄한 의지가 탁월하였고 웅장한 마음이 뛰어났다. 계문(薊門)에서 강을 건너니 말을 땀나게 하는 수고를 자주 베풀었고, 해서(海西)의 요양(遼陽)에서 연계진(連鷄陣)을 거듭 엮었다. 나라에 은혜를 갚는 것에 정성을 바치기를 바랄 뿐, 공적을 구하여 상을 바라지 않았다. (「李度 墓誌銘」: 『全唐文新編』 995; 『隋唐五代墓誌滙篇 山西』 1)
고구려	바야흐로 마한에 불길한 징조가 있어 유절(劉節)은 군대의 선봉이 되었으니, 곧 고구려의 성에서 재앙을 제거하자 제서를 내려 유절에게 기도위(騎都尉)를 제수하였다. (「劉節 墓誌銘」: 『全唐文新編』 996; 『隋唐五代墓誌滙篇 山西』 1)
고구려	노순범(路循範)의 조부 정(政)은 당의 제주(齊州) 역성령(歷城令)이었다. 선황제를 따라 요동을 평정하니, 유격장군(游擊將軍)·농주(隴州) 합천부(閤川府) 좌과의도위(左果毅都尉)를 더하였다. (「路循範 墓誌銘」: 『唐代墓誌滙篇』)
고구려	때마침 바닷바람이 안정되지 않아서 대동(大東)을 황폐하게 하자, 이에 (…) 흉추(凶醜)를 (…) △영(△永)은 △명(△命)이 있어 요동을 정벌하니, 돌아와 유격장군(游擊

將軍)·좌금오위(左金吾衛) 주양부(周陽府) 좌과의(左果毅)에 임명되었다. (「△永 墓誌銘」:『唐代墓誌滙篇』)

고구려   우리 황제는 고구려가 왕정에 조회하지 않아서 정벌하시니, 병사가 현도(玄菟)의 들판에 주둔하였다. 두선부(豆善富)의 부친인 부(夫)는 끝내 원조(遠祖)인 융(融)이 하외(河外)에서 후한(後漢)의 광무제(光武帝)에게 항복했던 일을 사모하여, 마침내 구이(九夷) 변경요새의 장수를 베어 정문(旌門)에 이마를 조아렸고, 읍락(邑落)의 도탄에 빠진 사람들을 부축하여 △궐(△闕)에 귀순하였다. 천서(天書)가 크게 내려지고 황제의 은총이 일문(一門)에 미치니, 형제 5인은 높은 관작과 지위를 받아서, 이(犂)·목(木) 2주(州)△△제군사(諸軍事), 사자금어대(賜紫金魚袋)를 제수받았다. (「豆善富 墓誌銘」:『唐代墓誌滙篇』)

고구려   논한다. " (…) 바야흐로 정관 연간에 천하의 곤충과 초목이 모두 그 은택을 입어 일월상로(日月霜露)가 소지지국(所至之國)에 이르고 모두 조공하고 술직의 직분을 닦았는데 홀로 고구려 막리지만 반역하고 명을 거슬렀다. 태종은 천년의 도덕 영웅의 임금으로 어떻게 그것을 좌시(坐視)하고 자손에게 근심을 남겨 경략(經略)할 겨를이 적었겠는가. 대개 그 위덕(威德)의 성(盛)과 그 세(勢)의 필연(必然)은 큰 공명심으로 이르는 것을 좋아하지 않는다. 옛날에 황제가 치우를 평정함에 70번 전쟁하여 그 난을 이겼다. 고종이 귀방(鬼方:동이)을 정벌하여 3년 후에 이겼다. 태종이 편사(偏師)를 들어 음산(陰山)을 평정하고 주필산에 이르러 고구려 복속시켰다. 그러한즉 황제와 고종은 공자를 거쳐서 일찍이 깍이지 않았다. (『佛祖歷代通載』1 唐太宗史贊幷論)

고구려   당(唐) 초에 이르러 용이 하늘을 날자 왕경요(王景曜)의 부친이 근본으로 귀화하였으니, 또한 한(漢)의 이릉(李陵)이 흉노(匈奴)에 있었기 때문에 도리어 흉노의 족속이 되었지만, 소무(蘇武)는 한으로 돌아와서 곧 그 신하가 되었다. 경요의 일족이 대대로 흩어지고 옮겨다닌 것도 역시 그러한 부류이다. 황제가 이를 가상히 여겨 경조(京兆: 長安)에 저택을 하사하시니, 지금은 경조 사람이 되었다. (「王景曜 墓誌銘」:『全唐文新編』997)

고구려   왕경요(王景曜)의 조부 담(湛)은 예전에 해동(海東)에서는 지조를 닦고 관인이 되지 않았으니, 고관대작이 되는 것을 영예로 여기지 않고 오직 거문고만을 존숭하며 스스로 편안히 하였다. 비록 1장(丈) 넓이의 방에 거처해도 뜻은 온 세상을 좁다고 여겼고, 비록 세상 안에 있어도 마음은 하늘 밖을 넘나들었으니, 전국시대 제(齊)의 노중련(魯仲連)이 동해(東海)를 돌아다니고 진(秦)의 사호(四皓)가 상산(商山)에 은둔한 것과 같았다. (「王景曜 墓誌銘」:『全唐文新編』997)

고구려   고족유(高足酉)의 이름은 족유(足酉)이고 자(字)도 족유인데, 요동(遼東) 평양(平壤) 사람이다. 곧 항복하여 살면서 낙주(洛州) 영창현(永昌縣)에 집을 이루었다. 일족은 본래 융성한 가문에서 태어나 대대로 이어 왔는데, 옛날에는 고구려에 살면서 웅번(雄蕃)을 홀로 마음대로 하였고, 지금은 온갖 정성을 다하여 남다른 은총이 특히 높았다. (「高足酉 墓誌銘」: 2001『歷史敎育論集』26)

고구려   수(隋)가 멸망하고 당이 흥하자, 사해를 울타리로 삼아 천하를 통일하고 먼 변경까지 복속시켜 인재를 취하였다. 고덕(高德)의 조상은 은혜를 연모하여 근본으로 돌아오니, 장내(仗內)에 속하여 궁성을 시위(侍衛)하였다. 바야흐로 한의 이릉은 흉노에 있어서 마침내 흉노의 족속이 되었지만, 소무는 한으로 돌아와서 영원히 그 신하가 된 것과 같다. 고덕의 조부와 부친은 효성스럽고 충성되게 왕가에 근로하며 여러 해 동안 지냈다. (「高德 墓誌銘」:『全唐文新編』 997)

고구려　　고흠덕(高欽德)의 증조 원(瑗)은 건안주도독(建安州都督)이었다. (「高欽德 墓誌銘」:『唐代墓誌滙篇』)

669(己巳/신라 문무왕 9/唐 總章 2/倭 天智 8)

신라　　봄 정월에 신혜법사(信惠法師)를 정관대서성(政官大書省)으로 삼았다. (『三國史記』 6 新羅本紀 6)

신라　　봄 정월에 승려 신혜를 정관대서성으로 삼았다. (『三國史節要』 10)

신라　　봄 정월 당의 승려 법안(法安)이 와서 천자의 명령을 전하고 자석을 구하였다. (『三國史記』 6 新羅本紀 6)

신라　　봄 정월 황제가 승려 법안을 보내어 자석을 구하였다. (『三國史節要』 10)

신라 백제 고구려

2월 21일에 대왕이 여러 신하들을 모아 교서(敎書)를 내렸다. "지난날 신라는 두 나라 사이에 끼어서 북쪽은 정벌을 당하고 서쪽은 침략을 당하여 잠시도 편안할 때가 없었다. 병사들은 해골을 드러내어 들판에 쌓였고 몸과 머리는 경계에서 서로 나뉘어 뒹굴었다. 선왕께서는 백성들의 잔혹한 피해를 불쌍히 여겨 천승(千乘)의 귀하심을 잊고서 바다를 건너 중국에 들어가 황제께 군사를 요청하셨다. 이것은 본래 두 나라를 평정하여 영원히 싸움이 없게 하고, 여러 대에 걸친 깊은 원한을 설욕하며 백성들의 남은 목숨을 온전히 하려는 것이었다. 선왕께서 백제는 비록 평정하였지만 고구려는 아직 멸망시키지 못하였는데, 과인이 평정을 이루려는 유업(遺業)을 이어받아 마침내 선왕의 뜻을 이루게 되었다. 지금 두 적은 이미 평정되어 사방이 안정되고 편안해졌다. 군영에 나아가 공을 세운 사람들은 이미 모두 상을 받았고, 싸우다 죽어 혼령만 남은 이들에게는 명복을 빌 재물을 추증하였다. 다만 옥에 갇혀있는 사람들은 죄인을 불쌍히 여겨 울어주는 은혜를 받지 못하였고, 칼을 쓰고 쇠사슬에 묶인 이들도 아직 새롭게 시작하는 혜택을 입지 못하였다. 이러한 일들을 말하고 생각하니 먹고 자는 것이 편안하지 못하다. 나라 안의 죄수들을 풀어줄 것이니, 총장(總章) 2년 2월 21일 새벽 이전에 5역(五逆)의 죄를 범하여 사형을 받는 죄목 아래로 지금 감옥에 갇혀 있는 사람들은 죄의 크고 작음과 관계없이 모두 다 풀어주고, 그에 앞서 풀어준 뒤에 또다시 죄를 범하여 관작을 빼앗긴 사람들은 모두 그 이전과 같게 하라. 남의 것을 훔친 사람은 다만 그 몸을 풀어주고, 훔친 물건을 돌려줄 수 없는 사람들에게는 징수의 기한을 두지 말라. 백성들이 가난하여 다른 사람의 곡식을 빌려 쓴 사람으로 흉년이 든 곳에 사는 사람은 이자와 원금을 모두 갚을 필요가 없고, 만약 풍년이 든 지방에 사는 사람은 올해 곡식이 익을 때까지 단지 원금만 갚고 그 이자는 갚을 필요가 없다. △△ 30일을 기한으로 하여 담당 관청에서는 받들어 행하라." (『三國史記』 6 新羅本紀 6)

신라 백제 고구려

2월에 왕이 여러 신하들을 모아 교서를 내렸다. "지난날 국가는 두 나라 사이에 끼어서 북쪽은 정벌을 당하고 서쪽은 침략을 당하여 잠시도 편안할 때가 없었다. 전사(戰士)는 해골을 드러내어 들판에 쌓여 선왕께서는 백성들의 잔혹한 피해를 불쌍히 여겨 바다를 건너 군사를 요청하셨다. 본래 두 나라를 평정하여 여러 대에 걸친 깊은 원한을 설욕하며 백성들의 남은 목숨을 온전히 하고자 한 것이었다. 백제는 비록 평정하였지만 고구려는 아직 멸망시키지 못하였는데, 과인이 선지(先志)를 이어받아 이미 두 적은 평정되어 사방이 안정되고 편안해졌다. 군영에 나아가 공을 세운 사람들은 모두 이미 상을 받았고, 아울러 싸우다 죽은 자이게도 미쳤다. 다만 옥에 갇혀 있는 사람들을 생각하니 아직 새롭게 시작하는 혜택을 입지 못하였다. 먹고 자는 것이 편안하지 못하니, 나라 안의 죄수들을 풀어줄 것이니, 금월 21일 새벽 이전에 5역의 죄를 범하여 사형을 받는 죄목 아래로 감옥에 갇혀 있는 사람들은 죄의 크고 작음과 관계없이 모두 다 풀어주고, 훔친 물건을 돌려줄 수 없는 사람들에게는 징수의 기한을 두지 말라. 백성들이 가난하여 다른 사람의 곡식을 빌려 쓴 사람은 풍년을 기다려 그것을 갚아라. 다만 원곡만을 갚을 것이며 빈곤함이 더 심한 자는 원곡과 이자를 모두 면제하도록 한다."(『三國史節要』 10)

고구려 신라   총장 2년 기사년 2월에 왕의 서자(庶子) 안승(安勝)이 4,000호를 이끌고 신라에 투항하였다. (『三國史記』 22 高句麗本紀 10)

고구려 신라   2월 고구려 서자 안승이 그 무리 4,000여호를 이끌고 와서 항복하였다. (『三國史節要』 10)

고구려   총장 2년 2월에 전사공겸태자태사 영국공((前司空兼太子太師英國公) 이적(李勣) 등이 아뢰었다. 칙서를 받자오니 고려의 여러 성에 도독부(都督府) 및 주군(州郡)을 두는 것은 마땅히 남생(男生)과 헤아려 생각해 주청하라고 하였는데, 그 건은 이상과 같습니다. 칙서에서는 주청에 따라 그 주군(州郡)은 모름지기 예속하여 거두고 요동도안무사겸우상(遼東道安撫使兼右相) 유인궤(劉仁軌)에게 맡겨라고 하였다. 마침내 편온하게 분할하여 모두 안동도호부(安東都護府)에 예속하게 하였다. 압록수 이북의 항복하지 않은 11성으로 북부여성주(北扶餘城州) 는 본래 조리비서(助利非西), 절성(節城)은 본래 무자홀(蕪子忽), 풍부성(豐夫城)은 본래 초파홀(肖巴忽), 신성주(新城州)는 본래 구차홀(仇次忽)[혹은 돈성(敦城)이라고도 이른다], 도성(桃城)은 본래 파시홀(波尸忽), 대두산성(大豆山城)은 본래 비달홀(本非達忽), 요동성주(遼東城州)는 본래 오렬홀(本烏列忽), 옥성주(屋城州), 백석성(白石城), 다벌악주(多伐嶽州), 안시성(安市城)은 옛날 안촌홀(安寸忽) 혹은 환도성(丸都城)이라고도 이른다]이다. 압록수 이북의 항복한 11성으로 양암성(椋嵒城), 목저성(木底城), 수구성(藪口城), 남소성(南蘇城), 감물주성(甘勿主城)은 본래 감물이홀(甘勿伊忽), 릉전곡성(夌田谷城), 심악성(心嵒城)는 본래 거시곤(居尸坤), 국내주(國內州)[한편 불내(不耐)라고도 이르고 혹은 위나암성(尉那嵒城)이라고도 이른다], 설부루성(屑夫婁城)은 본래 초리파리홀(肖利巴利忽), 후악성(朽岳城)은 본래 골시곤(骨尸坤), 자목성(樕木城)이다. 압록 이북의 도망간 7성으로 연성(鉛城)은 본래 내물홀(乃勿忽), 면악성(面岳城), 아악성(牙岳城)은 본래 개시압홀(皆尸押忽), 취악성(鷲岳城)은 본래 감미홀(甘弥忽), 적리성(積利城)은 본래 적리홀(赤里忽), 목은성(木銀城)은 본래 소시홀(召尸忽), 이산성(梨山城)은 본래 가시달홀(加尸達忽)이다. 압록 이북의 쳐서 얻은 3성으로 혈성(穴城)은 본래 갑홀(甲忽), 은성(銀城)은 본래 절홀(折忽), 사성(似城)은 본래 사홀(史忽)이다. 도독부(都督府)의 13현(縣)으로 우이현(嵎夷縣), 신구현(神丘縣), 윤성현(尹城縣)은 본래 열이(悅己), 인덕현(麟德縣)은 본래 고량부리(古良夫里), 산곤현(散昆縣)은 본래 신촌(新村), 안원현(安遠縣)은 본래 구시파지(仇尸波知), 빈문현(賓汶縣)은 본래 비물(比勿), 귀화현(歸化縣)은 본래 마사량(麻斯良), 매라현(邁羅縣), 감개현(甘蓋縣)은 본래 고막부리(古莫夫里), 나서현(奈西縣)은 본래 나서혜(奈西兮), 득안현(得安縣)은 본래 덕근지(德近支), 용산현(龍山縣)은 본래 고마산(古麻山)이다. 동명주(東明州)의 4현(縣)으로 웅진현(熊津縣)은 본래 웅진촌(熊津村), 노신현(鹵辛縣)은 본래 아로곡(阿老谷), 구지현(久遲縣)은 본래 구지(仇知), 부림현(富林縣)은 본래 벌음촌(伐音村)이다. 지심주(支潯州)의 9현(縣)으로 기문현(己汶縣)은 본래 금물(今勿), 지심현(支潯縣)은 본래 지삼촌(只彡村), 마진현(馬津縣)은 본래 고산(孤山), 자래현(子來縣)은 본래 부수지(夫首只), 해례현(解禮縣)은 본래 개리이(皆利伊), 고노현(古魯縣)은 본래 고마지(古麻只), 평이현(平夷縣)은 본래 지류(知留), 산호현(珊瑚縣)은 본래 사호살(沙好薩), 융화현(隆化縣)은 본래 거사물(居斯勿)이다. 노산주(魯山州)의 6현(縣)으로 노산현(魯山縣)은 본래 감물아(甘勿阿), 당산현(唐山縣)은 본래 구지지산(仇知只山), 순지현(淳遲縣)은 본래 두시(豆尸), 지모현(支牟縣)은 본래 지마마지(只馬馬知), 오잠현(鳥蠶縣)은 본래 마지사(馬知沙), 아착현(阿錯縣)은 본래 원촌(源村)이다. 고사주(古四州)는 본래 고사부리(古沙夫里)이다. 5현(縣)으로 평왜현(平倭縣)은 본래 고사부촌(古沙夫村), 대산현(帶山縣)은 본래 대시산(大尸山), 벽성현(辟城縣)은 본래 벽골(辟骨), 좌찬현(佐贊縣)은 본래 상두(上杜), 순모현(淳牟縣)은 본래 두나지(豆奈只)이다. 사반주(沙泮州)은 본래 호시이성(号尸伊城)이다. 4현(縣)으로 모지현(牟支縣)은 본래 호시이촌(号尸伊村), 무할현(無割縣)은 본래 모량부리(毛良夫里), 좌노현(佐魯縣)은 본래 상로(上老), 다지현(多支縣)은 본래 부지(夫只)이다. 대방주(帶方州)는 본래 죽군성(竹軍城)이다. 6현(縣)으로 지류현(至留縣)은 본래 지류(知留), 군나현(軍那縣)은 본래 굴나(屈奈), 도산현(徒山縣)은 본래 추산(抽山), 반나현(半那縣)은 본래 반나부리(半奈夫里), 죽군현(竹軍縣)은 본래 두힐(豆肹), 포현현(布賢縣)은 본래 파로미(巴老彌)이다. 분차주(分嵯州)는 본래 파지성(波知城)이다. 4현(縣)으로 귀단현(貴旦縣)은 본래 구사진혜(仇斯珍兮), 수원현(首原縣)은 본래 매성평(買省坪), 고서현(皐西縣)은 본래 추자혜(秋子兮), 군지현(軍支縣)이다.가탐(賈耽)의 고금군국지(古今郡國志)에 이르기를 발해국(渤海國)의 남해(南海)·압록(鴨渌)·부여(扶餘)·책성(柵城) 4부(府)는 모두 고구려(高句麗)의 옛 땅이다. 신라(新羅) 천정군(泉井郡)에서 책성부(柵城府)에 이르기까지 모두 39역(驛)이다. (『三國史記』 37 雜志 6 地理 4 三國有名未詳地分)

고구려　2월 이적(李勣) 등이 아뢰기를 칙서를 받자오니 고려의 여러 성에 도독부(都督府) 및 주군(州郡)을 두는 것은 마땅히 남생(男生)과 헤아려 생각해 주청하라고 하였는데 그 건은 이상과 같습니다라고 하였다. 칙서에는 주청에 따라 그 주군(州郡)은 모름지기 예속하여 거두고 요동도안무사겸우상(遼東道安撫使兼右相) 유인궤(劉仁軌)에게 맡기라고 하였다. 마침내 편온하게 분할하여 모두 안동도호부(安東都護府)에 예속하게 하였다. [지지(地志)에 압록수 이북의 항복하지 않은 11성으로 북부여성주(北扶餘城州 는 본래 조리비서(助利非西), 절성(節城)은 본래 무자홀(蕪子忽), 풍부성(豐夫城)은 본래 초파홀(肖巴忽), 신성주(新城州)는 본래 구차홀(仇次忽) 혹은 돈성(敦城)이라고도 이른다. 도성(桃城)은 본래 파시홀(波尸忽), 대두산성(大豆山城)은 본래 비달홀(本非達忽), 요동성주(遼東城州)는 본래 오렬홀(本烏列忽), 옥성주(屋城州), 백석성(白石城), 다벌악주(多伐嶽州), 안시성(安市城)은 옛날 안촌홀(安寸忽)[혹은 환도성(丸都城)이라고도 이른다]이다. 압록수 이북의 항복한 11성으로 양암성(椋嵒城), 목저성(木底城), 수구성(藪口城), 남소성(南蘇城), 감물주성(甘勿主城)은 본래 감물이홀(甘勿伊忽), 릉전곡성(㶱田谷城), 심악성(心岳城)는 본래 거시곤(居尸坤), 국내주(國內州)[한편 불내(不耐)라고도 이르고 혹은 위나암성(尉那嵒城)이라고도 이른다], 설부루성(屑夫婁城)은 본래 초리파리홀(肖利巴利忽), 후악성(朽岳城)은 본래 골시곤(骨尸坤), 자목성(橴木城)이다. 압록 이북의 도망간 7성으로 연성(鈆城)은 본래 내물홀(乃勿忽), 면악성(面岳城), 아악성(牙岳城)은 본래 개시압홀(皆尸押忽), 취악성(鷲岳城)은 본래 감미홀(甘弥忽), 적리성(積利城)은 본래 적리홀(赤里忽), 목은성(木銀城)은 본래 소시홀(召尸忽), 이산성(梨山城)은 본래 가시달홀(加尸達忽)이다. 압록 이북의 쳐서 얻은 3성으로혈성(穴城)은 본래 갑홀(甲忽), 은성(銀城)은 본래 절홀(折忽), 사성(似城)은 본래 사홀(史忽)이다. 도독부(都督府)의 13현(縣)으로 우이현(嵎夷縣), 신구현(神丘縣), 윤성현(尹城縣)은 본래 열이(悅己), 인덕현(麟德縣)은 본래 고량부리(古良夫里), 산곤현(散昆縣)은 본래 신촌(新村), 안원현(安遠縣)은 본래 구시파지(仇尸波知), 빈문현(賓汶縣)은 본래 비물(比勿), 귀화현(歸化縣)은 본래 마사량(麻斯良), 매라현(邁羅縣), 감개현(甘蓋縣)은 본래 고막부리(古莫夫里), 나서현(奈西縣)은 본래 나서혜(奈西兮), 득안현(得安縣)은 본래 덕근지(本德近支), 용산현(龍山縣)은 본래 고마산(古麻山)이다. 동명주(東明州)의 4현(縣)으로 웅진현(熊津縣)은 본래 웅진촌(熊津村), 노신현(鹵辛縣)은 본래 아로곡(阿老谷), 구지현(久遲縣)은 본래 구지(仇知), 부림현(富林縣)은 본래 벌음촌(伐音村)이다. 지심주(支潯州)의 9현(縣)으로 기문현(己汶縣)은 본래 금물(今勿), 지심현(支潯縣)은 본래 지삼촌(只彡村), 마진현(馬津縣)은 본래 고산(孤山), 자래현(子來縣)은 본래 부수지(夫首只), 해례현(解禮縣)은 본래 개리이(皆利伊), 고노현(古魯縣)은 본래 고마지(古麻只), 평이현(平夷縣)은 본래 지류(知留), 산호현(珊瑚縣)은 본래 사호살(沙好薩), 융화현(隆化縣)은 본래 거사물(居斯勿)이다. 노산주(魯山州)의 6현(縣)으로 노산현(魯山縣)은 본래 감물아(甘勿阿), 당산현(唐山縣)은 본래 구지지산(仇知只山), 순지현(淳遲縣)은 본래 두시(豆尸), 지모현(支牟縣)은 본래 지마마지(只馬馬知), 오잠현(鳥蚕縣)은 본래 마지사(馬知沙), 아착현(阿錯縣)은 본래 원촌(源村)이다. 고사주(古四州)는 본래 고사부리(古沙夫里)이다. 5현(縣)으로 평왜현(平倭縣)은 본래 고사부촌(古沙夫村), 대산현(帶山縣)은 본래 대시산(大尸山), 벽성현(辟城縣)은 본래 벽골(辟骨), 좌찬현(佐贊縣)은 본래 상두(上杜), 순모현(淳牟縣)은 본래 두나지(豆奈只)이다. 사반주(沙泮州)는 본래 호시이성(号尸伊城)이다. 4현(縣)으로 모지현(牟支縣)은 본래 호시이촌(号尸伊村), 무할현(無割縣)은 본래 모량부리(毛良夫里), 좌노현(佐魯縣)은 본래 상로(上老), 다지현(多支縣)은 본래 부지(夫只)이다. 대방주(帶方州)는 본래 죽군성(竹軍城)이다. 6현(縣)으로 지류현(至留縣)은 본래 지류(知留), 군나현(軍那縣)은 본래 굴나(屈奈), 도산현(徒山縣)은 본래 추산(抽山), 반나현(半那縣)은 본래 반나부리(半奈夫里), 죽군현(竹軍縣)은 본래 두힐(豆肸), 포현현(布賢縣)은 본래 파로미(巴老彌)이다. 분차주(分嵯州)은 본래 파지성(波知城)이다. 4현(縣)으로 귀단현(貴旦縣)은 본래 구사진혜(仇斯珍兮), 수원현(首原縣)은 본래 매성평(買省坪), 고서현(皐西縣)은 본래 추자혜(秋子兮), 군지현(軍支縣)이다. 가탐(賈耽)의 고금군국지(古今郡國志)에 이르기를 발해국(渤海國)의 남해(南海)·압록(鴨淥)·부여(扶餘)·책성(柵城) 4부(府)는 모두 고구려(高句麗)의 옛 땅이다. 신라(新羅) 천정군(泉井郡)에서 책성부(柵城府)에 이르기까지 모두 39역(驛)이다]. (『三國史節要』10)

고구려   (…) 또한 총장 2년에 영국공 이적이 칙명을 받들어 고구려의 여러 성에 도독부와 주현을 설치하였는데, 목록에 이른다. "압록 이북의 이미 항복한 성이 11개인데, 그 중의 하나가 국내성으로 평양으로부터 이 곳까지 17역이다." 이 성도 북조(北朝)의 경역 안에 있었으나, 다만 어느 곳인지는 알 수 없을 뿐이다. (…) (『三國史記』 37 雜志 6 地理 4)

탐라   3월 기묘(己卯) 초하루, 기축일(11)에 탐라(耽羅)가 왕자 구마기(久麻伎) 등을 보내 공물을 바쳤다. (『日本書紀』 27 天智紀)

탐라   천지천황 8년 3월 기묘 초하루 기축일(11) (『類聚國史』 99 殊俗部 耽羅)

탐라   3월 병신일(18)에 탐라(耽羅)의 왕에게 5곡의 종자를 내렸다. 이 날 왕자 구마기(久麻伎) 등이 일을 마치고 돌아갔다. (『日本書紀』 27 天智紀)

고구려	총장 2년 여름 4월에 고종이 3만8,300호를 강남(江南)·회남(淮南) 및 산남(山南)·경서(京西) 여러 주의 빈 땅으로 옮겼다. (『三國史記』22 高句麗本紀 10)
고구려	여름 4월에 당이 고구려의 3만8,300호를 강남·회남 및 산남·경서 여러 주의 빈 땅으로 옮겼다. 그들 중 가난하고 약한 사람들은 남겨서 안동을 지키게 했다. (『三國史節要』10)
고구려	4월 고려의 백성 중 이반(離叛)하는 사람이 많아 칙령으로 고려의 호구 3만8,200을 장강과 회수의 남쪽과 산남과 경서에 있는 여러 주의 텅 빈 땅으로 옮기게 하고 그들 중 가난하고 약한 사람들은 남겨서 안동(安東)을 지키게 했다. (『資治通鑑』201 唐紀 17 高宗)
고구려	총장 2년에 고려의 백성 3만을 옮겨 장강과 회수의 남쪽과 산남과 경서에 정배(定配)하였다. (『通典』7 食貨 7 歷代盛衰戶口)
고구려	고종 총장 2년에 고려의 2만8,200호를 장강과 회수의 남쪽과 산남과 경서에 정배(定配)하였다. (『通典』186 邊防 2 東夷 下 高句麗)
고구려	고종 총장 2년에 고려의 2만8,200호를 장강과 회수의 남쪽과 산남과 경서에 정배(定配)하였다. (『太平寰宇記』173 四夷 2 東夷 2 高勾驪國)
고구려	총장 2년에 고려의 백성 3만명을 강남·회남·산남으로 옮겼다. (『新唐書』220 列傳 145 東夷 高麗)
고구려	5월 경자일(23)에 고려의 2만8,200호와 수레 1,080승(乘) 소 3,303두(頭) 말 2,900필(匹) 낙타 60두를 옮겨 내지(內地)로 들게 하였다. 내주(萊州)와 영주(營州) 2주에서 차례로 내어 보내고 장강과 회수의 남쪽과 산남과 경서의 여러 주의 텅 빈 땅에 안치하고 헤아려 정배(定配)하였다. (『舊唐書』5 本紀 5 高宗 下)
신라	여름 5월에 천정군(泉井郡), 비열홀군(比列忽郡), 각련군(各連郡) 등 3군의 백성이 굶주리자 창고를 열어 진휼하였다. (『三國史記』6 新羅本紀 6)
신라	5월에 백성이 굶주리자 창고를 열어 진휼하였다. (『三國史節要』10)
신라	여름 5월 급찬(級湌) 기진산(祇珍山) 등을 보내 당에 들어가 자석 두 상자를 바치게 했다. (『三國史記』6 新羅本紀 6)
신라	5월 왕이 급찬 기진산 등을 보내 당에 가서 자석을 바치게 했다. (『三國史節要』10)
신라	여름 5월 또한 각간(角干) 흠순(欽純)과 파진찬(波珍湌) 양도(良圖)를 보내 당에 들어가 사죄하게 하였다. (『三國史記』6 新羅本紀 6)
신라	5월 황제가 노하여 왕이 마음대로 백제의 토지와 인민을 취한 것을 책망하였다. 왕이 각간 흠순과 파진찬 양도를 보내 당에 가서 사죄하게 하였다. (『三國史節要』10)
고구려 부여	총장 2년 8월 1일에 조서로 10월에 양주(涼州)를 순행한다고 하자, 이 때 농우(隴右)는 허비한 것이라고 의논하는 자들이 다 말하였고 황제의 행차가 서쪽으로 순행하는 것은 불편하다고 하였다. 황제가 그것을 듣고 5품 이상을 불러서 말하였다. "제왕(帝王)은 5년에 한 번 순수하고 제후는 4번 조회하는 것이 대체적인 상례이다. 짐이 잠시 양주(涼州)를 순행하고자 하는데, 지금 밖에서 다 옳지 않은 일이라고 말한다는 것을 들었는데 어찌된 일인가." 재상 이하가 대답하지 못하였다. 상형대부(詳刑大夫) 내공민(來公敏)이 말하였다. "폐하가 양주를 순행하여 멀리 왕략(王略)을 펴는 옛 전거를 구하였으나 영전(令典)이 어그러지지 않았습니다. 다만 수시로 여러

번 신하가 몰래 의심한 바 있어 이미 밝은 제도를 시행하니 감히 진독(塵黷)하지 못한 까닭이니 조서를 받들어 삼가 물어도 감히 다 말할 수 없습니다. 최근에 고려가 새로이 평정되었지만, 부여가 오히려 막히고 더하여 서도(西道)의 경략도 군사가 아직 군사를 멈추지 않았습니다. 또 농우(隴右)의 여러 주는 인구가 더욱 적어 난가(鸞駕)를 공억(供億)하여 비의(備擬)가 점점 어려울 것입니다. 신이 밖에서 들으니 실제로 가만히 논의를 하고 있습니다." 황제가 말하였다. 경 등이 이미 이와 같이 만함이 있으니 내가 농우를 가는 것을 그치는 것을 부노(父老)에게 존문할 것이다. 수수(蒐狩)에서 곧 돌아오면 마침내 조서를 내려 서쪽 순행을 정지할 것인데, 어떠한가. 공민(公敏)을 추천하여 황문시랑(黃門侍郎)으로 삼았는데 직언(直言)을 하여 상을 내린 것이다. (『唐會要』 27 行幸)

고구려 가을 8월 신해일(5)에 연복전(延福殿)에 나아가 5품 이상을 불러서 말하였다. "예부터 제왕(帝王)은 순수를 아니한 일이 없는데 그러므로 짐이 먼곳을 습속을 순시하고자 하는 것이다. 만약에 과연 옳지 않은 것이라면 어찌하여 면대(面對)하여 진술하지 않고 물러가서 뒤에서 말을 하는 것은 무엇인가" 재상 이하가 감히 대답하지 못하였다. 상형대부(詳刑大夫) 내공민(來公敏)이 홀로 나아가서 말하였다. "순수가 비록 제왕이 늘 하는 일이기는 하지만 고려가 새로이 평정되었으나, 나머지 오랑캐들이 오히려 아직도 많고 서부의 변경 경략도 아직은 군사를 멈추지 않았습니다. 농우(隴右)의 호구(戶口)는 피폐하여 난여(鸞輿)가 이르는 곳이면 공급하는 것이 여러 가지인데, 진실로 쉽지가 않습니다. 밖에서는 실제로 가만히 논의를 하고 있습니다마는 다만 밝으신 제(制)가 이미 시행되었으니, 여러 신하들은 감히 논의한 것을 펴놓지 못할 뿐입니다." 황상은 그의 말을 훌륭하다고 하고 이 때문에 서부 순수를 그만두게 하였다. (『資治通鑑』 201 唐紀 17 高宗)

신라 9월 정축(丁丑) 초하루, 정해일(11)에 신라가 사찬(沙湌) 독유(督儒) 등을 보내 조(調)를 올렸다. (『日本書紀』 27 天智紀)

신라 지난해(총장 2년) 9월에 이러한 사실을 모두 기록하여 사신을 보내 아뢰게 하였지만 바다에서 표류하다가 되돌아왔습니다. 다시 사신을 보냈지만 역시 도달할 수 없었습니다. 그 뒤에는 바람이 차고 파도가 세어 미처 아뢸 수 없었는데, 백제가 거짓을 꾸며 '신라가 배반하였다.'고 아뢰었습니다. 신라는 앞서 당의 높은 지위에 있는 신하의 뜻을 잃었고 뒤에는 백제의 참소를 당하여, 나아가고 물러감에 모두 허물을 입게 되어 충성스러운 마음을 펼 수가 없었습니다. 이와 같은 중상모략이 날마다 황제의 귀에 들리니 두 마음 없는 충성심을 일찍이 한 번도 이를 수 없었습니다. 사인(使人) 임윤(琳潤)이 영광스러운 편지를 가지고 이르러서야 총관께서 풍파를 무릅쓰고 멀리 해외에 온 것을 알았습니다. 이치로 보아 마땅히 사신을 보내 교외에서 영접하고 고기와 술을 보내 대접하여야 할 것이지만, 멀리 떨어진 다른 지역에 살기에 예를 다하지 못하고 때에 미처 영접을 못하였으니 부디 괴이하게 여기지 마십시오. 총관이 보내온 편지를 펴서 읽어보니, 전적으로 신라가 이미 배반한 것으로 되어 있으나 이는 본래의 마음이 아니어서 두렵고 놀라울 뿐입니다. 스스로 공로를 헤아린다면 욕된 비방을 받을까 두렵지만 입을 다물고 꾸짖음을 받는다면 또한 불행한 운수에 빠지게 될 것이므로, 지금 억울하고 잘못된 것을 간략히 쓰고 반역한 사실이 없음을 함께 기록하였습니다. 당나라는 한 사람의 사신을 보내 일의 근본과 까닭을 물어보지도 않으시고 곧바로 수 만의 무리를 보내 저희 나라를 뒤엎으려고 누선(樓船)들이 푸른 바다에 가득하고 배들이 강어귀에 줄지어 있으면서 저 웅진을 헤아려 신라를 공격하는 것입니까. 오호라. 두 나라를 평정하기 전에는 발자취를 쫓는 부림을 입더니 들에 짐승이 모두 없어지자 오히려 요리하는 이의 습격과 핍박을 받는 꼴이며, 잔악한 적 백제는 오히려 옹치(雍齒)의 상(賞)을 받고 중국을 위하여 죽은 신라는 정공(丁公)의 죽음을 당하고 있습니다. 태양의 빛이 비록 빛을 비춰주지 않지만 해바라기와 콩잎의 본심은 여전히 해를 향하는 마음을 품고 있습니다. 총관께서는 영웅의 뛰어난 기품을 타고났고 장수와 재상의 높은 자질을 품고 있으며 일곱 가지 덕을 두루 갖추었고 아홉 가지 학문을 섭렵하였으니, 황제의 벌을 집행함에 죄없는 사람에게 함부로 가하지 않을 것입니다. 천자의 군대를 출동시키기 전에 먼저 일의 근본과 까닭을 묻는 서신을 보내왔으니, 이에 배반하지 않았음을 감히 말씀드립니다. 바라건대 총관께서는 스스로 살피고 헤아려 글월을 갖추어 황제께 아뢰어 주십시오. 계림주대도독(雞林州大都督) 좌위대장군(左衛大將軍) 개부의동삼사(開府儀同三司) 상주국(上柱國) 신라왕 김법민(金法敏)이 말합니다."(『三國史記』 7 新羅本紀 7)

신라   지난해(총장 2년) 9월에 이러한 사실을 모두 기록하여 사신을 보내 아뢰게 하였지만 바다에서 표류하다가 되돌아왔습니다. 다시 사신을 보냈지만 역시 도달할 수 없었습니다. 그 뒤에는 바람이 차고 파도가 세어 미처 아뢸 수 없었는데, 백제가 거짓을 꾸며 '신라가 배반하였다.'고 아뢰었습니다. 신라는 앞서는 당나라의 높은 지위에 있는 신하의 뜻을 잃었고 뒤에는 백제의 참소를 당하여, 나아가고 물러감에 모두 허물을 입게 되어 충성스러운 마음을 펼 수가 없었습니다. 이와 같은 중상모략이 날마다 황제의 귀에 들리니 두 마음 없는 충성심을 일찍이 한 번도 이룰 수 없었습니다. 사인(使人) 임윤(琳潤)이 영광스러운 편지를 가지고 이르러서야 총관께서 풍파를 무릅쓰고 멀리 해외에 온 것을 알았습니다. 이치로 보아 마땅히 사신을 보내 교외에서 영접하고 고기와 술을 보내 대접하여야 할 것이지만, 멀리 떨어진 다른 지역에 살기에 예를 다하지 못하고 때에 미처 영접을 못하였으니 부디 괴이하게 여기지 마십시오. 총관이 보내온 편지를 펴서 읽어보니, 전적으로 신라가 이미 배반한 것으로 되어 있으나 이는 본래의 마음이 아니어서 두렵고 놀라울 뿐입니다. 스스로 공로를 헤아린다면 욕된 비방을 받을까 두렵지만 입을 다물고 꾸짖음을 받는다면 또한 불행한 운수에 빠지게 될 것이므로, 지금 억울하고 잘못된 것을 간략히 쓰고 반역한 사실이 없음을 함께 기록하였습니다. 당나라는 한 사람의 사신을 보내 일의 근본과 까닭을 물어보지도 않으시고 곧바로 수 만의 무리를 보내 저희 나라를 뒤엎으려고 누선(樓船)들이 푸른 바다에 가득하고 배들이 강어귀에 줄지어 있으면서 저 웅진을 헤아려 신라를 공격하는 것입니까? 오호라. 두 나라를 평정하기 전에는 발자취를 쫓는 부림을 입더니 들에 짐승이 모두 없어지자 오히려 요리하는 이의 습격과 핍박을 받는 꼴이며, 잔악한 적 백제는 오히려 옹치(雍齒)의 상(賞)을 받고 중국을 위하여 죽은 신라는 정공(丁公)의 죽음을 당하고 있습니다. 태양의 빛이 비록 빛을 비춰주지 않지만 해바라기와 콩잎의 본심은 여전히 해를 향하는 마음을 품고 있습니다. 총관께서는 영웅의 뛰어난 기품을 타고났고 장수와 재상의 높은 자질을 품고 있으며 일곱 가지 덕을 두루 갖추었고 아홉 가지 학문을 섭렵하였으니, 황제의 벌을 집행함에 죄없는 사람에게 함부로 가하지 않을 것입니다. 천자의 군대를 출동시키기 전에 먼저 일의 근본과 까닭을 묻는 서신을 보내왔으니, 이에 배반하지 않았음을 감히 말씀드립니다. 바라건대 총관께서는 스스로 살피고 헤아려 글월을 갖추어 황제께 아뢰어 주십시오."(『三國史節要』 10)

신라   겨울에 당 사신이 도착하여 조서를 전하고 쇠뇌를 만드는 기술자인 사찬(沙湌) 구진천(仇珍川)과 돌아갔다. (당에서 그에게) 나무 쇠뇌를 만들게 명령하였는데, 화살을 쏘자 30보 쯤 나갔다. 황제가 물어 말하였다. "내가 듣기로는 너희 나라에서 만든 쇠뇌를 쏘면 1,000보를 나간다고 하는데, 지금의 것은 겨우 30보이니 어찌된 일이냐.". 대답하였다. "재목이 좋지 않습니다. 만약 우리나라에서 나무를 가져온다면 그것을 만들 수 있습니다.". 이에 천자가 사신을 보내 그것을 구하였는데, 곧 대나마(大奈麻) 복한(福漢)을 보내어 나무를 바쳤다. 이에 고쳐 만들도록 명령하고 쏘았는데 60보에 이르렀다. 그 까닭을 묻자, 답하여 말하였다. "신도 그 까닭을 모르겠습니다. 아마도 나무가 바다를 건너 습기가 스며들었기 때문이 아닌가 합니다." 천자는 일부러 만들지 않는다고 의심하고는 무거운 벌로써 위협하였지만, 결국 그의 능력을 다 나타내 바치지 못하였다. (『三國史記』 6 新羅本紀 6)

신라   겨울에 당이 사신을 보내 노사(弩師)를 요구하니 왕이 노사 구진산을 보내어 사신과 함께 입조하게 하였다. 황제가 나무 쇠뇌를 만들게 명령하였는데, 화살을 쏘자 30보 쯤 나갔다. 황제가 물어 말하였다. "내가 듣기로는 너희 나라에서 만든 쇠뇌를 쏘면 1천 보를 나간다고 하는데, 지금의 것은 겨우 30보이니 어찌된 일이냐". 대답하여 말하였다. "재목이 좋지 않습니다. 만약 우리나라에서 나무를 가져온다면 그것을 만들 수 있습니다." 이에 황제가 사신을 보내 재목을 구하였는데, 왕이 대나마(大奈麻) 복한(福漢)을 보내어 그것을 바쳤다. 황제가 진산에게 고쳐 만들도록 명령하고 쏘았는데 60보에 이르렀다. 황제가 꾸짖자 답하여 말하였다. "신도 그 까닭을 모르겠습니다. 아마도 나무가 바다를 건너 습기가 스며들었기 때문이 아닌가 합니다." 황제가 일부러 만들지 않는다고 의심하고는 무거운 벌로써 위협하였지만, 마침내 그의 능력을 다 나타내 바치지 못하였다. (『三國史節要』 10)

신라   겨울에 왕이 말 기르는 목장을 무릇 174곳으로 나누어 주었는데, 소내(所內)에는 22곳, 관청에는 10곳을 속하게 하였고, 태대각간(太大角干) 유신(庾信)에게 6곳, 대각간(大角干) 인문(仁問)에게 5곳, 각간(角干) 7명에게 각각 3곳, 이찬(伊湌) 5명에게 각각 2곳, 소판(蘇判) 4명에게 각각 2곳, 파진찬(波珍湌) 6명과 대아찬(大阿湌) 12명에게는 각각 1곳씩 나누어 주고, 그 아래 74곳은 마땅함에 따라 주었다. (『三國史記』 6 新羅本紀 6)

신라   (…) 이미 본국의 승상(承相) 김흠순(金欽純)[혹은 인문(仁問)이라고도 한다]과 양도(良圖) 등이 가서 당에 구금되었고, 고종(高宗)이 군사를 크게 일으켜 신라를 치려고 하였다. 흠순 등이 몰래 의상을 보내어 앞지르게 하였다. (…) (『三國遺事』 4 義解 5 義湘傳敎)

신라   총장 무진(戊辰) 이듬해에 당의 고종이 인문 등을 불러서 꾸짖어 말하기를, "너희들이 우리 군사를 청해 고구려를 멸망하고도 해치려는 것은 무슨 까닭이냐"라고 하고, 곧 옥에 가두고 군사 50만 명을 조련하여 설방(薛邦)을 장수로 삼아 신라를 치려고 하였다. 의상법사(義湘師)가 당에 들어가 유학하고 있다가 와서 인문을 보았는데, 인문이 그 사실을 알렸다. (『三國遺事』 2 紀異 2 文虎王法敏)

신라   (…) 총장(總章) 2년에 상선(商船)에 딸려 등주(登州) 해안(海岸)에 달(達)해 분위(分衛)로 일신사가(一信士家)의 집에 이르렀다. 의상은 용색(容色)이 빼어남을 보고 문하(門下)에 오랫동안 계속 머물게 하였다. 복장과 단장이 아름다운 소녀(少女)가 있어 이름을 선묘(善妙)라 하였는데, 예쁘고 사랑스럽게 꾀었으나, 의상의 마음은 돌을 옮길 수 없음과 같았다. 그녀가 조롱함에도 답하지 않으니, 갑자기 도심(道心)이 발(發)하였다. 전(前)에 대원(大願)을 맹세하여 말하였다. "생생세세(生生世世)에 화상(和尙)에게 귀명(歸命)하고 대승을 배워 대사(大事)를 성취할 것이며 제자는 반드시

단월이 되어 자연(資緣)을 공급할 것이다." 의상은 이내 지름길로 장안(長安)에 달려
가서 남산(南山)에서 마쳐 지엄삼장소(智儼三藏所)에서 화엄경(華嚴經)을 익혀 통괄
하였다. 이 때 강장국사(康藏國師)가 동학(同學)이 되었는데, 미장(微章)도 알고 윤요
(倫要)도 있어 덕병(德甁)이 가득찼다고 말하고 장경의 바다에서 즐겁게 놀았다. 이
에 돌아가 전법(傳法)하고 개유(開誘)할 것을 의논했다. 다시 문등(文登) 옛 단월가
(檀越家)에 이르러 자주 공양함을 사례하였다. 바로 상성(商船)을 뒤따라 출범을 머
뭇거렸다. 그 여자 선묘가 예지(預知)로 의상을 위하여 법복(法服)과 더불어 여러 각
종 그릇을 힘써 모아 상자를 채울 수 있게 하고 해안(海岸)에 운림(運臨)하니 의상
의 배는 이미 멀어졌다. 그녀가 빌어 말하였다. "나는 본래 진실된 마음으로 법사에
게 공양코자 한다. 원컨대 이 옷 상자를 배 앞에 빨리 들이라." 말을 마치고 소란스
러운 파도에 상자를 던지니, 갑자기 거센 바람이 불어서 마치 기러기 털과 같이 멀
리 바라보고 빨리 배에 들어갔다. 그녀가 다시 맹세하였다. "나는 이 몸이 변하여
대용(大龍)이 되어 배 앞뒤를 날개로 바쳐 나라에 이르러 법을 전하게 하는 것을 원
합니다." 이에 바다에 소매를 걷고 몸을 던지니, 원력(願力)이 굴복시키기 어렵고 지
성(至誠)이 신을 감동시킴을 알고 과연 펼친 모양이 씩씩하고 빨라 그 배바닥이 구
불구불하여 저쪽 해안에 무사히 도달했다. 의상이 입국한 후에 산천을 편력(遍歷)하
며 구진(駒塵)하고 백제와는 상관없고 서로 미치지 않는 땅에 이르러 말하였다. "이
중지(中地)는 영산(靈山)으로 빼어나며 진실로 법륜(法輪)이 구른 장소이다. 머지 않
아 권종이부(權宗異部)의 무리가 모여 반천(半千)이 될 것이다." 의상이 묵묵히 이
생각을 하여 대화엄교(大華嚴敎)라 하고 복선(福善)의 땅이 아니면 흥할 수 없다고
했다. 이 때 선묘 용이 항상 따라 지켜주었다. 이 념을 은밀히 알아 이에 대신(大神)
이 나타나 허공 중에서 변해 큰 돌로 변해 종횡(縱廣)으로 일리(一里)가 가람(伽藍)
의 꼭대기를 덮었다. 떨어질 듯 떨어지지 않는 모양에 승려들이 기이함에 놀라고 어
찌할 바를 모르며 사면면으로 흩어 달아났다. 의상이 곧 절 안에 들어가 이 경(經)
을 펼쳐 밝혀 동양하음(冬陽夏陰)으로 부르지 않아도 스스로 오는 사람이 많았다.
국왕이 심히 공경하여 전장노복(田莊奴僕)을 베풀었다. 의상이 왕에게 말하였다.
"내 법(法)은 평등하여 고하가 모두 균등하고 귀천을 같이 생각한다. 열반경의 제8
에 재물을 깨끗하게 못하는데, 어찌 장전(莊田)을 가지고 어찌 노복(奴僕)을 쓰리오.
빈도(貧道)는 법계(法界)로 집을 삼고 밥거리를 몸소 갈음으로 곡식을 기다린다. 법
신(法身)은 혜명(慧命)으로 이를 몸소 갈아 살아간다." 의상이 강수(講樹) 개화(開花)
담총(談叢) 결과(結果)하여 당에서 깊은 뜻을 아는 사람인 즉 지통(智通), 표훈(表
訓), 법체(梵體), 도신(道身) 등 몇몇 사람이었다. 모두 큰 껍질을 깨고 날아간 가류
나조(迦留羅鳥)였다. 의상이 귀여설행(貴如說行)과 강선(講宣) 외에는 힘써 수련하였
다. 장엄한 사찰이 바닷가에 따뜻하고 서늘하게 탄(憚)하고 또 상행(常行)으로 더러
운 법을 깨끗하게 했다. 수건은 쓰지 않았고 마르는 것을 기다리는 것으로 그쳤다.
3벌의 법의와 병발(甁鉢)의 남은 것을 지니고 다른 물건을 더하지 않았다. 무릇 제
자가 청하여도 잠시도 떠나는 것을 감히 하지 않았고 그 기쁘고 고요함을 엿본 후
에 계발(啓發)하였다. 의상이 이에 수의해체(隨疑解滯)하니 반드시 찌꺼기가 없었다.
이로부터 구름처럼 떠돌아 정하지 않고 칭가아심(稱可我心)했다. 탁석(卓錫)하여 거
하니, 학문승들이 벌떼처럼 몰려들었다. 혹은 집필서(執筆書) 엮고 연찰엽(鉛札葉)을
품고 초(抄)하여 결집하니 록(錄)이 재언(載言)한 듯 하였다. 이와 같이 의상의 문도
가 제자를 따라 목(目)이 되고 도신장(道身章)이 이것이라고 하고 혹은 있는 곳을
이름하여 추혈문답(錐穴問答) 등으로 불렀다. 여러 장소(章疏)가 모두 화엄(華嚴) 성
해(性海) 비로자나(毘盧遮那) 무변(無邊) 계경(契經) 의례(義例)를 밝혔다. 의상은 본
국에서 죽었고 탑 역시 있다. 이름 하여 해동화엄초조(海東華嚴初祖)라 했다. (『宋高

신라 승려 의상은 속성은 박씨이고 계림부(雞林府) 사람이다. (…) 총장(總章) 2년에 상선(商船)에 딸려 등주(登州) 해안(海岸)에 달(達)해 분위(分衛)로 일신사가(一信士家)의 집에 이르렀다. 의상은 용색(容色)이 빼어남을 보고 문하(門下)에 오랫동안 계속 머물게 하였다. 복장과 단장이 아름다운 소녀(少女)가 있어 이름을 선묘(善妙)라 하였는데, 예쁘고 사랑스럽게 꾀었으나, 의상의 마음은 돌을 옮길 수 없음과 같았다. 그녀가 조롱함에도 답하지 않으니, 갑자기 도심(道心)이 발(發)하였다. 전(前)에 대원(大願)을 맹세하여 말하였다. "생생세세(生生世世)에 화상(和尙)에게 귀명(歸命)하고 대승을 배워 대사(大事)를 성취할 것이며 제자는 반드시 단월이 되어 자연(資緣)을 공급할 것이다." 의상은 이내 지름길로 장안(長安)에 달려 가서 남산(南山)에서 마쳐 지엄삼장소(智儼三藏所)에서 화엄경(華嚴經)을 익혀 통괄하였다. 이 때 강장국사(康藏國師)가 동학(同學)이 되었는데, 미장(微章)도 알고 윤요(倫要)도 있어 덕병(德甁)이 가득찼다고 말하고 장경의 바다에서 즐겁게 놀았다. 이에 돌아가 전법(傳法)하고 개유(開誘)할 것을 의논했다. 다시 문등(文登) 옛 단월가(檀越家)에 이르러 자주 공양함을 사례하였다. 바로 상성(商船)을 뒤따라 출범을 머뭇거렸다. 그 여자 선묘가 예지(預知)로 의상을 위하여 법복(法服)과 더불어 여러 각종 그릇을 힘써 모아 상자를 채울 수 있게 하고 해안(海岸)에 운림(運臨)하니 의상의 배는 이미 멀어졌다. 그녀가 빌어 말하였다. "나는 본래 진실된 마음으로 법사에게 공양코자 한다. 원컨대 이 옷 상자를 배 앞에 빨리 들이라." 말을 마치고 소란스러운 파도에 상자를 던지니, 갑자기 거센 바람이 불어서 마치 기러기 털과 같이 멀리 바라보고 빨리 배에 들어갔다. 그녀가 다시 맹세하였다. "나는 이 몸이 변하여 대용(大龍)이 되어 배 앞뒤를 날개로 바쳐 나라에 이르러 법을 전하게 하는 것을 원합니다." 이에 바다에 소매를 걷고 몸을 던지니, 원력(願力)이 굴복시키기 어렵고 지성(至誠)이 신을 감동시킴을 알고 과연 펼친 모양이 씩씩하고 빨라 그 배바닥이 구불구불하여 저쪽 해안에 무사히 도달했다. 의상이 입국한 후에 산천을 편력(遍歷)하며 진(駒塵)하고 백제와는 상관없고 서로 미치지 않는 땅에 이르러 말하였다. "이 중지(中地)는 영산(靈山)으로 빼어나며 진실로 법륜(法輪)이 구른 장소이다. 머지않아 권종이부(權宗異部)의 무리가 모여 반천(半千)이 될 것이다." 의상이 묵묵히 이 생각을 하여 대화엄교(大華嚴敎)라 하고 복선(福善)의 땅이 아니면 흥할 수 없다고 했다. 이 때 선묘 용이 항상 따라 지켜주었다. 이 념을 은밀히 알아 이에 대신(大神)이 나타나 허공 중에서 변해 큰 돌로 변해 종횡(縱廣)으로 일리(一里)가 가람(伽藍)의 꼭대기를 덮었다. 떨어질 듯 떨어지지 않는 모양에 승려들이 기이함에 놀라고 어찌할 바를 모르며 사면으로 흩어 달아났다. 의상이 곧 절 안에 들어가 이 경(經)을 펼쳐 밝혀 동양하음(冬陽夏陰)으로 부르지 않아도 스스로 오는 사람이 많았다. 국왕이 심히 공경하였더. 강수(講樹) 개화(開花) 담총(談叢) 결과(結果)하여 당에서 깊은 뜻을 아는 사람인 즉 지통(智通), 표훈(表訓), 법체(梵體), 도신(道身) 등 몇몇 사람이었다. 모두 큰 껍질을 깨고 날아간 가류나조(迦留羅鳥)였다. 의상이 귀여설행(貴如說行)과 강선(講宣) 외에는 힘써 수련하였다. 장엄한 사찰이 바닷가에 따뜻하고 서늘하게 탄(憚)하고 또 상행(常行)으로 더러운 법을 깨끗하게 했다. 수건은 쓰지 않았고 마르는 것을 기다리는 것으로 그쳤다. 3벌의 법의와 병발(甁鉢)의 남은 것을 지니고 다른 물건을 더하지 않았다. 무릇 제자가 청하여도 잠시도 떠나는 것을 감히 하지 않았고 그 기쁘고 고요함을 엿본 후에 계발(啟發)하였다. 의상이 이에 수의해체(隨疑解滯)하니 반드시 찌꺼지가 없었다. 이로부터 구름처럼 떠돌아 정하지 않고 칭가아심(稱可我心)했다. 탁석(卓錫)하여 거하니, 학문승들이 벌떼처럼 몰려들었다. 혹은 집필서(執筆書)를 엮고 연찰엽(鉛札葉)을 품고 초(抄)하여 결집하니 록(錄)이 재언(載言)한 듯 하였다. 이와 같이 의상의 문도가 제자를 따라 입(口)이 되고 도신장(道身章)이 이것이라고 하고 혹은 있는 곳을 이름하여 추혈문답(錐穴問答) 등으로 불렀다. 여러 장소(章疏)가 모두 화엄(華嚴) 성해(性海) 비로자나(毘盧遮那) 무변(無邊) 계경(契經) 의례(義例)를 밝혔다. 의상은 본국에서 죽었고 탑 역시 있다. 이름 하여 해동화엄초조((海東華嚴初祖)라 했다. (『高僧摘要』4 義湘)

신라   당나라 의상은 신라국 계림부 사람이다. (…) 총장 3년에 의상이 혼자 등주에 이르렀는데, 분위(分衛)로 부자집 여자를 만났는데, 선묘(善妙)라 이름하였다. 의상이 나이가 젊고 낯색이 아름 다워 배우자로 해로하고자 하였으나 의상이 견고하게 막고 대답하지 않았다. 선묘가 인하여 다시 굳게 지켜 약속하여 말하였다. "몇 번이라도 다시 환생하더라도 단월이 되어 화상에게 공급하고 또 제자가 되어 대승을 익혀 공부하고 대사(大事)를 성취하였습니다." 의상은 장안(長安) 종남산 지엄(智儼) 삼장(三藏)에게 의지해 화엄을 연구하고 얼마 있지 않아 마침내 본국으로 돌아와 교화를 펼쳤다. 가는 도중 선묘의 집을 거쳐 장차 상선에 붙여 출범하려 하였다. 선묘가 여러 의복과 각종 그릇을 다 가지고 나와 본디 비물(備物)이지만 그를 추전(追餞:떠난 사람을 뒤쫓아 가서 송별연을 베푸는 일)하였다. 그리고 몸소 해안에 이른 즉 배는 이미 멀어졌다. 이에 선묘가 다시 맹세하여 말하였다. "아는 진실되게 공양하는 마음이 있은 것 이 옷 바구니가 뛰어 올라 배안으로 들어가라." 갑가지 거친 풍랑이 있어 모두 조금도 남음이 없이 실렸다. 선묘에 이에 다시 맹세하여 말하였다. "나는 이 몸이 대룡으로 변화하여 화상을 양 옆에서 끼어서 저 나라에서 전도(傳度)되길 원합니다." 인하여 스스로 출렁이는 파도에 몸을 던져 잠깐 사이에 두각(頭角)이 높고 가파르게 솟아 있고 인갑(鱗甲)이 밝게 빛나고 운무(雲霧)가 어둡고 이아(柂牙)가 바람을 맞아 돛이 부풀어 오르니 더욱 다른 날 보다 편리하다고 느끼고 그 완연(蜿蜒)이 요교(夭矯) 같았다. 이 때 혹자가 이것을 보고 이미 건너감이 그대로 저 곳인 것 같았다. 그러나 가(可)함이 비슷해도 오랫동안 이종(異宗)에 거한 바가 되었다. 의상이 홀로 대화엄교를 생각하고 있었는데, 진실로 복된 땅이 있어 이것을 일으키려고 하지 그 어찌 머물겠는가. 이 때 선묘 용이 그 생각을 알고 신력에 의지해 허공 안에 큰 돌을 나타내고 종횡 1리에 똑바로 이종(異宗)이 거하는 위에 덮었다. 기세와 운(隕)한 것에 군승(群僧)이 그 압(壓)을 두려워하여 놀라 달아나고 감히 머물지 않으니 의상이 곧 거처하고 대총사(大叢社)를 성하게 하였다. 아울러 국왕이 내린 장전(莊田)과 노복(奴僕) 등을 사용하고 의상은 부지런하고 간절하게 홍도(弘導)하고 정고(精苦)를 수련하였다. 제자 지통(智通). 표훈(表訓), 도신(道身), 범체(梵體) 등이 이어서 장소(章疏)를 저술하니 모두 성해(性海)와 의례(義例)에 밝았다. 해동에서는 의상을 화엄초조라고 불렀고 본국에서 죽었다. (『新修科分六學僧傳』4 慧學 傳宗科 唐 義湘)

백제   이해에 (…) 또 좌평(佐平) 여자신(餘自信)·좌평 귀실집사(鬼室集斯) 등 남녀 700여 인을 아우미노쿠니(近江國) 가마우노코오리(蒲生郡)에 거처를 옮겨 살게 하였다. 또 당(唐)이 곽무종(郭務悰) 등 2,000여 명을 보냈다. (『日本書紀』27 天智紀)

신라   귀의주(歸義州)는 총장 연간에 설치되는데, 해외인 신라에 있어 유주도독(幽州都督)에 예속되었다. (『舊唐書』39 志 19 地理 2 歸義州)

고구려   대당(大唐)이 있은지 51년이고 황제가 천하를 다스린 지 19년이다. 흉악한 악이 사라졌고 천하가 깨끗해졌으며 원훈(元勳)이 이미 모이고 만보(萬寶)가 이루어졌다. 주교상제(周郊上帝)로 여기고 숙신의 빈(賓)을 재연(裁延)하였다. 한예(漢禮) 감천(甘泉)

이 조선의 난을 구제하여 못하여 원공(元功)을 생각하여 몸을 뒤척이고 선지(先旨)를 받들고 머뭇거려 상령(上靈)의 마음을 사답(思答) 하니 백성의 바람에 화합하였다. 이에 길일(吉日)을 살펴 마침내 행궁(行宮)을 깨끗하게 하고 유사(有司)가 의전을 갖추었다. 이에 승여(乘輿)가 나와 현두(玄蚪)를 어루만지고 취봉(翠鳳)을 받드니 경종(鯨鐘)의 거친 소리와 천승(千乘)의 악동(嶽動)으로 만기(萬騎)가 임회(林廻)하였다. 별이 늘어서 하늘이 거닐고 천둥과 벽락이 안개와 합쳐졌으니 이 때 벼 이삭이 태단(太壇)에 피었다. (『文苑英華』 772 帝德上 王勃 拜南郊頌幷序)

| 고구려 | (…) 대당(大唐)이 있은 지 51년이고 황제가 천하를 다스린 지 19년이다. 흉악한 악이 사라졌고 천하가 깨끗해졌으며 원훈(元勳)이 이미 모이고 만보(萬寶)가 이루어졌다. 주교상제(周郊上帝)로 여기고 숙신의 빈(賓)을 재연(裁延)하였다. 한예(漢禮) 감천(甘泉)이 조선의 난을 구제하여 못하여 원공(元功)을 생각하여 몸을 뒤척이고 선지(先旨)를 받들고 머뭇거려 상령(上靈)의 마음을 사답(思答) 하니 백성의 바람에 화합하였다. (…) 감히 송(頌)을 지어 말하노라. 요하(遼河)의 큰 호수와 갈석(碣石)의 위태로운 봉우리, 성(城)은 현도(玄菟)를 나누고 새(塞)는 황룡(黃龍)과 접하였네. 멀리서 방해함을 빙자하고 험함을 믿고 공경을 잊으니 사람의 잔인함이 귀신의 소리로다. 임금은 어둡고 신하는 흉(凶)하니 진(晉)은 불강(不綱)하여 융휘(戎麾)는 안으로 축출되었네. (…) (『全唐文』 178 王勃 拜南郊頌 幷序) |

고구려   이타인(李他仁)은 당으로 복귀하여 영공(英公) 이적(李勣)을 따라 입조하니 특별히 수고롭고 힘씀에 우융위장군(右戎衛將軍)을 제수받았다. (「李他仁 墓誌銘」: 『遠望集』 下; 2015 『高句麗渤海硏究』 52)

670(庚午/신라 문무왕 10/唐 咸亨 1/倭 天智 9/庚午)

신라   총장 3년 경오 정월 7일에 한기부(漢岐部)의 일산(一山) 급간(級干)[또는 성산(成山) 아간(阿干)]의 여종이 한 번에 네 아이를 낳았는데, 딸 하나에 아들 셋이었다. 나라에서 상으로 곡식 2백석을 주었다. (『三國遺事』 2 紀異 2 文虎王法敏)

요동   봄 정월 신묘일(17)에 요동 땅을 나누어 주현으로 삼았다. (『舊唐書』 5 本紀 5 高宗下)

신라   봄 정월에 고종이 흠순(欽純)에게는 귀국을 허락하였지만, 양도(良圖)는 억류하여 감옥에 가두었는데, 마침내 감옥에서 죽었다. 왕이 마음대로 백제의 토지와 남은 백성을 취하였으므로 황제가 책망하고 성내면서 거듭 사신을 억류하였다. (『三國史記』 6 新羅本紀 6)

신라   봄 정월에 황제가 흠순의 귀국은 허락하였지만 양도는 감옥에 가두었는데, 감옥에서 죽었다. (『三國史節要』 10)

신라   함형 원년 경오에 나라로 돌아와 그 사실을 조정에 알렸다. 신인(神印) 대덕(大德) 명랑(明朗)에게 명령하여 임시로 밀단법(密壇法)을 설치하고 물리치게 하니, 이에 국난을 면하였다. (『三國遺事』 4 義解 5 義湘傳敎)

신라   이 때 의상이 곧 동쪽에서 돌아와 왕에게 알렸다. 왕이 매우 염려하여 여러 신하를 모아 방어책을 물었다. 각간(角干) 김천존(金天尊)이 말하기를, "근래에 명랑법사(明朗法師)가 용궁에 들어가서 비법을 전수해왔으니, 청하여 물어보십시오."라고 하였다. 명랑이 말하기를, "낭산(狼山) 남쪽에 신유림(神遊林)이 있으니, 그 땅에 사천왕사(四天王寺)를 세우고 도량을 개설함이 좋겠습니다."라고 하였다. 이때 정주(貞州)

에서 사자가 달려와서 보고하기를, "당 군사가 수없이 우리 국경에 이르러 바다 위를 순회하고 있습니다."라고 하였다. 왕이 명랑을 불러서 말하기를, "일이 이미 급박하게 되었으니 어찌하면 좋겠소."라고 하였다. 명랑이 말하기를, "채색 비단으로 임시로 짓는 것이 마땅합니다."라고 하였다. 이에 채색 비단으로 절을 짓고, 풀로 오방신상(五方神像)을 만들고, 유가명승(瑜伽名僧) 12명이 명랑을 우두머리로 하여 문두루비밀법(文豆婁秘密法)을 지었다. 그 때에 당과 신라의 군사가 싸우기도 전에 풍랑이 크게 일어 당의 배가 모두 물에 침몰하였다. 그 후 절을 고쳐 짓고 사천왕사라고 이름하였는데, 지금까지 단석(壇席)이 끊어지지 않았다[국사(國史)에는 개창이 조로(調露)원년 기묘(己卯)라고 하였다]. (『三國遺事』2 紀異 2 文虎王法敏)

신라 옛날 의상(義湘)법사가 처음으로 당나라에서 돌아와 관음보살[大悲]의 진신(眞身)이 이 해변의 굴 안에 산다고 듣고, 이로 인하여 낙산(洛山)이라고 이름하였으니, 대개 서역(西域)의 보타낙가산(寶陁洛伽山)이 있는 까닭이다. 이것을 소백화(小白華)라고 하는 것은 백의보살[白衣大士]의 진신이 머물러 있는 곳이므로 이를 빌어 이름 지은 것이다. 그가 재계(齋戒)한지 7일째에 좌구(座具)를 새벽 물위에 띄웠더니 용천(龍天)의 8부(八部) 시종이 굴속으로 그를 인도하였다. 공중을 향하여 예배를 드리니 수정염주 한 꾸러미를 내어주므로 의상이 받아 물러났다. 동해(東海)의 용 역시 여의보주 한 알을 바치므로 법사가 받들고 나왔다. 다시 7일을 재계하고 나서 곧 관음의 진용을 보았다. 관음이 말하기를, "자리 위의 산정에 한 쌍의 대나무가 솟아날 것이니, 그 땅에 불전을 지음이 마땅하리라"고 하였다. 법사가 그 말을 듣고 굴 밖으로 나오니 과연 대나무가 땅에서 솟아나왔다. 이에 금당을 짓고 [관음] 상을 빚어 모시니 그 원만한 모습과 고운 자질은 엄연히 하늘이 낸 듯 하였다. 그 대나무는 다시 없어졌다. 그제야 그 땅이 관음 진신의 주처임을 알았다. 이로 인해 그 절 이름을 낙산이라고 하고, 법사는 받은 두 구슬을 성전에 모셔두고 떠났다. 후에 원효법사(元曉法師)가 뒤이어 와서 [관음의 진신을] 보고 절하기를 구하여 당초에 남쪽 교외에 이르니 논 가운데서 흰 옷을 입은 한 여인이 벼를 베고 있었다. 법사가 희롱삼아 벼를 달라고 하였더니, 여인이 장난말로 벼가 흉작이라고 대답하였다. [법사가] 또 길을 가서 다리 밑에 이르니, 한 여인이 월수건(月水帛)을 빨고 있었다. 법사가 마실 물을 청하니 여인은 그 더러운 물을 떠서 드렸다. 법사는 이를 엎질러 버리고 냇물을 떠서 마셨다. 때마침 들 가운데 소나무 위에서 파랑새 한 마리가 불러 말하기를, "제호화상(醍醐和尙)은 그만두시오."라고 하고는 홀연히 숨어버리고 나타나지 않았다. 그 소나무 아래에 벗은 신발 한 짝이 있었다. 법사가 절에 이르니 관음 [상]의 자리 아래에 또 이전에 본 벗은 신발 한 짝이 있었다. 그제서야 앞에서 만난 성스러운 여인이 [관음의] 진신임을 알았다. 이 때문에 당시 사람들은 그 소나무를 관음송(觀音松)이라고 하였다. 법사가 성굴(聖崛)에 들어가서 다시 [관음의] 참모습을 보고자 하였으나 풍랑이 크게 일어 들어가지 못하고 돌아갔다. (『三國遺事』3 塔像 4 洛山二大聖 觀音 正趣 調信)

고구려 군(君)의 이름은 보△(寶△)이고 자(字)는 효선(孝先)이며 낙양(洛陽) 사람이다. (…) △총장 3년 2월 12일에 조서로 마보△(馬寶△)에게 상기도위(上騎都尉)를 제수하였다. 조서는 다음과 같다. "혹 전함을 앞으로 멈추지 않고 나아가서 현이(玄夷)에서 전리품을 거두었다고 했고, 정로(征艫)를 멀리 띄워 벽해에서 군수물자를 거두었다고 하니 어찌 면륜(綿綸)이 동쪽으로 갔으며 뜻이 파도 속에 가라앉은 돌을 옮겼다고 이르겠는가. 달빛이 서쪽으로 옮겨감에 끝내 유금(流金)의 그림자도 물러나는구나!"(「馬寶△ 墓誌銘」:『全唐文新編』993;『唐代墓誌滙篇』;『全唐文補遺』5)

신라 고구려 말갈

　　　3월에 사찬(沙飡) 설오유(薛烏儒)가 고구려 태대형(太大兄) 고연무(高延武)와 각각
　　　정예 병사 1만 명을 거느리고 압록강을 건너 옥골(屋骨)에 이르렀는데, △△△ 말갈
　　　군사가 먼저 개돈양(皆敦壤)에 이르러 기다렸다. (『三國史記』 6 新羅本紀 6)

말갈 신라 고구려

　　　3월에 말갈의 적군이 북쪽 변경 개돈양에 주둔하였다. 왕이 사찬 설오유와 고구려
　　　장군 연무를 보내 정예 병사 2만을 이끌고 압록강을 건너 더불어 싸워 크게 이겼다.
　　　목 베고 사로잡은 것이 많았다. 당 군사가 이어서 이르자, 우리 군사는 물러나 백성
　　　(白城)을 지켰다. (『三國史節要』 10)

고구려　　함형 원년 3월에 사신을 보내 고려를 평정한 것을 축하하였다. 이후 계속해 와서
　　　　　조공하였다. 측천(則天) 때에 스스로 그 나라가 해가 나오는 것과 가깝다고 말하였
　　　　　고 때문에 일본국이라고 불렀다. 대체로 그 이름이 아름답지 않고 싫어서 고친 것이
　　　　　다. (『唐會要』 99 倭國)

고구려　　당 고종 함형 원년 3월에 계빈국(罽賓國)이 방물을 바쳤다. 왜 국왕이 사신을 보내
　　　　　고려를 평정한 것을 축하하였다. (『册府元龜』 970 外臣部 15 朝貢 3)

고구려　　『신당서(新唐書)』 일본전(日本傳)[겸하여 『당회요(唐會要)』]에 전한다. " (…) 함형 원
　　　　　년[3월]에 사신을 보내 고려를 평정한 것을 축하하였다." (『玉海』 153 朝貢 外夷來
　　　　　朝 內附 唐日本遣使入朝 請授經)

고구려　　하이(蝦蛦) (…) 당 고종이 고려를 평정하였는데 왜국이 사신을 보내 와서 축하하였
　　　　　다. (『佛祖統紀』 32 世界名體志 十五之二 東土震旦地理圖 東夷 蝦蛦)

신라　　　여름 4월 4일에 맞서 싸워 우리 군사가 크게 이겨 목베거나 사로잡은 숫자를 가히
　　　　　헤아릴 수가 없었다. 당나라 군사가 이어서 이르렀으므로, 우리 군사는 물러나 백성
　　　　　을 지켰다. (『三國史記』 6 新羅本紀 6)

고구려　　함형 원년 4월 경오일(28) 고려의 추장 겸모잠(鉗牟岑)이 배반하여 변경을 침략했다.
　　　　　좌감문위대장군(左監門衛大將軍) 고간(高侃)을 동주도 행군총관(東州道行軍總管)으로
　　　　　삼고 우령군위대장군(右領軍衛大將軍) 이근행(李謹行)을 연산도(燕山道) 행군총관으
　　　　　로 삼아 이를 정벌하였다. (『新唐書』 3 本紀 3 高宗)

고구려　　『신당서』 고려전(高麗傳)에 전한다. "함형 원년 4월에 그 추장 겸모(鉗牟)가 얼마 안
　　　　　있어 반란을 일으켜 안순(安舜)[신라본기에는 안승(安勝)이라고 한다.]을 왕으로 삼았
　　　　　다. 경오일(28)에 조서로 고간을 동주도, 이근행을 연산도 행군총관으로 삼아 토벌
　　　　　하였다." (『玉海』 191 兵捷 兵捷 露布 3 唐遼東道行臺大摠管李勣俘高麗 獻俘昭陵
　　　　　檄高麗 含元殿數俘)

고구려 신라　함형 원년 경오년 여름 4월에 이르러 겸모잠(劒牟岑)이 국가를 부흥하려고 하여 당
　　　　　을 배반하고 왕의 외손 안순[신라기(新羅紀)에는 승(勝)이라 한다]을 세워 임금을 삼
　　　　　았다. 당 고종이 대장군 고간을 보내 동주도 행군총관으로 삼고 군사를 내어 그들을
　　　　　토벌하니, 안순이 겸모잠을 죽이고 신라로 달아났다. (『三國史記』 22 高句麗本紀 1
　　　　　0)

고구려 신라　4월 고려 추장 겸모잠이 반란을 일으켜 고장(高藏)의 외손인 안순을 왕으로 삼았다.
　　　　　좌감문위대장군 고간을 동주도행군총관으로 삼고 군사를 내어 그것을 토벌하였다.
　　　　　안순이 겸모잠을 죽이고 신라로 달아났다. (『資治通鑑』 201 唐紀 17 高宗)

고구려 신라 말갈

　　　함형 원년 4월에 망하고 남은 무리에 추장 겸모잠이라는 자가 있는데, 무리를 이끌

고 반란을 일으켜 고장의 외손 안순을 세워 왕으로 삼았다. 좌위대장군 고간에게 그것을 토평하게 했다. 그 후에 남은 무리가 스스로 지킬 수 없어 신라와 말갈로 흩어졌고 옛 서울이 모두 말갈에 들어가 고씨의 군장은 드디어 끊어졌다. (『通典』 186 邊防 2 東夷 高句麗)

고구려 함형 원년 4월에 이르러 고려의 남은 무리에 검모잠이라는 자가 있는데, 무리를 이끌고 반란을 일으켜 고장의 외손 안순을 세워 왕으로 삼았다. 조서로 좌위대장군 고간에게 그것을 토평하게 했다. (『唐會要』 73 安東都護府)

고구려 신라 말갈
함형 원년 4월에 망하고 남은 무리에 추장 검모잠이라는 자가 있는데, 무리를 이끌고 반란을 일으켜 고장의 외손 안순을 세워 왕으로 삼았다. 좌위대장군 고간에게 그것을 토평하게 했다. 그 후에 남은 무리가 스스로 지킬 수 없어 신라와 말갈로 흩어졌고 옛 서울이 모두 말갈에 들어가 고씨의 군장은 드디어 끊어졌다. (『太平寰宇記』 173 四夷2 東夷 2 高勾驪國)

신라 함형 원년 오래지 않아 고려의 남은 무리가 반란을 일으키자 계림도총관(鷄林道總管)이 되었다. (『新唐書』 111 列傳 36 薛仁貴)

고구려 대장 겸모잠(鉗牟岑)이 무리를 거느리고 반란을 일으켜 고장의 외손 안순(安舜)을 세워 왕으로 삼았다. 고간을 동주도(東州道), 이근행을 연산도(燕山道) 행군총관(行軍總管)으로 삼아 토벌하게 하였다. 사평태상백(司平太常伯) 양방(楊昉)을 보내 도망치고 남은 무리를 불러 들이게 하였다. (『新唐書』 220 列傳 145 東夷 高麗)

고구려 양방(楊昉)이 사평태상백(司平太常伯)이 되어 안동(安東)에 가서 고구려의 남은 무리를 안무(安撫)하였다. 이 때 고려의 추장 뉴모잠(鈕牟岑)이 무리를 거느리고 반란을 일으켜 고장의 외손 안순(安舜)을 세워 임금으로 삼았다. 조서로 좌감문대장군(左監門大將軍) 고간이 동주도행군총관(東州道行軍總管)이 되어 군사를 내어 이를 토벌하였다. 안순은 두려워하여 뉴모잠을 죽이고 달아나 신라에 들어갔다. 양방과 고간은 비로소 안동도호부를 함락시키고 평양성으로부터 요동주로 옮겼다. (『册府元龜』 429 將帥部 90 拓土)

신라 고구려 6월에 고구려 수임성(水臨城) 사람인 대형(大兄) 모잠(牟岑)이 남은 백성들을 모아서 궁모성(窮牟城)으로부터 패강(浿江) 남쪽에 이르러 당 관리와 승려 법안(法安) 등을 죽이고 신라로 향해 갔다. 서해 사야도(史冶島)에 이르러 고구려 대신(大臣) 연정토(淵淨土)의 아들인 안승(安勝)을 보고 한성(漢城) 안으로 맞아들여 받들어 임금으로 삼았다. 소형(小兄) 다식(多式) 등을 보내 슬프게 아뢰어 말하길, "망한 나라를 일으키고 끊어진 세대를 잇게 하는 것이 천하의 올바른 도리이니, 오직 대국에게 이것을 바랄 뿐입니다. 우리나라의 선왕이 도를 잃어 멸망을 보았지만, 지금 신 등은 본국의 귀족 안승을 맞아 받들어 임금으로 삼았습니다. 바라는 것은 변방을 지키는 울타리가 되어 영원히 충성을 다하고자 하는 것입니다." 왕은 그들을 나라 서쪽 금마저(金馬渚)에 머물게 하였다. (『三國史記』 6 新羅本紀 6)

신라 고구려 백제
함형 원년에 6월에 이르러 고구려가 반역을 꾀하여 중국 관리를 모두 죽였습니다. 신라는 곧 군사를 일으키려고 하여 먼저 웅진에 '고구려가 이미 반란을 일으켰으니 정벌하지 않을 수 없다. 그쪽과 우리쪽은 모두 황제의 신하이니 이치로 보아 마땅히 함께 흉악한 적을 토벌하여야 할 것이다. 군사를 일으키는 일은 모름지기 함께 의논하여 처리하여야 할 것이므로, 바라건대 관리를 이곳에 보내 함께 계획을 세우자'고 하였습니다. 그래서 백제의 사마(司馬) 예군(禰軍)이 이곳에 와서 함께 의논하여 '군사를 일으킨 뒤에는 그쪽과 우리쪽은 서로 의심할까 걱정되니 마땅히 두 곳의 관인

(官人)을 서로 바꾸어서 인질로 삼자'고 하였으므로, 곧 김유돈(金儒敦) 과 백제의 주부(主簿) 수미(首彌)와 장귀(長貴) 등을 보내〔웅진〕부로 향하게 하여 인질 교환을 의논하게 하였습니다. 백제가 비록 인질 교환을 허락하였지만 성 안에서는 군사와 말을 모아 그 성 아래 도착하여 밤이면 와서 공격하였습니다. (『三國史記』 7 新羅 本紀 7)

고구려 신라 　여름 6월에 옛 고구려의 대형 검모잠(劒牟岑)이 부흥을 도모하고자 남은 백성들을 모아 패강 남쪽에 이르러 당 관리와 승려 법안 등을 죽이고 신라로 향해 갔다. 서해 사야도에 이르러 고구려 옛 종실(宗室) 안승〔혹은 안순(安舜)이라고도 한다〕을 보고 한성(漢城) 안으로 맞아들여 세워 임금으로 삼았다. 소형 다식 등을 보내 와서 아뢰어 말하길, "우리나라의 선왕인 신(臣) 장(臧)은 도를 잃어 멸망당하였지만, 지금 신 등은 본국의 귀족 안승을 맞아 받들어 임금으로 삼았습니다. 바라는 것은 변방을 지키는 울타리가 되어 영원히 충성을 다하고자 하는 것입니다. 신 등은 망한 나라를 일으키고 끊어진 세대를 잇게 하는 것이 천하의 올바른 도리라고 들었으니, 오직 대국에게 이것을 바랄 뿐입니다." 왕은 그들을 나라 서쪽 금마저에 머물게 하였다. 황제는 대장군 고간을 동주도행군총관으로 삼아 군사를 내어 그들을 토벌하게 하였다. 안순이 검모잠을 죽이고 도망하여 왔다. (『三國史節要』 10)

고구려 신라 백제

함형 원년에 6월에 이르러 고구려가 반역을 꾀하여 중국 관리를 모두 죽였습니다. 신라는 곧 군사를 일으키려고 하여 먼저 웅진에 '고구려가 이미 반란을 일으켰으니 정벌하지 않을 수 없다. 그쪽과 우리쪽은 모두 황제의 신하이니 이치로 보아 마땅히 함께 흉악한 적을 토벌하여야 할 것이다. 군사를 일으키는 일은 모름지기 함께 의논하여 처리하여야 할 것이므로, 바라건대 관리를 이곳에 보내 함께 계획을 세우자'고 하였습니다. 그래서 백제의 사마(司馬) 예군(禰軍)이 이곳에 와서 함께 의논하여 '군사를 일으킨 뒤에는 그쪽과 우리 쪽은 서로 의심할까 걱정되니 마땅히 두 곳의 관인(官人)을 서로 바꾸어서 인질로 삼자'고 하였으므로, 곧 김유돈(金儒敦) 과 백제의 주부(主簿) 수미(首彌)와 장귀(長貴) 등을 보내〔웅진〕부로 향하게 하여 인질 교환을 의논하게 하였습니다. 백제가 비록 인질 교환을 허락하였지만 성 안에서는 군사와 말을 모아 그 성 아래 도착하여 밤이면 와서 공격하였습니다. (『三國史節要』 10)

신라 　6월 한기부(漢祇部) 여자가 한 번에 아들 셋과 딸 하나를 낳았으므로 벼 200석을 내렸다. (『三國史記』 6 新羅本紀 6)

신라 　여름 6월 한기부 여자가 한 번에 아들 셋과 딸 하나를 낳았으므로 벼 200석을 내렸다. (『三國史節要』 10)

신라 백제 　가을 7월에 왕이 백제의 남은 무리들이 본래대로 되돌릴까 의심하여 대아찬(大阿湌) 유돈(儒敦) 을 웅진도독부(熊津都督府)에 보내 화친을 요청하였으나, 따르지 않고 곧 사마(司馬) 예군(禰軍)을 보내 우리를 엿보았다. 왕은 우리를 도모하려는 것을 알아 예군을 머물게 하여 보내지 않고 군사를 일으켜 백제를 쳤다. 품일(品日)·문충(文忠)·중신(衆臣)·의관(義官)·천관(天官) 등이 63곳의 성을 쳐서 취하고 그 곳의 사람들을 내지(內地)로 옮겼다. 천존(天存)과 죽지(竹旨) 등은 7성을 취하고 2천 명의 목을 베었으며, 군관(軍官)과 문영(文穎) 등은 12성을 취하고 오랑캐 군사를 쳐서 7천 명을 목베었는데, 빼앗은 말과 병기들이 매우 많았다. 왕이 돌아와서 중신·의관·달관(達官)·흥원(興元) 등은 △△△사(寺) 군영에서 퇴각하였으므로, 죄가 마땅히 죽어야 하지만 용서하고는 관직에서 물러나게 하였다. 창길우(倉吉于)△△△△일(一)에게 각각 급찬(級湌)의 관등을 주고 조(租)를 차등 있게 주었다. (『三國史記』 6 新羅本紀 6)

신라 백제	앞서(660년) 당이 백제를 평정하고 웅진도독부를 두어 주관하였는데, 왕이 백제 땅을 많이 차지하였다. 가을 7월에 왕은 대아찬 유돈을 웅진도독부에 보내 화친을 요청하였으나, 따르지 않고 이어 사마 예군을 보내 우리를 허실을 엿보았다. 왕은 그들이 도모하려는 것을 알아 예군을 머물게 하여 보내지 않고 여러 장군을 나누어 보내어 백제를 쳤다. 품일·문충 등은 63곳의 성을 취하고 천존·죽지 등은 7성을 취하였으며 문영 등은 12성을 취하였다. 군사가 돌아오자 공을 논하여 차등있게 하였다. (『三國史節要』 10)	
신라 백제	웅주(熊州)는 본래 백제의 옛 도읍으로 당 고종이 소정방을 보내 평정하여 웅진도독부를 두었다. 신라 문무왕이 그 땅을 취하여 가졌다(671년). (『三國史記』 36 雜志 5 地理 3)	
신라 백제	함형 원년 7월에 이르러 당나라 조정에 사신으로 갔던 김흠순(金欽純) 등이 땅의 경계를 그린 것을 가지고 돌아왔는데, 지도를 살펴보니 백제의 옛 땅을 모두 돌려주도록 하는 것이었습니다. 황하(黃河)가 아직 띠와 같이 되지 않았고 태산(泰山)이 아직 숫돌같이 되지 않았는데, 3~4년 사이에 한 번은 주었다 한 번은 빼앗으니 신라 백성은 모두 본래의 희망을 잃었습니다. 모두 '신라와 백제는 여러 대에 걸친 깊은 원수인데, 지금 백제의 상황을 보자면 따로 한 나라를 세우고 있으니, 백년 뒤에는 자손들이 반드시 그들에게 먹혀 없어지고 것이다. 신라는 이미 중국의 한 주(州)이므로 두 나라로 나누는 것은 합당치 않다. 바라건대 하나의 나라로 만들어 길이 뒷날의 근심이 없게 하자'고 하였습니다. (『三國史記』 7 新羅本紀 7)	
신라 백제	함형 원년 7월에 이르러 당나라 조정에 사신으로 갔던 김흠순(金欽純) 등이 땅의 경계를 그린 것을 가지고 돌아왔는데, 지도를 살펴보니 백제의 옛 땅을 모두 돌려주도록 하는 것이었습니다. 황하(黃河)가 아직 띠와 같이 되지 않았고 태산(泰山)이 아직 숫돌같이 되지 않았는데, 3~4년 사이에 한 번은 주었다 한 번은 빼앗으니 신라 백성은 모두 본래의 희망을 잃었습니다. 모두 '신라와 백제는 여러 대에 걸친 깊은 원수인데, 지금 백제의 상황을 보자면 따로 한 나라를 세우고 있으니, 백년 뒤에는 자손들이 반드시 그들에게 먹혀 없어지고 것이다. 신라는 이미 중국의 한 주(州)이므로 두 나라로 나누는 것은 합당치 않다. 바라건대 하나의 나라로 만들어 길이 뒷날의 근심이 없게 하자'고 하였습니다. (『三國史節要』 10)	
신라 고구려	가을 7월 사찬(沙湌) 수미산(須彌山)을 보내 안승(安勝)을 고구려의 왕으로 봉하였다. 그 책문(冊文)에 말하였다. "함형 원년 경오 가을 8월 1일 신축일에 신라왕은 고구려 사자(嗣子) 안승에게 명령을 내리노라. 공(公)의 태조 중모왕(中牟王)은 덕을 북산(北山)에 쌓고 공을 남해(南海)에 세워 위엄있는 풍모가 청구(靑丘)에 떨쳤고, 어진 가르침이 현도(玄菟)를 덮었다. 자손이 서로 잇고 뿌리와 줄기가 끊어지지 않았으며 땅은 천리를 개척하였고 햇수는 장차 800년이나 되려하였다. 남건과 남산 형제에 이르러서 화가 집안에서 일어나고 틈이 형제간에서 생겨 집안과 나라가 깨지고 없어졌고 종묘와 사직이 없어지게 되었으며 백성들은 동요하여 마음을 의탁할 곳이 없게 되었다. 공은 산과 들에서 위험과 곤란을 피하다가 이웃 나라에 홀몸을 맡겼다. 떠돌아다닐 때의 고생과 고통은 그 자취가 진문공(晉文公)과 같고 망한 나라를 다시 일으켜 세우려 한 것은 그 일이 위후(衛侯)와 같다. 무릇 백성에게는 임금이 없을 수 없고 하늘은 반드시 사람을 돌보아 주심이 있는 것이다. 선왕의 정당한 상속자로는 오직 공이 있을 뿐이니, 제사를 주관하는데 공이 아니면 누가 하겠는가? 삼가 사신 일길찬(一吉湌) 김수미산(金須彌山) 등을 보내 책명을 펼쳐 공을 고구려의 왕으로 삼을지니, 공은 마땅히 남은 백성들을 어루만져 모아 옛 영광을 잇고	

일으켜 영원히 이웃 나라가 되어 형제처럼 섬겨야 할 것이다. 삼가하고 삼가할지어다. 아울러 멥쌀[粳米] 2천 섬과 갑옷을 갖춘 말[甲具馬] 1필, 무늬를 넣은 비단[綾] 5필, 명주와 가는 실로 곱게 짠 베[絹細布] 각 10필, 목화솜[綿] 15칭(稱)을 보내니, 왕은 그것을 받으라."(『三國史記』6 新羅本紀 6)

신라 고구려 | 고구려를 멸망하고 그 나라의 왕손이 환국함으로써 그를 골위(骨位)에 두었다. (『三國遺事』2 紀異 2 文虎王法敏)

신라 고구려 | 8월에 사찬 수미산을 보내 안승을 고구려의 왕으로 책봉하면서 말하였다. "공의 태조 중모왕은 덕을 북산에 쌓고 공을 남해에 세워 위엄있는 풍모가 청구에 떨쳤고, 어진 가르침이 현도를 덮었다. 자손이 서로 잇고 뿌리와 줄기가 끊어지지 않았으며 땅은 천리를 개척하였고 햇수는 장차 800년이나 되려하였다. 남건과 남산 형제에 이르러서 화가 집안에서 일어나고 틈이 형제간에서 생겨 집안과 나라가 깨지고 없어졌고 종묘와 사직이 없어지게 되었으며 백성들은 동요하여 마음을 의탁할 곳이 없게 되었다. 공은 산과 들에서 위험과 곤란을 피하다가 이웃 나라에 홀몸을 맡겼다. 떠돌아다닐 때의 고생과 고통은 그 자취가 진문공과 같고 망한 나라를 다시 일으켜 세우려 한 것은 그 일이 위후와 같다. 무릇 백성에게는 임금이 없을 수 없고 하늘은 반드시 사람을 돌보아 주심이 있는 것이다. 선왕의 정당한 상속자로는 오직 공이 있을 뿐이니, 제사를 주관하는데 공이 아니면 누가 하겠는가. 삼가 사신 김수미산 등을 보내 책명으로 공을 고구려의 왕으로 삼을지니, 공은 마땅히 남은 백성들을 어루만져 모아 옛 영광을 잇고 일으켜 영원히 이웃 나라가 되어 형제처럼 섬겨야 할 것이다. 삼가할지어다. 아울러 멥쌀 2천 섬과 갑옷을 갖춘 말 1필, 무늬를 넣은 비단 5필, 명주와 가는 실로 곱게 짠 베 각 10필, 목화솜 15칭을 보내니, 왕은 그것을 받으라."(『三國史節要』10)

신라 | 가을 9월 신미(辛未) 초하루날에 아즈미노무라지츠라타리(阿曇連頰垂)를 신라에 보냈다. (『日本書紀』27 天智紀)

신라 | 12월에 토성(土星)이 달에 들어갔다. (『三國史記』6 新羅本紀 6)
신라 | 12월에 토성이 달에 들어갔다. (『三國史節要』10)

신라 | 12월 서울에 지진이 일어났다. (『三國史記』6 新羅本紀 6)
신라 | 12월 서울이 지진이 일어났다. (『三國史節要』10)

신라 | 12월 중시(中侍) 지경(知鏡)이 물러났다. (『三國史記』6 新羅本紀 6)
신라 | 12월 중시 지경이 물러났다. (『三國史節要』10)

신라 | 12월 왜국(倭國)이 이름을 바뀌어 일본(日本)이라 하였다. 스스로 말하기를 "해가 뜨는 곳에 가깝기 때문에 이름붙였다"고 하였다. (『三國史記』6 新羅本紀 6)
신라 | 12월 왜국이 이름을 바뀌어 일본이라 하였다. 스스로 말하기를 "해가 뜨는 곳에 가깝기 때문에 이름붙였다"고 하였다. (『三國史節要』10)

신라 | 12월 한성주(漢城州) 총관(摠管) 수세(藪世)가 백제의 △△△△△△△국을 취하고 그 쪽으로 가려다가 일이 발각되어 대아찬(大阿飡) 진주(眞珠)를 보내 목을 베었다[十二 △△△貢書所六 △△僵事同異可]. (『三國史記』6 新羅本紀 6)

신라	촌도전(村徒典)을 문무왕 10년에 두었다. 저간(苴干) 1명, 궁옹(宮翁) 1명, 대척(大尺) 1명, 사(史) 2명이다. (『三國史記』 39 雜志 8 職官 中)
신라	촌도전을 두었다. 저간 1명, 궁옹 1명, 대척 1명, 사 2명이다. (『三國史節要』 10)
신라	또 고역전(尻驛典)을 두었다. 간옹(看翁) 1명, 궁옹(宮翁) 1명이다. (『三國史節要』 10)
신라	고역전은 간옹 1명, 궁옹 1명이다. (『三國史記』 39 雜志 8 職官)

신라 또한 승상(承相) 김양도(金良圖)가 어린 아이일 때 갑자기 입이 붙고 몸이 굳어져서 말을 못하고 움직이지도 못했다. 매양 한 큰 귀신이 작은 귀신을 이끌고 와서 집안의 모든 음식을 다 맛보는 것을 보았다. 무당이 와서 제사를 지내면 곧 무리가 모여서 다투어 희롱하였다. 양도가 비록 물러가라 명령하고자 하여도 입이 말을 할 수 없었다. 부친이 법류사(法流寺)의 이름이 일실된 중에게 와서 경전을 전독하게 청하니 큰 귀신이 작은 귀신에게 명하여서 철퇴로 중의 머리를 쳐서 땅에 거꾸러져 피를 토하고 죽었다. 며칠 후에 사자를 보내 밀본을 맞아오게 하니 사자가 돌아와 말하기를 "밀본법사가 제 청을 받아들여 장차 올 것입니다"라고 하니 귀신들이 그것을 듣고 모두 얼굴빛이 변하였다. 작은 귀신이 말하기를 "법사가 오면 장차 이롭지 못할 것이니 피하는 것이 어떻겠습니까"라고 하자 큰 귀신이 거만을 부리면서 "어찌 해가 있겠는가"라고 하였다. 조금 후에 사방의 대력신(大力神)이 모두 쇠 갑옷과 긴 창을 지니고 와서 귀신들을 잡아 묶어 갔다. 다음으로 무수한 천신(天神)이 둘러싸고 기다렸고, 잠시 후 밀본이 와서 경전을 펴기를 기다리지도 않았는데 그 병이 이제 완치되어 말이 통하고 몸이 풀려서 사건을 온전히 설명하였다. 양도가 이로 인하여 불교를 독실하게 신봉하여 일생동안 태만함이 없었고, 흥륜사(興輪寺) 오당(吳堂)의 주존인 미륵존상과 좌우 보살을 소상으로 만들고 아울러 그 당에 금색 벽화를 채웠다. 밀본은 일찍이 금곡사(金谷寺)에 머물렀다. (『三國遺事』 5 神呪 6 密本摧邪)

고구려 이미 촉한(蜀漢)의 강유(姜維)가 조위(曹魏)에서 난리를 일으켜 다시 성도(成都)를 함락시켰듯이, 수혈(穢穴)에 요사스러운 기운을 길게 늘여 예(穢)의 경계에서 문득 나부끼게 하였다. 이타인(李他仁)은 또 조서를 받들어 부여(夫餘)로 나아가 토벌하고 적의 우두머리를 거듭 베었다. 다시 관대(冠帶)를 올리고 개선해 돌아와 종묘에 고하고 경축하니, 황제가 가상히 여겨 동정원(同正員) 우령군장군(右領軍將軍)으로 승진시켰다. (「李他仁 墓誌銘」;『遠望集』 下; 2015 『高句麗渤海研究』 52)

백제 황제를 참칭(僭稱)하였던 자가 하루아침에 신하임을 칭하니, 이에 대수망(大首望) 수십 명을 이끌고 입조하여 알현하였다. 예군(禰軍)은 특별히 은혜로운 조서를 받아 좌융위낭장(左戎衛郎將)에 제수되었고, 얼마 후 우령군위중랑장(右領軍衛中郎將) 겸 검교웅진도독부사마(檢校熊津都督府司馬)로 발탁되어 옮겼다. 재주는 천리마와 같이 빛났고, 어짊은 백성(百城)의 마음에 부합했다. 황제의 조정에 촛불을 드니 무성한 나무들 사이에서 재능이 드러났고, 궁궐에 달을 거니 계수나무 수풀에 향기가 덮였다. 비단옷을 입고 낮에 다니니 부귀가 바뀜이 없었고, 도적도 밤에 잠드니 키우고 가르침에 도리가 있었다. (「禰軍 墓誌銘」;『社會科學戰線』 2011-7)

671(辛未/신라 문무왕 11/唐 咸亨 2/倭 天智 10)
고구려 봄 정월 정미일(9)에 고려가 상부(上部) 대상(大相) 가루(可婁) 등을 보내 조(調)를

올렸다. (『日本書紀』27 天智紀)

고구려   천지천황 10년 정월 정미일(9) (『類聚國史』93 殊俗部 高麗)

백제   봄 정월 신해일(13)에 백제에 주둔하고 있는 장군 유인원(劉仁願)이 이수진(李守眞) 등을 보내 표를 올렸다. (『日本書紀』27 天智紀)

신라   봄 정월에 이찬(伊湌) 예원(禮元)을 중시(中侍)로 삼았다. (『三國史記』7 新羅本紀 7)

신라   봄 정월에 이찬 예원을 중시로 삼았다. (『三國史節要』10)

신라 백제   봄 정월 군사를 내어 백제를 쳐들어가 웅진 남쪽에서 싸웠는데, 당주(幢主) 부과(夫果)가 죽었다. (『三國史記』7 新羅本紀 7)

신라 백제   봄 정월 왕이 군사를 내어 백제의 전화(田禾)를 손상시키고 마침내 백제인과 웅진 남쪽에서 싸웠는데, 당주 부과가 죽었다. (『三國史節要』10)

신라 백제   취도는 사량부 사람이다. 나마(奈麻) 취복(聚福)의 아들이고 그 성은 소실되었다. 형제는 3명으로 첫째는 부과(夫果)이고 둘째는 취도이며 막내는 핍실(逼實)이었다. (…) 뒤에 함형 2년 신미에 문무왕이 군사를 내어 백제 변경 땅의 벼를 상하게 하였다. 마침내 백제인과 웅진 남쪽에서 싸웠다. 이 때 부과가 당주로 싸우다가 죽었는데, 공을 논함에 첫 번째였다. (…) (『三國史記』47 列傳 7 驟徒)

신라 말갈   봄 정월 말갈 군사가 와서 설구성(舌口城)을 포위하였으나, 이기지 못하였다. 장차 물러가려고 하자 군사를 내어 그것을 쳐서 3백여 명의 목을 베어 죽였다. (『三國史記』7 新羅本紀 7)

말갈 신라   봄 정월 말갈 군사가 와서 설구성을 포위하였으나, 이기지 못하고 물러갔다. 우리가 쫓아가 그것을 쳐서 3백여 명의 목을 베어 죽였다. (『三國史節要』10)

신라 백제   봄 정월 당 군사가 와서 백제를 구원하고자 한다는 소식을 듣고 대아찬(大阿湌) 진공(眞功)과 아찬(阿湌) △△△△를 보내 군사로 옹포(甕浦)를 지키게 하였다. / 흰 물고기가 뛰어 들어갔는데, △△△△△△△△△△ 한 치(寸)였다. (『三國史記』7 新羅本紀 7)

신라 백제   봄 정월 왕이 당 군사가 와서 백제를 구원하고자 한다는 소식을 듣고 대아찬 진공 등을 보내 옹포를 지키게 하였다. (『三國史節要』10)

백제   봄 정월 이 달에 대금하(大錦下)를 좌평(佐平) 여자신(餘自信)·사택소명(沙宅紹明)[법관대보(法官大輔)이다]에게, 소금하(小錦下)를 귀실집사(鬼室集斯)[학직두(學職頭)이다]에게, 대산하(大山下)를 달솔(達率) 곡나진수(谷那晉首)[병법(兵法)에 익숙하다]·목소귀자(木素貴子)[병법에 익숙하다]·억례복류(憶禮福留)[병법에 익숙하다]·답발춘초(答㶱春初)[병법에 익숙하다]·발일비자찬파라김라김수(㶱日比子贊波羅金羅金須)[약(藥)을 안다]·귀실집신(鬼室集信)[약을 안다]에게, 소산상(小山上)을 달솔 덕정상(德頂上)[약을 안다]·길대상(吉大尙)[약을 안다]·허솔모(許率母)[5경에 밝다]·각복모(角福牟)[음양에 익숙하다]에게, 소산하(小山下)를 다른 달솔(達率) 등 50여 인에게 제수했다. 동요에 "귤의 열매는 각각 다른 가지에 열리나 구슬로 삼아 실에 꿸 때는 같은 한 실로 꿴다"라는 것이 있다. (『日本書紀』27 天智紀)

백제   2월 무진(戊辰) 초하루 경인일(23)에 백제에서 대구용선(臺久用善) 등을 보내 조(調)

를 올렸다. (『日本書紀』27 天智紀)

신라	여름 4월에 흥륜사(興輪寺) 남문(南門)에 벼락이 쳤다. (『三國史記』7 新羅本紀 7)
신라	여름 4월에 흥륜사 남문에 벼락이 쳤다. (『三國史節要』10)

백제　　　6월 병인(丙寅) 초하루, 기사일(4)에 백제의 3부(部) 사인(使人)이 청한 군사에 대해 선언하였다. (『日本書紀』27 天智紀)

백제　　　6월 경진일(15)에 백제에서 예진자(羿眞子) 등을 보내 조(調)를 올렸다. (『日本書紀』 27 天智紀)

신라　　　6월에 장군(將軍) 죽지(竹旨) 등을 보내 군사를 거느리고 백제 가림성(加林城)의 벼를 상하게 하였다. 마침내 당 군사와 석성(石城)에서 싸워 5천 3백 명의 목을 베고, 백제 장군 2명과 당의 과의(果毅) 6명을 포로로 잡았다. (『三國史記』7 新羅本紀 7)

신라　　　6월에 왕이 장군 죽지 등을 보내어 군사를 거느리고 백제 가림성(加林城)의 전화(田禾)를 상하게 하였다. 마침내 당 군사와 석성(石城)에서 싸워 5천 3백 명의 목을 베고, 백제 장군 2명과 당의 과의(果毅) 6명을 포로로 잡았다. (『三國史節要』10)

신라　　　이 달(6월)에 신라에서 사신을 보내 조(調)를 올렸다. 따로 물소 1마리, 산닭(山鷄) 1마리를 바쳤다. (『日本書紀』27 天智紀)

고구려　　가을 7월 을미 초하루 날에 고간이 고려의 남은 무리를 안시성(安市城)에서 깨뜨렸다. (『資治通鑑』202 唐紀 18 高宗)

고구려　　『신당서』고려전에 전한다. "함형 2년 7월 을미 초하루 날에 고간이 그들을 안시성에서 깨뜨렸다." (『玉海』191 兵捷 兵捷 露布 3 唐遼東道行臺大摠管李勣俘高麗 獻俘昭陵 檄高麗 含元殿數俘)

고구려　　가을 7월 고간이 고구려의 남은 무리를 안시성에서 깨뜨렸다. (『三國史節要』10)

고구려　　함형 초(670~674)에 고종이 동도(東都)를 순행하였다. 황태자는 수도에서 감국(監國)하였는데, 시신(侍臣) 대지덕(戴至德)·장문관(張文瓘) 등을 다 남게 하여 태자를 보좌하게 하였고, 홀로 처준(處俊)만이 따랐다. 이 때 동주도총관(東州道總管) 고간(高侃)이 안시성(安市城)에 있는 고려의 남은 무리를 깨뜨렸으며 고려 승려의 말 중에 중국에 재이가 있을 것이라고 하였는데 그를 주살할 것을 청하였다. 황제가 처준에게 말하였다. "짐은 군주가 된 자는 천하의 눈으로 보고 천하의 귀로써 들을 것을 들었다. 개 넓게 듣고 보고자 하는 것이다. 또 하늘이 재이를 내려 임금을 경계하고자 하는 까닭이니 그 변이 진실로 그렇다 하더라도 그 말을 한 것이 무슨 죄인가. 그 일은 반드시 허구이며 그것을 듣는 자는 족히 스스로 경계하여 순이 방목(謗木)을 세운 것은 좋음이 있기 때문으로 천하의 입을 재갈 메우는 것은 가한가. 이것은 죄를 더하기는 부족하니 특별히 그를 사면하라." (『舊唐書』84 列傳 34 郝處俊)

고구려　　안순이 검모잠을 죽이고 신라로 달아났다. 고간은 도호부(都護府)의 치소를 요동주(遼東州)로 옮기고, 반란군을 안시성에서 격파하였다. (『新唐書』220 列傳 145 東夷 高麗)

백제　　　가을 7월 병신(丙申) 초하루, 병오일(11)에 당나라 사람 이수진(李守眞) 등이 백제의 사인(使人) 등과 아울러 일을 마치고 돌아갔다. (『日本書紀』27 天智紀)

가을 7월 26일에 당나라 총관(摠管) 설인귀(薛仁貴)가 임윤법사(琳潤法師)에게 편지를 맡겨 보냈다. 그 내용은 아래와 같다. "행군총관(行軍總管) 설인귀(薛仁貴)는 신라 왕께 편지를 바칩니다. 맑은 바람 만리 길, 큰 바다 삼천리를 황제의 명령으로 약속이 있어서 이 땅에 왔습니다. 삼가 듣건대 왕께서는 삿된 마음을 조금 움직여서 변경의 성들에 무력(武力)을 쓴다고 하는데, 유야(由也)의 한 마디 말을 저버린 것이요, 후생(侯生)의 한 번 허락을 잃으신 것입니다. 형은 역적의 우두머리가 되고 아우는 충신이 되어 꽃과 꽃받침의 그늘이 크게 벌어지고 서로 그리워하는 달이 헛되이 비추는 것과 같습니다. 이런 저런 것을 말하면 실로 한숨과 탄식만 더할 뿐입니다. 선왕(先王) 개부(開府)께서는 한 나라의 다스림을 꾀하시고 나라 안의 모든 지역의 일들로 밤잠을 이루지 못하였습니다. 서쪽으로는 백제의 침략을 두려워하고 북쪽으로는 고구려의 노략질을 경계하였으나, 천리 땅 곳곳에서 여러 차례 다툼이 있어서 누에치는 아낙네는 제때에 뽕잎을 따지 못하고 농사짓는 농부는 밭 갈 시기를 잃었습니다. 선왕께서는 나이가 예순이 거의 되어 해가 지는 만년임에도 배타고 바다를 건너는 위험을 두려워하지 않으시고 멀리 양후(陽侯)의 험난함을 건너서 마음을 중국 땅에 기울여서 천자가 계신 대궐 앞에 머리를 조아리고 외롭고 약함을 모두 늘어 놓았으며, 고구려와 백제의 침략을 명확하게 말하여 마음 속에 품은 것은 모두 드러내었으니, 듣는 사람이 슬픔을 이길 수가 없었습니다. 태종문황제(太宗文皇帝)는 기개가 천하에서 으뜸이고 정신은 우주에 왕성하여 반고(盤古)가 아홉 번을 변화하고 거령(巨靈)이 손바닥을 한 번 씀과 같았습니다. 쓰러지는 자를 떠받치고 약한 사람을 구원하기에 날마다 쉼이 없어서 선왕을 애처롭게 여겨 받아들이고 그 요청한 바를 가엾게 생각하여 들어주었으며, 가벼운 수레와 날쌘 말, 아름다운 옷과 좋은 약으로 하루 동안에도 자주 만나 특별한 대우를 하였습니다. 선왕께서도 또한 이러한 은혜를 입고서 마주쳐 군사를 내어 떨치니 그 맞음이 물고기가 물을 만남과 같았고 쇠와 돌에 새긴 것보다 분명하였습니다. 봉황 자물쇠 1천 겹과 학 대문 1만 호(戶)되는 궁궐에서 연이어 머물며 술을 마시고 금빛으로 빛나는 대궐의 계단에서 웃고 이야기하면서 군사문제를 함께 의논하여 기일을 정해 응원하기로 하고 하루 아침에 군사를 크게 일으켜서 바다와 육지에서 날카로운 기세를 떨쳤습니다. 이 때에 변방의 풀에 꽃이 피고 느릅나무에 새 열매가 맺혔습니다. 지난 번 황제께서 직접 참여하신 전투에서 문제(文帝)께서 몸소 나가 백성들을 안부를 묻고 불쌍한 사람을 진휼하였으니, 이는 의로움이 깊음을 보여주신 것입니다. 얼마 뒤에 산과 바다가 모양을 바꾸고 해와 달이 빛을 잃은 후에 성인(聖人)께서 계승하셨고 왕께서도 또한 가업(家業)을 잇게 되었습니다. 서로 바위와 칡처럼 의지하여 토벌하는 군사를 함께 일으켜서 무기를 깨끗이 하고 말을 훈련시켰으니, 이는 모두 선인(先人)들의 뜻을 따른 것이었습니다. 수십 년이 지나 중국은 피로하였으나, 천자의 곳간은 때때로 열려 곡식과 풀을 날라 날마다 대주었습니다. 조그만 신라 땅 때문에 중국의 군사를 일으켜 이익됨이 적고 쓸모없음에 애쓰게 되었으니, 어찌 그칠 줄을 몰랐겠습니까마는 선군(先君)의 신의를 잃을까를 두려워했던 것입니다. 지금은 강한 적이 이미 없어졌고 원수와 같은 사람들은 나라를 잃게 되어 군사와 말과 재물을 왕이 또한 가졌으니, 마땅히 마음과 힘을 다른 데에 옮기지 말고, 안과 바깥이 서로 의지하여 병기를 녹이고 허술한 곳을 변화시켜 자연스럽게 후손에게 좋은 방책을 전해 주고 자손을 현명하게 도와주면, 훌륭한 역사가가 이를 칭찬할 것이니 어찌 아름답지 않겠습니까. 지금 왕께서는 편안히 할 수 있는 터전을 버리고 떳떳하고 정당한 방책을 지키기를 꺼리어, 멀리는 천자의 명령을 어기고 가깝게는 아버지의 말씀을 저버리고서 천시(天時)를 마음대로 해치고 이웃 나라와의 우호를 어기고 속이면서 한쪽 모퉁이 땅 구석진 곳에서 집집마다 군사를 징발하고 해마다 무기를 들어 과부들이 군량의 수레를 끌고 어린 아이가 둔전(屯田)을 경작하니, 지키려 해도 버틸 수 없고 나아가려 해도 겨루지 못합니다. 얻은 것으로 없어진 것을 보충하고자 하였으나 크고 작음이 같지 않고 어긋남과 따름이 뒤바뀌었으니, 활을 당겨 나아가면서 발 앞의 마른 우물에 빠질 줄을 모르고 사마귀가 매미를 잡으려고 나아가면서 참새가 자기를 노리고 있음을 알지 못하는 것과 같습니다. 왕께서는 이를 헤아리지 못하고 있습니다. 선왕께서는 살아 계실 때 일찍이 천자의 은혜를 입었으나 마음 속으로 바르지 못한 생각을 품고서 거짓으로 정성스런 예절을 나타내어 자신의 사욕(私欲)을 좇아 천자의 지극한 공적을 탐하여 구차하게 앞에서는 은혜를 바라고 뒤에 가서 반역을 도모한 것이라면, 이는 선왕을 받드는 것이 아닙니다. 반드시 황하의 물이 띠처럼 될 때와 같이 충성을 다하겠다는 서약 을 지키고 의리와 분수를 서리발 처럼 지켰어야 하는데, 임금의 명령을 어기었으니 불충(不忠)이요 아버지의 마음을 배신하였으니 불효(不孝)이므로, 한 몸에 이 두 가지 이름을 쓰고서 어찌 스스로 편안할 수 있겠습니까. 왕의 부자(父子)가 하루 아침에 떨쳐 일어나게 된 것은 모두 천자의 마음이 멀리까지 미치고 위엄과 힘이 서로 도와서 그렇게 된 것입니다. 무릇 주(州)와 군(郡)이 연이어 혼란스러워지자, 이를 따라 거듭 책명을 받고서 신하라 칭하고는 앉아서 경서(經書)를 읽고 시(詩)와 예(禮)를 자세히 익혔습니다. 의리를 듣고도 따르지 않고 착함을 보고도 가볍게 여기며, 권모술수의 말을 듣고서 눈과 귀의 혼을 번거롭게 하면 높은 가문의 기틀을 소홀히 하게 되고 귀신들이 엿보는 꾸짖음을 끌어들이게 될 것입니다. 선왕의 뛰어난 위업을 계승한다고 하면서 다른 생각을 품고, 안으로는 의심스러운 신하를 없애고 밖으로는 강한 군대를 불러들였으니 어찌 지혜롭다 할 수 있겠습니까. 또한 고구려 안승(安勝)은 나이 아직 어리고 남아 있는 고을과 성읍에는 사람이 반으로 줄어 스스로 어떻게 해야 할 지 의심을 품고서 나라를 맡을 무거운 뜻을 감당하지 못하고 있습니다. 인귀(仁貴)는 누선(樓船)에 돛을 활짝 펴서 달고 깃발을 휘날리며 북쪽 해안을 순시할 때, 그가 지난 날에 활에 상한 새의 신세인 것을 불쌍히 여겨 차마 공격하지 않았습니다. 그런데 바깥의 응원 세력이라고 여겼으니 이것은 어떤 잘못입니까. 황제의 은혜와 혜택은 끝이 없고 어진 풍모는 멀리 미쳐 사랑은 햇볕처럼 따뜻하고 빛남은 봄꽃과 같았습니다. 황제가 멀리서 이런 소식을 들으시고도 쉽게 믿지 않으시고 이에 신(臣)에게 명령하여 가서 사정을 살펴보라고 하셨습니다. 그러나 왕께서는 사신을 보내 서로 묻지도 않고 소를 잡고 술을 빚어 우리 군사를 먹이지도 않으며, 마침내 낮은 언덕에 군사를 숨기고 강어귀에 무기를 감추어 벌레처럼 숲 사이에서 다니고 무성한 언덕에서 숨차게 기어올라 몰래 후회할 칼날을 내었지만 버틸 기세가 없었습니다. 대군이 아직 출발하기 전에 작고 날쌘 군대가 행렬을 갖추어 바다를 바라보고 강에 뜨자 물고기도 놀라고 새도 도망하였습니다. 이러한 형세로 보면 사람이 해야 할 일을 가히 구할 수 있을 것이니, 미혹에 빠져 날뛰기를 바라건대 그칠 줄 아십시오. 무릇 큰 일을 이루려는 사람은 작은 이익을 탐내지 않고 고상한 절의를 지키려는 사람은 뛰어난 행실에 의지함이니, 반드시 난새와 봉황도 길들이지 않으면 승냥이와 이리 같은 엿보는 마음이 일어나게 되는 것입니다. 고장군(高將軍)의 중국인 기병과 이근행(李謹行)의 변방 군사, 오(吳)·초(楚) 지방의 수군, 유주(幽州)·병주(幷州)의 사나운 군사가 사방에서 구름처럼 모여들어 배를 나란히 하고 내려가 험한 곳에 의지하여 요새를 쌓고 [왕의] 땅을 개간하여 농사를 짓는다면 이는 왕에게는 가슴에 남는 병이 될 것입니다. 왕께서 만약 피로한 자들에게 노래 부르게 하고 잘못된 일을 바로 잡으려면, 그 이유를 모두 논하고 이런 저런 점을 분명하게 밝히십시오. 인귀는 일찍이 임금의 수레를 함께 탔고 직접 위임을 받들었으니 이러한 일을 기록하여 보고한다면 일이 반

드시 잘 해결될 것인데, 어찌하여 초조해 하며 스스로 머뭇거립니까. 오호라. 옛날
에는 충성스럽고 의롭더니 지금은 역적의 신하가 되었습니다. 처음에 잘하다가 끝에
가서는 나빠진 것이 한스럽고, 근본은 같았는데 끝이 달라진 것이 원망스럽습니다.
바람은 높고 날씨는 추워져 잎은 떨어지고 세월은 슬픈데, 산에 올라 멀리 바라보니
상처만 마음에 남게 됩니다. 왕께서는 지혜가 깨끗하고 밝으시며 위풍과 정신이 맑
고 수려하시니, 겸손한 뜻으로 돌아가 도를 따르는 마음을 가지신다면, 제사를 제때
에 받을 것이요 사직이 바뀌지 않게 될 것이니, 길함을 가려 복을 받을 것이 왕에게
는 좋은 계책입니다. 삼엄한 싸움 중에도 사신은 다니는 법이므로, 이제 왕의 승려
인 임윤(琳潤)을 시켜 편지를 가져가게 하면서 한두 가지 생각을 폅니다."(『三國史
記』 7 新羅本紀 7)

신라 백제 고구려
가을 7월 당나라 총관 설인귀가 승려 임윤을 보내 왕에 편지를 바치게 하고 말하였
다. "신라왕은 맑은 바람 만리 길, 큰 바다 삼천리를 황제의 명령으로 약속이 있어
서 이 땅에 왔습니다. 삼가 듣건대 왕께서는 삿된 마음을 조금 움직여서 변경의 성
들에 무력을 쓴다고 하는데, 유야(由也)의 한 마디 말을 저버린 것이요, 후생(侯生)
의 한 번 허락을 잃으신 것입니다. 형은 역적의 우두머리가 되고 아우는 충신이 되
어 꽃과 꽃받침의 그늘이 크게 벌어지고 서로 그리워하는 달이 헛되이 비추는 것과
같습니다. 이런 저런 것을 말하면 실로 한숨과 탄식만 더할 뿐입니다. 선왕(先王) 개
부(開府)께서는 한 나라의 다스림을 꾀하시고 나라 안의 모든 지역의 일들로 밤잠을
이루지 못하였습니다. 서쪽으로는 백제의 침략을 두려워하고 북쪽으로는 고구려의
노략질을 경계하였으나, 천리 땅 곳곳에서 여러 차례 다툼이 있어서 누에치는 아낙
네는 제때에 뽕잎을 따지 못하고 농사짓는 농부는 밭 갈 시기를 잃었습니다. 선왕께
서는 나이가 예순이 거의 되어 해가 지는 만년임에도 배타고 바다를 건너는 위험을
두려워하지 않으시고 멀리 양후(陽侯)의 험난함을 건너서 마음을 중국 땅에 기울여
서 천자가 계신 대궐 앞에 머리를 조아리고 외롭고 약함을 모두 늘어놓았으며, 고구
려와 백제의 침략을 명확하게 말하여 마음 속에 품은 것은 모두 드러내었으니, 듣는
사람이 슬픔을 이길 수가 없었습니다. 태종문황제(太宗文皇帝)는 기개가 천하에서
으뜸이고 정신은 우주에 왕성하여 반고(盤古)가 아홉 번을 변화하고 거령(巨靈)이
손바닥을 한 번 씀과 같았습니다. 쓰러지는 자를 떠받치고 약한 사람을 구원하기에
날마다 쉼이 없어서 선왕을 애처롭게 여겨 받아들이고 그 요청한 바를 가엾게 생각
하여 들어주었으며, 가벼운 수레와 날쌘 말, 아름다운 옷과 좋은 약으로 하루 동안
에도 자주 만나 특별한 대우를 하였습니다. 선왕께서도 또한 이러한 은혜를 입고서
마주쳐 군사를 내어 떨치니 그 맞음이 물고기가 물을 만남과 같았고 쇠와 돌에 새
긴 것보다 분명하였습니다. 봉황 자물쇠 1천 겹과 학 대문 1만 호(戶)되는 궁궐에서
연이어 머물며 술을 마시고 금빛으로 빛나는 대궐의 계단에서 웃고 이야기하면서
군사문제를 함께 의논하여 기일을 정해 응원하기로 하고 하루 아침에 군사를 크게
일으켜서 바다와 육지에서 날카로운 기세를 떨쳤습니다. 이 때에 변방의 풀에 꽃이
피고 느릅나무에 새 열매가 맺혔습니다. 지난 번 황제께서 직접 참여하신 전투에서
문제(文帝)께서 몸소 나가 백성들을 안부를 묻고 불쌍한 사람을 진휼하였으니, 이는
의로움이 깊음을 보여주신 것입니다. 얼마 뒤에 산과 바다가 모양을 바꾸고 해와 달
이 빛을 잃은 후에 성인(聖人)께서 계승하셨고 왕께서도 또한 가업(家業)을 잇게 되
었습니다. 서로 바위와 칡처럼 의지하여 토벌하는 군사를 함께 일으켜서 무기를 깨
끗이 하고 말을 훈련시켰으니, 이는 모두 선인(先人)들의 뜻을 따른 것이었습니다.
수십 년이 지나 중국은 피로하였으나, 천자의 곳간은 때때로 열려 곡식과 풀을 날라
날마다 대주었습니다. 조그만 신라 땅 때문에 중국의 군사를 일으켜 이익됨이 적고

쓸모없음에 애쓰게 되었으니, 어찌 그칠 줄을 몰랐겠습니까마는 선군(先君)의 신의를 잃을까를 두려워했던 것입니다. 지금은 강한 적이 이미 없어졌고 원수와 같은 사람들은 나라를 잃게 되어 군사와 말과 재물을 왕이 또한 가졌으니, 마땅히 마음과 힘을 다른 데에 옮기지 말고, 안과 바깥이 서로 의지하여 병기를 녹이고 허술한 곳을 변화시켜 자연스럽게 후손에게 좋은 방책을 전해 주고 자손을 현명하게 도와주면, 훌륭한 역사가가 이를 칭찬할 것이니 어찌 아름답지 않겠습니까. 지금 왕께서는 편안히 할 수 있는 터전을 버리고 떳떳하고 정당한 방책을 지키기를 꺼리어, 멀리는 천자의 명령을 어기고 가깝게는 아버지의 말씀을 저버리고서 천시(天時)를 마음대로 해치고 이웃 나라와의 우호를 어기고 속이면서 한쪽 모퉁이 땅 구석진 곳에서 집집마다 군사를 징발하고 해마다 무기를 들어 과부들이 군량의 수레를 끌고 어린 아이가 둔전(屯田)을 경작하니, 지키려 해도 버틸 수 없고 나아가려 해도 겨루지 못합니다. 얻은 것으로 없어진 것을 보충하고자 하였으나 크고 작음이 같지 않고 어긋남과 따름이 뒤바뀌었으니, 활을 당겨 나아가면서 발 앞의 마른 우물에 빠질 줄을 모르고 사마귀가 매미를 잡으려고 나아가면서 참새가 자기를 노리고 있음을 알지 못하는 것과 같습니다. 왕께서는 이를 헤아리지 못하고 있습니다. 선왕께서는 살아 계실 때 일찍이 천자의 은혜를 입었으나 마음 속으로 바르지 못한 생각을 품고서 거짓으로 정성스런 예절을 나타내어 자신의 사욕(私欲)을 좇아 천자의 지극한 공적을 탐하여 구차하게 앞에서는 은혜를 바라고 뒤에 가서 반역을 도모한 것이라면, 이는 선왕을 받드는 것이 아닙니다. 반드시 황하의 물이 띠처럼 될 때와 같이 충성을 다하겠다는 서약을 지키고 의리와 분수를 서리발 처럼 지켰어야 하는데, 임금의 명령을 어기었으니 불충(不忠)이요 아버지의 마음을 배신하였으니 불효(不孝)이므로, 한 몸에 이 두 가지 이름을 쓰고서 어찌 스스로 편안할 수 있겠습니까. 왕의 부자(父子)가 하루 아침에 떨쳐 일어나게 된 것은 모두 천자의 마음이 멀리까지 미치고 위엄과 힘이 서로 도와서 그렇게 된 것입니다. 무릇 주(州)와 군(郡)이 연이어 혼란스러워지자, 이를 따라 거듭 책명을 받고서 신하라 칭하고는 앉아서 경서(經書)를 읽고 시(詩)와 예(禮)를 자세히 익혔습니다. 의리를 듣고도 따르지 않고 착함을 보고도 가볍게 여기며, 권모술수의 말을 듣고서 눈과 귀의 혼을 번거롭게 하면 높은 가문의 기틀을 소홀히 하게 되고 귀신들이 엿보는 꾸짖음을 끌어들이게 될 것입니다. 선왕의 뛰어난 위업을 계승한다고 하면서 다른 생각을 품고, 안으로는 의심스러운 신하를 없애고 밖으로는 강한 군대를 불러들였으니 어찌 지혜롭다 할 수 있겠습니까. 또한 고구려 안승(安勝)은 나이 아직 어리고 남아 있는 고을과 성읍에는 사람이 반으로 줄어 스스로 어떻게 해야 할 지 의심을 품고서 나라를 맡을 무거운 뜻을 감당하지 못하고 있습니다. 인귀(仁貴)는 누선(樓船)에 돛을 활짝 펴서 달고 깃발을 휘날리며 북쪽 해안을 순시할 때, 그가 지난 날에 활에 상한 새의 신세인 것을 불쌍히 여겨 차마 공격하지 않았습니다. 그런데 바깥의 응원 세력이라고 여겼으니 이것은 어떤 잘못입니까? 황제의 은혜와 혜택은 끝이 없고 어진 풍모는 멀리 미쳐 사랑은 햇볕처럼 따뜻하고 빛남은 봄꽃과 같았습니다. 〔황제가〕 멀리서 이런 소식을 들으시고도 쉽게 믿지 않으시고 이에 신(臣)에게 명령하여 가서 사정을 살펴보라고 하셨습니다. 그러나 왕께서는 사신을 보내 서로 묻지도 않고 소를 잡고 술을 빚어 우리 군사를 먹이지도 않으며, 마침내 낮은 언덕에 군사를 숨기고 강어귀에 무기를 감추어 벌레처럼 숲 사이에서 다니고 무성한 언덕에서 숨차게 기어올라 몰래 후회할 칼날을 내었지만 버틸 기세가 없었습니다. 대군이 아직 출발하기 전에 작고 날쌘 군대가 행렬을 갖추어 바다를 바라보고 강에 뜨자 물고기도 놀라고 새도 도망하였습니다. 이러한 형세로 보면 사람이 해야 할 일을 가히 구할 수 있을 것이니, 미혹에 빠져 날뛰기를 바라건대 그칠 줄 아십시오. 무릇 큰 일을 이루려는 사람은 작은 이익을 탐내지 않고 고상한 절의를 지켜려는 사람은 뛰어난 행실에 의지함이니, 반드시 난새와 봉황도 길들이지 않으면 승냥이와 이리 같은 엿보는 마음이 일어나게 되는 것입니다. 고장군(高將軍)의 중국인 기병과 이근행(李謹行)의 변방 군사, 오(吳)·초(楚) 지방의 수군, 유주(幽州)·병주(幷州)의 사나운 군사가 사방에서 구름처럼 모여들어 배를 나란히 하고 내려가 험한 곳에 의지하여 요새를 쌓고 [왕의] 땅을 개간하여 농사를 짓는다면 이는 왕에게는 가슴에 남는 병이 될 것입니다. 왕께서 만약 피로한 자들에게 노래 부르게 하고 잘못된 일을 바로 잡으려면, 그 이유를 모두 논하고 이런 저런 점을 분명하게 밝히십시오. 인귀는 일찍이 임금의 수레를 함께 탔고 직접 위임을 받들었으니 이러한 일을 기록하여 보고한다면 일이 반드시 잘 해결될 것인데, 어찌하여 초조해 하며 스스로 머뭇거립니까. 오호라. 옛날에는 충성스럽고 의롭더니 지금은 역적의 신하가 되었습니다! 처음에 잘하다가 끝에 가서는 나빠진 것이 한스럽고, 근본은 같았는데 끝이 달라진 것이 원망스럽습니다. 바람은 높고 날씨는 추워져 잎은 떨어지고 세월은 슬픈데, 산에 올라 멀리 바라보니 상처만 마음에 남게 됩니다. 왕께서는 지혜가 깨끗하고 밝으시며 위풍과 정신이 맑고 수려하시니, 겸손한 뜻으로 돌아가 도를 따르는 마음을 가지신다면, 제사를 제때에 받을 것이요 사직이 바뀌지 않게 될 것이니, 길함을 가려 복을 받을 것이 왕에게는 좋은 계책입니다. 삼엄한 싸움 중에도 사신은 다니는 법이므로, 이제 왕의 승려인 임윤(琳潤)을 시켜 편지를 가져가게 하면서 한두 가지 생각을 폅니다."(『三國史節要』 10)

신라 고구려 백제

가을 7월 26일 대왕이 설인귀(薛仁貴)의 편지에 답하여 말하였다. "선왕께서 정관(貞觀) 22년(648)에 중국에 들어가 태종문황제를 직접 뵙고서 은혜로운 칙명을 받았는데, '내가 지금 고구려를 치는 것은 다른 이유가 아니라, 너희 신라가 두 나라 사이에 끌림을 당해서 매번 침략을 당하여 편안할 때가 없음을 가엽게 여기기 때문이다. 산천과 토지는 내가 탐내는 바가 아니고 보배와 사람들은 나도 가지고 있다. 내가 두 나라를 바로 잡으면 평양(平壤) 이남의 백제 땅은 모두 너희 신라에게 주어 길이 편안하게 하겠다' 하시고는 계책을 내려주시고 군사 행동의 약속을 주셨습니다. 신라 백성들은 모두 은혜로운 칙명을 듣고서 사람마다 힘을 기르고 집집마다 쓰이기를 기다렸습니다. 그러나 큰 일이 끝나기 전에 문제(文帝)께서 먼저 돌아가시고 지금 황제께서 즉위하셔서 지난날의 은혜를 계속 이어나가셨는데, 자못 인자함을 자주 입어 지난날보다 지나침이 있었습니다. 저희 형제와 아들들이 금인(金印)을 품고 자주색 인끈을 달게 되어 영예와 은총의 지극함이 전에 없었던 것이라서 몸이 부스러지고 뼈가 잘게 부셔져도 모두 부리시는데 쓰임이 되기를 바랐으며, 간과 뇌를 들판에 발라서라도 은혜의 만 분의 일이라도 갚고자 하였습니다. 현경(顯慶) 5년에 이르러 성상(聖上)께서는 선왕(先王)의 뜻이 끝나지 않았음을 유감으로 여기시고 지난날에 남겨둔 실마리를 풀고자 배를 띄우고 장수에게 명령하여 수군(水軍)을 크게 일으키셨습니다. 선왕께서는 연세가 많으시고 힘이 쇠약해져서 군사를 이끌기 어려웠으나 이전의 은혜를 좇아 생각하셔서 힘써 국경에 이르러서 저를 보내어 군사를 이끌고 대군을 맞이하게 하였습니다. 동서가 서로 화합하고 수군과 육군이 모두 나아갔습니다. 수군(水軍)이 겨우 백강(白江) 어구에 들어섰을 때 육군은 이미 큰 적을 깨뜨려서 두 부대가 같이 [백제의] 왕도에 이르러 함께 한 나라를 평정하였습니다. 평정한 뒤에 선왕께서는 드디어 대총관(大摠管) 소정방(蘇定方)과 의논하여 중국 군사 1만 명을 남아 있게 하고 신라도 또한 아우 인태(仁泰)를 보내 군사 7천 명을 이끌고서 함께 웅진에 머무르게 하였습니다. 대군이 돌아간 뒤 적신(賊臣)인 복신(福信)이 강의 서쪽에서 일어나 남은 무리들을 모아서 웅진도독부성(熊津都督府城)을 에워싸고 핍박하였는데, 먼저 바깥 성책을 깨뜨려서 군량을 모두 **빼**앗아가고 다시 부성(府城)을 공격하여 얼마 안되어 함락되게 되었습니다. 또한 부성의 가까운 네 곳에 성을 쌓고 둘러싸고 지켰으므로, 이에 부성은 거의 출입할 수도 없었습니다. 제가 군사를 이끌고 나아가 포위를 풀고 사방에 있는 적의 성들을 모두 깨뜨려서 먼저 그 위급함을 구하였습니다. 다시 식량을 날라서 마침내 1만 명의 중국 병사들이 호랑이에게 잡혀 먹힐 위기를 벗어나도록 하였으며, 머물러 지키고 있던 굶주린 군사들이 자식을 바꿔서 서로 잡아먹는 일이 없도록 하였습니다. [현경] 6년에 이르러서는 복신의 무리들이 점점 많아지고 강의 동쪽 땅을 침범하여 **빼**앗았으므로, 웅진의 중국 군사 1천 명이 적의 무리들을 치러 갔다가 적에게 깨뜨림을 당하여 한 사람도 돌아오지 못하였습니다. 싸움에 패한 뒤부터 웅진에서 군사를 요청함이 밤낮 동안 계속되었는데, 신라에는 많은 전염병이 돌아 군사와 말을 징발할 수가 없었음에도 불구하고 어렵게 요청하는 것을 어기기 어려워 드디어 군사를 일으켜 주류성(周留城)을 포위하러 갔습니다. 적이 우리 군사가 적음을 알고 곧 와서 공격하여 군사와 말을 크게 잃고서 이득없이 돌아오게 되자 남쪽의 여러 성들이 한꺼번에 모두 배반하여 복신에게 속하였습니다. 복신은 승세를 타고 다시 부성을 둘러쌓으므로, 이 때문에 웅진은 길이 끊겨서 소금과 간장이 떨어지게 되었습니다. 이에 곧 건장한 남자들을 모집하여 몰래 소금을 보내 곤경을 구원하였습니다. 6월에 이르러서 선왕께서 돌아가셨습니다. 장례는 겨우 끝났으나 상복(喪服)을 벗지도 못하였으므로 구원 요청에 응하여 달려갈 수 없었지만, 칙명을 내려 군사를 일으켜 북쪽으로 보내라고 하였습니다. 함자도총관(含資道摠管) 유덕민(劉德敏) 등이 이르러서 칙명을 받드니 '신라를 보내 평양에 군량을 나르라'고 하셨습니다. 이때 웅진에서는 사람을 보내와 부성이 고립되고 위태로운 사정을 자세히 말하였습니다. 유총관이 저와 상의하였는데, 제가 '만약 먼저 평양으로 군량을 보낸다면 웅진으로 통하는 길이 끊어질까 두렵다. 만약 웅진으로 가는 길이 끊어진다면 남아 지키던 중국 군사는 곧 적의 손에 들어가게 될 것이다.'라 하였습니다. 유총관이 마침내 저와 함께 좇아서 먼저 옹산성(甕山城)을 쳐서 옹산을 **빼**앗고 웅진에 성을 쌓아 웅진으로 가는 길을 통하게 하였습니다. 12월에 이르러 웅진의 양식이 떨어지게 되었습니다. 먼저 웅진에 양식을 나르자니 황제의 뜻을 어길까 두렵고, 만약 평양으로 군량을 수송한다면 웅진의 양식이 떨어질까 두려웠습니다. 그런 까닭으로 늙고 약한 자를 **뽑**아 보내 웅진으로 양식을 나르게 하고 건장하고 날랜 군사들은 평양으로 향하도록 하였습니다. 웅진에 양식을 수송하러 간 사람들은 가는 길에 눈을 만나 사람과 말들이 모두 죽어 1백 명 중 한 명도 돌아오지 못하였습니다. 용삭(龍朔) 2년 정월에 이르러서 유총관은 신라의 양하도(兩河道) 총관 김유신 등과 함께 평양으로 군량을 운송했습니다. 당시는 궂은 비가 한 달 이상 이어지고 눈보라가 치는 등 날씨가 몹시 추워서 사람과 말이 얼어 죽었으므로, 가져갔던 군량을 모두 보낼 수 없었습니다. 평양의 대군이 또 돌아가려고 하였고 신라 병사와 말의 양식도 다 떨어졌으므로 또한 돌아왔습니다. 병사들은 굶주리고 추위에 떨어 손발이 얼고 상해서 길에서 죽은 사람이 이루 다 헤아릴 수 없었습니다. 행렬이 호로하(瓠瀘河)에 이르자 고구려 군사와 말이 막 뒤를 쫓아와서 강 언덕에 군영을 나란히 쳤습니다. 신라 군사들은 피로하고 굶주린 날이 오래되었지만 적이 멀리까지 쫓아올까 두려워서 적이 미처 강을 건너기 전에 먼저 강을 건너 싸웠는데, 선봉이 잠깐 싸우자 적의 무리가 무너져 마침내 군사를 거두어 돌아왔습니다. 이 군사들이 집에 도착한 지 한 달도 채 지나지 않아 웅진부성에서 자주 곡식을 요구하였는데, 그 이전과 이후에 보낸 것이 수만 섬입니다. 남으로는 웅진으로 나르고 북으로는 평양에 공급하였으니, 조그마한 신라가 두 곳으로 나눠 공급하느라 인력의 피로함이 극에 달하였고 소와 말이 거의 다 죽었으며 농사의 때를 놓쳐 곡식이 잘 익지 못하였습니다. 창고에 쌓아둔 양식은 날라주느라 모두 써버려서 신라의 백성은 풀뿌리도 오히려 부족하였지만, 웅진의 중국 군사는 군량에 여유가 있었습니다. 또한 남아 지키던 중국 군사들은 집을 떠나온 지가 오래되어 의복이 풀어 떨어져 몸에 걸칠 만한 온전한 옷이 없었으므로, 신라는 백성들에게 권하고 매겨서 철에 맞는 옷을 지어 보냈습니다. 도호(都護) 유인원(劉仁願)이 멀리서 고립된 성을 지킬 때 사면이 모두 적이어서 항상 백제의 공격과 포위를 당하였는데 늘 신라의 구원을 받았습니다. 1만 명의 중국 군사는 4년 동안 신라의 옷을 입고 신라의 식량을 먹었으니, 유인원 이하의 군사는 뼈와 가죽은 비록 중국 땅에서 태어났다 하더라도 피와 살은 모두 이곳 신라의 것이라 할 수 있습니다. 중국의 은혜와 혜택이 비록 끝이 없다 하더라도 신라가 충성을 바친 것 역시 가엽게 여길 만한 것입니다. 용삭 3년에 이르러서 총관(摠管) 손인사(孫仁師)가 군사를 이끌고 부성을 구원하러 왔는데, 신라의 병사와 말도 또한 나아가 함께 정벌하여 가서 주류성 아래에 이르게 되었습니다. 이때 왜(倭)의 수군이 백제를 도우러 와서 왜의 배 1천 척이 백강(白江)에 정박해 있고 백제의 정예기병이 언덕 위에서 배를 지키고 있었습니다. 신라의 용맹한 기병이 중국 군사의 선봉이 되어 먼저 언덕의 군영을 깨뜨리자 주류성에서는 간담이 잃고서 곧바로 항복하였습니다. 남쪽이 이미 평정되자 군사를 돌려 북쪽을 정벌하였는데, 임존성(任存城) 한 성만이 헛되이 고집을 부리고 항복하지 않았습니다. 두 나라 군대가 힘을 합하여 함께 하나의 성을 쳤지만 굳게 지키고 대항하였으므로 깨뜨려 얻을 수 없었습니다. 신라가 곧 돌아오려 할 때 두대부(杜大夫)가 '칙명에 따르면 평정을 마친 뒤에 함께 모여 맹서의 모임을 가지라고 하였으니, 임존성 한 성이 아직 항복하지 않았지만 곧바로 함께 맹세를 하여야 한다.'고 말하였습니다. 신라는 '칙명에 따르면 이미 평정한 뒤에 서로 함께 맹세를 맺으라고 하였는데, 임존성이 아직 항복하지 않았으므로 이미 평정되었다고 할 수 없고, 또한 백제는 간사하고 속임수가 끝이 없어서 이랬다 저랬다 함이 언제나 변하지 않으니, 지금 비록 함께 맹세를 맺는다 하여도 뒷날 반드시 배꼽을 깨물 근심이 생길 것이다.'고 하여 맹세를 맺는 일을 중지할 것을 요청하였습니다. 인덕(麟德) 원년에 이르러 다시 엄한 칙명을 내려 맹세를 맺지 않은 것을 꾸짖었으므로 곧 웅령(熊嶺)에 사람을 보내 제단(祭壇)을 쌓고 함께 서로 맹세하고, 이내 맹세를 맺은 곳을 드디어 두 나라의 경계로 삼았습니다. 모여 맹세한 일은 비록 원하는 바는 아니었지만 감히 칙명을 어길 수 없었던 것입니다. 또한 취리산(就利山)에 제단을 쌓고 칙사(勅使) 유인원을 맞아 피를 마시고 서로 맹세하여 산과 강으로 서약하였고, 경계를 긋고 푯말을 세워 영원히 국경으로 삼아 백성을 머물러 살게 하고 각각 생업을 꾸려나가도록 하였습니다. 건봉(乾封) 2년에 이르러서는 대총관 영국공(英國公)이 요동을 정벌한다는 말을 듣고서 나는 한성주(漢城州)에 가서 군사를 보내 국경에 모이게 하였습니다. 신라 군사와 말이 홀로 쳐들어가서는 안되었으므로 먼저 간자(間者)를 세 번이나 보내고 배를 계속해서 띄워 대군의 동정을 살펴보게 하였습니다. 간자가 돌아와서 모두 '대군이 아직 평양에 도착하지 않았다.'고 하였으므로, 우선 고구려의 칠중성(七重城)을 쳐서 길을 뚫고 대군이 이르기를 기다리고자 하였습니다. 그래서 성을 막 깨뜨리려고 할 때 영공이 보낸 강심(江深)이 와서 '대총관의 처분을 받들어 신라 병사와 말은 성을 공격할 필요없이 빨리 평양으로 와서 군량을 공급하고 모이라'고 말하였습니다. 행렬이 수곡성(水谷城)에 이르렀을 때 대군이 이미 돌아갔다는 말을 듣고 신라 병사와 말도 역시 곧 빠져나왔습니다. 건봉 3년에 이르러서는 대감(大監) 김보가(金寶嘉)를 보내 바닷길로 들어가 영공(英公)에게 이르렀더니 신라 병사와 말은 평양으로 와서 모이라는 처분을 받아왔습니다. 5월에 유우상(劉右相)이 와서 신라의 병사와 말을 징발하여 함께 평양으로 갔는데 나도 또한 한성주에 가서 군사들을 사열하였습니다. 이때 번방(蕃方)과 중국의 여러 군대가 모두 사수(蛇水)에 모여 있었는데, 남건(男建)이 군사를 내어 한 번 싸움으로 결판내려고 하였습니다. 신라 군사가 홀로 선봉이 되어 먼저 큰 진영을 깨뜨리니 평양성 안은 강한 기세가 꺾이고 사기가 위축되었습니다. 이후 다시 영공이 신라의 용맹한 기병 5백 명을 뽑아서 먼저 성문으로 들어가 마침내 평양을 깨뜨리고 큰 공을 이루게 되었습니다. 이에 신라 병사는 모두 '정벌을 시작한 이래 이미 9년이 지나서 사람의 힘이 모두 다하였지만 마침내 두 나라를 평정하였으니 여러 대를 두고 가졌던 오랜 희망이 오늘에야 이루어졌다. 반드시 우리 나라는 충성을 다한 것에 대한 은혜를 입을 것이요, 사람들은 힘을 다한 상을 받게 될 것이다.'라고 말하였습니다. 영공이 비밀리 '신라는 이전에 군대 동원의 약속을 어겼으니, 또한 그것을 헤아려 정할 것이다.'라고 하자 신라 군사들은 이 말을 듣고 다시 두려움이 더했습니다. 또한 공을 세운 장군들이 모두 기록되어 이미 당나라에 들어갔는데, 당나라 수도에 도착하자 곧 '지금 신라는 아무도 공이 없다.'고 하여 군장(軍將)들이 되돌아오니 백성들이 더욱 두려움을 더하게 되었습니다. 또한 비열성(卑列城)은 본래 신라 땅이었는데 고구려가 쳐서 빼앗은 지 30여 년만에 신라가 다시 이 성을 되찾아 백성을 옮기고 관리를 두어 수비하였습니다. 그런데 [당나라가] 이 성을 가져다 고구려에 주었습니다. 또한 신라는 백제를 평정한 때부터 고구려 평정을 끝낼 때까지 충성을 다하고 힘을 바쳐 당나라를 배신하지 않았는데 무슨 죄로 하루 아침에 버려지게 되었는지 모르겠습니다. 비록 이와 같이 억울함이 있더라도 끝내 배반할 마음은 없었습니다. 총장(總章) 원년에 이르러 백제가 함께 맹세했던 곳에서 국경을 옮기고 푯말을 바꿔 농토를 빼앗았으며 우리 노비를 달래고 우리 백성들을 꾀어 자기 나라 안에 감추고서 여러 번 찾아도 마침내 돌려주지 않았습니다. 또한 소식을 들으니 '당나라가 배를 수리하는 것은 겉으로는 왜국을 정벌한다고 하지만 실제는 신라를 치려고 하는 것이다.'고 하여, 백성들이 그 말을 듣고 놀라고 두려워서 불안해 하였습니다. 또한 백제의 여자를 데려다 신라의 한성(漢城) 도독(都督) 박도유(朴都儒)에게 시집을 보내고 함께 모의하여 몰래 신라의 병기를 훔쳐서 한 주(州)의 땅을 갑자기 치기로 하였는데, 때마침 일이 발각되어 도유의 목을 베어서 꾀하였던 바는 이루어지지 않았습니다. 함형(咸亨) 원년 6월에 이르러 고구려가 반역을 꾀하여 중국 관리를 모두 죽였습니다. 신라는 곧 군사를 일으키려고 하여 먼저 웅진에 '고구려가 이미 반란을 일으켰으니 정벌하지 않을 수 없다. 그쪽과 우리쪽은 모두 황제의 신하이니 이치로 보아 마땅히 함께 흉악한 적을 토벌하여야 할 것이다. 군사를 일으키는 일은 모름지기 함께 의논하여 처리하여야 할 것이므로, 바라건대 관리를 이곳에 보내 함께 계획을 세우자'고 하였습니다. 그래서 백제의 사마(司馬) 예군(禰軍)이 이곳에 와서 함께 의논하여 '군사를 일으킨 뒤에는 그쪽과 우리쪽은 서로 의심할까 걱정되니 마땅히 두 곳의 관인(官人)을 서로 바꾸어서 인질로 삼자'고 하였으므로, 곧 김유돈(金儒敦)과 백제의 주부(主簿) 수미(首彌)와 장귀(長貴) 등을 보내 웅진부로 향하게 하여 인질 교환을 의논하게 하였습니다. 백제가 비록 인질 교환을 허락하였지만 성 안에서는 군사와 말을 모아 그 성 아래 도착하여 밤이면 와서 공격하였습니다. 7월에 이르러 당나라 조정에 사신으로 갔던 김흠순(金欽純) 등이 땅의 경계를 그린 것을 가지고 돌아왔는데, 지도를 살펴보니 백제의 옛 땅을 모두 돌려주도록 하는 것이었습니다. 황하(黃河)가 아직 띠와 같이 되지 않았고 태산(泰山)이 아직 숫돌같이 되지 않았는데, 3~4년 사이에 한 번은 주었다 한 번은 빼앗으니 신라 백성은 모두 본래의 희망을 잃었습니다. 모두 '신라와 백제는 여러 대에 걸친 깊은 원수인데, 지금 백제의 상황을 보자면 따로 한 나라를 세우고 있으니, 백년 뒤에는 자손들이 반드시 그들에게 먹혀 없어지고 것이다. 신라는 이미 중국의 한 주(州)이므로 두 나라로 나누는 것은 합당치 않다. 바라건대 하나의 나라로 만들어 길이 뒷날의 근심이 없게 하자'고 하였습니다. 지난해 9월에 이러한 사실을 모두 기록하여 사신을 보내 아뢰게 하였지만 바다에서 표류하다가 되돌아왔으므로 다시 사신을 보냈지만 역시 도달할 수 없었습니다. 그뒤에는 바람이 차고 파도가 세어 미처 아뢸 수 없었는데, 백제가 거짓을 꾸며 '신라가 배반하였다.'고 아뢰었습니다. 신라는 앞서는 [당나라] 높은 지위에 있는 신하의 뜻을 잃었고 뒤에는 백제의 참소를 당하여, 나아가고 물러감에 모두 허물을 입게 되어 충성스러운 마음을 펼 수가 없었습니다. 이와 같은 중상모략이 날마다 황제의 귀에 들리니 두 마음 없는 충성심을 일찍이 한 번도 이룰 수 없었습니다. 사인(使人) 임윤(琳潤)이 영광스러운 편지를 가지고 이르러서야 총관께서 풍파를 무릅쓰고 멀리 해외에 온 것을 알았습니다. 이치로 보아 마땅히 사신을 보내 교외에서 영접하고 고기와 술을 보내 대접하여야 할 것이지만, 멀리 떨어진 다른 지역에 살기에 예를 다하지 못하고 때에 미처 영접을 못하였으니 부디 괴이하게 여기지 마십시오. 총관이 보내온 편지를 펴서 읽어보니, 전적으로 신라가 이미 배반한 것으로 되어 있으나 이는 본래의 마음이 아니어서 두렵고 놀라울 뿐입니다. 스스로 공로를 헤아린다면 욕된 비방을 받을까 두렵지만 입을 다물고 꾸짖음을 받는다면 또한 불행한 운수에 빠지게 될 것이므로, 지금 억울하고 잘못된 것을 간략히 쓰고 반역한 사실이 없음을 함께 기록하였습니다. 당나라는 한 사람의 사신을 보내 일의 근본과 까닭을 물어보지도 않으시고 곧바로 수 만의 무리를 보내 저희 나라를 뒤엎으려고 누선(樓船)들이 푸른 바다에 가득하고 배들이 강어귀에 줄지어 있으면서 저 웅진을 헤아려 신라를 공격하는 것입니까. 오호라. 두 나라를 평정하기 전에는 발자취를 쫓는 부림을 입더니 들에 짐승이 모두 없어지자 오히려 요리하는 이의 습격과 핍박을 받는 꼴이며, 잔악한 적 백제는 오히려 옹치(雍齒)의 상(賞)을 받고 중국을 위하여 죽은 신라는 정공(丁公)의 죽음을 당하고 있습니다. 태양의 빛이 비록 빛을 비춰주지 않지만 해바라기와 콩잎의 본심은 여전히 해를 향하는 마음을 품고 있습니다. 총관께서는 영웅의 뛰어난 기품을 타고났고 장수와 재상의 높은 자질을 품고 있으며 일곱 가지 덕을 두루 갖추었고 아홉 가지 학문 을 섭렵하였으니, 황제의 벌을 집행함에 죄없는 사람에게 함부로 가하지 않을 것입니다. 천자의 군대를 출동시키기 전에 먼저 일의 근본과 까닭을 묻는 서신을 보내왔으니, 이에 배반하지 않았음을 감히 말씀드립니다. 바라건대 총관께서는 스스로 살피고 헤아려 글월을 갖추어 황제께 아뢰어 주십시오. 계림주대도독(雞林州大都督) 좌위대장군(左衛大將軍) 개부의동삼사(開府儀同三司) 상주국(上柱國) 신라왕 김법민(金法敏)이 말합니다." (『三國史記』7 新羅本紀 7)

신라 고구려 백제

가을 7월 대왕이 설인귀(薛仁貴)의 편지에 답하여 말하였다. "선왕께서 정관(貞觀) 22년에 중국에 들어가 태종문황제를 직접 뵙고서 은혜로운 칙명을 받았는데, '내가 지금 고구려를 치는 것은 다른 이유가 아니라, 너희 신라가 두 나라 사이에 끌림을 당해서 매번 침략을 당하여 편안할 때가 없음을 가엾게 여기기 때문이다. 산천과 토지는 내가 탐내는 바가 아니고 보배와 사람들은 나도 가지고 있다. 내가 두 나라를 바로 잡으면 평양(平壤) 이남의 백제 땅은 모두 너희 신라에게 주어 길이 편안하게 하겠다' 하시고는 계책을 내려주시고 군사 행동의 약속을 주셨습니다. 신라 백성들은 모두 은혜로운 칙명을 듣고서 사람마다 힘을 기르고 집집마다 쓰이기를 기다렸습니다. 그러나 큰 일이 끝나기 전에 문제(文帝)께서 먼저 돌아가시고 지금 황제께서 즉위하셔서 지난날의 은혜를 계속 이어나가셨는데, 자못 인자함을 자주 입어 지난날보다 지나침이 있었습니다. 저희 형제와 아들들이 금인(金印)을 품고 자주색 인끈을 달게 되어 영예와 은총의 지극함이 전에 없었던 것이라서 몸이 부스러지고 뼈가 잘게 부셔져도 모두 부리시는데 쓰임이 되기를 바랐으며, 간과 뇌를 들판에 발라서라도 은혜의 만 분의 일이라도 갚고자 하였습니다. 현경(顯慶) 5년에 이르러 성상(聖上)께서는 선왕(先王)의 뜻이 끝나지 않았음을 유감으로 여기시고 지난날에 남겨둔 실마리를 풀고자 배를 띄우고 장수에게 명령하여 수군(水軍)을 크게 일으키셨습니다. 선왕께서는 연세가 많으시고 힘이 쇠약해져서 군사를 이끌기 어려웠으나 이전의 은혜를 좋아 생각하셔서 힘써 국경에 이르러서 저를 보내어 군사를 이끌고 대군을 맞이하게 하였습니다. 동서가 서로 화합하고 수군과 육군이 모두 나아갔습니다. 수군(水軍)이 겨우 백강(白江) 어구에 들어섰을 때 육군은 이미 큰 적을 깨뜨려서 두 부대가 같이 [백제의] 왕도에 이르러 함께 한 나라를 평정하였습니다. 평정한 뒤에 선왕께서는 드디어 대총관(大摠管) 소정방(蘇定方)과 의논하여 중국 군사 1만 명을 남아 있게 하고 신라도 또한 아우 인태(仁泰)를 보내 군사 7천 명을 이끌고서 함께 웅진에 머무르게 하였습니다. 대군이 돌아간 뒤 적신(賊臣)인 복신(福信)이 강의 서쪽에서 일어나 남은 무리들을 모아서 웅진도독부성(熊津都督府城)을 에워싸고 핍박하였는데, 먼저 바깥 성책을 깨뜨려서 군량을 모두 빼앗아가고 다시 부성(府城)을 공격하여 얼마 안되어 함락되게 되었습니다. 또한 부성의 가까운 네 곳에 성을 쌓고 둘러싸고 지켰으므로, 이에 부성은 거의 출입할 수도 없었습니다. 제가 군사를 이끌고 나아가 포위를 풀고 사방에 있는 적의 성들을 모두 깨뜨려서 먼저 그 위급함을 구하였습니다. 다시 식량을 날라서 마침내 1만 명의 중국 병사들이 호랑이에게 잡혀 먹힐 위기를 벗어나도록 하였으며, 머물러 지키고 있던 굶주린 군사들이 자식을 바꿔서 서로 잡아먹는 일이 없도록 하였습니다. [현경] 6년에 이르러서는 복신의 무리들이 점점 많아지고 강의 동쪽 땅을 침범하여 빼앗았으므로, 웅진의 중국 군사 1천 명이 적의 무리들을 치러 갔다가 적에게 깨뜨림을 당하여 한 사람도 돌아오지 못하였습니다. 싸움에 패한 뒤부터 웅진에서 군사를 요청함이 밤낮동안 계속되었는데, 신라에는 많은 전염병이 돌아 군사와 말을 징발할 수가 없었음에도 불구하고 어렵게 요청하는 것을 어기기 어려워 드디어 군사를 일으켜 주류성(周留城)을 포위하러 갔습니다. 적이 [우리] 군사가 적음을 알고 곧 와서 공격하여 군사와 말을 크게 잃고서 이득없이 돌아오게 되자 남쪽의 여러 성들이 한꺼번에 모두 배반하여 복신에게 속하였습니다. 복신은 승세를 타고 다시 부성을 둘러쌓으므로, 이 때문에 웅진은 길이 끊겨서 소금과 간장이 떨어지게 되었습니다. 이에 곧 건장한 남자들을 모집하여 몰래 소금을 보내 곤경을 구원하였습니다. 6월에 이르러서 선왕께서 돌아가셨습니다. 장례는 겨우 끝났으나 상복(喪服)을 벗지도 못하였으므로 구원 요청에 응하여 달려갈 수 없었지만, 칙명을 내려 군사를 일으켜 북쪽으로 보내라고 하였습니다. 함자도총관(含資道摠管) 유덕민(劉德敏) 등이 이르러서 칙명을 받드니 '신라를 보내 평양에 군량을 나르라'고 하셨습니다. 이때 웅진에서는 사람을 보내와 부성이 고립되고 위태로운 사정을 자세히 말하였습니다. 유총관이 저와 상의하였는데, 제가 '만약 먼저 평양으로 군량을 보낸다면 웅진으로 통하는 길이 끊어질까 두렵다. 만약 웅진으로 가는 길이 끊어진다면 남아 지키던 중국 군사는 곧 적의 손에 들어가게 될 것이다.'라 하였습니다. 유총관이 마침내 저와 함께 좋아서 먼저 옹산성(甕山城)을 쳐서 옹산을 빼앗고 웅진에 성을 쌓아 웅진으로 가는 길을 통하게 하였습니다. 12월에 이르러 웅진의 양식이 떨어지게 되었습니다. 먼저 웅진에 양식을 나르자니 황제의 뜻을 어길까 두렵고, 만약 평양으로 군량을 수송한다면 웅진의 양식이 떨어질까 두려웠습니다. 그런 까닭으로 늙고 약한 자를 뽑아 보내 웅진으로 양식을 나르게 하고 건장하고 날랜 군사들은 평양으로 향하도록 하였습니다. 웅진에 양식을 수송하러 간 사람들은 가는 길에 눈을 만나 사람과 말들이 모두 죽어 1백 명 중 한 명도 돌아오지 못하였습니다. 용삭(龍朔) 2년 정월에 이르러서 유총관은 신라의 양하도

(兩河道) 총관 김유신 등과 함께 평양으로 군량을 운송했습니다. 당시는 궂은 비가 한 달 이상 이어지고 눈보라가 치는 등 날씨가 몹시 추워서 사람과 말이 얼어 죽었으므로, 가져갔던 군량을 모두 보낼 수 없었습니다. 평양의 대군이 또 돌아가려고 하였고 신라 병사와 말의 양식도 다 떨어졌으므로 또한 돌아왔습니다. 병사들은 굶주리고 추위에 떨어 손발이 얼고 상해서 길에서 죽은 사람이 이루 다 헤아릴 수 없었습니다. 행렬이 호로하(瓠瀘河)에 이르자 고구려 군사와 말이 막 뒤를 쫓아와서 강 언덕에 군영을 나란히 쳤습니다. 신라 군사들은 피로하고 굶주린 날이 오래되었지만 적이 멀리까지 쫓아올까 두려워서 적이 미처 강을 건너기 전에 먼저 강을 건너 싸웠는데, 선봉이 잠깐 싸우자 적의 무리가 무너져 마침내 군사를 거두어 돌아왔습니다. 이 군사들이 집에 도착한 지 한 달도 채 지나지 않아 웅진부성에서 자주 곡식을 요구하였는데, 그 이전과 이후에 보낸 것이 수만 섬입니다. 남으로는 웅진으로 나르고 북으로는 평양에 공급하였으니, 조그마한 신라가 두 곳으로 나눠 공급하느라 인력의 피로함이 극에 달하였고 소와 말이 거의 다 죽었으며 농사의 때를 놓쳐 곡식이 잘 익지 못하였습니다. 창고에 쌓아둔 양식은 날라주느라 모두 써버려서 신라의 백성은 풀뿌리도 오히려 부족하였지만, 웅진의 중국 군사는 군량에 여유가 있었습니다. 또한 남아 지키던 중국 군사들은 집을 떠나온 지가 오래되어 의복이 풀어 떨어져 몸에 걸칠 만한 온전한 옷이 없었으므로, 신라는 백성들에게 권하고 매겨서 철에 맞는 옷을 지어 보냈습니다. 도호(都護) 유인원(劉仁願)이 멀리서 고립된 성을 지킬 때 사면이 모두 적이어서 항상 백제의 공격과 포위를 당하였는데 늘 신라의 구원을 받았습니다. 1만 명의 중국 군사는 4년 동안 신라의 옷을 입고 신라의 식량을 먹었으니, 유인원 이하의 군사는 뼈와 가죽은 비록 중국 땅에서 태어났다 하더라도 피와 살은 모두 이곳 신라의 것이라 할 수 있습니다. 중국의 은혜와 혜택이 비록 끝이 없다 하더라도 신라가 충성을 바친 것 역시 가엽게 여길 만한 것입니다. 용삭 3년에 이르러서 총관(摠管) 손인사(孫仁師)가 군사를 이끌고 부성을 구원하러 왔는데, 신라의 병사와 말도 또한 나아가 함께 정벌하여 가서 주류성 아래에 이르게 되었습니다. 이때 왜(倭)의 수군이 백제를 도우러 와서 왜의 배 1천 척이 백강(白江)에 정박해 있고 백제의 정예기병이 언덕 위에서 배를 지키고 있었습니다. 신라의 용맹한 기병이 중국 군사의 선봉이 되어 먼저 언덕의 군영을 깨뜨리자 주류성에서는 간담이 잃고서 곧바로 항복하였습니다. 남쪽이 이미 평정되자 군사를 돌려 북쪽을 정벌하였는데, 임존성(任存城) 한 성만이 헛되이 고집을 부리고 항복하지 않았습니다. 두 나라 군대가 힘을 합하여 함께 하나의 성을 쳤지만 굳게 지키고 대항하였으므로 깨뜨려 얻을 수 없었습니다. 신라가 곧 돌아오려 할 때 두대부(杜大夫)가 '칙명에 따르면 평정을 마친 뒤에 함께 모여 맹서의 모임을 가지라고 하였으니, 임존성 한 성이 아직 항복하지 않았지만 곧바로 함께 맹세를 하여야 한다.'고 말하였습니다. 신라는 '칙명에 따르면 이미 평정한 뒤에 서로 함께 맹세를 맺으라고 하였는데, 임존성이 아직 항복하지 않았으므로 이미 평정되었다고 할 수 없고, 또한 백제는 간사하고 속임수가 끝이 없어서 이랬다 저랬다 함이 언제나 변하지 않으니, 지금 비록 함께 맹세를 맺는다 하여도 뒷날 반드시 배꼽을 깨물 근심이 생길 것이다.'고 하여 맹세를 맺는 일을 중지할 것을 요청하였습니다. 인덕(麟德) 원년에 이르러 다시 엄한 칙명을 내려 맹세를 맺지 않은 것을 꾸짖었으므로 곧 웅령(熊嶺)에 사람을 보내 제단(祭壇)을 쌓고 함께 서로 맹세하고, 이내 맹세를 맺은 곳을 드디어 두 나라의 경계로 삼았습니다. 모여 맹세한 일은 비록 원하는 바는 아니었지만 감히 칙명을 어길 수 없었던 것입니다. 또한 취리산(就利山)에 제단을 쌓고 칙사(勅使) 유인원을 맞아 피를 마시고 서로 맹세하여 산과 강으로 서약하였고, 경계를 긋고 푯말을 세워 영원히 국경으로 삼아 백성을 머물러 살게 하고 각각 생업을 꾸려나가도록 하였습

니다. 건봉(乾封) 2년에 이르러서는 대총관 영국공(英國公)이 요동을 정벌한다는 말을 듣고서 나는 한성주(漢城州)에 가서 군사를 보내 국경에 모이게 하였습니다. 신라 군사와 말이 홀로 쳐들어가서는 안되었으므로 먼저 간자(間者)를 세 번이나 보내고 배를 계속해서 띄워 대군의 동정을 살펴보게 하였습니다. 간자가 돌아와서 모두 '대군이 아직 평양에 도착하지 않았다.'고 하였으므로, 우선 고구려의 칠중성(七重城)을 쳐서 길을 뚫고 대군이 이르기를 기다리고자 하였습니다. 그래서 성을 막 깨뜨리려고 할 때 영공이 보낸 강심(江深)이 와서 '대총관의 처분을 받들어 신라 병사와 말은 성을 공격할 필요없이 빨리 평양으로 와서 군량을 공급하고 모이라'고 말하였습니다. 행렬이 수곡성(水谷城)에 이르렀을 때 대군이 이미 돌아갔다는 말을 듣고 신라 병사와 말도 역시 곧 빠져나왔습니다. 건봉 3년에 이르러서는 대감(大監) 김보가(金寶嘉)를 보내 바닷길로 들어가 영공(英公)에게 이르렀더니 신라 병사와 말은 평양으로 와서 모이라는 처분을 받아왔습니다. 5월에 유우상(劉右相)이 와서 신라의 병사와 말을 징발하여 함께 평양으로 갔는데 나도 또한 한성주에 가서 군사들을 사열하였습니다. 이때 번방(蕃方)과 중국의 여러 군대가 모두 사수(蛇水)에 모여 있었는데, 남건(男建)이 군사를 내어 한 번 싸움으로 결판내려고 하였습니다. 신라 군사가 홀로 선봉이 되어 먼저 큰 진영을 깨뜨리니 평양성 안은 강한 기세가 꺾이고 사기가 위축되었습니다. 이후 다시 영공이 신라의 용맹한 기병 5백 명을 뽑아서 먼저 성문으로 들어가 마침내 평양을 깨뜨리고 큰 공을 이루게 되었습니다. 이에 신라 병사는 모두 '정벌을 시작한 이래 이미 9년이 지나서 사람의 힘이 모두 다하였지만 마침내 두 나라를 평정하였으니 여러 대를 두고 가졌던 오랜 희망이 오늘에야 이루어졌다. 반드시 우리 나라는 충성을 다한 것에 대한 은혜를 입을 것이요, 사람들은 힘을 다한 상을 받게 될 것이다.'라고 말하였습니다. 영공이 비밀리 '신라는 이전에 군대 동원의 약속을 어겼으니, 또한 그것을 헤아려 정할 것이다.'라고 하자 신라 군사들은 이 말을 듣고 다시 두려움이 더했습니다. 또한 공을 세운 장군들이 모두 기록되어 이미 당나라에 들어갔는데, 당나라 수도에 도착하자 곧 '지금 신라는 아무도 공이 없다.'고 하여 군장(軍將)들이 되돌아오니 백성들이 더욱 두려움을 더하게 되었습니다. 또한 비열성(卑列城)은 본래 신라 땅이었는데 고구려가 쳐서 빼앗은 지 30여 년만에 신라가 다시 이 성을 되찾아 백성을 옮기고 관리를 두어 수비하였습니다. 그런데 [당나라가] 이 성을 가져다 고구려에 주었습니다. 또한 신라는 백제를 평정한 때부터 고구려 평정을 끝낼 때까지 충성을 다하고 힘을 바쳐 당나라를 배신하지 않았는데 무슨 죄로 하루 아침에 버려지게 되었는지 모르겠습니다. 비록 이와 같이 억울함이 있더라도 끝내 배반할 마음은 없었습니다. 총장(總章) 원년에 이르러 백제가 함께 맹세했던 곳에서 국경을 옮기고 푯말을 바꿔 농토를 빼앗았으며 우리 노비를 달래고 우리 백성들을 꾀어 자기 나라 안에 감추고서 여러 번 찾아도 마침내 돌려주지 않았습니다. 또한 소식을 들으니 '당나라가 배를 수리하는 것은 겉으로는 왜국을 정벌한다고 하지만 실제는 신라를 치려고 하는 것이다.'고 하여, 백성들이 그 말을 듣고 놀라고 두려워서 불안해 하였습니다. 또한 백제의 여자를 데려다 신라의 한성(漢城) 도독(都督) 박도유(朴都儒)에게 시집을 보내고 함께 모의하여 몰래 신라의 병기를 훔쳐서 한 주(州)의 땅을 갑자기 치기로 하였는데, 때마침 일이 발각되어 도유의 목을 베어서 꾀하였던 바는 이루어지지 않았습니다. 함형(咸亨) 원년 6월에 이르러 고구려가 반역을 꾀하여 중국 관리를 모두 죽였습니다. 신라는 곧 군사를 일으키려고 하여 먼저 웅진에 '고구려가 이미 반란을 일으켰으니 정벌하지 않을 수 없다. 그쪽과 우리쪽은 모두 황제의 신하이니 이치로 보아 마땅히 함께 흉악한 적을 토벌하여야 할 것이다. 군사를 일으키는 일은 모름지기 함께 의논하여 처리하여야 할 것이므로, 바라건대 관리를 이곳에 보내 함께 계획을 세우자'고 하였습니다. 그래서 백제의 사마(司馬) 예군(禰軍)이 이곳에 와서 함께 의논하여 '군사를 일으킨 뒤에는 그쪽과 우리쪽은 서로 의심할까 걱정되니 마땅히 두 곳의 관인(官人)을 서로 바꾸어서 인질로 삼자'고 하였으므로, 곧 김유돈(金儒敦)과 백제의 주부(主簿) 수미(首彌)와 장귀(長貴) 등을 보내 웅진부로 향하게 하여 인질 교환을 의논하게 하였습니다. 백제가 비록 인질 교환을 허락하였지만 성 안에서는 군사와 말을 모아 그 성 아래 도착하여 밤이면 와서 공격하였습니다. 7월에 이르러 당나라 조정에 사신으로 갔던 김흠순(金欽純) 등이 땅의 경계를 그린 것을 가지고 돌아왔는데, 지도를 살펴보니 백제의 옛 땅을 모두 돌려주도록 하는 것이었습니다. 황하(黃河)가 아직 띠와 같이 되지 않았고 태산(泰山)이 아직 숫돌같이 되지 않았는데, 3~4년 사이에 한 번은 주었다 한 번은 빼앗으니 신라 백성은 모두 본래의 희망을 잃었습니다. 모두 '신라와 백제는 여러 대에 걸친 깊은 원수인데, 지금 백제의 상황을 보자면 따로 한 나라를 세우고 있으니, 백년 뒤에는 자손들이 반드시 그들에게 먹혀 없어지고 말 것이다. 신라는 이미 중국의 한 주(州)이므로 두 나라로 나누는 것은 합당치 않다. 바라건대 하나의 나라로 만들어 길이 뒷날의 근심이 없게 하자'고 하였습니다. 지난해 9월에 이러한 사실을 모두 기록하여 사신을 보내 아뢰게 하였지만 바다에서 표류하다가 되돌아왔으므로 다시 사신을 보냈지만 역시 도달할 수 없었습니다. 그뒤에는 바람이 차고 파도가 세어 미처 아뢸 수 없었는데, 백제가 거짓을 꾸며 '신라가 배반하였다.'고 아뢰었습니다. 신라는 앞서는 당나라 높은 지위에 있는 신하의 뜻을 잃었고 뒤에는 백제의 참소를 당하여, 나아가고 물러감에 모두 허물을 입게 되어 충성스러운 마음을 펼 수가 없었습니다. 이와 같은 중상모략이 날마다 황제의 귀에 들리니 두 마음 없는 충성심을 일찍이 한 번도 이를 수 없었습니다. 사인(使人) 임윤(琳潤)이 영광스러운 편지를 가지고 이르러서야 총관께서 풍파를 무릅쓰고 멀리 해외에 온 것을 알았습니다. 이치로 보아 마땅히 사신을 보내 교외에서 영접하고 고기와 술을 보내 대접하여야 할 것이지만, 멀리 떨어진 다른 지역에 살기에 예를 다하지 못하고 때에 미처 영접을 못하였으니 부디 괴이하게 여기지 마십시오. 총관이 보내온 편지를 펴서 읽어보니, 전적으로 신라가 이미 배반한 것으로 되어 있으나 이는 본래의 마음이 아니어서 두렵고 놀라울 뿐입니다. 스스로 공로를 헤아린다면 욕된 비방을 받을까 두렵지만 입을 다물고 꾸짖음을 받는다면 또한 불행한 운수에 빠지게 될 것이므로, 지금 억울하고 잘못된 것을 간략히 쓰고 반역한 사실이 없음을 함께 기록하였습니다. 당나라는 한 사람의 사신을 보내 일의 근본과 까닭을 물어보지도 않으시고 곧바로 수 만의 무리를 보내 저희 나라를 뒤엎으려고 누선(樓船)들이 푸른 바다에 가득하고 배들이 강어귀에 줄지어 있으면서 저 웅진을 헤아려 신라를 공격하는 것입니까? 오호라! 두 나라를 평정하기 전에는 발자취를 쫓는 부림을 입더니 들에 짐승이 모두 없어지자 오히려 요리하는 이의 습격과 핍박을 받는 꼴이며, 잔악한 적 백제는 오히려 옹치(雍齒)의 상(賞)을 받고 중국을 위하여 죽은 신라는 정공(丁公)의 죽음을 당하고 있습니다. 태양의 빛이 비록 빛을 비춰주지 않지만 해바라기와 콩잎의 본심은 여전히 해를 향하는 마음을 품고 있습니다. 총관께서는 영웅의 뛰어난 기품을 타고났고 장수와 재상의 높은 자질을 품고 있으며 일곱 가지 덕을 두루 갖추었고 아홉 가지 학문 을 섭렵하였으니, 황제의 벌을 집행함에 죄없는 사람에게 함부로 가하지 않을 것입니다. 천자의 군대를 출동시키기 전에 먼저 일의 근본과 까닭을 묻는 서신을 보내왔으니, 이에 배반하지 않았음을 감히 말씀드립니다. 바라건대 총관께서는 스스로 살피고 헤아려 글월을 갖추어 황제께 아뢰어 주십시오." (『三國史節要』10)

신라　　　　가을 7월 26일 소부리주(所夫里州)를 설치하고 아찬(阿湌) 진왕(眞王)을 도독(都督)

	으로 삼았다. (『三國史記』 7 新羅本紀 7)
신라	가을 7월 소부리주를 설치하고 아찬 진왕을 도독으로 삼았다. (『三國史節要』 10)
고구려	8월 을축(乙丑) 초하루, 정묘일(3)에 고려의 상부(上部) 대상(大相) 가루(可婁) 등이 일을 마치고 돌아갔다. (『日本書紀』 27 天智紀)
고구려	(천지천황 10년) 8월 을축 초하루 정묘일(3) (『類聚國史』 93 殊俗部 高麗)
고구려	9월에 당 장군 고간(高侃) 등이 번병(蕃兵) 4만명을 이끌고 평양(平壤)에 도착하여 깊은 도랑을 파고 높은 보루를 쌓아 대방(帶方)을 침범하였다. (『三國史記』 7 新羅本紀 7)
고구려	9월에 간(偘) 등이 번병 4만 명을 이끌고 평양에 도착하여 깊은 도랑을 파고 높은 보루를 쌓아 대방을 침범하였다. (『三國史節要』 10)
고구려	겨울 10월 6일에 당 조운선(漕運船) 70여 척을 쳐서 낭장(郎將) 겸이대후(鉗耳大侯)와 병사 1백여명을 사로잡았으며, 물에 빠져서 죽은 사람은 가히 셀 수가 없었다. 급찬(級湌) 당천(當千)의 공이 첫째로 사찬(沙湌)의 관등을 주었다. (『三國史記』 7 新羅本紀 7)
고구려	겨울 10월에 왕이 급찬 당간(當干) 등을 보내어 당 조운선 70여 척을 쳐서 낭장 겸 이대후와 병사 1백여 명을 사로잡았으며, 물에 빠져서 죽은 사람은 가히 셀 수가 없었다. 공으로 당간에게 사찬의 관등을 주었다. (『三國史節要』 10)
고구려	군(君)의 휘(諱)는 행절(行節)이고 △△해(△△該)이며 태원(太原) 사람이다. (…) 때 마침 청구(靑丘)가 천명을 어기고 현도(玄菟)가 재난을 일으켰다. 많은 장군들은 곽 행절(郭行節)이 군사를 학습하였고 행군 포진에 책략을 가지고 있다고 생각하여 모두들 황제에게 행절을 계림도판관(鷄林道判官) 겸 지자영총관(知子營總管)으로 임명할 것을 상소하였다. 또 행절을 압운사(押運使)로 봉할 것을 건의하였다. 그래서 배를 타고 전장으로 갔는데 돛대를 올리고 출항하여 큰 바다로 나아갔다. 수군의 배들이 요천(遼川)에 도착하였을 때 갑자기 바다에서 큰 파도가 일어났다. 많은 배들이 부서졌고 많은 장군과 군사가 죽고 물속으로 가라앉았다. 이것이 일어난 때는 당 함형 2년으로 당시 행절의 나이 41세였다. (「郭行節 墓誌銘」; 『唐代墓誌滙篇』; 『全唐文補遺』 5)
신라	겨울 10월 갑자(甲子) 초하루, 경오일(7)에 신라에서 사찬(沙湌) 김만물(金萬物) 등을 보내 조(調)를 올렸다. (『日本書紀』 27 天智紀)
백제	11월 갑오(甲午) 초하루, 계묘일(10)에 쓰시마노쿠니노미코토모치(對馬國司)가 사신을 츠쿠시(筑紫)의 오키미코토모치노츠카사(大宰府)에 보내 "이 달 2일에 사문(沙門) 도구(道久)·츠쿠시노키미사치야마(筑紫君薩野馬)·가라시마노수구리사바(韓嶋勝娑婆)·누노시노오비토이와(布師首磐) 4인이 당으로부터 와서 '당의 사신 곽무종(郭務悰) 등 600인, 송사(送使) 사택손등(沙宅孫登) 등 1,400인, 모두 합해 2,000인이 배 47척에 타고 함께 히치시마(比知嶋)에 머물고 있습니다. (그런데) 서로 일러 말하기를 '지금 우리들이 사람과 배의 수가 많아 갑자기 그 곳에 도착하면 아마도 그 곳을 지키는 사키모리(防人)들이 놀라 활을 쏘며 싸우려 할 것이라 여겨, 이에 사문 도구 등을 보내 미리 와서 조공하는 뜻을 아룁니다'라고 하였습니다"라고 하였다. (『日本書紀』 27 天智紀)

신라	11월 임술일(29), 이날에 신라왕에게 견(絹) 50필, 시(絁) 50필, 면(綿) 1,000근, 위(韋) 100매를 내렸다. (『日本書紀』 27 天智紀)
신라	12월 계묘 초하루 기묘일(17) 신라에서 조(調)를 올리러 온 사신 사찬(沙飡) 김만물(金萬物) 등이 일을 마치고 돌아갔다. (『日本書紀』 27 天智紀)
신라	다음해인 신미년에 당이 다시 조헌(趙憲)을 장수로 보내고 또한 5만 군사로 와서 쳤다. 또 그 법을 썼더니 배가 전과 같이 침몰하였다. 이때 한림랑(翰林郞) 박문준(朴文俊)이 인문 을 따라 옥 중에 있었는데, 고종이 문준을 불러 물었다. "너희 나라에는 무슨 비법이 있기에 대군을 두 번이나 내었는데도 살아서 돌아온 사람이 없느냐." 문준이 아뢰었다. "배신(陪臣) 등은 상국에 온 지가 10여 년이 되어 본국의 일을 알지 못합니다. 다만 멀리서 한 가지 일을 들었는데, 상국의 은혜를 두터이 입어서 삼국을 통일하였기에 은덕을 갚고자 하여 낭산 남쪽에 천왕사(天王寺)를 새로 짓고, 황제의 만년 수명을 축원하는 법석(法席)을 오래 열었다는 사실뿐입니다." 고종은 이를 듣고 크게 기뻐하여 곧 예부시랑(禮部侍郞) 악붕귀(樂鵬龜)를 신라에 보내 그 절을 살펴보게 하였다. 왕은 당 사신이 장차 올 것이라는 소식을 미리 듣고 이 절을 보여주는 것이 마땅하지 않다고 해서 이에 따로 그 남쪽에 새 절을 짓고 기다렸다. 사신이 이르러 말하였다. "먼저 황제를 축수(祝壽)하는 곳인 천왕사에 가서 분향하겠습니다." 이에 그를 새 절로 인도하니, 그 사신은 문 앞에 서서 말하였다. "이것은 사천왕사가 아니고 망덕요산(望德遙山)의 절이다." 끝내 들어가지 않으므로, 국인(國人)이 금 1천 냥을 주었다. 그 사신이 곧 돌아가 아뢰었다. "신라에서 천왕사를 지어 황제의 수명을 새 절에서 축원할 뿐입니다." 당 사신의 말로 인해 망덕사(望德寺)라고 이름하였다[혹은 효소왕(孝昭王) 때라고 하나, 잘못이다]. 왕은 문준이 잘 아뢰어 황제가 너그럽게 용서해줄 뜻이 있음을 듣고, 곧 강수(强首)선생에게 명하여 인문을 놓아달라고 청하는 표문을 지어서 사인(舍人) 원우(遠禹)로 당에 아뢰었다. 황제가 표문을 보고 눈물을 흘리면서 인문을 용서하고 위로하며 보냈다. 인문이 옥에 있을 때 국인이 절을 지어 인용사(仁容寺)라고 이름하고 관음도량(觀音道場)을 개설하였다. 곧 인문이 돌아오다가 해상에서 죽으니, 미타도량(彌陀道場)으로 고쳤는데 지금까지 남아있다. (『三國遺事』 2 紀異 2 文虎王法敏)
신라	탕정군(湯井郡)은 본래 백제의 군이었는데 문무왕 11년 당 함형 2년에 주(州)로 삼고 총관(摠管)을 두었으며 함형 12년에 주를 폐지하고 군으로 하였다. 경덕왕이 그대로 썼다. 지금의 온수군(溫水郡)이다. 영현(領縣)은 둘이다. 음봉(陰峯)[또는 음봉(陰岑)이라고도 한다]현은 본래 백제의 아술현(牙述縣)으로 경덕왕이 이름을 고쳤고 지금의 아주(牙州)이다. 기량현(祁梁縣)은 본래의 백제의 굴직현(屈直縣)으로 경덕왕이 이름을 고쳤고 지금의 신창현(新昌縣)이다. (『三國史記』 36 雜志 5 地理 3 熊州)
신라	부성군(富城郡)을 주로 승격시키고 총관(摠管)을 두었다. 뒤에 다시 군으로 하였다. (『三國史節要』 10)
신라	병부(兵部)의 (…) 사(史)는 12명으로 문무왕 11년에 2명을 더하였고 12년에 3명을 더하였다. 관등은 선저지(先沮知)에서 대사(大舍)까지로 하였다. 노당(弩幢)은 1명으로 문무왕 11년에 두었고 경덕왕이 소사병(小司兵)으로 고쳤고 혜공왕이 원래 이름대로 하였다. 관등은 사와 같다. (『三國史記』 38 雜志 7 職官 上)
신라	창부(倉部)의 (…) 사는 8명으로 진덕왕이 두었다. 문무왕 11년에 3명을 더하였다. (『三國史記』 38 雜志 7 職官 上)

신라	승부(乘府)의 (…) 사는 9명으로, 문무왕 11년에 3명을 더하였다. 관등은 조부(調府)의 사와 같다. (『三國史記』38 雜志 7 職官 上)
신라	사정부(司正府)의 (…) 사는 10명으로 문무왕 11년에 5명을 더하였다. (『三國史記』 38 雜志 7 職官 上)
신라	중당(仲幢)은 문무왕 11년에 처음으로 두었고 금(衿)의 색깔은 흰색이다. (『三國史記』40 雜志 9 職官 下)
신라	병부에 사 2명을 더하고 또 노당 1명을 두었다. 또 창부에 사 3명을 더하여 두고 승부에 사 3명을, 사정부에 사 5명을 더하였다. 비로소 중당을 두었고 금의 색깔은 백색이었다. 백금당(百官幢)은 금이 없다. 사설당(四設幢)은 첫 번째는 노당(弩幢)이라 하며 두 번째는 운제당(雲梯幢)이라 하고 세 번째는 충당(衝幢)이라 하고 네 번째는 석투당(石投幢)이라 하는데, 금(衿)이 없다. (『三國史節要』 10)
신라	백금당(百官幢)은 금이 없다. (『三國史記』40 雜志 9 職官 下)
신라	사설당(四設幢)은 첫 번째는 노당(弩幢)이라 하며 두 번째는 운제당(雲梯幢)이라 하고 세 번째는 충당(衝幢)이라 하고 네 번째는 석투당(石投幢)이라 하는데, 금(衿)이 없다. (『三國史記』40 雜志 9 職官 下)
신라	(…) 부석사의 본비[浮石本碑]에 의하면, 의상은 무덕(武德) 8년(625)에 탄생하여 어린 나이에 출가하여 영휘(微) 원년 경술(庚戌)에 원효(元曉)와 함께 당에 들어가려고 고구려에까지 이르렀으나 어려움이 있어 돌아왔다. 용삭(龍朔) 원년 신유년(661)에 당에 들어가 지엄법사에게 나아가 배웠다. 총장(總章) 원년(668)에 지엄법사가 세상을 떠나자 함형 2년에 의상은 신라로 돌아와서 장안(長安) 2년 임인년(702)에 세상을 떠났으니, 나이 78세라고 하였다. (…) (『三國遺事』 3 塔像 4 前後所將舍利)

672(壬申/신라 문무왕 12/唐 咸亨 3/倭 天武 1)

신라 백제	봄 정월에 왕이 장수를 보내 백제의 고성성(古省城)을 공격하여 이겼다. (『三國史記』7 新羅本紀 7)
신라 백제	봄 정월에 왕이 장수를 보내 백제의 고성성을 공격하여 이겼다. (『三國史節要』10)
신라 백제	2월에 백제의 가림성(加林城)을 공격했지만, 이기지 못하였다. (『三國史記』7 新羅本紀 7)
신라 백제	2월에 백제의 가림성을 공격했지만, 이기지 못하였다. (『三國史節要』10)
신라	봄 3월 임진(壬辰) 초하루, 기유일(18)에 내소칠위(內小七位) 아즈미노무라지이나시키(阿曇連稲敷)를 츠쿠시(筑紫)에 보내 천황의 상(喪)을 곽무종(郭務悰) 등에게 알렸다. 이에 곽무종 등은 모두 상복을 입고, 세 번 곡을 하였으며 동쪽을 향하여 머리를 조아렸다. (『日本書紀』28 天武紀 上)
신라	봄 3월 임자일(21) 곽무종 등이 조서가 든 함(函)과 신물(信物)을 올렸다. (『日本書紀』28 天武紀 上)
신라	여름 5월 신묘(辛卯) 초하루, 임인일(12) 갑주(甲冑)와 궁시(弓矢)를 곽무종 등에게 내렸다. 이날 곽무종 등에게 내린 물건은 모두 시(絁) 1,673필, 포(布) 2,852단(端), 면(綿) 666근이다. (『日本書紀』28 天武紀 上)
백제	(개석) 대당(大唐) 고(故) 좌위위대장군(左威衛大將軍) 예식진(禰寔進) 묘지명

(지석) 대당 고 좌위위대장군 내원현개국자(來遠縣開國子)·주국(柱國) 예공(禰公) 묘지명 및 서문

예식진의 이름은 식진(寔進)이고, 백제의 웅천(熊川) 사람이다. 예식진의 조부인 좌평(佐平) 예다(譽多), 부친인 좌평 사선(思善)은 모두 번관(蕃官)으로 정1품이었다. 용맹함과 굳건함이 자질이 되었고 성실함과 관대함이 성품을 이루었다. 창해(滄海)에 명성을 전하였고, 청구(靑丘)에 절의를 드러내었다.

예식진의 도량은 매우 깊었고, 일을 처리하는 재능은 넓고 아득하였다. 빈 활시위로 기러기를 떨어뜨렸고, 검을 빼어 원숭이가 달아나게 하였다. 본래 천부적 성품이 정직하였고, 일찍이 절의를 드러내었다. 이역(異域)을 살펴 장안(長安)으로 태양을 향해 나아갔다. 삼가 문비(文椹)를 받들었고, 이에 무장(武帳)을 모셨으며, 허리에는 동개·계벽(系璧)·멧닭의 깃을 걸쳤고, 자수(紫綬)를 늘어뜨리고 금인(金印)을 품었다. 황궁 안에서 준마를 빠르게 몰았고, 궁궐에서 9가지 깃발을 지켰다. 어찌 저 김일제(金日磾)의 무리, 유여(由余)의 부류와 그 진실된 업적을 논하고 그 우열을 비교할 수 있겠는가?

바야흐로 영예와 은총을 받으니, 천자를 모시고 100년 동안 채용되고자 하였다. 갑자기 인생을 재촉하고 돌연 한순간에 속세를 떠나갔다. 함형(咸亨) 3년(672) 5월25일 이동으로 인해 내주(萊州) 황현(黃縣)에서 돌아가시니, 나이가 58세였다. 은혜가 더해져 장례에 조서를 내리니, 예의가 죽은 자의 마지막을 꾸밈에 두루 미쳤다. 그해 11월21일에 고양원(高陽原)에 장사지내고, 담당관사에게 명령하여 그 명문을 짓게 하니, 다음과 같다.

명해(溟海)의 동쪽에 천자의 덕화가 멀리 끊어졌으니, 저녁밥과 마실 것이 모두 이루어지고 의로움을 품어 뜻이 이어졌다. 빛나는 관인의 예복이 조관(朝官)의 행렬을 이어 장식하니, 별이 보검에서 흔들리고 달이 조궁(雕弓)에 가득찼다. 은혜로운 빛이 거듭 두루 미치고 승진하여 관직이 올라 바야흐로 출세하였으나, 흐르는 냇물이 갑자기 멀어지고 슬픈 골짜기가 갑자기 끝났다. 연기가 오래된 나무를 덮었고 서리가 차가운 수풀에 내리니, 오직 하늘과 땅만 오래도록 영원하여 난초·국화와 더불어 영원하리라. (「禰寔進 墓誌銘」:『中國歷史地理論叢』 2006-2)

고구려	여름 5월 신묘(辛卯) 초하루 무오일(28)에 려가 전부(前部) 부가변(富加抃) 등을 보내 조(調)를 올렸다. (『日本書紀』 28 天武紀 上)
고구려	천무천황 원년 5월 무오일(28) (『類聚國史』 93 殊俗部 高麗)
신라	여름 5월 경신일(30)에 곽무종 등이 일을 마치고 돌아갔다. (『日本書紀』 28 天武紀 上)
백제	6월 기축일(29)에 천황이 와자미(和蹔)에 가서 다케치(高市) 황자에게 명해 군사 무리를 호령하게 했다. 천황이 또 노가미(野上)에서 돌아와 머물렀다. 이 날 오토모노무라지후케히(大伴連吹負)가 몰래 유수사(留守司) 사카노우에노아타이쿠마케히(坂上直熊毛)와 의논하고 한 두 명의 아야노아타이(漢直) 등에게 말하기를, "내가 다케치 황자를 사칭하고 수십 기(騎)를 데리고 아스카데라(飛鳥寺)의 북쪽 길로 나아가 군영에 도착하면 곧 너희들이 내응하라"고 하였다. 얼마 후 구다라(百濟)의 집에서 무기를 정비하고 남문으로 나왔다. (…) 천황이 크게 기뻐하여, 인하여 후케히(吹負)를 장군으로 임명하였다. (…) (『日本書紀』 28 天武紀 上)
신라 고구려	가을 7월에 당 장수 고간(高侃)이 군사 1만명을 이끌고, 이근행(李謹行)이 군사 3만

명을 이끌어 동시에 평양(平壤)에 이르러 8곳의 군영(軍營)을 설치하고 머물렀다. (『三國史記』 7 新羅本紀 7)

신라 고구려   가을 7월에 고간이 군사 1만명을 이끌고, 이근행이 군사 3만 명을 이끌어 동시에 평양에 이르러 8곳의 군영을 설치하고 머물렀다. (『三國史節要』 10)

신라   8월에 당 군사가 한시성(韓始城)과 마읍성(馬邑城)을 공격하여 이겼다. 군사를 백수성(白水城)에서 5백보 쯤 되는 곳까지 나아가 군영(軍營)을 설치하였다. 우리 군사와 고구려 군사가 맞서 싸워 수천 명의 목을 베었다. 고간(高侃) 등이 물러나자 쫓아가 석문(石門)에 이르러 싸웠는데, 우리 군사가 패배하여 대아찬(大阿湌) 효천(曉川), 사찬(沙湌) 의문(義文)·산세(山世), 아찬(阿湌) 능신(能申)·두선(豆善), 일길찬(一吉湌) 안나함(安那含)·양신(良臣) 등이 죽었다. (『三國史記』 7 新羅本紀 7)

신라   8월에 당 군사가 한시성과 마읍성 2성을 공격하여 이겼다. 군사를 백수성에서 5백보 쯤 되는 곳까지 나아가 군영을 설치하였다. 우리 군사와 고구려의 남은 무리가 맞서 싸워 수천 명의 목을 베었다. 고간 등의 군사와 말갈이 석문의 들에 군영을 설치하였다. 장군 의복(義福)과 춘장(春長) 등이 이것을 막게 하니, 대방(帶方)의 들판에 군영을 설치하였다. 이 때 장창당(長槍幢)아 당 군사를 만나 3천여 명을 사로잡아 대장(大將)에게 보냈다. 이에 여러 당(幢)에서 말하였다. "장창 진영이 홀로 성공하였으니 반드시 후한 상을 얻을 것이다. 우리들이 한 곳에 모여 있는 것은 마땅치 않다." 각각 군사를 이끌고 갔다. 당 군사와 말갈이 막힘이 없음을 타서 공격하니 우리 군사가 크게 패하였다. 대아찬 효천, 사찬 의문·산세, 아찬 능신·두선, 일길찬 안나함·양신 등이 죽었고 사로잡힌 자가 2천명이었다. (『三國史節要』 10)

신라   8월 유신의 아들 원술은 비장으로 또한 싸움에서 죽고자 하였으나 그를 보좌하던 담릉이 그를 말리며 말하였다. "대장부가 죽는 것은 어렵지 않으나 죽을 곳을 택하는 것은 어렵습니다. 만약 죽더라도 이루는 것이 없으면 살아서 후일에 공을 도모하는 것만 못합니다." 원술이 말하였다. "남자는 구차하게 살지 않거늘, 장차 무슨 면목으로 내 아버지를 뵙겠는가." 곧 말을 채찍질하여 달려 나갔으나, 담릉이 고삐를 잡아당기며 간곡히 만류하였다. 원술은 상장군을 따라 무이령(蕪荑嶺)으로 나오니, 당 군사가 그들을 쫓아와 미쳤다. 거열주 대감 아진함이 상장군에게 일러 말하기였다. "공들은 힘을 다해 빨리 가시오. 내 나이 이미 일흔이니 얼마나 살 수 있겠소. 바로 내가 죽을 때요." 곧 바로 창을 비껴들고 적진으로 돌격하여 전사하였다. 그 아들도 죽었다. 대장군 등은 슬그머니 서울에 들어왔다. 왕이 이를 듣고 유신에게 물어 말하였다. "군사들의 패배가 이와 같으니 어찌하는가." 대답하여 말하였다. "당인들의 계략을 헤아릴 수가 없습니다. 마땅히 장수와 병졸로 각자 요충지를 지키게 하소서. 다만 원술은 왕명을 욕되게 하였을 뿐만 아니라 또 가훈을 져버렸으니 죽일만 합니다."라고 하였다. 왕이 말하였다. "원술은 비장인데, 홀로 무거운 형벌을 행해서는 안된다." 곧 사면하였다. 원술은 부끄럽고 두려워 감히 아버지를 보지 못하고 전야(田野)에 은둔하였다. (『三國史節要』 10)

신라   처음 법민왕(法敏王)이 고구려의 반란 무리를 받아들이고, 또 백제의 옛 땅을 차지하여 이것을 가지니, 당 고종이 크게 화를 내며 군사를 보내 치게 하였다. 당 군사와 말갈이 석문의 들판에 진영을 설치하였고, 왕은 장군 의복과 춘장 등을 보내 그들을 막게 하니, 대방의 들판에 진영을 설치하였다. 이때 장창당이 홀로 다른 곳에 진영을 설치했다가 당 군사 3천여 명을 만나 사로잡아 대장군의 진영에 보냈다. 이에 여러 당에서 모두 말하였다. "장창 진영이 홀로 있다가 공을 세웠으니, 반드시 후한 상을 탈 것이다. 우리들이 한 곳에 모여 있는 것은 마땅하지 않고 단지 스스로 수고로울 뿐이다." 마침내 각각 따로 군사를 나누어 흩어졌다. 당 군사와 말갈이 아직 진을 치지 못한 틈을 타서 공격하니 우리가 크게 패하여 장군 효천과 의문 등이 죽었다. 유신의 아들 원술(元述)은 비장(裨將)으로 또한 싸움에서 죽고자 하였으나 그를 보좌하던 담릉(淡凌)이 그를 말리며 말하였다. "대장부가 죽는 것은 어렵지 않으나 죽을 곳을 택하는 것은 어렵습니다. 만약 죽더라도 이루는 것이 없으면 살아서 후일에 공을 도모하는 것만 못합니다." 대답하여 말하였다. "남자는 구차하게 살지 않거늘, 장차 무슨 면목으로 내 아버지를 뵙겠는가." 곧 말을 채찍질하여 달려 나갔으나, 담릉이 고삐를 잡아당기며 놓아주지 않아 끝내 죽지 못하였다. 원술은 상장군(上將軍)을 따라 무이령(蕪荑嶺)으로 나오니, 당 군사가 그들의 뒤를 쫓아 미쳤다. 거열주(居烈州) 대감(大監) 아진함(阿珍含) 일길간(一吉干)이 상장군에게 일러 말하였다. "공들은 힘을 다해 빨리 가시오. 내 나이 이미 일흔이니 얼마나 살 수 있겠소. 지금이 바로 내가 죽을 때요." 바로 창을 비껴 들고 적진으로 돌격하여 전사하였다. 그 아들도 따라 죽었다. 대장군 등은 슬그머니 가서 서울에 들어왔다. 대왕이 이를 듣고 유신에게 물어 말하였다. "군사들의 패배가 이와 같으니 어찌하는가." 대답하여 말하였다. "당인들의 계략을 헤아릴 수가 없습니다. 마땅히 장수와 병졸로 각자 요충지를 지키게 하소서. 다만 원술은 왕명을 욕되게 하였을 뿐만 아니라 또 가훈을 져버렸으니 죽여야 합니다." 대왕이 말하였다. "원술은 비장인데, 홀로 무거운 형벌은 안된다." 곧 사면하였다. 원술은 부끄럽고 두려워 아버지를 보지 못하고 전원(田園)에 은둔하였다. (『三國史記』43 列傳 3 金庾信 下 附 元述)

| 고구려 | 낭장(郎將) 오씨는 이름을 알 수 없다. 동쪽으로 고구려를 정벌할 때 마읍성(馬邑城)을 함락시키고 집들을 불태웠는데, 늘어선 관사에 미치고 성 밖에서 멀리 바라보니 연기 구름이 곧바로 올라갔다. 그 중에 한 물건이 흰 허리띠 같았는데, 높이 올라 구름에 들어가 잠깐 사이에 회오리 바람이 되어 성 동쪽 풀 안에 떨어졌다. 낭장 오군이 말을 달려가서 보니 황서(黃書)가 땅위에 펼쳐져 있는 것을 보고 취하여 그것을 자세히 보니, 곧 법화경 17권이었다. 이에 가지고 영중(營中)에 이르고 밤에 휘장 위에 두었는데 갑자기 폭우를 만났다. 다음 날 아침 그것을 거두었으나 하나도 젖지 않았다. (『弘贊法華傳』10 書寫 8 唐 郎將 吳氏) |

| 신라 | 8월 한산주(漢山州)에 주장성(晝長城)을 쌓았는데, 둘레는 4,360보(步)이다. (『三國史記』7 新羅本紀 7) |
| 신라 | 8월 한산주에 주장성을 쌓았는데, 둘레는 4,360보이다. (『三國史節要』10) |

| 신라 | 9월에 혜성(彗星)이 북쪽에서 일곱 번 나타났다. (『三國史記』7 新羅本紀 7) |
| 신라 | 9월에 혜성이 북쪽에서 일곱 번 나타났다. (『三國史節要』10) |

| 신라 | 9월 왕이 지난번에 백제가 당나라에 가서 하소연하여 군사를 요청해 우리를 쳤을 때, 일의 형세가 급하게 되어 황제에게 사실을 아뢰지 못하고 군사를 내어 그들을 쳤다. 이 때문에 당나라의 조정에 죄를 얻게 되었다. 마침내 급찬(級湌) 원천(原川)과 나마(奈麻) 변산(邊山), 당나라 병선(兵船)에 붙잡아 머물게 하였던 낭장(郎將) 겸이대후(鉗耳大侯), 내주사마(萊州司馬) 왕예(王藝), 본열주장사(本烈州長史) 왕익(王益), 웅진도독부사마(熊津都督府司馬) 예군(禰軍), 증산사마(曾山司馬) 법총(法聰), 그리고 군사 170명을 보냈다. 아울러 다음과 같은 표(表)를 올려 죄를 빌었다. "신(臣) 아무개는 죽을 죄를 짓고서 삼가 아룁니다. 옛날에 신이 위급하여 일이 마치 거꾸로 매달린 것 같았을 때 멀리서 들어서 건지는 은혜를 입어 겨우 찢어 죽는 것을 면하였습니다. 몸을 가루로 만들고 뼈를 바순다고 하더라도 큰 은혜에 보답하기는 부족하고, 머리를 깨뜨리고 티끌처럼 재를 만든다고 하더라도 어찌 자애로운 도움을 갚 |

을 수 있겠습니까. 그러나 깊은 원한이 있는 백제는 우리나라에 가까이 다가와 황제의 군사를 끌어들여 신을 없애서 치욕을 갚고자 하였습니다. 신은 파멸의 상황에 겨를이 없어서 스스로 처지를 구하고자 하였는데, 흉악한 역적의 이름을 쓰게 되어 마침내 용서받기 어려운 죄에 들어가게 되었습니다. 신이 사실과 뜻을 아뢰지 못하고 먼저 형벌에 따라 죽임을 당한다면, 살아서는 천자의 명령을 거스른 신하가 되고 죽어서는 은혜를 저버린 귀신이 될까 두렵습니다. 삼가 일의 내용을 기록하여 죽음을 무릅쓰고 아룁니다. 엎드려 바라건대 잠시라도 귀 기울여 들으셔서 근본 이유를 밝게 살펴주소서. 신은 전대(前代) 이래로 조공이 끊기지 않게 하였지만 최근에 백제가 두 번씩이나 조공을 어지럽게 하여 마침내 황제의 조정으로 하여금 조서(詔書)를 내고 장수에게 명령하여 신의 죄를 꾸짖게 하였으니, 신의 죄를 꾸짖어 죽어도 오히려 형벌에 남음이 있어서 남산(南山)의 대나무로도 신의 죄를 모두 기록할 수 없고 포사(褒斜)의 수풀로도 신의 죄를 물을 형틀을 만들기에 부족할 것입니다. 종묘와 사직을 웅덩이와 연못으로 만들고 신의 몸을 갈기갈기 찢어 죽이더라도 일의 정황을 듣고서 판단을 내려주신다면 달게 여기며 죽임을 받아 들이겠습니다. 신은 관을 실은 수레를 옆에 두고서 진흙을 바른 머리가 아직 마르지 않은 채 피눈물을 흘리며 조정의 처분을 기다려 삼가 형벌의 명령을 따르겠습니다. 엎드려 생각하건대 황제 폐하께서는 밝으심이 해와 달과 같아 용서의 빛이 굴곡진 곳까지 밝게 비추고, 덕은 천지와 하나되어 동물과 식물이 모두 양육의 은혜를 입었으며, 살리기를 좋아하는 덕은 멀리 곤충에게까지 미치고 죽이기를 싫어하는 어짊은 날짐승과 물고기에까지 흘러내렸습니다. 만일 복종하여 버리는 용서를 내리시고 특별히 허리와 옷깃을 갖추는 은혜를 온전하게 해주신다면, 비록 죽더라도 그 때가 오히려 태어난 것과 같을 것입니다. 바라고 원하는 바는 아니었지만, 감히 마음에 품은 바를 말씀드리며 칼에 엎드려 죽을 생각을 이기지 못하겠습니다. 삼가 원천(原川) 등을 보내어 표문(表文)을 올려 죄의 용서를 빌며 엎드려 칙명에 따르고자 합니다. 아무개는 머리를 조아리고 또 조아리며 죽을 죄를 지었고 또 지었습니다." 아울러 은 3만 3천 5백 푼[分], 구리 3만 3천 푼, 침(針) 4백 개, 우황(牛黃) 1백 2십 푼, 금 1백 2십 푼, 40승포(升布) 6필, 30승포 6십 필을 바쳤다. (『三國史記』 7 新羅本紀 7)

신라   9월 왕이 지난번에 백제 여얼(餘孼)이 당에 가서 하소연하여 군사를 요청해 우리를 쳤을 때, 일이 급함에 황제에게 사실을 아뢰지 못하고 군사를 내어 그들을 쳤다. 이 때문에 죄를 얻게 되었다. 마침내 급찬 원주와 나마 변산, 돌아가는 병선의 낭장 겸 이대후, 내주사마 왕예, 본열주장사 왕익, 웅진도독부사마 예군, 증산사마 법총, 그리고 군사 170명을 보냈다. 표(表)를 올려 죄를 빌었다. "신(臣) 아무개는 죽을 죄를 짓고서 삼가 아룁니다. 옛날에 신이 위급하여 일이 마치 거꾸로 매달린 것 같았을 때 멀리서 들어서 건지는 은혜를 입어 겨우 찢어 죽는 것을 면하였습니다. 몸을 가루로 만들고 뼈를 바순다고 하더라도 큰 은혜에 보답하기는 부족하고, 머리를 깨뜨리고 티끌처럼 재를 만든다고 하더라도 어찌 자애로운 도움을 갚을 수 있겠습니까. 그러나 깊은 원한이 있는 백제는 우리나라에 가까이 다가와 황제의 군사를 끌어들여 신을 없애서 치욕을 갚고자 하였습니다. 신은 파멸의 상황에 겨를이 없어서 스스로 처지를 구하고자 하였는데, 흉악한 역적의 이름을 쓰게 되어 마침내 용서받기 어려운 죄에 들어가게 되었습니다. 신이 사실과 뜻을 아뢰지 못하고 먼저 형벌에 따라 죽임을 당한다면, 살아서는 천자의 명령을 거스른 신하가 되고 죽어서는 은혜를 저버린 귀신이 될까 두렵습니다. 삼가 일의 내용을 기록하여 죽음을 무릅쓰고 아룁니다. 엎드려 바라건대 잠시라도 귀 기울여 들으셔서 근본 이유를 밝게 살펴주소서. 신은 전대(前代) 이래로 조공이 끊기지 않게 하였지만 최근에 백제가 두 번씩이나 조공을 어지럽게 하여 마침내 황제의 조정으로 하여금 조서(詔書)를 내고 장수에게 명령하여 신의 죄를 꾸짖게 하였으니, 〔신의 죄를 꾸짖어 죽어도 오히려 형벌에 남음이 있어서 남산(南山)의 대나무로도 신의 죄를 모두 기록할 수 없고 포사(褒斜)의 수풀로도 신의 죄를 물을 형틀을 만들기에 부족할 것입니다. 종묘와 사직을 웅덩이와 연못으로 만들고 신의 몸을 갈기갈기 찢어 죽이더라도 일의 정황을 듣고서 판단을 내려주신다면 달게 여기며 죽임을 받아 들이겠습니다. 신은 관을 실은 수레를 옆에 두고서 진흙을 바른 머리가 아직 마르지 않은 채 피눈물을 흘리며 조정의 처분을 기다려 삼가 형벌의 명령을 따르겠습니다. 엎드려 생각하건대 황제 폐하께서는 밝으심이 해와 달과 같아 용서의 빛이 굴곡진 곳까지 밝게 비추고, 덕은 천지와 하나되어 동물과 식물이 모두 양육의 은혜를 입었으며, 살리기를 좋아하는 덕은 멀리 곤충에게까지 미치고 죽이기를 싫어하는 어짊은 날짐승과 물고기에게까지 흘러내렸습니다. 만일 복종하여 버리는 용서를 내리시고 특별히 허리와 옷깃을 갖추는 은혜를 온전하게 해주신다면, 비록 죽더라도 그 때가 오히려 태어난 것과 같을 것입니다. 바라고 원하는 바는 아니었지만, 감히 마음에 품은 바를 말씀드리며 칼에 엎드려 죽을 생각을 이기지 못하겠습니다. 삼가 원천(原川) 등을 보내어 표문(表文)을 올려 죄의 용서를 빌며 엎드려 칙명에 따르고자 합니다. 아무개는 머리를 조아리고 또 조아리며 죽을 죄를 지었고 또 지었습니다.” 아울러 은 3만 3천 5백 푼[分], 구리 3만 3천 푼, 침(針) 4백 개, 우황(牛黃) 1백 2십 푼, 금 1백 2십 푼, 40승포(升布) 6필, 30승포 6십 필을 바쳤다. (『三國史節要』 10)

신라	공(公)의 이름은 복연(福延)이며 자(字)는 △△이고 홍농(弘農) 화음(華陰) 사람이다. (…) 함형 3년에 양복연(楊福延)은 조서로 계림도행군장사(鷄林道行軍長史)가 되어 여정에 올라 빠르게 나아갔는데, 병이 오래도록 낫지 않아 우조(優詔)로 돌아오라고 하였다. 홀연히 병세가 심해져 그 해 11월 13일 화음현 사저로 돌아와 죽으니 나이 64세였다. (「楊福延 墓誌銘」: 『全唐文補遺』 9)
신라	겨울 11월 무자(戊子) 초하루, 신해일(24)에 신라의 사신 김압실(金押實) 등에게 츠쿠시(筑紫)에서 잔치를 베풀었다. 그 날 녹(祿)을 각각 차등 있게 내렸다. (『日本書紀』 28 天武紀 上)
신라	12월 임신일(15)에 배 1척을 신라의 사신에게 내렸다. (『日本書紀』 28 天武紀 上)
신라	12월 계미일(26)에 김압실 등이 일을 마치고 돌아갔다. (『日本書紀』 28 天武紀 上)
신라 고구려	함형 3년 임신년 12월에 고간이 우리의 남은 무리와 백수산(白水山)에서 싸워 패배시켰다. 신라가 군사를 보내 우리를 구원하였는데 고간이 쳐서 이기고 2천명을 사로잡아 갔다. (『三國史記』 22 高句麗本紀 10)
신라 고구려	12월에 고간이 고려의 남은 무리와 백수산에서 싸워 이들을 격파하였디. 신라가 군사를 보내 고려를 구원하였는데, 고간이 쳐서 깨뜨렸다. (『資治通鑑』 202 唐紀 18 高宗)
신라 고구려	『신당서』 고려전에 전한다. “함형 3년 12월 또 천산(泉山)에서 패배시켰고 신라 구원병 2000명을 사로잡았다.” (『玉海』 191 兵捷 兵捷 露布 3 唐遼東道行臺大摠管李勣俘高麗 獻俘昭陵 檄高麗 含元殿數俘)
신라 고구려	이해 겨울 좌감문대장군(左監門大將軍) 고간(高侃)이 횡수(橫水)에서 신라의 무리를 크게 물리쳤다. (『舊唐書』 5 本紀 5 高宗 下)
신라 고구려	고간은 동주도행군총관(東州道行軍總管)·좌감문대장군이 되었다. 함형 3년에 고구려

의 남은 무리와 백수산에서 싸웠는데, 크게 깨뜨렸다. 이 때 신라가 군사를 보내 고구려를 구원하였는데 관군(官軍)과 대적하였고 고간과 부장 이근행등이 군사를 이끌고 고구려를 맞아 싸워 3000명을 목베었다. (『册府元龜』358 將帥部 19 立功 11 高侃)

고구려 신라	고간은 또 천산에서 쳐부수고 신라의 원병 2,000명을 사로잡았다. (『新唐書』220 列傳 145 東夷 高麗)
신라	겨울에 곡식이 귀하여 사람들이 굶주렸다. (『三國史節要』10)
신라	이 해에 곡식이 귀하여 사람들이 굶주렸다. (『三國史記』7 新羅本紀 7)
신라	부여군(扶餘郡)은 본래 백제의 소부리군(所夫里郡)이었는데, 당 장수 소정방(蘇定方)과 유신(庾信)이 평정하였다. 문무왕 12년에 총관(摠管)을 두었다. 경덕왕이 이름을 고쳤다. 지금도 그대로 쓴다. 영현(領縣)이 둘이다. 석산현(石山縣)은 본래 백제의 진악산현(珍惡山縣)으로 경덕왕이 이름을 고쳤다. 지금의 석성현(石城縣)이다. 열성현(悅城縣)은 본래 백제의 열이현(悅己縣)으로 경덕왕이 이름을 고쳤다. 지금의 정산현(定山縣)이다. (『三國史記』36 雜志 5 地理 3 熊州)
신라	부여총관(扶餘摠管)을 두었다. (『三國史節要』10)
신라	집사성(執事省)은 (…) 사(史)가 14명이다. 문무왕 1△년에 6명을 더하였고 경덕왕이 낭(郞)으로 고쳤다. 혜공왕이 다시 사(史)로 칭하였다. 관등은 선저지(先沮知)에서 대사(大舍)까지로 하였다. (『三國史記』38 雜志 7 職官 上)
신라	병부(兵部)는 (…) 노사지(弩舍知)가 1명이다. 문무왕 12년에 처음 설치하였고 경덕왕이 사병(司兵)으로 고쳤다. 혜공왕이 다시 노사지로 칭하였다. 관등은 사지에서 대사까지로 하였다. 사는 20명으로 문무왕 11년이 2명을 두었고 12년에 3명을 더하였다. 관등은 선저지(先沮知)에서 대사까지로 하였다. (『三國史記』38 雜志 7 職官 上)
신라	창부(倉部)의 (…) 사(史)는 8명이다. 진덕왕대 설치하였고 문무왕 11년에 3명을 더하였고 12눈에 7명을 더하였다. 효소왕 8년에 1명을 더하였고 경덕왕 11년에 3명을 더하였으며 혜공왕대 8명을 더하였다. (『三國史記』38 雜志 7 職官 上)
신라	구서당(九誓幢)의 (…) 세 번째는 백금서당(白衿誓幢)이라고 한다. 문무왕 12년에 백제의 민으로 당으로 하였다. 금(衿)의 색깔은 백청(白靑)이다. 네번째는 비금서당(緋衿誓幢)이라고 하는데, 문무왕 12년에 장창당(長槍幢)을 처음 두었고 효소왕 2년에 비금서당(緋衿誓幢)으로 고쳤다. (…) (『三國史記』40 雜志 9 職官 下)
신라	이계당(二罽幢)[혹은 외계(外罽)라고도 한다]의 (…) 두 번째는 우수주계당(牛首州罽幢)이라고 한다. 문무왕 12년에 설치하였고 금(衿)의 색깔은 모두 계(罽)이다. (『三國史記』40 雜志 9 職官 下)
신라	오주서(五州誓)의 첫 번째는 청주서(菁州誓)라 하고 두 번째는 완산주서(完山州誓)라 하며 세 번째는 한산주서(漢山州誓)라 하고 금(衿)의 색깔은 자록(紫綠)이다. 네 번째는 우수주서(牛首州誓)라 하며 다섯 번째는 하서주서(河西州誓)라 하며 금 색깔은 녹자(綠紫)이다. 모두 문무왕 12년에 두었다. (『三國史記』40 雜志 9 職官 下)
신라	신삼천당(新三千幢)[또는 외삼천(外三千)이라고 한다]의 첫 번째는 우수주삼천당(牛首州三千幢)이라고 하며 두 번째는 내토군삼천당(奈吐郡三千幢)이라고 하며 문무왕 12년에 두었다. 세 번째는 내생군삼천당이라 하는데, 16년에 두었다. 금 색깔은 알 수 없다. (『三國史記』40 雜志 9 職官 下)

신라	집사성에 사 6명과 병부에 사 3명을 더하였고 관등은 선저지에서 대사까지로 하였다. 창부에 사 7명을 더하였고 비로소 병부에 노사지 1명을 두었다. 비로서 백금서당을 두어 백제 사람으로 당을 만들었는데, 금의 색깔은 백청이다. 또 비금서당을 두었는데, 이것은 장창당이다. 또 우수주계당을 두었으니 금의 색깔은 모두 계이다. 또 오주서를 두었는데, 첫 번째는 청주서(菁州誓)라 하고 두 번째는 완산주서(完山州誓)라 하며 세 번째는 한산주서(漢山州誓)라 하고 금(衿)의 색깔은 자록(紫綠)이다. 네 번째는 우수주서(牛首州誓)라 하며 다섯 번째는 하서주서(河西州誓)라 하며 금 색깔은 녹자(綠紫)이다. 또 신삼천당을 두었는데, 첫 번째는 우수주삼천당(牛首州三千幢)이라고 하며 두 번째는 내토군삼천당(奈吐郡三千幢)이라고 한다. (『三國史節要』 10)

백제	함형 3년 공적에 따라 충무장군(忠武將軍) 행대방주장사(行帶方州長史)를 더하였다. 얼마 안 있어 사지절(使持節) 사반주제군사(沙泮州諸軍事) 사반주자사(沙泮州刺史)로 관직은 옮기고 상주국(上柱國)을 제수받았다. (「黑齒常之墓誌銘」)

신라	(…) 공의 휘(諱)는 사정(思貞)이고 자(字)는 유결(惟潔)이며 평원(平原) 고당(高堂) 사람이다. (…) 기러기가 무리지어 벌의 비행을 막고 계림의 개미가 모여들어 왕이 크게 노하여 이에 군사를 정비하였다. 군은 智略을 겸비하였고 문무가 뛰어나고 재질이 빼어났다. (…) 홀연히 크게 무찌르니 △△(공이) 더욱 드러났다. (…) (「大周故沙州刺史李府君墓誌銘幷書」)

백제	이 때 일본(日本)의 잔당들이 부상(扶桑)에 근거하여 토벌로부터 달아났고, 풍곡(風谷)의 유민들이 반도(盤桃)를 의지하여 견고하였다. 1만의 기병이 들판에 펼쳐지니 철기(鐵騎)와 함께 먼지가 어지럽게 올라왔고, 1,000척의 배가 파도를 가로지르니 큰 배의 행렬을 도와 막혔던 물길이 풀렸다. 예군(禰軍)이 해동(海東)에서 계책에 뛰어나고 영동(瀛東)에서 귀감이 되니, 특별히 황제에게 뽑혀 가서 초위(招慰)를 주관하였다. 군은 신하의 절조를 외치며 목숨을 던졌고, 사신을 찬양하는 노래를 부르며 수레가 달려갔다. 바다를 건너 날아가는 푸른 매, 산을 넘어 날아가는 붉은 새와 같으니 아주 먼 길이 통하였다. 놀란 오리가 짝을 잃으니 저녁이 끝나기 전에 물을 건너가는 것과 같았다. 마침내 하늘의 위엄을 펼쳐 얘기할 수 있었으니, 오랜 시간을 복되게 하도록 깨우쳤다. (「禰軍 墓誌銘」: 『社會科學戰線』 2011-7)

백제	예소사(禰素士)의 부친 식진(寔進)은 입조하여 귀덕장군(歸德將軍), 동명주자사(東明州刺史), 좌위위대장군(左威衛大將軍)이 되었다. 당시 충성스럽고 정직하다고 칭하였으니, 가문이 번성하여 훈문(勳門)이 되었다. 대나무를 쪼개 징표로 삼았으니 과거에 기탁한 것이었고, 수레를 달려 위문하였으니 이는 어질고 밝음에 힘입은 것이었다. 필사의 결심으로 수많은 싸움의 공을 알렸고, 단에 올라 전군 중의 선발에 응하였다. (「禰素士 墓誌銘」: 2012 『唐史論叢』 14)
백제	예선(禰善)의 아들 식진(寔進)에 이르기까지 대대로 관직을 세습하며 선대의 어진 덕행을 본받았다. 당(唐)이 천명을 받아 왕정(王庭)에 조회하지 않는 나라를 동쪽으로 토벌하니, 식진은 곧 그 왕을 끌어 고종(高宗) 황제에게 귀의하였다. 이로 말미암아 좌위위대장군(左威衛大將軍)에 임명하고, 내원군개국공(來遠郡開國公)으로 봉하였다. 부자(父子)의 일이 특별히 때에 맞은 바였고, 거취의 이치가 도를 행하는 바에 부합하였다. 『논어(論語)』에서 현명한 자는 어지러운 나라를 피한다고 하였고, 『서경(書經)』에서 반드시 인내함이 있어야 성공이 있을 것이라고 하였으며, 『좌전(左傳)』

에서 그 자신에게 있지 않고 후대에게 있다고 하였으니, 이를 일컬은 것인가? (「禰
仁秀 墓誌銘」: 2012 『唐史論叢』 14)

673(癸酉/신라 문무왕 13/唐 咸亨 4/倭 天武 2)

신라 　봄 정월에 큰 별이 황룡사(皇龍寺)와 재성(在城) 사이에 떨어졌다.(『三國史記』 7 新
　　　羅本紀 7)

신라 　봄 정월에 큰 별이 떨어졌고 지진이 일어났다. / 왕이 그것을 근심하자 유신이 나
　　　아와 말하였다. "지금의 변이는 액(厄)이 늙은 신하에게 있는 것이지, 국가의 재앙은
　　　아닙니다. 왕께서는 청컨대 근심하지 마소서." 대왕이 말하였다. "만약 이와 같다면
　　　과인의 근심이 더욱 심한 바요." 곧 담당 관서에 명하여 그것을 기도하여 물리치게
　　　하였다. (『三國史節要』 10)

신라 　함형(咸亨) 4년 계유는 문무대왕 13년이다. 봄에 괴이한 별이 나타나고 지진이 일어
　　　나자 대왕이 걱정하였다. 유신이 나아가 말하였다. "지금의 변이는 액(厄)이 늙은 신
　　　하에게 있는 것이지, 국가의 재앙은 아닙니다. 왕께서는 청컨대 근심하지 마소서."
　　　대왕이 말하였다. "만약 이와 같다면 과인이 더욱 근심하는 바요." 담당 관서에 명
　　　하여 그것을 기도하여 물리치게 하였다. (『三國史記』 43 列傳 3 金庾信 下)

신라 　봄 정월 강수(强首)에게 임명하여 사찬(沙湌)으로 삼고 해마다 조(租) 200석을 주었
　　　다. (『三國史記』 7 新羅本紀 7)

신라 　봄 정월 왕이 강수를 사찬으로 삼고, 곧 말하였다. "강수는 문장에 능하여 중국과
　　　고구려·백제 두 나라에 뜻을 전하였다. 나의 선왕께서 당에 군사를 청하여 고구려와
　　　백제를 평정하였던 것은 비록 군사적 공로라고 하나 또한 문장의 도움인 즉 강수의
　　　공을 어찌 소홀히 할 수 있겠는가." 이에 이 직(職)을 주고 그대로 세봉(歲俸) 조 20
　　　0석을 더하였다. (『三國史節要』 10)

신라 　(…) 강수는 일찍이 생계를 도모하지 않아서 집이 가난하였으나 즐거워하였다. 왕이
　　　담당 관리에게 명하여 해마다 신성(新城)의 조(租) 100석을 하사하도록 하였다. 문
　　　무왕이 말하였다. "강수는 문장 짓는 일을 맡아 편지로 중국과 고구려·백제 두 나라
　　　에 뜻을 다 전하였다. 그러므로 우호 맺음도 성공할 수 있었다. 나의 선왕께서 당에
　　　군사를 청하여 고구려와 백제를 평정하였던 것은 비록 군사적 공로라고 하나 또한
　　　문장의 도움으로 말미암은 것이었다. 강수의 공을 어찌 소홀히 할 수 있겠는가." 사
　　　찬의 관등과 녹봉을 늘려 해마다 조 2백석을 주었다. (『三國史記』 46 列傳 6 强首)

신라 　2월에 서형산성(西兄山城)을 증측하였다. (『三國史記』 7 新羅本紀 7)
신라 　2월에 서형산성을 증측하였다. (『三國史節要』 10)

신라 　△△ 계유년 4월 15일에 내말(乃末) 首△△道△ 발원하여 삼가 지어 바치니, 미차내
　　　(彌次乃)△, △정(正) 내말(乃末), 전씨(全氏) 삼(三)△△ 등 △50인 지식(知識)과 함
　　　께 국왕 대신 및 칠세부모(七世父母)와 모든 영혼을 위하여 발원하여 삼가 절을 지
　　　었다. 지식 이름을 기록하면, 달솔(達率) 신차(身次)가 원했고, 진무(眞武) 대사(大舍)
　　　와 △△ 대사가 원했다. (「癸酉銘全氏阿彌陀佛三尊石像」 向左側面)

신라 　상차(上次) 내말과 삼구지(三久知) 내말, 토(兎)가 원했고, 부신(夫信) 대△(大△)가
　　　(원했고), 내말이 원했고, 구(久) 대사가 원했고, 혜신사(惠信師)가 (원했고), 부(夫)
　　　내말이 원했고, 림(林) 내말이 원했고, 혜명법사(惠明法師)가 (원했고), 도사(道師)가
　　　(원했다). (「癸酉銘全氏阿彌陀佛三尊石像」 後面)

신라 　계유년 4월 15일에 여러 △를 위하여 삼가 이 돌로 된 제불보살(諸佛菩薩)을 만들

	었다. 도작공(道作公)이 원했고, 사진공(使眞公)이 (원했고), △△가 원했다. (「癸酉銘全氏阿彌陀佛三尊石像」向右側面)
신라	전씨(全氏) △△ 술황(述況) △△ 이혜(二兮) △ 한마음으로 아미타불상(阿彌陀佛像)과 관음대세지상(觀音大世至像)을 삼가 만들었다. △△도(道)△△ 상위(上爲)△△ 원컨대 삼가 만든 이 석불상(石佛像)이 내외(內外) 시방(十方)과 내외십육(內外十六)[을 비추소서]. (「癸酉銘全氏阿彌陀佛三尊石像」正面)
신라 백제	계유년 4월 15일에 향도(香徒)가 석가(釋迦) 및 여러 불보살의 상을 만들었다. 돌에 기록하니 △△ 이것은 국왕(國王) 대신 및 칠세부모(七世父母), 법계의 모든 중생을 위하여 삼가 (「癸酉銘三尊千佛碑像」向右側面)
신라 백제	만든 것이다. 향도 이름은 미차내(彌次乃), 진모씨(眞牟氏) 대사, 상생(上生) 대사, △인차(△仁次) 대사, △선(△宣) 대사, 찬불(贊不) 소사(小舍), 무사(武使) 소사, △△△ 소사, 그리고 △△ 등 250인이다. (「癸酉銘三尊千佛碑像」向左側面)
고구려 신라	윤5월 정묘일(13)에 연산도(燕山道) 총관 대장군 이근행(李謹行)이 호로하(瓠瀘河)에서 고려의 반역도당을 쳐부수니 고려 평양의 남은 무리가 신라로 달아났다. (『舊唐書』 5 本紀 5 高宗 下)
고구려 신라	함형 4년 계유년 여름 윤5월에 연산도 총관 대장군 이근행이 호로하에서 우리 백성을 쳐부수고 수천인을 포로로 잡으니 나머지 무리가 모두 신라로 달아났다. (『三國史記』 22 高句麗本紀 10)
고구려 신라	여름 윤5월에 연산도 총관 대장군 이근행이 고구려의 남은 무리를 호로하에서 쳐부수니 사로잡은 포로가 수천명이었고 나머지는 모두 달아났다. (『三國史節要』 10)
고구려 신라	윤5월에 연산도총관 우령군대장군 이근행이 고려의 반란한 사람들을 호로하 서쪽에서 대파하였는데, 포로로 수천명을 잡았고 나머지 무리는 모두 신라로 도망하였다. 당시에 근행의 처인 유씨는 벌노성(伐奴城)에 남았는데, 고려에서 말갈을 이끌고 이를 공격하니 유씨가 갑옷을 입고 무리를 거느려 성을 지키자 한참 있다가 오랑캐는 물러갔다. 황상은 그 공을 기뻐하여 연국부인(燕國夫人)에 봉하였다. (『資治通鑑』 202 唐紀 18 高宗)
고구려 신라	당 고종 함형 4년 윤5월에 연산도 총관 이근행이 고려의 반역도당을 쳐부수니 고려 평양의 남은 무리가 신라로 달아났다. (『册府元龜』 986 外臣部 31 征討 5)
고구려 신라	『신당서(新唐書)』 고려전(高麗傳)에 전한다. "함형 4년 윤5월에 근행이 발로하(發蘆河)에서 쳐부수니 사로잡아 벤 것이 만여 명이었다. 모두 4년에 평정했다." (『玉海』 191 兵捷 兵捷 露布 3 唐遼東道行臺大摠管李勣俘高麗 獻俘昭陵 檄高麗 含元殿數俘)
고구려 신라	이근행은 연산도 총관 우령군대장군(右領軍大將軍)이 되었다. 함형 4년 고려의 반역무리를 호로하 서쪽에서 크게 쳐부수니 사로잡은 포로가 수천명이었다. 이로부터 평양의 남은 무리는 달아나 신라로 투항했다. (『册府元龜』 358 將帥部 19 立功 11 李謹行)
고구려 신라	이근행은 그들을 발로하에서 쳐부수고, 다시 싸워서 포로와 참수한 수가 1만이었다. 이에 평양성의 패잔병들은 다시 군열을 정비할 수 없게 되자, 서로 이끌고 신라로 달아나니, 모두 4년에 이에 평정하였다. 지난날 이근행이 아내 류씨에게 벌노성(伐奴城)을 지켜 머물게 하였는데, 고구려가 공격해 오자, 류씨는 갑옷을 입고 대오를 정렬하여 수비하였고 적들이 물러 났다. 고종은 이를 아름답게 여겨 연군부인(燕郡夫人)에 봉(封)하였다. (『新唐書』 220 列傳 145 東夷 高麗)
신라 고구려	『당서(唐書)』에서 또 전한다. "함형 연간(670~673)에 연산도 총관 우령군대장군 이

근행이 고려의 반역무리를 호로하 서쪽에서 크게 쳐부수니 사로 잡은 포로가 수천 명이었다. 이로부터 평양의 남은 무리는 달아나 신라로 투항했다. 이 때에 근행의 처인 유씨는 벌노성에 남았는데, 고려에서 말갈을 이끌고 이를 공격하니 유씨가 갑옷을 입고 무리를 거느려 성을 지키자, 한참 있다가 오랑캐는 이내 물러갔다. 황상은 그 공을 기뻐하여 특별히 연국부인(燕國夫人)에 봉하였다. (『太平御覽』202 封建部 5 夫人)

| 백제 | 윤6월 을유(乙酉) 초하루, 경인일(6) 대금하(大錦下) 백제 사택소명沙宅昭明)이 죽었다. 사람됨이 총명하고 밝은 슬기를 지녀 당시 수재라고 칭하였다. 이에 천황이 놀라며 은혜를 베풀어 외소자위(外小紫位)를 추증하고 본국의 대좌평(大佐平)의 위계도 거듭 내렸다. (『日本書紀』29 天武紀 下) |

| 탐라 | 윤6월 을유 초하루 임진일(8)에 탐라(耽羅)에서 왕자 구마예(久麻藝)·도라(都羅)·우마(宇麻) 등을 보내 조공하였다. (『日本書紀』29 天武紀 下) |
| 탐라 | 천무천황 2년 윤6월 을유 초하루 임진일(8) (『類聚國史』99 殊俗部 耽羅) |

| 신라 | 윤 6월 을유 초하루 기해일(15)에 신라가 한아찬(韓阿湌) 김승원(金承元), 아찬(阿湌) 김기산(金祇山), 대사 상설(霜雪) 등을 보내 등극을 축하했다. 아울러 일길찬(一吉湌) 김살유(金薩儒), 한나말(韓奈末) 김지산(金池山) 등을 보내 천황(天皇)의 상(喪)을 조문하였대[혹은 조(調)를 올리러 온 사신이라고 하였다]. 그 송사(送使) 귀간(貴干) 보(寶)·진모(眞毛)가 승원(承元)과 살유(薩儒)를 츠쿠시(筑紫)까지 호송하였다. (『日本書紀』29 天武紀 下) |

| 신라 | 윤 6월 을유 초하루 무신일(24)에 귀간 보 등에게 츠쿠시에서 잔치를 베풀고 녹(祿)을 각각 차등있게 내렸대[바로 츠쿠시로부터 자기나라로 돌아갔다]. (『日本書紀』29 天武紀 下) |

| 신라 | 여름 6월에 호랑이가 대궁(大宮) 뜰에 들어와서 죽였다. (『三國史記』7 新羅本紀 7) |
| 신라 | 6월에 호랑이가 궁정 뜰에 들어와서 죽였다. (『三國史節要』10) |

| 신라 | 함형 4년 계유 여름 6월에 사람들이 군복을 입고 무기를 든 사람 수십 명이 유신의 집으로부터 울며 떠나 잠시 뒤 사라지는 것을 간혹 보았는데, 유신이 이를 듣고는 말하였다. "이는 틀림없이 나를 보호하던 음병(陰兵)이 내 복이 다한 것을 보고는 이 때문에 떠난 것이니, 나는 곧 죽을 것이다." 그 뒤 10여 일 지나 병으로 자리에 누웠다. 대왕이 친히 와서 위문하였다. 유신은 말하였다. "신이 온 힘을 다하여 임금을 받들고자 하였으나, 소신의 병이 이에 이렇으니 오늘 이후로는 다시 용안(龍顔)을 뵙지 못할 듯하옵니다." 대왕이 울면서 말하였다. "과인에게 경이 있음은 물고기에게 물이 있는 것과 같으니, 만약 피할 수 없는 일이 생긴다면 백성들은 어찌하고 사직은 어찌하는가." 유신은 대답하였다. "신은 어리석고 못났으니 어찌 능히 나라에 이로울 것이 있겠사옵니까. 다행히도 밝으신 임금께옵서 저를 등용하고서는 의심하지 않으셨고 일을 맡겨서는 다른 마음을 가지지 않으셨으니 그런 까닭에 대왕의 현명함에 기대어 자그마한 공이라도 세울 수 있었나이다. 삼한(三韓)이 한 집안을 이루었으니 백성들은 두 마음을 가지지 않게 되었고 비록 태평에는 이르지 못하였지만 또한 세상이 안정되었다고는 할 만하옵니다. 신이 예로부터 대통을 이은 임금들을 보건대 처음에는 못하는 경우가 없지만 끝까지 잘 하는 경우는 드물어 여 |

러 대의 공적이 하루 아침에 무너져 버리니 매우 가슴 아픈 일이옵니다. 엎드려 바라옵건대 전하께서는 성공하는 것이 쉽지 않다는 것을 아시고 이루어 놓은 것을 지키는 것 또한 어렵다는 것을 유념하시어, 소인배를 멀리하시고 군자들을 가까이 하시며 위로는 조정을 화목하게 하시고 아래로는 백성과 만물을 편안하게 하시어 재앙과 난리가 일어나지 않고 나라의 기반이 무궁하게 된다면 신은 죽어도 또한 여한이 없나이다." 왕은 울면서 이를 받아들였다. (『三國史記』43 列傳 3 金庾信 下)

신라	가을 7월 1일에 유신(庾信)이 죽었다. (『三國史記』7 新羅本紀 7)
신라	함형 4년 계유 가을 7월 1일에 이르러 사저의 정침(正寢)에서 죽었다. 나이 79세였다. 대왕이 부음을 듣고 대단히 슬퍼하며 부의로 고운 빛깔의 비단 1,000필과 조(租) 2,000섬을 내려 장례에 사용하도록 하였고, 군악대에서 북 치고 피리 부는 사람 100명을 보내주었다. 금산원(金山原)에 나아가 장사지냈고, 담당 관서에 명하여 비를 세워 공적과 명예를 기록하게 하였다. 또한 민호(民戶)를 정하여 들여보내 묘를 지키도록 하였다. 아내 지소부인(智炤夫人)은 태종대왕의 셋째 딸이다. 아들 5명을 낳았는데, 맏이는 삼광(三光) 이찬이고 다음은 원술(元述) 소판, 다음은 원정(元貞) 해간(海干), 다음은 장이(長耳) 대아찬, 다음은 원망(元望) 대아찬이었고, 딸은 4명이었다. 또 서자(庶子) 군승(軍勝) 아찬이 있는데, 그 어머니의 성씨는 전하지 않는다. 후일 지소부인은 머리를 깎고 베옷을 입고서 비구니가 되었다.(712년 8월) 이때 대왕이 부인에게 이야기하였다. "지금 [나라의] 안팎이 평안하고 임금과 신하가 베개를 높이 베고 근심이 없는 것은 태대각간의 덕분입니다. 생각컨대 부인은 그 집안을 잘 다스렸으며 경계하고 훈계함이 서로 어우러져 숨은 공이 많았습니다. 과인은 그 은덕에 보답하고자 하여 일찍이 하루라도 마음에서 잊은 적이 없습니다. 남성(南城)의 조를 매년 1,000섬씩 드리겠습니다. 후일 흥덕대왕이 공[김유신]을 봉하여 흥무대왕(興武大王)이라 하였다. (『三國史記』43 列傳 3 金庾信 下)
신라	가을 7월 1일 초하루에 김유신이 죽었다. 나이 79세였다. 왕은 대단히 슬퍼하며 부의로 고운 빛깔의 비단 1,000필과 조 2,000섬을 내리고, 군악대에서 북 치고 피리 불게 하고 금산원(金山原)에 장사지냈다. 담당 관서에 명하여 비를 세워 공적과 명예를 기록하게 하였고 민호(民戶)를 두어 묘를 지키게 하였다. 처음에 군사 수십명이 군기(軍器)와 군복을 갖추고 김유신의 집에서 울부짖으며 나와서는 갑자기 보이지 않게 된 것을 본 사람이 있었는데, 김유신이 듣고서 말하였다. "이는 반드시 나를 수호하는 신병(神兵)들인데 나의 운명이 다한 것을 보고 떠나가는 것일테니 내가 곧 죽겠다." 그 후 10여일 만에 질병으로 위독하게 되었다. 왕이 친림하여 존문하니 김유신이 말하였다. "신이 심력(心力)을 다하여 임금을 받들기를 원하였으나 천질(賤疾)이 이에 이르렀으니 오늘 이후에는 다시 용안을 뵙지 못하겠습니다." 왕은 눈물을 흘리며 말하였다. "과인에게 경이 있음은 물고기에게 물이 있는 것과 같은데 만일 불행한 일이 생긴다면 인민과 사직은 어찌되겠는가". 김유신이 말하였다. "신은 어리석고 불초한데 어찌 국가에 이익이 있었겠습니까. 다행히 명군(明君)이 위에 계셔서 채용함에 의심하지 않고 일을 맡기심에 변동이 없었으므로 심력을 다하여 조그만 공을 이루어 삼한이 일가가 되고 백성은 두 마음을 갖지 않게 되었으니 비록 태평성대에는 이르지 못했다 하더라도 또한 소강(小康) 시절이라고 할 수는 있을 것입니다. 신이 예로부터 왕통을 계승한 임금을 살펴보건대 처음에는 가취(加取)할 것이 없지 않으나 끝을 잘 맺는 자가 드물어서 여러 대에 걸쳐 쌓은 공적을 하루 아침에 무너뜨리는 자가 많으니 심히 두렵습니다. 엎드려 원하옵건대 전하께서는 성공이 쉽지 않음을 아시고 수성이 또한 어려움을 생각하시어 군자를 가까이 하고 소인을 멀리 하여 위로는 조정이 화목하게 하고 아래로는 백성들이 편안하게 하신다면

신은 죽더라도 유감이 없겠습니다.” 왕이 갑읍하였다. 처는 김씨이고 태종대왕의 셋째 딸이다. 아들 5명이 있었는데, 삼광(三光), 원술(元述), 원정(元貞), 장이(長耳), 원망(元望)이었다. 유신이 죽은 뒤 원술(元述)이 그 어머니를 뵙게를 구하니 어머니가 말하였다. “부인에게는 삼종의 의가 있으니 이제 아들을 따름이 마땅하다. 그러나 네가 이미 선군(先君)에게 아들 노릇을 하지 못했으니 내가 어떻게 너의 어미가 될 수 있겠는가”. 드디어 만나보지 못하엿다. 원술이 통곡하고 가슴을 치면서 떠나가지 않았으나 부인이 끝내 만나보기를 허락하지 않았다. 이에 원술이 탄식하며 말하였다. “담릉(淡凌)이 그르친 것으로 인하여 이 지경에 이르렀다.” 드디에 태백산에 들어갔다. 뒤에 당나라 군사가 와서 매소천성(買蘇川城)을 공격하자 원술이 이를 듣고 전일의 치욕을 씻고자 하여 적진으로 내달아 힘껏 싸워서 전공이 있었다. 그러나 부모에게 용납되지 않을 것을 부끄럽고 한탄스럽게 여겨 끝내 벼슬하지 않았다. 삼광은 그 아비의 이를 이어 집정(執政)하였는데, 열기(裂起)가 군수 자리를 구하자 허락하지 않았다. 이에 열기가 말하였다. “삼광이 아마도 그 아미가 죽었으므로 해서 나를 잊어버린게 아니겠는가” 삼광이 듣고 부끄러워 사과한 뒤 삼년산군 태수를 제수하였다. 구근(仇近)이 일찍이 원정(元貞)을 따라 서원술성(西原逑城)을 쌓았는데, 혹자가 원정에게 말하였다. “구근이 직무에 태만하다.” 원정이 구근에게 곤장을 쳤다. 이에 구군이 말하였다. “평양의 전역에서 내가 열기와 더불어 추측할 수 없는 위험한 땅에 들어가 대각간의 명을 욕되지 않게 하였으므로 대각간께서도 나를 무능하다 하지 않고 국사(國士)로 대우하였다. 그런데 이제 뜬소문을 듣고 죄를 주니 또한 욕되지 않겠는가”. 원정이 듣고 이를 종신토록 참회하였다.

김부식은 논하였다. 당나라의 이강(李絳)이 헌종(憲宗)에게 대답하였다. “간사하고 아첨하는 자는 멀리하시고 충성스럽고 곧은 자는 나오게 하시며, 대신들과 함께 이야기를 나누실 때에는 공경하고 믿음을 주시어 소인배들로 하여금 참여하지 못하게 하시옵소서. 어진 이와 함께 노실 때에는 친하고 예절 있게 하시어 어리석은 자들로 하여금 관계하지 못하게 하시옵소서.” 참되도다, 이 말이여. 실로 임금된 자의 중요한 도리이다. 그러므로 서경에서는 말하였다. “어진 이에게 일을 맡김에 의심하지 말고, 간사한 자를 제거함에 주저하지 말라.”. 대체로 신라에서 유신을 대하는 것을 보면 친근하게 하여 틈이 없도록 하였고 일을 맡겨서는 의심하지 않았으며, 계책을 내면 행하고 말하면 들어주어 그로 하여금 쓰이지 않는다고 원망을 품지 않게 하였으니 ‘육오동몽(六五童蒙)’의 길(吉)함’을 얻었다고 할 만하다. 그러므로 유신은 그 뜻한 것을 행할 수 있게 되어 상국(上國)과 함께 협력하고 모의하여 세 나라의 영토를 합쳐 한 집안을 이루고, 능히 공을 세워 이름을 떨치고 일생을 마칠 수 있었다. 비록 을지문덕(乙支文德)의 지략과 장보고(張保皐)의 의롭고 용맹함이 있었다고 하더라도 중국의 서적이 아니었던들 흔적이 없어져 듣지 못하였을 것이다. 유신과 같은 사람은 우리 나라 사람들의 그에 대한 칭송이 지금[고려]까지도 끊어지지 않으니, 사대부들이 그를 아는 것은 그럴 수 있지만 꼴베는 아이와 가축을 기르는 아이까지도 또한 능히 그를 알고 있다. 그러므로 그의 사람됨은 반드시 일반 사람들과는 다른 데가 있었던 것이다. (『三國史節要』10)

신라　　원술(元述)은 아버지가 돌아가신 뒤에 이르러 어머니를 뵙고자 청하였다. 어머니가 말하였다. “부인에게는 세 가지 따라야 할 의리가 있는데, 지금 이미 과부가 되었으니 마땅히 아들을 따라야 하겠지만, 원술과 같은 자는 이미 선친[선군(先君)]에게 아들 노릇을 하지 못했으니 내가 어찌 그 어미가 될 수 있으랴.” 마침내 만나주지 않았다. 원술이 통곡하며 가슴을 치고 펄쩍 뛰면서 떠나지 않았으나 부인은 끝내 만나주지 않았다. 원술은 탄식하며 말하였다. “담릉으로 인해 그르친 것이 이런 지경에까지 이르렀구나.” 이에 태백산(太伯山)으로 들어갔다. (『三國史記』43 列傳 3 金庾

信 下 附 元述)

신라   김유신의 능은 서산(西山) 모지사(毛只寺)의 북동향 주봉(走峰)에 있다. (『三國遺事』 1 紀異 1 金庾信)

신라   가을 7월 1일 아찬(阿湌) 대토(大吐)가 반란을 꾀하여 당에 붙으려고 하였는데, 일이 새어나와 죽임을 당하고 처와 자식들은 천인(賤人)으로 채웠다. (『三國史記』 7 新羅本紀 7)

신라   가을 7월 초하루 아찬 대토가 반란을 꾀하여 당에 붙으려고 하였는데, 일이 새어나와 죽임을 당하였다. (『三國史節要』 10)

고구려 신라   가을 8월 갑신(甲申) 초하루 계묘일(20)에 고려에서 상부(上部)의 위두대형(位頭大兄) 감자(邯子)·전부(前部) 대형(大兄) 석간(碩干) 등을 보내 조공하였다. 이에 신라는 한나말(韓奈末) 김이익(金利益)을 보내 고려의 사신을 츠쿠시까지 호송하였다. (『日本書紀』 29 天武紀 下)

고구려   천무천황 2년 8월 계묘일(10) (『類聚國史』 93 殊俗部 高麗)

신라 탐라   가을 8월 갑신(甲申) 초하루 무신일(25)에 등극을 축하하는 사신 김승원(金承元) 등의 중객(中客) 이상 27인을 서울에 불렀다. 그리고 오미코토모치(大宰)에게 명하여 탐라의 사신에게 조서를 내려 말하기를, "천황이 새로 천하를 평정하고 처음 즉위하였다. 이로 말미암아 오직 축하하는 사신 이외에는 부르지 않는 것은 너희들이 직접 본 바이다. 또 날씨가 춥고 물결이 험해지니 오래도록 머물러 있으면 도리어 너희들의 근심이 될 것이다. 그러므로 빨리 돌아가라"고 하였다. 이어서 국왕과 사신 구마예(久麻藝) 등에게 처음으로 작위를 주었다. 그 작(爵)은 대을상(大乙上)이었고 또 금수(錦繡)로 장식하였는데, 그 나라의 좌평(佐平)의 관위에 해당한다. 곧 츠쿠시로부터 돌아갔다. (『日本書紀』 29 天武紀 下)

신라   8월에 파진찬(波珍湌) 천광(天光)을 중시(中侍)로 삼았다. (『三國史記』 7 新羅本紀 7)

신라   8월에 파진찬 천광을 중시로 삼았다. (『三國史節要』 10)

신라   8월 사열산성(沙熱山城)을 증축하였다. (『三國史記』 7 新羅本紀 7)

신라   8월 사열산성을 증축하였다. (『三國史節要』 10)

신라   9월 계축(癸丑) 초하루, 경진일(28)에 김승원 등에게 나니와(難波)에서 잔치를 베풀었다. 여러 가지 음악을 연주하고 물건을 각각 차등있게 주었다. (『日本書紀』 29 天武紀 下)

신라   9월에 국원성(國原城)[옛 완장성(薍長城)이다]·북형산성(北兄山城)·소문성(김文城)·이산성(耳山城), 수약주(首若州)의 주양성(走壤城)[한편 질암성(迭巖城)이라고도 하였다], 달함군(達含郡)의 주잠성(主岑城), 거열주(居烈州)의 만흥사산성(萬興寺山城), 삽량주(歃良州)의 골쟁현성(骨爭峴城)을 쌓았다. (『三國史記』 7 新羅本紀 7)

신라   9월에 산성 8곳을 쌓았는데, 국원성·북형산성·소문성·이산성·주양성·주잠성·만흥사산성·골쟁현성이다. (『三國史節要』 10)

신라   중원경(中原京)은 본래 고구려 국원성이다. 신라가 평정하여 진흥왕이 소경(小京)을 설치하였다. 문무왕 때 성을 쌓았는데 둘레는 2,592였다. 경덕왕이 중원경이라고 고

쳤고 지금의 충주이다. (『三國史記』35 雜志 4 地理 2 漢州)

신라   9월 왕이 대아찬(大阿湌) 철천(徹川) 등을 보내어 병선(兵船) 1백 척을 거느리고 서
          해(西海)를 지키게 하였다. 당 군사와 말갈(靺鞨)·거란(契丹)의 군사가 와서 북쪽 변
          경을 침범하였는데, 무릇 아홉 번 싸워서 우리 군사가 이겨 2천여 명의 목을 베었
          다. 당 군사는 호로(瓠瀘)와 왕봉(王逢) 두 강에 빠져서 죽은 자는 셀 수가 없었다.
          (『三國史記』7 新羅本紀 7)
신라   9월 왕이 대아찬 철천 등을 보내어 병선 1백 척을 거느리고 서해를 지키게 하였다.
          당 군사와 말갈·거란의 군사가 와서 북쪽 변경을 침범하였는데, 무릇 아홉 번 싸워
          서 우리 군사가 모두 이겨 2천여 명의 목을 베었다. 당 군사는 호로와 왕봉 두 강
          에 빠져서 죽은 자는 셀 수가 없었다. (『三國史節要』10)

신라   겨울 11월 임자(壬子) 초하루 날에 김승원이 일을 마치고 돌아갔다. (『日本書紀』29
          天武紀 下)

고구려   대당(大唐) 고(故) 좌령군원외장군(左領軍員外將軍) 고요묘(高鐃苗)의 묘지
          고요묘의 이름과 자(字)는 요묘(鐃苗)이고 요동(遼東) 사람이다. 집안은 진(辰)·변(卞)
          보다 높고, 가치는 옥보다 더 귀중하다. 창해(滄海)를 등지고 귀순하여 와서 천자의
          청정한 교화를 우러러 들어와 관인이 되었다. 전한(前漢)의 김일제(金日磾)처럼 총명
          하고, 전한의 구기(駒幾)처럼 말솜씨가 있었다. 그런 까닭에 큰 은혜를 얻어 황제를
          가까이서 모시게 되었다. 바야흐로 결국에는 문창성(文昌星)보다 멀리 멀리 빛나고,
          하뢰선(下瀨船)보다 귀한 이름이 드러났다.
          아! 도문(桃門)의 귀신들은 마침내 부귀한 집을 엿보아 재앙을 내리려고 하였고, 무
          덤의 영혼은 슬픈 회오리바람을 일으키는 것에 뜻을 두었도다. 함형(咸亨) 4년(673)
          11월 11일에 사저(私邸)에서 돌아가셨도다. 조서를 내려 성남원(城南原)에 장사지내
          게 하니, 예의에 합당하였다. 언덕이 변하여 골짜기가 되는 일이 있을까 두려워하
          여, 이 묘지석에 새긴다. 그 명문은 다음과 같다.
          훌륭한 음덕을 신령께서 내리시니, 천자의 궁궐에 성심을 다 바쳤도다. 황제의 은혜
          로움을 받아, 적을 토벌한 공적이 잘 드러났도다. 충성과 절개는 멀어지고, 뛰어난
          계책은 갑자기 그쳤도다. 대수장군(大樹將軍)은 바람을 꺾고 기련산(祁連山)은 달빛
          에 반사되어 빛나는구나. 죽음을 맡은 신의 이웃이 되어 비록 사라졌지만, 장군의
          기개는 나타났도다. (「高鐃苗 墓誌銘」: 2009 『韓國古代史硏究』56)

고구려 신라   겨울 11월 임자(壬子) 초하루 임신일(21)에 고려의 감자(邯子)와 신라의 살유(薩儒)
          등에게 축자대군(筑紫大郡)에서 잔치를 베풀고 녹(祿)을 각각 차등있게 내렸다. (『日
          本書紀』29 天武紀 下)
고구려   천무천황 2년 11월 임신일(21) (『類聚國史』93 殊俗部 高麗)

신라 고구려   겨울에 당 군사가 고구려의 우잠성(牛岑城)을 공격하여 항복시켰다.(『三國史記』7
          新羅本紀 7)
고구려   겨울에 당 군사가 고구려의 우잠성을 공격하여 항복시켰다. (『三國史節要』10)

신라 말갈   겨울 거란과 말갈 군사는 대양성(大楊城)과 동자성(童子城)을 공격하여 없앴다. (
          『三國史記』7 新羅本紀 7)
말갈 신라   겨울 거란과 말갈 군사는 대양성과 동자성을 공격하여 없앴다. (『三國史節要』10)

신라	겨울 비로소 외사정(外司正)을 두었다. 주(州)에는 1명, 군(郡)에는 1명이었다. 일찍이 태종왕(太宗王)이 백제를 멸망시키고 국경을 지키는 병사를 없앴다가 이 때 이르러 다시 두었다. (『三國史記』 7 新羅本紀 7)
신라	겨울 외사정을 두었는데, 주에는 2명 군에는 1명이다. (『三國史節要』 10)
신라	외사정은 133명이다. 문무왕 13년에 두었고 관등은 알 수 없다. (『三國史記』 40 雜志 9 職官 下)
신라 백제	백제인의 관등. 문무왕 13년 백제에서 온 사람들에게 서울과 지방의 벼슬을 주었다. 그 관등의 차례는 본국의 벼슬에 견주었다. 경관(京官)인 대내마는 본대 달솔이었고 내마는 본래 은솔이었으며 대사는 본래 덕솔이었고 사지는 본래 한솔(扞率)이었고 당(幢)은 본래 내솔이었으며 대오는 본래 장덕이었다. 외관(外官)인 귀간(貴干)은 본래 達率이었고 선간(選干)은 본래 은솔이었고 상간(上干)은 본래 덕솔이었으며 간(干)은 본래 한솔이었고 일벌(一伐)은 본래 내솔이었고 일척(一尺)은 본래 장덕이었다. (『三國史記』 40 雜志 9 職官 下)
신라 백제	백제에서 항복해온 사람에게 관직은 주었는데 그 위차(位次)는 본국의 관직에 견주었다. 경관(京官)인 대내마는 본대 달솔이었고 내마는 본래 은솔이었으며 대사는 본래 덕솔이었고 사지는 본래 한솔(扞率)이었고 당(幢)은 본래 내솔이었으며 대오는 본래 장덕이었다. 외관(外官)인 귀간(貴干)은 본래 達率이었고 선간(選干)은 본래 은솔이었고 상간(上干)은 본래 덕솔이었으며 간(干)은 본래 한솔이었고 일벌(一伐)은 본래 내솔이었고 일척(一尺)은 본래 장덕이었다. (『三國史節要』 10)
신라	삭주(朔州) (…) 선덕왕 6년 당 정관(貞觀) 11년에 우수주(牛首州)라 하고 군주(軍主)를 두었다[또는 문무왕 13년, 당 함형 4년에 수약주(首若州)를 두었다고도 한다]. (『三國史記』 35 雜志 4 地理 2)
신라	육정(六停)의 (…) 두 번째는 상주정(上州停)이라고 하는데, 진흥왕 13년에 두었고 문무왕 13년에 이르러 귀당(貴幢)으로 고쳤으며 금(衿)의 색깔은 청적(靑赤)이었다. (…) 네 번째는 우수정(牛首停)이라고 하는데 본래는 비열홀정(比烈忽停)이었다. 문무왕 13년에 비열홀정을 혁파하고 우수정을 두었다. 금 색깔은 녹백(綠白)이다. (…) (『三國史記』 40 雜志 9 職官 下)
신라	상주정을 고쳐 귀당이라 하였다. 금의 색깔은 청적이다. 비열홀정을 혁파하고 우수정을 두었다. 금의 색깔은 녹백이다. (『三國史節要』 10)
신라	또한 김유신(金庾信)이 일찍이 한 늙은 거사(居士)와 두텁게 교류하였는데 세상 사람들이 그가 누구인지 알지 못하였다. 이때에 공의 친척 수천(秀天)이 오랫동안 악질(惡疾)에 걸려 있어서 유신이 거사를 보내 진찰하게 하였다. 마침 수천의 친구 인혜(因惠)법사라는 자가 중악(中岳)에서 와서 방문하고는 거사를 보고 그를 모욕하여 말하였다. "너의 형용과 자태를 보니 간사하고 아첨하는 사람인데 어찌 사람의 병을 다스릴 수 있겠는가." 거사가 말하기를 "나는 김유신공의 명을 받고 어쩔 수 없이 왔을 뿐이다"라고 하였다. 인혜가 "너는 나의 신통을 보아라"라고 말하고 이에 향로를 받들어 주문을 외우고 향을 피우니 잠시 동안 오색의 구름이 정수리 위를 돌고 천화(天花)가 흩어져 떨어졌다. 법사가 말하기를 "화상의 신통력은 불가사의하다. 제자(弟子) 또한 졸렬한 재주가 있으니 시험하기를 청한다. 법사는 잠깐 앞에 서 있기를 바란다"라고 하니 인혜가 그를 따랐다. 법사가 손가락을 튕겨 소리를 내자 인혜

가 넘어져 허공으로 날아갔는데 높이가 1장 가량이 되었고, 한참 있다가 서서히 아래로 거꾸로 떨어져 머리가 땅에 박혔는데 말뚝을 밝은 것처럼 우뚝하였다. 옆에 있는 사람이 잡아당겼으나 움직이지 않았다. 거사는 나가버렸고, 인혜는 거꾸로 박혀서 밤을 새웠다. 다음날 수천이 김유신에게 빼달라고 하여 김유신이 거사를 보내 가서 구하여 풀어주게 하였다. 인혜는 다시는 재주를 팔지 않았다.

찬하여 말한다. 홍색(紅色), 자색(紫色)이 분분하게 주색(朱色)에 섞이니 애석하도다. 어목(魚目)이 우부(愚夫)를 속이는구나. 거사가 가벼이 손가락을 튕기지 않았다면 작은 상자에 무부(砆砆)를 얼마나 담았을까. (『三國遺事』5 神呪 6 密本摧邪)

신라   또한 신라 서울 동남쪽 20여 리에 원원사(遠源寺)가 있는데 언전에는 안혜 등 네 대덕이 김유신(金庾信)·김의원(金義元)·김술종(金述宗) 등과 함께 발원하여 창건한 바이라 한다. 네 대덕의 유골은 모두 절의 동쪽 봉우리에 안장되어 있고 이로 인하여 사령산(四靈山) 조사암(祖師嵒)이라고 부른다. 곧 네 대덕은 모두 신라시대의 고승이다. (『三國遺事』5 神呪 6 明朗神印)

신라   공(公)의 휘(諱)는 효빈(孝斌)이고 자(字)는 순성(順姓)이며 성씨는 육(陸)이며 하남(河南) 낙양(洛陽)사람이다. (…) 처음에 함형 연간(670~673)에 황제의 군대가 요동을 정벌할 때 당시 공은 군사로 참여하였다. 당시 공의 친구인 태원왕(太原王) 수의(守義)는 해동(海東)에서 전염병에 걸렸다. 그러나 길은 험난하고 도적들이 방해를 하였고 전쟁이 위태롭고 형세가 급했다. 공은 혼자 먼 길을 걸어 친구를 고향인 안주(安州)에 안장하였다. (「唐故贈齊州司馬陸公神道碑」)

삼한(고구려)   군(君)의 이름은 진(眞)이고 자(字)는 행감(行感)이며 서경 사람이다. (…) 전에 삼한(三韓)이 역모를 일으키고 구종(九種)이 따르지 않음에 달밤에는 말을 몰아 빠르게 달리고 새벽에는 창을 곤두세우고 홀로 멀리 나아갔다. 충렬(忠烈)은 세상을 누르고 뜻은 삼군을 용맹스럽게 했으니, △에 봉한 공적이 이미 빛났는데, 더하여 상주국(上柱國)을 주었다. (「大唐故上柱國邊君墓誌銘幷序」)

674(甲戌/신라 문무왕 14/唐 咸亨 5, 上元 1/倭 天武 3)

백제   봄 정월 신해(辛亥) 초하루, 경신일(10)에 백제왕창성(百濟王昌成)이 죽었다. 소자위(小紫位)를 추증하였다. (『日本書紀』29 天武紀 下)

신라 고구려 백제

봄 정월 임오일(?)에 좌서자(左庶子)·동중서문하삼품(同中書門下三品) 유인궤(劉仁軌)를 계림도대총관(雞林道大總管)으로 삼고 위위경(衛尉卿) 이필(李弼)과 우령군대장군(右領軍大將軍) 이근행(李謹行)이 보좌하여, 군사를 내어 신라를 치게 했다. 이 때 신라왕 법민이 이미 고구려의 배반한 무리를 받아들이고 또한 백제의 옛 땅을 차지하면서 사람을 시켜 지키게 하여, 황제가 크게 화를 내어 조서로 법민의 관작을 없앴다. 그 동생 우효위원외대장군(右驍衛員外大將軍)·임해군공(臨海郡公) 인문이 서울에 있었는데, 신라 왕으로 세워 귀국하게 하였다. (『資治通鑑』202 唐紀 18 高宗)

신라 고구려 백제

『자치통감(資治通鑑)』에 전한다. "상원 원년 봄 정월 임오일(?)에 좌서자·동중서문하삼품 유인궤를 계림도대총관으로 삼고 위위경 이필과 우령군대장군 이근행이 보좌하여, 군사를 내어 신라를 쳤다. 이 때 신라왕 법민이 이미 고구려의 배반한 무리를 받아들이고 또한 백제의 옛 땅을 차지하면서 사람을 시켜 지키게 하여, 황제가 크게 화를 내어 조서로 법민의 관작을 없앴다. 그 동생 우효위원외대장군 임해군공 인문이 서울에 있었는데, 신라 왕으로 세워 귀국하게 하였다."(『玉海』 191 兵捷 兵捷 兵捷 露布 3 唐鷄林道行軍大摠管敗新羅)

신라 고구려 백제

봄 정월 왕이 고구려의 배반한 무리를 받아들이고 또한 백제의 옛 땅을 차지하면서 사람을 시켜 지키게 하여, 당 고종이 크게 화를 내어 조서로 왕의 관작을 없앴다. 왕의 동생인 우효위원외대장군·임해군공 김인문(金仁問)이 당의 서울[京師]에 있었는데, 신라 왕으로 세우고 귀국하게 하였다. 좌서자·동중서문하삼품 유인궤를 계림도대총관으로 삼고, 위위경 이필과 우령군대장군 이근행으로 보좌하게 하여 군사를 내어 와서 쳤다. (『三國史記』 7 新羅本紀 7)

신라

봄 정월 왕이 고구려의 배반한 무리를 받아들이고 또한 백제의 옛 땅을 차지하면서 사람을 시켜 지키게 하자, 황제가 크게 화를 내어 조서로 왕의 관작을 없앴다. 왕의 동생인 우효위원외대장군 임해군공 김인문이 당의 서울에 있었는데, 황제가 신라 왕으로 세우고 귀국하게 하였다. 인문이 간곡히 사양하였으나 들어주지 않고, 계림주대도독(雞林州大都督)·개부의동삼사(開府儀同三司)로 삼았고 좌서자·동중서문하삼품 유인궤를 계림도대총관으로 삼고, 위위경 이필과 우령군대장군 이근행이 보좌하여 군사를 내어 와서 쳤다. (『三國史節要』 11)

신라 고구려 백제

상원 원년에 문무왕이 고구려에서 반란한 무리를 받아들였고 또 백제의 옛 땅을 차지하였다. 당 황제가 크게 노하여 유인궤를 계림도대총관으로 삼아 군사를 내어 와서 치고 조서로 왕의 관작을 빼앗았다. 이때 인문은 우효위원외대장군 임해군공으로 당의 서울에 있었는데, 세워서 왕으로 삼고 귀국하여 그 형을 대신할 것을 명하고 이에 계림주대도독개부의동삼사에 봉하였다. 인문이 간곡히 사양하였으나 들어주지 않아 마침내 귀국 길에 올랐다. 마침 왕이 사신을 보내 공물을 바치고 또 사죄하니 황제가 용서하고 왕의 관작을 회복시켰다. 인문은 중도에서 돌아갔고 또한 전의 관직을 다시 맡았다. (『三國史記』 44 列傳 4 金仁問)

신라

봄 정월에 당에서 숙위하던 대나마(大奈麻) 덕복(德福)이 역술(曆術)을 전수받아 배우고 돌아와 새 역법(曆法)으로 고쳐 사용하였다. (『三國史記』 7 新羅本紀 7)

신라

봄 정월에 새 역법으로 고쳐 사용하였다. 처음에 대나마 덕복이 당에 들어가 숙위하였는데, 역술(曆術)을 배우고 돌아와 그 법을 고쳐 사용하길 청하여 그것을 따랐다. (『三國史節要』 11)

신라

함형 5년 봄 2월 임오일(2) 태자좌서자동중서문하삼품(太子左庶子同中書門下三品) 유인궤(劉仁軌)를 계림도대총관(雞林道大摠管)으로 삼고 위위경(衛尉卿) 이필(李弼)과 우령군대장군(右領軍大將軍) 이근행(李謹行)으로 보좌하게 하였다. (『舊唐書』 5 本紀 5 高宗 下)

신라

상원 원년 2월 임오일(2) 유인궤를 계림도행군대총관으로 삼아 신라를 치게 했다. (『新唐書』 3 本紀 3 高宗)

신라

『신당서』 본기(本紀)에 전한다. "상원 원년 2월 임오일(2) 유인궤를 계림도행군대총관으로 삼아 신라를 치게 했다."(『玉海』 191 兵捷 兵捷 兵捷 露布 3 唐鷄林道行軍大摠管敗新羅)

신라

총장 무진에 왕이 군사를 이끌고 인문(仁問)·흠순(欽純) 등과 평양(平壤)에 이르러 당 군사와 합하여 고구려를 멸망시켰다. 당 장수 이적(李勣)은 고장왕(高臧王)을 사로잡아 본국으로 돌아갔다[(…) 상원 원년 갑술 2월에 유인궤를 계림도총관으로 삼아 신라를 치게 했다. 향고기(鄕古記)에는 당이 육로장군 공공(孔恭)과 수로장군 유상(有相)을 보내 신라 김유신(金庾信) 등과 고구려를 쳤다고 했는데, 여기에는 인문과 흠순 등만 말하고 유신은 없으니 자세히 알 수 없다]. (『三國遺事』2 紀異 2 文虎王法敏)

신라 　상원 원년 2월 신라왕 법민이 고려의 모반하여 도망간 무리를 받아들이고 또 백제 옛 땅을 점령하여 군사를 보내 지키게 하였다. 황제가 노하여 조서를 내려 법민의 관작을 빼앗고 재신(宰臣) 유인궤를 보내 그것을 토벌하게 하였다. 거듭하여 법민의 동생인 우효위원외대장군(右驍衛員外大將軍) 임해군공(臨海郡公) 김인문(金仁問)을 신라왕으로 삼았다. 이 때 인문은 서울[京師]에 있었는데, 조서로 귀국하여 그 형을 대신할 것을 명령하였다. 인문은 가다가 중도에 이르러 신라가 항복했음을 듣고 인문은 곧 돌아왔다. (『唐會要』95 新羅)

신라 　당 고종 함형 5년 2월 태자좌서자 동중서문하삼품 유인궤를 계림도대총관으로 삼고 위위경 이필과 우령군대장군 이근행으로 보좌하게 하여 군사를 내어 신라를 토벌하게 하였다. 이 때 신라왕 김법민이 이미 고려의 모반하여 도망간 무리를 받아들이고 또 백제 옛 땅을 점령하여 점점 사람을 보내 지키게 하였다. 황제가 노하여 조서를 내려 법민의 관작을 삭탈하고 그 동생인 우효위원외대장군 임해군공 김인문을 신라왕으로 삼았다. 이 때 인문은 서울[京師]에 있었는데, 조서로 귀국하여 그 형을 대신할 것을 명령하였다. 인문은 가다가 중도에 이르러 신라가 항복했음을 듣고 인문은 곧 돌아왔다. (『册府元龜』986 外臣部 31 征討 5)

신라 　유인궤는 (…) 함형 5년에 계림도대총관이 되어 동쪽으로 신라를 정벌하였다. 인궤를 군대를 거느리고 지름길로 호로하(瓠盧河)를 건너서 그 북쪽 대진(大鎭)인 칠중성(七重城)을 깨뜨리고 그 공으로써 작(爵)이 공(公)이 되었다. 아울러 아들과 조카 3명도 모두 상주국(上柱國)을 받았는데 주당(州黨)이 그것을 영광스럽게 생각하였다. 호(號)를 그가 사는 곳인 낙성향(樂城鄕)으로 삼아 삼주리(三柱里)라고 하였다. (『舊唐書』84 列傳 34 劉仁軌)

신라 　상원 원년 갑술에 인궤를 계림도행군대총관으로 삼았다. (『新唐書』61 表 1 宰相上)

신라 　함형 5년에 계림도대총관이 되어 동으로 신라를 쳤다. 인궤는 군사를 거느리고 호로하를 끊고 대진인 칠중성을 공격하여 그것을 깨뜨렸다. (『新唐書』108 列傳 33 劉仁軌)

신라 고구려 백제
　함형 5년 고려의 반란한 무리를 받아들였고 백제 땅을 점령하여 지키게 하였다. 황제가 노하여 조서로 관작을 빼앗았다. 그의 아우 우효위원외대장군 임해군공 인문을 신라왕으로 삼아 서울에서 본국으로 돌아가게 했다. 조서로 유인궤를 계림도대총관으로 삼고, 위위경 이필과 우령군대장군 이근행을 보좌로 하여, 군사를 내어 힘을 다해 치게 했다. (『新唐書』220 列傳 145 東夷 新羅)

신라 고구려 백제
　상원 원년 법민이 고려의 모반하여 도망간 무리를 받아들이고 또 백제 옛 땅을 점령하여 군사를 보내 지키게 하였다. 황제가 노하여 조서를 내려 법민의 관작을 빼앗았다. 재신(宰臣) 유인궤를 보내 그것을 토벌하게 하였다. 이에 법민의 아우인 좌효위원외대장군(左驍衛員外大將軍) 임해군공 김인문을 신라왕으로 삼았다. 이 때 인문은 서울에 있었는데, 조서로 군대를 끌고 귀국하여 그 형을 대신하게 하였는데 인문이 중도에 이르러 신라가 항복했다는 소리를 듣고 인문은 곧 돌아왔다. (『太平寰宇記』174 四夷 3 東夷 3 新羅國)

신라 　함형 5년에 계림도대총관이 되어 동쪽으로 신라를 쳤다. 인궤는 호로하를 徑渡하여

그 북쪽의 大鎭인 七重城을 깨뜨렸다. (『册府元龜』 358 將帥部 19 立功 11 劉仁軌)

신라 　고종 함형 5년에 계림대총관이 되어 동쪽으로 신라를 쳤다. 인궤는 군사를 거느리고 호로하를 徑渡하여 그 북쪽의 대진인 칠중성을 깨뜨렸다. (『册府元龜』 384 將帥部 45 褒異 19 劉仁軌)

신라 　『신당서』 유인궤전(劉仁軌傳)에 전한다. "(…) 유인궤는 함형 5년에 동쪽으로 신라를 쳐서 그것을 깨뜨렸다."(『玉海』 161 宮室 堂 唐德星堂 德星社 復禮鄕 鳴珂里 一門六闕 三柱里)

신라 고구려 백제
　『신당서』 신라전(新羅傳)에 전한다. "함형 5년 고려의 반란한 무리를 받아들였고 백제 땅을 점령하여 지키게 하였다. 황제가 노하였다."(『玉海』 191 兵捷 兵捷 兵捷 露布 3 唐鷄林道行軍大摠管敗新羅)

신라 　『신당서』 유인궤전(劉仁軌傳)에 전한다. "함형 5년 즉 상원 원년 동쪽으로 신라를 쳤는데, 군사를 거느리고 호로하를 끊고 대진인 칠중성을 쳐서 그것을 깨뜨렸다." (『玉海』 191 兵捷 兵捷 兵捷 露布 3 唐鷄林道行軍大摠管敗新羅)

신라 　2월에 궁궐 안에 연못을 파고 산을 만들어 화초를 심고 진기한 날짐승과 기이한 짐승을 길렀다. (『三國史記』 7 新羅本紀 7)

신라 　2월에 왕이 궁궐 안에 연못을 파고 산을 만들어 화초를 심고 진기한 날짐승과 기이한 짐승을 길렀다. (『三國史節要』 11)

삼한(고구려) 　군(君)의 이름은 현경(玄景)이고 자(字)는 원휘(元暉)이며 본래 무성(武城) 사람이다. (…) 삼한에서 무수한 공적을 펼치고 구종(九種)에서 기이한 공을 드러냈다. 마침내 공훈으로 도위(都尉)에 올랐으며 명성은 경거(輕車) 장군에 버금갔다. (…) 함형 5년 7월 1일에 사제(私第)에서 죽으니, 나이 52세였다. 이에 그들 14일에 북방산(北邙山)에 장사지내고 예를 갖추었다. (「大唐故騎都尉張君墓誌銘」)

신라 　가을 7월에 큰 바람이 황룡사(皇龍寺)의 불전(佛殿)을 무너지게 했다. (『三國史記』 7 新羅本紀 7)

신라 　가을 7월에 큰 바람이 황룡사의 불전을 무너지게 했다. (『三國史節要』 11)

고구려 　(개석) 대당(大唐) 천부군(泉府君) 고(故) 부인 고씨(高氏) 묘지
　(지석) 대당 우효위(右驍衛) 영녕부(永寧府) 과의도위(果毅都尉) 천부군의 고 부인 고씨 묘지
　부인의 이름은 제석(提昔)이고, 본래 국내성(國內城) 사람이다. 원래부터 귀인이고 아름다워 지나간 자취는 거듭 맑게 빛나고, 연못의 물결처럼 맑게 빛나 훌륭한 가문을 더욱 향기롭게 하였다. 고제석(高提昔)의 증조 복인(伏仁)은 대상(大相)·수경성도사(水境城道使)·요동성대수령(遼東城大首領), 조부 지우(支于)는 당(唐)의 역주자사(易州刺史)·장잠현개국백(長岑縣開國伯)·상주국(上柱國), 부친 문협(文協)은 선위장군(宣威將軍)·우위(右衛)고릉부(高陵府)장상절충도위(長上折衝都尉)·상주국이었다. 지나간 정관(貞觀) 연간(627~649)에 천자께서 이르러 죄를 묻자, 고제석의 조부 지우가 이에 귀복하여 참된 마음으로 복종하여 군대를 거느리고 귀순하였다. 이에 충성스런 모의를 상주고 높고 귀한 관작(官爵)을 주었다. 이로 말미암아 자손들이 불어나고 집안이 수도에서 번성하였다.
　고제석은 곧 장상절충도위의 맏딸이다. 덕행은 향기로워 난초와 골풀 같고, 명성은

으뜸으로 궁중에까지 알려졌다. 박학하고 인정이 있어 어머니로서 마땅히 지켜야 할 도덕을 잘 준수하였고, 사려가 깊으니 어찌 여사의 커다란 도량이 아니겠는가!

그러나 천씨(泉氏) 가문에 시집와서 겨우 그믐과 초하루를 채웠을 뿐인데 함께 고향에 가서 성묘하지 못하고 갑작스럽게 사망하였다. 생각건대 그 부모의 슬픔은 옥과 같이 아름다운 손바닥을 꺾는 것이었다. 아! 함형(咸亨) 5년(674) 6월 4일 내정리(來庭里)의 사저(私邸)에서 세상을 떠나니, 나이가 26세였다. 아름다운 옥의 무늬는 아침의 햇살에 빛나고 여수(女宿)는 어두운 밤에 빛을 내지 않을 수 없다. 바람은 옥처럼 아름다운 나무를 부수고, 서리는 옥처럼 빛나는 나무를 시들게 한다. 진(秦)의 거울은 시황제(始皇帝)가 무리를 단속하는 것을 슬퍼하고, 하(夏)의 공갑(孔甲)은 용이 물에 들어가는 것을 노래하였다. 드디어 마을과의 오랜 교분은 흰 수레를 멀리서 내다보면서 눈물을 흘리도록 하였고, 마을 사람들과 친하고 사이가 좋아 음악을 그치어 슬픔을 드러내도록 하였다. 상원(上元) 원년(674) 8월25일 만년현(萬年縣) 살천원(滻川原)에 장사를 지내니, 예의에 합당하였다. 장차 가을볕이 차례대로 비추고 언덕과 골짜기가 바뀔 것을 두려워하여, 묘지의 위치를 그리고 글을 지으며 나무를 심어 무덤임을 표시하였다. 그 사(詞)는 다음과 같다.

대대로 높은 건물을 세웠고, 귀인은 대대로 빛이 나네. 밖으로는 화합하여 아름다운 모범이 되고, 안으로는 화목하여 훌륭한 집안을 이루었네. 어찌 햇볕이 떨어져서 황천에 외로이 깃들었는가? 저승문의 빗장은 영원히 닫혔으니 추운 용은 쓸쓸하도다. (「高提昔 墓誌銘」: 『歷史學報』 2013-3)

| 신라 | 8월에 서형산(西兄山) 아래에서 군대를 크게 사열하였다. (『三國史記』 7 新羅本紀 7) |
| 신라 | 8월에 서형산 아래에서 군대를 크게 사열하였다. (『三國史節要』 11) |

| 신라 | 9월에 의안법사(義安法師)를 대서성(大書省)으로 삼도록 명령하였다. (『三國史記』 7 新羅本紀 7) |
| 신라 | 9월에 왕이 승려 의안을 대서성으로 삼았다. (『三國史節要』 11) |

| 신라 | 9월 안승(安勝)을 보덕왕(報德王)으로 봉(封)하였다[(문무왕) 10년에 안승을 고구려왕으로 봉했는데, 지금 다시 봉했다. 보덕(報德)이란 말이 혹은 땅의 이름인지 명령을 따른다는 것인지 알 수 없다]. (『三國史記』 7 新羅本紀 7) |
| 신라 | 9월 안승을 보덕왕으로 봉하였다. (『三國史節要』 11) |

| 신라 | 9월 영묘사(靈廟寺) 앞 길에 가서 군대를 사열하고, 아찬(阿湌) 설수진(薛秀眞)의 육진병법(六陣兵法)을 보았다. (『三國史記』 7 新羅本紀 7) |
| 신라 | 9월 왕이 왕이 영묘사 앞서 군대를 사열하고, 아찬 설수진이 육진병법(六陣兵法)을 올렸다. (『三國史節要』 11) |

| 신라 | 외위(外位) 문무왕 14년에 6도(六徒)의 진골로 5경(京)과 9주(州)에 나가 살게 하였고 관명을 별도로 칭하였다. 그 위계는 경위(京位)에 준하였다. 악간(嶽干)은 일길찬(一吉湌)에 견주었다. 술간(述干)은 사찬(沙湌)에 견주었다. 고간(高干)은 급찬(級湌)에 견주었다. 귀간(貴干)은 대나마(大奈麻)에 견주었다. 선간(選干)[또는 찬간(撰干)이라고도 한다] 나마(奈麻)에 견주었다. 상간(上干)은 대사(大舍)에 견주었다. 간(干)은 사지(舍知)에 견주었다. 일벌(一伐)은 길차(吉次)에 견주었다. 피일(彼日)은 소오(小烏)에 견주었다. 아척(阿尺)은 선저지(先沮知)에 견주었다. (『三國史記』 40 雜志 9 |

職官 下)

신라   외위를 두었다. 문무왕 14년에 6도의 진골로 5경과 9주에 나가 살게 하였고 관명을 별도로 칭하였다. 그 위계는 경위에 준하였다. 악간은 일길찬에 견주었다. 술간은 사찬에 견주었다. 고간은 급찬에 견주었다. 귀간은 대나마에 견주었다. 선간[또는 찬간이라고도 한다] 나마에 견주었다. 상간은 대사에 견주었다. 간은 사지에 견주었다. 일벌은 길차에 견주었다. 피일은 소오에 견주었다. 아척은 선저지에 견주었다. (『三國史節要』 11)

고구려   내 일생에서 사람을 가르친 것이 무수한데, 좋아하는 자는 다 죽었다. 후에 나의 도를 전한 자는 다만 10여명 뿐이다. 나와 신수(神秀)는 능가경(楞伽經)을 논하였는데, 현리(玄理)가 통쾌(通快)하여 반드시 이익이 많았다. 자주(資州) 지선(智詵)과 백송산(白松山) 유주부(劉主簿)는 겸하여 문성(文性)이 있었고 신주(莘州) 혜장(惠藏)과 수주(隨州) 현약(玄約)은 생각해도 볼 수 없고 숭산(嵩山) 노안(老安)은 깊은 도행(道行)이 있고 노주(潞州) 법여(法如) 소주(韶州) 혜능(惠能) 양주(揚州) 고려승 지덕(智德)은 이들은 모두 인사(人師)가 되어 감당하였는데, 다만 일방(一方)의 인물이었다. (『楞伽師資記』 高句麗僧 智德)

고구려   당나라 제5조(祖) 홍인선사(弘忍禪師)의 속성은 주(周)이고 황매(黃梅) 사람이다. (…) 대사가 말하였다. "내 일생 사람을 가르친 것이 무수한데, 혜능(惠能)을 제외하는 남은 자가 10여명 뿐으로, 신수사(神秀師)·지선사(智詵師)·지덕사(智德師)·현적사(玄蹟師)·노안사(老安師)·법여사(法如師)·혜장사(惠藏師)·현약사(玄約師)·류주부(劉主薄)이다. 비록 내 좌우에서 떨어지지 않았을 지라도 너희는 각각 일방(一方)의 사(師)이다." (『歷代法寶記』 唐朝 第五祖 弘忍禪師)

고구려   일찍이 격검(擊劍)에 재주를 드러내어 구슬을 입에 문 것처럼 귀한 관직을 거쳤다. 요동(遼東)으로 출정하여 좁고 험한 길에서도 이내 진영을 이루고 진군하였고, 하서(河西)에 △△하여 견융(犬戎)은 그로 인해 자취를 감추었다. 달아나는 무리가 아직 멸망하지 않아서 바야흐로 비밀스러운 계책을 기다렸다. (「李謹行 墓誌銘」:『全唐文補遺』 2;『全唐文新編』 994;『唐代墓誌滙篇續集』)

고구려   처음에 함형 연간(670~674)에 황제의 군대가 요동을 정벌할 때 당시 육효빈(陸孝斌)은 군사로 참여하였다. 당시 효빈의 친구인 태원왕(太原王) 수의(守義)는 해동(海東)에서 전염병에 걸렸다. 그러나 길은 험난하고 도적들이 방해를 하였고 전쟁이 위태롭고 형세가 급했다. 효빈은 혼자 먼 길을 걸어 친구를 고향인 안주(安州)에 안장하였다. (「陸孝斌 神道碑」:『全唐文新編』 230)

고구려   또 △영(△永)은 정원장군(定遠將軍)·△△위(△△衛) 화지부(華池府) 절충(折衝)·상주국(上柱國)·검교안동부도호(檢校安東副都護)로 옮겼다. 대신으로 나라를 걱정하니 △△처럼 △하지 않았고, 지사로 이름을 드러내니 후한(後漢)의 마원(馬援)처럼 강건하였다. 상원원년 봄 2월 1일에 병이 들어 안동부(安東府)의 관사(官舍)에 돌아가시니, 나이가 58세였다. (「△永 墓誌銘」:『唐代墓誌滙篇』)

675(乙亥/신라 문무왕 15/唐 上元 2/倭 天武 4)

백제   봄 정월 병오(丙午) 초하루에 대학료(大學寮)의 여러 학생(學生), 음양료(陰陽寮), 외약료(外藥寮) 및 사위(舍衛)의 딸, 타라(墮羅)의 딸, 백제왕선광(百濟王善光), 신라의 사정(仕丁) 등이 약(藥)과 진기한 물건 등을 바쳤다. (『日本書紀』 29 天武紀 下)

신라   봄 정월에 구리로 각 관청 및 주군(州郡)의 인장(印章)을 만들어 내려 주었다. (『三
                  國史記』7 新羅本紀 7)
신라   봄 정월에 모든 관청 및 주군에 동인(銅印)을 내려 주었다. (『三國史節要』11)

신라 백제 말갈
                  2월에 유인궤(劉仁軌)가 칠중성(七重城)에서 우리 군사를 깨뜨렸다. 인궤는 병사를
이끌고 돌아가고, 조서(詔書)로 이근행(李謹行)을 안동진무대사(安東鎮撫大使)로 삼
아 다스리게 하였다. 왕은 이에 사신을 보내 공물을 바치고 또한 사죄하였다. 황제
는 용서하고 왕의 관작을 회복시켰다. 김인문(金仁問)은 오는 길에 되돌아갔는데, 그
를 임해군공(臨海郡公)으로 고쳐서 봉하였다. 그러나 백제 땅을 많이 차지하고 마침
내 고구려 남쪽 경계까지 주(州)와 군(郡)으로 삼았다. 당 군사와 거란·말갈이 침략
한다는 소식을 듣고 아홉 부대의 군사를 내어 막게 하였다. (『三國史記』7 新羅本
紀 7)
신라 말갈 백제 고구려
                  2월에 유인궤가 칠중성에서 우리 군사를 깨뜨렸다. 또 말갈로 하여금 바다를 건너
우리 남쪽 변경을 침략하게 하니, 목을 베고 사로잡은 것이 매우 많았다. 인궤는 병
사를 이끌고 돌아가고, 조서로 이근행을 안동진무대사 삼아 매초성에 주둔하여 다스
리게 하였다. 이근행에 세 번 싸워 모두 이겼다. 왕은 이에 사신을 보내 사죄하고
아울러 방물을 바쳤는데, 앞 뒤가 서로 이어졌다. 황제는 용서하고 왕의 관작을 회
복시켰다. 인문은 가다가 중도에 이르러 돌아와 당에 들어와 그를 임해군공(臨海郡
公)으로 고쳐서 봉하였다. 그러나 신라는 백제 땅을 많이 차지하고 마침내 고구려
남쪽 경계까지 다다라 주(州)와 군(郡)으로 삼았다. 당 군사와 거란·말갈 군사가 침
략한다는 소식을 듣고 아홉 부대의 군사를 내어 막게 하였다. (『三國史節要』11)
신라   2월에 계림도행군대총관(雞林道行軍大總管)이 칠중성에서 신라의 무리를 크게 깨뜨
렸다. 목을 베고 사로잡은 것이 매우 많은데, 신라에서 사신을 보내 조정에 들어와
공물을 바치고 죄를 아뢰자 용서하고 그 왕 김법민의 관작을 원래대로 하였다. (『舊
唐書』5 本紀 5 高宗 下)
신라   2월 유인궤가 와서 칠중에서 신라와 싸웠는데, 그를 패배시켰다. (『新唐書』3 本紀
3 高宗)
신라 백제 말갈
                  상원 2년 2월에 인궤가 칠중성에서 그 무리를 쳐부수고, 말갈병을 이끌고 바다를
건너서 남쪽 지역을 침략하니, 목을 베고 또 사로잡은 것이 매우 많았다. 조서로 이
근행을 안동진무대사로 삼아 매초성(買肖城)에 주둔시키니, 세 번 싸워서 신라가 모
두 패배하였다. 법민이 사신을 보내 조정에 들어가 사죄를 하는데, 공물 광주리가
줄을 이었다. 인문은 곧 돌아와 왕위를 사양하므로, 조서로 법민의 관작을 다시 회
복시켰다. 그러나 신라는 백제 땅을 많이 차지하고, 드디어 고려의 남부까지 다다렸
다. 상주·양주·강주·웅주·전주·무주·한주·삭주·명주의 9주(州)를 설치하고, 주에는 도
독을 두어 10군 내지 20군을 통솔하게 하였다. 군에는 태수(太守)를, 현에는 소수
(小守)를 두었다. (『新唐書』220 列傳 145 東夷 新羅)
신라 말갈   2월에 유인궤가 신라의 무리를 칠중성에서 크게 깨뜨렸고 또 말갈로 하여금 바다를
건너 신라의 남쪽 변경을 침략하게 하니, 목을 베고 또 사로잡은 것이 매우 많았다.
인궤는 군사를 이끌고 돌아갔다. 조서로 이근행을 안동진무대사로 삼아 신라의 매초
성에 주둔시켜 다스리게 하였는데, 세 번 싸워서 모두 이겼다. 신라는 이에 사신을
보내 조정에 들어와 공물을 바치고 또 사죄하였다. 황상이 용서하여 신라왕 법민의

관작을 회복시켰다. 김인문이 중도에서 돌아오니, 임해군공으로 고쳐서 봉하였다. (『資治通鑑』202 唐紀 18 高宗)

신라 백제 고구려

상원 2년 2월에 계림도행군대총관(雞林道行軍大總管) 유인궤가 신라의 무리를 칠중성에서 깨뜨리고 돌아갔다. 신라는 이에 사신을 보내 입조(入朝)하고 죄를 자복하였으며 아울러 특산물을 바쳤는데, 앞 뒤로 서로 이어졌다. 황제는 다시 김법민의 관작을 회복시켰다. 신라는 이미 백제의 땅을 다 차지하고 마침내 고구려 남쪽 경계까지 미쳐 동서 약 900리, 남북 약 1800리에 상주·양주·강주·웅주·전주·무주·한주·삭주·명주 등을 설치하고 제번(諸蕃)의 최고가 되었다. (『唐會要』95 新羅)

신라 말갈

당 고종 상원 2년 2월에 유인궤가 신라의 무리를 칠중성에서 크게 깨뜨렸고 또 말갈 군사로 바다를 건너 신라의 남쪽 변경을 침략하게 하니, 목을 베고 또 사로잡은 것이 매우 많았다. 인궤는 군사를 이끌고 돌아갔다. 조서로 이근행을 안동진무대사로 삼아 신라의 매초성에 주둔시켜 다스리게 하였는데, 세 번 싸워서 신라가 모두 졌다. 신라는 이에 사신을 보내 조정에 들어와 사죄하고 또 공물을 바쳤다는데, 앞 뒤로 서로 이어져 황제가 마침내 그것을 허락하였다. 다시 그 왕 김법민의 관작을 회복시켰다. (『册府元龜』986 外臣部 31 征討 5)

신라

『신당서(新唐書)』 본기(本紀)에 전한다. "상원 2년 2월에 칠중성에서 싸웠는데 깨뜨렸다."(『玉海』191 兵捷 兵捷 兵捷 露布 3 唐鷄林道行軍大總管敗新羅)

신라 말갈

『자치통감(資治通鑑)』에 전한다. "상원 2년 2월에 유인궤가 신라의 무리를 칠중성에서 크게 깨뜨렸고 또 말갈 군사로 바다를 건너 신라의 남쪽 변경을 침략하게 하니, 목을 베고 또 사로잡은 것이 매우 많았다. 인궤는 군사를 이끌고 돌아갔다. 조서로 이근행을 안동진무대사로 삼아 신라의 매초성에 주둔시켜 다스리게 하였는데, 세 번 싸워서 모두 이겼다. 신라는 이에 사신을 보내 입공하고 또 사제하였다. 황제가 용서하고 다시 신라왕 김법민의 관작을 회복시켰다. 김인문이 중도에서 돌아오니, 임해군공으로 고쳐서 봉하였다."(『玉海』191 兵捷 兵捷 兵捷 露布 3 唐鷄林道行軍大摠管敗新羅)

신라 백제 고구려

상원 2년 계림도행군대총관 유인궤가 신라의 무리를 칠중성에서 크게 깨뜨리고 돌아갔다. 신라는 이에 사신을 보내 입조하고 죄를 자복하였으며 특산물을 바쳤데, 앞 뒤로 서로 이어졌다. 후에 법민의 관작을 더하였다. 신라는 이미 백제의 땅을 다 차지하고 고구려 남쪽 경계까지 미쳐 동서 약 900리, 남북 약 1800리의 경계 안에 상주·양주·강주·웅주·전주·무주·한주·삭주·명주 등 9주를 설치하였는데, 무주에서 물산(物産)을 수송한 것이 신라의 최고가 되었다. 개작(開耀) 원년(681)으로부터 회창(會昌) 원년(841)에 이르기까지 조공이 끊이지 않았다. (『太平寰宇記』174 四夷 3 東夷 3 新羅國)

신라

상원(上元) 2년 을해 봄에 아달성(阿達城) 태수(太守) 급찬(級湌) 한선(漢宣)이 백성에게 명령하기를, "어느 날 모두 나가 삼을 심으려고 하니, 명을 어기지 말도록 하라!"고 하였다. 말갈의 첩자가 이것을 알고 돌아가 자기 추장에게 보고하였다. 그날에 이르러 백성이 모두 성을 나가 밭에 있었다. 말갈이 군사를 숨겼다가 갑자기 성에 들어가 온 성을 노략질하니, 노인과 어린아이가 허둥지둥하면서 어찌해야 할 바를 몰랐다. 소나가 칼을 휘두르며 적을 향하여 크게 외쳤다. "너희들은 신라에 심나의 아들 소나가 있다는 것을 아느냐. 진실로 죽음을 두려워하여 살고자 도모하지 않을 것이니, 싸우고자 하는 사람은 어찌 나오지 않느냐". 마침내 분노하여 적에게 돌진하니, 적이 감히 가까이 오지 못하고 다만 그를 향하여 화살을 쏠 뿐이었다. 소나 또한 화살을 쏘니, 날아오는 화살이 벌떼와 같았다. 아침부터 저녁까지 싸우니, 소나의 몸에 박힌 화살이 고슴도치 같았다. 마침내 꺼꾸러져서 죽었다. 소나의 아내는 가림군(加林郡)의 양가집 딸이다. 이전에 소나는 아달성이 적국(敵國)에 가까웠으므로 홀로 아달성에 갔고, 그 아내는 집에 남았다. 군(郡) 사람들이 소나가 죽었다는 소식을 듣고 그를 조문하니, 그 아내가 울면서 대답하였다. "나의 남편은 항상 말하기를 '장부는 진실로 마땅히 싸우다 죽어야지, 어찌 병상에 누워서 집사람의 보살핌 속에서 죽을 수 있겠는가.' 하였다. 그의 평소의 말이 이와 같았는데, 지금의 죽음은 그 뜻과 같은 것이다." 문무대왕이 그 소식을 듣고 눈물을 흘려 옷깃을 적시면서 말하였다. "아버지와 아들이 나라의 일에 용감하였으니, 대대로 충의를 이루었다고 할 만하다." 그에게 잡찬(迊湌)을 추증하였다. (『三國史記』 47 列傳 7 素那)

신라   2월 말갈이 아달성을 침략하니 성주 소나가 맞아 싸우다가 죽었다. 소나는 백성군 사산(蛇山) 사람이다. 그 아버지 침나(沈那)는 완력이 남보다 뛰어났다. 사산의 경계는 백제와 서로 교착되어 있기 때문에 서로 공격하여 빈 달이 없었다. 침나는 매번 나가 싸워 그가 향하는 곳에 대적할 자가 없었다. 인평(仁平) 연간에 백성군에서 군사를 내어 백제의 변읍(邊邑)을 침략하자 백제에서 정병을 보내어 갑자기 공격하므로 사졸이 조금 물러났는데 침나는 홀로 검을 뽑아들고 수십여인을 참살하였다. 적이 두려워하여 감당하지 못하고 마침내 군사를 이끌고 도망하였다. 백제 사람들이 침나를 가리켜 신라 비장(飛將)이라 하였고 인하여 서로 이르기를 "침나가 아직도 살아있으니 백성에 가까이 가지 말라"고 하였다. 소나는 아버지의 풍채가 있어 용맹스럽고 호방한 기상이 있었다. 먼저 백제가 이미 멸망하고 한주도독 도유(都儒)가 왕에 아뢰어 소나를 아달성에 보내어 북쪽 변방을 방어하게 하였다. 이에 이르러 아달성 태수 한선이 백성에게 아마날 일제히 나와서 삼을 심게 하고 영을 어기지 못하게 하였다. 말갈의 첩자가 이것을 알고 돌아가 자기 추장에게 보고하였다. 그날에 이르러 백성이 모두 성을 나가 밭에 있었다. 말갈이 군사를 숨겼다가 갑자기 성에 들어가 온 성을 노략질하니, 노인과 어린아이가 허둥지둥하면서 어찌해야 할 바를 몰랐다. 소나가 칼을 휘두르며 적을 향하여 크게 외쳤다. "너희들은 신라에 심나의 아들 소나가 있다는 것을 아느냐. 진실로 죽음을 두려워하여 살고자 도모하지 않을 것이니, 싸우고자 하는 사람은 나와라". 마침내 분노하여 적에게 돌진하니, 적이 감히 가까이 오지 못하고 다만 소나에게 화살을 쏘았다. 소나 또한 화살을 쏘니, 진시부터 유시까지로 그 몸에 화살이 고슴도치처럼 모여 마침내 죽었다. 소나의 아내는 가림군의 여자로, 소나가 부임한 아달성은 적국과 가까웠으므로 집에 남았다. 소나가 죽음에 미쳐 사람들이 조문하는 자가 있는데, 그 아내가 울면서 말하였다. "죽은 사람이 항상 말하기를 '대장부는 진실로 국가를 위해 싸우다 마땅하지 어찌 병상에 누워서 집사람의 보살핌 속에서 죽을 수 있겠는가' 하였다. 이제 죽었으니 뜻을 이룬 것입니다." / 왕이 그 소식을 듣고 눈물을 흘려 말하였다. "소나 부자는 대대로 충의를 이루었다고 할 만하다." 소나에게 잡찬을 추증하였다. (『三國史節要』 11)

신라   2월 이 달에 신라에서 왕자 충원(忠元), 대감(大監) 급찬(級湌) 김비소(金比蘇), 대감 내말(奈末) 김천중(金天沖), 제감(第監) 대마(大麻) 박무마(朴武摩), 제감 대사(大舍) 김낙수(金洛水) 등을 보내 조(調)를 올렸다. 그 송사(送使) 내말 김풍나(金風那), 내말 김효복(金孝福)이 왕자 충원을 츠쿠시(筑紫)까지 호송했다. (『日本書紀』 29 天武紀 下)

신라   3월 을사(乙巳) 초하루 무오일(14)일에 김풍나 등에게 츠쿠시에서 잔치를 베풀었다. (그들은) 곧 츠쿠시로부터 돌아갔다. (『日本書紀』 29 天武紀 下)

신라	상원 2년 을해년 3월 △일 가구견지야(加具見之也) 대아간(大阿干) △八戌(?)待(?) (「川前里書石」 上元 2年銘)
고구려 신라	이 달(3월)에 고려가 대형(大兄) 부간(富干), 대형 다무(多武) 등을 보내 조공하였다. 신라는 급찬 박근수(朴勤修), 대나말(大奈末) 김미하(金美賀) 등을 보내 조를 올렸다. (『日本書紀』 29 天武紀 下)
고구려	천무천황 4년 3월 (『類聚國史』 93 殊俗部 高麗)
신라	여름 4월 이 달에 신라의 왕자 충원이 나니와(難波)에 도착하였다. (『日本書紀』 29 天武紀 下)
신라	가을 7월 계묘(癸卯) 초하루, 기유일(7)에 소금상(小錦上) 오토모노무라지쿠니마로 (大伴連國麻呂)를 대사(大使)로 삼고, 소금하(小錦下) 미야케노키시이리시(三宅吉士 入石)를 부사(副使)로 삼아 신라에 보냈다. (『日本書紀』 29 天武紀 下)
탐라	8월 임신(壬申) 초하루 날에 탐라의 조사(調使)인 왕자 구마기(久麻伎)가 츠쿠시에 머물렀다. (『日本書紀』 29 天武紀 下)
탐라	천무천황 4년 8월 임신 초하루 (『類聚國史』 99 殊俗部 耽羅)
신라	8월 임신 초하루 병신일(25)에 충원이 예를 마치고 돌아갔다. 나니와에서 배가 출발 했다. (『日本書紀』 29 天武紀 下)
신라 고구려	8월 임신 초하루 기해일(28)에 신라와 고려 두 나라의 조사(調使)에게 츠쿠시에서 잔치를 베풀고 차등있게 녹(祿)을 주었다. (『日本書紀』 29 天武紀 下)
고구려	천무천황 4년 8월 기해일(29) (『類聚國史』 93 殊俗部 高麗)
탐라	9월 임인(壬寅) 초하루, 무진일(27)에 탐라의 왕 고여(姑如)가 나니와에 이르렀다. (『日本書紀』 29 天武紀 下)
탐라	천무천황 4년 9월 임신초하루 무진일(27) (『類聚國史』 99 殊俗部 耽羅)
신라	가을 9월에 설인귀(薛仁貴)가 숙위학생(宿衛學生) 풍훈(風訓)의 아버지 김진주(金眞 珠)가 본국(本國)에서 목베여 죽임을 당하였으므로, 풍훈을 길을 안내하는 사람으로 삼아 와서 천성(泉城)을 공격하였다. 우리 장군인 문훈(文訓) 등이 맞서 싸워서 이겼 는데, 1천4백 명의 목을 베고 병선(兵船) 40척을 빼앗았다. 설인귀가 포위를 풀고 물러나 도망가자 전마(戰馬) 1천 필을 얻었다. (『三國史記』 7 新羅本紀 7)
신라	가을 9월에 설인귀가 숙위학생 풍훈의 아버지 김진주가 본국에서 목베여 죽임을 당 하였으므로, 풍훈을 길을 안내하는 사람으로 삼아 와서 천성을 공격하였다. 장군 문 훈 등이 맞서 싸워, 1천4백 명의 목을 베고 병선(兵船) 40척을 빼앗았다. 인귀가 포 위를 풀고 물러나자 전마 1천 필을 얻었다. (『三國史節要』 11)
신라	가을 9월 29일에 이근행(李謹行)이 군사 20만 명을 이끌고 매초성(買肖城)에 진을 쳤다. 우리 군사가 공격하여 쫓았는데, 전마(戰馬) 30,380필을 얻었고 남겨놓은 병 기도 비슷하다. (『三國史記』 7 新羅本紀 7)
신라	가을 9월 이근행이 군사 20만 명을 이끌고 매초성에 진을 쳤다. 우리 군사가 공격

	하여 쫓았는데, 전마 30,380필을 얻었고 남겨놓은 병기도 비슷하다. (『三國史節要』 11)
신라	을해년에 이르러 당 군사가 와서 매소천성(買蘇川城)을 공격하자, 원술이 이를 듣고 죽어서 지난 번의 치욕을 씻고자 하였다. 드디어 힘껏 싸워서 공을 세워 상을 받았다. 부모에게 용납도지 않은 것을 분하고 한스럽게 여겨 벼슬하지 않고 일생을 마쳤다. (『三國史記』 43 列傳 3 金庾信 下 附 元述)
신라	가을 9월 29일 사신을 보내 당에 들어가 토산물을 바쳤다. (『三國史記』 7 新羅本紀 7)
신라	가을 9월 왕이 사신을 보내 당에 들어가 토산물을 바쳤다. (『三國史節要』 1)
신라	당 고종 상원 2년 9월 신라 왕 김법민이 사신을 보내 토산물을 바쳤다. (『册府元龜』 970 外臣部 15 朝貢 3)
신라	가을 9월 29일 안북하(安北河)를 따라 관(關)과 성(城)을 설치하였고 또 철관성(鐵關城)을 쌓았다. (『三國史記』 7 新羅本紀 7)
신라	가을 9월 안북하를 따라 관과 성을 설치하였고 또 철관성을 쌓았다. (『三國史節要』 11)
신라	안북하(安北河) 가에 철성(鐵城)을 쌓았다. (『三國遺事』 2 紀異 2 文虎王法敏)
신라	가을 9월 29일 말갈이 아달성(阿達城)에 들어와 위협하고 노략질하자 성주(城主) 소나(素那)가 맞서 싸우다가 죽었다. (『三國史記』 7 新羅本紀 7)
신라	가을 9월 29일 당 군사와 거란·말갈 군사가 와서 칠중성(七重城)을 둘러쌓았지만 이기지 못하였고, 소수(小守) 유동(儒冬)이 죽었다. (『三國史記』 7 新羅本紀 7)
신라	가을 9월 당 군사와 거란·말갈 군사가 와서 칠중성을 둘러쌓았지만 이기지 못하였고, 소수 유동이 죽었다. (『三國史節要』 11)
신라	가을 9월 29일 말갈이 또 적목성(赤木城)을 에워싸서 그것을 없애버렸다. 현령(縣令) 탈기(脫起)가 백성을 거느리고 막았으나 힘이 다하여 모두 죽었다. (『三國史記』 7 新羅本紀 7)
신라	가을 9월 말갈이 또 적목성을 에워싸자 현령 탈기가 백성을 거느리고 막았으나 힘이 다하여 모두 죽었다. (『三國史節要』 11)
신라	가을 9월 29일 당 군사가 또 석현성(石峴城)을 둘러싸고 빼앗았는데, 현령(縣令) 선백(仙伯)과 실모(悉毛) 등이 힘을 다해 싸우다가 죽었다. (『三國史記』 7 新羅本紀 7)
신라	가을 9월 당 군사가 또 석현성을 둘러싸자 현령 선백과 실모 등이 힘을 다해 싸우다가 죽었다. (『三國史節要』 11)
신라	가을 9월 29일 또 우리 군사가 당 군사와 크고 작게 18번 싸워 모두 이겼다. 6천 4십 7명의 목을 베었고 전마(戰馬) 2백 필을 얻었다. (『三國史記』 7 新羅本紀 7)
신라	가을 9월 이미 우리 군사가 당 군사와 크고 작게 18번 싸워 모두 이겼다. 6천 4십 7명의 목을 베었고 전마 2백 필을 얻었다. (『三國史節要』 11)
신라	조부(調府) (…) 경(卿)은 2명으로, 문무왕 15년에 1명을 더하였고 관등은 병부의 대감(大監)과 같다. (『三國史記』 38 雜志 7 職官 上)

신라	병부 (…) 대감은 2명인데, 진평왕 45년에 처음으로 두었고 문무왕 15년에 1명을 더했다. 경덕왕이 시랑(侍郎)으로 고치고 혜공왕이 다시 대감으로 칭했다. 관등은 △찬로부터 아찬까지이다. (…) (『三國史記』 38 雜志 7 職官 上)
신라	예부의 (…) 경은 2명인데, 진덕왕 2년[또는 5년이라고도 한다]에 두었고 문무왕 15년에 1명을 더하였다. 관등은 조부의 경과 같다. (『三國史記』 38 雜志 7 職官 上)
신라	승부(乘府)의 (…) 경은 2명으로, 문무왕 15년에 1명을 더하였고 관등은 조부의 경과 같다. (『三國史記』 38 雜志 7 職官 上)
신라	영객부(領客府)의 (…) 경은 2명으로 문무왕 15년에 1명을 더하였고 관등은 조부의 경과 같다. (『三國史記』 38 雜志 7 職官 上)
신라	사정부(司正府)의 (…) 경은 2명으로, 진흥왕 5년에 두었고 문무왕 15년에 1명을 더하였다. 관등은 승부의 경과 같다. (『三國史記』 38 雜志 7 職官 上)
신라	창부(倉部)의 (…) 경은 2명으로, 진덕왕 5년에 두었고 문무왕 15년에 1명을 더하였으며 경덕왕이 시랑(侍郎)으로 고쳤고 혜공왕이 다시 경으로 칭했다. 관등은 병부의 대감과 같다. (『三國史記』 38 雜志 7 職官 上)
신라	조부에 경 1명을 더하여 두었고 관등은 병부의 대감과 같다. 예부의 경 1명, 승부의 경 1명, 영객부의 경 1명의 관등은 모두 조부의 경과 같다. 사정부의 경 1명의 관등은 승부의 경과 같다. 또 창부의 경 1명을 더하여 두었다. (『三國史節要』 11)
신라	삼무당(三武幢)의 첫 번째는 백금무당(白衿武幢)인데 문무왕 15년에 두었다. (…) (『三國史記』 40 雜志 9 職官 下)
고구려	안동대도호부(安東大都護府)는 순 임금이 청주(青州)를 나누어 영주(營州)라 했다, (…) 대당 때에 안동도호부를 두고 전 상원 연간(674~675)에 이 곳으로 옮겼다. (『通典』 180 州郡 10 安東府)
신라	(…) 군(君)의 이름은 의(義)이고 지(字)는 회경(懷敬)이며 천수(天水)사람이다. (…) 얼마 후 때마침 도이(島夷)가 불손해지자 대군이 출정하여 제학(鯷壑)으로 순탄하게 건너가는데, 이 일은 누선(樓船)에 의지했다. 이로 말미암아 조의(趙義)를 발탁하여 조선대사판관(造船大使判官)으로 삼았다. (「趙義 墓誌銘」: 『全唐文新編』 202)
신라	왕방익(王方翼)은 동쪽으로 신라를 공격할 때 장수로 천거되었는데, 조서를 내려 공을 지절(持節)·계림도총관(雞林道總管)으로 삼았다. 전쟁이 멈추고 나아가지 않게 되자 사주자사(沙州刺史)를 제수받았는데, 사주에 이르기 전에 숙주(肅州)로 바뀌어 임명되었다. (「王方翼 神道碑」: 『全唐文新編』 228)
신라	진한이 천명을 거스르자, 가은(賈隱)은 바야흐로 군사적인 재능을 보이고 관직에 나아가 계림도병조(鷄林道兵曹)에 보임되고 또 검교자영총관(檢校子營總管)이 되었다. 의리와 용기는 한(漢)의 한신(韓信), 진(秦)의 백기(白起)를 능가하였고, 공격하는 책략은 춘추시대의 손무(孫武), 전국시대의 오기(吳起)보다 뛰어났다. 이윽고 누군가의 모략으로 관직을 박탈당하였지만, 얼마 지나지 않아 산이(山夷)가 반란하여 조정에서 그것을 토벌하면서 가은을 검교계부호조참군사(檢校桂府戶曹叅軍事)로 삼았다. (「賈隱 墓誌銘」: 『唐代墓誌滙篇』)

676(丙子/신라 문무왕 16/唐 上元 3, 儀鳳 1/倭 天武 5)

| 삼한(고구려) | 공의 이름은 의침(義琛)이고 자(字) 중규(仲珪)이고 하남 낙양 사람이다. (…) 다시 삼한이 다시 강경해져 변방에 사태가 일어나니, 군사 기밀에 속하는 중요한 일을 맡아 이바지했다. 그 일이 어진 지방관으로서의 자질이 있는 것이어서 그대로 정주자 |

사(定州刺史)에 임명되었다. 뒤에 충원할 관리를 헤아릴 때 입조하였다. (⋯) 대당 상원 3년 경자(景子) 정월 23일에 동도(東都)의 수업방(修業坊) 사저에서 죽으니, 나이 85세였다. 바로 그 해 10월 을미(乙未) 초하루 15일 기유(己酉)에 낙양 북쪽 언덕에 의지해 장사지내고 예를 갖추었다. (「大唐 故銀靑光祿大夫定州刺史上柱國 爾朱府君墓誌」)

탐라	2월 경오 초하루 계사(24) 탐라의 사신에게 배 1척을 주었다. (『日本書紀』29 天武紀 下)
고구려	2월 갑술일(28) 안동도호부(安東都護府)를 요동(遼東)에서 옮겼다. (『舊唐書』5 本紀 5 高宗 下)
고구려 백제	2월 갑술일(28) 안동도호부를 요동의 옛 성으로 옮겼다. 이 보다 앞서 어떤 화인(華人)으로 동관(東官)을 맡았던 사람이 있었는데, 모두 이를 파직하였다. 웅진도독부를 건안(建安)의 옛 성으로 옮겼는데, 그 가운데 백제의 호구(戶口)로 먼저 서주(徐州)와 연주(兗州) 등의 주로 옮겼던 사람들은 모두 건안에 두었다. (『資治通鑑』202 唐紀 18 高宗)
고구려	상원 3년 2월 28일에 이르러 안동도호부를 요동의 고성으로 옮겼다. 이 보다 앞서 중국 사람으로 임관(任官)한 자가 있었는데, 모두 파직하였다. (『唐會要』73 安東都護府)
고구려	『신당서(新唐書)』 지리지(地理志)[겸하여 『자치통감(資治通鑑)』·『당회요(唐會要)』]에 전한다. "상원 3년 2월 28일 갑술(甲戌) 요동군의 고성으로 옮겼다." (『玉海』133 官制 屬國 都護 都督 唐安東上都護府 又見兵捷類 李勣俘高麗)
고구려 백제	당 고종 상원 3년 2월에 황제는 고려의 남은 무리가 반란을 일으키자 안동도호부를 요동의 고성으로 옮겼다. 이 보다 앞서 중국 사람으로 임관(任官)한 자가 있었는데, 모두 파직하였다. 그 백제의 백성은 먼저 도하(涂河) 및 서곤(徐袞) 등의 주를 따르는 자였는데, 웅진도독부를 건안고성에 마음대로 옮겨 이곳에 거처하게 하였다. (『冊府元龜』991 外臣部 36 備禦 4)
고구려	상원 3년 요동군의 고성으로 옮겼다. (『新唐書』39 志 29 地理 3)
신라	봄 2월에 고승(高僧) 의상(義相)이 왕명을 받들어 부석사(浮石寺)를 창건하였다. (『三國史記』7 新羅本紀 7)
신라	봄 2월에 왕이 승려 의상에게 태백산에 부석사를 창건하도록 명령하였다. (『三國史節要』11)
신라	의봉(儀鳳) 원년에 의상이 태백산(太伯山)에 돌아와 조정의 뜻을 받들어 부석사를 창건하고 대승(大乘)을 널리 펴니 영감(靈感)이 자주 나타났다. (『三國遺事』4 義解 5 義湘傳敎)
신라	이 달(2월) 오토모노무라지쿠니마로(大伴連國摩呂) 등이 신라로부터 돌아왔다. (『日本書紀』29 天武紀 下)
탐라	가을 7월 정묘 초하루 갑술(8) 탐라의 사신이 돌아갔다. (『日本書紀』29 天武紀 下)
신라	가을 7월에 혜성이 북하(北河)와 적수(積水) 사이에 나타났는데, 길이가 6~7보쯤 되었다. (『三國史記』7 新羅本紀 7)
신라	가을 7월에 혜성이 북하와 적수 사이에 나타났는데, 길이가 6~7장이었다. (『三國史

節要』11)

| 신라 | 가을 7월 당 군사가 와서 도림성(道臨城)을 공격하여 빼앗았는데, 현령(縣令) 거시지(居尸知)가 죽었다. (『三國史記』 7 新羅本紀 7) |

신라　가을 7월 당 군사가 와서 도림성을 공격하여 빼앗았는데, 현령 거시지가 죽었다. (『三國史節要』11)

신라　가을 7월 양궁(壤宮)을 지었다. (『三國史記』 7 新羅本紀 7)
신라　가을 7월 양궁을 지었다. (『三國史節要』11)

신라　겨울 10월 을미 초하루 갑진(10) 대을상(大乙上) 모노노베노무라지마로(物部連摩呂)를 대사(大使)로 삼고, 대을중(大乙中) 야마시로노아타이모모다리(山背直百足)을 소사(小使)로 삼아 신라에 보냈다. (『日本書紀』29 天武紀 下)

신라　11월 을축 초하루 정묘(3) 신라가 사찬(沙湌) 김청평(金淸平)을 보내 국정을 물었다. 아울러 급찬(汲湌) 김호유(金好儒), 제감(弟監)·대사(大舍) 김흠길(金欽吉) 등을 보내 조(調)를 바쳤다. 그 송사 나말(奈末) 피진나(被珍那), 부사 나말 호복(好福)이 청평(淸平) 등을 츠쿠시(筑紫)까지 호송하였다. (『日本書紀』29 天武紀 下)

고구려 신라　11월 을축 초하루 정해(23) 고구려가 대사인 후부(後部) 주부(主簿) 아간(阿于), 부사인 전부(前部) 대형(大兄) 덕부(德富)를 보내 조공하였다. 그리고 신라는 대나말(大奈末) 김양원(金楊原)을 보내 고구려의 사신을 츠쿠시까지 호송하였다. (『日本書紀』29 天武紀 下)

신라　겨울 11월에 사찬 시득(施得)이 선병(船兵)을 거느리고 설인귀(薛仁貴)와 소부리주(所夫里州) 기벌포(伎伐浦)에서 싸웠는데 크게 졌다. 또 나아가 크고 작게 22번 싸워 이겼는데, 4,000여 명을 목베었다. (『三國史記』 7 新羅本紀 7)
신라　겨울 11월에 사찬 시득이 수군을 거느리고 설인귀와 소부리주 기벌포에서 싸웠는데 크게 졌다. 또 나아가 크고 작게 22번 싸워 이겼는데, 4,000여 명을 목베었다. (『三國史節要』11)

신라　겨울 11월 재상(宰相) 진순(陳純)이 벼슬에서 물러나기를 청하였지만 받아들이지 않고 안석(案席)과 지팡이를 내렸다. (『三國史記』 7 新羅本紀 7)
신라　겨울 11월 재상 진순이 벼슬에서 물러나기를 청하였지만 받아들이지 않고 안석과 지팡이를 내렸다. (『三國史節要』11)

신라　이 달(11월) 숙신(肅愼)의 7인이 청평(淸平) 등을 따라 이르렀다. (『日本書紀』29 天武紀 下)

신라　구칠당(仇七幢)을 문무왕 16년에 비로소 두었다. 금(衿)의 색깔은 흰색이다. (『三國史記』 40 雜志 9 職官 下)
신라　신삼천당(新三千幢)[또는 외삼천(外三千)이라고도 한다] (…) 두 번째는 내토군삼천당이라고 하는데, 문무왕 12년에 두었다. 세 번째는 나생군삼천당(奈生郡三千幢)이라고 하는데 16년에 두었다. 금의 색깔은 알 수 없다. (『三國史記』 40 雜志 9 職官 下)

신라	비로소 구칠당을 두었다. 금의 색깔은 백색이다. 또 나생군삼천당을 두었다. (『三國史節要』11)
신라	의봉원년에 의상이 태백산(太伯山)에 돌아와 조정의 뜻을 받들어 부석사(浮石寺)를 창건하고 대승(大乘)을 널리 펴니 영감이 많이 나타났다.(『三國遺事』4 義解 5 義湘傳敎)
신라	지통은 후에 의상(義湘)의 처소에 가서, 당(堂)에 들어가 분별력을 더 기르고, 꽤나 현화(玄化)가 쓸만해졌으니, 이 사람이 추동기(錐洞記)의 주인이다. 원효가 반고사(磻高寺)에 머무를 때, 항상 낭지를 뵈러 가, 초장관문(初章觀文)과 안신사심론(安身事心論)을 저술하게 하였다. 원효가 저술을 마치고, 은사(隱士) 문선(文善)에 시켜, 글을 받들어 빨리 보내면서, 그 편(篇) 뒤쪽에 게(偈)를 지어 이르길, "서쪽 골짜기의 사미(沙彌)는 머리를 조아려 예를 표하고, 동악(東岳)의 은덕(上德)은 높은 바위 앞에[반고사는 영축의 서북에 있는 까닭에 서쪽 골짜기의 사미는 스스로를 이른다] 작은 티끌 불어 영축산에 보태고, 작은 물방울 날려서 용이 사는 연못에 던집니다." [운운하였다]라고 하였다. 산의 동쪽에 태화강(太和江)이 있는데, 중국의 태화지(太和池)의 용을 위해 복을 심어 창건한 것으로, 까닭에 용연(龍淵)이라 하였다. 지통과 원효는 모두 큰 성인으로, 두 성인이 공손하게 스승을 섬기니(摳衣), 낭지의 도가 높은지를 알 수 있다. 스님은 일찍이 구름을 타고 중국의 청량산(淸凉山)에서 머무르며, 대중을 따라 강의를 듣고 조금 있다가 돌아왔다. 그 스님은 이웃에 사는 사람으로 여겼으나, 거주지를 아는 사람이 없었다. 하루는 대중에게 말하길, "항상 여기 있는 이를 제외하고, 별원(別院)에서 온 스님은 각기 사는 곳의 이름 있는 꽃과 특이한 식물을 가져와서 도량(道場)에 바쳐라." 하였다. 낭지는 다음날 산 중의 이상한 나무가지 하나를 꺾고 돌아와 바쳤다. 그 스님이 그것을 보고 말하길, "이 나무는 범어로 달제가(怛提伽)라 부르는데, 이것을 혁(赫)이라 하고, 오직 서축(西竺)과 해동(海東)의 두 영축산에만 그것이 있다. 이 두 산은 모두 제10 법운지(法雲地)의 보살이 사는 곳이니, 그는 반드시 성스러운 사람이다." 마침내 그의 행색(行色)을 살피고, 이에 해동의 영축산에 사는 것을 알았다. 이로 인해 다시 알게 보게 되니, 이름이 안팎에서 두드려졌다. 고향 사람들은 이에 그 암자를 부르길 '혁목(赫木)이라 하였다. 지금 혁목사(赫木寺)의 북쪽 언덕에 옛 터가 있는데, 그 유적의 터이다. 영축사기(靈鷲寺記)에 이르길, 낭지는 일찍이 말하길, "이 암자의 터는 가섭불(迦葉佛) 때의 절 터이다." 하고, 땅을 파서 등항(燈缸) 2개를 얻었다. (『三國遺事』5 避隱 8 朗智乘雲 普賢樹)
신라	법사(法師) 진정(眞定)은 신라인이다. 속인(白衣)이었을 때는 군대(卒伍)에 적을 두었는데, 집이 가난하여 장가들지 못하였다. 부(部)의 역(役)을 하고 남는 시간에 품을 팔아 곡식을 얻어 홀어머니를 봉양하였다. 집 안에 재산을 계산해보니, 오직 다리가 부러진 철 솥 하나뿐이었다. 하루는 어떤 스님이 문 앞에 이르러 절을 지을 철물을 구하자, 어머니는 철 솥으로 시주하였다. 이윽고 진정이 일을 하고 밖에서 돌아오자, 어머니는 그 일을 알리며, 아들의 뜻이 어떠한지 염려하였다. 진정은 기뻐하는 모습을 보이며 말하길, "불사(佛事)에 시주하였으니, 어찌 행운이지 않겠습니까. 비록 철 솥이 없지만, 또 어찌 근심이겠습니까. 이에 질그릇 동이로 솥을 삼아서, 음식을 익혀 어머니를 봉양하였다. 일찍이 군대(行伍)에 있을 때, 사람들로부터 의상법사(義湘法師)가 태백산에서 불법을 설하고 사람을 이롭게 한다는 것을 듣고는, 곧 사모하는 뜻이 있었다. 어머니께 알려 말하길, "효를 마친 후에는 마땅히 의상법사에게 의탁하여 머리를 깎고 도를 배우겠습니다." 하였다. 어머니는 말하길, "불법은

만나기 어려운데, 인생은 크게 빠르니, 효를 마치면 또한 늦지 않겠느냐! 어찌 네가 내가 죽기 전에 [네가] 도를 들었다는 것을 듣는 것만 하겠느냐. 근심하여 미적거리지 말고, 속히 행하여라.”하였다. 진정이 말하길, “어머니의 만년에 오직 저만이 옆에 있을 뿐인데, 버리고 출가하는 것이 어찌 감히 참을 수 있겠습니까”하였다. 어머니께서 말하길, “아. 내가 출가에 방해가 된다니, 나를 쉬이 지옥(泥黎)으로 떨어뜨리는구나. 오직 살아서 진수성찬(三牢七鼎)으로 봉양하는 것만이, 어찌 효라 할 수 있겠느냐. 나는 남의 문에서 옷과 음식을 하더라도, 또한 타고난 수명을 지킬 수 있으니, 반드시 나에게 효를 하고자 하거든 그런 말은 하지 말라.”하니, 진정은 오랫동안 깊게 생각하였다. 어머니가 즉시 일어나, 곡식주머니를 모두 털어내니, 쌀 7되가 있었다. 곧 그날로 밥을 짓고, 또 말하길, “네가 음식을 익혀 먹으면서 생각하면 늦게 되는 것이 걱정된다. 마땅히 내 눈 앞에서 그 하나는 먹고, 여섯은 싸서, 빨리빨리 가거라!”하였다. 진정이 눈물을 삼키면서 거절하며 말하길, “어머니를 버리고 출가하면, 그 또한 사람이 참기 어려운 바입니다! 하물며 며칠 동안의 먹을거리를 다 싸서 가면, 하늘과 땅이 저를 무엇이라 하겠습니까.”하며, 세 번 사양하고, 세 번 권하였다. 진정은 그 뜻을 거듭 어기다가, 밤이 되어 먼 길을 떠났다. 삼일만에 태백산에 도착하여 의상에게 의탁하여, 머리를 깎고 제자가 되어, 이름을 진정이라 하였다. / 거처한지 3년 만에, 어머니의 부음(訃音)이 이르렀고, 진정은 가부좌를 하고 선정(定)에 들어가 7일 만에 일어났다. [이것을] 설명하는 사람이 말하길, “추모와 슬픔이 지극하여, 거의 견디지 못할 지경이라, 까닭에 선정의 물로 그것을 씻은 것이다.”하였고, 어떤 이는 말하길, “선정에서 어머니의 환생한 곳을 보려는 것이다.”라고 하였고, 또 어떤 이는 말하길, “이것은 실제의 도리와 같이 명복(冥福)을 올린 것이다.”라고 하였다. 이윽고 선정에서 나온 후에, 이 일을 의상에게 알렸다. 의상은 문도(門徒)를 거느리고 소백산(小伯山)의 추동(錐洞)으로 돌아와, 풀을 엮어 집으로 삼고, 무리 3천을 모아서 약 90일 간 화엄대전(華嚴大典)을 강의하였다. 문하의 지통(智通)이 강연을 따라 그 중요한 것을 모아 두 권을 만들었고, 이름을 추동기(錐洞記)라 하여 세상에 유통되었다. 강연을 마치자, 그 어머니가 꿈에 나타나 말하길, “나는 이미 하늘에 환생하였다.”라고 하였다. (『三國遺事』5 孝善 9 眞定師 孝善雙美)

신라   때마침 적군이 안문(雁門) 변방에 벌떼처럼 날아들고 계림(鷄林)에 개미떼처럼 모여들자, 왕이 크게 노하여 이에 군사를 정비하였다. 이사정(李思貞)은 지혜와 용기가 모두 우수하였고 문무가 다 뛰어나니, 자질이 당시에 빼어나서, (…) 군막을 △하고 산가지를 운용하여 한(漢) 장량(張良)·진평(陳平)의 신묘한 계산을 얻었고, 깃발을 뽑고 장수를 베어 전국시대 조(趙) 염파(廉頗)·인상여(藺相如)의 기묘한 계책을 다하였다. 무지하고 미련한 자들이 △경(△勍)하니 갑자기 크게 무너지고, △△가 더욱 드러나니 공적을 바쳐 유△(流△)하였다. 발탁하여 우응양위(右鷹揚衛) 연광부(延光府) 우과의(右果毅)를 제수하였다가, 얼마 후 유격장군(游擊將軍)을 더하고 좌위(左衛) 덕의부(德義府) 우과의를 제수하였다. 또 본관에 영원장군(寧遠將軍)을 더하였다. (「李思貞 墓誌銘」:『唐代墓誌滙篇續集』;『全唐文補遺』5;『全唐文新編』995)

677(丁丑/신라 문무왕 17/唐 儀鳳 2/日本 天武 6)

신라   2월 계사 초하루 모노노베노무라지 마로(物部連摩呂)가 신라로부터 이르렀다. (『日本書紀』29 天武紀 下)

고구려   의봉(儀鳳) 2년 2월 2일에 안동도호부(安東都護府)를 신성(新城)으로 옮겨 안치하고,

이어서 특진(特進)으로 하여금 사(使)에 충당하고 부(府)를 지키게 하였다. (『唐會要』 73 安東都護府)

고구려   안동도호부(安東都護府)를 의봉 2년에 신성(新城)에 두었다. (『舊唐書』 39 志 19 地理 2)

고구려   안동상도호부는 의봉2년에 다시 신성으로 옮겼다. (『新唐書』 39 志 29 地理 3)

고구려   의봉 2년 조서를 내려 요동을 편안케하고 더불어 주현을 설치하고 유랑민들을 초치하여 조세를 고르게 부과하며 역역(力役)를 폐하게 하였다. 백성들이 그 관대함에 기뻐하였다. (『新唐書』 110 列傳 35 諸夷蕃將 泉男生)

고구려 요동   의봉 2년 황제의 명을 받들어 요동을 편안케 하고 주현을 개치(改置)하며 백성들의 고통을 찾아 묻고 측은하게 여겼으니, 강부(襁負)하여 돌아와 의지하는 이들이 들을 메웠고 강역(疆域)을 소통하여 경계를 정함에 올바름을 알게 되었다. (「泉男生墓誌銘」)

고구려   고구려 대당(大唐) 우령군장군(右領軍將軍), 증(贈) 우효위대장군(右驍衛大將軍) 이타인(李他仁) 묘지명 및 서문

초(楚)의 인재를 진(晉)이 받아들여 쓰니 조정에 들어가 현자로 칭해졌고, 조(趙)의 화씨벽(和氏璧) 때문에 진(秦)이 정벌하려 하니 조의 인상여(藺相如)가 성문 밖에서 움직여 가치를 드러내었도다. 준의(俊義)를 곁에서 구한 것이 서융(西戎)의 유여(由余)가 동쪽으로 온 까닭이고, 안으로 측근 신하를 모으자 흉노(匈奴)의 김일제(金日磾)가 이에 남쪽의 전한(前漢)으로 조알(朝謁)하였도다. 대당의 조정에 많은 이들이 기탁하니 삼한(三韓)을 정벌하기에 이르렀고, 인재를 모아 기자(箕子)의 나라에서 강기(綱紀)를 정돈하기에 이르렀다. 궁궐 안에서는 술단지를 밖에 두고 『삼략(三略)』을 구사하는 군영에서 비녀를 올렸다. 정벌의 공로를 칭송하고 헤아리니 아아, 종정(鍾鼎)에서 복되도다. 규칙도 번거롭고 예의도 잡다하구나. 총애를 입어 단에 오르니 이 대장군(大將軍)에게서 이것이 드러나도다.

이타인의 이름은 타인(他仁)이고, 본래 요동(遼東) 책주(柵州) 사람인데 나중에 관적(貫籍)을 옹주(雍州) 만년현(萬年縣)으로 옮겼다. 발해에서는 하늘에 뭉게뭉게 피어오르고 환도(丸都)에서는 해를 가릴 정도로 번성하니, 생명을 만들어내고 기운을 받아서 인애(仁愛)의 고장에 거처하였다. 인방(寅方)으로 근접하여 때를 존중하나, 별이 창룡(蒼龍)의 각수(角宿)에서 열리도다. 낭하(狼河)·토첩(兎蝶)에서 나라를 세우고 산천에서 번성해지니, 오족(五族)과 구관(九官)이 가문을 계승하여 종정에서 번성하였다. 조부 복추(福鄒)는 본국의 대형(大兄)이었고, 부친 맹진(孟眞)은 본국의 대상(大相)이었다. 제학(鯷壑) 지역을 아우르고 신령스러운 변한(卞韓) 지역을 비추어 걸출하고 자랑스러운 나라의 기둥 같은 인재이니, 잇따른 복과 이어지는 영화는 공의 두가지 모습이다. 훌륭한 인재가 탄생하였으니 군자의 나라 십주(十洲)에 기린이 하늘에서 복을 내려주었다.

공손(公孫)의 사당에서 어린아이들이 모여 즐거워할 때, 이타인은 이미 후한(後漢)의 도겸(陶謙)이 비단을 잇는 군사적 재능이 있었고, 교외의 들판에서도 사물을 널리 보았다. 아아, 조위(曹魏) 등애(鄧艾)의 군영(軍營)에서 재주가 탁월하구나! 긍지는 높고 멀었고, 말을 몰고 계책을 내는데 재능이 있었으니, 군사들이 덕에 인도되었다. 이타인은 학문에 힘쓸 약관(弱冠)의 나이(20세)가 되어, 청년기부터 문장을 지었고 인재를 찾음에 그 정수가 될 만한 뛰어난 자를 분별하였다. 붉게 수놓은 옷을 입고 관끈을 드리울 정도의 관직에 올라서는 일을 총괄함에 그 노련하고 재능 있음을 바탕으로 하였다. 이 때에 주몽(朱蒙)의 후손들이 청구(靑丘)에서 천명(天命)을 받았음에도 호시(楛矢)를 조공하는 극진함을 어그러뜨리고 다시 계루(桂婁)의 병사들에

의지하였다. 고구려의 득래(得來)가 온건하게 간언하며 전차(戰車)에 빈번히 매달려 만류하였고, 후한의 경기(耿夔)가 편사(偏師)로 고구려를 토벌하여 거듭 새긴 공적이 비석에 풍성하였다. 이 때 이타인에게 책주도독(柵州都督) 겸 총병마(總兵馬)를 제수하여, 12주(州)의 고구려를 관할하고 37부(部)의 말갈(靺鞨)을 통솔하게 하였다.

대총관(大總管) 영공(英公) 이적(李勣)이 삼진(三秦)에서 출정하는 의식을 치르고 만리(萬里)에서 도끼를 받았으며 황제의 신서(新書)를 받들어 조정의 상략(上略)을 존중하였다. 이타인은 망함을 분별하여 예견하는 밝음이 있었다. 양수(梁水)가 하나로 모여지고 성처(星處)가 모름지기 돌아갈 곳을 아는 것처럼 위군(魏軍)의 100일을 인식하였고, 마침내 통솔한 무리를 이끌어 원문(轅門)에 나아가 귀순하였다. 은(殷)의 미자(微子)가 주(周)에 들어갔듯이 이후에 거듭 뵙고, 진평(陳平)이 초(楚)를 버리고 한(漢)으로 떠난 것처럼 △하지 않음을 먼저 깨달았다. 영공 이적이 마침내 이타인을 파견하여 그 속한 무리를 통솔하게 하여 북을 치며 나아가고 함께 진군하였다. 타인이 전군에서 가장 용감하였고, 앞장서서 추격함에 사람들이 칭찬하였다. 말이 정해지면 훌륭하게 이행하였으며, 빠르게 비단을 생산하니 백성들이 노래하며 따랐다. 마침내 견고한 병진(兵陣)의 어진 신하들로 하여금 끝내 적의 무서운 기세를 풀게 하였다. 견고한 요새와 수차례의 저항이 갑자기 열리니, 적의 문을 겁박함에 앞에 적군이 없었다. 곧 평양을 함락시키고 옛 한사군(漢四郡) 지역은 이미 당(唐)의 강역(疆域)에 들어왔으니, 구이(九夷)를 포로로 삼았다. 정월 초하루에 이타인은 다시 돌아와 영공 이적을 따라 입조하니 특별히 수고롭고 힘씀에 우용위장군(右戎衛將軍)을 제수받았다. 이미 촉한(蜀漢)의 강유(姜維)가 조위(曹魏)에서 난리를 일으켜 다시 성도(成都)를 함락시켰듯이, 수혈(樵穴)에 요사스러운 기운을 길게 늘여 예(穢)의 경계에서 문득 나부끼게 하였다. 이타인은 또 조서를 받들어 부여(夫餘)로 나아가 토벌하고 적의 우두머리를 거듭 베었다. 다시 관대(冠帶)를 올리고 개선해 돌아와 종묘에 고하고 경축하니, 황제가 가상히 여겨 동정원(同正員) 우령군장군(右領軍將軍)으로 승진시켰다.

상원(上元) 2년(675) 정사년(丁巳年) 23일에 질병으로 장안(長安)의 사저(私邸)에서 돌아가시니 나이 67세였다. 온화하고 자상한 용모는 우러러 바라볼 만하여 수레바퀴 구르는 소리를 들음에 한이 일어나고, 지위가 높고 귀한 사람들과 정을 나누어서 피리소리를 들음에 슬픈 마음이 얽히는구나. 의봉(儀鳳) 2년(677) 정축년(丁丑年) 2월 계사일(癸巳日)이 초하루인 16일 기유(己酉)에 장안성(長安城)의 동쪽 백록원(白鹿原)에서 장례를 치르니, 예의에 합당하였다. 생각컨대 이타인의 예지력은 뛰어나고 밝아서 기지와 신기(神機)로써 경계하여 깨우치고, 만물을 거슬러서 덕을 손상함이 없었으며, 때를 어겨서 명분을 해치지 않았고 어지러운 나라에서 말을 높이고 공손히 할 때를 구분하였다. 달아나 천자의 성덕(聖德)에 거듭 공명(功名)을 드러내고 나서 다시 이러한 영예로움에 처하니, 대체로 그 징조를 예견함이 신이하지 않은가? 또한 어찌 이에 예견할 수 있었겠는가? 어찌 눈부신 빛이 오히려 멀어져 큰 바다에 잠기며, 출전의 별은 서리와 이슬이 아직 맺히지 않았는데, 날려지고 떨어져 공훈(功勳)을 사양한다 여겼겠는가. 후손에 이르러 사자(嗣子)는 우위위(右威衛) 평고부(平皐府) 과의(果毅)인 을손(乙孫)과 우효위(右驍衛) 안신부(安信府) 과의인 존무(尊武) 등이다. 피를 날로 마셔서 살을 녹이고 온갖 고난을 겪으면서도 훌륭하게 성장해 가니, 붓으로 글을 쓰는 고요한 생각에 의지하고 「의저(倚杵)」의 높은 이름에 가까이 하였다. 기록하여 새긴 것이 비석에 가득하니 궁벽한 지방에서 드러났다. 그 사(詞)는 다음과 같다.

무려(無閭)의 옥처럼 늘어선 높은 산봉우리와 불내(不耐)의 금성(金城)이라. 고을이 오래가고 인물이 빼어나니, 산처럼 우뚝한 나라의 기둥 같은 인재가 나왔도다. 관직이 이어지니 조상의 은덕이요, 벼슬이 올라가니 집안의 명성이로다. 이 지체 높고 부귀한 가문을 대대로 거듭함에 자연스럽게 인재를 낳았도다[그 첫번째이다]. 봉황의 깃털이 오색으로 빛나고, 준마의 족속이 천리를 가는구나. 지난 일을 보관하여 끝을 생각하고, 미래를 앎으로써 시초를 살피었도다. 혼미함을 사양하고 황제를 알현하여, 위태로움을 물리치고 리치를 좇았구나. 아아! 이 높고 고귀한 사람이여, 금니(金柅)에서 번성하였도다[그 두번째이다]. 성을 함락시키고 군진을 패퇴시키니, 곧 구지(九地)와 삼문(三門)이로다. 황제의 장막을 나란히 시위하고 재택(帝宅)에서 군영을 열었도다. 동개로써 막음에 황제의 총애를 입었고, 봉작으로써 공적을 고려함에 존귀함을 이루었도다. 거리 쪽에 가득하니 문채나는 극(戟)이요. 뜰 안에 둘러졌으니 채색된 처마로다[그 세번째이다]. 아직 「격초(激楚)」를 다하지 않았는데 갑자기 관사(館舍)에서 죽었구나. 참죽나무 잎이 떨어지니 많은 세월이 흘렀고, 쑥이 시들해지니 기나긴 어둠에 들었도다. 세월이 흘러 봉헌함이 게을러지고 진주구슬이 떨어져도, 뱀이 인하여 채색 비단이 될 것이다. 도리(桃李)는 말이 없어도 신지(神祇)가 의탁하지 않을 것이로다[그 네번째이다]. 가업을 계승함에 고난을 당하였구나. 실리를 헤아려 옮겨감을 기대하니 무리를 모음에 군진에서 늙었도다. 황금은 새기고 비취와 옥은 도모하는 바이나, 곧 황천에서 다스려지며 장차 지하에 닿을 것이로다[그 다섯번째이다]. 우뚝 솟은 봉분은 길한 자리에서 멀리 아득하니, 바람과 서리에도 한결같으리로다. 산천에서 온갖 제사를 지내고 무고(武庫)에서 모시고 우러러 보며 고문(皐門)에서 곧게 가리켰도다. 삼가는 형상이 그와 같으니 살아있다면 감탄하여 좋을 것이나 문득 일어나지 못하였구나[그 여섯번째이다].

과의인 두 아들은 모두 유격장군(遊擊將軍)이다. 의봉 2년(677) 2월 16일. 위에 모두 968자가 있다. (「李他仁 墓誌銘」: 『遠望集』下; 2015 『高句麗渤海研究』52)

고구려 백제   2월 정사일(24) 공부상서(工部尚書) 고장(高藏)을 요동도독(遼東都督)으로 삼고 조선군왕(朝鮮郡王)에 봉해 안동부(安東府)로 돌려보내고 고구려의 남은 무리들을 편안케 하였다. 사농경(司農卿) 부여융(扶餘隆) 웅진주도독(熊津州都督)을 대방군왕(帶方郡王)에 봉하여 백제의 나머지 무리들을 편안케 하고 이에 안동도호부(安東都護府)를 신성(新城)으로 옮겨 통치하게 하였다. (『舊唐書』5 本紀 5 高宗 下)

백제 신라 고구려
   유인궤(劉仁軌)가 군대를 이끌고 웅진에서 돌아왔다. 부여융이 신라의 핍박을 두려워하여 감히 머물지 못하고 조정에 들어오려 하였다. 2월 정사일(24)에 공부상서 고장을 요동주도독으로 삼고 조선왕에 봉해 요동으로 돌려보내어 고려의 남은 무리들을 편안케 하였다. 먼저 여러 주에 살고 있던 고구려인들을 모두 보내어 고장과 함께 돌아가도록 하였다. 또 사농경 부여융을 웅진도독으로 삼아 대방왕에 봉해 역시 백제의 남은 무리들을 편안케 하였다. 이어 안동도호부를 신성으로 옮겨 통치하게 하였다. 이 때 백제는 황폐해져 융에게 고구려의 땅에 살도록 하였다. 고장이 요동에 이르러 모반하여 말갈과 몰래 통하자 그를 소환하여 공주로 보냈는데, 죽었다. 그 나머지 사람들은 하남과 농우의 여러 주에 나누어 이주시키는데, 가난한 자들은 안동성 근방에 머물도록 하였다. 고구려의 옛 땅은 신라에 넘어 갔으며, 나머지 무리들은 흩어져 말갈과 돌궐로 들어갔다. 융 또한 끝내 옛 땅으로 돌아가지 못하니 고씨와 부여씨(扶餘氏)가 드디어 망하였다. (『資治通鑑』202 唐紀 18 高宗天皇大聖大弘孝皇帝)

고구려   의봉(儀鳳) 2년 정축년 봄 2월에 항복한 왕으로 요동주도독을 삼고 조선왕으로 봉하여 요동으로 돌려보내고 나머지 무리를 모아, 동쪽 사람으로 먼저 여러 주에 와있던 자들을 모두 왕과 함께 돌아가게 하였다. 이로 인하여 안동도호부를 신성으로 옮겨 통치하게 하였는데, 왕이 요동에 이르러 반란을 꾀하고 몰래 말갈과 통하였다.(『三國史記』22 高句麗本紀 10)

고구려 　　봄 2월 당이 항복한 고구려의 (고)장을 요동주도독으로 삼고 조선왕으로 봉하여 요동으로 돌려보내고 동쪽 사람으로 먼저 중국 여러 주에 와있던 자들을 모두 왕과 함께 돌아가게 하였다. 이로 인하여 안동도호부를 신성으로 옮겨 통치하게 하였는데, 왕이 요동에 이르러 모반하고 몰래 말갈과 통하였다. (『三國史節要』11)

고구려 　　의봉 2년 2월 공부상서 고장에게 요동주도독에 임명하고 조선군왕에 봉하여 돌아가 고구려의 남은 무리들을 편안케 하였다. 고장이 요동에 이미 이르러 몰래 말갈과 통하여 서로 모반했는데, 일이 발각되어 소환해 공주(邛州)에 유배하고, 더불어 그 무리들을 이주시켜 하남(河南)·농우(隴右)가 여러 주로 흩어져 살게 했는데, 가난하고 유약한 자들은 안동성(安東城) 근방에 안치하여 머물게 하였다. (『冊府元龜』998 外臣部 43 姦詐)

백제 신라 발해

　　의봉 2년 (부여융을) 광록대부(光祿大夫)·태상원외경(太常員外卿) 겸 웅진도독·대방군왕에 봉하여 본래의 나라로 돌아가게 하여 나머지 무리들을 편안케 하였다. 이 때 백제의 땅이 황폐하여 점차 신라가 점거하게 되자, 융이 끝내 옛 나라로 돌아가지 못하고 죽었다. 그 손자 경(敬)이 측천무후(則天武后) 때 대방군왕에 세습되어 봉해지고 위위경(衛尉卿)에 임명되었다. 그 땅은 이 때부터 신라와 발해말갈(渤海靺鞨)이 나누어 가져 백제 종족은 마침내 끊겼다. (『舊唐書』199 上 列傳 149 上 東夷 百濟)

고구려 　　의봉 2년 고장에게 요동도독에 임명하고 조선군왕에 봉해 안동으로 돌려보내어 남은 백성들을 편하게 하였다. 이에 앞서 내주(內州)에 있던 교민들을 모두 용서하여 돌려 보내고 안동도호부를 신성으로 옮겼다. 고장이 말갈과 모반을 꾀하다가 발각되어 소환해 공주로 추방하고 나머지 사람들은 하남과 농우로 옮겼는데, 노약자들과 가난한 자들은 안동에 머물도록 하였다. (『新唐書』220 列傳 145 東夷 高麗)

고구려 백제 　　의봉 연간에 고종이 고장을 개부의동삼사(開府儀同三司)·요동도독에 임명하고 조선군왕으로 봉해 안동에 살면서 본래의 땅을 지키는 왕으로 삼았다. 고장은 안동에 이르러 몰래 말갈과 상통하여 모반을 꾀했다가 발각되었다 이에 그르환하여 공주로 유배보내고 더불어 나머지 사람들을 나누어 하남과 농우 등 여러 주에 흩어져 살게 하였다. 가난한 자와 쇠약한 자들은 안동성 근처에 머물게 두었다. 고장은 영순(永淳; 682년) 초에 죽었는데, 위위경을 추증하고 조서를 내려 서울로 운구케 하여 힐리(頡利) 무덤 좌측에 장지를 내려주고 비도 세워 주었다. (『舊唐書』199 上 列傳 149 上 東夷 高麗)

고구려 　　의봉 연간에 고종이 고장을 요동도독부에 임명하고 조선왕에 봉하여 안동에 살면서 본래 땅을 지키는 임금이 되게 하였다 고장이 안동에 이르러 몰래 말갈과서로 통하여 모반을 꾀했는데, 일이 발각되자 그를 불러들여 공주에 유배보냈다. 영순 초에 죽자 위위경에 추증하였다. (『唐會要』95 高句麗)

백제 신라 고구려 발해

　　부여 융이 의봉 때에 대방군왕이 되어 본래 땅으로 돌려보내졌다. 이 때 신라가 강하여 융이 감히 옛 나라로 들어가지 못하고 고구려에 의탁하고 있다가 죽었다. 측천무후 때 그 손자 경이 왕위를 세습하게 하였으나, 그 땅은 이미 신라와 발해가 나누어 차지하고 있어 백제는 끝내 멸망하였다. (『新唐書』220 列傳 145 東夷 百濟)

백제 　　공훈을 여러 차례 쌓아 총애하는 칙명이 날로 융성해졌으니, 태상경으로 벼슬을 옮겼고, 대방군왕에 봉해졌다. (「扶餘隆 墓誌銘」)

고구려 　　고씨부인(高氏夫人)의 증조는 당(唐)의 조선왕(朝鮮王)이었다. (「高氏夫人 墓誌銘」:『

洛陽新獲墓誌』;『全唐文補遺』6;『全唐文新編』997)

신라	3월 계해가 초하루가 되는 신사일(19)에 신라 사신 청평(淸平) 및 이하 13명을 서울로 불러들였다. (『日本書紀』 29 天武紀 下)

신라 　봄 3월 왕이 강무전(講武殿) 남문(南門)에서 활쏘기를 보았다. (『三國史記』 7 新羅本紀 7)

신라 　3월 왕이 강무전 남문에서 활쏘기를 보았다. (『三國史節要』 11)

신라 　봄 3월 비로소 좌사록관(左司祿館)을 두었다. (『三國史記』 7 新羅本紀 7)

신라 　3월 비로소 좌사록관을 두었다. 감은 1명이다. 관등이 나마에서 대나마까지인 사람을 임명한다. 주서는 2명이다. 관등은 사지에서 나마까지인 사람을 임명한다. 사(史)는 4명이다. 또 영창궁성전을 두었는데 모두 낭당(郎幢)을 자금서당(紫衿誓幢)으로 삼았고, 금색(衿色)은 자록(紫綠)이다. (『三國史節要』 11)

신라 　좌사록관은 문무왕 17년에 두었다. 감(監)은 1명이다. 관등이 나마(奈麻)에서 대나마(大奈麻)까지인 사람을 임명한다. 주서는 2명[혹 주사(主事)라고도 한다] 관등은 사지에서 나마까지인 사람을 임명한다. (『三國史記』 38 雜志 7 職官 上)

신라 　봄 3월 소부리주(所夫里州)에서 흰 매를 바쳤다. (『三國史記』 7 新羅本紀 7)

신라 　3월 소부리주에서 흰 매를 바쳤다. (『三國史節要』 11)

신라 　여름 4월 임진 초하루 을사(14) 송사 진나(珍那) 등에게 쓰쿠시(筑紫)에서 잔치를 베풀었다. 그들은 곧 쓰쿠시에서 돌아갔다. (『日本書紀』 29 天武紀 下)

백제 　5월 임술 초하루 갑자(3) 대박사 백제인 솔모(率母)에게 칙명으로 대산하(大山下)의 관위를 주었다. 인하여 30호를 봉하였다. (『日本書紀』 29 天武紀 下)

신라 　5월 임술 초하루 무진(7) 신라인 아찬(阿湌) 박자파(朴刺破)와 그의 종자 3인, 승려 3인이 표류하여 치카노시마(血鹿嶋)에 도착하였다. (『日本書紀』 29 天武紀 下)

신라 　8월 신묘 초하루 정사(27) 김청평(金淸平)이 귀국하였다. 표류해 온 박자파(朴刺破) 등도 청평(淸平) 등에게 딸려 본토로 돌려보냈다. (『日本書紀』 29 天武紀 下)

탐라 　8월 신묘 초하루 무오(28) 탐라가 왕자 도라(都羅)를 보내 조공하였다. (『日本書紀』 29 天武紀 下)

신라 　영창궁성전(永昌宮成典)은 문무왕 17년에 두었다. (『三國史記』 38 雜志 7 職官 上)

고구려 　이씨부인(李氏夫人)의 조부 원철(元悊)은 관직이 안동대도호장사(安東大都護長史)에 이르렀는데, 태종(太宗)과 오랜 친분관계가 있어서 이씨 성을 하사받았다. (「李氏夫人 墓誌銘」;『全唐文新編』232)

고구려 　이씨부인의 조부 광사(光嗣)는 당의 안동도호부(安東都護府) 공조참군(功曹叅軍)이었다. (「李氏夫人 墓誌銘」;『唐代墓誌滙篇』)

고구려 　고원망(高遠望)의 증조 회(懷)는 당의 운휘장군(雲麾將軍)·건안주도독(建安州都督)이었다. (「高遠望 墓誌銘」;『全唐文補遺』 千唐誌齋新藏專輯)

고구려	고흠덕(高欽德)의 조부 회는 건안주도독을 세습하였다. (「高欽德 墓誌銘」:『唐代墓誌滙篇』)
고구려	남단덕(南單德)의 조부 적(狄)은 당의 마미주도독(磨米州都督)이었다. (「南單德 墓誌銘」: 2015『北方文物』1)
백제	난원경(難元慶)의 조부 한(汗)은 당에 들어가서 웅진주도독부장사(熊津州都督府長史)가 되었다. 부친 무(武)는 중대부(中大夫)·사지절지심주제군사(使持節支潯州諸軍事)·수지심주자사(守支潯州刺史)였다가, 충무장군(忠武將軍)·행우위익부중랑장(行右衛翊府中郎將)으로 옮겼다. 조상들은 모두 어질고 명석하며 식견(識見)이 심원하였다. 정사(政事)에서 △로 유명하였으며, 덕을 잘 닦고 문장은 광대하여 국가와 집안에서 모두 현달하였다. (「難元慶 墓誌銘」: 2000『洛陽出土墓誌硏究文集』)
백제	태비 부여씨(扶餘氏)는 이름이 △인데, 당(唐) 금자광록대부(金紫光祿大夫)·고(故) 위위경(衛尉卿)·대방군왕(帶方郡王) 의자(義慈)의 증손이고, 당 광록대부(光祿大夫)·고 태상경(太常卿)으로 대방군왕을 계승한 융(隆)의 손녀이다. (「扶餘太妃 墓誌銘」: 2008『碑林集刊』13)

678(戊寅/신라 문무왕 18/唐 儀鳳 3/日本 天武 7)

탐라	봄 정월 무오 초하루 기묘(22) 탐라인이 서울로 향했다. (『日本書紀』29 天武紀 下)
신라	봄 정월 선부령(船府令) 한 명을 두고 주즙(舟楫)에 관한 일을 맡게 하였다. (『三國史記』7 新羅本紀 7)
신라	봄 정월 선부령 1명을 두어 선즙에 관한 일을 맡겼다. 옛날에는 병부의 대감과 제감이 관장하였다. (『三國史節要』11)
신라	선부는 옛날에는 병부(兵部)의 대감(大監)과 제감(弟監)이 주즙의 일을 관장하였는데, 문무왕 18년에 따로 설치하였다. 경덕왕 때 이제부(利濟府)로 고쳤다가 혜공왕이 다시 되돌렸다. 영(令)은 1명이다. 관등이 대아찬(大阿湌)에서 각간(角干)까지인 사람을 임명한다. 경(卿)은 2명으로 문무왕 3년에 두었고, 신문왕 8년에 1명을 더하였다. 관등은 조부(調府)의 경과 같다. 대사(大舍)는 2명으로, 경덕왕이 주부(主簿)로 고쳤다가 혜공왕이 다시 칭호를 되돌렸다. 관등은 조부의 대사와 같다. 사지(舍知)는 한 명으로 경덕왕이 사부(司舟)로 고쳤다가 혜공왕이 다시 되돌렸는데, 관등은 조부의 사지와 같다. 사(史)는 8명으로 신문왕 원년에 2명을 더 두었고, 애장왕 6년에 2명을 줄였다. (『三國史記』38 雜志 7 職官 上)
신라	봄 정월 좌우이방부(左右理方府)에 경 각 1명씩 더 두었다. (『三國史記』7 新羅本紀 7)
신라	봄 정월 좌우이방부에 경 각 1명씩 더 두었다 (『三國史節要』11)
신라	봄 정월 북원소경(北原小京)을 두어 대아찬(大阿湌) 오기(吳起)가 지키게 하였다. (『三國史記』7 新羅本紀 7)
신라	봄 정월 북원소경을 두어 대아찬 오기가 지키게 하였다. (『三國史節要』11)
신라	3월에 대아찬 춘장(春長)을 중시(中侍)로 삼았다. (『三國史記』7 新羅本紀 7)
신라	3월에 대아찬 춘장을 중시로 삼았다. (『三國史節要』11)

신라	여름 4월 아찬(阿飡) 천훈(天訓)을 무진주(武珍州) 도독(都督)으로 삼았다. (『三國史記』7 新羅本紀 7)
신라	여름 4월 아찬 천훈을 무진주 도독으로 삼았다. (『三國史節要』11)
신라	5월 북원에서 이상한 새를 바쳤는데, 날개 깃에 무늬가 있고 다리에 털이 있었다. (『三國史記』7 新羅本紀 7)
신라	5월 북원에서 이상한 새를 바쳤는데, 날개 깃에 무늬가 있고 다리에 털이 있었다. (『三國史節要』11)
신라	(9월 신유 7일) 황제가 장차 군대를 일으켜 신라를 토벌하려 하였다. 시중(侍中) 장문관(張文瓘)이 병으로 집에 있다가 수레를 타고 입견하여 다음과 같이 간언하였다. "지금 토번(吐蕃)이 침략하여 바야흐로 서쪽을 토벌하려 합니다. 신라가 비록 순종하지 않으나, 아직 변경을 침범한 것은 아니며, 만약 다시 동쪽을 정벌한다면 신은 공사가 그 피폐함을 이기지 못할까 두렵습니다." 하니 황제가 이에 그쳤다. (『資治通鑑』202 唐紀 18 高宗天皇大聖大弘孝皇帝)
백제	대당(大唐) 고(故) 우위위장군(右威衛將軍)·상주국(上柱國) 예공(禰公) 묘지명 및 서문 예군(禰軍)의 이름은 군(軍)이고 자는 온(溫)이며, 웅진도독부(熊津都督府) 우이현(嵎夷縣) 사람이다. 그 선조는 중화와 같은 조상인데, 영가(永嘉: 307~313) 말에 난리를 피해 동쪽으로 나아가니 이로 인해 마침내 가문을 이루었다. 무릇 저 높고 큰 경산(鯨山)은 청구(靑丘)를 넘어 동쪽에 솟았고, 아득히 많은 웅천(熊川)은 단저(丹渚)에 임해 남쪽으로 흐른다. 세상으로부터 떨어진 산림에 스며들어 재주를 펼치니 탕옥(蕩沃)으로 내려왔고, 해와 달을 비추어 빼어나게 밝으니 어그러진 것들 안에서 아름다웠다. 신령스럽고 뛰어난 문장은 높이기 전에 후한(後漢)의 건안칠자(建安七子)보다 향기로웠고, 좋은 말의 웅혼하고 강건함은 뜻대로 한 후에도 삼한(三韓)에서 남달랐다. 화려한 건물이 더욱 빛나며, 빼어난 재능이 계속 울려 퍼졌다. 면면히 헤아림이 끊어지지 않으니, 대대로 명성이 있었다. 예군의 증조 복(福), 조부 예(譽), 부친 선(善)은 모두 본번(本藩)의 1품으로 관은 좌평(佐平)이라고 불렀다. 모두 인간 세상의 원칙을 모아 몸을 빛냈고, 고상한 도덕을 지녀 나라에 근면하였다. 충성은 쇠와 돌에 비겼고 지조는 소나무와 대나무의 모습이니, 만물의 모범으로 도덕이 이루어졌고 사(士)의 표본으로 문무가 떨어지지 않았다. 예군은 동방의 낭성(狼星)이 빛나듯이 복을 계승하였고, 이역에서 군공을 세우는 관상과 같이 아름다운 모습을 드러내었다. 물가의 깊음이 못을 맑게 했고, 넉넉한 빛이 은혜롭고 덕스러웠다. 우수(牛宿)·두수(斗宿)를 꿰뚫는 뛰어난 기개는 별들 속에서 널리 빛났고, 회오리바람을 타고 날아오르는 빼어난 기개는 흔적이 구름 밖까지 나타났다. 지난 현경(顯慶) 5년(660) 관군(官軍)이 본번을 평정하던 날, 예군은 일의 조짐을 보고 변화를 알아 검을 지니고 귀의할 곳을 깨달으니, 유여(由余)가 융(戎)에서 나온 것과 비슷하였고 흉노(匈奴)의 김일제(金日磾)가 한(漢)으로 들어온 것과 같았다. 성상께서 찬탄하셔서 영예로운 반열로 발탁하여 우무위(右武衛) 산천부(滻川府) 절충도위(折衝都尉)를 제수하였다. 이 때 일본(日本)의 잔당들이 부상(扶桑)에 근거하여 토벌로부터 달아났고, 풍곡(風谷)의 유민들이 반도(盤桃)를 의지하여 견고하였다. 1만의 기병이 들판에 펼쳐지니 철기(鐵騎)와 함께 먼지가 어지럽게 올라왔고, 1,000척의 배가 파도를 가로지르니

큰 배의 행렬을 도와 막혔던 물길이 풀렸다. 예군이 해동(海東)에서 계책에 뛰어나고 영동(瀛東)에서 귀감이 되니, 특별히 황제에게 뽑혀 가서 초위(招慰)를 주관하였다. 군은 신하의 절조를 외치며 목숨을 던졌고, 사신을 찬양하는 노래를 부르며 수레가 달려갔다. 바다를 건너 날아가는 푸른 매, 산을 넘어 날아가는 붉은 새와 같으니 아주 먼 길이 통하였다. 놀란 오리가 짝을 잃으니 저녁이 끝나기 전에 물을 건너가는 것과 같았다. 마침내 하늘의 위엄을 펼쳐 얘기할 수 있었으니, 오랜 시간을 복되게 하도록 깨우쳤다. 황제를 참칭(僭稱)하였던 자가 하루아침에 신하임을 칭하니, 이에 대수망(大首望) 수십 명을 이끌고 입조하여 알현하였다. 예군은 특별히 은혜로운 조서를 받아 좌융위낭장(左戎衛郎將)에 제수되었고, 얼마 후 우령군위중랑장(右領軍衛中郎將) 겸 검교(檢校) 웅진도독부사마熊津都督府司馬)로 발탁되어 옮겼다. 재주는 천리마와 같이 빛났고, 어짊은 백성(百城)의 마음에 부합했다. 황제의 조정에 촛불을 드니 무성한 나무들 사이에서 재능이 드러났고, 궁궐에 달을 거니 계수나무 수풀에 향기가 덮였다. 비단옷을 입고 낮에 다니니 부귀가 바뀜이 없었고, 도적도 밤에 잠드니 키우고 가르침에 도리가 있었다. 지난 함형(咸亨) 3년 11월21일에 조서를 내려 우위위장군을 제수하니, 궁전을 엄중히 경비하고 황성을 신중한 태도로 지켰다. 거듭 승진을 하여 여러 관직을 역임하였다. 바야흐로 능수능란하게 책략을 꾸미면서 천하의 안정에 크게 기여하였다고 할 수 있겠다.

그런데도 어떻게 예측할 수 있었을까? 해는 지기 쉬워서 전국시대 위(魏)의 방연(龐涓)이 마릉(馬陵)의 나무 아래서 어이 없이 죽었듯이, 또 강물의 흐름은 멈추기 어려워서 용양장군(龍驤將軍)의 수군에 의해 풍운의 위급함을 알리고 손오(孫吳)가 눈깜짝할 사이에 멸망하였듯이, 갑자기 불행이 방문하였도다. 의봉(儀鳳) 3년(678) 2월 19일에 예군은 병에 의해 옹주(雍州) 장안현(長安縣) 연수리(延壽里)의 자택에서 세상을 떠나니, 향년은 66세였다. 황제는 예군이 세운 공로를 생각하여 지난 날을 그리워하며 오래도록 애도의 마음에 빠졌다. 그래서 견포(絹布) 300단, 조 300곡(斛)을 하사하고, 또 장례에 필요한 것은 모두 조정에서 지급하여, 홍문관학사(弘文館學士) 겸 검교 우위위장사(右威衛長史) 왕행본(王行本)에게 장례를 감독시킨 것이다. 예군의 탁월한 견식은 널리 세상사에 통하여 유화하고 위엄이 있는 모습은 아름답고, 명주(明珠)와 같은 재능의 격은 동류가 없고, 백규(白珪)와 같은 인격은 맑아서 흠집 하나 없었다. 10보 안에 피는 흔해 빠진 꽃의 향기(예군의 재능)는 좋은 향기가 충만한 난실(蘭室)에서조차 그 냄새를 삼갈 정도였다. 주변에 있는 변변찮은 빛(예군의 재능)은 아름다운 계수나무가 무성하게 사는 산에서조차도 그 화려함을 존경할 정도였다. 그러나 갑자기 상승해 가는 바람을 탄 날개를 잃어서, 절구를 계속 찧는 일을 그만두고 묘주의 죽음을 애도하게 되어 버렸다. 그 해 10월 2일에 옹주 건봉현(乾封縣) 고양리(高陽里)에 장사지내니, 예의에 맞는 일이었다. 영구차의 말은 슬프게 울고, 황천길에 가서 영원히 돌아오지 않았다. 달이 저녁에 지나가고, 별이 밤하늘에 나타났다. 해는 산 그림자에 떨어져 무덤 주변의 풀빛은 쓸쓸하고, 바람은 들판을 건너불어서 소나무 바람의 소리만이 울리고 있었다. 문사(文榭)에 오르면 저 세상에 있는 예군과도 통할 수 있고, 무산(武山)에 오르면 편안한 마음으로 하늘을 우러러 보고 예군을 그리워할 수 있다. 예군의 맑은 바람이 사라져가는 것을 슬퍼하여, 그 아름다운 이름을 수상(壽像)에 세웠다. 그 가사에는,

예군의 혈통은 청구(靑丘)에서 나와, 낙랑(樂浪) 화려(華麗)를 거점으로 한 일족이다. 그 혈맥은 오래도록 전해져 영가의 난 때에 백제에 건너가게 되었다. 그 땅에서 일족은 역대로 번영하여, 대대로 계승되어 왔다. 당에 귀순하는 일을 일찍이 분명히 하여, 총애가 성함은 귀순 후도 바뀌는 일이 없었다[그 첫번째이다]. 그러한 일족의 자손이고, 그 미덕은 계수나무나 난의 향기와 같이 아름다운 것이었다. 일족의 시작

은 건안칠자보다 번창하고, 그 영광은 그대로 아들에게서 손자에게로 대대로 계승되고 있었다. 예군은 후세에 방명(芳名)을 남기고, 미명(美名)을 자손에게 남겼다. 그 명성은 지워져 버릴지도 모르지만, 그 미덕은 지금도 자손에게 계승되고 있다[그 두 번째이다]. 창 사이로 화살을 보듯이 순식간에 가을이 되고, 말이 달리는 것을 틈 사이로 보듯이 눈 깜짝할 사이에 해는 저물어 간다. 명성은 날로 잊혀져 가고, 그 위덕은 점차 쇠퇴해 간다. 소나무가 밤바람 맞는 소리를 가엾게 생각하고, 부추 위의 아침이슬이 속절없이 사라져 가는 것을 슬퍼한다. 관을 태운 수레는 지금도 출발하려고 하는데, 부마(副馬)는 슬프게 울어 몸을 굽혀서 나아가려고 하지 않는다. 산과 골짜기가 변천하는 일을 한탄하고, 예군의 명성이 잊혀져 가지 않기를 바란다[그 세번째이다]. (「禰軍 墓誌銘」:『社會科學戰線』 2011-7)

고구려 발해 통전(通典)에 이르기를 "발해는 본래 속말말갈(粟末靺鞨)로서 그 추장 조영(祚榮)에 이르러 나라를 창건하고 스스로 진단(震旦)이라고 불렀다. 선천(先天) 연간[현종(玄宗)의 임자년이다]에 비로소 말갈이라는 이름을 버리고 오로지 발해라 불렀다. 개원(開元) 7년 기미(己未)에 조영이 죽으니 시호를 고왕(高王)이라 하였다. 세자(世子)가 이어서 왕위에 오르니 명황(明皇)이 왕위 계승의 책문을 내리고 왕위를 계승하게 하였던 바, 사사로이 연호(年號)를 고치고 마침내 해동성국(海東盛國)이 되어 이 지역에 5경(京) 15부(府) 62주(州)를 두었다. 후당(後唐) 천성(天成) 초년에 거란(契丹)이 이 나라를 부수고 그 후 거란의 지배를 받게 되었다"라고 하였다.[삼국사(三國史)에 이르기를 "의봉(儀鳳) 3년 고종(高宗) 무인(戊寅)에 고(구)려의 남은 자손들이 한데 모여 북쪽으로 태백산(太白山) 밑을 의지하여 나라 이름을 발해라 하였다. 개원(開元) 20년 중에 명황이 장수를 보내어 이를 토벌하였다. 또 성덕왕(聖德王) 32년 현종(玄宗) 갑술(甲戌)에 발해말갈이 바다를 건너 당나라 등주(登州)를 침범하였으므로 현종이 이를 토벌하였다"라고 하였다. 신라고기(新羅古記)에 이르기를 "고구려의 옛 장수 조영의 성(姓)은 대씨(大氏)니 남은 군사를 모아 태백산 남쪽에서 나라를 세우고 나라 이름을 발해라고 하였다."고 한다. 이상의 여러 글을 참고해 보면 발해는 말갈의 별종으로 다만 그 창건과 병합이 같지 않을 뿐이다. 지장도(指掌圖)에 보면 "발해는 만리장성(長城) 동북쪽 모서리 밖에 있다."라고 하였다] (『三國遺事』 1 紀異 1 靺鞨渤海)

신라 고구려 의봉 3년에 이르러 그 나라 사람들을 하남과 농우에 이주시켰다. (『三國史記』 46 列傳 6 崔致遠)

신라 이 해 신라의 송사 나말(奈末) 가량정산(加良井山), 나말 김홍세(金紅世)가 쓰쿠시(筑紫)에 도착해서 "신라왕이 급찬(汲湌) 김소물(金消勿), 대나말(大奈末) 김세세(金世世) 등을 보내 올해의 조(調)를 바쳤습니다. 그리고 신 井山을 보내 소물(消勿) 등을 호송하게 했는데, 바다 가운데에서 함께 폭풍을 만나 소물 등은 모두 흩어져 간 곳을 알지 못하게 되었습니다. 오직 井山 저 혼자만 겨우 해안에 도착했습니다."라고 하였다. 그러나 소물 등은 끝내 오지 않았다. (『日本書紀』 29 天武紀 下)

679(己卯/신라 문무왕 19/唐 儀鳳 4, 調露 1/倭 天武 8)

신라 봄 정월 임오 초하루 병술(5) 신라의 송사 가량정산(加良井山), 김홍세(金紅世) 등이 서울로 향했다. (『日本書紀』 29 天武紀 下)

고구려 의봉 4년(679) 정월 29일 병을 얻어 안동부(安東府)의 관사에서 돌아가시니, 나이 4

6세였다. 진의(震扆)는 북소리를 마음 아파하고 삼공(三公)과 재상이 피리 소리를 원통해 하였으며, 4군(四郡)은 이로 인하여 파시하고 9종(種)이 이로 인하여 농사일을 그만두었다. 조서에서 말하기를 "많은 공에 넘치는 상으로 생전에 총명(寵命)이 두루 있었으니, 갖은 예로 추증(追贈)함으로써 슬픔과 영화가 죽은 뒤에도 크게 하라. 충의를 드러내어 밝힘에 어찌 삶과 죽음에 차이가 있겠는가? 특진행우위대장군(特進行右衛大將軍), 상주국(上柱國), 변국공(卞國公) 천남생은 오부(五部)의 우두머리이자 삼한의 영걸로 신묘한 기지가 총명하고 갖추어진 식견이 깊고 멀었으며, 신비한 헤아림이 계책에서 드러났고, 큰 재능이 무예에서 펼쳤더니, 변방에 후미지게 살면서도 진실된 정성을 바쳤도다. 위태한 상황을 떠나 편안한 지경으로 나아가서 진실로 변통(變通)의 도에 합당하였고, 당나라에 순응함으로써 천남건 등과 같이 당나라에 반역함을 도모하여 능히 요수와 패수의 끝까지 맑게 하였다. 훌륭한 공적이 멀리서도 두드러져 높은 관직이 맡겨졌다. 들면 북군(北軍)을 책임져서 궁중에서 사거(私居)하였으며, 나면 동쪽 끝에까지 이르러 빛남이 청구(靑丘)를 진무(鎭撫)하였다. 그런데 교화를 오래 기다리다가 일찍 죽음에 갑작스럽기가 아침 이슬보다 앞서니, 그 죽음을 말함에 천자의 슬픔이 진실로 깊어서, 마땅히 그에게 연솔(連率)의 반차(班次)를 더하여 추모하고 숭상하는 모범을 삼가 기록하노라. 이에 사지절대도독(使持節大都督), 병·분·기·남(幷·汾·箕·嵐)의 사제주군사(四州諸軍事), 병주자사(幷州刺史)를 추증하며, 나머지 관직은 예전과 같이 할 것이다."라고 하였다. 일을 맡은 관청에서는 예를 갖추었고, 책명으로 견포(絹布) 700단과 미속(米粟) 700석을 주었으며, 장례에 필요한 것들을 모두 관에서 지급하였으며, 관청에서는 은전을 베풂에 두터워 동원(東園)의 비기(秘器)를 주었다. 경관(京官) 4품에 해당하는 관리 1인을 뽑아 홍려소경(鴻臚少卿)의 관직을 대신하여 감호(監護)하게 하였고, 금군(禁軍)과 군악대(軍樂隊)를 묘소에까지 보내어 돌아오게 하였으며, 5품 관리 1인으로 천자의 부절(符節)과 새서(璽書)를 가지고 가서 조문하도록 하였다. 조정은 3일 동안 정무를 파하고 영구가 이르는 날에는 5품 이상의 관직을 가진 이들에게 그 집(또는 묘소)으로 가도록 하였다. 총애와 추증의 두터움은 살아서나 죽어서나 영화를 더하였고 장례의 성대함은 고금에 다시 없었는데, 수고로운 공적을 여러 차례 행하여 시호를 양공(襄公)이라고 하였다. (「泉男生墓誌銘」)

고구려 나이 46세에 죽었다. 남생은 성품이 순후(純厚)하고 예의가 있었으며, 아뢰고 대답할 때는 민첩하게 말을 잘 하였으며, 활을 잘 쏘았다. 그가 처음 당나라에 왔을 때는 엎드려 도끼로 처벌을 기다렸는데, 세상에서 이를 두고 칭찬하였다. (『三國史記』 49 列傳 9 蓋蘇文)

고구려 46세에 죽으니 황제가 애도하고, 주대도독(州大都督)을 추증하였다. 운구가 서울에 이르자, 5품 이상의 관리들에게 곡을 하도록 하였다. 시호는 양(襄)이라 하였고, 그의 공을 비에 새기도록 하였다. 남생은 성품이 순후하고 예의가 있었으며, 아뢰고 대답할 때는 민첩하게 알을 잘 하였으며, 활을 잘 쏘았다. 그가 처음 당나라에 왔을 때는 엎드려 도끼로 처벌을 기다렸는데, 황제가 그를 용서하였는데, 세상에서 이를 두고 칭찬하였다. (『新唐書』 110 列傳 35 諸夷蕃將 泉男生)

고구려 의봉 4년 아버지의 喪을 당함에 슬퍼하여 초췌해짐이 예를 지나쳤는데, 궁중에서 보낸 사신이 조문을 하러 왔으며 도로에 조문객이 서로 이어져 있었다. 조모(祖母)는 공이 마실 것도 끊고 슬피 울면서 더욱 서글픈 생각을 더하며 매번 힘써 권하나 따르지 않으므로 公을 위하여 음식을 끊었다. 公은 이로 인하여 조금씩 음식을 먹음으로써 조모의 자애로운 모습을 깨달았다. 사랑스레 양육함의 깊음은 이건(李虔)의 조모만이 아니고 효성으로 감사함의 지극함은 어찌 정증(程曾)의 손자만에 그치겠는가. (「泉獻誠 墓誌銘」)

신라	봄 정월 중시(中侍) 춘장(春長)이 병으로 관직을 사임하니 서불감(舒弗邯) 천존(天存)을 중시로 삼았다. (『三國史記』 7 新羅本紀 7)
신라	봄 정월 중시 춘장이 병으로 관직을 사임하니 서불감 천존으로 대신하게 하였다. (『三國史節要』 11)
고구려 신라	2월 임자 초하루 고구려가 상부(上部) 대상(大相) 환부(桓父), 하부(下部) 대상 사수루(師需婁) 등을 보내 조공하였다. 인하여 신라가 나말(奈末) 감물나(甘勿那)를 보내 환부 등을 쓰쿠시(筑紫)까지 호송하였다. (『日本書紀』 29 天武紀 下)
신라	2월에 사신을 보내어 탐라국(耽羅國)을 다스렸다. (『三國史記』 7 新羅本紀 7)
신라	2월에 사신을 보내어 탐라국을 다스렸다. (『三國史節要』 11)
신라	2월 궁궐을 중수(重修)하니 자못 그 웅장함과 화려함이 지극하였다. (『三國史記』 7 新羅本紀 7)
신라	궁궐을 수리하니 자못 그 웅장함과 화려함이 지극했다. (『三國史節要』 11)
신라	여름 4월에 형혹(熒惑)이 우림(羽林)을 지켰다. (『三國史記』 7 新羅本紀 7)
신라	여름 4월에 형혹이 우림을 지켰다. (『三國史節要』 11)
신라	6월 태백성이 달에 들어가고, 유성이 삼대(參大)의 별자리를 침범하였다. (『三國史記』 7 新羅本紀 7)
신라	6월 태백성이 달에 들어가고, 유성이 삼대의 별자리를 침범하였다. (『三國史節要』 11)
신라	가을 8월 태백성이 달에 들어갔다. (『三國史記』 7 新羅本紀 7)
신라	가을 8월에 태백성이 달에 들어갔다. (『三國史節要』 11)
신라	가을 8월 각간 천존이 죽었다. (『三國史記』 7 新羅本紀 7)
신라	가을 8월 각간 천존이 죽었다. (『三國史節要』 11)
신라	가을 8월 동궁(東宮)을 처음 지었다. (『三國史記』 7 新羅本紀 7)
신라	가을 8월 동궁을 처음 지었다. (『三國史節要』 11)
신라	가을 8월 비로소 궁궐 안팎의 여러 문에 이름을 정하였다. (『三國史記』 7 新羅本紀 7)
신라	가을 8월 비로소 궁궐 안팎의 여러 문에 이름을 정하였다. (『三國史節要』 11)
신라	가을 8월 사천왕사(四天王寺)가 완성되었다. (『三國史記』 7 新羅本紀 7)
신라	가을 8월 사천왕사가 완성되었다. (『三國史節要』 11)
신라	이듬해(669)에 당나라의 고종(高宗)이 인문 등을 불러서 꾸짖어 말하기를, "너희들이 우리 군사를 청해 고구려를 멸하고도 우리를 해치려는 것은 무슨 까닭이냐?"라고 하고, 곧 옥(圓扉)에 가두고 군사 50만 명을 조련하여 설방(薛邦)을 장수로 삼아 신라를 치려고 하였다. 이때 의상법사(義湘師)가 서쪽 당나라로 가서 유학하고 있다가 인문을 찾아보았는데, 인문이 그 사실을 알렸다. 의상이 곧 귀국하여 왕에게 아뢰

니, 왕이 매우 염려하여 여러 신하들을 모아 놓고 방어책을 물었다. 각간 김천존(金天尊)이 아뢰기를, "근래에 명랑법사(明朗法師)가 용궁에 들어가서 비법을 전수해왔으니 그를 불러 물어보십시오."라고 하였다. 명랑이 아뢰기를, "낭산(狼山) 남쪽 신유림(神遊林)이 있으니, 그곳에 사천왕사(四天王寺)를 세우고 도량을 개설함이 좋겠습니다."라고 하였다. 이때 정주(貞州)에서 사자가 달려와서 보고하기를, "당나라 군사들이 수없이 우리 국경에 이르러 바다 위를 순회하고 있습니다."라고 하였다. 왕이 명랑을 불러서 말하기를, "일이 이미 급박하게 되었으니 어찌하면 좋겠소?"라고 하였다. 명랑이 말하기를, "채색 비단으로 임시로 지으십시오."라고 하였다. 이에 채색 비단으로 절을 짓고, 풀로 오방신상(五方神像)을 만들고, 유가명승(瑜伽名僧) 12명이 명랑을 우두머리로 하여 문두루비밀법(文豆婁秘密法)을 지으니, 그때에 당나라와 신라의 군사가 싸우기도 전에 풍랑이 크게 일어 당나라의 배가 모두 물에 침몰하였다. 그 후 절을 고쳐 짓고 사천왕사라고 했는데, 지금까지 단석(壇席)이 끊어지지 않았다[국사(國史)에는 이 절의 개창이 조로(調露) 원년 기묘(己卯)에 있었다고 하였다]. (『三國遺事』 2 紀異 2 文虎王法敏)

신라   가을 8월 남산성(南山城)을 증축하였다. (『三國史記』 7 新羅本紀 7)
신라   가을 8월 남산성을 증축하였다. (『三國史節要』 11)

신라   9월 무인 초하루 계사(16) 신라에 보냈던 사신 등이 돌아와 조정에 인사하였다. (『日本書紀』 29 天武紀 下)

고구려 신라   9월 무인 초하루 경자(23) 고구려에 보냈던 사신과 탐라에 보냈던 사신들이 돌아와 함께 조정에 인사하였다. (『日本書紀』 29 天武紀 下)

고구려   조로 원년 9월 상중이지만 양군(襄軍)을 맡아서 반란을 토벌하는 대사로서 출사하라는 조서가 내려졌는데 전란의 위험을 피할 수 없었기에 공이 사양할 수 없었으며 돌아올 때에 공적을 드러내어 상주국에 임명되었다. (『泉獻誠墓誌銘)

신라   겨울 10월 무신 초하루 갑자(17) 신라가 아찬(阿湌) 김항나(金項那), 사찬(沙湌) 살류생(薩藁生)을 보내 조공하였다. 조(調)로 바친 물건은 금·은·철·솥(鼎)·금(錦)·견(絹)·포(布)·가죽(皮)·말·개·노새·낙타 따위의 10여 종이었다. 또 따로 바친 물건이 있었다. 천황·황후·태자에게 금·은·칼·깃발(旗) 따위를 바친 것도 각각 많았다. (『日本書紀』 29 天武紀 下)

고구려   대당(大唐)의 고(故) 특진(特進)·행(行) 우위대장군(右衛大將軍) 겸 검교(檢校) 우우림군(右羽林軍) 장내공봉(仗內供奉)·상주국(上柱國)·변국공(卞國公), 증(贈) 병주대도독(幷州大都督) 천군(泉君) 묘지명 및 서문
중서시랑(中書侍郞) 겸 검교 상왕부사마(相王府司馬) 왕덕진(王德眞)이 찬(撰)하고, 조의대부(朝議大夫)·행 사훈낭중(司勳郎中)·상기도위(上騎都尉)·발해현개국남(渤海縣開國男) 구양통(歐陽通)이 서(書)하다.
대저 돌에 담긴 무지개 빛이면 흙에 따라 산을 빛나게 하고, 물결에 잠긴 진주조개 빛깔 또한 냇물에 의하여 물을 곱게 하나니, 붉은 궁궐문 밀어 열고 보라색 수레덮개로 올라왔네. 오랜 가문의 빛나는 전통은 귀인의 수레보다 열 수레 뛰어넘고, 덧보태어진 표가(表價)는 좋은 땅 다섯 성을 나누었다. 게다가 동방성차(東方星次)의 각(角)과 저(氐) 두 별이 좋은 별자리 그 자리에 떨어지고, 뒤덮은 파란 바다 명산의

기색에 감응하구나. 유순한 경지(境地)로 발돋움하여 군자의 근원 그 실마리를 마련하였으니, 예의를 안고 율려(律呂)를 엿보고 금수(錦繡)를 품어 정전(正殿)에 올랐네. 뿌리를 옮겨 구렁에 자리 잡으니 대하(大廈)의 훌륭한 재목되고, 직(職)을 바꾸어 궁중(宮中)으로 들어오니 큰 장군(將軍)의 절기(切寄)를 받들도다. 아아, 좋은 보배와 그것을 싼 천촉(薦襡), 좋은 구슬과 (그것을 묶은) 관(棺) 끈을 어떻게 똑같이 이야기할까. 변국공(卞國公)에게서 이것이 드러나는구나!

공의 성은 천(泉)이고 이름은 남생(男生)이며 자(字)는 원덕(元德)으로서, 요동군(遼東郡) 평양성(平壤城) 사람이다. 멀리 계보를 살펴보면 원래 샘에서 생겨나왔으니, 이미 신에 의탁하여 퇴지(隤祉)하였으므로 마침내 생겨난 데에 따라 그 족(族)을 불렀다. 마치 봉(鳳)이 단혈(丹穴)에서 나서 아홉 가지 색깔의 깃털에 기묘한 무늬를 드러내고, 학(鶴)이 청전(靑田)에서 나와 천년동안 신령스러운 모습을 지니는 것과 같다. 이것은 공상(空桑)이 의(懿)를 낳고 허죽(虛竹)이 파(波)를 따르듯이 아울러 하늘의 정기를 받아 인걸을 드러내어 뽑아 결국 홍원(洪源)으로 하여금 끌어당겨 그 모습이 금구(金樞)를 가리고 일찍이 집을 넓혀 그 형세가 경함(瓊檻)에 이르렀던 것이다. 증조부는 자유(子遊)이며 조부는 태조(太祚)로서 다 막리지(莫離支)를 역임하였고, 부 개금(蓋金)은 태대대로(太大對盧)였는데, 할아버지나 아버지가 선대의 업을 계승하여 병권과 정권을 전부 책임졌다. 계루(桂婁)의 성업(盛業)은 능체(凌替)의 바탕에도 빛났고, 봉래산(蓬萊山)의 높은 데서 내려다 봄은 이윤(伊尹)이나 곽광(霍光)이 보여준 중신의 임무보다 확고하였다.

공은 선조로부터 전해온 경사(慶事)를 이어받았으니, 그 벼슬은 곧 왕공(王公)의 후손이었고, 영화를 연이어 이어 받았으니 패·추(沛·鄒)와 같은 작은 고을에서 가순령군(荀令君) 순욱(荀彧)의 자손이 나온 셈이었다. 더벅머리 어릴 때도 희롱함이 없었고, 20세부터 남보다 비범하였다. 위개(衛玠)가 아름다운 모습으로 수레를 타듯이 길에서 옥의 아름다움이 빛났고, 도겸(陶謙)이 비단을 꿰어 놓았듯 뛰어났으니 마을에서 진주의 아름다움이 빛났다. 호방한포부를 품고 광대한 뜻을 표시하니, 뭇사람으로부터 평판이 널리 높고 흠결이 없었으며, 시세를 널리 분명하고 막힘이 없었다. 문무를 겸비하여 모두 오묘하였고, 거문고와 바둑에 둘 다 능통하여 함께 심취하였다. 인을 체득하여 용(勇)을 이루었으니, 탄거(誕據)보다 큰 천둥을 고요히 하는 데 능하였고, 信을 품은 데서 정성이 나왔으니, 우(禹) 임금이 용문(龍門)을 뚫어서 치수(治水)한 것보다 성난 파도를 잘 다스렸다. 천륜에 모자람이 없었으니, 교화에 백성이 쫓았고, 왕도에 사심이 없었으니, 충(忠)으로 아름다운 덕(德)을 이루었다. 만 경의 맑은 못에서 헤엄쳐도 그 깊이를 헤아릴 수 없고, 아홉 길의 두른 담장에서 이야기하여도 그 정원을 엿볼 수 없다. 나이 9세(642)가 되자 곧 선인(先人)을 받았다. 부임(父任)으로 낭(郎)이 되었다. 올바름을 드러내듯 조정에 들어가 말하였고, 뛰어난 재주로 대를 이어 빛나는 앞날이 다가오는 듯 관직이 빠르게 승진하였다. 나이 15세(648)에 중리소형(中裏小兄)을 받았고, 18세(651)에 중리대형(中裏大兄)을 받았으며, 나이 23세(656)에 중리위두대형(中裏位頭大兄)으로 고쳐 임명되었고, 24세(657)에 장군을 겸하여 받되 나머지 관직은 이전과 같았다. 나이 28세(661)에 막리지(莫離支)에 임명되었고, 삼군대장군(三軍大將軍)을 겸하여 받았다. 32세(665)에 태막리지(太莫離支)를 더하여 군국(軍國)의 업무를 총괄하였으니, 대신의 으뜸이었다. 선조의 업을 계승하여 선비들은 사모하는 마음을 품었고, 위태로운 나라의 권력을 잡으니 사람마다 어긋난 의견이 없었다.

이때 당(唐) 천자(天子)의 치세는 문치(文治)를 위주로 하여(?) 호시(楛矢 : 楛는 화살, 전쟁의 의미?)는 건기(褰期 : 褰은 縮과 통하니, 짧았다는 의미?)하였다. (그런데 당시) 공(公)은 형제간의 정(情)을 살펴보아 안으로 없애기 어려운 잡풀이 있었고,

나라의 근본을 세우려 함에 밖으로 엎어지려는 나무가 있었으니, 마침내 도해지빈(桃海之濱?)으로 하여금 예양(禮讓)에서 8조(八條)의 가르침이 어그러지게 하였고, 소장(蕭墻) 안에서는 간과(干戈)에 사우(四羽)가 떨어지게 하였다. (따라서) 공(公)은 내심 내관(內款)을 생각하였으나 일이 중앙에서 집권적으로 되지 않아(?), 바야흐로 나가 변경(邊境)의 백성들을 어루만져 달래려고 하여 밖으로 황전(荒甸)을 순정(巡征)하였으니, (고)조선((古)朝鮮)의 옛 땅을 다스려 동방(東方)을 통치하는 새로운 관직(官職)을 (唐에) 요청하고자 하였던 것이다. (그런데 이 外征의 틈을 타서) 두 아우 천남산(泉男産)과 천남건(泉男建)은 하루아침에 흉패(兇悖)하여져서 능히 무친(無親)의 차마 못할 짓을 하여 병사를 내어 안에서 저항하였다. 금환(金環 : 금팔찌, 어린?) 유자(幼子)는 갑자기 살륙당하였고, 옥선(玉膳 : 좋은 요리?)과 장연(長筵 : 좋은 자리?)는 머잖아 고복(顧復 : 부모가 자식을 보살핌?)을 사(辭)하였다(이상의 구체적 의미는 未詳). 공(公)은 형제간의 관계가 소원함으로써 눈물을 머금고 격문(檄文)을 사방으로 보내니 동맹(同盟) 세력이 많이 모여 마침내 단단한 각오로 창을 들었다. 장차 평양을 함락시켜 악(惡)의 근원을 사로잡으려고, 먼저 오골(烏骨)의 교외에 이르러 곧 슬견(瑟堅)의 누(壘)를 깨뜨리려 하여, 그 도둑질을 밝히며 북을 울리면서 나아갔다. 이에 대형(大兄) 불덕(弗德) 등을 보내어 표(表)를 받들고 입조(入朝)하여 그 일들을 알리려 하였는데 마침 이반(離反)이 있어 불덕(弗德)은 (그 곳에?) 머무를 수밖에 없었다. 공(公)은 이로 인하여 요동(遼東)으로 깃발을 돌려 군사를 해북(海北?)으로 옮기고, 그 마음을 천자의 궁궐로 달려 현토성(玄菟城)에서 수신(修身)하면서, 다시 대형(大兄) 염유(冉有)를 보내 정성(精誠)스러운 효명(效命)을 거듭 알렸다. 광림(曠林)에 쌓인 형제간의 원망(怨望)에서 먼저 알백(關伯)의 창을 찾으니, 홍지(洪池)가 가까이에서 노닐며 어찌 우숙(虞叔)의 칼을 탐내겠는가? 황제께서 청구(靑丘)를 밝혀 보시어, 그 (泉男生의) 진실한 간절함을 헤아리시며 남건(男建)과 남산(男産)의 죄를 살피시고, 번개와 천둥 같은 위엄을 내셨다. 환산(丸山)에 아직 새기지 않았으나 득래(得來)는 먼저 깨달음을 드러내시고, 양수(梁水)에 재앙이 없지만 중모(仲謀)는 그것이 반드시 망하리라고 걱정하였음과 같은 것이다(唐의 올바르고도 빠른 조처를 말하는 듯하나, 典故 未詳).

건봉(乾封) 원년(元年 : 666) 공(公)은 또 아들 헌성(獻誠)을 입조(入朝)시켰다. 황제가 가상(嘉賞)히 여겨 멀리서 공(公)에게 특진(特進), 예전과 같은 태대형(太大兄), 평양도행군대총관겸사지절안무대사(平壤道行軍大摠管兼使持節按撫大使)를 배수(拜授)하여, 본래 번병(蕃兵)을 거느리고 대총관(大摠管) 계필하력(契苾何力) 등과 함께 경략(經略)을 책임지게 하였다. 공(公)은 국내(國內) 등 6성(城)의 10여 만호(萬戶)의 서적(書籍)과 원문(轅門 : 陣, 軍師의 의미?)을 이끌었을 뿐만 아니라 목저(木底) 등 3성(城)이 교화(教化)를 바라 정성(精誠)을 함께 하니, (唐에 저항하던) 조무래기들은 위태로와지고 날로 달로 궁박해졌다. 건봉(乾封) 2년(667) 칙(勅)을 받들어(?) 공(公)에게 입조(入朝)하게 하였다. 총장(總章) 원년(元年 : 668) 사지절요동대총관(使持節遼東大都督), 상주국(上柱國), 현토군개국공(玄菟郡開國公)으로 식읍 2,000호(戶)를 주고 나머지 관직은 예전대로 하였다. 소맥(小貊)이 아직 평정되지 않았지만 바야흐로 소연(巢燕)의 막(幕 : 고유명사 혹은 제비둥지 같이 작은 적의 군영?)이 뒤집어지려 할 때, (唐의) 천자(?)의 명이 있어 개마(蓋馬)의 영(營 : 고유명사 혹은 큰 아군의 군영?)으로 되돌아왔다. 그해 가을 칙을 받들어 사공(司空), 영국공(英國公) 이적(李勣)과 함께 서로 경략(經略)을 책임지고 바람처럼 달리며 번개같이 내쳐서 막바로 평양성(平壤城)에 다다르니, 앞에서 노래부르고 뒤에서 춤추며 멀리 높은 성벽의 성가퀴를 깨뜨렸다(?). 공은 죄인을 벌하여 백성들을 위로한다고 해서 (오히려) 피로 땅을 물들일 일을 안타깝게 여겨 몰래 은밀히 계략을 꾸며 그 기름진 땅을 구제하려 하였으니, 마침내 승려(僧侶) 신성(信誠) 등과 안팎으로 상응하였다. 조성(趙城)을 함락시켜 깃발을 빼앗았는데 어찌 한신(韓信)의 군대를 수고롭게 할 것인가? 업의 성문을 밀어제낀 것은 원담(袁譚)의 장수(將帥)들이 스스로 초래하였던 일인 것이다 (?). (평양성이 저절로 함락되자) 그 왕 보장(寶藏)과 (천)남건((泉)男建) 등이 다 포로가 되었으며, (高句麗의) 높은 산과 깊은 바다가 함께 (唐의) 경계로 들어왔고, 5부(五部)와 삼한(三韓)이 모두 신첩(臣妾)이 되었다. 결국 능히 의(義)를 세우고 은혜를 끊음은 정백(鄭伯)이 준걸(儁傑)을 얻었던 것과 같았으며(?), 화(禍)를 도리어 복(福)으로 만든 것이 기자(箕子)가 공(功)을 이루었던 것과 유사하다고 하겠다. 그 해에 영국공(英國公) 이적(李勣) 등과 함께 서울로 개선하여 들어오니, 공훈을 기록하고 마땅한 의식을 행하였다. 승리를 아뢰는 날 남건(男建)을 바로 주살(誅殺)하려 했으나, 공은 안으로 (형제의) 천륜(天倫)을 절실히 느끼고 겹으로 된 궁궐문에 와서 채숙(蔡叔)의 예를 살필 것을 청하여(이 단락은 未詳), 상(上 : 하늘?)이 감동하고 황제께서 살피시어 관대한 처벌로 하여 (男建을) 공공(共工)(의 예)처럼 유배하였다. (이와 같은) 형제간 우애의 지극함으로 조야(朝野)에서 이것을 높이 여겼다. 그해 우위대장군(右衛大將軍)을 제수(除授)하고, 변국공(卞國公)으로 진봉(進封)하여 식읍(食邑) 3,000호(戶)를 주었으며, 특진(特進)과 훈관(勳官)은 예전처럼 하되 검교 우우림군으로써 장내공봉(仗內供奉)하도록 하였다. (천자가) 예를 낮추어 우대하였고(?) 고관(高官)으로 임용하였으니, (公은) 귀인(貴人)으로서 '중황지서(中黃之瑞)'(관료들?)를 모아 화합하게 하였고 근위(近衛)로서 천자의 자리를 빛나게 하였다. (公이) 천자의 곁에서 받들었고 주위에서 바빴으니, (천자의) 은총의 높음은 뒤질 바가 없었으며 진심으로 의지함이 비길 데가 없었다. 의봉(儀鳳) 2년(677) 칙을 받들어 요동을 안무(按撫)하여 주현(州縣)을 개치(改置)하고 (백성의 고통을) 구휼(救恤)하여 그 아픔을 덜어주었는데, 강부(襁負)하여 돌아와 의지하는 이들이 들을 메웠고(?) 강역(疆域)을 소통하여 경계를 정함에 올바름을 알게 되었다(?).

의봉 4년(679) 정월 29일 병을 얻어 안동부(安東府)의 관사에서 돌아가시니, 나이 46세였다. 진의(震屭)는 북소리를 마음 아파하고 삼공(三公)과 재상이 피리 소리를 원통해 하였으며, 4군(四郡)은 이로 인하여 파시하고 9종(種)이 이로 인하여 농사일을 그만두었다. 조서에서 말하기를 "많은 공에 넘치는 상으로 생전에 총명(寵命)이 두루 있었으니, 갖은 예로 추증(追贈)함으로써 슬픔과 영화가 죽은 뒤에도 크게 하라. 충의를 드러내어 밝힘에 어찌 삶과 죽음에 차이가 있겠는가? 특진행우위대장군(特進行右衛大將軍), 상주국(上柱國), 변국공(卞國公) 천남생은 오부(五部)의 우두머리이자 삼한의 영걸로 신묘한 기지가 총명하고 갖추어진 식견이 깊고 멀었으며, 신비한 헤아림이 계책에서 드러났고, 큰 재능이 무예에서 펼쳤더니, 변방에 후미지게 살면서도 진실된 정성을 바쳤도다. 위태한 상황을 떠나 편안한 지경으로 나아가서 진실로 변통(變通)의 도에 합당하였고, (당나라에) 순응함으로써 (천남건 등과 같이 당나라에) 반역함을 도모하여 능히 요수와 패수의 끝까지 맑게 하였다. 훌륭한 공적이 멀리서도 두드러져 높은 관직이 맡겨졌다. 들면 북군(北軍)을 책임져서 궁중에서 사거(私居)하였으며, 나면 동쪽 끝에까지 이르러 빛남이 청구(靑丘)를 진무(鎭撫)하였다. (그런데) 교화를 오래 기다리다가 일찍 죽음에 갑작스럽기가 아침 이슬보다 앞서니, 그 죽음을 말함에 천자의 슬픔이 진실로 깊어서, 마땅히 (그에게) 연솔(連率)의 반차(班次)를 더하여 추모하고 숭상하는 모범을 삼가 기록하노라. 이에 사지절대도독(使持節大都督), 병·분·기·남(幷·汾·箕·嵐)의 사제주군사(四州諸軍事), 병주자사(幷州刺史)를 추증하며, 나머지 관직은 예전과 같이 할 것이다."라고 하였다. 일을 맡은 관청에서는 예를 갖추었고, 책명으로 견포(絹布) 700단과 미속(米粟) 700석을 주었으며, 장례에 필요한 것들을 모두 관에서 지급하였으며, 관청에서는 은전을 베풂에 두터워 동원(東園)의 비기(秘器)를 주었다. 경관(京官) 4품에 해당하는 관리 1인을 뽑아 홍려소경(鴻臚少卿)의 관직을 대신하여 감호(監護)하게 하였고, 금군(禁軍)과 군악대(軍樂隊)를 묘소에까지 보내어 돌아오게 하였으며, 5품 관리 1인으로 천자의 부절(符節)과 새서(璽書)를 가지고 가서 조문하도록 하였다. 조정은 3일 동안 정무를 파하고 영구가 이르는 날에는 5품 이상의 관직을 가진 이들에게 그 집(또는 묘소)으로 가도록 하였다. 총애와 추증의 두터움은 살아서나 죽어서나 영화를 더하였고 장례의 성대함은 고금에 다시 없었는데, 수고로운 공적을 여러 차례 행하여 시호를 양공(襄公)이라고 하였다. 조로(調露) 원년(元年 : 679) 12월 26일 임신(壬申)에 낙양(洛陽) 망산(邙山) 땅에 하관(下棺)하니, 예(禮)에 합당하도다. 슬퍼하는 아들 위위시경(衛尉寺卿) 헌성(獻誠)은 일찍이 가정교육을 받들어 이른 나이에 관료의 인끈을 늘어뜨렸다. 관직을 받기 전이나 뒤나 주로(周魯)의 은총(?)은 이미 높았고, 지생지사(知生知死?)하여 조증(弔贈)의 은혜가 두루 많았다. 나물을 데치며 가시나무 장작을 (불을 높이려) 불고 서리를 밟아 이슬을 옮기니(일의 진행을 의미?), 갈마드는 아픔은 없어지며 더욱 기울고 짐진 슬픔은 옮겨가며 안으로 깊어진다(이 문장은 구체적 의미 未詳). 위분(魏墳)의 낡은 칠(漆)이 벗겨지니 한대(漢臺)의 밑바탕이 드러나고, 취완(翠琓)을 깎아 전하는 향기는 저승에 이르러 영원하리라(이 문장은 구체적 의미 未詳). 그 사(詞)에 이르기를 (다음과 같이) 하였다.
삼악(三嶽)의 신부(神府)와 십주(十洲)의 선정(仙庭)에서 곡왕(谷王)이 걸물(傑物)을 낳고 산신령이 신령(神靈)스러운 것을 배었네. 나라의 근간(根幹)을 크게 도모(圖謀)하고 인간의 법도를 환히 밝혀, 비단 의복 차려 입고 죄형(罪刑)을 상세히 의논하였도다. 첫 번째. 그 사람이 몰래 나와 집안을 잇고 복(福)을 쌓더니, 훌륭하다 봉황(鳳凰)의 아들 천리마(千里馬)의 자식. 지혜를 감추어 가짐이 천책(川積)같고 어짊을 품음은 악치(岳峙)같으니, 주목(州牧)은 칼을 받치고 교옹(橋翁)은 신을 주었네. 두 번째. 소란(騷亂)을 없애는 일에 소관(消灌)하여 추로(鄒盧?)에 의지함이 깊었고, 추요(樞要)의 문관(文官)으로 권세 잡고 무직(武職)을 관할하여 요령(要領)을 쥐었도다. 형수(荊樹)에 물수리 날아오르고 노천(蘆川)에 기러기 잠기니, 슬픔을 당하여 눈물 닦으며 (형제간에) 서로 헤어짐을 한탄하였노라. 세 번째. 인주(麟洲)에 숙연(肅然)한 그늘 드리우자 천자의 궁궐로 정성(精誠) 바치었고, 조명(朝命)은 은혜롭게 빛나 천위(天威)로써 정벌하였도다. 도적들을 괴멸시키며 별을 바라보니 군사를 움직인지 몇 달, 크게 춤추며 돌아와 바친 것은 개선의 노래와 보고였네. 네 번째. 만호(彎弧)는 마주하여 울고 궁궐에 호소하며 황제께 기원하니, 가을날 잡풀이 갑자기 봄 산앵도나무로 다시 꽃피도다. 옥소리 울리며 높은 자리에 오르고 구슬을 머금어 천자를 근위(近衛)하여서, 보검(寶檢)을 연꽃 위에 놓고 향거(香車)를 계수나무에 매어두었다. 다섯 번째. 경거(輕車)로 출무(出撫)하여 비단옷 겹쳐 입고 새벽에 나서서, 수혈(穟穴)을 억양(抑揚)하고 단주(亶洲)를 다스렸다. 위엄(威嚴)을 보고 은혜(恩惠)를 바라 햇빛 바라보며 유순(柔順)해졌더니, 처음 단정히 온 수레 얼마 안있어 갑자기 떠나버렸네. 여섯 번째. 검혁(劍革)으로 근왕(勤王)하였으니 북소리 들으며 슬픈 천자, 구원(九原)의 용위(容衛)는 삼하(三河)의 병사(兵士)로다. 남으로 소실(少室)을 바라보고 북으로 태사(太史)에 이르니, 바다는 샘(泉이란 姓과 유관?)으로 통하고 산(山)은 (그의) 묘소(墓所)로부터 일어나는구나. 일곱번째. 서리와 이슬은 해마다 쌓이고 세월은 날로 가는데, 둥근 무덤과 만월(滿月)에 텅 빈 들과 소소(疎疎)한 바람 있으리니. 지하(地下)에 송가(頌歌)를 새기고자 좋은 돌에 글을 묻나니, 영원히 빛나라 일대(一代)의 구허(丘墟). 여덟 번째. (「泉男生 墓誌銘」:『譯註 韓國古代金石文』1)

신라　　　　조로 원년 진군대장군(鎭軍大將軍) 행우무위위대장군(行右武威衛大將軍)으로 직을

옮겼다.(『三國史記』44 列傳 4 金仁問)

신라 당이 김인문을 진군대장군 행우무위대장군으로 삼았다. (『三國史節要』11)

신라 아도본비(我道本碑)에서 이르기를, (…) 그 서울 안에 7곳의 가람 터가 있는데, (…) 그 여섯은 신유림(神遊林)이다[지금의 천왕사(天王寺)이니 문무왕 기묘년에 개창하였다]. (『三國遺事』3 興法 3 阿道基羅)

신라 이보다 앞서 밀본법사(密本法師)의 뒤에 고승(高僧) 명랑(明郞)이 있었다. 용궁(龍宮)에 들어가 신인(神印)[범문(梵文)에는 문두루(文豆蔞)라고 하였는데, 여기에서는 신인(神印)이라고 하였다]을 얻어 신유림을 처음 세우고[지금의 천왕사이다], 여러 차례 이웃 나라의 침입을 물리쳤다. 이제 화상은 무외삼장(無畏三藏)의 정수를 전하고 속세를 두루 다니면서 사람을 구제하고 만물을 감화(感化)시켰다. 아울러 숙명(宿明)의 밝은 지혜로 절을 세워 원망을 풀어주었고, 밀교(密敎)의 교풍이 이에 크게 떨쳤다. 천마산(天磨山) 총지암(總持嵓)과 모악(母岳)의 주석원(呪錫院) 등은 모두 그 지류(支流)이다. 혹자는 "혜통의 세속 이름은 존승각간(尊勝角干)이다"라고 하는데 각간은 곧 신라의 재상과 같은 높은 벼슬이나 혜통이 벼슬을 지냈다는 말은 듣지 못했다. 혹자는 "시랑(豺狼)을 쏘아 잡았다"라고 하는데 모두 자세하지 않다.
  찬하여 말한다. 산의 복숭아와 계곡의 살구가 울타리에 비쳤는데/한 줄기 길에 봄 깊어 두 언덕에 꽃이 피었네/ 다행히도 낭군의 힘으로 한가히 수달을 잡아/마귀와 외도(外道)의 교화를 다해 서울에서 멀어졌다. (『三國遺事』5 神呪 6 惠通降龍)

680(庚辰/신라 문무왕 20/唐 調露 2, 永隆 1/倭 天武 9)

신라 2월 병오 초하루 임신(27) 신라의 시종 8인이 본토로 돌아갔다. 그러므로 은혜를 베풀어 녹(祿)을 차등있게 주었다. (『日本書紀』29 天武紀 下)

신라 봄 2월 이찬 김군관(金軍官)을 상대등(上大等)에 임명하였다. (『三國史記』7 新羅本紀 7)

신라 봄 2월 이찬 김군관을 상대등에 임명하였다. (『三國史節要』11)

신라 탈해(脫解) 임금이 재위 23년만인 건초(建初) 4년 기묘(己卯)에 세상을 떠났다. 소천구(疏川丘) 속에 장사를 지냈는데 그 후 신(神)이 명령하기를 "내 뼈를 조심스럽게 묻어라."하였다. 그 두개골의 둘레는 3척 2촌이고 몸 뼈의 길이는 9척 7촌이나 되었다. 치아는 서로 붙어 마치 하나가 된 듯하고 뼈마디 사이는 모두 이어져 있었다. 이는 소위 천하에 당할 자 없는 역사의 골격이었다. 이것을 부수어 소상(塑像)을 만들어 궐 안에 안치하자 신이 다시 말하기를, "내 뼈를 동악에 안치하라."하였다. 그런 까닭에 영을 내려 그 곳에 모시게 하였다[한편 돌아가신 이후 제27세 문호왕(文虎王)대인 조로(調露) 2년 경진(庚辰) 3월 15일 신유일밤에 태종의 꿈에 외모가 매우 위엄 있고 용맹한 노인이 나타나 "내가 바로 탈해다"라고 하며 "소천구에서 내 유골을 파내어 소상을 만들어 토함산에 안치해 달라"하니 왕이 그 말을 따랐다. 그런 까닭에 지금까지 국가 제사가 끊이지 않으며 바로 동악신(東岳神)이라 부른다]. (『三國遺事』1 紀異 1 第四脫解王)

신라 보덕(고구려)
  3월에 금과 은으로 만든 그릇과 여러 채색 비단 백 단을 보덕왕 안승(報德王安勝)에게 내려 주고 드디어 왕의 여동생의 딸[또는 잡찬(迊湌) 김의관(金義官)의 딸이라고도 하였다]로 아내를 삼게 하고, 다음과 같은 교서(敎書)를 내렸다. "사람의 윤리의 근본으로는 부부가 먼저이고, 왕의 교화의 기틀로는 후계를 이어나가는 것이 으뜸이다. 왕은 까치집이 공허함을 채웠고 닭울음이 마음에 있으니, 오랫동안 안에서 도와줄 풍속을 비우고 영원히 집안을 일으킨 일을 잃게 해서는 안 될 것이다. 지금 좋은 때와 좋은 날에 옛 법도를 따라 내 누이의 딸로 짝을 삼게 하니, 왕은 마땅히 마음과 뜻을 모두 돈독히 하여 조상의 제사를 따라 받들고 자손을 능히 무성하게 하여 영원히 반석같이 번창한다면 어찌 성한 일이 아니며 어찌 아름다운 일이 아니겠는가"(『三國史記』7 新羅本紀 7)

신라 보덕(고구려)

3월에 금과 은으로 만든 그릇과 여러 채색 비단 백 단을 보덕왕 안승(報德王安勝)에게 내려 주고 드디어 왕의 여동생의 딸[또는 잡찬(迊湌) 김의관(金義官)의 딸이라고도 하였다]로 아내를 삼게 하고, 다음과 같은 교서(敎書)를 내렸다. "사람의 윤리의 근본으로는 부부가 먼저이고, 왕의 교화의 기틀로는 후계를 이어나가는 것이 으뜸이다. 왕은 까치집이 공허함을 채웠고 닭울음이 마음에 있으니, 오랫동안 안에서 도와줄 풍속을 비우고 영원히 집안을 일으킨 일을 잃게 해서는 안 될 것이다. 지금 좋은 때와 좋은 날에 옛 법도를 따라 내 누이의 딸로 짝을 삼게 하니, 왕은 마땅히 마음과 뜻을 모두 돈독히 하여 조상의 제사를 따라 받들고 자손을 능히 무성하게 하여 영원히 반석같이 번창한다면 어찌 성한 일이 아니며 어찌 아름다운 일이 아니겠는가" (『三國史節要』11)

신라

여름 4월 을사 초하루 기사(25) 신라의 사신 항나(項那) 등에게 쓰쿠시(筑紫)에서 잔치를 베풀고 각각 차등 있게 녹(祿)을 주었다. (『日本書紀』29 天武紀 下)

고구려 신라

5월 을해 초하루 정해(13) 고구려가 남부(南部) 대사(大使) 묘문(卯問), 서부(西部) 대형(大兄) 준덕(俊德) 등을 보내 조공하였다. 그리고 신라가 대나말(大奈末) 고나(考那)를 보내 고구려(高麗)의 사신 묘문(卯問) 등을 쓰쿠시(筑紫)까지 호송하였다. (『日本書紀』29 天武紀 下)

신라 고구려(보덕)

여름 5월에 고구려의 왕이 대장군(大將軍) 연무(延武) 등을 시켜 표문(表文)을 올려 말하였다. "신(臣) 안승(安勝)은 말씀을 드립니다. 대아찬(大阿湌) 김관장이 이르러서 교지(敎旨)를 받들어 공표하고 아울러 생질로 제 안주인을 삼으라는 교서를 내렸습니다. 이어 4월 15일에 이곳에 이르렀으니, 기쁨과 두려움이 서로 마음속에 있어 어디에 마음을 두어야 할 지를 모르겠습니다. 생각하건대 요임금이 딸을 규(嬀)에게 시집보내고, 주왕의 딸을 제(齊)나라에 가게 한 것은, 본래 신성한 덕을 드러내어 평범한 사람이라도 관계치 않은 것입니다. 신은 본래 용렬한 무리로 행동과 능력이 내세울 것이 없습니다. 다행히 좋은 운수를 만나서 성인의 교화에 몸을 적시게 되었고 매번 특별한 은혜를 입었으니, 보답하고자 해도 길이 없었습니다. 거듭 대왕의 사랑을 입어 이렇게 인척이 되는 은총을 내려주시니, 마침내 무성한 꽃이 경사를 나타내고, 정숙하고 화목한 덕을 갖추어, 좋은 달 좋은 때에 저의 집에 시집온다고 하니, 억년(億年) 동안에도 만나기 힘든 일을 하루 아침에 얻었습니다. 이러한 일은 처음에 바라지 못했던 것이고 뜻밖의 기쁨입니다. 어찌 한두 사람의 부형(父兄)만이 실로 그러한 은혜를 받겠습니까? 선조(先祖) 이하가 다 기뻐할 일인 것입니다. 신은 아직 교지를 받지 못하여 직접 알현하지 못하지만, 지극한 기쁨과 즐거움은 맡길 곳이 없어서, 삼가 대장군 태대형(太大兄) 연무를 보내 표문을 올려 아룁니다."(『三國史記』7 新羅本紀 7)

신라 고구려(보덕)

여름 5월에 보덕왕 안승이 대장군 연무 등을 시켜 표문을 올려 말하였다. "신 안승은 말씀을 드립니다. 대아찬 김관장이 이르러서 교지를 받들어 공표하고 아울러 생질로 제 안주인을 삼으라는 교서를 내렸습니다. 이어 4월 15일에 이곳에 이르렀으니, 기쁨과 두려움이 서로 마음속에 있어 어디에 마음을 두어야 할 지를 모르겠습니다. 생각하건대 요임금이 딸을 규에게 시집보내고, 주왕의 딸을 제나라에 가게 한 것은, 본래 신성한 덕을 드러내어 평범한 사람이라도 관계치 않은 것입니다. 신은 본래 용렬한 무리로 행동과 능력이 내세울 것이 없습니다. 다행히 좋은 운수를 만나서 성인의 교화에 몸을 적시게 되었고 매번 특별한 은혜를 입었으니, 보답하고자 해도 길이 없었습니다. 거듭 대왕의 사랑을 입어 이렇게 인척이 되는 은총을 내려주시니, 마침내 무성한 꽃이 경사를 나타내고, 정숙하고 화목한 덕을 갖추어, 좋은 달 좋은 때에 저의 집에 시집온다고 하니, 억년 동안에도 만나기 힘든 일을 하루 아침에 얻었습니다. 이러한 일은 처음에 바라지 못했던 것이고 뜻밖의 기쁨입니다. 어찌 한두 사람의 부형만이 실로 그러한 은혜를 받겠습니까. 선조 이하가 다 기뻐할 일인 것입니다. 신은 아직 교지를 받지 못하여 직접 알현하지 못하지만, 지극한 기쁨과 즐거움은 맡길 곳이 없습니다."(『三國史節要』11)

신라 　　6월 갑진 초하루 무신(5) 신라의 사신 항나(項那) 등이 귀국하였다. (『日本書紀』29 天武紀 下)

고구려 　11월 임신 초하루 을해(4) 고구려인 19명이 본토로 돌아갔다. 이들은 後岡本天皇(齊明天皇)의 상을 당하자 조문하러 온 사신들인데, 머물러 있다가 돌아가지 않은 사람들이었다. (『日本書紀』29 天武紀 下)

신라 　　11월 임신 초하루 을미(24) 신라가 사찬(沙湌) 김약필(金若弼), 대나말(大奈末) 김원승(金原升)을 보내 조(調)를 바쳤다. 말을 익힌 자 세 사람도 약필(若弼)을 따라 왔다. (『日本書紀』29 天武紀 下)

신라 　　가야군(加耶郡)에 금관소경(金官小京)을 두었다. (『三國史記』7 新羅本紀 7)
신라 　　김해소경(金海小京)은 (…) 문무왕 12년 영륭(永隆) 원년에 소경(小京)이 되었다. (『三國史記』34 雜志 3 地理 1)
신라 　　나라가 망한 후 대대로 칭해온 호칭은 한결같지 않았다. 신라 제31대 정명왕(政明王)이 즉위한 개요(開耀) 원년 신사(辛巳)에 금관경(金官京)이라 하고 태수를 두었다. (『三國遺事』2 紀異 2 駕洛國記)
신라 　　금관소경을 가야군에 두었다. (『三國史節要』11)

신라 　　상서서(賞賜署)는 (…) 사(史) 6인을 두었는데, 문무왕 20년에 2명을 더 두었다. (『三國史記』38 雜志 7 職官 上)
신라 　　상서서에 사 2인을 더 두었다. (『三國史節要』11)

681(辛巳/신라 문무왕 21 신문왕 1/唐 永隆 2, 開耀 1/日本 天武 10)

신라 　　봄 정월 초하루 종일토록 밤처럼 어두웠다. (『三國史記』7 新羅本紀 7)
신라 　　봄 정월 초하루 밤처럼 빛이 없었다. (『三國史節要』11)

신라 　　봄 정월 사찬 무선(武仙)이 군사 3천을 이끌고 비열홀(比列忽)을 지켰다. (『三國史記

』7 新羅本紀 7)

신라	봄 정월 사찬 무선에게 군사 3천을 이끌고 비열홀을 지키게 하였다. (『三國史節要』 11)
신라	봄 정월 우사록관을 설치하였다. (『三國史記』 7 新羅本紀 7)
신라	봄 정월 우사록관을 두었는데, 감(監)은 1인, 주서는 2인 사는 4인이었다. (『三國史節要』 11)
신라	우사록관은 문무왕 21년에 두었다. 감은 1인, 주서는 2인, 사는 4인이었다. (『三國史記』 38 雜志 7 職官 上)
고구려	여름 4월 기해 초하루 을묘(17) 고구려의 사신 묘문(卯問) 등에게 쓰쿠시(筑紫)에서 잔치를 베풀고 녹(祿)을 차등있게 주었다. (『日本書紀』 29 天武紀 下)
백제	개요 원년 5월 기축일(21) 하원도경략대사(河源道經略大使) 흑치상지가 군대를 이끌고 토번의 논찬파(論贊婆)를 양비천(良非川)에서 공격하여 이를 깨뜨렸다. 그 군량미와 가축을 이끌고 돌아왔다. 흑치상지가 군대에 7년간 있는 동안 토번이 그를 매우 두려워하여 감히 변방을 침범하지 못하였다. (『資治通鑑』 202 唐紀 18 高宗天皇大聖大弘孝皇帝)
고구려	5월 기사 초하루 갑오(26) 고구려의 묘문이 돌아갔다. (『日本書紀』 29 天武紀 下)
신라	여름 5월에 지진이 일어나고 유성이 삼대성을 침범하였다. (『三國史記』 7 新羅本紀 7)
신라	여름 5월에 지진이 일어나고 유성이 삼대성을 침범하였다. (『三國史節要』 11)
신라	6월 기해 초하루 계묘(5) 신라의 사신 약필(若弼)에게 쓰쿠시(筑紫)에서 잔치를 베풀고 녹(祿)을 각각 차등있게 주었다. (『日本書紀』 29 天武紀 下)
신라	6월에 천구(天狗) 별이 곤방(坤方;서남쪽)에 떨어졌다. (『三國史記』 7 新羅本紀 7)
신라	6월에 천구별이 곤방에 떨어졌다. (『三國史節要』 11)
신라	6월 왕이 왕경에 성을 새로 쌓으려고 승려 의상(義相)에게 물으니, 대답하기를, "비록 들판의 띠집에 살아도 바른 도를 행하면 곧 복업이 길 것이요, 진실로 그렇지 않으면 비록 사람을 힘들게 하여 성을 만들더라도 또한 이익되는 바가 없습니다." 하였다. 왕이 이에 공사를 그만 두었다. (『三國史記』 7 新羅本紀 7)
신라	6월 왕이 왕경에 성을 새로 쌓으려고 승려 의상에게 물으니, 대답하기를, "진실로 바른 도를 행하면, 비록 들판에 살아도 복업이 길 것이요, 그렇지 않으면 비록 사람을 힘들게 하여 성을 만들더라도 또한 이익되는 바가 없습니다." 하였다. 왕이 이에 공사를 그만 두었다. (『三國史節要』 11)
신라	거제군(巨濟郡)은 문무왕 때 처음 상군(裳郡)을 둔 곳인데 바다 가운데 섬이다 (『三國史記』 34 雜志 3 地理 1)
신라	처음 남해의 섬 중에 상군을 두었다. (『三國史節要』 11)
신라	중원경(中原京)은 (…) 문무왕 때 쌓았는데 둘레가 2,592보였다. (『三國史記』 35 雜

신라	또 서울에 성곽을 쌓으려고 이미 관리를 갖추라고 명하였다. 이 때 의상법사가 이를 듣고 서찰을 보내 말하기를, "왕의 정교(政敎)가 밝으면 비록 풀언덕에 땅 금을 그어서 성으로 삼아도 백성들이 감히 넘지 못할 것이고 재해가 복이 될 것이나, 정교가 밝지 못하면 비록 장성이 있다한들 재해를 없앨 수는 없을 것입니다." 하였다. 왕이 이에 공사를 중지하였다. (『三國遺事』2 紀異 2 文虎王法敏)
신라	중원소경을 쌓았는데, 둘레는 2,592보였다. (『三國史節要』11)
신라	김흠춘(金欽春)은 장년에 이르자, 문무대왕(文武大王)이 관작을 올려 총재(冢宰)로 삼았다. 윗사람을 섬기는 데는 충성으로 하고 백성을 대할 때는 관대하게 하였다. 나라 사람이 모두 어진 재상이라 일컬었다. (『三國史記』47 列傳 7 金令胤)
신라	또 고구려를 정벌하였는데, 그 나라 왕손을 데려다가 진골(眞骨)의 지위에 두었다. (『三國遺事』2 紀異 2 文虎王法敏)
신라	왕이 하루는 서제(庶弟) 거득공(車得公)을 불러 이르기를, "네가 재상(冢宰)이 되어 백관을 고루 다스리고 사해(四海)를 태평하게 하라"고 하였다. 공이 말하기를, "폐하께서 만약 소신으로 재상을 삼고자 하신다면, 원컨대 신은 국내를 가만히 다니면서 민간 부역의 괴롭고 편안함과 조세의 가볍고 무거운 것과 관리의 청렴하고 탐오함을 살펴본 뒤에 취임하고자 합니다."라고 하였다. 왕은 그 말을 쫓았다. 공은 치의(緇衣)를 입고 비파를 든 거사(居士)의 차림으로 서울을 떠났다. 아슬라주(阿瑟羅州)[지금의 명주(溟州)], 우수주(牛首州)[지금의 춘주(春州)], 북원경(北原京)[지금의 충주(忠州)]을 거쳐 무진주(武珍州)[지금의 해양(海陽)]에 이르러 마을[理閭]을 순행하니, 주의 관리 안길(安吉)이 그를 남다른 사람으로 여기고 자기 집으로 받아들여 정성껏 대접하였다. 밤이 되자 안길이 처첩 세 사람을 불러 말하기를, "오늘 밤에 거사손님을 모시고 자는 사람은 종신토록 해로 하겠다"고 하였다. 두 처가 말하기를, "차라리 함께 살지 못할지언정 어떻게 다른 사람과 함께 잔단 말이요"라고 하였다. 그 중의 한 처가 말하기를, "공이 만약 종신토록 같이 살기를 허락한다면 명을 따르겠습니다."라고 하면서 그대로 따랐다. 이튿날 아침 거사가 작별하고 떠나려 할 때 말하기를, "나는 서울 사람으로 내 집은 황룡(黃龍)과 황성(皇聖)의 두 절 사이에 있고, 내 이름은 단오(端午)[세속에서는 단오를 거의(車衣)라고 한다]이니, 주인이 만약 서울에 오면 내 집을 찾아주면 좋겠소."라고 하고, 서울로 돌아와 재상이 되었다. 나라의 제도에 해마다 외주(外州)의 향리 한 사람을 서울에 있는 여러 관청에 올려 보내 지키게 하였다[지금의 기인(其人)이다]. 안길이 마침 상수(上守)할 차례가 되어 서울에 오게 되자, 두 절 사이에 있는 단오거사의 집을 물었으나 아는 사람이 없었다. 안길이 오랫동안 길가에 있었는데, 한 늙은이가 지나다가 그의 말을 듣고 한참 생각하다 말하기를, "두 절 사이에 있는 집은 대궐이고, 단오란 바로 거득영공(車得令公)으로, 외군(外郡)에 가만히 다닐 때 그대와 무슨 사연과 약속이 있었던 것 같소."라고 하였다. 안길이 그 사실을 말하자 노인이 이르기를, "그대는 궁성의 서쪽 귀정문(歸正門)으로 가서 출입하는 궁녀를 기다렸다가 사실을 말하시오."라고 하였다. 안길이 그 말을 쫓아서 무진주의 안길이 문 밖에 왔다고 하였다. 거득공이 달려나와 손을 잡고 궁중으로 들어가서 공의 부인을 불러내어 안길과 함께 잔치를 베풀었는데, 음식이 50가지나 되었다. 이 사실을 임금께 아뢰니, 성부산(星浮山)[또는 성손호산(星損乎山)] 아래의 지역을 무진주 상수리의 소목전(燒木田)으로 삼아 벌채를 금지하고, 사람들이 감히 가까이 하지 못하게 하니, 안팎의 사람들이 모두 부러워하

였다. 산 아래에 밭 30묘가 있어 종자 세 섬을 뿌리는데, 이 밭이 풍작이면 무진주도 풍작이 되고, 흉년이면 무진주도 역시 흉년이 들었다고 한다. (『三國遺事』2 紀異 2 文虎王法敏)

신라   문무왕대에 승려 광덕(廣德)과 엄장(嚴莊)이라는 사람이 있었다. 두 사람은 서로 친하여 밤낮으로 약속하여 말하였다. "먼저 극락으로 가는 사람은 모름지기 알려야 한다." 광덕은 분황사의 서쪽 마을[혹은 황룡사에 서거방(西去房)이 있다고 하는데 어느 것이 옳은지 알 수 없다]에 은거하며 짚신을 만드는 것을 업으로 삼으며 처자를 끼고 살았고, 엄장은 남악(南岳)에 암자를 짓고 살면서 나무를 불태워 힘써 경작하였다. 하루는 해 그림자가 붉은 빛을 띠고 솔그늘이 고요히 저물었는데 창밖에 소리가 났는데 "나는 이미 서쪽으로 가니 자네는 잘 살다가 빨리 나를 따라 오라"라고 알렸다. 엄장이 문을 밀치고 나와 그것을 살펴보니 구름 밖에 천상의 음악(天樂) 소리가 들리고 밝은 빛이 땅으로 이어져 있었다. 다음날 그 집을 찾아가니 광덕은 과연 죽어 있었다. 이에 그 부인과 함께 시신을 거두고 무덤을 만들었다. 일을 마치자 곧 부인에게 말하기를 "남편이 죽었으니 함께 사는 게 어떻겠는가"라고 하니 부인이 "좋다"고 하여 드디어 머물렀다. 밤에 장차 잘 때 통정하고자 하니 부인이 부끄러워하면서 말하였다. "법사가 정토를 구하는 것은 나무에 올라가 물고기를 구하는 것이라 말할 수 있겠습니다." 엄장이 놀라고 이상하여 물어 말하였다. "광덕은 이미 하였는데 나 또한 어찌 꺼리겠는가." 부인은 말하였다. "남편과 나는 10여 년을 함께 살았지만 아직 하룻밤도 같은 침상에서 자지 않았는데 하물며 부정하게 닿아서 더럽혔겠습니까. 다만 매일 밤 단정한 몸으로 바르게 앉아 한 소리로 아미타불만 염불하였고, 혹은 16관을 만들고 관이 이미 무르익어 밝은 달이 문으로 들어오면 이때 그 빛 위에 올라 그 위에서 가부좌를 하였습니다. 정성을 다 하는 것이 이와 같으니 비록 서방으로 가지 않고자 하더라도 어디로 가겠습니까. 무릇 천리를 가는 자는 한 걸음으로 가히 볼 수 있다고 하는데 지금 법사의 관은 동쪽으로 가는 것이라고 말할 수 있습니다. 서쪽은 곧 아직 알 수 없습니다." 엄장은 부끄러워 얼굴을 붉히고 물러나왔다. 곧 원효법사(元曉法師)가 거처하는 곳으로 나아가 진요(津要)를 간절히 구하였다. 원효는 삽관법(鍤觀法)을 만들어 그를 가르쳤다. 엄장은 이에 몸을 깨끗이 하고 잘못을 뉘우쳤고 한뜻으로 관을 닦았으니 또한 서방정토에 오를 수 있었다. 삽관(鍤觀)은 원효법사의 본전과 해동승전 속에 있다. 그 부인은 곧 분황사의 종이니 대개 십구응신(十九應身)의 하나였다. 광덕에게는 일찍이 노래가 있었는데 다음과 같다. "달이시여, 이제 서방정토까지 가서 무량수불 앞에 알리어 여쭈옵소서[우리말로 보언(報言)을 말한다]. 다짐 깊은 부처님께 우러러 두 손 모아서 왕생을 원합니다, 왕생을 바랍니다 하며 그리워하는 사람이 있다고 사뢰옵소서. 아아, 이 몸을 버려두고 마흔 여덟 가지 큰 소원을 이루실까 저어합니다."(『三國遺事』5 感通 7 廣德嚴莊)

신라   신문왕대의 대덕 경흥(憬興)은 성이 수씨(水氏)이고 웅천주(熊川州) 사람이다. 나이 18세에 출가하여 삼장에 통달하여 명망이 한 시대에 높았다. 개요(開耀) 원년에 문무왕이 장차 승하하려고 하여 신문왕에게 유언을 남기기를 "경흥법사는 국사가 될 만하니 짐의 명을 잊지 말아라"라고 하였다. 신문왕이 즉위하자 국로(國老)로 책봉하고 삼랑사(三郎寺)에 살게 하였다. 갑자기 병이 나서 한 달을 지냈는데 한 비구니가 와서 그를 문안하고 화엄경 중 착한 친구가 병을 고친 이야기를 가지고 말하였다. "지금 법사의 병은 근심이 이른 바이니 즐겁게 웃으면 나을 것이다."라고 하고 곧 열한 가지의 모습을 만들고 각각 광대와 같은 춤을 추니 뾰족하기도 하고 깎은 듯 하기도 하여 변하는 모습이 이루 말할 수 없을 정도였다. 모두 너무 우스워 턱이 빠질 것 같았다. 법사의 병이 자기도 모르게 나았다. 비구니는 드디어 문을 나가서 곧 남항사(南巷寺)[삼랑사(三郞寺) 남쪽에 있다]로 들어가 숨어버렸는데 가지고 있던 지팡이는 십일면원통상(十一面圓通像) 탱화 앞에 있었다. 어느 날 장차 왕궁에 들어 가려 하여 시종이 먼저 동문 밖에서 채비하였다. 안장과 말이 매우 화려하고 신과 갓이 다 갖추어져서 행인들이 그것을 피하였다. 한 거사[혹은 사문(沙門)이라고도 한 다]가 행색이 남루하고 손에 지팡이를 짚고 등에 광주리를 이고 와서 하마대(下馬 臺) 위에서 쉬고 있었는데 광주리 안을 보니 마른 생선이 있었다. 시종이 그를 꾸짖 어 "너는 중의 옷을 입고 있으면서 어찌 더러운 물건을 지고 있는 것이냐"라고 하 였다. 중이 말하기를 "그 살아 있는 고기를 양 넓적다리 사이에 끼고 있는 것과 삼 시(三市)의 마른 생선을 등에 지는 것이 무엇이 나쁘단 말이냐"라고 하고, 말을 마 치고는 일어나 가버렸다. 경흥이 바야흐로 문을 들어오다가 그 말을 듣고 사람을 시 켜 그를 쫓아가게 하였다. 남산 문수사(文殊寺)의 문 밖에 이르자 광주리를 버리고 사라졌다. 지팡이는 문수상 앞에 있었고 마른 생선은 곧 소나무 껍질이었다. 사자가 와서 고하니, 경흥은 그것을 듣고 한탄하여 "대성(大聖)이 와서 내가 짐승을 타는 것을 경계하였구나"라고 하고 죽을 때까지 다시 말을 타지 않았다. 경흥의 덕이 풍 긴 맛은 석 현본(釋玄本)이 찬술한 「삼랑사비」에 갖추어 실려 있다. 일찍이 보현장 경(普賢章經)을 보니 미륵보살이 말하기를 "내가 내세(來世)에 당하여 염부제(閻浮 提)에 나서 먼저 석가의 말법 제자를 구제할 것인데 오직 말을 탄 비구는 제외하여 부처를 볼 수 없게 할 것이다"라고 하였으니 어찌 경계하지 않겠는가. (『三國遺事』 5 感通 7 憬興遇聖)

찬하여 말한다. 옛 어진 이가 모범을 드리운 것은 뜻한 바 많았는데/어찌하여 자손 들은 덕을 닦지 않는가/마른 고기 등에 진 건 오히려 옳은 일이나/다음날 용화(龍 華)를 저버릴 일 어찌 견디겠는가 (『三國遺事』 5 感通 7 憬興遇聖)

신라   가을 7월 1일에 왕이 죽었다. 시호를 문무(文武)라 하였다. 유언에 따라 여러 신하 들이 동해 입구의 큰 바위 위에서 장례를 치루었다. 세속에 전하기를, 왕이 변해 용 이 되었다고 하므로, 그 바위를 가리켜서 대왕석(大王石)이라고 한다. 남긴 조서는 다음과 같다. "과인은 나라의 운(運)이 어지럽고 전란의 시기를 맞이하여, 서쪽을 정 벌하고 북쪽을 토벌하여 능히 영토를 안정시켰고 배반하는 자들을 치고 협조하는 자들을 불러 마침내 멀고 가까운 곳을 평안하게 하였다. 위로는 조상들이 남기신 염 려를 위로하였고, 아래로는 부자(父子)의 오랜 원한을 갚았다. 살아남은 사람과 죽은 이에게 두루 상을 주었고, 중앙과 지방에 있는 사람들에게 균등하게 벼슬에 통하게 하였다. 무기를 녹여 농기구를 만들었고 백성들이 어질고 오래 살게 하였다. 세금을 가볍게 하고 요역을 줄여주니, 집집마다 넉넉하고 사람들이 풍족하며 민간은 안정되 고 나라 안에 걱정이 없게 되었다. 곳간은 언덕과 산처럼 쌓였고 감옥에는 풀이 무 성하게 되니, 혼과 사람에게 부끄럽지 않았고 관리와 백성에게 빚을 지지 않았다고 말할 만하다. 스스로 여러 어려운 고생을 무릅쓰다가 마침내 고치기 어려운 병에 걸 렸고, 정치와 교화에 근심하고 힘쓰느라 다시 심한 병에 걸렸다. 운명은 가고 이름 만 남는 것은 예나 지금이나 마찬가지이므로, 갑자기 긴 밤으로 돌아가는 것이 어찌 한스러움이 있겠는가. 태자는 일찍이 밝은 덕을 쌓았고 오랫동안 태자의 자리에 있 으면서, 위로는 여러 재상부터 아래로 뭇 관리들에 이르기까지 죽은 사람을 보내는 도리를 어기지 말고, 살아 있는 임금을 섬기는 예의를 빠뜨리지 말라. 종묘의 주인 은 잠시도 비워서는 아니 되니, 태자는 곧 관 앞에서 왕위를 잇도록 하라. 또한 산 과 골짜기는 변하여 바뀌고 사람의 세대도 바뀌어 옮겨가니, 오(吳)나라 왕의 북산

(北山) 무덤에서 어찌 금으로 만든 물오리의 고운 빛깔을 볼 수 있을 것이며 위(魏)나라 임금의 서릉(西陵) 망루는 단지 동작(銅雀)이라는 이름만을 들을 수 있을 뿐이다. 지난날 모든 일을 처리하던 영웅도 마침내 한 무더기의 흙이 되면, 나무꾼과 목동이 그 위에서 노래를 부르고 여우와 토끼는 그 옆에 굴을 판다. 헛되이 재물을 쓰면 서책(書冊)에 꾸짖음만 남길 뿐이요, 헛되이 사람을 수고롭게 하는 것은 죽은 사람의 넋을 구원하는 것이 못된다. 가만히 생각하면 슬프고 애통함이 그치지 않을 것이지만, 이와 같은 것은 즐겨 행할 바가 아니다. 죽고 나서 10일 뒤에 곧 고문(庫門) 바깥 뜰에서 서국(西國)의 의식에 따라 화장(火葬)을 하라. 상복의 가볍고 무거움은 정해진 규정이 있으니, 장례를 치르는 제도를 힘써 검소하고 간략하게 하라. 변경의 성·진(城鎭)을 지키는 일과 주현(州縣)에 세금을 징수하는 것은 긴요한 것이 아니면 마땅히 모두 헤아려 폐지하고, 율령격식(律令格式)에 불편한 것이 있으면 곧 다시 고치도록 하라. 멀고 가까운 곳에 널리 알려 이 뜻을 알게 할 것이며, 주관하는 자가 시행하도록 하라."(『三國史記』 7 新羅本紀 7)

신라   대왕이 나라를 다스린 지 21년 만인 영륭(永隆) 2년 신사(辛巳)에 돌아가시니, 남기신 유언에 따라 동해 중의 큰 바위에 장사지냈다. 왕이 평소에 항상 지의법사(智義法師)에게 이르기를, "짐은 죽은 뒤에 호국대룡(護國大龍)이 되어 불법을 받들고 나라를 수호하고자 한다."고 하였다. 법사가 말하기를, "용이란 축생보(畜生報)가 되는데 어찌합니까"라고 하였다. 왕이 말하기를, "나는 세상의 영화를 싫어한 지 오랜지라, 만약 나쁜 응보를 받아 축생이 된다면 짐의 뜻에 합당하다."고 하였다. (『三國遺事』 2 紀異 2 文虎王法敏)

신라   법민이 개요(開耀) 원년에 죽었다. 그 아들 정명이 왕위를 이었다. (『舊唐書』 199 上 列傳 149 上 東夷 新羅)

신라   개요 원년에 죽었다. 아들 정명이 왕위를 잇고 사신을 보내어 조공하였다. (『新唐書』 220 列傳 145 東夷 新羅)

신라   제31대 신문대왕(神文大王)의 이름은 정명이며, 성은 김씨다. 개요 원년 신사 7월 7일에 왕위에 올랐다. 부왕 문무대왕을 위해 동해 가에 감은사(感恩寺)를 세웠다. 절에 있는 기록에서 다음과 같이 말하였다. "문무왕이 왜병을 진압하고자 이 절을 처음으로 짓다가 다 끝마치지 못하고 죽어 바다의 용이 되었다. 그 아들 신문왕이 왕위에 올라 개요 2년(682)에 끝마쳤다. 금당 섬돌 아래에 동쪽을 향해 구멍 하나를 뚫어 두었는데, 이는 용이 들어와서 서리고 있게 하기 위해서였다. 대개 유언으로 유골을 간직한 곳을 대왕암이라고 하고, 절을 감은사라고 이름했으며, 뒤에 용이 나타난 것을 본 곳을 이견대(利見臺)라고 하였다."(『三國遺事』 2 紀異 2 萬波息笛)

신라   가을 7월 초하루에 왕이 돌아가셨다. 남긴 조서는 다음과 같다. "과인은 나라의 운이 어지럽고 전란의 시기를 맞이하여, 서쪽을 정벌하고 북쪽을 토벌하여 능히 영토를 안정시켰고 배반하는 자들을 치고 협조하는 자들을 불러 마침내 멀고 가까운 곳을 평안하게 하였다. 위로는 조상들이 남기신 염려를 위로하였고, 아래로는 부자의 오랜 원한을 갚았다. 살아남은 사람과 죽은 이에게 두루 상을 주었고, 중앙과 지방에 있는 사람들에게 균등하게 벼슬에 통하게 하였다. 무기를 녹여 농기구를 만들었고 백성들이 어질고 오래 살게 하였다. 세금을 가볍게 하고 요역을 줄여주니, 집집마다 넉넉하고 사람들이 풍족하며 민간은 안정되고 나라 안에 걱정이 없게 되었다. 곳간은 언덕과 산처럼 쌓였고 감옥에는 풀이 무성하게 되니, 혼과 사람에게 부끄럽지 않았고 관리와 백성에게 빚을 지지 않았다고 말할 만하다. 스스로 여러 어려운 고생을 무릅쓰다가 마침내 고치기 어려운 병에 걸렸고, 정치와 교화에 근심하고 힘쓰느라 다시 심한 병에 걸렸다. 운명은 가고 이름만 남는 것은 예나 지금이나 마찬

가지이므로, 갑자기 긴 밤으로 돌아가는 것이 어찌 한스러움이 있겠는가. 태자는 일찍이 밝은 덕을 쌓았고 오랫동안 태자의 자리에 있으면서, 위로는 여러 재상부터 아래로 뭇 관리들에 이르기까지 죽은 사람을 보내는 도리를 어기지 말고, 살아 있는 임금을 섬기는 예의를 빠뜨리지 말라. 종묘의 주인은 잠시도 비워서는 아니 되니, 태자는 곧 관 앞에서 왕위를 잇도록 하라. 또한 산과 골짜기는 변하여 바뀌고 사람의 세대도 바뀌어 옮겨가니, 오나라 왕의 북산 무덤에서 어찌 금으로 만든 물오리의 고운 빛깔을 볼 수 있을 것이며 위나라 임금의 서릉 망루는 단지 동작이라는 이름만을 들을 수 있을 뿐이다. 지난날 모든 일을 처리하던 영웅도 마침내 한 무더기의 흙이 되면, 나무꾼과 목동이 그 위에서 노래를 부르고 여우와 토끼는 그 옆에 굴을 판다. 헛되이 재물을 쓰면 서책에 꾸짖음만 남길 뿐이요, 헛되이 사람을 수고롭게 하는 것은 죽은 사람의 넋을 구원하는 것이 못된다. 가만히 생각하면 슬프고 애통함이 그치지 않을 것이지만, 이와 같은 것은 즐겨 행할 바가 아니다. 죽고 나서 10일 뒤에 곧 고문 바깥 뜰에서 서국의 의식에 따라 화장(火葬)을 하라. 상복의 가볍고 무거움은 정해진 규정이 있으니, 장례를 치르는 제도를 힘써 검소하고 간략하게 하라. 변경의 성과 진을 지키는 일과 주현에 세금을 징수하는 것은 긴요한 것이 아니면 마땅히 모두 헤아려 폐지하고, 율령격식에 불편한 것이 있으면 곧 다시 고치도록 하라. 멀고 가까운 곳에 널리 알려 이 뜻을 알게 할 것이며, 주관하는 자가 시행하도록 하라." 7일이 지나 태자 정명이 왕위에 올라 시호를 문무라 하였다. 군신이 유언에 따라 동해 입구 큰 바위에 장사지냈다.

권근(權近)은 말한다. "장사를 지낸다는 것은 감추는 것이다. 신하나 아들이 임금이나 아버지가 죽으면 반드시 예로써 장사지내는 것은 차마 그냥 보지 못하는 마음 때문이다. 그리하여 옷과 이불로 시신을 염습하고, 관과 곽(槨)으로 더 두텁게 하는 등 신체에 붙는 모든 것을 정성껏 하여 흙이 직접 살에 닿지 않게 하여 빨리 썩지 않기를 바란다. 화장하는 법은 불교에서 나왔는데, 그 설에 의하면 짐승을 불에 굽는 것도 오히려 죄가 된다고 여겨 그 응보가 참혹하다고 극언하면서, 사람이 죽으면 반드시 불에 태우려고 하여 그 지친(至親) 보기를 짐승보다 더 못하게 보니, 정상을 벗어나고 도리에 어긋남이 심한 것이다. 후세 사람들이 그 설에 미혹하여 생각해 보지도 않고 지친의 시신을 불길 속에 넣어 태우는데, 인자하지 못함이 극도에 이른 것이다. 이제 문무왕이 화장할 것을 유언하여 당시 신하들이 난명(亂命)을 따르고도 그것이 잘못인 줄 알지 못하였다. 그리하여 효성왕(孝成王)·선덕왕(宣德王)에 이르러서는 영구를 태우고 다시 뼈를 동해에 뿌렸는데, 바르지 못한 설이 사람을 미혹시키는 통탄을 어찌 이길 수 있겠는가. (『三國史節要』11)

신라	7월 신문왕이 왕위에 올랐다. 이름은 정명[정명의 자는 일소이다]이니 문무대왕의 장자이다. 어머니는 자의(慈儀)[또는 '義'라고도 쓴다]왕후이며, 비는 김씨로 소판(蘇判) 흠돌(欽突)의 딸이다. 왕이 태자일 때 혼인했는데, 오래도록 아들이 없었다. 뒤에 아버지가 난을 일으키자 궁에서 쫓겨났다. 문무왕 5년에 태자가 되었다가, 이때에 이르러 왕위를 이었다. (『三國史記』8 新羅本紀 8)
신라	7월 당나라 고종(高宗)이 사신을 보내어 신라왕으로 책봉하고, 선왕의 관작을 잇게 하였다. (『三國史記』8 新羅本紀 8)
신라	7월 황제가 사신을 보내어 왕을 신라왕으로 책봉하였다. (『三國史節要』11)
신라	궁 앞의 침전에서 (돌아가시니), 이 때 나이 56세였다.(결락) 땔나무꾼이나 목동들이 그 위에서 (노래 부르고), 여우가 그 옆에 굴을 뚫을 것이니(결락) 화장을(명하시니), 그 달 초 열흘에 (화장하여) (결락) 천황대제(天皇大帝)께서 (결락) 왕례(王禮)로 맞았다. 군왕(君王)은 도량이(결락) 나라를(결락) 하는 방법이(결락) 백성들을 불쌍히 여기심은 팔정(八政)의 (결락)과 같았다. (결락) 돌아가시니 참으로 백대(百代)의 현

명한 왕이시고, 실로 천(千)(결락) (「文武王陵碑」)

고구려 신라	가을 7월 무진 초하루 신미(4) 쇼킨게(小錦下) 우네메노오미 지쿠라(采女臣竹羅)를 대사(大使)로 삼고, 다이마노키미 타테(當摩公楯)을 소사(小使)로 삼아 신라에 보냈다. 이 날 쇼킨게(小錦下) 사헤키노무라지 히로타리(佐伯連廣足)을 대사(大使)로 삼고, 오하리다오미 마로(小墾田臣麻呂)를 소사(小使)로 삼아 고구려에 보냈다. (『日本書紀』 29 天武紀 下)
신라	8월 서불감 진복(眞福)을 상대등으로 삼았다. (『三國史記』 8 新羅本紀 8)
신라	8월 서불감 진복을 상대등으로 삼았다. (『三國史節要』 11)
신라	8월 8일 소판 김흠돌, 파진찬(波珍飡) 흥원(興元), 대아찬(大阿飡) 진공(眞功) 등이 모반을 일으켰다가 복주(伏誅)되었다. (『三國史記』 8 新羅本紀 8)
삼한	8월 정묘 초하루 병자(10) 삼한(三韓)의 사람들에게 조를 내려 "지난 날 10년간의 조세를 면제해 주었는데, 이미 그 기간이 끝났다. 또 더하여 귀화한 첫 해에 함께 온 자손도 아울러 역(役)의 부과를 모두 면제한다."고 하였다. (『日本書紀』 29 天武紀 下)
신라	8월13일 보덕왕이 사신 소형(小兄) 수덕개(首德皆)를 보내어 역적을 토벌할 것을 축하하였다. (『三國史記』 8 新羅本紀 8)
신라	8월16일 교를 내려 다음과 같이 말하였다. "공이 있는 자에게 상을 주는 것은 옛 성인의 좋은 규범이며, 죄가 있는 자에게 벌을 주는 것은 선왕의 훌륭한 법이다. 과인이 왜소한 몸과 볼품없는 덕으로 숭고한 기틀을 받아 지키느라 먹을 것도 잊고 아침 일찍 일어나 밤늦게 잠들며 여러 중신들과 함께 나라를 편안케 하려 하였다. 그런데 어찌 상복(喪服)도 벗지 않은 때에 서울에서 난이 일어나리라 생각했겠는가. 적괴의 우두머리 김흠돌, 김흥원, 진공 등은 벼슬이 자신의 재주로 오른 것이 아니고, 관직은 실로 성은(聖恩)으로 오른 것인데도, 처음부터 끝까지 삼가하여 부귀를 보전하지 못하였다. 마침내 불인(不仁)·불의(不義)로 복과 위세를 마음대로 부려 관리들을 깔보고 위아래를 속였다. 날마다 만족하지 못하는 탐심을 왕성히 하고 포학한 마음을 멋대로 하여 흉악하고 나쁜 이들을 불러들이고 왕실의 근시들과 결탁하여 화가 안팎에 통하게 되었다. 똑같은 악인들이 서로 도와서 날짜를 정하여 세상을 어지럽히는 반역을 행하고자 하였다. 과인이 위로 천지(天地)의 보살핌에 힘입고 아래로 종묘(宗廟)의 영험을 받아서 김흠돌 등의 악이 쌓이고 죄가 가득 차자 그들이 도모하던 역모가 세상에 드러났다. 이는 바로 사람과 신이 함께 버리고, 하늘과 땅이 용납하지 않음을 증명하는 것이다. 의리를 범하고 풍속을 해침에 이보다 심한 것이 없다. 그러므로 병사들을 추가로 모아 은혜를 잊고 의리를 저버린 나쁜 무리들을 없애고자 하였다. 일부는 산골짜기로 도망가 숨고, 일부는 대궐 뜰에서 항복하였다. 그러나 가지나 잎사귀 같은 잔당들을 샅샅이 찾아 모두 죽여 삼사일 안에 죄수 우두머리들을 소탕하였다. 일이 부득이 했으나 사람들을 놀라게 하였으니 근심스럽고 부끄러운 마음을 어찌 한시라도 잊겠는가. 이제 요망한 무리들이 숙청되어 먼 곳이나 가까운 곳이나 근심이 없게 되었으니 소집한 병사와 말들을 빨리 돌려보내도록 하라. 사방에 공포하여 이러한 뜻을 알게 하라."(『三國史記』 8 新羅本紀 8)
신라	소판 김흠돌, 파진찬 흥원, 대아찬 진공 등이 모반을 일으켰다가 복주되었다. 교서

에서 다음과 같이 말하였다. "공이 있는 자에게 상을 주는 것은 옛 성인의 좋은 규범이며, 죄가 있는 자에게 벌을 주는 것은 선왕의 훌륭한 법이다. 과인이 왜소한 몸과 볼품없는 덕으로 숭고한 기틀을 받아 지키느라 먹을 것도 잊고 아침 일찍 일어나 밤늦게 잠들며 여러 중신들과 함께 나라를 편안케 하려 하였다. 그런데 어찌 상복도 벗지 않은 때에 서울에서 난이 일어나리라 생각했겠는가. 적괴의 우두머리 김흠돌, 김흥원, 진공 등은 벼슬이 자신의 재주로 오른 것이 아니고, 관직은 실로 성은으로 오른 것인데도, 처음부터 끝까지 삼가하여 부귀를 보전하지 못하였다. 마침내 불인·불의로 복과 위세를 마음대로 부려 관리들을 깔보고 위아래를 속였다. 날마다 만족하지 못하는 탐심을 왕성히 하고 포학한 마음을 멋대로 하여 흉악하고 나쁜 이들을 불러들이고 왕실의 근시들과 결탁하여 화가 안팎에 통하게 되었다. 똑같은 악인들이 서로 도와서 날짜를 정하여 세상을 어지럽히는 반역을 행하고자 하였다. 과인이 위로 천지의 보살핌에 힘입고 아래로 종묘의 영험을 받아서 김흠돌 등의 악이 쌓이고 죄가 가득 차자 그들이 도모하던 역모가 세상에 드러났다. 이는 바로 사람과 신이 함께 버리고, 하늘과 땅이 용납하지 않음을 증명하는 것이다. 의리를 범하고 풍속을 해침에 이보다 심한 것이 없다. 그러므로 병사들을 추가로 모아 은혜를 잊고 의리를 저버린 나쁜 무리들을 없애고자 하였다. 일부는 산골짜기로 도망가 숨고, 일부는 대궐 뜰에서 항복하였다. 그러나 가지나 잎사귀 같은 잔당들을 샅샅이 찾아 모두 죽여 삼사일 안에 죄수 우두머리들을 소탕하였다. 일이 부득이 했으나 사람들을 놀라게 하였으니 근심스럽고 부끄러운 마음을 어찌 한시라도 잊겠는가. 이제 요망한 무리들이 숙청되어 먼 곳이나 가까운 곳이나 근심이 없게 되었으니 소집한 병사와 말들을 빨리 돌려보내도록 하라. 사방에 공포하여 이러한 뜻을 알게 하라." 흠돌은 왕비 김씨의 아비였다. 보덕왕 안승이 사신을 보내어 적을 죽인 것을 축하하였다. (『三國史節要』11)

| 신라 | 8월 정묘 초하루 병술(20) 이 날 若弼이 귀국하였다. (『日本書紀』29 天武紀 下) |

신라　8월28일에 이찬(伊湌) 군관(軍官)을 죽이고 교서에서 다음과 같이 말하였다. "임금을 섬기는 규범은 충(忠)을 다하는 것을 근본으로 삼고, 관직에 있는 의리는 둘이 없음을 으뜸으로 여긴다. 병부령(兵部令) 이찬 군관은 반열 순서에 의해 마침내 높은 자리에 올랐다. 그런데도 자신의 부족한 부분을 보완하여 조정에 깨끗한 절개를 바친다거나 목숨을 버리고 몸을 잊어 사직에 굳은 정성을 표현하지 못하고 적신(賊臣) 김흠돌 등과 교섭하여 반역 도모를 미리 알았으면서도 일찍이 고하지 않았다. 이미 나라를 걱정하는 마음이 없고 또한 공사(公事)를 따르려는 뜻이 끊어졌는데 어찌 거듭 재상의 자리에 두고서 함부로 법을 흐리게 하겠는가. 마땅히 무리들과 함께 처형하여 후진에게 경계로 삼도록 하겠다. 군관과 그의 맏아들은 스스로 목숨을 끊도록 할 것이니, 전국에 공포하여 모두가 알게 하라." (『三國史記』8 新羅本紀 8)

신라　(8월) 역당 병부령 이찬 군관을 죽였다. 교서에서 다음과 같이 말하였다. "임금을 섬기는 규범은 충을 다하는 것을 근본으로 삼고, 관직에 있는 의리는 둘이 없음을 으뜸으로 여긴다. 병부령 이찬 군관은 반열 순서에 의해 마침내 높은 자리에 올랐다. 그런데도 자신의 부족한 부분을 보완하여 조정에 깨끗한 절개를 바친다거나 목숨을 버리고 몸을 잊어 사직에 굳은 정성을 표현하지 못하고 적신 김흠돌 등과 교섭하여 반역 도모를 미리 알았으면서도 일찍이 고하지 않았다. 이미 나라를 걱정하는 마음이 없고 또한 공사를 따르려는 뜻이 끊어졌는데 어찌 거듭 재상의 자리에 두고서 함부로 법을 흐리게 하겠는가. 마땅히 무리들과 함께 처형하여 후진에게 경계로 삼도록 하겠다. 군관과 그의 맏아들은 스스로 목숨을 끊도록 할 것이니, 전국에 공포하여 모두가 알게 하라."(『三國史節要』11)

고구려 신라　9월 정유 초하루 기해(3) 고구려·신라에 보낸 사신들이 함께 와서 조정에 인사했다.
(『日本書紀』29 天武紀 下)

신라　겨울 10월 병인 초하루 을유(20) 신라가 사록(부) (沙喙(部))의 일길찬(一吉湌) 김충평(金忠平), 대나말(大奈末) 김일세(金壹世)를 보내 조(調)를 바쳤다. 금·은·동·철·비단·명주·사슴 가죽·가느다란 포(細布) 따위가 각각 많았다. 따로 천황(天皇)·황후(皇后)·태자(太子)에게 바친 금·은·하금(霞錦, 견직물의 일종-역자주)·번(幡, 불교에서 불사에 사용하는 깃발-역자주)·가죽 따위도 각각 많았다. (『日本書紀』29 天武紀 下)

신라　개요 원년 10월 정해일(22) 신라왕 김법민이 죽자 이에 그 아들 정(政)이 왕위를 잇게 하였다. (『舊唐書』5 本紀 5 高宗 下)

신라　개요 원년 10월 정해일(22) 신라왕 법민이 죽자 사신을 보내어 그 아들 정(政)을 왕으로 세웠다. (『資治通鑑』202 唐紀 18 高宗天皇大聖大弘孝皇帝)

신라　개요 원년 10월 신라왕 김법민이 죽자 사신을 보내어 그 아들 정명을 신라왕으로 삼고, 이어 아비의 관작을 잇게 하였다. (『冊府元龜』964 外臣部 9 封冊 2)

신라　10월 이 달 新羅의 사신이 와서 "국왕이 돌아가셨다"고 알렸다. (『日本書紀』29 天武紀 下)

신라　법민이 개요 원년에 죽자 그 아들 정명이 왕위를 이었다. (『舊唐書』199 上 列傳 149 上 東夷 新羅)

신라　신라왕 법민이 개요 원년에 죽자 아들 정명이 왕위를 이었다. (『新唐書』220 列傳 145 東夷 新羅)

신라　신라왕 법민이 개요 원녀에 죽자 사신을 보내어 그 아들 정명을 왕위에 세우고 이어 아비의 관작을 잇게 하였다. (『唐會要』95 新羅)

신라　겨울 10월 시위감(侍衛監)을 폐하고 장군 6명을 두었다. (『三國史記』8 新羅本紀 8)

신라　겨울 10월 시위감을 폐하고 장군 6명을 두었는데, 관등은 급찬부터 아찬까지로 하였다. 대감은 6명으로 관등은 나마에서 아찬까지로 하였다. 대두는 15명으로 관등은 사지에서 사찬까지로 하였다. 항은 36명으로 관등은 사지부터 대나마까지로 하였다. 졸은 117명으로 관등은 선저지에서 대사까지로 하였다. 모든 군관(諸軍官). 장군(將軍)은 모두 36명이다. 대당(大幢)을 관장하는 것이 4명이고, 귀당(貴幢) 4명, 한산정(漢山停) 3명, 완산정(完山停) 3명, 하서정(河西停) 2명, 우수정(牛首停) 2명이다. 관등은 진골(眞骨) 상당(上堂)부터 상신(上臣)까지로 하였다. 녹금당(綠衿幢) 2명, 자금당(紫衿幢) 2명, 백금당(白衿幢) 2명, 비금당(緋衿幢) 2명, 황금당(黃衿幢) 2명, 흑금당(黑衿幢) 2명, 벽금당(碧衿幢) 2명, 적금당(赤衿幢) 2명, 청금당(靑衿幢) 2명이다. 관등은 진골 급찬(級湌)으로부터 각간까지로 하였다. (『三國史節要』11)

신라　시위부에는 (…) 장군 6명을 두었다. 신문왕 원년에 감(監)을 폐하고 장군을 두었는데, 관등은 급찬(級湌)부터 아찬까지로 하였다. 대감은 6명으로 관등은 나마에서 아찬까지로 하였다. 대두(隊頭)는 15명으로 관등은 사지에서 사찬까지로 하였다. 항(項)은 36명으로 관등은 사지부터 대나마까지로 하였다. 졸(卒)은 117명으로, 관등은 선저지(先沮知)에서 대사까지로 하였다. (『三國史記』40 雜志 9 武官)

신라　12월 을축 초하루 갑술(10) 쇼킨게(小錦下) 가와베노오미 코비토(河邊臣子首)를 쓰쿠시(筑紫)에 보내 신라의 사신 충평(忠平)에게 잔치를 베풀었다. (『日本書紀』29

天武紀 下)

신라   선부(船府)에는 (…) 사(史)가 8명인데, 신문왕 원년에 2명을 더하였다. (『三國史記』 38 雜志 7 職官 上)

신라   선부에 사 2명을 더 두었다. (『三國史節要』 11)

신라   본피궁(本彼宮)은 신문왕 원년에 설치하였는데, 우(虞) 1명, 사모(私母) 1명, 공옹(工翁) 2명, 전옹(典翁) 1명, 사(史) 2명이다. (『三國史記』 39 雜志 8 職官 中)

신라   본피궁을 설치하였는데, 우(虞) 1명, 사모(私母) 1명, 공옹(工翁) 2명, 전옹(典翁) 1명, 사(史) 2명이다. (『三國史節要』 11)

고구려   개요 원년에 보장왕을 공주로 불러 돌아오게 하였다. (『三國史記』 22 高句麗本紀 10)

고구려   당이 고구려의 항복한 왕 장을 공주로 불러 돌아오게 하였다. (『三國史節要』 11)

신라 가야   나라가 망한 후 대대로 칭해온 호칭은 한결같지 않았다. 신라 제31대 정명왕(政明王)이 즉위한 개요(開耀) 원년 신사(辛巳)에 금관경(金官京)이라 하고 태수를 두었다. (『三國遺事』 2 紀異 2 駕洛國記)

682(壬午/신라 신문왕 2/唐 開耀 2, 永淳 1/倭 天武 11)

신라   정월 을미 초하루 을사(11) 김충평(金忠平)에게 쓰쿠시(筑紫)에서 잔치를 베풀었다. (『日本書紀』 29 天武紀 下)

신라   봄 정월에 신궁(神宮)에 직접 제사지내고 대사(大赦)하였다. (『三國史記』 8 新羅本紀 8)

신라   봄 정월에 신궁에 직접 제사지내고 대사하였다. (『三國史節要』 11)

신라   여름 4월에 위화부령(位和府令) 2인을 두어 선거(選擧)의 일을 맡게 하였다. (『三國史記』 8 新羅本紀 8)

신라   봄 4월에 위화부(位和府)에 2인을 두어 선거를 맡게 하였다. 또 금하신(衿荷臣) 2인을 두었다. (『三國史節要』 11)

신라   위화부는 (…) 금하신은 2인인데 신문왕(神文王) 2년에 처음으로 두었다. (…) 이찬(伊飡)부터 대각간(大角干)까지의 관등 소지자를 그것으로 삼았다. (『三國史記』 38 雜志 7 職官 上)

신라   여름 4월에 해관(海官) 박숙청(朴夙淸)이 왕에게 보고하기를, "동해의 작은 산에 한 대나무가 있는데, 낮에는 나뉘어 둘이 되고 밤에는 합하여 하나가 됩니다."라고 하였다. 왕이 사람을 시켜 그것을 취하여 피리를 만들고, 만파식적(萬波息笛)이라고 불렀다. 당시 사람들이 이 피리를 불면 바람과 파도가 잔잔해진다고 여겼으므로 그것을 그렇게 불렀다. 또한 삼죽(三竹)이 있는데, 모두 당적(唐笛)을 모방하여 그것을 만들었다. 삼죽은 모두 7조(調)인데, 첫째는 평조(平調), 둘째는 황종조(黃鐘調), 셋째는 이아조(二雅調), 넷째는 월조(越調), 다섯째는 반섭조(般涉調), 여섯째는 출조(出調), 일곱째는 준조(俊調)이다. 대금(大笒)은 324곡, 중금(中笒)은 245곡, 소금(小笒)은 298곡이다. (『三國史節要』 11)

신라   고기(古記)에 전한다. "신문왕 때에 동해에 갑자기 작은 산이 하나 있어 형태가 거북이 머리와 같았다. 그 위에 한 줄기 대나무가 있어, 낮에는 나뉘어 둘이 되고 밤에는 합하여 하나가 되었다. 왕이 그것을 베어 피리를 만들게 하고 만파식(萬波息)이라고 이름붙였다.” 비록 이러한 설이 있으나, 괴이하여 믿을 수 없다. (『三國史記』32 雜志 1 樂)

신라   개요(開耀)원년(681)의 다음 해 임오(壬午) 5월 초하루에[어떤 책에는 천수(天授)원년 (690)이라고 하지만, 오류이다.] 해관 파진찬(波珍湌) 박숙청이 아뢰기를, “동해에 작은 산이 있는데, 감은사(感恩寺)를 향하여 떠내려 와서 파도를 따라 왔다갔다 합니다.”라고 하였다. 왕이 괴이하게 여겨 일관(日官) 김춘질(金春質)[춘일(春日)이라고도 한다.]에게 명령하여 그것을 점치게 하였다. 일관이 말하였다. “아버님께서 지금 바다의 용이 되셔서 삼한을 지키시고, 게다가 또한 김유신(金庾信)은 33천(天) 중 하나인데, 지금 내려와 대신이 되었습니다. 두 성인이 같은 덕으로 성을 지키는 보배를 내고자 하니, 만약 폐하께서 바닷가에 행차하시면 반드시 가치를 헤아릴 수 없는 큰 보배를 얻으실 것입니다.” 왕이 기뻐하였다. (『三國遺事』2 紀異 2 萬波息笛)

신라   제31대 신문대왕(神文大王)은 이름이 정명(政明)이고 김씨이다. 개요원년 신사(辛巳) 7월 7일에 즉위하였다. 아버지 문무대왕(文武大王)을 위하여 동해변에 감은사를 창건하였다[사중기(寺中記)에 전한다. “문무왕께서 왜병(倭兵)을 진압하고자 하므로 이 절을 처음으로 창건하였으나, 마치지 못하고 돌아가셔서 바다의 용이 되셨다. 그 아들 신문(神文)이 즉위하여 개요 2년에 마쳤다. 금당(金堂)의 섬돌 아래를 밀치면 동쪽을 향해 한 구멍이 열렸는데, 곧 용이 절에 들어와 빙 도는 것을 위해 갖춘 것이다. 아마도 유조(遺詔)에서 뼈를 보관한 곳은 대왕암(大王岩)이라고 이름부르고, 절의 이름은 감은사이며, 나중에 용이 모습을 나타낸 곳을 보고 이견대(利見臺)라고 이름불렀다]. (『三國遺事』2 紀異 2 萬波息笛)

신라   개요원년의 다음 해 임오 5월 7일에 어가가 이견대에 행차하여 그 산을 바라보고 사자를 파견하여 그것을 살피게 하였다. 산의 형세가 거북이 머리와 같고 위에는 한 줄기의 대나무가 있었는데, 낮에는 둘이 되고 밤에는 하나로 합쳐졌다[혹은 산 또한 대나무처럼 밤낮으로 열리고 합쳐진다고 한다]. 사자가 와서 그것을 아뢰자, 왕은 감은사에 행차하여 숙박하였다. (『三國遺事』2 紀異 2 萬波息笛)

신라   개요원년의 다음 해 임오 5월 7일의 다음 날 오시에 대나무가 합하여 하나가 되자, 하늘과 땅이 진동하고 바람이 불며 비가 내려 7일 동안 어두웠다. (『三國遺事』2 紀異 2 萬波息笛)

신라   개요원년의 다음 해 임오 5월16일에 이르러 바람과 비가 개고 파도가 잔잔해졌다. 왕이 바다를 건너 그 산에 들어가니, 어떤 용이 검은 옥대(玉帶)를 받들고 와서 바쳤다. 영접하여 함께 앉아서 묻기를, “이 산과 대나무가 혹은 갈라지기도 하고 혹은 합해지기도 하는 것은 어떠한 것인가?”라고 하였다. 용이 대답하기를, “비유하자면, 한 손으로 치면 소리가 나지 않고, 두 손으로 치면 소리가 나는 것과 같습니다. 이 대나무라는 물건은 합한 후에야 소리가 나니, 성왕(聖王)께서 소리로써 천하를 다스릴 상서로운 징조입니다. 왕께서 이 대나무를 가지고 피리를 만들어 불면 천하가 화평할 것입니다. 이제 왕의 아버님께서는 바다 속의 큰 용이 되셨고, 유신은 다시 천신(天神)이 되셨는데, 두 성인이 같은 마음으로 이처럼 값으로 따질 수 없는 보배를 내어 저를 시켜 이를 바치는 것입니다.”라고 하였다. 왕은 놀라고 기뻐하여 오색 비단과 금과 옥으로 보답하고 사자를 시켜 대나무를 베었다. 바다에서 나올 때, 산과

	용이 갑자기 사라져 나타나지 않았다. 왕이 감은사에 숙박하였다. (『三國遺事』 2 紀異 2 萬波息笛)

고구려   5월 계사 초하루 무신(16) 고구려에 보냈던 대사(大使) 사헤키노무라지 히로타리(佐伯連廣足), 소사(小使) 오하리다노오미 마로(小墾田臣麻呂) 등이 천황이 계신 곳에서 사신 다녀온 일을 아뢰었다. (『日本書紀』 29 天武紀 下)

신라   개요원년의 다음 해 임오 5월17일에 지림사(祇林寺) 서쪽 냇가에 이르러 수레를 멈추고 점심을 먹었다. 태자 이공(理恭)[곧 효소대왕(孝昭大王)이다.]이 대궐을 지키고 있다가, 이 일을 듣고 말을 달려와서 하례하며 천천히 살펴보고 아뢰기를, "이 옥대의 여러 쪽[窠]들이 모두 진짜 용입니다"라고 하였다. 왕이 말하기를, "네가 어떻게 그것을 아는가?"라고 하였다. 태자가 말하기를, "한 쪽을 떼어서 물에 가라앉혀 보십시오."라고 하였다. 이에 왼쪽의 둘째 쪽을 떼어 시냇물에 가라앉히니 곧 용이 되어 하늘로 올라가고, 그곳은 연못이 되었으므로 용연(龍淵)이라고 불렀다. 어가가 돌아와서, 그 대나무로 피리를 만들어 월성(月城)의 천존고(天尊庫)에 보관하였다. 이 피리를 불면 적병이 물러가고 병이 나으며, 가뭄에는 비가 오고 비가 오면 개며, 바람이 잦아들고 물결이 평온해졌다. 이를 만파식적이라고 부르고 국보라고 하였다. (『三國遺事』 2 紀異 2 萬波息笛)

신라   5월에 태백성(太白星: 金星)이 달을 범하였다. (『三國史記』 8 新羅本紀 8)
신라   태백성이 달을 범하였다. (『三國史節要』 11)

고구려 신라   6월 임술 초하루 고구려왕이 하부(下部) 助有 괘루모절(卦婁毛切)과 대고앙가(大古昂加)를 보내 방물(方物)을 바쳤다. 신라가 대나말(大那末) 김석기(金釋起)를 보내 고구려의 사신을 쓰쿠시(筑紫)까지 호송하였다. (『日本書紀』 29 天武紀 下)

신라   6월에 국학(國學)을 설립하고 경(卿) 1인을 두었다. 또 공장부감(工匠府監) 1인, 채전감(彩典監) 1인을 두었다. (『三國史記』 8 新羅本紀 8)
신라   6월에 국학을 설립하여 예부(禮部)에 예속시키고 경 1인을 두었다. 또 공장부감 1인을 두어 대나마(大奈麻)부터 급찬(級湌)까지의 관등 소지자를 그것으로 삼았고, 채전감 1인을 두어 나마(奈麻)부터 대나마까지의 관등 소지자를 그것으로 삼았다. (『三國史節要』 11)
신라   국학은 예부에 예속되었다. 신문왕 2년에 설치하였다. (…) 경 1인은 (…) 관등이 다른 경과 같다. (…)
공장부(工匠府)는 (…) 감(監)은 1인인데 신문왕 2년에 두었다. 대나마부터 급찬까지의 관등 소지자를 그것으로 삼았다. (…)
채전(彩典)은 (…) 감은 1인인데 신문왕 2년에 두었다. 나마부터 대나마까지의 관등 소지자를 그것으로 삼았다. (『三國史記』 38 雜志 7 職官 上)

신라   7월25일 병진(丙辰)에 비를 세웠다. (「文武王陵碑」)

고구려   8월 임술 초하루 갑자(3) 고구려의 사신에게 쓰쿠시(筑紫)에서 잔치를 베풀었다. (…) (『日本書紀』 29 天武紀 下)

백제   부여융(扶餘隆)은 이름이 융(隆)이고 자(字)도 융이며, 백제 진조(辰朝) 사람이다. 시조는 하백(河伯)의 자손이니 그가 처음 나라를 열어 동방에서 우두머리로 일컬었고, 한쪽 귀퉁이를 차지하여 천 년 동안 이어내려 왔다. 어질고 후덕함이 풍속을 이루어 한(漢)의 역사에서 빛을 발하였고, 충효(忠孝)로 이름을 날리니 진(晉)의 책 속에서 밝게 빛이 났다. 조부 장(璋)은 백제 국왕이었는데, 온화하고 겸손함에 맑고 빼어났으며 도량과 학문에는 따를 자가 없었으니, 정관(貞觀) 연간(627~649)에 당(唐) 태종(太宗)이 조서를 내려 개부의동삼사(開府儀同三司)·주국(柱國)·대방군왕(帶方郡王)을 제수하였다. 부친 의자(義慈)는 현경(顯慶) 연간(656~660)에 금자광록대부(金紫光祿大夫)·위위경(衛尉卿)에 제수되었는데, 과단성 있고 침착하며 사려 깊어서 그 명성이 홀로 높았다. 고가(藁街)로 달려가 교화를 받으니 그 업적이 후세의 왕들에게 나타났고, 대리시(大理寺)에 올라 영화를 얻으니 그 경사스러움이 후손에게 흘러넘쳤다. 부여융은 어려서부터 남다른 모습을 보이고 일찍부터 뛰어난 용모를 지녔으니, 그 기세가 삼한(三韓)을 압도하였고 그 이름이 백제·고구려에 드날렸다. 효성스러움으로써 본성을 이루었고 신중함으로써 몸을 닦았으니, 선한 것을 택하여 행하였고 의로운 것을 들으면 이를 본받을 수 있었다. 그러하니 손오(孫吳)의 여몽(呂蒙)과 조위(曹魏)의 위의(衛顗)를 스승으로 삼지 않았어도 △발(△發)하여 그 학식을 부끄러워하였고, 전국시대 손무(孫武)와 오기(吳起)의 병법을 배우지 않았어도 여섯 가지 기묘한 계책이 잠깐 사이에 나왔다. 현경 연간에 황제의 군사가 비로소 백제를 정벌하였으니, 부여융은 멀리 천자를 거울로 삼아 거역과 순종의 길을 깊이 깨달았다. 훌륭한 학덕을 받들어 신명을 바쳤고, 이적(夷狄)의 풍속을 버리고 인(仁)으로 돌아갔으니, 후세 사람들의 재앙을 없애고 선인들이 미혹에 빠진 잘못을 고칠 수 있었다. 공의 정성이 천자에 계속 다다르자 포상이 거듭 내려졌으니, 마침내 그 지위는 경(卿)의 반열에 들게 되었고, 영광은 번국(藩國)을 꿰뚫게 되었다. 그러나 마한(馬韓)에 남아 있던 무리들은 이리와 같은 마음을 고치지 않고, 요해(遼海) 바닷가에서 올빼미처럼 폭력을 펼치고 환산(丸山) 지역에서 개미떼처럼 세력을 규합하였다. 이에 황제가 크게 노하여 천자의 병사가 위엄을 빛내었으니, 상장군(上將軍)은 지휘의 깃발을 옹위하였고 정예의 중군(中軍)은 군률(軍律)을 받들었다. 이들을 병탄하는 꾀는 비록 조정의 계책에 따르는 것이지만, 백성을 위무하는 방책은 사람의 덕에 의지하는 것이니, 부여융을 웅진도독(熊津都督)으로 삼고 백제군공(百濟郡公)에 봉하였으며, 이어서 웅진도총관(熊津道摠管) 겸 마한도안무대사(馬韓道安撫大使)로 삼았다. 부여융은 신의와 용감성을 일찍부터 길러왔고 위엄과 포용력이 본디부터 충만하였으니, 읍락들을 불러 회유함에 흘린 것을 소중하게 줍듯이 하였고, 간악한 무리를 섬멸함에 뜨거운 물에 눈 녹듯이 하였다. 얼마 후 천자의 밝은 조서를 받들어 신라와 수호하게 되었고, 갑자기 크나큰 은혜를 입어 동악(東岳)에서 천자를 모시게 되었다. 공훈을 여러 차례 쌓아 총애하는 칙명이 날로 융성해졌으니, 태상경(太常卿)으로 관직을 옮겼고, 대방군(帶方郡)의 왕(王)에 봉해졌다. 부여융은 임금을 섬김에 온 힘을 다하였고 절개를 지킴에 사사로움이 없었으니, 거듭 정성스러움을 바쳐 마침내 머물러 숙위(宿衛)하게 되었다. 진(秦)의 황실에 비교하면 유여(由余)가 자신의 아름다움을 사양할 것이고, 전한(前漢) 왕조에 견주면 김일제(金日磾)가 자신의 덕을 부끄러워할 것이다.

비록 인정을 두터이 하면서도 게으르지 않았고 맛있는 음식을 언제나 삼가려 하였으나, 병이 생겨 침술과 약이 효험이 없었고 계곡에 견고하게 숨겨진 배가 모르는 사이에 옮겨지듯이 세상을 떠나게 되니, 나이 68세로 사저(私邸)에서 돌아가셨다. 그를 보국대장군(輔國大將軍)으로 추증하고 시호(諡號)를 내렸다. 부여융은 굳세고 성실한 지조를 세웠고 신중하고 정직한 몸가짐을 지녔으니, 고상한 정취에 홀로 이르렀고 원대한 도량으로 아무 속박도 받지 않았다. 문사(文詞)를 고상하게 좋아하였고 경적(經籍)을 더욱 탐하였으니, 현명한 사람을 사모하되 항상 그에 미치지 못하는 듯이 하였고 명성에 대해서는 마치 떠도는 티끌에 견주었다. 그러나 하늘도 어쩔 수 없이 그를 세상에 남겨두지 않았으니, 사람들이 여기에 모두 슬퍼하노라. 영순(永淳)원년(682) 임오년(壬午年) 11월 경인일(庚寅日)이 초하루인 24일 계축일(癸丑日)에 낙양(洛陽)의 북망(北芒) 청선리(淸善里)에 장사지내니, 예의에 합당하였다. 담당관사로서 직임을 맡아 감히 명문(銘文)을 지으니, 다음과 같다.

바다 한 귀퉁이에서 종족을 이루어 하백의 자손으로서 상서로움을 드러내니, 나라 기틀을 우뚝 세우고 국운이 멀리 이어져 내려왔도다. 집안의 명성을 잘 계승하고 대대로 이어받은 국업(國業)이 더욱 번창하였으니, 은덕이 사수(濾水)에 흘러넘쳤고 위엄이 대방(帶方)에 발하였도다. 조상들이 쌓은 선행이 외롭지 않아 영민한 후손들이 줄을 이었으니, 곧고 성실한 마음을 꼭 지켰으며 충성스럽고 용감한 마음을 항상 가졌도다. 나라를 위해 몸을 바쳐 자신의 몸은 가벼이 여기고 나라 걱정에 집안일을 잊고 의로움을 중시하였으니, 왕회편(王會篇)에 기록된 법을 준수하여 마침내 천자의 은총을 받게 되었도다. 계루(桂婁)가 처음으로 어지러워지고 요하(遼河)가 평안하지 못하게 되었으니, 마침내 어린 백성들을 이끌어 천자의 위광에 의지하였도다. 신의를 법도로 삼고 인을 도리로 삼아, 변방의 요새에서 교화를 펼쳤고 운운산(云云山)·정정산(亭亭山)에서 천자를 모셨도다. 봉작(封爵)은 5등작(等爵)을 뛰어넘었고 반열(班列)로는 9경(卿)에 동참하니, 천자를 삼가 받들었고 신하로서 절조를 엄숙히 지켰도다. 그러나 남산(南山)은 견고하지 못하였고 흐르는 물이 갑자기 모여 내를 이루듯 세월이 흘러갔으니, 감히 명정(明旌)에 의탁하여 삼가 크나큰 공적을 밝혀두도다.

대당(大唐)의 고(故) 광록대부(光祿大夫)·행(行) 태상경·사지절(使持節)·웅진도독·대방군왕 부여군(扶餘君) 묘지 (「扶餘隆 墓誌銘」:『譯註 韓國古代金石文』1)

고구려 발해 신라

고구려왕 장(臧)이 앙주(邛州)에서 죽었다. 당(唐)은 위위경(衛尉卿)을 추증하고 조서를 내려 시체가 수도에 이르게 하고, 힐리가한(頡利可汗) 무덤의 왼쪽에 장사지내며 비석을 세웠다. 그 사람들을 하남(河南)·농서(隴西)의 여러 주에 옮기고, 가난한 자들은 안동성(安東城) 옆의 옛 성에 머무르게 하였다. 이따금 나라의 병사가 없어지고 나머지 무리들은 말갈(靺鞨) 및 돌궐(突厥)에 흩어져 들어가니, 고씨가 마침내 끊어졌다[발해인(渤海人) 무예(武藝)가 말하였다. "옛날 고구려의 전성기에는 병사가 30만이어서 당에 항거하면서 대적하였으니, 형세가 빼어나고 병사가 강하다고 할 만하였다. 말년에 이르러서는 군주는 밝지 못하고 신하는 포학하여 도리를 잃자, 대당이 다시 병사를 내고 신라가 원조하니 토벌하여 평정하였다. 그 영역은 대부분 발해말갈(渤海靺鞨)에 편입되었다. 신라 또한 그 남쪽 경계를 얻어서 한주(漢州)·삭주(朔州)·명주(溟州) 3주 및 그 군현(郡縣)을 설치하여 9주를 갖추었다]. (『三國史節要』11)

고구려 신라 보장왕(寶臧王)은 영순 초년에 죽었다. 위위경을 추증하고 조서를 내려 시체를 보내어 수도에 이르게 하며, 힐리가한의 무덤 왼쪽에 장사지내고 그 무덤길에 비석을 세웠다. 그 사람들을 하남·농서의 여러 주에 흩어뜨려 옮기게 하고, 가난한 자들은 안동성 옆의 옛 성에 머무르게 하였다. 이따금 신라에 숨어들고 나머지 무리들은 말갈 및 돌궐에 흩어져 들어가니, 고씨의 군장(君長)은 마침내 끊어졌다. (『三國史記』22 高句麗本紀 10)

고구려 고장(高藏)은 영순 초년에 죽었다. 위위경을 추증하고 조서를 내려 시체를 보내어 수도에 이르게 하며, 힐리가한의 무덤 왼쪽에 장지를 하사하며 겸하여 그를 위하여

	비석을 세웠다. (『舊唐書』 199上 列傳 149上 東夷 高麗)
고구려 신라	장(藏)은 영순 초년에 죽었다. 위위경을 추증하고 힐리가한의 무덤 왼쪽에 장사지내며 그 무덤길에 비석을 세웠다. 옛 성은 이따금 신라에 들어가고 남은 사람들은 돌궐·말갈에 흩어져 도망쳤다. 이로 말미암아 고씨의 군장은 모두 끊어졌다. (『新唐書』 220 列傳 145 東夷 高麗)
고구려	고장이 안동(安東)에 이르러 몰래 말갈과 서로 통하여 모반(謀叛)하였으나, 일이 발각되어 소환되었다. 공주(邛州)에 유배되었다가 영순 초년에 죽었다. 위위경을 추증하였다. (『唐會要』 95 高句麗)

683(癸未/신라 신문왕 3/唐 永淳 2, 弘道 1/倭 天武 12)

고구려 백제 신라	봄 정월 기축 초하루 병오(18) 이 날 오하리다(小墾田)의 춤과 고구려·백제·신라 3국의 음악을 조정에서 연주했다. (『日本書紀』 29 天武紀 下)
신라	봄 2월에 순지(順知)를 중시(中侍)로 삼았다. (『三國史記』 8 新羅本紀 8)
신라	봄 2월에 순지를 중시로 삼았다. (『三國史節要』 11)
신라	봄 2월에 일길찬(一吉飡) 김흠운(金欽運)의 어린 딸을 맞아들여 부인(夫人)으로 삼았다. 이찬(伊飡) 문영(文穎)·파진찬(波珍飡) 삼광(三光)을 먼저 보내 기일을 정하고, 대아찬(大阿飡) 지상(智常)을 보내 납채(納采)하였는데, 폐백(幣帛)이 15수레, 쌀·술·기름·꿀·간장·메주·포·젓갈이 135수레, 조(租) 150수레였다. (『三國史記』 8 新羅本紀 8)
신라	봄 2월에 당초에 왕이 태자일 때 김흠돌(金欽突)의 딸을 맞아들여 비(妃)로 삼았으나 아들이 없었고, 나중에 아버지에게 연좌되어 폐위되었다. 이 때에 이르러 왕이 장차 일길찬 김흠운의 딸을 맞아들여 비로 삼고자 하여, 앞서 이찬 문영·파진찬 삼광을 파견하여 빙례(聘禮)로 삼고, 또 대아찬 지상을 파견하여 폐백 15수레, 쌀·술·반찬·도구 135수레, 조 150수레를 하사하였다. (『三國史節要』 11)
신라	여름 4월에 평지에 눈 1척이 내렸다. (『三國史記』 8 新羅本紀 8)
신라	여름 4월에 평지에 눈이 내렸는데, 깊이가 1척이었다. (『三國史節要』 11)
신라	5월 7일에 이찬 문영·개원(愷元)을 파견하여 그 집에 도착하여 부인으로 책봉하였다. 그 날 묘시에 파진찬 대상(大常)·손문(孫文), 아찬(阿飡) 좌야(坐耶)·길숙(吉叔)을 파견하고 각각 아내·딸 및 양부(梁部)·사량부(沙梁部)의 할머니 각각 30명과 더불어 맞이하러 왔다. 부인이 수레에 오르자 좌우에서 시종하니, 관인 및 딸·할머니가 매우 성대하였다. 왕궁의 북문에 이르러 수레에서 내려서 안으로 들어갔다. (『三國史記』 8 新羅本紀 8)
신라	5월에 이찬 문영·개원을 파견하여 김씨를 책봉하여 비로 삼았다. 파진찬 대상·손문, 아찬 좌야·길숙 등에게 명령하여 각각 그 아내를 이끌고 사량부·양부의 부인 각각 30인과 더불어 그들을 맞이하니, 좌우에서 시종함이 매우 성대하였다. (『三國史節要』 11)
백제	가을 7월 이 달 처음부터 8월에 이르기까지 가물었다. 백제의 승려 도장(道藏)이 기우제를 지내니 비가 왔다. (『日本書紀』 29 天武紀 下)
백제	9월 을유 초하루 정미(23) 야마토노아타히(倭直)·쿠루쿠마노오비토(栗隈首) (…) 구다

	라노미야쓰코(百濟造)·가타리노미야쓰코(語造), 모두 38씨(氏)에게 가바네(姓)를 하사하여 무라지(連)라고 했다. (『日本書紀』 29 天武紀 下)
백제 신라	겨울 10월 을묘 초하루 기미(5) 삼택길사(三宅吉士)·초벽길사(草壁吉士)·백기조(伯耆造)·선사(船史)·일기사(壹伎史)·사라라마사조(娑羅羅馬飼造)·토야마사조(菟野馬飼造)(…) 아직사(阿直史)·고시현주(高市縣主)·기성현주(磯城縣主)·경작조(鏡作造), 모두 14씨(氏)에게 가바네(姓)를 하사하여 무라지(連)라고 했다. (『日本書紀』 29 天武紀 下)
신라 보덕	겨울 10월에 보덕왕(報德王) 안승(安勝)을 불러들여 소판(蘇判)으로 삼고, 김씨 성을 하사하며 수도에 머무르게 하여 좋은 전택(田宅)을 하사하였다. (『三國史記』 8 新羅本紀 8)
신라 보덕	겨울 10월에 보덕왕 안승을 불러들여 소판으로 삼고 저택을 하사하며, 이어서 김씨 성을 하사하였다. (『三國史節要』 11)
신라	겨울 10월에 혜성이 오거(五車)에 나타났다. (『三國史記』 8 新羅本紀 8)
신라	겨울 10월에 혜성이 오거에 나타났다. (『三國史節要』 11)
신라	11월 갑신 초하루 병신(13) 신라가 사찬(沙飡) 김주산(金主山), 대나말(大那末) 김장지(金長志)를 보내 조(調)를 바쳤다. (『日本書紀』 29 天武紀 下)
신라 고구려	말갈
	구서당(九誓幢)은 (…) 다섯째는 황금서당(黃衿誓幢)인데, 신문왕(神文王) 3년에 고구려의 백성으로 당을 만들었고 금색(衿色)은 황적(黃赤)이었다. 여섯째는 흑금서당(黑衿誓幢)인데, 신문왕 3년에 말갈국(靺鞨國)의 백성으로 당을 만들었고 금색은 흑당(黑幢)이었다. (『三國史記』 40 雜志 9 職官 下)
신라 고구려	말갈
	황금서당을 두어 고구려의 백성으로 당을 만들었고 금색은 황적이었다. 또 흑금서당을 두어 말갈국의 백성으로 당을 만들었고 금색은 흑적(黑赤)이었다. (『三國史節要』 11)

684(甲申/신라 신문왕 4/唐 嗣聖 1, 文明 1, 光宅 1/倭 天武 13)

신라	2월 계축 초하루 병자(24) 김주산(金主山)에게 쓰쿠시(筑紫)에서 잔치를 베풀었다. (『日本書紀』 29 天武紀 下)
신라	3월 계미 초하루 을사(23) 김주산이 귀국하였다. (『日本書紀』 29 天武紀 下)
신라	여름 4월 임자 초하루 신미(20) 小錦下 다카무코노오미 마로(高向臣麻呂)를 대사(大使)로 삼고, 小山下 쓰노노오미 우시카이(都努臣牛甘)을 소사(小使)로 삼아 신라에 보냈다. (『日本書紀』 29 天武紀 下)
백제	5월 신해 초하루 갑자(14) 귀화해 온 백제의 승려와 여승 및 속인, 남녀 합해 23인을 모두 무사시노쿠니(武藏國)에 안치했다. (『日本書紀』 29 天武紀 下)
고구려	5월 신해 초하루 무인(28) 미와노히케다노키미 나니와마로(三輪引田君難波麻呂)를 대사(大使)로 삼고, 쿠와하라노무라지 히토다리(桑原連人足)을 소사(小使)로 삼아 고

구려(高麗)에 보냈다. (『日本書紀』29 天武紀 下)

탐라	겨울 10월 기묘 초하루 신사(3) 이 날 아가타노 이누카이노무라지 타스키(縣犬養連手繦)을 대사(大使)로 삼고, 가와라노무라지 카네(川原連加尼)를 소사(小使)로 삼아 탐라(耽羅)에 보냈다. (『日本書紀』29 天武紀 下)
신라	겨울 10월에 어두울 때부터 새벽까지 유성이 뒤섞여 어지러웠다. (『三國史記』8 新羅本紀 8)
신라	겨울 10월에 유성이 밤새도록 뒤섞여 어지러웠다. (『三國史節要』11)
백제 고구려	11월 신해(4)에 무후(武后)가 또 흑치상지(黑齒常之)를 시켜 강남(江南)의 병사를 거느리고 이효일(李孝逸)의 원군이 되어 진격하게 하니, 회음(淮陰)·도량산(都梁山)의 병사가 모두 패배하였다. (…) 이경업(李敬業)이 이경유(李敬猷)·당지기(唐之奇)·두구인(杜求仁)·낙빈왕(駱賓王)과 경기(輕騎)로 강도(江都)로 달아나서 그 지도와 호적을 모두 불태웠다. 처자를 데리고 윤주(潤州)로 달아나서 산산(蒜山) 아래에 숨었다가, 장차 바다에 들어가 고구려로 도망가려고 해릉(海陵)에 이르렀다. 유산(遺山)의 강 속에서 바람에 막혀 그 장수인 왕나상(王那相)이 목을 베니 모두 25개의 수급이었는데, 동도(東都)에 전달하고 그 집안을 모두 멸족하였다. (『新唐書』93 列傳 18 李敬業)
고구려	11월 경신(13)에 이경업 등이 경기로 강도로 달아나 들어갔다. 처자를 데리고 윤주로 도망갔다가 장차 바다에 들어가 고구려로 도망가려고 하였다. 이효일은 강도에 나아가 주둔하고 여러 장수를 나누어 파견하여 그를 추격하였다. (『資治通鑑』203 唐紀 19 則天皇后 上之上)
고구려	사성(嗣聖)원년에 이경업이 도망가 양주(揚州)에 이르자, 당지기·두구인 등과 작은 배를 타고 장차 바다에 들어가 고구려에 투항하려고 하였다. 추격병이 이르러 그들을 모두 잡았다. (『舊唐書』67 列傳 17 李敬業)
신라 보덕	11월에 안승(安勝)의 조카인 장군 대문(大文)이 금마저(金馬渚)에서 반란을 도모하다가, 일이 발각되어 처형당하였다. 나머지 사람들은 대문이 주살당하는 것을 보고, 관리를 살해하고 치소를 근거로 반란하였다. 왕이 장수와 병사에게 명령하여 토벌하게 하니, 맞이하여 싸우던 당주(幢主) 핍실(逼實)이 거기서 죽고 그 성을 함락시켰다. 그 사람들을 나라 남쪽의 주군(州郡)으로 옮기고 그 지역을 금마군(金馬郡)이라고 하였다[대문은 혹은 실복(悉伏)이라고도 한다]. (『三國史記』8 新羅本紀 8)
신라 보덕	11월에 안승의 조카인 장군 대문이 금마저에서 반란을 도모하여 처형당하였다. 나머지 무리들은 관리를 죽이고 보덕성(報德城)을 근거로 반란하였다. 왕이 장수와 병사에게 명령하여 주살하고 토벌하게 하니, 그 사람들을 나라 남쪽의 주군으로 옮기고 그 지역을 금마군이라고 하였다. 이 전투에서 제감(弟監) 핍실, 보기감(步騎監) 김영윤(金令胤)이 죽었다. 핍실은 곧 부과(夫果)·취도(驟徒)의 동생이다. 부과·취도는 일찍이 왕의 일에 죽은 자이다. 핍실이 장차 출전하려고 그 아내에게 말하였다. "내 두 형은 이미 왕의 일에 죽었으니, 이름이 역사에 드리워져 썩지 않을 것이오. 나는 비록 현명하지 못하나, 어찌 홀로 죽음을 두려워하여 구차히 살겠소? 오늘은 그대와 사별할 것이오." 싸우게 되자, 홀로 나가 용감히 싸워 수십 명을 목베어 죽이고 그도 죽었다. 왕이 탄식하였다. "취도는 죽을 곳을 알아서, 형과 동생의 마음을 격동시켰다. 부과와 핍

실 또한 의리에 용감하여 떨쳐서 죽음을 돌아보지 않았으니, 돌아보건대 바르지 아니한가?" 모두 사찬(沙湌)을 추증하였다.

영윤(令胤)은 곧 급찬(級湌) 반굴(盤屈)의 아들이고, 각간(角干) 흠춘(欽春)의 손자이다. 대대로 고관을 지낸 집안에서 태어나 자랐으므로, 명예와 절개를 자부하였다. 장차 떠나려 할 때 사람들에게 말하기를, "이번 출전에 마땅히 이름을 날려 종족과 친구들에게 보답하겠다."고 하였다. 가잠성(椵岑城) 남쪽 7리에 이르자, 적장 대문이 진을 치고 기다리고 있었다. 사졸들이 모두 말하였다. "지금 흉악한 무리는 장막 위의 제비나 솥의 물고기와 같아서 오래 버티려는 마음이 없으니, 만 번 죽음으로써 나가도 요행히 한번 싸울 것이다. 옛말에 '막다른 곳에 다다른 도둑을 급박하게 쫓지 말라.'고 하였으니, 피로해지고 나서 공격하는 것이 옳을 것이다." 여러 장수들이 그럴 듯하다고 여겨 모두 물러났다.

영윤은 홀로 흥분하며 싸우고자 하니, 따르는 자가 말하였다. "지금 여러 장수들이 어찌 다 구차하게 살고 죽음을 아끼려는 자이겠습니까? 장차 적이 편해짐을 엿보는 것인데, 그대가 홀로 싸우고자 하는 것이 옳겠습니까?" 영윤이 말하였다. "전쟁에 임하여 용기가 없는 것은 예기(禮記)에서 경계한 바요, 전진이 있을 뿐 후퇴가 없는 것은 병졸의 떳떳한 분수이다. 장부는 일에 임하여 스스로 결정하는 것이니, 어찌 반드시 다수를 따르겠는가?" 마침내 적진에 나가서 힘껏 싸우다가 죽었다. 왕이 감탄하며 말하였다. "그런 아버지가 있어서 이런 자식이 있구나! 그 뛰어난 충의가 아름답다할 만하다." 추증과 부의에 더함이 있었다. (『三國史節要』11)

신라 보덕　　문명(文明)원년 갑신에 고구려의 남은 도적이 보덕성을 근거로 반란하였다. 신문대왕(神文大王)이 장수에게 명령하여 토벌하도록 하였는데, 핍실을 귀당제감(貴幢弟監)으로 삼았다. 출전에 임하여 그 아내에게 말하였다. "내 두 형은 이미 나라 일에 죽었으니, 이름이 역사에 드리워져 썩지 않을 것이오. 나는 비록 현명하지 못하나, 어찌 죽음을 두려워하여 구차히 살 수 있겠소? 오늘 그대와 살아서 헤어지지만, 끝내는 사별할 것이오. 상심하지 말고 잘 사시오." 적진과 맞서게 되자, 홀로 나가 용감히 싸워 수십 명을 목베어 죽이고 그도 죽었다. 대왕이 그것을 듣고 눈물을 흘리며 탄식하였다. "취도는 죽을 곳을 알아서 형과 동생의 마음을 격동시켰다. 부과와 핍실 또한 의리에 용감하여 자신을 돌아보지 않았으니, 장하지 아니한가?" 모두 사찬 관등을 추증하였다. (『三國史記』47 列傳 7 驟徒)

신라 보덕　　영윤은 대대로 고관을 지낸 집안에서 태어나 자랐으므로, 명예와 절개를 자부하였다. 신문대왕 때에 고구려의 남은 도적인 실복이 보덕성에서 반란하였다. 왕이 그것을 토벌할 것을 명령하고, 영윤을 황금서당(黃衿誓幢) 보기감으로 삼았다. 장차 떠나려 할 때 사람들에게 말하기를, "나는 이번 출전에 종족과 친구들이 나쁜 소리를 듣지 않게 하겠다."고 하였다. 실복이 가잠성 남쪽 7리에 나와 진을 치고 기다리고 있는 것을 보자, 어떤 사람이 고하였다. "지금 이 흉악한 무리는 비유하면 제비가 장막 위에 둥지를 틀고 물고기가 솥 가운데서 노는 것과 같아서, 만 번 죽음으로써 나가더라도 하루의 목숨을 다투는 것밖에 되지 않는다. 옛말에 '막다른 곳에 다다른 도둑을 급박하게 쫓지 말라.'고 하였다. 마땅히 조금 물러서서 피로가 극에 달함을 기다려 치면 칼날에 피를 묻히지 않고도 사로잡을 수 있을 것이다." 여러 장수들이 그 말을 그럴 듯하다고 여겨 잠깐 물러났다. 오직 영윤만이 받아들이지 않고 싸우고자 하니, 따르는 자가 고하였다. "지금 여러 장수들이 어찌 다 구차하게 살려는 사람이자 죽음을 아끼는 무리이겠습니까? 그러나 지난 번의 말을 그러하다고 한 것은 장차 그 틈을 기다려 그 편함을 얻고자 함입니다. 그대가 홀로 바로 나가겠다고 하니, 그것은 옳지 못합니다." 영윤이 말하였다. "전쟁에 임하여 용기가 없는 것은 예기에서 경계한 바요, 전진이 있을 뿐 후퇴가 없는 것은 병졸의 떳떳한 분수이다. 장부는 일에 임하여 스스로 결정하는 것이니, 어찌 반드시 무리를 좇겠는가?" 마침내 적진에 나가서 싸우다가 죽었다. 왕이 그것을 듣고 슬퍼하여 눈물을 흘리며 말하였다. "그런 아버지가 없었으면 이런 자식이 있을 수 없다. 그 뛰어난 충의가 아름답다할 만하다." 관작과 상을 더욱 후하게 추증하였다. (『三國史記』 47 列傳 7 金令胤)

| 백제 신라 | 12월 무인 초하루 계미(6) 당(唐)에 보냈던 학생(學生) 하지노스쿠네 오이(土師宿禰甥)·시라이노후비토 호네(白猪史寶然)와 백제의 전역(戰役) 때 당(唐)의 포로가 되었던 이쓰카이노무라지 고비토(猪使連子首)·쓰쿠시노미야케노무라지 토쿠코(筑紫三宅連得許)가 신라를 거쳐 왔다. 신라는 대나말(大那末) 김물유(金物儒)를 보내 오이(甥) 등을 쓰쿠시(筑紫)까지 호송하였다. (『日本書紀』 29 天武紀 下) |

신라　영흥사성전(永興寺成典)은 신문왕(神文王) 4년에 처음으로 설치되었다. (『三國史記』 38 雜志 7 職官 上)

685(乙酉/신라 신문왕 5/唐 垂拱 1/倭 天武 14)

고구려 백제　2월 정축 초하루 경진(4) 당나라인, 백제인, 고구려인 모두 147인에게 작위를 주었다. (『日本書紀』 29 天武紀 下)

신라　3월 병오 초하루 기미(14) 김물유(金物儒)에게 쓰쿠시(筑紫)에서 잔치를 베풀었다. (그는) 바로 쓰쿠시(筑紫)에서 돌아갔다. 그리고 표류해 온 신라인 7명을 물유(物儒)에게 딸려 돌아가게 했다. (『日本書紀』 29 天武紀 下)

신라　3월에 서원소경(西原小京)을 설치하고, 아찬(阿湌) 원태(元泰)를 사신(仕臣)으로 삼았다. 남원소경(南原小京)을 설치하고, 여러 주군(州郡)의 민호(民戶)를 옮겨 나누어 살게 하였다. (『三國史記』 8 新羅本紀 8)

신라　3월에 서원소경을 설치하고, 아찬 원태를 사신으로 삼았다. 남원소경을 설치하고, 여러 주군의 백성을 옮겨 거기에 살게 하였다. (『三國史節要』 11)

신라　서원경(西原京)은 신문왕(神文王) 5년에 서원소경을 처음으로 설치하였다. (…) 남원소경은 (…) 신문왕 5년에 소경을 처음으로 설치하였다. (『三國史記』 36 雜志 5 地理 3)

신라　3월에 봉성사(奉聖寺)가 완성되었다. (『三國史記』 8 新羅本紀 8)
신라　3월에 봉성사를 창건하였다. (『三國史節要』 11)

신라　봄에 완산주(完山州)를 다시 설치하고, 용원(龍元)을 총관(摠管)으로 삼았다. 거열주(居列州)를 뽑아서 청주(菁州)를 설치하여 비로소 9주(州)를 갖추고, 대아찬(大阿湌) 복세(福世)를 총관으로 삼았다. (『三國史記』 8 新羅本紀 8)

신라　봄에 완산주를 다시 설치하고, 용원을 총관으로 삼았다. 거열주를 청주로 삼고, 대아찬 복세를 총관으로 삼았다. (『三國史節要』 11)

신라　처음에 고구려·백제와 영역이 개 이빨처럼 교차되었는데, 혹은 서로 화친하고 혹은 서로 침략하였다. 나중에 대당과 두 나라를 침입하여 멸망시키고 그 땅을 평정하여 마침내 9주를 설치하였다. 본국의 경계 안에 3주를 설치하였는데, 왕성 동쪽·북쪽으로 당은포로(唐恩浦路)에 이르는 곳은 상주(尙州)라고 하고, 왕성 남쪽은 양주(良州)라고 하며, 서쪽은 강주(康州)라고 하였다. 옛 백제국의 경계에 3주를 설치하였는데,

백제 옛 도성 북쪽의 웅진(熊津) 입구는 웅주(熊州)라고 하고, 이어서 서남쪽은 전주(全州)라고 하며, 이어서 남쪽은 무주(武州)라고 하였다. 옛 고구려 남쪽 경계에 2주를 설치하였는데, 서쪽부터 첫번째는 한주(漢州)라고 하고, 이어서 동쪽은 삭주(朔州)라고 하며, 또 이어서 동쪽은 명주(溟州)라고 하였다. 9주가 관할하는 군현은 무려 450이었다[방언(方言)에서 말하는 향(鄕)·부곡(部曲) 등 잡소(雜所)는 다시 갖추어 기록하지 않았다]. 신라 지리의 폭과 길이는 이처럼 지극하다. (…)

강주(康州)는 신문왕 5년 당(唐) 수공(垂拱)원년에 거타주(居陁州)를 나누어 청주를 설치하였다. (…) (『三國史記』 34 雜志 3 地理 1)

신라 전주(全州)는 (…) 신문왕 5년에 완산주를 다시 설치하였다. (『三國史記』 36 雜志 5 地理 3)

백제 신라 고구려

백제는 (…) 얼마 지나지 않아 신라가 그 지역을 모두 병합하여 웅주(熊州)·전주·무주(武州) 3주 및 여러 군현을 설치하였다. 고구려 남쪽 경계 및 신라의 옛 땅과 더불어 9주가 되었다. (『三國史記』 37 雜志 6 地理 4)

신라 여름 4월 병자 초하루 임진(17) 신라인 김주산(金主山)이 돌아갔다. (『日本書紀』 29 天武紀 下)

신라 여름 4월에 망덕사(望德寺)가 완성되었다. (『三國史記』 8 新羅本紀 8)
신라 여름 4월에 망덕사를 창건하였다. (『三國史節要』 11)

신라 5월 병오 초하루 신미(26) 다카무쿠노아손 마로(高向朝臣麻呂)·쓰노노아손 우시카이(都努朝臣牛飼) 등이 신라에서 돌아왔다. 그리고 학문승(學問僧) 관상(觀常)·영관(靈觀)이 따라 왔다. 신라왕이 물건을 바쳤는데, 말 2필, 개 3마리, 앵무 2마리, 까치 2마리와 여러 가지 물건이었다. (『日本書紀』 29 天武紀 下)

탐라 8월 갑술 초하루 계사(20) 탐라(耽羅)에 보낸 사신들이 돌아왔다. (『日本書紀』 29 天武紀 下)

고구려 9월 갑신 초하루 계해(20) 고구려에 보낸 사신들이 돌아왔다. (『日本書紀』 29 天武紀 下)

고구려 9월 갑신 초하루 경오(27) 귀화해 온 고구려인들에게 녹(祿)을 주었는데 각각 차등이 있었다. (『日本書紀』 29 天武紀 下)

백제 겨울 10월 계유 초하루 병자(4) 백제의 승려 상휘(常輝)에게 30戶를 봉했는데, 이 승려는 나이가 100세였다. (『日本書紀』 29 天武紀 下)

백제 겨울 10월 계유 초하루 경진(8) 백제의 승려 법장(法藏)과 우파새(優婆塞) 마스타노아타이 킨쇼(益田直金鍾)를 미노(美濃)에 보내 백출(白朮, 한약재)을 달이게 했다. 그것을 인하여 거친 비단(絁)·비단(綿)·포(布)를 주었다. (『日本書紀』 29 天武紀 下)

백제 11월 계묘 초하루 병인(24) 법장법사(法藏法師)와 킨쇼(金鍾)가 백출(白朮) 달인 것을 바쳤다. 이 날 천황을 위해 초혼제를 지냈다. (『日本書紀』 29 天武紀 下)

신라	11월 계묘 초하루 기사(27) 신라가 파진찬(波珍湌) 김지상(金智祥)과 대아찬(大阿湌) 김건훈(金健勳)을 보내 정치를 물었다. 그리고 조(調)를 바쳤다. (『日本書紀』 29 天武紀 下)
신라	북원경(北原京)은 (…) 신문왕 5년에 성을 축조하였는데, 둘레가 1,031보였다. (『三國史記』 35 雜志 4 地理 2)
신라	북원경성(北原京城)을 축조하였는데, 둘레가 1,031보였다. (『三國史節要』 11)
신라	집사성(執事省)은 (…) 사지(舍知)는 2인인데, 신문왕 5년에 두었다. (…) 조부(調府)는 (…) 사지는 1인인데, 신문왕 5년에 두었다. (…) 위화부(位和府)는 (…) 금하신(衿荷臣)은 2인인데 신문왕 2년에 처음으로 두고 5년에 1인을 더하였다. (…) 이찬(伊湌)부터 대각간(大角干)까지의 관등 소지자를 그것으로 삼았다. (『三國史記』 38 雜志 7 職官 上)
신라	집사성 사지 2인, 조부 사지 1인을 두었고, 위화부 금하신 1인을 추가로 두었다. (『三國史節要』 11)
신라	6정(停)은 (…) 여섯째는 완산정(完山停)인데, 본래는 하주정(下州停)이다. 신문왕 5년에 하주정을 폐지하고 완산정을 설치하였는데, 금색(衿色)은 백자(白紫)이다. (『三國史記』 40 雜志 9 職官 下)
신라	하주정을 폐지하고 완산정을 설치하였는데, 금색은 백자이다. (『三國史節要』 11)
신라	수공(垂拱) 초년에 중천축(中天竺)의 삼장법사(三藏法師) 일조(日照)가 있어, 산스크리트어 경전을 멀리서 가지고 여기에 와서 번역하였다. 고종(高宗)이 조서를 내려 태원사(太原寺)에 안치하게 하고, 수도의 대덕·승려를 불러 모아서 대화엄(大華嚴)·밀엄(密嚴) 등 10여 부의 경전을 함께 번역하게 하였다. 승려 도성(道成)·박진(薄塵)·원측(圓測)·현응(玄應) 등이 증의(證義)하였고, 복례(複禮)·사현(思玄) 등이 집필하였으며, 혜지(惠智) 등이 번역하였다. (『大方廣佛華嚴經感應傳』 垂拱初年)

686(丙戌/신라 신문왕 6/唐 垂拱 2/倭 天武 15, 朱鳥 1)

백제	봄 정월 임인 초하루 계묘(2) 이 날 셋쓰노쿠니(攝津國) 사람 구다라노 니이키(百濟新興)가 하얀 마노 보석(白馬瑙)을 바쳤다. (『日本書紀』 29 天武紀 下)
신라	봄 정월에 이찬(伊湌) 대장(大莊)[장(將)이라고도 한다.]을 중시(中侍)로 삼았다. (『三國史記』 8 新羅本紀 8)
신라	봄 정월에 이찬 대장을 중시로 삼았다. (『三國史節要』 11)
신라	봄 정월에 예작부경(例作府卿) 2인을 두었다. (『三國史記』 8 新羅本紀 8)
신라	봄 정월에 예작부경 2인을 두었는데 관등은 사정경(司正卿)과 같았다. 영(令)은 1인인데, 대아찬(大阿湌)부터 각간(角干)까지의 관등 소지자를 그것으로 삼았다. (『三國史節要』 11)
신라	예작부(例作府)는 (…) 영은 1인인데 신문왕(神文王) 6년에 두었고 대아찬부터 각간까지의 관등 소지자를 그것으로 삼았다. 경(卿)은 2인인데 신문왕이 두었고 관등은 사정경과 같았다. (『三國史記』 38 雜志 7 職官 上)
신라	정월 이 달 신라의 김지상(金智祥)에게 잔치를 베풀기 위해 淨廣肆 가와치오(川內

王)·直廣參 오토모노스쿠네 야스마로(大伴宿禰安麻呂)·直大肆 후지와라노아손 오시마(藤原朝臣大嶋)·直廣肆 사카이베노스쿠네 고노시로(境部宿禰鯏魚)·直廣肆 호즈미노아손 무시마로(穗積朝臣蟲麻呂) 등을 쓰쿠시(筑紫)에 보냈다. (『日本書紀』 29 天武紀 下)

| 신라 | 수공(垂拱) 2년 2월14일에 신라왕 김정명(金政明)이 사신을 파견해 『예기(禮記)』 1부 및 여러 문장을 청하였다. 담당 관부에 명령하여 길흉요례(吉凶要禮)를 베끼고 아울러 『문관사림(文館詞林)』에서 그 충고하고 훈계하는 말에 언급된 기사를 채록하며 50권을 간행하여 그것을 하사하였다. (『唐會要』 36 蕃夷請經史) |

신라　『당회요(唐會要)』에 전한다. " (…) 수공 2년 2월14일에 신라왕 김정명이 사신을 파견해 당례(唐禮) 및 여러 문장을 청하였다. 담당 관부에 명령하여 길흉요례를 베끼고 아울러 『문관사림』에서 그 충고하고 훈계하는 말에 언급된 기사를 채록하며 50권을 간행하여 그것을 하사하였다."(『玉海』 54 藝文 總集文章 唐文館詞林)

신라　『신당서』 신라전에 전한다. " (…) 수공 2년[2월14일]에 조정에 사신을 파견해 당례 및 다른 문장을 구하였다. 무후(武后)가 길흉례(吉凶禮) 및 문장 50편을 하사하였다[어떤 책에 전하기를, '길흉요례를 베끼고 아울러 『문관사림』에서 그 충고하고 훈계하는 말에 언급된 기사를 채록하며 50권을 간행하여 그것을 하사하였다.'고 한다]." (『玉海』 153 朝貢 外夷來朝內附 唐新羅織錦頌觀釋奠賜晉書)

신라　2월에 사신을 파견해 당(唐)에 들어가 『예기』 및 문장을 아뢰어 청하였다. 측천무후(則天武后)가 담당 관부에 명령하여 길흉요례를 베끼고 아울러 『문관사림』에서 그 충고하고 훈계하는 말에 언급된 기사를 채록하며 50권을 간행하여 그것을 하사하였다. (『三國史記』 8 新羅本紀 8)

신라　2월에 사신을 파견해 당에 가서 예전(禮典) 및 사장(詞章)을 청하였다. 무후가 담당 관부에 명령하여 길흉요례를 베끼고 아울러 충고하고 훈계하는 말에 언급된 문장을 채록하며 50권을 간행하여 그것을 하사하였다. (『三國史節要』 11)

신라　수공 2년 2월에 신라가 당례를 구하였다. 무후가 길흉례 및 문장 50편을 하사하였다. (『玉海』 69 禮儀 禮制 下 唐顯慶禮永徽五禮)

신라　수공 2년에 정명(政明)이 사신을 파견해 와서 조공하고, 이어서 표문을 올려 당례 1부 및 여러 문장을 청하였다. 측천무후가 담당 관부에 명령하여 길흉요례를 베끼고 아울러 『문관사림』에 그 충고하고 훈계하는 말에 언급된 기사를 채록하며 50권을 간행하여 그것을 하사하였다. (『舊唐書』 199上 列傳 149上 東夷 新羅)

신라　『구당서』 신라전에 또 전한다. " (…) 수공 2년에 사신을 파견해 와서 조공하고, 이어서 당례 1부 및 여러 문장을 청하였다. 측천무후가 명령하여 길흉요례를 베끼고 아울러 『문관사림』에 그 충고하고 훈계하는 말에 언급된 기사를 채록하며 50권을 간행하여 그것을 하사하였다."(『太平御覽』 781 四夷部 2 東夷 2 新羅)

신라　사자를 파견하여 조공하며 당례 및 다른 문장을 구하였다. 무후가 길흉례(吉凶禮) 및 문장 50편을 하사하였다. (『新唐書』 220 列傳 145 東夷 新羅)

신라　2월에 석산(石山)·마산(馬山)·고산(孤山)·사평(沙平) 4현(縣)을 설치하였다. 사비주(泗沘州)를 군(郡)으로 삼고, 웅천군(熊川郡)을 주(州)로 삼으며, 발라주(發羅州)를 군으로 삼고, 무진군(武珍郡)을 주로 삼았다. (『三國史記』 8 新羅本紀 8)

신라　2월에 백제의 옛 땅에 주군(州郡)을 설치하였다. 사비주를 군으로 삼고 웅천군을 주로 삼으며 도독(都督)을 두었다. 나주(羅州)를 폐하여 군으로 삼고 무진군을 주로 삼았다. 또 석산·마산·고산·사평 4현을 설치하였다. (『三國史節要』 11)

신라　웅주(熊州)는 본래 백제의 옛 수도이다. (…) 신문왕이 고쳐서 웅천주(熊川州)로 삼고 도독을 두었다. (…)

무주(武州)는 본래 백제 땅인데, 신문왕 6년에 무진주(武珍州)라고 하였다. (『三國史記』 36 雜志 5 地理 3)

신라 수공 2년 3월30일에 혈사(穴寺)에서 죽으니 나이가 70이었다. 곧 절의 서쪽 봉우리에 감실(龕室)을 형편에 맞추어 임시로 조치하니, 며칠 지나지 않아서 타는 말이 무리를 이루고 해골을 가져갔다. (…) 만선화상(萬善和上)의 기록 중에 전하기를, "불법(佛法)에 능한 자가 9인이 있어 모두 대△(大△)를 칭하였다."라고 하였다. (「高仙寺誓幢和上塔碑」)

신라 여름 4월 경오 초하루 임오(13) 신라의 사신들에게 잔치를 베풀기 위해 가와하라데라(川原寺)의 기악(伎樂)을 쓰쿠시(筑紫)에 옮겼다. 그리고 황후궁의 사도(私稻) 5천 속(束)을 가와하라데라에 바쳤다. (『日本書紀』 29 天武紀 下)

신라 여름 4월 경오 초하루 무자(19) 신라가 바친 조(調)를 쓰쿠시에서 올려 보냈는데, 세마(細馬) 1마리, 노새 1마리, 개 2마리, 조각한 금 그릇과 금·은, 하금(霞錦)·능라(綾羅), 호랑이와 표범 가죽, 약 등 100여 종이었다. 또 신라 사신 지상(智祥)과 건훈(健勳) 등은 따로 물건을 바쳤는데, 금·은, 하금·릉라, 금 그릇, 병풍, 鞍皮, 비단과 포, 약 등 각 60여 종이었다. 따로 황후·황태자와 여러 왕자들에게 바친 물건도 각각 많았다. (『日本書紀』 29 天武紀 下)

백제 5월 경자 초하루 무신(9) 이 날 시의(侍醫)인 백제인 억인(億仁)이 병이 들어 죽으려 하므로, 근대일위(勤大壹位)를 제수하고 100호를 봉했다. (『日本書紀』 29 天武紀 下)

신라 5월 경자 초하루 무진(29) 김지상(金智祥) 등에게 쓰쿠시에서 잔치를 베풀고 녹을 각각 차등 있게 주었다. 그들은 곧 쓰쿠시에서 물러갔다. (『日本書紀』 29 天武紀 下)

백제 9월 무술 초하루 정묘(30) 이 날 백제왕양우(百濟王良虞)가 백제왕선광(百濟王善光)을 대신하여 제문(誄)을 지어 천황의 빈소에 조문하였다. (…) (『日本書紀』 29 天武紀 下)

신라 겨울 10월 무진 초하루 기사(2) 황자 오츠(大津)가 반란을 계획하다가 발각되었다. 황자 오츠를 체포하고 아울러 황자 오츠를 잘못 인도한 직광사(直廣肆) 야구치노아손 오토카시(八口朝臣音橿), 소산하(小山下) 유키노무라지 하카도코(壹伎連博德)과 大舍人 나카토미노아손 오미마로(中臣朝臣臣麻呂), 고세노아손 다야스(巨勢朝臣多益須), 신라의 승려 행심(行心) 및 장내(帳內) 도키노미치츠쿠리(礪杵道作) 등 30여 인을 체포했다. (『日本書紀』 30 持統紀 稱制前紀)

신라 겨울 10월 무진 초하루 병신(29) 또 조서를 내려 "신라의 중 행심(行心)이 황자 오츠가 반란을 꾀하는 데 참여했으나, 짐이 차마 법을 더 적용하지 못하겠다. 히다노쿠니(飛驒國)의 절로 옮기라"고 하였다. (『日本書紀』 30 持統紀 稱制前紀)

고구려 백제 신라

윤12월 쓰쿠시의 대재(大宰)가 고려·백제·신라 3국의 남녀 백성과 僧尼 62명을 바쳤다. (『日本書紀』 30 持統紀 稱制前紀)

신라 보덕	구서당(九誓幢)은 (…) 일곱째는 벽금서당(碧衿誓幢)이라고 하는데, 신문왕 6년에 보덕성(報德城)의 백성으로 당을 만들었고 금색(衿色)은 벽황(碧黃)이다. 여덟째는 적금서당(赤衿誓幢)이라고 하는데, 신문왕 6년에 보덕성의 백성으로 당을 만들었고 금색은 적흑(赤黑)이다. (『三國史記』 40 雜志 9 職官 下)
신라 보덕	보덕성의 백성으로 벽금서당을 만들었는데 금색은 벽황이다. 또 적금서당을 나누어 만들었는데 금색은 적흑이다. (『三國史節要』 11)
신라 고구려	고구려인의 관등은 신문왕 6년에 고구려인에게 경관을 제수하였는데, 본국의 관품을 헤아려 수여하였다. 일길찬(一吉湌)은 본래 주부(主簿)이고, 사찬(沙湌)은 본래 대상(大相)이며, 급찬(級湌)은 본래 위두대형(位頭大兄)·종대상(從大相)이고, 나마(奈麻)는 본래 소상(小相)·적상(狄相)이며, 대사(大舍)는 본래 소형(小兄)이고, 사지(舍知)는 본래 제형(諸兄)이며, 길차(吉次)는 본래 선인(先人)이고, 오지(烏知)는 본래 자위(自位)이다. (『三國史記』 40 雜志 9 職官 下)
신라 고구려	고구려의 항복한 사람들에게 관작을 제수함에 차등이 있었다. 그 경관을 제수함에 본국의 관품을 헤아려 수여하였다. 일길찬은 본래 주부이고, 사찬은 본래 대상이며, 급찬은 본래 위두대형·종대상이고, 나마는 본래 소상·적상이며, 대사는 본래 소형이고, 사지는 본래 제형이며, 길차는 본래 선인이고, 오지는 본래 자위이다. (『三國史節要』 11)
고구려	수공 2년에 항복한 왕손 보원(寶元)을 조선군왕(朝鮮郡王)으로 삼았다. (『三國史記』 22 高句麗本紀 10)
고구려 백제 신라 발해	
	무후가 고장(高臧)의 손자 보원을 조선군왕으로 삼았다. 또 의자(義慈)의 손자 경(敬)에게 백제왕을 계승하게 하였다. 그 옛 땅은 이미 신라·발해말갈(渤海靺鞨)에게 나누어졌다. (『三國史節要』 11)
고구려	수공 2년에 또 고장(高臧)의 손자 보원을 봉하여 조선군왕으로 삼았다. (『舊唐書』 199上 列傳 149上 東夷 高麗)
백제 신라 발해	
	무후가 또 그 손자 경에게 왕을 계승하게 하였다. 그러나 그 영역은 이미 신라·발해말갈에게 나누어져, 나라의 계통은 마침내 끊어졌다. (『三國史記』 28 百濟本紀 6)
고구려	수공 연간에 장(藏)의 손자 보원을 조선군왕으로 삼았다. (『新唐書』 220 列傳 145 東夷 高麗)
신라	수공 2년 병술년에 초가지붕도 다듬지 못하여 경전을 비바람에게서 겨우 지켰다. (「淸州 雲泉洞 事蹟碑」)

687(丁亥/신라 신문왕 7/唐 垂拱 3/倭 持統 1)

신라	봄 정월 병인 초하루 갑신(19) 直廣肆 다나카노아손 노리마로(田中朝臣法麻呂)와 追大貳 모리노키미 가리타(守君苅田) 등으로 하여금 신라에 사신으로 가서 천황의 상을 알리게 했다. (『日本書紀』 30 持統紀)
신라	봄 2월에 원자(元子)가 태어났다. 이 날 하늘이 어둡고 구름이 짙으며 크게 벼락이

신라   봄 2월에 원자가 태어났다. 이 날 하늘이 흐리고 어두우며 크게 벼락이 쳤다. (『三國史節要』11)

고구려   3월 을축 초하루 기묘(15) 투화한 고구려인 56명을 히타치노쿠니(常陸國)에 살게 했다. 땅을 나누어 주고 곡식을 주어 생업에 편안히 종사하게 했다. (『日本書紀』30 持統紀)

신라   3월 을축 초하루 병술(22) 투화한 신라인 14명을 시모츠케노쿠니(下毛野國)에 살게 했다. 땅을 나누어 주고 곡식을 주어 생업에 편안히 종사하게 했다. (『日本書紀』30 持統紀)

신라   3월에 일선주(一善州)를 폐지하고 사벌주(沙伐州)를 다시 설치하여 파진찬(波珍湌) 관장(官長)을 총관(摠管)으로 삼았다. (『三國史記』8 新羅本紀 8)

신라   3월에 일선주를 폐지하고 사벌주를 다시 설치하여 파진찬 관장을 총관으로 삼았다. (『三國史節要』11)

신라   상주(尙州)는 (…) 신문왕(神文王) 7년 당(唐) 수공3년에 다시 설치하였다. (…)
숭선군(嵩善郡)은 본래 일선군(一善郡)이고 진평왕(眞平王) 36년(614)에 일선주로 삼아 군주(軍主)를 두었다. 신문왕 7년에 주(州)를 폐지하였다. (『三國史記』34 雜志 3 地理 1)

신라   여름 4월 갑오 초하루 계묘(10) 쓰쿠시(筑紫)의 대재(大宰)가 투화한 신라의 僧尼와 남녀 백성 22명을 바치니, 무사시노쿠니(武藏國)에 살게 했다. 땅을 나누어 주고 곡식을 주어 생업에 편안히 종사하게 했다. (『日本書紀』30 持統紀)

신라   여름 4월에 음성서장(音聲署長)을 고쳐서 경(卿)이라고 하였다. (『三國史記』8 新羅本紀 8)

신라   여름 4월에 음성서장 2인을 고쳐서 경이라고 하였다. (『三國史節要』11)

신라   음성서(音聲署)는 (…) 장(長)은 2인인데, 신문왕 7년에 고쳐서 경이라고 하였다. (『三國史記』38 雜志 7 職官 上)

신라   여름 4월에 대신을 파견하여 조묘(祖廟)에 치제(致祭)를 올렸다. "왕 모는 머리를 조아려 거듭 절을 올리고, 태조대왕(太祖大王)·진지대왕(眞智大王)·문흥대왕(文興大王)·태종대왕(太宗大王)·문무대왕(文武大王)의 신령(神靈)께 삼가 말씀드립니다. 모는 텅 비고 경박한 재주로 숭고한 기틀을 이어 지키느라 자지도 못하고 걱정하고 부지런히 노력하여 잠시도 편안히 쉴 겨를이 없습니다. 종묘가 지켜주시고 하늘과 땅이 복을 내려주심에 힘입어, 온 나라 안이 안정되고 백성들이 화목하며 다른 나라에서 오는 손님들이 배로 보물을 실어다 바치고, 형벌과 송사가 그쳐 오늘에 이르고 있습니다. 최근 임금이 임하시는 데 도가 없어지고 하늘이 살피시는데 의(義)가 어그러져 별의 형상에 괴변이 나타나고 빛이 묵어서 빛남을 잊으니 덜덜 떨리는 것이 깊은 못과 계곡에 떨어지는 것 같습니다. 사자인 모관의 모를 삼가 파견하여 변변치 못한 물품을 진열하여 여기 계신 듯한 신령 앞에 정성을 올립니다. 엎드려 바라옵건대 미약한 정성을 밝게 살피시고 하찮은 저를 불쌍히 여기시어 사계절의 기후를 순조롭게 하시고 오사(五事)의 징수에 잘못이 없게 하시옵소서. 농사가 풍년이 들고 역병이 사라지며 입고 먹을 것이 풍족하며 예의가 갖추어지게 되어 안팎이 편안하고 도적이 사라지며 후손들을 위해 업적을 남겨 오래도록 많은 복을 받도록 해주십시오. 삼가 아뢰옵니다."(『三國史記』8 新羅本紀 8)

신라 여름 4월에 성변(星變) 때문에 대신을 파견하여 조묘에 제사로 고하였다. "후계왕 정명(定明)은 머리를 조아려 거듭 절을 올리고, 태조대왕·진지대왕·문흥대왕·태종대왕·문무대왕의 신령께 삼가 말씀드립니다. 정명은 텅비고 경박한 재주로 숭고한 기틀을 이어 지키느라 자지도 못하고 걱정하고 부지런히 노력하여 잠시도 편안히 쉴 겨를이 없습니다. 종묘가 지켜주시고 하늘과 땅이 복을 내려주심에 힘입어, 온 나라 안이 안정되고 백성들이 화목하며 다른 나라에서 오는 손님들이 배로 보물을 실어다 바치고, 형벌과 송사가 그쳐 오늘에 이르고 있습니다.

최근 임금이 임하시는 데 도가 없어지고 하늘이 살피시는데 의가 어그러져 별의 형상에 괴변이 나타나고 빛이 묵어서 빛남을 잊으니 덜덜 떨리는 것이 깊은 못과 계곡에 떨어지는 것 같습니다. 모관을 삼가 파견하여 변변치 못한 물품을 진열하여 여기 계신 듯한 신령 앞에 정성을 올립니다. 엎드려 바라옵건대 미약한 정성을 밝게 살피시고 하찮은 저를 불쌍히 여기시어 사계절의 기후를 순조롭게 하시고 오사의 징수에 잘못이 없게 하시옵소서. 농사가 풍년이 들고 역병이 사라지며 입고 먹을 것이 풍족하며 예의가 갖추어지게 되어 안팎이 편안하고 도적이 사라지며 후손들을 위해 업적을 남겨 오래도록 많은 복을 받도록 해주십시오."(『三國史節要』11)

신라 5월에 교를 내려 문무관료전(文武官僚田)을 차등 있게 하사하였다. (『三國史記』8 新羅本紀 8)

신라 5월에 문무관료전을 차등 있게 하사하였다. (『三國史節要』11)

백제 수공 3년 그 해 8월에 또 삭주(朔州)를 노략질하였다. 다시 흑치상지(黑齒常之)를 연연도대총관(燕然道大總管)으로 삼아서, 도적을 황화퇴(黃花堆)에서 공격하여 크게 격파하였다. 도망가는 무리를 40여 리나 추격하니, 도적 무리가 마침내 사막 북쪽으로 흩어져 달아났다. (『舊唐書』194上 列傳 144上 突厥 上)

백제 8월 이 달에 돌궐(突厥)이 삭주를 노략질하였다. 연연도행군대총관(燕然道行軍大總管) 흑치상지가 그들을 패퇴시켰다. (『新唐書』4 本紀 4 則天皇后)

백제 수공 3년 그 해 8월에 삭주를 노략질하였다. 다시 흑치상지를 연연도대총관으로 삼아서, 도적을 황화퇴에서 공격하여 크게 격파하였다. 도망가는 무리를 40여 리나 추격하니, 도적 무리가 마침내 사막 북쪽으로 흩어져 달아났다. (『通典』198 邊防典 14 北狄 5 突厥 中)

백제 수공 3년 8월에 돌궐의 골돌록(骨吐祿)·원진(元軫)이 삭주를 노략질하였다. 흑치상지가 연연도대총관이 되어, 도적을 황화퇴에서 공격하여 크게 격파하였다. 도망가는 무리를 40여 리나 추격하니, 마침내 사막 북쪽으로 흩어져 달아났다. (『冊府元龜』358 將帥部 19 立功 11)

백제 수공 3년에 돌궐이 삭주에 들어와 노략질하였다. 흑치상지는 또 대총관(大總管)에 충원되어 이다조(李多祚)·왕구언(王九言)을 부대총관으로 삼고, 발자취를 추격하여 황화퇴에 이르러 크게 격파하였다. 도망가는 무리를 40여 리나 추격하니, 도적이 사막 북쪽으로 흩어져 달아났다. (『舊唐書』109 列傳 59 黑齒常之)

백제 오래 지나서 연연도대총관이 되어 이다조 등과 돌궐을 공격하여 격파하였다. (『三國史記』44 列傳 4 黑齒常之)

백제 오래 지나서 연연도대총관이 되어 이다조·왕구언 등과 돌궐의 골돌록·원진(元珍)을 황화퇴에서 공격하여 격파하였다. 도망가는 무리를 40리나 추격하니, 도적이 무너져 사막 북쪽으로 돌아갔다. (『新唐書』110 列傳 35 諸夷蕃將 黑齒常之)

| 신라 | 9월 임술 초하루 갑신(23) 신라가 왕자 김상림(金霜林), 급찬 김살모(金薩慕)와 급찬 김인술(金仁述), 大舍 소양신(蘇陽信) 등을 보내 국정을 아뢰고 또 調賦를 바쳤다. 학문승 智隆이 따라 왔다. 쓰쿠시(筑紫)의 大宰가 바로 천황의 죽음을 霜林 등에게 알리니, 그 날로 霜林 등이 모두 상복을 입고 동쪽을 향해 세 번 절하고 세 번 哭을 하였다. (『日本書紀』30 持統紀) |

신라	가을에 사벌(沙伐)·삽량(歃良) 2주의 성을 축조하였다. (『三國史記』8 新羅本紀 8)
신라	가을에 사벌·삽량 2주의 성을 축조하였다. 사벌성(沙伐城)은 둘레가 1,109보였고, 삽량성(挿良城)은 둘레가 1,260보였다. (『三國史節要』11)
신라	상주는 (…) 신문왕 7년 당 수공3년에 다시 설치하였다. 성을 축조하였는데 둘레가 1,109보였다. (…) 양주(良州)는 (…) 신문왕 7년에 성을 축조하였는데 둘레가 1,260보였다. (『三國史記』34 雜志 3 地理 1)

백제	10월 경자(9)에 우감문위중랑장(右監門衛中郎將) 찬보벽(爨寶璧)이 돌궐의 골독록(骨篤祿)·원진과 싸웠는데, 모든 군사를 모두 잃었다. 보벽은 경기(輕騎)로 달아나 돌아왔다. 보벽은 흑치상지가 전공이 있는 것을 보고 나머지 도적을 끝까지 추격하겠다고 표문을 올려 청하니, 조서를 내려 상지와 계획하고 논의하여 멀리서 성원하게 하였다. 보벽은 그 전공을 독점하려고 하여 상지를 기다리지 않고 정병 13,000명을 이끌고 먼저 떠나니, 2,000여 리나 변방을 나가서 그 부락을 갑자기 공격하였다. 이미 도착하고 나서 또 사람을 보내 그것을 알리니, 엄중하게 방비할 수 있게 하였다. 더불어 싸워 마침내 패하였다. 태후는 보벽을 주살하고 골독록을 고쳐 불졸록(不卒祿)이라고 하였다. (『資治通鑑』204 唐紀 20 則天皇后 上之下)
백제	수공 3년에 이 때 중랑장(中郎將) 찬보벽이 나머지 도적을 끝까지 추격하겠다고 표문을 올려 청하니, 제서를 내려 흑치상지가 보벽과 만나서 멀리서 성원하게 하였다. 보벽은 아침 저녁으로 도적을 격파할 수 있다고 여겨 전공을 탐내어 앞서 떠나니, 끝내 상지와 모의하지 않았다. 마침내 모든 군사를 잃었다. (『舊唐書』109 列傳 59 黑齒常之)
백제	수공 3년에 우감문위중랑장 찬보벽이 또 정병 13,000명을 이끌고 변방을 나가서 끝까지 추격하였다가, 도리어 골돌록에게 패배당하여 모든 군사를 다 잃었다. 보벽은 경기로 달아나 돌아왔다. 처음에 보벽은 흑치상지가 도적을 격파한 것을 보고 나머지 무리를 끝까지 추격하겠다고 갑자기 표문을 올려 청하니, 측천무후(則天武后)가 조서를 내려 상지가 보벽과 계획하고 논의하여 멀리서 성원하게 하였다. 보벽은 아침 저녁으로 도적을 격파할 수 있다고 여겨 전공을 탐내어 앞서 떠났다. 또 사람을 시켜 변방을 2,000여 리나 나가서 엿보게 하여 원진 등의 부락이 모두 방비하지 않은 것을 보고, 마침내 무리를 이끌고 갑자기 습격하였다. 이미 도착하고 나서 또 사람을 보내 도적에게 알리니, 엄중하게 방비하고 출전할 수 있게 하였다. 마침내 도적에게 패하니 보벽은 이에 연좌되어 처형되었다. 측천무후가 크게 노하여 인하여 골돌록을 고쳐 불졸록이라고 하였다. 원진이 나중에 병사를 이끌고 돌기시(突騎施)를 토벌하였다가, 진영에 임하여 전사하였다. (『舊唐書』194上 列傳 144上 突厥 上)
백제	수공 3년에 우감문위중랑장 찬보벽이 또 정병 13,000명을 이끌고 변방을 나가서 끝까지 추격하였다가, 도리어 골돌록에게 패배당하여 모든 군사를 다 잃었다. 보벽은 경기로 달아나 돌아왔다. 처음에 보벽은 흑치상지가 도적을 격파한 것을 보

고 나머지 무리를 끝까지 추격하겠다고 갑자기 표문을 올려 청하니, 무태후(武太后)가 상지로 하여금 보벽과 계획하고 논의하여 멀리서 성원하게 하였다. 보벽은 전공을 탐내어 앞서 떠났다. 또 사람을 시켜 변방을 2,000여 리나 나가서 엿보게 하여 원진 등의 부락이 모두 방비하지 않은 것을 보고, 마침내 무리를 이끌고 갑자기 습격하였다. 이미 도착하고 나서 또 사람을 보내 도적에게 알리니, 엄중하게 방비하고 출전할 수 있게 하였다. 마침내 도적에게 패하니 보벽은 이에 연좌되어 처형되었다. 무태후가 크게 노하여 인하여 골독록을 고쳐 불졸록이라고 하였다. 원진이 나중에 병사를 이끌고 돌기시를 토벌하였다가, 진영에 임하여 전사하였다. (『通典』 198 邊防典 14 北狄 5 突厥 中)

| 백제 | 좌감문위중랑장(左監門衛中郎將) 찬보벽이 끝까지 추격하여 공을 세우고자 하니, 조서를 내려 흑치상지와 함께 토벌하도록 하였다. 보벽은 홀로 진격하였다가 오랑캐에게 패배당하여 모든 군사를 잃었다. 보벽은 옥리(獄吏)에게 넘겨져 처형되었고, 상지도 연좌되어 전공이 없어졌다. (『三國史記』 44 列傳 4 黑齒常之) |

백제　　　좌감문위중랑장(左監門衛中郎將) 찬보벽이 끝까지 추격하여 공을 세우고자 하니, 조서를 내려 흑치상지와 함께 토벌하도록 하였다. 보벽은 홀로 진격하였다가 오랑캐에게 패배당하여 모든 군사를 잃었다. 보벽은 옥리(獄吏)에게 넘겨져 처형되었고, 상지도 연좌되어 전공이 없어졌다. (『三國史記』 44 列傳 4 黑齒常之)

백제　　　때마침 좌감문위중랑장 찬보벽이 끝까지 추격하여 공을 세우고자 하니, 조서를 내려 흑치상지와 함께 계획하도록 하였다. 보벽은 홀로 진격하였다가 오랑캐에게 패배당하여 모든 군사를 잃었다. 보벽은 옥리에게 넘겨져 처형되었고, 상지도 연좌되어 전공이 없어졌다. (『新唐書』 110 列傳 35 諸夷蕃將 黑齒常之)

신라　　　12월 신묘 초하루 경자(10) 直廣參 미치노마히토 토미(路眞人迹見)을 신라 (사신들)에게 잔치를 베푸는 칙사로 삼았다. (『日本書紀』 30 持統紀)

신라 백제　구서당(九誓幢)은 (…) 아홉째는 청금서당(靑衿誓幢)이라고 하였는데, 신문왕 7년에 백제의 남은 백성으로 당(幢)을 만들었고 금색(衿色)은 청백(靑白)이었다. (…) 삼무당(三武幢)은 (…) 둘째는 적금무당(赤衿武幢)이라고 하였는데, 신문왕 7년에 설치하였다. (『三國史記』 40 雜志 9 職官 下)

신라 백제　적금당(赤衿幢)을 설치하였다. 또 백제의 남은 백성으로 청금서당을 만들었는데 금색은 백색이었다. (『三國史節要』 11)

신라　　　『구당서(舊唐書)』 신라전(新羅傳)에 전한다. "수공 3년에 신라왕 김정명(金政明)이 사신을 파견하여 『예기(禮記)』 1부 및 새 문장을 청하였다. 명령하여 길흉례(吉凶禮)를 베끼고 아울러 『문관사림(文舘詞林)』에 그 충고하고 훈계하는 말에 언급된 기사를 채록하며 50권을 간행하여 그것을 하사하였다." (『太平御覽』 619 學部 13 賜書)

688(戊子/신라 신문왕 8/唐 垂拱 4/倭 持統 2)

신라　　　봄 정월 경신 초하루 임오(23) 천황이 돌아가셨음을 신라의 김상림(金霜林) 등에게 조칙으로 말하니, 김상림 등이 세 번 곡을 하였다. (『日本書紀』 30 持統紀)

신라　　　봄 정월에 중시(中侍) 대장(大莊)이 죽었다. 이찬(伊湌) 원사(元師)를 중시로 삼았다. (『三國史記』 8 新羅本紀 8)

신라　　　봄 정월에 중시 대장이 죽었다. 이찬 원사가 그를 대신하였다. (『三國史節要』 11)

신라　　　2월 경인 초하루 신묘(2) 大宰가 신라의 調賦를 바쳤는데, 금·은·견(絹)·포(布)·가죽·구리·철 따위의 10여 가지였으며, 아울러 따로 바친 불상과 여러 가지 채색 비단·새·말 따위 10여 가지, 그리고 霜林이 바친 금·은·彩色, 여러 가지 진기한 물건 등 80여 가지 물건이었다. (『日本書紀』 30 持統紀)

신라	2월 경인 초하루 기해(10) 霜林 등에게 筑紫館에서 잔치를 베풀고 물건을 각각 차등 있게 주었다. (『日本書紀』 30 持統紀)
신라	2월 경인 초하루 무오(29) 霜林 등이 사행을 마치고 돌아갔다. (『日本書紀』 30 持統紀)
신라	2월에 선부경(般府卿) 1인을 추가하였다. (『三國史記』 8 新羅本紀 8)
신라	2월에 선부경 1인을 추가하였는데, 관등은 조부경(調府卿)과 같다. (『三國史節要』 11)
신라	선부(船府)는 (…) 경(卿)은 2인인데, (…) 신문왕 8년에 1인을 추가하였는데, 관등은 조부경과 같다. (『三國史記』 38 雜志 7 職官 上)
백제	5월 무오 초하루 을축(8) 백제의 경수덕나리(敬須德那利)를 가이노쿠니(甲斐國)에 옮겼다. (『日本書紀』 30 持統紀)
백제	가을 7월 정사 초하루 병자(20) 백제의 승려 도장(道藏)에게 명해 비가 내리기를 청하도록 했다. 오전이 지나지 않아 온 나라에 비가 두루 왔다. (『日本書紀』 30 持統紀)
탐라	8월 정해 초하루 신해(25) 탐라(耽羅)의 왕이 좌평 가라(加羅)를 보내어 방물을 바쳤다. (『日本書紀』 30 持統紀)
탐라	9월 병진 초하루 무인(23) 탐라의 좌평 가라(加羅) 등에게 筑紫館에서 잔치를 베풀고 물건을 각각 차등 있게 주었다. (『日本書紀』 30 持統紀)
신라	사문(沙門) 지바가라(地婆訶羅)는 당(唐)에서는 일조(日照)라고 하는데, 중인도(中印度) 사람이다. (…) 천황(天皇: 高宗)의 의봉(儀鳳) 초년에 도착하여, 천후(天后: 則天武后)의 수공(垂拱) 말년에 양경(兩京)의 동경(東京) 태원사(太原寺) 및 서경(西京) 홍복사(弘福寺)에서 『방광대장엄경(方廣大莊嚴經)』 1부[22권], 『대승밀엄경(大乘密嚴經)』 1부[3권], 『대승현식경(大乘顯識經)』 1부[2권], 『증계대승경(證契大乘經)』 1부[2권], 『대방광불화엄경(大方廣佛花嚴經) 속입법계품(續入法界品)』[1권], 『대승리문자보광명장경(大乘離文字普光明藏經)』[1권], 『대승편조광명장무자법문경(大乘遍照光明藏無字法門經)』[1권], 『대방광사자후경(大方廣師子吼經)』[1권], 『대승백복상경(大乘百福相經)』[1권], 『대승백복장엄상경(大乘百福莊嚴相經)』[1권], 『대승사법경(大乘四法經)』[1권], 『보살수행사법경(菩薩修行四法經)』[1권], 『칠구지불대심준제다라니경(七俱胝佛大心准提陀羅尼經)』[1권], 『불정최승다라니경(佛頂最勝陀羅尼經)』[1권], 『최승불정다라니정제업장경(最勝佛頂陀羅尼淨除業障經)』[1권], 『조탑공덕경(造塔功德經)』[1권], 『금강반야바라밀경(金剛般若波羅密經) 파취저불괴가명론(破取著不壞假名論)』 1부[2권], 『대승광오온론(大乘廣五蘊論)』[1권], 모두 18부 합계 34권을 번역하였다. 사문 전타(戰陀)·반야(般若)·제파(提婆)가 번역하였고, 사문 혜지(慧智)가 산스크리트어를 증명하였으며, 칙서를 내려 유명한 대덕 10명을 불러와 그 교화를 돕게 하였다. 사문 도성(道成)·박진(薄塵)·가상(嘉尙)·원측(圓測)·영변(靈辯)·명순(明恂)·회도(懷度) 등이 증의(證義)하였고, 사문 사현(思玄)·복례(復禮) 등이 글을 짓고 받아적었다. (『續古今譯經圖紀』 大唐傳譯之餘 沙門地婆訶羅 圓測)

신라	사문 지바가라는 당에서는 일조라고 하는데, 중인도 사람이다. (…) 천황의 의봉 초년에 도착하여, 천후의 수공 말년에 양경의 동서 태원사[서태원사(西太原寺)는 곧 지금의 서숭복사(西崇福寺)가 이것이다. 동태원사(東太原寺)는 곧 지금의 대복선사(大福先寺)가 이것이다.] 및 서경 홍복사에서 『대승현식경』 등 18부를 번역하였다. 사문 전타·반야·제파가 번역하였고, 사문 혜지가 산스크리트어를 증명하였으며, 칙서를 내려 유명한 대덕 10명을 불러와 그 교화를 돕게 하였다. 사문 도성·박진·가상·원측·영변·명순·회도 등이 증의하였고, 사문 사현·복례 등이 글을 짓고 받아적었다. 천후가 직접 문장을 지으시고 표수(標首)라고 서문을 붙여서, 불교가 영원히 전해질 것을 장식하였다. (『開元釋敎錄』 9 總括群經錄 上-9 沙門地婆訶羅 圓測)
신라	천황의 의봉 초년에 도착하여, 천후의 수공 말년에 양경의 동서 태원사[서태원사는 곧 지금의 서숭복사가 이것이다. 동태원사는 곧 지금의 태복선사(太福先寺)가 이것이다.] 및 서경 홍복사에서 『대승현식경』 등 18부를 번역하였다. 사문 단타(單陀)·반야·제파가 번역하였고, 사문 혜지가 산스크리트어를 증명하였으며, 칙서를 내려 유명한 대덕 10명을 불러와 그 교화를 돕게 하였다. 사문 도성·박진·가상·원측·영변·명순·회도 등이 증의하였다. (『貞元新定釋敎目錄』 12 總集群經錄 上-12 沙門地婆訶羅 圓測)
신라	고종(高宗) 말년, 천후 초년에 이르러 의해(義解)의 선발에 응하여 역경관(譯經館)에 들어가자, 무리들이 모두 받들며 존숭하였다. 『대승현식경』 등을 번역하게 되자, 원측은 증의에 충당되어 박진·영변·가상과 이에 필적하게 되었다. 저술한 『유식소초(唯識疏鈔)』는 경론을 상세히 해설하였으므로, 천하에 널리 유포되었다. (『宋高僧傳』 4 義解 2-1 唐京師西明寺圓測)
신라	주(周)의 원측(圓測)은 (…) 천후 초년에 조서를 내려 역경관에 들어가게 하고 증의하는 인원에 충당하니, 『대승현식경』 등을 내었다. (『新修科分六學僧傳』 23 精進學 義 周圓測)

689(己丑/신라 신문왕 9/唐 永昌 1/倭 持統 3)

신라	봄 정월 갑인 초하루 신유(8) 신라에 갔던 사신 다나카노마로 노리마로(田中朝臣法麻呂) 등이 신라로부터 돌아왔다. (『日本書紀』 30 持統紀)
신라	봄 정월에 교서를 내려 내관(內官)·외관(外官)의 녹읍(祿邑)을 폐지하고 해마다 차등 있게 조(租)를 하사하는 것을 항식(恒式)으로 삼았다. (『三國史記』 8 新羅本紀 8)
신라	봄 정월에 교서를 내려 내관·외관의 녹읍을 폐지하고 해마다 차등 있게 조를 하사하였다. (『三國史節要』 11)
신라	여름 4월 계미 초하루 경인(8) 투화한 신라인을 시모츠케(下毛野)에 살게 했다. (『日本書紀』 30 持統紀)
신라	여름 4월 계미 초하루 임인(20) 신라가 급찬 김도나(金道那) 등을 보내 瀛眞人天皇(天武天皇)의 죽음에 조문하고 아울러 학문승 명청(明聰)·관지(觀智) 등을 보냈다. 따로 금동아미타상·금동관세음보살상·대세지보살상 각 1軀와 綵帛·금(錦)·綾을 바쳤다. (『日本書紀』 30 持統紀)
신라	5월 계축 초하루 갑술(22) 하지노스쿠네 네마로(土師宿禰根麻呂)에게 명해 신라의 조사(弔使) 급찬 김도나(金道那) 등에게 조를 내리기를 "太政官의 卿 등이 칙명을 받들어 2년에 다나카노아손 노리마로(田中朝臣法麻呂) 등을 보내 大行天皇(天武天

皇)의 죽음을 알렸다. 당시에 신라인이 말하기를 '신라의 칙명을 받드는 사람은 원래 蘇判의 지위에 있는 사람을 썼다. 이제 다시 그렇게 하려 한다'고 하였다. 이로 말미암아 法麻呂 등이 천황의 죽음을 알리는 조서를 선포하지 못하였다. 만약 그 전의 일을 말하자면, 옛날 難波宮治天下天皇(孝德天皇)이 돌아가셨을 때 고세노이나 모치(巨勢稻持) 등을 보내 喪을 알리던 날에 翳湌 김춘추(金春秋)가 칙명을 받들었다. 그런데 蘇判으로 하여금 칙명을 받들게 했다는 것은 이전의 일에 어긋난다. 또 近江宮治天下天皇(天智天皇)이 돌아가셨을 때에는 一吉湌 김살유(金薩儒)를 보내 조문하였다. 그런데 지금은 級湌을 보내 조문하니, 또한 이전의 일에 어긋난다. 또 신라가 원래 '우리나라는 일본의 먼 조상 때부터 배를 나란히 하고 노를 말리지 않으며 받드는 나라가 되었습니다'고 아뢰었는데, 지금은 1척의 배뿐이니 또한 옛 법도에 어긋난다. 또 '日本의 먼 조상 때부터 깨끗한 마음으로 받들었습니다'고 아뢰었는데, 충성을 다하여 본래의 직분을 행하지 않을 뿐 아니라 깨끗한 마음을 해쳐 거짓되이 요행히 잘 보이기를 구하였다. 그러므로 調賦와 따로 바친 것들은 모두 封해 돌려보낸다. 그러나 우리나라의 먼 조상 때부터 너희들에게 널리 자비를 끼친 덕은 끊어서는 안될 것이니, 더욱 부지런하고 삼가하여 두려워하며 그 職任을 거행하여 법도를 따른다면 조정에서 다시 널리 자비롭게 대할 것이다. 너 道那 등은 이제 칙명을 받들어 너희 왕에게 잘 말하라"고 하였다. (『日本書紀』30 持統紀)

신라   6월 임오 초하루 신축(20) 쓰쿠시(筑紫)의 大宰 아와타노마히토 아소미(粟田眞人朝臣) 등에게 명령하여 학문승 明聰·觀智 등이 新羅의 師友에게 보낼 綿 각 140斤을 주었다. (『日本書紀』30 持統紀)

신라   6월 임오 초하루 을사(24) 쓰쿠시(筑紫)의 小郡에서 신라의 조문사 김도나(金道那) 등에게 (잔치를) 베풀고, 물건을 각각 차등 있게 주었다. (『日本書紀』30 持統紀)

신라   가을 7월 임자 초하루 이 날 신라의 조문사 金道那 등이 일을 마치고 돌아갔다. (『日本書紀』30 持統紀)

신라   가을 윤9월26일에 장산성(獐山城)에 행차하였다. (『三國史記』8 新羅本紀 8)
신라   가을 윤9월에 장산성에 행차하였다. (『三國史節要』11)

백제   윤9월 무신(29)에 주흥(周興) 등이 우무위대장군(右武衛大將軍)·연공(燕公) 흑치상지(黑齒常之)가 모반하였다고 모함하니, 불러서 옥에 가두었다. (『資治通鑑』204 唐紀 20 則天皇后 上之下)
백제   때마침 주흥 등이 흑치상지가 응양장군(鷹揚將軍) 조회절(趙懷節)과 함께 모반하였다고 모함하여 조옥(詔獄)에 갇혔다가, 교수형을 당하였다. (『三國史記』44 列傳 4 黑齒常之)
백제   얼마 지나서 주흥 등에게 모함당하여 우응양장군(右鷹揚將軍) 조회절 등과 모반하였다고 모함당하였다. 옥에 갇혔다가 마침내 스스로 목을 매어 죽었다. (…) 죽게 되자, 당시 사람들이 매우 안타까워 하였다. (『舊唐書』109 列傳 59 黑齒常之)
백제   때마침 주흥 등이 흑치상지가 응양장군 조회절과 함께 반란하였다고 모함하여 조옥에 갇혔다가, 교수형을 당하였다. (…) 죽게 되자, 사람들이 모두 그 억울함을 슬퍼하였다. (『新唐書』110 列傳 35 諸夷蕃將 黑齒常之)

신라   가을 윤9월에 서원경성(西原京城)을 축조하였다. (『三國史記』8 新羅本紀 8)

신라	가을 윤9월에 서원경성을 축조하였다. (『三國史節要』 11)
신라	가을 윤9월에 왕이 도읍을 달구벌(達句伐)로 옮기고자 하였으나, 이루지 못하였다. (『三國史記』 8 新羅本紀 8)
신라	가을 윤9월에 왕이 도읍을 달구벌로 옮기고자 하였으나, 이루지 못하였다. (『三國史節要』 11)
백제	10월 무오(9)에 우무위대장군 흑치상지, 우응양위장군(右鷹揚衛將軍) 조회절을 죽였다. (『新唐書』 4 本紀 4 則天皇后)
백제	10월 무오(9)에 흑치상지가 목을 매어 죽었다. (『資治通鑑』 204 唐紀 20 則天皇后 上之下)
신라	다만 고기(古記)에 전하기를, "정명왕(政明王) 9년에 신촌(新村)에 행차하여 연회를 베풀고 음악을 연주하였다."고 하였다. 가무(笳舞)는 감(監) 6인, 가척(笳尺) 2인, 무척(舞尺) 1인이다. 하신열무(下辛熱舞)는 감 4인, 금척(琴尺) 1인, 무척 2인, 가척(歌尺) 3인이다. 사내무(思內舞)는 감 3인, 금척 1인, 무척 2인, 가척 2인이다. 한기무(韓岐舞)는 감 3인, 금척 1인, 무척 2인이다. 상신열무(上辛熱舞)는 감 3인, 금척 1인, 무척 2인, 가척 2인이다. 소경무(小京舞)는 감 3인, 금척 1인, 무척 1인, 가척 3인이다. 미지무(美知舞)는 감 4인, 금척 1인, 무척 2인이다. (『三國史記』 32 雜志 1 樂)
신라	왕이 신촌에 행차하여 연회를 베풀고 음악을 연주하였다. 가무는 감 6인, 가척(笳尺) 2인, 무척 1인이다. 하신열무는 감 4인, 금척 1인, 무척 2인, 가척(歌尺) 3인이다. 사내무는 감 3인, 금척 1인, 무척 2인, 가척 2인이다. 한기무는 감 3인, 금척 1인, 무척 2인이다. 상신열무는 감 3인, 금척 1인, 무척 2인, 가척 2인이다. 소경무는 감 3인, 금척 1인, 무척 1인, 가척 3인이다. 미지무는 감 4인, 금척 1인, 무척 2인이다. 당시 사람들은 악공(樂工)을 척(尺)이라고 하였다. (『三國史節要』 11)
신라	삼무당(三武幢)은 (…) 셋째는 황금무당(黃衿武幢)이라고 하였는데, 신문왕 9년에 설치하였다. (『三國史記』 40 雜志 9 職官 下)
신라	황금무당을 설치하였다. (『三國史節要』 11)
고구려	또 영창(永昌) 원년에 고현(高玄)은 칙명을 받들어 여러 주(州)에서 고구려 병사(兵士)를 선발하였다. (「高玄 墓誌銘」: 1999 『박물관연보』 10(서울대))
고구려	마침내 남곽생(南郭生)을 검교정양도좌과의(檢校定襄道左果毅)로 명령하니, 5,000명에게 싸움을 도발하고 10만 명을 상대로 가는 곳마다 대적하는 사람이 없었다. 부귀를 스스로 취하여 골도(骨都)의 좌현왕(左賢王)을 사로잡고, 뛰어난 책략을 펼칠 수 있어서 흉노(匈奴)의 오른팔을 끊었다. 관직에 나아가자, 발탁되어 안동도호부(安東都護府) 녹사참군사(錄事叅軍事)에 제수되었다. (「南郭生 墓誌銘」: 『全唐文新編』 994; 『全唐文補遺』 2)
고구려	북쪽 변방에 아무 일이 없자 황제는 굴돌전(屈突詮)이 3번이나 공로를 인정받았음을 기억하였고, 동쪽이 아직 안정되지 않았을 때 8조의 공적을 다시 기다렸다. 책봉하여 은청광록대부(銀靑光祿大夫)·수안동도호(守安東都護)에 임명하니, 고구려 5부의 변방 고을을 담당하고 구종(九種)의 유민도 통솔하게 하였다. 굴돌전이 통치를 할

때에는 미미한 햇볕에도 따뜻하여 백성들이 봄바람에 목욕을 할 정도였고, 큰 물결도 흩어져 바다도 고요해졌다. 고구려의 여러 무용은 황제의 정원에서 공연되었고, 유명한 담비는 중우(中虞)의 창고에 보관되었다. (…) 백랑(白狼)의 추장들이 모두 와서 굴돌전의 은덕을 추모하고 고구려의 백성들은 그의 공적을 추억하니, 행렬을 이룬 사람들이 만 리나 되고 직접 궁궐에 호소하는 사람들이 여러 달 동안 이어졌다. 장사(長社)의 중요함은 후한(後漢)의 관순(冠恂)을 주둔하게 하고 고향을 포상하는 소원은 후한의 중고(仲屬)를 머무르게 하니, 이보다 더한 것이 없었다. 조정에서는 이것을 가상히 여겨 다시 안동도호(安東都護)에 임명하였다. 후한의 곽급(郭伋)이 병곡(幷谷)에 다시 부임하자 정치와 교화가 더욱 새로워졌고, 한(漢)의 황패(黃覇)가 다시 영천(潁川)을 다스리자 공로와 명성이 예전과 같았다. 영주자사(瀛州刺史)로 옮기면서 연군공(燕郡公)으로 고쳐 봉해졌다. 얼마 지나지 않아 또 영주도독(營州都督)에 제수되었는데, 성이 발해(渤海)에 이어져 있어서 지역이 어업으로 가득하였다. 한의 공수(龔遂)는 새끼줄을 다스려 다시 덕화가 알려졌고 후한의 장감(張堪)은 보리를 싹틔워 다시 풍요(諷謠)를 일으켰는데, 굴돌전은 이처럼 5부의 모범이 되어 삼공(三公)의 면복(冕服)을 받았다. 얼마 지나서 이곳의 민심이 변하고 지리적 위치도 좋지 않았으나, 많은 사람들이 굴돌전을 숭상하였고 황제도 굴돌전의 공적을 생각하였다. 굴돌전은 넓고 큰 제왕의 은혜에 목욕하고 예전의 사명을 받아들여 천주자사(泉州刺史)에 임명되었다. (「屈突詮 墓誌銘」: 『全唐文補遺』 千唐誌齋新藏專輯)

고구려	굴돌선(屈突瑄)의 부친 전(詮)은 당의 은청광록대부·영주자사·안동도호·상주국(上柱國)·연군개국공(燕郡開國公)이었다. (「屈突瑄 墓誌銘」 『全唐文補遺』 千唐誌齋新藏專輯)

690(庚寅/신라 신문왕 10/唐 載初 1, 周 天授 1/倭 持統 4)

신라	2월 무신일 초하루 무오일(11)에 신라의 사문(沙門) 전길(詮吉)과 급찬 북조지(北助知) 등 50명이 귀화하였다. (『日本書紀』 30 持統紀)
신라	2월 무신일 초하루 임신일(25)에 귀화한 신라의 한나말(韓奈末) 허만(許滿) 등 12명을 무사시노쿠니(武藏國)에 살게 했다. (『日本書紀』 30 持統紀)
신라	봄 2월에 중시(中侍) 원사(元師)가 병으로 물러나자 아찬(阿湌) 선원(仙元)을 중시로 삼았다. (『三國史記』 8 新羅本紀 8)
신라	봄 2월에 중시 원사가 병으로 물러나자 아찬 선원이 그를 대신하였다. (『三國史節要』 11)
백제	5월 병자일 초하루 을유일(10)에 백제의 남녀 21명이 귀화했다. (『日本書紀』 30 持統紀)
백제	8월 을사일 초하루 을묘일(11)에 귀화한 신라인들을 시모츠케노쿠니(下毛野國)에 살게 했다. (『日本書紀』 30 持統紀)
신라	9월 을해일 초하루 정유일(23)에 당에 갔던 학문승 지종(智宗)·의덕(義德)·정원(淨願)과 군정(軍丁)인 축자국(筑紫國) 상양미군(上陽咩郡)의 오토모베노하카마(大伴部博麻)가 신라의 송사(送使) 대나마(大奈麻) 김고훈(金高訓) 등을 따라 돌아와 쓰쿠시(筑紫)에 이르렀다. (『日本書紀』 30 持統紀)

고구려	천수 원년 9월에 좌위대장군(左衛大將軍) 원외치동정원(員外置同正員)에 제수되었고 나머지는 예전과 같았다. (「泉獻誠墓誌銘」)
고구려	천수 원년 이 해에 우위대장군(右衛大將軍) 천헌성(泉獻誠)을 좌위대장군(左衛大將軍)으로 삼고 태후가 금보(金寶)를 내어 남북아(南北牙)에서 활을 잘 쏘는 사람 5인을 뽑아 내기를 하게 하였는데, 천성이 1등을 우옥검위대장군(右玉鈐衛大將軍) 설돌(薛咄)에게 양보하자 돌마복(咄摩復)은 헌성에게 양보하였다. 헌성이 이에 아뢰어 말하였다. "폐하께서 활을 잘 쏘는 사람을 뽑으라고 하셨는데, 지금 대부분 한관(漢官)이 아닙니다. 적이 사이(四夷)가 한(漢)을 가볍게 여길까 두렵습니다. 청컨대 이 활쏘기를 멈추소서." 태후가 좋게 여겨 그 말을 따랐다. (『資治通鑑』 204 唐紀 20 則天順聖皇后)
고구려	(…) 헌성(獻誠)은 천수 연간(690~691)에 우위대장군(右衛大將軍) 겸 우림위(羽林衛)가 되었다. 측천무후가 일찍이 금과 예물을 내어 문무관료 중에서 활을 잘 쏘는 사람 5명을 선발하여 적중하는 자에게 이를 주고자 하였다. 내사(內史) 장광보(張光輔)가 헌성에게 먼저 쏘기를 양보하여 첫 번째 순서가 되었다. 헌성이 이어 우왕검위대장군(右王鈐衛大將軍) 설토마지(薛吐摩支)에게 양보했고, 마지(摩支)는 다시 헌성에게 양보하였다. 조금 지나서 헌성이 아뢰었다. "폐하께서 활을 잘 쏘는 자를 선발하셨지만, 중국인이 아닌 자가 많습니다. 저는 당나라 관인이 활쏘기를 수치로 여길까 걱정됩니다. 활쏘기를 그만 두는 것이 좋겠습니다." 무후가 기쁘게 받아들였다. 논하여 말한다. 송(宋)나라 신종(神宗)은 왕개보(王介甫)와 정사(政事)를 논의하며, "태종(太宗)은 고구려를 정벌하고자 하였는데, 어찌하여 이기지 못했는가?"고 하였다. 왕개보는 "연개소문은 범상치 않은 인물이었습니다."고 하였다. 이처럼 연개소문은 또한 재주가 뛰어난 인물이었다. 그러나 바른 도리로 나라를 받들지 못하였고, 잔인하고 포악하여 스스로 아무런 거리낌 없이 행동하였으니, 대역죄(大逆罪)를 짓기에 이르렀다. 『춘추(春秋)』에서는 "임금을 시해한 적(賊)을 토벌하지 않는다면, 나라에 사람이 없다고 할 만하다."고 하였다. 그런데 연개소문은 몸을 보존하여 집에서 죽을 수 있었으니, 운 좋게 화를 면한 자였다고 할 수 있다. 남생·헌성은 비록 당 황실에서는 명성이 있었지만, 우리 나라의 입장에서 이들을 말하자면, 반역자(叛人)였다고 하지 않을 수 없다. (『三國史記』 49 列傳 9 蓋蘇文)
고구려	천수(天授) 연간(690~691)에 측천무후는 일찍이 금·은·보물을 내어 보내어 재상 및 남북위문(南北衛門)의 문무관원 가운데 활을 잘 쏘는 사람 다섯 명을 가려내기를 시켰다. 내사(內史) 장광보(張光輔)가 먼저 헌성(獻誠)에게 1등을 양보하자, 헌성은 다시 우옥검위대장군(右玉鈐衛大將軍) 벽토마지(薛吐摩支)에게 양보하였다. 마지가 또 헌성에게 양보하였다. 이에 獻誠이 아뢰어 말하였다. "폐하께서 활을 잘 쏘는 사람 5인을 뽑으라고 하셔서 뽑힌 사람은 대부분 한관(漢官) 출신이 아닙니다. 신은 이 이후부터 한관(漢官)은 활을 잘 쏜다는 명예가 없어질까 두렵습니다. 엎드려 바라옵건대 이번의 활쏘기는 그만두옵소서." 측천문후가 가상히 여겨서 그대로 따랐다. (『舊唐書』 199上 列傳 149上 高麗)
신라	겨울 10월 갑진일 초하루 무오일(15)에 사자를 보내 조서를 쓰쿠시(筑紫)의 대재(大宰) 하내왕(河內王) 등에게 내려 말하였다. "신라의 송사(送使) 대나말(大奈末) 김고훈(金高訓) 등에게 잔치를 베풀되, 학생(學生) 하지노스쿠네 오이(土師宿禰甥) 등을 보내주었던 송사(送使)의 예에 따르라. 그들을 위로하여 물건을 주는 것은 한결같이 조서에 의거하라."(『日本書紀』 30 持統紀)
백제	겨울 10월 갑진일 초하루 을축일(22)에 조서를 축후국(筑後國)의 상양미군(上陽咩郡)

사람 오토모베노하카마(大伴部博麻)에게 내려 말하였다. "풍재중일족희천황(天豐財重日足姬天皇: 齊明天皇) 7년에 백제를 구원하기 위한 싸움에서, 너는 당군의 포로가 되었다. 천명개별천황(天明開別天皇: 天智天皇) 3년에 이르러 하지노무라지 호도(土師連富杼)·히노무라지 오유(氷連老)·츠쿠시노키미 사치야마(筑紫君薩夜麻)·유게노무라지 겐호(弓削連元寶)의 아이 등 4명이 당나라 사람들이 꾀하는 바를 아뢰려고 생각했지만, 옷과 식량이 없었기 때문에 이룰 수 없음을 걱정하였다. 이 때 박마(博麻)가 토사부저(土師富杼) 등에게 '나는 너희와 함께 본국으로 돌아가려고 하지만, 옷과 식량이 없기 때문에 함께 갈 수가 없다. 원컨대 내 몸을 팔아 옷과 식량에 충당하라'고 하였다. 부저(富杼) 등이 박다(博麻)의 계책에 따라 조정에 돌아올 수 있었다. 너 홀로 다른 나라에 머문 것이 지금까지 30년이었다. 짐은 그대가 조정을 높이고 나라를 사랑하며 자신을 팔아 충성을 드러낸 것을 아름답게 여겨 무대사(務大肆) 및 시(絁) 5필, 면(綿) 10둔(屯), 포(布) 30단(端), 도(稻) 1천 속(束), 수전(水田) 4정(町)을 준다. 그 수전(水田)은 증손에게까지 미칠 것이며, 3족(族)의 과역(課役)을 면제하여 그 공을 드러낸다."(『日本書紀』30 持統紀)

신라 겨울 10월에 전야산군(轉也山郡)을 설치하였다. (『三國史記』8 新羅本紀 8)
신라 비로소 전야산군을 설치하였다. (『三國史節要』11)
신라 남해군(南海郡). 신문왕 초기에 전야산군을 설치하였다. 바다 가운데의 섬이다. (『三國史記』34 雜志 3 地理 1)

신라 11월 갑술일 초하루 경진일(7)에 송사 김고훈 등에게 상을 내렸는데, 각각 차등이 있었다. (『日本書紀』30 持統紀)

신라 12월 계묘일 초하루 을사일(3)에 송사 김고훈 등이 일을 마치고 돌아갔다. (『日本書紀』30 持統紀)

신라 재초(載初) 원년에 보국대장군(輔國大將軍)·상주국(上柱國)·임해군개국공(臨海郡開國公)·좌우림군장군(左羽林軍將軍)에 임명되었다. (『三國史記』44 列傳 4 金仁問)
신라 당에서 김인문을 보국대장군·상주국·임해군개국공·좌우림군장군에 임명하였다. (『三國史節要』11)

신라 개지극당(皆知戟幢)은 신문왕 10년에 처음으로 설치되었다. 금색(衿色)은 흑자백(黑紫白)이다. (『三國史記』40 雜志 9 職官 下)
신라 삼변수당(三邊守幢)[또는 변수(邊守)라고도 한다]을 신문왕 10년에 설치하였다. 첫째는 한산변(漢山邊)이라고 하고 둘째는 우수변(牛首邊)이라고 하며 셋째는 하서변(河西邊)이라고 하였는데, 금(衿)이 없다. (『三國史記』40 雜志 9 職官 下)
신라 개지극당을 설치하였다. 금색은 흑적백(黑赤白)이다. 삼십구여갑당(三十九餘甲幢)은 금(衿)이 없다. 또 삼변수당을 설치하였다. 첫째는 한산변이라고 하고 둘째는 우수변이라고 하며 셋째는 하서변이라고 하였는데, 금이 없다. (『三國史節要』11)

691(辛卯/신라 신문왕 11/周 天授 2/倭 持統 5)

백제 봄 정월 계유일 초하루 기묘일(7)에 공경(公卿)에게 음식과 의상(衣裳)을 주었다. 정광사(正廣肆) 백제왕 여선광(餘禪廣), 직대사(直大肆) 원보(遠寶)·양우(良虞)·남전(南典)에게는 넉넉히 주었는데, 각각 차등이 있었다. (『日本書紀』30 持統紀)

백제	봄 정월 계유일 초하루 을유일(13)에 봉(封)을 더해주었는데, 황자 고시(高市)는 2,000호(戶)로 앞의 것과 합하면 3,000호 (…) 정광사(正廣肆) 백제왕선광은 일백호로 앞의 것과 합하면 200호, 직대일(直大壹) 포세어주인조신(布勢御主人朝臣)과 대반어행숙녜(大伴御行宿禰)는 80호로 앞의 것과 합하면 300호이다. 그 나머지 사람에게도 봉(封)을 더해 주었는데 각각 차등이 있었다. (『日本書紀』30 持統紀)
고구려	천수 2년 2월에 칙서를 받들어 검교천추자래사(檢校天樞子來使)로 임명되고 현무(玄武) 북문에서 대의(大儀)에 필요한 동(銅) 등의 운송을 감독하는 임무도 겸하였는데 일이 끝나기 전에 적수인 내준신(來俊臣)을 만났다. 내준신은 형옥(刑獄)을 농단하면서 위세를 마음대로 휘두르고 마침내 공의 처소에 은밀히 접근하여 금백과 보물을 요구하였지만 공은 뇌물을 싫어하였으므로 교분을 끊고 허락하지 않았다. 이로 인하야 다른 죄로 모함을 받아 갑작스레 비명(非命)에 죽게 되니 나이가 43세였다. 슬프도다. 손수(孫秀)는 석숭(石崇)의 재화를 이용하고 부씨(符氏)는 왕가의 근심에 미쳤으나 갑자기 황제의 총명함이 환히 비추고 천자의 은택이 맑 빛나서 깊은 원한을 풀어 죄가 아님을 입증하고 조서를 내려 극히 칭송하였다. 한나라의 황제가 조착(晁錯)를 한스럽게 주살함에 한숨이 없었던 것이 아니며 진(晉)나라의 황제가 마돈(馬敦)을 추증함에 삼가 영총(榮寵)을 더하였던 것이다. (「泉獻誠墓誌銘」)
고구려	당이 헌성(獻誠)을 우위대장군(右衛大將軍) 겸 우림위(羽林衛)로 삼았다. 측천무후가 일찍이 금과 예물을 내어 활을 잘 쏘는 사람 5명을 선발하였다. 내사(內史) 장관보(張光輔)가 먼저 양보하여 헌성이 첫 번째 순서가 되었다. 헌성이 이어 우왕검위대장군(右王鈐衛大將軍) 설토마지(薛吐摩支)에게 양보했고, 마지(摩支)는 또 헌성에게 양보하였다. 조금 지나서 헌성이 아뢰었다. "폐하께서 활을 잘 쏘는 자를 선발하셨지만, 중국인이 아닌 자가 많습니다. 신은 당나라 관인이 활쏘기를 수치로 여길까 걱정됩니다. 활쏘기를 그만 두는 것이 좋겠습니다." 무후가 기쁘게 받아들였다. / 내준신(來俊臣)이 일찍이 재화를 요구하였는데, 헌성이 답하지 않았다. 이에 그가 모반했다고 무고하므로 그를 목졸라 죽였다. 측천무후가 후에 그 원통함을 알고 우우림위대장군(右羽林衛大將軍)으로 추증하고 예로써 개장(改葬)하였다. 김부식은 말한다. 송(宋)나라 신종(神宗)은 왕개보(王介甫)와 정사(政事)를 논의하며, "태종(太宗)은 고구려를 정벌하고자 하였는데, 어찌하여 이기지 못했는가?"고 하였다. 왕개보는 "연개소문은 범상치 않은 인물이었습니다."고 하였다. 이처럼 연개소문은 또한 재주가 뛰어난 인물이었다. 그러나 바른 도리로 나라를 받들지 못하였고, 잔인하고 포악하여 스스로 아무런 거리낌 없이 행동하였으니, 대역죄(大逆罪)를 짓기에 이르렀다. 『춘추(春秋)』에서는 "임금을 시해한 적(賊)을 토벌하지 않는다면, 나라에 사람이 없다고 할 만하다."고 하였다. 그런데 연개소문은 몸을 보존하여 집에서 죽을 수 있었으니, 운 좋게 화를 면한 자였다고 할 수 있다. 남생·헌성은 비록 당 황실에서는 명성이 있었지만, 우리 나라의 입장에서 이들을 말하자면, 반역자(叛人)였다고 하지 않을 수 없다. (『三國史節要』11)
신라	봄 3월 1일에 왕자 이홍(理洪)을 책봉하여 태자(太子)로 삼았다. (『三國史記』8 新羅本紀 8)
신라	봄 3월 1일에 원자 이홍(理洪)을 책봉하여 태자로 삼았다. 크게 사면하였다. (『三國史節要』11)
신라	봄 3월13일에 크게 사면하였다. (『三國史記』8 新羅本紀 8)
신라	봄 3월 크게 사면하였다. (『三國史節要』11)

신라	봄 3월13일 사화주(沙火州)에서 흰 참새를 바쳤다. (『三國史記』8 新羅本紀 8)
신라	봄 3월 사화주에서 흰 참새를 바쳤다. (『三國史節要』11)
백제	대주(大周) 고(故) 명위장군(明威將軍)·수(守) 우위(右衛) 용정부(龍亭府) 절충도위折衝都尉) 진부군(陳府君)묘지명 및 서문

묘주의 이름은 법자(法子)이고, 자는 사평(士平)이며, 웅진(熊津) 서부인(西部人)이다. 옛날에 천명을 받들어 명경(明鏡)을 잡으니, 소소(簫韶)는 봉황이 날아오는 공적을 들리게 하였고, 토지를 분봉하여 관작을 하사하니, 점친 점괘는 봉황 우는 노래소리가 무성하다 하였다. 그 후에 합종연횡(合縱連橫)을 주장하여 진(秦)을 마음에 두고 옛 근본을 생각하였고, 지혜를 숨기고 기묘한 계책을 나타내어 초(楚)를 섬기며 새로운 공적을 꾀하였다. 고운 용모와 매우 큰 명망은 대대로 그에 맞는 사람이 있었다. 오래 전 진법자(陳法子)의 조상은 한(漢)이 쇠약해진 말년에 큰 바다를 뛰어넘어 거주지를 옮겨서 재앙을 피하였고, 후손은 한(韓)에 의지하여 이끌었던 때 웅진(熊津)에 의탁하여 가문을 이루었다. 채색한 아름다운 옥이 거주지를 옮기니 인하여 중요한 가치가 있었고, 진귀한 인물은 종속되고 장악되어도 특별히 빛나서 어둡지 않았다. 진법자의 증조 춘(春)은 본국의 태학정(太學正)·은솔(恩率)이었다. 조부 덕지(德止)는 마련대군장(麻連大郡將)·달솔(達率)이었다. 부친 미지(微之)는 마도군참사군(馬徒郡參司軍)·덕솔(德率)이었다. 모두 자질이 현명하고 빼어나서 남보다 뛰어났고, 비범한 모략은 두루 통하였다. 일방(一方)을 지휘하고 관장함에 공적은 백성들을 정성들여 키움으로써 드러내었고, 5부(部)를 안무함에 업적은 백성들이 태평성대를 노래할 수 있도록 하는 데에 힘썼다.

진법자는 높고 탁월한 견식이 어려서부터 뛰어났고, 충후한 도리가 일찍부터 뚜렷하였다. 부친을 계승하여 좋은 평판과 훌륭한 이름을 후세에 남겼다. 관직에 취임하고 나서 기모군좌관(旣母郡佐官)에 제수되었고, 품달군장(禀達郡將)을 거쳐서 얼마 후에 사군(司軍)·은솔로 옮겼다. 감찰하는 직무에 있으면서는 청렴결백함이 얼음 담은 옥항아리에 비기었고, 인재를 평가하고 감별하는 관사에 취임해서는 분명함이 고요하고 깨끗한 물을 뛰어넘었다. 관병(官兵)이 현경 5년에 동방 지역에서 죄 있는 자를 토벌하자, 진법자(陳法子)는 기회를 타고 확 바뀌어, 정치가 깨끗하고 투명한 시대에 신하가 되기를 청하였다. 은혜를 더하여 권장하고 격려함이 중첩되어, 인하여 칭찬하고 위로함이 더해졌다. 좋아하는 바를 따라서 이곳 중원(中原) 지역에 도착하였고, 지금은 낙양(洛陽) 사람이 되었다. 현경 6년(661) 2월16일에 유격장군(游擊將軍)·우효위(右驍衛) 정교부(政教府) 우과의도위(右果毅都尉)에 제수되었다. 건봉(乾封) 2년(667)에 우위 대평부(大平府) 우과의도위에 제수되었다. 총장(總章) 2년(669)에 다시 영원장군(寧遠將軍)·우위 용정부 절충도위에 제수되었다. 함형(咸亨)원년(670)에 품계를 정원장군(定遠將軍)으로 올렸다. 문명(文明)원년(684)에 또 명위장군으로 승진하였고, 직사는 예전과 같았다. 그러나 노년이 되어 자손에게 기쁨을 남기면서도 항상 고부(鼓缶)를 생각하였고, 사람을 통하여 퇴직하겠다고 현거(懸車)를 간청하였다. 높은 산 위의 통로가 산 아래의 나루터에 드리우니, 노을 지는 시간이 되었다. 특별히 치사를 허락하여 그치고 만족할 줄 아는 것을 크게 하였다.

어찌 인덕을 기른 것도 효험이 없이 대들보가 꺾였다고 하겠는가? 당(唐) 재초(載初)원년(690) 2월13일에 낙양현(洛陽縣) 육재리(毓財里)의 사저(私邸)에서 생을 마치니, 춘추는 76세이다. 아! 슬프도다. 대주 천수(天授) 2년(691) 신묘년(辛卯年), 임신(壬申)이 초하루인 3월의 26일 정유일(丁酉日)에 망산(邙山) 벌판에 묘지를 점쳐서 선택하니, 예에 합치된다. 사자(嗣子) 신산부(神山府)과의(果毅) 용영(龍英)은 부모가 사망하여 봉양할 수 없음을 아파하고, 안개 낀 무덤을 마음에 두고 오래 생각하였다. 이에 자그마한 성의를 부쳐서, 무덤에 표시한다. 그 명(銘)에는,

규천(嬀川)을 성으로 하고, 요해(遼海)를 고향으로 삼았다. 삼한에서 남달리 뛰어나고, 5부에 훌륭한 이름을 알렸다. 그 첫번째이다. 아름답구나, 현명한 사람이여! 참으로 재능이 출중한 사람이다. 변화에 통달하고 적응하여 기회를 타고, 생각을 고쳐서 귀순하였다. 그 두번째이다. 품계를 높이고 관직을 여러 차례 옮겼으나, 급박한 물시계 소리는 바야흐로 재촉한다. 일어(日御)와 영원히 이별하니, 영영 저승으로 가버렸다. 그 세번째이다. 타향에 오래 거주한 사람이 고향으로 돌아가지 않고, 외국에 거처가 있었다. 외로운 무덤을 바라보니, 항상 짙은 안개가 슬프게 낀다. 그 네번째이다. (「陳法子 墓誌銘」:『大唐西市博物館藏墓誌』)

백제   여름 4월 신축(辛丑) 초하루에 (…) 대학박사(大學博士) 우에노스구리 구다라(上村主百濟)에게 대세(大稅) 1천속(束)을 주어 그 학업을 권면하였다. (『日本書紀』 30 持統紀)

백제   5월 신미일 초하루 신묘일(21)에 백제순무미자(百濟淳武微子)의 임신년(壬申年)의 공을 포상하여 직대삼(直大叁)을 주었다. 더하여 시(絁)·포(布)를 주었다. (『日本書紀』 30 持統紀)

백제   9월 기사일 초하루 임신일(4)에 음박사(音博士)인 당나라 사람 속수언(續守言)·살홍각(薩弘恪), 서박사(書博士)인 백제 사람 말사선신(末士善信)에게 은(銀) 20량(兩)을 주었다. (『日本書紀』 30 持統紀)

고구려   대주(大周) 고(故) 관군대장군(冠軍大將軍)·행(行) 좌표도위(左豹韜衛) 익부중랑장(翊府中郎將) 고부군(高府君) 묘지명 및 서문

고현(高玄)의 이름은 현(玄)이고 자(字)는 귀주(貴主)이며 요동(遼東)의 삼한(三韓) 사람이다. 옛날 당(唐) 황실이 일어나 천하를 병탄하자 사방이 호응하여 머리를 조아리며 투항해왔지만, 동이(東夷)는 복종하지 않고 청해(靑海)를 점거하여 나라를 유지하였다. 고현은 올바른 법도에 뜻을 두고 다가올 일을 미리 아는 지혜가 있어서, 저 백성들을 버리고 연남생(淵男生)을 따라와 교화를 받들었고, 황제의 가르침을 사모하여 동쪽으로부터 귀순해왔다. 이로 인하여 서경(西京: 長安)을 본향으로 삼고 적현(赤縣)에 편호(編戶)되었다. 증조 보(寶)는 요동주도독(遼東州都督)에, 조부 방(方)은 평양성자사(平壤城刺史)에 임명되었고, 부친 염(廉)은 당(唐)의 천주사마(泉州司馬)로 추증되었다. 모두 삼한(三韓)의 귀족으로 누대에 걸쳐 현달하였고, 동이의 이름난 현인(賢人)으로 계속해서 높은 지위에 올랐다. 이렇게 공(公)·후(侯)가 반복되는 것은 대대로 걸출한 인물들을 배출하였기 때문일 것이다.

고현은 솥을 들어 멜 정도로 굳센 재질을 지녔고, 산을 뽑아낼 만큼 장한 기운을 품었다. 그의 용맹을 높이 평가하여 요동을 토벌하도록 칙명을 내렸다. 고현은 진실로 고구려의 옛 신하로서 형세를 잘 알고 있었으므로, 평양(平壤)을 크게 격파하는 데에 가장 선봉(先鋒)에 섰다. 이로 인하여 공을 세워 의성부(宜城府) 좌과의도위(左果毅都尉)에 제수되었다. 총관(摠管)은 고현의 지혜와 용기 때문에 별주(別奏)로서 거느리고 행군하자, 변방에서 그의 자취를 두려워하였고 그가 쏜 화살이 돌다리에 깊숙이 박혀 있었으니, 자주 발탁되어 관직과 관품을 제수받았다. 또 홍도(弘道) 원년(683)의 유제(遺制)를 받들어 외관(外官)의 등급을 하나씩 높여주게 되자, 운휘장군(雲麾將軍)에 제수되고 관직은 예전과 같았다. 한 번 정벌을 따라 나서면 10년이 되

어서야 돌아와도, 충성스런 마음은 수그러들지 않았고 힘써 수고함은 오히려 여유가 있었다. 수공(垂拱) 2년(686) 2월에 칙명을 받들어 신무군(神武軍) 통령(統領)으로 파견되었고, 3년(687) 4월에 계주(薊州) 북쪽에서 도적(돌궐)의 무리를 크게 격파하여 연산(燕山) 남쪽에서 그의 명성을 날렸으니, 그의 업적을 우러러 보았다. 얼마 지나지 않아 우옥검위(右玉鈐衛) 중랑장(中郎將)에 제수되었다. 또 영창(永昌) 원년에 고현은 칙명을 받들어 여러 주(州)에서 고구려 병사(兵士)를 선발하였다. 그 해 7월에 또 칙명을 받들어 낙주(洛州)의 병사를 선발하였고, 곧 신평도(新平道) 좌삼군총관(左三軍摠管)에 충원되어 정벌에 나섰다. 천수(天授) 원년(690) △월 9일에 제서(制書)의 은택(恩澤)을 받아 좌표도위(左豹韜衛) 행 중랑장에 고쳐 제수되었다. 그의 집안은 왕실 가문이었으니 앞서서 전한(前漢) 곽거병(霍去病)의 반열을 따른 것이고, 관직은 표도위(豹韜衛)에 이르렀으니 마침내 전국시대의 염파(廉頗)가 조(趙)에서 등용된 것과 같도다. 생각건대 공은 오랫동안 장한 절개를 품었고 일찍이 웅대한 계책을 짊어졌으니, 후한(後漢)에서 두헌(竇憲)이 연연산(燕然山)에 공적을 새겼어도 그의 원대한 방략에 수치를 느꼈고, 마원(馬援)이 교지(交阯)의 동고(銅鼓)를 녹였어도 그의 크나큰 재주에 부끄러워하였던 것과 같았다.

이미 천년이 되어도 뒤따르기 어려운 공적을 세웠으니 백년이 지나더라도 쉽게 사라지겠는가? 그런데 갑자기 돌이 부러지는 슬픔을 맛보게 되었고, 갑자기 태산(泰山)이 무너지는 것을 목격하게 되었도다. 천수 원년(690) 10월 26일에 병에 걸려 신도(神都: 洛陽) 합궁현(合宮縣)에 있는 사저(私邸)에서 사망하니, 나이가 49세였다. 아, 덧없는 인생은 머물지 않아 현명한 사람이 멀리 떠나버리니, 슬프고 슬프구나. 대주 천수 2년(691) 신묘년(辛卯年) 10월18일에 북망산(北邙山)의 들판에 하관하니, 예의에 합당하였다. 무덤 속이 어둡고 깊으니 마침내 다시 볼 기약이 없고, 상여 소리가 끊이지 않고 이어지니 다시 말할 기회가 영원히 사라졌구나. 뽕나무 밭이 푸른 바다로 변하는 것을 탄식하고 언덕과 골짜기가 뒤바뀔 것을 두려워하여, 돌에 공적을 새겨 마침내 명문(銘)으로 삼으니, 다음과 같다.

옛날에 연(燕)의 보배가 되었다가 이제 진실로 한(漢)의 보물이 되었으니, 대당(大唐)의 날랜 장수였고 무주(武周)의 장한 신하였도다. 일찍이 벼슬길에 나아가 마침내 높은 지위에 올랐으니, 넉넉함이 있다고 칭송되어 대대로 인재가 끊이지 않았도다[그 첫째이다]. 엄정하고 공경하며 용맹스런 장부여, 높고 뛰어나며 훌륭한 문장이여, 어릴 때부터 특출나게 뛰어나더니 북방에서 충성스러움과 올바름으로 드날렸도다. 귀신과 같이 사물의 기미를 미리 알아차려 거짓을 버리고 천자(天子)에게 귀순하니, 종횡으로 기개를 떨치고 어찌 곽거병을 부끄러워하겠는가?[그 둘째이다.] 멀리 떨어진 변방에 출정하여 강한 오랑캐 장수들을 목베었으니, 몸과 목숨을 아끼지 않았고 전장에 나가서는 자신의 몸을 돌보지 않았도다. 어찌 활과 말뿐이겠는가? 높은 지략의 덕택이고, 그에게서 용맹과 강건함을 취하는 것은 썩거나 마른 나무를 꺾어내는 것만큼 쉬운 일이로다[그 셋째이다]. 개선한 지 오래지 않았고 전장에서 돌아온 말이 아직 가까이에 있으니, 용맹하고 위세가 있는 장수는 여전히 아름답고 즐거움은 아직 그치지 않았도다. 갑자기 고질병에 걸려 혼백이 무덤 위에 날게 되었으니, 흰 수레가 나아가고 붉은 깃발이 갑자기 섰도다[그 넷째이다]. 무덤 길 쓸쓸하고 저승 길 아득하니, 나무는 비통해하고 바람이 이는데 산은 차갑고 날이 저물도다. 친척들이 구슬피 울고 나그네도 슬퍼하니, 한 번 무덤 문이 닫히고 천년으로 기약하도다[그 다섯째이다]. △△ 2월. (「高玄 墓誌銘」: 1999 『박물관연보』 10(서울대))

백제 　12월 무술일 초하루 기해일(2)에 의박사(醫博士) 무대삼(務大參) 덕자진(德自珍), 주금박사(呪禁博士) 목소정무(木素丁武)·사택수(沙宅萬首)에게 사람마다 은 20량을 주

었다. (『日本書紀』30 持統紀)

신라   남원성(南原城)을 쌓았다. (『三國史記』8 新羅本紀 8)
신라   남원성을 쌓았다. (『三國史節要』11)

692(壬辰/신라 신문왕 12, 효소왕 1/周 天授 3, 如意 1, 長壽 1/倭 持統 6)

고구려   장수 원년(692) 정월에 (…) 내준신(來俊臣)이 좌위대장군(左衛大將軍) 천헌성(泉獻誠)에게 금(金)을 요구하였는데, 얻지 못하자 모반했다고 무고하여 하옥되었다. 을해(乙亥:9)에 목졸라 죽였다. (『資治通鑑』205 唐紀 21 則天順聖皇后)

고구려   장수 원년(692) 1월 을해일(9)에 우무위위대장군 천헌성을 죽였다. (『新唐書』4 本紀 4 則天皇后)

고구려   개소문 (…) 헌성 (…) 내준신이 일찍이 재화를 요구했는데 헌성이 답하지 않았다. 이에 그가 모반했다고 무고하므로 목졸라 죽였다. (『三國史記』49 列傳 9 蓋蘇文)

고구려   당시의 혹리(酷吏) 내준신(來俊臣)이 일찍이 헌성(獻誠)에게 재물을 요구하였는데, 헌성이 거절하여 답을 하지 않았다. 마침내 준신(俊臣)의 원한을 사게 되어 그가 모반했다고 무고하였는데, 목졸라 죽였다. (『舊唐書』199上 列傳 149上 高麗)

백제   2월 정유일 초하루 정미일(11)에 조서를 관리들에게 내려 "3월 3일을 맞아 이세(伊勢)에 행차하려고 하니, 이 뜻을 잘 알아 옷과 물건들을 마련하라"고 하였다. 음양박사(陰陽博士) 사문(沙門) 법장(法藏)과 도기(道基)에게 은 20량을 주었다. (『日本書紀』30 持統紀)

신라   봄에 대나무가 시들었다. (『三國史記』8 新羅本紀 8)

신라   봄 당(唐) 중종(中宗)이 사신 편으로 조칙을 전하였다. "우리 태종문황제(太宗文皇帝)께서는 신이한 공과 성스러운 덕을 지니신 천고(千古)에 빼어나신 분이다. 그러므로 돌아가신 날에 태종(太宗)이라는 묘호(廟號)를 올리게 되었다. 그런데 너희 나라 선왕(先王)인 김춘추(金春秋)의 묘호를 같게 하였으니 너무나 본분에 맞지 않는 행동이도다. 반드시 서둘러 고쳐 부르도록 하라." 왕과 여러 신하가 함께 의논하고서 대답하였다. "우리나라의 선왕(先王) 춘추(春秋)의 시호(諡號)가 우연히 성조(聖祖)의 묘호와 중복되었다. 조칙으로 고치라고 하니, 내 어찌 감히 명령을 좇지 않을 수 있겠는가. 그러나 생각컨대 선왕(先王) 춘추(春秋)는 매우 훌륭한 덕을 지닌 분이시다. 더구나 살아생전에 김유신(金庾信)이라는 어진 신하를 얻어 한 마음으로 정사에 힘써 삼한(三韓)을 통일하였으니 그가 이룬 공업(功業)이 많지 않다 할 수 없다. 돌아가셨을 때 온 나라의 신하와 백성들이 슬픔과 사모함을 이기지 못하여 받들어 올린 시호인데, 성조(聖祖)의 묘호와 중복된다는 것은 알지 못하였다. 지금 교칙을 들으니 두려워 어찌할 바를 모르겠다. 바라건대 사신께서는 [돌아가] 궁궐 마당에서 복명(復命)할 때 이상과 같이 아뢰어주시오." 뒤에 다시 별도의 조칙이 없었다. (『三國史記』8 新羅本紀 8)

신라   봄에 무후(武后)가 사신을 보내 와서 전하였다. "우리 태종문황제(太宗文皇帝)는 신이한 공과 성스러운 덕을 지니신 천고(千古)에 빼어나신 분이다. 그러므로 태종(太宗)이라는 묘호(廟號)를 올리게 되었다. 그런데 너희 나라 선왕(先王)인 김춘추(金春秋)의 묘호를 같게 하였으니 너무나 본분에 맞지 않는 행동이도다. 반드시 서둘러 고쳐 부르도록 하라." 왕이 사자에게 말하였다. "신이 어찌 감히 명령을 좇지 않을 수 있겠는가. 그러나 생각컨대 선왕(先王) 춘추(春秋)는 매우 훌륭한 덕을 지닌 분이

시다. 또 김유신(金庾信)이라는 어진 신하를 얻어 삼한(三韓)을 통일하였으니 그가 이룬 공업(功業)이 많지 않다 할 수 없다. 돌아가셨을 때 온 나라의 신하와 백성이 슬픔과 사모함을 이기지 못하여 받들어 올린 시호인데, 서로 범함을 알지 못하였다. 지금 교칙을 들으니 두려워 어찌할 바를 모르겠다. 바라건대 이상과 같이 아뢰어주시오." 뒤에 다시 별도의 조칙이 없었다. (『三國史節要』11)

신라
　　신문왕(神文王) 때에 당 고종(高宗)이 신라에 사신을 보내어 말하기를 "나의 성고(聖考)는 어진 신하 위징(魏徵)·이순풍(李淳風) 등을 얻어 마음을 합하고 덕을 같이하여 천하를 통일하였기에 태종 황제라 하였지만, 너희 신라는 바다 밖에 있는 조그만 나라임에도 태종의 호를 사용하여 천자의 칭호를 참칭하니 그 뜻이 불충하므로 속히 그 명호를 고치도록 하라." 하였다. 신라왕이 글을 올려 답하기를 "신라는 비록 작은 나라이지만 성신(聖臣) 김유신을 얻어 삼한(三韓)을 통일하였기 때문에 태종이라고 한 것입니다." 하였다. 당나라 황제가 그 글을 보고 생각하기를 그가 저이(儲貳 ; 태자)로 있을 때에 하늘에서 이르기를 "33천(天)의 한 사람이 신라에 내려가 유신이 되었다."고 한 일이 있어서 책에 기록한 바가 있는데, 이에 꺼내어 그것을 살펴보니 놀랍고 두렵기 그지없었다. 다시 사신을 보내어서 태종이라는 칭호를 고치지 아니하여도 된다 하였다. (『三國遺事』1 紀異 1 太宗春秋公)

신라
　　설총(薛聰)의 자(字)는 총지(聰智)이다. 할아버지는 담날(談捺) 나마(奈麻)였다. 아버지는 원효(元曉)인데, 처음에 승려가 되어 널리 불경을 통달하였고, 이윽고 환속하여 스스로 소성거사(小性居士)라고 불렀다. 설총은 성품이 똑똑하고 분명하여 배우지 않고서도 도덕과 학술을 알았다. 방언(方言)으로 구경(九經)을 풀이하여 후학들을 가르쳤으므로 지금까지 학자들이 그를 종주로 받든다. 또 글을 잘 지었으나 세상에 전해오는 것이 없다. 다만 지금 남쪽 지방에 간혹 설총이 지은 비명(碑銘)이 있으나 글자가 없어지고 떨어져나가 읽을 수 없으므로 끝내 그의 글이 어떠하였는지를 알지 못한다. / 신문대왕(神文大王)이 한 여름[仲夏]에 높고 빛이 잘 드는 방에 있으면서 설총을 돌아보며 말하였다. "오늘은 여러 날 계속 내리던 비가 처음으로 그치고, 첫 여름의 훈훈한 바람도 조금 서늘해졌구나. 비록 매우 맛이 좋은 음식과 슬픈 음악이 있더라도 고상한 말과 재미있는 농담으로 울적함을 푸는 것만 못하다. 그대는 틀림없이 색다른 이야기를 알고 있을 것인데 어찌 나를 위해서 그것을 이야기해주지 않는가." 설총이 말하였다. "예. 신이 듣건대 옛날 화왕(花王)이 처음 전래되자 그것을 향기로운 정원에 심고 푸른 장막을 둘러 보호하였습니다. 봄을 맞아 내내 아름다움을 드러내니 온갖 꽃들을 능가하여 홀로 뛰어났습니다. 이에 가까운 곳으로부터 먼 곳에 이르기까지 아름답고 고운 꽃들이 바쁘게 와서 찾아뵙지 않음이 없었으며, 오직 시간에 늦을까 걱정하였습니다. 홀연히 한 아름다운 사람이 나타났는데, 붉게 빛나는 얼굴과 아름다운 치아에 곱게 화장하고 아름답게 꾸민 옷을 입고, 하늘거리며 와서 아름다운 자태로 앞으로 나와 말하였습니다. '첩은 눈처럼 흰 모래톱을 밟고, 거울처럼 맑은 바다를 마주하면서 봄비에 목욕하여 때를 벗기고, 맑은 바람을 상쾌히 여기며 유유자적하니 그 이름은 장미라고 합니다. 왕의 아름다운 덕을 듣고, 향기로운 휘장 속에서 잠자리를 모시고자 하오니 왕께서는 저를 받아 주시겠습니까.' 또 한 남자가 나타났는데, 베옷을 입고 가죽 띠를 둘렀으며, 흰 머리에 지팡이를 짚고, 늙고 병든 것처럼 걸어 구부정한 모습으로 와서 말하였습니다. '저는 서울 성 밖의 큰 길 가에 살면서 아래로 넓고 멀어 아득한 들판의 경치를 내려다보고, 위로는 높고 험한 산의 경치에 기대어 사는데, 그 이름은 백두옹(白頭翁)이라고 합니다. 가만히 생각하옵건대, 주위에 거느리고 있는 자들이 제공하는 물품이 비록 풍족하여 맛있는 음식으로 배를 채우고 차와 술로 정신을 맑게 하여도, 비단으로 싼 상자에 쌓아둔 것들 중에는 반드시 기운을 보충할 좋은 약과 독을 없앨 아픈 침이 있어야 합니다. 그러므로 비록 명주실과 삼[麻]실과 같이 좋은 것이 있다고 하더라도 골풀과 누런 띠처럼 거친 것을 버릴 수 없고, 무릇 모든 군자들은 궁할 때를 대비하지 않음이 없다고 하는데, 왕께서도 또한 뜻이 있으신지 모르겠습니다. 어떤 사람이 '두 사람이 왔는데 누구를 받아들이고 누구를 버리겠습니까'라고 말하였습니다. 화왕은 '장부의 말이 또한 도리에 맞으나 아름다운 사람은 얻기 어려운 것이니 장차 어떻게 할까'라고 말하였습니다. 장부가 앞으로 나아가 말하였습니다. '저는 왕께서 총명하셔서 도리와 정의를 아실 것으로 생각하였기 때문에 왔을 뿐인데 이제 보니 아닙니다. 무릇 임금된 자로서 간사하고 아첨하는 자를 친근히 하고, 정직한 사람을 멀리하지 않음이 드뭅니다. 이런 까닭에 맹가(孟軻)가 불우하게 일생을 마쳤고, 풍당(馮唐)은 중랑서장(中郎署長) 벼슬을 하면서 백발이 되었습니다. 옛날부터 이와 같았으니 제가 이를 어찌하겠습니까' 화왕이 '내가 잘못 하였구나. 내가 잘못 하였구나.' 라고 하였답니다." 이에 왕이 정색하고 낯빛을 바꾸며 "그대의 우화 속에는 실로 깊은 뜻이 있구나. 이를 기록하여 임금된 자의 교훈으로 삼도록 하라."고 하고, 드디어 설총을 높은 벼슬에 발탁하였다. / 세상에 전하기는 일본국 진인(眞人)이 신라 사신 설판관(薛判官)에게 준 시의 서문에 "일찍이 원효거사가 지은 금강삼매론(金剛三昧論)을 읽고 그 사람을 만나보지 못한 것을 깊이 한탄하였는데, 신라국의 사신 설판관이 곧 거사의 손자라는 것을 듣고, 비록 그 할아버지를 만나보지 못하였어도 그 손자를 만난 것을 기뻐하여서 이에 시를 지어 드린다"고 하였다.註 112 그 시가 지금 남아 있는데, 단 그 자손의 이름을 알지 못한다. 우리 현종 재위 13년 천희(天禧) 5년 신유(1021)에 이르러 홍유후(弘儒侯)로 추증하였다. 어떤 사람은 설총이 일찍이 당(唐)나라에 들어가서 공부하였다고도 하는데, 그러했는지 아닌지는 알지 못한다. (『三國史記』 46 列傳 6 薛聰)

신라   왕이 일찍이 한가하게 있을 때 설총을 끌어당겨 말하였다. "오늘은 여러 날 계속 내리던 비가 처음으로 그치고, 훈훈한 바람도 조금 서늘해졌구나. 고상한 말과 재미있는 농담으로 울적함을 푸는 것만 못하다. 그대는 틀림없이 색다른 이야기가 있을 것인데 나를 위해서 그것을 이야기해 달라." 설총이 말하였다. "예. 신이 듣건대 옛날 화왕(花王)이 처음 전래되자 그것을 향기로운 정원에 심고 푸른 장막을 둘러 보호하였습니다. 봄을 맞아 내내 아름다움을 드러내니 온갖 꽃들을 능가하여 홀로 뛰어났습니다. 이에 아름답고 고운 꽃들이 바쁘게 와서 찾아뵙지 않음이 없었습니다. 홀연히 한 아름다운 사람이 나타났는데, 이름은 장미라 하였습니다. 붉게 빛나는 얼굴과 아름다운 치아에 곱게 화장하고 아름답게 꾸민 옷을 입고, 하늘거리며 와서 아름다운 자태로 앞으로 나와 말하였습니다. '첩은 왕의 아름다운 덕을 듣고, 향기로운 휘장 속에서 잠자리를 모시고자 하오니 왕께서는 저를 받아 주시겠습니까.' 또 한 남자가 나타났는데, 이름은 백두옹(白頭翁)이라고 합니다. 베옷을 입고 가죽 띠를 둘렀으며, 흰 머리에 지팡이를 짚고, 늙고 병든 것처럼 걸어 구부정한 모습으로 와서 말하였습니다. '저는 서울 성 밖의 큰 길 가에 삽니다. 가만히 생각하옵건대, 주위에 거느리고 있는 자들이 제공하는 물품이 비록 풍족하여 맛있는 음식으로 배를 채우고 차와 술로 정신을 맑게 하여도, 비단으로 싼 상자에 쌓아둔 것들 중에는 반드시 기운을 보충할 좋은 약과 독을 없앨 아픈 침이 있어야 합니다. 그러므로 비록 명주실과 삼[麻]실과 같이 좋은 것이 있다고 하더라도 골풀과 누런 띠처럼 거친 것을 버릴 수 없고, 무릇 모든 군자들은 궁할 때를 대비하지 않음이 없다고 하는데, 왕께서도 또한 뜻이 있으신지 모르겠습니다. 화왕은 '장부의 말이 또한 도리에 맞으나 아름다운 사람은 얻기 어려운 것이니 장차 어떻게 할까'라고 말하였습니다. 장부가 말하였습니다. '무릇 임금된 자로서 간사하고 아첨하는 자를 친근히 하고, 정직한 사람을 멀리하지 않음이 드뭅니다. 이런 까닭에 맹가(孟軻)가 불우하게 일생을 마쳤고, 풍당(馮唐)은 중랑서장(中郎署長) 벼슬을 하면서 백발이 되었습니다. 옛날부터 이와 같았으니 제가 이를 어찌하겠습니까' 화왕이 '내가 잘못 하였구나. 내가 잘못 하였구나.'라고 하였답니다." 이에 왕이 정색하고 낯빛을 바꾸며 "그대의 우화 속에는 실로 깊은 뜻이 있구나. 이를 기록하여 교훈으로 삼도록 하라."고 하고, 드디어 설총을 높은 벼슬에 발탁하였다. 총(聰)자는 총지(聰智)로 할아버지는 나마 담날(談捺)이고 아버지는 원효이다. 원효가 일찍이 승려였을 때 불경에 해박하여 이미 환속하여 스스로 소성거사(小性居士)라 부르고 요석궁(瑤石宮)에게 장가들어 설총을 낳았다. 설총은 태어나면서 부터 밝고 예리하였고 장성하자 학식이 넓어 방언(方言)으로 구경(九經)의 뜻을 해석하고 후생을 가르쳐 이끌었고 또 속문(屬文)을 잘했다. (『三國史節要』11)

신라	예작부 (…) 경(卿)은 2명이고 신문왕이 설치하였다. 위(位)는 사정경(司正卿)과 같다. (『三國史記』38 雜志 7 職官 上)
신라	위화부 (…) 상당(上堂)은 2명이고 신문왕이 설치하였다. 성덕왕 2년에 1명을 더하였다. (『三國史記』38 雜志 7 職官 上)

신라	강수 (…) 신문대왕 때에 이르러 죽었다. 장사지내는 데 관(官)에서 비용을 제공하였다. 옷가지와 일상용품, 비단을 준 것이 매우 많았는데, 집안사람들이 사사로이 하지 않고 모두 그것을 불사(佛事)에 보냈다. 그 아내가 먹을 것이 없어 고향으로 돌아가려고 하였다. 대신이 이를 듣고 왕에게 청하여 조(租) 1백 석을 하사하도록 하였다. 그 아내가 사양하며 말하였다. "저는 천한 사람입니다. 입고 먹는 것은 남편을 따랐으므로 나라의 은혜를 받음이 많았습니다. 지금 이미 홀로 되었으니 어찌 감히 다시 후한 하사를 욕되게 하겠습니까." 마침내 받지 않고 돌아갔다. 신라고기(新羅古記에 말하길, "문장(文章)인 즉 강수, 제문(帝文), 수진(守眞), 양도(良圖), 풍훈(風訓), 골번(骨番)인데, 제문 이하는 그 사적을 잃어 입전(立傳)할 수 없었다."라고 하였다. (『三國史記』46 列傳 6 强首)

신라	이전에 술종공(述宗公)이 삭주도독사(朔州都督使)가 되어 장차 임지로 가려 하는데, 이때 삼한에 병란이 있었으므로 기병 3천 명으로 그를 호송하였다. 일행이 죽지령(竹旨嶺)에 이르렀을 때, 한 거사가 그 고개길을 닦고 있었다. 공은 이를 보고 찬탄하였고, 거사 또한 공의 위세가 성함을 존대하여 서로 마음에 감동되었다. 공이 주의 치소에 부임한 지 한 달이 되던 때 꿈에 거사가 방에 들어오는 것을 보았는데, 부인도 같은 꿈을 꾸었다. 더욱 놀라고 괴이히 여겨 이튿날 사람을 보내 그 거사의 안부를 물었다. 사람들이 말하기를, "거사가 죽은 지 며칠 되었습니다"라고 하였다. 사자가 돌아와서 그 사실을 아뢰었는데, 그가 죽은 날이 꿈꾸던 바로 그날이었다. 공이 말하기를, "아마 거사가 우리 집에 태어날 것이다"라고 하였다. 다시 군사를 보내 고개 위 북쪽 봉우리에 장사지내고, 돌로 미륵불 한 구를 만들어 무덤 앞에 봉안하였다. 부인은 꿈을 꾼 날로부터 태기가 있더니 아이를 낳자 이름을 죽지(竹旨)라고 하였다. 장성하여 벼슬길에 나아가 부수(副帥)가 되어 유신공과 함께 삼한을 통일하였고, 진덕(眞德)·태종(太宗)·문무(文武)·신문(神文)의 4대에 걸쳐 재상이 되어 나라를 안정시켰다. 처음에 득오곡이 낭을 사모하여 노래를 지었으니 이렇다. 간 봄 그리워하매 임께서 더 못 살으사 울어 설워하더이다 애닯음 나토시던 모습이 해 거듭하는 즈음에 가이더이다 눈 돌이킬 새 만나 뵙기 어찌 지으오리까 낭이여, 그리는 마음에 가올 길 다봊 마을에 잘 밤 있사오리까 (『三國遺事』2 紀異 2 孝昭王代 竹

旨郎)

신라   신문왕대의 대덕 경흥(憬興)은 성이 수씨(水氏)이고 웅천주(熊川州) 사람이다. 나이 18세에 출가하여 삼장에 통달하여 명망이 한 시대에 높았다. 개요(開耀) 원년(681)에 문무왕이 장차 승하하려고 하여 신문왕에게 유언을 남기기를 "경흥법사는 국사가 될 만하니 짐의 명을 잊지 말아라"라고 하였다. 신문왕이 즉위하자 국로로 책봉하고 삼랑사(三郎寺)에 살게 하였다. 갑자기 병이 나서 한 달을 지냈는데 한 비구니가 와서 그를 문안하고 『화엄경』 중 착한 친구가 병을 고친 이야기를 가지고 말하였다. "지금 법사의 병은 근심이 이른 바이니 즐겁게 웃으면 나을 것이다."라고 하고 곧 열한 가지의 모습을 만들고 각각 광대와 같은 춤을 추니 뾰족하기도 하고 깎은 듯 하기도 하여 변하는 모습이 이루 말할 수 없을 정도였다. 모두 너무 우스워 턱이 빠질 것 같았다. 법사의 병이 자기도 모르게 나았다. 비구니는 드디어 문을 나가서 곧 남항사(南巷寺)[삼랑사 남쪽에 있다]로 들어가 숨어버렸는데 가지고 있던 지팡이는 십일면원통상(十一面圓通像) 탱화 앞에 있었다. / 어느 날 장차 왕궁에 들어가려 하여 시종이 먼저 동문 밖에서 채비하였다. 안장과 말이 매우 화려하고 신과 갓이 다 갖추어져서 행인들이 그것을 피하였다. 한 거사[혹은 사문이라고도 한다]가 행색이 남루하고 손에 지팡이를 짚고 등에 광주리를 이고 와서 하마대(下馬臺) 위에서 쉬고 있었는데 광주리 안을 보니 마른 생선이 있었다. 시종이 그를 꾸짖었다. "너는 중의 옷을 입고 있으면서 어찌 더러운 물건을 지고 있는 것이냐." 중이 말하였다. "그 살아 있는 고기를 양 넓적다리 사이에 끼고 있는 것과 삼시(三市)의 마른 생선을 등에 지는 것이 무엇이 나쁘단 말이냐." 말을 마치고는 일어나 가버렸다. 경흥이 바야흐로 문을 들어오다가 그 말을 듣고 사람을 시켜 그를 쫓아가게 하였다. 남산 문수사(文殊寺)의 문 밖에 이르자 광주리를 버리고 사라졌다. 지팡이는 문수상 앞에 있었고 마른 생선은 곧 소나무 껍질이었다. 사자가 와서 고하니, 경흥은 그것을 듣고 한탄하여 "대성(大聖)이 와서 내가 짐승을 타는 것을 경계하였구나"라고 하고 죽을 때까지 다시 말을 타지 않았다. 경흥의 덕이 풍긴 맛은 석 현본(釋玄本)이 찬술한 「삼랑사비」에 갖추어 실려 있다. 일찍이 『보현장경(普賢章經)』을 보니 미륵보살이 말하기를 "내가 내세(來世)에 당하여 염부제(閻浮提)에 나서 먼저 석가의 말법 제자를 구제할 것인데 오직 말을 탄 비구는 제외하여 부처를 볼 수 없게 할 것이다"라고 하였으니 어찌 경계하지 않겠는가. / 찬하여 말한다. 옛 어진 이가 모범을 드리운 것은 뜻한 바 많았는데 어찌하여 자손들은 덕을 닦지 않는가. 마른 고기 등에 진 건 오히려 옳은 일이나 다음날 용화(龍華)를 저버릴 일 어찌 견디겠는가. (『三國遺事』 5 感通 7 憬興遇聖)

신라   가을 7월에 왕이 돌아가셨다. 시호를 신문(神文)이라 하고 낭산(狼山) 동쪽에 장사지냈다. (『三國史記』 8 新羅本紀 8)

신라   효소왕(孝昭王)이 즉위하였다. 이름은 이홍(理洪)[이공(理恭)이라고도 한다]이고 신문왕의 태자이다. 어머니는 성이 김씨이고 신목왕후(神穆王后)로, 일길찬(一吉湌) 김흠운(金欽運)[운(運)을 운(雲)이라고도 쓴다]의 딸이다. (『三國史記』 8 新羅本紀 8)

신라   가을 7월에 왕이 돌아가셨다. 시호를 신문)이라 하고 낭산(狼山) 동쪽에 장사지냈다. 태자 이홍(理洪)이 즉위하였다. (『三國史節要』 11)

신라   당(唐) 측천황후(則天皇后)가 사신을 보내 조제(弔祭)하였고, 이어서 왕을 신라왕 보국대장군(輔國大將軍)·행좌표도위대장군(行左豹韜尉大將軍)·계림주도독(鷄林州都督)에 책봉하였다. (『三國史記』 8 新羅本紀 8)

신라   가을 7월 당 측천황후가 사신을 보내 조제(弔祭)하였고, 이어서 왕을 신라왕 보국대

	장군軍)·행좌표도위대장군·계림주도독에 책봉하였다. (『三國史節要』11)
신라	천수 3년에 정명(政明)이 죽었다. 측천무후가 그를 위해 거애(擧哀)하고 사신을 보내 조제(弔祭)하였으며 그 아들 이홍을 세워 신라왕이 책봉하였다. 이어서 아버지의 보국대장군·행좌표도위대장군·계림주도독을 잇게 하였다. (『舊唐書』199上 列傳 149上 新羅)
신라	정명이 죽었다. 아들 이홍이 왕을 이었다. (『新唐書』220 列傳 145 新羅)
신라	가을 7월 좌우이방부(左右理方府)를 좌우의방부(左右議方府)로 고쳤는데, 이(理) 자가 왕의 이름을 범(犯)하였기 때문이다. (『三國史記』8 新羅本紀 8)
신라	가을 7월 좌우이방부를 좌우의방부로 고쳤는데, 왕의 이름을 피한 것이다. (『三國史節要』11)
신라	좌이방부(左理方府)는 진덕왕 5년에 설치하였다. 효소왕 원년에 대왕의 이름을 피해 고쳐서 의방부(議方府)라 하였다. (『三國史記』38 雜志 7 職官 上)
신라	8월에 대아찬(大阿湌) 원선(元宣)을 중시(中侍)로 삼았다. (『三國史記』8 新羅本紀 8)
신라	8월에 대아찬 원선을 중시로 삼았다. (『三國史節要』11)
신라	8월 고승(高僧) 도증(道證)이 당에서 돌아왔는데, (왕에게) 천문도(天文圖)를 바쳤다. (『三國史記』8 新羅本紀 8)
신라	8월 승(僧) 도증이 당에서 돌아왔는데, (왕에게) 천문도(天文圖)를 바쳤다. (『三國史節要』11)
신라	계림(鷄林)의 북쪽 산을 금강령(金剛嶺)이라고 하는데 그 산의 남쪽에 백율사(栢栗寺)가 있다. 절에는 대비(大悲)의 상(像) 한구가 있는데, 언제 만든 것인지는 알 수 없으나 영험하고 이로움이 자못 현저하였다. 혹은 중국의 신장(神匠)이 중생사(衆生寺)의 불상을 조성할 때 함께 만든 것이라고 한다. 속설에는 이 대성(大聖)이 일찍이 도리천(忉利天) 위에 올라갔다가 돌아와서 법당에 들어갈 때 밟았던 돌 위에는 발자국이 지금까지 마멸되지 않고 남아 있다고 한다. 혹은 부례랑(夫禮郎)을 구해서 돌아올 때의 자취라고도 한다. 천수(天授) 3년 임진년 9월 7일에 효소왕(孝昭王)은 대현(大玄) 살찬(薩喰)의 아들 부례랑을 국선(國仙)으로 삼았다. 그 낭도[珠履]가 천 명이었는데, 안상(安常)과 더욱 친하였다. (『三國遺事』3 塔像 4 栢栗寺)
신라	겨울 10월 임술일 초하루 임신일(11)에 야마다노후히토 미가타(山田史御形)에게 무광사(務廣肆)를 제수했다. 그는 전에 사문(沙門)이 되어 신라에서 학문했다. (『日本書紀』30 持統紀)
신라	11월 신묘일 초하루 무술(8)에 신라가 급찬(級湌) 박억덕(朴億德)·김심살(金深薩) 등을 보내 조(調)를 바쳤다. 신라에 보내는 사신 직광사(直廣肆) 오기나가노마히토 오유(息長眞人老)·무대이(務大貳) 가와치노이미키 츠라(川內忌寸連) 등에게 녹(祿)을 주었는데, 각각 차등이 있었다. (『日本書紀』30 持統紀)
신라	11월 신묘일 초하루 신축일(11)에 신라의 박억덕(朴億德)에게 난파관(難波館)에서 잔치를 베풀고 녹(祿)을 주었다. (『日本書紀』30 持統紀)

신라	12월 신유일 초하루 갑신일(24)에 대부(大夫) 등을 보내 신라의 조(調)를 이세(伊勢)·주길(住吉)·기이(紀伊)·대왜(大倭)·토명족(莵名足) 5사(社)에 바쳤다. (『日本書紀』 30 持統紀)
신라	의학(醫學)을 효소왕 원년에 처음으로 설치하였다. 학생을 교수하였는데, 본초경(本草經)·갑을경(甲乙經)·소문경(素問經)·침경(針經)·맥경(脉經)·명당경(明堂經)·난경(難經)으로써 업(業)을 삼았다. (『三國史記』 39 雜志 8 職官 中)
신라	의학박사 2명을 설치하였다. 학생을 교수하였는데, 본초경(本草經)·갑을경(甲乙經)·소문경(素問經)·침경(針經)·맥경(脉經)·명당경(明堂經)·난경(難經)으로써 업(業)을 삼았다. 또 율령전(律令典)을 설치하였는데, 박사가 6명이었다. 수궁전(藪宮典)은 대사(大舍)가 2명이고 사(史)가 2명이다. (『三國史節要』 11)
신라	사찬(沙餐) 강수가 죽었다. 왕이 예로써 그를 장사지내고 물품을 더욱 후하게 내려주었다. 그 처가 상사(喪事)에 다 사용하여 폄식(乏食)하여 고향으로 돌아가고자 하였다. 왕이 그것을 듣고 조 1백석을 내렸다. 사양하여 말하였다. "첩은 첩합니다. 지아비가 있는 날 나라의 은혜를 많이 받았습니다. 지금 이미 미망(未亡)이 되었으니 어찌 감히 다시 후한 내림을 받겠습니까." 마침내 받지 않고 갔다. (『三國史節要』 11)
신라	△원아지(遠雅志) △난이(蘭而)△ △△ (「四天王寺址 碑片」 1)
신라	년(年)△ 차임진(次壬辰) 흉(凶)△도(悼) (「四天王寺址 碑片」 2)
신라	신문왕(神文王)이 죽고 효소왕(孝昭王)이 즉위하여 산릉(山陵)을 닦고 장사지내는 길을 손질하였는데, 정공의 버드나무가 길을 가로 막아 유사(有司)가 베어 버리려 하였다. 정공이 화를 내며 말하기를 "차라리 내 머리를 베지 이 나무는 베지 못한다"라고 하였다. 유사가 이를 아뢰니 왕이 크게 노하여 사구(司寇)에게 명해 말하기를 "정공이 왕화상의 신술(神術)을 믿고 장차 불손한 일을 도모하려 하여, 왕명을 업신여기고 거역해서 내 머리를 베라고 하니 마땅히 좋아하는 바에 따를 것이다"라고 하였다. 이에 그를 주살하고 그 집을 묻어버렸다. 조정에서 의논하기를 "왕화상이 정공과 매우 친하여 당연히 꺼리고 싫어함이 있을 것이니 마땅히 먼저 그를 도모해야 할 것입니다"라고 하였다. 이에 갑병을 시켜 그를 찾아 잡게 하였다. 혜통은 왕망사(王望寺)에 있었는데 갑병이 오는 것을 보고 지붕에 올라가서 사기병과 붉은 먹을 묻힌 붓을 가지고 소리치기를 "내가 하는 것을 보아야 할 것이다"라고 하였다. 이에 병의 목에 한 획을 긋고 말하기를 "너희는 마땅히 각자의 목을 보아라"라고 하니 그것을 보니 모두 붉은 획이 있어서 서로 보고 놀랐다. 또 소리쳐 말하기를 "만약 병의 목을 자르면 응당 너희 목도 잘릴 것인데 어찌 하겠는가"라고 하였다. 그들이 도망 와서 붉은 획이 있는 목을 왕에게 보이니 왕이 말하기를 "화상의 신통력이 어찌 사람의 힘으로 막을 수 있는 바이겠는가"라고 하고 이에 그를 내버려 두었다. 왕녀(王女)가 갑자기 병이 들자 조서를 내려 혜통이 치료하게 하였는데 병이 나아지니 왕이 크게 기뻐하였다. 혜통은 인하여 말하였다. "정공은 독룡(毒龍)의 해를 입어 죄 없이 나라의 형벌을 받았습니다." 왕이 그것을 듣고 마음으로 후회하고 이에 정공의 처자를 면죄하고, 혜통을 국사(國師)로 삼았다. 용은 이미 정공에게 원수를 갚고 기장산(機張山)에 가서 웅신(熊神)이 되었는데 해독을 끼치는 것이 더욱 심하여 백성들이 매우 괴로워했다. 혜통은 산 속에 가서 용을 깨우쳐 불살계(不殺戒)를 주었고, 웅신의 해가 이에 그쳤다. / 처음에 신문왕이 등창이 나서 혜통에게

치료해주기를 청하니 혜통이 와서 주문을 외우자 즉시 나았다. 이에 말하기를 "폐하가 예전에 재상의 몸으로 장인(臧人) 신충(信忠)을 잘못 판결하여 종으로 삼아서 신충이 원한을 가지고 윤회하여 보복하는 것입니다. 지금 이 등창도 또한 신충의 탈이오니 마땅히 신충을 위해서 가람을 창건하고 그 명복을 빌어서 그것을 풀어주십시오"라고 하였다. 왕이 심히 그렇다고 생각하여 절을 세우고 이름을 신충봉성사(信忠奉聖寺)라고 했다. 절이 완성되자 공중에서 노래하는 소리가 났는데 이르기를 "왕이 절을 지어 주셨기 때문에 괴로움에서 벗어나 하늘에 태어났으니 원한은 이미 풀렸습니다"라고 하였다[어떤 책에는 이 사실이 진표(眞表)의 전기(傳記)에 실려 있으나 잘못된 것이다]. 인하여 그 노래를 부른 곳에 절원당(折怨堂)을 지었는데 그 당(堂)과 절이 지금도 남아 있다. (『三國遺事』 5 神呪 6 惠通降龍)

신라　장수(長壽) 원년 임진년 효소왕(孝昭王)이 즉위하여 망덕사(望德寺)를 처음 세워 당 황실의 덕을 받들게 하였다. (『三國遺事』 5 感通 7 眞身受供)

693(癸巳/신라 효소왕 2/周 長壽 2/倭 持統 7)

백제　봄 정월 신묘일 초하루 을사일(15)에 정광삼(正廣參)을 백제왕선광(百濟王善光)에게 추증하고 아울러 부의(賻儀) 물건을 내렸다. (『日本書紀』 30 持統紀)

신라　2월 경신일 초하루 임술일(3)에 신라가 사찬(沙湌) 김강남(金江南)과 한나마(韓奈麻) 김양원(金陽元) 등을 보내, 와서 왕의 상(喪)을 알렸다. (『日本書紀』 30 持統紀)

신라　2월 경신일 초하루 기축일(30)에 표류해 온 신라인 모자모례(牟自毛禮) 등 37명을 억덕(憶德) 등에게 딸려 주었다. (『日本書紀』 30 持統紀)

백제　3월 경인일 초하루 갑오일(5)에 대학박사(大學博士) 근광이(勤廣貳) 우에노스구리 구다라(上村主百濟)에게 식봉(食封) 30호(戶)를 내렸다. 유도(儒道)에 뛰어났기 때문이다. (『日本書紀』 30 持統紀)

신라　관도(館陶) 곽공(郭公)의 첩(妾) 설씨(薛氏) 묘지명
설씨부인(薛氏夫人)의 성은 설씨이고 본래 동명국왕(東明國王) 김씨(金氏)의 자손이다. 옛날에 김씨 왕에게 사랑하는 아들이 있어, 설(薛)을 식읍으로 주었으므로 인하여 성으로 삼았다. 대대로 김씨와 인척이 되어, 그 고조·증조는 모두 김씨 왕의 고귀한 신하이자 대인(大人)이었다. 부친 영충(永沖)은 당(唐) 고종(高宗) 때에 김인문(金仁問)과 함께 들어왔다. 황제가 그 공적에 보답하여 좌무위장군(左武衛將軍)에 임명하였다.
설씨부인은 어렸을 때부터 옥같은 얼굴에 꽃이 활짝 피어난 듯한 모습을 지녀서, 아침에 피어오르는 아름다운 구름이나 밤에 비치는 조각달 같았다. 그래서 집안 사람들이 아름답게 여겨 어렸을 때 선자(仙子)라고 불렀다. 영대(瀛臺)에 공작과 봉황의 고사가 있음을 듣고 아리따운 마음으로 기뻐하였다. 나이 15세에 대장군이 돌아가시자, 마침내 머리를 깎고 출가하여 장차 부처님의 도를 배워 보수보살을 보고자 하니, 6년 동안 마음을 고요히 하였으나 청련(靑蓮)에 이르지 못하였다. 이에 다음과 같이 노래하였다. "구름 같은 마음이 되어 맑고 곧게 살려고 하였더니, 골짜기는 적막하여 인적조차 보이지 않도다. 고운 풀 향기가 피어올라 마음을 어지럽히니, 장차 내 청춘이 흩어지는 것을 어찌 할 것인가?" 마침내 이전에 세속에서 입던 복장으로 되돌아와 우리 곽공에게 시집갔다. 곽공은 호탕하고 기이함을 좋아하는 사람인데,

여러 가지 패물로 맞이하고 보배로운 거문고로 친구처럼 대하니, 서로가 청조(靑鳥)와 비취조(翡翠鳥) 같은 아름다움을 얻었다.

꽃이 번성하다가 아름다움이 시들고, 즐거움이 지극하다가 슬픔이 온다. 장수(長壽) 2년(693) 계사년(癸巳年)에 2월17일에 갑작스러운 병에 걸려 통천현(通泉縣)의 관사(官舍)에서 죽었다. 아~ 슬프도다. 곽공이 멍하니 넋을 잃고 여전히 그 죽음을 인정하지 않았으며, 보배로운 구슬을 입에 물리고 비단 이불로 덮어주었다. 고국으로 돌아가기에는 길이 멀어 도달하지 못할 것으로 생각되어 통천현 혜보사(惠普寺)의 남쪽 정원에 남겨두고 빈장(殯葬)하니, 진(眞)을 잊지 않았다. 명문(銘文)은 다음과 같다.

높은 언덕의 흰 구름이여, 한번 보기를 바라지만 어찌 기약할 수 있겠는가? 숙인(淑人)의 죽음을 애달프게 여기니, 감원(紺園)에서 보낸 봄날을 느끼도다. 바라건대 청조가 되어 날개를 길고 가지런하게 하여 혼백이라도 고국에 돌아가 노니소서. (「薛氏夫人 墓誌銘」:『全唐文新編』216)

신라   천수(天授) 4년 즉 장수(長壽) 2년 계사년 늦은 봄에 낭도들을 거느리고 금란(金蘭)으로 출유하여 북명(北溟) 지경에 이르러 적적(狄賊)들에게 붙잡혀 갔다. 문객들은 모두 어찌할 줄을 모르고 돌아왔으나 안상만이 홀로 그것을 추적하였는데 이는 3월 11일(693)의 일이었다. / 대왕이 이 소식을 듣고 놀라고 놀라면서 말하기를, "선왕께서 신적(神笛)을 얻어서 짐에게 몸소 전하여 지금 현금(玄琴)과 함께 내고(內庫)에 간직해 두었는데, 무슨 일로 국선이 갑자기 적의 포로가 되었는가. 이 일을 어찌하여야 좋단 말인가."라고 하였다. 거문고와 피리에 관한 일은 별전(別傳)에 자세히 실려 있다. 때마침 상서로운 구름이 천존고(天尊庫)를 덮었다. 왕은 더욱 놀라고 두려워서 사람을 시켜 조사해보니 창고 안에 있던 거문고와 피리 두 보물이 없어졌다. 이에 왕이 말하기를 "내 어찌 복이 없어 어제는 국선을 잃고 또 거문고와 피리를 잃게 되었는가."라고 하면서 창고를 지키던 관리 김정고(金貞高) 등 다섯 명을 가두었다. (『三國遺事』3 塔像 4 栢栗寺)

신라   3월 경인일 초하루 을사일(16)에 신라에 보내는 사신 직광사(直廣肆) 오기나가노마히토 오유(息長眞人老), 근대이(勤大貳) 오토모노스쿠네 고키미(大伴宿禰子君) 등과 학문승 변통(辨通)·신예(神叡) 등에게 시(絁)·면(綿)·포(布)를 주었는데, 각각 차등이 있었다. 또 신라왕에게 부의 물건을 내렸다. (『日本書紀』30 持統紀)

신라   천수 4년[장수 2년] 4월에는 국내에 모집하여 말하였다. "거문고와 피리를 찾는 자는 1년의 조세를 상으로 주겠다." (『三國遺事』3 塔像 4 栢栗寺)

신라   천수 4년[장수 2년] 5월 15일 부례랑의 두 분 부모님이 백율사의 대비상 앞에 나아가서 여러 날 저녁 천제에게 기도를 드렸더니, 갑자기 향탁(香卓) 위에 거문고와 피리 두 보물이 놓여져 있고 부례랑과 안상 두 사람도 불상 뒤에 도착해 있었다. 낭의 두 부모님은 너무나 기뻐서 돌아오게 된 이유에 대해서 물으니, 부례랑은 말하였다. "저는 붙잡혀 간 뒤부터 그 나라 대도구라(大都仇羅)의 집에 목동이 되어서 대오라니(大烏羅尼)의 들판에서 방목을 하고 있었습니다[다른 책에는 도구(都仇)의 집 종이 되어 대마(大磨)의 들판에서 방목했다고 하였다]. 그런데 홀연히 모습과 용모와 뜻이 단정한 한 스님이 있었는데, 손에 거문고와 피리를 들고 와서 위로하면서 말하기를, '고향생각을 하느냐'고 하기에, 저는 자신도 모르게 그의 앞에서 무릎을 꿇고 말하기를, '임금과 부모님을 그리워함을 어찌 다 말할 수 있겠습니까'라고 했습니다. 이에 스님이 말하기를, '그렇다면 나를 따라오라'고 하고는 저를 데리고 해변가에 이르렀는데, 또한 안상도 만났습니다. 이에 피리를 두 쪽으로 나누어 두 사람에게 주면서 각기 한쪽씩 타게 하고 자신은 그 거문고를 타고 둥둥 떠서 돌아왔는데 잠깐 사이에 이곳까지 왔습니다." 이에 모든 일을 급히 알렸더니, 왕은 크게 놀라며 사람을 보내어 낭을 맞아들이고, 거문고와 피리도 대궐 안으로 옮기게 하였다. 왕은 무게 50량으로 된 금과 은으로 만든 다섯 개의 그릇 두 벌과 마납가사(摩衲袈裟) 다섯 필과, 대초(大綃) 3천 필, 밭 1만 경(頃)을 절에 시주하여 대비의 은덕에 보답하였다. 국내에 크게 사면을 내리고 사람들에게는 관작 3급을 올려 주고, 백성들에게는 3년간의 조세를 면제해주었다. 그 절의 주지를 봉성사에 옮겨 살게 하였다. 또한 부례랑을 봉하여 대각간(大角干)[신라 재상의 관작명]으로 삼고, 아버지 대현(大玄) 아찬(阿喰)을 태대각간(太大角干)으로 삼았다. 어머니 용보부인(龍寶夫人)은 사량부(沙梁部) 경정궁주(鏡井宮主)로 삼고 안상법사를 대통(大統)으로 삼았으며, 창고 관리 다섯 명은 모두 석방하여 관작을 각기 5급씩 올려주었다. (『三國遺事』 3 塔像 4 栢栗寺)

신라   6월 기미일 초하루에 조서를 고려의 사문(沙門) 복가(福嘉)에게 내려 환속하게 하였다. (『日本書紀』 30 持統紀)

신라   천수 4년[장수 2년] 6월 12일에 혜성(彗星)이 동방에 나타났다. (『三國遺事』 3 塔像 4 栢栗寺)

신라   천수 4년[장수 2년] 6월 17일에는 또 혜성이 서방에 나타나므로, 일관(日官)이 아뢰었다. "거문고와 피리의 상서에 대하여 관작을 봉하지 않아서 나타나는 것입니다." 이에 신적(神笛)을 책호(冊號)하여 만만파파식(萬萬波波息)이라고 하니, 혜성이 이내 물러갔다. 그 후에도 신령하고 이로움이 많이 있지만 글이 번거로우므로 싣지 않는다. 세상에서는 안상을 일러 준영랑(俊永郎)의 낭도라고 하나 자세히 알 수 없다. 영랑(永郎)의 낭도에는 다만 진재(眞才), 번완(繁完) 등의 이름이 알려져 있으나, 이들 역시 알 수 없는 사람이다[별전에 자세히 보인다]. (『三國遺事』 3 塔像 4 栢栗寺)

탐라   11월 병술일 초하루 임진일(7)에 탐라(耽羅)의 왕자와 좌평(佐平) 등에게 물건을 내렸는데, 각각 차등이 있었다. (『日本書紀』 30 持統紀)
탐라   지통천황 7년 11월 임진[7] (『類聚國史』 99 殊俗部 耽羅)

신라   구서당(九誓幢) (…) 넷째는 비금서당(緋衿誓幢)이다. 문무왕 12년에 처음 장창당(長槍幢)을 설치하였고 孝昭王 2년에 고쳐서 비금서당이라고 하였다. (『三國史記』 40 雜志 9 職官 下)

신라   (…) 효소대왕대에 이르러 천수 4년 계사(癸巳)에 실례랑(失禮郎)의 생환(生還)의 이적으로 말미암아 고쳐서 만만파파식적(万万波波息笛)이라고 봉호(封號)하였다. 저 전에 상세하게 보인다. (『三國遺事』 2 紀異 2 万波息笛)

신라   당 장수 2년에 신라왕 김정명(金政明)이 죽었다. 그를 위해 거애(擧哀)하였고 사신을 보내 조제(弔祭)하였다. 그 아들 이홍(理洪)을 신라왕으로 삼고 이어서 아버지의 보국대장군 행좌표도위대장군 계림주도독(輔國大將軍行左豹韜衛大將軍雞林州都督)을

잇게 하였다. (『册府元龜』964 外臣部 9 封冊 2)

신라   사문(沙門) 보리류지(菩提流志)의 본명은 달마류지(達摩流支)인데, 당나라 말로는 법희(法希)이고 천후(天后)가 고쳐 보리류지라 하였다. 당에서는 각애(覺愛)라고 하였으며 남인도인이다. (…) 천후가 태극전에서 즉위하고 남경(帝京)에 다다랐다. 장수 2년 계사년에 도읍을 창달(創達)한 즉 그 해에 불수기사(佛授記寺)에서 보우경(寶雨經) 1부(部)[10권]를, 중인도(中印度) 왕사(王使) 사문 범마(梵摩) 동선(同宣) 범본이 번역하였다. 또 대주(大周) 동사(東寺) 및 불수기사에서 번역하였다.문수사리소설불사의불경계경(文殊師利所說不思議佛境界經) 1부[2권], 실상반약바라밀경(實相般若波羅蜜經)[1권], 대승금강계주보살수행분(大乘金剛髻珠菩薩修行分)[1권], 대승가야산정경(大乘伽耶山頂經)[1권], 육자신주경(六字神呪經)[1권], 호명법문신주경(護命法門神呪經)[1권], 유덕녀소문대승경(有德女所問大乘經)[1권], 반약바라밀다나경(般若波羅蜜多那經)[1권], 묘혜동녀소문경(妙慧童女所問經)[1권], 불공견색주심경(不空羂索呪心經)[1권], 묘덕바라문녀문불전하법륜경(妙德婆羅門女問佛轉何法輪經)[1권], 지맹장자문경(智猛長者問經)[1권], 불입비야리제일절귀병경(佛入毘耶離除一切鬼病經)[1권], 나야경(那耶經)[1권], 대다라니경(大陀羅尼經)[1권], 문수사리주법장경(文殊師利呪法藏經)[1권], 일자주왕경(一字呪王經)[1권], 무가략예보살조광대마니비밀선주경(無迦略曳菩薩造廣大摩尼秘密善住經)[1권], 석반야육자삼구론(釋般若六字三句論)[1권], 이상 20부 30권을 사문 행감(行感) 등이 함께 번역했다. 사문 전타(戰陀)·바라문(婆羅門) 이무첨(李無諂)이 역어(譯語)하였고, 사문 혜지(慧智)가 증역어(證譯語)하였고, 사문 처일(處一) 등이 필수(筆受)하였으며, 사문 사현(思玄) 등이 철문(綴文)하였고, 사문 원측(圓測)·신영(神英) 등이 증의(證義)하였고, 사빈시(司賓寺) 승(丞) 손벽(孫辟)이 감역(監譯)하였다. (『續古今譯經圖紀』 大唐傳譯之餘 沙門菩提流志 圓測)

신라   사문(沙門) 보리류지(菩提流志)의 본명은 달마류지(達摩流支)인데, 당나라 말로는 법희(法希)이고 천후(天后)가 고쳐 보리류지라 하였다. 당에서는 각애(覺愛)라고 하였으며 남인도인이다. (…) 천후가 태극전에서 즉위하고 남경(帝京)에 다다랐다. 장수 2년에 도읍을 창달(創達)한 즉 그 해에 불수기사(佛授記寺)에서 보우경(寶雨經)을 번역하였다. 중인도(中印度) 왕사(王使) 사문 범마(梵摩) 동선(同宣) 범본이 번역하였고 사문 전타(戰陀)·바라문(婆羅門) 이무첨(李無諂)이 역어(譯語)하였고, 사문 혜지(慧智)가 증역어(證譯語)하였고, 사문 처일(處一) 등이 필수(筆受)하였으며, 사문 사현(思玄) 등이 철문(綴文)하였고, 사문 원측(圓測)·신영(神英) 등이 증의(證義)하였고, 사빈시(司賓寺) 승(丞) 손벽(孫辟)이 감역(監譯)하였다. (『開元釋敎錄』 9 總括群經錄上之九 沙門菩提流志 圓測)

신라   천후 장수 2년 계사년에 도읍을 창달(創達)하였는데, 보리류지가 즉 그 해에 불수기사(佛授記寺)에서 보우경(寶雨經)을 번역하였다. 중인도(中印度) 왕사(王使) 사문 범마(梵摩) 동선(同宣) 범본, 사문 전타(戰陀)·바라문(婆羅門) 이무첨(李無諂)이 역(譯)하였고, 사문 혜지(慧智)가 증역어(證譯語)하였고, 사문 처일(處一) 등이 필수(筆受)하였으며, 사문 사현(思玄) 등이 철문(綴文)하였고, 사문 원측(圓測)·신영(神英) 등이 증의(證義)하였고, 사빈시(司賓寺) 승(丞) 손벽(孫辟) 감역(監譯)하였다. (『貞元新定釋敎目録』 14 總集群經錄上之十四 沙門菩提流志 圓測)

694(甲午/신라 효소왕 3/周 長壽 3, 延載 1/倭 持統 8)

신라   봄 정월에 왕이 친히 신궁(神宮)에서 제사 지내고, 크게 사면하였다. (『三國史記』8 新羅本紀 8)

신라   봄 정월에 왕이 친히 신궁에서 제사 지내고, 크게 사면하였다. (『三國史節要』11)

신라	봄 정월 문영(文穎)을 상대등(上大等)으로 삼았다. (『三國史記』 8 新羅本紀 8)
신라	봄 정월 문영을 상대등으로 삼았다. (『三國史節要』 11)

백제　3월 갑신일 초하루 기해일(16)에 조서를 내려 말하였다. "7년 계사년에 예천(醴泉)이 오미노쿠니(近江國) 익수군(益須郡) 도하산(都賀山)에서 솟았다. 병에 걸린 사람들이 익수사(益須寺)에 머물러 묵으며 치료하여 차도가 있는 사람이 많았다. (…) 처음 예천을 징험한 사람인 갈야우충(葛野羽衝)과 백제토라라녀(百濟土羅羅女)에게 각각 시(絁) 2필, 포(布) 10단(端), 초(鍬) 10구(口)를 주라." (『日本書紀』 30 持統紀)

신라　연재(延載) 원년 4월 29일 병으로 누워 당나라 수도에서 죽으니, 향년 66세였다. 부음을 듣고 황제가 매우 슬퍼하며 수의를 주고 관등을 더하였다. 조산대부(朝散大夫) 행사례시(行司禮寺) 대의서령(大醫署令) 육원경(陸元景)과 판관(判官) 조산랑(朝散郎) 직사례시(直司禮寺) 모(某) 등에게 명령하여 영구(靈柩)를 호송하게 하였다. (『三國史記』 44 列傳 4 金仁問)

신라　여름 4월에 김인문이 당에 있었는데 당에서 죽었다. 측천무후가 매우 슬퍼하며 수의를 주고 관등을 더하였다. 조산대부(朝散大夫) 행사례시(行司禮寺) 대의서령(大醫署令) 육원경(陸元景)과 판관(判官) 조산랑(朝散郎) 직사례시(直司禮寺) 모(某) 등에게 명령하여 영구(靈柩)를 호송하게 하였다. / 왕은 태대각간(太大角干)으로 추증하였고 담당 관서에 명을 내려 서울 서쪽 언덕(西原)에 장사지냈다. 인문은 7~8번 당에 들어갔고 숙위가 무릇 22년이었다. (『三國史節要』 11)

신라　김인문이 당에서 죽었다. 나이 66세였다. (『三國史記』 8 新羅本紀 8)

발해　연재 원년 납월(臘月:12월) 갑술일(25)에 돌궐묵철(突厥黙啜)이 영주(靈州)를 침범하여 우응양위대장군(右鷹揚衛大將軍) 이다조(李多祚)가 그것을 물리쳤다. (『新唐書』 4 本紀 4 則天皇后)

신라　겨울에 송악성(松岳城)과 우잠성(牛岑城) 2성을 쌓았다. (『三國史記』 8 新羅本紀 8)

신라　겨울에 송악성과 우잠성 2성을 쌓았다. (『三國史節要』 11)

신라 고려　송악군은 본래 고구려의 부소갑(扶蘇岬)이다. 효소왕 3년에 성을 쌓았다. 경덕왕이 그대로 따랐다. 우리 태조가 나라를 열어 왕기(王畿)로 삼았다. (『三國史記』 35 雜志 4 地理 2)

695(乙未/신라 효소왕 4/周 證聖 1, 天冊萬歲 1, 萬歲登封 1/倭 持統 9)

신라　3월 무신일 초하루 기유일(2)에 신라가 왕자 김량림(金良琳), 보명(補命) 살찬(薩湌) 박강국(朴强國) 등과 한나마(韓奈麻) 김주한(金周漢)·김충선(金忠仙) 등을 보내 국정(國政)을 아뢰어 청하였다. 또 조(調)와 물건을 바쳤다. (『日本書紀』 30 持統紀)

신라　당(唐) 무삼사(武三思)가 지었는데, 정서(正書)이고 성명(姓名)이 없다. 증성(證聖) 원년 5월 (「神昉法師 塔銘」:『寶刻叢編』 7)

신라　가을 7월 병오일 초하루 신미일(26)에 신라에 보내는 사신 직광사(直廣肆) 오노노아손 게노(小野朝臣毛野), 무대이(務大貳) 이키노무라지 하카도코(伊吉連博德) 등에게 물건을 내렸는데, 각각 차등이 있었다. (『日本書紀』 30 持統紀)

신라	9월 을사일 초하루 경술일(6)에 오노노아손 게노 등이 출발하여 신라로 향하였다. (『日本書紀』30 持統紀)
신라	자월(子月)을 정월(正月)로 세웠다. (『三國史記』8 新羅本紀 8)
신라	무후(武后)가 자월을 정월로 세웠다. (『三國史節要』11)
신라	개원(愷元)을 상대등(上大等)에 제수하였다. (『三國史記』8 新羅本紀 8)
신라	개원을 상대등에 제수하였다. (『三國史節要』11)
신라	효소대왕(孝昭大王)은 태대각간(太大角干)을 추증하였다. 담당 관서에 명을 내려 연재(延載) 2년(695) 10월 27일에 서울 서쪽 언덕(西原)에 묻었다. / 인문이 일곱 번 당에 들어가 당 조정에 숙위(宿衛)한 월일(月日)을 계산하면 대체로 22년이나 된다. / 이때 양도(良圖) 해찬(海湌) 또한 여섯 번 당나라에 들어갔고 서경(西京)에서 죽었다. 그 행적의 시말은 없어졌다(670). (『三國史記』44 列傳 4 金仁問)
신라	겨울 10월에 경도(京都)에 지진이 있었다. (『三國史記』8 新羅本紀 8)
신라	겨울 10월에 경도에 지진이 있었다. (『三國史節要』11)
신라	겨울 10월 중시(中侍) 원선(元宣)이 나이가 들어 벼슬에서 물러났다. (『三國史記』8 新羅本紀 8)
신라	겨울 10월 중시 원선이 나이가 들어 벼슬에서 물러났다. (『三國史節要』11)
신라	겨울 10월 서시(西市)와 남시(南市)를 설치하였다. (『三國史記』8 新羅本紀 8)
신라	겨울 10월 서시와 남시를 설치하였다. 각각 감(監) 1명을 두었다. △△△人 (『三國史節要』11)
신라	서시전(西市典)을 효소왕 4년에 설치하였다. (『三國史記』38 雜志 7 職官 上)
신라	남시전(南市典)을 또한 효소왕 4년에 설치하였다. (『三國史記』38 雜志 7 職官 上)
신라	조부(調府) (…) 사(史)는 8명으로 효소왕 4년에 2명을 더하였다. 위(位)는 병부의 사와 같다. (『三國史記』38 雜志 7 職官 上)
신라	조부의 사 2명을 더하여 설치하였다. 위(位)는 병부의 사와 같다. (『三國史節要』11)
고구려	(…) 공(公)의 이름은 족유(足酉)이고 자(字)도 족유이며 요동 평양사람이다. (…) 증성(證聖) 원년에 천추(天樞)를 만들어 완성함에 사람들이 즐겁게 자식처럼 와서 조각하고 새겨 이에 이루었다. (…) 웅장하구나. 모양이여, 이 때에 즉 고려번장(高麗蕃將) 어양군개국공(漁陽郡開國公) 식읍(食邑) 3,000호(戶)에 봉해졌다. (…) (「高足酉 墓誌銘」: 2001 『歷史敎育論集』26)

696(丙申/신라 효소왕 5/周 萬歲登封 2, 萬歲通天 1/倭 持統 10)

백제	봄 정월 갑신일 초하루 갑인일(11)에 직대사(直大肆)를 백제왕남전(百濟王南典)에 제수했다. (『日本書紀』30 持統紀)
신라	봄 정월에 이찬(伊湌) 당원(幢元)을 중시로 삼았다. (『三國史記』8 新羅本紀 8)
신라	봄 정월에 이찬(伊湌) 당원(幢元)을 중시로 삼았다. (『三國史節要』11)

신라	여름 4월에 나라 서쪽 지역에 가뭄이 들었다. (『三國史記』8 新羅本紀 8)
신라	여름 4월에 나라 서쪽 지역에 가뭄이 들었다. (『三國史節要』11)
발해	만세통천(萬世通天) 연간에 거란의 이진충(李盡忠)이 반란을 일으키니, 조영(祚榮)은 말갈의 걸사비우(乞四比羽)와 함께 각각 그들의 무리를 거느리고 동쪽으로 망명하여 요해지(要害地)를 차지하여 수비를 굳혔다. 진충이 죽자, 측천무후가 우옥검위대장군(右玉鈐衛大將軍) 이해고(李楷固)에게 명하여 군대를 거느리고 가서 그 여당(餘黨)을 토벌케 하니, 해고는 먼저 걸사비우를 무찔러 베고, 또 천문령(天門嶺)을 넘어 조영을 바짝 뒤쫓았다. 조영이 고구려·말갈의 무리를 연합하여 해고에게 항거하자, 왕사(王師)는 크게 패하고 해고만 탈출하여 돌아왔다. 이때 마침 거란과 해(奚)가 모두 돌궐에게 항복을 하므로 길이 막혀서 측천무후는 그들을 토벌할 수 없게 되었다. 조영은 마침내 그 무리를 거느리고 동으로 가서 계루부의 옛 땅을 차지하고, 동모산(東牟山)에 웅거하여 성(城)을 쌓고 살았다. (『舊唐書』199下 列傳 149下 北狄 渤海 靺鞨)
발해	만세통천(萬歲通天) 연간에 거란의 이진충이 영주도독(營州都督) 조홰(趙翽)를 죽이고 반란을 일으키자, 사리(舍利) 걸걸중상(乞乞仲象)이라는 자가 말갈의 추장 걸사비우 및 고구려의 남은 종족과 동쪽으로 달아나, 요수(遼水)를 건너서 태백산(太白山)의 동북을 거점으로 하여 오루하(奧婁河)를 사이에 두고 성벽을 쌓고 수비를 굳혔다. 측천무후는 걸사비우를 허국공(許國公), 걸걸중상을 진국공(震國公)으로 책봉하여 그 죄를 용서하였다. 비우(比羽)가 그 명령을 받아들이지 않자, 무후(武后)는 옥검위대장군(玉鈐衛大將軍) 이해고(李楷固)와 중랑장(中郎將) 색구(索仇)에게 조서를 내려 그를 쳐 죽였다. 이때에 중상(仲象)은 이미 죽고 그의 아들 대조영이 패잔병을 이끌고 도망쳐 달아났는데, 이해고는 끝까지 추격하여 천문령(天門嶺)을 넘었다. 대조영이 고구려병과 말갈병을 거느리고 이해고에게 저항하니, 이해고는 패전하고 돌아왔다. 이에 거란이 돌궐에 붙으므로 왕사(王師)의 길이 끊겨서 그들을 치지 못하게 되었다. 대조영은 곧 비우(比羽)의 무리를 합병하여 지역이 중국과 먼 것을 믿고, 나라를 세워 스스로 진국왕(震國王)이라 부르며, 돌궐에 사자를 보내어 통교(通交)하였다. 땅은 사방 5천리이며, 호구(戶口)는 십여만이고, 승병(勝兵)은 수만이다. 서계(書契)를 제법 안다. 부여·옥저·변한·조선 등 바다 북쪽에 있던 여러 나라의 땅을 거의 다 차지하였다. (『新唐書』219 列傳 144 渤海)
발해	발해는 본시 말갈이라고 불렸는데 고구려의 별종이다. 당 고종이 고구려를 멸망시키고 그 사람들을 이주시켜 중국에 흩어져 살게 하고, 평양에다 안동도호부를 설치하여 그들을 통치하였다. 측천무후 때에 거란이 북쪽 변방을 공격하자, 고구려의 별종인 대걸걸중상(大乞乞仲象)이 말갈의 추장 걸사비우(乞四比羽)와 함께 요동으로 달아나 고구려의 옛 땅을 나누어 임금노릇을 하니, 측천무후가 장수를 파견하여 걸사비우를 공격하여 죽였고, 걸걸중상도 병들어 죽었다. 걸걸중상의 아들 대조영이 즉위하여 걸사비우의 무리를 병합하였는데, 그 무리는 40만명으로서 읍루(挹婁)에 웅거하여 당나라 신하가 되었다. (『新五代史』74 四夷附錄 3 渤海)
발해	발해말갈은 본래 고구려 종족이다. (…) / 만세통천 연간(696~697)에 이르러 거란의 이만영(李萬榮)이 반란을 일으켜 영부(營府)를 공격하여 함락시켰다. 이 때 고려 별봉 대사리(大舍利) 걸걸중상(乞乞仲象)과 말갈의 반인(反人) 걸사비우가 달아나 요동을 지키고 나누어 고구려의 옛땅에서 왕이 되었다. 측천무후가 걸사비우를 ╞허국공(許國公)에, 대사리(大舍利) 걸걸중상을 진국공(震國公)에 봉하였다. 걸사비우는 명을 받지 않자 측천무후가 장군 이해고(李楷固)에게 명을 내려 죽이게 하였다. 이 때 걸걸중상은 이미 죽었고 그 아들 대조영이 자리를 이어 병정호(兵丁戶) 40만으로 읍

루의 옛 땅을 점거하였다. (『五代會要』 30 渤海)

발해 발해는 본래 고구려에서 갈려나온 종족이다. (…) 측천무후의 만세통천 연간(696)에
거란이 영부(營府)를 침공하여 함락시키자 고구려의 별종(別種)인 대조영이 요동으로
달아나 웅거하였다. 예종(睿宗)은 그를 홀한주도독(忽汗州都督)으로 삼는 동시에 발
해군왕(渤海郡王)에 책봉하였다. 이로 말미암아 발해국이라 자칭하고, 부여·숙신(肅
愼) 등 10여국을 병합하였다. 당·후량·후당까지 조공이 끊이지 아니하였다. (『宋史』
491 列傳 250 外國 7 渤海國)

신라 법사의 휘(諱)는 문아(文雅)이고 자(字)는 원측으로 신라국왕의 손(孫)이다. (…) / 후
에 서명사대덕(西明寺大德)에게 불림을 받아(660~667), 유식론소(唯識論疏) 10권과
해심밀경소(解深密經疏) 10권, 인왕경소(仁王經疏) 3권, 금강반야(金剛般若)·관소연
론(觀所緣論)·반야심경(般若心經)·무량수의(無量義經) 등의 소(疏)를 찬성(撰成)하여,
비전(秘典)을 우익(羽翼)하였다. 당시 사람들이 주목하였는데, 장공(奘公)을 찬좌(贊
佐)했기 때문이다. 불법을 행하여 동류(東流)하였는데, 무궁(無窮)의 가르침이 크게
흥하였다. 법사의 성품이 산수를 좋아해서 종남산(終南山) 운제사(雲際寺)에 의지하
였다(668~676). 또 절로부터 30여리 떨어진 곳에서 조용히 뜻을 청정하게 한 것이
8년이었다. 서명사의 승도(僧徒)들이 돌아올 것을 요청함에 절로 돌아와 『성유식론
(成唯識論)』을 강의하였다. 이때에 중천축삼장(中天竺三藏)인 지바아라(地婆訶羅)가
서울에 왔다. 칙명(勅命)을 받들어 대덕 다섯 사람을 뽑아서 부르고, 그들과 함께 『
밀암경(密嚴經)』 등을 번역하게 하였는데 원측법사가 그들의 우두머리였다. 후에 또
동도(東都)로 불러 가 강의하고, 신화엄경(新華嚴經)을 번역하였는데, 권축(卷軸)을
마치지 못하고, 불수기사(佛授記寺)에서 천화(遷化)하였다. 실로 만세(萬歲) 통천(通
天) 원년(696) 7월 22일이며 춘추 84세였다. 그 달(7월) 25일에 용문향산사(龍門香
山寺) 북곡(北谷)에서 화장하였고 바로 백탑(白塔)을 세웠다. 재경학도(在京學徒) 서
명사 주지 자선대사(慈善大師)와 대천복사(大薦福寺)의 대덕 승장법사(신라인)등이,
당시에 이미 환(患)을 알고, 예로 받들길 무의(無依)하였다. 마침내 향산장소(香山葬
所)에서, 해(骸)를 일절(一節) 나누어, 담기를 보함석곽(寶函石槨)으로 하고, 따로 종
남산 풍덕사(豊德寺) 동령(東嶺) 위에 장사지냈는데, 법사가 일찍이 옛날에 왕유(往
遊)한 땅이다. 묘(墓) 위에 탑을 일으키고, 탑의 기단 안에는 사리 49립(粒)을 안치
하였는데, 지금은 그 길이 거의 통하지 않는다. 낭떠러지가 높고 험하며 숲이 우거
져 틈이 없으며 험악하고 외져 독충을 저장하여 인적이 드물게 오며, 빛이 묻히고
덕이 뒤덮이니, 한갓 여러 해가 지나니, 누가 귀앙(歸仰)을 알겠는가. 이로 말미암아
동주(同州) 용흥사(龍興寺) 인왕원(仁王院) 광월법사(廣越法師)가 지원(志願)을 부지
런히 하여 대송(大宋) 정화(政和) 5년(1116) 4월 8일에 풍덕(豊德)에 나아와 공양을
나누고, 제불사리(諸佛舍利)를 아울렀다. 또 흥교사(興教寺) 장공탑(奘公塔)의 왼쪽에
장사지내고 신탑(新塔)을 창기(創起)하였는데, 기공(基公)의 탑을 규범으로 한 것으
로 일체(一體)가 무이(無異)였다. 아울러 기공의 탑은 곧 옛 것이 새롭게 된 것이니,
금륜보택층(金輪寶鐸層)은 쌍용(雙聳)을 구(構)하고, 길고 곧은 모양이 환성(幻成)과
같았고, 그 아래는 각각 환(環)이 넓고 무성했으며, 신상(神像)의 숭수(崇邃) 좌우에
는 장공(奘公)을 부(祔)하였다. 이르는 자로 하여금 경모기신(景慕起信)하여, 어느 때
인지를 알지 못할 뿐이다. 탑의 앞에 미쳐, 창수헌전륙영락성(創修獻殿六楹落成)하
고 경찬(慶賛)의 날에 능히 성문(成文)을 구할 여력이 없어, 그 일을 개여직서(丐余
直序)하고 그것을 계(繫)하여 명을 쓴다.
명(銘)은 아래와 같다. 불경(佛經)을 중국에서 가져왔으니 그 공로가 크시고 교화가
중국에서 전하여 이에 길이 힘입었네. 법장(法匠:덕망이 높은 중을 뜻함)이 기댐이

있었으니 참으로 기회를 만났고, 향산사 아득하니 유궁(幽宮 : 무덤)이 답답하네. 풍덕사 높이 막혀 신령한 자취 감추었으니 뒷사람 의지하려 돌아가나 어찌 따라가리. 이에 인연 지어 신령의 도움 받아 두 탑이 우뚝 서서 그 법식을 기반으로 삼았네. 장공(奘公) 곁에 부장(祔葬)하니 어찌 다하랴, 종남산이 서로 높아 준령이 하늘에 기대네. 성대한 덕이 우뚝하여 명을 비석에 새기니 오는 자들은 천만 년 토록 우러르리라. (『玄奘三藏師資傳叢書』 下 大周西明寺故大德圓測法師舍利塔銘<幷序>)

| 신라 | 사문(沙門) 불다바리(佛陀波利)는 당나라 말로 각호(覺護)이며 북인도 계빈국 (罽賓國) 사람이다. (…) 바리가 경을 얻어 매우 기뻐함을 이기지 못하여 서명사(西明寺)로 향하려고 하여 범어(梵語)를 잘 하는 승려인 순정(順貞)을 방문하였다. 함께 번역하기를 아뢰니, 황제가 그 청을 허락하여 마침내 번경(翻經)을 대하여 대덕 원측과 함께 정번(貞翻)을 내었는데, 이름이 불정존승다라니경(佛頂尊勝陀羅尼經)[1권]이다. 바리가 원한 바를 이미 마치자 경(經)과 범본(梵本)을 지니고 오대(五臺)에 들어가 지금까지 나오지 않으니 그 곳을 알 수 없으니, 제중역(諸衆譯)에 비해 이것은 가장 弘布되었다.(『續古今譯經圖紀』 大唐傳譯之餘 沙門佛陀波利 圓測) |

| 신라 | 불다바리가 경을 얻어 매우 기뻐함을 이기지 못하여 서명사(西明寺)로 향하려고 하여 범어(梵語)를 잘 하는 승려인 순정(順貞)을 방문하였다. 함께 번역하기를 아뢰니, 황제가 그 청을 허락하여 마침내 번경(翻經)을 대하여 대덕 원측과 함께 정번(貞翻)을 내었는데, 이름이 불정존승다라니경(佛頂尊勝陀羅尼經)로 전두령(前杜令)이 번역한 것인 주운경문(呪韻經文)과 대동소이하다. (『貞元新定釋敎目錄』 12 總集群經錄 上之十二 沙門佛陀波利 圓測) |

697(丁酉/신라 효소왕 6/周 萬歲通天 2, 神功 1/倭 持統 11, 文武 1)

| 신라 | 가을 7월에 완산주(完山州)에서 가화(嘉禾)를 바쳤는데, 뿌리와 줄기는 다른데 이삭이 같이 맺혔다. (『三國史記』 8 新羅本紀 8) |

| 신라 | 가을 7월에 완산주에서 가화를 바쳤는데, 뿌리와 줄기는 다른데 이삭이 같이 맺혔다. (『三國史節要』 11) |

| 신라 | 9월에 임해전(臨海殿)에서 여러 신하에게 잔치를 베풀었다. (『三國史記』 8 新羅本紀 8) |

| 신라 | 9월에 임해전에서 여러 신하에게 잔치를 베풀었다. (『三國史節要』 11) |

| 신라 | 왕이 △덕사(△德寺)에 행차하여 낙성회(落成會)를 베풀었다. (『三國史節要』 11) |

| 신라 | 원년 겨울 10월 신묘일(28)에 신라 사신 일길찬(一吉湌) 김필덕(金弼德)과 부사(副使) 나마(奈麻) 김임상(金任想) 등이 와서 조회했다. (『續日本紀』 1 文武紀) |

| 발해 | 10월 갑인일(21)에 유주도독 적인걸을 난대(鸞臺)시랑으로 삼았다. (…) 인걸이 상소하였다. "하늘이 사이(四夷)를 낳아 모두 선왕의 영토 밖에 있게 하였으니, 그러므로 동쪽은 창해(滄海)가 막고 있고 서쪽은 유사(流沙)기 가로막고 있으며 북쪽은 커다란 사막이 가로지고 남쪽은 오령(五嶺)이 가로 막고 있다. 이는 하늘이 이적(夷狄)을 제한하며 안팍을 갈라 놓은 것입니다. (…) 근래에 국가에서 빈번하게 해마다 군사를 내보내니 드는 비용이 더욱 커져서 서쪽으로 사진(四鎭)을 지키고 동쪽에서는 안동(安東)을 지키며 옮기고 징발하는 것이 날로 덧붙여져서 백성들은 텅 비고 피폐하였습니다. (…) 가만히 말씀드리면 마땅히 아사나곡슬라(阿史那斛瑟羅)를 세워서 가한(可汗)으로 삼고 그에게 사진(四鎭)을 맡기고 고씨의 끊어져 버린 나라를 이어 주 |

어서 그들로 하여금 안동(安東)을 지키도록 하십시오.(…)"(『資治通鑑』 206 唐紀 2 2 則天順聖皇后)

고구려　　　대주(大周) 고(故) 진군대장군(鎭軍大將軍) 고군(高君) 묘지명 및 서문
대체로 기미를 보고 시작하는 것 같은 일이 존재하는가? 군자가 의를 흠모하여 기묘한 데에 이르는 것을 사리에 통달한 사람이라고 하는데, 지난 치적을 기재하는 것도 가볍지 않고 오는 시대를 서술하는 것은 더욱 무겁다. 그러나 푸른 파도를 넘어 적현(赤縣)에 귀화하고 큰 교화에 물들어 여러 왕신들이 우러러 사모하니, 곧 고장군은 그것을 간직하였다.

고족유(高足酉)의 이름은 족유(足酉)이고 자(字)도 족유인데, 요동(遼東) 평양(平壤) 사람이다. 곧 항복하여 살면서 낙주(洛州) 영창현(永昌縣)에 집을 이루었다. 일족은 본래 융성한 가문에서 태어나 대대로 이어 왔는데, 옛날에는 고구려에 살면서 웅번(雄蕃)을 홀로 마음대로 하였고, 지금은 온갖 정성을 다하여 남다른 은총이 특히 높았다.

당(唐) 총장(總章)원년(668)에 명위장군(明威將軍)·수(守) 우위위(右威衛) 진화부(眞化府) 절충도위(折衝都尉)에 제수되고, 이어서 장상(長上)이 되었다. 또 수 좌위위(左威衛) 효의부(孝義府) 절충도위에 제수되고, 산관(散官)은 이전과 같았다. 2년(669)에 운휘장군(雲麾將軍)·행(行) 좌무위(左武衛) 익위부중랑장(翊衛府中郎將)에 제수되었다. 의봉(儀鳳) 4년(679)에 우령군위(右領軍衛) 장군(將軍)에 제수되고, 영륭(永隆)원년(680)의 제서에 따라 훈관(勳官) 상주국(上柱國)을 더하였으며, 영창(永昌)원년(689)에는 제서로 우옥검위(右玉鈐衛) 대장군(大將軍)에 제수되었다. 모두 공훈이 무거움을 보이고 무공은 기특하다고 칭찬받으니, 나가서는 변방을 안정시키고 들어와서는 군비(軍備)를 늘린 것이다. 얼마 지나고 나서 총령(蔥嶺)·천산(天山)에 나쁜 기운이 움직이고 만리장성에 먼지가 놀라서 일어나니, 궁궐에서 봉화가 빛나는 것을 보고 천자는 병사를 징발하라는 명령을 내렸다. 대주 천수(天授)원년(690)에 고족유를 진군대장군·행 좌표도위(左豹韜衛) 대장군으로 삼았는데, 단에 올라 책서를 받으니 예우가 전한(前漢)의 한신(韓信)을 뛰어넘었고, 야전에 자주 승리하니 일을 처리함이 촉한(蜀漢)의 장비(張飛)보다 뛰어났다. 저 두 번국을 돌아보니 끓는 물에 눈을 더한 것처럼 사라졌고, 이 두 번의 거병(擧兵)을 보니 거의 귀신처럼 이동하였다. 만리장성에는 말에게 물을 먹이는 글이 끊어지고, 윤대(輪臺)와 같은 방어시설을 폐지하게 되었다. 증성(證聖)원년(695)에 천추(天樞)을 만들어 완성되었는데, 사람들이 기뻐하며 자식처럼 찾아와서 조각하고 이에 마쳤다. 푸른 하늘을 가로질러 곧게 솟아올랐고 황왕(皇王)을 나타냄에 의기양양하니, 명주(明珠)가 밝은 빛을 내뿜자 해와 달을 거느리고 이어서 빛나며 상서로운 용이 내려와 놀자 연기와 구름에 의지하여 고개를 들었다. 장하도다, 그 모습이여! 이 때에 곧 고구려 번장(蕃長)·어양군개국공(漁陽郡開國公)·식읍(食邑) 2,000호에 봉해졌다. 그 해에 만주(萬州)의 만(蠻)이 소동을 일으키자, 칙서를 내려 고족유를 경략대사(經略大使)로 삼았다. 기운은 회오리바람이 부는 것처럼 날래었고, 나이는 쇠를 녹이는 것처럼 뜨거운 때였다. 5월이 되자 불모지에 깊이 들어가니, 관로는 천 길이나 되는 높은 곳에 올랐어도 반드시 충신의 절개를 품었다. 천명을 받들어 잘 설득하고 성지를 받들어 알리려 하였으나, 추한 이적(夷狄)은 미혹함에 사로잡혀서 귀가 멀어 들을 수 없다. 고족유는 대오를 정렬하고 명마를 울부짖도록 채찍질하여 곧바로 가서 강적을 꺾었다. 창을 휘두르면 해가 멈추고 곁가지를 끊으면 머리가 무너졌으며, 죽은 자는 겨를도 없이 어둠이 이르렀고 산 자는 굴레를 받아 스스로 부끄러워하였다. 우리 주(周)의 은덕을 행하니, 시체를 쌓아서 경관(京觀)이 되었다.

바야흐로 구포(龜浦)에서 개선의 노래를 부르고 용루(龍樓)에 승전보를 바치려고 할 때, 살아서 돌아오기를 기다렸는데 어찌 죽어서 올 줄 알았겠는가? 대주 천책만세(天冊萬歲)원년(695)에 병에 걸려 형주(荊州)의 관사(官舍)에서 죽으니, 나이가 70세였다. 아! 슬프다. 사마(駟馬)는 슬퍼서 울부짖고 삼군(三軍)은 울음을 삼키니, 방아찧던 사람은 손님을 접대할 상을 거두고 베 짜던 여인은 베틀에서 내려왔다. 황제가 이것을 듣고 진실로 깊이 애도하여, 사지절(使持節)·도독(都督)유역등7주(幽易等七州)제군사(諸軍事)·유주자사(幽州刺史)를 추증하고 나머지는 이전과 같았다. 이어 잡물 300종, 곡식 200석을 주고, 장례에 필요한 바는 모두 관에서 지급하게 하였다. 만세통천(萬歲通天) 2년(697) 정유년(丁酉年) 11월 기해일(己亥日)이 초하루인 8일 병오(丙午)에 낙주(洛州) 이궐현(伊闕縣) 신성(新城)의 벌판에 장사지내니, 예의에 합당하였다. 천정(天庭)은 막혀 있고 시위(侍衛)는 기한이 없으니, 옛 뿌리에서 돋은 풀은 거친 땅에서 슬프고 흐르는 빛은 하늘에서 눈물을 흘린다. 서리에 마른 버드나무가 깊은 문을 닫으니 봄이 오지 않고, 바람에 놀란 큰 나무가 밝은 별을 물리치니 영원히 죽었도다. 사자(嗣子) 제신(帝臣)은 생전에는 효성이 지극하였고 죽은 후에 마음 깊이 슬퍼하여, 춘추시대의 증자(曾子)에 비교해도 멀지 않고 후한(後漢)의 동영(董永)을 우러러 보아도 아득하지 않았다. 장사지내는 예의는 빠짐 없이 갖추었고 묘지를 선택하는 마땅함은 다 마쳤다. 현명한 사람은 저절로 이르도록 하고, 어리석은 사람은 이르게 하고자 애쓴다. 부자의 법도이고 군신(君臣)의 기강이니, 이웃마을의 빼어난 인재와 고향의 선비가 함께 점문(占門)을 만들어 모두 탄식하지 않겠는가? 비록 아름다움이 천지에 가득하더라도 썩지 않음은 붓과 먹에 의지하니, 좋은 칭송은 아름다운 옥에 새기고 바른 생각은 저승 문에 걸어두노라. 그 사(詞)는 다음과 같다.

걸출하고 빼어나서 도량이 깊고 교묘하니, 동쪽 늪에 깊이 잠겨 있던 물고기가 날개를 달고 남쪽으로 날아갔도다. 비상한 뒤에 모여서 결정함에 잘못이 적으니, 나라의 안위가 자신에게 달렸으나 홀연히 귀화하였도다[그 첫번째이다]. 영화로움은 그 옷에 구슬을 달았고 귀함은 그 수레에 붉은 칠을 하였으니, 온 정성으로 힘을 바쳐 보답하고 풍성한 공적으로 녹봉을 후하게 하였도다. 거듭 병사를 지휘하여 이적을 자주 섬멸하였으니, 경역 안은 한가로웠고 궁궐 안은 조용하였도다[그 두번째이다]. 만주의 만이 소동을 일으키자 천자가 병사를 징발하니, 고족유를 불러 장군으로 삼자 명령을 받아 삼가 행하였도다. 잘 설득해도 받아들이지 않자 진영을 가다듬어 완전히 막았으니, 불모지에 깊이 들어가서 후한의 마원(馬援)보다 먼저 울렸도다[그 세번째이다]. 바야흐로 승전보를 바치고 개선하려 할 때 땅이 낮고 습한 곳에서 전염되었으니, 살아서 돌아오기를 바랬으나 어찌 죽어서 돌아올 줄 알았겠는가? 마른 버들이 시드는 것을 보니 돌이켜 눈물이 흐르고, 대체로 슬픈 소식을 되돌려서 부질없이 △급(△級)만 전하도다[그 네번째이다]. 천자가 이것을 듣고 진실로 깊이 애도하니, 관직을 추증하고 공적을 드러내어 기특한 지조를 특별히 나타내었도다. 수(隨)의 구슬을 머금고 노(魯)의 비단을 입었으니, 천자를 섬김에 예를 다하였고 죽은 후에 보답을 두텁게 하였도다[그 다섯번째이다]. 태양에 길이 작별하고 저승에 영원히 들어갔으니, 사람은 생기가 남았으나 무덤은 기련산(祁連山)과 같도다. 어두운 하늘에 돌아오지 않으니 쓸쓸하고 고요함이 텅 빈 듯하고, 가신 원수(元帥)는 언제 하늘에서 볼까?[그 여섯번째이다.] 한 시대는 잠깐의 시간이고 1,000년도 도수(度數)를 바꾸니, 가을의 잣나무는 바람에 읊조리고 봄 어린 싹은 이슬에 젖었도다. 조위(曹魏)의 완적(阮籍)이 요절한 것을 슬퍼하고 서진(西晉)의 왕부(王裒)를 슬프게 그리워하니, 영혼은 소멸되는데 좋은 명성은 무엇 때문인가?[그 일곱번째이다.] (「高足酉 墓誌銘」: 2001 『歷史敎育論集』 26)

신라	11월 계묘일(11)에 무광사(務廣肆) 판본조신록전(坂本朝臣鹿田)과 진대일(進大壹) 대왜기촌오백족(大倭忌寸五百足)을 육로로, 무광사(務廣肆) 토사숙녜대마려(土師宿禰大麻呂)와 진광삼(進廣叄) 습의련제국(習宜連諸國)을 해로로 보내어 신라 사신을 쓰쿠시(筑紫)에서 맞이하게 했다. (『續日本紀』1 文武紀)
신라	장수 8년 정유에 낙성회를 베풀었는데 왕이 친히 가마를 타고 와서 공양하였다. 한 비구가 있었는데 외양이 남루하였다. 몸을 움츠리고 뜰에 서서 "빈도 또한 재를 보겠습니다"라고 청하였다. 왕이 평상의 끝에 나아가는 것을 허락하였다. 장차 재가 끝나려 하니 왕이 그를 희롱하여 말하였다. "어느 곳에 주석하는가." 중이 비파암(琵琶嵒)이라고 하였다. 왕이 "이제 가면 사람들에게 국왕이 친히 공양하는 재에 참석했다고 하지 말라"라고 말하니 중이 웃으면서 "폐하도 역시 사람들에게 진신 석가를 공양했다고 하지 마십시오"라고 하고 말을 마치고는 몸을 솟구쳐 하늘에 떠서 남쪽을 향해 갔다. 왕이 놀라고 부끄럽게 여겨 동쪽 산으로 달려 올라가 그 방향을 향해 멀리서 예를 취하고 사람들에게 가서 그를 찾게 하였다. 남산삼성곡(叄星谷), 혹은 대적천원(大磧川源)이라는 곳에 이르니 바위 위에 지팡이와 바리를 두고 사라졌다. 사자가 와서 결과를 보고하니 드디어 비파암 밑에 석가사(釋迦寺)를 세우고, 모습을 감춘 곳에 불무사(佛無寺)를 세워 지팡이와 바리를 나누어 두었다. 두 절은 지금도 있으나 지팡이와 바리는 사라졌다. /『지론(智論)』제4에 말한다. "옛날 계빈국(罽賓國)의 삼장(三藏)이 아란야법(阿蘭若法)을 행하여 일왕사(一王寺)에 이르니 절에서 큰 모임을 열고 있었다. 문지기가 그 의복이 남루한 것을 보고 문을 막고 나아가지 못하게 했다. 이와 같이 하기를 여러 번 하였다. 옷이 남루한 이유로 매번 나아갈 수 없으니 곧 방편을 만들어 좋은 옷을 빌려 입고 가니 문지기가 그를 보고 들어가는 것을 금하지 않았다. 이미 자리에 앉아 여러 음식을 얻었는데 먼저 옷에게 주었다. 여러 사람들이 '어찌 그렇게 하느냐'고 물으니 대답하여 말하기를 '나는 여러 번 올 때마다 매번 들어오지 못하였으나 지금 옷 때문에 이 자리를 얻어 여러 음식을 얻었으니 먼저 옷에게 주는 것뿐이다'라고 하였다. 사적이 지금 살펴본 것과 같다고 할 수 있다." / 찬하여 말한다. 향을 태우고 부처님을 가려 새 그림을 보았고, 음식 만들어 중을 대접하고 옛 친구 불렀다 이로부터 비파암 위의 달은 때때로 구름에 가려 못에 더디게 비치었다. (『三國遺事』5 感通 7 眞身受供)

698(戊戌/신라 효소왕 7/발해 고왕 1/周 聖曆 1/倭 文武 2)

신라	봄 정월 임술일 초하루에 천황이 대극전(大極殿)에서 신년을 축하하는 조회를 받았다. 문무백료(文武百寮)와 신라 조공사가 절하고 치하(致賀)했는데 그 의식은 보통 때와 같았다. (『續日本紀』1 文武紀)
신라	봄 정월 갑자일(3)에 신라 사신 일길찬(一吉湌) 김필덕(金弼德) 등이 조물(調物)을 바쳤다. (『續日本紀』1 文武紀)
신라	봄 정월 무인일(17)에 신라 공물을 여러 사(社)에 바쳤다. (『續日本紀』1 文武紀)
신라	봄 정월 경진일(19)에 직광삼(直廣叄) 토사숙녜마수(土師宿禰馬手)를 보내어 신라 공물을 대내산릉(大內山陵)에 바쳤다. (『續日本紀』1 文武紀)
신라	봄 정월에 이찬(伊湌) 체원(體元)을 우두주총관(牛頭州摠管)으로 삼았다. (『三國史記

』8 新羅本紀 8)

| 신라 | 봄 정월에 이찬 체원을 우두주 총관으로 삼았다. (『三國史節要』11) |

| 신라 | 2월 임진일 초하루 갑오일(3)에 김필덕(金弼德) 등이 번(蕃)으로 돌아갔다. (『續日本紀』1 文武紀) |

| 신라 | 2월에 경도(京都)에 지진이 나고 태풍이 불어 나무가 부러졌다. (『三國史記』8 新羅本紀 8) |
| 신라 | 2월에 경도에 지진이 나고 태풍이 불어 나무가 부러졌다. (『三國史節要』11) |

| 신라 | 2월 중시(中侍) 당원(幢元)이 늙어서 자리에서 물러나자 대아찬(大阿湌) 순원(順元)을 중시로 삼았다. (『三國史記』8 新羅本紀 8) |
| 신라 | 2월 중시 당원이 늙어서 자리에서 물러나기를 고하자 대아찬 순원이 그를 대신하였다. (『三國史節要』11) |

| 신라 | 3월에 일본국(日本國) 사신이 이르자, 왕이 숭례전(崇禮殿)에서 인견(引見)하였다. (『三國史記』8 新羅本紀 8) |
| 신라 | 3월에 일본국 사신이 이르자, 왕이 숭례전에서 인견하였다. (『三國史節要』11) |

| 고구려 | 성력 원년에 이르러 6월 30일에 안동도호부(安東都護府)를 안동도독부(安東都督府)로 고쳐 우무위대장군(右武衛大將軍) 고덕무(高德武)를 도독으로 삼았다. 이로부터 고구려의 구호(舊戶)가 나누어 흩어져 대부분 돌궐 및 말갈에 투항하였고 고씨 군장(君長)은 마침내 끊어졌다. 그 땅도 아울러 여러 번(蕃)에 들어갔다. (『唐會要』73 安東都護府) |
| 고구려 | 성력 원년 6월 30일에 이름을 안동도독부로 고쳤다[고구(高仇)가 도독(都督)을 거느렸고, 당의 휴경(休璟)·설눌(薛訥)을 도독으로 삼았다]. (『玉海』133, 官制·屬國·都護·都督 安東上都護府[又見兵捷類], 李勣俘高麗) |

| 신라 | 또 국사와 사중고기(寺中古記)를 살펴보면 (…) 32대 효소왕 즉위 7년, 성력(聖曆) 원년 무술년 6월에 벼락이 쳤다[사중고기에는 성덕왕대라고 하는데 잘못이다. 성덕왕대에는 무술년이 없다]. (『三國遺事』3 塔像 4 皇龍寺九層塔) |
| 신라 | 6월에 화룡사탑이 벼락이 쳤다. (『三國史節要』11) |

| 신라 | 가을 7월에 경도(京都)에 홍수가 났다. (『三國史記』8 新羅本紀 8) |
| 신라 | 가을 7월에 경도(京都)에 홍수가 났다. (『三國史節要』11) |

고구려	성력(聖曆) 원년에 좌응양위대장군(左鷹揚衛大將軍)에 진수(進授)하고 충성국왕(忠誠國王)에 봉하였다. 안동(安東)의 구호(舊戶)를 맡겨 통섭(統攝)시키려 하였으나, 일을 끝내 실행하지 못했다. (『舊唐書』199上 列傳 149上 高麗)
고구려	당에서 보원(寶元)을 응양위대장군(鷹揚衛大將軍)에 나아가게 하고 다시 충성국왕에 봉하였다. 안동의 구부(舊部)를 통치하게 하였으나 실행하지 못했다. (『三國史節要』11)
고구려	성력 초년에 이르러 좌응양위대장군으로 진급시키고 다시 충성국왕(忠誠國王)을 봉하고, 안동의 옛 부를 통치하도록 주었으나 가지 않았다. (『三國史記』22 高句麗本紀 10)

고구려   성력 초에 좌응양위대장군에 나아가게 하고 다시 충성국왕에 봉하였다. 안동의 구부 (舊部)를 통치하게 하였으나 실행하지 못했다. (『新唐書』 220 列傳 145 高麗)

백제   (…) 맏아들 준(俊)은 어려서 집안이 재난을 당하자 아버지의 분함을 풀어드리려는 뜻을 세웠다. 오랑캐의 조정에서 목숨바칠 것을 맹세하다가 천자가 보낸 사신에게 몸을 맡기니, 여러 차례 충성스러움을 드러냈고 누차 공명을 떨쳤다. 성력(聖曆) 원 년에 원한이 쌓여 풀지 못함을 천자가 바르게 살피시고 제(制)를 내려 이르기를, "고인이 된 좌무위위대장군(左武威衛大將軍) 검교좌우림위(檢校左羽林衛) 상주국(上 柱國) 연국공(燕國公) 흑치상지(黑齒常之)는 일찍이 가문의 지위에 따라 벼슬을 이어 받아 군진(軍陳)에서의 영예를 두루 거쳤으며, 누차 군율(軍律)을 담당하여 공훈을 받들어 떨쳤도다. 지난 번에 사실 무근의 유언비어에 연루되어 옥에 갇혀 심문을 받 았더니, 분함을 품고서 세상을 떠났지만 의심받았던 죄는 판별되지 못하였다. 근 래에 이를 검토하여 살펴보니 일찍이 모반하였던 증거가 없고, 오로지 그런 것만은 아니라는 생각을 하게 되니 실로 한탄스럽기 그지 없도다. 마땅히 분함을 씻고 죄를 면하게 하여 무덤 속의 영혼을 위로할 수 있기를 바라노니, 총애하는 표시로 관작을 더하여 삼가 죽은 이를 영광스럽게 만드노라. 따라서 좌옥검위대장군(左玉鈐衛大將 軍)으로 추증할 수 있을 것이다. 아울러 훈봉(勳封)은 옛날 그대로 복구하노라. 그 아들 유격장군(游擊將軍) 행난주광무진장(行蘭州廣武鎭將) 상주국(上柱國) 준(俊)은 어려서부터 집안에서 명성을 날렸고, 누차 진실된 정성을 드러냈으며, 아주 위급한 상황에도 이를 피하지 않았고, 몸을 던져 나라를 위해 목숨을 바쳤도다. 마땅히 이 를 포상하여 기록해둠으로써 크게 칭송함을 보이고자 하노니, 우표도위익부좌랑장 (右豹韜衛翊府左郞將)에 봉할 만하다. 훈봉(勳封)은 옛날 그대로 하노라."고 하였다. (…) (「黑齒常之墓誌銘」)

발해   (…) 통전(通典)에서 이르길, 발해는 본래 속말말갈로 그 추장 조영에 이르러 나라를 세워 스스로 진단(震旦)이라고 불렀다고 한다. (…)[(…) 또 신라고기(新羅古記)에 이 르기를 "고구려의 옛 장수 조영의 성(姓)은 대씨(大氏)니 남은 군사를 모아 태백산 남쪽에서 나라를 세우고 나라 이름을 발해라고 하였다."라고 한다. 이상의 여러 글 을 참고해 보면 발해는 말갈의 별종으로 다만 그의 창건과 병합이 같지 않을 뿐이 다. 지장도(指掌圖)에 보면 "발해는 만리장성(長城) 동북쪽 모서리 밖에 있다."라고 하였다.] 가탐(賈耽)의 군국지(郡國志)에 이르기를 "발해국의 압록(鴨綠)·남해(南海)· 부여(扶餘)·추성(柵城) 4부(四府)는 모두 함께 고구려의 옛 땅이니, 신라의 천정군(泉 井郡)으로부터[지리지(地理志)에는 삭주(朔州)에 소속된 고을(領縣)로 천정군이 있으 니 지금의 용주(湧州)이다] 추성부까지는 39역이 있다."라고 하였다. (『三國遺事』 1 紀異 1 靺鞨渤海)

699(己亥/신라 효소왕 8/발해 고왕 2/周 聖曆 2/倭 文武 3)

백제   (…) 아아, 성력(聖曆) 2년 1월 22일에 천자가 칙을 내려 이르기를, "연국공(燕國公) 의 아들 준(俊)이 아버지를 이장(移葬)하겠다고 요청하였으니, 물건 100가지를 내리 고, 그 장례 일에 필요한 휘장, 일꾼 등 일체를 관청에서 공급하라. 그리고 6품에 해당하는 경관(京官) 1명으로 하여금 가서 살피도록 하라."고 하였다. 그런즉 그 해 2월 17일에 망산(邙山)의 남쪽, 관도(官道)의 북쪽에 해당하는 곳에 받들어 이장하 였으니, 이것은 예에 맞는 것이다. (…) (「黑齒常之墓誌銘」)

신라   봄 정월 임오일(26)에 경직(京職)이 말하기를 "임방(林坊)의 신라녀(新羅女) 모구매

(牟久賣)가 한꺼번에 2남 2녀를 낳았다"라 하였다. 명주 5필과 면(綿) 5둔(屯), 포(布) 10단(端), 벼 5백속(束), 유모(乳母) 1인을 내려주었다. (『續日本紀』1 文武紀)

백제　대주(大周)의 고(故) 좌무위위(左武威衛) 대장군(大將軍)·검교(檢校) 좌우림군(左羽林軍)·증(贈) 좌옥검위(左玉鈐衛) 대장군·연국공(燕國公) 흑치부군(黑齒府君) 묘지문 및 서문

하늘을 위로 이고 있으면서 그 도리에 맞추는 것은 만물을 길러내는 대지의 덕이고, 도덕과 지혜가 더없이 뛰어난 사람이 높은 지위에 머무르더라도 그를 섞어서 쓰는 것은 군대의 기율에 의한 것이다. 그러나 세상에 뛰어난 인재가 없다면 어찌 이러한 운수에 응할 수 있겠는가! 그렇다면 아름다운 옥을 구하는 사람은 반드시 밀산(密山) 위에서 돌아다녀야 하고, 훌륭한 명성을 쌓을 사람은 공자(孔子)의 문하에 한정되지 않는다.

흑치상지(黑齒常之)는 이름이 상지(常之)이고 자가 항원(恒元)이며 백제 사람이다. 그 조상은 부여씨(扶餘氏)로부터 나왔는데, 흑치(黑齒)에 봉해졌기 때문에 자손들이 이를 성씨로 삼았다. 그 가문은 대대로 차례로 이어받아 달솔(達率)이 되었는데, 달솔이란 직책은 지금의 병부상서(兵部尙書)와 같고, 본국에서는 2품 관등이다. 증조부는 이름이 문대(文大)이고, 조부는 이름이 덕현(德顯)이며, 아버지는 이름이 사차(沙次)인데, 모두 관등이 달솔에 이르렀다.

흑치상지는 어려서부터 호쾌하고 시원시원하였으며, 기지가 있고 재빠르며 뛰어났다. 가볍게 여기는 것은 기호(嗜好)와 욕망이었고, 중요하게 여기는 것은 명예와 가르침이었다. 마음 속이 침착하고 신중하여 그 끝을 알 수 없을 정도로 맑았고, 정감의 폭은 시원스럽게 탁 트여서 그 거리를 나타낼 수 없을 정도로 멀었다. 여기에 신중하고 성실함을 더하였고, 온화하고 선량함을 겹쳤다. 이런 까닭으로 친족들이 그를 공경하였고, 스승과 어른들이 그를 두려워하였다. 나이가 겨우 소학(小學)에 들어갈 때에도 이미 『춘추좌씨전(春秋左氏傳)』 및 반고(班固)의 『한서(漢書)』와 사마천(司馬遷)의 『사기(史記)』를 읽었다. 이에 탄식하여 말하였다. "좌구명(左丘明)이 교묘한 말, 아첨하는 눈빛, 지나친 공손함을 부끄럽다고 하였고, 공자(孔子)도 역시 부끄럽다 하였으니, 진실로 나의 스승들이다. 이보다 더한 사람들이 이 세상에 어찌 많을 것인가!" 20세가 되지 않아, 출신 문벌에 따라 달솔에 제수되었다.

당(唐) 현경(顯慶) 연간(656~660)에 형국공(邢國公) 소정방(蘇定方)을 파견하여 그 나라를 평정하자, 그 군주 부여융(扶餘隆)과 함께 황제를 알현하니, 예속되어 만년현(萬年縣) 사람이 되었다. 인덕(麟德: 664~665) 초년에 인망(人望)으로 절충도위(折衝都尉)에 제수되고 웅진성(熊津城)에 진수(鎭守)하니 대대적으로 병사들에게 환영받았다. 함형(咸亨) 3년(672)에는 공적에 따라 충무장군(忠武將軍)·행(行) 대방주장사(帶方州長史)를 더하였다. 얼마 지나지 않아 사지절(使持節)·사반주(沙泮州)제군사(諸軍事), 사반주 자사(刺史)로 승진하고 상주국(上柱國)에 제수되었다. 흑치상지는 지극히 공평한 것을 자기의 소임으로 삼았고, 사사로움을 잊어버리는 것을 본체로 삼았다. 천자가 이를 가상히 여겨 좌령군장군(左領軍將軍) 겸 웅진도독부(熊津都督府) 사마(司馬)로 승진시켰고, 부양군개국공(浮陽郡開國公)과 식읍(食邑) 2,000호를 더하여 봉하였다. 당시에 좋은 명성이 사람들에게 있어서, 조정에서의 인망이 나날이 높아졌다.

때마침 포류해(蒲類海)에서 재앙이 생기고 난주(蘭州)·하주(河州)에서 사변이 있어서 흑치상지를 조하도경략부사(洮河道經略副使)로 삼으니, 실제로 그에게 위탁하는 바가 있었다. 흑치상지는 품성이 영명(英明)하고 과감하였으며, 자질이 밝고 사리에 통달하였다. 힘으로는 무거운 성문의 빗장을 들어 올릴 수 있었으나 힘센 것을 자랑하

지 않았고, 지혜로는 능히 외적을 방비할 수 있었으나 지혜로움을 알리지 않았다. 매번 재능을 감추고 드러내지 않음으로써 오히려 드러나게 하였고, 어리석은 듯이 함으로써 정도를 함양하였다. 그러므로 그 때에 행실이 산처럼 우뚝 서서 흔들리지 않아서, 모든 사람들이 우러러보는 자리에 있게 되었다. 인자하지만 간사함을 조장하지 않고 위엄이 있지만 남을 해치지 않기에 이르니, 상주고 벌주는 것은 반드시 원칙이 있었고 선을 권하고 악을 막는 데에도 어긋남이 없었다.

또한 오교(五校)의 큰 근본이었고, 삼군(三軍)의 가장 좋은 자가 되어, 병사들은 감히 그 명령을 어기지 못하였고, 부하들은 그 잘못을 용납받을 수 없었다. 고종(高宗)이 매번 그의 뛰어남을 칭찬하여 그를 덕행이 높은 사군자(士君子)로 대우하니, 서쪽 지역에 있게 되자 공훈을 크게 드러냈다. 이 때에 중서령(中書令) 이경현(李敬玄)이 하원도경략대사(河源道經略大使)가 되었는데, 모든 군사들이 그의 지휘에 따랐다. 적수군대사(赤水軍大使)·공부상서(工部尙書) 유심례(劉審禮)가 이미 패하여 전멸하자, 여러 장수들이 근심하고 두려워하지 않는 자가 없었다. 흑치상지는 홀로 높은 산마루와 같은 공훈을 세우면서 그 어려움을 극복하였다. 이에 좌무위(左武衛)장군으로 승진하고 이경현을 대신하여 대사(大使)가 되었으니, 이는 그에 대한 풍문에 따른 것이다. 흑치상지는 곁에 음악과 여색을 두지 않았고, 평상시에도 노리개를 가지고 즐기지 않았다. 경전에 몰두하여 제준(祭遵)과 같이 예의를 중시하였고, 고명한 지모를 품에 간직하여 두예(杜預)가 깃발을 많이 세워 적을 혼란에 빠뜨린 것과 같았다. 이적(夷狄)이 일으키는 흙먼지가 깨끗하게 제거되니 변방의 말이 살찌고, 중원의 달이 훤하게 비치게 되니 도술에 뛰어난 여우도 사라졌다. 전쟁터에 출정하면 칭송이 있었고, 개선해 들어오면 노래가 저절로 나오니, 좌응양위(左鷹揚衛)대장군·연연도부대총관(燕然道副大摠管)으로 옮겼다.

수공(垂拱: 685~688) 말년에 천명이 장차 바뀌려 하였다. 돌궐(突厥)의 골졸록(骨卒祿)은 난폭한 도적이어서 이미 자신의 미미함을 보지 못하였고, 서경업(徐敬業)은 반역한 신하여서 또한 자신의 역량을 헤아리지 못하였다. 흑치상지는 남쪽으로 회음(淮陰)·해릉(海陵)을 안정시키고 북쪽으로 모두(旄頭)를 제거하는 데에 모두 큰 힘이 되었으므로, 그의 위세와 명성이 크게 떨쳤다. 이에 제서(制書)를 내리니, 다음과 같았다. "재능과 도량이 온화하고 고아(高雅)하며 기지가 있고 총명하여, 인의(仁義)의 길을 일찍부터 걸어서 충성스럽고 올곧은 곳을 드디어 밟았도다! 말한 것은 분명히 행하고 배운 것은 자신을 윤택하게 하였으니, 군사를 거듭 통솔하여 매번 충성스러움을 드러냈도다. 가히 연국공·식읍 3,000호에 봉할 만하다. 옛 관직을 고쳐 우무위위(右武威衛)대장군·신무도경략대사(神武道經略大使)를 제수하고 나머지는 예전대로 하노라." 이에 흑치상지는 이곳의 포효하는 용감한 병사들을 감독하여 저곳의 흉악하고 미친 듯이 날뛰는 무리들을 제거하니, 돌궐(突厥)의 말은 남쪽에서 목축할 기회가 없어졌고, 중국의 사신은 북쪽으로 돌아다니는 원망이 조용해졌다. 영주(靈州)·하주(夏州)와 같은 요충지에서도 요사스러운 갈족(羯族)들조차 우러러 보니, 흑치상지의 위세와 명성은 대신할 자가 없었다. 또 옮겨 회원군경략대사(懷遠軍經略大使)가 되어 떠다니는 구름을 막았다. 때마침 재앙이 여러 악에서 흘러나와 고결한 품행을 가진 흑치상지에게 거듭 미치니, 의심이 마치 명백한 것처럼 되어서 옥과 돌이 섞여 구분하지 못하게 되었다. 이미 하옥되고 나서 이에 하늘과 헤어지게 되니, 의로움은 목을 끊어 죽는 것과 같았고 애처로움은 독약을 마셔 자살하는 것과 같았다. 나이 60세였다.

맏아들 준(俊)은 어려서 집안이 재난을 당하자 아버지의 누명을 벗기려는 뜻을 세웠다. 이적(夷狄)의 소굴에서 목숨을 바칠 것을 맹세하고 중국의 사절로 투신하였으며, 빈번히 충성스러움과 진력함을 드러내 여러 번 공명을 떨쳤다. 성력(聖曆) 원년(698)

에 황제가 억울한 채로 정체되어 있는 옥사(獄事)를 이 때 살피고, 이에 제서(制書)를 내리니 다음과 같았다. "고 좌무위위대장군·검교 좌우림위(左羽林衛)·상주국·연국공 흑치상지는 일찍이 대대로 관직을 계승하고 적을 몰아내는 영예를 두루 거쳤으며, 군율을 거듭 총괄하고 공적을 기재하여 전달하였다. 지난번 유언비어에 연루되어 이에 심문하여 옥사를 다스리게 되니, 가슴에 울분을 맺고 세상을 떠났으나 의죄(疑罪)라는 것은 알지 못하였다. 근래에 이를 찾아보니 일찍이 모반한 상황이 없어, 잘못되어 바로잡아야 한다고 생각하니 진실로 깊게 탄식하면서 불쌍하게 여기게 된다. 마땅히 억울함을 밝혀 사면하고 무덤 속의 영혼을 위로할 수 있기를 바라니, 더욱 높은 관작을 표시하는 장복(章服)을 더하여 삼가 무덤 속의 죽은 자를 빛나게 하고자 한다. 이에 좌옥검위대장군으로 추증하고 아울러 훈관과 봉작은 예전 그대로 복구할 만하다. 그 아들인 유격장군(游擊將軍)·행난주광무진장(行蘭州廣武鎭將)·상주국 준은 어려서부터 집안이 모두 적성(赤誠)을 거듭 나타냈고, 위급함과 죽음도 피하지 않으며 몸을 바쳐 나라를 위하여 목숨을 잃었도다. 마땅히 이를 포상하여 기록함으로써 특별히 장려함을 드러내고자 하노니, 이에 우표도위(右豹韜衛) 익부(翊府) 좌랑장(左郞將)을 제수하고 훈관은 예전 그대로 할 만하다."

이에 성력 2년(699) 1월22일에 칙서를 내리니 다음과 같았다. "연국공의 아들 준이 아버지를 이장하겠다고 요청한 것은 잡물(雜物) 100종류를 주고 그 장례의 천막·일꾼 등을 모두 관청에서 공급하라. 이어서 6품의 경관(京官) 1명으로 하여금 이 일을 임시로 맡아보도록 즉시 임용하라." 그 해 2월17일에 망산(邙山)의 남쪽, 관도(官道)의 북쪽에 받들어 옮기니, 예에 맞게 거행되었다. 흑치상지를 생각하건대, 홀로 솟은 산봉우리처럼 매우 뛰어나서 일을 잘 처리하는 모범이 되었고, 서로 진심을 털어놓고 솔직하게 대하며 욕심 없고 온화하여 도리가 서로 부합하는 받침이었다.

말은 곧고 뜻은 넓어서 부차적인 것이 근본을 많이 가리지 않았으니, 계획하고 움직이면 일이 이루어져서 처음과 끝이 다 아름다울 수 있었다. 밤낮으로 마음은 나태하지 않고 항상 윗사람을 섬기는 데에 있었으며, 역경에 처하여도 뜻은 옮기지 않고 항상 아랫사람을 위하는 데에 두었다. 군자가 관여할 바가 아니면 생각은 고려에도 아예 넣지 않았고, 선왕이 물려준 바가 아니면 가르침은 애타는 생각에서도 아예 나오지 않았다. 군영의 문에서 추곡(推轂)하여 변방의 요새에 부절을 세우고 나서, 남을 헐뜯기 좋아하는 사람이라도 더 이상 나쁜 말을 하지 못하였고, 아무리 칭찬을 잘 하는 사람이라도 더 이상 아름다운 말을 찾지 못하였다. 지혜로운 자가 그를 보면 지혜롭다고 하였고, 어진 사람이 그를 보면 어질다 하였다. 재물을 멀리하고 자신을 잊어버렸으며, 의를 중시하고 남을 먼저 생각함에 이르니, 비록 목을 베더라도 이익을 돌아보지 않았고, 남에게 공손한 태도를 보이더라도 그 가는 길을 고치지 않았다. 이런 까닭으로 겁 많은 사람도 그 때문에 용감해지고 탐욕스런 사람도 그 때문에 청렴해지니, 저울이 말하지 않아서 무게가 그 속임수를 바로잡고 도도(駒騊) 같은 준마가 매우 빨라서 둔한 말이 그 멀리 뒤처짐을 알게 되는 것과 같다. 관리로서는 마음이 충성스럽고 유능하여 달리는 듯이 글씨를 쓰더라도 쌍벽을 이루는 사람들도 스스로 잘못을 깨달았고, 인재를 높이 평가하여 잠자코 있더라도 천금이 그 값어치를 발휘하기에 이르니, 진실로 당시에만 본받을 만한 정도가 아니고 대체로 여럿 중에서 뛰어난 인물의 표준이라 할만하다. 영예와 굴욕은 필수이고 삶과 죽음은 운명인데, 진실로 돌아가는 곳이 같다면 어찌 굳이 부인의 손 안에서 목숨을 마치겠는가! 내가 일찍이 군대에 있을 때 그의 막부(幕府)에 참의(叅義)할 수 있었는데, 그 도리에 감복하여 그의 공적을 칭송하였다. 이에 명문을 지으니 다음과 같다.

오악(五岳)을 이야기하는 사람은 천태산(天台山)의 병풍을 친 듯이 늘어선 푸른 바위를 알지 못하고, 사독(四瀆)을 보는 사람은 운주(雲洲)에 핀 붉은 꽃을 깨닫지 못하니네. 삼가 듣건대 김일제(金日磾)는 전한(前漢)의 칼집이 되었고 또한 백리해(百里 奚)도 진(秦)의 사다리가 될 수 있었으니, 진실로 총명하고 지혜로운 사람이라고 말할 수 있노라. 여러 사람에게 특별히 뛰어남을 주고 있는 곳마다 보배가 되었으니, 어디에 간들 명석하지 않겠는가? 공은 동쪽에서 왔도다! 봄에 바람이 불어오듯이. 문채(文彩)와 물색(物色)은 그를 도와서 감동받은 표정을 드러내게 하였고, 성교(聲敎)와 문명(文明)은 그를 기다려 목적을 이루었도다. 아득하게 먼 깃발이여, 가지런한 수레의 덮개여. 커다란 종을 치니 북이 울고 퉁소가 화답하는데, 누구의 영화인가? 나의 아름다운 명성이로다. 사방에 전쟁의 근심을 없애고, 천리에 공·후의 성을 막았도다. 공훈이 이미 펼쳐지니 충성과 의로움이 벌써 드러났도다. 그러나 사람들은 바르고 굳센 것을 꺼림이 있고 행실은 높으면 상처를 입음이 있으니, 으뜸 가는 봉우리에서는 그 높이를 떨어뜨리고 저승에서는 그 빛을 잃어버렸구나. 천하가 그를 위해 애통해 하였고, 해내(海內)가 그의 현량함을 애처롭게 여겼도다. 천자가 이를 대단하게 살피니, 살아있을 때만 아니라 죽은 뒤에도 포상이 미쳤도다. 내가 진실로 감명을 받아 우러러 사모하니, 그를 위하여 칭송하는 문장을 짓노라. 그에게 전하는 말들은 영원할 것이고, 그에 대하여 들리는 소문은 끝이 없을 것이로다. (「黑齒常之 墓誌銘」: 『譯註 韓國古代金石文』1)

신라 봄 2월에 흰 기운이 하늘에 가득하고 성패(星孛)가 동쪽에 나타났다. (『三國史記』8 新羅本紀 8)

신라 봄 2월에 흰 기운이 하늘에 가득하고 성패(星孛)가 동쪽에 나타났다. (『三國史節要』 11)

신라 봄 2월 사신을 보내 당에 조회하고 방물을 바쳤다. (『三國史記』8 新羅本紀 8)

신라 당 측천 성력 2년 2월에 신라왕 김리공(金理供)이 사신을 보내 방물을 바쳤다. (『冊府元龜』970 外臣部 15 朝貢 3)

신라 봄 2월 사신을 보내 당에 가서 조공하였다. (『三國史節要』11)

신라 가을 7월에 동해의 물이 핏빛이 되었다. 5일이 지나 다시 예전처럼 되었다. (『三國史記』8 新羅本紀 8)

신라 가을 7월에 동해의 물이 5일 동안 붉었다. (『三國史節要』11)

고구려 대주(大周) 고(故) 우표도위장군(右豹韜衛將軍) 고군(高君) 묘지명 및 서문
고모(高牟)의 이름은 모(牟)이고 자는 구(仇)이며, 안동도호부(安東都護府) 사람이다. 일족은 진한(辰韓)에서 융성하여 다른 걸출한 가문의 명예를 덮었고, 예맥(濊貊)에서 아름다운 명예를 후세에 전하여 평양(平壤)에서 명성이 높았다. 충성스럽고 용감한 지조로는 호시(楛矢)를 받들어 뛰어남을 나타내고, 비사(鞞師)의 능력으로는 푸른 파도를 건너서 우수함을 드러냈다. 이 때문에 일찍이 권모와 계략을 갖추어 젊은 나이에 조정의 중요한 직위를 받았다. 고모는 봄날을 기다려 항복하고 긴급한 문서를 담아 전달하는 자루를 믿고 귀순하니, 운휘장군(雲麾將軍)·행(行) 좌령군위(左領軍衛) 익부중랑장(翊府中郎將)에 제수되었다. 높은 관직에 임명되어 궁궐을 지키고 무고(武庫)를 굽어 살펴 모략을 펼쳤으며, 지위는 용맹한 장수의 반열에 줄서고 따스한 바람을 우러러 교화를 받았으니, 관군장군(冠軍將軍)·행 좌표도위(左豹韜衛) 대장군(大將軍)으로 승진하였다.
얼마 지나서 고질병에 걸려 빠른 시간에 온 몸을 돌아서 미치니, 이에 선약(仙藥)을 말 달려 가져오더라도 북망산(北邙山)으로 가는 영혼을 쫓아갈 수가 없어서 영원히

떠나가갔다. 연재(延載)원년(694) 12월30일에 낙양(洛陽) 시옹방(時邕坊)의 사저(私邸)에서 돌아가셨다. 삼한(三韓)이 눈물을 흘리고 많은 보좌관리들이 슬픔을 나누니, 슬픔은 동해 바다의 동쪽까지 휘감고 아픔은 변방의 밖까지 맺혔다. 성력(聖曆) 2년(699) 8월 4일에 낙주(洛州) 합궁현(合宮縣) 경계의 북망산에 하관하니, 예의에 합당하였다. 나이는 55세였다. 구슬픈 버들피리 소리는 멀리까지 처량하고 장례 깃발은 하늘에 나부꼈다. 훌륭한 자취가 갑자기 사라질까 두려워하고 뛰어난 명성이 기록되지 않을까 슬퍼하니, 옥석에 의지하여 그의 아름다운 명성을 나타냈다. 그 사(詞)는 다음과 같다.

진한은 아득히 멀고 예맥은 까마득하나, 진심을 품고 충성을 다하여 교화를 사모하여 황제에게 귀의하였도다. 궁궐의 무위(武衛)에서 바쁘게 일하고 지방의 절충부(折衝府)에 드나드니, 영광은 계극(棨戟)을 줄세우는 데에 나누고 명성은 먼 곳까지 가득하였도다. 위대한 공적을 장차 펼치려 하였으나 마침내 갑자기 노년이 되니, 슬픔은 흐르는 물에 깊어지고 통곡은 한향(韓鄉)에서 처량하도다. 작은 산에 열매가 떨어지고 큰 나무에 꽃이 사라지니, 무덤은 고요하고 그 주변은 처량하도다. 이 명문(銘文)이 멈추지 않고 일월성신(日月星辰)과 함께 항상 빛나기를 바라노라. (「高牟墓誌銘」: 2013 『韓國史學報』 53)

신라	9월에 동해에서 수전(水戰)이 벌어졌는데 소리가 왕도(王都)에까지 들렸다. 무기고 안의 북과 피리가 저절로 울었다. (『三國史記』 8 新羅本紀 8)
신라	9월에 동해의 물이 스스로 쳤는데, 소리가 왕도에까지 들렸다. (『三國史節要』 11)
신라	9월 △△(△△) 중의 북이 스스로 울었다. (『三國史節要』 11)
신라	신촌(新村) 사람 미힐(美肹)이 황금 한 덩어리를 주웠는데, 무게가 백 푼[분(分)]이나 되었다. 황금을 왕에게 바치자, 왕은 그에게 남변제일(南邊第一)의 지위를 주고 조(租) 백 석(石)을 하사하였다. (『三國史記』 8 新羅本紀 8)
신라	창부(倉部) (…) 조사지(租舍知)는 1명으로 효소왕 8년에 설치하였다. (『三國史記』 38 雜志 7 職官 上)
신라	창부 (…) 사(史)는 8명으로 진덕왕이 설치하였고 문무왕 11년에 3명을 더하였으며 12년에 7명을 더하였고 효소왕 8년에 1명을 더하였다. (『三國史記』 38 雜志 7 職官 上)
신라	창부에 조사지 2명을 설치하였고 더하여 사 1명을 설치하였다. (『三國史節要』 11)
고구려	성력 초(원년) 이듬해에 항복한 왕의 아들 덕무(德武)를 안동도독(安東都督)으로 삼았는데, 후에 점차 나라를 세웠다. (『三國史記』 22 高句麗本紀 10)
고구려	성력 2년에 또 고장(高藏)의 아들 덕무를 안동도독애 제수하여 본번(本蕃)을 통솔하게 하였다. 이로부터 안동에 있는 고구려의 구호(舊戶)가 점차 줄어들어 돌궐·말갈 등에게로 흩어지자, 고씨의 군장은 마침내 끊기고 말았다. (『舊唐書』 199上 列傳 149上 高麗)
고구려	당이 고장(高藏)의 손자 덕무를 안동도독으로 삼았다. (『三國史節要』 11)
고구려	성력 초 다음해에 장(藏)의 아들 덕무를 안동도독으로 삼았다. 후에 점차 나라를 세웠다. (『新唐書』 220 列傳 145 高麗)
발해	조영(祚榮)이 굳세고 용맹스러우며 군사를 잘 다루자 말갈의 무리 및 고구려의 여당

	(餘黨)이 점점 모여 들었다. 성력 연간(698~699)에 스스로 진국왕(振國王)에 올라 돌궐에 사신을 보내어 통교하였다. (『舊唐書』199下 列傳 149下 北狄 渤海靺鞨)
발해	발해말갈은 본래 고구려의 종족이다. (…) 성력 연간(698~699)에 이르러 신하를 칭하고 조공하였다. 중종이 시어사(侍御史) 장행급(張行岌)에게 명하여 나가서 선위하게 하고 그 도(都)를 홀한주(忽汗州)로 부르고 조영을 홀한주도독(忽汗州都督)으로 삼고 발해군왕(渤海郡王)에 봉하였다. 이로부터 나라이름을 발해하고 칭하였다. (『五代會要』30 渤海)
발해	발해말갈 당 성력 연간(698~699)에 고구려의 별종(別種) 대조영(大祚榮)이 자립하여 진국왕이 되었다. (『册府元龜』967 外臣部 12 繼襲 2)
삼한 고구려	성력 2년에 난대시랑(鸞臺侍郎) 적인걸(狄仁傑)이 표(表)를 올려 안동(安東)을 거두고 그 군장을 회복할 것을 청하고 말하였다. "(…) 삼한의 군장은 고씨가 진실로 그 주인이었습니다. 원컨대 폐하께서는 존망계절(存亡繼絶)의 의(義)로 옛 땅을 회복하소서 (…) "(『唐會要』73 安東都護府)
삼한 고구려	무태후(武太后) 성력 2년 난대시랑·평장사(平章事) 적인걸이 표를 올려 안동진(安東鎭)을 거두고 그 군장을 회복할 것을 청하고 말하였다. "(…) 삼한의 군장은 고씨가 진실로 그 주인이었습니다. 원컨대 폐하께서는 존망계절의 의로 옛 땅을 회복하소서 (…) "(『太平寰宇記』173 四夷 2 東夷 2 高勾驪國)

700(庚子/신라 효소왕 9/발해 고왕 2/唐 聖曆 3, 久視 1/일본 文武 4)

신라	다시 인월(寅月)을 정월로 삼았다. (『三國史記』8 新羅本紀 8)
신라	무후(武后)가 다시 인월을 정월로 삼았다. (『三國史節要』11)
신라	5월 신유일(13) 직광사(直廣肆) 좌백숙녜마려(佐伯宿禰麻呂)를 견신라대사(遣新羅大使)로 삼고 근대사(勤大肆) 좌미조신하좌마려(佐味朝臣賀佐麻呂)를 소사(小使)로 삼았다. 대소위(大少位) 각 1인, 대소사(大少史) 각 1인이었다. (『續日本紀』1 文武紀)
신라	여름 5월에 이찬(伊湌) 경영(慶永)[영(永)을 현(玄)이라 쓰기도 한다]이 반란을 도모하여 목베어 죽였다. 중시(中侍) 순원(順元)이 반란에 연좌되어 파면(罷免)되었다. (『三國史記』8 新羅本紀 8)
신라	여름 5월에 이찬 경영이 반란을 도모하여 목베어 죽였다. 중시 순원이 반란에 연좌되어 파면되었다. (『三國史節要』11)
신라	대저 성인은 가만히 있으면서 혼탁한 세상에서 백성을 기르고 지극한 덕은 억지로 하지 않으면서 이 세상에서 중생을 제도한다. 신문대왕(神文大王)이 오계(五戒)로 세상에 응하고 십선(十善)으로 백성을 다스려 통치를 안정하고 공(功)을 이루고는 천수(天授) 3년(692) 임진년 7월 2일에 돌아갔다. 신목태후(神睦太后)와 효조대왕(孝照大王)이 받들어 종묘(宗廟)의 신성한 영령(英靈)을 위해 선원가람(禪院伽藍)에 삼층석탑을 세웠다. 성력(聖曆) 3년(700) 경자년 6월 1일에 신목태후(神睦太后)가 마침내 세상을 떠나 높이 극락에 올랐다. (「皇福寺 金銅舍利函記」)
신라	6월에 세성(歲星; 목성)이 달에 들어갔다. (『三國史記』8 新羅本紀 8)
신라	6월에 세성이 달에 들어갔다. (『三國史節要』11)
고구려	구시(久視) 원년 8월에 조서를 내려 다음과 같이 말했다. "고(故) 좌위대장군(左衛大

將軍), 우우림위상하(右羽林衛上下) 상주국(上柱國) 변국공(卞國公) 천헌성(泉獻誠)은 명망이 높고 번인(蕃人)으로 귀복(歸服)하여 총애의 입음이 두루 이루어졌는데 정의(情誼)가 매우 깊고 기품이 온후하였으므로 발탁하여 친근(親近)에 두고 금병(禁兵)을 맡겼다. 무고(誣告)함이 갑자기 일어나 억울한 형벌을 받으니 원통함을 헤아리지 못하겠구나. 세월은 빠르게 지나가고 행적은 되풀이하여 이야기되고 있지만 말과 생각은 지나쳐 가니 진실로 매우 애석하고도 슬프도다. 기리고 칭송함이 미치지 못하니 마땅히 영예(榮譽)를 추증(追贈)하여 무덤이 아직 굳지 않았을 때 반드시 개복(改卜)하고 삼가 번성한 의식을 더함으로써 영혼을 위로하는도다. 가히 우우림위대장군(右羽林衛大將軍)에 추증하고 물품(物品) 100단(段), 장사(葬事)날에 필요한 양△(量△), 명주 천막, 일꾼 들을 하사한다. 그의 아들인 무기위(武騎尉), 유성현개국남(柳城縣開國男) 천현은(泉玄隱)은 유격장군(遊擊將軍)으로 좌옥검위(左玉鈐衛) 우사계(右司階) 원외치동정원(員外置同正員)으로 승진시키며 훈봉은 예전과 같게 한다."고 하였다.

이것은 상이 세세도록 이어져 휴맹(睢孟)의 자식이 낭(郎)이 되고 죽어서도 명성을 나타내 수무(隨武)의 혼(魂)이 역할을 할 수 있던 것과도 같다. 자식으로 현은(玄隱), 현일(玄逸), 현정(玄靜)이 있어서 그 비통함은 서리를 밟고 이슬을 맞으며 마음을 무너뜨리고 정신을 잃을 정도였다. 어제와 오늘이 차례로 지나가면 언덕도 쉽게 무너짐을 두려워하여 이에 옛 터를 넓혀서 새로운 무덤을 만드니 만가(挽歌)의 퉁소 소리 슬프게 들리는구나. 고래(古來)로 단지 오늘이 어제를 바꾸는 것은 아닌데도 길 위에 날리는 깃발은 헛되이 펄럭이고 성문(城門)의 조문객은 어찌 그리도 분분(紛紛)한가. (「泉獻誠墓誌銘」)

백제   겨울 10월 기미일(15) 직대일(直大壹) 석상조신마려(石上朝臣麻呂)를 축자총령(筑紫摠領)으로 삼고 직광삼(直廣參) 소야조신모야(小野朝臣毛野)를 대이(大貳)로 삼았다. 직광삼파다조신모후폐(波多朝臣牟後閇)를 주방총령(周防摠領)으로 삼고, 직광삼 상모야조신소족(上毛野朝臣小足)을 길비총령(吉備摠領)으로 삼았으며, 직광삼 백제왕 원보(百濟王遠寶)를 상육수(常陸守)로 삼았다. (『續日本紀』 1 文武紀)

신라   겨울 10월 계해일(19) 직광사(直廣肆) 좌백숙예마려(佐伯宿禰麻呂) 등이 신라로부터 와서 공작과 진기한 물품들을 바쳤다. (『續日本紀』 1 文武紀)

신라   11월 임오일(8) 신라 사신 살찬(薩湌) 김소모(金所毛)가 와서 母王의 喪을 알렸다. (『續日本紀』 1 文武紀)

신라   장천(張薦)의 자는 효거(孝擧)이며, 심주(深州) 육택(陸澤) 사람이다. 할아버지 작(鷟)의 자는 문성(文成)으로 총명함이 무리에서 뛰어났으며, 보지 않은 책이 없었다. (…) 작은 붓을 대면 민첩하고 빨라, 책을 쓴 것이 아주 많았다. 말은 자못 익살스럽고 장난스러웠다. 이 때 천하의 이름이 알려져 어질지 않고 불초한 자들도 모두 그 문장을 기록하고 외웠다. 측천무후 때 중사(中使) 마선동(馬仙童)이 묵철(黙啜)을 깨뜨렸는데, 묵철이 마선동에게 장문성이 잘 지내는지 물었다. 대답하기를, 최근에 어사(御史)에서 폄관(貶官)되었다 하였다. 묵철이 말하길, "나라에 이러한 사람이 있는데도 쓰지 않는다면 한나라(중국)가 할 수 있는 것이 없다."고 하였다. 신라와 일본 등 동이의 여러 번들이 더욱 그 글을 소중하게 여겨 매번 사신들이 오면 반드시 많은 금액으로 그 글을 구매하였으니, 그 재주와 명성이 이처럼 멀리 퍼졌다. (『舊唐書』 149 列傳 99 張薦)

신라	장천의 자는 효거이며, 심주 육택인이다. 할아버지 작의 자는 문성이다. (…) 측천무후 때 중인(中人) 마선동이 묵철을 깨뜨렸는데, 묵철이 문성은 잘 지내는지 물었다. 대답하기를 최근에 어사에서 폄관되었다고 하니 묵철이 나라에 이러한 사람이 있는데도 쓰지 않는다면 할 수 있는 것이 없다고 하였다. 신라와 일본의 사신이 이르면 반드시 금과 보물로 그 글을 구매하였다. 장문성은 사문원외랑(司門員外郞)으로 관직을 마쳤다. (『新唐書』161 列傳 86 張薦)
고구려 신라	『신당서(新唐書)』장천전(張薦傳)에 전한다. "고구려는 일찍이 사신을 보내어 구양순(歐陽詢)의 글을 구해 갔다. (…) 신라의 사신들이 이르면 금과 보물로 장작의 글을 구해 갔다."(『玉海』154 朝貢 獻方物 唐高麗求書)
신라	장문성은 사학(詞學)으로 이름이 알려졌다. (…) 붓을 대기만 하면 문장이 이루어졌다. 구시 연간에 태관령(太官令) 마선동이 묵철을 깨뜨렸는데, 묵철이 장문성은 잘 지내는지 물었다. 선동이 어사에서 폄관되었다고 하니 묵철이 말하기를, 이런 사람이 어찌 쓰이지 못하는가 하였다. 후에 섬라(暹羅; 신라)와 일본 사신들이 입조하면 사람들로 하여금 그의 문장을 베껴 쓰게 하고 이를 갖고 갔으니, 그 재주가 이처럼 멀리 퍼졌다. (『大唐新語』8 文章 18)
고구려	대주(大周) 고(故) 장무장군(壯武將軍)·행좌표도위낭장(行左豹韜衛郎將) 증(贈) 좌옥검위장군(左玉鈐衛將軍) 고공(高公)의 묘지명(墓誌銘) 및 서(序). 무릇 군을 지휘하여 적진과 성을 함락, 항복시키는 자를 양장(良將)이라 하고, 오직 하나뿐인 목숨을 분골쇄신 다하는 자를 충신(忠臣)이라 한다. 줄을 치고 나무를 깎아서 기록을 시작한 이후의 기록들을 살펴보아도 실로 두 가지를 고루 갖추거나 겸한 자가 드물다. 동관지서(東觀之書)와 남사지필(南史之筆)을 두루 살펴보면 문재(文才)가 끊이지 않고 무사(武士)도 어깨가 닿을 정도로 많으나 어버이에 효도하고 군주를 섬기는 데에 자신의 몸을 가벼이 하고 의(義)를 중시하며 충성과 정절의 표징과 길흉의 분별에 뜻을 세우고 번개와 천둥이 진동해도 변하지 않고 비바람이 몰아쳐도 굽히지 않은 사람은 장군일 따름이다. 공의 이름은 자(慈)이고 자는 지첩(智捷)으로 조선인이다. 선조가 주몽왕을 따라 해동의 여러 오랑캐를 평정하여 고구려국을 건설한 이후 대대로 공후재상(公侯宰相)이 되었다. 후한 말에 이르러 고구려는 연의 모용씨와 싸워 크게 패하여 나라가 장차 멸망하려 하였다. 이 때 20대조 밀(密)은 분연히 창을 잡고 홀로 적진에 들어가 목을 벤 자가 무척 많았다. 이로 인하여 연군(燕軍)을 파하고 나라를 보전할 수 있었다. 봉(封)을 내려 왕(王)으로 하려 했으나 세 번 사양하고 받지 않았다. 고성(高姓)과 식읍 3천호를 내리고 또한 금문철권(金文鐵券)을 내려 "마땅히 고밀 자손은 대대로 후(侯)를 봉하고 까마귀의 머리가 희게 되고 압록강이 마르지 않으면 승계를 끊지 않는다." 하였다. 고구려 처음 세워진 후부터 나라가 망하기까지 708년, 30대동안 대대로 공후장상(公侯將相)이 끊어지지 않았다. 충성을 덕목으로 삼고 용맹과 의리를 기반으로 하여 사직을 세우고 분봉을 받아 조토(祚土)를 회생시키니 변경의 막힘도 없이 도가 행해졌다. 하물며 땅이 삼한(三韓)을 덮고 사람은 8교를 받들고, 위기를 보고 목숨을 버림으로 패배를 바꿔 공(功)으로 하였다. 나라는 칠백년의 수명을 누리고, 집안은 30세대 동안 그 업을 이었으니 원류는 곽박(郭樸)의 점에 합치하고, 봉하여 숭배됨은 필만(畢萬)의 점에 부합되어, 무신(武臣)의 지위가 자손에게 이어지고 황하가 허리띠처럼 가늘어지고 태산이 숫돌처럼 닳아 없어질 때까지 오랫동안 자손에게 베풀어졌으니 앞의 것은 입공(立功)이고 뒤의 것을 불후(不朽)라고 한다. 증조부 식(式)은 자국에서 2품 막리지에 등용되어 홀로 국정을 맡아 지위는 극히 막

중하고 임무는 기모(機謀)있는 일을 관장하여 방국(邦國)이 공평무사하였으니 그 높음은 비길 바가 없었다. 조부 양(量)은 3품 책성도독(柵城都督) 위두대형(位頭大兄)에 등용되었고 대상(大相)을 겸했다. 어려서는 부조(父祖) 전래의 가업을 계승했으며 장성하여서는 국가경영에 참여하여 방진(方鎭)의 영수가 되었고 속성(屬城)의 모범이 되었다. 부 문(文)은 자국에서 3품 위두대형이 되었고 장군을 겸하였다. 고구려의 멸망을 미리 예견하고 형제를 이끌고 귀속했다.

성조(聖朝) 총장 2년(669) 4월 6일 명위장군(明威將軍), 행우위위익부좌낭장(行右威衛翊府左郎將)을 제수받고 그 해 11월 4일 운휘장군(雲麾將軍) 행좌위위익부중랑장(行左威衛翊府中郎將)에 제수되었다. 영륭(永隆) 2년(681) 4월 29일 좌위위장군(左威衛將軍)에 임명되었다. 주교(舟僑:舟之僑)가 괵공(虢公)이 녹을 받으면 재앙이 될 것을 알고 마침내는 (진으로) 가버렸고, 궁지기(宮之奇)가 우공(虞公)이 간함을 듣지 않음을 보고 친족을 이끌고 떠났듯이 벼슬살이를 할 수 있는 곳에 몸을 의지하여 무관으로 직책을 맡아 면모를 새롭게 하고, 옛 조정에 대한 노여움을 풀었다. 호분(虎賁: 근위병)으로 천자의 수레를 따르고, 오교위위(五校威衛)로서 궁궐을 지키면서 8척의 장검을 차니 아름다움이 구슬이 굴러가는 것 같았다. 광택(光宅) 원년(684) 11월 29일 유성현개국자(柳城縣開國子), 식읍 4백호에 봉해지고 누차 은혜가 더하여 유성현개국공, 식읍 2천호에 봉해졌다. 환자(桓子)의 하급관리가 천실(千室)인데 비하여 이것은 가볍고, 무안(武安)의 발영군(拔郢軍)은 삼도(三都)인데 이에 비교하면 어찌 무겁겠는가. 공은 어려서 아버지의 공훈으로 상주국을 회수(回授)하고 또 우무위장상(右武衛長上)에 우수(又授)하고 유격장군의구장상(遊擊將軍依舊長上)을 심수(尋授)하고, 또 영원장군의구장상(寧遠將軍依舊長上)을 더했다. 또 은혜를 입어 정원장군(庭遠將軍)을 더하여 제수하고, 장상은 예전과 같이 하였다. 만세통천(萬世通天) 원년(696) 5월 월칙차(月勅差)를 받들어 아버지는 여하도토격대사(濾河道討擊大使)에 임명되었다. 공은 칙령을 받들어 행하고 거란을 파한 공으로 인하여 장무장군(壯武將軍) 행좌표도위익부랑장(行左豹韜衛翊府郎將)에 제수되었다. 이에 중군(中軍)을 통솔하여 외역(外域)에서 공을 세웠다. 이미 경공(耿恭)의 기선(寄旋)에 등(等)하고 내흡(來歙)의 영(榮)에 점(霑)하여 이윽고 도적이 세를 떨쳐 압박하고 주야로 공격할 때 외로이 싸우는데 구원(救援)은 멀고 양식이 다하고 화살은 떨어져 죽음을 보기를 삶과 같이 했으니 그 기개가 높았다. 부자가 모두 전사하고 적정(賊庭)에 항복하지 않았다. 만세통천(萬歲通天) 2년(697) 5월 23일 마미성(磨米城) 남쪽에서 죽으니 춘추 33세였다.

성상(聖上)께서 애도하시고 상심이 크셔 제(制)를 내려 이르기를 "고좌금오위대장군(故左金吾衛大將軍) 유주도독(幽州都督) 고성(高性) 부남(父男) 지첩(智捷)은 아비를 따라 싸움에 임하여 몸을 버려 국난을 구했으니 충과 효가 모두 지극하다. 지성(至性)이 이련(二連)보다 높으니 의(義)와 용(勇)이 다 펼쳤다. 공적은 죽음에도 불구하고 남았으나 영원히 세상을 떠났으니 비통하고 슬픔이 지극하도다. 마땅히 공적을 기려 좌옥옥검위장군(左玉玉鈐衛將軍)을 추증하여 황천의 길을 위로하노라."고 하였다. 또 조칙을 내려 이르기를 "고성(高性) 부자(父子)는 충성이 지극하여 목숨을 다하니 사(史)에 편입토록 하라."고 하였다. 그리고 칙을 받들어 무(武)와 예(禮)에 따라 장사지내게 하였다. 성력(聖曆) 3년(702) 납월(臘月) 17일 낙주(洛州) 합궁현(合宮縣) 평락향(平樂鄕)의 동산에 관을 내리니 예(禮)에 맞았다.

공(公)은 충효로 인성(人性)을 이루고 인지(仁智)로 몸을 세우니 가풍을 잇고 일찌기 국망(國望)을 받았다. 비록 차방(次房)이 구우(苟宇)에게 사로잡힌 바 되고, 의료(宜僚)가 초승(楚勝)의 협박 받은 바 되었어도 목숨은 가히 사라지게 할 수 있었어도 그 뜻은 빼앗을 수 없었으니 정성이 해를 꿰뚫고 애도의 소리가 하늘에 들리니 국가를 위해 죽었다는 영예를 더하고 양사(良史)의 책(冊)에 싣도록 한다.

자(子) 숭덕(崇德)은 칙을 받들어 부(父)를 이어 좌표도위익부랑장(左豹韜衛翊府郎將)에 제수(制授)되었다. 당시 소학(小學)에 다니면서 재주가 뛰어났는데 효성이 마음에서 우러나와 슬픔으로 용모가 수척해질 정도였다. 비로소 우정(牛亭)의 땅을 택하고 말갈기 봉지(封地)를 열어 백학(白鶴)의 분묘를 조영하며 청조(青鳥)의 무덤을 찾았지만 장차 완전히 잊혀지고 남이 모르게 되며 능곡(陵谷)이 바뀔 것을 두려워하여 비록 혼백은 돌려보낸다 해도 마침내 남산지석(南山之石)을 세웠다. 그 명(銘)에 (다음과 같이) 새긴다.

봉래산이 높고 요하(遼河)가 길게 펼쳐져 5족(五族)의 부락을 이룬 산천(山川)의 한 귀퉁이에 영기(靈氣)가 머물렀도다. 사람은 정결하고 어질고 싸움에서는 결실을 드러냈으니 후손들이 그 향기를 기리도다. 첫번째.

뛰어나구나 조상이여, 아름답구나 후손이여, 창을 비켜잡고 국난을 평정하고 검을 뽑아들고 먼지를 깨끗하게 했도다. 의(義)를 보면 용기를 내고 겸양에는 인(仁)이 있으니 그 선명한 맹서 큰 띠에 적어 영원하도다. 두번째.

어리석고 간사한 무리가 일어날 때 왕자(王子)로 출사(出師)하여 우리에게 복속시키고 버드나무 돛에 망망창해에서 창을 휘둘고 악인을 처치했도다. 아들로는 효도하고 신하로서는 충성하여 집안으로부터 나라를 드러내었도다. 세번째.

선함을 쌓았으나 녹은 없고, 덕으로 도왔으나 어그러짐만 생기는구나. 짚으로 만든 개가 한번 이르자 아름다움과 추함이 함께 의지하고, 백랑성(白狼城)의 구원이 끊어지자 황룡수(黃龍戍)에 사람이 드물구나. 이릉(李陵)은 머물렀으나 온서(溫序)는 돌아갈 것을 생각했구나. 바라건대 일월에 기원하고 황천에 완염(琬琰)을 보내노라. 네번째. (「高慈 墓誌銘」:『譯註 韓國古代金石文』1)

고구려   대주(大周) 고(故) 진군대장군(鎭軍大將軍)·행좌금오위대장군(行左金吾衛大將軍), 증(贈) 유주도독(幽州都督)·상주국(上柱國)·유성군개국공(柳城郡開國公) 고공(高公) 묘지명 및 서문

대체로 책명으로 인군을 섬기고 몸을 보전하여 나라를 받들어서, 풍속을 유지시키는 사람을 문리(文吏)라고 하고, 영토를 지키는 사람은 무신(武臣)이라고 한다. 우러러 삼고(三古) 이전 시절을 보고 숙여서 천년 뒤를 살펴서, 죽백(竹帛)에 글을 남기는 자를 이루 다 말할 수 있겠는가! 마음을 쇠나 돌처럼 하고 지조를 얼음이나 서리처럼 하여, 흰 칼날을 범하여도 두려워하지 않고 창벽(蒼壁)에 떨어져 죽어도 편안히 돌아갈 것처럼 하는 지경에 이르게 됨은 고금을 생각해보면 한 둘 일뿐이다. 그 중 이러한 아름다움을 이룰 수 있는 자는 아직 오직 고대장(高大將)일 뿐이다!

공의 이름은 질(質)이고 자는 성문(性文)이며, 요동(遼東) 조선(朝鮮) 사람이다. 청구(青丘)와 일역(日域)의 높이 솟음은 일찍이 얽어져 하늘을 능가하며, 창해(滄海)와 곡왕(谷王)의 둘레 근원을 길게 따라 땅을 감싸고 있다. 백랑(白狼)의 상서로움에 기자(箕子)의 후예가 번성하게 되고, 현별(玄鼈)의 상서로움에 하백(河伯) 후손의 맥이 점차 멀어졌다. 19대조 밀(密)은 후한(後漢) 말엽에 연(燕)의 군사를 깨뜨리고 본국을 보존시키는데 공로가 있어서, 왕(王)에 봉해졌지만 세 번 사양하고 받지 않았다. 따라서 고씨(高氏) 성과 식읍(食邑) 3,000호를 하사하고, 아울러 금문철권을 하사하여, "마땅히 고밀(高密)의 자손으로 하여금 대대로 승계하게 하여, 저절로 까마귀의 머리가 희게 되고 압록강이 마르지 않으면 승계가 끊기게 하지 말라."고 하였다. 증조 전(前)은 본국의 3품인 위두대형(位頭大兄)이었다. 조부 무는 2품인 막리지(莫離支)였는데, 홀로 국정과 병마의 일을 맡았다. 부친 양은 3품인 책성도독(柵城都督)·위두대형이었고, 대상(大相)을 겸하였다. 아울러 재주는 영웅호걸을 바라보고 올바름

은 본국을 도왔으며, 명성은 널리 뻗어가 중국(中國)에까지 퍼져 들을 수 있었다.

공의 자질은 수혈(穟穴)을 신령스럽게 하여, 점차 봉진(蓬津)을 윤택하게 하였다. 영민한 자태는 웅장하게 우뚝 솟고, 위엄한 체구는 성대하게 일어났다. 공은 약관(弱冠)의 나이에 웅장한 뜻을 품으니, 검술을 배워 만인(萬人)을 상대할 수 있었고 활을 당겨서 일곱 겹의 철갑을 뚫을 수 있었다. 본국에서 3품인 위두대형에 임명되고 대장군을 겸하였다. 음산함이 요빈(遼賓)에서 일어나고 우환이 한양(韓壤)에서 싹이 트니, 요사스런 별이 저녁에 떨어지고 독기서린 안개가 새벽에 올랐다. 공은 난리에 살고자 하지 않아 기미를 살펴 작당하였다. 굳건하게 나무를 택하여 북쪽 숲을 바라보며 돌아왔다. 소리쳐 날개치며 남명(南溟)을 가리키며 홀로 갔다. 이에 형제들을 거느리고 당(唐)에 귀화하니, 융성한 은혜를 입고 아울러 좋은 녹봉을 받게 되었다.

총장(總章) 2년(669) 4월 6일에 명위장군(明威將軍)·행 우위(右衛) 익부좌랑장(翊府左郎將)에 제수되었다. 그 해에 다시 운휘장군(雲麾將軍)·행 좌위위(左威衛) 익부중랑장(翊府中郎將)이 더해졌다. 팔둔(八屯)의 난기(蘭錡)에 무관의 직책을 엄숙히 하여 계단을 맡았고, 오교(五校)의 구진(鉤陳)에 용사를 엄숙히 하여 궁궐을 지켰다. 삼가 군사를 총괄하고 군대의 율령을 추천하여 유지하였으며, 성곽을 공격하고 들판에서 전투를 하며 적들을 함락시키고 견고함을 꺾었다. 거듭 특출난 공로를 바치니, 더욱 더 힘써 상을 하사하였다. 영륭(永隆) 2년(681)에 좌위위 장군(將軍)에 제수되고, 또 칙령을 받들어 선우도(單于道)로 행군하였다. 문명(文明) 연간(684)에는 은승도안무부사(銀勝道安撫副使)에 충원되었다. 광택(光宅) 원년(684)에는 제서로 유성현개국자(柳城縣開國子)·식읍 400호에 봉해졌다. 천수(天授) 원년(690)에 관군대장군(冠軍大將軍)·행 좌응양위(左鷹揚衛) 장군으로 옮겼으며, 유성현개국공(柳城縣開國公)·식읍 2000호에 진봉(進封)되었다. 공은 무관과 용사의 지위, 훌륭한 전략의 책임으로 은혜를 베푸는 직위를 두루 거치면서 철갑을 두른 병사들을 통솔하였다. 그리하여 위로는 인군의 마음을 얻어 나라의 관직으로 높이 올라갈 수 있었다. 이윽고 임호족(林胡族)이 난리를 일으켜 변방에는 놀란 말들의 먼지가 가득차고, 화살촉이 변방의 정자에서 일어나며 활을 가진 기병들이 삭방(朔方)의 들판에 횡행하였다. 천자는 편안함에 있어서는 용검(龍劍)을 어루만지며 노여워하며, 용맹스런 장수는 북쪽 문을 깨고 나가 현란한 깃발을 잡고서 구름과 비를 모으니, 공을 여하도토격대사(濾河道討擊大使)로 삼고, 이어 청변동군총관(淸邊東軍總管)을 맡겼다. 공은 엄숙히 심오한 뜻을 받들어 신속히 성구(星驅)를 발동시켜, 푸른 파도를 건너 무리 속에서 기병을 선발하였다. 비록 맹수들이 뜻이 맞더라도 갑옷을 입은 자는 다투어 달리고, 벌과 지네가 길을 달려해도 창을 끄는 자는 모이지 않았다. 공은 2,000여 병사로 수만명의 무리를 격파하였고, 칠종칠금의 공로가 있었으니 싸움에 대부분 이겼다.

만세통천(萬歲通天) 2년(696) 정월에 좌옥검위(左玉鈐衛) 대장군·좌우림군(左羽林軍) 상하(上下)에 제수되었다. 공은 뜨거운 마음을 미루어 병사들을 어루만지니, 위엄과 은혜를 베풀어 그들의 죽을 힘을 다하는 것을 얻을 수 있었다. 옷을 벗어주고 먹을 것을 주며 근심으로 감사와 은혜를 다스려 지켜주고 도와주니, 솜옷을 걸쳐주고 술을 나누어 주자 아이들처럼 기뻐하여 함께 적을 막았다. 위로는 황제에게 그런 소식이 전해져 은혜를 특별히 성대하게 하니, 조서를 내렸는데 다음과 같았다. "고성문(高性文)은 이미 능히 옷을 벗어 먼 곳의 번국(藩國)까지 병사를 불러 거느렸으니, 마땅히 의복 한 벌을 내어주고, 아울러 물자 100단을 내려라. 또한 성문(性文)은 고구려 부녀자 셋을 데리고 성곽과 해자를 지키며 적과 힘겹게 싸우니, 각각 의복 한 구(具)를 내리고, 아울러 물자 30단을 주어라." 다만 흉악함이 날로 성대해져도 구원의 손길이 이르지 않아, 수의 많고 적음으로 역량이 다르고 안위의 형세가 배가 차이가 있었다. 성곽은 고립되고 지세는 단절되었으며, 병사는 다하고 화살도 떨어졌다. 주야로 포위를 공격하였지만 사졸은 따라서 함몰되었고, 포로로 잡혔지만 언사와 형색은 늠름하여 흉포와 위엄에 굴하지 않았다.

마침내 해를 입어 만세통천 2년(697) 5월 23일에 마미성(磨米城)에서 죽으니, 나이가 72세였다. 삼군(三軍)은 안타까움에 통곡을 하였고, 백성들은 슬픔에 눈물을 흘렸다. 좋지 않은 소식이 급히 전하자, 성상께서 옛 정에 슬피 눈물을 흘리며 이에 제서를 내렸는데 다음과 같았다. "전투의 패배에 장군은 죄를 받는다는 것은 예전의 전적 속에 나와 있으며, 원수(元帥)가 투구를 벗었다는 사실도 예전의 서책 속에서 들을 수 있다. 고 청변동군총관·좌옥검위 대장군 원외치동정원(員外置同正員)·좌우림위(左羽林衛) 상하·상주국·유성현개국공 고성문은 봉래산에서 옮겨와 살아 수혈이 근원과 나뉘게 되었다. 5족을 거느리며 빈객이라 칭하여 궁궐을 지키는 것으로 직분을 받들었고, 은혜와 영광을 매번 받아 위엄과 삼감이 능히 드러날 수 있었다. 요상한 무리들이 봉기함에 신비한 병략을 세웠고, 몸소 신의 궁궐에서 계책을 받아 멀리 큰 바다의 나루까지 넘었다. 전장에서 병기를 잡고 포로의 진영에서도 예봉을 꺾었다. 주변 군사의 구원도 없고 앞선 군대는 적의 위무에 꺾여, 마침내 적장의 머리를 자를 공로를 잃고 자신의 몸이 죽게 되는 재앙을 만났다. 전한(前漢)의 이릉(李陵)이 모욕을 당한 것과는 다르고, 온서(溫序)의 저항과 같다. 충직함을 남긴 것을 생각하고 깊은 애도를 품으니, 삶을 저버리고 부지런히 일에 힘써서 실로 훌륭한 도모가 아까울 뿐이었다. 융성한 예로 죽음을 다스리니 참으로 법에 맞기를 생각할 뿐이다. 마땅히 예복을 더 내려서 저승길로 가는 영혼을 위로한다. 진군대장군·행 좌금오위 대장군·유주도독을 더 증여하고 그 공훈은 예전과 같게 하라."

다시 조칙을 내리니, 다음과 같았다. "고성문 부자는 충성과 강직함으로 몸을 잃었으니 특별히 사책(史冊)에 편입시켜라. 칙서를 받들어 물자 200단, 미속(米粟) 200석을 주어라. 장례에 소요되는 것은 충분하게 공급하여라." 오직 공의 풍격은 높고 올바르며 포부는 넓고 깊다. 효성은 참으로 마음에서 나왔으며, 인자함은 자연히 성품이 되었다. 도량은 △△와 부합하니 심술(心術)을 고요히 하여 지조를 굳게 하였고, 지혜는 적수가 없으니 신묘함을 동하여 변화에 대처하였다. 풍교와 덕화는 외역(外域)에서 펼쳐져 명성이 중원에까지 이르렀고, 군막에 깃드는 위험한 곳을 떠나 먼 곳의 큰 집으로 돌아왔다. 날개짓하여 점차 낮은 곳에서 날아올라 외로운 구름에까지 이르렀다. 때가 불리하나 술수에는 기이함이 있으니, 공을 이루지 못하고 몸이 먼저 죽게 되었다. 바람을 이긴 강한 풀도 마침내는 혹독한 서리에 시들게 되고, 눈 덮힌 푸른 솔도 마침내 세모에 꺾이게 된다. 물은 도도히 흘러 모여 이윽고 빠를 배를 옮길 수 있게 하고, 적적한 빈 진영에는 오히려 장군의 나무를 알아보는 듯하다. 성력(聖曆) 3년(699) 12월17일 낙주(洛州) 합궁현(合宮縣) 평락향(平樂鄕)의 들판에 하관하니, 예의에 합당하였다. 아들 우옥검위(右玉鈐衛) 대장군 국인(鞠仁)은 일찍이 집안의 경사를 계승하고 젊어서 조정의 영광을 입었으니, 혹독함을 지고 마음이 무너지는 듯하였으며 원통함을 가지고 뼈를 깎듯이 하였다. 춘추시대 정(鄭) 영고숙(潁考叔)의 진실된 효를 뛰어넘어 『예기(禮記)』에서 대련(大連)이 상을 잘 치루는 것과 같았다. 삼조(三兆)로 점칠 만하여 나무를 불살라 땅을 점치고, 구원(九原)에 의탁한 바가 있어 오동나무를 심어 무덤을 만들었다. 태양에 드러난 가성(佳城)은 전한 하후영(夏侯嬰)의 무덤을 말한 것이요, 저승의 문을 닫음은 후한 조연(趙掾)의 명문(銘文)을 감추기 좋도다. 그 사(詞)는 다음과 같다.

기자(箕子)의 8조목이 청요(淸遼)의 땅에 펼쳐지니, 하백의 자손 5족이 마침내 동쪽의 반목(蟠木) 땅에 살았도다. 경사스런 일이 이어지고 어진 이를 그리는 심정 그리워하니, 자질은 옥보다 빛나고 지조는 송죽(松竹)을 능가하도다. 큰 기량은 일찍 이루어졌고, 웅대한 포부도 젊어서 쌓였도다[그 첫째이다]. 멀리 변방을 떠나서 제왕의 궁정에 빈객으로 오니, 붉은 물 속에 물고기가 뛰어놀고, 검푸른 하늘에 새가 날개 짓하도다. 날로 조정에 올라 장군들 사이에 들고, 군대의 막사에 들어가고 변방에 나가서 위안하도다. 천자의 근위군에 자주 등용되고, 동·서·북 세 변방도 편안해졌도다[그 둘째이다]. 이적(夷狄)이 기강을 범해도 천자를 신하삼지는 못하니, 성상이 모욕을 당하면 병사들을 훈계하도다. 벌레들이 사는 거적을 소제하려면 먼저 물수리의 살핌에 따라야하고, 크게 삼군을 거느리고 멀리 만 리를 달리도다. 구르는 수레바퀴 수풀에 막히고, 봉래(蓬萊)의 물가에 배를 띄우도다[그 셋째이다]. 변방 한 곳에 이르러도 사졸들은 모이지 않았으니, 잠시 성루에 의지하지만 이것은 목구멍에 걸쳤다. 벌의 무리는 쉽게 모이지만 용맹스런 군사들은 두루미치기 어려우니, 삼판(三板)과 비슷하지만 높은 누각은 없도다. 영아들이 눈을 흘길 때 원수들을 함락시켰도다[그 넷째이다]. 용맹을 팔아서 전투에 임하고 삶을 버려 칼날을 접하니, 힘은 굽힘이 있지만 뜻은 웅혼하며 몸은 위태하지만 절개는 높았도다. 몸이 죽어가는 것보다도 더 원통하고 신의를 불사르는 것보다도 잔혹하니, 장엄한 기개는 다함이 없고 높은 풍채를 홀로 떨쳤도다. 생사의 충정은 고금토록 밝게 나아가도다[그 다섯째이다]. 시간은 백구(白駒)처럼 빨리 달리고 청오(靑烏)에 택지를 하니, 화려한 상여는 주저하며 배회하고 나부끼는 깃발은 허공에서 맴돌도다. 저승은 깊고 길은 고요하며 들판은 공허하고 무덤만이 외로우니, 천상으로 혼이 가서 인간세상 일이 꽤 다르도다. 금으로 쓰고 옥에 새긴 글자는 아름다운 공적을 드리워, 만년 천대도록 영원히 변치 말지어다[그 여섯째이다].

조의대부(朝議大夫)·행 봉각사인(鳳閣舍人) 위승경(韋承慶)이 찬하다. 전 우감문위(右監門衛) 장상(長上) 홍농(弘農)의 유종일(劉從一)이 쓰다. 의주(宜州) 미원현(美原縣) 사람인 요처괴(姚處瓌)가 새기고, 상지종(常智琮)도 함께 새기고, 유낭인(劉郎仁)도 함께 새겼다. 성력 3년 경자년(庚子年) 12월 신사일(辛巳日)이 초하루인 17일 정유(丁酉)에 장사지냈다. (「高質 墓誌銘」: 2007 『신라사학보』 9)

701(辛丑/신라 효소왕 10/발해 고왕 3/唐 久視 2, 大足 1, 長安 1/일본 大寶 1)

신라   봄 정월 무자일(14) 신라 대사 살찬 김소모가 죽었다. 명주 150필과 면 932근, 포 100단(段)을 부의했다. 소사(小使) 급찬 김순경(金順慶)과 수모(水手) 이상에게 녹을 내렸는데 차등이 있었다. (『續日本紀』 2 文武紀)

고구려   대주(大周) 고(故) 좌위대장군(左衛大將軍)·우우림위상하(右羽林衛上下)·상주국(上柱國)·변국공(卞國公), 증(贈) 우우림위대장군(右羽林衛大將軍) 천군(泉君) 묘지명 및 서문

조의대부(朝議大夫)·행(行) 부창(父昌) 선부원외랑(膳部員外郞)·호군(護軍)에 임용되었던 양유충(梁惟忠)이 찬(撰)하였다.

군(君)의 휘(諱)는 헌성(獻誠)이며 자(字)도 헌성(獻誠)이다. 그 선조(先祖)는 고구려(高句驪) 사람이다. 무릇 (그 자손이) 길게 물결치고 넓게 퍼져나가서 강물의 후손처럼 되었고, 등잔이 뒤에서 비추고 그 빛이 앞으로 나아가듯이 하여 해의 자식처럼 되었으니, 가지와 잎이 성하고 울창해져서 세세도록 번상(蕃相)이 되었다.

증조(曾祖)인 태조(太祚)는 본국(本國)에서 막리지(莫離之)에 임용되었으며, 병권(兵權)을 장악하여 기세(氣勢)가 삼한(三韓)을 제압하고 명성은 5부(五部)의 우두머리가 되었다. 조(祖)인 개금(蓋金 : 蓋蘇文)은 본국에서 태대대로(太大對盧)에 임용되고 병권을 장악하였으며, 아버지가 이어주고 아들이 계승하여 권력을 잡고 총애받음이 두드러졌다. 부(父)인 남생(男生)은 본국(本國 : 高句驪)에서 태대막리지(太大莫離之)에 임용되었으며, 무리를 이끌고 당나라에 귀속하니 당나라는 특진(特進)에 임명하

고 사지절(使持節), 요동대도독(遼東大都督), 우위대장군(右衛大將軍), 검교(檢校) 우
림군羽林軍)을 겸하게 하였다가 이내 장내공봉仗內供奉), 상주국(上柱國), 변국공(卞
國公)에 임명하고 병주(幷州)·익주(益州) 2주(州) 대도독(大都督)에 추증하니 시호(諡
號)는 양(襄)이다. 지혜와 식견이 밝고 분명하였으며 기개와 품성이 매우 빼어났다.
위약한 왕을 도와 나라를 다스릴 때, 아우들이 형에게 불륙(不睦)하여 그 빈틈을 엿
보았으니 남건(男建)과 남산(男産)은 흉악함을 함께 하고 서로 도와서 남건(男建)은
첩치(捷淄)의 화(禍)를 쌓았으며 남산은 공숙(共叔)의 모략을 품었다. 양공(襄公)은
이러한 난국(亂局)이 진행되는 것을 보고 (亂局이) 그칠 날을 기다릴 수 없다고 여
겨, 나라가 흥하면 군자가 제위(帝位)에 있게 되고 나라가 망하면 현인은 떠나는 것
이라고 생각하였다. (그리하여) 위태로운 나라를 피하여 머무르지 않고 당나라로 가
서 배알하기를 청하였으니, 곤야(昆邪)가 무리를 이끌고 한나라에 귀항하여 열후에
봉해진 것이나 유여(由余)가 나라를 떠나 진(秦)나라에 귀속되어 객례(客禮)로서 우
대받은 것과 같았다.

공(公)은 바로 양공(襄公)의 적저(嫡子)이다. 소맥(小貊)의 고을에서 태어나 일찍이
대성(大成)할 쓰임을 갖추고 있었으며 지역이 번성하고 가문이 총애를 받아 한 나라
안에서도 드문 경우였다. 9세 때에 본번(本蕃)에 있으면서 선인(先人)의 직책을 받아
윗사람을 공경하고 아랫사람을 대접하니 요서(遼西)에서 그를 칭송하였다. 풍속과
의례를 아름답게 하고 병술을 익혀 넓은 도량을 품으니 깊이를 헤아리지 못할 정도
였다. 처음 양공이 밖으로 부(部)를 살피러 갔을 때 공도 역시 따라갔다. 남건(男建)
과 남산(男産) 등의 흉악함이 미쳤을 때 공의 나이는 겨우 16세였다. 재난이 갑자기
일어나자 의논하는 자들은 머뭇거리거나 혹은 나아가 싸울 것을 권하였지만 계책
중에 바로 따를 만한 것이 없었다. 공은 손가락을 굽혀 적을 헤아리고서 대적할 수
없다고 여겨 양공에게 국내의 옛 도성에 머물면서 백성들을 편안하게 하도록 권하
였다. (그리고) 양공에게 이르기를 "지금 사신을 파견하여 중국(中國)에 입조하게 하
되 정성과 성심을 다하면 중국에서는 대인(大人)이 왔음을 듣고 반드시 흔연히 맞아
들일 것입니다. 그리고서 병력을 청하고 연합하여 토벌을 하게 되면 이것은 안전하
고 반드시 승리를 하게 되는 계책입니다"라고 하였다. 양공은 그렇다고 여겨 여러
추장들에게 이르기를 "헌성의 말은 심히 택할 만하다"고 하였다. 그날로 수령(首領)
인 염유(冉有) 등을 파견하여 입조하게 하니 당나라의 고종은 친히 조칙을 내려 위
무하고 다시 양공을 동도주인(東道主人)으로 삼고 대총관(大摠管)을 겸수(兼授)하였
다. 공은 물러나고 나아가는 계략을 도모하고 옳고 그른 방책을 가리며 시각을 지체
하지 않고 안위를 잘 헤아렸으므로 서쪽에서 중국의 병력을 끌어들여 동쪽으로 요
동의 침략을 막을 수 있었다. 양공이 가(家)를 보존하고 국(國)을 계승시킨 것은 실
로 공의 힘에 의한 것이었다.

이윽고 양공이 명을 받아 수도에 이르러 은혜에 감사하니 천자는 그를 특별한 예로
대우하여 우무위장군(右武衛將軍)에 배(拜)하고 자포(紫袍), 금대(金帶)와 어마(御馬)
2필을 하사하였다. 함주(銜珠)·패옥(佩玉)은 무릇 허저(許褚)가 받은 영예와 동등하며
석수(錫綬)·반금(班金)은 더욱이 호한(呼韓)이 받은 선물과 같았다. 얼마 지나서 위위
정경(衛尉正卿)으로 옮기니 지체가 높아지고 공적이 쌓여 직위(職位)가 마치 하해(河
海)와 같았다. 의봉(儀鳳) 4년(679) 아버지의 상(喪)을 당함에 슬퍼하여 초췌해짐이
예(禮)를 지나쳤는데, 궁중에서 보낸 사신이 조문을 하러 왔으며 도로에 (조문객이)
서로 이어져 있었다. 조모(祖母)는 공이 마실 것도 끊고 슬피 울면서 더욱 서글픈
생각을 더하며 매번 힘써 권하나 따르지 않으므로 공을 위하여 음식을 끊었다. 공은
이로 인하여 조금씩 음식을 먹음으로써 (조모의) 자애로운 모습을 깨달았다. 사랑스
레 양육함의 깊음은 이건(李虔)의 조모만이 아니고 효성으로 감사함의 지극함은 어

찌 정회(程會)의 손자만에 그치겠는가. 조로(調露) 원년(元年 ; 679) 9월에 상중이지만 양군(襄軍)을 맡아서 반란(叛亂)을 토벌하는 대사(大使)로서 출사(出仕)하라는 조서가 내려졌는데 전란의 위험을 피할 수 없었으므로 공도 고사(固辭)할 수 있는 바가 아니었으며 돌아올 때에 공적을 드러내어 상주국(上柱國)에 제수되었다.

개요(開耀) 2년(682)에 변국공(卞國公)으로 습봉(襲封)되어 식읍(食邑)이 3천호(三千戶)에 이르러 제후의 훈공(勳功)을 높이고 상지(賞地)의 업(業)을 전하였다. 영순(永淳) 원년(682)에 조모의 상을 당하여 적자임을 이유로 관직에서 물러났다. 광택(光宅) 원년(684) 10월에 운휘장군(雲麾將軍)에 제수되고 우위대장군(右衛大將軍) 원외치동정원(員外置同正員)에 임용되었으며 훈봉(勳封)은 모두 예전과 같았다. 또한 그 달의 29일에는 칙령을 받들어 우우림위상하(右羽林衛上下)가 되었으니 매우 중요한 대신으로 수하들이 깊이 의지하였으며 넓고 깊은 덕행이 두루 미치고 심원(深遠)한 은혜가 드러나게 되었다. 수공(垂拱) 2년(686) 3월에는 칙서를 받들어 신무군대총관(神武軍大摠管)이 되어 제색병(諸色兵)을 거느리고 서쪽으로 적의 경내(境內)에 들어갔다. 공은 풍각(風角)을 교묘히 익히고 조수(鳥獸)의 동정을 살피는 데 깊이 통달하여 산천(山川)이 기복(起伏)을 이룬 형세와 들판이 펼쳐져 있는 판도가 암암리에 검결(鈐決)과 맞아떨어지고 가슴 속과 꿰뚫어 부합하였다. 차례로 우회하여 강을 에워싸니 적의 무리는 대부분 도망을 쳐버려 선전(善戰)이란 싸우지 않는 것이라고 함은 이것을 두고 이르는 것이다. (垂拱) 4년(688) 9월에 칙서를 받들어 용수도대총관(龍水道大摠管)에 임명되고 예주(豫州)의 반란을 토벌하여 비단[綵] 100단(段), 어마(御馬) 1필(匹)을 하사받았으며 이윽고 적이 평정됨에 (토벌을) 중지하였다.

천수(天授) 원년(690) 9월에 우위대장군(左衛大將軍) 원외치동정원(員外置同正員)에 제수되었고 나머지는 예전과 같았다. 2년(691) 2월에는 칙서를 받들어 검교(檢校) 천추자래사天樞子來使)로 임명되고 현무(玄武) 북문(北門)에서 대의(大儀)에 필요한 동(銅) 등의 운송을 감독하는 임무도 겸하였는데 일이 끝나기 전에 역적(逆賊)인 내준신(來俊臣)을 만나게 되었다. (來俊臣은) 형벌과 옥사(獄事)를 농단하면서 위세를 마음대로 휘두르고 마침내 공의 처소에 은밀히 접근하여 금백(金帛)과 보물을 요구하였지만 공은 뇌물을 싫어하였으므로 교분을 끊고 허락하지 않았다. 이로 인하여 다른 죄로 모함을 받아 갑자스레 비명(非命)에 죽게되니 나이가 43세였다.

슬프도다. 손수(孫秀)는 석숭(石崇)의 재화를 이용하고 부씨(符氏)는 왕가(王家)의 근심에 미쳤으나 갑자기 황제의 총명함이 환히 비추고 천자의 은택이 맑게 빛나서 깊은 원한을 풀어 죄가 아님을 입증하고 조서를 내려 극히 칭송하였다. 한나라의 황제가 조착(晁錯)를 한스럽게 주살함에 한숨이 없었던 것이 아니며 진(晉)나라의 황제가 마돈(馬敦)을 추증(追贈)함에 삼가 영총(榮寵)을 더하였던 것이다. 구시(久視) 원년(元年 ; 700) 8월에 조서를 내려 이르기를 "고(故) 좌위대장군(左衛大將軍), 우우림위상하(右羽林衛上下), 상주국(上柱國), 변국공(卞國公) 천헌성(泉獻誠)은 명망이 높고 번인(蕃人)으로 귀복(歸服)하여 총애의 입음이 두루 이루어졌는데 정의(情誼)가 매우 깊고 기품이 온후하였으므로 발탁하여 친근(親近)에 두고 금병(禁兵)을 맡겼다. 무고(誣告)함이 갑자기 일어나 억울한 형벌을 받으니 원통함을 헤아리지 못하겠구나. 세월은 빠르게 지나가고 행적은 되풀이하여 이야기되고 있지만 말과 생각은 지나쳐 가니 진실로 매우 애석하고도 슬프도다. 기리고 칭송함이 미치지 못하니 마땅히 영예(榮譽)를 추증(追贈)하여 무덤이 아직 굳지 않았을 때 반드시 개복(改卜)하고 삼가 번성한 의식을 더함으로써 영혼을 위로하는도다. 가히 우우림위대장군(右羽林衛大將軍)에 추증하고 물품(物品) 100단(段), 장사(葬事)날에 필요한 양▨(量▨), 명주 천막, 일꾼 들을 하사한다. 그의 아들인 무기위(武騎尉), 유성현개국남(柳城縣開國男) 천현은(泉玄隱)은 유격장군(遊擊將軍)으로 좌옥검위(左玉鈴衛), 우사계(右司

階), 원외치동정원(員外置同正員)으로 승진시키며 훈봉은 예전과 같게 한다"라고 하였다.

(이것은) 상(賞)이 세세도록 이어져 휴맹(睢孟)의 자식이 낭(郎)이 되고 죽어서도 명성을 나타내 수무(隨武)의 혼(魂)이 역할을 할 수 있던 것과도 같다. 자식으로 현은(玄隱), 현일(玄逸), 현정(玄靜)이 있어서 (그 비통함은) 서리를 밟고 이슬을 맞으며 마음을 무너뜨리고 정신을 잃을 정도였다. 어제와 오늘이 차례로 지나가면 언덕도 쉽게 무너짐을 두려워하여 이에 옛 터를 넓혀서 새로운 무덤을 만드니 만가(挽歌)의 퉁소소리가 슬프게 들리는구나. 고래(古來)로 단지 오늘이 어제를 바꾸는 것은 아닌데도 길위에 날리는 깃발은 헛되이 펄럭이고 성문(城門)의 조문객은 어찌 그리도 분분(紛紛)한가. 대저 대족(大足) 원년(元年 : 701) 세차(歲次) 신축(辛丑), 2월 갑진삭(甲辰朔), 17일 경신(庚申)에 망산(芒山)의 옛 터에 장사지내니 예(禮)로다. 걸지고 아름다운 교외의 들판은 포금(布金)의 담장에 근접하고 울창한 송백(松栢)은 적석(積石)의 봉(封)에서 유래(由來)한 것이니 그 사(詞)에 이르기를 다음과 같다.

바닷가 동쪽이여 옛날에 주몽(朱蒙)이 있었도다. 강을 건너 나라를 세우니 세업(世業)이 드높도다. 드높은 세업(世業)이여 해돋는 곳의 자손이라. 자손은 저 누구인가 진실로 천씨(泉氏)로다. 위에서 전하고 아래에서 이음이여 신령함을 머금고 복(福)을 탄생시켰도다. 돌아가신 아버지의 돌봄이 있음이여 위험한 나라에서 행하지 않았도다. 저 스스로 번신(蕃臣)으로 천자(天子)에게 내조(來朝)하였도다. 그 오랑캐의 복식을 버리고 중국에 왔도다. 빛나는 조정의 의식(儀式)과 전장(典章)이여 밝은 예덕(睿德)이여. 가르침을 받고 교화를 입음이여 인자함을 붙들고 곧음을 품었도다. 피리를 불고 종을 치며 수레를 타고 솥으로 끓인 음식을 먹었도다. 공의 어진 형상이여 사나움을 아우르고 굳셈을 붙들었도다. 견식으로 기회와 징조를 모아 정리하고 사리로는 명확함과 우선됨을 처리하였도다. 급박할 때에 묘책이 전장(戰場)에서 생기도다. 오랑캐를 타이르고 화(禍)가 물러감이여 중국에 돌아와 공적이 펼쳐지도다. 하해(河海) 같은 지위여 당여(黨與)의 의지함이여. 나가고 들어옴에 광채가 빛나고 총애의 사여(賜與)가 빈번하도다. 늠름한 풍채여 조화로운 예절이여. 충효가 가문에 전해지고 산하가 그 땅을 상으로 주었도다. 위에 있으면 충성스럽고 명석함을 사용하니 끓어오르는 듯 하도다. 점차 배어들어감이 진실로 필연(必然)이도다. 단지 몸이 죽었다고 말하여도 인자함으로 온전히 할 수 있었도다. 빛나게 두드러진 추증이여 실로 평평해진 언덕을 위무하는도다. 낙양(洛陽)의 천맥(阡陌)과 망산(芒山)의 구릉이여. 가슴 답답한 긴 글로 궁벽함을 채워 어찌 받들겠는가. 비탄스런 세세(世世)에 흙먼지는 사라지고, 해마다 보이는가 아름드리 나무여. 이러한 이유로 후장(厚葬)의 유래하는 바를 생각하여 송종(送終)의 중요함을 아는도다. (「泉獻誠 墓誌銘」:『譯註 韓國古代金石文』1)

신라　봄 2월에 혜성(彗星)이 달에 들어갔다. (『三國史記』8 新羅本紀 8)
신라　봄 2월에 혜성이 달에 들어갔다. (『三國史節要』11)

신라　여름 5월에 영암군(靈巖郡) 태수 일길찬(一吉湌) 제일(諸逸)이 공(公)을 저버리고 사(私)를 꾀하여 장 1백 대의 형벌을 내리고 섬에 들어가게 하였다 (『三國史記』8 新羅本紀 8)
신라　여름 5월에 영암군 태수 제일이 죄를 지어 장의 형벌을 내리고 해도로 유배보냈다. (『三國史節要』11)

고구려　8월 임인일(2) 승려 혜요(惠耀)와 신성(信成), 동루(東樓)에게 칙을 내려 모두 환속하여 본래의 성(姓)을 회복하게 하고 대신에 각각 한 사람씩 출가하게 했다. 혜요의 성은 록(鰳)이고 이름은 형마려(兄麻呂)이며, 신성(信成)의 성은 고(高)이고 이름은 금장(金藏)이며, 동루의 성은 왕(王)이고 이름은 중문(中文)이다. (『續日本紀』2 文武紀)

고구려　(지석) 대주(大周) 관군대장군(冠軍大將軍)·행(行) 좌청도솔부(左淸道率府) 빈양부(頻陽府) 절충도위(折衝都尉) 고을덕(高乙德) 묘지 및 서문
(공의) 이름은 덕(德)이고, 변국(卞國) 동부(東部) 사람이다. 옛날에 한(漢) 왕조가 룡처럼 일어나서 이적의 땅을 차지하니, 삼한이 패업을 다투고 사해가 파도를 헤치며 내달렸다. 흰 태양이 정기를 내려서 주몽(朱蒙)이 탄△(誕△)하니, 연(燕) 지역을 크게 다스리고 요양(遼陽)을 통일하였다. 하늘에서 내려와 운명으로 인하여 성으로 삼았으며, 공가(公家)의 씨족으로 곧 그 후예이다. 가문은 지위가 높고 귀한 사람을 대대로 전하니 지난 시대를 거치며 잇달아 영화로웠고, 종족(宗族)은 관작(官爵)을 계속하니 오늘날을 지나며 거듭 빛났다. 조부 잠(岑)은 동부인데, 건무태왕(建武太王)에게 중리소형(中裏小兄)을 받고 경사(坰事)를 담당하였다. 교(敎)로 책임을 지운 것으로 말미암아 경사를 추궁하니, 외관(外官)으로 강등되어 옮겨다니며 임명되어 여러 관직을 거치고 나서, 승진하여 요부도독(遼府都督)을 받았다. 곧 교를 받들어 대로관(對盧官)을 고쳐 받고 예전 그대로 경사를 담당하며 평대(評臺)의 직무를 맡았다. 아버지 부(孚)는 보장왕(寶藏王)에게 중리소형을 받고, 남소도사(南蘇道使)를 맡았다. 대형(大兄)으로 승진하여 해곡부도독(海谷府都督)을 맡았다. 또 승진하여 태상(太相)을 받고, 사부대부(司府大夫)를 맡으며 경사를 담당하는 것을 계승하였다.
공의 나이가 겨우 큰 뜻을 세우는 때에 이르렀을 때 그 나라에서 관직에 나아가니, 관등은 중리소형을 받고, 귀단도사(貴端道使)를 맡았다. 대당(大唐) 용삭(龍朔)원년에 이르러 천황대제(天皇大帝: 高宗)가 칙서를 내려 의군(義軍)을 징발하고, 요동(遼東)에 죄를 물었다. 공은 병사를 이끌고 적과 싸우다가, 마침내 사로잡히게 되었다. 성상(聖上)은 그 맞서고 저항한 잘못을 버리고, 귀순하며 항복하는 예를 허락하였다. 2년(662)에 우위(右衛) 남전부(藍田府) 절충도위·장상(長上)을 제수받았다. 총장(總章) 원년(668)에 이르러 고구려가 동쪽 땅에서 정치의 법도를 잃고, 서쪽 조정으로 귀순하였다. 칙서를 내려 공이 나라를 받들어 충성을 다하였다고 여겨 검교(檢校) 본토동주장사(本土東州長史)로 명령하였다. 함형(咸亨) 5년(674)에 이르러 좌청도솔부 빈양부 절충도위를 제수받았다. 대주 천수(天授) 2년(691)에 이르러 관군대장군을 더하여 제수받고, 나머지는 모두 예전 그대로였다.
세월이 멈추지 않음을 어찌 기약하겠는가. 생애는 유한하도다. 성력(聖曆) 2년(699) 2월 8일에 이르러 마침내 임지에서 병을 앓아 누웠다가 죽으니, 나이가 82세였다. 사저(私邸)에 임시로 빈장(殯葬)하였다. 대족(大足) 원년(701) 9월28일에 이르러, 두릉(杜陵)의 북쪽에 무덤을 파서 합장하니, 예에 합당하였다. 연기와 구름은 어둡고 흐릿하고, 들판은 끝없이 광활하다. 저승에서 목메여 슬픈 감정을 품으니, 풍수(風樹)를 읊으며 탄식을 가슴 속에 응어리로 맺었다. 생각이 이미 미치지 못하니, 애도하는 마음 또한 어찌 따라가겠는가? 이에 슬픈 명문(銘文)을 새김으로써 섬세한 조문을 빛내노라.
(개석) 그 사(詞)는 다음과 같다. 아름답도다, 재능이여. 가득하도다, 훌륭하고 좋은 방도여. 두 지역에서 출사하니, 오래도록 영예롭도다. 도서와 사서(史書)에 으뜸으로 기록되니, 대대로 영특한 계략이 빼어났도다. 웅장함은 승리의 기운을 품었으니, 뜻은 청류(淸流) 사대부처럼 깨끗하였노라[첫째]. 부임하는 수고를 꺼리지 않고, 불안한 마음은 오직 공손하였도다. 무(武)는 육도(六韜)를 품고, 인(仁)은 깊어 한번에 허

락하였도다. 현자를 토로하고, 군주를 사모함에 마음을 기울였도다. 살아서는 천자의 깃발을 세우고, 죽어서는 기린각(麒麟閣)에 이름을 올렸노라[둘째]. 갑자기 아침이슬을 따라 오래도록 무덤에 쓰러지니, 무덤은 어두컴컴하고 저승은 풀이 무성하도다. 숲은 잎과 낙엽이 차고, 풀은 서리의 빛에 시들었도다. 연기는 잣나무에 엉겨 사모하고, 바람은 소나무에 맺혀 슬프도다[셋째]. 귀신의 이치에 적막하고 사람의 일에 쓸쓸하니, 봄빛은 같지 않고 세월은 다르도다. 생과 사는 오래도록 멀어지니, 얼굴의 불안함은 어디에 두겠는가? 이에 훌륭한 사람을 죽였음을 나타내어, 그것을 명지(銘誌)에 새기노라[넷째]. (「高乙德 墓誌銘」: 2015 『韓國古代史研究』 79)

신라

당나라 대족 연간 초에 어떤 선비가 신라국(新羅國)의 사신을 따라갔다가 풍랑에 떠밀려 한 곳에 도착했는데, 그곳 사람들은 모두 수염이 길고 쓰는 말이 당나라 말과 통했으며 '장수국'이라고 불렸다. 사람들이 아주 많고 물산이 풍성했으며 집 모양과 의관(衣冠)은 중국과 약간 달랐는데, 그 지명은 '부상주(扶桑洲)'라고 했다. 그 나라 관서의 관리 품계에는 정장(正長)·집파(戢波)·일몰(日沒)·도라(島邏) 등의 명칭이 있었다. 선비는 여러 곳을 차례대로 방문했는데 그 나라 사람들은 모두 그를 공경했다. 하루는 갑자기 수십 대의 마차가 오더니 대왕께서 손님을 불러오라 하셨다고 했다. 이틀을 가고 나서야 비로소 커다란 성에 도착했는데 병사들이 성문을 지키고 있었다. 사자는 선비를 인도하여 궁 안으로 들어가더니 땅에 엎드려 대왕을 배알했다. 궁전은 높고 넓었으며 마치 제왕처럼 의장과 호위를 갖추고 있었다. 대왕은 선비를 보더니 엎드려 절하고 약간 몸을 일으킨 다음, 선비를 사풍장(司風長)에 임명하고 아울러 부마(駙馬)로 삼았다. 공주는 아주 아름다웠는데 수십 가닥의 수염이 나 있었다. 선비는 위세가 혁혁해지고 진주와 보옥을 많이 소유했지만, 매번 집에 돌아와서 부인을 보기만 하면 기분이 좋지 않았다. 대왕은 보름날 밤이면 자주 성대한 연회를 열었는데, 나중에 선비도 그 연회에 참석했다가 대왕의 비빈들이 모두 수염을 달고 있는 것을 보고는 이렇게 시를 지었다. 잎이 없는 꽃은 아름답지 않지만/수염 있는 여자는 정말 추하네/장인께서 시험 삼아 그녀들의 수염을 모두 없애게 하신다면/반드시 수염 있는 것만 못하지는 않으리.

그러자 대왕이 크게 웃으며 말했다. "부마는 공주의 턱과 뺨 사이에 나 있는 수염을 끝내 잊을 수 없는 모양이구려." 10여 년이 지나는 동안 선비는 아들 하나와 딸 둘을 두었다. 하루는 갑자기 대왕과 신하들이 근심에 싸여 있기에 선비가 이상해하며 물었더니, 대왕이 울면서 말했다. "우리나라에 재난이 생겨서 화가 조만간 닥칠 텐데 부마가 아니면 구할 수가 없네." 선비가 놀라며 말했다. "진실로 어려운 일입니까. 성명(性命)을 감히 사양할 수 없습니다." 그러자 대왕은 배를 준비하라 명하고 두 사신을 선비에게 딸려 보내면서 말했다. "번거롭겠지만 부마는 바다 용왕님을 한 번 알현하고, 동해 제삼차(第三汊; 물이 갈라지는 곳) 제칠도(第七島)의 장수국에 재난이 생겼으니 구원해 주시길 청한다고만 말씀드리게. 우리나라는 아주 작으니 반드시 두세 번 말씀드려야만 하네." 그러고는 눈물을 흘리며 선비의 손을 부여잡고 작별했다. 선비가 배에 오르자 순식간에 한 해안에 도착했는데, 그 해안의 모래는 모두 칠보(七寶)였다. 그곳 사람들은 모두 기다란 옷에 커다란 관을 쓰고 있었다. 마침내 선비는 앞으로 나아가 용왕을 알현하길 청했다. 용궁의 모습은 불사에 그려진 천궁과 같았으며, 찬란한 빛이 번갈아 반짝여서 제대로 쳐다볼 수 없을 지경이었다. 용왕이 계단을 내려와 영접하자 선비는 계단을 따라 궁전으로 올라갔다. 용왕이 선비에게 찾아온 이유를 묻자 그가 사정을 말씀드렸더니, 용왕은 즉시 명을 내려 속히 조사해 보라고 했다. 한참 후에 한 사람이 밖에서 들어와 아뢰었다. "경내에는 아무데도 그런 나라가 없사옵니다." 선비가 다시 애원하면서 장수국은 동해 제삼차 제칠도에 있다고 자세히 말씀드리자, 용왕은 다시 사자에게 상세히 조사하여 속히 보고 하라고 질책했다. 한 식경(食頃)이 지나서 사자가 돌아와 아뢰었다. "그 섬의 새우는 대왕님의 이달치 음식물로 바치게 되어 있어서 며칠 전에 이미 잡아왔사옵니다." 용왕이 웃으며 말했다. "손님은 새우에게 홀린 게 틀림없소. 나는 비록 용왕이지만 먹는 것은 모두 하늘의 명을 받기 때문에 함부로 먹고 안 먹고 할 수가 없소. 하지만 오늘은 손님을 봐서 음식을 줄이겠소." 그러고는 선비를 데려가서 둘러보게 했는데, 집채만 한 쇠 가마솥 수십 개 안에 새우가 가득 들어 있는 것이 보였다. 그 중에서 붉은색에 팔뚝만한 크기의 새우 5~6마리가 선비를 보고 팔짝팔짝 뛰었는데, 마치 구해 달라고 하는 모양 같았다. 선비를 데려왔던 사람이 말했다. "이것이 바로 새우 왕입니다." 선비는 자기도 모르게 슬피 눈물을 흘렸다. 그러자 용왕은 새우 왕이 들어 있는 가마솥 하나를 놓아 주라고 명한 뒤, 두 사자에게 선비를 중국으로 돌려보내 주라고 했다. 선비는 하루 저녁 만에 등주(登州)에 도착했는데, 두 사자를 돌아보았더니 다름 아닌 커다란 용이었다. (『太平廣記』 469 水族 6 長鬚國)

702(壬寅/신라 효소왕 11, 성덕왕 1/발해 고왕 4/唐 長安 2/일본 大寶 2)

고구려　　대주(大周) 고(故) 금자광록대부(金紫光祿大夫)·행(行) 영선대장(營繕大匠)·상호군(上護軍)·요양군개국공(遼陽郡開國公) 천군(泉君) 묘지명 및 서문

군(君)의 이름은 남산(男産)이니 요동(遼東) 조선인이다. 옛날에 동명(東明)이 기(氣)를 느끼고 사천(瀘川)을 넘어 나라를 열었고, 주몽(朱蒙)은 해를 품고 패수(浿水)에 임해 수도를 열어, 위엄이 해뜨는 곳[扶桑]의 나루에 미치고 세력이 동쪽 지역[蟠桃]의 풍속을 제압하였으니 비록 성진(星辰)과 바다와 산악이 변방지역[要荒]에 걸려 있지 않았어도 예절[俎豆]과 시서(詩書)는 성교(聲敎)에 통하여, 가(家)를 잇고 씨(氏)를 받았으니 군(君)은 그 후예이다.

고조(高祖)와 증조(曾祖)는 중리(中裏)의 뛰어난 지위를 이었고 조부와 부친은 대로(對盧)의 큰 이름을 전했으며 군(君)은 태어나기 전부터 현명함을 본받았고[斧囊象賢] 임금에게 책명을 받아 조상의 은덕으로 복이 넘쳤고.[金册餘慶] 태어나면서부터 영민(英敏)하고 은혜로웠고 달이 지나자 남보다 뛰어났으며 돌이 되자 비로소 학문에 뜻을 두었다. 고구려의 왕이 소형(小兄)의 지위를 내려주었고 나이 18세에 대형(大兄)의 지위를 내려주었으며 13등의 반차(班次)를 재차 추거되어 승진해 2천리의 성지(城池)(를 받아) 성년이 되지 않아 능히 다스렸고, 오졸(烏拙), 사자(使者)와 예속(翳屬), 선인(仙人)에 이르러 비록 국가기구의 권한을 분장(分掌)했으나 진실로 고유(高惟)로써 앞장을 서게 하였다.[旌騎]

나이 21세에 중리대활(中裏大活)을 더하였고 23세에 위두대형(位頭大兄)으로 옮겼고 누차 옮겨 중군주활(中軍主活)이 되었으며, 30세에 태대막리지(太大莫離支)가 되었다. 지역에 따라 관위(官位)를 옮기고 왕에게 총애를 받지 못하게 되어 세찬 바람에 깃이 날려 영예가 고구려 지역에서 끊어졌고 귀한 지체가 없어져 총애가 현도의 지역에서 끊어졌다. 당에 속해 원방(遠方)에 봉해져 한성(漢城)을 지키지 않음에 미쳐 맥궁(貊弓)이 입헌(入獻)되고 호시(楛矢)가 왕에게 바쳐졌다.

군은 총장(摠章) 원년에 우리의 관품에 따라 사재소경(司宰少卿)을 제수받았고 또 금자광록대부(金紫光祿大夫), 원외치동정원(員外置同正員)을 가하였다. 옛날 왕 만(滿)이 연을 그리워하다가 비로소 외신(外臣)의 요(要)를 얻어 마침내 한(漢)과 통함을 이루었으나 겸백(縑帛)의 영예만이 들렸을 뿐이다. 군(君)은 이민족이 사는 구역(藁街)에서 옥(玉)을 울리고 극서(棘署)에서 금(金)을 차고, 아침에 북궐(北闕)에 나아가 한가히(때때로?) 황제[龍]의 일을 보고[簪筆] 저녁에는 남린(南隣)에 머물면서 황제 곁에서[近[股]] 착잡하게 생황(笙簧)을 타면서 노래했으니 통역의[象胥] 적관(籍

貫)으로 당시 이보다 앞선 이가 없었다.

성력(聖曆) 2년(699)에 상호군(上護軍)을 받았고, 만세(萬歲) 천수(天授) 3년에는 요양군개국공(遼陽郡開國公)에 봉해졌으며, 또 영선감대장(營繕監大匠) 원위치동정원(員外置同正員)으로 옮겨 앉아서 주문(朱門)을 열고 마침내 청토(靑土)에 봉해졌으니, 비단으로 싼 나무창으로 깃발을 달아 벌려 놓고 공신의 집안이 망하지 않을 것을 기약하면서 우이(嵎夷)에 거처하여 마침내 제복(除服)을 황(荒)하였다. 아아, 잠지(蠶支)가 공적에 보답할 길을 열었는데 번병(蕃屛)의 직책을 다하지 못하고, 체학(鯷壑)이 비늘을 벗었는데 배를 옮겨타고 갑자기 멀리 가는구나. 나이 63세, 대족(大足) 원년 3월 27일 사택(私宅)에서 병을 만나 죽으니 그 해 4월 23일에 낙양현 평음향(平陰鄕) 모처에 묻었다.

망산(邙山)의 무덤길에 종의(鍾儀)의 한을 길이 묻었으나 요수(遼水)는 무극하여 어찌 장작(莊舃)의 신음을 듣겠으며 고국으로의 길은 멀기만 하니 상여가 어느 날이나 (돌아갈까) 학(鶴)이 멀리서부터 날아오니 위엄있던 성곽이 영원히 무너지고 마렵(馬鬣)이 공존(空存)하니 등공(縢公)의 거실은 오랫동안 가렸도다. 비록 황장(黃腸)과 제주(題湊)(를 쓰고) 황제가 사여한 흙으로[天壤] 무궁함을 빌고 현석(玄石)에 훈적(勳績)을 기록하여 능곡(陵谷)이 변하더라도 오히려 알 수 있으니 그 사(詞) 다음과 같다.

넓고 신령스러운 바다여, 백천(百川)이 모이는 곳. 동명의 후예가 진실로 조선을 세웠도다. 호(胡)를 위협하고 맥(貊)을 제압하였으며 서주(徐州)와 통하고 연(燕)을 막았도다. 험준함과 굳음에 의지하여 예부터 옮기지 않았는데 이에 당에 귀속하게 됨에 미쳐 동호(東戶)로 화했도다. 용발(溶渤)을 복종하여 인도하고 수호(水滸)를 편안히 따르게 하니 남이(藍夷)가 만나 하나가 되고 계루(桂樓)가 바로잡혀 두루 미치는구나. 그만이 굳건하고도 오랫동안 우리 관직을 받고 마침내 고가(藁街)에서 영예를 누리게 되었고 대신(大臣)의 반열에 올랐도다. 훌륭한 저택에서 살면서 아침을 맞고 황제의 주위에서 아침마다 배알하니 훈공이 상서(象胥)로서 성대하구나. 총애가 황제에 두루하여 이에 청사(靑社)에 봉지를 받았으나 산하(山河)가 안으로 끊어져 요양(遼陽)이 어찌 허락할꼬? 고국을 그리며 마음을 상하니 종의(鍾儀)의 영원한 한(恨)과 장작(莊舃)의 슬픈 신음. 비단으로 싼 나무 창으로 깃발을 달아 벌려 놓고 옥을 차고 금을 허리에 차도 종고(鐘鼓)의 깊은 근심, 추억이 깊은 숲을 넘어가고 머물러 고독함을 노래해도 제수(濟水)와 원수(洹水)가 원망스럽구나. 성명(聲明)이 영원히 끝나도 가성(佳城)은 영구하여 몸을 망산에 맡기니 떠도는 혼은 멀기만 하도다. 유석(幽石)에 명(銘)을 새기니 애통한 전기(傳記)가 불후(不朽)하도다.

통직랑 한성형 개국자, 천광부 나이 18세. 장안 2년(702) 4월 23일 낙양현의 경계에 묻다. (「泉男産 墓誌銘」:『譯註 韓國古代金石文』1)

신라　제32대 효소왕(孝昭王) 때 죽만랑(竹曼郎)의 낭도 중에 득오(得烏)[또는 곡(谷) 급간(級干)]이 있었다. 풍류황권(風流黃卷)에 이름을 올려놓고 날마다 출근하였다. 열흘 동안 보이지 않기에 낭이 그의 어머니를 불러 아들이 있는 곳을 물었다. 어머니가 말하기를, "당전(幢典)인 모량(牟梁)의 익선(益宣) 아간(阿干)이 내 아들을 부산성(富山城)의 창지기로 뽑아갔는데, 빨리 가느라고 미처 낭에게 말씀드릴 겨를도 없었습니다."라고 하였다. 낭이 말하기를, "당신 아들이 만약 사사로운 일로 그곳에 갔다면 찾아볼 필요가 없지만, 이제 공사로 갔다니 마땅히 가서 대접 해야겠소"라고 하고, 이에 설병(舌餠) 한 합과 술 한 병을 가지고 좌인(左人)[우리말에 개질지(皆叱知)라고 하니 노복(奴僕)을 말한다]을 거느리고 갔다. 낭의 무리 1백 37명도 위의를 갖추고 따라갔다. 부산성에 이르러 문지기에게 득오실이 어디에 있느냐고 물었다. 문지기는 답하기를, "지금 익선의 밭에서 예에 따라 부역하고 있습니다."라고 하였다. 낭은 밭으로 가서 가져간 술과 떡을 대접하였다. 익선에게 휴가를 청하여 함께 돌아가려고 했으나 익선은 굳이 거부하고 허락하지 않았다. 그때 사리(使吏) 간진(侃珍)이 추화군(推火郡) 능절(能節)의 조 30석을 거두어 성 안으로 수송하고 있었는데, 죽만랑이 선비를 소중히 여기는 풍모를 아름답게 보고, 익선의 어리석은 고집과 융통성 없음을 비루하게 여겨, 가지고 가던 조 30석을 익선에게 주고 도움을 청하였다. 그래도 허락하지 아니하므로 또 진절(珍節) 사지(舍知)의 말안장을 주니 그때야 허락하였다. 조정의 화주(花主)가 이를 듣고 사자를 보내 익선을 잡아다가 그 더러움을 씻기려고 하니 익선이 도망하여 숨었으므로 그 맏아들을 잡아갔다. 그때는 중동(仲冬)의 몹시 추운 날이였으므로 성 안의 못에서 목욕을 시켰더니 이내 얼어 죽었다. 대왕이 이를 듣고 칙령을 내려, 모량리 사람으로서 벼슬하는 자는 모두 쫓아내어 다시는 관서에 관계하지 못하게 하고, 승복을 입지 못하게 했으며, 만약 승려가 된 자라도 종고(鐘鼓)를 단 큰 절에는 들어가지 못하게 하였다. (왕은) 사(史)에게 명하여 간진의 자손을 올려 평정호손(枰定戶孫)으로 삼고 그를 표창하였다. 이때 원측법사(圓測法師)는 해동(海東)의 고승이었으나 모량리 사람이었기 때문에 승직을 주지 않았다. 이전에 술종공(述宗公)이 삭주도독사(朔州都督使)가 되어 장차 임지로 가려 하는데, 이때 삼한에 병란이 있었으므로 기병 3천 명으로 그를 호송하였다. 일행이 죽지령(竹旨嶺)에 이르렀을 때, 한 거사가 그 고갯길을 닦고 있었다. 공은 이를 보고 찬탄하였고, 거사 또한 공의 위세가 성함을 존대하여 서로 마음에 감동되었다. 공이 주의 치소에 부임한 지 한 달이 되던 때 꿈에 거사가 방에 들어오는 것을 보았는데, 부인도 같은 꿈을 꾸었다. 더욱 놀라고 괴이히 여겨 이튿날 사람을 보내 그 거사의 안부를 물었다. 사람들이 말하기를, "거사가 죽은 지 며칠 되었습니다."라고 하였다. 사자가 돌아와서 그 사실을 아뢰었는데, 그가 죽은 날이 꿈꾸던 바로 그날이었다. 공이 말하기를, "아마 거사가 우리 집에 태어날 것이다"라고 하였다. 다시 군사를 보내 고개 위 북쪽 봉우리에 장사지내고, 돌로 미륵불 한 구를 만들어 무덤 앞에 봉안하였다. 부인은 꿈을 꾼 날로부터 태기가 있더니 아이를 낳자 이름을 죽지(竹旨)라고 하였다. 장성하여 벼슬길에 나아가 부수(副帥)가 되어 유신공과 함께 삼한을 통일하였고, 진덕(眞德)·태종(太宗)·문무(文武)·신문(神文)의 4대에 걸쳐 재상이 되어 나라를 안정시켰다.

모죽지랑가

처음에 득오곡이 낭을 사모하여 노래를 지었으니 이렇다. 간 봄 그리워하매/(임께서 더) 못 살으사 울어 설워하더이다/애닯음 나토시던 모습이/해 거듭하는 즈음에 가이더이다/눈 돌이킬 새/만나 뵙기 어찌 지으오리까/낭이여, 그리는 마음에 가올 길/다봊 마을에 잘 밤 있사오리까 (『三國遺事』 2 紀異 2 孝昭王代 竹旨郎[亦作竹曼 亦名智官])

신라　　정신왕의 아우가 왕과 왕위를 다투었는데, 나라 사람들이 이를 폐하고 장군 네 사람을 산에 보내 두 왕자를 맞아오게 하였다. 사람들이 먼저 효명의 암자 앞에 이르러 만세를 부르니, 그때 오색구름이 7일 동안이나 그곳을 드리워 덮었다. 나라 사람들이 그 구름을 쫓아 모두 와서 의장을 벌여 열을 짓고, 두 태자를 맞이하여 가려고 하였다. 보천은 울면서 굳이 사양하므로 효명을 받들어 돌아와 즉위하게 하였다. 나라를 다스린 지 몇 해가 지났다[고기(古記)에 이르되, 재위 20여 년이라 하였음은 아마도 붕어할 때 나이 스물 여섯 살을 잘못 전한 것이리라. 재위는 다만 10년뿐이었다. 또 신문왕의 아우가 왕위를 다투었다는 일은 국사에 기록이 없어 알 수 없다]. (『三國遺事』 3 塔像 4 臺山五萬眞身)

신라	대족(大足) 2년(702) 임인년 7월 27일에는 효조대왕(孝照大王)도 승하하였다. (「皇福寺 金銅舍利函記」)
신라	가을 7월에 왕이 돌아가셨다. 시호는 효소(孝昭)라 하고 망덕사(望德寺) 동쪽에서 장사지냈다[구당서(舊唐書)에는 장안(長安) 2년에 이홍(理洪)이 죽었다.”고 하고, 여러 고기(古記)에도 “임인(壬寅)년 7월 27일에 죽었다”고 한다. 그런데 자치통감에는 “대족(大足) 3년에 죽었다.”고 하였으니, 자치통감이 잘못되었다]. (『三國史記』8 新羅本紀 8)
신라	가을 7월에 왕이 돌아가셨다. 아들이 없어 국인들이 그 아우 융기(隆基)를 왕으로 세우고, 효소라는 시호를 올렸다. 망덕사 동쪽에 장사지냈다. 측천무후가 왕이 돌아가셨다는 소식을 듣고 그를 위해 애도하고, 조회를 이틀간 멈추고, 사신을 보내 위문하면서 새 왕을 신라왕으로 책봉하였고, 이어 장군도독의 호를 잇게 하였다. (『三國史節要』11)
신라	성덕왕(聖德王)이 즉위하였다. 이름은 흥광(興光)이다. 본명은 융기였는데, 당나라 현종(玄宗)과 이름이 같아 선천(先天) 연간에 고쳤다[당서(唐書)에서는 김지성(金志誠)이라 말한다]. 신문왕의 둘째 아들이고, 효소왕의 친동생이다. 효소왕이 죽을 때 아들이 없어 국인(國人)이 그를 왕으로 세웠다. 당(唐) 측천무후(則天武后)는 효소왕이 죽었다는 소식을 듣고는 그를 위해 애도하고, 조회를 이틀간 멈추고, 사신을 보내 위문하면서 성덕왕을 신라왕으로 책봉하고, 더하여 형의 장군·도독의 호를 잇게 하였다 (『三國史記』8 新羅本紀 8)
신라	이홍(理洪) 장안 2년 죽었다. 측천무후가 그를 위해 애도하고 조회를 이틀간 멈추고, 사신을 보내 그 아우 흥광을 신라왕으로 삼아 형의 장군·도독의 호를 잇게 하였다. 흥광의 본명이 태종(현종의 잘못임)과 같아 선천 연간 측천무후 때 이름을 고쳤다. (『舊唐書』199上 列傳 149上 東夷 新羅)
신라	아들 이홍이 왕위를 잇고, 그가 죽자 아우 흥광이 왕위를 이었다. (『新唐書』220 列傳 145 東夷 新羅)
신라	당 측천 장안 2년 신라왕 김리홍이 죽었다. 측천무후가 사신을 보내 그 아우 흥광을 세워 신라왕으로 삼았고, 이어 형의 장군·도독의 칭호를 잇게 하였다. (『冊府元龜』964 外臣部 9 封冊 2)
신라	정신태자의 아우 부군(副君)이 신라에 있으며 왕위를 다투다가 죽음을 당하였다. 나라 사람들이 장군 네 사람을 보내 오대산에 이르러 효명태자 앞에서 만세를 부르니, 이에 오색 구름이 있어 오대에서부터 신라까지 7일 7야 동안 빛이 비치었다. 나라 사람들이 그 빛을 찾아 오대산에 이르러 두 태자를 모시고 서울로 돌아가고자 하였다. 보질도태자는 눈물을 흘리며 돌아가지 않으므로, 효명태자만 모시고 서울로 돌아와 왕위에 올라 20여년 간 왕위에 있었다. (『三國遺事』3 塔像 4 溟州[古河西府也]五臺山寶叱徒太子傳記)
신라	9월에 크게 사면하고 문무관료의 관작을 한 급씩 올려주었으며, 또 모든 주군(州郡)의 일년간 조세를 면제해주었다. (『三國史記』8 新羅本紀 8)
신라	9월에 크게 사면하고 문무관료의 관작을 한 급씩 올려주었으며, 또 모든 주군의 일년간 조세를 면제해주었다. (『三國史節要』11)
신라	9월 아찬 원훈(元訓)을 중시(中侍)로 삼았다. (『三國史記』8 新羅本紀 8)
신라	9월 아찬 원훈을 중시로 삼았다. (『三國史節要』11)

신라　　　　겨울 10월에 삽량주(歃良州)의 상수리나무 열매가 밤으로 변하였다. (『三國史記』 8 新羅本紀 8)

신라　　　　겨울 10월에 삽량주의 상수리나무 열매가 밤으로 변하였다. (『三國史節要』 11)

신라　　　　그러나 부석사 본 비에 (…) 의상대사가 장안 2년 임인년에 세상을 떠났으니, 이 때 나이 78세였다고 하였다. (『三國遺事』 3 塔像 4 前後所將舍利)

신라　　　　종남산 (지엄의) 문인 현수(賢首)가 수현소(搜玄疏)를 찬술하여 의상에게 부본(副本)을 보내면서, 아울러 편지를 보내 은근하고 간절하게 다음과 같이 말하였다. "서경(西京) 숭복사(崇福寺)의 중 법장(法藏)은 해동 신라 화엄법사(華嚴法師)의 시자(侍者)에게 글을 드립니다. 한 번 작별한 지 20여 년에 사모하는 정성이 어찌 마음에서 떠나리오마는, 구름이 자욱한 만 리 길에 바다와 육지가 천 겹으로 막혀 있어 이 한 몸이 다시 만나 뵐 수 없음이 한스럽습니다. 그리운 회포를 어찌 가히 말로써 다 할 수 있겠습니까. 전생의 같은 인연으로 이 세상에 태어나 학업을 같이 했으므로, 이 과보를 얻어 함께 대경(大經)에 목욕하고 특별히 돌아가신 스승으로부터 이 심오한 경전의 가르침을 받았습니다. 우러러 듣건대, 상인(上人)께서는 귀국 후에 화엄을 강의하고, 법계(法界)의 무진연기(無盡緣起)를 선양하며 겹겹의 제망(帝網)으로 불국(佛國)을 더욱 새롭게 하여, 널리 세상을 이롭게 한다고 하니 기쁨이 더욱 커집니다. 이로써 석가여래가 돌아가신 후에 불일(佛日)을 밝게 빛내고 법륜(法輪)을 다시 구르게 하여 불법을 오랫동안 머물게 할 이는 오직 법사뿐입니다. 법장은 매진하였으나 이룬 것이 없고, 활동하였으나 볼 만한 것이 적어 우러러 이 경전을 생각하니 돌아가신 스승에게 부끄럽습니다. 분수에 따라 받은 것은 능히 버릴 수 없으므로 이 업에 의지하여 내세의 인연을 맺기를 희망합니다. 다만 화상(和尙)의 장소(章疏)가 뜻은 풍부하나 문장은 간략하여 후인으로 하여금 뜻을 알게 하기에는 어려움이 많으므로 화상의 은밀한 말과 오묘한 듯을 적어 의기(義記)를 애써 완성하였습니다. 근래에 승전(勝詮)법사가 베껴서 고향에 돌아가 그 땅에 전하고자 하니, 청컨대 상인께서는 옳고 그른 것을 상세히 검토하여 가르쳐 주시면 다행이옵니다. 엎드려 원하옵건대, 마땅히 내세에는 이 몸을 버리고 새 몸을 받음에 서로 함께 노사나불(盧舍那) 앞에서 이와 같은 무진(無盡)한 묘법(妙法)을 받고 무량(無量)한 보현(普賢)의 원행(願行)을 수행한다면 나머지 악업(惡業)은 하루 아침에 굴러 떨어질 것입니다. 바라건대, 상인께서는 옛 일들을 잊지 마시고 어느 업의 세계에 있든지 간에 바른 길을 보이시고, 인편과 서신이 있을 때마다 생사를 물어주시기 바랍니다. 이만 갖추지 못합니다."[이 글은 대문류(大文類)에 실려 있다] 의상은 이에 열 곳의 절에 교를 전하게 하니 태백산의 부석사, 원주(原州)의 비마라사(毗摩羅), 가야산(伽倻)의 해인사(海印寺), 비슬산(毗瑟)의 옥천사 (玉泉), 금정산(金井)의 범어사(梵魚), 남악(南嶽)의 화엄사(華嚴寺) 등이 그것이다. (『三國遺事』 4 義解 5 義湘傳教)

신라　　　　의상이 황복사에 있을 때 무리들과 함께 탑을 돌았는데, 매번 허공을 밟고 올라갔으며 계단으로 오르지 않았다. 그러므로 그 탑에는 사다리가 설치되지 않았고 그 무리들도 층계에서 세 자나 떨어져 허공을 밟고 돌았다. 의상이 돌아보며 말하기를, "세상 사람이 이를 보면 반드시 괴이하다고 할 것이니 세상에 가르칠 것은 못 된다"고 하였다. 나머지는 최후가 지은 본전과 같다.

찬하여 말한다. 연진(烟塵)을 무릅쓰고 덤불을 헤쳐 바다를 건너니/지상사의 문이 열려 상서로운 보배를 접했도다/화엄(雜花)을 캐와서 고국에 심으니/종남산과 태백산이 같은 봄을 이루었다. (『三國遺事』 4 義解 5 義湘傳教)

삼한	장안 2년에 장인초(張仁楚)는 중대부(中大夫)·민주제군사(岷州諸軍事)·민주자사(岷州刺史)로 고쳐 제수되었다. 관직에 올라 충성을 다함에 있어서는 호위로 궁궐에서 경계하였고, 용기를 북돋아 먼저 오르면 임시방편으로 궁궐 구석으로 달아났다. 장군이 부절을 세우니 군률이 엄격한 군영을 주둔하게 하여 구름을 가로질렀고, 전사들이 창을 드니 부상(扶桑)을 가리켜 해를 머무르게 하였으며, 신병이 기운을 만드니 북 한번 시끄럽게 치는 도움도 없었다. 숙신(肅愼)이 투항하고 삼한의 풍속을 앉아서 소멸시켰다. 이리하여 인초에게 상주국을 제수하니, 상을 준 것이 분명하다. (「張仁楚 墓誌銘」:『全唐文新編』995)

703(癸卯/신라 성덕왕 2/발해 고왕 5/唐 長安 3/일본 大寶 3)

신라	봄 정월 신미일(9) 신라국이 살찬 김복호(金福護)와 급찬 김효원(金孝元) 등을 보내 국왕의 상을 알렸다. (『續日本紀』3 文武紀)
신라	봄 정월 친히 신궁(神宮)에 제사지냈다. (『三國史記』8 新羅本紀 8)
신라	봄 정월 왕이 친히 신궁에 제사지냈다. (『三國史節要』11)
신라	봄 정월 사신을 당(唐)에 보내 방물을 바쳤다. (『三國史記』8 新羅本紀 8)
신라	봄 정월 사신을 당에 보내 조공하였다. (『三國史節要』11)
신라	당 측천 장안 3년 정월 토번·신라·임읍(林邑)이 함께 사신을 보내어 조공하였다. (『冊府元龜』970 外臣部 15 朝貢 3)
고구려	여름 4월 을미일(4) 종5위하 고려약광(高麗若光)에게 왕성(王姓)을 내려주었다. (『續日本紀』3 文武紀)
신라	윤4월 신유 초하루 천하에 대사령을 내렸다. 신라객(新羅客)에게 난파관(難波館)에서 잔치을 베풀었다. 조를 내려 "신라국 사신 살찬 김복호가 표를 올려 '우리 임금이 불행하게도 지난 가을부터 편찮으시더니 금년 봄에 돌아가셔서 영원히 성조(聖朝)와 작별하였습니다.'라 하였다. 짐이 생각하니 그 번군은 비록 이역에 살지만 만물을 덮어 기르는 데에는 진실로 아들을 사랑하는 것과 같았다. 비록 목숨에는 끝이 있다는 것이 인륜으로 다 같다고 하지만 그 말을 듣고 나니 마음이 매우 슬프다. 사신을 뽑아 보내어 조문하고 부의하도록 하라. 복호 등은 멀리 바다를 건너와 사신의 임무를 다하였으니 짐이 그 고된 일을 가상히 여긴다. 마땅히 포백(布帛)을 내려주도록 하라."고 하였다. (『續日本紀』3 文武紀)
신라	윤4월 기묘일(19) (…) 신라왕 김이홍이 죽었다. 사신을 보내어 그 아우 숭기(崇基)를 왕으로 세웠다. (『資治通鑑』207 唐紀 23 則天順聖皇后中之下)
신라	장안 3년 사신을 보내어 조회하였다. 그 해 이홍이 죽자 그 아우 숭기를 왕으로 책봉하였고, 형의 보국대장군(輔國大將軍)·좌표도대장군(左豹韜大將軍)·계림주도독(鷄林州都督)의 호칭을 잇게 하였다. (『唐會要』95 新羅)
신라	5월 임진일(2) 김복호 등이 번국으로 돌아갔다. (『續日本紀』3 文武紀)
신라	5월 계사일(3) 표류해온 신라인들을 복호 등과 함께 본래 고향으로 딸려 보냈다. (『續日本紀』3 文武紀)

신라	가을 7월 영묘사(靈廟寺)에 불이 났다. (『三國史記』 8 新羅本紀 8)
신라	가을 7월 영묘사에 불이 났다. (『三國史節要』 11)

신라	가을 7월 서울에 큰 홍수가 나서 빠져 죽은 자가 많았다. (『三國史記』 8 新羅本紀 8)
신라	가을 7월 서울에 큰 홍수가 나서 빠져 죽은 자가 많았다. (『三國史節要』 11)

신라	가을 7월 중시 원훈이 물러나고 아찬 원문(元文)을 중시로 삼았다.(『三國史記』 8 新羅本紀 8)
신라	가을 7월 중시 원훈이 나이가 들어 직을 사퇴하니 아찬 원문으로 대신하게 하였다. (『三國史節要』 11)

신라	가을 7월 일본국 사신이 도착했는데, 모두 204명이었다. (『三國史記』 8 新羅本紀 8)
신라	가을 7월 일본국 사신이 왔다. (『三國史節要』 11)

신라	가을 7월 아찬 김사의(金思讓)를 보내 당에 조회하였다. (『三國史記』 8 新羅本紀 8)
신라	가을 7월 아찬 김사의를 당나라에 보냈다. (『三國史節要』 11)

백제	8월 신유일(2) 종5위상 백제왕 양우(良虞)를 이예수(伊豫守)로 삼았다. (『續日本紀』 3 文武紀)

신라	9월 경술일(22) 종5위하 파다조신광족(波多朝臣廣足)을 견신라대사(遣新羅大使)로 삼았다. (『續日本紀』 3 文武紀)

신라	겨울 10월 갑술일(16) 승려 융관(隆觀)이 환속하였다. 본래의 성은 김씨이고, 이름은 재(財)로 사문(沙門) 행심(幸甚)의 아들인데 자못 예술에 뛰어나고 아울러 산술과 역법을 알았다. (『續日本紀』 3 文武紀)

신라	10월 계미일(25) 천황이 대안전(大安殿)에서 견신라사 파다조신광족과 액전인족(額田人足)에게 각각 침구 1령(領)과 옷 한 벌을 내리고 또 신라왕에게 비단 2필과 명주 40필을 내리도록 조를 내렸다. (『續日本紀』 3 文武紀)

신라	위화부(位和府)는 진평왕 3년(581)에 처음 두었다. (…) 신문왕 때 상당(上堂) 2명을 두었다가 성덕왕 2년에 한 명을 더 두었다. (『三國史記』 38 雜志 7 職官 上)
신라	위화부에 상당 1명을 더 두었다. (『三國史節要』 11)

신라	승려 법보(法寶) 또한 현장에게서 신족(神足)을 배웠는데, 성령과 민첩하게 통하는 것이 가장 앞섰다. (…) 장안 3년 복선사(福先寺)·경서명사(京西明寺)에서 의정(預義淨)의 역장(譯場)을 찾아 법장(法藏)·승장(勝莊) 등과 등의(證義)했는데, 이 때 자못 두각을 나타내어 서울에서 견줄 자가 없었다. (『宋高僧傳』 4 義解篇 2-1 唐 京兆 大慈恩寺 法寶傳(勝莊))

704(甲辰/신라 성덕왕 3/발해 고왕 6/唐 長安 4/일본 慶雲 1)

신라	봄 정월 웅천주(熊川州)에서 영지를 바쳤다. (『三國史記』 8 新羅本紀 8)

신라	봄 정월 웅천주에서 영지를 바쳤다. (『三國史節要』11)
백제	2월 을해일(20) 종5위 상촌주백제(上村主百濟)에게 아도련(阿刀連)이라는 성으로 바꾸어 주었다. (『續日本紀』3 文武紀)
신라	3월 당나라에 갔던 김사의가 돌아와 『금광명최승왕경(金光明最勝王經)』을 바쳤다. (『三國史記』8 新羅本紀 8)
신라	여름 5월 승부령(乘府令) 소판(蘇判) 김원태(金元泰)의 딸을 맞이하여 왕비로 삼았다. (『三國史記』8 新羅本紀 8)
신라	여름 5월 왕이 소판 김원태의 딸을 왕비로 삼았다. (『三國史節要』11)
고구려	장안 4년 7월 양재사(楊再思)가 재상이 되었는데, 오직 아첨하는 것으로 지위를 보전하려 하였다. 사례소경(司禮少卿) 장동휴(張同休)는 장역지(張易之)의 형으로 일찍이 공경들을 불러 잔치할 때 술에 취하여 재사의 얼굴을 보고 희롱하여 말하기를, "양 내사의 얼굴이 고구려 사람 같다."고 하였다. 재사가 기뻐하면서 바로 종이를 오려 두건에 붙이고 자주색 도포를 뒤집어 고려무(高麗舞)를 추니 좌중의 모든 이들이 크게 웃었다. 이 무렵 사람들은 장창종(張昌宗)의 용모가 아름다운 것을 기리며 말하기를, 육랑(六郎; 장동휴의 형제 중 여섯 째로 장창종을 이름)의 얼굴은 연꽃과 같다고 하였다. 재사만이 홀로 그렇지 않다고 하니 창종이 그 까닭을 묻자 재사가 연꽃이 육랑을 닮은 것이라고 하였다. (『資治通鑑』207 唐紀 23 則天順聖皇后)
고구려	양재사는 정주 원무(原武) 사람이다. (…) 양재사가 어사대부가 되었을 때 장역지의 형 사례소경 장동휴가 일찍이 공경대신들을 초청하여 사례시(司禮寺)에서 연회를 열었는데, 그 모인사람들이 모두 취하며 매우 즐거워 하였다. 동휴가 희롱하여 말하기를, "양 내사의 얼굴이 고구려 사람 같다."고 하였다. 재사가 기뻐하면서 바로 종이를 청하여 오려 두건에 붙이고 자주색 도포를 뒤집어 고려무를 추는데, 뒤집어 머리를 돌리고 손을 펴는 동작이 박자에 맞았다. 좌중의 모든 이들이 크게 웃었다. (『舊唐書』90 列傳 40 楊再思)
고구려	양재사는 정주 원무 사람이다. 명경과에 급제하였는데 사람됨이 아첨하기를 좋아하면서도 지혜가 있었다. (…) 장역지의 형 사례소경 동휴가 공경들을 초대하여 사례시에서 연회를 열었는데, 술에 취하여 희롱하여 말하기를 공의 얼굴이 고구려인과 비슷하다고 하였다. 재사가 기뻐하면서 명주를 짤라 두건 위에 붙이고 자주색 도포를 뒤집어 고려무를 추었는데 거동이 박자에 맞았다. 좌중한 사람들이 비웃었다. (『新唐書』109 列傳 34 楊再思)
신라	8월 병진일(3) 견신라사 종5위이상 파다조신광족 등이 신라로부터 돌아왔다. (『續日本紀』3 文武紀)
신라	겨울 10월 신유일(9) 율전조신진인(粟田朝臣眞人) 등이 조정에 배알하였다. 정6위상(正六位上) 번문통(幡文通)을 견신라사 대사로 삼았다. (『續日本紀』3 文武紀)
신라	김대문(金大問)은 본래 신라의 귀한 가문의 자제였다. 성덕왕 3년 한산주(漢山州) 도독(都督)이 되었는데, 전(傳)과 기(記) 몇 권을 지었다. 그 가운데 『고승전(高僧傳)』과 『화랑세기(花郎世記)』, 『악본(樂本)』, 『한산기(漢山記)』만이 남아 있다 (『三國史記』46 列傳 6 金大問)

| 신라 | 김대문을 한산주 도독으로 삼았다. 대문은 본래 귀족으로 일찍이 『고승전』.『화랑세기』,『악본』,『한산기』 등 몇 권을 지었다. (『三國史節要』11) |

| 신라 | 해동고신행선사지비(海東故神行禪師之碑) 병서(幷序)
황당(皇唐)의 위위경(衛尉卿) 국상(國相) 병부령(兵部令) 겸수성부령(兼修城府令) 이간(伊干) 김헌정(金獻貞)이 짓고,
동계사(東溪寺) 승려 영업(靈業)이 씀
무릇 법의 본체는 이름지을 수도 없고 모습을 그릴 수도 없으니, 지혜에 눈멀고 귀먼 자는 그 추이를 관찰할 수가 없다. 마음의 본성은 있는 듯 없는 듯하니, 이치에 우매한 자는 그 근원을 측량할 수가 없다. 그래서 유학이든 무학이든 겨우 향기로운 절밥을 맛볼 뿐이요, 이승이든 삼승이든 어찌 약나무의 과일을 얻을 수 있으리오. 선나라고 하는 것은 말단에 즉해서 근본으로 돌아가는 오묘한 문이요, 마음으로 인해서 道로 올라가는 그윽한 길이다. 거기에 귀의하는 자는 무수한 세월동안 지은 죄를 녹일 수 있고, 그것을 생각하는 자는 무수한 세계의 덕을 얻을 수 있을 것이다. 하물며 여러 해 여러 세대에 걸쳐서 수행을 쌓고 공덕을 이루어 깊고 또 깊게 그 극치를 이룸에 있어서랴. 더구나 지위가 35불(佛)의 단계에 오르고 명성이 온 세계에 뻗쳤으며, 부처의 씨앗을 잇고 법의 등불을 전함에 있어서랴. 곧 우리 신행선사께서 그러한 수기를 받으셨다.
선사의 속성은 김씨요, 동경(東京) 어리(御里) 사람이다. 급간(級干) 상근(常勤)의 아들이요, 선사(先師) 안홍(安弘)의 형의 증손이다. 선행을 쌓고 마음을 도취하였다. (「斷俗寺 神行禪師碑」) |

705(乙巳/신라 성덕왕 4/발해 고왕 7/唐 神龍 1/일본 慶雲 2)

| 신라 | 봄 정월 중시 원문이 죽자, 아찬 신정(信貞)을 중시로 삼았다. (『三國史記』8 新羅本紀 8) |
| 신라 | 봄 정월 중시 원문이 죽어 아찬 신정으로 대신하였다. (『三國史節要』11) |

| 고구려 | 신룡 원년 2월 4일 안동도독(安東都督)을 안동도호부로 고쳤다. (『唐會要』73 安東都護府) |

| 신라 | 효명이 나라를 다스린 지 몇 해가 지난[고기(古記)에 이르되, 재위 20여 년이라 하였음은 아마도 붕어할 때 나이 스물 여섯 살을 잘못 전한 것이리라. 재위는 다만 10년뿐이었다. 또 신문왕의 아우가 왕위를 다투었다는 일은 국사에 기록이 없어 알 수 없다] 신룡 원년[곧 당 중종(中宗)이 복위한 해로, 성덕왕 즉위 4년이다] 을사 3월 초 4일에 처음으로 진여원을 개창하니, 대왕이 친히 백료를 거느리고 산에 이르러 전당(殿堂)을 세우고, 아울러 문수보살의 소상(塑像)을 만들어 당 안에 모셨다. 지식(知識) 영변(靈卞) 등 다섯 명으로 화엄경을 오랫동안 전독하여 화엄사(華嚴社)를 조직하고, 길이 공양할 비용을 매년 봄과 가을에 산에서 가까운 주·현으로부터 창조(倉租) 1백 석과 정유(淨油) 1석씩을 공급하는 것을 항상 규칙으로 삼고, 진여원 서쪽으로 6천 보를 걸어서 모니점(牟尼岾)과 고이현(古伊峴) 밖에 이르는 땔나무 산판 15결, 밤나무 숲 6결, 전답 2결을 주어 처음으로 장사(莊舍)를 두었다. 보천은 항상 그 신령한 골짜기의 물을 길어 마셨으므로 만년에 육신이 허공을 날아 유사강(流沙江) 밖 울진국(蔚珍國) 장천굴(掌天窟)에 이르러 머물면서 수구다라니(隨求陁羅尼)를 외우는 것을 낮과 밤의 과업으로 삼았더니, 굴의 신령이 몸을 나타내어 이르기를, "내가 굴의 신령이 된지 이미 2천 년이 되었으나, 오늘에야 비로써 수구다라 |

니의 참 도리를 들었으니 보살계(菩薩戒)를 받기를 청합니다."라고 하였다. 받은 다음날 굴이 또한 형체가 없어졌다. 보천은 놀라고 이상하게 여겨 20일을 머물고 나서 오대산 신성굴(神聖窟)로 돌아갔다. 다시 50년 동안 도를 닦으니 도리천(忉利天)의 신이 세 번 법을 듣고, 정거천(淨居天)의 무리가 차를 다려 공양하였고, 40명의 성중이 10척 상공을 날아 항상 호위하고, 가지고 있던 석장은 하루에 세 번 소리를 내며 방을 세 바퀴 돌아다녔으므로 이것으로써 종과 경쇠를 삼아 때를 쫓아 수업하였다. 어떤 때는 문수보살이 보천의 이마에 물을 붓고 성도기별(成道記莂)을 주기도 하였다. 보천이 바야흐로 입적하는 날 후일 산중에서 행할 국가에 도움이 될 만한 일들을 기록으로 남겨 두었는데 다음과 같다. "이 산은 곧 백두산(白頭山)의 큰 줄기로서 각 대(臺)는 진신이 항상 머무는 땅이다. 청색방은 동대의 북각 밑과 북대의 남쪽 기슭 끝에 있으니 마땅히 관음방을 두어, 원상(圓像)의 관음보살과 푸른 바탕에 1만 관음상을 그려서 봉안하고, 복전(福田) 다섯 명을 두어 낮에는 8권의 금광명경, 인왕경, 반야경, 천수주(千手呪)를 읽고, 밤에는 관음예참(觀音禮懺)을 염송하게 하여 이름을 원통사(圓通社)로 하여라. 적색방인 남대 남면에 지장방을 두고, 원상의 지장보살과 붉은 바탕에 8대보살을 수위로 한 1만 지장보살상을 그려 봉안하고, 복전승 다섯 명이 낮에는 지장경과 금강반야경을 읽고, 밤에는 점찰예참(占察禮懺)을 염송하되, 이름을 금강사(金剛社)로 하여라. 백색방인 서대 남면에 미타방을 두고 원상의 무량수불과 흰 바탕에 무량수여래를 수위로 1만 대세지보살을 그려 봉안하고, 복전승 다섯 명이 낮에는 8권의 법화경을 읽고, 밤에는 미타예참(彌陀禮懺)을 염송하되, 수정사(水精社)로 하여라. 흑색방인 북대 남면에 나한당(羅漢堂)을 두고 원상의 석가불과 검은 바탕에 석가여래를 수위로 5백 나한(羅漢)을 그려 봉안하고, 복전승 다섯 명이 낮에는 불보은경(佛報恩經)과 열반경(涅槃經)을 읽고, 밤에는 열반예참(涅槃禮懺)을 염송하되, 백련사(白蓮社)로 하여라. 황색방인 중대의 진여원 중앙에 진흙으로 빚은 문수보살의 부동상을 봉안하고, 뒷벽에는 노란 바탕에 비로자나불을 수위로 한 36가지로 변화하는 모양을 그려 봉안하고, 복전승 다섯 명이 낮에는 화엄경과 육백반야경(六百般若經)을 읽고, 밤에는 문수예참(文殊禮懺)을 염송하되, 화엄사(華嚴社)로 하여라. 보천암을 화장사(華藏社)로 고쳐 세우고, 원상의 비로자나 삼존과 대장경을 봉안하고, 복전승 다섯 명이 대장경을 항상 열람하고, 밤에는 화엄신중(華嚴神衆)을 염송하고, 매년 화엄회(華嚴會)를 1백일 동안 베풀되, 이름을 법륜사(法輪社)로 하여라. 이 화장사(華藏寺)를 오대사(五臺社)의 본사(本寺)로 삼아 굳게 보호하며 지키고, 행실이 정결한 복전승에게 명하여 길이 향화(香火)를 받들게 하면, 국왕이 천추를 누리고 백성은 평안하고 문무는 화평하고, 백곡이 풍요할 것이다. 또 하원(下院)의 문수갑사(文殊岬寺)를 더 배치하여 여러 사(社)들의 도회소(都會)로 삼고 복전승 일곱 명이 밤낮으로 늘 화엄신중예참을 행하고, 위의 37명의 재에 드는 경비와 의복의 비용은 하서부의 도 내 8주(州)의 세금으로 네 가지 일의 자금에 충당하게 하라. 대대로 군왕은 잊지 않고 준행하면 다행이겠다."라고 하였다. (『三國遺事』3 塔像 4 臺山五萬眞身)

신라 　　신룡 원년 3월 8일 비로소 진여원(眞如院)을 세웠다[고 한다]. 보질도태자(寶叱徒太子)는 항상 골짜기의 신령한 물을 마시고, 육신이 하늘을 날아 유사강(流沙江)에 이르러 울진대국(蔚珍大國)의 장천굴(掌天窟)에 들어가 수도하고 다시 오대산 신성굴(神聖窟)로 돌아와 50년 동안 수도하였다[고 한다]. 오대산은 곧 백두산(白頭山)의 큰 줄기로 각 대에는 불보살의 진신이 항상 있었다[고 한다]. (『三國遺事』3 塔像 4 溟州[古河西府也]五臺山寶叱徒太子傳記)

신라	3월 사신을 당나라에 보내 조공하였다. (『三國史記』 8 新羅本紀 8)
신라	3월 사신을 당나라에 보내 조공하였다. (『三國史節要』 11)
신라	신룡 원년 3월 신라왕 김지성(金志誠)이 사신을 보내 조공하였다. (『册府元龜』 970 外臣部 15 朝貢 3)
신라	5월 계묘일(24) 번문조통(幡文造通) 등이 신라에서 돌아왔다. (『續日本紀』 3 文武紀)
신라	여름 5월 가물었다. (『三國史記』 8 新羅本紀 8)
신라	여름 5월 가물었다. (『三國史節要』 11)
신라	가을 8월 노인들에게 술과 음식을 내려 주었다. (『三國史記』 8 新羅本紀 8)
신라	가을 8월 노인들에게 술과 음식을 내려 주었다. (『三國史節要』 11)
신라	9월 교를 내려 살생을 금하게 하였다. (『三國史記』 8 新羅本紀 8)
신라	9월 교를 내려 도살을 금하게 하였다. (『三國史節要』 11)
신라	9월 사신을 당나라에 보내어 방물을 바쳤다. (『三國史記』 8 新羅本紀 8)
신라	9월 사신을 당나라에 보내 조공하였다. (『三國史節要』 11)
신라	9월 또 사신이 와서 방물을 바쳤다. (『册府元龜』 970 外臣部 15 朝貢 3)
신라	겨울 10월 병자일(30) 신라 공조사(貢調使) 일길찬(一吉湌) 김유길(金儒吉) 등이 와서 헌상하였다. (『續日本紀』 3 文武紀)
신라	겨울 10월 나라 동쪽의 주군에 기근이 들어 많은 사람들이 도망하자 사신을 보내어 진휼(賑恤)하였다. (『三國史記』 8 新羅本紀 8)
신라	겨울 10월 나라 동쪽의 주군에 기근이 들어 많은 사람들이 도망하자 사신을 보내어 진휼 하였다. (『三國史節要』 11)
신라	11월 기축일(13) 제국(諸國)의 기병(騎兵)을 징발하여 신라 사신을 맞이하게 하였다. 정5위상 기조신고마려(紀朝臣古麻呂)를 기병대장군으로 삼았다. (『續日本紀』 3 文武紀)
신라	12월 계유일(27) (…) 이날 신라사신 김유길 등이 서울로 들어왔다. (『續日本紀』 3 文武紀)
고구려	안동도호부를 (…) 성력 원년 6월 안동도독부로 고쳤고, 신룡 원년 다시 안동도호부로 하였다. (『舊唐書』 39 志 19 地理 2)
고구려	안동상도호부(安東上都護府)는 (…) 성력 원년 안동도독부로 다시 이름을 고쳤다가, 신룡 원년 다시 옛 이름을 바꿨다. (『新唐書』 39 志 29 지리 3)

706(丙午/신라 성덕왕 5/발해 고왕 8/唐 神龍 2/일본 慶雲 3)

신라	봄 정월 병자 초하루 천황이 태극전(大極殿)에서 조하를 받았다. 신라 사신 김유길 등이 대열에 있었다. 조정의 의위(儀衛)가 평소와 달랐다. (『續日本紀』 3 文武紀)
신라	봄 정월 기묘일(4) 신라 사신이 조(調)를 바쳤다. (『續日本紀』 3 文武紀)

신라	봄 정월 임오일(7) 김유길 등에게 조당(朝堂)에서 잔치를 베풀었다. 뜰에서 여러 지방의 음악을 연주하고 관위와 녹을 각기 차등있게 주었다. (『續日本紀』 3 文武紀)
신라	봄 정월 정해일(12) 김유길 등이 번(蕃)으로 돌아갔다 그 왕에게 칙서를 내려 다음과 같이 말했다. "천황은 삼가 신라왕에게 안부를 묻는다. 사인(使人) 일길찬 김유길과 살찬(薩飡) 김금고(金今古) 등이 와서 바친 물품은 다 갖추었다. 왕이 나라를 다스린 이후로 여러 해가 지났는데 바치는 것을 어기지 않고 사신들이 이어서 와 정성이 이미 드러났으니 가상하기 그지없다. 초봄이지만 아직 추우니 병이 없기를 바라며 나라 안이 아울러 평안하기를 빈다. 사인이 지금 돌아가니 앞의 마음을 아뢰고 아울러 토산물을 별도와 같이 부쳐 보낸다."라 하였다 (『續日本紀』 3 文武紀)
신라	봄 정월 이찬 인품(仁品)을 상대등으로 삼았다. (『三國史記』 8 新羅本紀 8)
신라	봄 정월 이찬 인품을 상대등으로 삼았다. (『三國史節要』 11)
신라	봄 정월 국내에 기근이 드니 창고를 열어 진휼하였다. (『三國史記』 8 新羅本紀 8)
신라	봄 정월 국내에 기근이 드니 창고를 열어 진휼하였다. (『三國史節要』 11)
신라	윤정월 무오일(13) 신라의 조를 이세태신궁(伊勢太神宮) 및 7도의 여러 사(社)에 바쳤다. (『續日本紀』 3 文武紀)
신라	신룡 2년 병오년 3월 8일 △△△△△△ △△△△△△ △△△△△△ △七收土谷△△△ △△문도(門徒) 범혜(梵兮) 등이 △△이루었다. (「神龍二年銘 金銅舍利函記」)
신라	3월 뭇 별들이 서쪽으로 흘러갔다. (『三國史記』 8 新羅本紀 8)
신라	3월 뭇 별들이 서쪽으로 흘러갔다. (『三國史節要』 11)
신라	여름 4월 사신을 당나라에 보내 방물을 바쳤다. (『三國史記』 8 新羅本紀 8)
신라	여름 4월 사신을 당나라에 보내 방물을 바쳤다. (『三國史節要』 11)
신라	신룡(神龍) 2년 4월 신라왕 김융기(金隆基)가 사신을 보내어 방물을 바쳤다. (『册府元龜』 970 外臣部 15 朝貢 3)
신라	신룡 2년(706) 경오년 5월 30일에 지금의 대왕이 부처 사리 4과와 6치 크기의 순금제 미타상 1구와 무구정광대다라니경 1권을 석탑의 둘째층에 안치하였다. 이 복전(福田)으로 위로는 신문대왕(神文大王)과 신목태후(神睦太后) 효조대왕(孝照大王)의 대대 성묘(聖廟)가 열반산을 베고 보리수에 앉는데 보탬이 되기를 빈다. 지금의 융기대왕(隆基大王)은 수명이 강산(江山)과 같이 오래고 지위는 알천(閼川)과 같이 크며 천명의 자손이 구족하고 칠보의 상서로움이 나타나기를 빈다. 왕후는 몸이 달의 정령과 같고 수명이 겁수(劫數)와 같기를 빈다. 내외 친속들은 옥나무처럼 장대하고 보물 가지처럼 무성하게 열매맺기를 빈다. 또한 범왕(梵王) 제석(帝釋) 사

천왕(四天王)은 위덕(威德)이 더욱 밝아지고 기력(氣力)이 자재로와져 천하가 태평하고 항상 법륜을 굴려 삼도(三塗)의 중생이 어려움을 벗어나고 육도(六道) 중생이 즐거움을 받으며 법계(法界)의 중생들이 모두 불도(佛道)를 이루기를 빈다.

사주(寺主)는 사문 선륜(善倫)이다.

소판 김순원(金順元)과 김흥종(金興宗)이 특별히 왕명을 받든다.

승 영휴(令携), 승 영태(令太), 대나마 아모(阿摸), 대사 계력(季歷).

탑전(塔典)은 승 혜안(惠岸), 승 심상(心尙), 승 원각(元覺), 승 현방(玄昉), 대사 일인(一仁), 대사 전극(全極), 사지 조양(朝陽), 사지 순절(純節)이다.

만든 이는 계생(季生)과 알온(閼溫)이다. (「皇福寺 金銅舍利函記」)

백제　대당(大唐) 고(故) 우금오위(右金吾衛) 수(守) 익부중랑장(翊府中郞將)·상주국(上柱國) 흑치부군(黑齒府君) 묘지명 및 서문

공의 이름은 준(俊)이고, 곧 당(唐)의 좌령군위(左領軍衛) 대장군(大將軍)·연국공(燕國公)인 흑치상지(黑齒常之)의 아들이다. 그 조상들은 바닷가 땅에 나라를 나누어 가졌으니 서진(西晉)의 목화(木華)가 지은 「해부(海賦)」에서 그 아름다움을 볼 수 있고, 물이 많은 지역에서 우두머리를 칭하니 서진의 좌사(左思)가 지은 「삼도부(三都賦)」에서도 그 소중함을 얻을 수 있다. 변방의 백제에서는 종족과 부락을 번성하게 하였고, 중국에서는 거듭 관직에 취임하였도다. 공을 세우고 일을 이루니 야간 행군을 지휘하는 월기(月旗)에 그의 이름이 알려졌고, 효성스럽고 충성스러우니 연대순으로 적은 역사에 그의 덕이 기록되었다.

증조부 가해(加亥)는 본국의 군장(郡將)에 임명되었고, 조부 사자(沙子)는 본국의 주부재(綢部宰)에 임명되었다. 이들은 모두 빼어난 인재여서 형산(荊山)에서 나온 옥과 같고, 울포(蔚浦)에서 빛나는 진주와 같았다. 해 뜨는 동방에서 출세하여 풍속과 교화가 크게 행하여졌고, 머나먼 하늘 끝에서 선서(仙署)를 어루만지니 △대(△臺)가 받들어 순종하였다. 부친 상지(常之)는 당의 좌무위(左武衛)대장군·상주국·연국공이 되었고 좌령군위대장군에 추증되었는데, 재주는 뛰어난 사람들 중에서도 으뜸이었고, 행동은 훌륭한 씨족들 중에서도 빛났다. 공적은 천지를 덮어서 전한(前漢)의 관부(灌夫)가 장군에 임명된 것과 같았고, 포상은 강산에 무성하여 서주(西周)의 소공(召公)이 연국(燕國)에 봉해진 것과 같았다. 죽어서도 다시 살아난 것 같으니, 그를 표창하고 관작을 하사함에 영예가 가득하였다.

묘주는 장수의 가문에서 가르침을 받아 일찍부터 군사적 책략을 품었다. 도겸(陶謙)처럼 어려서 놀면 곧 깃발을 줄세웠고, 이광(李廣)처럼 평상시에 거처할 때에도 반드시 군대의 진영을 그렸다. 이런 까닭으로 먼 이역에서 공을 세우는 원대한 계획을 품었고, 군대의 진퇴와 공수를 자유자재로 하는 기묘한 기술이 뛰어났다. 20살의 나이에 별주(別奏)로서 양왕(梁王)을 따르고 서도(西道)로 행군하는 것을 도왔다. 이 때의 군공으로 유격장군(游擊將軍)에 제수되고 우표도위(右豹韜衛) 익부좌랑장(翊府左郞將)에 임명되었으며, 얼마 후 우금오위 익부중랑장(翊府中郞將)·상주국으로 승진하였다.

구름과 맞닿은 누각을 높이 밟았고, 추성(秋省)의 나들이를 몸을 굽혀 따랐다. 진대(晉代)의 화려한 담비 꼬리를 꽂았고, 한대(漢代)의 수레와 예복을 채웠다. 바야흐로 7대에 걸쳐 경사스러움을 전하여 전한의 김일제(金日磾)와 같은 영광을 향유하기를 바랐으나, 어찌 병마가 닥쳐서 얼마 후 북망산에 오르는 이름을 따를 것이라고 예측하였겠는가? 신룡(神龍) 2년(706) 5월 23일에 병에 걸려 낙양현(洛陽縣) 종선방(從善坊)에서 사망하니, 나이가 31세였다. 아아! 슬프도다. 온 장안에 바람이 스쳐가니, 온 나라가 모조리 병든 것 같았다. 묘주를 생각건대, 의지와 기개가 굳세고 맹렬하

였으며, 기개와 도량이 높고 깊었다. 비록 더할 나위없는 최상의 공을 세우고 열심히 일하여 고되게도 몹시 힘들고 어렵게 싸웠지만, 운수가 사나워 이보다 더할 수 없어서 마침내 제후에 봉해지지도 못하였다. 갑자기 현량한 사람이 돌아가게 되니 조야(朝野)가 모두 몹시 애석하게 여겼다. 곧 신룡 2년 병오년(丙午年) 8월 임인일(壬寅日: 壬申日)이 초하루인 13일에 북망산(北邙山) 언덕에 장례를 치렀으니, 예의에 맞는 것이다. 초(楚)의 슬픈 상여꾼 노래 소리 길 따라 이어지고 주(周)의 퉁소 소리 길에서 이끄니, 무덤은 장차 열리고 황장(黃腸)을 갑자기 닫았구나. 땅을 높여 봉토 쌓기를 이미 끝내고, 무덤가의 비취색 잣나무는 바야흐로 색깔이 깊어지는데, 이제 △옥(△玉)에 여한을 기록하고자 하여 비석의 글자가 마치 황금에 새긴 것과 같기를 바라노라. 명문을 다음과 같이 짓는다.

요(堯)를 생각함에 현명한 사람을 구하여 나라를 다스렸으니, 전한의 퇴당(頹當)이 기용되고 김일제가 관직에 들어갔도다. 서융(西戎)의 중용되지 못한 신하이고 동이(東夷)의 자손으로서, 구하기를 마치 미치지 못하는 듯이 끝없이 하였으니, 여기에 그의 조그마한 착한 일들을 기록해두노라. 그 첫번째이다. 착한 일을 기록함은 무엇을 이름인가? 벼슬을 더하게 되니, 충성스러움으로 업적을 이루었고, 효성스러움으로 이름을 떨쳤도다. 믿음직한 아버지여, 결백하고 올곧음에 일찍이 힘썼도다. 효성스러운 아들이여, 그 명성을 떨어뜨리지 않았구나. 그 두번째이다. 그 명성이란 무엇인가? 장수 가문의 무도(武道)로 명령을 받아 장군으로서 부임하여 이역에서 공을 세웠도다. 재난과 변란을 잘 평정하고 반란세력을 깨끗이 쓸어버렸으니, 편종 소리는 현명한 자에게 상을 주는 것이고 하사받은 수레와 예복은 그의 덕을 드러내도다. 그 세번째이다. 수레와 예복이란 무엇인가? 금오위(金吾衛)에서 가장 많이 받았으니, 아름다운 님이여, 이처럼 천자의 총애를 받았도다. 높은 누각은 구름에 맞닿았고 관모에 꽂은 화려한 담비 꼬리는 거듭 빛났으니, 선행을 많이 한 것을 여기에서 누릴 뿐 아니라, 은택이 자손에게까지 전해지기를 바라노라. 그 네번째이다. 자손이 받을 은택이 이어지지 못하여 갑자기 젊은 나이에 삶을 마치니, 여기 대들보가 무너졌는데도 저기 푸르른 것이 하늘이로다. 무덤 주변에는 만가(挽歌)가 구슬프고 소나무를 심은 무덤에는 퉁소처럼 새가 지저귀니, 이승에는 한 번 묻히지만 저승에는 영원히 묻히겠도다. 그 다섯번째이다. (「黑齒俊 墓誌銘」)

| 신라 | 8월 임진일(21) 종5위하 미노련정마려(美努連淨麻呂)를 견신라대사로 삼았다. (『續日本紀』3 文武紀) |

| 신라 | 가을 8월 중시 신정이 병으로 사직하니 대아찬(大阿飡) 문량(文良)을 중시로 삼았다. (『三國史記』8 新羅本紀 8) |
| 신라 | 가을 8월 중시 신정이 병으로 사직하니 대아찬 문량으로 대신하게 하였다. (『三國史節要』11) |

신라	가을 8월 사신을 보내어 당나라에 방물을 바쳤다. (『三國史記』8 新羅本紀 8)
신라	가을 8월 사신을 보내어 당나라에 조공하였다. (『三國史節要』11)
신라	8월 신라국이 다른 나라들과 더불어 사신을 보내 조공하였다. (『册府元龜』970 外臣部 15 朝貢 3)

신라	가을 8월 곡식이 익지 않았다. (『三國史記』8 新羅本紀 8)
신라	가을 8월 곡식이 익지 않았다. (『三國史節要』11)
신라	제33대 성덕왕 신룡 2년 병오년에 벼가 익지 않아 인민들의 기아가 심했다. (『三國

신라   겨울 10월 사신을 당나라에 보내 방물을 바쳤다. (『三國史記』8 新羅本紀 8)
신라   겨울 10월 사신을 당나라에 보내 조공하였다. (『三國史節要』11)
신라   10월 신라국이 또 사신을 보내 조공하였다. (『冊府元龜』970 外臣部 15 朝貢 3)

신라   11월 계묘일(3) 신라국왕에게 내린 칙서에 다음과 같이 말하였다. "천황은 삼가 신라국왕에게 안부를 묻는다. 짐이 능력이 없고 가벼운데도 잘못 상서로운 운수를 이어받았으며, 부끄럽게도 천제(天帝)를 보좌할 능력이 없으면서도 헛되이 천자의 지위에 올랐다. 해가 질 때까지 밥먹는 것을 잊고 공경하고 삼가는 마음이 더욱 쌓이며, 밤에도 자는 것을 잊고 두렵고 위태로운 마음이 더욱 깊다. 천지를 덮고 싣는 인(仁)이 이르러서 멀리 천하의 끝까지 미치기를 바란다. 하물며 왕은 대대로 국경에 살면서 인민을 어루만져 편안하게 하고 배를 나란히 하는 지극한 정성을 가지고 길이 조공하는 두터운 예를 닦았다. 바라건대 반석같은 터를 열어서 군자의 덕화의 메아리가 바위굴까지 미치고 지키는 성이 견고하며, 좋은 법식이 인민이 사는 국토에 떨치고 국내가 안락하며 풍속이 순박하고 온화하기를 빈다. 찬 기운이 매우 심한데 어떠한가. 지금 일부러 대사 종5위하 미노련정마려와 부사(副使) 종6위하 대마련견석(對馬連堅石) 등을 보내어 앞의 마음을 아뢰게 한다. 다시 많은 것을 언급하지 않는다."라 하였다 (『續日本紀』3 文武紀)

신라   12월 대사령을 내렸다. (『三國史記』8 新羅本紀 8)
신라   12월 대사령을 내렸다. (『三國史節要』11)

신라   산의 동남쪽 3천 보쯤 되는 곳에 선천촌(仙川村)이 있고, 마을에는 두 사람이 있었다. 한 사람은 노힐부득(努肹夫得)[득(得)은 등(等)이라고도 한다]인데, 아버지의 이름은 월장(月藏)이고, 어머니는 미승(味勝)이었다. 또 한 사람은 달달박박(怛怛朴朴)인데, 아버지의 이름은 수범(修梵)이고, 어머니의 이름은 범마(梵摩)였다[향전(鄕傳)에서 치산촌(雉山村)이라고 한 것은 잘못이다. 두 사람의 이름은 방언인데, 두 집에서 각각 다 두 사람의 마음 수행이 오르고 또 올라 지조를 지켰다는 두 가지 뜻으로서 이름 지은 것이다]. 모두 풍채와 골격이 범상치 않았으며 세속을 벗어날 고원한 생각이 있어서 서로 더불어 좋은 친구가 되었다. 나이가 모두 스무 살이 되자 마을 동북쪽 고개 밖에 있는 법적방(法積房)에 가서 머리를 깎고 승려가 되었다. 얼마 후, 서남쪽의 치산촌법종곡(法宗谷) 승도촌(僧道村)에 옛 절이 있어 정신을 수련할 만하다는 말을 듣고 함께 가서 대불전(大佛田)·소불전(小佛田)의 두 마을에 각각 살았다.
부득은 회진암(懷眞庵)에 살았는데 혹 양사(壤寺)[지금의 회진동(懷眞洞)에 있는 옛 절터가 이것이다], 라고 했고, 박박은 유리광사(瑠璃光寺)[지금 이산(梨山) 위에 있는 절터가 이것이다]에 살았다. 모두 처자를 데리고 와서 살면서 산업을 경영하고 서로 왕래하면서 정신을 수양하고 마음을 편안히 하면서 방외(方外)의 생각을 잠시도 버리지 않았다. 육신과 세상의 무상함을 관조하고 서로 말하기를, "기름진 밭과 풍년든 해는 참으로 좋지만, 의식(衣食)이 마음에 따라 생겨서 저절로 배부르고 따뜻함을 얻는 것만 못하고, 부녀와 집이 진정으로 좋지만, 연화장(蓮池花藏)에서 여러 많은 성인들과 함께 놀고, 앵무새나 공작새와 함께 서로 즐기는 것만 못하다. 하물며 불법을 배우며 마땅히 성불(成佛)해야 하고, 참된 것을 닦으면 반드시 참된 것을 얻어야 함에 있어서랴. 지금 우리들은 이미 머리를 깎고 승려가 되었으니, 마땅히 얽힌 인연들로부터 벗어나 무상의 도를 이루어야지, 어찌 풍진에 골몰하여 세속의 무리들과 다름이 없어서야 되겠는가.”라고 하였다.

드디어 이들은 인간 세상을 떠나서 장차 깊은 골짜기에 숨으려고 하였다. 어느 날 밤 꿈에 백호(白毫)의 빛이 서쪽으로부터 비치면서 빛 가운데서 금색의 팔이 내려와 두 사람의 이마를 만져 주었다. 깨어나 꿈이야기를 하였더니 두 사람이 꼭 같았으므로 모두 오랫동안 감탄하다가 드디어 백월산무등곡(無等谷)[지금의 남수동(南藪洞)이다]으로 들어갔다.

박박스님은 북쪽 고개의 사자암을 차지하여 판잣집 8자 방을 짓고 살았으므로 판방(板房)이라고 하고, 부득스님은 동쪽 고개의 첩첩한 바위 아래 물이 있는 곳에 역시 방장(方丈)을 만들고 살았으므로 뇌방(磊房)이라고 하여[향전에는 부득은 산 북쪽의 유리동(瑠璃洞)에 살았는데 지금의 판방이고, 박박은 산 남쪽의 법정동(法精洞) 뇌방에 살았다고 했으니, 이 기록과는 상반된다. 지금 살펴보면 향전이 잘못되었다] 각자의 암자에 살았다. 부득은 부지런히 미륵불을 구했고 박박은 아미타불을 예배하고 염송하였다. (『三國遺事』 3 塔像 4 南白月二聖 努肹夫得 怛怛朴朴)

707(丁未/신라 성덕왕 6/발해 고왕 9/唐 神龍 3, 景龍 1/일본 慶雲 4)

신라	봄 정월 많은 백성들이 굶어 죽어 곡식을 한 사람 당 3승(升)을 7월까지 나누어 주었다. (『三國史記』 8 新羅本紀 8)
신라	봄 정월 많은 백성들이 굶어 죽어 곡식으로 진휼하였는데, 한 사람 당 3승씩이었다. (『三國史節要』 11)
신라	정미년 정월 초하루부터 7월 30일까지 곡식을 나누어 백성들을 구제했는데, 한 사람 당 하루 3승씩으로 하였다. 일을 마치고 계산하니 모두 30만 5백석이었다. 왕이 태종대왕을 위해 봉덕사(奉德寺)를 창건하고 인왕도량을 7일간 열었으며, 대사령을 내렸는데, 이때부터 시중(侍中)을 두었다[어떤 책에서는 효성왕 때의 일이라고 한다]. (『三國遺事』 2 紀異 2 聖德王)
신라	2월 대사령을 내리고 백성들에게 오곡 종자를 차등있게 내려주었다. (『三國史記』 8 新羅本紀 8)
신라	2월 대사령을 내리고 백성들에게 곡식 종자를 차등있게 내려주었다. (『三國史節要』 11)
백제	5월 계해일(26) 찬기국(讚岐國) 나하군(那賀郡) 금부도량(錦部刀良)과 육오국(陸奥國) 신태군(信太郡) 생왕오백족(生王五百足), 축후국(筑後國) 산문군(山門郡) 허세부형형견(許勢部形見) 등에게 각각 옷 한 벌과 소금·곡식을 내려 주었다. 처음에 백제를 구원할 때 관군이 불리하여 도량(刀良) 등은 당나라 군대의 포로로 잡혀서 관호(官戶)가 되었다가 40여 년을 지나 벗어나게 되었다. 이 때 도량은 우리 사신 속전조신진인(粟田朝臣眞人) 등을 만나 그를 따라 조정으로 돌아왔다. 그 고생을 불쌍히 여겨 이러한 하사가 있었다. (『續日本紀』 3 文武紀)
신라	5월 을축일(28) 종5위하 미노련정마려(美努連淨麻呂) 및 학문승 의법(義法)과 의기(義基), 총집(摠集) 자정(慈定), 정달(淨達) 등이 신라에서 돌아왔다. (『續日本紀』 3 文武紀)
신라	신룡 3년 표기대장군(驃騎大將軍)을 제수하였다. (『唐會要』 95 新羅)

백제

대당(大唐)의 △부장군(△部將軍) 공덕기(功德記).

곽겸광(郭謙光)이 글을 짓고 쓰다.

아아, 옛날 천룡사(天龍寺)란 절은 북제(北齊) 때에 비로소 터를 잡았고, 수(隋)나라 말기에 쇠락하였도다. 대체로 불교 교리는 고요한 곳을 찾게 되어 있으므로, 이 산의 깊은 곳에 가득히 자리를 잡게 되었다. 그러니 감실이 천, 만 개를 이루어 산 절벽을 따라 가득히 널려 있다. 그리고 건물이 증수됨에 따라 대대로 그 아름다움을 전할 수 있게 되었다. 무릇 산봉우리는 높이 솟아 붉은 듯 푸른 듯 아침 노을을 머금었고, 떨기나무들이 우거진 곳에 샘물이 용솟음치고 있으며, 혹시 새나 짐승 소리 들리면 이에 화답하여 그 소리가 온 골짜기에 떠들썩하게 되니, 이곳에서 삼(叄)과 허(虛)의 별자리들의 수려함을 보는 듯하다. 비록 승려들이 오랫동안 자리를 비워 절이 황폐해지고 적막하게 되었지만, 덕을 심는 데에 힘쓰는 사람들이 멀고 험한 길을 오르내렸으니, 허송세월만 한 것은 아니었다.

대당(大唐)의 천병중군부사(天兵中軍副使) 좌금오위장군(右金吾衛將軍) 상주국(上柱國) 준화군(遵化郡) 개국공(開國公) △부(△部) 순(珣)은 본래 동방의 한 가문으로 선조의 공덕으로 대대로 벼슬을 하였지만, 마치 "우(虞)나라는 망하여 연말의 납일(臘日) 제사를 지내지 못할 것이다"라고 하면서 궁지기(宮之奇)가 가족을 이끌고 떠나버린 것과 같이 고국을 떠나 당나라로 들어왔다. 천자는 이들을 어루만져 분봉(分封)하니, 마치 유여(由余)가 처음 중국에 이르렀을 때 받았던 대우와 같았다. 그는 안팎의 관직을 두루 역임하면서 곧고 근면하였기 때문에 자주 자리를 옮겨 다녔다. 천병군(天兵軍)이 있는 곳은 중요한 요해처로서 이곳에서 중군(中軍)을 보좌하기에 이르렀다. 신룡(神龍) 2년(706) 3월에 부인인 낙랑군부인(樂浪郡夫人) 흑치씨(黑齒氏) 즉 대장군(大將軍), 연국공(燕國公)이었던 흑치상지(黑齒常之)의 둘째 딸과 함께, 높은 언덕을 오르고 커다란 산골짜기를 건넜고, 구덩이에 빠졌다 나오기도 하고 나무 줄기와 덩굴을 잡아 당기기도 하였으며, 힘들면 거듭 쉬면서 마침내 이 청정한 사원에 이르게 되었다. 접족례(接足禮)를 마치고 한 쪽으로 물러나와서, 두루 올려다보면서 일찍이 볼 수 없었던 광경에 감탄하였다. 두 사람이 모두 동시에 진심에서 우러나는 선한 마음이 일어나니, 널리 은혜를 베풀 것을 서약하여 재(財)와 부(富)를 바치게 되었다. 돌아가신 임금과 살아 있는 인척(姻戚)들을 받들기 위하여 삼가 3세(世)의 불상과 여러 성현(聖賢)들의 상을 만들었으니, △상(△相)과 백복장엄상(百福莊嚴相)을 조각하여 아주 좋은 인연을 쌓음으로써 왕생(往生)하는 데에 두루 바탕이 되고자 하였다. 신룡 3년 8월에 이르러 이제 공덕(功德)이 끝나게 되었으니, 무릇 공덕을 쌓은 사람이 있는 데에도 이를 기록하지 않는다면 그것은 덕이 많다고 할 수 없을 것이다. 준화군(遵化郡) 개국공(開國公) 순(珣)은 자질이 효성스럽고 충성스러웠으며, 의롭고 용맹스러웠다. 나라 일에 힘써 몸이 야위었으나, 자신을 돌보는 데에는 힘쓰지 않았다. 덕(德)을 세워 (힘써) 행하고, 윗 사람을 모실 때에는 예의와 공손함으로 행하였다. 변방을 이미 조용하게 만들어 사람들 역시 평안하게 되니, 크게 수렵을 행할 즈음에 또한 3승(乘)도 살폈다. 그런즉, 본업에 종사하여 공을 세운 것이 이에 무성하였고 또한 빛났으니, 장군의 아름다운 덕을 어찌 모멸할 수 있겠는가? 그러므로 이 비석에 새겨 그 명성을 드러내고자 하노라. 그 말은 다음과 같다.

밝은 덕을 (갈고 닦아) 마침내 이를 곳을 알았고, 충성스럽고 신의 있으며 효성스럽고 공경스러워 네 가지 덕을 갖추었도다. 위복(衛服)에서 군대를 총괄하니 변방이 고요하였고, 인연을 따라 깨달음에 나아가고자 …에 귀의하였도다.

대당(大唐) 경룡(景龍) 원년(元年 : 707) 정미년(丁未年) 10월, 초하루 을축일(乙丑日), 18일 임오일(壬午日)에 세우다.

[맏아들 △]부선(部選) 선덕랑(宣德郞) 흔(昕). 둘째 아들 이부선(吏部選) 상주국(上柱

國) 간(暕). 셋째 아들 상△△(上△△) △. [넷째 아들 …] 병부선(兵部選) 중용(仲容). 공의 사위 천(天)[병중(兵中)]군(軍)총관(摠管) [미(彌)]의(義). (「珣將軍 功德記」: 『譯註 韓國古代金石文』1)

신라   겨울 12월 사신을 당나라에 보내 방물을 조공하였다. (『三國史記』8 新羅本紀 8)
신라   겨울 12월 사신을 당나라에 보내 조공하였다. (『三國史節要』11)
신라   경룡 원년 (…) 12월 신라가 (나라와 더불어) 사신을 보내 조공하였다. (『册府元龜』970 外臣部 15 朝貢 3)

708(戊申/신라 성덕왕 7/발해 고왕 10/唐 景龍 2/일본 和銅 1)
신라   봄 정월 사벌주(沙伐州)에서 상서로운 영지를 바쳤다. (『三國史記』8 新羅本紀 8)
신라   봄 정월 사벌주에서 상서로운 영지를 바쳤다. (『三國史節要』11)

신라   2월 지진이 일어났다. (『三國史記』8 新羅本紀 8)
신라   2월 지진이 일어났다. (『三國史節要』11)

백제   3월 병오일(13) (…) 정5위상 백제왕원보(百濟王遠寶)를 좌위사독(左衛士督)으로 (…) 종4위하 백제왕남전(百濟王南典)을 비전수(備前守)로 삼았다. (『續日本紀』4 元明紀)

신라   여름 4월 진성(鎭星; 토성)이 달을 침범하였다. (『三國史記』8 新羅本紀 8)
신라   여름 4월 진성이 달을 침범하였다. (『三國史節要』11)

신라   여름 4월 크게 사면하였다. (『三國史記』8 新羅本紀 8)
신라   여름 4월 크게 사면하였다. (『三國史節要』11)

신라   당 중종 경룡 2년 10월 경진일 내전에서 신라사신에게 연회를 베풀고 재신(宰臣) 및 4품 이상 청관(淸官)들도 참석하라고 조서를 내렸다. (『册府元龜』974 外臣部 19 褒異 1)

백제   (개석) 대당(大唐) 고(故) 예부군(禰府君) 묘지명
     (지석) 대당 고 운휘장군(雲麾將軍)·좌무위장군(左武衛將軍)·상주국(上柱國)·내원군개국공(來遠郡開國公) 예부군 묘지명 및 서문
     춘추시대 초(楚)에서 막오(莫敖) 굴하(屈瑕)는 홀로 산림을 열어 장강(長江)·한수(漢水)를 다스렸고, 자문(子文)은 3번 영윤(令尹)에 올라 마침내 제후들의 패왕이 되었다. 인물됨이 한쪽에서 뛰어나 성을 내려주니 만대에 창성하였다. 왕업이 곳곳에 두루 퍼져 해도(海島)에서 형산(荊山)·무산(巫山)에 이르렀고, 옥이 빛나고 구슬이 밝으니 변암(卞巖)에서 수사(隨肆)에 접하였다. 충성은 나라의 보배가 되었고 효성스러움은 실로 타고난 것이었다. 나라에 그 자리에 맞는 재목이 있어 가문이 대대로 녹을 주었음을 칭송한 것은 여러 사서에 있으나 자세한 말은 생략할 만하다.
     공의 이름은 소사(素士)이고 자는 소(素)이며, 초국(楚國) 낭야(瑯琊) 사람이다. 고래가 죽고 혜성이 떨어진 이래, 용마(龍馬)가 강을 떠내려갔다. 탁발(拓拔)이 굳센 기병으로 남쪽을 침공하고, 송공(宋公)이 강한 군사로 북쪽을 토벌하였다. 하늘과 땅이 혼란스러우니 군자가 곤핍한 상황에서 자취를 감추었고, 온 나라가 무너지고 흩어지니 현명한 자들이 나라를 떠나 멀리 가버렸다. 7대조 숭(嵩)은 회수(淮水)·사수(泗水)로부터 요양(遼陽)에 떠내려 와, 마침내 웅천(熊川) 사람이 되었다. 증조 진(眞)은 대

방주자사(帶方州刺史)였고, 조부 선(善)은 수(隋)에서 내주자사(萊州刺史)를 맡았다. 부친 식진(寔進)은 입조하여 귀덕장군(歸德將軍), 동명주자사(東明州刺史), 좌위위대장군(左威衛大將軍)이 되었다. 당시 충성스럽고 정직하다고 칭하였으니, 가문이 번성하여 훈문(勳門)이 되었다. 대나무를 쪼개 징표로 삼았으니 과거에 기탁한 것이었고, 수레를 달려 위문하였으니 이는 어질고 밝음에 힘입은 것이었다. 필사의 결심으로 수많은 싸움의 공을 알렸고, 단에 올라 전군 중의 선발에 응하였다.

공은 부친의 음덕으로 궁에 들어가 황제를 모셨고, 존귀한 일족이어서 현자로 추천되었다. 담소하다가도 앉아서 전략을 얻었고 지휘하다가도 은밀히 진영을 이루었다. 나이 15세에 유격장군(遊擊將軍)·장상(長上)이 되어 숙위하고 근시하였다가, 다시 용천부(龍泉府) 우과의도위(右果毅都尉)에 제수되었다. 또 다시 용원부(龍原府) 좌과의도위(左果毅都尉), 임장부(臨漳府) 절충도위(折衝都尉)에 제수되고, 3품·좌표도위좌랑장(左豹韜衛左郎將)을 더하였다. 또 우응양위우랑장(右鷹揚衛右郎將), 좌감문위중랑장(左監門衛中郎將)에 제수되었다. 장안(長安) 3년(703)에 제서를 내려 청이군부사(淸夷軍副使)에 충당되었다. 잠시 멀리 출사하니 조위(曹魏)의 장제(蔣濟)를 구하여 종군하게 한 것과 같았고, 집금오(執金吾)를 비로소 축하하니 복아(伏兒)를 총애하여 국정을 보좌하게 한 것과 같았다. 내원군공(來遠郡公)을 더하고 나머지는 모두 예전과 같았다. 신룡(神龍) 원년(705)에 좌무위장군(左武衛將軍)에 제수되었다. 조위의 조창(曹彰)은 친척을 중시하여 조정의 부름에 가장 먼저 응하였고, 동진(東晉)의 순선(荀羨)은 어렸을 때에 문득 알려져서 부마(駙馬)로 발탁되었다. 황궁에 우림(羽林)으로 발탁되어 위로 낭장(郎將)의 별을 걸었고, 높은 전각들이 구름과 이어지니 호분(虎賁)의 임무를 갈망하였다. 경룡(景龍) 2년(708) 6월에 사신이 되어 서주(徐州)·연주(兗州) 등 49주를 안무(按撫)하였다. 천자의 조서가 길에 가득차니 지방관이 영접하여 앞으로 달려가 길을 열었고, 수레 덮개가 길을 채우니 왕공들은 성을 기울여 돈을 내었다. 바야흐로 마음껏 들어와 아뢰기를 바라고 중국의 제도에 대하여 많은 것을 추천하였다.

어찌 전국시대에 진후(晉侯)가 꿈 속에서 병이 생겨 편작(扁鵲)을 불렀으나 구하지 못한 것을 말하겠는가. 경룡 2년 8월29일에 서주(徐州)의 관사(官舍)에서 죽었다. 아아, 슬프도다. 곧 그 해 11월 2일에 옹주(雍州) 고양원(高陽原)으로 옮겨 하관하였으니, 예에 합당하였다. 장군의 옛 성채가 갑자기 새로운 무덤으로 바뀌었고, 천자가 조정에 임하여 후한(後漢)의 대수장군(大樹將軍) 풍이(馮異)를 생각하는 것과 같았다. 공은 어렸을 때부터 장성할 때까지 이름을 드날리고 부모를 사랑하여, 누워 쉴 때에도 충성됨을 잊지 않았고 말을 할 때에는 예의를 넘어서지 않았다. 어렸을 때 관직에 취임하였지만 지위와 권세로 다른 사람을 무시하지 않았고, 성인이 되어 봉작을 계승하였으나 공적과 위세로 다른 자를 경시하지 않았다. 궁궐에서 극(戟)을 잡고 시위하니 간심들이 위엄을 두려워하여 모략을 그쳤고, 변방의 요새에서 대장기를 날리니 교활한 이적(夷狄)들이 명성을 듣고 달아나버렸다. 황제에게는 지키는 용맹한 신하가 의탁할 곳이고 호위가 귀의할 바이니, 이른바 이 사람이 나라의 인재라고 하는 것이다. 아들 인수(仁秀)·인휘(仁徽)·인걸(仁傑)·인언(仁彦)·인준(仁俊) 등은 자질이 공적을 세울 수 있었고, 부친의 뜻을 이어 가업을 계승하였다. 문무의 재주가 일찍이 이루어져서 공후(公侯)의 자질이 기필코 회복되었고, 부모에 대한 효도와 봉양으로 효를 추진하여 춘추시대 초의 노래자(老萊子)가 보여준 것을 멈추지 않았으며, 돌로 만든 성에 명문(銘文)을 여니 갑자기 등공(滕公)의 조짐을 보였다. 온갖 고난을 다 겪으니 두루 아프고 싸늘한 잣나무에 극도로 상심하였다. 언덕과 골짜기가 어느 해 변하고 덩굴로 우거졌던 산이 한수가 되며 음양이 본성을 바꾸어 바다의 섬이 뽕밭이 되는 것이 두렵다. 후한 최원(崔瑗)의 문장을 두루 전거로 삼고 채

옹(蔡邕)의 문장과 같은 비석을 마침내 새겼으니, 명문은 다음과 같다.

빛나는 우리 조상이 남쪽 땅을 크게 다스리니, 영윤이 공적을 칭송하여 분봉받아 거처를 지었도다. 자손들이 성을 받아 슬기롭고 뛰어난 이들이 앞뒤로 이어지니, 마침내 가묘를 열어 조상에게 비로소 전하였도다[그 첫번째이다]. 난각(蘭閣)에 도서들을 펼치니 유림들이 잎을 털어냈으나, 영가(永嘉) 연간(307~313)에 쇠퇴하여 명사들이 터전을 잃었도다. 북위(北魏)가 기세 좋게 날아오르고 송공이 섭정을 맡으니, 들판이 어지러워지고 현명한 자들이 건너갔도다[그 두번째이다]. 동쪽으로 경해(鯨海)를 건너고 북쪽에 좋은 나루가 있었으니, 휴도왕(休屠王)은 전한을 모시고 각리선생(角里先生)은 진(秦)을 떠났도다. 난세를 등지고 은거하였지만 백성들을 살펴 진실한 모습을 알았으니, 천년의 성군이자 누대의 명신이었도다[그 세번째이다]. 달처럼 밝은 어린 시절, 깊고 깊은 아름다운 재능은 위수(胃宿)를 대신한 표식이어서 조정의 인망이 크게 기울었도다. 검을 익혀 종군하고 단에 올라 장군에 임명되니, 궁궐에 들어가 황제를 모시고 밖에 나와 이적을 평정하였도다[그 네번째이다]. 사신의 수레가 동쪽으로 나아가고 사망을 알리는 깃발이 서쪽으로 날아가니, 슬픔이 재상들을 휘감았고 아픔이 천자를 꿰뚫었도다. 땅에서 무덤이 크게 솟아서 밭은 황폐해지고 길이 사라지니, 영화로움이 모두 다하여 지금과 옛날의 행적이 똑같이 돌아갔도다[그 다섯번째이다]. 고요하고 아득한 무덤의 문은 동쪽으로 현패(玄霸)를 바라고 서쪽으로 하주(下柱)를 이었도다. 오동나무 언덕에 구름이 슬퍼하고 소나무 정원에 달이 괴로워하니, 오랜 옛날 한(漢)을 보좌하였으나 이적 정벌에 영원히 묻혔다[그 여섯번째이다]. (「禰素士 墓誌銘」: 2012『唐史論叢』14)

709(己酉/신라 성덕왕 8/발해 고왕 11/唐 景龍 3/일본 和銅 2)

신라   봄 3월 청주(菁州)에서 흰 매를 바쳤다. (『三國史記』8 新羅本紀 8)

신라   봄 3월 청주에서 흰 매를 바쳤다. (『三國史節要』11)

신라   3월 신미일(14) 바다와 육지 두 길로 신라 사신 김신복(金信福) 등을 불렀다. (『續日本紀』4 元明紀)

신라   3년이 채 못된 경룡(景龍) 3년 기유(己酉) 4월 8일, 즉 성덕왕(聖德王) 즉위 8년이었다. 날이 저물 무렵에 나이 스무 살쯤 된 아름다운 자태를 한 낭자가 난초의 향기와 사향을 풍기면서 뜻 밖에 북암(北庵)[향전에는 남암(南庵)이라고 하였다]에 와서 묵기를 청하면서 글을 지어 바쳤다. 가는 길 해지니 산은 첩첩 저문데/길 막히고 인가 멀어 이웃도 없네/오늘은 이 암자에 묵어 가려 하오니/자비로운 화상이여 노하지 마소서.
박박이 말하기를, "난야(蘭若)는 청정을 지키는 것을 의무로 삼으니, 그대가 가까이 할 곳이 아니오. 이곳에 지체하지 마시오."라고 하고는 문을 닫고 들어가 버렸다[기(記)에서 말하기를, "나는 온갖 생각이 재처럼 식었으니 혈낭(血囊)으로 나를 시험하지 말라"고 하였다]. 낭자가 남암[향전에는 북암이라고 하였다]으로 돌아가서 다시 앞서와 같이 청하자, 부득이 말하기를, "그대는 어디로부터 이 밤에 왔소?"라고 하니, 낭자가 대답하기를, "담연(湛然)하기가 태허(太虛)와 같은데, 어찌 오고감이 있겠습니까. 다만 현사(賢士)께서 바라는 뜻이 깊고 덕행이 높고 굳다는 것을 듣고 장차 도와서 보리(菩提)를 이루어 드리려 할 뿐입니다."고 하였다. 이에 게(偈)한 수를 주었다. 해 저문 첩첩 한길에/가도 가도 인가는 없네/소나무와 대나무 그늘은 더욱 깊고/골짜기 시냇물 소리 더욱 새로워라/자고 가기를 청함은 길 잃은 탓 아니고/높으신 스님을 인도하려 함인 것/원컨대 나의 청 들어만 주시고/길손이 누구냐고 묻지 마소서.

부득스님이 게를 듣고 놀라면서 말하기를, "이곳은 부녀자가 더럽힐 곳이 아니오. 그러나 중생을 수순(隨順)함도 역시 보살행(菩薩行)의 하나인데, 하물며 궁벽한 산골에 밤이 어두우니 어찌 홀대할 수야 있겠소."라고 하고, 이에 그를 맞아 읍하고 암자 안에 있도록 하였다.

밤이 되자 부득은 마음을 맑게 하고 지조를 가다듬어 희미한 등불 아래에서 염송에만 전념하였다. 밤이 이슥하여 낭자가 부득을 불러 말하기를, "제가 불행히도 마침 해산기가 있으니 화상께서는 짚자리를 좀 깔아주십시오."라고 하였다. 부득은 불쌍히 여겨 거절하지 못하고 촛불을 은은히 밝히니 낭자는 벌써 해산하고 또 다시 목욕할 것을 청하였다. 노힐의 마음에는 부끄러움과 두려움이 교차하였다. 그러나 불쌍한 생각이 더욱 더해서 또 통을 준비하여 속에 낭자를 앉히고 물을 데워 목욕을 시켰다. 조금 있다가 통 속의 물에서 향기가 강렬하게 서고 물이 금빛으로 변하였다. 노힐이 깜짝 놀라자, 낭자가 말하기를, "우리 스님께서도 여기에서 목욕하십시오."라고 하였다. 노힐이 마지못해 그 말대로 좇았더니, 홀연히 정신이 상쾌해지는 것을 깨닫고 살갗이 금빛으로 변하였다. 그 옆을 보니 문득 하나의 연화대가 생겼다. 낭자는 그에게 앉기를 권가 통 말하기를, "나는 관음보살(觀音菩薩)인데 이 곳에 와서 대사(大師)가 대보리(大菩提)를 성취하도록 도운 것입니다."고 말을 마치자 보이지 않았다.

박박은 노힐이 오늘밤에 틀림없이 계를 더럽혔을 것이니, 그를 비웃어 주어야겠다고 생각하였다. 이르러 보니 노힐은 연화대에 앉아 미륵존상(彌勒尊像)이 되어 광명을 발하고 몸은 금빛으로 단장되어 있어 자신도 모르게 머리를 조아려 예를 드리면서 말하기를, "어째서 이렇게 되었는가."라고 하니, 노힐이 그 연유를 자세히 말하였다. 박박이 탄식하면서 말하기를, "나는 업장(障)이 무거워서 다행히 대성을 만나고도 도리어 만나지 못한 것이 되었습니다. 대덕은 지극히 인자하여 나보다 먼저 뜻을 이루었으니, 원컨대 옛날의 약속을 잊지 마시고 일을 모름지기 함께 했으면 합니다."고 하였다. 노힐이 말하기를, "통에 남은 물이 있으니 목욕할 수 있습니다"고 하였다. 박박이 또 목욕했더니 역시 앞서처럼 무량수(無量壽)를 이루어 두 존상이 엄연히 상대하였다. 산 아래 마을 사람들이 이 소식을 듣고 다투어 와서 우러러보고 감탄하면서 말하기를, "드물고 드문 일이다."고 하니, 두 성인이 그들을 위하여 법요(法要)를 설해주고 온 몸으로 구름을 타고 가버렸다. (『三國遺事』 3 塔像 4 南白月二聖 努肸夫得 怛怛朴朴)

| 신라 | 5월 을해일(20) (…) 이날 신라 사신 김신복 등이 방물을 바쳤다. (『續日本紀』 4 元明紀) |

| 신라 | 5월 임오일(27) 김신복 등에게 조당(朝堂)에서 잔치를 베풀고 녹을 내렸는데 각기 차등이 있었다. 아울러 국왕에게도 비단 20필, 미농(美濃)명주 30필, 실 200구(絇), 면 150둔(屯)을 내렸다. 이 날 우대신(右大臣) 등원조신부비(藤原朝臣不比) 등이 신라 사신을 변관청(弁官廳) 안으로 들어오게 하고 "신라국 사신은 옛날부터 입조하여 왔으나 아직 집정대신(執政大臣)과 얘기한 적이 없다. 그러나 오늘 대면하는 것은 두 나라가 우호를 맺어 왕래의 아름다움을 이루기 위해서이다."라 하였다. 사인 등은 자리를 피하여 절하고 다시 자리에 앉아 "사신 등은 본국의 낮은 사람들입니다. 그러나 왕의 신하로서 교를 받아 성스러운 조정에 들어올 수 있었습니다. 마침 아래로 부는 바람을 만나 매우 다행이었음은 말하기 어렵습니다. 하물며 높은 자리에 오르게 하여 위엄스런 얼굴을 직접 대하게 해주심에 있어서이겠습니까. 우러러 은혜로 |

운 가르침을 받고 엎드려 매우 기쁠 뿐입니다."라 하였다. (『續日本紀』4 元明紀)

| 신라 | 여름 5월에 가물었다. (『三國史記』8 新羅本紀 8) |
| 신라 | 여름 5월에 가물었다. (『三國史節要』11) |

신라 　 6월 병술 초하루 김신복 등이 그들 나라로 돌아갔다. (『續日本紀』4 元明紀)

신라 　 6월 사신을 당나라에 보내 방물을 바쳤다. (『三國史記』8 新羅本紀 8)
신라 　 6월 사신을 당나라에 보내 조공하였다. (『三國史節要』11)
신라 　 경룡 3년 6월 신라가 (…) 사신을 보내 방물을 바쳤다. (『册府元龜』970 外臣部 15 朝貢 3)

신라 　 가을 8월 죄인들을 풀어주었다. (『三國史記』8 新羅本紀 8)
신라 　 가을 8월 사면령을 내렸다. (『三國史節要』11)

710(庚戌/신라 성덕왕 9/발해 고왕 12/唐 景龍 4, 唐隆 1, 景雲 1/일본 和銅 3)

신라 　 봄 정월 천구(天狗) 별이 삼랑사(三郞寺) 북쪽에 떨어졌다. (『三國史記』8 新羅本紀 8)
신라 　 봄 정월 천구 별이 삼랑사 북쪽에 떨어졌다. (『三國史節要』11)

신라 　 봄 정월 사신을 당나라에 보내 방물을 바쳤다. (『三國史記』8 新羅本紀 8)
신라 　 봄 정월 사신을 당나라에 보내 조공하였다. (『三國史節要』11)
신라 고구려 　 경룡 4년 정월 신라, 언기(焉耆), 남천축(南天竺), 진랍(眞臘) 등 나라들이 4월에는 고구려가 각기 사신을 보내어 조회에 왔다. (『册府元龜』970 外臣部 15 朝貢 3)

신라 　 봄 정월 지진이 일어났다. (『三國史記』8 新羅本紀 8)
신라 　 봄 정월 지진이 일어났다. (『三國史節要』11)

신라 　 봄 정월 죄인을 풀어주었다. (『三國史記』8 新羅本紀 8)
신라 　 봄 정월 사면령을 내렸다. (『三國史節要』11)

신라 발해 　 중종 때 또 중랑장(中郞將) 동이인 모파라(毛婆羅)가 밥을 지었는데, 하룻밤 사이에 피가 되었다. (『新唐書』34 志 24 五行 1 赤眚赤祥)

고구려 　 고구려(高句麗)의 음악은 통전(通典)에 이르기를, 악공인(樂工人)은 자색(紫色) 나사(羅沙) 모자에 새깃으로 장식하고, 황색(黃色) 큰 소매옷에 자색 나사 띠를 매었으며, 통 넓은 바지에 붉은 가죽신을 신고, 5색 노끈을 매었다. 춤추는 자 4명은 뒤에 복상투를 틀고, 붉은 수건을 이마에 동이고 금고리로 장식하며, 2명은 황색 치마 저고리와 적황색(赤黃色) 바지이며, 2명은 적황색 치마 저고리와 바지인데, 그 소매를 극히 길게 하고 검은 가죽신을 신었으며, 쌍쌍이 나란히 서서 춤춘다. 악기는 탄쟁(彈箏) 1, 추쟁(搊箏) 1, 와공후(臥箜篌) 1, 수공후(豎箜篌) 1, 비파(琵琶) 1, 5현금(五絃琴) 1, 의취적(義觜笛) 1, 생(笙) 1, 횡적(橫笛) 1, 소(簫) 1, 소필율(小篳篥) 1, 대필율(大篳篥) 1, 도피필율(桃皮篳篥) 1, 요고(腰鼓) 1, 제고(齊鼓) 1, 담고(檐鼓) 1, 패(唄) 1를 사용한다. 대당(大唐) 무태후(武太后) 때는 오히려 25곡이 있었는데, 지금은 오직 한 곡을 익힐 수 있고, 의복도 점점 쇠퇴하여 본래의 풍습을 잃었다."고

한다. 책부원귀(冊府元龜)에 이르기를, "고구려 음악에는 오현금(五絃琴)과 쟁(箏)·필율(篳篥)·횡취(橫吹)·소(簫)·고(鼓) 따위가 있는데, 갈대를 불어 곡조를 맞춘다." 하였다. 백제의 음악은 통전에 이르기를, "백제의 음악은 당 중종시대에 공인(工人)들이 죽거나 흩어졌다가, 개원(開元) 연간에 기왕(岐王) 범(範)이 태상경(太常卿)이 되어, 다시 아뢰어 백제악 설치하였다. 그런 까닭에 음악과 기예에 없는 것이 많다. 춤추는 자 2명은 자색(紫色) 큰 소매 옷과 치마 저고리를 입고 장보관(章甫冠)을 쓰고 가죽신을 신었다. 악(樂)의 남은 것은 쟁(箏)과 적(笛)·도피필율(桃皮篳篥)·공후(箜篌)이다." 하였다. 악기 종류가 중국과 같은 것이 많았다. 북사(北史)》 이르기를 "고(鼓)·각(角)·공후(箜篌)·쟁(箏)·우(竽)·지(篪)·적(笛)의 악(樂)이 있다." 하였다. (『三國史記』 32 雜志 1 樂)

고구려
고려악(高麗樂)에는 공인(工人)은 자라모(紫羅帽)를 쓰는데, 새 깃으로 장식하고, 황색 큰 소매에 자라대(紫羅帶)를 띠고, 대구고(大口袴)의 옷과 붉은 가죽신을 신는다. 춤추는 사람은 네 명인데, 뒤로 쪽을 돌리고, 금당(金璫)으로 장식한다. 그 중 두 명은 황금색의 저고리와 적황색의 바지를 입는데, 그 소매가 매우 길다. 검은 가죽신을 신고 쌍쌍이 나란히 서서 춤을 춘다. 음악에는 탄쟁(彈箏) 1, 추쟁(搊箏) 1, 와공후(臥箜篌) 1, 수공후(豎箜篌) 1, 비파(琵琶) 1, 의취적(義觜笛) 1, 생(笙) 1, 소(簫) 1, 소필율(小篳篥) 1, 대필율(大篳篥) 1, 도피필율(桃皮篳篥) 1, 요고(腰鼓) 1, 제고(齊鼓) 1, 담고(檐鼓) 1, 패(貝) 1를 사용한다. 무태후(武太后) 때는 오히려 25곡이 있었는데, 지금은 오직 1곡만을 익힐 수 있을 뿐이며, 의복 역시 점점 쇠퇴하여 그 본래의 풍습을 잃었다. (『舊唐書』 29 志 9 音樂 2)

고구려 백제
당나라 때에 이르러 동이의 음악에는 고구려와 백제의 것이 있고, 북적의 음악으로는 선비, 토욕혼, 부락계(部落稽)의 것이, 남만의 음악으로는 부남(扶南), 천축(天竺), 남조(南詔), 표국(驃國)의 것이, 서융의 것으로는 고창(高昌), 구자(龜茲), 소륵(疏勒), 강국(康國), 안국(安國) 등 무릇 14개국의 음악이 있다. 8개 나라의 기예는 십부악(十部樂)으로 배열하였다. 중종 때 백제 악공인이 망실되어 기왕(岐王)이 태상경(太常卿)으로 있을 때 상주하여 이를 두었으나, 음악과 기예가 많이 빠졌다. 춤추는 자는 2명으로 자색(紫色)의 큰 소매 옷과 치마 저고리를 입고 장보관(章甫冠)을 썼다. 음악에는 쟁(箏), 적(笛), 도피필율(桃皮觿篥), 공후(箜篌)를 쓰는 노래가 있을 뿐이다. (『新唐書』 23 志 12 禮樂 12)

고구려 백제
고려악(高麗樂)에는 공인(工人)은 자라모(紫羅帽)를 쓰는데, 새 깃으로 장식하고, 황색 큰 소매에 자라대(紫羅帶)를 띠고, 대구고(大口袴)의 옷과 붉은 가죽신을 신는데, 5색 노끈을 매었다. 춤추는 사람은 네 명인데, 뒤로 쪽을 돌리고, 금당(金璫)으로 장식한다. 그 중 두 명은 황금색의 저고리와 적황색의 바지를 입으며, 다른 두 명은 적황색 치마 저고리와 바지인데 그 소매가 매우 길며, 검은 가죽신을 신고 쌍쌍이 나란히 서서 춤을 춘다. 음악에는 탄쟁(彈箏) 1, 추쟁(搊箏) 1, 와공후(臥箜篌) 1, 수공후(豎箜篌) 1, 비파 1, 오현비파(五絃琵琶) 1, 의취적(義觜笛) 1, 생(笙) 1, 횡적(橫笛) 1, 소(簫) 1, 소필율(小篳篥) 1, 대필율(大篳篥) 1, 도피필율(桃皮篳篥) 1, 요고(腰鼓) 1, 제고(齊鼓) 1, 담고(檐鼓) 1, 패(貝) 1를 사용한다. 대당 무태후(武太后) 때는 오히려 25곡이 있었는데, 지금은 오직 1곡만을 익힐 수 있을 뿐이며, 의복 역시 점점 쇠퇴하여 그 본래의 풍습을 잃었다. 백제의 음악은 당 중종시대에 공인(工人)들이 죽거나 흩어졌다가, 개원 연간에 기왕 범이 태상경이 되어, 다시 아뢰어 백제악 설치하였다. 그런 까닭에 음악과 기예에 없는 것이 많다. 춤추는 자 2명은 자색 큰 소매 옷과 치마 저고리를 입고 장보관을 쓰고 가죽신을 신었다. 악(樂)의 남은 것은 쟁(箏)과 적(笛)·도피필율(桃皮篳篥)·공후(箜篌)이다." 하였다. (『通典』 146 樂 6 淸樂 四方樂 東夷二國)

고구려 백제	고구려와 백제의 음악은 송(宋)나라 때 얻었는데, 후위(後魏) 태무제가 북연(北)을 멸망시킬 때 역시 얻었다. 얼마 후 북주의 무제가 제(齊)를 멸망시키고 해외에 위력을 떨치자 두 나라가 각기 그들의 음악을 바쳤다. 주나라가 악부(樂部)에 이를 배치하고 이를 국기(國伎)라고 하였다. 수문제가 진(陳)을 평정하고 문강(文康)과 예곡(禮曲)을 백제로부터 갖추었다. 정관 연간에 두 나라가 멸망하여 그 음악을 모두 다 얻었으나, 측천무후 때에 이르러 고려악 오직 25곡만이 있어서 정원 연간 말에는 오직 1곡을 익힐 뿐이었다. 의복 역시 점차 그 본토의 풍속을 잃었다. 백제의 것은 중종 때 공인들이 죽거나 흩어져 개원 연간에 기왕 범이 태상경이 되어 다시 상주하여 두었다. (『唐會要』33 四夷樂 東夷二國樂)
고구려 백제	『당회요』에 또 전한다. " (…) 측천무후 때에 이르러 고려악 오직 25곡만이 있어서 정원 연간 말에는 오직 1곡을 익힐 뿐이었다. 의복 역시 점차 그 본토의 풍속을 잃었다. 백제의 것은 중종 때 공인들이 죽거나 흩어져 개원 연간에 기왕 범이 태상경이 되어 다시 상주하여 두었다."(『太平御覽』567 樂部 5 四夷樂)
고구려 백제	『당회요』에 전한다. "고려와 백제의 음악은 송나라 때 얻었다. 정관 여난에 두 나라를 멸망시켜 그 음악을 모두 얻었다. 측천무후 때 고려악은 오직 25곡만 있었는데 정원 말에 오직 한 곡만을 익힐 수 있을 뿐이었다. 의복 역시 점차 그 본래의 풍속을 잃었는데, 백제의 것은 중종 때 악공이 죽거나 흩어져 개원 말에 기왕 범이 태상경이 되어 다시 상주하여 두었다."(『玉海』108 音樂 四夷樂 唐十四國樂)

711(辛亥/신라 성덕왕 10/발해 고왕 13/唐 景雲 2/일본 和銅 4)

신라	봄 3월 많은 눈이 내렸다. (『三國史記』8 新羅本紀 8)
신라	봄 3월 많은 눈이 내렸다. (『三國史節要』11)
신라	여름 5월 짐승을 잡아 죽이는 것을 금지하였다. (『三國史記』8 新羅本紀 8)
신라	여름 5월 짐승을 잡아 죽이는 것을 금지하였다. (『三國史節要』11)
신라	겨울 10월 나라 남쪽 주군을 순수하였다. (『三國史記』8 新羅本紀 8)
신라	겨울 10월 나라 남쪽 주군을 순수하였다. (『三國史節要』11)
신라	겨울 10월 중시 문량이 죽었다. (『三國史記』8 新羅本紀 8)
신라	겨울 10월 중시 문량이 죽었다. (『三國史節要』11)
신라	11월 왕이 백관잠(百官箴)을 지어 여러 신하들에게 보여주었다. (『三國史記』8 新羅本紀 8)
신라	11월 왕이 백관잠을 지어 여러 신하들에게 보여주었다. (『三國史節要』11)
고구려	12월 임자일(12) 종5위하 박조신추마(狛朝臣秋麿)가 아뢰기를, "본래 성은 아배(阿倍)인데 단지 석촌지변궁(石村池邊宮)이 성조(聖朝)를 다스리던 때 추마려(秋麻呂)의 2세조 비등고신(比等古臣)이 고구려국으로 갔기 때문에 박(狛)이라 하였습니다. 실제 진짜 성이 아니니 청컨대 본래의 성으로 되돌아가기를 청합니다." 하니 허락하였다. (『續日本紀』5 元明紀)
신라	12월 사신을 당나라에 보내어 방물을 바쳤다. (『三國史記』8 新羅本紀 8)
신라	12월 사신을 당나라에 보내어 조공하였다. (『三國史節要』11)
신라	경운 2년 12월 돌궐(突厥), 헌식(獻食), 대식(大食), 신라(新羅), 임읍(林邑), 사자국

(獅子國)이 각기 사신을 보내어 방물을 보냈다. (『册府元龜』970 外臣部 15 朝貢 3)

712(壬子/신라 성덕왕 11/발해 고왕 14/唐 太極 1, 延和 1, 先天 1/일본 和銅 5)

신라   봄 2월 사신을 당나라에 보내어 조공하였다. (『三國史記』8 新羅本紀 8)

신라   봄 2월 사신을 당나라에 보내어 조공하였다. (『三國史節要』11)

신라   태극 원년 2월 신라와 돌궐이 함께 사신을 보내 조공하였다. (『册府元龜』970 外臣部 15 朝貢 3)

신라   3월 이찬 위문(魏文)을 중시로 삼았다. 大唐遣使盧元敏 勅改王名 (『三國史記』8 新羅本紀 8)

신라   3월 이찬 위문을 중시로 삼았다. (『三國史節要』11)

신라   3월 당나라가 사신 노원민(盧元敏)을 보내 칙령으로 왕의 이름을 바꾸도록 하였다. (『三國史記』8 新羅本紀 8)

신라   3월 당나라가 사신 노원민을 보내 칙령으로 왕의 이름을 바꾸게 하니 흥광으로 고쳐 황제의 이름을 피휘하였다. (『三國史節要』11)

신라   흥광의 본명이 현종과 같아서 先天 연간 측천무후 때 이름을 고쳤다. (『舊唐書』199上 列傳 149上 東夷 新羅)

신라   선천 원년에 흥광으로 이름을 바꾸었다. (『唐會要』95 新羅)

신라   여름 4월 왕이 온수(溫水)로 행차하였다. (『三國史記』8 新羅本紀 8)

신라   여름 4월 왕이 온수로 행차하였다. (『三國史節要』11)

백제   가을 7월 갑신일(17) 반마국대목(播磨國大目) 종8위상 낙랑하내(樂浪河內)는 힘써 정창(正倉)을 세워 공적을 받을 만하므로 관위를 1등급 올려주고 명주 10필과 포 30단을 주었다. (『續日本紀』5 元明紀)

신라   가을 8월 김유신의 처를 부인(夫人)으로 봉하고 해마다 곡식 1천석을 내려주도록 하였다. (『三國史記』8 新羅本紀 8)

신라   가을 8월 김유신의 처를 부인으로 봉하였는데, 이 때 부인이 머리를 깍고 비구니가 되었다. 왕이 말하길, "나라의 안팎이 평안하고 베개를 높이 베고 근심이 없는 것은 태대각간(太大角干)의 덕분입니다. 부인은 경계하고 훈계함이 서로 어우러져 숨은 공이 많습니다. 과인은 일찍이 하루라도 마음에서 잊은 적이 없습니다."고 하였다. 이에 남성(南城)의 조(租)를 매년 1천 섬씩 내려 줄 것을 명하였다. (『三國史節要』11)

신라   아내 지소부인(智炤夫人)은 태종대왕의 셋째 딸이다. 아들 5명을 낳았는데, 맏이는 삼광(三光) 이찬이고 다음은 원술(元述) 소판, 다음은 원정(元貞) 해간(海干), 다음은 장이(長耳) 대아찬, 다음은 원망(元望) 대아찬이었고, 딸은 4명이었다. 또 서자(庶子) 군승(軍勝) 아찬이 있는데, 그 어머니의 성씨는 전하지 않는다. 후일 지소부인은 머리를 깎고 베옷을 입고서 비구니가 되었다. 이때 대왕이 부인에게 다음과 같이 말하였다. "지금 나라의 안팎이 평안하고 임금과 신하가 베개를 높이 베고 근심이 없는 것은 태대각간(太大角干)의 덕분입니다. 생각컨대 부인은 그 집안을 잘 다스렸으며 경계하고 훈계함이 서로 어우러져 숨은 공이 많습니다. 과인은 그 은덕에 보답하고자 하여 일찍이 하루라도 마음에서 잊은 적이 없습니다." 하고 남성(南城)의 조(租)를 매년 1천 섬씩 주었다. (『三國史記』43 列傳 3 金庾信 下)

| 신라 | 9월 을유일(19) 종5위하 도군수명(道君首名)을 견신라대사로 삼았다. (『續日本紀』 5 元明紀) |

| 신라 | 겨울 10월 갑자일(28) 견신라사 등이 떠남을 알렸다. (『續日本紀』 5 元明紀) |

| 신라 | 선천 원년 12월 토번과 신라가 더불어 사신을 보내 조회하였다. (『册府元龜』 971 外臣部 16 朝貢 4) |

고구려 발해　　　『통전(通典)』에 전한다. "발해는 본래 속말말갈(粟末靺鞨)로서 그 추장 조영(祚榮)에 이르러 나라를 창건하고 자칭 진단(震旦)이라 부르더니 선천(先天) 연간[현종(玄宗) 의 임자(壬子)년이다]에 비로소 말갈이라는 이름을 버리고 오로지 발해라 불렀다. 개 원(開元) 7년 [기미년이다]에 조영이 죽으니 시호를 고왕(高王)이라 하였다. 세자가 이어서 왕위에 오르니 명황(明皇)이 왕위 계승의 책문을 내리고 왕위를 계승하게 하 였던 바, 사사로이 연호(年號)를 고치고 마침내 해동성국(海東盛國)이 되어 이 지역 에 5경(京) 15부(府) 62주(州)를 두었다. 후당(後唐) 천성(天成) 초년에 거란(契丹)이 이 나라를 부수고 그 후 거란의 지배를 받게 되었다"라고 하였다[삼국사(三國史)에 다음과 같이 말하였다. "의봉(儀鳳) 3년 고종(高宗) 무인(戊寅)에 고구려의 남은 자 손들이 한데 모여 북쪽으로 태백산(太白山) 밑을 의지하여 나라 이름을 발해라 하였 다. 개원(開元) 20년(732) 중에 명황이 장수를 보내어 이를 토벌하였다. 또 성덕왕 (聖德王) 32년 현종(玄宗) 갑술(甲戌)(734)에 발해말갈이 바다를 건너 당나라 등주 (登州)를 침범하였으므로 현종이 이를 토벌하였다." 또 신라고기(新羅古記)에 전한 다. "고구려의 옛 장수 조영의 성(姓)은 대씨(大氏)니 남은 군사를 모아 태백산 남쪽 에서 나라를 세우고 나라 이름을 발해라고 하였다." 이상의 여러 글을 참고해 보면 발해는 말갈의 별종으로 다만 그의 창건과 병합이 같지 않을 뿐이다. 지장도(指掌 圖)를 살피면 "발해는 장성(長城) 동북쪽 모서리 밖에 있다."라고 하였다]. (『三國遺 事』 1 紀異 1 靺鞨渤海)

713(癸丑/신라 성덕왕 12/발해 고왕 15/唐 先天 2, 開元 1/일본 和銅 6)

고구려 발해　　　2월 처음 고려가 이미 망하자 그 별종(別種) 대조영은 영주(營州)로 옮겨 살았다. 이 진충(李盡忠)이 모반함에 이르러 조영은 말갈의 걸사비우(乞四北羽)와 함께 무리를 모아 동쪽으로 달아나, 험한 곳에 스스로 지켰다. 진충이 죽자 무후(武后)는 장군 이 해고(李楷固)로 하여금 그 나머지 무리를 토벌하게 하였다. 해고가 걸사비우를 공격 하여 그 목을 자르고 군대를 이끌고 천문령(天門嶺)을 넘어 조영을 압박하였다. 조영 이 맞받아 싸우니 해고가 크게 패하여 겨우 몸만 빠져 나왔다. 조영이 그 무리를 거 느리고, 동쪽의 동모산(東牟山)에 근거지를 잡고 성을 쌓아 살았다. 조영은 굳세고 용감하여 싸움을 잘하였다. 고구려와 말갈 인들이 점차 그에게 돌아가니 땅은 2천리 에 호수는 10여 만이고, 승병(勝兵)은 수만 명이었다. 스스로 진국왕(振國王)이라 부 르며, 돌궐에 귀부하였다. 이 때 해(奚)와 거란이 모두 배반하여 도로가 끊기니, 무 후가 토벌할 수 없었다. 중종이 즉위하여 시어사(侍御史) 장행급(張行岌)을 보내 그 를 불러 위로하니 조영이 아들을 보내 입시(入侍)하게 하였다. 이때에 이르러 조영 을 좌효위대장군(左驍衛大將軍)·발해군왕(渤海郡王)으로 삼아 그 부(部)를 홀한주 (忽汗州)로 하여 조영으로 하여금 도독(都督)을 겸하게 하였다. (『資治通鑑』 210 唐 紀 26 玄宗至道大聖大明孝皇帝)

고구려 발해　　　현종 선천 2년 2월 고구려 대수령 고정부(高定傅)를 특진(特進)으로 제수하였다. 이

	달에 말갈의 대조영을 발해군왕으로 삼았다. (『册府元龜』964 外臣部 9 封册 2)
발해	발해말갈. (…) 선천 2년 발해군왕으로 책봉하고 이어 그가 통치지역을 홀한주로 하여 홀한주도독을 더하여 제수하였다. (『册府元龜』967 外臣部 12 繼襲 2)
발해	예종 선천 2년 낭장(郎將) 최흔(崔訢)을 보내어 조영을 좌효위원외대장군(册拜祚榮爲左驍衛員外大將軍) 발해군왕(渤海郡王)으로 삼고 이어 그 통치지역을 홀하주로 하여 홀한주도독을 더하여 제수하였으니, 이때부터 해마다 사신을 보내어 조공하였다. (『舊唐書』199下 列傳 149下 北狄 渤海靺鞨)
발해	현종 선천 2년 낭장 최흔을 보내어 발해 대조영을 좌효위원외대장군발해군왕의 벼슬을 내리고, 이어 그 통치지역을 홀한주도독으로 삼았으니, 이때부터 해마다 사신을 보내어 조하(朝賀)하였다. (『册府元龜』170 來遠)
발해	예종 선천 연간에 사신을 보내어 조영을 좌효위대장군 발해군왕의 벼슬을 내리고 그 통치지역을 홀한주로 하여 홀한주도독으로 삼았으니, 이때부터 말갈이라는 호칭을 버리고 발해라고만 불렀다. (『新唐書』219 列傳 144 北狄 渤海)
신라	봄 2월 전사서(典祀署)를 두었다. (『三國史記』8 新羅本紀 8)
신라	봄 2월 전사서를 두어 예부에 속하게 하였다. 감은 한 명인데 관등은 나마에서 대나마까지로 하였다. (『三國史節要』11)
신라	전사서는 예부(禮部)에 속한다. 성덕왕 12년 감(監) 한 명을 두었는데, 관등은 나마에서 대나마까지로 하였다. (『三國史記』38 雜志 7 職官 上)
신라	봄 2월 사신을 당나라에 보내어 조공하였는데, 현종이 누문(樓門)으로 가서 이들을 만났다. (『三國史記』8 新羅本紀 8)
신라	봄 2월 사신을 당나라에 보내 조공하였는데, 황제가 누문에서 이들을 만났다. (『三國史節要』11)
신라	선천 2년 2월 신라와 실위(室韋) 등이, (…) 6월에는 남천축과 신라가 각기 사신을 보내어 조공하였다. 무릇 이적(夷狄)이 조공하면 태상황이 모두 문루에 나가 이들을 만났다. (『册府元龜』971 外臣部 16 朝貢 4)
백제	여름 4월 을묘일(23) 정5위상 백제왕원보(遠寶)를 종4위하로 제수하였다. (『續日本紀』6 元明紀)
신라	8월 신축일(10) 종5위하 도공수명이 신라로부터 돌아왔다. (『續日本紀』6 元明紀)
신라	겨울 10월 입당사 김정종(金貞宗)이 돌아왔다. 조서를 내려 왕을 표기장군(驃騎將軍) 특진(特進) 행좌위위대장군(行左威衛大將軍) 사지절(使持節) 대도독(大都督) 계림주제군사(雞林州諸軍事) 계림주자사(雞林州刺史) 상주국(上柱國) 낙랑군공(樂浪郡公) 신라왕(新羅王)에 봉하였다. (『三國史記』8 新羅本紀 8)
신라	겨울 10월 당나라 조서를 내려 왕을 표기장군 특진 행좌위위대장군 사지절 대도독 계림주제군사 계림주자사 상주국 낙랑군공 신라왕에 봉하였다. (『三國史節要』11)
신라	겨울 10월 중시 위문(魏文)이 나이가 들었다는 이유로 물러날 것을 청하니 허락하였다. (『三國史記』8 新羅本紀 8)
신라	겨울 10월 중시 위문이 나이가 들었다는 이유로 물러날 것을 청하니 허락하였다. (『三國史節要』11)

신라 12월 대사령을 내렸다. (『三國史記』8 新羅本紀 8)개
신라 12월 대사령을 내렸다. (『三國史節要』11)

신라 12월 개성을 쌓았다. (『三國史記』8 新羅本紀 8)
신라 12월 개성을 쌓았다.

714(甲寅/신라 성덕왕 13/발해 고왕 16/唐 開元 2/일본 和銅 7)

신라 봄 정월 이찬 효정(孝貞)을 중시로 삼았다. (『三國史記』8 新羅本紀 8)
신라 봄 정월 이찬 효정을 중시로 삼았다. (『三國史節要』11)

신라 당 현종 개원 2년 2월 임인일(14) 신라왕자 김수충(金守忠)이 와서 조회하고 숙위 (宿衛)하며 머무르니, 집과 비단을 내려주고 그를 총애하였다. (『冊府元龜』996 外 臣部 41 納質)

신라 개원 2년 2월 계축일(25) 돌궐사신과 신라왕자에게 조당에서 잔치를 열어주었는데, 가뭄 때문에 음악을 연주하지 않았다. (『冊府元龜』110 帝王部 110 宴享 2)
신라 2월 왕자 김수충을 당나라에 보내 숙위하게 하니 현종이 집과 비단을 내려주어 그를 총애하고 조당에서 잔치를 내려주었다. (『三國史記』8 新羅本紀 8)
신라 2월 왕자 김수충을 당나라에 보내 숙위하게 하니 황제가 집과 비단을 내려주어 그를 총애하고 조당에서 잔치를 내려주었다.

신라 2월 상문사(詳文司)를 통문박사(通文博士)로 고치고 표문쓰는 일을 맡겼다. (『三國史記』8 新羅本紀 8)
신라 2월 상문사를 통문박사로 고치고 사명(詞命)을 담당하게 하였다. (『三國史節要』11)

신라 윤2월 급찬(級湌) 박유(朴裕)를 당나라로 보내 정월을 축하하게 하였다. 조산대부(朝 散大夫) 원외봉어(員外奉御)의 관작을 하사하고 돌려보냈다. (『三國史記』8 新羅本 紀 8)
신라 윤2월 급찬 박유를 당나라로 보내 조공하니 황제가 조산대부 원외봉어의 관작을 하 사하였다. (『三國史節要』11)
신라 개원 2년 2월 이 달에 불열(拂涅)말갈의 수령 실이몽(失異蒙), 월희(越喜) 대수령 오 시가몽(烏施可蒙) 철리부락(鐵利部落) 대수령 달허리(闥許離) 등이 와서 조회하였고, 신라가 사신 급찬 박유를 보내어 정월을 축하하였다. (『冊府元龜』971 外臣部 16 朝貢 4)

발해 칙지절선로말갈사(勅持節宣勞靺鞨使)·홍려경(鴻臚卿) 최흔(崔忻)이 우물 두 개를 파 서 영원히 기록하여 증거로 삼는다. 개원 2년 5월18일 (「鴻臚井石刻」; 『全唐文新編 』987)

신라 여름에 가뭄이 들어 많은 사람들이 전염병에 걸렸다. (『三國史記』8 新羅本紀 8)
신라 여름에 가뭄이 들어 많은 사람들이 전염병에 걸렸다. (『三國史節要』11)

발해 당 현종 개원 20년 9월 발해말갈이 등주를 침입하여 자사 위준(韋俊)을 죽이니 좌 령군(左領軍) 장군 개복순(蓋福順)에게 병하여 군대를 동원해 이를 토벌하도록 하였 다. (『冊府元龜』986 外臣部 31 征討 5)

신라	가을 삽량주 산의 상수리나무 열매가 밤으로 변하였다. (『三國史記』8 新羅本紀 8)
신라	가을 삽량주 상수리나무 열매가 밤으로 변하였다. (『三國史節要』11)

고구려	개원 2년 10월 24일 평주(平州)를 안동도호부로 삼아 허흠주(許欽湊)를 도호로 삼았다. (『唐會要』73 安東都護府)

신라	10월 경진일(26) 내전에서 신라사신을 위한 연회를 베풀고 宰臣 및 4품 이상 모든 관리들은 참석하라고 조칙을 내렸다. (『冊府元龜』109 帝王部 109 宴享)
신라	당 중종 경룡 2년(개원 2년의 잘못) 10월 경진일(26) 내전에서 신라사신을 위한 연회를 베풀고 재신(宰臣) 및 4품 이상 청관(淸官)들은 참석하라고 조칙을 내렸다. (『冊府元龜』974 外臣部 19 褒異 1)
신라	겨울 10월 당 현종이 우리 사신들을 위해 내전에서 연회를 베풀고 재신 및 4품 이상 모든 관리들은 참석하라고 조칙을 내렸다. (『三國史記』8 新羅本紀 8)
신라	겨울 10월 사신을 당나라에 보냈다. 황제가 내전에서 연회를 내려주고 재신 및 4품 이상 청관들은 참석하라고 조칙을 내렸다. (『三國史節要』11)

신라	11월 을미일(11) 신라국이 중아찬(遣重阿湌) 김원정(金元靜) 등 20여인을 보내 조공하니 기내 7도의 기병 도합 990명을 뽑아 입조에 따른 의위(儀衛)로 삼았다. (『續日本紀』6 元明紀)

신라	11월 기해일(15)에 사신을 보내 신라사신을 축자(筑紫)에서 맞았다. (『續日本紀』6 元明紀)

신라	12월 기묘일(26) 신라사신이 입경하니 종6위하 포세조신인(遣從六位下布勢朝臣人), 정7위상 대야조신동인(大野朝臣東人)을 보내 기병 170명으로 삼기(三崎)에서 맞이하게 하였다. (『續日本紀』6 元明紀)

고구려	안동도호부는 (…) 성력 원년 6월 안동도독부로 개칭하였고, 신룡 원년 다시 안동도호부로 원래대로 바꿨다. 개원 2년 안동도호를 평주(平州)로 옮기고, 천보 2년 요서의 옛 군성(郡城)으로 옮기고 지덕(至德; 756~758) 이후에 폐지하였다. 처음에는 기미주 14개, 호1,580을 두었다. 서울에서 4,625리 떨어져 있으며 동도(東都)에서 3,820리에 이른다. 신성주도독부(新城州都督府), 요성주도독부(遼城州都督府), 가물주도독부(哥勿州都督府), 건안주도독부(建安州都督府), 남소주(南蘇州), 목저주(木底州), 개모주(蓋牟州), 대군주(代那州), 창암주(倉巖州), 마미주(磨米州), 적리주(積利州), 여산주(黎山州), 연진주(延津州), 안주시(安市州) 등 무릇 14주는 성지(城池)가 없는데, 이는 고구려의 항복한 호(戶)가 흩어져 이 여러 군진들은 그 추거(酋渠)를 도독·자사로 삼아 기미하게 하였다. 천보 연간(742~756)에는 호가 5,718, 인구 18,156명이었다. (『舊唐書』39 志 19 地理 2)
고구려	안동상도호부 (…)를 개원 2년 평주로 옮겼다. (『新唐書』39 志 29 地理 3)

715(乙卯/신라 성덕왕 14/발해 고왕 17/唐 開元 3/일본 和銅 8, 靈龜 1)

백제	봄 정월 계사(10) 다음과 같이 조를 내렸다. "올해 새해 첫 날에 황태자가 처음으로 조정에서 배례했는데 상서로운 구름이 나타났으니 천하에 대사령을 내림이 마땅하다. (…)" 내외 문무관 6위 이하에게 관위 1등급씩을 올려 주었다. (…) 종4위하 노

진인대인(路眞人大人), 거세조신읍치(巨勢朝臣邑治), 대반숙녜여인(大伴宿禰旅人), 석상조신풍정(石上朝臣豊庭), 다치비진인삼택마려(多治比眞人三宅麻呂), 백제왕남전(百濟王南典), 등원조신무지마려(藤原朝臣武智麻呂)에게 모두 종4위상을 주었다. (…) 정5위하 증녜련족인(曾禰連足人), 좌백숙녜백족(佐伯宿禰百足), 백제왕양우(百濟王良虞)에게 아울러 정5위상을 주었다. (『續日本紀』6 元明紀)

신라   (봄 정월) 기해일(16) 신하들 가운데 주전(主典) 이상과 신라 사신 김원정(金元靜) 등에게 중문(中門)에서 잔치를 베풀고, 여러 지방의 음악을 연주하였다. 잔치가 끝나고 녹을 내렸는데 차등이 있었다. (『續日本紀』6 元明紀)

신라   봄 정월 경자일(17) 대궐의 남문에서 활쏘기대회를 열었는데 신라 사신도 활쏘는 대열에 있었다. 면을 각각 차등있게 내렸다. (『續日本紀』6 元明紀)

고구려   정월에 (…) 돌궐의 10성(姓)이 항복한 자가 전후로 만여 장(帳)인데 고구려 막리지(莫離支) 문간(文簡)은 10성의 사위이다. (『資治通鑑 211 唐紀 17 玄宗至道大聖大明孝皇帝)

고구려   2월 십성부락 좌상(左廂) 오돌육(五咄六) 철(啜)·우상(右廂) 오노실필(五弩失畢)의 다섯 사근(俟斤) 및 고려 막리지 고문간, 도독 협질사태(跌跌思太) 등이 각기 그 무리를 이끌고 돌궐에서 서로 연이어 도망왔는데, 전후 총 2천 여장이었다. 허주(許州)·당주(唐州)에 나누어 선주(仙州)를 두었다. (『舊唐書』8 本紀 8 玄宗 上)

고구려   2월 협질도독 사태 등과 또한 돌궐에서 장수와 무리들이 와서 항복하자 모두 황하 이남의 빈 땅에 살게 하였다. (『資治通鑑 211 唐紀 17 玄宗至道大聖大明孝皇帝)

고구려   당 현종 개원 3년 2월 돌궐의 십성부락 좌상 오돌육 철·우상 오노실필의 다섯 사근 및 고려 막리지 고문간과 도독 협질사태 등이 각기 무리를 이끌고 돌궐에서 서로 잇따라 내속하니 전후 2천여 장이었다. (『冊府元龜』977 外臣部 22 降附)

고구려   이듬해 십성부락의 좌상 오돌육의 철, 우상 오노실필의 다섯 사근 및 사위 고구려 막리지 고문간, 도독 협질사태 등이 각기 무리를 이끌고 잇달아 와서 항복했는데, 전후 모두 만여 장에 이르렀다. 황제가 조칙을 내려 하남의 옛 땅에 거주하라고 하고, 고문간을 죄위원회대장군(左衛員外大將軍)에 제수하고 요서군왕(遼西郡王)에 봉했으며, 협질사태를 특진 우위원외대장군 겸 협질도독으로 삼고 누번군공(樓煩郡公)으로 봉하였다. 나머지 수령들은 각기 차등을 두어 관직을 제수했으며, 작위를 작위를 봉하며 재물을 내려 주었다. (『舊唐書』194上 列傳 144上 突厥 上)

고구려   그의 사위 고구려 막리지 고문간과 협질도독 사태, 토욕혼(吐谷渾) 대추 모용도노(慕容道奴), 욱사시(郁射施) 대추 골굴힐근(鶻屈頡斤), 필실힐력(苾悉頡力), 고구려 대추 고공의(高拱毅) 등 모두 만여 장이 서로 이어서 내부하자 황하 남쪽으로 들어오게 하였다. 고문간을 좌위대장군 요서군왕으로, 협질사태를 특진 우위대장 겸 협질도독 누번군공으로, 도노를 좌무위장군(左武衛將軍) 겸 자사 운중군공(雲中郡公), 골굴힐근을 좌효위장군(左驍衛將軍) 겸 자사 안문군공(鴈門郡公)으로, 공의를 좌령군위장군(左領軍衛將軍) 겸 자사 평성군공(平城郡公)에 봉하고 장군을 모두 원외치(員外置)로 삼아 차등있게 상을 내려 주었다. (『新唐書』215上 列傳 145上 突厥 上)

신라   3월 갑진일(23) 김원정 등이 그들 나라로 돌아갔다. 태재부(大宰府)에 조칙을 내려 면 5,450근과 배 한 척을 내려 주었다. (『續日本紀』6 元明紀)

신라	봄 3월 김풍후(金楓厚)를 당나라에 보내 조공하였다. (『三國史記』 8 新羅本紀 8)
신라	본 3월 김풍후를 당나라에 보내 조공하였다. (『三國史節要』 11)
신라	여름 4월 청주(菁州)에서 흰 참새를 바쳤다. (『三國史記』 8 新羅本紀 8)
신라	여름 4월 청주에서 흰 참새를 바쳤다. (『三國史節要』 11)
신라	5월에 죄수를 사면하였다. (『三國史記』 8 新羅本紀 8)
신라	5월에 죄수를 사면하였다. (『三國史節要』 11)
신라	6월에 크게 가물었다. 왕이 하서주(河西州) 용명악(龍鳴嶽)의 거사(居士) 이효(理曉)을 불러 임천사(林泉寺) 연못가에서 비를 빌게 하였더니 비가 열흘간이나 내렸다. (『三國史記』 8 新羅本紀 8)
신라	6월에 크게 가물었다. 왕이 하서주 용명악의 거사 이효을 불러 임천사 연못가에서 비를 빌게 하였더니 비가 열흘간이나 내렸다. (『三國史節要』 11)
신라	가을 7월 병오일(27) (…) 미장국인(尾張國人) 외종8위상 석전군이근(席田君邇近) 및 신라인 74가를 미농국(美濃國)에 적을 두게 하니 비로소 석전군(席田郡)을 두게 되었다. (『續日本紀』 6 元明紀)
고구려	당 중종 경룡(개원의 잘못) 3년 8월 병진일(11) 고려와 토욕혼 등 제번이 항복하여 내부하였다. 천자가 다음과 같이 말하였다. "하늘이 교만한 놈들을 망하게 하고 오랑캐이— 운이 다 하였다. 나라에 충신이 있으니 여기가 바로 중국의 땅이다. 고구려왕 막리지 고문간, 협질도독 협질사태, 토욕혼 대수령 자사 모용도노, 욱사사(郁射思) 대수령 골굴힐근, 대수령 자사 필실힐력, 고구려 대수령 고공의 등은 혹 요해(遼海) 귀족(貴族) 혹 음산(陰山)의 총애 받는 자손으로서 지혜로우면서도 능히 용감하고, 일처리에 좋은 계책으로 본번에서 종사하였다. 높은 자리를 다투고, 순역지도(順逆之道)를 헤아리며, 변통할 때를 알며, 혹 부족을 멸망시키는 것으로 맹서한다. 불현듯 몸을 의탁하여 함께 흉노의 멸망을 증명하고, 요여(嫘余)가 들어오는 것을 보았다. 장군은 적을 만나 영원히 새 쏘는 것을 그만 두었다. 사자는 항복한 자들을 맞이 함에 역마를 타고 옴을 들었다. 춥고 고된 땅을 버리고, 따뜻하고 평화로운 못으로 오니 그 정성이여. 짐이 실로 이를 아름답게 여기노니, 마땅히 땅을 열어 주고, 단장(壇塲)을 성대히 하는 제도를 만들 것이다. 고문간은 가히 요서군왕 식읍 3천호 행좌위대장군 원외치동정원에 봉하여 집 1(區), 말 네 필, 물(物) 6백단을, 협질사태는 가히 특진 행우위대장군원회치 겸 협질도독에 누번군공 식읍3천호에 봉하며 가옥 1구, 말 네필, 물 5백단을 내리고, 도노는 가히 좌위위장군원외치겸자사에 운중군 개국공 식읍 2천호에 봉하며, 집 1구, 물 4백단, 말 네필을 내리며, 골굴힐근은 가히 효위장군원외치겸 자사로 음산군 개국공 식읍 2천호에 봉하며, 말 네필, 물 2백단을 내리며, 필실힐력은 가히 좌무위장군원외치겸자사로 안문군개국공 식읍 2천호에 봉하며 말 네필, 물 4백단 집 1구를 내리며, 고공의는 가히 좌령군위장장군 원외치겸자사로 평성군 개국공 식읍 2천호에 봉하며 말 네필, 물 4백단을 내려 줄 만 하다. 골굴힐근의 처 설필에게는 물 150단을, 수력(手力) 2명에게는 각기 물 50단을 내린다. (『册府元龜』 974 外臣部 19 褒異 1)
고구려	고구려 막리지 고문간, 협질도독 협질사태, 토욕혼 대수령 자사 모용도노, 욱사사(郁射思) 대수령 골굴힐근, 대수령 자사 필실힐력, 고구려 대수령 고공의 등은 혹 요해(遼海) 귀족(貴族) 혹 음산(陰山)의 총애받는 후손으로서 지혜로우면서도 능히 용감

하고, 일처리에 좋은 계책으로 본번에서 종사하였다. 높은 자리를 다투고, 순역지도(順逆之道)를 헤아리며, 변통할 때를 알며, 혹 부족을 멸망시키는 것으로 맹서한다. 불현듯 몸을 의탁하여 함께 흉노의 멸망을 증명하고, 유여(由余)가 들어오는 것을 보았다. 장군은 적을 만나 영원히 새 쏘는 것을 그만 두었다. 사자는 항복한 자들을 맞이 함에 역마를 타고 옴을 들었다. 춥고 고된 땅을 버리고, 따뜻하고 평화로운 못으로 오니 그 정성이여. 짐이 실로 이를 아름답게 여기노니, 마땅히 땅을 열어 주고, 단장(壇場)을 성대히 하는 제도를 만들 것이다. 고문간은 가히 요서군왕 식읍 3천호 행좌위대장군 원외치동정원에 봉하여 집 1(區), 말 네 필, 물(物) 6백단을, 협질사태는 가히 특진 행우위대장군원외치 겸 협질사독에 누번군공 식읍3천호에 봉하며 가옥 1구, 말 네필, 물 5백단을 내리고, 도노는 가히 좌위장군원외치겸자사에 운중군 개국공 식읍 2천호에 봉하며, 집 1구, 물 4백단, 말 네필을 내리며, 골굴힐근은 가히 효위장군원외치겸 자사로 음산군 개국공 식읍 2천호에 봉하며, 말 네필, 물 2백단을 내리며, 필실힐력은 가히 좌무위장군원외치겸자사로 안문군개국공 식읍 2천호에 봉하며 말 네필, 물 4백단 집 1구를 내리며, 고공의는 가히 좌령군위장장군원외치겸자사로 평성군 개국공 식읍 2천호에 봉하며 말 네필, 물 4백단을 내려 줄 만 하다. 골굴힐근의 처 설필에게는 물 150단을, 수력(手力) 2명에게는 각기 물 50단을 내린다. (『全唐文』21 元宗皇帝 賜高麗莫離支及吐谷渾等大首領爵賞制)

| 신라 | 가을 9월 태백성이 서자성을 가렸다. 秋九月 太白掩庶子星 (『三國史記』8 新羅本紀 8) |
| 신라 | 가을 9월 태백성이 서자성을 가렸다. (『三國史節要』11) |

| 신라 | 겨울 10월 유성이 자미원(紫微垣)을 침범하였다. (『三國史記』8 新羅本紀 8) |
| 신라 | 겨울 10월 유성이 자미원을 침범하였다. (『三國史節要』11) |

| 신라 | 12월 유성이 천창(天倉)에서 에 들어가니 죄인을 풀어주었다 (『三國史記』8 新羅本紀 8) |
| 신라 | 12월 유성이 천창에서 태미원으로 들어갔다. (『三國史節要』11) |

| 신라 | 12월 죄인을 풀어주었다. (『三國史記』8 新羅本紀 8) |
| 신라 | 12월 죄인을 풀어주었다. (『三國史節要』11) |

| 신라 | 12월 왕자 중경(重慶)을 태자로 삼았다. (『三國史記』8 新羅本紀 8) |
| 신라 | 12월 왕자 중경을 태자로 삼았다. (『三國史節要』11) |

716(丙辰/신라 성덕왕 15/발해 고왕 18/唐 開元 4/일본 靈龜 2)

| 신라 | 봄 정월 유성이 달을 침범하자 달에 빛이 없어졌다. (『三國史記』8 新羅本紀 8) |
| 신라 | 봄 정월 유성이 달을 침범하자 달에 빛이 없어졌다. (『三國史節要』11) |

| 신라 | 3월 사신을 당나라에 보내 방물을 바쳤다. (『三國史記』8 新羅本紀 8) |
| 신라 | 3월 사신을 당나라에 보내 조공하였다. (『三國史節要』11) |

| 신라 | 3월 성정(成貞)[엄정(嚴貞)이라고도 한다]왕후를 궁에서 내보내고 채색 비단 5백필과 전(田) 2백결 조 1만석 집 한 구(區)를 하사했는데, 집은 강신공(康申公)의 옛 집을 사서 준 것이다. (『三國史記』8 新羅本紀 8) |

신라	3월 성정왕후를 내보내고 다른 집에 살게 하였는데, 채색 비단 5백필, 전 2백결, 조 1만 석을 주었다. (『三國史節要』11)

신라	3월 태풍이 불어 나무가 뽑히고 기와가 날라갔으며, 숭례전(崇禮殿)이 무너졌다. (『三國史記』8 新羅本紀 8)
신라	3월 태풍이 불어 나무가 뽑히고 기와가 날라갔으며, 숭례전이 무너졌다. (『三國史節要』11)

신라	3월 정해일(11) 신라가 신하 김풍후(金楓厚)를 보내 정월을 축하하니 원외랑(員外郞)을 제수하고 번으로 돌려보냈다. (『冊府元龜』974 外臣部 19 褒異 1)
신라	개원 4년 3월 신라가 신하 김풍후(金楓厚)를 보내 정월을 축하하였다. (『冊府元龜』971 外臣部 16 朝貢 4)
신라	3월 입당 하정사 김풍후가 귀국하려고 하자 원외랑으로 제수하고 돌려보냈다. (『三國史記』8 新羅本紀 8)
신라	3월 하정사 김풍후가 돌아왔다. 당나라 황제가 원외랑으로 제수하였다. (『三國史節要』11)

신라	5월 신묘일(16) 준하(駿河) 신비(申斐) 상모(上摸) 상총(上總) 하총(下總) 상륙(常陸) 하야(下野) 7개국 고려인 1,799명을 무장국(武藏國)으로 옮겨 비로소 고려군(高麗郡 焉)을 두었다. (『續日本紀』7 元明紀)

신라	6월 신해일(7) 정7위상 마사이마려(馬史伊麻呂) 등이 신라국 자표마(紫驃馬) 2필을 바쳤는데, 키가 5척 5촌이었다. (『續日本紀』7 元明紀)

신라	여름 6월에 가물어서 또 거사 이효를 불러 기도하였더니 비가 내렸다. (『三國史記』8 新羅本紀 8)
신라	여름 6월에 가물어서 또 거사 이효 불러 기도하였더니 비가 내렸다. (『三國史節要』11)

신라	여름 6월 죄인을 풀어주었다. (『三國史記』8 新羅本紀 8)
신라	여름 6월 죄인을 풀어주었다. (『三國史節要』11)

717(丁巳/신라 성덕왕 16/발해 고왕 19/唐 開元 5/일본 靈龜 3, 養老 1)

백제	봄 정월 을사일(4) 정5위상 백제왕양우(百濟王良虞)에게 종4위하를 제수하였다. (『續日本紀』7 元正紀)

신라	봄 2월 의박사(醫博士) 산박사(筭博士) 각 한 명씩 두었다. (『三國史記』8 新羅本紀 8)
신라	봄 2월 의박사와 산박사 각 한 명씩 두었다. (『三國史節要』11)

신라	3월 새 궁궐을 창건하였다. (『三國史記』8 新羅本紀 8)
신라	3월 새 궁궐을 창건하였다. (『三國史節要』11)

신라	개원 5년 3월 불열말갈(拂涅靺鞨) 발율(勃律) 신라, 안국(安國)이 함께 사신을 보내어 방물을 바쳤다. (『冊府元龜』971 外臣部 16 朝貢 4)

신라	여름 4월 지진이 일어났다. (『三國史記』 8 新羅本紀 8)
신라	여름 4월 지진이 일어났다. (『三國史節要』 11)
신라	개원 5년 5월 진랍(眞臘), 문단(文單), 신라, 말갈, 중천축국(中天竺國) 함께 사신을 보내어 조회에 와서 같이 방물을 바쳤다. (『冊府元龜』 971 外臣部 16 朝貢 4)
신라	6월 태자 중경이 죽었다. 시호를 효상(孝殤)이라고 하였다. (『三國史記』 8 新羅本紀 8)
신라	6월 태자 중경이 죽었다. 시호를 효상(孝殤)이라고 하였다 (『三國史節要』 11)
신라	가을 9월 입당대감 수충(守忠)이 돌아왔다. 문선왕(文宣王), 십철(十哲) 72제자도(弟子圖)를 바치니 태학에 두었다. (『三國史記』 8 新羅本紀 8)
신라	가을 9월 태감 수충이 당에서 돌아왔다. 문선왕, 십철, 72제자의 화상을 바치니 태학에 두도록 명하였다. (『三國史節要』 11)
신라	겨울 10월 무인일(12) 정3위 아배조신숙나마려(阿倍朝臣宿奈麻呂), 정4위하 안팔만왕(安八萬王), 종4위하 주부왕(酒部王) 판합부왕(坂合部王), 지노왕(智努王), 어원왕(御原王), 백제왕양우, 중신조신인족(中臣朝臣人足) 등에게 관위를 더해 주었는데, 각각 차등이 있었다. (『續日本紀』 7 元正紀)
고구려 백제	11월 갑진일(8) 고려와 백제 두 나라의 사졸이 본국에 난이 일어나자 성스런 교화에 의탁해 왔었는데, 조정에서는 나라가 없어진 것을 가엽게 여겨 종신토록 과역을 면해 주었다. (『續日本紀』 7 元正紀)
고구려	원정천황 양로 원년 11월 갑진일(고려가 사신을 보냈다). (『類聚國史』 193 殊俗部 高麗)

718(戊午/신라 성덕왕 17/발해 고왕 20/唐 開元 6/일본 養老 2)

신라	봄 정월 중시 효정(孝貞)이 물러나자 파진찬 사공(思恭)을 중시로 삼았다. (『三國史記』 8 新羅本紀 8)
신라	봄 정월 중시 효정이 사직하자 파진찬 사공으로 대신하게 하였다. (『三國史節要』 11)
신라	2월 왕이 나라 서쪽 주군으로 순행하여 친히 노인과 홀아비, 홀어미, 고아, 자식없는 사내를 위문하고 물품을 차등있게 내려 주었다. (『三國史記』 8 新羅本紀 8)
신라	2월 왕이 나라 서쪽 주군으로 순행하여 친히 노인과 홀아비, 홀어미, 고아, 자식없는 사내를 위문하고 물품을 차등있게 내려 주었다. (『三國史節要』 11)
발해	개원 6년 2월 을유일(20) 말갈발해군왕 대조영이 아들 술예(術藝)를 보내 조회에 왔따. 회화대장군(懷化大將軍)·행좌위대장군원외치(行左衛大將軍員外置)를 제수하고 숙위하여 머물게 하였다. (『冊府元龜』 974 外臣部 19 褒異 1)
신라	개원 6년 2월 무오일(23) 거란, 신라, 미국(米國), 석국(石國), 말갈, 철리(鐵利), 갈열(鞨涅)의 수장들이 함께 사신을 보내어 조회에 오니 각기 수중랑장(守中郎將)을 제수하고 번으로 돌려보냈다. (『冊府元龜』 974 外臣部 19 褒異 1)

신라	개원 6년 2월 거란, 신라, 미국, 석국, 말갈, 철리, 갈열의 수장들이 함께 사신을 보내어 조회에 왔다. (『冊府元龜』971 外臣部 16 朝貢 4)
신라	양로 2년 3월 을묘일(20) 소납언(少納言) 정5위하 소야조신마량(小野朝臣馬養)을 견신라대사로 삼았다. (『續日本紀』8 元正紀)
신라	3월 지진이 일어났다. (『三國史記』8 新羅本紀 8)
신라	3월 지진이 일어났다. (『三國史節要』11)
신라	5월 병진일(23) 견신라사 등이 출발을 아뢰었다. (『續日本紀』8 元正紀)
신라	여름 6월 황룡사(皇龍寺) 탑이 흔들렸다. (『三國史記』8 新羅本紀 8)
신라	여름 6월 황룡사 탑이 흔들렸다. (『三國史節要』11)
신라	여름 6월 처음으로 누각전(漏刻典)을 설치하였다. (『三國史記』8 新羅本紀 8)
신라	여름 6월 처음으로 누각전을 설치하였는데, 박사 6명, 사 한 명이었다. (『三國史節要』11)
신라	누각전은 성덕왕 17년 처음 설치하였는데, 박사 6명, 사(史) 한 명이었다. (『三國史記』38 雜志 7 職官 上)
신라	여름 6월 사신을 보내어 당에 조공하였다. 수중랑장(守中郎將)을 제수하고 돌려보냈다. (『三國史記』8 新羅本紀 8)
신라	여름 6월 사신을 보내어 당에 조공하였다. (『三國史節要』11)
신라	겨울 10월 유성이 묘성(昴星)에서 규성(奎星)으로 들어갔고, 많은 작은 별들이 이를 따라 갔다. 천구(天狗)가 간방(艮方)에 떨어졌다. (『三國史記』8 新羅本紀 8)
신라	겨울 10월 유성이 묘성에서 규성으로 들어갔고, 많은 작은 별들이 이를 따라 갔다. 천구가 간방에 떨어졌다. (『三國史節要』11)
신라	겨울 10월 한산주도독 관 내에 여러 성들을 쌓았다. (『三國史記』8 新羅本紀 8)
신라	겨울 10월 한산주도독 관 내에 여러 성들을 쌓았다. (『三國史節要』11)
신라	연사전(煙舍典)은 성덕왕 17년에 두었는데, 간옹(看翁)은 1명이다. (『三國史記』39 雜志 8 職官 上)
신라	연사전을 두었다. 간옹은 1명이다. 또 6부 소감전(少監典)을 두었는데, 양부(梁部)와 사량부(沙梁部)에는 감랑(監郞) 각 1명, 대나마 각 1명, 대사 각 2명, 사지 각 1명을 양부에는 사 6명, 사량부에는 사 5명, 본피부(本彼部)에는 감랑 1명, 감대사 1명, 사지 1명, 감당 5명, 사 1명을, 모량부(牟梁部)에는 감신(監臣) 1명, 대사 1명, 사지 1명, 감당 5명, 사 1명을, 한기부(漢祇部)와 습비부(習比部)에는 감심 각 1명, 대사 각 1명, 사지 각 1명, 감당 각 3명, 사 각 1명을 두었다. 또 식척전(食尺典)을 두었는데, 대사 6명, 사 6명이며, 직도전(直徒典)은 대사 6명, 사지 8명, 사 26명을 두었다. 고관가전(古官家典)을 두었는데, 당 4명, 구척 6명, 수주 6명, 화주(禾主) 15명이다. (『三國史節要』11)
신라	승려 진표(眞表)는 완산주(完山州)[지금의 전주목이다] 만경현(萬頃縣) 사람이다[혹

두내산현(豆乃山縣) 혹은 나산현(那山縣)이라 쓰는데 지금의 만경이며, 옛 이름이 두 내산현이다. 관녕전(貫寧傳)에는 승려 △之 고향이 금산현(金山縣)인 사람이라고 하 였는데, 절 이름과 현 이름을 혼동했기 때문이다]. 아버지는 지내말(眞乃末)이고, 어 머니는 길보랑(吉寶娘)인데 정씨(井氏)이다. (『三國遺事』 4 義解 5 眞表傳簡)

신라　　　진표율사는 전주 벽골군 도나산촌(都那山村) 대정리(大井里) 사람이다. (『三國遺事』 4 義解 5 關東楓岳鉢淵藪石記)

신라 백제　승려 진표는 백제인이다. 집은 금산(金山)인데 대대로 활로 사냥을 했는데 진표는 몸이 재빨라 활쏘기가 가장 편하였다. (『宋高僧傳』 14 明律篇 4-1 唐 百濟國 金山 寺 眞表傳)

신라 백제　당나라 승려 진표는 백제사람이다. 대대로 화살로 사냥을 했는데, 진표는 더욱 몸이 빨라 활을 잘 쏘았다. (『新修科分六學僧傳』 28 定學 證悟科 唐 眞表)

719(己未/신라 성덕왕 18/발해 무왕 仁安 1/唐 開元 7/일본 養老 3)

고구려　　당 현종 개원 7년 정월 을미일(5) 요서군왕 고문간의 처 아사나(阿史那氏)를 요서군 부인으로 제수하였다. 문간은 동쪽 번국의 추장으로 무리를 이끌고 우리에게 귀순했 기로 더욱 총애하였다. (『冊府元龜』 974 外臣部 19 褒異 1)

신라　　　정월 병신(6) (…) 신라가 사신을 파견해 와서 정월을 축하하였다. (『冊府元龜』 974 外臣部 19 褒異 1)

신라　　　봄 정월 당에 사신을 보내 정월을 축하하였다. (『三國史記』 8 新羅本紀 8)

신라　　　봄 정월 당에 사신을 보내 정월을 축하하였다. 正 (『三國史節要』 11)

신라　　　정월에 (…) 신라국이 (다른 나라들과) 함께 사신을 보내어 정월을 축하하였다. (『冊 府元龜』 971 外臣部 16 朝貢 4)

신라　　　절은 서울 동남쪽 20리 가량되는 곳에 있다. 금당(金堂)의 주불 미륵존상화광후기 (彌勒尊像火光後記)에는 다음과 같이 기록되어 있다. 개원(開元) 7년 기미 2월 15일 에 중아찬(重阿喰) 김지성(金志誠)이 돌아가신 아버지 인장(仁章) 일길간(一吉干)과 돌아가신 어머니 관초리부인(觀肖里夫人)을 위하여 감산사(甘山寺) 한 채와 돌미륵 한 구를 정성껏 조성하고, 겸하여 개원(愷元) 이찬(伊喰), 아우 양성(良誠) 소사(小 舍), 현도사(玄度師), 누이 고파리(古巴里), 전처 고로리(古老里), 후처 아호리(阿好 里)와 또한 서형(庶兄) 급한(及漢) 일길찬(一吉喰), 일당(一幢) 살찬(薩喰), 총민(聰敏) 대사(大舍), 누이동생 수힐매(首肹買) 등을 위하여 함께 이 선한 일을 경영하였다. 돌아가신 초리(肖里)부인은 고인이 되어서, 동해(東海) 흔지(欣支)가에 뼈를 뿌렸다 ['고인이 되어서' 이하는 그 뜻을 알 수 없다. 다만 옛날 글 그대로 적어둔다. 아래 도 같다].
　　　　　미타불화광후기에 다음과 같이 기록되어 있다. 중아찬 김지전(金志全)은 일찍이 상 의(尙衣)로서 임금을 모셨고, 또 집사시랑(執事侍郎)으로 있다가 나이 67세에 벼슬 을 그만두고 한가롭게 지냈다. 국주대왕(國主大王)과 이찬 개원, 돌아가신 아버지 인장 일길간, 돌아가신 어머니, 죽은 동생 소사 양성(梁誠), 사문(沙門) 현도(玄度), 죽은 아내 고로리(古路里), 죽은 누이 동생 고파리(古巴里), 또 처 아호리(阿好里) 등을 위하여 감산(甘山)의 장전(莊田)을 희사하여 가람을 세우고, 이어 석미타(石彌 陀) 한 구를 조성하여 돌아가신 아버지 인장 일길간을 받들어 위하였다. 고인이 되 자 동해 유우변(攸友邊)에 뿌렸다. [제왕의 계보를 살펴보며 김개원은 곧 태종춘추의 여섯째 아들인 태자 개원 각간이니 바로 문희가 낳은 이다. 김지전은 곧 인장 일길 간의 아들이다. 동해 흔지는 아마 법민을 동해에 장사지낸 것을 말한 것 같다]. (『三

國遺事』3 塔像 4 南月山[亦名甘山寺])

신라　　개원 7년 기미 2월 15일 중아찬 김지성(金志誠)은 돌아가신 아버지 인장(仁章) 일길
찬과 돌아가신 어머니 관초리(觀肖里)를 위하여 감산사와 석조 아미타상 1구와 미륵
상 1구를 삼가 조성하였다.
　　　듣건대 지극한 도는 그윽하고 미묘하여 생기지도 않고 없어지지도 않으니 능인(能
仁)의 참된 자취는 가고 옴이 없다. 이런 까닭으로 현신·법신·응신의 삼신불은 근기
에 따라 제도하여 천사(天師)의 열가지 공덕상을 나타내었고 원(願)이 있으면 모두
이루었다.
　　　제자 지성은 성세에 태어나 영화로운 관직을 역임하였으나 지략이 없어 시폐를 바
르게 하려다가 겨우 형(刑)과 법에 걸리는 것을 면하였다. 성품은 산수를 좋아하여
장자(莊子)·노자(老子)의 유유자적함을 사모하였고 뜻은 진종(眞宗)[불교]을 중히 여
겨 무착(無著)의 그윽하고 적적함을 희구하였다. 나이 67세에 조정에서 임금이 맡긴
일을 사퇴하고 드디어 한적한 전원에 돌아가 오천 언의『도덕경』을 들춰 보고 명예
와 지위를 버리고 현묘한 진리의 세계에 들어가 17지(地)의 유가법문을 깊이 연구하
여 색(色)과 공(空)이 무너져 모두 민멸함을 알았다. 이윽고 다시 왕명을 초려에 내
리니 멀리 도성의 바쁜 직무를 맡아 비록 관에 있으나 세속을 꺼리고 세간 밖에 둔
마음을 버리지 아니하여 지성의 자산과 업을 다하여 감산의 가람을 세웠다.
　　　엎드려 바라건대 이 작은 정성이, 위로는 국주대왕께서 천년의 장수를 누리시고 만
복이 널리 뻗치시며, 개원 이찬공은 번뇌의 세속사를 벗어나 태어남이 없는 묘과(妙
果)를 증득하고, 동생 양성 소사, 현도사, 누나 고파리, 전처 고노리, 후처 아호리와
서형 급한 일길찬, 일동 살찬, 총경 대사, 누이 수힐매리 그리고 끝없는 법계의 일
체 중생에게 미쳐 함께 세속을 벗어나 다 부처의 경지에 오르소서. 비록 정성스러운
△으로 하여 이 원(願)을 다하여 무궁한 겁에 돌이 이미 닳아 없어지더라도 존용은
△하지 아니하여 구하면 과보를 얻지 아니함이 없고 원이 있으면 다 이루어지기를.
만일 이 마음의 서원에 따름이 있다면 모두 함께 그 선인(善因)을 지었다. 돌아가신
어머니 관초리 부인은 나이 66세에 고인이 되어 동해 흔지(欣支)가에 뿌렸다. (「甘
山寺 彌勒像 造像記」)

신라　　무릇 지극한 도란 생기지도 않고 멸하지도 않는 것이나 오히려 주(周)나라 때 자취
를 드러내었고 능인(能仁)은 가고 옴이 있어 일찍이 한(漢) 명제(明帝)의 꿈에 모습
이 보여 남상(濫觴)이 되어 비로소 서역으로부터 법등을 전하여 동방에 이르렀다.
드디어 이에 불일(佛日)의 그림자가 해가 뜨는 땅을 가리워 비추었고 패엽(貝葉)에
기록된 경문은 패수(浿水)를 넘어와 (동방을) 계발하였다. 용궁같은 절이 우뚝우뚝
솟고 기러기처럼 탑이 벌려져 있어 사위성(舍衛城)의 경계가 여기에 있고 극락과도
같이 빽빽하였다.
　　　중아찬 김지전(金志全)은 신령스러운 산천의 정기로 탄생하여 성진(星辰)이 내린 덕
을 받아 성품은 구름과 노을에 맞고 정은 산수와 벗하였다. 현명한 자질을 갖추어
명(命)을 이어서 받았고 지략을 품어서 시정을 보좌하니 대궐에 나아가 경륜을 쌓아
곧 상사(尙舍)를 제수하여 어명을 받들었고 계림에 뛰어나 관인(官印)을 끌고 집사
시랑을 맡았다. 나이 67세에 벼슬을 버리고 물러나 세간을 피하고 한적한 곳에 거
처하니 사호(四皓)의 고상함과 같았고 영화를 버리고 성품을 기르니 양소(兩疏)가
물러날 때를 안 것과 같았다. 무착(無著)의 진종(眞宗)을 우러러 사모하여 때때로
『유가론』을 읽고 겸하여 장주(莊周)의 그윽한 도를 사랑하여 날마다 「소요편」을 열
람하고, 자애로운 부모 은덕에 보답함은 부처님의 힘 만한 것이 없으며 성스러운 임
금의 은혜에 보답함은 삼보의 인을 넘는 것이 없다고 여기었다.
　　　그러므로 국주대왕과 이찬 개원공, 망고, 망비, 망제 소사 양성, 사문 현도, 망처 고

로리, 망매 고보리 또 처 아호리 등을 위하여 그의 감산장전을 희사하여 이 가람을 세웠다. 이에 석조 아미타상 1구를 조성하니 엎드려 바라건대 이 작은 인연이 피안에까지 넘어가 사생 육도의 중생 모두 보리를 증득하소서.

개원 7년 기미 2월 15일 내마 총(聰)이 교를 받들어 지었고 사문 석경융(釋京融) 대사 김취원(金驟源) △△△ … (교를 받들어 썼다).

망고 인장 일길찬은 나이 47세에 고인이 되어 동해 바윗가에 (유골을) 흩뿌렸다. 후대에 추모하고 그리워하는 자는 이 선업의 도움이 있으리라. 김지전 중아찬은 삼가 생전에 이 선업을 만들었으며, △ (69세인) 경신년 4월 22일 서거하여 △ 하였다. (「甘山寺 阿彌陀像 造像記」)

신라	2월 기사일(10) 견신라사 정5위하 소야조신마량(小野朝臣馬養) 등이 돌아왔다. (『續日本紀』 8 元正紀)
발해	3월 정유(8) 발해말갈군왕 대조영이 죽었다. 그 아들 무예가 왕위를 이었다. (『舊唐書』 8 本紀 8 玄宗 上)
발해	개원 7년 3월 발해왕 대조영이 죽었다. 병진일(18) 그 아들 무예에게 왕위를 잇도록 명하였다. (『資治通鑑』 212 唐紀 28 玄宗至道大聖大明孝皇帝)
발해	개원 7년 3월 홀한주도독 발해군왕 대조영이 죽었다. 사신을 보내어 위무하고 그 적자 계루군왕 대무예를 세워 좌효위대장군(左驍衛大將軍)·발해군왕(渤海郡王)·홀한주도독(忽汗州都督)을 잇도록 하였다. (『冊府元龜』 964 外臣部 9 封冊 2)
발해 고구려	개원 7년[기미년이다] 조영이 죽자 시호를 고왕이라고 하였다. 세자가 뒤를 이으니 명황이 전책을 내려 왕위를 잇게 하였다. 사사로이 연호를 개정하여 드디어 해동의 번성한 나라가 되었다. 5경 15부 62주가 있다. (『三國遺事』 1 紀異 1 靺鞨渤海)
발해	개원 7년 조영이 죽었다. 현종이 사신을 보내어 조문하고 그 적자 계루군왕 대무예를 세워 아비의 좌효위대장군·발해군왕·홀한주도독을 잇도록 하였다. (『舊唐書』 199下 列傳 149下 北狄 渤海靺鞨)
발해	현종 개원 7년 조영(祚榮)이 죽으니, 그 나라에서 사사로이 시호를 고왕(高王)이라고 하였다. 아들 무예가 왕위에 올라 영토를 크게 개척하니, 동북의 모든 오랑캐들이 겁을 먹고 그를 섬겼으며, 또 사사로이 연호를 인안(仁安)으로 고쳤다. 현종이 전책(典冊)을 내려 왕 및 도독을 세습시켰다. 얼마 안되어 흑수말갈의 사자가 입조하므로, 현종은 그 땅을 흑수주(黑水州)로 삼았다. 장사(長史)를 두어 모두 총괄하게 하였다. 무예가 그의 부하들을 불러다 모의하기를, "흑수가 처음에는 우리에게 길을 빌어서 당과 통하게 되었고, 지난번 돌궐에게 토둔(吐屯)을 청할 적에도 모두 우리에게 먼저 알려 왔다. 이제 당에게 벼슬을 청하면서 우리에게 알리지 않았으니, 이는 반드시 당과 더불어 앞뒤로 우리를 치려는 것이다."라고 하였다. 곧 아우 문예 및 외삼촌 임아(任雅)를 시켜 군사를 동원하여 흑수를 치게 하였다. 문예는 일찍이 볼모로 서울에 와 있었으므로 이로움과 해로움을 알아 무예에게 다음과 같이 말하였다. "흑수가 벼슬을 청하였다 하여 우리가 그를 친다면 이는 당을 저버리는 것입니다. 당은 대국으로서 군사가 우리보다 1만 배나 되는데, 그들과 원한을 맺는다면 우리는 곧 망합니다. 지난날 고구려가 전성할 때 군사 30만으로 당과 맞서 싸운 것은 영웅스럽고 굳세다 할 만하지만, 당군이 한번 덮치매 땅을 쓸듯이 멸망하였습니다. 오늘날 우리의 군사는 고구려에 비한다면 3분의 1에 지나지 않으니, 왕이 그들을 어긴다는 것은 불가합니다."고 말하였으나, 무예는 듣지 않았다. 군사가 국경에 이르렀을 적에 또 글을 올려 굳이 간하자, 무예는 화를 내어 종형(從兄) 일하(壹夏)

를 보내어 대신 통솔케 하고, 문예는 불러다 죽이려 하였다. 문예가 두려워서 사잇길을 통하여 귀순해 오니, 조칙으로 좌효위장군(左驍衛將軍)을 제수하였다. 무예가 사자를 보내어 문예의 죄악을 폭로하고, 죽이기를 청하였다. 조서를 내려 그를 안서(安西)로 옮겨 보내고, "문예가 곤궁에 처하여 나에게 귀순해 왔으니, 의리상 죽일 수가 없어서 벌써 나쁜 곳으로 옮겨 보냈소."라고 좋게 말하여 답장을 보냈다. 아울러 사자는 머물러 있게 하여 보내지 않고, 별도로 홍려소경(鴻臚少卿) 이도수(李道邃)와 원복(源復)을 보내어 유지(諭旨)를 전하였다. 무예가 사실을 숨긴 것을 알고 글을 올려 드러내놓고, "폐하는 거짓을 천하에 보여서는 아니 되오."하니, 기어코 문예를 죽이라는 뜻이었다. 현종은 도수와 복이 국가의 일을 누설한 데 대해 노하여 모두 좌천을 시키고, 거짓으로 문예를 물리쳐서 회보하였다. (『新唐書』219 列傳 144 北狄 渤海)

발해   개원 7년 조영이 죽었다. 현종이 사신을 보내어 그 적자 계루군왕 대무예를 세워 아비의 이어 좌효위대장군·발해왕·홀한주도독·구성연연도독(九姓燕然都督)으로 삼았다. (『冊府元龜』967 外臣部 12 繼襲 2)

신라   5월 을미일(7) 신라공조사(新羅貢調使) 급찬 김장언(金長言) 등이 40인이 와서 조회하였다. (『續日本紀』8 元正紀)

신라   5월 정유일(9) 신라가 사신을 보내어 조회에 왔다가 도중에 죽으니, 태복경(太僕卿)을 추증하고 명주 백필을 부조하였다. (『冊府元龜』974 外臣部 19 褒異 1)

발해   개원 7년 6월 정묘일(10) 말갈발해군왕 대조영이 죽어 물품 5백단을 내리고, 좌감(左監)문솔(門率) 상주국(上柱國) 오사겸(吳思謙)을 섭홍려경(攝鴻臚卿) 지절(持節) 충사(充使)로 삼아 조문하였다. (『冊府元龜』974 外臣部 19 褒異 1)

신라   윤7월 계해일(7) 신라사신들이 조물(調物)과 함께 암수 나마(騾馬) 1필씩을 바쳤다. (『續日本紀』8 元正紀)

신라   윤7월 정묘일(11) 김장언 등에게 연회를 베풀어 주고 국왕 및 장언 등에게 차등있게 녹을 주었다. 이날 대외기 종6위하 백저사광성(白猪史廣成)을 견신라사로 삼았다. (『續日本紀』8 元正紀)

신라   윤7월 계유일(17) 김장언 등이 번국으로 돌아갔다. (『續日本紀』8 元正紀)

신라   8월 계사일(8) 견신라사 백저사광서 등이 출발을 알렸다. (『續日本紀』8 元正紀)

신라   가을 9월 금마군(金馬郡) 미륵사(彌勒寺)에 벼락이 쳤다. (『三國史記』8 新羅本紀 8)

720(庚申/신라 성덕왕 19/발해 무왕 仁安 2/唐 開元 8/일본 養老 4)

신라   봄 정월 지진이 일어났다. (『三國史記』8 新羅本紀 8)
신라   봄 정월 지진이 일어났다. (『三國史節要』11)

신라   봄 정월 상대등 인품(仁品)이 죽어 대아찬 배부(裴賦)를 상대등으로 삼았다. (『三國史記』8 新羅本紀 8)
신라   봄 정월 상대등 인품이 죽어 대아찬 배부가 대신하게 하였다. (『三國史節要』11)

신라	3월 이찬 순원(順元)의 딸을 들여 왕비로 삼았다. (『三國史記』 8 新羅本紀 8)
신라	3월 이찬 순원의 딸을 들여 왕비로 삼았다. (『三國史節要』 11)

신라	여름 4월 많은 비가 내려 산 13개소가 무너졌고, 우박이 내려 벼 모가 상하였다. (『三國史記』 8 新羅本紀 8)
신라	여름 4월 많은 비가 내려 산 13개소가 무너졌고, 우박이 내려 벼 모가 상하였다. (『三國史節要』 11)

신라	5월 유사에게 명하여 해골을 묻게 하였다. (『三國史記』 8 新羅本紀 8)

신라	5월 완산주에서 흰 까치를 바쳤다. (『三國史記』 8 新羅本紀 8)
신라	완산주에서 흰 까치를 바쳤다. (『三國史節要』 11)

신라	6월 왕비를 왕후(王后)로 책봉하였다. (『三國史記』 8 新羅本紀 8)
신라	6월 왕비를 왕후(王后)로 책봉하였다. (『三國史節要』 11)

발해	개원 8년 8월 이 달에 발해군왕 좌효위대장군 대무예의 적자 대도리행(大都利行)을 계루군왕으로 삼았다. (『冊府元龜』 964 外臣部 9 封冊 2)

신라	가을 7월 웅천주(熊川州)에서 흰 까치를 바쳤다. (『三國史記』 8 新羅本紀 8)
신라	가을 7월 웅천주에서 흰 까치를 바쳤다. (『三國史節要』 11)

신라	가을 7월 누리떼가 곡식을 해쳤다. (『三國史記』 8 新羅本紀 8)
신라	가을 7월 누리떼가 곡식을 해쳤다. (『三國史節要』 11)

신라	가을 7월 중시 사공(思恭)이 물러나자 파진찬 문림(文林)을 중시로 삼았다. (『三國史記』 8 新羅本紀 8)
신라	가을 7월 중시 사공이 물러나자 파진찬 문림으로 대신하게 하였다. (『三國史節要』 11)

신라	또 국사와 절 안의 옛 기록을 살펴보니 (…) 제33 성덕왕대 경신년에 (황룡사구층탑을) 다시 세웠다. (『三國遺事』 3 塔像 4 皇龍寺九層塔)

721(辛酉/신라 성덕왕 20/발해 무왕 仁安 3/唐 開元 9/일본 養老 5)

백제	6월 신축일(26) (…) 종4위상 백제왕남전(百濟王南典)을 파마안찰사(播磨按察使)로 삼았다. (『續日本紀』 8 元正紀)

신라	가을 7월 하슬라도(徵何瑟羅道) 정부(丁夫) 2천명을 징발하여 장성을 북쪽 경계에 쌓았다. (『三國史記』 8 新羅本紀 8)
신라	가을 7월 하슬라도 정부 2천명을 징발하여 장성으르 북쪽 경계에 쌓았다. (『三國史節要』 11)

발해	개원 9년 11월 기유일(6) 발해군말갈대수령, 철리대수령, 불열대수령(…) 등이 함께 와서 조회하고 같이 절충(折衝)을 제수하고 그들 번으로 돌려 보냈다. (『冊府元

龜』971 外臣部 16 朝貢 4)

| 발해 | 개원 9년 11월 기유일(6) 발해군말갈대수령, 철리대수령, 불열대수령(…) 등이 함께 와서 조회하고 같이 절충을 제수하고 그들 번으로 돌려 보냈다.(『冊府元龜』974 外臣部 19 褒異 1) |

| 신라 | 12월 이 달 신라공조사 대사 일길찬 김건안(金乾安) 부사 살찬 김필(金弼) 등이 축자(筑紫)에 와서 조회하니 태상천황(太上天皇)이 돌아가셨기에 대재부로부터 돌려보냈다. (『續日本紀』8 元正紀) |

| 신라 | 겨울에 눈이 오지 않았다. (『三國史記』8 新羅本紀 8) |
| 신라 | 겨울에 눈이 오지 않았다. (『三國史節要』11) |

| 신라 | 천문박사(天文博士)를 두었는데 뒤에 사천문박사(司天博士)로 고쳤다. (『三國史節要』11) |

722(壬戌/신라 성덕왕 21/발해 무왕 仁安 4/唐 開元 10/일본 養老 6)

| 신라 | 봄 정월 중시 문림이 죽어 이찬 선종(宣宗)을 중시로 삼았다. (『三國史記』8 新羅本紀 8) |
| 신라 | 봄 정월 중시 문졸이 죽어 이찬 선종으로 대신하게 하였다. (『三國史節要』11) |

| 백제 | 2월 무술일(27) (…) 정6위상 시집숙녜충마려(矢集宿禰蟲麻呂)에게 전(田) 5정(町)을, 종6위하 양호사진신(陽胡史眞身)에게 4정을, 종7위상 대왜기촌소동인(大倭忌寸小東人)에게 4정을, 종7위하 (鹽屋連吉麻呂)에게 5정을, 정8위하 백제인성(百濟人成)에게 4정을 주었는데, 율령을 찬하여 올린 공이 있기 때문이다. (『續日本紀』9 元正紀) |

| 신라 | 2월 서울에 지진이 일어났다. (『三國史記』8 新羅本紀 8) |
| 신라 | 2월 서울에 지진이 일어났다. (『三國史節要』11) |

| 신라 | 5월 기묘일(10) 식부(式部) 대록(大錄) 정7위하 진사주치마려(津史主治麻呂)를 견신라사로 삼았다. (『續日本紀』9 元正紀) |

| 신라 | 5월 무술일(29) 견신라사 진사주치마려 등이 배알하였다. (『續日本紀』9 元正紀) |

| 신라 발해 | 개원 10년 윤5월 무인일(8) 칙서에서 다음과 같이 말하였다. "우리나라의 역년이 점차 많아지면서 구이(九夷)가 같은 글을 쓰며, 사방의 바닷가까지 와서 함께 하고 있다. 무릇 벼슬을 계승하고 정삭(正朔)을 받드니 공경히 덕과 교화를 사모하여 천조(天朝)에 늘어 섰으며, 속국에 포함된 자들 역시 많다. 우리가 시우(時雨)로 그들을 윤택하게 하고, 봄볕으로 그들을 비추고, 도타운 덕으로 그들을 유순하게 하며, 성심으로 그들을 신뢰하니 우아한 풍속이 이미 같아져 뭇 사물이 더욱 번성하여 하늘과 땅에서부터 바다 끝까지 공손히 신하되기를 청하며, 예물을 갖고 조정에 오지 않는 자가 없으니 당나라의 덕이 이처럼 성하다. 지금 서울에 외번의 시자(侍子)들이 오래 있다. 비록 위엄과 은혜가 먼 곳에까지 이르렀으나, 일이 끝남에도 돌아가려는 뜻이 없이 이곳에 머물려 한다. 마땅히 소관 기관은 제번의 충직, 숙위 자제 등을 감별하여 귀국하도록 하라. 거란 및 해(奚)는 연통하여 질자를 통해서 앞의 명에 따라 더불어 멈추게 하여 쫓아내고, 자기 번으로 돌아갔던 수령이 유주(幽州)에 이르 |

	렀으면 또 가도록 하며, 교체되는 자는 즉시 되돌려 보내라. 짐이 금수를 다 이같이 함은 중국과 오랑캐가 모두 태평하여 우리에게 오면 조회하고 찾아뵙는 예를 받아들이고, 돌아가면 낳고 기르는 은혜를 따르게 하기 위함이니, 나의 지극한 정성을 받들어 저 대순(大順)을 숭상하고, 널리 베품을 포용하여 덕이 더 두텁지 않게 하라." (『冊府元龜』170 帝王部 170 來遠)
신라 발해	우리나라가 천하를 통일하여 그 역년이 점차 많아지면서 구이가 같은 글을 쓰며, 사방의 바닷가까지 와서 함께 하고 있다. 무릇 벼슬을 계승하고 정삭을 받드니 공경히 덕과 교화를 사모하여 천조(天朝)에 늘어 섰으며, 속국에 포함된 자들 역시 많다. 우리가 시우(時雨)로 그들을 윤택하게 하고, 봄볕으로 그들을 비추고, 도타운 덕으로 그들을 유순하게 하며, 성심으로 그들을 신뢰하니 우아한 풍속이 이미 같아져 뭇 사물이 더욱 번성하여 하늘과 땅에서부터 바다 끝까지 공손히 신하되기를 청하며, 예물을 갖고 조정에 오지 않는 자가 없으니 당나라의 덕이 이처럼 성하다. 지금 서울에 외번의 시자들이 오래 있다. 비록 위엄과 은혜가 먼 곳에까지 이르렀으나, 일이 끝남에도 돌아가려는 뜻이 없이 이곳에 머물려 한다. 마땅히 소관 기관은 제번의 충직, 숙위 자제 등을 감별하여 귀국하도록 하라. 거란 및 해(奚)는 연통하여 질자를 통해서 앞의 명에 따라 더불어 멈추게 하여 쫓아내고, 자기 번으로 돌아갔던 수령이 유주에 이르렀으면 또 가도록 하며, 교체되는 자는 즉시 되돌려 보내라. 짐이 금수를 다 이같이 함은 중국과 오랑캐가 모두 태평하여 우리에게 오면 조회하고 찾아뵙는 예를 받아들이고, 돌아가면 낳고 기르는 은혜를 따르게 하기 위함이니, 나의 지극한 정성을 받들어 저 대순을 숭상하고, 널리 베품을 포용하여 덕이 더 두텁지 않게 하라. (『全唐文』26 元宗皇帝 放還諸蕃宿衛子弟詔)
신라	가을 8월 비로소 백성들에게 정전(丁田)을 나누어주었다. (『三國史記』8 新羅本紀 8)
신라	가을 8월 비로소 백성들에게 정전을 나누어주었다. (『三國史節要』11)
신라	10월 을사일(7) 신라가 대나마 김인일(金仁壹)을 보내어 정월을 축하하고 방물을 바쳤다. (『冊府元龜』971 外臣部 16 朝貢 4)
신라	겨울 10월 대나마 김인일을 당나라에 보내 정월을 축하하고 더불어 방물을 바쳤다. (『三國史記』8 新羅本紀 8)
신라	겨울 10월 대나마 김인일을 당나라에 보내 정월을 축하하고 더불어 방물을 바쳤다. (『三國史節要』11)
신라	겨울 10월 모벌군(毛伐郡)에 성을 쌓아 일본의 침입로를 막았다. (『三國史記』8 新羅本紀 8)
신라	임관군은 본래 모화[문대(蚊代)라고도 쓴다]군(毛火郡)으로 성덕왕이 성을 쌓아 일본이 침입로를 막았다. 경덕왕이 이름을 바꿨는데, 지금 경주에 속하며 거느리는 현은 둘이다. (『三國史記』34 雜志 3 地理 新羅)
신라	개원 10년 임술년 10월 비로소 모화군에 관문을 세웠다. 지금의 모화촌으로 경주 동남지역에 속하니, 일본을 막는 요새였다. 둘레는 6,792보 5척이고, 동원된 역부는 39,262명이며, 감독관은 원진 각간이었다. (『三國遺事』2 紀異 2 孝成王)
신라	겨울 10월 각간 원진(元眞)을 보내 모벌군에 성을 쌓아 왜구에 대비하였다. 둘레는 6,792보척(五尺)이다. (『三國史節要』11)
신라	<1> 골고(骨估)가 맡은 남쪽 경계.

거칠산(居七山) (郡)이 맡은 북쪽 경계.

맡은 거리는 7보 1척.

<2>

웅(熊)이 맡은 남쪽 경계

골고가 맡은 북쪽 경계

맡은 구역은 4보 1척

8촌

<3>

△△(이 맡은) 북계

△△△△

△△△△

<4>

압탁(押啄)이 맡은 남쪽 경계

<5>

금경(金京)의 원천모주(元千毛主)가 짓는

북쪽 경계

짓는 구역은 5보 5척

<6>

금경의 도(道)△가

짓는 북쪽 경계

맡은 구역은 5보 5척

<7>

절화군(切火郡)이 맡은 북계

맡은 구역은 10보

2척 7촌

<8>

퇴화(退火)(군이 맡은 구역은)

남쪽 경계

<9>

서랑군(西良郡)이 (맡은 구역은)

<10>

△△군이

맡은 구역은 5보 △

척 북계(北界) (「大岾城(關門城) 石刻」)

발해	개원 10년 11월 신미일(4) 발해가 사신으로 그 대신 주발계(味勃計)를 보내어 조회하고 더불어 매를 바치니 대장군을 제수하고 비단, 포(袍), 금어대(金魚袋)를 내려주고 번으로 돌려보냈다. (『冊府元龜』 975 外臣部 20 褒異 2)
발해	개원 10년 11월 발해가 그 대신 주발계를 보내 조회하고, 매를 바쳤다. (『冊府元龜』 971 外臣部 16 朝貢 4)
신라	12월 경신일(23) 견신라사 진사주치마려 등이 돌아왔다. (『續日本紀』 9 元正紀)
신라	개원 10년 신라가 자주 사신을 보내고 방물을 바쳤다. (『唐會要』 95 新羅)

723(癸亥/신라 성덕왕 22/발해 무왕 仁安 5/唐 開元 11/일본 養老 7)

백제	봄 정월 병자일(10) 천황이 중궁에 납시어 종4위상 아배조신수명(阿倍朝臣首名), 석천조신석족(石川朝臣石足), 백제왕남전(百濟王南典)을 모두 정4위하로 제수하고, (…) 정6위하 선련대어(船連大魚), 하내기촌인족(河內忌寸人足), 환련남사(丸連男事), 지아폐련아미태(志我閉連阿彌太), 월지직광강(越智直廣江), 견부사주석전(堅部使主石前), 고금장(高金藏), 고지련혜아마려(高志連惠我麻呂)에게 종5위하를 제수하였다. (『續日本紀』9 元正紀)
신라	봄 3월에 왕이 당에 사신을 보내 미녀 2명을 바쳤다. 한 명은 이름이 포정(抱貞)이며 아버지는 나마(奈麻) 천승(天承)이었고, 또 한 명은 이름이 정완(貞菀)이며 아버지는 대사(大舍) 충훈(忠訓)이었다. 의복, 그릇, 노비, 수레와 말을 주어 예와 자태를 갖추게 하여 보내었다. 현종이 말하였다. "너희들은 모두 왕의 고종 자매로서 가족과 떨어지고 본국과 헤어졌으니 짐은 차마 남겨둘 수가 없다." 이에 후하게 하사하고 돌려보냈다. 그런데 정완의 묘비에 다음과 같이 적혀 있다. "효성왕 6년인 천보(天寶) 원년에 당에서 돌아왔다." 어느 것이 옳은지 모르겠다. (『三國史記』8 新羅本紀 8)
신라	봄 3월 왕이 사신을 당나라에 보내 미녀 포정과 정원을 바쳤다. 포정은 나마 천승의 딸이고, 정원은 대사 충훈의 딸이다. 차림을 잘 갖추어 보내니 황제가 다음과 같이 말하였다. "너희는 모두 왕의 고종 자매로 가족과 떨어지고 본국과 헤어졌으니, 짐이 차마 남겨둘 수가 없다." 이에 후하게 하사하고 돌려보냈다. (『三國史節要』11)
신라	11년 4월 신라왕 김흥광(金興光)이 사신을 보내어 과하마(果下馬) 1필과 우황(牛黃), 인삼(人蔘), 두발(頭髮), 조하주(朝霞紬), 어아주(魚牙紬), 누응령(鏤鷹鈴), 해표 가죽, 금은 등을 보냈다. 흥광이 표문을 올려 다음과 같이 말하였다. "신의 나라는 바다 골짜기에 있고, 땅이 먼 모퉁이에 있어 천주(泉州) 상인의 진주도 없으며, 종인(賨人)이 진귀한 물자도 없습니다. 감히 토산물로 황제의 관청을 더럽히고, 노새의 재주로 황제의 마굿간을 더럽힙니다. 저 생각컨대 연나라의 돼지에 견줄만 한데 감치 초나라의 닭과 비슷하다고 하였으니 깊이 부끄러움을 깨닫고 더욱 두렵고 땀이 날 뿐입니다. (『冊府元龜』971 外臣部 16 朝貢 4)
신라	여름 4월 신라왕 김흥광이 사신을 보내어 과하마 1필과 우황, 인삼, 두발, 조하주, 어아주, 누응령, 해표 가죽, 금은 등을 보냈다. 흥광이 표문을 올려 다음과 같이 말하였다. "신의 나라는 바다 골짜기에 있고, 땅이 먼 모퉁이에 있어 천주 상인의 진주도 없으며, 종인의 진귀한 물자도 없습니다. 감히 토산물로 황제의 관청을 더럽히고, 노새의 재주로 황제의 마굿간을 더럽힙니다. 저 생각컨대 연나라의 돼지에 견줄만한데 감치 초나라의 닭과 비슷하다고 하였으니 깊이 부끄러움을 깨닫고 더욱 두렵고 땀이 날 뿐입니다. (『三國史記』8 新羅本紀 8)
신라	여름 4월 신라왕 김흥광이 사신을 보내어 과하마 1필과 우황, 인삼, 두발, 조하주, 어아주, 누응령, 해표 가죽, 금은 등을 보냈다. 흥광이 표문을 올려 다음과 같이 말하였다. "신의 나라는 바다 골짜기에 있고, 땅이 먼 모퉁이에 있어 천주 상인의 진주도 없으며, 종인의 진귀한 물자도 없습니다. 감히 토산물로 황제의 관청을 더럽히고, 노새의 재주로 황제의 마굿간을 더럽힙니다. 저 생각컨대 연나라의 돼지에 견줄만한데 감치 초나라의 닭과 비슷하다고 하였으니 깊이 부끄러움을 깨닫고 더욱 두렵고 땀이 날 뿐입니다. (『三國史節要』11)
신라	11년 흥광이 사신을 보내어 과하마 2필, 우황, 인삼, 두발, 조하주, 어아주, 누응령,

	해표 가죽, 금은 등을 보내고, 표문을 올려 사례의 말을 전하였다. (『唐會要』 95 新羅)
신라	현종 개원 연간에 자수 입조하여 과하마, 조하주, 어아주, 해표 가죽을 바쳤다. (『新唐書』 220 列傳 145 東夷 新羅)
신라	여름 4월 지진이 일어났다. (『三國史記』 8 新羅本紀 8)
신라	여름 4월 지진이 일어났다. (『三國史節要』 11)
신라	8월 경자일(8) 신라사신 한나마(韓奈麻) 김정숙(金貞宿), 부사 한나마 석양절(昔楊節) 등 15명이 와서 공물을 바쳤다. (『續日本紀』 9 元正紀)
신라	8월 신축일(9) 김정숙 등에게 조당에서 연회를 베풀고 활쏘기와 여러 지방의 음악 연주를 내려 주었다. (『續日本紀』 9 元正紀)
신라	8월 정사일(25) 신라 사신이 번으로 돌아갔다. (『續日本紀』 9 元正紀)
부여 고구려	개원 11년 또 달말루(達末婁)·달구(達姤) 두 부의 수령이 조공하였다. 달말루는 스스로 말하기를 북부여의 후예로 고려가 그 나라를 멸망시켜 그 유민들이 나하(那河)를 건너 그곳에서 살았다고 한다. 혹 타루하(他漏河)라고 하는데 동북으로 흘러 흑수(黑水)로 들어간다. (『新唐書』 220 列傳 145 東夷 達末婁)
신라	이 때 신라의 통선사(通禪師)가 있었는데, 오력(五力)을 최상의 교법으로 삼고 일문(一門)에 깊이 들어갔으며, 남을 이롭게 하는 행동은 세속을 포섭하였고 공덕수(功德水)는 하늘을 맑게 하였다. 그를 기려 연성(演成)하여 공손하게 서술하였다. (「大雲寺 禪院碑」: 『全唐文』 264; 『李北海集』 4; 『唐文粹』 65)

724(甲子/신라 성덕왕 23/발해 무왕 仁安 6/唐 開元 12/일본 養老 8, 神龜 1)

신라	봄에 왕자 승경(承慶)을 태자로 삼고 대사령을 내렸다. (『三國史記』 8 新羅本紀 8)
신라	봄에 왕자 승경을 태자로 삼고 대사령을 내렸다. (『三國史節要』 11)
신라	봄 웅천주(熊川州)가 영지를 바쳤다. (『三國史記』 8 新羅本紀 8)
신라	봄 웅천주가 영지를 바쳤다. (『三國史節要』 11)
발해 신라	개원(開元) 12년 2월 을사일(15) (…) 발해말갈이 신하 하조경(賀祚慶)을 보내 정월을 축하하였고, 신라는 신하 김무훈(金武勳)을 보내 정월을 축하하였다. (…) 더불어 유격장군(游擊將軍)으로 진급시키고 각기 비단 50필을 내려주고 번으로 돌려보냈다. (『册府元龜』 975 外臣部 20 褒異 2)
신라	2월 김무훈을 당나라에 보내 정월을 축하하였다. 김무훈이 돌아올 때 현종이 글을 내렸다. "경이 늘 정삭(正朔)을 받들어 짐의 궁궐에 와서 조공하니 말과 생각이 품은 바가 매우 가상하도다. 또 진상한 여러 물건들을 보니 거친 파도를 건너고 초목이 우거진 숲을 지나왔는데도 물건이 정갈하고 고우니 경의 마음이 잘 드러나도다. 지금 경에게 비단옷, 금띠 및 비단 명주 합계 2천 필을 하사하여 정성스런 바침에 답하노니, 도착하거든 마땅히 거두라." (『三國史記』 8 新羅本紀 8)
신라	2월 김무훈을 당나라에 보내 정월을 축하하였다. 김무훈이 돌아올 때 현종이 글을 내렸다. "경이 늘 정삭(正朔)을 받들어 짐의 궁궐에 와서 조공하니 말과 생각이 품

은 바가 매우 가상하도다. 또 진상한 여러 물건들을 보니 거친 파도를 건너고 초목이 우거진 숲을 지나왔는데도 물건이 정갈하고 고우니 경의 마음이 잘 드러나도다. 지금 경에게 비단옷, 금띠 및 비단 명주 합계 2천 필을 하사하여 정성스런 바침에 답하노니, 도착하거든 마땅히 거두라.”(『三國史節要』11)

발해 신라	개원 12년 2월 거란이 사신 열례(涅禮)를 보내 정월을 축하하고, 더불어 방물을 바쳤다. 해(奚)는 대수령 이해노(李奚奴) 등 열 명을, 발해말갈은 그 신하 하작경(賀作慶)을, 신라는 그 신하 김무훈을 보내 정월을 축하하였다. 각기 비단 50필을 내려주고 번으로 돌려보냈다. (『册府元龜』971 外臣部 16 朝貢 4)
신라	개원 12년에 이르러 그 신하 김무훈을 보내 정월을 축하하고 무훈이 돌아갈 때 물품을 주는 조서를 내려주었다. 또 그 아우 김사종(金嗣宗)으로 하여금 조회하고 더불어 방물을 바치게 하였다. (『唐會要』95 新羅)
신라	12년(11년의 잘못) 흥광이 사신을 보내어 과하마 2필, 우황, 인삼, 두발, 조하주, 어아주, 납주, 누응령, 해표 가죽, 금은 등을 바치고 표문을 올려 사례의 말을 전하였다. (『唐會要』95 新羅)
신라	봄 3월에 왕이 당에 사신을 보내 미녀 2명을 바쳤다. 한 명은 이름이 포정(抱貞)이며 아버지는 나마(奈麻) 천승(天承)이었고, 또 한 명은 이름이 정완(貞莞)이며 아버지는 대사(大舍) 충훈(忠訓)이었다. 의복, 그릇, 노비, 수레와 말을 주어 예와 자태를 갖추게 하여 보내었다. 현종이 말하였다. “너희들은 모두 왕의 고종 자매로서 가족과 떨어지고 본국과 헤어졌으니 짐은 차마 남겨둘 수가 없다.” 이에 후하게 하사하고 돌려보냈다. 그런데 정완의 묘비에 다음과 같이 적혀 있다. “효성왕 6년인 천보(天寶) 원년에 당에서 돌아왔다.” 어느 것이 옳은지 모르겠다. (『三國史記』8 新羅 本紀 8)
신라	봄 3월 왕이 사신을 당나라에 보내 미녀 포정과 정원을 바쳤다. 포정은 나마 천승의 딸이고, 정원은 대사 충훈의 딸이다. 차림을 잘 갖추어 보내니 황제가 다음과 같이 말하였다. “너희는 모두 왕의 고종 자매로 가족과 떨어지고 본국과 헤어졌으니, 짐이 차마 남겨둘 수가 없다.” 이에 후하게 하사하고 돌려보냈다. (『三國史節要』11)
신라	5월 신유일(3) 신라 하정사 김무훈이 번으로 돌아가니 천자가 글을 내려 신라왕 김흥광에게 다음과 같이 말하였다. “경이 늘 정삭을 받들어 짐의 궁궐에 와서 조공하니 말과 생각이 품은 바가 매우 가상하도다. 또 진상한 여러 물건들을 보니 거친 파도를 건너고 초목이 우거진 숲을 지나왔는데도 물건이 정갈하고 고우니 경의 마음이 잘 드러나도다. 지금 경에게 비단옷, 금띠 및 비단 명주 합계 2천 필을 하사하여 정성스런 바침에 답하노니, 도착하거든 마땅히 거두라.”(『册府元龜』975 外臣部 20 褒異 2)
신라	5월 신유일(3) 신라 하정사 김무훈이 번으로 돌아가니 천자가 글을 내려 신라왕 김흥광에게 다음과 같이 말하였다. “경이 늘 정삭을 받들어 짐의 궁궐에 와서 조공하니 말과 생각이 품은 바가 매우 가상하도다. 또 진상한 여러 물건들을 보니 거친 파도를 건너고 초목이 우거진 숲을 지나왔는데도 물건이 정갈하고 고우니 경의 마음이 잘 드러나도다. 지금 경에게 비단옷, 금띠 및 비단 명주 합계 2천 필을 하사하여 정성스런 바침에 답하노니, 도착하거든 마땅히 거두라.”(『册府元龜』980 外臣部 25 通好)

신라	8월 정미일(21) 종5위상 토사숙녜풍마려(土師宿禰豊麻呂)를 견신라대사로 삼았다. (『續日本紀』9 元正紀)
신라	겨울 12월 당나라에 사신을 보내어 방물을 바쳤다. (『三國史記』8 新羅本紀 8)
신라	겨울 12월 당나라에 사신을 보내어 조공하였다. (『三國史節要』11)
신라	12월 거란과 신라왕 김흥광이 사신을 보내어 방물을 바쳤다. (『冊府元龜』971 外臣部 16 朝貢 4)
신라	개원 12년 12월 신라왕 김흥광이 여인 두 명을 바쳤다. 황제 부모와 멀리 떨어진 것 때문에 특별히 봉상(封賞)을 더 해주고 모두 돌려보냈다. 내려주는 글에 다음과 같이 말하였다. "경이 진상한 여인들은 모두 경의 고종 자매로 용모가 정숙하고 아름다우며 덕행이 부드럽고 순하다. 스스로 절개와 천자를 우러러봄이 아니라면, 어찌 능히 은택과 사랑을 아끼겠는가. 그러나 본래의 속세를 떠나 어버이와 이별하니 생각건대 멀리서 조공하는 수고로움을 생각하고, 그리움을 품은 마음을 불쌍히 여겨 비록 먼 곳에서 보내 온 뜻이라도 차마 머무르게 할 수 없다. 지금 각기 그 읍호(邑號)를 더하고, 의복을 내려 조공하는 은혜를 이르게 하니 마땅히 짐의 뜻을 알아주기 바란다." (『冊府元龜』170 帝王部 來遠)
신라	또 두 여인을 바쳤는데, 천자가 이르기를, "여인은 모두 왕의 고종 자매로 본국을 떠나 어버이와 이별하니 짐이 차마 머무르게 할 수 없다."고 하며 두터이 상을 내리고 돌려 보냈다. (『新唐書』220 列傳 145 東夷 新羅)
신라	겨울 12월 소덕왕비가 죽었다. (『三國史記』8 新羅本紀 8)
신라	겨울 12월 소덕왕비가 죽었다. (『三國史節要』11)

725(乙丑/신라 성덕왕 24/발해 무왕 仁安 7/唐 開元 13/일본 神龜 2)

신라	봄 정월 흰 무지개가 나타났다. (『三國史記』8 新羅本紀 8)
신라	봄 정월 흰 무지개가 나타났다. (『三國史節要』11)
발해	개원 13년 정월 (…) 발해가 대수령 조차지몽(鳥借芝蒙)을, 흑수말갈이 그 장수 오랑자(五郞子) (…)를 보내어 더불어 정월을 축하고 방물을 바쳤다. (『冊府元龜』971 外臣部 16 朝貢 4)
신라	3월에 눈이 내렸다. (『三國史記』8 新羅本紀 8)
신라	3월에 눈이 내렸다. (『三國史節要』11)
발해	개원 13년 4월 갑자일(11) 발해수령 알덕(謁德), 흑수말갈 낙개몽(諾箇蒙)이 와서 조회하니 더불어 과의(果毅)를 제수하고 번으로 돌아가게 하였다. (『冊府元龜』975 外臣部 20 褒異 2)
신라	여름 4월 우박이 내렸다. (『三國史記』8 新羅本紀 8)
신라	여름 4월 우박이 내렸다. (『三國史節要』11)
신라	여름 4월 중시 선종이 물러나니 이찬 윤충(允忠)을 중시로 삼았다. (『三國史記』8 新羅本紀 8)
신라	여름 4월 중시 선종이 물러나니 이찬 윤충으로 대신하게 하였다. (『三國史節要』11)

신라	여름 5월 갑진일(22) 견신라사 토사숙녜풍마려 등이 돌아왔다. (『續日本紀』9 元正紀)

발해	개원 13년 5월 발해왕 대무예의 동생 대창발가(大昌勃價)가 와서 조회하니 좌위위원외장군을 제수하고 자포(紫袍), 금대(金帶) 어대(魚袋)를 내려주며 숙위하도록 하였다. (『冊府元龜』975 外臣部 20 褒異 2)

신라	겨울 10월 땅이 흔들렸다. (『三國史記』8 新羅本紀 8)
신라	겨울 10월 땅이 흔들렸다. (『三國史節要』11)

신라	11월 (…) 임진일(12) 현종이 조회하는 장전(帳殿)에서 성대히 갖추어 포고하여 말하였다. "문무관료와 전대 두 임금의 후예, 공자후손 및 여러 나라의 조집사(朝集使), 지방관이 추천한 현량 및 유생, 문사와 부(賦)와 송(頌)을 잘하는 자, 사방 오랑캐의 조회하고 헌상하는 나라, 돌궐의 힐리발, 거란과 혜 등의 왕, 대식(大食)·사율(謝颾)·5천(天) 십성(十姓), 곤륜·일본·신라·말갈의 시자 및 사신, 내신하는 번, 고려조선왕(高麗朝鮮王), 백제대방왕(百濟帶方王), 십성마아사나흥석가한(十姓摩阿史那興昔可汗), 30성좌우현왕, 일남(日南)·서축(西竺)·착치(鑿齒)·조제(雕題)·장가(牂柯)·오호(烏滸)의 추장들은 모주 자리하라."(『舊唐書』23 志 3 禮儀 3)

726(丙寅/신라 성덕왕 25/발해 무왕 仁安 8/唐 開元 14/일본 神龜 3)

발해	개원 14년 3월 을유일(7) 발해말갈왕 대도리(大都利)가 와서 조회하였다. (『冊府元龜』975 外臣部 20 褒異 2)

발해 신라	4월 을축일(17) 발해말갈왕 대도리가 와서 조회하니, 좌무위대장군원외치를 제수하고 숙위하도록 하였다.渤海靺鞨王大都利來朝 授左武衛大將軍·員外置 留宿衛 신라가 사신 김충신(金忠臣)을 보내어 정월을 축하하니 비단 100필을 하사하고 번으로 돌려보냈다. (『冊府元龜』975 外臣部 20 褒異 2)
신라	여름 4월 김충신을 당나라에 보내 정월을 축하하였다. (『三國史記』8 新羅本紀 8)
신라	여름 4월 김충신을 당나라에 보내 정월을 축하하였다. (『三國史節要』11)
신라	신라가 사신 김충신을 보내어 정월을 축하하였다. (『冊府元龜』971 外臣部 16 朝貢 4)

신라	5월 무자일(11) 신라가 그 아우 김흠질(金欽質)을 보내어 조회하니 낭장(郞將)을 제수하고 번으로 돌려보냈다. (『冊府元龜』975 外臣部 20 褒異 2)
신라	5월 왕의 아우 김흠질을 당나라에 보내 조공하니 낭장을 제수하고 돌려보냈다. (『三國史記』8 新羅本紀 8)
신라	5월 왕의 아우 김흠질을 당나라에 보내 조공하니 낭장을 제수하고 돌려보냈다. (『三國史節要』11)
신라	5월 신라가 그 아우 김흠질을 사신으로 보내 와서 조회하였다. (『冊府元龜』971 外臣部 16 朝貢 4)

신라	여름 5월 신축일(24) 신라 사신 살찬 김조근(金造近) 등이 와서 조회하였다. (『續日本紀』9 聖武紀)

신라	6월 신해일(5) 천황이 자리한 가운데 신라사가 조물(調物)을 바쳤다. (『續日本紀』9

聖武紀)

신라　6월 임자일(6) 조당에서 김조근 등에게 연회를 베풀어주고, 녹을 차등있게 내려주었다. (『續日本紀』9 聖武紀)

신라　가을 7월 무자일(13) 김주훈 등이 귀국하였다. 칙서를 내려 다음과 같이 말하였다. "이찬 김순정 등에게 칙을 내린다. 너희 경들은 너의 경역을 안정시키고 우리 조정을 충성스럽게 섬겨 왔다. 조를 바치는 사신 사찬 김주훈 등이 아뢰기를 '순정(順貞)은 지난 해 6월 30일에 죽었습니다.'라 하였다. 슬프도다. 어진 신하로서 나라를 지켜 짐의 팔다리가 되었었는데 지금은 없구나. 나의 좋은 선비가 모두 죽었구나. 이에 부의로 황시(黃絁) 100필과 면 100둔(屯)을 보낸다. 너의 공적을 잊지 않을 것이며 영혼에 삼가 상을 내린다."(『續日本紀』9 聖武紀)

발해　11월 신축일(3) 발해말갈이 그 아들 의신(義信)을 보내 조회하고 방물을 바쳤다. (『舊唐書』8 本紀 8 玄宗 上)

발해　개원 14년 11월에 (…) 발해말갈왕이 아들 의신을 보내 조회하고 더불어 방물을 바쳤다. (『冊府元龜』971 外臣部 16 朝貢4)

발해 고구려　개원 14년에 흑수말갈이 사신을 보내와 조공하므로 조칙으로 그 땅을 흑수주(黑水州)으로 삼아 장사(長史)를 두고, 사신을 보내어 진압케 하였다. 무예가 부하들에게, "흑수가 우리 국경을 거쳐서 처음으로 당과 서로 통하였다. 지난날 돌궐에게 토둔(吐屯)을 청할 적에도 모두 우리에게 먼저 알리고 함께 갔었다. 이제 뜻밖에 바로 당에게 벼슬을 청하였으니, 이는 반드시 당과 공모를 하여 앞뒤로 우리를 치려는 것이다."라고 말하였다. 친아우 대문예 및 그의 외삼촌 임아(任雅)를 시켜 군대를 이끌고 가서 흑수를 치게 하였다. 문예는 일찍이 볼모로 서울에 왔다가 개원 초년에 본국에 돌아갔으므로, 이 때 무예에게, "흑수가 당의 벼슬을 청하였다 하여 그를 바로 치고자 한다면 이는 唐을 저버리는 것입니다. 唐은 사람의 많음과 군사의 강함이 우리의 1만 배가 되는데, 하루아침에 원수를 맺는다면 스스로 멸망을 부를 뿐입니다. 지난날 고구려가 전성할 적에 강병 30만으로 당과 맞서서 복종을 하지 않다가, 당나라 군대가 이를 한번 덮치매 땅을 쓸듯이 다 멸망하였습니다. 오늘날 발해의 인구가 고구려의 몇 분의 일도 못되는데, 그래도 당을 저버리려 하니, 이 일은 결단코 옳지 못합니다."하였으나, 무예는 듣지 않았다. 문예의 군사가 국경에 이르렀을 적에 또 글을 올려 굳이 간하자, 무예는 화를 내어 종형 대일하(大壹夏)를 보내어 문예를 대신하여 군사를 통괄하게 하고, 문예는 불러다 죽이려 하였다. 문예가 마침내 그의 무리를 버리고 사잇길로 도망쳐 오니, 조칙으로 좌효위장군(左驍衛將軍)을 제수하였다. 얼마 후 무예가 사신을 보내어 조공을 바치고, 이어서 표문을 올려 문예의 죄상을 극력 말하고 죽여 주기를 청하였다. 현종은 몰래 문예를 안서(安西)로 보내고 무예에게는, "문예가 먼 곳에서 귀순해 왔으므로 의리상 죽일 수가 없었소. 이제 영남(嶺南)으로 유배(流配)하였는데 벌써 길을 떠났오."라고 회보하는데, 그의 사신 마문궤(馬文軌)와 총물아(蔥勿雅)는 머물러 있게 하고, 따로 사신을 파견하여 회보케 하였다. 그러나 이 일을 곧 누설한 자가 있어서 무예는 또 글을 올려, "대국은 남에게 신의를 보여야 하거늘 어찌 거짓을 일삼는단 말입니까. 이제 들으니, 문예가 영남으로 떠나지 않았다 합니다. 엎드려 청하건대 앞서 청한 대로 죽여 주시기 바랍니다."하고 말하였다. 이로 말미암아 홍려소경(鴻臚少卿) 이도수(李道邃)와 원복(源復)은 관속(官屬)을 감독하지 못하여 일을 누설시킨 죄로, 도수는 조주자사(曹州刺史)로 좌천되고 복은 택주자사(澤州刺史)로 좌천되었다. 그리고 문예를 잠시 영

남으로 보내고서 무예에게 회보하였다. (『舊唐書』 199下 列傳 149下 北狄 渤海靺鞨)

발해　　개원 14년 12월 흑수가 우리 국경을 거쳐서 처음으로 당과 서로 통하였다. 지난날 돌궐에게 토둔(吐屯)을 청할 적에도 모두 우리에게 먼저 알리고 함께 갔었다. 이제 뜻밖에 바로 당에게 벼슬을 청하였으니, 이는 반드시 당과 공모를 하여 앞뒤로 우리를 치려는 것이다.”라고 말하였다. 친아우 대문예 및 그의 외삼촌 임아(任雅)를 시켜 군대를 이끌고 가서 흑수를 치게 하였다. 문예는 일찍이 볼모로 서울에 왔다가 개원 초년에 본국에 돌아갔으므로, 이 때 무예에게, “흑수가 당의 벼슬을 청하였다 하여 그를 바로 치고자 한다면 이는 唐을 저버리는 것입니다. 唐은 사람의 많음과 군사의 강함이 우리의 1만 배가 되는데, 하루아침에 원수를 맺는다면 스스로 멸망을 부를 뿐입니다. 지난날 고구려가 전성할 적에 강병 30만으로 당과 맞서서 복종을 하지 않다가, 당나라 군대가 이를 한번 덮치매 땅을 쓸듯이 다 멸망하였습니다. 오늘날 발해의 인구가 고구려의 몇 분의 일도 못되는데, 그래도 당을 저버리려 하니, 이 일은 결단코 옳지 못합니다.” 하였으나, 무예는 듣지 않았다. (개원 14년 12월) 발해말갈의 왕 무예가 다음과 같이 말하였다. “흑수가 우리 국경을 거쳐서 처음으로 당과 서로 통하였다. 지난날 돌궐에게 토둔(吐屯)을 청할 적에도 모두 우리에게 먼저 알리고 함께 갔었다. 이제 뜻밖에 바로 당에게 벼슬을 청하였으니, 이는 반드시 당과 공모를 하여 앞으로 우리를 치려는 것이다.”라고 말하였다. 친아우 대문예 및 그의 외삼촌 임아를 시켜 군대를 이끌고 가서 흑수를 치게 하였다. 문예는 일찍이 볼모로 서울에 왔다가 개원 초년에 본국에 돌아갔으므로, 이 때 무예에게, “흑수가 당의 벼슬을 청하였다 하여 그를 바로 치고자 한다면 이는 당을 저버리는 것입니다. 당나라는 대국입니다. 지난날 고구려가 전성할 적에 강병 30만으로 당과 맞서서 복종을 하지 않다가, 당나라 군대가 이를 한번 덮치매 땅을 쓸듯이 다 멸망하였습니다. 하물며 우리 인구가 고구려의 십 분의 하나나 둘도 안되는데, 당과 원수가 되려 하면 이는 망국의 형세입니다.” 하였으나, 무예는 듣지 않았다. 문예의 군사가 국경에 이르렀을 적에 또 글을 올려 굳이 간하자, 무예는 화를 내어 종형 대일하(大壹夏)를 보내어 문예를 대신하여 군사를 통괄하게 하고, 문예는 불러다 죽이려 하였다. 문예가 마침내 그의 무리를 버리고 사잇길로 도망쳐 오니, 조칙으로 좌효위장군을 제수하였다. 얼마 후 무예가 사신을 보내어 조공을 바치고, 이어서 표문을 올려 문예의 죄상을 말하고 죽여 주기를 청하였다. 현종은 몰래 문예를 安西로 보내고 그 사신은 머무르게 하였다. 무예에게는, “문예가 먼 곳에서 귀순해 왔으므로 의리상 죽일 수가 없었소. 이제 嶺南으로 유배하였는데 벌써 길을 떠났오.”라고 따로 회보했는데 무예가 사실을 알고는 글을 올려, “대국은 남에게 신의를 보여야 하거늘 어찌 거짓을 일삼는단 말입니까. 진실로 청하건대 문예를 죽여 주시기 바랍니다.”하고 말하였다. 천자가 홍려소경(鴻臚少卿) 이도수와 원복이 관속을 제대로 감독하지 못하여 일을 누설시킨 죄로, 모두 좌천시키고 도수는 좌주자사(曹州刺史)로 좌천되고 복은 택주자사(澤州刺史)로 좌천되었다. 문예를 잠시 영남으로 보내고서 회보하였다.

신 사마광(司馬光)은 말합니다. 왕은 사이(四夷)를 복종시킬 때 위엄과 신의로서 할 따름입니다. 문예는 충언을 하다가 죄를 얻어 스스로 천자에게 귀순했으니 천자는 마땅히 그 굽고 곧은 것을 살펴 문예에게 상을 내리고, 무예에게는 벌을 내리는 것이 정치의 요체임에도 끝끝내 토벌하지 못했으니 오히려 문예의 죄없음을 정당히 알렸어야 합니다. 지금 명황(明皇)이 위엄으로 능히 무예를 굴복시키지 못하고, 은혜로 능히 문예를 감싸주지 못했으니 돌아보건대 소인을 거짓말로 회유하려다 소국에게 곤란함을 갖게 되었고 이내 홍려 등의 누설을 죄주니 또한 수치가 아니겠습니까. (『資治通鑑』213 唐紀 29 玄宗至道大聖大明孝皇帝)

발해 　발해국왕 무예는 본래 고구려의 별종으로 그 아비 조영은 동쪽 계루의 땅에서 보전하여 스스로 진국왕(振國王)이라 하고 무예를 계루군왕이라 하였다. 개원 14년 흑수말갈이 사신을 보내어 조회하니 무예가 그 신하들에게 다음과 같이 말하였다. "흑수가 우리 땅을 지나 처음 당나라로 갔는데, 지금 말도 하지 않고 당에 간 것은 반드시 당나라와 통모하여 우리를 배반하고 공격하려는 것이다." 드디어 친동생 대문예를 보내어 군대를 보내 흑수를 공격하려 하였다. 문예는 질자로 서울에 와 본 적이 있었으므로 원망을 맺고 싶지 않았다. 이에 말하기를, "흑수가 당나라로 갔는데, 이를 공격함은 당을 배반하는 것이다. 당나라는 인구가 많고 강병이 우리의 만 배는 된다. 하루아침에 원수를 맺게 되면 단지 스스로 멸망할까 두렵다. 옛날 고구려는 전성기에 군사가 30만이었는데 당나라에 대적하고 당을 섬기지 않았다. 당나라가 군대를 한 번 일으키니 쓸리듯 모두 무너졌다. 오늘 발해의 인구는 고구려보다 몇 배나 적은데도 당나라를 거스르려고 하는 것은 반드시 불가한 일이다."고 하였다. 무예가 따르지 않고 진시로 어긋나려 하니 문예가 또 글을 올려 간언하니 무예가 노하여 그 종형 대일하로 하여금 문예를 대신하여 군대를 지휘하도록 하고 좌우에 문예를 죽이라고 명하였다. 문예가 이를 듣고 사잇길로 도망오니 좌효위장군에 제수하였다. 후에 무예가 사신을 보내어 조공하면서 표를 올려 문예의 죄상을 극언하면서 문예를 죽여달라고 하였다. 현종이 사신을 문예에게 보내어 위로하고 무예에게 알리기를, "문예가 귀순해왔으므로 의리상 죽일 수 없고 지금 영남으로 유배를 떠나고 있다." 하였다. 그리고 그 사신 마문궤(馬文軌)는 머물러 있게 하고 따로 사신을 보내어 이를 알렸다. 얼마 후 일을 누설한 자가 있어 무예가 또 글을 올려 말하기를, "대국은 신의를 보여야 하는데, 어찌 기망하여 처리합니까. 지금 들으니 문예는 영남으로 가지 않았다니 엎드려 청컨대 그들 죽여 주시기 바랍니다." 하였다. 이로 말미암아 홍려소경 이도수와 원복을 제대로 관속을 감독하지 못했다는 이유로 처벌하여 도수는 조주자사로, 복은 택주자사로 좌천시켰다. 그리고 문예는 잠시 영남으로 가게 하고 이를 알렸다. (『冊府元龜』1000 外臣部 45 讐怨)

727(丁卯/신라 성덕왕 26/발해 무왕 仁安 9/唐 開元 15/일본 神龜 4)

신라 　봄 정월 죄인을 풀어 주었다. (『三國史記』8 新羅本紀 8)

신라 　봄 정월 죄인을 풀어주었다. (『三國史節要』11)

신라 　정월 신묘일(30) 신라가 사신을 보내어 정월을 축하하니 봉어(奉御)를 제수하고 비포은대(緋袍銀帶)·어대(魚袋)를 내려주고 번으로 돌려보냈다. (『冊府元龜』975 外臣部 20 褒異 2)

신라 　봄 정월 사신을 당나라에 보내 정월을 축하하였다. (『三國史記』8 新羅本紀 8)

신라 　봄 정월 사신을 당나라에 보냈다. (『三國史節要』11)

신라 　개원 15년 정월 신라가 사신을 보내어 정월을 축하하였다. (『冊府元龜』971 外臣部 16 朝貢 4)

신라 　4월 정미일(5) 조칙으로 발해숙위왕자 대창발가(大昌勃價) 및 수령 등은 오래도록 숙위했으니, 마땅히 번으로 돌려보내라고 하였다. 경신일(18) 대창발가를 평현개국남(平縣開國男)으로 봉하고 비단 50필을 내려주었다. 수령 이하는 각각 차등있게 주었다. 이보다 앞서 발해대왕 무예가 아들 이행(利行)을 보내어 조회하고 더불어 담비를 바쳤다. 이 때에 이르러 글을 내려 무예와 함께 이를 위로하고 채련(綵練) 백

필을 내려 주었다. (『冊府元龜』 975 外臣部 20 褒異 2)

신라   여름 4월 일길찬 위원(魏元)을 대아찬으로 삼고 급찬 대양(大讓)을 사찬으로 삼았다. (『三國史記』 8 新羅本紀 8)

신라   여름 4월 일길찬 위원을 대아찬으로 삼고 급찬 대양을 사찬으로 삼았다. (『三國史節要』 11)

발해   개원 15년 8월 발해왕이 그 아우 대보방(大寶方)을 보내어 조회에 왔다. (『冊府元龜』 971 外臣部 16 朝貢4)

발해   9월 경인일(21) 발해군왕의 사신 수령 고제덕(高齊德) 등 8명이 출우국(出羽國)에 도착하였다. 사신을 보내어 위로하고 겸하여 철에 맞는 의복을 내려주었다. (『續日本紀』 10 聖武紀)

발해   발해가 성무황제 신귀 4년 9월 경인일, 12월 정해일(20)에 왔다. (『類聚國史』 193 殊俗部渤海 上)

발해   12월 정해일(20) (…) 발해군왕의 사신 고제도 등 8명이 서울로 들어왔따. (『續日本紀』 10 聖武紀)

발해   발해가 성무황제 신귀 4년 9월 경인일, 12월 정해일(20)에 왔다. (『類聚國史』 193 殊俗部 渤海 上)

발해   12월 병신일(29) 사신을 보내어 고제덕 등에게 의복과 관(冠), 신발을 내렸다. 발해군(渤海郡)이란 옛날의 고구려국이다. 담해조정(淡海朝廷; 천지천황) 7년(668) 겨울 10월에 당나라 장군 이적(李勣)이 고구려를 정벌하여 멸망시켜 그 후로 조공이 오랫동안 끊어졌다. 이에 발해군왕이 영원장군(寧遠將軍) 고인의(高仁義) 등 24인을 보내어 조빙하게 했는데, 하이(蝦夷)의 경계에 도착하여 인의(仁義) 이하 16명은 모두 살해되고 수령 제덕 등 8명은 겨우 죽음을 면하여 온 것이다 (『續日本紀』 10 聖武紀)

신라   겨울 12월 영창궁(永昌宮)을 수리하였다. (『三國史記』 8 新羅本紀 8)

신라   겨울 12월 영창궁을 수리하였다. (『三國史節要』 11)

신라   겨울 12월 상대등 배부(裵賦)가 늙어 사직을 청했으나, 허락하지 않고 궤장(几杖)을 내려주었다. (『三國史記』 8 新羅本紀 8)

신라   겨울 12월 상대등 배부가 늙어 사직을 청했으나, 허락하지 않고 궤장을 내려주었다. (『三國史節要』 11)

728(戊辰/신라 성덕왕 27/발해 무왕 仁安 10/唐 開元 16/일본 神龜 5)

발해   봄 정월 경자일(3) 천황이 태극전에서 왕신(王臣)과 백료 및 발해 사신 등으로부터 신년 축하 조회를 받았다. (『續日本紀』 10 聖武紀)

발해   정월 경자일 천황이 태극전에서 왕신과 백료 및 발해 사신 등으로부터 신년 축하 조회를 받았다. (『類聚國史』 71 歲時 2 元日朝賀)

발해   발해가 신귀(神龜) 5년 정월 경자일(3)에 왔다. (『類聚國史』 193 殊俗部渤海 上)

발해   봄 정월 갑인일(17) 천황이 중궁에 나아갔는데 고제덕 등이 왕의 교서와 방물을 바쳤다. 그 교서에 "무예가 아룁니다. 산하가 다른 곳이고 국토가 같지 않지만 어렴풋이 풍교도덕(風敎道德)을 듣고 우러르는 마음이 더할 뿐입니다. 공손히 생각하건대 대왕은 천제의 명을 받아 일본의 기틀을 연 이후 대대로 명군의 자리를 이어 자손이 번성하였습니다. 무예는 황송스럽게도 대국을 맡아 외람되게 여러 번(蕃)을 함부로 총괄하며, 고구려의 옛 땅을 회복하고 부여(扶餘)의 습속(習俗)을 가지고 있습니다. 그러나 다만 너무 멀어 길이 막히고 바다 또한 아득히 멀어서 소식이 통하지 않고 길흉을 물음이 끊어졌습니다. 어진 이와 가까이하며 우호를 맺고 옛날의 예에 맞추어 사신을 보내어 이웃을 찾는 것이 오늘에야 비롯하게 되었습니다. 삼가 영원장군 낭장(郎將) 고인의, 유장군과의도위(游將軍果毅都尉) 덕주(德周), 별장(別將) 사항(舍航) 등 24명을 보내어 장(狀)을 가지고 가도록 하였고 아울러 담비가죽 300장(張)을 보내어 바칩니다. 토산물이 비록 천하지만 조그마한 물건이라도 드리는 정성을 나타내고자 하는데, 가죽과 비단이 진귀하지는 않아 도리어 손으로 입을 막고 꾸짖는 데에 부끄러울 따름입니다. 이치를 주장함에는 한계가 있으나 마음을 여는 데는 끝이 없을 것입니다. 때때로 아름다운 소리를 이어받아 길이 이웃과의 우호를 돈독히 하고자 합니다."라 하였다. 이에 고제덕 등 8명에게 모두 정6위상을 주고 해당하는 빛깔의 옷을 내렸다. 5위 이상과 고제덕 등에게 잔치를 베풀고 활쏘기 대회와 아악료(雅樂寮)의 음악을 내렸으며 잔치가 끝나자 녹을 주었는데 차등이 있었다. (『續日本紀』 10 聖武紀)

| 발해 | 발해가 신귀 5년 정월 갑인일(17)에 왔다. (『類聚國史』 193 殊俗部渤海 上) |

| 발해 | 2월 임오일(16) 종6위하 인전조신충마려(引田朝臣蟲麻呂)를 송발해사(送渤海客使)로 삼았다. (『續日本紀』 10 聖武紀) |

| 발해 | 발해가 신귀 5년 2월 임오일(16)에 왔다. (『類聚國史』 193 殊俗部渤海 上) |

| 발해 | 여름 4월 임오일(16) 제덕 등 8명에게 각각 빛깔이 고운 비단과 무늬있는 비단, 면을 내렸는데 차등이 있었다. 그 왕에게 내리는 교서에 "천황이 삼가 발해군왕에게 안부를 묻습니다. 계(啓)를 살펴 두루 알게 되었습니다. 옛 땅을 회복하고 옛날의 우호를 다시 닦으니 짐이 기쁘게 여깁니다. 마땅히 어질고 의로운 마음으로 경역을 살피고, 비록 거친 파도가 가로막고 있다 하여도 끊임없이 왕래하여야 할 것입니다. 수령 고제덕 등이 돌아가는 편에 교서와 함께 국신물(國信物)로 빛깔이 고운 비단 10필과 무늬있는 비단 10필, 명주 20필, 실 100구(絇), 면 200둔(屯)을 보냅니다. 그리고 전송할 사신을 뽑아 귀국시키도록 하였습니다. 점차 날이 뜨거워집니다. 평안하기를 바랍니다."라 하였다. (『續日本紀』 10 聖武紀) |

| 발해 | 발해가 신귀 5년 4월 임오일(16)에 왔다. (『類聚國史』 193 殊俗部渤海 上) |

| 발해 | 개원 16년 4월 계미일(17) 발해왕자 유숙위(留宿衛) 대도리행(大都利行)이 죽었다. 특진(特進)으로 추증하고 홍려경(鴻臚卿)을 겸하게 하였다. 명주 300필, 속(粟) 3백석을 내려 주고 유사에게 명하여 조의하게 하였고 관에서 만든 영여(靈輿)로 번으로 돌아가게 하였다. (『冊府元龜』 975 外臣部 20 褒異 2) |

| 발해 | 6월 경오일(5) 발해 사신을 전송하는 사신이 출발을 아뢰었다. (『續日本紀』 10 聖武紀) |

| 발해 | 발해가 신귀 5년 6월 경오일(5)에 왔다. (『類聚國史』 193 殊俗部渤海 上) |

| 신라 | 가을 7월 병진일(22) 신라왕 김흥광이 사신을 보내어 방물을 바쳤다. (『舊唐書』 8 |

本紀 8 玄宗 上)

신라　　　7월 병진일(22) 신라 김흥광이 종제 김사종(金嗣宗)을 보내어 조회하고 또 방물을 바치니, 과의(果毅)를 제수하고 숙위하도록 하였다. (『冊府元龜』 975 外臣部 20 褒異 2)

신라　　　가을 7월 왕의 아우 김사종을 당나라에 보내 방물을 바치고 겸하여 표를 올려 자제들의 국학(國學)입학을 청하니 조서로 이를 허락하고, 사종을 과의로 제수하고 이에 숙위하도록 하였다. (『三國史記』 8 新羅本紀 8)

신라　　　가을 7월 왕의 아우 김사종을 당나라에 보내 방물을 바치고 겸하여 표를 올려 자제들의 국학(國學)입학을 청하니 조서로 이를 허락하고, 사종을 과의로 제수하고 이에 숙위하도록 하였다 (『三國史節要』 11)

신라　　　개원 16년 사신을 보내어 방물을 바치고 또 표를 올려 신라사람들이 중국의 학문과 경교(經敎)를 배울 수 있도록 청하니 황제가 이를 허락하였다. (『舊唐書』 199上 列傳 149上 東夷 新羅)

신라　　　또 자제들을 들여 태학에 보내 경술(經術)을 배우게 하였다. 황제가 가끔 흥광에게 서문금(瑞文錦)·오색라(五色羅)·자수 무늬 포(袍)·금은으로 정련한 그릇을 내려주니 흥광도 역시 이구마(異狗馬)·황금(黃金)·미체(美髢) 등 여러 물품을 바쳤다. (『新唐書』 220 列傳 145 東夷 新羅)

신라　　　개원 16년 또 그 아우 김사종을 보내 조회하고 더불어 방물을 바쳤다. (『唐會要』 95 新羅)

신라　　　가을 7월 상대등 배부가 늙음을 핑계로 물러날 것을 청하자 이를 허락하고 이찬 사공(思恭)을 상대등으로 삼았다. (『三國史記』 8 新羅本紀 8)

신라　　　가을 7월 상대등 배부가 늙음을 핑계로 물러날 것을 청하자 이를 허락하고 이찬 사공을 상대등으로 삼았다. (『三國史節要』 11)

신라　　　9월 임인일(9) 발해말갈 어부수계(菸夫須計)가 조회에 오니 과의를 제수하고 번으로 돌려보냈다. (『冊府元龜』 975 外臣部 20 褒異 2)

신라　　　개원 16년 이 해 신라국이 사신을 보내어 방물을 바쳤다. (『冊府元龜』 971 外臣部 16 朝貢 4)

신라　　　승려 무상(無相)은 본래 신라국 사람으로 그 나라 임금의 셋째 아들이다. 본국의 정삭(正朔)은 미상이다. 군남사(郡南寺)에서 머리를 깎고 계(戒)를 받았으며 개원 16년(728)에 동쪽바다에 배를 띄워 떠나서 중국에 이르렀다. 중국 서울에 도착하니 현종 玄宗 황제가 그를 불러보고서 선정사(禪定寺)에 있게 하였다. 뒤에 촉의 자중(資中)에 들어가서 지선(智詵)선사를 뵈었다. 처적(處寂)이라는 중이 있으니 신이한 사람이어서 일찍이 측천무후(則天武后)가 그를 불러 만나보고 마납구조(磨納九條)의 가사를 하사한 일이 있었으며 일이 있으면 반드시 미리 알아서 조금도 빗나감이 없었다. 무상대사가 그곳에 가기 전에 처적이 말하기를 "외국에서 손님을 내일이면 만나보게 될 것이니 너희들이 쓸고 닦기를 깨끗이 하여 기다려라."하였는데 다음 날 무상이 과연 이르렀다. 처적이 무상에게 법호를 '무상'이라고 주었고 그날 밤중에 마납가사를 신표로 주기까지 하였다. 이러한 뒤에 무상대사는 깊은 골짜기 바위 밑에 들어가서 좌선을 하였는데 검은 송아지 두 마리가 뿔을 맞대어 비비며 참선하는 곳에 대들어서 무상의 몸을 근접하기 매우 다급하였고 그 송아지들의 털이 무상의 소매 속까지 들어왔는데 서늘하기가 얼음 같았으며 무상의 몸을 문대고 핥아서 배에까지 이르렀지만 무상은 조금도 몸이 기울어지거나 움직이지 않았다고 한다. 무상은 이렇게 선정에 들면 대개 닷새를 한도로 하였다. 어느 날 눈이 몹시 왔기에 사나운 짐승들이 먹을 것을 찾아 무상의 앞에 왔다. 무상은 스스로 몸을 깨끗이 씻고 벌거벗어 그 짐승들의 앞에 드러 누워서 자기의 몸을 보시하려 하였더니 그 짐승들이 무상의 머리로부터 발끝까지 냄새를 맡으며 빙빙 돌다가 가버렸다고 한다. 또는 가끔 밤중에 좌선하는 걸상 밑에서 호랑이의 수염과 털을 만지기를 여러 번 하였다. 무상이 이렇게 산에서 살면서 공부하기 오래됨에 옷이 떨어지고 머리털이 길어서 사냥하는 자들이 그를 이상한 짐승으로 보고 활로 쏘려다가 그만 두었다고 한다. 그 뒤 무상은 城市의 안으로 들어와서도 낮에는 무덤 사이에서 공부하고 밤이면 나무 아래에서 좌선을 하는 등 참으로 頭陀 행을 하였기에 사람들에게 점차 신임과 존중을 받아서 그를 위하여 무덤 앞에 절을 지어주는 이가 있었고 장사(長史) 장구겸경(章仇兼瓊)이 예를 갖추어 찾아 왔다. (『宋高僧傳』 19 感通篇 6-2)

729(己巳/신라 성덕왕 28/발해 무왕 仁安 11/唐 開元 17/일본 神龜 6, 天平 1)

신라	봄 정월 사신을 당에 보내 정월을 축하하였다. (『三國史記』 8 新羅本紀 8)
신라	봄 정월 사신을 당에 보내 조공하였다. (『三國史節要』 11)

발해　　　개원 17년 2월 발해말갈이 사신을 보내어 매를 바쳤다. 이달 발해말갈 사신을 보내어 치어(鯔魚)를 바쳤다. (『冊府元龜』 971 外臣部 16 朝貢 4)

발해　　　개원 17년 3월(2월의 잘못인 듯) 갑자일(3) 발해말갈왕 대무예가 그 아우 대호아(大胡雅)로 하여금 조회하게 하니, 유격장군을 제수하고 자포(紫袍)와 금대(金帶)를 내려주고 숙위하게 하였다. (『冊府元龜』 975 外臣部 20 褒異 2)

발해　　　3월 계묘일(13) 발해말갈이 사신을 보내어 치어를 바치니 비단 20필을 내려주고 돌려보냈다. (『冊府元龜』 975 外臣部 20 褒異 2)

발해　　　3월 발해말갈이 사신을 보내어 치어를 바쳤다. (『冊府元龜』 971 外臣部 16 朝貢 4)

신라　　　개원 연간에 짐승을 쫓는 틈에 전견(田畎)에서 쉬며 버드나무 가지를 몰래 꺾고 청개구리를 꿰어 관(串)을 만들어 물 안에 두고 식조(食調)로 하려고 하였다. 마침내 산망포(山網捕)에 들어갔다. 인(因)하여 녹유산(鹿由山) 북로를 따라 집으로 돌아와, 완전히 청개구리를 취하여 꿰어 놓은 것을 잊었다. 다음해 봄에 이르러 엽혈(獵次)의 개구리 소리를 듣고 물가에 이르렀다. 지나가는 것을 보니 꿰어진 30마리 쯤 되는 청개구리가 마치 살아 있는 것처럼 쌓여 있었다. 진표는 이 때에 탄식하고 놀라워하면서 스스로 책망하여 말하였다. "고통스럽구나. 무엇이 입과 배가 되리오. 저것은 지난 해에 고통 받았음으로 이에 버드나무 가지가 끊어졌다." 다 가볍고 함부로 행동했기 때문으로 의(意)를 발하여 출가했다. 스스로 생각하여 말하였다. "내가 만약 당(堂) 아래에서 말을 했다면 친실(親室) 중에 선뜻 내어 주었을 것이고 욕해(慾海)를 떠나기가 어려웠을 것이며 우롱을 막지 못했을 것이다." 이로 말미암아 깊은 산속으로 도망가 칼로 머리카락을 자르고 고통은 참해(懺悔)에 도달하고 온 몸으로 땅을 치며 뜻을 계법(戒法)에서 구하고 중요한 때에 미륵보살을 서원하여, 나는 계법을 받았다. 일공(日功)은 밤에는 곱절로 하여 돌면서 두드리나, 마음은 분별하지 못하고 생각은 교근(翹勤)하였다. 7일 밤을 지나 다음날 지장보살을 보니, 손은 금석(金錫)을 흔들면서 책(策)을 표(表)하고 교계(教戒)를 발(發)하여 인연이 전(前)의 방편(方便)에 걸렸다. 이 서응(瑞應 : 하늘에 감응하여 나타난 길한 징조)에 감동하여 탄희가 몸 전체로 두루 퍼지고 용맹이 전보다 더하였다. 27일이 차서 대귀(大鬼)

가 괴상한 모습으로 나타나고 진표를 밀어 바위 아래에 떨어졌는데, 몸은 상한 데가 없었고 포복으로 돌 단상에 올라 이르고, 더하여 마상(魔相)이 뜻을 펴지 못하고 온갖 실마리가 제삼칠일 질명(質明)에 이르러 없어지니, 길상조(吉祥鳥)가 울며 말했다. "보살이 왔다." 이에 흰 구름이 나타나니 마치 잔잔한 호수에 스며드는 것 같았다. 다시 고하(高下)가 없이 산천이 평만(平滿)하고 은색세계가 이루어지니, 도솔천주는 위이(逶迤)가 자유롭고 의위(儀衛)가 반짝 반짝 빛나며 석단을 둘러 싸고 향풍(香風)이 꽃 비(華雨)였다. 또 비범세(非凡世)의 경물(景物)이었다. 이 때 자씨(慈氏)가 천천히 걸어 가 단소(壇所)에 이르러 손을 드리우고 진표의 정수리(頂)를 쓰다듬고 말하기를, "선하도다, 대장부여. 계를 구한 것이 이와 같구나. 2~3차례 소미로(蘇迷盧, 불교의 우주관에서, 세계의 한가운데 높이 솟아 있다는 산)도 가하겠구나. 손을 걷어 올리고 물러나나, 너의 마음이 마침내 물러나지 않는구나." 이에 법을 받게 하니, 진표는 신심(身心)으로 화열(和悅)하여, 마치 삼선(三禪)과 같았다. 의식(意識)이 악(樂)과 더불어 뿌리가 서로 응하였고 4만 2천 복의 물이 항상 흐르니, 일체의 공덕이 갑자기 천안(天眼)을 발(發)하였다. 자씨가 몸소 삼법의(三法衣)와 와발(瓦鉢)을 주고 다시 이름을 내려 진표라고 하였다. (…) (『宋高僧傳』 14 明律篇 4-1 唐百濟國 金山寺 眞表傳)

신라 개원 연간에 짐승을 쫓는 틈에 농무(壟畝) 사이에서 피로하여 쉬었다. 청개구리가 많음을 보고 홀로 생각하며 말하였다. "이것은 아름답지 않는 것이구나." 인(因)하여 버드나무 가지를 취하여 30마리 쯤 꿰어 물 깊은 곳에 두었다. 다시 짐승을 쫓아 다른 길을 따라 돌아가서, 취하여 꿰어 놓은 것을 잊었다. 다음해 봄에 여전히 사냥을 하려고 그 곳에 이르렀는데, 청개구리 우는 소리를 듣고 나아가 그것을 보니, 꿰어진 것이 모두 오물오물하고 태연하였다. 진표는 크게 부끄러워하고 책망하면서 말하였다. "내가 구복(口腹)으로써 마음의 고통을 받는 것이 이와 같은데, 죄를 어찌 면할 수 있겠는가." 바로 허리에 차는 칼을 뽑아 머리카락을 자르고 도망하여 산으로 들어가 참회하였다. 또 직접 미륵보살을 받들어 비구계를 받기를 서원하여 밤낮으로 돌면서 머리를 두드려 피가 흘렸으나, 마음이 그치거나 끊어지지 않았다. 이와 같이 7일 낮밤을 지났다. 또 지장보살이 손에 금석(金錫)을 지닌 것을 보고 먼저 책발수계(策發受戒)하여 돈각(頓覺)을 방편으로 하니, 몸에 두루 환희가 있었고 정진(精進)은 배가 되었다. 27일에 홀연히 대귀(大鬼)가 있어, 괴상한 모습으로 나타나 진표를 밀어 중암(重巖)의 바닥에 떨어졌으나 몸은 상한 곳이 없었다. 옆의 우뚝 선 석단(石壇)을 포복으로 마침내 그 위에 오르니, 마귀가 꺾여 분연히 돌아보지 않았다. 37일 새벽에 새 우는 소리를 들으니 말하기를, "보살이 왔다"고 하였다. 사방은 백운(白雲)이 잔잔한 호수가 잠기는 듯 하였고 산천이 평만(平滿)하여 고하(高下)가 있지 않았고 은색세계가 이루어지니, 도솔천주는 위의(威儀)가 자유로워 제시위(諸侍衛)와 더불어 석단(石壇)을 둘러쌓다. 이 때 자씨(慈氏)가 천천히 단소(壇所)에 이르러 손을 드리우고 진표의 정수리(頂)을 쓰다듬으며 말하기를, "선하도다, 대장부여. 계를 구한 것이 이와 같구나. 2~3차례 소미로산(蘇迷盧山)이 오히려 배척할만하구나. 너의 마음이 견고하여 물러나고 떨어지는 것이 불가하구나."라고 찬탄하고 무마(撫摩)하였으며 2~3번 이른 후에 법을 주었다. 진표는 신심(身心)이 화열(和悅)하니, 세간의 즐거움에 비할 바가 아니었다. 얼마 있지 않아 천안(天眼)을 얻고 동견(洞見 : 앞으로 벌어질 일을 훤히 내다 봄)함이 거리낌이 없었다. 자씨(慈氏)가 몸소 삼의(三衣)와 와발(瓦鉢)을 주고 또 진표라고 지어 이름을 삼게 하였다. (『新修科分六學僧傳』 28 定學 證悟科 唐 眞表)

신라 나이 열두 살에 이르러 금산사(金山寺) 숭제법사(崇濟法師)의 강석 하에 들어가 중이 되어 배우기를 청하였다. 그 스승이 일찍이 일러 말하기를 "나는 일찍이 당나라에 들어가 선도삼장(善道三藏)에게서 수업을 받았고 연후에 오대산으로 들어가 문수보살의 현신에 감응하여 오계(五戒)를 받았다.”고 하였다. 진표가 “삼가 수행하기를 어찌하여야 계를 받을 수 있습니까.”라고 아뢰었다. 숭제법사가 말하였다. “정성이 지극하면 곧 1년을 넘기지 않는다.” 진표가 스승의 말을 듣고 명산(名山)을 두루 돌아다니다가 선계산(仙溪山) 불사의암(不思議菴)에 석장을 머무르고 삼업을 갖추어 수련하여서 망신참(亡身懺)으로 △△△하였다. 처음에 일곱 밤을 기약하고 오체를 돌에 부딪혀 무릎과 팔뚝이 모두 부서지고 피를 바위에 흩뿌렸으나 성응(聖應)이 없는 듯하여 몸을 버릴 것을 결심하고 다시 7일을 기약하였다. 14일이 끝나자 지장보살(地藏菩薩)을 보고 정계(淨戒)를 받았다. 이때가 곧 개원(開元) 28년 경진(庚辰) 3월 15일 진시였고 이때 나이가 23세였다. 그러나 뜻이 미륵보살에게 있기 때문에 도중에 그치지 않고 이에 영산사(靈山寺)[혹은 변산(邊山) 또는 능가산(楞伽山)이라고도 한다]로 옮겨 또한 처음처럼 부지런하고 용감하게 수행하였다. 과연 미륵보살이 나타나 점찰경(占察經) 2권[이 경전은 곧 진(陳)나라와 수(隋)나라 시기 사이에 외국에서 번역된 것이니 지금 처음 나온 것은 아니다. 미륵이 경을 진표에게 준 것이다]과 증과(證果) 간자(簡子) 189개를 주고 일러 말하기를, “이 중 제8간자는 새로 얻은 묘계(妙戒)를 이르고, 제9간자는 구족계(具足戒)를 더 얻음을 이른다. 이 두 간자는 내 손가락뼈이고 나머지는 모두 침단목(沈檀木)으로 만든 것으로 모든 번뇌를 이른 것이다. 너는 이것으로써 세상에 법을 전하여 사람을 구하는 뗏목으로 삼아라”라고 하였다. 진표는 이미 미륵보살의 기별을 받자 금산사에 와서 살았다. 매해 개단(開壇)하고 법시(法施)를 널리 베풀었는데 단석(壇席)의 정성스럽고 엄격함이 말세에는 아직 없었던 것이다. (『三國遺事』4 義解 5 眞表傳簡)

신라 나이 12살에 이르러 뜻이 출가에 있으니 아버지가 허락하였다. 법사는 금산수(金山藪) 순제법사(順濟法師)에게 가서 중이 되었다. 순제는 사미계법(沙彌戒法)을 주고, 공양차제비법(供養次第秘法) 1권, 점찰선악업보경 2권을 전하며 말하기를 “너는 이 계법을 가지고 미륵·지장 두 보살 앞에서 정성을 다해 참회를 구하여 친히 계법을 받아 세상에 널리 전하라.”라고 하였다. (『三國遺事』4 義解 5 關東楓岳鉢淵藪石記)

발해 8월 정묘일(9) 발해말갈왕이 그 아우 대림(大琳)을 보내어 조회하니 중랑장(中郎將)을 제수하고 숙위하여 머물도록 하였다. (『冊府元龜』975 外臣部 20 褒異 2)

신라 가을 9월 사신을 당나라에 보내어 조공하였다. (『三國史記』8 新羅本紀 8)
신라 가을 9월 사신을 당나라에 보내어 조공하였다. (『三國史節要』11)

신라 황태자 홍(鴻), 황제의 형 개부의동삼사(開府儀同三司)·상주국(上柱國)·영왕(寧王) 헌(憲), (…) 특진(特進)·신라국왕 김흥광(金興光), 특진·구자왕(龜玆王)·천산군개국공(天山郡開國公) 백효절(白孝節), (…) (「慶唐觀紀聖銘碑 題名」:『山右石刻叢編』6)

730(庚午/신라 성덕왕 29/발해 무왕 仁安 12/唐 開元 18/일본 天平 2)

신라 정월 말갈이 그 아우 대랑아(大郎雅)를 보내 정월을 축하하고 방물을 바쳤다. 파사국왕(波斯國王) 및 신라국왕이 각기 사신을 보내어 정월을 축하하였다. (『冊府元龜』971 外臣部 16 朝貢 4)

발해 정월 무인일(다른 날짜의 잘못) 말갈이 그 아우 대아랑을 보내 정월을 축하하고 방물을 바쳤고, 파사국왕 및 신라국왕이 각기 사신을 보내어 정월을르 축하하니 각기 차등있게 비단을 내려 주었다. (『冊府元龜』975 外臣部 20 褒異 2)

신라	2월 갑술일(19) 신라국왕 김흥광이 조카 지포(志蒲)를 보내 작은 말 5필과 개 한 마리, 금 2천량, 두발 80량, 해표가죽 10장을 바치니 이에 지포를 태복경(太僕卿) 원외치동정원(員外置同正員)에 제수하고 명주 1백필, 자포(紫袍), 은전대(銀鈿帶), 어대(魚袋)를 내려주고 머물러 숙위하게 하였다. (『冊府元龜』 975 外臣部 20 褒異 2)
신라	봄 2월 왕족 지만(志滿)을 당나라에 조공을 보내 작은 말 5필과 금 2천량, 두발 80량, 해표가죽 10장을 바치니 현종이 지만에게 태복경을 제수하고 명주 1백필, 자포(紫袍), 은전대(銀鈿帶), 어대(魚袋)를 내려주고 머물러 숙위하게 하였다. (『三國史記』 8 新羅本紀 8)
신라	봄 2월 왕족 지만을 당나라에 보내 은 말 5필과 금 2천량, 두발 80량, 해표가죽 10장을 바치니 황제가 지만에게 태복경을 제수하고 명주 1백필, 자포(紫袍), 은전대(銀鈿帶), 어대(魚袋)를 내려주고 머물러 숙위하게 하였다. (『三國史節要』 11)
발해	2월 무인일(20) 발해말갈이 사신 지몽(智蒙)을 보내 조회하고 방물과 말 30필을 바치니 중랑장에 제수하고 명주 20필과 비포(緋袍), 은대(銀帶)를 내려주고 번으로 돌려보냈다. (『冊府元龜』 975 外臣部 20 褒異 2)
발해	2월 (…) 발해말갈 대수령이 사신 지몽을 보내 조회하고 또 방물과 말 30필을 바쳤다. (『冊府元龜』 971 外臣部 16 朝貢 4)
발해	5월 기유일 발해말갈이 사신 오나달리(烏那達利)를 보내 해표가죽 5장, 담비가죽 3장, 마노배(馬瑙盃) 하나, 말 30필을 바치니 과의에 제수하여 비단을 내려주고 번으로 돌려보냈다. (『冊府元龜』 975 外臣部 20 褒異 2)
발해	5월 발해말갈 사신 오나달초(烏那達初)를 보내 조회하고 해표가죽 5장, 담비가죽 3장, 마노배(瑪瑙盃) 하나, 말 30필을 바치니 과의에 제수하여 비단을 내려주고 번으로 돌려보냈다. (『冊府元龜』 971 外臣部 16 朝貢 4)
고구려	(개석) 대당(大唐) 고(故) 고부군(高府君) 묘지명 (지석) 당(唐) 고 배융부위(陪戎副尉)·직복시(直僕寺) 고부군 묘지 및 서문 고목로(高木盧)는 이름이 목로(木盧)이고, 발해(渤海) 수(蓨) 사람이다. 옛날에 강태공(姜太公)은 주(周)를 보좌하여 왕업을 여니, 제왕의 은총으로 조서를 내려 동제(東齊)에 봉해졌다. 이후 각 왕조에서 아주 영화로워 700여 년 간 지속되었으나, 나중에 전화(田和)의 찬탈을 만나 먼 변방으로 가서 나누어 살게 되니, 고목로의 먼 조상은 바닷가 구석으로 피난하였다. 우리 당 왕조에 이르러 두터운 교화를 크게 펴니, 고목로는 이에 발해에서 벗어나 고향으로 돌아왔다. 마침내 머리를 들어 멀리 바라보고 궁궐 뜰에 들어서니, 여러 가지의 아름다운 품덕을 수양하였다. 때마침 중종(中宗) 황제가 천하를 깨끗이 쓸어 없애 맑게 하고 내부에서 요사스러운 기운을 제거하자, 고목로는 당시에 소매를 떨치고 창을 잡아 황제를 지켰으므로, 명성을 얻어 사서(史書)에 오르고 지위는 뛰어난 인재로 열거되었다. 나이가 들어 늙어가고 늘그막에 볕이 저물자, 이에 번개와 물거품이 오래되지 못하고 꿈과 환상이 진짜가 아님을 깨달았다. 마침내 저 속세의 얽힌 바를 버리고 이 불도의 수행을 존중하니, 시골로 퇴직하여 돌아가서 집에서 가르쳐 인도하였다. 9족이 근엄하고 공손하며 사방의 이웃이 공경하고 근신하니, 실로 소나무처럼 변함 없는 지조는 빼어나서 높고 원대하였고 아름다운 옥과 같은 덕은 광채를 지니고 있어 궤 속에 숨겨두었다. 개원(開元)18년(730) 경오년(庚午年) 7월20일에 병에 걸려 사저(私邸)에서 사망하니, 당시 나이가 81세였다. 아아, 선행을 쌓아도 징험이 없으니, 화는 도모해도 뜻대로

되지 않는구나! 검은 거북이가 장차 먹으려 하니, 파란 까마귀가 들어와 점쳤다. 그해 8월21일에 경조부(京兆府) 숭도향(崇道鄉) 제례리(齊禮里) 백록원(白鹿原)의 오른쪽에 장사지냈다. 붉은 깃발이 길을 열고 희 말이 무덤에 다가가니, 꾀꼬리가 슬퍼하여 우는 소리가 슬프고 푸른 소나무가 애처로워하여 빛깔이 초췌하였다. 사자(嗣子) 좌령군위(左領軍衛) 경조부 풍윤부(豐閏府) 절충도위(折衝都尉)·장내공봉(仗內供奉)·차배장상(借緋長上)·상주국(上柱國) 이생(履生) 등은 아픔이 깊어서 피눈물을 흘리고, 슬픔이 나뉘어 매우 상심하였다. 무덤을 선택하여 주공(周公)의 의례를 받들고 나무를 봉하여 공자(孔子)의 가르침을 따르니, 금석(金石)에 새겨 덕을 명문(銘文)에 드러내었다. 명문은 다음과 같다.
태양이 장차 지려 하자 푸른 하늘이 기우는 듯하니, 흐르는 그림자는 쫓기 어렵고 지나간 물은 돌아오지 않도다. 영원히 무덤으로 돌아가고 길이 저승에 가니, 천년만년 그 문을 닫을 수는 있어도 열 수는 없도다. 푸른 소나무를 보고 나이 들어 속세를 덮으니, 아픔은 뼛 속을 나누고 오장(五臟)은 파괴되었도다. (「高木盧 墓誌銘」: 『隋唐五代墓誌滙篇 陝西』1; 『全唐文補遺』5; 『唐代墓誌滙篇續集』)

발해	8월 신해일(29) 견발해사(遣渤海使) 정6위상 인전조신충마려 등이 돌아왔다. (『續日本紀』10 聖武紀)
발해	발해가 천평 2년 8월 신해일(29)에 왔다. (『類聚國史』193 殊俗部 渤海 上)
발해	9월 계축일(2) 천황이 중궁(中宮)에 나아갔는데 충마려 등이 발해군왕의 신물(信物)을 바쳤다. (『續日本紀』10 聖武紀)
발해	발해가 천평 2년 9월 계축일(2)에 왔다. (『類聚國史』193 殊俗部渤海 上)
발해	9월 병자일(25) 사신을 보내어 발해군의 신물을 산릉 6곳에 바치게 하고 아울러 고(故) 태정대신(太政大臣) 등원조신(藤原朝臣)의 묘에 제사지내게 하였다. (『續日本紀』10 聖武紀)
발해	발해가 천평 2년 9월 병자일(25)에 왔다. (『類聚國史』193 殊俗部渤海 上)
신라	9월 말갈 발해국이 함께 사신을 보내어 조공하였다. (『冊府元龜』971 外臣部 16 朝貢 4)
신라	10월 경술일(29) 신라국이 사신을 보내 조회하고 방물을 바치니 비단을 차등있게 나누어주었다. (『冊府元龜』975 外臣部 20 褒異 2)
발해	겨울 10월 경술일(29) 사신을 보내어 발해의 신물을 나라의 유명 신사에 봉헌하였다. (『續日本紀』10 聖武紀)
발해	발해가 천평 2년 10월 경술일(29)에 왔다. (『類聚國史』193 殊俗部 渤海 上)
신라	겨울 10월 당나라에 사신을 보내어 방물을 바치니 현종이 물품을 차등있게 나누어주었다. (『三國史記』8 新羅本紀 8)
신라	겨울 10월 당나라에 사신을 보내 조공하니 황제가 물품을 차등있게 나누어 주었다. (『三國史節要』11)

731(辛未/신라 성덕왕 30/발해 무왕 仁安 13/唐 開元 19/일본 天平 3)

| 신라 | (2월: 3월의 잘못인 듯) 무오일(10?) 신라가 그 신하 김지량(金志良)을 보내 정월을 |

축하하게 하니 태복소경원외치(太僕少卿員外置)에 제수하고 비단 60필을 하사하여 돌려보냈다. 그 편에 조서를 보냈다. "바친 우황(牛黃)과 금은(金銀) 등의 물품은 표문을 살펴보니 잘 갖추어졌도다. 경의 나라 해와 달이 복되고, 삼한이 잘 도우니 오늘날 인의(仁義)의 나라라 불리고 대대로 훈현(勳賢)의 업적이 두드러지도다. 문장과 예악은 군자의 풍모가 드러나고, 귀순한 이들과 충심을 받치는 이들이 근왕(勤王)의 절개를 본받는다. 참으로 번국(蕃國)의 진위(鎭衛)요, 진실로 충의(忠義)의 모범(儀表)이니, 어찌 다른 지역의 사나운 풍속과 동시에 견주어 논할 수 있겠는가. 더욱이 사모하는 뜻을 부지런히 하고, 술직(述職)을 더욱 정성스럽게 하여, 높은 산을 오르고 바다를 건너가는 데 막히거나 멀다고 게으름 피우지 않고, 폐백을 바치고 보물을 바치는 데 세월이 가도 항상함이 있으니, 우리 왕도(王度)를 지켜 나라의 공식 기록[국장(國章)]에 오르게 되었다. 그 간절한 정성을 돌이켜보니 매우 가상하도다. 짐은 늘 새벽에 일어나 오래도록 생각하고 밤에도 옷을 입고 어진 이를 기다리니, 그런 사람을 보면 마음 속을 토로하리라 생각하였다. 그래서 그대를 만나 품은 뜻을 나누고자 기다렸으나, 지금 사신이 와서 그대가 병 때문에 명을 받들지 못함을 알게 되었다. 멀리 떨어져 있음을 생각하면 걱정이 더할 뿐이나, 날씨가 차츰 따뜻해지니 회복되리라 생각한다. 이제 그대에게 능채(綾綵) 500필과 백(帛) 2,500필을 하사하니, 받도록 하라."(『冊府元龜』 975 外臣部 20 褒異 2)

신라 봄 2월에 김지량(金志良)을 당에 보내 정월을 축하하게 하였다. 현종이 태복소경원외치에 제수하고 비단 60필을 하사하여 돌려보냈다. 그 편에 조서를 보냈다. "바친 우황(牛黃)과 금은(金銀) 등의 물품은 표문을 살펴보니 잘 갖추어졌도다. 경의 나라 해와 달이 복되고, 삼한이 잘 도우니 오늘날 인의의 나라라 불리고 대대로 훈현의 업적이 두드러지도다. 문장과 예악은 군자의 풍모가 드러나고, 귀순한 이들과 충심을 받치는 이들이 근왕의 절개를 본받는다. 참으로 번국의 진위요, 진실로 충의의 모범이니, 어찌 다른 지역의 사나운 풍속과 동시에 견주어 논할 수 있겠는가. 더욱이 사모하는 뜻을 부지런히 하고, 술직(述職)을 더욱 정성스럽게 하여, 높은 산을 오르고 바다를 건너가는 데 막히거나 멀다고 게으름 피우지 않고, 폐백을 바치고 보물을 바치는 데 세월이 가도 항상함이 있으니, 우리 왕도(王度)를 지켜 나라의 공식 기록에 오르게 되었다. 그 간절한 정성을 돌이켜보니 매우 가상하도다. 짐은 늘 새벽에 일어나 오래도록 생각하고 밤에도 옷을 입고 어진 이를 기다리니, 그런 사람을 보면 마음 속을 토로하리라 생각하였다. 그래서 그대를 만나 품은 뜻을 나누고자 기다렸으나, 지금 사신이 와서 그대가 병 때문에 명을 받들지 못함을 알게 되었다. 멀리 떨어져 있음을 생각하면 걱정이 더할 뿐이나, 날씨가 차츰 따뜻해지니 회복되리라 생각한다. 이제 그대에게 능채 500필과 백(帛) 2,500필을 하사하니, 받도록 하라."(『三國史記』 8 新羅本紀 8)

신라 봄 2월에 김지량(金志良)을 당에 보내 정월을 축하하게 하였다. 황제가 태복소경원외치에 제수하고 비단 60필을 하사하여 돌려보냈다. 그 편에 조서를 보냈다. "바친 우황(牛黃)과 금은(金銀) 등의 물품은 표문을 살펴보니 잘 갖추어졌도다. 경의 나라 해와 달이 복되고, 삼한이 잘 도우니 오늘날 인의(仁義)의 나라라 불리고 대대로 훈현(勳賢)의 업적이 두드러지도다. 문장과 예악은 군자의 풍모가 드러나고, 귀순한 이들과 충심을 받치는 이들이 근왕(勤王)의 절개를 본받는다. 참으로 번국(蕃國)의 진위(鎭衛)요, 진실로 충의(忠義)의 모범(儀表)이니, 어찌 다른 지역의 사나운 풍속과 동시에 견주어 논할 수 있겠는가. 더욱이 사모하는 뜻을 부지런히 하고, 술직(述職)을 더욱 정성스럽게 하여, 높은 산을 오르고 바다를 건너가는 데 막히거나 멀다고 게으름 피우지 않고, 폐백을 바치고 보물을 바치는 데 세월이 가도 항상함이 있으니, 우리 왕도(王度)를 지켜 나라의 공식 기록[국장(國章)]에 오르게 되었다. 그 간절

	한 정성을 돌이켜보니 매우 가상하도다. 짐은 늘 새벽에 일어나 오래도록 생각하고 밤에도 옷을 입고 어진 이를 기다리니, 그런 사람을 보면 마음 속을 토로하리라 생각하였다. 그래서 그대를 만나 품은 뜻을 나누고자 기다렸으나, 지금 사신이 와서 그대가 병 때문에 명을 받들지 못함을 알게 되었다. 멀리 떨어져 있음을 생각하면 걱정이 더할 뿐이나, 날씨가 차츰 따뜻해지니 회복되리라 생각한다. 이제 그대에게 능채(綾綵) 500필과 백(帛) 2,500필을 하사하니, 받도록 하라."(『三國史節要』 11)
발해	2월 기미일 발해말갈이 사신을 보내어 정월을 축하하니 장군(將軍)을 제수하고 비단 1백필을 내려주어 번으로 돌려보냈다. (『冊府元龜』 975 外臣部 20 褒異 2)
발해	개원 19년 2월 실위(室韋)·발해말갈·신라가 같이 사신을 보내어 정월을 축하하였다. (『冊府元龜』 971 外臣部 16 朝貢 4)
신라	여름 4월 죄수를 풀어주고 노인들에게 술과 음식을 내려 주었다. (『三國史記』 8 新羅本紀 8)
신라	여름 4월 죄수를 풀어주고 노인들에게 술과 음식을 내려 주었다. (『三國史節要』 11)
신라	여름 4월 일본국 병선 3백척이 바다를 건너 우리 동쪽 해변을 습격하니 왕이 장군에게 출병을 명하여 크게 격파하였다. (『三國史記』 8 新羅本紀 8)
신라	여름 4월 일본국 병선 3백척이 바다를 건너 우리 동쪽 해변을 습격하니 왕이 장군에게 출병을 명하여 크게 격파하였다. (『三國史節要』 11)

백제 고구려 신라

	가을 7월 을해일(29) 아악료(雅樂寮)의 잡락생(雜樂生)의 인원을 정했는데 대당악(大唐樂) 39명, 백제악(百濟樂) 26명, 고려악(高麗樂) 8명, 신라악(新羅樂) 4명, 도라악(度羅樂) 62명, 제현무(諸縣舞) 8명, 축자무(筑紫舞) 20명이었다. 그 대당악생은 본국 출신이든 번국 출신이든 가리지 않고 교습을 감당하는 자를 뽑았고, 백제·고려·신라 등의 악생(樂生)은 모두 그 곳 번 출신으로 배우기를 감당하는 자를 취하였다. 다만 도라락과 제현·축자무생은은 모두 악호(樂戶)에서 취했다. (『續日本紀』 11 聖武紀)
신라	가을 9월 백관에게 적문(的門)에 모여 거노(車弩) 쏘는 것을 보게 하였다. (『三國史記』 8 新羅本紀 8)
신라	가을 9월 백관에게 적문에 모여 거노 쏘는 것을 보게 하였다. (『三國史節要』 11)
발해	10월 계사일(18) (…) 발해말갈왕이 대성취진(大姓取珍) 등 120명을 보내 조회하니 더불어 과의(果毅)를 제수하고 각기 비단 30필을 내려주어 번으로 돌려보냈다. (『冊府元龜』 975 外臣部 20 褒異 2)
발해	개원 19년 10월 발해말갈왕이 대성취진 등 120명을 보내 조회하니 더불어 과의를 제수하고 각기 비단 30필을 내려주어 번으로 돌려보냈다. (『冊府元龜』 971 外臣部 16 朝貢 4)

732(壬申/신라 성덕왕 31/발해 무왕 仁安 14/唐 開元 20/일본 天平 4)

신라	정월 임자일(8) 해(奚)의 귀의왕(歸義王)이 그 수령 세소(細蘇) 등을 보내 조회하고 신라와 해가 더불어 사신을 보내 정월을 축하하였다. (『冊府元龜』 971 外臣部 16 朝貢 4)

신라	정월 경신일(16) 신라가 사신을 보내 정월을 축하하고 해가 사신을 보내 정월을 축하하니 더불어 낭장(郎將)을 제수하고 차등있게 비단을 내려주어 번으로 돌려보냈다. (『冊府元龜』 975 外臣部 20 褒異 2)
신라	전년(개원 20년) 황제가 흥광에게 앵무새 암컷과 수컷 한 마리씩과 자라수포(紫羅繡袍), 금은으로 세공한 기물과 상서로운 무늬를 수놓은 비라(緋羅), 오색라(五色羅), 채릉(綵綾) 등 모두 3백여 단을 내렸다. (『唐會要』 95 新羅)
신라	봄 정월 갑자일(20) (…) 종3위 다치비진인현수(多治比眞人縣守)를 중납언(中納言)으로, 종5위하 각조신가주(角朝臣家主)를 견신라사로 삼았다. (『續日本紀』 11 聖武紀)
신라	봄 정월 병인일(22) 신라사신이 조회하였다. (『續日本紀』 11 聖武紀)
신라	2월 경자일(27) 견신라사 등이 조정에 배알하였다. (『續日本紀』 11 聖武紀)
신라	3월 무신일(5) 신라사신 한나마 김장손(金長孫) 등을 대재부로 불렀다. (『續日本紀』 11 聖武紀)
신라	여름 5월 임자일(11) 신라 사신 김장손 등 40명이 서울에 들어왔다. (『續日本紀』 11 聖武紀)
신라	여름 5월 경신일(19) 김장손 등이 조정에 배알했다. 여러 가지 재물과 앵무새 1마리, 구관조 1마리, 촉구(蜀狗) 1마리, 사냥개 1마리, 당나귀 2두(頭), 노새 2두를 바쳤다. 그리고 조회하는 기한을 여쭈었다. (『續日本紀』 11 聖武紀)
신라	여름 5월 임술일(21) 김장손 등에게 조당에서 연회를 베풀어주고 조를 내리기를, "조회하는 기한은 3년에 한 번씩 하도록 하라."고 하였다. 연회가 끝나자 신라왕과 사인(使人)들에게 녹을 차등있게 내려 주었다. (『續日本紀』 11 聖武紀)
신라	6월 정유일(26) 신라 사신이 번으로 돌아갔다. (『續日本紀』 11 聖武紀)
신라	8월 신사일(11) 견신라사 종5위하 각조신가주 등이 돌아왔다. (『續日本紀』 11 聖武紀)
발해	9월 을사일(5) (…) 발해말갈이 등주(登州)를 노략질 하고 자사(刺史) 위준(韋俊)을 죽이니 좌령군장군(左領軍將軍) 개복순(蓋福順)에게 명하여 군대를 동원해 토벌하도록 하였다. (『舊唐書』 8 本紀 8 玄宗 上)
발해	9월 을사일(5) 발해말갈이 등주를 노략질하여 자사 위준을 죽이니 좌령군장군 개복신(蓋福愼)이 이를 정벌하였다. (『新唐書』 5 本紀 5 玄宗)
발해	9월 발해말갈왕 무예가 그 장수 장문휴를 보내 해적을 거느리고 등주를 노략질 하였다. 말갈이 자사 위준을 죽이니 황제가 우령군장군 갈복순에게 명하여 군대를 동원해 이를 토벌하도록 하였다. (『資治通鑑』 213 唐紀 29 玄宗至道大聖大明孝皇帝)
발해	당 현종 개원 20년 9월 발해말갈이 등주(登州)를 노략질 하고 자사 위준을 죽이니 좌령군장군 개복순에게 명하여 군대를 동원해 토벌하도록 하였다. (『冊府元龜』 986 外臣部 31 征討 5)

발해 신라	개원 20년 무예가 그의 장수 장문휴(張文休)를 보내어 해적을 거느리고 등주자사(登州刺史) 위준을 공격하였다. 문예를 파견하여 유주에 가서 군사를 징발하여 이를 토벌케 하는 동시에 태복원외경 김사란을 시켜 신라에 가서 군사를 징발하여 발해의 남쪽 경계를 치게 하였다. 마침 산이 험하고 날씨가 추운 데다 눈이 한길이나 내려서 병사들이 태반이나 얼어 죽으니, 전공을 거두지 못한 채 돌아왔다. 무예가 원한을 풀지 못하여 몰래 사자를 보내어 자객을 빌어 천진교(天津橋) 남쪽에서 문예를 치게 하였으나, 문예는 자객들을 물리쳐서 죽지 않았다. 하남부(河南府)에 명하여 그 적들을 모두 잡아다 죽였다. (『舊唐書』199下 列傳 149下 北狄 渤海靺鞨)
발해 신라	개원 20년 무예가 해적을 거느리고 등주를 공격하여 자사 위준을 죽였다. 조서를 내려 문예로 하여금 유주에 가서 군사를 징발하여 이를 토벌케 하였다. 동시에 신라로 하여금 10만명을 징발해 대응토록 했는데, 산이 험하고 날씨가 추워 마침내 전공을 세우지 못한 채 돌아왔다. 무예가 원한을 풀이 못하여 몰래 사신을 보내 동도에 이르러 자객에게 후한 뇌물을 주고 문예를 천진교 남쪽을 막고 그를 치게 하였으나, 죽지 않았다. 하남부에 명하여 그 적들을 잡아 모두 죽였다. (『册府元龜』1000 外臣部 45 讐怨)
발해 신라	10년 뒤에 무예가 대장 장문휴를 파견하여 해적을 거느리고 등주를 치니, 황제가 급히 문예를 파견하여 유주군사를 동원시켜 이를 공격하는 한편, 태복경 김사란을 사신으로 신라에 보내어 군사를 독촉하여 발해의 남부를 치게 하였다. 마침 날짜가 매우 추운 데다 눈이 한길이나 쌓여서 군사들이 태반이나 얼어 죽으니, 공을 거두지 못하고 돌아왔다. 무예가 그 아우에 대한 원한이 풀리지 않아서 자객을 뽑아서 동도에 들여 보내어 길에서 저격케 하였으나, 문예가 그들을 물리쳐서 죽음을 면할 수 있었다. 하남에서 자객들을 체포하여 모두 죽였다. (『新唐書』219 列傳 144 北狄 靺鞨)
신라	겨울 12월 각간 사공, 이찬 정종(貞宗), 윤충(允忠), 사인(思仁)을 각각 장군으로 삼았다. (『三國史記』8 新羅本紀 8)
신라	겨울 12월 각간 사공, 이찬 정종, 윤충, 사인을 각각 장군으로 삼았다. (『三國史節要』11)
신라	경성주작전(京城周作典)은 경덕왕이 수성부(修城府)로 고쳤으나, 혜공왕이 옛 이름으로 되돌렸다. 영(令)은 5명으로 성덕왕 31년에 두었다. 관등은 대아찬에서 대각간까지로 하였다. (『三國史記』38 雜志 7 職官 上)
신라	주작전(周作典)을 두었는데, 영은 5명이다. 관등은 대아찬에서 대각간까지로 하였다. (『三國史節要』11)
신라 발해	개원 20년 천자의 조정을 원망하여 군사를 거느리고 등주를 갑자기 습격하여 자사 위준을 살해하였습니다. 이에 명황제께서 크게 노하여 내사(內史) 고품(高品)·하행성(何行成)과 태복경 김사란에게 명하여 군사를 동원하여 바다를 건너 공격하여 토벌하도록 하였습니다. 이에 저희 왕 김모에게 관작을 더하여 정태위(正太尉) 지절(持節) 충영해군사(充寧海軍事) 계림주대도독(鷄林州大都督)으로 삼았습니다. 겨울이 깊고 눈이 많이 내려 제후와 중국의 군대가 추위에 시달리므로 회군하도록 명령하셨습니다. 지금까지 3백여 년 동안 한 쪽 지방이 무사하고 넓은 바다가 편안하니 이는 곧 저희 무열대왕의 공로입니다. (『三國史記』46 列傳 6 崔致遠)
고구려 발해	『통전(通典)』에 이르기를 "발해는 본래 속말말갈(粟末靺鞨)로서 그 추장 조영(祚榮)에 이르러 나라를 창건하고 자칭 진단(震旦)이라 부르더니 선천(先天) 연간[현종(玄

宗)의 임자(壬子)년이다]에 비로소 말갈이라는 이름을 버리고 오로지 발해라 불렀다. 개원(開元) 7년 [기미년이다]에 조영이 죽으니 시호를 고왕(高王)이라 하였다. 세자가 이어서 왕위에 오르니 명황(明皇)이 왕위 계승의 책문을 내리고 왕위를 계승하게 하였던 바, 사사로이 연호(年號)를 고치고 마침내 해동성국(海東盛國)이 되어 이 지역에 5경(京) 15부(府) 62주(州)를 두었다. 후당(後唐) 천성(天成) 초년에 거란(契丹)이 이 나라를 부수고 그 후 거란의 지배를 받게 되었다"라고 하였다[삼국사(三國史)에 다음과 같이 말하였다. "의봉(儀鳳) 3년 고종(高宗) 무인(戊寅)에 고구려의 남은 자손들이 한데 모여 북쪽으로 태백산(太白山) 밑을 의지하여 나라 이름을 발해라 하였다. 개원(開元) 20년(732년) 중에 명황이 장수를 보내어 이를 토벌하였다. 또 성덕왕(聖德王) 32년 현종(玄宗) 갑술(甲戌)(734년)에 발해말갈이 바다를 건너 당나라 등주(登州)를 침범하였으므로 현종이 이를 토벌하였다."고 하였다. 또 신라고기(新羅古記)에 이르기를 "고구려의 옛 장수 조영의 성(姓)은 대씨(大氏)니 남은 군사를 모아 태백산 남쪽에서 나라를 세우고 나라 이름을 발해라고 하였다."라고 한다. 이상의 여러 글을 참고해 보면 발해는 말갈의 별종으로 다만 그의 창건과 병합이 같지 않을 뿐이다. 지장도(指掌圖)에 보면 "발해는 장성(長城) 동북쪽 모서리 밖에 있다."라고 하였다]. (『三國遺事』 1 紀異 1 靺鞨渤海)

733(癸酉/신라 성덕왕 32/발해 무왕 仁安 15/唐 開元 21/일본 天平 5)

발해	정월 정사일(18) 황제가 대문예를 유주로 보내고 군대를 일으켜 발해왕 무예를 토벌하였다. (『資治通鑑』 213 唐紀 29 玄宗至道大聖大明孝皇帝)
신라 발해	정월 경신일(21) 태복원외경 김사란을 신라에 사신으로 보내 군대를 일으켜 발해의 남쪽 변경을 공격하도록 명령하였다. 큰 눈이 한 장 이상 내려 산길이 막히고 사졸이 반 이상 죽어 공이 없이 돌아왔다. 무예는 문예가 그치지 않자 몰래 자객을 보내 천진남교에서 문예를 찌르려 하였으나, 죽지 않았다. 황제가 하남부에 명하여 적당들을 잡으라 하고 모두 죽여 버렸다. (『資治通鑑』 213 唐紀 29 玄宗至道大聖大明孝皇帝)
신라 발해	정월 경신일(21) 태복경 원외치 동정원 김사란에게 신라에 사신으로 가라고 명하였다 사란은 본래 신라의 사신으로 공손하면서도 예의가 있었기 때문에 머물러 숙위하였다. 이때에 이르러 다른 나라에 가는 사신의 임무를 맡긴 것이니 또한 편리에 따른 것이다. (『冊府元龜』 975 外臣部 20 褒異 2)
발해 신라	발해 대무예가 아우 문예와 나라 안에서 싸우다가 문예가 도망쳐 왔다. 태복경 김사란에 조서를 내려 범양(范陽) 지역과 신라 군 10만으로 발해를 정벌하게 하였으나 공이 없었다. 문예가 동도에 자객을 보내 문예를 찌르게 하고 군대를 마도산(馬都山)으로 진격시켜 성읍을 도살하였다. 오승체(烏承玼)가 요충로를 막고 400리에 걸쳐 큰 돌로 메우니 적들이 들어오지 못하였다. 이에 흩어진 유민들이 돌아 올 수 있었고, 병사들이 조금은 쉬면서 갑옷을 벗어 농사를 지었다. 그 해 조세를 면제시켜 주었다. (『新唐書』 136 列傳 61 烏承玼)
신라	개원 21년에 이르러 흥광에게 영해군사(寧海軍使)를 더해주었다. 그해 태복경원외치 동정 김사란(金思蘭)에게 명하여 신라에 사신으로 가게 하였다. 사란은 본래 신라의 사신으로 공손하면서 예의가 있었기 때문에 머물러 숙위하였다. 이때에 이르러 다른 나라에 가는 사신의 임무를 맡긴 것이니 또한 편리에 따른 것이다. (…) 이 때에 흥광이 조카 지렴을 보내 표를 바치고 감사의 뜻을 전하고, 국내에 지초가 난다고 상주하고, 그림을 그려 바쳤다. (『唐會要』 95 新羅)
신라	개원 21년, 신라왕 흥광이 국내에 지초가 난다고 상주하고, 그림을 그려 바쳤다. (『

고구려 　　　대당(大唐) 고(故) 관군대장군(冠軍大將軍)·행(行) 우위위장군(右威衛將軍)·상주국(上
柱國)·금성군개국공(金城郡開國公) 이공(李公) 묘지명 및 서문
　　　공은 인덕(仁德)이라고 하고 일족은 이씨(李氏)이며, 그 선조는 대체로 낙랑(樂浪)의
명망 있는 족속이다. 요(堯)의 신하 마씨(馬氏)와 주(周)의 사관(史官) 용씨(龍氏) 같
은 부류로부터 진실한 후예들이 먼 지방에 흩어지니, 성씨를 보전하여 여러 대를 전
하였다. 돌아가신 부친 갑자(甲子)는 당(唐)에서 정주별가(定州別駕)를 추증하였는데,
천자가 조서를 내리는 은혜를 입었고 지하에서 제여(題輿)의 총애가 빛났다.
　　　공은 곧 별가(別駕) 부군(府君)의 맏아들이다. 풍채와 기골이 굳세고 뛰어났으며 재
주는 영민하고 원대하니, 지혜를 갑옷과 투구로 삼고 의리를 방패와 창으로 삼았다.
왕업과 패업을 말하면 금화(金火)가 빛을 내었고, 갑병(甲兵)을 이야기하면 깃발과
북이 감동을 받아 색깔이 변하였다. 옛날 중종(中宗)이 돌아가시자, 위씨(韋氏)가 난
을 일으켜 장차 백성들을 죽이고 종묘를 위태롭게 하려고 하였다. 공은 이에 얼굴에
의로운 기색을 드러내고 충심으로 분발하여 일어나서, 황제의 밝은 지혜를 일으켜
궁궐을 헤치고 뛰어가 번개처럼 공격하니 좌우에서 바람처럼 쫓아갔다. 마음으로는
매나 새매의 용맹한 뜻을 으뜸으로 삼고 손으로는 불경한 자들을 베니, 사람들은 공
손히 얼굴색을 다시 하고 황제의 집은 더러움을 털고 맑아졌다. 두 사람을 도와 천
하를 다스리니 공로는 사직에 남았고, 사방의 경계를 하늘로부터 받아 땅을 떼어 봉
지를 받음에 봉토는 산하를 공고하게 하였다. 이런 까닭으로 공을 운휘장군(雲麾將
軍)·행 우둔위(右屯衛) 익부중랑장(翊府中郎將)·금성현개국자(金城縣開國子)·식읍(食
邑) 300호에 임명하였다. 낮에는 순찰을 돌며 천자를 둘러싸고 정성을 다하였고, 밤
에는 특별한 군영에 임명되어 자수(紫綬)를 차고 총애를 빛내었다. 이런 까닭으로
공을 우위위 장군으로 승진시키니, 말을 상으로 하사받는 은혜를 입으니 하루에 세
번씩 천자를 알현하였고, 관작으로 존귀한 자들을 길들이니 10경(卿)으로서 제후와
봉록이 같았다. 이런 까닭으로 공에게 관군대장군을 더하고 개국공(開國公)으로 진
봉(進封)하며, 식읍을 2,000호로 늘려주었다.
　　　어찌 하늘이 이 세상에 남겨두기를 원하지 않아서 철인(哲人)이 시들었는가. 산악은
정신을 거두어들이고 해와 달은 수명을 가렸다. 갑자기 개원(開元)21년(733) 정월20
일 예천리(醴泉里)의 사저(私邸)에서 돌아가시니, 나이가 61세였다. 아아, 슬프도다.
공은 겸손하고 겸손하게 걸어왔고 공경하고 삼가는 것을 붙잡고 살아 높은 지위에
서 뻐기며 업신여기지 않았고 강과 바다에서 소홀하지 않았다. 그의 삶은 영광스러
웠고 그의 죽음은 슬퍼 통곡하게 하니, 이웃에서 서로 만나지 않고 마을에서 노래부
르지 않을 뿐만 아니라 진실로 또한 황제가 정사에 임함에 감탄과 탄식이 일어나
함께 모두 정성껏 조문할 것을 맹세하였다. 특별히 칙서로 증견(繒絹) 200필, 부물
(賻物) 200단, 미속(米粟) 100석을 하사하여 상례에 공급하도록 하였다. 곧 그 해 4
월13일에 고양원(高陽原)에 장사지내니, 예의에 합당하였다. 남쪽으로 교외에 가깝
게 인접하여 거북껍질로 점을 쳐 물으니 한결같이 길하다고 하였고, 동쪽으로는 고
명(顧命)을 우선시하여 큰 나무를 줄이고 봉분을 작게 하였다. 금과 옥을 함께 묻어
보관하지 않았으니 경계하는 지혜이고, 금슬(琴瑟)을 두지 않았으니 받드는 인(仁)이
다. 아들 2명이 있는데, 첫째는 사경(思敬)이라고 하여 우효위(右驍衛) 중후(中候)이
고, 둘째는 사양(思讓)이라고 하여 우효위 사계(司階)이다. 모두 7일 동안 미음을 끊
고 5개월을 기준으로 장사를 지냈다. 어린아이가 부모를 따르듯이 깊이 사모하는 정
은 끝이 없고, 손님들이 절하며 문상하는 것을 모두 받아들일 수 없었다. 땅 속의
길이 변하여 막히는 것을 막기 위해 무덤 안에 천성을 기록하노라. 명문(銘文)은 다

음과 같다.

산악이 정신을 내려 공은 인(仁)에 해당하니, 충과 효를 허리에 차고 청백리를 이웃으로 삼았도다. 어찌 그렇게 영광스러운가. 사직을 지키는 고귀한 신하로다. 어찌 그렇게 슬픈가. 조정과 시장에서 모두 슬퍼하는 사람이로다. 살아서 쌓은 공적은 어찌 만번의 봄이 아니고, 죽어서 속죄하는 것은 어찌 100번의 삶이 아니겠는가. 살아서 공을 쌓지 않고 죽어서 속죄지 않는다면, 고금을 두루 고찰하니 누가 바람 앞의 촛불 같은 죽음을 면하겠는가. 사람은 세대를 지내고 세대는 사람을 지내니 갑자기 한 무더기의 흙이 되고, 배는 골짜기를 옮겨가고 골짜기는 배를 옮기니 쓸쓸하게도 저승은 가을이로다. 장대한 기상은 다하고 만사는 끝났는데 무덤의 문이 닫히니 저승은 어둡구나. 슬프고 슬픈데 하늘은 묵묵히 말이 없고 혼은 어찌 그렇게 가득한가. (「李仁德 墓誌銘」:『唐代墓誌滙篇』)

신라 　　 6월 정유일(2) (…) 무장국(武藏國) 기옥군(埼玉郡) 신라인 덕수(德師) 등 남녀 53인의 청에 따라 김씨 성으로 하였다. (『續日本紀』11 聖武紀)

신라 발해 　　 가을 7월 당나라 현종이 발해말갈이 바다를 건너 등주를 노략하자 태복원외경 김사란을 귀국시켜 이에 왕에게 개부의동삼사영해군사(開府儀同三司寧海軍使)로 삼아 군대를 일으켜 말갈의 남쪽 변경을 공격하게 하였다. 한 길 이상 내린 눈으로 산길이 막히고 사졸이 반 이상 죽어 공이 없이 돌아왔다. 김사란은 본래 왕족으로 이보다 앞서 조회하였는데, 공손하고 예의가 있어 머물러 숙위하였다가 이때에 이르러 다른 나라로 가는 사신의 임무를 맡았다. (『三國史記 8 新羅本紀 8)

신라 발해 　　 가을 7월 황제는 발해말갈이 등주를 노략하자 태복원외랑 김사란을 귀국시켜 이에 왕에게 개부의동삼사영해군사를 제수하고 군대를 일으켜 말갈 남쪽 변경을 공격하도록 하였다. 조서에서 말하기를, "말갈발해가 겉으로는 번한이라 칭하면서도 속으로는 교활한 마음을 품고 있다. 지금 군사를 내어 죄를 묻고자 하니, 경 또한 군사를 일으켜 서로 양쪽에서 적을 견제하도록 하라." 또 황제가 말하기를, "듣건대 옛 장수 김유신의 손자 윤중(允中)이 현명하다고 하니, 장수로 삼을 만하다." 이에 윤중에게 금과 비단을 내려주었다. 이에 왕은 윤중 등 4 장군에게 명하여 군대를 이끌고 당나라 합세해서 발해를 정벌하게 하였다. 한 길이 넘는 큰 눈이 내려 산길이 막히고, 사졸들이 반 이상 죽어 공없이 돌아왔다. 사란은 본래 왕족으로 이보다 앞서 조회하였는데, 공손하면서 예의가 있어 머물러 숙위하였다가 이 때에 이르러 돌아왔다. 왕은 윤중이 김유신의 적손이기에 대아찬으로 삼고 그를 총애하였다. 왕의 친척들이 자못 그를 질투하였다. 왕이 일찍이 월성에 올라 시종관들과 함께 술자리를 벌여놓고 즐기다가 윤중을 불러오라고 명하였다. 좌우에서 말하기를, "지금 종실(宗室)과 인척들 가운데 어찌 좋은 사람이 없어 유독 소원(疏遠)한 신하를 부르시옵니까. 신들은 이를 이상하게 생각합니다."고 하였다. 왕이 다음과 같이 말하였다. "지금 과인이 경들과 함께 평안하고 무사한 것은 유신의 공이오. 만약 그를 물러나게 하고 잊는다면, 착한 이를 잘 대우하여 자손들에게 미치게 하는 의리가 아닐 것이오." 마침내 윤중에게 자리를 내주고, 유신의 훈적을 이야기 하고, 절영산의 말 1필을 내려주었다. (『三國史節要』11)

신라 발해 　　 김유신의 적손(嫡孫) 윤중(允中)은 성덕대왕 때 벼슬하여 대아찬이 되었고 여러 번 은혜와 보살핌을 받자 왕의 친척들이 자못 그를 질투하였다. 때마침 한가윗날 왕이 월성(月城)의 언덕 위에 올라 주변 경치를 바라보며 시종관(侍從官)들과 함께 술자리를 벌여놓고 즐기다가 윤중을 불러오라고 명하였다. 간하는 사람이 있어 말하길, "지금 종실(宗室)과 인척들 가운데 어찌 좋은 사람이 없어 유독 소원(疏遠)한 신하를 부르시옵니까. 어찌 이른바 친한 이를 친히 하는 것이겠사옵니까."라고 하였다.
왕이 다음과 같이 말하였다. "지금 과인이 경들과 함께 평안하고 무사한 것은 윤중
의 할아버지 덕분이오. 만약 공의 말과 같이 하여 그것을 잊어버린다면 착한 이를
잘 대우하여 자손들에게 미치게 하는 의리가 아닐 것이오." 마침내 윤중에게 가까이
앉도록 명하였고 이야기가 그 할아버지의 일생에까지 이르렀다. 날이 저물어 물러가
고자 고하니 절영산(絕影山)의 말 1필을 하사하였다. 여러 신하들은 바라는 대로 되
지 않아 원망할 따름이었다. 개원 21년 당나라에서 사신을 보내 다음과 같이 교를
내렸다. "말갈발해가 겉으로는 번한(藩翰)이라 칭하면서도 속으로는 교활한 마음을
품고 있다. 지금 군사를 내어 죄를 묻고자 하니, 경 또한 군사를 일으켜 서로 양쪽
에서 적을 견제하도록 하라. 들건대 옛 장수 김유신의 손자 윤중(允中)이 있다고 하
니, 모름지기 이 사람을 뽑아 장수로 삼으라." 아울러 윤중에게 금과 비단 약간을
하사하였다. 이에 대왕은 윤중과 그 아우 윤문(允文) 등 네 장군에게 명하여 당나라
군대와 합세해서 발해를 공격하게 하였다. (『三國史記』 43 列傳 3 金庾信)

신라 발해   그 후에 최치원은 또한 일찍이 사신의 명령을 받들어 당나라에 간 적이 있었는데,
단 그 때를 알 수 없 따름이다. 때문에 그 문집에 태사(太師) 시중에게 올린 편지
가 있는데, 다음과 같다. (…) 개원 20년 (발해가) 천조에 원한을 갖고 군대를 거느
리고 등주를 갑자기 공격하여 자사 위준을 죽였습니다. 이에 명황제가 크게 노하여
내사 고품(高品)·하행성(何行成)·태복경 김사란에게 명하여 군사를 동원하여 바다를
건너 공격하여 토벌하도록 하였습니다. 이에 저희 왕 김 모에게 더하여 정태위(正大
尉)·지절(持節)·충영해군사(充寧海軍事)·계림주대도독(雞林州大都督)으로 삼았습니다.
겨울이 깊고 눈이 많이 내려 제후와 중국의 군대가 추위에 시달리므로 회군하도록
명령하셨습니다. 지금까지 3백여 년 동안 한 쪽 지방이 무사하고 넓은 바다가 편안
하니 이는 곧 저희 무열대왕의 공로입니다. (『三國史記』 46 列傳 6 崔致遠)

신라 발해   개원 21년 계유년 당나라가 북은(北狄; 발해)을 정벌하려 신라에 군대를 요청하고자
객사(客使) 640명이 왔다가 돌아갔다. (『三國遺事』 2 紀異 2 孝成王)

신라 발해   개원 21년 발해말갈이 바다를 건너 등주에 들어가 노략하였다. 이 때 흥광의 집안
사람 김사란이 앞서 조회하여 서울에 머물고 있었는데, 태복원외경을 제수하고 이때
에 이르러 보내어 귀국시켜 군대를 동원해 말갈을 치도록 하였다. 이에 흥광에게 개
부의동삼사·영해군사를 더하여 주었다. (『舊唐書』 199上 列傳 149上 東夷 新羅)

신라 발해   처음 발해말갈이 등주를 노략하자, 흥광이 이를 공격하니 황제가 흥광에게 영해군대사
(寧海軍大使)로 직을 올려주고 말갈을 공격하게 하였다. (『新唐書』 220 列傳 145
東夷 新羅)

발해 신라   개원 21년 이 해 발해말갈이 바다를 건너 등래(登萊)에 들어와 노략하니, 신라왕 김
흥광에게 명하여 군대를 동원해 이를 토벌하도록 하고 이에 흥광에게 개부의동삼사
영해군사를 더 제수하였다. (『冊府元龜』 964 封冊 2)

고구려   당(唐) 고(故) 선덕군(宣德郡) 효기위(驍騎尉) 치천현(淄川縣) 개국자(開國子) 천군(泉
君)의 지(誌) 및 명(銘) 부(父) 광록대부(光祿大夫) 위위경(衛尉卿) 상주국(上柱國) 변
국공(卞國公) 은(隱)이 찬(撰)하다.
     대저 온(溫), 양(良), 공(恭), 검(儉)은 사람의 근본이다. 시(詩), 서(書), 전(傳), 역(易)
은 가르침의 으뜸이다. 사람이 백행(百行)의 아름다운 덕을 갖추고, 양의(兩儀)로부
터 타고난 바른 성질을 받았으며, 평화로운 기(氣)를 토하기도 하고 받아들이기도
하며, 예(禮)의 경전(經典)을 지키고 있어서 인의(仁義)를 체득함으로써 몸을 세우고,
충성과 곧음을 쌓아 스스로를 행하면 창졸간이라도 법규에서 벗어나지 않을 것이며,
엎어지고 자빠지더라도 반드시 근엄하고 장중하게 될 것이니[必蹈於矜莊] (이것은)

무릇 고인들이 어렵게 여겼던 바이니 다만 오늘날이라고 쉬운 바는 아니다. (이것들을) 아울러서 가진 자 여기에 있음이라.

이름은 비(毖)요, 자는 맹견(孟堅)이니 경조(京兆) 만년(향)인(萬年鄉人)이다. 증조는 특진 변국양공(特進 卞國襄公) 남생이며, 조(祖)는 좌위대장군(左衛大將軍) 변국?공(卞國莊公) 헌성이며, 부(父)는 광록대부(光祿大夫) 위위경(衛尉卿) 변국공(卞國公) 은이다. 모두 대를 잇고, 가(家)를 이어 문장이 번성하고 복이 겹쳐졌다. 더욱 자(子 : 毖)는 조상의 덕이 그에 미쳐[剋茂貽厥] 일찍이 명예가 드러났다. 나이 겨우[年甫] 2세에 치천현(淄川縣) 개국남(開國男)으로 봉함을 받고, 이윽고 치천자(淄川子)로 진봉(進封)되었으니 식읍이 400호였다. 또 효기위(驍騎尉)로 제수받고 음(蔭)으로 태묘재랑(太廟齋郎)에 보임되었다. 마침 변방에 일이 있자 선덕군(宣德郡)을 제수받게 되었다. 이윽고 방선(放選:과거)에 뽑혔다. 곧 개부의동삼사(開府儀同三司) 조선왕(朝鮮王) 고장(高藏)의 외손이며 태자첨사(太子詹事) 태원공(太原公)인 왕위(王暐)의 자서(子壻)가 되었다.

　　　… 인척이[姻姬] 우수한 태도를 연이었고, 천부(天賦)의 자질을 받았으니 시(詩)와 예(禮)가 정훈(庭訓)에 들리고, 아울러 강학(講學)에 더욱 힘쓰니 명예가 날로 새로워졌다. 육도(六韜)와 옥검(玉鈐)의 병서(兵書)와 둔갑(遁甲)의 서(書)와 풍각(風角: 바람을 보아 길흉을 점침), 조정(鳥情:새로 점을 침)의 술(術)에 대해서는 유현(幽玄)한 것까지 연마하고, 오묘한 것을 통찰하고, 괴기로운 일에 정통하여 작은 것을 찾아, 천구(天衢)에 올라가서 고양(高驤)하고 태계(太階)에 올라 도(道)를 논하지 않음이 없었다.

어찌 천수[향년]을 알겠는가. 갑자기 오복(五福)의 효능이 일대를 이루지 못했구나. 영령의 구천(九泉)의 슬픔이 갑자기 닥쳤구나. 그리하여 개원(開元) 17년 세차(歲次) 기사(己巳) 9월 4일 경조부(京兆府) 흥안리(興安里) 사제(私第)에서 임종하였으니 춘추(春秋)는 22세였다. 개원 21년 세차 계유 10월 갑오 삭, 16일 기유에 하남부(河南府) 낙양현(洛陽縣)의 인산(印山) 구영(舊塋)에 옮겨 묻었다. 예법에 따른 것이다.

분토(墳土)가 높아서 구름 끝에 두 개의 석실을 바라보면, 무성한 잣나무와 고요한 숲이 보이고 삼천(三川 : 河, 洛, 伊水)의 손안같이 내려다 보인다. 장차 바람이 울도(鬱島)를 옮기고, 바다가 상전(桑田)으로 변할까 두려워하여, 곧은 선비의 이름을 삼가 밝힘으로써 등공(藤公)의 실(室)에 표(表)하고자 하노라. 이에 (다음과 같은) 명(銘)을 지었노라.

하늘의 푸르고 푸르름이여 그 색깔은 바르구나. 사람의 한없음이여. 그 능력은 오래구나. 꿈틀거리는 이 만류(萬類)여. 생(生)하면 노(老)하고, 병들면 죽는 저 천수의 깨달음이여. 이제 끝났구나. 기(氣)에서 나서 공(空)으로 돌아가니, 문득 보였다가 갑자기 끝나니 어찌 타고난 운명이 회오리처럼 없어짐을 가지고 조화(造化)의 무궁(無窮)함을 알겠는가.

다시 명(銘)을 지었노라.

양목(梁木:공자)의 그 무너짐(죽음)이여. 태산(太山)의 무너짐이여. 철인(哲人:공자)도 한 번 가면 다시 오지 못한다니. 관(棺)의 빗장이 영원히 닫히네. 인산(印山)의 골짜기에 만고천추(萬古千秋)동안. 오호(嗚呼) 애재(哀哉)라. (「泉毖 墓誌銘」:『譯註 韓國古代金石文』1)

신라　　12월 을미일(2) 신라왕 김흥광이 조카 지렴을 보내 조회하고 은혜에 사례하였다. 처음 황제가 흥광에게 하얀 앵무새 암수 한쌍 및 자수색 비단에 수 놓은 도포, 금은으로 세공한 기물, 서문금(瑞文錦)·오색나채(五色羅綵) 등 모두 300여 단을 내려 주었다. 흥광이 표를 올려 다음과 같이 말하였다. "삼가 생각건대, 폐하께서 법을 쥐고 나라를 열자 문(文)은 성스러웠고 무(武)는 신묘하였으므로, 천년의 창성한 운에 응하고 만물의 아름다운 상서를 이루었습니다. 이에 풍운(風雲)이 통하는 곳마다 모두 지극한 덕화(德化)를 받고, 일월(日月)이 비치는 곳마다 함께 깊은 인덕(仁德)을 입었습니다. 신이 사는 곳은 봉호(蓬壺)로 격해 있는데도 황제의 은혜가 멀리까지 널리 미쳤으며, 우리가 중국을 외면하여도 어진 은택이 먼 데까지 미치었습니다.

조서(詔書)를 엎드려서 읽고 옥갑(玉匣)을 꿇어앉아 여니, 구천(九天)의 우로(雨露)를 머금고 있었고, 오채(五彩)의 봉새와 난새를 두르고 있었습니다. 하사해 주신 영금(靈禽)을 보니 희고 푸른 두 마리의 앵무새였는데, 장안(長安)의 음악을 노래하기도 하고, 성주(聖主)의 은혜를 말하기도 하였습니다. 비단의 채색과 금은의 그릇은 보는 이의 눈을 부시게 하고, 듣는 이의 마음을 놀라게 하였습니다. 그 정성을 바친 공의 근원을 따져 보면 실로 선조(先祖)로부터 말미암은 것인데, 이런 비상한 은총을 내리시어 말손(末孫)에게까지 미치게 하셨습니다. 저의 하찮은 충성심은 티끌처럼 가벼운데, 황제의 무거운 은혜는 산처럼 큽니다. 저의 분수를 헤아려 보건대 무엇으로써 우러러 보답해야 할지를 모르겠습니다." 조서를 내려 내전에서 지렴에게 연회를 베풀고 속백(束帛)을 내려 주었다. (『冊府元龜』975 外臣部 20 褒異 2)

신라   겨울 12월에 왕의 조카 김지렴을 당에 보내 조회하고 은혜에 감사하였다. 과거에 황제가 왕에게 흰 앵무새 암수 한 쌍, 자주빛 엷은 비단에 수놓은 도포, 금은 세공품, 상서로운 무늬가 있는 비단, 다섯 색깔의 엷은 비단 합계 3백여 단 하사하였다. 왕이 표문을 올려 다음과 같이 사례하였다. "삼가 생각건대, 폐하께서 법을 쥐고 나라를 열자 문은 성스러웠고 무는 신묘하였으므로, 천년의 창성한 운에 응하고 만물의 아름다운 상서를 이루었습니다. 이에 풍운이 통하는 곳마다 모두 지극한 덕화를 받고, 일월이 비치는 곳마다 함께 깊은 인덕(仁德)을 입었습니다. 신이 사는 곳은 봉호로 격해 있는데도 황제의 은혜가 멀리까지 널리 미쳤으며, 우리가 중국을 외면하여도 어진 은택이 먼 데까지 미치었습니다.

조서를 엎드려서 읽고 옥갑을 꿇어앉아 여니, 구천의 우로를 머금고 있었고, 오채의 봉새와 난새를 두르고 있었습니다. 하사해 주신 영금을 보니 희고 푸른 두 마리의 앵무새였는데, 장안의 음악을 노래하기도 하고, 성주의 은혜를 말하기도 하였습니다. 비단의 채색과 금은의 그릇은 보는 이의 눈을 부시게 하고, 듣는 이의 마음을 놀라게 하였습니다. 그 정성을 바친 공의 근원을 따져 보면 실로 선조로부터 말미암은 것인데, 이런 비상한 은총을 내리시어 말손에게까지 미치게 하셨습니다. 저의 하찮은 충성심은 티끌처럼 가벼운데, 황제의 무거운 은혜는 산처럼 큽니다. 저의 분수를 헤아려 보건대 무엇으로써 우러러 보답해야 할지를 모르겠습니다." 조서를 내려 내전에서 지렴에게 연회를 베풀고 속백(束帛)을 내려 주었다. (『三國史記』8 新羅本紀 8)

신라   해동의 돌아가신 신행선사의 비
당의 위위경이며 국상 병부령 겸 수성부령인 이찬 김헌정이 짓고
동계사의 중 영업이 씀
무릇 법의 본체는 이름지을 수도 없고 모습을 그릴 수도 없으니, 지혜에 눈멀고 귀먼 자는 그 추이를 관찰할 수가 없다. 마음의 본성은 있는 듯 없는 듯하니, 이치에 우매한 자는 그 근원을 측량할 수가 없다. 그래서 유학이든 무학이든 겨우 향기로운 절밥을 맛볼 뿐이요, 이승이든 삼승이든 어찌 약나무의 과일을 얻을 수 있으리오. 선나라고 하는 것은 말단에 즉해서 근본으로 돌아가는 오묘한 문이요, 마음으로 인해서 道로 올라가는 그윽한 길이다. 거기에 귀의하는 자는 무수한 세월동안 지은 죄를 녹일 수 있고, 그것을 생각하는 자는 무수한 세계의 덕을 얻을 수 있을 것이다.

하물며 여러 해 여러 세대에 걸쳐서 수행을 쌓고 공덕을 이루어 깊고 또 깊게 그 극치를 이룸에 있어서랴. 더구나 지위가 35佛의 단계에 오르고 명성이 온 세계에 뻗쳤으며, 부처의 씨앗을 잇고 법의 등불을 전함에 있어서랴. 곧 우리 신행선사께서 그러한 수기를 받으셨다. 선사의 속성은 김씨요, 동경 어리 사람이다. 급간 상근의 아들이요, 선사 안홍의 형의 증손이다. 선행을 쌓고 마음을 훈습하였으며, 예전에 感性으로 인하여 나이 30 무렵에 출가하여 운정율사를 섬겼다. 바리때 하나와 옷 한벌만 가지고 2년동안 고행을 닦았다 (「斷俗寺 神行禪師碑」)

발해
정충(鄭忠)의 조부가 부친을 낳으니, 이름이 승△(承△)이었다. (…) 양공(楊公)이 동이에 죄를 묻자 막부에 청하여 표범 같은 지략으로 군사를 도모하다가 돌아왔다. 요동(遼東)을 토벌한 공으로 옷을 펄럭이며 높은 곳에 오르는 것을 부끄럽게 여겼다. 전례에 따라 배융부위(陪戎副尉)·상호군(上護軍)을 제수하자, 끝내 녹절(祿節)에 대해서 말하지 않았다. (「鄭忠碣」:『全唐文新編』409)

발해
마정(馬貞)의 부친은 이름이 낭(郎)이다. 예전에 때마침 고구려가 발호하여 조서를 내려 마랑을 요수를 건널 장수로 부르니, 문무를 욕되지 않게 하는 바를 알았던 것이다. 마침내 붓을 버리고 종군하여 충심으로 황제의 은혜를 보필하니, 변방 막사에서 기이한 모책을 펼치고 천이 끊어져도 성에 오르며 몸을 돌보지 않는 의지로 창을 잡고 선봉에 섰다. 한(漢)의 이릉(李陵)이 돌아오지 않는 것처럼 동주(銅柱)에 공적을 새기고 연연(燕然)에서 힘을 다한 것에 미치지 못하였다. 혼은 발해의 군대에서 흩어지고 뼈는 요동(遼東)에 있는 성의 진영에 맡겨졌다. (「馬貞 墓誌銘」:『全唐文補遺』9)

신라
신라 상감(像龕) (「新羅像龕銘」: 1999『碩晤尹容鎭教授停年退任紀念論叢』)

734(甲戌/신라 성덕왕 33/발해 무왕 16 仁安 16/唐 開元 22/日本 天平 6)

신라
개원(開元)22년 정월 임자(20)에 신라왕 흥광(興光)의 대신 김단갈단(金端竭丹)이 와서 하정(賀正)하였다. 황제가 내전(內殿)에서 연회를 베풀고 위위소경원외(衛尉少卿員外)를 제수하며, 비란포(緋襴袍)·평만은대(平漫銀帶) 및 견(絹) 60필을 하사하여 본국으로 돌려보냈다. (『冊府元龜』975 外臣部 20 褒異 2)

신라
봄 정월에 백관에게 교서를 내려 직접 북문에 들어와 대면하고 제시한 문제에 대답하라고 하였다. (『三國史記』8 新羅本紀 8)

신라
봄 정월에 왕이 백관에게 교서를 내려 북문에 들어와 의견을 아뢰라고 하였다. (『三國史節要』11)

신라
봄 정월에 당(唐)에 들어가 숙위하던 좌령군위원외장군(左領軍衛員外將軍) 김충신(金忠信)이 표문을 올렸는데, 다음과 같다. "신이 받든 명령은 신이 폐하의 부절(符節)을 가지고 본국에서 군사를 동원하여 말갈을 쳐서 없애고 일이 있을 때마다 계속 아뢰는 것이었습니다. 신은 성지(聖旨)를 받은 후부터 장차 목숨을 바치겠다고 맹세하였습니다. 마침 이때 교대하러 온 김효방(金孝方)이 죽어 신이 계속 머물러 숙위하게 되었습니다. 신의 본국 왕께서 신이 오랫동안 황제의 조정에 머물러 모셨으므로 종질(從姪) 지렴(志廉)을 사신으로 파견해 신과 교대하라 하셨습니다. 지금 그 사람이 이미 도착하였으니 신은 곧바로 마땅히 돌아가야 합니다. 다만 예전에 받든 명령을 늘 생각하여 밤낮으로 잊은 적이 없습니다. 폐하께서는 앞서 명을 내려 본국왕 흥광(興光)에게 영해군대사(寧海軍大使)의 관작을 더하고 정절(旌節)을 주어 흉악한 도적을 토벌하게 하였으니, 황제의 위엄이 닿는 곳은 거리가 멀어도 오히려 가깝게 느껴지니 임금께서 명령하신다면 신이 감히 받들지 않겠습니까? 꿈틀대던 오랑캐 무리들이 이미 자신의 잘못을 뉘우쳤겠지만 악을 없애는 데는 근본에 힘써야 하고 법을 펴는 데는 새로워야 합니다. 그러므로 군사를 내는 것은 의리가 세 번의 승리보다 소중하고, 적을 풀어주는 것은 근심이 여러 대에 미칩니다. 엎드려 바라건대 폐하께서 신이 본국으로 돌아가는 기회를 이용하여 신에게 부사(副使)의 직을 맡겨주시면, 장차 폐하의 뜻을 다하여 다시 변방의 작은 나라들에게 전달하겠습니다. 어찌 황제의 힘을 더욱 떨치는 것뿐이겠습니까? 진실로 용맹한 군사들이 기운을 얻어 반드시 적의 소굴을 기울여서 거친 변방을 안정시킬 수 있을 것입니다. 마침내 신의 작은 정성이 국가의 큰 이익으로 되면, 신들은 다시 배를 타고 바다를 건너 승전보를 대궐에 바치겠습니다. 터럭 같은 노력을 바쳐 비와 이슬의 혜택에 보답할 수 있는 것이 신의 소망입니다. 엎드려 생각컨대 폐하께서는 이를 생각해보십시오." 황제가 이를 허락하였다. (『三國史記』8 新羅本紀 8)

신라 봄 정월에 김충신이 당에 들어가 숙위하다가 좌령군위원외장군이 되어 표문을 올렸는데, 다음과 같다. "신이 받든 명령은 신이 폐하의 부절을 가지고 본국에서 군사를 동원하여 말갈을 쳐서 없애고 일이 있을 때마다 계속 아뢰는 것이었습니다. 신은 성지를 받은 후부터 장차 목숨을 바치겠다고 맹세하였습니다. 마침 이때 교대하러 온 김효방이 죽어 신이 계속 머물러 숙위하게 되었습니다. 신의 본국 왕께서 신이 오랫동안 황제의 조정에 머물러 모셨으므로 종질 지렴을 다시 파견해 신과 교대하라 하셨습니다. 지금 그 사람이 이미 도착하였으니 신은 곧바로 마땅히 돌아가야 합니다. 다만 예전에 받든 명령을 늘 생각하여 밤낮으로 잊은 적이 없습니다. 폐하께서는 앞서 명을 내려 본국왕 흥광에게 영해군대사의 관작을 더하고 정절을 주어 흉악한 도적을 토벌하게 하였으니, 황제의 위엄이 닿는 곳은 거리가 멀어도 오히려 가깝게 느껴지니 임금께서 명령하신다면 신이 감히 받들지 않겠습니까? 꿈틀대던 오랑캐 무리들이 이미 자신의 잘못을 뉘우쳤겠지만 악을 없애는 데는 근본에 힘써야 하고 법을 펴는 데는 새로워야 합니다. 그러므로 군사를 내는 것은 의리가 세 번의 승리보다 소중하고, 적을 풀어주는 것은 근심이 여러 대에 미칩니다. 엎드려 바라건대 폐하께서 신이 본국으로 돌아가는 기회를 이용하여 신에게 부사의 직을 맡겨주시면, 장차 폐하의 뜻을 다하여 다시 변방의 작은 나라들에게 전달하겠습니다. 어찌 황제의 힘을 더욱 떨치는 것뿐이겠습니까? 진실로 용맹한 군사들이 기운을 얻어 반드시 적의 소굴을 기울여서 거친 변방을 안정시킬 수 있을 것입니다. 마침내 신의 작은 정성이 국가의 큰 이익으로 되면, 신들은 다시 배를 타고 바다를 건너 승전보를 대궐에 바치겠습니다. 터럭 같은 노력을 바쳐 비와 이슬의 혜택에 보답할 수 있는 것이 신의 소망입니다. 엎드려 생각컨대 폐하께서는 이를 생각해보십시오." 황제가 이를 허락하였다. (『三國史節要』11)

신라 말갈 개원(開元)22년 2월에 신라왕 흥광의 종제(從弟)인 좌령군위원외장군 충신이 표문을 올렸는데, 다음과 같다. "신이 받든 명령은 신이 폐하의 부절을 가지고 본국에서 군사를 동원하여 말갈을 쳐서 없애고 일이 있을 때마다 계속 아뢰는 것이었습니다. 신은 성지를 받은 후부터 장차 목숨을 바치겠다고 맹세하였습니다. 마침 이때 교대하러 온 김효방이 죽어 신이 계속 머물러 숙위하게 되었습니다. 신의 본국 왕께서 신이 오랫동안 황제의 조정에 머물러 모셨으므로 종질 지렴(至廉)을 파견해 신과 교대하라 하셨습니다. 지금 그 사람이 이미 도착하였으니 신은 곧바로 마땅히 돌아가야 합니다. 다만 예전에 받든 명령을 늘 생각하여 밤낮으로 잊은 적이 없습니다. 폐하께서는 앞서 명을 내려 본국왕 흥광에게 영해군대사의 관작을 더하고 정절을 주어 흉악한 도적을 토벌하게 하였으니, 황제의 위엄이 닿는 곳은 거리가 멀어도 오히려 가깝게 느껴지니 임금께서 명령하신다면 신이 감히 받들지 않겠습니까? 꿈틀대던 오랑캐 무리들이 이미 자신의 잘못을 뉘우쳤겠지만 악을 없애는 데는 근본에 힘써야 하고 법을 펴는 데는 새로워야 합니다. 그러므로 군사를 내는 것은 의리가 세 번의 승리보다 소중하고, 적을 풀어주는 것은 근심이 여러 대에 미칩니다. 엎드려 바라건대 폐하께서 신이 본국으로 돌아가는 기회를 이용하여 신에게 부사의 직을 맡겨주시면, 장차 폐하의 뜻을 받쳐 다시 변방의 작은 나라들에게 전달하겠습니다. 어찌 황제의 힘을 더욱 떨치는 것뿐이겠습니까? 진실로 용맹한 군사들이 기운을 얻어 반드시 적의 소굴을 기울여서 거친 변방을 안정시킬 수 있을 것입니다. 마침내 신의 작은 정성이 국가의 큰 이익으로 되면, 신들은 다시 배를 타고 바다를 건너 승전보를 대궐에 바치겠습니다. 터럭 같은 노력을 바쳐 비와 이슬의 혜택에 보답할 수 있는 것이 신의 소망입니다. 엎드려 생각컨대 폐하께서는 이를 생각해보십시오." 황제가 이를 허락하였다. (『冊府元龜』973 外臣部 18 助國討伐)

백제 3월 임신(11) 산위(散位) 종4위하 구다라노코니키시 온호(百濟王遠寶)가 죽었다. (『續日本紀』11 聖武紀)

신라 여름 4월에 대신 김단갈단을 파견하여 당에 들어가서 하정하였다. 황제가 내전에서 알현하고 위위소경(衛尉少卿)을 제수하며 비란포·평만은대 및 견 60필을 하사하였다. 이 때보다 앞서서 왕의 조카 지렴(志廉)을 파견하여 사은(謝恩)하고 작은 말 2필, 개 3마리, 금 500량, 은 20량, 포 60필, 우황 20량, 인삼 200근, 두발 100량, 해표피(海豹皮) 16장을 바쳤다. 이 때가 되자, 지렴에게 홍려소경원외치(鴻臚少卿員外置)를 제수하였다. (『三國史記』8 新羅本紀 8)

신라 여름 4월에 대신 김단갈단을 파견하여 당에 가서 하정하였다. 황제가 내전에서 연회하고 알현하며 위위소경을 제수하고 비란포·평만은대 및 견 60필을 하사하였다. 또 지렴에게 홍려소경원외치를 제수하였다. (『三國史節要』11)

신라 개원22년 4월에 신라왕 흥광이 그 대신 김단갈단을 파견하여 와서 하정하였다. 이 때보다 앞서서 흥광은 그 조카 지렴을 파견하여 사은하고 작은 말 2필, 개 3마리, 금 100량, 은 2,000량, 포 60필, 우황 20량, 인삼 200근, 두발 100량, 해표피 16장을 바쳤다. 이 때가 되자, 지렴에게 홍려소경원외치(鴻臚小卿員外置)를 제수하였다. (『冊府元龜』971 外臣部 16 朝貢 4)

신라 개원22년 또 그 대신 김단갈단을 파견하여 와서 하정하였다. 또 조카 지렴을 파견하여 와서 토산물을 바쳤다. 지렴에게 홍려소경원외치동정원(鴻臚少卿員外置同正員)을 제수하고 견 100필을 하사하며 머물러 숙위하게 하였다. (『唐會要』95 新羅)

백제 대당(大唐) 고(故) 선위장군(宣威將軍)·좌위(左衛) 분주청승부(汾州淸勝府) 절충도위(折衝都尉)·상주국(上柱國) 난군(難君) 묘지명 및 서문
난원경(難元慶)의 이름은 원경(元慶)이고 그 선조는 곧 황제(黃帝)의 종족이고 부여(扶餘)와 가까운 부류였다. 옛날에 형제가 갈라져 해동(海東)에 자리를 잡고 형제가 △정(△政)하니, 이에 나라를 세우고 한(韓)을 신하로 삼았다. 선조들은 백성을 다스리는 어려움을 절묘하게 처리하였으므로, 이로 인하여 난(難)을 성으로 삼았다. 공자(孔子)가 순전(舜典)의 서문을 지으면서 "여러 어려움으로 그를 두루 시험하였다."라고 한 것이 바로 그 뜻이다. 고조 조(珇)는 백제에서 관인이 되어 달솔(達率)의 관(官)에 임명되었는데, 지금의 종정경(宗正卿)과 같다. 조부 한(汗)은 당(唐)에 들어가서 웅진주도독부장사(熊津州都督府長史)가 되었다. 부친 무(武)는 중대부(中大夫)·사

지절지심주제군사(使持節支潯州諸軍事)·수(守) 지심주자사(支潯州刺史)였다가, 충무장군(忠武將軍)·행(行) 우위(右衛) 익부중랑장(翊府中郎將)으로 옮겼다. 조상들은 모두 어질고 명석하며 식견(識見)이 심원하였다. 정사(政事)에서 △로 유명하였으며, 덕을 잘 닦고 문장은 광대하여 국가와 집안에서 모두 현달하였다.

난원경은 어려서 총명하여 정통하지 않은 바가 없었다. 얼마 지나지 않아 유격장군(游擊將軍)·행 단주백단부(檀州白檀府) 우과의도위(右果毅都尉)·직중서성(直中書省)에 제수되었다. 비록 무관직을 맡았지만 문관직도 항상 잘 다스렸다. 얼마 후 하주영삭부(夏州寧朔府) 좌과의도위(左果毅都尉)·직중서성·내공봉(內供奉)으로 옮겼다. 때마침 변방에 전쟁이 거듭 일어나고 봉화가 올라 때때로 백성을 놀라게 하였다. 난원경은 평소에 전략을 세우는 데 능하여 일찍이 군사에 참여하여, (…) 하였다. 백성을 안정시키고 위무하는 것을 중시하였고, 전쟁을 끝내 방패와 창은 거꾸로 두게 하였다. 마침내 삭방군총관(朔方軍摠管)에 제수되니, 난원경은 △△하고 9성(姓)의 철륵(鐵勒)을 토벌하라는 칙명을 받았다. 이에 이적을 섬멸하니 삼군이 편안하고 무사하였고, 개선해 들어오니 성루(星樓)에서 크게 연회를 열었다. 천자는 난원경의 능력에 대한 대가로 녹이 부족하다고 하여, 자금어대(紫金魚袋), 옷 1벌, 비단 100필을 특별히 하사하였다. 때마침 강융(羌戎)이 △△하여 하서(河西)의 이적이 도망하자 난원경으로 하여금 초무하고 정벌하게 하니, 비가 쏟아지듯 무수히 많이 항복하였고 개선하여 포로를 바쳤다. 내정(內庭)에서 연회를 베풀어 공을 기리고 노비 6명, 말 10필, 비단 100필을 특별히 하사하였다. 선위장군에 제수되고 분주청승부 절충도위로 옮겼으며 훈(勳)은 각각 예전과 같게 하였다. 난원경은 천성이 온화하고 공손하였고, 정신과 도덕이 관작과 상을 더하여주는 데에 부족함이 없어서 항상 청렴결백한 마음을 품었다. 도량이 지위에 맞지 않고 능력이 세상을 구제할 수 없을까 염려하여, 앉아 있을 때에도 반드시 엄숙하였고 시선대로 몸을 움직였다. △인(△人)이 이롭게 여기는 바이니, (…) 영원하기를!

그러나 쌓인 선행은 드러나지 않고 두 기둥 사이에서 설전(設奠)하는 꿈은 죽음을 재촉하니, 염교 위의 아침이슬은 쉽게 사라지고 영혼은 어두운 무덤 속으로 거두어졌다. 개원(開元)11년(723) 6월28일에 여주(汝州) 용흥현(龍興縣)의 사저(私邸)에서 돌아가시니, 나이가 61세였다. 부인은 단도현군(丹徒縣君) 감씨(甘氏)인데, 좌옥검위대장군(左玉鈐衛大將軍) 감라(甘羅)의 맏딸이다. 말씨와 태도가 유순하고 온화하고 아름다운 덕을 지녔으며, 부드럽고 여유로움은 아리따운 자태를 도왔다. 버들꽃이 물에 뜨고 하늘에 날리니 금슬을 멈추어 시문을 짓고, △색(△色)이 얼굴에 피어나니 비단 매듭에 무늬를 수놓았다. 군자의 배필이 됨에 그 집안에 어울렸으니, 예의는 후한(後漢) 양홍(梁鴻)의 아내보다 훌륭하였고 현명함은 후한의 반소(班昭)를 뛰어넘었다. 그러나 장중한 누각이 갑자기 가려지고 아름다운 달이 △△하였다. 개원22년 5월18일에 여주 노산현(魯山縣)의 사저에서 사망하니, 나이가 67세였다. 아들 △△가 부모의 은혜는 넓디넓은 하늘과 같아, 애통함이 깊이 땅을 울리고 마음을 도려내고 가슴을 두드려 담장이 무너지는 것 같았다. 대당 개원22년 11월 4일에 여주 노산현의 동북쪽 벌판에 합장하니, 예에 합당하였다. 아아! 날카로운 검이 나란히 날아다니다가 기공비(紀功碑)가 가라앉은 강물에 모두 잠겼고, 은△(殷△)가 갑자기 합쳐져 전국시대 노(魯) 양공(陽公)이 창을 휘둘러서 지는 해를 되돌렸던 그 들판에 함께 묻혔다. 이에 명문(銘文)을 지으니, 다음과 같다.

검은 하늘과 누런 땅이 처음으로 나누어지자 집안과 나라가 마침내 일어났고, 사방이 우뚝 솟자 만물이 빚어졌도다[그 첫번째이다]. 달솔(達率)이 영화로운 관직에 오르니 요양(遼陽)의 존귀한 집안이고, 덕이 큰 장군은 분주의 절충도위가 되었도다[그 두번째이다]. 기상이 천고를 덮을 만하고 명예는 삼한(三韓)에서 중하였으니, 자손은 효도와 봉양을 행하고 삼가 생각하며 얼굴빛을 좋게 하였도다[그 세번째이다]. 나라의 바탕이 뛰어나고 신령스러워 나라가 굳건하고 편안하게 되었으니, 스스로 (…) 절개를 지켜 변방의 사악한 무리를 깨끗이 제거하였도다[그 네번째이다]. 군세를 떨치고 돌아오기를 배고픈 것처럼 하고 흉악한 적을 쳐부수기를 목마른 것처럼 하니. 적은 군사로 많은 적을 대적하여도 그 뜻을 빼앗을 수 없었도다[그 다섯번째이다]. 개선하여 황제가 연회를 베풀고 황제를 수행하여 원앙이 노니는 연못에서 즐거워하니, 상과 하사품이 비록 많았지만 은혜에 보답한 것도 적지 않았도다[그 여섯번째이다]. 해와 달이 거꾸로 걸리자 금과 옥을 모두 버리니, 애통하게도 자색(紫色) 인수(印綬)를 하고 영원히 저승에 묻혔도다[그 일곱번째이다]. 남편이 존귀해지고 아내가 높아지자 난새가 숨고 봉황이 분주히 떠나니, 기둥 사이에 차려놓은 전(奠)을 물리자 소나무 아래에 영혼을 묻었도다[그 여덟번째이다]. 군자가 사는 곳이자 현인이 사는 마을이니, 노 양공이 창을 휘두르고 요(堯)는 제사를 세웠다[그 아홉번째이다]. 안개와 구름으로 모두 어두워지고 산과 개울에 모두 석양이 지니, 문득 맑은 바람이 그리워 감히 검은 비석에 명문을 남기도다[그 열번째이다].
개원22년 갑술년(甲戌年) 11월 무오일(戊午日)이 초하루인 3일 경신(庚申)에 썼다.
(「難元慶 墓誌銘」: 2000 『洛陽出土墓誌研究文集』)

신라　　12월 계사(6) 대재부(大宰府)에서 "신라의 조(調)를 바치는 사신 급벌찬(級伐湌) 김상정(金相貞) 등이 와서 정박하고 있다."고 아뢰었다. (『續日本紀』 11 聖武紀)

발해 신라　　개원22년에 신안왕(信安王) 위(褘)에게 조서를 내려 유주장사(幽州長史) 조함장(趙含章)을 이끌고 나아가 토벌하라고 하였다. 오승체(烏承玼)가 조함장에게 청하였다. "두 오랑캐는 진실로 세력이 큰 반역자이므로, 전날 싸우다가 달아난 것은 우리를 두려워해서가 아니라 곧 우리를 유인하는 것입니다. 공은 마땅히 예봉을 축적하여 그 꾀를 꺾어야 합니다." 조함장이 믿지 않고 백성(白城)에서 싸웠는데 과연 크게 패하였다. 오승체는 부대를 홀로 멈추어 그 오른쪽으로 내고 만 단위로 목을 베니, 가돌우(可突于)가 해(奚)로 달아났다. 발해 대무예(大武藝)가 동생 문예(門藝)와 나라 안에서 싸우다가 문예가 왔다. 조서를 내려 태복경(太僕卿) 김사란(金思蘭)과 범양(范陽)·신라의 병사 10만을 징발하여 그를 토벌하라고 하였으나, 공적이 없었다. 대무예는 자객을 파견해 동도(東都)에서 문예를 찌르고, 병사를 끌고 마도산(馬都山)에 이르러 성읍(城邑)을 도륙하였다. 오승체는 중요한 길을 막아 400리에 걸쳐 큰 돌로 메우니, 오랑캐가 들어오지 못하였다. 이리하여 유민이 돌아올 수 있었고 병사는 조금 쉬면서 갑옷을 벗고 경작하여, 해마다 경비와 운반비를 줄였다. (『新唐書』 136 列傳 61 烏承玼)

발해 말갈　　개원 연간에 상서(尙書)는 평로(平盧)의 선봉군을 관장하였는데, 해·거란(契丹)을 연이어 격파하여 날록(捺祿)을 따라 싸우게 하고 가돌간(可突干)을 달아나게 하였다. 발해가 바다를 어지럽혀 마도산에 이르니, 관리와 백성이 도망가고 옮겨서 본업을 잃었다. 상서가 거느린 관할 병사는 그 길을 막아 들판에 참호를 파고 돌을 쌓은 것이 400리나 이어지고 깊이와 높이가 모두 3장(丈)이나 되었다. 도적이 진군하지 못하자 백성들이 그 거처로 돌아오니, 해마다 운반비 3,000만 여를 중지하였다. 흑수(黑水)·실위(室韋)가 기병 5,000명으로 와서 휘하에 속하니, 변방의 위세가 더욱 떨쳤다. (「烏氏廟碑銘」)

발해　　발해왕 무예가 바닷가로 나와 마도산에 이르러 성읍을 도륙하고 함락시켰다. 공은 본영의 사마로 요해를 막았다. (「烏承洽神道碑」)

735(乙亥/신라 성덕왕 34/발해 무왕 17 仁安 17/唐 開元 23/日本 天平 7)

신라	봄 정월에 형혹(熒惑: 火星)이 달을 범하였다. (『三國史記』 8 新羅本紀 8)
신라	봄 정월에 형혹(화성)이 달을 범하였다. (『三國史節要』 11)
신라	봄 정월에 김의충(金義忠)을 파견하여 당(唐)에 들어가 하정(賀正)하였다. (『三國史記』 8 新羅本紀 8)
신라	봄 정월에 김의충을 파견하여 당에 가서 하정하였다. (『三國史節要』 11)
신라	개원23년 정월에 신라가 사신 김의충을 파견하여 와서 하정하였다. (『冊府元龜』 971 外臣部 16 朝貢 4)
신라	개원23년 2월 계묘(17)에 신라의 하정부사(賀正副使) 김영(金榮)이 죽자, 광록소경(光祿少卿)을 추증하였다. (『冊府元龜』 975 外臣部 20 褒異 2)
신라	2월에 부사(副使) 김영이 당에서 죽자, 광록소경을 추증하였다. 김의충이 돌아가자 칙서를 내려 패강(浿江) 이남의 땅을 하사하였다. (『三國史記』 8 新羅本紀 8)
신라	2월에 부사 김영이 당에서 죽자 광록소경을 추증하였다. 김의충이 돌아가자 칙서를 내려 패강 이남의 땅을 하사하였다. (『三國史節要』 11)
신라	2월 계묘(17) 신라의 사신 김상정(金相貞) 등이 수도에 들어왔다. (『續日本紀』 12 聖武紀)
고구려	당(唐) 고(故) 우위위(右威衛) 장군(將軍)·상주국(上柱國) 왕공(王公) 묘지명 및 서문 대체로 유여(由余)가 진(秦)에 들어가고 김일제(金日磾)가 전한(前漢)에서 관직에 취임하며 춘추시대 초(楚)가 진(晉)의 인재를 채용한 것을 보면, 예로부터 아름답다고 칭찬하였다. 그 재주 있는 부류와 옛 현인이 있어 같은 옛 현인을 채용한 것은 우리 왕부군(王府君)이 바로 그 사람이다. 왕경요(王景曜)의 이름은 경요(景曜)이고 자는 명원(明遠)이며, 그 선조는 태원(太原) 사람이다. 옛날에 서진(西晉) 말기가 되어 거위가 땅에서 나오자, 왕경요의 먼 조상은 해동(海東)으로 피난하였다. 당(唐) 초에 이르러 용이 하늘을 날자 왕경요의 부친이 근본으로 귀화하였으니, 또한 전한의 이릉(李陵)이 흉노(匈奴)에 있었기 때문에 도리어 흉노의 족속이 되었지만, 소무(蘇武)는 전한으로 돌아와서 곧 그 신하가 되었다. 왕경요의 일족이 대대로 흩어지고 옮겨다닌 것도 역시 그러한 부류이다. 황제가 이를 가상히 여겨 경조(京兆: 長安)에 저택을 하사하시니, 지금은 경조 사람이 되었다. 조부 담(湛)은 예전에 해동(海東)에서는 지조를 닦고 관인이 되지 않았으니, 고관대작이 되는 것을 영예로 여기지 않고 오직 거문고만을 존숭하며 스스로 편안히 하였다. 비록 1장(丈) 넓이의 방에 거처해도 뜻은 온 세상을 좁다고 여겼고, 비록 세상 안에 있어도 마음은 하늘 밖을 넘나들었으니, 전국시대 제(齊)의 노중련(魯仲連)이 동해(東海)를 돌아다니고 진(秦)의 사호(四皓)가 상산(商山)에 은둔한 것과 같았다. 부친 배수(排須)는 당에서 안동부대도호(安東副大都護)를 추증하였는데, 춘추시대 진(晉)의 수회(隨會)가 지은 듯이 구원(九原)의 슬픔을 가엽게 여기고 걱정하며, 전한의 사마상여(司馬相如)가 태어난 듯이 늠름함은 천년의 기운이 있었다. 왕경요는 충정(忠貞)으로 본성을 이루고 청렴하고 곧음을 가슴에 품었으니, 더욱이 수레를 잘 몰고 구목(廏牧)에 밝았다. 처음에 전중성(殿中省) 봉승(奉乘)에 제수되었다가, 점차 둔위(屯衛) 중후(中候)로 옮겼다. 얼마 지나지 않아 솔부(率府) 사계(司階)에 제수되었다가, 얼마 후 다시 감천부(甘泉府) 과의도위(果毅都尉)가 되었다. 얼마 지나지 않아 유격장군(游擊將軍)·익부좌랑장(翊府左郎將)으로 승진하였고, 근래에

는 중랑장(中郞將)으로 승진하고 품계를 뛰어넘어 우위위 장군이 되어 자금어대(紫金魚袋)를 빌려주며 아울러 예전처럼 장내(仗內)로 삼았다. 궁전을 뛰어다니고 전각에서 빨리 걸으며 모셨는데, 태액지(太液池)에 뒤따라가서 건장궁(建章宮)에 오르고 장양궁(長楊宮)에 따라가서 엄격함이 세류영(細柳營)보다 지나치니, 현명한 군주의 좌우에서 보좌하는 사람이자 영명한 천자의 심복이 되었다. 근자에 친척에게 연루되어 당주별가(黨州別駕)로 쫓겨나니, 천자는 춘추시대 노(魯)의 공야장(公冶長)이 죄가 없음을 알고 전국시대 위(魏)의 악양(樂羊)이 지극히 충성스러움을 생각하였던 것처럼, 특별히 옛 관직을 회복시키고 예전처럼 장내로 삼았다. 하(夏)의 두 용을 길들이고 주(周) 목왕(穆王)의 8마리 준마를 모니, 바치는 교묘함이 황제의 마음에 뽑혀서, 비록 옛날 말을 잘 몰았던 주의 조보(造父), 춘추시대 진(晉)의 왕량(王良)이더라도 그보다 지나침이 없었다.

아아! 흘러가는 강물은 그치지 않으니 바다로 흘러들어가려는 뜻은 괜히 부지런하고, 햇빛은 쉽게 흐르니 해를 두 손으로 받쳐 드는 정성은 헛되이 쌓였다. 개원(開元)22년(734) 12월 6일에 그 직위에서 돌아가시니, 향년은 55세였다. 이에 개원23년(735) 2월23일에 조서로 장사지내게 한 예의를 받아들이고, 주공(周公)의 의례에 의거하여 죽은 아내 이씨(李氏)·고씨(高氏)와 하남부(河南府) 평락원(平樂原)에 합장하니, 예의에 합당하였다. 이씨는 앞서 개원10년(722) 10월20일에 죽었으니 나이가 43세였고, 고씨는 앞서 개원22년 정월 23일에 죽었으니 당시 나이가 39세였는데, 모두 부녀자의 정순(貞順)한 덕행이 선인의 덕업을 잘 계승하여 발양(發揚)하였고, 어머니로서 지녀야 할 도리가 가르침을 이루었다. 남편이 죽어도 개가(改嫁)하지 않겠다고 모두 맹세하였으나 무궁화처럼 일찍 떨어졌다. 소소(簫韶)가 완성되었으나 봉황이 멀어지니 하늘에서 잠시 뿔뿔이 흩어졌고, 검이 합쳐졌으나 용이 돌아가니 저승에서 오래도록 함께 거처하였다. 사자(嗣子) 우굉(右肱)은 둘을 똑같이 연이어 상을 잘 치르고 저승에서 울며 덕을 칭송하니, 명문(銘文)은 다음과 같다.

하늘을 나는 새가 날개를 펼치고 바다에서 노니는 물고기가 비늘을 드러내니, 아름답구나! 번뜩이는 영기(靈氣)여, 무성하여 충신이 되었도다. 황제의 은혜는 바다와 같고 왕의 말은 조서와 비슷하니, 신중함은 만석과 같고 용감함은 만인을 대적하도다. 영화는 해마다 쌓이고 총애는 군주의 친척이 되니, 굳세고 씩씩하며 건장하고 민첩하여 국가의 중기(重器)였도다. 구불구불한 연못이 이미 평평해지고 높은 누각이 이미 기울어지니, 북군(北軍)에서 제적(除籍)되고 서제(西第)에서 헛된 명성을 얻었도다. 인생이 이에 이르러 한을 마시고 소리를 삼켰키니, 만물은 소유하는 것이 아니고 오온(五蘊)이 모두 헛되어, 많은 아들이 권세에 빌붙고 어린 딸이 △를 따르도다. 귀천(貴賤)이 비록 구별되지만 살고 죽는 것은 사정이 같으니, 혼은 태산(泰山)을 떠돌고 무덤은 북망산(北邙山)에 의지하도다. 지작(鳲鵲)을 늘 보고 봉황을 항상 우러러 보았으니, 정은 똑같이 군주를 사모하고 뜻은 똑같이 왕에게 부지런하도다. 무덤은 어두컴컴하여 달마저도 숨기고 산은 적막하여 이른 서리가 내리니, 천년만년 아프게도 푸른 솔과 흰 버들을 줄세웠도다. (「王景曜 墓誌銘」:『全唐文新編』997)

신라   2월 계축(27) 중납언(中納言) 정3위 다지히노마히토 아가타모리(多治比眞人縣守)를 병부조사(兵部曹司)에 보내어 신라 사신이 입조한 이유를 물었다. 그런데 신라국이 갑자기 본래의 이름을 바꿔 왕성국이라 하였으므로 이 때문에 그 사신을 되돌려 보냈다. (『續日本紀』12 聖武紀)

발해   개원(開元)23년 3월에 발해말갈왕이 그 동생 번(蕃)을 파견해 와서 조공하였다. (『冊

府元龜』971 外臣部 16 朝貢 4)

| 백제 | 여름 4월 무신(23) 무위 나가타노오키미(長田王)·이케타노오키미(池田王)에게 모두 종4위하를 주었다. 정4위하 구다라노코니키시 나무텐(百濟王南典), 종4위상 다지히 노마히토 히로나리(多治比眞人廣成)에게 모두 정4위상을 주었다. (…) 정6위상 이시 카와노아소미 토시타리(石河朝臣年足), 다지히노마히토 오지(多治比眞人伯), 구다라 노코니키시 지쿄(百濟王慈敬), 아베노아소미 츠기마로(阿倍朝臣繼麻呂)에게 모두 종 5위하를 주었다. (…) (『續日本紀』12 聖武紀) |

| 신라 | 5월 경신(5) 천황이 북쪽 소나무 숲에서 말타고 활쏘는 것을 관람했다. 당에 들어갔 다가 돌아온 사신과 당인(唐人)이 당악(唐樂)·신라악(新羅樂)을 연주하고 창술을 시 연하였다. 5위 이상에게 녹(祿)을 내렸는데 차등이 있었다. (『續日本紀』12 聖武紀) |

| 말갈 | 개원23년 8월에 철리부락(鐵利部落)·불열부락(拂涅部落)·월희부락(越喜部落)이 모두 사신을 파견해 와서 조공하며 토산품을 바쳤다. (『冊府元龜』971 外臣部 16 朝貢 4) |

| 신라 | 개원23년 윤11월 임진(11)에 신라왕이 사촌동생인 대아찬(大阿湌) 김상(金相)을 파 견하여 와서 조공하였는데, 오던 길에 죽었다. 황제가 그를 깊이 애도하고 위위경 (衛尉卿)을 추증하였다. (『冊府元龜』975 外臣部 20 褒異 2) |
| 신라 | 개원23년 11월에 사촌동생인 대아찬 김충상(金忠相)을 파견하여 와서 조공하였는데, 오던 길에 죽자 위위경을 추증하였다. (『唐會要』95 新羅) |

| 신라 | 12월에 신라가 사신을 파견해 조공하였다. (『舊唐書』8 本紀 8 玄宗 上) |
| 신라 | 개원23년 (…) 12월에 신라가 모두 사신을 파견하여 와서 토산물을 바쳤다. (『冊府 元龜』971 外臣部 16 朝貢 4) |

| 신라 | 이 때 선무외삼장(善無畏三藏)은 다시 이 대비로자나대교왕(大毘盧遮那大敎王)을 가 지고 傳付대흥선사(大興善寺)의 사문(沙門) 일행(一行) 및 보수사(保壽寺)의 신라국 사문 현초(玄超)에게 전하였다. (…) 다음으로 사문 현초 아사리(阿闍梨)는 다시 대 비로자나대교왕 및 소실지교(蘇悉地敎)를 가지고 청룡사(靑龍寺) 동탑원(東塔院)의 혜과(惠果) 아사리에게 전하였고, 아사리는 또 성도부(成都府)의 승려 유상(惟尙)[또 는 유명(惟明)이라고도 한다.], 변주(汴州)의 변홍(辯弘), 신라국의 승려 혜일(惠日)· 오진(悟眞), 일본국의 공해(空海), 청룡사 동탑원의 승려 의만(義滿), (…) 법윤(法潤) [법을 부처 아사리에게 전하고 관정위(灌頂位)에 오른 자의 수는 112명이다.]에게 전하였다. 혹은 수도에 있으면서 교법을 전하여 받아 지님이 있고, 혹은 지방에서 가르침을 퍼뜨림이 있었다. (『兩部大法相承師資付法記』下) |

736(丙子/신라 성덕왕 35/발해 무왕 18 仁安 18/唐 開元 24/日本 天平 8)

| 백제 | 봄 정월 신축(21) 외종5위하 미쿠니노마히토 히로니와(三國眞人廣庭), 다자마노마히 토 카가미마로(當麻眞人鏡麻呂), 시모츠케노노아소미 오비타리(下毛野朝臣帶足), 정6 위상 이시카와노아소미 아즈마히토(石川朝臣東人), 다지히노마히토 쿠니히토(多治比 眞人國人), 구다라노코니키시 쿄츄(百濟王孝忠)에게 모두 종5위하를 주었다. (…) (『續日本紀』12 聖武紀) |

신라	2월 무인(28) 종5위하 아베노아소미 츠기마로(阿倍朝臣繼麻呂)를 견신라대사(遣新羅大使)로 삼았다. (『續日本紀』 12 聖武紀)
발해	개원(開元)24년 3월 을유(5)에 발해말갈왕이 그 동생 번(蕃)을 파견하여 와서 조공하자, 태자사인원외(太子舍人員外)를 제수하고 백(帛) 30필을 하사하여 본국으로 돌려보냈다. (『冊府元龜』 975 外臣部 20 褒異 2)
신라	여름 4월 병인(17) 견신라사 아베노아소미 츠기마로 등이 조정에 배알했다. (『續日本紀』 12 聖武紀)
신라	여름 6월에 사신을 파견해 당(唐)에 들어가 하정(賀正)하고 아울러 표문을 올려 사례하였는데, 다음과 같다. "엎드려 은혜로운 조칙을 받으니, 패강(浿江) 이남의 땅을 준다고 하셨습니다. 신은 바닷가에서 태어나 살면서 성스러운 조정의 교화를 입었습니다. 비록 정성스런 마음이오나 바칠 만한 공적이 없고, 충성과 정절을 일삼았으나 노력은 상받기에 부족합니다. 폐하께서 비와 이슬 같은 은혜를 내리고 해와 달 같은 조서를 내려, 신에게 땅을 주시어 신의 고을들을 넓혀 주셨고, 드디어 개간의 기회도 있게 해주시고 농사와 양잠도 제자리를 찾게 하였습니다. 신은 조서의 뜻을 받들어 영예로운 은혜를 깊이 입었으니 이 몸이 부서져 가루가 되더라도 보답할 길이 없습니다." (『三國史記』 8 新羅本紀 8)
신라	여름 6월에 사신을 파견해 당에 가서 하정하고 이어서 표문을 부쳐 사례하였는데, 다음과 같다. "엎드려 은혜로운 조칙을 받으니, 패강 이남의 땅을 준다고 하셨습니다. 신은 바닷가에서 태어나 살면서 성스러운 조정의 교화를 입었습니다. 비록 정성스런 마음이오나 바칠 만한 공적이 없고, 충성과 정절을 일삼았으나 노력은 상받기에 부족합니다. 폐하께서 비와 이슬 같은 은혜를 내리고 해와 달 같은 조서를 내려, 신에게 땅을 주시어 신의 고을들을 넓혀 주셨고, 드디어 개간의 기회도 있게 해주시고 농사와 양잠도 제자리를 찾게 하였습니다. 신은 조서의 뜻을 받들어 영예로운 은혜를 깊이 입었으니 이 몸이 부서져 가루가 되더라도 보답할 길이 없습니다." (『三國史節要』 11)
신라	개원24년 6월에 신라왕 김흥광(金興光)이 사신을 파견해 하정하고 바치며 표문을 올렸는데, 다음과 같다. "엎드려 은혜로운 조칙을 받으니, 패강 이남은 마땅히 신라에게 안치하여야 한다고 하셨습니다. 신은 바닷가에서 태어나 살면서 성스러운 조정의 교화를 입었습니다. 비록 정성스런 마음이오나 바칠 만한 공적이 없고, 충정(忠正)을 일삼았으나 노력은 상받기에 부족합니다. 폐하께서 비와 이슬 같은 은혜를 내리고 해와 달 같은 조서를 내려, 신에게 땅을 주시어 신의 고을들을 넓혀 주셨고, 드디어 개간의 기회도 있게 해주시고 농사와 양잠도 제자리를 찾게 하였습니다. 신은 조서의 뜻을 받들어 영예로운 은혜를 깊이 입었으니 이 몸이 부서져 가루가 되더라도 보답할 길이 없습니다." (『冊府元龜』 971 外臣部 16 朝貢 4)
말갈	개원24년 9월에 월희말갈(越喜靺鞨)이 사신을 파견해 토산품을 바쳤다. (『冊府元龜』 971 外臣部 16 朝貢 4)
신라	겨울 11월에 사촌동생 대아찬(大阿湌) 김상(金相)을 파견하여 당에 조공하였는데, 길에서 죽었다. 황제가 깊이 애도하고 위위경(衛尉卿)을 추증하였다. (『三國史記』 8 新羅本紀 8)
신라	겨울 11월에 사촌동생 대아찬 김상을 파견하여 당에 갔는데, 길에서 죽었다. 황제가

깊이 애도하고 위위경을 추증하였다. (『三國史節要』11)

신라   겨울 11월에 이찬(伊湌) 윤충(允忠)·사인(思仁)·영술(英述)을 파견하여, 평양(平壤)·우두(牛頭) 2주(州)의 지세를 자세히 살폈다. (『三國史記』8 新羅本紀 8)

신라   겨울 11월에 이찬 윤충·사인·영술을 파견하여, 평양·우두 2주의 지세를 자세히 살폈다. (『三國史節要』11)

신라   겨울 11월에 개가 재성(在城) 고루(鼓樓)에 올라 3일이나 짖었다. (『三國史記』8 新羅本紀 8)

신라   겨울 11월에 개가 재성 고루에 올라 3일이나 짖었다. (『三國史節要』11)

말갈   개원24년 12월 계유(28)에 말갈의 수령 율기계(聿棄計)가 와서 조공하자, 절충(折衝)을 제수하고 백 500필을 하사하여 본국으로 돌려보냈다. (『冊府元龜』975 外臣部 20 褒異 2)

발해   처음에 장열(張說)이 집현원(集賢院)을 맡았는데, 일찍이 고문을 갖출 수 있다고 장구령(張九齡)을 추천하였다. 장열이 죽자, 천자가 그 말을 생각하여 불러서 비서소감(秘書少監)·집현원학사(集賢院學士)로 삼고, 집현원을 맡게 하였다. 때마침 발해에 조서를 하사하는데, 족히 지을 수 있는 자가 없었다. 이에 장구령을 불러 쓰게 하니, 조서를 받자 곧 완성되었다. 공부시랑(工部侍郎)·지제고(知制誥)로 승진하였다. (『新唐書』126 列傳 51 張九齡)

발해   『신당서(新唐書)』장구령전(張九齡傳)에 전한다. "처음에 장열이 집현원을 맡았는데, 일찍이 고문을 갖출 수 있다고 장구령을 추천하였다. 장열이 죽자, 천자가 그 말을 생각하여 불러서 비서소감·집현원학사로 삼고, 집현원을 맡게 하였다. 때마침 발해에 조서를 하사하는데, 족히 지을 수 있는 자가 없었다. 이에 장구령을 불러 쓰게 하니, 조서를 받자 곧 완성되었다[『구령집(九齡集)』20]." (『玉海』64 詔令 詔策 唐 賜渤海詔息兵詔)

발해   발해국왕 무예(武藝)가 우리 황제의 명령을 어기자, 그 말에 생각이 끊겼다. 중서성(中書省)에서 아뢴 문장이 황제의 뜻에 맞지 않아, 장구령에게 명령하여 고치게 하니 붓을 주자 곧바로 완성하였다. 황제가 매우 기뻐하여 곧 상서공부시랑(尚書工部侍郎) 겸 지제고에 임명하였다. (「張九齡 神道碑」: 『全唐文新編』440)

737(丁丑/신라 성덕왕 36, 효성왕 1/발해 무왕 19 仁安 19, 문왕 1 大興 1/唐 開元 25/日本 天平 9)

말갈   개원(開元)25년 정월 갑오(20)에 대불열말갈(大拂涅靺鞨)의 수령 구이(九異)가 와서 조공하자, 중랑장(中郎將)을 제수하고 본거지로 돌려보냈다. (『冊府元龜』975 外臣部 20 褒異 2)

신라   봄 정월 신축(26) 견신라사(遣新羅使) 대판관(大判官) 종6위상 미부노오미 우다마로(壬生使主宇太麻呂), 소판관(少判官) 정7위상 오구라노이미키 마로(大藏忌寸麻呂) 등이 수도에 들어왔다. 대사(大使) 종5위하 아베노아소미 츠기마로(阿倍朝臣繼麻呂)가 츠시마(津嶋)에서 정박 중에 죽었다. 부사(副使) 종6위하 오토모노스쿠네 미나카(大伴宿禰三中)는 병에 걸려 수도에 들어오지 못했다. (『續日本紀』12 聖武紀)

신라   개원25년 정월에 신라왕 김흥광(金興光)이 죽자, 그 아들 승경(承慶)이 왕위를 계승하였다. 사신을 파견하여 와서 알리자, 황제가 오래도록 애도하며 안타까워하여 태자태보(太子太保)를 추증하였다. 찬선대부(贊善大夫) 형숙(邢璹)으로 하여금 홍려소경(鴻臚少卿)을 임시로 맡게 하고, 그 나라에 가서 조문하여 제사지내며 책봉하는 의례를 행하게 하였다. 흥광(興光)은 신라왕 정명(政明)의 아들이고, 이홍(理洪)의 동생이다. (『冊府元龜』 964 外臣部 9 封冊 2)

발해   개원25년 정월에 발해말갈의 대수령 목지몽(木智蒙)이 와서 조공하였다. (『冊府元龜』 971 外臣部 16 朝貢 4)

신라   2월 기미(15) 견신라사가 "신라국이 상례(常禮)를 잃고 사신의 뜻을 받아들이지 않았습니다."라고 아뢰었다. 이에 5위 이상과 6위 이하의 관인 총 45인을 궁궐로 불러서 의견을 개진하게 했다. (『續日本紀』 12 聖武紀)

신라   2월 병인(22) 제사(諸司)에서 의견표를 올렸다. 혹은 사신을 파견하여 그 까닭을 물어야 한다고 하였고 혹은 군대를 보내어 정벌해야 한다고 하였다. (『續日本紀』 12 聖武紀)

신라   김유신(金庾信)의 적손(嫡孫) 김윤중(金允中)은 성덕대왕(聖德大王)을 섬겨서 대아찬이 되었고, 여러 번 은혜와 보살핌을 받자 왕의 친척들이 그를 매우 질투하였다. 때마침 추석에 왕이 월성(月城)의 언덕 위에 올라 주변 경치를 바라보며 시종관(侍從官)들과 함께 술자리를 벌여놓고 즐기다가 김윤중을 불러오라고 명하였다. 이 때 간언하는 사람이 있어 말하였다."지금 종실(宗室)과 인척들 가운데 어찌 좋은 사람이 없어 유독 소원(疏遠)한 신하를 부르시옵니까? 그것이 어찌 이른바 친한 이를 가까이 하는 것이겠사옵니까?" 왕이 말하였다. "지금 과인이 경들과 함께 평안하고 무사한 것은 김윤중의 조부 덕분이오. 만약 공의 말과 같이 하여 그것을 잊어버린다면 착한 이를 잘 대우하여 자손들에게 미치게 하는 의리가 아닐 것이오." 마침내 김윤중에게 가까이 앉도록 명하였고, 이야기가 그 조부의 일생에까지 이르렀다. 날이 저물어 김윤중이 물러가고자 고하니 절영산(絶影山)의 말 1필을 하사하였다. 여러 신하들은 바라는 대로 되지 않아 원망할 따름이었다. (『三國史記』 43 列傳 3 金庾信 下)

신라   성덕왕대(聖德王代)에 순정공(純貞公)이 강릉태수(江陵太守)[지금의 명주(溟州)]로 부임하는 길에 바닷가에서 점심을 먹었다. 그 곁에는 바위 봉우리가 병풍처럼 바다를 둘러 있고, 높이가 1,000장(丈)이나 되고, 그 위에는 철쭉꽃이 활짝 피어 있었다. 공의 부인 수로(水路)가 그것을 보고 좌우 사람들에게 말하기를, "저 꽃을 꺾어다 줄 사람은 누구인가?"라고 하였다. 그러나 종자들이 말하기를, "사람의 발길이 닿을 곳이 아닙니다."라고 하면서 모두 할 수 없다고 사양하였다. 그 곁으로 한 늙은이가 암소를 끌고 지나가다가 부인의 말을 듣고 그 꽃을 꺾어와 또한 가사를 지어 바쳤다. 그 늙은이는 어떤 사람인지 알 수 없었다. 다시 이틀 길을 가다가 또 임해정(臨海亭)에서 점심을 먹고 있었는데, 바다의 용이 갑자기 부인을 끌고 바다로 들어갔다. 공이 엎어지면서 땅을 쳐보아도 나오는 방법이 없었다. 또 한 노인이 알려주며 말하였다. "옛사람의 말에 여러 사람의 말은 쇠도 녹인다고 했으니, 이제 바다 속의 미물인들 어찌 여러 사람의 입을 두려워하지 않겠습니까? 마땅히 경내의 백성을 모아 노래를 지어 부르면서 막대기로 절벽을 치면 부인을 볼 수 있을 것입니다." 공이 그 말을 따르니, 용이 부인을 받들고 바다에서 나와 바쳤다. 공이 부인에게 바다 속의 일을 물으니, 부인이 대답하기를, "칠보 궁전에 음식은 달고 부드러우며 향기롭고 깨끗하여 인간의 음식이 아니었습니다."라고 하였다. 이 부인의 옷에는 이상한 향기가 풍겼는데, 이 세상에서는 맡아보지 못한 것이었다. 수로는 용모와 자색이 세상에서 뛰어나 깊은 산이나 큰 못을 지날 때마다 여러 번 신물(神物)에게 붙잡혀갔다. 여러 사람이 해가(海歌)를 불렀는데 가사는 다음과 같다. "거북아 거북아, 수로를 내놓아라. / 남의 부녀 빼앗으니, 죄가 얼마나 크리오? / 네가 만약 거역하고 내놓지 않으면, / 그물을 넣어 잡아, 구워서 먹으리라." 노인의 헌화가(獻花歌)는 다음과 같다. "붉은 바위 가에 / 잡은 암소 놓게 하시고, / 나를 아니 부끄러워하시면 / 꽃을 꺾어 바치오리다."(『三國遺事』2 紀異 2 水路夫人)

신라	2월 무진(24)에 신라왕 흥광이 죽었다. 아들 승경이 왕위를 계승하였다. (『資治通鑑』214 唐紀 30 玄宗 中之中)
신라 발해	개원25년 2월 무진(24)에 신라국의 김흥광이 죽었다. 이보다 앞서 22년에 발해말갈이 등주(登州)를 노략질하자, 흥광이 병사를 징발해 토벌을 돕고 격파하였다. 그 공로로 마침내 흥광에게 개부의동삼사(開府儀同三司)·영해사(寧海使)를 제수하였다. 죽게 되자 황제가 오래도록 애도하고 안타까워하여, 태자태보를 추증하였다. 찬선대부 형숙을 파견하며 홍려소경을 임시로 맡게 하고, 그 나라에 가서 조문과 제사를 행하고 후계자를 책봉하는 의례를 행하였다. 황제가 시(詩)를 지어 그 서문을 직접 쓰고, 태자 이하 모든 관원들로 하여금 모두 시를 지어 형숙을 전송하게 하였다. 황제가 형숙에게 말하였다. "신라는 군자의 나라로 불리며, 꽤 글을 알아서 중화와 유사한 데가 있다. 경은 그 나라에 도착하여 경전을 천양(闡揚)하여 대국의 유교가 성대함을 알게 하라." 또 그 나라 사람들 중에 바둑을 잘 두는 사람이 많다는 말을 듣고, 이어서 바둑에 능한 양계응(楊季鷹)을 형숙 등과 함께 가게 하였다. 그 나라에 이르러 번인(蕃人)으로부터 대단한 존경을 받아서 푸짐한 선물을 주어 돌려보냈다. (『冊府元龜』975 外臣部 20 褒異 2)
신라	봄 2월에 왕이 돌아가셨다. 시호를 성덕(聖德)이라고 하고, 이거사(移車寺) 남쪽에 장사지냈다. (『三國史記』8 新羅本紀 8)
신라	효성왕(孝成王)이 즉위하니, 이름은 승경이고 성덕왕(聖德王)의 둘째아들이다. 어머니는 소덕왕후(炤德王后)이다. (『三國史記』9 新羅本紀 9)
신라	왕이 돌아가시자, 태자 승경이 즉위하였다. 시호를 올려 성덕이라고 하고, 이거사(移居寺) 남쪽에 장사지냈다. (『三國史節要』11)
신라	2월에 신라왕 김흥광이 죽자, 그 아들 승경이 왕위를 계승하였다. 찬선대부 형숙을 파견하며 홍려소경을 임시로 맡게 하고, 가서 조문하여 제사지내며 그를 책봉하게 하였다. (『舊唐書』9 本紀 9 玄宗 下)
신라	개원25년에 흥광이 죽었다. 조서를 내려 태자태보를 추증하고, 이어서 좌찬선대부(左贊善大夫) 형숙을 파견하며 홍려소경을 임시로 맡게 하고, 신라에 가서 조문하여 제사지내며 아울러 그 아들 승경을 책봉하여 아버지의 개부의동삼사·신라왕을 계승하게 하였다. 형숙이 길을 떠날 적에 현종(玄宗)이 시를 지어 그 서문을 쓰고, 태자 이하 모든 관원들로 하여금 모두 시를 지어 전송하게 하였다. 현종이 형숙에게 말하였다. "신라는 군자의 나라로 불리며, 꽤 글을 알아서 중화와 유사한 데가 있다. 경의 학술이 강론에 능하기 때문에 이번의 사신으로 선발하여 충당한 것이다. 그 나라에 가서 경전을 천양하여 대국의 유교가 성대함을 알게 하라." 또 그 나라 사람들 중에 바둑을 잘 두는 사람이 많다는 말을 듣고, 바둑에 능한 솔부병조(率府兵曹) 양계응을 형숙의 부사(副使)로 삼았다. 형숙 등은 그 나라에 이르러 번인으로부터 대단한 존경을 받았다. 그 나라의 바둑 수준은 계응(季鷹)보다 낮았다. 그리하여 형숙

등에게 금으로 된 보물 및 약물 등의 푸짐한 선물을 주었다. (『舊唐書』 199上 列傳 149上 東夷 新羅)

신라 개원25년에 흥광이 죽었다. 황제가 그를 더욱 애도하고 태자태보를 추증하며, 형숙에게 명령하여 홍려소경으로서 조문하여 제사지내며 아들 승경이 왕을 계승하게 하였다. 현종이 형숙에게 조서를 내렸는데, 다음과 같다. "신라는 군자의 나라로 불리며, 『시경(詩經)』·『서경(書經)』을 안다. 경은 신실한 선비이기 때문에 부절(符節)을 주어 보내는 것이니, 마땅히 경전의 뜻을 잘 펴서 대국의 융성함을 알려 주도록 하라." 또 그 나라 사람들이 바둑을 잘 둔다 하여 조서를 내려 솔부병조참군(率府兵曹叅軍) 양계응을 부사로 삼았다. 그 나라의 바둑은 수가 높다는 자도 계응보다는 한 수 아래였다. 그리하여 사자에게 많은 금으로 된 보물을 주어 보냈다. (『新唐書』 220 列傳 145 東夷 新羅)

신라 개원25년에 흥광이 죽자, 그 아들 승경이 왕위를 계승하였다. 사신을 파견하여 와서 알리자, 황제가 애도하며 안타까워하여 또 태자태보를 추증하였다. 찬선대부 형숙으로 하여금 홍려소경을 임시로 맡게 하고, 그 나라에 가서 조문하여 제사지내며 책봉하는 의례를 행하게 하였다. (『唐會要』 95 新羅)

신라 『구당서(舊唐書)』 신라전(新羅傳)에서 또 전하였다. "개원25년에 신라왕 김흥광이 죽었다. 현종이 좌찬선대부 형숙을 파견하여 가서 조문하여 제사지내며 아울러 그 아들 승경을 책봉하여 신라왕으로 삼게 하였다. 형숙이 길을 떠날 적에 황제가 시를 지어 그 서문을 쓰고, 태자 이하 모든 관원들로 하여금 모두 시를 지어 전송하게 하였다. 형숙에게 말하였다. '신라는 군자의 나라로 불리며, 꽤 글을 알아서 중화와 유사한 데가 있다. 경의 학술이 강론에 능하기 때문에 이번의 사신으로 선발하여 충당한 것이다. 그 나라에 가서 경전을 천양하여 대국의 유교가 성대함을 알게 하라.' 또 그 나라 사람들 중에 바둑을 잘 두는 사람이 많다는 말을 듣고, 바둑에 능한 솔부병조 양계응을 형숙의 부사로 삼았다. 형숙 등은 그 나라에 이르러 번인으로부터 대단한 존경을 받았다. 그 나라의 바둑 수준은 계응보다 낮았다. 그리하여 형숙 등에게 금으로 된 보물 및 약물 등의 푸짐한 선물을 주었다."(『太平御覽』 781 四夷部 2 東夷 2 新羅)

신라 개원25년에 형숙이 신라를 책봉할 때에 황제가 시를 지어 그 서문을 쓰고, 태자 이하 모든 관원들로 하여금 시를 지어 전송하게 하였다.[『구당서』] (『玉海』 32 聖文御製記序 唐麟德殿宴百僚詩序)

신라 개원 연간(713~741)에 자주 들어와 조공하였다. 25년에 승경이 왕을 계승하였다. 형숙에게 조서를 내려 부절을 가지고 가게 하며 말하였다. "신라는 군자의 나라로 불리며, 『시경』·『서경』을 안다. 경은 마땅히 경전의 뜻을 잘 펴서 대국의 융성함을 알려 주도록 하라."[『당회요(唐會要)』에서 전하기를, "『예기(禮記)』 및 여러 문장"이라고 하였다.] (『玉海』 153 朝貢 外夷來朝內附 唐新羅織錦頌觀釋尊賜晉書)

신라 당의 형숙이 신라에 사신으로 갔다가 돌아오는 길에 탄산(炭山)에 정박하였다. 상인 100여 명과 만났는데, 몇 척의 배에 실려 있는 화물은 모두 진주, 비취, 침향목, 상아, 무소 뿔 등으로 가격이 수천만 금이나 되었다. 형숙은 그들이 방비하지 않으므로 모두 죽이고 바다 속에 던져버린 뒤 그 물건을 차지하였다. 수도에 이르자, 남들이 알까 두려워하여 표문을 올려 그것을 진상하였는데, 칙서를 내려 형숙에게 다시 하사하라고 하여 형숙이 그것을 마음대로 사용하였다. 나중에 아들 재(縡)가 왕홍(王鉷)과 반란을 도모하였다가 형씨 일족이 마침내 망하였으니, 또한 그 응보였다. (『太平廣記』 126 報應 25 邢璹)

신라 봄 2월에 사찬(沙湌) 김포질(金抱質)을 파견하여 당(唐)에 들어가 하정(賀正)하고 또

	토산품을 바치게 하였다. (『三國史記』8 新羅本紀 8)
신라	봄 2월에 사찬 김포질을 파견하여 당에 가서 하정하고 또 토산품을 바치게 하였다. (『三國史節要』11)
신라	개원25년 2월에 신라가 사찬 김포질을 파견하여 (…) 모두 와서 조공하고 하정하며 또 토산품을 바쳤다. (『冊府元龜』971 外臣部 16 朝貢 4)
신라	봄 2월에 대사(大赦)하였다. (『三國史記』9 新羅本紀 9)
신라	봄 2월에 대사하였다. (『三國史節要』11)
신라	3월 임인(28) 견신라사 부사 정6위상 오토모노스쿠네 미나카 등 40인이 조정에 배알했다. (『續日本紀』12 聖武紀)
신라	3월에 사정승(司正丞) 및 좌우의방부승(左右議方府丞)을 고쳐 모두 좌(佐)라고 하였다. (『三國史記』9 新羅本紀 9)
신라	3월에 사정부승(司正府丞) 및 좌우의방부승을 고쳐 모두 좌라고 하였는데, 왕의 휘를 범하였기 때문이다. (『三國史節要』11)
신라	사정부(司正府)는 (…) 좌는 2인인데, 효성왕 원년에 대왕의 휘를 범하였기 때문에 모든 승은 좌로 개칭하였다. (『三國史記』38 雜志 7 職官 上)
신라	3월에 이찬(伊飡) 정종(貞宗)을 상대등(上大等)으로, 아찬(阿飡) 의충(義忠)을 중시(中侍)로 삼았다. (『三國史記』9 新羅本紀 9)
신라	3월에 이찬 정종을 상대등으로, 아찬 의충을 중시로 삼았다. (『三國史節要』11)
신라	여름 4월 을사 초하루 이세(伊勢) 신궁, 대신사(大神社), 츠쿠시(筑紫)의 스미노에(住吉)·야와타(八幡) 두 신사 및 가시히노미야(香椎宮)에 사신을 보내어 재물을 바치고 신라의 무례한 상황을 고했다. (『續日本紀』12 聖武紀)
발해	개원25년 4월 정미(3)에 발해가 그 신하 공백계(公伯計)를 파견해 와서 매와 송골매를 바치자, 장군을 제수하고 본국으로 돌려보냈다. (『冊府元龜』975 外臣部 20 褒異 2)
발해	개원25년 4월에 발해가 그 신하 공백계를 파견해 와서 매와 송골매를 바쳤다. (『冊府元龜』971 外臣部 16 朝貢 4)
신라	여름 5월에 지진이 있었다. (『三國史記』9 新羅本紀 9)
신라	여름 5월에 지진이 있었다. (『三國史節要』11)
백제	가을 7월 기축(17) 산위(散位) 종4위하 구다라노코니키시 료구(百濟王郞虞)가 죽었다. (『續日本紀』12 聖武紀)
발해	개원25년 8월 무신(6)에 발해말갈의 대수령 다몽고(多蒙固)가 와서 조공하자, 좌무위장군(左武衛將軍)을 제수하고 자포(紫袍)·금대(金帶) 및 백(帛) 100필을 하사하여 본국으로 돌려보냈다. (『冊府元龜』975 外臣部 20 褒異 2)
백제	9월 기해(28) 정4위상 다지히노마히토 히로나리(多治比眞人廣成)를 중납언(中納言)으로 삼았다. 다지히노마히토 히로나리, 구다라노코니키시 나무텐(百濟王南典)에게

모두 종3위를 주었다. (…) (『續日本紀』12 聖武紀)

신라   가을 9월에 유성이 대미(大微)에 들어갔다. (『三國史記』9 新羅本紀 9)

신라   가을 9월에 유성이 대미에 들어갔다. (『三國史節要』11)

신라   겨울 10월에 당에 들어간 사찬 김포질이 돌아왔다. (『三國史記』9 新羅本紀 9)

신라   겨울 10월에 사찬 김포질이 당에서 돌아왔다. (『三國史節要』11)

신라   12월에 사신을 파견해 당에 들어가 토산품을 바쳤다. (『三國史記』9 新羅本紀 9)

신라   12월에 사신을 파견해 당에 가서 조공하였다. (『三國史節要』11)

신라   개원25년 12월에 신라국왕 김승경(金承慶)이 사신을 파견하여 토산품을 바쳤다. (『冊府元龜』971 外臣部 16 朝貢 4)

발해   개원25년에 무예(武藝)가 병들어 죽었다. 그 아들 흠무(欽茂)가 이어서 즉위하자, 조서를 내려 내시(內侍) 단수간(段守簡)을 파견해 가서 흠무를 발해군왕(渤海郡王)으로 책봉하고, 이어서 그 아버지를 계승하여 좌효위대장군(左驍衛大將軍)·홀한주도독(忽汗州都督)이 되게 하였다. 흠무는 조서를 받들어 경내에 사면령을 내리고, 사신을 파견해 수간(守簡)을 따라 들어가 조공하였다. (『舊唐書』199下 列傳 149下 北狄 渤海靺鞨)

발해   개원25년에 무예가 병들어 죽었다. 그 아들 흠무가 이어서 즉위하자, 조서를 내려 그 아버지의 관작을 계승하게 하였다. (『冊府元龜』967 外臣部 12 繼襲 2)

발해   무예가 죽자, 그 나라에서 무왕(武王)이라고 사사로이 시호를 올렸다. 아들 흠무가 즉위하여 연호를 대흥(大興)이라고 고치자, 조서를 내려 왕 및 거느린 바를 계승하게 하였다. 흠무가 이로 인하여 경내에 사면령을 내렸다. (『新唐書』219 列傳 144 北狄 渤海)

738(戊寅/신라 효성왕 2/발해 문왕 2 大興 2/唐 開元 26/日本 天平 10)

신라   봄 정월 이 달 대재부(大宰府)에서 신라의 사신 급찬(級湌) 김상순(金想純) 등 147인이 와서 조공하였다고 아뢰었다. (『續日本紀』13 聖武紀)

신라   봄 2월에 당(唐) 현종(玄宗)이 성덕왕(聖德王)이 돌아가셨다는 소식을 듣고 오랫동안 슬퍼하고, 좌찬선대부(左贊善大夫) 형숙(邢璹)을 홍려소경(鴻臚少卿)으로 삼아 파견해 조문하고 제사하게 하였으며, 성덕왕에게 태자태보(太子太保)를 추증하였다.
또 새로 왕위를 이은 왕을 개부의동삼사(開府儀同三司)·신라왕으로 책봉했다. 형숙이 당에서 떠날 즈음에 황제가 시(詩)의 서문을 짓고 태자 이하 백관들이 모두 부(賦)와 시를 지어 전송했다. 황제가 형숙에게 말하였다. "신라는 군자의 나라라 일컬어지고, 꽤 글을 잘 알아 중국과 비슷함이 있다. 경은 독실한 선비인 까닭에 부절(符節)을 주어 보내는 것이니, 마땅히 경서(經書)의 뜻을 강연하여 그들로 하여금 대국에 유교가 성함을 알게 하라." 또 신라 사람들은 바둑을 잘 두었으므로, 조서를 내려 솔부병조참군(率府兵曹叅軍) 양계응(楊季膺)을 부사(副使)로 삼았는데, 우리 나라 바둑의 고수는 모두 그 밑에서 나왔다. 이리하여 왕이 형숙 등에게 금으로 된 보물과 약물을 후하게 주었다. (『三國史記』9 新羅本紀 9)

신라   봄 2월에 황제가 왕이 돌아가셨다는 소식을 듣고 오랫동안 슬퍼하고, 좌찬선대부 형숙을 파견해 와서 조문하고 제사하게 하였으며, 왕에게 태자태보를 추증하였다.
또 새로 왕위를 이은 왕을 개부의동삼사·신라왕으로 책봉했다. 형숙이 당에서 떠날 즈음에 황제가 시의 서문을 짓고 태자 이하 백관들이 모두 부와 시를 지어 전송했다. 황제가 형숙에게 말하였다. "신라는 군자의 나라라 일컬어지고, 꽤 글을 알아서 중국과 비슷함이 있다. 경은 독실한 선비인 까닭에 부절을 주어 보내는 것이니, 마땅히 경서의 뜻을 강연하여 그들로 하여금 대국에 유교가 성함을 알게 하라." 또 신라 사람들은 바둑을 잘 두었으므로, 조서를 내려 솔부병조참군 양계응을 부사로 삼았는데, 우리 나라 바둑의 고수는 모두 그 밑에서 나왔다. 이리하여 왕이 형숙 등에게 금으로 된 보물과 약물을 후하게 주었다. (『三國史節要』11)

신라	봄 2월에 당이 사신을 파견해 조서를 내려 왕비 박씨를 책봉하였다. (『三國史記』9 新羅本紀 9)
신라	봄 2월에 당이 사신을 파견해 조서를 내려 왕비 박씨를 책봉하였다. (『三國史節要』11)
신라	얼마 지나서 그 아내 박씨를 왕비로 책봉하였다. (『新唐書』220 列傳 145 東夷 新羅)
신라	3월에 김원현(金元玄)을 파견해 당에 들어가 하정(賀正)하였다. (『三國史記』9 新羅本紀 9)
신라	3월에 김원현을 파견해 당에 가서 하정하였다. (『三國史節要』11)
신라	개원26년 3월에 신라가 그 대신 김원현을 사신보내 와서 하정하였다. (『冊府元龜』971 外臣部 16 朝貢 4)
백제	여름 4월 경신(22) 종5위하 구다라노코니키시 쿄츄(百濟王孝忠)를 토츠아우미(遠江) 국수(國守)로 삼았다. (…) (『續日本紀』13 聖武紀)
신라	여름 4월에 당의 사신 형숙이 『노자도덕경(老子道德經)』 등의 문서를 왕에게 바쳤다. (『三國史記』9 新羅本紀 9)
신라	여름 4월에 당의 사신 형숙이 『노자도덕경』 등의 책을 왕에게 바쳤다. 권근(權近)이 말하였다. "형숙이 올 때에 황제가 독실한 선비라고 하면서 마땅히 경서의 뜻을 강연하여 그들로 하여금 대국에 유교가 성함을 알게 하라고 하였으나, 그러나 형숙이 왕에게 바친 것은 곧 『노자도덕경』이었다. 황제가 형숙으로 하여금 유교의 성함을 과시하게 하고 또 바둑을 잘 두는 자를 부사로 삼게 한 것은 무엇인가? 진(晉)에서 노자의 허무한 도를 숭상하고 또 바둑 때문에 공무를 폐하는 것을 고상한 취미로 삼아서 마침내 중원이 멸망하게 하였다. 지금 현종이 다시 그 전철을 답습하였으니 어찌 천보 연간의 난을 면할 수 있었겠는가?" (『三國史節要』11)
신라	여름 4월에 흰 무지개가 해를 관통하였다. (『三國史記』9 新羅本紀 9)
신라	여름 4월에 흰 무지개가 해를 관통하였다. (『三國史節要』11)
신라	여름 4월에 소부리군(所夫里郡)의 강물이 핏빛으로 변하였다. (『三國史記』9 新羅本紀 9)
신라	여름 4월에 소부리군의 강물이 붉게 변하였다. (『三國史節要』11)
신라	6월 신유(24) 대재부(大宰府)에 사신을 보내어 신라 사신 김상순 등에게 잔치를 베풀고 곧 돌려보냈다. (『續日本紀』13 聖武紀)

발해	개원26년 6월27일에 발해가 사신을 파견해 『당례(唐禮)』 및 『삼국지(三國志)』·『진서(晉書)』·『삼십육국춘추(三十六國春秋)』를 베끼기를 요청하자 허락하였다. (『唐會要』 36 蕃夷請經使)
발해	개원26년 6월 갑자(27)에 발해가 사신을 파견해 『당례』 및 『삼국지』·『진서』·『삼십육국춘추』를 베끼기를 요청하자 허락하였다. (『冊府元龜』 999 外臣部 44 請求)
발해	『당회요(唐會要)』에 전한다. "개원26년 6월27일에 발해가 『당례』를 베끼기를 요청하자 허락하였다."(『玉海』 69 禮儀 禮制 下 唐開元禮開元後禮)
발해	『신당서(新唐書)』 발해전(渤海傳)에 전한다. " (…) 현종대(玄宗代:712~756)에 조헌(朝獻)한 것이 29회였다[(…) 개원26년에 발해가 사신을 파견해 『당서(唐書)』 및 『삼국지』·『진서』·『삼십육국춘추』를 베끼기를 요청하였다]."(『玉海』 153 朝貢 外夷來朝內附 唐渤海遣子入侍)
발해	윤8월 신사(15)에 발해왕 무예(武藝)가 죽자, 아들 흠무(欽茂)가 즉위하였다. (『資治通鑑』 214 唐紀 30 玄宗 中之中)
발해	이 해에 발해말갈왕 대무예(大武藝)가 죽었다. 그 아들 흠무가 계승하여 즉위하자, 사신을 파견해 조문하여 제사지내며 책봉하였다. (『舊唐書』 9 本紀 9 玄宗 下)
발해	개원26년 이 해에 발해 계루군왕(桂婁郡王) 대무예가 병으로 죽었다. 그 아들 대흠무(大欽茂)가 계승하여 즉위하였다. 황제가 문서를 내려 책봉하고 또 조문하였다. "경의 죽은 아버지를 생각하건대 평소에 충성스러운 절의에 힘써서 선함을 주고 징벌할 것이 없었는데, 갑자기 세상을 떠나게 되니 가기를 구하는 것을 말로 나타내고 비통한 마음으로 걱정함이 진실로 깊도다. 경은 적장자로서 아버지의 지위를 잇게 되었으니, 충과 효를 온전히 함으로써 전대의 자취를 계승해야 한다. 지금 그러므로 사신을 파견해 부절을 가지고 책봉하며 겸하여 조문하고 제사지냄을 알린다. 책봉하는 말은 다음과 같다. '황제가 이와 같이 말하였다. 아아! 왕자(王者)가 중심지에 위치하여 해외에서 지키는 것은 반드시 번장(藩長)을 세워 외진 변경을 편안하게 하는 것이다. 그대 죽은 발해군왕의 적자 대흠무를 칭찬하건대, 유업(遺業)을 대대로 계승하여 일찍이 재능이 알려졌다. 옛날에 그대의 돌아가신 아버지 때에 나라에 충성하였고, 이에 그대 자신에게 이르니, 이 책임을 맡는 상황에 부딪쳐 어찌 적자를 세우는 것을 생각하여 또한 이에 현명한 자를 택하겠는가?' 훌륭한 명예가 가상할 만하니, 높은 관작과 장복(章服)이 마땅히 미쳐야 한다. 이런 까닭으로 그대를 발해군왕으로 명하니, 그대는 가서 삼가 받들지어다! 영원히 번병(藩屏)이 되어 길이 충성과 신의를 지키고 본조(本朝)에 충성을 다하여 풍속이 다른 외국에 모범이 되는 것이 아름답지 아니한가?"(『冊府元龜』 964 外臣部 9 封冊 2)
발해	개원26년 윤8월에 발해말갈이 사신을 파견해 얼룩쥐 가죽 1,000장과 말린 문어 100구를 바쳤다. (『冊府元龜』 971 外臣部 16 朝貢 4)
백제	당(唐) 황재종주(皇再從州)·금자광록대부(金紫光祿大夫)·고(故) 위위경(衛尉卿), 증(贈) 형주대도독(荊州大都督)·사괵왕(嗣虢王)의 비 부여씨(扶餘氏) 묘지명 및 서문 조의랑(朝議郎)·수(守) 중서사인(中書舍人) 안정(安定)의 양섭(梁涉) 찬(撰) 태비(太妃) 부여씨는 이름이 △인데, 당 금자광록대부·고 위위경·대방군왕(帶方郡王) 의자(義慈)의 증손이고, 당 광록대부(光祿大夫)·고 태상경(太常卿)으로 대방군왕을 계승한 융(隆)의 손녀이며, 당 조청대부(朝請大夫)·고 위주자사(渭州刺史) 덕장(德璋)의 딸이니, 가문은 본래 동방의 귀세(貴世)였고 태어나면서부터 남국(南國)의 가인(佳人)처럼 아름다웠으니, 봄날의 숲에 대적하고 가을 단풍이 화려함을 잃을 정도였으

며 화려한 누각에 오르면 아침 햇살이 나란히 비출 정도였다. 한가하게 나가도 유난히 두드러져 보여서 희대의 현명함을 내었으니, 덕이 부합하면 외롭지 않았고 기가 화합하면 서로 감응하였다. 대체로 이성(異姓) 제왕(諸王)의 숙녀였으나 황실의 든든한 제후의 풍모가 있었으니 사람들이 좋은 배필로 여기는 바이다. 역(易)의 괘(卦)에 나타난 현상이 그 이어지고 응함으로 말미암아 난초 향기가 풍기는 윤기 나는 얼굴에 예의가 즐겁고 화목함으로 갖추어지지 않고서야 어찌 군자의 집안에 마땅하고 천자의 집안에 배필이 될 수 있었겠는가? 토지와 산천의 신령스러운 기운이 다가와 융성하였고 훌륭한 가문의 말이 훌륭한 집안의 배필이 되는 것이니, 이는 내가 부여씨가 곽국왕(虢國王)에게 시집갔고 부인을 잘 결정하였음을 말하게 되는 바이다.

곽국왕의 이름은 옹(邕)이고, 고조(高祖) 이연(李淵)의 증손이자 당의 고 사도(司徒)·곽왕(虢王) 봉(鳳)의 손자이며 당의 고 조주자사(曹州刺史)·정양공(定襄公) 굉(宏)의 아들이다. 종묘의 많은 귀신들을 같게 하고 오거성(五車星)의 경류(慶流)를 분명히 하니, 전한(前漢)의 주허후(朱虛侯) 유장(劉章)과 같은 계책이 있었고 전한의 하간왕(河間王) 유덕이 고대의 사물을 좋아하는 것을 뛰어넘었으니, 이른바 조정의 보익(輔翼)이자 국가의 중신이라 하기에 충분하였다. 그 성취함이 이와 같았던 것은 모두 태비가 가문을 일으켜서 있었던 것이니, 개원(開元) 연간(713~741)에 제서가 있어 왕비로 책봉되었다. 생각건대 안으로는 실로 보좌하는 미인이었으니, 공경함으로써 그 제사에서 귀신을 먹일 수 있었고 도리를 따름으로써 그 화목함을 이룰 수 있었으며 바름으로써 온유하고 선함을 지켰고 덕으로써 그 질투함을 듣지 않았다. 공경함은 예의의 격식이고 도리를 따름은 의리가 화합함이며, 바름이라는 것은 몸이 다스려짐이고 덕이라는 것은 행동의 △이다. △한 후에 제사를 잘 지내면 곧 그 복과 이로움을 다하여 친언(親言)에 반드시 부합하였고, 궁궐 문을 나가지 않고도 가르침으로써 중외(中外)에 두루 펼쳤다. 이옹(李邕)이 그 현명한 재능을 즐겁게 얻었으므로, 태비는 그 때문에 그 부귀를 오래 지킬 수 있었다. 이옹은 밖으로 방백(方伯)을 받고 공경(公卿)에 들어갔으며 20년 동안 봉록을 아울러 누렸으니, 마땅히 그 전한의 회남왕(淮南王) 유안(劉安)이 도를 얻은 것과 같음이 마땅하였다. 서왕모(西王母)가 신선이 되셨으나 환단(還丹)이 완성되지 않았으니, 약 때문에 잘못된 것이다. 이옹이 죽은 지 이미 오래되어도 태비는 가문을 지키며 남긴 가르침을 잃지 않았으니, 다섯 아들이 모두 훌륭하였다. 일현(一賢)을 이어 지위를 계승하였으니, 19년(731)에 제서가 있어 태비로 책봉하였고 다시 왕을 아들에게 계승하게 하였다.

아아! 시내는 물을 정체시키지 않고 세월은 사람을 가리지 않으니, 흐르는 것은 지난날의 물결이 아니고 오는 것 또한 멀리 길 떠나는 손님이로구나. 예로부터 모두 이승을 떠나니 장수할 수 있었도다. 26년(738) 8월 9일에 숭현방(崇賢坊) 곽왕의 자택에서 돌아가시니, 나이가 49세였다. 그 해 무인년(戊寅年) 11월16일에 이옹의 무덤에 합장하니, 예에 합당하였다. 생각건대 이옹은 태비보다 먼저 돌아가셨고 묘지명에 상세한 것을 갖춰두었으나, 태비와 같은 무덤을 쓰게 되었으므로 이에 거듭 게재한 것이다. 아들 5명이 있으니, 맏이는 태자가령(太子家令)·곽왕(虢王) 거(巨)인데, 현명하고 선행을 즐겨서 효성으로 나라에 알려졌다. 다음은 태자전설랑(太子典設郎) 승소(承昭)이고, 또 그 다음은 태자통사사인(太子通事舍人) 승희(承曦)이며, 또 그 다음은 좌금오위(左金吾衛) 병조(兵曹) 승준(承晙)이고, 막내는 태자전설랑 승질(承晊)이다. 똑같이 사림(士林)의 수재이고 공애(公挨)의 꽃이었는데, 부모의 상이 되고 나서 미음도 들지 않았고 오히려 그 돌아가심을 의심하여 슬픔을 그치는 바가 없었다. 세월이 흘러 봉분이 사라질까 두려워하고 오래도록 모실 것을 도모하니, 삼가 기린각(麒麟閣)의 고리(故吏)들과 또 궁전의 근신(近臣)들을 더렵혔다. 출세한 자는 그 가풍을 오래도록 나타내고 중서성(中書省) 같은 관직을 맡은 자는 항상 그 조칙을 다루니, 그로 하여금 실록을 보존하게 함에 감히 직서(直書)하지 않겠는가? 다만 또 세시(歲時)로 기록하니 어찌 일월에 괘념하겠는가? 명문(銘文)은 다음과 같다.

동방의 군자여, 이성(異姓)의 제왕(諸王)이로다. 숙녀(淑女)를 낳을 수 있었으니, 아름다워 맹렬히 빛나도다. 그 누구에게 시집갈까, 오직 괵국왕 뿐이로다. 그 거동이 본받을 만하니 실로 아내로 맞이하였도다. 남편이 왕위에 오르니 아들 또한 왕위에 올랐도다. 비 또한 태비가 되니 남편과 아들 때문이로다. 왕이 이미 돌아가시니 비 또한 돌아가셨도다. 저승에 가서 열었으나 지금은 다시 닫았도다. 자자손손이 서로 계승할 것이다.

개원26년(738) 11월15일 (「扶餘太妃 墓誌銘」: 2008 『碑林集刊』 13)

신라 　절은 곧 효성왕(孝成王) 개원26년 무인(戊寅)에 돌아가신 아버지 성덕대왕(聖德大王)을 위하여 복을 받들어 창건한 것이다. (『三國遺事』 3 塔像 4 皇龍寺鐘芬皇寺藥師奉德寺鍾)

739(己卯/신라 효성왕 3/발해 문왕 3 大興 3/唐 開元 27/日本 天平 11)

신라 　봄 정월에 조부와 아버지의 사당을 배알하였다. (『三國史記』 9 新羅本紀 9)
신라 　봄 정월에 조부와 아버지의 사당을 배알하였다. (『三國史節要』 11)

신라 　봄 정월에 중시(中侍) 의충(義忠)이 죽자, 이찬(伊湌) 신충(信忠)을 중시로 삼았다. (『三國史記』 9 新羅本紀 9)
신라 　봄 정월에 중시 의충이 죽자, 이찬 신충으로 하여금 그를 대신하게 하였다.

효성왕(孝成王)이 왕위에 오르기 전에 일찍이 신충과 잣나무 아래에서 바둑을 두었는데, 그에게 말하였다. "훗날에 만약 너를 잊지 않는다면, 너 또한 정조를 고치지 말라. 등지는 바가 있을 경우에는 이 잣나무와 같으리라." 얼마 지나서 왕이 즉위하여, 공신들에게 상을 내리는데 신충을 남겼다. 신충은 노래를 지어 잣나무에 붙이자, 나무는 곧 시들었다. 왕이 괴이하여 사자를 보내 그것을 살펴보게 하니, 노래를 얻었다. 왕은 크게 놀라 말하길, "어찌 충신을 잊겠는가?" 하고는, 신충을 불러 그에게 관작을 하사하자, 잣나무는 이에 되살아났다. (『三國史節要』 11)

신라 　효성왕이 왕위에 오르기 전에 현명한 선비인 신충과 궁의 뜰 잣나무 아래에서 바둑을 두었는데, 일찍이 일러 말하길, "훗날에 만약 경(卿)을 잊는다면, 잣나무와 같으리라."라고 하였다. 신충은 일어나 절하였다. 몇 달이 지나 왕이 즉위하여, 공신들에게 상을 내리는데 신충을 잊고 그 차례에 넣지 않았다. 신충은 원망하여 노래를 지어 잣나무에 붙이자, 나무는 곧 노랗게 시들었다. 왕이 괴이하여 그것을 살펴보게 하니, 노래를 얻어서 바쳤다. 왕은 크게 놀라 말하길, "천하의 정치는 매우 일이 많고 번거롭지만, 어찌 충신을 잊겠는가?" 하고는, 이내 그를 불러서 관작과 녹봉을 주니, 잣나무는 이에 되살아났다. 노래는 다음과 같다. "질 좋은 잣나무가 / 가을이 채 안 되어 떨어지니, / 너를 어찌 잊으랴 하신, / 우러러 보던 그 얼굴이 바뀌게 되었네. / 달이 그림자 진 연못의 물결인양 / 모습이야 바라보나, / 세상 모두 / 잃은 처지여라." 후구(後句)는 없어졌다. 이로 인하여 총애함이 두 왕에게서 나타났다. (『三國遺事』 5 避隱 8 信忠掛冠)

신라 　봄 정월에 선천궁(善天宮)이 완성되었다. (『三國史記』 9 新羅本紀 9)
신라 　봄 정월에 선천궁이 완성되었다. (『三國史節要』 11)

신라 　봄 정월에 형숙(邢璹)에게 황금 30량, 포(布) 50필, 인삼 100근을 하사하였다. (『三

『國史記』9 新羅本紀 9)

신라   봄 정월에 당(唐)의 사신 형숙이 돌아갔다. 왕이 황금 30량, 포 50필, 인삼 100근을 주었다. (『三國史節要』11)

신라   2월에 왕의 동생 헌영(憲英)을 파진찬(波珍湌)으로 삼았다. (『三國史記』9 新羅本紀 9)

신라   2월에 왕의 동생 헌영을 파진찬으로 삼았다. (『三國史節要』11)

발해   개원27년 3월 정미(15)에 발해왕의 동생 대욱진(大勗進)이 와서 조공하였다. 내전(內殿)에서 연회하고 좌무위대장군(左武衛大將軍)을 제수하여 원외(員外)로 동정(同正)을 두며, 자포(紫袍)·금대(金帶) 및 백(帛) 100필을 하사하고 머물러 숙위(宿衛)하게 하였다. (『冊府元龜』975 外臣部 20 褒異 2)

발해 말갈 개원27년 2월에 발해왕이 사신을 파견해 매를 바쳤다. 또 불열말갈(拂涅靺鞨)이 사신을 파견해 토산물을 바쳤다. (『冊府元龜』971 外臣部 16 朝貢 4)

신라   3월에 이찬 순원(順元)의 딸 혜명(惠明)을 받아들여 왕비로 삼았다. (『三國史記』9 新羅本紀 9)

신라   3월에 왕이 이찬 순원의 딸을 받아들여 비로 삼았다. (『三國史節要』11)

백제   여름 4월 무인(17) 정6위상 구다라노코니키시 쿄후쿠(百濟王敬福)에게 종5위하를 주었다. (『續日本紀』13 聖武紀)

고구려   당(唐) 고(故)·증(贈) 천주사마(泉州司馬) 이공(李公) 묘지명 및 서문
        이은지(李隱之)의 이름은 은지(隱之)이고 자는 대취(大取)이며, 그 선조는 요동(遼東) 사람이고 서진(西晉)의 상서령(尙書令) 이윤(李胤)은 곧 그 지파이다. 조부 경(敬), 부친 직(直)은 효성과 덕성을 다하여 하늘을 감동시켰으며, 낙랑(樂浪)에서 이름이 널리 알려졌다. 또한 충성과 근면을 다하여 백성을 구제하였으며, 부여(夫餘)에서는 찬양이 가득하였다.
        이은지는 변방의 풍속을 싫어하여 중원의 문화를 흠모하였다. 거듭된 통역이 필요한 곳에서 와서 공물을 바치고 첩지에 따라 관작(官爵)을 받았다. 용맹스러운 기개는 타고난 재질이니, 과단성도 어찌 배워서 생겼겠는가? 늙어가는 것을 탄식하였던 공자(孔子)처럼, 죽음을 앞두고 '태산이 무너지려는가'라는 노래를 읊조리다가, 결국 신선이 되지 못하니 뽕나무밭이 변하여 푸른 바다가 되는 것을 보지 못하였다.
        아, 슬프도다! 나이는 51세이며, 대당(大唐) 신룡(神龍)원년(705) 정월 25일에 병을 앓다가 낙양(洛陽) 상림방(上林坊)의 사저(私邸)에서 죽었다. 조정과 민간이 모두 애석하게 여기고 가슴 아파하며, 친척과 친구들은 몹시 비통해 하였다. 황제가 애도하고 천주사마에 추증하여 추모의 뜻을 표하였다. 하남부(河南府) 하남현(河南縣) 평락향(平樂鄕)의 들판으로 옮겨 빈장(殯葬)을 하였다. 부인은 하간현군(河間縣君) 유씨(劉氏)이고, 고독한 세월을 보냈지만 고상한 절조를 지켰다. 집에서 자제한 도덕을 잘 지키면서 맹자(孟子)의 어머니처럼 자식을 잘 교육시켰다. 나무는 고요하게 있고자 하나 바람이 그치지 않고 세월과 인생이 빨리 지나갔구나. 낡은 거문고가 훼손되어 선학(仙鶴)이 하늘로 날아갔고, 거울이 파손되어 난새가 물속에 가라앉았다. 아, 슬프도다! 나이는 86세이며, 대당 개원(開元)27년(739) 4월 5일에 병에 걸려 낙양 도정방(道政坊)의 사저에서 죽었다. 이에 그 해 5월 임진일(壬辰日)이 초하루인 병신(5)에 이은지의 옛 무덤에서 서남쪽으로 1리 반 떨어진 곳에 합장하니, 예의에 합당

하였다. 앞에 맑은 낙수(洛水)가 있고, 밤에 물 흐르는 소리가 바람이 소나무를 부르는 소리와 섞였도다. 뒤에 높은 망산(邙山)이 있고, 아침에 산의 안개가 풀잎에 맺힌 이슬이 되었다. 사자(嗣子) 초유(初有)는 좌령군위(左領軍衛) 익부우랑장(翊府右郞將)이고, 둘째아들 회덕(懷德)은 좌효위(左驍衛) 익부우랑장이며, 막내아들 회민(懷敏)은 대주(代州) 양무진장(陽武鎭將)이었다. 그들은 부모의 상을 당하여 춘추시대 제(齊)의 고시(高柴)처럼 슬프게 울고 피를 토하여, 애통해 하고 그리워하는 심정이 모든 것을 잃어버린 것과 같았다. 또한 손오(孫吳)의 고제(顧悌)처럼 오랫동안 미음 한 모금도 마시지 않아서, 슬피 통곡하고 넋을 잃었다. 마침내 푸른 바다가 뽕나무밭이 될까 두려워하고 높은 산이 계곡이 될 것을 염려하니, 그의 사적을 널리 구하여 이 묘지를 만들었다. 그 사(詞)는 다음과 같다.

사마씨(司馬氏)는 훌륭한 덕을 갖고 이국에서 왔도다. 사람들이 죽었다고 하자 천자께서 관직을 추증하니, 의지가 미혹되지 않았도다. 부인이 죽자 합장하여 이치에 따랐으니, 두 뛰어난 인물이 연이어 죽었도다. 자식들이 부모의 상을 당해서 애통하는 감정을 억제할 수 없었으니, 세 아들의 효성이 지극하여 7일 동안 미음 한 모금도 마시지 않았도다. 부모를 그리워하는 마음을 돌에 새겨 하늘과 땅처럼 영원히 변치 말지어다. (「李隱之 墓誌銘」: 2015 『韓國古代史探究』 21)

| 신라 | 여름 5월에 파진찬 헌영을 봉하여 태자로 삼았다. (『三國史記』 9 新羅本紀 9) |
| 신라 | 여름 5월에 파진찬 헌영을 태자로 삼았다. 헌영은 왕의 동모제이다. 왕이 후사가 없자 옹립하여 태자로 삼았다. (『三國史節要』 11) |

신라　여름 5월에 파진찬 헌영을 봉하여 태자로 삼았다. (『三國史記』 9 新羅本紀 9)

신라　여름 5월에 파진찬 헌영을 태자로 삼았다. 헌영은 왕의 동모제이다. 왕이 후사가 없자 옹립하여 태자로 삼았다. (『三國史節要』 11)

발해　가을 7월 계묘(13) 발해 사신 부사(副使) 운휘장군(雲麾將軍) 기진몽(己珍蒙) 등이 와서 조공하였다. (『續日本紀』 13 聖武紀)

신라　가을 9월에 완산주(完山州)에서 흰 까치를 바쳤다. (『三國史記』 9 新羅本紀 9)

신라　가을 9월에 완산주에서 흰 까치를 바쳤다. (『三國史節要』 11)

신라　가을 9월에 여우가 월성(月城) 궁중에서 울자, 개가 물어 죽였다. (『三國史記』 9 新羅本紀 9)

신라　가을 9월에 여우가 월성 궁중에서 울었다. (『三國史節要』 11)

발해　개원27년 10월 을해(16)에 발해가 그 신하 우복자(優福子)를 사신으로 파견하여 와서 사은(謝恩)하였다. 과의도위(果毅都尉)를 제수하고 자포·은대(銀帶)를 하사하여 본국으로 돌려보냈다. (『冊府元龜』 975 外臣部 20 褒異 2)

발해　개원27년 10월에 발해가 그 신하 수복자(受福子)를 사신으로 파견하여 와서 사은하였다. (『冊府元龜』 971 外臣部 16 朝貢 4)

발해　겨울 10월 병술(27) 당에 갔던 사신 판관(判官) 외종5위하 헤구리노아소미 히로나리(平郡朝臣廣成), 발해의 사신 등이 수도에 들어왔다. (『續日本紀』 13 聖武紀)

발해　11월 신묘(3) 헤구리노아소미 히로나리가 조정에 배알했다. 처음에 헤구리노아소미 히로나리는 천평(天平) 5년(733)에 대사(大使) 다지히노마히토 히로나리(多治比眞人廣成)를 따라 입당하였다. 6년(734) 10월에 일을 마치고 돌아오는데 4척의 배가 함께 소주(蘇州)로부터 출발하여 바다로 나갔다. 세찬 바람이 갑자기 불어서 서로를 잃어버렸다. 헤구리노아소미 히로나리의 배에 탔던 115인은 곤륜국(崑崙國)에 표착했는데 적병(賊兵)이 와 포위하여 마침내 붙잡히게 되었다. 배에 있던 사람들은 혹은 살해되고 또는 흩어져 달아났다. 나머지 90여 명은 열병에 걸려 사망했다. 헤구리노아소미 히로나리 등 4인은 겨우 죽음을 면하고 곤륜왕을 뵙게 되었다. 이로 인하여 한 되의 양식을 지급받고 나쁜 곳에 안치되었다. 7년(735)에 이르러 당국(唐國) 흠주(欽州)의 숙곤륜(熟崑崙)이 그 곳에 도착하였다. 이 때 몰래 배를 타고 나와서 당국에 돌아가게 되었다. 우리나라의 학생 아베노나카마로(阿倍仲滿)를 만나 곧 그 사연을 말하여 입조할 수 있게 되어 발해로(渤海路)를 통하여 귀국할 것을 청했더니 천자가 허락하고 배와 양식을 주어 출발하게 하였다. 10년(738) 3월에 등주(登州)에서 바다로 들어가 5월에 발해 경계에 이르렀다. 마침 그 왕 대흠무(大欽茂)가 사신을 뽑아 우리 조정에 보내려고 하여 함께 출발했다. 풍랑이 소용돌이치는 바다를 건너는데 발해의 배 한 척이 파도에 부딪혀 뒤집어졌다. 대사 서요덕(胥要德) 등 40인이 물에 빠져 죽고 헤구리노아소미 히로나리 등이 남은 무리를 이끌고 이데와노쿠니(出羽國)에 도착하였다. (『續日本紀』 13 聖武紀)

발해   12월 무진(10) 발해 사신 기진몽 등이 조정에 배알했다. 발해 왕의 계(啓)와 토산품을 올렸는데 그 계는 다음과 같다. "흠무(欽茂)가 아룁니다. 산하가 아득히 떨어져 있고 국토 또한 매우 멉니다. 저으기 인민을 교화하는 것을 바라보니 오직 존경스러움을 더할 따름입니다. 엎드려 생각건대 천황의 성스러운 예지와 지극한 도덕은 더욱 밝으며 여러 대를 이어 영화로움이 거듭 빛나고 은택이 만백성에게 미쳤습니다. 흠무는 황송스럽게도 조업(祖業)을 이어받아 외람되이 총괄하는 것이 처음과 같습니다. 의(義)를 넓히고 정을 돈독히 하여 매양 이웃과의 우호를 닦아 왔는데 이번에 당신 나라의 사신 아소미 히로나리(朝臣廣業) 등이 풍랑 때문에 의지할 곳을 잃고 떠돌아 다니다가 이 곳에 이르렀습니다. 넉넉하게 대우하며 오는 봄을 기다렸다가 돌려보내려고 하였지만 사신 등이 먼저 가기를 원하여 애써 올해에 돌아가기를 청하였습니다. 요청하는 말이 매우 정중하고 이웃 사이의 의리도 가볍지 않으므로 이에 필요한 물품을 갖추어서 곧 출발하게 하였습니다. 그래서 약홀주도독(若忽州都督) 서요덕 등을 사신으로 삼아 아소미 히로나리 등을 거느리고 당신 나라에 가게 하였습니다. 아울러 대충피(大蟲皮)와 큰 곰가죽 각 7장, 표범 가죽 6장, 인삼 30근, 꿀 3곡(斛)을 바치니 그 곳에 도착하거든 살펴서 받아주기를 청합니다." (『續日本紀』 13 聖武紀)

740(庚辰/신라 효성왕 4/발해 문왕 4 大興 4/唐 開元 28/日本 天平 12)

발해 신라   봄 정월 무자 초하루 천황이 대극전(大極殿)에서 신년 축하 조회를 받았다. 발해군(渤海郡)의 사신과 신라학어(新羅學語) 등이 행렬에 함께 서 있었다. 단지 깃일산을 받드는 미인(美人)은 다시 상의와 바지를 입었다. (…) (『續日本紀』 13 聖武紀)

발해   봄 정월 갑오(7) 발해군의 부사(副使) 운휘장군(雲麾將軍) 기진몽(己珍蒙) 등에게 관위를 주었는데 각각 차등이 있었다. 그리고 조당(朝堂)에서 잔치를 베풀고 발해군왕(渤海郡王)에게 미노(美濃)의 명주 30필, 비단 30필, 실 150구(絇), 조면(調綿) 300둔(屯)을 내리고 기진몽에게는 미노의 명주 20필, 비단 10필, 실 50구, 조면 200둔을 내렸으며 나머지는 각각 차등이 있었다. (『續日本紀』 13 聖武紀)

발해   봄 정월 경자(13) 또한 외종5위하 오토모노스쿠네 이누카이(大伴宿禰犬養)를 견발해대사(遣渤海大使)로 삼았다. (『續日本紀』 13 聖武紀)

발해	봄 정월 계묘(16) 천황이 남원(南苑)에서 시신(侍臣)들에게 잔치를 베풀고 백관과 발해 사신客에게 조당에서 연회를 베풀었다. 5위 이상에게 접의(摺衣)를 내렸다. (『續日本紀』13 聖武紀)
발해	봄 정월 갑진(17) 천황이 대극전 남문에 나아가 활쏘기대회를 관람했는데 5위 이상이 활쏘기를 마치자 발해 사신 기진몽 등에게 활을 쏘게 했다. (『續日本紀』13 聖武紀)
발해	봄 정월 병진(29) 사신을 보내어 객관(客館)에 나아가 발해대사(渤海大使) 충무장군(忠武將軍) 서요덕(胥要德)에게 종2위를 주고, 수령(首領) 무위 기알기몽(己闕棄蒙)에게 종5위하를 주었다. 아울러 조포(調布) 150단과 용포(庸布) 60단을 주었다. (『續日本紀』13 聖武紀)
발해	봄 정월 정사(30) 천황이 중궁(中宮) 합문(閤門)에 나아갔는데 기진몽 등이 발해악(渤海樂)을 연주하였다. 백면(帛綿)을 내렸는데 각각 차등이 있었다. (『續日本紀』13 聖武紀)
발해	2월 기미(2) 기진몽 등이 본국으로 돌아갔다. (『續日本紀』13 聖武紀)
백제	2월 병자(19) 구다라노코니키시(百濟王) 등이 백제악(百濟樂)을 연주했다. 종5위하 구다라노코니키시 지쿄(百濟王慈敬)에게 종5위상을, 정6위상 구다라노코니키시 젠후쿠(百濟王全福)에게 종5위하를 주었다. (…) (『續日本紀』13 聖武紀)
발해	평로군절도사(平盧軍節度使)는 (…) 개원(開元)28년 2월에 왕곡사(王斛斯)에게 제수하고, 또 압양번(押兩蕃)·발해(渤海)·흑수(黑水) 등 4부(府) 경략처치사(經略處置使)를 더하였으며, 마침내 정액(定額)이 되었다. (『唐會要』78 諸使 中 節度使[每使管內軍附])
말갈	개원28년 2월에 월희말갈(越喜靺鞨)이 그 신하 야고리(野古利)를 파견하여 와서 토산물을 바쳤다. 철리말갈(鐵利靺鞨)이 그 신하 면도호(綿度戶)를 파견하여 와서 토산물을 바쳤다. (『冊府元龜』971 外臣部 16 朝貢 4)
신라	3월 신축(15) 외종5위하 기노아소미 히토(紀朝臣必登)를 견신라대사(遣新羅大使)로 삼았다. (『續日本紀』13 聖武紀)
신라	개원28년 3월 계묘(17)에 신라국왕 김승경(金承慶)의 아내 김씨를 책봉하여 신라왕비로 삼았다. (『冊府元龜』975 外臣部 20 褒異 2)
신라	봄 3월에 당(唐)이 사신을 파견해 부인(夫人) 김씨를 왕비로 책봉하였다. (『三國史記』9 新羅本紀 9)
신라	봄 3월에 당이 사신을 파견해 왕비 김씨를 책봉하였다. (『三國史節要』11)
신라	개원28년에 이르러 승경(承慶)의 아내 박씨(朴氏)를 책봉하여 신라왕비로 삼았다. (『唐會要』95 新羅)
신라	여름 4월 무오(2) 견신라사(遣新羅使) 등이 출발을 아뢰었다. (『續日本紀』13 聖武紀)

신라	[19] 사문(沙門) 혜초(惠超)는 오대산(五臺山) 건명사(乾明寺)에 대광지삼장불공(大廣智三藏不空)이 번역한 『대승유가금강성해만수실리천비천발대교왕경(大乘瑜伽金剛性海曼殊室利千臂千鉢大教王經)』을 녹출(錄出)하니, 그 서문은 다음과 같다. " (…) 개원28년 경진(庚辰) 4월15일에 천복사(薦福寺) 어도량(御道場) 안에서 현종(玄宗) 황제에게 보고하고 아뢰었다. (…) "(『佛祖歷代通載』14 唐德宗 千臂千鉢文殊經序)
발해	여름 4월 병자(20) 견발해사(遣渤海使) 등이 출발을 아뢰었다. (『續日本紀』13 聖武紀)
신라	[19] 사문 혜초는 오대산 건명사에 대광지삼장불공이 번역한『대승유가금강성해만수실리천비천발대교왕경』을 녹출하니, 그 서문은 다음과 같다. " (…) 개원28년 5월 5일에 이르러 조서를 받들어 경전을 번역하였다. 곧바로 향불을 태워서 번역을 시작하니, 삼장(三藏)이 산스크리트어 판본을 부연·해설하고 혜초가 『대승유가천비천발만수실리경(大乘瑜伽千臂千鉢曼殊室利經)』에 있는 불법의 교화를 받아적었다. (…) "(『佛祖歷代通載』14 唐德宗 千臂千鉢文殊經序)
신라	여름 5월에 진성(鎭星:土星)이 헌원대성(軒轅大星)을 범하였다. (『三國史記』9 新羅本紀 9)
신라	여름 5월에 진성(토성)이 헌원대성을 범하였다. (『三國史節要』11)
신라	가을 7월에 한 비의(緋衣)의 여인이 있어, 예교(隷橋) 아래에서 나와서 조정의 정사를 비방하였다가, 효신공(孝信公)의 문을 지나서 갑자기 보이지 않았다. (『三國史記』9 新羅本紀 9)
신라	가을 7월에 한 비의의 여인이 있어, 예교 아래에서 나와서 조정의 정사를 비방하였다가, 효신(孝信)의 문을 지나서 갑자기 보이지 않았다. (『三國史節要』11)
신라	8월에 파진찬(波珍湌) 영종(永宗)이 반란을 도모하였다가 처형되었다. 이보다 앞서 영종의 딸이 후궁에 들어갔다. 왕이 그녀를 매우 사랑하여 베풀어주는 은혜가 날로 심해졌다. 왕비가 질투하여 일족과 함께 그녀를 죽이려고 도모하였다. 영종이 왕비의 친족을 원망하여 이로 인하여 반란하였다. (『三國史記』9 新羅本紀 9)
신라	8월에 파진찬 영종이 반란을 도모하였다가 처형되었다. 이보다 앞서 영종의 딸이 후궁에 들어갔다. 왕이 그녀를 매우 사랑하여 베풀어주는 은혜가 날로 심해졌다. 왕비가 질투하여 일족과 함께 그녀를 죽이려고 도모하였다. 영종이 왕비의 친족을 원망하여 마침내 반란하였다. (『三國史節要』11)
신라	9월 을사(21) 대장군(大將軍) 오노아소미 아즈마히토(大野朝臣東人) 등에게 칙을 내렸다. "아뢴 장계를 보고 신라에 파견한 사신의 배가 나가토노쿠니(長門國)에 와서 정박하고 있음을 알았다. 그 배 위의 물건들은 그 나라에 보관하고 사신 중에 채용할 만한 사람이 있으면 장군이 임용하라."(『續日本紀』13 聖武紀)
발해	겨울 10월 무오(5) 견발해군사(遣渤海郡使) 외종5위하 오토모노스쿠네 이누카이 등이 돌아왔다. (『續日本紀』13 聖武紀)
신라	겨울 10월 무진(15) 견신라국사(遣新羅國使) 외종5위하 기노아소미 히토 등이 돌아

	왔다. (『續日本紀』13 聖武紀)
발해	개원28년 10월에 발해말갈이 사신을 파견해 얼룩쥐 가죽과 곤포(昆布)를 바쳤다. (『冊府元龜』971 外臣部 16 朝貢 4)
탐라	11월 무자(5) 대장군 오노아소미 아즈마히토 등이 다음과 보고하였다. "이 달 1일 히노미치노구치노쿠니(肥前國) 마츠라코리(松浦郡)에서 후지와라 히로츠구(藤原廣嗣)·후지와라 츠나테(藤原綱手)를 이미 목베었습니다. 후지와라 스가나리(藤原菅成) 이하, 종인(從人) 이상 및 승려 2인은 몸을 구금하여 대재부(大宰府)에 두었는데 그 이름은 별도와 같습니다. 또 이 달 3일에 군조(軍曹) 아마노이누카이 이오에(海犬養五百依)를 보내어 역적 후지와라 히로츠구의 종자 미타노에히토(三田兄人) 등 20여 인을 맞이하게 하였습니다. 아뢰기를 '후지와라 히로츠구의 배가 치카노시마(知駕嶋)에서 출발하여 동풍을 만나 4일을 가다가 섬을 보았습니다. 배 위의 사람이 '저것은 탐라도(耽羅嶋)'라 하였습니다. 이 때 동풍이 더욱 불어서 배가 바다 가운데 멈춰서 나아가려고 하지 않았습니다. 표류하여 하루 낮과 밤을 지냈는데 서풍이 갑자기 일어나 다시 배를 돌려 놓았습니다. 이에 후지와라 히로츠구가 역령(驛鈴) 하나를 흔들며 '나는 대충신(大忠臣)입니다. 신령께서 나를 버리십니까? 신력에 힘입어 풍파가 잠시 고요해지기를 빕니다.'라 하고 방울을 바다에 던졌습니다. 그러나 오히려 풍파는 더욱 심해져 마침내 토치카시마(等保知駕嶋))의 시코츠시마(色都嶋)에 도착하였습니다.'라고 하였습니다." 후지와라 히로츠구는 식부경(式部卿) 후지와라 우마카이(藤原馬養)의 첫째 아들이었다. (『續日本紀』13 聖武紀)
백제	11월 갑진(21) 종5위하 다지히노마히토 야카누시(多治比眞人家主), 아베노아소미 아히토(阿倍朝臣吾人), 다지히마히토 우시카이(多治比眞人牛養), 오토모노스쿠네 코시비(大伴宿禰祜信備), 구다라노코니키시 젠후쿠, 아베노아소미 사미마로(阿倍朝臣佐美麻呂), 아베노아소미 무시마로(阿倍朝臣蟲麻呂), 후지와라노아소미 야츠카(藤原朝臣八束), 다치바나노스쿠네 나라마로(橘宿禰奈良麻呂)에게 모두 종5위상을 주었다. (…) (『續日本紀』13 聖武紀)
신라	12월 병진(4) 기병사(騎兵司)를 풀어 서울로 들어오게 하였다. 천황이 미노(美濃)의 국부(國府)를 돌아보고 저녁 무렵 신라·히다(飛驒)의 음악을 연주하게 하였다. (『續日本紀』13 聖武紀)
신라	[19] 사문 혜초는 오대산 건명사에 대광지삼장불공이 번역한『대승유가금강성해만수실리천비천발대교왕경』을 녹출하니, 그 서문은 다음과 같다. " (…) 개원28년 12월15일에 겨우 마쳤다. (…) "(『佛祖歷代通載』14 唐德宗 千臂千鉢文殊經序)

741(辛巳/신라 효성왕 5/발해 문왕 5 大興 5/唐 開元 29/日本 天平 13)

발해 말갈	개원29년 2월 기사(17)에 발해말갈이 그 신하 실아리(失阿利)를, 월희말갈(越喜靺鞨)이 그 부락(部落) 오사리(烏舍利)를, 흑수말갈(黑水靺鞨)이 그 신하 아포리계(阿布利稽)를 파견해 와서 하정(賀正)하였다. 모두 낭장(郎將)을 제수하여 본국으로 돌려보냈다. (『冊府元龜』975 外臣部 20 褒異 2)
발해 말갈	개원29년 2월에 발해말갈이 그 신하 실아리를, 월희말갈이 그 부락 여사리(與舍利)를, 흑수말갈(黑水靺鞨)이 그 신하 아포리계를 파견하였다. (『冊府元龜』971 外臣部 16 朝貢 4)

| 말갈 | 개원29년 3월에 불열말갈(拂涅靺鞨)이 수령 나기발(那棄勃)을 파견하여 (…) 모두 와서 조공하고 하정하였고 토산물을 갖추어 바쳤다. (『冊府元龜』971 外臣部 16 朝貢 4) |

| 신라 | 여름 4월에 대신 정종(貞宗)·사인(思仁)에게 명령하여 노병(弩兵)을 사열하게 하였다. (『三國史記』9 新羅本紀 9) |

| 신라 | 여름 4월에 대신 정종·사인에게 명령하여 노병을 사열하게 하였다. (『三國史節要』11) |

| 신라 | 개원 연간(713~741) 이 때에 외이(外夷)가 또한 소영사(蕭穎士)의 이름을 알게 되었다. 신라의 사신이 들어와 조공하며 말하기를, "나라 사람들이 소부자(蕭夫子)를 스승으로 삼을 수 있기를 바란다."고 하였으니, 그 이름이 화이(華夷)를 이처럼 감동시켰다. (『舊唐書』190下 列傳 140下 文苑 下 蕭穎士) |

| 발해 | 개원29년 4월에 발해말갈이 사신을 파견하여 매 및 송골매를 바쳤다. (『冊府元龜』971 外臣部 16 朝貢 4) |

| 고구려 | 7월 신유(13) 군신에게 새 궁궐에서 잔치를 베풀고 여악(女樂)과 고려악(高麗樂)을 연주하게 했다. 5위 이상에게 녹(祿)을 내렸는데 각각 차등이 있었다. (…) (『續日本紀』14 聖武紀) |

| 백제 | 8월 정해(9) 종5위하 多治比眞人木人을 병부소보(兵部少輔)로 삼고, 종4위상 長田王을 형부경(刑部卿)으로 삼았다. 외종5위하 大伴宿禰御中을 소보(少輔) 겸 대판사(大判事)로 삼았다. 종5위상 百濟王慈敬을 궁내대보(宮內大輔)로 삼았다. (…) 종5위하 百濟王孝忠을 遠江守로 삼았다. (…) (『續日本紀』14 聖武紀) |

| 고구려 | 대당(大唐) 고(故) 충무장군(忠武將軍)·섭(攝) 우금오위낭장(右金吾衛郎將)·상주국(上柱國) 두부군(豆府君) 묘지 및 서문 (개석: 대(大) 고 두부군 묘지명) |

듣건대 갈석산(碣石山)은 우뚝 솟아있고, 큰 바다는 유달리 굽이친다고 한다. 구름과 우레가 진동하고 두드리듯 세상에 드문 뛰어난 기품이 흥성하고 화락(和樂)하였도다. 타고난 기품이 신통하고 영묘(靈妙)하며 날 때부터 현명하고 지혜로울 수 있었다는 것은 즉 우리 두선부(豆善富)를 가리킨다.

두선부는 이름이 선부(善富)이고 자(字)는 휘(暉)이며 그 선조는 부풍(扶風) 평릉(平陵) 사람이다. 18세조 통(統)은 후한(後漢)의 안문태수(鴈門太守)였는데 족부(族父)인 두무(竇武)의 난을 피해 북방의 황무지로 도망갔고, 그곳에서 자손들이 대대로 거주하였다. 북위(北魏)가 남쪽으로 천도함에 이르러 흘두릉씨(紇豆陵氏)를 하사받았다. 6세조 보번(步蕃)은 서위(西魏)의 장수였는데, 하곡(河曲)에 주둔하였다가 북제(北齊)의 신무제(神武帝: 高歡)에게 격파되어 마침내 고구려로 달아났다. 후손들이 이어서 집안을 이루고 두씨(豆氏)가 되었다. 우리 황제는 고구려가 왕정에 조회하지 않아서 정벌하니, 병사가 현도(玄菟)의 들판에 주둔하였다. 두선부의 부친인 부(夫)는 끝내 원조(遠祖)인 융(融)이 하외(河外)에서 후한의 광무제(光武帝)에게 항복했던 일을 사모하여, 마침내 구이(九夷) 변경요새의 장수를 베어 정문(旌門)에 이마를 조아렸고, 읍락(邑落)의 도탄에 빠진 사람들을 부축하여 △궐(△闕)에 귀순하였다. 천서(天書)가 크게 내려지고 황제의 은총이 일문(一門)에 미치니, 형제 5인은 높은 관작과 지위를 받아서, 이(犁)·목(木) 2주(州)△△제군사(諸軍事), 사자금어대(賜紫金魚袋)를 제수받았다.

두선부는 지방장관의 아들로 관직에 나아가, △△△△제군사(△△△△諸軍事)에 제수되었다. 또 △방(△方)이 조용하지 않음에 조정에서 불러 일을 맡겼으니, 노주(潞州) 동제부(銅鞮府) 좌과의도위(左果毅都尉)로 발탁하고 유격장군(游擊將軍)을 더하였다. (…) 서융(西戎)과의 전투에 임하여 빠르게 싸워 크게 이기니 상주국을 제수하고 강주(絳州) 무성부(武城府) 좌과의도위로 옮겼다. 개원(開元)13년(725)에 어가를 따라 동쪽으로 봉선(封禪)하러 가니, 의례가 끝나자 충무장군이 더해지고 강주 고정부(古亭府) 절충도위(折衝都尉)로 승진하였다. 서국공(徐國公) 소숭(蕭嵩)이 삭방(朔方) 지역을 천천히 다니고 겸하여 하서(河西)를 순행(巡行)할 때에 두선부에게 비장(裨將)이 되기를 청하기도 하였다. 이 때에 진주(晉州) 진안부(晉安府) 절충도위가 되어, 결백하고 오점이 없었으며 고아(高雅)하고 참신하였으니 혹독한 추위에도 시들지 않는 것과 같았다. 다스림은 능히 이름이 날 정도였고 훌륭한 명성은 멀리까지 퍼져나갔다. 시어사(侍御史) 오원창(鄔元昌)이 동도(東都: 洛陽)의 대화고(大和庫)를 감독하기를 청하였는데, 우리 황제는 생각하심에 창고의 임무가 중요하나 그 일을 참고 견뎌내는 자가 드물다고 생각하였다. 두선부를 여러 사람이 추천하자, 황제가 말하기를, "그래 보내라"고 하였다. 행함이 쌓이고 공이 거듭되어 끝내 교체하지 않으시니, 특별히 우금오위낭장을 섭직(攝職)하게 하고 전처럼 창고를 감독하게 하였다.

내가 듣기에 사람이 베푸는 것은 덕이요, 하늘이 빼앗는 것은 수명이라. 아아, 푸른 하늘이여, 그 이치를 불쌍타 여기지 않는가? 개원29년(741) 8월 7일에 태부인(太夫人)의 질병을 시중들다가 그 애통함을 견디지 못하여 마침내 낙도(洛都: 洛陽) 황성(皇城) 우위솔부(右衛率府)의 관사(官舍)에서 갑자기 죽으니, 이 때 나이가 58세였다. 전한(前漢)에서 소하(蕭何)와 조참(曹參)의 죽음에 애통해하였듯이 큰 슬픔이 동료들을 얽어매었도다. 풍경은 익숙함에서 고쳐지고 연기와 구름은 모습을 잃었으니, 신선이 되어서 가는 구산(緱山)과 요동성(遼東城)에서 돌아오지 않았도다. 사자(嗣子) 온수(溫璲)가 이 종△(鍾△)를 당하여 3일간 피눈물 흘리며 거의 먹지 않고 거친 자리에 누웠도다. 세월이 머물지 않으니 장차 무덤으로 옮겨지겠도다. 개원 29년 8월18일에 낙도 하남현(河南縣) 재택향(梓澤鄉) 망산(邙山)의 들판에서 장례를 치르니, 예의에 합당하였다. 세월이 지나 구릉과 계곡이 번갈아 변할까 두려워하여 그 무덤을 기록하고, 성씨와 이름이 섞이고 바뀔 것을 두려워하여 그 죽은 해를 새겼다. 모두에게 전하여 소멸하지 않으리니 이로써 후세에 알린다. 그 사(詞)는 다음과 같다.

후한의 외척이고 북위의 용맹스럽고 위세 있는 신하이니, 고구려의 지파에 나누어 흘러들고 당(唐)에서 자손들이 분파하였도다. 그 계통을 잘 빛냈고 후손을 깨우쳐 인도하였도다[그 첫째이다]. 덕은 위세와 웅장함으로 떨쳤고 명성은 중앙과 지방으로 요동치니, 국가의 창고는 중요한 임무이고 만국의 도회(都會)로다. 복잡한 사무를 다스림은 쉬는 것처럼 하였고, 간악하고 원망하는 자들을 영원히 쉬게 하였도다[그 둘째이다]. 공훈이 크게 드러났으나 영화와 현달(顯達)함은 아직 더해지지 않았도다. 문득 죽음에 이르러 사람과 귀신조차 탄식하는 바이니, 이를 비석에 새겨 죽음을 기록하였도다[그 셋째이다]. (「豆善富 墓誌銘」: 『唐代墓誌滙篇』)

742(壬午/신라 효성왕 6, 경덕왕 1/발해 문왕 6 大興 6/唐 天寶 1/日本 天平 14)

신라   2월 무인(3) 대재부(大宰府)에서 신라 사신 사찬(沙湌) 김흠영(金欽英) 등 187인이 와서 조공하였다고 알렸다. (『續日本紀』 14 聖武紀)

신라　　2월 경진(5) 조를 내려 새로운 수도의 창건으로 궁실(宮室)이 이루어지지 않았으므
　　　　로 우대변(右大弁) 紀朝臣飯麻呂 등에게 명하여 김흠영 등에게 대재부에서 향응을
　　　　베풀고 그 곳에서 돌려보내도록 하였다. (『續日本紀』14 聖武紀)

신라　　[19] 사문(沙門) 혜초(惠超)는 오대산(五臺山) 건명사(乾明寺)에 대광지삼장불공(大廣
　　　　智三藏不空)이 번역한 『대승유가금강성해만수실리천비천발대교왕경(大乘瑜伽金剛性
　　　　海曼殊室利千臂千鉢大敎王經)』을 녹출(錄出)하니, 그 서문은 다음과 같다. " (…) 천
　　　　보원년 2월19일에 삼장(三藏)은 이 산스크리트어 판본 및 5천축(天竺) 아시리(阿闍
　　　　黎)의 책을 가지고 모두 인도 승려 목차난타파가(目又難陀婆伽)에게 전해주고 이 경
　　　　전의 산스크리트어 판본과 책을 보내게 하니,5인도(印度)·남천축국(南天竺國)·사자국
　　　　(師子國)의 본사(本師) 보각(寶覺) 아사리에게 가져다 주었다. 경전은 지금 돌아오지
　　　　않았다." (『佛祖歷代通載』14 唐德宗 千臂千鉢文殊經序)

신라　　봄 2월에 동북쪽에 지진이 있어, 벼락 같은 소리가 있었다. (『三國史記』9 新羅本紀
　　　　9)

신라　　봄 2월에 동북쪽에 지진이 있어, 벼락 같은 소리가 있었다. (『三國史節要』11)

고구려　당(唐) 고(故) 우용무군(右龍武軍)익부중랑장(翊府中郞將) 고부군(高府君) 묘지명 및
　　　　서문
　　　　살피건대 대체로 무도(武道)에는 칠덕(七德)이 있고, 활쏘기에는 오선(五善)이 있다.
　　　　이것을 능력이 있어 분명히 할 수 있는 자는 우리 고부군이 바로 그 사람이다.
　　　　고덕(高德)의 이름은 덕(德)이고 자는 원광(元光)이며, 그 선조는 발해(渤海) 사람이
　　　　고 고점리(高漸離)의 후손이다. 사마씨(司馬氏)가 남쪽으로 옮겨 동진(東晉)을 세우
　　　　고 전란이 발생하였을 때, 고덕의 선대는 요양(遼陽)으로 피난하여 인하여 요양의
　　　　세족이 되었다. 수(隋)가 멸망하고 당(唐)이 흥하자, 사해를 울타리로 삼아 천하를
　　　　통일하고 먼 변경까지 복속시켜 인재를 취하였다. 고덕의 조상은 은혜를 연모하여
　　　　근본으로 돌아오니, 장내(仗內)에 속하여 궁성을 시위(侍衛)하였다. 바야흐로 한(漢)
　　　　의 이릉(李陵)은 흉노(匈奴)에 있어서 마침내 흉노의 족속이 되었지만, 소무(蘇武)는
　　　　한으로 돌아와서 영원히 그 신하가 된 것과 같다. 고덕의 조부와 부친은 효성스럽고
　　　　충성되게 왕가에 근로하며 여러 해 동안 지냈다.
　　　　고덕은 태어나면서부터 빼어났고 자라서는 용맹하여 기사(騎射)로 알려졌다. 말에
　　　　신의가 있어 사람들의 중시를 받았기 때문에, 좌객(坐客)은 언제나 가득하였고 술잔
　　　　은 빈 적이 없었다. 국정을 보좌하고자 하는 마음을 품고, 난을 진압하는 데에 책략
　　　　을 펼쳤다. 당 현종(玄宗) 초반에 거대한 붕당 사이에 간극이 생기자 우리 황제께서
　　　　맹수를 불러 나쁜 새를 제거하고 천하를 안정시키는 데에 큰 공을 세웠다. 황제는
　　　　이 공로를 생각하여 평주(平州) 백양진장(白楊鎭將)을 제수하였고, 부주(鄜州)의 용
　　　　교부(龍交府), 기주(岐州)의 두양부(杜陽府) 과의도위(果毅都尉)로 옮겼다. 얼마 지나
　　　　지 않아 섬주(陝州)의 만세부(萬歲府), 강주(絳州)의 장평부(長平府)·정평부(正平府),
　　　　회주(懷州)의 회인부(懷仁府), 동주(同州)의 홍천부(洪泉府) 절충도위(折衝都尉)로 승
　　　　진하였고, 발탁되어 우무위(右武衛) 익부낭장(翊府郞將)에 제수되고, 품계를 뛰어넘
　　　　어 정원장군(定遠將軍)·우용무군(右龍武軍) 익부중랑장(翊府中郞將)에 제수되어 자금
　　　　어대(紫金魚袋)·장상(長上)·상주국(上柱國), 궁궐 안에서 활을 휴대할 수 있는 특전을
　　　　하사받았다. 고덕은 비록 관직은 외부(外府)에 제수받았으나 몸은 금영(禁營)을 받드
　　　　니, 황제의 수레가 행행(行幸)할 때마다 순행하는 데에 따라가서 수렵할 때에는 마

음껏 사냥하고 유희를 할 때에는 상을 받았다. 고덕은 항상 장내(仗內)에서 몸소 가까이 모시니, 황제의 마음에 들어 인척으로 출세하게 되었다. 무사는 뜻이 있어 군공을 세워 만리의 제후가 되어야 하는데, 어찌 말의 갈기를 다듬는 것을 기약하겠는가 하고 언제나 말하였다.

갑자기 저승의 손님이 되어, 천보(天寶)원년(742) 2월 △9일에 동경(東京: 洛陽) 도정리(道政里)의 사저(私邸)에서 죽으니, 나이가 67세였다. 그 해 4월23일에 하남(河南) 재택향(梓澤鄕)의 들판으로 옮겨 하관하였으니, 예의에 합당하였다. 사자(嗣子)인 전 회주(懷州) 회인부(懷仁府) 별장(別將) 등 두 형제가 상을 잘 치르고, 저승에 묘지를 써서 덕을 칭송하였다. 명문(銘文)은 다음과 같다.

아름답도다, 호협(豪俠)이여! 지력(志力)이 웅강(雄强)하여 공을 이루고 일을 성취하니 총애와 영광이 있었도다. 황제의 은혜가 자수(紫綬)·금장(金章)에서 빛나니, 혼은 태산(泰山)에서 떠돌고 무덤은 북망산(北邙山)에 의지하였도다. 어두운 저승에서 장엄한 백양(白楊)처럼 오로지 늠름한 기상이여, 영원히 변치 말 것이로다. (「高德 墓誌銘」: 『全唐文新編』 997)

신라	여름 5월에 유성이 삼대성(叄大星: 오리온성좌)을 범하였다. (『三國史記』 9 新羅本紀 9)
신라	여름 5월에 유성이 삼대성(오리온성좌)을 범하였다. (『三國史節要』 11)

신라	여름 5월에 왕이 돌아가시자 시호를 효성(孝成)이라고 하였다. 유명(遺命)으로 법류사(法流寺) 남쪽에서 관을 불태우고 동해에 뼈를 뿌렸다. (『三國史記』 9 新羅本紀 9)
신라	경덕왕(景德王)이 즉위하였는데, 이름은 헌영(憲英)이고 효성왕(孝成王)의 동모제이다. 효성이 아들이 없자, 헌영을 옹립하여 태자로 삼았으므로 왕위를 계승할 수 있었다. 비는 이찬(伊湌) 순정(順貞)의 딸이다. (『三國史記』 9 新羅本紀 9)
신라	여름 5월에 왕이 돌아가시자, 태자 헌영이 즉위하였고 시호를 올려 효성이라고 하였다. 유명으로 법류사 남쪽에서 관을 불태우고 동해에 뼈를 뿌렸다. (『三國史節要』 11)

신라	천보 5년 (…) 5월에 신라왕이 모두 사신을 파견하여 와서 조공하였다. (『冊府元龜』 971 外臣部 16 朝貢 4)

신라	겨울 10월에 일본국(日本國)의 사신이 이르렀으나, 받아들이지 않았다. (『三國史記』 9 新羅本紀 9)
신라	겨울 10월에 일본국의 사신이 이르렀으나, 받아들이지 않았다. (『三國史節要』 11)

신라	석무상(釋無相)은 신라국 사람인데, 저쪽 지역 왕의 셋째아들이다. (…) 무상(無相)이 성도(成都)에 이르자, 갑자기 한 역사(力士)가 있어 힘을 희사하여 땔나무를 베어 승려의 주방용으로 공양하겠다고 칭하였다. 무상의 동생은 본국에서 새롭게 왕이 되었는데, 그가 도리어 돌아와서 그 나라가 위태로울까 두려워하여 장차 자객을 파견하여 와서 그를 도륙하려고 하였다. 무상은 이미 어렴풋이 알고 갑자기 말하기를, "땔나무를 공양하니 현자(賢者)로다."라고 하였다. 잠깐 와서 말하기를, "오늘 밤에 어떤 손님이 말하기를, '분명하다.'라고 할 것이다."라고 하였다. 또 말하기를, "불제자를 다치게 하지 말라."라고 하였다. 밤에 이르러 땔나무 하는 자가 칼을 가지고 돗자리를 끼고 선좌(禪座)의 옆에 앉았는데, 뒷걸음치며 돌다가 벽 위를 만져보니 아

래에 물건이 있는 것 같았다. 마침내 뛰어올라 칼을 휘두르니 큰 호인(胡人)의 머리가 땅에 나누어졌는데, 후문에 평소 큰 구덩이가 있어서 이에 끌고 가서 거기에 묻고 다시 흙을 뒤섞어 그 흔적을 없애고 사라졌다. 동틀 무렵에 무상이 땔나무를 벤 자를 불러 사죄하게 하였으나, 이미 보이지 않았다. 무상이 일찍이 그 부도 앞 잣나무를 가리키며 말하기를, "이 나무는 탑과 같으니, 탑이 무너질 것이다." 회창(會昌) 연간(841~846)에 이르러 부서지고 무너지니, 바로 탑과 같았다. 또 말하기를, "사찰 앞에 두 작은 연못 중 왼쪽은 국이고 오른쪽은 밥이니, 재(齋)를 베풀 때에 적으면 그 바닥을 파내게 하라."라고 하니, 과연 와서 베풀어 두었다. 그 신이함은 대부분 이런 류이다. (『神僧傳』 7 無相)

| 신라 | 무상 선사(禪師)는 속성(俗姓)이 김씨(金氏)인데, 신라의 왕족이고 집안은 해동에서 대대로 있었다. (…) 나중에 대부(大夫) 장구(章仇)가 선법(禪法)을 열기를 청하니, 정천사(淨泉寺)에 거처하면서 중생을 착한 길로 인도하여 20여 년이 지났다. (『歷代法寶記』 劍南城都府淨泉寺無相禪師) |

743(癸未/신라 경덕왕 2/발해 문왕 7 大興 7/唐 天寶 2/日本 天平 15)

| 신라 | 3월 을사(6) 筑前國司가 말하기를 "신라 사신 살찬(薩湌) 김서정(金序貞) 등이 와서 조공하였습니다"라 하였다. 이에 종5위하 多治比眞人土作과 외종5위하 葛井連廣成을 筑前에 보내어 사신들이 대접하는 일을 살피게 했다. (『續日本紀』 15 聖武紀) |

| 신라 | 봄 3월에 주력공(主力公) 댁의 소가 송아지 3마리를 한번에 낳았다. (『三國史記』 9 新羅本紀 9) |

| 신라 | 봄 3월에 수도의 어떤 소가 송아지 5마리를 한번에 낳았다. (『三國史節要』 12) |

| 신라 | 봄 3월에 당(唐) 현종(玄宗)이 찬선대부(贊善大夫) 위요(魏曜)를 파견해 와서 조문하고 제사지내게 하였다.
이어 왕을 신라왕으로 책봉하고 선왕의 관작을 계승하게 했다. 제서를 내려 말하였다. "죽은 개부의동삼사(開府儀同三司)·사지절(使持節)·대도독계림주제군사(大都督鷄林州諸軍事) 겸 지절영해군사(持節寧海軍使)·신라왕 김승경(金承慶)의 동생 헌영(憲英)은 대대로 어진 덕을 품고 떳떳한 예의에 마음을 써서, 위대한 현인의 풍교(風敎)와 조리(條理)가 더욱 밝아졌고 중국 제도와 의관도 일찍부터 이어 받았다. 바다 동쪽의 보물을 실어 사신을 파견했고 구름을 벗삼아 조정에 통했으며, 대대로 사심없는 신하가 되어 여러 번 충성스러운 절의를 나타내었다. 지난날 왕의 형이 나라를 계승했으나 죽고 아들이 없었으므로 동생이 받아 그 뒤를 이었으니, 생각컨대 떳떳한 법도로 여겨진다. 이에 빈객의 예절로 우대하여 책명하노니 마땅히 옛 왕업을 지켜 번국 왕의 이름을 계승하라. 이어서 특별한 예우를 더하여 중국의 관호를 주니, 형의 신라왕·개부의동삼사·사지절·대도독계림주제군사 겸 지절영해군사를 계승하라." 아울러 황제가 직접 주석한 『효경(孝經)』 1부를 하사하였다. (『三國史記』 9 新羅本紀 9) |

| 신라 | 봄 3월에 당의 찬선대부 위요가 와서 조문하고 제사지냈다.
이어 왕을 신라왕으로 책봉하고, 제서를 내려 말하였다. "죽은 개부의동삼사·사지절·대도독계림주제군사 겸 지절영해군사·신라왕 김승경의 동생 헌영은 대대로 어진 덕을 품고 떳떳한 예의에 마음을 써서, 위대한 현인의 풍교와 조리가 더욱 밝아졌고 중국 제도와 의관도 일찍부터 이어 받았다. 바다 동쪽의 보물을 실어 사신을 파견했고 구름을 벗삼아 조정에 통했으며, 대대로 사심없는 신하가 되어 여러 번 충성스러운 절의를 나타내었다. 지난날 왕의 형이 나라를 계승했으나 죽고 아들이 없었으므 |

로 동생이 받아 그 뒤를 이었으니, 생각컨대 떳떳한 법도로 여겨진다. 이에 빈객의 예절로 우대하여 책명하노니 마땅히 옛 왕업을 지켜 번국 왕의 이름을 계승하라. 이어서 특별한 예우를 더하여 중국의 관호를 주니, 형의 신라왕·개부의동삼사·사지절·대도독계림주제군사 겸 지절영해군사를 계승하라." 아울러 황제가 직접 주석한 『효경』 1부를 하사하였다. (『三國史節要』12)

신라   여름 4월 갑오(25) 신라 사신들을 조사하는 多治比眞人土作 등이 보고하였다. "신라 사신이 조(調)를 토모(土毛)라고 개칭하고 서(書)에는 물건의 숫자만 기록했을 뿐입니다. 옛 사례를 살펴보니 상례(常禮)를 크게 벗어났습니다." 태정관(太政官)이 처분하기를 "마땅히 수수(水手_ 이상을 불러서 예의를 잃은 상황을 알리고 곧 되돌려보내라."고 하였다. (『續日本紀』15 聖武紀)

신라   여름 4월에 서불한(舒弗邯) 김의충(金義忠)의 딸을 받아들여 왕비로 삼았다. (『三國史記』9 新羅本紀 9)

신라   여름 4월에 서불한 김의충의 딸을 받아들여 왕비로 삼았다. (『三國史節要』12)

백제   5월 계묘(5) 종5위하 大伴宿禰稻君·百濟王孝忠·佐味朝臣蟲麻呂·巨勢朝臣堺麻呂·佐伯宿禰稻麻呂에게 모두 종5위상을 주었다. (…) (『續日本紀』15 聖武紀)

신라   5월 병인(28) 備前國에서 알렸다. "邑久郡 新羅邑 久浦에 큰 물고기 52마리가 떠왔는데 길이가 2장(丈) 3척(尺) 이하, 1장 2척 이상이었으며, 가죽이 종이와 같이 얇고 눈은 쌀알갱이 같았으며 소리는 사슴우는 소리와 같았습니다. 옛 노인들이 모두 일찍이 들어보지 못하였다고 하였습니다."(『續日本紀』15 聖武紀)

신라   천보 2년 5월에 신라왕 김승경이 죽자, 동생 헌영이 왕위를 계승하였다. 제서를 내려 말하였다. "죽은 개부의동삼사·사지절·대도독계림주제군사 겸 지절영해군사·신라왕 김승경의 동생 헌영은 대대로 어진 덕을 품고 떳떳한 예의에 마음을 써서, 위대한 현인의 풍교와 조리가 더욱 밝아졌고 중국 제도와 의관도 일찍부터 이어 받았다. 바다 동쪽의 보물을 실어 사신을 파견했고 구름을 벗삼아 조정에 통했으며, 대대로 사심없는 신하가 되어 여러 번 충성스러운 절의를 나타내었다. 지난날 왕의 형이 나라를 계승했으나 죽고 아들이 없었으므로 동생이 받아 그 뒤를 이었으니, 생각컨대 떳떳한 법도로 여겨진다. 이에 빈객의 예절로 우대하여 책명하노니 마땅히 옛 왕업을 지켜 번국 왕의 이름을 계승하라. 이어서 특별한 예우를 더하여 중국의 관호를 주니, 형의 신라국왕·개부의동삼사·사지절·대도독계림주제군사 겸 지절영해군사를 계승하라."(『冊府元龜』965 外臣部 10 封冊 3)

신라   천보(天寶) 2년에 승경(承慶)이 죽자, 조서를 내려 찬선대부 위요를 파견해 가서 조문하며 제사지내게 하고, 그 동생 헌영을 책봉하여 신라왕으로 삼으며 아울러 그 형의 관작을 계승하게 하였다. (『舊唐書』199上 列傳 149上 東夷 新羅)

신라   승경이 죽자, 조서를 내려 사자가 조문에 임하게 하고 그 동생 헌영으로 하여금 왕위를 계승하게 하였다. (『新唐書』220 列傳 145 東夷 新羅)

신라   또 천보 초년에 찬선대부 위요로 하여금 신라에 사신가서 어린 임금을 책봉하고 즉위시키게 하였다. 위요는 나이가 많아 그것을 깊이 꺼렸다. 어떤 객승(客曾)이 신라에 도착하여 인하여 그 행로를 방문하였다. (『太平廣記』481 蠻夷 2 新羅)

백제   6월 정유(30) 종5위하 百濟王敬福을 陸奧守로 삼았다. (…) (『續日本紀』15 聖武紀)

발해	천보 2년 7월 계해(26)에 발해왕이 그 동생 번(蕃)을 파견해 와서 조공하였다. 좌령 군위원외대장군(左領軍衛員外大將軍)을 제수하고 머물러 숙위(宿衛)하게 하였다. (『冊府元龜』975 外臣部 20 褒異 2)
신라	가을 8월에 지진이 있었다. (『三國史記』9 新羅本紀 9)
신라	가을 8월에 지진이 있었다. (『三國史節要』12)
신라	천보 2년 11월 을사(10)에 신라왕이 동생을 파견하여 와서 하정(賀正)하였다. 좌청 도솔부원외장사(左淸道率府員外長史)를 제수하고 녹포(綠袍)·은대(銀帶)를 하사하여 본국으로 돌려보냈다. (『冊府元龜』975 外臣部 20 褒異 2)
신라	겨울 11월에 왕의 동생을 파견하여 당에 들어가 하정하였다. 좌청도솔부원외장사를 제수하고 녹포·은대를 하사하여 돌려보냈다. (『三國史記』9 新羅本紀 9)
신라	겨울 11월에 왕이 동생을 파견하여 당에 가서 하정하였다. 좌청도솔부원외장사를 제수하고 녹포·은대를 하사하여 돌려보냈다. (『三國史節要』12)
고구려	안동도호부(安東都護府)는 (…) 천보 2년에 요서(遼西)의 옛 군성(郡城)이 두어졌던 곳으로 옮겼다. (…) 천보 연간에 5,718호, 18,156구를 거느렸다. (『舊唐書』39 志 19 地理 2)
고구려	안동상도호부(安東上都護府)는 (…) 천보 2년에 또 요서의 옛 군성으로 옮겼다. (『新唐書』39 志 29 地理 3)
고구려	『신당서(新唐書)』 지리지(地理志)에 전한다. " (…) 안동상도호부는 천보 2년에 또 요서의 옛 군성으로 옮겼다." (『玉海』133 官制 屬國都護都督 安東上都護府)

744(甲申/신라 경덕왕 3/발해 문왕 8 大興 8/唐 天寶 3/日本 天平 16)

신라	봄 정월에 이찬(伊湌) 유정(惟正)을 중시(中侍)로 삼았다. (『三國史記』9 新羅本紀 9)
신라	봄 정월에 이찬 유정을 중시로 삼았다. (『三國史節要』12)
백제	2월 병진(22) 安曇江에 행차하여 소나무 숲을 유람하였다. 百濟王 등이 백제악(百濟樂)을 연주했다. 조로써 무위 百濟王女天에게 종4위하를, 종5위상 百濟王慈敬, 종5위하 孝忠·全福에게 모두 정5위하를 주었다. (『續日本紀』15 聖武紀)
신라	윤2월에 사신을 파견해 당(唐)에 들어가 하정(賀正)하고, 아울러 토산품을 바쳤다. (『三國史記』9 新羅本紀 9)
신라	윤2월에 사신을 파견해 당에 가서 하정하였다. (『三國史節要』12)
신라	천보 3년 윤2월에 신라가 사신을 파견하여 (…) 모두 와서 하정하고, 아울러 토산품을 바쳤다. (『冊府元龜』971 外臣部 16 朝貢 4)
신라	여름 4월에 신궁(神宮)에 직접 제사지냈다. (『三國史記』9 新羅本紀 9)
신라	여름 4월에 신궁에 직접 제사지냈다. (『三國史節要』12)
신라	여름 4월에 사신을 파견해 당에 들어가 말을 바쳤다. (『三國史記』9 新羅本紀 9)
신라	여름 4월에 사신을 파견해 당에 가서 말을 바쳤다. (『三國史節要』12)
신라	천보 3년 이 해 4월에 사신을 파견해 사은(謝恩)하고, 아울러 토산품을 바쳤다. (『唐

신라   천보 3년 4월에 신라가, (…) 모두 사신을 파견하여 말 및 보물을 바쳤다. (『冊府元
龜』971 外臣部 16 朝貢 4)

백제   9월 갑술(15) 기내(畿內) 7도(道)에 순찰사(巡察使)를 파견했다. (…) 정5위하 百濟王
全福을 山陰道使로 삼았다. (…) (『續日本紀』15 聖武紀)

고구려   대당(大唐) 고(故) 운휘장군(雲麾將軍)·수(守) 좌용무군대장군(左龍武軍大將軍)·상주국
(上柱國)·곡양군개국공(穀陽郡開國公)·식읍(食邑) 2,000호, 증(贈) 사지절(使持節)·도
독천수군제군사(都督天水郡諸軍事)·천수군태수(天水郡太守) 유공(劉公) 묘지명 및 서
문
유원정(劉元貞)의 이름은 원정(元貞)이고 그 선조는 한(漢)의 동평헌왕(東平憲王)에서
나왔다. 나중에 8대조 헌(軒)은 북연(北燕)에서 관인이 되어 박사낭중(博士郎中)이
되었다가 죽었다. 자손들은 북연을 따라 고구려로 옮겼다. 조부 누(婁)는 고구려에
기탁하여 욕살(褥薩)이 되었는데, 중국의 장군으로 볼 수 있다. 건봉(乾封) 연간(666
~668)에 동쪽을 평정하자, 천자의 집을 돌볼 수 있게 되었다. 부친 순(順)은 북평군
태수(北平郡太守)에 추증되었다. 이에 유원정의 열째 아들 승휴(承休) 등은 나의 문
인인데, 항상 나보다 덕이 있어서 내가 차마 기록하지 않을 수 없었으므로 기록할
따름이다.
유원정은 뛰어난 공적을 다 심었는데, 신이 내려와 고르게 봄갈이를 하듯이 그 쓰임
은 오직 하늘이 준 것이었다. 그 의리와 충성은 일찍이 왕우(王友)를 영접하였고, 중
리(中裏)에서 후손을 보고 그것을 헤아려 한 번 맑아졌다. 사방이 크게 안정되어 천
하가 고요하니, 미처 갈라지지 않은 것을 뽑았다. 유원정은 노비의 직무는 있었으나
노비의 거처는 없었으니, 세상에 중용되지 못한 인재가 조정에서 패업에 관여하여도
유원정의 직무가 저절로 면제되지 않았다. 관직에 나아가 3품 운휘장군이 되니, 유
원정은 인(仁)의 여유가 있어서 다만 이 위로를 베풀었을 뿐이다. 그것에 끼워넣지
않고 만드는 것은 자연적으로 만들어지는 것이고, 그것에 끼워넣지 않고 생기는 것
은 저절로 생겨나는 것이니, 저절로 생겨나는 것은 특히 뛰어나서 사람이 소유할 수
없다. 또 인은 자신을 겸하지 않고 의는 겸하여 행하지 않으며, 예의는 모양을 겸하
지 않고 즐거움은 겸하여 익히지 않으며, 충성은 겸하여 받들지 않고 효도는 겸하여
이기지 않는다. 귀한 자는 성품에 미혹되지 않고 그것을 강하게 바로잡으니, 신하된
자의 임무는 7가지가 있어서 강하게 바로잡고 진심과 성의를 드러내는 것이다. 이
귀신은 그것을 함께 할 수 없고 △ 천지는 그것을 빌려줄 수 없으며, 옛 현자들은
그것을 빌릴 수 없고 상소·산가지는 그것을 막을 수 없다. 군자는 그렇게 울고 소인
은 그렇게 노래하니, 소인은 공명정대한 덕을 노래하고 군자는 공항(公恒)에 운다.
유원정은 궁궐에서 숙위(宿衛)하여 담장 그늘에서 의례를 관할하니, 9번 사신의 수
레를 전담하고 6번 작위가 승급되어 모두 35년이었다. 만약 그것을 한번에 새롭게
하면, 그것을 초라하게 하지 않고 임하였으며 그것을 포장하지 않고 녹봉을 주었다.
사해를 골고루 가볍게 하니, 반드시 잘 하고 필연적이었다. 자신에게 악청(握聽)을
허락하고 아들에게 마음대로 하게 하니, 아들이 10명이 되어 그것을 펼치니 어린
나이를 팔아 형을 본받는다고 할 만하였다. 유원정은 직무가 적의 의표를 찌르는 기
묘한 계책을 쓰는 데에 처하니, 그것을 오로지 얻어서 좌우하였고 단단한 갑옷입은
병사들을 쉬게 하여 천하에서 그것을 가졌으며, 혹은 고삐 쥐는 것을 맡겨서 그렇지
않은 것이 없었다. 유원정은 돌을 두드려 소리를 찾고 5행(五行)의 운행을 불러서
나누니, 씨 뿌리고 키우는 논두렁을 엿보아 남에게 돌려주려고 하였고, 부생(剖生)의

근원을 궁구하여 줄어든 유대를 조절하여 폈다. 땅 속에 있는 대나무줄기에는 바람이 불고 비가 와서 속세와 떨어진 산에서 외롭게 읊조리니, 擿황제(黃帝)가 남긴 것을 들추어 지금과 옛날을 이어서 얽어매었다. 유원정은 어려서 어머니를 잃었으나 어머니가 생존해 계신 것처럼 직접 계속하여, 미처 아침저녁으로 받들러 가지 않더라도 맛있는 음식을 급락(給諾)하였다. 그러나 역대의 조상 중에 그것을 흠(欽)하는 자가 끝이 없으니, 유원정보다 나이가 많은 경우에는 영접하여도 끝이 없었고 유원정보다 나이가 어린 경우에는 가르쳐도 아직 미처지지 않았다.

유원정은 불행하여 천보(天寶) 3년(744) 2월 9일에 관직에 근무하다가 돌아가셨다. 오직 태부인(太夫人)만이 피눈물을 발까지 흘리고 액체를 마시지도 않더니, 곧 알았던 사람을 몰라보았다. 어떤 것이 효이고 불효인가? 사물의 이치와 사람의 정은 노력할 수 없도다. 조서가 있어 슬피 조문하니, 부의(賻儀)로 비단 400필, 속(粟) 100석을 주고 사지절·도독천수군제군사·천수군태수로 추증하였으며, 담당관사로 하여금 장례를 넉넉하게 보살피도록 하였다. 유원정은 명성과 관품이 특별히 뛰어나서 덕이 하늘과 나란하였으니, 붓과 종이도 성취를 △하기에는 부족하였고 말재주도 선행을 노래하기에는 부족하였다. 금석에 임시로 새기니, 어찌 더불어 할 수 있겠는가? 천지가 여기에 끝내더라도, 유원정의 도리와 같지 못하다. 유원정은 평범한 물건을 귀신처럼 옮기고 평범한 물건의 모습을 고요히 사라지게 하였으나, 속세에 들어가 뒤섞여서 뒤섞이는 징후가 모자라기에 이르렀다. 움직여서 반드시 응하였고 뒤처지지도 앞서지도 않았으니, 어찌 한번 정사를 처리하는 것에 빠졌다가 갑자기 험준한 곳을 넘다가 무너질 거라고 헤아렸겠는가? 나를 귀머거리로 만들어도 진실로 창자를 끊을 수 없으니, 군자는 반드시 울 것이고 소인은 반드시 노래할 것이다. 아아, 아아! 가는 것이 있어도 쫓아가는 것이 없으니, 귀신이 넓은 들판에 돌아오고 아들과 아버지의 도리가 변하였다. 군자는 마음을 둘 곳이 없고 현명하며 사리에 통달한 자는 추천을 다시 가상하다고 하지 않으며, 소소(簫韶)는 아랫마을에 들리지 않았다. 군자는 사사로움을 이루는 일이 있더라도, 그것을 1각이라도 생각하면 2각이 되고 그것을 1시간이라도 생각하면 2시간이 된다. 어제는 오가는 기약이 없었으니, 호사스럽게 생활하여도 연회에 참석할 기회가 모자랐다. 하늘이여, 하늘이여! 찌꺼기는 썩어서 없어질 수 있어도 시골 노인은 사라지지 않으니, 나라의 대들보는 어떠하겠는가? 마침내 그 해 5월20일에 낙양현(洛陽縣) 평음향(平陰鄉) 기계(奇溪)의 북쪽 들판에 장사지냈다. 노래는 다음과 같다.

저 송악(松岳)은 양지가 조금 있으니, 동쪽으로 바다를 바라보고 태행산(太行山)에서 물을 마셨도다. 황하(黃河)와 낙수(洛水)를 끼고 땅이 한번 감춰지니, 하늘을 받들어 수고롭다가 북망산(北邙山)에서 쉬었도다. 매장하고 덮어서 거듭 빛나지 못하니, 재주와 덕망이 높은 사람은 전송하여 사람들은 슬프고 마음이 쓰렸도다. 크고 기이한 골짜기는 3번 진강(畛强)하니, 길이 옛 것이 되어 이로부터 펼쳐졌도다. (「劉元貞 墓誌銘」:『全唐文補遺』千唐誌齋新藏專輯)

| 신라 | 천보 3년 10월에 신라왕이 사신을 파견하여 와서 하정하였다. 좌청도솔부원외장사(左淸道率府員外長史)를 제수하고 녹포(綠袍)·은대(銀帶)를 하사하여 본국으로 돌려보냈다. 이로부터 이후로 자주 와서 조공하였다. (『唐會要』95 新羅) |

| 신라 | 천보 3년 12월에 신라왕이 동생을 파견하여 와서 하정하였다. (『冊府元龜』971 外臣部 16 朝貢 4) |

| 신라 | 겨울에 괴이한 별이 하늘 가운데에서 나왔는데, 크기가 5두(斗)의 그릇만 했다. 10 |

	일이 지나서 사라졌다. (『三國史記』9 新羅本紀 9)
신라	겨울에 괴이한 별이 하늘 가운데에서 나왔는데, 크기가 5두의 그릇만 했다. 10일이 지나서 사라졌다. (『三國史節要』12)
신라	천보 3년에 승경(承慶)이 죽자, 동생 헌영(憲英)으로 하여금 왕위를 계승하고, 이어서 개부의동삼사(開府儀同三司)·도독(都督)·계림주자사(雞林州刺史) 겸 지절영해군사(持節寧海軍事)를 이어받게 하였다. (『唐會要』95 新羅)
신라	휴양(睢陽)에 신라의 승려가 있어 김사(金師)라고 불렸는데, 녹사참군(錄事叅軍) 방완(房琬)에게 말하기를, "태수 배관(裴寬)이 관직을 바꿀 것입니다."라고 하였다. 방완이 언제인지 묻자, 말하기를, "내일 정오면 칙서가 틀림없이 이를 것이니, 마땅히 공과 군의 서남쪽 모퉁이에서 서로 만날 것입니다." 방완은 오로지 기다리기만 하였다. 오전에 역사(驛使)가 있었으나 봉첩(封牒)이 도착하지 않아서, 방완은 틀렸다고 여겼다. 정오에 이르러 또 한 역사가 첩을 가지고 와서 말하기를, "배공(裴公)이 관직을 바꾸어 안륙별가(安陸別駕)가 되었습니다."라고 하였다. 방완은 급히 말을 몰아 김사를 맞이하라고 명령하고 자신 또한 스스로 떠났는데, 과연 군의 서남쪽 모퉁이에서 서로 만났다. 배공이 그를 불러 물으니, 김사가 말하였다. "관직은 비록 바뀌었으나, 관복은 바뀌지 않을 것입니다. 그렇지만 공의 외조카는 각각 마땅히 뿔뿔이 흩어져야 합니다." 나중에 칙령이 이르자, 별가(別駕)를 제수하지만 자불(紫紱)은 여전히 사용하라고 하였다. 외조카의 무리는 각각 뿔뿔이 흩어졌다[『정명록(定命錄)』에서 나왔다]. (『太平廣記』147 定數 2 僧金師)
신라	승려 김사는 신라 사람으로 휴양에 거처하였는데, 녹사참군 방완에게 말하기를, "태수 배관이 관직을 바꿀 것입니다."라고 하였다. 방완이 언제인지 묻자, 말하기를, "내일 정오면 칙서가 틀림없이 이를 것이니, 마땅히 공과 군의 서남쪽 모퉁이에서 서로 만날 것입니다." 방완은 오로지 기다리기만 하였다. 오전에 역사가 있었으나 두 봉첩이 도착하지 않아서, 방완은 틀렸다고 여겼다. 정오에 이르러 또 한 역사가 첩을 가지고 와서 말하기를, "배공이 관직을 바꾸어 안륙별가가 되었습니다."라고 하였다. 방완은 급히 말을 몰아 김사를 맞이하라고 명령하고 자신 또한 스스로 떠났는데, 과연 군의 서남쪽 모퉁이에서 서로 만났다. 배공이 그를 불러 물으니, 김사가 말하였다. "관직은 비록 바뀌었으나, 관복은 바뀌지 않을 것입니다. 그렇지만 공의 생질은 각각 마땅히 뿔뿔이 흩어져야 합니다." 나중에 칙령이 이르자, 별가를 제수하지만 자불은 여전히 사용하라고 하였다. 생질의 무리는 각각 뿔뿔이 흩어졌다. (『神僧傳』6 金師)

745(乙酉/신라 경덕왕 4/발해 문왕 9 大興 9/唐 天寶 4/日本 天平 17)

신라	봄 정월에 이찬(伊湌) 김사인(金思仁)을 상대등(上大等)으로 임명하였다. (『三國史記』9 新羅本紀 9)
신라	봄 정월에 이찬 김사인을 상대등으로 삼았다. (『三國史節要』12)
신라	우금리(禺金里)의 가난한 여자 보개(寶開)에게 이름이 장춘(長春)이라고 하는 아들이 있었다. 바다의 장사꾼을 따라다녔는데 오랫동안 소식이 없었다. 그의 어머니가 민장사(敏藏寺)[이 절은 각간(角干) 민장(敏藏)이 자신의 집을 내놓아 절로 삼은 것이다.] 관음보살 앞에 나아가서 7일 동안 지극히 기도 드렸더니 장춘이 갑자기 돌아왔다. 그 까닭을 물으니 장춘이 말하였다. "바다 가운데 회오리바람을 만나 선박이 부서져서 동료들은 모두 죽음을 면하지 못하였습니다만, 저는 널판쪽을 타고 오(吳)의

해변에 가서 닿았습니다. 오의 사람들이 저를 데려가서 들에서 농사를 짓게 했습니다. 하루는 고향마을에서 온 것 같은 이상한 스님이 와서 불쌍히 여기고 위로하며 저를 데리고 동행하는데, 앞에 깊은 도랑이 있어서 스님이 겨드랑이에 저를 끼고 뛰었습니다. 정신이 희미한 가운데 고향 말과 우는 소리가 들리므로 살펴보니 벌써 여기 와 있었습니다. 초저녁 때 오를 떠났는데 여기에 이른 것은 겨우 술시(戌時) 초였습니다."그때는 곧 천보(天寶) 4년 을유 4월 8일이었다. 경덕왕(景德王)은 이 소식을 듣고서 절에 밭을 주고 또 재물과 폐백을 바쳤다. (『三國遺事』3 塔像 4 敏藏寺)

고구려 대당(大唐) 고(故) 운휘장군(雲麾將軍)·행(行) 좌용무군(左龍武軍) 익부중랑장(翊府中郎將) 조군(趙郡) 이공(李公) 묘지명 및 서문
옛날에 서진(西晉)의 두예(杜預)가 한수(漢水)에 비석을 빠뜨린 것은 깊은 골짜기가 언덕이 될까 두려워서였는데, 하물며 현당(玄堂)은 매우 어둡고 심어놓은 나무도 자라면 복잡하게 쌓이니, 어찌 그 뜻을 쉽게 하겠는가?
이회(李懷)는 이름이 회(懷)이고 자(字)는 초유(初有)이며, 그 선조는 조군 찬황(贊皇) 사람이다. 옛날에 진씨(晉氏)가 등극하였을 때 요천(遼川)에서 먼지가 일자, 황제가 직접 정벌하고자 하여 실로 △△을 요하였다. 이회의 12세조 민(敏)은 하내태수(河內太守)가 되어 그 선발에 관여하였다. 끝내 멸망시킨 후에 마침내 새로 개척한 진(鎭)에 머무르니, 속인들이 그 이로움에 의지하여 그로 인해 요동(遼東) 사람이 되었다. 손자 윤(胤)에 이르러 효렴(孝廉)으로 천거되니, 관직에 나아가 하남윤(河南尹)에 이르고 특진(特進)을 더하며 상서령(尙書令)으로 승진하여 서진에서 존경받았다. 증조 경(敬)은 수(隋)의 양평군종사(襄平郡從事)였는데, 태종(太宗)이 동쪽으로 가서 해관(海關)을 순행하여 서진 상서령 이윤의 후예를 찾으니, 모두 말하기를, "먼 자손이 있습니다."라고 하였다. 황제가 크게 쓸 것을 허락하여 온 집안이 함께 가서 이에 장안(長安)에 이르렀으나, 미처 귀해지기도 전에 죽었다. 슬프도다! 그 아들은 직(直)이라고 하고 직은 은지(隱之)을 낳았는데, 은지가 청원군사마(淸源郡司馬)에 추증되니, 이회는 청원군사마의 맏아들이다.
이회는 어려서는 순수하고 온화하였으며 자라서는 실로 바르고 굳세었으니, 속으로는 강하고 밖으로는 순하며 자신을 뒤로 하고 남을 먼저 하였다. 효로써 집안을 이었다고 소문나고 믿음으로 벗을 사귄다고 알려졌다. 늘 나라에 몸을 다하고자 하여 꾀를 내고 △를 이루어도, 궁궐의 문이 아홉 겹이라 위에 알려지기 어려웠다. 중종(中宗)이 세상을 떠나자 위씨(韋氏)가 권력을 마음대로 하니, 음모가 늘어지고 밤에 놀라며 진성(秦城)이 흉흉하였다. 이회는 궁궐에 어려움을 알리고 남김없이 베고 제거하니, 국조를 중흥시킨 것은 실로 선각(先覺)에 힘입었으므로 유격장군(遊擊將軍)·행 우위(右衛) 부풍군(扶風郡) 적선부(積善府) 좌과의도위(左果毅都尉)에 임명되고 이어서 머물러 장상(長上)하게 하였다. 현종(玄宗)이 봉선(封禪)을 하자, 선위장군(宣威將軍)을 더하고 좌위위(左威衛) 하남부(河南府) 낙예부(洛汭府) 절충도위(折衝都尉)로 고쳐 임명하였으며, 얼마 지나지 않아 장무장군(壯武將軍)을 더하고 좌령군위(左領軍衛) 익부우랑장(翊府右郎將)을 제수하였다. 미처 5고(考)를 채우기 전에 충무장군(忠武將軍)을 더하고 좌룡무군 익부중랑장을 제수하니, 그를 요직에 추천한 것이고 이어서 동경(東京: 洛陽)에 머무르며 좌둔영(左屯營)을 검교(檢校)하게 하였다. 이때 태부인(太夫人)이 병에 걸려 오래도록 낫지 않자, 이회는 관모와 허리띠도 벗지 않고 새벽부터 밤까지 봉양하였다. 임종 후에 이르러서도 여전히 품에 두고 있었으므로, 좌우에서 힘겹게 빼앗았으나 부축하려 해도 허락하지 않았다. 일을 처리하게 되자 울며 나가서 상복을 벗었어도 슬픔이 다 가시지 않았으니, 비록 주(周)의 문왕(文王)이 침문(寢門)에서 반찬을 물었던 것이나 춘추시대 제(齊)의 고시(高柴)가 일찍

이 치아를 보지 못했다고 하더라도 거의 지나침이 없었다. 때마침 황제가 직접 북두성(北斗星)에 절을 올렸을 때, 운휘장군을 더하고 나머지는 예전과 같게 하였다.

바라는 바는 군대의 우두머리에 올라 앉아 부절을 쥐고 변경을 개척하는 것이었으나, 어찌 하늘이 남기지 않고 대들보와 바위가 무너질 줄 헤아렸겠는가? 천보(天寶) 4년(745) 2월29일에 병에 걸려 동경 도정방(道政坊)의 사저(私邸)에서 돌아가시니, 나이가 68세였다. 장안(長安)·낙양(洛陽)의 명사 중 이를 듣고 눈물을 흘리지 않는 자가 없었다. 부인은 태원현군(太原縣君) 왕씨(王氏)인데, 찬란한 가문의 품성을 뽑아 이씨 집안에 빛을 나누어 주었으니, 난처럼 향기롭고 눈처럼 희며 옥처럼 윤이 나고 금처럼 소리가 났다. 비로소 사덕의 규율이 빛을 내고 마침내 두 가문의 경사가 응하였으니, 예의는 비록 부부의 짝을 이루었으나 수명은 함께 늙어가기에 부족하였다. 지난 개원18년(730) 7월 4일에 사공방(思恭坊)의 본채에서 죽으니, 나이가 47세였다. 옛날에 반쪽이 죽어 이미 용문(龍門)의 오동나무가 슬픈데, 오늘 모두 죽으니 다시 우정(牛亭)의 잣나무를 심도다. 천보 4년 4월22일에 낙양현(洛陽縣) 평락향(平樂鄉)의 들판에 합장하니, 『주례(周禮)』에 따른 것이다. 상중의 자식인 서하군(西河郡) 개원부(開遠府) 별장(別將) 지통(智通) 등은 효성이 마음에서 스스로 일어 몸이 땔나무처럼 야위고 뼈만 남았다. 선벌(先閥)을 우러러 생각하여 신의 길을 돌에 새기니, 내가 비록 재주가 없지만 감히 높은 발자취를 적는다. 그 사(詞)는 다음과 같다.

높고 높은 그 선조는 혈통이 저 온전한 조군이니, 진씨가 동쪽으로 정벌할 때 군대를 따라 뽕 따고 물 길었도다. 죄는 벌하되 사람을 어루만져서 부친의 현명함을 아들이 계승하니, 고종(高宗)이 돌아보자 무예가 양평(襄平)에 빛났도다. 후손을 찾아 만나서 손을 잡고 함께 왔으니, 이회의 가려진 빛을 당시 사람들은 알지 못하였도다. 하늘이 종성(宗聖)을 일깨우려 재앙을 궁궐에 낳았으니, 흥경궁(興慶宮: 玄宗)을 힘써 받들어 저 위씨 도적을 없앴도다. 해와 달이 다시 밝아지고 수도가 다시 빛나니, 용을 붙잡고 뜻을 얻어서 상을 받고 조정을 맑게 하였도다. 붉은 인수(印綬) 드리우고 자색(紫色) 관복을 끌며 무예는 세차고 칼을 빛나니, 세 운명이 이 때를 경계하여 두 상여가 점점 출발하였도다. 해로(薤露)를 슬피 부르며 소나무 문에서 달을 조문하니, 강직하고 정결한 풍모는 천년 동안 쉬지도 않도다.

처사(處士) 홍농(弘農)의 양탄(楊坦)이 찬(撰)하다. (「李懷 墓誌銘」: 『唐代墓誌滙篇』)

신라	여름 4월에 수도에 우박이 내렸는데, 크기가 달걀만 했다. (『三國史記』 9 新羅本紀 9)
신라	여름 4월에 수도에 우박이 내렸는데, 크기가 달걀만 했다. (『三國史節要』 12)
신라	천보 4년 4월에 신라가, (…) 모두 사신을 파견하여 와서 조공하였다. (『冊府元龜』 971 外臣部 16 朝貢 4)
신라	5월에 가뭄이 들었다. 중시(中侍) 유정(惟正)이 물러나자, 이찬 대정(大正)을 중시(中侍)로 삼았다. (『三國史記』 9 新羅本紀 9)
신라	5월에 가뭄이 들었다. 중시 유정이 면직되자 이찬 대정이 그를 대신하였다. (『三國史節要』 12)
신라	가을 7월에 동궁(東宮)을 수리하였다. (『三國史記』 9 新羅本紀 9)
신라	가을 7월에 동궁을 수리하였다. (『三國史節要』 12)

신라	가을 7월에 또 사정부(司正府)·소년감전(少年監典)·예궁전(穢宮典)을 설치하였다. (『三國史記』 9 新羅本紀 9)
신라	가을 7월에 사정부·소년감전·예궁전을 설치하였다. (『三國史節要』 12)
백제	9월 무오(4) 정5위하 百濟王全福을 尾張守로 삼았다. (…) (『續日本紀』 16 聖武紀)

고구려 당(唐) 고(故) 안동부도호(安東副都護) 고부군(高府君) 묘지명 및 서문

고원망(高遠望)의 이름은 원망(遠望)이고 자는 유민(幼敏)이며 선조는 은(殷) 사람이다. 당시 군주가 주색에 빠져 폭정을 일삼으니, 간악한 신하는 높여 신뢰하고 보필하는 신하는 도적처럼 학대하였다. 비간(比干)이 충성으로 간언하다 죽자, 그 아들이 나라를 떠나서 이로 인해 요동(遼東)에서 일가를 이루었다. 곧고 빛남은 지난 날의 으뜸이 되고 사적에 빛나는 공적을 남겼으니, 바로 고원망의 시조였다. 그 땅은 오환(烏丸)·선비(鮮卑)에 가깝고 부여(夫餘)·숙신(肅愼)에 인접하였다. 동쪽을 정벌하고 서쪽을 토벌하면서 그 마을은 혹은 하북(河北)으로 옮겨가서 발해(勃海) 고씨(高氏)는 그 일가가 되고, 혹은 고비사막 남쪽에 머물렀다. 증조 회(懷)는 당의 운휘장군(雲麾將軍)·건안주도독(建安州都督)이었고, 조부 천(千)은 당의 좌옥검위중랑장(左玉鈐衛中郎將)으로 건안주도독의 지위를 세습하였으며, 부친 흠덕(欽德)은 건안주도독을 세습하고 당의 우무위장군(右武衛將軍)·유주부절도지평로군사(幽州副節度知平盧軍事)였다. 높은 관직을 대대로 계승하여 예로서 유명하였고, 지방장관을 집안에서 이어서 화평을 베풀고 모든 일을 차례대로 하였다.

고원망은 곧 장군의 첫째 아들이다. 하늘이 내려주신 바를 알고 방어하는 재주의 도리에 뛰어났으며, 칼로 교룡(蛟龍)을 자를 수 있었고 힘은 정(鼎)을 들어올릴 수 있었다. 이 해에 많은 일이 있어서 견융(犬戎)이 불경스러웠으니, 힘을 다해 더욱 진동시키고 군사를 징집하는 급보가 교대로 달려갔다. 천심이 아득해져서 황제의 군대가 토벌하였으나, 하나를 이기면 100을 잃으니 언제 그것을 갚을 것인가? 비록 감방(甘房)에 모여 책략을 짜도 그 날에 논의를 마칠 수 없었다. 고원망은 일찍이 활쏘기를 읽히고 집안에서 거느리고 이끄는 법을 전하였으며, 선을 사모하여 힘써 쫓았고 악을 원수처럼 싫어하였다. 마침내 절개를 다하여 목숨을 버리고 바퀴를 감싸서 목숨을 돌보지 않으니, 종횡무진하여 도이(島夷)를 평정하였다. 비록 전한(前漢)의 조참(曹叅)이 모든 성에서 이기고 전국시대 진(秦)의 백기(白起)가 조(趙)의 병사를 구덩이에 묻었듯이 또한 그에 필적하기는 하였으나, 우리 황제가 선이 있으면 반드시 천거하고 공이 있으면 반드시 보답하여 서인(庶人)도 관리로 등용하라는 제서(制書)가 있어서, 정번부(淨蕃府) 과의도위(果毅都尉) 겸 보새군부사(保塞軍副使)로 발탁하였다. 관직에 들어가 종횡하며 복무한 지 얼마 되지 않아 부끄러움을 다스리고, 평민에서 장수에 임명되었으니, 어찌 강직하고 영화로움에 족하겠는가? 모이고 물러남이 안정되고 자연스러우며 아들과 아버지가 같은 길을 갔다. 고원망은 청렴하여 구애됨이 없었고 널리 남에게 베풀었으니, 비록 이적(夷狄)으로서 관리가 되었으나 또한 자신의 길은 동쪽이었다. 많은 이적이 변방에 들어와 궁벽한 사막에 거처하였으나, 승냥이 같은 마음을 고치지 못하고 감히 큰 나라를 원수로 여겨서 자신들은 당이 가질 수 없다고 여겼다. 고원망은 6기(六驥)의 선봉이 되어 굳세게 적을 격퇴하니, 호인(胡人)이 황제에게 장수가 있음을 두려워하여 머리를 조아렸다. 황제가 보답하고 큰 공로를 칭찬하여 드러내시니, 제서를 내려 평주(平州) 노룡(盧龍)·유주(幽州) 청화(淸化) 2부(府)의 절충도위(折衝都尉) 겸 안동진부사(安東鎭副使)를 제수하고, 자금어대(紫金魚袋)를 하사하였다. 해가 지나지 않아 다시 하남(河南) 모선부(慕善府) 절충도위로 옮겼는데, 예전과 같이 안동진부사에 충원하였다. 나라가 △△ 인

재를 택하여 해당자에게 관직을 제수하였으니, 비록 갑자기 6△(六△)에 도달하더라도 어찌 삼군(三軍)을 빼앗을 수 있겠는가? 얼마 지나지 않아 제서를 내려 겹욕부(郟鄏府) 절충도위로 고치고 이전과 같이 안동진부사에 충원하였다. 황화(皇華)에 명예가 있어 고비사막 북쪽의 먼지가 맑아지고, 백구(白駒)에 △가 없어 호남(胡南)이 평정되었음을 알게 되었다. 대체로 이러한데 또한 어찌 더할 것인가? 군용(軍容)을 논하고 비략(秘略)을 말하는 것에 관해서는 일이 이뤄지지 않는 것이 없고 행하면 계산에서 빠진 것이 없어서, 춘추시대 제(齊)의 사마양저(司馬穰苴)에 필적하여 장군을 보좌하여 사람을 △하였다. 고원망이 일을 맡아서는 재물을 구차하게 바라지 않으니, 죄를 비굴하게 용납하지 않았다. 극한에 처하면 직접 하였고, 편안함에 있으면 곧 병사를 먼저 하고 자신을 나중으로 하니, 춘추시대 노(魯)의 담대멸명(澹臺滅明)이 그런 부류였다. △적(△敵)이 전쟁에 임하면 기이한 모책으로 재빠르게 대응하니, 닭과 개가 모두 날아오르듯 춘추시대 오(吳)의 여황(餘皇)을 밤에 소리쳐 불렀고, 『삼략(三略)』처럼 나무를 베어 병사를 늘리고 탁주를 마시며 기운을 올렸다. 이같은 방책은 샘물이 솟아오르는 것처럼 넘쳤다. 훈융(熏戎)은 예로부터 우환이 되어 제 환공(桓公)도 북쪽으로 정벌하였고 조조(曹操)도 동쪽으로 정벌하였으나, 조위(曹魏)의 전예(田預)가 마성(馬城)에서 포위되고 조위의 필궤(畢軌)가 형북(陘北)에서 상률(喪律)한 것은 늘 있는 일이었다. 돌궐(突厥)은 거란도독(契丹都督) △△우(△△于)와 미혹한 마음을 깨우치지 않고 어리석게도 몰려들어 거듭 난폭하고 방자하게 굴면서 변경의 백성을 노략하고 어지럽히니, 개미가 성을 진동시키듯이 감히 황제의 나라를 어지럽혔다고원망은 지혜로워 의심을 품지 않고 (…) 전쟁에서 서두르고 쉬는 것에서 지략은 얽매임이 없었다. 매우 힘써 자신에게 있는 책임을 가려서 하니, 좌효위낭장(左驍衛郎將)에서 황제가 그 공을 가상히 여겨 안동대도호부부도호(安東大都護府副都護) 겸 송막사(松漠使)에 임명하고, 자금어대(紫金魚袋)·상주국(上柱國)을 하사하였다. 이것은 추론(椎論)의 쓰임과 대로(大輅)의 자질을 아는 것이니, 지방에 걱정이 없이 장성을 맡길 수 있어서 큰 재주를 가진 자가 제자리에 올랐다.

그러나 회오리바람을 오랫동안 서서 듣고 작은 질병에 돌아가시게 되었다. 마침내 천명을 마치고 죽음에 이르는 것과 같아서, 대들보가 갑자기 썩게 되고 어산(魚山)이 갑자기 무너지니, 전국시대의 편작(扁鵲)도 치료하기 어렵고 후한(後漢)의 화타(華陀)도 깨우칠 수 없었다. 지난 개원(開元)28년(740) 여름 5월28일에 연군(燕郡)의 공사(公舍)에서 죽으니, 나이는 44세였다. 지위가 높은 사람이 눈을 비비고 보아 사서(士庶)의 좋고 싫음을 알거나 모르거나 어찌 죽음을 슬퍼하지 않겠는가? 천보(天寶)원년(742)에 동경(東京: 洛陽)의 사저(私邸)에 임시로 모셨다. 고원망에게는 막내동생 숭절(崇節)이 있었는데, 예악(禮樂)에 특별히 통달하였고 문무에 뛰어났다. 갑자기 생사의 길이 끊어져서 두 용의 우애를 어둡게 하였으니, 할미새가 의절하니 슬픔이 매우 깊다. 북망산(北邙山)에서 묘자리를 고르고 남쪽 밭에서 어린 고아를 구휼하였다. 사자(嗣子) 암숭(巖嵩) 등은 죽을 먹고 피눈물을 흘리며 낱알을 먹고 하늘에 부르짖었고, 흙을 지어다가 봉분을 더하며 음식을 끊고 효도를 생각하였다. 천보4년(745) 10월13일에 낙양현(洛陽縣) 청풍향(淸風鄕) 북망산의 수원(首原)에 합장하였다. 찰(察)은 외람되게도 사위로서 의절하고 인을 품었고, 부끄럽게도 사위가 되어 아직 명예가 없었으니, 태산(泰山)이 어찌 무너졌는지 슬프다. 영광스러운 조상을 공손히 받들어 공적을 범하지 않게 준비하니, 큰 변화가 일어나 무덤을 옮기게 되더라도 장차 돌에 새겨 오래도록 있게 하기를 바라노라. 명문(銘文)은 다음과 같다.

성인이 법을 만들어 강산이 견고하니, 홀로 너 황량한 융적(戎狄)은 마음이 미혹되어 사마귀처럼 수레바퀴에 저항하였도다. 황실에서 현자를 급히 구하여 고원망을 불러 수호하게 하니, 재주는 하늘이 내려주었다고 칭해지고 지식은 마음으로부터 깨달

앉도다. 방책은 바야흐로 전한의 장량(張良)과 나란하고, 지혜는 마침내 전국시대 초(楚)의 감무(甘茂)와 같구나! 사람은 모두 죽는데, 고원망이 장수하지 못한 것을 안타까워하니, 대대로 녹을 받는 것은 구할 수 있으나 죽음의 길은 헤아리기 어렵도다. 평생토록 뛰어난 훈적을 이루었으나, 죽은 뒤에 무엇이 있겠는가? 우뚝 솟은 풀과 나무, 어둡고 아득한 무덤의 문처럼 만물은 모두 변하고 둘러서 다시 돌아가니, 바람은 슬프고 달은 고달프며 들에는 어두운 구름이 내려앉았도다. 갑자기 큰 변화가 일어나 무덤을 옮기게 되더라도, 명문이 훌륭하여 이지러지지 않기를 바라노라. (「高遠望 墓誌銘」:『全唐文補遺』千唐誌齋新藏專輯)

신라   천보 4년 을유에 대각간(大角干) 사인(思仁)께서 부지산촌(夫只山村) 무진사종(无盡寺鍾)을 주조하시고 기록하였다. 이때 원하는 것은 (助在衆邸僧村宅方은 의미 미상) 모든 단월(檀越)과 아울러 서원의 뜻을 이룬 자와 일체의 중생(衆生)이 괴로움을 떠나 안락을 얻으시기를 서원하였다. 이룬 때의 유나(唯乃)는 추장당주(秋長幢主)이다. (「无盡寺鐘銘」)

신라   천보(742~756) 초년에 윤진인(尹眞人)의 고택(故宅)에서 상서로운 징조가 나타나니, 위엄과 교화가 멀리 퍼졌다. 조서가 있어 어린아이가 삼동(三洞)에 따라 외운 것을 법주(法主) 비희(秘希)가 신라에 한번 경학을 전해주라고 하였다. 왕정에 돌아오자 물총새 깃으로 장식한 노리개를 하사하니, 겨우 25세였다. (「皇甫奉諒 墓誌銘」:『大唐西市博物館藏墓誌』)

746(丙戌/신라 경덕왕 5/발해 문왕 10 大興 10/唐 天寶 5/日本 天平 18)

신라   봄 2월에 사신을 파견해 당(唐)에 들어가 하정(賀正)하고 아울러 토산품을 바쳤다. (『三國史記』9 新羅本紀 9)

신라   봄 2월에 사신을 파견해 당에 가서 하정하였다. (『三國史節要』12)

신라   천보 5년 2월에 신라왕 김헌영(金憲英)이 사신을 파견해 와서 하정하고, 아울러 토산품을 바쳤다. (『冊府元龜』971 外臣部 16 朝貢 4)

발해   천보 5년 3월에 발해가 사신을 파견해 와서 하정하였다. (『冊府元龜』971 外臣部 16 朝貢 4)

백제   여름 4월 기유(4) 종5위하 百濟王敬福을 上總守로 삼았다. (…) (『續日本紀』16 聖武紀)

백제   여름 4월 임진(11) 정5위하 百濟王孝忠을 좌중변(左中弁)으로 삼았다. (…) (『續日本紀』16 聖武紀)

신라   여름 4월에 대사(大赦)하고 대포(大酺)를 하사하며 승려 150인의 출가를 허가하였다. (『三國史記』9 新羅本紀 9)

신라   여름 4월에 대사하고 대포를 하사하며 승려 150인의 출가를 허가하였다. (『三國史節要』12)

백제   9월 계해(14) 종5위하 藤原朝臣宿奈麻呂를 上總守로 삼고, 종5위하 百濟王敬福을 陸奧守로 삼았으며, 종5위하 大伴宿禰駿河麻呂를 越前守로 삼았다. (『續日本紀』16 聖武紀)

백제	윤9월 을유(7) 무위 鹽燒王에게 본위 정4위하를, 종5위하 百濟王敬福에게 종5위상을 주었다. (『續日本紀』 16 聖武紀)
백제	10월 계유(25) 정5위하 百濟王孝忠을 대재대이(大宰大貳)로 삼았다. (『續日本紀』 16 聖武紀)
고구려	당(唐) 우무위장군(右武衛將軍) 고부군(高府君) 묘지명 및 서문
현종(玄宗)의 치세 14년(726)에 천하가 태평하였으니, 바깥 문에 빗장을 잠그지 않고 교외에 보루가 없어도 편안함이 예상되었다. 다시 왕녀를 시집보내 그 마음을 묶으려 하였으나, 굳은 시체가 오히려 길모퉁이에 놓였다. 호기(胡騎)는 성 아래에서 노략질하기를 숭상하였고, 대개 융적(戎狄)도 이것을 싫증내지 않아서 우리 황제에게 짐이 되었다. 세상에 귀를 쫑긋하게 들리는 바가 있어서 황제의 고독한 마음이 이에 장수를 택하여 책임자로 지키게 하였으니, 황제가 생각하고 뽑아서 얻은 이가 고흠덕(高欽德)이다. 고흠덕은 사람을 가르쳐서 몇 해이면 또한 곧 군인이 될 수 있었다. 영원장군(寧遠將軍)에서 제서(制書)를 내려 유주부절도지평로군사(幽州副節度知平盧軍事)를 겸하게 하였으니, 재주는 비장과 부장 중 으뜸이라고 할 수 있었다. 고흠덕의 이름은 흠덕(欽德)이고 자는 응휴(應休)이며, 발해(渤海) 사람이다. 증조 원(瑗)은 건안주도독(建安州都督)이었고, 조부 회(懷)는 건안주도독을 세습하였으며, 부친 천(千)은 당(唐)의 좌옥검위중랑장(左玉鈐衛中郎將)이었으니, 고흠덕은 바로 돌아가신 부친의 둘째아들이다. 관직이 계속 이어져서 대를 이어 장수로 오래도록 귀하게 되고 아들과 손자가 그 직임을 지켜낼 정도로 위대하였으니, 어찌 관직을 받은 것이 아름답지 않겠는가? 고흠덕은 문무에 통달하였고 지식이 넓고 지혜가 깊었으며, 문신으로서는 당시를 구제할 수 있었고 무신으로는 혼란을 공격할 수 있었다. 이는 곧 복희(伏羲)와 황제(黃帝) 같은 지혜와 덕을 갖춘 사람이어서 내가 흠잡을 만한 곳이 없었다. 돌아가신 부친이 왕사(王事)로 죽어서 큰 은혜로 보답하니, 한 아들에게 관직을 주어서 평복을 벗고 도성부(陶城府) 과의도위(果毅都尉)에 임명되었는데, 직무는 돌아가신 부친이 남긴 공로에서 비롯된 것이었다. 저녁마다 삼가며 자리에서 수레바퀴 굴러가는 소리를 몸에서 내니, 천자의 은덕을 하례하며 받들고 게으름 없이 각별히 조심하였다. 머리를 가지런히 묶고 관직에 종사하고 나서 모두 여덟 개의 직임을 받았다. 처음에 과의도위부터 굳건히 당시를 구제하고, 둘째로 절충도위(折衝都尉)에 제수되어 요새를 잘 지켰으며, 셋째로 낭장(郎將)에 제수되어 천인(天人)을 보좌하였고, 넷째로 중랑장(中郎將)이 되어 도성을 무도로 바로잡았으며, 다섯째로 태자좌위솔(太子左衛率)·우위솔(右衛率)에 올라 태자를 받들어 보좌하였고, 여섯째로 장군을 맡아 곧 지방의 근심을 나누었다. 대체로 이 여섯가지를 만약 잘 다스리고 통달하지 않았다면, 어찌 이에 이를 수 있었겠는가? 세상 사람들이 또한 하늘로 올라가서 지체 높은 가문에 봉해졌다고 하였다.
그러나 큰 복은 재앙으로 돌아와 갑자기 먼저 바람 앞의 등불이 되니, 전국시대 진(秦)의 편작(扁鵲)이 치료할 수 없어 위(魏)의 사신이 도중에 돌아간 것 같았다. 나무 기둥이 낮은 산에서 갑자기 썩듯이 철인(哲人)은 홀연히 저승에서 아득해졌다. 개원(開元)21년(733) 9월19일에 유성군(柳城郡)의 공사(公舍)에서 죽으니, 나이가 57세였다. 부인 태원(太原) 왕씨(王氏)와 하남(河南) 정씨(程氏)는 고흠덕에 이어서 사망하니, 모두 사저(私邸)에 임시로 두었다. 대체로 정덕(貞德)하고 유민(愉敏)하여 규문(閨門)에 빛났으며, 빈(嬪)으로서 정숙하고 부인의 법도가 지극히 조화로워서, 각각 군군(郡君)에 봉하라는 제서가 있었다. 이에 남편은 귀해지고 아내가 영화로워지

며 저승에서 몸을 꾸몄으니, 원앙과 난새는 갑(匣)에 숨어서 혼백은 저승에서 만나고 용검(龍劍)이 서로 날아 상수(湘水)에서 환정(環精)하였다. 이에 천보(天寶) 경술년(庚戌年) 신삭월(申朔月) 을사일(乙巳日)에 낙양현(洛陽縣) 청풍리(靑風里) 북망산(北邙山)의 홍원(洪原)에 합장하니, 그것은 예의보다 나았다. 사자(嗣子) 숭절(崇節)은 그릇이 힘차게 두드리는 소리가 날아올라가는 듯하였고 효성이 물고기가 뛰어오르는 것 같았다. 땅을 등지고 구릉을 이루고서 진흙은 무너뜨리고 쓰지 않았으며, 재료를 짊어지고 길조를 택하여 신령한 거북이를 감동시켜서 들을 가리키게 하였다. 명훈(銘勳)을 돌에 새겨 만고에 썩지 않게 하고자 한다. 명문(銘文)은 다음과 같다. 저 푸른 것은 하늘이어서 기운으로 현자를 내려 보낼 수 있으니, 고흠덕은 늠름한 기질이 해가 갈수록 더하였도다. 높고 웅장한 것은 산이어서 높음이 하늘을 뚫으니, 고흠덕은 그 성격을 받아서 더불어 아득해졌도다. 절름절름하면 문이고 씩씩하고 용감하면 무이니, 고흠덕은 그 재주로 관직에 들어가 보좌를 맡았고, 고흠덕은 그 굳셈으로 변방에 나가서 호랑이와 같았다. 붕새가 변하기를 기다려 하늘을 붉게 하니, 갑작스런 죽음은 땅강아지 같아서 안타깝도다. 이미 벌써 쉬지 않고 가는 세월은 돌에 새겨 어둠에 숨기고 비석을 다듬어 조화를 이루었도다. 늘어선 무덤은 넓은 논길이 되었고, 닫힌 용검은 황량한 폐허가 되었도다.

손녀사위 해동(海東) 서찰(徐察)이 찬(撰)하였다. (「高欽德 墓誌銘」: 『唐代墓誌滙篇』).

| 신라 | 내사정전(內司正典)은 경덕왕(景德王) 5년에 설치하였다. (…) 의결(議決)은 1인, 정찰(貞察)은 2인, 사(史)는 4인이다. 전대사전(典大舍典)은 전대사(典大舍) 1인, 전옹(典翁) 1인, 사 4인이다. 상대사전(上大舍典)은 상대사(上大舍) 1인, 상옹(上翁) 1인이다. (『三國史記』 39 雜志 8 職官 中) |

| 신라 | 내사정전에 의결 1인, 정찰 2인, 사 4인을 두었다. 또 전대사전에 대사(大舍) 1인, 전옹 1인, 사 4인을 두었다. 또 상대사전에 상대사 1인, 상옹 1인을 두었다. (『三國史節要』 12) |

| 발해 말갈 | 이 해 발해 사람과 철리(鐵利) 총 1,100여 인이 교화를 사모하여 와서 조공하였다. 出羽國에 안치하여 옷과 양식을 주어 돌려보냈다. (『續日本紀』 16 聖武紀) |

747(丁亥/신라 경덕왕 6/발해 문왕 11 大興 11/唐 天寶 6/日本 天平 19)

| 백제 | 봄 정월 병신(20) 정5위하 石川朝臣麻呂·百濟王孝忠·紀朝臣宇美에게 모두 정5위상을 주었다. (…) (『續日本紀』 17 聖武紀) |

| 신라 | 봄 정월에 중시(中侍)를 고쳐 시중(侍中)이라고 하고, 국학(國學)에 제업(諸業)의 박사(博士)와 조교(助敎)를 두었다. (『三國史記』 9 新羅本紀 9) |

| 신라 | 봄 정월에 집사성(執事省) 중시를 고쳐 시중이라고 하고, 대아찬(大阿飡)부터 이찬(伊飡)까지의 관등 소지자를 그것으로 삼았다. 또 집사성 전대등(典大等)을 고쳐 시랑(侍郎)이라고 하고, 나마(奈麻)부터 아찬(阿飡)까지의 관등 소지자를 그것으로 삼았다. 국학에 제업의 박사와 조교를 두었다. 권근(權近)이 말하였다. "주(周)의 문왕(文王)·무왕(武王)이 학교를 세우고 가르침을 베푼 것은 도읍을 정한 초기였는데, 후손들에게 아름다운 계책을 끼쳐주어 인재를 배출하는 공효(功效)를 이룩하였으니, 이에 교화가 크게 행해지고 백성이 모두 복종하였다. 신라는 나라가 있고 30대가 지난 신문왕(神文王)원년(681)에 이르러서야 비로소 국학을 설치하였고, 성덕왕(聖德王) 15년(716)에 대감(大監) 수충(守忠)이 중국 |

에 들어가 문선왕(文宣王:孔子)과 여러 제자의 화상(畫像)을 구하여 왔으며, 26년(72
7)에 왕의 동생 김사종(金嗣宗)이 자제의 입학을 청하였고, 경덕왕(景德王) 6년에 비
로소 여러 박사를 두었다. 그 후에 강수(强首)·설총(薛聰)의 무리가 문리에 통효(通
曉)하여 방언(方言)으로 구경(九經)을 강의하였고 후학을 훈도(訓道)하여 당시 동방
의 영걸이 되었다. 그리고 말엽에 이르러 최고운(崔孤雲:崔致遠)이라는 자가 있어
영민하고 학문을 좋아하였으며 중국에 유학하였는데 당시의 제배(儕輩)가 그의 문장
을 높이 칭송하였으니, 오히려 천하의 선비와 벗하였다고 이를 만하다. 삼국시대의
신라는 문헌에서 칭찬할 만하지만, 당초 나라를 세울 때에 정령(政令)과 제도가 문
교(文敎)에 근본을 두지 않았고, 그 후에 비록 중화의 풍교(風敎)를 사모하였으나,
겨두 한두 가지 볼 만한 것이 있을 뿐이니, 아! 또한 늦었도다.”(『三國史節要』12)

| 신라 | 집사성은 (…) 중시는 1인인데, (…) 경덕왕 6년에 고쳐서 시중이라고 하고, 대아찬 |

신라 · · · · · 집사성은 (…) 중시는 1인인데, (…) 경덕왕 6년에 고쳐서 시중이라고 하고, 대아찬
부터 이찬까지의 관등 소지자를 그것으로 삼았다. 전대등은 2인인데, (…) 경덕왕 6
년에 고쳐서 시랑이라고 하고, 나마부터 아찬까지의 관등 소지자를 그것으로 삼았
다. (…)
국학은 (…) 박사[약간명이고 수는 정해지지 않았다.] 조교[약간명이고 수는 정해지
지 않았다.] (『三國史記』38 雜志 7 職官 上)

신라 · · · · · 봄 정월에 사신을 파견해 당(唐)에 들어가 하정(賀正)하였고, 아울러 토산품을 바쳤
다. (『三國史記』9 新羅本紀 9)
신라 · · · · · 봄 정월에 사신을 파견해 당에 가서 하정하였다. (『三國史節要』12)
신라 발해 말갈
천보(天寶) 6년 정월에 신라·발해· (…) 황두(黃頭)·실위(室韋)·흑수말갈(黑水靺鞨)이
모두 사신을 파견해 와서 하정하고, 각각 토산품을 바쳤다. (『冊府元龜』971 外臣部
16 朝貢 4)

발해 · · · · · 정해년 3월 임오(6)에 (…) 표기대장군(驃騎大將軍) 원외치동정원(員外置同正員), 겸
범양군장사(范陽郡長史), 유성군태수(柳城郡太守), 평로(平盧) 절도(節度)·지탁(支度)·
영전(營田)·육운사(陸運使), 양번(兩蕃)·4부(府)·하북(河北) 해운(海運) 겸 범양(范陽)
절도·경략(經略)·지탁·영전 부대사(副大使)·채방처치사(採訪處置使), 겸 어사대부(御史
大夫)·상주국(上柱國)·유성현개국백(柳城縣開國伯)인 상락(常樂)의 안공(安公)은 녹산
(祿山)이라고 하는데, 나라의 영웅이다. 여덟 기둥으로 하늘을 떠받치고 삼문 밖으로
출정하여 바람을 타고 요해(遼海)로 가서 된서리가 가을을 선언하는 것처럼 재빠르
게 움직이니, 산융(山戎)·조선(朝鮮)이 목을 꿰어 목숨을 청하였다. (「封安天王銘」:『
全唐文』364)

신라 · · · · · 3월에 진평왕릉(眞平王陵)에 벼락이 쳤다. (『三國史記』9 新羅本紀 9)
신라 · · · · · 3월에 진평왕릉에 벼락이 쳤다. (『三國史節要』12)

신라 · · · · · 가을에 가뭄이 들었다. (『三國史記』9 新羅本紀 9)
신라 · · · · · 가을에 가뭄이 들었다. (『三國史節要』12)

신라 · · · · · 겨울에 눈이 오지 않았다. 백성들이 굶주리고 또 역병이 돌았다. 사자를 10도(道)에
내어 안무(安撫)하였다. (『三國史記』9 新羅本紀 9)
신라 · · · · · 겨울에 눈이 오지 않았다. 백성들이 굶주리고 또 역병이 돌았다. 사자를 10도에 파
견하여 안무하였다. (『三國史節要』12)

748(戊子/신라 경덕왕 7/발해 문왕 12 大興 12/唐 天寶 7/日本 天平 20)

신라   봄 정월에 천구(天狗: 彗星)가 땅에 떨어졌다. (『三國史記』 9 新羅本紀 9)

신라   봄 정월에 천구(혜성)가 떨어졌다. (『三國史節要』 12)

말갈   천보(天寶) 7년 정월에 흑수말갈(黑水靺鞨) 등이 모두 사신을 파견해 조공하였다. (『
        冊府元龜』 971 外臣部 16 朝貢 4)

백제   2월 기미(19) 정5위상 石川朝臣麻呂·百濟王孝忠·紀朝臣宇美에게 모두 종4위하를 주
        었다. (…) 정6위상 百濟王元忠·藤原朝臣魚名, (…) 日下部宿禰大麻呂에게 모두 종5
        위하를 주었다. (『續日本紀』 17 聖武紀)

말갈   천보 7년 3월에 황두실위(黃頭室韋)·화해실위(和解室韋)·뇌단실위(賂丹室韋)·여자실위
        (如者室韋)·흑수말갈 등이 모두 사신을 파견해 금은 및 60타래의 포(布), 어아주(魚
        牙紬), 조하주(朝霞紬), 우황(牛黃), 두발, 인삼을 바쳤다. (『冊府元龜』 971 外臣部 1
        6 朝貢 4)

발해   고(故) 투항한 수령(首領) 낙사계(諾思計)
        황제께서 노씨(盧氏) 성(姓)을 하사하였다. 이름은 정빈(庭賓)이고 범양군(范陽郡)의
        명망가 출신이었다. 부여부(扶餘府) 대수령(大首領)이 되어 유격장군(游擊將軍), 수우
        령군위(守右領軍衛) 경조부(京兆府) 문학(文學) 겸 과의(果毅), 수좌무위(守左武衛)
        노주(潞州) 임장부(臨璋府) 좌과의(左果毅) 동정(同正)에 나머지는 예전과 같은 관직
        을 지냈다. 기습으로 적을 격파한 공으로 자장(子將)이 되어 유격장군·수우위(守右
        衛) 포주(蒲州) 도성부(陶城府) 절충(折衝) 원외동정(員外同正), 영원장군(寧遠將軍)·
        수좌위위(守左威衛) 선주(鄯州) 용문부(龍文府) 절충·사자금어대(賜紫金魚袋), 수우효
        위익부낭장(守右驍衛翊府郎將) 원외동정·명위장군(明衛將軍)에 나머지는 예전과 같
        은 관직을 지냈다. 섭물관(攝物管)이 되어 선위장군(宣威將軍)·수효위익부중랑(守驍
        衛翊府中郎) 원외동정· 상자금어대(賞紫金魚袋)·상주국(上柱國), 장무장군(壯武將軍),
        수좌령군위장군(守左領軍衛將軍) 원외동정·충무장군(忠武將軍)에 나머지는 예전과
        같은 관직, 수우우림군장군(守右羽林軍將軍) 원외동정, 수우우림군(守右羽林軍)·운휘
        장군(雲麾將軍) 원외동정·장내(杖內)·사생(射生)·공봉(供奉)·상주국, 관군대장군(冠軍
        大將軍)·행좌우림군장군(行左羽林軍將軍)을 지냈다. 이어서 한 관직을 더하여 농우
        절도사(隴右節度使)·경략대사(經略大使)·상주국을 지냈다.
        노정빈(盧庭賓)의 명성은 △△라 불리었고, 앞의 공적을 우러러 기록하면 오직 큰
        산처럼 빼어났으나 스스로 하늘에 몸을 삼갔다. 명리(名利)가 다른 사람들보다 뛰어
        났고 국가에 △△ 빼어나서, 뛰어난 명성은 해외에도 알려졌고 크나큰 직책은 장내
        에 명백히 알려졌다. 말하는데 분별없이 하지 않았고 화살을 쏨에 단번에 죽이지 않
        음이 없으니, 새들이 놀라지 않을 수 없었고 짐승들이 흩어졌다. 끝내 용감한 사나
        이였고 심신은 기필코 바로잡았다. 장차 백년을 해로하고자 했으나 어찌하여 하루저
        녁 만에 병이 들어버렸으니, 선을 쌓아도 징계를 없애지 못하였고 기도도 효험이 없
        었다. 몸은 달라지고 정신은 없어지니 바람에 흔들리는 촛불로 오래도록 있을 수가
        없었다. 아득히 멀리 끝없이 흐르는 황천(黃川)은 간혹 섰다가 동쪽으로 흘러가니
        어찌 그 영원함이 쇠가 다하는 것 같고, 장구함이 옥천(玉泉)을 메울 수 있는가! 예
        로부터 (…) 삼가 묘지명을 지어 금석에 새겨 기록한다.
        천보 7년 5월 일 경조부(京兆府) 만년현(萬年縣) △강방(△康坊)의 마을에서 죽었

다. 후계자는 30명이다. (「諾思計 墓誌銘」: 『全唐文補遺』 5: 『全唐文新編』 997; 『唐代墓誌滙篇續集』)

신라   가을 8월에 태후가 영명신궁(永明新宮)으로 옮겨 거처하였다. (『三國史記』 9 新羅本紀 9)

신라   가을 8월에 대후(大后)가 영명신궁으로 옮겨 거처하였다. (『三國史節要』 12)

신라   가을 8월에 정찰(貞察) 1원(員)을 비로소 두어, 백관의 잘못을 찾아내어 폭로하였다. (『三國史記』 9 新羅本紀 9)

신라   가을 8월에 정찰 1원을 비로소 두어, 백관의 잘못을 찾아내어 폭로하였다. (『三國史節要』 12)

신라   가을 8월에 아찬(阿湌) 정절(貞節) 등을 파견하여 북쪽 변방을 세밀하게 살피게 하고, 대곡성(大谷城) 등 14군현(郡縣)을 비로소 설치하였다. (『三國史記』 9 新羅本紀 9)

신라   가을 8월에 아찬 정절 등을 파견하여 북쪽 변방을 세밀하게 살피게 하고, 대곡성 등 14군현을 비로소 설치하였다. (『三國史節要』 12)

신라   천보 7년에 사신을 파견하여 금은 및 60타래의 포, 어아납(魚牙納), 조하주, 우황, 두발, 인삼을 바쳤다. (『唐會要』 95 新羅)

신라   천보(742~756) 초년에 대운사(大雲寺)에 신라의 화상(和尙)이라는 자가 있어 불도의 문을 높게 열었다. 부인이 지극한 정성으로 찾아가 예를 드리고 죽은 남편의 명복을 빌어 뛰어난 제자가 되니, 한결 같은 마음으로 재계하여 10년을 주지(住持)하였다. 차등이 없는 지극한 도에 계합(契合)하여 적멸(寂滅)을 즐거움으로 삼으니, 귀일(歸一)의 뜻을 추구하여 세상의 모든 현상이 공허하다는 사실을 밝혔다. (「瑯琊王氏夫人 墓誌銘」: 2004 『碑林集刊』 10)

749(己丑/신라 경덕왕 8/발해 문왕 13 大興 13/唐 天寶 8/日本 天平 21, 天平感寶 1, 天平勝寶 1)

신라   봄 3월에 폭풍이 나무를 뽑았다. (『三國史記』 9 新羅本紀 9)
신라   봄 3월에 폭풍이 나무를 뽑았다. (『三國史節要』 12)

신라   3월에 천문박사(天文博士) 1원(員), 누각박사(漏刻博士) 6원을 두었다. (『三國史記』 9 新羅本紀 9)
신라   3월에 천문박사 1원, 누각박사 6원을 두었다. (『三國史節要』 12)

발해   천보 8년 3월에 발해가 사신을 파견해 매를 바쳤다. (『冊府元龜』 971 外臣部 16 朝貢 4)

백제   여름 4월 갑오 초하루 (…) 천황이 동대사(東大寺)에 행차하여 노사나불상(盧舍那佛像) 앞의 전(殿)에서 얼굴을 북쪽으로 하여 불상을 마주 대하였다. 황후와 태자도 함께 서 있었으며 군신·백료 및 사서인(士庶人)들도 무리를 나누어 전 뒤에 줄을 지어 서있었다. 직으로 좌대신(左大臣) 橘宿禰諸兄을 보내어 부처님께 아뢰었다. "삼보(三寶)의 노(奴)로서 받들어 섬기는 천황이 노사나불상 앞에 아룁니다. 이 大倭國은 천지개벽 이래로 황금은 다른 나라에서 바친다는 말은 있었지만 이곳에는 없다고 생각하였는데 國中의 동방 陸奧國守 종5위상 百濟王敬福이 部內 少田郡에 황금이 나온다고 알려왔습니다. 이를 듣고 놀랍고 기뻐서 귀하게 생각하고는, 노사나불의 자비라는 행운을 만나 이런 물건이 있다고 생각하고 받았습니다. 두려운 마음으로 백관 등을 데리고 예배하고 받들며 삼보 앞에 공손히 아룁니다"라 하였다. (…) 종5위상 百濟王敬福에게 종3위를 주었다. (…) (『續日本紀』 17 聖武紀)

| 백제 | 여름 4월 을묘(22) 陸奧守 종3위 百濟王敬福이 황금 900량을 바쳤다. (『續日本紀』 17 聖武紀) |

| 백제 | 8월 신미(10) 종4위하 百濟王孝忠, 식부대보(式部大輔) 종4위하 巨勢朝臣堺麻呂, 중위소장(中衛少將) 종4위하 背奈王福信에게 모두 소필(少弼)을 겸하게 하였다. (『續日本紀』 17 孝謙紀) |

| 발해 | 12월 정해(27) 八幡大神禰宜尼 大神朝臣杜女[그 수레는 자색(紫色)으로 하나같이 승여(乘輿)와 같다.]가 동대사에 참배했다. 천황과 태상천황, 황태후도 함께 갔다. 이날 백관과 여러 씨인(氏人) 등이 모두 절에 모여 승려 5,000명을 청하여 예불하고 독경하게 했다. 대당·발해·오악(吳樂)을 연주하고 五節田儛와 久米儛를 추었다. 그리고 大神에게 1품을, 比咩神에게 2품을 바쳤다. (…) (『續日本紀』 17 孝謙紀) |

750(庚寅/신라 경덕왕 9/발해 문왕 14 大興 14/唐 天寶 9/日本 天平勝寶 2)

| 고구려 | 봄 정월 병진(27) 종4위상 背奈王福信 등 6인에게 高麗朝臣의 姓을 내렸다. (…) (『續日本紀』 18 孝謙紀) |

| 신라 | 봄 정월에 시중(侍中) 대정(大正)이 면직되었다. 이찬(伊湌) 조량(朝良)을 시중으로 삼았다. (『三國史記』 9 新羅本紀 9) |

| 신라 | 봄 정월에 시중 대정이 면직되었다. 이찬 조량으로 하여금 그를 대신하게 하였다. (『三國史節要』 12) |

| 말갈 | 천보 9년 정월에 흑수말갈(黑水靺鞨)·황두(黃頭)·실위(室韋)가 모두 사신을 파견해 하정(賀正)하였다. (『冊府元龜』 971 外臣部 16 朝貢 4) |

| 고구려 | 당(唐) 우무위장군(右武衛將軍) 고부군(高府君) 묘지명 및 서문
현종(玄宗)의 치세 14년(726)에 천하가 태평하였으니, 바깥 문에 빗장을 잠그지 않고 교외에 보루가 없어도 편안함이 예상되었다. 다시 왕녀를 시집보내 그 마음을 묶으려 하였으나, 굳은 시체가 오히려 길모퉁이에 놓였다. 호기(胡騎)는 성 아래에서 노략질하기를 숭상하였고, 대개 융적(戎狄)도 이것을 싫증내지 않아서 우리 황제에게 짐이 되었다. 세상에 귀를 쫑긋하게 들리는 바가 있어서 황제의 고독한 마음이 이에 장수를 택하여 책임자로 지키게 하였으니, 황제가 생각하고 뽑아서 얻은 이가 고흠덕(高欽德)이다. 고흠덕은 사람을 가르쳐서 몇 해이면 또한 곧 군인이 될 수 있었다. 영원장군(寧遠將軍)에서 제서(制書)를 내려 유주부절도지평로군사(幽州副節度知平盧軍事)를 겸하게 하였으니, 재주는 비장과 부장 중 으뜸이라고 할 수 있었다. 고흠덕의 이름은 흠덕(欽德)이고 자는 응휴(應休)이며, 발해(渤海) 사람이다. 증조 원(瑗)은 건안주도독(建安州都督)이었고, 조부 회(懷)는 건안주도독을 세습하였으며, 부친 천(千)은 당(唐)의 좌옥검위중랑장(左玉鈐衛中郎將)이었으니, 고흠덕은 바로 돌아 |

가신 부친의 둘째아들이다. 관직이 계속 이어져서 대를 이어 장수로 오래도록 귀하게 되고 아들과 손자가 그 직임을 지켜낼 정도로 위대하였으니, 어찌 관직을 받은 것이 아름답지 않겠는가? 고흠덕은 문무에 통달하였고 지식이 넓고 지혜가 깊었으며, 문신으로서는 당시를 구제할 수 있었고 무신으로는 혼란을 공격할 수 있었다. 이는 곧 복희(伏羲)와 황제(黃帝) 같은 지혜와 덕을 갖춘 사람이어서 내가 흠잡을 만한 곳이 없었다. 돌아가신 부친이 왕사(王事)로 죽어서 큰 은혜로 보답하니, 한 아들에게 관직을 주어서 평복을 벗고 도성부(陶城府) 과의도위(果毅都尉)에 임명되었는데, 직무는 돌아가신 부친이 남긴 공로에서 비롯된 것이었다. 저녁마다 삼가며 자리에서 수레바퀴 굴러가는 소리를 몸에서 내니, 천자의 은덕을 하례하며 받들고 게으름 없이 각별히 조심하였다. 머리를 가지런히 묶고 관직에 종사하고 나서 모두 여덟 개의 직임을 받았다. 처음에 과의도위부터 굳건히 당시를 구제하고, 둘째로 절충도위(折衝都尉)에 제수되어 요새를 잘 지켰으며, 셋째로 낭장(郎將)에 제수되어 천인(天人)을 보좌하였고, 넷째로 중랑장(中郎將)이 되어 도성을 무도로 바로잡았으며, 다섯째로 태자좌위솔(太子左衛率)·우위솔(右衛率)에 올라 태자를 받들어 보좌하였고, 여섯째로 장군을 맡아 곧 지방의 근심을 나누었다. 대체로 이 여섯가지를 만약 잘 다스리고 통달하지 않았다면, 어찌 이에 이를 수 있었겠는가? 세상 사람들이 또한 하늘로 올라가서 지체 높은 가문에 봉해졌다고 하였다.

그러나 큰 복은 재앙으로 돌아와 갑자기 먼저 바람 앞의 등불이 되니, 전국시대 진(秦)의 편작(扁鵲)이 치료할 수 없어 위(魏)의 사신이 도중에 돌아간 것 같았다. 나무 기둥이 낮은 산에서 갑자기 썩듯이 철인(哲人)은 홀연히 저승에서 아득해졌다. 개원(開元)21년(733) 9월19일에 유성군(柳城郡)의 공사(公舍)에서 죽으니, 나이가 57세였다. 부인 태원(太原) 왕씨(王氏)와 하남(河南) 정씨(程氏)는 고흠덕에 이어서 사망하니, 모두 사저(私邸)에 임시로 두었다. 대체로 정덕(貞德)하고 유민(愉敏)하여 규문(閨門)에 빛났으며, 빈(嬪)으로서 정숙하고 부인의 법도가 지극히 조화로워서, 각각 군군(郡君)에 봉하라는 제서가 있었다. 이에 남편은 귀해지고 아내가 영화로워지며 저승에서 몸을 꾸몄으니, 원앙과 난새는 갑(匣)에 숨어서 혼백은 저승에서 만나고 용검(龍劍)이 서로 날아 상수(湘水)에서 환정(環精)하였다. 이에 천보(天寶) 경술년(庚戌年) 신삭월(申朔月) 을사일(乙巳日)에 낙양현(洛陽縣) 청풍리(靑風里) 북망산(北邙山)의 홍원(洪原)에 합장하니, 그것은 예의보다 나았다. 사자(嗣子) 숭절(崇節)은 그릇이 힘차게 두드리는 소리가 날아올라가는 듯하였고 효성이 물고기가 뛰어오르는 것 같았다. 땅을 등지고 구릉을 이루고서 진흙은 무너뜨리고 쓰지 않았으며, 재료를 짊어지고 길조를 택하여 신령한 거북이를 감동시켜서 들을 가리키게 하였다. 명훈(銘勳)을 돌에 새겨 만고에 썩지 않게 하고자 한다. 명문(銘文)은 다음과 같다.

저 푸른 것은 하늘이어서 기운으로 현자를 내려 보낼 수 있으니, 고흠덕은 늠름한 기질이 해가 갈수록 더하였도다. 높고 웅장한 것은 산이어서 높음이 하늘을 뚫으니, 고흠덕은 그 성격을 받아서 더불어 아득해졌도다. 절름절름하면 문이고 씩씩하고 용감하면 무이니, 고흠덕은 그 재주로 관직에 들어가 보좌를 맡았고, 고흠덕은 그 굳셈으로 변방에 나가서 호랑이와 같았다. 붕새가 변하기를 기다려 하늘을 밝게 하니, 갑작스런 죽음은 땅강아지 같아서 안타깝도다. 이미 벌써 쉬지 않고 가는 세월은 돌에 새겨 어둠에 숨기고 비석을 다듬어 조화를 이루었도다. 늘어선 무덤은 넓은 논길이 되었고, 닫힌 용검은 황량한 폐허가 되었도다.

손녀사위 해동(海東) 서찰(徐察)이 찬(撰)하였다. (「高欽德 墓誌銘」:『唐代墓誌滙篇』)

| 신라 | 2월에 어룡성(御龍省)에 봉어(奉御) 2원(員)을 두었다. (『三國史記』 9 新羅本紀 9) |
| 신라 | 2월에 어룡성에 봉어 2원을 두었다. (『三國史節要』 12) |

신라	어룡성은 (…) 어백랑(御伯郞)은 2인인데, 경덕왕(景德王) 9년에 고쳐서 봉어라고 하였다. (『三國史記』 39 雜志 8 職官 中)
백제	3월 경자(12) 종4위하 백제왕효충(百濟王孝忠)을 츨운수(出雲守)로 삼았다. (…) (『續日本紀』 18 孝謙紀)
발해	천보 9년 3월에 발해가 사신을 파견해 매를 바쳤다. (『冊府元龜』 971 外臣部 16 朝貢 4)
백제	5월 신축(14) 종3위 백제왕경복(百濟王敬福)을 궁내경(宮內卿)으로 삼았다. (…) (『續日本紀』 18 孝謙紀)
백제	대당(大唐) 괵주(虢州) 금문부(金門府) 절충도위(折衝都尉) 예군(禰君) 묘지명 및 서문

수(隋) 말기에 내주자사(萊州刺史) 예선(禰善)이라는 사람이 있었는데, 대체로 후한(後漢) 평원처사(平原處士)의 후예이다. 하늘이 수의 국운을 싫어함을 알고 작은 뗏목을 타고 바다를 건너 도망가 마침내 백제국에 이르렀다. 왕이 그 말을 흡족히 여겨 옹립하여 승상(丞相)으로 삼으니, 나라 전체가 그의 말을 들었다. 아들 식진(寔進)에 이르기까지 대대로 관직을 세습하며 선대의 어진 덕행을 본받았다. 당(唐)이 천명을 받아 왕정(王庭)에 조회하지 않는 나라를 동쪽으로 토벌하니, 식진은 곧 그 왕을 끌어 고종(高宗) 황제에게 귀의하였다. 이로 말미암아 좌위위대장군(左威衛大將軍)에 임명하고, 내원군개국공(來遠郡開國公)으로 봉하였다. 부자(父子)의 일이 특별히 때에 맞은 바였고, 거취의 이치가 도를 행하는 바에 부합하였다. 『논어(論語)』에서 현명한 자는 어지러운 나라를 피한다고 하였고, 『서경(書經)』에서 반드시 인내함이 있어야 성공이 있을 것이라고 하였으며, 『좌전(左傳)』에서 그 자신에게 있지 않고 후대에게 있다고 하였으니, 이를 일컬은 것인가? 식진에게는 소사(素士)가 있어 부친의 봉작을 세습하고, 관직에 나아가 좌무위장군(左武衛將軍)에 이르렀다.

예인수(禰仁秀)는 이름이 인수(仁秀)이고, 곧 좌무위장군의 맏아들이다. 어려서부터 장수 가문의 후예로 은인(銀印)과 빨간 인수(印綬)를 찼고, 거듭 명위장군(明威将軍)·우효위낭장(右驍衛郎將)에 제수되었다. 얼마 지나지 않아 원수(元帥)의 일에 연좌되어 진주(秦州) 삼도부(三度府) 과의도위(果毅都尉)로 좌천되었고, 여주(汝州) 양천부(梁川府) 과의도위, 괵주 금문부 절충도위를 역임하였다.

하늘에서 받은 수명이 다 지나지도 않았는데, 개원(開元)15년(727)에 임조군(臨洮軍)의 관사(官舍)에서 죽으니, 나이가 53세였다. 아아! 남은 자식은 아직 상봉(喪棒)을 잡지 않았는데, 다른 고을을 넘어 가복(家僕)이 운구를 호송하여 옛 마을로 돌아왔도다. 부인은 하남(河南)의 약간씨(若干氏)이고, 수주자사(綏州刺史) 예타(禰陀)의 딸이다. 예인수가 죽은 후 겨우 유지하고 거처도 없었으나, 어렸을 때의 뜻을 지켜 이루고 삯바느질을 하여 1남 2녀가 혼례와 관례를 할 수 있었다. 처음에 부인이 맏딸을 빈주(豳州) 의록(宜祿縣)에 시집보내면서 따라갔는데, 오래 지나도 돌아오지 않았다. 마침내 27년(739) 11월 6일에 사위의 집 별채에서 죽으니, 나이가 61세였다. 예인수는 사망한 타향을 떠나서 24년이 지나 천보(天寶) 연간(742~756) 경인년(庚寅年:750) 여름 5월 무자(戊子)가 초하루인 22일 기유(己酉)에 장안현(長安縣)의 고양원(高陽原)에 장사지낼 수 있었으니, 예에 합당하였다. 그 아들은 적(適)이라고 하는데, 죽은 아버지에게 보답하여 이 밝은 신령을 위로하고 저 저승에 기록하였다. 명문(銘文)은 다음과 같다.

타향에 있다가 다른 곳에서 죽으니, 어머니에게 즐거움은 드물었도다. 왕의 일로 24
년 동안 살피지 못하다가, 여기에 장례를 이루었도다. 좋은 때에 아들이 보답할 수
있었으니, 효은(孝恩)에 감탄하도다. (「禰仁秀 墓誌銘」: 2012 『唐史論叢』 14)

751(辛卯/신라 경덕왕 10/발해 문왕 15 大興 15/唐 天寶 10/日本 天平勝寶 3)

백제 봄 정월 기유일(25)에 (…) 종5위하 고구련하내(高丘連河內)·백제왕원충(百濟王元忠)·
대반숙녜고마려(大伴宿禰古麻呂)·현견양숙녜고마려(縣犬養宿禰古麻呂)·중신조신청마
려(中臣朝臣淸麻呂)에게 모두 종5위상을 주었다. (…) (『續日本紀』 18 孝謙紀)

고구려 천보(天寶) 10년 정월 갑진일(20)에 안서절도사(安西節度使) 고선지(高仙芝)가 입조
하고 사로잡은 돌기시(突騎施) 가한(可汗)·토번 추장·석국왕(石國王)·걸사왕(竭師王)을
바쳤다. 고선지에게 개부의동삼사(開府儀同三司)를 덧붙여주었다. 얼마지나나 않아
고선지를 하서절도사(河西節度使)로 삼아 안사순(安思順)을 대신하도록 하였다. (『資
治通鑑』 216 唐紀 32 玄宗至道大聖大明孝皇帝)

고구려 천보 10년 정월 무신일(24)에 안서사진절도사(安西四鎭節度使) 고선지가 돌기시가한
(執突騎施可汗)과 석국왕(石國王)을 잡았다. (『新唐書』 5 本紀 5 玄宗)

고구려 『신당서(新唐書)』 본기(本紀)에 전한다. "천보 10년 정월 무신일(24)에 고선지가 돌
기시가한 및 석국왕을 잡았다."(『玉海』 191 兵捷 兵捷 兵捷 露布 3 唐安西四鎭節
度使執突騎施石國王開遠門獻俘)

고구려 그 천(川)의 서쪽 꼭대기에 성이 있는데, 이름이 달라사(怛羅斯)로 석국의 대진(大
鎭)이었다. 천보 10년에 고선지 군이 그 땅을 무너뜨렸다. (『太平寰宇記』 186 四夷
15 石國)

고구려 천보 10년 7월에 고선지 및 대식(大食)이 긍라사성(恆邏斯城)에서 싸워 패적(敗績)하
였다. (『新唐書』 5 本紀 5 玄宗)

신라 천보 10년 11월 (전면)
한사(韓舍: 大舍) (후면) (「안압지 182호 목간」)

신라 옛 향전(鄕傳)에 기재된 것은 이상과 같으나, 절 안에 있는 기록에는 "경덕왕대(景
德王代)의 대상(大相) 대성(大城)이 천보 10년 신묘(辛卯, 751)에 처음으로 불국사를
세우다가 혜공왕 때는 지나 대력(大歷) 9년 갑인(甲寅, 774) 12월 2일 대성이 죽자
국가에서 이를 완성했다. (…) "고 하여 고전(古傳)과 같지 않으니, 어느 것이 옳은
지 자세히 알 수 없다. (『三國遺事』 5 孝善 9 大城孝二世父母)

752(壬辰/신라 경덕왕 11/발해 문왕 16 大興 16/唐 天寶 11/日本 天平勝寶 4)

신라 봄 정월 계묘일(25)에 정7위하 산구기촌인마려(山口忌寸人麻呂)를 견신라사(遣新羅
使)로 삼았다. (『續日本紀』 18 孝謙紀)

신라 석(釋) 진표(眞表)는 완산주(完山州)[지금의 전주목(全州牧)이다.] 만경현(萬頃縣) 사
람이다. (…) 진표는 이미 미륵보살의 기별을 받자 금산사에 와서 살았다. 매해 개
단(開壇)하고 법시(法施)를 널리 베풀었는데 단석(壇席)의 정성스럽고 엄격함이 말세
에는 아직 없었던 것이다. 교화가 이미 널리 미치자 유람을 다니다가 아슬라주(阿瑟
羅州)에 이르렀다. 섬 사이의 물고기와 자라가 다리를 만들어 물속으로 맞아들이니

불법을 강의하고 물고기와 자라가 계를 받았다. 이때가 곧 천보(天寶) 11년 임진(壬辰, 752, 경덕왕 11) 2월 15일이다. 어떤 책에는 원화(元和) 6년(811, 헌덕왕 3)이라 하였는데 잘못된 것이다. 원화는 헌덕왕대(憲德王代)이다(성덕왕대로부터 거의 70년이다). 경덕왕이 이 말을 듣고 궁 안으로 맞아 들여 보살계(菩薩戒)를 받고 조(租) 7만 7천 석을 시주하였고, 왕후와 외척 모두 계품(戒品)을 받고 견 5백 단, 황금 50량을 보시하였다. 이를 모두 받아서 여러 사찰에 나누어주고 널리 불사를 일으켰다. 그 사리는 지금 발연사(鉢淵寺)에 있으니 곧 바다 생물들을 위해 계를 준 곳이다. 법을 얻은 제자 중 영수는 영심(永深), 보종(寶宗), 신방(信芳), 체진(體珍), 진해(珍海), 진선(眞善), 석충(釋忠) 등이고 모두 산문(山門)의 개조(開祖)가 되었다. 영심은 곧 진표의 간자를 전하였는데 속리산(俗離山)에 살면서 법통을 계승하였고, 단을 만드는 법은 점찰(占察) 육륜(六輪)과 조금 다르나 산중에서 전하는 본래의 규범과 같았다. (…) 이에 의거하면 곧 『점찰경』의 윤(輪)을 던져 상(相)을 얻는 일과 어찌 다르겠는가. 이에 진표의 참회를 일으켜 간자를 얻고 법을 물어 부처를 본 것이 무망이 아니라 말할 수 있다. 하물며 이 경전이 거짓이라면 곧 미륵은 어찌 몸소 진표법사에게 주었겠는가. 또한 이 경전이 가히 금할 것이라면 『사리문경(舍利問經)』도 금할 것인가. 언종(彦琮)의 무리는 금을 움켜잡느라 사람을 보지 못한 것이라고 할 수 있으니, 글을 읽는 자는 이를 자세히 살펴보아야 한다. (『三國遺事』 4 義解 5 眞表傳簡)

| 신라 | 봄 3월에 급찬(級湌) 원신(原神)·용방(龍方)을 대아찬(大阿湌)으로 삼았다. (『三國史記』 9 新羅本紀 9) |
| 신라 | 3월에 급찬 원신·용방을 대아찬으로 삼았다. (『三國史節要』 12) |

| 신라 | 윤3월 기사일(22)에 대재부(大宰府)에서 신라 왕자 한아찬(韓阿湌) 김태렴(金泰廉), 조(調)를 바치는 사신 대사(大使) 김훤(金暄), 왕자를 보내는 사신 김필언(金弼言) 등 700여 인이 7척의 배를 타고 와서 머물고 있다고 알렸다. (『續日本紀』 18 孝謙紀) |

| 신라 | 윤3월 을해일(28)에 대내(大內), 산과(山科), 혜아(惠我), 직산(直山) 등의 능(陵)에 사신을 보내어 신라 왕자가 와서 조공하였음을 아뢰었다. (『續日本紀』 18 孝謙紀) |

| 백제 | 5월 신미일(26)에 종3위 백제왕경복(百濟王敬福)을 상륙수(常陸守)로 삼았다. (…) (『續日本紀』 18 孝謙紀) |

| 신라 | 6월 기축일(14)에 신라 왕자 김태렴 등이 조정에 배알하고 아울러 조를 바쳤다. 그리고 아뢰었다. "신라국왕이 일본을 통치하는 천황의 조정(朝庭)에 말씀드립니다. 신라국은 옛부터 대대로 끊이지 않고 배와 노를 나란히 하여 가서 국가를 받들었습니다. 이번에 국왕이 몸소 가서 조공하고 조를 바치려고 하였으나 생각해보니 하루라도 임금이 없으면 국정이 해이 해지고 문란해질까 염려됩니다. 이 때문에 왕을 대신하여 왕자 한아찬 김태렴을 우두머리로 하여 370여 인을 거느리고 가서 입조(入朝)하게 하고 겸하여 여러 가지 조를 바치고 삼가 아뢰게 합니다." 조를 내렸다. "신라국은 옛부터 늘 끊이지 않고 국가를 받들어 왔다. 이제 다시 왕자 김태렴을 보내어 입조하고 겸하여 조를 바치니 왕의 정성에 짐은 기쁠 뿐이다. 지금부터 길이 오래도록 마땅히 위로하고 보살피겠다." 김태렴이 또 아뢰었다. "하늘이 두루 덮고 있는 밑에 왕토(王土) 아님이 없고 육지가 연속해 있는 한의 바닷가까지 왕의 신하 아님이 없습니다. 김태렴은 다행히 성세(聖世)를 만나 조정에 와서 받드니 기쁨을 이길 |

수 없습니다. 제가 몸소 갖추어온 국토의 미미한 물건을 삼가 바칩니다." 조를 내리기를 "김태렴이 아뢴 바는 들었다."라고 하였다. (『續日本紀』 18 孝謙紀)

신라   6월 임진일(17) 이 날 신라 사신에게 조당(朝堂)에서 연회를 베풀었다. 조를 내렸다. "신라국이 와서 조정을 받든 것은 기장족원황태후(氣長足媛皇太后: 神功皇后)가 그 나라를 평정하고부터인데 지금까지 우리나라의 번병(蕃屏)이 되어왔다. 전왕 승경(承慶)과 대부(大夫) 사공(思恭) 등은 말과 행동이 게으르며 지켜야 할 예의를 잃었다. 이 때문에 사신을 보내어 죄를 물으려고 하는 사이에 지금 그 나라의 왕 헌영(軒英)이 이전의 잘못을 뉘우치고 몸소 조정에 오고자 하였다. 그러나 국정을 돌보아야 하기 때문에 왕자 김태렴 등이 대신하여 입조하고 겸하여 조를 바쳤다. 짐은 그 정성을 매우 기쁘게 생각하는 바 관위를 올려주고 물건을 내린다." 또 조를 내려 "지금 이후로는 국왕이 직접 와서 아뢰도록 하고, 만약 다른 사람을 보내어 입조할 때에는 반드시 표문(表文)을 가지고 오도록 하라"고 하였다. (『續日本紀』 18 孝謙紀)

신라   6월 정유일(22)에 김태렴 등이 대안사(大安寺)와 동대사(東大寺)에 나아가 예불하였다. (『續日本紀』 18 孝謙紀)

신라   가을 7월 무진일(24)에 김태렴 등이 돌아가 난파관(難波館)에 있었는데 칙으로 사신을 보내어 명주와 포(布), 술과 안주를 내렸다. (『續日本紀』 18 孝謙紀)

신라   가을 8월에 동궁아관(東宮衙官)을 설치하였다. (『三國史記』 9 新羅本紀 9)

신라   가을 8월에 동궁아관에 상대사(上大舍) 1인, 차대사(次大舍) 1인을, 어룡성(御龍省)에 대사(大舍) 2인, 치성(稚省) 6인을, 세택(洗宅)에 대사 4인, 종사지(從舍知) 2인을, 급장전(給帳典)에 전(典) 4인, 치(稚) 4인을, 승방전(僧房典)에 대사 2인, 종사지 2인을, 포전(庖典)에 대사 2인, 사(史) 2인, 종사지 2인을, 월지악전(月池嶽典)에 대사 2인, 수주(水主) 1인을, 용왕전(龍王典)에 대사 2인, 사 2인을 두었다. (『三國史節要』 12)

신라   동궁관(東宮官). 동궁아(東宮衙)에 경덕왕(景德王) 11년에 상대사 1인, 차대사 1인을, 어룡성에 대사 2인, 치성 6인을, 세택에 대사 4인, 종사지 2인을, 급장전[△전(△典)이라고도 한다.]에 전 4인, 치 4인을, 월지전(月池典)에[빠졌다.] 승방전(僧房典)에 대사 2인, 종사지 2인을, 포전에 대사 2인, 사 2인, 종사지 2인을, 월지악전에 대사 2인, 수주 1인을, 용왕전에 대사 2인, 사 2인을 두었다. (『三國史記』 39 雜志 8 職官 中)

발해   9월 정묘일(24)에 발해 사신 보국대장군(輔國大將軍) 모시몽(慕施蒙) 등이 월후국(越後國) 좌도도(佐渡嶋)에 도착하였다. (『續日本紀』 18 孝謙紀)

백제   겨울 10월 무인일(5)에 常陸守 종3위 百濟王敬福을 검습서해도병사(檢習西海道兵使)로 삼았다. 판관(判官) 2인, 녹사(錄史) 2인이었다. (『續日本紀』 18 孝謙紀)

발해   겨울 10월 경진일(7)에 좌대사(左大史) 정6위상 坂上忌寸老人 등을 越後國에 보내어 발해 사신 등의 소식을 물었다. (『續日本紀』 18 孝謙紀)

발해   효겸황제(孝謙皇帝) 천평승보 4년 9월 정묘일[20] 10월 경진일[7] (『類聚國史』 193 殊俗部 渤海 上)

신라	겨울 10월에 창부사(倉部史) 3인을 더 두었다. (『三國史記』 9 新羅本紀 9)
신라	겨울 10월에 창부사 3인을 더 두었다. (『三國史節要』 12)
신라	창부는 (…) 사는 8인인데, (…) 경덕왕 11년에 3인을 더하였다. (『三國史記』 38 雜志 7 職官 上)

말갈	천보 11년 11월 흑수말갈(黑水靺鞨)이 사신을 파견해 와서 조공하였다. (『冊府元龜』 971 外臣部 16 朝貢 4)

고구려 발해	지금 천보 11년의 지리를 거(擧)하면, 당(唐)의 영역은 동쪽으로는 안동부(安東府)에, 서쪽으로는 안서부(安西府)에, 남쪽으로는 일남군(日南郡)에, 북쪽으로 선우부(單于府)에 이르니, 남쪽과 북쪽은 전한(前漢)의 전성기와 같고, 동쪽은 미치지 못하지만 서쪽은 더 지나친다[한(漢)의 영역은 동쪽으로는 낙랑(樂浪)·현도(玄菟)에 이르렀는데, 지금의 고구려와 발해가 이것이고 지금 요동(遼東)에 있으니 당의 영역이 아니다. 한의 경계는 서쪽으로 돈황군(燉煌郡)에 이르렀는데, 지금의 사주(沙州)이고 이것은 당의 영역이다. 또 구자(龜茲)는 한의 전성기를 서쪽으로 지나친다]. (『舊唐書』 38 志 18 地理 1)

753(癸巳/신라 경덕왕 12/발해 문왕 17 大興 17/唐 天寶 12/日本 天平勝寶 5)

신라	2월 신사일(9)에 종5위하 소야조신전수(小野朝臣田守)를 신라에 파견하는 대사(大使)로 삼았다. (『續日本紀』 19 孝謙紀)

발해	천보 12년 3월 장가(牂牁)·소륵(疎勒)·일본(日本) 등의 나라와 발해가 모두 사신을 파견해 하정(賀正)하였다. (『冊府元龜』 971 外臣部 16 朝貢 4)

발해	5월 을축일(25)에 발해 사신 보국대장군(輔國大將軍) 모시몽(慕施蒙) 등이 조정에 배알하고 아울러 신물(信物)을 바쳤다. 아뢰었다. "발해왕은 일본을 통치하는 성스러운 천황 조정에 아룁니다. 사신의 명을 내리지 않은 지가 이미 10여 년이 지났습니다. 이 때문에 모시몽 등 75인을 보내어 국신물(國信物)을 가지고 가서 조정에 바칩니다." (『續日本紀』 19 孝謙紀)
발해	천평승보(天平勝寶) 5년 5월 을축일[25] 6월 정축일[8] (『類聚國史』 193 殊俗部 渤海 上)

발해	5월 정묘일(27)에 모시몽 등에게 조당(朝堂)에서 잔치를 베풀었다. 관위를 주고 녹(祿)을 내렸는데 각각 차등이 있었다. (『續日本紀』 19 孝謙紀)

발해	6월 정축일(8)에 모시몽 등이 돌아갔다. 교서를 내렸다. "천황은 삼가 발해국왕에게 문안한다. 朕은 덕이 없음에도 삼가 보도(寶圖)를 받들어 백성을 기르고 팔방(八方)을 다스리고 있다. 왕은 바다 밖에 치우쳐 있으면서 멀리 사신을 보내어 입조하니 정성스러운 마음이 지극히 밝아 매우 가상하게 여긴다. 단지 올라온 계(啓)를 살펴보니 신하라 칭하지 않았다. 그래서 『고려구기(高麗舊記)』를 살펴보았더니 나라가 태평할 때의 상표문[上表文]에 '족(族)으로는 형제이고 의(義)로는 군신(君臣)이라'고 하며, 혹은 원병을 청하기도 하고 또는 등극을 축하하며 조빙하는 항례를 닦아 충성스럽게 간절한 정성을 본받아 왔다. 그래서 선조(先朝)에서도 그 정절을 착하게 여기고 특별한 은혜로 대우하여 영예로운 명령이 융성하고 날마다 새로움이 끊임이 없었다. 생각하는 바를 아는데 어찌 한두 마디 말을 빌리겠는가. 이런 까닭에 먼저

돌려보낸 뒤에 이미 칙서를 내렸는데 어찌 올해의 조공에 거듭 올리는 표문이 없는 가. 예로써 나아가고 물러나는 것은 서로 같으니 왕은 깊이 생각하라. 늦여름이 매우 더우니 병이 없기를 바란다. 사인(使人)이 지금 돌아가니 다녀간 뜻을 펴게 하라. 아울러 별도와 같이 물건을 내린다." (…) (『續日本紀』 19 孝謙紀)

발해   천평승보 5년 5월 을축일[25] 6월 정축일[8] (『類聚國史』 193 殊俗部 渤海 上)

신라   유가종(瑜珈宗)의 조사(祖師)인 대덕(大德) 대현(大賢)은 남산(南山) 용장사(茸長寺)에 살고 있었다. 절에는 미륵 석조장육상[石丈六]이 있었는데 대현이 항상 그 둘레를 돌면 불상 또한 대현을 따라 얼굴을 돌렸다. 대현은 지혜롭고 분명하고 정밀하고 민첩해서 판단하고 분별하는 것이 명백했다. 대개 법상종(法相宗)의 전량(銓量)은 뜻과 이치가 그윽하고 깊어서 나누어 밝히기가 매우 어렵다. 때문에 중국의 명사(名士) 백거이(白居易)도 일찍이 이것을 궁구하였으나 능히 통하지 못하고 말하기를, "유식(唯識)은 그윽하여 풀이하기 어렵고 인명(因明)은 나누어도 열리지 않는다."고 하였다. 이 때문에 학자들이 배우기 어려워하는 것이 보통이었다. 대현은 홀로 그 잘못된 것을 바로잡고 잠깐 사이에 그윽하고 깊은 뜻을 깨우쳐 여유 있게 이치를 분석하였다. 동국(東國)의 후학들은 다 그 가르침을 따랐고, 중국의 학사들도 종종 이를 얻어 안목(眼目)으로 삼았다.
경덕왕 천보 12년 계사(癸巳, 753) 여름에 크게 가뭄이 들었다. 조서를 내려 대현(大賢)을 궁궐로 들어오게 하여 『금광경(金光經)』을 강론하여서 단비가 내리기를 기도하게 하였다. 어느 날 재(齋)를 올리는데 바리를 늘어놓고 잠시 있었으나 정수(淨水)를 바치는 것이 늦어지자 감리(監吏)가 그것을 꾸짖었다. 공양하는 사람이 말하기를, "궁궐의 우물이 말라서 먼 곳에서 길어왔기 때문에 늦어졌습니다."라고 하였다. 대현이 그 말을 듣고 말하기를, "어찌 일찍 말하지 않았는가?"라고 하였다. 낮에 강론할 때에 이르러 향로를 들고 말없이 있으니, 잠깐 동안 우물의 물이 솟아 나와 그 높이가 7장(丈) 가량이 되어 찰당(刹幢)과 더불어 같게 되었는데, 궁 전체가 놀랐고 그로 인하여 그 우물을 금광정(金光井)이라 이름하였다. 대현은 일찍이 스스로 청구 사문(靑丘沙門)이라고 불렀다.
찬하여 말한다.
남산의 불상을 도니 불상도 따라서 얼굴을 돌리고
청구(靑丘)의 불일(佛日)이 다시 중천에 떠올랐네
궁궐의 우물에 솟구치는 맑은 저 물결
금향로의 한 줄기 연기인 줄 누가 알았으랴 (『三國遺事』 4 義解 5 賢瑜珈 海華嚴)

신라   가을 8월에 일본국(日本國)의 사신이 이르렀으나 오만하고 무례하였다. 왕이 그를 만나지 않고 곧 돌려보냈다. (『三國史記』 9 新羅本紀 9)

신라   가을 8월에 일본국의 사신이 이르렀으나 오만하고 무례하였다. 왕이 만나지 않고 곧 돌려보냈다. (『三國史節要』 12)

신라   가을 8월 무진주(武珍州)에서 흰 꿩을 바쳤다. (『三國史記』 9 新羅本紀 9)

신라   가을 8월 무진주에서 흰 꿩을 바쳤다. (『三國史節要』 12)

신라   좌계(左溪)의 법을 받은 자는 12명인데, 적통은 형계(荊溪)라고 한다. 신라에 도를 전한 자는 법융(法融)·이응(理應)·순영(純英)이다. (『佛祖統紀』 7 東土九祖紀 3-2 八祖左溪尊子玄朗 新羅傳道者)

신라   신라의 법융 선사(禪師)[이하 3인은 좌계의 기(紀)이다.], 신라의 이응 선사, 신라의

순영 선사이다. (『佛祖統紀』10 諸祖旁出世家 5-2 左溪旁出世家目錄)

신라 　　신라의 법융 선사, 신라의 이응 선사, 신라의 순영 선사이다. (『佛祖統紀』24 佛祖
世繫表 10 八祖左溪大禪師 下)

고려 　　김관의(金寬毅)의 『편년통록(編年通錄)』에 이르기를, "이름이 호경(虎景)이라는 사람
이 있어 스스로 성골장군(聖骨將軍)이라고 불렀다. 백두산(白頭山)에서부터 두루 돌
아다니다가 부소산(扶蘇山)의 왼쪽 골짜기에 이르러 장가를 들고 살림을 차렸는데
집은 부유하였으나 자식이 없었다. 활을 잘 쏘아 사냥을 일삼았는데 하루는 같은 마
을 사람 아홉 명과 평나산(平那山)에서 매를 잡았다. 마침 날이 저물어 바위굴에서
하룻밤을 묵으려 하는데 호랑이 한마리가 있어 굴 입구에서 크게 울부짖었다. 열 사
람이 서로에게 말하기를, '범이 우리 무리를 잡아먹으려 하니 시험 삼아 관(冠)을 던
져 호랑이가 잡는 것의 임자가 맞서기로 하자.'라고 하고, 드디어 모두 던지자 호랑
이가 호경의 관을 움켜잡았다. 호경이 나가 호랑이와 싸우려고 하였는데, 호랑이는
갑자기 보이지 않고 굴이 무너져 아홉 명은 모두 빠져 나오지 못하였다. 호경이 돌
아가 평나군(平那郡)에 알리고, 되돌아와 아홉 명의 장사를 지내려고 먼저 산신에게
제를 올렸는데 그 신이 나타나서 말하기를, '나는 과부로서 이 산을 다스린다. 다행
히 성골장군을 만나, 부부가 되어서 함께 신정(神政)을 다스리고자 하니 이 산의 대
왕으로 봉하기를 청한다.'라고 하고, 말을 마치자 호경과 함께 사라져 보이지 않았
다. 평나군의 백성들은 그 때문에 호경을 봉하여 대왕으로 삼고 사당을 세워 제사를
지냈으며, 아홉 사람이 함께 죽었다 하여 산 이름을 고쳐 구룡산(九龍山)이라 하였
다. 호경(虎景)이 옛 부인을 잊지 못하고 밤마다 늘 꿈같이 와서 교합하여 아들을
낳으니 강충(康忠)이라 하였다. 강충은 외모가 단정하고 근엄하며 재주가 많았는데,
서강(西江) 영안촌(永安村)의 부잣집 딸인 구치의(具置義)를 아내로 맞아 오관산(五
冠山) 아래 마하갑(摩訶岬)에서 살았다. 그 때 신라의 감간(監干) 팔원(八元)이 풍수
에 밝았는데, 부소군(扶蘇郡)에 이르러 고을이 부소산(扶蘇山) 북쪽에 있을 뿐 아니
라 산의 형세는 빼어나나 나무가 없는 것을 보고는 강충에게 고하기를 '만약 고을을
산의 남쪽으로 옮기고 소나무를 심어 바윗돌이 드러나지 않도록 하면 삼한(三韓)을
통합할 인물이 태어날 것이오.'라고 하였다. 이에 강충이 고을 사람들과 더불어 산
의 남쪽으로 거처를 옮기고 온 산에 소나무를 심고 인하여 고을의 이름을 송악군(松
嶽郡)이라 고쳤다. 마침내 강충은 고을의 상사찬(上沙粲)이 되었으며 또 마하갑의
집을 영업지(永業地)로 삼고서 왕래하였다. 집안에 천금을 쌓아두고 두 아들을 낳았
는데 막내는 손호술(損乎述)이라 부르다가 이름을 바꾸어 보육(寶育)이라 하였다. 보
육은 성품이 자비롭고 은혜로웠는데, 출가하여 지리산(智異山)에 들어가 도를 닦고
평나산(平那山)의 북갑(北岬)으로 돌아와 살다가 또 마하갑으로 옮겼다. 일찍이 꿈에
곡령(鵠嶺)에 올라가 남쪽을 향해 소변을 보니, 삼한(三韓)의 산천이 오줌에 잠겨 은
빛 바다로 변하였다. 다음날 그의 형 이제건(伊帝建)에게 이야기를 하였더니 이제건
이 말하기를, '너는 반드시 하늘을 떠받칠 기둥을 낳게 될 것이다.'라 하고 자기 딸
덕주(德周)로 아내를 삼게 하였다. 마침내 보육은 거사(居士)가 되어 마하갑에 나무
를 엮어 암자를 지었다. 어떤 신라의 술사(術士)가 그것을 보고 '이 곳에서 살고 있
으면 반드시 대당(大唐)의 천자가 와서 사위가 되리라.'라고 예언하였다. 뒤에 두 딸
을 낳았는데 막내딸의 이름은 진의(辰義)로 아름답고 지혜와 재주가 많았다. 나이
겨우 15세[筓] 때 그의 언니가 꿈에 오관산(五冠山) 꼭대기에 올라가, 소변을 보니
천하에 흘러넘쳤다. 꿈에서 깨어나 진의에게 이야기하자 진의가 말하기를, '비단치
마로 꿈을 사고 싶어요.'라고 하니 언니가 허락하였다. 진의가 언니에게 다시 꿈을
이야기하도록 하고 잡아서 품는 시늉을 세 번 하니 이윽고 몸에서 움직거리는 것이

무엇을 얻은 것 같았으며 마음이 자못 뿌듯하였다. 당 숙종(肅宗) 황제가 왕위에 오르기 전 산천을 두루 유람하고자 하여 명황(明皇, 당 현종) 천보(天寶) 12년 계사년(753) 봄에 바다를 건너 패강(浿江)의 서쪽 나루터에 이르렀다. 바야흐로 썰물이 되어 강가 개펄에 따라온 신하들이 배 안에서 돈을 꺼내어 뿌리고 이에 언덕으로 올라갔다. 뒤에 그 나루터의 이름을 전포(錢浦)라 하였다. [민지(閔漬)의 『편년강목(編年綱目)』에서 『벽암록(碧巖錄)』 등의 선록(禪錄)을 인용하여 말하기를, "당 선종(宣宗)의 나이 13세 때 목종(穆宗)이 황제였었는데, 그가 장난삼아 황제의 자리에 올라가 신하들에게 읍(揖)하는 시늉을 하니 목종의 아들인 무종(武宗)이 내심 꺼렸다. 무종이 즉위한 후 선종이 궁중에서 해를 입고 숨이 끊어지려다 살아나, 몰래 궁중을 빠져나와 멀리 달아나 천하를 두루 돌아다니며 온갖 풍상을 다 맛보았다. 염관현(鹽官縣)의 안선사(安禪師)가 용안(龍顔)을 속으로 알아보고 대우하는 것이 특히 후해 염관현에 가장 오래 머물렀다. 또 선종은 일찍이 광왕(光王)이 되었는데 광군(光郡)은 곧 양주(楊州)의 속군(屬郡)이고 염관현은 항주(杭州)의 속현(屬縣)인데 모두 황해[東海]에 연접하여 상선이 오가는 지방이었다. 선종은 화를 당할까 두렵고 완전히 몸을 숨기지 못한 것을 걱정한 까닭에 산수를 유람한다는 핑계로 상선을 따라 바다를 건넜다. 이때는 당의 역사가 찬술되지 않아서 당 황실의 일을 자세하게 알 수 없었다. 다만 숙종 선황제(肅宗 宣皇帝) 때 안록산(安祿山)의 난이 있었음은 들었으나 선종이 난리를 만나 달아났다는 일은 듣지 못하였으니 앞의 기록에서는 선종 황제를 숙종 선황제라 잘못 적은 것이다."라고 하였고, 또 세상에 전하기를, "충선왕(忠宣王)이 원(元)에 있을 때 한림학사(翰林學士)로 왕과 교유하였던 어떤 사람이 왕에게 일러 말하기를, '일찍이 듣기를 왕의 선조께서 당 숙종에게서 나왔다고 하던데 어디에 근거한 바입니까? 숙종은 어려서부터 일찍이 대궐 문을 나오지 않았고 안록산의 난 때 영무(靈武)에서 즉위하였으니 어느 때에 동쪽으로 와서 아들을 두기에 이르렀겠습니까?'라고 하니 왕이 크게 부끄러워하며 답하지 못하였는데 민지가 곁에 있으면서 대답하여 말하기를, '그것은 우리나라 역사에 잘못 쓰였을 뿐입니다. 숙종이 아니고 선종입니다.'라고 하였다. 학사가 말하기를 '선종이라면 오랫동안 외지에서 고생하였으니 아마 그럴 수도 있겠습니다.'라고 하였다."고 하였다.]

드디어 송악군(松嶽郡)에 이르러 곡령(鵠嶺)에 올라가 남쪽을 바라보고, '이 땅은 반드시 도읍이 될 것이다.'라고 하자, 따르던 자가 말하기를, '이곳이 팔진선(八眞仙)이 사는 곳입니다.'라고 하였다. 마하갑(摩訶岬)의 양자동(養子洞)에 이르러 보육(寶育)의 집에 묵었는데 숙종이 두 딸을 보고 기뻐하며 옷이 터진 것을 꿰매 달라고 요청하였다. 보육은 그가 중화(中華)의 귀인임을 알고 마음속으로 생각하기를, '과연 술사(術士)의 말에 들어맞는구나.'라고 하고 곧 큰 딸을 시켜 부탁을 들어주도록 하였다. 그러나 겨우 문지방을 넘자마자 코에서 피가 쏟아지는 바람에 진의(辰義)로 대신하였고, 결국 진의가 잠자리를 같이하게 되었다. 숙종이 한 달을 머무르다가 [민지(閔漬)의 『편년강목(編年綱目)』에는 혹 1년이라고 하였다.] 임신하였다는 것을 깨닫고 헤어지면서 말하길, '나는 대당(大唐)의 귀한 가문 사람[貴姓]이오.'라 하고 활과 화살을 주며 말하길, '아들을 낳거든 이것을 주시오.'라고 하였다. 과연 아들을 낳아 작제건(作帝建)이라 불렀다. 뒤에 보육을 추존하여 국조 원덕대왕(國祖 元德大王)이라 하고 그의 딸 진의를 정화왕후(貞和王后)라 하였다. (『高麗史』高麗世系)

신라　　어느 곳이런가 돌아가는 먼 곳 그대를 동쪽으로 아득히 보내노라. 천만리 드넓은 바다. 밤낮 하나의 쪽배에 기대어 멀리 떨어진 나라 바라보면 어슴푸레한 하늘가에 수심이 일고 간혹 선경(仙境)에 가까이 간 듯 꿈 속에 노를 젓는 것 같기도 하니 아니면 고색찬연한 산봉을 보는 듯 고독한 산 백리 길엔 가을만 깊어가고 앞길은 아득하고 마음은 바쁘건만 배는 망설이며 떠나려 하지 않으니 동서로 갈라짐이 애석할 뿐인데 풍파도 삼가 황은(皇恩)이어라 봄은 꽃 향기 띄워 멀리 보내고 그리움은 바닷물 따라 흘러서 가리 해 저물 무렵에 이별가를 부르며 언제나 텅 빈 그대의 집을 그려 보리라 (『全唐詩』 4函 8冊 劉春虛　海上詩送薛文學歸海東)

754(甲午/신라 경덕왕 13/발해 문왕 18 大興 18/唐 天寶 13/日本 天平勝寶 6)

신라　봄 정월 병인일(30)에 부사(副使) 大伴宿禰古麻呂가 당국(唐國)으로부터 도착하였다. 고마려(古麻呂)가 아뢰었다. "대당(大唐) 천보(天寶) 12년(753) 계사(癸巳) 정월 초하루 계묘에 백관과 여러 번국(蕃國)이 신년을 축하하였는데 천자는 봉래궁(蓬萊宮) 함원전(含元殿)에서 조하(朝賀)를 받았습니다. 이 날 우리는 서반(西畔)의 두번째로 토번(吐蕃) 밑에 있었고 신라 사신은 동반(東畔)의 첫번째로 대식국(大食國) 위에 있었습니다. 古麻呂가 따지기를 '옛부터 지금까지 신라가 대일본국에 조공한 지 오래 되었는데 지금 동반의 위에 있고 우리는 오히려 그 밑에 있으니 이치에 맞지 않는다'고 하였습니다. 이 때 장군(將軍) 오회실(吳懷實)이 고마려(古麻呂)가 좋아하지 않는 것을 보고 신라 사신을 서반의 두번째로 토번 밑에 두고 일본 사신을 동반의 첫번째로 대식국 위에 서게 하였습니다."(『續日本紀』 19 孝謙紀)

발해　천보 13년 정월에 발해가 사신을 파견해 하정(賀正)하였다. (『冊府元龜』 971 外臣部 16 朝貢 4)

백제　2월 기묘일(13)에 정6위상 백제왕 이백(理伯)에게 종5위하를 주었다. (『續日本紀』 19 孝謙紀)

백제　여름 4월 경오일(5)에 종5위하 백제왕 이백(理伯)을 양(亮)으로 삼았다. (…) (『續日本紀』 19 孝謙紀)

신라　여름 4월에 수도에 우박이 내렸는데, 크기가 달걀 만했다. (『三國史記』 9 新羅本紀 9)
신라　여름 4월에 수도에 우박이 내렸는데, 크기가 달걀 만했다. (『三國史節要』 12)

신라　5월에 성덕왕비(聖德王碑)를 세웠다. (『三國史記』 9 新羅本紀 9)
신라　5월에 성덕왕비를 세웠다. (『三國史節要』 12)

신라　5월에 우두주(牛頭州)에서 상서로운 지초(芝草)를 바쳤다. (『三國史記』 9 新羅本紀 9)
신라　5월에 우두주에서 지초를 바쳤다. (『三國史節要』 12)

신라　경덕왕 천보 12년 계사(癸巳) 다음해 갑오(甲午) 여름에 왕이 또 대덕(大德) 법해(法海)를 황룡사(皇龍寺)에 청해 『화엄경(華嚴經)』을 강론하게 하고, 가마를 타고 행차하여 향을 피우고 조용히 일러 말하였다. "지난 여름에 대현법사(大賢法師)가 『금광경(金光經)』을 강론하여 우물의 물이 7장(丈)이나 솟아나왔다. 당신의 법도(法道)는 어떠한가?" 법해가 말하였다. "그것은 특별히 조그만 일이니 어찌 칭찬하기 족하겠습니까. 바로 창해(滄海)를 기울여서 동악(東岳)을 잠기게 하고 수도를 떠내려가게 하는 것도 또한 어려운 바가 아닙니다." 왕은 그것을 믿지 않고 농담으로 여겼을 뿐이다. 오시(午時)에 강론을 하는데 향로를 끌어놓고 고요히 있으니, 잠깐 사이에 궁중에서 갑자기 우는 소리가 나고, 궁리(宮吏)가 달려와서 보고하기를, "동쪽 연못이 이미 넘쳐서 내전(內殿) 50여 칸이 떠내려갔습니다."라고 하였다. 왕이 망연자실하니, 법해가 웃으며 말하기를, "동해가 기울고자 하여 수맥이 먼저 넘친 것뿐입니다."라고 하였다. 왕이 자기도 모르게 일어나 절을 하였다. 다음날 감은사(感恩寺)에서 아뢰기를, "어제 오시(午時)에 바닷물이 넘쳐서 불전(佛殿)의 섬돌 앞까지 이르렀다가, 저녁 무렵에 물러났습니다."라고 하였다. 왕이 더욱 그를 믿고 공경하였다.
찬하여 말한다.
법해(法海)의 파도 법계(法界)에 넓으니
사해(四海)를 늘리고 줄이는 것도 어렵지 않네
백억의 수미산[須彌]을 크다고 말하지 말라.
모두가 우리 법사의 한 손가락 끝에 있다(이상(右)은 법해(法海)를 말한 것이다). (『三國遺事』 4 義解 5 賢瑜珈 海華嚴)

신라	가을 7월에 왕이 관(官)에 명령하여 영흥(永興)·원연(元延) 2사(寺)를 수리하게 하였다. (『三國史記』 9 新羅本紀 9)
신라	가을 7월에 왕이 관에 명령하여 영흥·원영(元迎) 2사를 수리하게 하였다. (『三國史節要』 12)
신라	8월에 가뭄이 들고 황충(蝗蟲)이 생겼다. 시중(侍中) 조량(朝良)이 물러났다. (『三國史記』 9 新羅本紀 9)
신라	8월에 가뭄이 들고 황충이 생겼다. 시중 조량이 사직하였다. (『三國史節要』 12)
신라	천보 13년 9월19일에 좌계대사(左谿大師)가 돌아가시니, 나이가 82세이고 승랍(僧臘)이 64년이다. (…) 입실(入室)한 제자인 본주(本州) 개원사(開元寺)의 승려 행선(行宣), 상주(常州) 묘락사(妙樂寺)의 승려 담연(湛然)이 여래(如來)의 성정을 드러내어, 좌계(左谿)의 법문을 신라의 승려 법융(法融)·이응(理應)·영순(英純)에게 전하였다. 이응은 본국에 돌아가 동쪽 땅에서 교화를 행하여 좌계의 심오한 원행(願行)을 널리 펼쳤다. (「左谿大師碑」: 『全唐文』 320; 『李邕叔文集』; 『唐文粹』 61)
신라	신라 제35대 경덕대왕(景德大王)은 천보 13년 갑오에 황룡사(皇龍寺)의 종을 주조하였는데, 길이는 1장(丈) 3촌(寸), 두께는 9촌, 들어간 금속의 무게는 49만7,581근, 시주(施主)는 효정(孝貞)·이왕(伊王)·삼모부인(三毛夫人)이고, 장인(匠人)은 이상택(里上宅)의 하전(下典)이었다.(고려 숙종 때 다시 새 종을 만드니 길이는 6자 8치였다). (『三國遺事』 3 塔像 4 皇龍寺鐘芬皇寺藥師奉德寺鍾)
신라	황룡사의 종을 주조하였는데, 길이는 1장 3촌, 두께는 9촌, 무게는 49만7,581근이었다. (『三國史節要』 12)

755(乙未/신라 경덕왕 14/발해 문왕 19 大興 19/唐 天寶 14/日本 天平勝寶 7)

신라	봄에 곡식이 귀하여 백성들이 굶주렸다. (『三國史記』 9 新羅本紀 9)
신라	봄에 곡식이 귀하여 백성들이 굶주렸다. (『三國史節要』 12)
신라	봄 웅천주(熊川州)의 향덕(向德)이 가난하여 봉양할 수 없어서 넓적다리 살을 베어 그 아버지를 먹였다. 왕이 듣고 하사한 것이 매우 후하였고, 이어서 마을에 표창하게 하였다. (『三國史記』 9 新羅本紀 9)
신라	봄 효자 향덕의 마을에 표창하였다. 향덕은 웅천주 판적향 사람이다. 아버지 선(善)

은 천성이 온화하고 착해서 마을 사람들이 그의 행실을 칭송하였다. 이 때에 흉년이 들어 백성들이 굶주렸고 전염병이 겹쳤다. 부모도 굶주리고 병이 나서 거의 죽게 되었다. 향덕은 밤낮으로 옷도 벗지 않고 정성을 다하여 몸을 편안하게 하고 마음을 위로하였으나 봉양할 것이 없었다. 이에 자신의 넓적다리 살을 베어 내어 드시도록 하였고, 어머니는 종기가 났는데 향덕이 그것을 빨아내어 모두 무사하게 되었다. 일이 왕에게 알려지자, 교서를 내려 조 300섬과 집 한 채, 구분전 약간을 하사하고, 담당 관리에게 명해 비석을 세워 사실을 기록하게 하였다. 후대 사람들이 그 지역을 불러 효가리(孝家里)라고 한다.

김부식(金富軾)이 말한다. "송기(宋祁)의 『신당서(新唐書)』에 전한다. '훌륭하도다, 한유(韓愈)의 논이여. 부모가 아프면 약이 되는 음식을 익혀 이것으로써 효도하는 것이지, 몸을 훼손하였다는 것은 아직 듣지 못하였다. 만약 도리에 어긋나는 것이 아니라면 성현(聖賢)이 여러 사람들보다 먼저 그것을 했을 것이다. 이렇게 하다가 불행히 그로 인하여 죽게 되면 몸을 상하게 하고 대를 끊는 죄가 돌아감이 있을 것이다. 어찌 그 집 문에 깃발을 세워 그를 특별히 나타낼 수 있겠는가. 비록 그러하지만 좁고 누추한 고을에서 학술과 예의의 자질을 갖추지 않았으면서도 자신을 희생하여 그 부모를 봉양할 수 있었음은 정성어린 마음에서 나온 것이니 또한 칭찬할 만한 것이다. 그러므로 열전으로 쓴다.' 그런즉 향덕과 같은 자도 또한 기록해둘 만한 자가 아니겠는가"(『三國史節要』 12)

<table>
<tr><td>신라</td><td>

향덕은 웅천주 판적향 사람이다. 아버지의 이름은 선이고 자는 반길(潘吉)이었는데, 천성이 온화하고 착해서 마을 사람들이 그의 행실을 칭송하였다. 어머니는 그 이름이 전하지 않는다. 향덕 또한 효성스럽고 온순하여 당시 사람들에게 칭찬을 받았다. 천보(天寶) 14년 을미(乙未)에 흉년이 들어 백성들이 굶주렸고 전염병이 겹쳤다. 부모도 굶주리고 병이 났으며, 어머니는 또 종기가 나서 모두 거의 죽게 되었다. 향덕은 밤낮으로 옷도 벗지 않고 정성을 다하여 몸을 편안하게 하고 마음을 위로하였으나 봉양할 것이 없었다. 이에 자신의 넓적다리 살을 베어 내어 드시도록 하였고, 또 어머니의 종기를 빨아내어 모두 무사하게 되었다. 향사(鄕司)에서 주(州)에 보고하고 주에서 왕에게 보고하였다. 왕은 교서를 내려 조 300섬과 집 한 채, 구분전 약간을 하사하고, 담당 관리에게 명해 비석을 세워 사실을 기록하여 그 효행을 드러내게 하였다. 고려에 이르러 사람들이 그 지역을 불러 효가리라고 한다.

논하여 말한다. "송기의 『신당서』에 전한다. '훌륭하도다, 한유의 논이여. 부모가 아프면 약이 되는 음식을 익혀 이것으로써 효도하는 것이지, 몸을 훼손하였다는 것은 아직 듣지 못하였다. 만약 도리에 어긋나는 것이 아니라면 성현이 여러 사람들보다 먼저 그것을 했을 것이다. 이렇게 하다가 불행히 그로 인하여 죽게 되면 몸을 상하게 하고 대를 끊는 죄가 돌아감이 있을 것이다. 어찌 그 집 문에 깃발을 세워 그를 특별히 나타낼 수 있겠는가? 비록 그러하지만 좁고 누추한 고을에서 학술과 예의의 자질을 갖추지 않았으면서도 자신을 희생하여 그 부모를 봉양할 수 있었음은 정성어린 마음에서 나온 것이니 또한 칭찬할 만한 것이다. 그러므로 열전으로 쓴다.' 그런즉 향덕과 같은 자도 또한 기록해둘 만한 자가 아니겠는가?"(『三國史記』 48 列傳 8 向德聖覺)

</td></tr>
<tr><td>신라</td><td>

웅천주에 향득(向得) 사지(舍知)라는 자가 있었다. 흉년이 들어서 그 아버지가 거의 굶어죽게 되자, 향득이 넓적다리를 베어 봉양하였다. 웅천주의 사람들이 일을 갖추어 아뢰니, 경덕왕(景德王)이 조(租) 500석을 상으로 하사하였다. (『三國遺事』 5 孝善 9 向得舍知割股供親 景德王代)

</td></tr>
<tr><td>신라</td><td>

봄 망덕사(望德寺)의 탑이 흔들렸다.[당(唐) 영호징(令狐澄)의 『신라국기(新羅國記)』

</td></tr>
</table>

에 전한다. "그 나라가 당을 위하여 이 절을 세웠으므로 이름으로 삼았다. 두 탑은 높이 13층으로 서로 마주보았는데, 갑자기 흔들려 움직여 나뉘고 합쳐지니, 기울어 지려고 하는 것 같은 상태가 여러 날이었다. 그 해에 안록산(安祿山)이 반란하였으니, 아마도 그 응험(應驗)일 것이다."] (『三國史記』 9 新羅本紀 9)

신라	여름 4월에 사신을 파견해 당에 들어가 하정(賀正)하였다. (『三國史記』 9 新羅本紀 9)
신라	여름 4월에 사신을 파견해 당에 가서 하정하였다. (『三國史節要』 12)
신라	천보14년 4월에 신라·돌기시(突騎施)가 모두 사신을 파견하여 하정하였다. (『冊府元龜』 971 外臣部 16 朝貢 4)

| 신라 | 가을 7월에 죄인을 사면하고, 노인·병자·홀아비·과부·고아·독거노인을 위로하여 곡식을 차등 있게 하사하였다. (『三國史記』 9 新羅本紀 9) |
| 신라 | 가을 7월에 사면령을 내리고, 노인·병자·홀아비·과부·고아·독거노인을 위로하여 곡식을 차등 있게 하사하였다. (『三國史節要』 12) |

| 신라 | 가을 7월 이찬(伊湌) 김기(金耆)를 시중(侍中)으로 삼았다. (『三國史記』 9 新羅本紀 9) |
| 신라 | 가을 7월 이찬 김기를 시중으로 삼았다. (『三國史節要』 12) |

고구려	천보 14년 11월 정축일(22)에 영왕 완을 동토원수(東討元帥)로 삼고 고선지(高仙芝)를 부사로 하였다. (『新唐書』 5 本紀 5 玄宗)
고구려	천보 14년 11월 정축일(22)에 영왕 완을 원수로 삼고 우금오대장군(右金吾大將軍) 고선지에게 그를 돕도록 하여 여러 군대를 이끌고 동정(東征)하도록 하였다 내부(內府)의 전백(錢帛)을 꺼내어 경사(京師)에서 병사 11만을 모았는데 천무군(天武軍)이라 부르고 열흘 동안 모였는데 모두 저자거리에 있는 자제들이었다 (『資治通鑑』 217 唐紀 33 玄宗至道大聖大明孝皇帝)
고구려	천보 14년 11월 이 날 경조목 영왕 완을 토적원수(討賊元帥)로 삼고 고선지를 부사로 삼았다. 고선지는 비기(飛騎)·확기(彍騎) 및 삭방(朔方)·하서(河西)·농우(隴右)를 거느리고 경병마(京兵馬)에 응부(應赴)하고 아울러 관보(關輔) 5만인을 불러 모았고 이어서 봉상청(封常淸)이 동관(潼關)에서 나와 쳤는데 인하여 고선지를 겸어사대부(兼御史大夫)로 하였다. (『舊唐書』 149 列傳 54 高仙芝)
고구려	『구당서(舊唐書)』 고선지전(高仙芝傳)에 전한다. "천보 14년 11월에 안록산이 범양에서 반란을 일으켜 봉은(奉恩)을 교칭(矯稱)하였다. (…) 이에 고선지·봉상청 등이 그를 쳤다."(『太平御覽』 111 皇王部 36 唐 玄宗明皇帝 附 安祿山)
고구려	『구당서』 고선지전에 또 전한다. " (…) 천보 14년 안록산이 범양에서 반란을 일으키자 그 달에 제(制)로 완을 정토원수(征討元帥)로 삼고 고선지를 부령(副令)으로 삼았다. 고선지가 하(河)·농병(隴兵)을 불러 모아 섬군(陝郡)에서 주둔하여 그것을 수일 방어하였다. (…) "(『太平御覽』 149 皇親部 15 太子 4)

| 고구려 | 천보 14년 11월 갑신일(29)에 경조목(京兆牧)·영왕(榮王) 완(琬)을 원수로 삼고 고선지에게 명하여 그를 돕게 하였다. 경성(京城)에서 불러 모아 이름 붙이기를 천무군(天武軍)이라 하였는데 그 무리가 10만이었다. (『舊唐書』 9 本紀 9 玄宗 下) |

| 고구려 | 천보 14년 12월 병술일(1)에 고선지 등이 진군하니 황제가 근정루(勤政樓)에 나와 |

	배웅하였다. (『舊唐書』9 本紀 9 玄宗 下)
고구려	천보 14년 12월 병술일(1)에 고선지가 비기(飛騎)·확기(彍騎) 그리고 새로 모집한 병사·변경의 병사로 경사에 있었던 사람들을 합쳐 5만명을 거느리고 장안(長安)을 출발하였다 황상이 환관인 감문장군(監門將軍) 변령성(邊令誠)을 파견하여 그 군대를 감독하게 하였고 섬군(陝郡)에 주둔하였다 (『資治通鑑』217 唐紀 33 玄宗至道大聖大明孝皇帝)
고구려	천보 14년 12월 군사가 움직이자 현종이 망춘정(望春亭)에 나아가 위로하고 그것을 보냈다. 그리고 감문장군(監門將軍) 변영성(邊令誠)에게 명하고 그 군사를 감독하게 하여 섬주에 주둔하게 하였다. (『舊唐書』149 列傳 54 高仙芝)
고구려	천보 14년 12월 신묘일(6)에 진류군(陳留郡)을 함락하고 장개연(張介然)을 죽였다. (『舊唐書』9 本紀 9 玄宗 下)
고구려	천보 14년 12월 갑오일(9)에 영양군(滎陽郡)을 함락하고 태수 최무피(崔無詖)를 죽였다. (『舊唐書』9 本紀 9 玄宗 下)
고구려	천보 14년 12월 병신일(11)에 봉상청과 적이 성고(成皐) 앵자곡(罌子谷)에서 싸웠는데, 관군이 패적하고 봉상청이 섬군(陝郡)으로 도망갔다. (『舊唐書』9 本紀 9 玄宗 下)
고구려	천보 14년 12월 그 달 11일에 봉상청의 병사가 사수(汜水)에서 패하였다. (『舊唐書』149 列傳 54 高仙芝)
고구려	천보 14년 12월 정유일(12)에 안록산이 동경을 함락하고 유수 이징·중승 노혁·판관 장청을 죽였다. 이 때 고선지가 섬군에 주둔하였는데, 성을 버리고 서쪽 동관에서 보위(保衛)하였다. (『舊唐書』9 本紀 9 玄宗 下)
고구려	천보 14년 12월 13일에 안록산이 동경을 함락하고 봉상청이 남은 무리로 섬주로 도망하였다. 선지가 일러 말하기를, "여러 날의 혈전(血戰)으로 적의 봉(鋒)을 감당할 수 없다. 또 동관에 병사가 없으니 만약 광구(狂寇)가 분돌(奔突)하면 서울이 위험하다. 마땅이 여기를 지키는 것을 버리고 급히 동관에서 보(保)하라."고 하였다. 봉상청과 고선지기 이에 병사를 이끌고 태원창(太原倉)의 전견(錢絹)을 취하여 장사(將士)에게 분급하고 나머지는 모두 태웠다. 잠시 후 적기(賊騎)가 이르자 제군(諸軍)이 놀라 당황하여 갑(甲)을 버리고 도망하여 대오를 회복할 수 없었다. 고선지가 동관에 이르러 수구(守具)를 선수(繕修)였다. 또 색승광(索承光)에게 수선화수(守善和戌)하게 하여 적기가 동관에 이르렀으나 이미 준비되어 있어 공격하지 못하고 가니 고선지의 힘이었다. (『舊唐書』149 列傳 54 高仙芝)
고구려	천보 14년 12월 봉상청이 남은 무리를 이끌고 섬주에 이르자 섬군태수 두정지(竇廷芝)가 이마 하동으로 도망갔다. 이민(吏民)이 모두 흩어져 봉상청이 고선지에 말하기를 "상청은 연일 혈전으로 적봉을 감당할 수 없습니다. 또 동관에 병사가 없으니 만약 적시(賊豕)가 돌연 동관에 들어오면 장안은 위급합니다. 섬주로는 지킬 수 없으니 병사를 이끌고 동관에 거하여 그것을 막는 것만 못합니다."라고 하였다. 고선지가 이에 군사를 이끌고 서쪽으로 가 동관에 이르니 적이 바로 다다랐다. 관군이 낭패하여 도망가니 부오(部伍)를 회복할 수 없었다. 사마(士馬)가 서로 등천(騰踐)하여 죽은 것이 심히 많았다. 동관에 이르러 수비를 수완(脩完)하니 적이 이르렀으나 들어오지 못하고 갔다. 안록산이 그 장수 최건우(崔乾祐)에게 섬주 주둔하게 하였다.

고구려	천보 14년 12월 계묘일(18)에 봉상청·고선지가 복주(伏誅)되었다. (『新唐書』 5 本紀 5 玄宗)

고구려 　천보 14년 12월 고선지가 동쪽을 정벌하면서 감군(監軍) 변영성(邊令誠)이 자주 일을 가지고 그에게 간여하였는데, 고선지를 대부분 따르지 않았다. 변영성이 들어와서 일에 관하여 주문을 올리면서 고선지와 봉상청이 기세가 꺾여 패한 상황을 자세히 말하면서 또 말하였다. "봉상청은 적을 이용하여 병사들을 흔들었고 고선지는 섬군 땅 수 백리를 버렸으며 또 줄어든 군사들의 시량으로 내린 것을 도둑질 하였습니다." 황상이 크게 노하여 계묘일(18)에 변령성을 파견하여 칙서를 가지고 가게 하여 곧 바로 군대 안에서 고선지와 봉상청을 목을 베게 하였다. (『資治通鑑』 217 唐紀 33 玄宗至道大聖大明孝皇帝)

고구려 　천보 14년 12월 병오일(21)에 봉상청·고선지를 동관에서 죽이고 가서한을 태자 선봉 병마원수로 삼고 영하·롱에서 군대를 모아 동관을 지키고 막았다. (『舊唐書』 9 本紀 9 玄宗 下)

신라 　천보 13년 갑오(甲午) 다음해 을미(乙未)에 분황사(芬皇寺)의 약사동상(藥師銅像)을 주조하였는데, 무게는 30만6,700근이고 장인(匠人)은 본피부(本彼部) 내말(乃末) 강고(强古)였다. (『三國遺事』 3 塔像 4 皇龍寺鐘芬皇寺藥師奉德寺鍾)

고구려 　천보 14년에 밀운군공(密雲郡公)에 진봉(進封)되었다. (『舊唐書』 149 列傳 54 高仙芝)

고구려 　얼마 후 무위태수(武威太守)에 제수되어 안사순(安思順)을 대신하여 하서절도사(河西節度使)가 되었다. 안사순은 다시 우우림군대장군(右羽林軍大將軍)으로 배수하여 밀운군공에 진봉되었다. (『新唐書』135 列傳 60 高仙芝)

756(丙申/신라 경덕왕 15/발해 문왕 20 大興 20/唐 天寶 15, 至德 1/日本 天平勝寶 8)

신라 　봄 2월에 상대등(上大等) 김사인(金思仁)이 해마다 재이(災異)가 거듭 나타난다고 여겨 상소하여 당시 정치의 득실을 한껏 논술하였다. 왕이 훌륭하게 여겨 받아들였다. (『三國史記』 9 新羅本紀 9)

신라 　봄 2월에 상대등 김사인이 재이가 거듭 나타난다고 여겨 상소하여 당시 정치의 득실을 한껏 논술하였다. 왕이 훌륭하게 여겨 받아들였다. (『三國史節要』12)

신라 　봄 2월 왕은 현종(玄宗)이 촉(蜀) 지방에 있다는 말을 듣고, 사신을 파견해 당(唐)에 들어가서 장강(長江)을 거슬러 올라가 성도(成都)에 이르러 조공하였다. 현종이 오언십운시(五言十韻詩)를 직접 짓고 써서 왕에게 주면서 말하기를, "신라왕이 해마다 조공을 잘 행하고 예악과 대의명분을 잘 실천하는 것을 가상히 여겨, 시 한 수를 하사하노라."라고 하였다. 그 시는 다음과 같다. "우주는 해와 별로 나뉘어 있지만 만물은 중심축에 물려 있도다. 구슬과 비단은 천하에 두루 퍼져 있어 산 넘고 물 건너 장안(長安)으로 몰려든다. 생각하니 푸른 물은 아득히 떨어져 있으나, 오랜 세월 중국을 부지런히 섬겼도다. 멀고 멀리 땅이 다한 그곳, 푸르디 푸르게 이어진 바다의 구석에 있지만, 명분과 의리의 나라로 일컬어지니, 어찌 산과 물이 다르다 하겠는가? 사신은 돌아가 풍속과 가르침을 전하고, 사람들은 찾아와 법도를 익혔네. 의관

(衣冠)을 갖춘 이는 예절을 받들 줄 알고, 충성과 신의 있는 자는 유학(儒學)을 높일 줄 아는구나. 성실하도다! 하늘이 이를 굽어볼 것이며 어질도다! 덕이 있는 이는 외롭지 않으리. 가지고 있는 깃발은 작목(作牧)과 같고, 후한 선물은 생추(生芻)에 비할 만하다. 푸르고 푸른 지조 더욱 소중히 하여 바람과 서리에도 늘 변하지 말라." [황제가 촉에 있을 때 신라는 천 리 길을 멀다 않고 행재소(行在所)까지 찾아가 조회했으므로, 그 지극한 정성을 가상히 여겨 시를 지어 하사한 것이다. 시 구절 중에 "푸르고 푸른 지조 더욱 소중히 하여 바람과 서리에도 늘 변하지 말라."고 한 것은 어찌 옛날 시 구절의 "모진 바람이 있은 뒤에야 굳센 풀을 알게 되고, 어지러운 세상이라야 곧은 신하를 알 수 있다."는 의미가 아니겠는가? 선화(宣和) 연간(1119~1125)에 사신으로 갔던 김부의(金富儀)가 시를 새긴 판본을 가지고 변경(汴京)에 들어가서 관반학사(館伴學士) 이병(李邴)에게 보여주었다. 이병이 황제에게 올리니, 황제가 양부(兩府)와 여러 학사들에게 돌려 보인 후 황제의 의견을 전하여 "진봉시랑(進奉侍郎)이 올린 시는 틀림없는 현종의 글씨다."라고 하면서 감탄해마지 않았다.] (『三國史記』 9 新羅本紀 9)

신라 　봄 2월에 왕은 황제가 촉 지방에 있다는 말을 듣고, 사신을 파견해 당에 가서 장강을 거슬러 올라가 성도에 이르러 조공하였다. 황제가 십운시(十韻詩)와 손수 쓴 편지를 직접 지어서 왕에게 주면서 말하기를, "신라왕이 해마다 조공을 잘 행하고 예악과 대의명분을 잘 실천하는 것을 가상히 여겨, 시 한 수를 하사하노라."라고 하였다. 　그 시는 다음과 같다. "우주는 해와 별로 나뉘어 있지만 만물은 중심축에 물려 있도다. 구슬과 비단은 천하에 두루 퍼져 있어 산 넘고 물 건너 장안으로 몰려든다. 생각하니 푸른 물은 아득히 떨어져 있으나, 오랜 세월 중국을 부지런히 섬겼도다. 멀고 멀리 땅이 다한 그곳, 푸르디 푸르게 이어진 바다의 구석에 있지만, 명분과 의리의 나라로 일컬어지니, 어찌 산과 물이 △하다 하겠는가? △은 돌아가 풍속과 가르침을 전하고, 사람들은 찾아와 법도를 익혔네. 의관을 갖춘 이는 예절을 받들 줄 알고, 충성과 신의 있는 자는 유학을 높일 줄 아는구나. 성실하도다! 하늘이 이를 굽어볼 것이며 어질도다! 덕이 있는 이는 외롭지 않으리. 가지고 있는 깃발은 작목과 같고, 후한 선물은 생추에 비할 만하다. 푸르고 푸른 지조 더욱 소중히 하여 바람과 서리에도 늘 변하지 말라." [김부식(金富軾)이 말하였다. "황제가 촉에 있을 때 신라는 천 리 길을 멀다 않고 행재소에까지 조공했으므로, 그 지극한 정성을 가상히 여겨 시를 지어 하사한 것이다. 시 구절 중에 '푸르고 푸른 지조 더욱 소중히 하여 바람과 서리에도 늘 변하지 말라.'고 한 것은 어찌 옛날 시 구절의 '모진 바람이 있은 뒤에야 굳센 풀을 알게 되고, 어지러운 세상이라야 곧은 신하를 알 수 있다.'는 의미가 아니겠는가? 선화 연간(1119~1125)에 고려의 사신 김부의가 시를 새긴 판본을 가지고 △경에 들어가서 관반학사 이병에게 보여주었다. 이병이 황제에게 보고하니, 황제가 양부와 여러 학사들에게 돌려 보인 후 황제의 의견을 전하여 '진봉시랑이 올린 시는 틀림없는 현종의 글씨다.'라고 하면서 감탄해마지 않았다."] (『三國史節要』 12)

신라 　황제가 촉에 있을 때 사신을 파견해 장강을 거슬러 올라가 성도에 이르러 하정(賀正)하였다. (『新唐書』 220 列傳 145 東夷 新羅)

신라 　여름 4월에 크게 우박이 내렸다. (『三國史記』 9 新羅本紀 9)
신라 　여름 4월에 크게 우박이 내렸다. (『三國史節要』 12)

신라 　여름 4월 대영랑(大永郎)이 흰 여우를 바쳤다. 남변제일(南邊第一)의 관등을 제수하였다. (『三國史記』 9 新羅本紀 9)

신라	여름 4월 대영랑이 흰 여우를 바쳤다. 남변제일의 관등을 제수하였다. (『三國史節要』12)

고구려 백제	5월 병진일(3)에 사신을 보내어 3개 관문을 굳게 지켰다. (…) 종3위 多治比眞人廣足·百濟王敬福, 정4위하 鹽燒王, 종4위하 山背王, 정4위하 大伴宿禰古麻呂, 종4위상 高麗朝臣福信, 정5위상 佐伯宿禰今毛人, 종5위하 小野朝臣田守·大伴宿禰伯麻呂를 산작사(山作司)로 삼았다. (…) (『續日本紀』19 孝謙紀)

신라	제3세는 49명이다. (…) 익주(益州)의 무상(無相) 선사(禪師)[자주(資州)의 처적(處寂) 선사가 4명을 배출하였다.], 익주의 장송산마(長松山馬) 선사, 초(超) 선사, 재주(梓州)의 효료(曉了) 선사이다. (『景德傳燈錄』4 第三十二祖弘忍大師五世 旁出一百七人)
신라	익주 보당사(保唐寺)의 무주(無住) 선사[무상 선사가 4명을 배출하였는데, 1명은 기록을 보라.], 형주(荊州) 명월산(明月山)의 융(融) 선사, 한주(漢州) 운정산(雲頂山)의 왕두타(王頭陀), 익주 정중사(淨衆寺)의 신회(神會) 선사, 무계(武誡) 선사이다[전계신휘(塼界愼徽) 선사가 이상의 4명을 배출하였는데, 근기(根機)와 인연의 어구가 없어서 기록하지 않는다]. (『景德傳燈錄』4 第三十二祖弘忍大師五世 旁出一百七人 第四世七人 前益州無相禪師等法嗣五人)
신라	앞선 자주의 처적 선사가 다시 4명을 배출하였는데, 익주의 무상 선사, 익주의 장송산마 선사, 초 선사, 재주의 효료 선사이다. (『景德傳燈錄』4 第三十二祖弘忍大師五世 旁出一百七人 第三世四十九人)
신라	앞선 익주 무상 선사의 법을 계승한 자가 5명인데[1명은 기록을 보라.], 익주 보당사의 무주 선사, 형주 명월산의 융 선사, 한주 운정산의 왕두타, 익주 정중사의 신회 선사이다. (『景德傳燈錄』4 第三十二祖弘忍大師五世 旁出一百七人 第四世七人)

신라	석무상(釋無相)은 본래 신라국 사람인데, 저쪽 왕의 셋째아들이고 본국에서 정월 초하루에 태어났다. (…) 지덕(至德)원년 5월19일에 병도 없이 돌아가시니, 나이가 77세였다. 임종하면서 어떤 사람이 묻기를, "누가 주지를 계승할 만합니까?"라고 하였다. 이에 붓을 찾아 100여 자를 썼는데, 모두 은어로 암시하여 알 수 없었고 조화롭게 운율에 맞았다. 80~90년의 일을 예언하였는데, 착오가 없음을 증험하였다. 이보다 앞서 무종(武宗: 840~846)이 불교를 폐지하여 성도(成都)에는 대자사(大慈寺) 1개만 남겨두었다. 정중사(淨衆寺)는 규정에 따라 부수어 없애고, 그 사찰의 큰 종은 이에 대자사로 옮겨 들어갔다. 선종(宣宗: 846~859)에 이르러 불교를 중흥하자, 그 종은 다시 정중사로 돌려보내는데, 그 종이 커서 강에 막히자 소요시간을 계산하여 2일만에 바야흐로 도착하였다. 다음날 바야흐로 재를 지내는 날로 삼으려고 하자, 가서 맞이하는데 사시(巳時)에 이미 도착하니 밀고 당기는 기세가 곧바로 날 것 같았다. 모두 괴이하고 귀신처럼 빨라서 사람의 힘이 도달할 바가 아니었다. 그 무상의 사리를 복원하고 본래의 형상을 나누어 소조(塑造)하니, 그 날 얼굴은 모두 땀을 흘렸다. 상족(上足) 이승(李僧)이 수건으로 빙 둘러 닦자, 손가락을 물들인 경우가 있어서 그 땀은 매우 짰다. 이에 무상의 신통력을 알고 스스로 종을 끄니, 변이가 이와 같은데 하나가 무엇이 위대한가? 나중에 동해대사탑(東海大師塔)이라고 불렀다. 건원 3년(760)에 자주자사(資州刺史) 한굉(韓洪)이 비문을 지었다. 개성 연간(836~840)에 이르러 이상은(李商隱)이 재주(梓州) 사증당비(四證堂碑)를 지으니, 무상을 추앙하는 하나의 증거가 된다. (『宋高僧傳』19 感通 6-2 唐成都淨衆寺無相)
신라	당의 무상은 신라국왕의 아들이다. (…) 지덕원년 5월19일에 병이 없이 죽으니, 나

	이가 77세였다. 탑호(塔號)는 동해대사(東海大師)이고, 건원 연간(758~760)에 자사(刺史) 한굉이 비문을 지었다. (『新修科分六學僧傳』30 定學禪化科 唐無相)
신라	석무상은 신라국 사람인데, 저쪽 왕의 셋째아들이다. (…) 지덕원년에 죽으니, 나이가 77세였다. (『神僧傳』7 無相)
발해	천보(天寶) 말년에 흠무(欽茂)가 상경(上京)으로 옮기니, 구국(舊國)에서 곧바로 300리이고 홀한하(忽汗河)의 동쪽이었다. 황제의 치세에 이르러 조공한 경우가 29회였다. (『新唐書』219 列傳 144 北狄 渤海)
발해	『신당서(新唐書)』 발해전에 전한다. " (…) 현종 치세에 조공한 경우가 29회였다." (『玉海』153 朝貢 外夷來朝內附 唐渤海遣子入侍)
말갈	현종 치세에 조헌(朝獻) 한 것이 15회였다. (『新唐書』219 列傳 144 北狄 黑水靺鞨)
발해 말갈	그 불열(拂涅)·철리(鐵利) 등 여러 부락은 국초부터 천보 말년에 이르기까지 또한 일찍이 조공하였는데, 혹은 발해의 사신을 따라서 왔다. 오직 군리(郡利)·막예(莫曳)·개삼량부(皆三兩部)만 이르지 않았다. 발해가 점차 강해지자, 흑수(黑水) 또한 그 소속이 되었다. (『唐會要』96 靺鞨)
발해 말갈	그 불열·철리 등 여러 부락은 당 초기부터 천보 말년에 이르기까지 또한 일찍이 조공하였는데, 혹은 발해의 사신을 따라서 왔다. 오직 군리·막예·개삼량부만 이르지 않았다. 발해가 점차 강해지자, 흑수 또한 그 예하가 되었다. (『太平寰宇記』175 四夷 4 勿吉國)
말갈	『당실록(唐實錄)』에 전한다. " (…) 불열은 개원·천보 연간에 8회 왔는데, 고래의 눈동자, 담비·흰 토끼의 가죽을 바쳤다."(『玉海』153 朝貢 外夷來朝內附 唐葛邏祿內屬)
말갈	『신당서』 말갈전(靺鞨傳)에 전한다.. " (…) 현종 치세에 이르러 조공한 경우가 15회였다."(『玉海』153 朝貢 外夷來朝內附 唐靺鞨入朝)
발해	당이 기미제주(羈縻諸州)를 설치한 것은 모두 새외(塞外)를 곁에 두어서, 소수 민족의 부락에 이름을 가탁하더라도 사이(四夷)가 중국과 통하는 경우가 매우 많으니, 무신이 정벌하고 칙사가 재물을 하사하며 위로하는 바와 같이 마땅히 그 어디서부터 나왔는지를 기록함이 있어야 한다. 천보 연간(742~756)에 현종(玄宗)이 여러 번국의 원근을 묻자, 홍려경(鴻臚卿) 왕충사(王忠嗣)가 서역도(西域圖)로 대답하니 겨우 십수국이었다. 그 후 정원(貞元) 연간(785~805)에 재상 가탐(賈耽)이 지방과 노정의 수를 살핀 것이 가장 상세하였다. 변주(邊州)에서 사이로 들어가는 데에 홍려(鴻臚)에서 번역을 통한 경우는 기록을 마치지 않을 수 없다. 그 사이로 들어가는 길과 변경의 관문, 요새는 가장 중요한 것이 7개이다. 하나는 영주(營州)에서 안동(安東)으로 들어가는 길이고, 둘은 등주(登州)에서 바다로 가서 고구려·발해로 들어가는 길이며, 셋은 하주(夏州)에서 새외로 대동(大同)·운중(雲中)으로 통하는 길이고, 넷은 항복을 받은 성에서 회골(回鶻)로 들어가는 길이며, 다섯은 안서(安西)에서 서역으로 들어가는 길이고, 여섯은 안남(安南)에서 천축(天竺)으로 통하는 길이며, 일곱은 광주(廣州)에서 해이(海夷)로 통하는 길이다. 그 산천, 취락, 봉토의 경계, 원근은 모두 그 목(目)을 예로 들었다. 주현(州縣) 중 이름이 있지만 앞에 기록되지 않은 경우에는 혹은 이적(夷狄) 스스로 이름지은 바이다. (『新唐書』43下 志 33下 地理 7下 河北道)
발해	『신당서』 지리지에 전한다. "당이 기미제주를 설치한 것은 모두 새외를 곁에 두어

서, 소수 민족의 부락에 이름을 가탁하더라도 사이가 중국과 통하는 경우가 매우 많으니, 무신이 정벌하고 칙사가 재물을 하사하며 위로하는 바와 같이 마땅히 그 어디서부터 나왔는지를 기록함이 있어야 한다. 천보 연간(742~756)에 현종이 여러 번국의 원근을 묻자, 홍려경 왕충사가 서역도로 대답하니 겨우 십수국이었다[뒤를 보라]. 그 후 정원 연간(785~805)에 재상 가탐이 지방과 노정의 수를 살핀 것이 가장 상세하였다. 변주에서 사이로 들어가는 데에 홍려에서 번역을 통한 경우는 기록을 마치지 않을 수 없다. 그 사이로 들어가는 길과 변경의 관문, 요새는 가장 중요한 것이 7개이다. 하나는 영주에서 안동으로 들어가는 길이고, 둘은 등주에서 바다로 가서 고구려·발해로 들어가는 길이며, 셋은 하주에서 새외로 대동·운중으로 통하는 길이고, 넷은 항복을 받은 성에서 회골로 들어가는 길이며, 다섯은 안서에서 서역으로 들어가는 길이고, 여섯은 안남에서 천축으로 통하는 길이며, 일곱은 광주에서 해이로 통하는 길이다. 그 산천, 취락, 봉토의 경계, 원근은 모두 그 목을 예로 들었다. 주현 중 이름이 있지만 앞에 기록되지 않은 경우에는 혹은 이적 스스로 이름지은 바이다."(『玉海』15 地理 地理書 唐皇華四達記西域圖)

| 신라 | 석(釋) 원표(元表)는 본래 삼한(三韓) 사람이다. 천보 연간(742~756)에 중화 지역에 와서 돌아다녔는데, 이어서 서역(西域)에 가서 불교의 성지를 우러러 예배하다가 심왕보살(心王菩薩)을 만났더니 지제산(支提山)의 선계(仙界)를 가리켜 보여주었다. 마침내 『화엄경(華嚴經)』 80권을 지고 곽동(霍童)을 찾아서 방문하여 천관보살(天冠菩薩)에게 예를 드리고, 지제산의 석실(石室)에 이르러 거처하였다. 이보다 앞서 이 산은 사람이 사는 것을 용납하지 않아서 거주하면 반드시 천둥 번개·맹수·독충이 많을 것이고, 그렇지 않으면 도깨비가 사람을 유혹하여 혼란시킬 것이라 하였다. 일찍이 득도하지 못한 승려가 문득 거처하여 한번 잤는데 산신에게 쫓겨났다. 다음날 아침에 머물렀다가 몸을 보니 산 아래 몇 리 사이에 던져져 있었다. 원표는 경전을 가지고 머무르면서 석간수를 마시고 나무를 먹었는데, 나중에 나가서 거처한 흔적을 모른다. (『宋高僧傳』 30 雜科聲德 10-2 唐高麗國元表) |

신라 | 당의 원표(元表)는 고려 사람이다. 천보 연간(742~756)에 서쪽으로 중국에 유학하고 또 장차 천축(天竺)에 가서 성지를 순례하려고 하였다. 심왕보살을 만나서 지제산이 곧 천관보살이 거주하는 곳이라고 이야기하였다. 이리하여 『화엄경』 80권을 머리에 이고 남족으로 민월(閩越)에 가서 이 산에 거처하였다. 다른 날에 이 산은 맹수·독충·도깨비가 매우 많아서 사람이 살 땅이 아니라고 하였다. 일찍이 어떤 승이 잤다가 또 그 몸을 보니 곧 산기슭 10 몇 리 밖에 있었으니, 아마도 신명(神明)이 던져두었을 것이다. (『新修科分六學僧傳』 28 定學證悟科 唐元表)

신라 | 천보 연간 이후로 해로는 대체로 신라에게 끊기고 막혔으므로, 조공은 명주(明州)·월주(越州) 등의 경로를 경유하였다. (『太平寰宇記』 174 四夷 3 東夷 3 倭國)

신라 | 가을 7월에 황태자가 영무(靈武)에서 즉위하니 이가 숙종(肅宗)이다. 열흘 만에 여러 진의 절도사(節度使) 병력이 이른 것이 수십만이었다. 이에 방관(房琯)을 재상으로 삼고 원수를 겸하여 도적을 토벌하게 하였다. 얼마 지나지 않아 안록산(安祿山)이 패배당하여 이 때에 적군이 침범하여 난리가 나는 기세가 바야흐로 세차니, 혹자는 복을 내려 돕는 것에 의지해야 한다고 말하였다. 황제가 그것을 받아들여, 사문 100여 명을 불러들여 행궁에 도량(道場)을 만들고 아침저녁으로 불경(佛經)을 암송하였다. 황제가 어느날 저녁에 사문의 몸이 금색인데 보승여래(寶勝如來)의 이름을 암송하는 꿈을 꾸었다. 측근에게 물으니 혹자가 대답하였다. "하란산(賀蘭山) 백초곡(白

草谷)에 신라의 승려로 이름을 무루(無漏)라고 하는 자가 있는데, 항상 이 부처를 암송하여 매우 신이함이 있습니다." 황제가 더욱 놀라고, 뜻이 있어 무루를 좇아가 만나려 하였으나 굳게 사양하며 오지 않았다. 얼마 지나서 절도사 곽자의(郭子儀)에게 칙서를 내려 황제의 뜻을 알리자, 무루가 이에 행재소(行在所)에 와서 만났다. 황제가 기뻐하며 말하기를, "진짜로 꿈 속에서 본 승려이다."라고 하였다. 얼마 지나서 삼장불공(三藏不空)도 행궁에서 만났다. 황제가 나란히 머무르게 하고 복을 구하고 재앙은 물러나기를 비는 것을 부탁하였다. (『佛祖歷代通載』 13 唐肅宗 新羅無漏)

신라 이 때에 적군이 침범하여 난리가 나는 기세가 바야흐로 강성하니, 혹자는 황제에게 마땅히 부처님의 도움에 의지해야 한다고 권하였다. 사문 100명에게 조서를 내려 행궁에 들어와 아침저녁으로 불경을 암송하게 하였다. 황제가 어느날 저녁에 사문의 몸이 금색인데 보승여래를 암송하는 꿈을 꾸었다. 측근에게 물으니 혹자가 대답하였다. "하란산 백초곡에 신라의 승려로 이름을 무루라고 하는 자가 있는데, 항상 이 이름을 암송합니다." 행재소에 불러서 만나고, 얼마 후에 불공(不空)이 이르렀다. 마침내 나란히 머무르게 하고 복을 비는 것을 부탁하였다. (『佛祖統紀』 40 法運通塞志 17-7 唐肅宗至德元載)

신라 석(釋) 무루(無漏)는 성이 김씨(金氏)인데, 신라국왕의 셋째아들이다. (…) 얼마 지나지 않아 안록산·사사명(史思明)이 반란을 일으켜 장안(長安)·낙양(洛陽)이 혼란하고 불안하였다. 현종은 촉(蜀)에 행차하여, 숙종이 영무에서 병사를 훈련시켰다. 황제는 금색인 사람이 있어 어전(御前)에서 보승불(寶勝佛)을 염불하는 꿈을 거듭 꾸었다. 다음날 꿈 속의 일을 측근에게 물으니, 혹자가 대답하였다. "사문 행적(行迹)이 있어 북산(北山)에 무리를 이루지 않고 거처하고 있는데, 겸하여 항상 이 부처의 이름을 암송합니다." 숙종이 이에 부르라고 전달하였으나 움직이지 않았다. 삭방부원수(朔方副元帥)·중서령(中書令) 곽자의에게 명령하여 직접 가서 타이르게 하니, 무루가 이에 왔다. 황제가 그를 보고 말하기를, "진짜로 꿈 속에서 본 승려이다."라고 하였다. 갈족(羯族)은 소탕하여 평정하고 거가가 돌아오기에 이르자, 그를 내사(內寺)에 두고 공양하게 하였다. (『宋高僧傳』 21 感通 6-4 唐朔方靈武下院無漏傳)

신라 당의 무루는 성이 김씨인데, 신라국왕의 아들이다. (…) 안록산·사사명의 난으로 숙종이 영무에서 군대를 조련하였다. 그는 금색인 사람이 앞에서 보승여래의 이름을 외치는 꿈을 꾸었다. 여러 신하들에게 물어보니, 무루를 거론하여 대답하였다. 곧 예를 갖추어 초빙하였으나 움직이지 않았다. 나중에 삭방부원수·중서령 곽자의에게 명령하여 직접 가서 황제의 뜻을 알리자, 비로소 조서를 받들어 궁전 섬돌에 이르러 알현하였다. 황제가 눈을 크게 뜨고 보고 나서 말하기를, "이는 진실로 꿈 속에서 보았던 자이다."라고 하였다. 내도량(內道場)에 머무르게 하고 공양하였다. (『新修科分六學僧傳』 28 定學證悟科 唐無漏)

신라 석 무루는 성이 김씨인데, 신라국왕의 둘째아들이다. (…) 얼마 지나지 않아 얼마 지나지 않아 안록산·사사명이 반란을 일으키자, 숙종이 영무에서 병사를 훈련시켰다. 그는 금색인 사람이 있어 어전에서 보승불을 염불하는 꿈을 거듭 꾸었다. 다음날 꿈 속의 일을 측근에게 물으니, 혹자가 대답하였다. "사문 행적이 있어 이 산에 무리를 이루지 않고 거처하고 있는데, 겸하여 항상 이 부처의 이름을 암송합니다." 불러서 이르자, 황제가 그를 보고 말하기를, "진짜로 꿈 속에서 본 사람이다."라고 하였다. 돌아오게 되자, 그를 내사에 두고 공양하게 하였다. (『神僧傳』 8 無漏)

신라 석(釋) 지장(地藏)은 성이 김씨인데, 신라국왕의 친족이다. (…) 지덕(756~758) 초년에 제갈절(諸葛節)이라는 자가 있어 촌사람들을 이끌고 산기슭에서 높이 올라갔는데, 너무 깊어서 사람이 없었다. 구름과 해가 선명하였으나, 오직 지장(地藏)이 외로이 석실에서 눈을 감고 있었다. 그 방에는 다리가 부러진 세발솥이 있었고, 솥 안에 흰 흙은 적은 쌀과 섞어서 삶아 먹었다. 여러 노인이 놀라고 탄식하며 말하기를, "화상이 이와 같이 고행하시는 것은 우리들이 산 아래에 나란히 벌여 서 있는 탓이다."라고 하였다. 서로 더불어 함께 사찰을 지으니, 여러 해가 걸리지 않고 큰 가람을 이루었다. (『宋高僧傳』 20 感通 6-3 唐池州九華山化城寺地藏)

신라　당의 지장은 성이 김씨인데, 신라국왕의 친족 조카이다. (…) 지덕(756~758) 초년에 단월(檀越) 제갈절이 우연히 산꼭대기에 올라서 산천의 경치가 빼어난 곳을 관람하였다. 지장이 동굴에 홀로 앉아 여전히 염불할 수 있는 것을 보았다. 그가 가진 것을 살펴보니 겨우 세발솥 하나인데 이미 다리가 부러진 상태였다. 어떻게 밥을 먹는지 물으니, 곧 말하기를, "날마다 쌀 조금으로 흰 흙과 섞어서 죽을 만들 뿐이다."라고 하였다. 제갈절이 크게 놀라서 빠르게 절하며 말하기를, "화상이 이와 같이 고생하시는 것은 우리들이 몰랐으니 곧 죄가 깊습니다."라고 하였다. 이리하여 가깝고 먼 곳에 두루 알려서 서로 이어서 시주하니, 여러 해가 걸리지 않고 사찰을 이루었다. (『新修科分六學僧傳』 6 傳宗科 唐地藏)

신라　석 지장은 성이 김씨인데, 신라국왕의 친족이다. (…) 지덕(756~758) 초년에 제갈절이라는 자가 있어 촌사람들을 이끌고 산기슭에서 높이 올라갔는데, 너무 깊어서 사람이 없었다. 오직 지장이 외로이 석실에서 눈을 감고 있었다. 그 방에는 다리가 부러진 세발솥이 있었고, 솥 안에 흰 흙은 적은 쌀과 섞어서 삶아 먹었다. 여러 노인이 놀라고 탄식하며 말하기를, "화상이 이와 같이 고행하시는 것은 우리들이 산 아래에 나란히 벌여 서 있는 한 탓이다."라고 하였다. 서로 더불어 함께 사찰을 지으니, 여러 해가 걸리지 않고 큰 가람을 이루었다. (『神僧傳』 8 地藏)

신라　지덕(756~758) 초년에 제갈절이 지장을 위하여 사찰을 건립하니, 그 후 승려 무리가 나날이 많아졌다. (『九華山志』 2 形勝門 2 民國蔣維喬九華山紀遊)

신라　김지장탑(金地藏塔)은 화성사(化城寺) 서쪽의 신광령(神光嶺)에 있는데, 곧 보살(菩薩)이 평생 동안 현신(現身)으로 나타나 전신을 매장한 육신탑(肉身塔)이다. 김지장(金地藏)이라는 자는 당 시기의 신라국왕 김헌영(金憲英)의 근친이다. 어려서부터 출가하여 법명은 교각(喬覺)이다. (…) 지덕(756~758) 초년에 이르러 제갈절 등이 있어 지장을 보고 마침내 무리가 서로 놀라고 탄식하며 말하기를, "화상이 이와 같이 고행하시는 것은 모 등이 깊이 잘못하였을 따름이다."라고 하였다. 이에 승려와 단월의 옛 땅을 사서 화성사를 건립하고 거처하시기를 청하였다. (『九華山志』 3 梵刹門 3 1 叢林 金地藏塔)

신라　화성사는 천태봉(天台峯) 서남쪽에 있다. (…) 당의 지덕(756~758) 초년에 제갈절 등이 승려와 단월의 옛 땅을 사서 김지장을 위하여 건립하였다. (…) 석지장은 세속의 성이 김씨인데, 신라국왕의 친족이다. (…) 지덕(756~758) 초년에 제갈절이라는 자가 있어 촌사람들을 이끌고 산기슭에서 높이 올라갔는데, 너무 깊어서 사람이 없었다. 오직 지장이 외로이 석실에서 눈을 감고 있었다. 그 방에는 다리가 부러진 세발솥이 있었고, 솥 안에 흰 흙은 적은 쌀과 섞어서 삶아 먹었다. 여러 노인이 놀라고 탄식하며 말하기를, "화상이 이와 같이 고행하시는 것은 우리들이 산 아래에 나란히 벌여 서 있는 탓이다."라고 하였다. 서로 더불어 함께 사찰을 지으니, 여러 해가 걸리지 않고 큰 가람을 이루었다. (『九華山志』 3 梵利門 3 1 叢林 化城寺)

신라　개원(713~741) 말년 이 때에 승려 지장이 있었는데 신라의 왕자이고 김씨의 근친이었다. 목이 솟아서 비범한 신체와 용모였고 신장이 7척이었는데, 힘이 100명의 사내보다 더하였다. (…) 지덕(756~758) 초년에 이르러 제갈절 등이 있어 촌사람들을 이끌고 산기슭에서 봉우리에 올라갔는데, 너무 깊어서 사람이 없었다. 구름과 해가 비록 선명하였으나, 오직 한 승려가 석실에서 눈을 감고 있었다. 그 옆에는 다리가 부러진 세발솥이 있었고, 그 안에 흰 흙과 적은 쌀만이 있어 삶아 먹었다. 여러 노인이 땅에 쓰러져 울부짖으며 통곡하기를, "화상이 이와 같이 고행하시는 것은 모등이 깊이 잘못하였을 따름이다."라고 하였다. 화폐를 내어 단월의 옛 땅을 사서 감히 죽음을 무릅쓰고 청하니 대사가 그에 따랐다. 가까운 산의 사람들 중 들은 자가 사방에 모이니, 나무를 베어 방을 만들고 사찰을 환하게 하였다. 상수(上首)인 승려 승유(勝瑜) 등이 있어 함께 대(臺)와 전각(殿閣)을 건립하였는데, 큰 재목은 이 지역에서 나와서 잘라서 깎았고 무부(珷玞)·기(琪)·경(瓊) 같은 아름다운 돌도 다른 산에서 구하지 않고 그것을 갈아서 다듬었다. 시냇물을 파고 뚫어서 논으로 다 만드니 서로 물이 고인 곳은 방생지(放生池)가 되었다. 이에 해당 전각에 석가모니상(釋迦牟尼像)을 설치하여 좌우에 장식을 갖추고 다음으로 붉은 대를 세워 그 안에 종을 걸었다. 누문(樓門)을 세워 그 사찰에 덧붙이니 받드니 붉은 색과 흰 색이 교대로 빛나고 층마다 하늘에 기댈 정도로 매우 높았다. 연이어진 높고 험준한 산이 앞면에서 줄지어 솟으니 소나무와 전나무는 뒤의 고개에서 가로로 포진하였고, 해와 달이 어둡고 밝음에 따라 그 색을 더하니 구름과 노을이 모였다 흩어져서 그 모습이 변하였다. 소나무가 소리를 내고 원숭이가 울부짖으며 서로 더불어 끊어졌다가 이어지니, 모두 사람이 사는 세상이 아니었다. (『九華山志』6 檀施門 62 財施 唐費冠卿 九華山創建化城寺記)

신라　당의 지덕(756~758) 초년에 지장은 신라국에서 바다를 건너 왔는데, 구화산(九華山)에 머물러 그 학도를 모으니 영험함이 거듭 드러났다. 태수(太守) 장암(張巖)이 직접 불법을 수호하여 그를 위하여 사찰을 짓고, 조정에 아뢰어 화성(化城)이라는 편액을 하사받았다. 이보다 뒤에 고승(高僧)·명현(名賢)이 화성에 체류하여 발자취가 서로 섞였는데, 그 여러 곳을 돌아다니며 화단의 토대에 꽃을 수놓는 자가 한 사람이 아니고, 옥대(玉帶)를 남겨 산문을 지키는 경우도 하나의 일이 아니었다. (…) 다시 전보다 성대하게 그 공력을 지탱한 자는 태수가 되어 공에게 알렸다. 공은 이 지역을 나누어 다스려 은덕과 신망이 바람처럼 온화하니, 정사가 한가로울 때에 한번 와서 놀다가 산의 승려 증가(證可)와 화성사가 허물어지고 나서 세워지지 않은 것을 보고 모두 없애고 혁신하였다. 건축자재를 갖추는 것부터 준공하기까지 모두 몇 개월이 걸렸다. 붉은 칠로 칠하고 이금(泥金)으로 상을 만드니 선사(禪師)의 바리를 새기고 지장의 석장(錫杖)을 머물게 하였다. 중화가 있은 이래로 나귀를 타고 호랑이를 엎드리게 하는 것은 돌에 있었다. (『九華山志』6 檀施門 62 財施 淸吳國柱重建九華化城寺碑記)

신라　지덕(756~758) 초년에 제갈절 등이 승려와 단월의 옛 땅을 개척하여 사찰을 건립하고, 지장을 맞이하여 거처하게 하였다. (『九華山志』6 檀施門 62 財施 淸劉含芳重修化城寺記)

신라　상황(上皇: 玄宗)이 성도(成都)에 머무르자, 내시(內侍) 고력사(高力士)가 아뢰었다. "성 남쪽의 시장에 승려 영간(英幹)이라는 자가 있는데, 넓은 도로에서 죽을 베풀어 가난하고 굶주린 자들을 구제하고 있습니다. 국운이 다시 깨끗해져서 강토를 회복할 수 있기를 바라니, 성도부(成都府)의 동쪽에 사찰을 세워 나라를 위하여 복을 구하고자 합니다." 상황이 기뻐하여 직접 대성자사(大聖慈寺)라는 편액을 쓰고 밭 1,000무(畝)를 하사하였다. 신라의 김선사(金禪師)에게 칙서를 내려 규격과 격식을 만들고 세우게 하니, 모두 96원(院) 8,500구(區)였다. 김선사는 나중에 지주(池州) 구화산에 가서 앉아서 돌아가시니, 전신이 부서지지 않고 뼈는 쇠사슬 같았는데 나이가 99세였다. (『佛祖統紀』40 法運通塞志 17-7 唐肅宗至德元載)

신라	지덕(至德) 연호는 신라에서 쓰지 않았다. 여전히 천보를 썼다. (『三國史記』 31 年 表 下)

신라	그대의 집은 동해의 동쪽 그대는 가을 바람 따라 가시네. 가마득히 먼 고향 길 꿈 속처럼 흐릿하고 외딴 섬엔 안개가 가득하네. 파도가 허공에 닿아도 모험이 두렵지 않음은 황은(皇恩)이 그대를 비춰줌이라. (『全唐詩』 3函 9冊 沈頌 送金文學還日東)

757(丁酉/신라 경덕왕 16/발해 문왕 21 大興 21/唐 至德 2/日本 天平勝寶 9, 天平寶字 1)

신라	봄 정월에 상대등(上大等) 사인(思仁)이 병으로 면직되었다. 이찬(伊湌) 신충(信忠)이 상대등이 되었다. (『三國史記』 9 新羅本紀 9)
신라	봄 정월에 상대등 사인이 병으로 면직되었다. 이찬 신충으로 하여금 그를 대신하게 하였다. (『三國史節要』 12)

신라	3월에 중앙과 지방의 여러 관인의 월봉을 없애고, 다시 녹읍(祿邑)을 하사하였다. (『三國史記』 9 新羅本紀 9)
신라	3월에 중앙과 지방의 여러 관인의 월봉을 없애고, 다시 녹읍을 하사하였다. (『三國史節要』 12)

고구려 백제 신라	여름 4월 신사(4) 칙을 내렸다. " (…) 고구려·백제·신라인들은 오랫동안 성스러운 교화를 사모하여 우리나라에 의탁하여 왔다. 성(姓)을 내려주기를 원하였으므로 모두 들어주라. 그 호적의 기록에 성과 족(族)이 없는 경우 이치에 온당하지 않더라도 마땅히 개정하게 하라." (…) (『續日本紀』 20 孝謙紀)

고구려 백제	5월 정묘일(20)에 종4위상 문실진인대(文室眞人大市)·아배조신사미마려(阿倍朝臣沙彌麻呂)·고려조신복신(高麗朝臣福信)에게 모두 정4위하를 주었다. (…) 종5위상 등원조신천심(藤原朝臣千尋)·백제왕원충(百濟王元忠)·아배조신도마려(阿倍朝臣嶋麻呂), 속전조신내세마려(粟田朝臣奈勢麻呂)·대반숙녜견양(大伴宿禰犬養)·중신조신청마려(中臣朝臣淸麻呂)·석천조신명인(石川朝臣名人)·근신동인(勤臣東人)·갈목숙녜호주(葛木宿禰戶主)에게 모두 정5위하를 주었다. 종5위하 일하부숙녜자마려(日下部宿禰子麻呂)·하모야조신도마려(下毛野朝臣稻麻呂)·현견양숙녜소산수(縣犬養宿禰小山守)·소야조신동인(小野朝臣東人)·다치비진인토작(多治比眞人土作)·등원조신숙내마려(藤原朝臣宿奈麻呂)·등원조신어명(藤原朝臣魚名)·석상조신댁사(石上朝臣宅嗣)·대왜기촌동인(大倭忌寸東人)·백제조신족인(百濟朝臣足人)·파미조신오인(播美朝臣奧人)에게 모두 종5위상을 주었다. (…) (『續日本紀』 20 孝謙紀)

백제	6월 임진(16) 종3위 백제왕경복(百濟王敬福)을 출운수(出雲守)로 삼았다. (…) (『續日本紀』 20 孝謙紀)

고구려	가을 7월 무신(2) 이 날 저녁 중위사인(中衛舍人) 종8위상 상도신비태도(上道臣斐太都)가 내상(內相)에게 고하였다. "오늘 미시(未時)에 비전국수(備前國守)였던 소야동인(小野東人)이 비태도(斐太都)를 불러서 '황자와 내상을 죽이려고 모의하는 왕신(王臣)이 있다. 너도 따르겠느냐'고 하였습니다. 비태도가 '왕신이란 누구 등입니까'라고 물었더니, 동인(東人)이 '황문왕(黃文王), 안숙왕(安宿王), 귤나량마려(橘奈良麻

呂), 대반고마려(大伴古麻呂) 등으로 그 무리가 매우 많다'고 대답하였습니다. 비태도가 또 '그 무리가 도모하는 것은 어떻게 하자는 것인가'라 물었더니, 동인이 '도모하는 것은 두 가지이다. 하나는 정병 400을 거느리고 가서 전촌궁(田村宮)을 포위하는 것이고, 둘째는 육오장군(陸奧將軍) 대반고마려가 지금 임소(任所)를 향하여 가고 있는데 미농관(美濃關)에 이르러 병을 핑계로 한두 명의 친지들과 만나 관청의 허락을 받고 곧 관(關)을 막고자 한다'고 하였습니다. 비태도는 오래 있다가 '감히 명령을 어길 수 없다'고 했습니다"라 하였다. 이에 앞서 지난 6월 우대변(右大弁) 거세조신계마려(巨勢朝臣堺麻呂)가 몰래 아뢰기를 "약 처방을 묻기 위하여 답본충절(答本忠節)의 집에 갔는데 충절(忠節_이 말하기를 '대반고마려가 소야동인에게 내상을 빼앗으려는 사람이 있는데 너도 따르겠느냐고 하였더니 동인이 명을 따르겠다고 대답하였다'라 하였습니다. 충절이 이 말을 듣고 우대신(右大臣)에게 알렸더니 대신(大臣)이 답하기를 '대납언(大納言)은 나이가 어리므로 내가 잘 가르쳐서 죽이지 않도록 하겠다'고 하였습니다"라 하였다. 이 날 내상 등원조신중마려(藤原朝臣仲麻呂)가 그 상황을 모두 아뢰어 안팎의 모든 문을 지키고 고려조신복신(高麗朝臣福信) 등을 보내어 군대를 거느리고 가서 소야동인과 답본충절 등을 붙잡게 했다. 모두 붙잡아서 좌위사부(左衛士府)에 가두고 또 군대를 보내어 우경(右京)의 집에서 도조왕(道祖王)을 포위하게 했다. (『續日本紀』20 孝謙紀)

고구려 백제   7월 경술(4) 또 좌백고비나(佐伯古比奈)에게 물으니 대답하기를 "하무각족(賀茂角足)이 고려복신(高麗福信), 나귀왕(奈貴王), 판상예전마려(坂上苅田麻呂), 거세묘마(巨勢苗麿), 모록도족(牡鹿嶋足)을 청하여 액전부택(額田部宅)에서 술을 마셨는데 그 뜻은 이 사람들이 역당을 토벌하는 날에 모이지 못하게 하려는 것이었다. 또 각족(角足)과 역적이 모의하여 전촌궁의 지도를 만들어서 들어가는 길을 가르쳐 주었다"고 하였다. 이에 한꺼번에 모두 옥에 가두었다. 또한 여러 위(衛)를 나누어 파견하여 역당을 붙잡았다. 또 출운수 종3위 백제왕경복과 대재솔(大宰帥) 정4위하 선왕(船王) 등 5인을 보내어 여러 위인(衛人)들을 거느리고 옥에 갇힌 죄수들을 지키고 매질하고 심문하게 했다. (…) (『續日本紀』20 孝謙紀)

신라   『신승전(神僧傳)』에 의거하면 다음과 같다. "부처님이 열반(涅槃)하신 지 1,500년만에 보살이 신라국의 왕가에 발자취를 내리니, 성은 김이고 교각(喬覺)이라고 부른다. (…) 보살이 선정(禪定)에 들어간 지 20년인 지덕(至德) 2년 7월30일에 이르러 죽은 뒤 혼령으로 세상에 나타나서 탑을 세우니, 지금은 대도량(大道場)을 이루었다[『백장청규(百丈淸規)』의 증의(證義)를 보라]. (…) "『신승전』에는 다음과 같다. "보살은 영휘(永徽) 4년(653)에 중화에 왔는데, 이 때에 24세였다. 75년 간 근심 없이 지내다가 개원(開元)16년(728)에 이르러 나이가 99세였는데 득도하여 선정에 들어갔다." 그것을 당사(唐史)에서 고찰하건대 햇수가 틀리지 않았다. 그러나 선정에 들어간 지 20년 만에 지덕 2년에 이르러 죽은 뒤 혼령으로 세상에 나타났다고 하는데, 당사에서 고찰하면 30년이나 있으니 이것은 기록한 바에 10년의 착오가 있는 것이다. 『송고승전(宋高僧傳)』에서는 중화에 온 해를 기재하지 않았다. (…) 명(明) 가정(嘉靖)연간(1522~1566)의 『구화산지(九華山志)』에서는 다시 "보살은 건중(建中)원년(780)에 한(漢)에 왔다."고 말하면 지덕 2년에 이르러 사찰을 만든 후 22년이다. (…) 지장(地藏)과 같은 시기 같은 지역의 사람이 되니, 그 기록한 바는 오랜 세월의 믿을 수 있는 사적이 되기에 스스로 족하다. 각 전승의 잘못은 변명을 기다리지 않는다. (『九華山志』1 聖迹門 16 應化)

신라	가을 7월에 영창궁(永昌宮)을 중수(重修)하였다. (『三國史記』 9 新羅本紀 9)
신라	가을 7월에 영창궁을 수리하였다. (『三國史節要』 12)
신라	8월에 조부사(調府史) 2인을 더하였다. (『三國史記』 9 新羅本紀 9)
신라	8월에 조부사 2인을 더하였다. (『三國史節要』 12)
신라	지덕 2년 10월에 북령(北靈)에서 나와서 정원성(定遠城)으로 향하고, 풍령군사(豊寧軍使) 양함장(揚含璋)이 있는 곳에 이르러 공문을 발송하였다. 군사(軍使)는 괴롭게 머무르며 무주(無住) 화상에게 물었다. "불법은 마땅히 검남(劒南)에만 있어야 하는데, 그렇지 않고 이 사이에도 있습니다. 만약 저쪽과 이쪽이 한 종류라면, 인연은 무엇 때문에 갑니까?" 화상이 답하였다. "만약 본심을 인식하고 본성을 보아 본래의 성품을 깨닫는다면 불법은 모든 곳에 두루 미칠 것이니, 무주는 배우는 지역에 있게 될 것입니다. 불법을 닦도록 도와주는 좋은 반려(伴侶)가 검남에 있어도 그런 까닭에 멀리 퍼집니다." 군사가 또 화상에게 물으니, "불법을 닦도록 도와주는 좋은 반려는 누구입니까?"라고 하자, 화상이 답하기를, "무상(無相) 화상이니, 속성은 김입니다."라고 하였다. 당시 사람들이 김화상(金和上)이라고 불렀다. (『歷代法寶記』 劒南城都府大曆保唐寺無住和上)
백제	12월 임자일(9)에 태정관(太政官)이 아뢰었다. "공을 표창하고 명을 내리는 것은 성전(聖典)으로서 중요한 것이며, 선을 포상하고 봉작을 행하는 것은 명왕(明王)의 힘쓰는 바입니다. 우리 천하는 을사(乙巳) 이래로 여러 사람들이 공을 세워 각기 상을 받았습니다. 다만 크게 상중하(上中下)가 영(令)의 조문에 비록 실려 있으나 공전(功田)의 기문(記文)에는 혹 그 품(品)이 빠져 있으므로 이제 옛 것과 지금 것을 비교하여 그 품을 정하십시오"라 하였다. (…) 정5위상 大和宿禰長岡, 종5위하 陽胡史眞身은 모두 양로(養老) 2년(718)에 율령을 수찬한 공전 각 4정(町), 외종5위하 矢集宿禰蟲麻呂, 외종5위하 鹽屋連古麻呂는 동년(同年)의 공전 각 5정, 정6위상 百濟人成은 동년 공전 4정으로 정하였다. 5인은 모두 도필(刀筆)을 가지고 율령의 조목을 산정(刪定)했다. 공은 비록 많으나 일의 어려움을 바로잡은 것은 아니었으므로 下毛野朝臣古麻呂 등과 비교하여 같게 했다. 영에 의하여 공을 낮추고 합하여 그 아들에게 전하게 했다이상 14조는 지금 정한 것이다. (『續日本紀』 20 孝謙紀)
신라	겨울 12월에 사벌주(沙伐州)를 상주(尙州)로 고치고 1주(州)·10군(郡)·30현(縣)을 거느리게 하였다. 삽량주(歃良州)를 양주(良州)로 고치고 1주·1소경(小京)·12군·34현을 거느리게 하였다. 청주(菁州)를 강주(康州)로 고치고 1주·11군·27현을 거느리게 하였다. 한산주(漢山州)를 한주(漢州)로 고치고 1주·1소경·27군·46현을 거느리게 하였다. 수약주(首若州)를 삭주(朔州)로 고치고 1주·1소경·11군·27현을 거느리게 하였다. 웅천주(熊川州)를 웅주(熊州)로 고치고 1주·1소경·13군·29현을 거느리게 하였다. 하서주(河西州)를 명주(溟州)로 고치고 1주·9군·25현을 거느리게 하였다. 완산주(完山州)를 전주(全州)로 고치고 1주·1소경·10군·31현을 거느리게 하였다. 무진주(武珍州)를 무주(武州)로 고치고 1주·14군·44현을 거느리게 하였다[양주는 양주(梁州)라고도 한다]. (『三國史記』 9 新羅本紀 9)
신라	겨울 12월에 9주를 설치하고 군현(郡縣)의 이름을 고쳤다. 사벌주를 상주로 삼았는데, 1주·10군·30현을 거느렸다.[『삼국사기』에 전한다. "상주는 3현을 거느렸다. 청효현(青驍縣)은 본래 음리화현(音里火縣)이고, 다인현(多仁縣)은 본래 달이현(達已縣)[혹은 다이(多已)라고도 한다.]이며, 화창현(化昌縣)은 본래 지내미지현(知乃彌知縣)

이다. 예천군(醴泉郡)은 본래 수주군(水酒郡)이고 4현을 거느렸다. 영안현(永安縣)은 본래 하지현(下枝縣)[『고려사』에 전하기를, '위의 하지산(下枝山)은 풍악(豊岳)이라고도 한다.'라고 한다]이고, 안인현(安仁縣)은 본래 난산현(蘭山縣)이며, 가유현(嘉猷縣)은 본래 근(近)[건(巾)이라고도 한다.]품(品)[『고려사』에는 암(岩)이라고도 한다.]현이며, 은정현(殷正縣)은 본래 적아현(赤牙縣)이다. 고창군(古昌郡)은 본래 고타야군(古陁耶郡)이고 3현을 거느렸다. 직녕현(直寧縣)은 본래 일직현(一直縣)이고, 일계현(日谿縣)은 본래 열혜현(熱兮縣)[이혜(泥兮)라고도 한다.]이며, 고구현(高丘縣)은 본래 구화현(仇火縣)[고근(高近)이라고도 한다.]이다. 문소군(聞韶郡)은 본래 소문국(召文國)이고 4현을 거느렸다. 진보현(眞寶縣)은 본래 칠파화현(柒巴火縣)이고, 비옥현(比屋縣)은 본래 아화옥현(阿火屋縣)[병옥(并屋)이라고도 한다.]이며, 안현현(安賢縣)은 본래 아시혜현(阿尸兮縣)[아을△(阿乙△)라고도 한다.]이고, 단(單)[『고려사』에는 단(丹)이라고도 한다.]밀현(密縣)은 본래 무동미지(武冬彌知)[△동미지(△冬彌知)라고도 한다.]이다. 숭선군(嵩善郡)은 본래 일선군(一善郡)이고 3현을 거느렸다. 효령현(孝靈縣)은 본래 모혜현(芼兮縣)이고, 이동혜현(尒同兮縣)이며, 군위현(軍威縣)은 본래 노동멱현(奴同覓縣)[노두멱(如豆覓)이라고도 한다.]이다. 개령군(開寧郡)은 옛 감문소국(甘文小國)이고 4현을 거느렸다. 어모현(禦侮縣)은 본래 금물현(今勿縣)[음달(陰達)이라고도 한다.]이고, 금산현(金山縣)이며, 지례현(知禮縣)은 본래 지품천현(知品川縣)이고, 무풍현(茂豊縣)은 본래 무산현(茂山縣)이다. 영동군(永同郡)은 본래 길동군(吉同郡)이고 2현을 거느렸다. 양산현(陽山縣)은 본래 조비천현(助比川縣)이고, 황간현(黃澗縣)은 본래 소라현(召羅縣)이다. 관성군(管城郡)은 본래 고시산군(古尸山郡)이고 2현을 거느렸다. 이산현(利山縣)은 본래 소리산현(所利山縣)이고, 현정현(縣貞縣)은 본래 아동호현(阿冬号縣)이다. 삼년군(三年郡)은 본래 삼년산군(三年山郡)이고 2현을 거느렸다. 청천현(淸川縣)은 본래 살매현(薩買縣)이고, 기산현(耆山縣)은 본래 굴산(屈山)[『고려사』에는 △산(△山)이라고도 한다.]현이다. 고령군(古寧郡)은 본래 고령가야국(古寧加耶國)인데, 신라가 그것을 취하여 고동람군(古冬攬郡)[고릉현(古陵縣)이라고도 한다.]으로 삼았으며 3현을 거느렸다. 가선현(嘉善縣)은 본래 가해현(加害縣)이고, 관산현(冠山縣)은 본래 관현(冠縣)[관문현(冠文縣)이라고도 한다. 『고려사』에는 고사갈이성(高思葛伊城)이라고도 한다.]이며, 호계현(虎溪縣)은 본래 호측현(虎側縣)[『고려사』에는 배산성(拜山城)이라고도 한다.]이다. 화령군(化寧郡)은 본래 답달비군(荅達匕郡)[답달(沓達)이라고도 한다.]이고 1현을 거느렸다. 도안현(道安縣)은 본래 도량현(刀良縣)이다."]

삽량주를 양주로 삼았는데, 1주·1소경·12군·34현을 거느렸다.[『삼국사기』에 전한다. "양주는 1현을 거느렸다. 헌양현(巘陽縣)은 본래 거지화현(居知火縣)이다. 김해소경(金海小京)은 옛 금관국(金官國)[가락국(伽落國)이라고도 하고, 가야(伽耶)라고도 한다.]이다. 의안군(義安郡)은 본래 굴자군(屈自郡)이고 3현을 거느렸다. 칠제현(漆堤縣)은 본래 칠토현(漆吐縣)이고, 합포현(合浦縣)은 본래 골포현(骨浦縣)이며, 웅신현(熊神縣)은 본래 웅지현(熊只縣)이다. 밀성군(密城郡)은 본래 추화군(推火郡)이고 5현을 거느렸다. 상약현(尙藥縣)은 본래 서화현(西火縣)이고, 밀진현(密津縣)은 본래 추포현(推浦縣)[죽산(竹山)이라고도 한다.]이며, 오구산현(烏丘山縣)은 본래 오야산현(烏也山縣)[구도(仇道)라고도 하고, 오례산(烏礼山)이라고도 한다.]이고, 형산현(荊山縣)은 본래 경산현(驚山縣)이며, 소산현(蘇山縣)은 본래 솔이산현(率已山縣)이다. 화왕군(火王郡)은 본래 비자화군(比自火郡)[비사벌(比斯伐)이라고도 한다.]이고 1현을 거느렸다. 현효현(玄驍縣)은 본래 추량화현(推良火縣)[삼량화(三良火)라고도 한다.]이다. 수창군(壽昌郡)[수(壽)는 가(嘉)라고도 한다.]은 본래 위화군(喟火郡)[『고려사』에는 상촌창군(上村昌郡)이라고 한다.]이고 4현을 거느렸다. 대구현(大丘縣)은 본래 달구화현(達句火縣)이고, 팔리현(八里縣)은 본래 팔거리현(八居里縣)[북치장리(北耻長里)라고도 하고, 인리(仁里)라고도 한다.]이며, 하빈현(河濱縣)은 본래 △사지현(△斯只縣)[답지(畓只)라고도 한다.]이고, 화원현(花園縣)은 본래 고화현(古火縣)이다. 장산군(獐山郡)은 3현을 거느렸다. 해안현(鮮顔縣)은 본래 치성화현(雉省火縣)[미리(美里)라고도 한다.]이고, 여량현(餘粮縣)은 본래 마진(麻珍)[미(弥)라고도 한다.]량현(良縣)이며, 자인현(慈仁縣)은 본래 노사화현(奴斯火縣)이다. 임고군(臨皐郡)은 본래 절야화군(切也火郡)이고 5현을 거느렸다. 장진현(長鎭縣)이고, 임천현(臨川縣)이며, 도동현(道同縣)은 본래 도동화현(刀冬火縣)이고, 신령현(新寧縣)은 본래 사정화현(史丁火縣)이며, 민백현(黽白縣)은 본래 매열차현(買熱次縣)이다. 동래군(東萊郡)은 본래 칠산군(柒山郡)이고 2현을 거느렸다. 동평현(東平縣)은 본래 대증현(大甑縣)이고, 기장현(機張縣)은 본래 갑화량곡현(甲火良谷縣)이다. 동안군(東安郡)은 본래 생서량군(生西良郡)이고 1현을 거느렸다. 우풍현(虞風縣)은 본래 우화현(于火縣)이다. 임관군(臨關郡)은 본래 모화(毛火)[문화(蚊化)라고도 한다.]군이고 2현을 거느렸다. 동진현(東津縣)은 본래 율포현(栗浦縣)이고, 하곡(河曲)[서(西)라고도 한다.]현이다. 의창군(義昌郡)은 본래 퇴화군(退火郡)이고 6현을 거느렸다. 안강현(安康縣)은 본래 비화현(比火縣)이고, 기립현(鬐立縣)은 본래 지답현(只畓縣)이며, 신광현(神光縣)은 본래 동잉음(東仍音)[『고려사』에는 신을(神乙)이라고도 한다.]현이고, 임정현(臨汀縣)은 본래 근오우(斤烏友)[『고려사』에는 오량우(烏良友)라고도 한다.]현이며, 기계현(杞溪縣)은 본래 모혜현(芼兮縣)[화계(化雞)라고도 한다.]이고, 음즙화현(音汁火縣)은 파사왕(婆娑王) 때 음즙벌국(音汁伐國)을 취하여 현을 설치하였다. 대성군(大城郡)은 본래 구도성(仇刀城) 경내이고, 이산성(伊山城)·가산현(茄山縣)[경산성(驚山城)이라고도 한다.]·오도산성(烏刀山城) 등 3성을 통솔한다. 약장현(約章縣)은 본래 악지현(惡支縣)이고, 동기정(東畿停)은 본래 모지정(毛只停)이다. 상성군(商城郡)은 본래 서형산군(西兄山郡)이다. 남기정(南畿停)은 본래 도품혜정(道品兮停)이고, 중기정(中畿停)은 본래 근내정(根乃停)이며, 서기정(西畿停)은 본래 두량미지정(豆良彌知停)이고, 북기정(北畿停)은 본래 우곡정(雨谷停)이며, 막야정(莫耶停)은 본래 관아량복정(官阿良支停)[북아량(北阿良)이라고도 한다.]이다.”]

청주를 강주로 삼았는데, 1주·11군·27현을 거느렸다.[『삼국사기』에 전한다. “강주는 진주(晉州)를 나누었는데, 2현을 거느렸다. 가수(嘉壽)[『고려사』에는 가수(嘉樹)라고 한다.]현은 본래 가주화현(加主火縣)이고, 굴촌현(屈村縣)이다. 남해군(南海郡)은 2현을 거느렸다. 난포현(蘭浦縣)은 본래 내포현(內浦縣)[『고려사』에는 남해도(南海島)에 있다고 한다.]이고, 평산현(平山縣)은 본래 평서산현(平西山縣)[서평(西平)이라고도 하고, 『고려사』에는 남해도에 있다고 한다.]이다. 하동군(河東郡)은 본래 한다사군(韓多沙郡)이고 3현을 거느렸다. 성량현(省良縣)이고, 악양현(嶽陽縣)은 본래 소다사현(小多沙縣)이며, 하읍현(河邑縣)은 본래 포촌현(浦村縣)이다. 고성군(固城郡)은 본래[『고려사』에는 소가야국(小加耶國)이고 신라가 그것을 취하여 설치하였다고 한다.]고자군(古自郡)이고 3현을 거느렸다. 문화량현(蚊火良縣)이고, 사수현(泗水縣)은 본래 사물현(史勿縣)이며, 상선현(尙善縣)은 본래 일선현(一善縣)이다. 함안군(咸安郡)은 2현을 거느렸다. 현무현(玄武縣)은 본래 소삼현(召彡縣)이고, 의령현(宜寧縣)은 본래 장함현(獐含縣)이다. 거제군(巨濟郡)은 3현을 거느렸다. 아주현(鵝洲縣)은 본래 거로현(巨老縣)[『고려사』에는 거제도(巨濟島)에 있다고 한다.]이고, 명진현(溟珍縣)은 본래 매진이현(買珍伊縣)[『고려사』에는 거제도에 있다고 한다.]이며, 남수현(南垂縣)은 본래 송변현(松邊縣)[『고려사』에는 거제도에 있다고 한다.]이다. 궐성군(闕城郡)은 본래 궐△군(闕△郡)이고 2현을 거느렸다. 단읍현(丹邑縣)은 본래 적촌현(赤村縣)이고, 산음현(山陰縣)은 본래 지품천현(知品川縣)이다. 천령군(天嶺郡)은 본래 속함군

(속함군(速含郡)이고 2현을 거느렸다. 운봉현(雲峰縣)은 본래 모산현(母山縣)[아영성(阿英城)이라고도 하고, 아막성(阿莫城)이라고도 한다.]이고, 이안현(利安縣)은 본래 마리현(馬利縣)이다. 거창군(居昌郡)은 본래 거열군(居烈郡)[거타(居陁)라고도 한다.]이고 2현을 거느렸다. 여선현(餘善縣)은 본래 남내현(南內縣)이고, 함음현(咸陰縣)은 본래 가소현(加召縣)이다. 고령군(高靈郡)은 본래 대가야국(大加耶國)이고 2현을 거느렸다. 야로현(冶爐縣)은 본래 적화현(赤火縣)이고, 신복현(新復縣)은 본래 가시혜현(加尸兮縣)이다. 강양군(江陽郡)은 본래 대량(大良)[야(耶)라고도 한다.]주군(州郡)이고 3현을 거느렸다. 삼기현(三岐縣)은 본래 삼복현(三支縣)[마장(麻杖)이라고도 한다.]이고, 팔△현(八△縣)은 본래 초팔혜현(草八兮縣)이며, 의상현(宜桑縣)은 본래 신이현(辛尒縣)[주△촌(朱△村)이라고도 하고, 천△현(泉△縣)이라고도 한다.]이다. 성산군(星山郡)은 본래 일리군(一利郡)[이산군(里山郡)이라고도 한다.]이고 4현을 거느렸다. 수동현(壽同縣)은 본래 사동화현(斯同火縣)이고, 계자현(谿子縣)은 본래 대목(大木)[『고려사』에는 칠촌(七村)이라고도 한다고 한다.]현이며, 신안현(新安縣)은 본래 본피현(本彼縣)이고, 도산현(都山縣)은 본래 적산현(狄山縣)이다."]

한산주를 한주로 삼았는데, 1주·1소경·27군·46현을 거느렸다.[『삼국사기』에 전한다. "한주는 본래 고구려의 한산군(漢山郡)이고 2현을 거느렸다. 황무현(黃武縣)은 본래 고구려의 남천(南川)[『고려사』에는 남매(南買)라고도 한다고 한다.]현이고, 거서현(巨黍縣)은 본래 고구려의 구성(駒城)[『고려사』에는 멸조(滅鳥)라고도 한다고 한다.]현이다. 중원경(中原京)은 본래 고구려의 국원성(國原城)이다. 괴양군(槐壤郡)은 본래 고구려의 잉근내군(仍斤內郡)이다. 소(泝)[기(沂)라고도 한다.]천군(川郡)은 본래 고구려의 술천(述川)[『고려사』에서는 성지매(省知買)라고도 한다고 한다.]군이고 2현을 거느렸다. 황효현(黃驍縣)은 본래 고구려의 골내근현(骨乃斤縣)이고, 빈양현(濱陽縣)은 본래 고구려의 양근(楊根)[『고려사』에서는 항양(恒陽)이라고도 한다고 한다.]현이다. 흑양군(黑壤郡)[황양군(黃壤郡)이라고도 한다.]은 본래 고구려의 금물노군(今勿奴郡)[『고려사』에는 만노군(萬弩郡)이라고도 한다고 한다. △지(△知)라고도 하고, 신지(新知)라고도 한다.]이고 2현을 거느렸다. 도서현(都西縣)은 본래 고구려의 도서현(道西縣)이고, 음성현(陰城縣) 본래 고구려의 잉홀현(仍忽縣)이다. 개산군(介山郡)은 본래 고구려의 개차산군(皆次山郡)이고 1현을 거느렸다. 음죽현(陰竹縣)은 본래 고구려의 노음죽현(奴音竹縣)이다. 백성군(白城郡)은 본래 고구려의 나혜홀(奈兮忽)이고 2현을 거느렸다. 적성현(赤城縣)은 본래 고구려의 사복홀(沙伏忽)이고, 사산현(蛇山縣)이다. 수성군(水城郡)은 본래 고구려의 매홀군(買忽郡)이다. 당은군(唐恩郡)은 본래 고구려의 당성군(唐城郡)이고 2현을 거느렸다. 거성현(車城縣)은 본래 고구려의 상(上)[거(車)라고도 한다.]홀현(忽縣)이고, 진위현(振威縣)은 본래 고구려의 부산현(釜山縣)[『고려사』에는 고△달부곡(古△達部曲)이라고 한다. 금산현(金山縣)이라고도 하고, 또 송촌활달(松村活達)이다.]이다. 율진군(栗津郡)은 본래 고구려의 율목(栗木)[『고려사』에는 동사혜(冬斯兮)라고도 한다고 한다.]군이고 3현을 거느렸다. 곡양현(穀壤縣)은 본래 고구려의 잉벌노현(仍伐奴縣)이고, 공암현(孔巖縣)은 본래 고구려의 재차파의현(濟次巴衣縣)이며, 소성현(邵城縣)은 본래 고구려의 매소홀현(買召忽縣)[『고려사』에는 미추홀(弥趨忽)이라고도 한다고 한다.]이다. 장구군(獐口郡)은 본래 고구려의 장항구현(獐項口縣)이다. 장제군(長堤郡)은 본래 고구려의 주부토군(主夫吐郡)이고 4현을 거느렸다. 수성현(戍城縣)은 본래 고구려의 수이홀(首尒忽)이고, 김포(金浦)는 본래 고구려의 검포현(黔浦縣)이며, 동성현(童城縣)은 본래 고구려의 동자홀(童子忽)[당산현(幢山縣)이라고도 한다. 『고려사』에는 구사파의(仇斯波衣)라고도 한다고 한다.]현이고, 분진현(分津縣)은 본래 고구려의 평유(平唯)[『고려사』에는 평준(平淮)이라고 한다.]압현(押縣)[『고려사』에는 북사성(北史城)이라고 이름붙이기도 한다. 별사파의

(別史波衣)라고도 한다.]이다. 한양군(漢陽郡)은 본래 고구려의 북한산군(北漢山郡)[평양(平壤)이라고도 한다.]이고 2현을 거느렸다. 황양현(荒壤縣)은 본래 고구려의 골의노현(骨衣奴縣)이고, 우왕(遇王)[『고려사』에는 왕봉(王逢)이라고도 한다고 한다.]현은 본래 고구려의 개백현(皆伯縣)이다. 내△군(來△郡)은 본래 고구려의 매성현(買省縣)[『고려사』에는 창화군(昌化郡)이라고도 한다고 한다.]이고 2현을 거느렸다. 중성현(重城縣)은 본래 고구려의 칠중현(七重縣)이고, 파평현(波平縣)[『고려사』에서는 파(坡)라고도 한다.]은 본래 고구려의 파해평사현(波害平史縣)이다. 교하군(交河郡)은 본래 고구려의 천정구현(泉井口縣)[『고려사』에는 △화군(△火郡)이라고도 한다고 한다. △을매곶(△乙買串)이라고도 한다.]이고 2현을 거느렸다. 봉성현(峯城縣)은 본래 고구려의 술이홀현(述尒忽縣)이고, 고봉(高烽)[『고려사』에는 고봉(高峯)이라고 한다.]현은 본래 고구려의 달을성현(達乙省縣)이다. 견성군(堅城郡)은 본래 고구려의 마홀(馬忽)[『고려사』에는 명지(命旨)라고도 한다고 한다.]군이고 2현을 거느렸다. 사천현(沙川縣)은 본래 고구려의 내을매(內乙買)[『고려사』에는 내이미(內尒米)라고도 한다고 한다.]현이고, 동음현(洞陰縣)은 본래 고구려의 양골현(梁骨縣)이다. 철성군(鐵城郡)은 본래 고구려의 철원(鐵圓)[『고려사』에는 모을동비(毛乙冬非)라고도 한다고 한다.]군이고, 2현을 거느렸다. 동량현(㠵梁縣)은 본래 고구려의 승량(僧梁)[『고려사』에는 비물(非勿)이라고도 한다고 한다.]현이고, 공성현(功成縣)은 본래 고구려의 공목달(功木達)[『고려사』에는 웅섬산(熊閃山)이라고도 한다고 한다.]현이다. 부평군(富平郡)은 본래 고구려의 부여군(夫如郡)이고 1현을 거느렸다. 광평현(廣平縣)은 본래 고구려의 부양현(斧壤縣)[『고려사』에는 어사내현(於斯內縣)이라고도 한다고 한다.]이다. 토산군(兎山郡)은 본래 고구려의 오사함달현(烏斯含達縣)이고 3현을 거느렸다. 안협현(安峽縣)은 본래 고구려의 아진압(阿珍押)[『고려사』에는 △악(△岳)이라고도 한다고 한다.]현이고, 삭읍현(朔邑縣)은 본래 고구려의 소읍두현(所邑豆縣)이며, 이천현(伊川縣)은 본래 고구려의 이진매현(伊珍買縣)이다. 우봉군(牛峯郡)은 본래 고구려의 우잠(牛岑)[『고려사』에는 우령(牛嶺)이라고도 한다고 한다. 수지의(首知衣)라고도 한다.]군이고 3현을 거느렸다. 임강현(臨江縣)은 본래 고구려의 사장항(史獐項)[『고려사』에는 고사야홀차(古斯也忽次)라고도 한다고 한다.]현이고, 장단현(長湍縣)은 본래 고구려의 장천성(長淺城)[『고려사』에는 야야(耶耶)라고도 한다고 한다. 야아(夜牙)라고도 한다.]현이며, 임단현(臨端縣)은 본래 고구려의 마전천(麻田淺)[『고려사』에는 이사파홀(泥沙波忽)이라고도 한다고 한다.]현이다. 송악군(松岳郡)은 본래 고구려의 부소갑(扶蘇岬)이고 2현을 거느렸다. 여비현(如羆縣)은 본래 고구려의 약두치(若豆恥)[『고려사』에는 지섬(之蟾)이라고도 한다고 한다. 삭두(朔頭)라고도 한다.]현이고, 강음현(江陰縣)은 본래 고구려의 굴압(屈押)[『고려사』에는 강서(江西)라고도 한다고 한다.]현이다. 개성군(開城郡)은 본래 고구려의 동비홀(冬比忽)이고 2현을 거느렸다. 덕수현(德水縣)은 본래 고구려의 덕물현(德勿縣)[『고려사』에는 인물현(仁勿縣)이라고도 한다고 한다.]이고, 임진현(臨津縣)은 본래 고구려의 진림성(津臨城)[『고려사』에는 오아홀(烏阿忽)이라고도 한다고 한다.]이다. 해구군(海口郡)은 본래 고구려의 혈구(穴口)[『고려사』에는 갑비고차(甲比古次)라고도 한다고 한다.]군이고 바다에 있는데 3현을 거느렸다. 강음현(江陰縣)은 본래 고구려의 동음나현(冬音奈縣)[『고려사』에는 아음현(芽音縣)이라고도 한다고 한다.]이고 혈구도(穴口島) 안에 있으며, 교동현(喬桐縣)은 본래 고구려의 고목근현(高木根縣)[『고려사』에는 대운도(戴雲島)라고 이름붙이기도 한다고 한다. 고림(高林)이라고도 하고, △을참(△乙斬)이라고도 한다.]이고, 수진(守鎭)[『고려사』에는 수진(首鎭)이라고 한다.]현은 본래 고구려의 수지현(首知縣)[『고려사』에는 강화도(江華島) 안에 있다고 한다.]이다. 영풍군(永豐郡)은 본래 고구려의 대곡(大谷)[『고려사』에는 다지홀(多知忽)이라고도 한다고 한다.]군은 2현을 거느

렸다. 단계현(檀溪縣)은 본래 고구려의 수곡성(水谷城)[『고려사』에는 매차홀(買且忽)이라고도 한다고 한다.]현이고, 진단현(鎭湍縣)은 본래 고구려의 십곡△현(十谷△縣)[『고려사』에는 덕돈홀(德頓忽)이라고도 한다고 한다. 곡성현(谷城縣)이라고도 하고, 고곡군(古谷郡)이라고도 한다.]이다. 해고군(海皐郡)은 본래 고구려의 동삼(冬彡)[음(音)이라고도 한다.]홀군(忽郡)[『고려사』에는 시염성(豉塩城)이라고도 한다고 한다.]이고 1현을 거느렸다. 구택현(雊澤縣)은 본래 고구려의 도랍현(刀臘縣)[『고려사』에는 치악성(雉岳城)이라고도 한다고 한다.]이다. 폭지군(瀑池郡)은 본래 고구려의 내미홀(內米忽)[『고려사』에는 지성(池城)이라고도 한다고 한다. 간지(艮池)라고도 한다.]군이다. 중반군(重盤郡)은 본래 고구려의 식성군(息成郡)[『고려사』에는 한성군(漢城郡)이라고도 한다고 한다. 한홀(漢忽)이라고도 하고, 내홀(乃忽)이라고도 한다.]이다. 서암군(栖嵒郡)은 본래 고구려의 휴암군(鵂嵒郡)[『고려사』에는 △파의(△坡衣)라고도 한다고 한다. △△성(△△城)이라고도 한다.] 오관군(五關郡)은 본래 고구려의 오곡(五谷)[『고려사』에는 우차탄홀(于次呑忽)이라고도 한다고 한다.]군은 1현을 거느렸다. 장새현(獐塞縣)[『고려사』에는 △소어(△所於)라고도 한다고 한다.]이다.”]

수약주를 삭주로 삼았는데, 1주·1소경·11군·27현을 거느렸다.[『삼국사기』에 전한다. “삭주는 3현을 거느렸다. 녹효현(綠驍縣)은 본래 고구려의 벌력천현(伐力川縣)이고, 황천현(潢川縣)은 본래 고구려의 횡천(橫川)[『고려사』에는 어사매(於斯買)라고도 한다고 한다.]현이며, 와평현(砑平縣)은 본래 고구려의 와현현(砑峴縣)이다. 북원경(北原京)이다. 나제군(奈隄郡)은 본래 고구려의 나토군(奈吐郡)이고 1현을 거느렸다. 청풍현(淸風縣)은 본래 고구려의 사열이현(沙熱伊縣)[『고려사』에는 적성현(赤城縣)이라고도 한다고 한다.]이다. 나령군(奈靈郡)은 2현을 거느렸다. 선곡현(善谷縣)은 본래 고구려의 매곡현(買谷縣)이고, 옥마현(王馬縣)은 본래 고구려의 고사마현(古斯馬縣)이다. 급산군(岌山郡)은 본래 고구려의 급벌산군(及伐山郡)이고 1현을 거느렸다. 인풍현(鄰豊縣)은 본래 고구려의 이벌지현(伊伐支縣)이다. 가평(嘉平)[『고려사』에는 가(加)라고도 한다고 한다.]군은 본래 고구려의 근평(斤平)[『고려사』에는 병평(並平)이라고도 한다고 한다.]군이고 1현을 거느렸다. 준수현(浚水縣)은 본래 고구려의 심천(深川)[『고려사』에는 복사매(伏斯買)라고도 한다고 한다.]현이다. 양록군(楊麓郡)은 본래 고구려의 양구(楊口)[『고려사』에는 요음홀차(要陰忽次)라고도 한다고 한다.]군이고 3현을 거느렸다. 희제현(狶蹄縣)은 본래 고구려의 저족(猪足)[『고려사』에는 오사△(烏斯△)라고도 한다고 한다.]현이고, 치도현(馳道縣)은 본래 고구려의 옥기(玉岐)[『고려사』에는 개차정(皆次丁)이라고도 한다고 한다.]현이며, 삼령현(三嶺縣)은 본래 고구려의 삼현(三峴)[『고려사』에는 밀파혜(密波兮)라고도 한다고 한다.]현이다. 낭천군(狼川郡)은 본래 고구려의 성천(狌川)[『고려사』에는 야시매(也尸買)라고도 한다고 한다.]군이다. 대양군(大楊郡)은 본래 고구려의 대양관(大楊菅)[『고려사』에는 마근압(馬斤押)이라고도 한다고 한다.]군이고 2현을 거느렸다. 수천현(藪川縣)은 본래 고구려의 수성천현(藪狌川縣)이고, 문등현(文登縣)은 본래 고구려의 문현현(文峴縣)[『고려사』에는 문견현(文見縣)이라고 한다. 근시파혜(斤尸波兮)라고도 한다.]이다. 익성군(盆城郡)은 본래 고구려의 모성군(母城郡)[『고려사』에는 야차홀(也次忽)이라고도 한다고 한다.]이다. 기성군(岐城郡)은 본래 고구려의 동사홀군(冬斯忽郡)이고 1현을 거느렸다. 통구현(通溝縣)[『고려사』에는 구(溝)를 구(口)라고도 한다고 한다.]은 본래 고구려의 대△현(大△縣)[『고려사』에는 매이현(買伊縣)이라고도 한다고 한다.]이다. 연성군(連城郡)은 본래 고구려의 각(各)[객(客)이라고도 한다.]연성(連城)[『고려사』에는 가혜아(加兮牙)라고도 한다고 한다.]군이고 3현을 거느렸다. 단송현(丹松縣)은 본래 고구려의 적목진(赤木鎭)[『고려사』에는 사비근을(沙非斤乙)이라고도 한다고 한다.]이고, 일운현(軼雲縣)은 본래 고구려의 관술현(管述縣)이며, 희령현(狶領縣)은 본래 고구려의 저수현현(猪守峴縣)이다. 삭정군(朔庭郡)은 본래 고구려의 비열홀군(比列忽郡)이고 5현을 거느렸다. 서곡현(瑞谷縣)은 본래 고구려의 경곡(原谷)[『고려사』에는 수을탄현(首乙呑縣)이라고도 한다고 한다.]이고, 난산현(蘭山縣)은 본래 고구려의 석달현(昔達縣)이며, 상음현(霜陰縣)은 본래 고구려의 살한현(薩寒縣)이고, 청산현(菁山縣)은 본래 고구려의 가지달현(加支達縣)이며, 익계현(翊溪縣)은 본래 고구려의 익곡현(翊谷縣)이다. 정천군(井泉郡)은 본래 고구려의 천정군(泉井郡)이고 탄항관문(炭項關門)을 축조하였으며 3현을 거느렸다. 산산현(蒜山縣)은 본래 고구려의 매시달현(買尸達縣)이고, 송산현(松山縣)은 본래 고구려의 부사달현(扶斯達縣)이며, 유거현(幽居縣)은 본래 고구려의 동허현(東墟縣)이다."]

하서주를 명주로 삼았는데, 1주·9군·25현을 거느렸다.[『삼국사기』에 전한다. "명주는 본래 고구려의 하서량(河西良)[아슬라(阿瑟羅)라고도 한다.]이고 4현을 거느렸다. 정선현(旌善縣)은 본래 고구려의 잉매현(仍買縣)이고, 약(掠)[동(棟)이라고도 한다.]제현(隄縣)은 본래 고구려의 속토현(束吐縣)이며, 지산현(支山縣)이고, 동산현(洞山縣)은 본래 고구려의 혈산현(穴山縣)이다. 곡성군(曲城郡) 본래 고구려의 굴화군(屈火郡)이고 1현을 거느렸다. 연무현(緣武縣)은 본래 고구려의 이화혜현(伊火兮縣)이다. △성군(△城郡)은 본래 고구려의 야시홀군(也尸忽郡)이고 2현을 거느렸다. 진안현(眞安縣)은 본래 고구려의 조람현(助攬縣)이고, 적선현(積善縣)은 본래 고구려의 청이현(靑已縣)이다. 유린군(有鄰郡)은 본래 고구려의 우시군(于尸郡)이고 1현을 거느렸다. 해아현(海阿縣)은 본래 고구려의 아혜현(阿兮縣)이다. 울진군(蔚珍郡)은 본래 고구려의 우진야현(于珍也縣)[『고려사』에는 고울이군(古亐伊郡)이라고도 한다고 한다.]이고 1현을 거느렸다. 해곡(海曲)[서(西)라고도 한다.]현은 본래 고구려의 파차현(波且縣)이다. 나성군(奈城郡)은 본래 고구려의 나생군(奈生郡)이고 3현을 거느렸다. 자춘현(子春縣)은 본래 고구려의 을아단현(乙阿旦縣)이고, 백오현(白烏縣)은 본래 고구려의 욱오현(郁烏縣)[『고려사』에는 우오현(于烏縣)이라고도 한다고 한다.]이며, 주천현(酒泉縣)은 본래 고구려의 주연현(酒淵縣)이다. 삼척군(三陟郡)은 본래 실직국(悉直國)이고 4현을 거느렸다. 죽령현(竹嶺縣)은 본래 고구려의 죽현현(竹峴縣)이고, 만경(滿卿)[향(鄕)이라고도 한다.]현은 본래 고구려의 만약현(滿若縣)이며, 우계현(羽谿縣)은 본래 고구려의 우곡현(羽谷縣)이고, 해리현(海利縣)은 본래 고구려의 파리현(波利縣)이다. 수성군(守城郡)은 본래 고구려의 수성군(䢘城郡)[『고려사』에는 가라홀(加羅忽)이라고도 한다고 한다.]이고 2현을 거느렸다. 동산현(童山縣)은 본래 고구려의 승산(僧山)[『고려사』에는 소물달(所勿達)이라고도 한다고 한다.]현이고, 익령현(翼嶺縣)은 본래 고구려의 익현현(翼峴縣)[『고려사』에는 이문현(伊文縣)이라고도 한다고 한다.]이다. 고성군(高城郡)은 본래 고구려의 달홀(達忽)이고 2현을 거느렸다. 환가현(豢猳縣)은 본래 고구려의 저수혈(猪迲穴)[『고려사』에는 오사압(烏斯押)이라고도 한다고 한다.]현이고, 편험현(偏嶮縣)은 본래 고구려의 평진현(平珍峴)[『고려사』에는 천현(遷峴)이라고도 한다고 한다.]현이다. 금양군(金壤郡)은 본래 고구려의 휴양(休壤)[『고려사』에는 금뇌(金惱)라고도 한다고 한다.]군이고 5현을 거느렸다. 습계현(習谿縣)은 본래 고구려의 습비곡(習比谷)[『고려사』에는 곡(谷)은 탄(呑)라고도 한다고 한다.]현이고, 제상현(隄上縣)은 본래 고구려의 토상현(吐上縣)이며, 임도현(臨道縣)은 본래 고구려의 도림(道臨)[『고려사』에는 조을포(助乙浦)라고도 한다고 한다.]현이고, 파천현(派川縣)은 본래 고구려의 개연현(改淵縣)이며, 학포현(鶴浦縣)은 본래 고구려의 곡포현(鵠浦縣)이다."]

웅천주를 웅주로 삼았는데, 1주·1소경·13군·29현을 거느렸다.[『삼국사기』에 전한다. "웅주는 본래 백제의 옛 도읍이고 2현을 거느렸다. 이산현(尼山縣)은 본래 백제의 열야산현(熱也山縣)이고, 청음현(淸音縣)은 본래 백제의 벌음복현(伐音支縣)[『고려사』

에는 무부현(武夫縣)이라고도 한다고 한다.]이다. 서원경(西原京)이다. 대록군(大麓郡)은 본래 백제의 대목악군(大木岳郡)이고 2현을 거느렸다. 순치현(馴雉縣)은 본래 백제의 감매현(甘買縣)이고, 금지현(金池縣)은 본래 백제의 구지현(仇知縣)이다. 가림군(嘉林郡)은 본래 백제의 가림군(加林郡)이고 2현을 거느렸다. 마산현(馬山縣)이고, 한산현(翰山縣)은 본래 백제의 대산현(大山縣)이다. 서림군(西林郡)은 본래 백제의 설림(舌林)[『고려사』에는 남양(南陽)이라고도 한다고 한다.]군이고 2현을 거느렸다. 남포현(藍浦縣)은 본래 백제의 사포현(寺浦縣)이고, 비인현(庇仁縣)은 본래 고려의 비중현(比衆縣)이다. 이산군(伊山郡)은 본래 백제의 마시산군(馬尸山郡)이고 2현을 거느렸다. 목우현(目牛縣)은 본래 백제의 우견현(牛見縣)이고, 금무현(今武縣)은 본래 백제의 금물현(今勿縣)이다. 혜성군(槥城郡)은 본래 백제의 혜군(槥郡)이고 3현을 거느렸다. 당진현(唐津縣)은 본래 백제의 벌수지현(伐首只縣)[『고려사』에는 부지군(夫只郡)이라고도 한다고 한다.]이고, 여읍현(餘邑縣)은 본래 백제의 여촌현(餘村縣)이며, 신평현(新平縣)은 본래 백제의 사평현(沙平縣)이다. 부여군(扶餘郡)은 2현을 거느렸다. 석산현(石山縣)은 본래 백제의 진악산현(珍惡山縣)이고, 열성현(悅城縣)은 본래 백제의 열이현(悅已縣)[『고려사』에는 두릉윤선(豆陵尹城)이라고도 한다고 한다.]이다. 임성군(任城郡)은 본래 백제의 임존성(任存城)[『고려사』에는 금주(今州)라고도 한다고 한다.]이고 2현을 거느렸다. 청정현(靑正縣)은 본래 백제의 고량부리현(古良夫里縣)이고, 고산현(孤山縣)은 본래 백제의 오산현(烏山縣)이다. 황산군(黃山郡)은 본래 백제의 황등야산군(黃等也山郡)이고 2현을 거느렸다. 진령현(鎭嶺縣)은 본래 백제의 진현현(眞峴縣)[진(眞)은 정(貞)이라고도 한다.]이고, 진동(珍同)[『고려사』에는 동(同)은 동(洞)이라고도 한다고 한다.]현이다. 비풍군(比豐郡)은 본래 백제의 우술(雨述)[『고려사』에는 △천(△淺)이라고도 한다고 한다.]군이고 2현을 거느렸다. 유성현(儒城縣)은 본래 백제의 노사(奴斯)[『고려사』에는 사(斯)는 질(叱)이라고도 한다고 한다.]지현(只縣)이고, 적조현(赤鳥縣)은 본래 백제의 소비포현(所比浦縣)이다. 결성군(潔城郡)은 본래 백제의 결이군(結已郡)이고 2현을 거느렸다. 신읍현(新邑縣)은 본래 백제의 신촌현(新村縣)[『고려사』에는 사촌현(沙村縣)이라고도 한다고 한다.]이고, 신량현(新良縣)은 본래 백제의 사시량현(沙尸良縣)[『고려사』에는 사라현(沙羅縣)이라고도 한다고 한다.]이다. 연산군(燕山郡)은 본래 백제의 일모산군(一牟山郡)이고 2현을 거느렸다. 연기현(燕岐縣)은 본래 백제의 두잉지현(豆仍只縣)이고, 매곡현(昧谷縣)은 본래 백제의 미곡현(未谷縣)이다. 부성군(富城郡)은 본래 백제의 기군(基郡)이고 2현을 거느렸다. 소태현(蘇泰縣)은 본래 백제의 성대혜현(省大兮縣)이고, 지육현(地育縣)은 본래 백제의 육현(六縣)이다. 탕정군(湯井郡)은 2현을 거느렸다. 음봉(陰峯)[음잠(陰岑)이라고도 한다.]현은 본래 백제의 아술현(牙述縣)이고, 기량현(祈梁縣)은 본래 백제의 굴직현(屈直縣)이다."]

완산주를 전주로 삼았는데, 1주·1소경·10군·31현을 거느렸다.[『삼국사기』에 전한다. "전주는 본래 백제의 완산(完山)이고 3현을 거느렸다. 두성현(杜城縣)은 본래 백제의 두이(豆伊)[『고려사』에는 왕무(往武)라고도 한다고 한다.]현이고, 금구현(金溝縣)은 본래 백제의 구지지산현(仇知只山縣)이며, 고산현(高山縣)[『고려사』에는 난등량(難等良)이라고도 한다고 한다.]이다. 남원소경(南原小京)은 본래 백제의 고룡군(古龍郡)이다. 대산군(大山郡)은 본래 백제의 대시산군(大尸山郡)이고 3현을 거느렸다. 정읍현(井邑縣)은 본래 백제의 정촌(井村)이고, 빈성현(斌城縣)은 본래 백제의 빈굴현(賓屈縣)[『고려사』에는 부성현(賦城縣)이라고도 한다고 한다.]이며, 야서현(野西縣)은 본래 백제의 야서이현(也西伊縣)이다. 고부군(古阜郡)은 본래 백제의 고사부리군(古沙夫里郡)이고 3현을 거느렸다. 부령현(扶寧縣)은 본래 백제의 개화현(皆火縣)이고, 희안현(喜安縣)은 본래 백제의 흔량매현(欣良買縣)이며, 상질현(尙質縣)은 본래 백제의 상칠현(上柒縣)이다. 진례군(進禮郡)은 본래 백제의 진잉을(進仍乙)[『고려사』에는 진내(進乃)라고 한다.]군이고 3현을 거느렸다. 이성현(伊城縣)은 본래 백제의 두시이(豆尸伊)[『고려사』에는 당시이(當尸伊)라고도 한다고 한다.]현이고, 청거현(淸渠縣)은 본래 백제의 물거현(勿居縣)이며, 단천현(丹川縣)은 본래 백제의 적천현(赤川縣)이다. 덕은군(德殷郡)은 본래 백제의 덕근군(德近郡)이고 3현을 거느렸다. 시진현(市津縣)은 본래 백제의 가지나현(加知奈縣)[『고려사』에는 가을내(加乙乃)라고도 한다고 한다. 신포(薪浦)라고도 한다.]이고, 여량(礪良)[『고려사』에는 양(良)을 양(陽)이라고도 한다고 한다.]현은 본래 백제의 양초현(良肖縣)이며, 운제현(雲梯縣)은 본래 백제의 지벌지(只伐只)[『고려사』에는 지실지(只失只)라고도 한다고 한다.]현이다. 임피군(臨陂郡)은 본래 백제의 미산(屎山)[『고려사』에는 흔문(昕文)이라고도 한다고 한다. 소도(所島), 실오출(失烏出), 피산(陂山)이라고도 한다.]군이고 3현을 거느렸다. 함열현(咸悅縣)은 본래 백제의 감물아현(甘勿阿縣)이고, 옥구현(沃溝縣)은 본래 백제의 마서량현(馬西良縣)이며, 회미현(澮尾縣)은 본래 백제의 부부리현(夫夫里縣)이다. 김제군(金堤郡)은 본래 백제의 벽골현(碧骨縣)이고 4현을 거느렸다. 만경현(萬頃縣)은 본래 백제의 두내산현(豆乃山縣)이고, 평고현(平皐縣)은 본래 백제의 수동산현(首冬山縣)이며, 이성현(利城縣)은 본래 백제의 내리아현(乃利阿縣)이고, 무읍현(武邑縣)은 본래 백제의 무근촌현(武斤村縣)이다. 순화군(淳化郡)[순(淳)을 정△(淳△)라고도 한다.] 본래 백제의 도실군(道實郡)이고 2현을 거느렸다. 적성(磧城)[『고려사』에는 적성(赤城)이라고 하고, 또 적(磧)이라고도 한다.]현은 본래 백제의 역평현(礫坪縣)이고, 구고현(九皐縣)은 본래 백제의 돌(堗)[『고려사』에는 돌을 누(淚)라고도 한다고 한다.]평현(坪縣)이다. 금마군(金馬郡)은 본래 백제의 금마저군(金馬渚郡)이고 3현을 거느렸다. 옥야현(沃野縣)은 본래 백제의 소력지현(所力只縣)이고, 야산현(野山縣)은 본래 백제의 알야산현(閼也山縣)이며, 우(紆)[『고려사』에는 우를 오(汚)라고도 한다고 한다.]주현(州縣)은 본래 백제의 우소저현(于召渚縣)이다. 벽계군(壁谿郡)은 본래 백제의 백이(伯伊)[해(海)라고도 한다.]군이고 2현을 거느렸다. 진안현(鎭安縣)은 본래 백제의 난진아현(難珍阿縣)[『고려사』에는 월량현(月良縣)이라고도 한다고 한다.]이고, 고택현(高澤縣)은 본래 백제의 우평현(雨坪縣)이다. 임실군(任實郡)은 2현을 거느렸다. 마령현(馬靈縣)은 본래 백제의 △돌(△突)[『고려사』에는 △진(△珍)이라고도 한다고 한다. 마등량(馬等良)이라고도 한다.]현이고, 청웅현(靑雄縣)은 본래 백제의 거사물현(居斯勿縣)이다.”]

무진주를 무주로 삼았는데, 1주·14군·44현을 거느렸다.[『삼국사기』에 전한다. “무주는 본래 백제의 땅이고 3현을 거느렸다. 현웅현(玄雄縣)은 본래 백제의 미동부리현(未冬夫里縣)이고, 용산현(龍山縣)은 본래 백제의 복룡(伏龍)[『고려사』에는 배룡(盃龍)이라고도 한다고 한다.]현이며, 기양(祈陽)[『고려사』에는 명평(鳴平)이라고도 한다고 한다.]현은 본래 백제의 굴지현(屈支縣)이다. 분령군(分嶺郡)은 본래 백제의 분차(分嵯)[『고려사』에는 △△라고도 한다고 한다.]군이고 4현을 거느렸다. 충렬현(忠烈縣)은 본래 백제의 조조례현(助助禮縣)이고, 조양현(兆陽縣)은 본래 백제의 동로현(冬老縣)이며, 강원현(薑原縣)은 본래 백제의 두힐현(豆肹縣)이고, 백주현(栢舟縣)은 본래 백제의 비사현(比史縣)이다. 보성군(寶城郡)은 본래 백제의 복홀군(伏忽郡)이고 4현을 거느렸다. 대로현(代勞縣)은 본래 백제의 마사량현(馬斯良縣)이고, 계수현(季水縣)은 본래 백제의 계천현(季川縣)이며, 오아현(烏兒縣)은 본래 백제의 오차현(烏次縣)이고, 마읍현(馬邑縣)은 본래 백제의 고마미지현(古馬彌知縣)이다. 추성군(秋成郡)은 본래 백제의 추자혜군(秋子兮郡)이고 2현을 거느렸다. 옥과현(玉菓縣)은 본래 백제의 과복(菓攴)[『고려사』에는 과혜(果兮)라고도 한다고 한다.]현이고, 율원현(栗原縣)은 본래 백제의 율복현(栗攴縣)이다. 영암군(靈岩郡)은 본래 백제의 월나군(月奈

郡)이다. 반남군(潘南郡)은 본래 백제의 반나부리현(半奈夫里縣)이고 2현을 거느렸다. 야로현(野老縣)은 본래 백제의 아로곡현(阿老谷縣)이고, 곤미현(昆湄縣)은 본래 백제의 고미현(古彌縣)이다. 갑성군(岬城郡)은 본래 백제의 고시이현(古尸伊縣)이고 2현을 거느렸다. 진원현(珍原縣)은 본래 백제의 구사진혜현(丘斯珍兮縣)이고, 삼계현(森溪縣)은 본래 백제의 소비혜현(所非兮縣)[『고려사』에는 소을부현(所乙夫縣)이라고도 한다고 한다.]이다. 무령군(武靈郡)은 본래 백제의 무시이군(武尸伊郡)이고 3현을 거느렸다. 장사현(長沙縣)은 본래 백제의 상로현(上老縣)이고, 고창현(高敞縣)은 본래 백제의 모량부리현(毛良夫里縣)이며, 무송현(茂松縣)은 본래 백제의 송미지현(松彌知縣)이다. 승평(昇平)[승주(昇州)라고도 한다.]군은 본래 백제의 감(欿)[『고려사』에는 감은 사(沙)라고도 한다고 한다. 무(武)라고도 한다.]평군(平郡)이고 3현을 거느렸다. 해읍현(海邑縣)은 본래 백제의 원촌현(猿村縣)이고, 희양현(晞陽縣)은 본래 백제의 마로현(馬老縣)이며, 여산현(廬山縣)은 본래 백제의 돌산현(突山縣)이다. 곡성군(谷城郡)은 본래 백제의 욕내군(欲乃郡)이고 3현을 거느렸다. 부유현(富有縣)은 본래 백제의 둔복현(遁支縣)이고, 구례현(求禮縣)은 본래 백제의 구차례현(仇次禮縣)이며, 동복현(同福縣)은 본래 백제의 두부지(豆夫只縣)이다. 능성군(陵城郡)은 본래 백제의 이릉부리(尒陵夫里)[『고려사』에는 죽수부리(竹樹夫里)라고도 한다고 한다. 인부리(仁夫里)라고도 한다.]군이고 2현을 거느렸다. 부리현(富里縣)은 본래 백제의 파부리군(波夫里郡)이고, 여미(汝湄)[『고려사』에는 해빈(海濱)이라고도 한다고 한다.]현은 본래 백제의 잉리아현(仍利阿縣)이다. 금산군(錦山郡)은 본래 백제의 발라군(發羅郡)이고 3현을 거느렸다. 회진현(會津縣)은 본래 백제의 두힐현(豆肹縣)이고, 철야현(鐵冶縣)은 본래 백제의 실어산현(實於山縣)이며, 여황현(艅艎縣)은 본래 백제의 수천(水川)[『고려사』에는 수입이(水入伊)라고도 한다고 한다.]현이다. 양무군(陽武郡)은 본래 백제의 도무군(道武郡)이고 4현을 거느렸다. 고(固)[동(同)이라고도 한다.]안현(安縣)은 본래 백제의 고서이현(古西伊縣)이고, 탐진현(眈津縣)은 본래 백제의 동음현(冬音縣)이며, 침명(浸溟)[『고려사』에는 투빈(投濱)이라고도 한다고 한다.]현은 본래 백제의 색금현(塞琴縣)이고, 황원현(黃原縣)은 본래 백제의 황술현(黃述縣)이다. 무안군(務安郡)은 본래 백제의 물아혜군(勿阿兮郡)이고 4현을 거느렸다. 함풍현(咸豊縣)은 본래 백제의 굴내현(屈乃縣)이고, 다기현(多岐縣)은 본래 백제의 다지현(多只縣)이며, 해제현(海際縣)은 본래 백제의 도제(道際)[『고려사』에는 도해(島海)라고도 한다고 한다. 대봉(大峯)이라고도 한다.]현이고, 진도현(珍島縣)은 본래 백제의 인진도군(因珍島郡)이다. △△군은 본래 백제의 도산(徒山)[『고려사』에는 원산(猿山)이라고도 한다고 한다.]현이고 1현을 거느렸다. △△현은 본래 백제의 매구리현(買仇里縣)이다. 압(壓)[『고려사』에는 압을 △라고도 한다고 한다.]해군(海郡)은 본래 백제의 아차산현(阿次山縣)이고 3현을 거느렸다. 갈△현(碣△縣)은 본래 백제의 아로(阿老)[『고려사』에는 갈초(葛草)라고도 한다고 한다. △△라고도 한다.]현이고, 염해현(塩海縣)은 본래 백제의 고록지현(古祿只縣)이며, 안파현(安波縣)은 본래 백제의 거지산현(居知山縣)[거(居)를 굴(屈)이라고도 한다.]이다."]

『삼국사기』 지리지에 전한다. "처음에는 고구려·백제와는 지형이 개 이빨처럼 들쭉날쭉 엇갈려 있어서 혹은 서로 화친하기도 하였고 혹은 서로 침략하다가, 후에 당과 함께 두 나라를 쳐서 멸망시키고, 그 땅을 평정한 뒤에 마침내 9주를 두었다. 본국 경계 내에 3주를 두어, 왕성 동북쪽의 당은포로(唐恩浦路) 방면을 상주라 하고, 왕성 남쪽을 양주라 하며, 서쪽을 강주라 하였다. 이전의 백제 경계 내에 3주를 두어, 백제의 옛 도성 북쪽 웅진구(熊津口)를 웅주라 하고, 그 다음 서남쪽을 전주라 하며, 그 다음 남쪽을 무주라고 하였다. 이전의 고구려 남쪽 경계 내에도 3주를 두어, 서쪽부터 첫번째를 한주라고 하고, 그 다음 동쪽을 삭주라고 하며, 그 다음 동쪽을 명주라고 하였다. 9주에서 관할하던 군·현은 무려 450개였다[방언에 이른바 향(鄕)·부곡(部曲) 등은 다시 갖추어 기록하지 않는다]. 신라의 넓음이 이렇게 지극하였다." (『三國史節要』12)

신라　　상주(尙州)는 첨해왕(沾解王) 때 사벌국(沙伐國)을 취하여 주(州)로 삼았다. 법흥왕(法興王) 11년 양(梁) 보통(普通) 6년(524) 처음으로 군주(軍主)를 설치하여 상주(上州)로 삼았다. 진흥왕(眞興王) 18년(557) 주(州)를 폐했다. 신문왕(神文王) 7년 당(唐) 수공(垂拱) 3년(687) 다시 설치하고 성을 쌓았는데 둘레가 1109보였다. 경덕왕(景德王) 16년(757) 이름을 상주(尙州)로 고쳤다. 거느리는 현(領縣)이 셋이다. 청효현(靑驍縣)은 본래 음리화현(音里火縣)인데 경덕왕(景德王)이 이름을 고쳤다. 지금은 청리현(靑理縣)이다. 다인현(多仁縣)은 본래 달이현(達已縣) [혹은 다이(多已)라고도 이른다.]인데 경덕왕(景德王)이 이름을 고쳤다. 지금까지 그대로 따른다. 화창현(化昌縣)은 본래 지내미지현(知乃彌知縣)인데 경덕왕(景德王)이 이름을 고쳤다. 지금은 상세치 않다.

예천군(醴泉郡)은 본래 수주군(水酒郡)으로, 경덕왕(景德王)이 개명하였다. 지금의 보주(甫州)이다. 거느리는 현(領縣)은 넷이다. 영안현(永安縣)은 본래 하지현(下枝縣)으로, 경덕왕(景德王)이 개명하였다. 지금의 풍산현(豊山縣)이다. 안인현(安仁縣)은 본래 난산현(蘭山縣)으로, 경덕왕(景德王)이 개명하였다. 지금은 그 위치가 분명치 않다. 가유현(嘉猷縣)은 본래 근품현(近品縣)[건품현(巾品縣)이라고도 한다]으로, 경덕왕(景德王)이 개명하였다. 지금의 산양현(山陽縣)이다. 은정현(殷正縣)은 본래 적아현(赤牙縣)으로, 경덕왕(景德王)이 개명하였다. 지금의 은풍현(殷豊縣)이다.

고창군(古昌郡)은 본래 고타야군(古陁耶郡)인데 경덕왕(景德王)이 이름을 고쳤다. 지금은 안동부(安東府)이다. 영현이 셋이다. 직녕현(直寧縣)은 본래 일직현(一直縣)인데 경덕왕(景德王)이 이름을 고쳤다. 지금은 옛 것으로 돌아왔다. 일계현(日谿縣)은 본래 열혜현(熱兮縣)[혹은 니혜(泥兮)라고도 이른다]인데 경덕왕(景德王)이 이름을 고쳤다. 지금은 알 수 없다. 고구현(高丘縣)은 본래 구화현(仇火縣)[혹은 고근(高近)이라고도 이른다]인데 경덕왕(景德王)이 이름을 고쳤다. 지금은 의성부(義城府)에 합해져 속해 있다.

문소군(聞韶郡)은 본래 소문국(召文國)인데 경덕왕(景德王)이 이름을 고쳤다. 지금의 의성부(義城府)이다. 영현이 넷이다. 진보현(眞寶縣)은 본래 칠파화현(柒巴火縣)인데 경덕왕(景德王)이 이름을 고쳤다. 지금은 보성(甫城)이다. 비옥현(比屋縣)은 본래 아화옥현(阿火屋縣)[혹은 병옥(幷屋)이라고도 이른다]인데 경덕왕(景德王)이 이름을 고쳤다. 지금까지 그대로 따른다. 안현현(安賢縣)은 본래 아시혜현(阿尸兮縣)[혹은 아을혜(阿乙兮)라고도 이른다]인데 경덕왕(景德王)이 이름을 고쳤다. 지금은 안정현(安定縣)이다. 단밀현(單密縣)은 본래 무동미지현(武冬彌知縣)[혹은 갈동미지(曷冬彌知)라고도 이른다]인데 경덕왕(景德王)이 이름을 고쳤다. 지금까지 그대로 따른다.

숭선군(嵩善郡)은 본래 일선군(一善郡)으로 진평왕(眞平王) 36년(614)에 일선주(一善州)로 삼고 군주를 설치했다. 신문왕(神文王) 7년(687)에 주(州)를 폐했다. 경덕왕(景德王)이 이름을 고쳤다. 지금은 선주(善州)이다. 영현은 셋이다. 효령현(孝靈縣)은 본래 모혜현(芼兮縣)인데 경덕왕(景德王)이 이름을 고쳤다. 지금까지 그대로 따른다. 이동혜현(尒同兮縣)은 지금은 알 수 없다. 군위현(軍威縣)은 본래 노동멱현(奴同覓縣)[혹은 여두멱(如豆覓)이라고도 이른다]인데 경덕왕(景德王)이 이름을 고쳤다. 지금까지 그대로 따른다.

개령군(開寧郡)은 옛날의 감문소국(甘文小國)이었다. 진흥왕 18년, 양나라 영정(永定) 원년(557)에 군주(軍主)를 두어 청주(靑州)로 삼았다. 진평왕 때에 주를 폐지하였다. 문무왕 원년(661)에 감문군(甘文郡)을 설치하였다. 경덕왕이 이름을 고쳤다.

지금[고려] 도 그대로 쓴다. 영현이 넷이었다. 어모현(禦侮縣)은 본래 금물현(今勿縣) [또는 음달(陰達)이라고도 하였다.]이었는데, 경덕왕이 이름을 고쳤다. 지금[고려]도 그대로 쓴다. 금산현(金山縣)은 [본래의 이름인데] 경덕왕이 주현(州縣)의 이름을 고칠 때 및 지금[고려] 까지도 모두 그대로 쓴다. 지례현(知禮縣)은 본래 지품천현(知品川縣)이었는데, 경덕왕이 이름을 고쳤다. 지금[고려] 도 그대로 쓴다.

영동군(永同郡)은 본래 길동군(吉同郡)이었는데, 경덕왕이 이름을 고쳤다. 지금[고려]도 그대로 쓴다. 영현이 둘이었다. 양산현(陽山縣)은 본래 조비천현(助比川縣)이었는데, 경덕왕이 이름을 고쳤다. 지금[고려]도 그대로 쓴다. 황간현(黃澗縣)은 본래 소라현(김羅縣)이었는데, 경덕왕이 이름을 고쳤다. 지금[고려]도 그대로 쓴다.

관성군(管城郡)은 본래 고시산군(古尸山郡)이었는데, 경덕왕이 이름을 고쳤다. 지금[고려]도 그대로 쓴다. 영현이 둘이었다. 이산현(利山縣)은 본래 소리산현(所利山縣)이었는데, 경덕왕이 이름을 고쳤다. 지금[고려]도 그대로 쓴다. 안정현(安貞縣)은 본래 아동혜현(阿冬兮縣)이었는데, 경덕왕이 이름을 고쳤다. 지금[고려]의 안읍현(安邑縣)이다.

삼년군(三年郡)은 본래 삼년산군(三年山郡)이었는데, 경덕왕이 이름을 고쳤다. 지금[고려]의 보령군(保齡郡)이다. 영현이 둘이었다. 청천현(淸川縣)은 본래 살매현(薩買縣)이었는데, 경덕왕이 이름을 고쳤다. 지금[고려]도 그대로 쓴다. 기산현(耆山縣)은 본래 굴현(屈縣)이었는데, 경덕왕이 이름을 고쳤다. 지금[고려]의 청산현이다.

고령군(古寧郡)은 본래 고령가야국(古寧加耶國)이었는데, 신라가 빼앗아 고동람군(古冬攬郡) [또는 고릉현(古陵縣)이라고도 하였다.]으로 삼았다. 경덕왕이 이름을 고쳤다. 지금[고려]의 함녕군(咸寧郡)이다. 영현이 셋이었다. 가선현(嘉善縣)은 본래 가해현(加害縣)이었는데, 경덕왕이 이름을 고쳤다. 지금[고려]의 가은현(加恩縣)이다. 관산현(冠山縣)은 본래 관현(冠縣)[또는 관문현(冠文縣)이라고도 하였다.]이었는데, 경덕왕이 이름을 고쳤다. 지금[고려]의 문경현(聞慶縣)이다. 호계현(虎溪縣)은 본래 호측현(虎側縣)이었는데, 경덕왕이 이름을 고쳤다. 지금[고려]도 그대로 쓴다.

화령군(化寧郡)은 본래 답달비군(荅達匕郡)[또는 답달(沓達)이라고도 하였다.]이었는데, 경덕왕이 이름을 고쳤다. 지금[고려]도 그대로 쓴다. 영현이 하나였다. 도안현(道安縣)은 본래 도량현(刀良縣)이었는데, 경덕왕이 이름을 고쳤다. 지금[고려]의 중모현(中牟縣)이다.

양주(良州)는, 문무왕 5년, 인덕(麟德) 2년(665)에 상주(上州)·하주(下州)의 땅을 분할하여 삽량주(歃良州)를 설치한 것이었다. 신문왕 7년(687)에 성을 쌓았는데 둘레가 1,260보였다. 경덕왕이 이름을 양주(良州)로 고쳤다. 지금[고려]의 양주(梁州)이다. 영현(領縣)이 하나였다. 헌양현(巘陽縣)은 본래 거지화현(居知火縣)이었는데, 경덕왕이 이름을 고쳤다. 지금[고려]도 그대로 쓴다.

김해소경(金海小京)은 옛날의 금관국(金官國)[또는 가락국(伽落國) 또는 가야(伽耶)라고도 하였다.]이었다. 시조 수로왕(首露王)으로부터 10세 구해왕(仇亥王)에 이르러, 양나라 중대통(中大通) 4년, 신라 법흥왕 19년(532)에 백성을 거느리고 와서 항복하였으므로, 그 땅을 금관군(金官郡)으로 삼았다. 문무왕 20년, 영륭(永隆) 원년(680)에 소경(小京)으로 삼았다. 경덕왕이 이름을 김해경(金海京)으로 고쳤다. 지금[고려]의 금주(金州)이다.

의안군(義安郡)은 본래 굴자군(屈自郡)이었는데, 경덕왕이 이름을 고쳤다. 지금[고려]도 그대로 쓴다. 영현이 셋이었다. 칠제현(漆隄縣)은 본래 칠토현(漆吐縣)인데 경덕왕(景德王)이 이름을 고쳤다. 지금[고려]의 칠원현(漆園縣)이다. 합포현(合浦縣)은 본래 골포현(骨浦縣)인데 경덕왕(景德王)이 이름을 고쳤다. 지금[고려]도 그대로 쓴다. 웅신현(熊神縣)은 본래 웅지현(熊只縣)인데 경덕왕(景德王)이 이름을 고쳤다. 지금[고려]도 그대로 쓴다.

밀성군(密城郡)은 본래 추화군(推火郡)이었는데, 경덕왕이 이름을 고쳤다. 지금[고려]도 그대로 쓴다. 영현이 다섯이었다. 상약현(尙藥縣)은 본래 서화현(西火縣)이었는데, 경덕왕이 이름을 고쳤다. 지금[고려]의 영산현(靈山縣)이다. 밀진현(密津縣)은 본래 추포현(推浦縣)[또는 죽산(竹山)이라고도 하였다.]이었는데, 경덕왕이 이름을 고쳤다. 지금[고려]은 어디인지 알 수 없다. 오구산현(烏丘山縣)은 본래 오야산현(烏也山縣)[또는 구도(仇道) 또는 오례산(烏禮山)이라고도 하였다.]이었는데, 경덕왕이 이름을 고쳤다. 지금[고려]은 청도군(淸道郡)에 합쳐져 속하였다. 형산현(荊山縣)은 본래 경산현(驚山縣)이었는데, 경덕왕이 이름을 고쳤다. 지금[고려]은 청도군(淸道郡)에 합쳐져 속하였다. 소산현(蘇山縣)은 본래 솔이산현(率已山縣)이었는데, 경덕왕이 이름을 고쳤다. 지금[고려]은 청도군(淸道郡)에 합쳐져 속하였다.

화왕군(火王郡)은 본래 비자화군(比自火郡)[또는 비사벌(比斯伐)이라고도 하였다.]이었다. 진흥왕 16년(555)에 주(州)를 설치하고 이름을 하주(下州)라고 하였으며, 26년(565)에 주를 폐지하였다. 경덕왕이 이름을 고쳤다. 지금[고려]의 창녕군(昌寧郡) 이다. 영현이 하나였다. 현효현(玄驍縣)은 본래 추량화현(推良火縣)(239)[또는 삼량화(三良火)라고도 하였다.]이었는데, 경덕왕이 이름을 고쳤다. 지금[고려]의 현풍현(玄豐縣)(240) 이다.

수창군(壽昌郡)[수(壽)는 가(嘉)라고도 썼다.]은 본래 위화군(火郡)이었는데, 경덕왕이 이름을 고쳤다. 지금[고려]의 수성군(壽城郡)이다. 영현이 넷이었다. 대구현(大丘縣)은 본래 달구화현(達句火縣)이었는데, 경덕왕이 이름을 고쳤다. 지금[고려]도 그대로 쓴다. 팔리현(八里縣)은 본래 팔거리현(八居里縣)[또는 북치장리(北長里), 또는 인리(仁里)라고도 하였다.]이었는데, 경덕왕이 이름을 고쳤다. 지금[고려]의 팔거현(八居縣)이다. 하빈현(河濱縣)은 본래 다사지현(多斯只縣)(250)[또는 답지(沓只)라고도 하였다.]이었는데, 경덕왕이 이름을 고쳤다. 지금[고려]도 그대로 쓴다. 화원현(花園縣)은 본래 설화현(舌火縣)이었는데, 경덕왕이 이름을 고쳤다. 지금[고려]도 그대로 쓴다.

장산군(獐山郡)은 지미왕(祇味王) 때에 압량소국(押梁小國)[[량(梁)은] 독(督)이라고도 썼다.]을 쳐서 빼앗아 군(郡)을 설치하였다. 경덕왕이 이름을 고쳤다. 지금[고려]의 장산군(章山郡)이다. 영현이 셋이었다. 해안현(解顔縣)은 본래 치성화현(雉省火縣)[또는 미리(美里)라고도 하였다.] 이었는데, 경덕왕이 이름을 고쳤다. 지금[고려]도 그대로 쓴다. 여량현(餘粮縣)은 본래 마진량현(麻珍良縣)[[진(珍)은] 미(彌)라고도 썼다.]이었는데, 경덕왕이 이름을 고쳤다. 지금[고려]의 구사부곡(仇史部曲)이다. 자인현(慈仁縣)은 본래 노사화현(奴斯火縣)이었는데, 경덕왕이 이름을 고쳤다. 지금[고려]도 그대로 쓴다.

임고군(臨皐郡)은 본래 절야화군(切也火郡)이었는데, 경덕왕이 이름을 고쳤다. 지금[고려]의 영주(永州)이다. 영현이 다섯이었다. 장진현(長鎭縣)은 지금[고려]의 죽장이부곡(竹長伊部曲)이다. 임천현(臨川縣)은 조분왕 때에 골화소국(骨火小國)을 쳐서 얻어 현(縣)을 설치하였다. 경덕왕이 이름을 고쳤다. 지금[고려]은 영주(永州)에 합쳐져 속하였다. 도동현(道同縣)은 본래 도동화현(刀冬火縣)이었는데, 경덕왕이 이름을 고쳤다. 지금[고려]은 영주(永州)에 합쳐져 속하였다. 신녕현(新寧縣)은 본래 사정화현(史丁火縣)이었는데, 경덕왕이 이름을 고쳤다. 지금[고려]도 그대로 쓴다. 맹백현(黽白縣)은 본래 매열차현(買熱次縣)이었는데, 경덕왕이 이름을 고쳤다. 지금[고려]은 신녕현에 합쳐져 속하였다.

동래군(東萊郡)은 본래 거칠산군(居柒山郡)이었는데, 경덕왕이 이름을 고쳤다. 지금[고려]도 그대로 쓴다. 영현이 둘이었다. 동평현(東平縣)은 본래 대증현(大甑縣)이었는데, 경덕왕이 이름을 고쳤다. 지금[고려]도 그대로 쓴다. 기장현(機張縣)은 본래 갑화량곡현(甲火良谷縣)이었는데, 경덕왕이 이름을 고쳤다. 지금[고려]도 그대로 쓴다. 동안군(東安郡)은 본래 생서량군(生西良郡)이었는데, 경덕왕이 이름을 고쳤다. 지금[고려]은 경주(慶州)에 합쳐져 속하였다. 영현이 하나였다. 우풍현(虞風縣)은 본래 우화현(于火縣)이었는데, 경덕왕이 이름을 고쳤다. 지금[고려]은 울주(蔚州)에 합쳐져 속하였다.

임관군(臨關郡)은 본래 모화군(毛火郡)[[모화(毛火)는] 문화(蚊化)라고도 썼다.]이었다. 성덕왕이 [이 곳에] 성을 쌓아 일본적(日本賊)의 길을 막았다. 경덕왕이 이름을 고쳤다. 지금[고려]은 경주에 합쳐져 속하였다. 영현이 둘이었다. 동진현(東津縣)은 본래 율포현(栗浦縣)이었는데, 경덕왕이 이름을 고쳤다. 지금[고려]은 울주에 합쳐져 속하였다. 하곡현(河曲縣)[[곡(曲)은] 서(西)라고도 썼다.]은 파사왕 때 굴아화촌(屈阿火村)을 빼앗아 현(縣)을 설치하였다. 경덕왕이 이름을 고쳤다. 지금[고려]의 울주(蔚州)이다.

의창군(義昌郡)은 본래 퇴화군(退火郡)이었는데, 경덕왕이 이름을 고쳤다. 지금[고려]의 흥해군(興海郡)이다. 영현이 여섯이었다. 안강현(安康縣)은 본래 비화현(比火縣)이었는데, 경덕왕이 이름을 고쳤다. 지금[고려]도 그대로 쓴다. 기립현(鬐立縣)은 본래 지답현(只沓縣)인데 경덕왕(景德王)이 이름을 고쳤다. 지금[고려]의 장기현(長鬐縣)이다. 신광현(神光縣)은 본래 동잉음현(東仍音縣)인데 경덕왕(景德王)이 이름을 고쳤다. 지금[고려]도 그대로 쓴다. 임정현(臨汀縣)은 본래 근오지현(斤烏支縣)인데 경덕왕(景德王)이 이름을 고쳤다. 지금[고려]의 영일현(迎日縣)이다. 기계현(杞溪縣)은 본래 모혜현(芼兮縣)[혹은 화계(化雞)라고도 하였다.]인데 경덕왕(景德王)이 이름을 고쳤다. 지금[고려]도 그대로 쓴다. 음집화현(音汁火縣)은 파사왕(婆娑王) 때 음집벌국(音汁伐國)을 취하여 현을 설치한 곳인데 지금[고려]은 안강현(安康縣)에 합쳐져 속하였다.

대성군(大城郡)은 본래 구도성(仇刀城) 경역 안의 솔이산성(率伊山城)·가산현(茄山縣)[또는 경산성(驚山城)이라고도 하였다.]·오도산성(烏刀山城) 등의 세 성이었다. 지금[고려]은 청도군(淸道郡)에 합쳐져 속하였다. 약장현(約章縣)은 본래 악지현(惡支縣)이었는데, 경덕왕이 이름을 고쳤다. 지금[고려]은 경주에 합쳐져 속하였다. 동기정(東畿停)은 본래 모지정(毛只停)이었는데, 경덕왕이 이름을 고쳤다. 지금[고려]은 경주에 합쳐져 속하였다.

상성군(商城郡)은 본래 서형산군(西兄山郡)이었는데, 경덕왕이 이름을 고쳤다. 지금[고려]은 경주에 합쳐져 속하였다. 남기정(南畿停)은 본래 도품혜정(道品兮停)이었는데, 경덕왕이 이름을 고쳤다. 지금[고려]은 경주에 합쳐져 속하였다. 중기정(中畿停)은 본래 근내정(根乃停)이었는데, 경덕왕이 이름을 고쳤다. 지금[고려]은 경주에 합쳐져 속하였다. 서기정(西畿停)은 본래 두량미지정(豆良彌知停)이었는데, 경덕왕이 이름을 고쳤다. 지금[고려]은 경주에 합쳐져 속하였다. 북기정(北畿停)은 본래 우곡정(雨谷停)이었는데, 경덕왕이 이름을 고쳤다. 지금[고려]은 경주에 합쳐져 속하였다. 막야정(莫耶停)은 본래 관아량지정(官阿良支停) 또는 북아량(北阿良)이라고도 하였다. 이었는데, 경덕왕이 이름을 고쳤다. 지금[고려]은 경주에 합쳐져 속하였다.

강주(康州)는, 신문왕 5년, 당나라 수공(垂拱) 원년(685)에 거타주(居陁州)를 나누어 청주(菁州)를 설치한 것이었다. 경덕왕이 이름을 고쳤다. 지금[고려]의 진주(晉州)이다. 영현(領縣)이 둘이었다. 가수현(嘉壽縣)은 본래 가주화현(加主火縣)이었는데, 경덕왕이 이름을 고쳤다. 지금[고려]도 그대로 쓴다. 굴촌현(屈村縣)은 지금[고려]은 어디인지 알 수 없다.

남해군(南海郡)은 신문왕이 처음으로 전야산군(轉也山郡)을 설치한 것으로서, 바닷속의 섬이다. 경덕왕이 이름을 고쳤다. 지금[고려]도 그대로 쓴다. 영현이 둘이었다.

난포현(蘭浦縣)은 본래 내포현(內浦縣)이었는데, 경덕왕이 이름을 고쳤다. 지금[고려]도 그대로 쓴다. 평산현(平山縣)은 본래 평서산현(平西山縣)[또는 서평(西平)이라고도 하였다.]이었는데, 경덕왕이 이름을 고쳤다. 지금[고려]도 그대로 쓴다.

하동군(河東郡)은 본래 한다사군(韓多沙郡)이었는데, 경덕왕이 이름을 고쳤다. 지금[고려]도 그대로 쓴다. 영현이 셋이었다. 성량현(省良縣)은 지금[고려]의 금량부곡(金良部曲)이다. 악양현(嶽陽縣)은 본래 소다사현(小多沙縣)이었는데, 경덕왕이 이름을 고쳤다. 지금[고려]도 그대로 쓴다. 하읍현(河邑縣)은 본래 포촌현(浦村縣)이었는데, 경덕왕이 이름을 고쳤다. 지금[고려]은 어디인지 알 수 없다.

고성군(固城郡)은 본래 고자군(古自郡)이었는데, 경덕왕이 이름을 고쳤다. 지금[고려]도 그대로 쓴다. 영현이 셋이었다. 문화량현(蚊火良縣)은 지금[고려]은 어디인지 알 수 없다. 사수현(泗水縣)은 본래 사물현(史勿縣)이었는데, 경덕왕이 이름을 고쳤다. 지금[고려]의 사주(泗州)이다. 상선현(尙善縣)은 본래 일선현(一善縣)이었는데, 경덕왕이 이름을 고쳤다. 지금[고려]의 영선현(永善縣)이다.

함안군(咸安郡)은 법흥왕이 많은 군사로 아시량국(阿尸良國)[또는 아나가야(阿那加耶)라고도 하였다.]을 멸망시키고 그 땅을 군(郡)으로 삼았다. 경덕왕이 이름을 고쳤다. 지금[고려]도 그대로 쓴다. 영현이 둘이었다. 현무현(玄武縣)은 본래 소삼현(召彡縣)이었는데, 경덕왕이 이름을 고쳤다. 지금[고려]의 소삼부곡(召彡部曲)이다. 의령현(宜寧縣)은 본래 장함현(獐含縣)이었는데, 경덕왕이 이름을 고쳤다. 지금[고려]도 그대로 쓴다.

거제군(巨濟郡)은 문무왕이 처음으로 상군(裳郡)을 설치한 것으로서, 바닷 속의 섬이다. 경덕왕이 이름을 고쳤다. 지금[고려]도 그대로 쓴다. 영현이 셋이었다. 아주현(鵝洲縣)은 본래 거로현(巨老縣)이었는데, 경덕왕이 이름을 고쳤다. 지금[고려]도 그대로 쓴다. 명진현(溟珍縣)은 본래 매진이현(買珍伊縣)이었는데, 경덕왕이 이름을 고쳤다. 지금[고려]도 그대로 쓴다. 남수현(南垂縣)은 본래 송변현(松邊縣)이었는데, 경덕왕이 이름을 고쳤다. 지금[고려]은 예전대로 회복하였다.

궐성군(闕城郡)은 본래 궐지군(闕支郡)이었는데, 경덕왕이 이름을 고쳤다. 지금[고려]의 강성현(江城縣)이다. 영현이 둘이었다. 단읍현(丹邑縣)은 본래 적촌현(赤村縣)이었는데, 경덕왕이 이름을 고쳤다. 지금[고려]의 단계현(丹溪縣)이다. 산음현(山陰縣)은 본래 지품천현(知品川縣)이었는데, 경덕왕이 이름을 고쳤다. 지금[고려]도 그대로 쓴다.

천령군(天嶺郡)은 본래 속함군(速含郡)이었는데, 경덕왕이 이름을 고쳤다. 지금[고려]의 함양군(咸陽郡)이다. 영현이 둘이었다. 운봉현(雲峯縣)은 본래 모산현(母山縣)[혹은 아영성(阿英城), 혹은 아막성(阿莫城)이라고도 하였다.]이었는데, 경덕왕이 이름을 고쳤다. 지금[고려]도 그대로 쓴다. 이안현(利安縣)은 본래 마리현(馬利縣)이었는데, 경덕왕이 이름을 고쳤다. 지금[고려]도 그대로 쓴다.

거창군(居昌郡)은 본래 거열군(居烈郡)[혹은 거타(居陁)라고도 하였다.]이었는데, 경덕왕이 이름을 고쳤다. 지금[고려]도 그대로 쓴다. 영현이 둘이었다. 여선현(餘善縣)은 본래 남내현(南內縣)이었는데, 경덕왕이 이름을 고쳤다. 지금[고려]의 감음현(感陰縣)이다. 함음현(咸陰縣)은 본래 가소현(加召縣)이었는데, 경덕왕이 이름을 고쳤다. 지금[고려]은 예전대로 회복하였다.

고령군(高靈郡)은 본래 대가야국(大加耶國)이었는데, 시조 이진아시왕(伊珍阿豉王)[또는 내진주지(內珍朱智)라고도 하였다.]으로부터 도설지왕(道設智王)까지 모두 16세 520년이었다. 진흥대왕(眞興大王)이 침공하여 멸망시키고 그 땅을 대가야군(大加耶郡)으로 삼았다. 경덕왕이 이름을 고쳤다. 지금[고려]도 그대로 쓴다. 영현이 둘이었다. 야로현(冶爐縣)은 본래 적화현(赤火縣)이었는데, 경덕왕이 이름을 고쳤다. 지금[고려]도 그대로 쓴다. 신복현(新復縣)은 본래 가시혜현(加尸兮縣)이었는데, 경덕왕이 이름을 고쳤다. 지금[고려]은 어디인지 알 수 없다.

강양군(江陽郡)은 본래 대량주군(大良州郡)[[량(良)은] 야(耶)라고도 썼다.]이었는데, 경덕왕이 이름을 고쳤다. 지금[고려]의 합주(陜州)이다. 영현이 셋이었다. 삼기현(三岐縣)은 본래 삼지현(三支縣)[또는 마장(麻杖)이라고도 하였다.]이었는데, 경덕왕이 이름을 고쳤다. 지금[고려]도 그대로 쓴다. 팔계현(八谿縣)은 본래 초팔혜현(草八兮縣)이었는데, 경덕왕이 이름을 고쳤다. 지금[고려]의 초계현(草谿縣)이다. 의상현(宜桑縣)은 본래 신이현(辛尒縣)[또는 주오촌(朱烏村), 또는 천주현(泉州縣)이라고도 하였다.]이었는데, 경덕왕이 이름을 고쳤다. 지금[고려]의 신번현(新繁縣)이다.

성산군(星山郡)은 본래 일리군(一利郡)[또는 이산군(里山郡)이라고도 하였다.]이었는데, 경덕왕이 이름을 고쳤다. 지금[고려]의 가리현(加利縣)이다. 영현이 넷이었다. 수동현(壽同縣)은 본래 사동화현(斯同火縣)이었는데, 경덕왕이 이름을 고쳤다. 지금[고려]은 어디인지 알 수 없다. 계자현(谿子縣)은 본래 대목현(大木縣)이었는데, 경덕왕이 이름을 고쳤다. 지금[고려]의 약목현(若木縣)이다. 신안현(新安縣)은 본래 본피현(本彼縣)이었는데, 경덕왕이 이름을 고쳤다. 지금[고려]의 경산부(京山府)이다. 도산현(都山縣)은 본래 적산현(狄山縣)이었는데, 경덕왕이 이름을 고쳤다. 지금[고려]은 어디인지 알 수 없다. (『三國史記』 34 雜志 3 地理 1)

신라

상주(尙州)는 첨해왕(沾解王) 때 사벌국(沙伐國)을 취하여 주(州)로 삼았다. 법흥왕(法興王) 11년 양(梁) 보통(普通) 6년(524) 처음으로 군주(軍主)를 설치하여 상주(上州)로 삼았다. 진흥왕(眞興王) 18년(557) 주(州)를 폐했다. 신문왕(神文王) 7년 당(唐) 수공(垂拱) 3년(687) 다시 설치하고 성을 쌓았는데 둘레가 1109보였다. 경덕왕(景德王) 16년(757) 이름을 상주(尙州)로 고쳤다. 거느리는 현(領縣)이 셋이다. 청효현(靑驍縣)은 본래 음리화현(音里火縣)인데 경덕왕(景德王)이 이름을 고쳤다. 지금은 청리현(靑理縣)이다. 다인현(多仁縣)은 본래 달이현(達已縣) [혹은 다이(多已)라고도 이른다.]인데 경덕왕(景德王)이 이름을 고쳤다. 지금까지 그대로 따른다. 화창현(化昌縣)은 본래 지내미지현(知乃彌知縣)인데 경덕왕(景德王)이 이름을 고쳤다. 지금은 상세치 않다.

예천군(醴泉郡)은 본래 수주군(水酒郡)으로, 경덕왕(景德王)이 개명하였다. 지금의 보주(甫州)이다. 거느리는 현(領縣)은 넷이다. 영안현(永安縣)은 본래 하지현(下枝縣)으로, 경덕왕(景德王)이 개명하였다. 지금의 풍산현(豊山縣)이다. 안인현(安仁縣)은 본래 난산현(蘭山縣)으로, 경덕왕(景德王)이 개명하였다. 지금은 그 위치가 분명치 않다. 가유현(嘉猷縣)은 본래 근품현(近品縣)[건품현(巾品縣)이라고도 한다.]으로, 경덕왕(景德王)이 개명하였다. 지금의 산양현(山陽縣)이다. 은정현(殷正縣)은 본래 적아현(赤牙縣)으로, 경덕왕(景德王)이 개명하였다. 지금의 은풍현(殷豊縣)이다.

고창군(古昌郡)은 본래 고타야군(古陁耶郡)인데 경덕왕(景德王)이 이름을 고쳤다. 지금은 안동부(安東府)이다. 영현이 셋이다. 직녕현(直寧縣)은 본래 일직현(一直縣)인데 경덕왕(景德王)이 이름을 고쳤다. 지금은 옛 것으로 돌아왔다. 일계현(日谿縣)은 본래 열혜현(熱兮縣)[혹은 니혜(泥兮)라고도 이른다.]인데 경덕왕(景德王)이 이름을 고쳤다. 지금은 알 수 없다. 고구현(高丘縣)은 본래 구화현(仇火縣)[혹은 고근(高近)이라고도 이른다.]인데 경덕왕(景德王)이 이름을 고쳤다. 지금은 의성부(義城府)에 합해져 속해 있다.

문소군(聞韶郡)은 본래 소문국(召文國)인데 경덕왕(景德王)이 이름을 고쳤다. 지금의 의성부(義城府)이다. 영현이 넷이다. 진보현(眞寶縣)은 본래 칠파화현(柒巴火縣)인데 경덕왕(景德王)이 이름을 고쳤다. 지금은 보성(甫城)이다. 비옥현(比屋縣)은 본래 아화옥현(阿火屋縣)[혹은 병옥(幷屋)이라고도 이른다.]인데 경덕왕(景德王)이 이름을 고쳤다. 지금까지 그대로 따른다. 안현현(安賢縣)은 본래 아시혜현(阿尸兮縣)[혹은 아을혜(阿乙兮)라고도 이른다]인데 경덕왕(景德王)이 이름을 고쳤다. 지금은 안정현(安定縣)이다. 단밀현(單密縣)은 본래 무동미지현(武冬彌知縣)[혹은 갈동미지(曷冬彌知)라고도 이른다]인데 경덕왕(景德王)이 이름을 고쳤다. 지금까지 그대로 따른다.

숭선군(嵩善郡)은 본래 일선군(一善郡)으로 진평왕(眞平王) 36년(614)에 일선주(一善州)로 삼고 군주를 설치했다. 신문왕(神文王) 7년(687)에 주(州)를 폐했다. 경덕왕(景德王)이 이름을 고쳤다. 지금은 선주(善州)이다. 영현은 셋이다. 효영현(孝靈縣)은 본래 모혜현(芼兮縣)인데 경덕왕(景德王)이 이름을 고쳤다. 지금까지 그대로 따른다. 이동혜현(尒同兮縣)은 지금은 알 수 없다. 군위현(軍威縣)은 본래 노동멱현(奴同覓縣)[혹은 여두멱(如豆覓)이라고도 이른다]인데 경덕왕(景德王)이 이름을 고쳤다. 지금까지 그대로 따른다.

개령군(開寧郡)은 옛날의 감문소국(甘文小國)이었다. 진흥왕 18년, 양나라 영정(永定) 원년(557)에 군주(軍主)를 두어 청주(靑州)로 삼았다. 진평왕 때에 주를 폐지하였다. 문무왕 원년(661)에 감문군(甘文郡)을 설치하였다. 경덕왕이 이름을 고쳤다. 지금[고려] 도 그대로 쓴다. 영현이 넷이었다. 어모현(禦侮縣)은 본래 금물현(今勿縣)[또는 음달(陰達)이라고도 하였다.]이었는데, 경덕왕이 이름을 고쳤다. 지금[고려]도 그대로 쓴다. 금산현(金山縣)은 [본래의 이름인데] 경덕왕이 주현(州縣)의 이름을 고칠 때 및 지금[고려] 까지도 모두 그대로 쓴다. 지례현(知禮縣)은 본래 지품천현(知品川縣)이었는데, 경덕왕이 이름을 고쳤다. 지금[고려] 도 그대로 쓴다.

영동군(永同郡)은 본래 길동군(吉同郡)이었는데, 경덕왕이 이름을 고쳤다. 지금[고려]도 그대로 쓴다. 영현이 둘이었다. 양산현(陽山縣)은 본래 조비천현(助比川縣)이었는데, 경덕왕이 이름을 고쳤다. 지금[고려]도 그대로 쓴다. 황간현(黃澗縣)은 본래 소라현(召羅縣)이었는데, 경덕왕이 이름을 고쳤다. 지금[고려]도 그대로 쓴다.

관성군(管城郡)은 본래 고시산군(古尸山郡)이었는데, 경덕왕이 이름을 고쳤다. 지금[고려]도 그대로 쓴다. 영현이 둘이었다. 이산현(利山縣)은 본래 소리산현(所利山縣)이었는데, 경덕왕이 이름을 고쳤다. 지금[고려]도 그대로 쓴다. 안정현(安貞縣)은 본래 아동혜현(阿冬兮縣)이었는데, 경덕왕이 이름을 고쳤다. 지금[고려]의 안읍현(安邑縣)이다.

삼년군(三年郡)은 본래 삼년산군(三年山郡)이었는데, 경덕왕이 이름을 고쳤다. 지금[고려]의 보령군(保齡郡)이다. 영현이 둘이었다. 청천현(淸川縣)은 본래 살매현(薩買縣)이었는데, 경덕왕이 이름을 고쳤다. 지금[고려]도 그대로 쓴다. 기산현(耆山縣)은 본래 굴현(屈縣)이었는데, 경덕왕이 이름을 고쳤다. 지금[고려]의 청산현이다.

고령군(古寧郡)은 본래 고령가야국(古寧加耶國)이었는데, 신라가 빼앗아 고동람군(古冬攬郡) [또는 고릉현(古陵縣)이라고도 하였다.]으로 삼았다. 경덕왕이 이름을 고쳤다. 지금[고려]의 함녕군(咸寧郡)이다. 영현이 셋이었다. 가선현(嘉善縣)은 본래 가해현(加害縣)이었는데, 경덕왕이 이름을 고쳤다. 지금[고려]의 가은현(加恩縣)이다. 관산현(冠山縣)은 본래 관현(冠縣)[또는 관문현(冠文縣)이라고도 하였다.]이었는데, 경덕왕이 이름을 고쳤다. 지금[고려]의 문경현(聞慶縣)이다. 호계현(虎溪縣)은 본래 호측현(虎側縣)이었는데, 경덕왕이 이름을 고쳤다. 지금[고려]도 그대로 쓴다.

화령군(化寧郡)은 본래 답달비군(荅達匕郡)[또는 답달(沓達)이라고도 하였다.]이었는데, 경덕왕이 이름을 고쳤다. 지금[고려]도 그대로 쓴다. 영현이 하나였다. 도안현(道安縣)은 본래 도량현(刀良縣)이었는데, 경덕왕이 이름을 고쳤다. 지금[고려]의 중모현(中牟縣)이다.

양주(良州)는, 문무왕 5년, 인덕(麟德) 2년(665)에 상주(上州)·하주(下州)의 땅을 분할하여 삽량주(歃良州)를 설치한 것이었다. 신문왕 7년(687)에 성을 쌓았는데 둘레가

1,260보였다. 경덕왕이 이름을 양주(良州)로 고쳤다. 지금[고려]의 양주(梁州)이다. 영현(領縣)이 하나였다. 헌양현(巘陽縣)은 본래 거지화현(居知火縣)이었는데, 경덕왕이 이름을 고쳤다. 지금[고려]도 그대로 쓴다.

김해소경(金海小京)은 옛날의 금관국(金官國)[또는 가락국(伽落國) 또는 가야(伽耶)라고도 하였다.]이었다. 시조 수로왕(首露王)으로부터 10세 구해왕(仇亥王)에 이르러, 양나라 중대통(中大通) 4년, 신라 법흥왕 19년(532)에 백성을 거느리고 와서 항복하였으므로, 그 땅을 금관군(金官郡)으로 삼았다. 문무왕 20년, 영륭(永隆) 원년(680)에 소경(小京)으로 삼았다. 경덕왕이 이름을 김해경(金海京)으로 고쳤다. 지금[고려]의 금주(金州)이다.

의안군(義安郡)은 본래 굴자군(屈自郡)이었는데, 경덕왕이 이름을 고쳤다. 지금[고려]도 그대로 쓴다. 영현이 셋이었다. 칠제현(漆隄縣)은 본래 칠토현(漆吐縣)인데 경덕왕(景德王)이 이름을 고쳤다. 지금[고려]의 칠원현(漆園縣)이다. 합포현(合浦縣)은 본래 골포현(骨浦縣)인데 경덕왕(景德王)이 이름을 고쳤다. 지금[고려]도 그대로 쓴다. 웅신현(熊神縣)은 본래 웅지현(熊只縣)인데 경덕왕(景德王)이 이름을 고쳤다. 지금[고려]도 그대로 쓴다.

밀성군(密城郡)은 본래 추화군(推火郡)이었는데, 경덕왕이 이름을 고쳤다. 지금[고려]도 그대로 쓴다. 영현이 다섯이었다. 상약현(尙藥縣)은 본래 서화현(西火縣)이었는데, 경덕왕이 이름을 고쳤다. 지금[고려]의 영산현(靈山縣)이다. 밀진현(密津縣)은 본래 추포현(推浦縣)[또는 죽산(竹山)이라고도 하였다.]이었는데, 경덕왕이 이름을 고쳤다. 지금[고려]은 어디인지 알 수 없다. 오구산현(烏丘山縣)은 본래 오야산현(烏也山縣)[또는 구도(仇道) 또는 오례산(烏禮山)이라고도 하였다.]이었는데, 경덕왕이 이름을 고쳤다. 지금[고려]은 청도군(淸道郡)에 합쳐져 속하였다. 형산현(荊山縣)은 본래 경산현(驚山縣)이었는데, 경덕왕이 이름을 고쳤다. 지금[고려]은 청도군(淸道郡)에 합쳐져 속하였다. 소산현(蘇山縣)은 본래 솔이산현(率已山縣)이었는데, 경덕왕이 이름을 고쳤다. 지금[고려]은 청도군(淸道郡)에 합쳐져 속하였다.

화왕군(火王郡)은 본래 비자화군(比自火郡)[또는 비사벌(比斯伐)이라고도 하였다.]이었다. 진흥왕 16년(555)에 주(州)를 설치하고 이름을 하주(下州)라고 하였으며, 26년(565)에 주를 폐지하였다. 경덕왕이 이름을 고쳤다. 지금[고려]의 창녕군(昌寧郡)이다. 영현이 하나였다. 현효현(玄驍縣)은 본래 추량화현(推良火縣)(239)[또는 삼량화(三良火)라고도 하였다.]이었는데, 경덕왕이 이름을 고쳤다. 지금[고려]의 현풍현(玄豐縣)(240)이다.

수창군(壽昌郡)[수(壽)는 가(嘉)라고도 썼다.]은 본래 위화군(火郡)이었는데, 경덕왕이 이름을 고쳤다. 지금[고려]의 수성군(壽城郡)이다. 영현이 넷이었다. 대구현(大丘縣)은 본래 달구화현(達句火縣)이었는데, 경덕왕이 이름을 고쳤다. 지금[고려]도 그대로 쓴다. 팔리현(八里縣)은 본래 팔거리현(八居里縣)[또는 북치장리(北長里), 또는 인리(仁里)라고도 하였다.]이었는데, 경덕왕이 이름을 고쳤다. 지금[고려]의 팔거현(八居縣)이다. 하빈현(河濱縣)은 본래 다사지현(多斯只縣)(250)[또는 답지(畓只)라고도 하였다.]이었는데, 경덕왕이 이름을 고쳤다. 지금[고려]도 그대로 쓴다. 화원현(花園縣)은 본래 설화현(舌火縣)이었는데, 경덕왕이 이름을 고쳤다. 지금[고려]도 그대로 쓴다.

장산군(獐山郡)은 지미왕(祇味王) 때에 압량소국(押梁小國)[량(梁)은 독(督)이라고도 썼다.]을 쳐서 빼앗아 군(郡)을 설치하였다. 경덕왕이 이름을 고쳤다. 지금[고려]의 장산군(章山郡)이다. 영현이 셋이었다. 해안현(解顔縣)은 본래 치성화현(雉省火縣)[또는 미리(美里)라고도 하였다.] 이었는데, 경덕왕이 이름을 고쳤다. 지금[고려]도 그대로 쓴다. 여량현(餘粮縣)은 본래 마진량현(麻珍良縣)[[진(珍)은] 미(彌)라고도 썼다.]이었는데, 경덕왕이 이름을 고쳤다. 지금[고려]의 구사부곡(仇史部曲)이다. 자인현(慈仁縣)은 본래 노사화현(奴斯火縣)이었는데, 경덕왕이 이름을 고쳤다. 지금[고려]도 그대로 쓴다.

임고군(臨皐郡)은 본래 절야화군(切也火郡)이었는데, 경덕왕이 이름을 고쳤다. 지금[고려]의 영주(永州)이다. 영현이 다섯이었다. 장진현(長鎭縣)은 지금[고려]의 죽장이부곡(竹長伊部曲)이다. 임천현(臨川縣)은 조분왕 때에 골화소국(骨火小國)을 쳐서 얻어 현(縣)을 설치하였다. 경덕왕이 이름을 고쳤다. 지금[고려]은 영주(永州)에 합쳐져 속하였다. 도동현(道同縣)은 본래 도동화현(刀冬火縣)이었는데, 경덕왕이 이름을 고쳤다. 지금[고려]은 영주(永州)에 합쳐져 속하였다. 신녕현(新寧縣)은 본래 사정화현(史丁火縣)이었는데, 경덕왕이 이름을 고쳤다. 지금[고려]도 그대로 쓴다. 맹백현(黽白縣)은 본래 매열차현(買熱次縣)이었는데, 경덕왕이 이름을 고쳤다. 지금[고려]은 신녕현에 합쳐져 속하였다.

동래군(東萊郡)은 본래 거칠산군(居柒山郡)이었는데, 경덕왕이 이름을 고쳤다. 지금[고려]도 그대로 쓴다. 영현이 둘이었다. 동평현(東平縣)은 본래 대증현(大甑縣)이었는데, 경덕왕이 이름을 고쳤다. 지금[고려]도 그대로 쓴다. 기장현(機張縣)은 본래 갑화량곡현(甲火良谷縣)이었는데, 경덕왕이 이름을 고쳤다. 지금[고려]도 그대로 쓴다.

동안군(東安郡)은 본래 생서량군(生西良郡)이었는데, 경덕왕이 이름을 고쳤다. 지금[고려]은 경주(慶州)에 합쳐져 속하였다. 영현이 하나였다. 우풍현(虞風縣)은 본래 우화현(于火縣)이었는데, 경덕왕이 이름을 고쳤다. 지금[고려]은 울주(蔚州)에 합쳐져 속하였다.

임관군(臨關郡)은 본래 모화군(毛火郡)[[모화(毛火)는] 문화(蚊化)라고도 썼다.]이었다. 성덕왕이 [이 곳에] 성을 쌓아 일본적(日本賊)의 길을 막았다. 경덕왕이 이름을 고쳤다. 지금[고려]은 경주에 합쳐져 속하였다. 영현이 둘이었다. 동진현(東津縣)은 본래 율포현(栗浦縣)이었는데, 경덕왕이 이름을 고쳤다. 지금[고려]은 울주에 합쳐져 속하였다. 하곡현(河曲縣)[[곡(曲)은] 서(西)라고도 썼다.]은 파사왕 때 굴아화촌(屈阿火村)을 빼앗아 현(縣)을 설치하였다. 경덕왕이 이름을 고쳤다. 지금[고려]의 울주(蔚州)이다.

의창군(義昌郡)은 본래 퇴화군(退火郡)이었는데, 경덕왕이 이름을 고쳤다. 지금[고려]의 흥해군(興海郡)이다. 영현이 여섯이었다. 안강현(安康縣)은 본래 비화현(比火縣)이었는데, 경덕왕이 이름을 고쳤다. 지금[고려]도 그대로 쓴다. 기립현(鬐立縣)은 본래 지답현(只畓縣)인데 경덕왕(景德王)이 이름을 고쳤다. 지금[고려]의 장기현(長鬐縣)이다. 신광현(神光縣)은 본래 동잉음현(東仍音縣)인데 경덕왕(景德王)이 이름을 고쳤다. 지금[고려]도 그대로 쓴다. 임정현(臨汀縣)은 본래 근오지현(斤烏支縣)인데 경덕왕(景德王)이 이름을 고쳤다. 지금[고려]의 영일현(迎日縣)이다. 기계현(杞溪縣)은 본래 모혜현(芼兮縣)[혹은 화계(化雞)라고도 하였다.]인데 경덕왕(景德王)이 이름을 고쳤다. 지금[고려]도 그대로 쓴다. 음집화현(音汁火縣)은 파사왕(婆娑王) 때 음집벌국(音汁伐國)을 취하여 현을 설치한 곳인데 지금[고려]은 안강현(安康縣)에 합쳐져 속하였다.

대성군(大城郡)은 본래 구도성(仇刀城) 경역 안의 솔이산성(率伊山城)·가산현(茄山縣)[또는 경산성(驚山城)이라고도 하였다.]·오도산성(烏刀山城) 등의 세 성이었다. 지금[고려]은 청도군(淸道郡)에 합쳐져 속하였다. 약장현(約章縣)은 본래 악지현(惡支縣)이었는데, 경덕왕이 이름을 고쳤다. 지금[고려]은 경주에 합쳐져 속하였다. 동기정(東畿停)은 본래 모지정(毛只停)이었는데, 경덕왕이 이름을 고쳤다. 지금[고려]은 경주에 합쳐져 속하였다.

상성군(商城郡)은 본래 서형산군(西兄山郡)이었는데, 경덕왕이 이름을 고쳤다. 지금[고려]은 경주에 합쳐져 속하였다. 남기정(南畿停)은 본래 도품혜정(道品兮停)이었는데, 경덕왕이 이름을 고쳤다. 지금[고려]은 경주에 합쳐져 속하였다. 중기정(中畿停)은 본래 근내정(根乃停)이었는데, 경덕왕이 이름을 고쳤다. 지금[고려]은 경주에 합쳐져 속하였다. 서기정(西畿停)은 본래 두량미지정(豆良彌知停)이었는데, 경덕왕이 이름을 고쳤다. 지금[고려]은 경주에 합쳐져 속하였다. 북기정(北畿停)은 본래 우곡정(雨谷停)이었는데, 경덕왕이 이름을 고쳤다. 지금[고려]은 경주에 합쳐져 속하였다. 막야정(莫耶停)은 본래 관아량지정(官阿良支停) 또는 북아량(北阿良)이라고도 하였다. 이었는데, 경덕왕이 이름을 고쳤다. 지금[고려]은 경주에 합쳐져 속하였다.

강주(康州)는, 신문왕 5년, 당나라 수공(垂拱) 원년(685)에 거타주(居陁州)를 나누어 청주(菁州)를 설치한 것이었다. 경덕왕이 이름을 고쳤다. 지금[고려]의 진주(晉州)이다. 영현(領縣)이 둘이었다. 가수현(嘉壽縣)은 본래 가주화현(加主火縣)이었는데, 경덕왕이 이름을 고쳤다. 지금[고려]도 그대로 쓴다. 굴촌현(屈村縣)은 지금[고려]은 어디인지 알 수 없다.

남해군(南海郡)은 신문왕이 처음으로 전야산군(轉也山郡)을 설치한 것으로서, 바닷속의 섬이다. 경덕왕이 이름을 고쳤다. 지금[고려]도 그대로 쓴다. 영현이 둘이었다. 난포현(蘭浦縣)은 본래 내포현(內浦縣)이었는데, 경덕왕이 이름을 고쳤다. 지금[고려]도 그대로 쓴다. 평산현(平山縣)은 본래 평서산현(平西山縣)[또는 서평(西平)이라고도 하였다.]이었는데, 경덕왕이 이름을 고쳤다. 지금[고려]도 그대로 쓴다.

하동군(河東郡)은 본래 한다사군(韓多沙郡)이었는데, 경덕왕이 이름을 고쳤다. 지금[고려]도 그대로 쓴다. 영현이 셋이었다. 성량현(省良縣)은 지금[고려]의 금량부곡(金良部曲)이다. 악양현(嶽陽縣)은 본래 소다사현(小多沙縣)이었는데, 경덕왕이 이름을 고쳤다. 지금[고려]도 그대로 쓴다. 하읍현(河邑縣)은 본래 포촌현(浦村縣)이었는데, 경덕왕이 이름을 고쳤다. 지금[고려]은 어디인지 알 수 없다.

고성군(固城郡)은 본래 고자군(古自郡)이었는데, 경덕왕이 이름을 고쳤다. 지금[고려]도 그대로 쓴다. 영현이 셋이었다. 문화량현(蚊火良縣)은 지금[고려]은 어디인지 알 수 없다. 사수현(泗水縣)은 본래 사물현(史勿縣)이었는데, 경덕왕이 이름을 고쳤다. 지금[고려]의 사주(泗州)이다. 상선현(尙善縣)은 본래 일선현(一善縣)이었는데, 경덕왕이 이름을 고쳤다. 지금[고려]의 영선현(永善縣)이다.

함안군(咸安郡)은 법흥왕이 많은 군사로 아시량국(阿尸良國)[또는 아나가야(阿那加耶)라고도 하였다.]을 멸망시키고 그 땅을 군(郡)으로 삼았다. 경덕왕이 이름을 고쳤다. 지금[고려]도 그대로 쓴다. 영현이 둘이었다. 현무현(玄武縣)은 본래 소삼현(召彡縣)이었는데, 경덕왕이 이름을 고쳤다. 지금[고려]의 소삼부곡(召彡部曲)이다. 의령현(宜寧縣)은 본래 장함현(獐含縣)이었는데, 경덕왕이 이름을 고쳤다. 지금[고려]도 그대로 쓴다.

거제군(巨濟郡)은 문무왕이 처음으로 상군(裳郡)을 설치한 것으로서, 바닷 속의 섬이다. 경덕왕이 이름을 고쳤다. 지금[고려]도 그대로 쓴다. 영현이 셋이었다. 아주현(鵝洲縣)은 본래 거로현(巨老縣)이었는데, 경덕왕이 이름을 고쳤다. 지금[고려]도 그대로 쓴다. 명진현(溟珍縣)은 본래 매진이현(買珍伊縣)이었는데, 경덕왕이 이름을 고쳤다. 지금[고려]도 그대로 쓴다. 남수현(南垂縣)은 본래 송변현(松邊縣)이었는데, 경덕왕이 이름을 고쳤다. 지금[고려]은 예전대로 회복하였다.

궐성군(闕城郡)은 본래 궐지군(闕支郡)이었는데, 경덕왕이 이름을 고쳤다. 지금[고려]의 강성현(江城縣)이다. 영현이 둘이었다. 단읍현(丹邑縣)은 본래 적촌현(赤村縣)이었는데, 경덕왕이 이름을 고쳤다. 지금[고려]의 단계현(丹溪縣)이다. 산음현(山陰縣)은 본래 지품천현(知品川縣)이었는데, 경덕왕이 이름을 고쳤다. 지금[고려]도 그대로 쓴다.

천령군(天嶺郡)은 본래 속함군(速含郡)이었는데, 경덕왕이 이름을 고쳤다. 지금[고려]

의 함양군(咸陽郡)이다. 영현이 둘이었다. 운봉현(雲峯縣)은 본래 모산현(母山縣)[혹은 아영성(阿英城), 혹은 아막성(阿莫城)이라고도 하였다.]이었는데, 경덕왕이 이름을 고쳤다. 지금[고려]도 그대로 쓴다. 이안현(利安縣)은 본래 마리현(馬利縣)이었는데, 경덕왕이 이름을 고쳤다. 지금[고려]도 그대로 쓴다.

거창군(居昌郡)은 본래 거열군(居烈郡)[혹은 거타(居陁)라고도 하였다.]이었는데, 경덕왕이 이름을 고쳤다. 지금[고려]도 그대로 쓴다. 영현이 둘이었다. 여선현(餘善縣)은 본래 남내현(南內縣)이었는데, 경덕왕이 이름을 고쳤다. 지금[고려]의 감음현(感陰縣)이다. 함음현(咸陰縣)은 본래 가소현(加召縣)이었는데, 경덕왕이 이름을 고쳤다. 지금[고려]은 예전대로 회복하였다.

고령군(高靈郡)은 본래 대가야국(大加耶國)이었는데, 시조 이진아시왕(伊珍阿豉王)[또는 내진주지(內珍朱智)라고도 하였다.]으로부터 도설지왕(道設智王)까지 모두 16세 520년이었다. 진흥대왕(眞興大王)이 침공하여 멸망시키고 그 땅을 대가야군(大加耶郡)으로 삼았다. 경덕왕이 이름을 고쳤다. 지금[고려]도 그대로 쓴다. 영현이 둘이었다. 야로현(冶爐縣)은 본래 적화현(赤火縣)이었는데, 경덕왕이 이름을 고쳤다. 지금[고려]도 그대로 쓴다. 신복현(新復縣)은 본래 가시혜현(加尸兮縣)이었는데, 경덕왕이 이름을 고쳤다. 지금[고려]은 어디인지 알 수 없다.

강양군(江陽郡)은 본래 대량주군(大良州郡)[[량(良)은] 야(耶)라고도 썼다.]이었는데, 경덕왕이 이름을 고쳤다. 지금[고려]의 합주(陜州)이다. 영현이 셋이었다. 삼기현(三岐縣)은 본래 삼지현(三支縣)[또는 마장(麻杖)이라고도 하였다.]이었는데, 경덕왕이 이름을 고쳤다. 지금[고려]도 그대로 쓴다. 팔계현(八谿縣)은 본래 초팔혜현(草八兮縣)이었는데, 경덕왕이 이름을 고쳤다. 지금[고려]의 초계현(草谿縣)이다. 의상현(宜桑縣)은 본래 신이현(辛尒縣)[또는 주오촌(朱鳥村), 또는 천주현(泉州縣)이라고도 하였다.]이었는데, 경덕왕이 이름을 고쳤다. 지금[고려]의 신번현(新繁縣)이다.

성산군(星山郡)은 본래 일리군(一利郡)[또는 이산군(里山郡)이라고도 하였다.]이었는데, 경덕왕이 이름을 고쳤다. 지금[고려]의 가리현(加利縣)이다. 영현이 넷이었다. 수동현(壽同縣)은 본래 사동화현(斯同火縣)이었는데, 경덕왕이 이름을 고쳤다. 지금[고려]은 어디인지 알 수 없다. 계자현(谿子縣)은 본래 대목현(大木縣)이었는데, 경덕왕이 이름을 고쳤다. 지금[고려]의 약목현(若木縣)이다. 신안현(新安縣)은 본래 본피현(本彼縣)이었는데, 경덕왕이 이름을 고쳤다. 지금[고려]의 경산부(京山府)이다. 도산현(都山縣)은 본래 적산현(狄山縣)이었는데, 경덕왕이 이름을 고쳤다. 지금[고려]은 어디인지 알 수 없다. (『三國史記』 34 雜志 3 地理 1)

신라　한주(漢州)는 본래 고구려 한산군(漢山郡)이었는데, 신라가 빼앗았다. 경덕왕이 한주(漢州)로 고쳤다. 지금[고려]의 광주(廣州)이다. 영현(領縣)이 둘이었다. 황무현(黃武縣)은 본래 고구려 남천현(南川縣)이었는데, 신라가 병합하여 진흥왕이 주(州)로 삼고 군주(軍主)를 두었다. 경덕왕이 이름을 고쳤다. 지금[고려]의 이천현(利川縣)이다. 거서현(巨黍縣)은 본래 고구려 구성현(駒城縣)이었는데, 경덕왕이 이름을 고쳤다. 지금[고려]의 용구현(龍駒縣)이다.

중원경(中原京)은 본래 고구려 국원성(國原城)이었는데, 신라가 평정하여 진흥왕이 소경(小京)을 설치하였다. 문무왕 때에 성을 쌓았는데, 둘레가 2,592보였다. 경덕왕이 중원경(中原京)으로 고쳤다. 지금[고려]의 충주(忠州)이다.

괴양군(槐壤郡)은 본래 고구려 잉근내군(仍斤內郡)이었는데, 경덕왕이 이름을 고쳤다. 지금[고려]의 괴주(槐州)이다.

소천군(泝川郡)[[소(泝)]는 기(沂)라고도 쓴다.]은 본래 고구려 술천군(述川郡)이었는데, 경덕왕이 이름을 고쳤다. 지금[고려]의 천령군(川寧郡)이다. 영현이 둘이었다. 황효현(黃驍縣)은 본래 고구려 골내근현(骨乃斤縣)이었는데, 경덕왕이 이름을 고쳤다.

지금[고려]의 황려현(黃驪縣)이다. 빈양현(濱陽縣)은 본래 고구려 양근현(楊根縣)이었는데, 경덕왕이 이름을 고쳤다. 지금[고려]은 예전대로 회복하였다.

흑양군(黑壤郡)[또는 황양군(黃壤郡)이라고도 하였다.]은 본래 고구려 금물노군(今勿奴郡)이었는데, 경덕왕이 이름을 고쳤다. 지금[고려]의 진주(鎭州)이다. 영현이 둘이었다. 도서현(都西縣)은 본래 고구려 도서현(道西縣)이었는데, 경덕왕이 이름을 고쳤다. 지금[고려]의 도안현(道安縣)이다. 음성현(陰城縣)은 본래 고구려 잉홀현(仍忽縣)이었는데, 경덕왕이 이름을 고쳤다. 지금[고려]도 그대로 쓴다.

개산군(介山郡)은 본래 고구려 개차산군(皆次山郡)이었는데, 경덕왕이 이름을 고쳤다. 지금[고려]의 죽주(竹州)이다. 영현이 하나였다. 음죽현(陰竹縣)은 본래 고구려 노음죽현(奴音竹縣)이었는데, 경덕왕이 이름을 고쳤다. 지금[고려]도 그대로 쓴다.

백성군(白城郡)은 본래 고구려 나혜홀(奈兮忽)(39)이었는데, 경덕왕이 이름을 고쳤다. 지금[고려]의 안성군(安城郡)이다. 영현이 둘이었다. 적성현(赤城縣)은 본래 고구려 사복홀(沙伏忽)이었는데, 경덕왕이 이름을 고쳤다. 지금[고려]의 양성현(陽城縣)이다. 사산현(蛇山縣)은 본래 고구려의 현(縣)이었는데, 경덕왕이 그대로 썼다. 지금[고려]의 직산현(稷山縣)이다.

수성군(水城郡)은 본래 고구려 매홀군(買忽郡)이었는데, 경덕왕이 이름을 고쳤다. 지금[고려]의 수주(水州)이다.

당은군(唐恩郡)은 본래 고구려 당성군(唐城郡)이었는데, 경덕왕이 이름을 고쳤다. 지금[고려]은 예전대로 회복하였다. 영현이 둘이었다. 차성현(車城縣)은 본래 고구려 상홀현(上忽縣)[[상(上)은] 차(車)라고도 하였다.]이었는데, 경덕왕이 이름을 고쳤다. 지금[고려]의 용성현(龍城縣)이다. 진위현(振威縣)은 본래 고구려 부산현(釜山縣)이었는데, 경덕왕이 이름을 고쳤다. 지금[고려]도 그대로 쓴다.

율진군(栗津郡)은 본래 고구려 율목군(栗木郡)이었는데, 경덕왕이 이름을 고쳤다. 지금[고려]의 과주(菓州)이다. 영현이 셋이었다. 곡양현(穀壤縣)은 본래 고구려 잉벌노현(仍伐奴縣)이었는데, 경덕왕이 이름을 고쳤다. 지금[고려]의 검주(黔州)이다. 공암현(孔巖縣)은 본래 고구려 제차파의현(齊次巴衣縣)이었는데, 경덕왕이 이름을 고쳤다. 지금[고려]도 그대로 쓴다. 소성현(邵城縣)은 본래 고구려 매소홀현(買召忽縣)이었는데, 경덕왕이 이름을 고쳤다. 지금[고려]의 인주(仁州)이다.[또는 경원(慶原)이라고도 하였다. 매소(買召)는 미추(弥鄒)라고도 썼다.]

장구군(獐口郡)은 본래 고구려 장항구현(獐項口縣)이었는데, 경덕왕이 이름을 고쳤다. 지금[고려]의 안산현(安山縣)이다.

장제군(長堤郡)은 본래 고구려 주부토군(主夫吐郡)이었는데, 경덕왕이 이름을 고쳤다. 지금[고려]의 수주(樹州)이다. 영현이 넷이었다. 수성현(戍城縣)은 본래 고구려 수이홀(首尒忽)이었는데, 경덕왕이 이름을 고쳤다. 지금[고려]의 수안현(守安縣)이다. 김포현(金浦縣)은 본래 고구려 검포현(黔浦縣)이었는데, 경덕왕이 이름을 고쳤다. 지금[고려]도 그대로 쓴다. 동성현(童城縣)은 본래 고구려 동자홀현(童子忽縣)[또는 동산현(山縣)이라고도 하였다.]이었는데, 경덕왕이 이름을 고쳤다. 지금[고려]도 그대로 쓴다. 분진현(分津縣)은 본래 고구려 평유압현(平唯押縣)이었는데, 경덕왕이 이름을 고쳤다. 지금[고려]의 통진현(通津縣)이다.

한양군(漢陽郡)은 본래 고구려 북한산군(北漢山郡)[또는 평양(平壤)이라고도 하였다.]이었는데, 진흥왕이 주(州)로 삼고 군주(軍主)를 두었다. 경덕왕이 이름을 고쳤다. 지금[고려]의 양주(楊州) 옛 터이다. 영현이 둘이었다. 황양현(荒壤縣)은 본래 고구려 골의노현(骨衣奴縣)이었는데, 경덕왕이 이름을 고쳤다. 지금[고려]의 풍양현(豐壤縣)이다. 우왕현(遇王縣)은 본래 고구려 개백현(皆伯縣)이었는데, 경덕왕이 이름을 고쳤다. 지금[고려]의 행주(幸州)이다.

내소군(來蘇郡)은 본래 고구려 매성현(買省縣)이었는데, 경덕왕이 이름을 고쳤다. 지금[고려]의 견주(見州)이다. 영현이 둘이었다. 중성현(重城縣)은 본래 고구려 칠중현(七重縣)이었는데, 경덕왕이 이름을 고쳤다. 지금[고려]의 적성현(積城縣)이다. 파평현(波平縣)은 본래 고구려 파해평사현(波害平史縣)이었는데, 경덕왕이 이름을 고쳤다. 지금[고려]도 그대로 쓴다.

교하군(交河郡)은 본래 고구려 천정구현(泉井口縣)이었는데, 경덕왕이 이름을 고쳤다. 지금[고려]도 그대로 쓴다. 영현이 둘이었다. 봉성현(峯城縣)은 본래 고구려 술이홀현(述尒忽縣)이었는데, 경덕왕이 이름을 고쳤다. 지금[고려]도 그대로 쓴다. 고봉현(高烽縣)은 본래 고구려 달을성현(達乙省縣)이었는데, 경덕왕이 이름을 고쳤다. 지금[고려] 도 그대로 쓴다.

견성군(堅城郡)은 본래 고구려 마홀군(馬忽郡)이었는데, 경덕왕이 이름을 고쳤다. 지금[고려]의 포주(抱州)이다. 영현이 둘이었다. 사천현(沙川縣)은 본래 고구려 내을매현(內乙買縣)이었는데, 경덕왕이 이름을 고쳤다. 지금[고려]도 그대로 쓴다. 동음현(洞陰縣)은 본래 고구려 양골현(梁骨縣)이었는데, 경덕왕이 이름을 고쳤다. 지금[고려]도 그대로 쓴다.

철성군(鐵城郡)은 본래 고구려 철원군(鐵圓郡)이었는데, 경덕왕이 이름을 고쳤다. 지금[고려] 의 동주(東州)이다. 영현이 둘이었다. 동량현(幢梁縣)은 본래 고구려 승량현(僧梁縣)이었는데, 경덕왕이 이름을 고쳤다. 지금[고려]의 승령현(僧嶺縣)이다. 공성현(功成縣)은 본래 고구려 공목달현(功木達縣)이었는데 경덕왕이 이름을 고쳤다. 지금[고려]의 장주(獐州)이다.

부평군(富平郡)은 본래 고구려 부여군(夫如郡)이었는데, 경덕왕이 이름을 고쳤다. 지금[고려]의 금화현(金化縣)이다. 영현이 하나였다. 광평현(廣平縣)은 본래 고구려 부양현(斧壤縣)이었는데, 경덕왕이 이름을 고쳤다. 지금[고려]의 평강현(平康縣)이다.

토산군(兎山郡)은 본래 고구려 오사함달현(烏斯含達縣)이었는데, 경덕왕이 이름을 고쳤다. 지금[고려]도 그대로 쓴다. 영현이 셋이었다. 안협현(安峽縣)은 본래 고구려 아진압현(阿珍押縣)이었는데, 경덕왕이 이름을 고쳤다. 지금[고려]도 그대로 쓴다. 삭읍현(朔邑縣)은 본래 고구려 소읍두현(所邑豆縣)이었는데, 경덕왕이 이름을 고쳤다. 지금[고려]의 삭녕현(朔寧縣)이다. 이천현(伊川縣)은 본래 고구려 이진매현(伊珍買縣)이었는데, 경덕왕이 이름을 고쳤다. 지금[고려]도 그대로 쓴다.

우봉군(牛峯郡)은 본래 고구려 우잠군(牛岑郡)이었는데, 경덕왕이 이름을 고쳤다. 지금[고려]도 그대로 쓴다. 영현이 셋이었다. 임강현(臨江縣)은 본래 고구려 장항현(獐項縣)이었는데, 경덕왕이 이름을 고쳤다. 지금[고려]도 그대로 쓴다. 장단현(長湍縣)은 본래 고구려 장천성현(長淺城縣)이었는데, 경덕왕이 이름을 고쳤다. 지금[고려]도 그대로 쓴다. 임단현(臨端縣)은 본래 고구려 마전천현(麻田淺縣)이었는데, 경덕왕이 이름을 고쳤다. 지금[고려]의 마전현(麻田縣)이다.

송악군(松嶽郡)은 본래 고구려 부소갑(扶蘇岬)이었다. 효소왕 3년(694)에 성을 쌓았다. 경덕왕이 [이름을] 그대로 썼다. 우리[고려] 태조가 개국하여 왕기(王畿)로 삼았다. 영현이 둘이었다. 여비현(如羆縣)은 본래 고구려 약두치현(若豆恥縣)이었는데, 경덕왕이 이름을 고쳤다. 지금[고려]의 송림현(松林縣)인데, 제4대 광종이 그 땅에 불일사(佛日寺)를 창건하여, 그 현(縣)을 동북쪽으로 옮겼다. 강음현(江陰縣)은 본래 고구려 굴압현(屈押縣)이었는데, 경덕왕이 이름을 고쳤다. 지금[고려]도 그대로 쓴다.

개성군(開城郡)은 본래 고구려 동비홀(冬比忽)이었는데, 경덕왕이 이름을 고쳤다. 지금[고려]의 개성부(開城府)이다. 영현이 둘이었다. 덕수현(德水縣)은 본래 고구려 덕물현(德勿縣)이었는데, 경덕왕이 이름을 고쳤다. 지금[고려]도 그대로 쓰는데, 제11대 문종 때에 그 땅에 흥왕사(興王寺)를 창건하여, 그 현(縣)을 남쪽으로 옮겼다. 임진현(臨津縣)은 본래 고구려 진림성(津臨城)이었는데, 경덕왕이 이름을 고쳤다. 지금[고려]도 그대로 쓴다.

해구군(海口郡)은 본래 고구려 혈구군(穴口郡)이었는데, 바다 안에 있다. 경덕왕이 이름을 고쳤다. 지금[고려]의 강화현(江華縣)이다. 영현이 셋이었다. 호음현(冱陰縣)은 본래 고구려 동음나현(冬音奈縣)이었는데, 경덕왕이 이름을 고쳤다. 혈구도(穴口島) 내에 있다. 지금[고려]의 하음현(河陰縣)이다. 교동현(喬桐縣)은 본래 고구려 고목근현(高木根縣)이었는데, 바다 안의 섬(海島)이다. 경덕왕이 이름을 고쳤다. 지금[고려]도 그대로 쓴다. 수진현(守鎭縣)은 본래 고구려 수지현(首知縣)이었는데 경덕왕이 이름을 고쳤다. 지금[고려]의 진강현(鎭江縣)이다.

영풍군(永豐郡)은 본래 고구려 대곡군(大谷郡)이었는데, 경덕왕이 이름을 고쳤다. 지금[고려]의 평주(平州)이다. 영현이 둘이었다. 단계현(檀溪縣)은 본래 고구려 수곡성현(水谷城縣)이었는데, 경덕왕이 이름을 고쳤다. 지금[고려]의 협계현(俠溪縣)이다. 진단현(鎭湍縣)은 본래 고구려 십곡성현(十谷城縣)이었는데, 경덕왕이 이름을 고쳤다. 지금[고려]의 곡주(谷州)이다.

해고군(海皐郡)은 본래 고구려 동삼홀군(冬彡忽郡)[[삼(彡)은] 음(音)이라고도 썼다.]이었는데, 경덕왕이 이름을 고쳤다. 지금[고려]의 염주(鹽州)이다. 영현이 하나였다. 구택현(雊澤縣)은 본래 고구려 도랍현(刀臘縣)이었는데, 경덕왕이 이름을 고쳤다. 지금[고려]의 백주(白州)이다.

폭지군(瀑池郡)은 본래 고구려 내미홀군(內米忽郡)이었는데, 경덕왕이 이름을 고쳤다. 지금[고려]의 해주(海州)이다.

중반군(重盤郡)은 본래 고구려 식성군(息城郡)이었는데, 경덕왕이 이름을 고쳤다. 지금[고려]의 안주(安州)이다.

서암군(栖嵒郡)은 본래 고구려 휴암군(鵂嵒郡)이었는데, 경덕왕이 이름을 고쳤다. 지금[고려]의 봉주(鳳州)이다.

오관군(五關郡)은 본래 고구려 오곡군(五谷郡)이었는데, 경덕왕이 이름을 고쳤다. 지금[고려]의 동주(洞州)이다. 영현이 하나였다. 장새현(獐塞縣)은 본래 고구려의 현(縣)이었는데, 경덕왕이 [이름을] 그대로 썼다. 지금[고려]의 수안군(遂安郡)이다.

삭주(朔州)는, 가탐(賈耽)의 고금군국지(古今郡國志)에서 "고구려[句麗]의 동남쪽, 예(濊)의 서쪽은 옛날 맥(貊)의 땅이니, 대개 지금 신라의 북쪽 삭주이다."라고 한 것이었다. 선덕왕 6년, 당나라 정관(貞觀) 11년(637)에 우수주(牛首州)로 삼고 군주(軍主)를 두었다.[또는 "문무왕 13년, 당나라 함형(咸亨) 4년(673)에 수약주(首若州)(217)를 설치하였다."라고도 하였다.] 경덕왕이 삭주(朔州)로 고쳤다. 지금[고려]의 춘주(春州)이다. 영현(領縣)이 셋이었다. 녹효현(綠驍縣)은 본래 고구려 벌력천현(伐力川縣)이었는데, 경덕왕이 이름을 고쳤다. 지금[고려]의 홍천현(洪川縣)이다. 황천현(潢川縣)은 본래 고구려 횡천현(橫川縣)이었는데, 경덕왕이 이름을 고쳤다. 지금[고려]은 예전대로 회복하였다. 지평현(砥平縣)은 본래 고구려 지현현(砥峴縣)이었는데, 경덕왕이 이름을 고쳤다. 지금[고려]도 그대로 쓴다.

북원경(北原京)은 본래 고구려 평원군(平原郡)이었는데, 문무왕이 북원소경(北原小京)을 설치하였다. 신문왕 5년(685)에 성을 쌓았는데, 둘레가 1,031보였다. 경덕왕이 [이름을] 그대로 썼다. 지금[고려]의 원주(原州)이다.

나제군(奈堤郡)은 본래 고구려 나토군(奈吐郡)이었는데, 경덕왕이 이름을 고쳤다. 지금[고려]의 제주(堤州)이다. 영현이 둘이었다. 청풍현(淸風縣)은 본래 고구려 사열이현(沙熱伊縣)이었는데, 경덕왕이 이름을 고쳤다. 지금[고려]도 그대로 쓴다. 적산현(赤山縣)은 본래 고구려의 현이었는데, 경덕왕이 [이름을] 그대로 썼다. 지금[고려]의 단산현(丹山縣)이다.

나령군(奈靈郡)은 본래 백제 나이군(奈已郡)이었는데, 파사왕이 빼앗았다. 경덕왕이 이름을 고쳤다. 지금[고려]의 강주(剛州)이다. 영현이 둘이었다. 선곡현(善谷縣)은 본래 고구려 매곡현(買谷縣)이었는데, 경덕왕이 이름을 고쳤다. 지금[고려]은 어디인지 알 수 없다. 옥마현(玉馬縣)은 본래 고구려 고사마현(古斯馬縣)이었는데, 경덕왕이 이름을 고쳤다. 지금[고려]의 봉화현(奉化縣)이다.

급산군(岌山郡)은 본래 고구려 급벌산군(及伐山郡)이었는데, 경덕왕이 이름을 고쳤다. 지금[고려]의 흥주(興州)이다. 영현이 하나였다. 인풍현(鄰豐縣)은 본래 고구려 이벌지현(伊伐支縣)이었는데, 경덕왕(景德王)이 이름을 고쳤다. 지금[고려]은 어디인지 알 수 없다.

가평군(嘉平郡)은 본래 고구려 근평군(斤平郡)이었는데, 경덕왕이 이름을 고쳤다. 지금[고려] 도 그대로 쓴다. 영현이 하나였다. 준수현(浚水縣)은 본래 고구려 심천현(深川縣)이었는데, 경덕왕이 이름을 고쳤다. 지금[고려]의 조종현(朝宗縣)이다.

양록군(楊麓郡)은 본래 고구려 양구군(楊口郡)이었는데, 경덕왕이 이름을 고쳤다. 지금[고려]의 양구현(陽溝縣)이다. 영현이 셋이었다. 희제현(狶蹄縣)은 본래 고구려 저족현(猪足縣)이었는데, 경덕왕이 이름을 고쳤다. 지금[고려]의 인제현(麟蹄縣)이다. 치도현(馳道縣)은 본래 고구려 옥기현(玉岐縣)이었는데, 경덕왕이 이름을 고쳤다. 지금[고려]의 서화현(瑞禾縣)이다. 삼령현(三嶺縣)은 본래 고구려 삼현현(三峴縣)이었는데, 경덕왕이 이름을 고쳤다. 지금[고려]의 방산현(方山縣)이다.

낭천군(狼川郡)은 본래 고구려 성천군(狌川郡)이었는데, 경덕왕이 이름을 고쳤다. 지금[고려]도 그대로 쓴다.

대양군(大楊郡)은 본래 고구려 대양관군(大楊菅郡)이었는데, 경덕왕이 이름을 고쳤다. 지금[고려]의 장양군(長楊郡)이다. 영현이 둘이었다. 수천현(藪川縣)은 본래 고구려 수성천현(藪狌川縣)이었는데, 경덕왕이 이름을 고쳤다. 지금[고려]의 화천현(和川縣)이다. 문등현(文登縣)은 본래 고구려 문현현(文峴縣)이었는데, 경덕왕이 이름을 고쳤다. 지금[고려]도 그대로 쓴다.

익성군(益城郡)은 본래 고구려 모성군(母城郡)이었는데, 경덕왕이 이름을 고쳤다. 지금[고려]의 금성군(金城郡)이다.

기성군(岐城郡)은 본래 고구려 동사홀군(冬斯忽郡)이었는데, 경덕왕이 이름을 고쳤다. 지금[고려]도 그대로 쓴다. 영현이 하나였다. 통구현(通溝縣)은 본래 고구려 수입현(水入縣)이었는데, 경덕왕이 이름을 고쳤다. 지금[고려]도 그대로 쓴다.

연성군(連城郡)은 본래 고구려 각련성군(各連城郡)[[각(各)은] 객(客)이라고도 썼다.]이었는데, 경덕왕이 이름을 고쳤다. 지금[고려]의 교주(交州)이다. 영현이 셋이었다. 단송현(丹松縣)은 본래 고구려 적목진(赤木鎭)이었는데, 경덕왕이 이름을 고쳤다. 지금[고려]의 남곡현(嵐谷縣)이다. 질운현(軼雲縣)은 본래 고구려 관술현(管述縣)이었는데, 경덕왕이 이름을 고쳤다. 지금[고려]은 어디인지 알 수 없다.

삭정군(朔庭郡)은 본래 고구려 비열홀군(比列忽郡)이었는데, 진흥왕 17년, 양나라 태평(太平) 원년(556)에 비열주(比列州)로 삼고 군주(軍主)를 두었다. 효소왕 때에 성을 쌓았는데, 둘레가 1,180보였다. 경덕왕이 이름을 고쳤다. 지금[고려]의 등주(登州)이다. 영현이 다섯이었다. 서곡현(瑞谷縣)은 본래 고구려 경곡현(庨谷縣)이었는데, 경덕왕이 이름을 고쳤다. 지금[고려]도 그대로 쓴다. 난산현(蘭山縣)은 본래 고구려 석달현(昔達縣)이었는데, 경덕왕이 이름을 고쳤다. 지금[고려]은 어디인지 알 수 없다. 상음현(霜陰縣)은 본래 고구려 살한현(薩寒縣)이었는데, 경덕왕이 이름을 고쳤다. 지금[고려]도 그대로 쓴다. 청산현(菁山縣)은 본래 고구려 가지달현(加支達縣)이었는데, 경덕왕이 이름을 고쳤다. 지금[고려]의 문산현(汶山縣)이다. 익계현(翊谿縣)은 본래 고구려 익곡현(翼谷縣)이었는데, 경덕왕이 이름을 고쳤다. 지금[고려]도 그대로 쓴다.

정천군(井泉郡)은 본래 고구려 천정군(泉井郡)이었는데, 문무왕 21년(681)에 빼앗았다. 경덕왕이 이름을 고치고 탄항관문(炭項關門)을 쌓았다. 지금[고려]의 용주(湧州)이다. 영현이 셋이었다. 산산현(蒜山縣)은 본래 고구려 매시달현(買尸達縣)이었는데, 경덕왕이 이름을 고쳤다. 지금[고려]은 어디인 지 알 수 없다. 송산현(松山縣)은 본래 고구려 부사달현(夫斯達縣)이었는데, 경덕왕이 이름을 고쳤다. 지금[고려]은 어디인 지 알 수 없다. 유거현(幽居縣)은 본래 고구려 동허현(東墟縣)이었는데, 경덕왕이 이름을 고쳤다. 지금[고려]은 어디인 지 알 수 없다.

명주(溟州)는 본래 고구려 하서량(河西良)[또는 하슬라(何瑟羅)라고도 썼다.]이었는데, 후에 신라에 속하였다. 가탐(賈耽)의 고금군국지(古今郡國志)에 이르기를 "지금 신라의 북쪽 경계인 명주(溟州)는 대개 예(濊)의 옛 나라였다."라고 하였으니, 전사(前史)에서 부여(扶餘)를 예의 땅이라고 한 것은 잘못인 듯하다. 선덕왕 때에 소경(小京)으로 삼고 사신(仕臣)을 두었다. 태종왕 5년, 당나라 현경(顯慶) 3년(658)에 하슬라 땅이 말갈에 연접하였다고 하여, 경(京)을 폐지하고 주(州)로 삼아 군주(軍主)를 두어 지키게 하였다. 경덕왕 16년(757)에 명주(溟州)로 고쳤다. 지금[고려] 그대로 쓴다. 영현(領縣)이 넷이었다. 정선현(旌善縣)은 본래 고구려 잉매현(仍買縣)이었는데, 경덕왕이 이름을 고쳤다. 지금[고려]도 그대로 쓴다. 속제현(楝隄縣)[[속(楝)은 동(棟)이라고도 썼다.]은 본래 고구려 속토현(束吐縣)이었는데, 경덕왕이 이름을 고쳤다. 지금[고려]은 어디인지 알 수 없다. 지산현(支山縣)은 본래 고구려의 현이었는데, 경덕왕은 [이름을] 그대로 썼다. 지금[고려]의 연곡현(連谷縣)이다. 동산현(洞山縣)은 본래 고구려 혈산현(穴山縣)이었는데, 경덕왕이 이름을 고쳤다. 지금[고려]도 그대로 쓴다.

곡성군(曲城郡)은 본래 고구려 굴화군(屈火郡)이었는데, 경덕왕이 이름을 고쳤다. 지금[고려]의 임하군(臨河郡)이다. 영현이 하나였다. 연무현(緣武縣)[[연(緣)은] 연(椽)이라고도 썼다.]은 본래 고구려 이화혜현(伊火兮縣)이었는데, 경덕왕이 이름을 고쳤다. 지금[고려]의 안덕현(安德縣)이다.

야성군(野城郡)은 본래 고구려 야시홀군(也尸忽郡)이었는데, 경덕왕이 이름을 고쳤다. 지금[고려]의 영덕군(盈德郡)이다. 영현이 둘이었다. 진안현(眞安縣)은 본래 고구려 조람현(助欖縣)이었는데, 경덕왕이 이름을 고쳤다. 지금[고려]의 보성부(甫城府)이다. 적선현(積善縣)은 본래 고구려 청이현(靑已縣)이었는데, 경덕왕이 이름을 고쳤다. 지금[고려]의 청부현(靑鳧縣)이다.

유린군(有鄰郡)은 본래 고구려 우시군(于尸郡)이었는데, 경덕왕이 이름을 고쳤다. 지금[고려]의 예주(禮州)이다. 영현이 하나였다. 해아현(海阿縣)은 본래 고구려 아혜현(阿兮縣)이었는데, 경덕왕이 이름을 고쳤다. 지금[고려]의 청하현(淸河縣)이다.

울진군(蔚珍郡)은 본래 고구려 우진야현(于珍也縣)이었는데, 경덕왕이 이름을 고쳤다. 지금[고려]도 그대로 쓴다. 영현이 하나였다. 해곡현(海曲縣)[[곡(曲)은] 서(西)라고도 썼다.]은 본래 고구려 파단현(波旦縣)이었는데, 경덕왕이 이름을 고쳤다. 지금[고려]은 어디인지 알 수 없다.

나성군(奈城郡)은 본래 고구려 나생군(奈生郡)이었는데, 경덕왕이 이름을 고쳤다. 지금[고려]의 영월군(寧越郡)이다. 영현이 셋이었다. 자춘현(子春縣)은 본래 고구려 을아단현(乙阿旦縣)이었는데, 경덕왕이 이름을 고쳤다. 지금[고려]의 영춘현(永春縣)이다. 백오현(白烏縣)은 본래 고구려 욱오현(郁烏縣)이었는데, 경덕왕이 이름을 고쳤다. 지금[고려]의 평창현(平昌縣)이다. 주천현(酒泉縣)은 본래 고구려 주연현(酒淵縣)이었는데, 경덕왕이 이름을 고쳤다. 지금[고려]도 그대로 쓴다.

삼척군(三陟郡)은 본래 실직국(悉直國)이었는데, 파사왕 때에 와서 항복하였다. 지증왕 6년, 양나라 천감(天監) 4년(505)에 주(州)로 삼고 이사부(異斯夫)를 군주(軍主)로 삼았다. 경덕왕이 이름을 고쳤다. 지금[고려]도 그대로 쓴다. 영현이 넷이었다. 죽령현(竹嶺縣)은 본래 고구려 죽현현(竹峴縣)이었는데, 경덕왕이 이름을 고쳤다. 지금[고려]은 어디인지 알 수 없다. 만경현(滿卿縣)[[경(卿)은] 향(鄕)이라고도 썼다.]은 본래 고구려 만약현(滿若縣)이었는데, 경덕왕이 이름을 고쳤다. 지금[고려]은 어디인지 알 수 없다. 우계현(羽谿縣)은 본래 고구려 우곡현(羽谷縣)이었는데, 경덕왕이 이름을 고쳤다. 지금[고려]도 그대로 쓴다. 해리현(海利縣)은 본래 고구려 파리현(波利縣)이었는데, 경덕왕이 이름을 고쳤다. 지금[고려]은 어디인지 알 수 없다.

수성군(守城郡)은 본래 고구려 수성군(㺚城郡)이었는데, 경덕왕이 이름을 고쳤다. 지금[고려]의 간성현(杆城縣)이다. 영현이 둘이었다. 동산현(童山縣)은 본래 고구려 승산현(僧山縣)이었는데, 경덕왕이 이름을 고쳤다. 지금[고려]의 열산현(烈山縣)이다. 익령현(翼嶺縣)은 본래 고구려 익현현(翼峴縣)이었는데, 경덕왕이 이름을 고쳤다. 지금[고려]도 그대로 쓴다.

고성군(高城郡)은 본래 고구려 달홀(達忽)이었는데, 진흥왕 29년(568)에 주(州)로 삼고 군주(軍主)를 두었다. 경덕왕이 이름을 고쳤다. 지금[고려]도 그대로 쓴다. 영현이 둘이었다. 환가현(豢猳縣)은 본래 고구려 저수혈현(猪迗穴縣)이었는데, 경덕왕이 이름을 고쳤다. 지금[고려]도 그대로 쓴다. 편험현(偏嶮縣)은 본래 고구려 평진현현(平珍峴縣)이었는데, 경덕왕이 이름을 고쳤다. 지금[고려]의 운암현(雲巖縣)(389) 이다.

금양군(金壤郡)은 본래 고구려 휴양군(休壤郡)이었는데, 경덕왕이 이름을 고쳤다. 지금[고려]도 그대로 쓴다. 영현이 다섯이었다. 습계현(習谿縣)은 본래 고구려 습비곡현(習比谷縣)이었는데, 경덕왕이 이름을 고쳤다. 지금[고려]의 흡곡현(歙谷縣)이다. 제상현(隄上縣)은 본래 고구려 토상현(吐上縣)이었는데, 경덕왕이 이름을 고쳤다. 지금[고려]의 벽산현(碧山縣)이다. 임도현(臨道縣)은 본래 고구려 도림현(道臨縣)이었는데, 경덕왕이 이름을 고쳤다. 지금[고려]도 그대로 쓴다. 파천현(派川縣)은 본래 고구려 개연현(改淵縣)이었는데, 경덕왕이 이름을 고쳤다. 지금[고려]도 그대로 쓴다. 학포현(鶴浦縣)은 본래 고구려 곡포현(鵠浦縣)이었는데, 경덕왕이 이름을 고쳤다. 지금[고려]도 그대로 쓴다. (『三國史記』 35 雜志 4 地理 2)

신라   웅주(熊州)는 본래 백제의 옛 도읍이었다. 당나라 고종(高宗)이 소정방(蘇定方)을 보내 평정하고 웅진도독부(熊津都督府)를 설치하였으며, 신라 문무왕이 그 땅을 빼앗아 차지하였다. 신문왕이 웅천주(熊川州)로 고치고 도독(都督)을 두었다. 경덕왕 16년(757)에 이름을 웅주(熊州)로 고쳤다. 지금[고려]의 공주(公州)이다. 영현(領縣)이 둘이었다. 이산현(尼山縣)은 본래 백제 열야산현(熱也山縣)이었는데, 경덕왕이 이름을 고쳤다. 지금[고려]도 그대로 쓴다. 청음현(淸音縣)은 본래 백제 벌음지현(伐音支縣)이었는데, 경덕왕이 이름을 고쳤다. 지금[고려]의 신풍현(新豊縣)이다.

서원경(西原京)은 신문왕 5년(685)에 처음으로 서원소경(西原小京)을 설치한 것이었다. 경덕왕이 이름을 서원경(西原京)으로 고쳤다. 지금[고려]의 청주(淸州)이다.

대록군(大麓郡)은 본래 백제 대목악군(大木岳郡)이었는데, 경덕왕이 이름을 고쳤다. 지금[고려]의 목주(木州)이다. 영현이 둘이었다. 순치현(馴雉縣)은 본래 백제 감매현(甘買縣)이었는데, 경덕왕이 이름을 고쳤다. 지금[고려]의 풍세현(豊歲縣)이다. 금지현(金池縣)은 본래 백제 구지현(仇知縣)이었는데, 경덕왕이 이름을 고쳤다. 지금[고려] 전의현(全義縣)이다.

가림군(嘉林郡)은 본래 백제 가림군(加林郡)이었는데, 경덕왕이 가(加)를 가(嘉)로 고쳤다. 지금[고려]도 그대로 쓴다. 영현이 둘이었다. 마산현(馬山縣)은 본래 백제의 현(縣)이었는데, 경덕왕이 주군(州郡)의 이름을 고칠 때 및 지금[고려] 까지도 모두 그대로 쓴다. 한산현(翰山縣) 은 본래 백제 대산현(大山縣)이었는데, 경덕왕이 이름을 고쳤다. 지금[고려]의 홍산현(鴻山縣)이다.

서림군(西林郡)은 본래 백제 설림군(舌林郡)이었는데, 경덕왕이 이름을 고쳤다. 지금 [고려]도 그대로 쓴다. 영현이 둘이었다. 남포현(藍浦縣)은 본래 백제 사포현(寺浦縣) 이었는데, 경덕왕이 이름을 고쳤다. 지금[고려]도 그대로 쓴다. 비인현(庇仁縣)은 본 래 백제 비중현(比衆縣)이었는데, 경덕왕이 이름을 고쳤다. 지금[고려]도 그대로 쓴 다.

이산군(伊山郡)은 본래 백제 마시산군(馬尸山郡)이었는데, 경덕왕이 이름을 고쳤다. 지금[고려]도 그대로 쓴다. 영현이 둘이었다. 목우현(目牛縣)은 본래 백제 우견현(牛 見縣)이었는데, 경덕왕이 이름을 고쳤다. 지금[고려]은 어디인지 알 수 없다. 금무현 (今武縣)은 본래 백제 금물현(今勿縣)이었는데, 경덕왕이 이름을 고쳤다. 지금[고려] 의 덕풍현(德豊縣)이다.

혜성군(槥城郡)은 본래 백제의 혜군(槥郡)이었는데, 경덕왕이 이름을 고쳤다. 지금 [고려]도 그대로 쓴다. 영현이 셋이었다. 당진현(唐津縣)은 본래 백제의 벌수지현(伐 首只縣)이었는데, 경덕왕이 이름을 고쳤다. 지금[고려]도 그대로 쓴다. 여읍현(餘邑 縣)은 본래 백제의 여촌현(餘村縣)이었는데, 경덕왕이 이름을 고쳤다. 지금[고려]의 여미현(餘美縣)이다. 신평현(新平縣)은 본래 백제의 사평현(沙平縣)이었는데, 경덕왕 이 이름을 고쳤다. 지금[고려]도 그대로 쓴다.

부여군(扶餘郡)은 본래 백제 소부리군(所夫里郡)이었는데, 당나라 장수 소정방(蘇定 方)과 유신(庾信)이 평정하였다. 문무왕 12년(672)에 총관(摠管)을 두었다. 경덕왕이 이름을 고쳤다. 지금[고려]도 그대로 쓴다. 영현이 둘이었다. 석산현(石山縣)은 본래 백제 진악산현(珍惡山縣)이었는데, 경덕왕이 이름을 고쳤다. 지금[고려]의 석성현(石 城縣)이다. 열성현(悅城縣)은 본래 백제 열기현(悅己縣)이었는데, 경덕왕이 이름을 고쳤다. 지금[고려]의 정산현(定山縣)이다.

임성군(任城郡)은 본래 백제 임존성(任存城)이었는데, 경덕왕이 이름을 고쳤다. 지금 [고려]의 대흥군(大興郡)이다. 영현이 둘이었다. 청정현(靑正縣)은 본래 백제 고량부 리현(古良夫里縣)이었는데, 경덕왕이 이름을 고쳤다. 지금[고려]의 청양현(靑陽縣)이 다. 고산현(孤山縣)은 본래 백제 오산현(烏山縣)이었는데, 경덕왕이 이름을 고쳤다. 지금[고려]의 예산현(禮山縣)이다.

황산군(黃山郡)은 본래 백제 황등야산군(黃等也山郡)이었는데, 경덕왕이 이름을 고쳤 다. 지금[고려]의 연산현(連山縣)이다. 영현이 둘이었다. 진령현(鎭嶺縣)은 본래 백제 진현현(眞峴縣)[진(眞)은 정(貞)이라고도 썼다.]이었는데, 경덕왕이 이름을 고쳤다. 지 금[고려]의 진잠현(鎭岑縣)이다. 진동현(珍同縣)은 본래 백제의 현(縣)이었는데, 경덕 왕이 주군(州郡)의 이름을 고칠 때 및 지금[고려]까지도 모두 그대로 쓴다.

비풍군(比豊郡)은 본래 백제의 우술군(雨述郡)이었는데, 경덕왕이 이름을 고쳤다. 지 금[고려]의 회덕군(懷德郡)이다. 영현이 둘이었다. 유성현(儒城縣)은 본래 백제의 노 사지현(奴斯只縣)이었는데, 경덕왕이 이름을 고쳤다. 지금[고려]도 그대로 쓴다. 적조 현(赤烏縣)은 본래 백제의 소비포현(所比浦縣)이었는데, 경덕왕이 이름을 고쳤다. 지 금[고려]의 덕진현(德津縣)이다.

결성군(潔城郡)은 본래 백제 결이군(結已郡)이었는데, 경덕왕이 이름을 고쳤다. 지금 [고려]도 그대로 쓴다. 영현이 둘이었다. 신읍현(新邑縣)은 본래 백제 신촌현(新村縣) 이었는데, 경덕왕이 이름을 고쳤다. 지금[고려]의 보령현(保寧縣)이다. 신량현(新良 縣)은 본래 백제 사시량현(沙尸良縣)이었는데, 경덕왕이 이름을 고쳤다. 지금[고려] 의 여양현(黎陽縣)이다.

연산군(燕山郡)은 본래 백제 일모산군(一牟山郡)(89) 이었는데, 경덕왕이 이름을 고 쳤다. 지금[고려]도 그대로 쓴다. 영현이 둘이었다. 연기현(燕岐縣)은 본래 백제 두잉 지현(豆仍只縣)이었는데, 경덕왕이 이름을 고쳤다. 지금[고려]도 그대로 쓴다. 매곡현

(眛谷縣)은 본래 백제 미곡현(未谷縣)이었는데, 경덕왕이 이름을 고쳤다. 지금[고려]의 회인현(懷仁縣)이다.

부성군(富城郡)은 본래 백제 기군(基郡)이었는데, 경덕왕이 이름을 고쳤다. 지금[고려]도 그대로 쓴다. 영현이 둘이었다. 소태현(蘇泰縣)은 본래 백제 성대혜현(省大兮縣)이었는데, 경덕왕이 이름을 고쳤다. 지금[고려]도 그대로 쓴다. 지육현(地育縣)은 본래 백제 지륙현(知六縣)이었는데, 경덕왕이 이름을 고쳤다. 지금[고려]의 북곡현(北谷縣)이다.

탕정군(湯井郡)은 본래 백제의 군(郡)이었는데, 문무왕 11년, 당나라 함형(咸亨) 2년(671)에 주(州)로 삼고 총관(摠管)을 두었으며, 함형 12년(681)에 주를 폐지하고 군(郡)으로 삼았다. 경덕왕이 [이름을] 그대로 썼다. 지금[고려]의 온수군(溫水郡)이다. 영현이 둘이었다. 음봉현(陰峯縣)[또는 [음봉(陰峯)을] 음잠(陰岑)이라고도 하였다.]은 본래 백제 아술현(牙述縣)이었는데, 경덕왕이 이름을 고쳤다. 지금[고려]의 아주(牙州)이다. 기량현(祁梁縣)은 본래 백제 굴직현(屈直縣)이었는데, 경덕왕이 이름을 고쳤다. 지금[고려]의 신창현(新昌縣)이다.

전주(全州)는 본래 백제 완산(完山)이었는데, 진흥왕 16년(555)에 주(州)로 삼았고, 26년(565)에 주를 폐지하였다. 신문왕 5년(685)에 다시 완산주(完山州)를 설치하였다. 경덕왕 16년(757)에 이름을 고쳤다. 지금[고려]도 그대로 쓴다. 영현이 셋이었다. 두성현(杜城縣)은 본래 백제 두이현(豆伊縣)이었는데, 경덕왕이 이름을 고쳤다. 지금[고려]의 이성현(伊城縣)이다. 금구현(金溝縣)은 본래 백제 구지지산현(仇知只山縣)이었는데, 경덕왕이 이름을 고쳤다. 지금[고려]도 그대로 쓴다. 고산현(高山縣)은 본래 백제의 현(縣)이었는데, 경덕왕이 주군(州郡)의 이름을 고칠 때 및 지금[고려] 까지도 [모두] 그대로 쓴다.

남원소경(南原小京)은 본래 백제 고룡군(古龍郡)이었는데, 신라가 병합하였다. 신문왕 5년(685)에 처음으로 소경(小京)을 설치하였다. 경덕왕 16년(757)에 남원소경(南原小京)을 설치하였다. 지금[고려]의 남원부(南原府)이다.

대산군(大山郡)은 본래 백제 대시산군(大尸山郡)이었는데, 경덕왕이 이름을 고쳤다. 지금[고려] 의 태산군(泰山郡)이다. 영현이 셋이었다. 정읍현(井邑縣)은 본래 백제 정촌(井村)이었는데, 경덕왕이 이름을 고쳤다. 지금[고려]도 그대로 쓴다. 빈성현(斌城縣)은 본래 백제 빈굴현(賓屈縣)이었는데, 경덕왕이 이름을 고쳤다. 지금[고려]의 인의현(仁義縣)이다. 야서현(野西縣)은 본래 백제 야서이현(也西伊縣)이었는데, 경덕왕이 이름을 고쳤다. 지금[고려]의 거야현(巨野縣)이다.

고부군(古阜郡)은 본래 백제 고사부리군(古沙夫里郡)이었는데, 경덕왕이 이름을 고쳤다. 지금[고려]도 그대로 쓴다. 영현이 셋이었다. 부령현(扶寧縣)은 본래 백제 개화현(皆火縣)이었는데, 경덕왕이 이름을 고쳤다. 지금[고려]도 그대로 쓴다. 희안현(喜安縣)은 본래 백제 흔량매현(欣良買縣)이었는데, 경덕왕이 이름을 고쳤다. 지금[고려]의 보안현(保安縣)이다. 상질현(尙質縣)은 본래 백제 상칠현(上柒縣)이었는데, 경덕왕이 이름을 고쳤다. 지금[고려]도 그대로 쓴다.

진례군(進禮郡)은 본래 백제 진잉을군(進仍乙郡)이었는데, 경덕왕이 이름을 고쳤다. 지금[고려]도 그대로 쓴다. 영현이 셋이었다. 이성현(伊城縣)은 본래 백제 두시이현(豆尸伊縣)이었는데, 경덕왕이 이름을 고쳤다. 지금[고려]의 부리현(富利縣)이다. 청거현(淸渠縣)은 본래 백제 물거현(勿居縣)이었는데, 경덕왕이 이름을 고쳤다. 지금[고려]도 그대로 쓴다. 단천현(丹川縣)은 본래 백제 적천현(赤川縣)이었는데, 경덕왕이 이름을 고쳤다. 지금[고려]의 주계현(朱溪縣)이다.

덕은군(德殷郡)은 본래 백제 덕근군(德近郡)이었는데, 경덕왕이 이름을 고쳤다. 지금[고려]의 덕은군(德恩郡)이다. 영현이 셋이었다. 시진현(市津縣)은 본래 백제 가지나현(加知奈縣)이었는데, 경덕왕이 이름을 고쳤다. 지금[고려]도 그대로 쓴다. 여량현(礪良縣)은 본래 백제 지량초현(只良肖縣)이었는데, 경덕왕이 이름을 고쳤다. 지금[고려]도 그대로 쓴다. 운제현(雲梯縣)은 본래 백제 지벌지현(只伐只縣)이었는데, 경덕왕이 이름을 고쳤다. 지금[고려]도 그대로 쓴다.

임피군(臨陂郡)은 본래 백제 시산군(屎山郡)이었는데, 경덕왕이 이름을 고쳤다. 지금[고려]도 그대로 쓴다. 영현이 셋이었다. 함열현(咸悅縣)은 본래 백제 감물아현(甘勿阿縣)이었는데, 경덕왕이 이름을 고쳤다. 지금[고려]도 그대로 쓴다. 옥구현(沃溝縣)은 본래 백제 마서량현(馬西良縣)이었는데, 경덕왕이 이름을 고쳤다. 지금[고려]도 그대로 쓴다. 회미현(澮尾縣)은 본래 백제 부부리현(夫夫里縣)이었는데, 경덕왕이 이름을 고쳤다. 지금[고려]도 그대로 쓴다.

김제군(金堤郡)은 본래 백제 벽골현(碧骨縣)이었는데, 경덕왕이 이름을 고쳤다. 지금[고려]도 그대로 쓴다. 영현이 넷이었다. 만경현(萬頃縣)은 본래 백제 두내산현(豆乃山縣)이었는데, 경덕왕이 이름을 고쳤다. 지금[고려]도 그대로 쓴다. 평고현(平皐縣)은 본래 백제 수동산현(首冬山縣)이었는데, 경덕왕이 이름을 고쳤다. 지금[고려]도 그대로 쓴다. 이성현(利城縣)은 본래 백제 내리아현(乃利阿縣)이었는데, 경덕왕이 이름을 고쳤다. 지금[고려]도 그대로 쓴다. 무읍현(武邑縣)은 본래 백제 무근촌현(武斤村縣)이었는데, 경덕왕이 이름을 고쳤다. 지금[고려]의 부윤현(富潤縣)이다.

순화군(淳化郡)[순(淳)은 정(淳)이라고도 썼다.]은 본래 백제 도실군(道實郡)이었는데, 경덕왕이 이름을 고쳤다. 지금[고려]의 순창현(淳昌縣)이다. 영현이 둘이었다. 적성현(磧城縣)은 본래 백제 역평현(礫坪縣)이었는데, 경덕왕이 이름을 고쳤다. 지금[고려]도 그대로 쓴다. 구고현(九皐縣)은 본래 백제 돌평현(堗坪縣)이었는데, 경덕왕이 이름을 고쳤다. 지금[고려]도 그대로 쓴다.

금마군(金馬郡)은 본래 백제 금마저군(金馬渚郡)이었는데, 경덕왕이 이름을 고쳤다. 지금[고려]도 그대로 쓴다. 영현이 셋이었다. 옥야현(沃野縣)은 본래 백제 소력지현(所力只縣)이었는데, 경덕왕이 이름을 고쳤다. 지금[고려]도 그대로 쓴다. 야산현(野山縣)은 본래 백제 알야산현(闕也山縣)이었는데, 경덕왕이 이름을 고쳤다. 지금[고려]의 낭산현(朗山縣)이다. 우주현(紆洲縣)은 본래 백제 우소저현(于召渚縣)이었는데, 경덕왕이 이름을 고쳤다. 지금[고려]의 우주(紆州)이다.

벽계군(壁谿郡)은 본래 백제 백이군(伯伊郡)[[이(伊)는] 해(海)라고도 썼다.]이었는데, 경덕왕이 이름을 고쳤다. 지금[고려]의 장계현(長溪縣)이다. 영현이 둘이었다. 진안현(鎭安縣)은 본래 백제 난진아현(難珍阿縣)이었는데, 경덕왕이 이름을 고쳤다. 지금[고려]도 그대로 쓴다. 고택현(高澤縣)은 본래 백제 우평현(雨坪縣)이었는데, 경덕왕이 이름을 고쳤다. 지금[고려]의 장수현(長水縣)이다.

임실군(任實郡)은 본래 백제의 군(郡)이었는데, 경덕왕이 주군(州郡)의 이름을 고칠 때 및 지금[고려] 까지도 모두 그대로 쓴다. 영현이 둘이었다. 마령현(馬靈縣)은 본래 백제 마돌현(馬突縣)이었는데, 경덕왕이 이름을 고쳤다. 지금[고려] 도 그대로 쓴다. 청웅현(靑雄縣)은 본래 백제 거사물현(居斯勿縣)이었는데, 경덕왕이 이름을 고쳤다. 지금[고려]의 거령현(居寧縣)이다.

무주(武州)는 본래 백제의 땅이었는데, 신문왕 6년(686)에 무진주(武珍州)로 삼았다. 경덕왕이 무주(武州)로 고쳤다. 지금[고려]의 광주(光州)이다. 영현이 셋이었다. 현웅현(玄雄縣)은 본래 백제 미동부리현(未冬夫里縣)이었는데, 경덕왕이 이름을 고쳤다. 지금[고려]의 남평군(南平郡)이다. 용산현(龍山縣)은 본래 백제 복룡현(伏龍縣)이었는데, 경덕왕이 이름을 고쳤다. 지금[고려] 은 예전대로 회복하였다. 기양현(祁陽縣)은 본래 백제 굴지현(屈支縣)이었는데, 경덕왕이 이름을 고쳤다. 지금[고려]의 창평현(昌平縣)이다.

분령군(分嶺郡)은 본래 백제 분차군(分嵯郡)이었는데, 경덕왕이 이름을 고쳤다. 지금
[고려]의 낙안군(樂安郡)이다. 영현이 넷이었다. 충렬현(忠烈縣)은 본래 백제 조조례
현(助助禮縣)이었는데, 경덕왕이 이름을 고쳤다. 지금[고려]의 남양현(南陽縣)이다.
조양현(兆陽縣)은 본래 백제 동로현(冬老縣)이었는데, 경덕왕이 이름을 고쳤다. 지금
[고려]도 그대로 쓴다. 강원현(薑原縣)은 본래 백제 두힐현(豆肸縣)이었는데, 경덕왕
이 이름을 고쳤다. 지금[고려]의 두원현(荳原縣)이다. 백주현(栢舟縣)은 본래 백제 비
사현(比史縣)이었는데, 경덕왕이 이름을 고쳤다. 지금[고려]의 태강현(泰江縣)이다.

보성군(寶城郡)은 본래 백제 복홀군(伏忽郡)이었는데, 경덕왕이 이름을 고쳤다. 지금
[고려]도 그대로 쓴다. 영현이 넷이었다. 대로현(代勞縣)은 본래 백제 마사량현(馬斯
良縣)이었는데, 경덕왕이 이름을 고쳤다. 지금[고려]의 회령현(會寧縣)이다. 계수현
(季水縣)은 본래 백제 계천현(季川縣)이었는데, 경덕왕이 이름을 고쳤다. 지금[고려]
의 장택현(長澤縣)이다. 오아현(烏兒縣)은 본래 백제 오차현(烏次縣)이었는데, 경덕왕
이 이름을 고쳤다. 지금[고려]의 정안현(定安縣)이다. 마읍현(馬邑縣)은 본래 백제 고
마미지현(古馬彌知縣)이었는데, 경덕왕이 이름을 고쳤다. 지금[고려]의 수령현(遂寧
縣)이다.

추성군(秋成郡)은 본래 백제 추자혜군(秋子兮郡)이었는데, 경덕왕이 이름을 고쳤다.
지금[고려]의 담양군(潭陽郡)이다. 영현이 둘이었다. 옥과현(玉菓縣)은 본래 백제 과
지현(菓支縣)이었는데, 경덕왕이 이름을 고쳤다. 지금[고려]도 그대로 쓴다. 율원현
(栗原縣)은 본래 백제 율지현(栗支縣)이었는데, 경덕왕이 이름을 고쳤다. 지금[고려]
의 원율현(原栗縣)이다.

영암군(靈巖郡)은 본래 백제 월나군(月奈郡)이었는데, 경덕왕이 이름을 고쳤다. 지금
[고려]도 그대로 쓴다.

반남군(潘南郡)은 본래 백제 반나부리현(半奈夫里縣)이었는데, 경덕왕이 이름을 고쳤
다. 지금[고려]도 그대로 쓴다. 영현이 둘이었다. 야로현(野老縣)은 본래 백제 아로곡
현(阿老谷縣)이었는데, 경덕왕이 이름을 고쳤다. 지금[고려]의 안로현(安老縣)이다.
곤미현(昆湄縣)은 본래 백제 고미현(古彌縣)이었는데, 경덕왕이 이름을 고쳤다. 지금
[고려]도 그대로 쓴다.

갑성군(岬城郡)은 본래 백제 고시이현(古尸伊縣)이었는데, 경덕왕이 이름을 고쳤다.
지금[고려]의 장성군(長城郡)이다. 영현이 둘이었다. 진원현(珍原縣)은 본래 백제 구
사진혜현(丘斯珍兮縣)이었는데, 경덕왕이 이름을 고쳤다. 지금[고려]도 그대로 쓴다.
삼계현(森溪縣)은 본래 백제 소비혜현(所非兮縣)이었는데, 경덕왕이 이름을 고쳤다.
지금[고려]도 그대로 쓴다.

무령군(武靈郡)은 본래 백제 무시이군(武尸伊郡)이었는데, 경덕왕이 이름을 고쳤다.
지금[고려]의 영광군(靈光郡)이다. 영현이 셋이었다. 장사현(長沙縣)은 본래 백제 상
로현(上老縣)이었는데, 경덕왕이 이름을 고쳤다. 지금[고려]도 그대로 쓴다. 고창현
(高敞縣)은 본래 백제 모량부리현(毛良夫里縣)이었는데, 경덕왕이 이름을 고쳤다. 지
금[고려]도 그대로 쓴다. 무송현(茂松縣)은 본래 백제 송미지현(松彌知縣)이었는데,
경덕왕이 이름을 고쳤다. 지금[고려]도 그대로 쓴다.

승평군(昇平郡)은 본래 백제 감평군(欿平郡)이었는데, 경덕왕이 이름을 고쳤다. 지금
[고려]도 그대로 쓴다.[또는 승주(昇州)(285) 라고도 하였다.] 영현이 셋이었다. 해읍
현(海邑縣)은 본래 백제 원촌현(猿村縣)이었는데, 경덕왕이 이름을 고쳤다. 지금[고
려]의 여수현(麗水縣)이다. 희양현(晞陽縣)은 본래 백제 마로현(馬老縣)이었는데, 경
덕왕이 이름을 고쳤다. 지금[고려]의 광양현(光陽縣)이다. 여산현(廬山縣)은 본래 백
제 돌산현(突山縣)(이었는데, 경덕왕이 이름을 고쳤다. 지금[고려]은 예전대로 회복하
였다.

곡성군(谷城郡)은 본래 백제 욕내군(欲乃郡)이었는데, 경덕왕이 이름을 고쳤다. 지금[고려]도 그대로 쓴다. 영현이 셋이었다. 부유현(富有縣)은 본래 백제 둔지현(遁支縣)이었는데, 경덕왕이 이름을 고쳤다. 지금[고려]도 그대로 쓴다. 구례현(求禮縣)은 본래 백제 구차례현(仇次禮縣)이었는데, 경덕왕이 이름을 고쳤다. 지금[고려]도 그대로 쓴다. 동복현(同福縣)은 본래 백제 두부지현(豆夫只縣)이었는데, 경덕왕이 이름을 고쳤다. 지금[고려]도 그대로 쓴다.

능성군(陵城郡)은 본래 백제 이릉부리군(尒陵夫里郡)이었는데, 경덕왕이 이름을 고쳤다. 지금[고려]도 그대로 쓴다. 영현이 둘이었다. 부리현(富里縣)은 본래 백제 파부리군(波夫里郡)이었는데, 경덕왕이 이름을 고쳤다. 지금[고려]의 복성현(福城縣)이다. 여미현(汝湄縣)은 본래 백제 잉리아현(仍利阿縣)이었는데, 경덕왕이 이름을 고쳤다. 지금[고려] 화순현(和順縣)이다.

금산군(錦山郡)은 본래 백제 발라군(發羅郡)이었는데, 경덕왕이 이름을 고쳤다. 지금[고려]의 나주목(羅州牧)이다. 영현이 셋이었다. 회진현(會津縣)은 본래 백제 두힐현(豆肹縣)이었는데, 경덕왕이 이름을 고쳤다. 지금[고려]도 그대로 쓴다. 철야현(鐵冶縣)은 본래 백제 실어산현(實於山縣)이었는데, 경덕왕이 이름을 고쳤다. 지금[고려]도 그대로 쓴다.

양무군(陽武郡)은 본래 백제 도무군(道武郡)이었는데, 경덕왕이 이름을 고쳤다. 지금[고려]의 도강군(道康郡)이다. 영현이 넷이었다. 고안현(固安縣)[[고(固)는] 동(同)이라고도 썼다.]은 본래 백제 고서이현(古西伊縣)이었는데, 경덕왕이 이름을 고쳤다. 지금[고려]의 죽산현(竹山縣)이다. 탐진현(耽津縣)은 본래 백제 동음현(冬音縣)이었는데, 경덕왕이 이름을 고쳤다. 지금[고려]도 그대로 쓴다. 침명현(浸溟縣)은 본래 백제 새금현(塞琴縣)이었는데, 경덕왕이 이름을 고쳤다. 지금[고려]의 해남현(海南縣)이다. 황원현(黃原縣)은 본래 백제 황술현(黃述縣)이었는데, 경덕왕이 이름을 고쳤다. 지금[고려]도 그대로 쓴다.

무안군(務安郡)은 본래 백제 물아혜군(勿阿兮郡)이었는데, 경덕왕이 이름을 고쳤다. 지금[고려]도 그대로 쓴다. 영현이 넷이었다. 함풍현(咸豊縣)은 본래 백제 굴내현(屈乃縣)이었는데, 경덕왕이 이름을 고쳤다. 지금[고려]도 그대로 쓴다. 다기현(多岐縣)은 본래 백제 다지현(多只縣)었는데, 경덕왕이 이름을 고쳤다. 지금[고려]의 모평현(牟平縣)이다. 해제현(海際縣)은 본래 백제 도제현(道際縣)이었는데, 경덕왕이 이름을 고쳤다. 지금[고려]도 그대로 쓴다. 진도현(珍島縣)은 본래 백제 인진도군(因珍島郡)이었는데, 경덕왕이 이름을 고쳤다. 지금[고려]도 그대로 쓴다.

뇌산군(牢山郡)은 본래 백제 도산현(徒山縣)이었는데, 경덕왕이 이름을 고쳤다. 지금[고려]의 가흥현(嘉興縣)이다. 영현이 하나였다. 첨탐현(瞻耽縣)은 본래 백제 매구리현(買仇里縣)이었는데, 경덕왕이 이름을 고쳤다. 지금[고려]의 임회현(臨淮縣)이다.

압해군(壓海郡)은 본래 백제 아차산현(阿次山縣)이었는데, 경덕왕이 이름을 고쳤다. 지금[고려]도 그대로 쓴다. 영현이 셋이었다. 갈도현(碣島縣)은 본래 백제 아로현(阿老縣)이었는데, 경덕왕이 이름을 고쳤다. 지금[고려]의 육창현(六昌縣)이다. 염해현(鹽海縣)은 본래 백제 고록지현(古祿只縣)이었는데, 경덕왕이 이름을 고쳤다. 지금[고려]의 임치현(臨淄縣)이다. 안파현(安波縣)은 본래 백제 거지산현(居知山縣)[거(居)는 굴(屈)이라고도 썼다.]이었는데, 경덕왕이 이름을 고쳤다. 지금[고려]의 장산현(長山縣)(359) 이다. (『三國史記』 36 雜志 5 地理 3)

신라   경계 안에 상주·양주·강주·웅주·금주(金州)·무주·한주·삭주·명주 등 9주를 설치하였다. (『太平寰宇記』 174 四夷 3 東夷 3 新羅)

신라   천보(天寶) 14년 을미(乙未, 755)에 신라 경덕왕(景德王)이 즉위하여[고기(古記)에는 천감(天監) 24년[69] 을미(乙未, 515)에 법흥왕(法興)이 즉위했다고 했는데, 어쩌면 이렇게도 그 앞뒤가 뒤바뀐 것이 심할 수 있을까?] 이[노힐부득과 달달박박의] 일을 듣고 정유년[丁酉歲, 757, 경덕왕 16)에 사자를 보내 대가람을 창건하고 백월산남사(白月山南寺)라고 하였다. (『三國遺事』3 塔像 4 南白月二聖 努肹夫得 怛怛朴朴)

발해   함화(咸和) (「咸和銘絞釉葫蘆酒甁」)

신라   지덕 2년에 장사(長史) 노원속(盧元俗)이 이 사찰을 둘 것을 아뢰니, 보리(菩提)를 이름으로 삼았다. 이보다 앞서 승려들, 고향 사람, 나이 많고 덕망 있는 사람들이 그 산림에 모여 장차 사찰을 세우려고 하였는데, 이리저리 오가며 둘러보아도 막연하고 마땅한 자리가 없어 곧 초당사(草堂寺)의 무상대사(無相大師)에게 고하여 묻고자 하였다. 대사는 7조의 법맥을 이어받아 앉아서 삼매(三昧)의 경지를 얻었고, 불가사의한 지견으로 사람들의 무지몽매한 마음을 타파하였다. 마침내 이 곳을 가리켜 마땅히 법문을 열어야 한다고 하니, 땅 위에 바람이 불어서 만 개의 동굴에서 나는 저절로 소리가 나며 대사의 한 마디 말에 세상사람이 모두 기뻤다. 그러므로 사찰을 크게 짓고 담을 축조할 수 있었고, 무더기로 난 풀을 제거하여 엄격한 규칙을 세우고 황폐한 터를 둘러싸서 만물을 망라할 수 있었다. (「菩提寺 置立記」:『全唐文』617)

신라 고구려   (…) 천(賤)을 (…) 하였다. "군자(君子)로다, 그와 같은 사람이여. 노(魯)에 (…) "(1면)
"저는 이것을 자신하지 못하겠습니다." 공자(孔子)께서 기뻐하셨다. (2면)
" (…)하지만, 그가 인(仁)한지는 모르겠다." "염구(冉求)는 어떻습니까?" (3면)
" (…)는 하나를 듣고 열을 아는데, 자공(子貢)은 (…) "(4면)
" (…) 나는 재여(宰予) 때문에 이것을 고치게 되었다." 공자께서 말씀하셨다. "나는 (…) "(5면) (「계양산성『論語』목간」)

758(戊戌/신라 경덕왕 17/발해 문왕 22 大興 22/唐 至德 3, 乾元 1/日本 天平寶字 2)

신라   봄 정월에 시중(侍中) 김기(金耆)가 죽었다. 이찬(伊湌) 염상(廉相)이 시중이 되었다. (『三國史記』9 新羅本紀 9)

신라   봄 정월에 시중 김기가 죽었다. 이찬 염상으로 하여금 그를 대신하게 하였다. (『三國史節要』12)

고구려   안동도호부(安東都護府)는 (…) 지덕(至德) 연간(756~758) 후에 폐지되었다. (『舊唐書』39 志 19 地理 2)

고구려   안동상도호부(安東上都護府)는 (…) 지덕 연간(756~758) 후에 폐지되었다. (『新唐書』39 志 29 地理 3)

고구려   『신당서(新唐書)』지리지(地理志)에 전한다. " (…) 지덕 연간(756~758) 후에 폐지되었다."(『玉海』133 官制 屬國都護都督 唐安東上都護府)

발해   천평보자 2년 2월 10일 내상택(內相)에서 발해대사(渤海大使) 소야전수조신(小野田守朝臣) 등을 전별(餞別)하면서 연가(宴歌) 1(數)를 지었다. 청해원(清海原)에 바람은 순조롭고 파도도 고요하니, 가는 것도 오는 것도 지장이 없어 배는 빠르겠지요[우

---

69) '천감(天監) 14년'의 잘못인 듯하다.

(右) 1수(首)는 우(右) 중변대반숙니가(中弁大伴宿祢家)에서 가지고 있 외우지 않았다.]. (『萬葉集』20,4514)

신라   2월에 교서를 내려 내외관 중 60일을 채워서 휴가를 청한 경우에는 해관(解官)을 허락하였다. (『三國史記』9 新羅本紀 9)

신라   2월에 내외에 60일을 채워서 휴가를 청한 경우에는 해관하였다. (『三國史節要』12)

고구려 백제   여름 4월 기사일(28)에 내약사우(內藥司佑) 겸 출운국(出雲國) 원외연(員外掾) 정6위상 난파약사내량(難波藥師奈良) 등 11인이 "내량(奈良) 등의 먼 조상 덕래(德來)는 본래 고려 사람으로서 백제국에 귀화하였습니다. 지난 박뢰조창조정(泊瀨朝倉朝廷, 雄略天皇)에서 백제국에 조를 내려 재인(才人)들을 찾았는데 이에 덕래를 성조(聖朝)에 바쳤습니다. 덕래의 5세손 혜일(惠日)이 소치전조정(小治田朝廷, 推古天皇) 때에 대당(大唐)에 파견되어 의술을 배웠기 때문에 약사(藥師)라고 불러서 마침내 성(姓)이 되었습니다. 지금 어리석은 우리 자손들은 남녀를 불문하고 모두 약사의 성을 가지고 있어서 이름과 실제가 혼돈될까봐 두렵습니다. 엎드려 원컨대 약사라는 글자를 고쳐서 난파련(難波連)이라고 하게 해주십시요"라고 말하였으므로 허락했다. (『續日本紀』20 孝謙紀)

신라   여름 4월에 의관(醫官)으로서 정밀히 연구한 자를 뽑아 내공봉(內供奉)에 충당하였다. 율령박사(律令博士) 2원(員)을 두었다. (『三國史記』9 新羅本紀 9)

신라   여름 4월에 의관으로서 정통하고 능숙한 자를 뽑아 내공봉에 충당하였다. 율령박사 2원을 두었다. (『三國史節要』12)

고구려 백제   6월 갑진일(4)에 대재(大宰) 음양사(陰陽師) 종6위하 여익인(餘益人)과 조법화사판관(造法華寺判官) 종6위하 여동인(餘東人) 등 4인에게 백제조신(百濟朝臣)이라는 성을 내렸다. 월후목(越後目) 정7위상 고려사주마양(高麗使主馬養)과 내시전시(內侍典侍) 종5위하 고려사주정일(高麗使主淨日) 등 5인에게는 다가련(多可連)을, 산위(散位) 大屬(大屬) 정6위상 자광족(狛廣足)과 산위 정8위하 박정성(狛淨成) 등 4인에게는 장배련(長背連)을 내렸다. (『續日本紀』20 孝謙紀)

고구려   7월 을축일(25)에 대화국(大和國) 갈상군인(葛上郡人) 종8위상 상원사연족(桑原史年足) 등 남녀 96인과 근강국(近江國) 신기군인(神埼郡人) 정8위하 상원사인승(桑原史人勝) 등 남녀 1,155인이 함께 "지난 천평승보 9년(757) 5월 26일 칙서에 내대신(內大臣), 태정대신(太政大臣)의 이름은 부합되지 않습니다. 지금 년족(年足), 인승(人勝) 등의 선조는 후한(後漢)의 먼 자손 등언흥(鄧言興)과 제리(帝利) 등입니다. 난파고진궁(難波高津宮, 仁德) 천황 때에 고려로부터 성스러운 경역으로 귀화하였습니다. 본래 같은 조상인데 지금 여러 성으로 나뉘어져 있으니 칙으로써 하나같이 사자(史字)를 고쳐서 같은 성으로 해주기를 바랍니다"라 말하였다. 이에 상원사(桑原史), 대우상원사(大友桑原史), 대우사(大友史), 대우부사(大友部史), 상원사호(桑原史戶), 사호(史戶)의 6씨에게 함께 상원직(桑原直)의 성을 내리고 선사(船史)에게는 선직(船直)의 성을 내렸다. (『續日本紀』20 孝謙紀)

신라   가을 7월23일에 왕자가 태어났다. (『三國史記』9 新羅本紀 9)

신라   가을 7월에 왕자 건운(乾運)이 태어났다. (『三國史節要』12)

신라   왕은 음경(陰莖)의 길이가 8촌(寸)이나 되었다. 아들이 없으므로 왕비를 폐하여 사량부인(沙梁夫人)으로 봉하였다. 후비 만월부인(滿月夫人)은 시호가 경수태후(景垂太后)이며 각간(角干) 의충(依忠)의 딸이었다. 왕이 하루는 대덕(大德) 표훈(表訓)에게 조서를 내려 말하기를, "짐이 복이 없어 아들을 두지 못했으니, 원컨대 대덕께서 상제(上帝)께 청하여 아들을 두게 해주시오."라고 하였다. 표훈이 천제(天帝)에게 올라가 고하고 돌아와서 아뢰기를, "상제께서 말씀하시기를, 딸을 구한다면 가능하나 아들은 합당하지 못하다고 하셨습니다."라고 하였다. 왕이 말하길, "원컨대 딸을 바꿔 아들이 되게 해주시오."라고 하였다. 표훈이 다시 하늘에 올라가 청하니, 상제가 말하기를, "될 수는 있겠지만, 아들이 있으면 나라가 위태로울 것이다."라고 하였다. 표훈이 내려오려 할 때 상제가 또 불러 말하였다. "하늘과 사람 사이는 어지럽게 할 수 없다. 지금 대사는 마치 이웃 마을처럼 왕래하면서 천기(天機)를 누설했으니, 이후로는 다시 다니지 말라." 표훈이 와서 천제의 말로써 왕을 깨우쳤으나, 왕은 말하기를, "나라는 비록 위태로울지라도 아들을 얻어서 후사를 잇는다면 족하겠소."라고 하였다. 이리하여 만월왕후(滿月王后)가 태자를 낳으니 왕이 매우 기뻐하였다. (『三國遺事』2 紀異 2 景德王忠談師表訓大德)

신라	가을 7월 크게 벼락이 쳐서 사찰 16곳에 떨어졌다. (『三國史記』9 新羅本紀 9)
신라	가을 7월 크게 벼락이 쳐서 사찰 16곳에 떨어졌다. (『三國史節要』12)

신라　　8월 계해일(24)에 귀화한 신라승 32인과 比丘尼 2인, 남자 19인, 여자 21인을 무장국(武藏國)의 한지(閑地)로 옮겼다. 이에 비로소 신라군(新羅郡)을 두었다. (『續日本紀』21 淳仁紀)

신라　　건원(乾元) 원년 8월 정묘일(28)에 신라국의 사신이 와서 조공하고, 귀인국(歸仁國)의 사신이 와서 조공하였는데, 모두 자신전(紫宸殿)에서 연회를 베풀었다. (『冊府元龜』976 外臣部 21 褒異 3)

신라　　8월에 사신을 파견해 당(唐)에 들어가 조공하였다. (『三國史記』9 新羅本紀 9)

신라　　8월에 사신을 파견해 당에 가서 조공하였다. (『三國史節要』12)

발해　　9월 정해일(18)에 소야조신전수(小野朝臣田守) 등이 발해로부터 도착하였다. 발해대사 보국대장군(輔國大將軍) 겸 장군 행목저주자사(行木底州刺史) 겸 병서소정(兵署少正) 개국공 양승경(揚承慶) 이하 23인이 전수(田守)를 따라 내조하니 월전국(越前國)에 안치하였다. (『續日本紀』21 淳仁紀)

발해　　폐제(廢帝) 천평보자 2년 9월 정해일[18] 10월 정묘일[28] 12월 임술일[24] (『類聚國史』193 殊俗部 渤海 上)

발해　　겨울 10월 정묘일(28)에 발해에 파견했던 대사 종5위하 소야조신전수(小野朝臣田守)에게 종5위상을 주고, 부사 정6위하 고교조신로마려(高橋朝臣老麻呂)에게 종5위하를 주었으며 그 나머지 66인에게도 각기 차등이 있었다. (…) (『續日本紀』21 淳仁紀)

발해　　폐제(廢帝) 천평보자 2년 9월 정해일[18] 10월 정묘일[28] 12월 임술일[24] (『類聚國史』193 殊俗部 渤海 上)

발해　　12월 무신일(10)에 견발해사(遣渤海使) 소야조신전수(小野朝臣田守) 등이 당 나라의 소식을 아뢰기를 "천보 14년 을미년(755) 11월 9일에 어사대부(御史大夫) 겸 범양절도사(范陽節度使) 안녹산이 모반하여 군대를 동원하여 반란을 일으켜 대연성무황제(大燕聖武皇帝)라고 자칭하였습니다. 범양을 영무군(靈武郡)이라 고쳐 부르고 그 집을 잠룡궁(潛龍宮)으로 삼고 연호를 성무(聖武)라 하였습니다. 그 아들 안경서(安卿緖)를 지범양군사(知范陽郡事)로 남겨 두고, 스스로 정병(精兵) 20여만기를 거느리고 남쪽으로 출발하였습니다. 12월에 곧바로 낙양에 들어가 백관을 임명해 두었습니다. 천자는 안서절도사 가서한(哥舒翰)을 보내어 30만의 무리로 동진관(潼津關)을 지키게 하고, 대장군 봉상정(封常淸)으로 하여금 15만의 무리를 이끌고 따로 낙양을 포위하게 하였습니다. 천보 15년 안녹산이 장군 손효철(孫孝哲) 등을 보내어 2만기를 거느리고 동진관을 공격하게 하였습니다. 가서한은 동진의 언덕을 무너뜨려서 황하에 떨어뜨려 그 통로를 막고 돌아왔습니다. 효철은 산을 뚫어서 길을 열어 병사들을 이끌고 들어와 신풍(新豊)에 이르렀습니다. 6월 6일 천자는 검남(劍南)으로 달아났습니다. 7월 갑자일에 황태자 여(璵)가 영무군도독부(靈武郡都督府)에서 황제에 즉위하여 지덕(至德) 원년이라 개원(改元)하고, 기묘일에 천자가 익주(益州)에 이르렀습니다. 평로유후사(平盧留後事) 서귀도(徐歸道)가 과의도위(果毅都尉) 행유성현(行柳城縣) 겸 부경략판관(府經略判官) 장원간(張元澗)을 보내어 발해에 빙문(聘問)하고 군대를 요청하여 '금년 10월 녹산을 치는데 왕은 기병 4만을 징발하여 와서 역적을 토벌하는 것을 도와주십시요'라 하였습니다. 발해는 다른 마음이 있을까 의심하여 머물러 두고 돌려보내지 않았습니다. 12월 병오일에 서귀도가 과연 유정신(劉正臣)을 북평(北平)에서 죽이고 몰래 녹산과 통하였습니다. 유주절도사(幽州節度使) 사사명(史思明)이 천자를 치려고 모의하였는데 안동도호(安東都護) 왕현지(王玄志)가 그 모의를 알고 정병 6천여 인을 거느리고 유성(柳城)을 쳐부수고 서귀도를 목베어 죽였습니다. 스스로 권지평로절도(權知平盧節度)라 칭하고 나아가서 북평을 진압하였습니다. 지덕 3년(758) 4월 왕현지(王玄志)가 장군 왕진의(王進義)를 보내어 발해에 빙문하고 국가의 일을 말하기를 '천자는 서경으로 돌아갔습니다. 태상천황을 촉으로 맞아들여 별궁에 머무르고 있습니다. 적도를 완전히 멸하려고 하신을 보내어 명을 알리도록 하였습니다'라 하였습니다. 발해왕은 그 일을 믿기 어렵다고 여겨 진의를 머물게 하고 사신을 보내어 자세히 물었습니다. 간 사람이 아직 이르지 않아 일을 알 수 없었는데 당나라 왕이 발해국왕에게 칙서 1권을 내렸고 또 덧붙여서 장(狀)을 올렸습니다"라 하였다. 이에 대재부에 칙을 내려 "안녹산은 미친 오랑캐로 교활한 놈이다. 하늘을 어기고 역모를 일으켰으니 일이 반드시 불리하게 될 것이다. 아마도 서쪽으로 도모할 수 없어서 도리어 다시 해동을 칠 것이다. 옛사람이 이르기를 벌과 전갈도 오히려 독이 있는데 하물며 인간이라고 했다. 그 부(府)의 장수 선왕(船王)과 대이(大貳) 길비조신진비(吉備朝臣眞備)는 모두 석학으로 이름이 당대에 드러났다. 짐의 마음에 뽑혀서 중임을 맡긴다. 마땅히 이러한 상황을 알아서 미리 기이한 모책을 세우라. 비록 설사 오지 않더라도 미리 대비하여 후회가 없도록 하라. 도모하는 바의 좋은 책략과 대비하는 잡다한 일들은 하나하나 갖추어서 보고하도록 하라"고 하였다. (『續日本紀』 21 淳仁紀)

발해   12월 임술일(24)에 발해 사신 양승경(揚承慶) 등이 서울에 들어왔다. (『續日本紀』 21 淳仁紀)

발해   폐제(廢帝) 천평보자 2년 9월 정해일[18] 10월 정묘일[28] 12월 임술일[24] (『類聚國史』 193 殊俗部 渤海 上)

신라   두 탑은 천보 17년 무술에 세우시니라. 남자형제와 두 여자형제 모두 셋이 업으로 이루시니라. 남자형제는 영묘사(零妙寺)의 언적(言寂)법사이며, 큰 누이는 조문황태후(照文皇太后)님이시며, 작은누이는 경신태왕(敬信太王)이시니라. (「葛項寺石塔記」)

신라	[43 무술(戊戌)] 이 해에 신라의 승려 무루(無漏)가 우합문(右閤門)에서 입적(入寂)하니, 합장(合掌)하여 공중에 높이 솟아서 섰는데 발이 1척 남짓 땅에서 떨어졌다. 측근에서 보고하자, 황제는 놀라고 이상하게 여겨 수레에서 내려서 직접 살펴보니, 옛 골짜기에 돌아가 장사지내기를 청하는 유표(遺表)를 얻었다. 조서가 있어 옛 거처로 관을 호송하고 탑을 건립하게 하였다. 회원현(懷遠縣) 하원(下院)에 이르러, 갑자기 관을 들어도 움직이지 않았다. 마침내 향기로운 진흙으로 전신을 빚어서 상을 만들고, 하원에 머무르게 하였다. (『佛祖歷代通載』13 唐肅宗 新羅無漏凌空立化)
신라	원숭이는 쇠사슬을 가볍게 여기고 새는 정교하게 조각한 새장을 싫어함으로 짐작하여, 무루는 거듭 상소문을 올려 옛 은거처로 돌아가기를 청하였다. 황제는 마음으로 신임하여 오래 머물라고 답하는 조서를 내렸다. (『宋高僧傳』21 感通 6-4 唐朔方靈武下院無漏傳)
신라	도적이 평정되자, 백관이 어가를 뒤따라 수도로 돌아갔다. 무루는 표문을 올려 산으로 돌아가기를 청하니, 황제가 허락하지 않는다고 너그럽게 답하였다. (『新修科分六學僧傳』28 定學證悟科 唐無漏)
신라	무루는 거듭 상소문을 올려 옛 은거처로 돌아가기를 청하였다. 황제는 마음으로 신임하였다. (『神僧傳』8 無漏)

759(己亥/신라 경덕왕 18/발해 문왕 23 大興 23/唐 乾元 2/日本 天平寶字 3)

발해	봄 정월 무진 초하루에 대극전(大極殿)에서 신년 축하 조회를 받는데 문무백관과 고려 번객 등이 의례에 따라 절하고 축하했다. (『續日本紀』22 淳仁紀)
발해	봄 정월 경오일(3)에 천황이 임석한 가운데 고려 사신 양승경(揚承慶) 등이 방물을 바치고 아뢰기를 "고려국왕 대흠무(大欽茂)가 아룁니다. 일본에서 팔방을 비추던 성명황제(聖明皇帝)께서 천궁(天宮)으로 승하하였다는 소식을 듣고 슬프고 추모하는 마음에 가만히 있을 수 없었습니다. 이 때문에 보국장군(輔國將軍) 양승경과 귀덕장군(歸德將軍) 양태사(揚泰師) 등을 뽑아 표문과 상공(常貢)의 물품을 갖고 가서 입조하게 합니다"라 하였다. 조를 내리기를 "고려국왕이 멀리서 전왕이 천궁으로 승하하였다는 소식을 듣고 가만히 있을 수 없어서 양승경 등으로 하여금 와서 위문하게 하였습니다. 듣고 나니 마음이 아프고 추모하는 마음이 더욱 깊어집니다. 다만 해가 이미 바뀌었고 나라가 길함을 따르므로 그 예로써 대접하지는 않습니다. 또 옛 정을 잃지 않고 사신을 보내어 공물을 바치니 정성이 지극하여 매우 가상하게 여깁니다"라 하였다. (『續日本紀』22 淳仁紀)
발해	천평보자(天平寶字) 3년 정월 경오일[3] 을유일[18] 병술일[19] 갑오일[27] 2월 무술 초하루 계축일[16] 10월 신해일[18] 병진일[22] 12월 신해일[19] 병진일[24] (『類聚國史』193 殊俗部 渤海 上)
발해	봄 정월 을유일(18)에 천황이 임석하여 고려대사 양승경에게 정3위를, 부사 양태사에게 종3위를, 판관(判官) 풍방례(馮方禮)에게 종5위하를 주었다. 녹사(錄事) 이하 19인에게도 각각 차등이 있었다. 국왕과 대사 이하에게 녹을 내렸는데 차등이 있었다. 5위 이상과 번객들 및 주전(主典) 이상에게 조당(朝堂)에서 잔치를 베풀었다. 여악(女樂)을 무대에서 연주하고 내교방답가(內敎坊踏歌)를 뜰에서 연주하였다. 일이 끝나자 면(綿)을 내렸는데 각기 차등이 있었다. (『續日本紀』22 淳仁紀)
발해	천평보자 3년 정월 경오일[3] 을유일[18] 병술일[19] 갑오일[27] 2월 무술 초하루 계축일[16] 10월 신해일[18] 병진일[22] 12월 신해일[19] 병진일[24] (『類聚國史』193 殊俗部 渤海 上)

발해	봄 정월 병술일(19)에 궁안에서 활쏘기를 하였는데 객을 불러 함께 쏘게 했다. (『續日本紀』 22 淳仁紀)
발해	천평보자 3년 정월 경오일[3] 을유일[18] 병술일[19] 갑오일[27] 2월 무술 초하루 계축일[16] 10월 신해일[18] 병진일[22] 12월 신해일[19] 병진일[24] (『類聚國史』 193 殊俗部 渤海 上)
발해	봄 정월 갑오일(27)에 대보(大保) 등원혜미조신압승(藤原惠美朝臣押勝)이 전촌(田村)의 집에서 번객들에게 연회를 베풀었다. 칙으로 궁중의 여악과 면 1만 둔(屯)을 내렸다. 당시의 문사들이 시를 지어 송별하였는데 부사 양태사 등이 시를 지어 화답하였다. (『續日本紀』 22 淳仁紀)
발해	천평보자 3년 정월 경오일[3] 을유일[18] 병술일[19] 갑오일[27] 2월 무술 초하루 계축일[16] 10월 신해일[18] 병진일[22] 12월 신해일[19] 병진일[24] (『類聚國史』 193 殊俗部 渤海 上)
발해	봄 정월 정유일(30)에 정6위상 고원도(高元度)를 외종5오위하로 내리고 입당대사사(入唐大使使)를 맞이하게 하였다. (『續日本紀』 22 淳仁紀)
신라	봄 정월에 병부(兵部)·창부(倉部)의 경(卿)·감(監)을 시랑(侍郎)이라고, 대사(大舍)를 낭중(郎中)이라고 고쳤다. 집사사지(執事舍知)를 집사원외랑(執事員外郎)이라고, 집사사(執事史)를 집사랑(執事郎)이라고 고쳤다. 조부(調府)·예부(禮部)·승부(乘府)·선부(船府)·영객부(領客府)·좌우의방부(左右議方府)·사정부(司正府)·위화부(位和府)·예작전(例作典)·대학감(大學監)·대도서(大道署)·영창궁(永昌宮) 등의 대사를 주부(主簿)라고, 상사서(賞賜署)·전사서(典祀署)·음성서(音聲署)·공장부(工匠府)·채전(彩典) 등의 대사를 주서(主書)라고 고쳤다. (『三國史記』 9 新羅本紀 9)
신라	봄 정월에 관호(官號)를 고쳤다. 병부·창부의 경·감을 시랑이라고, 대사를 낭중이라고, 집사사지를 집사원외랑이라고, 집사사를 집사랑이라고, 조부·예부·승부·선부·영객부·좌우의방부·사정부·위화부·예작전·대학감·대도서·영창궁 등의 대사를 주부라고, 상사서·전사서·음성서·공장부·채전 등의 대사를 주서라고 하였다. (『三國史節要』 12)
신라	집사성(執事省)은 (…) 대사는 2인인데, (…) 경덕왕(景德王) 18년에 낭중이라고 고쳤고,[혹은 진덕왕(眞德王) 5년(651)에 고쳤다고 한다.] 관등이 관사지(舍知)부터 나마(奈麻)까지인 자로 임명하였다. 사지는 2인인데, (…) 경덕왕 18년에 원외랑(員外郎)이라고 고쳤고, (…) 관등이 사지부터 대사까지인 자로 임명하였다. 사(史)는 14인인데, (…) 경덕왕이 낭(郎)이라고 고쳤고, (…) 관등이 선조지(先沮知)부터 대사까지인 자로 임명하였다. 병부는 (…) 대감(大監)은 2인인데, (…) 경덕왕이 시랑이라고 고쳤고, (…) 관등이 급찬(級湌)부터 아찬(阿湌)까지인 자로 임명하였다. 제감(弟監)은 2인인데, (…) 태종무열왕(太宗武烈王) 5년(658)에 대사라고, 경덕왕이 낭중이라고 고쳤고, (…) 관등이 사지부터 나마까지인 자로 임명하였다. (…) 조부는 (…) 대사는 2인인데, (…) 경덕왕이 주부라고 고쳤고, (…) 관등이 사지부터 나마까지인 자로 임명하였다. (…) 창부는 (…) 경은 2인인데, (…) 경덕왕이 시랑이라고 고쳤고, (…) 관등은 병부대감(兵部大監)과 같다. (…) 대사는 2인인데, (…) 경덕왕이 낭중이라고 고쳤고, (…) 관등은 병부대사(兵部大舍)와 같다. (…) 예부는 (…) 대사는 2인인데, (…) 경덕왕이 주부라고 고쳤고, (…) 관등은 조부대사

(調府大舍)와 같다. (…)

승부는 (…) 대사는 2인인데, 경덕왕이 주부라고 고쳤고, (…) 관등은 병부대사와 같다. (…)

예작부(例作府)는 (…) 대사는 4인인데, (…) 경덕왕이 주부라고 고쳤고, (…) 관등은 병부대사와 같다. (…)

선부는 (…) 대사는 2인인데, 경덕왕이 주부라고 고쳤고, (…) 관등은 조부대사와 같다. (…)

영객부는 (…) 대사는 2인인데, 경덕왕이 주부라고 고쳤고, (…) 관등은 조부대사와 같다. (…)

위화부는 (…) 대사는 2인인데, 경덕왕이 주부라고 고쳤고, (…) 관등은 조부대사와 같다. (…)

상사서는 (…) 대사는 2인인데, (…) 경덕왕이 주서라고 고쳤고, (…) 사지부터 나마까지의 관등 소지자를 그것으로 삼았다. (…)

대도서는 (…) 주서는 2인인데, 경덕왕이 주사(主事)라고 고쳤고, 사지부터 나마까지의 관등 소지자를 그것으로 삼았다. (…)

영창궁성전(永昌宮成典)은 (…) 대사는 2인인데, 경덕왕이 주부라고 고쳤고, (…) 관등이 사지부터 나마까지인 자로 임명하였다. (…)

국학(國學)은 (…) 대사는 2인인데, (…) 경덕왕이 주부라고 고쳤고, (…) 관등이 사지부터 나마까지인 자로 임명하였다. (…)

음성서는 (…) 대사는 2인인데, (…) 경덕왕이 주부라고 고쳤고, (…) 관등이 사지부터 나마까지인 자로 임명하였다. (…)

공장부는 (…) 주서는 2인인데.[혹은 주사라고도 하고, 혹은 대사라고도 한다.] (…) 관등이 사지부터 나마까지인 자로 임명하였다. (…)

채전은 (…) 주서는 2인인데, (…) 관등이 사지부터 나마까지인 자로 임명하였다. (…)

전사서는 (…) 대사는 2인인데, (…) 관등이 사지부터 나마까지인 자로 임명하였다. (…)

동시전(東市典)은 (…) 대사는 2인인데, 경덕왕이 주사라고 고쳤고, (…) 관등이 사지부터 나마까지인 자로 임명하였다. (…)

서시전(西市典)은 (…) 대사는 2인인데, 경덕왕이 주사라고 고쳤다. (…)

남시전(南市典)은 (…) 대사는 2인인데, 경덕왕이 주사라고 고쳤다. (…)

사범서(司範署)는 (…) 대사는 2인인데,[혹은 주서라고도 한다.] 경덕왕이 주사라고 고쳤고, (…) 관등은 조부사지(調府舍知)와 같다. (『三國史記』 38 雜志 7 職官 上)

신라   건원 2년 정월에 성도부(成都府) 정천사(淨泉寺)에 도착하였다. 처음 도착하였을 때에 안건사(安乾師)를 만나서 김화상을 안내하여 서로 만나게 하였다. 화상은 그가 평범하지 않음을 보고 기뻐하여 안건사를 파견하여 주관자가 되어 종루(鐘樓) 하원(下院)에 안치시키도록 명령하였다. 그 때는 바로 인연을 받는 날이어서 그날 밤에 무리를 따라 인연을 받았다. 3일 밤낮을 지나 김화상은 매일 대중 속에서 높은 소리로 외치기를, "무엇 때문에 산에 들어가 떠나지 않는가? 오래 거처하여 무엇이 이로운가?"라고 하였다. 측근의 친사관(親事官)·제자가 괴이하게 여기기를, "김화상이 일찍이 이런 말이 있지 않았는데, 무엇 때문에 갑자기 이런 말을 내뱉었을까? 무주(無住) 화상은 조용히 산에 들어갔다."라고 하였다. 나중에 김화상이 무엇 때문에 오지 않는가 생각하여 윗자리를 비우고 상좌에게 아뢰었다. "아는 사람을 얻고자 하여도, 나중에 상봉하여 저쪽과 이쪽이 누구인지 모를까 염려됩니다." 화상은 예조

（倪朝）를 향하여 설명하였다. "내가 비록 이 동안에 항상 김화상과 서로 만났으나, 만약 서로 면식이 있지 않았다면 천리를 대면하였겠는가? 내가 거듭 너를 위하여 한 사물의 기원을 말하겠다."(『歷代法寶記』劍南城都府大曆保唐寺無住和上)

신라 익주(益州) 보당사(保唐寺)의 무주 선사는 처음에 무상대사(無相大師)에 불법을 얻어서, 이에 남양(南陽) 백애산(白崖山)에 거처하였다. (…) 당(唐)의 상국(相國) 두홍점(杜鴻漸)이 말하기를, "저는 듣기로는 김화상이 기억을 없애고 생각을 없애며 망령되지 않게 하라고 말한다고 들었는데, 세 구절은 불도로 들어가는 통로가 맞습니까? 틀립니까?"라고 하자, 답하기를 "그렇다."라고 하였다. 두홍점이 말하기를, "이 세 구절은 하나입니까? 셋입니까?"라고 하자, 답하기를, "기억을 없애는 것은 계(戒)라고 이름붙이고, 생각을 없애는 것은 정(定)이라고 이름붙이며, 망령되지 말게 하라는 것은 혜(慧)라고 이름 붙인다. 한 마음이 생기지 않고 계·정·혜를 갖추었으니, 하나도 아니고 셋도 아니다."라고 하였다. 두홍점이 말하기를, "뒷 구절의 망(妄)자는 마음을 따르는 것을 잊는 것이 아닙니까?"라고 하자, 답하기를, "여자를 따르는 경우가 이것이다."라고 하였다. (『景德傳燈錄』4 益州無相禪師法嗣忍大師[第四世])

신라 32조의 4세는 무상 선사라고 하는데, 그가 배출한 법의 계승자가 4명이다. 첫째는 익주의 무주라고 하는 자이다. (『傳法正宗記』9 旁出略 上)

발해 2월 무술일 초하루 고려왕에게 내리는 칙서에 "천황이 고려국왕에게 삼가 문안드립니다. 양승경 등으로 하여금 멀리 바다를 건너 와서 국상을 조문하고 정성을 은근하게 표시하니 아픈 마음이 더해집니다. 다만 때에 따라 예를 바꾸는 것이 성현들의 통규이니 신년의 길함을 따르는 것이지 다시 다른 일은 없습니다. 아울러 다시 보내준 신물(信物)은 숫자대로 받았습니다. 그리고 돌아가는 사신편에 토산 비단 40필, 미농(美濃) 명주 30필, 실 200구(絢), 면 300둔(屯)을 보내니 충성스러움을 특별히 가상히 여기는 것입니다. 또 넉넉함을 더하여 비단 4필, 양면 2필, 무늬있는 비단 4필, 흰 비단 10필, 채색 비단 40필, 백면 100첩(帖)을 내리니 물건은 비록 보잘 것 없으나 깊이 생각한 것이므로 받아주시기 바랍니다. 국사가 왔으나 태워 보낼 배가 없어 한 사람의 사신을 뽑아 번(蕃)으로 돌려보내도록 합니다. 또 그 곳으로부터 대당(大唐)에 도달하여 전년에 입당했던 대사 등원조신하청(藤原朝臣河淸)을 맞아들이고자 하니 알아서 서로 돕도록 해주십시요. 추위가 물러가지 않았습니다. 왕께서 항상하기를 빕니다. 글을 보내니 다 언급하지는 않습니다"라 하였다. (…) (『續日本紀』22 淳仁紀)

발해 천평보자 3년 정월 경오일[3] 을유일[18] 병술일[19] 갑오일[27] 2월 무술 초하루 계축일[16] 10월 신해일[18] 병진일[22] 12월 신해일[19] 병진일[24] (『類聚國史』193 殊俗部 渤海 上)

발해 2월 계축(16) 양승경 등이 번으로 돌아갔다. 고원도(高元度) 등도 따라서 갔다. (『續日本紀』22 淳仁紀)

발해 천평보자 3년 정월 경오일[3] 을유일[18] 병술일[19] 갑오일[27] 2월 무술 초하루 계축일[16] 10월 신해일[18] 병진일[22] 12월 신해일[19] 병진일[24] (『類聚國史』193 殊俗部 渤海 上)

신라 2월에 예부사지(禮部舍知)를 사례(司禮)라고, 조부사지(調府舍知)를 사고(司庫)라고, 영객부사지(領客府舍知)를 사의(司儀)라고, 승부사지(乘府舍知)를 사목(司牧)이라고, 선부사지(船府舍知)를 사주(司舟)라고, 예작부사지(例作府舍知)를 사례(司例)라고, 병부노사지(兵部弩舍知)를 사병(司兵)이라고, 창부조사지(倉部租舍知)를 사창(司倉)이라

고 고쳤다. (『三國史記』9 新羅本紀 9)

신라   2월에 예부사지를 사례라고, 조부사지를 사고라고, 영객부사지를 사의라고, 승부사
       지를 사목이라고, 선부사지를 사주라고, 예작부사지를 사례라고, 병부노사지를 사병
       이라고, 창부조사지를 사창이라고 하였다. (『三國史節要』12)

신라   병부는 (…) 노사지(弩舍知)는 1인인데, (…) 경덕왕이 사병이라고 고쳤고, (…) 사지
       부터 대사까지의 관등 소지자를 그것으로 삼았다. (…) 노당(弩幢)은 1인인데, (…)
       경덕왕이 소사병(小司兵)이라고 고쳤고, (…) 관등은 사와 같다. (…)
       조부는 (…) 경덕왕이 대부(大府)라고 고쳤고, (…) 사지는 1인인데, (…) 경덕왕이 사
       고라고 고쳤고, (…) 사지부터 대사까지의 관등 소지자를 그것으로 삼았다. (…)
       경성주작전(京城周作典)은 경덕왕이 수성부(修城府)라고 고쳤다. (…) 대사는 6인인
       데, 경덕왕이 주부라고 고쳤고, (…) 사지부터 대나마(大奈麻)까지의 관등 소지자를
       그것으로 삼았다. (…) 사지는 1인인데, 경덕왕이 사공(司功)이라고 고쳤고, (…) 사
       지부터 대사까지의 관등 소지자를 그것으로 삼았다. (…)
       사천왕사성전(四天王寺成典)은 경덕왕이 감사천왕사부(監四天王寺府)로 고쳤다. (…)
       금하신(衿荷臣)은 1인인데, 경덕왕이 감령(監令)이라고 고쳤고, (…) 대아찬(大阿飡)
       부터 각간(角干)까지의 관등 소지자를 그것으로 삼았다. 상당(上堂)은 1인인데, 경덕
       왕이 경이라고 고쳤고, (…) 나마부터 아찬까지의 관등 소지자를 그것으로 삼았다.
       적위(赤位)는 1인인데, 경덕왕이 감이라고 고쳤고, (…) 청위(靑位)는 2인인데, 경덕
       왕이 주부라고 고쳤고, (…) 사지부터 나마까지의 관등 소지자를 그것으로 삼았다.
       (…)
       봉성사성전(奉聖寺成典)은 경덕왕이 수영봉성사사원(修營奉聖寺使院)이라고 고쳤다.
       (…) 금하신은 1인인데, 경덕왕이 검교사(檢校使)라고 고쳤고, (…) 상당은 1인인데,
       경덕왕이 부사(副使)라고 고쳤고, (…) 적위는 1인인데, 경덕왕이 판관(判官)이라고
       고쳤고, (…) 청위는 1인인데, 경덕왕이 녹사(錄事)라고 고쳤고, (…) 사는 2인인데,
       경덕왕이 전(典)이라고 고쳤다. (…)
       감은사성전(感恩寺成典)은 경덕왕이 수영감은사사원(修營感恩寺使院)이라고 고쳤다.
       (…) 금하신은 1인인데, 경덕왕이 검교사라고 고쳤고, (…) 상당은 1인인데, 경덕왕이
       부사라고 고쳤고, (…) 적위는 1인인데, 경덕왕이 판관이라고 고쳤고, (…) 청위는 1
       인인데, 경덕왕이 녹사(錄使)라고 고쳤고, (…) 사는 2인인데, 경덕왕이 전이라고 고
       쳤다. (…)
       봉덕사성전(奉德寺成典)은 경덕왕 18년에 수영봉덕사사원(修營奉德寺使院)이라고 고
       쳤다. (…) 금하신은 1인인데, 경덕왕이 검교사라고 고쳤고, (…) 상당은 1인인데, 경
       덕왕이 부사라고 고쳤고, (…) 적위는 1인인데, 경덕왕이 판관이라고 고쳤고, (…) 청
       위는 2인인데, 경덕왕이 녹사(錄使)라고 고쳤고, (…) 사는 6인인데, 나중에 4인을
       줄였고, 경덕왕이 전이라고 고쳤다. (…)
       영묘사성전(靈廟寺成典)은 경덕왕 18년에 수영영묘사사원(修營靈廟寺使院)이라고 고
       쳤다. (…) 상당은 1인인데, 경덕왕이 판관이라고 고쳤고, (…) 청위는 1인인데, 경덕
       왕이 녹사(錄事)라고 고쳤다. (…)
       영흥사성전(永興寺成典)은 (…) 경덕왕 18년에 감영흥사관(監永興寺館)이라고 고쳤
       다. 대나마는 1인인데, 경덕왕이 감이라고 고쳤다. (…)
       창부는 (…) 조사지(租舍知)는 1인인데, (…) 경덕왕이 사창이라고 고쳤고, (…) 관등
       은 노사지와 같다. (…)
       예부는 (…) 사지는 1인인데, 경덕왕이 사례라고 고쳤고, (…) 관등은 조부사지와 같
       다. (…)
       승부는 경덕왕이 사어부(司馭府)라고 고쳤다. (…) 사지는 1인인데, 경덕왕이 사목이

라고 고쳤다. (…) 관등은 조부사지와 같다. (…)

사정부는 (…) 경덕왕이 숙정대(肅正臺)라고 고쳤다. (…) 좌(佐)는 2인인데, (…) 경덕왕이 평사(評事)라고 고쳤다. (…) 나마부터 대나마까지의 관등 소지자를 그것으로 삼았다. (…)

예작부[예작전이라고도 한다.]는 경덕왕이 수례부(修例府)라고 고쳤다. (…) 사지는 2인인데, 경덕왕이 사례라고 고쳤다. (…) 관등은 노사지와 같다. (…)

선부는 (…) 경덕왕이 이제부(利濟府)라고 고쳤다. (…) 사지는 1인인데, 경덕왕이 사주라고 고쳤다. (…) 관등은 조부사지와 같다. (…)

영객부는 (…) 경덕왕이 또 사빈부(司賓府)라고 고쳤다. (…) 사지는 1인인데, 경덕왕이 사의(司儀)라고 고쳤다. (…) 관등은 조부사지와 같다. (…)

위화부는 (…) 경덕왕이 사위부(司位府)라고 고쳤다. (…)

좌리방부(左理方府)는 (…) 좌는 2인인데, (…) 경덕왕이 평사라고 고쳤다. (…) 관등은 사정좌(司正佐)와 같다. (…)

상사서는 창부에 속하는데, 경덕왕이 사훈감(司勳監)이라고 고쳤다. (…) 대정은 1인인데, (…) 경덕왕이 정(正)이라고 고쳤고, (…) 급찬부터 아찬까지의 관등 소지자를 그것으로 삼았다. (…)

대도서는 (…) 대정은 1인인데, (…) 경덕왕이 정이라고 고쳤고, (…) 급찬부터 아찬까지의 관등 소지자를 그것으로 삼았다[혹은 대정 아래에 대사 2인이 있었다고도 한다]. (…)

전읍서(典邑署)는 경덕왕이 전경부(典京府)라고 고쳤다. (…)

영창궁성전은 (…) 상당은 1인인데, 경덕왕이 설치하였다가 또 경이라고 고쳤다. (…) 급찬부터 아찬까지의 관등 소지자를 그것으로 삼았다. (…)

국학은 예부에 속하는데, (…) 경덕왕이 대학감이라고 고쳤다. (…) 경은 1인인데, 경덕왕이 사업(司業)이라고 고쳤다. (…) 관등은 다른 경과 같다. (…)

음성서는 예부에 속하는데, 경덕왕이 대악감(大樂監)이라고 고쳤다. (…) 장(長)은 2인인데, (…) 경덕왕이 또 사악(司樂)이라고 고쳤고, (…) 관등은 다른 경과 같다. (…)

대일임전(大日任典)은 (…) 경덕왕이 전경부에 합쳤다. (…) 대도사(大都司)는 6인인데, 경덕왕이 대전의(大典儀)라고 고쳤고, (…) 사지부터 나마까지의 관등 소지자를 그것으로 삼았다. 소도사(小都司)는 2인인데, 경덕왕이 소전의(小典儀)라고 고쳤고, (…) 사지부터 대사까지의 관등 소지자를 그것으로 삼았다. 도사대사(都事大舍)는 2인인데, 경덕왕이 대전사(大典事)라고 고쳤고, (…) 사지부터 나마까지의 관등 소지자를 그것으로 삼았다. 도사사지(都事舍知)는 4인인데, 경덕왕이 중전사(中典事)라고 고쳤고, (…) 사지부터 대사까지의 관등 소지자를 그것으로 삼았다. 도알사지(都謁舍知)는 8인인데, 경덕왕이 전알(典謁)이라고 고쳤고, (…) 사지부터 대사까지의 관등 소지자를 그것으로 삼았다. 도인사지(都引舍知)는 1인인데, 경덕왕이 전인(典引)이라고 고쳤고, (…) 관등은 노사지와 같다. 당(幢)은 6인인데, 경덕왕이 소전사(小典事)라고 고쳤고, (…) 관등은 조부사(調府史)와 같다. (…)

공장부는 경덕왕이 전사서라고 고쳤다. (…)

채전은 경덕왕이 전채서(典彩署)라고 고쳤다. (…)

신궁(新宮)은 (…) 경덕왕이 전설관(典設館)이라고 고쳤다. (…)

동시전은 (…) 서생(書生)은 2인인데, 경덕왕이 사직(司直)이라고 고쳤고, (…) 관등은 조부사(調府史)와 같다. (…)

서시전은 (…) 서생은 2인인데, 경덕왕이 사직이라고 고쳤다. (…)

남시전은 (…) 서생은 2인인데, 경덕왕이 사직이라고 고쳤다 (…)

경도역(京都驛)은 경덕왕이 도정역(都亭驛)이라고 고쳤다. (『三國史記』 38 雜志 7 職官 上)

신라　내성(內省)은 경덕왕 18년에 전중성(殿中省)이라고 고쳤다. (…) 사신(私臣)은 1인인데, (…) 관등은 금하(衿荷)부터 태대각간(太大角干)까지였고, (…) 경덕왕이 또 전중령(殿中令)이라고 고쳤다. (…)

내사정전(內司正典)은 경덕왕 5년에 설치하여 18년에 건평성(建平省)이라고 고쳤다. (…)

흑개감(黑鎧監)은 경덕왕이 위무감(衛武監)이라고 고쳤다. (…)

인도전(引道典)은 경덕왕이 예성전(禮成典)이라고 고쳤다. (…)

평진음전(平珍音典)은 경덕왕이 소궁(埽宮)이라고 고쳤다. (…)

상문사(詳文師)는 (…) 경덕왕이 또 한림(翰林)이라고 고쳤고, 나중에 학사(學士)를 두었다. (…)

청연궁전(靑淵宮典)은 경덕왕이 조추정(造秋亭)이라고 고쳤다. (…)

병촌궁전(屛村宮典)은 경덕왕이 현룡정(玄龍亭)이라고 고쳤다. (…)

소년감전(小年監典)은 경덕왕이 조천성(釣天省)이라고 고쳤다. (…)

회궁전(會宮典)은 경덕왕이 북사설(北司設)이라고 고쳤다. (…)

예궁전(穢宮典)은 경덕왕이 진각성(珍閣省)이라고 고쳤다. (…)

금전(錦典)은 경덕왕이 직금방(織錦房)이라고 고쳤다. (…)

철유전(鐵鍮典)은 경덕왕은 축야방(築冶房)이라고 고쳤다. (…)

칠전(漆典)은 경덕왕이 식기방(飾器房)이라고 고쳤다. (…)

수전(手典)은 경덕왕이 취취방(聚毳房)이라고 고쳤다. (…)

피전(皮典)은 경덕왕이 포인방(鞄人房)이라고 고쳤다. (…) 피타전(皮打典)은 경덕왕이 운공방(韗工房)이라고 고쳤다. (…)

마전(磨典)은 경덕왕이 재인방(梓人房)이라고 고쳤다. (…)

어룡성(御龍省)은 (…) 세택(洗宅)은 경덕왕이 중사성(中事省)이라고 고쳤다. (…)

늠전(廩典)은 경덕왕이 천록사(天祿司)라고 고쳤다. (…)

약전(藥典)은 경덕왕이 보명사(保命司)라고 고쳤다. (…)

마전(麻典)은 경덕왕 18년에 직방국(織紡局)이라고 고쳤다. (…)

육전(肉典)은 경덕왕이 상선국(尙膳局)이라고 고쳤다. (…)

기전(綺典)은 경덕왕이 별금방(別錦房)이라고 고쳤다. (…)

석전(席典)은 경덕왕이 봉좌국(奉座局)이라고 고쳤다. (…)

궤개전(机概典)은 경덕왕이 궤반국(机盤局)이라고 고쳤다. (…)

양전(楊典)은 경덕왕이 사비국(司篚局)이라고 고쳤다. (…)

와기전(瓦器典)은 경덕왕이 도등국(陶登局)이라고 고쳤다. (…)

남하소궁(南下所宮)은 경덕왕이 잡공사(雜工司)라고 고쳤다. (『三國史記』 39 雜志 8 職官 中)

신라　모든 군관(軍官)은 장군(將軍)이 모두 36인이다. (…) 경덕왕 때에 이르러 웅천주정(熊川州停)에 3인을 더 두었다. (『三國史記』 40 雜志 9 職官 下)

신라　3월 경인일(24)에 대재부에서 말하기를 "부에서 보는 바로는 불안한 것이 네 가지 있습니다. 굳게 지키는 방식을 경계하는 데 의거하여 박다대진(博多大津)과 일기(壹岐), 대마(對馬) 등 요해처에 배 100척 이상을 두어 우환에 대비해야 하는데 지금 쓸 수 있는 배가 없어서 중요한 임무를 빠뜨리고 있는 것이 불안의 하나입니다. 대재부는 3면이 바다를 끼고 있어서 여러 蕃이 모시고 있으나 동국의 방위하는 사람들이 그만두고부터 지키는 것이 날마다 흐트러지고 있습니다. 생각지 못한 것과 같이 만일에 변고가 있으면 어떻게 갑자기 대응하며 어떻게 위엄을 보여주느냐 하는 것이 불안의 둘째입니다. (…) "라 하였다. (『續日本紀』 22 淳仁紀)

신라   3월에 혜성이 나타났다. 가을에 이르러 곧 사라졌다. (『三國史記』 9 新羅本紀 9)

신라   3월에 혜성이 나타났다. 가을에 이르러 곧 사라졌다. (『三國史節要』 12)

신라   6월 임자일(18)에 대재부로 하여금 행군식(行軍式)을 만들게 하였는데 장차 신라를 치려는 것이다. (『續日本紀』 22 淳仁紀)

백제   가을 7월 정묘(3) 종3위 백제왕 경복(敬福)을 이예수(伊豫守)로 삼았다. (『續日本紀』 22 淳仁紀)

신라   8월 기해일(6)에 대재수(大宰帥) 3품 선친왕(船親王)을 향추묘(香椎廟)에 보내어 신라를 치려는 상황을 아뢰었다. (『續日本紀』 22 淳仁紀)

신라   9월 정묘일(4)에 대재부에 칙을 내려 "근년에 신라에서 귀화하는 배들이 끊이지 않는데 부역의 고통을 피하기 위하여 멀리 무덤이 있는 고향을 버리고 와, 그 생각함을 말하면 어찌 돌아보고 그리워함이 없겠는가. 마땅히 두세 번 데려다 물어보아 되돌아가고자 하는 사람은 식량을 주어 돌려보내라"고 하였다. (『續日本紀』 22 淳仁紀)

신라   9월 임오일(19)에 배 500척을 만들게 하였는데 북륙도(北陸道) 여러 나라에서 89척, 산음도(山陰道) 여러 나라에서 145척, 산양도(山陽道) 여러 나라에서 161척, 남해도(南海道) 여러 나라에서 105척을 모두 한가한 달에 만들되 3년 안에 마치도록 하였는데, 신라를 정벌하기 위한 것이었다. (『續日本紀』 22 淳仁紀)

발해   겨울 10월 신해일(18)에 등원하청(藤原河淸)을 맞이하러간 사신 판관 내장기촌전성(內藏忌寸全成)이 발해로부터 돌아오다가 바다에서 풍랑을 만나 대마에 표착하였다. 발해 사신 보국대장군(輔國大將軍) 겸 장군 현도주자사(玄菟州刺史) 겸 압아관(押衙官) 개국공(開國公) 고남신(高南申)이 따라와서 내조하였다. 그 중대성첩(中臺省牒)에 "등원하청을 맞이하러간 사신이 모두 99인이었습니다. 대당의 녹산이 먼저 명을 거역하고 사명이 뒤에 난을 일으켜 안팎이 소란하고 거칠어 평정되지 않았으므로 곧 돌려보내고자 하였으나 피해를 입을까 두렵고, 또 강제로 돌려보내려고 하였으나 이웃의 정을 어길까 염려되었습니다. 이에 우두머리 고원도(高元度) 등 11인을 풀어서 대당에 가서 하청을 맞이하게 하고 곧 우리 사신을 뽑아서 함께 출발시킵니다. 판관 전성(全成) 등도 함께 귀향하게 하는데 또 우리 사신을 뽑아 따라가게 합니다. 자세하게 통보합니다"라 하였다. (『續日本紀』 22 淳仁紀)

발해   천평보자 3년 정월 경오일[3] 을유일[18] 병술일[19] 갑오[27] 2월 무술 초하루 계축일[16] 10월 신해일[18] 병진일[22] 12월 신해일[19] 병진일[24] (『類聚國史』 193 殊俗部 渤海 上)

발해   겨울 10월 병진일(23)에 고려 사신을 대재(大宰)로 불렀다. (『續日本紀』 22 淳仁紀)

발해   천평보자 3년 정월 경오일[3] 을유일[18] 병술일[19] 갑오[27] 2월 무술 초하루 계축일[16] 10월 신해일[18] 병진일[22] 12월 신해일[19] 병진일[24] (『類聚國史』 193 殊俗部 渤海 上)

발해	12월 신해일(19)에 고려 사신 고남신(高南申)과 우리 판관 내장기촌전성(內藏忌寸全成) 등이 난파강(難波江) 입구에 도착했다. (『續日本紀』 22 淳仁紀)
발해	천평보자 3년 정월 경오일[3] 을유일[18] 병술일[19] 갑오일[27] 2월 무술 초하루 계축일[16] 10월 신해일[18] 병진일[22] 12월 신해일[19] 병진일[24] (『類聚國史』 193 殊俗部 渤海 上)
발해	12월 병진일(24)에 고남신이 서울에 들어왔다. (『續日本紀』 22 淳仁紀)
발해	천평보자 3년 정월 경오일[3] 을유일[18] 병술일[19] 갑오일[27] 2월 무술 초하루 계축일[16] 10월 신해일[18] 병진일[22] 12월 신해일[19] 병진일[24] (『類聚國史』 193 殊俗部 渤海 上)
고려	작제건(作帝建)은 어려서부터 총명하고 용력이 신(神)과 같았다. 나이 대여섯 살에 어머니에게 묻기를, '나의 아버지는 누구신가요'라고 하였는데 답하기를 '중국 사람[唐父]이다.'라고만 하였으니, 이는 이름을 알지 못하였기 때문이다. 자라면서 육예(六藝)에 두루 뛰어났는데 글씨와 활쏘기가 더욱 빼어났다. 나이 16세 때 어머니가 그에게 아버지가 남기고 간 활과 화살을 주자 작제건이 크게 기뻐하였는데 쏘기만 하면 백발백중이므로 세상 사람들이 그를 신궁(神弓)이라 불렀다. 이에 아버지를 뵙고자 하여 상선(商船)에 의탁하여 가다가 바다 한가운데에 이르니 구름과 안개로 사방이 어둑해져서 배가 3일 동안이나 나아가지 못하였다. 배 안에서 사람들이 점을 쳐보고 말하기를, '마땅히 고려(高麗) 사람이 없어져야 한다.'라고 하여[민지(閔漬)의 『편년강목(編年綱目)』에서 혹 말하기를, "신라(新羅)의 김양정(金良貞)이 사명(使命)을 받들고 당(唐)에 들어갈 때 이로 인하여 작제건이 그 배를 빌려 탔는데, 김양정의 꿈에 흰 머리의 노인이 나타나 말하기를, '고려 사람을 남겨놓고 가면 순풍을 얻으리라.'고 하였다."고 하였다.] 작제건이 활과 화살을 쥐고 스스로 바다에 몸을 던졌는데, 아래에 바윗돌이 있어 그 위에 서니 안개가 개이고 바람이 빨라 배가 나는 듯이 나아갔다. 잠시 후에 어떤 노인이 나타나 절을 하며 말하기를, '나는 서해(西海)의 용왕(龍王)이오. 늘 해질녘이 되면 어떤 늙은 여우가 치성광여래(熾盛光如來)의 모습이 되어 하늘로부터 내려오는데, 구름과 안개 사이에 해·달·별들을 벌여놓고는 나각(螺角)를 불고 북을 치며 음악을 연주하며 와서는 이 바위에 앉아 『옹종경(臃腫經)』을 읽어대니 내 머리가 매우 아프오. 듣건대 그대는 활을 잘 쏜다고 하니 나의 괴로움을 없애주기 바라오.'라고 하니 작제건이 허락하였다.[민지(閔漬)의 『편년강목(編年綱目)』에서는 혹 말하기를, "작제건이 바위 근처에서 한 갈래 길을 보고 그 길을 따라 1리 남짓을 가니 또 한 개의 바위가 있는데 바위 위에 다시 한 채의 전각이 있었다. 문이 활짝 열렸고 안에 금자(金字)로 사경(寫經)하는 곳이 있어 나아가서 보니 붓으로 쓴 점획(點劃)이 아직도 촉촉하였다. 사방을 돌아보아도 사람이 없는지라 작제건이 그 자리에 앉아 붓을 잡고 불경을 베끼노라니 어떤 여인이 홀연히 와서 앞에 섰다. 작제건이 관음보살(觀音菩薩)의 현신이라 여기고 놀라 일어나 자리에서 내려와 바야흐로 절하려 하였으나 〈여인은〉 홀연히 사라져버렸다. 그래서 다시 자리에 앉아 불경을 오랫동안 베끼고 있으려니 그 여인이 다시 나타나 말하기를, '나는 용녀(龍女)로서 여러 해 동안 불경(佛經)을 베꼈으나 아직도 다 쓰지 못하였습니다. 다행히 그대는 글씨도 잘 쓰시고 또 활도 잘 쏘시니 그대가 머물면서 제 공덕(功德) 닦는 일을 도와주셨으면 하고 또 우리 집안의 어려움을 없애 주셨으면 합니다. 그 어려움은 7일을 기다리면 아시게 될 것입니다.'라 하였다."라고 하였다.] 때가 되자 공중에서 풍악 소리가 들리더니 과연 서북쪽에서 오는 자가 있었다.

작제건이 진짜 부처가 아닌가 의심하여 감히 활을 쏘지 못하자 노인이 다시 와서 말하기를, '바로 그 늙은 여우이니 바라건대 다시는 의심하지 마시오.'라고 하였다. 작제건이 활을 잡고 화살을 잡아두었다가 맞추어 쏘니 활시위만 당기면 떨어지는데 과연 늙은 여우였다. 노인이 크게 기뻐하며 그를 궁궐로 맞아들여 사례하며 말하기를, '그대에 힘입어 나의 근심이 이미 사라졌으니 그 큰 은덕을 갚고 싶소. 장차 서쪽으로 당(唐)에 들어가 천자이신 아버님을 뵙겠소. 아니면 부자가 되는 칠보(七寶)를 가지고 동쪽으로 돌아가 모친을 받들려오.'라고 하였다. 작제건이 말하기를, '제가 바라는 바는 동쪽 땅의 왕이 되는 것입니다.'라고 하자, 노인은, '동쪽 땅에서 왕이 되는 것은 그대의 자손 3건(三建)의 때를 반드시 기다려야만 하오. 그 밖의 것은 명만 하시오.'라고 하였다. 작제건(作帝建)이 그 말을 듣고 시명(時命)이 아직 이르지 않았음을 깨닫고는 머뭇거리며 답하지 못하자 그의 자리 뒤에 있던 한 노파가 놀리며 말하길, '어찌 그 딸에게 장가들지 않고 떠나려 하는 것이오.'라고 하였다. 작제건이 곧 알아차리고 그것을 청하니, 노인은 맏딸 저민의(翥旻義)를 아내로 삼게 해주었다. 작제건이 칠보를 가지고 장차 돌아가려 하자 용녀(龍女)가 말하기를, '아버지에게 있는 버드나무 지팡이와 돼지는 칠보보다 나은 것이니, 어찌 요청하지 않으시는지요.'라고 하였다. 작제건이 칠보를 돌려주며 청하기를 버드나무 지팡이와 돼지를 얻기를 바란다고 하니, 노인은 '그 두 가지는 내가 가진 신통(神通)이오만 그러나 그대가 요청함이 있으니 감히 따르지 않을 수 있겠는가.'라 하면서 칠보에 돼지를 더해 주었다. 이에 작제건이 옻칠한 배에 올라 칠보와 돼지를 싣고 바다를 건너 순식간에 바닷가에 닿아보니 곧 창릉굴(昌陵窟) 앞의 강가였다. 배주정조(白州正朝) 유상희(劉相晞) 등이 이를 듣고 말하기를, '작제건이 서해의 용녀에게 장가들고 오니 참으로 큰 경사입니다.'라고 하면서, 개주(開州)·정주(貞州)·염주(鹽州)·배주 4주와 강화현(江華縣)·교동현(喬桐縣)·하음현(河陰縣) 3현의 백성들을 거느리고 와 그를 위해 영안성(永安城)을 쌓고 궁실을 지어주었다. 용녀가 처음 오자 바로 개주(開州)의 동북쪽 산기슭에 가서 은그릇으로 땅을 파고 물을 길어 썼는데 지금 개성(開城)의 대정(大井)이 그곳이다. 거기서 1년을 살았는데도 돼지가 우리에 들어가지 않자 이에 돼지에게 말하기를, '만약 이 땅이 살 만하지 않다면 나는 장차 네가 가는 바를 따르겠다.'라고 하였다. 이튿날 아침 돼지가 송악(松嶽) 남쪽 기슭에 이르러 드러누우므로 드디어 새 집을 지으니 곧 강충(康忠)의 옛집이었다. 작제건이 영안성을 오가며 산 것이 30여년이었다. 용녀(龍女)는 일찍이 송악(松嶽)의 새 집 침실의 창 밖에 우물을 파고 우물 속으로부터 서해(西海)의 용궁(龍宮)을 오갔는데 바로 광명사(廣明寺)의 동상방(東上房) 북쪽 우물이다. 늘 용녀는 작제건(作帝建)과 더불어 다짐하기를, '제가 용궁으로 돌아갈 때 삼가 엿보지 마십시오. 어긴다면 다시 돌아오지 않겠습니다.'라고 하였다. 하루는 작제건이 몰래 엿보았더니 용녀는 어린 딸과 더불어 우물에 들어가 함께 황룡(黃龍)으로 변해 오색구름을 일으켰다. 작제건이 기이하게 여겼으나 감히 말하지 못하였는데, 용녀가 돌아와 화를 내며 말하기를, '부부의 도리는 신의를 지킴을 귀하게 여기는데 이제 이미 다짐을 저버렸으니 저는 여기에 살 수 없습니다.'라고 하고 드디어 어린 딸과 더불어 다시 용으로 변해 우물에 들어가 다시는 돌아오지 않았다. 작제건은 만년에 속리산(俗離山)의 장갑사(長岬寺)에 살며 늘 불교 경전을 읽다가 죽었다. 후에 추존하여 의조 경강대왕(懿祖 景康大王)이라 하고 용녀를 원창왕후(元昌王后)라 하였다. (『高麗史』 高麗世系)

760(庚子/신라 경덕왕 19/발해 문왕 24 大興 24/唐 乾元 3, 上元 1/日本 天平寶字 4)

발해　봄 정월 계해 초하루에 대극전(大極殿)에서 신년 축하 조회를 받았다. 문무백관과 발해번객이 의식에 따라 축하했다. 이 날 궁중에서 5위 이상에게 잔치를 베풀고 녹

	을 내렸는데 차등이 있었다. (『續日本紀』22 淳仁紀)
발해	천평보자(天平寶字) 4년 정월 계묘 초하루 정묘일[5] 기사일[7] 기묘일[17] 2월 신해일[20] 11월 정유일[11] (『類聚國史』193 殊俗部 渤海 上)
백제	봄 정월 병인(4) 칙을 내리기를 "목숨을 다하여 임금을 섬기는 것은 충신의 지극한 절개이며 노력에 따라 상을 주는 것은 성스러운 군주의 바른 법식이다. 전에 선제께서 여러 번 밝은 조를 내려 웅승성(雄勝城)을 만들게 하였다. 그 일은 이루기 어려워 전의 장군은 힘들게 여겼는데 지금 륙오국안찰사(陸奧國按察使) 겸 진수장군(鎭守將軍) 정5위하 등원혜미조신조렵(藤原惠美朝臣朝獵) 등은 오랑캐들을 잘 이끌어서 천황의 교화에 잘 따르게 하였으며 한 번도 싸우지 않고 만드는 것을 끝마쳤다. 또 육오국(陸奧國) 모록군(牧鹿郡)에 큰 강을 건너고 높은 고개를 넘어 도생책(桃生柵)을 만들어 적의 혼을 빼놓았으니, 돌이켜 업적을 생각해보면 이치상 응당 포상하여야 할 것이다. 마땅히 조갈(朝獵)을 발탁하여 특별히 종4위하를 준다. 육오개(陸奧介) 겸 진수부장군(鎭守副將軍) 종5위상 백제조신족인(百濟朝臣足人)과 출우수(出羽守) 종5위하 소야조신죽량(小野朝臣竹良), 출우개(出羽介) 정6위상 백제왕삼충(百濟王三忠)에게 모두 한 등급씩 올려준다. (…) "(『續日本紀』22 淳仁紀)
발해	봄 정월 정묘일(5)에 제(帝)가 헌(軒)에 임석하였는데 발해국사 고남신(高南申) 등이 방물을 바쳤다. 아뢰기를 "국왕 대흠무(大欽茂)가 알립니다. 일본 조정에서 당에 보낸 대사 특진 겸 비서감 등원조신하청(藤原朝臣河淸)이 올리는 표와 통상의 공물을 바치기 위하여 보국대장군고남신 등을 뽑아 사신으로 삼아 입조하게 합니다"라 하였다. 조를 내리기를 "당에 보냈던 대사 등원하청이 오랫동안 돌아오지 않아서 답답하였는데 고려왕이 남신을 보내어 하청의 표문을 가지고 입조하니 왕의 충성스러움을 실로 가상하게 여깁니다"라 하였다. (…) (『續日本紀』22 淳仁紀)
발해	천평보자 4년 정월 계묘 초하루 정묘일[5] 기사일[7] 기묘일[17] 2월 신해일[20] 11월 정유일[11] (『類聚國史』193 殊俗部 渤海 上)
발해	봄 정월 기사일(7)에 고야천황(高野天皇)과 제(帝)가 합문(閤門)에 나아갔다. 5위 이상과 고려 사신이 의식에 따라 줄지어 섰다. 조로써 고려국 대사 고남신에게 정3위를 주고 부사 고흥복(高興福)에게 정4위하를, 판관 이능본(李能本)과 해비응(解臂鷹), 안귀보(安貴寶)에게 모두 종5위하를 주었으며 녹사 이하에게도 각기 차등이 있었다. 국왕에게 명주 30필, 미농(美濃) 명주 30필, 실 200구(絇), 조면(調綿) 300둔(屯)을 내렸으며 대사 이하에게도 각각 차등이 있었다. 5위 이상과 번객들에게 잔치를 베풀고 녹을 내렸는데 차등이 있었다. (『續日本紀』22 淳仁紀)
발해	천평보자 4년 정월 계묘 초하루 정묘일[5] 기사일[7] 기묘일[17] 2월 신해일[20] 11월 정유일[11] (『類聚國史』193 殊俗部 渤海 上)
고구려	봄 정월 무인일(16)에 정4위하 고려조신 복신(福信)을 신부(信部) 대보(大輔)로 삼았다. (…) (『續日本紀』22 淳仁紀)
발해	봄 정월 기묘일(17)에 조당(朝堂)에서 문무백관 중 주전(主典) 이상에게 잔치를 베풀었다. 이 날 내사(內射)하였는데. 번객을 불러 사례(射禮)를 보게 하였다. (『續日本紀』22 淳仁紀)
발해	천평보자 4년 정월 계묘 초하루 정묘일[5] 기사일[7] 기묘일[17] 2월 신해일[20] 11월 정유일[11] (『類聚國史』193 殊俗部 渤海 上)

신라	봄 정월에 도성의 인방(寅方)에 북 치는 것 같은 소리가 있었다. 여러 사람들이 그 것을 도깨비 북이라고 하였다. (『三國史記』 9 新羅本紀 9)
신라	봄 정월에 도성의 인방에 북 치는 것 같은 소리가 있었다. 사람들이 그것을 도깨비 북이라고 하였다. (『三國史節要』 12)
발해	2월 신해(20) 이 날 발해 사신 고남신 등이 번(蕃)으로 돌아갔다. (『續日本紀』 22 淳仁紀)
발해	천평보자 4년 정월 계묘 초하루 정묘일[5] 기사일[7] 기묘일[17] 2월 신해일[20] 11 월 정유일[11] (『類聚國史』 193 殊俗部 渤海 上)
신라	2월에 궁중에 큰 연못을 팠다. 또 궁 남쪽 문천(蚊川) 가에 월정(月淨)·춘양(春陽) 두 다리를 세웠다. (『三國史記』 9 新羅本紀 9)
신라	2월에 궁중에 큰 연못을 팠다. 또 궁 남쪽 문천 가에 월정·춘양 두 다리를 세웠다. (『三國史節要』 12)
신라	경덕왕 19년 경자 4월 삭에 두 해가 함께 나타나 10일이 지나도 사라지지 않았다. 일관(日官)이 아뢰기를 "인연이 있는 중을 청하여 산화공덕(散花功德)을 행하면 물 리칠 수 있을 것입니다"라고 하였다. 이에 조원전(朝元殿)에 단을 깨끗이 만들고 왕 의 가마는 청양루(靑陽樓)에 행차하여 인연이 있는 중을 기다렸다. 이때에 월명사 (月明師)가 밭두둑의 남쪽 길을 가고 있으니 왕이 사람을 보내 그를 불러오게 하여 단을 열고 계문(啓文)을 짓게 하였다. 월명사가 아뢰었다. "신승은 단지 국선의 무리 에만 속하여 향가(鄕歌)만 풀 뿐이고 범성(梵聲)은 익숙하지 않습니다." 왕이 "이미 인연 있는 중으로 뽑혔으니 비록 향가를 쓰더라도 좋다"라고 하였다. 월명사가 이에 도솔가(兜率歌)를 지어서 읊었다. 그 가사는 이러하다. 오늘 이에 산화가를 불러 뿌린 꽃아 너는 곧은 마음의 명령을 부림이니 미륵좌주를 모셔라. 풀이하면 이 렇다. 용루(龍樓)에서 오른 산화가를 불러 청운(靑雲)에 한 조각 꽃을 뿌려 보낸다. 은근·정중한 곧은 마음이 시킴이니 멀리 도솔천의 부처님을 맞이하라. 지금 세상에 서 이를 산화가(散花歌)라고 부르는데 잘못이다. 마땅히 도솔가라 해야 한다. 따로 산화가가 있으니 글이 번잡하여 싣지 않는다. 이미 마치자 해의 괴변이 곧 사라졌 다. 왕이 가상히 여겨 좋은 차 1봉과 수정 염주 108개를 하사하였다. 문득 한 동자 가 있어 외양이 곱고 깨끗하였는데 무릎을 꿇고 차와 염주를 받들고 전각의 서쪽 작은 문으로 나갔다. 월명사는 내궁(內宮)의 사자라고 하였고 왕은 월명사의 시종이 라고 하니 곧 서로 알아보니 모두 아니었다. 왕이 매우 이상하게 여겨 사람으로 하 여금 그를 쫓아가게 하니 동자는 내원(內院)의 탑 안으로 들어가 사라졌고 차와 염 주는 남쪽 벽 벽화의 미륵보살상 앞에 있었다. 월명사의 지극한 덕과 지극한 정성이 지성을 이와 같이 감동시킬 수 있는 것을 알게 되었다. 조정과 민간에서 이 일을 모 르는 자가 없었다. 왕이 더욱 그를 공경하여 다시 명주 100필을 주어서 정성을 나 타내었다. 월명사는 또한 일찍이 죽은 누이를 위하여 재를 올리고 향가를 지어 제사하였다. 문 득 회오리바람이 불어 종이돈이 날려 서쪽으로 사라져 버렸다. 향가는 이러하다. 생사의 길은 여기 있으매 두려워하고 나는 간다는 말도 못다 이르고 갑니까

어느 가을 이른 바람에
여기저기 떨어지는 잎처럼
한 가지에 나고
가는 곳을 모르는구나
아, 미타찰(彌陀刹)에서 만날 나는
도를 닦으며 기다리련다
월명사는 항상 사천왕사에 살았는데 피리를 잘 불었다. 일찍이 달밤에 문 앞 큰 길을 불면서 지나가면 달이 그를 위해 가는 것을 멈추었다. 그로 인해 그 길을 월명리라고 불렀다. 월명사는 또한 이로써 이름이 났다. 월명사는 곧 능준대사(能俊大師)의 문인이다. 신라 사람들이 향가를 숭상한 것은 오래되었다. 대개 시송(詩頌)과 비슷한 것이었던가 한다. 그러므로 종종 천지의 귀신을 감동시킨 것이 한번이 아니었다.
찬하여 말한다.
바람은 지전(紙錢)을 날려 죽은 누이의 노자로 삼게 하였고
피리는 밝은 달을 흔들어 항아(姮娥)의 걸음 멈추었다
도솔천이 하늘처럼 멀다고 하지 마라
만덕화(萬德花) 한 곡조로 즐겨 맞는다 (『三國遺事』5 感通 7 月明師兜率歌)

신라 　 여름 4월 무오일(28)에 귀화한 신라인 131인을 무장국(武藏國)에 안치했다. (『續日本紀』22 淳仁紀)

신라 　 여름 4월에 시중(侍中) 염상(廉相)이 물러났다. 이찬(伊湌) 김옹(金邕)이 시중이 되었다. (『三國史記』9 新羅本紀 9)

신라 　 여름 4월에 시중 염상이 면직되었다. 이찬 김옹으로 하여금 그를 대신하게 하였다. (『三國史節要』12)

신라 　 경자년(庚子年) 5월16일에 (…) (「안압지 210호 목간」)

신라 　 가을 7월에 왕자 건운(乾運)을 봉하여 왕태자로 삼았다. (『三國史記』9 新羅本紀 9)

신라 　 가을 7월에 아들 건운을 옹립하여 태자로 삼았다. (『三國史節要』12)

신라 　 9월 계묘일(16)에 신라국이 급찬 김정권(金貞卷)을 보내어 조공하였다. 육오안찰사(陸奧按察使) 종4위하 등원혜미조신조갈(藤原惠美朝臣朝獦) 등으로 하여금 내조한 이유를 묻게 하였다. 정권이 "직공을 닦지 않은 지가 오래되었으므로 저희 나라의 왕이 조(調)를 가져다 바치도록 하였습니다. 또한 성조(聖朝)의 풍속과 언어를 아는 사람이 없으므로 학어(學語) 2인을 보냈습니다"라고 말하였다. 이에 "무릇 예물을 가지고 조빙(朝聘)을 행하는 것은 본래 충성과 신의에 부합하고 예의에 통해야 한다. 그런데 新羅는 이미 말에 신의가 없고 또한 예의를 잃었다. 근본을 버리고 말단을 행하는 것은 우리나라가 천하게 여기는 바이다. 또한 왕자 태렴(泰廉)이 입조하던 날에, '모든 일에 옛 자취를 따라 받들어 행하겠다'고 하였는데. 그 후에 소야전수(小野田守)를 보냈을 때 너희 나라가 예를 잃었으므로 전수가 사신의 일을 행하지 않고 돌아왔다. 왕자도 오히려 믿을 수 없는데 하물며 더욱이 지위가 낮은 사신이야 어찌 의지할 만하겠는가"라고 꾸짖었다. 정권은 "전수가 왔을 때 저는 外官으로 나가 있었고 또한 미천한 사람이므로 자세한 일은 알지 못합니다"라 말하였다. 이에 정권에게 "사인이 미천하고 보잘 것 없으므로 손님으로 대접할 수 없다. 마땅히 이

길로 돌아가 너의 본국에 알리고, 단독으로 일을 해결할 수 있는 사람과 충실하고 믿을 만한 예 및 옛날과 같은 조, 그리고 분명한 말, 이 네 가지를 갖추어 내조하도록 하라"고 하였다. (『續日本紀』 23 淳仁紀)

발해　11월 정유일(11)에 고남신을 보내러 간 사신 외종5위하 양후사령구(陽侯史玲瓂)가 발해로부터 돌아왔다. 종5위하를 주고 나머지에게도 각각 차등이 있게 주었다. (『續日本紀』 23 淳仁紀)

발해　천평보자 4년 정월 계묘일 초하루 정묘일[5] 기사일[7] 기묘일[17] 2월 신해일[20] 11월 정유일[11] (『類聚國史』 193 殊俗部 渤海 上)

신라　진표율사(眞表律師)는 전주(全州) 벽골군(碧骨郡) 도나산촌(都那山村) 대정리(大井里) 사람이다. 나이 12살에 이르러 뜻이 출가에 있으니 아버지가 허락하였다. 법사는 금산수(金山藪) 순제법사(順濟法師)에게 가서 중이 되었다. 순제는 사미계법(沙彌戒法)을 주고, 『공양차제비법(供養次第秘法)』 1권, 『점찰선악업보경』 2권을 전하며 말하기를 "너는 이 계법을 가지고 미륵·지장 두 보살 앞에서 정성을 다해 참회를 구하여 친히 계법을 받아 세상에 널리 전하라"라고 하였다. 법사가 가르침을 받들고 이별하여 물러나와 명산을 두루 돌아다녔는데 나이가 이미 27세가 되었다. 상원(上元) 원년 경자(庚子, 760, 경덕왕 19)에 20두의 쌀을 찌고 이에 말려서 양식을 만들어 보안현(保安縣)으로 가서 변산(邊山) 부사의방(不思議房)으로 들어갔다. 5홉의 쌀을 하루의 소비로 하고 쌀 1홉을 제하여 쥐를 길렀다. 법사가 미륵상 앞에서 계법을 부지런히 구하기를 3년이 지나도 수기(授記)를 얻지 못하였다. (『三國遺事』 4 義解 5 關東楓岳鉢淵藪石記)